AKADÉMIAI KIADÓ
Magay Tamás–Kiss László
DIÁKSZÓTÁR

ANGOL
MAGYAR

GW00746538

AKADÉMIAI KIADÓ

Magay Tamás–Kiss László

AKADÉMIAI KIADÓ

DIÁKSZÓTÁR

ANGOL
MAGYAR

AKADÉMIAI KIADÓ

Készült az Akadémiai Kiadó Szótárműhelyében
Published by the Dictionary Workshop of Akadémiai Kiadó

Szerkesztette • Edited by
MAGAY TAMÁS, KISS LÁSZLÓ

Projektvezető szerkesztő • Managing Editor
BERKÁNÉ DANESCH MARIANNE

Számítógépes feldolgozás • Computer Staff
Programozó • Programmer: GÁL ZOLTÁN
Tördelő • Lay-out: DETRICH MIKLÓS

Borítóterv • Design
SZABÓ MÁRTON

Termékmenedzser • Technical Editor
KISS ZSUZSA

Nyomdai előállítás • Print
Akadémiai Nyomda Kft., Martonvásár
Felelős vezető • Managing Director: REISENLEITNER LAJOS

ISBN 963 05 7969 3

Kiadja az Akadémiai Kiadó Rt.,
az 1795-ben alapított Magyar Könyvkiadók és Könyvterjesztők Egyesülésének tagja.
1117 Budapest, Prielle Kornélia u. 4.
www.akademiaikiado.hu

Első kiadás: 1991
Második kiadás: 2002

A kiadásért felelős az Akadémiai Kiadó Rt. igazgatója
A szerkesztésért felelős: POMÁZI GYÖNGYI

ELŐSZÓ

Ezt a szótárt mai szóhasználattal élve akár úgy is jellemezhetnénk, hogy ez egy *gyorselérésű* szótár. Ez azt jelenti, hogy a szerkesztők a két legfontosabb szempont, a pontosság és a megbízhatóság szem előtt tartása mellett ügyeltek arra, hogy a használó könnyen és gyorsan megtalálja a keresett szavakat, szóösszetételeket, szójelentéseket. Ezt azzal éri el a szótár, hogy a címszóanyag, illetőleg a szótári adatok nagy részét kitevő főnévi összetételek, jelzős kapcsolatok stb. nem hosszú és bonyolult szócikkekben vannak elrejtve, hanem önálló címszóként, szoros ábécérendben találhatók.

Az angol szavak *kiejtését a legkorszerűbb nemzetközi átírási módszerrel és jelekkel* adja meg a szótár. Az alapszavaknál minden esetben, az összetételeknél és jelzős kapcsolatoknál csak ott találhatunk kiejtést, ahol az öszszetétel folytán az alapszavak kiejtése is megváltozik, pl. **cupboard** nem [kʌp+bɔːd], hanem ['kʌbəd].

Az egyes *szócikkek szerkezete* is igen egyszerű. A címszó és kiejtése után a ▼ jel az egyes szófajokat (*fn*= főnév, *mn*= melléknév stb.) jelöli.

Ezt követően felsoroljuk a címszó jelentéseit *gyakorisági sorrendben,* mégpedig úgy, hogy az egyes jelentéseket a ‖ jel választja el egymástól.

A jelentések, ill. magyar megfelelőik (ekvivalenseik) felsorolása után következnek a vastag betűs szókapcsolatok, idiómák, példák, szószerkezetek. Az igei szócikkrész végén külön sorokban következnek az angolra oly jellemző elöljárós-határozós igék, az ún. *phrasal verbs,* két vízszintes vonal között kiemelve.

Új vonása a szótárnak, hogy a szóhasználatot és szójelentéseket differenciáló rövidítéseket külön jelekkel is megerősíti. Így például a ⊕ jel a nyelvterületre *(GB,*

US), a ❖ jel a stiláris különbségekre (*biz, elít* stb.), a ❑ jel pedig a szaknyelvi jelentésekre (*fiz, orv* stb.) hívja fel a figyelmet. Mindezek a jelek (szimbólumok) minden lap alján, az ún. *„élőlábakban"* megismétlődnek, s ez nagyban elősegíti a használó munkáját.

A szótárban több mint 30 000 címszó (alapszó és öszszetétel), valamint 12 000 szókapcsolat (idióma és példamondat) található.

A kékkel szedett címszavak a szókincsben leggyakrabban előforduló tizenkétezer szóra hívják fel a figyelmet.

2002. augusztusában

A szerkesztők

PREFACE

The editors offer here *a quick-access dictionary* which means that headwords, compounds and other syntagmatic items are listed in a *strictly alphabetic* order.

The layout of entries is otherwise simple and transparent. Following the headword and its pronuncation the symbol ▼ represents the various word classes (parts of speech), such as *fn* for nouns, *mn* for adjectives etc.

Meanings of the headword – in the order of frequency – are separated by the symbol ‖, followed by examples and idioms in bold type, and, in the verb section, phrasal verbs forming an integral part of the entry.

Pronunciation has been given only for base words except for compounds where the pronunciation of compounds differs from that of the various elements pronounced one by one (e.g. **cupboard**).

A new feature in this dictionary is the application of various symbols such as ⊕ for regional (e.g. *GB, US*), ❖ for stylistic (e.g. *biz, elít*), and ❑ for subject labels (e.g. *fiz, orv* etc.).

Another innovation of the dictionary is that above symbols are given in stereotyped lines at the bottom of each page.

The present dictionary contains more than 30,000 headwords and some 12,000 examples and idioms. In selecting the vocabulary we have concentrated on the contemporary spoken and written language, providing the most up-to-date words and phrases needed by men and women of the modern era.

Headwords in blue represent the basic vocabulary of twelve thousand words.

August 2002

The editors

KIEJTÉSI JELEK

PHONETIC SYMBOLS

**Magánhangzók
és kettőshangzók
Vowels and Diphthongs**

**Mássalhangzók
Consonants**

[ɑː] **plant** [plɑːnt]

[aɪ] **life** [laɪf]

[aʊ] **house** [haʊs]

[æ] **man** [mæn]

[ʌ] **but** [bʌt]

[e] **get** [get]

[eɪ] **name** [neɪm]

[ə] **ago** [əˈgəʊ]

[ɜː] **bird** [bɜːd]

[eə] **there** [ðeə]

[ɪ] **wish** [wɪʃ]

[iː] **see** [siː]

[ɪə] **here** [hɪə]

[əʊ] **no** [nəʊ]

[ɒ] **not** [nɒt]

[ɔː] **law** [lɔː]

[ɔɪ] **boy** [bɔɪ]

[ʊ] **push** [pʊʃ]

[uː] **you** [juː]

[ʊə] **sure** [ʃʊə]

[b] **bad** [bæd]

[d] **did** [dɪd]

[dʒ] **June** [dʒuːn]

[f] **father** [ˈfɑːðə]

[g] **go** [gəʊ]

[h] **how** [haʊ]

[j] **youth** [juːθ]

[k] **keep** [kiːp]

[l] **lamb** [læm]

[m] **make** [meɪk]

[n] **nail** [neɪl]

[ŋ] **sing** [sɪŋ]

[p] **pen** [pen]

[r] **red** [red]

[s] **so** [səʊ]

[ʃ] **ship** [ʃɪp]

[t] **tea** [tiː]

[θ] **thin** [θɪn]

[ð] **this** [ðɪs]

[tʃ] **church** [tʃɜːtʃ]

[v] **voice** [vɔɪs]

[w] **wet** [wet]

[z] **zoo** [zuː]

[ʒ] **measure** [ˈmeʒə]

ˈ Főhangsúly – main stress

ˌ Mellékhangsúly – secondary stress

RÖVIDÍTÉSEK ÉS JELEK

ABBREVIATIONS AND SIGNS

áll	állattan	zoology
ált	általában	generally
átv	átvitt értelemben	figuratively
(átv is)	átvitt értelemben is használatos	figuratively also
bány	bányászat	mining
biol	biológia	biology
biz	bizalmas, kötetlen szóhasználat	colloquial/informal usage
csill	csillagászat	astronomy
el	elektronika, távközlés, villamosság	electronics, communications, electricity
elít	elítélő/rosszalló értelemben	pejoratively, derogatory expression
épít	építészet	architecture
esz	egyes szám(ú ige áll utána)	singular
etc.	s a többi, stb.	and so on
fényk	fényképészet	photography
fil	filozófia	philosophy
film	filmművészet	cinematic art, motion pictures
fiz	fizika, atomfizika	physics, nuclear physics
fn	főnév	noun
földr	földrajzi név v. megjelölés	place name, geographical term

GB	brit szóhasználat	British usage
geol	geológia	geology
hajó	hajózás	nautical term
hiv	hivatalos nyelven	in official usage, formal
hsz	határozószó	adverb
ir	irodalmi, választékos	literary, refined
iron	ironikus, gúnyos	ironical
isk	iskolai élet nyelvében	schools, school slang
(jelzőként)	jelzőként használt főnév	attributively, as a modifier
isz	indulatszó	interjection
jog	jogtudomány	law, legal term
kat	katonai (szó)	military (term)
kb.	körülbelül	approximately
ker	kereskedelem	commerce, commercial term
kif	az angolban ilyen kifejezéssel v. szerkezettel	in English expressed with the phrase..., construed as ...
konkr	konkrétan	literally
közg	közgazdaságtudomány	economics
közl	közlekedés	traffic
ksz	kötőszó	conjunction
mat	matematika és geometria	mathematics and geometry
mezőg	mezőgazdaság(tan)	agriculture

mn	melléknév	adjective
műsz	műszaki (szakszó)	technology
műv	művészet	art
nép	népnyelvben	in folk-speech
nm	névmás	pronoun
növ	növénytan	botany
nu	névutó	postposition
nyelvt	nyelvtudomány	linguistics, philology
nyomd	nyomdászat	printing
orv	orvostudomány	medicine, medical term
összet	összetételben	in compounds
pénz	pénzügy, bankszakma	banking, finance
pl.	például	for example, e.g.
pol	politika	politics
pp	múlt idejű melléknévi igenév	past participle
pszich	pszichológia	psychology
pt	(egyszerű) múlt idő	(simple) past tense
rendsz	rendszerint	usually, chiefly
rep	repülés	aviation, flying
röv	rövidítés	abbreviation
sg	valami, vm	something
sk	skót	Scottish
sp	sport	sports
stb.	s a többi	and so on, etc.
swhere	valahol, vhol; valahova, vhova	somewhere

sy	valaki, vk	somebody
szính	színház	theatre, drama
szn	számnév	numeral
szt	számítástechnika	computers
tex	textil	textile
tört	történelem	history, historical
tréf	tréfásan	humorously, jocularly
tsz	többes szám(ú ige áll utána)	plural
tud	tudományos (neve, nyelvben)	science, scientific term
tv	televízió	television
ua.	ugyanaz (mint)	the same (as)
US	amerikai szóhasz-nálat	American usage
ut.	csak utótételben használatos	appositively, in apposition only
v.	vagy	or
vall	vallás; egyház	religion; church
vegy	vegyészet	chemistry
vhol	valahol	somewhere, swhere
vhova	valahova	somewhere, swhere
vk	valaki	somebody, sy
vm	valami	something, sg
vulg	durva, közönséges, vulgáris	vulgar (usage)
zene	zene(tudomány)	music(ology)
→	lásd még	see also, see under
=	ugyanaz, mint	same as

*	rendhagyó ige, lásd a függelékben	irregular verb, see Appendix
°	rendhagyó főnév, lásd a függelékben	irregular noun, see Appendix
‖	a jelentéseket választja el	separates senses

AZ ANGOL ÁBÉCÉ

THE ENGLISH ALPHABET

Kiejtés Pronunci- ation	Brit British	Amerikai American	Nemzetközi Inter- national
A [eɪ]	Andrew	Abel	Amsterdam
B [bi:]	Benjamin	Baker	Baltimore
C [si:]	Charlie	Charlie	Casablanca
D [di:]	David	Dog	Danemark
E [i:]	Edward	Easy	Edison
F [ef]	Frederick	Fox	Florida
G [dʒi:]	George	George	Gallipoli
H [eɪtʃ]	Harry	How	Havana
I [aɪ]	Isaac	Item	Italia
J [dʒeɪ]	Jack	Jig	Jerusalem
K [keɪ]	King	King	Kilogramme
L [el]	Lucy	Love	Liverpool
M [em]	Mary	Mike	Madagaskar
N [en]	Nelly	Nan	New York
O [əʊ]	Oliver	Oboe	Oslo
P [pi:]	Peter	Peter	Paris
Q [kju:]	Queenie	Queen	Quebec
R [ɑ:]	Robert	Roger	Roma
S [es]	Sugar	Sugar	Santiago
T [ti:]	Tommy	Tare	Tripoli
U [ju:]	Uncle	Uncle	Upsala
V [vi:]	Victor	Victor	Valencia
W ['dʌblju:]	William	William	Washington
X [eks]	Xmas	X	Xanthippe
Y [waɪ]	Yellow	Yoke	Yokohama
Z *(GB)* [zed] *(US)* [zi:]	Zebra	Zebra	Zürich

Ábécé

A

a [ə, *hangsúlyosan* eɪ] (*magánhangzó előtt:* an [æn, *gyenge kiejt.* ən, n]) (*határozatlan névelő*) egy ‖ **a man** egy ember; **an artist** egy művész; **she is a doctor** ő orvos

A [eɪ] *fn* ❑*zene* a ‖ ❑*isk* ⊕*US* jeles (osztályzat)

A1 [ˌeɪ 'wʌn] ❖*biz* elsőrendű, kiváló minőségű, príma

A.A. patrolman [eɪ eɪ pə'trəʊlmən] *fn* (*tsz* -men) ⊕*GB* sárga angyal

aback [ə'bæk] *mn* **be taken aback** elképed(t)

abandon [ə'bændən] ▼*fn* **with abandon** önfeledten ▼*ige* elhagy, otthagy vkt ‖ **abandon oneself to sg** átadja magát vmnek

abandoned [ə'bændənd] *mn* elhagyott; puszta; elhagyatott

abase [ə'beɪs] *ige* **abase oneself** megalázkodik

abashed [ə'bæʃt] *mn* **be abashed** zavarban van

abate [ə'beɪt] *ige* alábbhagy, enyhül, csillapodik

abatement [ə'beɪtmənt] *fn* enyhülés (*fájdalomé*)

abattoir ['æbətwɑː] *fn* vágóhíd

abbey ['æbi] *fn* apátság

abbot ['æbət] *fn* apát

abbreviate [ə'briːvɪeɪt] *ige* rövidít

abbreviation [əˌbriːvi'eɪʃn] *fn* rövidítés

ABC [ˌeɪ biː 'siː] *fn* ábécé ‖ **the ABC of sg** alapismeretek; vmnek az elemei

abdicate ['æbdɪkeɪt] *ige* (*trónról*) lemond

abdication [ˌæbdɪ'keɪʃn] *fn* lemondás

abdomen ['æbdəmən] *fn* has; potroh

abdominal [æb'dɒmɪnl] *mn* hasi; has-

abduct [æb'dʌkt] *ige* elrabol; megszöktet (*leányt*)

abduction [æb'dʌkʃn] *fn* nőrablás, leányszöktetés

aberration [ˌæbə'reɪʃn] *fn* eltérés, aberráció ‖ ❖*átv* tévút

abet [ə'bet] → **aid**

abetment [ə'betmənt] *fn* bűnpártolás

abetter [ə'betə] *fn* bűnrészes, felbujtó

abeyance [ə'beɪəns] *fn* **be in abeyance** függőben van

abhor [əb'hɔː] *ige* utál, gyűlöl, irtózik vmtől

abhorrent [əb'hɒrənt] *mn* iszonyatos

abide [ə'baɪd] *ige* (*pt/pp* **abode** [ə'bəʊd] *v.* **abided** [ə'baɪdɪd]) eltűr ‖ **can't abide noise** nehezen tűri a zajt; **abide by sg** megmarad vmnél

ability [ə'bɪləti] *fn* képesség, tehetség ‖ **have the ability to (do sg)** képessége van vmre

abject ['æbdʒekt] *mn* alávaló

ablaze [ə'bleɪz] *mn* **be ablaze** lángban áll

able ['eɪbl] *mn* képes; alkalmas ‖ **be able (to do sg)** képes (vmre), tud, bír (vmt tenni); **be able to manage (somehow)** elboldogul

able-bodied *mn* munkaképes; katonai szolgálatra alkalmas ‖ **able-bodied seaman** tengerész (közlegény)

ably ['eɪbli] *hsz* ügyesen

abnormal [æb'nɔːməl] *mn* rendellenes, szabálytalan

A

abnormality [ˌæbnɔ:'mælǝti] *fn* rendellenesség, abnormitás

aboard [ǝ'bɔ:d] *hsz* hajón; repülőgépen; ⊕ *US* vonaton ‖ **go aboard** hajóra száll; beszáll; **all aboard!** beszállás!

abode [ǝ'boʊd] *pt/pp* → **abide**

abolish [ǝ'bɒlɪʃ] *ige* eltöröl

abolition [ˌæbǝ'lɪʃn] *fn* eltörlés, megszüntetés

A-bomb ['eɪbɒm] *fn* atombomba

A-bomb ban *fn* atomcsendegyezmény

abominable [ǝ'bɒmɪnǝbl] *mn* förtelmes, gyűlöletes

abomination [ǝˌbɒmɪ'neɪʃn] *fn* utálat; förtelem

aboriginal [ˌæbǝ'rɪdʒǝnl] *mn* bennszülött

aborigine [ˌæbǝ'rɪdʒǝni] *fn* bennszülött; őslakó

abort [ǝ'bɔ:t] *ige* elvetél

abortion [ǝ'bɔ:ʃn] *fn* vetélés, abortusz ‖ **have an abortion** a terhességet megszakítja

abortive [ǝ'bɔ:tɪv] *mn* hiábavaló; sikertelen; meddő

abound [ǝ'baʊnd] *ige* **abound in sg** bővelkedik vmben

about [ǝ'baʊt] ▼ *hsz* körülbelül; mintegy, hozzávetőleg; *(időben)* felé ‖ **be about to do sg** készül vmt tenni ▼ *elölj* körül, felől, -ról, -ről ‖ **about 1800** 1800 táján

about-face, about-turn *fn* hátraarc ‖ pálfordulás

above [ǝ'bʌv] ▼ *mn* fenti ▼ *hsz/elölj* felül, fenn, felett ‖ **above all** legfőképpen, mindenekelőtt, elsősorban ▼ *fn* **the above** a fentiek

above-board *mn* őszinte, egyenes, nyílt

above-mentioned *mn* fent említett, fentnevezett

abrasion [ǝ'breɪʒn] *fn* horzsolás

abrasive paper [ǝ'breɪsɪv] *fn* csiszolópapír

abreast [ǝ'brest] *hsz* egymás mellett ‖ **keep abreast of** lépést tart

abridge [ǝ'brɪdʒ] *ige* (le)rövidít; kivonatol

abridged [ǝ'brɪdʒd] *mn* rövidített

abridgement [ǝ'brɪdʒmǝnt] *fn* rövidítés

abroad [ǝ'brɔ:d] *hsz* külföldön, kinn ‖ **be abroad** külföldön van/tartózkodik; **from abroad** külföldről; külföldi; kinti

abrogate ['æbrǝgeɪt] *ige* felmond *(szerződést)*

abrupt [ǝ'brʌpt] *mn* hirtelen

abscess ['æbses] *fn* kelés, tályog

abscissa [æb'sɪsǝ] *fn* ❑ *mat* abszcissza

absence ['æbsns] *fn* távollét, hiányzás, mulasztás ‖ **in the absence of sy** vk távollétében

absent ▼ ['æbsǝnt] *mn* távollevő ‖ **be absent** hiányzik, mulaszt ▼ [æb'sent] *ige* **absent oneself from sg** távol tartja magát vmtől

absent-minded *mn* szórakozott

absentee [ˌæbsn'ti:] *fn* távollevő

absenteeism [ˌæbsn'ti:ɪzm] *fn* távolmaradás

absolute ['æbsǝlu:t] *mn* feltétlen, teljes, abszolút ‖ *(hatalom)* korlátlan ‖ **with absolute certainty** egészen biztosan

absolutely ['æbsǝlu:tli] *hsz* feltétlenül, abszolúte ‖ **absolutely!** erről van szó!, pontosan (erről van szó)!

absolute majority *fn* abszolút többség

absolute pitch *fn* abszolút hallás

absolute value *fn* abszolút érték

absolutism ['æbsǝlu:tɪzm] *fn* önkényuralom, abszolutizmus

absolve [ǝb'zɒlv] *ige* feloldoz *(from* alól)

absorb [ǝb'sɔ:b] *ige* ❑ *tud* elnyel, felszív, abszorbeál ‖ **be absorbed** *(orvosság)* felszívódik; **be absorbed in sg** ❖ *átv* vmben elmerül; **be completely absorbed in his work** nagyon leköti a munkája

absorbent cotton [ǝb'sɔ:bǝnt] *fn* vatta

absorption [əb'sɔ:pʃn] *fn* abszorpció

abstain [əb'steɪn] *ige* tartózkodik *(from vmtől)*

abstemious [əb'sti:mɪəs] *mn* mértékletes

abstention [əb'stenʃn] *fn* tartózkodás *(szavazástól)*

abstinence ['æbstɪnəns] *fn* tartózkodás *(testi dologtól);* absztinencia

abstinent ['æbstɪnənt] *mn* önmegtartóztató *(italtól);* absztinens

abstract ['æbstrækt] ▼ *mn* elvont, absztrakt ▼ *fn* absztrakt ‖ rezümé

abstraction [əb'strækʃn] *fn* elvont fogalom ‖ absztrakció

abstruse [æb'stru:s] *mn* homályos

absurd [əb'sɜ:d] *mn* lehetetlen; képtelen, abszurd

absurdity [əb'sɜ:dəti] *fn* lehetetlenség; képtelenség, abszurdum

abundance [ə'bʌndəns] *fn* bőség, gazdagság, jólét ‖ **have sg in abundance** vmben dúskál; **abundance of goods** árubőség

abundant [ə'bʌndənt] *mn* bőséges, kiadós

abuse ▼ [ə'bju:s] *fn* visszaélés ‖ túlkapás, gorombaság ‖ becsmérlés ‖ **abuse of authority** hivatali hatalommal való visszaélés ▼ [ə'bju:z] *ige* visszaél vmvel ‖ becsmérel, sérteget, gyaláz, pocskondiáz

abusive [ə'bju:sɪv] *mn* becsmérlő ‖ **be abusive** ❖ *átv* mocskolódik; **abusive language** sértő kifejezés/szavak

abut [ə'bʌt] *ige* -tt- **abut on** *(két vége vmnek)* összeér, csatlakozik, felfekszik

abutment [ə'bʌtmənt] *fn* gyámfal, támpillér

abyss [ə'bɪs] *fn* szakadék

AC [,eɪ 'si:] = **alternating current**

a/c = **account (current)**

academic [,ækə'demɪk] ▼ *mn (humán és társadalomtud.)* tudományos; akadémiai ‖ akadémikus ‖ **academic degree** tudományos fokozat; **academic**

qualification(s) egyetemi végzettség; **academic rank** tudományos cím; **academic staff** oktatói kar; **academic year** egyetemi tanév ▼ *fn* egyetemi oktató ‖ **(s)he is an academic** tudományos pályán/téren/vonalon dolgozik/működik

academician [ə,kædə'mɪʃn] *fn* akadémikus

academy [ə'kædəmi] *fn* (tudományos) akadémia ‖ **academy of dramatic art** színiakadémia; **academy of fine arts** képzőművészeti főiskola; **academy of music** zeneakadémia

accede [ək'si:d] *ige* **accede to** beleegyezik vmbe, hozzájárul vmhez

accelerate [ək'seləreɪt] *ige* (fel)gyorsít, (fel)gyorsul

acceleration [ək,selə'reɪʃn] *fn* gyorsítás, gyorsulás

accelerator [ək'seləreɪtə] *fn* ❑ *fiz* gyorsító ‖ **accelerator (pedal)** gázpedál

accent ▼ ['æksnt] *fn* hangsúly ‖ akcentus ‖ ékezet ▼ [æk'sent] *ige* hangsúlyoz

accentuate [ək'sentʃʊeɪt] *ige* hangsúlyoz

accept [ək'sept] *ige* elfogad, akceptál; *(nézeteket)* magáévá tesz; *(posta levelet)* felvesz ‖ **accept a bill/draft** váltót bevált/elfogad; **accept my deepest sympathies** fogadja őszinte részvétemet

acceptable [ək'septəbl] *mn* elfogadható, helytálló

acceptance [ək'septəns] *fn* elfogadás ‖ **acceptance of a bill** a váltó beváltása

accepted [ək'septɪd] *mn* elfogadott, bevett ‖ **be(come) accepted** *(szokás)* polgárjogot nyer

access ['ækses] *fn* hozzáférhetőség ‖ **have access to sg** vmhez hozzáfér; **except for access** *(mint KRESZ-fogalom)* célfuvar; **no access (for vehicles)** járművel tilos a felhajtás

accessible [ək'sesəbl] *mn (dolog)* hozzáférhető || *(hely)* megközelíthető

accession [ək'seʃn] *fn (könyvtári)* gyarapodás, növedék || csatlakozás; **EU-accession** EU-csatlakozás || **accession to the throne** trónra lépés

accessories [ək'sesərɪz] *fn tsz* felszerelések; kellékek, felszerelési tárgyak/cikkek || kiegészítők *(ruhához)* || ❑*műsz* szerelvények, szerelékek, tartozékok || hozzávaló || divatcikk || **accessories for the kitchen** konyhafelszerelés

accessory [ək'sesəri] ▼ *mn* járulékos; mellék- ▼ *fn* bűntárs, cinkos || **accessory (to a crime)** bűnrészes

access road *fn* bekötőút, ráhajtóút

access time *fn* ❑*szt* hozzáférési idő

accident ['æksɪdənt] *fn* véletlen || baleset || **by accident** véletlenül; **a bad accident** súlyos baleset; **have an accident** karambolozik; **he met with an accident** baleset érte

accidental [ˌæksɪ'dentl] *mn* véletlen, akaratlan, esetleges || **it is not accidental** nem véletlen

accidentally [ˌæksɪ'dentəli] *hsz* véletlenül

accident insurance *fn* baleset-biztosítás

accident-prone *mn* **be accident-prone** vonzza a balesetet

accident surgery *fn* baleseti sebészet

accident ward *fn* baleseti osztály

acclaim [ə'kleɪm] *ige* helyesel

acclamation [ˌæklə'meɪʃn] *fn* (lelkes) helyeslés || **by acclamation** közfelkiáltással

acclimatization [əˌklaɪmətaɪ'zeɪʃn] *fn* (vhol) megszokás, akklimatizáció

acclimatize [ə'klaɪmətaɪz] *ige* **become acclimatized, acclimatize oneself (to)** akklimatizálódik, megszokik (vhol)

accommodate [ə'kɒmədeɪt] *ige* elszállásol || *(terem)* befogad || **the hotel can accommodate 500 guests** a szálloda 500 személy befogadására alkalmas

accommodating [ə'kɒmədeɪtɪŋ] *mn* simulékony, alkalmazkodó, összeférhető természetű

accommodation [əˌkɒmə'deɪʃn] *fn* szállás, elszállásolás; elhelyezés || férőhely || **accommodation charge** szállásdíj; **accommodation vacant** kiadó lakás *(hirdetésben)*

accompaniment [ə'kʌmpənɪmənt] *fn* ❑*zene* kíséret

accompanist [ə'kʌmpənɪst] *fn* ❑*zene* kísérő

accompany [ə'kʌmpəni] *ige* vkt (el)kísér || együtt jár (vm) vmvel || vmvel velejár || **accompanied (at the piano) by ...** zongorán kíséri ...; **be accompanied by sg** *(vmvel, következménnyel)* jár

accompanying [ə'kʌmpəniŋ] *mn* kísérő || vele járó

accomplice [ə'kʌmplɪs] *fn* bűntárs, tettestárs, cinkos || bűnrészes

accomplish [ə'kʌmplɪʃ] *ige* befejez, megvalósít || **I accomplished quite a lot yesterday** tegnap sokat végeztem

accomplished [ə'kʌmplɪʃt] *mn* befejezett, kész || rutinos (*in* vmben) || **an accomplished fact** befejezett tény

accomplishment [ə'kʌmplɪʃmənt] *fn (szándéké)* véghezvitel || teljesítmény *(vké)* || képesség

accord [ə'kɔ:d] *fn* összhang kiegyezés || ❑*zene* összhangzat || **of one's own accord** magától, önszántából; **with one accord** közös akarattal, egyhangúlag

accordance [ə'kɔ:dns] *fn* **in accordance with** vmnek megfelelően, vm szerint

according [ə'kɔ:dɪŋ] *hsz* **according as** aszerint, hogy/amint; ahogy; szerint; **according to** szerint; vmnek megfelelően, vmnek az értelmében

---

fn főnév −*hsz* határozószó −*isz* indulatszó −*ksz* kötőszó −*mn* melléknév
▼ szófajjelzés ⊕földrajzi variáns ❑szakterület ❖ stiláris minősítés

accordingly [əˈkɔːdɪŋli] *hsz* ennek megfelelően, eszerint, ezért; ennélfogva; tehát, aszerint, hogy/amint
accordion [əˈkɔːdɪən] *fn* (tangó)harmonika
accost [əˈkɒst] *ige* megszólít, leszólít
account [əˈkaʊnt] ▼ *fn* számla; elszámolás ‖ jelentés, beszámolás, kimutatás ‖ **(current) account** folyószámla; **be of account** számba jön; **bring sy to account** számon kér vmt vktől; **by his own account** saját állítása szerint; **call sy to account** felelősségre von vkt, számon kér vmt vktől; **give an account (of)** beszámolót tart, beszámol vmről; **leave sg out of account** számításon kívül hagy vmt; **on her/his account** miatta; **on my account** számlám terhére; miattam; **on account of sg** vm miatt; **on no account** semmi esetre (sem), semmi szín alatt; **on account of sg** vmnek következtében; **have an account to settle with sy** van egy kis elintéznivalója vkvel; **open an account with a bank** folyószámlát nyit egy banknál; **take no account of sg** nem vesz figyelembe vmt, figyelmen kívül hagy vmt; **accounts** számfejtés *(osztály, csoport)*; **accounts clerk** könyvelő; **accounts department** számviteli osztály, könyvelés ▼ *ige* tart, gondol (vkit vminek)

account for elszámol vmről/vmvel, számot ad vmről, felel vmért; (vm vmt) indokol ‖ **this accounts for it** ez (meg)magyarázza; **there is no accounting for tastes** az ízlések és pofonok különbözőek

accountable [əˈkaʊntəbl] *mn* felelős
accountancy [əˈkaʊntənsi] *fn* könyvvizsgálat; könyvelés, könyvelőség
accountant [əˈkaʊntənt] *fn* könyvelő, könyvvizsgáló, számvevő
account-books *fn tsz* üzleti könyvek
account holder *fn* számlatulajdonos

accounting [əˈkaʊntɪŋ] *fn* könyvelés, könyvvitel, könyvvizsgálat, számfejtés
account number *fn* számlaszám
accredit [əˈkredɪt] *ige (követet)* meghatalmaz, akkreditál
accredited [əˈkredɪtɪd] *mn* meghatalmazott
accretion [əˈkriːʃn] *fn*❑ *jog* növedék
accrue [əˈkruː] *ige* növekszik, felszaporodik
accrued [əˈkruːd] *mn* felszaporodott *(kamat)*
accumulate [əˈkjuːmjəleɪt] *ige* gyűjt; (fel)halmoz, akkumulál ‖ felgyülemlik; torlódik, (fel)halmozódik *(munka)*
accumulation [ə‚kjuːmjəˈleɪʃn] *fn* gyűjtés, felhalmozás; (fel)halmozódás
accumulator [əˈkjuːmjəleɪtə] *fn* akkumulátor
accuracy [ˈækjərəsi] *fn* pontosság, precizitás
accurate [ˈækjərət] *mn* pontos, precíz
accurately [ˈækjərətli] *hsz* pontosan; precízen
accursed [əˈkɜːsɪd] *mn* átkozott
accusation [‚ækjʊˈzeɪʃn] *fn* ❑ *jog* vád, vádemelés
accuse [əˈkjuːz] *ige* (meg)vádol (*sy of sg* vkt vmvel) ‖ **be accused of sg** vmvel vádolják
accused [əˈkjuːzd] *fn* ❑ *jog* terhelt, vádlott
accuser [əˈkjuːzə] *fn*❑ *jog* vádló
accustom [əˈkʌstəm] *ige* **accustom sy to sg** hozzászoktat vkt vmhez; **accustom oneself to sg, become accustomed to sg** hozzászokik vmhez; **I am not accustomed to it** ehhez nem vagyok szokva
accustomed [əˈkʌstəmd] *mn* **(to sg)** (vmhez) szokott
ace [eɪs] *mn* menő, sztár ‖ *(kártyában)* ász ‖ **be ace at sg** ⊕ *US* nagy mester vmben; **ace of hearts** kőr ász
acetic acid [əˈsiːtɪk] *fn* ecetsav

nm névmás– *nu* névutó– *szn* számnév– *esz* egyes szám– *tsz* többes szám
▼ szófajjelzés ⊕ földrajzi variáns ❑ szakterület ❖ stiláris minősítés

A

acetone ['æsətoʊn] *fn* aceton
acetylene [ə'setəli:n] *fn* acetilén
acetylene lamp *fn* karbidlámpa
ache [eɪk] ▼ *fn* (testi) fájdalom ▼ *ige*
fáj || I am aching all over minden tagom (v. mindenem) fáj
achieve [ə'tʃi:v] *ige* elvégez || elér vmt
|| achieve one's purpose célt ér, eléri
a célját
achievement [ə'tʃi:vmənt] *fn* teljesítmény, eredmény; siker || achievements eredmények (pl. gazdasági életben)
Achilles' heel [ə'kɪli:z] *fn* Achilles-sarok || sy's Achilles' heel vknek
gyenge oldala/pontja
aching ['eɪkɪŋ] *mn* fájó (seb)
acid ['æsɪd] ▼ *mn* ❏ vegy savas; savanyú ▼ *fn* sav
acid deficiency *fn* ❏ orv savhiány
acid-proof *mn* saválló
acid rain *fn* savas eső
acid-resistant *mn* saválló
acid test *fn* döntő próba
acknowledge [ək'nɒlɪdʒ] *ige* elismer,
méltányol; belát || tudomásul vesz ||
nyugtáz (összeget); átvételt elismer ||
acknowledge receipt of (sg) (küldeményt) nyugtáz, visszaigazol
acknowledgement [ək'nɒlɪdʒmənt]
fn elismerés, tudomásulvétel, visszaigazolás || in acknowledgement of elismerésképpen; acknowledgement of
receipt átvételi elismervény; acknowledgements köszönetnyilvánítás
acme ['ækmi] *fn* tetőpont
acne ['ækni] *fn* pattanás (bőrön)
acorn ['eɪkɔ:n] *fn* makk (termés)
acoustic [ə'ku:stɪk] *mn* akusztikai;
akusztikus
acoustics [ə'ku:stɪks] *fn tsz* akusztika
acquaint [ə'kweɪnt] *ige* megismertet
(sy with sg/sy vkt vmvel/vkvel) || become acquainted with sy összeismerkedik (vkvel); get acquainted
with sy/sg megismerkedik vkvel/
vmvel; be acquainted with sg jártas

vmben; ismer vmt; be acquainted
with sy ismer vkt
acquaintance [ə'kweɪntəns] *fn* ismeretség || an acquaintance egy ismerősöm; make sy's acquaintance megismerkedik vkvel
acquiesce [ˌækwi'es] *ige* belenyugszik (in vmbe) || acquiesce in the
sentence megnyugszik az ítéletben
acquire [ə'kwaɪə] *ige* (meg)szerez,
szert tesz vmre; (tudást) elsajátít
acquired disease [ə'kwaɪəd] *fn* szerzett betegség
acquisition [ˌækwə'zɪʃn] *fn* (meg)-szerzés || (tulajdon) szerzemény || elsajátítás (tudásé)
acquisitive [ə'kwɪzətɪv] *mn* kapzsi
acquit [ə'kwɪt] *ige* -tt- felment (vm
alól)
acquittal [ə'kwɪtl] *fn* felmentés (vádlotté)
acre ['eɪkə] *fn* <kb. 4000 m²>
acrid ['ækrɪd] *mn* fanyar
acrimonious [ˌækrɪ'moʊnɪəs] *mn* csípős
acrobat ['ækrəbæt] *fn* akrobata, artista
acrobatic [ˌækrə'bætɪk] *mn* akrobatikus || acrobatic feat/stunt/trick akrobatamutatvány
acrobatics [ˌækrə'bætɪks] *fn tsz* akrobatamutatványok, akrobatika
acronym ['ækrənɪm] *fn* betűszó
across [ə'krɒs] *hsz/elölj* át, keresztül,
vmn túl
across-the-board [ə'krɒs ðə'bɔ:d] *mn*
⊕ US egyenlő arányú || általános
act [ækt] ▼ *fn* tett, cselekedet, cselekvés, aktus || (cirkuszban) szám || ❏ szính
felvonás || Act törvény; the Acts of
the Apostles (Bibliában) Az apostolok cselekedetei; act of God elemi/
természeti csapás; Act of Parliament
(törvény)cikk ▼ *ige* ténykedik;
(vhogyan) cselekszik || játszik (színész); alakít (szerepet) || (gyógyszer
stb.) hat || (ügyben) eljár || act as an

expert szakértő(ként működik közre); **act as counsel for sy** *(vádlottat)* véd; **act in conformity with sg** szabályosan jár el

---

act for (sy) képvisel vkt
act (up)on fellép (vhogyan) ‖ teljesít *(parancsot, utasítást)*

---

acting ['æktɪŋ] ▼ *mn* ható ‖ **acting headmaster** ❏*isk* megbízott igazgató; **acting manager** helyettes igazgató; **acting Prime Minister** ügyvezető miniszterelnök ▼ *fn* (színészi) játék
action ['ækʃn] *fn* ❖ *ált* tett, cselekedet, cselekvés ‖ ❏*vegy* hatás ‖ mechanika *(zongoráé)* ‖ ❏*jog* cselekmény; kereset; peres ügy ‖ ❏*kat* ütközet, bevetés ‖ **out of action** nem működő, álló; **take action** akcióba lép; **bring an action against sy** keresetet benyújt/indít vk ellen, pert indít; **no action will lie** keresetnek nincs helye
action replay *fn* ❏*tv* ismétlés
activate ['æktɪveɪt] *ige* aktivizál
active ['æktɪv] *mn* cselekvő, tevékeny, aktív ‖ **be active** tevékenykedik; **active force** hatóerő; **active ingredient** hatóanyag; **active service** (⊕ *US* **duty**) tényleges (katonai) szolgálat; **active voice** cselekvő igealak; **active volcano** működő tűzhányó
actively ['æktɪvli] *hsz* cselekvően
activist ['æktɪvɪst] *fn* aktivista
activity [æk'tɪvəti] *fn* tevékenység, ténykedés, munkálkodás, elfoglaltság, aktivitás ‖ foglalkozás, munkásság
actor ['æktə] *fn* színész
actress ['æktrəs] *fn* színésznő
actual ['æktʃuəl] *mn* valódi, tényleges; valóságos, reális, effektív ‖ **in actual fact** voltaképpen; **actual value** tényleges érték
actually ['æktʃuəli] *hsz* valójában, voltaképp(en); a lényeget tekintve, tulajdonképp(en), ténylegesen; sőt ‖ **it actually happened (that)** volt rá eset

actuate ['æktʃueɪt] *ige* működésbe hoz
acumen ['ækjumən] *fn* éles elme
acupuncture ['ækjupʌŋktʃə] *fn* akupunktúra
acute [ə'kju:t] *mn* heveny, akut ‖ **has an acute mind** vág az esze; **acute angle** hegyesszög; **acute pain** metsző fájdalom
AD [,eɪ'di:] = *(Latin: Anno Domini)* Krisztus után, Kr. u.; időszámításunk szerint, i. sz.
ad [æd] *fn* ❖ *biz* (újság)hirdetés, reklám
Adam's apple ['ædəmz] *fn* ádámcsutka
adapt [ə'dæpt] *ige* alkalmazkodik *(to* vmhez); megszokik vhol ‖ átdolgoz *(irodalmi művet)* ‖ **adapt (oneself) to (different conditions)** alkalmazkodik (új körülményekhez), beilleszkedik/beleszokik vmbe; **(s)he adapted (very) well** jól/könnyen tudott alkalmazkodni; **adapt for television** televízióra alkalmaz/átdolgoz; **adapt for the screen** megfilmesít; **adapt for the stage** színpadra alkalmaz
adaptability [ə,dæptə'bɪləti] *fn* alkalmazkodóképesség
adaptable [ə'dæptəbl] *mn* alkalmazható ‖ alkalmazkodó
adaptation [,ædəp'teɪʃn] *fn* alkalmazkodás ‖ alkalmazás ‖ *(irodalmi műé)* átdolgozás
adapter [ə'dæptə] *fn* ❏*el* elosztó; villásdugó *(konnektorhoz)*
add [æd] *ige* hozzáad, hozzátesz *(sg to sg* vmt vmhez); ráad (vmt vmre); *(megjegyzést)* hozzáfűz ‖ **I have nothing to add** nincs semmi hozzátennivalóm; **he added that** kiegészítésül hozzátette, hogy; **add fuel to the fire** olajat önt a tűzre; **add seven to six** hathoz hozzáadunk hetet; **add to the difficulties** növeli a nehézségeket; **add to this (that …)** ehhez járul még az is

---

A

add on hozzászámít vmhez
add to hozzáad, (meg)növel, gyarapít; (vmhez vm) járul
add together összead *(számokat)*
add up összead; összegez

addendum [ə'dendəm] *fn (tsz* **addenda)** kiegészítés *(könyvben)*
adder ['ædə] *fn* vipera
addict ['ædɪkt] *fn* rabja *(vmely káros szenvedélynek)* || **be a heroin addict** heroint szed, narkós || → **drug addict**
addicted [ə'dɪktɪd] *mn* **addicted to sg** rabja vmnek, vmtől függő; **addicted to drink** az ital rabja; **addicted to a drug** *(v.* **drugs)** kábítószer rabja, kábítószerfüggő; **addicted to television** szenvedélyes tévénéző
addiction [ə'dɪkʃn] *fn* káros szenvedély, függőség || → **drug addiction**
adding up ['ædɪŋ] *fn* összeadás, összegezés
addition [ə'dɪʃn] *fn* □ *mat* összeadás || kiegészítés || ⊕ *US* szárnyépület || **in addition to** ráadásul, azonkívül, amellett, ezenkívül, emellett; (vkn/vmn) felül/kívül
additional [ə'dɪʃnəl] *mn* további, újabb, járulékos, kiegészítő, pót- || **additional charge** felár, pótdíj; **additional charges** többletköltség
additionally [ə'dɪʃnəli] *hsz* pótlólag
additive ['ædɪtɪv] *fn* adalékanyag, adalék
addled egg ['ædld] *fn* záptojás
address [ə'dres] ▼ *fn* cím *(lakásé)*; címzés *(levélen)* || megszólítás *(szóval)* || (üdvözlő)beszéd || **change of address** címváltozás ▼ *ige* megcímez || megszólít || üdvözöl *(gyűlést, kongresszust),* beszédet mond *(gyűlésen)* || **address a petition to sy** beadvánnyal fordul vhova/vkhez; **address sg to sy** intéz vmt vkhez; **address sy as** vmnek szólít vkt

addressee [ˌædre'si:] *fn* címzett *(levélé)*
adduce [ə'dju:s] *ige (érvet, bizonyítékot, okot)* felhoz
adenoids ['ædɪnɔɪdz] *fn tsz* garatmandula
adept [ə'dept] *mn* ügyes; jártas *(at* vmben)
adequate ['ædɪkwət] *mn* alkalmas; megfelelő, adekvát
adequately ['ædɪkwətli] *hsz* megfelelően, adekvát módon
adhere [əd'hɪə] *ige* **adhere to sg** (hozzá)tapad/ragad vmhez, rátapad vmre || vmnek a híve || ragaszkodik vmhez, tartja magát vmhez || **adhere to sy** ragaszkodik vkhez, kitart vk mellett
adherence [əd'hɪərəns] *fn* ragaszkodás *(to* vmhez)
adherent [əd'hɪərənt] *fn* híve *(of sg/ sy* vmnek, vknek)
adhesion [əd'hi:ʒn] *fn* tapadás, □ *orv* lenövés || támogatás, csatlakozás
adhesive [əd'hi:sɪv] *fn* ragasztó
adhesive plaster *fn* leukoplaszt, Hansaplast, sebtapasz
adhesive tape *fn* ragasztószalag
ad hoc [ˌæd 'hɒk] *mn* alkalmi, ad hoc *(zsűri stb.),* eseti *(bizottság)*
adipose tissue ['ædɪpoʊs] *fn* zsírszövet
adit ['ædɪt] *fn* tárna
adjacent [ə'dʒeɪsnt] *mn* határos/szomszédos *(to* vmvel)
adjacent angle *fn* □ *mat* mellékszög
adjective ['ædʒəktɪv] *fn* □ *nyelvt* melléknév
adjoin [ə'dʒɔɪn] *ige* szomszédos, határos *(vmvel)*
adjoining [ə'dʒɔɪnɪŋ] *mn* szomszédos *(ház, szoba stb.)*
adjourn [ə'dʒɜ:n] *ige (tárgyalást, ülést)* elhalaszt || elnapol, bezár || *(sakkjátszmát)* függőben hagy || **adjourn the meeting** az ülést bezárja/berekeszti;

---

fn főnév – *hsz* határozószó – *isz* indulatszó – *ksz* kötőszó – *mn* melléknév
▼ szófajjelzés ⊕ földrajzi variáns □ szakterület ❖ stiláris minősítés

was **adjourned for a week** egy hétre elhalasztották

adjourned game [ə'dʒɜːnd] *fn (sakk)* függő játszma

adjournment [ə'dʒɜːnmənt] *fn* elhalasztás, elnapolás

adjudge [ə'dʒʌdʒ] *ige (bíróság)* dönt, kimond *(bűnösnek stb.)* ‖ **adjudge sg to sy** odaítél vknek vmt

adjudicate [ə'dʒuːdɪkeɪt] *ige* ítéletet hoz, ítélkezik

adjudication [ə,dʒuːdɪ'keɪʃn] *fn (bírói)* ítélet, odaítélés

adjust [ə'dʒʌst] *ige (műszert, gépet)* (be)szabályoz, beigazít, (be)állít ‖ **adjust (oneself) to sg** vmhez alkalmazkodik; **adjust to sg** vmhez hozzáigazít; **adjust to sy** vk vkhez igazodik

adjustable [ə'dʒʌstəbl] *mn* szabályozható; (be)állítható

adjuster [ə'dʒʌstə] *fn* kárbecslő

adjusting screw [ə'dʒʌstɪŋ] *fn* állítócsavar

adjustment [ə'dʒʌstmənt] *fn* beigazítás, beállítás, beszabályozás ‖ **adjustment of a loss** kárrendezés

adjutant ['ædʒʊtənt] *fn* szárnysegéd, hadsegéd, segédtiszt

ad lib [,æd 'lɪb] ▼ *fn*❑ *szính és* ❖ *biz* rögtönzés ▼ *ige* ❑ *szính* rögtönöz ▼ *hsz* rögtönözve ‖ tetszés szerint

adman ['ædmæn] *fn (tsz -men)* reklámügynök

administer [əd'mɪnɪstə] *ige (ügyeket)* intéz, adminisztrál; *(pénzt)* kezel ‖ **administer (a/the) medicine to sy** orvosságot bead vknek; **administer an oath to sy** esküt kivesz, megesket

administration [əd,mɪnɪ'streɪʃn] *fn* ügyintézés, adminisztráció ‖ ⊕ *US* ❑ *pol* kormány, kabinet, kormányzat ‖ beadás *(orvosságé)* ‖ **administration of justice** *fn* igazságszolgáltatás

administrative [əd'mɪnɪstrətɪv] *mn* közigazgatási, adminisztratív, adminisztrációs

administrator [əd'mɪnɪstreɪtə] *fn* ügyintéző, adminisztrátor **A**

admirable ['ædmərəbl] *mn* csodálatos

admiral ['ædmərəl] *fn* tengernagy, admirális

Admiralty ['ædmərəlti] *fn* ⊕ *GB* tengerészeti minisztérium, admiralitás

admiration [,ædmɪ'reɪʃn] *fn* bámulat, csodálat *(for sg/sy* vm/vk iránt)

admire [əd'maɪə] *ige* (meg)csodál, bámul

admirer [əd'maɪərə] *fn* csodáló, hódoló, tisztelő

admissible [əd'mɪsəbl] *mn* elfogadható, megengedhető

admission [əd'mɪʃn] *fn* belépés(i engedély), bebocsátás ‖ felvétel *(egyetemre, testületbe)* ‖ elismerés *(hibáé)*; beismerés ‖ belépődíj; ❖ *biz* beugró ‖ **admission free** a belépés díjtalan; **admissions** *(feliratként)* betegfelvétel

admission ticket/card *fn* belépőjegy

admit [əd'mɪt] *ige* **-tt-** beenged ‖ *(iskolába, egyetemre, kórházba)* felvesz ‖ beismer, belát, elismer ‖ **I must admit that** meg kell vallanom, hogy; **I admit that** ezt elismerem; **no persons under 15 years admitted** csak 15 éven felülieknek; **that must be admitted** ezt el kell ismerni

admittance [əd'mɪtns] *fn* bebocsátás; belépési engedély ‖ **no admittance** belépni tilos!

admittedly [əd'mɪtɪdli] *hsz* bevallottan

admixture [əd'mɪkstʃə] *fn* adalék(anyag)

admonish [əd'mɒnɪʃ] *ige* int *(sy against sg* vkt vmtől)

admonition [,ædmə'nɪʃn] *fn* figyelmeztetés, intelem

ado [ə'duː] *fn* hűhó, ❖ *biz* felhajtás ‖ **much ado about nothing** sok hűhó semmiért

adolescence [,ædə'lesns] *fn* serdülőkor, kamaszkor

---

nm névmás— *nu* névutó— *szn* számnév— *esz* egyes szám— *tsz* többes szám
▼ szófajjelzés ⊕ földrajzi variáns ❑ szakterület ❖ stiláris minősítés

A

adolescent [,ædə'lesnt] ▼ *mn* serdülő, serdülőkorú; kamaszkori ▼ *fn* kamasz, serdülő

adopt [ə'dɒpt] *ige* örökbe fogad, adoptál || *(ügyet)* magáévá tesz; *(javaslatot)* elfogad; *(eljárást, módszert)* alkalmaz; *(szokást, nevet)* felvesz || **adopt a policy** álláspontot elfoglal/kialakít

adopted [ə'dɒptɪd] *mn* örökbe fogadott *(gyermek)*

adoption [ə'dɒpʃn] *fn* örökbefogadás

adoptive parents [ə'dɒptɪv] *fn tsz* örökbe fogadó szülők, nevelőszülők

adoration [,ædə'reɪʃn] *fn* imádás, rajongás

adore [ə'dɔ:] *ige* imád, rajong (vkért/vmért), odavan (vkért/vmért)

adorn [ə'dɔ:n] *ige* díszít, szépít, ékesít

adornment [ə'dɔ:nmənt] *fn* díszítés, díszítmény, ék; ornamentika

Adriatic, the [,eɪdri'ætɪk] *fn* Adriaitenger

adrift [ə'drɪft] *hsz* hányódva || **turn adrift** sorsára bíz

adroit [ə'drɔɪt] *mn* ügyes

adulation [,ædʒʊ'leɪʃn] *mn* hízelgés

adult ['ædʌlt] *mn/fn* felnőtt

adult education *fn* felnőttoktatás

adulterate [ə'dʌltəreɪt] *ige* (meg)hamisít *(italt)*

adulterated wine [ə'dʌltəreɪtɪd] *fn* vizezett/pancsolt bor

adulteration [ə,dʌltə'reɪʃn] *fn* hamisítás *(italé)*

adulterer [ə'dʌltərə] *fn* házasságtörő

adulteress [ə'dʌltərəs] *fn* házasságtörő *(nő)*

adultery [ə'dʌltəri] *fn* házasságtörés

advance [əd'vɑ:ns] ▼ *fn* ❖ *átv* haladás, fejlődés, előmenetel || fejlesztés || **advances in technology** technikai haladás/fejlődés; **in advance** *(időben)* előre, előzetesen; **in advance of** vmt megelőzve; **as an advance (on sg)** előlegképpen ▼ *ige* fejlődik, halad || fejleszt, fellendít *(ipart stb.)*,

előmozdít, elősegít || előlegez || előléptet || **advance in years** korosodik

advance booking *fn* előjegyzés *(színházjegyé, szobáé)*; jegyelővétel, jegyrendelés, helyfoglalás

advanced [əd'vɑ:nst] *mn* haladó || előrehaladott || fejlett *(technika)* || **advanced age** magas kor; **be advanced in years** előrehaladott korban van; **an advanced course** tanfolyam haladóknak

advancement [əd'vɑ:nsmənt] *fn* előlépés *(rangban)*, előléptetés

advance party *fn* előőrs

advance payment *fn (banktól)* előleg

advantage [əd'vɑ:ntɪdʒ] *fn* előny || haszon, nyereség || **get the advantage over sy** fölénybe kerül vkvel szemben; **it is to his advantage** előnyére van; **take (full) advantage of (sg)** vmt kihasznál; **take advantage of sy** kihasznál vkt; **this has the great advantage of (…ing)** ennek az az előnye, hogy; **to sy's advantage** javára; **to advantage** előnyösen; **have an advantage over sy** előnyben van vkvel szemben; **have the advantage over sy** előnyösebb helyzetben van vknél; **advantage receiver** ◻*sp* előny a fogadónál; **advantage server** ◻*sp* előny az adogatónál

advantageous [,ædvən'teɪdʒəs] *mn* előnyös

advantageously [,ædvən'teɪdʒəsli] *hsz* előnyösen

advantage rule *fn* ◻*sp* előnyszabály

Advent ['ædvent] *fn* advent

adventure [əd'ventʃə] *fn* kaland, élmény

adventurer [əd'ventʃərə] *fn* kalandor

adventurous [əd'ventʃərəs] *mn* kalandos

adverb ['ædvɜ:b] *fn* határozó(szó)

adverbial [əd'vɜ:bɪəl] *mn* határozói || **adverbial clause** határozói mellékmondat; **adverbial phrase** határozós szószerkezet

---

fn főnév − *hsz* határozószó − *isz* indulatszó − *ksz* kötőszó − *mn* melléknév
▼ szófajjelzés ⊕ földrajzi variáns ◻ szakterület ❖ stiláris minősítés

adversary ['ædvəsəri] *fn* ellenfél

adverse ['ædvɜ:s] *mn* ellenséges; ártalmas ‖ szerencsétlen *(körülmény)* ‖ **adverse circumstances** mostoha körülmények

adversity [əd'vɜ:səti] *fn* viszontagság, csapás

advert ['ædvɜ:t] *fn* ⊕GB ❖*biz* reklám

advertise ['ædvətaɪz] *ige* hirdet *(újságban)* ‖ hirdetést tesz közzé, reklámoz; meghirdet *(előadást)*

advertisement [əd'vɜ:tɪsmənt] *fn* hirdetés, reklám ‖ **insert an advertisement (in a newspaper)** apróhirdetést tesz közzé

advertiser ['ædvətaɪzə] *fn* hirdető *(újságban)*

advertising ['ædvətaɪzɪŋ] ▼ *mn* hirdető ▼ *fn* hirdetés, reklám, reklámozás

advertising agency *fn* hirdetővállalat

advertising campaign *fn* reklámhadjárat

advertising manager *fn* reklámfőnök

advice [əd'vaɪs] *fn (tsz ua.) (baráti stb.)* tanács ‖ ❑*ker* értesítés ‖ **give sy (a piece of) advice** *v.* **give advice to sy** tanácsot ad vknek; **on sy's advice** vk tanácsára; **take sy's advice** megfogadja vk tanácsát

advisable [əd'vaɪzəbl] *mn* célszerű; ajánlatos, tanácsos

advise [əd'vaɪz] *ige* ❖*ált* tanácsol, javasol ‖ ❑*ker* értesít ‖ **advise on sg** szakértő(ként működik közre); **advise sy (on sg)** tanácsot ad vknek; **advise sy not to do sg** óv vkt vmtől; **I advise you to ...** azt ajánlom önnek, hogy

adviser [əd'vaɪzə] (⊕ *US* **advisor**) *fn* tanácsadó ‖ **be an adviser to sy on sg** szakértő(ként működik közre)

advisory [əd'vaɪzəri] *mn* tanácsadó

advocate ▼ ['ædvəkət] *fn* szószóló, védelmező, közbenjáró ‖ ügyvéd

▼['ædvəkeɪt] *ige (tant, eszmét)* hirdet ‖ *(ügyet)* védelmez ‖ **advocate a principle** vm elvet vall

aegis ['i:dʒɪs] *fn* **under the aegis of sy/sg** vknek/vmnek az égisze alatt

aerial ['eərɪəl] ▼ *mn* légi ‖ **aerial combat** légi harc; **aerial photograph** légi felvétel ▼ *fn* antenna

aerie ['eəri] *fn* sasfészek

aero- [eərou] *előtag* légi-, lég-

aerobatics [ˌeərou'bætɪks] *fn esz* műrepülés

aerobics [eə'roubɪks] *fn esz* aerobic

aerodrome ['eərədroum] *fn* repülőtér

aerodynamics [ˌeəroudaɪ'næmɪks] *fn esz* aerodinamika

aerogram ['eərougræm] *fn* (önborítékoló) légipostai levél

aeronautics [ˌeərə'nɔ:tɪks] *fn esz* repüléstan, aeronautika

aeroplane ['eərəpleɪn] *fn* repülőgép

aerosol ['eərəsɒl] *fn* **aerosol (can)** aeroszolos doboz

aerospace ['eərəspeɪs] *fn* légtér

aesthetic (⊕ *US* **es-**) [i:s'θetɪk] *mn* esztétikus

aesthetics (⊕ *US* **es-**) [i:s'θetɪks] *fn esz* esztétika

afar [ə'fɑ:] *hsz* **from afar** távolról, messziről

affable ['æfəbl] *mn* nyájas

affair [ə'feə] *fn* ügy, eset, dolog ‖ *(házasságon kívüli)* viszony ‖ **have an affair with sy** viszonya van vkvel

affect [ə'fekt] *ige* hat, (ki)hatással van vmre, kihat vmre ‖ hat vkre, (közelről) érint vkt ‖ színlel ‖ ❑*orv* megtámad ‖ **affect sg adversely** károsan befolyásol; **this does not affect you** ez nem vonatkozik rád; **it affects me closely** ez engem közelről érint; **be affected by sg** vm hatást gyakorol vkre, hatással van vm vkre

affectation [ˌæfek'teɪʃn] *fn* affektálás, színlelés, mesterkéltség, finomkodás

---

nm névmás − *nu* névutó − *szn* számnév − *esz* egyes szám − *tsz* többes szám
▼ szófajjelzés ⊕ földrajzi variáns ❑ szakterület ❖ stiláris minősítés

affected [ə'fektɪd] *mn* modoros, mesterkélt, finomkodó, affektált ‖ **be affected** finomkodik, pózol

affection [ə'fekʃn] *fn* szeretet, ragaszkodás, vonzódás *(for* vkhez) ‖ **feel affection for sy** vonzódik vkhez

affectionate [ə'fekʃnət] *mn* szerető, gyengéd

affectionately [ə'fekʃnətli] *hsz* yours **affectionately** *(levél végén)* szeretettel ölel

affidavit [ˌæfɪ'deɪvɪt] *fn* közjegyző előtt tett (írásbeli) nyilatkozat

affiliate [ə'fɪlieɪt] *ige* egyesít, beolvaszt

affiliated company [ə'fɪlieɪtɪd] *fn* leányvállalat

affiliation [əˌfɪli'eɪʃn] *fn* hovatartozás ‖ **affiliation proceedings** apaság megállapítása

affinity [ə'fɪnəti] *fn* összetartozás ‖ ❑ *vegy* rokonság, affinitás

affirm [ə'fɜːm] *ige* megerősít

affirmation [ˌæfə'meɪʃn] *fn* megerősítés; állítás

affirmative [ə'fɜːmətɪv] ▼ *mn* igenlő, állító ▼ *fn* answer in the affirmative igenlő válasz

affix ▼ ['æfɪks] *fn* ❑ *nyelvt* affixum ▼ [ə'fɪks] *ige* hozzáragaszt *(to* vmhez), hozzáerősít vmt vhová ‖ **affix a seal to sg** pecsétet rányom

afflict [ə'flɪkt] *ige* ❖ *átv* sújt ‖ **he is afflicted with (sy)** ❖ *iron* meg van áldva vele

affliction [ə'flɪkʃn] *fn* csapás, megpróbáltatás

affluence ['æfluəns] *fn* bőség, vagyon; gazdagság ‖ **live in affluence** bőségben él

affluent ['æfluənt] *mn* jómódú, luxusban élő

afford [ə'fɔːd] *ige* **(s)he can afford sg/it** győzi pénzzel, megengedheti magának; megteheti; **he can't afford it** nincs *(v.* nem áll) módjában, nincs

pénze vmre, nem engedheti meg magának

afforest [ə'fɒrɪst] *ige* fásít, erdősít

afforestation [əˌfɒrɪ'steɪʃn] *fn* fásítás, erdősítés, erdőtelepítés

affray [ə'freɪ] *fn* csetepaté

affront [ə'frʌnt] ▼ *fn* sértés, sérelem ▼ *ige* megsért vkt ‖ **feel affronted** megsértődik, sértve érzi magát

afield [ə'fiːld] *hsz* **far afield** messze kinn; messzire

A flat ['eɪ flæt] *fn* ❑ *zene* asz

A flat major ['eɪ flæt 'meɪdʒə] *fn* Asz-dúr

A flat minor ['eɪ flæt 'maɪnə] *fn* aszmoll

afloat [ə'fləʊt] *hsz* **be afloat** úszik, lebeg; **get sg afloat** *(tervet, tevékenységet stb.)* beindít

afoot [ə'fʊt] *hsz* tervben, készülőben

aforementioned [əˌfɔː'menʃnd] *mn* **the aforementioned** a fent említett/jelzett, a fenti

aforesaid [əˌfɔː'sed] *mn* → **aforementioned**

afraid [ə'freɪd] *mn* **be afraid of sg/sy** fél vmtől/vktől; **don't be afraid!** ne félj!; **I am afraid (that)** attól tartok *(v.* tartok tőle), hogy; **I'm afraid he won't come** félek, hogy nem jön el

afresh [ə'freʃ] *hsz* újra; újból

Africa ['æfrɪkə] *fn* Afrika

African ['æfrɪkən] *mn/fn* afrikai

after ['ɑːftə] *elölj* után, vm nyomán ‖ **not … after all** mégsem; **after all** végső soron, végül is; **after that** azután, ezek után; **after you** csak Ön után

after-care *fn* utókezelés, utógondozás

after-crop *fn* másodnövény ‖ sarjú

after-effect *fn* utóhatás

afterlife ['ɑːftəlaɪf] *fn* túlvilág

aftermath ['ɑːftəmæθ] *fn* sarjú ‖ *(főleg káros)* következmény

afternoon [ˌɑːftə'nuːn] *fn* délután ‖ **this afternoon** ma délután; **have the**

---

fn főnév— *hsz* határozószó— *isz* indulatszó— *ksz* kötőszó— *mn* melléknév
▼ szófajjelzés ⊕ földrajzi variáns ❑ szakterület ❖ stiláris minősítés

afternoon off szabad délutánja van; **good afternoon!** jó napot kívánok!

afternoon-shift worker *fn* délutános

afternoon tea *fn* délutáni tea

afterpains ['ɑ:ftəpeɪnz] *fn tsz* utófájások

after-sales service *fn* eladás utáni vevőszolgálat

after-shave (lotion) *fn* borotválkozás utáni arcvíz

after-taste *fn* utóíz; szájíz

afterthought ['ɑ:ftəθɔ:t] *fn* utógondolat

afterwards ['ɑ:ftəwədz] *hsz* az(u)tán, később, utóbb, utólag

again [ə'gen] *hsz* újra, újból, ismét, megint ‖ **(s)he is at it again** már megint kezdi; **again and again** újra meg újra

against [ə'genst] *elölj* ellen, ellenében, ellene ‖ **against my will** akaratom ellenére; **against a white background** fehér háttér előtt; **as against** szemben vmvel

agate ['ægət] *fn* achát

age [eɪdʒ] ▼ *fn* (élet)kor ‖ korszak; kor, éra ‖ **come of age** eléri a törvényes kort; **for his age** korához képest; **he is my age** egyidős velem; **of age** nagykorú; **under age** kiskorú; **what age is he?** hány éves?; **since age 15** ⊕*US* 15 éves kora óta; **under (the) age of 18** 18 éven aluli; **at (the) age of thirty** 30 éves korában; **I haven't seen you for ages!** ezer éve nem láttalak! ▼ *ige* öregszik ‖ öregít

age-bracket *fn* korosztály

aged[1] [eɪdʒd] *mn* (-)éves ‖ **aged sixteen** tizenhat éves

aged[2] ['eɪdʒɪd] *mn* koros, idős ‖ **the aged** az öregek

age-group *fn* korcsoport, évjárat

age limit *fn* korhatár

agency ['eɪdʒənsi] *fn* ügynökség, képviselet

agenda [ə'dʒendə] *fn* (*tsz* **agendas**) napirend, tárgysorozat, teendők (jegy-

zéke) ‖ **be on the agenda** napirenden szerepel/van

agent ['eɪdʒnt] *fn* ❏*pol* ügynök, megbízott ‖ hatóanyag, vegyszer ‖ szer, közeg

age-old *mn* ősrégi, réges-régi

aggravate ['ægrəveɪt] *ige* súlyosbít

aggravating ['ægrəveɪtɪŋ] *mn* súlyosbító *(körülmény)*

aggravation [ˌægrə'veɪʃn] *fn* súlyosbítás, szigorítás

aggregate ▼ ['ægrɪgət] *mn* globális ‖ **aggregate sum** teljes összeg; **aggregate value** összérték ▼ ['ægrɪgət] *fn* összeg ▼['ægrɪgeɪt] *ige* kitesz *(számszerűleg)*; *(vm összegre)* rúg

aggression[ə'greʃn] *fn* agresszió, agressziós

aggressive [ə'gresɪv] *mn* agresszív, erőszakos

aggressor [ə'gresə] *fn* támadó, agresszor

aggrieved [ə'gri:vd] *mn* **be/feel aggrieved** megbántva érzi magát *(at/over sg* vm miatt)*; sérelmesnek tart/talál vmt

agile ['ædʒaɪl] *mn* fürge, mozgékony, agilis

agility [ə'dʒɪləti] *fn* fürgeség, mozgékonyság

agitate['ædʒɪteɪt] *ige (lelkileg)* felkavar, felizgat ‖ **agitate for** agitál vm mellett

agitated ['ædʒɪteɪtɪd] *mn* izgatott

agitation [ˌædʒɪ'teɪʃn] *fn* izgalom; izgatottság

agitator ['ædʒɪteɪtə] *fn* uszító

agnostic [æg'nɒstɪk] *mn/fn* agnosztikus

ago [ə'gou] *hsz (egy bizonyos idő)* előtt, ezelőtt ‖ **ten days ago** tíz nappal ezelőtt, tíz napja; **long ago** (jó) régen

agog [ə'gɒg] *hsz* **be (all) agog to/for** izgalomban van (vm miatt)

agonize ['ægənaɪz] *ige* gyötrődik

agonized ['ægənaɪzd] *mn* kétségbeesett

---

nm névmás *–nu* névutó *–szn* számnév *–esz* egyes szám *–tsz* többes szám

▼ szófajjelzés ⊕földrajzi variáns ❏szakterület ❖stiláris minősítés

A

agonizing ['ægənaızıŋ] *mn* gyötrelmes

agony ['ægəni] *fn* kínlódás, gyötrelem ‖ halállusa ‖ **be in agony** ❖ *átv* nagy kínban van

agony column *fn* személyi rovat *(újságban)*

agrarian [ə'greərıən] *mn* agrár

agree [ə'gri:] *ige* beleegyezik *(to* vmbe); *(javaslatot)* elfogad; *(tervet stb.)* jóváhagy; helyesel *vmt* ‖ **I don't agree** nem helyeslem; **I couldn't agree less** abszolúte nem értek egyet; **I agree that** beleegyezem abba, hogy; **I won't agree to this** ebbe nem megyek bele; **agree on sg** helyesel *vmt*; **agree with sg** (meg)egyezik vmvel; **sg doesn't agree with sy** *(éghajlat, étel, ital stb.)* nem tesz jót vknek; **agree with sy about sg** *(v.* **as to how)** megállapodik vkvel vmben; **agree with sy on sg** megegyezik vkvel vmben; **I agree with you** osztom nézetedet; **I can't agree with you on that point** ebben nem értek veled egyet; **I agree with you there** ebben egyetértek veled; **we all agreed to ...** megállapodtunk abban, hogy; **as (was) agreed** ahogy megbeszélték/megbeszéltük, megegyezés szerint; **we agreed to** abban maradtunk, hogy

agreeable [ə'gri:əbl] *mn* kellemes

agreeably [ə'gri:əbli] *hsz* kellemesen

agreed [ə'gri:d] *mn* benne vagyok!, megegyeztünk!

agreement [ə'gri:mənt] *fn* megállapodás, megegyezés, egyezség, szerződés ‖ egyetértés ‖ **conclude an agreement with sy** szerződést köt vkvel; **make** *(v.* **enter into) an agreement with sy** megállapodást köt vkvel

agricultural [ˌægrı'kʌltʃərəl] *mn* mezőgazdasági, agrár ‖ **agricultural engineer** agrármérnök; **agricultural machine** mezőgazdasági gép; **agricultural produce** mezőgazdasági termék, termény

agriculture ['ægrıkʌltʃə] *fn* mezőgazdaság

agrobiology [ˌægroʊbaı'ɒlədʒi] *fn* agrobiológia

agronomist [ə'grɒnəmıst] *fn* agronómus; (okleveles) mezőgazda

agronomy [ə'grɒnəmi] *fn* agronómia

aground [ə'graʊnd] *hsz* **go/run aground** zátonyra fut

ah! [ɑ:] *isz* ó!

ahead [ə'hed] *hsz* előre, elöl ‖ **is ahead of his time** megelőzte korát; **ahead of schedule** határidő előtt; **ahead of time** idő előtt; **ahead only** kötelező haladási irány

ahoy [ə'hɔı] *isz* vigyázz!

aid [eıd] ▼ *fn* segítség, segély ‖ segédeszköz, segédlet ‖ segéderő ▼ *ige* (meg)segít, támogat ‖ **aid and abet** felbujt *(bűntényre)*

aide [eıd] *fn* tanácsadó

aide-de-camp [ˌeıd də 'kɑ:mp] *fn (tsz* **aides-de-camp**) ❑ *kat* segédtiszt, szárnysegéd

AIDS [eıdz] *fn* = *acquired immune deficiency syndrome* AIDS, szerzett immunhiányos tünetcsoport

aid station *fn (műszaki)* segélyhely

ailing ['eılıŋ] *mn* **be ailing** betegeskedik

ailment ['eılmənt] *fn* betegség; baj

aim [eım] ▼ *fn* cél, szándék ‖ **take aim at sg/sy** megcéloz *v.* célba vesz vmt/ vkt ▼ *ige* (meg)céloz, célba vesz *(at* vkt, vmt) ‖ **aim a pistol/gun at sy** pisztolyt fog vkre; **aim at (doing) sg** célul tűz maga elé vmt, törekszik vmre; **aim high** nagyra tör; **what are you aiming at?** hova akarsz ezzel kilyukadni?; **be aimed at sg/sy** irányul vmre/vkre

ain't [eınt] = **am not, is not, are not; have not, has not**

air [eə] ▼ *fn* levegő, lég ‖ arckifejezés ‖ **be on the air** a rádióban *(v.* rádión) beszél/szerepel; **by air** légi úton; **go by air** repülőn/repülővel megy; **it is**

---

fn főnév – *hsz* határozószó – *isz* indulatszó – *ksz* kötőszó – *mn* melléknév
▼ szófajjelzés ⊕ földrajzi variáns ❑ szakterület ❖ stiláris minősítés

in the air hírlik, a levegőben lóg, beszélnek róla; **there is sg in the air** vm készül; **give oneself airs** ❖ *biz* adja a bankot; nagyképűsködik; előkelősködik ▼ *ige (átv is)* (ki)szellőztet

airbag *fn* légzsák

air base *fn* légi támaszpont

airbed ['eəbed] *fn* gumimatrac

airborne ['eəbɔːn] *mn* ejtőernyős, légideszant || **airborne troops** ejtőernyős alakulat

airbus ['eəbʌs] *fn* légibusz

air cargo *fn* légi fuvar

air-condition *ige* klimatizál

air-conditioned *mn* légkondicionált; klimatizált

air-conditioner *mn* légkondicionáló berendezés, klíma(berendezés)

air-conditioning *fn* légkondicionálás, klíma(berendezés)

air corridor *fn* légi folyosó

aircraft ['eəkrɑːft] *fn (tsz ua.)* repülőgép

aircraft carrier *fn* repülőgép-anyahajó

air-crash *fn* repülőszerencsétlenség

aircrew ['eəkruː] *fn* ❏ *rep* legénység; repülőszemélyzet

aircushion ['eəkuʃn] *fn* légpárna

airer ['eərə] *fn* szárító, fregoli

airfield ['eəfiːld] *fn (főleg kat)* repülőtér

air filter (element) *fn* légszűrő (betét)

airforce ['eəfɔːs] *fn* légi haderő, légierő

air freshener *fn* légfrissítő

airgun ['eəgʌn] *fn* légpuska

air-hostess *fn* légi utaskísérő (nő), stewardess

airily ['eərɪli] *hsz* könnyedén, fesztelenül

airing ['eərɪŋ] *fn* szellőztetés

airless ['eələs] *mn* levegőtlen, szellőzetlen

air letter *fn* légipostai levél

airlift ['eəlɪft] *fn* légihíd

airline (company) ['eəlaɪn] *mn* légiforgalmi társaság, légitársaság

airliner ['eəlaɪnə] *fn* utasszállító repülőgép

airmail ['eəmeɪl] *fn* légiposta || **by airmail** légipostával

air mattress *fn* gumimatrac

air passenger *fn* légiutas

airplane ['eəpleɪn] *fn* ⊕ *US* repülőgép

airpocket ['eəpɒkɪt] *fn* légzsák

air pollution *fn* levegőszennyezés, légszennyezés

airport ['eəpɔːt] *fn* repülőtér, légikikötő

air pressure *fn* levegőnyomás *(autógumiban)*

air raid *fn* légitámadás

air-raid shelter *fn* légó, óvóhely

air route *fn* légi útvonal

airscrew ['eəskruː] *fn* légcsavar

air service *fn* légi közlekedés; légi járat

air shaft *fn* szellőzőakna

airsick ['eəsɪk] *mn* légibeteg

airsickness ['eəsɪknɪs] *fn* légibetegség

airspace ['eəspeɪs] *fn* légtér

airstrip ['eəstrɪp] *fn* felszállópálya

air-taxi *fn* légitaxi

air terminal *fn* ❏ *rep* terminál || városi iroda

air ticket *fn* repülőjegy

airtight ['eətaɪt] *mn* légmentes(en záródó)

air traffic *fn* légi forgalom

air transport *fn* légi közlekedés/szállítás

airway ['eəweɪ] *fn* légi útvonal

airy ['eəri] *mn* szellős, levegős

aisle [aɪl] *fn* oldalhajó *(templomé)* || ⊕ *US (nézőtéren)* átjáró, folyosó

ajar [ə'dʒɑː] *hsz* félig nyitva

akin [ə'kɪn] *mn* **be akin to sg** ❖ *átv* vmvel rokon

alabaster ['æləbɑːstə] *fn* alabástrom

à la carte [ˌælɑː 'kɑːt] *fn* étlap szerint

alarm [ə'lɑːm] ▼ *fn* riadó || riadalom, ijedelem || riasztóberendezés || **sound the alarm** vészjelet ad; **false alarm** vaklárma; **in his alarm** ijedtében;

---

take alarm at/of sg megijed vmtől; **there is no cause for alarm** nincs ok aggodalomra ▼ *ige* (álmából) felver, felriaszt, alarmíroz || **be alarmed at** megrémül vm miatt, rémülten hallja ...

alarm bell *fn* vészcsengő

alarm call (service) *fn* telefonébresztés

alarm-clock *fn* ébresztőóra

alarming [ə'lɑːmɪŋ] *mn* riasztó, aggasztó

alas [ə'læs] *isz* ó jaj!

albeit [ɔːl'biːɪt] *ksz* habár; bár; noha

album ['ælbəm] *fn* album || nagylemez, album

albumin ['ælbjʊmɪn] *fn* fehérje

alcohol ['ælkəhɒl] *fn* alkohol, szesz; szeszes ital

alcoholic [ˌælkə'hɒlɪk] ▼ *mn* alkoholos; szeszes ▼ *fn* iszákos

alcoholic drinks *fn tsz* szeszes ital(ok), alkohol

alcoholism ['ælkəhɒlɪzm] *fn* alkoholizmus, iszákosság

alcove ['ælkoʊv] *fn* alkóv

ale [eɪl] *fn* világos sör

alert [ə'lɜːt] ▼ *fn* ❑*kat* riadó, riadókészültség || **be on (the) alert** (*katonaság, rendőrség stb.*) készültségben van ▼ *ige* riaszt, riadókészültséget rendel el

A level *fn* ❑*isk* emelt szintű érettségi (*bizonyos tárgyakból*)

alfalfa [æl'fælfə] *fn* lucerna

alfresco [æl'freskoʊ] *mn/hsz* a szabadban (történő)

alga ['ælgə] *fn* (*tsz* **algae** ['ældʒiː]) alga

algebra ['ældʒəbrə] *fn* algebra

algebraic(al) [ˌældʒə'breɪɪk(l)] *mn* algebrai

algorithm ['ælgərɪðm] *fn* algoritmus

alias ['eɪlɪəs] *hsz* más néven

alibi ['æləbaɪ] *fn* alibi || **produce an alibi** alibit igazol

alien ['eɪlɪən] *mn/fn* idegen, külföldi

alienate ['eɪlɪəneɪt] *ige* (*érzelmileg*) elidegenít || **become alienated from sy** vktől elidegenedik

alienation [ˌeɪlɪə'neɪʃn] *fn* (*érzelmi*) elidegenítés || elidegenedés

alienist ['eɪlɪənɪst] *fn* ⊕*US* elmeszakértő

alight[1] [ə'lɪt] *mn* égő || kivilágított

alight[2] [ə'laɪt] *ige* leszáll (*from* vmről) || odarepül, rászáll (*on* vmre) || **alight from a taxi** taxiból száll ki

align [ə'laɪn] *ige* (fel)sorakoztat || (fel)sorakozik

alignment [ə'laɪnmənt] *fn* felsorakozás; csoportosulás || **in alignment with** egy sorban vmvel

alike [ə'laɪk] ▼ *mn* **they are not alike** nem egyformák ▼ *hsz* egyformán, egyaránt

alimentary canal [ˌælɪ'mentəri] *fn* emésztőcsatorna

alimony ['ælɪməni] *fn* tartásdíj

alive [ə'laɪv] *mn* élő || eleven, élénk || **be alive** életben van, él; **be alive to** tisztában van vmvel; **be alive with** nyüzsög vmtől; **look alive!** siess!, mozogj!

alkali ['ælkəlaɪ] *fn* ❑*vegy* alkáli(a), lúg

alkali metals *fn tsz* alkálifémek

alkaline ['ælkəlaɪn] *mn* lúgos kémhatású

all [ɔːl] ▼ *mn/nm/fn* egész, összes, mind, minden ▼ *hsz* egészen, teljesen || **above all** mindenekfölött, legfőképp(en); **after all** elvégre, utóvégre (is); **at all** egyáltalán; **not at all** (*köszönömre adott válaszként*) szívesen!, kérem!; **... in all** összesen; **is that all?** ennyi az egész?; **all alone** teljesen egyedül; **all around** minden oldalon; **all at once** egyszerre, hirtelen, egyszer csak; **all but** kivéve, majdnem, kis hija, hogy ... nem; **all by himself/herself** egymaga; **all day (long)** egész nap; **at all events** min-

---

fn főnév −*hsz* határozószó −*isz* indulatszó −*ksz* kötőszó −*mn* melléknév

▼ szófajjelzés ⊕ földrajzi variáns ❑ szakterület ❖ stiláris minősítés

denesetre; **I am all for it** benne vagyok!; **all I can do is … ** nem tehetek egyebet/mást, mint hogy; **all in all** mindent összevéve; **all morning** egész délelőtt; **all night (long)** egész éjjel; **all of them** valamennyien; mindnyájan; **all out** teljes erőbedobással; **all over** szerte; **all over Europe** Európaszerte; **be all over** *(eső, betegség)* elmúlik; **it is all over** mindennek vége; **from all parts** mindenfelől; **all right!** helyes!, rendben (van)!; **be all right** jól érzi magát, jól van; **I'm all right** nincs semmi bajom; **will that be all right?** *(üzletben)* megfelel?; **it isn't all that cold** azért nincs annyira hideg; **for all that!** azért is!; **all the better** annál jobb; **all the boys** az összes fiú; **all the family** mind az egész család; **all the less** annál kevésbé; **all the more** annál inkább/jobban; **it is all the same** mindegy; egykutya; mindamellett, de azért mégis; **all the time** mindvégig, az egész időn át/keresztül; **not for all the world** ingyen sem kell!; **be all there** helyén van az esze; **he is not all there** hiányzik egy kereke, nincs ott az esze; **all these** mindez; **all this** mindez; **at all times** mindenkor; **all together** mindenki, valamennyi; **all told** összesen; összevissza; **it's all up** ❖ *biz* annak már lőttek; **it's all up with him** neki már vége van!; **it's all up with me!** végem van!

allay [ə'leɪ] *ige* csillapít, enyhít

all-day *mn* egész napos

allege [ə'ledʒ] *ige* állít ‖ **he is alleged to have said that** állítólag azt mondta, hogy …

alleged [ə'ledʒd] *mn* állítólagos

allegedly [ə'ledʒɪdli] *hsz* állítólag

allegiance [ə'liːdʒəns] *fn* állampolgári hűség

allegorical [ˌælə'gɒrɪkl] *mn* allegorikus

allegory ['æləgəri] *fn* allegória

all-embracing *mn* átfogó

allergic [ə'lɜːdʒɪk] *mn* allergiás *(to vmre)*

allergy ['ælədʒi] *fn* allergia

alleviate [ə'liːvieɪt] *ige* enyhít, csillapít, tompít

alleviation [ə,liːvi'eɪʃn] *fn* enyhítés, csillapítás

alley ['æli] *fn* sikátor, köz ‖ fasor

All Fool's Day ['ɔːl 'fuːlz deɪ] *fn* április elseje

All Hallows' Day ['ɔːl 'hælouz deɪ] *fn* mindenszentek (napja)

alliance [ə'laɪəns] *fn* ❑*pol* szövetség, konföderáció, unió ‖ **form an alliance with sy** szövetkezik vkvel

allied ['ælaɪd] *mn* szövetséges ‖ **the allied forces** a szövetséges haderők

Allies, the ['ælaɪz] *fn tsz* a szövetséges hatalmak

alligator ['ælɪgeɪtə] *fn* aligátor

all-important *mn* lényegbevágó

all-in *mn* mindent magában foglaló *(ár)*

all-inclusive tour *fn* (befizetett) társasutazás

all-in wrestling *fn* szabadfogású birkózás

alliteration [ə,lɪtə'reɪʃn] *fn* alliteráció

all-night *mn* **an all-night pharmacy** egész éjjel nyitva tartó gyógyszertár;

all-night service éjszakai ügyelet

allocate ['æləkeɪt] *ige* kiutal *(sg to sy* vmt vknek), vkt vmhez juttat ‖ *(költségvetésben)* előirányoz

allocation [ˌælə'keɪʃn] *fn* kiutalás, hovafordítás, szétosztás *(pénzé)*

allot [ə'lɒt] *ige* **-tt-** *(összeget vmre)* (rá)szán, juttat, kiutal ‖ **in the allotted time** a megadott/kijelölt időben

allotment [ə'lɒtmənt] *fn* vmhez juttatás ‖ (bérleti) telek, veteményeskert

all-out *mn* teljes ‖ **all-out effort** teljes erőbedobás; **all-out war(fare)** totális háború

allow [ə'lau] *ige* enged, megenged *(sy sg* vknek vmt), hagy ‖ **please allow me to** engedje meg (kérem), hogy;

A

allow oneself to ... megenged magának vmt; **allow 3 per cent (off)** *(árból)* 3%-ot levon; **be not allowed** tilos; meg nem engedett; **be allowed** megengedett, szabad; **smoking is not allowed** a dohányzás tilos

allow for számításba/figyelembe/tekintetbe vesz vmt, belekalkulál, ráhagy ‖ **we must allow 2 days for the journey** 2 napot kell rászánnunk/számítani az útra
allow of lehetővé tesz; megenged

allowable [ə'lauəbl] *mn* megengedhető
allowance [ə'lauəns] *fn* járandóság, járulék, juttatás, járadék; (személyi) ellátmány; ⊕ *US* zsebpénz ‖ levonás; kedvezmény ‖ ráhagyás ‖ **make allowance(s) (for)** beszámít, figyelembe vesz *(körülményt)*
alloy ▼ ['ælɔɪ] *fn* ötvözet ▼ [ə'lɔɪ] *ige* ötvöz
all-purpose *mn* ❑ *műsz* egyetemes
all-round *mn* sokoldalú, univerzális
all-rounder *fn* sokoldalú ember, univerzális (tudású) ember
All Saints' Day ['ɔːl 'seɪnts deɪ] *fn* mindenszentek (napja)
allspice ['ɔːlspaɪs] *fn* szegfűbors
all-star cast *fn* parádés szereposztás
all-terrain vehicle (ATV) *fn* terepjáró
all-time high *fn* (világ)rekord, csúcs-(teljesítmény)
allude [ə'luːd] *ige* **allude to sg** utal/céloz/hivatkozik vmre
allure [ə'ljuə] *ige* csábít, elcsal, csalogat
alluring [ə'ljuərɪŋ] *mn* csábító, csalogató, vonzó
allusion [ə'luːʒn] *fn* ❖ *átv* célzás, utalás
alluvial [ə'luːvɪəl] *mn* ❑ *geol* áradmányos, hordalékos
alluvium [ə'luːvɪəm] *fn* (*tsz* **-viums** v. **-via** [-vɪə]) ❑ *geol* áradmány

all wool *fn* tiszta gyapjú
ally ▼ ['ælaɪ] *fn* szövetséges ▼ [ə'laɪ] *ige* **ally with sy** szövetkezik vkvel
almanac ['ɔːlmənæk] *fn* évkönyv, almanach
almighty [ɔːl'maɪti] *mn* mindenható ‖ **the Almighty** a Mindenható
almond ['ɑːmənd] *fn* ❑ *növ* mandula
almost ['ɔːlmoust] *hsz* majdnem
alms [ɑːmz] *fn tsz* alamizsna, könyöradomány
alone [ə'loun] *hsz* egymaga, egyedül ‖ **be alone** magában áll
along [ə'lɒŋ] *hsz/elölj* mentén, mentében ‖ **all along the Danube** véges-végig a Dunán; **along with** (vkvel, vmvel) egyetemben
alongside [ə,lɒŋ'saɪd] *hsz/elölj* hosszában; mellett; mentén
aloof [ə'luːf] *mn* tartózkodó, zárkózott
aloud [ə'laud] *hsz* hangosan, fennhangon
alpenstock ['ælpənstɒk] *fn* hegymászó bot
alpha ['ælfə] *fn* alfa
alphabet ['ælfəbet] *fn* ábécé, betűrend ‖ írás
alphabetical [,ælfə'betɪkl] *mn* betűrendes, alfabetikus ‖ **alphabetical order** ábécérend, betűrend; **in alphabetical order** betűrendben
alpine ['ælpaɪn] *mn* alpesi, magaslati ‖ **Alpine events** ❑ *sp* alpesi számok
alpinism ['ælpɪnɪzm] *fn* hegymászás
alpinist ['ælpɪnɪst] *fn* hegymászó
Alps, the [ælps] *fn tsz* az Alpok
already [ɔːl'redi] *hsz* már ‖ **we have already met** már találkoztunk
alright [,ɔːl'raɪt] *hsz* ❖ *biz* → **all** *right*
Alsatian [æl'seɪʃn] *fn* farkaskutya, német juhászkutya
also ['ɔːlsou] *ksz* is, szintén ‖ **also known as** más néven
also-ran ['ɔːlsou ræn] *fn* helyezetlen (ló); mellőzött (személy)
Altaic [æl'teɪɪk] *mn* altaji
altar ['ɔːltə] *fn* oltár

---

fn főnév – *hsz* határozószó – *isz* indulatszó – *ksz* kötőszó – *mn* melléknév
▼ szófajjelzés ⊕ földrajzi variáns ❑ szakterület ❖ stiláris minősítés

altar-boy *fn* ❑ *vall* ministráns
altar-piece *fn* oltárkép
alter ['ɔːltə] *ige* módosít, (meg)változtat; *(ruhát)* (át)alakít ‖ **alter one's route** irányt változtat
alteration [ˌɔːltə'reɪʃn] *fn* megváltoztatás, módosítás ‖ (meg)változás ‖ átalakítás; igazítás *(ruháé)*
altercation [ˌɔːltə'keɪʃn] *fn* veszekedés, civakodás
alternate ▼ [ɔːl'tɜːnət] *mn* váltakozó ‖ **on alternate days** másodnaponként ▼ ['ɔːltəneɪt] *ige* váltogatja egymást
alternately [ɔːl'tɜːnətli] *hsz* felváltva, váltakozva
alternating current ['ɔːltəneɪtɪŋ] *fn* ❑ *el* váltakozó áram
alternative [ɔːl'tɜːnətɪv] ▼ *mn* alternatív ▼ *fn* alternatíva, választási lehetőség
alternatively [ɔːl'tɜːnətɪvli] *ksz* vagylagosan
although [ɔːl'ðoʊ] *ksz* bár, habár; ámbár
altitude ['æltɪtjuːd] *fn* magasság ‖ **altitude (above sea-level)** tengerszint feletti magasság
alto ['æltoʊ] *mn/fn* alt *(énekes; hang)*
altogether [ˌɔːltə'geðə] *hsz* teljesen; egészen; összesen; mindent összevéve
altruism ['æltruɪzm] *fn* altruizmus
altruist ['æltruɪst] *fn* altruista
altruistic [ˌæltrʊ'ɪstɪk] *mn* altruista
aluminium [ˌælə'mɪnɪəm] *fn* alumínium
aluminum [ə'luːmɪnəm] ⊕ *US fn* = **aluminium**
alumnus [ə'lʌmnəs] *fn* (*tsz* **-ni** [-naɪ]) ⊕ *US* volt/végzett hallgató/diák/növendék, öregdiák *(egyetemé, főiskoláé)*
always ['ɔːlweɪz] *hsz* mindig
am, AM [ˌeɪ'em] = délelőtt, de. ‖ **at 10 am/AM** de. 10-kor
am [əm] → **be**
A major ['eɪ 'meɪdʒə] *fn* A-dúr

amalgam [ə'mælgəm] *fn* amalgám
amalgamate [ə'mælgəmeɪt] *ige* egyesít, összevon ‖ fuzionál
amalgamated [ə'mælgəmeɪtɪd] *mn* egyesült
amalgamation [əˌmælgə'meɪʃn] *fn* egyesülés
amass [ə'mæs] *ige* felhalmoz ‖ **be amassed** halmozódik
amateur ['æmətə] *mn/fn* amatőr; műkedvelő
amateurish ['æmətərɪʃ] *mn* amatőr; műkedvelő
amaze [ə'meɪz] *ige* ámulatba/csodálatba ejt ‖ **be amazed at** elámul, elhűl vmtől; **I was amazed to hear** elképedve hallottam …
amazement [ə'meɪzmənt] *fn* álmélkodás, megdöbbenés, ámulat
amazing [ə'meɪzɪŋ] *mn* elképesztő, bámulatos
amazingly [ə'meɪzɪŋli] *hsz* elképesztően, bámulatosan
ambassador [æm'bæsədə] *fn* nagykövet
amber ['æmbə] *fn* borostyánkő ‖ **amber (light)** sárga fény *(forgalmi jelzőlámpán)*
ambidextrous [ˌæmbɪ'dekstrəs] *mn* kétkezes
ambience ['æmbɪəns] *fn* környezet; légkör
ambiguity [ˌæmbɪ'gjuːəti] *fn* kétértelműség, félreérthetőség
ambiguous [æm'bɪgjʊəs] *mn* kétértelmű, félreérthető
ambition [æm'bɪʃn] *fn* becsvágy, ambíció, nagyravágyás, törekvés
ambitious [æm'bɪʃəs] *mn* igyekvő ‖ **be ambitious** nagyra tör/vágyik
ambivalent [æm'bɪvələnt] *mn* ambivalens
amble ['æmbl] *ige* lépésben megy *(lóval)* ‖ baktat, poroszkál *(ló)*
ambulance ['æmbjələns] *fn* mentőautó, mentőkocsi; a mentők ‖ **call an ambulance** kihívja a mentőket

A

ambush ['æmbʊʃ] *fn (ált és kat)* les, leshely ‖ **be in ambush (for)** (vmre, vkre) lesben áll

ameba [ə'mi:bə] *fn* ⊕ *US* = **amoeba**

ameliorate [ə'mi:lɪəreɪt] *ige* (meg)javít

amelioration [ə,mi:lɪə'reɪʃn] *fn* (meg)javítás

amen [,ɑ:'men] *fn/isz* ámen

amenable [ə'mi:nəbl] *mn* irányítható ‖ **be amenable to sg** vmre rávehető; **be amenable to advice** hajlik a jó szóra; **amenable to law** felelősségre vonható

amend [ə'mend] *ige* módosít *(javaslatot)*

amendment [ə'mendmənt] *fn* módosítás, kiegészítés

amends [ə'mendz] *fn tsz* elégtétel ‖ **make amends for sg** jóvátesz, helyrehoz; **make amends to sy for sg** kártérítést fizet vknek vmért

amenities [ə'mi:nətɪz] *fn tsz* komfort

America [ə'merɪkə] *fn* Amerika

American [ə'merɪkən] *mn/fn* amerikai

American football *fn* amerikai futball

American English *fn* amerikai angol

Americanism [ə'merɪkənɪzm] *fn* amerikanizmus

amethyst ['æməθɪst] *fn* ametiszt

amiable ['eɪmɪəbl] *mn* barátságos, kedves, szeretetre méltó

amicable ['æmɪkəbl] *mn* szívélyes; barátságos

amid(st) [ə'mɪd(st)] *elölj* ❖ *ir* között, közepette

A minor ['eɪ 'maɪnə] *fn* a-moll

amiss [ə'mɪs] *hsz* rosszul ‖ **take sg amiss** rossz néven vesz vmt

ammeter ['æmi:tə] *fn* árammérő

ammonia [ə'məʊnɪə] *fn* ammónia

ammunition [,æmjʊ'nɪʃn] *fn* lőszer, muníció

amnesia [æm'ni:zɪə] *fn* emlékezetkiesés

amnesty ['æmnəsti] *fn* amnesztia

amniotic fluid [,æmnɪɒtɪk] *fn* magzatvíz

amoeba [ə'mi:bə] *fn* amőba

amok [ə'mɒk] → **amuck**

among [ə'mʌŋ] *elölj* között ‖ közül ‖ közé

amoral [,eɪ'mɒrəl] *mn* erkölcs nélküli, amorális

amorous ['æmərəs] *mn* szerelmes; szerelmi

amorphous [ə'mɔ:fəs] *mn* alaktalan, amorf

amortization [ə,mɔ:taɪ'zeɪʃn] *fn* amortizáció

amortize [ə'mɔ:taɪz] *ige* törleszt ‖ **be amortized** amortizálódik

amount [ə'maʊnt] ▼ *fn* összeg ‖ **amount due** esedékes összeg; **the amount needed/required** a szükséges összeg; **up to the amount of ...** összeg erejéig ▼ *ige* **amount to** *(összegszerűen)* kitesz; *(összeg vmre)* rúg ‖ **that amounts to ... (altogether)** összesen kitesz ..., ez annyi mint ...; **that amounts to saying (that)** ez egyértelmű azzal(, hogy)

ampere ['æmpeə] *fn* amper

amphibia [æm'fɪbɪə] *fn tsz* kétéltűek

amphibian [æm'fɪbɪən] *fn* kétéltű jármű

amphibious [æm'fɪbɪəs] *mn* kétéltű

amphitheatre (⊕ *US* -ter) ['æmfɪθɪətə] *fn* körszínház; amfiteátrum

ample ['æmpl] *mn* bő, bőséges

amplifier ['æmplɪfaɪə] *fn* ❑ *el* erősítő

amplify ['æmplɪfaɪ] *ige* ❑ *el* erősít

amplitude ['æmplɪtju:d] *fn* amplitúdó, kilengés

amply ['æmpli] *hsz* bőven

ampoule ['æmpu:l] *fn* ampulla

amputate ['æmpjʊteɪt] *ige* amputál, csonkol, levág

amputation [,æmpjʊ'teɪʃn] *fn* amputálás, csonkolás

amuck [ə'mʌk] *hsz* **run amuck** ámokfutást rendez

amulet ['æmjʊlət] *fn* amulett, talizmán

amuse [ə'mju:z] *ige* szórakoztat, mulattat ‖ **amuse oneself** vhol szórako-

---

fn főnév −*hsz* határozószó −*isz* indulatszó −*ksz* kötőszó −*mn* melléknév
▼ szófajjelzés ⊕ földrajzi variáns ❑ szakterület ❖ stiláris minősítés

zik; **we were amused at his stories** jót mulattunk viccein; **be amused at/ by sg** nevet vmn

amusement [ə'mju:zmənt] *fn* mulatság, szórakozás ‖ **do sg for amusement** szórakozásból csinál vmt

amusement park *fn* Vidám Park

amusing [ə'mju:zɪŋ] *mn* mulatságos, szórakoztató

an [æn, *gyenge kiejt.* ən, n] → **a**

anachronism [ə'nækrənɪzm] *fn* anakronizmus

anachronistic [ə,nækrə'nɪstɪk] *mn* korszerűtlen

anaemia [ə'ni:mɪə] *fn* vérszegénység

anaemic [ə'ni:mɪk] *mn* vérszegény; (betegesen) sápadt, sápkóros

anaesthesia [,ænəs'θi:zɪə] *fn* anesztézia, (el)altatás, érzéstelenítés

anaesthetic [,ænəs'θetɪk] *fn* érzéstelenítő

anaesthetist [ə'ni:sθətɪst] *fn* aneszteziológus, altatóorvos

analgesic [,ænəl'dʒi:zɪk] *fn* fájdalomcsillapító

analog *fn* ⊕ *US* = **analogue**

analogically [,ænə'lɒdʒɪkli] *hsz* analógia alapján

analogous [ə'næləgəs] *mn* hasonló, analóg (*to/with* vmvel)

analogously [ə'næləgəsli] *hsz* hasonlóság alapján

analogue ['ænəlɒg] *fn* vmnek az analógiája, analóg dolog/eset

analog(ue) computer *fn* analóg számítógép

analogy [ə'nælədʒi] *fn* analógia ‖ **by analogy** analógia alapján; **on the analogy of sg** vmnek az analógiájára

analyse (⊕ *US* **-yze**) ['ænəlaɪz] *ige* elemez; analizál

analysis [ə'nælɪsɪs] *fn* elemzés, analízis

analyst ['ænəlɪst] *fn* analitikus ‖ pszichoanalitikus

analytic(al) [,ænə'lɪtɪk(l)] *mn* elemző, analitikus, analitikai ‖ **analytic method**

analitikus módszer; **analytic chemistry** analitikai kémia

anarchic(al) [æ'nɑ:kɪk(l)] *mn* anarchikus

anarchist ['ænəkɪst] *fn* anarchista

anarchy ['ænəki] *fn* anarchia, fejetlenség

anathema [ə'næθəmə] *fn* egyházi átok

anatomical [,ænə'tɒmɪkl] *mn* anatómiai

anatomist [ə'nætəmɪst] *fn* anatómus

anatomy [ə'nætəmi] *fn* anatómia, bonctan

ancestor ['ænsestə] *fn* ős ‖ **our ancestors** őseink

ancestral [æn'sestrəl] *mn* ősi

ancestry ['ænsestri] *fn* származás, eredet

anchor ['æŋkə] ▼ *fn* horgony ‖ **be at anchor** horgonyoz; **drop anchor** lehorgonyoz; **ride at anchor** horgonyoz; **up anchor** horgonyt felszed ▼ *ige* horgonyt vet, lehorgonyoz

anchorage ['æŋkərɪdʒ] *fn* horgony-(zó)hely ‖ horgonyzási díj

anchovy ['æntʃəvi] *fn* szardella

anchovy-rings *fn tsz* ringli

ancient ['eɪnʃənt] ▼ *mn* ősi, antik, ókori ‖ **ancient civilization** ókori műveltség; **ancient monument** műemlék; **ancient times** ókor ▼ *fn* **the ancients** ókori klasszikusok

ancillary staff [æn'sɪləri] *fn* (egészségügyi) szakdolgozók

and [ənd] *ksz* és, s, meg ‖ pedig ‖ **and so on** és így tovább

Andes, the ['ændi:z] *fn tsz* Andok

anecdote ['ænɪkdoʊt] *fn* vicc; anekdota

anem... ⊕ *US* → **anaem...**

anesth... ⊕ *US* → **anaesth...**

anew [ə'nju:] *hsz* újból, újra; ismét

angel ['eɪndʒəl] *fn* angyal

angelic [æn'dʒelɪk] *mn* angyali

anger ['æŋgə] ▼ *fn* harag; méreg, bosszúság ▼ *ige* (fel)dühít, felmérgesít

A

angle¹ ['æŋgl] *fn* ❑ *mat* szög ‖ kiszögellés; szöglet ‖ szempont, nézőpont; szemszög ‖ **angle of incidence** beesési szög

angle² ['æŋgl] *ige* **angle for sg** horgászik vmre; ❖ *biz* pályázik vmre; meg akar szerezni vmt; **go angling** horgászni megy

angler ['æŋglə] *fn* horgász ‖ **anglers outfit** horgászfelszerelés

Anglican ['æŋglɪkən] *mn* anglikán

anglicism ['æŋglɪsɪzm] *fn* (*idegen nyelvben*) anglicizmus

angling ['æŋglɪŋ] *fn* horgászat

Anglo-Hungarian ['æŋglouhʌŋ'geərɪən] *mn* angol–magyar (*kapcsolatok stb.*)

Anglo-Saxon [ˌæŋglou 'sæksn] *mn* angolszász

angrily ['æŋgrɪli] *hsz* dühösen, mérgesen

angry ['æŋgri] *mn* ❖ *biz* dühös; mérges; haragos (*tenger*) ‖ **angry look** dühös pillantás; **be angry** haragszik; **make (sy) angry** felbosszant; **be angry at/about sg** haragszik/mérgelődik vm miatt; **I am angry with her** haragszom rá; **be angry with sy (at/about sg)** mérges/haragszik vkre (vm miatt)

anguish ['æŋgwɪʃ] *fn* aggodalom; aggály; gyötrődés ‖ **in anguish** szorongó szívvel

angular ['æŋgjulə] *mn* szögletes, merev (*mozgás, viselkedés*)

animal ['ænɪməl] *fn* ❖ *ált* állat

animal husbandry *fn* állattenyésztés

animal kingdom *fn* élővilág ‖ **the animal kingdom** az állatok világa

animal story *fn* állatmese

animate ▼ ['ænɪmət] *mn* élő ▼ [-meɪt] *ige* életre kelt, megelevenít ‖ élénkít, lelkesít

animated cartoon ['ænɪmeɪtɪd] *fn* animációs film, rajzfilm

animation [ˌænɪ'meɪʃn] *fn* animáció ‖ életre keltés ‖ élénkség

animosity [ˌænɪ'mɒsəti] *fn* ellenséges érzület

aniseed ['ænɪsiːd] *fn* ánizs

ankle ['æŋkl] *fn* boka

ankle socks *fn* bokafix

annals ['ænlz] *fn tsz* ❑ *tört* évkönyv, krónika

annex [ə'neks] ▼ *fn* ⊕ *US* = **annexe** ▼ *ige* (*területet*) hozzácsatol, odacsatol; (*tartományt*) bekebelez

annexe (⊕ *US* **annex**) ['æneks] *fn* mellékszárny (*épületé*), szárnyépület

annihilate [ə'naɪəleɪt] *ige* elpusztít; megsemmisít, kiirt

annihilation [əˌnaɪə'leɪʃn] *fn* elpusztítás; megsemmisítés; kiirtás

anniversary [ˌænɪ'vɜːsəri] *fn* évforduló ‖ **200th anniversary** kétszázéves évforduló

annotate ['ænəteɪt] *ige* jegyzetekkel ellát, annotál

annotated ['ænəteɪtɪd] *mn* annotált ‖ **annotated edition** magyarázatos kiadás

annotation [ˌænə'teɪʃn] *fn* magyarázó jegyzet

announce [ə'nauns] *ige* bejelent, közöl, kihirdet ‖ bemond, beolvas ‖ **it was announced that** közölték, hogy

announcement [ə'naunsmənt] *fn* közlemény, bejelentés, kihirdetés ‖ **announcement of the results** eredményhirdetés

announcer [ə'naunsə] *fn* műsorközlő, bemondó

annoy [ə'nɔɪ] *ige* bosszant (vk/vm vkt), kellemetlenkedik (vknek) ‖ **be annoyed at sg** bosszankodik vmn *v.* vm miatt; **be annoyed with sy** haragszik vkre

annoyance [ə'nɔɪəns] *fn* méreg, bosszúság, bosszankodás

annoying [ə'nɔɪɪŋ] *mn* bosszantó, kellemetlen ‖ **the annoying thing is that … ** a dologban az a kellemetlen, hogy

annual ['ænjuəl] ▼ *mn* évi ‖ **annual balance (sheet)** évi mérleg; **annual**

---

fn főnév – *hsz* határozószó – *isz* indulatszó – *ksz* kötőszó – *mn* melléknév
▼ szófajjelzés ⊕ földrajzi variáns ❑ szakterület ❖ stiláris minősítés

ring évgyűrű; **annual salary** évi fize-
tés ▼ *fn* egynyári növény
annually ['ænjʊəli] *hsz* évenként;
évente
annuity [ə'nju:əti] *fn* évjáradék
annul [ə'nʌl] *ige* **-ll-** töröl, semmisnek
nyilvánít, megsemmisít, érvénytelenít
annulment [ə'nʌlmənt] *fn* érvénytele-
nítés, megsemmisítés
Annunciation, the [ə,nʌnsi'eɪʃn] *fn*
az Angyali üdvözlet ‖ Gyümölcsoltó
Boldogasszony (márc. 25.)
anode ['ænoʊd] *fn* anód
anoint [ə'nɔɪnt] *ige* **anoint sy king**
vkt felken királlyá
anomalous [ə'nɒmələs] *mn* rendelle-
nes, rendhagyó
anomaly [ə'nɒməli] *fn* ❖ *ált* rendelle-
nesség
anonymity [,ænə'nɪməti] *fn* névtelen-
ség, ismeretlenség
anonymous [ə'nɒnɪməs] *mn* névtelen
anorak ['ænəræk] *fn* anorák
another [ə'nʌðə] *nm* (egy) másik ‖
még egy(et) ‖ további, újabb ‖ **in an-
other ten years** további tíz év múlva;
that's quite another matter/story ez
egészen más!; **I have another piece
of luggage** még egy csomagom van;
another time máskor; **in another
way** másként, másképpen
answer ['ɑ:nsə] ▼ *fn* válasz, felelet ‖
megoldás *(példáé, feladványé)*; meg-
fejtés *(rejtvényé)* ‖ **in answer to sg**
válaszképpen; **there's no answer** nem
felel *(telefonon)* ▼ *ige* **answer sy sg**
felel/válaszol vknek vmt, választ ad
vknek ‖ **(s)he didn't answer (me)**
nem válaszolt; **answer the doorbell**
csengetésre ajtót nyit; **answer a let-
ter** megválaszol egy levelet; **answer
a question** kérdésre felel; **answer the
phone** felveszi a telefonkagylót

answer back felesel, visszabeszél
answer for sg felelős/felel vmért ‖
answer for sy szavatol vkért;

answer for sy/sg felelősséget vállal
vkért/vmért

answerable ['ɑ:nsərəbl] *mn* megold-
ható ‖ felelős *(to vknek)*
answering machine ['ɑ:nsərɪŋ] *fn*
üzenetrögzítő
answerphone ['ɑ:nsəfoʊn] *fn* üzenet-
rögzítő
ant [ænt] *fn* hangya ‖ **have ants in
one's pants** ❖ *biz* zabszem van a fe-
nekében
antagonism [æn'tægənɪzm] *fn* ellen-
tét, antagonizmus
antagonistic [æn,tægə'nɪstɪk] *mn* el-
lentétes, antagonisztikus
Antarctic, the [ænt'ɑ:ktɪk] *fn* Déli-
sark
Antarctic Ocean *fn* Déli-Jeges-tenger
anteater ['ænti:tə] *fn* hangyász(med-
ve)
antecedents [,æntɪ'si:dnts] *fn tsz* előz-
mény
antechamber ['æntʃeɪmbə] *fn* elő-
szoba, várószoba
antedate [,æntɪ'deɪt] *ige* előrekeltez,
előbbre keltez
antelope ['æntɪloʊp] *fn* antilop
antenatal [,ænti'neɪtl] *fn* terhesrende-
lés ‖ **go for her antenatal** ❖ *biz* ter-
hesrendelésre megy
antenatal care *fn* terhesgondozás
antenatal clinic *fn* terhesgondozó
antenna [æn'tenə] *fn (tsz* **-nas)** anten-
na ‖ *(tsz* **-nae)** csáp
anterior [æn'tɪərɪə] *mn* mellső
anteroom ['æntirʊm] *fn* = **ante-
chamber**
ant-hill *fn* hangyaboly
anthology [æn'θɒlədʒi] *fn* antológia,
szöveggyűjtemény
anthropological [-pə'lɒdʒɪkl] *mn* em-
bertani
anthropologist [,ænθrə'pɒlədʒɪst] *fn*
antropológus
anthropology [-'pɒlədʒi] *fn* antropo-
lógia, embertan

anti-aircraft [ˌænti'eəkrɑːft] *mn* légvédelmi || **anti-aircraft defence** (⊕ *US* **-se**) *fn* légvédelem

anti-alcoholist [ˌænti'ælkəhɒlɪst] *mn* alkoholellenes

antibiotic [ˌæntɪbaɪ'ɒtɪk] *fn* antibiotikum

antibody ['æntɪbɒdi] *fn* ❑ *biol* ellenanyag, antitest

anticipate [æn'tɪsɪpeɪt] *ige* elébe vág (vmnek) || számít (vmre) || **anticipate a payment** lejárat előtt fizet

anticipation [ænˌtɪsɪ'peɪʃən] *fn* megelőzés || előérzet, megérzés || **in anticipation** *(időben)* előre; **in anticipation of** arra számítva, hogy

anticlimax [ˌæntɪ'klaɪmæks] *fn* antiklimax, nagy csalódás

anticlockwise [ˌæntɪ'klɒkwaɪz] *mn/hsz* az óramutató járásával ellenkező irányba(n)

antics ['æntɪks] *fn tsz* bohóckodás

anticyclone ['æntɪsaɪkloʊn] *fn* anticiklon

antidote ['æntɪdoʊt] *fn* ellenszer; ellenméreg

antipathetic [ˌæntɪpə'θetɪk] *mn* ellenszenves, antipatikus

antipathy [æn'tɪpəθi] *fn* ellenszenv, antipátia *(to* vk iránt)

antipyretic [ˌæntɪpaɪ'retɪk] *mn/fn* lázcsillapító

antiquarian [ˌæntɪ'kweəriən] *mn/fn* régiséggyűjtő || **antiquarian bookseller** antikvárius

antiquary ['æntɪkwəri] *fn* régiséggyűjtő, régiségkereskedő

antiquated ['æntɪkweɪtɪd] *mn* ásatag, maradi *(eszme)* || ósdi, elavult

antique [æn'tiːk] ▼ *mn* antik *(bútor stb.)*; ó ▼ *fn* antik tárgy, régiség || **antique(s) dealer** régiségkereskedő; **antique(s) shop** régiségkereskedés

antiquities [æn'tɪkwətɪz] *fn tsz* régiségek, antikvitás

antiquity [æn'tɪkwəti] *fn* ókor, antikvitás

anti-Semite [ˌæntɪ'siːmaɪt] *fn* antiszemita

anti-Semitic [ˌæntɪsə'mɪtɪk] *mn* antiszemita

anti-Semitism [ˌæntɪ'semətɪzm] *fn* antiszemitizmus

antiseptic [ˌæntɪ'septɪk] ▼ *mn* antiszeptikus ▼ *fn* fertőtlenítőszer

antisocial [ˌæntɪ'soʊʃl] *mn* antiszociális

antispasmodic [ˌæntɪspæz'mɒdɪk] *mn/fn* görcsoldó (szer)

antithesis [æn'tɪθəsɪs] *fn* antitézis

anti-war *mn* háborúellenes

antlers ['æntləz] *fn tsz* (szarvas)agancs

Antwerp ['æntwɜːp] *fn* Antwerpen

anus ['eɪnəs] *fn* végbélnyílás

anvil ['ænvɪl] *fn* üllő

anxiety [æŋ'zaɪəti] *fn* aggodalom, aggódás, aggály, izgalom, szorongás

anxious ['æŋkʃəs] *mn* aggodalmas(kodó), aggódó || **be anxious about sy/sg** aggódik vkért/vmért; **be anxious to** ég a vágytól, hogy …, alig vár vmt

anxiously ['æŋkʃəslɪ] *hsz* aggódva, szívszorongva

any ['eni] *mn* akármi, valami; akármelyik; bármi; bármelyik, tetszés szerinti || **not any** semennyi, egy sem, semmi; **any amount (of)** tetszés szerinti mennyiség; **in any case** mindenesetre, amúgy is …, bárhogy(an) (álljon) is (a dolog); **by any chance** netán, ha esetleg…; **at any cost** kerül, amibe kerül; **any day** bármelyik napon; **any length of time** akármeddig; **any letters for me?** nincs postám?; **by any means** minden úton-módon; **not … any more** többé (már) nem; **is there any more?** van még?; **any number of** akárhány; **at any price** mindenáron; **at any rate** mindenesetre; **at any time** akármikor; bármikor; **if any** ha egyáltalán valami/bármi

anybody ['enibɒdi] *nm* valaki, akárki, bárki || **not anybody** senki; **anybody** else akárki/bárki más; **anybody who** mindenki, aki

anyhow ['enihaʊ] *hsz* akárhogy(an), valahogy(an), jól-rosszul ‖ mindenhogyan, bárhogy(an) (álljon) is (a dolog), így is, úgy is ‖ **do sg (just) anyhow** tessék-lássék (módon) csinál (meg) vmt

anyone ['eniwʌn] *nm* = **anybody**

anyplace ['enipleɪs] *hsz* ⊕ *US* ❖ *biz* = **anywhere**

anything ['eniθɪŋ] *nm* bármi, akármi, valami; *(tagadásban)* semmi ‖ **be up to anything** ❖ *biz* ❖ *elít* mindenre kapható; **anything but** minden csak nem …; **like anything** nagyon; **anything else** akármi más; **(will there be) anything else (Madam, Sir)?** parancsol még valamit?; **is there anything I can do for you (Madam, Sir)?** mit parancsol?; **anything will do** bármi megfelel, akármi megfelel

anytime ['enitaɪm] *hsz* ⊕ *US* bármikor

anyway ['eniweɪ] *hsz* amúgy is …, bárhogy álljon is (ez) a dolog ‖ úgyis ‖ **he's not in anyway** ne keresd, úgysincs otthon

anywhere ['eniweə] *hsz* bárhol, akárhol; mindegy hova, akárhova, bárhova, valahova ‖ **from anywhere** akárhonnan; bárhonnan; **not anywhere** sehol, sehova; **anywhere else** akárhol/bárhol másutt

aorta [eɪ'ɔːtə] *fn* aorta

apace [ə'peɪs] *hsz* gyorsan

apart [ə'pɑːt] *hsz* széjjel, szét ‖ **apart from** kivéve; **apart from her/him** rajta kívül; **apart from sg** vmtől eltekintve, vmn kívül; **apart from this** ettől eltekintve/függetlenül

apartheid [ə'pɑːtheɪt] *fn* apartheid

apartment [ə'pɑːtmənt] *fn* ⊕ *US* lakás ‖ **apartments** lakosztály

apartment block *fn* ⊕ *US* bérház, lakóház

apartment house *fn* ⊕ *US* bérház, lakóház

apathetic [ˌæpə'θetɪk] *mn* egykedvű, apatikus ⒜

apathy ['æpəθi] *fn* apátia, érzéketlenség

ape [eɪp] *fn* (emberszabású) majom

aperitif [ə,perə'tiːf] *fn* aperitif

aperture ['æpətʃə] *fn* nyílás; lencsenyílás

apex ['eɪpeks] *fn* csúcs *(kúpé)*

aphorism ['æfərɪzm] *fn* velős mondás, aforizma

apiece [ə'piːs] *hsz* egyenként, darabonként

Apocalypse, the [ə'pɒkəlɪps] *fn* Jelenések könyve

apocalyptic [ə,pɒkə'lɪptɪk] *mn* apokaliptikus

apocryphal [ə'pɒkrɪfl] *mn* apokrif; kétes hitelességű

apogee ['æpədʒiː] *fn* földtávol

apolitical [ˌeɪpə'lɪtɪkl] *mn* apolitikus, politikamentes

apologetic [ə,pɒlə'dʒetɪk] *mn* védekező, apologetikus

apologize [ə'pɒlədʒaɪz] *ige* mentegetődzik *(for* vmért) ‖ **apologize to sy for sg** elnézést kér vktől vmért

apology [ə'pɒlədʒi] *fn* bocsánatkérés, mentegetődzés, sajnálkozás ‖ **make apologies** mentegetődzik vmért

apoplectic [ˌæpə'plektɪk] *mn* gutaütött

apoplexy ['æpəpleksi] *fn* agyvérzés; gutaütés, szélütés

apostle [ə'pɒsl] *fn* ❑ *vall* apostol

Apostles' Creed, the [ə'pɒsls kriːd] *fn* az Apostoli hitvallás

apostrophe [ə'pɒstrəfi] *fn* aposztróf

appal [ə'pɔːl] (⊕ *US* **appall**) **-ll-** *ige* megdöbbent ‖ **be appal(l)ed at sg** megdöbben vmtől

appalled [ə'pɔːld] *mn* megdöbbent

appalling [ə'pɔːlɪŋ] *mn* megdöbbentő

apparatus [ˌæpə'reɪtəs] *fn* berendezés, készülék, szerkezet ‖ ❖ *átv* apparátus ‖ tornaszer

apparel [ə'pærəl] *fn* ruházat

---

nm névmás – *nu* névutó – *szn* számnév – *esz* egyes szám – *tsz* többes szám

▼ szófajjelzés ⊕ földrajzi variáns ❑ szakterület ❖ stiláris minősítés

apparent [ə'pærənt] *mn* nyilvánvaló, látható || látszólagos || **it is apparent from what he says** nyilvánvaló abból, amit mond; **for no apparent reason** minden különösebb ok nélkül

apparently [ə'pærəntli] *hsz* nyilván(valóan), szemmel láthatólag || látszólag

apparition [ˌæpə'rɪʃn] *fn* kísértet; rém, jelenés

appeal [ə'piːl] ▼ *fn* fellebbezés || segélykérés || kiáltvány || **an appeal lies** fellebbezésnek helye van ▼ *ige* **appeal to** folyamodik, megkeres, vhova fellebbez; **appeal to sy** felhívást intéz vkhez, vkhez fordul (*for sg* vmért); **it appeals to me** vonzónak találom

appealing [ə'piːlɪŋ] *mn* vonzó, rokonszenves

appear [ə'pɪə] *ige* megjelenik || feltűnik; felbukkan, látszik || **it appeared that** kiderült, hogy; **it appears as if … úgy tűnik, mintha/hogy; **it appears not** úgy látszik, hogy nem; **it appears so** úgy tűnik, igen; **it appears that** úgy látszik, hogy; **appear as** szerepel, fellép; **appear as Hamlet** H. szerepében lép fel; **appear before sy** vk elé járul; **appear for sy** perben képvisel vkt; **appear from sg** kitűnik vmből; **appear in a film/picture** filmben játszik; **appear in court** bíróság előtt megjelenik; **appear on television** a televízióban szerepel; **appear on the agenda** napirenden szerepel/van

appearance [ə'pɪərəns] *fn* megjelenés, felbukkanás || látszat || kinézés, külső (megjelenés) || szereplés, fellépés || **put in an appearance** megjelenik; **to all appearances** minden jel arra mutat, hogy; **keep up appearances** fenntartja a látszatot

appease [ə'piːz] *ige* csillapít, enyhít (*éhséget*) || lecsendesít (*haragos embert*); kiengesztel

appeasment [ə'piːzmənt] *fn* békítés, engesztelés

append [ə'pend] *ige* becsatol (*iratot*)

appendage [ə'pendɪdʒ] *fn* toldalék, függelék

appendectomy [ˌæpən'dektəmi] *fn* vakbélműtét

appendicitis [əˌpendə'saɪtɪs] *fn* vakbélgyulladás

appendix [ə'pendɪks] *fn* (*tsz* -**dixes** *v.* -**dices**) (*könyvhöz*) függelék || vakbél

appertain [ˌæpə'teɪn] *ige* **appertain to sg** tartozik vmhez; **appertain to sy** vkt illet

appetite ['æpətaɪt] *fn* étvágy

appetizer ['æpətaɪzə] *fn* étvágygerjesztő (falatok); (*ital*) aperitif

appetizing ['æpətaɪzɪŋ] *mn* étvágygerjesztő, gusztusos

applaud [ə'plɔːd] *ige* (meg)tapsol, (meg)éljenez

applause [ə'plɔːz] *fn* taps, éljenzés || **burst of applause** tapsvihar

apple ['æpl] *fn* alma || **the apple of sy's eye** ❖ *átv* vk szeme fénye/világa

apple-cake *mn* almás lepény/pite

apple-juice *fn* almalé

apple-pie *mn* almás lepény/pite || **in apple-pie order** (*szoba stb.*) ❖ *biz* a legnagyobb *v.* kínos rendben

apple tree *fn* almafa

appliance [ə'plaɪəns] *fn* készülék, gép, eszköz || **appliances** szerelvények, szerelékek

applicable [ə'plɪkəbl] *mn* alkalmazható

applicant ['æplɪkənt] *fn* igénylő, kérvényező; (*állást, lakást*) kérelmező; (*állásra*) jelentkező; pályázó

application [ˌæplɪ'keɪʃn] *fn* alkalmazás, felhasználás || beadvány, kérelem, kérvény, folyamodvány || pályázat || **make an application (to sy for sg)** kérvényt bead/benyújt (vkhez vm ügyben); **on application** kívánságra; **send in one's application for sg** jelentkezik vmre

---

fn főnév – *hsz* határozószó – *isz* indulatszó – *ksz* kötőszó – *mn* melléknév
▼ szófajjelzés ⊕ földrajzi variáns ❑ szakterület ❖ stiláris minősítés

application form *fn* jelentkezési lap

applied [ə'plaɪd] *mn* alkalmazott ‖ applied art(s) iparművészet; applied mathematics alkalmazott matematika

apply [ə'plaɪ] *ige* alkalmaz (*sg to sg* vmt vmre) ‖ kérvényt benyújt; (meg)kérvényez ‖ vonatkozik (*to* vkre/vmre) ‖ apply for sg folyamodik vmért, (meg)kérvényez vmt, megpályáz (*állást stb.*); pályázatot benyújt; apply for admission felvételre jelentkezik; apply for a job állásra jelentkezik; apply to sy for sg folyamodik/fordul vkhez vm ügyben; where do I apply? hova kell benyújtani a kérelmet?; this does not apply to you ez nem vonatkozik rád; delete whichever does not apply a nem kívánt rész törlendő

appoint [ə'pɔɪnt] *ige* kinevez (vkt vmnek); (*állásra, tanszékre*) meghív ‖ (*időt*) kijelöl, kitűz ‖ he was appointed (to be a) teacher kinevezték tanárnak; appoint a day határidőt kitűz; appoint a committee bizottságot küld ki; appoint a place helyet meghatároz

appointee [ə,pɔɪn'ti:] *fn* kijelölt/kinevezett személy

appointment [ə'pɔɪntmənt] *fn* kinevezés ‖ megbeszélt időpont/találkozó, megbeszélés ‖ by appointment megállapodás/megbeszélés szerint; have you (*v.* do you have) an appointment (with X)? meg van beszélve?, megbeszélték?; make an appointment with sy megbeszél egy időpontot/találkozót vkvel; I have an appointment with X at 2 pm du. 2-re vagyok bejelentve X-nél

apportion [ə'pɔ:ʃn] *ige* eloszt (*between* vkk között), (arányosan) feloszt

apposite ['æpəzɪt] *mn* helytálló; helyénvaló, találó

appraisal [ə'preɪzl] *fn* felbecsülés; felmérés, értékelés

appraise [ə'preɪz] *ige* felbecsül, értékel, kiértékel

appreciable [ə'pri:ʃəbl] *mn* észrevehető

appreciably [ə'pri:ʃəbli] *hsz* észrevehetően

appreciate [ə'pri:ʃieɪt] *ige* megbecsül, értékel, méltányol; ❖ *biz* díjaz

appreciation [ə,pri:ʃi'eɪʃn] *fn* megbecsülés, elismerés, méltánylás

appreciative [ə'pri:ʃiətɪv] *mn* méltányló, (meg)értő ‖ an appreciative audience értő/hálás közönség

apprehend [,æprɪ'hend] *ige* letartóztat, lefog

apprehension [,æprɪ'henʃn] *fn* aggódás, félelem

apprehensive [,æprɪ'hensɪv] *mn* aggodalmaskodó, aggódó

apprentice [ə'prentɪs] *fn* gyakornok ‖ (*régebben*) inas, ipari tanuló

apprenticeship [ə'prentɪsʃɪp] *fn* tanulóidő (*ipari tanulóé*)

appro ['æproʊ] *fn* ❖ *biz* = approval

approach [ə'proʊtʃ] ▼ *fn* közeledés, megközelítés ‖ ❖ *átv* megközelítés, felfogás, szemlélet(mód) ‖ make approaches to sy megkörnyékez ▼ *ige* közeledik/közelít vmhez; (*kérdést*) megközelít ‖ he is approaching fifty az ötvenedik évéhez közeledik

approach road *fn* bekötőútt, bevezető út

approbation [,æprə'beɪʃn] *fn* jóváhagyás, helyeslés

appropriate ▼ [ə'proʊprɪət] *mn* helyénvaló, alkalmas, megfelelő, (oda)illő, találó ‖ as/where appropriate (*űrlap kitöltésénél*) értelemszerűen ▼ [-prieɪt] *ige* kisajátít; eltulajdonít ‖ félretesz, előirányoz

appropriation [ə,proʊpri'eɪʃn] *fn* kisajátítás ‖ felhasználás

approval [ə'pru:vl] *fn* jóváhagyás, helyeslés, beleegyezés, hozzájárulás ‖ give one's approval to sg vmbe beleegyezik; on approval (szíves) megte-

A

kintésre, próbaképpen; **sg meets with sy's approval** vk vmt helyesel

approve [ə'pru:v] *ige (tervet stb.)* jóváhagy; *(javaslatot)* elfogad, megerősít, szentesít ‖ **approve of sg** beleegyezik vmbe; megadja hozzájárulását vmhez, helyesel vmt

approx. [ə'prɒksɪmətli] = **approximately**

approximate ▼ [ə'prɒksɪmət] *mn* megközelítő, hozzávetőleges ▼ [-meɪt] *ige* (meg)közelít

approximately [ə'prɒksɪmətli] *hsz* hozzávetőleg, megközelítőleg, körülbelül, mintegy

approximation [ə,prɒksɪ'meɪʃn] *fn* megközelítés

appurtenances [ə'pɜ:tɪnənsɪz] *fn tsz* tartozékok

Apr. = **April**

apricot ['eɪprɪkɒt] *fn* sárgabarack

apricot jam ['eɪprɪkɒt] *fn* barackíz, baracklekvár

April ['eɪprəl] *fn* április

April Fool's Day *fn* április elseje

apron ['eɪprən] *fn* kötény ‖ ❑ *rep* forgalmi előtér

Apt. = **apartment**

apt [æpt] *mn* találó, ügyes *(válasz)* ‖ gyors felfogású, okos; értelmes ‖ alkalmas ‖ **be apt to do sg** hajlamos vmre; **apt to break** könnyen törik

aptitude ['æptɪtju:d] *fn* képesség, rátermettség, alkalmasság, adottság ‖ **show an aptitude for/in sg** hajlama van vm iránt

aptitude test *fn* alkalmassági vizsgálat

aptly ['æptli] *hsz* találóan

aptness ['æptnəs] *fn* alkalmasság, rátermettség

aqualung ['ækwəlʌŋ] *fn* légzőkészülék *(könnyűbúváré)*

aquarium [ə'kweərɪəm] *fn* *(tsz* **-riums** *v.* **-ria)** akvárium

aquatic sports [ə'kwætɪk] *fn tsz* vízi sportok

aqueduct ['ækwədʌkt] *fn* vízvezeték

Arab ['ærəb] *fn* arab *(ember)*

Arabia [ə'reɪbɪə] *fn* Arábia

Arabian [ə'reɪbɪən] *mn* arab

Arabic ['ærəbɪk] *fn* arab (nyelv)

Arabic numeral [,ærəbɪk 'nju:mərəl] *fn* arab szám

arable ['ærəbl] *mn* művelhető

arbiter ['ɑ:bɪtə] *fn* választott bíró, döntőbíró

arbitrarily ['ɑ:bɪtrərɪli] *hsz* önkényesen, önhatalmúlag

arbitrary ['ɑ:bɪtrəri] *mn* önkényes, önhatalmú

arbitrator ['ɑ:bɪtreɪtə] *fn* választott bíró, döntőbíró

arbour ['ɑ:bə] *fn* lugas

arc [ɑ:k] *fn* ❑ *mat* ❑ *fiz* ív, körív

arcade [ɑ:'keɪd] *fn* árkád(sor)

arcades [ɑ:'keɪdz] *fn tsz kb.* átjáróház

arch [ɑ:tʃ] ▼ *fn* boltív, bolthajtás, boltozat, ív ▼ *ige* (be)boltoz, (át)ível

archaeological (⊕ *US* **archeol-**) [,ɑ:kɪə'lɒdʒɪkl] *mn* archeológiai, régészeti

archaeologist (⊕ *US* **archeol-**) [,ɑ:ki'ɒlədʒɪst] *fn* archeológus; régész

archaeology (⊕ *US* **archeol-**) [,ɑ:ki'ɒlədʒi] *fn* archeológia; régészet

archaic [ɑ:'keɪɪk] *mn* régies, archaikus

archaism ['ɑ:keɪɪzm] *fn* archaizmus, régies kifejezés/szó

archbishop [ɑ:tʃ'bɪʃəp] *fn* érsek

arched [ɑ:tʃt] *mn* boltíves

archenemy [,ɑ:tʃ'enəmi] *fn* fő ellenség

archeo... ⊕ *US* = **archaeo...**

archer ['ɑ:tʃə] *fn* íjász

archery ['ɑ:tʃəri] *fn* íjászat

Archimedes' principle [,ɑ:kɪmi:di:z 'prɪnsɪpl] *fn* Arkhimédész törvénye

archipelago [,ɑ:kɪ'peləgoʊ] *fn* szigetvilág

architect ['ɑ:kɪtekt] *fn* (tervező) építész; építészmérnök; építőművész

---

fn főnév– *hsz* határozószó– *isz* indulatszó– *ksz* kötőszó– *mn* melléknév
▼ szófajjelzés ⊕ földrajzi variáns ❑ szakterület ❖ stiláris minősítés

architecture ['ɑ:kɪtektʃə] *fn* építészet

archival [ɑ:'kaɪvl] *mn* levéltári, irattári

archives ['ɑ:kaɪvz] *fn tsz* levéltár, irattár, oklevéltár, archívum

arch-support *fn* lúdtalpbetét

archway ['ɑ:tʃweɪ] *fn* boltív

arc lamp *fn* ívlámpa

arc-light *fn* ívfény

Arctic ['ɑ:ktɪk] *mn* északi-sarki

arctic *mn* sarkvidéki *(hideg stb.)*

Arctic, the *fn* Északi-sarkvidék

Arctic Ocean *fn* Északi-Jeges-tenger

ardent ['ɑ:dnt] *mn* tüzes, szenvedélyes, buzgó, lelkes

ardour (⊕*US* -or-) ['ɑ:də] *fn* lelkesedés, rajongás, hév

are [ə] → be

area ['eərɪə] *fn* terület, körzet, övezet, térség

area code *fn* körzeti hívószám

arena [ə'ri:nə] *fn* aréna, porond, küzdőtér

aren't [ɑ:nt] = are not; *(kérdésben)* am I

Argentine, the ['ɑ:dʒənti:n] *fn* Argentína

Argentinian [,ɑ:dʒn'tɪnɪən] *mn/fn* argentínai

argot ['ɑ:goʊ] *fn* argó, szleng; tolvajnyelv, jassznyelv

arguable ['ɑ:gjʊəbl] *mn* vitatható

argue ['ɑ:gju:] *ige* érvel, okoskodik || don't argue with me! ne vitatkozz velem!, ne okoskodj!; argue against (sg) kétségbe von, vitat; argue one's case kifejti az álláspontját; argue with sy about sg vitatkozik vkvel vmről

argument ['ɑ:gjʊmənt] *fn* érv, indok || érvelés; okoskodás || vita, vitatkozás, szóváltás || the arguments for and against sg a mellette és ellene szóló érvek

argumentation [,ɑ:gjʊmen'teɪʃn] *fn* érvelés

argumentative [,ɑ:gjʊ'mentətɪv] *mn* vitatkozni szerető; okoskodó

aria ['ɑ:rɪə] *fn* ária

arid ['ærɪd] *mn (éghajlatilag)* száraz; *(föld)* aszott, vízszegény

aridity [ə'rɪdəti] *fn* szárazság

arise [ə'raɪz] *ige (pt* arose [ə'roʊz]; *pp* arisen [ə'rɪzn]) *(szél)* keletkezik, támad || *(kérdés, nehézség)* felmerül; *(nehézség)* jelentkezik || arise from sg ered/keletkezik vmből

arisen [ə'rɪzn] *pp* → arise

aristocracy [,ærɪ'stɒkrəsi] *fn* arisztokrácia, főnemesség

aristocrat ['ærɪstəkræt] *fn* arisztokrata

aristocratic [,ærɪstə'krætɪk] *mn* arisztokratikus, arisztokrata

arithmetic ▼ [ə'rɪθmətɪk] *fn* számtan, aritmetika ▼ [,ærɪθ'metɪk] *mn* számtani

arithmetical [,ærɪθ'metɪkl] *mn* számtani || arithmetical mean számtani közép; arithmetical progression számtani sor/haladvány

arm¹ [ɑ:m] *fn* kar *(emberé)* || folyóág || *(műsz és emelőé)* kar || ruhaujj || szár *(szemüvegé)* || arm in arm with sy vkvel karöltve || → arms

arm² [ɑ:m] *ige* felfegyverez || arm (oneself) felfegyverkezik

armament ['ɑ:məmənt] *fn* ❑*kat* fegyverzet || armaments hadfelszerelés

armature ['ɑ:mətʃə] *fn* ❑*el* armatúra

arm-band *fn* karszalag

armchair ['ɑ:mtʃeə] *fn* karosszék, fotel

armed [ɑ:md] *mn* fegyveres || armed forces fegyveres erők; armed robbery fegyveres rablótámadás

armful ['ɑ:mfʊl] *fn* nyalábnyi

arm-hole *fn* karkivágás

armistice ['ɑ:mɪstɪs] *fn* fegyverszünet

armour (⊕*US* -or-) ['ɑ:mə] *fn* vért(ezet)

armoured (⊕*US* -or-) ['ɑ:məd] *mn* páncélozott || armoured car páncélautó; armoured troops páncélosalakulatok

armour-plate (⊕*US* -or-) *fn* páncéllemez

---

nm névmás −*nu* névutó −*szn* számnév −*esz* egyes szám −*tsz* többes szám
▼ szófajjelzés ⊕ földrajzi variáns ❑ szakterület ❖ stiláris minősítés

armoury (⊕ *US* **-or-**) ['ɑ:məri] *fn* fegyverraktár

armpit ['ɑ:mpɪt] *fn* hónalj

arm-rest *fn* karfa *(ülőbútoré)*

arms [ɑ:mz] *fn tsz* fegyver || **be in arms** fegyverben áll; **arms race** fegyverkezési verseny; **arms reduction** leszerelés

arm stroke *fn* kartempó

army ['ɑ:mi] *fn* hadsereg

aroma [ə'rəʊmə] *fn* zamat, aroma

aromatic [ˌærə'mætɪk] *mn* aromás

arose [ə'rəʊz] *pt* → **arise**

around [ə'raʊnd] *hsz/elölj* körül || *(időben)* közel, táján || ⊕ *US* körülbelül || **around 1800** 1800 táján; **around the table** az asztal körül

arouse [ə'raʊz] *ige* felébreszt *(álmából)* || *(érdeklődést)* felkelt; *(érzést)* ébreszt || **arouse hatred** gyűlöletet ébreszt/kelt; **arouse sy's curiosity** felkelti vk kíváncsiságát

arrange [ə'reɪndʒ] *ige* (el)rendez; *(ügyet)* (el)intéz, lebonyolít, (meg)-szervez || *(műsort)* összeállít || *(művet)* átdolgoz, alkalmaz || **I'll arrange for John to meet you at the airport** intézkedem, hogy János kimenjen eléd a repülőtérre; **arrange to meet sy** találkozót ad vknek vhol, találkozót beszél meg vkvel; **as arranged** ahogy megbeszélték; **I'll arrange it** ezt én majd elintézem; **arrange for (piano etc.)** *(zeneművet)* átír; **arrange for sg** vmről gondoskodik, vmről intézkedik; **arrange sg for orchestra** hangszerel; **arrange sg for the stage** színpadra átdolgoz

arrangement [ə'reɪndʒmənt] *fn* elrendezés || összeállítás *(műsoré, csapaté)* || megbeszélés, előkészítés, elintézés, lebonyolítás || *(zenei)* átirat, feldolgozás, hangszerelés || **arrangements** intézkedés, előkészület; **make arrangements for sg** megteszi az előkészületeket, intézkedik

array [ə'reɪ] *fn* sor, rend || **an array of** ❖ *biz* egy egész sereg *(holmi stb.)*

arrears [ə'rɪəz] *fn tsz* hátralék || **arrears of work** lemaradás a munkában; **have no arrears** azsúrban van (munkájával); **arrears are piling up** sok restancia gyűlik össze; **be in arrears with** hátralékban van *(fizetéssel, pénzzel stb.)*

arrest [ə'rest] ▼ *fn* letartóztatás, őrizetbe vétel || **be under arrest** letartóztatásban van ▼ *ige* letartóztat || *(fejlődést)* lefékez, gátol || **be arrested** (vk) kézre kerül; **arrest bleeding** megállítja a vérzést; **arrest one's attention** megragadja figyelmét

arrival [ə'raɪvl] *fn* (meg)érkezés || **on (one's) arrival** megérkezés(e)kor; **arrivals** *(kiírás reptéren)* érkezés

arrive [ə'raɪv] *ige* (meg)érkezik *(országba, nagyvárosba: in; kisebb helységbe, reptérre stb.: at)*, megjön, beérkezik *(at* vhova); *(vonat)* befut || **arrive at** jut vmre, ér vhova; **arrive at an agreement with sy** (közös) megegyezésre jut vkvel

arrogance ['ærəgəns] *fn* gőg, önhittség || szemtelenség; nyegleség

arrogant ['ærəgənt] *mn* önhitt || szemtelen; nyegle, arrogáns, pökhendi

arrogate ['ærəgeɪt] *ige* **arrogate a right to oneself** jogot vindikál magának

arrow ['ærəʊ] *fn* nyíl(vessző)

arse [ɑ:s] *fn* ❖ *vulg* segg

arsenal ['ɑ:snəl] *fn* fegyver(rak)tár, arzenál

arsenic ▼ ['ɑ:sənɪk] *fn* arzén ▼ [ɑ:'senɪk] *mn* arzénes, arzén

arson ['ɑ:sn] *fn* gyújtogatás

art [ɑ:t] *fn* művészet || **work of art** műalkotás || → **arts**

art critic *fn* műbíráló

artefact ['ɑ:tɪfækt] *fn* ❑ *biol* műtermék || *(régészeti)* lelet

arterial [ɑ:'tɪərɪəl] *mn* artériás || **arterial road** főútvonal

---

fn főnév – *hsz* határozószó – *isz* indulatszó – *ksz* kötőszó – *mn* melléknév
▼ szófajjelzés ⊕ földrajzi variáns ❑ szakterület ❖ stiláris minősítés

artery ['ɑːtəri] *fn* ütőér, artéria, verőér

art exhibition *fn* tárlat

artful ['ɑːtfl] *mn* ravasz, agyafúrt, rafinált

art gallery *fn* képtár, képcsarnok

arthritis [ɑːˈθraɪtɪs] *fn* ízületi gyulladás

artichoke ['ɑːtɪtʃoʊk] *fn* articsóka

article ['ɑːtɪkl] *fn (újságban, folyóiratban)* cikk || (áru)cikk || szakasz, pont, törvénycikk, paragrafus || névelő || **article of a/the contract** a szerződés pontja; **articles for personal use** személyes használati tárgyak; **articles of clothing** ruházati cikkek

articulate ▼ [ɑːˈtɪkjʊlət] *mn* világos, tagolt *(beszéd)* ▼ [-leɪt] *ige (beszédet)* tagol, artikulál || **articulate carefully/clearly** érthetően/világosan ejt *v.* mond ki *v.* beszél

articulated lorry [ɑːˈtɪkjʊleɪtɪd] *fn* kamion

articulation [ɑːˌtɪkjʊˈleɪʃn] *fn* ❑ *nyelvt* hangképzés, artikuláció

artifact ['ɑːtɪfækt] *fn* ⊕ *US* = artefact

artifice ['ɑːtɪfɪs] *fn* csel || lelemény, ügyesség

artificial [ˌɑːtɪˈfɪʃl] *mn* mesterséges, mű-

artificial fertilizer *fn* műtrágya

artificial insemination *fn* mesterséges megtermékenyítés

artificial intelligence *fn* mesterséges intelligencia

artificial kidney *fn* művese

artificial limb *fn* művégtag

artificially [ˌɑːtɪˈfɪʃli] *hsz* mesterségesen, mesterséges/művi úton

artificial respiration *fn* mesterséges légzés

artificial satellite *fn* műhold

artificial tooth *fn (tsz* teeth) hamis fog

artillery [ɑːˈtɪləri] *fn* tüzérség

artilleryman [ɑːˈtɪlərimən] *fn (tsz* -men) tüzér

artisan [ˌɑːtɪˈzæn] *fn* (kis)iparos, mesterember

artist ['ɑːtɪst] *fn* művész, előadóművész, festő(művész)

artiste [ɑːˈtiːst] *fn* artista

artistic [ɑːˈtɪstɪk] *mn* művészi || művészeti

artless ['ɑːtləs] *mn* jóhiszemű, naiv || ártatlan || mesterkéletlen

arts [ɑːts] *fn tsz* the arts bölcsészet(tudomány) || **arts degree** bölcsészvégzettség; **arts department** bölcsészkar; **arts student** bölcsészhallgató

arts and crafts *fn tsz* iparművészet

art school *fn* képzőművészeti főiskola

artwork ['ɑːtwɜːk] *fn* grafika *(kiadványé)*

as [æz, *gyenge kiejt.* əz] *hsz/ksz* (a)mint, ahogy(an) || miután, mivel, minthogy || **as before** mint máskor; **as ... as** olyan ..., mint; **as far as** (egészen) ...-ig; már amennyire; **as far as I know** tudomásom szerint; **as for** vkt/vmt tekintve, arra nézve pedig, figyelemmel ...ra/re; **as from ...** ...tól számítva; **as it were** mintegy; mondhatni; hogy úgy mondjam; **as to** arra nézve pedig, ami (pedig) ...-t illeti; **as well as** valamint, is, és; **as well** szintén, is; **as yet** ezideig, eddig még; **as you were!** ❑ *kat* visszakozz!

asbestos [æsˈbestəs] *fn* azbeszt

ascend [əˈsend] *ige* felhág vmre || *(út)* emelkedik || **ascend the throne** trónra kerül/lép

ascendancy [əˈsendənsi] *fn* fölény

ascendant [əˈsendənt] *fn* emelkedőben van

Ascension, the [əˈsenʃn] *fn* mennybemenetel

ascent [əˈsent] *fn* emelkedés *(lejtőé)* || emelkedő

ascertain [ˌæsəˈteɪn] *ige* kiderít, megállapít, tisztáz

ascetic [əˈsetɪk] *mn/fn* aszkéta

ascribe [əˈskraɪb] *ige* tulajdonít *(sg to sy/sg* vknek/vmnek vmt) || **can be ascribed to sg** betudható vmnek

---

nm névmás – *nu* névutó – *szn* számnév – *esz* egyes szám – *tsz* többes szám

▼ szófajjelzés ⊕ földrajzi variáns ❑ szakterület ❖ stiláris minősítés

aseptic [ə'septɪk] *mn* aszeptikus

ash[1] [æʃ] *fn* hamu ‖ **sy's ashes** vknek a hamvai

ash[2] [æʃ] *fn* kőris

ashamed [ə'ʃeɪmd] *mn* **be ashamed of oneself** szégyelli magát; **be ashamed of sg** szégyenkezik vm miatt, szégyell vmt; **feel ashamed (to** *v.* **that)** restelkedik

ashore [ə'ʃɔ:] *hsz* partra, parton

ash-tray *fn* hamutartó

Ash Wednesday *fn* hamvazószerda

Asia ['eɪʃə] *fn* Ázsia

Asian ['eɪʃn] *mn/fn* ázsiai

Asiatic [ˌeɪʃi'ætɪk] *mn/fn* ázsiai

aside [ə'saɪd] ▼ *hsz* félre, oldalt ‖ **aside from sg** eltekintve vmtől, vmn kívül ▼ *fn* ❑*szính* félreszólás

ask [ɑ:sk] *ige* **ask sy sg** (meg)kérdez vktől vmt ‖ **ask sy sg** *v.* **sg of sy** kér vmt vktől ‖ **all I ask is (this)** csak egyre kérem *(egy dologra)*; **ask him his name** kérdezd meg a nevét; **ask me another** kérdezz könnyebbet!, ❖ *biz* mit tudom én?; **ask one's way** megkérdi, merre kell menni; **ask sy a question** (meg)kérdez vktől vmt; **ask sy to dinner** *(saját házába)* meghív vkt vacsorára; **ask sy to do sg** megkér vkt vmre; **I asked him what he wanted** kérdeztem (tőle), mit akar; **he asked me to go with him** kérte, hogy menjek vele; **he asked me whether she was coming** megkérdezte, vajon eljön-e?

ask about (sy/sg) *(vk/vm felől/után)* tudakozódik, informálódik

ask after sy érdeklődik vk iránt

ask for (sg) kér vmt ‖ **ask for a rise** (⊕*US* **raise**) béremelést kér; **ask for an explanation (of sg)** magyarázatot kér; **ask for help** segítséget kér; **did anyone ask for me?** senki sem keresett?, keresett valaki?; **you asked for it** *(a bajt)* magadnak köszönheted!, úgy kellett!; **he (has) asked for it** úgy kell neki!, megérdemelte!

ask sy in behívat, bekéret vkt

askance [ə'skæns] *hsz* **look askance at sy/sg** görbe szemmel néz vkt

askew [ə'skju:] *hsz* ferdén, rézsútosan

aslant [ə'slɑ:nt] *hsz* ferdén

asleep [ə'sli:p] *mn/hsz* **be asleep** alszik ‖ **she's (already) fast asleep** már javában alszik

asp [æsp] *fn* áspiskígyó

asparagus [ə'spærəgəs] *fn* ❑*növ* spárga

aspect ['æspekt] *fn* nézőpont, szempont, szemszög ‖ oldal, aspektus, szemlélet

asphalt ['æsfælt] *fn* aszfalt, bitumen

asphyxiate [æs'fɪksieɪt] *ige* megfojt ‖ **be asphyxiated** megfullad(t)

asphyxiation [æsˌfɪksi'eɪʃn] *fn* gázmérgezés

aspirant ['æspərənt] *fn* pályázó

aspiration [ˌæspə'reɪʃn] *fn* törekvés, aspiráció

aspire [ə'spaɪə] *ige* **aspire after sg** *(vm nagy cél elérésére)* pályázik

aspirin ['æsprɪn] *fn* aszpirin

ass [æs] *fn* *(átv is)* szamár

assailant [ə'seɪlənt] *fn* merénylő

assassin [ə'sæsɪn] *fn* orgyilkos

assassinate [ə'sæsɪneɪt] *ige* meggyilkol

assassination [əˌsæsɪ'neɪʃn] *fn* (or)gyilkosság; ❑*pol* gyilkosság

assault [ə'sɔ:lt] ▼ *fn* ❑*jog* testi sértés ‖ *(hatósági közeg elleni)* erőszak ‖ **make an assault on** ❑*kat* megtámad ▼ *ige* (tettleg) bántalmaz vkt; *(vkt után)* megtámad

assay ▼ ['æseɪ] *fn* (finomsági) próba ▼ [ə'seɪ] *ige* (finomsági) próbát vesz

assemble [ə'sembl] *ige* összegyűlik, egybegyűlik, összeül ‖ összeszerel, összeállít

---

assembly [ə'sembli] *fn* összejövetel, gyűlés || összeszerelés || **general assembly** közgyűlés

assembly floor *fn* összeszerelő műhely

assembly hall *fn* nagyterem, aula || szerelőcsarnok, -műhely

assembly language *fn* ❏*szt* assembler (programozási) nyelv

assembly line *fn* futószalag

assembly plant *fn* összeszerelő üzem

assembly shop *fn* szerelőcsarnok, -műhely

assent [ə'sent] ▼ *fn* beleegyezés ▼ *ige* **assent to** beleegyezik vmbe, megadja a hozzájárulását vmhez

assert [ə'sɜːt] *ige* kijelent; állít || **assert one's rights** érvényt szerez jogának; **assert oneself** előtérbe tolja magát

assertion [ə'sɜːʃn] *fn* kijelentés; állítás || érvényesítés (*igényé*)

assertive [ə'sɜːtɪv] *mn* rámenős

assess [ə'ses] *ige* (ki)értékel; *(kárt, értéket)* megállapít; *(kárt)* megbecsül || **assess the situation** felméri a helyzetet

assessment [ə'sesmənt] *fn* megállapítás, megbecsülés *(káré)*, kiértékelés || **assessment of damages** kárfelvétel

assessor [ə'sesə] *fn* ülnök || kárbecslő

asset ['æset] *fn* vagyontárgy || **he is a great asset to us** nekünk ő nagy nyereség

assets and liabilities *fn tsz* ❏*ker* aktívák és passzívák

assiduity [,æsɪ'djuːəti] *fn* hangyaszorgalom, iparkodás

assiduous [ə'sɪdjʊəs] *mn* szorgalmas, kitartó

assign [ə'saɪn] *ige* kijelöl, megállapít *(helyet, időpontot stb.)* || *(összeget vmre)* (rá)szán || *(szerepet)* kioszt || ❏*isk* felad *(leckét)* || **assign sg to sy/sg** tulajdonít vknek/vmnek vmt; **assign sg to sy** kiutal/átutal vmt vknek

assignee [,æsaɪ'niː] *fn* ❏*jog* engedményes

assignment [ə'saɪnmənt] *fn* átruházás || megbízás || beosztás || ⊕*US* ❏*isk* feladat

assimilate [ə'sɪmɪleɪt] *ige* ❏*biol* feldolgoz; asszimilál, hasonít vmhez || *(népet stb.)* magába olvaszt || ❖*(átv is)* asszimilálódik || **be assimilated into (a community etc.)** *(nép)* beolvad; **be assimilated** *(táplálék)* asszimilálódik

assimilation [ə,sɪmə'leɪʃn] *fn* asszimiláció, (át)hasonulás, hasonítás

assist [ə'sɪst] *ige* *(erkölcsileg, anyagilag)* támogat (vkt) || **assist at birth** szülést levezet; **assist sy with sg** *v.*; **in doing sg** *v.*; **to do sg** segédkezik vknek vmben, segít vknek, *ill.* vkt vmben; **assist sy in sg** asszisztál vknek vmhez

assistance [ə'sɪstəns] *fn* ❖*átv* támogatás, segélynyújtás || közreműködés || **be of assistance to sy** segítségére van vknek, segít vknek, *ill.* vkt vmben

assistant [ə'sɪstənt] ▼ *mn* helyettes || **assistant director/manager** helyettes igazgató; **assistant lecturer** tanársegéd; **assistant professor** ⊕*US kb.* adjunktus ▼ *fn* asszisztens, gyakornok || segéd

associate ▼ [ə'soʊʃɪət] *mn* kisegítő, társ ▼ [-ʃɪət] *fn (tudományos)* munkatárs, tag ▼ [-ʃɪeɪt] *ige* társít, összekapcsol, asszociál *(sg with sg* vmt vmvel) || **associate with** összejár vkvel; **it is associated with the name of X** X nevéhez kapcsolódik

associate member *fn* kültag *(tud. intézményé)*

associate professor *fn* ⊕*US kb.* docens

association [ə,soʊʃi'eɪʃn] *fn* társaság, szövetség, egyesület, társulás || **association of ideas** gondolattársítás; képzettársítás

---

nm névmás −*nu* névutó −*szn* számnév −*esz* egyes szám −*tsz* többes szám

▼ szófajjelzés ⊕ földrajzi variáns ❏ szakterület ❖ stiláris minősítés

A

Association Football *fn* labdarúgás
assorted [ə'sɔ:tɪd] *mn* válogatott, vegyes
assortment [ə'sɔ:tmənt] *fn* választék; készlet
assuage [ə'sweɪdʒ] *ige (bánatot, fájdalmat)* enyhít
assume [ə'sju:m] *ige* feltételez, feltesz ‖ *(magatartást stb.)* ölt ‖ **assume considerable proportions** óriási méreteket ölt; **assume office** hivatalba lép; **assume power** átveszi a hatalmat; **assume responsibility for sy/sg** vállalja a felelősséget vkért/vmért; **he is assumed to be …** feltételezik róla, hogy
assumed name [ə'sju:md] *fn* álnév
assumption [ə'sʌmpʃn] *fn* feltételezés; feltevés
assurance [ə'ʃʊərəns] *fn* önbizalom, magabiztosság ‖ határozott ígéret, biztosíték ‖ garancia ‖ **life assurance** életbiztosítás
assure [ə'ʃʊə] *ige* **assure sy of sg** biztosít vkt vmről ‖ **I (can) assure you that** biztosíthatlak róla, ezt garantálom, megnyugtatlak
assuredly [ə'ʃʊərɪdli] *hsz* kétségtelenül
asterisk ['æstərɪsk] *fn* ❑ *nyomd* csillag
asthma ['æsmə] *fn* asztma
asthmatic [æs'mætɪk] *mn* asztmás
astigmatism [ə'stɪgmətɪzm] *fn* szemtengelyferdülés
astir [ə'stɜ:] *hsz* fenn *(nem ágyban)* ‖ izgalomban
astonish [ə'stɒnɪʃ] *ige* meglep; megdöbbent ‖ **be astonished to hear** meglepődik/csodálkozik/megdöbben vmn
astonishing [ə'stɒnɪʃɪŋ] *mn* meglepő
astonishingly [ə'stɒnɪʃɪŋli] *hsz* **astonishingly (enough)** meglepő módon
astonishment [ə'stɒnɪʃmənt] *fn* meglepődés; csodálkozás, megdöbbenés

astound [ə'staʊnd] *ige* bámulatba ejt, bámulattal tölt el, elképeszt ‖ **be astounded** meghökken
astounding [ə'staʊndɪŋ] *mn* meghökkentő, kápráztató
astrakhan [,æstrə'kæn] *mn/fn* asztrahán
astray [ə'streɪ] *hsz* **go astray** eltéved, téves irányba megy
astride [ə'straɪd] *hsz* lovaglóülésben
astringent [ə'strɪndʒənt] *fn* vérzéselállító
astrologer [ə'strɒlədʒə] *fn* asztrológus, csillagjós
astrology [ə'strɒlədʒi] *fn* asztrológia, csillagjóslás
astronaut ['æstrənɔ:t] *fn* űrhajós, asztronauta
astronautics [,æstrə'nɔ:tɪks] *fn esz* űrrepülés, asztronautika
astronomer [ə'strɒnəmə] *fn* csillagász, asztronómus
astronomical [,æstrə'nɒmɪkl] *mn* ❖ *átv* „csillagászati" *(számok, öszszeg)*
astronomy [ə'strɒnəmi] *fn* csillagászat, asztronómia
astrophysics [,æstrou'fɪzɪks] *fn esz* asztrofizika
astute [ə'stju:t] *mn* ravasz, ügyes
asunder [ə'sʌndə] *hsz* ketté, szét
asylum [ə'saɪləm] *fn* menedékhely ‖ **ask for political asylum** politikai menedékjogot kér
asymmetrical [,eɪsɪ'metrɪkl] *mn* aszimmetrikus
asymmetry [eɪ'sɪmətri] *fn* aszimmetria
at [æt, *gyenge kiejt.* ət] *elölj (hely)* -on, -en, -ön, -n; -nál, -nél ‖ *(idő)* -kor ‖ darabonként, à ‖ **at the station** az állomáson; **at 30p a pound** fontonként 30 pennyért; **at 18.00 hours** 18 órakor; **at 3 (o'clock)** háromkor; **at any cost** bármely áron; **at that** méghozzá, ráadásul
ate [et, eɪt] *pt* → **eat**

atheism ['eɪθiɪzm] *fn* ateizmus

atheist ['eɪθiɪst] *mn/fn* ateista

Athens ['æθɪnz] *fn* Athén

athlete ['æθliːt] *fn* atléta ‖ sportoló

athletic [æθ'letɪk] *mn* atlétikai ‖ **athletic build** atlétatermet

athletics [æθ'letɪks] *fn esz* atlétika

at-home day *fn* fogadónap

atishoo! [ə'tɪʃuː] *isz* hapci!

Atlantic [ət'læntɪk] *mn* atlanti

Atlantic (Ocean), the *fn* Atlanti-óceán

atlas [ət'læntiːz] *fn* atlasz

ATM [ˌeɪ tiː 'em] *fn* = *Automated Teller Machine* bankjegykiadó automata, ATM

atmosphere ['ætməsfɪə] *fn (átv is)* atmoszféra, légkör; hangulat

atmospheric [ˌætmə'sferɪk] *mn* **atmospheric conditions** légköri viszonyok; **atmospheric pressure** légköri nyomás

atmospherics [ˌætmə'sferɪks] *fn tsz* légköri zavarok ‖ *(rádió)* zörej

atoll ['ætɒl] *fn* korallzátony

atom ['ætəm] *fn* atom

atomic [ə'tɒmɪk] *mn* atom- ‖ **atomic bomb** atombomba; **atomic cloud** atomfelhő; **atomic energy/power** atomenergia; **atomic physics** atomfizika; **atomic power station** atomerőmű; **atomic research** atomkutatás; **atomic war(fare)** atomháború; **atomic weapon** atomfegyver; **atomic weapon test** atomfegyver-kísérlet; **atomic weight** ❑ *vegy* atomsúly

atomize ['ætəmaɪz] *ige (folyadékot)* porlaszt

atomizer ['ætəmaɪzə] *fn* porlasztó-(készülék), permetező

atone [ə'toʊn] *ige* vezekel *(for* vmért)

atonement [ə'toʊnmənt] *fn* vezeklés; megbékélés

atrocious [ə'troʊʃəs] *mn* égbekiáltó ‖ pocsék, csapnivaló

atrocity [ə'trɒsəti] *fn* rémség, rémtett, atrocitás

atrophy ['ætrəfi] ▼ *fn* ❑ *orv* zsugorodás, sorvadás ▼ *ige (szerv)* (el)sorvad

attach [ə'tætʃ] *ige* (hozzá)csatol, mellékel ‖ hozzáköt ‖ **attach sg to sg** hozzáerősít vmhez, ráerősít vmt vmre; **be attached to sg** fűződik, kapcsolódik vmhez; **be attached to sy** kötődik, ragaszkodik vkhez

attaché [ə'tæʃeɪ] *fn* attasé

attaché case [ə'tæʃeɪ keɪs] *fn* irattáska, diplomatatáska

attached [ə'tætʃt] *mn/hsz* csatolt, idecsatolva

attachment [ə'tætʃmənt] *fn (érzelmi)* kapcsolat, ragaszkodás, vonzalom, kötődés ‖ ❑ *szt* melléklet ‖ **have an attachment for sy** gyengéd szálak fűzik vkhez

attack [ə'tæk] ▼ *fn* támadás, roham ‖ **make an attack on sy/sg** támadást intéz vk/vm ellen; **attack of coughing** köhögési roham ▼ *ige (országot)* megtámad, megrohamoz; rátámad vkre

attain [ə'teɪn] *ige* elér vmt ‖ *(tudást)* elsajátít ‖ **attain one's goal** eléri a cél(já)t; **be attained** megvalósul

attainment [ə'teɪnmənt] *fn* elérés *(célé)* ‖ elsajátítás *(tudásé)* ‖ vívmány ‖ **attainments** tehetség, tudás, képesség

attempt [ə'tempt] ▼ *fn* kísérlet, próbálkozás ‖ merénylet ‖ **make an attempt to do sg** *v.* **at doing sg** megkísérel/megpróbál vmt; **make an attempt on sy's life** merényletet követ el vk ellen ▼ *ige* megkísérel, megpróbál *(to do v. at doing sg* vmt tenni)

attempted [ə'temptɪd] *mn* **an attempted breakout** szökési kísérlet; **attempted breakthrough** áttörési kísérlet

attend [ə'tend] *ige* figyel ‖ *(tanfolyamot)* látogat; vmn részt vesz, jelen van ‖ kezel ‖ **I'll attend to it** majd gondom lesz rá; **attend lectures** előadásokra jár; **attend a conference**

konferencián részt vesz; **attend school** iskolába jár

attend to vmre figyel ‖ foglalkozik/ törődik vmvel, gondoskodik vmről ‖ **attend to (customers)** (üzletben) kiszolgál; **are you being attended to?** tetszik már kapni?

attendance [ə'tendəns] *fn* jelenlét, látogatás *(tanfolyamé)* ‖ látogatottság, nézőszám, részvevők ‖ **dance attendance on** ❖ *elit* kiszolgál; **an attendance of 500** 500 főnyi hallgatóság

attendant [ə'tendənt] ▼ *mn* vele járó, kísérő ▼ *fn* részvevő, látogató ‖ kísérő ‖ ❏*szính* jegyszedő ‖ teremőr ‖ gondozó

attention [ə'tenʃn] *fn* figyelem, vigyázat, gond ‖ **attention!** ❏*kat* vigyázz; **call sy's attention to sg** felhívja vknek a figyelmét vmre; **draw sy's attention to sg** ráirányítja a figyelmét vmre; **give attention to** gondoz vmt, törődik vmvel; **pay attention to** figyel vmre, ügyel vkre/vmre

attentive [ə'tentɪv] *mn* figyelmes, előzékeny (*to* vk iránt)

attenuating circumstances [ə'tenjʊeɪtɪŋ] *fn tsz* enyhítő körülmény

attest [ə'test] *ige* bizonyít, igazol; (közjegyzőileg) hitelesít

attested [ə'testɪd] *mn* **attested copy** hiteles másolat; **attested milk** ⊕*GB* csírátlan tej

attic ['ætɪk] *fn* manzárd(szoba), padlásszoba

attitude ['ætɪtjuːd] *fn* állásfoglalás, magatartás ‖ felfogás, szemlélet, hozzáállás (vmhez) ‖ póz, pozitúra

attn = attention ‖ **attn Mr X** X úr kezéhez

attorney [ə'tɜːni] *fn* jogi képviselő ‖ **power of attorney** ügyvédi meghatalmazás

Attorney General *fn* ⊕*GB* legfőbb államügyész; ⊕ *US* igazságügy-miniszter

attract [ə'trækt] *ige* vonz, vonzóerőt gyakorol vkre ‖ **feel attracted to sy** vonzódik vkhez; **sy is attracted by sy** tetszik vknek

attraction [ə'trækʃn] *fn* vonz(ó)erő, vonzás ‖ vonzódás

attractive [ə'træktɪv] *mn* vonzó, szép, szimpatikus ‖ **look very attractive** vonzó külseje van

attractiveness [ə'træktɪvnəs] *fn* ❖ *átv* vonzóerő

attribute ▼ ['ætrɪbjuːt] *fn* tulajdonság ‖ ❏*nyelvt* jelző ▼ [ə'trɪbjuːt] *ige* **attribute sg to sy/sg** vknek/vmnek vmt tulajdonít

attrition [ə'trɪʃn] *fn* elhasználódás ‖ **war of attrition** anyagháború

aubergine ['oʊbəʒiːn] *fn* ❏*növ* padlizsán; tojásgyümölcs

auburn ['ɔːbən] *mn* vörösesbarna

auction ['ɔːkʃn] ▼ *fn* aukció ▼ *ige* **auction (off)** árverésen (*v.* árverés útján) ad el, elárverez

auctioneer [ˌɔːkʃə'nɪə] *fn* árverésvezető

auction room *fn* aukciós terem/csarnok

audacious [ɔː'deɪʃəs] *mn* merész, vakmerő

audacity [ɔː'dæsəti] *fn* merészség, vakmerőség

audible ['ɔːdəbl] *mn* hallható, kivehető ‖ **be audible** hallatszik

audience ['ɔːdɪəns] *fn* *(színházé stb.)* közönség, hallgatóság, nézőközönség ‖ *(államfőnél stb.)* kihallgatás ‖ **an audience of 500** 500 főnyi hallgatóság

audience ratings *fn tsz* nézettségi fok *(tévéműsoroké)*

audio engineer ['ɔːdioʊ ˌendʒɪ'nɪə] *fn* hangmérnök

audiovisual [ˌɔːdioʊ'vɪʒʊəl] *mn* audiovizuális

---

fn főnév −*hsz* határozószó −*isz* indulatszó −*ksz* kötőszó −*mn* melléknév
▼ szófajjelzés ⊕ földrajzi variáns ❏ szakterület ❖ stiláris minősítés

audit ['ɔ:dɪt] *ige* ❑ *ker (könyveket, számlát)* átvizsgál, rovancsol; *(könyvelést)* megvizsgál

auditing ['ɔ:dɪtɪŋ] *fn (pénztári)* rovancsolás, felülvizsgálat

audition [ɔ:'dɪʃn] *fn* meghallgatás *(énekesé stb.)*, próbajáték

audit office *fn* számvevőszék

auditor ['ɔ:dɪtə] *fn* könyvvizsgáló, revizor, számvevő

auditorium [,ɔ:dɪ'tɔ:rɪəm] *fn (tsz -s v. -ria)* nézőtér; auditórium, előadóterem

auditory meatus ['ɔ:dɪtəri] *fn* hallójárat

auditory nerve *fn* hallóideg

Aug. = August

auger ['ɔ:gə] *fn (nagy)* kézifúró

augment [ɔ:g'ment] *ige* nagyobbít, megnövel

augmentation [,ɔ:gmen'teɪʃn] *fn* nagyobbítás, növelés

augur ['ɔ:gə] *ige* augur well jót ígér

August ['ɔ:gəst] *fn* augusztus || in August augusztusban; on August 5th *(kimondva:* on the fifth of August) augusztus 5-én

aunt [ɑ:nt] *fn* nagynéni || aunt Mary Mary néni

auntie, aunty ['ɑ:nti] *fn* ❖ *biz* nagynéni, nénike, néni || nénikém

au pair [oʊ 'peə] *mn* work (as an) au pair au pair alapon *v.* cserealapon dolgozik

auricle ['ɔ:rɪkl] *fn* fülkagyló

auscultate ['ɔ:skəlteɪt] *ige* ❑ *orv* hallgatódzik

auspices ['ɔ:spɪsɪz] *fn tsz* under the auspices of sy/sg vknek/vmnek az égisze alatt, vknek a védnöksége alatt

Australia [ɒ'streɪlɪə] *fn* Ausztrália

Australian [ɒ'streɪlɪən] *mn/fn* ausztrál; ausztráliai

Austria ['ɒstrɪə] *fn* Ausztria

Austrian ['ɒstrɪən] *mn/fn* osztrák; ausztriai

authentic [ɔ:'θentɪk] *mn* valódi, hiteles, autentikus; hihető, igazi; valódi, hitelt érdemlő

authenticate [ɔ:'θentɪkeɪt] *ige* hitelesít

authenticated [ɔ:'θentɪkeɪtɪd] *mn* hiteles(ített)

authenticity [,ɔ:θen'tɪsəti] *fn* hitelesség

author ['ɔ:θə] *fn* szerző, író || with the author's compliments nagyrabecsülése jeléül – a szerző; author's copy szerzői (tisztelet)példány; author's sheet szerzői ív

authoritarian [ɔ:,θɒrɪ'teərɪən] *mn* tekintélyi (elvi)

authoritative [ɔ:'θɒrətətɪv] *mn* mértékadó, mérvadó || megbízható || (nagyon) határozott

authorities [ɔ:'θɒrəti:z] *fn tsz* hatóság, felsőbbség, a helyi hatóság/szervek || local authorities helyhatóság

authority [ɔ:'θɒrəti] *fn* hatalom, tekintély, hatóság, fennhatóság || forrásmunka || szakértő *(on sg* vmben) || I have it on good authority biztos forrásból tudom; be a great authority (on sg) szaktekintély (vmben) || → authorities

authorization [,ɔ:θəraɪ'zeɪʃn] *fn* meghatalmazás, felhatalmazás

authorize ['ɔ:θəraɪz] *ige* authorize sy to do sg meghatalmaz (vkt vmre), meghatalmazást ad (vknek vmre)

authorized ['ɔ:θəraɪzd] *mn* meghatalmazott, illetékes *(to* vmre)

autistic [ɔ:'tɪstɪk] *mn* szellemileg fogyatékos

auto ['ɔ:toʊ] *fn* ⊕ *US* ❖ *biz* autó

autobiography [,ɔ:toʊbaɪ'ɒgrəfi] *fn* ❖ *ir* önéletrajz

auto-change(r) *fn* lemezváltó(s lemezjátszó)

autocracy [ɔ:'tɒkrəsi] *fn* önkényuralom, egyeduralom, zsarnokság

autocrat ['ɔ:təkræt] *fn* egyeduralkodó

---

nm névmás – *nu* névutó – *szn* számnév – *esz* egyes szám – *tsz* többes szám
▼ szófajjelzés ⊕ földrajzi variáns ❑ szakterület ❖ stiláris minősítés

A

autocratic [ˌɔːtəˈkrætɪk] *mn* egyeduralmi, zsarnoki

autogenous welding [ɔːˈtɒdʒənəs] *fn* autogénhegesztés

autograph [ˈɔːtəgrɑːf] *fn* autogram

autoimmune [ˌɔːtoʊɪˈmjuːn] *mn* autoimmun *(betegség)*

automat [ˈɔːtəmæt] *fn* (pénzbedobós) automata

automated [ˈɔːtəmeɪtɪd] *mn* automatizált

automatic [ˌɔːtəˈmætɪk] ▼ *mn* automatikus, önműködő ▼ *fn* automata seb(esség)váltós kocsi ‖ ismétlőpisztoly

automatically [ˌɔːtəˈmætɪkli] *hsz* automatikusan, önműködően

automatic data processing *fn* elektronikus adatfeldolgozás

automatic firearm *fn* automata fegyver

automatic pilot *fn* robotpilóta

automatic toaster *fn* automata kenyérpirító

automatic transmission *fn* automata sebességváltó

machine

automatic washing-machine *fn* automata mosógép

automation [ˌɔːtəˈmeɪʃn] *fn* automatika ‖ automatizálás

automaton [ɔːˈtɒmətən] *fn* (*tsz* **-tons** *v.* **-ta**) robotember

automobile [ˈɔːtəmoʊbiːl] *fn* ⊕ *US* autó, gépkocsi

automobile registration *fn* ⊕ *US* forgalmi engedély

autonomous [ɔːˈtɒnəməs] *mn* autonóm, öntörvényű

autonomy [ɔːˈtɒnəmi] *fn* autonómia, önkormányzat

autopsy [ˈɔːtɒpsi] *fn* boncolás

auto washer *fn* automata mosógép

autumn [ˈɔːtəm] *fn* ősz *(évszak)* ‖ **this autumn** az ősszel; **by autumn** őszre; **in autumn** ősszel

autumnal [ɔːˈtʌmnəl] *mn* őszi; őszies

auxiliary [ɔːgˈzɪliəri] *mn/fn* kisegítő ‖ **auxiliary verb** segédige

avail [əˈveɪl] ▼ *fn* haszon ‖ **to no avail** hiába, eredménytelenül ▼ *ige* **avail oneself of sg** igényt tart vmre; **avail oneself of the opportunity** felhasználja az alkalmat

available [əˈveɪləbl] *mn* hozzáférhető, rendelkezésre álló, kapható ‖ **is Mr X available?** beszélhetnék X úrral?

avalanche [ˈævəlɑːntʃ] *fn* lavina

avant-garde [ˌævɒŋˈgɑːd] *mn/fn* avantgárd

avarice [ˈævərɪs] *fn* kapzsiság; fösvénység, fukarság

avaricious [ˌævəˈrɪʃəs] *mn* kapzsi, fösvény, fukar

Ave. = **avenue**

avenge [əˈvendʒ] *ige* megbosszul; megtorol ‖ **avenge oneself on sy** megbosszul vmt vkn, megbosszulja magát vkn

avenue [ˈævənjuː] *fn* fasor, sugárút; *(széles)* út

average [ˈævərɪdʒ] ▼ *mn* átlagos, átlag-, közepes ‖ **average income** átlagjövedelem; **average output** átlagteljesítmény; **average temperature** középhőmérséklet; **average value** átlagérték; **average wage** átlagbér; **average yield** átlagtermelés ▼ *fn* átlag ‖ **below average** közepesen alul; **on average** átlagosan ▼ *ige* **average sg** kiszámítja vmnek az átlagát ‖ **he averaged 600 km a day** átlag napi 600 km-t tett meg

average out (at sg) átlagosan kitesz

averse [əˈvɜːs] *mn* **be averse to sg** ellene van vmnek, idegenkedik vmtől

aversion [əˈvɜːʃn] *fn* idegenkedés, ellenszenv, antipátia ‖ **have an aversion to sy** idegenkedik vktől

avert [əˈvɜːt] *ige* elhárít; megelőz

aviary [ˈeɪviəri] *fn* madárház

---

fn főnév – *hsz* határozószó – *isz* indulatszó – *ksz* kötőszó – *mn* melléknév
▼ szófajjelzés ⊕ földrajzi variáns ❑ szakterület ❖ stiláris minősítés

aviation [ˌeɪviˈeɪʃn] *fn* repülés-
(technika)

avid [ˈævɪd] *mn* mohó, kapzsi

avoid [əˈvɔɪd] *ige* elkerül, kerül (vkt/
vmt), kitér (vk elől), távol tartja ma-
gát (vmtől/vktől), kivonja magát (vm
alól)

avoidable [əˈvɔɪdəbl] *mn* elkerülhető

avoidance [əˈvɔɪdəns] *fn* elkerülés

avow [əˈvaʊ] *ige* vall || **avow herself/
himself to be long avowed** *(vmlyen
hitet)* vall

avowal [əˈvaʊəl] *fn* vallomás || bevallás

await [əˈweɪt] *ige* vár (vkt/vmt) ||
awaiting your reply válaszát várva

awake [əˈweɪk] ▼ *mn* éber || **be awake**
ébren van, virraszt ▼ *ige* (pt **awoke**
[əˈwoʊk]; pp **awoken** [əˈwoʊkn])
(álmából vk) felébred || felébreszt ||
(érzést) felkelt || **awake to reality** rá-
ébred a valóságra

awaken [əˈweɪkən] *ige (álmából vk)*
(fel)ébred; *(vágy)* felébred; *(álmából
vkt)* (fel)ébreszt || **awaken sy to sg** tu-
datára ébreszt

award [əˈwɔːd] ▼ *fn* díj; kitüntetés || ju-
talom || pályadíj ▼ *ige (kitüntetést)* ado-
mányoz || *(díjat)* kioszt; *(pályadíjat)*
odaítél, díjjal kitüntet vkt || ❏*jog* oda-
ítél, megítél || **YX has been awarded
a Nobel prize for physics** XY-nak
ítélték oda a fizikai Nobel-díjat

aware [əˈweə] *mn* **be aware of** tudatá-
ban van vmnek, tudomása van vmről
|| **I am not aware of it** nem tudok ró-
la; **become aware of sg** vmre rádöb-
ben, megérez, ösztönösen felfog; **I
am fully aware that ...** teljesen tisz-
tában vagyok azzal, hogy

away [əˈweɪ] *hsz* el- || **be away** távol
van; **he will be away for a week** egy

hétre elutazott; **he's away in Milan**
elutazott Milánóba

away game/match *fn* idegenben ját-
szott mérkőzés

awful [ˈɔːfl] *mn* borzasztó, szörnyű,
rettenetes || **an awful lot (of)** borzasz-
tó sok

awfully [ˈɔːfli] *hsz* borzasztóan, ször-
nyen || **it was awfully cold** átko-
zott(ul) hideg volt; **I'm awfully sorry**
roppant sajnálom!, ezer bocsánat

awhile [əˈwaɪl] *hsz* egy kis ideig, egy
kicsit

awkward [ˈɔːkwəd] *mn* ügyetlen; suta,
esetlen, félszeg || kényelmetlen, kínos,
kényes || *(tárgy)* ormótlan, idétlen || **be
in an awkward situation** nehéz hely-
zetben van; **feel awkward** kényel-
metlenül érzi magát; **an awkward
customer** ❖ *biz* nehéz pasas

awkwardness [ˈɔːkwədnəs] *fn* ügyet-
lenség; gyámoltalanság, esetlenség,
félszegség

awl [ɔːl] *fn* ár *(szerszám)*

awn [ɔːn] *fn* ❏*növ* toklász

awning [ˈɔːnɪŋ] *fn* ponyva *(üzleté, ki-
rakaté)*

awoke [əˈwoʊk] *pt* → **awake**

awoken [əˈwoʊkən] *pp* → **awake**

awry [əˈraɪ] ▼ *mn* lekonyuló; kajla,
ferde, srég ▼ *hsz* srégen, ferdén

axe (⊕*US* **ax**) [æks] ▼ *fn* fejsze, balta
|| ❖ *biz* (s)he got the axe leépítették
▼ *ige* ❖ *biz* **(s)he has been axed** le-
építették

axiom [ˈæksɪəm] *fn* alapigazság, axió-
ma

axis [ˈæksɪs] *fn* (tsz **axes**) ❏*mat* ❏*fiz*
❖ *átv* tengely

axle [ˈæksl] *fn* tengely *(keréké)*

azure [ˈæʒə] *mn/fn* égszínkék, azúr

B

B [biː] *fn* ❑ *zene* h
BA [ˌbiːˈeɪ] = **Bachelor of Arts**
baa [bɑː] *ige* béget
babble [ˈbæbl] ▼ *fn* gagyogás, gügyögés ‖ csobogás ▼ *ige* gagyog, gügyög ‖ csobog, csörgedezik ‖ **babble away** gőgicsél
babe [beɪb] *fn* ❖ *ir* csecsemő; baba
babe-in-arms *fn* pólyás (baba)
baboon [bəˈbuːn] *fn* pávián
baby [ˈbeɪbi] *fn* csecsemő, baba, kisbaba, bébi ‖ **have a baby** gyermeket szül; gyereke született
baby buggy *fn* ⊕ *US* gyermekkocsi
baby car *fn* törpeautó
baby carriage *fn* ⊕ *US* gyermekkocsi
baby carrier *fn* gyermekhordó, kenguru
baby chick(en) *fn* naposcsibe
baby-face *mn* lányos arcú/képű
baby grand *fn* rövidzongora
baby-minder *fn* gyermekőrző *(mialatt a szülők dolgoznak)*
baby-scales *fn tsz* csecsemőmérleg
baby-sit *ige (pt/pp -sat; -tt-)* gyerekekre felügyel *(rendszeresen)*
baby-sitter *fn* gyermekőrző, pótmama *(főleg éjszakára, ill. rövidebb időre)*
baby-sitting *fn* gyermekőrzés
baby talk *fn* gőgicsélés
bachelor [ˈbætʃələ] *fn* nőtlen ember/férfi, legényember
bachelor flat *fn* legénylakás
bachelor girl *fn* önálló fiatal nő/leány
bachelorhood [ˈbætʃələhʊd] *fn* legényélet
Bachelor of Arts *fn kb.* bölcsészvégzettség, tanári oklevél

bacillus [bəˈsɪləs] *fn (tsz* **-cilli** [-sɪlaɪ]) bacilus
back [bæk] ▼ *mn* hátulsó; hátsó ▼ *hsz* hátra(felé), vissza(felé) ‖ **be back** visszajön; visszaér; **there and back** oda-vissza; **be back at work** *(hoszszas betegség után)* újra dolgozik; **back in 1968** még 1968-ban; **back in a minute** mindjárt jövök!; **back in the U.S.A.** ⊕ *US* odahaza Amerikában, *(amerikai tv-ben)* itthon ...; **is (s)he back yet?** hazaérkezett már?; visszajött már? ▼ *fn* hát (vké, vmé), hátulja (vmnek) ‖ derék *(emberé)* ‖ hátlap ‖❑ *sp* hátvéd ‖ **at the back** hátul; **behind sy's back** *(átv is)* vk háta mögött; vk tudta nélkül; **put one's back into** (minden erejével) nekifekszik; **turn one's back on sg** *(átv is)* hátat fordít vknek ▼ *ige (lovat)* megtesz ‖ *(autóval)* tolat; farol; *(jármű)* hátrál ‖ *(kérést)* támogat; *(ügyet)* pártfogol, protezsál ‖ **back a horse** tesz egy lóra, fogad egy lóra

back down nem vitatkozik tovább, visszakozik, visszatáncol
back out *(autó)* kifarol ‖ meghátrál ‖ *(játszmából, üzletből)* kiszáll; visszatáncol ‖ **back out of** visszalép vmtől
back up pártfogol, mellett(e) áll, pártját fogja

backache [ˈbækeɪk] *fn* derékfájás
back alley *fn* ⊕ *US* mellékutca
back and forth *hsz* előre-hátra

backbencher [ˌbækˈbentʃə] *fn* nem kormánytag képviselő

backbite [ˈbækbaɪt] *ige* megszól, bemárt, eláztat, megfúr vkt

backbiting [ˈbækbaɪtɪŋ] *fn* befeketítés, „fúrás"

backboard [ˈbækbɔːd] *fn (kosárlabdában)* palánk

backbone [ˈbækbəʊn] *fn* hátgerinc; ❖ *átv* gerinc; *(jellembeli)* tartás

backbreaking [ˈbækbreɪkɪŋ] *mn* kimerítő

backchat [ˈbæktʃæt] *fn* feleselés

backcloth [ˈbækklɒθ] *fn* háttérfüggöny

backcomb [ˈbækkəʊm] *ige* tupíroz

back door *fn* hátsó kapu

backdrop [ˈbækdrɒp] *fn* = **backcloth**

backer [ˈbækə] *fn* támogató, pártfogó

back-field *fn*❑ *sp* védelem

backfire [bækˈfaɪə] *ige* visszagyújt *(motor)* ‖ visszafelé sül el

background [ˈbækgraʊnd] *fn* háttér ‖ **against a blue background** kék háttér előtt; **be pushed into the background** háttérbe szorul

background industry *fn* háttéripar

background information *fn* háttérinformáció

background music *fn* zenei aláfestés

backhanded [ˈbækhændɪd] *mn* fonák *(ütés)* ‖ **backhanded compliment** kétélű bók

backhander [ˈbækhændə] *fn* csúszópénz

backhand stroke [ˈbækhænd] *fn* fonák ütés

backing [ˈbækɪŋ] *fn* jóindulatú támogatás, pártfogás, protekció

backlash [ˈbæklæʃ] *fn* ❑ *műsz* holtjáték ‖ ❖ *átv* visszahatás, reakció

backlog [-lɒg] *fn* lemaradás *(munkával)*, restancia ‖ **I have a huge backlog (of work)** sok restanciám van

backmost [ˈbækməʊst] *mn* leghátulsó

back number *fn* régebbi szám *(folyóiraté)*

backpack [ˈbækpæk] *fn* ⊕ *US* hátizsák

backpacker [ˈbækpækə] *fn*⊕ *US* (hátizsákos) turista

backpedal [ˌbækˈpedl] *ige* **-ll-** (⊕ *US* **-l-**) ❖ *átv* visszakozik, visszatáncol, visszalép

back rent *fn* lakbérhátralék

back-rest *fn* háttámasz

back seat *fn* hátsó ülés

backside [ˈbæksaɪd] *fn*❖ *tréf* far

back-sight *fn (puskán)* nézőke

backslash [ˈbækslæʃ] *fn* visszafelé dőlt törtjel

backslide [ˈbækslaɪd] *ige (szokásba, hibába)* visszaesik

backsliding [ˈbækslaɪdɪŋ] *fn* ❑ *pol* visszarendeződés

backstage [ˌbækˈsteɪdʒ] *hsz (átv is)* a kulisszák mögött; a háttérben

backstairs [ˌbækˈsteəz] *fn tsz* hátsó lépcső

back street *fn* mellékutca ‖ **the back streets of …** *(X város)* szegényebb része/negyede

backstroke [ˈbækstrəʊk] *fn* hátúszás

backtalk [ˈbæktɔːk] *fn*⊕ *US* feleselés

back taxes *fn tsz* adóhátralék

backtrack [ˈbæktræk] *ige* = **backpedal**

backup *fn*❑ *szt* biztonsági/tartalék másolat

backward [ˈbækwəd] *mn* fejlődésben elmaradott/elmaradt *(ország, gyermek)* ‖ **backward child** szellemileg visszamaradt gyermek

backwards [ˈbækwədz] *hsz* hátrafelé, visszafelé

backwater [ˈbækwɔːtə] *fn* állóvíz ‖ holtág

back wheel *fn* hátsó kerék

backyard [ˌbækˈjɑːd] *fn (hátsó)* udvar

bacon [ˈbeɪkən] *fn* angolszalonna

bacon and eggs *fn tsz* pirított/sült szalonna tojással, tálon sült tojás sonkával

bacteria [bækˈtɪərɪə] *fn tsz (esz* **bacterium** [-rɪəm]) baktérium

nm névmás– *nu* névutó– *szn* számnév– *esz* egyes szám– *tsz* többes szám
▼ szófajjelzés ⊕ földrajzi variáns ❑ szakterület ❖ stiláris minősítés

B

bacteriology [bæk‚tɪəri'ɒlədʒi] *fn* bakteriológia

bad [bæd] *mn* rossz ‖ □*nyelvt* hibás ‖ kellemetlen *(szag)* ‖ **be bad at mathematics** gyenge a matematikában; **it is not that bad** (*v.* **as bad as all that**) nem olyan veszedelmes a dolog; a körülményekhez képest elég jól; nem rossz; **that's too bad!** de kár!; elég baj!; **use bad language** káromkodik; **(s)he had a bad accident** súlyos balesetet szenvedett; **he has a bad cold** erősen meghűlt; **bad debt** behajthatatlan követelés; **bad egg** záptojás; **bad form** neveletlenség; **bad grammar** nyelvtani hiba; **bad language** káromkodás; **bad lot** gazember; ❖ *biz* jómadár; **bad luck** balszerencse; ❖ *biz* pech; ez pech!; **I've had bad luck** pechem volt; **be in bad shape** *(ember)* rossz állapotban van; **in bad taste** ízléstelen; **in a bad temper** rosszkedvű; **they are on bad terms** rossz viszonyban vannak; **bad weather** kellemetlen időjárás

badge [bædʒ] *fn (kitűzhető)* jelvény

badger ['bædʒə] ▼ *fn* borz ▼ *ige* ❖ *biz* szekál, piszkál

badly ['bædli] *hsz* ❖ *ált* rosszul; (nagyon) csúnyán ‖ **behave badly** rosszul viselkedik; **be badly defeated** csúfos kudarcot vall, csúfosan leszerepel; **be badly off** (anyagilag) nehéz helyzetben van, rosszul áll

badly-dressed *mn* rosszul öltözött

bad-mannered *mn* rossz modorú

badminton ['bædmɪntən] *fn* tollaslabda

badmouth ['bædmaʊθ] *ige* ⊕*US* megszól, fúr vkt

bad-tempered *mn* összeférhetetlen természetű ‖ rosszkedvű

baffle ['bæfl] *ige* zavarba ejt ‖ meghiúsít

baffling ['bæflɪŋ] *mn* érthetetlen, rejtélyes

bag [bæg] *fn* szatyor, zacskó; *(kisebb)* zsák ‖ táska; *(kézi)* bőrönd ‖ *(vad)* teríték ‖ **a bag of bones** csontkollekció

bag and baggage *hsz* mindenestül, cak(om)pakk

bagatelle [‚bægə'tel] *fn* apróság, csekélység; □*zene* bagatell

bagful ['bægfʊl] *fn* zsáknyi

baggage ['bægɪdʒ] *fn (tsz ua.)* ⊕*US* poggyász, csomag

baggage car *fn* ⊕*US* poggyászkocsi

baggage cart *fn* poggyásztargonca

baggage check *fn* ⊕*US* poggyászvevény

baggage claim *fn* ⊕*US* = **baggage reclaim**

baggage reclaim *fn* poggyászkiadás *(repülőtéren)*

baggage room *fn* ⊕*US* pályaudvari ruhatár

baggage trolley *fn* poggyászkuli

baggy ['bægi] *mn* buggyos ‖ táskás *(szem)* ‖ **be baggy** *(ruha vkn)* lazán lóg, lötyög

bagpipes ['bægpaɪps] *fn tsz* duda

bail [beɪl] ▼ *fn* **be out on bail** óvadék ellenében szabadlábon van ‖ **go bail for sy** szavatol vkért ▼ *ige* **bail sy (out)** óvadék ellenében szabadlábra helyez; **bail out (the boat)** kimeri a csónakból a vizet

bailiff ['beɪlɪf] *fn* (gazdasági) intéző ‖ adóvégrehajtó

bait [beɪt] *fn (halnak)* csalétek, csali

bake [beɪk] *ige* (meg)süt, kisüt ‖ *(cserépárut)* kiéget ‖ *(tésztaféle)* sül

baked [beɪkt] *mn* sült *(tésztaféle)* ‖ **baked clay** égetett agyag; **baked potatoes** (héjában) sült burgonya/krumpli

bakelite ['beɪkəlaɪt] *fn* bakelit

baker ['beɪkə] *fn* pék

baker's dozen *fn* tizenhárom

baker's (shop) *fn* péküzlet, a pék

bakery ['beɪkəri] *fn* pékműhely, pékség, sütöde

baking powder ['beɪkɪŋ] *fn* sütőpor

---

fn főnév −*hsz* határozószó −*isz* indulatszó −*ksz* kötőszó −*mn* melléknév
▼ szófajjelzés ⊕ földrajzi variáns □ szakterület ❖ stiláris minősítés

balance ['bæləns] ▼ *fn* egyensúly ‖ egyenleg; ❑*ker* mérleg ‖ **be in the balance** függőben van; **balance due** Tartozik egyenleg; **balance of power** erőviszonyok ▼ *ige* **balance (up) the cash** kasszát csinál; **balance the accounts/books** mérleget készít

balanced ['bælənst] *mn* kiegyensúlyozott

balance sheet *fn* ❑*ker* mérleg ‖ **draw up a balance sheet** mérleget készít

balcony ['bælkəni] *fn* erkély *(házé);* balkon; ❑*szính* erkély

bald [bɔːld] *mn* kopasz ‖ **become bald** megkopaszodik; **bald head** kopasz fej

bald-headed *mn* kopasz

baldness ['bɔːldnəs] *fn* kopaszság

bale [beɪl] ▼ *fn* bála ▼ *ige* báláz

bale out [beɪl] *ige* ejtőernyővel kiugrik ‖ **bale out the boat** kimeri a csónakból a vizet

balk [bɔːk] *ige (ló)* kitör, bokkol

Balkan, the ['bɔːlkən] *fn* Balkán (félsziget)

ball¹ [bɔːl] ▼ *fn* golyó, gömb, labda ‖ *(húsból, burgonyából)* gombóc ‖ gombolyag ‖ → **balls** ▼ *ige* gombolyít

ball² [bɔːl] *fn* bál

ballad ['bæləd] *fn* ballada

ball-and-socket joint *fn* gömbcsukló

ballast ['bæləst] *fn* sóder *(építőanyag)* ‖ *(hajón, léggömbön)* nehezék, ballaszt

ballast-road *fn* kavicsút

ball-bearing *fn* golyóscsapágy

ballboy ['bɔːlbɔɪ] *fn* labdaszedő *(fiú)*

ball-cock *fn* golyós szelep

ballerina [ˌbælə'riːnə] *fn* balerina, táncosnő

ballet ['bæleɪ] *fn* balett ‖ **the ballet** balettkar

ballet-dancer *fn* balett-táncos(nő)

ballet shoes *fn tsz* balettcipő

ball game *fn* labdajáték

ballistic [bə'lɪstɪk] *mn* ballisztikus ‖ **ballistic missile** ballisztikus rakéta

ballistics [bə'lɪstɪks] *fn* ballisztika

balloon [bə'luːn] *fn* ballon, léggömb, luftballon

ballot ['bælət] ▼ *fn* titkos szavazás ▼ *ige* **ballot for** titkosan szavaz vkre

ballot box *fn* urna

ballpark ['bɔːlpɑːk] *fn* ⊕*US* baseballpálya; baseball-stadion

ball-pen *fn* golyóstoll

ballpoint (pen) ['bɔːlpɔɪnt] *fn* golyóstoll

ballroom ['bɔːlruːm] *fn* bálterem

balls [bɔːz] *fn tsz* ❖*biz* herék

balm [bɑːm] *fn* kenőcs; ír, balzsam

balmy ['bɑːmi] *mn* balzsamos

baloney [bə'ləʊni] *fn* ⊕*US* üres beszéd/fecsegés

Baltic (Sea), the ['bɔːltɪk] *fn* Balti-tenger

Baltic States, the *fn tsz* a balti államok

balustrade [ˌbælə'streɪd] *fn* balusztrád

bamboo [ˌbæm'buː] *fn* bambusz

bamboo-cane *fn* bambuszbot

bamboozle [bæm'buːzl] *ige* ❖*biz* rászed, elbolondít

ban [bæn] ▼ *fn* tilalom ‖ **ban on (public) meetings** gyülekezési tilalom; **ban on (the use of) atomic weapons** az atomfegyverek (használatának) betiltása ▼ *ige* -nn- betilt; indexre tesz *(könyvet stb.)*

banal [bə'nɑːl] *mn* banális; közhelyszerű

banality [bə'næləti] *fn* banalitás, közhely

banana [bə'nɑːnə] *fn* banán

band [bænd] *fn (textil)* szalag, csík, pánt ‖ ❑*el* sáv ‖ banda, csapat

bandage ['bændɪdʒ] ▼ *fn (seben)* kötés, fásli, kötszer, pólya ▼ *ige (sebet)* kötöz; *(végtagot)* (be)pólyáz, (be)fásliz

Band-Aid *fn* ⊕*US* gyorstapasz

B and B, B & B [ˌbiː ænd 'biː] = **bed and breakfast**

bandit ['bændɪt] *fn* bandita, zsivány

B

bandmaster ['bændmɑːstə] *fn (fúvósoké)* karmester

band-saw *fn* szalagfűrész

bandstand ['bændstænd] *fn* zenepavilon

band switch *fn* ❑ *el* sávkapcsoló

bandwidth ['bændwɪdθ] *fn* ❑ *el* sávszélesség

bandy legs ['bændi] *fn tsz* ó-láb

bandy-legged *mn* ó-lábú, görbe lábú

bang [bæŋ] ▼ *fn* ütés || durranás || frufru ▼ *ige* dönget, üt, ver || durrant || bevág *(ajtót)* || **bang at/on the door** dörömböl az ajtón; **bang into/against sg** nekimegy; **bang one's head against sg** beüti a fejét vmbe; **bang the door** bevágja az ajtót; **bang the table** az asztalra csap ▼ *isz* bumm!, durr!, puff! || → **bangs**

bangle ['bæŋgl] *fn* karperec

bangs [bæŋz] *fn tsz* frufru

banish ['bænɪʃ] *ige* száműz; *(országból)* kiutasít || elűz *(gondot)*

banister ['bænɪstə] *fn* korlát, karfa

banjo ['bændʒoʊ] *fn* bendzsó

bank[1] [bæŋk] ▼ *fn* töltés || part *(folyóé)* ▼ *ige* **bank up** *(földdel)* feltölt || tornyosodik, tornyosul

bank[2] [bæŋk] ▼ *fn* bank || **keep the bank** bankot ad ▼ *ige* bankba tesz, betesz || **he banks with the Midland Bank** a Midland bankban tartja a pénzét

bank account *fn* bankszámla, csekkszámla

bank-book *fn* betétkönyv

bank card *fn* csekk-kártya

bank charges *fn tsz* bankköltségek, bankhitelek

bank-clerk *fn* banktisztviselő

bank credit *fn* bankhitel

bank deposit *fn* bankbetét, letéti jegy

bank draft *fn* bankintézvény

banker ['bæŋkə] *fn* pénzember, bankár || **banker's draft** intézvény

bank holiday *fn* munkaszüneti nap

banking account ['bæŋkɪŋ] *fn* bankszámla

bank loan *fn* bankkölcsön

bank manager *fn* bankigazgató

banknote ['bæŋknoʊt] *fn* bankjegy

bank rate *fn* bankkamatláb

bankrupt ['bæŋkrʌpt] *mn* fizetésképtelen, csődbe jutott || **be bankrupt** tönkremegy; **become bankrupt** csődbe jut; **go bankrupt** *(pénzügyileg)* megbukik, tönkremegy

bankruptcy ['bæŋkrʌptsi] *fn* csőd

bank statement *fn* számlakivonat

banner ['bænə] *fn* zászló, lobogó

banns [bænz] *fn tsz* házasulandók kihirdetése || **publish the banns** *(templomban)* házasságot kihirdet, kihirdet vkket

banquet ['bæŋkwɪt] *fn* bankett, díszebéd, ünnepi ebéd/vacsora

banqueting hall ['bæŋkwɪtɪŋ] *fn* különterem *(vendéglőben)*; díszterem

banter ['bæntə] ▼ *fn* kötekedés, csipkelődés ▼ *ige* ugrat, heccel, cukkol; *(vmvel)* húz

baptism ['bæptɪzm] *fn* keresztelő || keresztség

Baptist ['bæptɪst] *mn/fn* baptista

baptize [bæp'taɪz] *ige* (meg)keresztel

bar [bɑː] *fn* korlát || sorompó || rúd; *(magasugró)* léc || ❑ *zene* ütem || ivó, pult, söntés, italmérés || **the Bar** ⊕ *GB* ügyvédi kamara; **be called to the bar** ügyvédi pályára lép; **hotel bar** bár *(szállodáé)*; **a bar of chocolate** egy szelet csokoládé; **a bar of soap** egy darab szappan; **bars** *(ablakon)* rostély; **behind bars** rács mögött, börtönben

barb [bɑːb] *fn* szakáll *(állaté)*

barbarian [bɑː'beərɪən] *fn* barbár

barbaric [bɑː'bærɪk] *mn* műveletlen, vad, barbár

barbarity [bɑː'bærəti] *fn* barbárság, vadság, kegyetlenség

barbarous ['bɑːbərəs] *mn* barbár

---

barbecue ['bɑ:bɪkju:] ▼ *fn* grillsütő ‖ flekken, nyársonsült ‖ hússütés a szabadban ▼ *ige* roston *v.* nyárson süt
barbecued meat *fn* nyársonsült
barbed wire *fn* szögesdrót
barber ['bɑ:bə] *fn* borbély, férfifodrász ‖ **barber's (shop)** borbélyműhely, *(férfi)* fodrászüzlet
barbiturate [bɑ:'bɪtʃərət] *fn* altató(szer)
bar code *fn* vonalkód
bar counter *fn* bárpult
bard [bɑ:d] *fn* dalnok; bárd
bare [beə] *mn* csupasz, kopár, puszta ‖ **the bare facts** a puszta tények
bareback ['beəbæk] *hsz* szőrén
barefaced [ˌbeə'feɪsɪd] *mn* arcátlan, szemérmetlen, pofátlan
barefoot(ed) ['beəfʊt(ɪd)] *mn/hsz* mezítláb(as)
bare-headed *mn/hsz* hajadonfőtt
barely ['beəli] *hsz* alig, éppen csak, éppen hogy (csak) ‖ **barely any** alig valami; **barely enough** alig hogy elég
bareness ['beənɪs] *fn* kopárság
bargain ['bɑ:gɪn] ▼ *fn* alkalmi vétel ‖ **a bargain** előnyös/jó vétel; jó üzlet; **it's a bargain** áll az alku!; **make a bargain with sy** üzletet köt vkvel ▼ *ige* **bargain with sy for sg** alkuszik vkvel vmre
bargain basement *fn* alkalmi áruk osztálya
bargaining ['bɑ:gɪnɪŋ] *fn* alku(dozás)
bargain price *fn* ❑*ker* alkalmi ár
barge [bɑ:dʒ] ▼ *fn* uszály, slepp ▼ *ige* **barge in** betolakodik
baritone (singer) ['bærɪtoʊn] *fn* baritonista
barium meal ['beərɪəm] *fn* báriumkása, kontrasztpép
bark¹ [bɑ:k] ▼ *fn* ugatás ‖ **his bark is worse than his bite** amelyik kutya ugat, az nem harap ▼ *ige* ugat ‖ **bark at** megugat; **be barking up the wrong tree** rossz nyomon jár

bark² [bɑ:k] ▼ *fn* fakéreg ▼ *ige* **bark** *sg* kérget lehánt vmről
barley ['bɑ:li] *fn* ❑*növ* árpa
barmaid ['bɑ:meɪd] *fn (söntésben)* pincérnő, mixer
barman ['bɑ:mən] *fn (tsz -men)* csapos, italmérő; *(bárban)* mixer
barn [bɑ:n] *fn* magtár, pajta, csűr, góré
barnacle ['bɑ:nəkl] *fn (hajó oldalára tapadó)* kagyló ‖ kullancs
barnyard ['bɑ:njɑ:d] *fn* szérű(skert)
barometer [bə'rɒmɪtə] *fn* légnyomásmérő, barométer
baron ['bærən] *fn* báró
baroness ['bærənes] *fn* bárónő; báróné
baronet ['bærənɪt] *fn* baronet *(legalacsonyabb öröklődő angol nemesi rang)*
Baroque [bə'rɒk] *mn/fn* barokk
barracks ['bærəks] *fn esz v. tsz* barakk ‖ bérkaszárnya
barrage ['bærɑ:ʒ] *fn* duzzasztómű, völgyzáró gát
barrel ['bærəl] *fn* hordó ‖ ❑*műsz* dob
barrel-organ *fn* verkli
barren ['bærən] *mn* kopár, sivár, terméketlen, meddő
barricade [ˌbærɪ'keɪd] ▼ *fn* barikád ▼ *ige* elbarikádoz
barrier ['bærɪə] *fn* korlát ‖ sorompó
barrister ['bærɪstə] *fn* ⊕*GB* ügyvéd *(magasabb bíróság előtti felszólalási joggal)*
barrow ['bæroʊ] *fn* talicska ‖ targonca
barrow boy *fn* ⊕*GB* gyümölcsárus
Bart. [bɑ:t] = **baronet**
bartender ['bɑ:tendə] *fn* = **barman**
barter ['bɑ:tə] ▼ *fn* árucsere, csereügylet ▼ *ige* becserél/elcserél *(for vmre)*
basalt ['bæsɔ:lt] *fn* bazalt
base [beɪs] ▼ *mn* aljas, alantas, alávaló, hitvány ▼ *fn* talapzat *(szoboré)* ‖ bázis, alap ‖ ❑*mat* alaplap ▼ *ige* **base** *sg* **on** *sg* vmre alapít vmt, vmre alapoz ‖ **be based (up)on** *sg* alapul vmn, vmn nyugszik

nm névmás – *nu* névutó – *szn* számnév – *esz* egyes szám – *tsz* többes szám

▼ szófajjelzés ⊕ földrajzi variáns ❑ szakterület ❖ stiláris minősítés

B

baseball ['beɪsbɔːl] *fn* ⊕ *US* baseball *(labdajáték)*

Basel ['bɑːzl] *fn* Bázel

baseless ['beɪsləs] *mn* alaptalan *(vád)*

base-line *fn* alapvonal

basement ['beɪsmənt] *fn* alagsor

basement flat *fn* pincelakás

baseness ['beɪsnəs] *fn* aljasság

bases ['beɪsiːz] *tsz* → **base, basis**

bash [bæʃ] *fn* ❖ *biz* buli

bashful ['bæʃfl] *mn* szégyenlős, szemérmes

basic ['beɪsɪk] *mn* alapvető ‖ **basic principle** alapelv; **basic wage** alapbér *(munkásé)*

basically ['beɪsɪkli] *hsz* alapjában véve, lényegileg, alapvetően, lényegében

basin ['beɪsn] *fn* medence ‖ mosdó(kagyló) ‖ mosdótál

basis ['beɪsɪs] *fn* (*tsz* **bases** [-siːz]) bázis, alap ‖ **form the basis of sg** vmnek alapját alkotja *v.* alapjául szolgál

bask [bɑːsk] *ige* **bask in the sun** napozik; napfürdőzik

basket ['bɑːskɪt] *fn* kosár

basketball ['bɑːskɪtbɔːl] *fn* kosárlabda ‖ **play basketball** kosárlabdázik

bas-relief [ˌbɑːrɪ'liːf] *fn* féldombormű

bass [bæs] *fn* basszus; basszista

bass clef *fn* basszuskulcs

basset(-hound) ['bæsɪt(haʊnd)] *fn* tacskó

bassoon [bə'suːn] *fn* fagott

bastard ['bɑːstəd] *fn* fattyú

bastion ['bæstɪən] *fn (váré)* bástya

bat¹ [bæt] ▼ *fn* ❑ *sp* ütő ‖ **he is a good bat** jó krikettjátékos ▼ *ige* **-tt-** üt *(krikettben)* ‖ **he didn't bat an eyelid** egy arcizma sem rándult meg

bat² [bæt] *fn* denevér

batch [bætʃ] *fn* sütet ‖ tétel ‖ ❖ *biz* csomó, rakás

bated ['beɪtɪd] *mn* **with bated breath** visszafojtott lélegzettel

bath [bɑːθ] ▼ *fn* fürdés *(kádban)* ‖ fürdőkád ‖ fürdőszoba ‖ **have/take a bath** (meg)fürdik *(kádban)* ‖ → **baths** ▼ *ige* (⊕ *US* **bathe**) **bath the baby** a kisbabát (meg)fürdeti

bath chair *fn* tolószék

bathe [beɪð] ▼ *fn* fürdés, úszás *(szabadban)* ▼ *ige (szabadban)* (meg)fürdik; strandol ‖ ⊕ *US* fürdet

bather ['beɪðə] *fn* fürdőző

bathing ['beɪðɪŋ] *fn (szabadban)* fürdés

bathing cap *fn* fürdősapka; úszósapka

bathing costume *fn* fürdőruha; úszódressz

bathing facilities *fn tsz* fürdési lehetőség(ek)

bathing-shoes *fn tsz* fürdőcipő

bathing suit *fn* ⊕ *US* fürdőruha; úszódressz

bathing trunks *fn tsz* úszónadrág

bath mat *fn* fürdőszobaszőnyeg

bathrobe ['bɑːθrəʊb] *fn* fürdőköpeny

bathroom ['bɑːθruːm] *fn* fürdőszoba

bathroom scales *fn tsz* fürdőszobamérleg

baths [bɑːθs] *fn tsz* uszoda; fürdő

bath sheet *fn* fürdőlepedő

bath towel *fn* fürdőlepedő

bathtub ['bɑːθtʌb] *fn* ⊕ *US* fürdőkád

bath water *fn* fürdővíz

batiste [bæ'tiːst] *mn/fn* batiszt

batman ['bætmən] *fn (tsz* **-men)** tiszti küldönc

baton ['bætɒn] *fn (karmesteri)* pálca ‖ bot *(marsallé)* ‖ *(rendőri)* gumibot

batsman ['bætsmən] *fn (tsz* **-men)** krikettjátékos, ütőjátékos

battalion [bə'tælɪən] *fn* zászlóalj

batten ['bætn] *fn* léc

batter ['bætə] ▼ *fn (nyers)* tészta ▼ *ige* bántalmaz

battered ['bætəd] *mn* ütött-kopott ‖ bántalmazott

battery ['bætri] *fn* ❑ *el* akkumulátor, elem, telep ‖ ❑ *kat* üteg ‖ **the battery is dead/flat** lemerült az akku

---

fn főnév – *hsz* határozószó – *isz* indulatszó – *ksz* kötőszó – *mn* melléknév
▼ szófajjelzés ⊕ földrajzi variáns ❑ szakterület ❖ stiláris minősítés

battery charger *fn* akkutöltő

battle ['bætl] ▼ *fn* ❏ *kat* csata, ütközet, harc, küzdelem ▼ *ige* **battle with** sy küzd/harcol vkvel

battlefield ['bætlfi:ld] *fn (átv is)* csatatér, harcmező

battlements ['bætlmənts] *fn tsz* bástya *(váré)*

battleship ['bætlʃɪp] *fn* csatahajó; hadihajó

batty ['bæti] *mn* ❖ *biz* dilis

baulk [bɔ:k] *ige* = **balk**

bauxite ['bɔ:ksaɪt] *fn* bauxit

bawdy ['bɔ:di] *mn* trágár, ocsmány *(beszéd)*

bawl [bɔ:l] *ige* ordít; kiabál, üvölt

bay[1] [beɪ] *fn* babér

bay[2] [beɪ] *fn* öböl

bay[3] [beɪ] *fn* állás *(buszoké)*; kocsiállás ‖ ablak(fülke)

bay[4] [beɪ] *fn* pej

bay[5] [beɪ] ▼ *fn* **hold sy at bay** sakkban tart vkt ▼ *ige* csahol

bay leaf *fn* babérlevél

bayonet ['beɪənɪt] *fn* szurony, bajonett

bayonet-socket *fn* bajonettfoglalat

bay window *fn* zárt erkély, kiugró ablakfülke

bazaar [bə'zɑ:] *fn* bazár

bazooka [bə'zu:kə] *fn* páncélököl

BBC [,bi:bi:'si:] = *British Broadcasting Corporation* az angol rádió, a BBC

BC *v.* **B.C.** [bi:'si:] = *Before Christ* Krisztus előtt, Kr. e., i. e., időszámításunk előtt

B/D [bi:'di:] = **bank draft**

be [bi:, *gyenge kiejt.* bi] *ige (pt* **was** [wəz, wɒz] **were** [wə, wɜ:]; *pp* **been** [bi:n]; *ragozott alakok:* **I am, you are, he/she/it is, we/you/they are)** van; létezik ‖ **I'll be there (round) about** *v.* **around 5 (o'clock)** öt óra tájban ott leszek; **it's 8 o'clock** 8 óra van; **he wants to be a teacher** tanárnak készül; **don't be long!** ne maradj sokáig!; **if I were you** ha én

volnék a helyedben; **as it were** mintegy; **have you been to London?** voltál már Londonban?; **there is** (*v.* **there's) a man at the door** van egy ember a kapunál; **He isn't here yet, is he?** Ugye (ő) még nincs itt?

---

be about to go somewhere vhova készül ‖ **be about sg** vmről szól

be back visszatér, megjön ‖ **I'll be back by 6 (o'clock) at the latest** legkésőbb 6-ra itt leszek; **I'll be back for lunch** ebédre hazajövök

be behind in/with sg restanciában van vmvel ‖ **be behind sy** *(erkölcsileg, anyagilag)* támogat

be in itthon van ‖ megjött ‖ ❖ *biz* felkapták, divatos ‖ **I won't be in today** nem leszek itthon ma

be in for it nyakig benne van *(bajban/pácban)*

be off eltávozik ‖ *(étel)* elfogyott ‖ avas szaga van ‖ **be off!** el innen!; **be off with you!** eredj innen!

be on műsoron van/megy ‖ *(gáz, villany)* ég ‖ **what's on?** mit adnak? *(moziban stb.)*

be out kinn van ‖ **be out for sg** teljes erővel (*v.* minden igyekezetével) törekszik vmre; **be out of sg** vk kifogyott vmből

be through végzett ‖ **are you through with your work?** elkészültél a munkáddal?; **are you through?** ⊕ *US* lebeszéltek?

be up nem fekszik le; fenn marad ‖ felkelt, fenn van, ébren van ‖ **be up and about** fenn van *(már nem beteg)*

be up to sg rosszat forral, vmt forral, vmben sántikál, vmt forgat a fejében

be without megvan vm nélkül, nélkülöz vmt

---

beach [bi:tʃ] *fn (homokos)* part, strand ‖ **be on the beach** strandol

beach bag *fn* strandtáska
beachcomber ['biːtʃkoʊmə] *fn* parti/
strandi guberáló
beachwear ['biːtʃweə] *fn* strandruha
beacon ['biːkən] *fn* jelzőfény, jelzőtűz
‖ irányfény
bead [biːd] *fn (üveg, izzadság)* gyöngy
‖ célgömb ‖ **beads** ❑*vall* rózsafüzér
beagle ['biːgl] *fn (rövid lábú)* vadász-
kutya, beagle
beak [biːk] *fn* csőr
beaker ['biːkə] *fn* ❑*vegy* csőrös csé-
sze
beam [biːm] ▼*fn* gerenda ‖ (fény)sugár,
fénykéve ‖ **beam of light** fénynyaláb;
beam of rays sugárkéve ▼*ige* sugár-
zik, sugároz
bean [biːn] *fn* ❑*növ* bab
bean soup *fn* bableves
bean sprouts *fn tsz* szójacsíra
bear¹ [beə] *fn* ❑*áll* medve
bear² [beə] *ige (pt* **bore** [bɔː]; *pp*
borne [bɔːn]; *„szül" jelentésben, szen-
vedőben:* **born** [bɔːn]) *(súlyt, terhet)*
hord(oz) ‖ *(gyermeket)* szül ‖ eltűr, el-
bír, elvisel, kibír ‖ *(gyümölcsöt)* hoz ‖
I cannot bear to see it látni sem bí-
rom/kívánom; **he bears himself well**
jól bírja magát; **I can't bear him** nem
állhatom; **bear sg in mind** számon
tart vmt, megszívlel, emlékezet(é)ben
tart; **bear the expenses of sg** viseli
vmnek a költségeit

---

bear down on *(ellenségre)* lecsap
bear on sg összefügg vmvel, hatás-
sal van vmre, befolyásol vmt ‖ **how
does this bear (up)on the prob-
lem?** milyen összefüggésben áll ez
a kérdéssel?
bear out *(vallomást)* megerősít; (be)-
igazol
bear up visel, tűr ‖ **bear up well un-
der (misfortunes)** (bajt, csapást stb.)
jól visel

---

bearable ['beərəbl] *mn* elviselhető,
tűrhető
bear-cub *fn* medvebocs
beard [bɪəd] *fn* szakáll
bearded ['bɪədɪd] *mn* szakállas
beardless ['bɪədləs] *mn* szőrtelen; csu-
pasz
bearer ['beərə] *fn* bemutató *(csekké)* ‖
tulajdonos *(útlevélé)* ‖ **the bearer of
this letter** a jelen sorok átadója
bearing ['beərɪŋ] *fn* (maga)tartás, ki-
állás ‖ testtartás ‖ csapágy ‖ **it has no
bearing on the subject** nincs össze-
függésben a témával; **consider the
question in all its bearings** minden
vonatkozásában/szempontból/oldalá-
ról megvizsgál egy kérdést; **find/get/
take one's bearings** vhol, vmben ki-
igazodik, tájékozódik
bearskin ['beəskɪn] *fn* medvebőr (kucs-
ma)
beast [biːst] *fn* ❖*ir (főleg emlős)* ál-
lat, vadállat ‖ **beast of prey** ragadozó
beastly ['biːstli] *mn* állatias, bestiális,
baromi
beat [biːt] ▼*fn* ütés; dobbanás ‖ ütem
‖ *(szolgálati)* körút, körjárat ‖ **off
one's beat** hatáskörén kívül ▼*ige (pt*
beat [biːt]; *pp* **beaten** ['biːtn]) ver,
üt, ütlegel ‖ ❑*sp* megver ‖ *(rekordot)*
megdönt ‖ *(vadat)* felhajt ‖ *(szív)* ver,
dobog ‖ **beat the air** kalimpál; **beat
time** üti a taktust, ütemez; **they were
beaten 3-1** *(szóban:* **(by) three goals
to one)** kikaptak 3:1-re; **beat it!**
❖*elít* kopj le!, pusztulj innen!; **can
you beat it?** hallottál már ilyet?;
that beats everything! ez aztán a
csúcs!

---

beat about the bush kertel; köntör-
falaz
beat against sg vmhez verődik
beat down *(eső gabonát)* lever ‖
❖*biz (árat)* lesrófol ‖ **the sun is
beating down** tűz a nap

---

fn főnév −*hsz* határozószó −*isz* indulatszó −*ksz* kötőszó −*mn* melléknév
▼ szófajjelzés ⊕földrajzi variáns ❑szakterület ❖ stiláris minősítés

B

beat off *(támadást, ellenséget)* vissza-
ver

beat out kikalapál

beat up vkt összever ‖ **beat up eggs**
tojást felver

---

beaten [ˈbiːtn] *mn* vert *(arany, ezüst)* ‖
→ **beat**

beater [ˈbiːtə] *fn* habverő ‖ ütő *(sze-
mély)* ‖ *(vadászaton)* hajtó

beating [ˈbiːtɪŋ] *fn* verés; szívdobogás
‖ **got a good beating** alaposan kika-
pott

beautician [bjuːˈtɪʃn] *fn* kozmetikus

beautiful [ˈbjuːtɪfl] *mn* szép; gyönyö-
rű

beautifully [ˈbjuːtɪfli] *hsz* szépen; gyö-
nyörűen

beautify [ˈbjuːtɪfaɪ] *ige* (meg)szépít

beauty [ˈbjuːti] *fn* szépség ‖ **she is a
beauty** csodaszép nő

beauty care *fn* szépségápolás

beauty contest *fn* szépségverseny

beauty cream *fn* bőrápoló krém

beauty parlour (US **-or**) *fn* kozme-
tikai szalon

beauty queen *fn* szépségkirálynő

beauty salon *fn* = **beauty parlour**

beauty spot *fn* kirándulóhely

beauty treatment *fn* szépségápolás,
kozmetikai kezelés

beaver [ˈbiːvə] *fn* hód

became [bɪˈkeɪm] *pt* → **become**

because [bɪˈkɒz] *ksz* mert, mivel ‖
just because csak!; **because of** vm
miatt, vmnek következtében

beck [bek] *fn* **be at sy's beck and call**
csak füttyenteni kell neki és máris …

beckon [ˈbekən] *ige (kézzel)* int

become [bɪˈkʌm] *ige* (*pt* **became**
[bɪˈkeɪm]; *pp* **become** [bɪˈkʌm])
vmlyenné lesz/válik, vmvé alakul ‖
what has become of him? mi lett be-
lőle?; **become a teacher** tanárnak
megy; **become sy** vkhez vm illik; **be-
come well (again)** felgyógyul; **be-
come widely known** átmegy a köztu-

datba, közismertté válik; **she is be-
coming prettier by the day** *v.* **every
day** napról napra szebb lesz

becoming [bɪˈkʌmɪŋ] *mn* hozzáillő,
illendő

bed [bed] ▼ *fn* ágy ‖ meder ‖ (vi-
rág)ágyás ‖ (talaj)réteg ‖ **go early to
bed** korán fekszik; **go to bed** lefek-
szik *(aludni)*; **keep to one's bed** *(be-
tegen)* ágyban marad, őrzi az ágyat;
make one's bed beágyaz, megveti az
ágyat; **take to one's bed** ágynak dől;
not a bed of roses nem fenékig tejföl
▼ *ige* **-dd-** (be)ágyaz vmbe ‖ elültet

---

bed out kiültet, palántáz

---

bed and board *fn* lakás és ellátás,
szállás étkezéssel

bed and breakfast *fn* szoba reggelivel

bedaub [bɪˈdɔːb] *ige (piszokkal)* be-
mázol

bedbug [ˈbedbʌg] *fn* ⃞*áll* poloska

bedclothes [ˈbedkloʊðz] *fn tsz* ágy-
nemű ‖ **change the bedclothes** ágyat
áthúz

bedding [ˈbedɪŋ] *fn* alom ‖ ágynemű ‖
⃞*műsz* ágyazat

bedeck [bɪˈdek] *ige* feldíszít

bedfellow [ˈbedfeloʊ] *fn* ágytárs

bedlam [ˈbedləm] *fn* ❖ *átv* bolondok-
háza; diliház

bed linen *fn* ágynemű; ágyhuzat

bed-mat *fn* ágyelő

bedpan [ˈbedpæn] *fn* ágytál

bed-post *fn* ágyláb

bedridden [ˈbedrɪdn] *mn* **be bed-
ridden** nyomja az ágyat

bedrock [ˈbedrɒk] *fn* ⃞*geol* fekü

bedroom [ˈbedruːm] *fn* hálószoba ‖
single/double bedroom egyágyas/
kétágyas szoba *(szállodában)*

Beds [bedz] = *Bedfordshire*

bed-settee *fn* rekamié

bedside [ˈbedsaɪd] *fn* **at sy's bedside**
vknek a betegágyánál

bedside lamp *fn* éjjeli lámpa

---

nm névmás −*nu* névutó −*szn* számnév −*esz* egyes szám −*tsz* többes szám

▼ szófajjelzés ⊕ földrajzi variáns ⃞ szakterület ❖ stiláris minősítés

bedside rug *fn* ágyelő
bedside table *fn* éjjeliszekrény
bed-sitting-room, bed-sit *fn* ⊕ *GB* egyszobás lakás, garzonlakás
bedsore ['bedsɔ:] *fn* felfekvés
bedspread ['bedspred] *fn* (ágy)takaró, ágyterítő
bedtime ['bedtaɪm] *fn* **it's bedtime** ideje lefeküdni
bedtime story *fn* esti mese
bee [bi:] *fn* ❏ **áll** méh ‖ **(s)he has a bee in his/her bonnet about sg** ❏ *kif* az a rögeszméje, hogy; vmlyen bogara van
beech [bi:tʃ] *fn* bükk(fa)
beech-marten *fn* nyest
beech nut *fn* bükkmakk
beef [bi:f] *fn* marhahús
beefburger ['bi:fbɜ:gə] *fn* fasírozott
beefeater ['bi:fi:tə] *fn* ❖ *biz* testőr *(a Towerben)*
beefsteak ['bi:fsteɪk] *fn (hirtelen sült)* marhaszelet; bifsztek
beefy ['bi:fi] *mn* ❖ *biz* deltás
beehive ['bi:haɪv] *fn* kaptár; méhkas
bee-keeper *fn* méhész
bee-keeping *fn* méhészet
beeline ['bi:laɪn] *fn* **make a beeline for** toronyiránt megy vhová; átvág
been [bi:n] *pp* → **be**
beer [bɪə] *fn* sör
beer-barrel *fn* söröshordó
beer-mug *fn* söröskancsó
beeswax ['bi:zwæks] *fn* méhviasz
beetle ['bi:tl] *fn* bogár
beetroot ['bi:tru:t] *fn* cékla *(gyökér)*
beet-sugar *fn* répacukor
befall [bɪ'fɔ:l] *ige (pt* **befell** [bɪ'fel]; *pp* **befallen** [bɪ'fɔ:lən]) vm vkt ér; *(vm rossz)* történik (vkvel); vkvel vm megesik
befell [bɪ'fel] *pt* → **befall**
before [bɪ'fɔ:] ▼ *hsz* előbb, korábban, azelőtt, előzőleg ‖ **the day before** előző nap ▼ *elölj* előtt; elé ‖ **before long** nemsokára, hamarosan ▼ *ksz* mielőtt ‖ mire

beforehand [bɪ'fɔ:hænd] *hsz* előzőleg, előzetesen; *(időben)* előre
beg [beg] *ige* **-gg-** kér ‖ könyörög, koldul; ❖ *biz* pitizik ‖ **beg!** *(kutyának)* szolgálj!; **I beg to differ** ebben eltér a véleményem; **we beg to inform you** tisztelettel értesítjük; **I beg your pardon!** bocsánatot kérek!, bocsánat!, elnézést (kérek)!, pardon; **I beg your pardon?** hogy mondta(d)?, tessék?, kérem?, nem értem!
began [bɪ'gæn] *pt* → **begin**
beget [bɪ'get] *ige (pt* **begot** [bɪ'gɒt]; *pp* **begot** *v.* **begotten** [bɪ'gɒtn]) **-tt-** nemz ‖ **beget ill blood** rossz vért szül
beggar ['begə] *fn* koldus
begin [bɪ'gɪn] *ige (pt* **began** [bɪ'gæn]; *pp* **begun** [bɪ'gʌn]) **-nn-** (el)kezd; vmt, vmbe, vmhez kezd, hozzáfog/ hozzákezd/hozzálát vmhez, megkezd ‖ megkezdődik, (el)kezdődik ‖ **begin again** elölről kezd; **to begin with** először is
beginner [bɪ'gɪnə] *fn* kezdő
beginning [bɪ'gɪnɪŋ] *fn* kezdet ‖ **at the beginning** kezdetben; **from the beginning** kezdettől fogva, elölről (kezdve); **in the beginning** eleinte, kezdetben; **from beginning to end** *(időben)* elejétől végig
begot [bɪ'gɒt] *pt/pp* → **beget**
begotten [bɪ'gɒtn] *pp* → **beget**
begrudge [bɪ'grʌdʒ] *ige* irigyel ‖ sajnál ‖ **begrudge oneself sg** megtagad magától vmt
begun [bɪ'gʌn] *pp* → **begin**
behalf [bɪ'hɑ:f] *fn* **on sy's behalf, on behalf of sy** vknek az érdekében, vknek/vmnek a nevében, vk megbízásából
behave [bɪ'heɪv] *ige* viselkedik, viseli magát ‖ **behave well** jól viseli magát; **behave (yourself)!** viselkedj rendesen!
behaviour [bɪ'heɪvɪə] (⊕ *US* **-or**) *fn* viselkedés, magaviselet, magatartás
behead [bɪ'hed] *ige* lefejez

---

fn főnév– *hsz* határozószó– *isz* indulatszó– *ksz* kötőszó– *mn* melléknév
▼ szófajjelzés ⊕ földrajzi variáns ❏ szakterület ❖ stiláris minősítés

B

behind [bɪ'haɪnd] ▼ *hsz* mögött, mögé, hátul ‖ **behind this** emögött ▼ *fn* ❖ *biz* fenék *(emberé)*

behindhand [bɪ'haɪndhænd] *hsz* **I'm behindhand in my work** sok restanciám van

behold! [bɪ'hoʊld] *isz* íme!

beige [beɪʒ] *mn* drapp, nyers színű

being ['biːɪŋ] ▼ *mn* vhol levő ‖ **for the time being** egyelőre ▼ *fn* létezés

belated [bɪ'leɪtɪd] *mn* elkésett, késő, kései

belch [beltʃ] *ige* böfög, böffen(t)

belfry ['belfri] *fn* harangláb; harangtorony

Belgian ['beldʒən] *mn/fn* belga, belgiumi

Belgium ['beldʒəm] *fn* Belgium

Belgrade [,bel'greɪd] *fn* Belgrád

belie [bɪ'laɪ] *ige* vkt meghazudtol

belief [bɪ'liːf] *fn* hit, meggyőződés ‖ **it's beyond belief** minden képzeletet felülmúl; **belief in God** *fn* istenhit

believe [bɪ'liːv] *ige* vmt, vmben, vknek hisz ‖ gondol, vél ‖ elhisz vknek vmt ‖ **I (can) hardly believe (it)** nemigen hiszem; **he can't believe his ears** nem hisz a fülének; **I can't believe it** nem fér/megy a fejembe; **I don't believe it** nem hiszem; **believe it or not** akár hiszed, akár nem; **I believe not** azt hiszem, (hogy) nem; **he is believed to be …** úgy tudják róla, hogy

believer [bɪ'liːvə] *fn* hívő ‖ **a believer in sg** vmnek a híve

belittle [bɪ'lɪtl] *ige* lebecsül; (le)kicsinyel, lefitymál

bell [bel] *fn* csengő; ⬚ *isk* kicsengetés ‖ **there's the bell** csengettek; **the bell has gone** ⬚ *isk* becsengettek; **the bell rang** csengettek

bellboy ['belbɔɪ] *fn* ❖ *biz (szállodában)* liftes(fiú); ⊕ *US* londiner

bell-button *fn* csengőgomb

belles-lettres [,bel'letrə] *fn esz* szépirodalom

bellhop ['belhɒp] *fn* ❖ *biz (szállodában)* ⊕ *US* liftes(fiú), boy, londiner

bellicose ['belɪkoʊs] *mn* harcias

belligerent [bə'lɪdʒərənt] *mn/fn* hadviselő ‖ **the belligerents** hadviselő felek

bell-jar *fn* (üveg)bura

bellow ['beloʊ] ▼ *ige* ordít, bőg ▼ *fn* ordítás, bőgés

bellows ['beloʊz] *fn tsz* fújtató

bell-push *fn* gomb *(csengőé)*

bell-tower *fn* harangtorony

bellwether ['belweðə] *fn (átv is)* vezérürü, (fő)kolompos

belly ['beli] ▼ *fn* ❖ *biz* has ▼ *ige* **belly (out)** *(vitorla)* kidagad

bellyache ['belieɪk] *fn* hasfájás

belong [bɪ'lɒŋ] *ige* **belong to sy/sg** vkhez/vmhez tartozik, vké, vmé; vknek a tulajdonában van ‖ **these belong to us** ezek a mieink; **I belong here** idevaló vagyok

belongings [bɪ'lɒŋɪŋz] *fn tsz* ingóságok, holmi

beloved [bɪ'lʌvɪd] *mn* szeretett

below [bɪ'loʊ] ▼ *elölj* alatt, alá ‖ **below this** ez alatt ▼ *hsz* alul ‖ alább ‖ alá

belt [belt] *fn* öv, szíj ‖ heveder ‖ zóna ‖ **hit(ting) below the belt** övön aluli ütés

belt drive *fn* szíjmeghajtás

beltway ['beltweɪ] *fn* ⊕ *US* ⬚ *közl* körgyűrű

bench [bentʃ] *fn* pad, lóca ‖ ⬚ *sp* **on the bench** a kispadon

bench-mark *fn* magassági pont, szintjel

bench warmer *fn* ❖ *biz* tartalék(játékos)

bend [bend] ▼ *fn* hajlás; elhajlás *(vonalé)*; görbület ‖ kanyarodás, kanyar, kanyarulat ▼ *ige (pt/pp* **bent** [bent]) *(vonal)* elhajlik, (el)ferdül, (el)görbül ‖ (el)kanyarodik ‖ görnyed ‖ (el)görbít ‖ **bend under the burden** rogyadozik a teher alatt

---

bend down lehajlik, lefelé fordít, lehajt
bend forward előrehajol
bend over sg vmre ráhajol

bends [bendz] *fn esz v. tsz* ❖ *biz* keszonbetegség
beneath [bɪ'ni:θ] *elölj (hely)* alatt, alá
benediction [ˌbenɪ'dɪkʃn] *fn* áldás
benefactor ['benɪfæktə] *fn* jótevő, jóakaró, pártfogó
beneficial [ˌbenɪ'fɪʃl] *mn (egészségre)* hasznos, üdvös; jótékony hatású
beneficiary [ˌbenɪ'fɪʃəri] *fn* haszonélvező ‖ kedvezményezett
benefit ['benɪfɪt] ▼ *fn* haszon, nyereség, előny ‖ **for the benefit of** javára ▼ *ige* **benefit by/from** vmből profitál, hasznát látja/veszi vmnek, hasznára van vm
benefit concert *fn* jótékony célú hangverseny
Benelux States, the ['benɪlʌks] *fn tsz* Benelux államok
benevolence [bə'nevələns] *fn* jóindulat, jóakarat, emberiesség
benevolent [bə'nevələnt] *mn* jóakaratú
B Eng = *Bachelor of Engineering* okleveles (gépész)mérnök
benign [bə'naɪn] *mn* jóindulatú *(betegség)*
bent [bent] ▼ *mn* hajlott, hajlított, görbe ▼ *fn* hajlam, adottság ‖ **have a bent for sg** hajlama van (v. hajlamot érez) vm iránt
bent [bent] *pt/pp* → **bend**
benumbed [bɪ'nʌmd] *mn* **be benumbed** *(testrész)* elzsibbad, elhal ‖ **benumbed with cold** hidegtől megdémeredett
benzene ['benzi:n] *fn* benzol
bequeath [bɪ'kwi:ð] *ige* **bequeath sg to sy** *(v. sy sg)* örökül hagy vknek vmt

bequest [bɪ'kwest] *fn* örökség, hagyaték
bereaved, the [bɪ'ri:vd] *fn tsz* a gyászoló család, az elhunyt hozzátartozói
bereavement [bɪ'ri:vmənt] *fn* haláleset, gyász
beret ['bereɪ] *fn* barett, svájcisapka
Berks [bɑ:ks] = *Berkshire*
berry ['beri] *fn* bogyó
berth [bɜ:θ] *fn* hálóhely; fekvőhely ‖ **book a berth** hálókocsijegyet rendel; **give sy a wide berth** messzire *(v.* nagy ívben) elkerül vkt
beseech [bɪ'si:tʃ] *ige (pt/pp* **besought** [bɪ'sɔ:t]) könyörög (vkhez), esdekel, esedezik *(for* vmért)
beside [bɪ'saɪd] *elölj/hsz* mellett, mellé ‖ vmn kívül ‖ **be beside himself (with joy)** nem bír magával (jókedvében); majd kibújik/kiugrik a bőréből
besides [bɪ'saɪdz] ▼ *elölj* vkn/vmn felül/kívül ‖ **besides her** rajta kívül ▼ *hsz* azonkívül, amellett, ezenkívül, mellesleg, ráadásul, sőt
besiege [bɪ'si:dʒ] *ige (várost)* ostromol, ostrom alá vesz ‖ **besiege the box-office for tickets** megostromolják a pénztárt jegyekért
besought [bɪ'sɔ:t] *pt/pp* → **beseech**
bespatter [bɪ'spætə] *ige* sárral befröcsköl
bespectacled [bɪ'spektəkld] *mn* szemüveges
bespoke tailor(ing) [bɪ'spəʊk] *fn* mértékszabóság
best [best] ▼ *mn/fn* (a) legjobb ‖ **all the best** minden jót kívánok!; **at best** a legjobb esetben; **be at one's best** ❖ *átv* a legjobb formában van; **by far the best** kiemelkedően a legjobb; **do one's best** megtesz minden tőle telhetőt, mindent elkövet; **I'll do my best** to rajta leszek, hogy; **make the best of it** kihasználja a helyzetet; **the best of all** legeslegjobb; **to the best of my ability** ami tőlem telik; **to the best of**

my knowledge legjobb tudomásom szerint; **the best part (of sg)** vmnek a legjava; **the best plan would be** az volna a legjobb, ha ▼ *hsz* legjobban ‖ **you had best (do sg)** legokosabb volna (vmt tenned); **as best I could** amennyire tőlem telt; **best of all** legjobban

bestial [ˈbestɪəl] *mn* vadállati(as), bestiális

best-before date *fn* felhasználási idő, felhasználható ...

best man *fn* a vőlegény tanúja

best-seller *fn* nagy könyvsiker, „best-seller"

bet [bet] ▼ *fn* fogadás ‖ **make a bet** fogad ▼ *ige* (*pt/pp* **bet** [bet] *v.* **betted** [ˈbetɪd]) **-tt-** fogad (*on* vmre) ‖ **you bet** biztosra veheted; **I bet (that)** ❖ *biz* fogadok(, hogy ...)

betray [bɪˈtreɪ] *ige* elárul ‖ hűtlenül elhagy

betrayal [bɪˈtreɪəl] *fn* hűtlenség

betted [ˈbetɪd] *pt/pp* → **bet**

better [ˈbetə] ▼ *mn/hsz/fn (a jó középfoka)* jobb (*than* vmnél) ‖ jobban ‖ inkább ‖ **better late than never** jobb későn, mint soha; **better leave it at that** legjobb, ha ráhagyod; **be better off (than)** jobb (anyagi) körülmények között él; **for better or (for) worse** jóban-rosszban; **it would be better to** jobb volna (ha); **we had better go** jó lesz elindulnunk; **you had better ...** jobban tennéd, ha; inkább ... ▼ *ige* (meg)javít

betterment [ˈbetəmənt] *fn* javítás

better-off *mn* jómódú

betting shop [ˈbetɪŋ] *fn* fogadóiroda; totózó

between [bɪˈtwiːn] *elölj/hsz* között ‖ közé ‖ **between 10 and 15 August** aug. 10-e és 15-e között; **between you and me** magunk között szólva; **in between** közben, közte

between-decks *fn (hajón)* fedélköz

bevel(led) [ˈbevl(d)] *mn* ferde *(él, szél)*

bevel square [ˈbevl] *fn* ❖ *biz* vinkli

beverage [ˈbevərɪdʒ] *fn* ital

bevy [ˈbevi] *fn* csapat, falka

beware [bɪˈweə] *ige* óvakodik (*of* vktől/vmtől) ‖ **beware of pickpockets** óvakodjunk a zsebtolvajoktól; **beware of the dog!** vigyázat! harapós kutya; **beware of (the) trains** vigyázz, ha jön a vonat!; **beware of traffic** vigyázat! autó!

bewildered [beˈwɪldəd] *mn* zavaros, zavart *(tekintet)*

bewildering [bɪˈwɪldərɪŋ] *mn* zavaros, zavaró

bewitch [bɪˈwɪtʃ] *ige* megbabonáz, elbűvöl

beyond [bɪˈjɒnd] *hsz/elölj* vmn túl; vkn/vmn felül; kívül ‖ **behind the beyond** hetedhét országon túl; **live in the back of beyond** az isten háta mögött lakik; **beyond 11 o'clock** 11 órán túl; **beyond expectation** várakozáson felül; **it is beyond me** nem fér/megy a fejembe; **beyond measure** mértéken felül; **be beyond sg/sy** meghalad vkt/vmt *(erőben, teljesítményben, képességben)*; **beyond the sea** tengeren túl; **from beyond the sea(s)** a tengerentúlról

B/f, b/f = brought forward

B flat major [ˈbiː flæt ˈmeɪdʒə] *fn* B-dúr

B flat minor [ˈbiː flæt ˈmaɪnə] *fn* b-moll

biannual [baɪˈænjʊəl] *mn* félévenkénti

biannually [baɪˈænjʊəli] *hsz* félévenként

bias [ˈbaɪəs] *fn* részrehajlás, elfogultság ‖ **without bias** elfogulatlanul, tárgyilagosan; **have a bias against sy/sg** előítélettel van/viseltetik vk/vm iránt

bias(s)ed [ˈbaɪəst] *mn* elfogult, részrehajló

---

nm névmás – *nu* névutó – *szn* számnév – *esz* egyes szám – *tsz* többes szám
▼ szófajjelzés ⊕ földrajzi variáns ❑ szakterület ❖ stiláris minősítés

biathlon [baɪˈæθlən] *fn* sílövészet, biatlon

bib [bɪb] *fn* előke, partedli

bible [ˈbaɪbl] *fn* biblia ‖ **the Bible** ❏ *vall* a Biblia/Szentírás

Bible class *fn* bibliaóra

biblical [ˈbɪblɪkl] *mn* bibliai

bibliographer [ˌbɪbliˈɒgrəfə] *fn* bibliográfus

bibliography [ˌbɪbliˈɒgrəfi] *fn* bibliográfia, könyvészet; (felhasznált) irodalom

bicarbonate of soda [baɪˈkɑːbənət] *fn* szódabikarbóna

bicentenary [ˌbaɪsenˈtiːnəri] (❀ *US* **bicentennial** [ˌbaɪsenˈteniəl]) *fn* kétszázéves évforduló

biceps [ˈbaɪseps] *fn* bicepsz

bicker [ˈbɪkə] *ige* civakodik, veszekszik

bicolour(ed) (❀ *US* **-or-**) [ˈbaɪkʌləd] *mn* kétszínű

biconcave [baɪˈkɒŋkeɪv] *mn* bikonkáv

biconvex [baɪˈkɒnveks] *mn* bikonvex

bicycle [ˈbaɪsɪkl] *fn* kerékpár, bicikli

bicycle path *fn* kerékpárút

bicycle pump *fn* kerékpárpumpa

bicycle tyre (❀ *US* **tire**) *fn* kerékpárgumi

bid [bɪd] ▼ *fn* árajánlat, *(árverésen)* kínálat, vételi ajánlat ‖ *(kártyában)* bemondás ‖ **make a bid** árajánlatot tesz *(for* vmre*)* ‖ **no bid** *(kártya)* passz ▼ *ige (pt/pp* **bid** [bɪd]*)* **-dd-** ❏ *ker* ígér, ajánl ‖ *(kártyában)* bemond ‖ **bid fair** jóval kecsegtet; sokat ígér; **bid (for)** *(árverésen)* árajánlatot tesz; **bid higher** vmért többet kínál; **bid up prices** (árakat) felver

bidding [ˈbɪdɪŋ] *fn (árverésen)* ajánlat, kínálat ‖ *(kártya)* licit(álás)

bidder [ˈbɪdə] *fn* ajánlattevő, licitáló

bide [baɪd] *ige* **bide one's time** kivárja az alkalmas pillanatot

bidet [ˈbiːdeɪ] *fn* bidé

bidirectional [ˌbaɪdaɪˈrekʃnəl] *mn* kétirányú

biennial [baɪˈeniəl] *mn* kétévenkénti

bier [bɪə] *fn* ravatal

bifocal [ˌbaɪˈfoʊkl] ▼ *mn* bifokális ▼

bifocals *fn tsz* bifokális szemüveg

bifurcate [ˈbaɪfəkeɪt] *ige* kétfelé ágazik

big [bɪg] *mn* nagy, terjedelmes, hatalmas ‖ **just as big (as)** éppen akkora; **as big as …** olyan nagy, mint; **do a big job** ❖ *biz* kakil

bigamy [ˈbɪgəmi] *fn* kétnejűség, bigámia

big dipper *fn* hullámvasút

big eater *mn* nagyevő

big game *fn* nagyvad

bigger [ˈbɪgə] *mn* nagyobb

biggest [ˈbɪgɪst] *mn* legnagyobb

big gun *fn (tekintélyes személy)* nagyágyú

big-headed *mn* ❖ *biz* beképzelt; öntelt

big noise/shot *fn* ❖ *biz* nagykutya *(fontos személy)*

bigot [ˈbɪgət] *fn* vakbuzgó

bigoted [ˈbɪgətɪd] *mn* vakbuzgó, bigott

bigotry [ˈbɪgətri] *fn* vakbuzgóság

big talk *fn* hencegés, nagyzás

big toe *fn* nagyujj, nagy lábujj

big top *fn* cirkuszi sátor

big wheel *fn* óriáskerék

bigwig [ˈbɪgwɪg] *fn* ❖ *biz* fejes, „nagykutya"

bike [baɪk] ▼ *fn* bicikli, bringa ▼ *ige* ❖ *biz* kerékpározik, bringázik, kerekezik

bikini [bɪˈkiːni] *fn* bikini

bilateral [baɪˈlætərəl] *mn* kétoldalú, bilaterális ‖ **bilateral agreement** kétoldalú megállapodás

bilge [bɪldʒ] *fn* (hajó)fenék

bile [baɪl] *fn* epe

bile-duct *fn* epevezeték

bilingual [baɪˈlɪŋgwəl] *mn* kétnyelvű

bilious [ˈbɪliəs] *mn* **bilious attack** epegörcs; **bilious complaint** epebaj

bill[1] [bɪl] ▼ *fn* ❏ *ker* számla ‖ hirdetmény, falragasz, plakát ‖ törvényjavaslat ‖ ☐ *szính* műsor ‖ ⊕ *US* bankjegy, papírpénz ‖ **the bill please!** (főúr) fizetek!; **bill of exchange** intézvény, váltó; **bill of fare** étlap; **bill of lading** *(vonaton)* fuvarlevél; hajóraklevél; **bill of rights** alkotmánylevél; **bill of sale** adásvételi szerződés; **get a bill through Parliament** törvényjavaslatot megszavaztat; **that'll fill the bill** ❖ *biz* megfelel a kívánalmaknak/követelményeknek ▼ *ige* számláz

bill² [bɪl] ▼ *fn* csőr *(madáré)* ▼ *ige* **bill and coo** turbékolnak

billboard ['bɪlbɔːd] *fn* ⊕ *US* hirdetőtábla, palánk

billet ['bɪlɪt] *ige* ☐ *kat* elszállásol; beszállásol

billeting officer *fn* ☐ *kat* szálláscsináló

billfold ['bɪlfoʊld] *fn* ⊕ *US* levéltárca

billiards ['bɪljədz] *fn tsz* biliárd ‖ **play billiards** biliárdozik

billion ['bɪljən] *szn* ⊕ *GB* billió (10^{12}), ⊕ *US* milliárd (10^9)

billow ['bɪloʊ] ▼ *fn (nagy tengeri)* hullám ‖ **billows** hullámzás ▼ *ige (erősen)* hullámzik

billy-goat ['bɪligoʊt] *fn* bakkecske

bimonthly [ˌbaɪ'mʌnθli] *mn* kéthavonként megjelenő, kéthavi

binary ['baɪnəri] *mn* bináris, biner ‖ **binary digit** kettes számrendszerbeli szám; **binary system** kettes számrendszer

bind [baɪnd] *ige (pt/pp* **bound** [baʊnd]) (össze)köt, megköt, (meg)kötöz ‖ bekötöz *(sebet)* ‖ *(könyvet)* beköt ‖ vmre kötelez ‖ **bind oneself by (signing a) contract** szerződésileg kötelezi magát; **bind sy by contract** szerződéssel leköt

---

bind over kötelez (vkt)
bind to vmhez hozzáerősít ‖ **bind sg to sg** vmt vmhez odaköt(öz)
bind up ❖ *ált* beköt, bekötöz, pólyáz

---

binder ['baɪndə] *fn* iratrendező
binding ['baɪndɪŋ] *fn (könyvé)* kötés
bindings ['baɪndɪŋz] *fn tsz (sílécen)* kötés

binge [bɪndʒ] *fn* nagy evészet, muri
bingo ['bɪŋgoʊ] *fn* tombola ‖ **bingo hall** játékterem

binoculars [bɪ'nɒkjʊləz] *fn tsz (kétcsövű)* látcső, távcső

binomial [baɪ'noʊmɪəl] *mn* ☐ *mat* kéttagú, binomiális

biochemical [ˌbaɪoʊ'kemɪkl] *mn* biokémiai

biochemistry [ˌbaɪoʊ'kemɪstri] *fn* biokémia

bioengineering [ˌbaɪoʊendʒɪ'nɪərɪŋ] *fn* biotechnika

biogenetics [ˌbaɪoʊdʒə'netɪks] *fn esz* biogenetika

biographer [baɪ'ɒgrəfə] *fn* életrajzíró
biography [baɪ'ɒgrəfi] *fn* életrajz
biological [ˌbaɪə'lɒdʒɪkl] *mn* biológiai

biological warfare *fn* biológiai hadviselés

biologist [baɪ'ɒlədʒɪst] *fn* biológus
biology [baɪ'ɒlədʒi] *fn* biológia
biophysics [ˌbaɪoʊ'fɪzɪks] *fn esz* biofizika

biopsy ['baɪɒpsi] *fn* szövettani vizsgálat

biorhythm ['baɪoʊrɪðm] *fn* bioritmus
biosphere ['baɪəsfɪə] *fn* bioszféra
biotechnology [ˌbaɪoʊtek'nɒlədʒi] *fn* biotechnológia

birch [bɜːtʃ] *fn* ☐ *növ* nyír ‖ *(fenyítéshez)* vessző

birch forest *fn* nyírfaerdő
birch-tree *fn* ☐ *növ* nyír(fa)
bird [bɜːd] *fn* ☐ *áll* madár ‖ **a bird in the hand (is worth two in the bush)** jobb ma egy veréb(, mint holnap egy túzok); **kill two birds with one stone** egy csapásra két legyet üt; **bird of passage** *(átv is)* vándormadár

bird-cage *fn* madárkalitka
bird's-eye view *fn* madártávlat

---

nm névmás _ *nu* névutó _ *szn* számnév _ *esz* egyes szám _ *tsz* többes szám
▼ szófajjelzés ⊕ földrajzi variáns ☐ szakterület ❖ stiláris minősítés

birdsong ['bɜːdsɒŋ] *fn* madárdal
bird-watcher *fn* ornitológus
bird-watching *fn* ornitológia
biro ['baɪrou] *fn* golyóstoll
birth [bɜːθ] *fn* születés ‖ **give birth to (a baby)** (gyermeket) (meg)szül
birth certificate *fn* születési anyakönyvi kivonat
birth control *fn* születésszabályozás
birthday ['bɜːθdeɪ] *fn* születésnap ‖ **birthday present** születésnapi ajándék
birthplace ['bɜːθpleɪs] *fn* szülőhely; születési hely
birth rate *fn* születési arányszám
biscuit ['bɪskɪt] *fn* ⊕ *GB* keksz ‖ ⊕ *US kb.* lángos
bisecting line [baɪ'sektɪŋ] *fn* felezővonal
bisection [baɪ'sekʃn] *fn* ⬜ *mat* felezés
bishop ['bɪʃəp] *fn* püspök ‖ *(sakkban)* futó
bison ['baɪsn] *fn* bölény
bistro ['biːstrou] *fn* bisztró
bit[1] [bɪt] *fn (kis)* darab, darabka ‖ falat ‖ fúrófej, fúróvég ‖ ⬜ *szt* bit ‖ zabla ‖ **a bit** egy kicsit, kissé; **do one's bit** megteszi a magáét; **just a bit** ⬥ *átv* egy cseppet; **not a bit** (egy) cseppet sem; **bit by bit** fokozatosan, lassanként, apránként; **a bit of** egy kis
bit[2] [bɪt] *pt* → **bite**
bitch [bɪtʃ] *fn* szuka
bite [baɪt] ▼ *ige (pt* **bit** [bɪt]; *pp* **bitten** ['bɪtn]) (meg)harap; *(fagy)* megcsíp; *(kígyó)* megmar; *(rovar)* szúr; *(állat, sav)* mar; *(szerszám)* fog ‖ **bite the dust** fűbe harap, otthagyja a fogát ▼ *fn* harapás *(helye, nyoma)*; falat ‖ **at one bite** egy harapásra

bite into belemar, vmbe harap
bite off leharap ‖ **bite off more than one can chew** nagy fába vágta a fejszéjét

biting ['baɪtɪŋ] *mn* harapós; *(hideg)* csípős; *(megjegyzés)* maró ‖ **it is biting cold** csikorgó hideg van
bit part *fn* kis/nyúlfarknyi szerep, mellékszerep
bitten ['bɪtn] *pp* → **bite**
bitter ['bɪtə] *mn* keserű ‖ zord *(hideg)*; zimankós ‖ **bitter cold** metsző hideg; **to the bitter end** a végsőkig; **a bitter pill to swallow** (a) keserű pirula ‖ → **bitters**
bitter chocolate *fn* étcsokoládé
bitterly ['bɪtəli] *hsz* keservesen ‖ **it is bitterly cold** dermesztő hideg van
bitterness ['bɪtənəs] *fn (átv is)* keserűség
bitters ['bɪtəz] *fn tsz* gyomorkeserű
bittersweet ['bɪtəswiːt] *mn* keserédes
bitumen ['bɪtʃumɪn] *fn* bitumen
bivalent [baɪ'veɪlənt] *mn* két vegyértékű
bivouac ['bɪvʊæk] *fn* táborozás *(szabadban)*
biweekly [ˌbaɪ'wiːkli] *hsz* kéthetenként megjelenő
bizarre [bɪ'zɑː] *mn* bizarr
bk = book
blab [blæb] *ige* **-bb-** fecseg
black [blæk] ▼ *mn* fekete; *(sakk)* sötét ‖ **go black** elfeketedik ▼ *fn* fekete *(szín)* ‖ fekete *(ruha)* ‖ fekete *(a „néger" elfogadott elnevezése)* ‖ **the Blacks** a feketék, a fekete/sötét bőrűek; **be in black** gyászban van ▼ *ige* befeketít

black out besötétít

black-and-white *mn* fekete-fehér
black art *fn* mágia
blackberry ['blækbəri] *fn* (földi) szeder
blackbird ['blækbɜːd] *fn* feketerigó
blackboard ['blækbɔːd] *fn* ⬜ *isk* (fali)tábla
black box *fn* fekete doboz
black coffee *fn* feketekávé, kávé

---

fn főnév _ *hsz* határozószó _ *isz* indulatszó _ *ksz* kötőszó _ *mn* melléknév
▼ szófajjelzés ⊕ földrajzi variáns ⬜ szakterület ⬥ stiláris minősítés

blackcurrant [ˌblæk'kʌrənt] *fn* fekete ribiszke

blacken ['blækən] *ige* befeketít ‖ elfeketedik, megfeketedik ‖ **blacken sy's character** ❖ *biz* vkt vknél bemárt/befeketít

black eye *fn* monokli *(ökölcsapástól)*

blackguard ['blæɡɑːd] *fn* sötét gazember

black-head *fn* mitesszer

blacking ['blækɪŋ] *fn (fekete)* cipőkrém

blacklead [ˌblæk'led] *fn (ceruzában)* grafit

blackleg ['blækleg] *fn* sztrájktörő

blacklist ['blæklɪst] *fn* feketelista

blackmail ['blækmeɪl] ▼ *fn* zsarolás ▼ *ige* (meg)zsarol

blackmailer ['blækmeɪlə] *fn* zsaroló

black market *fn* feketepiac

black-market *mn* feketepiaci ‖ **black-market price** feketeár

blackness ['blæknəs] *fn* feketeség

blackout ['blækaʊt] *fn* áramhiány ‖ *(légó)* elsötétítés ‖ *(pillanatnyi)* emlékezetkiesés

black panther *fn (fekete)* párduc

black pudding *fn* véres hurka

blackrust ['blækrʌst] *fn* gabonarozsda

Black Sea, the *fn* Fekete-tenger

black sheep *fn* **the black sheep of the family** a család szégyene

blacksmith ['blæksmɪθ] *fn* kovács

black spot *fn* „halálkanyar" *(ahol sok baleset történik)*

blackthorn ['blækθɔːn] *fn* kökény

black tie *fn (meghívón)* megjelenés szmokingban

bladder ['blædə] *fn* hólyag *(szerv)* ‖ belső *(futballé)*

blade [bleɪd] *fn* penge; lapát *(ablaktörlőé)* ‖ fűrészlap *(fémfűrészhez)* ‖ toll *(evezőé)*

blame [bleɪm] ▼ *fn* felelősség *(bajért)* ‖ **lay/put the blame (for sg) on sy** vkt vmért okol/hibáztat ▼ *ige* **blame sy for sg** vkt vmért okol/hibáztat, szemére hány/vet vmt vknek; **who is to blame?** ki a hibás?; **I am to blame** én vagyok az oka; **you have only yourself to blame if** magára vessen, ha

blameless ['bleɪmləs] *mn* ❑ *jog* vétlen

blanch [blɑːntʃ] *ige* fehérít ‖ elfehéredik ‖ blansíroz *(zöldségfélét)*

blank [blæŋk] ▼ *mn* üres, tiszta ‖ bankó *(csekk)* ‖ **go blank** ❖ *biz (zavarában)* leblokkol ▼ *fn* nyomtatvány, űrlap ‖ **draw a blank** ❑ *kif* felkopik az álla

blanket ['blæŋkɪt] *fn* takaró, pokróc

blare [bleə] ▼ *ige* harsog; *(trombita)* (fel)harsan ▼ *fn* harsogás

blasé ['blɑːzeɪ] *mn* fásult, blazírt

blasphemous ['blæsfəməs] *mn* istenkáromló

blasphemy ['blæsfəmi] *fn* istenkáromlás

blast [blɑːst] ▼ *fn* bombarobbanás, légnyomás ‖ **blast of wind** szélroham ▼ *ige* **blast (it)!** a fene egye meg!, az iskoláját!

blast-furnace *fn* nagyolvasztó

blast-off *fn* felszállás *(űrhajóé)*

blatant ['bleɪtnt] *mn* égbekiáltó

blather ['blæðə] ▼ *ige* ❖ *biz* fecseg, lefetyel, blablázik ▼ *fn* blabla, fecsegés, hanta

blaze[1] [bleɪz] ▼ *fn* láng(ok), lobogó tűz ‖ ragyogás, fény ‖ → **blazes** ▼ *ige* lángol ‖ **blaze up** lángra lobban, égni kezd, fellobban

blaze[2] [bleɪz] *fn (ló homlokán)* csillag ‖ turistajelzés

blazer ['bleɪzə] *fn* blézer

blazes ['bleɪzɪz] *fn tsz* **go to blazes** eredj a pokolba!; **like blazes** ❖ *átv biz* mint a pinty

bleach [bliːtʃ] *ige* (ki)fehérít ‖ szőkít

bleachers ['bliːtʃəz] *fn tsz* ⊕ *US* fedetlen lelátó

bleak [bliːk] *mn* sivár, puszta, zord, komor, kietlen

bleary-eyed ['blɪərɪ'aɪd] *mn* **be bleary-eyed** csipás a szeme

bleat [bli:t] *ige* béget

bled [bled] *pt/pp* → **bleed**

bleed [bli:d] *ige* (*pt/pp* **bled** [bled]) vérzik ‖ **bleed sy for sg** ❖ *átv* vkt fej, kizsarol, kiszipolyoz; **bleed through** *(seb)* átvérzik

bleeding ['bli:dɪŋ] *mn* vérző

bleep [bli:p] *ige* csipog

bleeper ['bli:pə] *fn* csipogó *(orvosé kórházban)*

blemish ['blemɪʃ] *fn (jellembeli)* hiba; *(jellemen)* folt; szépséghiba

blend [blend] ▼ *fn (dohány, kávé stb.)* keverék ▼ *ige* elegyít, elvegyít ‖ elegyedik, keveredik; egybeolvadnak *(színek)*

blender ['blendə] *fn (háztartási)* keverőgép

bless [bles] *ige* (*pt/pp* **blessed** [blest] *v.* **blest** [blest]) megáld ‖ **bless you!** egészségére! *(tüsszentésre)*

blessed ['blesɪd] *mn* ❖ *ált* áldott

blessing ['blesɪŋ] *fn* áldás

blest [blest] *pt/pp* → **bless**

blew [blu:] *pt* → **blow²**

blight [blaɪt] *fn* üszög ‖ métely

blighted ['blaɪtɪd] *mn* ☐ *növ* üszkös

blimey! ['blaɪmi] *isz* a fene (egye meg)!

blind [blaɪnd] ▼ *mn* vak ‖ **go blind** megvakul; **turn a blind eye to sg** szemet huny vm fölött; **(as) blind as a bat** vaksi; **blind in one eye** fél szemére vak; **blind man's buff** szembekötősdi ▼ *fn* **the blind** a vakok ▼ *ige* (meg)vakít

blind alley *fn (átv is)* zsákutca

blinders ['blaɪndəz] *fn tsz* ⊕ *US* szemellenző *(lóé)*

blind flying *fn* vakrepülés

blindfold ['blaɪndfould] *mn/hsz* bekötött szemű/szemmel

blind landing *fn* műszeres leszállás

blindly ['blaɪndli] *hsz* ❖ *átv* vakon

blindness ['blaɪndnəs] *fn (átv is)* vakság ‖ elvakultság

blinds ['blaɪndz] *fn tsz* (vászon)roló

blind spot *fn* vakfolt *(szemben)* ‖ ami kívül esik vk látóterén

blind turning *fn* be nem látható útkanyarulat

blink [blɪŋk] ▼ *fn* (szem)pillantás ▼ *ige* pislant, pislog, hunyorgat

blinkers ['blɪŋkəz] *fn tsz* szemellenző *(lóé)*

bliss [blɪs] *fn* boldogság, gyönyör

blissful ['blɪsfl] *mn* boldog, áldott

blister ['blɪstə] ▼ *fn (bőrön)* hólyag, vízhólyag; *(lábon)* feltörés ‖ *(öntvényben)* buborék ▼ *ige* hólyagosodik

blizzard ['blɪzəd] *fn* hófúvás, hóvihar

bloat [blout] *ige* felpuffad

bloated ['bloutɪd] *mn* felfúvódott *(állat)* ‖ dagadt

block [blɒk] ▼ *fn* tuskó, rönk ‖ tőke *(mészárosé)* ‖ építőkő, kockakő ‖ tömb ‖ háztömb *(bélyeg)* blokk ‖ ☐ *nyomd* klisé ‖ dugulás ‖ **block of flats** *(soklakásos)* lakóház; *(nagyobb)* bérház; **block of shares** részvénypakett ▼ *ige* (utat) elzár ‖ *(röplabdában)* sáncol ‖ **block the way** elállja az utat

block in nagy vonalakban ismertet/(fel)vázol

block off eltorlaszol

block up eltorlaszol, eltöm

blockade [blɒ'keɪd] ▼ *fn* blokád, ostromzár ▼ *ige* ostromzár alá vesz

blockage ['blɒkɪdʒ] *fn* dugulás *(csőben)* ‖ torlasz *(folyón)*

block booking *fn* csoportos helyfoglalás

blockbuster ['blɒkbʌstə] *fn* ❖ *biz* bombasiker

block capitals *fn tsz* = **block letters**

block diagram *fn* vázrajz

blockhead ['blɒkhed] *fn* ❖ *biz* tökfej, tökfilkó

---

fn főnév _ *hsz* határozószó _ *isz* indulatszó _ *ksz* kötőszó _ *mn* melléknév
▼ szófajjelzés ⊕ földrajzi variáns ☐ szakterület ❖ stiláris minősítés

block letters *fn tsz* nyomtatott betűk *(kézírással)* ‖ **please write (your name etc.) in block letters** kérjük nagybetűkkel írni

block of houses *fn* háztömb

bloke [blouk] *fn* ❖ *biz* pasas, pacák, krapek, ürge

blond [blɒnd] *mn/fn* szőke

blonde [blɒnd] *mn/fn* szőke (nő)

blood [blʌd] *fn* vér ‖ **his hands are stained with blood** vér tapad a kezéhez; **his blood is up** forr benne a méreg/düh; **my blood ran cold** megfagyott bennem/ereimben a vér

blood-and-thunder story *fn* rémtörténet

blood alcohol level *fn* véralkoholszint

blood bank *fn* vérbank, véradó központ

blood cell *fn* vérsejt

blood clot *fn* érrög, vérrög

blood clotting *fn* véralvadás

blood corpuscle *fn* vértest(ecske)

blood count *fn* ❑ *orv* vérsejtszámlálás ‖ vérkép

blood-curdling *mn* vérfagyasztó

blood donor *fn* véradó

blood group *fn* vércsoport

bloodhound ['blʌdhaund] *fn* véreb

bloodless ['blʌdləs] *mn* vértelen; vérontás nélküli

blood-orange *fn* vérnarancs

blood plaque *fn* vérlemezke

blood poisoning *fn* vérmérgezés

blood-pressure *fn* vérnyomás ‖ **high blood-pressure** magas vérnyomás

blood-red *mn* vérvörös

blood relation *fn* vérrokon

blood sample *fn* vérminta

blood sedimentation *fn* vérsejtsüllyedés

bloodshed ['blʌdʃed] *fn* vérontás

bloodshot eye(s) ['blʌdʃɒt] *fn tsz* vérbe borult szem

bloodstained ['blʌdsteɪnd] *mn* ❖ *átv* véres ‖ átvérzett

bloodstream ['blʌdstriːm] *fn* véráram

blood-sucker *fn* ❖ *átv* pióca

blood sugar *fn* vércukor

blood-sugar level *fn* vércukorszint

blood test *fn* vérvizsgálat ‖ vérkép ‖ **go for (v. have) a blood test** vérvételre/vérképre megy

blood thirsty *mn* vérszomjas

blood-transfusion *fn* vérátömlesztés

blood type *fn* vércsoport

blood-vessel *fn* véredény

bloody ['blʌdi] *mn* véres ‖ ❖ *vulg* rohadt, ronda

bloom [bluːm] ▼ *fn* virág(zás) ‖ **be in bloom** virít ▼ *ige (virág)* nyílik, virágzik, virít

blossom ['blɒsm] ▼ *fn* virág(zás) *(gyümölcsfáé)* ▼ *ige (gyümölcsfa)* virágzik

blot [blɒt] ▼ *fn* folt, szeplő, szégyenfolt ▼ *ige* -tt- **blot out** kiirt, kitöröl

blotch [blɒtʃ] *fn* pecsét; paca

blotched [blɒtʃt], **blotchy** ['blɒtʃi] *mn* pacás, tintafoltos, pecsétes

blotting paper ['blɒtɪŋ] *fn* itatós(papír)

blouse [blauz] *fn* blúz ‖ zubbony

blow[1] [blou] *fn* ütés, csapás ‖ **come to blows (with sy)** vkvel összeverekedik; **at one blow** egy csapásra/csapással; **give sy a blow** ❖ *biz* ütést sóz vkre

blow[2] [blou] *ige (pt* **blew** [bluː]; *pp* **blown** [bloun]) ❖ *ált* fúj; *(fúvós hangszert)* fúj ‖ *(biztosíték)* kiolvad; *(biztosítékot)* kiéget ‖ **blow one's nose** (ki)fújja az orrát; orrot fúj; **blow the trumpet** trombitát fúj; **blow the/one's horn** *(autón)* kürtöl; **I'll be blowed if …** itt süllyedjek el, ha…

---

blow away *(szél)* elfúj

blow in *(szél vmt vhová)* befúj

blow off *(port)* lefúj; *(szél)* levisz

blow out *(gyertyát)* elfúj; *(gumi)* kidurran ‖ **blow one's brains out** golyót röpít az agyába; **blow itself out** *(vihar)* kidühöngi magát

blow over *(vihar)* elvonul; *(ügy)* elsimul

blow up *(léggömböt)* felfúj; felpumpál || levegőbe repül; felrobban || robbant; felrobbant

blow-dry *igelfn* **(have a) blow-dry** hajszárítóval csinálja meg a haját

blowfly ['bloʊflaɪ] *fn* dongó

blowlamp ['bloʊlæmp] *fn* forrasztólámpa, lángvágó

blown [bloʊn] *pp* → **blow²**

blowout ['bloʊaʊt] *fn* gumidefekt, durrdefekt

blow-pipe *fn* fúvócső

blowtorch ['bloʊtɔːtʃ] *fn* ⊕ *US* = **blowlamp**

blow-up ['bloʊ ʌp] *fn* (ki)nagyítás, nagyított kép

blowy ['bloʊi] *mn* szeles

blowzy ['blaʊzi] *mn* slampos

bludgeon ['blʌdʒn] *fn* bunkósbot

blue [bluː] *mn/fn* kék || **become blue** elkékül; **out of the blue** se szó, se beszéd; **be in a blue funk** fél, drukkol; **blue joke/story** malac/pikáns vicc || → **blues**

bluebell ['bluːbel] *fn* harangvirág

blueberry ['bluːbəri] *fn* ⊕ *US* fekete áfonya

blue-blooded *mn* kékvérű

bluebottle ['bluːbɒtl] *fn* dongó

blue cheese *fn* márványsajt, kék sajt

blue-collar worker *fn* fizikai dolgozó

blue-pencil *ige* **-ll-** (⊕ *US* **-l-**) kihúz, cenzúráz

blueprint ['bluːprɪnt] *fn* fénymásolat *(tervé)*; tervrajz

blues, the [bluːz] *fn tsz* ❖ *biz* levertség, rosszkedv || ☐ *zene* blues

bluff [blʌf] *fn* porhintés, blöff

bluish ['bluːɪʃ] *mn* kékes

blunder ['blʌndə] ▼ *fn* baklövés, balfogás, melléfogás, hiba, elszólás || **make a blunder** bakot lő, melléfog ▼ *ige* ❖ *biz* melléfog

blunt [blʌnt] *mn* életlen, tompa || nyers modorú || **the blunt fact** a nyers/rideg valóság

bluntly ['blʌntli] *hsz* nyíltan, kereken, magyarán

bluntness ['blʌntnəs] *fn* tompaság

blur [blɜː] ▼ *fn* (szégyen)folt ▼ *ige* **-rr-** *(köd, pára)* elhomályosít; *(írást, emléket)* elmos

blurb [blɜːb] *fn* fülszöveg

blurred [blɜː] *mn* elmosódott || **become blurred** *(emlék)* összefolyik

blurt out [blɜːt] *ige* kifecseg, kibök

blush [blʌʃ] *ige* elpirul, elvörösödik

blusher ['blʌʃə] *fn* rúzs, arcpirosító, egy kis „hegyi levegő"

bluster ['blʌstə] *ige* zúg *(szél)* || *(hencegve)* hangoskodik, handabandázik, hepciáskodik

Blvd = **boulevard**

B major *fn* H-dúr

B minor *fn* h-moll

boa (constrictor) ['bəʊə] *fn* óriáskígyó

boar [bɔː] *fn* vadkan

board [bɔːd] ▼ *fn* ❖ *ált* tábla || deszka(lap) || étkezés, ellátás || bizottság || fedélzet || **on board** hajón *v.* repülőgép fedélzetén; **go on board a ship** hajóra száll; **board of directors** igazgatótanács; **board of trade** ⊕ *US* kereskedelmi kamara; **the boards** színpad ▼ *ige* *(vhol rendszeresen)* eszik, kosztol || beszáll, felszáll *(repülőgépbe, vonatba, buszba)*

board up bedeszkáz

board out nem otthon étkezik

board and lodging *fn* lakás és ellátás, teljes ellátás

board computer *fn* *(autóban)* fedélzeti számítógép

boarder ['bɔːdə] *fn* ☐ *isk* bennlakó; kosztos

board game *fn* *(táblán játszott)* társasjáték

boarding card ['bɔːdɪŋ] *fn* beszállókártya

boarding-house *fn* penzió

---

boarding school *mn* bennlakásos (közép)iskola, internátus, kollégium

board meeting *fn* (végrehajtó) bizottsági ülés

board member *fn* bizottsági/vezetőségi tag

boardroom ['bɔ:dru:m] *fn* ülésterem, tanácsterem

boardsailing ['bɔ:dseɪlɪŋ] *fn* szörfözés

boardsailor ['bɔ:dseɪlə] *fn* szörföző

boardwalk ['bɔ:dwɔ:k] *fn* ⊕ *US* parti sétány *(deszkából)*

boast [bəʊst] *ige* henceg, dicsekszik *(about/of* vmvel)

boaster ['bəʊstə] *fn* szájhős, kérkedő

boastful ['bəʊstfl] *mn* hencegő, kérkedő

boat [bəʊt] ▼ *fn* csónak ‖ *(kisebb)* hajó ‖ **he'd burnt his boats** minden hidat felégetett maga mögött; **be in the same boat** egy hajóban eveznek ▼ *ige* csónakázik ‖ **go boating** csónakázni megy

boater ['bəʊtə] *fn* zsirardikalap

boatman ['bəʊtmən] *fn (tsz* **-men)** *fn* csónakos

boat-race *fn* evezősverseny

boat service *fn* hajójárat

boatswain ['bəʊsn] *fn* fedélzetmester

boat-train *fn* vonat hajócsatlakozással

boat-trip *fn* hajókirándulás

bob [bɒb] *ige* **-bb-** *(hajat)* kurtít

---

bob up felbukkan

---

bobbin ['bɒbɪn] *fn* orsó, cséve, spulni

bobbysoxer ['bɒbɪsɒksə] *fn* ⊕ *US* bakfis

bobsled ['bɒbsled] *fn* ⊕ *US* bob

bobsleigh ['bɒbsleɪ] *fn* bob

bode [bəʊd] *ige* **bode ill** nem sok jót ígér; **bode well** jót ígér

bodice ['bɒdɪs] *fn* rékli; *(női)* mellény

bodied ['bɒdid] *mn* testű

bodily ['bɒdɪli] *mn* testi ‖ **bodily harm** testi sértés

bodkin ['bɒdkɪn] *fn* ár *(szerszám)*

body ['bɒdi] *fn* ❖ *ált* test; törzs *(hajóé)* ‖ testület ‖ **he can hardly keep body and soul together** éppen hogy megél; **in a body** testületileg; **with body and soul** testestül-lelkestül

body building *fn* testépítés

body care *fn* testápolás

bodyguard ['bɒdɪgɑ:d] *fn* testőr(ök)

body lotion *mn* testápoló (szer)

body-snatcher *fn* hullarabló

bodywork ['bɒdɪwɜ:k] *fn* karosszéria

Boer [bʊə] *mn/fn* búr

boffin ['bɒfɪn] *fn* ❖ *biz* dögész *(természettudományi szakember)*

bog [bɒg] ▼ *fn* mocsár, posvány ▼ *ige* **-gg- get bogged down in the mud** *(kocsi)* sárban megfeneklik

bogey ['bəʊgi] *fn* kísértet

boggy ['bɒgi] *mn* mocsaras, lápos

bogie ['bəʊgi] *fn* forgózsámoly

bogus ['bəʊgəs] *mn* hamis, áljel

bohemian [bəʊ'hi:mɪən] *mn/fn* bohém ‖ **Bohemian** cseh

boil[1] [bɔɪl] *fn* ⊒ *orv* kelés, furunkulus

boil[2] [bɔɪl] ▼ *fn* **be on the boil** forr ▼ *ige* forr, (meg)fő ‖ *(folyadékot)* forral; *(tésztát)* kifőz ‖ **be boiling** forr ‖ **it's boiling here** majd megsül az ember

---

boil down besűrít, bepárol; *(súrűre)* összefőz ‖ **it boils down to this ...** a dolog lényege az, hogy ...

---

boiled [bɔɪld] *mn* főtt ‖ **boiled egg** főtt tojás; **boiled potatoes** *tsz* főtt/sós burgonya

boiler ['bɔɪlə] *fn* kazán

boiler house *fn* kazánház

boilerman ['bɔɪləmən] *fn (tsz* **-men)** kazánfűtő

boiler scale *fn* kazánkő

boiler suit *fn* overall, kezeslábas, szerelőruha

boiling-hot *mn* tűzforró

boiling-point *fn* forráspont

boisterous ['bɔɪstərəs] *mn* szilaj, rendetlenkedő

---

nm névmás *–nu* névutó *–szn* számnév *–esz* egyes szám *–tsz* többes szám
▼ szófajjelzés ⊕ földrajzi variáns ⊒ szakterület ❖ stiláris minősítés

boisterously ['bɔɪstərəsli] *hsz* féktelenül

bold [boʊld] *mn* merész, bátor, vakmerő || ❑ *nyomd* félkövér

boldface type ['boʊldfeɪs] *fn* félkövér (betűtípus)

boldly ['boʊldli] *hsz* bátran

boldness ['boʊldnəs] *(burgonya, hús, tojás stb.)* *fn* vakmerőség

bold type *fn* félkövér (betűtípus)

bollard ['bɒləd] *fn* kikötőbak

bolster ['boʊlstə] ▼ *fn* díványpárna || párnafa ▼ *ige* **bolster up (sy)** *(erkölcsileg, anyagilag)* támogat vkt

bolt [boʊlt] ▼ *fn* (anyás)csavar || tolóretesz, tolózár || **a bolt from the blue** derült égből villámcsapás ▼ *ige (tolózárral)* elreteszel, bereteszel || megszökik, megugrik

bomb [bɒm] ▼ *fn* bomba ▼ *ige (repülő)* bombáz || **bomb out** kibombáz

bomb alert *fn* bombariadó

bombard [bɒm'bɑ:d] *ige* ❖ *átv és* ❑ *fiz* bombáz || **bombard sy with questions** vkt kérdésekkel ostromol

bombardment [bɒm'bɑ:dmənt] *fn* bombázás

bombast ['bɒmbɑ:st] *fn* bombaszt

bombastic [bɒm'bæstɪk] *mn* sallangos, bombasztikus

bomb attack *fn* bombamerénylet || bombatámadás

bomb-disposal *fn* bombaeltávolítás, -hatástalanítás || **bomb-disposal expert** tűzszerész

bomber ['bɒmə] *fn* bombázó(gép)

bombing ['bɒmɪŋ] *fn* bombázás, bombatámadás || robbantás(os merénylet)

bombshell ['bɒmʃel] *fn* **it came as a bombshell** ❖ *biz* bombaként hatott

bomb site *fn* bombatölcsér

bonanza [bə'nænzə] *fn* bombaüzlet

bond [bɒnd] *fn* kötés, kötelék || kötvény || adóslevél || ❑ *műsz* ❑ *vegy* kötés || → **bonds**

bondage ['bɒndɪdʒ] *fn* rabság, rabiga

bonded warehouse ['bɒndɪd] *fn* vámszabad raktár

bonds [bɒndz] *fn tsz* értékpapír

bone [boʊn] *fn* csont || **I feel it in my bones** a csontjaimban érzem; **make no bones about it** ❖ *biz* kertelés nélkül megmond vmt; **bone of contention** a veszekedés/vita tárgya; **have a bone to pick with sy** számolnivalója van vkvel

bone china *fn* kínai porcelán

bone dry *mn* csontszáraz

bone grafting *fn* csontátültetés

bone idle *mn* ❖ *biz* dög lusta

boneless ['boʊnləs] *mn* csont nélküli; szálka nélküli

bone marrow *fn* csontvelő

boner ['boʊnə] *fn* ⊕ *US* ❖ *biz* baki

bonfire ['bɒnfaɪə] *fn* örömtűz, máglya

bonnet ['bɒnɪt] *fn* motorházfedél, -tető || főkötő

bonny ['bɒni] *mn* csinos, csini

bonus ['boʊnəs] *fn* nyereségrészesedés, pótlék; *(fizetésen felül)* jutalék; *(teljesítménytöbbletért)* jutalom, prémium || **get a (Christmas) bonus** *(ünnep alkalmából stb.)* jutalomban részesül, jutalmat kap

bony ['boʊni] *mn* csontos || szálkás

boo [bu:] ▼ *ige (színházban)* fütyül, pfujoz || **boo sy off** kifütyül ▼ *isz* hess!, sicc! ▼ *fn* **boos** kifütyülés, pisszegés, füttykoncert

boob [bu:b] *fn* ❖ *biz* baki || cici

booby-trap ['bu:bɪ træp] *fn* otromba tréfa || rejtett bomba

book [bʊk] ▼ *fn* könyv || **bring sy to book for sg** vktől számon kér vmt; **that'll suit my book** ❑ *kif* megegyezik terveimmel; **a book of cheques** csekkfüzet; **a book of stamps** bélyegfüzet; **a book of needles** egy levél (varró)tű; **a book on ...** vmről szóló könyv; **keep the books** könyvel; könyvet vezet; **the books** főkönyv ▼ *ige (helyet, jegyet, szobát* *stb.)* lefoglal ‖ **book sg in advance** előre megrendel/megvált vmt; **you have to book well in advance** jó előre le kell foglalni (a szobát); **book (a place on) a tour** jelentkezik egy társasutazásra, befizet egy társasutazásra; **book a (hotel) room** szobát foglal/leköt; **book seats/tickets for (the theatre)** (színházba) jegyet vált; **book a seat on a flight/plane** megrendeli a repülőjegyet; **book a ticket to** *(vasúton)* jegyet vált/vesz vhová; **I've booked my flight** megrendeltem a repülőjegyet; ❖ *biz* **be booked** sárga lapot kapott *(labdarúgó)*; **book through to (Rome)** végig megváltja a jegyét (Rómáig)

---

book in (be)jelentkezik *(szállodában, reptéren)* ‖ befizet vkt *(szállodába)*
book up lefoglal ‖ **the hotel is fully booked (up)** a szálloda (teljesen) megtelt

---

bookable ['bʊkəbl] *mn (színházjegy stb.)* elővételben (meg)váltható
bookbinder ['bʊkbaɪndə] *fn* könyvkötő
bookbinding ['bʊkbaɪndɪŋ] *fn* könyvkötészet
bookcase ['bʊkkeɪs] *fn* könyvszekrény
bookie ['bʊki] *fn (lóversenyen)* ❖ *biz* bukméker
booking(s) ['bʊkɪŋ(z)] *fn (tsz)* szobafoglalás ‖ **make a booking** szobát foglal (le)
booking agency ['bʊkɪŋ] *fn* jegyiroda
booking clerk *fn* jegypénztáros
booking office *fn* (jegy)pénztár
bookkeeper ['bʊkkiːpə] *fn* könyvelő
bookkeeping ['bʊkkiːpɪŋ] *fn* könyvelés, könyvvitel ‖ **do the bookkeeping** könyvel
booklet ['bʊklɪt] *fn* füzet
bookmaker ['bʊkmeɪkə] *fn* bukméker

bookmaker's office *fn* fogadóiroda
bookmark(er) ['bʊkmɑːk(ə)] *fn* könyvjelző
bookmobile ['bʊkməbiːl] *fn* ⊕ *US* könyvtárbusz
book review *fn* könyvszemle
bookseller ['bʊkselə] *fn* könyvkereskedő
bookshelf ['bʊkʃelf] *fn (tsz -shelves)* könyvespolc
bookshop ['bʊkʃɒp] *fn* könyvesbolt, könyvkereskedés
bookstall ['bʊkstɔːl] *fn (utcai/pályaudvari)* könyvárus, könyvesbódé
bookstand ['bʊkstænd] *fn* könyvállvány
bookstore ['bʊkstɔː] *fn* ⊕ *US* könyvesbolt
book-token *fn* könyvutalvány
bookworm ['bʊkwɜːm] *fn* könyvmoly ‖ **be a bookworm** a könyveket bújja
boom [buːm] ▼ *fn* zúgás, dörgés ‖ fellendülés, jó üzletmenet ‖ *(vitorláson)* bum ‖ árboc *(mikrofoné)* ‖ **there is a boom in sg** konjunktúrája van vmnek ▼ *ige (tenger)* morajlik, zúg ‖ *(ágyú)* dörög ‖ *(üzleti élet)* fellendül, felvirágzik
boomerang ['buːməræŋ] *fn* bumeráng
boon [buːn] *fn* jótétemény
boor [bʊə] *fn* ❖ *elít vk* bunkó
boorish ['bʊərɪʃ] *mn* ❖ *átv* otromba, faragatlan, modortalan
boorishness ['bʊərɪʃnəs] *fn* ❖ *átv* otrombaság, bunkóság
boost [buːst] ▼ *ige (termelékenységet)* fokoz, fellendít ‖ **boost production** ⊕ *US* a munka termelékenységét emeli ▼ *fn* fokozás, emelés ‖ fellendülés
booster rocket ['buːstə] *fn* gyorsító rakéta
boot [buːt] *fn* **(a pair of) boots** (magasszárú) cipő; bakancs ‖ *(autóban)* csomagtartó
bootblack ['buːtblæk] *fn* cipőtisztító

---

nm névmás– *nu* névutó– *szn* számnév– *esz* egyes szám– *tsz* többes szám
▼ szófajjelzés ⊕ földrajzi variáns ❏ szakterület ❖ stiláris minősítés

boot brush *fn* cipőkefe
boot cream *fn* cipőkrém
booth [bu:ð] *fn* bódé, stand *(piacon)* ‖ fülke *(telefon, szavazó)*
bootlace ['bu:tleɪs] *fn* cipőfűző
bootleg ['bu:tleg] *ige* -gg- *(alkoholt)* csempész
bootmaker ['bu:tmeɪkə] *fn* cipész
boot polish *fn* cipőkrém
boot shop (⊕ *US store) fn* cipőbolt
boot tree *fn* sámfa
booty ['bu:ti] *fn (hadi)* zsákmány
booze [bu:z] ❖ *biz* ▼ *ige* italozik, piál ▼ *fn* pia
boozer ['bu:zə] *fn* ❖ *biz* piás
border ['bɔ:də] ▼ *fn (országé)* határ ‖ ❖ *ált* perem, szegély ‖ **on the border** a határon ▼ *ige* határol, szegélyez ‖ **border on** határos, összeér
border crossing point *fn* határátkelő-hely
borderland ['bɔ:dəlænd] *fn* határterület
borderline ['bɔ:dəlaɪn] *fn* határszél ‖ *(tudományágak közti)* határterület
borderline case *fn* határeset
bore[1] [bɔ:] ▼ *fn* (cső)furat, kaliber; átmérő *(csőé)* ▼ *ige (lyukat)* fúr ‖ **bore through** *(fúróval)* kifúr, átfúr
bore[2] [bɔ:] ▼ *fn* **a bore** ❖ *biz* unalmas alak/dolog ▼ *ige* untat ‖ **I'm bored** unatkozom; **I am bored to death** megöl az unalom, halálosan unatkozom; **get bored with sg/sy** *(v. doing sg)* vmt/vkt megun
bore[3] [bɔ:] *pt* → **bear**[2]
boredom ['bɔ:dəm] *fn* unalom, unatkozás
boring ['bɔ:rɪŋ] *mn* unalmas, fárasztó
boring machine *fn* fúrógép
born [bɔ:n] *mn* született ‖ **be born** megszületik; **Peter was born on 19(th) October 1988.** P. 1988. október 19-én született; **born in Budapest** budapesti születésű; **I was not born yesterday** nem vagyok mai gyerek ‖ → **bear**[2]

borne [bɔ:n] *pp* → **bear**[2]
borough ['bʌrə] *fn* város ‖ helyhatóság, önkormányzat
borrow ['bɒrəʊ] *ige (sg from sy vktől vmt)* kölcsönöz, kölcsönkér vmt vktől ‖ *(szót más nyelvből)* átvesz
borrower ['bɒrəʊə] *fn* kölcsönző
borrowing ['bɒrəʊɪŋ] *fn* (nyelvi) átvétel
borstal ['bɔ:stl] *fn* ⊕ *GB* nevelőintézet, javítóintézet *(fiatalkorú bűnözőké)*
bosom ['bʊzəm] *fn* kebel, mell
bosom friend *fn* kebelbarát
bosomy ['bʊzəmi] *mn* ❖ *biz (nőről)* (mellben) erős, dús keblű
boss [bɒs] ▼ *fn* ❖ *biz* főnök; tulaj ‖ *(tárgyon)* dudor ‖ **be one's own boss** a maga ura; **he's (the) boss** ő a góré ▼ *ige* **boss sy about/around** parancsolgat vknek
bossy ['bɒsi] *mn* parancsolgató
botanical [bə'tænɪkl] *mn* növénytani, botanikai
botanical garden *fn* botanikus kert
botanist ['bɒtənɪst] *fn* botanikus
botanize ['bɒtənaɪz] *ige* növényt gyűjt
botany ['bɒtəni] *fn* növénytan, botanika
botch [bɒtʃ] ▼ *ige* **botch sg up** elfuserál/elront/elszúr vmt ▼ *fn* **make a botch of sg** elfuserál/elront vmt
botched [bɒtʃt] *mn* **a botched job** kontár/fuser munka
botcher ['bɒtʃə] *fn* kontár
both [bəʊθ] *mn/nm* mindkét, mind a kettő ‖ **both ... and** mind ... mind, is ... is, egyrészt ..., másrészt; **she's both clever and pretty** okos, s amellett csinos is; **both of them** mind a ketten, mindketten; **on both sides** kétoldalt
bother ['bɒðə] ▼ *ige* zaklat, terhére van, nyaggat, molesztál, a nyakára jár *(vknek)*; vesződik/bajlódik vmvel ‖ **I am sorry to bother you** bocsánat, hogy zavarom; **I can't be bothered**

---

fn főnév −*hsz* határozószó −*isz* indulatszó −*ksz* kötőszó −*mn* melléknév
▼ szófajjelzés ⊕ földrajzi variáns ❑ szakterület ❖ stiláris minősítés

(to do) nem izgat/érdekel; **don't bother about it** ne vesződj vele, ne törődj vele ▼ *fn* bosszúság, méreg, nyűg, bajlódás ‖ **be a bother to sy** terhére van vknek
bottle ['bɒtl] ▼ *fn* palack, üveg ▼ *ige* eltesz, befőz ‖ palackoz ‖ **bottle up** *(haragot)* magába fojt
bottled ['bɒtld] *mn* palackozott
bottle-fed *mn* üvegből táplált
bottle-feeding *fn* mesterséges táplálás
bottle-green *mn* palackzöld
bottle-neck *fn* szűk keresztmetszet
bottle-opener *fn* sörnyitó
bottom ['bɒtəm] ▼ *fn* ❖ *ált* fenék ‖ alsó rész, alja (vmnek) ‖ ❖ *biz* popó, popsi ‖ talp, talapzat ‖ **at the bottom of sg** alul, vmnek az alján/a végén; **from the bottom of my heart** szívem legmélyéről; **get to the bottom of sg** vmnek végére jár ▼ *mn* alsó, legalsó; *(rangban, értékben)* (leg)utolsó
bottomless ['bɒtəmləs] *mn* feneketlen
bough [baʊ] *fn (nagyobb)* (fa)ág
bought [bɔːt] *pt/pp* → **buy**
bouillon [bu:'jɒn] *fn* húsleves ‖ **bouillon cube** leveskocka
boulder ['bəʊldə] *fn* szikla(darab)
boulevard ['bu:ləvɑ:d] *fn* körút
bounce [baʊns] *ige* ugrik, ugrál *(labda)*
bound[1] [baʊnd] *mn* (össze)kötött ‖ *(könyv)* kötve ‖ **be bound for** úton (van) vm felé; **he's bound to come** el kell jönnie; **be bound to do sg** köteles vmt megtenni; **it is bound to happen** feltétlenül be fog következni, elkerülhetetlen; **he is bound to know** ő (valószínűleg) tudni fogja; **be bound up in sg** nagyon el van foglalva vmvel *(v.* merülve vmben); **be bound up with sg** szorosan összefügg vmvel ‖ → **bind**
bound[2] [baʊnd] ▼ *fn* határ ‖ **bounds** határ, korlát *(képességé)* ▼ *ige* (el)határol ‖ **bound on** határos vmvel

bound[3] [baʊnd] ▼ *fn* **at a bound** egyetlen ugrással ▼ *ige* szökdécsel, szökell, ugrik, szökken
boundary['baʊndəri] *fn* határ *(területé)* ‖ **boundary (line)** határvonal *(országé)*
boundless ['baʊndləs] *mn (átv is)* határtalan, korlátlan
bounty ['baʊnti] *fn* prémium, jutalom
bouquet[bu:'keɪ] *fn* (virág)csokor
bourgeois ['bʊəʒwɑ:] ▼ *mn* ❑*pol* polgári ▼*fn* ❑*pol* polgár
bourgeoisie [ˌbʊəʒwɑ:'zi:] *fn* polgárság
bout [baʊt] *fn* roham *(betegségé)* ‖ *(vívásban)* csörte
boutique [bu:'ti:k] *fn* butik
bow[1] [baʊ] *fn* (hajó)orr
bow[2] [bəʊ] *fn* íj ‖ vonó *(hegedűé)* ‖ *(kötött)* csomó, masni
bow[3] [baʊ] ▼*fn* (meg)hajlás ▼ *ige (fejet)* meghajt, meghajlít; meghajol *(before sy* vk előtt); *(vk/vm előtt)* tiszteleg ‖ **bow down** lehajol; **bow one's head** fejet hajt; **bow to sy** vknek odaköszön
bowel ['baʊəl] *fn* **bowels** belek, belső részek ‖ **bowel complaints** bélpanaszok
bowel movement *fn* bélműködés; széklet
bowl[1] [bəʊl] *fn (kisebb öblös)* tál, edény ‖ lavór
bowl[2] [bəʊl] ▼ *fn* (teke)golyó ▼ *ige* tekézik, kuglizik
bow legs ['bəʊlegz] *fn tsz* ó-láb
bow-legged *mn* ó-lábú
bowler (hat) ['bəʊlə] *fn* keménykalap
bowling['bəʊlɪŋ] *fn* teke(játék)
bowling alley ['bəʊlɪŋ] *fn* tekepálya
bowls [bəʊlz] *fn esz* tekejáték
bowman ['bəʊmən] *fn (tsz* **-men)** íjász
bowstring ['bəʊstrɪŋ] *fn* ideg *(íjé)*
bow-tie *fn* csokornyakkendő
box[1] [bɒks] ▼*fn* doboz, láda ‖ rekesz, boksz *(istállóban)* ‖ ❑ *szính* páholy ‖

---

nm névmás – *nu* névutó – *szn* számnév – *esz* egyes szám – *tsz* többes szám
▼ szófajjelzés ⊕ földrajzi variáns ❑ szakterület ❖ stiláris minősítés

box 66 branch agency

B

a box of matches egy doboz gyufa ▼ *ige* dobozol, dobozba csomagol

box² [bɒks] ▼ *ige* ❑ *sp* bokszol, öklöz || **box sy's ears** megpofoz, képen töröl/teremt vkt ▼ *fn* **box on the ear** pofon

box-calf *fn* borjúboksz

boxcar ['bɒkskɑː] *fn* ⊕ *US* teherkocsi

boxed [bɒkst] *mn* dobozos

boxer ['bɒksə] *fn* ökölvívó, bokszoló || bokszer

boxing ['bɒksɪŋ] *fn* ökölvívás, boksz

Boxing Day ['bɒksɪŋ] *fn* ⊕ *GB* karácsony másnapja

box number *fn* kb. „jelige" *(hirdetésben)*

box-office *fn* ❑ *szính* (jegy)pénztár

box-office hit *fn* kasszadarab, -siker || **it was a box-office hit** nagy siker volt

box seat *fn* páholyülés

boy [bɔɪ] *fn* fiú || *(szállodában)* londiner || **she had a boy** fia született

boycott ['bɔɪkɒt] ▼ *fn* bojkott ▼ *ige* bojkottál

boyfriend ['bɔɪfrend] *fn* barát *(nőé)* || **her boyfriend** a fiú, akivel jár, a barátja; **my boyfriend** a barátom

boyish ['bɔɪɪʃ] *mn* fiús

Boy Scout *fn* cserkész

boy-scout camp *fn* cserkésztábor

BR [ˌbiːˈɑː] = **British Rail**

bra [brɑː] *fn* ❖ *biz* melltartó

brace [breɪs] ▼ *fn* merevítő || fogszabályozó (készülék) ▼ *ige (kötéllel, rúddal)* merevít; ❑ *műsz* összekapcsol || nekigyürkőzik (vmnek) || → **braces**

brace (and bit) *fn* (mell)furdancs, fúró

bracelet ['breɪslɪt] *fn* karperec

braces ['breɪsɪz] *fn tsz* (kapcsos) zárójel || nadrágtartó

bracing ['breɪsɪŋ] *mn* (fel)üdítő

bracket ['brækɪt] ▼ *fn* tartó, konzol || polc || (jövedelem)kategória || **(round) brackets** (kerek) zárójel ▼ *ige* zárójelbe tesz || összekapcsol

brag [bræg] *ige* **-gg-** henceg, (száj)-hősködik

braid [breɪd] ▼ *fn* copf || zsinór, sujtás ▼ *ige* zsinóroz || copfba fon

Braille [breɪl] *fn* Braille-írás, vakírás

brain [breɪn] *fn* agy, ❖ *átv* koponya || **brains** ész; **more brain than brawn** többet ésszel, mint erővel; **he has brains** jó feje van

brain-child *fn* **it is his brain-child** ezt ő ötlötte ki

brain death *fn* ❑ *orv* agyhalál

brain drain *fn* ❖ *biz* agyelszívás

brainless ['breɪnləs] *mn* esztelen, buta

brainstorm ['breɪnstɔːm] *fn* hirtelen elmezavar || ⊕ *US* = **brainwave**

brainstorming ['breɪnstɔːmɪŋ] *fn* kb. ötletbörze

brains trust (⊕ *US* **brain trust**) *fn* agytröszt

brainwash ['breɪnwɒʃ] *ige* ❑ *pol* ❖ elít átnevel, agymosásban részesít

brainwashing ['breɪnwɒʃɪŋ] *fn* agymosás

brainwave ['breɪnweɪv] *fn* szenzációs ötlet

brainy ['breɪni] *mn* okos, eszes

braise [breɪz] *ige* párol

brake [breɪk] ▼ *fn* fék ▼ *ige* fékez || **brake suddenly** hirtelen lefékez

brake light *fn* féklámpa

brake lining *fn* fékbetét

brake pedal *fn* fékpedál

braking distance *fn* fékút

bramble ['bræmbl] *fn* (földi) szeder

bran [bræn] *fn* korpa

branch [brɑːntʃ] ▼ *fn* ág *(fáé, folyóé, tudományé, szakmáé)* || fiók *(banké, cégé)* || ágazat, tagozat ▼ *ige* elágazik *(út)*

branch off kettéágazik, leágazik

branch out *(fa stb.)* elágazik, szétágazik

branch agency *fn* kirendeltség

---

branch line *fn* ❏ *vasút* szárnyvonal

branch manager *fn* fiókvezető, kirendeltségvezető

branch office *fn* fiókiroda, kirendeltség

brand [brænd] ▼ *fn (beégetett)* bélyeg || márka, védjegy ▼ *ige (állatot és átv vkt)* (meg)bélyegez; bélyeget éget/süt vmbe

brandish ['brændɪʃ] *ige* vmvel vagdalkozik

brand name *fn* fantázianév

brand-new *mn* vadonatúj

brandy ['brændi] *fn* konyak, brandy

bras [brɑːz] *fn tsz* ❖ *biz* melltartó

brass [brɑːs] *mn/fn* sárgaréz || the brass a rézfúvósok; get down to brass tacks a tárgyra tér

brass band *fn* ❏ *kat* rézfúvószenekar

brasserie ['bræsəri] *fn* söröző

brassière ['bræzɪə] *fn* melltartó

brass instrument *fn* rézfúvós hangszer

brat [bræt] *fn* gyerek, kölyök

brave [breɪv] ▼ *mn* bátor ▼ *ige* vkvel/vmvel szembeszáll || brave the storm dacol a viharral

bravery ['breɪvəri] *fn* bátorság

bravo ['brɑːvəʊ] *isz* bravó!

brawl [brɔːl] ▼ *fn* ❖ *biz* verekedés, bunyó ▼ *ige* randalíroz, bunyózik

brawn [brɔːn] *fn* izom(erő) || disznósajt

brazen it out [breɪzn] ❏ *kif* ❖ *biz* pofátlanul túlteszi magát rajta

Brazil [brə'zɪl] *fn* Brazília

Brazilian [brə'zɪlɪən] *mn/fn* brazíliai, brazil

breach of contract [briːtʃ] *fn* szerződésszegés

breach of the peace *fn* csendháborítás, garázdaság

bread [bred] *fn* kenyér || earn one's bread kenyeret keres; bread and butter [ˌbred n 'bʌtə] vajas kenyér || ❖ *átv* kenyér *(kereset)*

bread-and-butter letter [ˌbred n 'bʌtə] *fn* ❖ *biz* köszönőlevél *(szíveslátásért)*

bread bin *fn* kenyértartó

bread board *fn* ❏ *szt* deszkamodell

breadcrumbs ['bredkrʌmz] *fn tsz* (zsemle)morzsa

bread-knife *fn (tsz* -knives) kenyérvágó kés

breadline ['bredlaɪn] *fn* sorban állás ingyen ebédért || szegénykoszt || live on the breadline nyomorog

breadth [bredθ] *fn* szélesség

breadwinner ['bredwɪnə] *fn* kenyérkereső, eltartó

break [breɪk] ▼ *fn* megszakítás *(folyamaté)* || ❏ *orv* törés || szünet, pihenő; ❏ *isk* tízperc || esély || without a break szünet/megállás nélkül, egyfolytában ▼ *ige (pt* broke [brəʊk]; *pp* broken ['brəʊkən)* ❖ *ált* tör, eltör; *(ablakot)* kitör; *(kötelet)* elszakít || (el)törik || *(kötél)* elszakad; *(húr)* elpattan || *(esküt, törvényt)* megszeg; *(jogot, törvényt, érdeket)* sért; megszeg || *(rekordot)* javít || break open feltör; break to pieces darabokra tör(ik); break a record megdönti/ megjavítja a csúcsot; break loose *(állat)* kiszabadul; break one's arm kartörést szenved, eltöri a karját; break one's journey megszakítja útját; break one's word ígéretét megszegi, megszegi a szavát; break sg gently to sy kíméletesen közöl vkvel vmt; break the back of a task túljut a nehezén; break the ice megtöri a jeget; break even nullszaldót csinál *(v.* ér el)

break away elszökik, elmenekül, megszökik

break down *(gép, készülék)* elromlik, meghibásodik; *(autó stb.)* lerobban || *(idegileg)* kiborul || *(tervet)* felbont || ❏ *közg* ❏ *vegy* lebont

break in betör *(ablakot és vhova behatol)* || beszakad, beszakít || *(lovat)* betör ‖ **break in a horse** belovagol ‖ **break in on** sy rátör vkre; **break in on the conversation** beszélgetést félbeszakít

break into *(betörő)* betör, behatol ‖ *(pénzt)* felvált ‖ **break into small pieces** darabokra zúz; **break into laughter** nevetésben tör ki, kitör belőle a nevetés; **break into a run** futásnak ered; **break into tears** könnyekre fakad

break off letör ‖ letörik ‖ félbeszakít, megszakít ‖ vége szakad; *(folyamat)* megszakad; *(eljegyzés)* felbomlik ‖ *(összeköttetést)* elvág; *(eljegyzést)* felbont ‖ **let's break off for 5 minutes** tartsunk öt perc szünetet!; **break off relations with** megszakítja a kapcsolatokat vkvel

break out ❖ *átv* kirobban; *(háború, járvány)* kitör ‖ *(börtönből)* megszökik; ⃞*kat* kitör

break through vmin áttör

break up összetörik ‖ *(házasság, család)* felbomlik; *(intézmény)* szétesik; *(birodalom)* összeomlik ‖ *(iskola)* bezárja a kapuit ‖ *(tömeg)* szétoszlik, eloszlik ‖ *(vk lelkileg, idegileg)* összeroppan ‖ **break up camp** *(tábort bont)* felszedi a sátrat; **break up the crowd** *(rendőrség)* a tömeget szétoszlatja; **break up with** sy szétköltözik

break with sy vkvel szakít; *(kapcsolatot)* megszakít

breakable ['breɪkəbl] *mn* törékeny

breakage ['breɪkɪdʒ] *fn* töréskár ‖ **insurance against breakages** üvegkár elleni biztosítás

breakaway ['breɪkəweɪ] *mn/fn* párttól elszakadó, szakadár

breakdown ['breɪkdaʊn] *fn* üzemszünet ‖ meghibásodás, műszaki hiba, motorhiba, üzemzavar ‖ idegösszeomlás ‖ ⃞*vegy* ⃞*közg* lebontás ‖ **have a breakdown** *(jármű)* meghibásodott,

lerobbant; *(vk lelkileg, idegileg)* összeroppan(t)

breakdown crane *fn* autódaru

breakdown service *fn* autómentő szolgálat

breakdown van *fn* autómentő (kocsi)

breaker ['breɪkə] *fn* nagy hullám ‖ bontási vállalkozó

break-even point *fn* nullszaldó

breakfast ['brekfəst] *fn* reggeli ‖ **have (one's) breakfast** (meg)reggelizik

break-in *fn* betörés *(főleg nappal)*

breaking-point *fn* töréspont

breakneck ['breɪknek] *mn* **at a breakneck speed** nyaktörő/őrült/hajmeresztő sebességgel

breakthrough ['breɪkθru:] *fn (átv is)* áttörés

break-up *fn* felbomlás

breakwater ['breɪkwɔ:tə] *fn* hullámtörő (gát), móló

breast [brest] ▼ *fn* mell ‖ szügy ▼ *ige* **breast the tape** átszakítja a célszalagot, elsőnek ér a célba

breast drill *fn* ⃞*műsz* mellfurdancs, amerikáner

breast-feed *ige (pt/pp* **-fed)** szoptat, anyatejen nevel

breast-stroke *fn* mellúszás

breath [breθ] *fn* lélegzet, lehelet ‖ **be out of breath** kifulladt; **hold one's breath** lélegzetét visszatartja; **in one breath** egy lélegzetre; **sg took his breath away** elakadt a lélegzete; **have a breath of fresh air** friss levegőt szív

breathalyse (⊕ *US* **-lize**) ['breθəlaɪz] *ige (alkoholszondával)* (meg)szondáz

breathalyser ['breθəlaɪzə] *fn* (alkohol)szonda

breathe [bri:ð] *ige* lélegzik, lélegzetet vesz ‖ **breathe a sigh** sóhajt; **breathe again** megkönnyebbülten sóhajt fel; **breathe (freely) again** fellélegzik; **be breathing down one's neck** a nyaká(n) liheg vknek (= állandóan a nyomában van)

---

breathe in belélegez
breathe out kilélegez

breather ['briːðə] *fn* ❖ *biz* rövid pihenő || **go for a breather** kimegy friss levegőt szívni
breathless(ly) ['breθləsli] *mn/hsz* kifulladva, lélekszakadva
breath-taking *mn* lélegzetelállító
breath test *fn* alkoholpróba, szondázás
bred [bred] *pt/pp* → **breed**
breeches ['briːtʃɪz] *fn tsz* térdnadrág
breed [briːd] ▼ *fn* állatfaj, fajta || tenyészet ▼ *ige (pt/pp* bred) nemz || tenyészt, felnevel || **breed ill blood** rossz vért szül
breeding animal ['briːdɪŋ] *fn* tenyészállat
breeding stallion *fn* tenyészmén
breeze [briːz] *fn* szellő
breeze-block *fn* gázbeton falazóelem
breezy ['briːzi] *mn* szellős
brevity ['brevəti] *fn* rövidség
brew [bruː] *ige (teát)* forráz || *(sört)* főz || *(tervet)* kifőz || **sg is brewing** keletkezőben van *(vm rossz)*
brewer ['bruːə] *fn (személy)* sörfőző
brewery ['bruːəri] *fn* sörfőzde, sörgyár
briar ['braɪə] *fn* vadrózsa || hanga
bribe [braɪb] ▼ *fn* csúszópénz ▼ *ige* (meg)veszteget, lepénzel, (meg)ken
bribery ['braɪbəri] *fn* (meg)vesztegetés
bric-à-brac ['brɪkəbræk] *fn* mütyürke, csecsebecse
brick [brɪk] *fn* tégla || **drop a brick** tapintatlan megjegyzést tesz, bakot lő
bricklayer ['brɪkleɪə] *fn* kőműves
brickwork ['brɪkwɜːk] *fn* téglafal, falazat
brickworks ['brɪkwɜːks] *fn* téglagyár
bridal ['braɪdl] *mn* menyasszonyi || **bridal costume/dress** esküvői ruha
bride ['braɪd] *fn* menyasszony *(az esküvő napján)* || **the bride and groom** jegyespár *(az esküvőn)*

bridegroom ['braɪdgruːm] *fn* vőlegény *(az esküvő napján)*
bridesmaid ['braɪdzmeɪd] *fn* koszorúslány
bridge [brɪdʒ] *fn* híd; *(hajón)* hajóhíd; orrnyereg || bridzs || **build a bridge** hidat épít; **play bridge** bridzsezik
bridge party *fn* bridzsparti
bridge-player *fn* bridzsjátékos
bridging loan ['brɪdʒɪŋ] *fn* áthidaló kölcsön
bridle ['braɪdl] ▼ *fn* kantár *(lóé)* ▼ *ige* felkantároz || megzaboláz || felhúzza az orrát
bridle-path *fn* lovaglóút
brief [briːf] ▼ *mn* rövid, vázlatos || **brief account** vázlatos ismertetés; **in brief** röviden, egyszóval ▼ *fn (ügyvédi)* meghatalmazás || tényvázlat ▼ *ige* eligazítást ad (vknek) || ❑ *kat* eligazít || *(ügyvédnek)* meghatalmazást ad
briefcase ['briːfkeɪs] *fn* aktatáska, irattáska
briefing ['briːfɪŋ] *fn* ❑ *kat* eligazítás
briefly ['briːfli] *hsz* röviden; tömören, néhány szóval || **briefly and to the point** röviden és velősen
briefness ['briːfnəs] *fn* rövidség *(időé)*
briefs ['briːfs] *fn tsz (női)* nadrág, ❖ *biz* bugyi || *(férfi)* alsónadrág
brigade [brɪ'geɪd] *fn* ❑ *kat* dandár || brigád
brigadier [ˌbrɪgə'dɪə] *fn* dandárparancsnok
brigand ['brɪgənd] *fn* bandita, zsivány
bright [braɪt] *mn* fényes, ragyogó, világos *(szín)* || derült *(ég)* || eszes, jó eszű/fejű, értelmes, okos, rendkívül értelmes || életrevaló *(ötlet)* || **I'm not too bright today** *(szellemileg)* ma nem vagyok valami jó formában; **not too bright** nem (valami) nagy ész; **bright idea** ragyogó ötlet; **bright intervals** átmeneti derült idő; **bright red** élénkpiros; **the bright side of sg** a jó oldala vmnek; **a bright (sunny) day** tiszta idő; **bright sunshine** verőfény

---

nm névmás– *nu* névutó– *szn* számnév– *esz* egyes szám– *tsz* többes szám
▼ szófajjelzés ⊕ földrajzi variáns ❑ szakterület ❖ stiláris minősítés

B

brighten ['braɪtn] *ige* felderít, felvidít, élénkít ‖ felderül, felcsillan ‖ fényesít

brighten up felvidul ‖ felvidít ‖ élénkül; *(idő)* kitisztul ‖ megvilágosodik

brightly ['braɪtli] *hsz* derűsen ‖ **brightly coloured** élénk színű

brightness ['braɪtnəs] *fn* fényesség, világosság

brilliance ['brɪlɪəns] *fn* ragyogás, fényesség, tündöklés ‖ zsenialitás

brilliant ['brɪlɪənt] *mn* ❖ *átv* ragyogó, fényes, briliáns, zseniális ‖ **a brilliant idea** pompás/szenzációs ötlet

brim [brɪm] *fn* szél, perem ‖ **to the brim** színültig

brimful [ˌbrɪm'fʊl] *mn* színig tele

brimming with life ['brɪmɪŋ] *mn* életvidám

brine [braɪn] *fn* sós lé

bring [brɪŋ] *ige* *(pt/pp* **brought** [brɔːt]) hoz ‖ **bring an action against sy** eljárást megindít vk ellen; **bring sg to an end** bevégez vmt; **bring sy to do sg** rábír vkt vmre; **what brings you here?** hát téged mi hozott (ide)?

bring about előidéz, elősegít
bring back vkt, vmt visszahoz
bring down vhonnan vmt lehoz ‖ *(árat)* leszorít ‖ *(vadat)* leterít, elejt ‖ lelő *(repülőgépet)* ‖ megdönt, megbuktat *(kormányt)* ‖ **bring sy down** földhöz vág vkt; **bring down the house** viharos tapsot kap
bring forward előhoz; felhoz ‖ előrehoz ‖ *(könyvelésben)* áthoz, átvisz
bring in vmt behoz ‖ bevezet ‖ hoz *(jövedelmet)*, hasznot hajt
bring off véghez visz, sikerre visz
bring on *(mint következményt)* maga után von, előidéz
bring out (vhonnan/vkből vmt) kihoz
bring sy round magához térít ‖ **bring public opinion slowly round (to sg)** *(közvéleményt)* áthangol;

bring sy (a)round to one's point of view (vkt vmről) meggyőz
bring up *(gyermeket, családot)* felnevel ‖ *(ételt)* kihány; bukik ‖ vmvel előhozakodik; *(érvet, bizonyítékot, okot)* felhoz; *(szóban)* előhoz, szóvá tesz vmt ‖ **bring sg up against sy** felhoz vk ellen vmt

brink [brɪŋk] *fn* széle vmnek ‖ **be on the brink of ruin** a tönk szélén áll

brisk [brɪsk] *mn* fürge, eleven, élénk, mozgékony, gyors

bristle ['brɪsl] ▼ *fn* sörte ‖ **bristles** szőr *(disznóé, keféé)* ▼ *ige* **bristle (up)** szőrét felborzolja

bristly ['brɪstli] *mn* szúrós, tüskés

Britain ['brɪtn] *fn* Nagy-Britannia

British ['brɪtɪʃ] *mn* brit ‖ **the British** a britek, *(tágabb ért.)* az angolok; **British subject** angol állampolgár

British Commonwealth (of Nations) *fn* Brit Nemzetközösség

Britisher ['brɪtɪʃə] *fn* brit, angol

British Isles, the *fn tsz* brit szigetek

British Rail, the *fn* Brit Államvasutak

British Summer Time *fn* nyári időszámítás

British thermal unit *fn* ⊕ *GB (hivatalos)* hőegység

Briton ['brɪtn] *fn* brit

brittle ['brɪtl] *mn* rideg *(anyag)*

broach [brəʊtʃ] *ige* szóba hoz ‖ *(hordót)* csapra üt/ver

broad [brɔːd] *mn* széles ‖ bő ‖ tág ‖ **in broad daylight** fényes/világos nappal; **the broad masses** a széles néprétegek; **broad Scots** *(parasztos)* skót nyelvjárás

broad bean *fn* nagy szemű bab

broadcast ['brɔːdkɑːst] ▼ *fn (rádió/tévé)* közvetítés, adás, műsorszórás ‖ **outside broadcast** helyszíni közvetítés ▼ *ige (pt/pp* **-cast**) *(rádió-/tévéműsort)* sugároz, ad, közvetít

broadcaster ['brɔːdkɑːstə] *fn* műsorvezető(-szerkesztő)

---

fn főnév – *hsz* határozószó – *isz* indulatszó – *ksz* kötőszó – *mn* melléknév
▼ szófajjelzés ⊕ földrajzi variáns ❑ szakterület ❖ stiláris minősítés

broadcasting corporation
['brɔ:dka:stɪŋ] *fn* rádiótársaság
broadcasting station *fn* adóállomás
broaden ['brɔ:dn] *ige* kiszélesít ‖ kitágul ‖ ❖ *átv (látókört)* kitágít
broad-gauge *mn* széles nyomtávú
broad-minded *mn* liberális
broad-shouldered *mn* széles vállú
brocade [brə'keɪd] *fn* brokát
broccoli ['brɒkəli] *fn* spárgakel, brokkoli
brochure ['brouʃə] *fn* ismertető, reklámfüzet, prospektus, tájékoztató, brosúra
brogue(s) [broug(z)] *fn tsz* ❖ *biz* strapacipő
broil [brɔɪl] *ige* ⊕ *US* roston süt
broiler ['brɔɪlə] *fn* rántani való csirke
broke [brouk] *mn* **be broke** ❖ *biz* nincs pénze, le van égve; tönkrement ‖ **go broke** tönkremegy ‖ → **break**
broken ['broukən] *mn (tárgy)* összetört, eltört, törött ‖ megtört, összetört *(ember)* ‖ elromlott, felbomlott *(házasság)* ‖ megrendült *(egészség)* ‖ **speak broken English** tört angolsággal beszél ‖ → **break**
broken-down *mn (betegségtől)* megtört ‖ lerobbant *(kocsi)* ‖ rozoga *(bútor, épület)*
broken line *fn* szaggatott vonal
broker ['broukə] *fn* alkusz, (tőzsde)ügynök, bróker
brokerage ['broukərɪdʒ] *fn* alkuszdíj
brolly ['brɒli] *fn* ❖ *tréf* paraplé
bromide ['broumaɪd] *fn* ❏*orv* bróm
bronchitis [brɒŋ'kaɪtɪs] *fn* bronchitis, hörghurut
bronze [brɒnz] *fn* bronz ‖ **bronze medal** bronzérem
bronzed [brɒnzd] *mn* (bronz színűre) lesült
brooch [broutʃ] *fn* melltű, bross
brood [bru:d] *ige (tyúk)* kotlik; *(madár)* költ ‖ **brood on/over sg** *vmn* rágódik/töpreng
brood-mare *fn* tenyészkanca

broody ['bru:di] *mn* kotlós ‖ gyermek után sóvárgó ‖ töprengő, gondterhelt
brook [brʊk] *fn* csermely, patak
broom [bru:m] *fn* partvis, söprű
broomstick ['bru:mstɪk] *fn* söprűnyél
Bros [brɒs] = **brothers**
broth [brɒθ] *fn* sűrű (zöldség)leves
brothel [brɒθl] *fn* bordélyház
brother ['brʌðə] *fn (férfi)* testvér, fivér
brother-in-law *fn (tsz* **brothers-in-law)** sógor
brother(s) and sister(s) *fn tsz* testvérek, testvérpár
brotherly ['brʌðəli] *mn* testvéri
brought [brɔ:t] *pt/pp* → **bring**
brought forward *fn (könyvelésben)* átvitel; áthozat
brow [brau] *fn* szemöldök ‖ homlok ‖ **knit one's brows** összevonja szemöldökét; összeráncolja a homlokát
browbeat ['braubi:t] *ige (pt* **-beat;** *pp* **-beaten)** erőszakoskodik ‖ kierőszakol, belekényszerít *(into* vmbe)
brown [braun] ▼ *mn* barna ▼ *ige* barnul ‖ megbarnít, lesüt, megpirít *(húst)* ‖ *(hús)* megpirul
brown bear *fn* barnamedve
brown bread *fn* barna kenyér
brown-eyed *mn* barna szemű
Brownie (Guide) ['brauni] *fn* leánycserkész, kiscserkész *(7–10 év között)*
brown sugar *fn* nyerscukor
browse [brauz] ▼ *fn* böngészés *(könyvben, könyvtárban)* ▼ *ige* böngészik
bruise [bru:z] ▼ *fn* zúzódás ▼ *ige* **be bruised** zúzódás(oka)t szenved
brunette [bru:'net] *fn* barna nő
brunt [brʌnt] *fn* **bear the brunt of sg** viseli vmnek a nehezét, tartja a hátát vmért
brush [brʌʃ] ▼ *fn* kefe, ecset ▼ *ige* (ki)kefél, lekefél ‖ **brush one's teeth** fogat mos

brush aside félresöpör, mellőz
brush sy off leráz *(magáról vkt)*

brush up felfrissít, felelevenít ‖ **brush up one's English** angol nyelvtudását felfrissíti

brush-off *fn* elutasítás ‖ **give sy the brush-off** leráz vkt

brushwood ['brʌʃwʊd] *fn* bozót

brushwork ['brʌʃwɜːk] *fn* ecsetkezelés

brusque [brʊsk] *mn* nyers, rideg, goromba

Brussels ['brʌslz] *fn* Brüsszel

Brussels sprouts *fn tsz* kelbimbó

brutal ['bruːtl] *mn* embertelen, durva, kegyetlen, brutális

brutality [bruː'tæləti] *fn* durvaság, brutalitás

brute [bruːt] *fn* ❖ *átv* vadállat, fenevad ‖ **brute force** nyers erő(szak), ököljog

brutish ['bruːtɪʃ] *mn* brutális, vadállati(as)

B.Sc. (⊕ *US* **BS**) [ˌbiːesˈsiː] = *Bachelor of Science* <vmely egyetem természettudományi karán szerzett fokozat/diploma> ‖ **he's got a B.Sc.** B.Sc.-je van

BST [ˌbiːesˈtiː] = **British Summer Time**

Bt ['biːtiː] = **baronet**

btu = **British thermal unit**

bubble ['bʌbl] ▼ *fn* buborék ▼ *ige* bugyborékol, pezseg, gyöngyözik ‖ **bubble over with joy** túlárad az örömtől

bubble bath *fn* habfürdő, pezsgőfürdő

bubble gum *fn (felfújható)* rágógumi

Bucharest [ˌbuːkəˈrest] *fn* Bukarest

buck [bʌk] *fn (őz, nyúl, antilop stb.)* bak; hím *(szarvas stb.)* ‖ *(fűrész)bak* ‖ **pass the buck to sy** ❖ *biz* ❑ *kif* másra hárítja/tolja a felelősséget

bucket ['bʌkɪt] ▼ *fn* vödör ‖ **kick the bucket** ❖ *biz* beadja a kulcsot, elpatkol ▼ *ige* **it's bucketing down** ❖ *biz* úgy esik, mintha dézsából öntenék

bucket-seat *fn* kagylóülés

buckle ['bʌkl] ▼ *fn* csat ▼ *ige* összecsatol, becsatol ‖ **buckle down to a task** ❖ *biz* nekigyürkőzik

Bucks [bʌks] = *Buckinghamshire*

buck up! [bʌk ʌp] *isz* szedd össze magad!; *(vigasztalóan)* sebaj!

bud [bʌd] ▼ *fn* rügy, bimbó, hajtás ▼ *ige* rügyezik, bimbózik ‖ **be in bud** rügyezik; **put out buds** rügyezik, kihajt

Buddhism ['bʊdɪzm] *fn* buddhizmus

Buddhist ['bʊdɪst] *mn/fn* buddhista

budding ['bʌdɪŋ] *mn* bimbózó

buddy ['bʌdi] *fn* pajtás, haver

budge [bʌdʒ] *ige* moccan, (el)mozdul ‖ **does not budge** nem mozdul; **(s)he won't budge from his opinions** nem tágít

budget ['bʌdʒɪt] ▼ *fn (állami, vállalati stb.)* költségvetés ▼ *ige* költségvetésben előirányoz, költségvetésileg biztosít *(for vmt)*

buff [bʌf] *fn* **a TV buff** TV-buzi

buffalo ['bʌfələʊ] *fn* bivaly, bölény

buffer ['bʌfə] *fn* ütköző

buffering ['bʌfərɪŋ] *fn* ❑ *szt* pufferolás

buffer memory *fn* ❑ *szt* puffermemória, közbenső tár

buffet ['bʊfeɪ] *fn (színházban, pályaudvaron stb.)* büfé

buffet car *fn* büfékocsi

buffet lunch *fn* svédasztal

buffet meals *fn tsz* hidegkonyha

buffet supper *fn* hideg vacsora, svédasztal

buffoon [bəˈfuːn] *fn* ❖ *átv* bohóc

bug [bʌg] ▼ *fn* poloska ‖ lehallgatókészülék, „poloska" ▼ *ige* lehallgatókészüléket elhelyez vhol

bugbear ['bʌgbeə] *fn* mumus, rémkép

bugle ['bjuːgl] *fn (vadász)kürt*

bugle-call *fn* kürtszó

build [bɪld] ▼ *fn* ❖ *ált* alkat, felépítés, termet ▼ *ige (pt/pp* **built** [bɪlt]*)* ❖ *ált* épít, felépít ‖ **be being built** épülőfélben van; **it was built** épült

---

fn főnév– *hsz* határozószó– *isz* indulatszó– *ksz* kötőszó– *mn* melléknév
▼ szófajjelzés ⊕ földrajzi variáns ❑ szakterület ❖ stiláris minősítés

build in beépít
build on épít vmre
build up ❖ *átv* felépít, kiépít, beépít

builder ['bɪldə] *fn* kőműves (kisiparos), építőmester
building ['bɪldɪŋ] ▼ *mn* építkezési ▼ *fn* építkezés ‖ épület
building area *fn* munkaterület
building blocks *fn tsz (játék)* építőkocka
building company *fn* építőipari vállalat
building contractor *fn* építési vállalkozó
building industry *fn* építőipar
building lot *fn* ⊕ *US* házhely
building material *fn* építőanyag
building plot *fn* házhely, telek
building site *fn* építési terület ‖ házhely, telek
building society *fn* lakásépítő szövetkezet/társaság
building trade *fn* építőipar
building unit *fn*❑ épít szerkezeti elem
build-up *fn* felépítés ‖ építmény, konstrukció ‖ jó/kedvező reklám/nyilvánosság ‖ növekedés, fokozódás
built-in furniture *fn* beépített bútor
built-in cupboard *fn* beépített szekrény
built-up *mn* beépített *(terület)* ‖ **built-up area** lakott terület
bulb [bʌlb] *fn* hagyma, gumó ‖ izzó; égő; villanykörte ‖ **the bulb has gone** kiégett a körte
bulbous ['bʌlbəs] *mn*❑ *növ* gumós
Bulgaria [bʌl'geərɪə] *fn* Bulgária
Bulgarian [bʌl'geərɪən] *mn/fn* bolgár, bulgáriai
bulge [bʌldʒ] ▼ *fn* kidudorodás ▼ *ige* domborodik, kidudorodik, kipúposodik ‖ **bulge out** kidomborodik, kiáll, kidagad
bulging ['bʌldʒɪŋ] *mn* kidagadó, duzzadó *(izom)* ‖ **a bulging wallet** jól megtömött pénztárca

bulgy ['bʌldʒi] *mn* domborodó, öblös
bulk [bʌlk] *fn* tömeg ‖ in bulk nagyban, nagy tételekben, ömlesztve; **the bulk of** sg vmnek a nagyja/zöme
bulk buying *fn* nagybani (fel)vásárlás, vásárlás nagy tételben
bulk goods *fn tsz* ömlesztett áru, tömegáru
bulkhead ['bʌlkhed] *fn* választófal
bulky ['bʌlki] *mn* vaskos, masszív, terjedelmes
bull[1] [bʊl] ▼ *fn* bika ▼ *ige* **bull the market** ár(folyam-)emelkedésre spekulál
bull[2] [bʊl] *fn* bulla
bull's eye *fn* célfekete, tízes (kör)
bulldog ['bʊldɒg] *fn* buldog
bulldoze ['bʊldəʊz] *ige* buldózerrel előkészíti a talajt (vmre); (le)dózerol ‖ a földdel egyenlővé tesz ‖❖ *biz* **I was bulldozed into it** belekényszerítettek; nem volt mese, meg kellett tennem
bulldozer ['bʊldəʊzə] *fn* földgyalu, buldózer
bullet ['bʊlɪt] *fn* (puska)golyó, lövedék
bulletin ['bʊlətɪn] *fn* közlemény *(közéleti személy egészségi állapotáról);* ❑ *orv* napi jelentés ‖ folyóirat; értesítő; közlöny
bulletin board *fn* hirdetőtábla
bullet-proof *mn* golyóálló
bullfight ['bʊlfaɪt] *fn* bikaviadal
bullion ['bʊlɪən] *fn* rúdarany
bullock ['bʊlək] *fn* ökör
bullring ['bʊlrɪŋ] *fn* aréna *(bikaviadalé)*
bullshit ['bʊlʃɪt] *fn vulg* duma, rizsa
bully ['bʊli] *ige* erőszakoskodik, durváskodik vkvel, terrorizál vkt
bulrush ['bʊlrʌʃ] *fn* káka, gyékény
bulwark ['bʊlwək] *fn* (védő)bástya
bum [bʌm] *fn* ❖ *biz* popó, popsi
bumble-bee ['bʌmbl bi:] *fn* dongó
bumf [bʌmf] *fn* ❖ *elít* papír, saláta ‖ **just a lot of bumf** egy csomó papír
bump [bʌmp] ▼ *fn* (tompa) ütés; koccanás *(autóé)* ‖ *(fejen)* tipli; *(testén)*

---

nm névmás– *nu* névutó– *szn* számnév– *esz* egyes szám– *tsz* többes szám
▼ szófajjelzés ⊕ földrajzi variáns ❑ szakterület ❖ stiláris minősítés

dudor ‖ *(úton)* zökkenő, úthiba ▼ *ige* megüt, beüt ‖ koccan, zökken

bump against sg vmnek nekiütközik, nekiütődik ‖ **bump one's head against sg** bevágja a fejét vmbe
bump along eldöcög
bump into nekikoccan; *(autóval)* belerohan ‖ belebotlik vkbe, összefut/ összetalálkozik vkvel

bumper ['bʌmpə] *fn* lökhárító ‖ **traffic is bumper to bumper** egyik kocsi a másikat éri, sűrű a kocsisor
bumper crop *fn* rekordtermés
bumptious ['bʌmpʃəs] *mn* nagyképű, pöffeszkedő, arrogáns
bumpy ['bʌmpi] *mn* hepehupás, rázós, gödrös
bun [bʌn] *fn (édeskés péksütemény) kb.* molnárka, briós
bunch [bʌntʃ] *fn* csomó, köteg ‖ *(szőlő)* fürt ‖ csokor ‖ ❑*sp* boly ‖ **a bunch of grapes** egy fürt szőlő; **bunch of keys** kulcscsomó
bundle ['bʌndl] ▼ *fn* csomag, paksaméta, göngyöleg, csomó ‖ *(széna, szalma)* nyaláb, kéve ‖ batyu ‖ köteg ▼ *ige* vmt vmbe takar

bundle off ❖ *biz* elzavar
bundle up *(madzaggal stb.)* összeköt, becsomagol

bun-fight *fn* ❖ *biz* teázás
bung [bʌŋ] ▼ *fn (gumi, fa, nagyobb)* dugó ▼ *ige* (be)dugaszol *(hordót)*
bungalow ['bʌŋgəlou] *fn* bungaló
bungle ['bʌŋgl] *ige* ❖ *biz* elfuserál, elszúr vmt
bungler ['bʌŋglə] *fn* ❖ *biz* pancser, fuser, kontár
bunk [bʌŋk] *fn* hálóhely *(hajón)*
bunk bed *fn* emeletes ágy
bunker ['bʌŋkə] *fn* bunker
bunny ['bʌni] *fn* nyuszi, tapsifüles

Bunsen burner [ˌbʌnsn 'bɜ:nə] *fn* Bunsen-égő
bunting ['bʌntɪŋ] *fn* színes zászló(cská)k
buoy [bɔɪ] ▼ *fn* bója ▼ *ige* **buoy (out)** bójákkal kijelöl

buoy up fenntart ‖ felvidít, tartja a lelket vkben

buoyancy ['bɔɪənsi] *fn* felhajtóerő ‖ rugalmasság ‖ lendület
buoyant ['bɔɪənt] *mn* lendületes, élénk
burden ['bɜ:dn] ▼ *fn* teher ▼ *ige* vmvel terhel, megterhel, terhet ró vkre
burdensome ['bɜ:dnsəm] *mn (vm vk számára)* terhes
bureau ['bjʊərou] *fn (tsz* **-s** *v.* **-x)** ❸*GB* redőnyös íróasztal ‖ iroda, hivatal
bureau de change [ˌbjʊərou də 'ʃɑ:ndʒ] *fn (tsz* **bureaux de change)** pénzváltóhely
bureaucracy [bjʊ'rɒkrəsi] *fn* közigazgatási gépezet ‖ bürokrácia
bureaucrat ['bjʊərəkræt] *mn/fn* bürokrata
bureaucratic [ˌbjʊərə'krætɪk] *mn* bürokratikus
bureaux ['bjʊərouz] *tsz →* **bureau**
burglar ['bɜ:glə] *fn* betörő
burglar alarm *fn* riasztóberendezés
burglarize ['bɜ:gləraɪz] *ige* ❸*US* = **burgle**
burglary ['bɜ:gləri] *fn* betörés
burgle ['bɜ:gl] *ige (betörő)* behatol
burial ['berɪəl] *fn* temetés; elhantolás
burial-ground *fn* temetkezési hely
burial-place *fn* sírhely
burial service *fn* gyászszertartás
burly ['bɜ:li] *mn* termetes ‖ **a big burly fellow** nagydarab ember
burn [bɜ:n] ▼ *fn* égés, égési seb ▼ *ige (pt/pp* **burnt** [bɜ:nt] *v.* **burned)** *(tűz)* ég; *(étel)* odaég ‖ éget; süt, eléget, le-

---

fn főnév − *hsz* határozószó − *isz* indulatszó − *ksz* kötőszó − *mn* melléknév
▼ szófajjelzés ❸ földrajzi variáns ❑ szakterület ❖ stiláris minősítés

éget ‖ felmar ‖ **he's got money to burn** annyi a pénze, mint a pelyva; **burn oil** olajjal fűt

burn down leég *(ház)*
burn out kiég *(ház)*
burn up teljesen elég

burner ['bɜ:nə] *fn* égő(fej); *(tűzhelyen stb.)* láng
burning ['bɜ:nɪŋ] *mn* égő, izzó, égető ‖ **burning pain** sajgó fájdalom; **burning question** égető kérdés
burning hot *mn* tűzforró
burnish ['bɜ:nɪʃ] *ige* csiszol, políroz
burnt [bɜ:nt] *pt/pp* → **burn**
burrow ['bʌroʊ] ▼ *fn* lyuk *(nyúlé, rókáé)* ▼ *ige* lyukat fúr vmbe, beássa magát ‖ kotor(ászik)
bursar ['bɜ:sə] *fn* ❑ *isk* gazdasági vezető
bursary ['bɜ:səri] *fn* ösztöndíj
burst [bɜ:st] ▼ *fn* szétrobbanás, szétrepedés ‖ **burst of applause** tapsvihar; **burst of speed** hajrá ▼ *ige (pt/pp* burst) *(gumi)* kidurran; *(léggömb)* szétpukkad, kipukkad ‖ felhasad, reped, felreped, szétreped, szétszakad ‖ szétszakít, szétrepeszt ‖ *(rügy)* fakad; kipattan ‖ *(kelés)* kifakad ‖ **be bursting with rage** majd megpukkad mérgében

burst in *(szobába)* beront *(on* vkre)
burst into flames lángba borul ‖ **burst into laughter** nevetésbe(n) tör ki
burst out crying sírva fakad ‖ **burst out laughing** nevetésbe(n) tör ki, kitör belőle a nevetés

burst tyre (⊕ *US* tire) *fn* durrdefekt
bury ['beri] *ige* eltemet, elás ‖ **bury oneself in** (**one's books etc.**) vmbe temetkezik, beletemetkezik vmbe; **bury the hatchet** elássa a csatabárdot

bus [bʌs] *fn (helyi)* busz, autóbusz ‖ **go by bus** busszal megy; **on the bus** a buszon
bus bay *fn* (járdába benyúló) buszmegálló
bus-driver *fn* autóbuszvezető
bus fare *fn* buszjegy
bush [bʊʃ] *fn* bokor ‖ ❑ *műsz* persely
bushy ['bʊʃi] *mn* bozótos, bokros ‖ bozontos
busily ['bɪzɪli] *hsz* serényen, szorgalmasan
business ['bɪznəs] *fn* üzlet ‖ ügy, dolog, foglalkozás ‖ vállalkozás ‖ vállalat, cég ‖ **be in business** üzletember, üzleti pályán van/működik; **he means business** nem tréfál; **it's none of my business** nem az én dolgom; **it's none of your business** mi közöd hozzá?; **on business** hivatalos ügyben, üzleti úton/ügyben; **be away on business** vk hivatalos úton van; **do business with sy** üzletet köt vkvel
business address *fn* hivatali/üzleti cím
business card *fn* névjegy
business connections *fn tsz* üzleti kapcsolatok/összeköttetés
business deal *fn* üzlet, ügylet
business enterprise *fn* üzleti vállalkozás
business hours *fn tsz* pénztári órák, nyitvatartási idő, hivatalos idő, ügyfélfogadás
businesslike ['bɪznəslaɪk] *mn* szakszerű; komoly ‖ üzletszerű ‖ gyakorlatias ‖ módszeres
businessman ['bɪznəsmən] *fn (tsz* -**men**) üzletember
business partner *fn* üzlettárs
business premises *fn tsz* üzlethelyiség
business relations *fn tsz* üzleti kapcsolatok/összeköttetés
businesswoman ['bɪznɪswʊmən] *fn (tsz* -**women**) üzletasszony

---

nm névmás – *nu* névutó – *szn* számnév – *esz* egyes szám – *tsz* többes szám
▼ szófajjelzés ⊕ földrajzi variáns ❑ szakterület ❖ stiláris minősítés

busker ['bʌskə] *fn* utcai zenész
bus line *fn* autóbuszjárat
busman ['bʌsmən] *fn (tsz -men)* ⊕ *GB* autóbuszvezető
bus route *fn* autóbuszútvonal
bus service *fn* autóbusz-közlekedés, autóbuszjárat
bus shelter *fn* buszmegálló
bus station *fn* autóbusz-pályaudvar
bus-stop *fn* buszmegálló
bust [bʌst] *fn* mellszobor
bus ticket *fn* autóbuszjegy
bustle ['bʌsl] ▼ *fn* nyüzsgés, lüktető élet *(nagyvárosé)* ▼ *ige* nyüzsög
bustling ['bʌslɪŋ] *mn* nyüzsgő || fontoskodó
bust-up *fn* csőd, összeomlás
busy ['bɪzi] *mn* elfoglalt *(ember)* || hajszás *(élet)* || forgalmas, eseménydús, mozgalmas || **be busy** el van foglalva; **I am very busy** sok a dolgom; **I am busy** nem érek rá; **sg keeps sy busy** nagyon leköti vm; **be busy doing sg** el van foglalva vmvel; **be busy at sg** munkálkodik vmn
busybody ['bɪzibɒdi] *fn* ❖ *biz* fontoskodó, minden lében kanál, nyüzsgő alak
busy signal *fn* „mással beszél" jelzés
but [bət] *ksz* de, azonban, hanem || **but for** kivéve
butane gas ['bjuːteɪn] *fn* (háztartási) gázpalack
butane lighter *fn* gázöngyújtó
butcher ['bʊtʃə] ▼ *fn* mészáros; hentes ▼ *ige* ❖ *ált* lemészárol
butcher's (shop) *fn* húsbolt; hentesüzlet
butler ['bʌtlə] *fn* komornyik
butt [bʌt] ▼ *fn* (cigaretta)csikk || döfés || puskaagy ▼ *ige* döf
butter ['bʌtə] *fn* vaj || **he looks as if butter would not melt in his mouth** olyan, mintha kettőig sem tudna számolni
buttered ['bʌtəd] *mn* vajas
butterfingers ['bʌtəfɪŋgəz] *fn* kétbalkezes (alak/nő)

butterfly ['bʌtəflaɪ] *fn* pillangó, lepke
buttery ['bʌtəri] *fn* söröző
buttocks ['bʌtəks] *fn tsz* far; ülep
button ['bʌtn] ▼ *fn* gomb; ❑ *műsz* nyomógomb ▼ *ige* gombolódik

button on rágombol
button up begombol

buttonhole ['bʌtnhəʊl] *fn* gomblyuk
buttress ['bʌtrəs] *fn* támfal, gyámfal, (tám)pillér
buxom ['bʌksm] *mn* molett, teltkarcsú; (mellben) erős
buy [baɪ] ▼ *fn* (alkalmi) vétel || **a good buy** jó üzlet/vétel ▼ *ige (pt/pp* **bought** [bɔːt]) vmt vásárol, megvásárol, (meg)vesz *(sy sg* vknek vmt); *(jegyet)* (meg)vált || **buy a ticket to …** jegyet vált vhová; **buy sg cheap** olcsón vesz/vásárol vmt

buy back visszavásárol
buy sy off lepénzel, (meg)veszteget, lekenyerez
buy out összevásárol, felvásárol *(részvényeket stb.)*
buy up felvásárol, összevásárol

buyer ['baɪə] *fn* beszerző, vevő
buyer's market *fn* kínálat
buzz [bʌz] ▼ *fn* zúgás, búgás, berregés ▼ *ige (bogár)* zúg; *(gép)* zúg, berreg, zümmög || **buzz off!** ❖ *biz* kopj le!, tűnés!
buzzard ['bʌzəd] *fn* egerészölyv
buzzer ['bʌzə] *fn* (ajtón) berregő
buzzing ['bʌzɪŋ] *mn* búgó
by [baɪ] *elölj* által, -tól, -től || szerint, nyomán, után || -nál, -nél || -ra, -re || **I'll be there by five (o'clock)** ötre ott leszek, öt órára ott leszek; **by the by** mellékesen említem; **by … (könyv stb. címoldalán)** írta …
bye! [baɪ] *isz* szia!
bye-bye! *isz (távozáskor)* szia!, szervusz(tok), viszontlátásra!

---

fn főnév– *hsz* határozószó– *isz* indulatszó– *ksz* kötőszó– *mn* melléknév
▼ szófajjelzés ⊕ földrajzi variáns ❑ szakterület ❖ stiláris minősítés

by(e)-law *fn* helyhatósági szabályrendelet || ⊕ *US* alapszabályok

by-election *fn* időközi választás, pótválasztás

bygone ['baɪɡɒn] *mn* régmúlt || **let bygones be bygones** borítsunk fátyolt/fátylat a múltra

bypass ['baɪpɑːs] ▼ *fn (város körüli)* terelőút ▼ *ige (forgalmas helyet)* elkerül || megkerül (vkt)

bypass surgery *fn orv* bypassműtét

by-product *fn* melléktermék || mellékhatás

byre ['baɪə] *fn* tehénistálló

bystander ['baɪstændə] *fn* ácsorgó; bámészkodó; néző

byte [baɪt] *fn* ❑ *szt* byte, bájt

byway ['baɪweɪ] *fn* mellékút

byword ['baɪwɜːd] *fn* **he is a byword for meanness** közismerten fukar

---

nm névmás −*nu* névutó −*szn* számnév −*esz* egyes szám −*tsz* többes szám
▼ szófajjelzés ⊕ földrajzi variáns ❑ szakterület ❖ stiláris minősítés

C

C [si:] *fn* ❑ *zene* a C hang ‖ ❑ *isk* ⊕ *US* közepes (osztályzat)
cab [kæb] *fn* taxi; *(teherautón)* vezetőfülke
cabaret [ˈkæbəreɪ] *fn* kabaré
cabbage [ˈkæbɪdʒ] *fn* káposzta
cabbage lettuce *fn* fejes saláta
cabbage slicer *fn* káposztagyalu
cab driver *fn* taxis, taxisofőr
cabin [ˈkæbɪn] *fn (hajón)* (háló)fülke, kabin, kajüt ‖ bódé, kunyhó ‖ *(kötélpályán)* kocsi
cabinet [ˈkæbɪnət] *fn* kormány, kabinet ‖ *(rádió, tv stb.)* doboz, szekrény
cabinet council *fn* államtanács
cabinet-maker *fn* műbútorasztalos
cabinet reshuffle *fn* kormányátalakítás
cable [ˈkeɪbl] ▼ *fn (hajó)* kötél, kábel ‖ sodrony ‖ kábel(távirat) ▼ *ige (tengeren túlra)* táviratoz; kábelez *(sy vknek)*
cable-car *fn* sikló *(jármű)*
cablegram [ˈkeɪblgræm] *fn* kábeltávirat
cable-laying *fn* kábelfektetés
cable railway *fn* drótkötélpálya
cable television *fn* kábeltelevízió
cabstand [ˈkæbstænd] *fn* taxiállomás
cacao [kəˈkɑːoʊ] *fn* ❑ *növ* kakaó
cackle [ˈkækl] ▼ *fn* kotkodácsolás ▼ *ige* kotkodácsol
cacophony [kəˈkɒfəni] *fn* hangzavar
cactus [ˈkæktəs] *(tsz* **-tuses** *v.* **-ti** [ˈkæktaɪ]) *fn* kaktusz
CAD [kæd] = *computer-aided design* számítógéppel támogatott (mérnöki) tervezés

cadaver [kəˈdeɪvə] *fn* hulla
cadence [ˈkeɪdns] *fn* hanglejtés, ütem
cadenza [kəˈdenzə] *fn (versenyműben)* kadencia
cadet [kəˈdet] *fn* kadét
cadge [kædʒ] *ige* kunyerál, tarhál
cadre [ˈkɑːdə] *fn* ❑ *kat* keret ‖ káder
Caesar [ˈsiːzə] *fn* cézár
Caesarean section (⊕ *US* **Ces-**) [sɪˈzeərɪən] *fn* ❑ *orv* császármetszés
café [ˈkæfeɪ] *fn* kávéház
cafeteria [ˌkæfəˈtɪərɪə] *fn* önkiszolgáló vendéglő/étterem
caffeine [ˈkæfiːn] *fn* koffein
cage [keɪdʒ] *fn* kalitka, ketrec ‖ bányafelvonó, kas
cahoots [kəˈhuːts] *fn tsz* **be in cahoots with sy** ❖ *biz* ⊕ *US* összeszűri a levet vkvel, egy követ fújnak
caisson [ˈkeɪsn] *fn* keszon
caisson disease *fn* keszonbetegség
caisson-worker *fn* keszonmunkás
cajole [kəˈdʒoʊl] *ige* ❖ *biz* vkt főz
cake [keɪk] *fn (édes)* sütemény, tészta ‖ **a cake of soap** egy darab szappan; **you can't have your cake and eat it (too)** nem lehet, hogy a kecske is jóllakjék, és a káposzta is megmaradjon; **be going like hot cakes** (csak úgy) kapkodják az emberek
calamity [kəˈlæməti] *fn (természeti)* csapás
calciferous [kælˈsɪfərəs] *mn* mésztartalmú
calcification [ˌkælsɪfɪˈkeɪʃn] *fn* ❑ *orv* mészlerakódás; meszesedés
calcify [ˈkælsɪfaɪ] *ige* (el)meszesedik

calcium ['kælsıəm] *fn* kalcium

calculate ['kælkjʊleɪt] *ige* kiszámít, kalkulál ‖ számfejt ‖ számba vesz ‖ ⊕ *US* hisz, vél ‖ **calculate on sg** ⊕ *US* számol vmivel/vkvel

calculated ['kælkjʊleɪtɪd] *mn* kiszámított

calculating machine ['kælkjʊleɪtɪŋ] *fn* (mechanikus) számológép

calculation [ˌkælkjʊ'leɪʃn] *fn* (ki)számítás, számfejtés, kalkuláció, költségvetés ‖ **I am out in my calculations** elszámítottam magam

calculator ['kælkjʊleɪtə] *fn* (zseb)számológép

calculus ['kælkjʊləs] (*tsz* -li *v.* -luses) *fn* számítás ‖ (epe, vese) kő

calendar ['kæləndə] *fn* naptár

calendar month *fn* naptári hónap

calendar watch *fn* naptáros (kar)óra

calf [kɑːf] *fn* (*tsz* **calves**) borjú ‖ lábikra, vádli

calf love *fn* diákszerelem

caliber ⊕ *US* → **calibre**

calibrate ['kæləbreɪt] *ige* hitelesít, kalibrál

calibration [ˌkælə'breɪʃn] *fn* kalibrálás ‖ fokbeosztás

calibre (⊕ *US* **-ber**) ['kæləbə] *fn* kaliber *(cső belső mérete)*; furat ‖ **a man of high calibre** nagy kaliberű ember

calico ['kælɪkoʊ] *fn* karton

California [ˌkælɪ'fɔːnɪə] *fn* Kalifornia

calipers ['kælɪpəz] ⊕ *US* → **callipers**

calk [kɔːk] *fn* jégszeg *(patkón, cipőn)* ‖ ⊕ *US* = **caulk**

call [kɔːl] ▼ *fn* kiáltás ‖ (telefon)hívás, beszélgetés ‖ (rövid) látogatás, vizit ‖ *(kártyában)* bemondás ‖ **be on call** készenlétben áll/van; *(orvos)* ügyeletet tart, ügyel; **doctor on call** ügyeletes orvos; **give me a call!** hívj(on) fel!; **give sy a call** telefonál vknek, telefonon felhív vkt; **there is no call for it** nincs piaca ▼ *ige* kiált ‖ hív ‖ (el)nevez ‖ telefonál vknek; (telefonon) felhív vkt ‖ **did anybody call (to**

see me)? senki sem keresett?, keresett valaki?; **call sy sg** vkt vmnek nevez; **I'll call again** újra (el)jövök; **I'll call you again later** később újra felhívlak; **it is called ...** úgy hívják, hogy; **let's call it a day** mára elég; **what do you call this in English?** hogy hívják ezt angolul?; **call a taxi** taxit hív; **call in question** kétségbe von

call at megáll *(vonat állomáson)*

call back újra hív ‖ visszahív ‖ **I'll call you back (later)** újra hívlak

call down vkt vhová lehív; *(iratokat)* lekér

call for érte jön ‖ vm igényel vmt; kíván ‖ vm vmt szükségessé tesz; megkövetel ‖ **call for help** segítségért kiált; **he will call for it** érte fog jönni

call in behívat, beszólít, behív ‖ bekér ‖ bevon *(forgalomból)*

call off leállít, lefúj ‖ *(előadást, utazást stb.)* lemond, visszalép

call on sy vkt meglátogat

call out vkt vhová kihív

call up ❑ *kat* behív ‖ ⊕ *US* felhív, telefonál vknek ‖ **I'll call you up this evening** este hívlak; **call me up!** ⊕ *US* hívj(on) fel (telefonon)!; **be called up** behívták katonának

call upon (sy to do sg) vmre felszólít

---

call-box *fn* telefonfülke

caller ['kɔːlə] *fn* hívó fél ‖ látogató

calligraphy [kə'lɪɡrəfi] *fn* szépírás

call-in *fn* ⊕ *US* = **phone-in**

calling ['kɔːlɪŋ] *fn* elhivatás

calling card *fn* névjegy

callipers (⊕ *US* **-l-**) ['kælɪpəz] *fn tsz* mérőkörző ‖ tolómérce

callosity [kə'lɒsəti] *fn* bőrkeményedés

callous ['kæləs] *mn* (*kéz*) kérges ‖ lelketlen ‖ **become callous** megkeményedik

---

nm névmás – *nu* névutó – *szn* számnév – *esz* egyes szám – *tsz* többes szám
▼ szófajjelzés ⊕ földrajzi variáns ❑ szakterület ❖ stiláris minősítés

callow ['kæloʊ] *mn* éretlen *(ifjú)*; zöldfülű

call slip *fn (könyvtári)* kérőjegy, kérőlap

call-up *fn* ❑*kat* behívó

callus ['kæləs] *fn* bőrkeményedés

calm [kɑːm] ▼ *mn* nyugodt, csendes ‖ **keep calm** megőrzi nyugalmát ▼ *fn* szélcsend ▼ *ige* megnyugtat, (le)csendesít ‖ **calm sy's pain** enyhít vk fájdalmán

calm down *(vihar)* (le)csendesedik; lehiggad, megnyugszik

calmness ['kɑːmnəs] *fn* nyugalom

Calor gas ['kælə] *fn* PB-gáz, pébégáz

calorie ['kæləri] *fn* kalória

calorific value [‚kælə'rıfık] *fn* fűtőérték, kalóriaérték

calque [kælk] *fn* tükörszó

calve [kɑːv] *ige* (meg)borjadzik, (meg)ellik

calves [kɑːvz] *tsz* → **calf**

calyx ['kælıks] *fn (tsz így is* **calyces** ['kælısız]) kehely, csésze *(virágé)*

CAM [kæm] = *computer-aided manufacturing* számítógéppel támogatott gyártás

cam [kæm] *fn* ❑*műsz* bütyök

camber ['kæmbə] ▼ *fn* hajlás ‖ görbület ▼ *ige* **be cambered** kanyarodik

Cambs [kæmbs] = *Cambridgeshire*

camcorder ['kæmkɔːdə] *fn* videokamera

came [keım] *pt* → **come**

camel ['kæml] *fn* teve

camera ['kæmərə] *fn* ❑*fényk* fényképezőgép; ❑*film* ❑*tv* kamera ‖ **35 mm** *(v.* **miniature) camera** kisfilmes fényképezőgép; **the trial is held in camera** zárt tárgyalást tartanak

cameraman ['kæmrəmæn] *fn (tsz* -**men**) filmoperatőr, kameraman

camera-ready copy *fn* camera-ready kézirat

camera tube *fn* képfelvevőcső

camomile tea ['kæməmaıl] *fn* kamillatea

camouflage ['kæməflɑːʒ] ▼ *fn* álcázás ▼ *ige* álcáz

camp [kæmp] ▼ *fn* tábor ‖ **be in camp** táboroz; **break camp** tábort bont ▼ *ige* sátrat felver ‖ sátorban alszik/lakik ‖ táboroz ‖ **go camping** kempingezik

camp out sátorban alszik/lakik, táboroz

campaign [kæm'peın] ▼ *fn* hadjárat, kampány, mozgalom ▼ *ige* kampányban/mozgalomban részt vesz

campaigner [kæm'peınə] *fn* kortes

campbed ['kæmpbed] *fn* kempingágy

campchair ['kæmptʃeə] *fn* kempingszék

camper ['kæmpə] *fn* kempingező, sátorlakó ‖ ⊕*US* lakóautó

camp-fire *fn* tábortűz

campground ['kæmpgraʊnd] *fn* ⊕*US* kemping

camphor ['kæmfə] *fn* kámfor

camping ['kæmpıŋ] *fn* kempingezés, táborozás, sátorozás ‖ **go camping** kempingezni megy

camping equipment *fn* kempingfelszerelés

camping facilities *fn tsz* kempingszolgáltatások

camping ground *fn* kemping

camping site *fn* táborhely, kemping

camping stove *fn* kempingfőző

campsite ['kæmpsaıt] *fn* kemping

camp-stool *fn* kempingszék

campus ['kæmpəs] *fn* egyetemi terület, campus

cam-shaft *fn* ❑*műsz* bütyköstengely

can[1] [kæn] ▼ *fn* kanna ‖ doboz ‖ ⊕*US* konzerv ‖ **carry the can for sg** ❖ *biz* tartja a hátát vmért, elviszi a balhét vmért ▼ *ige* -**nn**- eltesz, befőz

can[2] [kæn, *gyenge kiejt.* kən] *(pt* **could** [kʊd, *tagadó:* **couldn't** ['kʊdnt])

ige tud, képes || **can do sg** tehet vmt;
it can be lehetséges, lehet; **can you
come?** el tudsz jönni?; **can you see
it?** látod?, látja?; **I can't do it** nem
tudom megcsinálni; **it can't be Mary**
ez nem lehet Mary; **I cannot but ...**
nem tehetek mást, mint ... || → **could**
Canada ['kænədə] *fn* Kanada
Canadian [kə'neɪdɪən] *mn/fn* kanadai
canal [kə'næl] *fn* csatorna
canapé ['kænəpeɪ] *fn* imbisz; szend-
vics
cancel ['kænsl] *ige* **-ll-** (⊕ *US* **-l-**)
(megrendelést, járatot stb.) töröl;
(rendelést, meghívást) visszamond;
*(előadást, fellépést, jegyet, rendelést,
utazást stb.)* lemond; ❑ *szt* töröl,
„mégse" || *(postabélyeget)* lepecsétel ||
the concert is (*v.* **has been**) **can-
celled** a hangverseny elmarad

---

cancel out ❑ *mat* kiesik

---

cancellation [ˌkænsə'leɪʃn] (⊕ *US*
-l-) *fn* törlés, érvénytelenítés; felmon-
dás *(szerződésé);* helylemondás
cancer ['kænsə] *fn* ❑ *orv* rák
cancerous ['kænsərəs] *mn* rákos
cancer patient *fn* rákos beteg
cancer research *fn* rákkutatás
candid ['kændɪd] *mn* őszinte, szóki-
mondó; nyílt
candidacy ['kændɪdəsi] *fn* jelöltség ||
jelölés
candidate ['kændɪdeɪt] *fn (állásra,
vizsgára)* jelentkező, vizsgázó; *(tiszt-
ségre, vizsgára)* jelölt
candidature ['kændɪdətʃə] *fn* = **can-
didacy**
candidly ['kændɪdli] *hsz* őszintén
candied ['kændid] *mn* cukrozott *(gyü-
mölcs)*
candle ['kændl] *fn* gyertya || **burn the
candle at both ends** két végén égeti
a gyertyát; **be not fit to hold a
candle to** nyomába sem léphet

candlelight ['kændllaɪt] *fn* gyertya-
fény
candlestick ['kændlstɪk] *fn* gyertya-
tartó
candour (⊕ *US* **-or**) ['kændə] *fn* őszin-
teség
candy ['kændi] *fn* ⊕ *US* édesség
candy-floss *fn* vattacukor
candy store *fn* ⊕ *US* cukrászda
cane [keɪn] ▼ *fn* nád, vessző || nádpál-
ca, sétabot ▼ *ige* vesszőz || náddal be-
fon
cane chair *fn* nádszék
cane sugar *fn* nádcukor
canine ['keɪnaɪn] *fn* szemfog; tépőfog
canister ['kænɪstə] *fn* (bádog)doboz,
bádogedény
cannabis ['kænəbɪs] *fn* hasis
canned [kænd] *mn* dobozos, kon-
zerv-, -konzerv
canned beef *fn* marhahúskonzerv
canned beer *fn* dobozos sör
canned fish *fn* ⊕ *US* halkonzerv
canned fruit *fn* befőtt *(fémdobozban)*
canned music *fn* konzervzene
cannibal ['kænɪbl] *fn* emberevő, kan-
nibál
cannibalism ['kænɪbəlɪzm] *fn* kanni-
balizmus
cannon ['kænən] *fn* ágyú, löveg
cannon-ball *fn* ágyúgolyó
cannon fodder *fn* ágyútöltelék
cannot ['kænɒt, kæ'nɒt] → **can²**
canny ['kæni] *mn* ravasz, sunyi || óva-
tos
canoe [kə'nu:] ▼ *fn* kenu ▼ *ige* kenu-
zik
canoeing [kə'nu:ɪŋ] *fn* kenu(zás)
canoeist [kə'nu:ɪst] *fn* kenus
canon ['kænən] *fn* kánon || kanonok
canonization [ˌkænənaɪ'zeɪʃn] *fn*
szentté avatás
canonize ['kænənaɪz] *ige* szentté avat
can opener *fn* konzervnyitó
canopy ['kænəpi] *fn* mennyezet
(ágyé)

---

nm névmás −*nu* névutó −*szn* számnév −*esz* egyes szám −*tsz* többes szám
▼ szófajjelzés ⊕ földrajzi variáns ❑ szakterület ❖ stiláris minősítés

can't [kɑ:nt] → **can²**

cantaloup ['kæntəlu:p] (⊕ *US* **cantaloupe**) **(melon)** *fn* sárgadinnye

cantankerous [kæn'tæŋkərəs] *mn* kötekedő, veszekedős

canteen [kæn'ti:n] *fn (üzemi)* étkezde, menza, büfé ‖ csajka ‖ kulacs

canter ['kæntə] *ige* könnyű vágtában megy

cantilever ['kæntɪli:və] *fn* konzol

canto ['kæntoʊ] *fn* ének *(eposzé)*

canvas ['kænvəs] *fn* ponyva *(anyag)* ‖ vászon *(festőé)*

canvass ['kænvəs] *ige* korteskedik *(for sy* vk mellett); *(aláírást gyűjtve)* házal

canyon ['kænjən] *fn* kanyon

cap [kæp] ▼ *fn* sapka ‖ fityula ‖ kupak; *(csavaros)* fedél ‖ **if the cap fits (wear it)** akinek nem inge(, ne vegye magára) ▼ *ige* **-pp-** vmre rádupláz ‖ **to cap it all** ❖ *biz* tetejébe

capability [ˌkeɪpə'bɪləti] *fn* képesség; ügyesség

capable ['keɪpəbl] *mn* képes, alkalmas ‖ ügyes, tehetséges ‖ **be quite capable of anything** ❖ *elít* mindenre képes, minden kitelik tőle; **capable man** használható ember

capacious [kə'peɪʃəs] *mn* tágas ‖ bő

capacity [kə'pæsəti] *fn* képesség, adottság ‖ minőség *(szerep)* ‖ *(térbeli)* befogadóképesség; térfogat ‖ kapacitás ‖ **in what capacity?** milyen minőségben?; **in an advisory capacity** tanácsadói minőségben; **work at full capacity** teljes üzemmel dolgozik; **in one's capacity as** vmlyen minőség(é)ben; **in his capacity as (a) doctor** orvosi minőségében

cap and bells *fn tsz* csörgősipka

cape¹ [keɪp] *fn* (hegy)fok

cape² [keɪp] *fn* köpeny, gallér, pelerin

Cape of Good Hope *fn* Jóreménység foka

caper¹ ['keɪpə] *ige* ugrál, ugrándozik, szökdécsel

caper² ['keɪpə] *fn* kapri(bogyó)

capercaillie [ˌkæpə'keɪli] *fn* ❏ *áll* siketfajd

Cape Town *fn* Fokváros

capillary [kə'pɪləri] *fn* hajszálcső

capital ['kæpɪtl] *fn* főváros ‖ tőke ‖ nagybetű, nagy kezdőbetű ‖ **make capital of sg** tőkét kovácsol vmből; **with a capital A** nagy A-val; **capital employed** befektetett tőke

capital account *fn* tőkeszámla

capital assets *fn tsz* állótőke

capital expenditure *fn* tőkeberuházás

capital goods *fn tsz* tőkejavak

capital-intensive *mn* tőkeigényes

capital investment *fn* tőkebefektetés

capitalism ['kæpɪtəlɪzm] *fn* tőkés rendszer, kapitalizmus

capitalist ['kæpɪtəlɪst] *mn* tőkés, kapitalista

capitalize ['kæpɪtəlaɪz] *ige* nagy kezdőbetűvel ír, nagybetűkkel ír ‖ **capitalize on sg** tőkét kovácsol vmből

capital letter *fn* nagybetű, nagy kezdőbetű

capital punishment *fn* halálbüntetés

Capitol, the ['kæpɪtl] *fn* <az USA parlamentje> a Capitólium

capitulate [kə'pɪtʃuleɪt] *ige* megadja magát, kapitulál

capitulation [kəˌpɪtʃu'leɪʃn] *fn* fegyverletétel; kapituláció

caprice [kə'pri:s] *fn* szeszély

capricious [kə'prɪʃəs] *mn* szeszélyes, ötletszerű

caps ['kæps] *fn tsz* verzál, nagybetű

cap screw *fn* zárócsavar

capsicum ['kæpsɪkəm] *(tsz* **-cums)** *fn* paprika

capsize [kæp'saɪz] *ige* felborul *(csónak)*

capstan ['kæpstən] *fn (hajón, függőleges tengelyű)* csörlő

capsule ['kæpsju:l] *fn* kapszula; ❏ *növ* (mag)tok ‖ **(space) capsule** űrkabin

Capt. [kæpt] = **captain**

---

fn főnév − *hsz* határozószó − *isz* indulatszó − *ksz* kötőszó − *mn* melléknév
▼ szófajjelzés ⊕ földrajzi variáns ❏ szakterület ❖ stiláris minősítés

captain ['kæptən] *fn* kapitány, százados ‖ hajóparancsnok, hajóvezető ‖ kapitány

caption ['kæpʃn] *fn* képaláírás, képszöveg ‖ felirat

captivate ['kæptɪveɪt] *ige* lebilincsel, lenyűgöz, magával ragad

captivating ['kæptɪveɪtɪŋ] *mn* elragadó, lebilincselő

captive ['kæptɪv] *fn* fogoly, rab

captivity [kæp'tɪvəti] *fn* fogság, rabság ‖ **be in captivity** fogságban van

captor ['kæptə] *fn* foglyul ejtő ‖ fogvatartó

capture ['kæptʃə] ▼ *fn* bevétel *(váré)* ▼ *ige* vkt/vmt elfog, foglyul ejt ‖ *(várost, erődítményt)* bevesz

car [kɑ:] *fn* autó, kocsi ‖ *(kötélpályán)* csille; fülke *(lifté)* ‖ villamoskocsi; *(vasúti, metró)* kocsi ‖ **by car** kocsival, kocsin

car accident *fn* autóbaleset

car aerial *fn* autóantenna

carafe [kə'ræf] *fn* (üveg)kancsó

caramel ['kærəməl] *fn* karamell, tejkaramella

caravan ['kærəvæn] ▼ *fn* karaván ‖ lakókocsi ▼ *ige* **-nn- go caravanning** lakókocsiban/lakókocsival utazik (nyaralni), karavánoz

caravan holiday *fn* lakókocsis nyaralás

caravanning ['kærəvænɪŋ] *fn* lakókocsizás, utazás lakókocsival

caravan site *fn* lakókocsitábor, karavánkocsi-tábor

caraway seed ['kærəweɪ] *fn* köménymag

car body *fn* kocsiszekrény, karosszéria

carbohydrate [ˌkɑ:bou'haɪdreɪt] *fn* szénhidrát

carbolic acid [kɑ:'bɒlɪk-] *fn* karbolsav

carbon ['kɑ:bən] *fn* ❑ *vegy* szén

carbonated ['kɑ:bəneɪtɪd] *mn* szénsavas *(ital)*

carbon copy *fn* (gépelt) másolat

carbon dioxide *fn* szén-dioxid

carbon monoxide *fn* szén-monoxid

carbon paper *fn* indigó, karbonpapír

carbuncle ['kɑ:bʌŋkl] *fn* furunkulus, karbunkulus

carburettor [ˌkɑ:bjʊ'retə] (⊕ *US* **-retor**) *fn* porlasztó, karburátor

carcase ['kɑ:kəs] *fn* dög, tetem

carcinogenic [ˌkɑ:sɪnə'dʒenɪk] *mn* rákkeltő

card [kɑ:d] ▼ *fn (játék)* kártya, lap ‖ kártya, karton ‖ kartoték(lap) ‖ **leave one's card on sy** leadja a névjegyét vknél; **play one's cards well** ügyesen intézi a dolgait; **put one's cards on the table** felfedi lapját, színt vall ▼ *ige* céduláz, kicéduláz ‖ ❑ *tex* kártol

cardboard ['kɑ:dbɔ:d] *fn* karton-(papír)

cardboard box *fn* kartondoboz

card-carrying member *fn* tagdíjfizető/rendes tag

card catalogue (⊕ *US* **-log**) *fn* cédulakatalógus

card-game *fn* kártyajáték

cardiac ['kɑ:diæk] ▼ *mn* ❑ *orv* szív- ▼ *fn* szívbeteg

cardiac infarct *fn* szívinfarktus

cardiac insufficiency *fn* szívelégtelenség

cardiac patient *fn* szívbeteg

cardiac surgery *fn* szívsebészet

cardigan ['kɑ:dɪgən] *fn* kardigán, kötött kabát, szvetter

cardinal ['kɑ:dnəl] ▼ *mn* sarkalatos ▼ *fn* bíboros

cardinal number *fn* tőszám(név)

cardinal points, the *fn tsz* a négy világtáj

card index *fn* kartoték, cédulakatalógus

Cards [kɑ:dz] = *Cardiganshire*

cardsharp ['kɑ:dʃɑ:p] *fn* hamiskártyás

care [keə] ▼ *fn* gondoskodás, gondozás, törődés ‖ **care of sy (c/o …)** vknek a címén/leveleivel; **put sy in sy's care** vkre vkt rábíz; **take care of**

---

sy/sg vkre, vmre ügyel/vigyáz, gondját viseli vmnek/vknek ▼ *ige* **care about sy/sg** törődik vkvel/vmvel || **for all I care** bánom is én!, felőlem (akár); **I don't care** bánom is én!; **not care a straw about sy/sg** kutyába se veszi; **care for** (sg *v.* **to do sg**) vmt szeret; **would you care for a drink?** szeretnél inni valamit?; **care for sy/sg** törődik vkvel/vmvel; **I do not care (if ...)** nekem mindegy; **I couldn't care less** bánom is én!; fütyülök rá!

career [kə'rɪə] *fn* pálya, életpálya, karrier, pályafutás

career diplomat *fn* hivatásos diplomata, karrierdiplomata

career girl/woman *fn* (*tsz* **-women**) dolgozó nő, hivatásának élő nő

carefree ['keəfri:] *mn* gondtalan

careful ['keəfl] *mn* gondos, figyelmes || óvatos || **be careful that** ügyel arra, hogy; **be careful** légy óvatos!, vigyázz!

carefully ['keəfli] *hsz* gondosan, óvatosan

carefulness ['keəflnəs] *fn* törődés, gond(osság)

careless ['keələs] *mn* gondatlan, rendetlen

carelessness ['keələsnəs] *fn* gondatlanság, figyelmetlenség, hanyagság, vigyázatlanság

caress [kə'res] *ige* simogat, cirógat, dédelget

caretaker ['keəteɪkə] *fn* gondnok, házfelügyelő

caretaker government *fn* ideiglenes kormány

car-ferry *fn* (*autós*) komphajó

cargo ['kɑ:gəʊ] *fn* rakomány (*hajóé, repülőgépé*); szállítmány, teher

cargo boat *fn* teherhajó

cargo plane *fn* teherszállító repülőgép

car-hire *fn* gépkocsikölcsönzés || gépkocsikölcsönző

Caribbean See, the [ˌkærə'bɪən] *fn* Karib-tenger

caricature ['kærɪkətʃʊə] ▼ *fn* karikatúra ▼ *ige* karikatúrát rajzol vkről; kifiguráz

caricaturist ['kærɪkətʃʊərɪst] *fn* karikaturista

caries ['keəri:z] *fn* (fog)szuvasodás

car industry *fn* autóipar

caring ['keərɪŋ] *mn* törődő, gondos

car insurance *fn* gépjármű-biztosítás

carious ['keərɪəs] *mn* lyukas, szuvas *(fog)*

car jack *fn* kocsiemelő

carjacking ['kɑ:dʒækɪŋ] *fn* autórablás

car keys *fn tsz* kocsikulcs(ok)

car mechanic *fn* autószerelő

carnage ['kɑ:nɪdʒ] *fn* vérontás, mészárlás

carnal ['kɑ:nl] *mn* testi, érzéki

carnation [kɑ:'neɪʃn] *fn* szegfű

carnival ['kɑ:nɪvl] *fn* karnevál, farsang

carnivore ['kɑ:nɪvɔ:] *fn* húsevő

carnivorous [kɑ:'nɪvərəs] *mn* húsevő

carol ['kærəl] *fn* (karácsonyi) ének

carousal [kə'raʊzl] *fn* mulatás, lumpolás

carouse [kə'raʊz] *ige* mulat, lumpol

carousel [ˌkærə'sel] *fn* ⊕ *US* körhinta

carp [kɑ:p] *fn* ponty

car park *fn* parkoló

car-park attendant *fn* parkolóőr

carpenter ['kɑ:pəntə] ▼ *fn* ács ▼ *ige* ácsol

carpentry ['kɑ:pəntri] *fn* ácsmesterség, ácsmunka

carpet ['kɑ:pɪt] *fn* szőnyeg || **be on the carpet** szőnyegen forog

carpet slippers *fn tsz* papucs *(textilből)*

carpet sweeper *fn* szőnyegseprő

carpool ['kɑ:pu:l] *fn* közös kocsihasználat

car race *fn* autóverseny

car radio *fn* autórádió

---

car rental *fn* gépkocsikölcsönző || bérelt gépkocsi

car repair shop *fn* autójavító (műhely)

carriage ['kærɪdʒ] *fn (lófogatú)* kocsi || *(vasúti, metró)* kocsi, vagon || kocsi *(írógépé)* || szállítás, fuvar || **carriage forward** fuvardíj utánvételezve; **carriage paid** fuvar(díj) fizetve

carriageway ['kærɪdʒweɪ] *fn* úttest

carried forward ['kærɪd] *fn (könyvelésben)* átvitel

carrier ['kærɪə] *fn* szállító, fuvarozó

carrier bag *fn* nejlonszatyor; bevásárlószatyor

carrier pigeon *fn* postagalamb

carrier rocket *fn* hordozórakéta

carrion ['kærɪən] *fn* dög

carrot ['kærət] *fn* sárgarépa

carry ['kæri] *ige* szállít vkt/vmt (vhova), visz, cipel || fuvaroz, hord || *(súlyt, terhet)* hordoz || *(javaslatot)* elfogad; *(törvényjavaslatot)* megszavaz || **carry a motion** javaslatot elfogad; **it is carried** meg van szavazva; **carry all before one** elsöprő sikere van

---

carry away *(tárgyat)* elvisz || **be carried away by** vmre ragadtatja magát

carry forward *(tételt)* átvisz

carry in *(csomagot)* bevisz, becipel

carry into effect *(megvalósít)* realizál, véghezvisz; érvényt szerez vmnek, érvényre juttat vmt

carry off elvisz, elhord, elcipel || **carry off the palm** győzelmet arat

carry on folytat; *(foglalkozást)* űz || **carry on!** folytasd (csak)!, tovább!; **carry on talks (with)** tárgyalásokat folytat; **carry on with sy** ❖ *biz* viszonya van vkvel, viszonyt folytat vkvel

carry out megvalósít, végrehajt, véghezvisz; *(parancsot, utasítást)* teljesít; realizál, kivitelez, keresztülvisz

|| **carry out an experiment** kísérletet lefolytat

carry through valóra vált, nyélbe üt, megvalósít, véghezvisz, keresztülvisz, végigcsinál

---

carry-basket *fn* mózeskosár

carrycot *fn* mózeskosár

carry-forward *fn* áthozat

carry-on *fn* ❖ *biz* jelenet, hiszti || ⊕ *US* kézitáska, kézipoggyász

carry-over *fn (összeadásnál)* maradék

carsick ['kɑːsɪk] *mn* **I always get carsick** mindig rosszul leszek az autóban/autózástól

cart [kɑːt] *fn* szekér, kocsi; *(kétkerekű)* taliga, kordé

cartel [kɑːˈtel] *fn* kartell

carter ['kɑːtə] *fn* fuvaros

cartilage ['kɑːtəlɪdʒ] *fn* porc

cartload ['kɑːtləʊd] *fn* szekérfuvar

cartographer [kɑːˈtɒɡrəfə] *fn* térképész

cartography [kɑːˈtɒɡrəfi] *fn* térképészet

carton ['kɑːtn] *fn* karton || **a carton of cigarettes** egy karton cigaretta

cartoon [kɑːˈtuːn] *fn* karikatúra || rajzfilm

cartoonist [kɑːˈtuːnɪst] *fn* karikaturista

cartridge ['kɑːtrɪdʒ] *fn* töltény || *(autoszifonba, töltőtollba)* patron

cartridge-belt *fn* töltényöv

cartridge-case *fn* hüvely *(töltényé)*

cartwheel ['kɑːtwiːl] *fn* **turn cartwheels** cigánykereket hány

cartwright ['kɑːtraɪt] *fn* bognár

carve [kɑːv] *ige (fát, szobrot)* farag; *(követ, botot)* megfarag || *(húst, pecsenyét)* szeletel; *(szeletekre)* felvág || **carve sy in stone** megmintáz vkt

carving ['kɑːvɪŋ] *fn* faragás, faragvány || **carvings** faragott dísztárgyak

carving knife *fn (tsz -knives)* szeletelőkés

---

nm névmás – *nu* névutó – *szn* számnév – *esz* egyes szám – *tsz* többes szám

▼ szófajjelzés ⊕ földrajzi variáns ❏ szakterület ❖ stiláris minősítés

car wash *fn* autómosás ‖ autómosó *(hely)*

cascade [kæ'skeɪd] ▼ *fn* vízesés ▼ *ige* **cascade down** *(víztömeg)* lezúdul

case[1] [keɪs] *fn* láda, doboz, ládika, kazetta; tartó, tok ‖ *(párnára)* huzat

case[2] [keɪs] *fn* eset, ügy ‖ példa ‖ kóreset ‖ **in this case** ebben az esetben; **in case** abban az esetben, ha, hátha; **just in case** arra az esetre, ha (netalán) …; **that being the case** miután az a helyzet(, hogy); **case at issue** napirenden levő ügy; **case at law** peres ügy; **case in point** idevágó eset, szóban forgó eset; **in case of** vmnek esetén; **in case of emergency** szükség esetén

case history *fn* anamnézis, kórelőzmény, kórtörténet

casement window ['keɪsmənt] *fn* szárnyas ablak

case-record *fn* kórlap

case-report *fn* kórleírás

case-sheet *fn* kórlap, beteglap

case study *fn* esettanulmány

cash [kæʃ] ▼ *fn* készpénz ‖ **be in cash** van pénze; **I am out of cash** nincs pénzem; **I have no cash on me** nincs nálam készpénz; **I'm short of cash** kevés készpénzem van; **pay cash (down)** *(v.* **pay in cash)** készpénzben/készpénzzel fizet ▼ *ige* bevált *(csekket)* ‖ **can be cashed** *(csekk)* beváltható; **cash a cheque** csekket bevált

cash in on sg vmt meglovagol, kihasznál

cash up kasszát csinál

cash account *fn* pénztárszámla

cash-and-carry *fn* „fizesd és vidd"

cash balance *fn* pénztári egyenleg

cash-book *fn* pénztárkönyv, -napló

cash box *fn* pénzszekrény, kazetta

cash card *fn* bankkártya

cash desk *fn* pénztár *(üzletben stb.)*

cash discount *fn* készpénzfizetési engedmény

cash dispenser, cashpoint *fn* bankjegykiadó automata, ATM

cashier [kæ'ʃɪə] *fn* pénztáros *(banké)* ‖ pénztár *(üzletben stb.)* ‖ **cashier's office** pénztárhelyiség, pénztár

cash in hand *fn* készpénzkészlet

cashmere ['kæʃmɪə] *fn* kasmír(szövet)

cash on delivery *fn* utánvét(tel), átvételkor fizetve

cash payment *fn* készpénzfizetés

cashpoint ['kæʃpɔɪnt] *fn* *(bankban)* pénztár ‖ → **cash dispenser**

cash price *fn* készpénzár

cash register *fn* pénztárgép

cash sale *fn* készpénzeladás

casing ['keɪsɪŋ] *fn* befoglalás, burkolás ‖ burkolat, tok

casino [kə'siːnoʊ] *fn* (játék)kaszinó

cask [kɑːsk] *fn* hordó

casket ['kɑːskɪt] *fn* *(ékszeres)* kazetta, ládika ‖ szelence ‖ ⊕ *US* koporsó

casserole ['kæsəroʊl] *fn* *(tűzálló)* tál ‖ ragu

cassette [kə'set] *fn* *(fényk, magnó, video)* kazetta

cassette player *fn* lejátszómagnó

cassette recorder *fn* kazettás magnó

cassock ['kæsək] *fn* reverenda

cast [kɑːst] ▼ *fn* szereposztás ‖ **cast of mind** lelki alkat, beállítottság, gondolkodásmód, lelkület ▼ *ige (pp/pt* **cast** [kɑːst]) dob, vet ‖ *(szobrot)* kiönt ‖ *(szerepet)* kioszt ‖ **cast a look/ glance at sy/sg** tekint/néz vkre/vmre; **cast anchor** horgonyt vet; lehorgonyoz; **cast light on sg** ❖ *átv* világosságot derít vmre

cast away eldob, elvet

cast down *(kedélyileg)* lever, lehangol

cast off *(magától)* eltaszít

cast out *(kihajít)* kivet

---

castanets [,kæstə'nets] *fn tsz* kaszta-
nyetta

castaway ['kɑ:stəweɪ] *fn* hajótörött ‖
kitaszított

caste [kɑ:st] *fn* kaszt

caster ['kɑ:stə] *fn* görgő *(bútoron)*

casting vote ['kɑ:stɪŋ] *fn* döntő sza-
vazat

cast iron *fn* öntöttvas

cast-iron *mn* öntöttvas

castle ['kɑ:sl] ▼ *fn* vár ‖ bástya *(sakk-
figura)* ‖ build castles in Spain lég-
várakat épít ▼ *ige (sakkban)* sáncol

cast-off clothing *fn* ócska ruha, gönc

cast-offs *fn tsz* levetett/ócska ruhák

castor ['kɑ:stə] *fn* bútorgörgő

castor oil *fn* ricinus(olaj)

castor sugar *fn* ⊕ *GB* porcukor

castrate [kæ'streɪt] *ige* kasztrál, kiherél

casual ['kæʒʊəl] *mn* véletlen, alkalmi
‖ casual wear clothes utcai ruha/vi-
selet; make a casual remark odave-
tőleg megjegyzi; casual work alkal-
mi munka; casual worker alkalmi
munkás

casually ['kæʒʊəli] *hsz* csak úgy mel-
lékesen ‖ quite casually amúgy fél-
vállról

casualty ['kæʒʊəlti] *fn* haláleset *(bal-
esetnél)* ‖ *(baleseti)* sérült ‖ veszteség
(emberben) ‖ *(halálos)* áldozatok ‖
there were no casualty emberéletben
nem esett kár

casualty department *fn* baleseti osz-
tály

casualty ward *fn* baleseti osztály

cat [kæt] *fn* macska ‖ be like a cat on
hot bricks tűkön ül; let the cat out
of the bag ❖ *biz* titkot kifecseg; el-
szólja magát

catacombs ['kætəku:m(z)] *fn tsz* ka-
takomba

catalogue ['kætəlɒg] (⊕ *US* -log) ▼
fn katalógus ‖ árjegyzék ▼ *ige* katalo-
gizál, katalógusba vesz

catalogue price *fn* árjegyzéki ár

catalyst ['kætəlɪst] *fn* ❏ *vegy* katali-
zátor

catalytic converter [,kætə'lɪtɪk] *fn*
(autóban) katalizátor

cat-and-dog *mn* live a cat-and-dog
life kutya-macska barátságban élnek

catapult ['kætəpʌlt] ▼ *fn* parittya ‖
katapult ▼ *ige* katapultál

cataract ['kætərækt] *fn* vízesés; zuha-
tag ‖ ❏ *orv* szürke hályog

catarrh [kə'tɑ:] *fn* hurut

catastrophe [kə'tæstrəfi] *fn* kataszt-
rófa

catastrophic [,kætə'strɒfɪk] *mn* vég-
zetes, katasztrofális

catcall ['kætkɔ:l] ▼ *fn* catcalls pfujo-
lás, kifütyülés ▼ *ige* kifütyül ‖ be cat-
called ❖ *biz* kifütyülik

catch [kætʃ] ▼ *fn* zsákmány; fogás
(halászé) ‖ csapda, csel ‖ zárnyelv, re-
tesz ‖ zár *(táskán)* ‖ kánon *(ének)* ▼
ige (pt/pp caught [kɔ:t]) megragad,
fog; *(kézzel)* megfog; *(kezével vmhez)*
kap; *(kézzel)* megragad ‖ *(állatot)*
megfog ‖ *(betegséget)* megkap ‖ *(ha-
lat)* kifog ‖ *(rendőrség)* elfog, elcsíp,
elkap ‖ felfog, megért ‖ be caught le-
bukik *(rendőrileg)*; get caught bele-
akad, fennakad, megakad *(alkatrész)*;
he only just caught it épphogy elér-
te; catch the bus elcsípi a buszt;
catch a cold meghűl, megfázik, átfá-
zik; catch fire tüzet fog, meggyullad;
catch hold of *(kézzel)* megfog, nya-
kon csíp vkt; catch sy in the (very)
act tetten ér vkt; you will catch it!
kikapsz!; catch one's eye szembeöt-
lik, szembetűnik; catch sight of meg-
lát, megpillant; catch sy red-handed
tetten ér; I didn't catch what you
said! nem értem! *(rosszul hallom)*; sg
catches one's eye megakad vmn a
szeme

catch at sg *(vm után)* kapkod ‖
catch sy at sg vkt vmn rajtakap

---

catch on ❖ *biz* megért, kapcsol, veszi a lapot ‖ divatba jön, sikere van, meghonosodik
catch out kifog vkn ‖ **you can't catch me out** rajtam nem lehet kifogni
catch (sy) up utolér ‖ **catch up with** *(elmaradást, késést)* behoz, behozza vk előnyét, utolér

catching ['kætʃɪŋ] *mn* ragadós, ragályos
catchment area/basin ['kætʃmənt] *fn* vízgyűjtő terület
catchphrase ['kætʃfreɪz] *fn* divatos szólás; szlogen
catch-22 *fn* a huszonkettes csapdája; kutyaszorító
catchword ['kætʃwɜ:d] *fn* jelszó, jelmondat, jelige ‖ élőfej *(szótárban)* ‖ ❑ *szính* végszó
catchy ['kætʃi] *mn* fülbemászó
catechism ['kætəkɪzm] *fn* katekizmus, káté
categorical [ˌkætə'gɒrɪkl] *mn* kategorikus *(kijelentés)*
categorize ['kætɪgəraɪz] *ige* kategorizál
category ['kætəgəri] *fn* osztály, kategória
cater ['keɪtə] *ige* **cater for** élelmez, élelemmel/élelmiszerrel ellát
caterer ['keɪtərə] *fn* élelmező (vállalat); vendéglátóipari egység/vállalat
catering ['keɪtərɪŋ] *fn* élelmezés
catering industry/trade *fn* vendéglátóipar
caterpillar ['kætəpɪlə] *fn* hernyó ‖ lánctalp
caterpillar track *fn* lánctalp
caterpillar-tractor *mn* hernyótalpas traktor
caterwaul ['kætəwɔ:l] *ige* kornyikál, nyivákol
catfish ['kætfɪʃ] *fn* harcsa
cathedral [kə'θi:drəl] *fn* székesegyház, katedrális

catheter ['kæθɪtə] *fn* katéter
cathode-ray tube [ˌkæθoʊd'reɪ tju:b] *fn* katódsugárcső
Catholic ['kæθlɪk] ['kæθəlɪk] *mn/fn* katolikus
Catholicism [kə'θɒlɪsɪzm] *fn* katolicizmus
catkin ['kætkɪn] *fn* barka
cat's-eye *(tsz* **cat's-eyes)** *fn* macskaszem *(úttestbe építve)*
catsup ['kætsəp] *fn* ⊕ *US* = **ketchup**
cattle ['kætl] *(tsz ua.) fn* marha, jószág
catty ['kæti] *mn* rosszindulatú, komisz
Caucasian [kɔ:'keɪzɪən] *mn/fn* kaukázusi
caucus ['kɔ:kəs] *fn* ⊕ *US* pártvezetőségi gyűlés
caught [kɔ:t] *pp/pt* → **catch**
cauldron ['kɔ:ldrən] *fn* üst, katlan
cauliflower ['kɒlɪflaʊə] *fn* karfiol ‖ **cauliflower ear** tört fül *(pl. birkózóé)*
caulk [kɔ:k] *ige* tömít ‖ glettel
causal ['kɔ:zl] *mn* oki, oksági
causality [kɔ:'zæləti] *fn* okviszony, okozati összefüggés
cause [kɔ:z] ▼ *fn* ok ‖ ügy *(eszméé)* ‖ **cause of a disease** a betegség oka; **be the cause of sg** okoz vmt; **cause of trouble(s)** hibaforrás; **give cause for sg** okot ad vmre ▼ *ige* okoz, előidéz ‖ **cause anxiety** aggodalmat kelt; **cause damage (to sy/sg)** vknek/vmnek kárt okoz; **cause sy to do sg** csináltat, tetet; **caused by a virus** vírus okozta
causeway ['kɔ:zweɪ] *fn* töltésút
caustic ['kɔ:stɪk] *mn* maró, égető ‖ csípős *(megjegyzés)*
caustic soda *fn* marónátron
cauterize ['kɔ:təraɪz] *ige* kiéget
caution ['kɔ:ʃn] ▼ *fn* óvatosság, vigyázat, körültekintés ‖ **caution!** vigyázat! ▼ *ige* **caution sy against sg** óv vkt vmtől
caution money *fn* óvadék
cautious ['kɔ:ʃəs] *mn* óvatos, körültekintő

---

fn főnév _ *hsz* határozószó _ *isz* indulatszó _ *ksz* kötőszó _ *mn* melléknév
▼ szófajjelzés ⊕ földrajzi variáns ❑ szakterület ❖ stiláris minősítés

cautiously ['kɔːʃəsli] *hsz* óvatosan, kellő körültekintéssel ‖ **drive cautiously** óvatosan vezet

cautiousness ['kɔːʃəsnəs] *fn* óvatosság

cavalcade [ˌkævl'keɪd] *fn* lovas/autós/stb. felvonulás

cavalry ['kævlri] *fn* lovasság

cavalryman ['kævlrimən] *fn* (*tsz* -men) huszár

cave [keɪv] ▼ *fn* barlang ▼ *ige* **cave in** behorpad, beomlik; ❖ *átv* ❖ *biz* beadja a derekát

cave-dweller *fn* barlanglakó

caveman ['keɪvmæn] *fn* (*tsz* -men) barlanglakó, ősember

cavern ['kævən] *fn* barlang ‖ ❑ *orv* kaverna

cavernous ['kævənəs] *mn* üreges ‖ beesett (*arc*) ‖ mélyen ülő (*szem*)

caviar(e) ['kævɪɑː, -ɑr] *fn* kaviár

cavil ['kævl] *ige* -ll- (⊕ *US* -l) gáncsoskodik, szőröz

cavity ['kævəti] *fn* üreg, odú ‖ lyuk; szuvasodás (*fogé*)

cavort [kə'vɔːt] *ige* szökdécsel, ugrabugrál

CB [ˌsiː'biː] = **citizens' band**

CBE [ˌsiː ˌbiː 'iː] = *Commander (of the Order) of the British Empire <brit kitüntetés>*

cc [ˌsiː 'siː] = *cubic centimetre* ‖ = *carbon copy*

CD [ˌsiː 'diː] = **compact disc**; CD-lemez, CD ‖ *Corps Diplomatique* diplomáciai testület

CD player *fn* CD-lejátszó

Cdr. [ˌsiːdiː'ɑː] = **commander**

CD-ROM = *compact disc read-only memory* CD-ROM

cease [siːs] *ige* (meg)szűnik, abbamarad, eláll, elmúlik ‖ megszüntet, abbahagy ‖ **cease fire!** tüzet szüntess!

ceasefire ['siːsfaɪə] *fn* ❑ *kat* tűzszünet

ceaseless ['siːsləs] *mn* szüntelen

cedar ['siːdə] *fn* ❑ *növ* cédrus(fa)

cedar oil *fn* cédrusolaj

cede [siːd] *ige* átenged (*to* vknek)

ceiling ['siːlɪŋ] *fn* plafon, mennyezet

celebrate ['seləbreɪt] *ige* (meg)ünnepel ‖ **celebrate mass** misézik

celebrated ['seləbreɪtɪd] *mn* ünnepelt

celebration [ˌselə'breɪʃn] *fn* (meg)ünneplés

celebrity [sə'lebrəti] *fn* híres ember, notabilitás

celery ['seləri] *fn* zeller

celestial [sə'lestɪəl] *mn* égi

celibacy ['selɪbəsi] *fn* nőtlenség, cölibátus

cell [sel] *fn* ❑ *biol* sejt ‖ cella (*zárda, börtön*); zárka ‖ (*akkuban stb.*) cella

cellar ['selə] *fn* pince

cell division *fn* sejtosztódás

cell-formation *fn* sejtképződés

cellist ['tʃelɪst] *fn* csellista

cello ['tʃeloʊ] *fn* cselló

cellophane ['seləfeɪn] *fn* celofán

cello player *fn* csellista

cellular ['seljʊlə] *mn* ❑ *biol* sejt- ‖ **cellular tissue** sejtszövet; ⊕ *US* **cellular-phone, cellphone** mobiltelefon

celluloid ['seljʊlɔɪd] *fn* celluloid

cellulose ['seljʊloʊs] *fn* cellulóz

Celsius ['selsɪəs] *fn* Celsius-fok, °C

Celt [kelt] *fn* kelta (*ember*)

Celtic ['keltɪk] *mn/fn* kelta (*nyelv*)

cement [sə'ment] *fn* cement

cement mixer *fn* betonkeverő (gép)

cemetery ['semətri] *fn* temető

Cenotaph, the ['senətɑːf] *fn* hősi emlékmű (*Londonban*)

censor ['sensə] ▼ *fn* cenzor ▼ *ige* cenzúráz; meghúz

censorship ['sensəʃɪp] *fn* cenzúra

censure ['senʃə] ▼ *fn* megrovás ▼ *ige* megrovásban részesít; (*keményen*) megkritizál; elítél (vkt)

census ['sensəs] *fn* népszámlálás ‖ **take a census** népszámlálást tart

cent [sent] *fn* cent

centenarian [ˌsentɪ'neərɪən] *mn/fn* százéves

---

nm névmás — *nu* névutó — *szn* számnév — *esz* egyes szám — *tsz* többes szám
▼ szófajjelzés ⊕ földrajzi variáns ❑ szakterület ❖ stiláris minősítés

centenary ['sen'ti:nəri] *fn* centenárium, századik évforduló

centennial [sen'teniəl] *mn* centenáriumi, százéves

center ['sentə] *fn* ⊕ *US* = centre

centigrade ['sentigreid] *mn* százas beosztású ‖ centigrade thermometer Celsius-hőmérő; 18 degrees centigrade 18 fok meleg

centimetre (⊕ *US* -meter) ['sentimi:tə] *fn* centiméter, cm

centipede ['sentipi:d] *fn* százlábú

central ['sentrəl] *mn* központi, középponti, középső, közép-

Central Europe *fn* Közép-Európa

Central European Time *fn* közép-európai idő

central heating *fn* központi fűtés

centralization [ˌsentrəlaɪ'zeɪʃn] *fn* centralizáció

centralize ['sentrəlaɪz] *ige* centralizál, összpontosít

central office *fn* központ *(hivatal)*

central processing unit (CPU) *fn* ❑ *szt* központi feldolgozóegység, CPU

central reservation/reserve *fn* (középső) elválasztó sáv *(autópályán)*

centre (⊕ *US* center) ['sentə] ▼ *fn* középpont, centrum, központ ‖ székház ‖ góc *(betegségé, fertőzésé)* ‖ the centre of a city városközpont; in the centre of Glasgow Glasgow belvárosában; in the centre of interest az érdeklődés középpontjában ▼ *ige* centre the ball középre adja a labdát

---

centre on vmre összpontosul

---

centrefold ['sentəfoʊld] *fn* kihajtható betétlap *(magazinban)*

centre forward *fn* középcsatár

centre half *fn* középfedezet, középhátvéd

centre line *fn* középvonal

centrepiece (⊕ *US* -er-) ['sentəpi:s] *fn* asztaldísz

centrifuge ['sentrɪfju:dʒ] *fn* centrifuga

centrifugal force [ˌsentri'fju:gl] *fn* centrifugális erő

centripetal force [sen'trɪpɪtl] *fn* centripetális erő

century ['sentʃəri] *fn* (év)század ‖ centuries old évszázados

ceramic [sə'ræmɪk] *mn* kerámiai

ceramics [sə'ræmɪks] *fn esz* kerámia *(szakma)* ‖ *tsz* kerámiák

cereals ['sɪərɪəlz] *fn tsz* gabonafélék ‖ *(gabonaféléből készült)* reggeliételek

cerebral ['serəbrəl] *mn* agyi

cerebral h(a)emorrhage *fn* agyvérzés

ceremonial [ˌserə'moʊnɪəl] ▼ *mn* ünnepélyes, ünnepi ‖ ceremonial dinner díszvacsora ▼ *fn* szertartás, ünnepély(es aktus)

ceremonious [ˌserə'moʊnɪəs] *mn* szertartásos

ceremony ['serəməni] *fn* szertartás, ceremónia ‖ ünnepség, ünnepély ‖ without ceremony ❖ *biz* teketória nélkül

cert [sɜ:t] *fn* ❖ *biz* a dead cert biztos dolog, tuti

certain ['sɜ:tn] *mn* bizonyos, biztos ‖ a certain egy bizonyos; for certain biztosan; I am absolutely/quite certain határozottan tudom; make certain of sg meggyőződik vmről; in certain cases egyes esetekben; by a certain date meghatározott időre/időpontra; to a certain degree bizonyos mértékben; he is certain to come okvetlen(ül) eljön

certainly ['sɜ:tnli] *hsz* valóban; kétségkívül, bizony, hogyne, biztosan!, de bizony!, de igen!; *(feleletben)* okvetlen(ül) ‖ certainly not! semmi esetre (sem), persze hogy nem

certainty ['sɜ:tnti] *fn* bizonyosság, biztos dolog

certificate ▼ [sə'tɪfɪkət] *fn* igazolás, igazolvány ‖ bizonyítvány, oklevél, diploma ▼ [sə'tɪfɪkeɪt] *ige (okmánnyal)* igazol, igazolást ad vmről

---

fn főnév – *hsz* határozószó – *isz* indulatszó – *ksz* kötőszó – *mn* melléknév
▼ szófajjelzés ⊕ földrajzi variáns ❑ szakterület ❖ stiláris minősítés

certificated [sə'tɪfɪkeɪtɪd] *mn* képesített, okleveles
certified ['sɜ:tɪfaɪd] *mn* hitelesített; hiteles, igazolt; vizsgázott || **certified copy** hiteles másolat
certified mail *fn* ⊕ *US* ajánlott küldemény
certified public accountant *fn* ⊕ *US* okleveles könyvvizsgáló, mérlegképes könyvelő
certify ['sɜ:tɪfaɪ] *ige* igazol; *(okmánnyal)* bizonyít || **this is to certify that** ezennel igazoljuk, hogy
cervix ['sɜ:vɪks] *fn* *(tsz* **-vices** *v.* **-es)** méhnyak
Cesarean [sɪ'zeərɪən] *mn* ⊕ *US* = **Caesarean**
cessation [se'seɪʃn] *fn* megszűnés
cesspit ['sespɪt] *fn* emésztőgödör
cesspool ['sespu:l] *fn* emésztőgödör
CET [ˌsi: i: 'ti:] = **Central European Time**
cf. [ˌsi: 'ef] *(Latin: confer)* vesd össze!; = **compare**
c/f [ˌsi: 'ef] = **carried forward**
chafe [tʃeɪf] *ige* kidörzsöl, feldörzsöl; feltör *(ember bőrét)* || **chafe at/under sg** izgatott/türelmetlen/mérges vm miatt
chaffinch ['tʃæfɪntʃ] *fn* pinty
chain [tʃeɪn] ▼ *fn* lánc || **chain of department stores** áruházlánc; **a chain of supermarkets** szupermarketlánc, -hálózat; **chain of events** események sorozata; **chains** rabbilincs; **in chains** láncra verve ▼ *ige* **chain to sg** odaláncol

---

chain up a dog kutyát láncra köt

---

chain reaction *fn* láncreakció
chain-saw *fn* láncfűrész
chain smoker *fn* erős dohányos
chain store *fn* fióküzlet; fiókhálózat
chair [tʃeə] ▼ *fn* szék || tanszék, katedra || **be in the chair** *(ülésen)* elnököl; **take the chair** átveszi az elnöklést ▼

ige elnököl || **chair the meeting** elnököl az ülésen, az ülést vezeti
chair-bed *fn* fotelágy
chair lift *fn* sífelvonó; sílift, libegő
chairman ['tʃeəmən] *fn* *(tsz* **-men)** *(gyűlésen, konferencián, bizottsági)* elnök
chairmanship ['tʃeəmənʃɪp] *fn* *(gyűlésen, bizottságban stb.)* elnöki tisztség; elnöklés; elnökség
chairperson ['tʃeəpɜ:sn] *fn* *(konferencián stb.)* elnök
chairwoman ['tʃeəwʊmən] *fn* *(tsz* **-women)** *(gyűlésen stb.)* elnöknő
chalet ['ʃæleɪ] *fn* *(kempingben)* faház, bungaló
chalice ['tʃælɪs] *fn* kehely
chalk [tʃɔ:k] ▼ *fn* kréta || **as different as chalk and cheese** ég és föld különbség; **not by a long chalk** közel sem; távolról sem ▼ *ige* krétával ír/megjelöl

---

chalk up feljegyez || elkönyvel *(sikert)*

---

challenge ['tʃælɪndʒ] ▼ *fn* *(tágabb ért.)* kihívás; feladat ▼ *ige* *(küzdelemre, párbajra)* kihív; *(véleményt)* megtámad; vitat || kétségbe von; próbára tesz
challenger ['tʃælɪndʒə] *fn* kihívó
challenging ['tʃælɪndʒɪŋ] *mn* kihívó, provokatív, állásfoglalásra késztető
chamber ['tʃeɪmbə] *fn* terem || kereskedelmi/ügyvédi kamara || kamra *(gépé, zsilipé)*
chambermaid ['tʃeɪmbəmeɪd] *fn* *(szállóban)* szobalány, szobaasszony
chamber music *fn* kamarazene
Chamber of Commerce *fn* kereskedelmi kamara
chamber orchestra *fn* kamarazenekar
chamber-pot *fn* éjjeli(edény)
chameleon [kə'mi:lɪən] *fn* kaméleon
chamois ['ʃæmwɑ:] *fn* zerge
chamois (leather) *fn* zergebőr; szarvasbőr

---

nm névmás – *nu* névutó – *szn* számnév – *esz* egyes szám – *tsz* többes szám
▼ szófajjelzés ⊕ földrajzi variáns ❑ szakterület ❖ stiláris minősítés

champagne [ˌʃæm'peɪn] *fn* pezsgő

champignon [ʃæm'pɪnjən] *fn* csiperkegomba

champion ['tʃæmpɪən] *fn* ❑ *sp* bajnok

championship ['tʃæmpɪənʃɪp] *fn* bajnokság ‖ bajnoki cím

champion team *fn* bajnokcsapat

chance [tʃɑːns] ▼ *mn* alkalmi, véletlen ▼ *fn* esély ‖ *(érvényesülési)* lehetőség; *(egyéni)* kilátás ‖ véletlen, véletlenség, kockázat, szerencse ‖ **by chance** esetleg, véletlenül; **there is no chance of it** erre nincs semmi kilátás; **what are the chances of his coming?** mik az esélyei annak, hogy eljön? ▼ *ige* **chance sg** megkockáztat vmt ‖ **I chanced to meet him** véletlenül találkoztam vele

---

chance (up)on sg *(véletlenül)* rátalál vmre, vmre akad

---

chancellor ['tʃɑːnslə] *fn* kancellár

Chancellor of the Exchequer *fn* ⊕ *GB* pénzügyminiszter

chancy ['tʃɑːnsi] *mn* ❖ *biz* kockázatos, rizikós

chandelier [ˌʃændə'lɪə] *fn* csillár

change ['tʃeɪndʒ] ▼ *fn* változás, átalakulás ‖ váltás, csere ‖ (meg)változtatás, átalakítás ‖ átszállás *(közlekedési)* ‖ visszajáró pénz ‖ **(small) change** aprópénz; **for a change** a változatosság kedvéért; **have you got change for a pound note?** fel tudna váltani egy fontot?; **keep the change** nem kérek vissza!; **change for the better** jobbra/jóra fordulás; **change for the worse** rosszabbodás; **change of address** lakásváltoz(tat)ás, lakcímváltozás; **change (of one's clothes)** átöltöz(köd)és ▼ *ige* (meg)változik ‖ (meg)változtat ‖ *(pénzt)* felvált ‖ ❑ *közl* átszáll ‖ cserél, vált ‖ átöltözik ‖ **all change!** végállomás!, kiszállás!; **let's change the subject** beszéljünk

másról; **where do I change for ...?** hol kell átszállni ... felé?; **can you change a pound for me?** fel tudna váltani egy fontot?; **change course** irányt változtat; **change gear** sebességet vált; **change hands** gazdát cserél; **change money** pénzt vált; **change (one's clothes)** átöltöz(köd)ik; **change one's job** munkahelyet változtat; **change one's mind** meggondolja magát, másként határoz/dönt; **change planes** más repülőgépre átszáll; **change the baby** *(csecsemőt)* tisztába tesz; **change the bed** ágyat húz; **change trains** *(vasúton)* átszáll; **change tyres** (⊕ *US* **tires**) kereket cserél

---

change down *(kisebb sebességre)* visszakapcsol

change into (sg) átalakul, vmvé változik, vmt vmvé változtat

change over átvált, *(más módszerre/rendre)* átáll

---

changeable ['tʃeɪndʒəbl] *mn* változékony ‖ megváltoztatható

change machine *fn* pénzváltó automata

change-over *fn* *(más módszerre/termelésre)* áttérés, ❑ *pol* rendszervált(oz)ás; átállás, irányváltoz(tat)ás

changing ['tʃeɪndʒɪŋ] ▼ *mn* változó ▼ *fn* átalakítás, változtatás ‖ **changing of the guard** őrségváltás

changing room *fn* öltöző

channel ['tʃænl] *fn* *(természetes)* csatorna; *(egyéb anyagban)* járat ‖ ❑ *tv* csatorna

Channel Islands *fn tsz* Csatorna-szigetek

channel selector *fn* csatornaváltó

chant [tʃɑːnt] ▼ *fn* (egyházi) ének, zsolozsma ▼ *ige* énekel ‖ skandál

chaos ['keɪɒs] *fn* zűrzavar, felfordulás, összevisszaság

---

chaotic [keɪ'ɒtɪk] *mn* ❖ *átv* zavaros, kaotikus

chap¹ [tʃæp] *fn* ❖ *biz* pasas, alak; fickó

chap² [tʃæp] *ige* -pp- (fel)repedezik, felpattogzik; bereped

chapel ['tʃæpl] *fn* kápolna

chaperon ['ʃæpəroʊn] *fn* gardedám

chaplain ['tʃæplɪn] *fn* káplán, lelkész

chapped [tʃæpt] *mn (bőr)* repedezett ‖ **my lips are chapped** kicserepesedett a szám

chapter ['tʃæptə] *fn* fejezet

char¹ [tʃɑ:] *fn* ❖ *biz* bejárónő

char² [tʃɑ:] *ige* -rr- szénné éget ‖ elszenesedik ‖ **be char** elszenesedik

character ['kærəktə] *fn* jelleg ‖ egyéniség, jellem ‖ *(ir. műben)* alak, szereplő; regényalak ‖ figura ‖ ❖ *biz* fazon *(személyről)*; alak ‖ *(nyomtatott)* betű; ❑ *nyomd* ❑ *szt* karakter ‖ *(vkről munkavállalásnál)* jellemzés ‖ **a character** eredeti ember

characteristic [ˌkærəktə'rɪstɪk] ▼ *mn* jellegzetes, sajátos, tipikus ‖ **characteristic feature** jellemző vonás, sajátság; **characteristic of sy** vkre jellemző ▼ *fn* ismertetőjel, ismertetőjegy; jegy, jellemvonás

characteristically [ˌkærəktə'rɪstɪkli] *hsz* jellegzetesen

characterization [ˌkærəktəraɪ'zeɪʃn] *fn* jellemzés

characterize ['kærəktəraɪz] *ige* jellemez

charade [ʃə'rɑ:d] *fn* „Amerikából jöttünk" *(társasjáték)*

charcoal ['tʃɑ:koʊl] *fn* faszén ‖ **charcoal sketch** szénrajz

charge [tʃɑ:dʒ] ▼ *fn (elektromos)* töltés ‖ vád *(vk ellen)*; vádpont ‖ *(szolgáltatásért)* díj, munkadíj ‖ *(támadó)* roham ‖ megbízás ‖ **charges** költségek; **bring a charge against sy** vád alá helyez vkt, vádat emel vk ellen; **be in charge of** gondjaira van bízva (vk, vm); **be in (sy's) charge** vk felügyeletére van bízva; **be in charge** hatalmat gyakorol; **I am in charge** itt én parancsolok; **take charge of sy/sg** gondoskodik vkről/vmről ▼ *ige* (meg)vádol ‖ felszámít, kér ‖ *(puskát)* megtölt ‖ rohamoz ‖ **charge an account** számlát megterhel; **how much do you charge for it?** mennyibe kerül?

charge account *fn* ⊕ *US* folyószámla, hitelszámla

chargé d'affaires [ˌʃɑ:ʒeɪ dæ'feə] *(tsz* **chargés d'affaires)** *fn (diplomáciai)* ügyvivő

charger ['tʃɑ:dʒə] *fn* **(battery) charger** akkutöltő

chariot ['tʃærɪət] *fn* harci szekér

charitable ['tʃærɪtəbl] *mn* jótékony(sági), adakozó, jóságos ‖ **charitable gift** szeretetadomány; **charitable institution** jótékonysági intézmény

charity ['tʃærəti] *fn* jótékonyság

charlady ['tʃɑ:leɪdi] *fn* = **charwoman**

charlatan ['ʃɑ:lətən] *fn* sarlatán, kuruzsló

charm [tʃɑ:m] ▼ *fn* varázs(erő) ‖ bűbáj, báj ‖ amulett ▼ *ige* megbűvöl, elbájol, elbűvöl ‖ **charm sy off his feet** levesz vkt a lábáról; **he is charmed (by sy/sg)** el van bűvölve (vktől/vmtől)

charming ['tʃɑ:mɪŋ] *mn* bájos, elbűvölő, elragadó, vonzó

charred [tʃɑ:d] *mn* megszenesedett, üszkös

chart [tʃɑ:t] ▼ *fn* (fali)térkép; *(könyvben)* táblázat, grafikon ‖ **be in the charts** a toplistán szerepel ▼ *ige* grafikont készít vmről

charter ['tʃɑ:tə] ▼ *fn* oklevél, alapokmány, charta ▼ *ige (hajót, repülőt)* bérel

chartered accountant [ˌtʃɑ:təd] *fn* ⊕ *GB* okleveles/hites könyvvizsgáló, mérlegképes könyvelő

---

nm névmás *–nu* névutó *–szn* számnév *–esz* egyes szám *–tsz* többes szám
▼ szófajjelzés ⊕ földrajzi variáns ❑ szakterület ❖ stiláris minősítés

chartered plane *fn (kedvezményes árú)* bérelt repülőgép, chartergép

charter flight *fn (bérelt repülőgép)* különjárat, charterjárat

charter party *fn* hajóbérleti szerződés

charwoman ['tʃɑ:wʊmən] *fn (tsz -women) fn* bejárónő, takarítónő

chary ['tʃeəri] *mn* óvatos || szűkmarkú

chase [tʃeɪs] ▼ *fn (kergetés)* üldözés ▼ *ige* (meg)kerget, üldöz

---

chase after hajszol; *vm után* lohol, üldözőbe vesz

chase out/away ❖ *átv* kisöpör, elkerget

chase up (vmt, vkt) felhajt || megsürget, megreklamál

---

chaser ['tʃeɪsə] *fn* üldöző || kísérő *(gyengébb alkohol)*

chasm ['kæzm] *fn* szakadék

chassis ['ʃæsi] *fn* alváz *(autóé)* || ❑ *el* sasszi

chaste [tʃeɪst] *mn* romlatlan, érintetlen *(leány)*

chasten ['tʃeɪsn] *ige* fegyelmez; büntet

chastise [tʃæ'staɪz] *ige (gyereket szigorúan)* büntet, (meg)fenyít

chastisement [tʃæ'staɪzmənt] *fn* fenyítés

chastity ['tʃæstəti] *fn* érintetlenség, szüzesség

chat [tʃæt] ▼ *fn* beszélgetés, csevegés, dumcsi || **have a chat (with sy)** beszélget (vkvel) ▼ *ige* **-tt-** ❖ *biz* diskurál, cseveg || **chat with sy** vkvel társalog/beszélget; **chat sy up** *(ismerkedés céljából)* beszédbe/szóba elegyedik vkvel

chat show *fn* ⊕ *GB* „Telefere"

chattels ['tʃætlz] *fn tsz* ingóságok, cókmók

chatter ['tʃætə] *ige* fecseg, dumál, locsog

chatterbox ['tʃætəbɒks] *fn* fecsegő; ❖ *biz* kofa

chatty ['tʃæti] *mn* beszédes, fecsegő

chauffeur ['ʃoʊfə] *fn (hivatásos)* gépkocsivezető, sofőr

chauvinism ['ʃoʊvənɪzm] *fn* sovinizmus

chauvinist ['ʃoʊvənɪst] *fn* soviniszta *(személy)*

chauvinistic [ˌʃoʊvə'nɪstɪk] *mn* sovén, soviniszta

cheap [tʃi:p] *mn* olcsó || **he got off cheap** olcsón megúszta; **it's cheap and nasty** olcsó, de olyan is; **cheap goods** tucatáru

cheapen ['tʃi:pən] *ige* leszállít *(árat)* || degradálódik

cheaply ['tʃi:pli] *hsz* olcsón

cheat [tʃi:t] ▼ *fn* csaló, svindler ▼ *ige* csal, svindliz, becsap, rászed || **cheat sy out of sg** pénzt kicsal vktől; **is cheating on his wife** csalja a feleségét

cheating ['tʃi:tɪŋ] *fn* csalás

check [tʃek] ▼ *fn* ellenőrzés, (felül)vizsgálat || elismervény || ellenőrző szelvény || ruhatári jegy || ⊕ *US (étteremben)* számla || kipipálás, pipa *(listán)* || *(US)* = **cheque** || **the check please!** ⊕ *US (vendéglőben)* fizetek!; **check!** sakk!; **hold/keep sy in check** sakkban tart vkt; **keep a check on sg** ellenőriz, felügyeletet gyakorol vm/vk fölött; ellenőrzése alatt tart ▼ *ige* ellenőriz, felülvizsgál, kontrollál || utánanéz, meggyőződik || *(adatot)* visszakeres || ⊕ *US* kipipál || *(ruhatárba)* bead || sakkot ad vknek || megakaszt, megfékez || **check one's baggage** ⊕ *US* csomagot felad; **checked for quality** minőségileg rendben

---

check in *(repülőtéren)* (be)jelentkezik || *(szállodában)* bejelenti magát || **check in one's baggage** poggyászt felad

check off *(listán)* kipipál

check out *(szállodából)* kijelentkezik, távozik || ⊕ *US* ellenőriz, kivizsgál, utánanéz

---

fn főnév – *hsz* határozószó – *isz* indulatszó – *ksz* kötőszó – *mn* melléknév ▼ szófajjelzés ⊕ földrajzi variáns ❑ szakterület ❖ stiláris minősítés

check (up) on ellenőriz, utánanéz (vmnek)

checkbook ['tʃekbʊk] *fn* ⊕ *US* csekkfüzet, csekk-könyv

check card *fn* ⊕ *US* csekk-kártya

checked [tʃekt] *mn* kockás, pepita

checkered ['tʃekəd] *mn (US)* = **chequered**

checkers ['tʃekəz] *fn tsz* ⊕ *US* dáma-játék

check-in *fn (szállodában)* bejelentkezés; *(repülőtéren)* megjelenés, jelentkezés ‖ **check-in (desk)** utasfelvétel, jegy- és poggyászkezelés *(helye repülőtéren)*

checking ['tʃekɪŋ] *fn* átvizsgálás, kontroll

checking account *fn* ⊕ *US* folyószámla

check-in time *fn* megjelenési idő *(repülőtéren)*

checklist ['tʃeklɪst] *fn* (ellenőrző) jegyzék *(neveké, tárgyaké)*

checkmate ['tʃekmeɪt] ▼ *fn (sakk)* matt ‖ **checkmate!** matt! ▼ *ige* mattot ad vknek, megmattol

check-out *fn* pénztár, kassza

check-out ticket *fn* ⊕ *US* visszatérőjegy

check-point *fn* határátkelőhely

checkroom ['tʃekruːm] *fn* ⊕ *US (színházban stb.)* ruhatár ‖ poggyászmegőrző, csomagmegőrző

check-up *fn* ❏ *orv* kivizsgálás

cheek [tʃiːk] *fn* arc; pofa *(emberé, lóé)* ‖ arcátlanság, pimaszság ‖ **have the cheek** van pofája; **what (a) cheek!** micsoda szemtelenség!; **he has the cheek to (do sg)** hogy nem sül le a bőr a képéről!, van képe hozzá

cheek-bone *fn* arccsont, pofacsont

cheeky ['tʃiːki] *mn* ❖ *biz* szemtelen

cheer [tʃɪə] *ige* éltet, (meg)éljenez ‖ **cheer for one's team** ❖ *biz (sp csapatnak)* szurkol, biztatja csapatát

cheer up jókedvre derül/derít, (fel)-vidít ‖ **cheer up!** fel a fejjel!; *(vigasztalóan)* sebaj!

cheerful ['tʃɪəfl] *mn* derűs, derült, jókedvű, vidám, víg kedélyű ‖ **cheerful character/fellow** kedélyes ember

cheerfulness ['tʃɪəflnəs] *fn* jó kedély

cheering ['tʃɪərɪŋ] *fn* éljenzés

cheerio! [ˌtʃɪəri'əʊ] *isz* ❖ *biz (távozásnál)* szervusz(tok)!

cheerless ['tʃɪələs] *mn* kedélytelen, szomorú

cheers [tʃɪəz] *fn tsz* éljenzés ‖ **cheers!** *(kívánságban)* egészségére!; *(távozáskor)* szia!, szevasztok!

cheese [tʃiːz] *fn* sajt ‖ **a cheese sandwich** sajtos szendvics

cheese-board *fn* sajtosdeszka

cheeseburger ['tʃiːzbɜːgə] *fn* sajtos hamburger, sajtburger

cheesecake ['tʃiːzkeɪk] *fn* túróspite

cheetah ['tʃiːtə] *fn* gepárd

chef [ʃef] *fn* főszakács, konyhafőnök, séf

chemical ['kemɪkl] ▼ *mn* kémiai, vegyészeti, vegyi, vegyszeres ▼ *fn* **chemicals** vegyi anyagok, vegyszerek

chemical agents *fn tsz* vegyi anyagok, vegyszerek

chemical analysis *(tsz* -ses) *fn* vegyvizsgálat

chemical engineer *fn* vegyészmérnök

chemical engineering *fn* vegyészet

chemical industry *fn* vegyipar

chemically ['kemɪkli] *hsz* vegyileg ‖ **chemically pure** vegytiszta

chemical symbol *fn* vegyjel

chemical warfare *fn* vegyi háború

chemical works *fn esz v. tsz* vegyészeti gyár

chemist ['kemɪst] *fn* kémikus, vegyész

chemist's (shop) *fn* illatszerbolt; gyógyszertár

chemistry ['kemɪstri] *fn* kémia, ve-
gyészet

cheque [tʃek] (⊕ *US* check) *fn* csekk
‖ csekklap ‖ **pay by cheque** csekkel
fizet; **can I pay by cheque?** fizethe-
tek csekkel?

chequebook ['tʃekbʊk] *fn* csekkfü-
zet, csekk-könyv

cheque card *fn* csekk-kártya

chequered ['tʃekəd] *mn* kockás, pepita

cherish ['tʃerɪʃ] *ige* (nagy) becsben
tart; melenget, dédelget *(tervet stb.)*;
táplál *(reményt)*; ápol *(érzelmet)* ‖
cherish the memory of sy vmnek/
vknek az emlékét őrzi; **cherish the
hope that** abban ringatja magát,
hogy

cherry ['tʃeri] *fn* ❏ *növ* cseresznye(fa)

Ches. [tʃes] = *Cheshire*

chess [tʃes] *fn* sakk

chessboard ['tʃesbɔːd] *fn* sakktábla

chess clock *fn* sakkóra

chessman ['tʃesmən] *fn* (*tsz* -men)
sakkfigura

chess piece *fn* sakkfigura

chessplayer ['tʃespleɪə] *fn* sakkozó,
sakkjátékos

chess problem *fn* sakkfeladvány

chest [tʃest] *fn* láda ‖ mell, mellkas

chest freezer *fn* fagyasztóláda

chest measurement *fn* mellbőség
(férfiaknál)

chestnut ['tʃesnʌt] ▼ *mn* gesztenye-
barna ▼ *fn* gesztenye ‖ pej

chestnut-coloured *mn* gesztenyebarna

chestnut tree *fn* gesztenyefa

chest of drawers [drɔːz] *fn* fiókos
szekrény, komód, sublót

chest X-ray *fn* mellkas-átvilágítás

chevron ['ʃevrən] *fn* ❏ *kat* gerenda
(rangjelzés)

chew [tʃuː] *ige* (meg)rág ‖ **chew the
cud** kérődzik

---

chew away (at sg) rágcsál

chew on sg ❖ *biz* jól megrágja a
dolgot

chew sg over ❖ *biz* meghány-vet
vmt

---

chewing gum *fn* rágógumi

chic [ʃiːk] *mn* sikkes, elegáns

chicanery [ʃɪˈkeɪnəri] *fn* törvénycsa-
varás

chick [tʃɪk] *fn* (kis)csirke ‖ ❖ *biz*
(lány) pipi

chicken ['tʃɪkɪn] ▼ *fn* csirke, baromfi
‖ csirkehús ‖ **don't count your
chickens before they are hatched** ne
igyál előre a medve bőrére; **she is no
chicken** ❖ *iron* már nem mai csirke
▼ *ige* ❖ *biz* **chicken out (of)** kihúzza
magát vmből, kibújik vm alól

chid [tʃɪd] *pp* → **chide**

chidden ['tʃɪdn] *pt* → **chide**

chide [tʃaɪd] *ige* (*pt* **chided** ['tʃaɪdɪd]
v. **chid** [tʃɪd]; *pp* **chided** *v.* **chidden**
['tʃɪdn]) szid ‖ **chide (for)** vmért dor-
gál, korhol

chief [tʃiːf] ▼ *mn* fő; fontos; lényeges,
legfőbb ▼ *fn (hivatali)* elöljáró; fej
(testületé) ‖ vezető ‖ vezér ‖ törzs-
fő(nök)

chief accountant *fn* főkönyvelő

chief editor *fn* főszerkesztő

chief engineer *fn* főmérnök

chiefly ['tʃiːfli] *hsz* főként, jórészben,
jórészt, legfőképpen

chief official *fn* főelőadó

chief pilot *fn* főpilóta

chieftain ['tʃiːftən] *fn* törzsfőnök

chiffon ['ʃɪfɒn] *fn* selyem

chilblain ['tʃɪlbleɪn] *fn* fagyás *(testen)*

child [tʃaɪld] *fn* (*tsz* **children**
['tʃɪldrən]) gyerek ‖ **have a child**
gyer(m)eket szül, gyereke született ‖
a child of four négyéves gyerek;
child under ten a tíz éven aluliak;
children's choir gyermekkórus;
children's disease gyermekbetegség;
children's room gyermekszoba;
children's wear gyermekruha, -ru-
házat

child benefit *fn* családi pótlék

---

childbirth ['tʃaɪldbɜ:θ] *fn* gyermekszülés

childhood ['tʃaɪldhʊd] *fn* gyermekkor ‖ **from childhood** gyermekkora óta; **in his childhood** kicsi korában, kora ifjúságában

childish ['tʃaɪldɪʃ] *mn* gyerekes

childishness ['tʃaɪldɪʃnəs] *fn* gyerekesség

childless ['tʃaɪldləs] *mn* gyermektelen

childlike ['tʃaɪldlaɪk] *mn* gyermeki

childminder ['tʃaɪldmaɪndə] *fn* gyermekőrző *(főleg nappal)* ‖ **be a childminder** gyerekekre felügyel

child prodigy *fn* csodagyer(m)ek

children ['tʃɪldrən] *tsz* → **child**

childswear ['tʃaɪldzweə] *fn* gyermekruha, -ruházat

child welfare *fn* gyermekgondozás

chili ['tʃɪli] *fn* ⊕ *US* = **chilli**

chill [tʃɪl] ▼ *fn* hideg ‖ megfázás, meghűlés; hűlés ‖ **get/take the chill off sg** *(ételt)* meglangyosít ▼ *ige* lehűt ‖ hűt, fagyaszt; *(italt)* behűt ‖ **I am chilled to the bone** ❖ *biz* összefagytam

---

chill through áthűt

---

chilled [tʃɪld] *mn* hűtött

chilli ['tʃɪli] *fn* cseresznyepaprika

chilly ['tʃɪli] *mn (kellemetlenül)* hűvös; fagyos *(idő)* ‖ ❖ *átv* jéghideg; jeges *(fogadtatás)* ‖ **it is a bit chilly** hűvös van, hűvös a reggel ma

chime [tʃaɪm] ▼ *fn* **chime(s)** harangjáték; *(toronyóráé)* óraütés ▼ *ige* **chime in with sg** vmvel összevág, összhangban van vmvel

---

chime in ❖ *biz* közbeszól

---

chimney ['tʃɪmni] *fn* kémény

chimney-corner *fn* kemencepadka

chimney-stack *fn* kémény *(gyáré)*

chimney-sweep *fn* kéményseprő

chimpanzee [ˌtʃɪmpæn'zi:] *fn* csimpánz

chin [tʃɪn] *fn* áll ‖ **(keep your) chin up!** fel a fejjel!, sebaj!, ne búsulj!

China ['tʃaɪnə] *fn* Kína

china ['tʃaɪnə] *fn* porcelán

Chinaman ['tʃaɪnəmən] *fn (tsz -men)* kínai (ember)

chinaware ['tʃaɪnəweə] *fn* porcelánáru

Chinese [ˌtʃaɪ'ni:z] ▼ *mn* kínai ▼ *fn* kínai (nyelv/ember)

chink [tʃɪŋk] *fn* repedés *(falban)* ‖ csengés *(üvegé, fémé)*

chin-strap *fn* állszíj

chip [tʃɪp] ▼ *fn* forgács, szilánk; *(poháron, csészén)* csorba; ❏ *el* chip ‖ **a chip off the old block** apja fia ‖ → **chips** ▼ *ige* **-pp-** *(zománc)* felpattogzik ‖ kicsorbul ‖ kicsorbít

---

chip in (with) beleszól

chip off *(festék)* lepattogzik

---

chipboard ['tʃɪpbɔ:d] *fn* farostlemez, pozdorjalemez

chipmunch ['tʃɪpmʌntʃ] *fn* amerikai (csíkos) földimókus

chip pan *fn* friteuse

chips [tʃɪps] *fn tsz* ⊕ *GB* hasábburgonya; ⊕ *US* burgonyaszirom

chiropodist [kɪ'rɒpədɪst] *fn* pedikűrös

chiropody [kɪ'rɒpədi] *fn* lábápolás, pedikűr

chirp [tʃɜ:p] *ige* ciripel; csiripel

chirpy ['tʃɜ:pi] *mn* ❖ *biz* élénk, vidám

chisel ['tʃɪzl] ▼ *fn* véső ▼ *ige* **-ll-** (⊕ *US* **-l-**) *(vésővel stb.)* vés; *(fémet)* kivés

chit [tʃɪt] *fn* cetli

chit-chat ['tʃɪt tʃæt] *fn* terefere, traccs

chivalrous ['ʃɪvlrəs] *mn* gavalléros, lovagias

chives [tʃaɪvz] *fn tsz* metélőhagyma, snidling

chloride ['klɔ:raɪd] *fn* klorid

chlorinate ['klɔ:rɪneɪt] *ige* klóroz

---

chlorine ['klɔːriːn] *fn* klór
chloroform ['klɒrəfɔːm] *fn* kloroform
chlorophyll (⊕ *US* -phyl) ['klɒrəfɪl] *fn* klorofill
chock-a-block [ˌtʃɒkə'blɒk] *mn* dugig tele
chock-full *mn* ❖ *biz* dugig (tele), telistele (*of* vmvel)
chocolate ['tʃɒklət] *fn* csokoládé
chocs [tʃɒks] *fn tsz* ❖ *biz* csoki
choice [tʃɔɪs] ▼ *fn* választás *(több közül)*; választék, alternatíva ‖ choice of sg vmnek a legjava; he had no choice (but to …) nem volt más választása, mint … ▼ *mn* válogatott, finom ‖ choice wine márkás bor
choir ['kwaɪə] *fn* kórus, énekkar; *(templomi)* karzat
choir-boy *fn (fiú)* kórista
choir-master *fn* karigazgató, karvezető
choir practice *fn* karének, énekkari próba
choke [tʃəʊk] ▼ *ige* eltöm ‖ (meg)fojt; elfúl, elfullad ‖ be choking nem kap levegőt, fullad ▼ *fn* szívató
choke-damp *fn* bányalég
choking ['tʃəʊkɪŋ] *mn* fojtogató, fojtó, fullasztó
cholera ['kɒlərə] *fn* kolera
cholesterol [kə'lestərɒl] *fn* koleszterin ‖ level of cholesterol koleszterinszint
choose [tʃuːz] *ige (pt* chose [tʃəʊz]; *pp* chosen ['tʃəʊzn]) (ki)választ *(between* kettő közül) ‖ choose a profession pályát választ; choose one's words carefully megválogatja szavait
choosy ['tʃuːzi] *mn* válogatós, finnyás
chop [tʃɒp] ▼ *fn* vágás ‖ (hús)szelet ▼ *ige* -pp- *(fát)* aprít, vág; *(apróra)* felvág ‖ szecskáz ‖ *(labdát)* nyes ‖ chop and change forog, mint a szélkakas; chop (meat) fine apróra vág/vagdal

chop at sg *(fejszével)* rácsap vmre

chop up vmt összevág, felaprít, feldarabol

chopper ['tʃɒpə] *fn* húsvágó bárd ‖ ❖ *biz* helikopter
choppy ['tʃɒpi] *mn* fodrozódó, apró hullámos, borzolt
chopsticks ['tʃɒpstɪks] *fn tsz* evőpálcikák
choral ['kɔːrəl] *mn* kari, kórus-
chord [kɔːd] *fn* ❏ *zene* akkord, hangzat ‖ húr
choreography [ˌkɒri'ɒgrəfi] *fn* koreográfia
chores [tʃɔːz] *fn tsz* aprómunka, robot
chorister ['kɒrɪstə] *fn (fiú)* kórista, karénekes
chortle ['tʃɔːtl] *ige* viháncol
chorus ['kɔːrəs] *fn* kórus, énekkar ‖ kórus(mű)
chose [tʃəʊz] *pt →* choose
chosen [tʃəʊzn] *pp →* choose
chow [tʃaʊ] *fn* csau *(kutya)* ‖ ❖ *biz* kaja
chowder ['tʃaʊdə] *fn* ⊕ *US kb.* halászlé
Christ [kraɪst] *fn* Krisztus
christen ['krɪsn] *ige* (meg)keresztel
christening ['krɪsnɪŋ] *fn* keresztelő
Christian ['krɪstʃən] *mn* keresztény/keresztyén ‖ hívő
Christianity [ˌkrɪsti'ænəti] *fn* kereszténység/keresztyénség
Christian name *fn* keresztnév, utónév
Christmas ['krɪsməs] *fn* karácsony ‖ at Christmas karácsonykor
Christmas-box *fn* karácsonyi ajándék
Christmas card *fn* karácsonyi üdvözlőlap
Christmas Day *fn* karácsony első napja
Christmas Eve *fn* karácsonyest, szenteste
Christmas holiday (⊕ *US* vacation) *fn* ❏ *isk* téli szünet
Christmas present *fn* karácsonyi ajándék

---

fn főnév *–hsz* határozószó *–isz* indulatszó *–ksz* kötőszó *–mn* melléknév
▼ szófajjelzés ⊕ földrajzi variáns ❏ szakterület ❖ stiláris minősítés

Christmas tree *fn* karácsonyfa

chrome [kroʊm] *fn* króm

chromium [ˈkroʊmɪəm] *fn* ❑ *vegy* króm

chromium-plated *mn* krómozott

chromium plating *fn* krómozás

chromosome [ˈkroʊməsoʊm] *fn* kromoszóma

chronic [ˈkrɒnɪk] *mn* ❑ *orv* idült, krónikus

chronicle [ˈkrɒnɪkl] *fn* krónika, évkönyv

chronicle play *fn* ⊕ *GB* ❖ *ir* királydráma

chronological [ˌkrɒnəˈlɒdʒɪkl] *mn* időrendi, kronologikus

chronology [krəˈnɒlədʒi] *fn* kronológia

chrysalis [ˈkrɪsəlɪs] *fn* báb *(rovaré)*

chrysanthemum [krɪˈsænθɪməm] *fn* krizantém

chubby [ˈtʃʌbi] *mn* pufók

chuck [tʃʌk] *ige* eldob, kidob ‖ **chuck it (will you)!** hagyd már abba!; **chuck out** ❖ *biz (erőszakkal)* kidob

chuckle [ˈtʃʌkl] *ige* kuncog

chum [tʃʌm] *fn* ❖ *biz* pajtás, pajti, haver

chump [tʃʌmp] *fn* ❖ *biz* tökfej

chunk [tʃʌŋk] *fn* ❖ *biz* nagy darab

chunky [ˈtʃʌŋki] *mn* tagbaszakadt ‖ vastag

church [tʃɜːtʃ] *fn* templom ‖ **the Church** az egyház; **the Church of England** az anglikán egyház

church-goer *fn* templomba jár(ó ember)

churchyard [ˈtʃɜːtʃjɑːd] *fn* sírkert

churlish [ˈtʃɜːlɪʃ] *mn* faragatlan, bugris ‖ **churlish fellow** goromba fráter

churn [tʃɜːn] ▼ *fn (vajkészítő)* köpű ▼ *ige* köpül

chute [ʃuːt] *fn* ❑ *műsz* csúszda, surrantó

CIA [ˌsi: aɪ ˈeɪ] = *Central Intelligence Agency* központi hírszerző ügynökség *(USA)*

cicatrice [ˈsɪkətrɪs] *fn* sebhely, heg

CID [ˌsi: aɪ ˈdi:] = **Criminal Investigation Department**

cider [ˈsaɪdə] *fn* almabor

cif = *cost, insurance, freight* költség, biztosítás, fuvardíj (az eladót terheli)

cigar [sɪˈgɑː] *fn* szivar ‖ **have a cigar** szivarozik

cigar-case *fn* szivartárca

cigarette [ˌsɪgəˈret] *fn* cigaretta ‖ **have a cigarette!** gyújtson rá!

cigarette-case *fn* cigarettatárca, cigarettadoboz

cigarette end *fn* cigarettacsikk

cigarette-holder *fn* szipka

cigarette-stub *fn* csikk

C-in-C = **Commander-in-Chief**

cinch [sɪntʃ] *fn* **a cinch** potya dolog/feladat

Cinderella [ˌsɪndəˈrelə] *fn* Hamupipőke

cinder(s) [ˈsɪndə(z)] *fn tsz* hamu

cinder-track *fn* salakpálya

cinder-track race *fn* salakpályaverseny

cine camera [sɪnɪ] *fn* filmfelvevő (gép)

cinefilm [ˈsɪnɪfɪlm] *fn* keskenyfilm, mozifilm

cinema [ˈsɪnəmə] *fn* mozi ‖ **the cinema** filmművészet; **be going to the cinema** moziba megy

cinema ticket *fn* mozijegy

cine projector *fn* filmvetítő, vetítőgép

cinnamon [ˈsɪnəmən] *fn* fahéj

cipher [ˈsaɪfə] *fn* rejtjel, titkosírás ‖ zéró, nulla ‖ **in cipher** rejtjeles; **a mere cipher** egy nagy senki

circle [ˈsɜːkl] ▼ *fn* kör ‖ gyűrű ‖ ❑ *szính* erkély ‖ **in our circles** a mi körünkben ▼ *ige* kering, körbejár ‖ köröz ‖ megkerül

circuit [ˈsɜːkɪt] *fn* körforgás ‖ kerület ‖ körút ‖ ❑ *el* áramkör ‖ (kör)pálya

circuit breaker *fn* árammegszakító

circuit diagram *fn* kapcsolási rajz

circuitous [sɜːˈkjuːɪtəs] *mn* kerülő ‖ körülményes

---

nm névmás – *nu* névutó – *szn* számnév – *esz* egyes szám – *tsz* többes szám
▼ szófajjelzés ⊕ földrajzi variáns ❑ szakterület ❖ stiláris minősítés

circular ['sɜːkjʊlə] ▼ *mn* kör alakú, körkörös ▼ *fn* körlevél

circularize ['sɜːkjʊləraɪz] *ige* körlevélben közöl, köröz(tet)

circular railway (network) *fn* körvasút

circular saw *fn* körfűrész

circulate ['sɜːkjʊleɪt] *ige (folyadék, gáz)* kering, cirkulál ‖ forgalomban van ‖ közkézen forog; *(hír)* terjed ‖ forgalomba hoz; *(írást)* köröz ‖ *(pénzt)* forgat

circulation [ˌsɜːkjʊ'leɪʃn] *fn* körforgás, cirkuláció, keringés; *(körbeadás)* körözés ‖ példányszám ‖ **be in circulation** forgalomban van; **put into circulation** forgalomba hoz

circulatory [ˌsɜːkjʊ'leɪtəri] *mn* keringési, érrendszeri

circumcise ['sɜːkəmsaɪz] *ige* körülmetél

circumference [sə'kʌmfərəns] *fn* ❏ *mat* kerület, körméret

circumferential [səˌkʌmfə'renʃl] *mn* ❏ *mat* kerületi

circumscribe ['sɜːkəmskraɪb] *ige* körülír, körülhatárol

circumspect ['sɜːkəmspekt] *mn* körültekintő

circumspection [ˌsɜːkəm'spekʃn] *fn* körültekintés, előrelátás

circumstance ['sɜːkəmstəns] *fn* ❏ *jog* körülmény ‖ **circumstances** körülmények, helyzet; **in/under no circumstance** semmi szín alatt, semmilyen körülmények között; **under the circumstance** a jelenlegi helyzetben

circumstantial [ˌsɜːkəm'stænʃl] *mn* részletes ‖ **circumstantial evidence** közvetett bizonyíték

circumvent [ˌsɜːkəm'vent] *ige* megkerül, kijátszik *(törvényt)*

circus ['sɜːkəs] *fn* cirkusz ‖ körtér

cistern ['sɪstən] *fn* vízgyűjtő (medence); víztároló (tartály); ciszterna

citation [saɪ'teɪʃn] *fn* idézet, citátum ‖ *(bírósági, hatósági)* idézés

cite [saɪt] *ige (szöveget)* idéz, citál ‖ *(esetet, példát)* felhoz ‖ *(hatóság elé)* idéz ‖ **cite a book** hivatkozik egy könyvre; **cite sy** *(tud. irodalomban)* hivatkozik vkre

citizen ['sɪtɪzn] *fn* ⊕ *US* állampolgár

citizens' band *fn* polgári sáv, CB

citizenship ['sɪtɪznʃɪp] *fn* ⊕ *US* állampolgárság

citric acid ['sɪtrɪk] *fn* citromsav

citrus fruit ['sɪtrəs] *fn* citrusfélék

city ['sɪti] *fn (nagyobb)* város, nagyváros ‖ **in the City** ⊕ *GB* a belvárosban; **the City** London városközpontja

city centre (⊕ *US* **-ter**) *fn* városközpont, centrum, belváros

city hall *fn* ⊕ *US* városháza

city life *fn* nagyvárosi élet

city planning *fn* ⊕ *US* városrendezés

cityscape ['sɪtiskeɪp] *fn* városkép

civic ['sɪvɪk] *mn* (állam)polgári ‖ **civic centre** (⊕ *US* **-ter**) közigazgatási negyed

civil ['sɪvl] *mn* polgári *(élet, intézmény)* ‖ előzékeny, udvarias ‖ **civil action** polgári per

civil airport *mn* közforgalmi repülőtér

civil aviation polgári repülés

civil case *fn* polgári per

civil disobedience *fn* polgári engedetlenség

civil engineer *fn* általános mérnök, építőmérnök

civil engineering *fn* építőmérnöki munka/szak/tudományok

civilian [sɪ'vɪliən] *mn/fn* civil, polgári ‖ polgári személy ‖ **in civilian life** a magánéletben, civilben

civilization [ˌsɪvəlaɪ'zeɪʃn] *fn* civilizáció, műveltség

civilize ['sɪvəlaɪz] *ige* civilizál

civilized ['sɪvəlaɪzd] *mn* müvelt, civilizált, kulturált

civil law polgári jog, magánjog ‖ polgári törvénykönyv

civil list *fn* ⊕ *GB* az udvartartás költségei

---

fn főnév – *hsz* határozószó – *isz* indulatszó – *ksz* kötőszó – *mn* melléknév
▼ szófajjelzés ⊕ földrajzi variáns ❏ szakterület ✣ stiláris minősítés

civil marriage *fn* polgári esküvő
civil rights *fn tsz* polgárjogok || civil rights movement polgárjogi mozgalom
civil servant *fn (állami)* tisztviselő, közalkalmazott, köztisztviselő
civil service *fn* közszolgálat || the civil service közigazgatás
civil suit *fn* polgári per
civil war *fn* polgárháború
clack [klæk] ▼ *fn* kattogás || kopogás ▼ *ige* kattog || kopog
claim [kleɪm] ▼ *fn* igény *(to* vmre), jogalap, követelés || just claim jogszerű követelés/igény; have a claim on sg jogot formál vmre; lay claim to sg igényt támaszt/tart vmre; claim for damages kártérítési igény; claim for refund visszatérítési igény ▼ *ige* vktől vmt követel; *(magának)* vindikál; jogot formál vmre, igényel || claim damages for sg kártérítési igényt jelent be; he claims that ... azt állítja, hogy; the IRA has claimed (responsibility for) the bombing in ... az IRA magára vállalta a robbantást

---

claim back visszaigényel

---

claimant ['kleɪmənt] *fn* igénylő
clamber ['klæmbə] *ige* mászik || clamber up sg vmre felmászik, felkapaszkodik, felkúszik
clamorous ['klæmərəs] *mn* lármás, zajos
clamour (⊕ *US* -mor) ['klæmə] ▼ *fn* zaj; lárma ▼ *ige* zajong; lármázik
clamp [klæmp] ▼ *fn* ácskapocs || ❑ *műsz* bilincs || ❑ *műsz* szorító, prés ▼ *ige (satuba)* befog || összekapcsol
clan [klæn] *fn* klán, nemzetség
clandestine [klæn'destɪn] *mn* titkos; illegális
clang [klæŋ] *ige* csörget, csörög, csörren
clansman ['klænzmən] *fn (tsz* -men) klán tagja

clap [klæp] ▼ *fn* taps || give sy a clap megtapsol vkt ▼ *ige* -pp- tapsol || clap sy megtapsol vkt; clap one's hands összeveri a tenyerét; clap sy on the back megveregeti a vállát
clapper(board) ['klæpə(bɔːd)] *fn* ❑ *film* csapó
claret ['klærət] *fn (bordeaux-i)* vörösbor
clarification [ˌklærəfɪ'keɪʃn] *fn* tisztázás || derítés
clarify ['klærəfaɪ] *ige (helyzetet)* tisztáz, megvilágít || *(folyadékot)* megtisztít, derít || *(folyadék)* kitisztul
clarinet [ˌklærə'net] *fn* klarinét
clarity ['klærəti] *fn* tisztaság *(gondolkodásé, beszédé);* érthetőség; világosság
clash [klæʃ] ▼ *fn* ❖ *átv* összeütközés, összetűzés; *(fegyveres)* összecsapás ▼ *ige* egymásba ütköznek, összecsap(nak) || they clash *(színek)* nem illenek egymáshoz, ütik egymást

---

clash with összeütközik; *(szín másikat)* üt; vmnek ellentmond || ütközik/egybeesik vmvel

---

clasp [klɑːsp] ▼ *fn* zár *(könyvé, táskáé stb.);* csat *(övön, cipőn stb.)* ▼ *ige (csatot)* becsatol; *(csattal)* csatol; odacsatol *(to* vmhez) || with clasped hands összetett kézzel; clasp in one's arms keblére szorít; clasp one's hands összekulcsolja a kezét
clasp-knife *fn (tsz* -knives) bicska
class [klɑːs] ▼ *fn* osztály *(kategória);* kategória || *(társadalmi)* osztály || *(vasúton, hajón)* osztály || ❑ *isk* osztály || ❑ *isk* évfolyam || ❑ *isk* foglalkozás, óra || be in class *(tanár)* órán van; there is no class today ma nincs óra; a class (tennis) player klasszis játékos; classes tanítás; go to classes (in sg) órákat vesz; there are no classes today ma nincs tanítás ▼ *ige* osztályoz; osztályba sorol; vkt vhova besorol

classic ['klæsɪk] *mn/fn* klasszikus ‖ →
classics
classical ['klæsɪkl] *mn* klasszikus ‖
the classical authors/writers klasszikus szerzők; classical music klasszikus/komolyzene
classics ['klæsɪks] *fn tsz* ókori klasszikusok
classification [ˌklæsɪfɪ'keɪʃn] *fn* osztályokba sorolás, osztályozás ‖ meghatározás *(növényé)* ‖ minősítés
classified ad(vertisement) ['klæsɪfaɪd] *fn* apróhirdetés
classify ['klæsɪfaɪ] *ige* vkt vhova besorol, kategorizál, osztályoz, szortíroz ‖ meghatároz *(növényt)*
classmate ['klɑːsmeɪt] *fn* évfolyamtárs
classroom ['klɑːsruːm] *fn* tanterem, osztály(terem)
classy ['klɑːsi] *mn* ❖ *biz* príma, klassz ‖ elegáns ‖ előkelő
clatter ['klætə] ▼ *fn* csörgés ▼ *ige* csörget, zörget; csörög, zörög, csörömpöl
clause [klɔːz] *fn* szakasz *(törvényben)* ‖ intézkedés *(törvényé)* ‖ ❑ *nyelvt* tagmondat, mellékmondat ‖ clause of a law cikkely
clavicle ['klævɪkl] *fn* kulcscsont
claw [klɔː] ▼ *fn* köröm, karom ▼ *ige* (meg)karmol
clay [kleɪ] *fn* agyag
clay-pit *fn* agyagbánya
clean [kliːn] ▼ *mn* tiszta ‖ a clean record büntetlen előélet; make sg clean tisztít ‖ megmagyaráz, világossá tesz; a clean sweep elsöprő győzelem; make a clean sweep (of) nagy tisztogatást végez ‖ elsöprő győzelmet arat; I clean forgot it tökéletesen kiment a fejemből ▼ *ige* (le)tisztít, megpucol, megtisztít *(of vmtől)* ‖ clean one's teeth fogat mos

clean down letisztít, lekefél
clean sg off sg (vmt vmről) letisztít

clean out *(sebet)* kitisztít
clean up *(szobát)* kitakarít

clean-cut *mn* élesen körülhatárolt, világos ‖ rendes
cleaner ['kliːnə] *fn* takarító(nő)
cleaners ['kliːnəz] *fn tsz* vegytisztító
cleaning ['kliːnɪŋ] *fn* takarítás, (ki)tisztítás
cleaning lady/woman *fn* takarítónő, bejárónő
cleanliness ['klenlinəs] *fn* tisztaság, rendesség
cleanly ▼ ['klenli] *mn* tisztaságszerető; tiszta ▼ ['kliːnli] *hsz* tisztán
cleanse [klenz] *ige* (meg)tisztít
cleanser ['klenzə] *fn* arclemosó
clean-shaven *mn* simára borotvált
clean-up *fn* tisztogatás
clear [klɪə] ▼ *mn* tiszta, világos, érthető ‖ derült *(ég)* ‖ all clear minden rendben; make oneself clear megérteti magát; make sg clear *(kérdést, ügyet)* tisztáz, megmagyaráz; is that clear? megértette?; have a clear conscience tiszta a lelkiismerete; this is clear from ... ez világos abból, hogy ... ▼ *hsz* tisztán ‖ keep clear (of) elkerül (vkt, vmt) ▼ *ige* (meg)tisztít ‖ *(adósságot)* kiegyenlít; *(tisztán)* keres (vmennyit) ‖ *(ég)* kiderül, tisztul; *(köd)* szétoszlik ‖ *(magasságot, távot)* megugrik; *(lécet)* átvisz ‖ clear one's throat torkát köszörüli, krákog; clear goods through customs átjut a vámon, vámkezelteti/elvámoltatja a(z) árut/holmit; clear sy of a charge tisztára mos vkt; clear the court *(bíróság)* kiüríti a termet; clear the ground/way tiszta helyzetet teremt; clear the way! utat!; clear the table leszedi az asztalt

clear away *(útból)* elrak, eltávolít ‖ leszed *(asztalt)*
clear off kifizet *(adósságot)* ‖ eltakarodik ‖ clear off! takarodj!

---

fn főnév – *hsz* határozószó – *isz* indulatszó – *ksz* kötőszó – *mn* melléknév
▼ szófajjelzés ⊕ földrajzi variáns ❑ szakterület ❖ stiláris minősítés

clear out elhordja magát, kitakarodik || **clear out!** nem mész innen!, hordd el magad!

clear up kitakarít || *(kérdést, ügyet)* tisztáz || *(idő)* kitisztul, kiderül *(rejtélyt)* felderít

clear sg with sy tisztáz vmt vkvel

clearance ['klɪərəns] *fn* vámvizsgálat || ❑ *rep* felszállási engedély || ❑ *műsz* térköz, hézag || ❑ *műsz* játék

clearance sale *fn* kiárusítás

clear-cut *mn* éles *(arcvonások)* || félreérthetetlen, világos, tiszta

clearing ['klɪərɪŋ] *fn* tisztás, irtvány, erdővágás || ❑ *ker* klíring

clearing bank *fn* zsíróbank

clearing-house *fn* klíringintézet

clearly ['klɪəli] *hsz* tisztán, érthetően, világosan || kétségtelenül, határozottan || más szóval || nyilván(valóan)

clearness ['klɪənəs] *fn* érthetőség; világosság

clearway ['klɪəweɪ] *fn* ⊕ *GB* gyorsforgalmi út, autóút || *(mint jelzőtábla)* megállni tilos!

cleave [kli:v] *ige (pt* **cleaved, clove** [kləʊv] *v.* **cleft** [kleft]; *pp* **cleaved, cloven** ['kləʊvn] *v.* **cleft)** hasít || hasad || **cleave in two** kettéhasít

cleaver ['kli:və] *fn* húsvágó bárd

clef [klef] *fn* ❑ *zene* kulcs

cleft [kleft] *pt/pp* → **cleave**

clement ['klemənt] *mn* enyhe

clench [klentʃ] *ige* összeszorít || **clench one's fist(s)** ökölbe szorítja a kezét; **clench one's teeth** összeszorítja a fogát

clergy ['klɜ:dʒi] *fn* klérus

clergyman ['klɜ:dʒimən] *fn (tsz* -**men)** lelkész, pap

clerical ['klerɪkl] *mn* papi; klerikális

clerical error *fn* elírás

clerical work *fn* irodai munka

clerical workers *fn tsz* adminisztratív dolgozók

clerk [klɑ:k, ⊕ *US* klɜ:rk] *fn* hivatalnok, írnok; *(irodai)* tisztviselő, kistisztviselő

clever ['klevə] *mn* ügyes, okos, értelmes, jó eszű/fejű || **be clever at sg** ügyes vmben; **clever contraption/ device** elmés/ötletes szerkezet; **be clever with his hands** ügyes keze van

cliché ['kli:ʃeɪ] *fn* klisé, közhely

click [klɪk] ▼ *fn* kattanás ▼ *ige* kattan, kettyen || kattint || ❑ *szt* (rá)kattint *(on* vmre), (rá)klikkel || **click shut** *(kapocs, zár stb.)* bekattan; bekattant; **it finally clicked, it has clicked for me** *(végre)* leesett a tantusz

client ['klaɪənt] *fn* (ügy)fél, kliens, vásárló, üzletfél, kuncsaft

clientele [ˌkli:ən'tel] *fn* (állandó) ügyfelek, vevőkör, klientéla || törzsvendégek

cliff [klɪf] *fn* szikla, meredek szikla(fal), szirtfal

cliffhanger ['klɪfhæŋə] *fn* szuperkrimi

climate ['klaɪmət] *fn* éghajlat; ❖ *átv* légkör, klíma

climatic [klaɪ'mætɪk] *mn* éghajlati

climax ['klaɪmæks] *fn* klimax || fénypont *(műsoré)* || orgazmus

climb [klaɪm] *ige* vmre (fel)mászik; *(hegyet)* (meg)mászik; *(növény)* felfut; *(repülőgép, út)* emelkedik || **climb a tree** fára mászik

climb down ❖ *átv* alább adja, visszakozik, beismeri, hogy nincs igaza

climbdown ['klaɪmdaʊn] *fn* visszakozás

climber ['klaɪmə] *fn* kúszónövény

climbing ['klaɪmɪŋ] *fn* hegymászás

climbing frame *fn (játszótéri)* mászóka

climbing irons *fn tsz* mászóvas

clinch [klɪntʃ] *ige* megszegel || összeakad || **clinch a deal with sy** üzletet köt vkvel

---

nm névmás – *nu* névutó – *szn* számnév – *esz* egyes szám – *tsz* többes szám

▼ szófajjelzés ⊕ földrajzi variáns ❑ szakterület ❖ stiláris minősítés

cling [klɪŋ] *ige (pt/pp* **clung** [klʌŋ])
belekapaszkodik, fogódzkodik *(on to
sy/sg* vkbe/vmbe) ‖ **cling closely to-
gether** összetapad; **cling to sy like a
limpet** mindig a nyakán lóg, olyan,
mint a pióca/kullancs; **they cling to-
gether** ragaszkodnak egymáshoz

cling to vkn, vmn csüng, vkhez oda-
simul, vmbe csimpaszkodik, vkhez/
vmhez ragaszkodik

clingfilm ['klɪŋfɪlm] *fn (háztartási)*
fólia
clinging ['klɪŋɪŋ] *mn* tapadó(s) *(ruha)*
clinic ['klɪnɪk] *fn* rendelőintézet
clinical ['klɪnɪkl] *mn* klinikai ‖ **clinical
picture** klinikai kép; **clinical ther-
mometer** lázmérő
clink[1] [klɪŋk] *ige* peng; *(pohár)* össze-
koccan; *(tányér, üveg)* csördül; *(üveg,
fém)* cseng ‖ **clink (glasses)** koccint
clink[2] [klɪŋk] *fn* siti, sitt
clip[1] [klɪp] ▼ *fn (papírnak)* (gem)ka-
pocs; kapocs *(sebé)* ▼ *ige* -pp- **clip
(papers) together** gemkapoccsal ösz-
szekapcsol, összetűz
clip[2] [klɪp] ▼ *fn* nyírás ‖ *(film)* klip ▼
ige -pp- *(ollóval egyenletesre)* levág;
(rövidre) megnyír ‖ kivág *(újságból)*,
ollóz
clipper ['klɪpə] *fn* gyorsjáratú vitorlás
hajó ‖ **clippers** sövénynyíró gép; nyí-
rógép, hajvágó gép
clipping ['klɪpɪŋ] *fn* ⊕ *US* újságkivá-
gás
clique [kli:k] *fn* klikk
clitoris ['klɪtərɪs] *fn* csikló
cloak [kloʊk] *fn* köpeny, gallér, köpö-
nyeg, pelerin
cloakroom ['kloʊkru:m] *fn (színház-
ban stb.)* ruhatár
cloakroom ticket *fn* ruhatári jegy
clobber ['klɒbə] *fn* ❖ *biz* szerelés *(öl-
tözék)*
clock [klɒk] ▼ *fn (fali, asztali, torony)*
óra ‖ **round the clock** éjjel-nappal ▼

ige (időt, sebességet) mér ‖ **clocked
10.5** 10, 5-öt futott

clock in *(üzemi bélyegzőórán, érke-
zéskor)* blokkol, bélyegez
clock out *(távozáskor)* blokkol, bé-
lyegez

clocking-in clock ['klɒkɪŋ ɪn klɒk]
fn bélyegzőóra
clockmaker ['klɒkmeɪkə] *fn* órás
clockwise ['klɒkwaɪz] *hsz* az óramu-
tató járásával egyező irányba(n)
clockwork ['klɒkwɜ:k] *fn* óramű ‖
with clockwork precision óramű
pontossággal; **like clockwork** simán
(ment), mint a karikacsapás
clod [klɒd] *fn* göröngy; rög
clodhopper ['klɒdhɒpə] *fn* bumfordi
alak, bunkó
clog [klɒg] *fn* facipő
cloister ['klɔɪstə] *fn* kolostor, zárda
clone [kloʊn] ❑ *biol* ▼ *fn* klón ▼ *ige*
klónoz
cloning ['kloʊnɪŋ] *fn* klónozás
close ▼ [kloʊs] *mn* közeli ‖ zárt, csu-
kott ‖ szoros, szűk ‖ szöveghű, pontos
(fordítás); nyomott, fülledt *(levegő)* ‖
close friend testi-lelki jóbarát; **close
friendship** szoros barátság; **close
translation** (szöveg)hű fordítás; **it
was a close call/shave** ❖ *biz* csak
egy hajszálon múlt; **keep a close eye
on sy** ❖ *biz* körmére néz vknek ▼
[kloʊs] *hsz* közel, mellett(e), közelre
‖ szorosan ‖ **close at hand** egészen
közel; **close by** egészen közel, köz-
vetlen közelében, közvetlenül vm
mellett; **close to** mellé, egészen kö-
zel; **close to him/her/it** közvetlenül
mellette ▼ [kloʊs] *fn* köz *(utcácska)* ‖
[kloʊz] vmnek a vége ▼ [kloʊz] *ige
(ajtót stb.)* bezár; *(ajtót, könyvet)* be-
csuk, összecsuk, lecsuk, lezár ‖ (be)-
záródik, csukódik, összecsukódik; zár
(záródik) ‖ **close one's eyes to sg** sze-
met huny vm fölött; **the museum is**

closed (to visitors) on Mondays a múzeum hétfőn zárva tart; **close on Sunday** vasárnap szünnap; **we are closing** záróra!

close down *(végleg)* bezár ‖ *(rádió-/ tévéadás)* véget ér

close in rövidülnek *(a napok)* ‖ **close in on** bekerít

close up záródik *(seb)* ‖ közelebb megy ‖ bezár *(bolt rövid időre)*

close-cropped *mn* tövig lenyírt

closed [kloʊzd] *mn/hsz* csukott, zárt ‖ korlátozott (számú) ‖ zárva, csukva ‖ **behind closed doors** zárt ajtók mögött

closed-circuit television *mn* zárt láncú/ipari televízió

close-down *fn* bezárás ‖ leállítás

closed season *fn* ⊕ *US* = **close season**

closed shop *fn* <üzem, amelyben csak szervezett munkások dolgozhatnak>

close-fisted *mn* ❖ *biz* szűkmarkú

close-fitting *mn (ruhadarab)* testhezálló

close-knit *mn (személyek)* szorosan összetartozó

closely [ˈkloʊsli] *hsz* közelről ‖ szorosan ‖ gondosan ‖ **closely related** szorosan összetartozó *(dolgok)*; **be closely related** közeli rokonok

closely-typed *hsz* sűrűn gépelt

closeness [ˈkloʊsnəs] *fn* közelség, közellét

closer [ˈkloʊsə] ▼ *mn* közelebbi ‖ **on closer examination** ha közelebbről megvizsgáljuk ▼ *hsz* összébb ‖ szorosabbra

close season *fn* vadászati tilalom

closet [ˈklɒzɪt] *fn* ⊕ *US* beépített szekrény ‖ lomtár

close-up *fn* közelkép, premier plán

closing [ˈkloʊzɪŋ] *mn* záró, befejező ‖ **closing date** jelentkezési/benyújtási/ beküldési határidő; lapzárta; **closing**

prices záró árfolyamok; **closing remarks** zárszó; **closing time** záróra; **closing time 5 pm** 5-kor zárunk

closing-down sale *fn* végkiárusítás

closure [ˈkloʊʒə] *fn* bezárás *(vitáé)*

clot [klɒt] ▼ *fn (vér)* rög ▼ *ige* -tt- *(tej)* összecsomósodik; *(vér)* (meg)alvad

cloth [klɒθ] *fn* ❑ *tex* anyag, kelme, szövet, ruhaszövet ‖ *(tisztításhoz)* ruha, törlőrongy, törlőruha

cloth binding *fn* vászonkötés

clothe [kloʊð] *ige* (fel)öltöztet

clothes [kloʊðz] *fn tsz* ruha, öltözet, ruhanemű, ruházat

clothes basket/bin *fn* szennyesláda

clothes brush *fn* ruhakefe

clothes hamper *fn* szennyesláda

clothes hanger *fn* vállfa

clothes line *fn* ruhaszárító kötél

clothes peg (⊕ *US* **pin**) *fn* ruhaszárító csipesz

clothes shop (⊕ *US* **store**) *fn* ruházati bolt

clothing [ˈkloʊðɪŋ] *fn* ruhanemű, ruházat

cloud [klaʊd] ▼ *fn* felhő ‖ **every cloud has a silver lining** minden rosszban van jó is; **have one's head in the clouds** a fellegekben jár ▼ *ige* **cloud over** *(ég)* beborul, elfelhősödik ‖ elkomorul *(vk)*

cloud burst *fn* felhőszakadás

cloud-cuckoo-land *fn* felhőkakukkvár

cloudless [ˈklaʊdləs] *mn* felhőtlen

cloudy [ˈklaʊdi] *mn* felhős *(ég)* ‖ borongós *(idő)* ‖ zavaros *(folyadék)* ‖ **cloudy sky** borús ég

clout [klaʊt] ❖ *biz* ▼ *fn* hatalmas ütés ‖ (politikai) nyomás, befolyás ▼ *ige* hatalmasat üt/sóz *(vkre)*

clove[1] [kloʊv] *fn (fokhagyma)* gerezd

clove[2] [kloʊv] *pt* → **cleave**

cloven [ˈkloʊvn] *mn* **the cloven hoof is showing** kilátszik/kilóg a lóláb ‖ → **cleave**

clover [ˈkloʊvə] *fn* ❑ *növ* lóhere ‖ **be in clover** jólétben él

cloverleaf ['klouvəli:f] *fn* (*tsz* **-leafs** *v.*
-leaves) **cloverleaf (junction)** ❑ *közl*
különszintű csomópont, lóhere
clown [klaun] *fn* bohóc
club [klʌb] ▼ *fn* bunkósbot || (golf)ütő
|| klub, ❑ *sp* egyesület || (*kártya*) treff
▼ *ige* **-bb-** bunkósbottal (meg)üt ||
club together összeáll, összefog
club car *fn* ⊕ *US* szalonkocsi (büfével)
club-foot *fn* (*tsz* **-feet**) dongaláb
clubhouse ['klʌbhaus] *fn* klubhelyi-
ség; klubház
club law *fn* ❑ *tört* ököljog
club member *fn* klubtag
clubroom ['klʌbru:m] *fn* klubhelyiség
cluck [klʌk] *ige* kotyog
clue [klu:] ▼ *fn* nyom, jel, kulcs
(*vmnek a nyitja*) || **give sy a clue**
nyomra vezet; **I haven't a clue** fogal-
mam sincs! ▼ *ige* ❖ *biz* **be clued up
on sg** jól benne van (= tájékozott)
vmben
clueless ['klu:ləs] *mn* ❖ *elít* ostoba,
barbár
clump [klʌmp] *fn* csomó, rakás ||
(fa)csoport
clumsiness ['klʌmzinəs] *fn* esetlen-
ség, ügyetlenség
clumsy ['klʌmzi] *mn* esetlen, ügyet-
len, suta, kétbalkezes, otromba
clung [klʌŋ] *pt/pp* → **cling**
cluster ['klʌstə] ▼ *fn* **a cluster of
grapes** egy fürt szőlő ▼ *ige* **cluster
round** vk köré gyűlik
clutch [klʌtʃ] ▼ *fn* kuplung || **let the
clutch out** kioldja/kinyomja a kup-
lungot; **take one's foot off the clutch**
visszaengedi a kuplungot, leveszi a
lábát a kuplungról ▼ *ige* vmbe ka-
paszkodik || **clutch at** vkbe, vmbe fo-
gódzkodik, vmben megkapaszkodik
clutter ['klʌtə] ❖ *biz* ▼ *fn* össze-
visszaság, rendetlenség, kupi || szana-
szét heverő holmik ▼ *ige* **clutter up**
telezsúfol || **everything is cluttered
up** minden egymás hegyén-hátán áll,
óriási a kupi

cm [,si: 'em] = **centimetre**
C major [si: 'meidʒə] *fn* C-dúr
C minor [si: 'mainə] *fn* c-moll
Co. [kəu] = **Company**
c/o [,si: 'ou] = *care of*; → **care**
co-author [,kou'ɔ:θə] *fn* társszerző
coach[1] [koutʃ] *fn* (vasúti) kocsi || (tá-
volsági) (autó)busz || (lovas) kocsi,
fogat
coach[2] [koutʃ] ▼ *fn* edző, szövetségi
kapitány || magántanító ▼ *ige* előké-
szít/felkészít (*for/in sg* versenyre,
vizsgára); edz
coach station *fn* autóbusz-pályaudvar
coach trip *fn* autóbuszút
coal [koul] *fn* szén || **carry coals to
Newcastle** vizet hord a Dunába; **haul
sy over the coals** megmossa a fejét
vknek
coal-bearing *mn* széntartalmú
coalesce [,kouə'les] *ige* koalícióra
lép
coal-field *fn* szénmedence
coal heating *fn* széntüzelés
coalition [,kouə'liʃn] *fn* koalíció ||
coalition government koalíciós kor-
mány
coalman ['koulmən] *fn* (*tsz* **-men**)
szénkereskedő
coal-merchant *fn* szénkereskedő
coal-mine *fn* szénbánya
coal-miner *fn* szénbányász
coal-mining *fn* szénbányászat
coal pit *fn* szénbánya
coal production *fn* széntermelés
coal-shovel *fn* szeneslapát
coal supply *fn* szénellátás
coarse [kɔ:s] *mn* durva || nyers, közön-
séges || **coarse features** durva voná-
sok
coarse-grained *fn* nagy szemű (*mag*)
coarseness ['kɔ:snəs] *fn* durvaság
coast [koust] *fn* partvidék; (ten-
ger)part
coastal ['koustl] *mn* (tenger)parti,
part menti || **coastal district** partvi-
dék; **coastal region** tengermellék

---

fn főnév – *hsz* határozószó – *isz* indulatszó – *ksz* kötőszó – *mn* melléknév
▼ szófajjelzés ⊕ földrajzi variáns ❑ szakterület ❖ stiláris minősítés

coaster [ˈkoʊstə] *fn* alátét, szett *(pohár alá)* ‖ parti hajó ‖ ⊕ *US* hullámvasút

coaster brake *fn* kontrafék *(kerékpáron)*

coast-guard *fn* partőr(ség)

coastline [ˈkoʊstlaɪn] *fn* ❏ *földr* partvonal

coat [koʊt] ▼ *fn* kabát, zakó ‖ bunda *(állaté)*; szőrzet, bőr ‖ **coat (of paint)** (festék)réteg ▼ *ige* bevon *(with vmvel)*

coat-hanger *fn* vállfa

coating [ˈkoʊtɪŋ] *fn* festékréteg ‖ alapozás

coat of arms *fn* címer

coat-rack *fn (ruhának, fali)* fogas

coat-stand *fn (álló)* fogas

coax [koʊks] *ige* **coax sy into sg** rászed/rávesz vkt vmre; **coax sy into coming out** vkt vhonnan kicsal; **coax sg out of sy** vkből vmt kicsikar

cobbler [ˈkɒblə] *fn (foltozó)* varga, cipész, suszter

cobble(stone)s [ˈkɒbl(stoʊn)z] *fn tsz* macskakő

cobra [ˈkoʊbrə] *fn* kobra

cobweb [ˈkɒbweb] *fn* pókháló

cocaine [koʊˈkeɪn] *fn* kokain

cock [kɒk] ▼ *fn* kakas *(állat; lőfegyveré)* ▼ *ige* felhúz *(lőfegyver ravaszát)*

cock-a-hoop *mn* ❖ *biz* ujjongó ‖ beképzelt

cockchafer [ˈkɒktʃeɪfə] *fn* cserebogár

cockerel [ˈkɒkərəl] *fn* fiatal kakas

cock-eyed [ˈkɒk aɪd] ❖ *biz mn* ferde ‖ kancsal ‖ furcsa, abszurd

cockle [ˈkɒkl] *fn* kagyló

cockney [ˈkɒkni] *mn/fn* (tipikusan) londoni (ember)

cockpit [ˈkɒkpɪt] *fn* pilótafülke; pilótaülés

cockroach [ˈkɒkroʊtʃ] *fn* svábbogár

cockscomb [ˈkɒkskoʊm] *fn* kakastaraj, kakastaréj

cocksure [ˌkɒkˈʃʊə] *mn* ❖ *elít* magabiztos ‖ **be too cocksure** magabiztos, nagy a pofája

cocktail [ˈkɒkteɪl] *fn* koktél ‖ **cocktails** koktélparti

cocktail party *fn* koktélparti

cocoa [ˈkoʊkoʊ] *fn* kakaó *(por és ital)*

coconut [ˈkoʊkənʌt] *fn* kókuszdió

cocoon [kəˈkuːn] *fn* gubó *(rovaré)*

COD [ˌsi oʊ ˈdiː] = **cash on delivery**

code [koʊd] *fn* kód ‖ jelkulcs ‖ jogszabálygyűjtemény

coded [ˈkoʊdɪd] *mn* rejtjeles

code-name *fn* fedőnév

code number *fn* kódszám

codex [ˈkoʊdeks] *fn (tsz* **codices** [ˈkoʊdɪsiːz]) kódex

codfish [ˈkɒdfɪʃ] *fn* tőkehal

codicil [ˈkoʊdɪsɪl] *fn* záradék

codify [ˈkoʊdɪfaɪ] *ige* kodifikál, törvénybe iktat

cod-liver oil *fn* csukamájolaj

co-driver *fn* útitárs *(a vezető melletti ülésen)*

coed [koʊˈed] ▼ *fn* ⊕ *US* ❖ *biz* <lány koedukációs iskolában> ▼ *mn* koedukációs

coeducation [ˌkoʊedjʊˈkeɪʃn] *fn* koedukáció

coeducational [ˌkoʊedjʊˈkeɪʃənl] *mn* koedukációs

coefficient [ˌkoʊɪˈfɪʃnt] *fn* együttható

coerce [koʊˈɜːs] *ige* **coerce into** belekényszerít vmbe

coercion [koʊˈɜːʃn] *fn* kényszer

coexistence [ˌkoʊɪɡˈzɪstəns] *fn* együttélés

coffee [ˈkɒfi] *fn* kávé ‖ **have coffee** kávézik; **make coffee** kávét főz

coffee bar *fn* kávézó, eszpresszó

coffee beans *fn tsz* babkávé

coffee-break *fn* kávészünet

coffee-cup *fn* kávéscsésze

coffee grinder *fn* kávédaráló

coffee maker *fn* kávéfőző, eszpresszógép

---

coffee shop *fn (múzeumban stb.)* büfé, kávézó, bisztró
coffee-spoon *fn* mokkáskanál
coffee table *fn* kisasztal
coffee-table book *fn* díszkiadás
coffer ['kɒfə] *fn* (mennyezeti) kazetta || (pénzes) láda
coffin ['kɒfɪn] *fn* koporsó
cog [kɒg] *fn (fogaskeréké)* fog
cogent ['koʊdʒənt] *mn* hathatós, meggyőző *(érv)*, nyomós *(ok)*
cogitate ['kɒdʒɪteɪt] *ige ❖ biz* morfondíroz *(over sg* vmn)
cogitation [ˌkɒdʒɪ'teɪʃn] *fn* töprengés
cognac ['kɒnjæk] *fn* konyak
cognitive ['kɔgnətɪv] *mn* ❑ *tud* kognitív
cog railway *fn* fogaskerekű (vasút)
cogwheel ['kɒgwiːl] *fn* fogaskerék
cohabit [koʊ'hæbɪt] *ige* együtt él *(with* vkvel)
cohabitation [koʊˌhæbɪ'teɪʃn] *fn (házas- v. élettársi)* együttélés
coherent [koʊ'hɪərənt] *mn* összefüggő *(beszéd)*
cohesion [koʊ'hiːʒn] *fn* kohézió
cohesive [koʊ'hiːsɪv] *mn* összefüggő, összetartó || kohéziós
coil [kɔɪl] ▼ *fn* ❑ *el* tekercs ▼ *ige* **coil sg (a)round sg** vmre rácsavar; ráteker

coil on *(fonalat, kötelet)* rácsavar, ráteker
coil up felteker(cel); összetekeredik; *(kígyó)* tekeredik

coil spring *fn* spirálrugó
coin [kɔɪn] ▼ *fn* (pénz)érme, pénzdarab ▼ *ige* **coin money** pénzt ver
coinage ['kɔɪnɪdʒ] *fn* (új) szó alkotása
coincide [ˌkoʊɪn'saɪd] *ige* egybeesik, egybevág *(with* vmvel)
coincidence [koʊ'ɪnsɪdəns] *fn* egybeesés, véletlen (találkozás); ütközés *(eseményeké); (időbeli)* összeesés
coincident [koʊ'ɪnsɪdənt] *mn* egybeeső || ❑ *mat* egybevágó

coincidental [koʊˌɪnsɪ'dentl] *mn* véletlen(szerű)
coin-op *fn* (pénzbedobós) mosószalon
coin-operated *mn* pénzbedobós || **coin-operated machine** *(pénzbedobós)* automata
Coke [koʊk] *fn ❖ biz* kóla
coke *fn* koksz
cold [koʊld] ▼ *mn* hideg || **get cold** kihűl; **have/get cold feet** be van gyulladva; **I am cold** fázom; **it is cold** hideg van; **my feet are cold** fázik a lábam; **in cold blood** hidegvérrel ▼ *fn* meghűlés, megfázás || **be down with a bad cold** influenzával fekszik; **have a cold** meghűlt, meg van hűlve; **I have got a bad cold** (nagyon) náthás vagyok
cold-blooded *mn* hideg vérű *(állat)* || hidegvérrel elkövetett
cold buffet *fn* hidegbüfé, svédasztal
cold cream *fn* arckrém
cold cuts *fn tsz* hideg hús(étel); ⊕ *US* felvágott
cold dish *fn* hidegtál
cold front *fn* hidegfront
cold plate *fn* hidegtál
cold spell *fn* hideghullám
cold sweat *fn ❖ biz* drukk
cold war *fn* hidegháború
cold wave *fn* hideghullám
coleslaw ['koʊlslɔː] *fn* káposztasaláta
colic ['kɒlɪk] *fn* gyomorgörcs, hascsikarás || **have colic** vm csikarja a hasát
collaborate [kə'læbəreɪt] *ige (elít is)* kollaborál, együttműködik *(with sy* vkvel)
collaboration [kəˌlæbə'reɪʃn] *fn* együttműködés; összefogás, kollaboráció
collaborator [kə'læbəreɪtə] *fn* kollaboráns
collage [kɒ'lɑːʒ] *fn* kollázs
collapse [kə'læps] ▼ *fn* ájulás || összeomlás, bukás ▼ *ige (személy)* összeesik || összeomlik, összerogy, összedől; *(fal)* leomlik, beomlik || *(hatalom, uralom)* megdől

fn főnév – *hsz* határozószó – *isz* indulatszó – *ksz* kötőszó – *mn* melléknév
▼ szófajjelzés ⊕ földrajzi variáns ❑ szakterület ❖ stiláris minősítés

collapsible [kə'læpsəbl] *mn* össze-
csukható, összehajtható, összerakható
collapsible boat *fn* (összecsukható)
túrakajak
collar ['kɒlə] ▼ *fn* gallér ▼ *ige* ❖ *biz*
elkap, elcsíp, nyakon csíp vkt ‖ **be
collared** ❖ *biz* lebukik
collarbone ['kɒləbəʊn] *fn* kulcscsont
collar size *fn* nyakbőség
collate [kə'leɪt] *ige* (írást, szöveget)
összevet, összeegyeztet, összehasonlít
collateral [kə'lætərəl] *mn* járulékos,
mellék-
collation [kə'leɪʃn] *fn* egybevetés,
összeegyeztetés (adatoké, szövegeké)
colleague ['kɒli:g] *fn* munkatárs, kol-
léga
collect [kə'lekt] ▼ *mn/hsz* utánvéttel ‖
call sy collect (a hívást) a hívott fél
fizeti ▼ *ige* vmt összeszed, (össze)-
gyűjt; beszed (pénzt) ‖ (leveleket pos-
taszekrényből) kiszed ‖ (csomagot) el-
hoz ‖ (adatokat) beszerez ‖ **collect
one's luggage** kiváltja a (feladott)
poggyászt; **collect sg** vmért érte jön;
collect sy vkért, vmért érte megy;
collect one's horse összeszedi a lo-
vát; **collect oneself** ❖ *biz (lelkileg)*
összeszedi magát; **collect stamps** bé-
lyeget gyűjt; **collect taxes** adót behajt
collect call *fn* ⊕ *US* R-beszélgetés
collected [kə'lektɪd] *mn* összeszedett,
fegyelmezett
collection [kə'lekʃn] *fn* gyűjtemény,
kollekció ‖ gyűjtés; beszerzés (adato-
ké, okmányoké) ‖ (múzeumban) tár ‖
when is the next collection? mikor
viszik el a leveleket?
collective [kə'lektɪv] ▼ *mn* kollektív,
együttes, közös ▼ *fn* munkaközösség,
kollektíva ‖ **collective (bargaining)
agreement** kollektív szerződés
collector [kə'lektə] *fn* díjbeszedő,
pénzbeszedő ‖ **collector of an-
tiquities** régiséggyűjtő
college ['kɒlɪdʒ] *fn* főiskola ‖ kollé-
gium

college leaver *fn (főiskolán)* végzős
college of education *fn* ⊕ *GB* tanár-
képző főiskola
college student *fn* kollégista
collegiate [kə'li:dʒɪət] *mn* kollégiumi
collide [kə'laɪd] *ige* összeütközik
(*with* vmvel); egymásba rohan/szalad
collie ['kɒli] *fn* skót juhászkutya
collier ['kɒlɪə] *fn* (szén)bányász
colliery ['kɒljəri] *fn* szénbánya
collision [kə'lɪʒn] *fn* karambol, össze-
ütközés
colloid ['kɒlɔɪd] *fn* kolloid
colloquial [kə'ləʊkwɪəl] *mn* ❑ *nyelvt*
bizalmas (hangulatú), társalgási nyelvi
collusion [kə'lu:ʒn] *fn* összejátszás ‖
be in collusion with összejátszik
vkvel
cologne [kə'ləʊn] *fn* kölni(víz)
Cologne [kə'ləʊn] *fn* Köln
colon[1] ['kəʊlən] *fn* kettőspont
colon[2] ['kəʊlən] *fn* vastagbél
colonel ['kɜːnl] *fn* ezredes
colonial [kə'ləʊnɪəl] *mn* gyarmati,
gyarmatügyi
colonial empire *fn* gyarmatbirodalom
colonialism [kə'ləʊnɪəlɪzm] *fn* gyar-
matosítás, gyarmati rendszer
colonial produce *fn* gyarmatáru
colonist ['kɒlənɪst] *mn* gyarmatos
colonization [,kɒlənaɪ'zeɪʃn] *fn* gyar-
matosítás
colonize ['kɒlənaɪz] *ige* gyarmatosít
colonnade [,kɒlə'neɪd] *fn* oszlopsor
colony ['kɒləni] *fn* gyarmat, kolónia ‖
telep *(település)*
colophony [kɒ'lɒfəni] *fn* gyanta
color ['kʌlə] *fn* ⊕ *US* = **colour**
colossal [kə'lɒsl] *mn* szédületes, gi-
gantikus, kolosszális
colour (⊕ *US* **-or**) ['kʌlə] ▼ *fn* szín,
festék ‖ **colours** nemzeti zászló/szí-
nek; **be off colour** rossz színben van;
show one's true colours színt vall ▼
ige (ki)színez, kifest; ❖ *átv* színez
colour bar *fn* faji megkülönböztetés
(színesek és fehérek között)

---

colour-blind *mn* színvak
colour-blindness *fn* színvakság
coloured ['kʌləd] *mn* színes
coloured people *fn tsz* színesbőrűek
colourfast ['kʌləfɑːst] *mn* színtartó
colour film *fn* színes film
colourful ['kʌləfl] *mn* színes, színpompás, sokszínű
colouring ['kʌlərɪŋ] *fn* színeződés
colourless ['kʌlələs] *mn* színtelen
colour negative *fn* színes negatív
colour print *fn* színes (papír)kép/fénykép
colour rinse *fn* bemosás *(hajé)*
colour television *fn* színes televízió
colt [koʊlt] *fn* csikó *(elválasztva)*
column ['kɒləm] *fn* ❏ épít oszlop, pillér || hadoszlop || *(újságban)* hasáb; rovat
columnist ['kɒləmnɪst] *fn* rovatvezető
coma ['koʊmə] *fn* kóma
comb [koʊm] ▼ *fn* fésű ▼ *ige* fésül || átfésül *(rendőrség területet)* || **comb one's hair** megfésülködik
combat ['kɒmbæt] *fn* ütközet, küzdelem
combination [ˌkɒmbɪ'neɪʃn] *fn (mat is)* kombináció, egyesítés; egybeolvadás *(ízeké, színeké)*, egyesülés; vegyület, vegyülék, keverék || oldalkocsis motorkerékpár
combination lock *mn* kombinációs zár
combine ▼ [kəm'baɪn] *ige* kombinál, egyesül; *(vegyileg)* keveredik; ❏ *vegy* vegyül || vmt vmvel vegyít, egyesít ▼ ['kɒmbaɪn] *fn* **combine (harvester)** kombájn
combined [kəm'baɪnd] *mn* kombinált
combustible [kəm'bʌstəbl] *mn* éghető, gyúlékony
combustion [kəm'bʌstʃən] *fn* égés *(folyamat)*
combustion product *fn* égési termék, égéstermék
come [kʌm] *ige (pt* **came** [keɪm]; *pp* **come** [kʌm])* jön, megjön, megérke-

zik, eljön || **come and see me** látogass meg; **come what may** bármi történjék is, lesz, ami lesz!; **come come!** ❖ *biz* ugyan, menj(en) már!, nahát!; be still to come hátravan még; **(I'm) coming!** megyek már!, már megyek!; **come here!** gyere ide!; **come home** hazaérkezik, hazajön; **to come** eljövendő, jövő; **come of age** eléri a nagykorúságot; **come on time** pontosan érkezik; **come to fetch** *v.* pick up sy/sg vkért/vmért eljön; **come to pass** történik; **come to the point** a tárgyra tér

come about (meg)történik
come across sy összefut vkvel || vmre (rá)akad
come along *(vm mellett)* halad || alakul, fejlődik || **come along!** siess!, gyerünk!, tarts velünk!
come apart *(tárgy)* szétmegy, szétválik; *(varrás, kötés)* felbomlik
come back visszajön, visszatér
come before vkt/vmt megelőz, előbbrevaló || vk elé kerül
come by sg vmhez jut, hozzájut
come down vk vhonnan lejön; *(vm fentről)* leszáll, lemegy; *(ár)* esik || **come down a peg (or two)** ❖ *átv* alább adja; **come down in the world** vk lezüllik; **come down with (the) flu** ❖ *biz* influenzában megbetegszik
come down to vmeddig leér
come down on lehúz, megkritizál || megbüntet, *(vkre törvény)* lesújt || rászáll vkre *(pl. adóhatóság)*
come forward with vmvel előáll || előlép || **come forward with a request** kérést előad
come from *(személy vhonnan)* származik, ered vmből || **where do you come from?** hova valósi (vagy)?, honnan jössz?
come in bejön, beérkezik || *(futó)* befut || *(választáson)* győz || *(pénz)* be-

folyik || **come in!** *(kopogásra)* tessék!; **may I come in?** szabad?; **come in first** elsőnek érkezik a célba; **where do I come in?** mi az én szerepem?
come in for részesül vmben; a kritika célpontja
come into (a fortune *v.* **money)** örököl || **come into money** pénzhez jut
come of lesz/származik belőle vm
come off vm vmről lejön, letörik, leválik; *(gomb)* leszakad || *(szín, folt vmből)* kijön || sikerül, elsül || **come off badly** rajtaveszt, rosszul jár; **come off well** jól jár; **come off it!** *(lekicsinyelve)* ugyan kérlek!, ne tréfálj!, szűnj meg!
come on vk sorra kerül, ő következik, színre lép || alakul, fejlődik || **there's a new play coming on at ...** új darabot mutatnak be ...; **come on!** gyerünk!, siess már!
come out *(könyv)* megjelenik || *(szín, folt vmből)* kijön || kiderül, kisül, nyilvánvalóvá lesz/válik, kitudódik; *(titok, hír)* kipattan || kijön *(számtanpélda)* || **come out (on strike)** sztrájkba lép, sztrájkol(ni kezd); **come out on top** ❖ *biz* győztesként kerül ki, győzedelmeskedik; **come out with a request** ❖ *biz* előrukkol egy kéréssel
come over átjön || elfogja vm || **come over here!** gyere ide!; **what has come over you?** hát téged mi lelt?
come round *(ájult)* magához tér || **come round and see me** gyere el hozzám; **come round to our place one of these days** gyere fel valamelyik nap
come through érkezik *(hír)* || megúszik vmt (vhogyan) || *(hang)* átszűrődik || **come through an illness** betegségen megy keresztül
come to vhova (el)érkezik || kerül || *(ájult)* magához tér || *(pénzbe)* bele-

kerül; *(összeg vmre)* rúg || **how much does it come to?** mibe jön?; **come to a sudden stop** megtorpan
come under be van sorolva *v.* besorolható vm *(cím)* alá || vm rendelkezés alá esik || **come under sy's influence** vk befolyása alá kerül
come up *(kérdés)* felvetődik; *(kérdés, nehézség)* felmerül || *(színvonalhoz)* felnő || **come up against sg** vmvel szembekerül; **come up against a difficulty** *(v.* **difficulties)** nehézségbe ütközik; **come up against sg/sy** ellentétbe kerül vmvel/vkvel; **come up to sy/sg** vkhez/vmhez odalép; **come up with sg** előáll vmvel
come upon sy/sg (by chance) *(véletlenül)* rátalál

comeback ['kʌmbæk] *fn* visszatérés || visszavágás *(szóval)* || kompenzáció, visszatérítés
comedian [kə'miːdɪən] *fn* komikus
comedienne [kə,miːdi'en] *fn* komika
comedown ['kʌmdaʊn] *fn* lecsúszás *(rangban)* || megalázás
comedy ['kɒmədi] *fn* vígjáték, komédia
comet ['kɒmɪt] *fn* üstökös
comeuppance [,kʌm'ʌpəns] *fn* ❖ *biz* megérdemelt büntetés
comfort ['kʌmfət] ▼ *fn* kényelem, komfort || vigasz || **all modern comforts, every modern comfort** összkomfort, (minden) kényelem; **cold comfort** sovány vigasz ▼ *ige* megvigasztal
comfortable ['kʌmftəbl] *mn* kényelmes || **are you comfortable?** kényelmesen ülsz?; **be comfortable** *(beteg)* jobban/könnyebben érzi magát; **make oneself comfortable** kényelembe teszi/helyezi magát
comfortably ['kʌmftəbli] *hsz* kényelmesen || **be comfortably off** jó anyagi körülmények között él, jól él

---

comfort class *fn* ❑ *rep* komfortosztály
comfort station *fn* ⊕ *US* nyilvános illemhely/vécé
comic ['kɒmɪk] ▼ *mn* humoros, vicces ▼ *fn* komikus; humorista ‖ → **comics**
comical ['kɒmɪkl] *mn* komikus, tréfás
comic opera *fn* vígopera
comics ['kɒmɪks] *fn tsz* képregény
comic strip *fn* képregény
coming ['kʌmɪŋ] ▼ *mn* jövő ‖ **the coming man** a jövő embere; **in the coming year** a jövő évben ▼ *fn* **comings and goings** jövés-menés; járkálás
comma ['kɒmə] *fn* vessző *(írásjel)*
command [kə'mɑːnd] ▼ *fn* parancs, utasítás ‖ parancsnokság ‖ ❑ *szt* parancs ‖ **a very good command of the English language** az angol nyelv alapos ismerete, kitűnő angol nyelvtudás; **be in command** parancsnokol, hatalmat gyakorol ▼ *ige* parancsnokol, vezényel, vezet ‖ **command sy to do sg** vknek vmt parancsol
commander [kə'mɑːndə] *fn* parancsnok
commander-in-chief *fn* hadsereg-főparancsnok
commanding [kə'mɑːndɪŋ] *mn* parancsnokló ‖ parancsoló
commandment [kə'mɑːndmənt] *fn* parancsolat
commando [kə'mɑːndoʊ] *fn* ❑ *kat* különítmény, kommandó
commando unit *fn* ❑ *kat* rohamosztag
commemorate [kə'meməreɪt] *ige* megemlékezik vkről/vmről
commemoration [kəˌmemə'reɪʃn] *fn* megemlékezés, emlékünnep(ély)
commemorative [kə'memərətɪv] *mn* emlék-
commence [kə'mens] *ige* elkezd, megkezd ‖ elkezdődik, megkezdődik
commencement [kə'mensmənt] *fn* kezdet ‖ ⊕ *US* diplomaosztó ünnepély

commend [kə'mend] *ige* ajánl ‖ **commend sg to sy's attention** vmt vknek a figyelmébe ajánl
commendable [kə'mendəbl] *mn* dicséretes
commendation [ˌkɒmən'deɪʃn] *fn* ajánlás ‖ dicséret
commensurable [kə'menʃərəbl] *mn* összemérhető
commensurate [kə'menʃərət] *mn* **be commensurate with sg** arányban áll vmvel
comment ['kɒment] ▼ *fn* megjegyzés, észrevétel ‖ **make a comment (on)** vmhez hozzászól; **no comment!** nincs észrevételem/megjegyzésem! ▼ *ige* **comment on** *(eseményt, szöveget)* magyaráz; vmhez hozzászól, kommentárt fűz vmhez
commentary ['kɒməntəri] *fn* magyarázó szöveg, kommentár
commentator ['kɒmənteɪtə] *fn* hírmagyarázó ‖ ❑ *sp* riporter, kommentátor
commerce ['kɒmɜːs] *fn* kereskedelem
commercial [kə'mɜːʃl] ▼ *mn* kereskedelmi ▼ *fn (tévében, rádióban)* reklám
commercial attaché *fn* kereskedelmi attasé
commercial bank *fn* kereskedelmi bank
commercial correspondence *fn* kereskedelmi levelezés
commercialize [kə'mɜːʃəlaɪz] *ige* üzleti alapokra helyez
commercial relations/links *fn tsz* kereskedelmi kapcsolatok
commercial television *fn* kereskedelmi televízió
commiseration [kəˌmɪzə'reɪʃn] *fn* szánalom
commission [kə'mɪʃn] ▼ *fn* megbízás ‖ kiküldetés ‖ *(kiküldött)* bizottság ‖ jutalék *(közvetítőé)* ‖ bizomány ‖ **be out of commission** nem üzemel ▼

---

fn főnév – *hsz* határozószó – *isz* indulatszó – *ksz* kötőszó – *mn* melléknév
▼ szófajjelzés ⊕ földrajzi variáns ❑ szakterület ❖ stiláris minősítés

ige **commission sy to do sg** megbízást ad vknek vmre

commissionaire [kəˌmɪʃəˈneə] *fn* egyenruhás ajtónálló *(szálloda stb. előtt)*

commissioner [kəˈmɪʃənə] *fn (miniszteri)* biztos, megbízott

commit [kəˈmɪt] *ige* -tt- elkövet || **commit a crime** bűncselekményt követ el; **commit oneself to (doing) sg** vmre elkötelezi magát; **commit (sg) to memory** könyv nélkül megtanul

commitment [kəˈmɪtmənt] *fn* (el)kötelezettség, fizetési kötelezettség, vételkényszer

committee [kəˈmɪti] *fn* bizottság, választmány || **be on the committee** a bizottság tagja, bizottsági tag

committee meeting *fn* bizottsági/választmányi ülés

committee member *fn* bizottsági tag

commodious [kəˈmoʊdɪəs] *mn* kényelmes, tágas

commodity [kəˈmɒdəti] *fn* árucikk

commodity credit *fn* áruhitel

commodity exchange *fn* árutőzsde

commodity loan *fn* árukölcsön

commodity market *fn* árupiac, árutőzsde

commodity production *fn* árutermelés

commodore [ˈkɒmədɔː] *fn* sorhajókapitány || jachtklub vezetője || rangidős kapitány

common [ˈkɒmən] *mn/fn* általános, mindennapi, közönséges, közkeletű, átlagos || közös || **the common run** a szürke átlag/tömeg; **they have nothing in common with each other** semmi közük egymáshoz; **by common assent/consent** közös megegyezés alapján; **it's common knowledge** közismert tény; **be common talk** közszájon forog; **in common usage** *(szóról)* mindennapi használatban; **be in common use** ❑ *kif* közkézen forog; **in common (with)** közösen; kö-

zösek (vmben); **they have nothing in common** semmi közük egymáshoz, mindenben eltérnek

common cold *fn* meghűlés, nátha

common denominator *fn* közös nevező

common ground *mn* tárgyalási alap

common interest *fn* közös érdek

common law *fn* (íratlan) szokásjog

common-law husband/wife *fn* ❑ *jog* élettárs

commonly [ˈkɒmənli] *hsz* általában || **commonly called ...** közkeletű nevén

Common Market, the *fn* Közös Piac

commonplace [ˈkɒmənpleɪs] ▼ *mn* közhelyszerű ▼ *fn* közhely, szólam

common platform közös platform

common property közös tulajdon

common room *fn* tanári szoba/társalgó

Commons, the [ˈkɒmənz] *fn* ⊕ *GB* az angol alsóház

common saying *fn* ❑ *nyelvt* szólás

common sense *fn* józan ész

Commonwealth, the [ˈkɒmənwelθ] *fn* Brit Nemzetközösség

commotion [kəˈmoʊʃn] *fn* izgatottság || zűrzavar, rumli, ribillió, zrí

communal [ˈkɒmjʊnl] *mn* közösségi, kommunális, szociális

commune ▼ [ˈkɒmjuːn] *fn* önkormányzat || kommuna ▼ [kəˈmjuːn] *ige* elbeszélget || érintkezik, barátkozik

communicate [kəˈmjuːnɪkeɪt] *ige* érintkezik *(with* vkvel), közöl, átad, továbbít, közvetít *(to* vknek) || világosan fejezi ki magát || egymásba nyílnak *(szobák)*

communicating vessels [kəˈmjuːnɪkeɪtɪŋ] *fn tsz* közlekedőedények

communication [kəˌmjuːnɪˈkeɪʃn] *fn (emberi)* érintkezés || közlés || közlemény || kommunikáció || **be in communication with sy** kapcsolatot tart fenn vkvel

---

nm névmás – *nu* névutó – *szn* számnév – *esz* egyes szám – *tsz* többes szám
▼ szófajjelzés ⊕ földrajzi variáns ❑ szakterület ❖ stiláris minősítés

communication cord *fn* vészfék ‖ **pull the communication cord** meghúzza a vészféket

communication technology *fn* híradástechnika

communications [kə,mjuːnɪˈkeɪʃnz] *fn (esz v. tsz)* híradástechnika, hírközlés ‖ közlekedés, összeköttetés

communications satellite *fn* távközlési műhold

communicative [kəˈmjuːnɪkətɪv] *mn* közlékeny

communion [kəˈmjuːnɪən] *fn* közösség ‖ bensőséges kapcsolat ‖ **(Holy) Communion** áldozás, úrvacsora

communiqué [kəˈmjuːnɪkeɪ] *fn (hivatalos)* közlemény, nyilatkozat, kormánynyilatkozat, sajtóközlemény ‖ **a joint communiqué was issued** közös nyilatkozatot adtak ki

communism [ˈkɒmjʊnɪzm] *fn* kommunizmus

communist [ˈkɒmjʊnɪst] *mn/fn* kommunista

community [kəˈmjuːnəti] *fn* közösség, társadalom ‖ kolónia ‖ **community centre** (⊕ *US* **-ter**) művelődési otthon/központ

community chest *fn* ⊕ *US* jótékonysági alap

commutation ticket [,kɒmjʊˈteɪʃn] *fn* ⊕ *US* (vasúti) bérlet

commute [kəˈmjuːt] *ige* ❖ *biz* ingázik

commuter [kəˈmjuːtə] *mn* ❖ *biz* ingázó

compact ▼ [kəmˈpækt] *mn* tömör, tömött, sűrű ▼ [ˈkɒmpækt] *fn* megállapodás, egyezség ‖ *(autó)* ⊕ *US* kiskocsi ‖ *(púder)* kompakt ▼ [kəmˈpækt] *ige* összesajtol, tömörít

compact disc *fn* kompaktlemez, CD-lemez

compact disc player *fn* kompaktlemezjátszó, CD-lemezjátszó

companion [kəmˈpænɪən] *fn* társ, pajtás, kísérő, cimbora

companionship [kəmˈpænɪənʃɪp] *fn* társaság (vké)

companionway [kəmˈpænɪənweɪ] *fn* kabinlejárat, kabinlépcső

company [ˈkʌmpəni] *fn* társaság *(emberek együtt)*; összejövetel, vendégség ‖ vállalat, cég ‖ (szín)társulat ‖ csapat; legénység ‖ **in sy's company** vk kíséretében; **keep sy company** vkt szórakoztat; **keep the company amused** *(társaságot)* szóval tart vkt; **we are having company tonight** vendégeket várunk ma estére; **in the company of** vknek a társaságában; **in company with sy** vkvel együtt

company car *fn* vállalati kocsi, cégautó

company director *fn* igazgató *(vállalaté)*

company solicitor *fn* vállalati jogtanácsos

comparable [ˈkɒmpərəbl] *mn* összehasonlítható *(to/with sg* vmvel); vmhez fogható

comparative [kəmˈpærətɪv] ▼ *mn* összehasonlító ▼ *fn* ❑ *nyelvt* középfok

comparative linguistics *fn esz* összehasonlító nyelvészet

comparatively [kəmˈpærətɪvli] *hsz* aránylag, viszonylag

compare [kəmˈpeə] *ige* **compare sg with to sg/sy** összehasonlít vmt/vkt vmvel/vkvel ‖ **compare sg to sy/sg** vkhez/vmhez hasonlít vkt/vmt; **sg can't compare with sy/sg** össze sem lehet hasonlítani (őket); **not to be compared to** összehasonlíthatatlan; **as compared to sg** összehasonlítva vmvel, vmhez viszonyítva; **compared with me** hozzám képest

comparison [kəmˈpærɪsn] *fn* összehasonlítás, párhuzam ‖ **draw a comparison between ...** párhuzamot von két dolog közt; **make a comparison between (x) and (y)** *(két v. több személyt v. dolgot)* összehasonlít; **in**

comparison with sg összehasonlítva vmvel, vmhez képest

compartment [kəm'pɑ:tmənt] *fn (vasúti)* fülke, szakasz ‖ rekesz, fach

compass ['kʌmpəs] *fn* iránytű, tájoló

compasses ['kʌmpəsɪz] *fn tsz* körző

compassion [kəm'pæʃn] *fn* együttérzés, könyörület, részvét ‖ **feel compassion for** sy megesik a szíve vkn

compassionate [kəm'pæʃənət] *mn* irgalmas

compass set *fn* körzőkészlet

compatibility [kəm͵pætə'bɪləti] *fn* összeegyeztethetőség, összeférhetőség

compatible [kəm'pætəbl] *mn* összeegyeztethető, ◻ *szt* kompatibilis *(with* vmvel) ‖ **be compatible with** sg vmvel összefér

compatriot [kəm'pætrɪət] *fn* honfitárs

compel [kəm'pel] *ige* **-ll- compel** sy **to do** sg vkt vmre (rá)kényszerít ‖ **I am compelled to** kénytelen vagyok

compelling [kəm'pelɪŋ] *mn* érdekfeszítő ‖ mindent elsöprő *(érv)*

compensate ['kɒmpənseɪt] *ige* ellensúlyoz *(sg for* sg vmt vmvel); kompenzál; *(veszteséget, kárt)* pótol ‖ kártérítést fizet vknek vmért; vkt vmért kárpótol

compensation [͵kɒmpən'seɪʃn] *fn* ellensúlyozás, kártérítés, kompenzáció, kárpótlás

compère ['kɒmpeə] ▼ *fn* konferanszié ▼ *ige* konferál

compete [kəm'pi:t] *ige* versenyez, versenyben van/áll vkvel, verseng, vetélkedik *(with* sy *in* sg vkvel vmben) ‖ **compete for (an award, a place at a school, a prize etc.)** *(vm elnyeréséért)* pályázik, megpályáz vmt

competence ['kɒmpətəns] *fn* illetékesség, kompetencia ‖ hozzáértés, szakértelem ‖ hatáskör ‖ **fall within the competence of** sy vk hatáskörébe tartozik

competent ['kɒmpətənt] *mn* hozzáértő, szakértő; illetékes ‖ elég jó ‖ mérvadó ‖ **not competent** illetéktelen; **be competent in** sg ért vmhez; **competent knowledge of English** jó angol nyelvtudás

competition [͵kɒmpə'tɪʃn] *fn* verseny, versengés, konkurencia, vetélkedés ‖ *(üzleti)* verseny ‖ pályázat ‖ **announce a competition (for** sg**)** pályázatot ír ki; **participate in a competition** ◻ *sp* versenyez

competition rules/terms *fn tsz* pályázati feltételek, versenyszabályok, versenyfeltétel(ek)

competitive [kəm'petətɪv] *mn* versenyképes *(ár)* ‖ **competitive examination** versenypályázat; **competitive spirit** versenyszellem; **competitive sport** versenysport

competitor [kəm'petɪtə] *fn* ◻ *sp* versenyző, induló, nevező ‖ vetélytárs ‖ pályázó

compilation [͵kɒmpɪ'leɪʃn] *fn* összeállítás *(írásműé);* szerkesztés *(szótáré, lexikoné)*

compile [kəm'paɪl] *ige (írásművet, bibliográfiát stb.)* összeállít; *(szótárt, lexikont)* szerkeszt

compiler [kəm'paɪlə] *fn* szerkesztő

complacent [kəm'pleɪsnt] *mn* önelégült

complacency [kəm'pleɪsnsi] *fn* önelégültség, elégedettség

complain [kəm'pleɪn] *ige* panaszkodik *(about* vkre, vmre) ‖ **complain of a headache etc.** fejfájásról stb. panaszkodik

complainant [kəm'pleɪnənt] *fn* felperes, panasztevő

complaint [kəm'pleɪnt] *fn* panasz, felszólamlás, reklamáció ‖ ◻ *orv* panasz ‖ **consider a complaint** panasznak helyt ad; **make a complaint (about** sg**)** panaszt tesz, reklamál; **what is your complaint?** mi a panasza?

C

---

nm névmás – *nu* névutó – *szn* számnév – *esz* egyes szám – *tsz* többes szám
▼ szófajjelzés ⊕ földrajzi variáns ◻ szakterület ❖ stiláris minősítés

complement ▼ ['kɒmplɪmənt] *fn* kiegészítés || állomány || ⃞ *nyelvt* kiegészítő, bővítmény ▼ [-ment] *ige* kiegészít

complementary [ˌkɒmplɪ'mentəri] *fn* kiegészítő || **complementary angle** ⃞ *mat* pótszög; **complementary colours** (⊕ *US* colors) kiegészítő színek

complete [kəm'pli:t] ▼ *mn* teljes, egész || befejezett, kész || tökéletes, valóságos || **complete failure** *(átv is)* csőd, bukás; **the complete works of X X** összes művei ▼ *ige* befejez, elvégez, bevégez || kiegészít || kiállít, kitölt *(űrlapot)* || **be completed** befejeződik, elkészül

completely [kəm'pli:tli] *hsz* teljesen, teljes mértékben

completeness [kəm'pli:tnəs] *fn* teljesség

completion [kəm'pli:ʃn] *fn* befejezés, elvégzés; kiegészítés

complex ['kɒmpleks] ▼ *mn* ❖ *átv* összetett || **this is a very complex matter** ez egy igen összetett kérdés ▼ *fn* ⃞ *pszich* komplexus

complex fraction *fn* emeletes tört

complexion [kəm'plekʃn] *fn* arcbőr; arcszín || **put a good complexion on sg** jó/kedvező színben tüntet fel vmt

complexity [kəm'pleksəti] *fn* bonyolultság, összetettség

complex number *fn* komplex szám

complex sentence *fn* összetett mondat

compliance [kəm'plaɪəns] *fn* engedékenység || **in compliance with it** ennek megfelelően

complicate ['kɒmplɪkeɪt] *ige* bonyolít, komplikál

complicated ['kɒmplɪkeɪtɪd] *mn* összetett, bonyolult, komplikált

complication [ˌkɒmplɪ'keɪʃn] *fn* bonyodalom; *(orv is)* komplikáció, szövődmény || **without complications** szövődmény nélküli

complicity [kəm'plɪsəti] *fn* bűnpártolás, bűnrészesség

compliment ['kɒmplɪmənt] *fn* bók || **give my compliments to** kérem, adja át tiszteletemet

complimentary copy [ˌkɒmplɪ'mentəri] *fn* tiszteletpéldány

complimentary ticket *fn* tiszteletjegy, szabadjegy

compliment(s) slip ['kɒmplɪmənt(s)] *fn* <tiszteletpéldányhoz stb. fűzött „jókívánság">

comply [kəm'plaɪ] *ige* **comply with** *(kérést)* teljesít; *(óhajt)* kielégít; *(szabályt)* betart; *(kérvényt)* kedvezően elintéz

component [kəm'pounənt] ▼ *mn* összetevő, komponens || **component parts** alkotórészek ▼ *fn* alkatrész, alkotórész, alkotóelem

compose [kəm'pouz] *ige* alkot; képez || fogalmaz || komponál || *(verset)* költ || ⃞ *nyomd* szed || **compose music** zenét szerez; **compose oneself** ❖ *biz (lelkileg)* összeszedi magát; **be composed of sg** vmből áll/készül(t)

composed [kəm'pouzd] *mn* nyugodt, higgadt

composer [kəm'pouzə] *fn* zeneszerző

composite ['kɒmpəzɪt] *mn* összetett

composition [ˌkɒmpə'zɪʃn] *fn* összetétel || *(zenei)* mű, szerzemény || ⃞ *isk* fogalmazás || ⃞ *nyomd* szedés || ⃞ *vegy* összetétel

compositor [kəm'pɒzɪtə] *fn* ⃞ *nyomd* szedő

compos mentis [ˌkɒmpəs 'mentɪs] *mn* beszámítható, tudata tiszta

compost ['kɒmpɒst] *fn* komposzt

composure [kəm'pouʒə] *fn* lélekjelenlét, nyugalom; önuralom

compound ['kɒmpaʊnd] *fn* ⃞ *nyelvt* összetett szó, összetétel || ⃞ *vegy* vegyület || **open compound** különírt összetétel

---

fn főnév − *hsz* határozószó − *isz* indulatszó − *ksz* kötőszó − *mn* melléknév
▼ szófajjelzés ⊕ földrajzi variáns ⃞ szakterület ❖ stiláris minősítés

compound fraction *fn* emeletes tört
compound fracture *fn* □ *orv* nyílt törés
compound interest *fn* kamatos kamat
comprehend [ˌkɒmprɪ'hend] *ige*
megért, felfog
comprehensible [ˌkɒmprɪ'hensəbl]
mn belátható, érthető
comprehension [ˌkɒmprɪ'henʃn] *fn*
megértés; felfogás; beszédértés *(idegen nyelven)*
comprehensive [ˌkɒmprɪ'hensɪv] *mn*
átfogó
comprehensive insurance *fn* casco
biztosítás
comprehensive (school) *fn* ⊕ *GB*
(általános) középiskola
compress ▼ ['kɒmpres] *fn* pakolás;
borogatás, priznic ‖ **cold compress**
hideg borogatás ▼ [kəm'pres] *ige*
□ *műsz* tömörít, összenyom, összeszorít
compressed air [kəm'prest] *fn* sűrített levegő
compression [kəm'preʃn] *fn* összenyomás, sűrítés, kompresszió
compressor [kəm'presə] *fn* kompresszor
comprise [kəm'praɪz] *ige* magába(n)
foglal, tartalmaz; *(tartalmilag)* felölel, belefoglal ‖ **be comprised in sg**
benne foglaltatik
compromise ['kɒmprəmaɪz] ▼ *fn* kiegyezés, megállapodás, kompromisszum, áthidaló megoldás ‖ megalkuvás ▼ *ige* kiegyezik, kompromisszumra jut *(on* vmben) ‖ kompromittál,
blamál (vkt) ‖ **compromise oneself**
kompromittálja magát
compulsion [kəm'pʌlʃn] *fn* kényszer
‖ **do sg under compulsion** kényszer
hatása alatt *(v.* kényszerűségből) tesz
vmt
compulsive [kəm'pʌlsɪv] *mn* érdekfeszítő ‖ megszállott
compulsory [kəm'pʌlsəri] *mn* kötelező, kényszerű

compulsory education *fn* iskolakötelezettség
compulsory military service *fn* hadkötelezettség
compunction [kəm'pʌŋkʃn] *fn* lelkiismeret-furdalás ‖ megbánás
computation [ˌkɒmpjʊ'teɪʃn] *fn*
□ *mat* számítás
computational [ˌkɒmpjʊ'teɪʃnəl] *mn*
számítógépes
computational linguistics *fn esz* számítógépes nyelvészet
computational technology *fn* számítástechnika
compute [kəm'pju:t] *ige* kiszámít
computer [kəm'pju:tə] *fn* számítógép
‖ **process by computer** számítógéppel feldolgoz; **put into the computer**
számítógépre visz
computer-aided *mn* számítógéppel támogatott/segített
computer centre (⊕ *US* **center**) *fn*
számítóközpont
computerization [kəmˌpju:təraɪ'zeɪʃn]
fn számítógépesítés
computerize [kəm'pju:təraɪz] *ige*
számítógépesít, számítógéppel ellát,
komputerizál, számítógéppel feldolgoz
computerized [kəm'pju:təraɪzd] *mn*
számítógépes(ített)
computer language *fn* programozási
nyelv
computer operator *fn* számítógép-kezelő
computer program *mn* számítógépi
program
computer programmer *fn* programozó
computer science *fn* számítástudomány, számítógép-tudomány
computer technology *fn* komputertechnika
computer typeset *mn* fényszedéssel
készült
computing [kəm'pju:tɪŋ] *fn* számítástechnika

---

nm névmás_ *nu* névutó_ *szn* számnév_ *esz* egyes szám_ *tsz* többes szám
▼ szófajjelzés ⊕ földrajzi variáns □ szakterület ❖ stiláris minősítés

comrade ['kɒmreɪd] *fn* bajtárs; elvtárs

comradeship ['kɒmreɪdʃɪp] *fn* bajtársiasság

comsat ['kɒmsæt] = **communications satellite**

concave [kɒn'keɪv] *mn* homorú, konkáv

conceal [kən'si:l] *ige* elrejt, (el)titkol, (el)leplez

concede [kən'si:d] *ige* beleegyezik, elismer

conceit [kən'si:t] *fn* önhittség, hiúság, önteltség

conceited [kən'si:tɪd] *mn* beképzelt, hiú, önhitt, öntelt

conceive [kən'si:v] *ige* elképzel ‖ megért ‖ kigondol ‖ **conceive of sg** megfogan vkben a gondolat; **be conceived** megfogamzik, megfogan

concentrate ['kɒnsəntreɪt] *ige* összpontosít (*on* vmre), koncentrál ‖ összesűrít ‖ *(csapatokat)* összevon

concentrated ['kɒnsəntreɪtɪd] *mn* tömény, koncentrált

concentration [ˌkɒnsən'treɪʃn] *fn* összpontosítás, koncentráció ‖ **concentration of troops** csapatösszevonás

concentration camp *fn* koncentrációs tábor

concentric [kən'sentrɪk] *mn* körkörös, koncentrikus

concept ['kɒnsept] *fn* ❑ *fil* fogalom

conception [kən'sepʃn] *fn* eszme; elgondolás, felfogás; koncepció ‖ fogamzás

conceptual [kən'septʃuəl] *mn* fogalmi

concern [kən'sɜ:n] ▼ *fn* gond, törődés, aggodalom ‖ konszern, érdekeltség ‖ **it's no concern of mine** semmi közöm hozzá, hogy jövök én hozzá? ▼ *ige (érzelmileg)* érint, kihat vkre, érdekel, vkre/vmre vonatkozik/tartozik ‖ **concern sy greatly** vkt közelről érint; **as far as I am concerned** ami

engem illet; **those concerned** az érdekeltek; **be concerned about/for** félt vkt, aggódik vkért (*v.* vk testi épségéért stb.); **to whom it may concern ...** akit illet

concerning [kən'sɜ:nɪŋ] *hsz* (vkre/vmre) vonatkozólag, vonatkozóan, vkt/vmt illetőleg

concert ['kɒnsət] *fn* hangverseny, koncert

concerted [kən'sɜ:tɪd] *mn* közös *(erőfeszítés stb.)*

concert grand *fn* hangversenyzongora

concert hall *fn* hangversenyterem

concertina [ˌkɒnsə'ti:nə] *fn (kisebb)* harmonika

concertmaster ['kɒnsətmɑ:stə] *fn* ⊕ *US* koncertmester

concerto [kən'tʃeətoʊ] *fn* versenymű, koncert

concert pitch *fn* normál a (hang)

concert tour *fn* hangversenykörút

concession [kən'seʃn] *fn (vitában)* engedmény, koncesszió

concessionaire [kənˌseʃə'neə] *fn* engedményes

concessionary [kən'seʃənəri] *mn* kedvezményes

conciliate [kən'sɪlieɪt] *ige* békít, kiengesztel

conciliation [kənˌsɪli'eɪʃn] *fn* kiegyezés, kiengesztelés

conciliatory [kən'sɪliətəri] *mn* békéltető

concise [kən'saɪs] *mn* tömör; rövid; velős ‖ **concise dictionary** kéziszótár

concisely [kən'saɪsli] *hsz* tömören; röviden; velősen

conclude [kən'klu:d] *ige* következtet (*from* vmből vmt/vmre) ‖ *(beszédet)* befejez; *(vitát)* lezár ‖ *(egyezményt)* létrehoz; *(szerződést)* (meg)köt ‖ **conclude an agreement with sy** megállapodást köt vkvel; **he concluded that** azt a következtetést vonta le (belőle), hogy

---

conclusion [kən'klu:ʒn] *fn* következtetés, konklúzió || befejezés || **draw a conclusion from sg** levonja a következtetést vmből; **in conclusion** befejezésül, befejezésképpen

conclusive [kən'klu:sɪv] *mn* bizonyító erejű; döntő *(bizonyíték)*, meggyőző *(érv)*

conclusively [kən'klu:sɪvli] *hsz* meggyőzően, végérvényesen

concoct [kən'kɒkt] *ige* ❖ *biz* (össze)-kotyvaszt || *(tervet)* kifőz, kieszel, kisüt

concoction [kən'kɒkʃn] *fn* kotyvalék

concomitant [kən'kɒmɪtənt] *mn* kísérő; vele járó

concord ['kɒŋkɔ:d] *fn* egyetértés || megegyezés, szerződés

concordance [kən'kɔ:dns] *fn* konkordancia

concrete ['kɒŋkri:t] ▼ *fn* beton ▼ *mn* konkrét

concretely ['kɒŋkri:tli] *ige* konkrétan

concrete mixer *fn* betonkeverő

concurrent [kən'kʌrənt] *mn* egyező, összevágó, egyidejű

concurrently [kən'kʌrəntli] *hsz* egyidejűleg, párhuzamosan

concussion [kən'kʌʃn] *fn* **concussion (of the brain)** agyrázkódás

condemn [kən'dem] *ige* (el)ítél, elmarasztal, megbélyegez || **condemn to death** halálra ítél

condemnation [ˌkɒndem'neɪʃn] *fn* elítélés, megbélyegzés

condemned [kən'demd] *mn/fn* elítélt

condemned cell *fn* siralomház

condensation [ˌkɒnden'seɪʃn] *fn* párásodás || cseppfolyósítás *(gázneműé)*

condense [kən'dens] *ige (folyadékot)* sűrít || *(pára)* lecsapódik || *(szöveget)* tömörít || **be condensed** ❑ *vegy* kicsapódik

condensed milk *fn* sűrített tej

condenser [kən'densə] *fn* ❑ *el* kondenzátor || ❑ *fény* kondenzor

condescend [ˌkɒndɪ'send] *ige* **condescend to do sg** „kegyeskedik" vmt tenni

condescending [ˌkɒndɪ'sendɪŋ] *mn* leereszkedő, vállveregető || **be condescending (towards sy)** vkt lekezel

condition [kən'dɪʃn] *fn* állapot, állag || feltétel || **be in good condition** jó állapotban/karban van; **on no condition** semmi(lyen) körülmények között; **on condition that** azzal a feltétellel, hogy || → **conditions**

conditional [kən'dɪʃnəl] ▼ *mn* feltételes ▼ *fn* ❑ *nyelvt* feltételes mód

conditioned reflex [kən'dɪʃnd] *fn* ❑ *biol* feltételes reflex

conditioner [kən'dɪʃnə] *fn* hajbalzsam, hajkondicionáló

conditions [kən'dɪʃnz] *fn tsz (helyzet)* viszonyok, körülmények || **under these conditions** ilyen feltételek mellett

condolences [kən'doʊlənsɪz] *fn* részvétnyilvánítás || **offer one's condolences to sy** kifejezi részvétét vknek

condom ['kɒndəm] *fn* óvszer, gumi

condominium [ˌkɒndə'mɪnɪəm] *fn* ⊕ *US* öröklakás

condone [kən'doʊn] *ige* elnéz, megbocsát

conduct ▼ ['kɒndʌkt] *fn* viselkedés, magatartás, magaviselet ▼ [kən'dʌkt] *ige* vhová elvezet || *(tárgyalásokat)* lefolytat || ❑ *zene* vezényel, dirigál || *(elektromosságot, hőt)* vezet

conducted tour [kən'dʌktɪd] *fn* (szervezett) társasutazás || vezetés, csoportos idegenvezetés

conductor [kən'dʌktə] *fn* kalauz || karmester || ❑ *el* ❑ *fiz* vezető || konduktor

conduit ['kɒndjʊɪt] *fn* vízvezeték, cső

cone [koʊn] *fn* kúp || *(fagylalt)* tölcsér || toboz

confectioner's (shop) [kən'fekʃənəz] *fn* cukrászda

---

nm névmás – *nu* névutó – *szn* számnév – *esz* egyes szám – *tsz* többes szám
▼ szófajjelzés ⊕ földrajzi variáns ❑ szakterület ❖ stiláris minősítés

confectionery [kən'fekʃənəri] *fn* cukrászsütemény(ek), édesség

confederacy [kən'fedərəsi] *fn* (állam)szövetség

confederate [kən'fedərət] *mn/fn* szövetséges

confederation [kən,fedə'reɪʃn] *fn* konföderáció

confer [kən'fɜː] *ige* -rr- tárgyal *(with sy about/on sg* vkvel vmről) ‖ *vmt vkre* ruház; adományoz ‖ **confer a doctorate (up)on sy** doktorrá avat

conference ['kɒnfərəns] *fn* értekezlet, megbeszélés ‖ konferencia ‖ **be in conference** ⊕ *US* értekezleten van, tárgyaláson vesz részt, tárgyal; **take part in a conference** konferencián részt vesz

conference hall *fn* ülésterem

conference room *fn* ülésterem ‖ tárgyaló

conference table *fn* tárgyalóasztal

confess [kən'fes] *ige (bűnt)* bevall, beismer, gyón(ik) ‖ **I must confess …** megvallom…

confession [kən'feʃn] *fn (beismerő)* vallomás, gyónás ‖ **confession (of faith)** hitvallás

confessional [kən'feʃnəl] *fn* gyóntatószék

confessor [kən'fesə] *fn* gyóntatás

confetti [kən'feti] *fn* konfetti

confide [kən'faɪd] *ige* rábíz *(to* vkre) ‖ **confide in sy** megbízik vkben

confidence ['kɒnfɪdəns] *fn* bizalom ‖ **ask for a vote of confidence** felveti a bizalmi kérdést; **have confidence in** vkben/vmben bízik, bizalommal van vk iránt

confidence trick *fn* beugratás, szélhámosság

confident ['kɒnfɪdənt] *mn* magabiztos ‖ bizakodó

confidential [,kɒnfɪ'denʃl] *mn* bizalmas ‖ bizalmi ‖ **confidential conversation** négyszemközti beszélgetés;

confidential information bizalmas természetű közlés

configuration [kən,fɪɡjə'reɪʃn] *fn* alakzat ‖ kialakulás ‖ ❑ *szt* konfiguráció

confine [kən'faɪn] *ige* bezár ‖ *(vkt hatóság)* elzár ‖ korlátoz ‖ **confine oneself to** szorítkozik vmre; **be confined to** korlátozódik/szorítkozik vmre; **be confined to bed** nyomja az ágyat

confinement [kən'faɪnmənt] *fn* bebörtönzés ‖ gyermekágy

confines ['kɒnfaɪnz] *fn tsz* **within the confines of sg** vmnek a határai között

confirm [kən'fɜːm] *ige (hírt, tervet stb.)* megerősít; *(repülőjegyet)* érvényesíttet, „konfirmál" ‖ ❑ *vall* bérmál, konfirmál ‖ **be confirmed** megerősítést nyer; **have (sg) confirmed** *(repülőjegyet)* érvényesíttet; **it has been confirmed** igaznak bizonyult

confirmation [,kɒnfə'meɪʃn] *fn* megerősítés; ❑ *vall* bérmálás, konfirmáció

confirmed *mn* megrögzött *(agglegény stb.)*, notórius *(hazudozó)*

confiscate ['kɒnfɪskeɪt] *ige* elkoboz

confiscation [,kɒnfɪ'skeɪʃn] *fn* elkobzás

conflagration [,kɒnflə'greɪʃn] *fn* tűzvész

conflict ▼ ['kɒnflɪkt] *fn* összeütközés, ellentét, viszály, konfliktus ‖ **conflict of interests** érdekellentét ▼ [kən'flɪkt] *ige* ellentétben áll/van, összeütközésbe kerül *(with sy/sg* vkvel/vmvel)

conflicting [kən'flɪktɪŋ] *mn* egymásnak ellentmondó

conform [kən'fɔːm] *ige* **conform to sg/sy** vmhez/vkhez idomul ‖ **conform with sg** megfelel vmnek

conformist [kən'fɔːmɪst] *fn* beilleszkedő, konformista

conformity [kən'fɔːməti] *fn* megegyezés ‖ **in conformity with sg**

vmnek megfelelően, **in conformity with the rules** szabályosan
confound [kən'faʊnd] *ige* **confound it!** az ördögbe is!, a teremtésit!
confront [kən'frʌnt] *ige* szembeszáll || **confront danger** szembenéz a veszéllyel; **confront sy with sy** vkt vkvel szembesít
confrontation [ˌkɒnfrən'teɪʃn] *fn* szembesítés
confuse [kən'fjuːz] *ige* összezavar, összegabalyít; *(két dolgot)* eltéveszt, összetéveszt || **confuse sg and/with sg** vmt vmvel összetéveszt, összecserél || **get confused** ❖ *átv* összekuszálódik; zavarba jön; **... should not be confused with sg (else)** nem tévesztendő össze ...vel
confused [kən'fjuːzd] *mn* zavaros, zűrös, kusza, konfúzus
confusing [kən'fjuːzɪŋ] *mn* zavaró; zavarba ejtő
confusion [kən'fjuːʒn] *fn* zavar, zavaros helyzet, rendetlenség; zűrzavar, felfordulás, fejetlenség || **confusion (of sg with sg)** összetévesztés; **in confusion** szerteszéjjel
congeal [kən'dʒiːl] *ige* (meg)alvad, összeáll
congenial [kən'dʒiːnɪəl] *mn* rokon lelkű/szellemű, hasonló beállítottságú
congenital [kən'dʒenɪtl] *mn* veleszületett
congested traffic [kən'dʒestɪd] *fn* forgalmi akadály/dugó
congestion [kən'dʒestʃn] *fn* forgalmi zavar(ok) ||❑ *orv* vértolulás
conglomerate [kən'glɒmərət] *fn* konglomerátum; halom
conglomeration [kənˌglɒmə'reɪʃn] *fn* halom, rakás, konglomeráció
congratulate [kən'grætʃʊleɪt] *ige* **congratulate sy on sg** *(vknek vmely alkalomból)* gratulál
congratulations [kənˌgrætʃʊ'leɪʃnz] *fn tsz* gratuláció || **congratulations!** gratulálok!

congratulatory [kənˌgrætʃʊ'leɪtəri] *mn* üdvözlő || **congratulatory words** felköszöntő, üdvözlő szavak
congregate ['kɒŋgrɪgeɪt] *ige* összegyűlik
congregation [ˌkɒŋgrɪ'geɪʃn] *fn* gyülekezet, egyházközség
congress ['kɒŋgres] *fn* kongresszus
Congress *fn* az USA kongresszusa
congress delegate *fn* kongresszusi küldött
congress hall *fn* kongresszusi terem
congressional [kən'greʃnəl] *mn* kongresszusi
Congressman ['kɒŋgresmən] *fn (tsz -men)* ⊕ *US* képviselő
Congresswoman ['kɒŋgreswʊmən] *fn (tsz -women)* ⊕ *US* képviselő(nő)
congruence ['kɒŋgrʊəns] *fn* egyezés
congruent ['kɒŋgrʊənt] *mn* egybevágó; megegyező
conical ['kɒnɪkl] *mn* kúpos, kúp alakú
conifer ['kɒnɪfə] *fn* tűlevelű
coniferous [kə'nɪfərəs] *mn* tűlevelű, toboztermő
conjecture [kən'dʒektʃə] *fn* feltevés, sejtés, találgatás; kombináció
conjugal duty ['kɒndʒʊgl] *fn* házastársi kötelesség
conjunction [kən'dʒʌŋkʃn] *fn* összetalálkozás *(eseményeké)*; összejátszás *(körülményeké)* || ❑ *nyelvt* kötőszó || **in conjunction with** vkvel egyetértésben
conjunctivitis [kənˌdʒʌŋktɪ'vaɪtɪs] *fn* kötőhártya-gyulladás
conjure [kən'dʒʊə] *ige* bűvészkedik || **conjure up** elővarázsol
conjurer *v.* **conjuror** ['kʌndʒərə] *fn* bűvész
conker ['kɒŋkə] *fn* vadgesztenye
conk out *ige* ❖ *biz (autó stb.)* lerobban, bedöglik, elromlik
con man *fn (tsz* **men**) szélhámos
connect [kə'nekt] *ige* (össze)kapcsol *(with* vmvel/vkvel), összeköt, kapcsolatba hoz || *(vonat, repülőjárat)*

---

csatlakozik (*with* vmhez) ‖ **connect sg in series** ❑ *el* sorba kapcsol; **be connected with sg** összefügg(ésben van) vmvel

connected [kə'nektɪd] *mn* folytonos, összefüggő, kapcsolatos (*with* vmvel)

connecting [kə'nektɪŋ] *mn* összekötő ‖ **connecting link** ❖ *átv* összekötő kapocs/láncszem; **connecting train** csatlakozó vonat

connection [kə'nekʃn] *fn* kapcsolat, összeköttetés ‖ *(el és telefon)* kapcsolás ‖ *(vasúti)* csatlakozás ‖ **have good connections** jó kapcsolatai vannak, jó kapcsolatokkal rendelkezik; **in this/that connection** ebben a vonatkozásban, vmre nézve, vmvel kapcsolatban, ezzel összefüggésben

connective tissue [kə'nektɪv] *fn* ❑ *orv* kötőszövet

conning-tower ['kɒnɪŋ] *fn (hajón)* figyelőtorony

connoisseur [ˌkɒnə'sɜː] *fn* műértő

connotation [ˌkɒnə'teɪʃn] *fn* mellékértelem ‖ mellékzönge

conquer ['kɒŋkə] *ige* meghódít, leigáz, hatalmába kerít, legyőz

conqueror ['kɒŋkərə] *fn* hódító

conquest ['kɒŋkwest] *fn* hódítás

cons [ˌkɒns] *fn tsz* **the cons** ❖ *biz* az ellene szóló érvek

conscience ['kɒnʃəns] *fn* lelkiismeret ‖ **in all conscience** nyugodt lélekkel

conscientious [ˌkɒnʃi'enʃəs] *mn* lelkiismeretes, kötelességtudó

conscientious objector *fn* katonai szolgálatot lelkiismereti okból megtagadó (személy), szolgálatmegtagadó

conscious ['kɒnʃəs] *mn* tudatos ‖ **be conscious** eszméleténél/magánál van; **be conscious of sg** tudatában van vmnek, átérez vmt

consciousness ['kɒnʃəsnəs] *fn* öntudat ‖ tudat(osság)

conscript ▼ ['kɒnskrɪpt] *fn* sorkatona ▼ [kən'skrɪpt] *ige* besoroz ‖ **be conscripted** sor alá kerül, besorozták

conscription [kən'skrɪpʃn] *fn* ❑ *kat* sorozás

consecrate ['kɒnsɪkreɪt] *ige* felszentel

consecrated water ['kɒnsɪkreɪtɪd] *fn* szenteltvíz

consecration [ˌkɒnsɪ'kreɪʃn] *fn* felszentelés

consecutive [kən'sekjʊtɪv] *mn* egymás utáni ‖ **on two consecutive days** két egymást követő napon

consensus [kən'sensəs] *fn* közmegegyezés

consent [kən'sent] ▼ *fn* beleegyezés, hozzájárulás ‖ **give one's consent to sg** beleegyezik vmbe ▼ *ige* **consent to** beleegyezik vmbe, hozzájárul vmhez

consequence ['kɒnsɪkwəns] *fn* következmény ‖ **as a consequence** következésképpen; **in consequence of sg** vmnek következtében; **be of consequence** számít; **of no consequence** nem fontos

consequently ['kɒnsɪkwəntli] *ksz* következésképpen, tehát

conservation [ˌkɒnsə'veɪʃn] *fn* fenntartás, megőrzés, állagmegóvás ‖ természetvédelem

conservationist [ˌkɒnsə'veɪʃənɪst] *fn* természetvédő

conservatism [kən'sɜːvətɪzm] *fn* konzervativizmus

conservative [kən'sɜːvətɪv] *mn/fn* konzervatív

conservatoire [kən'sɜːvətwɑː] *fn* (⊕ *US* **conservatory** [kən'sɜːvətri]) *fn* ❑ *zene* konzervatórium

conserve ▼ ['kɒnsɜːv] *fn* konzerv ▼ [kən'sɜːv] *ige* *(élelmiszert)* eltesz, tartósít, konzervál

consider [kən'sɪdə] *ige* megfontol, figyelembe vesz vmt; meggondol, átgondol, mérlegel, fontolóra/tekintetbe vesz vmt ‖ vm(lyen)nek ítél/tart/tekint vmt ‖ *(vmt, kérdést)* megvizsgál ‖ **consider sg important** fontosnak

---

fn főnév – *hsz* határozószó – *isz* indulatszó – *ksz* kötőszó – *mn* melléknév
▼ szófajjelzés ⊕ földrajzi variáns ❑ szakterület ❖ stiláris minősítés

tart vmt; **I'm considering changing my job** azon gondolkodom, hogy állást változtatok; **all things considered** mindent összevéve; **be considered** *(vm mint lehetőség)* szóba kerül/jön

considerable [kən'sɪdərəbl] *mn* jelentékeny, meglehetősen nagy, nagyfokú, nagymértékű, nagymérvű, számottevő ‖ **considerable effort** komoly erőfeszítés; **to a considerable extent** jelentős mértékben

considerably [kən'sɪdərəbli] *hsz* jelentékeny mértékben, meglehetősen

considerate [kən'sɪdərət] *mn* belátó, elnéző; figyelmes, előzékeny ‖ **do be considerate** légy belátással!; **be considerate towards sy** belátással van vk iránt

consideration [kənˌsɪdə'reɪʃn] *fn* megfontolás, meggondolás, mérlegelés ‖ szempont, figyelembevétel; tekintet, belátás ‖ **after due consideration** alapos/érett megfontolás után; **take sg into consideration** tekintetbe/figyelembe vesz vmt; **come into consideration** szóba kerül/jön, figyelembe jön; **be under consideration** megvizsgálják, megfontolás alatt van (kérdés); **leave out of consideration** figyelmen kívül hagy; **have consideration for sy** belátással van vk iránt

considering [kən'sɪdərɪŋ] *elölj/ksz* tekintettel vmre, figyelembe véve vmt

consign [kən'saɪn] *ige* (el)küld ‖ átad, rábíz *(to* vkre)

consignee [ˌkɒnsaɪ'ni:] *fn* bizományos ‖ címzett

consigner [kən'saɪnə] *fn* ❏ *ker* megbízó ‖ küldő

consignment [kən'saɪnmənt] *fn* küldés *(árué)*; küldemény, szállítmány ‖ **consignment of goods** áruszállítmány

consignment note *fn* raklevél, szállítólevél

consignor [kən'saɪnə] *fn* = **consigner**

consist [kən'sɪst] *ige* **consist of sg** áll vmből

consistency [kən'sɪstənsi] *fn* egységesség, egyöntetűség, következetesség

consistent [kən'sɪstənt] *mn* következetes ‖ **be consistent with sg** megegyezik/összefér vmvel

consolation [ˌkɒnsə'leɪʃn] *fn* vigasz, vigasztalás

consolation prize *fn* vigaszdíj

console ▼ ['kɒnsoʊl] *fn* konzol ‖ kapcsolótábla, kezelőpult ‖ tévészekrény ‖ játékasztal *(orgonáé)* ▼ [kən'soʊl] *ige* megvigasztal ‖ **console oneself with sg** vmvel vigasztalódik

consolidate [kən'sɒlɪdeɪt] *ige* megerősít, megszilárdít, konszolidál ‖ ⊕ *US* fuzionál

consolidation [kənˌsɒlɪ'deɪʃn] *fn* konszolidáció ‖ ⊕ *US* fúzió

consols [kən'sɒlz] *fn tsz* ⊕ *GB* államkötvény(ek)

consommé [kɒn'sɒmeɪ] *fn* erőleves

consonance ['kɒnsənəns] *fn* ❏ *zene* összhangzat ‖ ❖ *átv* összhang

consonant ['kɒnsənənt] *fn* mássalhangzó

consort ['kɒnsɔ:t] *fn* hitves ‖ **the prince consort** a királynő férje

consortium [kən'sɔ:tɪəm] *fn* konzorcium

conspicuous [kən'spɪkjuəs] *mn* szembeötlő, rikító, feltűnő, kirívó

conspiracy [kən'spɪrəsi] *fn* összeesküvés

conspirator [kən'spɪrətə] *fn* összeesküvő

conspire [kən'spaɪə] *ige* **conspire against sy** összeesküvést sző, összeesküszik vk ellen

constable ['kʌnstəbl] *fn* rendőr

---

nm névmás – *nu* névutó – *szn* számnév – *esz* egyes szám – *tsz* többes szám
▼ szófajjelzés ⊕ földrajzi variáns ❏ szakterület ❖ stiláris minősítés

constabulary [kən'stæbjʊləri] *fn* rendőrség

constancy ['kɒnstənsi] *fn* állandóság

constant ['kɒnstənt] ▼ *mn* állandó, változatlan ▼ *fn* ❑ *mat* állandó

constantly ['kɒnstəntli] *hsz* állandóan

constellation [ˌkɒnstə'leɪʃn] *fn* csillagkép, csillagzat, a csillagok állása

consternation [ˌkɒnstə'neɪʃn] *fn* döbbenet

constipated ['kɒnstɪpeɪtɪd] *mn* szorulásos || **be constipated** szorulása van

constipation [ˌkɒnstɪ'peɪʃn] *fn* ❑ *orv* szorulás, székrekedés

constituency [kən'stɪtjʊənsi] *fn* szavazókerület

constituent [kən'stɪtjʊənt] *mn/fn* összetevő || választó(jogosult)

constituent parts *fn tsz* alkotórészek

constitute ['kɒnstɪtjuːt] *ige* alkot; képez

constitution [ˌkɒnstɪ'tjuːʃn] *fn* alkotmány || szervezet || alapszabályok || alkat; fizikum

constitutional [ˌkɒnstɪ'tjuːʃnəl] *mn* alkotmányos || szervezeti || ❑ *orv* alkati || **by constitutional means** alkotmányos úton

constitutional law *fn* alkotmányjog

constrain [kən'streɪn] *ige* **be constrained to do sg** kényszerítve van vmre, vmre kényszerül

constraint [kən'streɪnt] *fn* kényszer, megkötöttség

constrict [kən'strɪkt] *ige* összeszorít

constrictor(-muscle) [kən'strɪktə] *fn* záróizom

construct [kən'strʌkt] *ige* épít, felépít || összeállít, készít || (gépet, mondatot, mértani idomot) szerkeszt

construction [kən'strʌkʃn] *fn* építés, építkezés || konstrukció, felépítés || ❑ *műsz* szerkesztés || építmény || szerkezet || **be under construction** épül(őfélben van)

constructional [kən'strʌkʃnəl] *mn* ❑ *műsz* szerkesztési

construction industry *fn* építőipar

construction project *fn* (beruházási) létesítmény

construction worker *fn* építőipari munkás

constructive [kən'strʌktɪv] *mn* építő || **constructive criticism** konstruktív bírálat

constructor [kən'strʌktə] *fn* szerkesztő, konstruktőr (gépé)

construe [kən'struː] *ige* (mondatot) szerkeszt || **be construed with** vmlyen szerkezettel áll

consul ['kɒnsl] *fn* konzul

consular ['kɒnsjʊlə] *mn* konzuli

consulate ['kɒnsjʊlət] *fn* konzulátus

consult [kən'sʌlt] *ige* vkvel vmről konzultál, értekezik, kikéri vknek a véleményét || **consult a dictionary** szótárt forgat; **consult a doctor** orvoshoz fordul

consultant [kən'sʌltənt] *fn* szaktanácsadó || szakorvos, specialista

consultation [ˌkɒnsl'teɪʃn] *fn* konzultáció, (szak)tanácsadás || (orvosi) rendelés

consultative [kən'sʌltətɪv] *mn* tanácskozó || **consultative meeting** konzultatív találkozó

consulting hours [kən'sʌltɪŋ] *fn tsz* rendelési idő || félfogadás || **consulting hours 2 p.m. to 4 p.m.** rendel 2-től 4-ig

consulting room *fn* orvosi rendelő

consume [kən'sjuːm] *ige* fogyaszt; (ételt) elfogyaszt || (áramot, energiát) fogyaszt || felhasznál || **be consumed** elhasználódik

consumer [kən'sjuːmə] *fn* fogyasztó

consumer durables *fn tsz* tartós fogyasztási cikkek

consumer goods *fn* közszükségleti/ fogyasztási cikkek; használati cikkek/ tárgyak

---

fn főnév – *hsz* határozószó – *isz* indulatszó – *ksz* kötőszó – *mn* melléknév
▼ szófajjelzés ⊕ földrajzi variáns ❑ szakterület ❖ stiláris minősítés

consumer society *fn* fogyasztói társadalom

consumer's price *fn* fogyasztói ár

consummate ['kɒnsəmeɪt] *ige (házasságot)* elhál

consumption [kən'sʌmpʃn] *fn* fogyasztás, felhasználás, elhasználás

consumption tax *mn* fogyasztási adó

contact ▼ ['kɒntækt] *fn (emberi)* érintkezés, összeköttetés, kapcsolat ‖ érintkezés *(tárgyaké);* ⊑ *el* érintkezés ‖ **be in contact** *(vezetékek)* érintkeznek; **be in contact with sy** kapcsolatban van vkvel; összeköttetésben áll vkvel ▼ [kən'tækt] *ige* **contact sy** kapcsolatba/érintkezésbe lép vkvel, felveszi az érintkezést vkvel

contact breaker *fn* ⊑ *el* megszakító

contact lens *fn* kontaktlencse

contagious [kən'teɪdʒəs] *mn* fertőző *(betegség)* ‖ ❖ *átv* ragadós

contain [kən'teɪn] *ige* tartalmaz, magába(n) foglal

container [kən'teɪnə] *fn* konténer, tartály

containerize [kən'teɪnəraɪz] *ige* konténerbe csomagol ‖ konténerben szállít

contaminate [kən'tæməneɪt] *ige* szennyez

contamination [kən,tæmɪ'neɪʃn] *fn* szennyeződés

contd. = *continued*

contemplate ['kɒntəmpleɪt] *ige* szemlél; fontolgat, tervez ‖ **contemplate doing sg** szándékozik vmt tenni

contemplation [,kɒntəm'pleɪʃn] *fn* elmélkedés

contemporary [kən'tempərəri] ▼ *mn* korabeli, mai ‖ **contemporary literature** kortárs irodalom ▼ *fn* kortárs

contempt [kən'tempt] *fn* megvetés

contemptible [kən'temptəbl] *mn* megvetésre méltó, hitvány

contemptuous [kən'temptʃʊəs] *mn* megvető, lenéző

contend [kən'tend] *ige* verseng *(for sg* vmért) ‖ **contend with sy** harcban áll vkvel, (vkvel vmért) versenyez

contender [kən'tendə] *fn* vetélytárs

content[1] [kən'tent] *mn* (meg)elégedett ‖ **be content with one's lot** elégedett a sorsával; **be content with sg** beéri/megelégszik vmvel

content[2] ['kɒntent] *fn* tartalom ‖ → **contents**

contention [kən'tenʃn] *fn* harc, küzdelem, verseny; versenyzés ‖ vita

contentious [kən'tenʃəs] *mn* veszekedő ‖ vitás, vitatott

contentment [kən'tentmənt] *fn* megelégedés, elégedettség

contents ['kɒntents] *fn tsz* tartalom, tartalomjegyzék

contest ▼ ['kɒntest] *fn* verseny, versengés, vetélkedő ▼ [kən'test] *ige (végrendeletet stb.)* megtámad ‖ **contest a seat (in Parliament)** fellép képviselőnek, képviselőjelöltként lép fel; **contest sy's right to (do) sg** vitatja, hogy joga van-e

contestant [kən'testənt] *fn* versenyző

context ['kɒntekst] *fn* (szöveg)összefüggés, szövegkörnyezet, kontextus ‖ **in this context** ebben az összefüggésben

continent[1] ['kɒntɪnənt] *mn* önmegtartóztató

continent[2] ['kɒntɪnənt] *fn* földrész, kontinens ‖ szárazföld ‖ **the Continent** Európa *(Nagy-Britannia nélkül)*

continental [,kɒntɪ'nentl] *mn* európai *(Nagy-Britannia nélkül)* ‖ szárazföldi

continental breakfast *fn* (sima) reggeli

continental climate *fn* szárazföldi éghajlat

continental quilt *fn* (pehely)paplan

contingency [kən'tɪndʒənsi] *fn* eshetőség *(lehetőség);* esetlegesség

contingent [kən'tɪndʒənt] ▼ *mn* esetleges ‖ **be contingent (up)on** vmtől függ ▼ *fn* részleg, kontingens continual [kən'tɪnjuəl] *mn* örökös, folytonos, állandó; szüntelen

continually [kən'tɪnjuəli] *hsz (folytonosan)* örökké, állandóan

continuation [kən,tɪnjʊ'eɪʃn] *fn* folytatás

continue [kən'tɪnju:] *ige* folytat ‖ *(tovább)* tart, folytatódik ‖ **continue one's studies** tanulmányokat folytat, tovább tanul; **to be continued** folytatása következik; **continued on page 12** folytatása a 12. oldalon

continuity [,kɒntɪ'nju:əti] *fn* folytonosság, folyamatosság ‖ technikai forgatókönyv

continuity girl *fn* ❑ *film* naplóvezető

continuous [kən'tɪnjuəs] *mn* folyamatos, folytonos, szakadatlan; állandó ‖ folytatólagos ‖ **continuous performances** folytatólagos előadások

continuous form *fn* ❑ *nyelvt* folyamatos alak

continuously [kən'tɪnjuəsli] *hsz* egyfolytában, folyton, folyamatosan

contort [kən'tɔ:t] *ige* eltorzít

contortion [kən'tɔ:ʃn] *fn* eltorzulás *(arcvonásoké)*

contortionist [kən'tɔ:ʃənɪst] *fn* kígyóember, gumiember

contour ['kɒntʊə] *fn* körvonal, kontúr

contraband ['kɒntrəbænd] *fn* csempészáru

contrabass [,kɒntrə'beɪs] *fn* nagybőgő

contraception [,kɒntrə'sepʃn] *fn* fogamzásgátlás

contraceptive [,kɒntrə'septɪv] *fn* fogamzásgátló, óvszer ‖ **be taking contraceptive pill(s)** (fogamzásgátló) tablettát szed; **use contraceptives** védekezik

contract ▼ ['kɒntrækt] *fn* szerződés, megállapodás ‖ *(bridzsben)* bemondás ‖ **enter into (v. make) a contract with sy** szerződést köt vkvel ▼ [kən'trækt] *ige* szerződik ‖ *(árut)* le-

köt ‖ *(betegséget)* megkap ‖ *(görcs stb. testrészt)* összehúz ‖ *(izom)* összehúzódik ‖ **contract a debt** adósságot csinál; **contract an illness** betegséget szerez

contract out (of) visszalép, kilép

contract with szerződést köt, szerződik vkvel

contracting [kən'træktɪŋ] *mn* szerződő ‖ **the contracting parties** a szerződő felek

contraction [kən'trækʃn] *fn* összehúzódás, zsugorodás *(idegé, izomé)*

contractor [kən'træktə] *fn* vállalkozó ‖ *(építkezésnél)* kivitelező

contract price *fn* szerződéses ár

contradict (sg) [,kɒntrə'dɪkt] *ige* ellentmond, megcáfol

contradiction [,kɒntrə'dɪkʃn] *fn* ellentmondás ‖ **in contradiction to sg** vmivel ellentétben; vmivel szemben

contradictory [,kɒntrə'dɪktəri] *mn* (egymásnak) ellentmondó, ellentmondásos

contralto [kən'træltoʊ] *fn* alt *(hang, énekes)*

contraption [kən'træpʃn] *fn* ötletes szerkezet

contrary ['kɒntrəri] ▼ *mn* ellentétes, ellenkező ▼ *fn* vmnek az ellenkezője/ ellentéte ‖ **on the contrary** ellenkezőleg; **to the contrary** ellenkező értelemben, ellenkezőleg ▼ *elölj* **contrary to sg** ellentétben/szemben vmvel ‖ **contrary to the law** jogellenes

contrast ▼ ['kɒntrɑ:st] *fn* ellentét, szembeállítás, kontraszt ‖ **by contrast** ellentétben vkvel; **in contrast to/with sg** ellentétben vmvel ▼ [kən'trɑ:st] *ige* **contrast with sg** ellentétbe állít, szembeállít vmvel ‖ ellentétben áll/ van vmvel ‖ **as contrasted with sy** ellentétben vkvel

contrast meal *fn* ❑ *orv* kontrasztpép

contravene [ˌkɒntrə'viːn] *ige* áthág, megsért *(törvényt)* ‖ ellentmond (vmnek)

contravention [ˌkɒntrə'venʃn] *fn* megsértés, megszegés *(törvényé)* ‖ *(kihágás)* szabálysértés

contribute [kən'trɪbjuːt] *ige* közreműködik *(to* vmben); *(anyagilag v. okként)* hozzájárul ‖ **contribute to papers** újságcikkeket ír; **it contributed a great deal to** sokban hozzájárult

contribution [ˌkɒntrɪ'bjuːʃn] *fn* közreműködés, hozzájárulás vmhez ‖ *(amit vk fizet)* járulék, adakozás ‖ *(újságban, folyóiratban)* cikk ‖ **make a contribution to (sg)** *(anyagilag)* hozzájárul

contributor [kən'trɪbjutə] *fn* szerző *(cikké)*, cikkíró; munkatárs *(szerkesztőé)*

contributory [kən'trɪbjutəri] *mn* hozzájáruló, közreműködő ‖ járulékos

contributory negligence *fn* gondatlanságból okozott kár

contrite ['kɒntraɪt] *mn* bűnbánó, töredelmes

contrivance [kən'traɪvns] *fn* szerkezet, eszköz ‖ ravaszság; csel

contrive [kən'traɪv] *ige* kigondol, kitalál; feltalál ‖ **contrive to** sikerül ..., szerét ejti ...

control [kən'trəʊl] ▼ *fn* irányítás, vezérlés ‖ **be under sy's control** vknek hatalmában *v.* irányítása alatt van/áll; **bring sy/sg under control** *(embert, tűzvészt)* megfékez; **get/go out of control** ellenőrizhetetlenné válik, elszabadul; **get control over (sg)** hatalmába kerít; **have sg under control** ura vmnek; **he lost control of the vehicle** elvesztette uralmát a jármű felett; **take control of** kezébe vesz, átvesz *(vállalat irányítását)*; **be in control of sg** kezében tart vmt, ura vmnek, uralma/ellenőrzése alatt tart,

vmt (jól) kézben tart; **have control over sy/sg** uralkodik vkn/vmn ▼ *ige* **-ll-** irányít, vezérel ‖ szabályoz ‖ *(főleg pol)* vmt (jól) kézben tart ‖ ellenőriz

control commission *fn* ellenőrző bizottság

control desk *fn* vezérlőasztal

control key *fn* ❑ *szt* vezérlőbillentyű

controllable [kən'trəʊləbl] *mn* irányítható

controlled [kən'trəʊld] *mn* irányított

controller [kən'trəʊlə] *fn* ellenőr ‖ irányító

control panel *fn* vezérlőtábla

control room *fn* vezérlőterem

control stick *fn* botkormány

control tower *fn* irányítótorony

control unit *fn* ❑ *szt* vezérlőegység

controversial [ˌkɒntrə'vɜːʃl] *mn* ellentmondásos, vitatható ‖ **controversial issue** vitás/vitatott kérdés

controversy ['kɒntrəvɜːsi] *fn* vita, polémia

contusion [kən'tjuːʒn] *fn* zúzódás

conundrum [kə'nʌndrəm] *fn* talány

conurbation [ˌkɒnɜː'beɪʃn] *fn* agglomeráció

convalesce [ˌkɒnvə'les] *ige* lábadozik ‖ **be convalescing** (vk) gyógyulóban van

convalescence [ˌkɒnvə'lesns] *fn* gyógyulás

convalescent home [ˌkɒnvə'lesnt] *fn* utókezelő, szanatórium

convector (heater) [kən'vektə] *fn* konvektor

convene [kən'viːn] *ige* *(értekezletet, tanácskozást)* összehív

convenience [kən'viːnɪəns] *fn* kényelem ‖ **at your earliest convenience** *(levélben)* mielőbb; **with all (the) modern conveniences** összkomfortos

convenience meal/food *fn* készétel *(élelmiszerüzletben)*

---

nm névmás – *nu* névutó – *szn* számnév – *esz* egyes szám – *tsz* többes szám
▼ szófajjelzés ⊕ földrajzi variáns ❑ szakterület ❖ stiláris minősítés

convenient [kən'vi:nɪənt] *mn* alkalmas, megfelelő, kényelmes ‖ at a convenient time alkalmas időben

conveniently [kən'vi:nɪəntli] *hsz* kényelmesen ‖ conveniently near könnyen elérhető

convent ['kɒnvent] *fn* kolostor, zárda

convention [kən'venʃn] *fn (társadalmi)* szokás, konvenció ‖ ⊕ *US* elnökjelölő kongresszus, konvenció

conventional [kən'venʃnəl] *mn* konvencionális; hagyományos; egyezményes

converge [kən'vɜ:dʒ] *ige* ⊔ *mat* öszszetart; konvergál

convergence [kən'vɜ:dʒəns] *fn* ⊔ *mat* összetartás; konvergencia

convergent [kən'vɜ:dʒənt] *mn* ⊔ *mat* összetartó; konvergáló

conversant [kən'vɜ:snt] *mn* conversant with jártas vmben, alaposan ismer

conversation [ˌkɒnvə'seɪʃn] *fn* beszélgetés, társalgás

conversational [ˌkɒnvə'seɪʃnəl] *mn* társalgási

conversational mode *fn* ⊔ *szt* párbeszédes üzemmód

converse[1] [kən'vɜ:s] *ige* beszélget, társalog (with sy vkvel)

converse[2] ['kɒnvɜ:s] ▼ *mn* fordított, ellentétes ▼ *fn* ellentét

conversely ['kɒnvɜ:sli] *hsz* fordítva, viszont

conversion [kən'vɜ:ʃn] *fn* átalakítás, átváltozás ‖ ⊔ *vall* megtérés ‖ átszámítás (*into* vmre) ‖ átállítás (*to* más funkcióra) ‖ ⊔ *nyelvt* szófajváltás

conversion table *fn* átszámítási táblázat

convert ▼ [kən'vɜ:t] *ige* átváltoztat ‖ megtérít ‖ *(törtet)* átalakít ‖ *(pénzt)* átvált ‖ convert sg into sg vmt vmvé változtat/átalakít; convert to vmt más funkcióra átállít; convert to diesel dízelesít; be converted (to Chris-

tianity etc.) megtér ▼ ['kɒnvɜ:t] *fn* megtért (ember)

convertible [kən'vɜ:təbl] ▼ *mn* átalakítható ‖ konvertibilis ▼ *fn* nyitható tetejű autó

convertible top *fn* nyitható tető

convex ['kɒnveks] *mn* domború, konvex

convex lens *fn* domború lencse

convey [kən'veɪ] *ige* (el)szállít (*to* vhová), (ki)visz, (ki)hord ‖ küld, továbbít ‖ közvetít, átad ‖ convey sg to sy (by deed) *(ingatlant)* vknek a nevére írat; convey (the meaning) visszaadja a jelentését

conveyance [kən'veɪəns] *fn* elszállítás ‖ fuvar, szállítóeszköz

conveyancing [kən'veɪənsɪŋ] *fn* tulajdonátruházás

conveyor belt [kən'veɪə] *fn* szállítószalag

convict ▼ ['kɒnvɪkt] *fn* elítélt, fegyenc ▼ [kən'vɪkt] *ige (bíróság)* elítél (sy of sg vkt vm miatt) ‖ rábizonyít (sy of sg vkre vmt) ‖ be convicted of sg bűnösnek találják vmben

conviction [kən'vɪkʃn] *fn* meggyőződés ‖ against one's conviction meggyőződése ellenére

convince [kən'vɪns] *ige* convince sy of sg meggyőz vkt vmről ‖ be convinced of sg (v. that ...) meg van győződve vmről; be convinced that az a meggyőződése, hogy

convincing [kən'vɪnsɪŋ] *mn* meggyőző

convivial [kən'vɪvɪəl] *mn* vidám, víg, kedélyes

convoke [kən'vouk] *ige* egybehív

convoluted ['kɒnvəlu:tɪd] *mn* tekervényes ‖ ❖ *átv* bonyolult, komplikált

convoy ['kɒnvɔɪ] *fn* védőkíséret

convulse [kən'vʌls] *ige (görcs stb. testrészt)* összehúz ‖ be convulsed with laughter gurul a nevetéstől

---

fn főnév − *hsz* határozószó − *isz* indulatszó − *ksz* kötőszó − *mn* melléknév
▼ szófajjelzés ⊕ földrajzi variáns ⊔ szakterület ❖ stiláris minősítés

convulsion [kən'vʌlʃn] *fn* összehúzódás *(idegé, izomé)* || görcs, vonaglás, rángató(d)zás

coo [ku:] ▼ *fn* búgás *(galambé)* ▼ *ige (galamb)* búg

cook [kʊk] ▼ *fn* szakács ▼ *ige (ételt)* főz, elkészít; *(ebédet, vacsorát)* megfőz || (meg)fő || **cook (sg) in steam** párol; **cook sg on a slow fire** *(v.* **in a slow oven)** lassú tűzön főz

cookbook ['kʊkbʊk] *fn* ⊕ *US* = **cookery book**

cooker ['kʊkə] *fn* tűzhely

cookery book ['kʊkəri] *fn* szakácskönyv

cookies ['kʊkɪz] *fn tsz* ⊕ *US* teasütemény

cooking ['kʊkɪŋ] *fn* főzés || **do the cooking** *(rendszeresen)* főz

cooking chocolate *fn* étcsokoládé

cooking facilities *fn tsz* főzési lehetőség(ek)

cooking foil *fn* háztartási fólia

cooking-oil *fn* étolaj

cooking utensils *fn tsz* konyhaedény(ek)

cool [ku:l] ▼ *mn* hűvös, hűs, hideg || friss *(levegő)* || higgadt || **a cool customer** ❖ *biz* flegma alak, pléhpofa ▼ *fn* **keep your cool!** ❖ *biz* nyugi! ▼ *ige* hűt, kihűt || (ki)hűl || **let sy cool his heels** ❖ *biz* megvárakoztat vkt; **cool it!** ❖ *biz* hidegvér!, nyugi!

---

cool down lehűt || lehűl || **cool down!** ❖ *biz* nyugi!

cool off *(lelkesedés)* lelohad

---

coolant ['ku:lənt] *fn* hűtőfolyadék

coolie ['ku:li] *fn* kuli

cooling tower ['ku:lɪŋ] *fn* hűtőtorony

coolly ['ku:lli] *hsz* ❖ *átv* hidegen, hűvösen

coolness ['ku:lnəs] *fn* hidegvér, higgadtság

coop [ku:p] ▼ *fn* tyúkketrec ▼ *ige* **coop up** bezár

co-op ['koʊɒp] *fn* ❖ *biz* szövetkezet || szövetkezeti bolt || **co-op member** szövetkezeti tag

cooper ['ku:pə] *fn* kádár, bodnár

co-operate [koʊ'ɒpəreɪt] *ige* **co-operate with sy** együttműködik vkvel

co-operation [koʊˌɒpə'reɪʃn] *fn* együttműködés, kooperáció

co-operative [koʊ'ɒpərətɪv] ▼ *mn* szövetkezeti || együttműködő ▼ *fn* szövetkezet

co-operative farm *fn* mezőgazdasági termelőszövetkezet

co-operative store *fn* szövetkezeti bolt

co-opt [koʊ'ɒpt] *ige* kooptál

co-ordinate ▼ [koʊ'ɔ:dɪnət] *fn* ❏ *mat* koordináta ▼ [koʊ'ɔ:dɪneɪt] *ige (nézeteket)* összehangol

co-ordinate axis *fn* koordinátatengely

co-ordination [koʊˌɔ:dɪ'neɪʃn] *fn* összehangolás

co-ownership [koʊ'oʊnəʃɪp] *fn* tulajdonostársi viszony

cop [kɒp] *fn* ❖ *biz* hekus, zsaru

Copenhagen [ˌkoʊpən'heɪɡən] *fn* Koppenhága

cope (with sg) [koʊp] *ige* megbirkózik vmvel, megállja a helyét (vmben), helytáll || **(s)he can't cope with it** *(a munkát stb.)* nem győzi

copier ['kɒpiə] *fn* másológép

co-pilot ['koʊpaɪlət] *fn* másodpilóta

copious ['koʊpiəs] *mn* bőséges, bő

copiously ['koʊpiəsli] *hsz* bőségesen

copper ['kɒpə] *fn* vörösréz

copperplate ['kɒpəpleɪt] *fn* rézkarc

coppice ['kɒpɪs] *fn* = **copse**

copse [kɒps] *fn* csalit(os)

copulate ['kɒpjʊleɪt] *ige* párosodik, párzik

copy ['kɒpi] ▼ *fn* másolat, kópia || utánzat || példány *(könyvé, újságé)*; *(folyóiraté)* szám || kézirat, anyag || (film)kópia || **make a copy of** *(fényképről)* másolatot készít ▼ *ige (szöve-*

---

nm névmás – *nu* névutó – *szn* számnév – *esz* egyes szám – *tsz* többes szám
▼ szófajjelzés ⊕ földrajzi variáns ❏ szakterület ❖ stiláris minősítés

get, szalagot stb.) (át)másol, lemásol, másolatot készít vmről ‖ utánoz

copy out kimásol; letisztáz

copy-book *fn* füzet, irka
copycat ['kɒpikæt] *fn* utánozó majom
copyist ['kɒpiɪst] *fn* másoló, leíró
copyright ['kɒpiraɪt] *fn* szerzői jog
copy typist *fn* gépíró(nő)
coral ['kɒrəl] *fn* korall
coral reef *fn* korallzátony
cord [kɔ:d] *fn* kötél, zsineg, spárga, zsinór ‖ ⊕ *US* vasalózsinór ‖ kord *(nadrág stb.)* ‖ → **cords**
cordial ['kɔ:dɪəl] *mn* szívélyes, szívből jövő ‖ **cordial greetings** meleg üdvözlet
cordiality [,kɔ:di'æləti] *fn* szívélyesség
cordially ['kɔ:dɪəli] *hsz* szívből, kedvesen; szívesen
cordon ['kɔ:dn] ▼ *fn* kordon ▼ *ige*
cordon off *sg* kordont húz vhol, kordonnal lezár/körülvesz vmt
cords ['kɔ:dz] *fn tsz* kordbársony nadrág, kordnadrág
corduroy ['kɔ:dərɔi] *fn* kordbársony ‖ **corduroys** kordbársony nadrág
core [kɔ:] *fn* mag ‖ magház ‖ vmnek a belseje ‖ kábelér
coriander [,kɒri'ændə] *fn* koriander
cork [kɔ:k] ▼ *fn* dugó ▼ *ige* (be)dugaszol
corkage ['kɔ:kɪdʒ] *fn* „dugópénz"; <hozott bor fogyasztásáért fizetendő plusz borravaló vendéglőben>
corkscrew ['kɔ:kskru:] *fn* dugóhúzó
cormorant ['kɔ:mərənt] *fn* kormorán
corn [kɔ:n] *fn* ⊕ *GB* gabona, szemes termény; ⊕ *US* kukorica ‖ bőrkeményedés, tyúkszem ‖ **remove a corn** tyúkszemet kivág; **corn on the cob** (csöves) kukorica, csemegekukorica
corncob ['kɔ:nkɒb] *fn* kukoricacső
corn crop *fn* gabonatermés
cornea ['kɔ:nɪə] *fn* szaruhártya

corned beef *fn* sózott marhahús-(konzerv), *kb.* vagdalt sonka
corner ['kɔ:nə] ▼ *fn* sarok, szöglet, csücsök ‖ ❑ *sp* szöglet(rúgás) ‖ **round the corner** a sarkon túl; **take a corner** kanyarodik, veszi a kanyart; **turn the corner** bekanyarodik a sarkon; ❖ *átv* átvészel *(súlyos betegséget)* ▼ *ige* kanyarodik ‖ **corner sy** sarokba szorít vkt ‖ **corner well** jól veszi a kanyart
corner kick *fn* ❑ *sp* szöglet(rúgás) ‖ **take a corner kick** szögletrúgást végez
cornerstone ['kɔ:nəstoun] *fn* szegletkő
cornet ['kɔ:nɪt] *fn* (fagylalt)tölcsér ‖ ❑ *zene* piszton
cornfield ['kɔ:nfild] *fn* gabonaföld; ⊕ *US* kukoricatábla
cornflakes ['kɔ:nfleiks] *fn tsz* kukoricapehely
cornflour ['kɔ:nflauə] *fn (nagyon finom)* kukoricaliszt
cornflower ['kɔ:nflauə] *fn* búzavirág
corn-growing *mn* gabonatermő ‖ gabonatermesztő
cornish ['kɔ:nɪʃ] *mn* cornwalli (kelta)
corn meal *fn* kukoricaliszt
corn-stalk *fn* kukoricaszár
cornstarch ['kɔ:nstɑ:tʃ] *fn* ⊕ *US* = **cornflour**
Cornwall ['kɔ:nwɔ:l] *fn* Cornwall
corny ['kɔ:ni] *mn* elcsépelt, szakállas *(vicc)*
corn yield *fn* ⊕ *US* kukoricatermés
corollary [kə'rɒləri] *fn (szükségszerű)* következmény
coronary artery ['kɒrənəri] *fn* koszorúér
coronary thrombosis *fn* koszorúér-trombózis
coronation [,kɒrə'neɪʃn] *fn* koronázás
coroner ['kɒrənə] *fn* halottkém
coronet ['kɒrənɪt] *fn* hercegi korona ‖ diadém, fejék
Corp. [kɔ:p] ⊕ *US* = **corporation**

fn főnév – *hsz* határozószó – *isz* indulatszó – *ksz* kötőszó – *mn* melléknév
▼ szófajjelzés ⊕ földrajzi variáns ❑ szakterület ❖ stiláris minősítés

corporal ['kɔːpərəl] *fn* tizedes, káplár

corporal punishment *fn* testi fenyítés

corporate ['kɔːpərət] *mn* testületi ‖ **corporate body** jogi személy; **corporate responsibility** egyetemleges felelősség

corporate body *fn* jogi személy

corporation [ˌkɔːpə'reɪʃn] *fn* testület; ⊕ *US* társaság, vállalat, kft.

corps [kɔː] *fn (tsz ua)* testület ‖ ❑ *kat* csapattest, alakulat

corps de ballet *fn* balettkar

corpse [kɔːps] *fn* holttest

corpulent ['kɔːpjʊlənt] *mn* testes, kövér, nagy hasú

corpus ['kɔːpəs] *fn (tsz corpora* [-pərə]) korpusz

corpuscle ['kɔːpʌsl] *fn* részecske, korpuszkula, testecske

corral [kə'rɑːl] *fn* karám, cserény

correct [kə'rekt] ▼ *mn* helyes, korrekt, pontos; *(nyelvileg)* hibátlan ‖ **correct to five places of decimals** öt tizedesjegy pontosságú ▼ *ige (hibát, dolgozatot)* (ki)javít, korrigál

correction [kə'rekʃn] *fn* (ki)javítás *(hibáé, dolgozaté)*; helyreigazítás, helyesbítés

corrective training [kə'rektɪv] *fn* javítónevelő munka

correctly [kə'rektli] *hsz* helyesen, jól, hibátlanul

correctness [kə'rektnəs] *fn* precizitás; pontosság, szabatosság

correct time *fn* pontos idő

correlate with sg ['kɒrəleɪt] *ige* kölcsönös összefüggésben van vmvel

correlation [ˌkɒrə'leɪʃn] *fn* viszony, (kölcsönös) összefüggés

correspond [ˌkɒrə'spɒnd] *ige* megegyezik *(with* vmvel); megfelel *(to* vmnek) ‖ levelez ‖ **it corresponds to the facts** megfelel a valóságnak

correspondence [ˌkɒrə'spɒndəns] *fn* megfelelés ‖ levelezés

correspondence column *fn* levelek a szerkesztőhöz, „tisztelt szerkesztőség"

correspondence course *fn* levelező oktatás

correspondent [ˌkɒrə'spɒndənt] *fn* tudósító ‖ levelező ‖ **from our special correspondent in London** kiküldött munkatársunk/tudósítónk jelenti Londonból

corresponding [ˌkɒrə'spɒndɪŋ] *mn* megfelelő

corridor ['kɒrɪdɔː] *fn* folyosó

corrigenda [ˌkɒrɪ'dʒendə] *fn tsz* sajtóhibák jegyzéke, hibajegyzék

corroborate [kə'rɒbəreɪt] *ige* megerősít, igazol

corroboration [kəˌrɒbə'reɪʃn] *fn* megerősítés, igazolás

corrode [kə'rəʊd] *ige (sav)* (ki)mar; *(sav vmt)* megtámad; *(vmt rozsda)* korrodál, kikezd

corrosion [kə'rəʊʒn] *fn* korrózió

corrosive [kə'rəʊsɪv] *mn/fn* maró *(anyag)*

corrugated cardboard ['kɒrəgeɪtɪd] *fn* hullámpapír

corrugated iron *fn* hullámlemez

corrupt [kə'rʌpt] ▼ *mn* korrupt, megvesztegethető ‖ **corrupt practices** tisztességtelen eljárás ▼ *ige* (el)ront

corruption [kə'rʌpʃn] *fn (erkölcsi)* romlás, korrupció

corsage [kɔː'sɑːʒ] *fn* ⊕ *US* mellcsokor

corsair ['kɔːseə] *fn* kalóz(hajó)

corset ['kɔːsɪt] *fn (női)* fűző

cortège [kɔː'teɪʒ] *fn* (dísz)kíséret

cortex ['kɔːteks] *fn* agykéreg

corundum [kə'rʌndəm] *fn* korund

cosh [kɒʃ] *fn* gumibot

co-signatory *fn* aláíró (fél)

cosine ['kəʊsaɪn] *fn* ❑ *mat* koszinusz

cosiness ['kəʊzɪnəs] *fn* meghittség, melegség

cosmetic [kɒz'metɪk] ▼ *mn* kozmetikai ‖ **cosmetic articles** *tsz* piperecikkek ▼ *fn* bőrápoló/kozmetikai szer

cosmetic bag *fn* piperetáska

cosmetician [ˌkɒzmə'tɪʃn] *fn* kozmetikus

---

nm névmás – *nu* névutó – *szn* számnév – *esz* egyes szám – *tsz* többes szám
▼ szófajjelzés ⊕ földrajzi variáns ❑ szakterület ❖ stiláris minősítés

cosmetics [kɒz'metɪks] *fn tsz* kozmetikai szerek, arcápoló szerek
cosmic ['kɒzmɪk] *mn* kozmikus
cosmodrome ['kɒzmədroʊm] *fn* űrrepülőtér
cosmonaut ['kɒzmənɔ:t] *fn (szovjet)* űrhajós
cosmopolitan [ˌkɒzmə'pɒlɪtən] *mn/fn* kozmopolita
cosmos ['kɒzmɒs] *fn* világegyetem
cost [kɒst] ▼ *fn* ár *(árué)*; költség, kiadás, munkadíj ‖ **at sy's cost, at the cost of sy** vknek a rovására; **at cost** önköltségi áron; **to one's cost** saját kárán; **costs** költségek, eljárási költség; **at all costs** bármely áron ▼ *ige (pt/pp* **cost** [kɒst] *v.* **costed** ['kɒstɪd]) *(vmbe, pénzbe)* kerül, belekerül ‖ megállapítja az árát (vmnek), beáraz ‖ **what does it cost?** mibe/mennyibe kerül?; **it cost him his health** ráment az egészsége; **it cost (sy) £5** 5 fontba került; **cost what it may** kerül, amibe kerül
cost accountant *fn* kalkulátor
co-star ▼ *fn* partner *(főszereplőé)* ▼ *ige* **co-starred … X and Y** a főszerepben X és Y
costing ['kɒstɪŋ] *fn* (ár)kalkuláció, árvetés
costly ['kɒstli] *mn* költséges
cost of living *fn* megélhetési költségek
cost-of-living allowance *fn* drágasági pótlék
cost of production *fn* előállítási költség, önköltség
cost price *mn* előállítási ár, önköltségi ár
costume ['kɒstjʊm] *fn* kosztüm *(korabeli viselet)*; viselet, jelmez
costume drama/piece *fn* kosztümös/jelmezes (szín)darab
costume jewellery (⊕ *US* **jewelry**) *fn* divatékszer
cosy ['koʊzi] (⊕ *US* **cozy**) *mn* otthonos; lakályos, kényelmes ‖ **a cosy little corner** meghitt kis sarok

cot [kɒt] *fn* gyerekágy, kiságy ‖ ⊕ *US* kempingágy
co-tenant *fn* társbérlő
cottage ['kɒtɪdʒ] *fn* (nyári) lak, házikó
cottage-cheese *fn kb.* túró
cottage industry *fn* háziipar
cottage pie *fn* = **shepherd's pie**
cotton ['kɒtn] *fn* gyapot ‖ pamut, karton ‖ **cotton (fabric)** pamutszövet
cotton candy *fn* ⊕ *US* vattacukor
cotton wool *fn* vatta
couch [kaʊtʃ] *fn* dívány, kanapé, sezlon ‖ *(rendelői)* kezelőasztal
couchette [ku:'ʃet] *fn* fekvőkocsi
cougar ['ku:gə] *fn* puma
cough [kɒf] ▼ *fn* köhögés ‖ **have a cough** köhög ▼ *ige* köhög

cough up *vmt* kiköhög ‖ kiguberál; *(pénzzel)* kirukkol

cough drop *fn* köhögés elleni cukorka
cough mixture *fn* köptető(szer)
could [kʊd, *gyenge kiejt.* kəd] *ige* **I could go** elmehetnék; **could you bring me …** lenne olyan szíves hozni …; tudna hozni nekem …; **he could not** (*v.* **couldn't**) **come** nem tudott eljönni ‖ → **can²**
couldn't ['kʊdnt] → **could**
council ['kaʊnsl] *fn* tanács; ❏ *vall* ❏ *tört* zsinat
council-chamber *fn* tanácsterem
council estate *fn* lakótelep
council flat *fn* tanácsi (bér)lakás, lakótelepi lakás
council house *fn* tanácsi (bér)lakás, lakótelepi (bér)ház
councillor (⊕ *US* **-cilor**) ['kaʊnslə] *fn* tanácsos, tanácstag
Council of Europe *fn* Európa Tanács
counsel ['kaʊnsl] *fn* jogtanácsos, jogi képviselő ‖ **counsel for the defence** (⊕ *US* **-se**) védőügyvéd
counsellor ['kaʊnslə] *fn* tanácsadó, jogtanácsos

---

fn főnév – *hsz* határozószó – *isz* indulatszó – *ksz* kötőszó – *mn* melléknév
▼ szófajjelzés ⊕ földrajzi variáns ❏ szakterület ❖ stiláris minősítés

count[1] [kaʊnt] ▼ *fn* számolás ‖
(meg)számlálás ‖ vádpont ▼ *ige*
(meg)számlál, (meg)számol, kiszámít
‖ számításba jön, (bele)számít ‖ **not
counting** nem számítva; **count sy
among ...** vkk közé számít vkt

count down visszaszámol
count in be(le)számít, számításba
vesz
count on sg/sy számít vmre/vkre ‖
don't count on me rám ne számíts!
count out *(pénzt asztalra)* leszámol ‖
(bokszolót) kiszámol; **count me out**
hagyj ki a játékból!; rám ne szá-
míts!
count over *(újra)* átszámol ‖ **count
sg (over) again** utánaszámol

count[2] [kaʊnt] *fn* gróf
countdown ['kaʊntdaʊn] *fn* vissza-
számlálás
countenance ['kaʊntənəns] *fn* ábrá-
zat, arc(kifejezés)
counter ['kaʊntə] ▼ *fn (üzletben)* pult
‖ *(bankban)* pénztár; (pénztár)ablak ‖
játékpénz; tantusz, zseton ‖ **under the
counter** a pult alatt; **from under the
counter** pult alól ▼ *ige* megcáfol,
megkontráz, válaszként (vmt tesz),
visszaüt ‖ riposztozik
counteract [ˌkaʊtər'ækt] *ige* hatásta-
lanít, ellensúlyoz
counter-attack *fn* ❑ *kat* ellentámadás
counterbalance ['kaʊntəbæləns] *fn*
ellensúly
counter-clockwise *mn/hsz* ⊕ *US* az
óramutató járásával ellenkező irány-
ba(n)
counter-espionage *fn* kémelhárítás
counterfeit ['kaʊntəfɪt] ▼ *mn* hamis
(pénz) ▼ *fn* utánzat, hamisítvány ▼
ige (aláírást, bankjegyet, pénzt) ha-
misít
counterfoil ['kaʊntəfɔl] *fn (ellenőrző)*
szelvény
counter-intelligence *fn* kémelhárítás

countermand [ˌkaʊntə'mɑːnd] *ige*
(rendelést) visszamond
countermeasure(s)
['kaʊntəmeʒə(z)] *fn tsz* ellenintéz-
kedés
counteroffensive [ˌkaʊntərə'fensɪv]
fn ellentámadás
counterpart ['kaʊntəpɑːt] *fn* ellenpár,
ellendarab ‖ **sy's British etc. counter-
part** vknek a (brit stb.) kollégája
counter-productive *mn* nem kívána-
tos eredményre vezető
counter-proposal *fn* ellenjavaslat
counter-receipt *fn* ellennyugta
Counter-Reformation *fn* ellenrefor-
máció
counter-revolution *fn* ellenforrada-
lom
counter-revolutionary *mn* ellenforra-
dalmi
countersign ['kaʊntəsaɪn] *ige* ellen-
jegyez, láttamoz
counterweight ['kaʊntəweɪt] *fn* el-
lensúly
counter worker *fn* pultos (lány/fiú)
countess ['kaʊntɪs] *fn* grófnő
countless ['kaʊntləs] *mn* számtalan,
rengeteg
countrified ['kʌntrɪfaɪd] *mn* vidékies
country ['kʌntri] *fn* vidék, táj ‖ or-
szág, haza ‖ **live in the country** fa-
lun/vidéken él; **from the country** vi-
dékről; **in this country** országunk-
ban, hazánkban, nálunk, ebben az or-
szágban; **all over the country** or-
szágszerte
country-and-western (music) *fn*
⊕ *US* déli és nyugati népzene
country code *fn* országhívószám
country dance *fn (angol)* népi tánc
country-house *fn* kastély; *(vidéki)* kú-
ria
country life *fn* vidéki élet
countryman ['kʌntrimən] *fn (tsz
-men)* vidéki; paraszt ‖ földi
countryside ['kʌntrisaɪd] *fn* vidék,
környék

country-wide *mn* országos

countrywoman ['kʌntriwʊmən] *fn* (*tsz* **-women** [-wɪmɪn]) vidéki *(nő)*; parasztasszony ‖ földi *(nő)*

county ['kaʊnti] *fn* megye, ⊕ *GB* grófság

county council *fn* megyei tanács

county court *fn* megyei bíróság

county hall *fn* megyei tanácsháza, vármegyeháza

county town *fn* megyeszékhely

coup [kuː] *fn* puccs

coup d'état [ˌkuːdeɪˈtɑː] *fn* (*tsz* **coups d'état**) államcsíny, puccs

coupé ['kuːpeɪ] *fn* kétajtós kocsi

couple ['kʌpl] ▼ *fn* pár ‖ **a couple of** kettő, két; néhány; pár, egypár ▼ *ige* összekapcsol, (vmhez) kapcsol ‖ **couple sg on (to)** *(kocsit stb.)* rákapcsol; **be coupled with sg** vmvel párosul

couplet ['kʌplət] *fn* párvers

coupling lever ['kʌplɪŋ] *fn* kapcsolókar

coupon ['kuːpɒn] *fn* szelvény, kupon

courage ['kʌrɪdʒ] *fn* bátorság ‖ **have the courage to** vmhez megvan a bátorsága

courageous [kə'reɪdʒəs] *mn* bátor

courageously [kə'reɪdʒəsli] *hsz* bátran

courier ['kʊrɪə] *fn (társasutazásban)* idegenvezető ‖ *(diplomáciai)* futár

course [kɔːs] *fn* lefolyás, menet ‖ útirány ‖ ❑ *sp* pálya ‖ pálya *(lövedéké)* ‖ tanfolyam, kurzus; nyelvkönyv ‖ fogás *(étel)* ‖ **of course** persze, természetesen, hogyne; **in the course of** *(idő)* alatt; **in the course of the day** a nap folyamán; **in the course of sg** vmnek (a) során; **a course of injections** injekciókúra; **let things take their course** szabad folyást enged vmnek; **course of lectures** előadássorozat; **course of life** életút; **a course in English** angol nyelvtanfo-

lyam; **a course for beginners** alapfokú nyelvtanfolyam

course book *fn* nyelvkönyv

course correction *fn* pályamódosítás

court [kɔːt] ▼ *fn* bíróság ‖ királyi udvar ‖ ❑ *sp* pálya ‖ **at court** az udvarnál; **before the court** *(bíróságon)* a törvény előtt; **in court** a bíróságon; **Court of Appeal** fellebbviteli bíróság; **court of first instance** elsőfokú bíróság; **the Court of St James's** az angol királyi udvar; **pay court to (sy)** vknek udvarol ▼ *ige* vknek udvarol ‖ **court danger** kihívja a veszélyt

court case *fn* bírósági ügy

courteous ['kɜːtɪəs] *mn* udvarias, előzékeny

courteousness ['kɜːtɪəsnəs] *fn* udvariasság

courtesy ['kɜːtəsi] *fn* udvariasság, előzékenység ‖ **by courtesy of** vk szívességéből

courtier ['kɔːtɪə] *fn* udvari ember, udvaronc

court jester *fn* udvari bolond

court-martial ▼ *fn* (*tsz* **courts-martial**) hadbíróság, haditörvényszék ▼ *ige* **-ll-** (⊕ *US* **-l-**) hadbíróság elé állít

court of law *fn* törvényszék, bíróság

court plaster *fn* angoltapasz

court-room *fn (bírósági)* tárgyalóterem

courtship ['kɔːtʃɪp] *fn* udvarlás

courtyard ['kɔːtjɑːd] *fn* udvar *(épületé)*

cousin ['kʌzn] *fn* unokatestvér, unokafivér, unokanővér

covenant ['kʌvənənt] *fn* szerződés ‖ szövetség

Coventry ['kɒvntri] *fn* **send sy to Coventry** levegőnek tekint, nem szól hozzá, bojkottál

cover ['kʌvə] ▼ *fn* fedő ‖ takaró, terítő ‖ fedél, tábla *(könyvé)*; (hanglemez)borító ‖ burkolat, csomagolás ‖ bútorhuzat, védőborító ‖ boríték ‖ vé-

delem || biztosíték || biztosítás || teríték
|| bevonat || **take cover** menedéket ke-
res; **under cover of sg** vmnek a leple
alatt; **from cover to cover** *(elolvas
stb.)* elejétől végig; **covers were laid
for five** 5 személyre terítettek ▼ *ige*
(be)takar, befed, (be)borít, ráterít ||
leplez || kiterjed/érvényes vmre, *(tar-
talmilag)* felölel || *(hírlap)* beszámol,
tudósít, tudósítást ír/küld vmről ||
közvetít *(tv vmt)* || *(utat)* megtesz ||
(költséget) fedez || biztosít *(biztosító-
nál és kat)* || *(nőstényt)* (be)fedez,
meghág || **be covered (against)** be
van biztosítva (vm ellen), biztosítást
kötött (vm ellen)

cover over befed, betemet
cover up betakar, letakar || elleplez,
eltussol || **cover up for sy** falaz
vknek; **cover oneself up** betakaró-
dzik
cover with vmvel fed/borít, vmvel
bevon

coverage [ˈkʌvərɪdʒ] *fn (sajtóban)*
rendszeres tájékoztatás || (rádió-/
tv)közvetítés || **live coverage** élő
(tévé)közvetítés
coveralls [ˈkʌvərɔːlz] *fn tsz* ⊕ *US* =
overalls
cover design *fn* ❑ *nyomd* kötésterv
covered [ˈkʌvəd] *mn* fedett || **covered
court** *(tenisz)* fedett pálya
covered market *fn* vásárcsarnok
covered waggon *fn* ⊕ *US (zárt)* te-
herkocsi
cover girl *fn* címfotó *(fiatal nőről)*
covering [ˈkʌvərɪŋ] ▼ *mn* borító, bur-
koló ▼ *fn* bútorhuzat
covering letter (⊕ *US* **cover letter**) *fn*
kísérőlevél
coverlet [ˈkʌvələt] *fn* ágytakaró
cover organization *fn* fedőszerv
cover photograph *fn* címkép, címfotó
cover picture *fn* címkép
covert [ˈkʌvət] *mn* titkolt

cover-up *fn* eltussolás, „fal(azás)"
covet [ˈkʌvɪt] *ige* megkíván, vágyik
(vmre), irigyel vmt
covetous [ˈkʌvɪtəs] *mn* **be covetous
(of sg)** vmre nagyon vágyik
covetousness [ˈkʌvɪtəsnəs] *fn* bir-
tokvágy
cow [kaʊ] *fn* tehén || **cow in/with calf**
borjas/vemhes tehén
coward [ˈkaʊəd] *fn* gyáva || gyáva em-
ber
cowardice [ˈkaʊədɪs] *fn* gyávaság
cowardly [ˈkaʊədli] *mn* gyáva
cowboy [ˈkaʊbɔɪ] *fn* gulyás, csordás ||
⊕ *GB* fuser, kontár
cow-elephant *fn* nőstény elefánt
cower [ˈkaʊə] *ige* kuksol, kuporog,
meglapul
cowherd [ˈkaʊhəd] *fn* gulyás *(ember)*
cowhide [ˈkaʊhaɪd] *fn* tehénbőr
cowl [kaʊl] *fn* csuklya, kámzsa
co-worker *fn* munkatárs
cowshed [ˈkaʊʃed] *fn* tehénistálló,
marhaistálló
cowslip [ˈkaʊslɪp] *fn* kankalin; pri-
mula
cox [kɒks] *fn (csónakban)* kormányos
coxed [kɒkst] *mn* kormányos *(ver-
senycsónak)* || **coxed fours** kormá-
nyos négyes
coxless [ˈkɒksləs] *mn* kormányos nél-
küli
coy [kɔɪ] *mn* félénk || szemérmes
coyote [kɔɪˈoʊti] *fn* prérifarkas
cozy [ˈkoʊzi] *mn* ⊕ *US* = **cosy**
CPU → **central processing unit**
crab [kræb] *fn (tengeri)* rák
crack [kræk] ▼ *mn* **he is a crack shot**
kitűnő céllövő ▼ *fn* rés, repedés *(fal-
ban)*; hasadás *(tárgyon)*; csorba *(po-
háron, csészén)* || csattanás *(ostoré)*;
reccsenés, csattogás || **give a crack**
reccsen; **have a crack at sg** ❖ *biz*
megpróbál vmt ▼ *ige* reped(ezik), be-
reped, megreped; elpattan, (meg)-
pattan *(üveg)*; felpattogzik || csattan
(ostor) || elrepeszt; *(diót)* megtör || *(os-*

tort) csattogtat || megold *(példát)*, kisilabizál || **crack a joke** ❖ *biz* elsüt egy viccet; **crack a whip** ostorral csattint/pattint/csettint

crack down on sy *(bűnözőre)* lecsap; felgöngyöl(ít) *(rendőrség bandát, terrorszervezetet)*
crack off lepattogzik
crack up ❖ *biz (idegileg)* kiborul, összeroppan

crackbrained ['krækbreɪnd] *mn* eszelős, bolond || **crackbrained idea** szédült ötlet
crackdown ['krækdaʊn] *fn (on sg)* vmnek a felszámolása/felgöngyölítése
cracked ['krækt] *mn* repedezett || ❖ *biz vk* ütődött, dilis
cracker ['krækə] *fn* sós keksz || petárda; pukkantó *(karácsonykor)* || ⊕ *GB* ❖ *biz* jó csaj || **crackers** diótörő
crackle ['krækl] ▼ *fn* ropogás *(tűzé)*; sercegés ▼ *ige (tűz)* ropog; recseg, serceg
crackling ['kræklɪŋ] ▼ *mn* csattanó ▼ *fn* recsegés *(rádióé)*; pattogás *(tűzé)*; ropogás, sercegés
crack-up *fn* ❖ *biz* **I have a crack-up** totálkáros vagyok
cradle ['kreɪdl] *fn* bölcső
cradle-song *fn* altatódal
craft [krɑːft] *fn* mesterség || kisipar
craftsman ['krɑːftsmən] *fn (tsz -men)* kézműves, kisiparos, mesterember || **craftsman's co-operative** kisipari szövetkezet
craftsmanship ['krɑːftsmənʃɪp] *fn* szakértelem
crafty ['krɑːfti] *mn* ❖ *biz* cseles, csalafinta
crag [kræg] *fn* kőszirt, szikla(fok)
craggy ['krægi] *mn* sziklás
cram [kræm] *ige* -mm- töm, begyömöszöl, túlzsúfol || magol, biflázz || **cram sy** korrepetál

cram in beerőltet
cram into beletöm, beleprésel, bezsúfol, vmbe gyűr
cram sg with sg vmvel teletöm || **crammed with sg** dugig tele (van) vmvel

cramp[1] [kræmp] ▼ *fn* görcs || **get cramp** görcsöt kap ▼ *ige* gátol, akadályoz || **be cramped for room/space** helyszűkében van
cramp[2] [kræmp] ▼ *fn* ácskapocs || satu ▼ *ige* (ácskapoccsal) összekapcsol
cramp-iron *fn* ácskapocs
crampon ['kræmpɒn] *fn* jégszeg
cranberry ['krænbəri] *fn* (tőzeg)-áfonya
crane [kreɪn] ▼ *fn* daru *(gép, madár)* ▼ *ige* **crane one's neck** nyakát nyújtogatja
crank [kræŋk] *fn* (indító)kar
crank handle *fn* kurbli, forgatókar
crankshaft ['kræŋkʃɑːft] *fn* forgatytyús tengely
cranky ['kræŋki] *mn* bogaras, hóbortos
cranny ['kræni] *fn* repedés, rés
crap [kræp] *fn* ❖ *vulg* szar || hülyeség
craps [kræps] *fn esz* ⊕ *US* kockajáték
crash [kræʃ] ▼ *fn* összeütközés || lezuhanás *(repülőgépé)* ▼ *ige (repülőgép)* lezuhan || **a plane crash** repülőgép-szerencsétlenség

crash down *(robajjal)* lezuhan
crash into *(kocsival)* belehajt, belerohan || **crash into each other** egymásba rohan/szalad

crash barrier *fn* védőkorlát
crash course *fn* gyorstalpaló tanfolyam
crash-helmet *fn* bukósisak
crash-land *ige* (géptöréssel) kényszerleszállást hajt végre
crash-landing *fn* kényszerleszállás (géptöréssel)

---

fn főnév – *hsz* határozószó – *isz* indulatszó – *ksz* kötőszó – *mn* melléknév
▼ szófajjelzés ⊕ földrajzi variáns ❑ szakterület ❖ stiláris minősítés

crass [kræs] *mn* égbekiáltó *(hiba, viselkedés)* || **crass ignorance** mélységes tudatlanság

crate [kreɪt] ▼ *fn* rekesz ▼ *ige* rekeszbe csomagol/rak

crater ['kreɪtə] *fn* bombatölcsér, kráter

cravat [krə'væt] *fn* sál

crave [kreɪv] *ige* vágyódik *(for* vmre, vm után)

craving ['kreɪvɪŋ] *mn* erős vágy, sóvárgás

crawfish ['krɔːfɪʃ] *fn* = **crayfish**

crawl [krɔːl] ▼ *ige (földön)* csúszik-mászik, kúszik ▼ *fn* **the crawl** ❑ *sp* gyorsúszás; **do the crawl** gyorsúszást végez, kallózik

crawler lane ['krɔːlə] *fn* kapaszkodósáv

crawlers ['krɔːləz] *fn tsz* kezeslábas, tipegő, játszóruha *(kisbabáé)*

crayfish ['kreɪfɪʃ] *fn (folyami)* rák

crayon ['kreɪɒn] *fn (színes)* kréta, pasztellkréta || rajzszén || zsírkréta || színes ceruza || pasztellkép || **crayon (drawing)** krétarajz

craze [kreɪz] *fn* (divat)hóbort

crazy ['kreɪzi] *mn* ❖ *biz* bolond, őrült || **be (quite) crazy about sy/sg** vmért *v.* vkért odáig van, bele van esve vkbe, vkért/vmért bolondul; **don't be crazy** legyen eszed!; **go crazy** ❖ *biz* bedilizik; **are you crazy?** megőrültél?, normális vagy?

creak [kriːk] *ige* recseg, csikorog, nyikorog

cream [kriːm] ▼ *fn* krém *(étel)* || tejszín || kenőcs *(testre, sebre)* || **the cream of sg** ❖ *átv* vmnek a krémje, színe-java ▼ *ige* **cream off** ❖ *átv* lefölöz

cream cheese *fn* krémsajt

cream-coloured (⊕ *US* -or-) *mn* krémszínű

creamery ['kriːməri] *fn* tejüzem || tejcsarnok, tejbüfé

cream tea *fn* ⊕ *GB* tea tejszínhabbal

creamy ['kriːmi] *mn* krémszínű

crease [kriːs] ▼ *fn* él *(nadrágé)* || gyűrődés, ránc, redő ▼ *ige (ruha)* (össze)gyűrődik || **get creased** gyűrődik

crease-resistant *mn* gyűrhetetlen

create [kri'eɪt] *ige* teremt; (meg)alkot, létrehoz, kreál || ❖ *biz* hisztizik, balhézik

creation [kri'eɪʃn] *fn* alkotás, teremtés

creative [kri'eɪtɪv] *mn* alkotó, teremtő, kreatív

creativity [ˌkriːeɪ'tɪvəti] *fn* kreativitás

creator [kri'eɪtə] *fn* alkotó *(műalkotásé)* || **the Creator** a Teremtő

creature ['kriːtʃə] *fn* teremtés, teremtmény

crèche [kreʃ] *fn* ⊕ *GB* bölcsőde || ⊕ *US* betlehem

credence ['kriːdns] *fn* **give credence to sg** hitelt ad vmnek, elhisz vmt

credentials [krə'denʃlz] *fn tsz* megbízólevél

credibility [ˌkredə'bɪləti] *fn* hihetőség

credible ['kredəbl] *mn* hihető

credit ['kredɪt] ▼ *fn* ❑ *ker* hitel || ❑ *isk* tanegység (TE), kredit || **buy sg on credit** hitelbe(n)/hitelre vesz; **it does one credit** becsületére válik vm; **to my credit** számlám javára || → **credits** ▼ *ige* elhisz || ❑ *ker* javára ír, jóváír

credit account *fn* hitelszámla

credit balance *fn* ❑ *ker* követelés

credit bank *fn* hitelbank

credit card *fn* hitelkártya

credit list *fn* a film alkotói; stáblista

credit note *fn* jóváírási értesítés

creditor ['kredɪtə] *fn* hitelező

credits ['kredɪts] *fn tsz (filmé)* főcím || **the credits** a film alkotói

credit side *fn* ❑ *ker* követel oldal/rovat

credit system *fn* ❑ *isk* kreditrendszer

credit-worthy *mn* hitelképes

credulous ['kredjʊləs] *mn* hiszékeny

creed [kriːd] *fn* hiszekegy, hitvallás

---

nm névmás – *nu* névutó – *szn* számnév – *esz* egyes szám – *tsz* többes szám
▼ szófajjelzés ⊕ földrajzi variáns ❑ szakterület ❖ stiláris minősítés

creek [kri:k] *fn* patak

creep [kri:p] *ige* (*pt/pp* **crept** [krept])
kúszik, csúszik-mászik; *(négykézláb)*
mászik ‖ **it makes one's flesh creep**
borsódzik a háta vmtől, libabőrös lesz
vmtől

creeper ['kri:pə] *fn* kúszónövény

creepers ['kri:pəz] *fn tsz* csuka *(cipő)*

creepy ['kri:pi] *mn* ❖ *biz* hátborzon-
gató

cremate [krə'meɪt] *ige* (el)hamvaszt

cremation [krə'meɪʃn] *fn* hamvasztás

crematorium [ˌkremə'tɔ:rɪəm] *fn* (*tsz*
-riums *v.* **-ria** [-rɪə]) krematórium

crêpe [kreɪp] *fn* krepp ‖ palacsinta

crêpe (paper) *fn* krepp-papír

crêpe sole *fn* krepptalp

crept [krept] *pt/pp* → **creep**

crescent ['kreznt] *fn* félhold

cress [kres] *fn* zsázsa

crest [krest] *fn* (hegy)gerinc ‖ (tető)-
gerinc ‖ taraj *(madáré)*

crestfallen ['krestfɔ:lən] *mn* **be
crestfallen** lógatja az orrát

Crete [kri:t] *fn* Kréta (szigete)

crevasse [krə'væs] *fn* rianás *(jégen)*

crew [kru:] *fn* (hajón, repülőgépen
stb.) (kiszolgáló) személyzet; *(hajóé)*
legénység; *(filmé)* stáb

crew-cut *fn* kefehaj

crib [krɪb] ▼ *fn* jászol ‖ betlehem ‖
⊕ *US* gyerekágy, kiságy, rácsos ágy ‖
❑ *isk* puska ▼ *ige* **-bb-** ❑ *isk* puská-
zik

cricket[1] ['krɪkɪt] *fn* ❑ *áll* tücsök

cricket[2] ['krɪkɪt] *fn* krikett

cricketer ['krɪkɪtə] *fn* krikettjátékos

cricket match ['krɪkɪt] *fn* krikett-
mérkőzés

crime [kraɪm] *fn* bűncselekmény, bűn-
tett ‖ bűnözés

crime fiction *fn* bűnügyi regény

crime film *fn* krimi

crime series *fn esz* folytatásos tv-
krimi

crime story/thriller *fn* krimi

crime wave *fn* bűnözési hullám

criminal ['krɪmɪnl] ▼ *mn* bűnügyi,
bűnvádi ▼ *fn* bűnöző

criminal case *fn* büntetőügy, bűnügy

criminal court *fn* büntetőbíróság

Department

Criminal Investigation Department
fn ⊕ *GB* bűnügyi nyomozó osztály

criminal law *fn* büntetőjog

criminal proceedings *fn tsz* bűnvádi
eljárás

criminal record *fn* priusz

crimp [krɪmp] *ige* ondolál

crimson ['krɪmzn] *mn* bíborpiros, tűz-
vörös

cringe [krɪndʒ] *ige* hajlong, csúszik-
mászik *(before sy* vk előtt)

crinkle ['krɪŋkl] ▼ *fn* ránc, redő ▼ *ige*
(ruhát) összegyűr ‖ *(kelme, papír)*
megtörik

crinkly ['krɪŋkli] *mn* ráncos ‖ göndör

cripple ['krɪpl] ▼ *fn* nyomorék, rok-
kant ▼ *ige* megnyomorít

crippled ['krɪpld] *mn* rokkant, moz-
gásképtelen, nyomorék *(személy)*; bé-
na *(végtag)*

crippling ['krɪplɪŋ] *mn* bénító

crisis ['kraɪsɪs] *fn* (*tsz* **-ses** [-si:z])
válság, krízis

crisp ['krɪsp] ▼ *mn* ropogós ▼ *fn*
crisps burgonyaszirom

criss-cross ['krɪskrɒs] *mn* cikcakkos

criterion [kraɪ'tɪərɪən] *fn* (*tsz* **-ria**
[-rɪə]) kritérium, ismérv

critic ['krɪtɪk] *fn* bíráló, kritikus

critical ['krɪtɪkl] *mn* bíráló, kritikus ‖
válságos; életveszélyes *(állapot, bal-
esetnél)*

critically ['krɪtɪkli] *hsz* **(s)he is criti-
cally ill** a beteg állapota válságos

criticism ['krɪtɪsɪzm] *fn* bírálat, kri-
tika

criticize ['krɪtɪsaɪz] *ige* (meg)bírál,
(meg)kritizál, kifogásol

critique [krɪ'ti:k] *fn* bírálat, kritika

croak [krouk] ▼ *fn* krákogás ▼ *ige*
krákog

crochet ['krouʃeɪ] *ige* horgol

crochet-hook *fn* horgolótű
crochet-work *fn* horgolás *(eredménye)*
crock [krɒk] *fn* cserép; törmelék ‖ cserépedény
crockery ['krɒkəri] *fn* cserépedény; *(kő, agyag)* edényáru
crocodile ['krɒkədaɪl] *fn* krokodil
crocus ['kroʊkəs] *fn* sáfrány
croft [krɒft] *fn* kis gazdaság/farm
croissant ['krwæsɒn] *fn* kifli
crone [kroʊn] *fn* vén banya
crony ['kroʊni] *fn* barát; koma
crook [krʊk] *fn* ❖ *biz* svihák, széltoló
crooked ['krʊkɪd] *mn* görbe, hajlott, kampós, horgas ‖ nem tisztességes
crop [krɒp] ▼ *fn* ❑ *mezőg* termés, termény ‖ **the crops promise well** a termés jónak igérkezik ▼ *ige* -pp- *(rövidre)* lenyír

crop up *(kérdés, nehézség)* felmerül, felbukkan

cropped hair [krɒpt] *fn* rövid haj
cropper ['krɒpə] *fn* ❖ *biz* **come a cropper** kudarcot vall, leég, pofára esik
croquet ['kroʊkeɪ] *fn* ❑ *sp* krokett
croquette [kroʊ'ket] *fn (étel)* krokett, ropogós
cross [krɒs] ▼ *mn* rosszkedvű; mérges ‖ **be cross with sy** mérges vkre ▼ *fn* kereszt ▼ *ige* (vmt) keresztez, keresztbe rak ‖ átmegy, áthalad *(úttesten)*; átkel *(tengeren)* ‖ **cross each other** *(utak, vonalak)* keresztezi(k) egymást; **cross one's arms** keresztbe teszi a karját; **cross sy's plans** keresztezi vknek a terveit

cross off/out *(nevet vhonnan)* töröl; *(szöveget)* áthúz, kihúz

cross-bar *fn* keresztvas
crossbeam ['krɒsbiːm] *fn* keresztgerenda, mestergerenda

cross-benchers *fn tsz* ⊕ *GB* párton kívüli képviselők
crossbreed ['krɒsbriːd] ▼ *fn* ❑ *biol* ❑ *mezőg* keresztezés ▼ *ige* keresztez
cross-Channel ferry *fn* kompjárat *(a La Manche csatornán)*
cross-check *ige* újra átvizsgál/ellenőriz
cross-country *mn* terep- ‖ **cross-country race** ❑ *sp* mezei futás; **cross-country running** terepfutás; **cross-country skiing** sífutás
cross-examination *fn* keresztkérdezés
cross-examine *ige* keresztkérdések alá fog, faggat vkt
cross-eyed ['krɒsaɪd] *mn* kancsal
crossfire ['krɒsfaɪə] *fn* kereszttűz
cross hairs *fn tsz* fonalkereszt
crossing ['krɒsɪŋ] *fn* átkelés *(tengeren)*; áthaladás *(úttesten)* ‖ útkereszteződés *(városban)* ‖ *(gyalog)*átkelőhely, zebra
cross-purposes *fn tsz* **they are at cross-purposes** két malomban őrölnek
cross-question *fn* = **cross-examine**
cross-reference *fn* utalás *(könyvben)*
crossroads ['krɒsroʊdz] *fn esz* útkereszteződés, válaszút ‖ **be at a crossroads** válaszút előtt áll
cross-section *fn* keresztmetszet
cross-stitch *fn* keresztöltés
crosswalk ['krɒswɔːk] *fn* ⊕ *US (kijelölt)* gyalogátkelőhely
cross-wind *fn* oldalszél
cross wires *fn tsz* fonalkereszt
crosswise ['krɒswaɪz] *hsz* keresztbe(n)
crossword (puzzle) ['krɒswɜːd] *fn* keresztrejtvény
crotchet ['krɒtʃɪt] *fn* negyed *(hangjegy)*
crotchety ['krɒtʃəti] *mn* bogaras
crouch [kraʊtʃ] *ige* gubbaszt, kuksol, kuporog, leguggol
croup [kruːp] *fn* ❑ *orv* krupp

crow [kroʊ] *fn* varjú
crowbar ['kroʊbɑ:] *fn* feszítővas
crowd [kraʊd] *fn* (ember)tömeg
crowded ['kraʊdɪd] *mn* tömött, zsúfolt ‖ mozgalmas; eseménydús
crown [kraʊn] ▼ *fn* korona ▼ *ige (átv is)* megkoronáz ‖ **to crown it all** ❖ *biz* tetejébe
crown court *fn* büntetőbíróság
crowning ['kraʊnɪŋ] *mn* betetőző, ami rátette a koronát
crown jewels *fn tsz* koronaékszerek
crown prince *fn* trónörökös
crow's-feet *fn tsz* szarkalábak
crow's nest *fn* árbockosár
crucial ['kru:ʃl] *mn* döntő, kritikus ‖ **of crucial importance** döntő fontosságú
crucible ['kru:səbl] *fn* olvasztótégely
crucifix ['kru:səfɪks] *fn* feszület
crucifixion [ˌkru:sə'fɪkʃn] *fn* keresztre feszítés
crucify ['kru:sɪfaɪ] *ige* keresztre feszít
crude [kru:d] *mn* nyers
crudely ['kru:dli] *hsz* nyersen, durván
crude oil *fn* nyersolaj
crude ore *fn* nyersérc
crudity ['kru:dəti] *fn* nyerseség
cruel ['kru:əl] *mn* kegyetlen; kíméletlen, embertelen
cruelty ['kru:əlti] *fn* kegyetlenség; keménység, embertelenség ‖ **cruelty to animals** állatkínzás
cruet ['kru:ɪt] *fn* ecet-olajtartó (készlet)
cruise [kru:z] ▼ *fn* cirkálás (hajóé) ▼ *ige* cirkál
cruise liner *fn* luxushajó
cruise missile *fn* cirkálórakéta
cruiser ['kru:zə] *fn* cirkáló
cruising speed *fn* utazósebesség
crumb [krʌm] *fn* morzsa
crumble ['krʌmbl] *ige (szétesik, összeomlik)* omlik ‖ *(ház, fal)* összedől ‖ **crumble (away)** mállik, morzsálódik, szétmorzsolódik
crumbly ['krʌmbli] *mn* omlós, porhanyó(s)

crummy ['krʌmi] *mn* ❖ *biz* pocsék, vacak
crumpet ['krʌmpɪt] *fn (melegen fogyasztott, nem édes)* teasütemény
crumple ['krʌmpl] *ige* összegyűr; (össze)gyűrődik
crunch [krʌntʃ] *ige (ételt szájban)* ropogtat ‖ *(hó)* ropog
crunchy ['krʌntʃi] *mn* ropogós
crusade [kru:'seɪd] *fn* keresztes hadjárat
crusader [kru:'seɪdə] *fn* keresztes lovag/vitéz
crush [krʌʃ] ▼ *fn* összenyomás ‖ tolongás ‖ rostos gyümölcslé ‖ ❖ *biz* **have a crush on sy** bele van esve vkbe ▼ *ige (mozsárban)* összetör, öszszezúz, szétmorzsol, kiprésel ‖ *(lázadást)* letör; *(ellenséget)* szétzúz, letipor, lerohan ‖ **crush to pieces** ízzé-porrá tör; **get crushed** összenyomódik; **be crushed to death** agyonzúzza magát
crusher ['krʌʃə] *fn* zúzógép
crushing ['krʌʃɪŋ] *mn* elsöprő, megsemmisítő ‖ **crushing defeat** megsemmisítő vereség
crust [krʌst] *fn* kéreg (a földé); héj *(kenyéré)*
crustacean [krʌ'steɪʃn] *fn* héjas állat
crusty bread ['krʌsti] *fn* ⊕ *GB kb.* házikenyér, ropogós kenyér
crutch [krʌtʃ] *fn* **(a pair of) crutches** mankó
crux [krʌks] *fn* nehézség, bökkenő
cry [kraɪ] ▼ *fn* kiáltás, felkiáltás ‖ sírás ‖ **have a good cry** jól kisírja magát ▼ *ige (hangosan)* sír ‖ **it's no use crying** nem segít rajtad a sírás; **cry for help** segítségért kiált

cry off sg *v.* doing sg *(meghívást)* lemond
cry out elkiáltja magát

crying ['kraɪɪŋ] *fn* sírás
crypt [krɪpt] *fn (templomi)* kripta, sírbolt ‖ altemplom

---

fn főnév – *hsz* határozószó – *isz* indulatszó – *ksz* kötőszó – *mn* melléknév
▼ szófajjelzés ⊕ földrajzi variáns ❏ szakterület ❖ stiláris minősítés

cryptic ['krıptık] *mn* rejtélyes
crystal ['krıstl] *fn* kristály
crystal-clear *mn* kristálytiszta
crystallize ['krıstəlaız] *ige* kristályosít ‖ kikristályosodik
CSE [,si: es 'i:] = *Certificate of Secondary Education* középiskolai végbizonyítvány, *kb.* érettségi
C sharp [,si: 'ʃɑ:p] *fn* ❑ *zene* cisz
C sharp major ['si:ʃɑ:p 'meıdʒə] *fn* Cisz-dúr
C sharp minor ['si:ʃɑ:p 'maınə] *fn* cisz-moll
CT scanner [si: 'ti:] *fn* ❑ *orv* CT-szkenner
cub [kʌb] *fn* kölyök *(állaté)* ‖ the Cubs kiscserkészek, farkaskölykök; have cubs *(vad)* fiadzik; kicsinye(i)/kölyke(i) van(nak)
Cuba ['kju:bə] *fn* Kuba
cube [kju:b] *fn* köb ‖ kocka
cube root *fn* köbgyök
cubic ['kju:bık] *mn* köb-
cubic capacity *fn* köbtartalom
cubicle ['kju:bıkl] *fn* öltöző *(uszodában)*
cubic measure *fn* köbmérték
Cub Scout *fn* kiscserkész, farkaskölyök
cuckoo ['kʊku:] *fn* kakukk
cuckoo clock *fn* kakukkos óra
cucumber ['kju:kʌmbə] *fn* uborka
cuddle ['kʌdl] *ige* ölelget ‖ cuddle up to sy vkhez simul, odabújik
cudgel ['kʌdʒəl] *fn* husáng, furkósbot ‖ take up the cudgels for (sy, sg) vmért/vkért síkraszáll
cue [kju:] *fn* ❑ *szính* végszó ‖ utasítás ‖ give the cue *(karmester)* beint; take one's cue from igazodik vkhez
cuff [kʌf] *fn* kézelő; mandzsetta ‖ ⊕ *US* hajtóka, felhajtás *(nadrágé)* ‖ off the cuff kapásból
cuff-links *fn tsz* kézelőgomb
cuisine [kwı'zi:n] *fn* konyha *(főzésmód)*
cul-de-sac ['kʌl də sæk] *fn (tsz* cul-de-sacs) zsákutca

culinary ['kʌlınəri] *mn* konyhai, konyha-, étkezési
culminate ['kʌlmıneıt] *ige* tetőzik, kulminál
culmination [,kʌlmı'neıʃn] *fn* tetőpont, csúcspont
culottes [kjʊ'lɒts] *fn tsz* nadrágszoknya
culpable ['kʌlpəbl] *mn* vétkes
culprit ['kʌlprıt] *fn* tettes
cult [kʌlt] *fn* kultusz
cultivate ['kʌltıveıt] *ige (földet)* (meg)művel; *(kertet)* ápol; *(növényt)* nevel
cultivated ['kʌltıveıtıd] *mn* művelt *(ember)*; kulturált ‖ termesztett ‖ cultivated plant kultúrnövény
cultivation [,kʌltı'veıʃn] *fn* megművelés *(földé)* ‖ cultivation of plants növénytermesztés
cultural ['kʌltʃərəl] *mn* művelődési, kulturális, műveltségi ‖ cultural agreement kultúregyezmény; cultural attaché kultúrattasé; cultural programme (⊕ *US* -ram) kultúrműsor
culture ['kʌltʃə] *fn* művelődés, műveltség, kultúra ‖ ❑ *biol* kultúra
cultured ['kʌltʃəd] *mn* művelt, kulturált
cumbersome ['kʌmbəsəm] *mn* nehézkes ‖ ormótlan
cumin ['kʌmın] *fn* kömény
cumulative ['kju:mjʊlətıv] *mn* halmozódó ‖ összesítő
cumulus ['kju:mjʊləs] *fn (tsz* cumuli [-laı]) gomolyfelhő
cunning ['kʌnıŋ] *mn* ravasz, rafinált
cunt [kʌnt] *fn* ❖ *vulg* pina
cup [kʌp] *fn* csésze ‖ serleg, kupa ‖ a cup of tea egy csésze tea; it is not my cup of tea ❖ *biz* nem az én esetem
cupboard ['kʌbəd] *fn* (fali)szekrény ‖ beépített szekrény
cup final *fn* kupadöntő
cupful ['kʌpfʊl] *fn* csészényi

---

nm névmás – *nu* névutó – *szn* számnév – *esz* egyes szám – *tsz* többes szám
▼ szófajjelzés ⊕ földrajzi variáns ❑ szakterület ❖ stiláris minősítés

cup tie *fn* kupamérkőzés
cup winner *fn* kupagyőztes
curable ['kjʊərəbl] *mn* gyógyítható
curate ['kjʊərət] *fn* segédlelkész, káplán
curative ['kjʊərətɪv] *mn* gyógyító ‖ **curative effect** gyógyhatás
curator [kjʊ'reɪtə] *fn* (múzeum)-igazgató, múzeumvezető
curb [kɜ:b] ▼ *fn* fék ‖ zabla ‖ ⊕ *US* járdaszegély ▼ *ige* féken tart, megfékez, megzaboláz
curd (cheese) ['kɜ:d] *fn* túró
curdle ['kɜ:dl] *ige (tej)* összemegy
curdled milk *fn* aludttej
cure [kjʊə] ▼ *fn* gyógykezelés, gyógyítás, gyógymód, kúra ▼ *ige* (meg)-gyógyít ‖ bepácol ‖ füstöl ‖ **cure sy of sg** kigyógyít vmből; **be cured (of sg)** meggyógyul
cure-all *fn* csodaszer
curfew ['kɜ:fju:] *fn* kijárási tilalom
curing ['kjʊərɪŋ] *mn* gyógyító
curio ['kjʊərɪoʊ] *fn* ritkaság ‖ **curios** régiségek
curiosity [ˌkjʊəri'ɒsəti] *fn* kíváncsiság ‖ ritkaság, furcsaság, kuriózum ‖ **out of curiosity** kíváncsiságból
curious ['kjʊərɪəs] *mn* kíváncsi ‖ furcsa ‖ **be curious to know/learn** kíváncsi vmre
curiously (enough) ['kjʊərɪəsli] *hsz* (elég) különös módon
curl [kɜ:l] ▼ *fn* (haj)fürt, (haj)hullám ▼ *ige* göndörít ‖ göndörödik ‖ **curl sy's hair** kisüti/besüti a haját
curler ['kɜ:lə] *fn* hajcsavaró
curling-pin ['kɜ:lɪŋpɪn] *fn* hullámcsat
curling-tongs *fn tsz* hajsütő vas
curly ['kɜ:li] *mn* hullámos, göndör *(haj)*
currant ['kʌrənt] *fn* ribiszke, ribizli ‖ mazsola
currency ['kʌrənsi] *fn (mint fizetési eszköz)* pénz, devizanem, pénznem, valuta ‖ érvényesség ‖ **gain currency** *(hír)* elterjed

current ['kʌrənt] ▼ *mn* érvényes, forgalomban levő *(pénz)* ‖ elterjedt *(szó)* ‖ aktuális, közkeletű ‖ **in current use** közkeletű; **of the current year** folyó évi ▼ *fn* ár *(folyón)* ‖ ❏ *el* áram ‖ **the current is off** nincs áram
current account *fn* folyószámla *(bankban)*
current affairs *fn tsz* aktuális események
current assets *fn tsz* forgótőke
current events *fn tsz* aktuális események
currently ['kʌrəntli] *hsz* jelenleg
current price *fn* napi/piaci ár
current problems *fn tsz* időszerű kérdések
current rate *fn* napi árfolyam
current supply *fn* áramellátás
curriculum [kə'rɪkjʊləm] *fn* tanmenet; tananyag
curriculum vitae [kəˌrɪkjʊləm 'vi:taɪ] *(tsz* **curricula vitae)** *fn* önéletrajz
curry¹ ['kʌri, ⊕ *US* 'kɜ:ri] *fn* curry(vel készített húsétel)
curry² ['kʌri, ⊕ *US* 'kɜ:ri] *ige (bőrt)* kikészít; *(lovat)* (le)ápol, (le)csutakol
curry powder *fn* curry
curse [kɜ:s] ▼ *fn* átok ▼ *ige* elátkoz, megátkoz ‖ szitkozódik ‖ **curse and swear** káromkodik
cursed ['kɜ:sɪd, kɜ:st] *mn* átkozott, átkos
cursor ['kɜ:sə] *fn* ❏ *szt* kurzor
cursorily ['kɜ:sərɪli] *hsz* futólag
cursory ['kɜ:səri] *mn* futólagos; felületes
curt [kɜ:t] *mn* rövid, kurta
curtail [kɜ:'teɪl] *ige* megkurtít ‖ csökkent, megnyirbál
curtain ['kɜ:tn] *fn* függöny ‖ **draw the curtain** behúzza a függönyt; **the curtain drops/falls** a függöny legördül; **the curtain rises** a függöny felmegy
curtain-call *fn* függöny elé hívás ‖ **(s)he got a curtain-call** kitapsolták

---

fn főnév – *hsz* határozószó – *isz* indulatszó – *ksz* kötőszó – *mn* melléknév
▼ szófajjelzés ⊕ földrajzi variáns ❏ szakterület ❖ stiláris minősítés

curts(e)y ['kɜːtsi] *fn* bók *(térdhajlítással)*; pukedli
curvature ['kɜːvətʃə] *fn* görbület
curve [kɜːv] ▼ *fn* ❑ *mat* görbe ‖ hajlat *(tárgyé)*; kanyar, útkanyarulat ▼ *ige (vonal)* elhajlik
curved [kɜːvd] *mn* görbe, hajlított, ív alakú
cushion ['kʊʃn] *fn* (dívány)párna
custard ['kʌstəd] *fn kb.* tejsodó
custodian [kʌ'stoʊdɪən] *fn* őr ‖ (múzeum)igazgató
custody ['kʌstədi] *fn (rendőri)* őrizet ‖ **be in custody** előzetes letartóztatásban van; **take sy into custody** őrizetbe vesz vkt
custom ['kʌstəm] *fn* szokás ‖ **as was his custom** szokása szerint ‖ → **customs**
customary ['kʌstəməri] *mn* szokásos ‖ **it is customary** szokásban van
custom-built *mn* egyedi tervezésű/kivitelezésű, rendelésre készült
customer ['kʌstəmə] *fn* vásárló, vendég, ügyfél, fél, kliens ‖ **customers** vásárlóközönség; ❖ *biz* **a queer customer** fura alak
customized ['kʌstəmaɪzd] *mn* = **custom-made**
custom-made *mn* mérték után készült *(ruha)*
customs ['kʌstəmz] *fn tsz* vámhivatal, vám(kezelés) ‖ **clear (goods) through customs, go through** (*v.* **clear**) **customs** átjut a vám(vizsgálat)on
customs clearance *fn* vámkezelés, vámvizsgálat
customs declaration *fn* vámnyilatkozat
customs duty *fn* (behozatali) vám
customs examination *fn* vámvizsgálat
customs house *fn* vámhivatal
customs officer *fn* vámtiszt, vámos, vámőr

customs regulations *fn tsz* vámszabályok
customs tariff *fn* vámdíjszabás
cut [kʌt] ▼ *mn* vágott ▼ *fn* vágás ‖ szelet ‖ csökkentés ‖ fazon, szabás ‖ *(írásból)* húzás ‖ vágott seb ▼ *ige (pt/ pp* **cut** [kʌt]) **-tt-** vág, elvág; metsz, vés; *(hajat)* levág, nyír; *(füvet)* nyír ‖ *(kenyeret)* megszeg, szel ‖ ❖ *biz (órát, előadást)* mulaszt ‖ *(szöveget)* lerövidít; *(írásból)* töröl, húz ‖ **cut a class** ❖ *biz* ellóg az óráról; **cut and run** ❖ *biz* (el)húzza a csíkot; **cut (sg) into slices** szeletel; **cut one's hair** hajat vág; **cut one's nails** körmöt vág; **cut sy short** szavába vág vknek

cut away levág ‖ lefarag
cut back *(fát)* nyes, visszametsz; *(szőlőt)* megmetsz ‖ **cut back on (production)** *(termelést)* csökkent
cut down *(kiadást)* csökkent; *(cikket)* megrövidít; *(költséget)* redukál ‖ **cut down on** *(pénzösszeget, kiadást)* lefarag
cut in (on sy) ❖ *biz* közbevág, szavába vág vknek ‖ elévág *(autóval)* ‖ **cut in half/two** kettévág
cut into közbevág
cut off levág, lemetsz; leszel ‖ *(áramot, gázt)* kikapcsol ‖ *(kőből, fából)* lefarag ‖ elvág, elszigetel ‖ **be cut off** *(folyamat)* megszakad; **we were cut off** szétkapcsoltak
cut open ❑ *orv* megnyit, felvág
cut out kivág ‖ *(ruhát)* kiszab ‖ kimetsz ‖ **be cut out for sg** különösen alkalmas vmre
cut up felvág, felaprít, szétvág

cut-and-dried/dry *mn* kész *(előre alkotott, pl. vélemény)* ‖ száraz, unalmas
cutback(s) ['kʌtbæk(s)] *fn* költségcsökkentés
cute [kjuːt] *mn* ❖ *biz* csini, cuki *(nő)* ‖ **a cute little number** jó nő

cuticle ['kju:tɪkl] *fn* hámréteg
cutlery ['kʌtləri] *fn* evőeszköz(ök)
cutlet ['kʌtlət] *fn* (borda)szelet; *(borjú, ürü)* borda
cutoff ['kʌtɒf] *fn* kikapcsolás
cutout ['kʌtaʊt] *fn* kivágás, kivágós minta ‖ (ki)kapcsoló
cut-price *mn* árengedményes, leszállított árú ‖ **cut-price goods** leértékelt áru
cutter ['kʌtə] *fn (káposztának stb.)* gyalu
cut-throat competition *fn* öldöklő verseny
cutting ['kʌtɪŋ] ▼ *mn* éles *(megjegyzés)* ▼ *fn* vágás, metszés ‖ lapkivágás ‖ ❏ *film* vágás
cutting-room *fn* ❏ *film* vágószoba
CV [ˌsi: 'vi:] = **curriculum vitae**
cwt. = **hundredweight**
cyanide ['saɪənaɪd] *fn* cián
cybernetics [ˌsaɪbə'netɪks] *fn esz* kibernetika
cyclamen ['sɪkləmən] *fn* ciklámen
cycle ['saɪkl] ▼ *fn* körforgás, körfolyamat, ciklus ‖ bicikli ‖ **cycle of songs** dalciklus ▼ *ige* biciklizik, ❖ *biz* bringázik
cycle path *fn* kerékpárút
cycle race *fn* kerékpárverseny
cyclic(al) ['saɪklɪk, 'sɪklɪkl] *mn* ciklikus, periodikus
cycling ['saɪklɪŋ] *fn* kerékpározás
cyclist ['saɪklɪst] *fn* biciklista, kerékpáros
cyclone ['saɪkloʊn] *fn* ciklon
cygnet ['sɪgnət] *fn* fiatal hattyú
cylinder ['sɪlɪndə] *fn (gépkocsiban is)* henger
cylinder capacity *fn* hengerűrtartalom
cylinder head *fn* hengerfej
cylinder head casket *fn* hengerfejtömítés
cylindric(al) [sɪ'lɪndrɪk(l)] *mn* hengeres
cymbals ['sɪmblz] *fn tsz* ❏ *zene* cintányér
cynic ['sɪnɪk] *fn* cinikus
cynical ['sɪnɪkl] *mn* cinikus
cynicism ['sɪnɪsɪzm] *fn* cinizmus
cypress ['saɪprəs] *fn* ciprus
Cypriot ['sɪprɪət] *mn (ember)* ciprusi
Cyprus ['saɪprəs] *fn* Ciprus
Cyrillic [sə'rɪlɪk] *mn* cirill
Cyrillic alphabet *fn* cirill (betűs) írás, cirill ábécé
cyst [sɪst] *fn* ❏ *orv* ciszta
czar [zɑ:] *fn* cár
Czech [tʃek] *mn/fn (ember, nyelv)* cseh ‖ **in Czech** csehül; **the Czech Republic** Csehország, a Cseh Köztársaság

---

fn főnév – *hsz* határozószó – *isz* indulatszó – *ksz* kötőszó – *mn* melléknév
▼ szófajjelzés ⊕ földrajzi variáns ❏ szakterület ❖ stiláris minősítés

D

D [di:] *fn* ❏ *zene* a D hang
DA [ˌdiːˈeɪ] = **district attorney**
dab [dæb] *ige* **-bb-** megtöröl ‖ nyomogat ‖ felrak *(festéket)*
dabble [ˈdæbl] **in** (**sg**) *ige* ❖ *átv* ❖ *biz* beleszagol, belekap (vmbe)
dachshund [ˈdæksnd] *fn* tacskó, dakszli
dad(dy) [ˈdædi] *fn* ❖ *biz* édesapám, papa
daddy-long-legs *fn (tsz ua.)* tipolyszúnyog
daffodil [ˈdæfədɪl] *fn* sárga nárcisz
daft [dɑːft] *mn* ❖ *biz* bolond, dilis
dagger [ˈdægə] *fn* tőr
dahlia [ˈdeɪlɪə] *fn* dália
daily [ˈdeɪli] ▼ *mn* napi, mindennapi, naponkénti ‖ **the daily grind** a mindennapi robot ▼ *hsz* mindennap, napjában ‖ **twice daily** naponta kétszer ▼ *fn* hírlap, napilap
daily paper *fn* napilap
daily press *fn* napisajtó
dainty [ˈdeɪnti] *fn* ínyencfalat, csemege
dairy [ˈdeəri] *fn* tejüzem ‖ tejbolt, tejbüfé
dairy cow *fn* tejelő tehén
dairy farm *fn* tejgazdaság
dairymaid [ˈdeərɪmeɪd] *fn* tehenészlány, fejőlány
dairy produce *fn* tejtermék(ek)
dais [ˈdeɪɪs] *fn* emelvény, dobogó
daisy [ˈdeɪzi] *fn* margaréta, százszorszép
daisy-wheel printer *fn* margarétafejes nyomtató

dale [deɪl] *fn* völgy
dally [ˈdæli] *ige* enyeleg
Dalmatian [dælˈmeɪʃn] *fn* dalmát eb
dam [dæm] *mn* völgyzáró gát, gát, védőgát
damage [ˈdæmɪdʒ] ▼ *fn (anyagi)* kár, veszteség; sérülés *(tárgyé)*; káreset ‖ ❖ *biz* **what's the damage?** mennyi a cech?; **do damage (to sy/sg)** vknek/vmnek kárt okoz ‖ → **damages** ▼ *ige* kárt tesz (vmben), rongál (vmt) ‖ **be damaged** tönkremegy, megrongálódik, megsérül ‖ → **damages**
damaged [ˈdæmɪdʒd] *mn* sérült *(tárgy)*
damages [ˈdæmɪdʒɪz] *fn tsz* kártérítés ‖ **be paid damages** kártérítést kap vktől; **pay damages to sy for sg** kártérítést fizet vknek vmért; **put in a claim for damages** kártérítési igényt jelent be; **recover damages from sy** kártérítést kap vktől; **pay $4000 in damages** 4000 dollár kártérítést fizet
damaging [ˈdæmɪdʒɪŋ] *mn* **damaging (to)** káros (vkre nézve)
dame [deɪm] *fn* ⊕ *GB* hölgy (lovagi ranggal)
damn [dæm] ▼ *fn* **not give a damn about sg/sy** semmibe/kutyába se vesz vmt/vkt ▼ *ige* átkoz, elátkoz ‖ **damn (it)!** fene egye meg!, a mindenit!
damnable [ˈdæmnəbl] *mn* pocsék, átkozottul rossz
damnation [dæmˈneɪʃn] *fn* kárhozat
damned [dæmd] *mn* átkozott ‖ **it is damned cold** kutya hideg van
damp [dæmp] ▼ *mn* vizes, nyirkos ▼ *ige (hangot)* letompít

dampen ['dæmpən] *ige* (meg)nedvesít
‖ letompít

damper ['dæmpə] *fn (zongorán)* hangtompító

dampness ['dæmpnəs] *fn* nedvesség, nyirkosság

damp(-proof) course *fn* szigetelés *(falban)*

damson ['dæmzn] *fn* vörösszilva

dance [dɑːns] ▼ *fn* tánc, bál ▼ *ige* táncol

dance group *fn* tánccsoport

dance-hall *fn* táncterem

dancer ['dɑːnsə] *fn* táncos

dancing ['dɑːnsɪŋ] *fn* tánc

D and C [ˌdiː ənd 'siː] *fn* ❖ *biz* méhkaparás ‖ **perform a D and C** méhkaparást végez

dandelion ['dændɪlaɪən] *fn* gyermekláncfű, pitypang

dandruff ['dændrəf] *fn (fejbőrön)* korpa

dandy ['dændi] *mn/fn* piperkőc

Dane [deɪn] *fn* dán

danger ['deɪndʒə] *fn* veszély, veszedelem ‖ **be in danger** veszélyben forog/van; **be out of danger** túl van a veszélyen; **expose oneself to danger** veszélynek teszi ki magát; **danger! high voltage!** a vezeték érintése életveszélyes; **the danger is over** a veszély elmúlt

danger area *fn* veszélyzóna

danger list *fn* ❖ *biz* **(s)he was on the danger list** már „leírták" (de aztán jobban lett)

dangerous ['deɪndʒərəs] *mn* veszélyes

dangerously ['deɪndʒərəsli] *hsz* veszélyesen

danger signal *fn* vészjel

danger zone *fn* veszélyzóna

dangle ['dæŋgl] *ige* lóbál ‖ **dangle one's legs** lóbálja a lábát

Danish ['deɪnɪʃ] *mn* dán

dank [dæŋk] *mn* nyirkos, nedves, vizenyős

Danube ['dænjuːb] *fn* Duna

dapper ['dæpə] *mn* tipp-topp

dare [deə] *ige* merészel ‖ **dare (to) do sg** mer vmt tenni; van mersze vmt tenni; **how dare you say such a thing?** hogy mersz ilyet mondani?; **how dare you?** hogy merészeli Ön?; **how did you dare to tell her?** hogy merted megmondani neki?; **don't you dare go out** ne próbálj kimenni; **I/he etc. dare not** (*v.* **daren't**) **do sg** nem mer vmt (meg)tenni; **I dare say** ❑ *kif* meghiszem azt!, merem állítani

daredevil ['deədevl] *fn* fenegyerek

daren't ['deənt] → **dare**

daring ['deərɪŋ] ▼ *mn* merész, vakmerő ▼ *fn* merészség, vakmerőség

dark [dɑːk] ▼ *mn* sötét ‖ **it is getting dark** sötétedik ▼ *fn* sötétség

Dark Ages *fn tsz* a sötét középkor

dark-blue *mn* sötétkék

darken ['dɑːkən] *ige* (el)sötétít; elsötétedik *(ég)*; sötétedik *(anyag)* ‖ **never darken my doors again!** be ne tedd a lábadat hozzám!

dark glasses *fn tsz* napszemüveg, sötét szemüveg

dark-grey *mn* sötétszürke

dark horse *fn* ❖ *biz* ismeretlen vetélytárs

darkly ['dɑːkli] *hsz* sötéten

darkness ['dɑːknəs] *fn* sötétség, besötétedés

darkroom ['dɑːkruːm] *fn* sötétkamra

darling ['dɑːlɪŋ] ▼ *mn* ❖ *biz (kisbaba stb.)* tündéri ▼ *fn* kedves ‖ **darling!** drágám!

darn [dɑːn] *ige* (be)stoppol ‖ **darn (it)!** az iskoláját!

dart [dɑːt] ▼ *fn* dárda ▼ *ige* **dart along/across** végigsuhan

dart in/into besurran

dart up felcsap *(láng)*

dartboard ['dɑːtbɔːd] *fn* céltábla

darts [dɑːts] *fn esz* célbadobós játék

---

dash [dæʃ] ▼ *fn* nekiiramodás ‖ gondolatjel ‖ **100 metre dash** százméteres síkfutás; **a dash of** cseppnyi ▼ *ige* rohan, robog ‖ **dash past** *(vm mellett)* elrobog ‖ **dash sy's hopes** halomra dönti vk reményeit

dash away vk vhonnan elviharzik
dash forward/ahead előrerohan
dash in/into *(szobába)* beront
dash off elrohan ‖ *(néhány sort)* odavet
dash out vhonnan kirohan

dashboard ['dæʃbɔːd] *fn* szerelvényfal, műszerfal *(autón)*
dashing ['dæʃɪŋ] *mn* ragyogó
data ['deɪtə] *fn* adat(ok)
data acquisition *fn* adatgyűjtés
databank *fn* adatbank
database *fn* adatbázis
data carrier *fn* adathordozó
data processing *fn (gépi)* adatfeldolgozás
data recording *fn* adatrögzítés
data retrieval *fn* információ-/adatvisszakeresés
data sheet *fn* adatlap
data transmission *fn* adatátvitel
date[1] [deɪt] *fn* datolya
date[2] [deɪt] ▼ *fn* évszám, dátum, időpont, keltezés ‖ találka, randi ‖ **be out of date** elavult, már nem aktuális, korszerűtlen; **be up to date** korszerű; **from this date** a mai naptól; **have/ make a date with sy** randevúzik vkvel; **to this date** (mind) a mai napig; **what date is his birthday?** hányadikán van a születésnapja?; **date as above** kelt, mint fent; **date of expiry** lejárat napja; **date of issue** kiadás kelte; **date of travel** az utazás időpontja ▼ *ige* keltez ‖ ered, származik ‖ elévül ‖ **date sy** ⊕ *US* ❖ *biz* randevúzik/randizik vkvel

date back to *v.* **date from** ered/származik vmely időből, datálódik ‖

the castle dates back to the 14th century a vár a XIV. századból származik; **it dates back to ...** eredete ...-re nyúlik vissza

dated ['deɪtɪd] *mn* elavult
date stamp *fn* keletbélyegző
daub [dɔːb] *ige* ❖ *biz* pingál ‖ kimázol, beken, bemázol
daughter ['dɔːtə] *fn* **sy's daughter** vknek a lánya
daughter-in-law *fn (tsz* **daughters-in-law**) meny
daunt [dɔːnt] *ige* megijeszt
daunting ['dɔːntɪŋ] *mn* ijesztő
davenport ['dævnpɔːt] *fn* ⊕ *GB* szekreter ‖⊕ *US* kanapé, rekamié
dawdle ['dɔːdl] *ige* ❖ *biz* totojázik ‖ **dawdle over sg** vmvel piszmog
dawn [dɔːn] ▼ *fn* hajnal, virradat ‖ **at dawn** virradatkor; **dawn is breaking** hasad a hajnal, már nappalodik ▼ *ige* **it is dawning** hajnalodik, világosodik ‖ **it's beginning to dawn on me** kezd már derengeni előttem
dawn chorus *fn* hajnali madárkoncert
day [deɪ] *fn* nap *(24 óra)* ‖ **by day** nappal; napközben; **call it a day** leteszi a lantot; **one day** egy szép napon; **to this day** mind a mai napig, máig, napjainkig; **what day is (it) today?** milyen nap van ma?; **day after/by day** nap nap után, nap mint nap; **the day after tomorrow** holnapután; **the day before** az előtte való napon; **the day before yesterday** tegnapelőtt; **day is breaking** hajnalodik, világosodik; **this day last week** ma egy hete; **this day next year** mához egy évre; **day of expiry** lejárat napja; **have a day off** szabadnapos, kimenője van; **in a day or two** egy-két nap alatt, néhány napon belül; **in those days** akkoriban; **these days** a mai világban, manapság, napjainkban; **a day's journey** egynapi út; **for days (on end)** napokon át; **... days old ...** napos *(kor-*

ra vonatkozóan); **from day to day** napról napra; **this day week** mához egy hétre; **day's wage** napibér; **day's work** napi munka; **it is in the day's work** ❏ *kif* mindennapos dolog

dayboy ['deɪbɔɪ] *fn* kinnlakó *(diák)*

daybreak ['deɪbreɪk] *fn* hajnal ‖ **at daybreak** napkeltekor

day-care centre *fn* napközi (otthon)

day cream *fn* nappali (arc)krém

daydream ['deɪdriːm] ▼ *fn* ábránd(o-zás) ▼ *ige* ábrándozik, álmodozik

daygirl ['deɪgɜːl] *fn* kinnlakó *(diák-lány)*

day labour (⊕ *US* **-bor**) *fn* napszám

day-labourer *mn* napszámos

daylight ['deɪlaɪt] *fn* nappali világítás ‖ **by daylight** nappali fénynél

daylight-loading *fn* ❏ *fényk* napfény-töltés

daylight saving time (⊕ *US* **daylight time**) *fn* nyári időszámítás

day-nursery *fn* óvoda ‖ ⊕ *US* bölcsőde

day-pupil *fn* bejáró (tanuló)

day-return *fn (egynapos)* kiránduló-jegy

day shift *fn* nappali műszak ‖ **be on the day shift** nappalos

day-shift worker *fn* nappalos, nappali műszakban dolgozó

daytime ['deɪtaɪm] *fn* nappal ‖ **in the daytime** nappal, napközben

day-to-day *mn* naponként ismétlődő, mindennapi ‖ **on a day-to-day basis** alkalmanként

day trip *fn* egynapos kirándulás/út

day wear *fn* utcai ruha/viselet

day-worker *fn* napszámos

daze [deɪz] ▼ *fn* kábultság ▼ *ige* (el)kábít

dazed [deɪzd] *mn* zavart ‖ kábult

dazzle ['dæzl] *ige (fény)* (el)vakít, (el)kápráztat ‖ **be dazzled** káprázik a szeme

dazzled (by) ['dæzld] *mn* (vmtől) el-vakult

dazzling ['dæzlɪŋ] *mn* (el)kápráztató

DC [ˌdiː 'siː] = **direct current**

D-day ['diːdeɪ] *fn* a partraszállás napja (1944. június 6.)

DDT [ˌdiː diː 'tiː] *fn* DDT *(rovarirtó)*

deacon ['diːkən] *fn* diakónus

dead [ded] ▼ *mn* halott, holt ‖ **declare sy legally dead** holttá nyilvánít; ❖ *biz* **be dead against sg** határozottan elle-nez vmt; **be dead on time** hajszál-pontosan érkezik; **dead silence** halá-los csend; **dead slow** *(autóval)* lépés-ben; **dead sober** színjózan ▼ **the dead** *fn tsz* a halottak

dead battery *fn* lemerült akku

dead body *fn* holttest, *(emberi)* tetem

dead cert *mn* ❖ *biz* tuti, holtbiztos

deaden ['dedn] *ige (hangot)* letompít

dead end *fn* ⊕ *US* zsákutca

dead-end job *fn* perspektíva nélküli állás/munka, „zsákutca"

dead heat *fn* holtverseny

dead language *fn* holt nyelv

deadline ['dedlaɪn] *fn* határidő ‖ lap-zárta

deadlock ['dedlɒk] *fn* **come to a deadlock** holtpontra jut, megfenek-lik; megreked

dead loss *fn* ❖ *biz* **it's a dead loss** szart se ér

deadly ['dedli] *mn/hsz* halálos(an)

deadly nightshade *fn* nadragulya

deadpan ['dedpæn] *fn* ❖ *biz* pléhpofa

Dead Sea *fn* Holt-tenger

dead season *fn* holt szezon/idény

dead shot *fn* **he is a dead shot** kitűnő céllövő

dead-tired *mn* halálosan fáradt; ❖ *biz* dögfáradt

dead-water *fn* állóvíz

dead-weight *fn* holtsúly

deaf [def] ▼ *mn* süket ‖ **as deaf as a post** süket, mint az ágyú ▼ *fn* **the deaf** a süketek ‖ **go deaf** megsüketül; **turn a deaf ear to sg** ereszt vmt a füle mellett

deaf-aid *fn* hallásjavító készülék

deaf-and-dumb *mn/fn* süketnéma

---

fn főnév – *hsz* határozószó – *isz* indulatszó – *ksz* kötőszó – *mn* melléknév
▼ szófajjelzés ⊕ földrajzi variáns ❏ szakterület ❖ stiláris minősítés

deaf-and-dumb alphabet süketné-maábécé/-jelbeszéd
deafen ['defn] *ige* megsüketít
deafening ['defnɪŋ] *mn* fülsiketítő
deaf-mute *mn* süketnéma
deafness ['defnəs] *fn* süketség
deal [di:l] ▼ *fn* mennyiség ‖ eljárás, bánásmód ‖ üzlet(kötés), alku, tranzakció ‖ **a good/great deal** jó sok(at); sokkal …; sokszor; **it's a deal!** áll az alku!, megegyeztünk!; **whose deal is it?** ki oszt?; **do a deal with sy** üzletet köt vkvel ▼ *ige* (*pt/pp* dealt [delt]) ad ‖ (*kártyát*) oszt ‖ **deal sy a blow** ütést mér vkre

deal in kereskedik vmvel
deal with (*kérdéssel*) foglalkozik, tárgyal (*kérdést*); (*könyv, cikk stb. vmről*) szól ‖ vkvel bánik

dealer ['di:lə] *fn* kereskedő, dealer
dealings ['di:lɪŋz] *fn tsz* (üzleti) kapcsolat(ok)
dealt [delt] *pt/pp* → **deal**
dean [di:n] *fn* esperes ‖ dékán
dear [dɪə] *mn* (*átv is*) drága ‖ **my dear** drágám; **oh dear!** jaj nekem!; **dear me!** ó jaj!; **Dear John** (*levélben*) Kedves John!; **Dear Sirs** Tisztelt Uraim!
dearest ['dɪərɪst] *mn* drágám!
dearly ['dɪəli] *hsz* nagyon (de nagyon) ‖ **pay dearly for** drágán megfizet vmért
death [deθ] *fn* halál, haláleset ‖ **he met his death** halálát lelte; **sy's death** vknek az elhunyta
death-bed *fn* halálos ágy
death certificate *fn* halotti anyakönyvi kivonat
death duties *fn tsz* örökösödési illeték
deathly ['deθli] *mn/hsz* halálos(an)
death penalty *fn* halálbüntetés
death rate *fn* halálozási arányszám
death sentence *fn* halálos ítélet

death-toll *fn* a halálos áldozatok száma
deathtrap ['deθtræp] *fn* életveszélyes hely, „halálkanyar"
debar [dɪ'bɑ:] *ige* -rr- kirekeszt (*from* vmből)
debarkation [ˌdi:bɑ:'keɪʃn] *fn* partra-szállás
debase [dɪ'beɪs] *ige* lealáz ‖ leront ‖ lealjasít ‖ **debase oneself** lealjasodik
debatable [dɪ'beɪtəbl] *mn* vitatható
debate [dɪ'beɪt] ▼ *fn* vita ▼ *ige* vitat(kozik)
debauched [dɪ'bɔ:tʃt] *mn* feslett, kicsapongó, züllött, korhely
debauchery [dɪ'bɔ:tʃəri] *fn* züllöttség, kicsapongás
debenture [dɪ'bentʃə] *fn* adóslevél ‖ **debenture bond** kötvény; **debenture capital** kötvénytőke
debilitate [dɪ'bɪlɪteɪt] *ige* legyengít
debit ['debɪt] ▼ *fn* Tartozik oldal ‖ **to the debit of my account** számlám terhére ▼ *ige* **debit sy's account with** számlát megterhel
debit and credit *fn* ❑ *ker* tartozik és követel
debit balance *fn* passzív mérleg, tartozik-egyenleg
debit side *fn* Tartozik oldal/rovat
debrief [ˌdi:'bri:f] *ige* kihallgat, kikérdez
debris ['debri:] *fn* törmelék
debt [det] *fn* adósság ‖ **bad debt** behajthatatlan adósság; **be up to one's ears in debt** nyakig ül/úszik/van az adósságban; **get into debt** eladósodik; **pay one's debt(s)** adósságot kifizet/rendez
debtor ['detə] *fn* adós
debug [ˌdi:'bʌg] *ige* -gg- ❑ *szt* hibát keres/kiszűr (*programban*) ‖ lehallgatókészüléket eltávolít
début ['deɪbju:] *fn* első fellépés, debütálás
débutante ['debjutɑ:nt] *fn* első bálozó

D

---

nm névmás – *nu* névutó – *szn* számnév – *esz* egyes szám – *tsz* többes szám
▼ szófajjelzés ⊕ földrajzi variáns ❑ szakterület ❖ stiláris minősítés

D

Dec. = December
decade ['dekeɪd] *fn* évtized
decadence ['dekədəns] *fn* hanyatlás, dekadencia
decadent ['dekədənt] *mn* hanyatló, dekadens
decaffeinated [ˌdiː'kæfɪneɪtɪd] *mn* koffeinmentes
decamp [dɪ'kæmp] *ige* ❖ *biz* meglóg, olajra lép
decant [dɪ'kænt] *ige (bort)* (le)fejt
decathlon [dɪ'kæθlɒn] *fn* tízpróba
decay [dɪ'keɪ] ▼ *fn* romlás, hanyatlás; züllés ‖ fogszuvasodás ▼ *ige* hanyatlik, romlik ‖ elkorhad, rothad ‖ ❑ *vegy* bomlik ‖ szuvasodik *(fog)*
decayed [dɪ'keɪd] *mn* rothadt ‖ korhadt ‖ szuvas *(fog)*
decease [dɪ'siːs] *ige* elhuny
deceased [dɪ'siːst] *mn* halott, elhunyt ‖ **the deceased** az elhunyt
deceit [dɪ'siːt] *fn* csalás ‖ csalárdság
deceitful [dɪ'siːtfl] *mn* csaló ‖ csalárd
deceive [dɪ'siːv] *ige* becsap, rászed, beugrat, megcsal vkt
December [dɪ'sembə] *fn* december ‖ **in December** decemberben
decency ['diːsnsi] *fn* tisztesség, illem, illendőség
decent ['diːsnt] *mn* tisztességes, derék, rendes, becsületes ‖ meglehetős
decently ['diːsntli] *hsz* tisztességesen, rendesen
decentralization [ˌdiːsentrəlaɪ'zeɪʃn] *fn* decentralizáció
deception [dɪ'sepʃn] *fn* csalás, megtévesztés
deceptive [dɪ'septɪv] *mn* csalóka, megtévesztő
decibel ['desɪbel] *fn* decibel
decide [dɪ'saɪd] *ige* (el)határoz, (el)dönt ‖ **(s)he decided on (doing) sg** úgy határozott, hogy; azt határozta, hogy; vmre (el)határozta magát
decided [dɪ'saɪdɪd] *mn* határozott, kifejezett

decidedly [dɪ'saɪdɪdli] *hsz* határozottan, kifejezetten
deciduous [dɪ'sɪdʒʊəs] *mn* lombhullató
decilitre (⊕ *US* **-liter**) ['desɪliːtə] *fn* deciliter
decimal ['desɪməl] ▼ *mn* tízes ‖ tizedes ▼ *fn* tizedesjegy ‖ tizedes ‖ **decimal (fraction)** tizedes tört
decimal classification *fn* decimális osztályozás
decimalize ['desɪməlaɪz] *ige* tízes számrendszerre áttér
decimal point *fn* tizedes pont
decimal system *fn* tízes számrendszer
decimate ['desɪmeɪt] *ige* megtizedel
decimetre (⊕ *US* **-meter**) ['desɪmiːtə] *fn* deciméter
decipher [dɪ'saɪfə] *ige (kódot)* megfejt
decision [dɪ'sɪʒn] *fn* döntés, elhatározás ‖ bírói ítélet ‖ **come to a decision** határoz, dönt; **make a decision** döntést hoz
decisive [dɪ'saɪsɪv] *mn* döntő
decisively [dɪ'saɪsɪvli] *hsz* döntően
deck [dek] ▼ *fn* fedélzet ‖ deck *(lemezjátszó, magnó)* ▼ *ige* **deck out** felcicomáz, feldíszít ‖ **be decked out** vk ünnepi diszben van
deck-chair *fn* nyugágy
deck-hand *fn* fedélzeti munkás
declaration [ˌdeklə'reɪʃn] *fn* nyilatkozat, deklaráció ‖ **make a declaration** nyilatkozik; **declaration of assets** vagyonbevallás
declare [dɪ'kleə] *ige* kinyilvánít, deklarál, vmnek nyilvánít, mond ‖ **declare war on** hadat üzen vknek; **have you anything to declare?** van valami elvámolnivalója?
declassify [diː'klæsɪfaɪ] *ige* felold *(közlési tilalom alól)*
declension [dɪ'klenʃn] *fn* főnévragozás, deklináció
decline [dɪ'klaɪn] ▼ *fn* hanyatlás ‖ **be on the decline** hanyatlóban van

---

fn főnév – *hsz* határozószó – *isz* indulatszó – *ksz* kötőszó – *mn* melléknév
▼ szófajjelzés ⊕ földrajzi variáns ❑ szakterület ❖ stiláris minősítés

▼ *ige* (le)hanyatlik, romlásnak indul; *(erő)* gyengül ‖ *(ajánlatot)* visszautasít

declining [dɪˈklaɪnɪŋ] *mn* hanyatló ‖ **in one's declining years** élete alkonyán

declutch [diːˈklʌtʃ] *ige* kikuplungoz

decode [diːˈkoʊd] *ige* dekódol

decoder [diːˈkoʊdə] *fn* ❑ *el* ❑ *szt* dekóder

decompose [ˌdiːkəmˈpoʊz] *ige (anyagot)* (szét)bont, szétbomlaszt ‖ *(anyag)* szétbomlik; ❑ *vegy* felbomlik

decomposition [ˌdiːkɒmpəˈzɪʃn] *fn* ❑ *vegy* bomlás, felbomlás ‖ oszlás, romlás ‖ ❑ *vegy* (fel)bontás

decompression sickness [ˌdiːkəmˈpreʃn] *fn* keszonbetegség

decongestant [ˌdiːkənˈdʒestənt] *fn* ❑ *orv* pangáscsökkentő

decontaminate [ˌdiːkənˈtæmɪneɪt] *ige* sugárzásmentesít, sugárfertőtlenít

decontamination [ˌdiːkəntæmɪˈneɪʃn] *fn* sugárfertőtlenítés

decontrol [ˌdiːkənˈtroʊl] *ige* **-ll-** korlátozást megszüntet, szabaddá tesz

décor [ˈdeɪkɔː] *fn* lakberendezés(i tárgyak)

decorate [ˈdekəreɪt] *ige* díszít, dekorál ‖ *(falat)* fest; *(lakást)* tapétáz

decoration [ˌdekəˈreɪʃn] *fn* díszítés, díszítmény, dísz, dekoráció ‖ festés *(lakásé)* ‖ rendjel; kitüntetés, érdemrend

decorative [ˈdekərətɪv] *mn* díszes, dekoratív

decorative element *fn* díszítőelem

decorator [ˈdekəreɪtə] *fn* szobafestő, tapétázó

decoy [ˈdiːkɔɪ] *fn* csalétek, csalimadár

decrease ▼ [ˈdiːkriːs] *fn* csökken(t)és ▼ [dɪˈkriːs] *ige* csökken, kisebbedik, fogy ‖ lecsökkent

decreasing [dɪˈkriːsɪŋ] *mn* csökkenő

decreasingly [dɪˈkriːsɪŋli] *hsz* egyre kevésbé

decree [dɪˈkriː] ▼ *fn* ❑ *jog* rendelet, végzés ‖ **by decree** rendeleti úton ▼ *ige (bíróság)* dönt; *(rendelettel)* elrendel

decrepit [dɪˈkrepɪt] *mn* beteges és öreg, rozoga, elöregedett

decry [dɪˈkraɪ] *ige* becsmérel, pocskondiáz

dedicate [ˈdedɪkeɪt] *ige* (fel)ajánl ‖ felszentel ‖ dedikál *(könyvet) (to* vknek) ‖ **dedicate oneself** *v.* **be dedicated to** **one's job** odaadóan dolgozik

dedicated [ˈdedɪkeɪtɪd] *mn (szt is)* dedikált

dedication [ˌdedɪˈkeɪʃn] *fn* ajánlás, dedikáció

deduce [dɪˈdjuːs] *ige* ❑ *mat* levezet ‖ **deduce sg from sg** vmből vmt/vmre következtet, kikövetkeztet

deduct [dɪˈdʌkt] *ige* levon, leszámít

deduction [dɪˈdʌkʃn] *fn* levonás ‖ *(vmből átv)* levezetés, következtetés

deed [diːd] *fn* tett, cselekedet; tény ‖ okirat

deem [diːm] *ige* vmnek ítél/tart/gondol ‖ **deem sg good/advisable** jónak lát vmt; **I deemed necessary to …** szükségesnek véltem …

deep [diːp] *mn* mély ‖ alapos *(tudás)* ‖ **be deep in thought** gondolatokba merül(ve); **deep red** sötétvörös; **be in deep water** nehézségei vannak

deepen [ˈdiːpən] [ˈdiːpən] *ige* (el)mélyít, kimélyít ‖ (el)mélyül, kimélyül

deep fat fryer *fn* friteuse, fritőz

deep-freeze ▼ *fn* mélyhűtő ‖ chesttype deep-freeze fagyasztóláda ▼ *(pt* -froze; *pp* -frozen) *ige* mélyhűt, fagyaszt

deep-frozen *mn* mélyhűtött, fagyasztott, mirelit

deep-fry *ige* bő zsírban *(v.* friteuseben) süt

deeply [ˈdiːpli] *hsz* mélyen ‖ **be deeply moved (by)** megilletődik, elérzékenyül

---

deep-rooted *mn* ❖ *átv* mélyen gyökerező

deep-sea *mn* mélytengeri

deep-sea diver *fn* mélytengeri búvár

deep-sea fishing *fn* mélytengeri halászat

deep-seated *mn* = **deep-rooted**

deep-set eyes *fn tsz* mélyen ülő szemek

deer [dɪə] *fn (tsz ua.)* őz; szarvas

deerskin ['dɪəskɪn] *fn* őzbőr, szarvasbőr

deerstalker ['dɪəstɔːkə] *fn* vadászsapka

deface [dɪ'feɪs] *ige* elrútít ‖ meggyaláz

defamation [ˌdefə'meɪʃn] *fn* rágalmazás, becsületsértés

defamatory [dɪ'fæmətərɪ] *mn* rágalmazó, becsületsértő

default [dɪ'fɔːlt] ▼ *fn* ❑ *jog* mulasztás ‖ ❑ *szt* alapértelmezés ‖ **in default** ❑ *ker* késedelmes; **be in default of** ❑ *jog* mulasztást követ el ▼ *ige* (el)mulaszt

default value *fn* ❑ *szt* alapérték, alapértelmezés szerinti érték

defeat [dɪ'fiːt] ▼ *fn* vereség, csatavesztés; bukás *(kormányé)* ▼ *ige (ellenfelet)* legyőz, megver; *(kormányt)* megbuktat ‖ **be defeated** vereséget szenved, kudarcot vall, megbukik; **was defeated 2-1** *(kimondva:* **two (goals) to one)** 2:1-re megverték/kikapott

defeated [dɪ'fiːtɪd] *mn* legyőzött

defeatism [dɪ'fiːtɪzm] *fn* defetizmus, kishitűség

defeatist [dɪ'fiːtɪst] *mn/fn* kishitű, defetista

defecate ['defɪkeɪt] *ige* ürít, székel

defecation [ˌdefə'keɪʃn] *fn* széklet

defect ▼ ['diːfekt] *fn* hiba ‖ hiány(osság) ‖ géphiba ▼ [dɪ'fekt] *ige* disszidál

defective [dɪ'fektɪv] *mn* hiányos, hibás ‖ **defective in hearing** hallássérült

defector [dɪ'fektə] *fn (külföldre távozó)* disszidens

defence (⊕ *US* **defense**) [dɪ'fens] *fn* védelem ‖ **the defence** ❑ *jog sp* a védelem; **in defence of ... ...** védelmében, ... védelmére

defenceless [dɪ'fensləs] *mn* védtelen

Defence Secretary *fn* ⊕ *GB* (hon)védelmi miniszter

defend [dɪ'fend] *ige* (meg)véd *(from against sy/sg* vktől/vmtől, vk/vm ellen)*

defendant [dɪ'fendənt] *fn* alperes

defender [dɪ'fendə] *fn* ❑ *sp* védő(játékos) ‖ a bajnoki cím birtokosa/védője

defending counsel [dɪ'fendɪŋ] *fn* védőügyvéd

defense [dɪ'fens] *fn* ⊕ *US* = **defence**

defensive [dɪ'fensɪv] ▼ *mn* védekező, védő, védelmi ▼ *fn* defenzíva ‖ **be on the defensive** védekező álláspontot foglal el, defenzívában van

defensive weapon *fn* védőfegyver

defer [dɪ'fɜː] *ige* **-rr-** későbbre halaszt, elhalaszt ‖ **be deferred** *(időpont)* kitolódik, halasztódik

deference ['defərəns] *fn* tiszteletadás ‖ **in deference to sy** vk iránti tiszteletből

deferential [ˌdefə'renʃl] *mn* tiszteletteljes

deferred [dɪ'fɜːd] *mn* felfüggesztett *(ítélet)* ‖ **deferred payment** részletfizetés

defiance [dɪ'faɪəns] *fn* dac(oskodás) ‖ **in defiance of the law** a törvény ellenére

defiant [dɪ'faɪənt] *mn* dacos, kihívó

deficiency [dɪ'fɪʃnsɪ] *fn* hiány(osság)

deficiency disease *fn* hiánybetegség

deficient [dɪ'fɪʃnt] *mn* hiányos, fogyatékos ‖ elégtelen ‖ **deficient in funds** tőkeszegény

deficit ['defəsɪt] *fn (költségvetési)* hiány, deficit; veszteség, ráfizetés

---

fn főnév – *hsz* határozószó – *isz* indulatszó – *ksz* kötőszó – *mn* melléknév
▼ szófajjelzés ⊕ földrajzi variáns ❑ szakterület ❖ stiláris minősítés

defile [dɪ'faɪl] *ige* beszennyez, bepisz-
kít

define [dɪ'faɪn] *ige* meghatároz, defi-
niál; *(szót)* értelmez

definite ['defnət] *mn* (meg)határozott
|| **definite answer** világos válasz;
definite article határozott névelő

definitely ['defnətli] *hsz* határozottan;
kifejezetten, kétségtelenül, feltétlenül

definition [‚defɪ'nɪʃn] *fn* meghatáro-
zás; *(szótári)* értelmezés, definíció ||
❑ *fényk* képélesség

definitive [dɪ'fɪnətɪv] *mn* végleges,
végérvényes

deflate [‚di:'fleɪt] *ige* (gázt/levegőt
vmből) kienged || **be deflated** *(gumi)*
leereszt

deflation [‚di:'fleɪʃn] *fn* defláció

deflationary [‚di:'fleɪʃnəri] *mn* deflá-
ciós

deflect [dɪ'flekt] *ige* kitérít *(pályájá-
ból)* || eltérít || elhajlít || **be deflected**
elhajlik

defoliate [di:'fouleɪt] *ige* lombtalanít

deforest [‚di:'fɒrɪst] *ige* erdőt irt

deforestation [di:‚fɒrɪ'steɪʃn] *fn* er-
dőirtás

deform [dɪ'fɔ:m] *ige* eltorzít, deformál

deformed [dɪ'fɔ:md] *mn* torz, formát-
lan

deformity [dɪ'fɔ:məti] *fn* rendellenes-
ség, testi fogyatékosság/hiba

defraud [dɪ'frɔ:d] *ige* megkárosít, meg-
rövidít *(of* vmvel)

defray [dɪ'freɪ] *ige* (ki)fizet, fedez

defreeze [‚di:'fri:z] *ige (pt* **defroze**
[‚di:'frouz]; *pp* **defrozen** [‚di:'frouzn])
(hűtőszekrényt) leolvaszt, jégtelenít

defrost [‚di:'frɒst] *ige (hűtőszekrényt)*
leolvaszt, jégtelenít

defroster [‚di:'frɒstə] *fn* leolvasztó
automata || jégtelenítő

defroze [‚di:'frouz] *pt →* **defreeze**

defrozen [‚di:'frouz] *pp →* **defreeze**

deft [deft] *mn* ügyes

deftly ['deftli] *hsz* ügyesen

defunct [dɪ'fʌŋkt] *mn* elhunyt

defuse [‚di:'fju:z] *ige (bombát)* hatás-
talanít

defy [dɪ'faɪ] *ige* dacol *(sy/sg* vkvel/
vmvel) || **it defies description** minden
képzeletet felülmúl

degenerate ▼ [dɪ'dʒenərət] *mn* elfaj-
zott; korcs, degenerált ▼ [dɪ'dʒenəreɪt]
ige elfajul || hanyatlik

degeneration [dɪ‚dʒenə'reɪʃn] *fn* el-
fajulás || hanyatlás

degradation [‚degrə'deɪʃn] *fn* leala-
csonyodás || lealacsonyítás, degradá-
lás

degrade [dɪ'greɪd] *ige* lealáz, degra-
dál || **degrade oneself** lealjasodik

degrading [dɪ'greɪdɪŋ] *mn* lealázó,
lealacsonyító, megalázó

degree [dɪ'gri:] *fn (beosztásban)* fok ||
(egyetemi v. főiskolai) diploma || *(tu-
dományos)* fokozat || **take a/one's
degree (at a university etc.)** oklevе-
let/fokozatot szerez; *(egyetemet)* el-
végez; **10 degrees below zero** mí-
nusz tíz fok; **20 degrees Celsius**
plusz 20 °C; **by degrees** fokozatosan

dehydrate [di:'haɪdreɪt] *ige* dehidra-
tál; szárít

dehydrated [di:'haɪdreɪtɪd] *mn* de-
hidratált; szárított

dehydration [‚di:haɪ'dreɪʃn] *fn* de-
hidratálás; szárítás ||❑ *orv* kiszáradás

de-ice [‚di:'aɪs] *ige (pl. szélvédőt)* jég-
telenít

de-icer [‚di:'aɪsə] *fn* jégmentesítő
(spray)

deign to [deɪn] *ige* méltóztatik vmt
megtenni || **he did not deign to
answer** válaszra sem méltatott

deity ['deɪəti] *fn* istenség

dejected [dɪ'dʒektɪd] *mn* levert, le-
hangolt, rosszkedvű

dejection [dɪ'dʒekʃn] *fn* levertség, le-
hangoltság, nyomott hangulat

delay [dɪ'leɪ] ▼ *fn* haladék; késés *(vo-
naté stb.)*; késedelem, (el)halasztás ||
the train has a 25 minutes delay 25
percet késik a vonat; **it allows of no**

delay nem tűr halasztást; **without delay** haladéktalanul ▼ *ige* késik ‖ későbbre tesz/halaszt, elhalaszt ‖ **planes are delayed by fog** a köd miatt késnek a gépek/járatok; **I was delayed by the traffic** a forgalom miatt késtem

delayed [dɪ'leɪd] *mn* késleltetett ‖ ▢ *rep (kiírás)* „késik"

delayed-action bomb *fn* időzített bomba

delectable [dɪ'lektəbl] *mn* élvezetes

delegate ▼ ['delɪgət] *fn* küldött, kiküldött, megbízott ▼ ['delɪgeɪt] *ige* delegál

delegation [ˌdelɪ'geɪʃn] *fn* küldöttség

delete [dɪ'liːt] *ige (szöveget)* töröl, kihúz ‖ **please delete where inapplicable** a nem kívánt rész törlendő

deletion [dɪ'liːʃn] *fn* törlés, kihúzás *(szövegé)*

deliberate ▼ [dɪ'lɪbərət] *mn* meggondolt, megfontolt; szándékos ▼ [dɪ'lɪbəreɪt] *ige (kérdést)* latolgat

deliberately [dɪ'lɪbərətli] *hsz* készakarva, szándékosan; megfontoltan

deliberation [dɪˌlɪbə'reɪʃn] *fn* megfontolás, tanácskozás ‖ **after long deliberation** hosszas megfontolás után

delicacy ['delɪkəsi] *fn* ínyencfalat, csemege, csemegeáru, nyalánkság ‖ ❖ *átv* törékenység, gyengédség

delicate ['delɪkət] *mn* finom ‖ zsenge, gyenge ‖ gyengéd ‖ kényes ‖ tapintatos ‖ törékeny, rozoga *(egészség)* ‖ **delicate matter** kényes (ügy)

delicately ['delɪkətli] *hsz* finoman ‖ tapintatosan

delicatessen (shop) [ˌdelɪkə'tesn] *fn* csemegebolt

delicious [dɪ'lɪʃəs] *mn* élvezetes, finom, pompás

delight [dɪ'laɪt] ▼ *fn* élvezet, gyönyörűség, öröm ‖ **take delight in (doing) sg** élvez vmt, gyönyörködik vmben ▼ *ige* gyönyörködtet, örömet szerez vknek ‖ **delight in sg** örömét leli

vmben; **be delighted** egészen el van ragadtatva *(at, by, with* -tól/-től); **be delighted to** boldogan…

delightful [dɪ'laɪtfl] *mn* élvezetes, elragadó

delimit [dɪ'lɪmɪt] *ige* körülhatárol, behatárol

delineate [dɪ'lɪnieɪt] *ige* ábrázol

delineation [dɪˌlɪni'eɪʃn] *fn* ábrázolás

delinquency [dɪ'lɪŋkwənsi] *fn* vétség ‖ bűnözés ‖ mulasztás

delinquent [dɪ'lɪŋkwənt] *fn* bűnöző, tettes

delirious [dɪ'lɪriəs] *mn* **be delirious** félrebeszél

delirium [dɪ'lɪriəm] *fn* delírium, félrebeszélés

deliver [dɪ'lɪvə] *ige* házhoz szállít, leszállít, (ki)kézbesít ‖ *(beszédet)* elmond ‖ **deliver a lecture on sg** előadást tart vmről; **deliver from sy/sg** megszabadít vktől/vmtől; **be delivered of a child** gyermeket szül

deliverance [dɪ'lɪvərəns] *fn* szabadulás

delivery [dɪ'lɪvəri] *fn* kézbesítés; *(házhoz)* szállítás, kiszállítás ‖ előadásmód *(szónoké)*; szövegmondás ‖ szülés

delivery man *fn (tsz* -**men**) árukihordó

delivery note *fn* szállítójegy

delivery van (⊕ *US* **delivery truck**) *fn* árukihordó (teher)autó, furgon

delouse [ˌdiː'laʊs] *ige* tetvetlenít

delta ['deltə] *fn* torkolatvidék

delta-wing *mn* deltaszárnyú

delude [dɪ'luːd] *ige* becsap, áltat; ❖ *átv* elvakít ‖ **be deluded by sg** csalódik/téved vmben

deluge ['deljuːdʒ] *fn* áradat; özön(víz)

delusion [dɪ'luːʒn] *fn* (érzék)csalódás, képzelődés, tévhit ‖ **under the delusion that** abban a tévhitben

delusive [dɪ'luːsɪv] *mn* szemfényvesztő, megtévesztő

de luxe [dɪ'lʌks] *mn* művészi kivitelű, luxus-

---

fn főnév – *hsz* határozószó – *isz* indulatszó – *ksz* kötőszó – *mn* melléknév
▼ szófajjelzés ⊕ földrajzi variáns ▢ szakterület ❖ stiláris minősítés

de luxe binding *fn* díszkötés

de luxe edition *fn* luxuskiadás, bibliofil kiadás

demand [dɪ'mɑːnd] ▼ *fn* követelés, követelmény, kívánalom ‖ kereslet ‖ igény *(munkában)* ‖ szükséglet ‖ **(much) in demand** keresett, kapós, kelendő; **there is no demand for it** nincs piaca ▼ *ige* (meg)kíván, (meg)-követel *(sg of sy* vktől vmt) ‖ vm vmt szükségessé tesz, megkövetel ‖ igényel, kíván

demanding [dɪ'mɑːndɪŋ] *mn* igényes ‖ megerőltető *(munka)* ‖ **be very demanding** nagyok az igényei

demarcation [ˌdiːmɑː'keɪʃn] *fn* elhatárolás ‖ határvonal

demean oneself [dɪ'miːn] *ige* lealjasodik, lealacsonyodik

demeanour (⊕ *US* **-or**) [dɪ'miːnə] *fn* viselkedés

demented [dɪ'mentɪd] *mn* őrült ‖ **be demented** magán kívül van

demilitarize [diː'mɪlɪtəraɪz] *ige* demilitarizál

demister [ˌdiː'mɪstə] *fn* páramentesítő, párátlanító

demo ['deməʊ] *fn* ❖ *biz* tüntetés ‖ demó (verzió)

demobilization [dɪˌməʊblaɪ'zeɪʃn] *fn* leszerelés

demobilize [dɪ'məʊbəlaɪz] *ige* ❏ *kat* leszerel

democracy [dɪ'mɒkrəsi] *fn* demokrácia

democrat ['deməkræt] *fn* demokrata

democratic [ˌdemə'krætɪk] *mn* demokratikus

demographic [ˌdemə'græfɪk] *mn* demográfiai

demography [dɪ'mɒɡrəfi] *fn* demográfia

demolish [dɪ'mɒlɪʃ] *ige* lerombol, romba dönt, lebont, ledönt, elpusztít

demolition [ˌdemə'lɪʃn] *fn* lebontás *(házé)*

demon ['diːmən] *fn* gonosz szellem, démon ‖ **he's a demon for work** ég a kezében a munka

demonstrate ['demənstreɪt] *ige (kísérletet)* bemutat, szemléltet, demonstrál ‖ *(tudományosan)* igazol ‖ tüntet

demonstration [ˌdemən'streɪʃn] *fn* bemutatás *(kísérleté, szerkezeté stb.)*; demonstráció ‖ felvonulás, tüntetés

demonstrative [dɪ'mɒnstrətɪv] *mn* szemléltető ‖ tüntető

demonstrator ['demənstreɪtə] *fn* gyakorlatvezető, demonstrátor ‖ tüntető

demoralize [dɪ'mɒrəlaɪz] *ige* zülleszt, demoralizál

demote [ˌdiː'məʊt] *ige* ❏ *kat* lefokoz

demotion [ˌdiː'məʊʃn] *fn* ❏ *kat* lefokozás

demur [dɪ'mɜː] *ige* **-rr-** habozik

demure [dɪ'mjʊə] *mn* illedelmes

den [den] *fn* tanya, verem; odú *(állaté)* ‖ ❖ *biz* dolgozószoba

denationalization [ˌdiːnæʃnəlaɪ'zeɪʃn] *fn* magánkézbe adás

denationalize [diː'næʃnəlaɪz] *ige* magánkézbe ad

denial [dɪ'naɪəl] *fn* (meg)tagadás, cáfolat

denigrate ['denɪgreɪt] *ige* befeketít

denim ['denɪm] *fn* farmeranyag

denim jacket *fn* farmerzakó

denims ['denɪmz] *fn tsz* farmernadrág

denizen ['denɪzn] *fn* lakó ‖ meghonosodott növény/állat

Denmark ['denmɑːk] *fn* Dánia

denomination [dɪˌnɒmɪ'neɪʃn] *fn* felekezet

denominational [dɪˌnɒmɪ'neɪʃnəl] *mn* felekezeti

denominator [dɪ'nɒmɪneɪtə] *fn* ❏ *mat* nevező

denote [dɪ'nəʊt] *ige* jelent *(vm jelentésű)*

denouement [deɪ'nuːmɒn] *fn* kibontakozás *(cselekményé)*

denounce [dɪ'naʊns] *ige* feljelent, beárul, besúg ‖ *(erkölcsileg, vmt)* elítél
dense [dens] *mn* sűrű
densely ['densli] *hsz* sűrűn
density ['densəti] *fn* sűrűség
dent [dent] ▼ *fn* üreg; bemélyedés, horpadás ▼ *ige* bemélyít
dental ['dentl] *mn* fogászati, fogorvosi, fog- ‖ **receive dental treatment** fogorvoshoz jár
dental clinic *fn* fogászati rendelő
dental mechanic *fn* fogtechnikus
dental parlor *fn* ⊕ *US* fogászati rendelő
dental plate *fn* műfogsor
dental surgeon *fn* fog(szak)orvos, szájsebész
dental surgery *fn* fogászat *(rendelő)* ‖ szájsebészet
dentifrice ['dentɪfrɪs] *fn* fogkrém
dentist ['dentɪst] *fn* fogorvos ‖ **the dentist's** ❖ *biz* fogászati rendelő
dentistry ['dentɪstri] *fn* fogászat
dentist's office *fn* ❑ *orv* ⊕ *US* fogászati rendelő
denture(s) *fn tsz* műfogsor
denude [dɪ'njuːd] *ige* lekopaszt
denunciation [dɪˌnʌnsi'eɪʃn] *fn* feljelentés, besúgás
deny [dɪ'naɪ] *ige* (meg)tagad ‖ **deny sy sg** megtagad vktől vmt; **it can't be denied that** tény és való, hogy
deodorant [di'oʊdərənt] *fn* dezodor
depart [dɪ'pɑːt] *ige* (el)indul, elutazik, elmegy, eltávozik
departed [dɪ'pɑːtɪd] *mn/fn* **the departed** az elhunyt(ak)
department [dɪ'pɑːtmənt] *fn (hivatalban, áruházban, kórházban)* osztály ‖ minisztérium ‖ tanszék ‖ részleg
departmental [ˌdiːpɑːt'mentl] *mn* ágazati ‖ osztály-
departmental manager *fn* osztályvezető
department store *fn* áruház
departure [dɪ'pɑːtʃə] *fn* indulás *(hajóé, buszé, vonaté)*; elindulás ‖ **depar-**

tures indulás *(kiírás pályaudvaron, repülőtéren)*
departure lounge *fn* indulási oldal *(repülőtéren)*
depend [dɪ'pend] *ige* **depend on** vmtől/ vktől függ ‖ **it (all) depends** attól függ; **it depends on you** rajtad múlik, hogy; **depending on whether ...** attól függően, hogy
dependable [dɪ'pendəbl] *mn* megbízható
dependant [dɪ'pendənt] *fn* eltartott
dependence [dɪ'pendəns] *fn* függő helyzet/viszony, függőség, függés
dependent [dɪ'pendənt] *mn* **dependent on sy/sg** vktől/vmtől függő
depict [dɪ'pɪkt] *ige* ábrázol, leír, lefest
depiction [dɪ'pɪkʃn] *fn* ábrázolás, leírás
depilatory [dɪ'pɪlətəri] *fn* szőrtelenítő
deplorable [dɪ'plɔːrəbl] *mn* szánalomra méltó, sajnálatos
deplore [dɪ'plɔː] *ige* sajnál, szán
deploy [dɪ'plɔɪ] *ige (rakétát)* telepít
deployment *fn* telepítés *(rakétáké)*
depopulate [diː'pɒpjʊleɪt] *ige* elnéptelenít
depopulation [ˌdiːpɒpjʊ'leɪʃn] *fn* elnéptelenedés
deport [dɪ'pɔːt] *ige* kitelepít, deportál
deportation [ˌdiːpɔː'teɪʃn] *fn* kitelepítés, deportálás
deportee [ˌdiːpɔː'tiː] *fn* kitelepített személy, deportált
deportment [dɪ'pɔːtmənt] *fn (testi)* tartás
depose [dɪ'pouz] *ige* lemondat, letesz
deposit [dɪ'pɒzɪt] ▼ *fn* lerakódás, üledék ‖ letét ‖ előleg, foglaló ▼ *ige (bankba)* betesz, letétbe helyez, elhelyez
deposit account *fn* folyószámla, betétszámla
deposition [ˌdepə'zɪʃn] *fn* elmozdítás
depositor [dɪ'pɒzɪtə] *fn* betétes
depository [dɪ'pɒzɪtəri] *fn* raktár
depot ['depou] *fn* kocsiszín, remíz, depó, lerakat

---

fn főnév – *hsz* határozószó – *isz* indulatszó – *ksz* kötőszó – *mn* melléknév
▼ szófajjelzés ⊕ földrajzi variáns ❑ szakterület ❖ stiláris minősítés

deprave [dɪ'preɪv] *ige (erkölcsileg)* megront

depravity [dɪ'prævəti] *fn* romlottság, züllöttség

depreciate [dɪ'pri:ʃieɪt] *ige* csökken az értéke, értékben/értékéből veszít ‖ ócsárol; lebecsül

depreciation [dɪ,pri:ʃi'eɪʃn] *fn* értékcsökkenés

depress [dɪ'pres] *ige (ált vmt)* lenyom, lehangol, lever, deprimál

depressant [dɪ'presnt] *fn* nyugtató

depressed [dɪ'prest] *mn* levert, lehangolt, deprimált

depressed area *fn* (gazdasági) válság sújtotta vidék

depression [dɪ'preʃn] *fn* levertség, lehangoltság; *(gazdasági, légköri)* depresszió

deprivation [,deprɪ'veɪʃn] *fn* szűkölködés ‖ **deprivation of civil rights** jogfosztás

deprive [dɪ'praɪv] *ige* **deprive sy/sg of sg** vmtől megfoszt vkt/vmt, megvon vktől vmt ‖ **deprived area** szegénynegyed

deprived [dɪ'praɪvd] *mn* hátrányos helyzetű

dept. = department

depth [depθ] *fn* mélység ‖ **the depths** vmnek legmélye; **in the depths of winter** télvíz idején

depth charge *fn* mélyvízi bomba

deputation [,depjʊ'teɪʃn] *fn* küldöttség

deputize ['depjʊtaɪz] *ige* **deputize for sy** vkt helyettesít, kisegít

deputy ['depjʊti] *fn* helyettes, megbízott ‖ kiküldött

deputy-chairman *fn (tsz -men)* elnökhelyettes

deputy-headmaster *fn (iskolai)* aligazgató

deputy leader *fn* ⊕ *GB* helyettes vezető

deputy manager *fn* igazgatóhelyettes

derail [di:'reɪl] *ige* **be derailed** kisiklik

derailment [di:'reɪlmənt] *fn* kisiklás

deranged [dɪ'reɪndʒd] *mn* őrült, megháborodott, zavart

derangement [dɪ'reɪndʒmənt] *fn (szellemi)* zavarosság

Derby ['dɑ:bi, ⊕ *US* 'dɜ:rbi] *fn* ⊕ *GB* derbi; **(derby)** ❑ *sp* rangadó, derbi

derby ['dɑ:bi, ⊕ *US* 'dɜ:rbi] *fn* ⊕ *US* keménykalap

deregulate [,di:'regjʊleɪt] *ige* felszabadít *(árat)*

deregulation [,di:regjʊ'leɪʃn] *fn* felszabadítás *(áré)* ‖ dereguláció

derelict ['derəlɪkt] *mn* lakatlan; elhagyatott, gazdátlan

deride [dɪ'raɪd] *ige* kigúnyol

derision [dɪ'rɪʒn] *fn* kigúnyolás

derisive [dɪ'raɪsɪv] *fn* **be derisive** gúnyolódik ‖ **derisive smile** gúnyos mosoly

derisory [dɪ'raɪsəri] *mn* nevetséges

derivation [,derɪ'veɪʃn] *fn* származás, eredet *(szóé)*

derivative [dɪ'rɪvətɪv] *fn* származék(szó)

derive [dɪ'raɪv] *ige* származik/származtat/nyer vmből ‖ **derive from sg** vmből/vmtől származik

dermatitis [,dɜ:mə'taɪtɪs] *fn* bőrgyulladás

dermatologist [,dɜ:mə'tɒlədʒɪst] *fn* bőrgyógyász

dermatology [,dɜ:mə'tɒlədʒi] *fn* bőrgyógyászat

derogatory [dɪ'rɒgətəri] *mn* elítélő, rosszalló, pejoratív

derrick ['derɪk] *fn* árbocdaru ‖ fúrótorony

derv [dɜ:v] *fn* dízelolaj

DES [,di: i: 'es] ⊕ *GB* = *Department of Education and Science* oktatásügyi minisztérium

desalination [,di:sælɪ'neɪʃn] *fn* sótalanítás

---

nm névmás – *nu* névutó – *szn* számnév – *esz* egyes szám – *tsz* többes szám
▼ szófajjelzés ⊕ földrajzi variáns ❑ szakterület ❖ stiláris minősítés

D

descend [dɪ'send] *ige* vk vhová le-
megy, leszáll, leereszkedik
descendant [dɪ'sendənt] *fn* utód, le-
származott
descent [dɪ'sent] *fn (hegyről)* leeresz-
kedés, völgymenet || (le)származás
describe [dɪ'skraɪb] *ige* ❖ *átv* leír,
ábrázol, jellemez
description [dɪ'skrɪpʃn] *fn* leírás, áb-
rázolás || **answer (to) the description**
megfelel a leírásnak
descriptive [dɪ'skrɪptɪv] *mn* leíró, áb-
rázoló
descriptive geometry *fn* ábrázoló geo-
metria
desecrate ['desɪkreɪt] *ige* megszent-
ségtelenít, meggyaláz
desegregation [ˌdiːsegrɪ'geɪʃn] *fn* fa-
ji megkülönböztetés megszüntetése,
deszegregáció
desert ▼ ['dezət] *fn* sivatag || → **de-
serts** ▼ [dɪ'zɜːt] *ige* vktől elpártol,
dezertál, hűtlenné válik vkhez
deserted [dɪ'zɜːtɪd] *mn* elhagyatott,
lakatlan
desertion [dɪ'zɜːʃn] *fn* elhagyás || szö-
kés, dezertálás
desert island *fn* lakatlan sziget
deserts [dɪ'zɜːts] *fn tsz* **get one's just
deserts** megkapja, amit érdemel
deserve [dɪ'zɜːv] *ige* (meg)érdemel ||
he deserved it rászolgált
deservedly [dɪ'zɜːvɪdli] *hsz* megérde-
melten, jogosan
deserving [dɪ'zɜːvɪŋ] *mn (jutalmat
stb.)* érdemlő || érdemes
desiccate ['desɪkeɪt] *ige* aszal
desiccated ['desɪkeɪtɪd] *mn* aszalt ||
❏ *orv* kiszáradt
design [dɪ'zaɪn] ▼ *fn* terv, koncepció,
szándék || minta, dizájn || **have designs
on sg** célja van vkvel/vmvel; ❖ *biz
(nő)* kiveti a hálóját vkre ▼ *ige (épü-
letet)* (meg)tervez; *(gépet)* (meg)-
szerkeszt, konstruál || **was designed
by …** tervezte …
designate ['dezɪgneɪt] *ige* kijelöl

designation [ˌdezɪg'neɪʃn] *fn* név;
megnevezés, elnevezés || kijelölés, ki-
nevezés || rendeltetés
designer [dɪ'zaɪnə] *fn* tervező
desirable [dɪ'zaɪərəbl] *mn* kívánatos
desire [dɪ'zaɪə] ▼ *fn* vágy, óhaj ▼ *ige*
vmre vágyik, vmt óhajt
desirous [dɪ'zaɪərəs] *mn* vágyódó,
sóvárgó
desist [dɪ'zɪst] *ige* (vmtől) eláll
desk [desk] *fn* íróasztal, dolgozóasz-
tal; ❏ *isk* pad || pult *(zenekarban he-
gedűké)*
desk clerk *fn* ⊕ *US (szállodai)* portás
desk lamp *mn* íróasztali lámpa
desktop computer *fn* asztali (szemé-
lyi) számítógép
desktop publishing (DTP) *fn* (elekt-
ronikus) kiadványszerkesztés
desolate ['desələt] *mn* elhagyatott, si-
vár, kietlen
desolation [ˌdesə'leɪʃn] *fn* pusztulás ||
nyomor
despair [dɪ'speə] ▼ *fn* kétségbeesés ||
be in despair kétségbe van esve ▼
ige kétségbeesik, csügged
despatch [dɪ'spætʃ] = **dispatch**
desperate ['despərət] *mn* kétségbeesett
|| kétségbeejtő, elkeseredett
desperation [ˌdespə'reɪʃn] *fn* kétség-
beesés
despicable [dɪ'spɪkəbl, 'despɪ-] *mn*
megvetésre méltó, megvetendő
despise [dɪ'spaɪz] *ige* megvet, lenéz
despite [dɪ'spaɪt] *elölj* ellenére, dacára
despondent [dɪ'spɒndənt] *mn* csüg-
gedt, szárnyaszegett
despot ['despɒt, -pət] *fn* zsarnok
despotic [dɪ'spɒtɪk] *mn* zsarnoki
despotism ['despətɪzm] *fn* zsarnok-
ság, önkény
dessert [dɪ'zɜːt] *fn* édesség, desszert
dessert-spoon *fn* gyermekevőkanál
destination [ˌdestɪ'neɪʃn] *fn* rendelte-
tési hely, úti cél
destined ['destɪnd] *mn* **be destined
for** vmre szánták

---

fn főnév – *hsz* határozószó – *isz* indulatszó – *ksz* kötőszó – *mn* melléknév
▼ szófajjelzés ⊕ földrajzi variáns ❏ szakterület ❖ stiláris minősítés

destiny ['destəni] *fn* végzet

destitute ['destɪtjuːt] *mn* nincstelen, nyomorgó

destroy [dɪ'strɔɪ] *ige* (le)rombol, (el)pusztít; *(ellenséget)* szétver

destroyer [dɪ'strɔɪə] *fn* ❏ *kat* romboló

destruction [dɪ'strʌkʃn] *fn* pusztítás, rombolás

destructive [dɪ'strʌktɪv] *mn (erkölcsileg)* romboló hatású, destruktív

desultory ['desltəri] *mn* kapkodó, ötletszerű

detach [dɪ'tætʃ] *ige* leválaszt; elválaszt ‖ elcsatol ‖ **detach oneself from** vktől elszakad/elkülönül

detachable [dɪ'tætʃəbl] *mn* levehető

detached [dɪ'tætʃt] *mn* különálló, önálló ‖ tárgyilagos

detached house *fn* családi ház, villa

detachment [dɪ'tætʃmənt] *fn* elkülönülés ‖ ❏ *kat* különítmény ‖ tárgyilagosság

detail ['diːteɪl] ▼ *fn* részlet, részletezés ‖ **details** részletes adatok; részletek; **in detail** részletesen; **in every detail** minden részletében; **I will not go into detail(s)** nem akarom részletezni ▼ *ige* részletesen előad, részletez

detailed ['diːteɪld] *mn* részletes

detain [dɪ'teɪn] *ige* őrizetbe vesz, letartóztat ‖ **he has been detained by the police** ott tartották a rendőrségen

detainee [ˌdiːteɪ'niː] *fn* őrizetbe vett személy

detect [dɪ'tekt] *ige* észlel, felfedez

detection [dɪ'tekʃn] *fn* felfedezés ‖ **early detection (of an illness)** korai felismerés *(betegségé)*

detective [dɪ'tektɪv] *fn* detektív

detective story/novel *fn* detektívregény, bűnügyi regény

detector [dɪ'tektə] *fn* detektor

détente ['deɪtɒnt] *fn* ❏ *pol* enyhülés

detention [dɪ'tenʃn] *fn* őrizetbe vétel, letartóztatás

deter [dɪ'tɜː] *ige* **-rr-** elriaszt, elrettent

detergent [dɪ'tɜːdʒənt] *fn* mosószer, tisztítószer

deteriorate [dɪ'tɪərɪəreɪt] *ige (egészség, helyzet)* megromlik; *(minőség)* romlik, hanyatlik

deterioration [dɪˌtɪərɪə'reɪʃn] *fn* romlás, hanyatlás

determination [dɪˌtɜːmɪ'neɪʃn] *fn* meghatározás ‖ elhatározás, elszántság, eltökéltség

determine [dɪ'tɜːmɪn] *ige* meghatároz ‖ eltökél ‖ **(s)he determined to** elhatározta, hogy…

determined [dɪ'tɜːmɪnd] *mn* elszánt

deterrence [dɪ'terəns] *fn* elrettentés

deterrent [dɪ'terənt] *fn* elrettentő eszköz

detest [dɪ'test] *ige* utál, (mélységesen) megvet, gyűlöl

detestable [dɪ'testəbl] *mn* megvetésre méltó

dethrone [dɪ'θrəʊn] *ige* trónjától megfoszt, detronizál

detonate ['detəneɪt] *ige* felrobbant ‖ felrobban

detonation [ˌdetə'neɪʃn] *fn* robbanás, detonáció

detonator ['detəneɪtə] *fn* gyújtószerkezet, robbanószerkezet

detour ['diːtʊə] *fn* kerülő út, kitérő; ⊕ *US* (forgalom)elterelés, terelőút ‖ **make a detour** kerülő utat tesz

detract [dɪ'trækt] *ige* levon ‖ **that does not detract from his merit** ez nem von le semmit sem az ő érdeméből

detractor [dɪ'træktə] *fn* rosszindulatú bíráló

detriment ['detrɪmənt] *fn* kár, hátrány ‖ **to the detriment of** … kárára

detrimental [ˌdetrɪ'mentl] *mn* ártalmas, hátrányos, kártékony

deuce [djuːs] *fn (kártyában, kockában)* kettes

devaluation [ˌdiːvæljʊ'eɪʃn] *fn* leértékelés *(pénzé)*

---

nm névmás – *nu* névutó – *szn* számnév – *esz* egyes szám – *tsz* többes szám
▼ szófajjelzés ⊕ földrajzi variáns ❏ szakterület ❖ stiláris minősítés

devalue [ˌdiːˈvæl]uː] *ige (pénzt)* leértékel || **be devalued** devalválódik

devastate [ˈdevəsteɪt] *ige* elpusztít, letarol

devastating [ˈdevəsteɪtɪŋ] *mn* pusztító || **devastating criticism** megsemmisítő bírálat/kritika; **be devastating** ❖ *biz* elsöprő sikere van

devastation [ˌdevəˈsteɪʃn] *fn* pusztítás, rombolás

develop [dɪˈveləp] *ige* (ki)fejleszt || fejlődik, kialakul, kibontakozik || kiépül || ❑*fényk* előhív || **develop fever** belázasodik

---

develop into sg vmmvé fejlődik, kinövi magát vmmvé

---

developer [dɪˈveləpə] *fn* előhívó (szer)

developing [dɪˈveləpɪŋ] *mn* fejlődő || **developing country** fejlődő ország

development [dɪˈveləpmənt] *fn* (ki)fejlődés, kibontakozás, kialakulás || fejlesztés || **development(s)** fejlemény

developmental [dɪˌveləpˈmentl] *mn* fejlődés(bel)i

development area *fn* fejlesztési terület

development plan *mn* fejlesztési terv

deviant [ˈdiːvɪənt] *mn/fn* deviáns

deviate [ˈdiːvieɪt] *ige* elhajlik, eltér vmtől

deviation [ˌdiːviˈeɪʃn] *fn (iránytól)* eltérés; *(elviekben)* tévelygés

device [dɪˈvaɪs] *fn* szerkezet || eszköz, megoldás || trükk

devil [ˈdevl] *fn* ördög

devilish [ˈdevlɪʃ] *mn* ördögi

devil-may-care *mn* nemtörődöm

devious [ˈdiːvɪəs] *mn* kanyargós || csavaros *(észjárás)*, körmönfont

devise [dɪˈvaɪz] *ige* kitervez, kitalál

devoid [dɪˈvɔɪd] *mn* mentes *(of vmtől)*

devolution [ˌdiːvəˈluːʃn] *fn* decentralizáció

devolve [dɪˈvɒlv] *ige* **(up)on sy (to …)** vkre (rá)hárul || átszáll, örökül jut vkre

devote [dɪˈvəʊt] *ige* szentel *(to vmre)*, áldoz; *(vm célra)* fordít || **devote oneself to** vmre adja magát

devoted [dɪˈvəʊtɪd] *mn* odaadó, hűséges

devotion [dɪˈvəʊʃn] *fn* odaadás, hűség || áhítat

devour [dɪˈvaʊə] *ige* (fel)fal

devout [dɪˈvaʊt] *mn* ájtatos, buzgó

dew [djuː] *fn* harmat

dewy [ˈdjuːi] *mn* harmatos

dexterity [dekˈsterəti] *fn* ügyesség

dext(e)rous [ˈdekstərəs] *mn* ügyes || **be dext(e)rous with** van kézügyessége vmhez

diabetes [ˌdaɪəˈbiːtiːz] *fn* cukorbaj

diabetic [ˌdaɪəˈbetɪk] *mn/fn* cukorbeteg

diabolical [ˌdaɪəˈbɒlɪkl] *mn* ördögi

diagnose [ˈdaɪəgnəʊz] *ige (betegséget)* megállapít, diagnosztizál

diagnosis [ˌdaɪəgˈnəʊsɪs] *fn (tsz -ses* [-siːz]) kórisme, diagnózis

diagonal [daɪˈægənl] ▼ *mn* átlós ▼ *fn* átló

diagonally [daɪˈægnəli] *hsz* átlósan, átlós irányban

diagram [ˈdaɪəgræm] *fn* diagram, grafikon

dial [ˈdaɪəl] ▼ *fn* tárcsa ▼ *ige* **-ll-** (⊕*US* **-l-**) tárcsáz, feltárcsáz || **dial straight through** távhívással hív vkt

dialect [ˈdaɪəlekt] *fn* nyelvjárás, tájnyelv

dialectical [ˌdaɪəˈlektɪkl] *mn* dialektikus

dialled (direct) call [ˈdaɪəld] *fn* (⊕*US* **-l-**) távhívás

dialling [ˈdaɪəlɪŋ] *fn* (⊕*US* **-l-**) tárcsázás

dialling tone *fn* tárcsahang

dialogue (⊕*US* **-log**) [ˈdaɪəlɒg] *fn* párbeszéd, dialógus

dial-plate *fn* számlap

dial tone *fn* ⊕*US* tárcsahang

dialysis [daɪˈæləsɪs] *fn* ❑*orv* dialízis

---

fn főnév −*hsz* határozószó −*isz* indulatszó −*ksz* kötőszó −*mn* melléknév
▼ szófajjelzés ⊕földrajzi variáns ❑szakterület ❖ stiláris minősítés

diameter [daɪ'æmɪtə] *fn* átmérő
diametrically opposed [ˌdaɪə'metrɪkli]
hsz homlokegyenest ellenkező
diamond ['daɪəmənd] *fn* gyémánt;
(kártya) káró
diamond cutter *fn* gyémántcsiszoló
diamond ring *fn* briliánsgyűrű
diaper ['daɪəpə] *fn* ⊕ *US* pelenka
diaphragm ['daɪəfræm] *fn* rekeszizom
‖ ❏ *fény* fényrekesz ‖ ❏ *el* membrán
diarrhoea [ˌdaɪə'rɪə] (⊕ *US* **-rhea**) *fn*
hasmenés
diary ['daɪəri] *fn* napló ‖ notesz
diatribe ['daɪətraɪb] *fn* támadás, (heves) kirohanás
dice [daɪs] *fn (tsz ua.)* dobókocka ‖ →
die¹
dictaphone ['dɪktəfoʊn] *fn* diktafon
dictate ▼ ['dɪkteɪt] *fn* parancs(szó) ▼
[dɪk'teɪt] *ige* diktál
dictation [dɪk'teɪʃn] *fn* diktálás
dictator [dɪk'teɪtə] *fn* diktátor, zsarnok
dictatorial [ˌdɪktə'tɔ:rɪəl] *mn* diktatórikus, zsarnoki
dictatorship [dɪk'teɪtəʃɪp] *fn* diktatúra, zsarnokság
diction ['dɪkʃn] *fn* előadásmód
dictionary ['dɪkʃənəri] *fn* szótár
dictionary entry *fn* szócikk
did [dɪd] *pt* → **do²**
didactic [daɪ'dæktɪk] *mn* didaktikus,
oktató célzatú
diddle ['dɪdl] *ige* becsap
didn't ['dɪdnt] = *did not* ‖ **didn't you
know?** nem tudtad? ‖ → **do²**
die¹ [daɪ] *fn (tsz* **dice** [daɪs]) dobókocka ‖ **the die is cast** a kocka el van
vetve
die² [daɪ] *ige (pres. p.* **dying**) meghal,
elhuny; *(élőlény)* elpusztul, kimúlik;
(élőfa) kiszárad ‖ **be dying** haldoklik; **die hard** nehezen hal meg;
die young fiatalon hal meg; **be dy-
ing for sg** *(v.* **to do sg**) majd megvesz vmért; **die of** *sg* meghal

vmben; **(s)he died of cancer** rákban
halt meg; **die from a wound** sebébe
belehal

die away elcsendesedik, elhalkul
die down *(szél)* elcsendesedik
die out *(család)* kihal ‖ **be dying out**
(állatfaj) kiveszőben van

die-hard *fn* vaskalapos, megrögzött
(reformellenes, reakciós stb.)
diesel engine ['di:zl] *fn* dízelmotor
diesel fuel/oil *fn* dízelolaj
diet ['daɪət] *fn* diéta ‖ **be on a diet** diétázik
dietician [ˌdaɪə'tɪʃn] *fn* diétás nővér
differ ['dɪfə] *ige* különbözik, eltér
(from sg vmitől) ‖ **differ in opinion
with sy** más nézeten van vkvel; **it
differs in many ways** sokban különbözik
difference ['dɪfrəns] *fn* különbség,
eltérés, differencia, különbözés ‖ különbözet; nézeteltérés ‖ **it makes no
difference** se nem oszt, se nem szoroz; **it makes all the difference** ez
már egészen/mindjárt más; **dif-
ference of opinion** véleménykülönbség
different ['dɪfrənt] *mn* különböző, eltérő ‖ **be different from sg** különbözik vmtől; **that's a very different
story** ez egészen más!; **different
kind/sort of ...** másfajta; **in a differ-
ent way** másként, másképpen; **in dif-
ferent ways** különféleképpen
differential calculus [ˌdɪfə'renʃl] *fn*
differenciálszámítás
differential (gear) *fn (gép)* differenciálmű
differentiate [ˌdɪfə'renʃieɪt] *ige* megkülönböztet *(from* vmtől/vktől)
differentiation [ˌdɪfərenʃi'eɪʃn] *fn* különbségtevés ‖ differenciálódás
differently ['dɪfrəntli] *hsz* vmtől eltérően, másként, másképpen

difficult ['dɪfɪklt] *mn* nehéz ‖ **difficult case** nehéz ügy; **difficult child** nehezen kezelhető gyerek; **it is difficult to do (sg)** nehezen megy

difficulty ['dɪfɪklti] *fn* nehézség, probléma; gond ‖ **have difficulties** nehézségekkel küzd; **have difficulty in doing sg** nehézségei vannak vmivel

diffidence ['dɪfɪdəns] *fn* szerénység, félénkség

diffident ['dɪfɪdənt] *mn* szerény; félénk; visszahúzódó

diffuse [dɪ'fju:s] *mn* ❖ *átv* terjengős, szétfolyó

diffuse light *fn* szórt fény

dig [dɪg] *ige* (*pt/pp* **dug** [dʌg]) **-gg-** ás ‖ **dig a well** kutat ás

---

dig in beás ‖ **dig oneself in** (*fedezékbe*) beássa magát

dig out kiás

dig up kiás, (*régész vmt*) feltár ‖ ❖ *átv* előkotor, kibányász

---

digest ▼ ['daɪdʒest] *fn* kivonat ‖ tallózó folyóirat ▼ [daɪ'dʒest] *ige* (meg)emészt ‖ **easy to digest** könnyen emészthető

digestible [daɪ'dʒestəbl] *mn* emészthető

digestion [daɪ'dʒestʃən] *fn* emésztés

digestive [daɪ'dʒestɪv] *mn* emésztési, emésztő-

digestive organs *fn tsz* emésztőszervek

digestive system *fn* emésztőrendszer

digging ['dɪgɪŋ] *fn* ásás

digit ['dɪdʒɪt] *fn* számjegy

digital ['dɪdʒɪtl] *mn* digitális

digital clock *fn* digitális óra

digital computer *fn* digitális számítógép

dignified ['dɪgnɪfaɪd] *mn* méltóságteljes

dignitary ['dɪgnɪtəri] *fn* kiemelkedő személyiség, kiválóság

dignity ['dɪgnəti] *fn* méltóság

digress [daɪ'gres] *ige* **digress from the subject** eltér/elkalandozik a tárgytól

digression [daɪ'greʃn] *fn* eltérés (*tárgytól*); kitérés, kitérő

digs [dɪgz] *fn tsz* ❖ *biz* ⊕ *GB* albérleti szoba

dike [daɪk] *fn* (védő)gát

dilapidated [dɪ'læpɪdeɪtɪd] *mn* ócska, ütött-kopott, rozoga (*épület*)

dilate [daɪ'leɪt] *ige* (ki)tágul ‖ **dilate on sg** hosszú lére ereszt vmt

dilatory ['dɪlətəri] *mn* késedelmes

dilemma [dɪ'lemə] *fn* dilemma

dilettante [ˌdɪlə'tænti] (*tsz* **dilettantes** *v.* **-ti** [-ti]) *fn* dilettáns

diligence ['dɪlɪdʒəns] *fn* szorgalom

diligent ['dɪlɪdʒənt] *mn* szorgalmas, igyekvő

dill [dɪl] *fn* kapor

dilly-dally ['dɪlidæli] *ige* bizonytalankodik

dilute [daɪ'lu:t] *ige* (fel)hígít ‖ **dilute sg with water** vizez

diluted [daɪ'lu:tɪd] *mn* híg

dim [dɪm] ▼ *mn* homályos, halvány, elmosódott ‖ **become dim** elhomályosul; **grow dim** (*fény*) halványodik; (*látás*) elhomályosul ▼ *ige* **-mm-** (le)sötétít, elhomályosít ‖ (*fény és emlék stb.*) elhalványodik, elhalványul ‖ **dim the headlights/beam** (*fényt autón*) letompít, leveszi a fényt

dime [daɪm] *fn* ⊕ *US* tízcentes

dime novel *fn* ⊕ *US* ponyvaregény

dimension [daɪ'menʃn] *fn* dimenzió, kiterjedés ‖ nagyság ‖ méret, terjedelem ‖ **the dimensions of the room** a szoba méretei

diminish [dɪ'mɪnɪʃ] *ige* csökken, fogy ‖ csökkent ‖ kicsinyít, kisebbít ‖ kisebbedik, csillapodik

diminished [dɪ'mɪnɪʃt] *mn* csökkent(ett)

diminishing [dɪ'mɪnɪʃɪŋ] *mn* csökkenő

diminution [ˌdɪmɪ'nju:ʃn] *fn* kisebbítés

---

fn főnév – *hsz* határozószó – *isz* indulatszó – *ksz* kötőszó – *mn* melléknév
▼ szófajjelzés ⊕ földrajzi variáns ❑ szakterület ❖ stiláris minősítés

diminutive [dɪ'mɪnjʊtɪv] *mn/fn* kicsinyítő (képző)
dimness ['dɪmnɪs] *fn* sötétség, homály
dimly ['dɪmli] *hsz* homályosan || **dimly-lit** gyengén kivilágított, sötét
dimmer (switch) ['dɪmə] *fn* fényerőszabályozós kapcsoló
dimple ['dɪmpl] *fn* gödröcske *(arcon)*
dim-witted [‚dɪm'wɪtɪd] *mn* ❖ *biz* ostoba
din [dɪn] *fn* ❖ *biz* zaj; ricsaj, lárma, zsivaj
dine [daɪn] *ige* ebédel, vacsorázik

dine out *(este)* nem otthon étkezik, házon kívül vacsorázik

diner ['daɪnə] *fn* ⊕ US étkezőkocsi
dinghy ['dɪŋi] *fn* kis csónak/vitorlás, dingi || (felfújható) gumicsónak
dingy ['dɪndʒi] *mn* piszkos
dining car ['daɪnɪŋ] *fn* étkezőkocsi
dining hall *fn* ❑ *isk* ebédlő, étkezde
dining-room *fn* ebédlő, étterem *(kisebb szállodáé)*
dining-table *fn* ebédlőasztal
dinner ['dɪnə] *fn (ha délben lunch volt)* vacsora || ebéd || **have (one's) dinner** megvacsorázik; **what's for dinner?** mi lesz vacsorára/ebédre?; **dinner is served** a vacsora tálalva (van)
dinner jacket *fn* szmoking
dinner-party *fn* vacsora *(vendégekkel)*
dinner set *fn* étkészlet
dinner-time *fn* vacsoraidő
dinosaur ['daɪnəsɔ:] *fn* dinoszaurusz
dint [dɪnt] *fn* **by dint of** vm segítségével, vmnél fogva
diocese ['daɪəsɪs] *fn* egyházmegye
dioptre (⊕ US **-er**) [daɪ'ɒptə] *fn* dioptria
dioxide [daɪ'ɒksaɪd] *fn* dioxid
Dip. = **diploma**
dip [dɪp] ▼ *fn* bemártás || bemerülés || fürdés || **go for** (*v.* **have**) **a dip** meg-

mártózik ▼ *ige* **-pp-** (meg)márt || *(vízbe)* merül || *(iránytű)* elhajlik || **dip one's headlights** tompított fényszórót használ, leveszi a fényt

dip in bemerít, vmbe belemárt
dip into vmbe benyúl || *(könyvbe)* beleolvas || **dip into one's purse** ❖ *átv* belenyúl a zsebébe/pénztárcájába

diphtheria [dɪf'θɪərɪə] *fn* diftéria
diphthong ['dɪfθɒŋ] *fn* kettőshangzó
diploma [dɪ'pləʊmə] *fn* diploma || **have a diploma in education** tanítói/tanári diplomája van; **take a/one's diploma (in sg)** (vmlyen) diplomát szerez
diplomacy [dɪ'pləʊməsi] *fn* diplomácia
diplomat ['dɪpləmæt] *fn* diplomata
diplomatic [‚dɪplə'mætɪk] *mn* diplomáciai || diplomatikus || **through diplomatic channels** diplomáciai úton; **diplomatic corps** diplomáciai testület; **break off diplomatic relations** megszakítja a diplomáciai kapcsolatokat
dipped headlight [dɪpt] *fn* tompított fényszóró
dipper ['dɪpə] *fn* merőkanál
dipstick ['dɪpstɪk] *fn* nívópálca
dip-switch *fn* tompított fényszóró kapcsolója
dire ['daɪə] *mn* szörnyű || **be in dire straits** nyomasztó helyzetben (*v.* szorultságban) van
direct [də'rekt] ▼ *mn* egyenes || közvetlen, direkt || **be in direct proportion/ratio to** egyenes arányban áll/van vmvel ▼ *ige (intézményt)* irányít, igazgat || vkt vkhez irányít, vezet, útba igazít || *(filmet, színdarabot)* rendez || felszólít vmre, utasít || **direct one's attention to sg** figyelmét vmre fordítja; **directed by ...** rendezte ...
direct access *fn* ❑ *szt* közvetlen elérés/hozzáférés

direct attack *fn* nyílt támadás

direct current *fn* egyenáram

direct dial(l)ing *fn* közvetlen tárcsázás

direct flight *fn* közvetlen járat

direction [də'rekʃn] *fn* (út)irány, menetirány ‖ irányítás, igazgatás, vezetés *(vállalaté)* ‖ **from that direction** abból az irányból, arról; **in that direction** arra(felé); **under sy's direction** vknek a vezetése/irányítása alatt; **in the direction of** vmlyen irányba(n); **directions** rendelkezés; utasítás; **directions (for use)** (használati) utasítás

directional [də'rekʃnəl] *mn* irány-

directive [də'rektɪv] *fn* utasítás, direktíva, irányelv

directly [də'rektlɪ] *hsz* közvetlenül, egyenesen, rövid úton ‖ azonnal

direct method *fn* direkt módszer

director [də'rektə] *fn* igazgató *(banké, vállalaté)* ‖ ❑ *szính* ❑ *film* rendező

director general *fn* főigazgató

directory [də'rektəri] *fn* címjegyzék ‖ telefonkönyv ‖ ❑ *szt* tartalomjegyzék, katalógus

direct tax *fn* egyenes adó

dirt [dɜ:t] *fn* piszok; szemét, kosz

dirt cheap *mn* ❖ *biz* potom olcsó

dirt road *fn* kocsiút, földút

dirty ['dɜ:ti] ▼ *mn* piszkos, koszos, mocskos, maszatos, szennyes ‖ **get dirty** bepiszkolódik; **make (sg) dirty** összepiszkít; **dirty joke/story** trágár vicc, ocsmány történet; **dirty talk** disznó beszéd ▼ *ige* bepiszkit, összepiszkít

disability [ˌdɪsə'bɪləti] *fn* alkalmatlanság ‖ rokkantság

disability pension *fn* rokkantsági nyugdíj

disabled [dɪs'eɪbld] *mn* rokkant, mozgásképtelen ‖ **the disabled** a mozgássérültek/rokkantak

disabuse [ˌdɪsə'bju:z] *ige* kiábrándít *(of* vmből)

disadvantage [ˌdɪsəd'vɑ:ntɪdʒ] *fn* hátrány ‖ **be a disadvantage to sy/sg** hátrányára van

disadvantaged [ˌdɪsəd'vɑ:ntɪdʒd] *mn* hátrányos helyzetben lévő

disadvantageous [ˌdɪsædvən'teɪdʒəs] *mn* hátrányos, előnytelen

disaffected [ˌdɪsə'fektɪd] *mn* elégedetlen

disaffection [ˌdɪsə'fekʃn] *fn* elégedetlenség ‖ hűtlenség

disagree [ˌdɪsə'gri:] *ige* **disagree with sy** nem ért egyet vkvel *(on* vmben), más véleményen van, nézeteltérése van vkvel ‖ árt, nem tesz jót *(vknek étel, klíma stb.)* ‖ **disagree with sg** ellentétben áll vmvel

disagreeable [ˌdɪsə'gri:əbl] *mn* kellemetlen

disagreement [ˌdɪsə'gri:mənt] *fn* nézeteltérés, ellenkezés

disallow [ˌdɪsə'laʊ] *ige* nem ismer el ‖ nem ad meg *(gólt)*

disappear [ˌdɪsə'pɪə] *ige* eltűnik

disappearance [ˌdɪsə'pɪərəns] *fn* eltűnés

disappoint [ˌdɪsə'pɔɪnt] *ige* kiábrándít, csalódást okoz vknek ‖ **be disappointed in/with sy/sg** csalódik vkben/vmben, kiábrándul vkből/vmből

disappointing [ˌdɪsə'pɔɪntɪŋ] *mn* kiábrándító

disappointment [ˌdɪsə'pɔɪntmənt] *fn* csalódás, kiábrándulás ‖ **be a disappointment to sy** csalódást okoz vknek

disapproval [ˌdɪsə'pru:vl] *fn* ellenzés, rosszallás; (erkölcsi) elítélés

disapprove [ˌdɪsə'pru:v] *ige* **disapprove of sg** hibáztat/kifogásol/helytelenít/ellenez vmt

disapproving [ˌdɪsə'pru:vɪŋ] *mn* helytelenítő

disarm [dɪs'ɑ:m] *ige* lefegyverez, leszerel

disarmament [dɪs'ɑ:məmənt] *fn* leszerelés

---

fn főnév – *hsz* határozószó – *isz* indulatszó – *ksz* kötőszó – *mn* melléknév
▼ szófajjelzés ⊕ földrajzi variáns ❑ szakterület ❖ stiláris minősítés

disarmament talks *fn* *tsz* leszerelési tárgyalások

disarming [dɪs'ɑ:mɪŋ] *mn* lefegyverző

disarray [ˌdɪsə'reɪ] *fn* összevisszaság

disaster [dɪ'zɑ:stə] *fn* katasztrófa, szerencsétlenség

disaster area *fn* katasztrófa sújtotta terület

disastrous [dɪ'zɑ:strəs] *mn* végzetes

disavow [ˌdɪsə'vaʊ] *ige* nem ismer el, tagad

disband [dɪs'bænd] *ige* feloszlat

disbelief [ˌdɪsbɪ'li:f] *fn* hitetlenség

disbelieve [ˌdɪsbɪ'li:v] *ige* nem hisz el ‖ nem hisz vknek

disburse [dɪs'bɜ:s] *ige* kifizet

disc. = discount

disc *(főleg ⊕ US* disk) [dɪsk] *fn* korong; tárcsa ‖ (hang)lemez; ❏ *szt* CD

discard [dɪs'kɑ:d] *ige (haszontalant)* kidob, kiszuperál, (ki)selejtez

disc brake *fn* tárcsafék

discern [dɪ'sɜ:n] *ige* észrevesz; *(szemmel)* kivesz

discernible [dɪ'sɜ:nəbl] *mn* kivehető, látható

discerning [dɪ'sɜ:nɪŋ] *mn* jó/biztos ítélőképességű

discernment [dɪ'sɜ:nmənt] *fn* éleslátás, ítélőképesség

discharge ▼ [dɪstʃɑ:dʒ] *fn* kirak(od)ás ‖ elbocsátás *(alkalmazotté)* ‖ szabadulás *(börtönből)* ‖ kiöntés ‖ (ki)ömlés ‖ ❏ *orv* folyás, váladék ‖ ❏ *épít* kiváltás ▼ [dɪs'tʃɑ:dʒ] *ige* kirak, kiürít ‖ *(alkalmazottat)* elbocsát, elküld ‖ felment (vm alól) ‖ *(kórházból beteget)* elbocsát ‖ *(adósságot, számlát)* (ki)fizet, rendez; *(illetéket)* leró ‖ ❏ *fiz* kisül; kisüt ‖ **discharge pus** genye(d)zik; **discharge one's duties** a teendőket ellátja

---

discharge into *(folyó)* beletorkollik

---

disciple [dɪ'saɪpl] *fn* tanítvány

disciplinary ['dɪsəplɪnəri] *mn* fegyelmi

discipline ['dɪsəplɪn] ▼ *fn* fegyelem ‖ tudományág, diszciplína ▼ *ige* fegyelmez ‖ büntet

disc jockey *fn* lemezlovas

disclaim [dɪs'kleɪm] *ige* nem ismer el, tagad ‖ nem vállal ‖ *(felelősséget)* elhárít; igényt elutasít (vmre nézve)

disclaimer [dɪs'kleɪmə] *fn* visszautasítás ‖ cáfolat

disclose [dɪs'kləʊz] *ige (titkot)* felfed, elárul, feltár

disclosure [dɪs'kləʊʒə] *fn* felfedés, elárulás

Discman *fn* „sétáló" CD-lejátszó

disco ['dɪskəʊ] *fn* diszkó

discolour (⊕ *US* -or-) [dɪs'kʌlə] *ige* elszíneződik, fakul

discolouration (⊕ *US* -or-) [dɪsˌkʌlə'reɪʃn] *fn* elszíneződés, elszíntelenedés, fakulás

discomfort [dɪs'kʌmfət] *fn* kényelmetlenség

disconcert [ˌdɪskən'sɜ:t] *ige* zavarba hoz ‖ **be disconcerted** zavarban van

disconnect [ˌdɪskə'nekt] *ige (összeköttetést)* szétkapcsol; *(áramot)* megszakít ‖ *(telefonbeszélgetést)* bont ‖ *(telefont, áramot, gázt véglegesen)* kikapcsol

disconnected [ˌdɪskə'nektɪd] *mn* öszszefüggéstelen, szétfolyó ‖ elégedetlen

disconsolate [dɪs'kɒnsələt] *mn* vigasztalhatatlan

discontent [ˌdɪskən'tent] *fn* elégedetlenség

discontinue [ˌdɪskən'tɪnju:] *ige* félbeszakít, félbehagy, megszüntet; *(folyóiratot, újságot)* lemond

discord ['dɪskɔ:d] *fn* egyenetlenkedés, széthúzás, viszály

discordant [dɪs'kɔ:dnt] *mn* disszonáns

discotheque ['dɪskətek] *fn* diszkó

discount ▼ ['dɪskaʊnt] *fn* (ár)engedmény; *(összegből)* levonás

▼ [dɪs'kaʊnt] ige *(engedményként)* levon, leszámítol ‖ figyelmen kívül hagy

discount house *fn* leszámítoló bank ‖ = **discount shop**

discount rate *fn* leszámítolási kamatláb

discount shop/store/warehouse *fn* diszkontáruház

discourage [dɪs'kʌrɪdʒ] *ige* elkedvetlenít, elriaszt, elcsüggeszt

discouragement [dɪs'kʌrɪdʒmənt] *fn* elkedvetlenítés ‖ ellenzés

discouraging [dɪs'kʌrɪdʒɪŋ] *mn* elkedvetlenítő

discourse ▼ ['dɪskɔ:s] *fn* előadás; társalgás ▼ [dɪ'skɔ:s] *ige* elmond, előad

discourteous [dɪs'kɜ:tɪəs] *mn* udvariatlan

discover [dɪ'skʌvə] *ige* felfedez, rájön; megtud

discoverer [dɪ'skʌvərə] *fn* felfedező

discovery [dɪ'skʌvəri] *fn* felfedezés

discredit [dɪs'kredɪt] ▼ *fn* hitelrontás ‖ **bring discredit on sy** szégyent hoz vkre, szégyenbe hoz vkt ▼ *ige* rossz hírbe hoz vkt

discreet [dɪ'skri:t] *mn* diszkrét, tapintatos ‖ szolid *(öltözködés)*

discrepancy [dɪs'krepənsi] *fn* különbözőség, eltérés

discrete [dɪ'skri:t] *mn* különálló ‖ ❏ *mat* diszkrét

discretion [dɪ'skreʃn] *fn* diszkréció, titoktartás ‖ **at one's discretion** *(saját)* belátása szerint, tetszése szerint

discretionary [dɪ'skreʃənəri] *mn* vk belátására bízott, diszkrecionális

discriminate [dɪ'skrɪmɪneɪt] *ige* megkülönböztet *(sg/sy from sg/sy* vmt/vkt vmtől/vktől) ‖ **discriminate between two things** különbséget tesz két dolog között

discriminating [dɪ'skrɪmɪneɪtɪŋ] *mn* jó ítélőképességű ‖ megkülönböztető

discrimination [dɪˌskrɪmɪ'neɪʃn] *fn* ítélőképesség ‖ megkülönböztetés

discriminatory [dɪ'skrɪmɪnətəri] *mn* megkülönböztető

discus ['dɪskəs] *fn* diszkosz

discuss [dɪ'skʌs] *ige* megvitat, megbeszél, megtárgyal ‖ *(írásműben)* tárgyal

discussion [dɪ'skʌʃn] *fn (ülésen)* tárgyalás, megbeszélés, megvitatás, vita ‖ **have discussions with sy** tárgyal vkvel

discus thrower *fn* diszkoszvető

discus throwing *fn* diszkoszvetés

disdain [dɪs'deɪn] ▼ *fn* megvetés ‖ **not to be disdained** nem megvetendő ▼ *ige* lenéz ‖ méltóságán alulinak tart

disdainful [dɪs'deɪnfl] *mn* megvető

disease [dɪ'zi:z] *fn* betegség, kór, megbetegedés

diseased [dɪ'zi:zd] *mn* beteg *(testrész)*; kóros

disembark [ˌdɪsɪm'bɑ:k] *ige* partra száll, kiszáll, kihajóz

disembarkation [ˌdɪsembɑ:'keɪʃn] *fn* kiszállás *(hajóból)*; partraszállás

disenchanted [ˌdɪsɪn'tʃɑ:ntɪd] *mn* kiábrándult

disenfranchise [ˌdɪsɪn'fræntʃaɪz] *ige* szavazati jogtól megfoszt

disengage [ˌdɪsɪn'geɪdʒ] *ige (tengelykapcsolót)* kiold ‖ *(energiát)* felszabadít ‖ kiszabadul

disentangle [ˌdɪsɪn'tæŋgl] *ige* **disentangle oneself from sg** vmből kigabalyodik

disfavour [dɪs'feɪvə] (⊕ *US* **-or**) *fn* kegyvesztettség

disfigure [dɪs'fɪgə] *ige* elcsúfít, elrútít

disfranchise [dɪs'fræntʃaɪz] *ige* = **disenfranchise**

disgrace [dɪs'greɪs] ▼ *fn* szégyen ‖ **bring disgrace on sy** szégyent hoz vkre, szégyenbe hoz vkt; **be a disgrace to sy** szégyenére válik, szégyent hoz vkre, szégyenbe hoz vkt ▼ *ige* szégyent hoz vkre, meggyaláz ‖ **disgrace oneself** szégyent vall

---

fn főnév – *hsz* határozószó – *isz* indulatszó – *ksz* kötőszó – *mn* melléknév
▼ szófajjelzés ⊕ földrajzi variáns ❏ szakterület ❖ stiláris minősítés

disgraceful [dɪs'greɪsfl] *mn* szégyenletes; gyalázatos, botrányos
disgracefully [dɪs'greɪsfli] *hsz* **behave disgracefully** hitvány módon viselkedik
disgruntled [dɪs'grʌntld] *mn* elégedetlen, zsémbes
disguise [dɪs'gaɪz] ▼ *fn* álruha ▼ *ige* leplez, palástol, álcáz
disgust [dɪs'gʌst] ▼ *fn* csömör ▼ *ige* undorít ‖ **be disgusted at/by/with sg** felháborítja az, hogy; undorodik vktől/vmtől
disgusting [dɪs'gʌstɪŋ] *mn* gusztustalan, felháborító, undorító
dish [dɪʃ] ▼ *fn* tál ‖ étel ‖ fogás ‖ **the dishes** asztali edények ▼ *ige* ❖ *biz (átv is)* tálal ‖ átver ‖ megbuktat ‖ romba dönt *(reményeket)* ‖ **do the dishes** (el)mosogat

dish out *(ételt)* ❖ *biz* tálal ‖ szétoszt ‖ ❖ *biz* kioszt (vkt)
dish up *(ételt)* (fel)tálal

dish aerial *fn* parabolaantenna
dish-cloth *fn* konyharuha, mosogatórongy
dishearten [dɪs'hɑːtn] *ige* elcsüggeszt
dishevel [dɪ'ʃevl] *ige* **-ll-** (⊕ *US* **-l-**) *(hajat)* összekuszál
dishevelled [dɪ'ʃevld] *mn* kócos ‖ zilált *(ruházat)*
dishonest [dɪs'ɒnɪst] *mn* tisztességtelen, becstelen
dishonesty [dɪs'ɒnəsti] *fn* becstelenség
dishonour (⊕ *US* **-or**) [dɪs'ɒnə] ▼ *fn* gyalázat ▼ *ige* megszégyenít, szégyent hoz vkre ‖ nem vált be (csekket)
dishonourable (⊕ *US* **-or-**) [dɪs'ɒnərəbl] *mn* gyalázatos
dish-rack *fn* edényszárító *(rács)*
dishtowel [dɪʃ'taʊəl] *fn* ⊕ *US (konyhai)* törlőrongy, törlőruha
dish-washer *fn* mosogatógép

dishwater ['dɪʃwɔːtə] *fn* mosogatólé ‖ lötty *(leves, bor, kávé, tea)*
disillusion [ˌdɪsɪ'luːʒn] ▼ *fn* kiábrándulás ▼ *ige* kiábrándít
disillusioned [ˌdɪsɪ'luːʒnd] *mn* kiábrándult
disillusioning [ˌdɪsɪ'luːʒnɪŋ] *mn* kiábrándító
disillusionment [ˌdɪsɪ'luːʒnmənt] *fn* kiábrándulás
disincentive [ˌdɪsɪn'sentɪv] *fn* (termelékenységet) fékező intézkedés
disinclined [ˌdɪsɪn'klaɪnd] *mn* **be disinclined to do sg** nem hajlandó vmt megtenni
disinfect [ˌdɪsɪn'fekt] *ige* fertőtlenít
disinfectant [ˌdɪsɪn'fektənt] *fn* fertőtlenítőszer
disinfection [ˌdɪsɪn'fekʃn] *fn* fertőtlenítés
disinfest [ˌdɪsɪn'fest] *ige* féregtelenít
disinfestation [ˌdɪsɪnfe'steɪʃn] *fn* féregirtás
disinflation [ˌdɪsɪn'fleɪʃn] *fn* defláció, infláció csökkentése
disingenuous [ˌdɪsɪn'dʒenjʊəs] *mn* hamis, álnok
disinherit [ˌdɪsɪn'herɪt] *ige* *(örökségből)* kitagad
disintegrate [dɪs'ɪntɪgreɪt] *ige* szétesik, szétbomlik ‖ *(szervezet)* felbomlik ‖ *(anyagot)* szétbomlaszt
disintegration [dɪsˌɪntɪ'greɪʃn] *fn* szétesés, felbomlás
disinter [ˌdɪsɪn'tɜː] *ige* **-rr-** exhumál
disinterested [dɪs'ɪntrəstɪd] *mn* nem érdekelt, érdektelen ‖ pártatlan
disjoint [dɪs'dʒɔɪnt] *ige* *(szárnyast)* feldarabol
disjointed [dɪs'dʒɔɪntɪd] *mn* összefüggéstelen
disk [dɪsk] *fn* ❑ *zene és szt* lemez, diszk ‖ ❑ *műsz és* ❖ *ált* tárcsa
disk drive *fn* ❑ *szt* lemezmeghajtó
diskette [dɪ'sket] *fn* ❑ *szt* diszkett, hajlékonylemez, flopi

disk operating system *fn* ❏ *szt* diszk operációs rendszer, DOS

dislike [dɪs'laɪk] ▼ *fn* ellenszenv ‖ **take a dislike to sy** ellenszenvet érez vk iránt ▼ *ige* nem szível, ellenszenvet érez vk iránt, vktől idegenkedik ‖ **he dislikes it** nem ízlik neki

dislocate ['dɪsləkeɪt] *ige* kificamít

dislocation [ˌdɪslə'keɪʃn] *fn* ficam ‖ zavar *(forgalomban)*

dislodge [dɪs'lɒdʒ] *ige* kilakoltat ‖ kimozdít ‖ **be dislodged** kimozdul, kiszabadul

disloyal [dɪs'lɔɪəl] *mn* hűtlen

dismal ['dɪzml] *mn* sivár, komor, zord, borús

dismantle [dɪs'mæntl] *ige* szétszerel, szétszed *(gépet)*

dismay [dɪs'meɪ] ▼ *fn* döbbenet ▼ *ige* **be dismayed** megdöbben *(at* vm miatt), odavan a kétségbeeséstől

dismember [dɪs'membə] *ige* feldarabol

dismiss [dɪs'mɪs] *ige* elbocsát; elküld, meneszt *(állásból)* ‖ elutasít *(fellebbezést)*

dismissal [dɪs'mɪsl] *fn* elbocsátás *(alkalmazotté)*

dismount [dɪs'maʊnt] *ige (lóról, motorról)* leszáll

disobedience [ˌdɪsə'bi:dɪəns] *fn* engedetlenség

disobedient [ˌdɪsə'bi:dɪənt] *mn* engedetlen, szófogadatlan

disobey [ˌdɪsə'beɪ] *ige* nem fogad szót (vknek), engedetlenkedik

disorder [dɪs'ɔ:də] *fn* rendetlenség, felfordulás; zűrzavar, fejetlenség, öszszevisszaság

disorderly [dɪs'ɔ:dəli] *mn* rendetlen, zűrzavaros, zilált ‖ **disorderly conduct** garázdaság, rendzavarás

disorganize [dɪs'ɔ:gənaɪz] *ige* szétzilál ‖ szétesik, szétzilálódik

disorientate [dɪs'ɔ:rɪənteɪt] *ige* **be disorientated** el van tájolódva

disown [dɪs'əʊn] *ige* megtagad vkvel minden közösséget ‖ **I disown you!** semmi közöm hozzád!

disparage [dɪ'spærɪdʒ] *ige* becsmérel, fitymál, ócsárol

disparaging [dɪ'spærɪdʒɪŋ] *mn* becsmérlő, lekicsinylő

disparity [dɪs'pærəti] *fn* különbség, egyenlőtlenség

dispassionate [dɪs'pæʃnət] *mn* higgadt, tárgyilagos

dispatch [dɪ'spætʃ] ▼ *fn* sietség ‖ értesítés ‖ elküldés ‖ árukiadás ‖ elintézés *(ügyeké)* ▼ *ige* elküld, megküld (vknek) ‖ (gyorsan) elintéz

dispatch-rider *fn (motoros)* futár

dispel [dɪ'spel] *ige* **-ll-** *(gyanút, kétséget)* eloszlat

dispensary [dɪ'spensəri] *fn* gyógyszertár *(kórházban, iskolában)*

dispense [dɪ'spens] *ige* (ki)oszt, szétoszt ‖ megcsinál, elkészít *(gyógyszert)*

dispense with nélkülöz, eltekint vmtől

dispenser [dɪ'spensə] *fn* (adagoló) automata ‖ gyógyszerész

dispensing chemist [dɪ'spensɪŋ] *fn* ⊕ *GB* gyógyszerész ‖ **dispensing chemist's** gyógyszertár

dispersal [dɪ'spɜ:sl] *fn* szétoszlatás, feloszlatás *(tömegé)*

disperse [dɪ'spɜ:s] *ige (tömeget)* szétoszlat, feloszlat ‖ szétoszlik

dispersion [dɪ'spɜ:ʃn] *fn* szórás; *(mat és statisztika)* szóródás

dispirit [dɪ'spɪrɪt] *ige* lehangol, lever, elcsüggeszt

dispirited [dɪ'spɪrɪtɪd] *mn* csüggedt

displace [dɪs'pleɪs] *ige* elmozdít ‖ helyébe lép ‖ kiszorít

displaced person [dɪs'pleɪst] *fn* hontalan *(személy)*

displacement [dɪs'pleɪsmənt] *fn (térben)* eltolódás, vízkiszorítás

---

fn főnév – *hsz* határozószó – *isz* indulatszó – *ksz* kötőszó – *mn* melléknév
▼ szófajjelzés ⊕ földrajzi variáns ❏ szakterület ❖ stiláris minősítés

display [dɪ'spleɪ] ▼ *fn* bemutatás *(árué)* || kirakat || ❑ *el szt* kijelzés || ❑ *el* kijelző, megjelenítő, képernyő || **be on display** ki van állítva, közszemlére kitették ▼ *ige* kiállít; *(kiállításon)* bemutat; *(kirakatba)* kitesz; megjelenít *(képernyőn)*, mutat

displease [dɪs'pliːz] *ige* vknek nem tetszik, visszatetszik

displeased [dɪs'pliːzd] *mn* **be displeased with sg** vknek visszatetszik vm, vk elégedetlen vmvel

displeasure [dɪs'pleʒə] *fn* visszatetszés

disposable [dɪ'spoʊzəbl] *mn* eldobható *(papírpelenka stb.)* || **disposable (hypodermic) needle** eldobható *(v. egyszer használatos)* injekciós tű; **disposable nappy-liner** pelenkabetét

disposal [dɪ'spoʊzl] *fn* rendelkezés || **be at (sy's) disposal** rendelkezésre áll

dispose [dɪ'spoʊz] *ige* elrendez || **dispose of sg/sy** vmn/vkn túlad

disposed [dɪ'spoʊzd] *mn* **be disposed to do** hajlandó vmre

disposition [ˌdɪspə'zɪʃn] *fn* hajlandóság || lelkület, habitus, mentalitás

disproportion [ˌdɪsprə'pɔːʃn] *fn* aránytalanság, egyenlőtlenség

disproportionate [ˌdɪsprə'pɔːʃnət] *mn* aránytalan

disprove [dɪs'pruːv] *ige* megcáfol, megdönt

disputable [dɪ'spjuːtəbl] *mn* vitatható, kétségbevonható

dispute [dɪ'spjuːt] ▼ *fn* vita || **beyond dispute** vitathatatlan ▼ *ige* kétségbe von, vitat

disputed [dɪ'spjuːtɪd] *mn* vitás

disqualification [dɪsˌkwɒlɪfɪ'keɪʃn] *fn* kizárás *(versenyből)*

disqualify [dɪs'kwɒlɪfaɪ] *ige* *(versenyből)* kizár, diszkvalifikál

disquiet [dɪs'kwaɪət] *fn* nyugtalanság

disquieting [dɪs'kwaɪətɪŋ] *mn* nyugtalanító

disregard [ˌdɪsrɪ'gɑːd] ▼ *fn* semmibevétel, mellőzés ▼ *ige* nem vesz figyelembe, figyelmen kívül hagy, mellőz || **please disregard it** tekintsd tárgytalannak

disrepair [ˌdɪsrɪ'peə] *fn* **in disrepair** rozoga állapotban

disreputable [dɪs'repjʊtəbl] *mn* hírhedt, rossz hírű

disrepute [ˌdɪsrɪ'pjuːt] *fn* rossz hír(név) || **bring sy into disrepute** hírbe hoz vkt

disrespect [ˌdɪsrɪ'spekt] *fn* tiszteletlenség

disrupt [dɪs'rʌpt] *ige (munkát, forgalmat)* megzavar

disruption [dɪs'rʌpʃn] *fn* (szét)szakadás || zavargás

disruptive [dɪs'rʌptɪv] *mn* rendbontó, bomlasztó

dissatisfaction [ˌdɪssætɪs'fækʃn] *fn* nemtetszés, elégedetlenség

dissatisfied [dɪs'sætɪsfaɪd] *mn* elégedetlen

dissect [dɪ'sekt] *ige* (fel)boncol || boncolgat, elemez

dissection [dɪ'sekʃn] *fn* boncolás

disseminate [dɪ'semɪneɪt] *ige (eszméket)* terjeszt

dissension [dɪ'senʃn] *fn* egyenetlenség, pártoskodás, széthúzás

dissent [dɪ'sent] ▼ *fn* eltérő vélemény ▼ *ige* különvéleményen van

dissenter [dɪ'sentə] *fn* ❑ *tört* disszenter *(anglikán egyházból kivált protestáns)*

dissertation [ˌdɪsə'teɪʃn] *fn* értekezés, disszertáció

disservice [dɪ'sɜːvɪs] *fn* **do sy a disservice** kárt okoz vknek

dissident ['dɪsɪdənt] *fn* ❑ *pol* disszidens; másként gondolkodó

dissimilar [dɪ'sɪmɪlə] *mn* különböző, elütő, eltérő

dissipate ['dɪsɪpeɪt] *ige* elherdál, elpocsékol || **dissipate one's energies** szétforgácsolja erejét

D

dissipated ['dɪsɪpeɪtɪd] *mn* kicsapongó

dissipation [ˌdɪsɪ'peɪʃn] *ige* elpocsékolás ‖ kicsapongás

dissolute ['dɪsəluːt] *mn* kicsapongó, feslett *(életmód)*

dissolution [ˌdɪsə'luːʃn] *fn* (fel)oldás ‖ felbomlás ‖ felbontás *(szerződésé)* ‖ feloszlatás *(testületé)*

dissolve [dɪ'zɒlv] *ige* (fel)old, (fel)oldódik ‖ szétbomlik, szétesik ‖ feloszlat *(testületet)* ‖ feloszlik *(parlament)* ‖ szertefoszlik ‖ felolvaszt ‖ **dissolve in tears** könnyekre fakad

dissonance ['dɪsənəns] *fn* disszonancia

dissonant ['dɪsənənt] *mn* disszonáns

dissuade [dɪ'sweɪd] *ige* **dissuade sy from (doing) sg** vkt vmről lebeszél

distaff ['dɪstɑːf] *fn* **on the distaff side** női ágon

distance ['dɪstəns] *fn* távolság, táv ‖ *(időbeli)* távlat ‖ **from a distance** távolból; **in the distance** a távolban; **it is no distance** nincs messze innen; **keep one's distance** tartja a három lépés távolságot

distance learning *fn* távoktatás

distant ['dɪstənt] *mn* távoli, messze, távol eső ‖ **distant relation** távoli rokon

distaste [dɪs'teɪst] *fn* utálat, ellenszenv

distasteful [dɪs'teɪstfl] *mn* visszataszító, utálatos

distemper [dɪ'stempə] *fn* (fal)festék

distend [dɪ'stend] *ige* felfúj, felduzzaszt, puffaszt

distended [dɪ'stendɪd] *mn* felfúvódott

distension [dɪ'stenʃn] *fn* felfúvódás, puffadás

distil (⊕ *US* **distill**) [dɪ'stɪl] *ige* **-ll-** desztillál, lepárol

distillery [dɪ'stɪləri] *fn* szeszfőzde, szeszfinomító

distinct [dɪ'stɪŋkt] *mn* könnyen érthető, kivehető, világos

distinction [dɪ'stɪŋkʃn] *fn* megkülönböztetés ‖ kitüntetés

distinctive [dɪ'stɪŋktɪv] *mn* megkülönböztető

distinctive feature *fn* megkülönböztető jegy

distinctly [dɪ'stɪŋktli] *hsz* világosan, határozottan

distinguish [dɪ'stɪŋgwɪʃ] *ige* **distinguish between two things** *v.* **one thing from another** különbséget tesz két dolog között, disztingvál ‖ **distinguish oneself** kiemelkedik, remekel

distinguished [dɪ'stɪŋgwɪʃt] *mn* kiváló, kiemelkedő ‖ **distinguished person** notabilitás

distinguishing mark [dɪ'stɪŋgwɪʃɪŋ] *fn* ismertetőjel

distort [dɪ'stɔːt] *ige* elferdít, (el)torzít; *(értelmet)* kiforgat ‖ **distort the facts** elferdíti a tényeket

distortion [dɪ'stɔːʃn] *fn* elferdítés, torzítás ‖ eltorzulás *(értelemé)* ‖ ❏ *tv* képtorzítás

distract [dɪ'strækt] *ige* *(figyelmet, vkt vmtől)* eltérít ‖ **distract attention (from)** elvonja a figyelmet

distracting [dɪ'stræktɪŋ] *mn* őrjítő

distraction [dɪ'strækʃn] *fn* elterelés *(figyelemé)* ‖ őrület ‖ **you're driving me to distraction** megőrjítesz!, ne őrjíts!

distraught [dɪ'strɔːt] *mn* feldúlt *(arc)*

distress [dɪ'stres] ▼ *fn* szomorúság; bánat ‖ elesettség, ínség, nyomor ‖ **be in distress** szükséget lát, végveszélyben forog ▼ *ige (gond)* nyomaszt

distress call *fn* vészkiáltás

distressing [dɪ'stresɪŋ] *mn* lehangoló, aggasztó

distress signal *fn* vészjel(zés)

distribute [dɪ'strɪbjuːt] *ige* szétoszt, feloszt, eloszt, kioszt *(among* több

dolgot vkk között) || *(sajtóterméket)*
terjeszt || *(filmet)* forgalmaz

distribution [,dɪstrɪ'bju:ʃn] *fn* kiosztás, szétosztás, elosztás, felosztás *(vkk között)* || *(lapé, könyvé)* terjesztés || eloszlás, megoszlás

distributor [dɪ'strɪbjutə] *fn* nagykereskedő || *(gépkocsiban)* elosztó

district ['dɪstrɪkt] *fn* kerület, körzet, (város)negyed || *(jelzőként)* kerületi, körzeti

district attorney *fn* ⊕ *US* államügyész

district council *fn* kerületi tanács

district court *fn* kerületi bíróság

district doctor *fn* körzeti orvos

distrust [dɪs'trʌst] ▼ *fn* bizalmatlanság, rosszhiszeműség ▼ *ige* nem bízik *(vkben)*

distrustful [dɪs'trʌstfl] *mn* bizalmatlan

disturb [dɪ'stɜ:b] *ige* (meg)zavar

disturbance [dɪ'stɜ:bəns] *fn* zavar *(gép/vm működésében)* || zavarás || nyugtalanság *(tömegjelenség)*

disturbed [dɪ'stɜ:bd] *mn* zavart

disturbing [dɪ'stɜ:bɪŋ] *mn* zavaró

disuse [dɪs'ju:s] *fn* **fall into disuse** kimegy a divatból, elavul

disused [dɪs'ju:zd] *mn* nem használt

ditch [dɪtʃ] *fn* árok || **to the last ditch** az utolsó csepp vérig

dither ['dɪðə] *ige* vacillál

ditto ['dɪtou] *fn* dettó, ugyanaz

divagate ['daɪvəgeɪt] *ige (tárgytól)* elkalandozik

divagation [,daɪvə'geɪʃn] *fn (tárgytól)* elkalandozás

divan [dɪ'væn] *fn* dívány, heverő

divan bed *fn* dívány

dive [daɪv] ▼ *fn* ugrás *(toronyugróé)* || fejesugrás || ❖ *biz* csehó ▼ *ige* alámerül, lemerül; *(futballkapus)* vetődik; *(vízbe)* lebukik || fejest ugrik || **dive head first (into)** fejest ugrik

drive for sg eltűz vmért *(vm keresésére)*

dive into fejest ugrik || mélyen belenyúl *(zsebébe)* || **dive into (the) water** vízbe ugrik

dive-bomb *ige* zuhanóbombázást hajt végre

dive-bomber *fn* zuhanóbombázó

diver ['daɪvə] *fn* búvár

diverge [daɪ'vɜ:dʒ] *ige* eltér, különbözik *(vmtől)*

divergence [daɪ'vɜ:dʒəns] *fn* eltérés

divergent [daɪ'vɜ:dʒənt] *mn* eltérő

diverse [,daɪ'vɜ:s] *mn* különféle, különböző, sokrétű, változatos

diversion [daɪ'vɜ:ʃn] *fn* elterelés, terelőút

diversify [daɪ'vɜ:sɪfaɪ] *ige* változatossá tesz

diversity [daɪ'vɜ:səti] *fn* sokféleség; különféleség, változatosság

divert [daɪ'vɜ:t] *ige (forgalmat, figyelmet)* elterel; *(figyelmet, vkt vmtől)* eltérít

diverted traffic [daɪ'vɜ:tɪd] *fn* forgalomelterelés

divest [daɪ'vest] *ige* **divest sy of power** hatalmától megfoszt

divide [dɪ'vaɪd] *ige* szétválaszt; *(szót)* elválaszt || elválik || *(több dolgot vkk között)* eloszt; *(részekre)* feloszt; szétoszt, megoszt || *(út)* szétválik || ❏ *mat* eloszt vmennyivel || **divide by four** néggyel oszt; **divide in two** *(v.* **into two parts)** kettéoszt, kettéválik; **divide the House** *(GB parlamentben)* elrendeli a szavazást; **15 divided by 3 is 5** 15 osztva 3-mal annyi mint 5

divide into (parts) *(részekre)* oszt || *(részekre)* oszlik

divide up feloszt, szétoszt; ❖ *átv* feldarabol

divided highway *fn* ⊕ *US* osztott pályás úttest

dividend ['dɪvɪdend] *fn* osztalék, részesedés || ❏ *mat* osztandó

---

nm névmás − *nu* névutó − *szn* számnév − *esz* egyes szám − *tsz* többes szám
▼ szófajjelzés ⊕ földrajzi variáns ❏ szakterület ❖ stiláris minősítés

divider [dɪ'vaɪdə] *fn* osztó ‖ térelválasztó

dividers [dɪ'vaɪdəz] *fn tsz* osztókörző

dividing line [dɪ'vaɪdɪŋ] *fn* választóvonal, határvonal

dividing wall *fn* válaszfal

divine [dɪ'vaɪn] *mn* isteni

diving-board ['daɪvɪŋbɔːd] *fn* ugródeszka

divinity [dɪ'vɪnəti] *fn* hittudomány, teológia

divinity college *fn* teológiai akadémia/főiskola

divisible [dɪ'vɪzəbl] *mn* osztható

division [dɪ'vɪʒn] *fn* felosztás *(részekre)* ‖ ❑ *mat* osztás ‖ megoszlás ‖ részleg, osztály ‖ hadosztály

division sign *fn* ❑ *mat* osztójel

divisive [dɪ'vaɪsɪv] *mn* **be divisive** egyenetlenséget teremt, megoszlást eredményez

divisor [dɪ'vaɪzə] *fn* ❑ *mat* osztó

divorce [dɪ'vɔːs] ▼ *fn* ❑ *jog* válás ▼ *ige (bíróilag)* elválaszt ‖ *(házastárstól)* elválik ‖ **they (have) got divorced** elváltak

divorce case *fn* válóper

divorced [dɪ'vɔːst] *mn* elvált

divorcee [dɪˌvɔː'siː] *fn* elvált férfi/nő

divorce proceedings *fn tsz* válóper

divorce suit *fn* bontóper

divulge [daɪ'vʌldʒ] *ige (titkot)* elárul, kibeszél

DIY [ˌdiː aɪ 'waɪ] = **do-it-yourself**

dizziness ['dɪzinəs] *fn* szédülés; szédelgés

dizzy ['dɪzi] *mn* szédülő ‖ szédítő ‖ **feel/be dizzy** szédül; szédeleg ‖ **it made me (feel) dizzy** elszédültem tőle

DJ [ˌdiː'dʒeɪ] = **disc jockey** lemezlovas, DJ (=dídzséj)

DLit(t) = *Doctor of Literature* kb. az irodalomtudomány doktora

DNA test *fn* ❑ *biol* DNS-vizsgálat

do¹ = **ditto**

do² [duː] *(esz 3* **does** [dʌz]; *pt* **did** [dɪd]; *pp* **done** [dʌn])* ▼ *ige (főigeként)* tesz, csinál, megtesz, megcsinál, (el)végez ‖ **do one's duty** végzi a kötelességét; **can you do it?** meg tudod csinálni/ javítani?; **he doesn't know what to do** nem tudja, mitévő legyen; **how did you do in the examination?** hányasra feleltél?, hogy sikerült a vizsga?; **(s)he did not do too well** gyengén szerepelt *(vizsgán)*; **I'll do all I, can to …** minden tőlem telhetőt megteszek; **I'll do it somehow** majd valahogy megcsinálom; **I'll do what I can** megteszek minden tőlem telhetőt; **is there anything I can do for you?** mivel szolgálhatok?; **can I do anything for you?** miben állhatok rendelkezésére?; **what can I do for you?** mit parancsol/óhajt?; **it won't do** *(árucikk)* nem felel meg; **that'll do** (ez) jó lesz, ez megfelel (a célnak); **either of them will do** akármelyik jó lesz, akármelyik megteszi; **that won't do** ez nem járja!; **how do you do?** *(köszönésképpen)* kb. jó napot kívánok!, kezét csókolom!; **what does (s)he do for a living?** mit csinál?, mivel foglalkozik; **what does he want to do?** mit akar csinálni? *(pl. érettségi után)*; **I can't do this sum** nem tudom megcsinálni/megoldani ezt a példát; **the car was doing 70 miles an hour** a kocsi óránként 70 mérföldes sebességgel haladt; **what are you doing here?** mi járatban van?; **what are you doing?** *(most)* mit csinálsz?; **be doing badly** rosszul megy neki; **be doing fine in sg** (vk vmvel *v.* vmben) jól halad; **be doing well** *(anyagilag)* jó dolga van, jól megy a dolga, jól keres; **done!** megegyeztünk!; **be done** *(kész)* megvan; ❖ *biz* **he's been done** becsapták; **it isn't done** ez nem való; **what is to be done?** mi (most) a teendő?; ❖ *biz* **do**

---

fn főnév – *hsz* határozószó – *isz* indulatszó – *ksz* kötőszó – *mn* melléknév
▼ szófajjelzés ⊕ földrajzi variáns ❑ szakterület ❖ stiláris minősítés

sy átejt vkt; ❖ *biz* **you've been done** átejtettek; **have sg done** (el)végeztet/ elkészíttet/megvizsgáltat; **I am done (for)!** végem van!; **be done** ❖ *biz* kivan *(fáradt)*; **I have done it/sg** vmvel kész vagyok, befejeztem a munkát, végeztem vmvel ▼ *(segédigeként: kérdés, tagadás)* **What time does the plane arrive in London?** Mikor érkezik a gép Londonba?; **Do you speak English?** Tud(sz)/beszél(sz) angolul?; **Yes, I do** igen(, beszélek); **No, I don't** nem(, nem beszélek/tudok); **I don't understand you** nem értelek; **Don't forget to write** ne felejts el írni!; **(s)he doesn't work here, does she?** ugye, ő nem itt dolgozik?; **You live in Edinburgh, don't you?** Ugye te Edinburgh-ban élsz?; **They didn't go to London.** Nem mentek el Londonba.; **Why didn't you tell me?** Miért nem mondtad meg nekem?; **I did tell you!** De/Pedig én megmondtam!

do away with megszabadul vmtől || ❖ *biz* eltesz vkt láb alól, kinyír vkt
do for sy tönkretesz vkt || alkalmazottként dolgozik vknél || **I'm done for** végem van
do sy in ❖ *biz* eltesz láb alól, hidegre tesz || vkvel kiszúr || **I feel done in** teljesen kivagyok
do sy out of sg ❖ *biz* elüt vkt vmtől || kifúr *(állásból)* || kiforgat *(vagyonából)*
do up elrendez || rendbe hoz, megcsinál || begombol, bekapcsol || összecsomagol
do with sg beéri/megelégszik vmvel || **I could really do with a (little) break** rám férne egy kis pihenés; **we could do with some rain** kellene már egy kis eső; **has nothing to do with sg/sy** semmi köze vmhez/vkhez

do without sg megvan vm nélkül

---

d.o.b. = *date of birth*
doc [dɒk] *fn* ❖ *biz* doki
docile ['doʊsaɪl] *mn* tanulékony
dock [dɒk] ▼ *fn* dokk || vádlottak padja ▼ *ige* dokkol || *(2 űrhajó)* összekapcsolódik
dock dues *fn tsz* dokkhasználati díj
docker ['dɒkə] *fn* dokkmunkás, kikötőmunkás
docket ['dɒkɪt] *fn (árun)* címke || jegyzék, lista
dock worker *fn* dokkmunkás
dockyard ['dɒkjɒd] *fn* hajógyár
doctor ['dɒktə] *fn* orvos, doktor *(tud. fokozat is)* || **call a doctor** orvost hív; **go to see a doctor** orvoshoz megy
doctorate ['dɒktərət] *fn* doktorátus
doctrine ['dɒktrɪn] *fn* tétel; tan, doktrína
document ▼ ['dɒkjʊmənt] *fn* irat, dokumentum, okmány; okirat, ügyirat ▼ ['dɒkjʊment] *ige (adattal)* bizonyít, dokumentál
documentary [,dɒkjʊ'mentəri] *mn/fn* dokumentációs || **documentary (film)** ismeretterjesztő film
documentation [,dɒkjʊmən'teɪʃn] *fn* dokumentáció
doddering, doddery ['dɒdərɪŋ, 'dɒdəri] *mn* reszketeg, bizonytalan
dodge [dɒdʒ] ▼ *fn* csel, furfang, fogás || **dodges** praktika ▼ *ige* kijátszik (vmt), kihúzza magát vm alól || kicselez
dodgems ['dɒdʒəmz] *fn tsz* dodzsem
doe [doʊ] *fn* őzsuta
doe-rabbit *fn* nőstény nyúl
does [dəz] → **do²**
doeskin ['doʊskɪn] *fn* őzbőr
doesn't ['dʌznt] = *does not*; → **do²**
dog [dɒg] ▼ *fn* kutya || **have a dog** kutyát tart; ❖ *biz* **go to the dogs** ebek harmincadjára jut, lezüllik; **let sleeping dogs lie** ne ébreszd fel az alvó

---

nm névmás – *nu* névutó – *szn* számnév – *esz* egyes szám – *tsz* többes szám
▼ szófajjelzés ⊕ földrajzi variáns ❏ szakterület ❖ stiláris minősítés

oroszlánt; **dog in the manger** irigy kutya ▼ *ige* **-gg-** nyomon követ

dog biscuit *fn* kutyakétszersült

dog collar *fn* nyakörv ‖ ❖ *biz* papi gallér

dog days *fn tsz* kánikula

dog-ear *fn* ❖ *biz (könyvben)* szamárfül

dog-eared *mn* szamárfüles

dog food *fn* kutyaeledel

dogged ['dɒgɪd] *mn* makacs, kitartó

doghouse ['dɒghaʊs] *fn* ⊕ *US* kutyaház

dogma ['dɒgmə] *fn* tétel; tan, dogma

dogmatic [dɒg'mætɪk] *mn* dogmatikus, tételes

dogmatics [dɒg'mætɪks] *fn esz* dogmatika

do-gooder [,du:'gʊdə] *fn* jótét lélek

dog rose *fn* vadrózsa

dogsbody ['dɒgzbɒdi] *fn* „Mädchen für alles", mindenes

dog-show *fn* kutyakiállítás

dog-tired *mn* ❖ *biz* dögfáradt, hullafáradt

doings ['du:ɪŋz] *fn tsz* vknek a viselt dolgai ‖ **this is your doings** ez a te műved

do-it-yourself *fn* „csináld magad", barkácsolás

do-it-yourselfer *fn* **he's a great do-it-yourselfer** szeret barkácsolni

do-it-yourself shop *fn* barkácsbolt

doldrums ['dɒldrəmz] *fn tsz* **be in the doldrums** mísze van ‖ pang

dole [dəʊl] ▼ *fn* ❖ *biz* munkanélküli-segély ‖ **be on the dole** munkanélküli-segélyt kap, munkanélküli-segélyen él ▼ *ige* **dole out** kiadagol

doleful ['dəʊlfəl] *mn* szomorú

doll [dɒl] *fn* (játék)baba

dollar ['dɒlə] *fn* dollár

dollar area *fn* dollárterület

dolphin ['dɒlfɪn] *fn* delfin

dolt [dəʊlt] *fn* ❖ *biz* tökfej, tökfilkó, fajankó

doltish ['dəʊltɪʃ] *mn* mafla; málé

domain [dəʊ'meɪn] *fn (szellemi)* terület ‖ ❑ *szt* tartomány, domain, csoport ‖ **it's outside his domain** érdeklődési körén kívül van, nem tartozik érdeklődési körébe

dome [dəʊm] *fn* kupola

domestic [də'mestɪk] ▼ *mn* házi, családi, háztartási ‖ hazai, belföldi ▼ *fn* (háztartási) alkalmazott

domestic animal *fn* háziállat

domesticate [də'mestɪkeɪt] *ige (állatot)* megszelídít

domestic industry *fn* háziipar

domesticity [,dəʊme'stɪsəti] *fn* családi élet

domestic servant *fn* háztartási alkalmazott

domicile ['dɒmɪsaɪl] *fn* állandó lakás, lakóhely

dominant ['dɒmɪnənt] *mn* uralkodó, domináns, hangadó

dominate ['dɒmɪneɪt] *ige* uralkodik, dominál

domination [,dɒmɪ'neɪʃn] *fn* uralom, uralkodás ‖ fölény

domineering [,dɒmɪ'nɪərɪŋ] *mn* uralkodni vágyó

dominion [də'mɪnɪən] *fn* uralom ‖ domínium

domino ['dɒmɪnəʊ] *fn* (*tsz* **-oes** [-əʊz]) dominó

dominoes ['dɒmɪnəʊz] *fn esz* dominó(játék)

don [dɒn] *fn* (egyetemi) oktató, tanár *(főleg Oxfordban és Cambridge-ben)*

donate [dəʊ'neɪt] *ige* adakozik

donation [dəʊ'neɪʃn] *fn* adakozás, adományozás ‖ adomány

done [dʌn] *pp* → **do²**

donjon ['dʌndʒən] *fn (nagy)* vártorony

donkey ['dɒŋki] *fn* szamár, csacsi

donkey-work *fn* kulimunka

donor ['dəʊnə] *fn* adományozó ‖ donor

don't [dəʊnt] = *do not*; → **do²**

---

donut ['doʊnʌt] *fn* ⊕ *US* = **doughnut**
doodle ['du:dl] *ige* firkál
doom [du:m] ▼ *fn* balsors, végzet ‖ elhibázott dolog ▼ *ige* ítél ‖ **be doomed (to)** kudarcra van ítélve
doomsday ['du:mzdeɪ] *fn* az utolsó ítélet (napja), a világ vége ‖ **till doomsday** ítéletnapig, az idők végezetéig
door [dɔ:] *fn* ajtó ‖ **out of doors** kinn; a szabadban; **will you please close/ shut the door** kérjük az ajtót becsukni; **from door to door** házról házra
doorbell ['dɔ:bel] *fn* ajtócsengő
door-frame *fn* ajtótok
door gate *fn* kiskapu
door-handle *fn* kilincs
door-keeper *fn* portás, kapus
doorknob ['dɔ:nɒb] *fn* gombkilincs, kilincsgomb
door-knocker *fn* ajtókopogtató
doorman ['dɔ:mən] *fn* (*tsz* **-men**) kocsirendező (*szálloda bejáratánál*)
doormat ['dɔ:mæt] *fn* lábtörlő, gyékény
door-number *fn* ajtószám
doorstep ['dɔ:step] *fn* küszöb
doorstep delivery *fn* házhoz szállítás (*tejé*)
doorway ['dɔ:weɪ] *fn* kapubejárat, kapualj
dope [doʊp] ▼ *fn* doppingszer ▼ *ige* (*lovat, versenyzőt*) doppingol
dope test *fn* ❏ *sp* doppingvizsgálat
dopey ['doʊpi] *mn* kába
dorm [dɔ:m] *fn* ❖ *biz* kollégium, „kolesz", diákotthon (*főiskolásoknak, főleg szállás*)
dormant ['dɔ:mənt] *mn* **be dormant** (*vkben tehetség*) szunnyad
dormer (window) ['dɔ:mə] *fn* tetőablak
dormitory ['dɔ:mətri] *fn* ⊕ *GB* hálóterem ‖ ⊕ *US* diákotthon, kollégium
dormouse ['dɔ:maʊs] *fn* (*tsz* **-mice** [-maɪs]) ❏ *áll* pele
DOS = **disk operating system**

dosage ['doʊsɪdʒ] *fn* adag(olás)
dose [doʊs] ▼ *fn* adag, dózis ▼ *ige* (*gyógyszert*) adagol
dosser ['dɒsə] *fn* ⊕ *GB* csöves; csőlakó; hajléktalan
doss house [dɒs] *fn* éjjeli menedékhely
dossier ['dɒsieɪ] *fn* akta; iratcsomó, dosszié
dot [dɒt] ▼ *fn* pont (*petty, ékezet*) ‖ **on the dot** percnyi pontossággal ▼ *ige* **-tt-** pontoz
dote [doʊt] *ige* **dote on** majomszeretettel szeret vkt *v.* csüng vkn
dot-matrix printer *fn* ❏ *szt* pontmátrix nyomtató
dotted line ['dɒtɪd] *fn* pontozott vonal
dotty ['dɒti] *mn* ❖ *biz* dilis
double ['dʌbl] ▼ *mn* kettős, kétszeres, dupla ‖ **it is double Dutch to me** ❖ *biz* ez nekem kínaiul van; **lead a double life** ❖ *biz* kétlaki életet él ▼ *fn* kétszerese vmnek ‖ hasonmás, alteregó ‖ dublőr, dublőz ‖ **at the double** futólépésben ‖ → **doubles** ▼ *ige* megdupláz, (meg)kettőz ‖ megkettőződik

double back visszafordul
double up (*testileg*) összehúzza magát ‖ meghúzza magát vhol (vkvel együtt)

double agent *fn* kettős ügynök
double-barrelled gun *fn* kétcsövű puska
double bass *fn* nagybőgő
double bed *fn* kétszemélyes ágy, franciaágy, ikerágy
double bedroom *fn* kétágyas szoba
double bend *fn* S-kanyar
double-breasted *mn* kétsoros (*ruha*)
double-check *ige* kétszer/újra ellenőriz
double cream *fn* tejszínhab
double cross *ige* ❖ *biz* átejt, becsap
double-dealer *fn* kétkulacsos

double-dealing *fn* kétszínűség, kétkulacsosság

double-decker *fn* emeletes autóbusz

double-edged *mn (átv is)* kétélű

double entry (bookkeeping) *fn* kettős könyvvitel/könyvelés

double-glazing *mn* hőszigetelő/termopán üvegezés

double-park *ige* be double-parked második sorban parkol *(várakozó gépkocsi mellett parkol)*

double room *fn* kétágyas szoba

doubles ['dʌblz] *fn tsz* ❑ *sp* páros

double scull *fn* kétpárevezős

double spacing *fn* kettes sorköz

double time *fn* dupla munkabér ‖ futólépés

double-track *mn* kettős vágányú, kétvágányú

doubly ['dʌbli] *hsz* kétszeresen, duplán

doubt [daʊt] ▼ *fn* kétség, kétely ‖ **cast doubt on** kétségbe von vmt; **no doubt** kétségkívül; **beyond/without doubt** kétségkívül, vitathatatlanul; **there is no doubt that** nem vitás, hogy ▼ *ige* kétell, kételkedik, kétségbe von ‖ **I very much doubt it** aligha; kötve hiszem; **I rather doubt it** kétlem!

doubtful ['daʊtfl] *mn* kétes, kétséges, vitás

doubtless ['daʊtləs] *hsz* kétségkívül

dough [doʊ] *fn* (kenyér)tészta ‖ ❖ *biz* dohány *(pénz)*

doughnut ['doʊnʌt] *fn kb.* fánk

douse [daʊs] *ige* vízbe márt ‖ lelocsol

dove [dʌv] *fn* galamb

dovetail (joint) ['dʌvteɪl] *fn* fecskefarkkötés

dowager ['daʊədʒə] *fn* főrend özvegye

dowdy ['daʊdi] *mn* ódivatú ‖ slampos

down [daʊn] ▼ *hsz/elölj* le ‖ lenn, lent ‖ **down below** alul, lenn; **down there** odalenn ▼ *ige (italt)* felhajt ‖ **down tools** sztrájkba lép

down-and-out *mn* ágrólszakadt, nyomorgó

down-at-heel *mn* kopottas, topis

downbeat ['daʊnbi:t] ▼ *mn* ❖ *biz* pesszimista ▼ *fn* ❑ *zene* leütés

downcast ['daʊnkɑ:st] *mn* letört ‖ **be downcast** lógatja az orrát

downfall ['daʊnfɔ:l] *fn* bukás *(kormányé)*; összeomlás

downgrade [ˌdaʊn'greɪd] *ige* leminősít

downhearted [ˌdaʊn'hɑ:tɪd] *mn* csüggedt

downhill ['daʊnhɪl] ▼ *hsz* hegyről le, lejtmenetben, lejtőn lefelé ▼ *fn* **downhill (run/racing/skiing)** lesiklás

downhill course *fn* lesiklópálya

Downing Street ['daʊnɪŋ stri:t] *fn* ⊕ *GB* a miniszterelnöki rezidencia

download [ˌdaʊn'loʊd] ❑ *szt* ▼ *ige* letölt *(from vmről)* ▼ *fn* letöltés; áttöltés

down payment *fn* előleg, foglaló

downpipe ['daʊnpaɪp] *fn* lefolyócső

downpour ['daʊnpɔ:] *fn* felhőszakadás, zápor

downright ['daʊnraɪt] *fn* egyenes (beszéd) ‖ **downright lie** tiszta hazugság

downs [daʊnz] *fn tsz* lankás vidék, dombvidék

downstairs [ˌdaʊn'steəz] *hsz* a földszinten, lenn

downstream [ˌdaʊn'stri:m] *hsz* a folyó mentében, folyón lefelé

downtime ['daʊntaɪm] *fn* állásidő *(gépé)*

down-to-earth *mn (személy)* gyakorlatias, realista; *(terv)* reális

downtown [ˌdaʊn'taʊn] *hsz* ⊕ *US* a belvárosba(n) ‖ **downtown Chicago** Chicago belvárosában

downunder ['daʊnʌndə] *hsz* ❖ *biz* Ausztráliában

downward ['daʊnwəd] *mn* lefelé menő/irányuló

downwards ['daʊnwədz] *hsz* lefelé, le

---

fn főnév – *hsz* határozószó – *isz* indulatszó – *ksz* kötőszó – *mn* melléknév
▼ szófajjelzés ⊕ földrajzi variáns ❑ szakterület ❖ stiláris minősítés

downy ['daʊni] *mn* pelyhes
dowry ['daʊri] *fn* hozomány
doz. = **dozen**
doze [doʊz] ▼ *fn* félálom, szendergés ‖ **have a doze** ❖ *biz* szundít ▼ *ige* ❖ *biz* szundít, bóbiskol

doze off elbóbiskol

dozen ['dʌzn] *fn* tucat ‖ **by the dozen** tucatszám(ra), tucatjával
DP = **displaced person**
DPh, DPhil = *Doctor of Philosophy* a filozófia doktora
Dr = **doctor**
drab [dræb] *mn* unalmas, szürke
draft [drɑːft] ▼ *fn* fogalmazvány, tervezet ‖ vázlat, tervrajz ‖ ❏ *pénz* váltó ‖ ⊕ *US* sorozás ‖ ⊕ *US* = **draught** ‖ **make a draft of sg** piszkozatot készít vmről ▼ *ige (okiratot)* szerkeszt, megfogalmaz, megszövegez ‖ vázol ‖ ⊕ *US* ❏ *kat* besoroz
draft constitution *fn* alapszabály-tervezet
draft plan *fn* tervezet
draft resolution *fn* határozati javaslat
draftsman ['drɑːftsmən] *fn (tsz -men)* okirat/törvénytervezet stb. megfogalmazója ‖ ⊕ *US* műszaki rajzoló
drafty ['drɑːfti] *mn* ⊕ *US* huzatos
drag [dræg] ▼ *fn* kotróháló ‖ közegellenállás, légellenállás ‖ **be a drag on sy** nyűg vk nyakán ▼ *ige* **-gg-** vonszol, húz, hurcol, cibál ‖ **drag one's feet** húzza a lábát, csoszog; ❖ *átv* nem tud dönteni

drag along magával hurcol; *(úton stb.)* végighúz
drag away elhurcol
drag in bevonszol
drag sy into sg vkt vmbe belevisz ‖ **be dragged into sg** vmbe sodródik
drag on *(beszéd, előadás)* hosszúra nyúlik
drag out *(időt, tárgyalást)* elhúz

drag sg out of sy ❖ *biz* vkből vmt kiszed

drag-net *fn* kerítőháló
dragon ['drægən] *fn (mesebeli)* sárkány
dragonfly ['drægənflaɪ] *fn* ❏ *áll* szitakötő
dragoon [drə'guːn] *ige* **dragoon sy into doing sg** kierőszakol vmt vktől, belevisz vkt vmbe
drain [dreɪn] *fn* (szenny)csatorna ‖ → **drains**
drainage ['dreɪnɪdʒ] *fn* alagcsövezés
drainage area *fn* vízgyűjtő terület
draining board ['dreɪnɪŋ] (⊕ *US* **drain-board** ['dreɪnbɔːd]) *fn* szárító *(mosogató mellett)*
drainpipe ['dreɪnpaɪp] *fn* szennyvízcsatorna, alagcső
drains [dreɪnz] *fn tsz (házból kivezető)* kanális, szennyvízcsatorna
drake [dreɪk] *fn* gácsér
drama ['drɑːmə] *fn* színmű, színdarab, dráma
dramatic [drə'mætɪk] *mn (átv is)* drámai
dramatis personae [ˌdræmətɪs pɜː'soʊnaɪ] *fn tsz (színdarabban)* szereplők
dramatist ['dræmətɪst] *fn* drámaíró
dramatize ['dræmətaɪz] *ige (átv is)* dramatizál
drank [dræŋk] *pt* → **drink**
draper('s shop) ['dreɪpə(z ʃɒp)] *fn* méteráru(-kereskedés)
drapery ['dreɪpəri] *fn* textiláru, drapéria
drastic ['dræstɪk] *mn* drasztikus
draught [drɑːft] (⊕ *US* **draft**) *fn (léghuzat)* huzat ‖ korty
draught animal *fn* igavonó állat/barom
draught beer *fn* csapolt sör
draughtboard ['drɑːftbɔːd] *fn* dámatábla
draughts [drɑːfts] *fn esz (játék)* dáma

draughtsman ['drɑːftsmən] *fn (tsz -men)* műszaki rajzoló

draughty ['drɑːfti] (⊕ *US* **drafty**) *mn* huzatos

draw [drɔː] ▼ *fn* húzás, sorshúzás ‖ döntetlen (mérkőzés) ‖ **the match was** (v. **ended in) a draw** a mérkőzés döntetlenül végződött ▼ *ige (pt* **drew** [druː]; *pp* **drawn** [drɔːn]) húz; *(kardot, pisztolyt)* előránt; *(sorsjegyet, kötvényt)* kihúz; *(függönyt)* összehúz ‖ *(hengerléssel)* nyújt ‖ rajzol, lerajzol ‖ *(anyagot raktárból)* vételez ‖ kivesz *(bankszámláról pénzt)* ‖ kiállít *(csekket)* ‖ **draw a bill on sy** váltót intézvényez; **draw a line** vonalat húz; **have a tooth drawn** fogat húzat; **draw from life** természet után rajzol; **draw lots** sorsot húz; **draw near** közeledik

draw aside félrehúz

draw back visszahúz(ódik), hátrahúz(ódik), félrehúz ‖ (meg)hátrál

draw in behúz, beszív, visszahúz ‖ **the days are drawing in** rövidülnek a nappalok

draw into *(vonat)* bejár, begördül

draw on közeledik *(éjszaka)* ‖ *(anyagiakat)* igénybe vesz ‖ *(vmből)* merít

draw out vhonnan kihúz ‖ **draw sg out of sy** kihúz vkből vmt; **the days are drawing out** hosszabbodnak a napok

draw up *(jármű ház előtt stb.)* megáll ‖ *(műsort)* összeállít; *(szöveget)* megszerkeszt, megfogalmaz, megszövegez; *(tervet)* kidolgoz; *(listát)* összeállít ‖ **draw up (the) plans for sg** megtervez

drawback ['drɔːbæk] *fn* hátrány, hátrányos oldal, negatívum ‖ **be a drawback to sy/sg** hátrányára van

drawbridge ['drɔːbrɪdʒ] *fn* felvonóhíd, csapóhíd

drawer[1] ['drɔː] *fn* fiók *(bútoré)*

drawer[2] ['drɔːə] *fn* rajzoló ‖ *(csekké)* kiállító

draw-hook *fn (vasút)* vonóhorog

drawing ['drɔːɪŋ] *fn* rajz ‖ húzás *(sorsjegyé, kötvényé)*

drawing-board *fn* rajztábla

drawing-desk *fn* rajzasztal

drawing-paper *fn* rajzpapír

drawing-pin *fn* rajzszeg

drawing room *fn* fogadószoba, szalon

drawl [drɔːl] *ige* vontatottan beszél

drawn [drɔːn] *mn* **drawn bill** intézvényezett váltó; **drawn game** döntetlen mérkőzés ‖ → **draw**

drawstring ['drɔːstrɪŋ] *fn* (húzó)zsinór

dread [dred] ▼ *fn* iszony, rémület, rettegés ‖ **have a dread of sg** vmtől irtózik; **be in dread of sy** vktől retteg ▼ *ige* vmtől/vktől retteg; *(nagyon)* fél

dreadful ['dredfl] *mn* borzalmas, rémes, rettenetes ‖ **it is a dreadful bore** halálosan unalmas

dreadfully ['dredfli] *hsz* ❖ *biz* szörnyen, rémesen

dream [driːm] ▼ *fn* álom ▼ *ige (pt/pp* **dreamed** [driːmd] *v.* **dreamt** [dremt])* álmodik ‖ álmodozik, ábrándozik ‖ **I wouldn't dream of doing such a thing** álmomban sem jutna eszembe ilyet tenni

dream up ❖ *biz* kispekulál

dreamer ['driːmə] *fn* álmodozó

dreamland ['driːmlænd] *fn* álomvilág

dreamt [dremt] *pt/pp* → **dream**

dream world *fn* álomvilág

dreamy ['driːmi] *mn* álomszerű ‖ ábrándos, álmodozó

dreary ['drɪəri] *mn* sivár, komor, kietlen

dredge [dredʒ] *ige* kikotor *(tó fenekét)*

dredger ['dredʒə] *fn* kotrógép

dregs [dregz] *fn tsz* seprő *(boré)*; üledék *(folyadéké)*; alja (vmnek)

drench [drentʃ] *ige (eső)* eláztat

fn főnév – *hsz* határozószó – *isz* indulatszó – *ksz* kötőszó – *mn* melléknév
▼ szófajjelzés ⊕ földrajzi variáns ❑ szakterület ❖ stiláris minősítés

drenched [drentʃt] *mn* elázott ‖ **drenched to the skin** bőrig ázott, csuromvizes

dress [dres] ▼ *fn (női)* ruha ‖ öltözet, ruházat ▼ *ige* (fel)öltöztet; (fel)öltözik, öltözködik ‖ kötöz, pólyáz *(sebet)* ‖ **dress vines** szőlőt metsz; **dress warmly** melegen öltözik

dress up kiöltözik ‖ ❖ *átv* vhogyan tálal ‖ **dress up as** beöltözik vmnek

dressage ['dresɑ:ʒ] *fn* díjlovaglás ‖ díjhajtás

dress circle *fn* első emeleti erkély, erkélyülés

dress designer *fn* ruhatervező

dresser ['dresə] *fn* kredenc

dressing ['dresɪŋ] *fn (seben)* kötés; kötözés *(sebé)*; ❑ *orv* pólya ‖ (saláta)öntet

dressing down *fn* ❖ *biz* letolás ‖ **give sy a (good) dressing down** leszid/letol vkt

dressing-gown *fn* pongyola, köpeny, köntös, hálóköntös

dressing-room *fn* öltöző

dressing-table *fn* toalettasztal

dressmaker ['dresmeɪkə] *fn* varrónő, női szabó

dressmaking ['dresmeɪkɪŋ] *fn* varrás

dress rehearsal *mn* (jelmezes) főpróba

dressy ['dresi] *mn* divatos(an öltözködő) ‖ elegáns

drew [dru:] *pt* → **draw**

dribble ['drɪbl] ▼ *fn* csepegés ‖ nyáladzás ‖ *(futballban)* csel ▼ *ige* csöpög ‖ nyáladzik ‖ cseppen ‖ *(futballban)* cselez

dried [draɪd] *mn* szárított, aszalt; porított ‖ **dried fruit** szárított gyümölcs; **dried milk** tejpor ‖ → **dry**

drift [drɪft] ▼ *fn* áramlás, sodródás *(átv is)* ‖ irányzat, tendencia ▼ *ige* sodródik; *(tárgy vízen)* úszik ‖ hányódik ‖ **drift down the river** csurog le-

felé a folyón *(csónak)*; **drift with the tide/current/stream** sodródik az árral

drifter ['drɪftə] *fn* ❖ *átv* vándormadár

drift-ice *fn* zajló jég

driftwood ['drɪftwʊd] *fn* vízsodorta fa

drill [drɪl] ▼ *fn* fúró ‖ gyakorlat ▼ *ige (fogat)* fúr; *(fúróval)* kifúr; *(lyukat)* fúr

drilling ['drɪlɪŋ] *fn* fúrás ‖ kiképzés, gyakorlatoztatás

drilling machine *fn* fúrógép

drilling rig *fn* fúrótorony

drily ['draɪli] *hsz* = **dryly**

drink [drɪŋk] ▼ *fn* ital ‖ **have a drink** iszik egyet ▼ *ige (pt* **drank** [dræŋk]; *pp* **drunk** [drʌŋk]) iszik; *(italt)* megiszik ‖ **what will you drink** mit iszol?; **drink of sg** iszik vmből; **drink a toast to sy** vk egészségére iszik; **drink deep** nagyot/jót húz az italból/üvegből; **drink to sy** emeli vkre a poharát, vk egészségére iszik; **drink too much** ❖ *átv* beiszik

drinkable ['drɪŋkəbl] *mn* iható

drink-drive/driving *fn* ittas vezetés

drink-driver *fn* ittas vezető

drinker ['drɪŋkə] *fn* iszákos ‖ **heavy drinker** nagy ivó

drinking ['drɪŋkɪŋ] *fn* ivás

drinking fountain *fn* ivókút

drinking-water *fn* ivóvíz

drip [drɪp] ▼ *fn* csöpögés ‖ csepp ▼ *ige* **-pp-** csepeg, cseppen ‖ cseppent, csepegtet

drip down lecsepeg

drip-dry *mn* facsarás nélkül száradó

dripping wet ['drɪpɪŋ] *mn* csupa/egy víz

drive [draɪv] ▼ *fn (rövid)* autózás, sétakocsizás ‖ autóút *(megtett út)* ‖ *(emberi)* energia, lendület ‖ (meg)hajtás *(autóé)* ‖ felhajtó *(kocsié)* ‖ ❑ *pol* mozgalom ‖ **go for a drive** autókázik, kocsikázik; **an hour's drive** egy órá-

nyi (autó)út ▼ *ige (pt* **drove** [droʊv];
pp **driven** ['drɪvn]) hajt, űz ‖ meghajt
‖ *(autót)* vezet ‖ vkt autón visz ‖ **I'll
drive you home** *(autóval)* elvıszem
hazáig; **drive a car** autót vezet; **drive
a nail into the wall** szeget üt a falba;
drive sg home (to sy) bevés vmt
vknek az elméjébe

drive across the bridge áthajt a hí-
don
drive at: what are you driving at?
hova akarsz ezzel kilyukadni?
drive away elterel, elhajt
drive back *(támadást, ellenséget)*
visszaver
drive in *(csavart)* meghúz ‖ *(szeget)*
bever ‖ *(kocsival)* behajt
drive off *(kocsival)* elindul; *(kocsi-
ban)* elhajt
drive on továbbhajt
drive past *(vm mellett)* elhajt

drive-in ▼ *mn* behajtós, autós *(mozi
stb.)* ▼ *fn* autósmozi, autósétterem,
autósbank stb.
drivel ['drɪvl] ▼ *fn* ostobaság ▼ *ige* -**ll**-
(⊕ *US* -**l**-) *(about)* hetet-havat össze-
hord
driven ['drɪvn] *pp* → **drive**
driver ['draɪvə] *fn* sofőr, (gépko-
csi)vezető ‖ hajtó *(ügetőversenyen)*;
fogathajtó
driver's license *fn* ⊕ *US* vezetői enge-
dély
driver's seat *fn* vezetői ülés
driveway ['draɪvweɪ] *fn* kocsifelhajtó,
-feljáró
driving-belt ['draɪvɪŋ-] *fn* hajtószíj,
gépszíj
driving-gear *fn* hajtómű
driving lesson *fn* **take driving les-
sons** gépkocsivezetést tanul
driving licence *fn* vezetői engedély
driving mirror *fn* visszapillantó tükör
driving school *fn* autósiskola

driving test *fn* gépjárművezetői vizs-
ga, KRESZ-vizsga
driving-wheel *fn* hajtókerék
drizzle ['drɪzl] ▼ *fn* szitáló eső ▼ *ige
(eső)* csepereg ‖ **it is drizzling** sze-
merkél az eső
droll [droʊl] *mn* komikus, vicces
dromedary ['drɒmədəri] *fn* egypúpú
teve
drone [droʊn] *ige (gép)* zúg; *(repülő-
gép)* búg
drool [druːl] *ige* nyála(d)zik, folyik a
nyála
droop [druːp] *ige* lankad, fonnyad,
herved
drop [drɒp] ▼ *fn* esés *(áré)* ‖ csepp ‖
drop by drop cseppenként; **a drop
in the bucket** egy csepp a tengerben;
a drop of sg egy csepp vm, cseppnyi;
drops (szem-, orr-) cseppek; **in drops**
cseppenként ▼ *ige* -**pp**- (el)ejt, leejt ‖
(bombát) ledob ‖ *(postaládába)* bedob
‖ esik ‖ *(színházi függönyt)* leereszt ‖
(ár) leszáll ‖ *(személy)* összeesik,
összerogy ‖ *(szót, szöveget)* elhagy ‖
csepeg, cseppen ‖ **I'll drop you at
your door** *(autóval)* elviszem hazáig;
drop a hint célzást elejt; **drop me a
line!** írj majd pár sort!; **drop one's
aitches** ❖ *biz* suk-sük nyelven beszél

drop back/behind *(haladásban)* el-
maradozik, lemarad, leszakad
drop down *(fáradtságtól)* összecsuk-
lik
drop in beállít
drop in on sy felugrik/benéz vkhez
egy pillanatra
drop off to sleep elszenderül
drop out kidől a sorból; *(iskolából)*
kimarad, lemorzsolódik; ❑ *sp* kiesik

drop-leaf table *mn* lecsapható (lapú)
asztal
droplet ['drɒplət] *fn* cseppecske
dropout ['drɒpaʊt] *fn* lemorzsolódás

---

fn főnév – *hsz* határozószó – *isz* indulatszó – *ksz* kötőszó – *mn* melléknév
▼ szófajjelzés ⊕ földrajzi variáns ❑ szakterület ❖ stiláris minősítés

dropper ['drɒpə] *fn* cseppentő
dropper bottle *fn* cseppentős üveg
droppings ['drɒpɪŋz] *fn* *tsz* ürülék; bogyók
dross [drɒs] *fn* salak *(fémé)*
drought [draʊt] *fn* aszály, szárazság
droughty ['draʊti] *mn* aszályos
drove [drouv] *pt* → **drive**
drown [draʊn] *ige* vízbe fullad, megfullad ‖ vízbe fojt ‖ **get drowned** vízbe fullad; **drown oneself** vízbe öli magát
drowse [draʊz] *ige* szundikál
drowsy ['draʊzi] *mn* álmos
drub [drʌb] *ige* -bb- ❖ *biz* vkt elcsépel
drubbing ['drʌbɪŋ] *fn* ❖ *biz* verés
drudge [drʌdʒ] ▼ *fn* ❖ *átv* kuli ▼ *ige* gürizik; gürcöl, melózik
drudgery ['drʌdʒəri] *fn* kulimunka, favágás, robot
drug [drʌg] *fn* gyógyszer, orvosság, drog ‖ kábítószer, narkotikum ‖ **be on drugs, take drugs** kábítószert szed, kábítószerekkel él
drug addict *fn* kábítószer rabja, kábítószer-élvező, kábítószerfüggő; ❖ *biz* narkós ‖ **be a drug-addict** kábítószert szed, kábítószerekkel él
drug addiction *fn* kábítószer-függőség
drug dealer/pusher *fn* kábítószerárus
druggist ['drʌgɪst] *fn* ⊕ *US* gyógyszerész
drugstore ['drʌgstɔ:] *fn* ⊕ *US* gyógyszertár és illatszerbolt, vegyesbolt
drug-taking *fn* kábítószer-használat
drum [drʌm] ▼ *fn* dob ‖ hordó ▼ *ige* -mm- dobol ‖ **drum sg into sy's head** fejébe ver vknek vmt

drum up ❖ *biz* (híveket, vevőket) toboroz

drumbeat ['drʌmbi:t] *fn* dobpergés, dobszó
drummer ['drʌmə] *fn* dobos
drumstick ['drʌmstɪk] *fn* dobverő

drunk [drʌŋk] *mn* ittas, részeg ‖ **get drunk** ❖ *biz* berúg ‖ → **drink**
drunkard ['drʌŋkəd] *fn* iszákos, részeges ember
drunk driving *fn* ittas vezetés
drunken ['drʌŋkən] *mn* részeges
drunkometer [drʌŋ'kɒmɪtə] *fn* ⊕ *US* alkoholszonda
dry [draɪ] ▼ *mn* száraz ‖ **become dry** megszárad; **go dry** *(kút)* kiszárad, elapad ▼ *ige* *(edényfélét)* kitöröl, eltöröl, megtöröl ‖ (meg)szárít ‖ megszárad ‖ **dry (oneself)** törülközik; **dry one's hands** megtörli a kezét

dry off megszárad
dry out ❏ *orv* kiszárad
dry up *(földet, tavat, patakot nap, hőség)* kiszárít ‖ ❖ *biz* (beszédbe stb.)* belesül ‖ kiszárad ‖ elapad ‖ **dry up!** ❖ *biz* fogd be a pofádat!, pofa be!

dry cell *fn* szárazelem
dry-clean *ige* vegytisztít
dry-cleaner's *fn* ruhatisztító
dry-cleaning *fn* vegytisztítás
dry dock *fn* szárazdokk
dryer ['draɪə] *fn* (haj- stb.) szárító
dry goods *fn* *tsz* ⊕ *US* méteráru; ruházat; rövidáru
dryly ['draɪli] *hsz* szárazon ‖ unalmasan
dryness ['draɪnəs] *fn* szárazság
dry-nurse *fn* szárazdajka
dry run *fn* próba
DSc = *Doctor of Science* a természettudomány doktora
DTP → **desktop publishing**
dual ['dju:əl] *mn* kettős
dual carriageway *fn* osztott pályás úttest
dual nationality *fn* kettős állampolgárság
dub [dʌb] *ige* -bb- *(filmet)* szinkronizál
dubbed [dʌbd] *mn* szinkronizált

nm névmás – *nu* névutó – *szn* számnév – *esz* egyes szám – *tsz* többes szám
▼ szófajjelzés ⊕ földrajzi variáns ❏ szakterület ❖ stiláris minősítés

dubbing ['dʌbɪŋ] *fn* ❑*film* szinkron

dubious ['dju:bɪəs] *mn* kétes, kétséges

duchess ['dʌtʃɪs] *fn* hercegnő || hercegné

duck [dʌk] *fn* kacsa

duckling ['dʌklɪŋ] *fn* kiskacsa

duct [dʌkt] *fn* csatorna, járat, vezeték

ductile ['dʌktaɪl] *mn* alakítható, nyújtható, képlékeny

dud [dʌd] ▼ *mn* fel nem robbant *(bomba)* || tehetségtelen || hamis *(bankjegy)* ▼ *fn* a dud ❖ *biz* egy nagy nulla *(vkről)* || halott dolog

dud cheque *fn* fedezetlen csekk

due [dju:] ▼ *mn* esedékes || kellő || illő || **become due** esedékessé válik, lejár; **he is due at three (o'clock)** háromkor kell megérkeznie; **in due course** kellő/megfelelő időben, idővel; **in due time** kellő időben; **due to sg** vmnek köszönhető, vmből kifolyólag; **it is due to him that** neki köszönhető, hogy ▼ *fn* járandóság || **be sy's due** jár vknek, vkt (meg)illet; **give sy his due** megadja neki, ami megilleti; **dues** illeték, díj

duel ['dju:əl] *fn* párbaj

duet [dju:'et] *fn (zene)* kettős, duett

duffle-coat, duffel-coat ['dʌfl] *fn* (háromnegyedes) csuklyás kabát *(vastag szövetből)*

dug [dʌg] *pt/pp* → **dig**

duke [dju:k] *fn* herceg

dull [dʌl] ▼ *mn* tompa || lapos, lélektelen, egyhangú, unalmas || buta, nehézfejű, unintelligens, korlátolt || barátságtalan *(időjárás)*; borongós *(idő)* ▼ *ige (fájdalmat)* tompít

dullness ['dʌlnəs] *fn* egyhangúság, szürkeség || (el)tompultság *(elméé)*

duly ['dju:li] *hsz* kellően, kellőképpen, annak rendje és módja szerint, illően, illő módon || kellő időben

dumb [dʌm] *mn* néma || ❖ *biz* buta, süket || **be struck dumb** megnémul; I

was struck dumb (with horror) egészen elhűltem

dumb-bell *fn* súlyzó

dumbfound [dʌm'faʊnd] *ige* **be dumbfounded** *(vk meglepetéstől)* elnémul, hüledezik || **I was dumbfounded** ❖ *biz* egészen paff voltam

dumbness ['dʌmnəs] *fn* némaság

dumbwaiter [,dʌm'weɪtə] *fn* ételfelvonó || tálalóasztal

dummy ['dʌmi] *fn* próbababa || makett || cumi, cucli || „asztal" *(bridzsben)*

dump [dʌmp] ▼ *fn* lerakodóhely ▼ *ige* lerak, lezúdít, beleönt || ömleszt

dumper (truck) ['dʌmpə] *fn* dömper, billenőkocsi

dumpling ['dʌmplɪŋ] *fn* gombóc

dumpy ['dʌmpi] *mn* köpcös

dunce [dʌns] *fn* nehézfejű diák

dune [dju:n] *fn* dűne

dung [dʌŋ] *fn* trágya

dungarees [,dʌŋgə'ri:z] *fn tsz* overall, kertésznadrág *(főleg gyereké)*

dungeon ['dʌndʒən] *fn* tömlöc

duo ['dju:oʊ] *fn* duó, kettős

duodenal ulcer [,dju:oʊ'di:nl] *fn* nyombélfekély

dupe [dju:p] ▼ *fn* ❖ *biz* balek ▼ *ige* becsap, vkt rászed

duplex (apartment) ['dju:pleks] *fn* ⊕ *US* kétszintes lakás

duplex house *fn* ⊕ *US* kétlakásos ház

duplicate ▼ ['dju:plɪkət] *fn* duplum, másolat, másodpéldány ▼ ['dju:plɪkeɪt] *ige (iratról)* másolatot készít, sokszorosít

duplicator ['dju:plɪkeɪtə] *fn* sokszorosítógép

duplicity [dju:'plɪsəti] *fn* kétszínűség

durability [,djʊərə'bɪləti] *fn* tartósság

durable ['djʊərəbl] *mn* tartós || **durable goods, consumer durables** tartós fogyasztási cikkek

duration [djʊ'reɪʃn] *fn* (idő)tartam || **duration of stay** tartózkodás ideje

---

fn főnév −*hsz* határozószó −*isz* indulatszó −*ksz* kötőszó −*mn* melléknév
▼ szófajjelzés ⊕ földrajzi variáns ❑ szakterület ❖ stiláris minősítés

duress [djʊə'res] *fn* **under duress** kényszerből, presszió alatt

during ['djʊərɪŋ] *elölj* alatt, közben, vmnek folyamán, vmnek (a) során

dusk [dʌsk] *fn* alkony, (be)sötétedés, szürkület

dusky ['dʌski] *mn* sötét, homályos ‖ sötét színű, sötét bőrű

dust [dʌst] ▼ *fn* por ‖ **raise a dust** nagy lármát csap, nagy port ver föl ▼ *ige (bútort)* törölget; *(porosat)* letöröl, porol ‖ **dust with sugar** cukorral behint/beszór

dustbin ['dʌstbɪn] *fn* szemétláda

dustbin liner *fn* (háztartási) hulladékzsák

dustcart ['dʌstkɑːt] *fn* szemeteskocsi, kuka

dustcloth ['dʌstklɒθ] *fn* portörlő

dust cover *fn* borító *(könyvé)* ‖ *(védő)* bútorhuzat

duster ['dʌstə] *fn* portörlő, törlőrongy

dust-free *mn* pormentes

dust-jacket *fn* borító *(könyvé)*

dustless ['dʌstləs] *mn* pormentes

dustman ['dʌstmən] *fn* *(tsz* **-men** [-mən]) szemetes

dustpan ['dʌstpæn] *fn* szemétlapát

dust-sheet *fn* *(védő)* bútorhuzat

duststorm ['dʌststɔːm] *fn* porfelhő

dust-wrapper *fn* borító *(könyvé)*

dusty ['dʌsti] *mn* poros

dusty hole *fn* porfészek

Dutch [dʌtʃ] *mn/fn* holland (nyelv) ‖ **the Dutch** a hollandok; **go Dutch with sy** ki-ki alapon ebédel (stb.) vkvel

Dutchman ['dʌtʃmən] *fn* *(tsz* **-men**) holland férfi, hollandi

dutiable ['djuːtɪəbl] *mn* vámköteles

dutiful ['djuːtɪfl] *mn* kötelességtudó

duty ['djuːti] *fn* illeték ‖ vám ‖ ügyelet, szolgálat ‖ feladat, kötelesség, kötelezettség ‖ teendő ‖ **be off duty** nincs szolgálatban, szabadnapos; **be on duty** ügyeletes, szolgálatban van, ügyel; **do one's duty** teljesíti kötelességét;

doctor on duty ügyeletes orvos; **go on duty** szolgálatba lép; **duty paid** elvámolva; **it is my duty to do sg** rám hárul, kötelességem vmt megtenni

duty-free *mn* illetékmentes ‖ vámmentes

duty-free shop *fn* vámmentes bolt

duty officer *fn* napos tiszt

duvet ['duːveɪ] *fn* pehelypaplan; steppelt paplan

DVD = *digital videodisc v. digital versatile disk* digitális videolemez, DVD

dwarf [dwɔːf] *fn* *(tsz* **dwarfs** [dwɔːfs]) törpe

dwell [dwel] *ige (pt/pp* **dwelt** [dwelt]) lakik; (vhol) él ‖ *(hosszabb időre)* tartózkodik

dwell on *(tárgynál)* elidőzik ‖ **dwell at length (up)on sg** hosszasan fejteget vmt

dweller ['dwelə] *fn* lakos, lakó

dwelling house ['dwelɪŋ] *fn* lakóház

dwelt [dwelt] *pt/pp* → **dwell**

dwindle ['dwɪndl] *ige* leapad ‖ **dwindle (away)** *(fokozatosan)* elenyészik

dwindling ['dwɪndlɪŋ] *mn* csökkenő, gyengülő

dye [daɪ] ▼ *fn (hajnak, kelmének)* festék; *(ruhafestési)* szín ▼ *ige (pres. p.* **dyeing** ['daɪɪŋ]) *(hajat, kelmét)* fest, megfest, fog

dyed hair [daɪd] *fn* festett haj

dyeing ['daɪɪŋ] *fn* festés *(hajé, kelméé)* ‖ → **dye**

dyer ['daɪə] *fn* kelmefestő

dying ['daɪɪŋ] *mn* halódó ‖ → **die**[2]

dyke *(így is:* **dike)** [daɪk] *fn* (védő)gát

dynamic [daɪ'næmɪk] *mn* dinamikus, lendületes

dynamics [daɪ'næmɪks] *fn esz* ❏ *zene* ❏ *nyelvt* dinamika; lendület

dynamism ['daɪnəmɪzm] *fn (szónoki)* lendület

nm névmás – *nu* névutó – *szn* számnév – *esz* egyes szám – *tsz* többes szám
▼ szófajjelzés ⊕ földrajzi variáns ❏ szakterület ❖ stiláris minősítés

dynamite ['daɪnəmaɪt] *fn* dinamit

dynamo ['daɪnəmoʊ] *fn* dinamó

dynasty ['dɪnəsti] *fn* (uralkodói) család, dinasztia, uralkodóház

dyne [daɪn] *fn* ❏ *fiz* din

dysentery ['dɪsntəri] *fn* vérhas

dysfunction [dɪs'fʌŋkʃən] *fn* működési zavar *(szervé)*

dyslexia [dɪs'leksɪə] *fn* dyslexia, diszlexia

dyspepsia [dɪs'pepsɪə] *fn* emésztési zavar

dyspnoea [dɪsp'niːə] *fn* (⊕ *US* **-pnea**) ❏ *orv* nehéz légzés

dystrophy ['dɪstrəfi] *fn* **muscular dystrophy** izomsorvadás

E

E [i:] *fn* ❑ *zene* az E hang
E = east
ea = each
each [i:tʃ] *nm* mindegyik, ki-ki, mind(enki) ‖ **each (and every)** minden egyes; **each morning** reggelenként; **each (one) of us** mindegyikünk; **each other** egymást; **on each side** mindegyik oldalon, kétoldalt; **each time** mindannyiszor; **10p each** darabja 10 penny; **he gave us £10 each** fejenként 10 fontot kaptunk
eager ['i:gə] *mn* buzgó, mohó ‖ **be eager (to)** ég a vágytól(, hogy); **eager to know/learn** kíváncsi vmre
eager beaver *fn* ❖ *elít* buzgó mócsing
eagerly ['i:gəli] *hsz* buzgón, mohón
eagerness ['i:gənəs] *fn* mohóság
eagle ['i:gl] *fn* sas
eagle-eyed *mn* sasszemű
ear¹ [ɪə] *fn* fül *(testrész)* ‖ **be up to the ears in work** nyakig van a munkában; **I am all ears** csupa fül vagyok; **my ears are burning** cseng a fülem *(mert emlegetnek)*; **have a good ear for music** jó zenei hallása van
ear² [ɪə] ▼ *fn* kalász ▼ *ige* kalászosodik
earache ['ɪəeɪk] *fn* fülfájás
ear-drop *fn* fülbevaló ‖ **ear-drops** fülcseppek
eardrum ['ɪədrʌm] *fn* dobhártya
earful ['ɪəfʊl] *fn* **give sy an earful** ❖ *biz* vknek odamond(ogat)
earl [ɜ:l] *fn* ⊕ *GB* gróf
early ['ɜ:li] ▼ *mn* korai ‖ korán érő ‖ **the earliest possible** mielőbbi; **early closing (day)** délutáni zárva tartás;

keep early hours korán fekszik és kel; **in the early hours** a kora reggeli órákban; **in the early morning** korán reggel; **early spring** kora tavaszi; **in early spring** kora tavasszal ▼ *hsz* korán ‖ **earlier than usual** a rendesnél korábban; **as early as possible** amilyen korán csak lehet; **go early to bed** korán fekszik; **(s)he was 10 minutes early** 10 perccel korábban jött; **as early as the 5th century** már az V. sz.-ban is; **early in the morning** kora reggel
early bird/riser *fn* ❖ *biz* korán kelő
early-morning call (service) *fn* telefonébresztés
early retirement *fn* korkedvezményes nyugdíjazás
early-warning system *fn* ❑ *kat* légi riasztórendszer
earmark ['ɪəmɑ:k] *ige (összeget)* előirányoz, elkülönít *(for* vmre)
earmarked sum ['ɪəmɑ:kt] *fn* előirányzott/elkülönített összeg
earn [ɜ:n] *ige (pénzt)* keres, megkeres ‖ **how much does (s)he earn?** mennyit keres?; **earn a bare living** csak a létminimumot keresi meg; **earn a good living** jól keres; **earn one's/a living** megél
earned income [ɜ:nd] *fn* kereset; munkából származó jövedelem
earnest ['ɜ:nɪst] *mn* komoly ‖ **in earnest** komolyan
earnestly ['ɜ:nɪstli] *hsz* komolyan
earnings ['ɜ:nɪŋz] *fn tsz* jövedelem; kereset

ear, nose, and throat clinic *fn* fül-orr-gégészet

earphone ['ɪəfoʊn] *fn* fülhallgató

ear-plug *fn* füldugó

ear ring *fn* fülbevaló

earshot ['ɪəʃɒt] *fn* hallótávolság || **within earshot** hallótávolságon belül

ear-specialist *fn* fülorvos, fülspecia-lista

ear-splitting *mn* fülsértő || **ear-splitting noise** borzalmas/fülsiketítő zaj

earth [ɜːθ] ▼ *fn* (*rendsz.* the Earth) föld/Föld || föld, talaj || világ; föld(kerekség) || földelés || **where on earth can it/he be?** hol a csodában lehet? ▼ *ige* (le)földel

earthen ['ɜːθn] *mn* agyag-; agyagból való

earthen pot *fn* agyagedény

earthenware ['ɜːθnweə] *fn* cserép-edény, edényáru, agyagáru

earthly ['ɜːθli] *mn* földi, világi

earthquake ['ɜːθkweɪk] *fn* földrengés || **there is an earthquake** reng a föld

earth satellite *fn* mesterséges hold

earthwork ['ɜːθwɜːk] *fn* földmunka

earthworm ['ɜːθwɜːm] *fn* (földi)giliszta

earthy ['ɜːθi] *mn* föld-; földi, (e)világi || (*ember*) nyers, durva || **earthy smell** földszag

ear trouble *fn* fülbaj

earwig ['ɪəwɪg] *fn* ❏ *áll* fülbemászó

ear-witness *fn* fültanú

ease [iːz] ▼ *fn* kényelem, könnyedség || **a life of ease** gyöngyélet; **with the greatest of ease** könnyedén, játszi könnyűséggel; **with ease** könnyen, könnyűszerrel ▼ *ige* enyhít, csillapít, könnyít || (*feszültség*) felenged, enyhül

---

ease down lassabban megy

ease off enyhül, csökken || (*fagy, fe-szültség*) felenged; (*fájdalom*) szű-nik, tompul

ease up csökken, enyhül || (*fájdalom*) szűnik

---

easel ['iːzl] *fn* festőállvány

easily ['iːzɪli] *hsz* könnyen, könnyű-szerrel, játszva || **easily intelligible** közérthető

easiness ['iːzinəs] *fn* könnyedség, fesz-telenség

east [iːst] ▼ *mn* keleti ▼ *fn* kelet || **from the east** keletről, kelet felől; **in the East** keleten

eastbound ['iːstbaʊnd] *mn/hsz* kelet felé menő/tartó

East End *fn* <londoni szegénynegyed>

Easter ['iːstə] ▼ *mn* húsvéti ▼ *fn* hús-vét || **at Easter** húsvétkor

Easter egg *fn* húsvéti tojás

Easter holidays *fn tsz* húsvéti szünet

Easter Monday *fn* húsvéthétfő

eastern ['iːstən] *mn* keleti

Eastern Church *fn* a pravoszláv egy-ház

Eastern Europe *fn* Kelet-Európa

Eastern European Time *fn* kelet-eu-rópai idő

Easter Sunday *fn* húsvétvasárnap

easy ['iːzi] ▼ *mn* könnyű || **be easy about sg** nyugodt vm felől; **that's easy to say** könnyű ezt mondani; **it is easy to see that** könnyen belátható, hogy; **have easy access to sg** (köny-nyen) hozzáfér vmhez; **easy life** gondtalan élet; **easy money** könnyű kereset; **on easy terms** fizetési könnyí-téssel; ❖ *biz* **I'm easy** nem bánom!, nekem mindegy! ▼ *hsz* könnyen || **go easy on sy** óvatosan bánik vmvel/vkvel; **take it/things easy** kényelme-sen csinál vmt, nem siet, nem erőlteti meg magát; **take it easy!** csak semmi izgalom!, nyugi, nyugi!, ne siess!

easy chair *fn* fotel, karosszék

easy-fitting clothes *fn tsz* kényelmes ruha

easy-going *mn* kényelmes || jó termé-szetű || **be easy-going** könnyen veszi a dolgokat, jó természete van

eat [iːt] *ige* (*pt* **ate** [et, eɪt]; *pp* **eaten** ['iːtn]) eszik || **give sy to eat** megetet;

---

fn főnév – *hsz* határozószó – *isz* indulatszó – *ksz* kötőszó – *mn* melléknév
▼ szófajjelzés ⊕ földrajzi variáns ❏ szakterület ❖ stiláris minősítés

he will eat everything megeszik az mindent; **eat one's dinner** ebédel/vacsorázik; **eat one's fill** jóllakik; **eat well** jó étvágya van

eat away *(rozsda)* kieszik, kimar
eat into *(sav)* kimar
eat out *(egy alkalommal)* nem otthon étkezik, házon kívül étkezik ‖ **shall we eat out?** elmenjünk valahová enni/vacsorázni?
eat up felfal, megeszik

eatable ['i:təbl] ▼ *mn* ehető *(étel)* ‖ élvezhető ▼ *fn* **eatables** étel
eaten ['i:tn] *pp* → **eat**
eater ['i:tə] *fn* evő
eating ['i:tɪŋ] *fn* evés
eating-house *fn* étkezde, kifőzés
eat-in kitchen *fn* lakókonyha
eats [i:ts] *fn tsz* ❖ *biz* kaja
eau de cologne [ˌoʊdəkə'loʊn] *fn* kölnivíz
eaves ['i:vz] *fn tsz* eresz
eavesdrop ['i:vzdrɒp] *ige* **-pp-** *(illetéktelenül)* hallgatódzik; kagylózik ‖ **eavesdrop on a conversation** beszélgetést titokban kihallgat
eaves gutter *fn* ereszcsatorna
ebb [eb] ▼ *fn* apály ‖ apadás ‖ **be on the ebb** *(tenger)* apad ▼ *ige (tenger)* apad
ebb and flow *fn* apály és dagály, árapály
ebb-tide *fn* apály
ebony ['ebəni] *fn* ében(fa)
ebullient [ɪ'bʌlɪənt] *mn* túláradó; lelkes
eccentric [ɪk'sentrɪk] *mn/fn* különc, excentrikus ‖ **be eccentric** különcködik
eccentricity [ˌeksən'trɪsəti] *fn* különcködés
ecclesiastical [ɪˌkli:zi'æstɪkl] *mn* egyházi
ECG = **electrocardiogram**; **electrocardiograph**

echo ['ekoʊ] ▼ *fn* visszhang ▼ *ige* visszhangoz
eclectic [ɪ'klektɪk] *mn* eklektikus
eclecticism [ɪ'klektɪsɪzm] *fn* eklekticizmus
eclipse [ɪ'klɪps] ▼ *fn* **eclipse of the moon** holdfogyatkozás ▼ *ige* háttérbe szorít; *(dicsőséget, hírnevet)* elhomályosít
ECM ⊕ *US* = *European Common Market* Közös Piac
ecological [ˌi:kə'lɒdʒɪkl] *mn* ökológiai
ecologist [ɪ'kɒlədʒɪst] *fn* ökológus, környezetvédelmi szakember
ecology [ɪ'kɒlədʒi] *fn* ökológia
economic [ˌi:kə'nɒmɪk] *mn* (köz)gazdasági ‖ **economic conditions** gazdasági viszonyok; **economic considerations** gazdasági szempontok; **economic crisis** gazdasági válság; **economic life** gazdasági élet; **economic policy** v. *(tsz* **policies)** gazdaságpolitika; **economic relations** gazdasági kapcsolatok; **economic state** gazdasági viszonyok; **economic system** gazdasági rendszer; **economic warfare** gazdasági hadviselés
economical [ˌi:kə'nɒmɪkl] *mn* gazdaságos, takarékos
economically [ˌi:kə'nɒmɪkli] *hsz* gazdaságilag ‖ **economically (highly) developed countries** gazdaságilag fejlett országok; **economically underdeveloped countries** gazdaságilag elmaradott országok
economics [ˌi:kə'nɒmɪks] *fn esz* közgazdaságtan, közgazdaság-tudomány
economies [ɪ'kɒnəmi:z] *fn tsz* **economies of scale** termelésnöveléssel való költségmegtakarítás
economist [ɪ'kɒnəmɪst] *fn* közgazdász
economize [ɪ'kɒnəmaɪz] *ige* beosztással él ‖ **economize on sg** vmn/vmvel takarékoskodik, beoszt *(időt, pénzt)*

E

economy [ɪ'kɒnəmɪ] *fn* gazdaság, gazdasági élet/rendszer || takarékosság, megtakarítás

economy class *fn* ❏ *rep* turistaosztály

economy pack/size *fn* ❏ *ker* kedvezményes csomagolás *(nagyobb csomagban olcsóbban)*

ecstasy ['ekstəsi] *fn* elragadtatás, eksztázis

ecstatic [ɪk'stætɪk] *mn* elragadtatott, eksztatikus

ECU ['ekjuː] = *European Currency Unit* ECU

ecumenical [ˌiːkjʊ'menɪkl] *mn* ökumenikus

ecumenism [ɪ'kjuːmənɪzm] *fn* ökumenikus mozgalom, ökumenizmus

eczema ['eksɪmə] *fn* ekcéma

eddy ['edi] ▼ *fn* örvény ▼ *ige* kavarog

Eden ['iːdn] *fn* éden(kert)

edge [edʒ] ▼ *fn* él *(kése)* || szél *(papíré, úté, asztalé, erdőé)*; perem, szegély || **set sy's teeth on edge** vkt vm (fel)idegesít; **take the edge off (sg)** *(éles tárgyat)* letompít ▼ *ige* beszeg, szegélyez

edge off vhonnan kisomfordál

edge sy out (of) *(vkt állásból)* kitúr, kifúr

edgeways ['edʒweɪz] *hsz* féloldalt

edgewise ['edʒwaɪz] *hsz* ⊕ *US* féloldalt

edging ['edʒɪŋ] *fn* szegély

edgy ['edʒi] *mn* ideges *(about sg* vm miatt)* || **be edgy** idegeskedik

edible ['edəbl] *mn* ehető

edible oil *fn* étolaj

edible snail *fn* éti csiga

edict ['iːdɪkt] *fn* (kormány)rendelet, ediktum, bulla, dekrétum

edifice ['edɪfɪs] *fn* épület

edifying ['edɪfaɪɪŋ] *mn* tanulságos, épületes

Edinburgh ['edɪnbərə] *fn* Edinburgh

edit ['edɪt] *ige (kéziratot, könyvet)* (meg)szerkeszt, sajtó alá rendez || *(filmet)* összevág || **edited by** szerkesztette …

edition [ɪ'dɪʃn] *fn* kiadás

editor ['edɪtə] *fn (lapé, könyvé, szótáré, rádió- v. tévéműsoré)* szerkesztő || ❏ *film* vágó

editorial [ˌedɪ'tɔːrɪəl] ▼ *mn* szerkesztőségi ▼ *fn* vezércikk

editorial board *fn* szerkesztőbizottság

editorial office *fn* szerkesztőség *(helyiség)*

editorial staff *fn* szerkesztőség *(személyzet)*; *(szerkesztőségben)* munkatársak

editor-in-chief *fn* főszerkesztő

editorship ['edɪtəʃɪp] *fn* szerkesztőség *(állás)*

EDP [ˌiː di: 'piː] = **electronic data processing**

educate ['edjʊkeɪt] *ige* nevel, oktat || művel || iskoláztat; kitanít || **he was educated in France** tanulmányait Franciaországban végezte

educated ['edjʊkeɪtɪd] *mn* művelt, iskolázott, tanult

education [ˌedjʊ'keɪʃn] *fn (iskolában stb.)* nevelés, oktatás || neveltetés, iskoláztatás || művelődés, műveltség *(vké)* || **without education** tanulatlan

educational [ˌedjʊ'keɪʃnəl] *mn* nevelési, oktatási, közoktatásügyi || közművelődési || oktató

educational aids *fn tsz* oktatási segédeszközök

educational film *fn* oktatófilm, ismeretterjesztő film

educationally subnormal [ˌedjʊ'keɪʃnli] *mn/fn* értelmi fogyatékos

educational system *fn* iskolarendszer

educator ['edjʊkeɪtə] *fn* pedagógus, nevelő

Edwardian [ed'wɔːdɪən] *mn* VII. Edward korabeli (1901–10)

---

fn főnév – *hsz* határozószó – *isz* indulatszó – *ksz* kötőszó – *mn* melléknév
▼ szófajjelzés ⊕ földrajzi variáns ❏ szakterület ❖ stiláris minősítés

EEC [,i: i: 'si:] = **European Economic Community**

EEG [,i: i: 'dʒi:] = **electroencephalogram**

eel [i:l] *fn* angolna

eerie ['ɪəri] *mn* hátborzongató

EET [,i: i: 'ti:] = **Eastern European Time**

efface [ɪ'feɪs] *ige (írást)* kitöröl, kiradíroz

effect [ɪ'fekt] ▼ *fn* hatás, effektus, eredmény, kihatás || **have no effect** nem hat; **in effect** a valóságban; **come into effect** hatályba lép; **take effect** *(gyógyszer stb.)* hat, hatályba/ érvénybe lép; **to no effect** hiába; **have an effect on** (ki)hat vkre/vmre || → **effects** ▼ *ige* okoz || megvalósít || ❑ *ker (ügyletet)* lebonyolít || **effect payment** fizetést eszközöl

effective [ɪ'fektɪv] *mn* hatásos, eredményes, hatékony, hathatós || **become effective** érvénybe lép

effectively [ɪ'fektɪvli] *hsz* hathatósan, ténylegesen

effectiveness [ɪ'fektɪvnəs] *fn* hatékonyság

effects [ɪ'fekts] *fn tsz* ingóságok || (hang-/fény)effektusok

effectual [ɪ'fektʃʊəl] *mn* hathatós

effeminate [ɪ'femɪnət] *mn* nőies, elpuhult

effervescent [,efə'vesnt] *mn* szénsavas

efficacy ['efɪkəsi] *fn* hathatósság, hatásfok

efficiency [ɪ'fɪʃnsi] *fn* hatékonyság, hatásfok, termelékenység, teljesítőképesség

efficient [ɪ'fɪʃnt] *mn* hatékony, termelékeny, produktív || **(s)he's efficient at his job** kitűnő munkaerő

efficiently [ɪ'fɪʃntli] *hsz* hathatósan || **very efficiently** nagy hatásfokkal

effigy ['efɪdʒi] *fn* képmás

effluent (liquid) ['efluənt] *fn* kiáramló folyadék

effort ['efət] *fn* erőfeszítés, erőkifejtés, fáradság, fáradozás, igyekezet || **make every effort to** mindent elkövet, hogy, minden igyekezete az, hogy

effortless ['efətləs] *mn* könnyű, nem megerőltető

effortlessly ['efətləsli] *hsz* megerőltetés nélkül, könnyedén

effrontery [ɪ'frʌntəri] *fn* arcátlanság, szemtelenség

effusive [ɪ'fju:sɪv] *mn* áradozó || **be effusive** ömleng

EFL [,i: ef 'el] = *English as a Foreign Language* az angol mint idegen nyelv

E flat ['i: flæt] *fn* ❑ *zene* esz

EFTA ['eftə] = *European Free Trade Association* EFTA, Európai Szabadkereskedelmi Társaság

e.g. [,i:'dʒi:] = *(Latin: exempli gratia) for example* pl., például

egalitarian [ɪ,gælɪ'teərɪən] *mn* egyenlőségre törekvő

egg [eg] ▼ *fn* tojás || **put all one's eggs in(to) one basket** mindent egy lapra tesz fel ▼ *ige* **egg sy on (to do sg)** vkt vmre noszogat

egg-beater *fn* habverő

egg-cup *fn* tojástartó

egg-flip *fn* tojáslikőr

egg-nog *fn* tojáslikőr

egg-plant *fn* ⊕ *US* tojásgyümölcs

egg-shell *fn* tojáshéj

egg white *fn* tojásfehérje

egg yolk *fn* tojássárgája

egoism ['egoʊɪzm] *fn* egoizmus

egoist ['egoʊɪst] *fn* önző

egotism ['egətɪzəm] *fn* egoizmus

Egypt ['i:dʒɪpt] *fn* Egyiptom

Egyptian [ɪ'dʒɪpʃn] *mn/fn* egyiptomi

eiderdown ['aɪdədaʊn] *fn* (pehely)paplan, dunyha

eight [eɪt] *szn/fn* nyolc || nyolcas *(hajóegység)* || **at eight (o'clock)** nyolc órakor

eighteen [,eɪ'ti:n] *szn* tizennyolc

eighteenth [,eɪ'ti:nθ] *szn* tizennyolcadik

---

nm névmás – *nu* névutó – *szn* számnév – *esz* egyes szám – *tsz* többes szám

▼ szófajjelzés ⊕ földrajzi variáns ❑ szakterület ❖ stiláris minősítés

eighth [eɪtθ] *szn* nyolcadik

eighth note *fn* ⊕ *US* nyolcad *(hangjegy)*

eight-hour *mn* nyolcórás

eighty ['eɪti] *szn* nyolcvan ‖ **the eighties** a nyolcvanas évek

eight-year-old *mn* nyolcéves

Eire ['eərə] *fn* Írország

either ['aɪðə, ⊕ *US* 'i:ðər] *nm* egyik, valamelyik *(a kettő közül)*, akármelyik, bármelyik ‖ mindkét ‖ **in either case** vagy így, vagy úgy; **either of them will do** akármelyik megteszi; **on either side** mindegyik/mindkét oldalon; **either way** így is, úgy is, akár/vagy így, akár/vagy úgy; **either ... or ...** vagy ..., vagy...

eject [ɪ'dʒekt] *ige* kivet ‖ kidob ‖ ❑ *rep* katapultál

ejection seat [ɪ'dʒekʃn] *fn* ⊕ *US* katapultülés

ejector seat [ɪ'dʒektə] *fn* katapultülés

eke [i:k] *ige* **eke out** kipótol, kiegészít

EKG ⊕ *US* = **ECG**

el [el] *fn* ⊕ *US* = *elevated railroad* ❖ *biz* magasvasút

elaborate ▼ [ɪ'læbərət] *mn* gondosan kidolgozott ‖ választékos(an elkészített) ▼ [ɪ'læbəreɪt] *ige* kimunkál, (részleteiben) kidolgoz

elaborately [ɪ'læbrərətli] *hsz* gondosan kidolgozva

elaboration [ɪˌlæbə'reɪʃn] *fn* kidolgozás

elapse [ɪ'læps] *ige* (el)múlik, (el)telik

elastic [ɪ'læstɪk] *mn* rugalmas; gumírozott, gumis

elastic band *fn* gumiszalag

elastic hose *fn* gumiharisnya

elasticity [ˌiːlæ'stɪsəti] *fn* rugalmasság

Elastoplast [ɪ'læstoʊplɑːst] *fn* ⊕ *GB* sebtapasz, gyorstapasz

elated [ɪ'leɪtɪd] *mn* lelkes ‖ **he's elated** ❖ *biz* fel van dobva

elbow ['elboʊ] ▼ *fn* könyök ‖ **be at one's elbow** keze ügyében van ▼ *ige* könyököl ‖ **elbow one's way through the crowd** átfurakodik a tömegen

elder[1] ['eldə] ▼ *mn (összehasonlításban)* öregebb *(than* mint) ‖ *(csak jelzőként)* idősebb ‖ **my elder brother** a bátyám; **my elder son** az idősebbik *(v.* a nagyobbik) fiam ▼ *fn (protestánsoknál)* presbiter

elder[2] ['eldə] *fn* bodza

elderly ['eldəli] *mn* idős ‖ **elderly people** az öregek

eldest ['eldɪst] *mn* legidősebb

elect [ɪ'lekt] ▼ *mn* **the president elect** a megválasztott (de még nem beiktatott) elnök ▼ *ige* (meg)választ ‖ dönt ‖ **elect sy (as) sg** *(v.* **to be sg)** vkt vmnek megválaszt; **(s)he has been elect as Member of Parliament** megválasztották képviselőnek

election [ɪ'lekʃn] *fn* ❑ *pol* választás ‖ **by election** választás útján; **stand for election** indul a választáson, jelölteti magát; **call an election** választásokat kiír; **the election results** a választási eredmények

electioneering [ɪˌlekʃə'nɪərɪŋ] *fn* választási kampány

elective [ɪ'lektɪv] ▼ *mn* választási ‖ ⊕ *US* fakultatív, választható ▼ *fn* ⊕ *US* fakultatív/választható tantárgy

elector [ɪ'lektə] *fn* választó, szavazó

electoral [ɪ'lektərəl] *mn* ❑ *pol* választási

electoral district *fn* szavazókerület, választókerület

electoral roll *fn* választói névjegyzék

electorate [ɪ'lektərət] *fn* a választók

electric [ɪ'lektrɪk] *mn* elektromos, villamos, villany-, elektro-

electrical [ɪ'lektrɪkl] *mn* villamos ‖ áram-

electrical apparatus *fn* villamos berendezés

electrical appliances *fn tsz* villamos (háztartási) gépek

electrical energy *fn* villamos energia

electrical engineer *fn* elektromérnök

---

fn főnév – *hsz* határozószó – *isz* indulatszó – *ksz* kötőszó – *mn* melléknév
▼ szófajjelzés ⊕ földrajzi variáns ❑ szakterület ❖ stiláris minősítés

electrical engineering *fn* elektrotechnika, villamosmérnöki szak/tudomány

electrical failure *fn* áramszünet

electric blanket *fn* elektromos ágymelegítő

electric chair *fn* villamosszék

electric cooker *fn* villanytűzhely

electric current *fn* villanyáram, villamos/elektromos áram

electric drill *fn* villanyfúró

electric fire *fn* villanykályha

electric guitar *fn* elektromos gitár

electric heater *fn* hősugárzó

electric hob *fn* ⊕ *GB* villanyfőző

electrician [ɪˌlek'trɪʃn] *fn* villanyszerelő

electricity [ɪˌlek'trɪsəti] *fn* elektromosság, villamosság, villanyáram

electricity bill *fn* villanyszámla

electricity works *fn esz v. tsz* elektromos művek

electric kettle *fn* villanyforraló

electric light *fn* villany(világítás), villanylámpa

electric motor *fn* villanymotor

electric power *fn* villamos energia

electric railway *fn* villamosított vasútvonal

electric razor *fn* villanyborotva

electric shock *fn* áramütés

electric torch *fn* zseblámpa

electric wire *fn* villanydrót

electrification [ɪˌlektrɪfɪ'keɪʃn] *fn* villamosítás

electrify [ɪ'lektrɪfaɪ] *ige* villamosít

electrocardiogram [ɪˌlektroʊ'kɑːdɪoʊgræm] *fn* elektrokardiogram, EKG-lelet

electrocardiograph [ɪˌlektroʊ'kɑːdɪoʊgrɑːf] *fn* elektrokardiográf

electrocute [ɪ'lektrəkjuːt] *ige* villamosszékben kivégez

electrocution [ɪˌlektrə'kjuːʃn] *fn (halálos)* áramütés ‖ kivégzés villamosszékben

electrode [ɪ'lektroʊd] *fn* elektród

electroencephalogram [ɪˌlektroʊɪn'sefələgræm] *fn* elektroencefalogram

electron [ɪ'lektrɒn] *fn* elektron

electronic [ˌɪlek'trɒnɪk] *mn* elektronikus

electronic data processing *fn* számítógépes adatfeldolgozás

electronic mail *fn* elektronikus posta

electronic phototypesetter *fn* fényszedőgép

electronic post *fn* elektronikus posta

electronics [ˌɪlek'trɒnɪks] *fn esz* elektronika

electron microscope *fn* elektronmikroszkóp

electron tube *fn* elektroncső

electroplated [ɪ'lektroʊpleɪtɪd] *mn* galvanizált

elegance ['elɪgəns] *fn* elegancia; könnyedség *(stílusé)*

elegant ['elɪgənt] *mn (vk)* elegáns

elegy ['elədʒi] *fn* elégia

element ['elɪmənt] *fn* elem ‖ **be in one's element** elemében van; **elements** alapismeretek, alapelemek; **the elements** az elemek *(vihar stb.)*

elemental [ˌelɪ'mentl] *mn* elemi

elementary [ˌelɪ'mentəri] *mn* elemi, kezdetleges

elementary particle *fn* elemi részecske

elephant ['elɪfənt] *fn* elefánt

elevate ['elɪveɪt] *ige* felemel ‖ ❖ *átv* felmagasztal

elevated ['elɪveɪtɪd] *mn* emelkedett, magasröptű

elevated railway (⊕ *US* **railroad**) *fn* magasvasút

elevation [ˌelɪ'veɪʃn] *fn* emelés ‖ emelkedés, magaslat ‖ homlokrajz; ❑ *épít* nézet ‖ emelkedettség, magasztosság ‖ ❖ *biz* spicc

elevator ['elɪveɪtə] *fn* elevátor, személyfelvonó, lift

elevator attendant/boy *fn* liftkezelő

eleven [ɪ'levn] *szn* tizenegy

elevenses [ɪ'levnzɪz] *fn tsz* ⊕ *GB* tízórai

eleventh [ɪ'levnθ] *szn* tizenegyedik ‖ **at the eleventh hour** a tizenkettedik órában

elf [elf] *fn* (*tsz* **elves** [elvz]) tündér, manó

elicit [ɪ'lɪsɪt] *ige* kicsal, kiszed, válaszra bír ‖ (*hatást*) kivált

eligible ['elɪdʒəbl] *mn* választható, partiképes

eliminate [ɪ'lɪmɪneɪt] *ige* kiküszöböl ‖ felszámol ‖ kiiktat ‖ **be eliminated (from)** ❏ *sp* kiesik (*versenyből*)

eliminating heats [ɪ'lɪmɪneɪtɪŋ-] *fn tsz* ❏ *sp* selejtezők

elimination [ɪˌlɪmɪ'neɪʃn] *fn* kiküszöbölés, kizárás ‖ (*versenyből*) kiesés

elimination tournament *fn* kieséses verseny

élite *v.* **elite** [ɪ'liːt] *fn* elit, élgárda

élitism *v.* **elitism** [ɪ'liːtɪzəm] *fn* elitizmus

Elizabethan [ɪˌlɪzə'biːθn] *mn* Erzsébet korabeli (*I. Erzsébet 1558—1603*)

elk [elk] *fn* jávorszarvas

ellipse [ɪ'lɪps] *fn* ellipszis

elliptic(al) [ɪ'lɪptɪk(l)] *mn* elliptikus

elm tree [elm] *fn* szil(fa)

elocution [ˌelə'kjuːʃn] *fn* beszédművelés, beszédtechnika

elongate ['iːlɒŋgeɪt] *ige* meghosszabbít

elongation [ˌiːlɒŋ'geɪʃn] *fn* megnyúlás ‖ meghosszabbítás

elope [ɪ'loʊp] *ige* megszökik (*with vkvel*)

elopement [ɪ'loʊpmənt] *fn* megszöktetés

eloquence ['eləkwəns] *fn* ékesszólás

eloquent ['eləkwənt] *mn* ékesszóló

eloquently ['eləkwəntli] *hsz* ékesszólóan

else [els] *hsz* vagy, különben ‖ (*névmással*) egyéb, más ‖ **anybody else** bárki más; **nothing else** semmi más(t); **no one else** senki más; **or else**

(*más*)különben, mert különben, ellenkező esetben

elsewhere [ˌels'weə] *hsz* máshol, máshova, másfelé ‖ **from elsewhere** máshonnan

ELT [ˌiː el 'tiː] = *English language teaching* angolnyelv-tanítás

elucidate [ɪ'luːsɪdeɪt] *ige* megmagyaráz, tisztáz; megvilágít

elude [ɪ'luːd] *ige* kitér (vm elől); kicselez

elusive [ɪ'luːsɪv] *mn* cseles, nehezen rajtakapható

elves [elvz] *tsz* → **elf**

'em [əm] *nm* ❖ *biz* = **them**

emaciated [ɪ'meɪʃieɪtɪd] *mn* nagyon sovány, csont és bőr

e-mail ['iː meɪl] ▼ *fn* e-mail ▼ *ige* e-mailezik ‖ **send an e-mail** e-mailt küld

E major ['iː 'meɪdʒə] *fn* ❏ *zene* E-dúr

emanate ['eməneɪt] *ige* kisugároz

emanation [ˌemə'neɪʃn] *fn* kisugárzás

emancipate [ɪ'mænsɪpeɪt] *ige* emancipál, felszabadít, egyenjogúsít

emancipation [ɪˌmænsɪ'peɪʃn] *fn* egyenjogúsítás, emancipáció, felszabadítás ‖ **the emancipation of women** a nők egyenjogúsága, női egyenjogúság

emasculate [ɪ'mæskjʊleɪt] *ige* kiherél; ❖ *átv* erejétől megfoszt

embalm [ɪm'bɑːm] *ige* bebalzsamoz

embankment [ɪm'bæŋkmənt] *fn* töltés, védőgát

embargo [ɪm'bɑːgoʊ] *fn* (*tsz* **-goes**) kiviteli tilalom, embargó ‖ **lay/put an embargo on (a country)** embargóval sújt (egy országot)

embark [ɪm'bɑːk] *ige* hajóra száll; (*hajóba*) beszáll ‖ **embark on sg** (*nagyobb dologba*) belekezd, vmbe fog

embarkation [ˌembɑː'keɪʃn] *fn* behajózás

embarkation card *fn* beszállókártya

embarrass [ɪm'bærəs] *ige* zavarba hoz ‖ **be embarrassed** zavarban van, kényelmetlenül érzi magát

---

fn főnév – *hsz* határozószó – *isz* indulatszó – *ksz* kötőszó – *mn* melléknév

▼ szófajjelzés ⊕ földrajzi variáns ❏ szakterület ❖ stiláris minősítés

embarrassed [ɪmˈbærəst] *mn* zavart
embarrassing [ɪmˈbærəsɪŋ] *mn* kellemetlen; kínos, zavaró
embarrassment [ɪmˈbærəsmənt] *fn* zavar, zavartság
embassy [ˈembəsi] *fn* nagykövetség
embed [ɪmˈbed] *ige* -dd- **embed (itself) in** (sg) befúródik ‖ **be embedded in one's memory** ❖ *átv* bevésődik emlékezetébe
embellish [ɪmˈbelɪʃ] *ige* (fel)díszít; szépít
embellishment [ɪmˈbelɪʃmənt] *fn* (fel)díszítés; szépítés
embers [ˈembəz] *fn tsz* zsarátnok, parázs
embezzle [ɪmˈbezl] *ige* (el)sikkaszt
embezzlement [ɪmˈbezlmənt] *fn* sikkasztás
embitter [ɪmˈbɪtə] *ige* megkeserít, elkeserít
emblem [ˈembləm] *fn* embléma, jelkép
embodiment [ɪmˈbɒdɪmənt] *fn* megtestesítés, megtestesülés
embody [ɪmˈbɒdi] *ige* megtestesít
embolism [ˈembəlɪzm] *fn* embólia
emboss [ɪmˈbɒs] *ige* domborít
embossed work [ɪmˈbɒst] *fn* dombornyomás
embrace [ɪmˈbreɪs] ▼ *fn* ölelkezés ▼ *ige* átölel, magához ölel ‖ ❖ *átv* felölel
embroider [ɪmˈbrɔɪdə] *ige* hímez, kihímez
embroidered [ɪmˈbrɔɪdəd] *mn* hímzett
embroidery [ɪmˈbrɔɪdəri] *fn* hímzés, kézimunka
embroil [ɪmˈbrɔɪl] *ige* belekever (*in* vmbe) ‖ **be embroiled in sg** vmbe belebonyolódik/belekeveredik
embryo [ˈembriou] *fn* (*tsz* **-bryos**) embrió, magzat
emend [ɪˈmend] *ige* (*szöveget*) kijavít
emerald [ˈemrəld] *fn* smaragd
emerge [ɪˈmɜːdʒ] *ige* felbukkan; feltűnik, előbukkan, kibontakozik; (*víz-*

ből) kiemelkedik; (*ismeretlenségből*) előlép
emerged [ɪˈmɜːdʒd] *mn* **recently emerged country** nemrég függetlenné vált ország
emergence [ɪˈmɜːdʒns] *fn* felbukkanás, kiemelkedés; függetlenné válás (*országé*)
emergency [ɪˈmɜːdʒnsi] *fn* végszükség, szükségállapot, kényszerhelyzet, vészhelyzet ‖ ⊕ *US* baleseti osztály ‖ **state of emergency** szükségállapot; **doctor on emergency call** ügyeletes orvos; **in an emergency** szükség esetén, végszükségben; **in case of emergency** sürgős esetben; **in this emergency** ebben a válságos helyzetben
emergency brake *fn* vészfék
emergency button *fn* vészkikapcsoló
emergency exit *fn* vészkijárat
emergency landing *fn* kényszerleszállás
emergency lane *fn* ⊕ *US* leállósáv
emergency repair service *fn* (*lift, tévé stb.*) segélyszolgálat
emergency stop *fn* ❑ *közl* ⊕ *GB* teljes fékezés
emergency ward *fn* ⊕ *US* baleseti osztály
emergent country [ɪˈmɜːdʒənt] *fn* függetlenné váló ország
emery [ˈeməri] *fn* csiszolópor
emery-board *fn* körömreszelő
emery-cloth *fn* csiszolóvászon
emery-paper *fn* csiszolópapír, ❖ *biz* smirgli
emetic [ɪˈmetɪk] *fn* hánytató(szer)
emigrant [ˈemɪgrənt] *fn* kivándorló, emigráns
emigrate [ˈemɪgreɪt] *ige* kivándorol, emigrál
emigration [ˌemɪˈgreɪʃn] *fn* kivándorlás, emigráció
émigré [ˈemɪgreɪ] *fn* emigráns
eminence [ˈemɪnəns] *fn* kiválóság, kitűnőség

E

nm névmás – *nu* névutó – *szn* számnév – *esz* egyes szám – *tsz* többes szám
▼ szófajjelzés ⊕ földrajzi variáns ❑ szakterület ❖ stiláris minősítés

eminent ['emɪnənt] *mn* kiváló, kitűnő, kimagasló

eminently ['emɪnəntli] *hsz* kimagaslóan

E minor ['iː 'maɪnə] *fn* ❏ *zene* e-moll

emirate [ˌemərət] *fn* emirátus

emission [ɪ'mɪʃn] *fn* kibocsátás ‖ kisugárzás, emisszió

emit [ɪ'mɪt] *ige* **-tt-** *(hőt, szagot)* kibocsát, kisugároz

emoluments [ɪ'mɒljʊmənts] *fn tsz* járandóság, illetmények

emotion [ɪ'moʊʃn] *fn* érzelem ‖ meghatottság

emotional [ɪ'moʊʃnəl] *mn* érzelmes, emocionális, érzelmi

emotionally [ɪ'moʊʃnəli] *hsz* érzelmileg

empathy ['empəθi] *fn* beleérzés, beleélés, empátia

emperor ['empərə] *fn* császár

emphasis ['emfəsɪs] *fn* hangsúly

emphasize ['emfəsaɪz] *ige* (ki)hangsúlyoz, kiemel, hangoztat

emphatic [ɪm'fætɪk] *mn* nyomatékos; hangsúlyozott

emphatically [ɪm'fætɪkli] *mn* nyomatékosan, határozottan

emphysema [ˌemfɪ'siːmə] *fn* ❏ *orv* emfizéma

empire ['empaɪə] *fn* birodalom

empirical [ɪm'pɪrɪkl] *mn* tapasztalati, empirikus

empirically [ɪm'pɪrɪkli] *hsz* tapasztalati úton, empirikusan, empirikus módszerrel

employ [ɪm'plɔɪ] ▼ *fn* alkalmazás ▼ *ige* alkalmaz, foglalkoztat, felvesz ‖ (fel)használ, igénybe vesz, vmt vmre alkalmaz ‖ **employ ten workers** tíz munkással dolgoztat; **be employed (at)** vhol dolgozik, alkalmazásban van

employee [ɪm'plɔɪiː] *mn/fn* alkalmazott, foglalkoztatott, munkaerő, munkavállaló

employer [ɪm'plɔɪə] *fn* munkaadó, munkáltató

employment [ɪm'plɔɪmənt] *fn* alkalmaz(tat)ás (vké), állás, munkahely, foglalkoz(tat)ás ‖ alkalmazás (vmé); igénybevétel *(eszközé)* ‖ **be in employment** alkalmazásban van; **be out of employment** munka nélkül van, nincs munkája, nincs állása

employment agency *fn* munkaközvetítő (iroda)

empower [ɪm'paʊə] *ige* **empower sy to do sg** vkt vmre felhatalmaz, meghatalmaz, feljogosít, (joggal/jogkörrel) felruház vkt

empress ['emprɪs] *fn* császárnő; császárné

emptiness ['emptinəs] *fn* üresség

empty ['empti] ▼ *mn* üres ‖ **empty phrases** semmitmondó frázisok; **empty promises** üres ígéretek ▼ *ige* kiürít ‖ (ki)ürül

empty into be(le)önt; odaömlik

empty-handed *mn* üreskezű ‖ **be left empty-handed** se pénz, se posztó

empty-headed *mn* üresfejű

emu ['iːmjuː] *fn* emu

emulate ['emjʊleɪt] *ige* felülmúlni igyekszik

emulsion [ɪ'mʌlʃn] *fn* emulzió

enable [ɪ'neɪbl] *ige* **enable sy to do sg** képessé tesz vkt vmre

enact [ɪ'nækt] *ige* törvénybe iktat ‖ **be enacted** törvényerőre emelkedik

enamel [ɪ'næml] ▼ *fn* zománc ‖ **enamel (paint)** zománcfesték ▼ *ige* **-ll-** (⊕ *US* **-l-**) zománcoz

enamelled (⊕ *US* **-l-**) [ɪ'næmld] *mn* zománcos

enamel-ware *fn* zománcedény

enamoured (⊕ *US* **-ored**) [ɪ'næməd] *mn* szerelmes *(of* vkbe)

encampment [ɪn'kæmpmənt] *fn* tábor(hely)

---

encase [ɪnˈkeɪs] *ige* vmt vmbe beágyaz

encash [ɪnˈkæʃ] *ige* ⊕ *GB* csekket bevált

enchant [ɪnˈtʃɑːnt] *ige* elbűvöl, elvarázsol, megbűvöl

enchanting [ɪnˈtʃɑːntɪŋ] *mn* elbűvölő, elragadó

encircle [ɪnˈsɜːkl] *ige* bekerít, körülkerít, körülzár

enc(l). = **enclosed**; **enclosure**

enclose [ɪnˈkləʊz] *ige* körülvesz, bekerít ‖ mellékel, csatol

enclosed [ɪnˈkləʊzd] *mn* csatolt, idecsatolva ‖ **enclosed please find** csatoltan megküldjük

enclosure [ɪnˈkləʊʒə] *fn* elkerített terület ‖ melléklet

encode [ɪnˈkəʊd] *ige* (be)kódol

encoder [ɪnˈkəʊdə] *fn* ❏ *szt* kódoló

encompass [ɪnˈkʌmpəs] *fn* körülvesz, körülfog; átfog

encore [ˈɒŋkɔː] ▼ *fn* ráadás *(művésztől)* ‖ **give an encore** ráadást ad; **encore!** hogy volt! ▼ *ige* újráz ‖ megújráztat

encounter [ɪnˈkaʊntə] ▼ *fn (véletlen)* találkozás ▼ *ige* (össze)találkozik ‖ megütközik *(ellenséggel)*

encourage [ɪnˈkʌrɪdʒ] *ige* (fel)bátorít, buzdít, vmre (fel)biztat

encouragement [ɪnˈkʌrɪdʒmənt] *fn* bátorítás, biztatás

encouraging [ɪnˈkʌrɪdʒɪŋ] *mn* biztató

encroach [ɪnˈkrəʊtʃ] *ige* **encroach (up)on (the land)** *(területet tenger)* elhódít ‖ **encroach on sy's authority** beleavatkozik vk hatáskörébe; **encroach on sy's property** másét bitorolja

encumber [ɪnˈkʌmbə] *ige (átv is)* megterhel

encumbrance [ɪnˈkʌmbrəns] *fn* teher, megterhelés

encyclop(a)edia [ɪnˌsaɪkləˈpiːdɪə] *fn* enciklopédia, lexikon

encyclop(a)edic [ɪnˌsaɪkləˈpiːdɪk] *mn* enciklopédikus, lexikális

end [end] ▼ *fn* vég, befejezés; kimenetel; végpont ‖ szándék; cél ‖ vég *(tárgyé)* ‖ **at the end** a végén; **bring to an end** befejez; **come to an end** véget ér; **draw to an end** végéhez közeledik; **in the end** végül, a végén, végül is; **the end** *(filmnek)* vége; **to that end** evégből, evégett, e célból; **to the very end** végig; **no end of** tömentelen; **there's no end of …** se szeri, se száma; **end on** végével vm felé; **end to end** szorosan egymás mögött; **he can hardly make ends meet** éppen hogy megél ▼ *ige* véget ér, befejeződik, végződik ‖ zárul, lezáródik ‖ bezár, lezár *(vitát)*

end in sg végződik vmben ‖ **end in failure** kudarccal végződik

end up végzi valahogy, odajut

endanger [ɪnˈdeɪndʒə] *ige* veszélyeztet

endangered [ɪnˈdeɪndʒəd] *mn* veszélyeztetett

endear [ɪnˈdɪə] *ige* **endear oneself to sy** megkedvelteti magát vkvel

endearing [ɪnˈdɪərɪŋ] *mn* megnyerő

endeavour [ɪnˈdevə] ⟨⊕ *US* -or⟩ ▼ *fn* igyekezet ▼ *ige* **endeavour to do sg** törekszik, igyekszik vmt tenni, azon igyekszik, hogy

endemic [enˈdemɪk] *mn* ❏ *biol* endemikus, helyhez kötött

ending [ˈendɪŋ] *fn* befejezés; *(nyelvt is)* végződés

endless [ˈendləs] *mn* végtelen, szakadatlan, vég nélküli

end-of-term examinations *fn tsz* félévi vizsgák

end-of-the-year *mn* év végi

endorse [ɪnˈdɔːs] *ige* hátirattal ellát ‖ hozzájárul vmhez; *(tervet stb.)* jóváhagy ‖ *(csekket, számlát)* érvényesít,

E

---

ellenjegyez ‖ *(okmányt)* láttamoz ‖ *(váltót)* forgat ‖ ❏ *közl* megbírságol *(rendőr szabálysértésért)*

endorsee [,endɔ:'si:] *fn* forgatmányos *(váltóé)*

endorsement [ɪn'dɔ:smənt] *fn* jóváhagyás ‖ ❏ *ker* hátirat, láttamozás ❏ *közl* bírság *(szabálysértésért)*

endorser [ɪn'dɔ:sə] *fn* forgató *(váltóé)*

endow [ɪn'daʊ] *ige (vmely célra)* alapítványt tesz/létesít ‖ **endow sy with sg** vkt vmvel felruház

endowment [ɪn'daʊmənt] *fn* alapítvány ‖ tehetség, adottság

endowment policy *fn* életbiztosítás *(kötvény)*

end-product *fn* végtermék

end result *fn* végeredmény

endurable [ɪn'djʊərəbl] *mn* elviselhető

endurance [ɪn'djʊərəns] *fn* állóképesség, teherbírás ‖ béketűrés

endurance test *fn* terhelési próba

endure [ɪn'djʊə] *ige (vmt)* kiáll, elvisel, kibír, elbír

enduring [ɪn'djʊərɪŋ] *mn* állandó, tartós ‖ *(betegség)* hosszas, hosszan tartó

end-user *fn* végső felhasználó

enema ['enəmə] *fn* ❏ *orv* beöntés

enemy ['enəmi] ▼ *mn* ellenséges ▼ *fn* ellenség

energetic [,enə'dʒetɪk] *mn* energikus, erőteljes, erélyes

energetics [,enə'dʒetɪks] *fn esz* energetika

energy ['enədʒi] *fn* energia

energy carrier *fn* energiahordozó

energy crisis *fn* energiaválság

energy-requirements *fn tsz* energiaszükséglet

energy-saving *mn* energiatakarékos(sági)

energy-supply *fn* energiaellátás

enervate ['enəveɪt] *ige* elerőtlenít

enervated ['enəveɪtɪd] *mn* ernyedt, enervált

enervating ['enəveɪtɪŋ] *mn* fárasztó, bágyasztó

enforce [ɪn'fɔ:s] *ige (igényt, jogot)* érvényesít, érvényt szerez vmnek

enfranchise [ɪn'fræntʃaɪz] *ige* választójogot ad ‖ *(rabszolgát)* felszabadít ‖ **be enfranchised** választásra jogosult

engage [ɪn'geɪdʒ] *ige* lefoglal ‖ *(vkt munkahelyre)* felvesz, felfogad, szerződtet, alkalmaz ‖ eljegyez vkt ‖ *(fogaskerekek)* egymásba kapaszkodnak ‖ **engage the clutch** felengedi a kuplungot ‖ → **engaged**

engage in vmre adja magát

engaged [ɪn'geɪdʒd] *mn (hely, taxi stb.)* foglalt ‖ **be engaged** el van foglalva, foglalt, *(telefon)* mással beszél, foglalt; **the engaged tone/signal** „mással beszél" *(v.* „foglalt") jelzés; **Sorry! The line's engaged** „mással beszél"; **be engaged in (doing) sg** foglalkozik vmvel; **be engaged in research** kutatómunkát végez; **they are engaged** eljegyezték egymást; **Mary is engaged to Peter** Mária el van jegyezve Péterrel, M. eljegyezte magát P.-rel

engagement [ɪn'geɪdʒmənt] *fn* elfoglaltság, program ‖ eljegyzés

engagement diary *fn* határidőnapló, előjegyzési naptár/napló

engagement ring *fn* jegygyűrű

engaging [ɪn'geɪdʒɪŋ] *mn* megnyerő

engender [ɪn'dʒendə] *ige* előidéz

engine ['endʒɪn] *fn* motor, gép ‖ mozdony

engine-driver *fn* mozdonyvezető

engineer [,endʒɪ'nɪə] *fn* mérnök ‖ gépész ‖ ⊕ *US* mozdonyvezető

engineering [,endʒɪ'nɪərɪŋ] *fn* műszaki tudományok; technika; gépészet ‖ **be studying engineering** a műszaki egyetemen tanul

engineering corps *fn tsz* műszaki csapatok

engineering industry *fn* gépipar

---

fn főnév – *hsz* határozószó – *isz* indulatszó – *ksz* kötőszó – *mn* melléknév
▼ szófajjelzés ⊕ földrajzi variáns ❏ szakterület ❖ stiláris minősítés

engineering worker *fn* technikus

engineering works *fn esz v. tsz* gépgyár

engine failure *fn* motorhiba, géphiba

engine room *fn* gépház

engine trouble *fn* motorhiba

England ['ɪŋɡlənd] *fn* Anglia

English ['ɪŋɡlɪʃ] *mn/fn* angol ‖ **the English** az angolok; **in English** angolul; **speak English** beszél/tud angolul; **improve one's English** továbbfejleszti/tökéletesíti angol nyelvtudását; **English by birth** angol születésű; **English breakfast** angol reggeli; **English class** angolóra; **English course** angol nyelvtanfolyam; **English Department** az angol tanszék; **English idiom** angolos kifejezés/nyelvsajátság, anglicizmus; **the English language** az angol nyelv

English Channel, the *fn* La Manche csatorna

Englishman ['ɪŋɡlɪʃmən] *fn* (*tsz* -**men**) angol (*férfi*)

English-speaker *fn* angol ajkú/anyanyelvű, angolul beszélő

English-speaking *mn* angol ajkú/anyanyelvű, angolul beszélő ‖ **the English-speaking world** angol nyelvterület, az angolszász világ

Englishwoman ['ɪŋɡlɪʃwʊmən] *fn* (*tsz* -**women** [-wɪmɪn]) angol (*nő*)

engrave [ɪn'ɡreɪv] *ige* rézkarcot készít ‖ **engrave on** (*fémbe*) bevés, metsz, (*vmt vmbe*) vés, rávés

engraving [ɪn'ɡreɪvɪŋ] *fn* (*művészi*) metszés, metszet, véset

engross [ɪn'ɡrəʊs] *ige* **be completely engrossed in one's work** munkája teljesen lefoglalja

engulf [ɪn'ɡʌlf] *ige* elborít, elnyel

enhance [ɪn'hɑːns] *ige* növel

enigma [ɪ'nɪɡmə] *fn* talány

enigmatic [ˌenɪɡ'mætɪk] *mn* talányos

enjoy [ɪn'dʒɔɪ] *ige* vmt élvez ‖ **enjoy good health** jó egészségnek örvend;

enjoy oneself vhol szórakozik; **did you enjoy the concert?** tetszett a hangverseny?

enjoyable [ɪn'dʒɔɪəbl] *mn* élvezetes

enjoyment [ɪn'dʒɔɪmənt] *fn* élvezet

enlarge [ɪn'lɑːdʒ] *ige* (*terjedelemben*) (meg)növel, (ki)bővít, nagyobbít ‖ ❑ *fényk* nagyít

enlarged [ɪn'lɑːdʒd] *mn* ❑ *orv* megnagyobbodott

enlarged edition *fn* bővített kiadás

enlargement [ɪn'lɑːdʒmənt] *fn* nagyobbítás, bővítés ‖ ❑ *fényk* nagyítás

enlighten [ɪn'laɪtn] *ige* felvilágosít, megvilágosít

enlightened [ɪn'laɪtnd] *mn* felvilágosodott, felvilágosult

enlightening [ɪn'laɪtnɪŋ] *mn* tanulságos

Enlightenment, the [ɪn'laɪtnmənt] *fn* ❑ *tört* a felvilágosodás

enlist [ɪn'lɪst] *ige* ❑ *kat* besoroz

enlisted man [ɪn'lɪstɪd] *fn* sorkatona

enliven [ɪn'laɪvn] *ige* jókedvre hangol, felderít

enmity ['enmətɪ] *fn* ellenségeskedés

ennoble [ɪ'nəʊbl] *fn* nemesi rangra emel ‖ ❖ *átv* nemesít

enormity [ɪ'nɔːmətɪ] *fn* szörnyűség

enormous [ɪ'nɔːməs] *mn* hatalmas, rendkívül/roppant nagy

enormously [ɪ'nɔːməslɪ] *hsz* hallatlanul, rendkívüli módon

enough [ɪ'nʌf] *mn* elég, elegendő ‖ **have enough** jóllakik; **have you had enough?** jóllaktál?; **not enough** kevés, nem elég; **I've had enough of this** nekem ebből elég volt

enquire, enquirer, enquiry, enquiring = inquire, -rer, -ry etc.

enrage [ɪn'reɪdʒ] *ige* dühbe hoz, felbőszít ‖ **be enraged at/about sg** haragszik vm miatt

enrich [ɪn'rɪtʃ] *ige* feljavít, gazdagít

enrol (⊕ *US* **enroll**) [ɪn'rəʊl] *ige* -**ll-** (*iskolába, egyetemre*) beiratkozik

---

nm névmás – *nu* névutó – *szn* számnév – *esz* egyes szám – *tsz* többes szám

▼ szófajjelzés ⊕ földrajzi variáns ❑ szakterület ❖ stiláris minősítés

enrolment [ɪn'rovlmənt] *fn* beiratkozás

en route [ˌɒn'ru:t] *hsz* úton, útközben || **be en route (to)** útban van vhova

ensconce [ɪn'skɒns] *ige* vk behúzódik, betelepszik

ensemble [ɒn'sɒmbl] *fn* ❑ *zene* együttes || *(női)* kosztüm

enshrine [ɪn'ʃraɪn] *ige* kegyelettel őriz

ensign ['ensaɪn] *fn (tengerészeti)* zászló || ❑ *kat* zászlós

enslave [ɪn'sleɪv] *ige* szolgasorba taszít || ❖ *átv* rabul ejt

ensnare [ɪn'sneə] *ige* tőrbe csal

ensue [ɪn'sju:] *ige* vmből következik, folyik || **the ensuing debate** az ezt követő vita

ensure [ɪn'ʃʊə] *ige* biztosít, gondoskodik || **ensure that sy gets sg** vmt vknek nyújt, biztosít

ENT [ˌi: en 'ti:] = *ear, nose, and throat* fül, orr, gége

entail [ɪn'teɪl] *ige* maga után von, vele jár

entangle [ɪn'tæŋgl] *ige* **get entangled** *(gombolyag)* összekuszálódik, összegubancolódik || **get/become entangled in sg** vmbe belebonyolódik, belekeveredik

entanglement [ɪn'tæŋglmənt] *fn* belekeveredés; bonyodalom || **entanglements** drótakadály

enter ['entə] *ige (helyiségbe)* belép, bemegy; *(országba)* beutazik || színre lép *(ő következik)* || elkönyvel || ❑ *szt* bead, bevisz || *(nevet, tételt stb. vmbe)* beír, vkt benevez || benyújt || felveszik, bejut *(egyetemre stb.)* || **enter one's name** beírja nevét vhova, feliratkozik

enter for *(vizsgára)* jelentkezik; *(versenyre)* benevez, indul || **enter for a competition** pályázaton részt vesz

enter into vmbe bocsátkozik || **enter into business relations, with sy** üz-

letileg összeköttetésbe kerül/lép vkvel

enter on/upon megkezd, elindul *(életpályán)*

enter up bejegyez

enteritis [ˌentə'raɪtɪs] *fn* bélhurut

enterprise ['entəpraɪz] *fn* vállalkozás || vállalat

enterprising ['entəpraɪzɪŋ] *mn* vállalkozó (szellemű)

entertain [ˌentə'teɪn] *ige (társaságot)* szórakoztat; *(vendéget)* fogad || **entertain sy to dinner** megvendégel, vendégül lát vkt

entertainer [ˌentə'teɪnə] *fn* szórakoztató művész

entertaining [ˌentə'teɪnɪŋ] *mn/fn* szórakoztató || **do a lot of entertaining** gyakran hív vendégeket

entertainment [ˌentə'teɪnmənt] *fn* szórakozás, program || **entertainments** *(újságban)* kulturális események/műsorok/rovat

entertainment allowance *fn* reprezentációs költség

enthral (⊕ *US* **-ll**) [ɪn'θrɔ:l] *ige* **-ll-** elbűvöl, lenyűgöz

enthuse [ɪn'θju:z] *ige* **enthuse about/over** ❖ *biz* elragadtatással beszél vmről/vkről, vkért/vmért rajong/lelkesedik

enthusiasm [ɪn'θju:ziæzm] *fn* lelkesedés, rajongás

enthusiast [ɪn'θju:ziæst] *fn* rajongó

enthusiastic [ɪnˌθju:zi'æstɪk] *mn* lelkes || **be enthusiastic** vmért lelkesedik

entice [ɪn'taɪs] *ige* **entice (away)** (el)csábít *(to* vhova)

enticing [ɪn'taɪsɪŋ] *mn* csábító, vonzó

entire [ɪn'taɪə] *mn* teljes, egész

entirely [ɪn'taɪəli] *hsz* teljesen, egészen

entirety [ɪn'taɪərəti] *fn* teljesség || **in its entirety** a maga egészében, teljes egészében

---

fn főnév – *hsz* határozószó – *isz* indulatszó – *ksz* kötőszó – *mn* melléknév
▼ szófajjelzés ⊕ földrajzi variáns ❑ szakterület ❖ stiláris minősítés

entitle [ɪn'taɪtl] *ige* vmre feljogosít ‖ **a book entitled … a … című könyv;** **be entitled to sg** joga van vmhez

entity ['entəti] *fn* lényeg, valóság ‖ egyed

entomology [ˌentə'mɒlədʒi] *fn* rovartan

entourage ['ɒntʊrɑ:ʒ] *fn* kíséret; ❖ *biz* slepp

entrails ['entreɪlz] *fn tsz* belek

entrance[1] ['entrəns] *fn* belépés, bemenet(el) ‖ bejárat ‖ **no entrance** belépni tilos!

entrance[2] [ɪn'trɑ:ns] *ige* elbűvöl ‖ transzba ejt

entrance examination *fn* felvételi vizsga

entrance fee *fn* belépődíj

entrance hall *fn* előcsarnok, előtér

entrance ramp *fn* ⊕ *US* kocsifelhajtó

entrancing [ɪn'trɑ:nsɪŋ] *mn* elbűvölő

entrant ['entrənt] *fn* ❑ *sp* induló, nevező; jelentkező

entreat [ɪn'tri:t] *ige* kérlel, könyörög vkhez

entreaty [ɪn'tri:ti] *fn* könyörgés

entrée ['ɒntreɪ] *fn* főétel

entrench [ɪn'trentʃ] *ige* **be entrenched** ❑ *kat (fedezékbe)* beássa magát

entrenched [ɪn'trentʃt] *mn* ❖ *átv* meggyökeresedett

entrenchment [ɪn'trentʃmənt] *fn* fedezék

entrepreneur [ˌɒntrəprə'nɜ:] *fn* ❑ *ker* (magán)vállalkozó ‖ vállalkozó szellemű ember

entrepreneurial skills/spirit [ˌɒntrəprə'nɜ:rɪəl] *fn* vállalkozói szellem/képesség

entrust [ɪn'trʌst] *ige* (rá)bíz (*sg to sy* vkre vmt), vk gondjaira bíz vmt

entry ['entri] *fn* belépés, bemenet ‖ felvétel, bejegyzés *(adatoké)* ‖ (könyvelési) tétel, adat ‖ (be)nevezés ‖ **no entry** belépni tilos!; **gain entry to** bejut vhova; **make one's entry** belép

entry fee *fn* nevezési díj ‖ belépődíj

entry form *fn* jelentkezési lap

entry number *fn* rajtszám ‖ tételszám

entry permit *fn* beutazási engedély

entryphone ['entrifəʊn] *fn* ⊕ *GB* kaputelefon

entry visa *fn* beutazóvízum

enumerate [ɪ'nju:məreɪt] *ige* (f)elsorol

enunciate [ɪ'nʌnsieɪt] *ige* (hangot, szót) kiejt ‖ (elgondolást) kifejt

envelop [ɪn'veləp] *ige* beburkol ‖ **envelop sg in sg** vmt vmbe takar

envelope ['envələʊp] *fn* boríték

enviable ['enviəbl] *mn* irigylésre méltó

envious ['enviəs] *mn* irigy (*of sy/sg* vkre/vmre) ‖ **be envious of sy/sg** irigykedik vkre

environment [ɪn'vaɪrənmənt] *fn* környezet ‖ **the protection of the environment** környezetvédelem; **the pollution of the environment** környezetszennyezés; **the Department of the Environment** környezetvédelmi minisztérium

environmental [ɪnˌvaɪrən'mentl] *mn* környezetvédelmi ‖ **environmental damages** környezeti ártalmak; **environmental protection** környezetvédelem

environmentalist [ɪnˌvaɪrən'mentlɪst] *fn* környezetvédelmi szakember, környezetvédő

environs [ɪn'vaɪrənz] *fn tsz (vmely helységet körülvevő)* környék; külső övezet *(városé)* ‖ **the environs of a/the town** a város környéke

envisage [ɪn'vɪzɪdʒ] *ige* (el)tervez, előirányoz; elképzel

envoy ['envɔɪ] *fn* (ki)küldött

envoy extraordinary and minister plenipotentiary *fn* rendkívüli követ és meghatalmazott miniszter

envy ['envi] ▼ *fn* irigység ‖ **be eaten up with envy** sárga az irigységtől ▼ *ige* vkt/vmt irigyel ‖ **envy sy sg** sajnál/irigyel vktől vmt

enzyme ['enzaɪm] *fn* enzim

épée ['epeɪ] *fn* párbajtőr

ephemeral [ɪ'femərəl] *mn* kérészéletű, mulandó, tiszavirág-életű

epic ['epɪk] ▼ *mn* elbeszélő, epikai, epikus ▼ *fn* eposz, elbeszélő költemény

epicentre (⊕ *US* **-ter**) ['epɪsentə] *fn* epicentrum

epidemic [ˌepɪ'demɪk] ▼ *mn* járványos ▼ *fn* járvány

epidural [ˌepɪ'djʊərəl] *mn/fn* **epidural (injection)** epidurális injekció

epigram ['epɪɡræm] *fn* epigramma

epilepsy ['epɪlepsi] *fn* epilepszia

epileptic [ˌepɪ'leptɪk] *mn* epilepsziás

epilogue (⊕ *US* **-log**) ['epɪlɒɡ] *fn* utóhang, epilógus

episcopal [ɪ'pɪskəpl] *mn* püspöki

episode ['epɪsoʊd] *fn* epizód, mellékesemény

epistle [ɪ'pɪsl] *fn* levél

epitaph ['epɪtɑːf] *fn* sírfelirat

epithet ['epɪθet] *fn* jelző

epitome [ɪ'pɪtəmi] *fn* mintakép

epitomize [ɪ'pɪtəmaɪz] *ige* megtestesít

epoch ['iːpɒk] *fn* kor(szak), éra

Epsom salts ['epsəm] *fn tsz* keserűsó

equable ['ekwəbl] *mn* egyenletes, állandó ‖ kiegyensúlyozott

equal ['iːkwəl] ▼ *mn* (vmvel) egyenlő ‖ egyenrangú ‖ **be equal to anything** ❖ *biz* mindenre kapható; **be/feel equal to the task** meg tud birkózni a feladattal, a helyzet magaslatán van; **equal opportunity** esélyegyenlőség ▼ *fn* **be sy's equal** vkvel egyenrangú, vknek méltó párja/ellenfele ‖ **have no equal** nincsen párja; **his equals** a hozzá hasonlók, a vele egyenrangúak ▼ *ige* **-ll-** (⊕ *US* **-l-**) ❑ *sp (csúcsot)* beállít

equality [ɪ'kwɒləti] *fn* egyenlőség

equalize ['iːkwəlaɪz] *ige* egyenlővé tesz; (ki)egyenlít

equalizer ['iːkwəlaɪzə] *fn* egyenlítő gól

equally ['iːkwəli] *hsz* egyenlően, egyformán ‖ **equally well** ugyanolyan jól

equals sign ['iːkwəlz] *fn* egyenlőségjel

equanimity [ˌekwə'nɪməti] *fn* kiegyensúlyozottság

equation [ɪ'kweɪʒn] *fn* egyenlet

equator, the [ɪ'kweɪtə] *fn* az Egyenlítő

equatorial [ˌekwə'tɔːriəl] *mn* egyenlítői

equestrian [ɪ'kwestriən] *mn* lovas ‖ **equestrian competition** lovasverseny; **equestrian events** lovaglás *(olimpiai versenyszám)*

equilibrium [ˌiːkwɪ'lɪbriəm] *fn* egyensúly

equinox ['iːkwɪnɒks] *fn* napéjegyenlőség

equip [ɪ'kwɪp] *ige* **-pp-** ellát/felszerel *(with sg vmvel)*

equipment [ɪ'kwɪpmənt] *fn* felszerelés, berendezés

equitable ['ekwɪtəbl] *mn* méltányos, jogszerű *(követelés, igény)*

equities ['ekwətiz] *fn tsz* ⊕ *GB* törzsrészvények

equity ['ekwəti] *fn* méltányosság

equity capital *fn* törzsalaptőke

equivalence [ɪ'kwɪvələns] *fn* egyenértékűség

equivalent [ɪ'kwɪvələnt] *mn/fn* ekvivalens, megfelelő, egyenértékes, egyenértékű

equivocal [ɪ'kwɪvəkl] *mn* kétértelmű

equivocate [ɪ'kwɪvəkeɪt] *ige* mellébeszél

equivocation [ɪˌkwɪvə'keɪʃn] *fn* köntörfalazás, kertelés

ER [ˌiː 'ɑːr] ⊕ *GB* = *Elizabeth Regina* Erzsébet királynő

era ['ɪərə] *fn* éra, korszak

eradicate [ɪ'rædɪkeɪt] *ige* gyökerestől kiirt

---

fn főnév – *hsz* határozószó – *isz* indulatszó – *ksz* kötőszó – *mn* melléknév
▼ szófajjelzés – ⊕ földrajzi variáns – ❑ szakterület – ❖ stiláris minősítés

erase [ɪ'reɪz] ige *(magnófelvételt, szt is)* töröl || kihúz, kiradíroz

eraser [ɪ'reɪzə] *fn* radír(gumi)

erect [ɪ'rekt] ▼ *mn* egyenes *(tartás)* ▼ ige *(sátrat)* felállít || *(épületet)* emel, felépít, felhúz

erection [ɪ'rekʃn] *fn* emelés *(épületé)*, felépítés || építmény || erekció

ergonomics [ˌɜːgə'nɒmɪks] *fn esz* ergonómia

ermine ['ɜːmɪn] *fn* hermelin

erode [ɪ'roʊd] ige *(partot víz)* kimos; *(sav)* kimar

erosion [ɪ'roʊʒn] *fn* erózió

erotic [ɪ'rɒtɪk] *mn* erotikus

eroticism [ɪ'rɒtɪsɪzm] *fn* erotika

err [ɜː] ige téved; hibázik

errand-boy ['erəndbɔɪ] *fn* kifutó(fiú)

errands ['erəndz] *fn tsz* ❖ *biz* komisszió || go on errands (for sy) megbízásokat bonyolít le

errata [e'rɑːtə] *fn tsz* sajtóhibák jegyzéke, hibajegyzék

erratic [ɪ'rætɪk] *mn* egyenetlen, szabálytalan || *(ember)* szeszélyes

erroneous [ɪ'rəʊnɪəs] *mn* téves

error ['erə] *fn* tévedés, hiba || commit an error hibát követ el, hibázik

error message *fn* ❏ *szt* hibaüzenet

erudite ['erʊdaɪt] *mn* nagy tudású; művelt, tanult

erudition [ˌerʊ'dɪʃn] *fn* (nagy) műveltség

erupt [ɪ'rʌpt] ige *(tűzhányó)* kitör

eruption [ɪ'rʌpʃn] *fn* kitörés *(tűzhányóé)* || *(bőrön)* kiütés

escalate ['eskəleɪt] ige fokoz, kiterjeszt || fokozódik || *(ár)* ugrásszerűen emelkedik

escalation [ˌeskə'leɪʃn] *fn* ❏ *pol* eszkaláció

escalation clause *fn* ❏ *ker* értékállandósági záradék

escalator ['eskəleɪtə] *fn* mozgólépcső

escapade [ˌeskə'peɪd] *fn* kaland, csíny

escape [ɪ'skeɪp] ▼ *fn* szivárgás *(gázé)* || szökés, elszökés, menekülés || make one's escape from sg megmenekül vmből ▼ ige *(folyadék, gáz)* (meg)szökik, elillan || szökik, (el)menekül; *(vmtől, vm elől)* megmenekül || escape (from) vhonnan/vmből megmenekül, vhonnan megszökik; it escaped my notice véletlenül elnéztem; (s)he escaped unharmed ép bőrrel megnekült/megúszta; nothing escapes his attention figyelme mindenre kiterjed

escape artist *fn* ⊕ *US* szabaduló művész

escape clause *fn (szerződésben)* kitérő záradék

escape hatch *fn (űrhajón, tengeralattjárón)* biztonsági búvólyuk, vészkijárat

escape key *fn* ❏ *szt* escape-billentyű, váltóbillentyű

escapement [ɪ'skeɪpmənt] *fn* gátlómű *(óráé)*

escape velocity *fn* szökési sebesség

escapism [ɪ'skeɪpɪzm] *fn* menekülés a valóság elől; eszképizmus

escapist literature [ɪ'skeɪpɪst] *fn* szórakoztató irodalom

escapologist [ˌeskə'pɒlədʒɪst] *fn* ⊕ *GB* szabaduló művész

eschew [ɪ'stʃuː] ige elkerül; távol tart

escort ▼ ['eskɔːt] *fn* (védő)kíséret ▼ [ɪ'skɔːt] ige vkt elkísér, fedezettel kísér

escort agency *fn* hostessügynökség

Eskimo ['eskɪmoʊ] *mn/fn* eszkimó

ESL [ˌiː es 'el] = English as a Second Language az angol mint második nyelv

ESN [ˌiː es 'en] = educationally subnormal

esophagus [iː'sɒfəgəs] *fn* ⊕ *US* = oesophagus

esoteric [ˌesoʊ'terɪk] *mn* ezoterikus

esp. = especially

ESP [ˌiː es 'piː] = English for Special/Specific Purposes angol műszaki és tudományos nyelv

---

especially [ɪ'speʃəli] *hsz* különösen, főleg, legfőképpen, kiváltképp(en) ‖ **especially as** annál is inkább, mert

espionage ['espɪɑnɑːʒ] *fn* kémkedés

esplanade [,esplə'neɪd] *fn* sétány

espouse [ɪ'spaʊz] *ige (ügyet)* pártfogol, felkarol

espresso [e'spresoʊ] *fn* kávé *(eszpresszógépből)*

Esq. ⊕ *GB* = **Esquire**

Esquire [ɪ'skwaɪə] *fn (címzésben)* G. Smith, Esq. G. Smith Úrnak

essay ▼ ['eseɪ] *fn (rövidebb)* tanulmány, esszé; ❑ *isk* dolgozat ▼ [e'seɪ] *ige* megpróbál

essence ['esns] *fn* lényeg, esszencia ‖ sűrítmény, eszencia, kivonat ‖ **in essence** lényegében

essential [ɪ'senʃl] *mn* lényeges, alapvető, nélkülözhetetlen

essentially [ɪ'senʃəli] *hsz* lényegében, alapjában véve

establish [ɪ'stæblɪʃ] *ige* létesít; *(intézményt)* felállít, létrehoz, (meg)alapít; *(bizottságot)* alakít ‖ megállapít

established church [ɪ'stæblɪʃt] *fn* államegyház

establishment [ɪ'stæblɪʃmənt] *fn* létesítmény, intézmény ‖ **the Establishment** ⊕ *GB* uralkodó osztály, felső réteg/körök

estate [ɪ'steɪt] *fn* (föld)birtok

estate agency *fn* ⊕ *GB* ingatlanközvetítő iroda

estate agent *fn* ⊕ *GB* ingatlanközvetítő ügynök

estate car *fn* kombi

estate house *fn* lakótelepi (bér)ház

esteem [ɪ'stiːm] ▼ *fn* nagyrabecsülés ‖ **in one's esteem** vk szemében ▼ *ige* (nagyra) becsül, megbecsül; méltányol; értékel

esteemed [ɪ'stiːmd] *mn* nagyra becsült

esthetic [iːs'θetɪk] *mn* ⊕ *US* = **aesthetic**

estimate ▼ ['estɪmət] *fn* becslés ‖ **estimates** *(állami, vállalati stb.)* költségvetés ▼ ['estɪmeɪt] *ige* értékel, becsül; *(értéket)* megbecsül, felbecsül, saccol

estimate of the cost *fn* költségvetés

estimation [,estɪ'meɪʃn] *fn (értékelés)* becslés, megbecsülés ‖ **in my estimation** becslésem szerint

estimator ['estɪmeɪtə] *fn* kalkulátor

Estonia [e'stoʊnɪə] *fn* Észtország

Estonian [e'stoʊnɪən] *mn/fn* észt *(ember, nyelv)*

estrange [ɪ'streɪndʒ] *ige (érzelmileg)* elidegenít, vktől elszakít

estranged [ɪ'streɪndʒd] *mn* elidegenedett

estrangement [ɪ'streɪndʒmənt] *fn* elidegenítés ‖ elidegenedés

estrogen ['iːstrədʒən] *fn* ⊕ *US* = **oestrogen**

estuary ['estʃʊərɪ] *fn* (folyó)torkolat

ETA [,iː tiː 'eɪ] = *estimated time of arrival* várható érkezési idő

et al. [et'æl] = *(Latin: et alii) and others* és mások

etc. [et'setrə] = *(Latin: et cetera) and so on* stb.

etch [etʃ] *ige (rézmetsző)* bemetsz, *(átv is)* bevés

etched engraving [etʃt] *fn* rézkarc

etching ['etʃɪŋ] *fn* rézkarc, rézmetszet

ETD [,iː tiː 'diː] = *estimated time of departure* várható indulási idő

eternal [ɪ'tɜːnl] *mn* örök ‖ örökös ‖ örök életű ‖ **eternal life** örök élet

eternally [ɪ'tɜːnəli] *hsz* örökre; örökké

eternity [ɪ'tɜːnəti] *fn* örökkévalóság

ether ['iːθə] *fn* éter

ethereal [iː'θɪərɪəl] *mn* éteri, légies

ethical ['eθɪkl] *mn* erkölcsi, etikai

ethics ['eθɪks] *fn tsz* morál ‖ *esz* etika, erkölcstan

ethnic ['eθnɪk] *mn* etnikai; nemzetiségi

ethnic cleansing *fn* etnikai tisztogatás

---

fn főnév – *hsz* határozószó – *isz* indulatszó – *ksz* kötőszó – *mn* melléknév
▼ szófajjelzés ⊕ földrajzi variáns ❑ szakterület ❖ stiláris minősítés

ethnic group *fn* etnikai csoport, etnikum, népcsoport

ethnic minority *fn* nemzeti kisebbség, nemzetiség

ethnographer [eθ'nɒɡrəfə] *fn* etnográfus, néprajzos

ethnographic(al) [ˌeθnə'ɡræfɪk(l)] *mn* néprajzi

ethnography [eθ'nɒɡrəfi] *fn* néprajz, etnográfia

etiquette ['etɪket] *fn* etikett

étude ['eɪtjuːd] *fn* ❑ *zene* gyakorlat, etűd

etymological [ˌetɪmə'lɒdʒɪkl] *mn* etimológiai

etymology [ˌetɪ'mɒlədʒi] *fn* etimológia *(mint tudomány is)*, származás *(szóé)*

EU [ˌiː 'juː] → **European**

EU-accession *fn* EU-csatlakozás

eucalyptus [ˌjuːkə'lɪptəs] *fn* eukaliptusz

Eucharist ['juːkərɪst] *fn* oltáriszentség

eulogy ['juːlədʒi] *fn* dicshimnusz

eunuch ['juːnək] *fn* eunuch

euphemism ['juːfəmɪzm] *fn* szépítő kifejezés, eufemizmus

euphemistic [ˌjuːfə'mɪstɪk] *mn* eufemisztikus

euphemistically [ˌjuːfə'mɪstɪkli] *hsz* szépítően

euphoria [juː'fɔːrɪə] *fn* eufória

eurhythmics [juː'rɪðmɪks] *fn esz* művészi torna, ritmikus torna

euro ['jʊərəʊ] *fn* euró

Eurocheque ['jʊərəʊtʃek] *fn* eurocsekk

Eurodollar ['jʊərəʊdɒlə] *fn* eurodollár

Europe ['jʊərəp] *fn* Európa

European [ˌjʊərə'piːən] *mn* európai ‖ **the European Union (EU)** az Európai Unió (EU)

European Economic Community *fn* Európai Gazdasági Közösség, Közös Piac

euthanasia [ˌjuːθə'neɪzɪə] *fn* eutanázia

evacuate [ɪ'vækjʊeɪt] *ige* kiürít, evakuál ‖ ❑ *orv* ürít

evacuation [ɪˌvækjʊ'eɪʃn] *fn* kiürítés, evakuálás ‖ ❑ *orv* ürítés

evade [ɪ'veɪd] *ige* kikerül, megkerül ‖ **evade a question** kitér egy kérdés elől; **evade the law** kijátssza a törvényt

evaluate [ɪ'væljʊeɪt] *ige* kiértékel

evaluation [ɪˌvæljʊ'eɪʃn] *fn* kiértékelés

evangelical [ˌiːvæn'dʒelɪkl] *mn* evangéliumi

evangelist [ɪ'vændʒəlɪst] *fn* evangélista ‖ evangelizátor

evangelize [ɪ'vændʒəlaɪz] *ige* evangelizál, hirdeti az evangéliumot

evaporate [ɪ'væpəreɪt] *ige* (ki)párolog, elpárolog

evaporated milk [ɪ'væpəreɪtɪd] *fn* sűrített tej

evaporation [ɪˌvæpə'reɪʃn] *fn* (ki)párolgás, gőz, kigőzölgés

evasion [ɪ'veɪʒn] *fn* kijátszás, megkerülés *(törvényé)*; kitérés *(vm elől)*

evasive [ɪ'veɪsɪv] *mn* **evasive reply** kitérő válasz

eve [iːv] *fn* előeste ‖ **on the eve of** vmnek az előestéjén

even ['iːvn] ▼ *mn* egyenletes, sík, sima ‖ egyenlő ‖ páros (számú) ‖ **even number** páros szám; **get even with sy** vkvel leszámol; **make even** egyenget ▼ *hsz* még (... is) ‖ **not even** még akkor sem; **even if** még akkor is, ha; **even if he came** még ha eljön is; **even less** még kevésbé; **even more** még több, még inkább; **even now** most is; **even then** éppen akkor; **even now/then** még most/akkor sem ▼ *ige* **even out/up** egyenlővé tesz, kiegyenlít

evening ['iːvnɪŋ] *fn* este, est ‖ **by evening** estére; **in the evening** este; **this evening** ma este

---

evening classes *fn tsz* esti tanfolyam, szabadegyetem
evening dress *fn* estélyi ruha
evening out *fn* szórakozás *(szórakozóhelyen)*
evening paper *fn* esti lap
evening party *fn* estély
evening school *fn* esti iskola/tagozat
evening star *fn* esthajnalcsillag
evenly ['iːvnli] *hsz* egyformán
evensong ['iːvnsɒŋ] *fn* ❏ *vall* vecsernye
event [ɪ'vent] *fn* esemény, eset ‖ ❏ *sp* (verseny)szám ‖ **in any event** akármi történjék is; **in the event of** vmnek esetén
eventful [ɪ'ventfl] *mn* mozgalmas, eseménydús
eventual [ɪ'ventʃʊəl] *mn* végső
eventually [ɪ'ventʃʊəli] *hsz* végül is, végső fokon
eventuality [ɪˌventʃʊ'æləti] *fn* eshetőség
ever ['evə] *hsz (a jövőben)* valaha ‖ **as ever** *(és a keresztnév) (levél végén)* szeretettel ölel; **for ever** (mind)örökre; **have you ever been there?** jártál ott valamikor?; **have you ever been to London?** jártál már Londonban?; **ever since** attól fogva, amióta csak; **ever so many** nagyon sok; **ever so often** nagyon is sokszor
evergreen ['evəgriːn] *mn* örökzöld
everlasting [ˌevə'lɑːstɪŋ] *mn* örökkévaló, örökké tartó ‖ **life everlasting** örök élet
every ['evri] *mn* mind(en) ‖ mindegyik, minden egyes, valamennyi ‖ **every afternoon** minden délután; **in every case** minden esetben; **every day** mindennap; **every five years** ötévenként; **every Friday** minden pénteken; **every hour** minden órában; **every inch a sportsman** ízig-vérig sportember; **every man** minden ember; **every now and then** egyszeregyszer, (nagy) néha, időnként; **every**

one of us mindegyikünk; **every other** minden második; **every other day** minden másnap; **every single** minden egyes; **every time** valahányszor, minden esetben/alkalommal, kivétel nélkül, mindannyiszor; **every year** minden évben
everybody ['evribɒdi] *nm* mindenki
everyday ['evrideɪ] *mn* mindennapi, mindennapos ‖ hétköznapi, általános, közkeletű ‖ **in everyday life** a mindennapi életben; **in everyday speech** hétköznapi nyelven; **in everyday usage** a mindennapi nyelvhasználatban
everyone ['evriwʌn] *nm* mindenki
everything ['evriθɪŋ] *fn* minden
everywhere ['evriweə] *hsz* mindenhol, mindenütt, mindenhova ‖ **from everywhere** mindenhonnan
evict [ɪ'vɪkt] *ige* kilakoltat
eviction [ɪ'vɪkʃn] *fn* kilakoltatás
eviction notice *fn* kilakoltatási határozat
evidence ['evidəns] *fn* bizonyíték ‖ tanúbizonyság ‖ tanújel, tanúvallomás ‖ **give evidence** tanúvallomást tesz *(for v. in favour of/against sy* vk mellett/ellen); **produce evidence** bizonyítékot szolgáltat; **be in evidence** ❖ *biz* látható
evident ['evidənt] *mn* nyilvánvaló, szemmel látható, kézenfekvő; kézzelfogható
evidently ['evidəntli] *hsz* nyilván(valóan)
evil ['iːvl] ▼ *mn* rossz, gonosz, bűnös ‖ ▼ *fn* gonoszság, rossz ‖ **speak evil of sy** vknek rossz hírét kelti
evil-looking *mn* rossz kinézésű
evince [ɪ'vɪns] *ige* kimutat, bizonyít
evocation [ˌiːvou'keɪʃn] *fn* felidézés
evocative [ɪ'vɒkətɪv] *mn* **be evocative of sg** felidéz vmt
evoke [ɪ'vouk] *ige* feleleveníti, felidéz *(emléket)* ‖ kivált, kelt
evolution [ˌiːvə'luːʃn] *fn* fejlődés, evolúció ‖ kifejlődés

---

fn főnév – *hsz* határozószó – *isz* indulatszó – *ksz* kötőszó – *mn* melléknév
▼ szófajjelzés ⊕ földrajzi variáns ❏ szakterület ❖ stiláris minősítés

evolve [ɪ'vɒlv] *ige* kifejleszt ‖ kifejlődik

ewe [ju:] *fn* anyajuh

ex- [eks] *előtag* volt

exacerbate [ɪg'zæsəbeɪt] *ige* súlyosbít ‖ *(viszonyt)* elmérgesít

exact [ɪg'zækt] *mn* pontos, egzakt, precíz, szabatos

exacting [ɪg'zæktɪŋ] *mn* igényes *(munka stb.)*; *(követelményekben)* szigorú ‖ **be exacting** *(munkában stb.)* nagyok az igényei

exactitude [ɪg'zæktɪtju:d] *fn* pontosság

exactly [ɪg'zæktli] *hsz* éppen, pont, pontosan ‖ **exactly!** pontosan (erről van szó)!

exactness [ɪg'zæktnəs] *fn* pontosság, precizitás

exaggerate [ɪg'zædʒəreɪt] *ige* (el)túloz

exaggeration [ɪg,zædʒə'reɪʃn] *fn* túlzás

exalt [ɪg'zɔ:lt] *ige* feldicsér, felmagasztal

exalted [ɪg'zɔ:ltɪd] *mn* magas (rangú *v.* poszton lévő)

exam [ɪg'zæm] *fn* ❖ *biz* vizsga

examination [ɪg,zæmɪ'neɪʃn] *fn* vizsga ‖ vizsgálat, kivizsgálás, felülvizsgálat; *(iratokba)* betekintés ‖ **fail (to pass) an examination** megbukik; **take an examination** vizsgázik

examination fee *fn* vizsgadíj

examination paper *fn* írásbeli vizsga, (vizsga)dolgozat, zárthelyi

examine [ɪg'zæmɪn] *ige* (meg)vizsgál, kivizsgál, felülvizsgál, tanulmányoz ‖ vizsgáztat ‖ *(könyveket, számlát)* átvizsgál; *(útlevelet)* ellenőriz ‖ **examine closely/thoroughly** átkutat

examinee [ɪg,zæmɪ'ni:] *fn* vizsgázó

examiner [ɪg'zæmɪnə] *fn* vizsgáztató

example [ɪg'zɑ:mpl] *fn* példa ‖ **for example** például

exasperate [ɪg'zɑ:spəreɪt] *ige* felbőszít ‖ elkeserít

exasperating [ɪg'zɑ:spəreɪtɪŋ] *mn* idegesítő ‖ elkeserítő

exasperation [ɪg,zɑ:spə'reɪʃn] *fn* **in exasperation** ingerült hangon, ingerülten

excavate ['ekskəveɪt] *ige* kiás, feltár ‖ **excavate a site** (*v.* **at a site**) ásatásokat végez

excavation [,ekskə'veɪʃn] *fn* ásatás, feltárás

excavator ['ekskəveɪtə] *fn* markológép, kotrógép, exkavátor

exceed [ɪk'si:d] *ige* meghalad *(árban, súlyban)*; *(mértéket)* túllép ‖ **exceed one's authority** túllépi a hatáskörét

exceedingly [ɪk'si:dɪŋli] *hsz* rendkívül, nagyon; igen; roppant

excel [ɪk'sel] *ige* **-ll-** kiemelkedik, kitűnik, kiválik; remekel *(in* vmben)

excellence ['eksələns] *fn* kiválóság, kitűnőség

excellency ['eksələnsi] *fn* **His/Her excellency** Őkegyelmessége, Őexcellenciája

excellent ['eksələnt] *mn* kiváló, kitűnő, pompás ‖ **excellent!** ❖ *biz* szuper, ragyogó!

except [ɪk'sept] ▼ *elölj* kivéve(, hogy) ‖ **except for** vmnek/vknek kivételével; **except that** kivéve (azt), hogy ▼ *ige* kivesz, kivételt tesz ‖ **with X excepted** X kivételével; **present company excepted** a jelenlevők kivételével

excepting [ɪk'septɪŋ] *elölj* kivéve, vmnek/vknek kivételével

exception [ɪk'sepʃn] *fn* kivétel ‖ **without exception** kivétel nélkül

exceptional [ɪk'sepʃnəl] *mn* kivételes, rendkívüli

exceptionally [ɪk'sepʃnəli] *hsz* kivételesen; rendkívülien

excerpt ['eksɜ:pt] *fn* szemelvény ‖ (rövid) részlet, bejátszás *(vmből tévében)*

excess ▼ [ɪk'ses] *fn* (súly)többlet, felesleg, plusz ‖ **in excess** fölös számban; **be in excess of (sg)** *(árban, súlyban stb.)* több mint, meghalad; **pay the excess** megfizeti a különbözetet; **he was charged an excess of £5** a túlsúlyért 5 fontot fizetett ▼ ['ekses] *mn* többlet-, túl-, pót- ‖ → **excesses**

excess baggage *fn (repülőn)* túlsúly, többletsúly ‖ **pay an excess baggage/ luggage charge** túlsúlyt fizet

excesses [ɪk'sesɪz] *fn tsz* szélsőségek, túlkapások

excess fare *fn (vasúton)* pótdíj; különbözet *(viteldíjé)*

excessive [ɪk'sesɪv] *mn* mértéktelen, túlságos, túlzott

excessively [ɪk'sesɪvli] *hsz* túlságosan, fölöttébb

excess postage *fn* portó

excess supply *fn* túlkínálat

excess weight *fn* túlsúly, súlytöbblet, többletsúly

exchange [ɪks'tʃeɪndʒ] ▼ *fn* csere, kicserélés, becserélés ‖ pénzváltás ‖ tőzsde ‖ telefonközpont ‖ cserelátogatás ‖ **in exchange for** cserébe vmért, vm ellenében/fejében; **foreign exchange** deviza; **rate of exchange** devizaárfolyam, valutaárfolyam; **exchanges between (people)** szóváltás, szócsata vkk között; **exchange of currency** pénzváltás; **exchange of goods** árucsere; **exchange of information** információcsere ▼ *ige (pénzt)* átvált, bevált; becserél *(sg for sg* vmt vmre)*, elcserél, kicserél

exchange professor *fn* csereprofesszor

exchange rate *mn* átváltási/beváltási árfolyam, devizaárfolyam, valutaárfolyam

exchange student *fn* cserediák

exchange visit *fn* cserelátogatás

Exchequer, the [ɪks'tʃekə] *fn* ⊕ *GB* pénzügyminisztérium ‖ **Chancellor of the Exchequer** pénzügyminiszter

excisable [ek'saɪzəbl] *mn* fogyasztási adó alá eső

excise[1] [ɪk'saɪz] *ige* ❏ *orv* kimetsz

excise[2] ['eksaɪz] *fn* fogyasztási adó

excitable [ɪk'saɪtəbl] *mn* ingerlékeny

excitation [ˌeksɪ'teɪʃn] *fn* (fel)izgatás, ingerlés ‖❏ *el* gerjesztés

excite [ɪk'saɪt] *ige* ingerel, (fel)izgat ‖ ❏ *el* gerjeszt

excited [ɪk'saɪtɪd] *mn* izgatott

excitement [ɪk'saɪtmənt] *fn* izgalom

exciting [ɪk'saɪtɪŋ] *mn* izgató, izgalmas

exclaim [ɪk'skleɪm] *ige* felkiált

exclamation [ˌeksklə'meɪʃn] *fn* felkiáltás

exclamation mark (⊕ *US* **point**) *fn* felkiáltójel

exclude [ɪk'sklu:d] *ige* kizár; ❏ *sp* kiállít

excluding [ɪk'sklu:dɪŋ] *elölj* kivételével ‖ **excluding VAT** ÁFA nélkül

exclusion [ɪk'sklu:ʒn] *fn* kizárás ‖ ❏ *sp* kiállítás ‖ **to the exclusion of** kivételével

exclusion clause *fn* felelősséget kizáró záradék

exclusive [ɪk'sklu:sɪv] *mn* szűk körű, exkluzív, kizárólagos, zártkörű ‖ **exclusive of** nem számítva

exclusively [ɪk'sklu:sɪvli] *hsz* kizárólag

excommunicate [ˌekskə'mju:nɪkeɪt] *ige* kiközösít

excommunication [ˌekskəmju:nɪ'keɪʃn] *fn* kiközösítés

excrement ['ekskrɪmənt] *fn* ürülék

excreta [ɪk'skri:tə] *fn tsz* ürülék

excruciating [ɪk'skru:ʃieɪtɪŋ] *mn* kínzó, gyötrő ‖ **excruciating headache** kínzó fejfájás

excursion [ɪk'skɜ:ʃn] *fn* kirándulás

excursion ticket *fn* kedvezményes v. kirándulójegy

excursion train *fn* kirándulóvonat

excusable [ɪk'skju:zəbl] *mn* menthető

excuse ▼ [ɪk'skju:s] *fn* mentség, kibúvó, kifogás ‖ **make excuses (for)**

exkuzálja magát, mentegetődzik ▼ [ɪk'skjuːz] *ige* elnéz, megbocsát ‖ **excuse me** elnézést, uram ..., *(mint megszólítás)* kérem, bocsánatot kérek!, bocsánat!, bocsáss meg!, pardon, megengedi?, elnézést (kérek)! *(kérdezni akarok valamit)*; **excuse me?** ⊕ *US* tessék?, kérem? *(nem értem)*; **excuse my troubling you** bocsássa meg alkalmatlankodásomat; **excuse me for being late** bocsánat a késésért; **excuse oneself (for sg** *v.* **for doing sg)** vmért mentegetődzik; **ask to be excused** kikéredzkedik; **he excused himself from dinner** visszamondta a vacsorameghívást

exdirectory (phone) number [ˌeksdə'rektəri] *fn* ⊕ *GB* titkos (telefon)szám

execrable ['eksɪkrəbl] *mn* csapnivaló, pocsék

execute ['eksɪkjuːt] *ige* végrehajt, teljesít ‖ kivégez ‖ kivitelez ‖ eljátszik, előad ‖ ❑ *szt* végrehajt

execution [ˌeksɪ'kjuːʃn] *fn* megvalósítás; végrehajtás, teljesítés ‖ kivégzés ‖ ❑ *szt* végrehajtás

executioner [ˌeksɪ'kjuːʃənə] *fn* ítéletvégrehajtó, hóhér

executive [ɪg'zekjutɪv] ▼ *mn* végrehajtó, végrehajtási, közigazgatási ‖ **the executive branch (of government)** közigazgatás; **the executive head of State** az USA elnöke ▼ *fn* vezető (állású tisztviselő); (ügyvezető) igazgató; főelőadó ‖ végrehajtó hatalom/szerv, vezető testület, vezetőség ‖ ⊕ *US* **Chief Executive** az USA elnöke

executive board *fn* végrehajtó bizottság

executive committee *fn* végrehajtó bizottság

executive director *fn* igazgatósági/ vezetőségi tag

executive power *fn* végrehajtó hatalom

executor [ɪg'zekjutə] *fn* végrendeleti végrehajtó

exemplary [ɪg'zempləri] *mn* követendő, mintaszerű, példaszerű, példamutató

exemplify [ɪg'zemplɪfaɪ] *ige* példáz

exempt [ɪg'zempt] ▼ *mn* mentes *(from vm alól)* ▼ *ige* **exempt sy from sg** vkt vm alól mentesít/felment

exemption [ɪg'zempʃn] *fn* mentesítés, mentesség, felmentés *(from vm alól)*

exercise ['eksəsaɪz] ▼ *fn* gyakorlás ‖ testedzés, mozgás ‖ gyakorlat, feladat ‖ **exercises** feladatgyűjtemény, példatár; **do (one's) exercises** gyakorlatokat végez ▼ *ige* gyakorol(tat) ‖ gyakorlatozik, gyakorlatokat végez ‖ testedzést végez, mozog

exercise bike/cycle *fn* szobakerékpár

exercise-book *fn* füzet; irka

exert [ɪg'zɜːt] *ige* **exert influence on sg/sy** befolyást gyakorol vmre/vkre; **exert oneself** igyekszik, megerőlteti magát, erőlködik

exertion [ɪg'zɜːʃn] *fn* erőfeszítés, igyekezet

ex gratia payment [eks'greɪʃə] *fn* önkéntes pénzadomány

exhalation [ˌekshə'leɪʃn] *fn* kigőzölgés ‖ kilélegzés

exhale [eks'heɪl] *ige* kigőzölög ‖ kilehel, kilélegzik

exhaust [ɪg'zɔːst] ▼ *fn* kipufogó ‖ kipufogógáz ▼ *ige (tartalékot, témát)* kimerít ‖ kifáraszt

exhausted [ɪg'zɔːstɪd] *mn* kimerült ‖ **I am exhausted** teljesen ki vagyok merülve, ❖ *biz* teljesen kivagyok

exhaust gas *fn* kipufogógáz

exhausting [ɪg'zɔːstɪŋ] *mn* kimerítő; fárasztó, megerőltető

exhaustion [ɪg'zɔːstʃən] *fn* kimerülés, kimerültség

exhaustive [ɪg'zɔːstɪv] *mn* kimerítő, alapos ‖ **sg is not intended to be exhaustive** nem lép fel a teljesség igényével

E

---

exhibit 208 expedient

exhibit [ɪg'zɪbɪt] ▼ *fn* kiállított/kiállítási tárgy ▼ *ige (kiállításon)* bemutat, kiállít

exhibition [ˌeksɪ'bɪʃn] *fn* kiállítás

exhibitionist [ˌeksɪ'bɪʃənɪst] *fn* exhibicionista

exhibition room *fn* bemutatóterem

exhibitor [ɪg'zɪbɪtə] *fn* kiállító

exhilarating [ɪg'zɪləreɪtɪŋ] *mn* felvidító

exhilaration [ɪgˌzɪlə'reɪʃn] *fn* vidámság, jókedv

exhort [ɪg'zɔːt] *ige* buzdít

exigency ['eksɪdʒənsi] *fn* kényszerhelyzet

exile ['eksaɪl] ▼ *fn* száműzetés, számkivetés ‖ száműzött ‖ **go into exile** száműzetésbe megy; emigrál ▼ *ige* száműz

exist [ɪg'zɪst] *ige* létezik, él ‖ fennáll

existence [ɪg'zɪstəns] *fn* lét, létezés ‖ **sy's very existence** a puszta léte vknek; **be in existence** létezik; **come into existence** létrejön

existent [ɪg'zɪstənt] *mn* ma is (*v.* még) meglevő

existentialism [ˌegzɪ'stenʃəlɪzm] *fn* egzisztencializmus

existing [ɪg'zɪstɪŋ] *mn* fennálló, létező

exit ['eksɪt] *fn* kijárat

exit ramp *fn* ⊕ *US* autófelhajtó

exit visa *fn* kiutazási engedély

exonerate [ɪg'zɒnəreɪt] *ige (gyanúsított egyént)* igazol, tisztáz

exorbitant [ɪg'zɔːbɪtənt] *mn* megfizethetetlen, horribilis, szédítő *(ár)* ‖ **ask an exorbitant price** vastagon fog a ceruzája

exorcize ['eksɔːsaɪz] *ige* ördögöt űz

exotic [ɪg'zɒtɪk] *mn* egzotikus

expand [ɪk'spænd] *ige* kitágít ‖ (ki)tágul, (ki)terjed, nagyobbodik, terjeszkedik; *(szélességben)* nő

---

expand on sg kifejt vmt

---

expanse [ɪk'spæns] *fn* kiterjedés ‖ nagy terület

expansion [ɪk'spænʃn] *fn* kiterjesztés, kitágítás, növelés; *(hőhatásra)* tágulás, nagyobbodás, terjedés, terjeszkedés

expansionism [ɪk'spænʃənɪzm] *fn* ❑ *pol* expanzionizmus

expansionist [ɪk'spænʃənɪst] *mn* ❑ *pol* expanzionista

expatriate ▼ [eks'pætrɪət] *mn/fn* száműzött ‖ külföldön élő hazánkfia ‖ **expatriate Englishmen in Spain** Spanyolországban élő angolok ▼ [eks'pætrɪeɪt] *ige* száműz

expect [ɪk'spekt] *ige* vár vkt/vmt ‖ (*sy to do sg v. sg from sy* vktől vmt) elvár ‖ vél; hisz ‖ **I expect that** úgy gondolom, hogy; **I expect so** azt hiszem, igen; **you expect too much of him** túl sokat kívánsz tőle; **this was only to be expected** ez várható volt; **he is expected (to)** elvárják tőle(, hogy); **she is expecting a baby** kisbabát vár

expectancy [ɪk'spektənsi] *fn* várakozás, kilátás ‖ **life expectancy** várható életkor

expectantly [ɪk'spektəntli] *hsz* feszülten *(pl. figyel)*

expectant mother [ɪk'spektənt] *fn* terhes/leendő anya, kismama

expectation [ˌekspek'teɪʃn] *fn* várakozás ‖ remény ‖ **expectations** remények, elvárások; **come/live up to (one's** *v.* **sy's) expectations** beváltotta a hozzá fűzött reményeket; **the expectations** igények; **it is beyond all expectations** minden várakozást felülmúl; **in expectation of** arra számítva, hogy

expected [ɪk'spektɪd] *mn* várt, remélt

expectorant [ɪk'spektərənt] *fn* köptető(szer)

expediency [ɪk'spiːdɪənsi] *fn* célszerűség

expedient [ɪk'spiːdɪənt] *mn* célszerű, hasznos, tanácsos

---

fn főnév – *hsz* határozószó – *isz* indulatszó – *ksz* kötőszó – *mn* melléknév
▼ szófajjelzés ⊕ földrajzi variáns ❑ szakterület ❖ stiláris minősítés

expedite ['ekspədaɪt] *ige (hivatalt stb.)* megsürget

expedition [,ekspə'dɪʃn] *fn* expedíció

expeditionary force [,ekspə'dɪʃənəri] *fn* külföldön állomásozó haderő

expel [ɪk'spel] *ige* **-ll-** *(országból)* kiutasít ‖ elkerget, elűz ‖ *(iskolából)* kicsap; *(pártból)* kizár

expend [ɪk'spend] *ige (pénzt)* kiad, költ

expendable [ɪk'spendəbl] *mn* felhasználható

expendable material *fn* fogyóeszköz

expenditure [ɪk'spendɪtʃə] *fn* költség, kiadás, ráfordítás

expense [ɪk'spens] *fn* költség(ek), kiadás(ok) ‖ **at one's own expense** saját költségen; **at sy's expense** vknek a költségén, vknek a rovására; **put oneself to expense** költségekbe veri magát; **at the expense of** vmnek az árán, azon az áron (hogy) ‖ → **expenses**

expense account *fn* költségszámla ‖ reprezentációs költség

expenses [ɪk'spensɪz] *fn tsz* költségek

expensive [ɪk'spensɪv] *mn* költséges, drága ‖ **it is expensive** drága, sokba kerül

experience [ɪk'spɪərɪəns] ▼ *fn* tapasztalat; élmény ▼ *ige* megtapasztal

experienced [ɪk'spɪərɪənst] *mn* tapasztalt, gyakorlott

experiment ▼ [ɪk'sperɪmənt] *fn* ❏ *tud* kísérlet ‖ **make experiments** vmvel kísérletezik ▼ [-ment] *ige* kísérletezik *(with sg* vmvel)

experimental [ɪk,sperɪ'mentl] *mn* kísérleti

experimentally [ɪk,sperɪ'mentəli] *hsz* kísérleti úton

expert ['ekspɜːt] *mn/fn* szakértő, jártas, szakavatott *(at/in/on sg* vmben), szakember

expertise [,ekspɜː'tiːz] *fn* hozzáértés, szakértelem, szaktudás, jártasság

expert opinion *fn* szakértői vélemény

expiate ['ekspieɪt] *ige* levezekel, vmért bűnhődik

expiration [,ekspə'reɪʃn] *fn* lejárat *(határidőé, jegyé stb.)*; esedékesség

expire [ɪk'spaɪə] *ige (határidő, bérleti idő)* letelik, lejár

expiry [ɪk'spaɪəri] *fn* lejárat *(határidőé, jegyé, jogosítványé stb.)*

expiry date *fn* lejárat napja

explain [ɪk'spleɪn] *ige* (meg)magyaráz, kifejt ‖ **explain oneself** (bővebb) magyarázatot ad, világosabban fejt ki vmt, kimagyarázkodik

explain away kimagyaráz

explanation [,eksplə'neɪʃn] *fn* magyarázat

explanatory [ɪk'splænətəri] *mn* magyarázó

explicable [ɪk'splɪkəbl] *mn* megmagyarázható

explicit [ɪk'splɪsɪt] *mn* kifejezett; határozott ‖ nyílt ‖ egyértelmű

explicitly [ɪk'splɪsɪtli] *hsz* nyíltan; kereken, világosan

explode [ɪk'spləʊd] *ige* (fel)robban ‖ (fel)robbant

exploit ▼ ['eksplɔɪt] *fn* hőstett ▼ [ɪk'splɔɪt] *ige* felhasznál, hasznosít; kiaknáz, kitermel ‖ *(munkást)* kizsákmányol

exploitation [,eksplɔɪ'teɪʃn] *fn* felhasználás; kiaknázás, kitermelés ‖ kizsákmányolás *(munkásé)*

exploration [,eksplə'reɪʃn] *fn* felderítés, feltárás *(jelenségek okaié)*

exploratory [ɪk'splɒrətəri] *mn* felderítő, kutató

exploratory drilling *fn* próbafúrás

explore [ɪk'splɔː] *ige* felfedez, felderít, feltár, felkutat

explorer [ɪk'splɔːrə] *fn* felfedező

explosion [ɪk'spləʊʒn] *fn* robbanás ‖ (fel)robbantás

explosive [ɪk'spləʊsɪv] ▼ *mn* robbanó ▼ *fn* robbanóanyag, robbanószer

E

exponent [ɪk'spoʊnənt] *fn* (hatvány)-kitevő

export ▼ ['ekspɔ:t] *fn* kivitel, export ‖ **exports** kiviteli cikk(ek), exportáru ▼ [ɪk'spɔ:t] *ige* exportál

exportation [ˌekspɔ:'teɪʃn] *fn* kivitel, export

export drive *fn* exportkampány

export duties *fn tsz* kiviteli vám

exporter [ɪk'spɔ:tə] *fn* exportáló, exportőr

export goods *fn tsz* kiviteli cikk(ek), exportáru

export licence *fn* kiviteli engedély

export manager *fn* exportosztály-vezető

export permit *fn* kiviteli engedély

export rejects *fn tsz* exportból visszamaradt áru

export trade *fn* külkereskedelem

expose [ɪk'spoʊz] *ige* felfed, feltár, leleplez ‖ megmutat ‖ ⮡ *fényk* exponál, megvilágít ‖ **expose oneself to danger** veszélynek teszi ki magát; **expose sg to sg** *(vmlyen hatásnak)* kitesz vmt; **expose sy to sg** vmnek kitesz vkt

exposé [ek'spoʊzeɪ] *fn* ismertetés, expozé

exposed [ɪk'spoʊzd] *mn (film)* exponált

exposition [ˌekspə'zɪʃn] *fn* kiállítás ‖ *(írott)* kifejtés, magyarázat

exposure [ɪk'spoʊʒə] *fn* ⮡ *fényk* megvilágítás, expozíció ‖ ❖ *átv* leleplezés ‖ **die of exposure** halálra fagy

exposure meter *fn* megvilágításmérő

expound [ɪk'spaʊnd] *ige* kifejt, (meg)magyaráz

express [ɪk'spres] ▼ *mn* határozott, kifejezett ‖ expressz ▼ *fn* gyorsvonat, expressz ‖ **send (by) express** expressz(áruként) küld ▼ *ige (szavakkal)* kifejez, szavakba foglal; *(véleményt)* kimond ‖ **express oneself** kifejezi magát

express coach service *fn (busz)* gyorsjárat

express company *fn* ⊕ *US* fuvarozási vállalat

express goods *fn tsz* expresszáru

expression [ɪk'spreʃn] *fn* kifejezés

expressionism [ɪk'spreʃnɪzm] *fn* expresszionizmus

expressive [ɪk'spresɪv] *mn* kifejezésteli; kifejező

express letter *fn* expresszlevél

express lift (⊕ *US* **elevator**) *fn* gyorslift

expressly [ɪk'spresli] *hsz* kifejezetten

express train *fn* gyorsvonat, expressz

expressway [ɪk'spresweɪ] *fn* ⊕ *US* autópálya

expropriate [ek'sproʊprieɪt] *ige* kisajátít

expropriation [ekˌsproʊpri'eɪʃn] *fn* kisajátítás

expulsion [ɪk'spʌlʃn] *fn* kiutasítás, kiűzés, kizárás, kitiltás; ⮡ *sp* kiállítás

ex-pupil *fn* volt növendék

expurgate ['ekspəgeɪt] *ige* cenzúráz

exquisite [ɪk'skwɪzɪt] *mn* csodaszép, remek, tökéletes, pompás, magasrendű ‖ **exquisite taste** választékos ízlés

exquisitely [ɪk'skwɪzɪtli] *hsz* kitűnően

ex-serviceman *fn (tsz* **-men**) leszerelt katona

ext. = extension

extant [ek'stænt] *mn* létező; fennálló, ma is meglevő

extempore [ɪk'stempəri] ▼ *mn* rögtönzött ▼ *hsz* rögtönözve, kapásból

extemporize [ɪk'stempəraɪz] *ige (átv is)* improvizál

extend [ɪk'stend] *ige (határidőt, érvényességet stb.)* meghosszabbít, prolongál ‖ kiszélesít ‖ kiterjeszt, kinyújt ‖ (ki)bővít, növel ‖ *(terület vmeddig)* terjed ‖ **extend a warm welcome to** szívélyesen *(v.* meleg szeretettel) fogad/üdvözöl vkt

---

fn főnév – *hsz* határozószó – *isz* indulatszó – *ksz* kötőszó – *mn* melléknév
▼ szófajjelzés ⊕ földrajzi variáns ⮡ szakterület ❖ stiláris minősítés

extension [ɪk'stenʃn] *fn* terjedelem, kiterjedés ‖ meghosszabbítás *(határidőé, útlevélé stb.)* ‖ nyúlvány *(tárgyé)*; toldalék *(épületé)*; szárnyépület ‖ *(telefon)* mellékállomás ‖ **extension 15** 15-ös mellék

extension cord *fn* hosszabbító zsinór

extension course *fn* esti tagozat *(egyetemé)*

extension ladder *fn* tolólétra

extensive [ɪk'stensɪv] *mn* kiterjedt, terjedelmes, nagy kiterjedésű ‖ ❏ *mezőg* külterjes ‖ nagymértékű, nagymérvű ‖ széles/tág körű

extensively [ɪk'stensɪvli] *hsz* nagymértékben, széleskörűen

extent [ɪk'stent] *fn* terjedelem, kiterjedés, nagyság ‖ **to a certain** (*v.* **to some**) **extent** egy bizonyos fokig/mértékig/pontig, valamelyest; **to a great extent** nagymértékben

extenuating [ɪk'stenjʊeɪtɪŋ] *mn* enyhítő ‖ **extenuating circumstances** enyhítő körülmény

exterior [ɪk'stɪərɪə] ▼ *mn* külső ▼ *fn* külalak, külső

exterminate [ɪk'stɜːmɪneɪt] *ige* kiirt, kipusztít

extermination [ɪkˌstɜːmɪ'neɪʃn] *fn* kiirtás

external [ɪk'stɜːnl] ▼ *mn* külső ‖ **for external application only** ❏ *orv* külsőleg ▼ *fn* **externals** külsőségek, külszín

external affairs *fn tsz* külügyek

external economy *fn* külgazdaság

externally [ɪk'stɜːnli] *hsz* külsőleg

extinct [ɪk'stɪŋkt] *mn* kihalt *(faj)*; kialudt *(tűzhányó)* ‖ **be becoming extinct** kiveszőben van

extinction [ɪk'stɪŋkʃn] *fn* kihalás, kiveszés ‖ **be near extinction** kihalóban van

extinguish [ɪk'stɪŋgwɪʃ] *ige (tüzet)* elfojt, elolt, kiolt

extinguisher [ɪk'stɪŋgwɪʃə] *fn* tűzoltó készülék

extirpate ['ekstɜːpeɪt] *ige* megsemmisít; kiirt, elpusztít

extol (❀ *US* **extoll**) [ɪk'stoʊl] *ige* **-ll-** magasztal, feldicsér

extort [ɪk'stɔːt] *ige* (ki)zsarol ‖ **extort sg from sy** vkből vmt kierőszakol/kiprésel

extortion [ɪk'stɔːʃn] *fn* zsarolás

extortionate [ɪk'stɔːʃnət] *mn* zsaroló *(személy)* ‖ uzsora *(ár)*

extra ['ekstrə] ▼ *mn* pótlólagos, külön, extra ‖ rendkívüli ‖ **extra charges** külön díjak; **extra costs** külön kiadások; **extra earnings** mellékjövedelem; **extra expense(s)** többletkiadás; **extra time** *(futball)* hosszabbítás; **extra work** különmunka; **pay an extra charge for sg** vmért felárat/pótdíjat fizet ▼ *hsz* rendkívül ‖ külön ‖ **extra fine quality** különlegesen jó minőség; **extra large** extra méretű/nagy ▼ *fn* rendkívüli kiadás *(újságé)* ‖ ráadás ‖ statiszta ‖ többlet- ‖ **extras** külön kiadások, többletkiadás(ok); extrák *(autóhoz)*

extra-curricular *mn* iskolán/tanrenden kívüli ‖ **extra-curricular activities** iskolán kívüli elfoglaltság, különórák

extract ▼ ['ekstrækt] *fn* kivonat ‖ részlet, szemelvény ▼ [ɪks'trækt] *ige* kihúz ‖ kivon(atol) ‖ kicsikar ‖ **extract a root** gyököt von; **extract a tooth** fogat (ki)húz

extraction [ɪk'strækʃn] *fn* kihúzás *(fogé is)* ‖ ❏ *vegy* kinyerés ‖ eredet, származás

extractor fan [ɪk'stræktə] *fn (ventilátoros)* páraelszívó, szagelszívó

extradite ['ekstrədaɪt] *ige (bűnözőt, politikai menekültet saját országa hatóságának)* kiad

extradition [ˌekstrə'dɪʃn] *fn* kiadatás

extramarital [ˌekstrə'mærɪtl] *mn* házasságon kívüli

extramural [ˌekstrə'mjʊərəl] *mn* szabadegyetemi, vendéghallgatóknak szóló/szervezett

extraneous [ɪk'streɪnɪəs] *mn* lényegtelen, nem a tárgyhoz tartozó || külső *(hatás)*

extraordinarily [ɪk'strɔ:dnərəlɪ] *hsz* rendkívüli módon

extraordinary [ɪk'strɔ:dnrɪ] *mn* rendkívüli, szokatlan

extraordinary general meeting *fn* rendkívüli közgyűlés

extrapolation [ɪkˌstræpə'leɪʃn] *fn* extrapoláció

extrasensory perception [ˌekstrə'sensərɪ] *fn* érzékszervektől független érzékelés

extravagance [ɪk'strævəgəns] *fn* szertelenség, mértéktelenség || költekezés, pazarlás

extravagant [ɪk'strævəgənt] *mn* mértéktelen, szertelen || **be extravagant** szertelenkedik, költekezik, pazarló

extreme [ɪk'stri:m] ▼ *mn* (leg)szélső, legtávolabbi || végső || szélsőséges, túlzó || **extreme left** szélsőbal-(oldali); **extreme necessity** végszükség; **extreme right** szélsőjobb-(oldali) ▼ *fn* véglet || **go to the other extreme** ellenkező végletbe csap át; **go to extremes** végső eszközökhöz nyúl

extremely [ɪk'stri:mlɪ] *hsz* nagyon; roppant, rendkívül(i módon)

extremist [ɪk'stri:mɪst] *mn/fn* ❏ *pol* szélsőséges

extremities [ɪk'stremətɪz] *fn tsz* végtagok

extremity [ɪk'stremətɪ] *fn* szélsőség, véglet || → **extremities**

extricate ['ekstrɪkeɪt] *ige* kiszabadít || **be extricated** kiszabadul; **extricate oneself (from)** *(nehézségekből)* kivágja magát, *(bajból)* kikeveredik

extrovert ['ekstrəvɜ:t] *mn/fn* ❏ *pszich* extrovertált

exuberance [ɪg'zju:bərəns] *fn* bőség, túláradás

exuberant [ɪg'zju:bərənt] *mn* túláradó || eleven || dús

exude [ɪg'zju:d] *ige* (ki)izzad, kiválaszt || árad || ❖ *átv* áraszt

exult [ɪg'zʌlt] *ige* ujjong

exultant [ɪg'zʌltənt] *mn* diadalittas || **be exultant** diadalmámorban úszik

exultation [ˌegzʌl'teɪʃn] *fn* ujjongás, diadalmámor

ex works *hsz* ⊕ *GB* ❏ *ker* ab gyár, a gyárban átvéve

eye [aɪ] ▼ *fn* szem || „szem" (vmhez) || fok *(tűé)* || **as far as the eye can reach** amilyen messze csak ellát az ember; **keep an eye on** szemmel tart vkt/vmt, figyelemmel kísér vmt/vkt; **I am all eyes** csupa szem vagyok!; **all eyes were focus(s)ed on her** minden szem rászegeződött; **be up to the eyes in work** nyakig van a munkában; **be up to the eyes in debt** nyakig úszik az adósságban; **before my very eyes** szemem láttára; **in my eyes** a(z én) szememben, nézetem szerint; **make (sheep's) eyes at sy** *(v. each other)* szerelmes pillantásokat vet vkre, ❖ *biz* vkvel szemez; **open one's eyes wide** nagy szemeket mereszt, tágra nyitja a szemét; **shut/close one's eyes to sg** szemet huny vm fölött; **with one's own eyes** saját szemével ▼ *ige* végigmér || vkt fixíroz

eyeball ['aɪbɔ:l] *fn* szemgolyó

eye-bath *fn* szemöblögető edény || szemfürdő

eyebrow(s) ['aɪbraʊ(z)] *fn tsz* szemöldök

eyebrow pencil *fn* szemöldökceruza

eye-catching *mn* szembetűnő, blikkfangos

eye clinic *fn* szemészeti klinika

eyecup ['aɪkʌp] *fn* ⊕ *US* = **eye-bath**

eye disease *fn* szembetegség

eyedropper ['aɪdrɒpə] *fn* szemcseppentő

eyedrops ['aɪdrɒps] *fn tsz* szemcsepp

---

fn főnév – *hsz* határozószó – *isz* indulatszó – *ksz* kötőszó – *mn* melléknév
▼ szófajjelzés ⊕ földrajzi variáns ❏ szakterület ❖ stiláris minősítés

eyelash(es) ['aɪlæʃ(ɪz)] *fn* *tsz* szempilla

eyelet ['aɪlɪt] *fn* fűzőlyuk

eye-level *mn* szemmagasságban lévő

eyelid ['aɪlɪd] *fn* szemhéj ‖ **not bat an eyelid** arcizma sem rándul

eyeliner ['aɪlaɪnə] *fn* szemkihúzó

eye-opener *fn* **that was an eye-opener** ez felnyitotta a szemem

eyepiece ['aɪpiːs] *fn* szemlencse

eyeshade ['aɪʃeɪd] *fn* szemellenző

eyeshadow ['aɪʃədoʊ] *fn* szemhéjpúder; szemhéjfesték

eyesight ['aɪsaɪt] *fn* látás, látóképesség ‖ **one's eyesight is good** jól lát

eye-sore *fn* **be an eye-sore** bántja az ember szemét

eye-specialist *fn* szemorvos

eye-strain *fn* szemtúlerőltetés

eye test *fn* *orv* szemvizsgálat

eye-tooth *fn* (*tsz* **-teeth**) szemfog

eye-wash *fn* szemvíz ‖ ❖ *átv* maszlag, szemfényvesztés ‖ **all it's eye-wash** ez csak porhintés

eyewitness ['aɪwɪtnəs] *fn* szemtanú

eyrie ['ɪəri] *fn* sasfészek

F

F [ef] *fn* ❏ *zene* az F hang
F = Fahrenheit; ⊕ *US* = **freeway**
fable ['feɪbl] *fn* (tan)mese
fabric ['fæbrɪk] *fn* kelme, anyag, szövet
fabricate ['fæbrɪkeɪt] *ige* kohol, kitalál, eszkábál
fabrication [ˌfæbrɪ'keɪʃn] *fn* koholmány
fabulous ['fæbjələs] *mn* mesés
façade [fə'sɑːd] *fn* (fő)homlokzat, homlokzat
face [feɪs] ▼ *fn* arc, ábrázat ‖ számlap, óralap ‖ **fly in the face of sy** vknek/vmnek ellenszegül; **pull a face** grimaszt csinál/vág; **put a good face on sg** jó képet vág a dologhoz; **pull faces** arcokat vág; **lose face** presztízsveszteséget szenved; **save face** tekintélyét menti/megőrzi; **have the face to** nem átallja …ni; **face to face with** szemközt; **his face fell** megnyúlt az arca/képe; **in the face of** szembe; **on the face of it** látszatra, papíron ▼ *ige* szemben áll vkvel/vmvel, vmvel/vkvel szembenéz ‖ **face the facts/issue** szembenéz a tényekkel; **the house faces south** a ház délre néz

---

face up to sg *(vm kellemetlennel)* szembenéz

---

face-cloth *fn* mosdókesztyű, arctörlő
face-cream *fn* arckrém
face-flannel *fn* arctörlő
faceless ['feɪsləs] *mn* ❖ *átv* névtelen, arc nélküli

face-lift(ing) *fn* fiatalító műtét ‖ ❖ *átv* ❖ *biz* kozmetikázás
face-pack *fn* arcpakolás
face powder *fn* púder
face-saving *mn* a **face-saving excuse** presztízsmentés
facet ['fæsɪt] *fn* oldal, aspektus ‖ lap *(drágakőé)*
facetious [fə'siːʃəs] *mn* tréfás
face tissue(s) *fn tsz (papír)* arctörlő
face-to-face *mn/hsz* személyes(en), szemtől szembe
face value *fn* névérték
facial ['feɪʃəl] ▼ *mn* arc- ▼ *fn* arcápolás
facial massage *fn* arcmasszázs
facial neuralgia *fn* arcidegzsába
facial treatment *fn* arckezelés
facile ['fæsaɪl] *mn* ❖ *átv* könnyű ‖ felszínes, semmitmondó *(válasz)*
facilitate [fə'sɪlɪteɪt] *ige* megkönnyít *(vk helyzetét/feladatát)*; elősegít vmt
facility [fə'sɪləti] *fn* lehetőség, szolgáltatás(ok), lehetőségek
facing ['feɪsɪŋ] *hsz* szemközt, szemben
facing brick *fn* burkolótégla
facings *fn tsz* hajtóka
facsimile [fæk'sɪməli] *fn* hasonmás (kiadás), fakszimile ‖ *(gép)* telefax
fact [fækt] *fn* tény ‖ valóság, konkrétum ‖ **in fact** ténylegesen, valójában, tulajdonképp(en), a dolog úgy áll, sőt; **facts and figures** konkrét adatok; **the fact is (that)** a helyzet az, hogy
fact-finding *fn/mn* ténymegállapítás, felderítés, adatgyűjtés ‖ **fact-finding**

mission ténymegállapító/tényfeltáró küldöttség

faction ['fækʃn] *fn* frakció

factor ['fæktə] *fn* ❖ *ált és* ❑ *mat* tényező

factory ['fæktri] *fn* gyár; *(nagyobb)* üzem

factory equipment *fn* gyári felszerelés

factory farming *fn* ⊕ *GB* nagyüzemi mezőgazdaság

factory hand *fn* gyári munkás

factory-made *mn (áru)* gyári

factory manager *fn* gyárigazgató

factory ship *fn* halfeldolgozó hajó

factory worker *fn* gyári munkás

factual ['fæktʃʊəl] *mn* tényszerű ‖ **factual knowledge** tárgyi tudás; **factual material** ismeretanyag

faculty ['fæklti] *fn* képesség ‖ *(egyetemi)* kar, fakultás ‖ **Faculty of Arts** bölcsészettudományi kar; **Faculty of Science** természettudományi kar

faculty member *fn* ⊕ *US (egyetemi)* oktató

fad [fæd] *fn* hóbort, bolondéria; ❖ *biz* szeszély; bogár

fade ['feɪd] *ige* színét veszti, halványodik, (ki)fakul; elszíneződik ‖ *(figyelem)* lankad ‖ **the sun has faded it** a nap kiszívta

---

fade away elhervad, elfonnyad; *(emlék)* elmosódik

fade in fokozatosan kivilágosodik *(kép)*

fade out fokozatosan eltűnik *(kép)*

---

faded ['feɪdɪd] *mn* fakó; fonnyadt *(szépség)*

faeces ['fi:si:z] (⊕ *US* **feces**) *fn tsz* széklet

fag [fæg] ❖ *fn* robot, kulimunka ‖ ❖ *biz* cigi ❖ *ige* **-gg- fag fag out** kifáraszt ‖ **be fagged out** kidöglik

fag-end *fn* ❖ *biz* (cigaretta)csikk

Fahrenheit ['færənhaɪt] *mn/fn* Fahrenheit-fok

fail [feɪl] ❖ *fn* egyes (osztályzat) ‖ **without fail** haladéktalanul ❖ *ige (terv)* meghiúsul, nem/rosszul sikerül ‖ elmulaszt *(vmt megtenni)* ‖ *(vizsgán)* megbukik ‖ *(vizsgán)* megbuktat ‖ *(elgondolás, vállalkozás stb.)* megbukik ‖ csődbe jut, csődöt mond ‖ **fail to do sg** nem sikerül vmt megtenni; **fail to see** nem vesz észre; **the plan failed** rosszul sült el a dolog; **he failed in his attempt** kísérlete meghiúsult; **be failing** *(látás, emlékezet)* megromlik; **words fail me** nem találok szavakat

failing ['feɪlɪŋ] ❖ *fn (jellembeli)* hiba; vmnek/vknek a gyenge oldala/pontja ❖ *elölj* **failing which** ellenkező esetben

fail-safe *mn* üzembiztos

failure ['feɪljə] *fn (üzleti)* bukás, sikertelenség, kudarc ‖ *(vizsgán)* bukás ‖ mulasztás ‖ elégtelenség ‖ meghibásodás, hiba ‖ **be a failure** *(színdarab)* megbukik; **end in failure** kudarcba fullad; **failure to appear** meg nem jelenés

faint [feɪnt] ❖ *mn* gyenge, erőtlen ‖ halvány ‖ **I am faint with hunger** majd felfordulok az éhségtől; **I haven't the faintest idea** halvány gőzöm sincs róla ❖ *ige* elájul

faint-hearted *mn* kishitű, nyúlszívű, félénk

faintly ['feɪntli] *hsz* halványan, gyengén

faintness ['feɪntnəs] *fn (orv is)* gyengeség

fair¹ [feə] *mn* becsületes, tisztességes, korrekt, sportszerű ‖ tűrhető, meglehetős ‖ szőke ‖ **it's not fair** nem (valami) korrekt eljárás/dolog; **be fair to sy** korrektül jár el vkvel; **a fair number of** szép számban

fair² [feə] *fn (országos)* vásár

fair copy *fn* tisztázat

fair game *fn* lőhető vad

fair-haired *mn* szőke

fairly ['feəli] *hsz* elég(gé), meglehetősen ‖ **fairly well** elég jól

fairness ['feənəs] *fn* becsületesség

fair play *fn* tisztességes eljárás

fair-sized *mn* jókora

fairway ['feəweɪ] *fn* hajozóút ‖ ❑ *sp* *(golfban)* a pálya sima része

fair wind *fn* kedvező szél

fairy ['feəri] *fn* tündér

fairy godmother *fn* jó tündér

fairyland ['feərɪlænd] *fn* tündérország

fairy lights *fn tsz* ⊕ *GB* karácsonyfaégők

fairy tale *fn* gyermekmese, tündérmese

faith [feɪθ] *fn* hit; meggyőződés ‖ hit, vallás ‖ **have faith in sy** hisz vkben

faithful ['feɪθfl] ▼ *mn* hű(séges) ‖ pontos ▼ *fn* **the faithful** a hívők

faithfully ['feɪθfəli] *hsz* **yours faithfully** (őszinte) tisztelettel

faith-healer *fn* imádsággal gyógyító

faith-healing *fn* gyógyítás imádsággal

faithless ['feɪθləs] *mn* hitetlen; nem hívő

fake ['feɪk] ▼ *fn* hamisítvány ▼ *ige* hamisít

faked ['feɪkt] *mn* nem valódi, hamis

falcon ['fɔːlkən] *fn* sólyom

Falkland Islands ['fɔːlklənd] *fn tsz* Falkland-szigetek

fall [fɔːl] ▼ *fn* esés, bukás ‖ bukás *(kormányé)*; eleste *(váré, városé)* ‖ ⊕ *US* ősz ‖ **falls** vízesés; **have a fall** elesik; **the Fall** *(bibliai)* bűnbeesés; **this fall** az ősszel ▼ *ige (pt* **fell** [fel]; *pp* **fallen** ['fɔːlən] (le)esik ‖ *(ár)* lezuhan ‖ *(barométer, hőmérő)* süllyed ‖ *(kormány)* megbukik; *(vár, város)* elesik ‖ ❖ *átv* belebukik ‖ **fall asleep** elalszik; **fall due** esedékessé válik, lejár; **fall flat** ❖ *átv* kútba esik; **fall flat on the floor** elterül, elvágódik *(földön)*; **fall ill** megbetegszik; **fall prey (to)** áldozatul esik, vmnek prédájává lesz; **fall short of sg** ❖ *átv* alatta marad, elégtelennek bizonyul; **fall sick** ⊕ *US* megbetegszik

fall apart szétesik, szétmegy, széthull

fall back visszaesik, visszasüllyed

fall back on rászorul vmre

fall behind lemarad, hátramarad

fall down *(épület)* összeomlik; *(tárgy)* eldől ‖ *(terv)* meghiúsul

fall for ❖ *biz* vkbe beleesik ‖ vknek bedől

fall in *(fal)* bedől, beomlik; vm ledől ‖ **fall in!** sorakozó!; **fall in love with sy** beleszeret vkbe

fall in with *(véletlenül)* találkozik vkvel ‖ *(tervvel, elmélettel)* megegyezik

fall into *(vk vmbe)* esik

fall off *(minőség)* romlik ‖ *(hallgatóság)* csökken, fogy, elmarad

fall on *(időpont, hangsúly vmre)* esik ‖ *(támadólag vknek)* nekiront ‖ sor kerül vkre ‖ **fall on one's food** nekiesik az ételnek

fall out *(járműből)* kiborul, kifordul, kihull, kizuhan ‖ megtörténik, megesik

fall out with sy vkvel összevesz

fall over *vm fölött* átbukik ‖ **fall over oneself to do sg** kezét-lábát töri igyekezetében, hogy …

fall through *(elgondolás, vállalkozás stb.)* megbukik, kútba esik, meghiúsul ‖ **it fell through** rosszul sült el a dolog

fall to vmnek nekiesik, nekilát ‖ **fall to sy to …** vkre ráhárul; **it fell to me to (thank sy for … etc.)** nekem jutott az a feladat, (hogy …)

fallacious [fə'leɪʃəs] *mn* megtévesztő

fallacy ['fæləsi] *fn* megtévesztés ‖ téveszme

fallback position ['fɔːlbæk] *fn* tartalékalap(hoz folyamodás)

fallen ['fɔːlən] *mn/fn* bukott ‖ **the fallen** az elesettek ‖ → **fall**

fallible ['fæləbl] *mn* esendő

falling market ['fɔːlɪŋ] *fn* árfolyamesés

fall(ing)-off *fn* lemorzsolódás

---

fn főnév – *hsz* határozószó – *isz* indulatszó – *ksz* kötőszó – *mn* melléknév
▼ szófajjelzés ⊕ földrajzi variáns ❑ szakterület ❖ stiláris minősítés

Fallopian tube [fə'loʊpɪən] *fn* ❑ *orv* petevezeték

fallout ['fɔːlaʊt] *fn* atomcsapadék

fallout shelter *fn* atombunker

fallow ['fæloʊ] ▼ *fn* ugar ▼ *mn* **lie fallow** parlagon hever

fallow-deer *(tsz ua.) fn* dámvad; rőtvad

false [fɔːls] *mn* hamis, téves, ál ‖ **give false evidence** hamis tanúvallomást tesz; **under false pretences** koholt ürüggyel

false alarm *fn* vaklárma

falsehood ['fɔːlshʊd] *fn* valótlanság

falsely ['fɔːlsli] *hsz* hamisan, tévesen

false teeth *fn tsz* műfogsor

falsify ['fɔːlsɪfaɪ] *ige* meghamisít

faltboat ['fɔːltboʊt] *fn* összecsukható kajak, túrakajak

falter ['fɔːltə] *ige (beszédben)* elakad, dadog ‖ botladozik, meginog

fame [feɪm] *fn* hír(név)

famed [feɪmd] *mn* **famed for sg** nevezetes vmről

familiar [fə'mɪlɪə] *mn* családias, bizalmas (hangulatú) ‖ hétköznapi, mindennapi ‖ ismert *(to* vk előtt) ‖ **they are on familiar terms** bizalmas viszonyban vannak; **be familiar with sg** vmben tájékozott/jártas, otthon van vmben

familiarity [fə,mɪli'ærəti] *fn* bizalmasság, meghittség

familiarize [fə'mɪlɪəraɪz] *ige* **familiarize oneself with sg** vmvel ismerkedik

family ['fæməli] *fn* család ‖ **I have no family** nincsenek gyermekeim; **family of four** négytagú család

family allowance *fn* családi pótlék

family business *fn* családi vállalkozás

family doctor *fn* háziorvos

family life *fn* családi élet

family name *fn* családnév, vezetéknév

family planning *fn* családtervezés

family planning clinic *fn* családtervezési tanácsadó

family protection *fn* családvédelem

family trait *fn* családi vonás

family tree *fn* családfa

famine ['fæmɪn] *fn* éhínség

famished ['fæmɪʃt] *mn* ❖ *biz* éhes, kiéhezett ‖ **I'm famished!** mindjárt éhen halok!

famous ['feɪməs] *mn* híres, neves ‖ **famous for sg** vmről híres/nevezetes

famously ['feɪməsli] *hsz* pompásan

fan¹ [fæn] ▼ *fn* legyező ‖ ventilátor, szellőző(készülék) ▼ *ige* **-nn-** legyez ‖ *(tüzet)* szít ‖ rostál

fan out szétterül

fan² [fæn] *fn* ❖ *biz* rajongó ‖ szurkoló

fanatic [fə'nætɪk] *fn* megszállott, fanatikus

fan-belt *fn* ékszíj

fancied ['fænsid] *mn* kedvelt, népszerű

fanciful ['fænsɪfl] *mn* különös, bizarr ‖ *(rajz)* fantáziadús

fancy ['fænsi] ▼ *fn* képzelet, képzelőerő ‖ **take a fancy to sg/sy** szemet vet vmre/vkre ▼ *ige* elképzel, (el)gondol ‖ gusztusa van vmre ‖ **fancy meeting you here!** kit látnak szemeim!; **just fancy!** képzeld csak el!

fancy cake *fn* torta

fancy dress *fn* jelmez

fancy-dress ball *fn* jelmezbál

fancy goods *fn tsz* dísztárgy(ak), díszműáru

fancy work *fn* kézimunka, hímzés

fanfare ['fænfeə] *fn* harsonaszó, fanfár

fanfold paper ['fænfoʊld] *fn* leporellópapír

fang [fæŋ] *fn* tépőfog, agyar

fan heater *fn* (ventilátoros) hősugárzó

fanlight ['fænlaɪt] *fn* felülvilágító (ablak)

fan-mail *fn* a rajongók levelei

fantasize ['fæntəsaɪz] *ige* fantáziál

fantastic [fæn'tæstɪk] *mn* fantasztikus, tüneményes; ❖ *biz* remek, óriási

---

nm névmás – *nu* névutó – *szn* számnév – *esz* egyes szám – *tsz* többes szám
▼ szófajjelzés ⊕ földrajzi variáns ❑ szakterület ❖ stiláris minősítés

fantasy ['fæntəsi] *fn* képzelet, fantázia

FAO [,ef eɪ 'oʊ] = *Food and Agriculture Organization* FAO, az ENSZ Élelmezési és Mezőgazdasági Szervezete

FAQ = *free alongside quay* költségmentesen rakpartra szállítva

far [fɑ:] ▼ *mn* távoli, messzi ‖ on the far side (of the street) az utca túlsó oldalán ▼ *hsz* messze, messzire ‖ jóval, sokkal ‖ by far the best messze a legjobb; how far have you got with your work? mennyire jutottál a munkáddal?; how far is Vienna? mennyire van ide Bécs?; this far idáig; as far as *(hely)* ameddig, -ig, *(mérték, fok)* amennyire; as far as I know amennyire én tudom; as far as possible ahogy/amennyire (csak) lehet; far away a messzeségben; not far away nem messze; as far back as 1914 még 1914-ben; far be it from me távol legyen tőlem; far better sokkal jobb; be far from meg sem közelíti; far from it korántsem, távolról sem; be far off távol/messze esik; not far off a közelben; far too túlságosan; far too many több a kelleténél; this is far too much ez több a soknál

far-away *mn* távoli, távol eső/fekvő, messze

farce [fɑ:s] *fn* bohózat

farcical ['fɑ:sɪkl] *mn* nevetséges, abszurd

fare [feə] *fn* viteldíj, menetdíj ‖ útiköltség ‖ fares please! a jegyeket kezelésre kérem!

Far East, the *fn* Távol-Kelet

Far Eastern *mn/fn* távol-keleti

fare-dodger *fn (buszon, vonaton)* potyautas

far-fetched *mn* erőltetett, hajánál fogva előrángatott

farewell [feə'wel] *fn* búcsú ‖ say/bid farewell to sy búcsút vesz vktől, búcsút mond vknek

farewell party *fn* búcsúest

farewell speech *fn* búcsúbeszéd

farm [fɑ:m] ▼ *fn* farm, gazdaság ‖ have a farm gazdálkodik ▼ *ige* ❑ *mezőg* gazdálkodik

farm animal *fn* háziállat, haszonállat

farmer ['fɑ:mə] *fn* gazda, gazdálkodó; farmer

farm hand *fn* mezőgazdasági munkás

farmhouse ['fɑ:mhaʊs] *fn* lakóház (a farmon), farmépület

farming ['fɑ:mɪŋ] *fn* ❑ *mezőg* gazdálkodás

farming equipment *fn* (mezőgazdasági) felszerelés

farm(ing) implements *fn tsz* (mező)-gazdasági felszerelés

farm labourer (⊕ *US* -or-) *fn* mezei munkás

farmland ['fɑ:mlænd] *fn* szántóföld

farm machine *fn* mezőgazdasági gép

farm produce *fn* mezőgazdasági termék

farmstead ['fɑ:msted] *fn* lakóház és gazdasági épületek

farm worker *fn* = farm labourer

farmyard ['fɑ:mjɑ:d] *fn* gazdasági udvar, szérűskert

far-off *mn* = far-away

far-reaching *mn* messzemenő, szerteágazó, messze ható

farrier ['færɪə] *fn* (patkoló)kovács

farseeing [,fɑ:'si:ɪŋ] *mn* előrelátó

far-sighted *mn* előrelátó; körültekintő ‖ ⊕ *US* ❑ *orv* messzelátó

fart [fɑ:t] ❖ *vulg* ▼ *fn* fing ▼ *ige* fingik

farther ['fɑ:ðə] *mn/hsz* távolabb(i); messzebb ‖ tovább ‖ farther away/on odább; farther back hátrább

farthest ['fɑ:ðɪst] *mn/hsz* legtávolabb(i)

farthing ['fɑ:ðɪŋ] *fn* fitying ‖ <régi angol pénz, a régi penny egynegyede>

Far West, the *fn* Vadnyugat

FAS = *free alongside ship* költségmentesen a hajó oldala mellé szállítva

---

fn főnév – *hsz* határozószó – *isz* indulatszó – *ksz* kötőszó – *mn* melléknév
▼ szófajjelzés ⊕ földrajzi variáns ❑ szakterület ❖ stiláris minősítés

fascinate ['fæsɪneɪt] *ige* lebilincsel, lenyűgöz || **he is fascinated by sy/sg** el van bűvölve vktől/vmtől

fascinating ['fæsɪneɪtɪŋ] *mn* lebilincselő, lenyűgöző, elbűvölő

fascination [,fæsɪ'neɪʃn] *fn* bűvölet

fascism ['fæʃɪzm] *fn* fasizmus

fascist ['fæʃɪst] *mn* fasiszta

fashion ['fæʃn] ▼ *fn* divat || mód || **after a fashion** úgy-ahogy; **be in fashion** divatban van; **be all the fashion** ez ma a divat; **be out of fashion** kiment a divatból; **in the following fashion** a következő módon ▼ *ige* megformál, megmintáz || alakít

fashionable ['fæʃnəbl] *mn* (vk) elegáns, divatos, felkapott

fashion designer *fn* divattervező

fashion magazine *fn* divatlap

fashion show *fn* divatbemutató

fast¹ [fɑ:st] ▼ *mn* gyors, sebes || tartós *(szín)* || **lead a fast life** züllött életet/életmódot folytat; **my watch is five minutes fast** az órám öt percet siet; **be fast asleep** mélyen alszik ▼ *hsz* gyorsan || **not so fast!** hohó!, lassan!

fast² [fɑ:st] ▼ *fn* böjt ▼ *ige* böjtöl

fasten ['fɑ:sn] *ige* vmt rögzít, megerősít || *(övet)* becsatol; *(ruhát)* bekapcsol || **fasten sg on sg** vmt vmre ráerősít; **fasten to** vmhez köt; **Please fasten your seatbelts!** Kérem, kapcsolják be a biztonsági öveket!

fastener ['fɑ:snə] *fn* zár, kapocs || cipzár

fastening ['fɑ:snɪŋ] *fn* = **fastener**

fast-flowing *mn* sebes folyású

fast food restaurant *fn* gyorsétterem

fastidious [fæ'stɪdɪəs] *mn* finnyás, kényes, válogatós, igényes

fast lane *fn* gyorsítósáv

fast lens *fn* nagy fényerejű objektív/lencse

fast train *fn* gyorsvonat

fat [fæt] ▼ *mn* kövér, dagadt; zsíros || **a fat lot he cares** bánja is ő! ▼ *fn* zsír *(emberen)* háj || **fats** zsiradék

fatal ['feɪtl] *mn* végzetes || **fatal accident** halálos (kimenetelű) baleset

fatalism ['feɪtlɪzm] *fn* fatalizmus

fatality [fə'tælətɪ] *fn* halálos baleset || halálos áldozat

fatally ['feɪtəlɪ] *hsz* **was fatally injured** halálosan megsérült

fat content *fn* zsírtartalom

fate [feɪt] *fn* végzet || **he met his fate** utolérte sorsa/végzete

fated ['feɪtɪd] *mn* szerencsétlen sorsú

fateful ['feɪtfl] *mn* végzetes, sorsdöntő

father ['fɑ:ðə] *fn* (édes)apa || **like father like son** az alma nem esik messze a fájától; **father of the family** családapa

Father Christmas *fn* Mikulás *(aki az angol gyerekekhez karácsonykor jön)*; Karácsony apó

father-in-law *fn* *(tsz* **fathers-in-law)** após

fatherland ['fɑ:ðəlænd] *fn* (szülő)haza

fatherless ['fɑ:ðələs] *mn* apátlan

fatherly ['fɑ:ðəli] *mn* apai, atyai

fathom ['fæðəm] ▼ *fn* öl *(= 1,83 m)* ▼ *ige* mélységet mér || ❖ *átv* kiismer

fatigue [fə'ti:g] ▼ *fn* fáradtság, kimerültség || **fatigues** ❏ *kat* gyakorlóruha ▼ *ige* (ki)fáraszt

fatness ['fætnəs] *fn* elhízás

fatten ['fætn] *ige (állatot)* hizlal || hízik

fattened ['fætnd] *mn* hízott

fattening ['fætnɪŋ] *mn* hizlaló

fatty ['fæti] ▼ *mn* zsíros ▼ *fn* ❖ *biz* dagi

fatuous ['fætʃʊəs] *mn* buta; bamba *(vigyor)*

faucet ['fɔ:sɪt] *fn* ⊕ *US* (víz)csap

fault [fɔ:lt] *fn* hiba; tévedés; mulasztás; ❏ *sp* hibapont || **find fault with** kifogásol, kritizál; **find fault with everyone** mindenkibe beleköt; **it's my fault** én vagyok az oka; **to a fault** túlságosan is

faultless ['fɔ:ltləs] *mn* hibátlan, kifogástalan

F

---

nm névmás – *nu* névutó – *szn* számnév – *esz* egyes szám – *tsz* többes szám
▼ szófajjelzés ⊕ földrajzi variáns ❏ szakterület ❖ stiláris minősítés

faulty ['fɔ:lti] *mn* hibás || **be faulty** meghibásodott

fauna ['fɔ:nə] *fn* állatvilág

favour (⊕ *US* **-vor**) ['feɪvə] ▼ *fn* kegy || kedvezés || szívesség || **ask a favour of sy** szívességet kér vktől; **do sy a favour** szívességet tesz vknek; **I am in favour of going** amellett vagyok, hogy menjünk; **be in favour of sg** vmnek a híve ▼ *ige* előnyben részesít vkt (vkvel szemben), favorizál || helyesel

favourable (⊕ *US* **-or-**) ['feɪvrəbl] *mn* előnyös, kedvező

favourite (⊕ *US* **-or-**) ['feɪvrɪt] *mn* favorit, esélyes

fawn [fɔ:n] ▼ *fn* őzborjú; *(fiatal nőstény) őz* ▼ *ige* **fawn on sy** vknek hízeleg

fawning ['fɔ:nɪŋ] *mn* hízelgő

fax [fæks] ▼ *fn* fax ▼ *ige* (el)faxol

fax number *fn* faxszám

FBI [ˌef bi: 'aɪ] ⊕ *US* = *Federal Bureau of Investigation* Szövetségi Nyomozóiroda

F-clef ['efklef] *fn* basszuskulcs

fear [fɪə] ▼ *fn* félelem, szorongás || **for fear of** attól való félelmében, hogy ▼ *ige* fél vktől/vmtől || **fear for sy** vkt félt; **fear for one's life** félti a bőrét

fearful ['fɪəfl] *mn* félelme(te)s || **a fearful mess** pokoli zűrzavar

fearfully ['fɪəfəli] *hsz* félelmetesen, borzasztóan

fearless ['fɪələs] *mn* bátor, rettenthetetlen

fearlessness ['fɪələsnəs] *fn* bátorság, vakmerőség

fearsome ['fɪəsəm] *mn* félelmetes, szörnyű

feasibility [ˌfi:zə'bɪləti] *fn* megvalósíthatóság

feasible ['fi:zəbl] *mn* kivihető, keresztülvihető || **not feasible** nem járható

feast [fi:st] ▼ *fn* lakoma || ünnep ▼ *ige* lakomázik

feat [fi:t] *fn* ❖ *átv* fegyvertény, (hős)tett

feather ['feðə] ▼ *fn* (madár)toll ▼ *ige* **feather one's nest** megszedi magát

featherweight ['feðəweɪt] *fn* ❑ *sp* pehelysúly

feature ['fi:tʃə] ▼ *fn* (jellemző) vonás, sajátság, tulajdonság || (színes) riport; műsor || játékfilm, nagyfilm ▼ *ige (újság)* fő helyen közöl, vezető helyen foglalkozik vmvel || **X also features on the programme** X is szerepel a műsorban

feature film *fn* játékfilm, nagyfilm

featureless ['fi:tʃələs] *fn* jellegtelen

February ['februəri] *fn* február || → **April**

feces ['fi:si:z] ⊕ *US* = **faeces**

feckless ['fekləs] *mn* tehetetlen, gyenge

fecundation [ˌfi:kən'deɪʃn] *fn* ❑ *biol* megtermékenyülés

fed [fed] *pt/pp* → **feed**

federal ['fedrəl] *mn* szövetségi

federalism ['fedrəlɪzm] *fn* föderalizmus, szövetségi államrendszer

federal republic *fn* szövetségi köztársaság

federation [ˌfedə'reɪʃn] *fn* szövetség, föderáció

fed up [fed] *mn* **be fed up with sg** ❖ *biz* elege van vmből, torkig van vmvel, tele van a hócipője

fee [fi:] *fn* díj; gázsi, fellépti díj; honorárium || illeték || ügyvédi költség || **fee(s)** *(orvosnak, ügyvédnek stb.)* tiszteletdíj; *(főleg főiskolán v. egyetemen)* tandíj

feeble ['fi:bl] *mn* gyenge, erőtlen

feeble-minded *mn* gyengeelméjű

feeble-mindedness *fn* gyengeelméjűség

feebleness ['fi:blnəs] *fn* gyengeség

feed [fi:d] ▼ *fn (állatnak)* táplálék, táp, étel || etetés ▼ *ige (pt/pp fed* [fed]*)* etet, táplál || **feed (data into the computer)** *(számítógépbe)* bevisz; betáplál; **feed the fire** tűzre tesz, rárak a tűzre

feed in *(szalagot)* befűz || ❑ *szt* betáplál
feed up felhizlal || → **fed up**

---

feedback ['fi:dbæk] *fn* ❑ *el* visszacsatolás; ❖ *átv* visszajelzés
feeder ['fi:də] *fn* adagoló, etető
feeder road *fn* betorkolló út
feeding ['fi:dɪŋ] *fn* táplálás, etetés; élelmezés, étkeztetés
feeding bottle *fn* ⊕ *GB* cumisüveg
feeding trough *fn* vadetető
feel [fi:l] ▼ *fn* tapintás, fogás ▼ *ige (pt/ pp* **felt** [felt]) érez || megérez || érzi magát || kitapogat, (meg)tapint || **I feel much better** sokkal jobban érzem magam; **feel ashamed of oneself** szégyelli magát; **feel at home in sg** otthonos(an mozog) vmben; **feel better** *(beteg)* jobban érzi magát; **feel cold** fázik; **I feel fine** kitűnően érzem magam; **feel ill** rosszul van; **feel like doing sg** gusztusa/hangulata van vmre; **(s)he doesn't feel like it** nem fűlik a foga hozzá, nem akaródzik (dolgozni stb.); **it feels like (sg)** tapintásra olyan, mint; **feel one's way** ❖ *átv* tapogatódzik, *(sötétben)* botorkál; **feel sick** betegnek érzi magát, hányingere van; **I feel sorry for him** sajnálom (őt); **feel unwell** nem érzi jól magát; **I feel well** jó a közérzetem, jól vagyok; **may be felt** érzik

---

feel for sy együtt érez vkvel

---

feeler ['fi:lə] *fn (rovaré)* csáp, tapogató
feeling ['fi:lɪŋ] *fn* érzés, érzelem || előérzet, sejtelem || tehetség; érzék || **have a feeling for a language** jó nyelvérzéke van; **have a feeling for music** zenei érzéke van; **I have the feeling that** (valahogy) az az érzésem, hogy; **feelings ran high** a hangulat túlfűtötté vált

feet [fi:t] *tsz* → **foot**
feign [feɪn] *ige* tettet, megjátszik, színlel, szimulál
feigned [feɪnd] *mn* színlelt, tettetett
feint [feɪnt] ▼ *fn* csel ▼ *ige* cselez
feline ['fi:laɪn] *mn* macskaféle
fell[1] [fel] *mn* kegyetlen, könyörtelen || **at one fell swoop** egy csapásra
fell[2] [fel] *fn* kopár hegyoldal || mocsaras vidék
fell[3] [fel] *pt* → **fall**
fell[4] [fel] *ige (fát)* dönt, kidönt, kivág
feller ['felə] *fn* ❖ *biz* = **fellow**
fellow ['feloʊ] *fn* fickó; ❖ *biz* pasas || (tudományos) munkatárs, tag
fellow-being *fn* felebarát, embertárs
fellow-citizen *fn* polgártárs
fellow-countryman *fn (tsz* -**men**) honfitárs
fellow-feeling *fn* rokonszenv
fellow-man *fn (tsz* -**men**) felebarát
fellow passenger *fn* útitárs
fellowship ['feloʊʃɪp] *fn* ❑ *vall* közösség; ❑ *isk* ösztöndíj
fellow traveller (⊕ *US* -**l**-) *fn* ❑ *pol* útitárs, szimpatizáns
fellow worker *fn* munkatárs
felon ['felən] *fn* bűntettes
felony ['feləni] *fn* bűncselekmény
felt[1] [felt] *fn* nemez, filc
felt[2] [felt] *pt/pp* → **feel**
felt-tip (pen) *fn* filctoll
female ['fi:meɪl] ▼ *mn* női || nő- || nőstény || **female voice** női hang ▼ *fn* nőstény
feminine ['femɪnɪn] *mn/fn* nőies || ❑ *nyelvt* nőnemű || **feminine (gender)** ❑ *nyelvt* nőnem
feminism ['femənɪzm] *fn* nőmozgalom, feminizmus
feminist ['femənɪst] *mn/fn* feminista
fen [fen] *fn* ingovány, láp, mocsár
fence [fens] ▼ *fn* sövény, akadály, kerítés || **sit on the fence** ❖ *biz* várakozó álláspontra helyezkedik ▼ *ige* ❑ *sp* vív

---

fence in bekerít, elkerít
fence off *(területet)* elkerít

fencer ['fensə] *fn* vívó
fencing ['fensɪŋ] *fn* vívás
fencing mask *fn* vívósisak
fencing-school *fn* vívóterem
fencing sword *fn* vívókard
fend [fend] *ige* **have to fend for himself** magára van utalva

fend off *(ütést)* hárít, kivéd

fender ['fendə] *fn (kályha előtt)* ellenző || ⊕ *US* sárhányó, sárvédő
fender-bender *fn* ⊕ *US* koccanás
ferment ▼ ['fɜ:ment] *fn* erjedés || fermentum || ❖ *átv* forrongás ▼ [fə'ment] *ige* erjed; *(bor)* forr || erjeszt
fermentation [ˌfɜ:men'teɪʃn] *fn* erjedés; *(erjedéses)* forrás
fern [fɜ:n] *fn* páfrány
ferocious [fə'rouʃəs] *mn* vad; kegyetlen
ferocity [fə'rɒsəti] *fn* vadság; kegyetlenség
ferret ['ferət] ▼ *fn* vadászgörény ▼ *ige* menyéttel vadászik

ferret about keresgél, kotorászik
ferret out kiszimatol; *(titkot)* felfed

Ferris wheel ['feris-] *fn* óriáskerék
ferrous ['ferəs] *mn* vastartalmú
ferry ['feri] *fn* révátkelés; rév
ferry-boat *fn* rév, átkelőhajó, komp(hajó)
ferryman ['ferimən] *fn (tsz* -men*)* révész
fertile ['fɜ:taɪl, ⊕ *US* 'fɜ:rtl] *fn* termékeny
fertility [fɜ:'tɪləti] *fn* termékenység
fertilization [ˌfɜ:tɪlaɪ'zeɪʃn] *fn* megtermékenyítés
fertilize ['fɜ:tɪlaɪz] *ige* műtrágyáz || ❑ *biol (petesejtet)* megtermékenyít

fertilizer ['fɜ:tɪlaɪzə] *fn* tápsó || műtrágya
fervent ['fɜ:vnt] *mn* ❖ *átv* izzó, forró
fervour (⊕ *US* -or) ['fɜ:və] *fn* ❖ *átv* hév, buzgalom
festival ['festɪvl] *fn (egyházi)* ünnep || fesztivál
festive ['festɪv] *mn* ünnepi
festivity [fe'stɪvəti] *fn* ünnepség
festoon [fe'stu:n] *fn* virágfüzér
fetch [fetʃ] *ige* idehoz, elhoz, meghoz || előkerít || **fetch a good price** jó árat ér el

fetch up ❖ *biz (vhova)* megérkezik, "kiköt" vhol

fête [feɪt] *fn* ünnep || ❑ *vall* búcsú
fetid ['fetɪd] *mn* bűzös
fetish ['fetɪʃ] *fn* fétis
fetter ['fetə] *ige* megbilincsel
fetters ['fetəz] *fn tsz* bilincs, vas || **in the fetters of sg** ❖ *átv* vmnek a béklyóiban
fettle ['fetl] *fn* ⊕ *GB* **in fine fettle** jó formában/passzban van
fetus ['fi:təs] *fn* ⊕ *US* = **foetus**
feud [fju:d] *fn (személyi, családi)* ellenségeskedés
feudal ['fju:dl] *mn* hűbéri, feudális
feudalism ['fju:dəlɪzm] *fn* hűbériség, feudalizmus
fever ['fi:və] *fn* láz, forróság || **at fever pitch** lázas izgalomban
feverish ['fi:vrɪʃ] *mn* lázzal járó; lázas
feverishly ['fi:vrɪʃli] *hsz* ❖ *átv* lázasan
fever-sore *fn* lázkiütés
few [fju:] *mn/nm/szn (utána: tsz)* kevés, nem sok || **a few** egy-két, egypár, (egy)néhány; **in a few days** néhány napon belül; **few people** néhány ember; **in a few words** néhány szóval
fewer ['fju:ə] *mn* kevesebb
fewest ['fju:əst] *mn* legkevesebb
fiancé [fɪ'ɒnseɪ] *fn* vőlegény
fiancée [fɪ'ɒnseɪ] *fn* menyasszony

---

fn főnév – *hsz* határozószó – *isz* indulatszó – *ksz* kötőszó – *mn* melléknév
▼ szófajjelzés ⊕ földrajzi variáns ❑ szakterület ❖ stiláris minősítés

fiasco [fi'æskoʊ] *fn* kudarc

fib [fɪb] ▼ *fn* füllentés ▼ *ige* -bb- füllent

fibre (⊕ *US* fiber) ['faɪbə] *fn* szál, rost, rostszál

fibreboard (⊕ *US* -ber-) ['faɪbəbɔ:d] *fn* farostlemez

fibreglass (⊕ *US* -ber-) ['faɪbəglɑ:s] *fn* üvegszál

fibre optics *fn esz* száloptika

fickle ['fɪkl] *mn* állhatatlan, csapodár

fickleness ['fɪklnəs] *fn* állhatatlanság, csapodárság

fiction ['fɪkʃn] *fn* koholmány, fikció || regény(irodalom)

fictional ['fɪkʃnəl] *mn* fiktív, kitalált

fictitious [fɪk'tɪʃəs] *mn* képzeletbeli, fiktív, kitalált, költött

fiddle ['fɪdl] ▼ *fn* hegedű || csalás ▼ *ige* hegedül

---

fiddle about/around gatyázik, pepecsel

fiddle with *(zavarában)* babrál

---

fiddler ['fɪdlə] *fn* hegedűs

fiddly job ['fɪdli] *fn* babramunka

fidelity [fɪ'deləti] *fn* hűség

fidget ['fɪdʒɪt] ▼ *fn* ❖ *biz* sajtkukac || he is a fidget ❖ *biz* egy percig sem nyughat ▼ *ige* fészkelődik, izeg-mozog

fidgety ['fɪdʒəti] *mn* nyughatatlan || be fidgety fészkelődik

fiduciary [fɪ'dju:ʃəri] *fn* megbízott

field [fi:ld] ▼ *fn* mező, rét || *(futball)* pálya || ❖ *átv* mező || *(szellemi)* terület, tárgykör || one's field vknek a speciális érdeklődési köre; field of activity működési tér/terület; field of research kutatási terület; what is your field (of interest)? *(mostanában)* mi érdekel?, mivel foglalkozol? ▼ *ige (csapatot, sp)* összeállít

fielder ['fi:ldə] *fn* pályaszéli játékos *(baseball, krikett)*

field events *fn tsz* dobó- és ugrószámok

field glasses *fn tsz (kétcsövű)* látcső

field marshal *fn* ⊕ *GB* hadseregtábornok, marsall

fieldsman ['fi:ldzmən] *fn (tsz* -men) = fielder

field-work *fn* terepmunka

fiend [fi:nd] *fn* ördög || ❖ *átv* megszállottja vmnek

fiendish ['fi:ndɪʃ] *mn* ördögi

fierce [fɪəs] *mn* ádáz, heves, vad

fierceness ['fɪəsnəs] *fn* vadság

fiery ['faɪəri] *mn* ❖ *átv* tüzes, forróvérű

fiery red *mn* tűzvörös

fifteen [fɪf'ti:n] *szn* tizenöt

fifteenth [fɪf'ti:nθ] *szn/mn* tizenötödik

fifth [fɪfθ] ▼ *mn* ötödik ▼ *fn* ❑ *zene* kvint, ötöd

fifth column *fn* ötödik hadoszlop

fifties (50s) ['fɪftɪz] *szn* the fifties az ötvenes évek

fiftieth ['fɪftiəθ] *szn* ötvenedik

fifty ['fɪfti] *szn* ötven || → fifties

fifty-fifty *hsz* fele-fele arányban

fig [fɪg] *fn* füge

fight [faɪt] ▼ *fn* küzdelem, harc, ütközet, verekedés ▼ *ige (pt/pp* fought [fɔ:t]) harcol, küzd || fight a battle with sy harcot folytat/vív vkvel; fight against/with sy/sg vk/vm ellen *v.* vkvel/vmvel küzd

---

fight back visszavág, ellenáll || *(könnyeket)* visszafojt || leküzd

fight down elfojt, leküzd

fight for sg vmért/vkért küzd, vm/vk mellett kiáll/síkraszáll

fight off *(betegséget szervezet)* leküzd

fight it out megvívja a harcát, végigküzd

fight one's way through átvereksze magát, átvergődik vmn

---

fighter ['faɪtə] *fn* harcos; verekedő ‖ vadászgép

fighter aircraft/plane *fn* vadászgép

fighter-bomber *fn* vadászbombázó

fighter pilot *fn* vadászrepülő

fighting ['faɪtɪŋ] *fn* harc, hadakozás

fig-tree *fn* fügefa

figurative ['fɪɡərətɪv, ⊕ *US* 'fɪɡjərətɪv] *mn* átvitt, képletes

figuratively ['fɪɡərətɪvli, ⊕ *US* 'fɪɡjərətɪvli] *hsz* átvitt értelemben

figure ['fɪɡə, ⊕ *US* 'fɪɡjə] ▼ *fn* alak, figura ‖ ábra ‖ ❏ *mat* idom ‖ szám(jegy) ‖ **a fine figure of a man** jóvágású ember; **cut a sorry figure** szánalmas látványt nyújt; **in round figures** kerek számban; **figures** számtan, ❖ *biz* statisztikai adatok; **figure of speech** metafora ▼ *ige* található, felbukkan, előfordul ‖ elképzel ‖ ⊕ *US* gondol, vél

figure on sg ⊕ *US* vmvel/vkvel számol

figure out kiszámít ‖ rájön ‖ kisilabizál, kiókumlál

figure-head *fn* névleges vezető, báb

figure skater *fn* műkorcsolyázó

figure skating *fn* műkorcsolyázás

filament ['fɪləmənt] *fn* fűtőszál, izzószál ‖ ❏ *növ* porzószál

filch [fɪltʃ] *ige* (el)csen

file¹ [faɪl] ▼ *fn* reszelő, ráspoly ▼ *ige* reszel

file down megreszel

file² [faɪl] ▼ *fn* akta, iratcsomó, ügyirat, dosszié, kartoték; ❏ *szt* adatállomány, file, fájl ‖ **the file** *(egy ügyről)* az iratok; **sy's file** személyi lap; **on file** lerakva ▼ *ige* nyilvántartásba vesz, iktat; irattárba helyez, lerak; *(kérelmet stb.)* benyújt

file away *(iratokat)* elhelyez

file³ [faɪl] ▼ *fn* sor *(emberekből)* ‖ **in single file** libasorban ▼ *ige* menetel *(egyesével)*

file in bevonul (sorban)

file out kivonul (sorban)

filing cabinet ['faɪlɪŋ] *fn* iratszekrény, irattár

filing clerk *fn* iktató

filings ['faɪlɪŋz] *fn tsz* reszelék

fill [fɪl] ▼ *fn* **have one's fill of sg** ❖ *biz* elege van vmből; **eat one's fill** teleeszi magát ▼ *ige* (meg)tölt ‖ *(fogat)* (be)töm ‖ betölt, eltölt ‖ **fill a gap** hiányt pótol

fill in *(űrlapot, kérdőívet stb.)* kitölt ‖ *(lyukat)* betapaszt/betöm

fill in for sy helyettesít

fill out ⊕ *US (űrlapot)* kitölt

fill up betöm, bedug; *(étel)* eltölt; eltöm, megtölt; *(terem stb. emberekkel)* megtelik; (fel)tankol ‖ **can I fill up the tank?** *(tankolásnál)* teletölthetem?; **fill her up** tele kérem

filled [fɪld] *mn* töltött

fillet ['fɪlət] *fn* szelet ‖ **fillet of fish** *(filézett)* halszelet; **fillet of sirloin** bélszínszelet

filling ['fɪlɪŋ] *fn (fogé)* tömés ‖ *(húshoz v. édességhez)* töltelék

filling station *fn* benzinkút, töltőállomás

fillip ['fɪləp] *fn* pattintás, fricska ‖ ❖ *átv* ösztönzés, lökés

filly ['fɪli] *fn* (kanca)csikó

film [fɪlm] ▼ *fn* film ‖ filmművészet ‖ hártya ‖ **35 mm film** kisfilm ▼ *ige* filmez ‖ megfilmesít ‖ **she film well** ɟ ʃl mutat filmen

film script *fn* forgatókönyv

filmsetting *fn* fény szedés

film star *fn* filmcsillag, filmsztár

film-strip *fn* diafilm

film studio *fn* filmstúdió

---

fn főnév − *hsz* határozószó − *isz* indulatszó − *ksz* kötőszó − *mn* melléknév
▼ szófajjelzés ⊕ földrajzi variáns ❏ szakterület ❖ stiláris minősítés

filter ['fɪltə] ▼ *fn* szűrő ‖ ❑*közl* kiegészítő lámpa ▼ *ige (ált)* szűr, leszűr, megszűr, átszűr ‖ **filter to the left** *(kocsival kiegészítő lámpánál)* balra bekanyarodik

filter through átszivárog

filter coffee *fn* (papír)szűrővel készült kávé
filter lane *fn* ❑*közl* ⊕*GB* kanyarodósáv
filter tip *fn* füstszűrő
filter-tipped cigarette *fn* füstszűrős cigaretta
filth [fɪlθ] *fn* piszok, mocsok
filthy ['fɪlθi] *mn* piszkos, szennyes ‖ **become filthy** bepiszkolódik
fin [fɪn] *fn* uszony *(halé, békaemberé)*
final ['faɪnl] ▼ *mn* befejező, záró ‖ **final act** záróokmány; **final end** végső cél; **final exam** ❑*isk* záróvizsga; **final score** *(futball)* végeredmény ▼ *fn* záróvizsga ‖ **final(s)** ❑*sp* döntő
finale [fɪ'nɑ:li] *fn* zárójelenet, finálé
finalist ['faɪnəlɪst] *fn* ⊕*GB* végzős ‖ ❑*sp* döntős
finality [faɪ'næləti] *fn* véglegesség ‖ **with an air of finality** teljes határozottsággal
finalize ['faɪnəlaɪz] *ige (tervet)* végleges formába önt ‖ *(szerződést)* megköt
finally ['faɪnəli] *hsz* végül is, legvégül, befejezésképpen
finance ▼ ['faɪnæns, faɪ'næns] *fn* pénzügy ‖ **finance department** pénzügyi osztály; gazdasági hivatal ▼ [faɪ'næns] *ige* pénzel, finanszíroz
finances ['faɪnænsɪz, faɪ'nænsɪz] *fn tsz* pénzügyek
financial [faɪ'nænʃl] *mn* pénzügyi, anyagi ‖ **financial affairs** pénzügyek; **be in financial difficulties** pénzzavarban van
financial company *fn* pénzintézet

financial department *fn* pénzügyi osztály
financially [faɪ'nænʃəli] *hsz* pénzügyileg
financial management *fn* pénzgazdálkodás
financial statement *fn* ❑*pénz* mérleg
financial year *fn* költségvetési/pénzügyi év
financier [faɪ'nænsɪə] *fn* pénzember
find [faɪnd] *ige (pt/pp* **found** [faʊnd]) (meg)talál ‖ vmlyennek talál/gondol ‖ **find one's way back** visszatalál; **find sg too expensive** drágáll vmt; **find sy guilty** bűnösnek talál vkt; **find one's way to** vhová eltalál; **be not to be found** nem található, hiányzik; **be found** előfordul; **(sg) can be found** (meg)található; **it was found that** megállapítást nyert, hogy

find out kitalál, megtud, rájön ‖ **find out about sy** vmt megérdeklődik, megtudakol

findings ['faɪndɪŋz] *fn tsz (tények rögzítése)* (tény)megállapítás ‖ lelet(ek) ‖ ⊕*US* kellékek, hozzávaló
fine[1] [faɪn] *mn* szép *(idő)*; finom *(ízlés)* ‖ **be fine** jól érzi magát; **everything's fine** minden rendben van; **the fine arts** képzőművészet; **it's a fine day (today)** szép idő van; **you are a fine one** ❖ *elít* te díszpéldány!
fine[2] [faɪn] ▼ *fn* (pénz)bírság ▼ *ige* (meg)bírságol
fine art(s) *fn (tsz)* képzőművészet, szépművészet
fine-grain *mn* ❑*fényk* finomszemcsés
finely ['faɪnli] *hsz* finomra, apróra
fineness ['faɪnnəs] *fn* finomság
finery ['faɪnəri] *fn* cicoma
finesse [fɪ'nes] *fn* ravaszság
fine-tooth comb *fn* sűrűfésű ‖ **go through sg with a fine-tooth comb** alaposan átfésül

F

---

nm névmás – *nu* névutó – *szn* számnév – *esz* egyes szám – *tsz* többes szám
▼ szófajjelzés ⊕ földrajzi variáns ❑ szakterület ❖ stiláris minősítés

fine-tuning *fn* finombeállítás
finger ['fɪŋgə] ▼ *fn (kézen)* ujj ‖ **burn one's fingers** ❖ *átv* megégeti az ujját; **keep one's fingers crossed (for sy), cross one's fingers (that)** vknek drukkol/szorít; **he never lifted a finger** kisujját sem mozdította; **put one's finger on sg** a lényegre (rá)tapint; **have a finger in every pie** minden lében kanál ▼ *ige* kézbe vesz, fogdos
finger-board *fn* ❑ *zene* fogólap
fingernail ['fɪŋgəneɪl] *fn* köröm
fingerprint ['fɪŋgəprɪnt] *fn* ujjlenyomat
fingertip ['fɪŋgətɪp] *fn* ujjhegy ‖ **he has it at his fingertips** a kisujjában van
finicky ['fɪnɪki] *mn* finnyás, válogatós
finish ['fɪnɪʃ] ▼ *fn* kidolgozás *(anyagé)* ‖ **the finish** verseny finise, hajrá ▼ *ige* befejez, elkészít ‖ kikészít, kidolgoz, kivitelez ‖ *(tanulmányokat)* elvégez ‖ **it is finished** vége van; **I have finished it** vmvel kész vagyok

finish off (végleg) elintéz vkt ‖ kikészít vkt ‖ végez vmvel ‖ ❖ *biz* vmt megeszik
finish with sy szakít/végez vkvel

finishing ['fɪnɪʃɪŋ] *mn* **add/put the finishing touches to sg** az utolsó simításokat végzi
finishing line *fn* ❑ *sp* célvonal
finishing school *fn* lánynevelő intézet
finished ['fɪnɪʃt] *mn* befejezett, kész-‖ **finished goods** készáru
finite ['faɪnaɪt] *mn* véges ‖ ragozott *(ige)*
Finland ['fɪnlənd] *fn* Finnország
Finn [fɪn] *fn* finn *(ember)*
Finnish ['fɪnɪʃ] *fn* finn *(nyelv)*
Finno-Ugric [ˌfɪnoʊ'juːgrɪk] *mn* finnugor
fiord [fjɔːd] *fn* fjord
fir [fɜː] *fn* (erdei)fenyő

fire ['faɪə] ▼ *fn* tűz ‖ **be on fire** láng(ok)ban áll, lángol, ég; **make a fire** tüzet rak; **make up the fire** rátesz a tűzre; **set fire to** gyújtogat, lángra gyújt vmt; **take fire** kigyullad; **the fire is out** kialudt a tűz ▼ *ige (motor)* gyújt; ❑ *kat* tüzel ‖ **fire a cannon** ágyút elsüt; **fire a shot** lead egy lövést; **fire sy** *(állásból)* kirúg

fire away (at) lövöldöz ‖ **fire away!** ki vele!
fire off *(puskát)* elsüt ‖ ellövöldöz

fire-alarm *fn* tűzjelző (készülék)
firearm ['faɪərɑːm] *fn* lőfegyver
firebrick ['faɪəbrɪk] *fn* tűzálló tégla
fire brigade *fn* tűzoltóság
fire department *fn* ❀ *US* tűzoltóság
fire-drill *fn* tűzvédelmi gyakorlat
fire-engine *fn* tűzoltóautó
fire-escape *fn* tűzlépcső
fire exit *fn* vészkijárat
fire-extinguisher *fn* oltókészülék
fire guard *fn* védőrostély
fire hazard *fn* tűzveszély
fire-hose *fn* tűzoltó fecskendő
fire hydrant *fn* tűzcsap
fire insurance *fn* tűzkár elleni biztosítás
fire-irons *fn tsz* kandallószerszámok
fireman ['faɪəmən] *fn (tsz -men)* tűzoltó
fireplace ['faɪəpleɪs] *fn* kandalló
fireplug ['faɪəplʌg] *fn* ❀ *US* tűzcsap
fire practice *fn* = **fire-drill**
fireproof ['faɪəpruːf] *mn (tégla stb.)* tűzálló, tűzbiztos
fire-raising *fn* gyújtogatás
fire regulations *fn tsz* tűzbiztonsági előírások
fire screen *fn* kályhaellenző
fireside ['faɪəsaɪd] *fn* kandalló ‖ **by/at the fireside** a kandallónál
fire station *fn* tűzoltóállomás
firewood ['faɪəwʊd] *fn* aprófa, tűzifa

---

fn főnév – *hsz* határozószó – *isz* indulatszó – *ksz* kötőszó – *mn* melléknév
▼ szófajjelzés ❀ földrajzi variáns ❑ szakterület ❖ stiláris minősítés

fireworks ['faɪəwɜ:ks] *fn tsz* tűzijáték
firing ['faɪərɪŋ] *fn* ❑ *kat* tüzelés
firing-line *fn* ❑ *kat* tűzvonal
firing-squad *fn* kivégzőosztag
firm¹ [fɜ:m] *mn* szilárd, erős, erélyes, rendíthetetlen ‖ **keep a firm hand on sg** vmt (jól) kézben tart; **be on firm ground** biztos talajt érez a lába alatt
firm² [fɜ:m] *fn* cég, vállalat
firmament ['fɜ:məmənt] *fn* égbolt
firmly ['fɜ:mli] *hsz* szilárdan
firmness ['fɜ:mnəs] *fn* ❖ *átv* szilárdság, gerinc
first [fɜ:st] *szn/mn/fn* első ‖ **at first** először; **first of all** először is, legelőször, mindenekelőtt; **in the first place** elsősorban; **at first sight** első látásra; **for the first time** első ízben; **from first to last** *(időben)* elejétől végig
first aid *fn* elsősegély
first-aid kit *fn* mentőláda
first-aid post (⊕ *US* **station**) *fn* elsősegélyhely
first appearance *fn* ❑ *szính* debütálás
first class *fn (vasúton)* első osztály ‖ ⊕ *GB* expressz *(levél)*
first-class *mn* első osztályú, kitűnő, elsőrangú ‖ expressz *(levél stb.)*
first course *fn* előétel
first-degree *mn* első fokú ‖ **first-degree burns** első fokú égési sérülés; **first-degree equation** első fokú egyenlet; **first-degree murder** ⊕ *US (előre kitervelt módon elkövetett)* emberölés
first draft *fn* piszkozat
first-floor *mn/fn* első emelet(i) ‖ ⊕ *US* földszint(i)
first-fruits *fn tsz* primőr
first gear *fn* első sebesség
first-hand *mn/hsz* első kézből (kapott) ‖ friss
First Lady *fn* ⊕ *US* First Lady *(az USA elnökének felesége)*
firstly ['fɜ:stli] *hsz* (leg)először
first name *fn* keresztnév, utónév
first-name *mn* **be on first-name terms with sy** tegez vkt

first night *fn* ❑ *szính* bemutató, premier
first prize *fn* első díj
first-rate *mn* elsőrangú, príma, első osztályú, elsőrendű/kiváló minőségű
first refusal *fn* elővételi jog
first violin *fn* elsőhegedű, prímhegedű
first-year *mn/fn* elsőéves
fir-tree *fn* erdeifenyő
fiscal year ['fɪskl] *fn* ⊕ *US* költségvetési/pénzügyi év
fish [fɪʃ] ▼ *fn (tsz ua.)* hal ‖ **fish and chips** sült hal hasábburgonyával ▼ *ige* halászik ‖ horgászik *(for sg* vmre)
fish-bone *fn* szálka
fish cake *fn* halpogácsa
fish dealer *fn* ⊕ *US* halkereskedő
fisherman ['fɪʃəmən] *fn (tsz* **-men**) halász
fishery ['fɪʃəri] *fn* halászat
fish-farm *fn* halgazdaság
fish finger *fn* ⊕ *GB* rántott halszelet
fish-hook *fn* horgászhorog
fishing ['fɪʃɪŋ] *fn (foglalkozás)* halászat
fishing-boat *fn* halászhajó
fishing industry *fn* halászati ipar
fishing-line *fn* horgászzsinór
fishing net *fn* halászháló
fishing-rod *fn* horgászbot
fishing-tackle *fn* horgászfelszerelés
fish-knife *fn (tsz* **-knives**) halkés
fish-market *fn* halpiac
fishmonger('s) ['fɪʃmʌŋgə(z)] *fn* halkereskedő
fish-slice *fn* halkés
fish stick *fn* ⊕ *US* rántott halszelet
fishwife ['fɪʃwaɪf] *fn (tsz* **-wives**) halaskofa
fishy ['fɪʃi] *mn* ❖ *biz* **there's sg fishy about it** ez kissé bűzlik
fissile material ['fɪsaɪl, ⊕ *US* 'fɪsl] *fn* hasadóanyag
fission ['fɪʃn] *fn* ❑ *biol* ❑ *fiz* hasadás
fissure ['fɪʃə] *fn* repedés
fist [fɪst] *fn* ököl
fit¹ [fɪt] *fn* roham *(betegségé)* ‖ **have a fit** rohamot kap; **by fits and starts**

F

ötletszerűen; **fit of coughing** köhögési roham; **fit of laughter** nevetőgörcs
fit² [fɪt] ▼ *mn* **-tt-** jó; alkalmas; célszerű; helyes || fitt || **be fit** vk jó kondícióban van; **if you think it fit** ha jónak látja; **keep fit** edzi magát; **fit for (military) service** katonai szolgálatra alkalmas; **fit for sg** jó vmre; **fit for work** munkaképes; **fit to eat** ehető ▼ *fn* szabás || **be a good fit** jól/kitűnően áll *(ruha)* ▼ *ige* **-tt-** áll *(ruha vhogyan)*; *(méretben)* passzol || megfelel, alkalmas, jó *(sg* vmre) || (bele)illik || rászerel || **go to the tailor's to be fitted (for a coat)** próbára megy a szabóhoz; **am I fitted for the job?** alkalmas vagyok(-e) erre a munkára?; **it doesn't fit me** ez (a ruha stb.) nem jó rám; **fit sg to sg** vmhez hozzáilleszt; **fit sy well** *(ruha)* jól áll

fit in *(programba)* beütemez || **I'll try to fit it in** szorítok rá időt
fit in with *(tervvel, elmélettel)* megegyezik, vkhez alkalmazkodik
fit sg on sg ráilleszt, rápróbál
fit out *(vkt útra, túrára stb.)* felszerel; *(felszereléssel)* ellát
fit together *(darabokat, részeket)* összeállít, összeszerel

fitful ['fɪtfl] *mn* görcsös || *(álom)* nyugtalan
fitment(s) ['fɪtmənt(s)] *fn tsz* beépített bútor || **kitchen fitments** beépített konyha
fitness ['fɪtnəs] *fn* (jó) kondíció, erőnlét, fitnesz || alkalmasság
fitness camp *fn* edzőtábor
fitted carpet ['fɪtɪd] *fn* szőnyegpadló, faltól falig szőnyeg
fitted kitchen *fn* beépített konyha(bútorok)
fitter ['fɪtə] *fn* szerelő, épületlakatos
fitting ['fɪtɪŋ] ▼ *mn* illő, megfelelő ▼ *fn* ruhapróba || **go for a fitting** próbára megy; **fittings** felszerelési tárgyak/

cikkek, szerelvények, szerelékek; *(vasés edényboltban)* műszaki áru
five [faɪv] *szn* öt || **five of us** öten
five-day *mn* ötnapos || ötnapi || **five-day week** ötnapos munkahét
fivefold ['faɪvfoʊld] *mn* ötszörös
five-in-hand *fn* ötös fogat
five-month *mn* öthónapos
five-o'clock tea *fn* ötórai tea
fivepenny ['faɪfpəni] *mn* **a fivepenny piece** ötpennys
fiver ['faɪvə] *fn* ❖ *biz* ötfontos
five-week *mn* öthetes
five-year *mn* ötévi, ötéves
fix [fɪks] ▼ *fn* nehéz helyzet || ❖ *biz* kábítószeres injekció || ❖ *biz* bunda; umbulda || **be in a real fix** pácban van, benne van a slamasztikában, nagy zűrben van ▼ *ige* vmt rögzít || *(árat)* megállapít, rögzít || ⊕ *US (ebédet stb.)* készít || *(gépet)* megjavít; *(vízvezetéket stb.)* kijavít || *(időpontot, tervet)* meghatároz, megállapít; *(napot)* megnevez || *(törött végtagot)* rögzít || ⃞*fényk* rögzít || **I'll fix him!** majd ellátom a baját!; **fix a day/date** megjelöl egy napot; **can I fix you a drink?** ⊕ *US* készíthetek egy italt?; **can you fix it?** meg tudod csinálni?

fix on vmre rácsatol, ráerősít, hozzáerősít
fix sg up megcsinál || szerez vknek vmt || elhelyez vkt vhol || *(ügyet)* elintéz || **I'll fix it up somehow** majd elrendezem valahogy; **fix sy up with sg** elintéz vknek vmt

fixation [fɪk'seɪʃn] *fn* ⃞*pszich* fixáció
fixative ['fɪksətɪv] *fn* rögzítőszer
fixed [fɪkst] *mn* megállapított, kötött *(ár)* || állandó, fix, rögzített
fixed assets *fn tsz* állóeszköz(ök), állótőke
fixed idea *fn* rögeszme
fixer ['fɪksə] *fn* rögzítőszer, rögzítőfürdő

---

fn főnév − *hsz* határozószó − *isz* indulatszó − *ksz* kötőszó − *mn* melléknév
▼ szófajjelzés ⊕ földrajzi variáns ⃞ szakterület ❖ stiláris minősítés

fixture ['fɪkstʃə] *fn* ❑ *sp* lekötött mérkőzés ‖ **fixtures** *(beépített)* berendezési tárgyak; felszerelés *(lakásé)*

fizzle ['fɪzl] *ige (sülő hús)* sistereg; *(folyadék)* pezseg

fizzy ['fɪzi] *mn* szénsavas, pezsgő

fjord [fjɔːd] *fn* fjord

flabbergast ['flæbəgɑːst] *ige* be **flabbergasted** hüledezik, elképed; **I was flabbergasted** ❖ *biz* egészen paff voltam

flabby ['flæbi] *mn* ernyedt, petyhüdt ‖ elpuhult

flaccid ['flæksɪd] *mn* petyhüdt

flag [flæg] ▼ *fn* zászló, lobogó ▼ *ige* **-gg-** lankad, ellanyhul

flag down *(karjelzéssel)* megállít; ❖ *biz (autót)* lemeszel

flagging ['flægɪŋ] *mn* lankadt

flag-pole *fn* zászlórúd

flagrant ['fleɪgrənt] *mn* botrányos, égbekiáltó

flagship ['flægʃɪp] *fn* parancsnoki hajó, zászlóshajó

flagstaff ['flægstɑːf] *fn* zászlórúd

flagstone ['flægstoʊn] *fn (utcai)* kockakő, kőlap

flail [fleɪl] *ige* hadonászik

flair [fleə] *fn* tehetség, adottság, érzék ‖ *(öltözködésben)* sikk

flake [fleɪk] ▼ *fn (hó, szappan)* pehely ▼ *ige* **flake off** *(festék)* lepattogzik

flaky ['fleɪki] *mn (festékréteg)* repedezett, pattogzó; *(bőr)* hámló

flaky pastry *fn* leveles tészta

flamboyant [flæm'bɔɪənt] *mn* extravagáns; *(szín)* pompázatos

flame [fleɪm] ▼ *fn* láng ▼ *ige (tűz)* lobog, ég ‖ **flame up** lángra lobban, fellángol

flaming ['fleɪmɪŋ] *mn* ❖ *átv* lángoló ‖ ❖ *biz* tökéletes, tiszta

flamingo [flə'mɪŋgoʊ] *fn (tsz* **-gos** *v.* **-goes)** flamingó

flammable ['flæməbl] *mn* gyúlékony, tűzveszélyes

flan [flæn] *fn* lepény

flange [flændʒ] *fn* karima *(csőé)*; perem

flank [flæŋk] *fn* szárny *(hadseregé)* ‖ lágyék ‖ oldal ‖ dagadó

flannel ['flænl] *mn* flanel ‖ → **flannels**

flannels ['flænlz] *fn tsz* flanelnadrág, kasanadrág

flap [flæp] ▼ *fn (sapkán, zseben)* fül ‖ **flap of tent** sátorlap ▼ *ige* **-pp-** csapkod

flapjack ['flæpdʒæk] *fn* ⊕ *US* palacsinta

flare[1] [fleə] ▼ *fn* fellobbanás ‖ jelzőfény ▼ *ige* **flare up** ❖ *átv* lángra lobban ‖ *(fény)* felvillan ‖ fellobban ‖ *(harc, seb)* kiújul

flare[2] [fleə] ▼ *fn* kiszélesedés, öblösödés ▼ *ige* kiszélesedik, öblösödik

flared [fleəd] *mn* alul kiszélesedő *(nadrág)*

flared trousers, flares *fn tsz* trapéznadrág

flash [flæʃ] ▼ *fn* fellobbanás ‖ villanófény, vaku ‖ gyorshír ‖ **in a flash** egy pillanat/szempillantás alatt ▼ *ige* *(fény)* (fel)villan(t) ‖ **flash the headlights** biluxozik

flash across átvillan

flash through átvillan ‖ **it flashed through his mind** megvillant agyában

flashback ['flæʃbæk] *fn* ❑ *film* visszapergetett jelenetek

flashbulb ['flæʃbʌlb] *fn* vakukörte

flash card *fn* ❑ *isk* szókártya

flash cube *fn* vakulámpa *(kocka alakú)*

flasher ['flæʃə] *mn* ❖ *biz* mutogatós (bácsi), exhibicionista

flash-gun *fn* (örök)vaku

flashlight ['flæʃlaɪt] *fn* vaku, villanófény ‖ ⊕ *US* zseblámpa

flashpoint ['flæʃpɔɪnt] *fn* gyulladáspont; ❖ *átv* robbanás *(indulatoké)*

flask [flɑːsk] *fn (lapos)* palack, üveg

flat¹ [flæt] ▼ *mn* sík ‖ lapos *(stílus)* ‖ nyílt; kerek *(visszautasítás)* ‖ sekélyes, száraz; színtelen *(stílus, kép stb.)* ‖ **give (sy) a flat refusal** mereven/kereken visszautasít; **go flat** *(gumi)* leereszt; *(akku)* lemerül; ❖ *átv* ellaposodik; **he is flat broke** odavan minden pénze ▼ *fn* lap(os felület), síkság ‖ defekt ‖ ❏ *zene* bé ‖ **flat of the sword** kardlap ▼ *hsz* laposan ‖ ❖ *biz* kereken, magyarán ‖ **fall flat** nem sül el *(vicc)*; **flat out** ❖ *biz* teljes sebességgel ‖ kidögölve, teljesen „készen"

flat² [flæt] *fn* lakás ‖ **flat to let** kiadó lakás/szoba

flatcar ['flætkɑː] *fn* ⊕ *US* ❏ *vasút* teherkocsi, pőrekocsi

flat foot *fn* lúdtalp

flat-footed *mn* lúdtalpú, lúdtalpas ‖ kétballábas

flat land *fn* síkság

flatlet ['flætlət] *fn* kislakás, garzonlakás

flatly ['flætli] *hsz* nyíltan; kereken

flatness ['flætnəs] *fn* laposság

flat rate *fn* egységes díjszabás, egységár

flat-rate tariff *fn* átalánydíjszabás, pausálé

flatten ['flætn] *ige* ellapít, elsimít

flatter ['flætə] *ige* **flatter sy** vknek hízeleg

flatterer ['flætərə] *fn* hízelgő

flattery ['flætəri] *fn* hízelgés, talpnyalás

flat tyre (⊕ *US* tire) *fn* defekt, durrdefekt *(gumié)*

flatulence ['flætjʊləns] *fn* felfúvódás

flaunt [flɔːnt] *ige* vmvel hivalkodik, büszkélkedik

flautist ['flɔːtɪst] *mn* fuvolás

flavour (⊕ *US* -or) ['fleɪvə] ▼ *fn* íz, zamat, aroma ▼ *ige* (meg)ízesít

flavouring (⊕ *US* -or) ['fleɪvrɪŋ] *fn* ételízesítő

flavourless (⊕ *US* -or) ['fleɪvələs] *mn* ízetlen

flaw [flɔː] *fn* (szépség)hiba ‖ gyenge oldala/pontja vknek

flawless ['flɔːləs] *mn* hibátlan

flax [flæks] *fn* len

flaxen ['flæksn] *mn* len-; *(haj)* lenszőke

flea [fliː] *fn* bolha

flea-market *fn* ócskapiac, bolhapiac, zsibvásár

fleck [flek] *fn* piszok, petty

fled [fled] *pt/pp* → **flee**

fledgling ['fledʒlɪŋ] *fn (repülni tanuló)* madárfióka ‖ zöldfülű

flee [fliː] *ige (pt/pp* **fled** [fled]) menekül, szökik, elmenekül *(from sy* vk elől)* ‖ **flee the country** disszidál, külföldre szökik, *(országból)* elmenekül

fleece [fliːs] ▼ *fn* gyapjú ▼ *ige* ❖ *átv* ❖ *biz* vkt megfej

fleecy ['fliːsi] *mn* gyapjas, pelyhes

fleet [fliːt] *fn* flotta ‖ (jármű)park

fleeting ['fliːtɪŋ] *mn* mulandó, múló

Flemish ['flemɪʃ] *mn/fn* németalföldi, flamand ‖ **the Flemish** a flamandok

flesh [fleʃ] *fn (élő)* hús ‖ **put on flesh** gyarapodik, vk hasasodik

fleshy ['fleʃi] *mn* telt *(alak)*

flew [fluː] *pt* → **fly²**

flex [fleks] *fn (szigetelt, hajlékony)* villanydrót; *(vasaló)*zsinór

flexibility [ˌfleksɪ'bɪləti] *fn* rugalmasság

flexible ['fleksəbl] *mn* rugalmas ‖ **flexible working hours** rugalmas munkaidő

flexitime ['fleksɪtaɪm] *fn* ⊕ *GB* lépcsőzetes munkakezdés/munkaidő

flick [flɪk] ▼ *fn* fricska, meglegyintés ‖ *(mozi)* film ▼ *ige* **flick through** átlapoz

flicker ['flɪkə] *ige (fény)* vibrál, pislákol; *(tévékép)* villog

---

fn főnév – *hsz* határozószó – *isz* indulatszó – *ksz* kötőszó – *mn* melléknév
▼ szófajjelzés ⊕ földrajzi variáns ❏ szakterület ❖ stiláris minősítés

flick-knife *fn* (*tsz* **-knives**) rugós kés

flicks *fn* *tsz* ❖ *biz* mozi

flier ['flaɪə] *fn* reklámcédula, szórólap

flies[1] [flaɪz] *fn tsz* slicc

flies[2] [flaɪz] *fn tsz* zsinórpadlás ‖ →
fly[2]

flight [flaɪt] *fn* menekülés, szökés ‖ repülés ‖ (repülő)járat ‖ repülőút

flight attendant *fn* ⊕ *US* légiutas-kísérő (nő), steward(ess)

flight deck *fn* pilótafülke

flight number *fn* repülőjárat száma

flight of stairs *fn* lépcsősor

flight path *fn* légi folyosó

flight-recorder *fn* ❑ *rep* fekete doboz

flight-time *fn* repülési idő(tartam)

flighty ['flaɪti] *mn* könnyelmű

flimsy ['flɪmzi] *mn* könnyű ‖ gyarló,
gyenge *(dolog)* ‖ **be flimsy** ❑ *tex*
nincs tartása

flinch [flɪntʃ] *ige* meghátrál, visszaretten *(away from* vmtől)

fling [flɪŋ] ▼ *fn* dobás ‖ **have a fling**
mulat egyet, lumpol, kiruccan ▼ *ige*
(pt/pp **flung** [flʌŋ]) hajít, dob; vet ‖
fling oneself at sy ❖ *biz* vknek nekiugrik; **fling open** *(ajtó, ablak)* kivágódik; **be flung open** *(ajtó)* kicsapódik

flint [flɪnt] *fn* tűzkő

flint-stone *fn* kovakő

flip [flɪp] ▼ *fn* fricska ▼ *ige* **-pp-** dob ‖
flip a coin pénzt feldob

flip through átlapoz

flippancy ['flɪpənsi] *fn (viselkedésben)* komolytalanság

flippant ['flɪpənt] *mn* komolytalan,
nyegle

flipper ['flɪpə] *fn* uszony

flip side *fn (hanglemezé)* B oldal, hátoldal

flirt [flɜːt] *ige* enyeleg, flörtöl ‖ **flirt
with the idea** kacérkodik a gondolattal

flirtation [flɜː'teɪʃn] *fn* flört, kacérkodás

flit [flɪt] *ige* **-tt-** repdes, repes ‖ suhan

float [fləʊt] ▼ *fn (horgászzsinóron)*
úszó ▼ *ige* úszik, lebeg, fenn marad
(tárgy vízen) ‖ lebegtet ‖ **float a loan**
kölcsönt bocsát ki; **float timber** *(fát)*
tutajoz

floating ['fləʊtɪŋ] *mn (tárgy)* úszó

floating capital *fn* forgótőke

floating voter *fn* ingadozó szavazó

flock[1] [flɒk] ▼ *fn* nyáj ‖ (madár)raj ▼
ige **flock to** odasereglik, vhova csődül

flock[2] [flɒk] *fn* pihe, pehely

floe [fləʊ] *fn* jégtábla

flog [flɒg] *ige* **-gg-** botoz, (meg)korbácsol

flood [flʌd] ▼ *fn* áradás; ár; árvíz ‖ **the
Flood** ❑ *vall* vízözön, özönvíz; **flood
of light** fényár ▼ *ige* kiárad ‖ megárad ‖ elönt ‖ eláraszt ‖ **be flooded out**
az árvíz kiönt vkt házából; **be
flooded with** rázúdul

flood area *fn* ártér

flood-gate *fn* zsilipgát

floodlight ['flʌdlaɪt] ▼ *fn* reflektorfény ‖ (dísz)kivilágítás ▼ *ige (pt/pp*
floodlighted *v.* **floodlit)** *(épületet stb.)*
kivilágít ‖ **be floodlit** ki van világítva

floodlit ['flʌdlɪt] *pt/pp* → **floodlight**

flood tide *fn* dagály

floor [flɔː] ▼ *fn* emelet ‖ födém ‖ padló
‖ **take the floor** felszólal ▼ *ige* földhöz vág; ❖ *biz* „padlóra" küld ‖ **be
floored** ❖ *biz* szóhoz sem jut (zavarában), „padlóra" kerül

floor-board *fn* padlódeszka

floor cloth *fn* felmosórongy

flooring ['flɔːrɪŋ] *fn* padlózat

floor show *fn* kabaré

floorwalker ['flɔːwɔːkə] *fn* ⊕ *US* áruházi felügyelő

flop [flɒp] *fn* ❖ *biz* bukás

floppy ['flɒpi] ▼ *mn* lógó, laza *(műsor)* ▼ *fn* = **floppy disk**

---

nm névmás – *nu* névutó – *szn* számnév – *esz* egyes szám – *tsz* többes szám
▼ szófajjelzés ⊕ földrajzi variáns ❑ szakterület ❖ stiláris minősítés

floppy disk *fn* ❑ *szt* flopi, hajlékony lemez

flora ['flɔ:rə] *fn* növényvilág, flóra

floral ['flɔ:rəl] *mn* virágmintás ‖ **floral pattern** virágminta

Florence ['flɒrəns] *fn* Firenze

Florentine ['flɒrəntaɪn] *mn/fn* firenzei

florist('s) ['flɒrɪst(s)] *fn* virágkereskedés, virágárus

floss [flɒs] *fn* pihe

flotation [fləʊ'teɪʃn] *fn* lebegés ‖ (kötvény)kibocsátás ‖ ❑ *ker* alapítás

flotilla [flə'tɪlə] *fn* flottilla

flotsam ['flɒtsəm] *fn* víz színén lebegő tárgyak *(hajótöréskor)*

flounce [flaʊns] ▼ *fn (ruhán)* fodor ▼ *ige* rohan(gászik)

---

flounce in berohan
flounce out kirohan

---

flounder (about) ['flaʊndə] *ige* evickél

flour ['flaʊə] *fn* liszt

flourish ['flʌrɪʃ] ▼ *fn* széles mozdulat ‖ *(beszédben, írásban)* sallang, cikornya ‖ harsonaszó ▼ *ige* virágzik, fellendül

flourishing ['flʌrɪʃɪŋ] *mn* ❖ *átv* virágzó

flout [flaʊt] *ige* figyelmen kívül hagy

flow [fləʊ] ▼ *fn* folyás, áramlás ‖ dagály ▼ *ige* folyik, lefolyik ‖ árad, áramlik, özönlik

---

flow in(to) beáramlik
flow out kifolyik

---

flower ['flaʊə] ▼ *fn* virág ‖ **be in flower** virágzik, virít ▼ *ige* virágzik, virul

flower-bed *fn* virágágy

flower-girl *fn (utcai)* virágáruslány

flower-pot *fn* virágcserép

flower shop *fn* virágkereskedés

flower-show *fn* virágkiállítás

flowery ['flaʊəri] *mn* virágos

flowing ['fləʊɪŋ] *mn* folyó, ömlő ‖ *(haj)* leomló ‖ *(stílus)* gördülékeny

flown [fləʊn] *pp* → **fly**[2]

flow pipe *fn* nyomócső

flu, (the) [flu:] *fn* ❖ *biz* influenza ‖ **be down with (the) flu** influenzás

fluctuate ['flʌktʃʊeɪt] *ige* hullámzik, ingadozik

fluctuation [ˌflʌktʃʊ'eɪʃn] *fn* ingadozás, hullámzás

flue [flu:] *fn* füstcső, kályhacső

fluency ['flu:ənsi] *fn* folyékonyság ‖ nyelvkészség, beszédkészség

fluent ['flu:ənt] *mn* folyékony *(beszéd)*; gördülékeny *(stílus)* ‖ **speak fluent English** folyékonyan beszél angolul

fluff [flʌf] *fn* pihe, bolyh, szösz

fluffy ['flʌfi] *mn* pihés, bolyhos, pelyhes

fluid ['flu:ɪd] ▼ *mn* folyékony, cseppfolyós ▼ *fn* folyadék, nedv

fluke [flu:k] *fn* mázli

flung [flʌŋ] *pp/pt* → **fling**

flunk [flʌŋk] *fn* ⊕ *US* ❖ *biz* elbuktat, meghúz, elhúz ‖ **be flunked** *(vizsgán)* elzúg

flunk(e)y ['flʌŋki] *fn* lakáj

fluoresce [fluə'res] *ige* fluoreszkál

fluorescent lamp [fluə'resnt] *fn* fénycső

fluorescent marker *fn* szövegkiemelő

fluorescent tube *fn* fénycső

fluoride ['fluəraɪd] *fn* fluorid

flurry ['flʌri] *fn* **be in a flurry** *(zavarában)* kapkod

flush [flʌʃ] ▼ *mn* egy szintben levő ‖ szorosan mellette levő ▼ *fn* (arc)pír, (el)pirulás *(arcé)* ▼ *ige (vécét)* öblít, lehúz ‖ belepirul, elvörösödik, kipirul ‖ **flush the toilet** lehúzza a vécét; **his face is flushed** ég az arca

fluster ['flʌstə] *fn* izgalom, idegesség

flute [flu:t] *fn* fuvola ‖ **play the flute** fuvolázik

fluted ['flu:tɪd] *mn* ❑ *épít* hornyolt *(oszlop)*

---

fn főnév – *hsz* határozószó – *isz* indulatszó – *ksz* kötőszó – *mn* melléknév
▼ szófajjelzés ⊕ földrajzi variáns ❑ szakterület ❖ stiláris minősítés

flutist ['flu:tɪst] *fn* ⊕ *US* fuvolás

flutter ['flʌtə] ▼ *fn* szárnycsapás ▼ *ige* *(szárnyával)* csapkod; *(zászló)* leng ‖ **be (all) in a flutter** izgalomban van

fly[1] [flaɪ] *fn* légy

fly[2] [flaɪ] *ige (pt* **flew**; *pp* **flown)** repül; *(gép, madár)* száll; repülővel megy/ utazik ‖ *(zászló)* leng ‖ menekül, fut ‖ **fly a kite** sárkányt ereszt/ereget; **fly in the face of** rátámad vkre, vknek/ vmnek ellenszegül; **fly the country** *(vk országból)* elszökik, disszidál

fly across *(vm fölött)* átrepül
fly at nekirohan vmnek/vknek, rátámad vkre
fly by ❖ *biz (idő)* megy
fly off *(madár, gép)* elszáll, elrepül ‖ *(gomb)* lepattan

fly[3] [flaɪ] *fn* slicc

flyblow ['flaɪbloʊ] *fn* légypiszok

flyblown ['flaɪbloʊn] *mn* **it is fly-blown** beköpte a légy

flyer ['flaɪə] *fn* = **flier**

flying ['flaɪɪŋ] ▼ *mn* repülő ‖ **with fly-ing colours** lengő/lobogó zászlókkal, diadalmasan ▼ *fn* repülés

flying buttress *fn* ❑ *épít* külső támív

flying saucer *fn* repülő csészealj

flying speed *fn* repülési sebesség

flying start *fn* ❑ *sp* repülőrajt

flying visit *fn* rövid látogatás

flyleaf ['flaɪli:f] *fn (tsz* **-leaves** [-li:vz]) előzéklap

flyover ['flaɪoʊvə] *fn* felüljáró

flypaper ['flaɪpeɪpə] *fn* légypapír

fly-past *fn* légiparádé

fly-sheet *fn (sátorhoz)* esőtető

flywheel ['flaɪwi:l] *fn* lend(ítő)kerék

FM = frequency modulation

F major ['ef 'meɪdʒə] *fn* ❑ *zene* F-dúr

F minor ['ef 'maɪnə] *fn* ❑ *zene* f-moll

foal [foʊl] ▼ *fn* csikó ▼ *ige* csikózik

foam [foʊm] ▼ *fn* hab, tajték ▼ *ige* *(ló)* habzik ‖ **foaming beer** habzó sör; **foam at the mouth (with rage)** *(düh-*

től) habzik a szája; **foam with rage** tajtékzik a dühtől

foam bath *fn* habfürdő

foam-rubber *fn* habszivacs

foamy ['foʊmi] *mn* habos

fob [fɒb] ▼ *fn* óralánc ▼ *ige* **-bb-** elsóz *(sg on sy* vmt vknek)

FOB = *free on board* költségmentesen hajóba rakva

focal length ['foʊkl] *fn* gyújtótávolság

focal point *fn* gyújtópont

focus ['foʊkəs] ▼ *fn (tsz* **focuses** *v.* **foci** ['foʊsaɪ]) fókusz ‖ **be in focus** éles *(a kép)* ▼ *ige* **-s-** *v.* **-ss-** *(figyel-met)* összpontosít ‖ ❑ *fényk* élesre ál-lít, fókuszál ‖ koncentrál *(on* vmre)

fodder ['fɒdə] *fn* eleség, abrak, takar-mány

foe [foʊ] *fn* ellenség

foetus (⊕ *US* **fetus**) ['fi:təs] *fn* magzat

fog [fɒg] ▼ *fn* köd ▼ *ige* **-gg- fog (up)** bepárásodik *(üveg)*

fogbound ['fɒgbaʊnd] *mn* ködben veszteglő

foggy ['fɒgi] *mn* ködös; ❖ *átv* halvány ‖ **it's foggy** köd van; **I haven't the foggiest idea** halvány fogalmam/sej-telmem sincs *(róla)*

foghorn ['fɒghɔ:n] *fn* hajókürt, köd-kürt

fog-lamp *fn* ködlámpa

foible ['fɔɪbl] *fn* vknek a gyengéje, gyengeség

foil [fɔɪl] *fn* (alu)fólia ‖ *(villanyborot-vához)* szita ‖ *(vívó)* tőr

foil fencing *fn* tőrvívás

foist off [fɔɪst] *ige* ❖ *átv* elsóz, rásóz

fold [foʊld] ▼ *fn (ruhán)* hajtás, ránc, redő ▼ *ige (papírt stb.)* (össze)hajt ‖ **fold one's arms** karját összefonja

fold back *(papírt, takarót)* visszahajt
fold up összehajt ‖ felgöngyöl(ít), felszámol

foldaway bed ['foʊldəweɪ] *fn* össze-csukható ágy

foldboat ['foʊldboʊt] *fn* = **faltboat**
folder ['foʊldə] *fn* iratgyűjtő; *(konferencián stb.)* mappa ‖ (összehajtható) prospektus
folding chair ['foʊldɪŋ] *fn* összecsukható szék
folding door *fn* szárnyas ajtó
folding rule(r) *fn* mérővessző, colstok
fold-up bicycle *fn* kempingbicikli
foliage ['foʊliɪdʒ] *fn* lomb, lombozat
folio ['foʊlioʊ] *fn* fóliáns
folk [foʊk] (⊕ *US* **folks**) *fn tsz* emberek ‖ **my folks** a családom, az enyéim
folk art *fn* népművészet
folk dance *fn* néptánc
folklore ['foʊklɔ:] *fn* folklór; folklorisztika
folk medicine *fn* népi gyógyászat
folk-music *fn* népzene
folk singer *fn* népdalénekes
folk-song *fn* népdal
folk-tale *fn* népmese
follow ['fɒloʊ] *ige* követ vkt/vmt; *(sorrendben)* követ ‖ *(sorrendben)* következik ‖ vk után megy ‖ *(mesterséget)* folytat ‖ **I don't quite follow (you)** nem egészen ért(ett)em, nem tudom követni; **that doesn't follow** ez nem ok; **follow a trade** vm pályán/szakmában működik; **follow sy's advice** megszívleli vk tanácsát; **follow the events (closely)** nyomon követi az eseményeket; **follow the (latest) fashion** halad a divattal; **follow suit** követ, utánoz; **as follows** következőképpen; **in what follows** az alábbiakban; **it follows (from this) (that)** ebből következik, hogy; **be followed by** helyébe lép, felvált

---

follow out/through végigvisz, megvalósít
follow up ellenőriz ‖ nyomon követ ‖ visszatér vmre *(pl. levélben)*

---

follower ['fɒloʊə] *fn* követő, tanítvány

following ['fɒloʊɪŋ] *mn/fn* alábbi, következő ‖ **on the following day** másnap; **in the following** a következőkben; **following sg** vmt követően
follow-up *fn* folytatás ‖ utókezelés
follow-up care *fn* utókezelés
follow-up letter *fn* emlékeztető levél
follow-up treatment *fn* utókezelés
folly ['fɒli] *fn* butaság, ostobaság
fond [fɒnd] *mn* **be fond of** szeret vkt/vmt ‖ **he is fond of reading** szeret olvasni
fondle ['fɒndl] *ige* ölelget, cirógat
fondly ['fɒndli] *hsz* szeretettel ‖ naivan
fondness ['fɒndnəs] *fn* (gyengéd) szeretet, gyengédség
font[1] [fɒnt] *fn* keresztelőmedence
font[2] [fɒnt] *fn* ❏ *szt* font, betűtípus, karakterkészlet
food [fu:d] *fn* étel, eledel, élelem, ennivaló ‖ **foods** élelmiszer(ek)
food department *fn* *(áruházban)* élelmiszerosztály
food poisoning *fn* ételmérgezés
food-processor *fn* (háztartási) robotgép
food-products *fn tsz* élelmiszer(ek)
food shop *fn* élelmiszerbolt
food-store *fn* élelmiszer-áruház
foodstuff(s) ['fu:dstʌf(s)] *fn tsz* élelmiszer(ek)
fool [fu:l] ▼ *fn* bolond ‖ **make a fool of oneself** blamálja magát; **make a fool of sy** bolonddá tesz vkt ▼ *ige* **fool about/around** *biz* bolondozik
foolhardy ['fu:lhɑ:di] *mn* vakmerő
foolish ['fu:lɪʃ] *mn* bolond, ostoba
foolishness ['fu:lɪʃnəs] *fn* butaság
foolproof ['fu:lpru:f] *mn* üzembiztos
fool's cap *fn* csörgősipka
foolscap ['fu:lskæp] *fn* <330 x 200 v. 400 mm-es papírméret>
foot [fʊt] ▼ *fn* *(tsz* **feet** [fi:t]*)* láb(fej) ‖ *(hosszmérték)* láb (= 30,48 cm) ‖ **go on foot** gyalogol; **on foot** gyalog; **find one's feet** *(anyagilag)* talpra áll,

---

fn főnév – *hsz* határozószó – *isz* indulatszó – *ksz* kötőszó – *mn* melléknév
▼ szófajjelzés ⊕ földrajzi variáns ❏ szakterület ❖ stiláris minősítés

beletalálja magát vmbe; **put one's foot down** sarkára áll; **put one's foot in it** bakot lő ▼ *ige* **foot the bill** ❑ *kif* ❖ *biz* fedezi/vállalja vmnek a költségeit

foot-and-mouth disease *fn* száj- és körömfájás

football ['futbɔ:l] *fn* labdarúgás, futball ‖ futball-labda

football boots *fn tsz* futballcipő

footballer ['futbɔ:lə] *fn* labdarúgó

football match *fn* futballmeccs, labdarúgó-mérkőzés

football-player *fn* labdarúgó, futballista

football pools *fn tsz* totó

football team *fn* futballcsapat

foot-brake *fn* lábfék

foot-bridge *fn* (gyalogos) felüljáró

foothills ['futhɪlz] *fn tsz* előhegység

foothold ['futhould] *fn* talpalatnyi föld

footing ['futɪŋ] *fn* helyzet ‖ alap(zat) ‖ **lose one's footing** elveszti egyensúlyát; **be on firm footing** szilárd lábakon áll; **be on an equal footing** egyenlő elbánásban részesül

footlights ['futlaɪts] *fn tsz* rivaldafény

footman ['futmən] *fn* (*tsz* **-men**) lakáj, inas, komornyik

footmark ['futmɑ:k] *fn* lábnyom

footnote ['futnout] *fn* lapalji jegyzet

footpath ['futpɑ:θ] *fn* gyalogút

footprint ['futprɪnt] *fn* lábnyom, nyomdok

footsore ['futsɔ:] *mn* **be footsore** (járástól) feltört a lába

footstep ['futstep] *fn* lépés ‖ nyomdok ‖ **follow in sy's footsteps** vknek a nyomdokaiba lép

foot stool *fn* zsámoly

footwear ['futweə] *fn* lábbeli

for [fɔ:, *gyenge kiejt.* fə] ▼ *elölj* miatt, -ért ‖ -ra, -re ‖ -ig ‖ -ért ‖ képest ‖ helyett ‖ **for sy** vk számára, részére; **for you** érted, értetek, neked, nektek; **for ...** (*időtartamra, meghatározott időre*); **for sale** eladó; **for me** helyettem,

értem; **for three days** három napja/ napig/napra; **leave for London** Londonba megy ▼ *ksz* mert, mivel

forage ['fɔrɪdʒ] *fn* abrak

forbad [fə'bæd] *pt* → **forbid**

forbade [fə'bæd] *pt* → **forbid**

forbear [fɔ:'beə] *ige* (*pt* **forbore** [fɔ:'bɔ:]; *pp* **forborn** [fɔ:'bɔ:n]) **forbear from doing sg** eltekint vmtől

forbearing [fɔ:'beərɪŋ] *mn* elnéző

forbid [fə'bɪd] *ige* (*pt* **forbade** [fə'beɪd] *v.* **forbad** [fə'bæd]; *pp* **forbidden** [fə'bɪdn]) **forbid sy sg** (*v.* **sy to do sg**) vknek vmt megtilt, eltilt vkt vmtől

forbidden [fə'bɪdn] *mn* tilos ‖ → **forbid**

forbidding [fə'bɪdɪŋ] *mn* fenyegető, félelmes

forbore [fɔ:'bɔ:] *pt* → **forbear**

forborn [fɔ:'bɔ:n] *pp* → **forbear**

force [fɔ:s] ▼ *fn* erő ‖ erőszak, kényszer ‖ érvény(esség), hatály ‖ **by force** erőszakkal; **be in force** érvényben van, érvényes; **come into force** életbe lép; **armed forces** fegyveres erők ▼ *ige* erőltet, erőszakol ‖ **force one's way in** (**to**) benyomul, behatol; **force open** (*erőszakkal*) feltör; **force sy to do sg** kényszerít vkt vmre; **be forced to do sg** kénytelen/kényszerül vmt megtenni

---

force back (*tömeget*) visszaszorít; (*könnyeket*) visszafojt

force down (*ételt*) lenyom

force into vmbe bekényszerít

force sg on sy vmt vkre ráerőszakol

---

forced [fɔ:st] *mn* erőltetett, erőszakolt ‖ melegházi

forced labour (⊕ *US* **labor**) *fn* kényszermunka

forced landing *fn* kényszerleszállás

force-feed *fn* kényszertáplálás

forceful ['fɔ:sfl] *mn* energikus, erélyes

forcemeat ['fɔ:smi:t] *fn* hústöltelék

---

nm névmás – *nu* névutó – *szn* számnév – *esz* egyes szám – *tsz* többes szám
▼ szófajjelzés ⊕ földrajzi variáns ❑ szakterület ❖ stiláris minősítés

forceps ['fɔ:seps] *fn (orvosi)* fogó

forcible ['fɔ:səbl] *mn* erőszakos

ford [fɔ:d] *fn (folyóban)* gázló

forearm ['fɔ:rɑ:m] *fn* alkar

forebear ['fɔ:beə] *fn* ős

foreboding [fɔ:'boʊdɪŋ] *fn* balsejtelem || **have a foreboding** ösztönösen megérez vmt

forecast ['fɔ:kɑ:st] ▼ *fn* előrejelzés || **there's a forecast of good weather** a meteorológia jó időt jósol ▼ *ige (pt* **forecast** ['fɔ:kɑ:st] *v.* **forecasted** ['fɔ:kɑ:stɪd])* előre jelez

foreclosure [fɔ:'kloʊʒə] *fn* zálogjog érvényesítése

forecourt ['fɔ:kɔ:t] *fn* előudvar

forefather ['fɔ:ˌfɑ:θə] *fn* ős(apa)

forefinger ['fɔ:fɪŋə] *fn* mutatóujj

forefront ['fɔ:frʌnt] *fn* élvonal

forego [fɔ:'goʊ] *ige (esz 3* **foregoes** [fɔ:'goʊz]; *pt* **forewent** [-'went]; *pp* **foregone** [fɔ:'gɔn]) megelőz *(időben)*

foregoing [fɔ:'goʊɪŋ, 'fɔ:goʊɪŋ] *fn* **in the foregoing** az előzőkben

foregone conclusion [fɔ:'gɔn, 'fɔ:gɒn] *fn* **it was a foregone conclusion** előre lehet(ett) tudni

foreground ['fɔ:graʊnd] *fn* előtér || **be in the foreground** az érdeklődés homlokterében áll

forehand ['fɔ:hænd] *fn (tenisz)* tenyeres ütés

forehead ['fɒrɪd] *fn* homlok

foreign ['fɒrɪn] *mn* idegen, külföldi

foreign affairs *fn tsz* külügyek, külpolitika

foreign currency *fn (külföldi)* valuta

foreigner ['fɒrɪnə] *fn* külföldi, idegen

foreign exchange *fn* deviza

Foreign Office *fn* ⊕ *GB* külügyminisztérium

foreign policy *fn* külpolitika

foreign relations *fn tsz* külföldi kapcsolatok

Foreign Secretary *fn* ⊕ *GB* külügyminiszter

foreign service *fn* külügyi szolgálat

foreign trade *fn* külkereskedelem

foreign visitor(s) *fn tsz* külföldi látogató(k)/vendég(ek)

foreleg ['fɔ:leg] *fn* mellső/első láb

foreman ['fɔ:mən] *fn (tsz* **-men)** előmunkás, munkavezető

foremast ['fɔ:mɑ:st] *fn* előárboc

foremost ['fɔ:moʊst] *mn* elülső; legelső

forename ['fɔ:neɪm] *fn* keresztnév

forensic medicine [fə'rensɪk] *fn* törvényszéki orvostan

forepart ['fɔ:pɑ:t] *fn* előrész

forerunner ['fɔ:rʌnə] *fn* előfutár

foresaw [fɔ:'sɔ:] *pt* → **foresee**

foresee [fɔ:'si:] *ige (pt* **foresaw** [-'sɔ:]; *pp* **foreseen** [-'si:n]) előre lát

foreseeable [fɔ:'si:əbl] *mn* előre látható

foreseen [fɔ:'si:n] *pp* → **foresee**

foreshadow [ˌfɔ:'ʃædoʊ] *ige* vm előreveti az árnyékát

foreshore ['fɔ:ʃɔ:] *fn* part, partvidék

foresight ['fɔ:saɪt] *fn* előrelátás

foreskin ['fɔ:skɪn] *fn* fityma

forest ['fɒrɪst] *fn* erdő

forestall [fɔ:'stɔ:l] *ige* elébe vág, megelőz

forester ['fɒrɪstə] *fn* erdész

forestry ['fɒrɪstri] *fn* erdészet, erdőgazdaság

foretaste ['fɔ:teɪst] *fn* ízelítő *(of vmből)*

foretell [fɔ:'tel] *ige (pt/pp* **foretold** [fɔ:'toʊld]) előre megmond, megjósol

forethought [fɔ:'θɔ:t] *fn* előrelátás

foretold [fɔ:'toʊld] *pt/pp* → **foretell**

forever [fə'revə] *hsz* mindörökké

forewarn [fɔ:'wɔ:n] *ige* előzetesen figyelmeztet

forewent [fɔ:'went] *pt* → **forego**

foreword ['fɔ:wɜ:d] *fn* előszó

forfeit ['fɔ:fɪt] *fn* zálog || bírság, pónálé

forgave [fə'geɪv] *pt* → **forgive**

forge [fɔ:dʒ] *ige (kovács)* kovácsol || *(írást, okmányt)* (meg)hamisít, kohol || *(pénzt)* hamisít

forger ['fɔːdʒə] *fn* pénzhamisító

forgery ['fɔːdʒəri] *fn* hamisítás, hamisítvány ‖ koholmány

forget [fə'get] *ige* (*pt* **forgot** [fə'gɒt]; *pp* **forgotten** [fə'gɒtn]) **-tt-** elfelejt vmt, vmről megfeledkezik ‖ **forget it!** felejtsük el!

forgetful [fə'getfl] *mn* feledékeny

forgetfulness [fə'getflnəs] *fn* feledékenység

forget-me-not [fə'get mɪ nɒt] *fn* nefelejcs

forgive [fə'gɪv] *ige* (*pt* **forgave** [fə'geɪv]; *pp* **forgiven** [fə'gɪvn]) megbocsát (*sy for sg* vknek vmért)

forgiven [fə'gɪvn] *pp* → **forgive**

forgiveness [fə'gɪvnəs] *fn* megbocsátás

forgiving [fə'gɪvɪŋ] *mn* megbocsátó

forgo [fɔː'gou] *ige* (*esz 3* **forgoes** [fɔː'gouz]; *pt* **forwent** [-'went]; *pp* **forgone** [fɔː'gɒn]) lemond vmről

forgone [fɔː'gɒn] *pp* → **forgo**

forgot [fə'gɒt] *pt* → **forget**

forgotten [fə'gɒtn] *pp* → **forget**

fork [fɔːk] ▼ *fn* villa ‖ vasvilla ‖ útelágazás ▼ *ige* (*út*) elágazik, kettéágazik

---

fork out (money) ❖ *biz* kiguberál

---

forked [fɔːkt] *mn* villás ‖ (*villám*) cakkos

forklift truck ['fɔːklɪft] *fn* emelővillás targonca

forlorn [fə'lɔːn] *mn* elhagyott; kétségbeesett (*kísérlet*)

form [fɔːm] ▼ *fn* alak, forma ‖ (*támla nélküli*) pad ‖ ▢*isk* osztály ‖ ▢*sp* erőnlét, kondíció, forma ‖ űrlap, nyomtatvány ‖ **be in great form** ragyogó formában van; **be out of form** nincs formában ▼ *ige* alakít ‖ alkot, képez ‖ (*jellemet stb.*) formál ‖ kialakít ‖ (*kormányt*) megalakít ‖ ▢*nyelvt* képez ‖ képződik ‖ **form a cabinet** kormányt

alakít; **form (a) part of sg** vmnek egy része

formal ['fɔːml] *mn* alaki, formai, formális ‖ hivatalos ‖ **formal call** udvariassági látogatás; **formal opening** ünnepélyes megnyitó

formal dress *fn* in formal dress ünneplőruhában

formality [fɔː'mælətɪ] *fn* formaság ‖ **formalities** formaságok; külsőségek, alakiság

formally ['fɔːməli] *hsz* formálisan, formailag, hivatalosan

format ['fɔːmæt] ▼ *fn* formátum ▼ *ige* **-tt-** ▢*szt* formáz, formáttal

formation [fɔː'meɪʃn] *fn* alakulás, keletkezés ‖ alakítás, alakzat ‖ ▢*geol* képződmény ‖ képződés, kialakulás ‖ ▢*nyelvt* képzés

formative ['fɔːmətɪv] *mn* alakító ‖ **in his formative years** a fejlődés éveiben

former ['fɔːmə] *mn* előző, előbbi, korábbi, régebbi ‖ **in former times** régebben; azelőtt

formerly ['fɔːməli] *hsz* régebben, azelőtt

form feed *fn* ▢*szt* lapemelés

Formica [fɔː'maɪkə] *fn* dekoritlap

formidable ['fɔːmɪdəbl] *mn* félelmetes ‖ **formidable competence** fölényes tudás

form-master *fn* ▢*isk* osztályfőnök

formula ['fɔːmjulə] *fn* (*tsz* **-las** [-ləz] *v.* **-lae** [-liː]) ▢*tud* szabály ‖ képlet

Formula I *fn* ▢*sp* Forma I

formulate ['fɔːmjuleɪt] *ige* megfogalmaz, megszövegez; megszerkeszt (*szöveget*)

fornicate ['fɔːnɪkeɪt] *ige* paráználkodik

forsake [fə'seɪk] *ige* (*pt* **forsook** [-'suk]; *pp* **forsaken** [-'seɪkn]) (vk vkt) elhagy

forsaken [fə'seɪkn] *hsz* elhagyatva ‖ → **forsake**

F

---

nm névmás − *nu* névutó − *szn* számnév − *esz* egyes szám − *tsz* többes szám
▼ szófajjelzés ⊕ földrajzi variáns ▢ szakterület ❖ stiláris minősítés

forsook [fə'sʊk] *pt* → **forsake**
fort [fɔːt] *fn* erőd(ítmény)
forte ['fɔːteɪ] *fn* vknek erős oldala
forth [fɔːθ] *hsz* **and so forth** és a többi, és így tovább
forthcoming [fɔːθ'kʌmɪŋ] *mn* (el)következő, rövidesen megjelenő, megjelenés alatt(i)
forthwith [ˌfɔːθ'wɪθ] *hsz* rögtön, menten, azonnal
forties (40s) ['fɔːtɪz] *szn* **the forties** a negyvenes évek
fortieth ['fɔːtɪəθ] *mn/fn* negyvenedik
fortification [ˌfɔːtɪfɪ'keɪʃn] *fn* erődítés, erőd(ítmény), megerősítés
fortified wine ['fɔːtɪfaɪd] *fn* emelt alkoholtartalmú bor *(portói, sherry)*
fortify ['fɔːtɪfaɪ] *ige (várost)* megerősít, sánccal körülvesz vmt
fortitude ['fɔːtɪtjuːd] *fn* bátorság, lelkierő
fortnight ['fɔːtnaɪt] *fn* **a fortnight** ⊕ *GB* két hét
fortnightly ['fɔːtnaɪtli] *hsz* ⊕ *GB* kéthetenként
Fortran ['fɔːtræn] *fn* ❑ *szt* FORTRAN
fortress ['fɔːtrɪs] *fn* erőd
fortuitous [fɔː'tjuːətəs] *mn* véletlen
fortunate ['fɔːtʃnət] *mn* szerencsés
fortunately ['fɔːtʃnətli] *hsz* szerencsére
fortune ['fɔːtʃn] *fn* vagyon ‖ **make a fortune** meggazdagodik, vagyont szerez
fortune-teller *fn* jósnő
forty ['fɔːti] *szn* negyven ‖ → **forties**
forty-year-old *mn* negyvenéves
forum ['fɔːrəm] *fn* fórum
forward ['fɔːwəd] ▼ *mn* elülső ‖ előre irányuló/haladó ‖ korai, idő előtti; koraérett ▼ *hsz* előre ‖ elöl ‖ tovább ‖ *(bátorítás)* csak előre! ▼ *fn (futball)* csatár ▼ *ige* vmt vhová szállít; *(küldeményt)* utánaküld
forward delivery *fn* határidős szállítás
forwarding ['fɔːwədɪŋ] *fn* elszállítás, továbbítás

forwarding agent *fn* fuvarozási vállalat
forward planning *fn* (előre) tervezés
forwards ['fɔːwədz] *hsz* előre ‖ elöl
forwent [fɔː'went] *pt* → **forgo**
fossil ['fɒsl] *fn (állati)* kövület, őslény, őskori lelet
foster ['fɒstə] *ige (érzelmet)* táplál ‖ *(kultúrát)* ápol; elősegít
foster-child *fn (tsz* **-children**) fogadott/nevelt gyermek
foster-father *fn* nevelőapa
foster-mother *fn* nevelőanya
fought [fɔːt] *pt/pp* → **fight**
foul [faʊl] ▼ *mn* undorító, ocsmány, tisztát(a)lan ‖ tisztességtelen, piszkos ‖ *(idő)* csúnya, pocsék ▼ *fn* ❑ *sp* szabálytalanság ▼ *ige (labdarúgót)* lerúg
foul language *fn* káromkodás, piszkos/ronda beszéd
foul play *fn* tisztességtelen eljárás
foul smell *fn* bűz
found[1] [faʊnd] *ige (intézményt stb.)* alapít, felállít ‖ **is founded on facts** tényeken alapul
found[2] [faʊnd] *pt/pp* → **find**
foundation [faʊn'deɪʃn] *fn (házé)* alap ‖ alapítás ‖ alapítvány ‖ **since its foundation** fennállása óta; **lay the foundations of** megveti/lerakja vmnek az alapjait
foundation cream *fn* alapozókrém
foundation-stone *fn* alapkő
founder[1] ['faʊndə] *fn* alapító
founder[2] ['faʊndə] *ige (hajó és átv)* megfeneklik
founder member *fn* alapító tag
founding fathers ['faʊndɪŋ] *fn tsz* ⊕ *US* honalapító atyák *(az 1787-es Alkotmányozó Gyűlés tagjai)*
foundling ['faʊndlɪŋ] *fn* lelenc, talált gyermek
foundry ['faʊndri] *fn* kohómű, öntöde
foundry worker *fn* kohász, öntőmunkás
fount[1] [faʊnt] *fn* forrás
fount[2] [faʊnt] *fn* ❑ *nyomd szt* betűkészlet, karakterkészlet, font

---

fn főnév – *hsz* határozószó – *isz* indulatszó – *ksz* kötőszó – *mn* melléknév
▼ szófajjelzés ⊕ földrajzi variáns ❑ szakterület ❖ stiláris minősítés

fountain ['fauntɪn] *fn* szökőkút
fountain-pen *fn* töltőtoll
four [fɔ:] *szn* négy ‖ **there are four of us** négyen vannak/vagyunk; **on all fours** négykézláb; **four times** négyszer
four-day *mn* négynapos, négynapi
four-footed *mn* négylábú
four-in-hand *fn* négyes fogat
four-letter word *fn* illetlen szó
four-oar *mn* négyevezős
four-poster (bed) *fn* mennyezetes ágy
four-seater négyüléses autó
four-sided *mn* négyoldalú
foursome ['fɔ:səm] *fn* ❏ *sp* négyszemélyes játszma
fourteen [,fɔ:'ti:n] *szn* tizennégy
fourth [fɔ:θ] ▼ *szn/mn* negyedik ▼ *fn* ❏ *zene* kvart
fourthly ['fɔ:θli] *fn* negyedszer
fourth-year *mn* negyedéves
four-track *mn* négysávos *(magnó)*
four-wheel drive *fn* négykerék-meghajtás
four-year *mn* négyéves; négy évig tartó, négyévi
four-year-old *mn* négyéves
fowl [faul] *fn* baromfi *(főleg csirke);* szárnyas
fox [fɒks] *fn* róka
fox fur *fn* rókaprém
foxglove ['fɒksglʌv] *fn* gyűszűvirág
fox-hunting *fn* falkavadászat, rókavadászat
foxtrot ['fɒkstrɒt] *fn* foxtrott
foyer ['fɔɪeɪ, ⊕ *US* 'fɔɪər] *fn* (szállodai) előcsarnok
fracas ['fræka:] *fn* verekedés
fraction ['frækʃn] *fn* töredék, tört rész ‖ ❏ *mat* tört
fractious ['frækʃəs] *mn* civakodó, komisz
fracture ['fræktʃə] ▼ *fn* ❏ *orv* törés ▼ *ige* be fractured *(testrész)* eltört
fragile ['frædʒaɪl] *mn* törékeny
fragment ['frægment] *fn* töredék
fragmentary ['frægməntri] *mn* töredékes

fragrance ['freɪgrəns] *fn* illat
fragrant ['freɪgrənt] *mn* illatos, jó szagú
frail [freɪl] *mn* törékeny; gyenge *(egészség)* ‖ gyarló *(ember)*
frailty ['freɪlti] *fn* törékenység
frame [freɪm] ▼ *fn* keret, ráma ‖ váz ‖ **frames** szemüvegkeret ‖ **frame of mind** kedv, lelkiállapot ▼ *ige* bekeretez
frame-saw *fn* keretfűrész
frame-up *fn* ❖ *biz* koncepciós per
framework ['freɪmwɜ:k] *fn* váz, keret
France [frɑ:ns] *fn* Franciaország
franchise ['fræntʃaɪz] *fn* választójog
frank [fræŋk] *mn* őszinte, egyenes; nyílt ‖ **to be quite frank** őszintén szólva
frankfurter ['fræŋkfɜ:tə] *fn kb.* debreceni
frankincense ['fræŋkɪnsens] *fn* tömjén
franking machine ['fræŋkɪŋ] *fn* bérmentesítő gép
frankly ['fræŋkli] *hsz* magyarán, nyíltan, őszintén ‖ **quite frankly** őszintén szólva
frankness ['fræŋknəs] *fn* őszinteség, nyíltság
frantic ['fræntɪk] *mn* eszeveszett, kétségbeesett *(erőfeszítés)*
frantically ['fræntɪkəli] *hsz* magán kívül
fraternal [frə'tɜ:nl] *mn* testvéri
fraternity [frə'tɜ:nəti] *fn* testvériség
fraternize ['frætənaɪz] *ige* ❖ *biz* bratyizik *(with* vkvel)
fraud [frɔ:d] *fn* csalás ‖ csaló, szélhámos ‖ **by fraud** csalással
fraudulent ['frɔ:djʊlənt] *mn* csalárd ‖ **by fraudulent means** fondorlatos módon
fray [freɪ] *ige* kirojtosodik, kikopik
frayed [freɪd] *mn* kirojtosodott; kikopott, rongyos
freak [fri:k] *fn* korcs
freakish ['fri:kɪʃ] *mn* groteszk, bizarr

freckle ['frekl] *fn* szeplő, lencse *(bőrön)*

freckled ['frekld] *mn* szeplős

free [fri:] ▼ *mn* szabad ‖ ingyenes ‖ **are you free?** szabad ez a kocsi/taxi?; **set free** *(rabot)* kiszabadít; **be set free** felszabadul, kiszabadul; **make free with sy** túl sok szabadságot enged meg magának vkvel szemben; **of one's own free will** saját jószántából; **free and easy** fesztelen, könnyed; **free from** vmtől mentes; **free of charge** díjtalanul, ingyen, díjmentes(en); **he is free (to)** jogában áll ▼ *ige* (ki)szabadít; megszabadít *(sy/sg from sg/sy vkt/vmt vmtől/vktől)*

freebie ['fri:bi] *fn* potya *(ajándék stb.)*; potyajegy

freedom ['fri:dəm] *fn* szabadság ‖ **freedom of religion** vallásszabadság; **freedom of speech** szólásszabadság; **freedom of the press** sajtószabadság

freedom-fighter *fn* szabadságharcos

free elections *fn tsz* szabad választások

free enterprise *fn* szabad vállalkozás

free-for-all *fn* **a free-for-all began** általános verekedés támadt

freehold ['fri:hould] *fn* szabad tulajdon

free kick *fn* szabadrúgás

freelance ['fri:lɑ:ns] ▼ *fn* szabadúszó ‖ **work as a freelance** szabadúszó ▼ *ige* **I've freelanced for several years** szabadúszó vagyok évek óta

freelancer ['fri:lɑ:nsə] *fn* szabadúszó

freeloader ['fri:‚loudə] *fn* **be a free-loader** *(főnévvel)* potyázik

freely ['fri:li] *hsz* könnyen

free market *fn* szabadpiac

free-market price *mn* szabadpiaci ár

freemason ['fri:meɪsn] *fn* szabadkőműves

freemasonry ['fri:meɪsnri] *fn* szabadkőművesség

free pass *fn* szabadjegy

free port *fn* szabad kikötő

freepost ['fri:poust] *fn* <a küldeményt a címzett fizeti> *kb.* utánvétrendszer

free-range *mn* szabadon nevelt *(baromfi)*

free sample *fn* ingyenminta

freesia ['fri:zɪə] *fn* frézia

freestyle ['fri:staɪl] *fn* **100 metre freestyle** 100 m-es gyorsúszás

freestyle wrestling *fn* szabadfogású birkózás

free-thinking *mn* szabad gondolkodású

free throw *fn* szabaddobás

free time *fn* szabadidő

freeway ['fri:weɪ] *fn* ⊕ *US* autópálya

freewheel [‚fri:'wi:l] ▼ *fn* □*műsz* szabadonfutó kerék ▼ *ige* szabadon fut ‖ ❖ *átv* nem köti le magát

free will *fn* szabad akarat

freeze [fri:z] ▼ *fn* fagy ‖ befagyasztás *(béreké stb.)* ▼ *ige* (*pt* **froze** [frouz]; *pp* **frozen** ['frouzn]) fagy ‖ *(folyadék)* megfagy ‖ megfagyaszt ‖ *(pénzügyileg)* befagyaszt ‖ *(képernyőn, filmen)* kimerevít ‖ **freeze hard** erősen fagy; **it's freezing** fagy (odakinn); **I am frozen** összefagytam ‖ → **frozen**

freeze over *(folyó, ablak)* befagy
freeze up *(zár, vízvezeték)* befagy

freeze-dry *ige (zöldséget szárítva)* mélyhűt

freeze-frame *fn (képernyőn stb.)* kimerevítés

freezer ['fri:zə] *fn (háztartási)* fagyasztószekrény ‖ mélyhűtő

freeze-up *fn* = **freeze 1.**

freezing ['fri:zɪŋ] *mn* hűtő

freezing compartment *fn* mélyhűtő *(frizsider része)*

freezing-point *fn* fagypont

freight [freɪt] *fn* rakomány; teher, szállítmány; fuvar; ⊕ *US* teheráru

freightage ['freɪtɪdʒ] *fn* szállítás; fuvar ‖ szállítási költség

freight car *fn* ⊕ *US* teherkocsi, tehervagon

freighter ['freɪtə] *fn* teherhajó ‖ teherszállító repülőgép

freight forwarder *fn* ⊕ *US* teheráruszállító

freight plane *fn* teherszállító repülőgép

freight train *fn* ⊕ *US* tehervonat

French [frentʃ] ▼ *mn* francia ‖ **take French leave** angolosan távozik ▼ *fn* francia (nyelv) ‖ **the French** a franciák ‖ → **English**

French beans *fn tsz* zöldbab

French dressing *fn* salátaöntet

French fried potatoes, (⊕ *US* **French fries**) *fn tsz* hasábburgonya, sült burgonya

French letter *fn* ❖ *biz (gumi)* óvszer, gumi

Frenchman ['frentʃmən] *fn* (*tsz* -men) francia *(ember)*

French-speaking *mn* francia ajkú/anyanyelvű, franciául beszélő

French stick *fn* francia kenyér

French teacher *fn* franciatanár

French window *fn* (üvegezett) szárnyas ajtó

Frenchwoman ['frentʃwʊmən] *fn* (*tsz* -women [-wɪmɪn]) francia nő

frenetic [frɪ'netɪk] *mn* frenetikus, őrjöngő

frenzy ['frenzi] *fn* dühöngés, őrültség

frequency ['fri:kwənsi] *fn* frekvencia, gyakoriság

frequency modulation *fn* frekvenciamoduláció

frequent ▼ ['fri:kwənt] *mn* gyakori ▼ [frɪ'kwent] *ige* (vmt) gyakran felkeres/látogat

frequently ['frɪkwəntli] *hsz* gyakran

fresco ['freskoʊ] *fn* freskó

fresh [freʃ] *mn* friss ‖ *(kellemesen)* hűvös, hűs ‖ új

freshen ['freʃn] *ige (szél)* élénkül ‖ üdít, (fel)frissít

freshener ['freʃnə] *fn* légfrissítő

fresher ['freʃə] *fn* elsőéves, gólya

freshly ['freʃli] *hsz* frissen, nem rég

freshman ['freʃmən] *fn* (*tsz* -men) elsőéves, gólya

freshness ['freʃnəs] *fn* frissesség *(tárgyé)*

fresh-water *mn* édesvízi

fret [fret] *ige* -tt- bosszankodik, izgatja magát, izgul

fretful ['fretfl] *mn* ingerlékeny, bosszús ‖ *(gyermek)* nyűgös

fretsaw ['fretsɔ:] *fn* lombfűrész

Freudian slip ['frɔɪdɪən] *fn* elszólás

friar ['fraɪə] *fn* szerzetes, barát

friction ['frɪkʃn] *fn (tárgyaké)* súrlódás

Friday ['fraɪdeɪ, 'fraɪdi] *fn* péntek ‖ **on Friday** pénteken; **Friday evening** pénteken este ‖ → **Monday**

fridge [frɪdʒ] *fn* ❖ *biz* frizsider

fridge-freezer *fn* hűtőkészülék mélyhűtővel (egybeépítve)

fried [fraɪd] *mn* (zsírban) sült ‖ **fried chicken** sült csirke

fried egg *fn* tükörtojás

fried potatoes *fn tsz* (zsírban v. olajban sült) hasábburgonya, sült burgonya

friend [frend] *fn* barát ‖ **a great friend of mine** egy jó barátom; **make friends with sy** vkvel összebarátkozik

friendliness ['frendlinəs] *fn* szívélyesség

friendly ['frendli] *mn* szívélyes; barátságos, baráti ‖ **they are on friendly terms** baráti viszonyban vannak

-friendly *összet* -barát ‖ **learner-friendly** tanulóbarát

friendship ['frendʃɪp] *fn* barátság

frier ['fraɪə] *fn* = **fryer**

frieze ['fri:z] *fn* ◻ *épít* fríz

fright [fraɪt] *fn* ijedelem, ijedtség ‖ **take fright** megijed

frighten ['fraɪtn] *ige* (meg)ijeszt, (meg)rémít ‖ **be frightened of sg/sy** vmtől/vktől megrémült

frighten away/off elriaszt

---

nm névmás −*nu* névutó −*szn* számnév −*esz* egyes szám −*tsz* többes szám
▼ szófajjelzés ⊕ földrajzi variáns ◻ szakterület ❖ stiláris minősítés

F

frightening ['fraɪtnɪŋ] *mn* ijesztő

frightful ['fraɪtfl] *mn* szörnyű, félelme(te)s, rémes; ❖ *biz* pokoli

frightfully ['fraɪtfli] *hsz* ijesztően, rémesen ‖ **I'm frightfully sorry** borzasztóan sajnálom

frigid ['frɪdʒɪd] *mn* hűvös, hideg; *(nő)* frigid

frigidity [frɪ'dʒɪdəti] *fn* hidegség, frigiditás

frill [frɪl] *fn (ruhán)* fodor, zsabó ‖ **without frills** teketória nélkül

fringe [frɪndʒ] ▼ *fn* külső övezet *(városé)* ‖ frufru ‖ rojt ‖ **fringes** külterület ▼ *ige (ruhát)* szegélyez, beszeg

fringe benefit(s) *fn tsz* járulékos juttatás(ok)

fringe theatre *fn* kamaraszínház

frisk [frɪsk] *ige (fiatal állat)* ugrál, ugrándozik

---

frisk about *(jókedvében)* ficánkol

---

frisky ['frɪski] *mn* ugribugri, ugrifüles

fritter ['frɪtə] *fn kb.* forgácsfánk

fritter away ['frɪtə] *ige* elforgácsol, elapróz, elfecsérel

frivolity [frɪ'vɒləti] *fn* léhaság

frivolous ['frɪvələs] *mn* léha, frivol

frizzy ['frɪzi] *mn* bodros

fro [frou] → **to**

frock [frɒk] *fn* (női) ruha

frog [frɒg] *fn* béka

frogman ['frɒgmən] *fn (tsz* -men) békaember

frolic ['frɒlɪk] *ige (pt/pp* frolicked ['frɒlɪkt]) botladozik, hancúrozik

frolicsome ['frɒlɪksəm] *mn* játékos, pajkos

from [frəm] *elölj* -tól, -től; -ból, -ből; -ról, -ről; fogva, óta ‖ **from the 15th** 15-étől kezdődő(en); **as from Tuesday** keddtől fogva; **from:** küldi...; **from above** felülről; **from behind** mögül; **from below** alulról; **from there** abból az irányból, onnan

frond [frɒnd] *fn* pálmalevél; páfránylevél

front [frʌnt] ▼ *mn* elő, el(ül)ső ‖ **front page** első oldal, címlap, címoldal; **front part** elülső rész; **front seat** első ülés; **front wheel** első kerék ▼ *fn* homlokzat, front ‖ **come to the front** előtérbe kerül/lép; **in front** elöl; **in front of** előtt, szemben

frontage ['frʌntɪdʒ] *fn* homlokzat

frontal ['frʌntl] *fn* homlokzati

front bench *fn* ⊕ *GB* első padsor *(ahol a vezető politikusok ülnek)*

front desk *fn* recepció

front door *fn* főbejárat

front-elevation *fn* elölnézet

front garden *fn* előkert

frontier ['frʌntɪə] *fn* (ország)határ

frontier crossing point *fn* határátkelőhely

frontispiece ['frʌntɪspiːs] *fn* címlapkép ‖ címoldal

front leg *fn* mellső/első láb

front line *fn* arcvonal

front-page news *fn* szenzáció(s esemény/hír)

front runner *fn* esélyes jelölt ‖ **the front runners** *tsz* élmezőny

front view *fn* homloknézet

front-wheel drive *fn* elsőkerék-meghajtás

frost [frɒst] *fn* fagy ‖ dér

frost-bite *fn* (el)fagyás

frost-bitten *mn* elfagyott

frosted ['frɒstɪd] *mn* deres

frosted glass *fn* homályos üveg, tejüveg

frosting ['frɒstɪŋ] *fn* cukormáz

frost-work *fn (ablakon)* jégvirág

frosty ['frɒsti] *mn* fagyos, jéghideg ‖ jeges *(fogadtatás)*

froth [frɒθ] ▼ *fn* hab ▼ *ige* habzik

frothy ['frɒθi] *mn* habos

frown [fraʊn] ▼ *fn* rosszalló tekintet ▼ *ige* összehúzza a homlokát/szemöldökét

---

fn főnév – *hsz* határozószó – *isz* indulatszó – *ksz* kötőszó – *mn* melléknév
▼ szófajjelzés ⊕ földrajzi variáns ❑ szakterület ❖ stiláris minősítés

frown on sy ferde szemmel néz vkre/vmre

froze [frəʊz] *pt* → **freeze**

frozen ['frəʊzn] *mn* fagyasztott; mélyhűtött ‖ fagyott ‖ → **freeze**

frozen assets *fn tsz* befagyasztott követelések

frozen food *fn* mirelit (étel)

FRS ⊕ *GB* = *Fellow of the Royal Society* a Brit Királyi Akadémia tagja

frugal meal ['fru:gl] *fn* szerény ebéd

fruit [fru:t] *fn* gyümölcs ‖ **bear fruit** gyümölcsöt terem

fruiterer ['fru:tərə] *fn* gyümölcsárus

fruitful ['fru:tfl] *mn* gyümölcsöző, eredményes, jól szaporodó; szapora

fruition [fru:'ɪʃn] *fn* megvalósulás ‖ **come to fruition** valóra válik

fruit juice *fn* gyümölcslé

fruitless ['fru:tləs] *mn* eredménytelen, hasztalan

fruit-machine *fn* ⊕ *GB* játékautomata

fruit-salad *fn* gyümölcssaláta

fruit-tree *fn* gyümölcsfa

frump [frʌmp] *fn* ❖ *biz (nő)* **old frump** vén csoroszlya

frustrate [frʌ'streɪt] *ige* meghiúsít

frustration [frʌ'streɪʃn] *fn* meghiúsulás

fry [fraɪ] *ige (forró zsírban)* (ki)süt ‖ *(zsírban)* sül

fryer ['fraɪə] *fn* serpenyő ‖ ⊕ *US* sütni való csirke

frying-pan ['fraɪɪŋ] *fn* serpenyő ‖ **out of the frying-pan into the fire** cseberből vederbe

fry pan *fn* ⊕ *US* serpenyő

fry-up *fn* **have a fry-up** kisüt vmt *(ebédre)*

ft. = **foot, feet**

fuddled ['fʌdld] *mn* pityókos

fuddy-duddy ['fʌdidʌdi] *fn* ❖ *elít* régimódi ember

fudge[1] [fʌdʒ] *fn kb.* karamella

fudge[2] [fʌdʒ] *ige* **fudge the issue** megkerüli a problémát

fuel ['fju:əl] *fn* fűtőanyag, üzemanyag, tüzelőanyag

fuel gauge *fn* üzemanyagszint-jelző *(műszer)*

fuel oil *fn* gázolaj

fuel pump *fn* benzinszivattyú

fuel tank *fn* benzintartály, üzemanyagtartály

fug [fʌg] *fn* ❖ *biz* áporodott szag

fugitive ['fju:dʒɪtɪv] *fn* menekülő

fulfil (⊕ *US* **-fill**) [fʊl'fɪl] *ige* **-ll-** *(kérést, tervet)* teljesít; eleget tesz vmnek *(ígéretnek)*; elvégzi kötelességét, teljesíti feladatát

fulfilled [fʊl'fɪld] *mn* elégedett, sikeres

fulfilment (⊕ *US* **-fill-**) [fʊl'fɪlmənt] *fn* teljesítés *(kérésé)*

full [fʊl] *mn* teli, tele, telt ‖ egész, teljes ‖ bőséges, bő, jóllakott ‖ **be full** *(edény stb.)* megtelik; **I am full (up)** tele vagyok!; **in full** teljes egészében/terjedelmében; **at full blast** gőzerővel; **in full force** teljes létszámban; **at full length** teljes hosszában; **full of life** élettel teli; **be full of sg** tele van vmvel; **in full operation** teljes üzemben; **full schedule/timetable** szoros/sűrű program; **at full speed** teljes sebességgel; **full steam ahead!** *(hajó)* teljes gőzzel előre!; **in full swing** teljes üzemben; **full up** dugig (van), megtelt!

full-back *fn (futball)* hátvéd

full-blooded *mn* telivér ‖ bővérű, vérmes

full board *fn* teljes ellátás/panzió

full-cream milk *fn* ⊕ *GB* teljes tej

full dress *fn* gálaruha ‖ **in full dress** teljes díszben

full figure *fn* telt idomok

full-fledged *mn* ⊕ *US* = **fully-fledged**

full-grown *mn* kifejlett

full house *fn* telt ház

full(-)length *mn* életnagyságú

full member *fn* rendes tag

full moon *fn* telihold

full name *fn* teljes név

fullness ['fʊlnəs] *fn* bőség, teljesség

full-page plate *fn (könyvhöz)* műmelléklet

full professor *fn* ⊕ *US* egyetemi tanár

full-scale *mn* teljes körű

full stop *fn* pont *(mondat végén)*

full-time *mn* teljes munkaidejű, főfoglalkozású, egész napos/napi

full-time job *fn* főállás

fully ['fʊli] *hsz* teljesen, teljes mértékben ‖ **be fully aware of sg** tisztában van vmvel

fully developed *mn* kifejlett

fully-fledged *mn* kifejlett, teljes értékű

fulsome ['fʊlsəm] *mn* túlzott

fumble about ['fʌmbl] *ige* motoszkál

fume [fju:m] ▼ *fn* **fume(s)** füst, gőz ‖ pára ▼ *ige* dúl-fúl, dühöng, pöfög ‖ **be fuming** ❖ *biz* pipa, nem lát a pipától

fumigate ['fju:mɪgeɪt] *ige (helyiséget)* kifüstöl, ciánoz

fun [fʌn] *fn* tréfa, viccelődés, vicc ‖ szórakozás, mulatság, muri ‖ **do sg for fun** szórakozásból csinál vmt; **for fun** tréfából, viccből; **have fun!** jó mulatást!; **he's great fun** vicces ember; **make fun of sy** kinevet, kicsúfol; **for the fun of it** a hecc kedvéért, csak úgy heccből

function ['fʌŋkʃn] ▼ *fn* állás; hivatal, tisztség, szerep ‖ működés, funkció; rendeltetés ‖ ⬚ *mat* függvény ▼ *ige (gép, szerkezet)* működik, funkcionál; ❖ *biz* szuperál ‖ ténykedik, szerepel

functional ['fʌŋkʃnəl] *mn* működési, funkcionális

functionary ['fʌŋkʃənəri] *fn* tisztségviselő, funkcionárius

function key *fn* ⬚ *szt* funkcióbillentyű

fund [fʌnd] ▼ *fn* pénz(alap) ‖ alap ‖ alapítvány ‖ **funds** pénzalap, fedezet, dotáció; **I'm a bit short of funds** fogytán/kevés a pénzem; **raise (the necessary) funds** előteremti a szükséges anyagiakat ▼ *ige* pénzel ‖ tőkésít

fundamental [ˌfʌndə'mentl] ▼ *mn* alapvető, elemi, sarkalatos ▼ *fn* **fundamentals** alapismeretek

fundamentalist [ˌfʌndə'mentəlɪst] *mn/fn* fundamentalista

fundamentally [ˌfʌndə'mentəli] *hsz* alapjában véve

fund-raising *fn* pénz *(v. az anyagiak)* előteremtése

fund-raising campaign *fn* segélyakció

funeral ['fju:nrəl] ▼ *mn* halotti ‖ temetési ▼ *fn* temetés ‖ **it's not my funeral** ❖ *biz* nem az én asztalom

funeral address *fn* gyászbeszéd

funeral director *fn* ⊕ *US* temetkezési vállalkozó

funeral parlour (⊕ *US* **home**) *fn* ravatalozó

funeral procession *fn* temetési menet

funeral service *fn* gyászszertartás

funereal [fju:'nɪərɪəl] *mn* gyászos; bánatos; szomorú

funfair ['fʌnfeə] *fn* angolpark, vurstli

fungus ['fʌŋgəs] *(tsz* **-gi** [-gaɪ] *v.* **-guses** [-gəsɪz]) *fn* ⬚ *növ* és *orv* gomba

funicular (railway) [fjʊ'nɪkjʊlə] *fn* sikló, drótkötélpálya

funk [fʌŋk] *fn* ❖ *biz* drukk ‖ **be in a funk** be van gyulladva

funnel ['fʌnl] *fn* tölcsér ‖ *(hajón, mozdonyon)* kémény

funnily ['fʌnɪli] *hsz* viccesen, furcsán ‖ **funnily enough** furcsa módon

funny ['fʌnɪ] *mn* vicces, tréfás ‖ furcsa ‖ **the funny thing is that** a vicc benne az, hogy

funny-bone *fn* könyökcsúcs

fur [fɜ:] *fn* bunda, szőrzet; prém *(állaté)* ‖ ⬚ *orv* lepedék ‖ **make the fur fly** ❖ *biz* botrányt csap

furcap ['fɜ:kæp] *fn* kucsma

fur coat *fn* szőrmekabát, bunda

furious ['fjʊərɪəs] *mn* dühös ‖ tomboló *(vihar)* ‖ **be furious at/about sg** *(nagyon)* haragszik *(v. dühöng)* vm miatt; **at a furious pace** őrült iramban

---

fn főnév − *hsz* határozószó − *isz* indulatszó − *ksz* kötőszó − *mn* melléknév
▼ szófajjelzés ⊕ földrajzi variáns ⬚ szakterület ❖ stiláris minősítés

furl [fɜːl] *ige (vitorlát)* bevon, felgöngyöl(ít); *(zászlót)* felgöngyöl(ít)

fur lining *fn* bundabélés

furlong ['fɜːlɒŋ] *fn (hosszmérték)* 220 yard (= 201,17 m)

furlough ['fɜːloʊ] *fn* ☐ *kat* szabadság

furnace ['fɜːnɪs] *fn* kohó, (olvasztó)kemence

furnish ['fɜːnɪʃ] *ige* ellát, felszerel *(with* vmvel) ‖ *(szobát)* berendez, bebútoroz ‖ szolgáltat

furnished flat ['fɜːnɪʃt] *fn* bútorozott lakás

furnishings ['fɜːnɪʃɪŋz] *fn tsz* berendezési tárgyak

furniture ['fɜːnɪtʃə] *fn (tsz ua.)* bútor, bútorzat, bútorok, berendezés ‖ **a piece of furniture** *(egy darab)* bútor

furore [fjʊ'rɔːri] (⊕ *US* **furor** ['fjʊrɔː]) *fn* tiltakozás

furred [fɜːd] *mn* ☐ *orv* lepedékes

furrier ['fʌrɪə] *fn* szűcs ‖ **furrier's** szőrmekereskedés

furrow ['fʌroʊ, ⊕*US* 'fɜːroʊ] *fn* barázda ‖ *(homlokon)* ránc

furry ['fɜːri] *mn* vízköves *(cső)*; lepedékes *(nyelv)* ‖ prémes *(állat)*; plüss *(játék)*

further ['fɜːðə] ▼ *mn* további, újabb ‖ **further details ...** bővebbet ...; **further information** közelebbi tájékoztatás; **until further notice** további intézkedésig ▼ *hsz* tovább, messzebb ‖ **further away/on** odább; **further back** hátrább, régebben ▼ *ige* előmozdít, elősegít

further education *fn* továbbtanulás

furthermore [,fɜːðə'mɔː] *hsz* azonfelül, továbbá, ráadásul

furthermost ['fɜːðəmoʊst] *mn* legtávolabbi

furthest ['fɜːðɪst] *mn* legtávolabbi

furtive ['fɜːtɪv] *mn* **cast a furtive look at** vmt lopva megnéz

furtively ['fɜːtɪvli] *hsz* lopva

fury ['fjʊəri] *fn* düh, dühöngés ‖ **in a fury** magából kikelve

fuse [fjuːz] ▼ *fn* ☐ *el* biztosíték ‖ gyutacs, gyújtószerkezet ‖ **the fuse has blown** kiégett a biztosíték ▼ *ige* egybeolvad ‖ kiég *(biztosíték)*

fuse box *fn* biztosítószekrény

fuselage ['fjuːzɪlɑːʒ] *fn* törzs *(repülőgépé)*

fuse wire *fn* ☐ *el* olvadószál

fusillade [,fjuːzɪ'leɪd] *fn* lövöldözés, sortűz

fusion ['fjuːʒn] *fn* (egy)beolvadás ‖ egyesülés, fúzió ‖☐ *fiz* (mag)fúzió

fusion bomb *fn* hidrogénbomba

fusion reactor *fn* fúziós reaktor

fuss [fʌs] ▼ *fn* hűhó; felhajtás, hecc, cécó ‖ **don't make (such) a fuss** ne csinálj cirkuszt!, ne cirkuszolj!; **make a fuss about sg** *(vm miatt)* nagy felhajtást csinál ▼ *ige* okvetetlenkedik, fontoskodik, lármázik

fuss over fontoskodik

fussy ['fʌsi] *mn* kicsinyes(kedő), kukacos, háklis, szőröző, kukacoskodó

fusty ['fʌsti] *mn* dohos

futile ['fjuːtaɪl] *mn* sikertelen, hasztalan, hiábavaló

futility [fjuː'tɪləti] *fn* haszontalanság, dőreség

future ['fjuːtʃə] ▼ *mn* jövő, eljövendő, leendő ▼ *fn* **the future** a jövő/jövendő ‖ ☐ *nyelvt* jövő idő ‖ **in the future** a jövőben; **in the near future** a közeli napokban, a közeljövőben; **futures** határidőügylet

futurism ['fjuːtʃərɪzm] *fn* futurizmus

futurist ['fjuːtʃərɪst] *fn* futurista

futuristic [,fjuːtʃə'rɪstɪk] *mn* futurista

futurology [,fjuːtʃə'rɒlədʒi] *fn* jövőkutatás

fuze [fjuːz] ⊕ *US* = **fuse**

fuzz, the [fʌz] *fn* ❖ *biz* a jard/zsaruk

fuzzy ['fʌzi] *mn* bolyhos ‖ elmosódó; szétfolyó; zavaros ‖ ☐ *fény* életlen; *(tévékép stb.)* homályos

---

G

g = **gram**

G [dʒiː] *fn* ❏ *zene* a G hang ‖ ⊕ *GB* ❏ *isk* **good** jó ‖ ⊕ *US (mozi) (general audience)* korhatár nélkül

gab [gæb] *fn* **have the gift of the gab** ❖ *biz* jó beszélőkéje van

gabardine [ˌgæbəˈdiːn] *fn* gabardin

gabble [ˈgæbl] ▼ *fn* hadarás ▼ *ige* hadar

gable [ˈgeɪbl] *fn* oromfal

gad about [gæd] *ige* ❖ *biz* lófrál

gadget [ˈgædʒɪt] *fn* ❖ *biz* (ügyes kis) szerkentyű, készülék

gadgetry [ˈgædʒɪtri] *fn* ❖ *biz* új fajta készülékek/bigyók

Gaelic [ˈgeɪlɪk] *mn/fn* gael

gaffe [gæf] *fn* baklövés, elszólás

gag [gæg] *fn (szájban)* pecek ‖ *(színpadon)* bemondás

gaga [ˈgɑːgɑː] *mn* ❖ *biz* szenilis, gügye

gage [geɪdʒ] ⊕ *US* = **gauge**

gaiety [ˈgeɪəti] *fn* jókedv, vidámság

gaily [ˈgeɪli] *hsz* vidáman, boldogan

gain [geɪn] ▼ *fn* nyereség, haszon ▼ *ige* elnyer, megszerez ‖ *(óra)* siet ‖ **gain by/from** vmből profitál, hasznára van vm; **gain ground** tért hódít/ nyer; **gain weight** hízik; **my watch gains (by) two minutes a day** naponta két percet siet az órám; **gain (up)on** tért hódít ‖ utolér

gainful [ˈgeɪnfl] *mn* jövedelmező ‖ **gainful employment** kereső foglalkozás

gait [geɪt] *fn* járás *(ahogyan vk jár)*

gala [ˈgɑːlə] ▼ *mn* ünnepi, gála- ▼ *fn* díszünnepély

gala night *fn* gálaest

gala performance *fn* díszelőadás

galaxy [ˈgæləksi] *fn* galaktika ‖ **the galaxy** a Tejút

gale [geɪl] *fn* szélvihar, viharos szél

gal(l) = **gallons** = **gallon**

gall[1] [gɔːl] *fn* epe ‖ keserűség, ❖ *átv* üröm ‖ ❖ *biz* **have the gall** van pofája

gall[2] [gɔːl] *fn* gubacs

gallant [ˈgælənt] *mn* udvarias, gáláns, gavallér, lovagias

gallantry [ˈgæləntri] *fn* lovagiasság

gall-bladder *fn* epehólyag

gallery [ˈgæləri] *fn* (harmadik emeleti) erkély, karzat ‖ galéria, kiállítási terem ‖ ❏ *bány* vágat

galley [ˈgæli] *fn* gálya

galley (proof) *fn* hasábkorrektúra, -levonat

galley slave *fn* gályarab

Gallic [ˈgælɪk] *mn* gall

gallon [ˈgælən] *fn* gallon *(brit = 4,54 l, amerikai = 3,78 l)*

gallop [ˈgæləp] ▼ *fn* galopp, vágta ‖ **break into a gallop** vágtázni kezd ▼ *ige (ló, lovas)* vágtázik, vágtat, galoppozik

galloping [ˈgæləpɪŋ] *mn* **galloping inflation** vágtató infláció

gallows [ˈgæləʊz] *fn* akasztófa, bitófa

gallows bird *fn* ❖ *biz* akasztófavirág

gallows humour *fn* akasztófahumor

gallstone [ˈgɔːlstəʊn] *fn* epekő

Gallup poll ['gæləp poʊl] *fn* közvélemény-kutatás

galore [gəˈlɔː] *hsz* **have sg galore** bőven van, vm tobzódik vmben

galoshes [gəˈlɒʃɪz] *fn tsz* kalocsni, sárcipő

galvanize ['gælvənaɪz] *ige* galvanizál, felvillanyoz

gambit ['gæmbɪt] *fn* kezdőlépés

gamble ['gæmbl] ▼ *fn* szerencsejáték || kockázatos vállalkozás ▼ *ige (szerencsejátékban)* játszik || **gamble on the stock exchange** a tőzsdén játszik; tőzsdézik

gambler ['gæmblə] *fn* (hazárd)játékos, hazardőr

gambling ['gæmblɪŋ] *fn* szerencsejáték

gambling debts *fn tsz* kártyaadósság

gambling-den *fn* játékbarlang

gambol ['gæmbl] *ige* **-ll-** (⊕ *US* **-l-**) ugrál, hancúrozik, kergető(d)zik

game [geɪm] ▼ *mn* bátor || **be game for anything** ❖ *biz* mindenre kapható ▼ *fn* játék || játszma || vad *(vadon élő állatok)* || vad(hús) *(étel)*, vadpecsenye || **the Games** nemzetközi atlétikai játékok/verseny(ek); **game of bridge** bridzsparti; **game of chess** sakkparti; **play the game** megtartja a játékszabályokat; **the game is up** a játszma elveszett, annak már lőttek

game-bag *fn* vadászzsákmány

game bird *fn* szárnyas vad

gamekeeper ['geɪmkiːpə] *fn* vadőr

game licence (⊕ *US* **-se**) *fn* vadászengedély

game park *fn* vadaspark

game reserve *fn* vadaskert, vadrezervátum

gaming hall ['geɪmɪŋ] *fn* ⊕ *US* játékterem

gaming-house *fn* játékbarlang, -kaszinó

gamma rays ['gæmə] *fn tsz* gammasugarak

gammon ['gæmən] *fn* sódar

gander ['gændə] *fn* gúnár

gang [gæŋ] *fn* (bűnöző)banda, bűnszövetkezet || galeri || (munkás)csoport, brigád || „banda" *(baráti társaság)*

gang boss *fn* csoportvezető

gangland killing *fn* leszámolásos gyilkosság, „kivégzés"

gangling ['gæŋglɪŋ] *mn* hórihorgas || **gangling fellow** langaléta

ganglion ['gæŋglɪən] *fn* idegdúc

gangplank ['gæŋplæŋk] *fn* hajóhíd

gangrene ['gæŋgriːn] *fn* ❏ *orv* gangréna

gangster ['gæŋstə] *fn* bandita, gengszter

gangway ['gæŋweɪ] *fn* hajóhíd *(hajóról partra)* || *(sorok között)* átjáró || **gangway!** pálya!

gantry ['gæntri] *fn* ászok(fa)

gaol [dʒeɪl] *fn* börtön, fegyház

gaoler ['dʒeɪlə] *fn* börtönőr, fogházőr

gap [gæp] *fn* nyílás, hézag, rés, űr || **fill a (long-felt) gap** hiányt/hézagot pótol

gape [geɪp] *ige* tátong || ásít || *(csodálkozástól)* száját tátja || **gape at sy/sg** rábámul vkre/vmre, bámul vkt/vmt

gaping ['geɪpɪŋ] *mn* tátongó, bámész; . ❖ *biz* tátott szájú

garage ['gærɑː] ▼ *fn* garázs || javítóműhely ▼ *ige* garazsíroz, (garázsban) elhelyez

garb [gɑːb] *fn* öltözet, mez; ❏ *nép* mundér

garbage ['gɑːbɪdʒ] *fn* ⊕ *US* (házi) szemét, hulladék

garbage can *fn* ⊕ *US* kuka(edény), hulladékveder, szemétláda

garbage disposal (unit) *fn* szemétledobó

garbage truck *fn* ⊕ *US* kuka *(autó)*

garbled ['gɑːbld] *mn* *(hír)* elferdített

garden ['gɑːdn] ▼ *fn* kert || park ▼ *ige* kertészkedik

garden centre *fn* kertészeti szakbolt

garden city *fn* kertváros

garden-door *fn* kertajtó

G

---

nm névmás – *nu* névutó – *szn* számnév – *esz* egyes szám – *tsz* többes szám

▼ szófajjelzés ⊕ földrajzi variáns ❏ szakterület ❖ stiláris minősítés

gardener ['gɑ:dnə] *fn* kertész

garden gate *fn* kerti kapu

gardening ['gɑ:dnɪŋ] *fn* kertészkedés, kertészet

garden party *fn* garden party, kerti parti

garden produce *fn* kerti vetemény

garden suburb *fn* kertváros

gargle ['gɑ:gl] ▼ *fn* szájvíz ▼ *ige (torkot)* öblöget, gargarizál

gargoyle ['gɑ:gɔɪl] *fn* vízköpő

garish ['geərɪʃ] *mn* rikító *(szín)*

garland ['gɑ:lənd] *fn* virágfüzér, girland

garlic ['gɑ:lɪk] *fn* fokhagyma

garlic press *fn* fokhagymaprés

garment(s) ['gɑ:mənt(s)] *fn tsz* ruhanemű

garment trade *fn* ⊕ *US* konfekcióipar

garner ['gɑ:nə] *ige (gabonát)* betakarít

garnish ['gɑ:nɪʃ] ▼ *fn* köret ▼ *ige* **garnish with** vmvel körít

garret ['gærət] *fn* manzárd, padlásszoba

garrison ['gærɪsn] ▼ *fn* helyőrség ▼ *ige* **be garrisoned** □ *kat* állomásozik

garrulous ['gærələs] *mn* szószátyár

garter ['gɑ:tə] *fn* ⊕ *US (férfi)* harisnyakötő ‖ **the Garter** ⊕ *GB* térdszalagrend

garter belt *fn* ⊕ *US (női)* harisnyatartó

gas [gæs] *fn (főzéshez stb.)* gáz ‖ ⊕ *US* benzin ‖ **the gas is (turned) off** el van zárva a gáz; **step on the gas** gázt ad, belelép a gázba

gas appliance *fn* gázkészülék

gas bill *fn* gázszámla

gas burner *fn (gáz)*égő

gas chamber *fn* gázkamra

gas cooker *fn* gáztűzhely, gázfőző ‖ **3-burner gas cooker** háromlángú gáztűzhely

gas cylinder *fn (iparban)* gázpalack

gaseous ['gæsɪəs] *mn* gáznemű

gas fire *fn* gázkályha

gas-fitter *fn* gázszerelő, gázos

gash [gæʃ] *fn (tátongó)* seb

gasket ['gæskɪt] *fn* tömítőgyűrű, tömítés

gaslamp ['gæslæmp] *fn* gázlámpa

gaslight ['gæslaɪt] *fn* gázláng ‖ gázlámpa

gas lighter *fn* gázöngyújtó

gas mask *fn* gázálarc

gas meter *fn* gázóra

gas oil *fn* gázolaj

gasoline [,gæsə'li:n] *fn* ⊕ *US* benzin

gasometer [gæ'sɒmɪtə] *fn* gáztartály

gas oven *fn* gáztűzhely ‖ gázsütő

gasp [gɑ:sp] *ige (ember zavarában)* hápog ‖ majd meghal *(for vmért)* ‖ **gasp for air/breath** levegő után kapkod; **gasp out sg** zihálva elmond vmt

gas pedal *fn* ⊕ *US* gázpedál

gas-pipe *fn* gázcső

gas range *fn* gáztűzhely

gas ring *fn* gázrezsó

gas station *fn* ⊕ *US* benzinkút

gas stove *fn* gázfőző

gassy ['gæsi] *mn* gázos

gas tank *fn* ⊕ *US* benzintartály

gas tap *fn* gázcsap

gastric ['gæstrɪk] *mn* gyomor-

gastric complaint *fn* gyomorbaj

gastric juice *fn* gyomornedv

gastric ulcer *fn* gyomorfekély

gastroenteritis [,gæstrouentə'raɪtɪs] *fn* gyomor- és bélhurut

gastronomy [gæ'strɒnəmi] *fn* gasztronómia, konyhaművészet

gasworks ['gæswɜ:ks] *fn esz v. tsz* gázművek

gate [geɪt] *fn (kerti)* kapu ‖ *(repülőtéren gépekhez)* kijárat

gateau ['gætoʊ] *fn (tsz* **-teaux** [-toʊz]) torta

gatecrash ['geɪtkræʃ] *ige (hívatlanul)* betolakodik

gatecrasher ['geɪtkræʃə] *fn (hangversenyen stb.)* potyázó

gatekeeper ['geɪtki:pə] *fn* kapus, portás

gateway ['geɪtweɪ] *fn* kapualj, kapubejárat

---

fn főnév ‒ *hsz* határozószó ‒ *isz* indulatszó ‒ *ksz* kötőszó ‒ *mn* melléknév ▼ szófajjelzés ⊕ földrajzi variáns □ szakterület ❖ stiláris minősítés

gather ['gæðə] *ige* (össze)gyűjt; (ösz-sze)szed || összegyűlik, összejön || *(ru-hadarabot magán)* összehúz || **gather speed** gyorsul; **gather strength** erőt gyűjt; **I gather (from his words) that** szavaiból azt veszem ki, hogy

---

gather in begyűjt || **gather in (the crops)** *(termést)* behord; **gather in the grapes** szüretel
gather round sy vk mellett sorompóba áll/lép, vk mögött felsorakozik
gather together *(személyeket)* összegyűjt || gyülekezik, összegyűlik
gather up összenyalábol, összeszed

---

gathered ['gæðəd] *mn* **gathered finger** meggyűlt ujj
gathering ['gæðərɪŋ] *fn* összejövetel, társaság
GATT [gæt] = *General Agreement on Tariffs and Trade* GATT, Általános Vámtarifa- és Kereskedelmi Egyezmény
gauche [gouʃ] *mn* esetlen, ügyetlen
gaudy ['gɔːdi] *mn* cifra, csicsás
gauge (⊕ *US* gage) [geɪdʒ] ▼ *fn* méret || mérő(eszköz), mérce || idomszer, kaliber || nyomtáv ▼ *ige* (meg)mér, felmér, lemér
Gaul [gɔːl] *fn* *(terület)* Gallia || *(személy)* gall
gaunt [gɔːnt] *mn* szikár
gauntlet ['gɔːntlət] *fn* (hosszú szárú) kesztyű || ❖ *átv* **throw down the gauntlet to sy** kesztyűt dob vknek
gauze [gɔːz] *fn* kötözőpólya
gauze bandage *fn* mullpólya, géz
gave [geɪv] *pt* → **give**
gavel ['gævl] *fn* (elnöki/árverező) kalapács
gawk [gɔːk] *ige* bámészkodik, bámul *(at* vkt/vmt)
gawky ['gɔːki] *mn* esetlen, ügyefogyott
gay [geɪ] *mn* vidám || élénk (színű) || tarka || meleg *(homoszexuális)*

gaze [geɪz] *ige* **gaze at** (meg)bámul vkt/vmt, rábámul/rámered vkre/vmre || **gaze into space** *(v.* **into the air)** a semmibe mered
gazelle [gə'zel] *fn* gazella
gazette [gə'zet] *fn* közlöny *(kormányé)*, értesítő
gazetteer [ˌgæzə'tɪə] *fn* földrajzi lexikon || helységnévtár
G clef *fn*□ *zene* G-kulcs
GCSE = *General Certificate of Secondary Education* kb. érettségi
Gdns ⊕ *GB = Gardens*
GDP [ˌdʒiː diː 'piː] = *gross domestic product* bruttó hazai termék, GDP
gear [gɪə] ▼ *fn* felszerelés, kellékek, tartozékok || *(gépkocsin)* sebesség(fokozat) || ❖ *biz* szerelés *(ruha)* || **gears** seb(esség)váltó; **be in gear** sebességben van; **change gear** sebességet vált; **be out of gear** ki van kapcsolva, rosszul működik; **top gear** negyedik sebesség, direkt; **what gear will you be wearing?** milyen szerelésben jössz? ▼ *ige* **gear up (production etc.)** ❖ *biz* fokozza a munkatempót, ráhajt
gearbox ['gɪəbɒks] *fn* seb(esség)váltó
gear-lever *fn* seb(esség)váltó (kar)
gearshift ['gɪəʃɪft] *fn* ⊕ *US* seb(esség)váltó (kar)
gee! [dʒiː] *isz* gyí || ⊕ *US* tyű!
geese [giːs] *tsz* → **goose**
Geiger counter ['gaɪgə] *fn* Geiger–Müller-számláló
gel [dʒel] *fn* gél, zselé
gelatine ['dʒelətiːn] *fn* zselatin
gelatinous [dʒɪ'lætɪnəs] *mn* kocsonyás; nyúlós *(folyadék)*
gelignite ['dʒelɪgnaɪt] *fn* plasztikbomba
gem [dʒem] *fn* drágakő; ❖ *átv* gyöngyszem
Gen = general 2.
gender ['dʒendə] *fn*□ *nyelvt* nem
gene [dʒiːn] *fn* gén
genealogical [ˌdʒiːnɪə'lɒdʒɪkl] *mn* genealógiai

---

nm névmás_ *nu* névutó_ *szn* számnév_ *esz* egyes szám_ *tsz* többes szám
▼ szófajjelzés ⊕ földrajzi variáns □ szakterület ❖ stiláris minősítés

genealogy [ˌdʒiːniˈælədʒi] *fn* genealógia

genera [ˈdʒenərə] *tsz* → **genus**

general [ˈdʒenərəl] ▼ *mn* általános ‖ **in general** általában, általánosságban; **as a general rule** általában véve; **be in general use** általános használatban van; **by general agreement** közmegegyezéssel ▼ *fn* tábornok

general anaesthetic (⊕ *US* **anes-**) *fn* ❑ *orv* általános érzéstelenítő/altatószer

general assembly *fn* közgyűlés, nagygyűlés

general editor *fn* főszerkesztő

general election *fn* általános/országos választás

general feeling *fn* közhangulat

generalization [ˌdʒenərəlaɪˈzeɪʃn] *fn* általánosítás

generalize [ˈdʒenərəlaɪz] *ige* általánosít

generally [ˈdʒenərəli] *hsz* általában, többnyire, rendszerint ‖ **I generally get up at six (o'clock)** 6-kor szoktam fölkelni

general manager *fn* vezérigazgató

general overhaul *fn* generáljavítás, nagyjavítás

general pardon *fn* közkegyelem, amnesztia

general practitioner *fn* (általános) orvos; háziorvos

general public, the *fn* a nagyközönség, a közvélemény

general staff *fn* vezérkar, törzskar

generate [ˈdʒenəreɪt] *ige* (gőzt, áramot, hőt) fejleszt

generating plant [ˈdʒenəreɪtɪŋ] *fn* áramfejlesztő (telep)

generation [ˌdʒenəˈreɪʃn] *fn* emberöltő, generáció, nemzedék ‖ **first/fifth generation computer** első/ötödik generációs számítógép

generation gap, the *fn* generációs ellentét

generative [ˈdʒenərətɪv] *mn* generatív

generator [ˈdʒenəreɪtə] *fn* áramfejlesztő (gép), generátor

generic [dʒɪˈnerɪk] *mn* generikus, nem- ‖ **generic term** gyűjtőnév

generosity [ˌdʒenəˈrɒsəti] *fn* bőkezűség, nagylelkűség

generous [ˈdʒenərəs] *mn* adakozó, bőkezű, gavallér

genesis [ˈdʒenəsɪs] *fn* keletkezés, eredet

Genesis, the *fn* Mózes első könyve

gene therapy *fn* génterápia

genetic [dʒəˈnetɪk] *mn* genetikai

genetic code *fn* genetikai kód

genetic engineering *fn* génsebészet

genetic fingerprinting *fn* genetikai ujjlenyomat

genetics [dʒəˈnetɪks] *fn esz* genetika

Geneva [dʒɪˈniːvə] *fn* Genf

genial [ˈdʒiːnɪəl] *mn* (éghajlat) enyhe

genitals [ˈdʒenɪtlz] *fn tsz* (külső) nemi szervek

genitive (case) [ˈdʒenətɪv] *fn* ❑ *nyelvt* birtokos eset

genius [ˈdʒiːnɪəs] *fn* (*tsz* **geniuses**) zseni, géniusz, lángelme, lángész ‖ **a mathematics genius** nagy matematikai tehetség

Genoa [ˈdʒenouə] *fn* Genova

genocide [ˈdʒenəsaɪd] *fn* népirtás

genre [ˈʒɑːnrə] *fn* zsáner ‖ műfaj

gent [dʒent] ⊕ *GB* ❖ *biz* = **gentleman**

genteel [dʒenˈtiːl] *mn* finomkodó

gentile [ˈdʒentaɪl] *fn* nem zsidó

gentle [ˈdʒentl] *mn* szelíd, gyengéd (ember) ‖ lágy (hang) ‖ finom (modor) ‖ (származásra) nemes

gentleman [ˈdʒentlmən] *fn* (*tsz* **-men**) úr, úriember; (illemhelyen) férfiak ‖ **gentleman's agreement** becsületbeli egyezség

gentleness [ˈdʒentlnəs] *fn* szelídség, gyengédség

---

fn főnév – *hsz* határozószó – *isz* indulatszó – *ksz* kötőszó – *mn* melléknév
▼ szófajjelzés ⊕ földrajzi variáns ❑ szakterület ❖ stiláris minősítés

gently ['dʒentli] *hsz* finoman, szelíden

gentry ['dʒentri] *fn* dzsentri

gents [dʒents] *fn tsz (illemhelyen)* férfiak

genuine ['dʒenjʊɪn] *mn* igazi, valódi, eredeti, hiteles, tősgyökeres

genuinely ['dʒenjʊɪnli] *hsz* hitelesen

genus ['dʒiːnəs] *fn (tsz* **-nera** [-nərə] *v.* **-nuses** [-nəsɪz]) ❑ *biol* genus, nem, nemzetség

geodesy [dʒiˈɒdɪsi] *fn* geodézia

geographer [dʒiˈɒɡrəfə] *fn* földrajztudós

geographical [ˌdʒiːəˈɡræfɪkl] *mn* földrajzi

geography [dʒiˈɒɡrəfi] *fn* földrajz

geological [ˌdʒiːəˈlɒdʒɪkl] *mn* földtani, geológiai

geologist [dʒiˈɒlədʒɪst] *fn* geológus

geology [dʒiˈɒlədʒi] *fn* földtan, geológia

geometric(al) [ˌdʒiːəˈmetrɪkl] *mn* mértani, geometriai

geometrical mean *fn* mértani közép

geometric progression *fn* mértani sor

geometry [dʒiˈɒmətri] *fn* mértan, geometria

geranium [dʒɪˈreɪnɪəm] *fn* muskátli

geriatric [ˌdʒeriˈætrɪk] *mn* geriátriai

geriatrics [ˌdʒeriˈætrɪks] *fn esz* geriátria

germ [dʒɜːm] *fn* csíra ‖ baktérium

germ warfare *fn* biológiai hadviselés, baktériumháború

German ['dʒɜːmən] ▼ *mn* német ▼ *fn* német *(nyelv)* ‖ one's German német nyelvtudás ‖ → **English**

German teacher *fn* némettanár

Germany ['dʒɜːməni] *fn* Németország

germinate ['dʒɜːmɪneɪt] *ige* (ki)csírázik

germination [ˌdʒɜːmɪˈneɪʃn] *fn* csírázás

gerund ['dʒerənd] *fn* ❑ *nyelvt* gerund

gesticulate [dʒeˈstɪkjʊleɪt] *ige* gesztikulál

gesticulation [dʒeˌstɪkjʊˈleɪʃn] *fn* taglejtés, gesztikulálás

gesture ['dʒestʃə] *fn* mozdulat; gesztus, kézmozdulat

get [get] *ige (pt* got [gɒt]; *pp* got [gɒt]; ⊕ *US* **gotten** ['gɒtn]) **-tt-** (meg)kap, szerez ‖ vesz, vásárol ‖ megért, felfog ‖ *(rádión, tévén)* fog ‖ **get sg for sy** megszerez vknek vmt; **can I get a juice?** kaphatok egy gyümölcslét?; **get me Mr Peters, please** kapcsolja kérem Mr Peterst; **let's get going/started!** ❖ *biz* indulás!, indíts!; **we won't get anywhere this way** így nem jutunk előbbre; **get better** (meg)javul ‖ gyógyul(ófélben van); **be getting better** gyógyulóban/gyógyulófélben van; **get better!** gyógyulj meg!, jobbulást kívánok!; **get changed** átöltöz(köd)ik; **get dirty** elpiszkolódik; **get dressed** öltözködik, felöltözik; **get even with sy** elégtételt vesz magának; **get excited** izgalomba jön; **get fagged out** kidöglik; **get fat** (meg)hízik; **get fed up with sg** elege van vmből, ❖ *biz* megun; **get free** kiszabadul; **get hold of** hozzájut, kap, kézre kerít, nyakon csíp vkt, megszerez vmt; **get home** hazaérkezik, visszaér, megjön; **they got home safely** épségben hazaértek; **get hot** kihevül, kiizzad; **get hot under the collar** elönti a pulykaméreg, begerjed; **get hungry** megéhezik; **I get it** megértettem!; **I didn't quite get what you said** nem egészen értettem, (a)mit mondtál; **you have got it!** eltaláltad!; **got that?** ❖ *biz* világos?; **get lost** eltéved, *(tárgy)* elvesz; **get lost!** tűnj(ön) el!; **get old** megöregszik; **get ready** elkészít; **get ready (for)** *(indulás előtt)* összekészül, vmt vmre előkészít, *(útra)* felkészül, vmnek nekikészül; **get rid of** vmtől/vktől megszabadul, vkt leráz a nyakáról; **can we get there in time?** odaérünk idejében?; **get tired of sg** belefárad vmbe, vmt megun; **get to** vhova érkezik; **get to know (of)** meg-

nm névmás – *nu* névutó – *szn* számnév – *esz* egyes szám – *tsz* többes szám

▼ szófajjelzés ⊕ földrajzi variáns ❑ szakterület ❖ stiláris minősítés

tud, tudomást szerez vmről, értesül vmről; **get to know sy** vkt kiismer; **get used/accustomed to sg** vmt megszokik; **get well again** *(egészségileg)* rendbe jön; **where did you get it (from)?** honnan vetted ezt?; **get a word in (edgeways)** *(nagy nehezen)* szóhoz jut; **I have got your letter** megkaptam levelét; **have you got your hat?** megvan a kalapod?; **what's got into him?** mi ütött beléje; **have you got …?** van magának …?; **sy has got sy** van vknek vmje; **have you got some money?** van valami pénzed?; **have you got any money?** van pénzed?; **have got to** kell, muszáj; **you have got to do it** meg kell tenned; **get sg done** vk vmvel elkészül; **get sg fixed** ⊕ US kijavíttat vmt; **get sg ready** *(készre)* megcsinál, elkészít; **get the breakfast ready** elkészíti a reggelit; **get sg repaired** vmt megjavíttat; **get sy to do sg** vkt vmre rábeszél, rávesz, vmt vkvel elvégeztet

---

get about *(hír)* (el)terjed ‖ lábadozik *(beteg)*

get (sg) across megértet ‖ sikerre juttat/visz

get ahead előrejut ‖ túltesz *(of* vkn)

get along *(vállalkozás, ember)* boldogul, jól megy ‖ **they get along well (together)** jól kijönnek egymással; **get along with sy** kijön/összefér vkvel

get around = **get about**

get at sg hozzájut/hozzáfér vmhez ‖ **what are you getting at?** hova akarsz ezzel kilyukadni?

get away elmegy (egy kicsit) pihenni, kikapcsolódik ‖ *(vk ülésről)* elszökik

get away from vhonnan eljön, vktől, vk elől megmenekül ‖ **cannot get away from the idea** képtelen szabadulni a gondolattól

get away with sg ❖ *biz* meglép vmvel ‖ **you can't get away with it** ezt nem viszed el (*v.* nem úszod meg) szárazon; **he got away with it** megúszta a dolgot

get back megjön, visszaér ‖ visszakap ‖ visszaszerez ‖ **get back to normal** *(helyzet)* rendeződik, normalizálódik

get back at sy for sg megfizet vknek vmért

get by elhalad ‖ (valahogyan csak) megél ‖ ❖ *átv* elmegy *(vm megteszi)*

get down leérkezik vhova, leér ‖ **get down to business** rátér a tárgyra/lényegre; **get down to work** hozzáfog a munkához, nekilát a munkának

get in beérkezik, befut *(vonat)* ‖ bejut, bekerül *(parlamentbe, egyetemre stb.)*, *(választáson)* győz ‖ **can get in** befér; **get in (a car/taxi)** *(autóba, taxiba)* beszáll; **get in (the harvest)** *(termést)* betakarít

get into beletanul; belejön ‖ bekerül, bejut *(parlamentbe)* ‖ belebújik *(kabátba, cipőbe)*; *(autóba, taxiba)* beszáll ‖ **get into hot water** ❑ *kif* bajba jut/keveredik/kerül; **get into trouble** bajba kerül/jut

get off *(járműről)* leszáll; kiszáll *(a vonatból)* ‖ **this is where you get off** itt kell leszállni; **where do I get off?** hol kell kiszállni?; **get the children off (to school etc.)** összekészíti a gyerekeket; **get sg off** elküld *(levelet, csomagot)*; **he got off with just a few bruises** néhány horzsolással megúszta; **he got off with a fine** pénzbüntetéssel megúszta; **get off with sy** ❖ *biz* viszonyt kezd vkvel

get on *(hajóba)* beszáll; *(buszra, villamosra)* felszáll ‖ *(vállalkozás, munka)* (jól) megy/halad; *(ember)* boldogul, érvényesül ‖ **get on a plane**

---

fn főnév_ *hsz* határozószó_ *isz* indulatszó_ *ksz* kötőszó_ *mn* melléknév
▼ szófajjelzés ⊕ földrajzi variáns ❑ szakterület ❖ stiláris minősítés

repülőgépre ül, repülőgépbe beszáll; **how are you getting on?** hogy vagy?, hogy boldogulsz?, hogy megy a sorod?; **he's getting on well at school** jól megy neki az iskola, szépen halad az iskolában/a tanulásban; **they get on well (together)** jól kijönnek egymással, jól megférnek; **it is getting on for eight** nyolcra jár az idő

get on to sy felveszi a kapcsolatot vkvel, vkhez fordul

get on with (jól) megvan/megfér/kijön vkvel ‖ halad/boldogul vmvel ‖ **get on well with sy** vkvel (jól) kijön/megvan; **she is difficult to get on with** nehéz megférni/kijönni vele

get out kitudódik *(hír)* ‖ megjelentet *(könyvet)*

get out of *(járműből)* kiszáll ‖ *(játszmából, üzletből)* kiszáll ‖ vhonnan kimegy ‖ **get out!** ki innen!; **get out of bed** felkel az ágyból; **get out (of here)!** *isz* mars (ki)!, takarodj ki!; **get out of sg** *(v. doing sg)* kibújik vm (megtétele) alól, felhagy vmvel; **get sg out of sy** ✶ *biz* kiszed vmt vkből; **get out of the way!** félre az útból!

get over *(akadályokat, nehézségeket)* legyőz, leküzd; *(bajt)* kihever; *(betegségen)* keresztülesik, átesik; *(betegséget)* átvészel; *(nehézségen)* átjut, túljut; **he can't get over it** nem tud hová lenni a meglepetéstől; **get over sg** túlteszi magát vmn

get round *(hír)* terjed ‖ *(nehézség elől)* kitér; *(kérdést)* megkerül ‖ **get round sy** levesz vkt a lábáról, ✶ *biz* leszerel vkt; **there is no getting round it** ami igaz, (az) igaz

get round to (doing) sg sort kerít vmre, hozzájut vmhez

get through keresztüljut/átjut vmn ‖ *(vizsgát)* letesz, *(vizsgán)* átmegy ‖ *(pénzt)* elkölt ‖ **get through customs** átjut a vámvizsgálaton

get through to vhová eljut ‖ **I couldn't get through to him** *(telefonon)* nem tudtam vele összeköttetést létesíteni

get together összegyűlik, összejön *(család stb.)*; gyülekezik

get up *(ülésből)* feláll; *(helyéről, ágyból)* felkel ‖ **get up late** későn kel; **get oneself up** kiöltözik; **get up a party** összejövetelt/„bulit" rendez

G

get-at-able [get'ætəbl] *mn* hozzáférhető

getaway ['getəweı] *fn* (el)menekülés

getaway car *fn* menekülésre használt autó

get-together *fn* összejövetel

get-up *fn* ruha, öltözék ‖ *(külső)* kiállítás; külalak *(könyvé)*

get-well card *fn* gyógyulást kívánó képeslap

geyser ['gi:zə, ⊕ *US* 'gaızər] *fn* gejzír ‖ ⊕ *GB* autogejzír, gázbojler

ghastly ['gɑ:stli] *mn* ✶ *biz* szörnyű, rémes

gherkin ['gɜ:kın] *fn (apró)* uborka

ghetto ['getoʊ] *fn* gettó

ghost [goʊst] ▼ *fn* kísértet, szellem ‖ **(s)he hasn't got the ghost of a chance** semmi sansza/esélye nincs ▼ *ige* ✶ *biz* négerez(ik)

ghostly ['goʊstli] *mn* kísérteties

ghost story *fn* kísértettörténet

ghost-write *ige* (*pt* **ghost-wrote**; *pp* **ghost-written**) négerez(ik)

ghost-writer *fn* ✶ *biz* néger *(más helyett dolgozó)*

GHQ = *general headquarters* főhadiszállás

GI [,dʒi:'aı] = *government issue* ⊕ *US* ✶ *biz* közkatona, sorkatona, kiskatona

giant ['dʒaıənt] ▼ *mn* óriási ▼ *fn* óriás

gibber ['dʒıbə] *ige* makog

---

gibberish ['dʒɪbərɪʃ] *fn* halandzsa, zagyva beszéd ‖ **talk gibberish** halandzsázik, zagyvaságokat beszél (*v.* hord össze)

gibe [dʒaɪb] ▼ *fn* csipkelődő megjegyzés ▼ *ige* **gibe at sy** ❖ *átv* vkt csipked

giblets ['dʒɪbləts] *fn tsz* aprólék, belsőség (*szárnyasé*)

Gibraltar [dʒɪ'brɔːltə] *fn* Gibraltár

giddiness ['gɪdɪnəs] *fn* szédülés

giddy ['gɪdi] *mn* szédítő ‖ **feel giddy** (meg)szédül; **I feel giddy** forog velem a világ

gift [gɪft] *fn* ajándék ‖ (különleges) képesség, tehetség ‖ **have a gift for sg** képessége van vmre, tehetsége van vmhez; **(s)he has a gift for languages** ő (kifejezett) nyelvtehetség

gifted ['gɪftɪd] *mn* tehetséges

gift-parcel *fn* ajándékcsomag

gift shop *fn* ajándékbolt

gift token/voucher *fn* vásárlási utalvány

gig [gɪg] *fn* ❖ *biz* (dzsessz- *v.* pop)-koncert

gigantic [dʒaɪ'gæntɪk] *mn* hatalmas, óriási, gigantikus

giggle ['gɪgl] ▼ *fn* kuncogás, nevetgélés ▼ *ige* kuncog, nevetgél

gild [gɪld] *ige* (*pt/pp* gilded ['gɪldɪd] *v.* gilt [gɪlt]) arannyal befuttat, bearanyoz ‖ **the gilded youth** aranyifjúság

gill(s) [gɪl(z)] *fn tsz* kopoltyú

gilt [gɪlt] *mn* aranyozott ‖ → **gild**

gilt-edged *mn* (*könyv*) aranyozott szélű ‖ **gilt-edged securities/stocks** elsőrangú értékpapírok

gimmick ['gɪmɪk] *fn* reklámfogás, trükk ‖ (*készülék*) szerkentyű

gimmicky ['gɪmɪki] *mn* it's so gimmicky az egész csak trükk

gimlet ['gɪmlət] *fn* (kézi) fúró

gin [dʒɪn] *fn* fenyőpálinka, gin

ginger ['dʒɪndʒə] ▼ *fn* gyömbér ‖ **ginger hair** vörösesszőke haj ▼ *ige* **ginger up** felélénkít, felvillanyoz

ginger ale/beer *fn* gyömbérsör

gingerbread ['dʒɪndʒəbred] *fn* gyömbérkenyér *(mézeskalácsszerű sütemény)*

ginger-haired *mn* vörösesszőke

gingerly ['dʒɪndʒəli] ▼ *mn* óvatos ▼ *hsz* óvatosan

gipsy ['dʒɪpsi] *mn/fn* cigány

giraffe [dʒɪ'rɑːf] *fn* zsiráf

girder ['gɜːdə] *fn* tartógerenda, T-gerenda

girdle ['gɜːdl] *fn* csípőszorító ‖ fűző

girl [gɜːl] *fn* lány

girl-friend *fn* barátnő ‖ **Y is his girl-friend** ❖ *biz* jár vkvel, járnak, Y a barátnője

Girl Guide (⊕ *US* Girl Scout) *fn* (leány)cserkész

girlish ['gɜːlɪʃ] *mn* lányos

giro ['dʒaɪrou] *fn* (*bank-, posta-*) zsíró

girth [gɜːθ] *fn* (*méret*) kerület ‖ (*lószerszám*) heveder

gist [dʒɪst] *fn* vmnek a veleje/magva/lényege

give [gɪv] *ige* (*pt* gave [geɪv]; *pp* given ['gɪvn]) ad, odaad ‖ átad ‖ okoz ‖ enged ‖ **give sy sg** (*v.* sg to sy) vknek vmt (oda)ad; **give sg for sg** ad vmt vmért; **can I give you some more?** kér(sz) még?; **give sy a warm welcome** szívélyesen üdvözöl vkt; **I wouldn't give it for anything** nem adom semmiért; **give rise to** okoz, előidéz; **I'll give him what for** ❖ *biz* majd adok én neki!; **I give you our host!** a házigazda egészségére!; **give way** enged, hátrál; ❏ *közl* elsőbbséget ad (*to* vknek); beszakad, lesüllyed; **we've been given 10 each** személyenként 10 fontot kaptunk; **he was given two years** két évet kapott

give away (sg to sy) elajándékoz vmt ‖ vkt elárul vm

give back vmt visszaad

give in vmt bead ‖ enged, beadja a derekát, meghódol ‖ **not give in** nem hagyja magát

---

give off *(hőt, szagot)* kibocsát ‖ **give off smoke** *(kémény stb.)* füstöl
give out *(készlet)* kifogy, kimerül ‖ *(vizsgapapírokat stb.)* szétoszt ‖ kibocsát *(hőt)*
give over sg felhagy vmvel ‖ **give sy over to sy** vknek vkt kiszolgáltat/átad; **give sg over to sy** átad vknek vmt
give up *(igényről, követelésről stb.)* lemond; *(versenyt, küzdelmet, reményt)* felad; *(végleg)* abbahagy; felhagy vmvel ‖ *(tervet)* elejt ‖ *(kiszolgáltat)* kiad ‖ átad, átenged ‖ **give up smoking** leszokik a dohányzásról; **give up sy for lost** *(vkről, mint eltűntről)* lemond; **give oneself up** *(bűnös a rendőrségen)* jelentkezik

give-and-take *fn* ❖ *biz* kölcsönös engedmények; hoci, nesze
give-away *fn* áruló jel ‖ ráadás ‖ **give-away goal** potya gól; **give-away price** reklámár
given ['gɪvn] *mn* adott ‖ *(szám, idő)* meghatározott ‖ **a given case** adott eset; **at a given time and place** a megadott időben és helyen ‖ → **give**
given name *fn* keresztnév, utónév
give way sign *fn* „elsőbbségadás kötelező" tábla
gizzard ['gɪzəd] *fn* zúza
glacé ['glæseɪ] *mn* kandírozott, cukrozott
glacial ['gleɪʃl] *mn* jégkori ‖ jeges, fagyos *(modor)* ‖ **glacial period** jégkorszak
glacier ['gleɪsɪə] *fn* gleccser, jégmező
glad [glæd] *mn* boldog ‖ **be glad of sg** örül vmnek; **I shall be glad to come** örömmel jövök
gladden ['glædn] *ige* megörvendeztet
glade [gleɪd] *fn* tisztás
gladiator ['glædieɪtə] *fn* gladiátor
gladly ['glædli] *hsz* örömmel
gladness ['glædnəs] *fn* öröm

glamorous ['glæmərəs] *mn* elbűvölő
glamour (⊕ *US* -or) ['glæmə] *fn* ❖ *átv* ragyogás
glance [glɑːns] ▼ *fn* pillantás ‖ **at a glance** egyetlen pillantásra; **cast a glance at sy/sg** vkre/vmre rápillant, pillantást vet vkre/vmre ▼ *ige* **glance at** odapillant, ránéz, pillantást vet vkre/vmre

glance off lepattan, visszapattan
glance over sg tekintete végigsiklik vmn
glance through sg végigfut vmn, *(futólag)* átnéz vmt

gland [glænd] *fn* mirigy
glare [gleə] ▼ *fn* vakító fény ‖ átható pillantás ▼ *ige* vakítóan ragyog ‖ dühödt pillantást vet *(at* vkre)
glaring ['gleərɪŋ] *mn* vakító ‖ rikító *(szín)*; kirívó, szembeötlő ‖ **glaring error** kirívó hiba; **glaring injustice** égbekiáltó igazságtalanság
Glasgow ['glɑːzgoʊ] *fn* Glasgow
glass [glɑːs] *fn* üveg ‖ pohár ‖ **glasses** szemüveg; **a glass of water** egy pohár víz; **he had a glass too many** felöntött a garatra
glass-blower *fn* üvegfúvó
glass-case *fn* vitrin
glass door *fn* üvegajtó
glassed-in ['glɑːst] *mn* üvegezett
glass fibre (⊕ *US* fiber) *fn* üvegszál
glasshouse ['glɑːshaʊs] *fn* üvegház, pálmaház, melegház
glassware ['glɑːsweə] *fn* üvegáru
glassworks ['glɑːswɜːks] *fn esz v. tsz* üveggyár, (üveg)huta
glassy ['glɑːsi] *mn* üvegszerű, üveges
Glaswegian [glæz'wiːdʒən] *mn/fn* glasgowi
glaucoma [glɔːˈkoʊmə] *fn* (zöld) hályog, glaukóma
glaze [gleɪz] *ige* (be)üvegez
glazed [gleɪzd] *mn* zománcos *(agyagáru)* ‖ üveges *(tekintet)*

---

nm névmás – *nu* névutó – *szn* számnév – *esz* egyes szám – *tsz* többes szám
▼ szófajjelzés ⊕ földrajzi variáns ❑ szakterület ❖ stiláris minősítés

glazier ['gleɪzɪə] *fn* üveges *(iparos)*
gleam [gli:m] ▼ *fn* (fel)villanás, fény-
sugár ‖ **a gleam of hope** reménysugár
▼ *ige (fény)* felvillan; *(csillogva)*
fénylik; (fel)csillan
gleaming ['gli:mɪŋ] *mn* ragyogó, csil-
logó, tündöklő
glean [gli:n] *ige* gyűjt(öget) ‖ bön-
gész(ik), tallóz
gleaning ['gli:nɪŋ] *fn* tallózás
glee [gli:] *fn* vidámság
gleeful ['gli:fl] *mn* vidám
glen [glen] *fn* völgy, szurdok
glib [glɪb] *mn* **have a glib tongue** fel
van vágva a nyelve
glide [glaɪd] ▼ *fn* siklás ‖ siklórepűlés
▼ *ige* siklik; ❖ *biz* vitorlázik *(vitorlá-
zórepülést végez)* ‖ **glide past (sg)**
(vm mellett) elsuhan
glider ['glaɪdə] *fn* vitorlázó repülőgép
gliding ['glaɪdɪŋ] *fn* siklórepülés
glimmer ['glɪmə] ▼ *fn* (halvány) fény-
sugár ‖ **a glimmer of hope** reménysu-
gár ▼ *ige (fény)* pislákol
glimpse [glɪmps] ▼ *fn* pillantás ‖
catch a glimpse of megpillant ▼ *ige*
megpillant
glint [glɪnt] ▼ *fn* villanás ▼ *ige* villan,
villog
glisten ['glɪsn] *ige* csillog, fénylik,
tündöklik, ragyog
glistening ['glɪsnɪŋ] *mn* csillogó
glitter ['glɪtə] ▼ *fn* ragyogás; *(csillo-
gó)* fény ▼ *ige* csillog ‖ **all that
glitters is not gold** nem mind arany,
ami fénylik
glittering ['glɪtərɪŋ] *mn* csillogó, szik-
rázó
gloat [gloʊt] *ige* **gloat over sg** kárörö-
möt érez vmn
global ['gloʊbl] *mn* világ- ‖ globális,
összesített ‖ **global sum** átalány
globalization [ˌgloʊbəlaɪ'zeɪʃn] *fn*
globalizáció
global warming *fn* globális felmelege-
dés

globe [gloʊb] *fn* gömb ‖ **the globe**
földgömb
globe-trotter *fn* világjáró
globular ['glɒbjʊlə] *mn* gömb alakú,
gömb-
globule ['glɒbju:l] *fn* gömböcske; *(víz,
olaj)* csöpp
gloom [glu:m] *fn*ború, lehangoltság,
sötétség
gloomily ['glu:mɪli] *hsz* komoran, le-
hangoltan
gloomy ['glu:mi] *mn* sötét, borongós,
bús, komor
glorify ['glɔ:rɪfaɪ] *ige* dicsőít, felma-
gasztal
glorious ['glɔ:rɪəs] *mn* dicső(séges) ‖
it's a glorious day ragyogó nap
glory ['glɔ:ri] *fn* dicsőség ‖ dicsfény,
glória
glory-hole *fn* lomtár
gloss[1] [glɒs] ▼ *fn* máz ‖ fényezés ▼
ige **gloss over** ❖ *biz (ügyet)* elken,
kimagyaráz; szépít
gloss[2] [glɒs] ▼ *fn* széljegyzet, glossza,
(szó)magyarázat ▼ *ige* magyaráz(ó
jegyzettel ellát)
glossary ['glɒsəri] *fn* szójegyzék,
glosszárium
glossy ['glɒsi] *mn* selyemfényű, fé-
nyes ‖ **glossy magazine** (szép kiállítá-
sú) képes folyóirat
glove(s) [glʌv(z)] *fn tsz* kesztyű
glove-compartment *fn* kesztyűtartó
glow [gloʊ] ▼ *fn* izzás ‖ (arc)pír ‖ **in a
glow** izzó ▼ *ige* izzik ‖ sugárzik
glower ['glaʊə] *ige* haragosan néz *(at
vkre)*
glowing ['gloʊɪŋ] *mn* izzó, égő
glow-worm *fn* szentjánosbogár
glucose ['glu:koʊs] *fn* glükóz, szőlő-
cukor
glue [glu:] ▼ *fn* enyv, ragasztó ▼ *ige*
odaragaszt *(sg to sg* vmt vmhez); vmt
vmre ráragaszt
glue-sniffer *fn* szipós, szipózó
glue-sniffing *fn* szipózás

---

fn főnév −*hsz* határozószó −*isz* indulatszó −*ksz* kötőszó −*mn* melléknév
▼ szófajjelzés ⊕ földrajzi variáns □ szakterület ❖ stiláris minősítés

gluey ['glu:i] *mn* enyves, ragadós

glum [glʌm] *mn* **-mm-** komor, sötét

glut [glʌt] ▼ *fn* bőség ▼ *ige* **-tt-** eláraszt, telít ‖ **glut oneself with** (jól) bezabál

glutinous ['glu:tənəs] *mn* ragacsos; nyúlós

glutton ['glʌtn] *fn* **a glutton** nagybélű/falánk ember

gluttonous ['glʌtənəs] *mn* falánk, nagybélű

gluttony ['glʌtəni] *fn* falánkság

glycerine ['glɪsərɪn] (⊕*US* **glycerin**) *fn* glicerin

gm = gram

G major ['dʒi: 'meɪdʒə] *fn* ❏*zene* G-dúr

G minor ['dʒi: 'maɪnə] *fn* ❏*zene* g-moll

GMT = Greenwich Mean Time

gnarl [nɑ:l] *fn* (*fában*) bütyök, görcs

gnarled [nɑ:ld] *mn* bütykös, görcsös

gnash [næʃ] *ige* **gnash one's teeth** fogát csikorgatja

gnat [næt] *fn* szúnyog

gnaw [nɔ:] *ige* **gnaw (at)** *sg* rág(csál) vmt; **gnaw away/off** lerág, szétrág

gnocchi ['nɒki] *fn tsz* galuska

gnome [noʊm] *mn/fn* gnóm

GNP [ˌdʒi: en 'pi:] = **gross national product**

go [goʊ] ▼ *fn* menés ‖ próbálkozás ‖ lendület ‖ ⊕*GB* vizsga ‖ **be on the go** tevékeny(kedik), sürög-forog, sokat jön-megy; **it's your go** te következel; **at one go** egyszeri próbálkozásra, előszörre; **have a go at** megpróbál vmt ▼ *ige* (*esz 3* **goes** [goʊz]; *pt* **went** [went]; *pp* **gone** [gɒn]) megy, halad ‖ közlekedik ‖ **go and fetch** *sg* elmegy vkért/vmért, érte megy; **go and see** *sy* meglátogat vkt; **go abroad** külföldre megy/utazik; **go bad** elromlik; **go by air** repülővel megy, utazik; **go by bus** busszal megy; **go by car** autón/kocsin megy; **go by sea** hajóval megy; **go by train** vonaton/

vonattal megy; **go by tube** (*v.* ⊕*US* **subway**) metróval megy; **he'll go far** sokra viszi még; **go halves with** *sy* felez vkvel; **go home** hazamegy; **go one's own way** a maga útján jár; **go rowing** evezni megy; **go shopping** bevásárolni megy; **go sightseeing** megtekinti a látnivalókat; **go slow** lassítja a munkát, amerikázik; **go to bed** aludni megy; **go to bed with** *sy* ❖*biz* (*férfi nővel*) lefekszik; **go to see a doctor** orvoshoz megy; **go to the country** ⊕*GB* választásokat kiír; **go to the theatre a lot** sokat jár színházba; **go too far** túlzásba esik; **go upstairs** felmegy (az emeletre); **go wrong** elromlik; **let's go!** no gyerünk!; **it'll go a long way** futja vmből; **it goes without saying** magától értetődik/értetődő; **be going well** (*munka, tanulás*) jól megy vknek; **everything is going very well** minden remekül megy; **let's get going!** na gyerünk!; **be going to do sg** készül, szándékozik, akar, fog vmt tenni; **I am going to do it** (*máris*) meg fogom tenni; **it's going to rain** úgy néz ki, hogy esni fog; **I was just going to write** éppen írni akartam/készültem; **I am going for a walk** sétálok egyet; **she's gone** nincs otthon, elment hazulról; **go past** (vm/vk mellett) elhalad; **go regularly to** (vhova) eljár

---

go about (doing) *sg* vmnek nekivág, vmbe belefog ‖ **go about one's work** dolga után jár, végzi a dolgát

go after utánamegy, követ ‖ utánajár

go ahead folytat(ódik) ‖ **go ahead!** vágj bele!, indulj!, kezdd el!

go along *sg* (*vm mentén*) végigmegy

go along with egyetért ‖ **I go along with you on that point** ebben egyetértek veled

go at nekimegy ‖ **go at it!** nosza rajta!, mindent bele!

---

nm névmás *−nu* névutó *−szn* számnév *−esz* egyes szám *−tsz* többes szám
▼ szófajjelzés ⊕ földrajzi variáns ❏ szakterület ❖ stiláris minősítés

go away eltávozik ‖ **go away!** eredj innen!

go back visszaér, visszautazik

go back on (one's word) *(ígéretétől/szavától)* eláll, visszakozik, megszegi a szavát, nem tartja meg ígéretét/szavát ‖ **there is no going back on it** ezt nem lehet visszacsinálni

go back to *(időben)* visszanyúlik

go before vkt/vmt megelőz

go beyond vmn túlmegy, átlép *(határt)*

go by *(év)* elmúlik; *(idő)* telik ‖ igazodik, tartja magát vmhez ‖ ad vmre

go down lemegy ‖ süllyed, lejjebb száll ‖ *(ár)* esik; olcsóbb lesz ‖ *(daganat)* lelohad ‖ *(gumi)* leereszt ‖ **go down** *(évfolyamot)* elvégez; **go down in value** értékben/értékéből veszít; **go down on one's knees** letérdel; **go down well** ❖ *biz* kedvező visszhangra talál, tetszik *(with* vknek)

go for elmegy vkért/vmért, vmért értemegy ‖ vonatkozik vmre/vkre ‖ ❖ *biz* bukik vkre/vmre ‖ választ

go in vk bemegy; *(helyiségbe)* belép ‖ **it won't go in** nem fér be

go in for vm pályára lép, vmnek készül/megy, vmlyen sportot űz ‖ vmvel *(hobbiként)* foglalkozik, vm iránt érdeklődik

go into be(le)megy ‖ vmbe fér ‖ **go into detail(s)** részletekbe bocsátkozik; **go (deeply) into a question** behatóan foglalkozik egy kérdéssel; **go into second (gear)** második sebességre *(v.* másodikba) kapcsol

go off lezajlik, végbemegy ‖ elalszik, kimegy *(villany)*, kikapcsol ‖ *(étel)* megromlik, megbüdösödik ‖ *(puska)* elsül ‖ **go off one's head** ❖ *biz* bedilizik; **go off the point** *(tárgytól)* elkanyarodik; **go off the rails** kisiklik ‖ letér a helyes útról; **gone off one's head** ❖ *biz* őrült

go on színre lép ‖ felgyullad *(villany)* ‖ folytatja az útját, továbbmegy, halad ‖ tart, folyik, zajlik ‖ szövegel ‖ **what's going on here?** mi történik itt?; **go on!** folytasd (csak)!, tovább!, *(siettetve)* gyerünk!; **go on at sy** ❖ *biz* macerál vkt

go on with folytat ‖ **go on with one's work** folytatja a munkáját

go out kimegy *(of* vhonnan) ‖ **go out for a walk** (ki)sétál, kimegy sétálni; **we are going out tonight** programunk van ma este; **has gone out** házon kívül van

go out with ❖ *biz* jár vkvel, járnak ‖ **be going out with sy** ❖ *biz* együtt jár vkvel

go over felülvizsgál vmt; *(pontokon, leckén)* végigmegy, átismétel; vmn *(tanulmányozva)* átmegy ‖ **go over sg with a fine-tooth comb** aprólékosan megvizsgál/átfésül vmt

go over to vhová átlép ‖ áttér vmre ‖ **we go over to computers** *(v.* **the computer)** áttérünk a számítógépre; **go over to the other side** *(ellenséghez)* átpártol, átáll

go round kézről kézre jár, körben forog ‖ *(hír)* terjed ‖ körüljár; *(járva)* megkerül, körbejár ‖ **go round …** benéz vkhez; **go (all) round the shops** sorra járja az üzleteket

go through keresztülmegy vmn, átél vmt; *(megpróbáltatást)* átvészel ‖ *(pontokon, leckén)* végigmegy, átismétel vmt ‖ *(írást)* átnéz ‖ **go through an illness** betegségen megy át; **go through (one's pockets)** *(zsebeket)* átkutat; **go through passport control** túlesik/átmegy az útlevélvizsgálaton

go through with végrehajt vmt, belemegy vmbe ‖ **I couldn't go through with it** nem tudtam elkészülni vele

go to vhova elmegy, utazik ‖ jut vknek, kap vk vmt

---

fn főnév – *hsz* határozószó – *isz* indulatszó – *ksz* kötőszó – *mn* melléknév

▼ szófajjelzés ⊕ földrajzi variáns ▢ szakterület ❖ stiláris minősítés

go together együtt jár (vm) vmvel, vmvel velejár ‖ **they go well together** jól összeillenek

go under *(elgondolás, vállalkozás stb.)* ❖ *biz* megbukik ‖ elmerül, elsüllyed

go up *(ár, láz)* felmegy; felfelé megy ‖ drágul

go up to vkhez odamegy/odalép

go with vkt elkísér ‖ jár vkvel ‖ együtt jár (vm) vmvel

go without sg megvan vm nélkül

---

goad [goʊd] *ige* ösztökél

go-ahead ▼ *mn* célratörő ▼ *fn* ❖ *átv* zöld út ‖ **give sy the go-ahead** zöld utat ad vmnek

goal [goʊl] *fn* végcél, cél ‖ (futball)kapu ‖ gól ‖ **be one goal up** egy góllal vezet

goalie ['goʊli] *fn* ❖ *biz* = **goalkeeper**

goalkeeper ['goʊlkiːpə] *fn* ❑ *sp* kapuvédő, (futball)kapus

goal-kick *fn (futball)* kirúgás

goal line *fn* alapvonal

goal-post *fn* ❑ *sp* kapufa

goat [goʊt] *fn* kecske

goatee [goʊ'tiː] *fn* kecskeszakáll

goatherd ['goʊthɜːd] *fn* kecskepásztor

goatskin ['goʊtskɪn] *fn* kecskebőr

gobble ['gɒbl] *ige* **gobble up** felfal

gobbledygook ['gɒbldiguːk] *fn (tudományos, hivatali)* halandzsa

go-between *fn* ❑ *ker* közvetítő

goblet ['gɒblɪt] *fn* serleg

goblin ['gɒblɪn] *fn* kobold

go-cart *fn* ⊕ *US* sportkocsi *(babakocsi)* ‖ járóka ‖ ❑ *sp* gokart

god, God [gɒd] *fn* isten, Isten ‖ **God bless you!** *(jókívánságként)* az Isten áldjon meg!, *(tüsszentéskor)* ⊕ *US* egészségére!; **God forbid** Isten ments!; **for God's sake** az Isten szerelmére; **the god** ❖ *biz (színházban)* kakasülő

godchild ['gɒdtʃaɪld] *fn (tsz -children* [-tʃɪldrən]*)* keresztgyermek

goddaughter ['gɒddɔːtə] *fn* keresztlány

godfather ['gɒdfɑːðə] *fn* keresztapa

god-fearing *mn* istenfélő

god-forsaken *mn* Isten háta mögötti

godless ['gɒdləs] *mn* nem hívő, istentelen

godly ['gɒdli] *mn* istenfélő, istenhívő, vallásos

godmother ['gɒdmʌðə] *fn* keresztanya

godparents ['gɒdpeərənts] *fn tsz* keresztszülők

G

godsend ['gɒdsend] *fn* **be a godsend** égből pottyant vm

godson ['gɒdsʌn] *fn* keresztfiú

goes [goʊz] → **go**

go-getter *fn* ❖ *biz* rámenős ember, stréber

goggle ['gɒgl] *ige* kimereszti a szemét ‖ *(szem)* kidülled ‖ → **goggles**

goggle-box *fn* ❖ *biz* tévé(készülék)

goggle-eyed *mn* dülledt szemű

goggles ['gɒglz] *fn tsz* motorosszemüveg ‖ **swim goggles** úszószemüveg; **ski goggles** síszemüveg

going ['goʊɪŋ] ▼ *mn* jól menő *(vállalkozás)* ▼ *fn* haladás ‖ **rough going** vacak út; **it was good going** jól haladtunk; **not bad going!** nem rossz!

goings-on [ˌgoʊɪŋz'ɒn] *fn tsz* ❖ *biz* furcsa dolgok/viselkedés

goitre (⊕ *US* **goiter**) ['gɔɪtə] *fn* golyva

go-kart *fn* gokart

gold [goʊld] *fn* arany ‖ ❑ *sp* aranyérem

gold chain *fn* aranylánc

gold coin *fn* arany(pénz)

gold crown *fn* aranykorona

golden ['goʊldən] *mn* arany- ‖ aranysárga, aranyfényű

golden age *fn* aranykor

golden goal *fn* ❑ *sp* aranygól

golden handshake *fn* magas jutalom *(nyugdíjba vonuláskor)*, „aranyat" érő kézfogás

---

golden mean, the *fn* az arany középút
golden rule *fn* aranyszabály
golden wedding *fn* aranylakodalom
golden yellow *mn* aranysárga
gold fever *fn* aranyláz
gold-field *fn* aranymező
goldfinch ['gəʊldfɪntʃ] *fn* tengelice
goldfish ['gəʊldfɪʃ] *fn (tsz ua.)* aranyhal
gold leaf *fn (tsz leaves)* aranyfüst
gold medal *fn* aranyérem
goldmine ['gəʊldmaɪn] *fn (átv is)* aranybánya
gold ore *fn* aranyérc
gold piece *fn* aranypénz
gold-plate *fn* arany evőkészlet
gold-plated *mn* aranyozott
gold reserve *fn* aranyfedezet
gold ring *fn* aranygyűrű
gold-rush *fn* aranyláz
goldsmith ['gəʊldsmɪθ] *fn* aranyműves
gold-standard *fn* aranylap
gold tooth *fn (tsz teeth)* aranyfog
gold watch *fn* aranyóra
golf [gɒlf] *fn* golf
golf ball *fn* golflabda ‖ *(írógépen)* gömbfej
golf(-)club *fn* golfütő ‖ *(egyesület)* golfklub
golf course *fn* golfpálya
golfer ['gɒlfə] *fn* golfjátékos
golf links *fn tsz* golfpálya
gondola ['gɒndələ] *fn (velencei és bolti)* gondola; léggömbkosár
gondolier [ˌgɒndə'lɪə] *fn* gondolás
gone [gɒn] *mn* elveszett, reménytelen ‖ előrehaladott *(terhes)* ‖ **she's seven months gone** a nyolcadik hónapban van; **gone 5** ⊕*US* 5 óra múlt; **be gone on sy** ❖*biz* bele van esve vkbe; **going, going, gone!** először, másodszor, senki többet, harmadszor! ‖ → **go**
gong [gɒŋ] *fn* gong
gonna ['gənə, 'gɒnə] ⊕*US* ❖*biz* → **go**

good [gʊd] ▼ *mn* jó ‖ alkalmas, megfelelő ‖ szép ‖ *(jegy)* érvényes ‖ **be good!** viselkedj rendesen!; **be no good** ❖*biz* semmit sem ér; **make (sg) good, make good (a loss)** jóvátesz, *(veszteséget, kárt)* (ki)pótol; **not good** *(jegy)* érvénytelen; **what is it good for?** mire jó/szolgál/való ez?; **good afternoon** jó napot (kívánok); **good as it is, good as it may be** akármennyire jó is, még ha olyan jó is; **as good as new** majdnem új; **be as good as one's word** állja/megtartja a szavát; **(s)he is good at figures** jól tud számolni; **be good at maths** *(gyerekről)* jó matematikus; **be good at sg** (vk) jó/ügyes vmben, ez az ő erős oldala; **a good deal** jó sok(at); sokszor; *(összehasonlításban)* sokkal; **good deed** jó cselekedet, jótett; **be good enough to** szíveskedjék …; **good English** helyes angolság; **good evening!** jó estét (kívánok)!; **be good for** hasznos, érvényes, szól vmre, jó vmre; **be in good health** jó egészségben van; **a good idea** jó ötlet; **it would be good if** jó lenne, ha; **good luck!** jó szerencsét!; **a good many** jó (egy)néhány, jó sok; **good morning** jó reggelt/napot (kívánok); **good news** örömhír; **good night!** jó éjszakát!, jó éjt!; **have a good night's rest** kialussza magát; **it was a good one** remek vicc volt; **be in good running/working order** *(gép)* rendben van; **be in good shape** jó testi erőben van; **a good sort** rendes ember; **in good style** stílusos; **be on good terms with sy** jó viszonyban *(v. jóban)* van vkvel; **have a good time!** jó mulatást!, érezd jól magad!; **we had a good time** kitűnően éreztük magunkat *(v. mulattunk)*; **in good time** időben, idejében, jó korán; **good turn** jótett; **do sy a good turn** jót tesz vkvel; **a good while** jó ideig; **good wishes** szerencsekívánat ▼ *fn* jó ‖ **do sy good**

---

fn főnév −*hsz* határozószó −*isz* indulatszó −*ksz* kötőszó −*mn* melléknév
▼ szófajjelzés ⊕földrajzi variáns ❑szakterület ❖stiláris minősítés

(gyógyszer, eljárás) használ; javára
válik/szolgál; **for good** végleg, örök-
re; **it will come to no good** rossz vé-
ge lesz; **it will do you good** jót fog
tenni; **for the good of** javára || →
goods
goodbye [ˌgʊdˈbaɪ] *isz/fn (búcsúzás-
kor)* Isten vele(tek)!, viszontlátásra!,
jó napot (kívánok)! || **say goodbye
(to)** elbúcsúzik vktől, búcsút vesz
vktől
good faith *fn* jóhiszeműség || **do sg in
good faith** jóhiszeműen cselekszik
good-for-nothing *fn* semmiházi, link
alak
Good Friday *fn* nagypéntek
good humour (⊕ *US* **humor**) *fn* jó
hangulat, jókedv
good-humoured (⊕ *US* **-humored**) *mn*
jó humorú; jókedvű; kedélyes; *(meg-
jegyzés)* humoros
good-looking *mn* csinos, jóképű, jó
megjelenésű
good looks *fn tsz* csinos `külső || **have
good looks** jóképű
good manners *fn tsz* jó modor
good-natured *mn* jóindulatú || baráti
goodness [ˈgʊdnəs] *fn* jóság || **my
goodness!** juj!, te jó Isten!; **goodness
me** uram Istenem!; **for goodness'
sake!** az ég szerelmére!
goods [gʊdz] *fn tsz* javak || áru, áru-
cikkek || teheráru || **one's goods and
chattels** ❖ *biz* motyó
goods elevator *fn* ⊕ *US* teherfelvonó
goods lift *fn* teherfelvonó
goods station *fn* teherpályaudvar
goods traffic *fn (vasúti)* áruforgalom,
teherforgalom
goods train *fn* ⊕ *GB* tehervonat
goods wag(g)on *fn* vasúti (teher)kocsi
good-tempered *mn* jó kedélyű/termé-
szetű
goodwill [ˈgʊdwɪl] *fn* jóakarat,
(együttérző) megértés || jó hírnév ||
goodwill committee jószolgálati bi-

zottság; **goodwill visit** jószolgálati lá-
togatás
goody-goody [ˈgʊdigʊdi] *fn* ❖ *elít*
szenteskedő (ember), szentfazék
goose [guːs] *fn (tsz* **geese** [giːs]) liba
gooseberry [ˈgʊzbəri] *fn* egres || ❖ *biz*
elefánt
gooseflesh [ˈguːsfleʃ] *fn* ❖ *átv* libabőr
goose-liver *fn* libamáj
goose step *fn*❑ *kat* díszlépés
gopher [ˈgoʊfə] *fn* ❑ *áll* ⊕ *US* hör-
csög, ürge
gore [gɔː] *ige* felöklel; *(szarvval)* átdöf
gorge [gɔːdʒ] ▼ *fn* völgyszoros || to-
rok, gége || **sg makes my gorge rise
at sg** elfog az undor ▼ *ige* **gorge
oneself (on sg)** ❖ *biz* belakik, beza-
bál
gorgeous [ˈgɔːdʒəs] *mn* nagyszerű,
ragyogó, (szín)pompás
gorilla [gəˈrɪlə] *fn (átv is)* gorilla
gormless [ˈgɔːmləs] *mn* ❖ *biz* ügye-
fogyott; *(emberről)* marha
gorse [gɔːs] *fn* rekettye
gory [ˈgɔːri] *mn* véres, vérfagyasztó
(történet)
gosh! [gɒʃ] *isz* a mindenit!, ejnye!
go-slow *fn* ❖ *biz* ⊕ *GB* munkalassítás,
lassító sztrájk
Gospel [ˈgɒspl] *fn* ❑ *vall* evangélium
|| **it's (the) Gospel truth** ez szentírás;
gospel spirituálé
gossamer [ˈgɒsəmə] *fn* ökörnyál
gossip [ˈgɒsɪp] ▼ *fn* pletyka; fecsegés
|| pletykafészek ▼ *ige* pletykál || **be
gossiping (all day)** pletykálkodik
gossip column *fn* pletykarovat
gossipmonger [ˈgɒsɪpmʌŋgə] *fn*
pletykafészek
got [gɒt] *pt/pp* → **get**
Gothic [ˈgɒθɪk] *mn* gótikus || **Gothic
style** gót stílus || **Gothic novel** rémre-
gény
gotten [ˈgɒtn] *pp* ⊕ *US* → **get**
gouge [gaʊdʒ] *ige* fúr || *(nevet)* bevés,
graviroz || *(szemet)* kiszúr

goulash (soup) ['gu:læʃ] *fn* gulyás- (leves)

gourd [guəd] *fn* (dísz)tök || *(lopótök- ből)* lopó

gourmet ['guəmeɪ] *fn* ínyenc

gout [gaut] *fn* köszvény

govern ['gʌvn] *ige* ❑*pol* kormányoz

governess ['gʌvənɪs] *fn* nevelőnő

governing ['gʌvənɪŋ] *mn* kormányzó

governing board *fn* kormányzó testü- let, igazgatótanács

government ['gʌvənmənt] *fn* ❑*pol* kormány, kabinet || ❑*nyelvt* vonzat || **change of government** kormányvál- tozás; **be in government** kormányon van; **the Government has resigned** lemondott a kormány

government delegation *fn* kormány- küldöttség

government edict *fn* kormányrendelet

government offices *fn tsz* kormányhi- vatalok

governor ['gʌvənə] *fn* kormányzó || igazgató *(nagyobb banké)*

Governor-General *fn* (*tsz* **Governors- General** *v.* **Governor-Generals**) fő- kormányzó

Govt = Government

gown [gaun] *fn* talár

GP [,dʒi: 'pi:] = **general practitioner**

GPO [,dʒi: pi: 'ou] = *General Post Of- fice* főposta

gr ❑*ker* = **gross**

grab [græb] *ige* **-bb-** megragad || harác- csol || **grab a job** megkaparint egy ál- lást

---

grab at belemarkol, vmhez odakap

---

grace [greɪs] *fn* kegyelem || *(asztali)* áldás || báj, kecsesség || **say grace** (asztali) áldást mond

graceful ['greɪsfl] *mn* kecses

gracious ['greɪʃəs] *mn* kegyes, szíves || irgalmas

gradation [grə'deɪʃn] *fn* fokozat(osság) || árnyalat || fokbeosztás

grade [greɪd] ▼ *fn* fokozat, fok, nagy- ság || ⊕ *US* ❑*isk* osztály || osztályzat, jegy || ⊕ *US* lejtő(s út), emelkedő || **make the grade** megüti a mértéket, sikerül neki, boldogul ▼ *ige* minősít; *főleg* ⊕ *US (dolgozatokat)* osztályoz, javít || fokokra (be)oszt

grade crossing *fn* ⊕ *US* szintbeni ke- reszteződés (*v.* vasúti átjáró)

grade school *fn* ⊕ *US* elemi/általános iskola

grade teacher *fn* ⊕ *US* tanító, tanár

gradient ['greɪdɪənt] *fn* lejtő(s út), lejtő, emelkedő

gradual ['grædʒuəl] *mn* fokozatos, lépcsőzetes

gradually ['grædʒuəli] *hsz* fokozato- san, fokról fokra

graduate ▼ ['grædʒuət] *fn* egyetemet végzett ember, diplomás || volt/vég- zett hallgató *(egyetemé, főiskoláé)*; volt növendék || **graduate engineer** okleveles mérnök ▼ ['grædʒueɪt] *ige* **graduate in sg** *(egyetemen)* (vmlyen) diplomát szerez; végez || **(s)he grad- uated in law** jogot végzett; **he grad- uated from London (University)** (egyetemi) tanulmányait Londonban (*v.* a londoni egyetemen) végezte

graduated pension ['grædʒueɪtɪd] *fn* progresszív nyugdíj

graduation [,grædʒu'eɪʃn] *fn* egyete- mi oklevél elnyerése/átadása; diplo- maosztó ünnepség || fokbeosztás, skála

graffiti [grə'fi:ti] *fn tsz* firkálások, fel- iratok *(falakon)*, falfirka

graft [grɑ:ft] ▼ *fn* ❑*mezőg* oltvány, oltóág ▼ *ige* ❑*mezőg* olt || ❑*orv* *(bőrt)* átültet

grain [greɪn] *fn* (szemes) termény, ga- bona || (gabona)szem || szemcse || **along the grain** szálirányban; **grain crops** szemes termények; **grains** ga- bonafélék; **grain export(s)** gabonaki- vitel

gram *fn* gramm

---

fn főnév – *hsz* határozószó – *isz* indulatszó – *ksz* kötőszó – *mn* melléknév
▼ szófajjelzés ⊕ földrajzi variáns ❑ szakterület ❖ stiláris minősítés

grammar ['græmə] *fn* nyelvtan

grammar school *fn* ⊕ *GB* gimnázium

grammatical [grə'mætɪkl] *mn* nyelvtani

grammatically [grə'mætɪkli] *hsz* nyelvtanilag

gramme [græm] *fn* gramm

gramophone ['græməfoʊn] *fn* gramofon

granary ['grænəri] *fn* magtár, hombár

grand [grænd] *mn* nagy ‖ nagyszerű, grandiózus, kolosszális ‖ nagystílű

grandchild ['græntʃaɪld] *fn* (*tsz* -children [-tʃɪldrən]) unoka

granddad ['grændæd] *fn* nagyapó

granddaughter ['grændɔːtə] *fn* (leány)unoka

grandfather ['grændfɑːðə] *fn* nagyapa

grandfather-clock *fn* (*nagy*) állóóra

grandiose ['grændioʊs] *mn* nagystílű, grandiózus

grand jury *fn* ⊕ *US* esküdtszék

grandma ['grænmɑː] *fn* ❖ *biz* nagyanya

grandmother ['grænmʌðə] *fn* nagyanya

grandpa ['grænpɑː] *fn* ❖ *biz* nagyapa

grandparents ['grændpeərənts] *fn tsz* nagyszülők

grand piano *fn* (hangverseny)zongora

Grand Prix [ˌɡrɒn 'priː] *fn* nagydíj

grand slalom *fn* óriásműlesiklás

grandson ['grænsʌn] *fn* (fiú)unoka

grandstand ['grændstænd] *fn* lelátó

grand total *fn* végösszeg, teljes összeg

grange [greɪndʒ] *fn* major, farm

granite ['grænɪt] *fn* gránit

granny ['græni] *fn* nagymama, nagyi

grant [grɑːnt] ▼ *fn* anyagi támogatás, segély, adományozás, pénzsegély ▼ *ige* adományoz; ad ‖ (*kérést*) teljesít ‖ grant sg to sy, grant sy sg megad vknek vmt; grant a loan (*bank*) kölcsönt ad vknek; grant a request kérelemnek helyt ad, kérést teljesít; grant sy credit hitelt szavaz meg (*v.* ad)

vknek; I grant that you may be right megengedem, hogy így van; be granted (meg)kap vmt, (*kívánság*) teljesül; it must be granted that meg kell hagyni, hogy; take it for granted természetesnek veszi/találja

granted ['grɑːntɪd] *mn* granted that feltéve, hogy

granular ['grænjʊlə] *mn* szemcsés

granulated sugar ['grænjʊleɪtɪd] *fn* kristálycukor

granule ['grænjuːl] *fn* (*apró*) szemcse

grapefruit ['greɪpfruːt] *fn* grépfrút

grape-juice *fn* szőlőlé

grape(s) [greɪp(s)] *fn tsz* szőlő ‖ a bunch of grapes szőlőfürt

grape sugar [greɪp] *fn* szőlőcukor

grape-vine *fn* szőlőtőke

graph [grɑːf] ▼ *fn* grafikon, diagram, görbe ▼ *ige* graph sg grafikont készít vmről

graphic ['græfɪk] *mn* grafikai ‖ szemléletes ‖ give a graphic account of sg szemléletesen ír le vmt

graphically ['græfɪkli] *hsz* grafikusan ‖ szemléletesen

graphic artist *fn* grafikus

graphic arts *fn tsz* grafika

graphics ['græfɪks] *fn tsz* ⬛ *nyomd szt* grafika (*kiadványé*)

graphite ['græfaɪt] *fn* grafit

graphological [ˌgræfə'lɒdʒɪkl] *mn* grafológiai

graphology [grə'fɒlədʒi] *fn* grafológia

graph paper *fn* milliméterpapír; kockás papír

grapple ['græpl] *ige* dulakodik (*with* vkvel) ‖ küszködik, vesződik (*with* vmvel)

grappling iron ['græplɪŋ] *fn* (kis) horgony

grasp [grɑːsp] ▼ *fn* megragadás; fogás, szorítás ‖ felfogóképesség ‖ have a good grasp of sg jó felfogása van ▼ *ige* (meg)fog, megragad, marokra fog vmt ‖ vmbe kapaszkodik ‖ (*ésszel*) felfog

G

---

nm névmás – *nu* névutó – *szn* számnév – *esz* egyes szám – *tsz* többes szám

▼ szófajjelzés ⊕ földrajzi variáns ⬛ szakterület ❖ stiláris minősítés

grasping ['grɑ:spɪŋ] *mn* haszonleső, pénzsóvár

grass [grɑ:s] ▼ *fn* fű, gyep, pázsit ‖ ❖ *biz* marihuána, „fű" ▼ *ige* **grass on (sy)** besúg, beköp vkt, spicliskedik vkre

grass-covered *mn* füves

grass court *fn* füves/gyepes pálya

grasshopper ['grɑ:shɒpə] *fn* szöcske

grassland(s) ['grɑ:slænd(z)] *fn tsz* füves terület; legelő

grass roots *fn tsz* a széles néprétegek, a választók (tömegei)

grass-seed *fn* fűmag

grass snake *fn*❑ *áll* sikló

grass widow *fn* szalmaözvegy

grass widower *fn* (férfi) szalmaözvegy

grassy ['grɑ:si] *mn* füves, gyepes

grate [greɪt] ▼ *fn* rács, rostély ▼ *ige* (ételfélét) (meg)reszel ‖ csikorgat, csikorog ‖ **sg grates on sy** (v. **on sy's nerves**) az idegeire megy vm/vk

grateful ['greɪtfl] *mn* hálás ‖ **I'm most grateful** végtelen hálás vagyok

gratefully ['greɪtfli] *hsz* hálásan

gratefulness ['greɪtflnəs] *fn* hála

grater ['greɪtə] *fn* (ételhez) reszelő

gratification [ˌɡrætɪfɪ'keɪʃn] *fn* kielégülés ‖ elégtétel ‖ öröm

gratify ['grætɪfaɪ] *ige* kielégít ‖ **I was most gratified …** nagy örömömre szolgált …

gratifying ['grætɪfaɪɪŋ] *mn* **it is gratifying …** jóleső érzés …, nagy elégtétel …

grating ['greɪtɪŋ] ▼ *mn* reszelős ‖ csikorgó ▼ *fn* rács

gratis ['grætɪs] ▼ *mn* ingyenes; díjtalan ▼ *hsz* ingyen, díjtalanul, grátisz

gratitude ['grætɪtjuːd] *fn* hála

gratuitous [grə'tjuːətəs] *mn* ingyenes ‖ fölösleges

gratuity [grə'tjuːəti] *fn* borravaló, hálapénz

grave¹ [greɪv] *mn* súlyos, komoly

grave² [greɪv] *fn* sír

gravedigger ['greɪvdɪɡə] *fn* sírásó

gravel ['grævl] ▼ *fn* kavics, murva ▼ *ige* **-ll-** ❀ *US* **-l-**) (utat) kavicsoz

gravelled (❀ *US* **-l-**) ['grævld] *mn* kavicsos

gravel path *fn* kavicsos út

gravely ['greɪvli] *hsz* súlyosan ‖ komolyan

gravestone ['greɪvstoʊn] *fn* sírkő

graveyard ['greɪvjɑːd] *fn* sírkert

gravitate ['grævɪteɪt] *ige* vonzódik

gravitation [ˌɡrævɪ'teɪʃn] *fn* gravitáció

gravitational [ˌɡrævɪ'teɪʃnəl] *mn* gravitációs ‖ **gravitational field** gravitációs erőtér

gravity ['grævəti] *fn* (betegségé, problémáé) súlyosság, komolyság

gravy ['greɪvi] *fn* mártás, szósz ‖ pecsenyelé, szaft

gravy-boat *fn* mártásoscsésze

gray [greɪ] ❀ *US* = **grey**

graze¹ [greɪz] ▼ *fn* horzsolás ▼ *ige* (le)horzsol

graze² [greɪz] *ige* legeltet ‖ legel

grazing ['greɪzɪŋ] *fn* legel(tet)és

grazing ground/land *fn* legelő

grease [griːs] ▼ *fn* zsír ‖ kenőanyag ▼ *ige* (gépet) (meg)ken, (meg)zsíroz, olajoz ‖ (serpenyőt) bezsíroz ‖ **grease sy's palm** vkt megken, csúszópénzt ad vknek

grease-box *fn* zsírzószelence

grease-gun *fn* zsírzóprés

grease-paint *fn* smink

grease-proof paper *fn* zsírpapír

greasy ['griːsi] *mn* zsíros, olajos ‖ (zsír)pecsétes ‖ síkos, csúszós

great [greɪt] *mn* nagy ‖ nagyszerű, kitűnő, klassz ‖ **it's great** nagyszerű!, remek!; **be great at sg** vk nagyszerű vmben; **a great deal** sokkal, sokat, sokban; **a great deal of** jó sok/adag; **he went through a great deal** sok viszontagságon ment keresztül; **they are great friends** igen jó barátok; **a great many** nagyon sok; **it's a great**

---

fn főnév– *hsz* határozószó– *isz* indulatszó– *ksz* kötőszó– *mn* melléknév
▼ szófajjelzés ❀ földrajzi variáns ❑ szakterület ❖ stiláris minősítés

thing nagy szó ez!; **I feel great today** remekül érzem magam ma
great-aunt *fn* nagynéni
Great Bear, the *fn* Göncölszekér
Great Britain *fn* Nagy-Britannia
greater ['greɪtə] *mn* nagyobb || **in greater detail** bővebben; **the greater part of** (sg) vmnek a zöme; **for the greater part** nagyobbrészt; **Greater London** Nagy-London; **become greater** nagyobbodik
greatest ['greɪtəst] *mn* legnagyobb || legfőbb || **greatest common divisor** legnagyobb közös osztó; **to the greatest extent** a legnagyobb mértékben; **with the greatest joy** kész/ezer örömmel; **greatest possible** a lehető legnagyobb, maximális
great-grandchild *fn* (*tsz* **-children**) dédunoka
great-grandfather *fn* dédapa
great-grandmother *fn* dédanya
Great Lakes, the *fn tsz* a Nagy-tavak
greatly ['greɪtli] *hsz* nagyon; igen, nagymértékben
greatness ['greɪtnəs] *fn* nagyság
Grecian ['griːʃn] *mn* görög
Greece [griːs] *fn* Görögország
greed [griːd] *fn* kapzsiság, mohóság
greedily ['griːdɪli] *hsz* mohón
greediness ['griːdinəs] *fn* mohóság
greedy ['griːdi] *mn* kapzsi, mohó || **greedy for information** információra éhes; **greedy for money** pénzsóvár
Greek [griːk] *mn/fn* görög || **it's all to me Greek** ❖ *biz* ebből egy szót sem értek
green [griːn] ▼ *mn* zöld || ❖ *biz* naiv, tapasztalatlan, zöldfülű || **be green with envy** sárga az irigységtől ▼ *fn* zöld (szín) || pázsit, gyep(es pálya) || rét || **greens** zöldség; **the Greens** ❏ *pol* zöldek; **have green fingers** ❖ *biz* ért a növényekhez
green back *fn* ⊕ *US* dollárbankjegy
green belt *fn* zöldövezet
greenbottle ['griːnbɒtl] *fn* döglégy

green card *fn* zöld kártya
green coffee *fn* nyerskávé
greenery ['griːnəri] *fn* növényzet, zöld
green-eyed monster *fn* sárga irigység
greenfly ['griːnflaɪ] *fn* levéltetű
green food *fn* zöldtakarmány
greengage ['griːŋgeɪdʒ] *fn* ringló
greengrocer ['griːngrəʊsə] *fn* zöldségárus
greenhorn ['griːnhɔːn] *fn* ❖ *biz* kezdő, zöldfülű
greenhouse ['griːnhaʊs] *fn* növényház, melegház, pálmaház, üvegház
greenish ['griːnɪʃ] *mn* zöldes
Greenland ['griːnlənd] *fn* Grönland
green light *fn* zöld fény || ❖ *átv* zöld út || **give sy the green light** megadja vknek a zöld utat
green peas *fn tsz* zöldborsó
green pepper *fn* zöldpaprika
green room *fn* művészszoba
Greenwich Mean Time ['grenɪtʃ, 'grɪnɪdʒ, -tʃ] *fn* greenwichi középidő
greet [griːt] *ige* köszönt, üdvözöl, köszön
greeting ['griːtɪŋ] *fn* köszöntés, köszönés, üdvözlés || **greetings** üdvözlet
greetings card ['griːtɪŋz] *fn* üdvözlőlap
gregarious [grɪ'geərɪəs] *mn* társaságot kedvelő, közösségi || nyájban élő
Gregorian calendar [grɪ'gɔːrɪən] *fn* Gergely-naptár
Gregorian chant *fn* gregorián ének
Gregory ['gregəri] *fn* Gergely
grenade [grɪ'neɪd] *fn* gránát
grew [gruː] *pt* → **grow**
grey [greɪ] (⊕ *US* **gray**) ▼ *mn* szürke || ősz || **he is going grey** őszül ▼ *fn* szürke ▼ *ige* megszürkül
grey-haired *mn* (galamb)ősz
grey-headed *mn* ősz (fejű)
greyhound ['greɪhaʊnd] *fn* agár
greyhound-racing *fn* agárverseny
greyish ['greɪɪʃ] *mn* szürkés, őszes, őszülő

grey matter *fn* ❏ *biol* szürkeállomány
greyness ['greɪnəs] *fn* szürkeség
grid [grɪd] *fn* rács, rostély
griddle ['grɪdl] *fn* serpenyő, palacsintasütő
gridiron ['grɪdaɪən] *fn* (sütő)rostély, grillsütő || ⊕ *US* ❖ *biz* pálya *(amerikai futballé)*
grief [griːf] *fn* bú(bánat), szomorúság, bánkódás || **come to grief** pórul/ rosszul/szerencsétlenül jár, *(vállalkozás)* zátonyra jut, balul végződik
grievance ['griːvns] *fn* sérelem
grieve [griːv] *ige* elszomorít, búsít || búslakodik, kesereg *(at/about/over sg* vm miatt); bánkódik *(for sy/sg* vm miatt, vk után) || **I was grieved to hear sg** fájdalommal értesültem
grieving ['griːvɪŋ] *mn* szomorú
grievous ['griːvəs] *mn* fájdalmas, keserves, súlyos || **grievous loss** óriási veszteség
grievous bodily harm *fn* ❏ *jog* súlyos testi sértés
grill [grɪl] ▼ *fn* (sütő)rostély, grillsütő || rostonsült, roston sült hús || **mixed grill** fatányéros ▼ *ige* roston süt || ❖ *biz* faggat, kivallat
grille [grɪl] *fn* rostély, rács; *(pénztárablakon stb.)* védőrács
grilled [grɪld] *mn* roston sült, grill- || **grilled chicken** grillcsirke; **grilled meat** roston sült hús; **grilled pork** (sertés)flekken; **grilled steak** rostonsült
grill-room *fn* grillbár
grim [grɪm] *mn* zord, marcona, komor
grimace [grɪ'meɪs] ▼ *fn* grimasz, (arc)fintor ▼ *ige* grimaszokat vág
grime [graɪm] *fn* szenny, kosz
grimly ['grɪmli] *hsz* konokul, ádázul
grimy ['graɪmi] *mn* ❖ *biz* szutykos, koszos, szurtos
grin [grɪn] *ige* -nn- vigyorog || **grin and bear it** jó képet vág a dologhoz
grind [graɪnd] ▼ *fn* ❖ *biz* lélekölő munka ▼ *ige (pt/pp* **ground** [graʊnd])

őröl; darál, megdarál || kiélesít, megfen, (meg)köszörül || csiszol || **grind one's teeth** fogát csikorgatja; **grind sg (down) to dust** porrá zúz

grind away (at sg) ❖ *biz* gürizik, gürcöl || magol || **grind (away) for one's exam** vizsgára magol
grind sg into sy (*v.* **into sy's head**) szájába rág

grinder ['graɪndə] *fn* daráló, őrlőgép
grinding machine ['graɪndɪŋ] *fn* csiszológép, köszörű
grindstone ['graɪndstoʊn] *fn* köszörűkő || **keep sy's nose to the grindstone** keményen megdolgoztat vkt
grip [grɪp] ▼ *fn* fogás, megragadás, szorítás || **come to grips with sy** ö(kö)lre megy vkvel ▼ *ige* -pp- megragad, megfog, megmarkol, marokra fog vmt || vmben megfogódzik || *(szerszám, fék)* fog || **grip sg in a vice** satuba befog munkadarabot; **he was gripped by fear** elfogta a félelem
gripe [graɪp] ▼ *fn* zúgolódás ▼ *ige* morog, zúgolódik *(about* vm miatt) || görcsöl *(gyomor)*
gripes [graɪps] *fn tsz* ❏ *orv* (has)csikarás, bélgörcs
gripping ['grɪpɪŋ] *mn* izgalmas, megragadó
grisly ['grɪzli] *mn* hátborzongató, szörnyű
grist [grɪst] *fn* őrlemény || árpadara || **it's all grist to the/sy's mill** az ő malmára hajtja a vizet, hoz a konyhára
gristle ['grɪsl] *fn* ❖ *biz* mócsing
grit [grɪt] ▼ *fn* kőpor || karakánság ▼ *ige* -tt- homokkal beszór || csikorgat || csikorog || → **grits**
grits [grɪts] *fn tsz* búzadara
grizzly bear ['grɪzli] *fn* (amerikai) szürkemedve
groan [groʊn] ▼ *fn* nyögés || **give a groan** reccsen ▼ *ige* nyög

---

fn főnév − *hsz* határozószó − *isz* indulatszó − *ksz* kötőszó − *mn* melléknév
▼ szófajjelzés   ⊕ földrajzi variáns   ❏ szakterület   ❖ stiláris minősítés

groats [groʊts] *fn tsz* (zab)dara

grocer ['groʊsə] *fn* fűszeres

groceries ['groʊsərɪz] *fn tsz* élelmiszer(ek), fűszeráru, élelmiszeráru

grocer's (shop) *fn (mint üzlet)* fűszeres, élelmiszerbolt, közért, vegyesbolt

grocery (store) ['groʊsəri] *fn* ⊕ *US* élelmiszerbolt

grog [grɒg] *fn* grog

groggy ['grɒgi] *mn* bizonytalan, tántorgó ‖ *(bokszoló)* megroggyant

groin [grɔɪn] *fn* ⊔ *orv* lágyék

groom [gru:m] ▼ *fn (esküvőn)* vőlegény ▼ *ige (lovat)* ápol ‖ ❖ *biz* előkészít vkt *(for* vmre)

groove [gru:v] ▼ *fn* horony, vájat, rovátka ▼ *ige* kiváj, hornyol, rovátkol

grope [groʊp] *ige* **grope (about) for** sg tapogatózva keres vmt; **grope about in the dark** sötétben tapogatódzik; **grope one's way** *(sötétben)* botorkál

gross [groʊs] *mn* vaskos, durva, goromba ‖ trágár ‖ bruttó ‖ **gross error** durva/goromba hiba

gross income *fn* bruttó jövedelem

grossly ['groʊsli] *hsz* rendkívül(ien), ❖ *biz* vastagon

gross national product *fn* nemzeti össztermék

gross price *fn* bruttó ár

gross profit *fn* bruttó nyereség

gross receipts *fn tsz* bruttó bevétel

gross sales *fn tsz* bruttó forgalom

gross weight *fn* összsúly, bruttó súly

grotesque [groʊ'tesk] *mn* groteszk

grotto ['grɒtoʊ] *fn* barlang

grotty ['grɒti] *mn* kellemetlen ‖ nyamvadt

grouch [graʊtʃ] ▼ *fn* morgás ‖ panasz ‖ mogorva ember ▼ *ige* morog, zsörtölődik

grouchy ['graʊtʃi] *mn* zsörtölődő

ground[1] [graʊnd] ▼ *fn* talaj, föld ‖ terület ‖ (futball)pálya ‖ indok, alap *(érveké, gyanúé stb.)* ‖ **cover a lot of ground** sok kérdést ölel fel; **gain ground** tért hódít; **give grounds for**

(doing) sg megindokol; **hold/keep one's ground** megállja a sarat/helyét; **on what grounds?** milyen alapon/ (jog)címen?; **on the grounds of** vmnek az alapján; **on the ground(s) that …** azon az alapon, hogy … ‖ → **grounds** ▼ *ige* megfeneklik ‖ ⊕ *US* ⊔ *el* földel ‖ **be grounded** nem száll fel *(repülőgép)*

ground[2] [graʊnd] *mn* csiszolt ‖ őrölt ‖ → **grind**

ground control *fn (űrhajóé)* földi irányító központ, földi irányítás

ground crew *fn* repülőtéri személyzet

ground floor *fn* ⊕ *GB (házban)* földszint

ground glass *fn* homályos üveg

grounding ['graʊndɪŋ] *fn* alapozás

groundless ['graʊndləs] *mn (gyanú)* alaptalan

ground level *fn* talajszint

ground-lights *fn tsz (repülőtéri)* jelzőfény

ground-line *fn (rajz)* alapvonal

groundnut ['graʊndnʌt] *fn* amerikai mogyoró

ground-rent *fn* telekbér; földjáradék

grounds [graʊndz] *fn tsz* zacc ‖ (ház körüli) kert ‖ sportpálya

groundsheet ['graʊndʃi:t] *fn* sátorfenék

ground(s) keeper *fn* ⊕ *US* = **groundsman**

groundsman ['graʊndzmən] *fn (tsz -men)* pályamester, pályagondnok

ground staff *fn* repülőtéri személyzet

ground swell *fn* nagy (hosszú) hullám

ground-to-ground missile *fn* földföld rakéta

ground water *fn* talajvíz

groundwork ['graʊndwɜ:k] *fn* alapozás

group [gru:p] ▼ *fn* csoport ‖ csapat ‖ *(rock stb.)* együttes ‖ **group activity** csoportos foglalkozás ▼ *ige* csoportosít

group captain *fn* ⊕ *GB* repülő ezredes

G

---

nm névmás *–nu* névutó *–szn* számnév *–esz* egyes szám *–tsz* többes szám
▼ szófajjelzés ⊕ földrajzi variáns ⊔ szakterület ❖ stiláris minősítés

group leader *fn* csoportvezető
group photograph *fn* csoportkép
group therapy *fn* csoportterápia
grouse[1] [graʊs] *fn (tsz ua.)* nyírfajd
grouse[2] [graʊs] ▼ *fn* zúgolódás, morgás ▼ *ige* zúgolódik, morog
grove [grəʊv] *fn* liget, berek
grovel ['grɒvl] *ige* -ll- (⊕ *US* -l-)
grovel to sy hasra esik vk előtt, vk meghunyászkodik
grow [grəʊ] *ige* (*pt* **grew** [gru:]; *pp* **grown** [grəʊn]) nő, növekedik, növekszik; *(haj, köröm)* kinő, megnő; *(gyerek)* erősödik; gyarapodik, fejlődik ‖ *(mennyiség)* szaporodik ‖ fokozódik ‖ vm (meg)terem ‖❑ *mezőg* termel, termeszt ‖ növeszt ‖ válik vmvé, lesz (vmlyen) ‖ **grow a beard** szakállt növeszt; **grow bigger** növekedik; **it is growing dark** esteledik; sötétedik; **grow dim** elhalványodik, elhalványul; **grow dull** elhülyül; **grow fat** elhízik, meghízik; **grow hot** forrósodik; **grow larger** növekedik; **grow less** *(mennyiség)* kisebbedik, fogy, kevesbedik; **grow old(er)** (meg)öregszik; **grow shorter** rövidül; **grow stiff** megmeredvedik; **grow tall** nagyra nő, megnő; **grow tired (of)** vmtől/vmben elfárad; **grow weary/sick/tired of** vkre/vmre ráun; **grow wild** *(növény)* elvadul; **grow worse** romlik, súlyosbodik

---

grow away from eltávolodik
grow into vk/vm vmbe belenő ‖ vmvé (ki)fejlődik ‖ **grow into a man** megemberesedik
grow on sy egyre jobban tetszik vknek ‖ **a habit that grows on you** vmlyen szokás rabjává válik vk
grow out of *(ruhából, ruhát)* kinő ‖ **grow out of (all) proportion** óriási méreteket ölt
grow up vk felnő

---

grower ['grəʊə] *fn* ❑ *mezőg* termelő, termesztő

growing ['grəʊɪŋ] ▼ *mn* növekedő ▼ *fn* termesztés
growl [graʊl] *ige (állat)* morog; *(medve)* dörmög, brummog
grown [grəʊn] *mn* termesztett ‖ → **grow**
grown-up *mn/fn* felnőtt
growth [grəʊθ] *fn* növekedés, gyarapodás, kifejlődés ‖ fejlődés ‖ képződmény, daganat ‖ **growth of the population** népszaporulat; népesedés
grub [grʌb] *fn* álca, lárva ‖ ❖ *biz* kaja
grubby ['grʌbi] *mn* piszkos, mosdatlan
grudge [grʌdʒ] ▼ *fn* neheztelés ‖ **bear sy a grudge** neheztel vkre, a begyében van ▼ *ige* **grudge against sy for sg** vkre vmért neheztel
grudging ['grʌdʒɪŋ] *mn* kelletlen
grudgingly ['grʌdʒɪŋli] *hsz* kelletlenül, vonakodva
gruelling (⊕ *US* -l-) ['gru:əlɪŋ] *mn* kimerítő, fárasztó, nehéz
gruesome ['gru:səm] *mn* hátborzongató
gruff [grʌf] *mn* mogorva, morcos, nyers
grumble ['grʌmbl] ▼ *fn* morgás, panaszkodás ▼ *ige* morog, zúgolódik (*about/at sg* vm miatt)
grumbler ['grʌmblə] *fn* (vén) morgó
grumpy ['grʌmpi] *mn* **be grumpy** zsörtölődik, morog
grunt [grʌnt] ▼ *fn* röfögés ▼ *ige* röfög
guarantee [ˌgærən'ti:] ▼ *fn* garancia, jótállás, kezesség, szavatosság ‖ **with a two-year guarantee** kétévi garanciával ▼ *ige* kezeskedik, vmért jótáll, garanciát vállal vmért, garantál ‖ **guaranteed for one year** szavatossági (határ)idő egy év, egyévi garanciával
guarantor [ˌgærən'tɔ:] *fn* jótálló, kezes
guard [gɑ:d] ▼ *fn* védekező állás ‖ elővigyázat(osság) ‖ őr, őrség, őrszem ‖ vonatkísérő ‖ (múzeumi) teremőr ‖ (védő)korlát ‖ **be off one's guard** elő-

---

fn főnév– *hsz* határozószó– *isz* indulatszó– *ksz* kötőszó– *mn* melléknév
▼ szófajjelzés ⊕ földrajzi variáns ❑ szakterület ❖ stiláris minősítés

vigyázatlan, nem vigyáz; **be on guard** résen van, őrséget/őrt áll ▼ *ige* őriz ‖ vigyáz (vkre/vmre) ‖ védelmez *(from vmtől, vm ellen)* ‖ → **Guards**

guard against *(vkt vmtől v. vm ellen)* véd(elmez)/óv, védekezik vm/ vk ellen ‖ **be on one's guard against sg** óvakodik vmtől

guarded ['gɑːdɪd] *mn* óvatos, tartózkodó

guardian ['gɑːdɪən] *fn* gondnok, gyám *(kiskorúé)*

guardian angel *fn* őrangyal

guardianship ['gɑːdɪənʃɪp] *fn* gondnokság, gyámság

guard-rail *fn* karfa; védőkorlát

Guards, the [gɑːdz] *fn tsz* ⊕*GB* (királyi) testőrség, gárda(ezred)

guard's van *fn* a vonatvezető kocsija/ fülkéje

guer(r)illa [gə'rɪlə] *fn* gerilla ‖ **guerilla warfare** gerillaharc

guess [ges] ▼ *fn* találgatás, becslés, saccolás ‖ sejtés ‖ **it's anybody's guess** (szabadon) lehet találgatni, csak találgatni lehet, szabad a gazda!; **what is your guess?** mire tippelsz? ▼ *ige* találgat, tippel, igyekszik kitalálni, saccol ‖ eltalál, kitalál ‖ ⊕*US* ❖ *biz* vél, hisz ‖ **(I) guess** ⊕*US* úgy hiszem/vélem; **I guess (so)** ⊕*US* azt hiszem (igen); **he guessed wrong** nem találta el

guesstimate ['gestɪmət] *fn* ❖ *biz* saccolás, tipp

guesswork ['geswɜːk] *fn* találgatás, saccolás

guest [gest] *fn* vendég

guest artist *fn* vendégművész

guest conductor *fn* vendég karmester

guest-house *fn* szálló, penzió

guest lecturer *fn (egyetemen)* meghívott előadó

guest performance *fn* vendégjáték, vendégszereplés

guest-room *fn (szállodában)* vendégszoba

guest speaker *fn* felkért előadó *(konferenciára)*

guest student *fn* vendéghallgató

guffaw [gə'fɔː] ❖ *vulg* ▼ *fn* röhögés, röhej ▼ *ige* röhög

guidance ['gaɪdns] *fn* irányítás, vezetés ‖ tanácsadás, útmutatás ‖ **be under sy's guidance** vk irányítása alatt áll; **for your guidance** tájékoztatásul

guide [gaɪd] ▼ *fn* kalauz, (idegen)vezető ‖ tájékoztató, vezérfonal, ismertető, útmutató ‖ útikönyv, útikalauz ‖ **Guide** leánycserkész ▼ *ige* vezet, vezérel, irányít, kalauzol ‖ **guide sy to (a place)** vkt vhova (oda)vezet, irányít

guidebook ['gaɪdbʊk] *fn* útikönyv, útikalauz

guided ['gaɪdɪd] *mn* irányított

guided missile *fn* irányított lövedék

guide dog *fn* vakvezető kutya

guided tour *fn (idegenforgalmi)* (tárlat)vezetés, csoportos idegenvezetés; társasutazás ‖ **we were given a guided tour of the cathedral** vezetés volt a székesegyházban

guidelines ['gaɪdlaɪnz] *fn tsz* irányelvek, vezérfonal

guide-post *fn* útjelző tábla

guiding principle ['gaɪdɪŋ] *fn* irányelv

guild [gɪld] *fn* céh

guildhall ['gɪldhɔːl] *fn* városháza

guile [gaɪl] *fn* csalafintaság

guileless ['gaɪlləs] *mn* jámbor ‖ naiv

guillotine ['gɪlətiːn] *fn* nyaktiló ‖ papírvágó gép ‖ klotűr *(országgyűlésben)*

guilt [gɪlt] *fn* ❑*jog* bűnösség

guiltiness ['gɪltinəs] *fn* vétkesség

guiltless ['gɪltləs] *mn* ártatlan, bűntelen

guilty ['gɪlti] *mn* ❑*jog* bűnös, vétkes *(of vmben)* ‖ **declare/find sy guilty** bűnösnek mond ki *(v.* talál) vkt; **not guilty** ❑*jog* ártatlan; **plead guilty**

G

bűnösséget beismer; **(s)he was found guilty** bűnösnek találták (*of* vmben); **have a guilty conscience** rossz a lelkiismerete

guinea-pig ['gɪni pɪg] *fn* tengerimalac || ❖ *átv* kísérleti nyúl

guise [gaɪz] *fn* ruha, mez || **under the guise of sg** vmnek az örve alatt

guitar [gɪ'tɑː] *fn* gitár

guitarist [gɪ'tɑːrɪst] *fn* gitárjátékos, gitáros

gulf [gʌlf] *fn* öböl

Gulf States, the *fn tsz* az Öböl menti államok

Gulf Stream, the *fn* Golf-áram

gull [gʌl] *fn* sirály

gullet ['gʌlɪt] *fn* nyelőcső

gullibility [ˌgʌlə'bɪləti] *fn* hiszékenység

gullible ['gʌləbl] *mn* hiszékeny, naiv

gully ['gʌli] *fn* víznyelő, vízmosás (*árok, akna*)

gulp [gʌlp] ▼ *fn* korty, slukk || **at a gulp** egy kortyra, egyszerre ▼ *ige* (*ételt*) bekap; (*italt*) felhajt, kiiszik

gum[1] [gʌm] ▼ *fn* gumi || mézga || ragasztó(szer) || (rágó)gumi || gumicukor || csipa ▼ *ige* -mm- (meg)ragaszt, összeragaszt || **gum up** eldugít

gum[2] [gʌm] *fn* **gum(s)** (fog)íny

gumboots ['gʌmbuːts] *fn tsz* gumicsizma, hócsizma

gumption ['gʌmpʃn] *fn* ❖ *biz* józan ész, sütnivaló, gógyi

gumshoes ['gʌmʃuːz] *fn tsz* hócipő

gum-tree *fn* gumifa || **be up a gum-tree** ❖ *biz* kutyaszorítóban van

gun [gʌn] *fn* puska, (lő)fegyver || ágyú || vadász || szórópisztoly

gun dog *fn* vadászkutya

gunfire ['gʌnfaɪə] *fn* ágyútűz, ágyúzás

gun licence (⊕ *US* -se) *fn* fegyverviselési engedély

gunman ['gʌnmən] *fn* (*tsz* -men) fegyveres bandita

gunner ['gʌnə] *fn* tüzér

gunpoint ['gʌnpɔɪnt] *fn* **force sy (to do sg) at gunpoint** fegyverrel kényszerít vkt vmre

gunpowder ['gʌnpaʊdə] *fn* puskapor

Gunpowder Plot, the *fn* ❑ *tört* lőporos összeesküvés (1605)

gun-runner *fn* fegyvercsempész

gun-running *fn* fegyvercsempészet

gunshot ['gʌnʃɒt] *fn* ágyúlövés || puskalövés || lőtávol(ság)

gunsmith ['gʌnsmɪθ] *fn* fegyverkészítő, fegyvermester

gurgle ['gɜːgl] ▼ *fn* kotyogás, csobogás || gőgicsélés ▼ *ige* (*folyadék*) kotyog, csobog || (*baba*) gőgicsél

gush [gʌʃ] ▼ *fn* kitörés ▼ *ige* (sugárban) ömlik, dől || **gush forth** (*vér*) kifröccsen, kibuggyan; (*folyadék, vér*) dől (*vmből*) || **gush out (from)** (*víz*) előtör

gusset ['gʌsɪt] *fn* ereszték, betoldás

gust (of wind) [gʌst] *fn* széllökés

gusto ['gʌstoʊ] *fn* gusztus; élvezet || **with gusto** élvezettel, örömmel

guts [gʌts] *fn tsz* zsigerek, belek || mersz || **a man with plenty of guts** bátor ember/fickó

gutter ['gʌtə] *fn* esőcsatorna; (*útszéli, utcai*) csatorna

gutter-press *fn* zugsajtó, szennylapok

guttural ['gʌtərəl] *mn* gutturális, torokhang

guv(nor) ['gʌvnə] *fn* ❖ *biz* (*megszólításban*) főnök!; = **governor**

guy [gaɪ] *fn* ⊕ *US* ❖ *biz* fickó, pasas, krapek, ürge, fazon

guzzle ['gʌzl] *ige* ❖ *vulg* zabál

gym [dʒɪm] *fn* tornaterem || kondicionálóterem

gym (class) *fn* ❖ *biz* tornaóra

gymkhana [dʒɪm'kɑːnə] *fn* lovasjáték

gymnasium [dʒɪm'neɪzɪəm] *fn* tornaterem

gymnast ['dʒɪmnæst] *fn* tornász

gymnastic exercise [dʒɪm'næstɪk] *fn* tornagyakorlat || **gymnastic exercises** testgyakorlás

---

fn főnév – *hsz* határozószó – *isz* indulatszó – *ksz* kötőszó – *mn* melléknév
▼ szófajjelzés ⊕ földrajzi variáns ❑ szakterület ❖ stiláris minősítés

gymnastics [dʒɪm'næstɪks] *fn tsz* gimnasztika, testgyakorlás ‖ *esz (sportág)* torna ‖ **do gymnastics** tornászik
gym shoes *fn tsz* tornacipő
gym shorts *fn tsz* tornanadrág
gym slip *fn (ujjatlan)* trikó
gym teacher *fn* tornatanár
gym vest *fn* tornatrikó
gynaecological (⊕ *US* **gynec-**) [ˌgaɪnɪkə'lɒdʒɪkl] *mn* nőgyógyászati

gynaecologist (⊕ *US* **gynec-**) [ˌgaɪnɪ'kɒlədʒɪst] *fn* nőgyógyász
gynaecology (⊕ *US* **gynec-**) [ˌgaɪnɪ'kɒlədʒi] *fn* nőgyógyászat
gypsum ['dʒɪpsəm] *fn (természetes)* gipsz
gypsy ['dʒɪpsi] *mn/fn* cigány
gyrate [dʒaɪ'reɪt] *ige* forog, pörög
gyroscope ['dʒaɪrəskoʊp] *fn* giroszkóp

G

H

ha [hɑ:] *isz* ah!, ha(h)!

ha = **hectare**

habeas corpus [ˌheɪbɪəs ˈkɔ:pəs] *fn* <törvénytelenül fogva tartott személy szabadon bocsátására vonatkozó bírósági határozat>

haberdasher [ˈhæbədæʃə] *fn* ⊕*GB* rövidáru-kereskedés ‖ ⊕*US* férfidivatáru-üzlet

haberdashery [ˈhæbədæʃəri] *fn* ⊕*GB* rövidáru ‖ ⊕*US* férfidivat(áru)

habit [ˈhæbɪt] *fn* szokás, megszokás ‖ **get into the habit of (doing) sg** vmre rászokik; **get out of the habit (of doing)** sg vmtől elszokik; **make a habit of doing sg** szokásszerűen tesz vmt, szokásává vált, hogy …; **out of habit** szokásból

habitable [ˈhæbɪtəbl] *mn* lakható

habitat [ˈhæbɪtæt] *fn* előfordulási hely

habitation [ˌhæbɪˈteɪʃn] *fn* lakás ‖ lakóhely

habitual [həˈbɪtʃʊəl] *mn* szokásszerű; megszokott, szokásos

habitually [həˈbɪtʃʊəli] *hsz* szokásszerűen

habituate [həˈbɪtʃʊeɪt] *ige* hozzászoktat (*sy to sg* vkt vmhez)

hachures [hæˈʃʊə] *fn tsz* (*térképen*) árnyékolás

hack [hæk] *fn* bérelhető hátasló ‖ ⊕*US* taxi ‖ ✧ *elít* firkász ‖ kuli

hacker [ˈhækə] *fn* ⏚*szt* hacker, hekker

hackneyed [ˈhæknɪd] *mn* elcsépelt

hack-saw *fn* fémfűrész

had [d] *pt/pp* → **have**

haddock [ˈhædək] *fn* tőkehal

hadn't [ˈhædnt] = **had not**

haematology (⊕*US* hem-) [ˌhi:məˈtɒlədʒi] *fn* hematológia

haemoglobin (⊕*US* hem-) [ˌhi:məˈgloʊbɪn] *fn* hemoglobin

haemophilia (⊕*US* hem-) [ˌhi:məˈfɪlɪə] *fn* hemofilia; vérzékenység

haemophiliac (⊕*US* hem-) [ˌhi:məˈfɪliæk] *fn* hemofiliás (beteg)

haemorrhage (⊕*US* hem-) [ˈhemərɪdʒ] *fn* vérzés

haemorrhoids (⊕*US* hem-) [ˈhi:mərɔɪd(z)] *fn tsz* ⏚*orv* aranyér

haft [hɑ:ft] *fn* nyél; markolat

hag [hæg] *fn* boszorka

haggard face [ˈhægəd] *fn* nyúzott arc

haggis [ˈhægɪs] *fn* <disznósajtszerű skót nemzeti eledel>

haggle [ˈhægl] *ige* alkudozik (*with* vkvel)

Hague, the [heɪg] *fn* Hága

hail[1] [heɪl] ▼*fn* jégeső ▼*ige* **it is hailing** jégeső esik

hail[2] [heɪl] *ige* **hail a cab** int egy taxinak

hailstone [ˈheɪlstoʊn] *fn* jégszem

hailstorm [ˈheɪlstɔ:m] *fn* jégverés

hair [heə] *fn* haj ‖ szőr(szál) ‖ bunda (*állaté*) ‖ **do one's hair** (meg)fésülködik; **to a hair** hajszál(nyi)ra; **have one's hair cut** hajat vágat, levágatja a haját; **his hair stands on end** égnek áll a haja; **a hair's breadth** hajszálnyi

hairbrush [ˈheəbrʌʃ] *fn* hajkefe

hair-curler *fn* hajcsavaró

haircut ['heəkʌt] *fn (férfi)* frizura ‖ hajvágás ‖ **get/have a haircut** (meg)-nyiratkozik

hair-do *fn (női)* frizura

hairdresser ['heədresə] *fn* fodrász ‖ **hairdresser's (salon)** fodrászüzlet

hair-dryer *fn* hajszárító; (hajszárító) bura

hair-dye *fn* hajfesték

hair dyeing *fn* hajfestés

haired ['heəd] *utótag* hajú

hairgrip ['heəgrɪp] *fn* hajcsat, hajcsipesz

hairless ['heələs] *mn* szőrtelen, csupasz

hairline ['heəlaɪn] *fn* hajszálvonal ‖ **hairline crack** hajszálrepedés

hair lotion *fn* hajszesz

hairnet ['heənet] *fn* hajháló

hair oil *fn* hajolaj

hairpiece ['heəpi:s] *fn* hajpótlás

hairpin ['heəpɪn] *fn* hajtű

hairpin bend *fn* hajtűkanyar

hair-raising *mn* hajmeresztő

hair-remover *fn* szőrtelenítő

hair slide *fn* hajcsat

hair-splitting *fn* szőrszálhasogatás

hair-spray *fn* hajlakk

hairspring ['heəsprɪŋ] *fn* hajszálrugó

hair-style *fn* frizura, hajviselet

hair tonic *fn* hajszesz ‖ hajbalzsam

hairy ['heəri] *mn* szőrös

hake [heɪk] *fn* tőkehal

half [hɑ:f] ▼ *mn/fn (tsz* **halves** [hɑ:vz]) fél; vmnek a fele ‖ *(futball stb.)* térfél; félidő ‖ **in half** félbe; kétfelé ‖ **go halves with** felez vkvel; **by half** nagyon is; **a half a day** fél nap; **half a dozen** fél tucat; **half a pint** *kb.* negyed liter; **half after four** ⊕*US* fél öt; **half an hour** fél óra; félóra; **half past** *(időpont)* fél; **half past 5** fél hat(kor); **at half past** félkor ▼ *hsz* félig ‖ **half full** félig (tele); **half as big (as)** feleakkora; **half as big again** másfélszer akkora; **half as much** félannyi

half-and-half *hsz* fele arányban

half-back *fn* ❏*sp* középhátvéd ‖ fedezet

half-baked *mn* sületlen

half barrier *fn* félsorompó

half board *fn* félpanzió

half-bred *mn* félvér *(ló)*

half-breed *mn* félvér

half-brother *fn* féltestvér

half-calf *mn* félbőr kötés

half-caste *fn* félvér

half-day excursion *fn* félnapos kirándulás

half-hearted *mn* bátortalan

half-hour *fn* félóra

half-hourly ▼ *mn* félórás ▼ *hsz* félóránként

half-life *fn* felezési idő

half-light *fn* szürkület

half-mast *fn* **at half-mast** félárbocra eresztve

half note *fn* ⊕*US* ❏*zene* félhang

half-page *mn* féloldalas *(cikk)*

halfpenny ['heɪpni] *fn (tsz 'érme'* **halfpennies;** *'érték'* **half pence)** fél penny

half-price *hsz* fél áron

half-seas-over *hsz* borközi állapotban

half-size *fn (cipő)* fél szám

half-term *fn* ❏*isk* szünet *(év közben)*

half-timbered house *fn* favázas ház

half-time *fn* ❏*sp* félidő

half-way *hsz* félúton ‖ **we are half-way through the work** a munka felén már túl vagyunk

halfway-line *fn* ❏*sp* felezővonal

half-wit *fn* féleszű (alak)

half-witted *mn* féleszű

half-year *fn* ❏*isk* félév

half-year term *fn* szemeszter

half-yearly *hsz* félévenként

halibut ['hælɪbət] *fn (tsz ua.)* óriási laposhal

hall [hɔ:l] *fn (angol házban)* előszoba; *(lakásban)* hall ‖ *(iskolában)* díszterem ‖ ebédlő ‖ terem, csarnok ‖ **hall (of residence)** kollégium *(főiskolásoknak szállás)*

H

---

nm névmás −*nu* névutó −*szn* számnév −*esz* egyes szám −*tsz* többes szám

▼ szófajjelzés ⊕ földrajzi variáns ❏ szakterület ❖ stiláris minősítés

hallelujah [ˌhælɪˈluːjə] *isz* halleluja

hallmark [ˈhɔːlmɑːk] *fn* aranypróba, fémjelzés

hallo [həˈloʊ] *isz (telefonban)* halló!

Hallowe'en [ˌhæloʊˈiːn] *fn* mindszentek napjának előestéje

hallucinate [həˈluːsɪneɪt] *ige* hallucinál

hallucination [həˌluːsɪˈneɪʃn] *fn* hallucináció

hallway [ˈhɔːlweɪ] *fn (lakásban)* hall

halo [ˈheɪloʊ] *fn* holdudvar ‖ dicsfény, glória

halt [hɔːlt] ▼ *fn* **bring to a halt** megállít; leállít ▼ *ige* megáll, leáll ‖ **halt!** állj!

halter [ˈhɔːltə] *fn* kötőfék

halve [hɑːv] *ige* (meg)felez, felébe vág

halves [hɑːvz] *tsz* → **half**

ham [hæm] *fn* sonka

ham-fisted *mn* kétbalkezes

hamburger [ˈhæmbɜːgə] *fn* hamburger

hamlet [ˈhæmlɪt] *fn* falucska

hammer [ˈhæmə] ▼ *fn* kalapács ‖ **throwing the hammer** ❑ *sp* kalapácsvetés; **come under the hammer** kalapács alá kerül; **go at it hammer and tongs** apait-anyait belead vmbe ▼ *ige* kalapál, kovácsol

---

hammer in *(tudnivalót)* besulykol

hammer into vmt vmbe belever, beleüt ‖ **hammer sg into sy** fejébe ver vknek vmt

hammer out kikalapál ‖ ❖ *átv* kiszel

---

hammer-thrower *fn* ❑ *sp* kalapácsvető

hammock [ˈhæmək] *fn* függőágy

hamper [ˈhæmpə] *ige* akadályoz, gátol, nehezít

hampering [ˈhæmpərɪŋ] *mn* gátló

hamster [ˈhæmstə] *fn* hörcsög

hand [hænd] ▼ *fn* kéz ‖ óramutató ‖ ❖ *biz* melós, segédmunkás ‖ **be in**

hand elintézés alatt áll, munkában van, készül; **be near at hand** keze ügyében van, kéznél van; **by hand** kézzel; **from hand to hand** kézről kézre; **get one's hand in** vmbe beletanul, belejön; **give sy a hand** segítséget nyújt vknek; **be hand in glove with sy** egy gyékényen árulnak; **hand in hand** kézen fogva; **go hand in hand** szorosan együtt jár vmvel; **have a hand in it** benne van a keze; **keep one's hand in sg** gyakorolja magát vmben; **live from hand to mouth** máról holnapra él, tengeti életét, vegetál; **on the one hand ... on the other (hand)** egyrészt/egyfelől ... másrészt/másfelől; **hands** ❑ *sp* kezezés; **all hands on deck!** minden ember a fedélzetre!; **I've got my hands full** rengeteg dolgom van; **lay (one's) hands on sg** ráteszi a kezét vmre; **hands off!** el a kezekkel!; **hands up!** fel a kezekkel!; **his hands were tied** kényszerhelyzetben volt ▼ *ige* **hand sy sg** vknek vmt átnyújt

---

hand down lead vmt ‖ **hand down a decision** *(bíróság)* döntést hoz; **hand sg down to the younger generation** vmt az utókornak továbbad; **be handed down** *(vagyon)* öröklődik

hand in ❖ *ált* vmt bead, benyújt, lead ‖ **hand in one's application for sg** jelentkezik vmre, megpályáz vmt; **to be handed in by June 1** beadási határidő: június 1.

hand on továbbad vmt vknek, továbbít

hand out *(vizsgapapírokat stb.)* szétoszt

hand over to sy vmt vknek átad/átnyújt ‖ **hand sy over to the police** átad vkt a rendőrségnek

hand round körbe ad, kézről kézre ad

---

handbag [ˈhændbæg] *fn (női)* (kézi)táska, retikül

---

handbaggage ['hændbægɪdʒ] *fn* ⊕ *US* = **hand-luggage**
handball ['hændbɔ:l] *fn* kézilabda
hand-bell *fn* (kézi) csengő, csengettyű
handbill ['hændbɪl] *fn* röpcédula, röplap
handbook ['hændbʊk] *fn* kézikönyv
handbrake ['hændbreɪk] *fn* kézifék
hand-cream *fn* kézkrém
handcuffs ['hændkʌfs] *fn tsz (kézre)* bilincs
hand drill *fn* kézi furdancs, amerikáner
handful ['hændfʊl] *fn* **a handful of …** maroknyi, egy marék … ‖ **that child is a handful** nehezen kezelhető gyerek
hand-gallop *fn* rövid vágta
handgrip ['hændgrɪp] *fn* kézszorítás
hand-gun *fn* pisztoly
hand-held *mn* kézi ‖ kézből felvett
handhold ['hændhoʊld] *fn* fogódzó
handicap ['hændikæp] ▼ *fn* hátrány, hendikep ‖ *(testi v. értelmi)* fogyatékosság ‖ hendikep *(verseny)* ▼ *ige* **-pp-** hátrányos helyzetbe hoz ‖ **be handicapped** hátrányban *(v. hátrányos helyzetben)* van
handicapped (person) ['hændikæpt] *fn* mozgássérült
handicraft ['hændikrɑ:ft] *fn* kézművesség, kézműipar, háziipar
handiwork ['hændiwɜ:k] *fn* kézimunka ‖ vk keze munkája
handkerchief ['hæŋkətʃɪf] *fn (tsz* **handkerchiefs** *v.* **handkerchieves** ['hæŋkətʃɪfs]) zsebkendő
handle ['hændl] ▼ *fn* fogantyú, fül ‖ nyél ▼ *ige (gépet és ált)* kezel; vmvel bánik ‖ *(kérdést, témát)* kezel ‖ *(labdát)* lekezel ‖ **easy to handle** könyen kezelhető; **handle sg with care** óvatosan bánik vmvel/vkvel
handlebars ['hændlbɑ:z] *fn tsz* (kerékpár)kormány
handling charge ['hændlɪŋ] *fn* kezelési költség
hand-luggage *fn* kézipoggyász

handmade ['hændmeɪd] *mn* kézi (gyártású), kisipari ‖ **handmade article** kézműáru
hand-me-downs *fn tsz* használt ruha
hand-operated *mn* kézi kapcsolású
hand-out *fn* szórólap ‖ *(konferencián kiosztott)* anyag, handout
hand-picked *mn* gondosan kiválogatott
handrail ['hændreɪl] *fn* korlát
handsaw ['hændsɔ:] *fn* kézifűrész
handset ['hændset] *fn* kézibeszélő
handshake ['hændʃeɪk] *fn* kézfogás, kézszorítás
handsome ['hænsəm] *mn* csinos *(férfi)*; jóképű
handsomely ['hænsəmli] *hsz* nagyvonalúan, gavallérosan
hands-on experience *fn* manuális gyakorlottság/gyakorlat ‖ kézügyesség
handstand ['hændstænd] *fn* kéz(en)-állás
hand-to-hand combat *fn* közelharc
hand-to-month *mn* máról holnapra élő ‖ **a hand-to-month existence** puszta lét/vegetálás
hand-towel *fn* kéztörlő
handwriting ['hændraɪtɪŋ] *fn* kézírás
handwritten [,hænd'rɪtn] *mn* kézzel írott
handy ['hændi] *mn* könnyen kezelhető, praktikus ‖ **come in very handy** jól/kapóra jön
handyman ['hændimən] *fn (tsz* **-men**) ezermester, mindenes
hang [hæŋ] ▼ *fn* állás *(ruháé)* ‖ **get the hang of sg** rájön a titkára/nyitjára ▼ *ige (pt/pp* **hung** [hʌŋ]; *„felakaszt" jelentésben:* **hanged** [hæŋd])* lóg, függ, csüng ‖ (fel)akaszt, (fel)függeszt ‖ *(embert)* felakaszt ‖ **hang by a hair** hajszálon függ; **hang fire** *(puska)* csütörtököt mond; **hang loose(ly)** *(kötél)* lazán lóg, belóg; **hang one's head** lógatja az orrát; **he hanged himself** felakasztotta magát

hang about/around őgyeleg, lézeng, csalleng

hang back habozik

hang down lelóg, vmeddig leér

hang on kapaszkodik (*to sg* vmbe/ vkbe) ‖ függ vmtől ‖ **hang on!** várj!, (kérem,) tartsa a vonalat!; **the matter hangs on** a dolog azon fordul meg, hogy

hang out kifüggeszt ‖ kitereget

hang up (*ruhát száradni*) kitereget ‖ vmt felakaszt ‖ **hang up the receiver** leteszi a telefonkagylót; **hang up (on sy)** (*mielőtt a másik befejezi*) leteszi a kagylót; **be hung up on sy** ❖ *biz* bele van esve vkbe

hangar ['hæŋə] *fn* hangár

hangdog ['hæŋdɒg] *mn* bűnbánó ‖ sunyi

hanged [hæŋd] *pt/pp* → **hang**

hanger ['hæŋə] *fn* vállfa; akasztó

hanger-on *fn* (*tsz* **hangers-on**) élősdi, nyaló ‖ **hangers-on** slepp

hang-glider *fn* sárkányrepülő

hang-gliding *fn* sárkányrepülés

hanging ['hæŋɪŋ] *fn* akasztás ‖ → **hangings**

hangings ['hæŋɪŋz] *fn tsz* drapéria

hangman ['hæŋmən] *fn* (*tsz* **-men**) hóhér

hangover ['hæŋouvə] *fn* másnapos érzés/hangulat ‖ **have a hangover** másnapos

hang-up *fn* ❖ *biz* gátlás ‖ **be full of hang-ups** ❖ *biz* tele van gátlással

hank [hæŋk] *fn* motring

hanker ['hæŋkə] *ige* **hanker after sg** vágyódik vm után

hanky ['hæŋki] *fn* ❖ *biz* zsebkendő

hansom (cab) ['hænsəm] *fn* konflis

Hants = *Hampshire*

haphazard [hæp'hæzəd] *mn* esetleges, véletlen ‖ összevissza

happen ['hæpən] *ige* (meg)történik, megesik, előfordul ‖ **how did it happen?** hogy történt?; **should it happen that** ha úgy adódnék; **I (etc.) happened to ...** úgy adódott, hogy ..., történetesen ...; **I happened to be present** történetesen épp jelen voltam

happen on sg nyomára akad/bukkan/jön/jut vmnek, rábukkan vmre

happening ['hæpənɪŋ] *fn* esemény ‖ „happening" (*rendezvény*)

happily ['hæpɪli] *hsz* szerencsére

happiness ['hæpɪnəs] *fn* boldogság, öröm

happy ['hæpi] *mn* boldog, szerencsés ‖ megelégedett ‖ ügyes, szerencsés ‖ **I am so happy!** olyan boldog vagyok!; **make sy happy** boldoggá tesz vkt; **happy remark** találó kifejezés; **a happy thought** jó ötlet; **many happy returns (of the day)** Isten éltesse(n)!, sok boldog születésnapot!

happy-go-lucky *mn* nemtörődöm ‖ **go through life in a happy-go-lucky fashion** úgy éli le az életét, hogy semmivel sem izgatja magát

harangue [hə'ræŋ] *ige* nagyhangú szónoklás/„szöveg"

harass ['hærəs] *ige* zaklat, bosszant, kínoz, nem hagy békén, szorongat

harassed ['hærəst] *mn* zaklatott

harassment ['hærəsmənt] *fn* zaklatás

harbour (⊕ *US* **-or**) ['hɑːbə] ▼ *fn* (tengeri) kikötő ‖ menedék ‖ **harbour dues/duties** kikötődíj ▼ *ige* menedéket nyújt vknek ‖ táplál (*gyanút*)

hard [hɑːd] ▼ *mn* kemény; (*átv is*) nehéz ‖ **find it hard to do sg** problémája van vmvel; **be hard at work** szorgalmasan/keményen/serényen dolgozik; **hard facts** konkrét adatok; **hard features** durva arcvonások; **have a hard life** nehezen él; **hard lines** ⊕ *GB* ez pech!; **hard luck** balszerencse, pech; **hard manual work** nehéz testi munka; **hard nut to crack** ke-

---

fn főnév – *hsz* határozószó – *isz* indulatszó – *ksz* kötőszó – *mn* melléknév
▼ szófajjelzés ⊕ földrajzi variáns ❑ szakterület ❖ stiláris minősítés

mény dió; **hard of hearing** nagyothalló; **be hard on sy** kemény kézzel bánik vkvel, kemény vkvel szemben, szigorú vkhez; **have a hard time (of it)** rosszul megy a sora, rossz dolga van; **hard times** nehéz idők; **hard work** kemény munka ▼ *hsz* keményen ‖ **hard by** közvetlenül mellette; **be hard hit by** megsínyli; **be hard up** ❖ *biz* anyagi gondjai vannak, pénzhiányban szenved, pénzzavarban van

hard-and-fast *mn* szigorú, merev *(szabály)*

hardback ['hɑːdbæk] *fn* kemény kötésű könyv ‖ **in hardback** kemény kötésben

hardbacked ['hɑːdbækt] *mn* kemény kötésű

hard-boiled egg *fn* kemény tojás

hard cash *fn* készpénz *(és nem csekk)*

hard copy *fn* ❑ *szt* papírmásolat, hard copy

hard core *fn* útágyazat ‖ kemény mag ‖ mozgatója/motorja *(vm közösségnek)*

hard court *fn* salakos teniszpálya

hard currency *fn* kemény valuta

hard disk *fn* ❑ *szt* merev lemez

hard drinker *fn* (nagy) piás, nagy ivó

harden ['hɑːdn] *ige* megerősít, acéloz, (meg)edz, (meg)keményít ‖ (meg)keményedik

hardened ['hɑːdnd] *mn* (meg)edzett ‖ megkeményedett

harder ['hɑːdə] *mn* erősebben, jobban

hard hat *fn* védősisak *(építőmunkásé, bányászé stb.)*

hard-headed *mn* keményfejű ‖ gyakorlatias

hard-hearted *mn* keményszívű, kőszívű

hard labour (⊕ *US* labor) *fn* ❑ *jog* kényszermunka

hard-liner *fn* ❑ *pol* radikális

hardly ['hɑːdli] *hsz* alig, éppen hogy ‖ **hardly ever** szinte soha; **I can hardly wait (to do sg)** már alig várom

hardness ['hɑːdnəs] *fn* keménység

hard rock *fn* kemény rock

hard sell *fn* agresszív eladási mód

hardship ['hɑːdʃɪp] *fn* viszontagság

hard shoulder *fn* útpadka ‖ leállósáv

hard-up *mn* (anyagilag) megszorult ‖ → **hard**

hardware ['hɑːdweə] *fn* vasáru ‖ ❑ *szt* hardver

hardware shop (⊕ *US* **store**) *fn* vaskereskedés

hard wear *fn* strapa

hard-wearing *mn* elnyűhetetlen, strapabíró

hard wood *fn* keményfa

hard-working *mn* szorgalmas, igyekvő

hardy ['hɑːdi] *mn* edzett ‖ ❑ *növ* évelő

hare [heə] *fn (mezei)* nyúl ‖ **first catch your hare** ne igyál előre a medve bőrére

harebell ['heəbel] *fn* harangvirág

harelip [ˌheə'lɪp] *fn* nyúlszáj

harem ['hɑːriːm] *fn* hárem

hare-spread *fn* nyúlpástétom

harm [hɑːm] ▼ *fn* kár, sérelem, rongálás ‖ **do (sy) harm** vknek/vmnek (meg)árt; **I didn't mean any harm** ne vegye sértésnek; **mean sy harm** rosszat akar vknek; **there is no harm in that** ebben nincs semmi rossz; **no harm is meant** minden rosszindulat nélkül ▼ *ige* vknek/vmnek árt ‖ **it won't harm you** nem fog (meg)ártani neked

harmful ['hɑːmfl] *mn* kártékony, ártalmas ‖ **be harmful to sy/sg** vknek/vmnek megárt; **harmful to health** egészségre ártalmas/káros

harmless ['hɑːmləs] *mn* ártalmatlan *(ember/tréfa)*; ártatlan *(szórakozás, tréfa stb.)*

harmonica [hɑː'mɒnɪkə] *fn* (száj)harmonika

harmonics [hɑː'mɒnɪks] *fn tsz* ❑ *zene* üveghang

harmonious [hɑː'məʊnɪəs] *mn* egybehangzó, összevágó, harmonikus

H

---

nm névmás – *nu* névutó – *szn* számnév – *esz* egyes szám – *tsz* többes szám
▼ szófajjelzés ⊕ földrajzi variáns ❑ szakterület ❖ stiláris minősítés

harmonium [hɑːˈmoʊnɪəm] *fn* harmónium

harmonize [ˈhɑːmənaɪz] *ige (hang)* egybehangzik; *(stílus, szín)* összeillik, (össze)egyezik, összhangzik ‖ összehangol, egyeztet

harmony [ˈhɑːmənɪ] *fn* összhang, egyetértés, harmónia ‖ ❏ *zene* összhang ‖ **be in harmony** összhangzik; **be in harmony with** vmvel összeegyezik, összhangban van vmvel

harness [ˈhɑːnɪs] ▼ *fn* (ló)szerszám, hám ‖ kocsiszíj *(kisbabáé)* ▼ *ige (lovat)* befog ‖ *(energiaforrást)* hasznosít

harness racing *fn* ügetőverseny

harp [hɑːp] ▼ *fn* hárfa ‖ **play (on) the harp** hárfázik ▼ *ige* **harp on (about) sg** unalomig ismétel vmt, mindig ugyanazon lovagol

harpist [ˈhɑːpɪst] *fn* hárfás

harpoon [hɑːˈpuːn] *fn* szigony

harpoon gun *fn* szigonyágyú

harpsichord [ˈhɑːpsɪkɔːd] *fn* csembaló

harrow [ˈhæroʊ] ▼ *fn* borona ▼ *ige* boronál

harrowing [ˈhæroʊɪŋ] *mn* megrázó

harry [ˈhærɪ] *ige* zaklat

harsh [hɑːʃ] *mn* éles, nyers; érdes *(hang)* ‖ kemény, nyers *(bánásmód)* ‖ **harsh criticism** szigorú bírálat; **harsh sentence** kemény ítélet

harshly [ˈhɑːʃlɪ] *hsz* nyersen, keményen

harshness [ˈhɑːʃnəs] *fn* nyerseség, keménység

hart [hɑːt] *fn* szarvasbika

harvest [ˈhɑːvɪst] ▼ *fn* aratás, begyűjtés, betakarítás ‖ **we had a good harvest** jó termésünk volt ▼ *ige* arat, betakarít, (le)szüretel

harvester [ˈhɑːvɪstə] *fn* aratógép

harvest-hand *fn* aratómunkás

harvest home *fn* aratóünnep

has [hæz, *gyenge kiejt.* həz, əz] →
have

has-been *fn* ❖ *biz* lecsúszott ember

hash [hæʃ] *fn* hasé

hashish [ˈhæʃɪʃ] *fn* hasis

hasn't [ˈhæznt] = **has not**

hassle [ˈhæsl] *fn* szóváltás

haste [heɪst] *fn* sietség, sietés, gyorsaság ‖ **in haste** sietve, hamarjában, kutyafuttában, sebtében; **more haste less speed** lassan járj, tovább érsz

hasten [ˈheɪsn] *ige* siet *(to vhová)* ‖ siettet, sürget

hastily [ˈheɪstɪlɪ] *hsz* gyorsan, sietve

hasty [ˈheɪstɪ] *mn* sietős, gyors ‖ elhamarkodott *(döntés)* ‖ hirtelen *(ember)*

hat [hæt] *fn* kalap ‖ **hat in hand** levett kalappal; **with one's hat on** feltett kalappal; **I'll eat my hat if ...** megeszem a kalapomat, ha

hat-and-coat-stand *fn* előszobafal

hatch[1] [hætʃ] *fn* (fedélzeti) nyílás, búvólyuk; lejáró; tolóajtó, -ablak

hatch[2] [hætʃ] *ige* (ki)költ *(tojást)* ‖ kieszel, sző *(tervet)* ‖ **be hatched** *(tojásból)* kikel

hatchback [ˈhætʃbæk] *fn* ötajtós kocsi

hatchet [ˈhætʃɪt] *fn* balta ‖ **bury the hatchet** elássa a csatabárdot

hatchway [ˈhætʃweɪ] *fn (hajón)* búvólyuk

hate [heɪt] ▼ *fn* gyűlölet ▼ *ige* gyűlöl, utál

hateful [ˈheɪtfl] *mn* gyűlöletes

hat-rack *fn* kalaptartó, fogas

hatred [ˈheɪtrɪd] *fn* gyűlölet

hat-trick *fn* ❏ *sp* mesterhármas

haughtiness [ˈhɔːtɪnəs] *fn* ❖ *elít* fennhéjázás, gőg

haughty [ˈhɔːtɪ] *mn* dölyfös, fennhéjázó, gőgös ‖ **be haughty** fenn hordja az orrát

haul [hɔːl] ▼ *fn* húzás, vontatás ‖ távolság ‖ szállítás ‖ (halász)zsákmány ▼ *ige* vontat, húz

haul away elvontat, elfuvaroz
haul down *(zászlót)* levon

---

haulage ['hɔːlɪdʒ] *fn* (hajó)vontatás ‖ szállít(mányoz)ás, fuvarozás

haulage contractor *fn* szállítmányozó

haulier ['hɔːlɪə] (⊕ *US* **hauler** ['hɔːlə]) *fn* fuvaros, fuvarozó (vállalat)

haunch [hɔːntʃ] *fn* comb *(mint húsétel)* ‖ **haunches** hátsó fél/fertály; **haunch of venison** őzcomb

haunt [hɔːnt] *ige (szellem)* kísért ‖ gyakran látogat vhová, frekventál *(helyet)* ‖ **the castle is haunted** a kastélyban kísértetek járnak

haunting ['hɔːntɪŋ] *mn* vissza-visszatérő

Havana [hə'vænə] *fn* havannaszivar

have [hæv] *ige (esz 3.* **has** [hæz, *gyenge kiejt.* həz, əz]; *pt/pp* **had** [hæd]) van (vknek vmje) ‖ kap ‖ **I have** nekem van; **I have** (v. **I've**) **got sg** nekem van; **have a child** gyereket szül, gyereke van; **have a cold** meghűlt; **I had a letter** kaptam egy levelet; **have breakfast** reggelizik; **what will you have?** mivel szolgálhatok?, mit parancsol(nak)?, mit hozhatok?, mit iszol?; **have you got any money?** van valami pénzed?; **I haven't (got) any** nekem nincs, nekem egy sincs; **I haven't got (a pen etc.)** nekem nincs *(tollam stb.)*; **she has had it** ❖ *biz* megkapta a magáét, kellett ez neki; **you have me here** ❖ *biz* most megfogtál; **he's been had** jól becsapták/megjárta!; **is not to be had** nem kapható, nincs; **is to be had** kapható, megvásárolható; **have to (do sg)** *(vmt tenni)* kell; **I've (got) to go** mennem kell, muszáj menni; **I don't have to go** nem kell (el)mennem; **have to do with sg** vmnek köze van vmhez

---

have sy back visszafogad vkt

have sy in dolgoznak vknél *(mesteremberek)* ‖ **have it in for sy** vkre pikkel

have sg on hord, visel *(ruhát, cipőt)*; van rajta ‖ **you are having me on!** ❖ *biz* te átrázol!

have sg out (with sy) tisztáz vmt vkvel ‖ **let's have it out** öntsünk tiszta vizet a pohárba

---

haven ['heɪvn] *fn* kikötő

haven't ['hævnt] = **have not**

haversack ['hævəsæk] *fn* ❑ *kat* kenyérzsák, oldalzsák

havoc ['hævək] *fn* pusztítás ‖ pusztulás

Hawaiian [hə'waɪən] *mn* hawaii

Hawaiian guitar *fn* hawaii gitár

hawk [hɔːk] ▼ *fn* héja ▼ *ige (áruval)* házal; ❖ *elit* kufárkodik

hawker ['hɔːkə] *fn* ❖ *elit* kufár

hawk-eyed *mn* sasszemű

hawser ['hɔːzə] *fn* (vontató)kötél, hajókötél

hawthorn ['hɔːθɔːn] *fn* galagonya

hay [heɪ] *fn* széna ‖ **make hay** szénát kaszál

hay-fever *fn* szénanátha

hay-fork *fn (kétágú)* villa

haymaking ['heɪmeɪkɪŋ] *fn* szénakaszálás, szénagyűjtés

haystack ['heɪstæk] *fn* szénaboglya

haywire ['heɪwaɪə] *mn* zavaros ‖ **go haywire** bedilizik, megbolondul *(pl. szerkezet)*

hazard ['hæzəd] ▼ *fn* kockázat, veszélyhelyzet ▼ *ige* (meg)kockáztat

hazardous ['hæzədəs] *mn* kockázatos, veszélyes, hazárd

hazard warning lights *fn tsz* vészjelző fény

haze [heɪz] *fn* párásság, ködfátyol

hazel ['heɪzl] ▼ *fn* mogyoró ▼ *mn* mogyoróbarna

hazel-nut *fn* mogyoró

hazy ['heɪzi] *mn (levegő)* párás, ködös

H-bomb ['eɪtʃbɒm] *fn* hidrogénbomba

he [hiː] *nm (hímnemű)* ő

HE = *His/Her Excellency* Őexcellenciája

head [hed] ▼ *fn* fej ‖ vezető *(államé, kormányszervé stb.)*; fej *(testületé)*; igazgató *(vállalaté)* ‖ fej *(káposztáé)* ‖

---

nm névmás – *nu* névutó – *szn* számnév – *esz* egyes szám – *tsz* többes szám

▼ szófajjelzés ⊕ földrajzi variáns ❑ szakterület ❖ stiláris minősítés

a head személyenként, fejenként; **be head and shoulders above sy** toronymagasan felülmúl vkt; **carry one's head high** magasan hordja az orrát; **come to a head** vm fordulóponthoz érkezik; **heads or tails?** fej vagy írás?; **he cannot make head or tail of it** *(íráson stb.)* nem tud kiigazodni; **he has a good head on his shoulders** jó feje van; **over sy's head** vknek tudomása nélkül; **(the horse) won by a head** fejhosszal győzött; **be at the head of sg** vmnek az élén áll; **be head over heels in love with sy** ❖ *biz* fülig szerelmes vkbe, bele van esve vkbe; **a head taller** egy fejjel nagyobb; **from head to foot** tetőtől talpig ▼ *ige* vezet, vmnek az élén áll ‖ *(labdát)* fejel ‖ **head the poll/list** listavezető; **head the procession** a menet élén halad

head for vmerre tart, vhová igyekszik ‖ **be heading for disaster** vesztébe rohan
head off eltérít ‖ elhárít

headache ['hedeɪk] *fn* fejfájás ‖ **I have a headache** fáj a fejem
headachy ['hedeɪki] *mn* fejfájós
headband ['hedbænd] *fn* hajpánt
head cook *fn* főszakács
headdress ['heddres] *fn* fejdísz ‖ fejfedő
header ['hedə] *fn (futballban)* fejelés ‖ fejes ‖ ❖ *biz* fejesugrás
headhunter ['hedhʌntə] *fn* fejvadász
heading ['hedɪŋ] *fn* fejelés *(labdáé)* ‖ cím *(újságcikké)*; fej(léc) *(újságban)*
headlamp ['hedlæmp] *fn* = **headlight(s)**
headland ['hedlənd] *fn (tengerbe nyúló)* hegyfok, félsziget
headless ['hedləs] *mn* fejetlen; fej nélküli
headlight(s) ['hedlaɪt(s)] *fn tsz (autón)* fényszóró, reflektor ‖ **dip the headlight** leveszi a fényt

headline ['hedlaɪn] *fn (újságban)* főcím; cím *(újságcikké)* ‖ **here are the (news) headlines** főbb híreink
headlong ['hedlɒŋ] *hsz* hanyatt-homlok ‖ **headlong flight** fejvesztett menekülés
headmaster [ˌhed'mɑːstə] *fn* ❑ *isk* igazgató
headmistress [ˌhed'mɪstrəs] *fn* ❑ *isk* igazgatónő
head of a family *fn* családfő
head of department *fn* tanszékvezető *(egyetemi tanár)* ‖ osztályvezető
head office *fn* központi iroda, anyaintézet
head of section *fn* főosztályvezető
head of state *fn (tsz* **heads of state)** államfő
head-on *mn* frontális *(összeütközés)*
headphone(s) ['hedfoʊn(z)] *fn tsz* fejhallgató
headquarters [ˌhed'kwɔːtəz] *fn tsz* katonai parancsnokság; főhadiszállás ‖ központ; székház *(intézményé)*; székhely
head-rest *fn* fejtámasz, fejtámla
headroom ['hedruːm] *fn* belső magasság
headscarf ['hedskɑːf] *fn (tsz* **-scarves** [-skɑːvz])* fejkendő
head-set *fn* fejhallgató
head-stand *fn* fejenállás
headstone ['hedstoʊn] *fn* sírkő
headstrong ['hedstrɒŋ] *mn* makacs, keményfejű, konok ‖ **be headstrong** önfejűsködik
head waiter *fn* főpincér
headway ['hedweɪ] *fn* **make headway** *(fejlődésben, munkában stb.)* (előre)halad
headwind ['hedwɪnd] *fn* ellenszél
headword ['hedwɜːd] *fn (szótári)* címszó
heady ['hedi] *mn* nehéz *(bor)* ‖ heves, féktelen ‖ **be heady with success** fejébe szállt a dicsőség/siker
heal [hiːl] *ige* (be)gyógyít; meggyógyít ‖ *(seb)* összeforr, begyógyul

---

fn főnév – *hsz* határozószó – *isz* indulatszó – *ksz* kötőszó – *mn* melléknév
▼ szófajjelzés ⊕ földrajzi variáns ❑ szakterület ❖ stiláris minősítés

heal over/up összeforr, begyógyul, beheged ‖ **be healing up** *(seb)* gyógyul

healing ointment ['hi:lɪŋ] *fn* sebkenőcs

health [helθ] *fn* egészség ‖ **drink sy's health** iszik vk egészségére; **your (good) health!** *(iváskor)* egészségére!; **his health improved** egészségi állapota (meg)javult; **her health is impaired** *(v.* **has broken down)** megrendült az egészsége

health centre (⊕ *US* -er) *fn kb.* szakorvosi rendelőintézet; *(egészségügyi)* gondozó

health certificate *fn* orvosi bizonyítvány

health food(s) *fn tsz* egészséges étkezés/ételek/élelmiszerek, bioétel

health-food shop *fn* egészséges élelmiszerek boltja, natúra bolt, biobolt

health hazard *fn* az egészséget veszélyeztető kockázati tényező

health hotel *fn* gyógyszálló

health insurance *fn* betegbiztosítás

health resort *fn* gyógyfürdő, fürdőhely ‖ üdülőhely

Health Service, the *fn* a brit tb

health visitor *fn* ⊕ *GB* beteglátogató, gondozó

healthy ['helθi] *mn* egészséges, ép

heap [hi:p] ▼ *fn* rakás, halom, halmaz ‖ **in a heap** egy rakáson; **heaps of** tömérdek, rengeteg; **there are heaps of ...** annyi..., mint a szemét ▼ *ige* **heap sg on** megrak vmt vmvel; **heap praises on/upon** dicséretekkel eláraszt/elhalmoz; **heap up** felhalmoz; halomba rak ‖ halmozódik

heaped [hi:pt] *mn* **a heaped spoonful** egy púpozott evőkanállal

hear [hɪə] *ige (pt/pp* **heard** [hɜ:d]) *(füllel)* (meg)hall; hall *(értesül)* ‖ meghallgat ‖ kihallgat ‖ tárgyal ‖ **hear sg from sy** megtud vmt vktől; **from**

what I hear *(v.* **have heard)** értesülése(i)m szerint; úgy hallom; **I am sorry to hear that** sajnálattal hallom, hogy; **where did you hear that?** honnan vetted ezt?; **hear a (case)** *(egy ügyet)* tárgyal; **hear a witness** tanút kihallgat; **hear! hear!** *(hangos helyeslés)* úgy van! úgy van!, halljuk!; **hear the lesson** kikérdezi a leckét; **be heard** hallható, felhangzik; **to be heard** hallható; **I heard it on the radio** a rádióban hallottam; **can be heard (outside)** kihallatszik

hear of sg/sy hall/értesül vkről/vmről ‖ **have heard of sg** tudomása van vmről

hear sy out végighallgat vkt

heard [hɜ:d] *pt/pp* → **hear**

hearing ['hɪərɪŋ] *fn* hallás ‖ *(kikérdezés)* kihallgatás ‖ *(vké hivatalban stb.)* meghallgatás, audiencia ‖ *(bírósági)* tárgyalás ‖ **be hard of hearing** nagyot hall; **give sy a hearing** *(kihallgatáson, hivatalosan)* fogad; **on hearing it** hallatára; **within hearing (distance)** hallótávolságon belül

hearing-aid *fn* hallásjavító (készülék), hallókészülék

hearing-impaired *mn* hallássérült

hearsay ['hɪəseɪ] *fn* mendemonda ‖ **have sg from hearsay** hallomásból tud vmt

hearse [hɜ:s] *fn* halottaskocsi

heart [hɑ:t] *fn* szív *(szerv)* ‖ szív *(városé, országé)* ‖ ér *(kábelé)* ‖ **heart(s)** *(kártya)* kőr; **with all my heart** teljes szívemből; **at heart** szíve mélyén; **it breaks my heart to see him/her** majd megszakad a szívem látva ...; **by heart** kívülről, fejből, könyv nélkül, emlékezetből; **learn (sg) by heart** kívülről (meg)tanul; **have sg at heart** szívén visel vmt; **I haven't the heart to (do sg)** nem visz rá a lélek, hogy; **take heart** nekibátorodik; **take sg to**

---

nm névmás – *nu* névutó – *szn* számnév – *esz* egyes szám – *tsz* többes szám
▼ szófajjelzés ⊕ földrajzi variáns ❑ szakterület ❖ stiláris minősítés

heart szívére vesz vmt; **with heart and soul** szívvel-lélekkel; **his heart gave a leap** megdobbant a szíve; **in my heart of hearts** lelkem mélyén; **the heart of sg** vmnek a belseje; **his heart sank** elszorult a szíve, kétségbeesett; **to my heart's content** szívem szerint

heart attack *fn* szívroham, infarktus, szívszélhűdés ‖ **have a heart attack** szívrohamot kapott, szívrohama van

heartbeat ['hɑ:tbi:t] *fn (rendes)* szívdobogás, szívverés

heart-break *fn* nagy szomorúság

heart-breaking *fn* szívet tépő

heart-broken *mn* **(s)he is heart-broken** majd megszakad a szíve *(because of sg* vm miatt)

heartburn ['hɑ:tbɜ:n] *fn* gyomorégés ‖ **have heartburn** ég a gyomra

heart disease *fn* szívbaj

heartening ['hɑ:tnɪŋ] *mn* bátorító, reményt keltő, bizakodásra okot adó

heart failure *fn* szívelégtelenség, szívszélhűdés

heartfelt ['hɑ:tfelt] *mn* szívből jövő, őszinte *(kívánság, köszönet)*

hearth [hɑ:θ] *fn (családi)* otthon, családi tűzhely

heartily ['hɑ:tɪli] *hsz* kedvesen; szívesen

heartiness ['hɑ:tinəs] *fn* szívélyesség

heartland, the ['hɑ:tlænd] *fn* az ország belseje

heartless ['hɑ:tləs] *mn* szívtelen, keményszívű

heart-lung machine *fn* ❏ *orv* szív-tüdő készülék

heart operation *fn* szívműtét

heart patient *fn* szívbeteg

heart-rending *mn* szívfacsaró, szívet tépő

heart sound *fn* szívhang

heart specialist *fn* szívspecialista

heart surgeon *fn* szívsebész

heart surgery *fn* szívműtét

heart-throb *fn* szívdobbanás

heart-to-heart talk *fn* meghitt beszélgetés

heart transplantation *fn* szívátültetés

heart transplant (operation) *fn* szívátültetés

heart trouble *fn* szívbaj

heart valve *fn* szívbillentyű

heart-warming *mn* szívderítő, szívet melengető

hearty ['hɑ:ti] *mn* szívélyes ‖ hatalmas ‖ **a hearty eater** nagyevő; **have a hearty meal** jó étvággyal eszik

heat [hi:t] ▼ *fn* hő(ség), forróság, izzás ‖ meleg *(meleg időszak)* ‖ (közép)futam ‖ tüzelés *(állaté)* ‖ **be in heat** *(nőstény)* tüzel, üzekedik ▼ *ige (szobát)* fűt ‖ (fel)hevít ‖ *(fémet)* izzít ‖ *(kályha)* fűlik, melegedik

heat through vmt áthevít

heat up (be)melegít; *(ételt)* megmelegít, felmelegít ‖ kifűt, átfűt ‖ vmt áthevít ‖ forrósodik

heat conductor *fn* hővezető

heated ['hi:tɪd] *mn* fűtött ‖ szenvedélyes, parázs *(vita)*

heat-energy *fn* hőenergia

heater ['hi:tə] *fn* főző; melegítő ‖ fűtőtest

heath [hi:θ] *fn* pusztaság ‖ hanga, erika

heathen ['hi:ðn] *mn* pogány *(nem keresztény)*

heather ['heðə] *fn* hanga, erika

heating ['hi:tɪŋ] *fn* fűtés

heating-system *fn* fűtőberendezés

heat insulator *fn* hőszigetelő

heatproof ['hi:tpruf] *mn* hőálló, tűzálló

heat radiation *fn* hősugárzás

heat rash *fn* lázkiütés

heat-resistant *mn* hőálló, tűzálló

heat-stroke *fn* hőguta, napszúrás

heat transmission *fn* hőátadás

heatwave ['hi:tweɪv] *fn* hőhullám ‖ kánikula

heave [hi:v] ▼ *fn* (fel)emelés ‖ hullámzás ▼ *ige (pt/pp* **heaved** [hi:vd] *v.*

---

fn főnév – *hsz* határozószó – *isz* indulatszó – *ksz* kötőszó – *mn* melléknév
▼ szófajjelzés ⊕ földrajzi variáns ❏ szakterület ❖ stiláris minősítés

hove [houv]) (meg)emel ‖ emelkedik ‖ *(tenger)* hömpölyög ‖ **heave ho!** hórukk!; **heave a sigh** (fel)sóhajt, nagyot sóhajt

---

heave in *(nehezet)* becipel ‖ **heave in sight** feltűnik (a láthatáron)
heave to *(hajó)* egy helyben áll, vesztegel
heave up hány ‖ **heave up (the anchor)** *(horgonyt)* felhúz

---

heaven ['hevn] *fn* menny, ég ‖ **Heaven forbid** Isten ments!; **for Heaven's sake!** az ég szerelmére!; **(Good) Heavens!** szent Isten!
heavenly ['hevnli] *mn* mennyei, égi
heavenly body *fn* égitest
heaviness ['hevɪnəs] *fn* nehézség
heavily ['hevɪli] *hsz* súlyosan, nagyon, alaposan
heavy ['hevi] *mn* nehéz, súlyos ‖ **it's too heavy for me** nem bírom; **heavy breathing** nehéz légzés; **heavy food** nehéz étel; **heavy loss** súlyos veszteség, elemi kár; **heavy rain** kiadós eső; **there was a heavy rainfall** nagy esőzések voltak; **heavy rock** kemény rock; **heavy sea** viharos tenger; **heavy smoker** erős dohányos; **lie heavy on** ránehezedik vmre
heavy current *fn* erősáram
heavy-duty *fn (gép stb.)* nagy teljesítményű; ❖ *biz (ruhadarab)* strapabíró
heavy goods vehicle *fn* tehergépkocsi, teherjármű
heavy-handed *mn* ügyetlen ‖ vaskezű, zsarnoki
heavy industry *fn* nehézipar
heavyweight ['hevɪweɪt] ❑ *sp* ▼ *mn* nehézsúlyú ▼ *fn* nehézsúly
heavy worker *fn* nehéz testi munkás, ❖ *biz* melós
Hebrew ['hi:bru:] *mn/fn* héber/zsidó (ember) ‖ héber (nyelv)
Hebrides ['hebrədi:z] *fn tsz* Hebridák

heckle [hekl] *ige (közbeszólásokkal)* heccel
heckler ['heklə] *fn (pol gyűlésen, zavarólag)* közbeszóló
hectare ['hektɑ:] *fn* hektár
hectic ['hektɪk] *mn* hajszás, lüktető *(élet)* ‖ **hectic day** ❖ *biz* mozgalmas nap
he'd [hid] = **he had**; **he would**
hedge [hedʒ] ▼ *fn (élő)*sövény, sövénykerítés ▼ *ige* sövénnyel elkerít
hedgehog ['hedʒhɒg] *fn* sün(disznó)
hedgerow ['hedʒrou] *fn* sövény(kerítés)
hedge-shears *fn tsz* sövénynyíró olló
hedge-trimmers *fn tsz* nyesőolló
hedonism ['hi:dənɪzm] *fn* hedonizmus
heed [hi:d] *fn* **pay no heed to** ügyet sem vet vmre/vkre; **pay heed to sy** hallgat vkre
heedful ['hi:dfl] *mn* gondos
heedless ['hi:dləs] *mn* figyelmetlen, vigyázatlan, könnyelmű ‖ **heedless of sg** nem törődve vmivel
hee-haw ['hi:hɔ:] ▼ *fn* iá(zás) *(szamáré)* ▼ *ige (szamár)* iázik
heel [hi:l] ▼ *fn* sarok *(cipőé, harisnyáé, lábé; kenyéré)* ‖ **be down at heel** elhanyagolt (külsejű), topis; **bring sy to heel** fegyelmez; ráncba szed vkt; **dig one's heels in** ❖ *biz* megmakacsolja magát; **take to one's heels** ❖ *biz* futásnak ered, kereket old ▼ *ige (cipőt)* sarkal
hefty ['hefti] *mn* robusztus, tagbaszakadt ‖ **a hefty fellow** ❖ *biz* nagy darab ember; **hefty wench** ❖ *biz* debella
hegemony [hɪ'geməni] *fn* hegemónia
he-goat *fn* bakkecske
heifer ['hefə] *fn* üsző
heigh-ho! [,heɪ'hou] *isz* hej!
height [haɪt] *fn* ❖ *ált* magasság ‖ (test)magasság ‖ *(tetőpont)* magaslat, csúcs ‖ **at its height** javában; **height above sea-level** tengerszint feletti ma

gasság; **the height of the season** *(színházi stb.)*

heighten ['haɪtn] *ige* fokoz, növel ‖ fokozódik, növekszik

heinous ['heɪnəs] *mn* szörnyű

heir [eə] *fn* örökös ‖ **heir apparent** ❏ *jog* várományos; törvényes örökös; **heir to the throne** trónörökös; **heir presumptive** feltételezett örökös; **be heir to sy** örököl vktől

heir-at-law *fn* törvényes örökös

heiress ['eərɪs] *fn* örökös(nő)

heirloom ['eəlu:m] *fn* családi bútor

heist [haɪst] *fn* ⊕ *US* ❖ *biz* rablótámadás

held [held] *pt/pp* → **hold**

helical ['helɪkl] *mn* csigavonalú ‖ **helical spring** spirálrugó

helicopter ['helɪkɒptə] *fn* helikopter

heliport ['helɪpɔ:t] *fn* helikopter-repülőtér

helium ['hi:lɪəm] *fn* hélium

helix ['hi:lɪks] *fn (tsz* **helices** ['hi:lɪsi:z, he-]) csigavonal

hell [hel] *fn* pokol ‖ **the hell!** a mindenit!; **where the hell is it?** hol a nyavalyában van?; **all hell broke loose** elszabadult a pokol; **for the hell of it** a hecc kedvéért, csak úgy heccből

he'll [hil] = **he will; he shall**

Hellene ['heli:n] *fn* hellén

Hellenic [he'lenɪk] *mn* hellén

hellish ['helɪʃ] *mn* pokoli

hello [hə'loʊ] *isz (telefonban)* halló ‖ ❖ *biz (köszönés)* szia!, helló, szervusz(tok)

helm [helm] *fn (hajón)* kormány(kerék)

helmet ['helmɪt] *fn* sisak

helmsman ['helmzmən] *fn (tsz* **-men)** kormányos

help [help] ▼ *fn* segítség, segély(nyújtás), segéderő ‖ **help!** segítség!; **be of help to sy** segítségére van vknek, *(vknek, ill. vkt vmben)* segít; **ask for sy's help** vk segítségét kéri ▼ *ige* segít *(sy* vknek/vkn) ‖ **ask sy to help** segítségül hív vkt; **how can I help**

you? miben lehetek a segítségére?; so **help me God** Isten engem úgy segéljen; **so help me** ❖ *biz* esküszöm…; **help each other** segítenek egymáson; **help sy cross the road** *(v.* **cross over)** *(átkelőhelyen)* átsegít; **help sy on with her/his coat** felsegíti vkre a kabátot; **help sy find a job** álláshoz segít vkt; **help sy up** *(földről)* felsegít; **help oneself from the dish** vesz a tálból; **help yourself!** *(v. tsz* **yourselves!)** *(asztalnál)* tessék; **help yourself** *(to sg* vmből) tessék venni!; **help yourself to some more** vegyen még!; **can I help you?** mi tetszik?, mit parancsol? *(üzletben stb.)*; **I can't help (you there)** ezen nem lehet/tudok segíteni; **it didn't help much** nem (sokat) használt; **it will help you (to) recover** ettől majd rendbe jössz; **it can't be helped** (vmn) nem lehet rajta segíteni; **how could I help it?** hát tehetek én róla?; **I can't help it** nem tehetek róla; **he can't help doing sg** nem/alig tudja megállni, hogy ne; **I couldn't help laughing** nem álltam meg nevetés nélkül; **you can't help thinking of …** önkéntelenül arra gondol az ember, hogy

helper ['helpə] *fn* segítő(társ)

helpful ['helpfl] *mn* készséges, segítőkész

helpfulness ['helpflnəs] *fn* segítőkészség, szolgálatkészség

helping ['helpɪŋ] ▼ *mn* segítő ▼ *fn (étkezésnél)* adag ‖ **I'd like a second helping** szeretnék még egyszer venni *(v.* repetálni)

helpless ['helpləs] *mn* (maga)tehetetlen, gyámoltalan, tanácstalan

helplessness ['helpləsnəs] *fn* tehetetlenség

Helsinki [hel'sɪŋki] *fn* Helsinki ‖ **The Helsinki Final Act** a Helsinki záróokmány

helter-skelter [ˌheltə'skeltə] *hsz* összevissza, rendezetlenül, fejletlenül

---

fn főnév – *hsz* határozószó – *isz* indulatszó – *ksz* kötőszó – *mn* melléknév
▼ szófajjelzés ⊕ földrajzi variáns ❏ szakterület ❖ stiláris minősítés

helve [helv] *fn (baltáé, kalapácsé stb.)* nyél

hem [hem] ▼ *fn (ruháé)* szegély ▼ *ige* -mm- (be)szeg, szegélyez *(ruhát)*

hem in körülzár, bekerít

hem- (⊕ *US*) → **haem-**

he-man *fn (tsz* -men*)* férfias férfi

hemiplegia [,hemi'pli:dʒɪə] *fn* féloldali hűdés

hemisphere [,hemɪsfɪə] *fn* félgömb, félteke

hem-line *fn* ruha szegélye/hossza

hemlock ['hemlɒk] *fn* bürök

hemo- ⊕ *US* → **haemo-**

hemp [hemp] *fn* kender ‖ hasis

hem-stitch ['hemstɪtʃ] *fn (kézimunka)* azsúr(ozás)

hen [hen] *fn* tyúk ‖ tojó

hence [hens] *hsz (hely)* innen, ennélfogva

henceforth ['hensfɔ:θ] *hsz* ezentúl, mostantól kezdve

henchman ['hentʃmən] *fn (tsz* -men*)* pribék

hen-coop *fn* tyúkketrec

hen-house *fn* tyúkól

hen party *fn* asszonyzsúr

henpecked husband ['henpekt] *fn* papucsférj

Henry ['henri] *fn* Henrik

hepatitis [,hepə'taɪtɪs] *fn* májgyulladás

her [hɜ:] *nm* őt *(nőnemben)* ‖ az ő …(j)a/(j)e, …(j)ai/(j)ei ‖ **her book** (az ő) könyve ‖ **(to) her** neki

herald ['herəld] *fn* (elő)hírnök

heraldic [he'rældɪk] *mn* címertani

heraldry ['herəldri] *fn* címertan

herb [hɜ:b] *fn* (gyógy)fű, gyógynövény

herbaceous [hə'beɪʃəs] *mn* fűszerű, lágy szárú *(növények)* ‖ **herbaceous border** virágágy évelőkből

herbal tea ['hɜ:bl] *fn* gyógytea

herbarium [hɜ:'beərɪəm] *fn (tsz* **herbaria** [-rɪə]) herbárium

herbicide ['hɜ:bɪsaɪd] *mn/fn* gyomirtó (szer)

herd [hɜ:d] ▼ *fn* csorda, gulya, konda ▼ *ige* (össze)terel ‖ **herd together** falkába verődik

herd instinct *fn* nyájösztön

herdsman ['hɜ:dzmən] *fn (tsz* -men*)* *(marháké)* pásztor, csordás, gulyás

here [hɪə] *hsz* itt, ide ‖ **from here** innen; **here and there** *(hely)* itt-ott; **here it is!** megvan!; **here you are** tessék, itt van; **here's to you!** egészségére!

hereabouts [,hɪərə'baʊt] *hsz* errefelé

hereafter [,hɪər'ɑ:ftə] *hsz* ezentúl, a jövőben

hereby [,hɪə'baɪ] *hsz* ezáltal, ezennel

hereditary [hə'redɪtəri] *mn* örökletes, öröklött

heredity [hə'redəti] *fn* (át)öröklés

heresy ['herɪsi] *fn* eretnekség

heretic ['herɪtɪk] *fn* eretnek

heretical [hɪ'retɪkl] *mn* eretnek

hereunder [,hɪər'ʌndə] *hsz* alább, az alábbiakban

hereupon [,hɪərə'pɒn] *hsz* ezek után

herewith [,hɪə'wɪð] *hsz* ezennel, ezúton, ezzel

heritage ['herɪtɪdʒ] *fn* örökség

hermetic [hɜ:'metɪk] *mn* légmentes(en zúródó), hermetikus

hermetically [hɜ:'metɪkli] *hsz* légmentesen ‖ **hermetically sealed** légmentesen záródó

hermit ['hɜ:mɪt] *fn* remete

hernia ['hɜ:nɪə] *fn* sérv

hero ['hɪərəʊ] *fn (tsz* -es*)* hős ‖ főhős, főalak

heroic [hɪ'rəʊɪk] *mn* hősi ‖ hősies ‖ **heroic verse/couplet** <kétsoros angol versforma>; **heroic epic** hősi eposz

heroin ['herəʊɪn] *fn* heroin

heroin addict *fn* heroinélvező, heroinmániás

heroine ['herəʊɪn] *fn* hősnő

heroism ['herəʊɪzm] *fn* hősiesség

heron ['herən] *fn* gém *(madár)*

---

hero worship *fn* hőskultusz
herpes ['hɜ:pi:z] *fn* herpesz
herring ['herɪŋ] *fn* hering
hers [hɜ:z] *nm* az övé *(nőnemben)* ‖ **it is hers** az övé
herself [hə'self] *nm* (ön)maga ‖ őt magát *(nőnemben)* ‖ **by herself** (teljesen) egyedül, (saját) maga; **for herself** a maga számára; **she herself** *(nyomatékosan)* önmaga, saját maga
Herts = *Hertfordshire*
hertz [hɜ:ts] *fn* hertz
he's [hiz, hi:z] = **he is; he has**
hesitant ['hezɪtənt] *mn* habozó, tétovázó, ingadozó ‖ **be hesitant** tétovázik
hesitate ['hezɪteɪt] *ige* habozik, tétovázik, ingadozik
hesitation [ˌhezɪ'teɪʃn] *fn* habozás, tétovázás
heterogeneous [-'dʒi:nɪəs] *mn* különböző eredetű/fajtájú, heterogén
heterosexual [-'sekʃʊəl] *mn* másnemű, a másik nemhez vonzódó, heteroszexuális
het up [ˌhet'ʌp] *mn* ❖ *biz* izgatott, ideges, „csupa ideg"
hew [hju:] *ige* (*pt* **hewed** [hju:d]; *pp* **hewed** *v.* **hewn** [hju:n]) *(követ)* farag

---

hew out *(szobrot)* kinagyol

HEW ⊕ *US* = *Department of Health, Education and Welfare kb.* Egészségügyi, Oktatási és Népjóléti Minisztérium
hewer ['hju:ə] *fn* vájár
hewn [hju:n] *pp* → **hew**
hexagon ['heksəgən] *fn* hatszög
hexagonal [hek'sægənl] *mn* hatszögű
hexameter [hek'sæmɪtə] *fn* hexameter
hey! [heɪ] *isz* hé!; halló!
heyday ['heɪdeɪ] *fn* virágkor *(életé)* ‖ **in his heyday** fénykorában
HF = **high frequency**
hi! [haɪ] *isz* ⊕ *US* ❖ *biz (köszönés)* szia!, szervusz, helló

hiatus [haɪ'eɪtəs] *fn* hézag, folytonossági hiány ‖ hiátus
hibernate ['haɪbəneɪt] *ige* áttelel, hibernál
hibernation [ˌhaɪbə'neɪʃn] *fn* téli álom, hibernálás
hiccough ['hɪkʌp] *fn/ige* = **hiccup**
hiccup ['hɪkʌp] ▼ *fn* csuklás ▼ *ige* csuklik
hick [hɪk] *fn* ❖ *elít* ⊕ *US* tahó, bunkó
hid [hɪd] *pt* → **hide**
hidden ['hɪdn] *mn* rejtett, titkos ‖ → **hide¹**
hide¹ [haɪd] *ige* (*pt* **hid** [hɪd]; *pp* **hidden** ['hɪdn]) (el)rejt, bújtat, (el)titkol, (el)takar, leplez

---

hide away elrejtőzik
hide from sy elrejt(őzik) vk elől

---

hide² [haɪd] *fn* bőr, irha
hide-and-seek *fn* bújócska
hideaway ['haɪdəweɪ] *fn* ⊕ *US* ❖ *biz* rejtekhely
hideous ['hɪdɪəs] *mn* csúnya, csúf, ocsmány
hideously ['hɪdɪəsli] *hsz* csúnyán, ocsmányul
hideousness ['hɪdɪəsnəs] *fn* csúnyaság, csúfság
hide-out *fn* ❖ *biz* rejtekhely
hiding¹ ['haɪdɪŋ] *fn* elverés ‖ **give sy a good hiding** ❖ *biz* jól elver, helybenhagy
hiding² ['haɪdɪŋ] *fn* rejtőzés ‖ **be in hiding** rejtőzködik, bujkál
hiding-place *fn* leshely, rejtekhely
hierarchy ['haɪərɑ:ki] *fn* hierarchia, ranglétra
hieroglyph ['haɪrəglɪf] *fn* hieroglif(a)
hieroglyphic [ˌhaɪrə'glɪfɪk] *mn* hieroglif(ikus)
hieroglyphics [ˌhaɪrə'glɪfɪks] *fn tsz* hieroglifák
hi-fi [ˌhaɪ'faɪ] *mn/fn* HIFI, hifi ‖ **hi-fi (equipment)** HIFI-berendezés/torony, hifitorony, HIFI, hifi

---

fn főnév – *hsz* határozószó – *isz* indulatszó – *ksz* kötőszó – *mn* melléknév
▼ szófajjelzés ⊕ földrajzi variáns ❑ szakterület ❖ stiláris minősítés

higgledy-piggledy [ˌhɪgldɪ'pɪgldɪ] *hsz/mn* összevissza

high [haɪ] ▼ *mn* magas ‖ it is high *(húsnak)* szaga van már; the high contracting parties a magas szerződő felek; of a high degree magas fokú; high office magas állás; have a high opinion (of) nagyra becsül, jó véleménnyel van vkről/vmről; in high places előkelő körökben; at a high price magas áron; high quality kiváló minőségű; in high quarters felsőbb helyen/körökben; on the high seas nyílt tengeren; be in high spirits jó kedve (v. kedvében) van; ❖ *biz* (be) high (on sg) "elszáll", "be van lőve" *(kábítószertől)*; of a high standard színvonalas, igényes, nívós; it is high time (that) legfőbb ideje, hogy; it's high time we went ideje, hogy menjünk/elinduljunk ▼ *hsz* magasan

highball ['haɪbɔːl] *fn* ⊕ *US* whisky jeges szódával

high board *fn (uszodában)* ugrótorony

high-board diving *fn* toronyugrás

high-born *mn* előkelő származású

highboy ['haɪbɔɪ] *fn* ⊕ *US* fiókos szekrény

highbrow ['haɪbraʊ] *fn* entellektüel; ❖ *elít* (kultúr)sznob

high-capacity *mn* nagy teljesítményű

high chair *fn* etetőszék

High Church *fn* <az anglikán egyháznak a római katolikus egyházhoz közelebb álló szárnya>

high-class *mn* magas színvonalú

High Court (of Justice) *fn* Legfelsőbb Bíróság

higher ['haɪə] ▼ *mn* magasabb ‖ felső, felsőbb ‖ higher mathematics felsőbb matematika ▼ *hsz* higher (up) magasabban, feljebb

higher education *fn* felsőoktatás

highest ['haɪəst] *mn* legmagasabb, legfelső ‖ highest point tetőpont; highest possible maximális

high explosive *fn* nagy erejű robbanószer

high-fidelity *mn* nagy hanghűségű, hifi-

high finance *fn* nagytőke

high-flown *mn* emelkedett, fellengzős *(stílus)*

high-flyer/flier *fn* nagyratörő/ambiciózus ember

high-flying *mn* nagyravágyó, ambiciózus

high frequency *fn* nagyfrekvencia

high-handed *mn* fölényeskedő, önkényes(kedő)

high jump *fn* magasugrás

highlands ['haɪləndz] *fn tsz* felföld, hegyvidék

Highlands, the *fn (Skóciában)* felföld, felvidék

high-level *mn* magas szintű *(tárgyalások stb.)*; nívós, magas színvonalú

high-level language *fn* ❑ *szt* magas szintű (program)nyelv

highlight ['haɪlaɪt] ▼ *fn* fénypont *(műsoré)* ‖ ❑ *szt* kurzor ‖ the highlights of the day a nap legfontosabb eseményei ▼ *ige (mint fontosat)* kiemel, vezető helyen foglalkozik vmvel

highlighter *fn* szövegkiemelő (filctoll)

highly ['haɪli] *hsz* rendkívül, nagyon ‖ highly amusing rendkívül mulatságos; highly developed economy fejlett gazdasági viszonyok; highly seasoned erősen fűszerezett

highly-strung *mn (idegileg)* érzékeny, túlfeszített, túlfűtött, egzaltált

High Mass *fn* nagymise

Highness ['haɪnəs] *fn (cím)* fenség ‖ Her/His Royal Highness őfensége; Your Highness Fenség

high-octane *mn* nagy oktánszámú

high-pitched *mn* éles, magas *(hang)* ‖ meredek *(tető)*

high politics *fn tsz* nagypolitika

high-powered *mn* nagy teljesítményű

high-pressure ▼ *mn* nagynyomású ▼ *fn* nagy nyomás

---

nm névmás– *nu* névutó– *szn* számnév– *esz* egyes szám– *tsz* többes szám

▼ szófajjelzés ⊕ földrajzi variáns ❑ szakterület ❖ stiláris minősítés

high-ranking *mn* magas rangú
high-rise building *fn* magasház
high-rise office block *fn* magas iroda-
épület, toronyház
high-risk *mn* igen kockázatos
high road *fn* műút
high school *fn* ⊕ *US* középiskola,
gimnázium
high school boy/student *fn* ⊕ *US* di-
ák, középiskolás
high season *fn (üdülési)* főidény
high-speed *mn* nagy sebességű *(vo-
nat)* ‖ nagy fényerejű *(objektív)*
high-spirited *mn* élénk, vidám, eleven
‖ tüzesvérű *(ló)*
high-standard *mn* magas színvonalú
high street *fn* főutca
high tea *fn* ⊕ *GB* (korai) vacsora (teá-
val)
high-tech ▼ *mn* csúcstechnológiát al-
kalmazó ▼ *fn* csúcstechnológia
high technology *fn* csúcstechnológia
high-tension ▼ *mn* nagyfeszültségű ▼
fn ❏ *el* nagyfeszültség
high-tension line *fn* ❏ *el* távvezeték
high tide *fn* dagály
high treason *fn* felségárulás, hazaárulás
high-voltage ▼ *mn* nagyfeszültségű ▼
fn ❏ *el* nagyfeszültség
high water *fn* ár, dagály
high-water mark *fn* legmagasabb víz-
állás (szintje) ‖ tetőpont *(pályafutásé
stb.)*
highway ['haɪweɪ] *fn* ⊕ *US* főútvonal
Highway Code *fn* A közúti közlekedés
szabályai, KRESZ
highway robbery *fn (úton)* rablótáma-
dás, útonállás
highwayman ['haɪweɪmən] *fn (tsz
-men)* útonálló
high wind *fn* orkán
hijack ['haɪdʒæk] ▼ *fn* repülőgép-el-
térítés ▼ *ige (repülőgépet)* eltérít, el-
rabol
hijacker ['haɪdʒækə] *fn* géprabló *(re-
pülőgépé)*

hijacking ['haɪdʒækɪŋ] *fn* repülőgép-
eltérítés; géprablás
hike [haɪk] ▼ *fn* (gyalog)túra ‖ **go for
a hike** (gyalog)túrán vesz részt, túrát
tesz ▼ *ige* túrázik, túrán vesz részt,
túrát tesz
hiker ['haɪkə] *fn* turista, természetjáró
hiking ['haɪkɪŋ] *fn* túrázás, természet-
járás ‖ **go hiking** túrán vesz részt, tú-
rát tesz, túrára megy
hilarious [hɪ'leərɪəs] *mn* pokolian mu-
latságos
hilarity [hɪ'lærəti] *fn* derültség
hill [hɪl] *fn* domb; *(kisebb)* hegy ‖
❏ *közl* lejtő, emelkedő
hillbilly ['hɪlbɪli] *fn* ⊕ *US* bugris, mu-
csai
hillock ['hɪlək] *fn (kisebb)* domb
hillside ['hɪlsaɪd] *fn* domboldal, hegy-
oldal
hilltop ['hɪltɒp] *fn* hegytető
hilly ['hɪli] *mn* dombos
hilt [hɪlt] *fn* markolat *(kardé)* ‖ **up to
the hilt** tövig
him [hɪm] *nm* őt *(himnemben)* ‖ **(to)
him** neki, hozzá; **for him** neki, szá-
mára; **on him** nála; **with him** vele,
nála; **without him** nélküle
Himalayas [ˌhɪmə'leɪəz] *fn tsz* Hima-
lája
himself [hɪm'self] *nm* őt magát ‖
he ... himself ő maga
hind[1] [haɪnd] *mn* hátsó ‖ **hind legs**
hátsó lábak
hind[2] [haɪnd] *fn (nőstény)* szarvas,
gím, szarvastehén
hinder ['hɪndə] *ige* hátráltat, akadá-
lyoz, gátol, visszavet ‖ **hinder sy in
(doing) sg** vkt vmben meggátol, fel-
tartóztat
Hindi ['hɪndi] *mn* hindi
hindmost ['haɪndməʊst] *mn* leghátulsó
hindquarters [ˌhaɪnd'kwɔːtə] *fn tsz*
far *(állaté)*
hindrance['hɪndrəns] *fn* akadály *(gát-
ló körülmény)*, gát

hindsight ['haɪndsaɪt] *fn* utólagos bölcsesség

Hindu [ˌhɪn'du:] *mn/fn* hindu

hinge [hɪndʒ] ▼ *fn* csuklópánt, sarok(vas), zsanér ▼ *ige* **hinge on sg** vmtől/vktől függ || **everything hinges on (what we do next)** minden azon fordul meg, hogy

hint [hɪnt] ▼ *fn* célzás, utalás || tanács, tipp || **hint(s)** útmutatás; **drop a hint** célzást tesz; **give sy a hint** vkt vmre rávezet; **take a hint** elérti a célzást ▼ *ige (témát)* érint || célzást tesz vmre || céloz vkre

hinterland ['hɪntəlænd] *fn* hátország

hip¹ [hɪp] *fn* csípő

hip² [hɪp] *fn* csipkebogyó

hip-bath *fn* ülőfürdő

hip-bone *fn* csípőcsont

hip-joint *fn* csípőízület

hippie [hɪpi] *fn* ❖ *biz* hippi

hippo ['hɪpoʊ] *fn (tsz -os)* ❖ *biz* víziló

hip-pocket *fn* farzseb

hippopotamus [ˌhɪpə'pɒtəməs] *fn (tsz -muses* [-məsɪz] *v.* **-mi** [-maɪ]) víziló

hippy ['hɪpi] *fn* ❖ *biz* hippi

hip replacement (operation) *fn* csípőprotézis-műtét

hipshot ['hɪpʃɒt] *mn* csípőficamos

hip-tea *fn* csipketea

hire ['haɪə] ▼ *fn* bérbevétel, bérlet, kölcsönzés || **for hire** kibérelhető; „szabad"; **a hire car** bérautó; **a car hire firm** autókölcsönző ▼ *ige (autót)* bérel, kölcsönöz || szerződtet || **hire a cab** taxit fogad

---

hire out *(csónakot stb.)* kibérel || *(vmt rövidebb időre)* bérbe ad

---

hired ['haɪəd] *mn* foglalt *(taxi)* || **a hired car** bérautó

hired assassin *fn* bérgyilkos

hireling ['haɪəlɪŋ] *fn* bérenc

hire-purchase *fn* részletfizetés || **buy (sg) on hire-purchase** részletre vesz

his [hɪz] *nm* az ő …(j)a/(j)e, …(j)ai/(j)ei || az övé || **his book** (az ő) könyve; **it is his** az övé

hiss [hɪs] ▼ *fn* pisszegés ▼ *ige (színházban)* fütyül, kipisszeg || **hiss sy off the stage** kifütyül

histogram ['hɪstəgræm] *fn* oszlopgrafikon, hisztogram

histology [hɪ'stɒlədʒi] *fn* szövettan

historian [hɪ'stɔ:rɪən] *fn* történetíró, történész

historic [hɪ'stɒrɪk] *mn* történelmi, sorsdöntő || **historic building** műemlék épület; **historic event** történelmi esemény

historical [hɪ'stɒrɪkl] *mn* történelmi || történeti || **historical novel** történelmi regény; **historical play** királydráma

history ['hɪstri] *fn* történelem || történet || történetírás; történettudomány || **history of language** nyelvtörténet; **history of literature** irodalomtörténet; **history of music** zenetörténet

history book *fn* történelemkönyv

history essay *fn* történelemdolgozat

history play *fn* történelmi dráma/(szín)darab

history teacher *fn* történelemtanár

hit [hɪt] ▼ *fn* ütés || becsapódás *(bombáé)* || *(sp is)* találat; *(vívásban)* tus || sláger ▼ *ige (pt/pp* **hit** [hɪt]) **-tt-** üt, megüt; ver, ütlegel, ráver || *(autó vkt)* elüt || eltalál || **you have hit it!** eltaláltad!; **he was hit** elütötték; **hit the road** ❖ *biz* útra kel

---

hit against sg vmnek nekiütközik/nekiütődik

hit back vknek visszavág

hit on/upon vmre rábukkan/rátalál, kitalál, eltalál, vmre ráhibáz

---

hit-and-run *mn* **hit-and-run accident** cserbenhagyásos baleset/gázolás; **hit-and-run driver** cserbenhagyásos gázoló, gázoló és továbbhajtó (vezető)

---

hitch [hɪtʃ] ▼ *fn (technikai)* nehézség, bökkenő ‖ **it is going without a hitch** simán megy ▼ *ige* **hitch a ride** *(autót)* stoppol, stopot kér

hitchhike ['hɪtʃhaɪk] ▼ *fn* (autó)stoppolás ▼ *ige* autóstoppal utazik

hitchhiker ['hɪtʃhaɪkə] *fn* autóstoppos, stoppos

hitch up felránt, felhúz *(nadrágot stb.)*

hi-tech [,haɪ'tek] *mn* = **high(-)tech**

hitherto [,hɪðə'tu:] *hsz* mind ez ideig, idáig

hit man *fn (tsz* **men**) ❖ *biz* gyilkos

hit-or-miss *mn* vaktában történő/tett

hit parade *fn* slágerlista

hit-song *fn* sláger

hive [haɪv] *fn* (méh)kaptár

HLL = **high-level language**

HM = *Her/His Majesty* Őfelsége a …

HMG = *Her/His Majesty's Government* Őfelsége kormánya

HMSO [,eɪtʃ em es 'oʊ] = *Her/His Majesty's Stationary Office* <angol állami nyomda>

HND ⊕ *GB* = *Higher National Diploma* felsőbb műszaki diploma

hoard [hɔːd] *ige* **hoard (up)** összevásárol, felvásárol

hoarding ['hɔːdɪŋ] *fn* palánk *(falragaszoknak)*, hirdetőtábla

hoar-frost *fn* dér

hoarse [hɔːs] *mn* rekedt

hoarseness ['hɔːsnəs] *fn* rekedtség

hoary ['hɔːri] *mn* ősz (fejű) ‖ **hoary hair** deres haj

hoax [hoʊks] *fn* ❖ *átv* beugratás

hob [hɒb] *fn* ⊕ *GB* platni

hobble ['hɒbl] ▼ *fn* sántikálás, bicegés ▼ *ige* sántít, biceg ‖ *(lovat)* béklyóz

hobby ['hɒbi] *fn* hobbi, időtöltés, passzió

hobby-horse *fn* vesszőparipa

hobgoblin [hɒb'gɒblɪn] *fn* manó

hobnail ['hɒbneɪl] *fn* bakancsszeg, jancsiszeg

hobnob ['hɒbnɒb] *ige* **-bb-** komáz *(with sy* vkvel)

hobo ['hoʊboʊ] *fn* ⊕ *US* csavargó

hock [hɒk] ❖ *biz* ▼ *fn* **put sg in hock** zaciba tesz/csap/vág vmt ▼ *ige* zaciba tesz/csap/vág vmt

hockey ['hɒki] *fn* hoki

hockey stick *fn* hokiütő

hocus-pocus [,hoʊkəs 'poʊkəs] *fn* hókusz-pókusz

hodgepodge ['hɒdʒpɒdʒ] *fn* = **hotchpotch**

hoe [hoʊ] ▼ *fn* kapa ▼ *ige (pres p* **hoeing**) (meg)kapál

hog [hɒg] *fn* (hús)sertés, malac ‖ **go the whole hog** ❖ *biz* apait-anyait belead

hogwash ['hɒgwɒʃ] *fn* szamárság *(beszéd)*

hoist [hɔɪst] ▼ *fn (álló)* csiga, emelőgép ▼ *ige (terhet emelővel)* felhúz; *(vitorlát, zászlót)* felvon, felhúz

hold [hoʊld] ▼ *fn* fogás *(megragadás)* ‖ **take hold of** megragad, megfog, vmbe belefogódzik; **get hold of** megkaparint, szert tesz vmre ▼ *ige (pt/pp* **held** [held]) tart ‖ tart vmnek ‖ **can hold** elfér; **hold a meeting** (⊕ *US* **conference**) értekezletet tart; **the same holds true of his son** ugyanez áll a fiára is; **hold fast/tight to sg** ragaszkodik vmhez; **hold good** érvényes; **hold the line!** tartsa a vonalat!; **hold tight** szorosan fog/tart; **hold one's breath** visszafojtja lélegzetét; **hold one's ground** nem enged, helytáll, nem tágít; **hold one's own (in sg)** megállja a sarat/helyét (vmben); **hold oneself upright** egyenesen tartja magát

---

hold aloof from elzárkózik vmtől ‖ **hold (oneself) aloof (from others)** elkülöníti magát

hold back vkt visszatart ‖ lassít, késleltet

hold down *(erőszakkal)* lefog ‖ elnyom ‖ leszorít *(árakat)* ‖ ❖ *biz* betölt *(állást)*

---

fn főnév – *hsz* határozószó – *isz* indulatszó – *ksz* kötőszó – *mn* melléknév
▼ szófajjelzés ⊕ földrajzi variáns ❏ szakterület ❖ stiláris minősítés

hold forth szónokol
hold off elmarad ‖ elhárít
hold on *(küzdelemben)* helytáll, kitart ‖ **hold on!** (kérem), tartsa a vonalat!, állj meg!, csak kitartás!
hold on to vkbe/vmbe fogódzkodik/kapaszkodik ‖ **hold on to me!** kapaszkodj belém!
hold out *(állhatatosan)* kitart ‖ *(reményt)* nyújt ‖ *(készlet vmeddig)* kitart ‖ **hold out to the very end** a végsőkig kitart
hold over elhalaszt
hold together vmt összefog
hold up felmutat ‖ feltart(óztat), akadályoz ‖ *(útonálló)* feltartóztat

holdall ['hoʊld ɔ:l] *fn* sportszatyor, sporttáska
holder ['hoʊldə] *fn* tulajdonos *(igazolványé)*; viselő *(címé)* ‖ tok, tartó
holding ['hoʊldɪŋ] *fn* tulajdon, birtok ‖ vagyon(rész), tőkerészesedés
holding company *fn* holdingtársaság
hold-up *fn* forgalmi akadály/torlódás ‖ rablótámadás, útonállás
hole [hoʊl] *fn* lyuk ‖ üreg ‖ odú ‖ **full of holes, in holes** *(ruha)* lyukas; **it made a big hole in my pocket** ❖ *biz* nagy érvágás volt!
hole-and-corner *mn* **hole-and-corner dealings/affair** sötét ügy
holiday ['hɒlɪdeɪ] *fn* szünnap, ünnep(nap); *(egésznapos)* szünet; munkaszüneti nap ‖ nyaralás, üdülés ‖ holiday(s) szabadság, szünidő, vakáció; **summer/school holidays** nyári szünidő/vakáció; **be (away) on holiday, be on one's holidays** szabadságon van; **go on holiday** szabadságra megy; **take a holiday, take one's holiday** szabadságot vesz ki, kiveszi a szabadságát
holiday camp/centre *fn* ⊕ *GB* üdülőtelep ‖ nyári tábor
holiday chalet *fn (kisebb)* nyaraló
holiday home *fn* üdülő, nyaraló

holiday-maker *fn* nyaraló, üdülő *(személy)*
holiday resort *fn* nyaralóhely, üdülőhely
holiday season *fn* szünidő, szabadság(olások) ideje
holiness ['hoʊlɪnəs] *fn* szentség
Holland ['hɒlənd] *fn* Hollandia
hollow ['hɒloʊ] ▼ *mn* üreges, lyukas, öblös, odvas ‖ **hollow cheeks** lesovanyodott/beesett arc; **hollow promises** üres ígéretek ▼ *fn* üreg, horpadás ▼ *ige* kiváj, kimélyít
hollow-eyed *mn* mélyen ülő szemű
holly ['hɒli] *fn* magyal
Holocaust, the ['hɒləkɔ:st] *fn* a holokauszt
holster ['hoʊlstə] *fn* pisztolytáska
holy ['hoʊli] *mn* szent
Holy Communion *fn* ❏ *vall* áldozás, úrvacsora
Holy Ghost, the *fn* Szentlélek
Holy Land, the *fn* Szentföld
holy orders *fn tsz* papi rend
Holy See *fn* Szentszék
Holy Spirit, the *fn* Szentlélek
Holy Week *fn* ❏ *vall* nagyhét
homage ['hɒmɪdʒ] *fn* hódolat, tisztelet ‖ **pay homage to sy** hódolattal/tisztelettel adózik vknek
home [hoʊm] ▼ *mn* belföldi, hazai, honi ‖ családi ▼ *hsz* haza ▼ *fn (családi)* otthon, lakás ‖ *(családi)* ház ‖ *(szociális stb.)* otthon ‖ haza ‖ **at home** otthon, odahaza, idehaza, belföldön, hazai pályán; **be at home in sg** otthon van vmben, vmben jártas; **bring sg home to sy** tudatára ébreszt, vkvel vmt megértet; **home for the aged** szociális otthon; **be not at home to sy** *(lakásán)* nem fogad vkt
home address *fn* lakáscím
home affairs *fn tsz* belügy *(országé)*
home-baked bread *fn* házikenyér
home banking *fn* telebank *(szolgáltatás)*
home-brewed *mn* házi főzetű *(sör)*

H

---

nm névmás– *nu* névutó– *szn* számnév– *esz* egyes szám– *tsz* többes szám
▼ szófajjelzés ⊕ földrajzi variáns ❏ szakterület ❖ stiláris minősítés

home-coming *fn* hazaérkezés

Home Counties, the *fn tsz* a London környéki megyék

home delivery *fn* hazaszállítás *(árué)*

home economics *fn esz* háztartástan

homeland ['hoʊmlænd] *fn* anyaország, haza

homeless ['hoʊmləs] *mn* hajléktalan

homely ['hoʊmli] *mn* otthonos, családias, otthonias

home-made *mn* házi (készítésű)

home market *fn* belföldi piac

Home Office *fn* ⊕ *GB* belügyminisztérium

home page *fn* ⃞ *szt* honlap

Home Rule *fn* önkormányzat

Home Secretary *fn* ⊕ *GB* belügyminiszter

homesick ['hoʊmsɪk] *mn* **be homesick (for sg)** honvágya van (vm után)

homesickness ['hoʊmsɪknəs] *fn* honvágy

homespun ['hoʊmspʌn] *fn* háziszőttes

homestead ['hoʊmsted] *fn* ⃞ *mezőg* tanya

home stretch *fn* célegyenes

home task *fn* házi feladat

home town *fn* szülőváros

home trade *fn* belkereskedelem

home truth *fn* **tell sy a few home truths** ❖ *biz* jól beolvas vknek

homeward bound ['hoʊmwəd] *hsz* hazafelé menet

homewards ['hoʊmwədz] *hsz* hazafelé

home-work *fn* házi feladat

homicide ['hɒmɪsaɪd] *fn* emberölés

homily ['hɒmɪli] *fn* szentbeszéd, prédikáció *(gúnyos ért. is)*

homing guidance ['hoʊmɪŋ] *fn* ⃞ *kat* ⃞ *rep* önvezérlés

homing pigeon *fn* postagalamb

homogeneous [ˌhoʊməˈdʒiːnɪəs] *mn* egynemű, homogén

homogenize [həˈmɒdʒənaɪz] *ige* homogenizál

homosexual [ˌhoʊməˈsekʃʊəl] *mn/fn* homoszexuális

Hon = Honorary

hone [hoʊn] ▼ *fn* fenőkő ▼ *ige (kést)* (ki)élesít; *(borotvát)* megfen; kifen

honest ['ɒnɪst] *mn* becsületes, tisztességes

honestly ['ɒnɪstli] *hsz* becsületesen ‖ **honestly!** becsületszavamra!

honesty ['ɒnɪsti] *fn* becsület, becsületesség, tisztesség

honey ['hʌni] *fn* méz, virágméz ‖ **honey!** ⊕ *US* drágám!, édes(em)!, szívecském

honey-bee *fn* (mézelő) méh

honey-cake *fn* mézeskalács

honeycomb ['hʌnikoʊm] *fn* lép *(méhé)*

honeydew melon ['hʌnidjuː] *fn* sárgadinnye

honeyed ['hʌnid] *mn* mézesmázos

honeymoon ['hʌnimuːn] ▼ *fn* nászút, mézeshetek ‖ **be on one's honeymoon** nászúton van ▼ *ige* nászúton van

honeysackle ['hʌnisækl] *fn* lonc

Hong Kong [ˌhɒŋˈkɒŋ] *fn* Hongkong

honk [hɒŋk] *ige (autós)* dudál

Honolulu [ˌhɒnəˈluːluː] *fn* Honolulu

honorary ['ɒnrəri] *mn* tiszteletbeli, dísz- ‖ **honorary doctorate** díszdoktori cím

honour (⊕ *US* -or-) ['ɒnə] ▼ *fn* becsület, tisztesség ‖ **in honour of sy** vk tiszteletére ▼ *ige* (meg)tisztel, becsül ‖ elfogad *(váltót)* ‖ kifizet, bevált *(csekket)* ‖ → **honours**

honourable (⊕ *US* -or-) ['ɒnrəbl] *mn* becsületes; tiszteletre méltó ‖ **Honourable** <képviselők megszólítása> tisztelt

honours (⊕ *US* -ors) ['ɒnəz] *fn tsz* érdemjel, kitüntetés ‖ **honours degree** kitüntetéssel szerzett egyetemi fokozat/oklevél; **be awarded first-class honours** *(egyetemen)* kitüntetéssel végez; **pass with honours** kitüntetéssel szigorlatozik

honours list *fn* ⊕ *GB* a kitüntetettek listája

Hons = honours (degree)

hood [hʊd] *fn* csuklya, kapucni ‖ ⊕ *US* motorházfedél, -tető

hooded ['hʊdɪd] *mn* csuklyás

hoodlum ['hu:dləm] *fn* garázda ember, gengszter

hoodwink ['hʊdwɪŋk] *ige* ❖ *biz* rászed, bepaliz

hoof [hu:f] *fn* (*tsz* **hoofs** *v.* **hooves** [hu:vz]) pata

hoofed [hu:ft] *mn* patás

hook [hʊk] ▼ *fn* kampó; horog, kapocs ▼ *ige* begörbít *(ujjat)* ‖ felakaszt *(to* vmre) ‖ **hook on(to)** *(kapoccsal)* hozzácsatol ‖ **be hooked on a drug** *(v.* **drugs)** ❖ *biz* kábítószer rabja, nagyon rákapott a kábítószerre; **be hooked on sy** ❖ *biz* bele van esve

hooked [hʊkt] *mn* kampós

hook-nose *fn* horgas orr

hook-up *fn* <több rádió- és televíziós adóállomás összekapcsolása>

hooligan ['hu:lɪgən] *fn* huligán

hooliganism ['hu:lɪgənɪzm] *fn* huliganizmus

hoop [hu:p] *fn* abroncs, pánt, karika

hooray! [hʊ'reɪ] *isz* hurrá!, ujjé!

hoot [hu:t] *ige (autó)* tülköl, dudál ‖ sípol ‖ pfujoz, kipisszeg

hooter ['hu:tə] *fn (autón)* duda; *(gyári)* sziréna

hoover ['hu:və] ▼ *fn* ⊕ *GB* porszívó ▼ *ige* ⊕ *GB* (ki)porszívóz

hooves [hu:vz] *tsz* → **hoof**

hop¹ [hɒp] *ige* **-pp-** szökell, szökdécsel

hop² [hɒp] *fn* komló

hope [hoʊp] ▼ *fn* remény, reménység ‖ **in the hope of sg** vmnek a reményében ▼ *ige* remél *(for sg* vmt), reménykedik ‖ **let us hope for the best** reméljük a legjobbakat; **I hope so** remélem, hogy igen

hoped-for ['hoʊpt] *mn* remélt

hopeful ['hoʊpfl] *mn* reményteljes, reményt keltő

hopefully ['hoʊpfli] *hsz* remélhetőleg

hopeless ['hoʊpləs] *mn* reménytelen ‖ gyógyíthatatlan ‖ kétségbeejtő, kilátástalan

hopelessly ['hoʊpləsli] *hsz* reménytelenül ‖ gyógyíthatatlanul

hopper ['hɒpə] *fn* fenékürítő kocsi ‖ (töltő)garat

hopscotch ['hɒpskɒtʃ] *fn* ugróiskola

horde [hɔ:d] *fn* horda, tömeg

horizon [hə'raɪzn] *fn* lát(ó)határ, horizont ‖ látókör

horizontal [ˌhɒrɪ'zɒntl] *mn* vízszintes, horizontális ‖ **horizontal position/posture** fekvő helyzet

horizontal bar *fn* nyújtó *(tornaszer)*

horizontally [ˌhɒrɪ'zɒntli] *hsz* vízszintesen

hormonal imbalance [hɔ:'moʊnl] *fn* hormonzavar

hormone ['hɔ:moʊn] *fn* hormon

horn [hɔ:n] *fn* szarv ‖ szaru ‖ *(autón)* duda, kürt ‖ ❑ *zene* kürt ‖ **be on the horns of a dilemma** válaszúthoz érkezett

hornbeam ['hɔ:nbi:m] *fn* gyertyán(fa)

horned [hɔ:nd] *mn* szarvas ‖ szarvú

hornet ['hɔ:nɪt] *fn* lódarázs

hornet's nest *fn* ❖ *biz* kellemetlen ügy

horn-player *fn (zenekari)* kürtös

horn-rimmed glasses *fn tsz* szarukeretes szemüveg

horny ['hɔ:ni] *mn* szaru- ‖ kérges

horoscope ['hɒrəskoʊp] *fn* horoszkóp

horrible ['hɒrəbl] *mn* borzalmas, rémes, rettenetes; ❖ *biz* szörnyű

horribly ['hɒrəbli] *hsz* borzasztó(an), szörnyen, rémesen

horrid ['hɒrɪd] *mn* szörnyű, ronda

horrific [hə'rɪfɪk] *mn* = **horrifying**

horrify ['hɒrɪfaɪ] *ige* elborzaszt, megrémít ‖ **be horrify** elborzad, elszörnyed

H

horrifying ['hɒrɪfaɪɪŋ] *mn* irtózatos, borzasztó, szörnyű, rettenetes

horror ['hɒrə] *fn* borzalom, irtózat, iszonyat || **the horrors of war** a háború borzalmai

horror film *fn* horrorfilm

horror story *fn* rémregény

horror-stricken/struck *mn* rémült

hors d'oeuvre [ˌɔː 'dɜːv] *fn (tsz ua.v.* hors d'oeuvres ['dɜːv]) előétel

horse [hɔːs] *fn* ló || ló, bak *(tornaszer)* || **have sg straight from the horse's mouth** első kézből tud vmt

horseback ['hɔːsbæk] *fn* **on horseback** lóháton

horsebox ['hɔːsbɒks] *fn* lószállító jármű/utánfutó

horse-breeding *fn* lótenyésztés

horse-chestnut *fn* vadgesztenye

horse-fly *fn* bögöly

horsehair ['hɔːsheə] *fn* lószőr

horse-laugh *fn* ❖ *vulg* röhögés

horseman ['hɔːsmən] *fn (tsz* -men) lovas

horsemanship ['hɔːsmənʃɪp] *fn* lovagolni tudás, a lovaglás művészete

horseplay ['hɔːspleɪ] *fn* durva tréfa

horsepower ['hɔːspaʊə] *fn* lóerő

horse-race *fn* lóverseny

horse-racing *fn* lóverseny(zés), lósport

horse-radish *fn* torma

horse riding *fn* lovaglás, lovassport

horse sense *fn (józan)* paraszti ész

horseshoe ['hɔːsʃuː] *fn* patkó

horse show, horse trials *fn tsz* lovasbemutató

horsetail ['hɔːsteɪl] *fn* ❑ *növ* zsurló

horsewhip ['hɔːswɪp] *fn* lovaglóostor

horsewoman ['hɔːswʊmən] *fn (tsz* -women [-wɪmɪn]) lovas *(nő)*

horsy ['hɔːsi] *mn* lószerű || lókedvelő || lovas

horticultural [ˌhɔːtɪ'kʌltʃrəl] *mn* kertészeti

horticulture ['hɔːtɪkʌltʃə] *fn* kertészet, kertészkedés

horticulturist [ˌhɔːtɪ'kʌltʃrəlɪst] *fn* kertész(mérnök)

hosanna [hoʊ'zænə] *fn* hozsanna

hose [hoʊz] ▼ *fn* tömlő, gumicső ▼ *ige (gyepet)* (meg)öntöz || **hose down** *(tömlővel)* lemos, megmos

hose-pipe *fn* tömlő, gumicső

hosiery ['hoʊzɪəri] *fn* harisnya- és kötöttáru (bolt)

hospice ['hɒspɪs] *fn (szanatórium jellegű)* utókezelő *(végállapotú betegek számára)*, hospice (ejtsd: hoszpisz)

hospitable [hɒ'spɪtəbl] *mn* vendégszerető

hospital ['hɒspɪtl] *fn* kórház || **go into hospital** bemegy a kórházba

hospital bed *fn* kórházi ágy

hospitality [ˌhɒspɪ'tæləti] *fn* szíveslátás, vendégszeretet

hospitalization [ˌhɒspɪtəlaɪ'zəɪʃn] *fn* kórházba való felvétel/beutalás

hospitalize ['hɒspɪtəlaɪz] *ige* kórházban elhelyez, kórházba felvesz

hospital nurse *fn* (kórházi) ápolónő

hospital staff *fn* asszisztencia; (ápoló)személyzet

hospital ward *fn* kórházi osztály || kórterem

host [hoʊst] *fn (férfi)* szállásadó, vendéglátó || *(vendégségkor)* házigazda || *(vetélkedőben)* játékvezető || **a host of** ❖ *biz* egy egész sereg *(holmi stb.)*

hostage ['hɒstɪdʒ] *fn* túsz || **hold sy hostage** túszként tart fogva vkt; **take hostages** túszokat szed

hostel ['hɒstl] *fn* szálló *(diákoké stb.)*; szállás, otthon

hostelling ['hɒstlɪŋ] *fn* **go hostelling** ifjúsági szállókban száll meg

hostess ['hoʊstɪs] *fn* vendéglátó, szállásadó *(nő)* || *(vendégségkor)* háziasszony

hostess trolley *fn* zsúrkocsi

hostile ['hɒstaɪl] *mn* ellenséges

hostility [hɒ'stɪləti] *fn* ellenségeskedés || **hostilities** ellenségeskedés(ek)

---

fn főnév – *hsz* határozószó – *isz* indulatszó – *ksz* kötőszó – *mn* melléknév
▼ szófajjelzés ⊕ földrajzi variáns ❑ szakterület ❖ stiláris minősítés

hot [hɒt] *mn* forró, meleg; *(fűszer)* csípős || **get into hot water** ❖ *biz* bajba kerül/jut; **I am hot** melegem van; **it is getting too hot for him** ég a föld a talpa alatt; **it is very hot** nagy hőség van; **make it hot for sy** ❖ *biz* vknek jól befűt; **hot and cold** hideg-meleg; **it is hot (in here)** meleg van itt; **have a hot meal** vm meleget eszik; **be hot on sy's heels/tracks** nyomában van vknek; **hot trail** friss nyom; **hot water** meleg víz; **be in hot water** ❑*kif* bajban van

hot air *fn* duma, szájtépés

hot-air balloon *fn* hőlégballon

hotbed ['hɒtbed] *fn* ❑*mezőg* melegágy

hot-blooded *mn* melegvérű *(ló)* || ❖ *átv* vérmes

hotchpotch ['hɒtʃpɒtʃ] *fn* zagyvaság

hot dog *fn* hot dog

hotel [ˌhoʊ'tel] *fn* szálloda, szálló, hotel

hotel accommodation *fn* szállodai elhelyezés

hotel booking *fn* szállodai szobafoglalás

hotel expenses *fn tsz* szállodaköltség

hotelier [hoʊ'teliɪ] *fn* szállodás, szállodatulajdonos

hotel industry *fn* szállodaipar

hotel manager *fn* szállodavezető

hotel room *fn* szállodai szoba

hotfoot [ˌhɒt'fʊt] *hsz* lóhalálában

hotheaded [ˌhɒt'hedɪd] *mn* forrófejű

hothouse ['hɒthaʊs] *fn* melegház

hothouse plant *fn* melegágyi/melegházi növény

hot line *fn* forródrót

hotly ['hɒtli] *hsz* szenvedélyesen, indulatosan

hotness ['hɒtnəs] *fn* forróság

hotplate ['hɒtpleɪt] *fn* platni, főzőlap, villanyfőző, rezsó || meleg(ítő)pult

hotpot ['hɒtpɒt] *fn kb.* rakott burgonya hússal

hot seat *fn* válsággóc

hot spring *fn* hőforrás || **hot springs** termálfürdő

hot-tempered *mn* lobbanékony; ingerlékeny, hirtelen természetű

hot-water bottle *fn* ágymelegítő

hot-water supply *fn* melegvíz-szolgáltatás

hot-water tap *fn* melegvízcsap

hound [haʊnd] ▼ *fn* kopó || **follow the hounds** falkavadászatra megy ▼ *ige* vkt üldöz

hour ['aʊə] *fn* óra || **on the hour** minden órában *(indul)*; **within an hour** egy órán belül; **his hour has come** ütött az órája; **an hour and a half** másfél óra; **an hour's ride** *(busszal)* egyórai út; **for two hours** két óra hosszáig; **hours of business** pénztári órák, nyitvatartási idő; **for hours on end** órák hosszat

hour hand *fn* kismutató

hourglass ['aʊəɡlɑːs] *fn (egyórás)* homokóra

hourly ['aʊəli] ▼ *hsz* óránként, minden órában ▼ *mn* óránkénti || **hourly rate** óránkénti bérleti díj; **hourly wage** óradíj, órabér

house [haʊs] *fn (családi)* ház || üzletház || ❑*szính* ház || **the House** a Ház *(GB és US képviselőház)*; **house arrest** házi őrizet; **have a house built** építkezik; **do one's house call** *(az orvos)* kimegy vkhez; **"House Full"** *(kiírás)* minden jegy elkelt; **this house is to (be) let** *(v.* ⊕*US* **for rent)** ez a ház kiadó; **this house is (up) for sale** ez a ház eladó; **from house to house** házról házra

houseboat ['haʊsboʊt] *fn* folyami lakóhajó

housebound ['haʊsbaʊnd] *mn* házhoz kötött

housebreaker ['haʊsbreɪkə] *fn* betörő

housebreaking ['haʊsbreɪkɪŋ] *fn* betörés

house-broken *mn* ⊕ *US* szobatiszta

housecleaning [ˈhaʊsklɪnɪŋ] *fn* nagytakarítás

house coat *fn* hosszú pongyola

house-dog *fn* házőrző kutya

house fly *fn* légy

household [ˈhaʊshoʊld] *fn* háztartás ‖ **household appliances** háztartási gépek/készülékek; **household expenses** háztartási kiadások; **household goods** háztartási cikkek; **household utensils** háztartási eszközök/felszerelések, konyhaedény(ek)

househunting [ˈhaʊshʌntɪŋ] *fn* lakáskeresés

housekeeper [ˈhaʊskiːpə] *fn* házvezetőnő ‖ háziasszony

housekeeping [ˈhaʊskiːpɪŋ] *fn* háztartás

housemaid [ˈhaʊsmeɪd] *fn* szobalány

houseman [ˈhaʊsmən] *fn* (*tsz* **-men**) *(kezdő, bennlakó)* kórházi orvos, alorvos

housemaster [ˈhaʊsmɑːstə] *fn* (internátusi) felügyelő tanár

House of Commons, the *fn* ⊕ *GB* az alsóház, képviselőház

House of Lords, the *fn* ⊕ *GB* a felsőház

House of Representatives, the *fn* ⊕ *US (valamint Ausztráliában és több más országban)* képviselőház *(alsóház)*

house-owner *fn* háztulajdonos

house physician *fn* (bennlakó) kórházi orvos

house plant *fn* szobanövény

house-proud *mn* házias ‖ **she is very house-proud** rendes háziasszony

house-rent *fn* lakbér

Houses of Parliament, the *fn tsz* ⊕ *GB* Országház, Parlament

house surgeon *fn* (bennlakó) kórházi orvos

house-to-house *mn* házról házra (történő), minden házban végrehajtott *(házkutatás stb.)*

housetop [ˈhaʊstɒp] *fn* háztető

house-train *ige* szobatisztaságra nevel

house-trained *mn* szobatiszta

house-warming *fn* házszentelő, lakásszentelő

housewife [ˈhaʊswaɪf] *fn* (*tsz* **-wives** [-waɪvz]) háziasszony, háztartásbeli

housework [ˈhaʊswɜːk] *fn* háztartási munka

housing [ˈhaʊzɪŋ] *fn* lakásügy ‖ lakásépítés

housing association *fn* lakásépítő társaság

housing conditions *fn* lakásviszonyok

housing department *fn* lakáshivatal, lakásügyi osztály

housing development *fn* ⊕ *US* lakótelep

housing estate *fn* lakótelep

housing problem *fn* lakáskérdés

housing project *fn* ⊕ *US* lakótelep

housing scheme *fn* lakásépítési program

housing shortage *fn* lakáshiány

hovel [ˈhɒvl] *fn* viskó

hover [ˈhɒvə] *ige* lebeg

hovercraft [ˈhɒvəkrɑːft] *fn* légpárnás hajó/jármű

hoverport [ˈhɒvəpɔːt] *fn* „hovercraft"-kikötő

how [haʊ] *hsz (kérdésben)* hogy(an)?, miképp(en)?, mi módon? ‖ *(felkiáltásban)* milyen!, mennyire! ‖ **and how!** ❖ *biz* de még mennyire!; **how about a cup of tea?** mit szólnál/szólna egy csésze teához?; **how are you?** hogy van?; **how are you doing (v. getting on)?** hogy van?; **how are you doing?** *(tanulásban)* hogy állsz?; **how are you feeling?** *(betegtől)* hogy érzi magát?; **how beautiful!** de szép!; **how big?** mekkora?; **how do you do?** *kb.* jó napot kívánok, üdvözlöm!; **how do you know?** honnan tudja?; **how do you like it?** hogy ízlik?, hogy vagy megelégedve vele?; **how else** hogyan másként; **how far is it?**

milyen messze van?; **for how long?**
mennyi ideig?; **how long does it take
to (get swhere)?** *(út vhová)* mennyi
ideig tart?; **how many?** mennyi?,
hány?; **for how much?** mennyiért?;
how much? mennyi(t)?; **how much
is it?** mennyibe kerül?; **how often?**
hányszor?, mennyiszer?; **how (on
earth) did you get here?** hát te hogy
kerültél ide?

however [haʊ'evə] *hsz* bármennyire,
bárhogy, akárhogy (is) ‖ azonban,
mégis, annak ellenére, viszont, ámde
‖ **however far** *(hely)* akármeddig;
however good it is még ha olyan jó
is; **however it may be** akárhogy(an)
van is; **however long** *(időben)* bár-
meddig

howitzer ['haʊɪtsə] *fn* mozsárágyú

howl [haʊl] ▼ *fn* üvöltés, ordítás ‖ **give
a howl** elbődül ▼ *ige* ordít, bőg, vo-
nít; *(csecsemő)* bömböl; *(szél)* süvít ‖
howl sy down kifütyül vkt

howler ['haʊlə] *fn* baklövés, gikszer,
szarvashiba

hp, HP [,eɪtʃ 'pi:] = **hire-purchase** ‖
buy sg on (the) hp, HP részletre vesz
‖ → **horsepower**

HQ [,eɪtʃ 'kju:] = **headquarters**

HRH = *Her/His Royal Highness* ő kirá-
lyi fensége

hr(s) = **hour(s)**

hub [hʌb] *fn* (kerék)agy

hubbub ['hʌbʌb] *fn* lárma, zaj

hub-cap *fn* dísztárcsa

huckleberry ['hʌklbri] *fn* ⊕ *US* (feke-
te) áfonya

huckster ['hʌkstə] *fn (utcai)* árus

huddle ['hʌdl] ▼ *fn* csoportosulás ‖
összevisszaság ▼ *ige* vhol meghúzza
magát, ❖ *biz* dekkol ‖ **huddle (up)
together** összecsődül, összebújik

hue [hju:] *fn* (szín)árnyalat

huff [hʌf] *fn* **be in a huff** meg van
sértve, dühöng

hug [hʌg] ▼ *fn* ölelés ▼ *ige* **-gg-** ölel,
ölelget, vkvel összeölelkezik

huge [hju:dʒ] *mn* hatalmas, óriási,
roppant ‖ **huge amount of** őrült sok

hulk [hʌlk] *fn* törzs

hulking (big) ['hʌlkɪŋ] *mn (tárgy)* or-
mótlan

hull [hʌl] ▼ *fn* törzs *(hajóé)*; hajótest
▼ *ige (héjat)* lehánt; *(rizst)* hántol

hullabaloo [,hʌləbə'lu:] *fn* ❖ *biz* ze-
nebona, lárma; zűrzavar, zrí

hullo! [hə'loʊ] *isz* hé! ‖ halló!

hum [hʌm] ▼ *fn* zúgás, moraj, búgás,
berregés ▼ *ige* **-mm-** zúg, morog,
berreg, zümmög, búg ‖ dúdol

human ['hju:mən] ▼ *mn* emberi ▼ *fn*
= **human being**

human being *fn* ember *(szemben az
állattal)*

human body *fn* emberi test

humane [hju:'meɪn] *mn* humánus;
emberséges, emberies

humanely [hju:'meɪnli] *hsz* embersé-
gesen, emberi módon

humanism ['hju:mənɪzm] *fn* huma-
nizmus

humanist ['hju:mənɪst] *mn/fn* huma-
nista

humanitarian [hju:,mænɪ'teərɪən] ▼
mn emberbaráti, humanitárius, em-
berséges, humánus ▼ *fn* emberbarát

humanities, the [hju:'mænətɪz] *fn
tsz* humán tárgyak/tudományok

humanity [hju:'mænəti] *fn* az emberi-
ség ‖ emberi természet ‖ emberiesség ‖
→ **humanities**

humankind [,hju:mən'kaɪnd] *fn* az
emberiség

humanly ['hju:mənli] *hsz* emberileg

human nature *fn* az emberi természet

human race, the *fn* emberfaj, az em-
beri nem

human relations *fn tsz* emberi kap-
csolatok

human rights *fn tsz* emberi jogok

humble ['hʌmbl] ▼ *mn* alázatos ‖ sze-
rény ‖ **be of humble birth** alacsony
sorból származik; **in my humble
opinion** szerény véleményem szerint

▼ *ige* megaláz ‖ **humble oneself** megalázkodik

humble-bee *fn* poszméh

humbly ['hʌmbli] *hsz* alázatosan, alázattal ‖ szerényen

humbug ['hʌmbʌg] *fn* maszlag, szemfényvesztés, humbug ‖ svihák, szélhámos

humdrum ['hʌmdrʌm] *mn* unalmas, egyhangú

humid ['hju:mɪd] *mn* nedves, nyirkos ‖ párás *(levegő)*

humidifier [hju:'mɪdɪfaɪə] *fn* légnedvesítő (szer)

humidity [hju:'mɪdəti] *fn* nedvesség, nyirkosság ‖ páratartalom

humiliate [hju:'mɪlieɪt] *ige* megaláz, lealáz

humiliation [hju:ˌmɪli'eɪʃn] *fn* megalázás, megaláztatás

humility [hju:'mɪləti] *fn* alázatosság

humming-bird ['hʌmɪŋbɜ:d] *fn* kolibri

humming top *fn* búgócsiga

humor ['hju:mə] *fn* ⊕ *US* = **humour**

humorist ['hju:mərɪst] *fn* humorista

humorous ['hju:mərəs] *mn* humoros

humour (⊕ *US* -or-) ['hju:mə] *fn* humor, kedély(állapot), komikum ‖ **sense of humour** humorérzék

humourless (⊕ *US* -or-) ['hju:mələs] *mn* humorérzék nélküli, „sótlan"

hump [hʌmp] *fn* púp ‖ domb(ocska) ‖ **be over the hump** túljut a nehezén

humpback ['hʌmpbæk] *fn* púpos (ember)

humpbacked ['hʌmpbækt] *mn* púpos

humus ['hju:məs] *fn* humusz

hunch [hʌntʃ] *fn* púp ‖ **I have a hunch that** ❖ *biz* az a gyanúm, hogy

hunchback ['hʌntʃbæk] *fn* púp ‖ púpos (ember)

hunchbacked ['hʌntʃbækt] *mn* púpos

hundred ['hʌndrəd] *szn/mn/fn* száz ‖ százas (szám) ‖ **100 metre race** 100 m-es síkfutás; **by the hundred** százával; **a hundred pound note** (*v.* ⊕ *US* **bill**) százas *(bankjegy)*; **hundreds of**

people emberek százai, rengeteg ember; **a hundred times** százszor

hundredth ['hʌndrədθ] ▼ *szn/mn* századik ‖ **hundredth anniversary** századik évforduló, centenárium ▼ *fn* **a hundredth (part)** századrész

hundredweight ['hʌndrədweɪt] *fn* <súlymérték: ⊕ *GB* 112 font = 50,8 kg; ⊕ *US* 100 font = 45,3 kg> *kb.* fél mázsa

hung [hʌŋ] *pt/pp* → **hang**

Hungarian [hʌŋ'geərɪən] *mn/fn* magyar ‖ **in Hungarian** magyarul; **Hungarian studies** hungarológia ‖ → **English**

Hungarian-born *mn* magyar származású

Hungarian-speakers *fn tsz* a magyar anyanyelvűek

Hungarian-speaking *mn* magyar anyanyelvű/ajkú

Hungary ['hʌŋgəri] *fn* Magyarország

hunger ['hʌŋgə] ▼ *fn* éhség, éhezés ▼ *ige* éhezik

hunger-strike *fn* éhségsztrájk

hung-over *mn* másnapos ‖ **feel a bit hung-over** másnapos

hungrily ['hʌŋgrəli] *hsz* éhesen

hungry ['hʌŋgri] *mn* éhes, éhező ‖ **go hungry** éhes marad; **the hungry** az éhezők; **be hungry for sg** ❖ *átv* szomjazik vmre

hunk [hʌŋk] *fn* nagy darab

hunt [hʌnt] ▼ *fn* (falka)vadászat ▼ *ige* kerget, üldöz ‖ **hunt for sg/sy** vmre/vkre vadászik, keres vmt/vkt

hunt down *(bűnözőt)* kézre kerít

hunt out felkutat, előteremt, kiderít

hunt up *(elveszett dolgot)* előkerít, felkutat, előteremt

hunter ['hʌntə] *fn* vadász

hunting ['hʌntɪŋ] *fn* ⊕ *GB* falkavadászat ‖ ⊕ *US* vadászat

hunting-box *fn* vadászház

hunting-ground *fn* vadászterület

hunting-knife *fn (tsz* **-knives)** vadászkés

hunting lodge *fn* vadászház

hunting-season *fn* vadászidény

hunting-seat *fn* vadászkastély

huntsman [ˈhʌntsmən] *fn (tsz* **-men)** vadász

hurdle [ˈhɜːdl] *fn* ❑ *sp* gát ‖ **hurdles** gátfutás

hurdle-race *fn* gátfutás

hurl [hɜːl] *ige (nagy erővel)* dob, (el)hajít

hurrah, hurray [həˈrɑː:, həˈreɪ] *isz* hurrá!, éljen!

hurricane [ˈhʌrɪkən] *fn* orkán, hurrikán

hurricane lamp *fn* viharlámpa, kempinglámpa

hurried [ˈhʌrɪd] *mn* sietős, sebes, szapora

hurriedly [ˈhʌrɪdli] *hsz* sietve

hurry [ˈhʌri] ▼ *fn* sietség ‖ **be in a hurry** siet, sietős a dolga, sürgős dolga van; **there's no hurry** (a dolog) nem sürgős/sietős ▼ *ige* siet, rohan ‖ **don't hurry!** ne siess!

hurry up siet ‖ **hurry up!** siess!, gyerünk!; **let's hurry up** siessünk!

hurt [hɜːt] *ige (pt/pp* **hurt** [hɜːt]) *(testileg)* bánt, bántalmaz, megsebesít ‖ *(átv is)* megsért ‖ ❖ *biz* fáj ‖ árt vknek/vmnek ‖ **be hurt** megsérül; **are you badly hurt?** nagyon megsérültél?, komoly a sérülésed?; **my leg hurts** fáj a lábam; **be hurt at sg** vmtől/vmn megsértődik; **hurt one's feelings** vknek rosszul/zokon esik vm; **it won't hurt** nem fog ártani/fájni; **did you hurt yourself?** megütötted magad?

hurtful [ˈhɜːtfl] *mn* sértő, bántó

hurtle [ˈhɜːtl] *ige* nekiütközik

hurtle along *(jármű)* száguld

hurtle down lezuhan

husband [ˈhʌzbənd] ▼ *fn* férj ‖ **they are husband and wife** házastársak ▼ *ige* **husband one's strength/energies** takarékoskodik az erejével

hush! [hʌʃ] ▼ *isz* pszt!, csitt!, csend legyen! ▼ *ige* ❖ *biz (ügyet)* elken, eltussol, agyonhallgat

hush-hush *mn* titkos, „szigbiz" (= szigorúan bizalmas)

husk [hʌsk] ▼ *fn* hüvely ▼ *ige* lehánt, lehámoz; *(rizst)* hántol

husked [hʌskt] *mn* hántolt

husky [ˈhʌski] *mn (hang)* rekedt ‖ tagbaszakadt

hussar [huˈzɑː:] *fn* huszár

hustings [ˈhʌstɪŋz] *fn tsz* választási kampány

hustle [ˈhʌsl] ▼ *fn* lökdösődés, sürgés-forgás ▼ *ige* tolakodik, lökdösődik ‖ **hustle into** belevisz vkt vmbe

hustle and bustle *fn* ❖ *biz* sürgölődés, nyüzsgés

hut [hʌt] *fn* kunyhó, viskó

hutch [hʌtʃ] *fn (nyúl)*ketrec

hyacinth [ˈhaɪəsɪnθ] *fn* jácint

hybrid [ˈhaɪbrɪd] *mn/fn* hibrid, keresztezés

hybridize [ˈhaɪbrɪdaɪz] *ige* ❑ *növ* keresztez

hydrant [ˈhaɪdrənt] *fn* (utcai) tűzcsap

hydraulic [haɪˈdrɔːlɪk] *mn* hidraulikus

hydraulics [haɪˈdrɔːlɪks] *fn esz (tudomány)* hidraulika

hydro [ˈhaɪdroʊ] *fn* ⊕ *GB* gyógyszálló, vízgyógyintézet

hydrochloric acid [ˌhaɪdroʊˈklɒrɪk] *fn* sósav

hydroelectric [ˌhaɪdroʊɪˈlektrɪk] *mn* hidroelektromos

hydroelectric (power) plant *fn* vízerőmű

hydrofoil [ˈhaɪdroʊfɔɪl] *fn* szárnyashajó

hydrogen [ˈhaɪdrədʒən] *fn* hidrogén

hydrogen bomb *fn* hidrogénbomba

hydropathic treatment [ˌhaɪdrəˈpæθɪk] *fn* vízgyógymód

H

hydroplane ['haɪdrəpleɪn] *fn* siklócsónak
hydrotherapy [,haɪdroʊ'θerəpi] *fn* hidroterápia, vízgyógyászat
hyena [haɪ'iːnə] *fn* hiéna
hygiene ['haɪdʒiːn] *fn* egészségügy, higiénia ‖ egészségtan ‖ **personal hygiene** testápolás, ápoltság, tisztaság
hygienic [haɪ'dʒiːnɪk] *mn* egészségügyi, higiénikus
hygienics [haɪ'dʒiːnɪks] *fn esz* egészségtan
hymn [hɪm] *fn (egyházi)* ének
hymnal ['hɪmnəl] *fn (egyházi)* énekeskönyv
hymn-book *fn* énekeskönyv
hype [haɪp] *fn* ❖ *biz* felfújt hír(anyag) *(amivel tele van a sajtó)*
hyperacidity [,haɪpəræsɪ'dɪsəti] *fn* ❑ *orv* savtúltengés
hyperactive [,haɪpər'ək'tɪv] *mn* túlzottan aktív, hiperaktív
hyperbola [haɪ'pɜːbələ] *fn* ❑ *mat* hiperbola
hypermarket ['haɪpəmɑːkɪt] *fn* (nagy) bevásárlóközpont, hipermarket
hypersensitive [,haɪpə'sensɪtɪv] *mn* túlérzékeny
hypersensitivity [,haɪpəsensɪ'tɪvəti] *fn* túlérzékenység
hypertension [,haɪpə'tenʃn] *fn* magas vérnyomás, hipertónia
hyphen ['haɪfn] *fn* kötőjel
hyphenation [,haɪfə'neɪʃn] *fn* szóelválasztás
hypnosis [hɪp'noʊsɪs] *fn* hipnózis

hypnotic [hɪp'nɒtɪk] *mn* hipnotikus
hypnotism ['hɪpnətɪzm] *fn* hipnotizálás
hypnotist ['hɪpnətɪst] *fn* hipnotizőr
hypnotize ['hɪpnətaɪz] *ige* hipnotizál
hypo ['haɪpoʊ] *fn* ❖ *biz* injekciós tű
hypochondriac [,haɪpoʊ'kɒndriæk] *fn* hipochonder
hypocrisy [hɪ'pɒkrəsi] *fn* képmutatás
hypocrite ['hɪpəkrɪt] *fn* álszent, képmutató
hypocritical [,hɪpə'krɪtɪkl] *mn* álszent, képmutató
hypodermic [,haɪpoʊ'dɜːmɪk] ▼ *mn* bőr alá adott ‖ **hypodermic injection** bőr alá adott injekció; **hypodermic needle** injekciós tű; **hypodermic syringe** (injekciós) fecskendő ▼ *fn* = **hypodermic syringe/injection**
hypotenuse [haɪ'pɒtənjuːz] *fn* ❑ *mat* átfogó
hypothermia [,haɪpoʊ'θɜːmɪə] *fn* <a normálisnál alacsonyabb testhőmérséklet> hypothermia
hypothesis [haɪ'pɒθəsɪs] *fn (tsz -ses [-siːz])* hipotézis
hypothetical [,haɪpə'θetɪk(l)] *mn* elméleti
hysterectomy [,hɪstə'rektəmi] *fn* a méh műtéti eltávolítása, hysterectomia
hysteria [hɪ'stɪərɪə] *fn* hisztéria
hysterical [hɪ'sterɪkl] *mn* hisztérikus
hysterics [hɪ'sterɪks] *fn tsz* hisztéria, idegroham ‖ **have hysterics** hisztérikus rohama van
Hz = **hertz**

I

I [aɪ] *nm* én ‖ it is I én vagyok
ibid. = *Latin: ibidem* ugyanott, uo.
(könyvben stb.)
IC [ˌaɪ 'siː] = **integrated circuit**
i/c = *in charge of* felelőse vmnek
ice [aɪs] ▼ *fn* jég ‖ fagyi ‖ **on ice** jegelt,
  jégbe hűtött; **it cuts no ice with me**
  nálam ez nem nyom sokat a latban ▼
  ige jegel, jégbe hűt
ice-age *fn* jégkorszak
ice-axe *fn* jégcsákány
ice bag *fn* jégtömlő
iceberg ['aɪsbɜːɡ] *fn* jéghegy
icebox ['aɪsbɒks] *fn* mélyhűtő (rész) ‖
  ⊕ *US* hűtőszekrény
ice-breaker *fn* jégtörő
ice-cold *mn* jéghideg
ice-cream *fn* fagylalt
ice cube *fn* jégkocka
iced [aɪst] *mn* (jégbe) hűtött
ice dancing *fn* jégtánc
ice drift *fn* jégzajlás
ice-field *fn* jégmező
ice-floes *fn tsz* zajló jég
ice hockey *fn (játék)* jégkorong
ice-hockey stick *fn* hokiütő
Iceland ['aɪslənd] *fn* Izland
Icelander ['aɪsləndə] *fn* izlandi
Icelandic [aɪs'lændɪk] *mn/fn* izlandi
ice lolly *fn* jégkrém
iceman ['aɪsmən] *fn (tsz -men)* jeges
ice pack *fn* ❑ *orv* jegelés
ice-pit *fn* jégverem
ice-rink *fn (fedett)* műjégpálya
ice-show *fn* jégrevü
ice-skate ▼ *fn* korcsolya ▼ *ige* korcso-
  lyázik

ice skater *fn* korcsolyázó
ice skating *fn* korcsolyázás
icicle ['aɪsɪkl] *fn* jégcsap
icing ['aɪsɪŋ] *fn* cukormáz
icing sugar *fn* porcukor
icon ['aɪkɒn] *fn* szentkép, ikon
ICU [ˌaɪ siː 'juː] = **intensive care unit**
icy ['aɪsi] *mn* jeges, jéghideg, fagyos,
  hűvös
I'd [aɪd] = **I had**; **I would**; **I should**
ID [ˌaɪ] = **identification, identity** ‖ **ID
  card** = **identity card**
idea [aɪ'dɪə] *fn* eszme, elképzelés, el-
  gondolás, ötlet ‖ **ideas** gondolatvilág;
  have you any idea? van valamilyen
  elképzelésed?; **form an idea of sg** fo-
  galmat alkot magának vmről; **I have
  no idea!** fogalmam sincs!
ideal [aɪ'dɪəl] ▼ *mn* eszményi, ideális
  ‖ eszmei ▼ *fn* eszmény, ideál, példa-
  kép
idealism [aɪ'dɪəlɪzm] *fn* idealizmus
idealist [aɪ'dɪəlɪst] *fn* idealista
idealize [aɪ'dɪəlaɪz] *ige* idealizál
ideally [aɪ'dɪəli] *hsz* eszményien, ideá-
  lisan
identical [aɪ'dentɪkl] *mn* azonos,
  (meg)egyező
identification [aɪˌdentɪfɪ'keɪʃn] *fn* azo-
  nosítás ‖ személyi okmányok
identification card *fn* = **identity card**
identification parade *fn* <gyanúsítot-
  tak felsorakoztatása felismerés céljá-
  ból>
identify [aɪ'dentɪfaɪ] *ige* azonosít, azo-
  nosságot megállapít, megállapítja vk
  kilétét/személyazonosságát ‖ *(nö-*

vényt) meghatároz || **identify oneself with** sg azonosságot vállal vmvel, vmvel azonosul

identikit [aɪˈdentɪkɪt] *fn* fantomkép, mozaikkép

identity [aɪˈdentəti] *fn* azonosság || kilét, személyazonosság

identity card *fn* személyi igazolvány; azonossági kártya

identity check *fn* gépkocsi-ellenőrzés, igazoltatás, az iratok ellenőrzése

identity papers *fn tsz* személyi okmányok

identity parade *fn* = **identification parade**

ideological [ˌaɪdɪəˈlɒdʒɪkl] *mn* világnézeti, ideológiai

ideology [ˌaɪdiˈɒlədʒi] *fn* világnézet, ideológia

idiocy [ˈɪdɪəsi] *fn* eszelősség, hülyeség

idiom [ˈɪdɪəm] *fn* állandósult szókapcsolat, idióma, nyelvi sajátság

idiomatic [ˌɪdɪəˈmætɪk] *mn* **speak idiomatic English** jó angolsággal beszél; **idiomatic expression** állandósult szókapcsolat

idiosyncrasy [ˌɪdɪəˈsɪŋkrəsi] *fn* egyéni/jellemző sajátosság

idiot [ˈɪdɪət] *fn* hülye, idióta; *(szidás)* barom; *(bolondokat csináló)* bolond

idiotic [ˌɪdiˈɒtɪk] *mn* hülye, idióta

idle [ˈaɪdl] ▼ *mn* henye, lusta, tétlen || **be idle** üresjáratban van ▼ *ige* **idle (about)** tétlenkedik, henyél, lustálkodik; **idle away one's time** lopja a napot, semmittevéssel tölti az idejét; **be idling** üresjáratban van

idle capacity *fn* kihasználatlan kapacitás

idle money *fn* holt tőke

idleness [ˈaɪdlnəs] *fn* tétlenség, lustaság, munkakerülés

idler [ˈaɪdlə] *mn* naplopó, léhűtő, semmittevő

idle talk *fn* üres beszéd/fecsegés

idle time *fn* holtidő

idling [ˈaɪdlɪŋ] *fn* henyélés

idly [ˈaɪdli] *hsz* tétlenül, ölbe tett kézzel

idol [ˈaɪdl] *fn (átv is)* bálvány

idolatry [aɪˈdɒlətri] *fn* bálványimádás

idolize [ˈaɪdlaɪz] *ige* bálványoz

idol-worship *fn* bálványimádás

idyll [ˈɪdl] *fn* idill

idyllic [ɪˈdɪlɪk] *mn* idilli(kus)

i.e., ie [ˌaɪ ˈiː] = *Latin: id est, kimondva még: that is* azaz, úgymint, úm.

if [ɪf] *ksz* ha, amennyiben, hogyha || **as if** mintha; **if at all** hacsak; **if I had a car** ha autóm volna; **if I were you** (én) a (te) helyedben, ha neked volnék; **if only** hacsak; **if only it were true** bár igaz volna!; **if you like** ha (úgy) tetszik

igloo [ˈɪgluː] *fn* (eszkimó) jégkunyhó

ignite [ɪgˈnaɪt] *ige* meggyújt || meggyullad

ignition [ɪgˈnɪʃn] *fn (motorban)* gyújtás

ignition key *fn* indítókulcs, slusszkulcs

ignoble [ɪgˈnəʊbl] *mn* aljas, becstelen

ignominious [ˌɪgnəˈmɪnɪəs] *mn* csúfos, dicstelen

ignominy [ˈɪgnəmɪni] *fn* szégyen, gyalázat

ignoramus [ˌɪgnəˈreɪməs] *fn* tudatlan ember

ignorance [ˈɪgnərəns] *fn* tudatlanság, tájékozatlanság || **from/through ignorance** tudatlanságból

ignorant [ˈɪgnərənt] *mn* tudatlan, tájékozatlan || **be ignorant of** sg nincs tudomása vmről

ignore [ɪgˈnɔː] *ige* nem vesz tudomásul vmt, semmibe (se/sem) vesz, nem vesz figyelembe, mellőz || **ignore it** tekintse tárgytalannak

ikon [ˈaɪkɒn] *fn* = **icon**

ill [ɪl] ▼ *mn* beteg || rossz || **be ill** rosszul van, beteg; **be ill in bed** betegen fekszik; **do sy an ill turn** rosszat tesz vkvel ▼ *hsz* rosszul, nem jól || **be ill at ease** zavarban van ▼ *fn* rossz || **ills** baj, csapás, szerencsétlenség

I'll [aɪl] = **I shall; I will**

---

fn főnév– *hsz* határozószó– *isz* indulatszó– *ksz* kötőszó– *mn* melléknév
▼ szófajjelzés ⊕ földrajzi variáns ❏ szakterület ❖ stiláris minősítés

ill-advised *mn* meggondolatlan, nem kellően átgondolt

ill-assorted *mn* össze nem illő

ill-behaved *mn* rossz magaviseletű

ill-bred *mn* modortalan, neveletlen, rossz nevelésű

ill-breeding *fn* neveletlenség

ill-considered *mn* meggondolatlan, nem (eléggé) átgondolt

ill-disposed *mn* rossz szándékú, rosszakaratú

illegal [ˌɪˈliːgl] *mn* törvénytelen, illegális, jogtalan

illegality [ˌɪlɪˈgæləti] *fn* jogtalanság, illegalitás, törvénytelenség

illegally [ˌɪˈliːgəli] *hsz* jogtalanul, szabálytalanul

illegible [ɪˈledʒəbl] *mn* olvashatatlan

illegitimate [ɪləˈdʒɪtəmət] *mn* törvénytelen *(gyermek)*

ill-famed *mn* hírhedt, rossz hírű

ill-fated *mn* balszerencsés, peches

ill-favoured (⊕ *US* **-favored**) *mn* visszatetsző, csúnya

ill feeling *fn* neheztelés

ill-gotten gains *fn tsz* ebül szerzett jószág

ill-health *fn* betegeskedés

illicit [ɪˈlɪsɪt] *mn* tiltott, illetéktelen *(haszon)*

ill-informed *mn* rosszul tájékozott

illiteracy [ɪˈlɪtərəsi] *fn* analfabetizmus

illiterate [ɪˈlɪtərət] *mn/fn* írástudatlan, analfabéta

ill luck *fn* balsors, balszerencse, szerencsétlenség

ill-mannered *mn* modortalan, rossz modorú

illness [ˈɪlnəs] *fn* betegség

illogical [ɪˈlɒdʒɪkl] *mn* ésszerűtlen, illogikus, következetlen, logikátlan

ill omen *fn* baljós/rossz előjel

ill-proportioned *mn* aránytalan

ill-reputed *mn* kétes hírű

ill-starred *mn* balszerencsés, peches ‖ **be ill-starred** rossz csillagzat alatt született

ill-suited *mn* **they are ill-suited** nem valók egymáshoz

ill-timed *mn* időszerűtlen, rosszul időzített

ill-treat *ige* komiszul/rosszul bánik vkvel, rossz bánásmódban részesít vkt

ill-treatment *fn* goromba bánásmód

illuminate [ɪˈluːmɪneɪt] *ige (épületet stb.)* kivilágít, megvilágít; *(térséget)* bevilágít

illuminated [ɪˈluːmɪneɪtɪd] *mn* kivilágított ‖ (díszes) iniciálékkal ellátott

illumination [ɪˌluːmɪˈneɪʃn] *fn* kivilágítás, megvilágítás

ill-usage, ill-use *fn* goromba bánásmód, gorombaság

illusion [ɪˈluːʒn] *fn* (érzéki) csalódás ‖ (üres) ábránd; illúzió ‖ **cherish the illusion (that)** illúziókban ringatja magát

illusive [ɪˈluːsɪv] *mn* illuzórikus, csalóka

illusory [ɪˈluːsəri] *mn* illuzórikus, csalóka

illustrate [ˈɪləstreɪt] *ige* képekkel ellát/díszít, ábrázol, illusztrál ‖ **illustrate with examples** példákkal illusztrál

illustrated [ˈɪləstreɪtɪd] *mn* képes *(folyóirat)*

illustration [ˌɪləˈstreɪʃn] *fn* kép, ábra, illusztráció

illustrative [ˈɪləstrətɪv] *mn* szemléltető, magyarázó

illustrator [ˈɪləstreɪtə] *fn* rajzoló, illusztrátor

illustrious [ɪˈlʌstrɪəs] *mn* híres, jeles, illusztris

ill-will *fn* rosszakarat, rosszindulat

I'm [aɪm] = **I am**

image [ˈɪmɪdʒ] *fn* kép, képmás; *(vmről alkotott)* kép, image ‖ **be the very image of his father** ❖ *biz* kiköpött apja

image distortion *fn* ❏ *tv* képhiba

image quality *fn* ❏ *tv* képminőség

I

---

imagery ['ımıdʒəri] *fn* szóképek, (költői) képek

imaginable [ı'mædʒnəbl] *mn* elképzelhető

imaginary [ı'mædʒınəri] *mn* képzelt, vélt, képzeletbeli, képzelet alkotta/szülte

imaginary number *fn* képzetes szám

imagination [ı,mædʒı'neıʃn] *fn* képzelet, fantázia

imaginative [ı'mædʒınətıv] *mn* nagy képzelőtehetségű, nagy képzelőerővel megáldott

imaginative faculty/power *fn* képzelőerő, -tehetség

imagine [ı'mædʒın] *ige* elgondol, (el)képzel ‖ I can imagine el tudom képzelni; just imagine! képzeld (csak) el!

imbalance [ım'bæləns] *fn* egyensúlyhiány

imbecile ['ımbəsi:l] *fn* gyengeelméjű

imbecility [,ımbə'sıləti] *fn* gyengeelméjűség

imbibe [ım'baıb] *ige* magába szív ‖ be imbibed beissza magát vmbe, beivódik

imbue [ım'bju:] *ige* eltölt (*with* vmvel) ‖ be imbued with sg vk át van hatva vmtől, vmtől áthatott

IMF [,aı em 'ef] = International Monetary Fund

imitate ['ımıteıt] *ige* utánoz, másol, utánacsinál ‖ imitate slavishly majmol

imitation [,ımı'teıʃn] *fn* utánzás ‖ utánzat

imitation leather *fn* műbőr

imitation pearl *fn* hamis gyöngy

imitator ['ımıteıtə] *fn* utánzó

immaculate [ı'mækjʊlət] *mn* makulátlan

immaterial [,ımə'tıərıəl] *mn* anyagtalan

immature [,ımə'tʃʊə] *mn* éretlen, zsenge, idő előtti

immaturity [,ımə'tʃʊərəti] *fn* éretlenség

immeasurable [ı'meʒərəbl] *mn* (fel)mérhetetlen

immediacy [ı'mi:dıəsi] *fn* azonnaliság; közvetlenség; közeliség

immediate [ı'mi:dıət] *mn* azonnali, közvetlen, közeli

immediately [ı'mi:dıətli] *hsz* azonnal, rögtön, mindjárt, nyomban; (*időben is*) közvetlenül

immemorial [,ımı'mɔːrıəl] *mn* időtlen ‖ since time immemorial időtlen idők óta

immense [ı'mens] *mn* mérhetetlen, óriási, hatalmas, határtalan

immensely [ı'mensli] *hsz* nagyon; roppantul, rendkívül

immensity [ı'mensəti] *fn* vmnek óriási volta/méretei, roppant méretek

immerse [ı'mɜ:s] *ige* alámerítkezik, bemerít(kezik) ‖ belemárt (*in* vmbe)

immersion [ı'mɜ:ʃn] *fn* ❑ *vall* alámerítkezés, bemerítkezés

immersion heater *fn* forróvíztároló, villanybojler

immigrant ['ımıgrənt] *fn* bevándorló

immigrate ['ımıgreıt] *ige* bevándorol

immigration [,ımı'greıʃn] *fn* bevándorlás

immigration authorities *fn tsz* bevándorlási hatóságok

immigration officer *fn* ⊕ *GB* a bevándorlási hatóság tisztviselője, útlevélkezelő

imminence ['ımınəns] *fn* fenyegető közelség/veszély

imminent ['ımınənt] *mn* közelgő, közeli (*veszély*) ‖ be imminent a küszöbön áll

immobile [ı'moʊbaıl] *mn* mozdulatlan

immobility [,ımoʊ'bıləti] *fn* mozdulatlanság

immobilize [ı'moʊbılaız] *ige* mozgásképtelenné tesz, megbénít ‖ (*törött végtagot*) rögzít ‖ leköt (*tőkét*)

---

fn főnév – *hsz* határozószó – *isz* indulatszó – *ksz* kötőszó – *mn* melléknév
▼ szófajjelzés ⊕ földrajzi variáns ❑ szakterület ❖ stiláris minősítés

immobilized [ɪˈmoʊbɪlaɪzd] *mn* mozgásképtelen *(kocsi)*

immobilizer [ɪˈmoʊbɪlaɪzə] *fn* indításgátló

immoderate [ɪˈmɒdərət] *mn* szerénytelen

immoderately [ɪˈmɒdərətli] *hsz* szerfölött

immoderation [ɪˌmɒdəˈreɪʃn] *fn* szertelenség

immodest [ɪˈmɒdɪst] *mn* szerénytelen ‖ szemérmetlen

immodesty [ɪˈmɒdɪsti] *fn* szerénytelenség ‖ szemérmetlenség

immoral [ɪˈmɒrəl] *mn* erkölcstelen

immorality [ˌɪməˈræləti] *fn* erkölcstelenség

immortal [ɪˈmɔːtl] *mn* halhatatlan

immortality [ˌɪmɔːˈtæləti] *fn* halhatatlanság

immortalize [ɪˈmɔːtəlaɪz] *ige* halhatatlanná tesz

immovable [ɪˈmuːvəbl] *mn* (el)mozdíthatatlan, rendíthetetlen

immune [ɪˈmjuːn] *mn* immúnis *(to sg* vmvel szemben) ‖ ment(es) *(from sg* vmtől)

immune deficiency *fn* immunhiány

immune response *fn* immunreakció

immune system *fn* immunrendszer

immunity [ɪˈmjuːnəti] *fn* ⬜ *orv* védettség, immunitás

immunization [ˌɪmjʊnaɪˈzeɪʃn] *fn* védőoltás

immunize [ˈɪmjʊnaɪz] *ige* védőoltást ad vknek, beolt vkt

immunological [ˌɪmjuːnoʊˈlɒdʒɪkl] *mn* immunológiai

immunological response *fn* immunreakció

immunology [ˌɪmjʊˈnɒlədʒi] *fn* immunológia

imp [ɪmp] *fn* manó

impact [ˈɪmpækt] *fn* becsapódás *(bombáé)* ‖ behatás, kihatás ‖ **have an impact on** kihat vmre

impair [ɪmˈpeə] *ige* elront; ❖ *átv* csorbít

impaired [ɪmˈpeəd] *mn* megrendült *(egészség)*

impale [ɪmˈpeɪl] *ige* felnyársal; karóba húz

impart [ɪmˈpɑːt] *ige (vmlyen tulajdonságot)* kölcsönöz, tulajdonít ‖ közöl

impartial [ɪmˈpɑːʃl] *mn* elfogulatlan, pártatlan, előítéletektől mentes, objektív

impartiality [ˌɪmpɑːʃiˈæləti] *fn* pártatlanság, tárgyilagosság

impartially [ɪmˈpɑːʃəli] *hsz* elfogulatlanul, pártatlanul

impassable [ɪmˈpɑːsəbl] *mn* járhatatlan *(út)*

impassioned [ɪmˈpæʃnd] *mn* szenvedélyes

impassive [ɪmˈpæsɪv] *mn* közömbös, egykedvű

impatience [ɪmˈpeɪʃns] *fn* türelmetlenség

impatient [ɪmˈpeɪʃnt] *mn* türelmetlen

impatiently [ɪmˈpeɪʃntli] *hsz* türelmetlenül

impeach [ɪmˈpiːtʃ] *ige* (be)vádol

impeccable [ɪmˈpekəbl] *mn* feddhetetlen

impede [ɪmˈpiːd] *ige (mozgást)* feltartóztat, megakadályoz, gátol

impediment [ɪmˈpedɪmənt] *fn* gát, akadály

impel [ɪmˈpel] *ige* -ll- hajt, ösztönöz, kényszerít *(to* vmre)

impending [ɪmˈpendɪŋ] *mn* fenyegető *(veszély)* ‖ **be impending** a küszöbön áll

impenetrable [ɪmˈpenɪtrəbl] *mn* áthatolhatatlan ‖ érthetetlen

imperative [ɪmˈperətɪv] ▼ *mn* szükségszerű, sürgető, parancsoló ▼ *fn* **the imperative** ⬜ *nyelvt* felszólító/parancsoló mód

imperceptible [ˌɪmpəˈseptəbl] *mn* alig észlelhető

---

nm névmás − *nu* névutó − *szn* számnév − *esz* egyes szám − *tsz* többes szám
▼ szófajjelzés ⊕ földrajzi variáns ⬜ szakterület ❖ stiláris minősítés

imperfect [ɪm'pɜ:fɪkt] *mn* hiányos

imperfection [ˌɪmpə'fekʃn] *fn* tökéletlenség, hiba

imperial [ɪm'pɪərɪəl] *mn* birodalmi, császári

imperialism [ɪm'pɪərɪəlɪzm] *fn* imperializmus

imperialist [ɪm'pɪərɪəlɪst] *mn* imperialista

imperil [ɪm'perɪl] *ige* -ll- ⊕ *US* -l-) veszélyeztet ‖ **be imperil(l)ed** veszélyben forog

imperishable [ɪm'perɪʃəbl] *mn* elévülhetetlen, hervadhatatlan

impermeable [ɪm'pɜ:mɪəbl] *mn* áthatolhatatlan, át nem eresztő

impersonal [ɪm'pɜ:snl] *mn* személytelen

impersonate [ɪm'pɜ:səneɪt] *ige* megszemélyesít, alakít

impersonation [ɪmˌpɜ:sə'neɪʃn] *fn* megszemélyesítés, alakítás

impertinence [ɪm'pɜ:tɪnəns] *fn* arcátlanság, pimaszság

impertinent [ɪm'pɜ:tɪnənt] *mn* arcátlan, pimasz ‖ **be impertinent** szemtelenkedik

imperturbable [ˌɪmpə't3:bəbl] *mn* nyugodt *(ember)* ‖ **be imperturbable** rendíthetetlen (nyugalma van)

impervious [ɪm'pɜ:vɪəs] *mn* **impervious (to water)** vízhatlan ‖ ellenálló *(to* vmnek)

impetuosity [ɪmˌpetʃʊ'ɒsəti] *fn* hevesség

impetuous [ɪm'petʃʊəs] *mn* hirtelen, heves

impetus ['ɪmpɪtəs] *fn* lökés, ösztönzés ‖ lendület

impinge on [ɪm'pɪndʒ] *ige* hatást gyakorol vkre, elhatol *(a tudatáig)*

impish ['ɪmpɪʃ] *mn* pajkos

implacable [ɪm'plækəbl] *mn* kibékíthetetlen, kérlelhetetlen

implant [ɪm'plɑ:nt] *ige* ❏ *orv* beültet

implausible [ɪm'plɔ:zəbl] *mn* valószínűtlen

implement ▼ ['ɪmpləmənt] *fn* eszköz, szer(szám), munkaeszköz ▼ ['ɪmpləmənt] *ige (gyakorlatilag)* megvalósít ‖ foganatosít, érvényt szerez vmnek

implicate ['ɪmplɪkeɪt] *ige* **implicate sy in sg** vkt belekever vmbe; **was deeply implicated** nyakig benne volt (a dologban)

implication [ˌɪmplɪ'keɪʃn] *fn* vonatkozás, következtetés, jelentőség, (burkolt) célzás ‖ horderő ‖ belekever(ed)és ‖ **by implication** közvetve, hallgatólagosan

implicit [ɪm'plɪsɪt] *mn* hallgatólagos

implore [ɪm'plɔ:] *ige* kérve kér, kérlel, könyörög *(sy* vkhez)

imply [ɪm'plaɪ] *ige* magába(n) foglal, beleért, odaért

impolite [ˌɪmpə'laɪt] *mn* udvariatlan

imponderable [ɪm'pɒndərəbl] *mn* kiszámíthatatlan

import ▼ ['ɪmpɔ:t] *fn* ❖ *ált* behozatal, import, importáru, -cikk ▼ [ɪm'pɔ:t] *ige* behoz, importál

importance [ɪm'pɔ:tns] *fn* fontosság, jelentőség, súly ‖ **be of no importance** nincs jelentősége, nem fontos; **be of importance** fontossággal bír

important [ɪm'pɔ:tnt] *mn* fontos, lényeges ‖ **the important point is that** a legfontosabb (dolog/szempont) az, hogy

importantly [ɪm'pɔ:təntli] *hsz* (saját) fontosságának tudatában ‖ **but, more importantly ...** de ami még fontosabb ...

importation [ˌɪmpɔ:'teɪʃn] *fn* behozatal, import

import controls *fn tsz* behozatali korlátozások

import duty *fn* behozatali vám

imported [ɪm'pɔ:tɪd] *fn* behozott, import, importált

imported goods *fn tsz* ❏ *ker* behozott áruk

importer *fn* importőr

import licence (⊕ *US* **-se**) *fn* behozatali engedély

import quota *fn* importkvóta, behozatali kontingens

importunate [ɪm'pɔːtʃʊnət] *mn* erőszakos

importune [ˌɪmpə'tjuːn] *ige* molesztál, nyakára jár vknek

importunity [ˌɪmpə'tjuːnəti] *fn (csökönyös)* erőszakoskodás

impose [ɪm'pouz] *ige* **impose sg on** **sy** vmt vkre rákényszerít/rásóz ‖ **impose a burden on sy** terhet ró vkre; **impose a duty on sg** megvámol; **impose a fine on sy** pénzbírságra ítél vkt; **impose a tax on sy** adót vet ki vkre; **impose on sy** visszaél vk bizalmával/jóindulatával

imposing [ɪm'pouzɪŋ] *mn* hatásos, reprezentatív, grandiózus

imposition [ˌɪmpə'zɪʃn] *fn* **imposition of taxes** adókivetés

impossibility [ɪmˌpɒsə'bɪləti] *fn* lehetetlenség

impossible [ɪm'pɒsəbl] *mn* lehetetlen, képtelen ‖ **it is impossible!** (ez) lehetetlen!

impossibly [ɪm'pɒsɪbli] *hsz* képtelenül, lehetetlenül ‖ elképzelhetetlenül

impostor [ɪm'pɒstə] *fn* szélhámos

impotence ['ɪmpətəns] *fn* tehetetlenség

impotent ['ɪmpətənt] *mn* tehetetlen

impoverish [ɪm'pɒvərɪʃ] *ige* elszegényít

impoverished [ɪm'pɒvərɪʃt] *mn* elszegényedett

impracticable [ɪm'præktɪkəbl] *mn* kivihetetlen, keresztülvihetetlen, nem járható

impractical [ɪm'præktɪkl] *mn* célszerűtlen

imprecise [ˌɪmprɪ'saɪs] *mn* pontatlan

impregnable [ɪm'pregnəbl] *mn* bevehetetlen *(erőd)* ‖ megdönthetetlen *(érv)*

impregnate ['ɪmpregneɪt] *ige* telít, impregnál ‖ megtermékenyít

impresario [ˌɪmprɪ'sɑːriou] *fn* impresszárió

impress [ɪm'pres] *ige* **impress sg on** **sy** vmt vknek az elméjébe vés; **impress sg on sg** vmt vmre rányom; **impress sy** vknek imponál, vkre hat, vkre hatást gyakorol, hatással van; **be impressed (up)on sg** vmbe belenyomódik

impression [ɪm'preʃn] *fn* benyomás ‖ hatás ‖ utánnyomás, (új) lenyomat ‖ **I got the impression that** az volt a benyomásom, hogy; **make an impression on sy** vkre hatást gyakorol, hatással van; **he makes a good impression** jó a fellépése

impressionable [ɪm'preʃnəbl] *mn* fogékony ‖ befolyásolható

impressionism [ɪm'preʃənɪzm] *fn* impresszionizmus

impressionist [ɪm'preʃənɪst] *mn/fn* impresszionista

impressive [ɪm'presɪv] *mn* hatásos *(megjelenés)*

imprint ▼ ['ɪmprɪnt] *fn* (kiadói) embléma, impresszum ▼ [ɪm'prɪnt] *ige* **imprint sg on sg** vmt vmre rányom; **be imprinted (up)on sg** vmbe belenyomódik

imprison [ɪm'prɪzn] *ige* bebörtönöz

imprisonment [ɪm'prɪznmənt] *fn* börtönbüntetés, szabadságvesztés

improbable [ɪm'prɒbəbl] *mn* valószínűtlen

impromptu [ɪm'prɒmptjuː] ▼ *mn* rögtönzött ▼ *fn* ❑ *zene* rögtönzés, impromptu

improper [ɪm'prɒpə] *mn* helytelen, megengedhetetlen *(viselkedés)*; illetlen, nem helyénvaló

improper fraction *fn* áltört

impropriety [ˌɪmprə'praɪəti] *fn* illetlenség

improve [ɪm'pruːv] *ige* javít; *(talajt)* feljavít; *(jobbá tesz)* megjavít ‖ továbbfejleszt ‖ *(termelékenységet)* fokoz ‖ javul, feljavul, erősödik ‖ **im-**

I

prove in health (egészségileg) javul; **improve (one's) mind** művelődik

improve (up)on megjavít ‖ túlszárnyal

improvement [ɪm'pru:vmənt] *fn* javítás, fejlesztés, továbbfejlesztés ‖ fejlődés, haladás, javulás ‖ **improvement in the standard of living** az életszínvonal emelkedése; **improvements in technology** műszaki fejlesztés

improvisation [ˌɪmprəvaɪ'zeɪʃn] *fn* rögtönzés, improvizáció

improvise ['ɪmprəvaɪz] *ige* rögtönöz, improvizál ‖ összeeszkábál ‖ összecsap

improvised ['ɪmprəvaɪzd] *mn* hevenyészett, rögtönzött, sebtében összetákolt

imprudent [ɪm'pru:dnt] *mn* meggondolatlan

impudence ['ɪmpjʊdəns] *fn* arcátlanság, pimaszság, szemtelenség

impudent ['ɪmpjʊdənt] *mn* arcátlan, pimasz ‖ **be impudent** pimaszkodik

impudently ['ɪmpjʊdəntli] *hsz* **behave impudently** arcátlankodik, szemtelenkedik

impugn [ɪm'pju:n] *ige* kétségbe von

impulse ['ɪmpʌls] *fn* lökés, impulzus ‖ ösztönzés

impulse buying *fn* „impulzus-vásárlás", előzetes szándék nélküli (*v.* ösztönös) vásárlás

impulsive [ɪm'pʌlsɪv] *mn* hirtelen, impulzív

impunity [ɪm'pju:nəti] *fn* büntetlenség

impure [ɪm'pjʊə] *mn* tisztát(a)lan

impurity [ɪm'pjʊərəti] *fn* szennyeződés

impute [ɪm'pju:t] *ige* **impute sg to sy** vknek vmt tulajdonít/betud, vkre fog vmt

in¹ [ɪn] ▼ *elölj (állapothatározó)* -ban, -ben; *(helyhatározó)* -ba, -be, -ban, -ben; *(időhatározó)* (…n belül) -on, -en, -ön, -n, -ban, -ben ‖ **he is in** benn van (= *nincs házon kívül*); **he is not in** nincs itthon; **is Peter in?** otthon van Péter?; **is in** *(vonat stb.)* megjött; **is not in** házon kívül van; **he is in for it** ❖ *biz* baja lesz belőle; **I'll come in an hour (or so)** *kb.* egy óra múlva jövök; **in front of** *(térben)* előtt ▼ *fn* **know the ins and outs of it/sg** ismeri minden csínját-bínját

in² = **inch**

inability [ˌɪnə'bɪləti] *fn* képtelenség (*to* vmre) ‖ **inability to work** munkaképtelenség

inaccessible [ˌɪnək'sesəbl] *mn* hozzáférhetetlen, elérhetetlen, megközelíthetetlen

inaccuracy [ɪn'ækjʊrəsi] *fn* pontatlanság

inaccurate [ɪn'ækjʊrət] *mn* pontatlan, téves

inaction [ɪn'ækʃn] *fn* tétlenség

inactive [ɪn'æktɪv] *mn* lomha, passzív, tétlen

inactivity [ˌɪnæk'tɪvəti] *fn* passzivitás, tétlenség

inadequacy [ɪn'ædɪkwəsi] *fn* elégtelenség

inadequate [ɪn'ædɪkwət] *mn* elégtelen, nem megfelelő

inadmissible [ˌɪnəd'mɪsəbl] *mn* megengedhetetlen

inadvertent [ˌɪnəd'vɜ:tnt] *mn* figyelmetlen(ségből eredő), nem szándékos

inadvertently [ˌɪnəd'vɜ:tntli] *hsz* véletlenül, elnézésből

inadvisable [ˌɪnəd'vaɪzəbl] *mn* nem tanácsos

inalienable [ɪn'eɪlɪənəbl] *mn* elidegeníthetetlen

inane [ɪ'neɪn] *mn* ostoba

inanimate [ɪn'ænɪmət] *mn* élettelen

inapplicable [ˌɪnə'plɪkəbl] *mn* nem alkalmazható/használható (*to* vmre)

---

fn főnév − *hsz* határozószó − *isz* indulatszó − *ksz* kötőszó − *mn* melléknév
▼ szófajjelzés ⊕ földrajzi variáns ⬚ szakterület ❖ stiláris minősítés

inappropriate [ˌɪnə'prouprɪət] *mn* helytelen, oda nem illő

inaptitude [ɪn'æptɪtjuːd] *fn* alkalmatlanság

inarticulate [ˌɪnɑː'tɪkjʊlət] *mn* artikulá(la)tlan ‖ érthető beszédre képtelen

inasmuch as [ˌɪnəz'mʌtʃ əz] *ksz* amennyiben

inattention [ˌɪnə'tenʃn] *fn* figyelmetlenség

inattentive [ˌɪnə'tentɪv] *mn* figyelmetlen

inaudible [ɪn'ɔːdəbl] *mn* alig hallható

inaugural [ɪ'nɔːgjʊrəl] *mn* avató

inaugural address/lecture/speech *fn* székfoglaló

inaugurate [ɪ'nɔːgjʊreɪt] *ige* (vkt) beiktat; *(épületet stb.)* felavat ‖ bevezet

inauguration [ɪˌnɔːgjʊ'reɪʃn] *fn* beiktatás

inauguration ceremony *fn* avatóünnepély

inborn [ˌɪn'bɔːn] *mn* öröklött *(hajlam)*

inbred [ɪn'bred] *mn* vele született ‖ beltenyésztésű

inbreeding [ɪn'briːdɪŋ] *fn* beltenyész(t)és; beltenyészet

Inc. = **incorporated**

Inca ['ɪŋkə] *mn/fn* inka

incalculable [ɪn'kælkjʊləbl] *mn* kiszámíthatatlan

incandescent filament [ˌɪnkæn'desnt] *fn* izzószál

incandescent lamp *fn* izzólámpa

incapability [ɪnˌkeɪpə'bɪləti] *fn* képtelenség *(to* vmre)

incapable [ɪn'keɪpəbl] *mn* képtelen *(of* vmre), nem képes vmre

incapacitate [ˌɪnkə'pæsɪteɪt] *ige* képtelenné/alkalmatlanná tesz

incapacity [ˌɪnkə'pæsəti] *fn* képtelenség *(for* vmre)

incarnate [ɪn'kɑːnət] *mn* megtestesült

incarnation [ˌɪnkɑː'neɪʃn] *fn* megtestesülés ‖ ◻ *vall* testté létel

incautious [ɪn'kɔːʃəs] *mn* vigyázatlan

incautiousness [ɪn'kɔːʃəsnəs] *fn* vigyázatlanság

incendiary [ɪn'sendɪəri] *mn* gyújtó ‖ ❖ *átv* gyújtó hatású, lelkesítő

incendiary bomb *fn* gyújtóbomba

incense ['ɪnsens] *fn* tömjén

incentive [ɪn'sentɪv] *fn (anyag)* ösztönző ‖ motívum, indíték

inception [ɪn'sepʃn] *fn* kezdet

incessant [ɪn'sesnt] *mn* szüntelen

incessantly [ɪn'sesntli] *hsz* szakadatlanul; megállás nélkül, minduntalan, szüntelen

incest ['ɪnsest] *fn* vérfertőzés

inch [ɪntʃ] ▼ *fn* hüvelyk *(= 2,54 cm)*; col ‖ **I know every inch of it** úgy ismerem, mint a tenyeremet; **inch by inch** apránként ▼ *ige* **inch forward** lassan/centikkel halad előre, araszol

incidence ['ɪnsɪdəns] *fn* elterjedtség, előfordulás, szórás ‖ **angle of incidence** beesési szög

incident ['ɪnsɪdənt] *fn* epizód, incidens, véletlen esemény

incidental [ˌɪnsɪ'dentl] *mn* alkalmi, mellék(es) ‖ **incidental expenses** felmerült költségek, mellékkiadások; **incidental to** vmvel járó

incidentally [ˌɪnsɪ'dentli] *hsz* közbevetőleg, mellesleg, mellékesen

incinerate [ɪn'sɪnəreɪt] *ige* eléget, elhamvaszt

incinerator [ɪn'sɪnəreɪtə] *fn* szemétégető *(mű)*

incipient [ɪn'sɪpɪənt] *mn* kezdődő, kezdeti stádiumban lévő

incise [ɪn'saɪz] *ige* bemetsz

incision [ɪn'sɪʒn] *fn* ◻ *orv* bevágás, metszés

incisive [ɪn'saɪsɪv] *mn* metsző

incisor [ɪn'saɪzə] *fn* metszőfog

incite [ɪn'saɪt] *ige* ❖ *átv* szít; *(tömeget)* izgat, uszít ‖ **incite (against)** *(vk ellen)* felloval

incitement [ɪn'saɪtmənt] *fn* lázítás, uszítás, izgatás

inciter [ɪn'saɪtə] *fn* felbujtó

incl = **including**; **inclusive**

inclement [ɪn'klemənt] *mn* barátságtalan *(időjárás)*

inclination [ˌɪnklɪ'neɪʃn] *fn* hajlás, ferdeség, dőlés || hajlam || **show an inclination to do sg** vmre hajlama van

incline ▼ ['ɪnklaɪn] *fn* emelkedő ▼ [ɪn'klaɪn] *ige* **incline to** (vmre) hajlik || **I am inclined to believe that** hajlandó vagyok azt hinni, hogy; **be inclined to sg** vmre hajlamos

include [ɪn'kluːd] *ige* magába(n) foglal, tartalmaz; *(szövegbe)* bevesz; *(tartalmilag)* felölel; *(összeget)* beleért; *(költségeket)* beszámít || **it is included** *(számításban)* benne van; **be included (in)** benne foglaltatik, szerepel vmben

including [ɪn'kluːdɪŋ] *hsz* beleértve, beleszámítva, ideértve || **not including** nem számítva

inclusion [ɪn'kluːʒn] *fn* felvétel *(adatoké)*; beszámítás *(költségeké)*

inclusive [ɪn'kluːsɪv] *mn* **(fully) inclusive** mindent magában foglaló, teljes *(ár)* || **be inclusive of** *(költséget stb.)* magába(n) foglal

incognito [ˌɪnkɒg'niːtoʊ] *fn* inkognitó

incoherence [ˌɪnkoʊ'hɪərəns] *fn* zavarosság, összefüggéstelenség

incoherent [ˌɪnkoʊ'hɪərənt] *mn* zagyva, összefüggéstelen

income ['ɪnkʌm] *fn* jövedelem, kereset, bevétel

income bracket/group *fn* jövedelemkategória, -csoport

income tax *fn* jövedelemadó

income-tax return *fn* jövedelemadóbevallás

incoming ['ɪnkʌmɪŋ] *mn* beérkező || **incoming mail** beérkező posta; **incoming tide** dagály

incommensurable [ˌɪnkə'menʃərəbl] *mn* összemérhetetlen

incommensurate [ˌɪnkə'menʃərət] *mn* aránytalan || **be incommensurate to** nincs arányban vmvel

incomparable [ɪn'kɒmpərəbl] *mn* hasonlíthatatlan, páratlan, egyedülálló || összehasonlíthatatlan *(with/to* vmvel)

incompatibility [ˌɪnkəmpætə'bɪləti] *fn (dolgoké)* összeférhetetlenség

incompatible [ˌɪnkəm'pætəbl] *mn* összeférhetetlen, összeegyeztethetetlen *(with* vmvel)

incompetence [ɪn'kɒmpətəns] *fn* hozzá nem értés

incompetent [ɪn'kɒmpətənt] *mn* hozzá nem értő

incomplete [ˌɪnkəm'pliːt] *mn* befejezetlen; csonka *(mű)*

incomprehensible [ˌɪnˌkɒmprɪ'hensəbl] *mn* érthetetlen

inconceivable [ˌɪnkən'siːvəbl] *mn* elképzelhetetlen

inconclusive [ˌɪnkən'kluːsɪv] *mn* eredményre nem vezető, hatástalan || **the investigation was inconclusive** a nyomozás nem járt eredménnyel

incongruity [ˌɪnkən'gruːəti] *fn* összeférhetetlenség, képtelenség, abszurditás

incongruous [ɪn'kɒŋgruəs] *mn* összeférhetetlen, képtelen

inconsequential [ˌɪnˌkɒnsɪ'kwenʃl] *mn* lényegtelen, jelentéktelen

inconsiderable [ˌɪnkən'sɪdərəbl] *mn* jelentéktelen, csekély

inconsiderate [ˌɪnkən'sɪdərət] *mn* meggondolatlan, figyelmetlen, tapintatlan, kíméletlen

inconsistency [ˌɪnkən'sɪstənsi] *fn* következetlenség

inconsistent [ˌɪnkən'sɪstənt] *mn* következetlen || **be inconsistent with sg** vm nem fér össze vmvel, vmvel ellenkezik

inconspicuous [ˌɪnkən'spɪkjuəs] *mn* alig észrevehető

inconstant [ɪn'kɒnstənt] *mn* állhatatlan, csapodár

---

fn főnév –*hsz* határozószó –*isz* indulatszó –*ksz* kötőszó –*mn* melléknév
▼ szófajjelzés ⊕ földrajzi variáns ❑ szakterület ❖ stiláris minősítés

incontinence [ɪn'kɒntɪnəns] *fn* önkéntelen vizelés

inconvenience [ˌɪnkən'viːnɪəns] ▼ *fn* alkalmatlanság, kényelmetlenség, kellemetlenség ▼ *ige* zseníroz, zavar

inconvenient [ˌɪnkən'viːnɪənt] *mn* kényelmetlen, kellemetlen; alkalmatlan

incorporate [ɪŋ'kɔːpəreɪt] *ige* **incorporate a company** céget bejegyez

incorporated [ɪn'kɔːpəreɪtɪd] *mn* bejegyzett *(cég)* ‖ ⊕ *US* **incorporated company (Inc)** részvénytársaság (RT., Rt.)

incorporation [ɪnˌkɔːpə'reɪʃn] *fn* cégbejegyzés

incorrect [ˌɪnkə'rekt] *mn* helytelen, nem helyes/pontos; inkorrekt *(viselkedés)*

incorrigible [ɪn'kɒrɪdʒəbl] *mn* javíthatatlan

incorruptible [ˌɪnkə'rʌptəbl] *mn* megvesztegethetetlen

increase ▼ ['ɪŋkriːs] *fn* növekedés, fokozódás ‖ növelés, emelés, fokozás ‖ **be on the increase** növekedik, fokozódik; **increase in wages** béremelés ▼ [ɪŋ'kriːs] *ige* nő, növekedik, növekszik; nagyobbodik ‖ növel, fokoz, (meg)nagyobbít ‖ *(fizetést)* (fel)emel

increasing [ɪn'kriːsɪŋ] *mn* növekedő

increasingly [ɪn'kriːsɪŋli] *hsz* egyre, mindinkább, egyre inkább

incredible [ɪn'kredəbl] *mn* hihetetlen

incredibly [ɪn'kredəbli] *hsz* hihetetlenül ‖ hihetetlen, de …

incredulity [ˌɪnkrə'djuːləti] *fn* hitetlenség

incredulous [ɪn'kredjʊləs] *mn* hitetlen

increment ['ɪŋkrɪmənt] *fn* növedék

incriminating evidence *fn* terhelő bizonyíték

incubate ['ɪŋkjʊbeɪt] *ige* költ ‖ ⃞ *biol* inkubátorban tart/tenyészt ‖ képződik *(csíra)*

incubation [ˌɪŋkjʊ'beɪʃn] *fn* keltetés ‖ ⃞ *orv* lappangás

incubation period *fn* lappangási/inkubációs idő

incubator ['ɪŋkjʊbeɪtə] *fn* inkubátor ‖ keltető(gép)

incumbent [ɪn'kʌmbənt] *mn* rá háruló ‖ **it's incumbent (up)on me** rám hárul

incur [ɪn'kɜː] *ige* **-rr-** magára von *(haragot)* ‖ **incur debts** adósságba veri magát; **incur losses** kárt szenved/vall

incurable [ɪn'kjʊərəbl] *mn/fn* gyógyíthatatlan (beteg)

incursion [ɪn'kɜːʃn] *fn* betörés, behatolás *(más országba)*

indebted [ɪn'detɪd] *mn* eladósodott ‖ **be indebted to sy** hálával tartozik vknek, le van vknek kötelezve

indecency [ɪn'diːsnsi] *fn* illetlenség, trágárság

indecent [ɪn'diːsnt] *mn* illetlen, trágár, obszcén

indecent assault *fn* erőszak kísérlete

indecent exposure *fn* közszemérmet sértő meztelenkedés

indecipherable [ˌɪndɪ'saɪfərəbl] *mn* megfejthetetlen

indecision [ˌɪndɪ'sɪʒn] *fn* határozatlanság

indecisive [ˌɪndɪ'saɪsɪv] *mn* határozatlan, bizonytalan

indeed [ɪn'diːd] *hsz* valóban, tényleg, igazán, csakugyan

indefatigable [ˌɪndɪ'fætɪgəbl] *mn* fáradhatatlan

indefinable [ˌɪndɪ'faɪnəbl] *mn* meghatározhatatlan

indefinite [ɪn'defənət] *mn* (meg)határozatlan ‖ **for an indefinite period** meghatározatlan időre

indefinite article *fn* határozatlan névelő

indefinitely [ɪn'defənətli] *hsz* bizonytalan ideig

indelible ink [ɪn'deləbl] *fn* vegytinta

indelicate [ɪn'delɪkət] *mn* tapintatlan

indemnification [ɪnˌdemnɪfɪ'keɪʃn] *fn* kártérítés, kártalanítás

indemnify [ɪn'demnɪfaɪ] *ige* **indemnify sy for sg** kártérítést fizet vknek vmért, vkt vmért kárpótol

indemnity [ɪn'demnətɪ] *fn* kártérítés ‖ jóvátétel

indent ▼ ['ɪndent] *fn* rovátka ‖ bekezdés (= *beljebb kezdés*) ‖ árurendelés ▼ [ɪn'dent] *ige* mélyen belevág ‖ bekezdéssel ír/szed

indentation [ˌɪnden'teɪʃn] *fn* horpadás ‖ csipkézet ‖ bemélyedés ‖ *(szövegben)* bekezdés (= *beljebb kezdés*)

independence [ˌɪndɪ'pendəns] *fn* függetlenség

independent [ˌɪndɪ'pendənt] *mn* független (*of sy/sg* vktől/vmtől), önálló, szabad

independently [ˌɪndɪ'pendəntli] *hsz* függetlenül, önállóan

in-depth *mn* részletekbe menő, alapos; mélyreható; tüzetes

indescribable [ˌɪndɪ'skraɪbəbl] *mn* leírhatatlan

indestructible [ˌɪndɪ'strʌktəbl] *mn* elpusztíthatatlan

indeterminate [ˌɪndɪ'tɜːmɪnət] *mn* (meg)határozatlan

index ['ɪndeks] *fn (tsz* -**dexes** *v.* -**dices** [-dɪsiːz])* (szó)mutató ‖ mutató, index ‖ mutató(szám) ‖ *(tsz* **indices** ['ɪndɪsiːz])* ❑ *mat* kitevő

index-card *fn* cédula *(katalógusé)*

index finger *fn* mutatóujj

index-linked *mn* megélhetési költségekkel (és inflációval) lépést tartó *(bérek);* ❑ *pénz* indexált

index number *fn* indexszám, mutatószám

India ['ɪndɪə] *fn* India

Indian ['ɪndɪən] *mn* indiai ‖ indián ‖ **in Indian file** libasorban

Indian ink *fn* tus

Indian summer *fn* vénasszonyok nyara, „indián nyár"

India-paper *fn* biblianyomó papír

India-rubber *fn* radír

indicate ['ɪndɪkeɪt] *ige* (meg)mutat, feltüntet ‖ jelöl, jelez, jelent, vmre utal

indication [ˌɪndɪ'keɪʃn] *fn* feltüntetés ‖ megjelölés; *(vmre utaló)* jel

indicative [ɪn'dɪkətɪv] *mn* **be indicative of sg** vmre utal/vall, vmt jelez

indicative mood *fn* ❑ *nyelvt* jelentő mód

indicator ['ɪndɪkeɪtə] *fn (műszeren)* index, mutató ‖ jelzőtábla ‖ *(gépkocsin)* irányjelző

indices ['ɪndɪsiːz] *tsz* → **index**

indict [ɪn'daɪt] *ige* ❑ *jog* bevádol, vádiratot ad ki vk ellen

indictable [ɪn'daɪtəbl] *mn* büntetendő

indictment [ɪn'daɪtmənt] *fn* vádindítvány

indifference [ɪn'dɪfərəns] *fn* közöny

indifferent [ɪn'dɪfərənt] *mn* közömbös, közönyös

indigence ['ɪndɪdʒəns] *fn* szegénység

indigenous [ɪn'dɪdʒənəs] *mn* bennszülött, honos

indigestible [ˌɪndɪ'dʒestəbl] *mn* emészthetetlen

indigestion [ˌɪndɪ'dʒestʃən] *fn* emésztési zavar, rossz emésztés

indignant [ɪn'dɪgnənt] *mn* méltatlankodó, felháborodó ‖ **be indignant** méltatlankodik, fel van háborodva *(at sg* vm miatt)

indignation [ˌɪndɪg'neɪʃn] *fn* méltatlankodás, felháborodás

indignity [ɪn'dɪgnətɪ] *fn* méltatlanság

indirect [ˌɪndə'rekt] *mn* közvetett

indirectly [ˌɪndə'rektli] *hsz* közvetve, közvetett úton/módon

indirect question *fn* függő kérdés

indirect speech *fn* függő beszéd

indirect tax *fn* kivetett adó

indiscernible [ˌɪndɪ'sɜːnəbl] *mn* felismerhetetlen

indiscreet [ˌɪndɪ'skriːt] *mn* indiszkrét, tapintatlan

---

fn főnév _ *hsz* határozószó _ *isz* indulatszó _ *ksz* kötőszó _ *mn* melléknév
▼ szófajjelzés ⊕ földrajzi variáns ❑ szakterület ❖ stiláris minősítés

indiscretion [ˌɪndɪˈskreʃn] *fn* tapintatlanság, indiszkréció

indiscriminate [ˌɪndɪˈskrɪmɪnət] *mn* válogatás nélküli ‖ összevissza/vaktában történő

indiscriminately [ˌɪndɪˈskrɪmɪnətli] *hsz* (személy)válogatás nélkül

indispensable [ˌɪndɪˈspensəbl] *mn* nélkülözhetetlen, elengedhetetlen ‖ **it is indispensable that** feltétlenül szükséges, hogy

indisposed [ˌɪndɪˈspoʊzd] *mn* indiszponált ‖ **be indisposed** gyengélkedik

indisposition [ˌɪndɪspəˈzɪʃn] *fn* rossz közérzet, indiszpozíció

indisputable [ˌɪndɪˈspjuːtəbl] *mn* (el)vitathatatlan

indistinct [ˌɪndɪˈstɪŋkt] *mn* elmosódott

indistinguishable [ˌɪndɪˈstɪŋgwɪʃəbl] *mn* megkülönböztethetetlen

individual [ˌɪndɪˈvɪdʒʊəl] ▼ *mn* egyéni, személyes, egyes, egyedi ▼ *fn* egyén, személy, egyed

individualism [ˌɪndɪˈvɪdʒʊəlɪzm] *fn* individualizmus

individualist [ˌɪndɪˈvɪdʒʊəlɪst] *fn* individualista

individuality [ˌɪndɪvɪdʒʊˈæləti] *fn* egyéniség

individually [ˌɪndɪˈvɪdʒʊəli] *hsz* egyénileg, külön

indivisible [ˌɪndɪˈvɪzəbl] *mn* oszthatatlan

indoctrinate [ɪnˈdɒktrɪneɪt] ·*ige* besulykol

Indo-European [ˌɪndoʊjʊərəˈpiːən] *mn/fn* indoeurópai

indolence [ˈɪndələns] *fn* tunyaság

indolent [ˈɪndələnt] *mn* henye, rest, tunya

Indonesia [ˌɪndoʊˈniːzɪə] *fn* Indonézia

Indonesian [ˌɪndoʊˈniːzɪən] *mn/fn* indonéz(iai)

indoor [ɪnˈdɔː] *mn* fedett pályás, terem-

indoor football *fn* ❖ *biz* teremfoci

indoor games *fn tsz* teremsportok ‖ fedettpálya-bajnokság

indoors [ɪnˈdɔːz] *hsz* otthon, benn, négy fal között

indoor (swimming-)pool *fn* fedett uszoda

indubitable [ɪnˈdjuːbɪtəbl] *mn* kétségtelen

indubitably [ɪnˈdjuːbɪtəbli] *hsz* kétségtelenül

induce [ɪnˈdjuːs] *ige* előidéz ‖ **induce sy to do sg** rábír/rávesz vkt vmre

induced [ɪnˈdjuːst] *mn* **induced abortion** művi vetélés ‖ **induced labour** szülésmegindítás

induction [ɪnˈdʌkʃn] *fn* indukció

inductor [ɪnˈdʌktə] *fn* ❏ *el* induktor

indulge [ɪnˈdʌldʒ] *ige* **indulge in sg** (*élvezetet stb.*) megenged magának vmt, kiéli magát vmben ‖ **indulge in day-dreams** álmodozik

indulgence [ɪnˈdʌldʒəns] *fn* elnézés ‖ élvezet ‖❏ *vall* bűnbocsánat, búcsú

indulgent [ɪnˈdʌldʒənt] *mn* elnéző, erélytelen; gyenge

industrial [ɪnˈdʌstrɪəl] *mn* ipari

industrial action *fn* tiltakozó megmozdulás/akció, munkabeszüntetés, sztrájk

industrial company *fn* iparvállalat

industrial design *fn* ipari formatervezés

industrial estate *fn* ipari városrész/negyed

industrial fair *fn* ipari vásár

industrial goods *fn tsz* gyári készítmények

industrialist [ɪnˈdʌstrɪəlɪst] *fn* gyáros

industrialization [ɪnˌdʌstrɪəlaɪˈzeɪʃn] *fn* iparosítás

industrialize [ɪnˈdʌstrɪəlaɪz] *ige* iparosít

---

nm névmás – *nu* névutó – *szn* számnév – *esz* egyes szám – *tsz* többes szám
▼ szófajjelzés ⊕ földrajzi variáns ❏ szakterület ❖ stiláris minősítés

industrially developed country [ɪnˈdʌstrɪəli] *fn* iparilag fejlett ország

industrial plant *fn* ipari növény ‖ ipartelep

industrial product *fn* iparcikk

industrial production *fn* ipari termelés

industrial relations *fn tsz* a vállalatvezetőség kapcsolata a munkásokkal, ipari harmonizáció

industrial revolution *fn* ipari forradalom

industrial school *fn* szakmunkásképző intézet/iskola

industrial television *fn* ipari televízió

industrious [ɪnˈdʌstrɪəs] *mn* szorgalmas, igyekvő

industry [ˈɪndəstri] *fn* ipar, iparág ‖ szorgalom

inebriated [ɪˈniːbrieɪtɪd] *mn* részeg, ittas

inedible [ɪnˈedəbl] *mn* ehetetlen

ineffaceable [ˌɪnɪˈfeɪsəbl] *mn* kitörölhetetlen

ineffective [ˌɪnɪˈfektɪv] *mn* hatástalan

inefficiency [ˌɪnɪˈfɪʃənsi] *fn* eredménytelenség

inefficient [ˌɪnɪˈfɪʃnt] *mn* hatástalan, eredménytelen ‖ szakszerűtlen, használhatatlan

ineligible [ɪnˈelɪdʒəbl] *mn* **be ineligible** nem jöhet/vehető számba, alkalmatlan

inept [ɪˈnept] *mn* ügyetlen

ineptitude [ɪˈneptɪtjuːd] *fn* ügyetlenség

inequality [ˌɪnɪˈkwɒləti] *fn* egyenlőtlenség

inequitable [ɪnˈekwɪtəbl] *mn* méltánytalan

inequity [ɪnˈekwəti] *fn* méltánytalanság

ineradicable [ˌɪnɪˈrædɪkəbl] *mn* kiirthatatlan

inert [ɪˈnɜːt] *mn* tunya, tétlen ‖ renyhe ‖ ❑ *fiz* tehetetlen

inertia(-reel) seat belt *fn (automata)* biztonsági öv

inescapable [ˌɪnɪˈskeɪpəbl] *mn* elkerülhetetlen

inestimable [ɪnˈestɪməbl] *mn* felbecsülhetetlen

inevitable [ɪnˈevɪtəbl] *mn* elkerülhetetlen, óhatatlan, szükségszerű

inevitably [ɪnˈevɪtəbli] *hsz* szükségszerűen

inexact [ˌɪnɪɡˈzækt] *mn* nem precíz, pontatlan

inexactness [ˌɪnɪɡˈzæktnəs] *fn* pontatlanság

inexcusable [ˌɪnɪkˈskjuːzəbl] *mn* megbocsáthatatlan, menthetetlen ‖ **it is inexcusable** arra nincs mentség

inexhaustible [ˌɪnɪɡˈzɔːstəbl] *mn* kifogyhatatlan, kimeríthetetlen

inexorable [ɪnˈeksərəbl] *mn* kérlelhetetlen ‖ feltartóztathatatlan

inexpedient [ˌɪnɪkˈspiːdɪənt] *mn* célszerűtlen, nem tanácsos

inexpensive [ˌɪnɪkˈspensɪv] *mn* olcsó

inexperience [ˌɪnɪkˈspɪərɪəns] *fn* járatlanság, tapasztalatlanság

inexperienced [ˌɪnɪkˈspɪərɪənst] *mn* gyakorlatlan, tapasztalatlan

inexpert [ɪnˈekspɜːt] *mn* szakszerűtlen, hozzá nem értő

inexplicable [ˌɪnɪkˈsplɪkəbl] *mn* megmagyarázhatatlan

inexpressible [ˌɪnɪkˈspresəbl] *mn* kifejezhetetlen; kimondhatatlan

inextricable [ˌɪnɪkˈstrɪkəbl] *mn* kibogozhatatlan, leküzdhetetlen *(nehézség)*

infallibility [ɪnˌfæləˈbɪləti] *fn* csalhatatlanság

infallible [ɪnˈfæləbl] *mn* csalhatatlan

infamous [ˈɪnfəməs] *mn* becstelen, elvetemült

infamy [ˈɪnfəmi] *fn* becstelenség, elvetemültség

infancy [ˈɪnfənsi] *fn (korai)* gyermekkor ‖ ❑ *jog* kiskorúság

infant [ˈɪnfənt] *fn* csecsemő, kisbaba

infant care *fn* csecsemőgondozás

infantile ['ɪnfəntaɪl] *mn* gyerekes, infantilis

infant mortality *fn* csecsemőhalandóság

infant prodigy *fn* csodagyer(m)ek

infantry ['ɪnfəntri] *fn* gyalogság

infantryman ['ɪnfəntrimən] *fn* (*tsz* -**men**) gyalogos

infantry regiment *fn* gyalogezred

infant school *fn* ⊕ *GB* <általános iskola kisiskolás tagozata: 5–7 éveseknek>

infant welfare *fn* csecsemőgondozás

infarct [ɪn'fɑːkt] *fn* infarktus

infatuated [ɪn'fætʃʊeɪtɪd] *mn* **be infatuated with sy/sg** belehabarodik/beleszeret vkbe/vmbe

infatuation [ɪn,fætʃʊ'eɪʃn] *fn* belehabarodás

infect [ɪn'fekt] *ige* megfertőz

infection [ɪn'fekʃn] *fn* fertőzés

infectious [ɪn'fekʃəs] *mn* fertőző ‖ **be infectious** fertőz

infectious disease *fn* fertőző betegség

infer [ɪn'fɜː] *ige* -**rr**- következtet (*sg from sg* vmből vmre), kikövetkeztet ‖ **it may be inferred that** arra enged következtetni, hogy

inference ['ɪnfərəns] *fn* következtetés

inferior [ɪn'fɪərɪə] *mn* alárendelt ‖ selejtes, silány ‖ **inferior to sg** vmnél alsóbbrendű, másodrendű vmhez képest

inferior goods *fn tsz* selejt, silány áru

inferiority [ɪn,fɪərɪ'ɒrəti] *fn* alsóbbrendűség ‖ rossz minőség

inferiority complex *fn* kisebbrendűségi érzés

inferior quality *fn* rossz minőség

inferior quality goods *fn tsz* bóvli

infernal [ɪn'fɜːnl] *mn* alvilági, pokoli

inferno [ɪn'fɜːnəʊ] *fn* pokol

infertile [ɪn'fɜːtaɪl] *mn* meddő

infertility [,ɪnfɜː'tɪləti] *fn* terméketlenség

infest [ɪn'fest] *ige* eláraszt, ellep

infidel ['ɪnfɪdl] *mn* hitetlen

infidelity [,ɪnfɪ'deləti] *fn* (házastársi) hűtlenség

infighting ['ɪnfaɪtɪŋ] *fn* belharc *(ökölvívásban és politikában)*

infiltrate ['ɪnfɪltreɪt] *ige* **infiltrate into** beszivárog/beszűrődik vmbe ‖ *(szervezetbe)* beépül, befurakodik

infiltration [,ɪnfɪl'treɪʃn] *fn* ❑*orv is* beszűrődés ‖ beszivárgás

infinite ['ɪnfɪnɪt] *mn* végtelen; vég nélküli

infinitely ['ɪnfɪnɪtli] *hsz* végtelenül ‖ összehasonlíthatatlanul

infinitesimal [,ɪnfɪnɪ'tesɪml] *mn* elenyésző ‖ ❑*mat* infinitezimális

infinitive [ɪn'fɪnətɪv] *fn* főnévi igenév

infinity [ɪn'fɪnəti] *fn* végtelen(ség)

infirm [ɪn'fɜːm] *mn* erőtlen, gyenge

infirmary [ɪn'fɜːməri] *fn* kórház ‖ betegszoba, gyengélkedő

infirmity [ɪn'fɜːməti] *fn* (alkati, erkölcsi) gyengeség

inflame [ɪn'fleɪm] *ige* szít, felgyújt, fellobbant

inflamed [ɪn'fleɪmd] *mn* ❑*orv* gyulladásos, gyulladt

inflammable [ɪn'flæməbl] *mn* éghető, gyúlékony, lobbanékony

inflammation [,ɪnflə'meɪʃn] *fn* ❑*orv* gyulladás, lob

inflammatory [ɪn'flæmətəri] *mn* izgató, gyújtó hatású *(beszéd)*

inflatable [ɪn'fleɪtəbl] *mn* felfújható

inflatable boat *fn* *(felfújható)* gumicsónak

inflate [ɪn'fleɪt] *ige* *(léggömböt)* felfúj

inflated [ɪn'fleɪtɪd] *mn* felfújt ‖ pöffeszkedő ‖ bombasztikus

inflation [ɪn'fleɪʃn] *fn* infláció

inflationary [ɪn'fleɪʃənəri] *mn* inflációs

inflationary spiral *fn* inflációs spirál

inflect [ɪn'flekt] *ige* ❑*nyelvt* ragoz

inflection [ɪn'flekʃn] *fn* ❑*nyelvt* ragozás

inflexible [ɪn'fleksəbl] *mn* merev, hajlíthatatlan

I

inflict [ɪnˈflɪkt] *ige (büntetést)* kimér, kiró *(on* vkre) ‖ **inflict a punishment on sy** büntetéssel sújt vkt

in-flight *mn* repülés alatti ‖ leszállás nélküli *(üzemanyag-felvétel)*

inflow [ˈɪnfloʊ] *fn* beáramlás

influence [ˈɪnfluəns] ▼ *fn* befolyás, behatás ‖ **exercise influence on sg/sy** befolyást gyakorol *(v.* befolyással van) vmre/vkre; **under the influence of** vk/vm hatása alatt; **use influence** összeköttetéseket vesz igénybe ▼ *ige* **influence sg/sy** befolyást/hatást gyakorol *(v.* befolyással/hatással van) vmre/vkre, vkt/vmt befolyásol

influential [ˌɪnfluˈenʃl] *mn* befolyásos, mértékadó, mérvadó

influenza [ˌɪnfluˈenzə] *fn* influenza

influx [ˈɪnflʌks] *fn* beáramlás

info [ˈɪnfoʊ] *fn* ❖ *biz* info, információ

inform [ɪnˈfɔːm] *ige* felvilágosít, tájékoztat, értesít *(of/about* vmről) ‖ **I am sorry to have to inform you that** sajnálattal közlöm, hogy; **be informed of sg** értesül vmről; **inform against/ on sy** feljelentést tesz vk ellen, *(rendőrségnek)* besúg

informal [ɪnˈfɔːml] *mn* közvetlen, kötetlen, nem hivatalos, bizalmas (hangulatú)

informality [ˌɪnfɔːˈmæləti] *fn* közvetlenség

informally [ɪnˈfɔːmli] *hsz* kötetlenül, közvetlenül, fehér asztal mellett

informant [ɪnˈfɔːmənt] *fn* adatközlő

informatics [ˌɪnfəˈmætɪks] *fn esz* informatika

information [ˌɪnfəˈmeɪʃn] *fn (tsz ua.)* tájékoztatás, felvilágosítás, információ ‖ értesülés, hír, tudnivaló ‖ tudakozó *(helyiség)* ‖ **a piece of information** hír, értesülés, információ; **ask for information** felvilágosítást kér; **for your kind information** szíves tudomásulvétel végett közlöm, hogy …; **give sy (full) information** felvilágosít vkt; **give sy information about sg**

felvilágosít, tájékoztat (vkt vmről); **for your information** tájékoztatásul

information bureau *fn (tsz* **-eaus** *v.* **-eaux**) információs iroda, tudakozó

information desk *fn* tudakozó(hely), felvilágosítás, információs pult

information processing *fn* információfeldolgozás

information retrieval *fn* információvisszakeresés

information science *fn* informatika

information society *fn* információs társadalom

information technology *fn* információtechnológia, informatika

information theory *fn* információelmélet

informative [ɪnˈfɔːmətɪv] *mn* tájékoztató (jellegű)

informed [ɪnˈfɔːmd] *mn* tájékozott, értesült ‖ megalapozott *(becslés)*

informer [ɪnˈfɔːmə] *fn (rendőrségi)* besúgó, (rendőr)spicli

infra dig [ˈɪnfrə] *mn* **it's infra dig for her** derogál neki

infra-red *mn* infravörös

infrastructure [ˈɪnfrəstrʌktʃə] *fn* infrastruktúra

infrequent [ɪnˈfriːkwənt] *mn* nem gyakori, ritka

infringe [ɪnˈfrɪndʒ] *ige (törvényt)* áthág

infringe upon megszeg/áthág vmt

infringement [ɪnˈfrɪndʒmənt] *fn* áthágás ‖ **infringement of the law** törvénysértés, törvényszegés; **infringement of traffic regulations** közlekedési szabálysértés

infuriate [ɪnˈfjʊərieɪt] *ige* dühbe hoz, felbőszít

infuse [ɪnˈfjuːz] *ige (teát)* (le)forráz

infusion [ɪnˈfjuːʒn] *fn* leforrázás *(teáé)* ‖ főzet ‖ **an infusion of new blood** ❖ *átv* fiatalítás *(intézményé, vállalaté)*

---

ingenious [ɪn'dʒiːnɪəs] *mn* ötletes, elmés ‖ **ingenious gadget** *(gép, szerkezet stb.)* szellemes megoldás

ingenuity [ˌɪndʒɪ'njuːəti] *fn* találékonyság, zsenialitás

ingenuous [ɪn'dʒenjʊəs] *mn* egyenes, őszinte

ingot ['ɪŋgət] *fn* ⬚ *műsz* buga

ingrained habit [ɪn'greɪnd] *fn* megrögzött szokás

ingratiate [ɪn'greɪʃieɪt] *ige* **ingratiate oneself with sy** megkedvelteti magát vkvel

ingratiating [ɪn'greɪʃieɪtɪŋ] *mn* behízelgő

ingratitude [ɪn'grætɪtjuːd] *fn* hálátlanság

ingredients [ɪn'griːdɪənts] *fn tsz* hozzávalók *(főzéshez)*

ingrowing [ɪn'grəʊɪŋ] *mn* befelé növő

ingrown [ɪn'grəʊn] *mn* benőtt *(köröm)*

ingrowth ['ɪngrəʊθ] *fn* benövés

inhabit [ɪn'hæbɪt] *ige* (benn) lakik

inhabitable [ɪn'hæbɪtəbl] *mn* lakható

inhabitant [ɪn'hæbɪtənt] *fn* lakos ‖ **inhabitants** lakosság

inhalation [ˌɪnhə'leɪʃn] *fn* belélegzés

inhale [ɪn'heɪl] *ige* belélegez, belehel

inhaler [ɪn'heɪlə] *fn* (mentolos) szippantó

inherent [ɪn'hɪərənt] *mn* veleszületett *(tulajdonság stb.)* ‖ **inherent connection** belső összefüggés; **inherent in sg** vmivel járó

inherently [ɪn'hɪərəntli] *hsz* természeténél fogva

inherit [ɪn'herɪt] *ige* (meg)örököl

inheritance [ɪn'herɪtəns] *fn* (át)öröklés, örökösödés, örökség, hagyaték

inheritance tax *fn* örökösödési illeték

inhibit [ɪn'hɪbɪt] *ige* **inhibit sy from sg** meggátol vkt vmben

inhibited [ɪn'hɪbɪtɪd] *mn* gátlásos

inhibition [ˌɪnhɪ'bɪʃn] *fn* gátlás

inhospitable [ˌɪnhɒ'spɪtəbl] *mn* nem vendégszerető

inhuman [ɪn'hjuːmən] *mn* embertelen

inhumane [ˌɪnhjuː'meɪn] *mn* embertelen

inhumanity [ˌɪnhjuː'mænəti] *fn* embertelenség

inimical [ɪ'nɪmɪkl] *mn* ellenséges

inimitable [ɪ'nɪmɪtəbl] *mn* utánozhatatlan

iniquity [ɪ'nɪkwəti] *fn* romlottság

initial [ɪ'nɪʃl] ▼ *mn* kezdeti ▼ *fn* iniciálé ‖ **initials** kezdőbetűk, kézjegy ▼ *ige* **-ll-** (⬚ *US* **-l-**) kézjegyével ellát, láttamoz

initialize [ɪ'nɪʃəlaɪz] *fn* ⬚ *szt* inicializál, indulóhelyzetbe hoz

initial letter *fn* kezdőbetű

initially [ɪ'nɪʃli] *hsz* eleinte

initial salary *fn* kezdő fizetés

initial stage *fn* kezdeti stádium/szakasz

initial velocity *fn* kezdősebesség

initiate [ɪ'nɪʃieɪt] *ige (módszert, reformokat)* bevezet ‖ **initiate sy into sg** vkt vmbe beavat

initiation [ɪˌnɪʃi'eɪʃn] *fn (ismeretekbe)* bevezetés

initiative [ɪ'nɪʃətɪv] ▼ *mn* kezdeményező ▼ *fn* kezdeményezés, iniciatíva ‖ **take the initiative** megteszi az első lépést, magához ragadja a kezdeményezést

inject [ɪn'dʒekt] *ige* **inject into** ⬚ *orv* befecskendez, bead *(penicillint stb.)* ‖ ⬚ *műsz* injektál

injection [ɪn'dʒekʃn] *fn* injekció, befecskendezés

injunction [ɪn'dʒʌŋkʃn] *fn* (bírói) végzés

injure ['ɪndʒə] *ige (balesetben)* megsebesít ‖ vknek/vmnek kárt okoz ‖ **be/ get injured** sérülést szenved, megsérül; **he was badly injured** összetörte magát

injured ['ɪndʒəd] *mn/fn* sérült ‖ **the injured** a sérültek

injured party, the *fn* kárvallott

injurious [ɪn'dʒʊərɪəs] *mn* ártalmas ‖ **be injurious to health** ári az egész-

---

nm névmás – *nu* névutó – *szn* számnév – *esz* egyes szám – *tsz* többes szám
▼ szófajjelzés ⬚ földrajzi variáns ⬚ szakterület ❖ stiláris minősítés

ségnek; **be injurious to sy/sg** vknek/vmnek megárt

injury ['ɪndʒəri] *fn* sérülés, sebesülés ‖ ❑ *jog* sérelem

injustice [ɪn'dʒʌstɪs] *fn* igazságtalanság ‖ **do sy an injustice** igazságtalan vkvel szemben

ink [ɪŋk] ▼ *fn* tinta ▼ *ige* ❑ *nyomd* festékez

ink blot *fn* ❖ *biz* paca

ink-jet printer *fn* tintasugaras nyomtató

inkling ['ɪŋklɪŋ] *fn* sejtelem ‖ **can you give me some inkling of ...** tudsz valamit mondani, hogy legalább halvány fogalmam legyen a dologról ...?

ink-pad *fn* bélyegzőpárna, festékpárna

inlaid [ˌɪn'leɪd] *mn* intarziás ‖ → **inlay**

inland ['ɪnlənd] *mn* belföldi

Inland Revenue, the *fn* adóhivatal

in-laws ['ɪnlɔːz] *fn tsz* ❖ *biz* a férjem/feleségem családja

inlay ▼ ['ɪnleɪ] *fn* faberakás, intarzia ▼ [ɪn'leɪ] *ige* (*pt/pp* **inlaid** [ˌɪn'leɪd]) **inlay sg with sg** berakással díszít vmt

inlet ['ɪnlet] *fn (kicsi)* öböl

in-line skate *fn* egysoros görkorcsolya (*v.* -kori)

inmate ['ɪnmeɪt] *fn* fegyenc

inmost ['ɪnmoʊst] *mn* legbelső

inn [ɪn] *fn* fogadó, (kis)kocsma

innards ['ɪnədz] *fn tsz* ❖ *biz* belső részek, belsőség

innate [ˌɪ'neɪt] *mn* öröklött (*hajlam*); veleszületett (*tulajdonság stb.*)

inner ['ɪnə] *mn* belső, benső

inner city *fn* ⊕ **GB** belterület, belváros, óváros

innermost ['ɪnəmoʊst] *mn* legbelső

inner sole *fn* talpbetét

inner tube *fn* belső (gumi), tömlő

innings ['ɪnɪŋz] *fn (tsz ua.)* <az egyik fél ütési joga, krikettben>

innkeeper ['ɪnkiːpə] *fn* kocsmáros

innocence ['ɪnəsns] *fn* ártatlanság

innocent ['ɪnəsnt] *mn* ártatlan; ❑ *jog* vétlen ‖ **be innocent of sg** ártatlan vmben

innocuous [ɪ'nɒkjʊəs] *mn* ártalmatlan

innovate ['ɪnəveɪt] *ige* újít

innovation [ˌɪnə'veɪʃn] *fn* újítás

innovator ['ɪnəveɪtə] *fn* újító

Inns of Court, the *fn tsz* <a londoni jogászkollégiumok>

innuendo [ˌɪnjʊ'endoʊ] *fn* célozgatás, gyanúsítgatás

innumerable [ɪ'njuːmərəbl] *mn* megszámlálhatatlan, töméntelen, végtelen sok

inoculate [ɪ'nɒkjʊleɪt] *ige* ❑ *orv* (be)olt

inoculation [ɪˌnɒkjʊ'leɪʃn] *fn* ❑ *orv* oltás

inoffensive [ˌɪnə'fensɪv] *mn* ártalmatlan *(ember, tréfa)*; szelíd

inoperable [ɪn'ɒpərəbl] *mn* nem operálható

inopportune [ɪn'ɒpətjuːn] *mn* rosszkor történő, alkalmatlan, időszerűtlen

inordinate [ɪ'nɔːdɪnət] *mn* mértéktelen

inorganic chemistry [ˌɪnɔː'gænɪk] *fn* szervetlen kémia

in-patient *fn* kórházi beteg/ápolt, fekvő beteg

input ['ɪnpʊt] ▼ *mn* ❑ *szt* bemeneti ▼ *fn* bemenet, (adat)bevitel

input/output *fn* ❑ *szt* bemenet/kimenet

inquest ['ɪŋkwest] *fn* vizsgálat

inquire [ɪn'kwaɪə] *ige* tudakozódik, érdeklődik *(about vk/vm felől/iránt)*

inquire about sg érdeklődik vm iránt, felvilágosítást kér vmről ‖ **inquire about the trains** kérdezd meg a vonatok indulását!

inquire after kérdezősködik vm/vk után, érdeklődik vm/vk iránt

inquire into *(vmt, kérdést)* megvizsgál, kivizsgál; *(vm ügyben, bűnügyben)* nyomoz

inquirer [ɪn'kwaɪərə] *fn* érdeklődő

---

fn főnév– *hsz* határozószó– *isz* indulatszó– *ksz* kötőszó– *mn* melléknév
▼ szófajjelzés ⊕ földrajzi variáns ❑ szakterület ❖ stiláris minősítés

inquiries [ɪn'kwaɪərɪz] *fn tsz* tudakozó, felvilágosítás

inquiring [ɪn'kwaɪərɪŋ] *mn* érdeklődő, fürkésző

inquiry [ɪn'kwaɪəri] *fn* érdeklődés, tájékozódás || ❖ *hiv* vizsgálat; kivizsgálás, nyomozás || **hold an inquiry into** vizsgálatot tart

inquiry desk *fn* tudakozó, információ

inquiry office *fn* tudakozó

inquisition [ˌɪŋkwɪ'zɪʃn] *fn* inkvizíció

inquisitive [ɪn'kwɪzɪtɪv] *mn* kíváncsi || **be inquisitive** kotnyeleskedik

inquisitor [ɪn'kwɪzɪtə] *fn* inkvizítor

inroad ['ɪnroʊd] *fn* támadás || **make inroads on sg** ❖ *biz* vmre rájár

ins = inches

insane [ɪn'seɪn] *mn* őrült, bolond

insane person *fn* elmebeteg

insanitary [ɪn'sænɪtəri] *mn* egészségtelen

insanity [ɪn'sænəti] *fn* elmebaj, elmezavar, őrület

insatiability [ɪnˌseɪʃə'bɪləti] *fn* telhetetlenség

insatiable [ɪn'seɪʃəbl] *mn* kielégíthetetlen, telhetetlen

inscribe [ɪn'skraɪb] *ige* beír, berajzol

inscribed copy [ɪn'skraɪbd] *fn* dedikált példány

inscription [ɪn'skrɪpʃn] *fn* beírás, dedikáció

inscrutable [ɪn'skruːtəbl] *mn* kifürkészhetetlen

inseam measurement *fn* ⊕ *US* belhossz *(nadrágszáré)*

insect ['ɪnsekt] *fn* rovar, bogár, féreg

insect bite *fn* rovarcsípés

insecticide [ɪn'sektɪsaɪd] *fn* rovarirtó (szer)

insectivores [ɪn'sektɪvɔːz] *fn tsz* rovarevők

insect-powder *fn* rovarirtó, féregirtó (por)

insect spray *fn* rovarirtó (szer/spray)

insecure [ˌɪnsɪ'kjʊə] *mn* nem biztonságos

insecurity [ˌɪnsɪ'kjʊərəti] *fn* bizonytalanság

insensibility [ɪnˌsensə'bɪləti] *fn (testi)* érzéketlenség

insensible [ɪn'sensəbl] *mn (testileg)* érzéketlen, elfásult *(to* vm iránt)

insensitive [ɪn'sensətɪv] *mn* érzéketlen, fásult, közönyös || **be insensitive** vastag bőre van

inseparable [ɪn'sepərəbl] *mn* elválaszthatatlan || **they are inseparable** sülve-főve együtt vannak

insert ▼ ['ɪnsɜːt] *fn (cserélhető)* betétlap; *(könyvben)* melléklet; ❏ *film* bejátszás ▼ [ɪn'sɜːt] *ige* be(le)tesz, *(szövegbe)* beszúr, közbeiktat || **insert an ad** újsághirdetést tesz közzé; **insert sg into sg** betold

insertion [ɪn'sɜːʃn] *fn (szövegbe)* beszúrás

in-service training *fn (munka melletti)* szakmai továbbképzés

inset ▼ ['ɪnset] *fn (írásműben)* betét || melléktérkép ▼ [ɪn'set] *ige (pt/pp* **inset -tt-)** *(lapot)* közbeiktat, beiktat

inshore ['ɪnʃɔː] *mn* part menti

inshore wind *fn* parti szél

inside [ˌɪn'saɪd] ▼ *mn* belső || benti ▼ *hsz* belül, benn ▼ *fn* **the inside of sg** vmnek a belseje; **know sy inside out** vkt kívül-belül ismer ▼ *elölj* belül, vmnek a belsejében

inside information *fn* bizalmas értesülés || **have inside information** ismeri a kulisszatitkokat

inside lane *fn* ❏ *közl* külső sáv

inside left *fn* ❏ *sp* balösszekötő

inside leg (measurement) *fn* belhossz *(nadrágszáré)*

insider [ˌɪn'saɪdə] *fn* beavatott, bennfentes

inside right *fn* ❏ *sp* jobbösszekötő

insight ['ɪnsaɪt] *fn* bepillantás; ❖ *átv* éleslátás || **have an insight into** vmbe belát

insignia [ɪn'sɪgnɪə] *fn tsz* jelvények || rangjelzések

---

nm névmás– *nu* névutó– *szn* számnév– *esz* egyes szám– *tsz* többes szám
▼ szófajjelzés ⊕ földrajzi variáns ❏ szakterület ❖ stiláris minősítés

insignificance [ˌɪnsɪg'nɪfɪkəns] *fn* jelentéktelenség, igénytelenség
insignificant [ˌɪnsɪg'nɪfɪkənt] *mn* jelentéktelen, elenyésző
insincere [ˌɪnsɪn'sɪə] *mn* nem őszinte
insincerity [ˌɪnsɪn'serəti] *fn* az őszinteség hiánya, hamisság
insinuate [ɪn'sɪnjʊeɪt] *ige* gyanúsít
insinuation [ɪnˌsɪnjʊ'eɪʃn] *fn* burkolt célzás, inszinuáció
insipid [ɪn'sɪpɪd] *mn* ízetlen, seízű; ❖ *átv* sótlan, fád
insist [ɪn'sɪst] *ige* ragaszkodik (*on sg* vmhez) ‖ **I insist on your being there** ragaszkodom hozzá, hogy ott légy; **I insist!** ragaszkodom hozzá!
insistence [ɪn'sɪstəns] *fn* vmhez ragaszkodás
insistent [ɪn'sɪstənt] *mn* rendíthetetlen ‖ **be insistent about/on sg** ragaszkodik vmhez, nem tágít
insofar as [ˌɪnsoʊ'fɑːrəz] *hsz* amennyire, amennyiben
insole ['ɪnsoʊl] *fn* talpbélés, talpbetét
insolence ['ɪnsələns] *fn* arcátlanság, szemtelenség
insolent ['ɪnsələnt] *mn* arcátlan, pimasz, szemtelen
insoluble [ɪn'sɒljʊbl] *mn* oldhatatlan
insolvency [ɪn'sɒlvənsi] *fn* fizetésképtelenség
insolvent [ɪn'sɒlvənt] *mn* fizetésképtelen
insomnia [ɪn'sɒmnɪə] *fn* álmatlanság
insomuch as [ˌɪnsoʊ'mʌtʃ əz] *hsz* olyannyira, hogy ‖ mivelhogy
inspect [ɪn'spekt] *ige* megvizsgál, megtekint; *(jegyeket)* kezel
inspection [ɪn'spekʃn] *fn* (iratokba) betekintés; vizsgálat, szemle, megtekintés ‖ **inspection of tickets** jegyellenőrzés
inspector [ɪn'spektə] *fn* rendőr, felügyelő, ellenőr ‖ **Inspector Brown** Brown felügyelő
inspector general *fn* főfelügyelő
inspiration [ˌɪnspɪ'reɪʃn] *fn* ihlet

inspire [ɪn'spaɪə] *ige* (meg)ihlet, lelkesít, felbátorít
inspired [ɪn'spaɪəd] *mn* ihletett ‖ költői ‖ **be inspired with sg** át van hatva vmtől
inst = *instant* f. hó ‖ **your letter of the 10th inst** f. hó 10-i levelük
instability [ˌɪnstə'bɪləti] *fn* ingatagság
install [ɪn'stɔːl] *ige* (⊕ *US* így is **instal**) *(gépet)* felszerel, üzembe helyez, beszerel, installál ‖ beiktat *(in* állásba) ‖ *(villanyt)* bevezet ‖ **have sg installed** beszereltet
installation [ˌɪnstə'leɪʃn] *fn* beszerelés, felszerelés, installálás ‖ beiktatás
installment plan *fn* ⊕ *US* részletre való vásárlás
instalment [ɪn'stɔːlmənt] *fn* (⊕ *US* -ll-) *(részletfizetésnél)* részlet ‖ folytatás *(regényrészlet)* ‖ **pay an instalment** részletfizetést teljesít; **pay by (monthly) instalments** (havi) részletekben fizet
instance ['ɪnstəns] *fn* példa ‖ **for instance** például
instant ['ɪnstənt] ▼ *mn* azonnali ▼ *fn* perc, pillanat ‖ **in an instant** egy pillanat alatt
instantaneous [ˌɪnstən'teɪnɪəs] *mn* azonnali, pillanatnyi
instant coffee *fn* azonnal oldódó kávé, neszkávé
instantly ['ɪnstəntli] *hsz* nyomban, azon melegében
instant meal/food *fn* készétel
instant photograph *fn* gyorsfénykép
instant replay *fn* ⊕ *US* ismétlés, visszajátszás *(tévében, közvetítés közben)*
instead [ɪn'sted] *hsz* ehelyett, helyette ‖ inkább
instead of *elölj* helyett
instep ['ɪnstep] *fn* rüszt
instigate ['ɪnstɪgeɪt] *ige* (bűntényre) felbujt, uszít
instigation [ˌɪnstɪ'geɪʃn] *fn* uszítás, felbujtás, izgatás

fn főnév − *hsz* határozószó − *isz* indulatszó − *ksz* kötőszó − *mn* melléknév
▼ szófajjelzés ⊕ földrajzi variáns ❏ szakterület ❖ stiláris minősítés

instigator ['ɪnstɪgeɪtə] *fn* felbujtó
instil (⊕ *US* **instill**) [ɪn'stɪl] *ige* -**ll- instil sg in(to) sy** vkbe vmt belenevel, beolt
instinct ['ɪnstɪŋkt] *fn* ösztön ‖ **by instinct** ösztönösen
instinctive [ɪn'stɪŋktɪv] *mn* ösztönös
instinctively [ɪn'stɪŋktɪvli] *hsz* ösztönösen
institute ['ɪnstɪtjuːt] ▼ *fn (tudományos stb.)* intézet ‖ intézmény ▼ *ige* **institute an action against sy** keresetet benyújt/indít vk ellen
institution [ˌɪnstɪ'tjuːʃn] *fn* intézmény
institutional [ˌɪnstɪ'tjuːʃnəl] *mn* intézményes
instruct [ɪn'strʌkt] *ige* oktat, képez ‖ **instruct sy in sg** felvilágosít/tájékoztat vkt vmről, vkt vmre tanít/oktat
instruction [ɪn'strʌkʃn] *fn* oktatás, (ki)képzés ‖ felvilágosítás, tájékoztatás, útmutatás ‖ ⬚*szt* utasítás ‖ **instructions for use** kezelési útmutató
instructional film [ɪn'strʌkʃnəl] *fn* oktatófilm
instructive [ɪn'strʌktɪv] *mn* oktató, nevelő
instructor [ɪn'strʌktə] *fn* oktató ‖ ⊕ *US (egyetemen)* gyakorlatvezető; tanársegéd
instrument ['ɪnstrʊmənt] *fn* műszer
instrumental [ˌɪnstrə'mentl] *mn* hangszeres ‖ **be instrumental in sg** közreműködik vmben, szerepe van vmben
instrumentalist [ˌɪnstrə'mentlɪst] *fn* hangszeres zenész
instrument board *fn* műszerfal
instrument flying *fn* műszeres repülés
instrument landing *fn* műszeres leszállás
instrument panel *fn* műszerfal
insubordinate [ˌɪnsə'bɔːdənət] *mn* engedetlen, fegyelemsértő
insubordination [ˌɪnsəbɔːdɪ'neɪʃn] *fn* fegyelemsértés

insufficiency [ˌɪnsə'fɪʃnsi] *fn* elégtelenség, hiányosság, fogyatékosság
insufficient [ˌɪnsə'fɪʃnt] *mn* hiányos, elégtelen, fogyatékos
insufficiently [ˌɪnsə'fɪʃntli] *hsz* nem eléggé
insular ['ɪnsjʊlə] *mn* szigetre jellemző, sziget- ‖ szűk látókörű
insularity [ˌɪnsjʊ'lærəti] *fn* szigetjelleg ‖ elkülönültség
insulate ['ɪnsjʊleɪt] *ige* ⬚*el épít stb.* szigetel
insulated ['ɪnsjʊleɪtɪd] *mn* ⬚*el épít* szigetelt
insulating layer ['ɪnsjʊleɪtɪŋ] *fn* szigetelőréteg
insulating tape *fn* szigetelőszalag
insulation [ˌɪnsjʊ'leɪʃn] *fn* ⬚*el épít* szigetelés
insulator ['ɪnsjʊleɪtə] *fn* ⬚*el épít* szigetelő(anyag)
insulin ['ɪnsjʊlɪn] *fn* inzulin
insult ▼ ['ɪnsʌlt] *fn* (meg)sértés ▼ [ɪn'sʌlt] *ige* (meg)sért ‖ **be insulted** sértés éri
insulting [ɪn'sʌltɪŋ] *mn* sértő
insulting words *fn tsz* sértő kifejezés/szavak
insuperable [ɪn'suːpərəbl] *mn* áthidalhatatlan
insupportable [ˌɪnsə'pɔːtəbl] *mn* tűrhetetlen
insurance [ɪn'ʃʊərəns] *fn* biztosítás
insurance agent *fn* biztosítási ügynök
insurance broker *fn* biztosítási ügynök
insurance company *fn* biztosító-(társaság)
insurance policy *fn* biztosítási kötvény
insure [ɪn'ʃʊə] *ige* **insure (sy/sg against sg)** biztosítást köt vmre, biztosít vm ellen
insured [ɪn'ʃʊəd] *mn/fn* biztosított
insurer [ɪn'ʃʊərə] *fn* biztosító *(társaság)*

---

nm névmás − *nu* névutó − *szn* számnév − *esz* egyes szám − *tsz* többes szám
▼ szófajjelzés ⊕ földrajzi variáns ⬚ szakterület ❖ stiláris minősítés

insurgent [ɪn'sɜːdʒənt] *fn* felkelő
insurmountable [ˌɪnsə'maʊntəbl] *mn* legyőzhetetlen *(nehézség)*
insurrection [ˌɪnsə'rekʃn] *fn* (nép)-felkelés
intact [ɪn'tækt] *mn* érintetlen, ép, sértetlen ‖ **be intact** hiánytalanul megvan
intactness [ɪn'tæktnəs] *fn* sértetlenség
intake ['ɪnteɪk] *fn* felvétel ‖ felvett létszám ‖ *(kötésnél)* fogyasztás
integer ['ɪntɪdʒə] *fn* egész szám
integral ['ɪntɪgrəl] ▼ *mn* **an integral part of sg** szerves (alkotó)része vmnek ▼ *fn* ❑ *mat* integrál
integral calculus *fn* integrálszámítás
integrate ['ɪntəgreɪt] *ige* egyesít, integrál, beilleszt, beépít *(with, into* vmbe) ‖ **be integrated with** beilleszkedik vmbe
integrated ['ɪntɪgreɪtɪd] *mn* (harmonikus) egységbe rendezett, koordinált ‖ faji egyenjogúságot biztosító
integrated circuit *fn* integrált áramkör
integration [ˌɪntɪ'greɪʃn] *fn* beilleszkedés, integráció ‖ integrálás ‖ **racial integration** teljes faji egyenjogúság biztosítása
integrity [ɪn'tegrəti] *fn* sértetlenség, érintetlenség ‖ tisztesség, emberség ‖ **man of integrity** becsületes ember
intellect ['ɪntəlekt] *fn* ész, értelem
intellectual [ˌɪntə'lektʃʊəl] ▼ *mn* értelmi, szellemi, értelmiségi ‖ **intellectual faculty/capacity** értelmi képesség ▼ *fn* értelmiségi ‖ **the intellectuals** az értelmiség(iek)
intelligence [ɪn'telɪdʒns] *fn* ész, értelem, intelligencia ‖ hírszerző szolgálat
intelligence agent *fn* hírszerző
intelligence centre (⊕ *US* -ter) *fn* hírközpont
intelligence quotient *fn* intelligenciahányados
intelligence service *fn* hírszerző szolgálat

intelligence test *fn* intelligenciavizsga
intelligent [ɪn'telɪdʒnt] *mn* értelmes, okos, intelligens
intelligentsia, the [ɪn,telɪ'dʒentsɪə] *fn* az értelmiség
intelligibility [ɪn,telɪdʒə'bɪləti] *fn* érthetőség
intelligible [ɪn'telɪdʒəbl] *mn* érthető
intemperance [ɪn'tempərəns] *fn* mértéktelenség *(evésben, ivásban)*
intemperate [ɪn'tempərət] *mn* *(evésben, ivásban)* mértéktelen
intend [ɪn'tend] *ige* szándékozik *(to do sg* vmt tenni) ‖ **I intended it for you** neked szántam; **sy's intended** jövendőbelije vknek
intense [ɪn'tens] *mn* nagyfokú, erős
intensely [ɪn'tensli] *hsz* behatóan
intensification [ɪn,tensɪfɪ'keɪʃn] *fn* kiélesedés
intensify [ɪn'tensɪfaɪ] *ige* elmélyít, kiélez ‖ kiélesedik
intensity [ɪn'tensəti] *fn* hevesség, (hang)erő, intenzitás
intensive [ɪn'tensɪv] *mn* beható, alapos, intenzív ‖ **intensive examination** mélyreható vizsgálat; **intensive farming** belterjes gazdálkodás
intensive care unit *fn* ❑ *orv* intenzív osztály
intensively [ɪn'tensɪvli] *hsz* mélyrehatóan, intenzíven
intensive therapy unit *fn* ❑ *orv* intenzív terápiás osztály
intent [ɪn'tent] ▼ *mn* **intent look** feszült figyelem ▼ *fn* ❑ *jog* szándék ‖ **to all intents and purposes** minden tekintetben
intention [ɪn'tenʃn] *fn* szándék, cél, terv ‖ **have the intention of doing sg** szándékozik vmt tenni
intentional [ɪn'tenʃnəl] *mn* szándékos, célzatos
intentionally [ɪn'tenʃnəli] *hsz* szándékosan
intently [ɪn'tentli] *hsz* feszülten *(figyel)*

fn főnév – *hsz* határozószó – *isz* indulatszó – *ksz* kötőszó – *mn* melléknév
▼ szófajjelzés ⊕ földrajzi variáns ❑ szakterület ❖ stiláris minősítés

inter [ɪn'tɜː] *ige* **-rr-** elhantol
interact [ˌɪntər'ækt] *ige* egymásra hat
interaction [ˌɪntər'ækʃn] *fn* kölcsönhatás
interactive [ˌɪntər'æktɪv] *mn* ❏ *szt* interaktív, párbeszédes *(üzemmód)*
interbreeding [ˌɪntə'briːdɪŋ] *fn* keveredés *(fajoké)*
intercede [ˌɪntə'siːd] *ige* közbenjár *(with* vknél)
intercept [ˌɪntə'sept] *ige* elfog
intercession [ˌɪntə'seʃn] *fn* közbenjárás
interchange ▼ ['ɪntətʃeɪndʒ] *fn (külön szintű)* csomópont ▼ [ˌɪntə'tʃeɪndʒ] *ige* felcserél ‖ helyet cserél
interchangeable [ˌɪntə'tʃeɪndʒəbl] *mn* (fel)cserélhető, kicserélhető
intercity [ˌɪntə'sɪti] *fn* nagyvárosok közötti expressz(vonat), InterCity (IC)
interconnect [ˌɪntəkə'nekt] *ige* összekapcsol ‖ összekapcsolódik
intercontinental [ˌɪntəkɒntɪ'nentl] *mn* interkontinentális ‖ **intercontinental ballistic missile** interkontinentális ballisztikus rakéta
intercourse ['ɪntəkɔːs] *fn* érintkezés, kapcsolat ‖ közösülés
interdependence [ˌɪntədɪ'pendəns] *fn* kölcsönös függés
interdependent [ˌɪntədɪ'pendənt] *mn* kölcsönösen egymástól függő
interdisciplinary [ˌɪntə'dɪsɪplɪnəri] *mn* tudományközi, interdiszciplináris
interest ['ɪntrəst] ▼ *fn* érdeklődés ‖ érdek; *(pénzügyi)* érdekeltség ‖ kamat ‖ **bear interest** kamatot hoz; **show/take an interest in sg** érdeklődést tanúsít vm iránt, érdeklődik *(vm iránt)*; **have an interest** *(v.* **interests) in sg** érdeke fűződik vmhez, érdekében áll vm, érdekelve van vmben; **in his own interest** saját érdekében; **in the interest of sg** vmnek az érdekében ▼ *ige* **be very interested in sg** nagyon érdekli vm; **be interested in sg** vm

iránt érdeklődik; **those interested** az érdeklődők
interest-bearing *mn* kamatozó
interested ['ɪntrəstɪd] *mn* érdekelt ‖ **the interested parties** az érdekelt felek
interest-free *mn* kamatmentes
interesting ['ɪntrəstɪŋ] *mn* érdekes
interest rate *fn* kamatláb
interface ['ɪntəfeɪs] *fn* ❏ *szt* csatlakozási felület, interfész, csatolóegység
interfere [ˌɪntə'fɪə] *ige* **interfere in sg** be(le)avatkozik vmbe ‖ **interfere with** piszkál vmt, zavar vkt; **interfere with sy's interests** sérti vk érdekeit
interference [ˌɪntə'fɪərəns] *fn* beavatkozás, közbelépés ‖ interferencia; *(rádió, tévé)* (vétel)zavar
interfering [ˌɪntə'fɪərɪŋ] *mn* beavatkozó ‖ zavaró
intergovernmental [ˌɪntəgʌvn'mentl] *mn* kormányközi
interim ['ɪntərɪm] *mn* ideiglenes, átmeneti
interim measure *fn* átmeneti intézkedés
interior [ɪn'tɪərɪə] ▼ *mn* belső; bel- ▼ *fn* **the interior of sg** vmnek a belseje; **the Department of the Interior** belügyminisztérium
interior decoration *fn* belsőépítészet
interior decorator *fn* lakberendező
interior design *fn* belsőépítészet
interior designer *fn* belsőépítész
interjection [ˌɪntə'dʒekʃn] *fn* indulatszó
interlard [ˌɪntə'lɑːd] *ige* (meg)tűzdel, megspékel
interlock [ˌɪntə'lɒk] *ige* összekapcsol ‖ összekapcsolódik
interloper ['ɪntəloʊpə] *fn* betolakodó
interlude ['ɪntəluːd] *fn* közjáték ‖ szünet
intermarriage [ˌɪntə'mærɪdʒ] *fn* összeházasodás
intermarry [ˌɪntə'mæri] *ige* összeházasodik

---

nm névmás – *nu* névutó – *szn* számnév – *esz* egyes szám – *tsz* többes szám
▼ szófajjelzés ⊕ földrajzi variáns ❏ szakterület ❖ stiláris minősítés

intermediary [ˌɪntə'miːdɪəri] *mn/fn*
❑*ker* közvetítő, közbenjáró

intermediate [ˌɪntə'miːdɪət] *mn* közbeeső, közbülső ‖ középszintű, középhaladó

intermediate level *fn* középszint

intermediate-range (ballistic) missile *fn* közepes hatótávolságú (ballisztikus) rakéta

intermezzo [ˌɪntə'metsoʊ] *fn* (*tsz* **-zos** *v.* **-zi** [-tsiː]) közzene, közjáték, intermezzo

interminable [ɪn'tɜːmɪnəbl] *mn* végeérhetetlen

intermingle [ˌɪntə'mɪŋgl] *ige* összekever, összevegyít ‖ összekeveredik (*with* vmvel)

intermission [ˌɪntə'mɪʃn] *fn* ⊕*US* ❑*szính* szünet

intermittent [ˌɪntə'mɪtnt] *mn* váltakozó ‖ időszakos ‖ **intermittent fever** váltóláz

intermittently [ˌɪntə'mɪtntli] *hsz* megszakításokkal

intern ▼ ['ɪntɜːn] *fn* ⊕*US* alorvos; (*kezdő, bennlakó*) kórházi orvos ▼ [ɪn'tɜːn] *ige* internál

internal [ɪn'tɜːnl] *mn* belső ‖ belföldi, bel- ‖ **for internal application** ❑*orv* belsőleg

internal affairs *fn tsz* belpolitika

internal-combustion engine *fn* belső égésű motor, robbanómotor

internal haemorrhage (⊕*US* **hem-**) *fn* belső vérzés

internal injury *fn* belső sérülés

internally [ɪn'tɜːnəli] *hsz* belsőleg

internal medicine *fn* belgyógyászat

internal politics *fn tsz* belpolitika

internal situation *fn* belpolitikai helyzet

internal trade *fn* belkereskedelem

international [ˌɪntə'næʃnəl] *mn* nemzetközi ‖ **on an international scale** nemzetközi méretekben

international call *fn* nemzetközi hívás

International Chamber of Commerce *fn* Nemzetközi Kereskedelmi Kamara

international fame *fn* világhír

internationally [ˌɪntə'næʃnəli] *hsz* nemzetközileg

International Monetary Fund *fn* Nemzetközi Valutaalap

International Olympic Committee *fn* Nemzetközi Olimpiai Bizottság

international reputation *fn* világhír

international subscriber dialling *fn* (nemzetközi) távhívás

international trade agreement *fn* nemzetközi kereskedelmi egyezmény

international (trade) exhibition *fn* világkiállítás

interne ['ɪntɜːn] *fn* = **intern 1.**

internee [ˌɪntɜː'niː] *fn* internált

Internet ['ɪntənet] *fn* internet ‖ **Internet service provider (ISP)** internetszolgáltató

internist [in'tɜːnɪst] *fn* ⊕*GB* belgyógyász ‖ ⊕*US* általános orvos

internment [ɪn'tɜːnmənt] *fn* internálás

internment camp *fn* internálótábor

inter-party agreement *fn* pártközi egyezmény/megállapodás

interpellate [ɪn'tɜːpəleɪt] *ige* interpellál

interpellation [ɪnˌtɜːpə'leɪʃn] *fn* interpelláció

interplanetary space station [ˌɪntə'plænətəri] *fn* bolygóközi állomás

Interpol ['ɪntəpɒl] *fn* Nemzetközi Bűnügyi Rendőrség

interpolate [ɪn'tɜːpəleɪt] *ige* (*szövegbe*) beszúr, közbeszúr

interpolated [ɪn'tɜːpəleɪtɪd] *mn* közbevetett

interpolation [ɪnˌtɜːpə'leɪʃn] *fn* betoldás (*szóé*); beszúrás

interpret [ɪn'tɜːprɪt] *ige* értelmez, interpretál, tolmácsol

interpretation [ɪnˌtɜːprə'teɪʃn] *fn* értelmezés, magyarázat, tolmácsolás

interpreter [ɪn'tɜːprɪtə] *fn* tolmács

interpreting [ɪn'tɜːprɪtɪŋ] *fn* tolmácsolás

---

fn főnév   ‒*hsz* határozószó   ‒*isz* indulatszó   ‒*ksz* kötőszó   ‒*mn* melléknév
▼ szófajjelzés   ⊕ földrajzi variáns   ❑ szakterület   ❖ stiláris minősítés

interrelate [ˌɪntərɪ'leɪt] *ige* be inter-related **(with sg)** kölcsönös összefüggésben van vmvel

interrogate [ɪn'terəgeɪt] *ige* (ki)kérdez, kihallgat, faggat, vallat

interrogation [ɪnˌterə'geɪʃn] *fn* vallatás

interrogation mark/point *fn* ⊕ *US* kérdőjel

interrogative [ˌɪntə'rɒɡətɪv] ▼ *mn* ❑ *nyelvt* kérdő ▼ *fn* kérdőszó, kérdő névmás

interrogator [ɪn'terəɡeɪtə] *fn* kérdező, vallató

interrupt [ˌɪntə'rʌpt] *ige (előadást, vitát, vkt)* félbeszakít; megszakít; közbevág, szavába vág vknek ‖ **be interrupted** *(folyamat)* megszakad, félbeszakad

interruption [ˌɪntə'rʌpʃn] *fn* megszakítás, félbeszakítás ‖ közbeszólás ‖ **without interruption** szünet nélkül

intersect [ˌɪntə'sekt] *ige* metsz; *(utak, vonalak)* keresztezi(k)/metszik egymást

intersection [ˌɪntə'sekʃn] *fn (nagyobb)* útkereszteződés, csomópont ‖ ❑ *mat* metszés

intersperse [ˌɪntə'spɜːs] *ige* közbeiktat, vegyít, tarkít ‖ **interspersed with sg** teletűzdelve vmvel

interstate [ˌɪntə'steɪt] *mn* ⊕ *US* államközi

intertwine [ˌɪntə'twaɪn] *ige* egybefon(ódik), összefon(ódik)

interval ['ɪntəvl] *fn* (idő)köz, távolság ‖ ❑ *isk* tízperc; ❑ *szính* szünet ‖ **at intervals** időnként

intervene [ˌɪntə'viːn] *ige* közbejön, közbelép; *(ügybe)* beleszól; vmbe beavatkozik ‖ **intervene on sy's behalf** vk ügyében/érdekében eljár

intervening [ˌɪntə'viːnɪŋ] *mn* közbeeső, közbenső

intervention [ˌɪntə'venʃn] *fn* beavatkozás, közbelépés, intervenció

interview ['ɪntəvjuː] ▼ *fn* beszélgetés, interjú ‖ ⊕ *GB* felvételi beszélgetés *(egyetemre)* ‖ **conduct/have an interview with sy** *(felvételre jelentkezővel)* (el)beszélget ▼ *ige* meginterjúvol vkt, interjút készít vkvel ‖ (felvételi) beszélgetést folytat vkvel

interviewer ['ɪntəvjuːə] *fn* riporter *(aki az interjút készíti)*

interwar [ˌɪntə'wɔː] *mn* **in the interwar period** a két világháború közti időben

interweave [ˌɪntə'wiːv] *ige (pt inter-wove* [ˌɪntə'wəʊv]; *pp* **interwoven** [ˌɪntə'wəʊvən]) összefon(ódik) ‖ **be interwoven with** beleszövődik

interwove [ˌɪntə'wəʊv] *pt →* **interweave**

interwoven [ˌɪntə'wəʊvən] *pp →* **interweave**

intestinal complaints [ɪn'testɪnl] *fn tsz* bélpanaszok

intestines [ɪn'testɪnz] *fn tsz* bél *(emberé)*

intimacy ['ɪntɪməsi] *fn* bizalmasság, bizalmas viszony, intimitás

intimate ▼ ['ɪntəmət] *mn* bensőséges, intim, meghitt ▼ ['ɪntəmət] *fn* **sy's intimate** vknek a bizalmasa ▼ ['ɪntəmeɪt] *ige* közöl, tudtul ad

intimately ['ɪntɪmətli] *hsz* bizalmasan

intimidate [ɪn'tɪmɪdeɪt] *ige* megfélemlít

intimidation [ɪnˌtɪmɪ'deɪʃn] *fn* megfélemlítés

into ['ɪntə] *elölj* -ba, -be

intolerable [ɪn'tɒlərəbl] *mn* tűrhetetlen, kiállhatatlan, kibírhatatlan

intolerance [ɪn'tɒlərəns] *fn* türelmetlenség, intolerancia

intolerant [ɪn'tɒlərənt] *mn* türelmetlen

intonation [ˌɪntə'neɪʃn] *fn* hanghordozás ‖ hanglejtés, intonáció

intoxicate [ɪn'tɒksɪkeɪt] *ige* megrészegít, elkábít ‖ **be intoxicated by sg** berúg(ott), megrészegíti vm

---

nm névmás _ *nu* névutó _ *szn* számnév _ *esz* egyes szám _ *tsz* többes szám
▼ szófajjelzés ⊕ földrajzi variáns ❑ szakterület ❖ stiláris minősítés

intoxicated [ɪn'tɒksɪkeɪtɪd] *mn* ittas ‖ **in an intoxicated state** alkoholos befolyásoltság állapotában

intoxicating [ɪn'tɒksɪkeɪtɪŋ] *mn* mámorító

intoxication [ɪn,tɒksɪ'keɪʃn] *fn* mámor

intransigence [ɪn'trænsɪdʒəns] *fn* meg nem alkuvás

intransigent [ɪn'trænsɪdʒənt] *mn* meg nem alkuvó ‖ **be intransigent** megalkuvást nem ismer

intransitive [ɪn'trænsətɪv] *mn* tárgyatlan

intransitive verb *fn* tárgyatlan ige

intrauterine [,ɪntrə'ju:təraɪn] *mn* méhen belüli

intrauterine device (IUD) *fn* méhen belüli fogamzásgátló eszköz

intravenous [,ɪntrə'vi:nəs] *mn* intravénás

in-tray *fn* elintézendő ügyiratok

intrepid [ɪn'trepɪd] *mn* rettenthetetlen

intricacy ['ɪntrɪkəsɪ] *fn* bonyolultság

intricate ['ɪntrɪkət] *mn* összetett, sokrétű, bonyolult

intrigue ▼ [ɪn'tri:g] *fn* **intrigue(s)** cselszövény, cselszövés, intrika ▼ [ɪn'tri:g] *ige* áskálódik, intrikál ‖ **sg intrigues sy** ❖ *biz* izgatja a kérdés

intriguer [ɪn'tri:gə] *fn* cselszövő, intrikus

intriguing [ɪn'tri:gɪŋ] *mn* érdekes, izgalmas

intrinsic [ɪn'trɪnsɪk(əl)] *mn* belső ‖ **intrinsic value** belső érték

introduce [,ɪntrə'dju:s] *ige* bevezet ‖ rendszeresít, meghonosít ‖ *(törvényjavaslatot)* beterjeszt ‖ **introduce oneself to sy** vk vknek bemutatkozik; **introduce sy to sy** vkt bemutat vknek

introduction [,ɪntrə'dʌkʃn] *fn* bevezetés ‖ bemutatás ‖ bemutatkozás

introductory [,ɪntrə'dʌktərɪ] *mn* bevezető ‖ **introductory part** bevezető rész

introspection [,ɪntrə'spekʃn] *fn* önvizsgálat

introspective [,ɪntrə'spektɪv] *mn* befelé néző

introvert ['ɪntrəvɜ:t] *mn/fn* befelé forduló (egyén)

intrude [ɪn'tru:d] *ige* betolakodik

intruder [ɪn'tru:də] *fn* betolakodó, alkalmatlankodó

intrusion [ɪn'tru:ʒn] *fn* (be)tolakodás

intuition [,ɪntjʊ'ɪʃn] *fn (ösztönös)* megérzés, intuíció

intuitive [ɪn'tju:ɪtɪv] *mn* ösztönös, ösztönszerű, intuitív

intuitively [ɪn'tju:ɪtɪvlɪ] *hsz* ösztönösen, intuitíven

inundate ['ɪnʌndeɪt] *ige (vízzel)* eláraszt ‖ vmre kiárad ‖ **be inundated with** rázúdul vm

inundation [,ɪnʌn'deɪʃn] *fn* ár(adás), elárasztás

inundation area *fn* ártér

inure [ɪ'njʊə] *ige* **inure oneself to sg, become inured to sg** hozzáedződik vmhez; **be inured to sg** megedződött vmvel szemben

invade [ɪn'veɪd] *ige (ellenség)* betör *(országba)*; megszáll *(országot)*

invader [ɪn'veɪdə] *fn* megszálló

invading forces [ɪn'veɪdɪŋ] *fn tsz* megszálló erők

invalid¹ [ɪn'vælɪd] *mn* érvénytelen

invalid² ['ɪnvəlɪd] ▼ *mn* gyenge (lábakon álló) ▼ *fn* gyengélkedő, beteg ‖ rokkant

invalidate [ɪn'vælɪdeɪt] *ige* érvénytelenít

invalidation [ɪn,vælɪ'deɪʃn] *fn* érvénytelenítés

invalid carriage *fn* rokkantkocsi

invalid chair *fn* tolószék

invalidity [,ɪnvə'lɪdətɪ] *fn* érvénytelenség ‖ *(állandó)* munkaképtelenség

invaluable [ɪn'væljʊəbl] *mn* felbecsülhetetlen

invariable [ɪn'veərɪəbl] *mn* változ(hat)atlan, állandó

---

fn főnév – *hsz* határozószó – *isz* indulatszó – *ksz* kötőszó – *mn* melléknév
▼ szófajjelzés ⊕ földrajzi variáns ❑ szakterület ❖ stiláris minősítés

invariably [ɪn'veərɪəbli] *hsz* változatlanul, mindig

invasion [ɪn'veɪʒn] *fn (ellenséges)* betörés, benyomulás, invázió

invective [ɪn'vektɪv] *fn* förmedvény, kirohanás

inveigle [ɪn'veɪgl] *ige* **inveigle sy into doing sg** ❖ *biz* vkt vmbe behúz

invent [ɪn'vent] *ige* feltalál ‖ kitalál ‖ ❖ *biz* kieszel, kisüt

invented [ɪn'ventɪd] *mn* kitalált ‖ koholt

invention [ɪn'venʃn] *fn* feltalálás ‖ kitalálás ‖ koholmány

inventor [ɪn'ventə] *fn* feltaláló

inventory ['ɪnvəntərɪ] ▼ *fn* leltár ‖ **enter sg in the inventory** leltárba vesz vmt ▼ *ige* leltárba/jegyzékbe vesz

inverse [ɪn'vɜːs] *mn* fordított

inversely [ɪn'vɜːsli] *hsz* fordítva ‖ **be inversely proportional to sg** fordítottan/fordítva arányos vmvel

inversion [ɪn'vɜːʃn] *fn* fordított szórend

invert [ɪn'vɜːt] *ige (sorrendben)* felcserél

invertebrate [ɪn'vɜːtɪbrət] *mn* gerinctelen *(állat)*

inverted commas [ɪn'vɜːtɪd] *fn tsz* idézőjel

invest [ɪn'vest] *ige* beruház; *(pénzt vmbe)* befektet

invested capital [ɪn'vestɪd] *fn* befektetett tőke

investigate [ɪn'vestɪgeɪt] *ige* megvizsgál, kivizsgál; *(vm ügyben)* nyomoz ‖ **investigate sg thoroughly** beható vizsgálat alá vesz

investigation [ɪn,vestɪ'geɪʃn] *fn* vizsgálat, megvizsgálás; *(tudományos)* vizsgálódás ‖ nyomozás ‖ **conduct an investigation into** behatóan vizsgál/ tanulmányoz vmt, nyomozást folytat *(vm kiderítésére)*

investigator [ɪn'vestɪgeɪtə] *fn* vizsgáló ‖ nyomozó

investiture [ɪn'vestɪtʃə] *fn* beiktatás

investment [ɪn'vestmənt] *fn* beruházás ‖ befektetés

investment bank *mn* beruházási bank

investment income *fn* befektetésekből származó jövedelem

investment trust *fn* beruházási tröszt

investor [ɪn'vestə] *fn* beruházó ‖ befektető

inveterate [ɪn'vetərət] *mn* ❖ *átv* megcsontosodott

invigilate [ɪn'vɪdʒɪleɪt] *ige (vizsgán)* felügyel

invigorating [ɪn'vɪgəreɪtɪŋ] *mn* erősítő

invincible [ɪn'vɪnsəbl] *mn* legyőzhetetlen

inviolable [ɪn'vaɪələbl] *mn* sérthetetlen

inviolate [ɪn'vaɪələt] *mn* sértetlen

invisible [ɪn'vɪzəbl] *mn* láthatatlan

invisible exports *fn tsz* szellemi export

invisible mending *fn* műszövés, műstoppolás

invitation [,ɪnvɪ'teɪʃn] *fn* meghívás ‖ *(előadástartásra)* felkérés ‖ **invitation (card)** meghívó

invite [ɪn'vaɪt] *ige* meghív ‖ *(előadástartásra)* felkér ‖ **invite applications (for)** *(állásra)* pályázatot meghirdet; **be invited for lunch** meghívást kap ebédre

invite out meghív vhová (vacsorára *stb.*)

invite over/round meghív (magához otthonába)

inviting [ɪn'vaɪtɪŋ] *mn* csábító, vonzó

invoice ['ɪnvɔɪs] ▼ *fn* számla ▼ *ige* számláz, számlát küld vknek

invoke [ɪn'vouk] *ige* segítségül hív

involuntarily [ɪn'vɒləntərɪli] *hsz* önkéntelenül, akaratlanul

involuntary [ɪn'vɒləntəri] *mn* önkéntelen, akaratlan

---

nm névmás – *nu* névutó – *szn* számnév – *esz* egyes szám – *tsz* többes szám
▼ szófajjelzés ⊕ földrajzi variáns ❑ szakterület ❖ stiláris minősítés

involve [ɪn'vɒlv] *ige* magába(n) foglal, maga után von, vmvel jár ‖ **involve a loss** veszteséggel jár

---

involve sy in sg vkt vmbe belekever ‖ **get/be(come) involved in sg** vmbe belekeveredik, belebonyolódik vmbe, nyakig benne van vmben

---

involved [ɪn'vɒlvd] *mn* bonyodalmas
involvement [ɪn'vɒlvmənt] *fn* érdekeltség
invulnerable [ɪn'vʌlnrəbl] *mn* sebezhetetlen, sérthetetlen
inward ['ɪnwəd] ▼ *mn* belső, benső ‖ befelé tartó ▼ *hsz* **inward(s)** befelé
inward journey *fn* visszaút
inwardly ['ɪnwədli] *hsz* belsőleg ‖ benn ‖ befelé
I/O = input/output
iodine ['aɪədi:n] *fn* jód
iodize ['aɪədaɪz] *ige* jódoz
ion ['aɪən] *fn* ❏ *fiz* ❏ *vegy* ion
Ionic [aɪ'ɒnɪk] *mn* ❏ *épít* jón
ionization [ˌaɪənaɪ'zeɪʃn] *fn* ionizáció
ionize ['aɪənaɪz] *ige* ionizál
iota [aɪ'outə] *fn* jottányi
IOU [ˌaɪ ou 'ju:] *fn* (= *I owe you*) elismervény (*adósságról*); bon (*pénzről*)
IQ [ˌaɪ 'kju:] = **intelligence quotient**
Iran [ɪ'rɑ:n] *fn* Irán
Iranian [ɪ'reɪnɪən] *mn/fn* iráni
Iraq [ɪ'rɑ:k] *fn* Irak
Iraqi [ɪ'rɑ:ki] *mn/fn* iraki
irascible [ɪ'ræsəbl] *mn* hirtelen haragú
irate [aɪ'reɪt] *mn* haragos, dühös
Ireland ['aɪələnd] *fn* Írország
iris ['aɪrɪs] *fn* nőszirom ‖ szivárványhártya
Irish ['aɪrɪʃ] ▼ *mn* ír ▼ *fn* ír (nyelv) ‖ **the Irish** az írek
Irishman ['aɪrɪʃmən] *fn* (*tsz* **-men**) ír (férfi)
Irishwoman ['aɪrɪʃwumən] *fn* (*tsz* **-women**) ír (nő)

irksome ['ɜ:ksəm] *mn* (*vm vk számára*) terhes, vesződséges
iron ['aɪən] ▼ *fn* ‖ vasaló ‖ **irons** bilincs ▼ *ige* (ki)vasal

---

iron out (difficulties) (nehézséget) áthidal

Iron Age, the *fn* vaskorszak
iron bars *fn tsz* vasrács (*ablaké*)
Iron Curtain, the *fn* vasfüggöny
iron-deficiency *fn* vashiány
iron fittings *fn tsz* vasalás (*pánt stb.*)
iron furnace *fn* vaskohó
ironic(al) [aɪ'rɒnɪk(l)] *mn* gúnyos, ironikus ‖ **it's ironic that ...** a sors iróniája, hogy
ironically [aɪ'rɒnɪkli] *hsz* a sors iróniája, hogy
ironing ['aɪənɪŋ] *fn* vasalás
ironing-board *fn* vasalódeszka
iron lung *fn* vastüdő
ironmonger ['aɪənmʌŋgə] *fn* vaskereskedő
iron ore *fn* vasérc
iron plate/sheet *fn* vaslap, vaslemez
ironware ['aɪənweə] *fn* vasáru
ironwork ['aɪənwɜ:k] *fn* vasszerkezet, lakatosmunka; vasalás (*pánt stb.*)
ironworker ['aɪənwɜ:kə] *fn* vasmunkás, vasas
ironworks ['aɪənwɜ:ks] *fn esz v. tsz* vaskohó, vasgyár, vasmű
irony ['aɪrəni] *fn* gúny, irónia ‖ **it's an irony that** a sors iróniája, hogy
irradiate [ɪ'reɪdɪeɪt] *ige* ❏ *orv* besugároz
irradiation [ɪˌreɪdi'eɪʃn] *fn* ❏ *orv* besugárzás
irrational [ɪ'ræʃnəl] *mn* irracionális
irrational number *fn* irracionális szám
irreconcilable [ˌɪrekən'saɪləbl] *mn* kibékíthetetlen
irrecoverable [ˌɪrɪ'kʌvərəbl] *mn* pótolhatatlan (*veszteség*) ‖ behajthatatlan

---

fn főnév ̲ *hsz* határozószó ̲ *isz* indulatszó ̲ *ksz* kötőszó ̲ *mn* melléknév
▼ szófajjelzés ⊕ földrajzi variáns ❏ szakterület ❖ stiláris minősítés

irredeemable [ˌɪrɪˈdiːməbl] *mn* jóvátehetetlen

irrefutable [ˌɪrɪˈfjuːtəbl] *mn* (meg)cáfolhatatlan

irregular [ɪˈregjʊlə] *mn* szabálytalan, rendhagyó

irregularity [ɪˌregjʊˈlærəti] *fn* szabálytalanság

irregular verb *fn* rendhagyó ige

irrelevance [ɪˈreləvəns] *fn* nem a tárgyhoz tartozóság

irrelevant [ɪˈreləvənt] *mn* irreleváns ‖ be irrelevant nem idevágó; it is irrelevant nem tartozik a tárgyhoz

irremediable [ˌɪrɪˈmiːdɪəbl] *mn* jóvátehetetlen, menthetetlen; ❖ *biz* gyógyíthatatlan

irreparable [ɪˈrepərəbl] *mn* pótolhatatlan, helyrehozhatatlan, jóvátehetetlen

irreplaceable [ˌɪrɪˈpleɪsəbl] *mn* pótolhatatlan

irrepressible [ˌɪrɪˈpresəbl] *mn* elfojthatatlan

irreproachable [ˌɪrɪˈprəʊtʃəbl] *mn* kifogástalan *(viselkedés)*

irresistible [ˌɪrɪˈzɪstəbl] *mn* ellenállhatatlan

irresolute [ɪˈrezəluːt] *mn* bizonytalan, határozatlan, tétova

irresolution [ɪˌrezəˈluːʃn] *fn* határozatlanság, ingadozás

irrespective [ˌɪrɪˈspektɪv] *mn* irrespective of sg tekintet nélkül vmre, vmtől függetlenül

irresponsibility [ˌɪrɪspɒnsəˈbɪləti] *fn* felelőtlenség

irresponsible [ˌɪrɪˈspɒnsəbl] *mn* felelőtlen, komolytalan

irretrievable [ˌɪrɪˈtriːvəbl] *mn* menthetetlen, visszahozhatatlan

irretrievably [ˌɪrɪˈtriːvəbli] *hsz* irretrievably lost menthetetlenül elveszett

irreverence [ɪˈrevərəns] *fn* tiszteletlenség

irreverent [ɪˈrevərənt] *mn* tiszteletlen

irreversible [ˌɪrɪˈvɜːsəbl] *mn* visszafordíthatatlan

irrevocable [ɪˈrevəkəbl] *mn* megmásíthatatlan, visszavonhatatlan

irrigate [ˈɪrɪgeɪt] *ige (csatornákkal)* öntöz ‖ *(sebet)* kimos

irrigation [ˌɪrɪˈgeɪʃn] *fn* öntözés ‖ öblítés

irrigation canal *fn* öntözőcsatorna

irritable [ˈɪrɪtəbl] *mn* ingerlékeny

irritant [ˈɪrɪtənt] *fn* ingerlő

irritate [ˈɪrɪteɪt] *ige* ingerel, felingerel, vm vkt bosszant, izgat, idegesít

irritating [ˈɪrɪteɪtɪŋ] *mn* idegesítő, bosszantó

irritation [ˌɪrɪˈteɪʃn] *fn* ingerlés ‖ ingerültség ‖ irritation of the skin bőrviszketegség

is [ɪz] → be

ISBN = *International Standard Book Number* ISBN szám

ISD [ˌaɪ si: ˈdiː] = *international subscriber dialling*

ISD call *fn* make an ISD call közvetlen nemzetközi távolsági beszélgetést folytat

isinglass [ˈaɪzɪŋglɑːs] *fn* zselatin

Islam [ˈɪzlɑːm] *fn* iszlám

island [ˈaɪlənd] *fn* sziget

islander [ˈaɪləndə] *fn* szigetlakó

isle [aɪl] *fn* sziget

isn't [ɪznt] = is not

isolate [ˈaɪsəleɪt] *ige* elszigetel, elkülönít

isolated [ˈaɪsəleɪtɪd] *mn* különálló, magános, elszigetelt, izolált

isolation [ˌaɪsəˈleɪʃn] *fn* elszigeteltség, elzárkózás

isolation hospital *fn* járványkórház, elkülönítő

isolationism [ˌaɪsəˈleɪʃənɪzm] *fn* elszigetelődési politika

isolation ward *fn* elkülönítő. fertőző osztály

---

nm névmás_ *nu* névutó_ *szn* számnév_ *esz* egyes szám_ *tsz* többes szám
▼ szófajjelzés ⊕ földrajzi variáns ▢ szakterület ❖ stiláris minősítés

isosceles triangle [aɪˈsɒsɪliːz] *fn* egyenlő szárú háromszög

isotope [ˈaɪsətoʊp] *fn* izotóp

Israel [ˈɪzreɪəl] *fn* Izrael

Israeli [ɪzˈreɪli] *mn/fn* izraeli

Israelite [ˈɪzrɪəlaɪt] *fn* izraelita

issue [ˈɪʃuː] ▼ *fn* probléma; kérdés, ügy ‖ fejlemény ‖ kiadás *(sajtóterméké)* ‖ szám *(napilapé)* ‖ kiállítás *(okmányé, iraté)* ‖ kiadás *(útlevélé, jegyé)* ‖ **bring to an issue** eldönt; **the matter at issue** a szóban forgó kérdés; **make an issue (out) of sg** ügyet csinál vmből; **take issue with sy about/on sg** vitába száll vkvel vmt illetően ▼ *ige* közrebocsát; *(bankjegyet)* kibocsát; *(rendeletet)* kibocsát; *(sajtóterméket)* kiad ‖ *(útlevelet, jegyet)* kiad ‖ *(parancsot)* kiad

issue from sg ered vmből

issued capital *fn* kibocsátott részvénytőke

Istanbul [ˌɪstænˈbʊl] *fn* Isztambul

isthmus [ˈɪsməs] *fn* földszoros

IT [ˌaɪ ˈtiː] = **information technology**

it [ɪt] *fn* az; azt ‖ **it is I** én vagyok (az); **that's it** ez az!; **who is it?** ki az?; **it's quite warm** elég meleg (van); **it is said that** azt mondják …

Italian [ɪˈtæliən] ▼ *mn* olasz ▼ *fn* olasz *(ember)* ‖ olasz *(nyelv)* ‖ → **English**

Italian-speaking *mn* olasz ajkú/anyanyelvű

italic [ɪˈtælɪk] *mn* ❏ *nyomd* dőlt, kurzív

italics [ɪˈtælɪks] *fn tsz* dőlt/kurzív betű/szedés ‖ **italics mine** kiemelés tőlem

Italy [ˈɪtəli] *fn* Olaszország

itch [ɪtʃ] ▼ *fn* viszketés ‖ **have an itch** viszket ▼ *ige* viszket ‖ **I itch all over** mindenem viszket; **(s)he is itching to know** (majd ki)fúrja az oldalát (a kíváncsiság); **itch for sg** türelmetlenül/ alig vár vmt

itching [ˈɪtʃɪŋ] *fn* viszketés

itchy [ˈɪtʃi] *mn* viszketős ‖ rühes

it'd [ˈɪtəd] = **it would; it had**

item [ˈaɪtəm] *fn* adat, tétel ‖ szám *(műsoré)*; (program)pont ‖ **item c a c)** pont; **item number** tételszám

itemize [ˈaɪtəmaɪz] *ige* tételesen részletez

itinerant [aɪˈtɪnərənt] *mn* vándor(-)

itinerant worker *fn* ❖ *biz* vándormunkás

itinerary [aɪˈtɪnərəri] *fn* útiterv, úti program ‖ útvonal

it'll [ˈɪtl] = **it will; it shall**

it's [ɪts] = **it is; it has**

its [ɪts] *nm* (annak a/az) …a, …e, …ja, …je ‖ **its door** (annak) az ajtaja

itself [ɪtˈself] *nm* (ő/az) maga, önmaga, őt/azt magát ‖ **by itself** (ön)magában, (ön)magától; **in itself** egymaga, egymagában (véve)

IUD = **intrauterine device**

I've [aɪv] = **I have**

ivory [ˈaɪvəri] *fn* elefántcsont

Ivory Coast *fn* Elefántcsontpart

ivory tower *fn* elefántcsonttorony

ivory tower scholar *fn kb.* szobatudós

ivy [ˈaɪvi] *fn* borostyán, repkény

J

jab [dʒæb] *fn* ❖ *biz* oltás, injekció, „szuri"

jabber ['dʒæbə] ▼ *fn* hadarás, fecsegés ▼ *ige* **jabber (away)** hadar, fecseg

jack [dʒæk] ▼ *fn* (*kártya*) bubi ‖ (autó)emelő ‖ ❑ *el* csatlakozó(dugó) ▼ *ige* **jack in** abbahagy; **jack up** (*autót emelővel*) felemel

jackal ['dʒækɔːl] *fn* sakál

jackass ['dʒækæs] *fn* hím szamár

jackdaw ['dʒækdɔː] *fn* csóka

jacket ['dʒækɪt] *fn* zakó, kabát, dzseki ‖ borító (*könyvé*)

jack-in-the-box *fn* (*dobozból kiugró*) krampusz

jack-knife *fn* (*tsz* **-knives**) bicska

jack-of-all-trades *fn* ezermester

jackpot ['dʒækpɒt] *fn* (*totón stb.*) telitalálat ‖ **(s)he hit the jackpot** telitalálata volt

Jacuzzi [dʒə'kuːzi] *fn* víz alatti vízsugármasszázs, tangentor

jade[1] [dʒeɪd] *fn* ❑ *ásv* jade

jade[2] [dʒeɪd] *fn* gebe

jaded ['dʒeɪdɪd] *mn* holtfáradt

jagged ['dʒægɪd] *mn* cakkos, csipkézett

jaguar ['dʒægjʊə] *fn* jaguár

jail(-) = gaol(-)

jalopy [dʒə'lɒpi] *fn* ❖ *biz* ⊕ *US* (ócska) tragacs

jam[1] [dʒæm] *fn* dzsem; íz (*lekvár*)

jam[2] [dʒæm] ▼ *fn* közlekedési dugó ‖ **be in a jam** pácban van ▼ *ige* **-mm-** (*szerkezetet, forgalmat*) megakaszt ‖ begyömöszöl, (be)zsúfol ‖ (*rádióadást*) zavar ‖ **get jammed (in sg)** beszorul (vhová)

Jamaica [dʒə'meɪkə] *fn* Jamaica

Jamaican [dʒə'meɪkən] *mn/fn* jamaicai

jamb [dʒæm] *fn* ajtófélfa ‖ ablakkeret

jamboree [ˌdʒæmbə'riː] *fn* cserkészvilágtalálkozó, dzsembori

jamming ['dʒæmɪŋ] *fn* (rádió)zavarás

jam-packed [ˌdʒæm'pækt] *mn* zsúfolt, zsúfolásig megtelt, túlzsúfolt

jam session *fn* rögtönzött dzsessz-zenélés

Jan = January

janitor ['dʒænɪtə] *fn* ⊕ *US* portás ‖ kapus ‖ házfelügyelő

January ['dʒænjʊəri] *fn* január

Japan [dʒə'pæn] *fn* Japán

Japanese [ˌdʒæpə'niːz] *fn* japán (*ember, nyelv*) ‖ **the Japanese** a japánok

jar[1] [dʒɑː] *fn* (kő)korsó ‖ (patikai) tégely ‖ lekvárosüveg

jar[2] [dʒɑː] *ige* **-rr- jar on one's ears** sérti a fület

jargon ['dʒɑːgən] *fn* zsargon, csoportnyelv

jarring ['dʒɑːrɪŋ] *mn* csikorgó, nyikorgó

jasmine ['dʒæzmɪn] *fn* jázmin

jaundice ['dʒɔːndɪs] *fn* sárgaság

jaundiced ['dʒɔːndɪst] *mn* irigy, kaján

jaunt [dʒɔːnt] *fn* kirándulás, séta

javelin ['dʒævlɪn] *fn* gerely ‖ **the javelin** gerelyhajítás

jaw [dʒɔː] *fn* állkapocs ‖ **jaw(s)** satupofa

jaw-bone *fn* állkapocscsont

jay-walker *fn* figyelmetlen közlekedő

jazz [dʒæz] ▼ *fn* dzsessz ▼ *ige* **jazz up** dzsesszesít ‖ ❖ *biz* felélénkít, feldob

jazzband ['dʒæzbænd] *fn* dzsesszzenekar

jazzy ['dʒæzi] *mn* dzsesszes

jealous ['dʒeləs] *mn* féltékeny (*of* vkre/vmre)

jealousy ['dʒeləsi] *fn* féltékenység

jeans [dʒi:nz] *fn tsz* farmer(nadrág)

jeep [dʒi:p] *fn* dzsip

jeer at [dʒɪə] *ige* lehurrog, kigúnyol vkt

jelly ['dʒeli] *fn* zselé ‖ kocsonya ‖ aszpik

jelly-fish *fn* medúza

jeopardize ['dʒepədaɪz] *ige* veszélyeztet

jeopardy ['dʒepədi] *fn* veszély, kockázat

jerk [dʒɜ:k] ▼ *fn* rándulás, döccenés, rángás ‖ **give a jerk** összerándul; **jerk(s)** (*görcsös*) rángató(d)zás ▼ *ige* vonaglik, ráng(atódzik) ‖ (meg)lök ‖ összeráz ‖ megránt ‖ döccen, zökken

jerky ['dʒɜ:ki] *mn* lökésszerű, zökkenős

jerry-built *mn* silány (építésű/kivitelű) (*ház*)

jerrycan ['dʒerikæn] *fn* marmonkanna

jersey ['dʒɜ:zi] *fn* pulóver, szvetter ‖ ❏ *sp* mez

Jerusalem [dʒə'ru:sələm] *fn* Jeruzsálem

jest [dʒest] *fn* tréfa, móka ‖ **in jest** tréfából

jester ['dʒestə] *fn* (udvari) bolond

jester's cap *fn* csörgősipka

Jesuit ['dʒezjʊɪt] *mn* jezsuita

Jesus Christ ['dʒi:zəs] *fn* Jézus Krisztus

jet [dʒet] *fn* (víz)sugár ‖ ❏ *műsz* fúvóka ‖ sugárhajtású repülőgép, jet

jet-black *mn* koromfekete, szénfekete

jet engine *fn* sugárhajtómű

jet lag *fn* átállási probléma (*hosszú repülőút után*)

jet-plane *fn* sugárhajtású repülőgép, jet

jet-propelled aircraft *fn* sugárhajtású repülőgép, jet

jetsam ['dʒetsəm] *fn* tengerbe dobott rakomány (*könnyítés céljából*)

jet-ski *fn* ❏ *sp* jetski (*ejtsd:* dzset-szki)

jettison ['dʒetɪsən] *ige* (könnyítésül) kidob, vmtől megszabadul

jetty ['dʒeti] *fn* móló, (kisebb) kikötő

Jew [dʒu:] *fn* zsidó

jewel ['dʒu:əl] *fn* (drága)kő ‖ ékszer ‖ (*órában*) kő ‖ **jewel box** ékszerdoboz

jeweller (⊕ *US* **-l-**) ['dʒu:ələ] *fn* ékszerész ‖ **jeweller's (shop)** ékszerbolt

jewellery (⊕ *US* **-l-**) ['dʒu:əlri] *fn* ékszerek

jewelry ['dʒu:əlri] *fn* ⊕ *US* = **jewellery**

Jewess ['dʒu:ɪs] *fn* zsidó nő

Jewish ['dʒu:ɪʃ] *mn* zsidó, izraelita ‖ **Jewish community** zsidó hitközség/közösség

jib¹ [dʒɪb] *fn* orrvitorla ‖ kar (*daru*é)

jib² [dʒɪb] *ige* **-bb-** (*ló*) makrancoskodik, megmakacsolja magát ‖ **jib at the difficulties** visszariad a nehézségektől

jib-boom *fn* orrvitorlarúd

jibe [dʒaɪb] *ige* ⊕ *US* kigúnyol, gúnyolódik (*at* vkn)

jiffy ['dʒɪfi] *fn* ❖ *biz* **in a jiffy** egy szempillantás alatt, őrült gyorsan

jigsaw ['dʒɪgsɔ:] *fn* lombfűrész

jigsaw (puzzle) *fn* kirakójáték

jingle ['dʒɪŋgl] ▼ *fn* csilingelés, csörgés ▼ *ige* csilingel, csörög ‖ (*pohár*) csörömpöl ‖ csörget (*pénzt*)

jingoism ['dʒɪŋgoʊɪzm] *fn* sovinizmus

jitters ['dʒɪtəz] *fn tsz* cidri (*félelem*)

jittery ['dʒɪtəri] *mn* beijedt ‖ **be jittery** idegeskedik

Jnr = junior

job [dʒɒb] *fn* munka, dolog ‖ munkahely, állás ‖ **find a job** elhelyezkedik;

---

fn főnév _ *hsz* határozószó _ *isz* indulatszó _ *ksz* kötőszó _ *mn* melléknév
▼ szófajjelzés ⊕ földrajzi variáns ❏ szakterület ❖ stiláris minősítés

get a job állást szerez; **his job is to
... az a dolga, hogy ...**
jobber ['dʒɒbə] *fn* tőzsdeügynök
job centre ['dʒɒbsentə] *fn* ⊕ *GB* munkaközvetítő hivatal
job description *fn* munkaköri leírás
jobless ['dʒɒbləs] ▼ *mn* állás nélküli, munkanélküli ▼ *fn* **the jobless** a munkanélküliek
job lot *fn* alkalmi áruk
jockey ['dʒɒki] ▼ *fn* zsoké ▼ *ige*
jockey for position helyezkedik
jocular ['dʒɒkjʊlə] *mn* vidám
jodhpurs ['dʒɒdpəz] *fn tsz* lovaglónadrág
jog [dʒɒg] ▼ *fn* kocogás ▼ *ige* -**gg**-
kocog

jog along *(ló)* kocog || *(ügy)* döcög

jogger ['dʒɒgə] *fn* kocogó
jogging ['dʒɒgɪŋ] *fn* kocogás
jogging suit *fn* szabadidőruha
john [dʒɒn] *fn* ⊕ *US* ❖ *biz* vécé
John Lackland [dʒɒn 'læklənd] *fn*
❑ *tört* Földnélküli János
join [dʒɔɪn] ▼ *fn* illesztés ▼ *ige* egyesít || *(asztalos)* összeereszt; *(csöveket)* (össze)illeszt || egyesül || találkozik *(út)*; összefolyik *(folyó)* || csatlakozik vkhez/vmhez || belép *(pártba)*; beiratkozik *(tanfolyamra, könyvtárba)* || **join forces with sy** vk mellé felzárkózik, vkvel összefog; **join the army** beáll katonának; **join the queue** beáll a sorba; **join us** tarts velünk

join in részt vesz vmben || beáll *(játszó csapatba)*; *(társasághoz)* csatlakozik; *(vm ügybe)* beszáll || **join in the conversation** bekapcsolódik a beszélgetésbe
join together *(részeket)* összeilleszt
join up beáll katonának, bevonul

joiner ['dʒɔɪnə] *fn* asztalos
joiner's bench *fn* gyalupad

joinery ['dʒɔɪnəri] *fn* asztalosmunka
joint [dʒɔɪnt] ▼ *mn* közös, együttes, egyetemleges ▼ *fn* ❑*műsz* csukló, kötés, illesztés || ízület || ❖ *biz* csehó || sült, pecsenye || ❖ *biz* marihuánás cigaretta
joint account *fn* közös számla
joint author *fn* szerzőtárs
joint liability *fn* egyetemlegesség
jointly ['dʒɔɪntli] *hsz* közösen, együttesen
joint owners *fn tsz* társtulajdonosok
joint ownership *fn* ❑*jog* közös tulajdon
joint property *fn* közös tulajdon
joint-stock company *fn* részvénytársaság
joint venture *fn* vegyes vállalat
joist [dʒɔɪst] *fn* gerenda
joke [dʒəʊk] ▼ *fn* vicc, móka, tréfa || **get the joke** érti a tréfát; **he cannot see the joke** nincs humorérzéke; **it was a great joke** remek vicc volt; **know how to take a joke** érti a tréfát ▼ *ige* tréfál(kozik) **you must be joking** te tréfálsz, ezt nem gondolod komolyan
joker ['dʒəʊkə] *fn* dzsóker
joking apart ['dʒəʊkɪŋ] *hsz* tréfán kívül
jokingly ['dʒəʊkɪŋli] *hsz* tréfásan
jollity ['dʒɒləti] *fn* vidámság
jolly ['dʒɒli] *mn* jókedvű, vidám, víg || **jolly good fellow** jópofa
jolt [dʒəʊlt] ▼ *fn* zökkenő, döccenés ▼ *ige* *(jármű)* (össze)ráz, döccen, zökken

jolt along zötyög(ve halad)

jolty ['dʒəʊlti] *mn* döcögős *(út)*
Jordan ['dʒɔːdn] *fn* Jordán *(folyó)* || Jordánia
jostle ['dʒɒsl] *ige* lökdös, taszigál
jot [dʒɒt] ▼ *fn* **not a jot** jottányit sem, semmit sem ▼ *ige* -**tt**- **jot down** lefirkant

J

---

nm névmás – *nu* névutó – *szn* számnév – *esz* egyes szám – *tsz* többes szám
▼ szófajjelzés ⊕ földrajzi variáns ❑ szakterület ❖ stiláris minősítés

jotter ['dʒɒtə] *fn* jegyzetblokk
journal ['dʒɜ:nl] *fn* (hír)lap, folyóirat, közlöny ‖ napló
journalese [,dʒɜ:nə'li:z] *fn* újságíróstílus
journalism ['dʒɜ:nəlɪzm] *fn* újságírás
journalist ['dʒɜ:nəlɪst] *fn* újságíró
journey ['dʒɜ:ni] *fn* utazás, út ‖ **go on a long journey** hosszú útra indul
jovial ['dʒouvɪəl] *mn* kedélyes
jowl [dʒaul] *fn* pofa *(emberé, lóé)*
joy [dʒɔɪ] *fn* öröm, boldogság
joyful ['dʒɔɪfl] *mn* örömteli, vidám
joyfully ['dʒɔɪfli] *hsz* vidáman
joyous ['dʒɔɪəs] *mn* vidám
joy-ride *fn* sétakocsikázás *(lopott kocsival)*
joystick ['dʒɔɪstɪk] *fn* ❖ *biz (szt is)* botkormány
JP [,dʒeɪ 'pi:] = **Justice of the Peace**
Jr = **junior**
jubilant ['dʒu:bɪlənt] *mn* ujjongó
jubilation [,dʒu:bɪ'leɪʃn] *fn* ujjongás
jubilee ['dʒu:bɪli:] *fn* jubileum
judge [dʒʌdʒ] ▼ *fn (bíróságon)* bíró ‖ döntnök; ❑ *sp* pontozóbíró ‖ **judges** versenybíróság, zsűri ▼ *ige* bírál, elbírál, ítélkezik, zsűriz, vmlyennek vél/gondol ‖ **judge by/from** vmből ítél
judg(e)ment ['dʒʌdʒmənt] *fn (bírói)* ítélet ‖ ítélőképesség, judícium ‖ vélemény ‖ **in my judg(e)ment** véleményem szerint
judicial [dʒu:'dɪʃl] *mn* bírói, bírósági
judicial separation *fn* az életközösség megszüntetése
judiciary [dʒu:'dɪʃəri] *fn* bírói kar
judicious [dʒu:'dɪʃəs] *mn* józan (eszű), megfontolt
judo ['dʒu:dou] *fn* cselgáncs
jug [dʒʌg] *fn* kancsó, korsó, bögre ‖ ❖ *biz* sitt, dutyi
juggernaut ['dʒʌgənɔ:t] *fn* ❖ *biz* kamion
juggle ['dʒʌgl] *ige* bűvészkedik
juggler ['dʒʌglə] *fn* zsonglőr

jugular ['dʒʌgjulə] *mn* nyaki
juice [dʒu:s] *fn* gyümölcslé, dzsúsz, ivólé
juicy ['dʒu:si] *mn* lédús, leveses ‖ ízes *(gyümölcs)* ‖ pikáns *(történet)* ‖ **a juicy bit of gossip** jó/szaftos kis pletyka
ju-jitsu [dʒu:'dʒɪtsu:] *fn* dzsiudzsicu
jukebox ['dʒu:kbɒks] *fn* wurlitzer
Jul = **July**
Juliet ['dʒu:lɪət] *fn* Júlia *(Rómeóé)*
July [dʒu'laɪ] *fn* július
jumble ['dʒʌmbl] ▼ *fn* zagyvaság ▼ *ige* **jumble (up)** összekever(edik), összekuszál(ódik)
jumble sale *fn* ⊕ *GB* használt holmik vására
jumbo jet ['dʒʌmbou] *fn* ❖ *biz* óriásjet
jump [dʒʌmp] ▼ *fn* ugrás ‖ *(lóversenyen)* akadály ▼ *ige* ugrik, vmn átugrik ‖ **jump the gun** ❑ *sp (rajtnál)* kiugrik; **jump the queue** előretolakszik *(sorállásnál)*; **jump the rails** *(vonat)* kisiklik

jump about ugrál
jump aside félreugrik
jump at sg vmnek nekiugrik ‖ kapva kap vmn, két kézzel kap vmn
jump back hátraugrik
jump down leugrik
jump up *(ültéből)* felugrik

jumped-up *mn* ❖ *elít* felkapaszkodott
jumper ['dʒʌmpə] *fn* ugró ‖ ⊕ *GB* pulóver ‖ ⊕ *US* kötény(ruha)
jumping ring ['dʒʌmpɪŋ] *fn* (lovas)pálya
jump suit *fn* overall
jumpy *mn* ideges
Jun = **June**; **junior**
junction ['dʒʌŋkʃn] *fn* (közlekedési) csomópont ‖ összekapcsol(ód)ás
juncture ['dʒʌŋktʃə] *fn* **at this juncture** ezen a ponton
June [dʒu:n] *fn* június

J

---

fn főnév – *hsz* határozószó – *isz* indulatszó – *ksz* kötőszó – *mn* melléknév
▼ szófajjelzés ⊕ földrajzi variáns ❑ szakterület ❖ stiláris minősítés

jungle ['dʒʌŋgl] *fn* őserdő, dzsungel

junior ['dʒu:nɪə] *mn/fn* fiatal, kezdő ‖ ❑ *sp* ifjúsági, ifi ‖ ❑ *isk* alsós ‖ ⊕ *US* harmadéves ‖ ifjabb, ifjú, ifj. ‖ **he is two years my junior** két évvel fiatalabb nálam; **junior clerk** fiatal/kezdő alkalmazott, gyakornok, előadó ‖ **W. Smith, Jnr** (*v.* **Jr**) Ifj. Smith W.

junior classes *fn tsz kb.* általános iskola alsó tagozata

junior doctor *fn* alorvos

junior high school *fn* ⊕ *US kb.* általános iskola felső tagozata

junior school *fn kb.* alsó tagozat

junior team *fn* ifjúsági válogatott, ifik

juniper ['dʒu:nɪpə] *fn* boróka

junk [dʒʌŋk] *fn* ❖ *biz* kacat, limlom ‖ ❖ *biz* heroin

junk-clearance *fn* lomtalanítás

junk foods *fn tsz* olcsó étel *(ami ráadásul egészségrontó is)*

junkie ['dʒʌŋki] *fn* ❖ *biz* narkós

junk room *fn* lomkamra

junk-shop *fn* használtcikkbolt

juridical [dʒʊ'rɪdɪkl] *mn* bírói, törvénykezési

jurisdiction [,dʒʊərɪs'dɪkʃn] *fn* törvénykezés, bíráskodás ‖ hatáskör

jurisprudence [,dʒʊərɪs'pru:dns] *fn* jogtudomány

jurist ['dʒʊərɪst] *fn* jogász

juror ['dʒʊərə] *fn* esküdt ‖ zsűritag

jury ['dʒʊəri] *fn* esküdtszék ‖ zsűri, bírálóbizottság, versenybíróság

jury-box *fn* esküdtek padja

juryman ['dʒʊərimən] *fn* (*tsz* **-men**) *(bírósági)* esküdt

jury-member *fn* zsűritag

just [dʒʌst] ▼ *mn* igazságos, jogos, méltányos ▼ *hsz* épp(en), pont, éppen csak, éppen hogy (csak), csaknem,

alig ‖ **just a** (*v.* **one**) **moment please!** egy pillanatra kérem!; **just about** körülbelül, úgy; **just as** éppen úgy, ugyanúgy, ahogy/mint; **just out** most jelent meg

justice ['dʒʌstɪs] *fn* igazság ‖ (törvényszéki) bíró ‖ **do justice to** igazságot szolgáltat

Justice of the Peace *fn* ⊕ *GB* ❑ *tört* békebíró

justifiable ['dʒʌstɪfaɪəbl] *mn* igazolható ‖ jogos

justification [,dʒʌstɪfɪ'keɪʃn] *fn* igazolás, indokolás *(cselekedeté)*

justified ['dʒʌstɪfaɪd] *mn* igazolt, indokolt ‖ ❑ *nyomd* (sor)kizárt ‖ **justified complaint** jogos panasz/reklamáció

justify ['dʒʌstɪfaɪ] *ige* igazol, indokol, megokol, tisztáz; *(cselekedetet)* igazol ‖ ❑ *nyomd (sort)* kizár ‖ **he was justified by the events** az események őt igazolták

justly ['dʒʌstli] *hsz* igazságosan ‖ jogosan

jut [dʒʌt] *ige* **-tt- jut out** *(hegyesen)* kiáll, előreugrik

jute [dʒu:t] *fn* juta

juvenile ['dʒu:vənaɪl] ▼ *mn* fiatalkori, ifjúsági ▼ *fn* fiatalkorú

juvenile court *fn* fiatalkorúak bírósága

juvenile delinquency *fn* fiatalkori bűnözés

juvenile delinquent *fn* fiatalkorú bűnöző

juvenile literature *fn* ifjúsági irodalom

juxtapose [,dʒʌkstə'pouz] *ige* egymás mellé helyez

juxtaposition [,dʒʌkstəpə'zɪʃn] *fn* egymás mellé helyezés

JV [,dʒeɪ 'vi:] = **joint venture**

J

K

K [keɪ] ❖ *biz* egy „mázsa" (= *ezer font/forint stb.*)
K-1 [ˈkeɪwʌn] kajak egyes
K-2 [ˈkeɪtuː] kajak páros
Kalahari Desert [ˌkæləˈhɑːri] *fn* Kalahári sivatag
kaleidoscope [kəˈlaɪdəskoʊp] *fn* kaleidoszkóp
Kampuchea [ˌkæmpʊˈtʃɪə] *fn* Kambodzsa
kangaroo [ˌkæŋɡəˈruː] *fn* kenguru
karate [kəˈrɑːti] *fn* karate
kart [kɑːt] = **go-kart**
Kashmir [ˌkæʃˈmɪə] *fn* Kasmír
Kate [keɪt] *fn* Kata, Kati
Katherine [ˈkæθrɪn] *fn* Katalin
Kathleen [ˈkæθliːn] *fn* Katalin
kayak [ˈkaɪæk] *fn* kajak
KC [ˌkeɪ ˈsiː] = **King's Counsel**
keel [kiːl] *fn* hajógerinc; tőkesúly
keen [kiːn] *mn* éles ‖ lelkes ‖ **be keen on sg** vm nagyon érdekli, vmnek a híve, szorgalmas vmben, nagyon szeret/akar tenni vmt; **he is a keen gardener** él-hal a kertészkedésért; **he has a keen mind** úgy vág az esze, mint a borotva; **be keen on languages** érdeklődik a nyelvek iránt
keenly [ˈkiːnli] *hsz* **be keenly interested in sg** ❖ *biz* izgatja a kérdés
keen-sighted *mn* éles látású/szemű
keenness [ˈkiːnnəs] *fn* élesség ‖ hevesség
keep [kiːp] ▼ *fn* a létfenntartáshoz szükséges *(élelem/pénz)* ‖ tartásdíj *(gondozotté)* ‖ **earn its keep** megkeresi a rezsijét; **for keeps** ❖ *biz* örökre

▼ *ige (pt/pp* **kept** [kept]) (meg)tart ‖ *(szabályt)* betart; *(családot)* fenntart ‖ tárol ‖ *(szokást, ünnepet)* megtart ‖ *(étel)* eláll ‖ **keep + ...ing** *(vmt folyamatosan tesz)*; **keep going!** *(folytasd)* tovább!; **keep saying** mondogat ‖ **keep a dog** kutyát tart; **keep abreast of the times** lépést tart a korral; **keep aloof** kívül van/áll; **keep an eye on the children** vigyáz a gyerekekre; **don't let me keep you** nem akarom feltartani; **keep right/left!** jobbra/balra hajts!; **keep goal** *(futballban)* véd; **keep (good) time** pontos *(óra)*; **keep house** háztartást vezet; **keep indoors** otthon marad; **keep one's word** állja/megtartja a szavát; **keep quiet!** csend legyen!; **keep your hair** (⊕ *US* **shirt**); **on!** ❖ *biz* ne izgulj!; **be keeping well** jól van

---

keep at it megállás nélkül dolgozik/csinálja ‖ **keep at it!** csak így tovább!
keep away *(látogató)* elmarad ‖ **keep away from** kivonja magát vm alól, távol tartja magát vmtől/vktől
keep back visszatart *(from* vkt/vmt vmtől)*
keep (oneself) from doing sg visszatartja magát vmtől, visszatart vkt vmtől, távol tart vkt vmtől
keep in benn tart, bezár *(gyereket)* ‖ **keep in with sy** jó viszonyban marad vkvel
keep off távol tart/marad ‖ *(eső)* elvonul ‖ tartózkodik vmtől, nem él

vele ‖ **keep off the grass** a fűre lépni tilos!

keep on folytatja útját, folytat(ódik)

keep out (of) kívül marad, vmt kerül

keep to vmerre tart ‖ vmhez tartja magát ‖ **keep to one's bed** *(betegen)* ágyban marad; **keep to sg** kitart vm mellett, megmarad vmnél, ragaszkodik vmhez; **he keeps to himself** nem érintkezik senkivel; **keep to the point/subject** maradj(unk) a tárgynál; **keep to the right!** jobbra hajts!

keep up fenntart ‖ folytat ‖ **keep up relations** kapcsolatot fenntart; **keep up with sy/sg** lépést tart vkvel/vmvel; **keep up with the times** halad a korral; **keep up (with developments in one's field etc.)** *(tudást)* szinten tart; **keep it up** csak így tovább!, tartsd ezt a szintet!

---

keeper ['ki:pə] *fn* (múzeum)igazgató ‖ állatgondozó ‖ őr

keep-fit *fn* ❖ *biz* konditorna

keep-fit classes/exercises *fn tsz* kondicionáló torna, konditorna ‖ **go to keep-fit classes/exercises** kondicionáló tornára (*v.* konditornára) jár

keeping ['ki:pɪŋ] *fn* fenntartás ‖ **be in keeping with sg** összhangban vmvel

keepsake ['ki:peɪk] *fn* emlék

keg [keg] *fn* kis hordó *(5–10 gallonos)*

kennel [kenl] *fn* kutyaól ‖ **kennels** kutyatenyészet

Kenya ['kenjə] *fn* Kenya

Kenyan ['kenjən] *mn/fn* kenyai

kept [kept] *pt/pp* → **keep**

kerb [kɜ:b] *fn* járdaszegély

kerbstone *fn* járdaszegély(kő)

kernel ['kɜ:nl] *fn* mag, belső rész ‖ (dió)bél

kerosene ['kerəsi:n] *fn* ⊕ *US* petróleum, kerozin

kestrel ['kestrəl] *fn* vörös vércse

ketchup ['ketʃəp] *fn* ketchup

kettle [ketl] *fn* (teavízforraló) kanna ‖ üst ‖ **a fine kettle of fish** szép kis ügy!; **the kettle is boiling** forr a (tea)víz

kettledrum ['ketldrʌm] *fn* ◲ *zene* üstdob

key [ki:] ▼ *fn* kulcs ‖ *(zongorán, orgonán, fúvós hangszeren)* billentyű ‖ megoldás, kulcs *(feladatsoré)* ‖ felhúzó *(játéké)* ‖ ◲ *zene* hangnem ‖ **key to sg** vmnek a nyitja; **sing off key** hamisan énekel ▼ *ige* **key in** *(számítógépbe)* beír, bevisz

keyboard ['ki:bɔ:d] ▼ *fn (zongorán, írógépen, számítógépen)* billentyűzet ▼ *ige* ◲ *szt* beír

keyboarder ['ki:bɔ:də] *fn* ◲ *szt* beíró

key cutting *fn* kulcsmásolás

keyed up *mn* izgatott

keyhole ['ki:həʊl] *fn* kulcslyuk

keyhole surgery *fn* minimál invazív sebészet

key industry *fn* kulcsipar

key issue *fn* kulcskérdés

key man *fn (tsz men)* kulcsember

key money *fn* lelépés

keynote ['ki:nəʊt] *fn* alaphang

keynote lecture/speech *fn* vitaindító/megnyitó előadás

key-pad *fn* ◲ *szt (kisméretű)* billentyűzet

key position *fn* kulcspozíció

keyring ['ki:rɪŋ] *fn* kulcskarika

key signature *fn* ◲ *zene* (hangnem)-előjegyzés

keystone ['ki:stəʊn] *fn* zárókő

key word *fn* kulcsszó

kg = kilogram(s)

KGB [ˌkeɪ dʒi: 'bi:] KGB *(a szovjet titkosszolgálat)*

khaki ['kɑ:ki] *mn* khaki *(színű)*

kHz = kilohertz

kick [kɪk] ▼ *fn* rúgás *(labdáé)* ‖ erő *(italban)* ‖ élvezet ‖ **get a kick from sg** *(nagy)* élvezetet talál vmben; **give sy a kick** vmbe/vkbe belerúg; **sg gives sy a real kick** sikerélménye

---

van ▼ *ige* (meg)rúg ‖ belerúg (vkbe) ‖
(puska) hátrarúg ‖ **kick a goal** gólt
rúg/lő; **kick sy in the pants** fenékbe
rúg vkt; **be kicked upstairs** felfelé
bukik

---

kick against sg (kézzel-lábbal) kapálódzik vm ellen
kick back *(labdát)* visszarúg ‖ *(lőfegyver)* visszarúg
kick off ❏ *sp* (játékot) kezd *(futballban)*, elvégzi a kezdőrúgást
kick up a fuss balhézik, arénázik ‖
kick up a row nagy lármát csap,
balhézik; **kick up a dust** ❖ *biz* botrányt csap/csinál/rendez

---

kickoff ['kɪkɒf] *fn* kezdőrúgás
kick-start *ige* berúgja a motort
kid [kɪd] ▼ *fn* (kecske)gida ‖ ❖ *biz*
gyerek, kölyök, srác ‖ **the kids** a gyerekek ▼ *ige* **-dd-** ❖ *biz* ugrat, heccel,
húz ‖ **I'm only kidding!** csak viccelek!; **no kidding** viccen kívül
kidnap ['kɪdnæp] *ige* **-pp-** *(embert)*
elrabol
kidnapper ['kɪdnæpə] *fn* emberrabló
kidnapping ['kɪdnæpɪŋ] *fn* emberrablás
kidney ['kɪdni] *fn* ❏ *biol* vese
kidney machine *fn* művese
kidney transplant *fn* veseátültetés
Kilimanjaro [ˌkɪlɪmən'dʒɑːrəʊ] *fn* Kilimandzsáró
kill [kɪl] *ige* (meg)öl, (meg)gyilkol, leöl; *(embert, állatot)* elpusztít; *(gyomot, növényt)* irt ‖ **kill the ball** teniszlabdát lecsap; **kill the ref!** pfuj bíró!;
kill time agyonüti az időt; **be killed**
(balesetben) életét veszti; **she was
killed in an accident** baleset következtében meghalt; **10 people were
killed in the train crash** tízen haltak
meg a vonatszerencsétlenség során;
be killed in action hősi halált hal

---

kill off *(állatfajt)* kiirt, kipusztít

killer ['kɪlə] *fn* gyilkos
killing ['kɪlɪŋ] ▼ *mn* gyilkos *(iram
stb.)* ‖ ❖ *biz* elragadó, állati jó ▼ *fn*
ölés, gyilkolás ‖ **he made a killing**
❖ *biz* jól beütött neki
killjoy ['kɪldʒɔɪ] *mn/fn* ünneprontó
kiln [kɪln] *fn* égetőkemence, (szárító)kemence
kilo ['kiːləʊ] *fn* ❖ *biz* kiló
kilobyte ['kɪləʊbaɪt] *fn* kilobyte
kilogram(me) ['kɪləɡræm] *fn* kilogramm, kiló
kilohertz ['kɪləhɜːts] *fn* kilohertz
kilometre (❸ *US* **-ter**) ['kɪləmiːtə] *fn*
kilométer
kilowatt ['kɪləwɒt] *fn* kilowatt
kilowatt-hour *fn* kilowattóra
kilt [kɪlt] *fn* (skót) szoknya, kilt
kilter ['kɪltə] *fn* ❸ *US* **be out of kilter**
rossz, lerobbant
kimono [kɪ'məʊnəʊ] *fn* kimonó
kin [kɪn] *fn* rokon(ság) ‖ **one's next of
kin** legközelebbi hozzátartozó
kind [kaɪnd] ▼ *mn* kedves, szíves ‖ **be
so kind as to** legyen/légy (olyan) szíves; **would you be so kind as to ...**
lenne/légy olyan szíves ...; **kind regards from ...** *(levél befejezése)* melegen üdvözöl; **be kind to sy** kedves
vkhez ▼ *fn* féleség, fajta ‖ **in kind** természetben(i); **of a ... kind** fajta,
-féle; **of the ... kind** fajtájú; fajta; **of
this kind** efféle; **pay in kind** természetben fizet; **sg of the kind** ilyesmi;
a kind of olyanféle, afféle, valamiféle ...; **kind of timber** fafaj(ta); **many
kinds of** sokféle; **three kinds of** háromféle; **... of many (different) kinds**
többféle; **kind of** ❖ *biz* (olyas)valahogy, mintha
kindergarten ['kɪndəɡɑːtn] *fn* óvoda
kind-hearted *mn* jószívű
kindle ['kɪndl] *ige* *(tüzet)* felszít; *(átv
is)* lángra lobbant, fellobbant; *(érdeklődést)* felkelt
kindliness ['kaɪndlinəs] *fn* jóság
kindling ['kɪndlɪŋ] *fn* aprófa

---

fn főnév – *hsz* határozószó – *isz* indulatszó – *ksz* kötőszó – *mn* melléknév
▼ szófajjelzés ❸ földrajzi variáns ❏ szakterület ❖ stiláris minősítés

kindly ['kaɪndli] ▼ *mn* kedves, barátságos, jóindulatú ▼ *hsz* kedvesen, szívesen ‖ **could you kindly tell me** tessék megmondani; **will you kindly legyen/légy** szíves, lesz/lenne olyan szíves; **kindly hand me the book** legyen szíves, adja ide a könyvet

kindness ['kaɪndnəs] *fn* kedvesség, jóság ‖ **do sy a kindness** jót tesz vkvel; **out of kindness** barátságból

kindred ['kɪndrəd] *mn/fn* rokon(ság)

kindred spirit *fn* rokon érzelmű, azonos gondolkozású (ember)

kinetic energy [kɪ'netɪk] *fn* mozgási/kinetikus energia

king [kɪŋ] *fn* király

kingdom ['kɪŋdəm] *fn* királyság

kingfisher ['kɪŋfɪʃə] *fn* jégmadár

kingpin ['kɪŋpɪn] *fn* ❑ *műsz* királycsap ‖ vezéralak

King's Counsel *fn* királyi tanácsos *(rangidős barrister címe)*

King's English, the *fn* helyes angolság

King's evidence *fn* *(bűntársai ellen valló)* koronatanú ‖ **turn King's evidence** vádalkut köt(nek)

king-size(d) *fn* extra méretű/nagy

kink [kɪŋk] *fn* csomó ‖ ❖ *elít* bogár, rögeszme

kinkly ['kɪŋkli] *mn* perverz

kinsman ['kɪnzmən] *fn* *(tsz* **-men)** rokon, atyafi

kiosk ['ki:ɒsk] *fn* (árusító) bódé, pavilon

kipper ['kɪpə] *fn* füstölt hering

kirby grip *fn* hajcsipesz

kirk session [kɜːk] *fn* *(Skóciában)* presbitérium

kiss [kɪs] ▼ *fn* csók; ❖ *biz* puszi ▼ *ige* (meg)csókol

kiss of life *fn* ❖ *biz* szájon át történő (mesterséges) lélegeztetés

kit [kɪt] *fn* *(katonai)* felszerelés ‖ *(szerszám)*készlet ‖ ❑ *sp* mez, felszerelés

kit-bag *fn kb.* katonaláda

kitchen ['kɪtʃɪn] *fn* konyha ‖ **fitted kitchen** beépített konyha

kitchen cabinet *fn* konyhaszekrény

kitchen cupboard *fn* konyhaszekrény

kitchen equipment *fn* konyhafelszerelés

kitchenette [ˌkɪtʃɪ'net] *fn* főzőfülke, teakonyha

kitchen garden *fn* zöldségeskert, konyhakert

kitchen implements *fn tsz* konyhafelszerelés, konyhai gépek/eszközök

kitchen sink *fn* (konyhai) mosogató ‖ **kitchen sink drama** színdarab munkásemberek életéről

kitchen stool *fn* hokedli

kitchen unit *fn* *(beépített)* konyhabútor; konyhabútor egy eleme

kitchen utensils (❖ *biz* **kitchen things**) *fn tsz* konyhafelszerelés, konyhaedény(ek)

kitchenware ['kɪtʃənweə] *fn* konyhaedény(ek)

kitchen waste *fn* moslék

kite [kaɪt] *fn* sárkány ‖ **fly a kite** sárkányt ereget

kith [kɪθ] *fn* **one's kith and kin** pereputty

kitten ['kɪtn] *fn* kismacska, cica ‖ **have kittens** *(macska)* ellik

kitty ['kɪti] *fn* *(kártya)* kassza

KKK = Ku Klux Klan

Kleenex ['kli:neks] *fn* papír zsebkendő

kleptomaniac [ˌkleptə'meɪniæk] *fn* kleptomániás

km = kilometre(s)

knack [næk] *fn* *(ügyes)* fogás ‖ **get the knack of it** rájön a nyitjára

knapsack ['næpsæk] *fn* hátizsák

knave [neɪv] *fn* *(kártya)* alsó, bubi

knead [ni:d] *ige* *(kenyeret, tésztát)* dagaszt; *(tésztát)* (meg)gyúr ‖ vkt (meg)gyúr *(megmasszíroz)*

knee [ni:] *fn* térd ‖ **be on one's knees** térdel

knee-bend(ing) *fn* *(tornában)* térdhajlítás

kneecap ['ni:kæp] *fn* térdkalács

knee-deep *mn* térdig érő
knee-high *mn* térdig érő
kneel [ni:l] *ige (pt/pp* **knelt** [nelt]) térdel

kneel down letérdel

knee-pad *fn* térdvédő
knee socks *fn tsz* térdharisnya
knell [nel] *fn* lélekharang (szava) ||
sound a knell megcsendíti a lélekharangot
knelt [nelt] *pt/pp* → **kneel**
knew [nju:] *pt* → **know**
knickerbockers ['nɪkəbɒkə] *fn tsz*
(buggyos) térdnadrág
knickers ['nɪkəz] *fn tsz* ❖ *biz* bugyi
knick-knack ['nɪknæk] *fn* mütyürke
knife [naɪf] ▼ *fn (tsz* **knives** [naɪvz])
kés ▼ *ige* megkésel
knight [naɪt] ▼ *fn* ⊕ *GB* lovag || *(sakk-
ban)* huszár, ló ▼ *ige* lovaggá üt
knighthood ['naɪthʊd] *fn* lovagi rang/
rend
knit [nɪt] *ige (pt/pp* **knitted** ['nɪtɪd] *v.*
knit) -tt- *(ruhadarabot)* (meg)köt ||
knit one's brows összehúzza a homlokát/szemöldökét
knitted dress *fn* kötött ruha
knitting ['nɪtɪŋ] *fn* kötés *(kézimunka)*
knitting machine *fn* kötőgép
knitting needle *fn* kötőtű
knitting wool/yarn *fn (kötéshez)* fonal
knitwear ['nɪtweə] *fn* kötöttáru
knives [naɪvz] *tsz* → **knife**
knob [nɒb] *fn (ajtón, fiókon, sétapálcán)* gomb; *(tárgyon)* dudor; bunkó
knock [nɒk] ▼ *fn (ajtón)* kopog(tat)ás
|| kopogás *(motoré)* || **there was a
knock (at the door)** kopogtak! ▼ *ige*
kopog(tat), (meg)kopogtat || *(motor)*
kopog, kotyog

knock about kóborol, ődöng || **knock
about (in) the world** csavarog a
nagyvilágban

knock against *(tárgy vmbe)* ütközik,
nekiütődik || **knock one's head
against sg** beüti a fejét vmbe
knock at the door kopogtat az ajtón
knock back ❖ *biz* felhajt *(italt)*
knock down *(bútor stb. könnyebb
szállítás érdekében)* szétszerel || *(tár-
gyat véletlenül)* lever || *(bábut teké-
ben)* ledönt; *(autó vkt)* elüt || földhöz
vág vkt || **he was knocked down by
a car** elgázolta egy autó
knock into nekikoccan, beleütközik ||
knock into shape átpofoz, gatyába
ráz
knock off *(tárgyat véletlenül)* lever ||
levág *(felületesen megír)* || **I don't
knock off until five** ❖ *biz* csak öt
órakor szabadulok; **knock 5% off
the price** ❖ *biz* enged öt százalékot
az árából
knock on the door kopogtat az aj-
tón; **knock on (the pass)** előread
(labdát)
knock out *(vkt bokszban)* kiüt
knock over felborít, feldönt
knock (sg) together *(munkát)*
összecsap
knock up vkt felzörget || vmt össze-
tákol, összecsap || ❖ *vulg* felcsinál
(lányt) || **she knocked up some/a
lunch** sebtiben összecsapott egy ebé-
det

knock-down furniture *fn* szétszedhető
bútor
knock-down price *fn* legalacsonyabb/
végső ár, reklámár
knocker ['nɒkə] *fn* kopogtató
knocking ['nɒkɪŋ] *fn (ajtón)* ko-
pog(tat)ás
knock-kneed [ˌnɒk'ni:d] *mn* iksz-lábú
knock-out *fn (boksz)* kiütés, KO ||
knock-out contest kieséses verseny
knoll [nəʊl] *fn (kis)* domb
knot [nɒt] ▼ *fn* csomó, bog, göb; *(fá-
ban)* bütyök, görcs; *(fán)* dudor; *(kö-*

fn főnév − *hsz* határozószó − *isz* indulatszó − *ksz* kötőszó − *mn* melléknév
▼ szófajjelzés ⊕ földrajzi variáns ▢ szakterület ❖ stiláris minősítés

tött) görcs ‖ ❑ *hajó* csomó *(1853 m/ óra)* ‖ **make a knot (in sg)** csomót köt (vmre) ▼ *ige* **-tt-** csomóra köt vmt ‖ **knot one's tie** megköti a nyakkendőjét

knotted ['nɒtɪd] *mn* összecsomózott

knotty ['nɒti] *mn* csomós, bogos; *(fa)* görcsös ‖ *(probléma)* nehéz ‖ **a knotty problem** nehéz kérdés

know [noʊ] ▼ *fn* **he is in the know** jól értesült, be van avatva ▼ *ige (pt* **knew** [njuː]; *pp* **known** [noʊn]) tud; vkt/vmt ismer ‖ **as far as I know** amennyire én tudom, legjobb tudomásom szerint; **come to know** megtud; **come to know sy** vkt kiismer; **how do you know?** honnan tudja?; **I don't know** nem tudom; **please let me know** kérem tudassa velem; **you never know** az ember sohasem tudja; **know English well** jól tud angolul; **know full well** jól tudja; **I do not know her/his like** nincs hozzá fogható, nem ismerek hozzá foghatót; **I know (it) for certain** határozottan tudom; **doesn't know much** keveset tud; **get to know (people)** vkvel (meg)ismerkedik; **get to know sg** megismer vmt, vmről értesül, vmvel ismerkedik; **does not know (about) sg** nem tud vmt/vmről; **know sg by hearing** hallomásból tud vmt; **know sg by heart** kívülről tud vmt; **know sy by sight** látásból ismer vkt; **know sy well** kívülről ismer vkt; **(s)he knows London well** jól ismeri Londont; **you know what I mean?** érted, mire célzok?; **I don't know what to do** nem tudom, mihez kezdjek; **know what's what** ❖ *biz* ismeri a dörgést, tudja, mitől döglik a légy; **get known** kitudódik; **make sg known** ismertté tesz vmt, közöl/ismertet vmt, bejelent vmt; **make sg known to sy** vknek tudtára ad vmt; **make known to the public** közhírré tesz; **it is known as** úgy hívják, hogy; **he is known as X**

X néven ismerik őt; **known as ... ...** néven ismert; **known for sg** nevezetes vmről; **I've known her for years** évek óta ismerem

know about/of sg tud vmről, tudomása van vmről ‖ **know all about sg** alaposan ismer egy tárgyat, ért vmhez; **doesn't know the first thing about it** hatökör hozzá

know-all *mn* ❖ *iron* mindentudó, nagyokos

know-how *fn* technikai tudás, szakértelem, szakmabeli tudás, know-how

knowing ['noʊɪŋ] ▼ *mn* **a knowing look** sokatmondó pillantás ▼ *fn* **there is no knowing** mit lehet tudni

knowingly ['noʊɪŋli] *hsz* tudatosan

knowledge ['nɒlɪdʒ] *fn* tudomás ‖ tudás, ismeret ‖ **bring sg to sy's knowledge** vknek tudtára ad vmt, tudomására hoz vknek vmt; **to my knowledge** tudomásom szerint, tudtommal; **to the best of my knowledge** legjobb tudásom szerint; **without sy's knowledge** vknek tudomása/tudta nélkül; **with sy's knowledge (and approval)** vk tudtával (és beleegyezésével); **one's knowledge of English** angol (nyelv)tudás

knowledgeable ['nɒlɪdʒəbl] *mn* értelmes, intelligens, értő ‖ **be knowledgeable (about sg)** jól tájékozott (vmben)

known [noʊn] *mn* ismert, tudott ‖ **known all the world over** világszerte ismert/híres; **not known** a címzett ismeretlen ‖ → **know**

knuckle ['nʌkl] ▼ *fn* ujjper(e)c, ujjízület ‖ **rap sy's knuckles** körmére koppant vknek ▼ *ige* **knuckle down to (a task)** ❖ *biz* felköti a gatyáját

KO [ˌkeɪ 'oʊ] ▼ *fn (boksz)* kiütés, KO ▼ *ige (alakjai:* **KO's, KO'd)** *(vkt bokszban)* kiüt

koala bear [koʊˈɑːlə] *fn* koalamackó

kohlrabi [ˌkoʊlˈrɑːbi] *fn* kalarábé

kook [ku:k] *fn* ⊕ *US* ❖ *biz* dilis (alak)

Korea [kə'rɪə] *fn* Korea

Korean [kə'rɪən] *mn/fn* koreai

kosher ['kəʊʃə] *mn* kóser

kowtow [‚kaʊ'taʊ] *ige* **kowtow to sg** hajlong/hajbókol vk előtt

kph [‚keɪ pi: 'eɪtʃ] = *kilometres per hour* km/ó

Kt = **Knight**

kudos ['kju:dɒs] *fn* dicsőség

Ku Klux Klan [‚ku: klʌks 'klæn] *fn* Ku-Klux-Klan

Kuwait [kʊ'weɪt] *fn* Kuvait

kW = **kilolwatt**

kwh = **kilowatt-hour**

KY = *Kentucky*

L

l = litre

L = learner-driver

LA = *Los Angeles*

lab [læb] *fn* ❖ *biz* labor

label ['leɪbl] ▼ *fn* címke ▼ *ige* -ll- (⊕ *US* -l-) címkéz

labia ['leɪbɪə] *fn tsz* szeméremajkak

labor ['leɪbə] ⊕ *US* = labour

laboratory [lə'bɒrətəri] *fn* laboratórium

laboratory assistant *fn* laboratóriumi asszisztens

laboratory findings *fn tsz* laboratóriumi leletek

laboratory test *fn* laboratóriumi vizsgálat

Labor Day *fn* ⊕ *US* a munka ünnepe *(szept. első hétfője)*

laborious [lə'bɔ:rɪəs] *mn* nehéz, verítékes

laboriously [lə'bɔ:rɪəsli] *hsz* fárasztóan

labor union *fn* ⊕ *US* (munkás)szakszervezet

labor unrest *fn* munkásfelkelés/-zavargás

labour (⊕ *US* -or) ['leɪbə] ▼ *fn* munka ‖ munkás, munkaerő ‖ ❏ *orv* vajúdás, szülés ‖ be in labour vajúdik ▼ *ige* dolgozik ‖ ❏ *orv* vajúdik

labour camp *fn* munkatábor

labour cost *fn* munkabérek

labour dispute *fn* munkajogi vita

laboured ['leɪbəd] *mn* nehézkes

labourer ['leɪbərə] *fn* nehéz testi munkás, fizikai dolgozó

labour exchange *fn* állásközvetítő

labour force *fn* munkaerő

labour-intensive *mn* munkaigényes

labour market *fn* munka(erő)piac

Labour MP *fn* munkáspárti képviselő

labour pains *fn tsz* (szülési) fájások/fájdalmak

Labour Party *fn* ⊕ *GB* munkáspárt, *(helyesebben:* munkapárt)

labour relations *fn tsz* munkaviszony

labour reserve(s) *fn tsz* munkaerő-tartalék

labour-saving devices *fn tsz* háztartási gépek/készülékek

labour-saving kitchen *fn* gépesített konyha

labour shortage *fn* munkaerőhiány

labour ward *fn* vajúdó(szoba)

laburnum [lə'bɜ:nəm] *fn* zanót, aranyeső

labyrinth ['læbərɪnθ] *fn* útvesztő, labirintus

lace [leɪs] ▼ *fn* csipke ‖ pertli, zsinór ▼ *ige* lace (up) one's shoes befűzi a cipőjét

lace-making *fn* csipkeverés

lacerate ['læsəreɪt] *ige (élő bőrt)* beszakít

laceration [ˌlæsə'reɪʃn] *fn* (fel)szakítás ‖ felrepedés (sebé) ‖ szakított seb

lace-up shoes *fn tsz* fűzős cipő

lace-work *fn* csipkedíszítés

lachrymal gland ['lækrɪml] *fn* könnymirigy

lack [læk] ▼ *fn* hiány ‖ lack of experience tapasztalat hiánya; for lack of sg vmnek a hiányában; lack of oxygen oxigénhiány; lack of skill járatlanság; for lack of space helyszűke miatt; **lack of time** időhiány; **for lack of time** az idő rövidsége miatt ▼ *ige* nélkülöz vmt, szűkében van vmnek ‖ **be lacking** hiányzik, nincs meg; **be lacking in sg** hiányzik vkből vm (képesség)

lackadaisical [ˌlækə'deɪzɪkl] *mn* ábrándos

lackey ['læki] *fn* lakáj

lacklustre (⊕ *US* **-luster**) *mn* fakó, matt

laconic [lə'kɒnɪk] *mn* lakonikus, szófukar

lacquer ['lækə] ▼ *fn* lakk ▼ *ige* lakkoz

lacrimal ['lækrɪməl] → **lachrymal**

lacrosse [lə'krɒs] *fn* lacrosse *(labdajáték)*

lacy ['leɪsi] *mn* csipkés

lad [læd] *fn* legény, fiú, fickó, ifjú

ladder ['lædə] *fn* létra, hágcsó ‖ **I've got a ladder in my stocking** lefutott egy szem a harisnyámon

laden ['leɪdn] *mn* megrakott

ladle ['leɪdl] ▼ *fn* merőkanál ▼ *ige* **ladle (out)** *(levest)* kimer

ladleful ['leɪdlfʊl] *fn* **take a ladleful of soup** merj a levesből!

lady ['leɪdi] *fn* hölgy, úrnő ‖ **Ladies** *(felirat és női WC)* nők; **Ladies and Gentlemen!** Hölgyeim és uraim!; **ladies(')** női; **ladies' department** *(áruházban)* női osztály; **ladies' fashion** női divat; **ladies' hairdresser** női fodrász; **ladies' wear** *(női)* divatáru

ladybird ['leɪdibɜːd] *fn* katicabogár

ladybug ['leɪdibʌg] *fn* ⊕ *US* katicabogár

lady doctor *fn* orvosnő, doktornő

lady-in-waiting *fn* *(tsz* **ladies-in-waiting***)* udvarhölgy

ladykiller ['leɪdikɪlə] *fn* nőcsábász

ladylike ['leɪdilaɪk] *mn* nőies

ladyship ['leɪdiʃɪp] *fn* **your ladyship** *kb.* méltóságos asszonyom ‖ **Her Ladyship** őméltósága

lag [læg] ▼ *fn* késés, késedelem; lemaradás ▼ *ige* **-gg- lag behind** *(csoporttól)* lemarad, hátramarad ‖ késlekedik

lager¹ ['lɑːgə] *fn* láger

lager² ['lɑːgə] *fn* világos sör

lagging ['lægɪŋ] *mn* elmaradozó

lagoon [lə'guːn] *fn* lagúna

laid [leɪd] *pt/pp* → **lay³**

lain [leɪn] *pp* → **lie²**

lair [leə] *fn* odú, búvóhely, vacok *(állaté)*

laissez-faire [ˌleseɪ 'feə] *fn* laissez-faire (nem beavatkozás politikája)

laity ['leɪəti] *fn* a laikusok

lake ['leɪk] *fn* tó

Lake District, the *fn* tóvidék

Lakes, the *fn tsz* ⊕ *GB* tóvidék

lamb [læm] *fn* bárány *(hús is)* ‖ birkahús ‖ **leg of lamb** báránycomb

lamb chop *fn* bárányszelet

lambkin ['læmkɪn] *fn (kicsi)* bárány

lambskin ['læmskɪn] *fn* báránybőr

lambswool ['læmswuːl] *fn* (bárány)gyapjú

lame [leɪm] *mn* béna, sánta ‖ **he is lame in the right leg** jobb lábára sánta

lame excuse *fn* átlátszó/gyenge kifogás

lamely ['leɪmli] *hsz* bénán, sántán

lament [lə'ment] ▼ *fn* panasz(kodás), sirám, kesergés ▼ *ige* siránkozik, nyavalyog, jajgat, sopánkodik ‖ **lament (for) sy** sirat vkt; **lament (for) sg** siránkozik vmn *v.* vm miatt

lamentable ['læməntəbl] siralmas, szánalmas ‖ sajnálatos

lamentation [ˌlæmən'teɪʃn] *fn* panasz; siralom, sirám; panaszkodás, kesergés ‖ **lamentations** jajgatás

laminated ['læmɪneɪtɪd] *mn* rétegelt

lamp [læmp] *fn* lámpa

lamp-glass *fn* lámpaüveg

lamplight ['læmplaɪt] *fn* **by lamplight** lámpafénynél

lampoon [læm'puːn] *ige* kigúnyol

lamp-post *fn* lámpaoszlop

L

---

fn főnév *– hsz* határozószó *– isz* indulatszó *– ksz* kötőszó *– mn* melléknév
▼ szófajjelzés ⊕ földrajzi variáns ▢ szakterület ❖ stiláris minősítés

lamp-shade *fn* lámpaernyő
lampwick ['læmpwɪk] *fn* lámpabél
lance [lɑːns] *fn* gerely, lándzsa
lance-corporal *fn* ⊕ *GB* őrvezető
lancet ['lɑːnsɪt] *fn* ❏ *orv* szike, lándzsa, sebészkés, gerely
lancinating pain ['lɑːnsɪneɪtɪŋ] *mn* szaggató fájdalom
Lancs = *Lancashire*
land [lænd] ▼ *fn* föld || (föld)birtok; *(föld)* terület; *(hely)* táj; terep || talaj || ország || **by land and sea** szárazon és vízen ▼ *ige* ❏ *rep* leszáll, földet ér || ❏ *kat* partra száll || *(vízből)* kifog || **landed** megérkezett, leszállt *(repülőgép)*; **land sy one** *v.* **land a blow on (a part of the body)** ❖ *biz* bevisz egy ütést vknek; **land a good job** kifog egy jó állást
landed ['lændɪd] *mn* földbirtokos
landed estate/property *fn* földbirtok
landing ['lændɪŋ] *fn (hajóval stb.)* kikötés || ❏ *rep* leszállás || partraszállás || *(lépcsőházban)* pihenő
landing card *fn* kiszállókártya
landing-craft *fn* partra szálló jármű
landing-gear *fn* futómű
landing ground *fn* ❏ *rep* leszállóhely
landing lights *fn tsz (repülőtéren)* bevezető fénysor
landing net *fn* merítőháló
landing stage *fn* kikötőhely
landing strip *fn* ❏ *rep* leszállópálya
landlady ['lændleɪdi] *fn* szállásadó(nő), háziasszony
landless ['lændləs] *mn* föld nélküli
landlocked ['lændlɒkt] *mn* szárazföldi
landlocked sea *fn* beltenger
landlord ['lændlɔːd] *fn (férfi)* szállásadó, háziúr
landlubber ['lændlʌbə] *fn* ❖ *biz* „szárazföldi patkány"
landmark ['lændmɑːk] *fn* határkő, tereptárgy || ❖ *átv* fordulópont
landowner ['lændoʊnə] *fn* földbirtokos

land question *fn* agrárkérdés
land reform *fn* földreform
land register *fn* telekkönyv
land registry *fn* földhivatal
landrover ['lændroʊvə] *fn* terepjáró autó/gépkocsi
landscape ['lændskeɪp] *fn* tájkép
landscape architect *fn* kertépítő (mérnök)
landscape architecture *fn* kertépítés, kertépítészet, tájkertészet
landscape gardener *fn* kertépítő (mérnök)
landscape gardening *fn* tájkertészet
landscape-painter *fn* tájfestő
landscape painting *fn* tájképfestészet
landscaping ['lændskeɪpɪŋ] *fn* tereprendezés
landslide ['lændslaɪd] *fn (átv is)* földcsuszamlás
landslide (victory) *fn* földcsuszamlás(szerű győzelem)
landslip ['lændslɪp] *fn (kisebb)* hegyomlás
lane [leɪn] *fn (a futópálya egy sávja)* pálya || *(közlekedésben)* sáv; nyomvonal || köz *(utcácska)* || **inside lane** külső sáv; **outside lane** belső sáv; **change lanes** sávot változtat
lane changing *fn (közúton)* sávváltás
lane-hopping *fn (közúton)* veszélyes sávváltás
language ['læŋgwɪdʒ] *fn* nyelv || stílus, nyelv *(íróé)*; nyelvezet
language acquisition *fn* nyelvtanulás, nyelvelsajátítás
language area *fn* nyelvterület
language community *fn* nyelvközösség
language course *fn* nyelvtanfolyam
language lab(oratory) *fn* nyelvi labor(atórium)
language learner *fn* nyelvtanuló
language learning *fn* nyelvtanulás
language lesson *fn* nyelvóra
language studies *fn tsz* nyelvészeti tanulmányok

L

---

nm névmás — *nu* névutó — *szn* számnév — *esz* egyes szám — *tsz* többes szám
▼ szófajjelzés ⊕ földrajzi variáns ❏ szakterület ❖ stiláris minősítés

language teacher *fn* nyelvtanár
language teaching *fn* nyelvtanítás
language tests *fn tsz* ❑ *isk* nyelvi feladatlapok, feladatgyűjtemény
languid ['læŋgwɪd] *mn* bágyadt, lankadt
languish ['læŋgwɪʃ] *ige* ellankad, elbágyad, senyved
languor ['læŋgə] *fn* bágyadtság
languorous ['læŋgərəs] *mn* bágyadt; epekedő
lank [læŋk] *mn* vékony(dongájú)
lanky ['læŋki] *mn* hórihorgas, nyúlánk, nyurga, szikár
lanolin ['lænəlɪn] *fn* lanolin
lantern ['læntən] *fn* lámpás
lanyard ['lænjəd] *fn* feszítőkötél *(vitorláson)* ‖ zsinór *(nyakon)*
lap¹ [læp] ▼ *fn* lebernyeg, szárny ‖ (fül)cimpa ‖ öl *(vké)* ‖ *(versenypályán)* kör; **do three laps** lefut három kört ▼ *ige* **-pp-** átlapol ‖ beteker ‖ leköröz vkt ‖ **lap sy** vkt leköröz
lap² [læp] *ige* **-pp-** vmt nyal ‖ verdes, nyaldos ‖ **lap up** felnyal ‖ két kézzel kap rajta
lap dog *fn* öleb
lapel [lə'pel] *fn* hajtóka *(kabáté)*; kihajtó *(galléré)*
Lapland ['læplænd] *fn* Lappföld
Laplander ['læplændə] *fn* lapp (ember)
Lapp(ish) ['læpɪʃ] *mn/fn* lapp (ember/nyelv)
lapse [læps] ▼ *fn* (el)csúszás ‖ kihagyás ‖ ❑ *jog* elévülés, lejárat ‖ **after a lapse of five weeks** öt hét leforgása után ▼ *ige* ❑ *jog* elévül; *(határidő)* lejár ‖ **lapse back into** visszasüllyed vmbe
laptop ['læptɒp] *fn* ❑ *szt* laptop
lapwing ['læpwɪŋ] *fn* bíbic
larceny ['lɑːsni] *fn (jog)* lopás
lard [lɑːd] ▼ *fn* zsír *(disznóé)* ▼ *ige* (szalonnával) (meg)tűzdel, (meg)spékel
larder ['lɑːdə] *fn* (élés)kamra
large [lɑːdʒ] *mn (méretre, mennyiségre, intenzitásra)* nagy, tágas ‖ **by and**

large nagyjából; **be at large** szabadlábon van; **set at large** szabadlábra helyez; **large amount (of money)** hatalmas összeg; **large family** népes család; **in large numbers** tömegesen; **in large quantities** nagy mennyiségben
large intestine *fn* vastagbél
largely ['lɑːdʒli] *hsz* nagy részben
largeness ['lɑːdʒnəs] *fn* nagyság
large-scale *mn* nagyarányú, nagyméretű, nagyszabású
largesse [lɑː'dʒes] *fn* adomány ‖ bőkezűség
lark¹ [lɑːk] *fn* pacsirta
lark² [lɑːk] *ige* **lark (about)** mókázik, bolondozik
larva ['lɑːvə] *(tsz* **larvae** [-viː]) *fn* ❑ *áll* lárva
laryngitis [ˌlærɪn'dʒaɪtɪs] *fn* gégegyulladás
laryngology [ˌlærɪŋ'gɒlədʒi] *fn* gégészet
larynx ['lærɪŋks] *(tsz* **larynges** [lə'rɪndʒiːz]) *fn* gége
lascivious [lə'sɪvɪəs] *mn* buja, kéjes
lasciviously [lə'sɪvɪəsli] *hsz* kéjesen ‖ ❖ *átv* dúsan, buján
laser ['leɪzə] *fn* lézer
laser beam *fn* lézersugár
laser disc *fn* ❑ *szt* lézerlemez
laser printer *fn* lézernyomtató
laser surgery *fn* ❑ *orv* lézeres műtét
lash [læʃ] ▼ *fn* korbács, ostor ▼ *ige* korbácsol, ostoroz, csapkod ‖ **lash out against** kirohan *vk ellen*
lashings ['læʃɪŋz] *fn tsz* **lashings of** ❖ *biz* rengeteg
lass [læs] *fn* ❑ *sk* lány(ka)
lassie ['læsi] *fn* ❑ *sk* kislány
lassitude ['læsɪtjuːd] *fn* kimerültség
lasso [lə'suː] *fn (tsz* **-sos** *v.* **-soes)** lasszó
last [lɑːst] ▼ *mn* (leg)utolsó, végső, (leg)utóbbi, múlt ‖ **last autumn** múlt ősszel; **last Friday** múlt pénteken; **last night** tegnap éjjel/este; **the last time**

múltkor; **last week** múlt héten; **last year** tavaly; **be on its last legs** recsegropog; **in the last place** legutoljára; **in the last resort** végső esetben ▼ *hsz* utolsónak, utoljára ‖ **last but not least** utoljára, de nem utolsóként ▼ *fn* utolsó ‖ **at last** végre; **to the very last** végsőkig; **to/till the last** mindvégig ▼ *ige (időben)* tart ‖ *(ruha, cipő)* eltart, kitart ‖ **how long does the concert last?** mennyi ideig tart a hangverseny?; **it will last at least a year** legalább egy évig tart; **it won't last** *(hatás)* semeddig se tart; **nothing lasts for ever** semmi sem tart örökké; **lasting five years** ötéves, ötévi *(időtartam)*

lasting ['lɑːstɪŋ] *mn (időben)* tartó, tartós, időálló, maradandó

lastly ['lɑːstli] *hsz* legutoljára, utolsóként, végül

last-minute *mn* (leg)utolsó (pillanatban történt)

last-minute rush *fn* év végi hajrá

latch [lætʃ] ▼ *fn* (toló)zár ▼ *ige* **latch on to** ragaszkodik vkhez; ❖ *biz* le nem kopik vkről

latchkey ['lætʃkiː] *fn* kapukulcs

latchkey child *fn* „kulcsos" gyerek

late [leɪt] ▼ *mn* késő ‖ kései, késői ‖ néhai ‖ legutóbbi, (leg)újabb ‖ **be late** késik; **come late for (sg)** vmről/vmt lekésik; **be late for sg** elkésik/lekésik vmről; **it is late in the day** már késő van; **it is getting late** későre jár az idő; **it's late** késő van!; **keep late hours** sokáig fenn marad, éjszakázik; **of late** újabban, egy idő óta; **too late** későn ▼ *hsz* (el)késve, későn ‖ **late at night** késő éjjel/este

late arrival *fn* késés *(vonaté stb.)* ‖ későn érkező/jövő

latecomer ['leɪtkʌmə] *fn* későn érkező/jövő

late fee *fn* késedelmi díj

lately ['leɪtli] *hsz* nemrég, mostanában, minap, újabban, az utóbbi időben

lateness ['leɪtnəs] *fn* késés

latent ['leɪtnt] *mn* rejtett; ❑ *orv* lappangó

latent defect *fn* rejtett hiba

later ['leɪtə] ▼ *mn* későbbi ‖ **at a later date** később, utólag ▼ *hsz* **later (on)** később, a későbbiek során/folyamán ‖ **not later than** legkésőbb

lateral ['lætərəl] *mn* oldalsó, oldal- ‖ **lateral view/elevation** oldalnézet

late riser *fn* későn kelő

late season *fn* utóidény

latest ['leɪtɪst] ▼ *mn* legutóbbi, legutolsó, legújabb ‖ **at the latest** legkésőbb; **I'll be here by 6 (o'clock) at the latest** legkésőbb 6-ra itt leszek; **latest fashion** legújabb divat; **of the latest fashion** új divatú; **the latest news** legújabb hírek; **the latest thing (in shoes etc.)** legújabb divat ▼ *hsz* legutoljára, legutóbb

late summer *fn* nyárutó

latex ['leɪteks] *fn* latex

lath [lɑːθ] *fn* léc

lathe [leɪð] *fn* eszterga(pad)

lather ['lɑːðə] ▼ *fn* (szappan)hab ▼ *ige* beszappanoz ‖ habzik

Latin ['lætɪn] *mn/fn* latin

Latin America *fn* Latin-Amerika

Latin-American *mn/fn* latin-amerikai

latitude ['lætɪtjuːd] *fn* ❑ *földr* szélesség

latrine [lə'triːn] *fn* latrina

latter ['lætə] *mn/fn* későbbi, utóbbi ‖ **the latter (one)** az utóbbi(t)

latter-day *mn* (leg)újabb, modern

lattice ['lætɪs] *fn* rács(ozat)

latticed ['lætɪst] *mn* rácsos

lattice window *fn* rácsos ablak

lattice-work *fn* rács(ozat)

Latvia ['lætvɪə] *fn* Lettország

Latvian ['lætvɪən] *mn/fn* lett (ember/nyelv)

laudable ['lɔːdəbl] *mn* dicséretes

laugh [lɑːf] ▼ *fn* nevetés ‖ **have a laugh at** kinevet; **have a good laugh at sg** jót nevet vmn ▼ *ige* nevet ‖

L

laugh at sg/sy nevet vmn/vkn, kinevet vmt/vkt; **it's nothing to laugh at** nincs ezen semmi nevetnivaló; **you make me laugh!** nevetnem kell!; **laugh sy in the face** arcába nevet vknek; **he who laughs last laughs longest** végén csattan az ostor; **laugh up** (⊕ *US* in); **one's sleeve** markába nevet

---

laugh off tréfának vesz

---

laughable ['lɑːfəbl] *mn* nevetséges
laughing ['lɑːfɪŋ] ▼ *mn* nevető ▼ *fn* nevetés
laughing fit *fn* nevetőgörcs
laughing gas *fn* kéjgáz
laughing matter *fn* **it's no laughing matter** nincs ezen semmi nevetnivaló
laughing-stock *fn* gúny tárgya
laughter ['lɑːftə] *fn* nevetés
launch [lɔːntʃ] *ige* vízre bocsát ‖ *(rakétát, űrhajót)* fellő, felbocsát ‖ *(mozgalmat)* elindít; *(tervet, tevékenységet stb.)* beindít ‖ **launch a company** társaságot alapít; **launch an attack (on)** támadást indít (vk ellen); **be launched** vm beindul

---

launch forth kezdeményez *(vállalkozást)*
launch out kezdeményez *(vállalkozást)* ‖ **launch out at sy** nekitámad vknek

---

launching ['lɔːntʃɪŋ] *fn* indítás, kilövés *(rakétáé)*
launching pad *fn* indítóállás *(űrhajóé)*, rakétakilövő állvány
launching site *fn* kilövőállás, -hely, indítóállás *(rakétának)*
launder ['lɔːndə] *ige* ⊕ *US (ruhát)* kimos ‖ tisztára mos *(pénzt)*
launderette [ˌlɔːndəˈret] *fn* gyorstisztító *(szalon)*; önkiszolgáló mosószalon

laundromat ['lɔːndrəmæt] ⊕ *US* = **launderette**
laundry ['lɔːndri] *fn* mosoda ‖ szennyes *(ruha)*
laundry basket *fn* szennyeskosár
laundry box/chest *fn* ⊕ *US* szennyesláda
laureate ['lɔːrɪət] *mn* (babér)koszorús
laurel ['lɒrəl] *fn* babér
laurel leaf *fn (tsz* **leaves**) babérlevél
lava ['lɑːvə] *fn* láva
lavatory ['lævətəri] *fn* vécé, WC, toalett, illemhely
lavatory paper *fn* vécépapír, toalettpapír
lavender ['lævəndə] *fn* levendula
lavish ['lævɪʃ] ▼ *mn* pazar ‖ költekező ▼ *ige* pazarol
lavishly ['lævɪʃli] *hsz* pazarlóan; bőkezűen; pazarul ‖ **lavishly furnished flat** pazar berendezésű lakás
law [lɔː] *fn* jog, törvény, jogszabály ‖ jogtudomány ‖ ❑ *fiz* ❑ *vegy* törvény ‖ **become** (*v.* **pass into**) **law** törvényerőre emelkedik; **by law** bírósági úton; **go to law** jogorvoslattal él; **law of nature** természeti törvény; **the law provides that** a törvény úgy intézkedik, hogy

---

law-abiding *mn* törvénytisztelő
law and order *fn* jogrend, közrend
law-breaker *fn* törvényszegő
lawcourt ['lɔːkɔːt] *fn* törvényszék, bíróság
lawful ['lɔːfl] *mn* törvényes, jogos
lawfully ['lɔːfli] *hsz* törvényesen, jogosan, jogszerűen
lawless ['lɔːləs] *mn* jogtalan
lawmaker ['lɔːmeɪkə] *fn* törvényalkotó, törvényhozó
lawn [lɔːn] *fn* gyep, pázsit
lawn-mower *fn* fűnyíró (gép)
lawn-tennis *fn* tenisz *(gyeppályán)*
law school *fn* ⊕ *US* jogi kar (egyetemen)
law student *fn* joghallgató, jogász
lawsuit ['lɔːsuːt] *fn* ❑ *jog* per

---

fn főnév – *hsz* határozószó – *isz* indulatszó – *ksz* kötőszó – *mn* melléknév
▼ szófajjelzés ⊕ földrajzi variáns ❑ szakterület ❖ stiláris minősítés

lawyer ['lɔːjə] *fn* jogász, ügyvéd
lawyer's fees *fn tsz* ügyvédi költség
lax [læks] *mn* laza; fegyelmezetlen; hanyag || **lax discipline** laza fegyelem
laxative ['læksətɪv] *fn* hashajtó
laxity ['læksəti] *fn* lazaság; feslettség; pongyolaság
lay¹ [leɪ] *mn (nem hivatásos)* laikus || *(nem vallásos)* világi
lay² [leɪ] *fn* ballada
lay³ [leɪ] *ige (pt/pp* laid [leɪd]) helyez, tesz, rak, vhová fektet || tojik || **lay a cable** kábelt lerak; **lay a fire** tüzet rak; **lay a trap/snare** csapdát állít; **lay claim to sg** igényt/jogot támaszt vmre; **lay sg before sy** beterjeszt; **lay the table** megterít; **lay hands on sg** szert tesz vmre; **lay hold of** vkt/vmt elfog

lay aside vmt félretesz
lay away ⊕ *US* vmt félretesz
lay by félretesz (pénzt); félretesz/abbahagy vmt
lay down letesz, lehelyez, lerak; *(kábelt, vezetéket)* lefektet || **lay down arms** fegyvert letesz
lay in bevásárol, összevásárol
lay into nekiesik
lay off *(munkást időlegesen)* elbocsát || **lay off him!** ❖ *biz* szállj le róla!
lay on bevezet *(gázt stb.)* || *(festéket)* felrak || **lay it on thick** (otrombán) hízeleg, erősen túloz
lay out leterít, kiterít || *(tárgyakat)* szétrak || *(nagyobb összeget)* kiad
lay up felhalmoz, beszerez || **be laid up with** nyomja az ágyat vmvel

lay⁴ [leɪ] *pt* → **lie**²
layabout ['leɪəbaʊt] *fn* ❖ *biz* link alak
lay-by *(tsz* **-bys)** *fn* pihenőhely, parkoló, leállósáv *(autópálya mellett)*
layer ['leɪə] *fn* réteg || bujtóág || **in layers** *(föld stb.)* réteges

layette [leɪ'et] *fn* bébiruházat, babakelengye
layman ['leɪmən] *fn (tsz* **-men)** ❑ *vall* laikus, világi személy
lay-off *fn* létszámcsökkentés
layout ['leɪaʊt] *fn* elrendezés || alaprajz || berendezés || ❑ *nyomd* szedéstükör, tördelés, beosztás
laze [leɪz] *ige* **laze (about/around)** lustálkodik || cselleng
lazily ['leɪzɪli] *hsz* lustán
laziness ['leɪzinəs] *fn* lustaság
lazy ['leɪzi] *mn* lusta, henye
lazybones ['leɪzibəʊnz] *fn esz* ❖ *biz* naplopó, lusta ember
lb *(tsz ua.v.* **lbs)** = **pound**; *Latin: libra* font *(súly)*
LC [,el 'siː] ⊕ *US* = *Library of Congress* Kongresszusi Könyvtár
LCD [,el siː 'diː] = **liquid crystal display**
LEA [liː] ⊕ *GB* = *Local Education Authority* helyi nevelésügyi/oktatásügyi hatóság
leach [liːtʃ] *ige* (ki)lúgoz
lead¹ [led] *fn* ólom || ceruzabél, grafit
lead² [liːd] ▼ *fn* vezetés || előny, vezetés || póráz || főszereplő || főszerep || **be in the lead** vezet; **follow sy's lead** vknek a nyomdokaiba lép, vk nyomdokait követi, vk nyomdokain halad, vk útmutatását követi; **take the lead** átveszi a vezetést, példát mutat/statuál; **keep the dog on a lead** pórázon tartja a kutyát ▼ *ige (pt/pp* **led** [led]) vezet, vkt vhová vezet, elvezet, vmre/vmhez vezet || **lead a hard life** nehezen él; **lead a life of luxury** fényűzően él; **lead a life of poverty** szegénységben él; **lead sy by the hand** kezénél fogva vezet; **lead sy by the nose** vkt orránál fogva vezet; **lead the way** elöl megy

lead astray félrevezet || **be led astray** rossz útra tér; **we should not be led**

astray by ... nem szabad, hogy megtévesszen minket
lead away elvezet *(rabot)*
lead back visszavezet
lead down to *(lépcső vhova)* vezet
lead in/into *(helyiségbe)* bevezet
lead off (meg)kezd
lead on ❖ *biz* rávesz, beleloval
lead sy out vkt vhonnan kivezet
lead sy up the garden path átejt vkt
lead up to vhová elvezet; vhová kilyukad

leaded ['ledɪd] *mn* ólmozott, ólmos
leaded windows *fn tsz* ólomkeretes ablakok
leader ['li:də] *fn* vezető *(államé)* || első hegedűs; koncertmester || *(filmszalag stb.)* befutó || vezércikk || **leader of the chorus** karvezető
leadership ['li:dəʃɪp] *fn* vezetés, vezetőség *(vezetők)* || **under sy's leadership** a vezetése alatt
lead-free [ˌled-] *mn* ólommentes
leading ['li:dɪŋ] *mn* vezető, élenjáró
leading article *fn* vezércikk
leading lady *fn* ❑ *szính* főszereplő *(nő)*
leading light *fn* ❖ *biz* kiválóság *(személy)*
leading man *fn (tsz* **men)** ❑ *szính* főszereplő
leading part/role *fn* főszerep
lead pencil [led] *fn* grafitceruza
lead-pipe [ˌled-] *fn* ólomcső
lead-poisoning [ˌled-] *fn* ólommérgezés
lead weight [led] *fn* ólomsúly
leaf [li:f] ▼ *fn (tsz* **leaves** [li:vz)** falevél || lap *(könyvé)* || **come into leaf** kilombosodik; **in leaf** lombos; **turn over a new leaf** új életet kezd ▼ *ige* (ki)lombosodik

leaf through a book könyvet átlapoz

leafless ['li:fləs] *mn* lombtalan

leaflet ['li:flɪt] *fn* szórólap, röpcédula; prospektus *(könyvecske)*
leafy ['li:fi] *mn* leveles, lombos
league [li:g] *fn* liga, szövetség
leak [li:k] ▼ *fn* lék ▼ *ige (hibás edény)* folyik; folyat; *(tartály)* szivárog || beázik

leak out *(hír)* kiszivárog || kiszivárogtat

leakage ['li:kɪdʒ] *fn* szivárgás || ❖ *átv* kiszivárgás
leaky ['li:ki] *mn* szivárgó, lyukas
lean[1] [li:n] *mn* sovány, cingár, szikár || *(hús)* sovány
lean[2] [li:n] *ige (pt/pp* **leant** [lent] *v.* **leaned** [li:nd])** hajol, hajlik, dől

lean against sg vmnek nekidől || **lean sg against sg** vmt nekitámaszt vmnek
lean back *(székben)* hátradől
lean forward előrehajol
lean on vkre/vmre támaszkodik || megtámaszkodik vmben
lean out (of) kihajol || **do not lean out of the window** kihajolni veszélyes!
lean over vmn áthajol, föléje hajol vknek
lean towards hajlik vmre

leaning ['li:nɪŋ] *fn* hajlam, vonzalom
Leaning Tower of Pisa, the *fn* a pisai ferde torony
leant [lent] *pt/pp* → **lean**
lean-to *fn* fészer, szín
leap [li:p] ▼ *fn* ugrás || **by leap and bounds** ugrásszerűen; **a leap in the dark** ugrás a sötétbe; **a great leap forward** nagy előrelépés ▼ *ige (pt/pp* **leapt** [lept] *v.* **leaped** [li:pt]) *(szökellve)* ugrik, szökken

leap at sg vmre ráugrik || két kézzel kap vmn

leap in/into beleugrik
leap on sy/sg vkre/vmre ráugrik
leap up *(ültéből)* felugrik

---

leap-frog ▼ *fn* bakugrás ▼ *ige* bakugrást csinál
leapt [lept] *pt/pp* → **leap**
leap year *fn* szökőév
learn [lɜ:n] *ige* (*pt/pp* learnt [lɜ:nt] *v.* learned [lɜ:nd]) vmt tanul, megtanul || megtud vmt, értesül vmről || **learn a lesson from sg** tanulságot von le vmből; **learn by experience** kitapasztal; **learn by heart** könyv nélkül megtanul, bevág; **learn English** angolul tanul; **learn from sy** tanul vktől; **learn of sg** vmről értesül; **learn sg by rote** ❖ *biz (leckét)* bevág; **learn to swim** úszni tanul
learned ['lɜ:nɪd] *mn* tudományos *(humán tud.)* || tudós || **my learned friend** *(bíróságon)* (igen) tisztelt kollégám; **learned journal/periodical** tudományos (szak)folyóirat; **learned society** tudományos társaság || → **learn**
learner ['lɜ:nə] *fn* tanuló || tanulóvezető
learner-driver *fn* tanulóvezető
learning ['lɜ:nɪŋ] *fn* tanulás || tudás, felkészültség || **a man of learning** tanult ember
learnt [lɜ:nt] *pt/pp* → **learn**
lease [li:s] ▼ *fn (birtok)* bérlet || *(földé)* bérbeadás || haszonbérlet ▼ *ige* kibérel, bérbe vesz || bérbe ad; lízingel
leaseback ['li:sbæk] *fn* visszalízing
leasehold ['li:shoʊld] ▼ *fn* haszonbérlet ▼ *mn* (haszon)bérleti
leash [li:ʃ] *fn* póráz || **keep sy on a short leash** rövid pórázra fog vkt
leasing ['li:sɪŋ] *fn ker* lízing
leasing service/company *fn* kölcsönző (vállalat)
least [li:st] *mn* legkisebb, legkevesebb || **at least** legalább(is); **not in the least** (egy) cseppet sem, a legkevésbé sem, korántsem, egyáltalán nem, távolról sem; **least of all** legkevésbé;

the least said the better jobb erről nem beszélni
least common multiple *fn* legkisebb közös többszörös
leather ['leðə] *fn (kikészített)* bőr
leather belt *fn* derékszíj
leather case *fn* bőrtok
leather goods *fn tsz* bőráru
leathery ['leðəri] *mn* bőrszerű, rágós
leave [li:v] ▼ *fn* szabadság *(dolgozóé)* || eltávozás, kimaradás || **take leave (of)** vktől elbúcsúzik, elköszön ▼ *ige* (*pt/pp* left [left]) (vk vkt) elhagy || hagy || (el)távozik, elutazik, vhonnan elmegy; *(repülőgép)* indul || **be about to leave** indulóban/indulófélben van; **be (just) about to leave** (éppen) indulni készül; **leave (sg) open** nyitva felejt; **leave (sg) at home** otthon felejt; **be left** vmből megmarad; **only two are left** már csak kettő van; **he has left** elment; **leave a message** üzenetet hagy; **leave at that** annyiban hagy; **leave home** elmegy hazulról; **leave it alone** ne nyúlj hozzá!; **leave sy alone** nyugton hagy; **leave me alone!** hagyj békén!; **leave sy/sg alone** békén/békében hagy vkt/vmt; **leave it as it is** hagyd úgy, ahogy van; **I leave it to you** ezt rábízom önre; **leave school** iskoláit elvégzi; **leave the table** felkel az asztaltól

---

leave (sg) behind ottfelejt, maga után/mögött hagy
leave for *(külföldre)* kiutazik; vhova elutazik, elmegy || **leave for the country** lemegy vidékre
leave off abbahagy, félbehagy || **where did we leave off?** *(diktálásnál)* hol (is) tart(ott)unk?
leave on *(gázt)* nyitva felejt
leave out mellőz, kihagy || **leave me out of it** hagyj ki a játékból
leave over elhalaszt
leave sg with sy vmt vknél elhelyez

---

nm névmás – *nu* névutó – *szn* számnév – *esz* egyes szám – *tsz* többes szám
▼ szófajjelzés ⊕ földrajzi variáns ❏ szakterület ❖ stiláris minősítés

leaven ['levn] *fn* élesztő, kovász
leaves [li:vz] *tsz* → **leaf**
leave-taking *fn (távozáskor)* búcsú
Lebanon ['lebənən] *fn* Libanon
lecher ['letʃə] *fn* kéjenc
lecherous ['letʃərəs] *mn* buja, kicsapongó
lechery ['letʃəri] *fn (emberi)* bujaság
lectern ['lektən] *fn* olvasópolc
lecture ['lektʃə] ▼ *fn (egyetemen stb.)* előadás ‖ **give/deliver/read a lecture on sg** előadást tart vmről ▼ *ige (egyetemen stb.)* előad *(on* vmről) ‖ **lecture on history** történelmet ad elő
lecture hall *fn* előadóterem
lecture notes *fn tsz* (egyetemi) jegyzet
lecturer ['lektʃərə] *fn* (egyetemi) előadó, oktató ‖ ⊕ *GB kb.* adjunktus
lecture room *fn* előadóterem, auditórium
lecture theatre *fn (emelkedő padsorú)* előadóterem, auditórium
lecture tour *fn (tudományos)* előadó körút
led [led] *pt/pp* → **lead**
LED [led] = **light-emitting diode**
ledge [ledʒ] *fn* párkány ‖ szegély ‖ polc
ledger ['ledʒə] *fn* főkönyv
lee [li:] *fn* szélárnyék ‖ **under the lee** szél alatt
leech [li:tʃ] *fn* ⌷ *áll* pióca
leek [li:k] *fn* póréhagyma
leer [lɪə] ▼ *fn* kacsintás ▼ *ige* **leer at sy** kacsint vkre, fixíroz vkt
lee side *fn* szél alatti oldal
leeward (side) ['li:wəd] *fn* szél alatti oldal
leeway ['li:weɪ] *fn* szabad foglalkozás/program, szabadidő ‖ szabad hely/tér ‖ eltérés szélirányba
left¹ [left] ▼ *mn* bal (oldali) ‖ ⌷ *műsz* balos ▼ *hsz* balra ▼ *fn* bal (oldal/kéz) ‖ **the Left** ⌷ *pol* baloldal ‖ **from the left** balról, bal felől; **to the left** balra, bal felé; **inside left** ⌷ *sp* balösszekötő; **outside left** ⌷ *sp* balszélső; **from**

left to right az óramutató járásával egyező irányba(n); **on the left** a bal oldalon
left² [left] *pt/pp* → **leave**
left back *fn* balhátvéd
left-bank *mn* bal parti
left centre (⊕ *US* **center**) *fn* balközép
left half *(tsz* **halves** *v.* **halfs**) *fn* ⌷ *sp* balfedezet
left-hand *mn* bal oldali, bal kéz felőli ‖ balkezes ‖ ⌷ *műsz* balmenetes, balos
left-hand drive car *fn* (gép)kocsi bal oldali kormánnyal
left-handed *mn (személy, tárgy)* balkezes ‖ suta
left-hander *fn* balkezes ember ‖ balkezes ütés
left-hand side *fn* bal oldal
left-hand stroke *fn* balkezes ütés
leftist ['leftɪst] *mn/fn* ⌷ *pol* baloldali
left-luggage locker *fn* poggyászmegőrző automata
left-luggage office *fn* (pályaudvari) ruhatár, poggyászmegőrző
left-luggage ticket *fn* poggyászjegy
leftovers ['leftouvəz] *fn tsz* (étel)maradék
left side *fn* bal oldal
left turn! *isz* balra át!
left turn *fn* **no left turn** balra kanyarodni tilos!
left wing *fn* ⌷ *pol* baloldal, balszárny
left-wing *mn* ⌷ *pol* baloldali
left-winger *fn* ⌷ *sp* balszélső
leg [leg] ▼ *fn* láb(szár) ‖ szár *(csizmáé, harisnyáé, nadrágé)* ‖ *(borjú, szárnyas, birka)* comb ‖ láb *(bútoré)* ‖ *(sp és egyéb verseny)* forduló ‖ **give sy a leg up** ❖ *átv* ❖ *biz* láb(á)ra állít, hóna alá nyúl; **be on one's last legs** ❖ *biz* alig áll a lábán, a végét járja; **I was just pulling your leg** csak ugrattalak ▼ *ige* **-gg- leg it** gyalogol, kutyagol
legacy ['legəsi] *fn* örökség, hagyaték
legal ['li:gl] *mn* törvényes, jogos, legális ‖ jogi ‖ **seek for legal advice** jogi

---

fn főnév − *hsz* határozószó − *isz* indulatszó − *ksz* kötőszó − *mn* melléknév
▼ szófajjelzés ⊕ földrajzi variáns ⌷ szakterület ❖ stiláris minősítés

tanácsot kér; **take legal action against sy** beperel vkt; **by legal means** törvényes úton; **legal proceedings were instituted against him** a bírói eljárás megindult ellene
legal adviser *fn* jogi szakértő
legal aid *fn* jogsegély
legal claim *fn* jogigény
legal code *fn* törvénykönyv
legal costs *fn tsz* perköltség
legal department *fn* jogi osztály
legal entity *fn* jogi személy
legal force *fn* törvényerő
legal ground *fn* jogalap
legality [lɪ'gæləti] *fn* törvényesség
legalize ['li:gəlaɪz] *ige* legalizál
legally ['li:gəli] *hsz* jogilag, törvényes/ bírósági úton
legal proceedings *fn tsz* peres eljárás || → **legal**
legal separation *fn* az életközösség megszüntetése
legal tender *fn* törvényes fizetési eszköz
legate ['legət] *fn* pápai nuncius
legatee [ˌlegə'ti:] *fn* végrendeleti örökös
legation [lɪ'geɪʃn] *fn* követség
legend ['ledʒənd] *fn* legenda || *(érmén)* felirat || *(térképen)* jelmagyarázat
legendary ['ledʒəndəri] *mn* legendás
-legged [legd] *mn* lábú
leggings ['legɪŋz] *fn tsz* lábszárvédő
legibility [ˌledʒə'bɪləti] *fn* olvashatóság
legible ['ledʒəbl] *mn* olvasható
leg injury *fn* lábsérülés
legion ['li:dʒən] *fn* ◻ *tört* légió
legionary ['li:dʒənəri] *fn* ◻ *tört* legionárius
legionnaire [ˌli:dʒə'neə] *fn* idegenlégiós
legionnaire's disease *fn* légiós betegség, legionellosis
legislate ['ledʒɪsleɪt] *ige* törvényt alkot/hoz

legislater ['ledʒɪsleɪtə] *fn* törvényhozó
legislation [ˌledʒɪs'leɪʃn] *fn* törvényalkotás, törvényhozás
legislative ['ledʒɪslətɪv] *mn* törvényhozó
legislative body *fn* törvényhozó testület
legislature ['ledʒɪsleɪtʃə] *fn* törvényhozás || törvényhozó testület
legitimacy [lɪ'dʒɪtɪməsi] *fn* törvényesség; jogosultság, legitimitás
legitimate [lɪ'dʒɪtɪmət] *mn* törvényszerű, törvényes, jogos, legitim || **legitimate claim (to sg)** jogszerű követelés/igény
legitimize [lɪ'dʒɪtɪmaɪz] *ige* törvényesít
leg of lamb *fn* báránycomb
leg of mutton *fn* ürücomb
leg-pulling *fn* ❖ *biz* ugratás
leg-room *fn* **there's not much leg-room** nincs (valami) sok hely a lábnak
leguminous plants [lɪg'ju:mɪnəs] *fn tsz* ◻ *növ* hüvelyesek
leg warmer *fn* lábszármelegítő
Leics = *Leicestershire*
leisure ['leʒə, ⊕*US* 'li:ʒər] *fn* szabadidő, ráérő idő || **at one's leisure** ráérő idejében; **in one's leisure (hours)** szabad idejében
leisure centre (⊕ *US* **center**) *fn* szabadidőközpont
leisurely ['leʒəli] *mn* ráérős; lassú || **in a leisurely way** lassan, kényelmesen
leisure suit *fn* szabadidőruha
leisure time *fn* ráérő idő, szabad idő
leisure wear *fn* szabadidőruha
lemming ['lemɪŋ] *fn* ◻ *áll* lemming
lemon ['lemən] *fn* citrom
lemonade [ˌlemə'neɪd] *fn* limonádé
lemon cheese/curd *fn* <citromból, tojásból, vajból és cukorból készült tészta>
lemon juice *fn* citromlé
lemon-squash *fn* limonádé

L

---

nm névmás – *nu* névutó – *szn* számnév – *esz* egyes szám – *tsz* többes szám

▼ szófajjelzés ⊕ földrajzi variáns ◻ szakterület ❖ stiláris minősítés

lemon squeezer (⊕ *US* **lemon juicer**) *fn* citromnyomó

lend [lend] *ige* (*pt/pp* **lent** [lent]) kölcsönöz, kölcsönad (*sg to sy v. sy sg vmt vknek*) ‖ **lend sy a** (**helping**) **hand** segítséget nyújt vknek; **lend sy** (**money**) kölcsönt ad vknek

lender ['lendə] *fn* kölcsönadó, kölcsönző

lending library ['lendɪŋ] *fn* kölcsönkönyvtár

lend-lease *fn* kölcsönbérlet

length [leŋθ] *fn* hossz(úság) ‖ érték (*hangjegyé*) ‖ **at great length** hosszadalmasan; **length of time** időtartam

lengthen ['leŋθən] *ige* (meg)hosszabbít, megtold ‖ hosszabbodik, nyúlik

lengthways ['leŋθweɪz] *hsz* hosszában

lengthwise ['leŋθwaɪz] *hsz* hosszában

lengthy ['leŋθi] *mn* hosszadalmas, terjengős

lenience ['liːnɪəns] *fn* elnézés, türelem

leniency ['liːnɪənsi] *fn* = **lenience**

lenient ['liːnɪənt] *mn* elnéző, türelmes

leniently ['liːnɪəntli] *hsz* elnézően, türelmesen

lens [lenz] *fn* lencse, optika

lent [lent] *pt/pp* → **lend**

Lent [lent] *fn* nagyböjt

lentil ['lentl] *fn* ❏ *növ* lencse

leopard ['lepəd] *fn* leopárd

leotard ['liːətɑːd] *fn* testhezálló tornaruha (*lányoknak*); balett-trikó

leper ['lepə] *fn* leprás

leper colony *fn* lepratelep

leprosy ['leprəsi] *fn* lepra

leprous ['leprəs] *mn* leprás

lesbian ['lezbɪən] *mn/fn* leszbikus

lesion ['liːʒn] *fn* ❏ *orv* sérülés, seb

Lesotho [ləˈsoʊtoʊ] *fn* Lesotho

less [les] ▼ *mn* kevesebb ‖ (*kivonásnál*) mínusz ‖ **nothing less than** nem egyéb, mint; **no(t) less than** nem kevesebb, mint; **less 6%** 6% levonásával ▼ *hsz* kevésbé, kisebb mértékben,

kevesebbet, nem annyira ‖ **even/still less** még kevésbé; **any the less** annak ellenére (sem); **... the less** (mennél …) annál kevésbé; **less and less** egyre kevésbé

lessee [leˈsiː] *fn* földbérlő

lessen ['lesn] *ige* csökkent; (*mennyiséget*) kisebbít, kevesbít ‖ (*fájdalmon*) könnyít ‖ csökken, fogy, kevesbedik ‖ (*fájdalom*) enyhül

lesser ['lesə] *mn* kisebb, kevesebb ‖ **to a lesser degree** kisebb mértékben

lesser-known *mn* (**languages etc.**) kevéssé ismert (*nyelvek*)

lesson ['lesn] *fn* lecke ‖ tanítás ‖ óra ‖ tanulság ‖ **let that be a lesson to you!** jó lecke volt ez neked! ‖ **give English lessons** angolórákat ad; **take lessons** (**in sg**) órákat vesz

lessor ['lesɔː] *fn* bérbeadó

lest [lest] *ksz* nehogy

let [let] *ige* (*pt/pp* **let -tt-**) hagy, enged ‖ (*házat*) kiad, bérbe ad ‖ **to** (**be**) **let** kiadó ‖ (*felszólító mód kifejezésére*) **let us** (*v.* **let's**) **go!** menjünk!, induljunk!, gyerünk!; **let us say** teszem azt, mondjuk; **let's see what's on the tele**(**vision**) lássuk, mi megy a tévében; **let sy/sg alone** békén/békében hagy vkt/vmt; **let AB be equal to CD** tegyük fel, hogy AB egyenlő CD-vel; **let alone** nem számítva, vkről/vmről nem is szólva; **let drop** elejt, elenged; **let go** (*kezéből*) elenged, ereszt, szabadon enged; **let him have his/her way** hagyd rá; **let loose** (*állatot*) elenged, szabadjára enged; **let me have it!** ide vele!; **let me see!** hadd lássam!, mutasd csak!; **let sy do sg** vmt enged vknek; **let sy know sg** vkvel vmt tudat, vkt vmről értesít

---

let down leereszt, leenged ‖ **let sy down** ❖ *biz* cserbenhagy/átejt vkt

let in beenged ‖ bevesz (*ruhából*) ‖ **let sy in on/into sg** vkt beavat (*titok-*

---

fn főnév – *hsz* határozószó – *isz* indulatszó – *ksz* kötőszó – *mn* melléknév

▼ szófajjelzés ⊕ földrajzi variáns ❏ szakterület ❖ stiláris minősítés

ba); **let in the clutch** felengedi a kuplungot

let off *(büntetést)* elenged ‖ **he was let off with a fine** pénzbírsággal megúszta; **let off steam** vk kitombolja magát

let on továbbmond

let out *(szobát, lakrészt)* kiad ‖ vkt kienged ‖ *(ruhát)* kienged ‖ kikotyog

let up *(feszültség)* enyhül ‖ *(eső)* alábbhagy ‖ **let up the clutch** felengedi a kuplungot

let-down *fn* csalódás ‖ átejtés

lethal ['li:θl] *mn* halálos ‖ **lethal dose** halálos adag

lethargic [lɪ'θɑ:dʒɪk] *mn* letargikus

lethargy ['leθədʒi] *fn* letargia

let's [lets] = **let us**

letter ['letə] *fn* betű ‖ *(írott)* levél ‖ **by letter** levélben; **he had a letter** levelet kapott; **letter of credit** hitellevél; **letter of invitation** meghívólevél; **have a letter registered** ajánlva ad fel levelet ‖ → **letters**

letter-balance *fn* levélmérleg

letter-bomb *fn* levélbomba

letterbox ['letəbɔks] *fn* postaláda, levélszekrény

letter-by-letter *mn* betűhű

letter-case *fn* bőrtárca

letterhead ['letəhed] *fn (levélpapíron)* cégjelzés, fejléc

letterpress printing ['letəpres] *fn* ❑ *nyomd* magasnyomás

letters ['letəz] *fn tsz v. esz* irodalom(tudomány); **man of letters** író(ember), irodalmár

letter telegram *fn* levéltávirat

letter type *fn* betűfajta

letter-writing *fn* levélírás

lettuce ['letɪs] *fn (fejes)* saláta

let-up *fn* enyhülés, csökkenés, szünet

leucocyte ['lu:kəsaɪt] *fn* ❑ *tud* fehér vérsejt

leukaemia (⊕ *US* **-kemia**) [lu:'ki:mɪə] *fn* fehérvérűség, leukémia

level ['levl] ▼ *mn* sík, vízszintes, egyszintű ‖ **make level** elsimít, kiegyenget; **he did his level best** ❖ *biz* kivágta a rezet ▼ *fn* szint, színvonal ‖ **be on a level with sg** egy szinten (van) vmvel ▼ *ige* **-ll-** (⊕ *US* **-l-**) szintbe/szintre hoz, szintez, kiegyenget, planíroz, kiegyenlít ‖ lerombol, földdel egyenlővé tesz ‖ ráirányít ‖ **level (a gun) at sy** *(fegyvert)* rászegez, nekiszegez, ráfog

level down lesimít ‖ *(alacsonyabb színvonalra)* leszállít

level off kiegyenget, kiegyenlít(ődik)

level up magasabb színvonalra emel

level with ❖ *biz* nem kertel

level-crossing *fn* szintbeni útkereszteződés *(v. vasúti átjáró)*

level-headed *mn* higgadt

leveller (⊕ *US* **-l-**) ['levələ] *fn* egyenlőségpárti

levelling (⊕ *US* **-l-**) ['levəlɪŋ] ▼ *mn* szintező ▼ *fn* szintezés

lever ['li:və] *fn* ❑ *fiz* emelő(kar) ‖ ❑ *műsz* emelőrúd ‖ kar, fogantyú

leverage ['li:vərɪdʒ] *fn* emelőerő ‖ ❖ *átv* befolyás

Levi's ['li:vaɪz] *fn tsz* farmer(nadrág)

levity ['levəti] *fn* komolytalanság, léhaság

levy ['levi] ▼ *fn* adókivetés, -behajtás ‖ behajtott adó ▼ *ige* kiró, kivet ‖ **levy a tax on sg** adót kivet vkre/vmre, megadóztat

lewd [lu:d] *mn* feslett, erkölcstelen ‖ parázna *(nő)*

lexeme ['leksi:m] *fn* lexéma

lexical ['leksɪkl] *mn* lexikális; lexikai ‖ **lexical item** lexikai/szótári adat

lexicographer [ˌleksɪ'kɒgrəfə] *fn* szótáríró, lexikográfus

lexicographic(al) [ˌleksɪkə'græfɪk(l)] *mn* lexikográfiai

lexicography [ˌleksɪ'kɒgrəfi] *fn* lexikográfia, szótárírás

---

nm névmás – *nu* névutó – *szn* számnév – *esz* egyes szám – *tsz* többes szám
▼ szófajjelzés ⊕ földrajzi variáns ❑ szakterület ❖ stiláris minősítés

lexicology [ˌleksɪˈkɒlədʒi] *fn* lexikológia, szókészlettan

lexicon [ˈleksɪkən] *fn (latin/görög)* szótár ‖ ❑ *nyelvt* szótár *(szemben a nyelvtannal)*; szókincs

lexis [ˈleksɪs] *fn* ❑ *nyelvt* szókincs, szókészlet, lexika

LI = Long Island

liabilities *fn tsz* tartozások, passzívák

liability [ˌlaɪəˈbɪləti] *fn* kötelezettség ‖ teher(tétel) ‖ **liability (to pay)** fizetési kötelezettség

liability insurance *fn* szavatossági biztosítás

liable [ˈlaɪəbl] *mn* **liable for sg** felelős vmért; **liable to sg** vm alá esik, köteles vmre ‖ hajlamos vmre ‖ **liable to duty** illetékköteles, vámköteles; **liable to tax(ation)** adó alá eső, adóköteles

liaise [liˈeɪz] *ige* kapcsolatot létesít

liaison [liˈeɪzn] *fn* kapcsolat, viszony

liaison officer *fn* összekötő tiszt

liar [ˈlaɪə] *fn* hazug ember

libel [ˈlaɪbl] ▼ *fn* rágalmazás ▼ *ige* **-ll-** (❋ *US* **-l-**) (meg)rágalmaz

libel action *fn* rágalmazási per

libellous [ˈlaɪbləs] *mn (írás)* rágalmazó, becsületsértő

liberal [ˈlɪbərəl] ▼ *mn* nagyvonalú, bőkezű ‖ szabadelvű, liberális ▼ *fn* **Liberal** liberális (párt tagja)

liberality [ˌlɪbəˈræləti] *fn* nagyvonalúság

liberalize [ˈlɪbərəlaɪz] *ige* szabaddá tesz, liberalizál

liberally [ˈlɪbərəli] *hsz* bőven ‖ bőkezűen

liberate [ˈlɪbəreɪt] *ige* kiszabadít, felszabadít ‖ **be liberated** felszabadul

liberation [ˌlɪbəˈreɪʃn] *fn* felszabadítás ‖ felszabadulás

Liberia [laɪˈbɪərɪə] *fn* Libéria

Liberian [laɪˈbɪərɪən] *mn/fn* libériai

liberty [ˈlɪbəti] *fn* szabadság ‖ **liberty of conscience** lelkiismereti szabadság; **be at liberty** szabadlábon van; **set at liberty** szabadlábra helyez; **take the liberty (of …ing)** bátorko-

dik *(vmt tenni)*; **take liberties with sy** bizalmaskodik vkvel

libidinous [lɪˈbɪdnəs] *mn* érzéki, szabados

libido [lɪˈbiːdoʊ] *fn* libidó

Libra [ˈliːbrə] *fn* ❑ *csill* Mérleg

librarian [laɪˈbreərɪən] *fn* könyvtáros

library [ˈlaɪbrəri] *fn* könyvtár ‖ **library books** könyvtári könyvek

library ticket *fn (könyvtári)* olvasójegy

librettist [lɪˈbretɪst] *fn* szöveg(könyv)író

libretto [lɪˈbretoʊ] *fn (tsz* **-tos** *v.* **-ti** [-tiː]) szövegkönyv, librettó *(zenés műé)*

Libya [ˈlɪbɪə] *fn* Líbia

Libyan [ˈlɪbɪən] *mn/fn* líbiai

lice [laɪs] *tsz* → **louse**

licence (❋ *US* **-se**) [ˈlaɪsns] *fn* jogosítvány, engedély ‖ licenc ‖ **have one's licence endorsed** *kb.* elvették a betétlapját ‖ → **license**

licence holder *fn* (tévé-)előfizető

licence number *fn* rendszám

license [ˈlaɪsns] ▼ *fn* ❋ *US* = **licence** ▼ *ige* engedélyez, jogosítványt ad (vmre) ‖ **be licensed for sg** engedélyt kap vmre

licensed victualler *fn* italmérési engedéllyel rendelkező vendéglős

licensee [ˌlaɪsnˈsiː] *fn* (ipar)engedélyes, italmérési engedély birtokosa

license plate *fn* ❋ *US* rendszámtábla

licensing laws *fn tsz* italmérési törvények

licentious [laɪˈsenʃəs] *mn* szabados, ledér

licentiousness [laɪˈsenʃəsnəs] *fn* szabadosság

lichen [ˈlaɪkən] *fn* zuzmó

lick [lɪk] ▼ *fn* nyalás ▼ *ige* (meg)nyal ‖ **lick into shape** helyrepofoz

licorice [ˈlɪkərɪs] *fn* = **liquorice**

lid [lɪd] *fn* tető, fedél, fedő ‖ **that puts the lid on it!** ami sok, az sok!

lido [ˈliːdoʊ] *fn (tsz* **-os)** strand; *(nyitott)* uszoda

---

fn főnév – *hsz* határozószó – *isz* indulatszó – *ksz* kötőszó – *mn* melléknév
▼ szófajjelzés ❋ földrajzi variáns ❑ szakterület ❖ stiláris minősítés

lie[1] [laɪ] ▼ *fn* hazugság ▼ *ige* (*pt/pp* **lied** [laɪd]; *pres p* **lying** ['laɪɪŋ]) hazudik

lie[2] [laɪ] *ige* (*pt* **lay** [leɪ]; *pp* **lain** [leɪn]; *pres p* **lying** ['laɪɪŋ]) (*ingatlan*) fekszik, elterül ‖ **lie doggo/low** ❖ *biz* dekkol, lapul; **lie heavily on sg/sy** (vmre/vkre) nehezedik, nyomja a lelkét; **sg lies heavy on one's stomach** vm megfekszi a gyomrát vknek; **sg lies in (…ing)** abban rejlik, hogy; **it lies with him (to do sg)** vkn rajta áll/múlik

lie about (*szerteszét*) hever
lie back hátradől
lie down (le)fekszik ‖ ❖ *biz* **lie down under** lenyel (*sértést*)
lie in ágyban marad (*lustálkodva*) ‖ gyermekágyban fekszik
lie up ágyban marad, pihen (*betegen*)

Liechtenstein ['lɪktənstaɪn] *fn* Liechtenstein
lie-detector *fn* hazugságvizsgáló gép
lie detector test *fn* hazugságvizsgáló teszt
lie-in *fn* **have a lie-in** (*reggel, lustálkodva*) ágyban marad
lieu [luː] *fn* **in lieu of sg** vm helyett
Lieut = **Lieutenant**
lieutenant [lef'tenənt, ⊕*US* luː'tenənt] *fn* ⊕ *GB* főhadnagy ‖ ⊕ *US* hadnagy ‖ **1st lieutenant** ⊕ *US* főhadnagy; **2nd lieutenant** (⊕ *GB* és ⊕ *US hadseregben*) hadnagy
lieutenant-colonel *fn* (⊕ *GB* és ⊕ *US hadseregben*) alezredes ‖ ⊕ *US* repülőalezredes
lieutenant-general *fn* altábornagy
life [laɪf] *fn* (*tsz* **lives** [laɪvz]) élet ‖ életrajz ‖ **all my life** világéletemben; **come to life (again)** életre kel; **for life** életfogytig; **I don't know it for the life of me** ha agyonütnek se tudom; **not on your life!** ❖ *biz* ha megfebedsz, akkor sem!

life-and-death struggle *fn* élethalálharc
life-annuity *fn* életjáradék
life assurance/insurance *fn* életbiztosítás
life-belt *fn* mentőöv
life-blood *fn* az élet fenntartásához szükséges vér ‖ erőforrás
lifeboat ['laɪfboʊt] *fn* mentőcsónak
life-buoy *fn* mentőöv
life expectancy *fn* várható élettartam
life-giving *mn* éltető
lifeguard ['laɪfgɑːd] *fn* mentő (*uszodában, strandon stb.*), úszómester ‖ **lifeguards** (*tengerparti*) mentőszolgálat
life imprisonment *fn* életfogytiglani börtönbüntetés
life-jacket *fn* mentőmellény
lifeless ['laɪfləs] *mn* élettelen
lifelike ['laɪflaɪk] *mn* élethű
lifeline ['laɪflaɪn] *fn* mentőkötél
lifelong ['laɪfloŋ] *mn* egy életen át tartó
life-preserver *fn* ⊕ *US* mentőmellény ‖ ólmosbot
life-raft *fn* (felfújható) mentőtutaj
life-saver *fn* (élet)mentő
life sciences *fn tsz* élettudományok
life-sentence *fn* életfogytiglani börtönbüntetés
life-size(d) *mn* életnagyságú
life-span *fn* élettartam
life story *fn* élettörténet
life style *fn* életvitel, életstílus
life-support machine/system *fn* lélegeztetőgép
life's work *fn* életmű
lifetime ['laɪftaɪm] *fn* élettartam
life-work *fn* életmű
lift [lɪft] ▼ *fn* lift, (személy)felvonó ‖ **ask for a lift** (*kocsira*) felkéredzkedik, elviteti magát vkvel; **give sy a lift** (*járműre vkt*) felvesz ▼ *ige* (fel)emel ‖ ❖ *biz* elemel, ellop ‖ (*köd*) felszáll ‖ felold, megszüntet

lift off felemelkedik, felszáll (*űrhajó*)

L

lift up vmt felemel, felvesz || **lift up one's eyes** felnéz

lift attendant/boy *fn* liftkezelő
liftman ['lɪftmən] *fn* (*tsz* **-men**) liftkezelő
lift-off *fn* felszállás *(űrhajóé)*
ligament ['lɪgəmənt] *fn* (ín)szalag
light[1] [laɪt] ▼ *mn* világos || sápadt, halvány || világos (színű) ▼ *fn* fény, világosság || (villany)lámpa || tűz, láng || **bring sg to light** napfényre hoz vmt, *(rejtélyt)* felderít, kiderít; **cast/shed light on sg** fényt derít vmre; **come to light** kitudódik, kiderül, napfényre kerül/jut; **lights** világítás *(autóé)*; **have you got your lights on?** ki van világítva a kocsi?; **that car hasn't got its lights on** nincs bekapcsolva a világítás(a a kocsinak); **with the lights on** kivilágított kocsival; **can you give me a light, please?** lenne szíves tüzet adni?, kaphatnék (egy kis) tüzet?; **give (sy) a light** tüzet ad; **the light is on** ég a lámpa; **in the light of sg** vmnek fényében ▼ *ige* (*pt/pp* **lit** [lɪt] *v.* **lighted** ['laɪtɪd]) *(cigarettát, pipát, tüzet, lámpát)* meggyújt || **light a cigarette** cigarettára gyújt; **light a fire** tüzet rak || → **lights**

light up *(szobát, járművet)* kivilágít, bekapcsolja a világítást || bevilágít

light[2] [laɪt] ▼ *mn* könnyű || enyhe *(büntetés, szél)* || gyenge *(forgalom)* || **as light as a feather** pehelykönnyű; **a light (quick) meal** gyors ebéd; **make light of** (el)bagatellizál; **make light of danger** lebecsüli a veszélyt; **make light of sg** túlteszi magát vmn; **have a light touch** könnyű keze van ▼ *hsz* könnyen || könnyedén || **travel light** kevés csomaggal utazik ▼ *ige* (*pt/pp* **lit** [lɪt] *v.* **lighted** ['laɪtɪd]) **light on/upon sg/sy** ráakad/rábukkan vmre/vkre; **light out** ⊕ *US* eltűz vhova

light ale *fn* világos sör
light bulb *fn* izzó; (villany)égő
light cavalry *fn* könnyű lovasság
light-coloured *mn* világos színű
light-current *mn* gyengeáramú
light-emitting diode *fn* világító dióda, LED
lighten[1] ['laɪtn] *ige (gondot)* enyhít; *(terhen)* könnyít
lighten[2] ['laɪtn] *ige* megvilágít, kivilágít || (ki)világosodik
lighter ['laɪtə] *fn* öngyújtó
light-fingered *mn* enyveskezű
light-headed *mn* szédülő(s) || szeleburdi, könnyelmű
light-hearted *mn* gondtalan
lighthouse ['laɪthaʊs] *fn* világítótorony
lighting ['laɪtɪŋ] *fn* (meg)világítás
lighting man *fn* (*tsz* **men**) ❑ *szính* világosító
lighting-up (time) *fn* lámpagyújtás (ideje)
lightly ['laɪtli] *hsz* könnyedén, könnyen || **be lightly dressed** könnyen van öltözve
light-meter *fn* fénymérő
light music *fn* könnyűzene
lightness ['laɪtnəs] *fn* könnyedség || enyheség *(ítéleté)*
lightning ['laɪtnɪŋ] *fn* villám || **the house was struck by lightning** a villám a házba csapott; **with lightning speed** villámgyorsan
lightning-conductor *fn* villámhárító
lightning-rod *fn* villámhárító
lightning strike *fn* villámcsapás
lightning war *fn* villámháború
light opera *fn* operett
light pen *fn* kódolvasó (ceruza), fényceruza
light reading *fn* szórakoztató olvasmány
light refreshments *fn tsz* frissítők (étel, ital)
lights [laɪts] *fn tsz (állati)* zsigerek, tüdő || → **light**[1]

light signal *fn* fényjel(zés)
light sleeper *fn* éberen alvó
light switch *fn* villanykapcsoló
light wave *fn* fényhullám
lightweight ['laɪtweɪt] *fn* ❏ *sp* könnyű-
súly
light-year *fn* fényév
ligneous ['lɪgnɪəs] *mn* ❏ *növ* fás
lignite ['lɪgnaɪt] *fn* barnaszén, lignit
likable ['laɪkəbl] *mn* = **likeable**
like¹ [laɪk] ▼ *mn/elölj* hasonló, hason-
ló vkhez/vmhez ‖ mint ‖ **be like sy/sg**
vkre/vmre hasonlít; olyan, mint vk *v.*
vm; **just like** ugyanolyan, olyan, mint;
those like him a hozzá hasonlók; **he
is like his father** hasonlít az apjára;
just like you! ez jellemző rád! ▼
hsz/ksz mint, úgy, amint ‖ **don't talk
like that** ne beszélj így; **like enough**
igen valószínűen ▼ *fn* **the likes of
him** az ő fajtája(beliek)
like² [laɪk] *ige* szeret ‖ **as you like**
ahogy akarod; **how do you like …?**
hogy tetszik (neked) a …?; **if you
like** ha (úgy) tetszik; **I'd like a coffee**
egy kávét kérek; **do you like it?** sze-
reted?; **sy likes sg** tetszik vknek vm;
he likes to read szeret olvasni; **like it
or lump it** ❖ *biz* akár tetszik, akár
nem; **I like it very much** nagyon íz-
lik; **would you like to come?** szeret-
ne/szeretnél eljönni?; **I should like to
know if** szeretném tudni, hogy; kí-
váncsi vagyok, vajon
-like *utótag* -szerű
likeable ['laɪkəbl] *mn* rokonszenves,
szimpatikus
likelihood ['laɪklihʊd] *fn* valószínűség
‖ **in all likelihood** minden valószínű-
ség szerint
likely ['laɪkli] ▼ *mn* valószínű ‖ **X is
the most likely candidate to win** X
jöhet leginkább számba a jelöltek kö-
zül; **he is not likely to arrive** már
aligha jön meg; **it isn't likely to rain**
nem valószínű, hogy esni fog; **he is
likely to be late** lehet, hogy késni fog

▼ *hsz* valószínűleg ‖ **most/very likely**
minden valószínűség szerint; **it is as
likely as not** lehet is, meg nem is
like-minded *mn* hasonló gondolkodású
liken ['laɪkən] *ige* (*két v. több személyt
v. dolgot*) összehasonlít
likeness ['laɪknəs] *fn* hasonlóság ‖
arcmás, képmás
likewise ['laɪkwaɪz] *mn* hasonlóan,
hasonlóképpen, ugyanúgy
liking ['laɪkɪŋ] *fn* tetszés ‖ **be to sy's
liking** ínyére/kedvére van/való; **it is
not to my liking** nincs ínyemre; **have
a liking for sg** szeret/kedvel vmt;
take a liking to vknek vm megtet-
szik, szemet vet vmre/vkre; **to sy's
liking** szájíze szerint
lilac ['laɪlək] *fn* ❏ *növ* orgona
lilliputian [ˌlɪlɪ'pju:ʃn] *mn* liliputi
lilo ['laɪloʊ] *fn* (*tsz* **-los**) felfújható
(könnyű) műanyag matrac
lily ['lɪli] *fn* liliom ‖ **lily of the valley**
gyöngyvirág
limb [lɪm] *fn* (vég)tag ‖ vastag (fa)ág
limber up ['lɪmbə] *ige* (*sportoló*) be-
melegít
lime [laɪm] *fn* mész
lime brush *fn* (*szerszám*) meszelő
lime-kiln *fn* mészégető (kemence)
limelight ['laɪmlaɪt] *fn* ❏ *szính* rival-
dafény ‖ **be in the limelight** az érdek-
lődés középpontjában van; **come into
the limelight** előtérbe kerül/lép
lime-pit *fn* meszesgödör
limerick ['lɪmərɪk] *fn* limerick (*ötsoros
abszurd vers „aabba" rímképlettel*)
limestone ['laɪmstoʊn] *fn* mészkő
lime-tree *fn* hársfa
limit ['lɪmɪt] ▼ *fn* határ, korlát ‖ **that's
the limit** ez több a soknál! ▼ *ige* korlá-
toz, megszorít, határt szab vmnek,
korlátok közé szorít vmt ‖ **limit one-
self to** szorítkozik vmre; **be limited
to** vmre korlátozódik/szorítkozik
limitation [ˌlɪmɪ'teɪʃn] *fn* korlátozás
limited ['lɪmɪtɪd] *mn* korlátozott, kor-
látolt ‖ **limited number of copies**

L

were printed kis példányszámban jelent meg
limited liability company (Ltd) *fn* korlátolt felelősségű társaság, kft.
limitless ['lɪmɪtləs] *mn* határtalan, korlátlan
limousine [ˌlɪməˈziːn] *fn* limuzin *(zárt karosszériájú nagykocsi)*
limp [lɪmp] ▼ *fn* walk with a limp sántikál ▼ *ige* biceg, sántikál, sántít
limpet ['lɪmpɪt] *fn* csészecsiga ‖ **hold on like a limpet (to)** kullancsként ragad
limpid ['lɪmpɪd] *mn* áttetsző
limping ['lɪmpɪŋ] *mn* sánta
limply ['lɪmpli] *hsz* sántikálva
limy ['laɪmi] *mn* meszes
linchpin ['lɪntʃpɪn] *fn* tengelyszög
Lincs = *Lincolnshire*
linden-tree *fn* hársfa
line [laɪn] ▼ *fn* vonal ‖ vonás ‖ sor ‖ *(közlekedési)* vonal; vasútvonal; *(hajó)* járat ‖ sínpár ‖ huzal, vezeték, zsinór ‖ telefonvonal ‖ kötél ‖ sorfal ‖ ❑ *pol* irányvonal ‖ foglalkozás ‖ **lines** szerep *(színészé)* ‖ írásbeli büntetés *(iskolásé)* ‖ vmnek a körvonalai ‖ **along this line** ezen a vonalon; **along/on the same lines** hasonló módon; **be in line with sg** összhangban van vmvel; **draw the line between** határvonalat húz vmk közé; **that's not really (in) his line** nem vág a szakmájába; **what's your line?** milyen vonalon működsz?; **his line is economics** gazdasági vonalon dolgozik; **line (is) engaged** (⊕ *US* **busy**) foglalt (a vonal) ▼ *ige* (meg)vonalaz ‖ (ki)bélel *(ruhát)* ‖ **line one's pocket** megszedi magát

line up sorba állít, felsorakoztat ‖ (fel)sorakozik ‖ **line up with sy** vk mellé áll

lineage ['laɪnɪdʒ] *fn* leszármazás
linear ['lɪnɪə] *mn* vonalas ‖ lineáris
lined [laɪnd] *mn* bélelt ‖ szegélyezett ‖ vonalazott, vonalas

line diagram *fn* vonalas rajz
line-drawing *fn* vonalas rajz
line feed *fn* ❑ *szt* soremelés
linen ['lɪnɪn] *fn* vászon ‖ fehérnemű ‖ **wash one's dirty linen in public** kiteregeti a szennyesét
linen basket/bin/hamper *fn* szennyesláda
line of intersection *fn* metszésvonal
line printer *fn* ❑ *szt* sornyomtató
liner[1] ['laɪnə] *fn* óceánjáró ‖ szemceruza
liner[2] ['laɪnə] *fn* (pelenka)betét ‖ szemeteszacskó
linesman ['laɪnzmən] *fn* *(tsz* **-men)** ❑ *sp* partjelző, vonalbíró
line-up *fn* sor *(emberekből)* ‖ *(futball)* (csapat-)összeállítás, felállás ‖ összeállítás *(műsoré)*, műsor
linger ['lɪŋgə] *ige* sokáig távolmarad; kimarad ‖ **lingers about/around** lődörög; lézeng; **linger on** *(hagyomány, szokás stb.)* tovább él
lingerie ['lænʒəriː] *fn* női fehérnemű
lingering ['lɪŋgərɪŋ] *mn* hosszadalmas; sóvárgó
lingo ['lɪŋgoʊ] *fn* *(tsz* **-goes)** nyelv ‖ nyelvjárás; szakzsargon ‖ halandzsa
linguist ['lɪŋgwɪst] *fn* nyelvész
linguistic [lɪŋˈgwɪstɪk] *mn* nyelvészeti, nyelvtudományi
linguistically [lɪŋˈgwɪstɪkli] *hsz* nyelvileg, nyelvi szempontból
linguistics [lɪŋˈgwɪstɪks] *fn esz* nyelvtudomány, nyelvészet
liniment ['lɪnɪmənt] *fn (híg)* kenőcs
lining ['laɪnɪŋ] *fn (ruháé)* bélés
link [lɪŋk] ▼ *fn* láncszem, kapcsolat ‖ ❑ *műsz* kötés ‖ → **links** ▼ *ige* összekapcsol, összeköt, összefüggésbe hoz *(with* vmvel) ‖ **be linked with sg** vmhez fűződik/kapcsolódik

link up összeköt, összekapcsol ‖ összekapcsolódik ‖ **link up with sy** *(üzleti vállalkozásban)* társul vkvel

linkage ['lɪŋkɪdʒ] *fn* ❑ *vegy* kötődés

---

fn főnév− *hsz* határozószó− *isz* indulatszó− *ksz* kötőszó− *mn* melléknév
▼ szófajjelzés ⊕ földrajzi variáns ❑ szakterület ❖ stiláris minősítés

links [lɪŋks] *fn tsz* homokos tengerpart ‖ golfpálya
link-up *fn* összeköttetés
linnet ['lɪnɪt] *fn* kenderike
lino ['laɪnoʊ] *fn* ❖ *biz* linóleum
linocut ['laɪnəkʌt] *fn* linóleummetszet
linoleum [lɪ'noʊlɪəm] *fn* linóleum
linseed ['lɪnsiːd] *fn* lenmag
linseed oil *fn* lenolaj
lint [lɪnt] *fn* kötszer
lintel ['lɪntl] *fn* szemöldökfa, áthidaló (gerenda)
lion ['laɪən] *fn* oroszlán ‖ **the lion's share** oroszlánrész
lioness ['laɪənɪs] *fn* nőstény oroszlán
lion-hearted *mn* oroszlánszívű
lip [lɪp] *fn* ajak ‖ *(edényé)* száj ‖ **be on everybody's lips** közszájon forog; **bite one's lips** ajkába harap, ajkát harapdálja
lipoma [lɪ'poʊmə] *fn* zsírdaganat
lip-read *ige (pt/pp* -**read**) szájról olvas
lip-reading *fn* szájról olvasás
lipsalve ['lɪpsɑːv] *fn* ajakír
lip-service *fn* **pay lip-service to sy** szépeket mond vknek (de nem úgy gondolja), nyal vknek
lipstick ['lɪpstɪk] *fn* (ajak)rúzs ‖ **put on lipstick** kirúzsozza magát (*v.* a száját); **wear lipstick** rúzsozza magát
liquefy ['lɪkwɪfaɪ] *ige* cseppfolyósít ‖ cseppfolyóssá válik
liqueur [lɪ'kjʊə] *fn* likőr
liquid ['lɪkwɪd] ▼ *mn* folyékony (halmazállapotú), cseppfolyós ▼ *fn* folyadék, lé
liquidate ['lɪkwɪdeɪt] *ige (céget)* feloszlat, felszámol, likvidál
liquidation [ˌlɪkwɪ'deɪʃn] *fn* feloszlatás, felszámolás *(cégé)* ‖ **go into liquidation** csődbe jut
liquid crystal *fn* folyadékkristály
liquid crystal display *fn* folyadékkristályos kijelző
liquidity [lɪ'kwɪdəti] *fn* ❑ *pénz* likviditás

liquidize ['lɪkwɪdaɪz] *ige* pépesít, turmixol
liquidizer ['lɪkwɪdaɪzə] *fn* turmixgép
liquor ['lɪkə] *fn* ⊕ *US* szeszes ital
liquorice ['lɪkərɪs] *fn* édesgyökér
Lisbon ['lɪzbən] *fn* Lisszabon
lisp [lɪsp] ▼ *fn* selypítés ‖ **have a lisp** selypít, pöszén beszél ▼ *ige* selypít, pöszén beszél
lisping ['lɪspɪŋ] *mn* pösze
lissom ['lɪsəm] *mn* ruganyos; fürge
list [lɪst] ▼ *fn* jegyzék, lista ‖ **make a list of sg** jegyzékbe vesz, leltároz ‖ → **lists** ▼ *ige* felsorol, jegyzékbe vesz, vhova besorol
listed ['lɪstɪd] *mn* tételes
listed building *fn* ⊕ *GB* műemlék épület
listed securities *fn tsz* jegyzett értékpapírok
listen ['lɪsn] *ige* **listen (attentively)** *(tanuló)* figyel ‖ **listen!** (ide) figyelj!, hallgass ide!; **he is not listening** nem figyel (oda); **you have been listening to ...** *(rádióban)* elhangzott ...

listen in rádiót hallgat ‖ **listen in to sg** vmt (meg)hallgat a rádióban
listen to vkre odafigyel, vkt/vmt meghallgat ‖ **listen to me** hallgasson meg!; **listen to music** zenét hallgat; **listen to the radio** rádiót hallgat, rádiózik

listener ['lɪsnə] *fn* (rádió)hallgató
listing ['lɪstɪŋ] *fn* ❑ *szt* listázás
listless ['lɪstləs] *mn (tekintet)* csüggedt, apatikus
listlessly ['lɪstləsli] *hsz* csüggedten
listlessness ['lɪstləsnəs] *fn* csüggedtség
list price *fn* árjegyzéki ár, listaár
lists [lɪsts] *fn tsz* küzdőtér; porond
lit [lɪt] *pt/pp* → **light¹**; → **light²**
litany ['lɪtəni] *fn* litánia
liter ['liːtə] *fn* ⊕ *US* = **litre**

---

nm névmás– *nu* névutó– *szn* számnév– *esz* egyes szám– *tsz* többes szám
▼ szófajjelzés ⊕ földrajzi variáns ❑ szakterület ❖ stiláris minősítés

literacy ['lɪtərəsi] *fn* írni-olvasni tudás || műveltség, olvasottság

literal ['lɪtərəl] *mn* betű/szó szerinti || **in the literal sense of the word** szó szerint, a szó szoros értelmében

literally ['lɪtərəli] *hsz* szó/betű szerint

literary ['lɪtərəri] *mn* irodalmi || **literary history** irodalomtörténet; **literary work** irodalmi alkotás

literate ['lɪtərət] *mn* írni-olvasni tudó || olvasott

literature ['lɪtrətʃə] *fn* irodalom

litho ['laɪθoʊ] *fn* ❖ *biz* = **lithography**

lithograph ['lɪθəgrɑːf] *fn* kőnyomat

lithography [lɪ'θɒɡrəfi] *fn* litográfia

Lithuania [ˌlɪθjuˈeɪnɪə] *fn* Litvánia

Lithuanian [ˌlɪθjuˈeɪnɪən] *mn/fn* litván (ember/nyelv)

litigant ['lɪtɪɡənt] *fn* pereskedő (fél)

litigate ['lɪtɪɡeɪt] *ige* pereskedik

litigation [ˌlɪtɪ'ɡeɪʃn] *fn* ❑*jog* pereskedés, peres eljárás

litmus paper ['lɪtməs] *fn* lakmuszpapír

litre (⊕ *US* **liter**) ['liːtə] *fn* liter

litter ['lɪtə] ▼ *fn* (szanaszét heverő) hulladék, szemét || rendetlenség || alom (szalma; kölykök) || hordszék || **our cat had a litter of four (kittens)** a macskánk négyet kölykezett ▼ *ige* kölykezik || teleszór (szeméttel) || almot készít

litterbag ['lɪtəbæɡ] *fn* szemeteszsák

litter-basket *fn* szemétkosár

litter-bin *fn* szemétláda, szemetesvödör

litter-lout, ⊕ *US* **litter bug** *fn* szemetelő ember

little ['lɪtl] *mn* kis, kicsi(ny), kevés, csekély || **a little** némi, egy kis, valamennyi; kevéssé, egy kicsit, egy kissé; **just a little** egy cseppet; **very little** nagyon kevés; **a little bit** egy cseppet; **a little bit of** valamicske; **little by little** lassanként, apránként; **the little ones** a kicsinyek; **for a little while** egy kis ideig; **in a little while** rövidesen; hamarosan

little boy *fn* kisfiú

little finger *fn* kisujj

little girl *fn* leányka

littoral ['lɪtərəl] *mn* (tenger)parti, part menti

liturgy ['lɪtədʒi] *fn* liturgia

live ▼ [laɪv] *mn* élő, eleven, élénk || áram alatti || **be live** (áram, vezeték) ráz; **live broadcast/coverage** (rádió, tévé) élő/egyenes adás/közvetítés; **live concert** élő koncert(felvétel), koncertfelvétel; **a live recording made at Usher Hall in 1962** az Usher Hallban 1962-ben készült felvétel; **is being broadcast live (from)** élőben közvetítik; **live cartridge** éles lövedék ▼ [lɪv] *ige* él || lakik || **be living** életben van; **where does he live?** hol lakik?; **live a life of ease** jól él; **live and let live** élni és élni hagyni; **they live apart** különváltan élnek; **sg to live for** életcél; **live in lodgings** (v. ⊕ *GB biz* **digs**) albérletben lakik; **live in the country** falun/vidéken él; **live like a lord** él, mint Marci Hevesen; **we shall not live to see it** nem fogjuk megérni; **live to see sg** (vmely életkort) megél; **they live well** (anyagilag) jól élnek; **she lives (all) by herself** egyedül él

live by sg él vmből

live down kihever vmt || idővel elfeledtet vmt

live off vmből él

live on sg él vmből, vmből megél || **what does he live concert on?** miből él?

live over again (újra) átél

live together vkvel közös háztartásban él, együtt él(nek)

live up to megfelel vmnek, (színvonalhoz) felnő || **live concert up to sy's expectations** megfelel a várakozásnak

live with (vkvel és átv vmvel) együtt él

---

live-bait ['laɪv-] *fn* csalihal

livelihood ['laɪvlihʊd] *fn* megélhetés, egzisztencia, kenyérkereset

liveliness ['laɪvlinəs] *fn* elevenség, élénkség, fürgeség, frissesség

lively ['laɪvli] *mn* eleven, élénk, fürge ‖ **lively style** színes stílus

liven up ['laɪvn] *ige* megélénkül, felélénkül ‖ felélénkít

liver ['lɪvə] *fn* máj

liverish ['lɪvərɪʃ] *mn* májbajos; epebajos

liver paste *fn* májpástétom, kenőmájas

liver trouble *fn* májbaj, májbetegség

livery ['lɪvəri] *fn* libéria

lives [laɪvz] *tsz* → **life**

livestock ['laɪvstɒk] *fn* állatállomány, marhaállomány

live weight [laɪv] *fn* élősúly

live wire [laɪv] *fn* aktív/energikus egyén

livid ['lɪvɪd] *mn* **be livid** ❖ *biz* haragszik/dühös vkre; *(dühtől)* vörös az arca

living ['lɪvɪŋ] ▼ *mn* élő ▼ *fn* megélhetés, egzisztencia, kereset ‖ **earn/make one's living by** él vmből; **makes her living by sewing** varrásból él; **what does (s)he do for a living?** mivel foglalkozik?

living being *fn* élőlény

living conditions *fn tsz* életviszonyok

living expenses *fn tsz* megélhetési költségek

living languages *fn tsz* élő nyelvek

living-room *fn* nappali (szoba)

living standard *fn* életszínvonal

living wage *fn* létminimum

living world *fn* élővilág

lizard ['lɪzəd] *fn* gyík

llama ['lɑːmə] *fn* ❏ *áll* láma

LLB = *Bachelor of Laws* a jogtudomány baccalaureusa

LMT = **local mean time**

load [loʊd] ▼ *fn* rakomány, teher, (meg)terhelés ‖ **loads of** sok, tömérdek; **it's a load off my mind!** nagy kő esett le a szívemről!; **take a load off sy's mind/shoulders** *(gondot, ter-*

het) levesz a válláról ▼ *ige* (be)rakodik, megrak ‖ terhel *(with* vmvel) ‖ betölt *(filmet, programot)*; megtölt *(fegyvert)* ‖ **load (up) with sg** megrak vmvel; **load sg into sg** *(terhet járműre)* felrak, felpakol; **load (goods) on to** hajóba/hajóra rak, (kocsira) felpakol; **load sg (up) (with)** *(kocsit, hajót stb.)* megrak vmvel; **be loaded** meg/be van töltve; **load a gun** puskát megtölt; **load a camera** filmet betölt fényképezőgépbe

loaded ['loʊdɪd] *mn* megrakott ‖ **be loaded** ❖ *biz* még a bőre alatt is pénz van

loaded question *fn* beugrató kérdés

loading ['loʊdɪŋ] *fn* rakodás; ❏ *szt* betöltés

loading surface *fn* rakfelület

loadstar ['loʊdstɑː] = **lodestar**

load test *fn* terhelési próba

loaf[1] ['loʊf] *fn* *(tsz* **loaves** ['loʊvz]) egész kenyér, egy kenyér

loaf[2] ['loʊf] *ige* *(tétlenül)* ácsorog, őgyeleg ‖ **loaf about/around** cselleng, lóg, lopja a napot, lődörög, csavarog

loafer ['loʊfə] *fn* naplopó, csavargó

loam [loʊm] *fn* agyag

loamy ['loʊmi] *mn* agyagos

loan [loʊn] ▼ *fn* kölcsön(zés), kölcsönadás ‖ **as a loan** kölcsönképpen ▼ *ige* ⊕ *US* **loan sg to sy** *(v.* **sy sg**) vknek vmt kölcsönöz/kölcsönad

loan account *fn* kölcsönszámla

loan capital *fn* kölcsöntőke

loaner ['loʊnə] *fn* kölcsönadó, kölcsönző

loanshark ['loʊnʃɑːk] *fn* ⊕ *US* ❖ *biz* uzsorás

loan transaction *fn* kölcsönügylet

loan translation *fn* tükörfordítás, tükörszó

loan-word *fn* kölcsönszó

loath [loʊθ] *mn* **be loath to do sg** átall/rühell vmt tenni, vmtől viszolyog

loathe [louð] *ige* utál, gyűlöl ‖ **I loathe him** undorodom tőle; **loathe (doing) sg** rühell vmt tenni, viszolyog vmtől

loathing ['louðıŋ] *fn* utálat ‖ **have a loathing for** utál vmt

loathsome ['louðsəm] *mn* undorító, undok

loaves [louvz] *tsz* → **loaf**

lob [lɒb] *ige* -**bb**- átemel, felüt *(labdát)*

lobby ['lɒbi] ▼ *fn* parlamenti folyosó ‖ érdekcsoport, lobbi ▼ *ige* lobbizik

lobbyist ['lɒbiıst] *fn* lobbizó

lobe [loub] *fn* lebeny *(tüdőé)* ‖ fülcimpa

lobster ['lɒbstə] *fn* homár

lobster-pot *fn* rákfogó *(szerszám)*

local ['loukl] ▼ *mn* helyi, helybeli, községi ‖ **the local conditions** a helyi adottságok; **local paper** helyi lap ▼ *fn* **the locals** a helybeliek

local anaesthetic (⊕ *US* **anes-**) *fn* helyi érzéstelenítő

local authority *fn* helyhatóság, önkormányzat, ⊕ *GB* helyi tanács

local branch *fn* helyi szervezet

local call *fn* helyi beszélgetés/hívás

locale [lou'kɑ:l] *fn* színhely, helyszín, terep

local government *fn* önkormányzat

locality [lou'kæləti] *fn* helység, hely

localize ['loukəlaız] *ige* lokalizál

locally ['loukəli] *hsz* helyileg

local mean time *fn* helyi középidő

local time *fn* helyi idő

locate [lou'keıt] *ige (mérőműszerrel)* bemér; lokalizál

location [lou'keıʃn] *fn* elhelyezkedés, fekvés ‖ hely(szín) ‖ helymeghatározás ‖ felderítés ‖ ❑ *szt* tárhely, rekesz

loc. cit. = *Latin: loco citato* az idézett helyen, i. h.

loch [lɒx] *fn* ❑ *sk* tó

lock [lɒk] ▼ *fn (ajtón stb.)* zár ‖ zsilip ‖ *(haj)* fürt ▼ *ige* **lock (up)** *(kulccsal)* bezár ‖ **lock the door** kulcsra zárja az ajtót

lock in *(helyiségbe)* bezár

lock out *(kapun)* kizár

lock up *(börtönbe)* lecsuk ‖ vmt vhová elzár

locker ['lɒkə] *fn* (öltöző)szekrény

locket ['lɒkıt] *fn* medál, medalion *(nyitható)*

lockjaw ['lɒkdʒɔ:] *fn* szájzár

lock-out *fn* munkáskizárás *(üzemből)*

locksmith ['lɒksmıθ] *fn* (zár)lakatos

lock-up *fn* fogda

locomotive [ˌloukə'moutıv] *fn* mozdony

locum ['loukəm] *fn* ❖ *biz* helyettes ‖ **be a locum** *(orvos)* kisegít, *(orvost, lelkészt)* helyettesít

locust ['loukəst] *fn* sáska

locust-tree *fn (fehér)* akác

lode [loud] *fn* ❑ *bány* ér

lodestar ['loudstɑ:] *fn* vezércsillag

lodge [lɒdʒ] ▼ *fn* lak, házikó, kunyhó ‖ portásfülke ▼ *ige* elszállásol, elhelyez ‖ benyújt ‖ **lodge a complaint against sy (with sy)** panaszt emel/tesz vk ellen (vknél); **lodge a protest** óvással él; **lodge an appeal (to)** vhova fellebbez

lodger ['lɒdʒə] *fn* lakó, albérlő

lodging ['lɒdʒıŋ] *fn* szállás ‖ **where can I find lodging for the night?** hol találok szállást éjszakára? ‖ → **lodgings**

lodging-house *fn* panzió

lodgings ['lɒdʒıŋz] *fn tsz* albérleti szoba, bútorozott szoba; szállás

loft [lɒft] *fn* padlás

lofty ['lɒfti] *mn* emelkedett, nemes, fennkölt

log[1] [lɒg] *fn* (fa)hasáb, fatuskó, rönk

log[2] [lɒg] ▼ *fn* = **logbook** ▼ *ige* -**gg**- hajónaplóba/menetnaplóba beír

log in/on ❑ *szt* bejelentkezik

log off/out ❑ *szt* kijelentkezik, kilép

---

fn főnév – *hsz* határozószó – *isz* indulatszó – *ksz* kötőszó – *mn* melléknév
▼ szófajjelzés ⊕ földrajzi variáns ❑ szakterület ❖ stiláris minősítés

log[3] [lɒg] = **logarithm**

logarithm ['lɒgərɪðm] *fn* logaritmus

logbook ['lɒgbʊk] *fn* hajónapló, menetnapló

log cabin *fn* gerendaház; blokkház

log fire *fn* fával rakott tűz

loggerheads ['lɒgəhedz] *fn tsz* be at loggerheads with sy civakodik vkvel

logic ['lɒdʒɪk] *fn* logika

logical ['lɒdʒɪkl] *mn* logikus, okszerű

logically ['lɒdʒɪkli] *hsz* logikusan

logistics [lə'dʒɪstɪks] *fn tsz* elhelyezés, utánpótlás ‖ hadtáp ‖ logisztika

logo ['loʊgoʊ] *fn* (*tsz* -gos) embléma, rövid szöveg, logo

loin [lɔɪn] *fn* ágyék ‖ vesepecsenye

loincloth ['lɔɪnklɒth] *fn* ágyékkötő

loins [lɔɪnz] *fn tsz* ágyék

loiter ['lɔɪtə] *ige* loiter about/around lődörög, lézeng, álldogál

loll [lɒl] *ige* loll about ácsorog ‖ loll out (*nyelv*) kilóg ‖ (*nyelvet*) kilógat

lollipop ['lɒlipɒp] *fn* nyalóka

lollop ['lɒləp] *ige* vánszorog

London ['lʌndən] *fn* London

Londoner ['lʌndənə] *fn* londoni (lakos)

lone [loʊn] *mn* magányos ‖ egyedül álló (*fa, épület stb.*); magános

loneliness ['loʊnlinəs] *fn* egyedüllét, elhagyatottság

lonely ['loʊnli] *mn* magányos, magára hagyott, elhagyatott, magára maradt

loner ['loʊnə] *fn* magányos ember

long[1] [lɒŋ] ▼ *mn* hosszú ‖ *hsz* hosszú ideig, hosszan ‖ how long ...? milyen hosszú a ...?; don't be long! ne maradj el sokáig!; for how long ...? mennyi ideig?; how long does it take/last? meddig tart?; I shan't be long (*hamar itt leszek*) semeddig se tart; it won't be long nem tart soká; since long régtől fogva; long ago régen, hajdan(ában); not long ago múltkor, nemrég; as long as mindaddig, amíg; long before ... jóval ... előtt; at long last (*végre*) valahára; long

live ...! éljen!; in the long run hosszú távon/távra; long since már régen; of long standing régóta fennálló; for a long time régóta, soká; a long time ago jó/nagyon régen; a long way messzire; for a long while egy ideig, jó ideje; a long while ago régen ▼ *fn* hosszú idő ‖ before long a közeljövőben, nemsokára, rövidesen; for long hosszasan, soká; it took him long sok idejébe került; take long (to do sg) soká tart

long[2] [lɒŋ] *ige* vágyódik ‖ long to go swhere vhova kívánkozik; long for sg/sy vágyódik vm után, kíván vmt, vm/vk után vágyik, vk/vm után sóvárog

long-awaited *mn* várva várt

long-distance *mn* távolsági ‖ **long-distance call** ⊕ *US* távolsági beszélgetés; **long-distance runner** hosszútávfutó

long-drawn(-out) *mn* hosszúra nyúló, hosszadalmas

long-eared ['lɒŋɪəd] *mn* hosszú fülű

longer ['lɒŋgə] *mn* hosszabb ‖ *hsz* hosszabbra ‖ tovább ‖ **become longer** meghosszabbodik; **no longer** már nem, többé (már) nem; **I can't wait any longer** nem tudok tovább várni

longest ['lɒŋgɪst] *mn/hsz* leghosszabb(an)

long-established *mn* hagyományos

longevity [lɒn'dʒevəti] *fn* hosszú élet(tartam)

long-felt *mn* **meet a long-felt want** régóta érzett hiányt pótol

long-haired [ˌlɒŋ'heəd] hosszú hajú

longhand ['lɒŋhænd] *fn* folyóírás

longing ['lɒŋɪŋ] *fn* vágyakozás

longingly ['lɒŋɪŋli] *hsz* vágyódva

longish ['lɒŋɪʃ] *mn* hosszúkás, meglehetősen hosszú

longitude ['lɒndʒɪtjuːd] *fn* ❑ *földr* hosszúság

longitudinal [ˌlɒndʒɪ'tjuːdnəl] *mn* hosszúsági

long jump *fn* távolugrás
long-jumper *fn* távolugró
long-lasting *mn* hosszú ideig tartó, tartós
long-legged *mn* hosszú lábú
long-life *mn* tartós ‖ **long-life battery** tartós elem; **long-life milk** tartós tej
long-limbed *fn* nyakigláb
long-lived *mn* hosszú életű
long-lost *mn* rég elveszett
long-playing record *fn* mikrobarázdás hanglemez, mikrolemez
long-range *mn* hosszú lejáratú/távú
long-range plan *mn* távlati terv
longshoreman ['lɒnʃɔːmən] *fn* (*tsz* **-men**) ⊕ *US* dokkmunkás, kikötőmunkás
long-sighted *mn* ❑ *orv* messzelátó
long-sightedness *fn* ❑ *orv* messzelátás
long-standing *mn* régóta meglevő fennálló, régi
long-suffering *mn* türelmes; béketűrő
long-term *mn* hosszú lejáratú/távú *(hitel)*, távlati *(terv)*
long wave *fn* hosszúhullám
long-winded *mn* hosszadalmas *(beszéd)*
loo [luː] *fn* ❖ *biz* vécé, klotyó ‖ **go to the loo** vécére/pisilni megy
loofah ['luːfə] *fn* luffa(szivacs)
look [lʊk] ▼ *fn* pillantás, tekintet ‖ látszat, szín, külső ‖ **have/take a look at** megnéz; **take a look round** körülnéz ‖ → **looks** ▼ *ige* (meg)néz, tekint ‖ látszik, tűnik, kinéz, fest (vmlyennek); (vmlyennek) mutat(kozik) ‖ **look!** odanézz!; **how did it look?** hogyan nézett ki?; **look before you leap** késő bánat ebgondolat; **she does not look her age** nem látszik annyinak; **look here!** ide hallgass!, nézze kérem!; **look ill** betegnek látszik, rossz színben van; **look like sy/sg** hasonlít vkhez/vmhez, vmlyennek látszik; **look sy in the eye** szemébe néz vknek; **look the other way** elfordítja

a fejét; **look this way** idenéz; **look unwell** rosszul néz ki; **look well** jó színben van, jól néz ki; **it looks as if/ though ...** úgy tűnik (nekem), mintha, úgy néz ki a dolog, hogy/mintha ...; **it looks like (it)** nagyon lehetséges; **it looks like rain** esőre áll, úgy néz ki, hogy esni fog

---

look after figyel/ügyel/vigyáz/felügyel vmre/vkre; gondoskodik vkről/vmről; gondoz, ápol; *(ügyeket)* kezel ‖ **I'll look after him** majd gondom lesz rá
look ahead előrenéz
look around szétnéz, körülnéz ‖ **look around the shops** körülnéz az üzletekben
look at (meg)néz, ránéz ‖ **look at sg closely** vmt szemügyre vesz; **just look at that!** nézd csak!
look back hátranéz, visszanéz, visszatekint *(on* vmre)
look down on sy vkt lenéz
look for sg keres vkt/vmt ‖ vár, remél vmt ‖ **what are you looking for?** mit keresel?; **look for a job** állás/munka után néz, állást/munkát keres
look forward to (doing) sg előre örül vmnek; vmt (alig) vár, remél ‖ **we look** (*v.* **we're looking**) **forward to seeing you soon** örülünk, hogy rövidesen találkozhatunk/láthatunk; **I am looking forward to seeing you** alig várom, hogy láthassalak
look in (on sy) ❖ *biz* vkhez beugrik/benéz
look into *(kérdést)* megvizsgál, vmbe beletekint
look on végignéz ‖ tart/tekint *(as* vmnek) ‖ **be looked on as** úgy tekintenek rá, mint aki ..., ...nak tartják
look out *(vm veszélyre)* vigyáz ‖ **look out!** vigyázz!, tessék vigyázni!

---

fn főnév – *hsz* határozószó – *isz* indulatszó – *ksz* kötőszó – *mn* melléknév
▼ szófajjelzés ⊕ földrajzi variáns ❑ szakterület ❖ stiláris minősítés

look out of the window kinéz az ablakon
look over vmt átnéz/áttekint
look round szétnéz, körülnéz
look through átnéz/végigfut vmt
look up felnéz, feltekint || *(adatot)* visszakeres, előkeres || **look sg up** kikeres, megkeres; utánanéz (vmben); **look it up in a dictionary** keresd meg a szótárban; **I'll look you up** majd meglátogatlak
look up to sy vkre felnéz
look upon = look on

---

looker-on *fn (tsz* **lookers-on***)* néző
looking-glass *fn* tükör
lookout *fn* ❑ *kat* megfigyelőállomás, őrtorony, őrhely
look-out tower *fn* kilátótorony
looks [lʊks] *fn tsz* megjelenés, kinézés, küllem
look-see method *fn* szóképes olvasás
look-up table *fn* ❑ *szt* adatválogató, táblázat
loom[1] [lu:m] *fn* szövőszék
loom[2] [lu:m] *ige* dereng, ködlik || **loom up in the distance** előbukkan a távolból
loony ['lu:ni] *fn* ❖ *biz* bolond, dilis
loony bin *fn* ❖ *biz* diliház
loop [lu:p] ▼ *fn (kabáton)* akasztó || hurok ||❑ *szt* ciklus, hurok ▼ *ige* hurkol
loop aerial (⊕ *US* **antenna**) *fn* keretantenna
loop-hole *fn* lőrés || kémlelőnyílás || ❖ *átv* kibúvó
loose [lu:s] *mn* laza, tág; bő || petyhüdt, ernyedt || feslett; erkölcstelen, léha *(életmód)*; könnyűvérű *(nő)* || **be loose** lötyög, billeg; **come loose** *(kötés)* meglazul; **loose morals** laza erkölcs; **loose woman** nőcske *(könnyűvérű nő)*
loose covers *fn tsz* bútorvédő huzat
loose-fitting *mn* tág *(cipő stb.)*; kényelmes *(ruha)*

loose-leaf *mn* cserélhető (betét)lapokból álló *(könyv)*, gyűrűs *(könyv, album)*
loose-limbed *mn* hanyag tartású || hajlékony; mozgékony
loosely ['lu:sli] *hsz* lazán
loosen ['lu:sn] *ige* (meg)lazít, megold || meglazul || *(ruhát, övet)* kitágít || *(köhögést)* old || *(talajt)* fellazít

---

loosen up felenged || (meg)lazul || (meg)lazít || oldódik

---

looseness ['lu:snəs] *fn (erkölcsi)* lazaság
loot [lu:t] ▼ *fn* zsákmány, ❖ *biz* szajré ▼ *ige* fosztogat, rabol; ❖ *biz* zabrál
looter ['lu:tə] *fn* fosztogató
looting ['lu:tɪŋ] *fn* fosztogatás
lop [lɒp] *ige* -pp- **lop (off)** *(ágakat)* (meg)nyes, levág, lenyes
lop-sided [ˌlɒp'saɪdɪd] *mn* aszimmetrikus
loquacious [loʊ'kweɪʃəs] *mn* bőbeszédű
loquacity [loʊ'kwæsəti] *fn* bőbeszédűség
lord [lɔ:d] *fn* lord (⊕ *GB főnemesi cím*) || **My Lord** (⊕ *GB főrendek megszólítása)*; **the Lord** ❑ *vall* az Úr *(Isten, ill. Jézus Krisztus)*; **the Lord Jesus Christ** az Úr Jézus Krisztus
Lord Chancellor *fn* lordkancellár (⊕ *GB igazságügy-miniszter, egyben a lordok házának elnöke)*
lordly ['lɔ:dli] *mn* méltóságteljes; fennhéjázó
Lord Mayor *fn (londoni)* főpolgármester
Lord Provost *fn* főpolgármester *(skót)*
Lord's Day, the *fn* ❑ *vall* úrnapja *(vasárnap)*
lordship *fn* **your lordship** kb. méltóságos uram || **His Lordship** *(diplomáciában)* őméltósága
Lord's prayer, the *fn* a miatyánk
Lord's Supper *fn* ❑ *vall* úrvacsora
lore [lɔ:] *fn* tudomány, tan
lorry ['lɒri] *fn* teherautó; kamion

L

---

nm névmás – *nu* névutó – *szn* számnév – *esz* egyes szám – *tsz* többes szám
▼ szófajjelzés ⊕ földrajzi variáns ❑ szakterület ❖ stiláris minősítés

lorry driver *fn* teherautó-vezető, kamionvezető, kamionos
lorry load *fn* teherautó-rakomány
lose [lu:z] *ige* (*pt/pp* **lost** [lɒst]) (el)vesz(í)t ‖ késik *(óra)* ‖ **we have nothing to lose** nem veszíthetünk semmit; **lose colour** (⊕ *US* **-or**) kifakul; **lose consciousness** elveszti eszméletét; **my watch loses two minutes** két percet késik az órám; **lose control (of oneself)** megfeledkezik magáról; **lose heart** elbátortalanodik; **lose (money) by sg** *(üzletre)* ráfizet, veszít vmn; **lose no time in doing sg** haladéktalanul megtesz vmt; **lose one's balance** elveszti az egyensúlyát; **lose one's cool** ⋄ *biz* begurul; **lose one's strength** meggyengül; **lose one's temper** kijön a sodrából; **lose one's way** eltéved; **lose the case/suit** elveszti a pert; **lose time** időt veszít; **lose weight** fogy; **be/get lost** elveszett; eltévedt; **I lost sight of her** eltűnt a szemem elől; **he (has) lost six kilograms** hat kilót fogyott; **be losing** vesztésre áll; **he lost all his money** minden pénze odaveszett; **he lost control over the vehicle** elvesztette uralmát a jármű felett ‖ → **lost**

lose out (on sg) vmre ráfizet

loser ['lu:zə] *fn* vesztes
losing ['lu:zɪŋ] *mn* ❑ *ker* veszteséges
loss [lɒs] *fn* vesztés ‖ veszteség, deficit, (anyagi) kár, ráfizetés ‖ *(súly, érték)* csökkenés ‖ **total loss** totálkáros *(kocsi)*; **loss of energy** energiaveszteség; **loss of face** presztízsveszteség; **loss of weight** *(testi)* fogyás; **be at a loss** zavarban van, tanácstalan; **he is never at a loss** nem jön zavarba; **she is never at a loss for an answer** mindenre tud válaszolni; **be at a loss for words** keresi a szavakat, nem talál szavakat; **make a loss on sg** *(üzletre)* ráfizet
loss adjuster *fn* kárbecslő

loss adjustment *fn* kárrendezés
loss-leader *fn* <önköltségen aluli áron eladott reklámcikk>
loss-making *mn* veszteséges, deficites
lost [lɒst] *mn* elveszett ‖ (el)vesztett ‖ **lost cause** elveszett ügy; **lost and found** talált tárgyak (osztálya); **be lost** eltéved, nem ismeri ki magát; **get lost** eltéved; nem tud követni vmt *(pl. gyors beszédet)* ‖ ⋄ *biz* tűnj el!; **give sy up for lost** elveszettnek tekint vkt; **be lost in sg** vmbe belemélyed, vmben elmerül; **be lost in thought** gondolatokba mélyed; **he is lost in his book** beletemetkezik a könyvébe; **lost time** időveszteség; **make up for lost time** behozza/pótolja az elmulasztottakat; **be lost (up)on sy** nincs hatással vkre ‖ → **lose**
lost-property office *fn* talált tárgyak osztálya
lot [lɒt] *fn* sors, osztályrész ‖ sor ‖ ⊕ *US* telek, házhely, parcella ‖ **fall to sy's lot** *v.* **fall to the lot of sy** vknek vm jut, rámarad; **a lot of, lots of** *(egyes számmal)* sok, egy csomó, rengeteg; **a lot better, lots better** sokkal jobb(an); **have a lot of baggage** sok csomagja van; **a lot of money** sok pénz; **(s)he has lots of money** sok pénze van; **a lot of people** egy csomó ember, sokan; **lots of people** rengeteg (sok) ember; **a lot of time** sok idő; **do a lot of travelling** sokat utazik; **I had a lot of trouble** sok kellemetlenségem volt; **I have a lot to do** sok a dolgom; **the lot** ⋄ *biz* az egész; **that's the lot** ez minden
lotion ['ləʊʃn] *fn* arcvíz; testápoló
lottery ['lɒtəri] *fn* lottó
lottery coupon *fn* lottószelvény
lottery ticket *fn* sorsjegy; lottószelvény
loud [laʊd] ▼ *mn* hangos, lármás, zajos ‖ rikító *(szín)* ▼ *hsz* hangosan ‖ **louder** hangosabban; **in a loud voice** fennhangon

---

fn főnév – *hsz* határozószó – *isz* indulatszó – *ksz* kötőszó – *mn* melléknév
▼ szófajjelzés ⊕ földrajzi variáns ❑ szakterület ⋄ stiláris minősítés

loud cheers *fn tsz* lelkes éljenzés/ün-
neplés
loudhailer *fn (kézi)* hangszóró, han-
gosbeszélő, megafon *(rendőrségi, ill.
ált. tömeg mozgatásához)*
loud laugh *fn* hahota
loudly ['laʊdli] *hsz* hangosan || rikító
színben
loud-mouth *fn* nagyszájú ember
loud-mouthed *mn* nagyhangú *(ember)*
loudness ['laʊdnəs] *fn* zajosság
loud noise *fn* lárma
loudspeaker [ˌlaʊd'spiːkə] *fn* hang-
szóró, hangosbemondó
lounge [laʊndʒ] ▼ *fn (szállodában)*
hall; dohányzó *(helyiség)*, társalgó;
előcsarnok *(színházé)* || várócsarnok
▼ *ige* **lounge about/around** őgyeleg,
üldögél, lógatja a lábát
lounge bar *fn* bár
lounger ['laʊndʒə] *fn* naplopó
lounge-suit *fn (férfi)* utcai ruha
lour ['laʊə] *ige (ég)* beborul
loury ['laʊəri] *mn (idő)* borongós
louse [laʊs] *fn (tsz* lice ['laɪs]) tetű
lousy ['laʊzi] *mn* tetves || ❖ *biz* ko-
misz, pocsék
lout [laʊt] *mn/fn* ❖ *elít* tahó, bugris
louvre (⊕ *US* **louver**) ['luːvə] *fn* zsa-
lu(gáter)
lovable ['lʌvəbl] *mn* szeretetreméltó
love [lʌv] ▼ *fn* szeretet || szerelem ||
(teniszben) semmi || **be in love with
sy** szerelmes vkbe; **they are in love**
szeretik egymást; **(give) my love to
all from ...** *(levél végén)* mindnyája-
tokat sokszor ölel, sokszor csókol;
send one's love to sy *(üdvözletét kül-
di)* üdvözöl; **make love (to sy)** (vkvel)
szeretkezik; **my love** szíve(cské)m,
édesem; **there's little/no love lost
between them** nem szívelik egymást;
for love ingyen, potyára; **not for love
nor money** semmi pénzért (sem);
love of work munkakedv ▼ *ige (vkt/
vmt szeretettel v. vkt szerelmesen)*
szeret, szerelmes vkbe || **love sy very**

much nagyon szeret vkt; **my loved
ones** szeretteim
love affair *fn (szerelmi)* viszony || **have
a love affair with sy** viszonya van
vkvel, viszonyt folytat vkvel
love-letter *fn* szerelmes levél
lovelorn ['lʌvlɔːn] *mn* reménytelenül
szerelmes
lovely ['lʌvli] *mn* szép, csinos, ara-
nyos, helyes || **it's a lovely day** szép
idő (van)
love-making *fn* szeretkezés
love match *fn* szerelmi házasság
love-poem *fn* szerelmes vers
love-potion *fn* szerelmi bájital
lover ['lʌvə] *fn* szerető, kedves
love sick *mn* fülig szerelmes
love-song *fn* szerelmes dal, románc
love-story *fn* szerelmi történet
loving ['lʌvɪŋ] *mn* szerető
loving couple *fn* szerelmespár
lovingly ['lʌvɪŋli] *hsz* szerető szívvel
low [loʊ] ▼ *mn* alacsony, mély || alan-
tas, alsóbbrendű || gyenge || halk,
csendes, mély *(hang)* || **low blood-
pressure** alacsony vérnyomás; **in a
low key** visszafogottan; **low price**
alacsony/olcsó ár; **at a low price** ol-
csón; **low speed** kis sebesség; **be in
low spirits, feel low** rossz hangulat-
ban van, rossz kedve van, lehangolt,
rosszkedvű; **in a low voice** halkan ▼
hsz alacsonyan, mélyen || halkan, mély
hangon || gyengén || **lie low** lapul; **buy
low** olcsón vásárol
low-altitude flying *fn* mélyrepülés
lowboy ['loʊbɔɪ] *fn* ⊕ *US* sublót
lowbrow ['loʊbraʊ] *mn/fn* szellemileg
igénytelen, műveletlen (ember)
low-calorie *mn* kalóriaszegény
low-cut *mn* mély kivágású *(női ruha)*
lowdown ['loʊdaʊn] *fn* ⊕ *US* ❖ *biz*
bizalmas értesülés
lower ['loʊə] ▼ *mn* alsó, lenti || alacso-
nyabb || **the lower classes** az alsóbb
(nép)rétegek; **those in the lower in-
come brackets** kisfizetésűek; **the**

L

lower part of sg vmnek az alsó része; **the lower reaches of (a river)** alsó folyás ▼ *hsz* **lower (down)** lejjebb, alább ▼ *ige* leenged, lebocsát, süllyeszt; *(színházi függönyt)* leereszt || (le)csökken(t), leszállít || lehalkít || **lower one's head** lehajtja a fejét; **lower one's voice** halkabban beszél; **lower oneself** lealacsonyodik; **lower the colours** (⊕ *US* -ors) zászlóval tiszteleg; **lower the price of** sg vmnek az árát lejjebb szállítja; **lower the sails** vitorlát bevon

lower case *fn* ❏ *nyomd* kisbetű

lower court *fn* alsófokú bíróság

lower deck *fn* legénység *(hajóé)*

Lower House *fn (parlamenti)* alsóház

lower lip *fn* alsó ajak

lower school, the *fn* ❏ *isk (nem hiv)* alsó tagozat

lower-grade *mn* alsó(bb) fokú

lowest ['lουιst] *mn (rangban, értékben)* utolsó, legalsó

lowest common multiple *fn* legkisebb közös többszörös

lowest point *fn* mélypont

low-fat *mn (étel)* sovány

low flame *fn* takarékláng

low gear *fn (autó)* első sebesség

low-grade *mn* rossz minőségű

low-income *mn* kis/szerény jövedelmű

low-key(ed) *mn* visszafogott, halk(ra fogott)

lowland(s) ['loυlənd(z)] *fn tsz* alföld, lapály, síkság

low-level language *fn* ❏ *szt* alacsony szintű nyelv

low life *fn* alvilági élet

low-loader *fn* lapos teherszállító gépjármű

lowly ['loυli] *mn* szerény, egyszerű, igénytelen

low-lying *mn* mélyen fekvő *(terület)*

lowness ['loυnəs] *fn* alacsonyság

low-pressure *mn* kisnyomású

low-salt diet *fn* sószegény étrend

low-spirited [,loυ'spιrιtιd] *mn* nyomott hangulatú

loyal ['lɔιəl] *mn* hű; kitartó, hűséges, kormányhű, lojális || **be loyal to** sy ragaszkodik vkhez

loyalist ['lɔιəlιst] *fn* kormányhű, lojalista

loyally ['lɔιəli] *hsz* hűségesen; lojálisan

loyalty ['lɔιəlti] *fn* hűség

lozenge ['lɒzιndʒ] *fn* ❏ *mat* rombusz || ❏ *orv* pasztilla, tabletta

LP [,el 'pi:] = **long-playing record**

L-plate ['elpleιt] *fn* „tanuló vezető" tábla

LSD [,eles'di:] = *lysergic acid diethylamide* LSD *(hallucinogén anyag)*

LTC ⊕ *US* = **lieutenant-colonel**

Lt-Col = **lieutenant-colonel**

Ltd. = **limited liability company**

lubricant ['lu:brιkənt] *fn* kenőanyag, kenőolaj

lubricate ['lu:brιkeιt] *ige (gépet)* zsíroz, olajoz, ken

lubricating oil ['lu:brιkeιtιŋ-] *fn* gépolaj

lubrication [,lu:brι'keιʃn] *fn* kenés, olajozás, zsír(o)zás

lucid ['lu:sιd] *mn* világos || **in a lucid moment** ❖ *biz* világos pillanatában

lucidity [lu:'sιdəti] *fn* világosság

lucidly ['lu:sιdli] *hsz* világosan

luck [lʌk] *fn* szerencse || **be down on one's luck** peches, pechje van; **be out of luck** rájár a rúd, balsikerű; **what luck!** milyen szerencse!; **have no luck, have hard luck** nincs szerencséje vmben, pechje van; **it was hard luck on me** pechem volt …

luckily ['lʌkιli] szerencsére || **luckily for me** szerencsémre

lucky ['lʌki] *mn* szerencsés || **be lucky in** sg szerencsés vmben, szerencséje van vmben; **he was lucky** jól járt; **he's lucky** neki könnyű; **it is lucky that** szerencse, hogy

lucky beggar *fn* mázlista

lucrative ['lu:krətɪv] *mn* gyümölcsöző, nyereséges

ludicrous ['lu:dɪkrəs] *mn* vidám; bolondos

lug [lʌg] *ige* **-gg-** cipel, hurcol, vonszol; cipekedik

lug along magával cipel
lug out ❖ *biz* kihurcol

luggage ['lʌgɪdʒ] *fn (tsz ua.)* (személy)poggyász, csomag ‖ **the luggage has cleared customs** a poggyász átment a vámon

luggage carousel *fn* poggyászkiadás *(repülőtéren)*

luggage compartment *fn* csomagtartó *(autóbuszhoz)*

luggage office *fn* poggyászfeladás

luggage rack *fn* csomagtartó, csomagháló *(vasúti fülkében)*

luggage reclaim area *fn* poggyászkiadás *(repülőtéren)*

luggage trolley *fn* poggyászkuli

luggage-van *fn* poggyászkocsi, paklikocsi

lugubrious [ləˈguːbrɪəs] *mn* gyászos; siralmas

lukewarm [ˌluːkˈwɔːm] *mn* langyos

lull [lʌl] ▼ *fn* szélcsend ‖ **the lull before the storm** vihar előtti csönd ▼ *ige* **lull to sleep** álomba ringat, elringat

lullaby ['lʌləbaɪ] *fn* altatódal, bölcsődal

lumbago [lʌmˈbeɪgoʊ] *fn* ágyékzsába, lumbágó, hexensussz

lumbar ['lʌmbə] *mn* ❑ *orv* deréktáji, lumbális

lumber ['lʌmbə] *fn* ❖ *biz* kacat, lom, ócska áru/bútor/holmi ‖ ⊕ *US* épületfa, fa(anyag)

lumbering ['lʌmbərɪŋ] *fn* ⊕ *US* fadöntés, fakitermelés

lumberjack ['lʌmbədʒæk] *fn* ⊕ *US* favágó

lumber-jacket *fn* lemberdzsek

lumberman ['lʌmbəmən] *fn (tsz -men)* ⊕ *US* favágó

lumber room *fn* lomkamra

luminous ['lu:mɪnəs] *mn* világító; foszforeszkáló ‖ **luminous paint** világító festék

lump [lʌmp] ▼ *fn (ütéstől)* dudor; *(fejen)* daganat, tipli ‖ **a lump (of sugar)** (egy darab) kockacukor; **there is a lump in her throat** gombóc van a torkában ▼ *ige* ❖ *biz* **if you don't like it you'll just have to lump it** eszi, nem eszi, nem kap mást

lump sugar *fn* kockacukor

lump sum *fn* átalány ‖ **in a lump sum** átalányban

lumpy ['lʌmpi] *mn (anyag)* darabos, csomós; *(talaj)* rögös ‖ **go lumpy** összecsomósodik

lunacy ['lu:nəsi] *fn* őrültség

lunar ['lu:nə] *mn* ❑ *csill* hold-, lunáris

lunar eclipse *fn* holdfogyatkozás

lunar module *fn* holdkomp

lunar vehicle *fn* holdjármű

lunatic ['lu:nətɪk] *mn/fn* elmebajos, elmebeteg, őrült, bolond

lunatic asylum *fn* elmegyógyintézet

lunch [lʌntʃ] ▼ *fn* ebéd ‖ **after lunch** ebéd után; **be at lunch** ebédel; **before lunch** ebéd előtt; **have lunch** ebédel ▼ *ige* ebédel

lunch-break *fn* ebédszünet

luncheon ['lʌntʃn] *fn* ebéd; villásreggeli

luncheon meat *fn* löncshús

luncheon voucher *fn* ⊕ *GB* étkezési hozzájárulás, ebédjegy

lunch-hour *fn* ebédidő

lunch-room *fn* étkezde, étterem

lunch-time *fn* ebédidő

lung [lʌŋ] *fn* tüdő

lung cancer *fn* tüdőrák

lunge [lʌndʒ] ▼ *fn (vívásban)* (hirtelen) szúrás, kitörés; támadás ▼ *ige* (hirtelen) szúr, kitöréssel támad

lungs [lʌŋz] *fn tsz* tüdő

lunule ['lu:nju:l] *fn (körmön)* hold

L

---

nm névmás – *nu* névutó – *szn* számnév – *esz* egyes szám – *tsz* többes szám
▼ szófajjelzés ⊕ földrajzi variáns ❑ szakterület ❖ stiláris minősítés

lupin ['lu:pɪn] *fn* farkasbab; csillagfürt
lurch[1] [lɜ:tʃ] *fn* leave sy in the lurch cserbenhagy, pácban hagy vkt
lurch[2] [lɜ:tʃ] *ige (hajó)* megdől
lure [ljuə] ▼ *fn* csalétek ▼ *ige* lure in becsal; lure in (many people) *(furfanggal)* becsődít; lure into a trap kelepcébe csal; lure sy to vhová odacsal
lurid ['ljuərɪd] *mn* ragyogó || rémes
lurk [lɜ:k] *ige* rejtőzik; lappang, bujkál
lurking-place *fn* leshely
luscious ['lʌʃəs] *mn* zamatos || érzéki
lust [lʌst] ▼ *fn* érzéki/testi vágy || lust for power hatalomvágy ▼ *ige* lust after (a woman) *(férfi nőt)* megkíván
lustful ['lʌstfl] *mn* buja
lustre (⊕ *US* -er) ['lʌstə] *fn* fényesség *(szöveté)*; ❖ *átv* fény
lustrous ['lʌstrəs] *mn* fénylő, fényes
lusty ['lʌsti] *mn* életerős; energikus; vidám
lute [lu:t] *fn* ❑ *zene* lant
lute-player *fn* lantjátékos; lantos
Lutheran ['lu:θrən] *mn/fn* evangélikus, lutheránus
Luxembourg ['lʌksəmbɜ:g] *fn* Luxemburg
luxuriant [lʌg'zjuərɪənt] *mn* buja *(növényzet)*; gazdag
luxuriate [lʌg'zjuərɪeɪt] *ige* luxuriate in sg vmben tobzódik/élvezkedik
luxurious [lʌg'zjuərɪəs] *mn* fényűző, pazar, pompás

luxury ['lʌkʃəri] *fn* fényűzés, luxus || live in luxury nagy luxusban él
luxury car *fn* luxusautó
luxury goods *fn tsz* luxuscikk
luxury hotel *fn* luxusszálloda
luxury tax *fn* luxusadó
LV = luncheon voucher
LW = long wave
lye [laɪ] *fn* lúg
lying[1] ['laɪɪŋ] *fn* hazugság || → lie[1]
lying[2] ['laɪɪŋ] *mn* fekvő || → lie[2] || in a lying position fekvő helyzetben
lying-in *fn* ❑ *orv* gyermekágy
Lyme disease [laɪm] *fn* ❑ *orv* Lyme-kór
lymph [lɪmf] *fn* nyirok
lymphatic gland [lɪm'fætɪk] *fn* nyirokmirigy, nyirokcsomó
lymphatic vessel *fn* nyirokedény, nyirokér
lymphocyte ['lɪmfəsaɪt] *fn* nyiroksejt, lymphocyta, limfocita
lynch [lɪntʃ] *ige* meglincsel
lynch law *fn* népítélet, lincselés
lynx [lɪŋks] *fn* hiúz
lyre ['laɪə] *fn (görög lant)* líra
lyric ['lɪrɪk] *mn* lírai || → lyrics
lyrical ['lɪrɪkl] *mn* lírikus || lírai
lyric poet *fn* lírai költő
lyric poetry *fn* lírai költészet; líra, dalköltészet
lyrics ['lɪrɪks] *fn tsz* (dal)szöveg || lyrics by X szövegét írta X

---

fn főnév – *hsz* határozószó – *isz* indulatszó – *ksz* kötőszó – *mn* melléknév
▼ szófajjelzés ⊕ földrajzi variáns ❑ szakterület ❖ stiláris minősítés

M

m = metre
ma [mɑ:] *fn* ❖ *biz* mama
MA [ˌem ˈeɪ] = **Master of Arts**
mac [mæk] *fn* ❖ *biz* esőköpeny
macabre [məˈkɑːbrəl] *mn* hátborzongató
macadam(ized) road
[məˈkædəm(aɪzd)] *fn* makadámút
macaque [məˈkɑːk] *fn* maki(majom)
macaroni [ˌmækəˈrouni] *fn* makaróni
macaroon [ˌmækəˈruːn] *fn* mandulás csók, makaron-puszedli
mace [meɪs] *fn* buzogány ‖ jogar
mace-bearer *fn* jogarvivő
machination(s) [ˌmækɪˈneɪʃn(z)] *fn tsz* cselszövés, mesterkedés, intrika, áskálódás
machine [məˈʃiːn] *fn* ❏ *műsz* ❏ *fiz* gép, készülék ‖ gépezet, apparátus
machine code *fn* gépi kód
machine failure *fn* ❏ *műsz* géphiba
machine-gun *fn* géppuska
machine-made *mn* gépi, gyári
machine operator *fn* gépkezelő
machine part *fn* gépelem ‖ **machine parts** gépalkatrészek
machine-readable *mn* géppel olvasható
machine room *fn* gépterem
machinery [məˈʃiːnəri] *fn* gépezet
machine shop *fn* gépjavító műhely; gépterem
machine-tool *fn* szerszámgép
machine translation *fn* gépi fordítás
machine washable *mn* géppel mosható
machinist [məˈʃiːnɪst] *fn* gépkezelő

macho [ˈmætʃou] *mn* ❖ *biz* menő
mackerel [ˈmækrəl] *fn* makréla
mackerel sky *fn* bárányfelhős ég
mackintosh [ˈmækɪntɒʃ] *fn* esőköpeny, ballonkabát
macrobiotics [ˌmækroubaɪˈɒtɪks] *fn esz* makrobiotika
macroeconomics
[ˌmækroui:kəˈnɒmɪks] *fn esz* makroökonómia
mad [mæd] *mn* őrült, bolond ‖ dühös, mérges ‖ **are you mad?** elment az eszed?; **drive sy mad** megőrjít; **go mad** megőrül, meghülyül; **be mad about sy** majd megvesz vkért, bele van esve vkbe; **mad as a hatter** kötni való bolond
madam [ˈmædəm] *fn* **Madam!** asszonyom!
madden [ˈmædn] *ige* megőrjít, megbolondít
maddening [ˈmædnɪŋ] *mn* őrjítő
made [meɪd] *mn* készült ‖ ❖ *átv* beérkezett ‖ **a made man** beérkezett ember; **be made from sg** készült/van vmből; **be made of sg** készült/van vmből; **made of plastic** műanyag(ból készült); **be made of wood** fából készült/való; **made in Switzerland** svájci gyártmányú; **made to measure/order** rendelésre (*v.* rendelés szerint) készült ‖ → **make**
made-to-measure *mn* mérték után készült (*ruha*)
made-up *mn* kitalált, koholt
madhouse [ˈmædhaus] *fn* ❖ *biz* bolondokháza

madly ['mædli] *hsz* őrülten || durván; vadul || **be madly in love with sy** őrült(en) szerelmes vkbe

madman ['mædmən] *fn (tsz* **-men)** elmebajos; bolond, őrült

madness ['mædnəs] *fn* őrültség

Madonna [mə'dɒnə] *fn* madonna

Madrid [mə'drɪd] *fn* Madrid

madrigal ['mædrɪgl] *fn* madrigál

maelstrom ['meɪlstrəm] *fn* örvény

Mafia ['mæfɪə] *fn* maffia

magazine¹ [ˌmægə'ziːn] *fn (kat, raktár)* magazin, fegyverraktár || *(puskában)* tár

magazine² [ˌmægə'ziːn] *fn* (képes)lap, folyóirat, magazin

maggot ['mægət] *fn (gyümölcsben)* kukac, nyű

maggoty ['mægəti] *mn* kukacos

magic ['mædʒɪk] ▼ *mn* varázslatos, bűvös, csodás, tündéri ▼ *fn* varázslat

magical ['mædʒɪkl] *mn* = **magic**

magic cube *fn* bűvös kocka

magic eye *fn* ❏ *el* varázsszem

magician [mə'dʒɪʃn] *fn* bűvész, varázsló

magic power *fn* varázserő, mágikus erő

magistracy ['mædʒɪstrəsi] *fn* közigazgatási hivatal || **the magistracy** önkormányzat

magistrate ['mædʒɪstreɪt] *fn (alsó fokú)* bíró || ❏ *tört* ⊕ *GB* békebíró

Magi, the ['meɪdʒaɪ] *fn tsz* a napkeleti bölcsek

Magna Carta (*v.* **Charta**) [ˌmægnə 'kɑːtə] *fn* ⊕ *GB* ❏ *tört* Magna Charta (1215)

magnanimity [ˌmægnə'nɪməti] *fn* nagylelkűség

magnanimous [mæg'nænɪməs] *mn* nagylelkű

magnate ['mægneɪt] *fn* mágnás

magnesium [mæg'niːzɪəm] *fn* magnézium

magnet ['mægnɪt] *fn* mágnes

magnetic [mæg'netɪk] *mn* mágneses || vonzó, szuggesztív *(egyéniség)*

magnetic attraction *fn* mágneses vonzás

magnetic disk *fn* (mágnes)lemez

magnetic field *fn* mágneses mező

magnetic needle *fn* mágnestű

magnetic pole *fn* mágneses pólus

magnetic tape *fn* mágnesszalag || magnószalag

magnetism ['mægnətɪzm] *fn* mágnesség

magnetize ['mægnətaɪz] *ige* mágnesez || ❖ *átv* meg-, elbűvöl || **be magnetized** mágnesessé válik

magneto [mæg'niːtoʊ] *fn (tsz* **-tos)** gyújtómágnes

magnification [ˌmægnɪfɪ'keɪʃn] *fn* nagyítás; túlzás

magnificence [mæg'nɪfɪsns] *fn* gyönyörűség *(vmnek gyönyörű volta)*, nagyszerűség, pompa, ragyogás

magnificent [mæg'nɪfɪsnt] *mn* nagyszerű, pompás, felséges, pazar, gyönyörű, remek

magnifier ['mægnɪfaɪə] *fn* nagyító(üveg)

magnify ['mægnɪfaɪ] *ige (optikailag)* nagyít || túloz, nagyít

magnifying glass ['mægnɪfaɪɪŋ] *fn* nagyító(üveg), nagyítólencse

magnitude ['mægnɪtjuːd] *fn* nagyság, méret

magnolia [mæg'noʊlɪə] *fn* magnólia

magpie ['mægpaɪ] *fn* szarka

Magyar ['mægjɑː] *mn/fn* magyar

maharajah [ˌmɑː'həˈrɑːdʒə] *fn* maharadzsa

mahogany [mə'hɒgəni] *fn* mahagóni

maid [meɪd] *fn* háztartási alkalmazott, lány || szűz

maiden ['meɪdn] *fn* hajadon || szűz

maidenhood ['meɪdnhʊd] *fn* ❖ *ir* szüzesség

maiden name *fn* leánykori név

maiden speech *fn* szűzbeszéd

---

fn főnév − *hsz* határozószó − *isz* indulatszó − *ksz* kötőszó − *mn* melléknév
▼ szófajjelzés ⊕ földrajzi variáns ❏ szakterület ❖ stiláris minősítés

maiden voyage *fn* első út *(hajóé)*

maidservant ['meɪdsɜ:vənt] *fn* cseléd, szolgálólány

mail [meɪl] ▼ *fn* posta(i küldemény) ‖ **any mail for me?** nincs postám? ▼ *ige* ⊕ *US* postáz, postára ad, elküld, felad, postán küld

mailbag ['meɪlbæg] *fn* postazsák

mail-boat *fn* postahajó

mailbox ['meɪlbɒks] *fn* ⊕ *US* levélszekrény, postaláda

mailcoach ['meɪlkoʊtʃ] *fn (vonaton)* postakocsi

mailing list ['meɪlɪŋ] *fn* címjegyzék

mailman ['meɪlmən] *fn (tsz -men)* ⊕ *US* levélkézbesítő, postás

mail-order *fn* postai árurendelés

mail-order firm *fn* csomagküldő áruház

mailshot ['meɪlʃɒt] *fn* közérdekű (kereskedelmi) lap/reklámanyag

mail train *fn* postavonat

mail van (⊕ *US* **mail truck**) *fn* postakocsi

maim [meɪm] *ige (végtagot)* csonkít

maimed [meɪmd] *mn (kéz, láb)* csonka

main [meɪn] ▼ *mn* fő; lényeges: fontos, legfontosabb, legfőbb ‖ **by main force** emberi erővel; **the main point/ thing is that** a lényeg az, hogy, a legfontosabb (dolog/szempont) az, hogy ▼ *fn (víz, gáz, villany)* fővezeték ‖ → **mains**

main beam *fn* tartógerenda

main building *fn* főépület

main course *fn* főétel

main deck *fn* felső fedélzet

main dish *fn* főétel

main entrance *fn* főbejárat

mainframe (computer) ['meɪnfreɪm] *fn* ❑ *szt* nagygép, nagyszámítógép, központi egység

mainland ['meɪnlənd] *fn* szárazföld

main line *fn (vasút, távíró)* fővonal

mainly ['meɪnli] *hsz* főleg, főként, legfőképpen, jórészben, jórészt

main meal *fn* főétkezés

main occupation *fn* főfoglalkozás

main road *fn* főútvonal *(városban, elsőbbséggel)*

mains [meɪnz] *fn esz v. tsz* ❑ *el* hálózat; összet hálózati ‖ *(víz, gáz, villany)* ❖ *biz* fővezeték

mainsail ['meɪnseɪl] *fn* árbocvitorla

mainspring ['meɪnsprɪŋ] *fn (óráé)* spirálrugó

mains set *fn* hálózati készülék

mainstay ['meɪnsteɪ] *fn* ❑ *hajó* főárboctartó ‖ ❖ *átv* támasz

main store *fn* ❑ *szt* memóriaegység

mainstream ['meɪnstri:m] *fn* főáram, fő áramlat/irány

mains voltage *fn* hálózati feszültség

maintain [meɪn'teɪn] *ige (családot, intézményt)* fenntart, eltart ‖ karbantart ‖ **I maintain my statement** fenntartom kijelentésemet *(v. amit mondtam)*

maintenance ['meɪntənəns] *fn (intézményé)* fenntartás ‖ ❑ *jog* eltartás ‖ ❑ *jog (elvált feleségnek)* tartásdíj ‖ karbantartás

maintenance order *fn* tartásdíj-kötelezettség

main title *fn* főcím

maison(n)ette [ˌmeɪzə'net] *fn* kétszintes lakás

maize [meɪz] *fn* kukorica

maize meal *fn* kukoricaliszt

Maj ❑ *kat* = **major**

majestic [mə'dʒestɪk] *mn* fenséges, magasztos, méltóságteljes

majesty ['mædʒəsti] *fn* fenség *(sajátság)* ‖ felség, fenség ‖ **His/Her Imperial Majesty** ő császári felsége; **His/Her Majesty** őfelsége *(király, királyné, királynő)*; **Her Majesty Queen Elizabeth the Second** *(v.* **Queen Elizabeth II)** Őfelsége II. Erzsébet; **Your Majesty** Felséged

major ['meɪdʒə] ▼ *mn* fontosabb, főbb, nagyobb ‖ nagykorú, idősebb ‖ ❑ *zene* dúr ‖ **a major construction**

project nagyobb létesítmény; **the major languages** a nagy nyelvek; **major operation/surgery** nagyobb műtét; **major road** főútvonal ▼ *fn* ❏ *kat* őrnagy ‖ ⊕ *US* főszak, főtantárgy, szaktárgy ‖ **a history major** történelem szakos hallgató; **what's your major?** melyik/milyen szakon tanulsz?, melyik szakra jársz? ▼ *ige* ⊕ *US* **major in sg** *(egyetemen)* specializálja magát vmre/vmben ‖ **what are you majoring in (at university)?** melyik/milyen szakon tanulsz?, melyik szakra jársz?; **be majoring in history** történelem szakos hallgató

Maj-Gen = Major-General

major-general *fn* vezérőrnagy

majority [mə'dʒɒrəti] *fn* (szó)többség ‖ nagykorúság ‖ **attain one's majority** eléri a nagykorúságot; **be in the majority** többségben van(nak); **the great majority** nagy többség

majority holding *fn* többségi érdekeltség/részesedés *(részvénytársasági vagyonban)*

make [meɪk] ▼ *fn* márka, gyártmány ▼ *ige (pt/pp* made [meɪd]) csinál, készít ‖ *(ételt)* elkészít, (meg)főz ‖ előállít, gyárt ‖ keres *(pénzt)* ‖ vhova elér ‖ megtesz *(távolságot)* ‖ **2 and 4 make 6** 2 meg 4 az annyi, mint 6; **he'll never make it** ❖ *biz* sohasem viszi semmire; **how much did he make on it?** mennyit keresett rajta?; **how much does he make a month?** mennyi a havi fizetése?; **he makes £12 000 a year** évi 12 000 fontot keres; **make a film** filmet forgat; **he will make a good doctor** jó orvos válik majd belőle; **they make a good match** illenek egymáshoz; **they make a nice couple** *(házasok)* illenek egymáshoz; **make friends (with)** (össze)barátkozik (vkvel); **make as if/though** úgy tesz, mintha ...; **make do with** beéri vmvel; **make it** ❖ *biz* viszi valamire; **can we make it?**

❖ *biz* odaérünk idejében?; **make the train** eléri a vonatot; **I just made the train** sikerült elérnem a vonatot; **make itself felt (in sg)** érezteti hatását; **make sg grow** megnöveszt; **make sy do sg** vkt vmre rábír/rákényszerít; **what made him do it?** mi késztette erre?; **make sy laugh** megnevettet; **make sy sg** megtesz vmnek; **make sy understand sg** vkvel vmt megértet; **make yourself at home!** érezd magad otthon!; **can you make it?** ❖ *biz* el tudsz jönni?; **have sg made** csináltat, készíttet

make after sy vk után ered

make away with sg magával visz vmt *(ellopja)*

make for (a place) vhová igyekszik

make (sg) of (sg) vmből készít vmt ‖ vhogyan ért/magyaráz vmt ‖ **be made of sg** vmből készült/van; **what do you make of it?** mit veszel ki belőle?; **make a good job of it** jó munkát végez ‖ → **made**

make off ❖ *biz* továbbáll, vhonnan elpucol ‖ **make off with sg** magával visz vmt, odébbáll vmvel

make out kisilabizál, kivesz, kibetűz; *(nehezen)* megért ‖ *(számlát, csekket)* kiállít ‖ felír *(receptet)* ‖ elkészít *(okmányt)* ‖ **you cannot make him out** *(vkn)* nem lehet rajta eligazodni; **cannot make it out** *(írásban, szövegben)* nem ismeri ki magát

make over (to) *(ingatlant stb.)* átírat

make up *(arcot)* kifest ‖ *(gyógyszert)* elkészít, megcsinál ‖ *(csomagot)* összeállít ‖ kitalál vmt ‖ *(ruhát)* elkészít, megcsinál ‖ ❏ *nyomd* tördel ‖ **make oneself up** kifesti/kikészíti magát; **make up the fire** rárak a tűzre; **be made up of ...** áll vmből; **make up one's mind** eltökéli magát, elhatározza magát; **make up one's mind to do sg** rászánja magát vmre; **he made up his mind to** arra az elhatározásra jutott, hogy …; **he made it up** ezt ő találta ki; **make up the prescription** *(orvosságot)* elkészít, összeállít

make up for *(elmaradást, késést)* behoz; *(veszteséget, sérelmet)* jóvátesz; *(elmulasztott dolgot)* pótol ‖ **make up for lost time** behozza a késést; **make up for what one has missed** pótolja a mulasztottakat; **make (it) up to sy for sg** kárpótol vkt vmért

make it up (with sy) kibékül vkvel, elsimít vmt vkvel

make-believe ▼ *mn* színlelt, hamis ▼ *fn* színlelés, tettetés

maker ['meɪkə] *fn* előállító, készítő

makeshift ['meɪkʃɪft] *mn/fn* hevenyészett, ideiglenes (tákolmány); szükségmegoldás ‖ **makeshift arrangement** átmeneti megoldás

make-up *fn* arcfesték, smink ‖ arcfestés, kikészítés ‖ ❑ *nyomd* tördelés ‖ **do one's make-up** kifesti magát, sminkeli magát

make-up bag *fn* piperetáska

make-up remover *fn* arclemosó

making ['meɪkɪŋ] *fn* **be in the making** készülőben van vm, kialakulófélben van ‖ **(s)he has the makings of a leader** vezetői adottságokkal rendelkezik

making-up *fn* ❑ *nyomd* tördelés

maladjusted [ˌmælə'dʒʌstɪd] *mn* roszszul alkalmazkodó

maladministration [ˌmælədmɪnɪ'streɪʃn] *fn* rossz adminisztráció/igazgatás

maladroit [ˌmælə'drɔɪt] *mn* ügyetlen; balkezes

malady ['mælədi] *fn* nyavalya *(betegség)*

malaise [mə'leɪz] *fn* rossz közérzet; *(átv is)* gyengélkedés; betegség

malaria [mə'leərɪə] *fn* malária

Malay [mə'leɪ] *mn/fn* maláji

Malaysian [mə'leɪzɪən] *mn* maláj

Malaysia [mə'leɪzɪə] *fn* Malaysia

malcontent ['mælkəntent] *mn/fn* elégedetlen

male [meɪl] ▼ *mn* ❑ *biol* hím(nemű), férfi ▼ *fn* hím; bak *(hím állat)*

male chauvinism *fn* férfi felsőbbrendűség, férfisovinizmus

malediction [ˌmælɪ'dɪkʃn] *fn* átok

male nurse *fn (férfi)* ápoló

male patient *fn* férfi beteg

male voice *fn* férfihang

malevolence [mə'levələns] *fn* rosszindulat, rosszakarat

malevolent [mə'levələnt] *mn* rosszindulatú, rosszakaratú, rossz szándékú

malformation [ˌmælfɔ:'meɪʃn] *fn* alkati hiba

malfunction [ˌmæl'fʌŋkʃn] ▼ *fn* zavar *(vmnek a működésében)* ▼ *ige* zavar áll be vmnek a működésében, hibásan működik

malice ['mælɪs] *fn* rosszindulat, rosszakarat ‖ **bear sy malice** rosszindulatú vkvel szemben

malicious [mə'lɪʃəs] *mn* rosszindulatú, rosszakaratú, rosszmájú

maliciously [mə'lɪʃəsli] *hsz* gonoszan; rosszindulatúan

malign [mə'laɪn] ▼ *mn* rosszindulatú ▼ *ige* vkt befeketít, rossz színben tüntet fel vkt

malignant [mə'lɪgnənt] *mn* ❑ *orv* rosszindulatú ‖ **malignant tumour** rosszindulatú daganat

malinger [mə'lɪŋgə] *ige* betegséget színlel; szimulál, bliccel, lóg

malingerer [mə'lɪŋgərə] *fn* ❖ *biz* szimuláns

mall [mɔ:l] *fn (fedett)* bevásárlóközpont

mallard ['mæləd] *fn* vadkacsa

malnutrition [ˌmælnjʊ'trɪʃn] *fn* hiányos táplálkozás

malpractice [ˌmæl'præktɪs] *fn* (orvosi) műhiba

M

malt [mɔːlt] *fn* maláta

Malta ['mɔːltə] *fn* Málta

Maltese [ˌmɔːl'tiːz] *mn/fn* máltai

maltreat [ˌmæl'triːt] *ige* **maltreat sy** rosszul bánik vkvel, gyötör vkt

maltreatment [ˌmæl'triːtmənt] *fn* rossz bánásmód

mama [mə'mɑː] *fn* ❖ *biz* mama

mammal ['mæml] *fn* emlős(állat) ‖ **mammals** emlősök

mammary gland ['mæməri] *fn* tejmirigy

mammoth ['mæməθ] *mn/fn* mamut

man [mæn] *fn* (*tsz* **men** [men]) ember ‖ férfi ‖ **to a man** egytől egyig, mind egy szálig; **man of letters** irodalmár; **a man's man** férfi a javából

manacles ['mænəklz] *fn tsz* (kéz)-bilincs; béklyó

manage ['mænɪdʒ] *ige* kezel, irányít, vezet; *(ügyeket)* vezet, visz, intéz; *(vállalatot)* igazgat, vezet; ❏ *ker (ügyletet)* bonyolít; vmt menedzsel ‖ vmvel boldogul, vmvel megbirkózik ‖ **manage to do sg** *(vknek vm, vmt megtenni)* sikerül; **he can always manage a** jég hátán is megél; **difficult to manage** nehezen kezelhető; **I can manage (all right)** megleszek nélküle; **I can't manage it** nem boldogulok vele; **can you manage it?** boldogulsz vele?, megy a dolog?; tudod (csinálni)?; **I shall manage it somehow** valahogy majd csak elintézem, megcsinálom; **doesn't manage to do sg** nem sikerül/tud vmt megtenni; **I shall manage somehow** valahogy majd csak megleszek; **he can't manage on his salary** nem jön ki a fizetéséből; **manage sg well** helyesen/jól gazdálkodik vmvel; **can manage without sg** megvan vm nélkül

manageable ['mænɪdʒəbl] *mn* kezelhető

management ['mænɪdʒmənt] *fn* kezelés *(pénzé, ügyeké)*; vezetés *(ügyeké, vállalaté stb.)*; vezetőség, főnökség, menedzsment *(testületé, intézményé)*; adminisztráció, ügyvitel ‖ **management of funds** pénzkezelés

management consultant *fn* vállalatvezetési/üzemszervezési tanácsadó

manager ['mænɪdʒə] *fn* igazgató; vezető *(üzleti vállalkozásé, vállalaté, bolté stb.)*; menedzser, vállalatvezető ‖ ❏ *sp* szövetségi kapitány ‖ **manager's office** igazgatóság *(helyiség)*

manageress [ˌmænɪdʒə'res] *fn* igazgatónő; üzletvezetőnő

managerial [ˌmænɪ'dʒɪərɪəl] *mn* vezetői

managing ['mænɪdʒɪŋ] *mn* irányító, vezető, ügyvezető

managing director *fn* ügyvezető igazgató

Mancunian [ˌmæŋ'kjuːnɪən] *mn/fn* manchesteri

mandarin (orange) ['mændərɪn] *fn* mandarin

mandate ['mændeɪt] ▼ *fn (megbízás)* mandátum ▼ *ige* megbíz

mandated territory ['mændeɪtɪd] *fn* ❏ *tört* ❏ *pol* mandátum

mandatory ['mændətri] *mn* kötelező ‖ **mandatory signs** utasítást adó jelzőtábla

mandible ['mændəbl] *fn* állcsont

mandolin [ˌmændə'lɪn] *fn* mandolin

mane [meɪn] *fn* sörény

man-eater *fn* emberevő

maneuver [mə'nuːvə] ⊕ *US* = **manoeuvre**

manful ['mænfl] *mn* bátor, férfias

manfully ['mænfli] *hsz* bátran, férfiasan

manganese ['mæŋɡəniːz] *fn* mangán

mange [meɪndʒ] *fn* ❏ *áll* rüh

manger ['meɪndʒə] *fn* jászol

mangle ['mæŋɡl] *ige (ruhaneműt)* mángorol

mango ['mæŋɡoʊ] *fn* (*tsz* **-goes** *v.* **-gos**) mangófa

mangrove ['mæŋɡroʊv] *fn* mangrovefa

mangy ['meɪndʒi] *mn* ❑ *áll* rühes

manhandle ['mænhændl] *ige* kézi erővel mozgat/szállít; ❖ *biz* bántalmaz

manhole ['mænhoʊl] *fn* ellenőrzőakna *(utcán)*, utcai akna, csatornanyílás

manhood ['mænhʊd] *fn* férfikor ‖ férfiasság

man-hour *fn* munkaóra, emberóra *(egy ember egy órai munkája)*

manhunt ['mænhʌnt] *fn* embervadászat, hajtóvadászat

mania ['meɪnɪə] *fn* (divat)hóbort, mánia

maniac ['meɪniæk] *fn* őrült ‖ megszállott

maniacal [mə'naɪəkl] *mn* mániákus

manic ['mænɪk] *mn* ❑ *orv* mániás

manic-depressive *mn/fn* mániás-depressziós

manicure ['mænɪkjʊə] ▼ *fn* kézápolás, körömápolás, manikűr ▼ *ige* manikűröz

manicure set *fn* manikűrkészlet

manifest ['mænɪfest] ▼ *mn* nyilvánvaló ▼ *ige* (ki)nyilvánít, világosan megmutat, kimutat ‖ **manifest itself** megmutatkozik, megnyilatkozik, megnyilvánul

manifestation [,mænɪfe'steɪʃn] *fn* megnyilvánulás, megnyilatkozás, kinyilatkoztatás

manifestly ['mænɪfestli] *hsz* nyilvánvalóan

manifesto [,mænɪ'festoʊ] *fn* (*tsz* -toes *v.* -tos) kiáltvány, proklamáció

manifold ['mænɪfoʊld] *mn* sokféle; sokszoros

manila envelope [mə'nɪlə] *fn* boríték *(erős barna papírból)*

man in (⊕ *US* on) **the street** (*tsz* **men in/on the street**) *fn* kisember, átlagember

manipulate [mə'nɪpjʊleɪt] *ige* befolyásol; manipulál

manipulation [mə,nɪpjʊ'leɪʃn] *fn* kezelés; beavatkozás; művelet, manipulálás

mankind [,mæn'kaɪnd] *fn* az emberi nem, emberfaj ‖ emberiség ‖ férfinem, férfiak

manliness ['mænlinəs] *fn* férfiasság

manly ['mænli] *mn* férfias

man-made *mn* mesterséges, műves

man-month *fn* (egy) személy per hó(nap), emberhónap

manna ['mænə] *fn* manna

mannequin ['mænɪkɪn] *fn* próbababa ‖ manöken

manner ['mænə] *fn* mód, modor; stílus ‖ **in the same manner** egyformán, ugyanúgy; **in this manner** így, ily módon; **in the manner of ... ...** stílusában ‖ → **manners**

mannerism ['mænərɪzm] *fn* mesterkéltség, modorosság

mannerly ['mænəli] *mn* jó modorú, udvarias

manners ['mænəz] *fn tsz* viselkedés; modor ‖ **has no manners** nem volt gyermekszobája, modortalan; **have bad manners** rossz modora van

manoeuvrable (⊕ *US* **maneuverable**) [mə'nu:vrəbl] *mn* irányítható, kormányozható

manoeuvre (⊕ *US* **-neuver**) [mə'nu:və] ▼ *fn* hadmozdulat, hadművelet ‖ manőver ▼ *ige (kat és ált)* manőverez, mesterkedik, taktikázik ‖ *(gépkocsival)* manőverez ‖ ‖ **manoeuvre for position** *(érvényesülést keresve)* helyezkedik; **manoeuvre (one's car) into the garage** (kocsijával) beáll a garázsba

manoeuvring (⊕ *US* **-neuver-**) [mə'nu:vəɪŋ] *fn* ❖ *átv* ❖ *elít* mesterkedés

man-of-war *fn* (*tsz* **men-of-war**) hadihajó

manometer [mə'nɒmɪtə] *fn* nyomásmérő

manor (house) ['mænə] *fn* kastély ‖ udvarház

manpower ['mænpaʊə] *fn* munkaerő, munkáslétszám

M

manpower shortage *fn* munkaerőhiány, munkáshiány

mansard (roof) ['mænsɑ:d] *fn* manzárd(tető)

manse [mæns] *fn (presbiteriánus)* parókia

man-servant *fn (tsz* **men-servants)** inas

mansion ['mænʃn] *fn* kastély ‖ (nemesi) kúria

manslaughter ['mænslɔ:tə] *fn* (szándékos) emberölés

mantelpiece ['mæntlpi:s] *fn* kandallópárkány

mantle ['mæntl] ▼ *fn* köpeny, köpönyeg ▼ *ige* beburkol, eltakar, borít

manual ['mænjʊəl] ▼ *mn* kézi ▼ *fn* kézikönyv, segédkönyv, vezérfonal ‖ *(orgonán)* billentyűzet

manual controls *fn tsz* kézi vezérlés

manual skill *fn* kézügyesség

manual worker *fn* fizikai dolgozó

manufacture [ˌmænjʊˈfæktʃə] ▼ *fn* gyártás ▼ *ige* gyárt, termel

manufactured [ˌmænjʊˈfæktʃəd] *mn* gyári, gyárilag előállított/készült ‖ **manufactured goods** gyári áru(k)/készítmény(ek)/termék(ek), iparcikk(ek)

manufacturer [ˌmænjʊˈfæktʃərə] *fn* gyáros, gyártó (cég/vállalat)

manufacturing cost [-ˈfæktʃərɪŋ] *fn* önköltség

manufacturing industry *fn* feldolgozóipar, gyáripar

manure [məˈnjʊə] ▼ *fn* trágya ▼ *ige* (meg)trágyáz

manuscript ['mænjʊskrɪpt] *fn* kézirat

many ['meni] *mn (többes számmal)* sok, számos ‖ **as many** ugyanannyi; megannyi; **just as many (as)** ugyanannyi, éppen annyi/ennyi; **many a little makes a mickle** sok kicsi sokra megy; **many a man** sok ember; **a good/great many** jó sok; **be one too many for sy** nem bír vele; **many a** time, many times sokszor; **as many again** még egyszer annyi; **as many as** annyi … amennyi; **many have seen it** sokan látták; **many more besides** még sokan mások; **many of us** sokan közülünk; **many people** rengeteg (sok) ember; **in many ways** sok tekintetben, sokban, sokféleképpen

many-coloured (⊕ *US* **-colored**) *mn* sokszínű

many-sided *mn* sokoldalú

map [mæp] ▼ *fn* térkép ▼ *ige* **-pp-** feltérképez

map out kidolgoz ‖ eltervez

maple(-tree) ['meɪpl] *fn* juharfa *(élő)*

maple(-wood) *fn* juharfa *(faanyag)*

map-maker *fn* térképész

map pocket *fn (autóban)* ajtózseb

Mar = **March**

mar [mɑ:] *ige* **-rr-** elront, elcsúfít ‖ **mar sy's joy** elrontja vk örömét

marathon ['mærəθən] *fn* maratoni futás

marathon driving *fn* maratonhajtás

marathon runner *fn* maratoni futó

maraud [məˈrɔ:d] *ige (rabolva)* portyázik, fosztogat

marauder [məˈrɔ:də] *fn* fosztogató, martalóc

marble ['mɑ:bl] *fn* márvány ‖ **marbles** (játék)golyók

marbled ['mɑ:bld] *mn* márványos

March [mɑ:tʃ] *fn* március

march [mɑ:tʃ] ▼ *fn* menet(elés) ‖ ❑ *zene* induló ▼ *ige (tömegfelvonuláson)* felvonul; ❑ *kat* gyalogol, menetel

march by *(vk előtt)* ellép

march in *(pompával)* bevonul

march out (of the room etc.) *(tüntetően)* kivonul

march past *(vk előtt)* ellép

---

fn főnév – *hsz* határozószó – *isz* indulatszó – *ksz* kötőszó – *mn* melléknév
▼ szófajjelzés ⊕ földrajzi variáns ❑ szakterület ❖ stiláris minősítés

marcher ['mɑ:tʃə] *fn* menetelő, felvonuló, tüntető

marching column ['mɑ:tʃɪŋ] *fn* ❑ *kat* menetoszlop

marching orders *fn tsz* ❑ *kat* menetparancs

marchioness [ˌmɑ:ʃə'nes] *fn* márkiné

march-past *fn* elvonulás, díszmenet, díszszemle

march step *fn* ❑ *kat* díszlépés

mare [meə] *fn* kanca

mare's nest *fn* (hírlapi) kacsa

mare's tail *fn* zsurló(fű)

Margaret ['mɑ:grɪt] *fn* Margit

margarine [ˌmɑ:dʒə'ri:n] *fn* margarin

marge [mɑ:dʒ] *fn* ❖ *biz* margarin

margin ['mɑ:dʒɪn] *fn* szegély, perem, (lap)szél, margó

marginal ['mɑ:dʒɪnl] *mn* marginális

marginally ['mɑ:dʒɪnli] *hsz* csak kevéssé, egy kicsit

marginal note *fn* széljegyzet, lapszéli jegyzet

margin of error *fn* hibahatár

marigold ['mærɪgoʊld] *fn* büdöske *(virág)*

marijuana [ˌmærɪ'wɑ:nə] *fn* marihuána

marina [mə'ri:nə] *fn* jachtkikötő

marinade [ˌmærɪ'neɪd] *ige* mariníroz

marinaded [ˌmærɪ'neɪdɪd] *mn* marinírozott, pácolt

marinate ['mærɪneɪt] = **marinade**

marine [mə'ri:n] ▼ *mn* tengeri || **marine insurance** hajókár-biztosítás ▼ *fn* tengerészgyalogos || **the Marines** tengerészgyalogság; **tell that to the marines!** ne akard nekem ezt bemesélni!, meséld ezt a nagymamádnak

mariner ['mærɪnə] *fn* tengerész

marionette [ˌmærɪə'net] *fn* (zsinóron mozgatott) báb(u), marionett

marital ['mærɪtl] *mn* házastársi

marital separation *fn* különválás *(házastársaké)*

marital status *fn* családi állapot(a)

maritime ['mærɪtaɪm] *mn* tengeri, tengerészeti

maritime law *fn* tengeri jog, tengerjog

maritime nation *fn* hajósnép

maritime navigation *fn* tengeri hajózás

maritime region *fn (tengeri)* partvidék

marjoram ['mɑ:dʒərəm] *fn* majoránna

mark [mɑ:k] ▼ *fn* folt || nyom || jel, jelzés || bélyeg || céltábla, cél(pont) || *(sp, játék)* pont || ❑ *isk* (érdem)jegy, osztályzat || rajtvonal || autótípus || **be beside the mark** lényegtelen, nem tartozik a tárgyhoz; **be wide of the mark** célt téveszt; **as a mark of my respect** tiszteletem jeléül; **on your marks, get set, go!** elkészülni, vigyázz, rajt!; **bear the marks of** vmnek nyoma látszik rajta; **hit the mark** (célba) talál; **leave its mark on sg** rányomja a bélyegét vmre; **make one's mark** hírnévre tesz szert ▼ *ige* vmt vmvel (meg)jelöl || árjelzéssel ellát || (le)osztályoz || jelez || figyel || **mark time** egy helyben topog, jelzi az ütemet; **mark an era** korszakot nyit/jelent; **mark you ...** figyelj ...

mark down leértékel || lepontoz || rosszabb jegyet ad

mark off kijelöl

mark out kijelöl, kitűz || kiszemel

mark up *(árakat)* felemel || (eggyel) jobb jegyet ad

marked [mɑ:kt] *mn (tárgy)* jelzett, (meg)jelölt || észrevehető, feltűnő || **marked trail** jelzett út; **to a marked degree** fokozott mértékben; **marked improvement** határozott javulás

markedly ['mɑ:kɪdli] *hsz* feltűnően, szemmel láthatóan, észrevehetően

marker (pen) ['mɑ:kə] *fn* szövegkiemelő

market ['mɑ:kɪt] *fn* piac || vásárcsarnok || **find a (ready) market** van piaca

marketable ['mɑːkɪtəbl] *mn (áru)* versenyképes ‖ **marketable goods** kelendő áru
market analysis *fn* piacelemzés
market-day *fn* piacnap, vásárnap
market demand *fn* piaci kereslet
market economy *fn* piacgazdaság
market garden *fn* bolgárkertészet, konyhakertészet
market gardener *fn* bolgárkertész
market hall *fn* vásárcsarnok
marketing ['mɑːkətɪŋ] *fn* marketing, piacszervezés
marketing department *fn* marketingosztály
marketing manager *fn* marketingmenedzser
market leader *fn* piacvezető
market leaders *fn tsz* tőzsdei vezető értékpapírok
market-place, the *fn* a piac
market price *fn* piaci/napi ár
market research *fn* piackutatás
market share *fn* piaci részesedés
market value *fn* piaci érték, árfolyamérték
marking ['mɑːkɪŋ] *fn* jelző ‖ jelölés ‖ jegyzés *(tőzsdén)* ‖ → **markings**
marking-ink *fn* (fehérneműjelző) vegytinta
markings ['mɑːkɪŋz] *fn tsz* csíkozás, mintázat *(állaton)* ‖ ❑ *rep* felségjel
marksman ['mɑːksmən] *fn (tsz* **-men)** céllövő, mesterlövész ‖ **a good marksman** kiváló lövész
marksmanship ['mɑːksmənʃɪp] *fn* lövészet, jó céllövő képesség
mark-up *fn* haszonkulcs, (százalékos) árrés ‖ áremelés *(százaléka)*
marl [mɑːl] *fn* márga
marmalade ['mɑːməleɪd] *fn* narancsdzsem
marmot ['mɑːmət] *fn* mormota
maroon [mə'ruːn] *mn/fn* gesztenyebarna
marquess ['mɑːkwɪs] *fn* márki
marquetry ['mɑːkɪtri] *fn* intarzia

marquis ['mɑːkwɪs] *fn* márki
marriage ['mærɪdʒ] *fn* házasság
marriageable ['mærɪdʒəbl] *mn* házasulandó korú ‖ **marriageable daughter** eladó lány
marriage bureau *fn (tsz* **-s** *v.* **-x)** házasságközvetítő iroda
marriage certificate *fn* házassági anyakönyvi kivonat
marriage guidance/counselling *fn* házassági tanácsadás
marriage portion *fn* hozomány
married ['mærid] *mn* házas, nős, férjes, férjezett
married couple *fn* házaspár
married life *fn* házasélet
marron glacé [‚mærɒn glæ'seɪ] *fn (tsz* **marrons glacés)** cukrozott gesztenye
marrow[1] ['mæroʊ] *fn* (csont)velő
marrow[2] ['mæroʊ] *fn* (❋ *GB* **vegetable marrow;** ❋ *US* **marrow squash)** tök
marry ['mæri] *ige* feleségül vesz, elvesz vkt ‖ férjhez megy vkhez ‖ vkvel házasságot köt ‖ összeesket ‖ **get married** házasságot köt, megházasodik, összeházasodik, megnősül; **marry off one's daughter with a dowry** kiházasítja a lányát; **marry off one's daughter** férjhez adja a lányát
marsh [mɑːʃ] *fn* mocsár, ingovány, láp
marshal ['mɑːʃl] *fn* marsall
marshalling yard ['mɑːʃəlɪŋ] *fn* rendező pályaudvar
marsh fever *fn* mocsárláz
marsh gas *fn* mocsárgáz, metán
marsh-land *fn* láp
marsh marigold *fn* mocsári gólyahír
marshy ['mɑːʃi] *mn* lápos, mocsaras
marsupial [mɑː'sjuːpɪəl] *mn/fn* erszényes (állat) ‖ **marsupials** erszényesek
marten ['mɑːtɪn] *fn* nyuszt, nyest
martial law ['mɑːʃl] *fn* statárium
Martian ['mɑːʃn] *fn* marslakó

fn főnév – *hsz* határozószó – *isz* indulatszó – *ksz* kötőszó – *mn* melléknév
▼ szófajjelzés ❋ földrajzi variáns ❑ szakterület ❖ stiláris minősítés

martyr ['mɑːtə] *fn* vértanú, mártír
martyrdom ['mɑːtədəm] *fn* vértanú-
halál, vértanúság, mártíromság
marvel ['mɑːvl] ▼ *fn* csoda ‖ the mar-
vels of modern science a technika
csodái ▼ *ige* -ll- (⊕ *US* -l-) marvel at
(sg) csodálkozik vmn
marvellous (⊕ *US* -l-) ['mɑːvləs] *mn*
csodálatos, remek
marvellously (⊕ *US* -l-) ['mɑːvləsli]
hsz csodálatosan
Marxism ['mɑːksɪzm] *fn* marxizmus
Marxist ['mɑːksɪst] *mn* marxista
marzipan ['mɑːzɪpæn] *fn* marcipán
mascara [mæ'skɑːrə] *fn* szempillafes-
ték
mascot ['mæskət] *fn* amulett, taliz-
mán, kabala
masculine ['mæskjəlɪn] ▼ *mn* férfias
‖ ❏ *nyelvt* hímnemű ▼ *fn* the mascu-
line ❏ *nyelvt* hímnem
masculinity [ˌmæskjə'lɪnəti] *fn* férfi-
asság
mash [mæʃ] *fn* püré
mashed potatoes [mæʃt] *fn tsz* bur-
gonyapüré, krumplipüré
mask [mɑːsk] *fn* álarc, maszk ‖ *(tűzol-
tóé, vívóé)* sisak ‖ **surgeon's mask**
műtőmaszk
masked [mɑːskt] *mn* álarcos
masked ball *fn* álarcosbál
masochism ['mæsəkɪzm] *fn* mazo-
chizmus
masochist ['mæsəkɪst] *fn* mazochista
mason ['meɪsn] *fn* kőműves ‖ szabad-
kőműves
masonic [mə'sɒnɪk] *mn* szabadkőmű-
ves
masonry ['meɪsnri] *fn* falazat ‖ sza-
badkőművesség
masquerade [ˌmæskə'reɪd] ▼ *fn* álar-
cos felvonulás, álarcosbál ‖ ❖ *átv* ko-
média ‖ jelmez; maskara ▼ *ige (vmlyen
szerepet)* játszik
mass[1] [mæs] *fn* ❖ *ált és* ❏ *fiz* tömeg;
(tárgyakból) halom ‖ **the masses** nép-
tömegek, a tömegek

Mass/mass[2] [mæs] *fn* mise ‖ **hear
Mass/mass** misét hallgat; **Mass/
mass for the dead** gyászmise
massacre ['mæsəkə] ▼ *fn* öldöklés,
tömegmészárlás ▼ *ige (embereket)* le-
mészárol, rakásra öl
massage ['mæsɑːʒ] *ige* masszíroz,
gyúr
mass communications *fn tsz* tömeg-
tájékoztatás
mass demonstration *fn* tömegfelvo-
nulás, tömegtüntetés
massed choirs [mæst] *fn tsz* egyesí-
tett énekkar
mass-entertainment (media) *fn tsz*
tömegszórakoztatás(i eszközök)
masseur [mæ'sɜː] *fn* masszőr, gyúró
masseuse [mæ'sɜːz] *fn (női)* masszőr,
masszőz
mass grave *fn* tömegsír
mass influence *fn* tömegbefolyás
massive ['mæsɪv] *mn* tömör, masszív
mass market *fn* tömegcikkpiac
mass media *fn tsz* tömegtájékoztató
eszközök, tömegtájékoztatás; ❖ *biz* a
média
mass meeting *fn* tömeggyűlés
mass-produce *ige* tömegesen/szériá-
ban gyárt
mass-produced *mn* tömegesen/széri-
ában gyártott, sorozatban gyártott
mass production *fn* tömeggyártás, tö-
megtermelés
mass protest *fn* tiltakozó nagygyűlés
(against sg vm ellen)
mass rally *fn* tömeggyűlés
mass transportation *fn* tömegszállí-
tás
mast [mɑːst] *fn* árboc
master ['mɑːstə] ▼ *fn* gazda, úr; *(mű-
vész, sakk és átv)* mester ‖ tanár, taní-
tó ‖ igazgató *(egyes brit kollégiumok-
ban)* ‖ kapitány *(ker. hajóé)* ‖ ⊕ *GB*
Master „magister" *(hozzávetőleg meg-
felel a mi egykori egyetemi dokto-
runknak)*; **Master Charles** Károly úr-
fi; **be one's own master** a maga ura

M

▼ *ige* **master** *sg* vmbe beletanul; *(nyelvet)* elsajátít

master builder *fn* építőmester

master carpenter *fn* ács kisiparos

master class *fn* mesterkurzus *(előadóművész)*

master-copy *fn* alappéldány, mesterkópia, -kazetta

master craftsman *fn (tsz -men) (önálló iparos)* mester

master disk *fn* ❏ *szt* törzslemez

master file *fn* ❏ *szt* törzsállomány

masterful ['mɑ:stəfl] *mn* hatalmaskodó, önkényeskedő

master key *fn* álkulcs

masterly ['mɑ:stəli] *mn* mesteri, kiváló

mastermind ['mɑ:stəmaɪnd] ▼ *fn* kitűnő koponya, nagy szellem ▼ *ige* a háttérből irányít

Master of Arts *fn* ⊕ *GB* Magister Artium *(hozzávetőleg megfelel a mi egykori egyetemi doktorunknak)*

master of ceremonies *fn* konferanszié

Master of the Horse *fn* ⊕ *GB* főlovászmester

masterpiece ['mɑ:stəpi:s] *fn* mestermű, remekmű

master sergeant *fn* ⊕ *US* törzsőrmester

master-stroke *fn* mesterfogás

master violin *fn kb.* mesterhegedű

masterwork ['mɑ:stəwɜ:k] *fn* műremek

mastery ['mɑ:stri] *fn* **complete mastery of sg** tökéletes tudása/ismerete vmnek; **mastery of the English language** az angol nyelv alapos ismerete

masthead ['mɑ:sthed] *fn* árboccsúcs

mastiff ['mæstɪf] *fn* dog, szelindek

masturbate ['mæstəbeɪt] *ige* maszturbál, onanizál

masturbation [ˌmæstə'beɪʃn] *fn* önkielégítés, maszturbáció

mat¹ [mæt] ▼ *fn* lábtörlő ‖ *(birkózó)*szőnyeg ‖ *(tányér)*alátét ‖ *(összetapadt)* hajcsomó ▼ *ige* **-tt-** *(vizes haj)* összecsomósodik

mat² [mæt] *mn* = **matt**

match [mætʃ] ▼ *fn* főleg *tsz* gyufa ‖ meccs, mérkőzés ‖ párja vmnek/vknek ‖ **a box of matches** egy doboz gyufa; **strike a match** gyufát gyújt; **put a match to sg** meggyújt vmt; **a good match** jó parti; **have no match** nincsen párja; **he met his match** emberére akadt/talált; **be no match for** meg sem közelíti; **be a match for sy at sg** felveszi/kiállja vkvel vmben a versenyt ▼ *ige (stílus, szín)* összeillik ‖ *(színeket)* összehangol ‖ **... to match** színben hozzáillő; **to match sy** vkhez fogható; **they match well** *(ruhadarabok)* illenek egymáshoz; **they don't match** nem illenek egymáshoz

matchbox ['mætʃbɒks] *fn* gyufaskatulya

matching ['mætʃɪŋ] *mn* összeillő, összetartozó

matchless ['mætʃləs] *mn* utolérhetetlen ‖ **(s)he is matchless** nincs hozzá fogható, nem ismerek hozzá foghatót

matchmaker ['mætʃmeɪkə] *fn* házasságközvetítő; házasságszerző

matchwood ['mætʃwʊd] *fn* alágyújtós, aprófa

mate¹ [meɪt] ▼ *fn* ❖ *biz* társ, pajtás, szaki ▼ *ige* ❏ *áll* párosodik, párzik ‖ pároztat

mate² [meɪt] *fn* matt ‖ **mate in three (moves)** matt három lépésben

material [mə'tɪərɪəl] ▼ *mn* anyagi; materiális ‖ **material goods** anyagi javak; **material knowledge** tárgyi tudás; **material well-being** anyagi jólét ▼ *fn* anyag ‖ ❏ *tex* anyag, szövet

materialism [mə'tɪərɪəlɪzm] *fn* materializmus; anyagiasság

materialist [mə'tɪərɪəlɪst] *fn* materialista

materialistic [məˌtɪərɪə'lɪstɪk] *mn* anyagias

---

fn főnév – *hsz* határozószó – *isz* indulatszó – *ksz* kötőszó – *mn* melléknév

▼ szófajjelzés ⊕ földrajzi variáns ❏ szakterület ❖ stiláris minősítés

materialization [mə,tıərıəlaı'zeıʃn] *fn* megvalósulás

materialize [mə'tıərıəlaız] *ige* megvalósul, valóra válik

materially [mə'tıərıəlı] *hsz* lényegesen, jelentősen

maternal [mə'tɜ:nl] *mn* anyai ‖ **maternal grandmother** anyai nagyanya; **maternal love** anyai szeretet

maternity [mə'tɜ:nətı] *fn* anyaság

maternity benefit (⊕*US* **allowance**) *fn* anyasági segély

maternity dress *fn* kismamaruha

maternity grant *fn* ⊕*GB* anyasági segély, szülési segély

maternity home *fn* szülőotthon

maternity hospital *fn* szülészet *(kórház)*

maternity leave *fn* szülési szabadság

maternity ward *fn* szülészeti osztály

matey ['meıtı] *mn* ❖*biz* barátkozó természetű

math [mæθ] *fn* ❖*biz* ⊕*US* = **maths**

mathematical [,mæθə'mætıkl] *mn* matematikai ‖ **mathematical problem** matematikai feladat

mathematician [,mæθəmə'tıʃn] *fn* matematikus

mathematics [,mæθə'mætıks] *fn esz* matematika

mathematics class *fn* matematikaóra

mathemathics teacher *fn* matematikatanár

maths [mæθs] *fn esz v. tsz* ❖*biz* matek

maths exercise/problem *fn* szöveges feladat

maths teacher *fn* matektanár

matinée ['mætıneı] *fn* délutáni előadás

mating ['meıtıŋ] *fn* párzás

mating call *fn* nászének, csalogató kiáltás

mating season *fn* párzási idő(szak)

matins ['mætınz] *fn* hajnali zsolozsma

matriarchal [,meıtri'ɑ:kl] *mn* anyajogú, matriarchális

matrices ['meıtrısi:z] *tsz* → **matrix**

matriculate [mə'trıkjʋleıt] *ige (egyetemre)* felvesz, beír ‖ beiratkozik

matriculation [mə,trıkjʋ'leıʃn] *fn* (egyetemi) beiratkozás/felvétel ‖ **matriculation office** tanulmányi osztály

matrimonial [,mætrı'moʋnıəl] *mn* házassági

matrimony ['mætrımənı] *fn* házasság, *(házastársi)* életközösség

matrix ['meıtrıks] *fn (tsz* **matrices** [-si:z] *v.* **matrixes)** ❏ *nyomd* matrica, anyagminta ‖ anyaközet ‖ vmnek a melegágya ‖ ❏ *mat* ❏ *szt* mátrix

matrix printer *fn* ❏ *szt* mátrixnyomtató

matron ['meıtrən] *fn* főnővér, főápolónő ‖ *(diákotthonban)* gondnoknő ‖ *(intézetben)* felügyelőnő

matronly ['meıtrənlı] *mn* idősebb asszonyhoz illő

matt [mæt] *mn* matt

matted ['mætıd] *mn (haj)* gubancos ‖ **matted hair** *(összetapadt)* hajcsomó

matter ['mætə] ▼ *fn* anyag ‖ ügy, kérdés, tárgy, téma ‖ dolog ‖ **is there anything the matter with him?** valami baj van vele?; **what's the matter?** mi történt/baj?; **no matter** nem számít; **no matter which** akármelyik; **no matter how** akárhogy(an) is; **matter in dispute** vitás kérdés; **it was a matter of chance** a véletlen műve volt; **a matter of conscience** lelkiismereti kérdés; **it's a matter of days** napok kérdése; **as a matter of fact** tulajdonképpen, a lényeget tekintve, ami azt illeti; jobban mondva; **matter of life and death** létkérdés; **it's a matter of taste** ez ízlés dolga; **carry matters too far** *(v.* **to extremes)** túlzásba esik; **to make matters worse he …** a bajt még megtetézte azzal, hogy; **matters pending** megoldásra váró kérdések, függő ügyek; **as matters stand** a mai viszonyok mellett ▼ *ige* számít *(fontos)* ‖ **it doesn't mat-**

ter nem számít/érdekes, nem tesz semmit!

matter-of-fact *mn* tárgyszerű, tárgyilagos ‖ száraz, prózai ‖ **matter-of-fact person** prózai lény

mattock ['mætək] *fn* (bontó)csákány

mattress ['mætrəs] *fn* matrac

mature [mə'tʃʊə] ▼ *mn* érett, kifejlett ‖ esedékes, lejárt ‖ **on mature reflection, after mature consideration** hosszas meggondolás után ▼ *ige* érik, érlelődik

maturity [mə'tʃʊərəti] *fn* érettség ‖ lejárat *(kölcsöné, váltóé stb.)*

maudlin ['mɔ:dlɪn] *mn* érzelgős, szentimentális

maul [mɔ:l] *ige* összever; ❖ *átv* ledorongol ‖ szétmarcangol

maulstick ['mɔ:lstɪk] *fn* festőpálca

Maundy Thursday ['mɔ:ndi] *fn* nagycsütörtök

mausoleum [ˌmɔ:sə'li:əm] *fn* mauzóleum

mauve [moʊv] *mn/fn* mályvaszín(ű)

maverick ['mævrɪk] *fn* pártonkívüli

mawkish ['mɔ:kɪʃ] *mn* émelyítő

max = **maximum**

maxi (skirt) ['mæksi] *fn* maxiszoknya

maxim ['mæksɪm] *fn* szállóige; életelv

maximize ['mæksɪmaɪz] *ige* maximálisan kihasznál, felfokoz

maximum ['mæksɪməm] *fn (jelzőként is)* maximum; maximális

maximum load *fn* csúcsterhelés

maximum output *fn* csúcsteljesítmény

maximum speed *fn* megengedett legnagyobb sebesség

maximum value *fn* csúcsérték, maximum

May [meɪ] *fn* május

may [meɪ] *ige (pt* **might** [maɪt]) szabad, lehet, -hat, -het ‖ **it may/might be that ...** meglehet, hogy ..., lehet/lehetséges, hogy ...; **may I?** szabad?; megengedi?; **may I come in?** bejöhetek?; **he may not be hungry** talán nem is éhes; **you might as well ...**

legjobb lesz, ha ..., nem marad más hátra, mint hogy ...; **John asked if he might come too** J. megkérdezte, hogy eljöhet-e ő is; **they might not** *(v.* **mightn't)** **come** lehet, hogy nem jönnek; **be as it may** akármi legyen is a helyzet

maybe ['meɪbi] *hsz* lehetséges; meglehet, talán, lehet ‖ **maybe he'll come** talán (el)jön

may-beetle *fn* cserebogár

may-bug *fn* cserebogár

May Day *fn* május elseje

mayday ['meɪdeɪ] *fn* SOS-jel

mayfly ['meɪflaɪ] *fn (tsz* **-flies)** kérész

mayonnaise [ˌmeɪə'neɪz] *fn* majonéz(mártás)

mayor [meə] *fn* polgármester

mayoress ['meərɪs] *fn* polgármesternő ‖ polgármesterné

may-pole *fn* májusfa

maze [meɪz] *fn* labirintus, útvesztő

MB [ˌem 'bi:] = *Bachelor of Medicine* orvosdoktor *(első fokozata)*

MC [ˌem 'si:] = **master of ceremonies**

MD [ˌem 'di:] = *Doctor of Medicine* orvosdoktor *(magasabb fokozattal)*

me [mi] *nm* engem ‖ **for me** nekem, számomra; **it's me** én vagyok (az); **on me** nálam; **it's on me** én fizetem a cechet; **to me** hozzám; **me too!** ❖ *biz* én is!

meadow ['medoʊ] *fn* rét

meadow-saffron *fn* (őszi) kikerics

meagre (⊕ *US* **-ger**) ['mi:gə] *mn* sovány

meal¹ [mi:l] *fn* étkezés ‖ étel ‖ **have a meal out** *(egy alkalommal)* nem otthon étkezik; **meals** *(rendszeres)* étkezés, koszt; **after meals** étkezés után; **have/take one's meals** étkezik *(vhol rendszeresen)*

meal² [mi:l] *fn (durvább)* liszt

meal-ticket *fn* ebédjegy ‖ ❖ *átv* támasz *(személy)*

mealtime ['mi:ltaɪm] *fn* étkezési idő

fn főnév – *hsz* határozószó – *isz* indulatszó – *ksz* kötőszó – *mn* melléknév
▼ szófajjelzés ⊕ földrajzi variáns ❑ szakterület ❖ stiláris minősítés

mealy-mouthed [ˌmiːliˈmaʊðd] *mn*
mézesmázos, finomkodó ‖ **don't be
so mealy-mouthed, say what you
mean!** ne beszélj mellé, ki vele, amit
mondani akarsz!

mean¹ [miːn] ▼ *mn* közepes, közép,
átlagos ▼ *fn* átlag ‖ ❏ *mat* közép ‖ →
means

mean² [miːn] *mn* fukar, zsugori ‖ aljas,
hitvány, alantas ‖ **that was a mean
trick (to play on me)** ez aljas kitolás
volt (velem)

mean³ [miːn] *ige (pt/pp* meant [ment])
jelent *(vm jelentése van)* ‖ gondol, ért
‖ szándékozik, akar ‖ szán (vmre) ‖
what does it mean? (ez) mit jelent?;
that's what I mean ez az, amire gon-
dolok; **what do you mean?** hogy ér-
ted ezt?; **he didn't mean it** nem szán-
dékosan csinálta; **I mean it** komolyan
gondolom; **mean sg for sy/sg** vknek
szán vmt; **mean sy well** jót akar
vknek; **mean well by sy** vknek a ja-
vát akarja; **I mean to** az a szándé-
kom, hogy

meander [miˈændə] *ige (folyó stb.)*
kígyózik, kanyarog

meaning [ˈmiːnɪŋ] *fn* jelentés *(szóé)*

meaningful [ˈmiːnɪŋfl] *mn* jelentős,
sokatmondó

meaningless [ˈmiːnɪŋləs] *mn* értel-
metlen, semmitmondó

meanness [ˈmiːnnəs] *fn* aljasság

means¹ [miːnz] *fn tsz* anyagi eszkö-
zök, *(anyagi)* létalap ‖ **man of means**
dúsgazdag ember; **sg is beyond my
means** meghaladja anyagi erőmet;
means of subsistence megélhetési le-
hetőség

means² [miːnz] *fn esz v. tsz* esz-
köz(ök) ‖ **by all means** feltétlenül,
mindenesetre, de még mennyire; **by
no means** semmi esetre (sem); **by
some means or other** valahogy(an)
csak; **by this means** ezáltal; **by what
means?** milyen módon?; **find a means
of doing sg** módot talál rá, hogy; **by

means of által, révén, segítségével;
by means of an action at law per út-
ján; **means of communication** a hír-
közlés szervei; **means of transport**
közlekedési eszköz; **a means to an
end** eszköz a cél elérésére; **the end
justifies the means** a cél szentesíti az
eszközt ‖ → **mean³**

means test *fn* vagyoni/anyagi helyzet
felmérése

meant [ment] *pt/pp* → **mean³**

mean temperature *fn* középhőmér-
séklet

meantime [ˈmiːntaɪm] *hsz* **(in the)
meantime** közben, ezalatt, időközben

mean time *fn* középidő

mean value *fn* átlagérték; ❏ *mat* kö-
zépérték

meanwhile [ˈmiːnwaɪl] *hsz* ezalatt;
közben, időközben ‖ addig is

measles [ˈmiːzlz] *fn esz* kanyaró

measly [ˈmiːzli] *mn* ❖ *biz* vacak, nyam-
vadt

measurable [ˈmeʒrəbl] *mn* mérhető

measure [ˈmeʒə] ▼ *fn* méret; nagy-
ság ‖ mértékegység ‖ mérce, mérő-
edény ‖ versmérték ‖ intézkedés ‖ **be-
yond measure** végtelen(ül), nyakló
nélkül; **in some measure** némi-
képp(en), bizonyos mértékben; **a
measure of** némi; **for good measure**
ráadásul; **get/take the measure of sy**
felmér vkt; **measure of capacity** űr-
mérték; **measure of weight** súlymér-
ték; **measures** intézkedés(ek); rend-
szabály(ok); **take measures** intézke-
dik; **take firm measures** erélyesen
lép fel; **take the necessary
measures** megteszi a szükséges in-
tézkedéseket ▼ *ige* (le)mér, megmér;
(földterületet) felmér ‖ **measure
one's strength** birokra kel; **measure
one's length** elterül, elesik

measure off *(szövetet)* lemér
measure out *(távolságot)* kimér ‖
(ki)adagol

M

measure up (a room) *(szobát)* kimér ‖ **measure up to one's expectations** megfelel várakozásainak

measured ['meʒəd] *mn* megmért ‖ kimért

measurement ['meʒəmənt] *fn* méret, mérték

measuring beaker ['meʒərıŋ] *fn* menzúrás főzőpohár

measuring cup/jug *fn* mérőpohár

measuring instrument *fn* mérőeszköz, mérőműszer

measuring tape *fn* mérőszalag

meat [mi:t] *fn* hús *(ennivaló)* ‖ **the meat is done (to a turn)** megsült a hús; **the meat is off** romlott hús

meatball ['mi:tbɔ:l] *fn* fasírozott, húspogácsa

meat dish *fn* húsétel

meat sauce *fn* kb. milánói szósz/mártás

meaty ['mi:ti] *mn* húsos ‖ ❖ *biz* tartalmas, tömör, velős *(stílus)*

mechanic [mı'kænık] *fn* szerelő ‖ (gép)kezelő; gépész, géplakatos ‖ műszerész

mechanical [mı'kænıkl] *mn* gépi ‖ gépies, automatikus

mechanical engineer *fn* gépészmérnök

mechanical engineering *fn* gépészet ‖ **faculty of mechanical engineering** gépészmérnöki kar

mechanical power *fn* gépi erő

mechanics [mı'kænıks] *fn esz* ❑ *fiz* mechanika ‖ *tsz* mechanika, szerkezet

mechanism ['mekənızm] *fn* mechanizmus; szerkezet, gépezet, mechanika

mechanization [ˌmekənaı'zeıʃn] *fn* gépesítés

mechanize ['mekənaız] *ige* gépesít

mechanized ['mekənaızd] *mn* gépesített ‖ **mechanized household** gépesített háztartás

medal ['medl] *fn* rendjel; kitüntetés, érem

medallion [mı'dælıən] *fn (nyakban)* medál, medalion

medallist (⊕ *US* **-l-**) ['medlıst] *fn* (arany)érmes ‖ éremkészítő

meddle ['medl] *ige* kotnyeleskedik ‖ **meddle in sg** beleavatkozik vmbe, vmbe ártja magát

meddlesome ['medlsəm] *mn* kotnyeles, okvetetlenkedő

media, the ['mi:dıə] *fn tsz* tömegtájékoztató eszközök, tömegtájékoztatás, a média

mediaeval [ˌmedi'i:vl] *mn* középkori

median ['mi:dıən] ▼ *mn* középső, közbülső; felező ▼ *fn* oldalfelező, középvonal ‖ ⊕ *US* **median (strip)** középső elválasztó sáv

mediate ['mi:dieıt] *ige (vm ügyben)* közvetít ‖ **mediate between sy and sy** vkért közbenjár

mediation *fn (ügyben)* közvetítés, közbenjárás

mediator ['mi:dieıtə] *fn* közbenjáró, közvetítő

medic[1] ['medık] *fn* ❖ *biz* orvostanhallgató, medikus ‖ doki

medic[2] ['medık] *fn* ⊕ *US* = **medick**

medical ['medıkl] *mn* orvosi ‖ **medical advice** orvosi tanács

medical certificate *fn* orvosi bizonyítvány

medical consultation *fn* ❑ *orv* konzílium

medical examination *fn* orvosi vizsgálat

medical faculty *fn (némely egyetemen)* orvosi kar

medical malpractice *fn* orvosi műhiba

medical officer *fn* tisztiorvos, főorvos

medical practitioner *fn* gyakorló orvos

medical school *fn* orvosi egyetem ‖ orvostudományi kar

---

fn főnév – *hsz* határozószó – *isz* indulatszó – *ksz* kötőszó – *mn* melléknév
▼ szófajjelzés ⊕ földrajzi variáns ❑ szakterület ❖ stiláris minősítés

medical science *fn* orvostudomány
medical student *fn* orvostanhallgató
medical treatment *fn* gyógykezelés, orvosi kezelés
medical ward *fn* belgyógyászat *(kórházi osztály)*; belosztály
medicament [mɪˈdɪkəmənt] *fn* gyógyszer; orvosság
Medicare [ˈmedɪkeə] *fn* ⊕ *US* állami (öregkori) betegbiztosítás, *kb.* tb
medicate [ˈmedɪkeɪt] *ige* gyógyszerel (vkt)
medicated [ˈmedɪkeɪtɪd] *mn* gyógyszerrel telített/kezelt
medication [ˌmedɪˈkeɪʃn] *fn* gyógyszeres kezelés
medicinal [mɪˈdɪsnəl] *mn* gyógy-
medicinal bath(s) *fn tsz* gyógyfürdő
medicinal herb *fn* gyógynövény
medicinal treatment *fn* gyógyszeres kezelés
medicine [ˈmedsn] *fn* orvostudomány ‖ (bel)gyógyászat ‖ gyógyszer, orvosság
medicine chest *fn* házipatika
medicine man *fn (tsz* **men**) kuruzsló, vajákos ember
medick (⊕ *US* **medic**) [ˈmedɪk] *fn* lucerna
medieval [ˌmediˈiːvl] *mn* középkori
mediocre [ˌmiːdiˈəʊkə] *mn* középszerű, gyatra
mediocrity [ˌmiːdiˈɒkrəti] *fn* középszerűség
meditate [ˈmedɪteɪt] *ige* elmélkedik, mereng, meditál, tűnődik *(on* vmn)
meditation [ˌmedɪˈteɪʃn] *fn* elmélkedés
meditative [ˈmedɪtətɪv] *mn* elmélkedő
Mediterranean [ˌmedɪtəˈreɪnɪən] *mn* földközi-tengeri, mediterrán
Mediterranean Sea, the *fn* Földközi-tenger
medium [ˈmiːdɪəm] ▼ *mn* közepes (minőségű) ‖ félédes ▼ *fn (tsz* **mediums** *v.* **media** [-dɪə]) orgánum, kö-

zeg, (közvetítő) eszköz ‖ **through the medium of** vk/vm közvetítésével; **through the medium of the press** a sajtó útján
medium dry *mn* félszáraz
medium frequency *fn* középfrekvencia
medium height *fn* középtermet
medium quality *fn* közepes minőség
medium range missile *fn* közepes hatótávolságú rakéta
medium size *fn* középméret
medium(-)sized *mn* közepes méretű/nagyságú
medium wave *fn* középhullám
medley [ˈmedli] *fn* keverék ‖ ❏ *zene* egyveleg ‖ **4x100 m medley relay** 4x100 m-es vegyes váltó; **medley (swimming)** vegyes (úszás)
meek [miːk] *mn* szelíd, jámbor
meekly [ˈmiːkli] *hsz* szelíden, jámboran, szerényen
meet [miːt] *ige (pt/pp* **met** [met]) találkozik *(sy* vkvel) ‖ *(két vége vmnek)* összeér; *(folyó, út)* egymásba torkollik, összefolyik ‖ **go to meet sy at the airport** kimegy vk elé a repülőtérre; **meet Mr X** ⊕ *US* bemutatom X urat; **meet a bill** váltót kifizet; **meet sy halfway** engedékeny vkvel szemben, hajlandó a kompromisszumra/megegyezésre; **meet all demands/requirements** kielégíti az igényeket, megfelel a követelményeknek; **meet debt obligations** *(ország)* eleget tesz fizetési kötelezettségeinek; **meet demands** szükségletet kielégít; **meet the costs/expenses of sg** fedezi/vállalja vmnek a költségeit

meet up (with) (véletlenül) összetalálkozik vkvel
meet with an accident szerencsétlenül jár, balesetet szenved; **meet with difficulties** akadályba/nehézségbe ütközik; **meet with success** sikert arat; ⊕ *US* **meet with sy**

(megbeszélés szerint) találkozik/
összeül/tárgyal vkvel

meeting ['miːtɪŋ] *fn* találkozás ‖ össze-
jövetel, megbeszélés, ülés, értekezlet
‖ **be at a meeting** értekezleten van;
have/hold a meeting ülést tart
meeting place *fn* találkozóhely
meeting point *fn* találkozóhely
megabyte ['megəbaɪt] *fn* megabyte,
megabájt
megahertz ['megəhɜːts] *fn* megahertz
megalith ['megəlɪθ] *fn* kőemlék, me-
galit
megalomania [ˌmegəloʊ'meɪnɪə] *fn*
nagyzási hóbort, megalománia
megalomaniac [ˌmegəloʊ'meɪnɪæk]
mn/fn nagyzási hóbortban szenvedő
(egyén), megalomániás
megaphone ['megəfoʊn] *fn* megafon
megastore ['megəstɔː] *fn* bevásárló-
központ, hipermarket
melancholy ['melənkəli] ▼ *mn* bús-
komor, melankolikus, mélabús ▼ *fn*
búskomorság, melankólia
mellow ['meloʊ] ▼ *mn* érett *(bor,
sajt)*; puha *(gyümölcs)*; lágy *(hang)*;
meleg *(szín)* ▼ *ige (bor, sajt)* érik
melodious [mɪ'loʊdɪəs] *mn* dallamos
melodrama ['melədrɑːmə] *fn* melo-
dráma
melodramatic [ˌmelədrə'mætɪk] *mn*
hatásvadászó
melody ['melədi] *fn* dallam, melódia
melon ['melən] *fn* dinnye
melt [melt] ▼ *fn* **be on the melt** olva-
dásponton van ▼ *ige* (fel)olvaszt,
megolvaszt; old ‖ (el)olvad, felolvad;
feloldódik

---

melt away elolvad ‖ elolvaszt
melt down (be)olvaszt
melt into beolvad ‖ **melt into thin
air** semmivé lesz

---

melting-furnace ['meltɪŋ-] *fn* olvasz-
tókemence

melting-point *fn* olvadáspont
melting-pot *fn* olvasztótégely
member ['membə] *fn* tag *(cégé, testü-
leté)* ‖ testrész, (vég)tag ‖ **member of
a club** klubtag; **Member of Parlia-
ment** országgyűlési képviselő, ⊕ *GB*
az (angol) alsóház tagja; **Member of
the European Parliament** az Euró-
pai Parlament tagja; **member of the
Academy** akadémikus; **member of
the family** családtag
membership ['membəʃɪp] *fn* tagság ‖
taglétszám
membership card *fn* tagsági igazol-
vány
membership fee *fn* tagdíj
member-state *fn* tagállam, tagország
membrane ['membreɪn] *fn* ❑ *biol*
membrán, hártya
memento [mɪ'mentoʊ] *fn* emlékezte-
tő ‖ emlék
memo ['memoʊ] *fn* ❖ *biz* feljegyzés
memo block/pad *fn* jegyzettömb
memoirs ['memwɑːz] *fn tsz* emlék-
irat, memoár
memorable ['memrəbl] *mn* emlékeze-
tes
memorandum [ˌmemə'rændəm] *(tsz*
-da [-də] *v.* **-dums)** *fn (diplomáciai)*
jegyzék, emlékirat
memorial [mɪ'mɔːrɪəl] *fn* emlékmű
memorize ['meməraɪz] *ige* betanul,
bemagol
memory ['memri] *fn* emlékezet, me-
mória ‖ emlék ‖ ❑ *szt* memória ‖
commit sg to (one's) memory bevés
vmt az emlékezetébe, könyv nélkül
megtanul; **from memory** fejből, könyv
nélkül; **in memory of** vk/vm emléké-
re; **be (with)in living memory** még
elevenen él az emlékezetben
memory unit *fn* ❑ *szt* memóriaegység
men [men] *tsz* → **man**
menace ['menɪs] ▼ *fn* fenyegetés ▼
ige fenyeget *(sy with sg* vkt vmvel)
menacing ['menɪsɪŋ] *fn* fenyegető,
vészjósló

---

fn főnév – *hsz* határozószó – *isz* indulatszó – *ksz* kötőszó – *mn* melléknév
▼ szófajjelzés ⊕ földrajzi variáns ❑ szakterület ❖ stiláris minősítés

menacingly ['menɪsɪŋli] *hsz* fenyegetően, vészjóslóan

menage [meɪ'nɑ:ʒ] *fn* háztartás

menagerie [mɪ'nædʒəri] *fn* állatsereglet; (cirkuszi) vadállatok

mend [mend] ▼ *fn* **be on the mend** ❖ *biz* szépen gyógyul ▼ *ige* (meg)javít, kijavít, megcsinál ‖ megfoltoz, megstoppol ‖ javul ‖ **can you mend it?** meg tudod csinálni/javítani?; **mend one's ways** *(vk erkölcsileg)* megjavul; **be mending slowly** *(beteg)* lassan gyógyul

mending ['mendɪŋ] *fn* javítás, foltozás, stoppolás

menial ['mi:nɪəl] *mn* szolgai, alantas *(munka)*

meningitis [ˌmenɪn'dʒaɪtɪs] *fn* agyhártyagyulladás

menopause ['menəpɔːz] *fn* ◻ *orv* klimax

men's *mn (sp és öltözködés)* férfi... ‖ ⊕ *US* **men's room** férfivécé, „férfiak"

menses ['mensiːz] *fn tsz* menstruáció, menses

menstrual ['menstrʊəl] *mn* menstruációs

menstruate ['menstrʊeɪt] *ige* menstruál

menstruation [ˌmenstrʊ'eɪʃn] *fn* menstruáció, menses

menswear, men's wear ['menzweə] *fn* férfidivatáru, férfiruha

mental ['mentl] *mn* értelmi, gondolati, szellemi; ◻ *pszich* lelki ‖ **make a mental note of sg** emlékezetébe vés, megjegyez

mental ability *fn* szellemi képesség

mental case *fn (kórházban)* elmebeteg

mental defective *mn/fn* értelmi fogyatékos

mental deficiency *fn* értelmi fogyatékosság

mental disorder *fn* elmebaj

mental illness *fn* elmebetegség

mentality [men'tæləti] *fn* mentalitás, gondolkodásmód, szellemiség

mentally ['mentli] *hsz* szellemileg, gondolatban

mentally deficient *mn* elmegyenge

mentally handicapped *mn/fn* értelmi(leg)/szellemi(leg) fogyatékos

mentally retarded *mn* értelmi fogyatékos

mental patient *fn* elmebeteg, (elmegyógyintézeti) ápolt

mental process *fn* lelki folyamat

mental state *fn* elmeállapot

mental ward *fn* elmeosztály

menthol ['menθɒl] *fn* mentol

mention ['menʃn] ▼ *fn* említés ‖ **make mention of** megemlít, *(szóban)* előhoz ▼ *ige* (meg)említ; *(példát)* felhoz; *(szóban)* előhoz ‖ **don't mention it** *(köszönetre válasz)* nincs miért/mit!, szívesen!; **not to mention** ...-ról nem is beszélve; **as mentioned above** mint már említettük

mentor ['mentɔː] *fn* ❖ *átv* (tanító)mester, mentor

menu ['menjuː] *fn* étlap, étrend ‖ ◻ *szt* menü

menu-driven program *fn* ◻ *szt* menüvezérelt program

MEP [ˌem iː 'piː] = **Member of the European Parliament**

mercantile ['mɜːkəntaɪl] *mn* kereskedelmi, kommerciális

mercenary ['mɜːsnri] ▼ *mn* haszonleső ▼ *fn* ◻ *kat* zsoldos

mercenary troops *fn tsz* zsoldoshadsereg

merchandise ['mɜːtʃəndaɪz] ▼ *fn (tsz ua.)* áru ▼ *ige* kereskedik

merchandiser ['mɜːtʃəndaɪzə] *fn* kereskedő

merchant ['mɜːtʃənt] *fn* nagykereskedő ‖ ⊕ *US* boltos

merchant bank *fn* kereskedelmi bank

merchantman ['mɜːtʃəntmən] *fn (tsz -men)* kereskedelmi hajó

nm névmás – *nu* névutó – *szn* számnév – *esz* egyes szám – *tsz* többes szám
▼ szófajjelzés ⊕ földrajzi variáns ◻ szakterület ❖ stiláris minősítés

merchant navy *fn* ⊕ *GB* kereskedelmi hajózás

merciful ['mɜːsɪfl] *mn* irgalmas, könyörületes ‖ **be merciful to sy** vknek irgalmaz

mercifully ['mɜːsɪfəli] *hsz* irgalmasan, könyörületesen

merciless ['mɜːsɪləs] *mn* irgalmatlan, könyörtelen

mercilessly ['mɜːsɪləsli] *hsz* könyörtelenül, kíméletlenül, irgalmatlanul

mercurial [mɜːˈkjʊərɪəl] *mn* ingatag ‖ eleven, élénk, szellemes ‖ higanytartalmú, higanyos

mercury ['mɜːkjʊri] *fn* higany

mercy ['mɜːsi] *fn* irgalmasság, könyörület ‖ **at the mercy of sy** kiszolgáltatva vk kényére-kedvére; **have mercy on sy** vknek megkegyelmez

mercy killing *fn* könyörületi halál, eutanázia

mere [mɪə] *mn* puszta, merő; tiszta, csupa ‖ **a mere boy** egész fiatal; **mere chance** tiszta véletlen; **it is a mere formality** csak formaság az egész

merely ['mɪəli] *hsz* csakis, tisztán, csupán, pusztán

merge [mɜːdʒ] *ige (intézményeket)* összevon; ❖ *átv* összeolvaszt ‖ egybeolvad, fuzionál ‖ *(színek)* összefolyik ‖ ⌑ *szt (fájlokat)* összesorol; összeválogat

merge into *(szín)* beolvad
merge with *(intézmény)* (egy)beolvad, fuzionál

merger ['mɜːdʒə] *fn* egybeolvadás, összevonás, fúzió *(intézményeké)*

meridian [məˈrɪdɪən] *fn* ⌑ *csill* delelő, délkör, meridián

meringue [məˈræŋ] *fn* habcsók

merino [məˈriːnoʊ] *fn (tsz* -nos) merinó juh ‖ merinógyapjú

merit ['merɪt] ▼ *fn* érdem *(vké)* ‖ **on its merits** érdemben ▼ *ige* (ki)érdemel

meritocracy [ˌmerɪˈtɒkrəsi] *fn* meritokrácia; <teljesítmény alapján való előmenetel rendszere>

mermaid ['mɜːmeɪd] *fn* sellő

merrily ['merɪli] *hsz* vígan, jókedvűen

merriment ['merɪmənt] *fn* vidámság; mulatság, szórakozás

merry ['meri] *mn* vidám, víg ‖ **Merry Christmas (and a happy New Year)!** kellemes ünnepeket (kívánunk)!

merry-go-round *fn* körhinta, ringlispíl

merry-making *fn* dínomdánom, vigalom, vigasság

mesh [meʃ] *fn* háló ‖ szövevény

mesmerism ['mezmərɪzm] *fn* hipnózis

mesmerize ['mezməraɪz] *ige* hipnotizál; megbabonáz

mess[1] [mes] ▼ *fn* ❖ *biz* zűr(zavar), rendetlenség, összevisszaság ‖ **be in a (real) mess** ❖ *biz* benne van a slamasztikában, pácban van; **in a mess** rendetlenül; összevissza; **make a mess (in the flat)** *(lakásban)* rendetlenséget csinál; **make a mess of (sg)** vmt elszúr ▼ *ige* elront, összekuszál

mess about/around piszmog, vacakol ‖ durván bánik vkvel
mess up ❖ *biz* elfuserál, összekutyul, eltol ‖ **you have messed it up** elszúrtad a dolgot

mess[2] [mes] *fn* ⌑ *kat* étkezde, kantin

message ['mesɪdʒ] *fn* üzenet, mondanivaló *(írásműé stb.)* ‖ **give sy a message** vknek vmt (meg)üzen

message switching *fn* ⌑ *szt* üzenetkapcsolás

messenger ['mesɪndʒə] *fn* hírnök, küldönc; futár, kézbesítő

Messiah [mɪˈsaɪə] *fn* messiás

mess-room *fn* ⌑ *kat* étkezde

Messrs ['mesəz] *tsz* → **Mr**

mess-tin *fn* ⌑ *kat* csajka

messy ['mesi] *mn* rendetlen ‖ koszos

met [met] *pt/pp* → **meet**

Met, the *fn* ⊕ *GB* ❖ *biz* a londoni rendőrség ‖ ⊕ *US* a Metropolitan Opera

metabolism [mɪ'tæbəlɪzm] *fn* anyagcsere

metal ['metl] *fn* fém, érc ‖ **metals** sínek, pálya

metallic [mɪ'tælɪk] *mn* fémes, fémfényű, metál-, fém-

metallurgical [ˌmetə'lɜ:dʒɪkl] *mn* kohászati ‖ **metallurgical engineer** kohómérnök

metallurgy [mɪ'tælədʒi] *fn* kohászat ‖ fémipar

metal tape *fn* ❑ *el* metálszalag

metal ware *fn* fémáru

metalwork ['metəlwɜ:k] *fn* lakatosmunka

metal-worker *fn* fémmunkás, vasas

metamorphosis [ˌmetə'mɔ:fəsɪs] *fn* (*tsz* -**ses**) átalakulás

metaphor ['metəfə] *fn* metafora

metaphorical [ˌmetə'fɒrɪkl] *mn* metaforikus

metaphorically [ˌmetə'fɒrɪkli] *hsz* képletesen (szólva), átvitt értelemben

metaphysics [ˌmetə'fɪzɪks] *fn esz* metafizika

metastasis [me'tæstəsɪs] *fn* (*tsz* -**ses** [-si:z]) ❑ *orv* áttétel

metastatic [ˌmetə'stætɪk] *mn* ❑ *orv* áttételes

meteor ['mi:tɪə] *fn* meteor

meteoric [ˌmi:ti'ɒrɪk] *mn* meteorikus ‖ légköri ‖ meteorszerű

meteorite ['mi:tɪəraɪt] *fn* meteorit

meteorological [ˌmi:tɪərə'lɒdʒɪkl] *mn* meteorológiai

meteorologist [ˌmi:tɪə'rɒlədʒɪst] *fn* meteorológus

meteorology [ˌmi:tɪə'rɒlədʒi] *fn* meteorológia

mete out [mi:t] *ige* kioszt (*jutalmat*), (ki)mér, kiszab (*büntetést*)

meter[1] ['mi:tə] *fn* (mérő)óra

meter[2] ['mi:tə] ⊕ *US* = **metre**

methane ['mi:θeɪn] *fn* metán

method ['meθəd] *fn* módszer, eljárás, mód ‖ **method of payment** fizetési módozat

methodical [mə'θɒdɪkl] *mn* módszeres, rendszeres

Methodist ['meθədɪst] *fn* metodista

methodology [ˌmeθə'dɒlədʒi] *fn* metodika, módszertan

meths [meθs] *fn* ❖ *biz* spiritusz

methyl alcohol ['meθɪl] *fn* metilalkohol

methylated spirits ['meθɪleɪtɪd] *fn tsz* denaturált szesz

meticulous [mɪ'tɪkjʊləs] *mn* aprólékos, (kínosan) pedáns

meticulousness [mɪ'tɪkjʊləsnəs] *fn* aprólékosság, pedantéria

Met Office *fn* ❖ *biz* Meteorológiai Intézet

metre (⊕ *US* **meter**) ['mi:tə] *fn* méter (= *39.37 inch*) ‖ (vers)mérték

metric ['metrɪk] *mn* metrikus; méterrendszeren alapuló

metrical ['metrɪkl] *mn* időmértékes ‖ **metrical poetry** időmértékes verselés

metrication [ˌmetrɪ'keɪʃn] *fn* áttérés méterrendszerre

metric system *fn* méterrendszer

metric ton *fn* tonna (*1000 kg*)

metronome ['metrənoʊm] *fn* metronóm

metropolis [mɪ'trɒpəlɪs] *fn* világváros, főváros

metropolitan [ˌmetrə'pɒlɪtən] *mn* fővárosi

mettle ['metl] *fn* vérmérséklet, bátorság

mettlesome ['metlsəm] *mn* tüzesvérű (*csikó*)

mew [mju:] *ige* nyávog

mewl [mju:l] *ige* nyivákol

mews flat [mju:z] *fn* kb. barakklakás (*istállóból átalakított lakás*)

Mexican ['meksɪkən] *mn/fn* mexikói

Mexico ['meksɪkoʊ] *fn* Mexikó

M

---

nm névmás – *nu* névutó – *szn* számnév – *esz* egyes szám – *tsz* többes szám
▼ szófajjelzés ⊕ földrajzi variáns ❑ szakterület ❖ stiláris minősítés

mezzanine ['mezəni:n] *fn* félemelet, magasföldszint

mezzo-soprano [ˌmetsoʊsə'prɑ:noʊ] *fn* mezzoszoprán

MF = **medium frequency**

mg = *milligrams* = **milligram**

Mgr = *Monsignor*

MHz = **megahertz**

MI [ˌem 'aɪ] = **military intelligence**

miaow [mi'aʊ] ▼ *isz* miau ▼ *ige* miákol, nyávog

mica ['maɪkə] *fn (ásvány)* csillám

mice [maɪs] *tsz* → **mouse**

mickey ['mɪki] *fn* ❖ *biz* **take the mickey out of sb** ugrat/bosszant vkt

micro ['maɪkroʊ] *fn* ❖ *biz* mikroszámítógép

microbe ['maɪkroʊb] *fn* mikroba

microbiology [ˌmaɪkroʊbaɪ'ɒlədʒi] *fn* mikrobiológia

microchip ['maɪkroʊtʃɪp] *fn* ❏ *szt* mikrocsip

microcomputer ['maɪkroʊkəmˌpju:tə] *fn* ❏ *szt* mikroszámítógép

microcosm ['maɪkrəkɒzm] *fn* mikrokozmosz

microeconomics [ˌmaɪkroʊekə'nɒmɪks] *fn esz* mikroökonómia, mikroközgazdaságtan

microelectronics [ˌmaɪkroʊɪlek'trɒnɪks] *fn esz* mikroelektronika

microfiche ['maɪkroʊfi:ʃ] *fn* mikrokártya ‖ **is stored on microfiche** mikrokártyán van

microfilm ['maɪkroʊfɪlm] *fn* mikrofilm

micrometer [maɪ'krɒmɪtə] *fn* mikrométer

micron ['maɪkrɒn] *fn* mikron

microphone ['maɪkrəfoʊn] *fn* mikrofon

microprocessor [-'proʊsesə] *fn* mikroprocesszor

microscope ['maɪkrəskoʊp] *fn* mikroszkóp

microscopic [-'skɒpɪk] *mn* mikroszkopikus

microsurgery [ˌmaɪkroʊ'sɜ:dʒəri] *fn* mikrosebészet

microwave ['maɪkrəweɪv] *fn* mikrohullám ‖ mikrohullámú sütő

microwave oven *fn* mikrohullámú sütő

mid [mɪd] *mn* középső ‖ **in the mid 20th century** a 20. század közepén; **in mid air** ég és föld között; **in mid June** június közepén

midday [ˌmɪd'deɪ] *fn (napszak)* dél, délidő ‖ **at midday** délben

midday break *fn* déli pihenő

midday meal *fn* ebéd

middle ['mɪdl] ▼ *mn* középső, közép- ▼ *fn* közép(pont), vmnek a közepe ‖ **in the middle of June** június közepén

middle-aged *mn* középkorú

Middle Ages *fn tsz* középkor

middle class *fn* középosztály

middle-class *mn* középosztálybeli, polgári

middle course *fn* középfolyás

Middle East, the *fn* Közel-Kelet, Közép-Kelet

middle finger *fn* középső ujj

middle lane *fn* középső nyom/sáv

middleman ['mɪdlmən] *fn (tsz* -men) ❏ *ker* közvetítő

middle management *fn* (vállalati) középszintű vezetőség/vezetés

middle name *fn* második keresztnév

middle-of-the-road *mn* harmadikutas, középutas

middle school *fn* kb. általános iskola felső tagozata *(GB 9–13, US 11–14 éveseknek)*

middle-sized *mn* közepes méretű/nagyságú

middleweight *fn* ❏ *sp* középsúly

middling ['mɪdlɪŋ] *mn* közepes, átlagos, középszerű; középutas ‖ **fair to middling** *(hogy vagy-ra válaszként)* tűrhetően

---

fn főnév – *hsz* határozószó – *isz* indulatszó – *ksz* kötőszó – *mn* melléknév
▼ szófajjelzés ⊕ földrajzi variáns ❏ szakterület ❖ stiláris minősítés

Middx = *Middlesex*
Mideast, the ['mɪdi:st] *fn* ⊕ *US* = **Middle-East**
midfielder ['mɪdfi:ldə] *fn* középjátékos, középpályás; mezőnyjátékos
midfield player ['mɪdfi:ld] *fn* középjátékos, középpályás; mezőnyjátékos
midge [mɪdʒ] *fn* muslica ‖ szúnyog
midget ['mɪdʒɪt] *mn/fn* apró (dolog), törpe
midi(skirt) ['mɪdi-] *fn* térden aluli szoknya, midiszoknya
Midlands, the ['mɪdləndz] *fn tsz* Közép-Anglia
midnight ['mɪdnaɪt] *fn* éjfél ‖ **at midnight** éjfélkor
midriff ['mɪdrɪf] *fn* rekeszizom
midshipman ['mɪdʃɪpmən] *fn* (*tsz* **-men**) tengerészkadét
midst [mɪdst] *fn* **in the midst of** közepette; **in our midst** közöttünk
midsummer ['mɪdsʌmə] *fn* nyárközép
Midsummer's Day *fn* Szent Iván napja (június 24.)
midway ['mɪdweɪ] *hsz* félúton
midweek ['mɪdwi:k] *fn* a hét közepe
midwife ['mɪdwaɪf] *fn* (*tsz* **-wives** [-waɪvz]) bába, szülésznő ‖ **midwife in charge** főmadám
midwifery [mɪd'wɪfəri] *fn* szülészet
midwinter ['mɪdwɪntə] *fn* télközép; téli napforduló (dec. 21.)
midyear ['mɪdjɪə] *mn* évközi
mien [mi:n] *fn* arckifejezés
might[1] [maɪt] *fn* erő, hatalom ‖ **with all one's might** teljes erőből
might[2] [maɪt] *pt* → **may**
mightily ['maɪtɪli] *hsz* hatalmasat (*ütött*) ‖ erőszakosan, hevesen; nagymértékben
mightn't ['maɪtnt] = **might not**
mighty ['maɪti] *mn* hatalmas, erős
migraine ['mi:greɪn] *fn* fejgörcs, migrén
migrant ['maɪgrənt] *mn/fn* vándorló; ❖ *átv is* vándormadár; vándor(-) ‖

migrant workers vendégmunkás, „vándormadár"
migrate [maɪ'greɪt] *ige* vándorol
migration [maɪ'greɪʃn] *fn* vándorlás (*állaté, törzsé*); vonulás (*madaraké*)
migratory bird ['maɪgrətəri] *fn* költöző madár
mike [maɪk] *fn* ❖ *biz* mikrofon
Milan [mɪ'læn] *fn* Milánó
Milanese [ˌmɪlə'ni:z] *mn* milánói
milch cow [mɪltʃ] *fn* (*átv is*) fejőstehén
mild [maɪld] *mn* (*idő, tél, büntetés*) enyhe ‖ szelíd
mildew ['mɪldju:] *fn* ❑ *növ* rozsda, penész
mildly ['maɪldli] *hsz* enyhén; szelíden ‖ **to put it mildly** enyhén szólva
mildness ['maɪldnəs] *fn* enyheség
mile [maɪl] *fn* mérföld ‖ **he is miles away** máson jár az esze
mileage ['maɪlɪdʒ] *fn* mérföldek száma, mérföldteljesítmény
mileage allowance *fn* kilométerpénz
mileometer [maɪ'lɒmɪtə] *fn* = **milometer**
milestone ['maɪlstoʊn] *fn* mérföldkő
milieu ['mi:ljɜ:] *fn* környezet
militant ['mɪlɪtənt] *mn/fn* ❖ *átv* harcos
militarism ['mɪlɪtərɪzm] *fn* militarizmus
militarist ['mɪlɪtərɪst] *fn* militarista
militaristic [ˌmɪlɪtə'rɪstɪk] *mn* militarista
military ['mɪlɪtəri] ▼ *mn* katonai, hadi ‖ **of military age** sorköteles; **military intervention** fegyveres beavatkozás; **do one's military service** katonai szolgálatot teljesít ▼ *fn* **the military** katonaság
military academy *fn* katonai főiskola
military intelligence *fn* katonai hírszerzés
military police *fn* katonai rendőrség
military service *fn* katonai szolgálat
military train *fn* katonavonat

M

---

nm névmás – *nu* névutó – *szn* számnév – *esz* egyes szám – *tsz* többes szám
▼ szófajjelzés ⊕ földrajzi variáns ❑ szakterület ❖ stiláris minősítés

military training fn katonai kiképzés
militate ['mɪlɪteɪt] ige harcol ‖ **militate against sg** ellene szól vmnek
militia [mə'lɪʃə] fn nemzetőrség, polgárőrség, milícia
milk [mɪlk] ▼ fn tej ‖ **yield milk** (tehén) tejel; **the milk has turned (sour)** megsavanyodott a tej ▼ ige (meg)fej
milk-can fn (kisebb) tejeskanna
milk chocolate fn tejcsokoládé
milk-churn fn (nagy) tejeskanna
milk curds fn tsz túró
milker ['mɪlkə] fn **a good milker** jó tejelő tehén
milk float fn tejeskocsi
milking ['mɪlkɪŋ] fn fejés (tehéné)
milking-machine fn fejőgép
milk-jug fn tejesköcsög
milk-maid fn fejőnő
milkman ['mɪlkmən] fn (tsz -men) tejesember
milk-shake fn turmix
milksop ['mɪlksɒp] fn ❖ tréf anyámasszony katonája
milk-tooth fn (tsz -teeth) tejfog
milky ['mɪlki] mn tejes, tejszerű ‖ homályos ‖ **milky white** tejszínű, tejfehér
Milky Way fn Tejút
mill [mɪl] ▼ fn malom ‖ őrlő(gép), daráló ▼ ige (meg)őröl, (meg)darál ‖ ❑ műsz mar

---

mill around (tömeg) nyüzsög, kavarog

---

milled ['mɪld] mn recézett (ércpénz)
millennial [mɪ'lenɪəl] mn ezredéves, millenniumi, millenáris
millennium [mɪ'lenɪəm] (tsz -nia [-niːə]) fn ezredév, millennium
miller ['mɪlə] fn molnár ‖ marós
millet ['mɪlɪt] fn köles
milligram(me) ['mɪlɪgræm] fn milligramm
millilitre (⊕ US -ter) ['mɪlɪliːtə] fn milliliter

millimetre (⊕ US -ter) ['mɪlɪmiːtə] fn milliméter
milliner ['mɪlɪnə] fn (női) kalapos
millinery ['mɪlɪnəri] fn női kalap(szalon) ‖ női divatáru-kereskedés
milling machine fn őrlőgép ‖ marógép
milling product fn őrlemény
million ['mɪlɪən] szn millió
millionaire [ˌmɪlɪə'neə] fn milliomos
millipede ['mɪlipiːd] fn százlábú
mill-race fn (malmon) zúgó, malomárok
millstone ['mɪlstoʊn] fn malomkő
mill-wheel fn malomkerék
milometer [maɪ'lɒmɪtə] fn kilométerszámláló
milord [mɪ'lɔːd] fn uram!
mime [maɪm] ▼ fn pantomim ▼ ige mímel ‖ tátogat
mimic ['mɪmɪk] ige (-ck-) kifiguráz; utánoz
mimicking ['mɪmɪkɪŋ] fn mimika
mimicry ['mɪmɪkri] fn mimikri
mimosa [mɪ'moʊzə] fn mimóza
min = minute[1] ‖ = **minimum**
minaret [ˌmɪnə'ret] fn minaret
mince [mɪns] ▼ fn vagdalt hús ▼ ige (húst) összevagdal ‖ finomkodik ‖ **she doesn't mince his words** nem válogatja a szavait; **mince matters** kertel
minced meat fn darált/vagdalt hús
mincemeat ['mɪnsmiːt] fn <mazsolás, gyümölcsös, rumos töltelék mince pie-ba> ‖ **make mincemeat of** ízekre szed
mince pie fn kb. gyümölcskosár; <mincemeat-et tartalmazó kosárka>
mincer ['mɪnsə] fn húsdaráló
mind [maɪnd] ▼ fn értelem, ész, elme, szellem; tudat ‖ emlékezet ‖ gondolkodásmód ‖ kedv ‖ vélemény ‖ **are you out of your mind?** elment az eszed?; **be in two minds about sg** nem tud dönteni vm felől; **bring/call (sg) to mind** (emléket) felidéz, (emlékezetébe) visszaidéz; **change one's mind** meggondolja magát; **give sy a**

bit of one's mind jól beolvas vknek; **go out of one's mind** megbolondul; **have half a mind to (do) sg** hajlandó volna vmre; **have sg in mind** vmt forgat a fejében; **have sy in mind** vkre gondol; **bear/keep sg in mind** eszében tart vmt, nem feledkezik meg vmről, gondol vmre; **make up one's mind (to)** elhatározza/eltökéli magát (vmre), rászánja magát (vmre); **speak one's mind** megmondja a magáét, magyarán/kereken megmondja neki; **to my mind** szerintem, véleményem szerint ▼ *ige* törődik (vmvel), figyelembe vesz, ügyel (vmre) || *(gyerekre)* felügyel || **would you mind (doing sg)** legyen/légy szíves …; **I don't mind (if …)** nem bánom, nekem mindegy; **do you mind if I smoke?** megengedi, hogy dohányozzam?; **do you mind if I …?** van valami kifogása az ellen, ha …?; **would you mind my opening the window?** szabad volna kinyitni az ablakot?; **never mind!** sebaj!, semmi baj!; **mind you!** jegyezze meg!, el ne felejtse!; **mind the step** vigyázat! lépcső!; **mind your head!** vigyázz a fejedre(, be ne üsd)!; **mind your own business!** törődj a magad dolgával!

-minded [-'maɪndɪd] *utótag* gondolkodású, beállítottságú

minder ['maɪndə] *fn (gyermekre)* felügyelő || (gép)kezelő

mindful ['maɪndfl] *mn (gondos)* figyelmes

mindless ['maɪndləs] *mn* gondatlan, nemtörődöm || esztelen, értelmetlen

mine¹ [maɪn] *nm* enyém || **these are mine** ezek az enyéim

mine² [maɪn] ▼ *fn* bánya || *(robbanó)* akna ▼ *ige* bányászik || aknásít, aláaknáz

mine detector *fn* aknakereső

minefield ['maɪnfiːld] *fn* aknamező

mine-hoist *fn* bányafelvonó

miner ['maɪnə] *fn* bányász, vájár

mineral ['mɪnərəl] ▼ *mn* ásványi ▼ *fn* ásvány

mineral kingdom *fn* ásványvilág

mineralogy [ˌmɪnə'rælədʒi] *fn* ásványtan

mineral oil *fn* ásványolaj

mineral water *fn* ásványvíz

mine-sweeper *fn* aknaszedő hajó

mineworker ['maɪnˌwɜːkə] *fn* bányász

mingle ['mɪŋgl] *ige* elegyít, összekever, elkever, elvegyít || vegyül

mingle with elvegyül, elegyedik || **mingle with the crowd(s)** elvegyül a tömegben

mingy ['mɪndʒi] *mn* ❖ *biz* zsugori || pici *(adag)*

mini ['mɪni] *fn* kiskocsi || miniszoknya

mini- ['mɪni-] *előtag* mini-

miniature ['mɪnətʃə] *fn* miniatűr || miniatúra

minibus ['mɪnibʌs] *fn* minibusz

minicab ['mɪnikæb] *fn* minitaxi

minicomputer ['mɪnikəmpjuːtə] *fn* miniszámítógép

minikini ['mɪnikɪni] *fn (kis méretű)* bugyi

minim ['mɪnɪm] *fn* ❑ *zene* félhang, fél hangjegy

minimal ['mɪnɪml] *mn* minimális

minimize ['mɪnɪmaɪz] *ige* minimálisra csökkent, lebecsül

minimum ['mɪnɪməm] *mn* legkisebb, minimális, minimum

minimum wage *fn* minimálbér

mining ['maɪnɪŋ] *fn* bányászat

mining area/district *fn* bányavidék

minion ['mɪnɪən] *fn* kegyenc, talpnyaló

miniskirt ['mɪnɪskɜːt] *fn* miniszoknya

minister ['mɪnɪstə] *fn* miniszter || követ || lelkipásztor || **Minister of Education** oktatási miniszter; **Minister of the Interior** belügyminiszter

ministerial [ˌmɪnɪ'stɪərɪəl] *mn* r˙- niszteri

---

nm névmás – *nu* névutó – *szn* számnév – *esz* egyes szám – *tsz* többes szám
▼ szófajjelzés ⊕ földrajzi variáns ❑ szakterület ❖ stiláris minősítés

ministry ['mɪnɪstri] *fn (miniszteri)* tárca, minisztérség ‖ minisztérium ‖ lelkészi/papi szolgálat ‖ **Ministry of Defence** védelmi minisztérium; **Ministry of Education** Oktatási Minisztérium; **Ministry of Foreign Affairs** külügyminisztérium

minium ['mɪnɪəm] *fn* mínium

mink [mɪŋk] *fn* nerc

minnow ['mɪnoʊ] *fn* fürge cselle *(hal)*

minor ['maɪnə] *mn* kisebb ‖ kiskorú ‖ ❑ *zene* moll ‖ **minor accident** könnyebb baleset; **minor details** jelentéktelen részletkérdések; **minor expenses** mellékkiadások; **minor injury** könnyebb sérülés; **minor repairs** kisebb javítások; **minor road** alsóbbrendű út; **minor surgery** kisebb műtét

minority [maɪ'nɒrəti] *fn* ❖ *ált és* ❑ *pol* kisebbség ‖ **be in the minority** kisebbségben marad

minority interest *fn* kisebbségi érdek

minster ['mɪnstə] *fn* katedrális

minstrel ['mɪnstrəl] *fn* (középkori) énekmondó

mint¹ [mɪnt] *fn* menta

mint² [mɪnt] *fn* pénzverde ‖ **a mint (of money)** rengeteg pénz

mint sauce *fn* mentamártás

minuet [ˌmɪnjʊ'et] *fn* menüett

minus ['maɪnəs] ▼ *mn/elölj* mínusz ▼ *fn* mínuszjel

minuscule ['mɪnəskjuːl] *mn* apró

minus sign *fn* mínuszjel

minute¹ ['mɪnɪt] *fn* perc ‖ **at this minute** e(bben a) percben; **I shan't be a minute** rögtön jövök; **in a minute** egy perc alatt; **to the minute** percnyi pontossággal; **minute details** apró részletek; **just a minute** azonnal jövök!, mindjárt! ‖ → **minutes**

minute² [maɪ'njuːt] *mn* apró, parányi ‖ tüzetes, aprólékos

minute book ['mɪnɪt bʊk] *fn* jegyzőkönyv

minute hand ['mɪnɪt hænd] *fn (órán)* nagymutató

minutes, the ['mɪnɪts] *fn tsz* jegyzőkönyv ‖ **keep/take the minutes** jegyzőkönyvet vezet; **minutes secretary** *(ülésen)* jegyző(könyvvezető)

miracle ['mɪrəkl] *fn* ❑ *vall* csoda

miracle play *fn* mirákulum; <középkori dráma szentek életéről>

miraculous [mɪ'rækjʊləs] *mn* csodálatos

miraculously [mɪ'rækjʊləsli] *hsz* csodálatos módon, csodálatosképpen, csodával határos módon

mirage ['mɪrɑːʒ] *fn* délibáb

mire [maɪə] *fn* sár; pocsolya

mirror ['mɪrə] ▼ *fn* tükör ▼ *ige* (vissza)tükröz

mirror image *fn* tükörkép

mirth [mɜːθ] *fn* jókedv, vidámság

misadventure [ˌmɪsəd'ventʃə] *fn* szerencsétlenség, balszerencse ‖ véletlen

misanthrope ['mɪsnθroʊp] **-pist** [mɪ'sænθrəpɪst] *fn* embergyűlölő

misapply [ˌmɪsə'plaɪ] *ige* rosszul alkalmaz

misapprehension [ˌmɪsæprɪ'henʃn] *fn* félreértés

misappropriate [ˌmɪsə'proʊprɪeɪt] *ige* elsikkaszt

misappropriation [ˌmɪsəproʊprɪ'eɪʃn] *fn* hűtlen kezelés, (el)sikkasztás

misbehave [ˌmɪsbɪ'heɪv] *ige* **misbehave (oneself)** rosszul viselkedik, rosszalkodik, neveletlenkedik

miscalculate [mɪs'kælkjʊleɪt] *ige* elszámítja magát

miscalculation [ˌmɪskælkjə'leɪʃn] *fn* számítási hiba

miscarriage [mɪs'kærɪdʒ] *fn* vetélés, abortusz ‖ **have a miscarriage** abortál

miscarry [mɪs'kæri] *ige* elvetél, abortál ‖ ❖ *átv* rosszul sikerül, bedöglik

miscellaneous [ˌmɪsə'leɪnɪəs] *mn (főleg szellemi termék)* vegyes

---

miscellany [mɪ'seləni] *fn* egyveleg ‖ vegyes írások

mischance [mɪs'tʃɑːns] *fn* balszerencse

mischief ['mɪstʃɪf] *fn* pajkosság, csíny, csintalanság ‖ **be bent on mischief** mindig rosszban töri a fejét; **be up to (some) mischief** rosszban töri a fejét, rosszat forral, vmt forral

mischief-maker *fn* bajkeverő, rosszcsont

mischievous ['mɪstʃɪvəs] *mn* csintalan ‖ **be mischievous** *(csak gyerek)* rosszalkodik

mischievously ['mɪstʃɪvəsli] *hsz* csintalanul

mischievousness ['mɪstʃɪvəsnəs] *fn* rosszaság, pajkosság *(gyereké)*

misconception [ˌmɪskən'sepʃn] *fn* tévhit

misconduct [mɪs'kɒndʌkt] *fn* helytelen magatartás

misconstrue [ˌmɪskən'struː] *ige* hibásan értelmez

miscount [mɪs'kaʊnt] *ige* rosszul számol

misdeed [mɪs'diːd] *fn* rossz cselekedet

misdelivery [ˌmɪsdɪ'lɪvəri] *fn* téves kézbesítés

misdemeanour (⊕ *US* **-or**) [ˌmɪsdɪ'miːnə] *fn* vétség

misdirect [ˌmɪsdə'rekt] *ige* rosszul irányít/címez

miser ['maɪzə] *fn* fösvény, zsugori

miserable ['mɪzrəbl] *mn* szerencsétlen; nyomorult, nyomorúságos, boldogtalan, szánalmas, siralmas

miserably ['mɪzrəbli] *hsz* nyomorultan

miserliness ['maɪzəlinɪs] *fn* fukarság, zsugoriság

miserly ['maɪzəli] *mn* fösvény, fukar, zsugori

misery ['mɪzəri] *fn* ínség, nyomor(úság)

misfire [mɪs'faɪə] *ige (puska)* nem sül el, csütörtököt mond ‖ *(motor)* kihagy ‖ **it misfired** a dolog visszafelé sült el

misfit ['mɪsfɪt] *fn* rosszul álló ruha ‖ **a social misfit** aszociális ember

misfortune [mɪs'fɔːtʃən] *fn* szerencsétlenség, balszerencse, baj ‖ **many misfortunes came upon him** sok baj/csapás szakadt rá; **misfortunes never come single** a baj nem jár egyedül

misgiving [mɪs'ɡɪvɪŋ] *fn* aggály, aggodalom, rossz előérzet ‖ **have misgivings** balsejtelmek gyötrik, rosszat sejt

misguided [mɪs'ɡaɪdɪd] *mn* félrevezetett ‖ megfontolatlan, elhibázott

mishandle [mɪs'hændl] *ige* rosszul bánik/kezel

mishap ['mɪshæp] *fn* balszerencse, malőr

mishear [mɪs'hɪə] *ige (pt/pp* **misheard** [mɪs'hɜːd]) rosszul hall (vmt)

mishmash ['mɪʃmæʃ] *fn* zagyvalék, keverék

misinform [ˌmɪsɪn'fɔːm] *ige* tévesen informál ‖ **you've been misinformed** rosszul informálták

misinformation [ˌmɪsɪnfə'meɪʃn] *fn* rossz/téves információ

misinterpret [ˌmɪsɪn'tɜːprɪt] *ige* rosszul értelmez, félremagyaráz

misinterpretation [ˌmɪsɪntɜːprɪ'teɪʃn] *fn* félremagyarázás, hibás értelmezés

misjudge [mɪs'dʒʌdʒ] *ige* tévesen/rosszul ítél meg vmt

mislaid [mɪs'leɪd] *pt/pp* → **mislay**

mislay [mɪs'leɪ] *ige (pt/pp* **mislaid** [mɪs'leɪd]) *(ismeretlen helyre)* elhány ‖ **be mislaid** elhányódik, elkallódik

mislead [mɪs'liːd] *ige (pt/pp* **misled** [mɪs'led]) félrevezet, tévútra vezet/visz vkt

misleading [mɪs'liːdɪŋ] *mn* félrevezető, csalóka

misled [mɪs'led] *mn* félrevezetett ‖ → **mislead**

mismanage [mɪs'mænɪdʒ] *ige* rosszul bánik/kezel (vmvel/vmt)

M

---

nm névmás – *nu* névutó – *szn* számnév – *esz* egyes szám – *tsz* többes szám
▼ szófajjelzés ⊕ földrajzi variáns ❏ szakterület ❖ stiláris minősítés

mismanagement [mɪsˈmænɪdʒmənt] *fn* rossz gazdálkodás/igazgatás/kezelés

misnomer [mɪsˈnoʊmə] *fn* helytelen elnevezés

misogynist [mɪˈsɒdʒɪnɪst] *fn* nőgyűlölő

misplace [mɪsˈpleɪs] *ige* rossz helyre tesz ‖ rosszul alkalmaz

misprint [ˈmɪsprɪnt] *fn* nyomdahiba, sajtóhiba

mispronounce [ˌmɪsprəˈnaʊns] *ige* rosszul ejt (ki)

mispronunciation [ˌmɪsprənʌnsiˈeɪʃn] *fn* kiejtési hiba

misquote [mɪsˈkwoʊt] *ige* hibásan idéz (szöveget)

misread [mɪsˈriːd] *ige* (*pt/pp* **misread** [mɪsˈred]) rosszul olvas; félreért

misrepresent [ˌmɪsreprɪˈzent] *ige* helytelen színben tüntet fel vmt, elferdít, eltorzít

misrepresentation [ˌmɪsreprɪzenˈteɪʃn] *fn* hamis beállítás

miss[1] [mɪs] *fn* kisasszony ‖ **Miss (Elizabeth) Brown** (Elizabeth) Brown kisasszony; **Miss Italy** Olaszország szépe

miss[2] [mɪs] ▼ *fn* elhibázás ‖ **give (sg) a miss** ❖ *biz* elbliccel/kihagy vmt; **it was a near miss** ez majdnem talált ▼ *ige* elhibáz, eltéveszt, elvét ‖ elmulaszt, elszalaszt, kihagy; ❖ *biz* elpasszol ‖ (*vmt tévedésből*) elnéz ‖ hiányol; hiányzik vknek (vk/vm) ‖ vmről/vmt lekésik, vk vmről lemarad ‖ **be missing** hiányzik, elveszett, nincs meg; **(s)he is missing (from home)** eltűnt hazulról; **you cannot miss it** nem lehet eltéveszteni; **I miss her very much** ő igen hiányzik nekem; **miss one's connection/train** lekési/elkési a csatlakozást; **miss the boat/bus** elszalasztja az alkalmat; **miss the mark** célt téveszt; **miss the target** mellétalál; **you missed a lot** sokat mulasztottál; **he missed the point** nem értette meg a viccet/lényeget

miss out kihagy ‖ (sokat) mulaszt (*on* vmvel)

missal [ˈmɪsl] *fn* misekönyv

misshapen [ˌmɪsˈʃeɪpən] *mn* (*alakra*) idétlen, torz, éktelen(ül csúnya)

missile [ˈmɪsaɪl, ⊕*US* mɪsl] *fn* lövedék, rakéta

missile base *fn* rakétabázis

missile launcher *fn* rakétakilövő hely

missing [ˈmɪsɪŋ] *mn* elveszett, hiányzó ‖ **be missing** nincs meg, hiányzik

missing link *fn* hiányzó láncszem

missing person *fn* eltűnt személy

mission [ˈmɪʃn] *fn* (*átv is*) küldetés, feladat, misszió, kiküldetés

missionary [ˈmɪʃənri] *fn* hittérítő, misszionárius

misspell [mɪsˈspel] *ige* (*pt/pp* **misspelt** [mɪsˈspelt] *v.* **misspelled**) rossz helyesírással (*v.* rosszul) ír vmt, elír

misspelling [mɪsˈspelɪŋ] *fn* íráshiba

misspelt [mɪsˈspelt] *pt/pp* → **misspell**

misspent [mɪsˈspent] *mn* elpazarolt, eltékozolt

mist [mɪst] ▼ *fn* köd ‖ pára, homály ▼ *ige* elhomályosodik ‖ **mist over/up** (*üveg*) bepárásodik

mistake [mɪˈsteɪk] ▼ *fn* hiba, tévedés, mulasztás ‖ **by mistake** tévedésből; **let there be no mistake (about it)** félreértés ne essék; **make a mistake** hibát követ el, hibázik ▼ *ige* (*pt* **mistook** [mɪˈstʊk]; *pp* **mistaken** [mɪˈsteɪkn]) eltéveszt ‖ **mistake one's vocation** pályát téveszt; **mistake sg for sg** (*tévedésből vmt*) elcserél/felcserél; **mistake sy for sy** vkt vkvel összecserél, összetéveszt ‖ → **mistaken**

mistaken [mɪˈsteɪkən] *mn* hibás; téves ‖ **be mistaken** hibát csinál; téved;

he is mistaken nincs igaza; **if I am not mistaken** ha nem tévedek ‖ →
mistake

mistaken identity *fn* vknek összetévesztése vk mással

mistakenly [mɪˈsteɪknli] *hsz* tévesen

mister [ˈmɪstə] *fn* úr; → **Mr**

mistletoe [ˈmɪsltoʊ] *fn* fagyöngy

mistook [mɪˈstʊk] *pt* → **mistake**

mistranslate [ˌmɪstrænsˈleɪt] *ige* roszszul/tévesen fordít

mistranslation [ˌmɪstrænsˈleɪʃn] *fn* rossz/pontatlan fordítás

mistreat [mɪsˈtriːt] *ige* rosszul bánik (*sy* vkvel)

mistreatment [mɪsˈtriːtmənt] *fn* bántalmazás

mistress [ˈmɪstrɪs] *fn* úrnő ‖ háziasszony ‖ tanárnő ‖ szerető (*férfié*)

mistrust [mɪsˈtrʌst] ▼ *fn* bizalmatlanság ▼ *ige* nem bízik (*sy* vkben)

mistrustful [mɪsˈtrʌstfl] *mn* bizalmatlan, gyanakvó

misty [ˈmɪsti] *mn* ködös, párás

mistype [mɪsˈtaɪp] *ige* (*gépen*) elír

misunderstand [ˌmɪsʌndəˈstænd] *ige* (*pt/pp* **misunderstood** [ˌmɪsʌndəˈstʊd]) félreért ‖ **I misunderstood what he said** félreértettem, amit mondott

misunderstanding [ˌmɪsʌndəˈstændɪŋ] *fn* félreértés; nézeteltérés

misunderstood [ˌmɪsʌndəˈstʊd] *mn* félreértett ‖ → **misunderstand**

misuse ▼ [mɪsˈjuːs] *fn* rossz (célra történő) felhasználás ‖ helytelen használat ‖ visszaélés ‖ **misuse of authority** hivatali hatalommal való visszaélés; **misuse of power** hatásköri túllépés ▼ [mɪsˈjuːz] *ige* tévesen/rosszul használ/alkalmaz (*szót*) ‖ rossz célra használ fel ‖ visszaél vmvel

MIT = *Massachusetts Institute of Technology* Bostoni Műegyetem

mite [maɪt] *fn* ❖ *biz* parányi dolog ‖ (*emberről*) tökmag

miter [ˈmaɪtə] *fn* ⊕ *US* = **mitre**

mitigate [ˈmɪtɪgeɪt] *ige* (*bánatot, fájdalmat*) enyhít

mitigation [ˌmɪtɪˈgeɪʃn] *fn* mérséklés (*büntetésé*); enyhülés (*fájdalomé*); enyhítés (*fájdalomé, bánaté*)

mitre [ˈmaɪtə] *fn* püspöksüveg

mitt [mɪt] *fn* (baseball-)kesztyű

mitten(s) [ˈmɪtn(z)] *fn tsz* egyujjas kesztyű

mix [mɪks] *ige* (össze)kever, elkever, elegyít, vegyít ‖ összekeveredik, vegyül ‖ **he doesn't mix easily** nehezen (*v.* nem könnyen) barátkozik

---

mix in(to) belekever ‖ **mix in society** társaságba jár

mix up összetéveszt; összekever, összezavar ‖ **mix up sg with sg** *v.* **mix sg up with sg** vmt vmvel összecserél; **get mixed up (with sg)** összetéveszti/összekeverik vmvel; **get mixed up in sg** vk vmbe belekeveredik; **I got all mixed up** belezavarodtam

---

mixed [mɪkst] *mn* kevert, vegyes

mixed choir *fn* vegyes kórus

mixed doubles *fn tsz* vegyes páros

mixed economy *fn* vegyes gazdaság

mixed farming *fn* (növény- és állattenyésztéssel egyaránt foglalkozó) gazdaság

mixed grill *fn kb.* fatányéros

mixed pickles *fn tsz* vegyes saláta

mixed-up *mn* **feel mixed-up** minden összekeveredett benne

mixer [ˈmɪksə] *fn* (*eszköz*) keverő(gép), mixer ‖ **be a good mixer** ❖ *biz* szereti a társaságot

mixing bowl [ˈmɪksɪŋ] *fn* keverőedény

mixing desk *fn* keverőasztal

mixture [ˈmɪkstʃə] *fn* keverék, elegy ‖ kanalas orvosság

mix-up *fn* zűrzavar

MLitt [ˌem ˈlɪt] = *Master of Letters* <egyetemi végzettség irodalom szakon>

---

nm névmás – *nu* névutó – *szn* számnév – *esz* egyes szám – *tsz* többes szám
▼ szófajjelzés ⊕ földrajzi variáns ❑ szakterület ❖ stiláris minősítés

mm = *millimetres* = **millimetre**

MO [,em 'oʊ] = **medical officer**

moan [moʊn] ▼ *fn* nyögés ‖ **moans** jajgatás, jajveszékelés ▼ *ige* nyög, jajgat

moaning ['moʊnɪŋ] *fn* nyögés

moat [moʊt] *fn* várárok

mob [mɒb] *fn* csőcselék, tömeg

mobile ['moʊbaɪl] ▼ *mn* mozgatható, mozdítható, mozgó ‖ mozgékony ▼ *fn* = **mobile phone**

mobile clinic *fn* rohamkocsi

mobile home *fn* lakókocsi

mobile library *fn* mozgó könyvtár, könyvtárbusz

mobile phone *fn* mobil(telefon)

mobile shop *fn* mozgó kereskedés

mobility [moʊ'bɪləti] *fn* mozgékonyság ‖ állhatatlanság

mobilization [,moʊbɪlaɪ'zeɪʃn] *fn* ❑ *kat* mozgósítás

mobilize ['moʊbɪlaɪz] *ige* ❑ *kat* ❑ *ker* mozgósít, mobilizál

mob rule *fn* lincselés

moccasin ['mɒkəsɪn] *fn* mokaszin

mock [mɒk] ▼ *mn* színleges, színlelt, hamis, ál- ▼ *ige* (ki)csúfol, (ki)gúnyol

mockery ['mɒkəri] *fn* (ki)csúfolás, (ki)gúnyolás, gúnyolódás ‖ gúny

mocking ['mɒkɪŋ] ▼ *mn* csúfoló ▼ *fn* gúnyolódás, (ki)csúfolás

mockingbird ['mɒkɪŋbɜːd] *fn* ⊕ *US* csúfolódó rigó

mock-up *fn* makett

mod cons [mɒd 'kɒnz] *fn tsz* ❖ *biz* (= *modern conveniences*) összkomfort ‖ **flat with all mod cons** összkomfortos lakás

mode [moʊd] *fn* divat ‖ mód ‖ **mode of expression** kifejezésmód

model ['mɒdl] ▼ *fn* minta, modell, sablon, forma, séma ‖ *(festőé, fényképészé)* modell ‖ manöken ‖ makett ‖ mintakép, példakép ‖ **on the model of** (minta) után ▼ *ige* **-ll-** (⊕ *US* **-l-**) *(szobrász)* (meg)mintáz, formál ‖ modellez

model car *fn* játékautó

model husband *fn* mintaférj

modeller (⊕ *US* **-l-**) ['mɒdlə] *fn* modellező

modelling (⊕ *US* **-l-**) ['mɒdlɪŋ] *fn* modellezés

model railway/train *fn* modellvasút; villanyvonat

modem ['moʊdem] *fn* ❑ *szt* modem

moderate ▼ ['mɒdərət] *mn* mérsékelt, szerény, mértéktartó, mértékletes ‖ **be moderate** *(evésben)* mértéket tart; **of moderate size** közepes méretű/nagyságú ▼ ['mɒdəreɪt] *ige* mérsékel

moderately ['mɒdrətli] *hsz* mérsékelten, higgadtan; meglehetősen

moderation [,mɒdə'reɪʃn] *fn* mértékletesség

modern ['mɒdn] *mn* modern, korszerű, új, mostani; jelenlegi; mai, jelenkori

modern conveniences *fn tsz* összkomfort

modern era *fn* modern kor, korunk

modern history *fn* újkori történelem

modernity [mɒ'dɜːnəti] *fn* korszerűség

modernization [,mɒdənaɪ'zeɪʃn] *fn* korszerűsítés

modernize ['mɒdənaɪz] *ige* korszerűsít, modernizál

modern languages *fn tsz* élő nyelvek

modern pentathlon *fn* öttusa

modern period *fn* újkor

modest ['mɒdɪst] *mn* szerény, igénytelen ‖ **be modest** szerényen viselkedik; **modest salary** szerény fizetés; **modest talents** szerény képességek *(vké)*

modestly ['mɒdɪstli] *hsz* szerényen

modesty ['mɒdɪsti] *fn* szerénység, igénytelenség

modicum ['mɒdɪkəm] *fn* kis mennyiség, egy kevés

modification [,mɒdɪfɪ'keɪʃn] *fn* változtatás, módosítás ‖ **make a modification** változtatást hajt végre

---

fn főnév – *hsz* határozószó – *isz* indulatszó – *ksz* kötőszó – *mn* melléknév
▼ szófajjelzés ⊕ földrajzi variáns ❑ szakterület ❖ stiláris minősítés

modify ['mɒdɪfaɪ] *ige* módosít, változtat

modular ['mɒdjʊlə] *mn* ❑ *mat* modulusos ‖ előre gyártott elemekből készült ‖ **modular furniture** *kb.* variabútor

modulate ['mɒdjʊleɪt] *ige* árnyal ‖ módosít ‖ modulál

modulation [ˌmɒdjʊ'leɪʃn] *fn* moduláció, hangnemváltozás

module ['mɒdju:l] *fn* ❑ *műsz* modul

mogul ['moʊgl] *fn* nagykutya, fejes

mohair ['moʊheə] *fn* angóraszövet

mohair yarn *fn* angórafonal

Mohammed [moʊ'hæmɪd] *fn* Mohamed

Mohammedan [moʊ'hæmɪdn] *mn/fn* mohamedán

moist [mɔɪst] *mn (kissé)* nedves, vizes; *(testrész)* nyirkos

moisten ['mɔɪsn] *ige* benedvesít

moisture ['mɔɪstʃə] *fn* nedvesség, nedv

molar ['moʊlə] *fn* őrlőfog

molasses [mə'læsɪz] *fn tsz* melasz

mold [moʊld] ⊕ *US* = **mould**

mole [moʊl] *fn* ❑ *áll* vakond(ok) ‖ tégla *(beépített ember)*

molecular [mə'lekjʊlə] *mn* molekuláris

molecule ['mɒlɪkju:l] *fn* molekula

molehill ['moʊlhɪl] *fn* vakondtúrás ‖ **make a mountain out of a molehill** a szúnyogból elefántot csinál

molest [mə'lest] *ige* **molest sy** vknek alkalmatlankodik

moll [mɒl] *fn* ❖ *vulg* lotyó, utcalány

mollusc [⊕ *US* -sk] ['mɒləsk] *fn* puhatestű (állat) ‖ **molluscs** puhatestűek

mollycoddle ['mɒlikɒdl] ▼ *fn* ❖ *tréf* anyámasszony katonája ▼ *ige (simogatva)* becéz, babusgat

molten ['moʊltən] *mn (csak fém)* olvasztott

mom [mɒm] ⊕ *US* = **mum**

moment ['moʊmənt] *fn* pillanat ‖ ❑ *fiz* nyomaték ‖ mozzanat ‖ **moment of momentum** ❑ *fiz* impulzusnyoma-

ték; **at the moment** pillanatnyilag, ez idő szerint; **for the moment** pillanatnyilag; **in a moment** pár pillanat múlva, rögtön; **just a moment!** egy pillanat(ra)!; **not for a moment** egy percig sem; **this very moment** ebben a pillanatban

momentarily ['moʊməntərɪli] *hsz* momentán

momentary ['moʊməntəri] *mn* múló, pillanatnyi

momentous [moʊ'mentəs] *mn* fontos, jelentős

momentum [moʊ'mentəm] *fn* ❑ *fiz* mozgásmennyiség; nyomaték; impulzus ‖ hajtóerő, lendület ‖ mozzanat

Mon = **Monday**

Monaco ['mɒnəkoʊ] *fn* Monaco

monarch ['mɒnək] *fn* uralkodó

monarchist ['mɒnəkɪst] *fn* királypárti

monarchy ['mɒnəki] *fn* monarchia, egyeduralom

monastery ['mɒnəstri] *fn* kolostor

monastic [mə'næstɪk] *mn* szerzetesi

Monday ['mʌndeɪ] ['mʌndi] *fn* hétfő ‖ **by Monday** hétfőre; **on Monday** hétfőn, a hétfői nap folyamán; **on a Monday** egy hétfői napon; **Monday evening** hétfőn este; **last Monday** múlt hétfőn; **next Monday** jövő hétfőn; **Monday week** hétfőhöz egy hétre; **Monday(s) to Friday(s)** (⊕ *US* **Monday through Thursday**) hétfőtől csütörtökig (bezárólag); **on Mondays** minden hétfőn

Monegasque [ˌmɒnə'gæsk] *mn/fn* monacói

monetary ['mʌnɪtri] *mn* pénzügyi, pénz- ‖ **monetary interest** anyagi érdekeltség; **monetary policy** monetáris politika; **monetary reform** pénzreform; **monetary system** pénzrendszer; **monetary unit** pénzegység

money ['mʌni] *fn* pénz ‖ **be in the money** ❖ *biz* sok pénze van; **have no money** nincs pénze; **how would you like the money?** milyen címletekben

nm névmás – *nu* névutó – *szn* számnév – *esz* egyes szám – *tsz* többes szám
▼ szófajjelzés ⊕ földrajzi variáns ❑ szakterület ❖ stiláris minősítés

M

kéri?; **I'm not made of money** ❖ *biz* nem vagyok tőkepénzes; **I've got some money on me** van egy kevés pénz nálam; **make money** pénzt keres; **have money to burn** ❖ *biz* szórja a pénzt; **money (just) slips through his fingers** szétfolyik a pénz a kezében

moneybags ['mʌnibægz] *fn esz* ❖ *átv* pénzeszsák

moneyed ['mʌnid] *mn* pénzes ‖ **the moneyed classes** a vagyonos osztályok

money-grubbing *mn* zsugori

money-lender *fn* pénzkölcsönző

money-making *fn* vagyonszerzés

money market *fn* pénzpiac

money order *fn* postautalvány, pénzesutalvány

money prize *fn* pénzdíj

money-spider *fn* <szerencsét hozó vörös pók>

money-spinner *fn kb.* aranybánya

money supply *fn* pénzkészlet

mongol ['mɒŋgl] *mn* mongoloid

Mongolia [mɒŋ'goʊlɪə] *fn* Mongólia

Mongolian [mɒŋ'goʊlɪən] *mn/fn* mongol

mongoose ['mɒŋguːs] *fn* indiai menyét

mongrel ['mʌŋgrəl] *fn (kutya)* korcs

monitor ['mɒnɪtə] ▼ *fn* monitor, képernyő ▼ *ige* figyel, ellenőriz

monitoring bureau ['mɒnɪtərɪŋ] *fn (tsz* **monitoring bureaus** *v.* **monitoring bureaux)** sajtófigyelő (szolgálat)

monk [mʌŋk] *fn* szerzetes, barát

monkey ['mʌŋki] *fn* ❏ *áll* majom

monkey nut *fn* amerikai mogyoró

monkey-wrench *fn* franciakulcs

mono ['mɒnoʊ] *mn/fn* mono ‖ **mono record** mono lemez

monochrome ['mɒnəkroʊm] *mn (film, tévé stb.)* fekete-fehér

monogamy [mə'nɒgəmi] *fn* egynejűség

monogram ['mɒnəgræm] *fn* monogram

monograph ['mɒnəgrɑːf] *fn* monográfia

monolingual [ˌmɒnoʊ'lɪŋgwəl] *mn* egynyelvű

monolith ['mɒnəlɪθ] *fn* monolit

monolithic [ˌmɒnə'lɪθɪk] *mn* egy darab kőből készült; ❖ *átv* monolit, masszív

monologue (⊕ *US* **-log**) ['mɒnəlɒg] *fn* monológ

monoplane ['mɒnəpleɪn] *fn* monoplán

monopolist [mə'nɒpəlɪst] *fn* monopolista, egyeduralkodó

monopolize [mə'nɒpəlaɪz] *ige (vmt magának)* kisajátít

monopoly [mə'nɒpəli] *fn* monopólium, monopolhelyzet

monorail ['mɒnəreɪl] *fn* egysínű vasút

monosyllabic [ˌmɒnəsɪ'læbɪk] *mn* egy(szó)tagú

monosyllable ['mɒnəsɪləbl] *fn* egytagú szó

monotheism ['mɒnəθiːɪzm] *fn* egyistenhit

monotone ['mɒnətoʊn] ▼ *mn* egyhangú ▼ *fn* egyhangúság

monotonous [mə'nɒtnəs] *mn* egyhangú, unalmas

monotonously [mə'nɒtnəsli] *hsz* monoton hangon

monotony [mə'nɒtni] *fn* (unalmas) egyhangúság

monoxide [mə'nɒksaɪd] *fn* monoxid

monsoon [ˌmɒn'suːn] *fn* monszun

monster ['mɒnstə] *fn* szörny(eteg), szörnyszülött

monstrosity [mɒn'strɒsəti] *fn* szörnyeteg

monstrous ['mɒnstrəs] *mn* irtózatos, iszonyatos

montage [mɒn'tɑːʒ] *fn* montázs

month [mʌnθ] *fn* hónap ‖ **this month** ebben a hónapban, folyó hó; **in (the)**

month of July júliusban, július folyamán

monthly ['mʌnθli] ▼ *mn* havi ‖ **monthly pay** havi fizetés/kereset ▼ *hsz* havonta ▼ *fn* (havi) folyóirat

monument ['mɒnjʊmənt] *fn* emlékmű ‖ **(ancient) monument** műemlék (épület) ‖ **erect a monument to the memory of sy** emléket állít vknek

monumental [ˌmɒnjʊ'mentl] *mn* nagyszabású, monumentális

moo [mu:] *ige (tehén)* bőg

mood[1] [mu:d] *fn* hangulat, kedély, lelkiállapot ‖ **be in a good mood** jó hangulatban van, jó kedve (*v.* kedvében) van

mood[2] [mu:d] *fn* ❑ *nyelvt* mód

moodily ['mu:dɪli] *hsz* rosszkedvűen

moodiness ['mu:dɪnɪs] *fn* rosszkedv

moody ['mu:di] *mn* rosszkedvű ‖ szeszélyes

moon [mu:n] *fn* ❑ *csill* hold

moonbeam *fn* holdsugár

moon flight *fn* holdutazás

moon landing *fn* holdra szállás, holdat érés

moonless ['mu:nləs] *mn* koromsötét

moonlight ['mu:nlaɪt] ▼ *fn* holdfény ▼ *ige (pt/pp* **moonlighted)** maszekol; második állásban/„műszakban" dolgozik *(éjjel)*

moonlighting ['mu:nlaɪtɪŋ] *fn* maszekolás; második állás/„műszak" *(éjjel)*, másodállás

moonlit ['mu:nlɪt] *mn* holdfényes

moon-shot *fn* holdutazás, indulás a holdra

moonstruck ['mu:nstrʌk] *mn* ütődött

moor [mʊə] *fn* láp

Moor [mʊə, mɔ:] *fn* mór

moorings ['mʊərɪŋz] *fn tsz* kikötőhely ‖ kötelek, láncok, horgony (a kikötéshez)

Moorish ['mʊərɪʃ, 'mɔ:rɪʃ] *mn* mór

moorland ['mʊələnd] *fn* mocsaras terület

moose [mu:s] *fn* (amerikai) jávorszarvas

moot [mu:t] ▼ *mn* **a moot point** vitás pont ▼ *ige* megvitat

mop [mɒp] ▼ *fn* nyeles felmosó, mop ▼ **-pp-** *ige (nyeles felmosóval)* felmos, feltöröl

mope [moʊp] *ige* szomorkodik ‖ **mope about/around** fel-alá járkál (búslakodva)

moped ['moʊped] *fn* moped

moquette [mɒ'ket] *fn* ❑ *tex* mokett

moral ['mɒrəl] ▼ *mn* erkölcsi, morális ‖ **moral depravity** erkölcsi züllöttség; **moral strength** lelkierő ▼ *fn* erkölcsi tanulság ‖ **morals** erkölcs, morál

morale [mə'rɑ:l] *fn* (köz)hangulat, (köz)szellem *(közösségé)*

morality [mə'rælɪti] *fn* erkölcs(iség), morál

moralize ['mɒrəlaɪz] *ige* moralizál

morally ['mɒrəli] *hsz* erkölcsileg ‖ **morally depraved** züllött

moral philosophy *fn* etika; erkölcstan

morass [mə'ræs] *fn* mocsár, ingovány

moratorium [ˌmɒrə'tɔ:rɪəm] *fn* moratórium

Moravian [mə'reɪvɪən] *mn/fn* morva

morbid ['mɔ:bɪd] *mn* beteges, kóros ‖ morbid

more [mɔ:] ▼ *mn/fn* több ‖ **and what is more** sőt mi több; **may I have some more?** kérek még!; **will you have some more?** kér(sz) még?; **no more thank you** köszönöm, nem kérek belőle, már nem, többet nem; **there is no more (left)** nincs (belőle) több ▼ *hsz* jobban, inkább ‖ többé ‖ többet ‖ *(a középfok képzése:)* **-abb, -ebb** ‖ **more attractive** szebb; **more beautiful than ever** szebb, mint valaha; **is no more** vk nincs többé; **more and more** *(erősebben)* egyre jobban, mindinkább; **more or less** többé-kevésbé; **more than** több, mint; **for not**

more than a year legfeljebb egy évig; **more than enough** bőven elég, a kelleténél több; **the more the better** mennél több, annál jobb; **the more ... the less** minél inkább, ... annál kevésbé; **the more ... the more ...** minél inkább ..., annál ...bb

morello [məˈreloʊ] *fn* meggy

moreover [mɔːˈroʊvə] *hsz* azonfelül, azonkívül, ráadásul, továbbá, sőt

morgue [mɔːg] *fn* halottasház, ravatalozó ‖ hullaház

moribund [ˈmɒrɪbʌnd] *mn* haldokló

Mormon [ˈmɔːmən] *mn/fn* mormon

morning [ˈmɔːnɪŋ] *fn* reggel ‖ délelőtt ‖ **good morning!** jó reggelt/napot (kívánok)!; **in the morning** reggel, délelőtt; **that morning** aznap reggel; **this morning** ma reggel, ma délelőtt; **from morning till night** reggeltől estig

morning coat *fn* zsakett

morning concert *fn* matiné

morning dress *fn* zsakett

morning exercises *fn tsz* reggeli torna

morning off *fn* szabad délelőtt

morning performance *fn* matiné

morning sickness *fn* reggeli rosszullét *(másállapot jele)*

Moroccan [məˈrɒkən] *mn* marokkói

Morocco [məˈrɒkoʊ] *fn* Marokkó

moron [ˈmɔːrɒn] *fn* gyengeelméjű ember, idióta

moronic [məˈrɒnɪk] *mn* hülye

morose [məˈroʊs] *mn* komor, mogorva

morphine [ˈmɔːfiːn] *fn* morfin, morfium

morphine addict *fn* morfinista

morphological [ˌmɔːfəˈlɒdʒɪkl] *mn* alaktani, morfológiai

morphology [mɔːˈfɒlədʒi] *fn* alaktan, morfológia

morrow, the [ˈmɒroʊ] *fn* ❖ *ir és* ❖ *átv* holnap

Morse code [mɔːs] *fn* morzeábécé

morsel [ˈmɔːsl] *fn* morzsa, falat ‖ **not a morsel of** egy morzsányi ... (sem)

mortal [ˈmɔːtl] *mn* halálos ‖ **mortal fear** halálfélelem; **mortal remains (of sy)** *vk* földi maradványai

mortality [mɔːˈtæləti] *fn* halandóság, halálozás

mortally [ˈmɔːtəli] *hsz* halálosan

mortar [ˈmɔːtə] *fn (konyhai)* mozsár ‖ ❑ *kat* mozsár(ágyú) ‖ malter

mortgage [ˈmɔːgɪdʒ] ▼ *fn* jelzálog(kölcsön) ‖ **take out a mortgage (on one's house)** jelzálogkölcsönt vesz fel; **monthly mortgage payments** havi (jelzálog)kölcsön-törlesztés ▼ *ige* jelzáloggal terhel

mortgage credit *fn* jelzáloghitel

mortgagee [ˌmɔːgəˈdʒiː] *fn* jelzálogtulajdonos

mortgager [ˈmɔːgɪdʒə] *fn* jelzálogos adós

mortice [ˈmɔːtɪs] = **mortise**

mortician [mɔːˈtɪʃn] *fn* temetkezési intézet/vállalat/vállalkozó

mortification [ˌmɔːtɪfɪˈkeɪʃn] *fn* megaláz(tat)ás, lealázás, sérelem ‖ **to his mortification** legnagyobb sérelmére, igen kínosan érintette, hogy ...

mortify [ˈmɔːtɪfaɪ] *ige* megsért, megaláz ‖ **(s)he was/felt mortified** megalázottnak érezte magát, ❖ *biz* belegyalogoltak a lelkébe

mortise [ˈmɔːtɪs] ▼ *fn* csaplyuk ▼ *ige* csapoz ‖ **mortise (sg) together** (csappal) összeereszt

mortise (lock) *fn* bevésett zár

mortising [ˈmɔːtɪsɪŋ] *fn* csapos kötés

mortuary [ˈmɔːtʃʊəri] *fn* halottasház, hullaház, hullakamra, tetemnéző

mosaic [moʊˈzeɪɪk] *fn* mozaik

Moscow [ˈmɒskoʊ] *fn* Moszkva

Moses basket [ˈmoʊzɪz] *fn* mózeskosár

Moslem [ˈmɒzləm] *mn/fn* mohamedán

mosque [mɒsk] *fn* mecset

mosquito [məˈskiːtoʊ] *fn* szúnyog

moss [mɒs] *fn* moha

---

mossy ['mɒsi] *mn* mohos

most [moʊst] ▼ *mn/fn* legtöbb ‖ at (the) most maximum, legfeljebb; **make the most of** *(lehetőséget)* kiaknáz, (maximálisan) kihasznál vmt; **in most cases** legtöbbnyire; **most important** legfőbb; **for the most part** jobbára, legtöbbnyire; **most people** a legtöbben ▼ *hsz* leginkább, nagyon, igen ‖ *(a felsőfok képzése)* leg...bb ‖ **the most beautiful** legszebb; **most advanced** élenjáró, világszínvonalú; **I am most grateful** igen hálás vagyok; **most likely** nagyon/igen valószínű; **most of all** leginkább

most-favoured-nation clause *fn* a legnagyobb kedvezmény záradéka

mostly ['moʊstli] *hsz* leginkább, legtöbbnyire, főként, nagyrészt

MOT [ˌem oʊ 'tiː] ⊕ *GB = Ministry of Transport* Közlekedési Minisztérium ‖ → **MOT test**

motel [moʊ'tel] *fn* motel

moth [mɒθ] *fn (éjjeli)* lepke, pille ‖ (ruha)moly

mothball ['mɒθbɔːl] *fn* ❖ *biz* naftalin

moth-eaten *mn* molyos, molyrágta

mother ['mʌðə] ▼ *fn* anya ‖ **Mother!** *(megszólításként)* anyám; **mother of three** háromgyermekes családanya ▼ *ige* **mother sy** vkvel anyáskodik

mother board *fn* ❑ *szt* alaplap, hátlap

mother country *fn* szülőhaza

motherhood ['mʌðəhʊd] *fn* anyaság

Mothering Sunday ['mʌðərɪŋ] *fn* Anyák napja

mother-in-law *(tsz* **mothers-in-law)** *fn* anyós

motherland ['mʌðəlænd] *fn* anyaország

motherless ['mʌðələs] *mn* anyátlan, félárva

motherly ['mʌðəli] *mn* anyai

mother-of-pearl *fn* gyöngyház

Mother's Day *fn* ⊕ *US* Anyák napja

mother-to-be *fn* kismama

mother tongue *fn* anyanyelv

mothproof bag ['mɒθpruːf] *fn* molyzsák

motif [moʊ'tiːf] *fn* motívum

motion ['moʊʃn] *fn* mozgás, mozdulat ‖ indítvány, javaslat ‖ **motion(s)** széklet; **have a motion, have motions** székel *(ürít)*; **make a motion** előterjesztést tesz vmre, előterjesztéssel él; **put/set sg in motion** mozgásba hoz; **go through the motions** ❖ *biz* úgy tesz, mintha ...

motionless ['moʊʃnləs] *mn* mozdulatlan

motion picture *fn* ⊕ *US* (mozi)film

motion-picture theater *fn* ⊕ *US* filmszínház

motivate ['moʊtɪveɪt] *ige (cselekvést)* motivál

motivated ['moʊtɪveɪtɪd] *mn* motivált, indokolt; előidézett

motivation [ˌmoʊtɪ'veɪʃn] *fn* motiváció, indítékok

motive ['moʊtɪv] *fn* indok, indíték, ok

motive power *fn* mozgatóerő

motley ['mɒtli] *mn* tarkabarka

motor ['moʊtə] ▼ *fn (gép, főleg villany)* motor ▼ *mn* autó(s)-, gépkocsi- ‖ motoros ▼ *ige* autózik, gépkocsizik

Motorail (train) ['moʊtəreɪl] *fn* autósvonat

motor bicycle *fn* motorkerékpár

motorbike ['moʊtəbaɪk] *fn* ❖ *biz* motorkerékpár

motor boat *fn* motorcsónak

motorcade ['moʊtəkeɪd] *fn* gépkocsikíséret, gépkocsikonvoj

motor car *fn* gépkocsi, autó

motor caravan *fn* lakóautó

motor coach *fn* autóbusz

motor cycle *fn* motorkerékpár

motor cycle racing *fn* motorkerékpár--verseny

motor-cyclist *fn* motoros, motorkerékpáros

motor-driven *mn* motoros

motor home *fn* ⊕ *US* = **motor caravan**

---

nm névmás – *nu* névutó – *szn* számnév – *esz* egyes szám – *tsz* többes szám
▼ szófajjelzés ⊕ földrajzi variáns ❑ szakterület ❖ stiláris minősítés

motor industry *fn* autóipar

motoring ['moʊtərɪŋ] *fn* autósport, autózás

motoring club *fn* autóklub

motorist ['moʊtərɪst] *fn* autós

motorization [ˌmoʊtəraɪ'zeɪʃn] *fn* gépesítés, motorizáció

motorize ['moʊtəraɪz] *ige* gépesít, motorizál

motorized ['moʊtəraɪzd] *mn* gépesített

motor mechanic *fn* (autó)szerelő

motor oil *fn* motorolaj

motor race *fn* autóverseny

motor racing *fn* autóversenyzés

motor road *fn* autóút

motor scooter *fn* robogó

motor traffic *fn* gépkocsiforgalom, autóforgalom, autóközlekedés

motor vehicle *fn* gépjármű

motorway ['moʊtəweɪ] *fn* autópálya ǁ **join a/the motorway** ráhajt az autópályára; **leave a/the motorway** lehajt az autópályáról

motorway toll *fn* úthasználati díj *(autópályán)*

MOT test *fn* műszaki vizsga *(gépkocsié)* ǁ **my car failed its MOT test** nem ment át a kocsim a műszaki vizsgán

mottled ['mɒtld] *mn* foltos, tarka

motto ['mɒtoʊ] *fn* mottó, jelige; jelszó; jelmondat

mouf(f)lon ['muːflɒn] *fn* muflon

mould[1] (⊕ *US* **mold**) [moʊld] ▼ *fn* öntőforma; *(minta)* forma; *(öntő)* idom ǁ (kuglóf)forma ǁ ❑ *nyomd* matrica ǁ jellem, alkat ǁ **the mould of a university professor** egyetemi tanáros alkat ▼ *ige* (meg)mintáz ǁ *(jellemet stb.)* (ki)alakít, (meg)formál

mould[2] (⊕ *US* **mold**) [moʊld] *fn* virágföld, televényföld, humusz

mould[3] (⊕ *US* **mold**) [moʊld] *fn* penész

moulder (away) (⊕ *US* **molder (away)**) ['moʊldə] *ige* (el)porlad, szétmállik, (el)korhad

moulding (⊕ *US* **molding**) ['moʊldɪŋ] *fn* öntés ǁ öntőminta ǁ öntvény

mouldy (⊕ *US* **moldy**) ['moʊldi] *mn* penészes ǁ **go mouldy** megdohosodik

moult (⊕ *US* **molt**) [moʊlt] ▼ *fn* vedlés ▼ *ige* vedlik, bőrt vált

mound [maʊnd] *fn* domb; halom ǁ földtúrás

mount [maʊnt] ▼ *fn* hegy ▼ *ige* felmegy *(hegyre)*, felhág vmre ǁ felszáll, felül *(lóra, kerékpárra)* ǁ felállít *(ágyút)* ǁ felszerel, beszerel, montíroz *(gépet stb.)* ǁ montíroz, kasíroz, keretez, keretbe foglal *(képet)* ǁ (meg)rendez *(kiállítást, tüntetést stb.)* ǁ **mount a horse** lóra ül, nyeregbe száll; **mount the throne** trónra lép; **mount up to …re** emelkedik, kitesz vmennyit, vmennyire rúg *(összeg stb.)*

mountain ['maʊntɪn] *fn* ❑ *földr* hegy ǁ **mountains** hegység, hegyvidék

mountain-air *fn* magaslati levegő

mountain bike *fn* hegyikerékpár, mountain bike

mountain chain *fn* hegylánc

mountaineer [ˌmaʊntɪ'nɪə] *fn* alpinista, hegymászó

mountaineering [ˌmaʊntɪ'nɪərɪŋ] *fn* alpinizmus, hegymászás

mountaineering boot(s) *fn tsz* hegymászó cipő

mountainous ['maʊntɪnəs] *mn* hegyes *(vidék)* ǁ **mountainous region** hegyvidék

mountain pass *fn* hágó, hegyszoros

mountain range *fn* hegylánc, hegység

mountain rescue team *fn* hegyimentő-szolgálat

mountainside ['maʊntɪnsaɪd] *fn* hegyoldal

mountaintop ['maʊntɪntɒp] *fn* hegycsúcs

mounted ['maʊntɪd] *mn* lovas

mountings ['maʊntɪŋz] *fn tsz* ❑ *műsz* szerelvények, felszerelés *(gépen)*

mourn [mɔːn] *ige* gyászol ǁ **mourn for sy** vkt meggyászol

---

fn főnév – *hsz* határozószó – *isz* indulatszó – *ksz* kötőszó – *mn* melléknév
▼ szófajjelzés ⊕ földrajzi variáns ❑ szakterület ❖ stiláris minősítés

mourner ['mɔːnə] *fn* gyászoló
mournful ['mɔːnfl] *mn* gyászos, panaszos
mourning ['mɔːnɪŋ] *fn* gyász ‖ **be in mourning** gyászol; **wear mourning** gyászruhát visel, gyászol
mouse [maʊs] *fn* (*tsz* **mice** [maɪs]) egér; ❑ *szt* (*tsz* **mouses**) egér
mousetrap ['maʊstræp] *fn* egérfogó
mousse [muːs] *fn* krém, hab (*étel*)
moustache (⊕ *US* **mus-**) [məˈstɑːʃ] *fn* bajusz
mousy ['maʊsi] *mn* egérszürke ‖ egérszagú; tele egerekkel ‖ ❖ *átv* csendes, félénk
mouth [maʊθ] *fn* (*tsz* **mouths** [maʊðz]) száj (*emberé, palacké*); torok (*barlangé*) ‖ **mouth of river** folyótorkolat; **down in the mouth** levert, lehangolt; **sg makes one's mouth water** ❖ *biz* összefut a nyála vmtől; **from mouth to mouth** szájról szájra
mouthful ['maʊθfʊl] *fn* falat, harapás
mouth-organ *fn* (száj)harmonika
mouthpiece *fn* (*hangszeren*) fúvóka ‖ ❖ *átv* szócső, szószóló
resuscitation
mouth-to-mouth resuscitation *fn* szájból szájba lélegeztetés
mouth ulcer *fn* szájpenész
mouthwash ['maʊθwɒʃ] *fn* szájvíz
mouthwatering ['maʊθwɔːtərɪŋ] *mn* étvágygerjesztő
movable ['muːvəbl] *mn* (*nem rögzített*) mozgó, mozdítható, mozgatható
movable property *fn* ingóságok, ingó vagyon
move [muːv] ▼ *fn* mozdulat, mozgás ‖ (*sakk*) lépés ‖ ❖ *átv* sakkhúzás ‖ indítvány, ajánlat ‖ **be on the move** sokat jön-megy, mozgásban van; **get a move on** siess már!, mozgás!, nyomás!; **let's get a move on!** igyekezzünk!; **make a move** megmozdul ▼ *ige* (meg)mozgat, (meg)mozdít ‖ mozog, elmozdul ‖ javasol ‖ meghat ‖ **move house** lakást változtat, (el)költözik,

költözködik; **does not move** nem mozdul; **don't move!** ne moccanj!; **move a motion** javaslatot előterjeszt ‖ → **moved**

move away (*lakásból*) elköltözik ‖ (*térben*) eltávolodik
move in beköltözik ‖ **move in with sy** összeköltözik vkvel
move into (a house, a flat) (*házba, lakásba*) beköltözik ‖ **move into second (gear)** második sebességre (*v.* másodikba) kapcsol
move off vhonnan elkotródik
move on továbbmegy ‖ **move on!** gyerünk!, odébb!
move to vhová költözik, odaköltözik ‖ **move to (the country)** (*vidékre*) leköltözik

moved [muːvd] *mn* meghatott ‖ **be moved** meghatódik; **be moved to tears** könnyekig meg van hatva ‖ → **move**
movement ['muːvmənt] *fn* mozgás, mozdulat, megmozdulás ‖ mozgalom ‖ ❑ *zene* tétel ‖ járás, működés (*óráé*) ‖ szerkezet (*óráé*)
mover ['muːvə] *fn* elegánsan mozgó személy ‖ indítványozó ‖ ⊕ *US* szállítmányozó, fuvarozó, speditőr
movie ['muːvi] *fn* film
movie camera *fn* ⊕ *US* filmfelvevő (gép)
movie-goer *fn* ⊕ *US* mozilátogató
movie house/theater *fn* ⊕ *US* mozi
movies ['muːvɪz] *fn tsz* ⊕ *US* mozi
moving ['muːvɪŋ] *mn* mozgó ‖ megható
moving pavement *fn* mozgójárda
moving sidewalk *fn* ⊕ *US* mozgójárda
moving staircase *fn* mozgólépcső
mow [moʊ] *ige* (*pt* **mowed**; *pp* **mown** [moʊn] *v.* **mowed**) (*füvet*) (le)nyír
mower ['moʊə] *fn* fűnyíró gép ‖ kaszálógép

M

mown ['moʊn] *pt* → **mow**
Mozambique [ˌmoʊzæm'bi:k] *fn* Mozambik
MP [ˌem 'pi:] = **Member of Parliament** ‖ **military police**
mpg = *miles per gallon* a car that does 35 mpg *kb.* 8 litert fogyaszt 100 kilométerenként
mph [ˌem pi: 'eɪtʃ] = *miles per hour* óránként ... mérföld
Mr ['mɪstə] = **Mister** ‖ **Mr Brown** Brown úr; **this is Mr X** bemutatom X urat
Mrs ['mɪsɪz] = -né ‖ **Mrs B. T. Atkins** B. T. Atkinsné
MS = *manuscript* ‖ **the MS dates from the 10th century** a kézirat a X. századból való
Ms [mɪz] <családi állapotot nem feltüntető női cím/megszólítás> ‖ **Ms Rosamund Moon** Rosamund Moon (asszony/úrnő)
MSc [ˌem es 'si:] = *Master of Science kb.* természettudományi doktor
much [mʌtʃ] ▼ *mn (egyes számmal)* sok ‖ **he is too much for me** nem bírok vele; **it is too much for sy** *(a munkát stb.)* nem győzi; **it's too much of a good thing** sok a jóból; **how much is it?** mibe/mennyibe kerül?; **this/that much** ennyi; **so much** ennyi(re), annyi(ra); **without much ado** ❖ *biz* tektória nélkül; **as much again** még egyszer annyi; **as much as you want** amennyi tetszik, amennyit csak akarsz; **with much love** *(levél végén)* szeretettel ölel; **he is not much of an expert** nem valami nagy szakértő; **I thought as much** ezt gondoltam is ▼ *hsz (összehasonlításban)* sokkal, jóval ‖ nagyon ‖ **much as I love him** *(v.* **like it)** bármennyire/akármennyire szeretem is; **much better** sokkal jobb(an); **much in demand** nagyon keresett; **much later** sokkal később; **much older** jóval idősebb; **much to my regret** legnagyobb

sajnálatomra; ... **he is much too clever to** ... sokkal okosabb, semhogy; **much too small** túl kicsi; **thank you very much** nagyon szépen köszönöm
mucilage ['mju:sɪlɪdʒ] *fn* ❑ *növ* nyálka
muck [mʌk] ▼ *fn* ❖ *biz* piszok ‖ gané ‖ szar ▼ *ige* bepiszkít, bemocskol

muck about/around (el)vacakol, szarakodik
muck in összefog
muck out kiganajoz
muck up elfuserál, eltol

muckraking ['mʌkreɪkɪŋ] *fn* botrányhajhászás
muck-up *fn* **make a complete muck-up of sg** jól/alaposan elszúr vmt
mucky ['mʌki] *mn* trágyás, piszkos
mucous ['mju:kəs] *mn* nyálkás
mucus ['mju:kəs] *fn* nyálka, váladék
mud [mʌd] *fn* sár
mud-bath *fn* iszapfürdő
mud-cure *fn* iszapkezelés, iszapkúra
muddied ['mʌdɪd] *mn* iszapos
muddle ['mʌdl] ▼ *fn* ❖ *biz* zűr ‖ zagyvaság ‖ **make a muddle of (sg)** összegabalyít ▼ *ige* összekever, összekutyul

muddle along tengődik, vegetál
muddle through *(nehézségeken)* átvergődik magát, átvergődik
muddle up *(ügyet)* összekuszál, összekutyul

muddled ['mʌdld] *mn* ❖ *átv* zavaros, zűrös, zagyva ‖ **be muddled up** összekuszálódik
muddle-headed *mn* zavaros fejű
muddy ['mʌdi] *mn* sáros
mud-flap *fn (járművön)* sárfogó lap
mudguard ['mʌdgɑ:d] *fn* sárhányó
mudpack ['mʌdpæk] *fn* iszappakolás
mud-slinging *fn* vádaskodás, sárdobálás

muesli ['mju:zli] *fn* műzli

muff [mʌf] *fn* muff

muffin ['mʌfɪn] *fn* meleg vajas teasütemény

muffle ['mʌfl] *ige* bebugyolál, betakar ‖ **muffle oneself up** betakaródzik

muffler ['mʌflə] *fn* ⊕ *US* hangtompító

mufti ['mʌfti] *fn* mufti ‖ **in mufti** civilben

mug[1] [mʌg] *fn* bögre, csupor

mug[2] [mʌg] *ige* -gg- **mug for an/one's exam** vizsgára magol

mug[3] [mʌg] *ige* -gg- megtámad ‖ **(s)he was mugged** leütötték és kirabolták

mugging ['mʌgɪŋ] *fn* utcai rablótámadás

muggy ['mʌgi] *mn* fülledt

Muhammad [mə'hæmɪd] *fn* Mohamed

mulatto (*tsz* -tos; ⊕ *főleg US* -toes) [mju:'lætoʊ] *mn/fn* mulatt, félvér

mulberry ['mʌlbri] *fn* faeper; szeder

mule [mju:l] *fn* öszvér

mull [mʌl] *fn* muszlin

mullioned ['mʌliənd] *mn* (függőleges) ablakbordával osztott (ablak)

multicoloured (⊕ *US* -colored) [,mʌlti'kʌləd] *mn* sokszínű

multifarious [,mʌltɪ'feərɪəs] *mn* sokféle, változatos

multilateral [,mʌlti'lætərəl] *mn* sokoldalú, multilaterális *(egyezmény stb.)*

multilingual [,mʌlti'lɪŋgwəl] *mn* többnyelvű

multimedia [,mʌlti'mi:dɪə] *fn tsz* multimédia

multimillionaire [,mʌltimɪljə'neə] *fn* többszörös milliomos

multinational [,mʌlti'næʃnəl] *mn* multinacionális

multi-party system *fn* többpártrendszer

multiple ['mʌltɪpl] *mn* többszörös

multiple-choice questions *fn tsz* ❏ *isk* feladatlap(os vizsga/teszt), teszt(vizsga)

multiple-choice test *fn* = **multiple-choice questions**

multiple store *fn* sok fióküzlettel rendelkező cég

multiplex ['mʌltɪpleks] *fn* többtermes mozi, multiplex

multiplication [,mʌltɪplɪ'keɪʃn] *fn* szorzás ‖ *(élőlényé, növényé)* szaporodás, (meg)sokszorozódás

multiplication table *fn* egyszeregy, szorzótábla

multiplicity [,mʌltɪ'plɪsəti] *fn* sokféleség

multiplier ['mʌltɪplaɪə] *fn* szorzó

multiply ['mʌltɪplaɪ] *ige* (meg)szoroz, összeszoroz ‖ (meg)sokszoroz ‖ szaporodik ‖ (meg)sokszorozódik ‖ **multiplied by ...** szorozva ...vel

multi-storey car park *fn* parkolóház

multitude ['mʌltɪtju:d] *fn* tömeg, sokaság

mum [mʌm] *fn* ❖ *biz* mama, édesanya ‖ kismama ‖ **mum!** mama!, anyu(kám)!, édesanyám!

mumble ['mʌmbl] *ige* motyog, dünnyög ‖ *(fogatlanul)* majszol ‖ makog

mummification [,mʌmɪfɪ'keɪʃn] *fn* mumifikálás

mummify ['mʌmɪfaɪ] *ige* mumifikál; bebalzsamoz ‖ múmiává válik

mummy ['mʌmi] *fn* múmia

mumps [mʌmps] *fn esz* mumpsz

munch [mʌntʃ] *ige* majszol, csámcsog

Munich ['mju:nɪk] *fn* München

municipal [mju:'nɪsɪpl] *mn* városi ‖ helyhatósági, önkormányzati

municipality [mju:,nɪsɪ'pæləti] *fn* helyhatóság, önkormányzat

munificence [mju:'nɪfɪsns] *fn* bőkezűség, adakozás

munitions [mju:'nɪʃnz] *fn tsz* lőszer

mural ['mjʊərəl] *fn* falfestmény

murder ['mɜ:də] ▼ *fn* gyilkosság ▼ *ige* meggyilkol

murderer ['mɜ:dərə] *fn* gyilkos

murderess ['mɜ:dərɪs] *fn* gyilkos (nő)

murderous ['mɜ:drəs] *mn* gyilkos

M

---

nm névmás – *nu* névutó – *szn* számnév – *esz* egyes szám – *tsz* többes szám
▼ szófajjelzés ⊕ földrajzi variáns ❏ szakterület ❖ stiláris minősítés

murk [mɜːk] *fn* homály, sötétség

murky ['mɜːki] *mn* homályos, sötét

murmur ['mɜːmə] ▼ *fn* moraj(lás) ▼ *ige* zúg, mormol, zsong || **murmur against** *sg* (vm ellen/miatt) zúgolódik; **murmur in(to) sy's ear** *vk* fülébe duruzsol

muscle ['mʌsl] ▼ *fn* izom || **muscles** izomzat ▼ *ige* **muscle in on** *sy* befurakodik, pofátlanul odatolakodik

muscular ['mʌskjʊlə] *mn* izmos, erős

Muse [mjuːz] *fn* múzsa

muse [mjuːz] *ige* elábrándozik, mereng, tűnődik, elmélázik

museological [ˌmjuːzɪə'lɒdʒɪkl] *mn* muzeológiai

museologist [ˌmjuːzi'ɒlədʒɪst] *fn* muzeológus

museology [ˌmjuːzi'ɒlədʒi] *fn* muzeológia

museum [mjuː'zɪəm] *fn* múzeum

museum piece *fn* muzeális darab/tárgy

museum shop *mn* múzeumi bolt

mush [mʌʃ] *fn* pempő, pép || ❖ *biz* érzelgés; giccs

mushroom ['mʌʃruːm] *fn (ehető)* gomba || *(atomrobbantás utáni)* felhő

mushy ['mʌʃi] *mn* pépes, kásás || ❖ *biz* érzelgős; giccses

music ['mjuːzɪk] *fn* zene || kotta || **piece of music** zenedarab; **music by ...** zenéjét szerezte ...

musical ['mjuːzɪkl] ▼ *mn* zenei || zenés || muzikális || **be musical** ért a zenéhez, zeneértő, muzikális, érzéke van a zenéhez ▼ *fn* musical, zenés játék

musical box *fn* zenélődoboz

musical chairs *fn tsz* „székfoglaló" *(zenés társasjáték)*

musical drama *fn* daljáték

musical instrument *fn* hangszer

musicality [ˌmjuːzɪ'kæləti] *fn* zenei érzék, muzikalitás || *(egyéni)* zenekultúra

musically ['mjuːzɪkli] *hsz* zeneileg

musical piece *fn* zenemű

musicassette ['mjuːzɪkəset] *fn* műsoros (magnó)kazetta

music buff *fn* zenerajongó

music centre *fn* HIFI-berendezés/torony, hifitorony, HIFI, hifi

music drama *fn* zenedráma

music fan *fn* zenerajongó

music hall *fn* zenés varieté(műsor) || kabaré, varieté(színház), revüszínház

musician [mjuː'zɪʃn] *fn* zenész

music lesson *fn* zeneóra

music-lover *fn* zenekedvelő

musicologist [ˌmjuːzɪ'kɒlədʒɪst] *fn* zenetudós

musicology [ˌmjuːzɪ'kɒlədʒi] *fn* zenetudomány

music-paper *fn* kottapapír

music rest *fn (zongorán)* kottatartó

music-seller's shop *fn* zenemű-kereskedés

music shop (⊕ *US* **store**) *fn* zeneműkereskedés; hangszerkereskedés

music stand *fn* kottaállvány, kottatartó

music-stool *fn* zongoraszék

music teacher *fn* zenetanár

musing ['mjuːzɪŋ] *mn* méla, merengő

musk [mʌsk] *fn* pézsma

musk-melon *fn* sárgadinnye

musk-rat *fn* pézsmapatkány

Muslim ['mʊzlɪm, 'mʌzlɪm] *mn/fn* muzulmán

muslin ['mʌzlɪn] *fn* muszlin

muslin bandage *fn* mullpólya

mussel ['mʌsl] *fn (ehető)* kagyló

muss up *ige* összekócol || összezagyvál

must¹ [mʌst, *gyenge kiejt.* məs(t)] ▼ *ige* kell, muszáj || **I must be going, I must get going, I must go** mennem kell; **it must be so** másképpen nem is lehet; **it must be there** ott kell lennie; ott lesz (az)!; **you must do it** meg kell tenned; **it must have been some animal** valami állat lehetett; **he must have lots of money** sok pénzének kell lennie; **he must have missed the**

train bizonyára lekésett a vonatról; **must not** nem szabad; **you must not** say so ezt nem szabad mondani ▼ *fn* **it's a must!** ❖ *biz (pl. tévében)* „kötelező" megnézni

must² [mʌst] *fn* must

mustache [mə'stɑːʃ] *fn* ⊕ *US* = **moustache**

mustard ['mʌstəd] *fn* mustár

mustard gas *fn* mustárgáz

muster ['mʌstə] *fn* ❏ *kat* szemle ‖ **muster of troops** csapatszemle

mustiness ['mʌstɪnɪs] *fn* dohosság, penészesség

mustn't ['mʌsnt] = **must not**

musty ['mʌsti] *mn* dohos, penészes, áporodott ‖ **musty smell** dohszag

mutant ['mjuːtnt] *mn/fn* ❏ *biol* mutáns

mutate [mjuː'teɪt] *ige* megváltoztat

mutation [mjuː'teɪʃn] *fn* változás *(hangé)* ‖ ❏ *biol* mutáció

mute [mjuːt] ▼ *mn* néma ▼ *fn* hangfogó ‖ néma ▼ *ige* letompít

muted ['mjuːtɪd] *mn* szordínós ‖ (el)-tompított, letompított ‖ néma, elnémított

mutilate ['mjuːtɪleɪt] *ige* vkt megcsonkít

mutilated ['mjuːtɪleɪtɪd] *mn (ember)* csonka

mutilation [ˌmjuːtɪ'leɪʃn] *fn* (meg)-csonkítás

mutinous ['mjuːtɪnəs] *mn* lázadó, zendülő

mutiny ['mjuːtɪni] *fn* ❏ *kat* lázadás, zendülés

mutter ['mʌtə] *ige* motyog, mormog, makog, mormol, dohog

mutton ['mʌtn] *fn* juhhús, birkahús, ürü(hús) ‖ **leg of mutton** ürücomb

mutton-stew *fn* birkagulyás

mutual ['mjuːtʃʊəl] *mn* kölcsönös, közös ‖ **mutual help** kölcsönös segítségnyújtás, összetartás vkvel; **mutual understanding** kölcsönös megértés

mutuality [ˌmjuːtʃʊ'æləti] *fn* kölcsönösség

mutually ['mjuːtʃʊəli] *hsz* kölcsönösen

muzzle ['mʌzl] *fn* orr, pofa, száj *(állaté)* ‖ szájkosár ‖ csőtorkolat *(fegyveré)*

muzzy ['mʌzi] *mn* zavaros *(gondolatok)* ‖ kábult, bamba *(vki italtól)*

my [maɪ] *nm* (az én) -m, -am, -em, -om, -öm ‖ **my book** a(z én) könyvem; **my books** a(z én) könyveim

mycology [maɪ'kɒlədʒi] *fn* gombaismeret, gombászat

mycosis [maɪ'kəʊsɪs] *fn* (*tsz* **-ses**) gombabetegség

myocardial infarction [ˌmaɪəʊ'kɑːdɪəl] *fn* infarktus

myopia [maɪ'əʊpɪə] *fn* rövidlátás

myopic [maɪ'ɒpɪk] *mn* rövidlátó

myriad ['mɪrɪəd] *fn* miriád

myrrh [mɜː] *fn* mirha

myrtle [mɜːtl] *fn* mirtusz

myself [maɪ'self] *nm* (én/saját) magam ‖ (saját) magamat ‖ **by myself** magam; **as for myself** ami engem illet

mysterious [mɪ'stɪərɪəs] *mn* rejtelmes, rejtélyes, titokzatos

mysteriously [mɪ'stɪərɪəsli] *hsz* titokzatosan, rejtélyesen

mystery ['mɪstəri] *fn* rejtély; titokzatosság, misztérium; ❖ *átv* homály

mystery (play) *fn* misztériumjáték

mystical ['mɪstɪkl] *mn* titokzatos, misztikus

mysticism ['mɪstɪsɪzm] *fn* misztika

mystification [ˌmɪstɪfɪ'keɪʃn] *fn* megtévesztés, misztifikáció

mystify ['mɪstɪfaɪ] *ige* rejtelmessé tesz, misztifikál ‖ **I'm mistified** ez rejtély előttem

myth [mɪθ] *fn* mítosz

mythical ['mɪθɪkl] *mn* legendás, mesebeli, mitikus

mythological [ˌmɪθə'lɒdʒɪkl] *mn* mitológiai

mythology [mɪ'θɒlədʒi] *fn* mitológia

M

---

nm névmás – *nu* névutó – *szn* számnév – *esz* egyes szám – *tsz* többes szám
▼ szófajjelzés ⊕ földrajzi variáns ❏ szakterület ❖ stiláris minősítés

N

N = north

NAAFI ['næfi] ⊕ *GB* = *Navy, Army and Air Force Institutes* <katonai kantin és vegyesbolt>

nab [næb] *ige* **-bb-** ❖ *biz* elcsíp, elkap ‖ **he was nabbed** elkapták

nadir ['neɪdɪə] *fn* mélypont, nadír

nag ['næg] *ige* **-gg-** nyaggat, gyötör (vkt), ❖ *biz* szekál, macerál

nagging ['nægɪŋ] ▼ *mn* zsémbes, zsörtölődő ▼ *fn* zsémbelés

nail [neɪl] ▼ *fn* szeg ‖ köröm ‖ **draw a nail (out of sg)** kihúz egy szeget (vmből); **drive a nail into the wall** szöget ver a falba; **(s)he hit the nail on the head** fején találta a szeget, rátapintott a lényegre; **bite one's nails** körmét rágja ▼ *ige* megszegez ‖ **nail sg to sg** vmt vmhez odaszegez

---

nail down *(ládát)* leszegez
nail together összeszegez
nail up felszegez ‖ beszegez

---

nailbrush ['neɪlbrʌʃ] *fn* körömkefe
nail clippers *fn tsz* (köröm)csipesz
nail-drawer *fn* szeghúzó
nail file *fn* körömráspoly, -reszelő
nail polish *fn* ⊕ *US* körömlakk
nail-polish remover *fn* ⊕ *US* (köröm)lakklemosó
nail scissors *fn tsz* körömolló
nail varnish *fn* körömlakk
nail-varnish remover *fn* (köröm)lakklemosó
naive [naɪ'iːv] *mn* naiv, együgyű, gyermeteg

naively [naɪ'iːv] *hsz* naivan
naiveté [naɪ'iːvəti] *fn* = **naivety**
naivety [naɪ'iːvəti] *fn* naivitás, naivság
naked ['neɪkɪd] *mn* meztelen, csupasz ‖ meztelenül ‖ **with the naked eye** puszta szemmel; **the naked facts** a puszta tények; **naked flame** nyílt láng; **the naked truth** a nyers/rideg valóság, a tiszta igazság
nakedness ['neɪkɪdnəs] *fn* meztelenség
namby-pamby [ˌnæmbi'pæmbi] *mn* érzelgős, szentimentális ‖ finomkodó
name [neɪm] ▼ *fn* név ‖ hírnév ‖ **a big name in (chemistry etc.)** szaktekintély *(a kémiában stb.)*; **I know him only by name** névről ismerem őt csupán; **make a name for oneself, make one's name** hírnévre tesz szert, hírnevet szerez, beérkezik; **call sy names** ❖ *biz* lehülyéz, mindennek elmond; **what's your name?** hogy hívnak?; **in the name of sy/sg** vknek/vmnek a nevében ▼ *ige* **name (sg sg)** (el)nevez, nevet ad vmnek ‖ megnevez ‖ javasol, jelöl (vkt) ‖ kinevez (vkt); **a man named Smith** egy Smith nevű ember
named [neɪmd] *mn* nevezett
name-day *fn* névnap
name-drop *ige* **-pp-** ❖ *biz* **he's always name-dropping** mindig dobálódzik a nevekkel
nameless ['neɪmləs] *mn* névtelen
namely ['neɪmli] *hsz* ugyanis (ui.), tudniillik (ti.), nevezetesen
name-plate *fn* névtábla

namesake ['neɪmseɪk] *fn* névrokon, drusza

nanny ['næni] *fn* dada, gyermekgondozónő

nanny-goat nőstény kecske

nap [næp] ▼ *fn* szendergés, szundítás || **have/take a nap** ❖ *biz* szundít, szundizik, elbóbiskol ▼ *ige* -**pp**- ❖ *biz* szundít, szundizik

napalm ['neɪpɑːm] *fn* napalm

nape [neɪp] *fn* nyakszirt

napkin ['næpkɪn] *fn* szalvéta || pelenka

Naples ['neɪplz] *fn* Nápoly

napped [næpt] *mn (szövet)* bolyhos

nappy ['næpi] *fn* pelenka || **nappy change** tisztába tevés

nappy-liner *fn* papírpelenka *(betét)*, pelenkabetét

narcissism ['nɑːsɪsɪzm] *fn* önimádat; ❏ *pszich* nárcizmus

narcissus [nɑːˈsɪsəs] *(tsz -cissuses v. -cissi) fn* nárcisz

narcosis [nɑːˈkoʊsɪs] *fn* ❏ *orv* narkózis, kábultság

narcotic [nɑːˈkɒtɪk] *fn (erősebb)* altató || narkotikum, kábítószer

narcotic addiction *fn* narkománia

narcotic drug *fn* kábítószer

narcotize ['nɑːkətaɪz] *ige* ❏ *orv* elkábít, narkotizál

narrate [nəˈreɪt] *ige* elmond, elbeszél, elmesél

narration [nəˈreɪʃn] *fn* elbeszélés, beszámoló

narrative ['nærətɪv] ▼ *mn* elbeszélő ▼ *fn* elbeszélés

narrator [nəˈreɪtə] *fn* beszélő, narrátor

narrow ['næroʊ] ▼ *mn* szűk, keskeny || **within narrow bounds** szűk keretek között; **it was** *(v.* **I had) a narrow escape** ez egyszer megmenekültem, hajszálon múlt, hogy megmenekültem ▼ *ige* (össze)szűkül || (be)szűkít, keskenyít

---

narrow down leszűkít

---

narrow-gauge (⊕ *US* -**gage**) **railway** *fn* keskeny vágányú vasút

narrowly ['næroʊli] *hsz* alig, éppen hogy || gondosan

narrow-minded *mn* szűk látókörű, korlátolt

narrow-mindedness *fn* szűklátókörűség

nasal ['neɪzl] *mn* orrhangú || orr- || **nasal drops** orrcseppek

nasal bone *fn* orrcsont

nasal cavity *fn* orrüreg

nasal twang *fn* orrhang

nastily ['nɑːstɪli] *hsz* csúnyán; aljasul

nastiness ['nɑːstɪnəs] *fn* komiszság, ocsmányság

nasturtium [nəˈstɜːʃm] *fn* böjtfű; sarkantyúvirág

nasty ['nɑːsti] *mn* komisz, undok, ocsmány || **a nasty business** csúnya história; **nasty fellow** ronda alak/fráter

nation ['neɪʃn] *fn* nemzet

national ['næʃnəl] ▼ *mn* nemzeti || országos || **national character** nemzeti jelleg/sajátosság ▼ *fn* állampolgár

national anthem *fn* (nemzeti) himnusz

national assembly *fn* nemzetgyűlés

national census *fn* népszámlálás

national colours, the *fn tsz* nemzetiszín(ű) lobogó

national debt *fn* államadósság

national defence (⊕ *US* -**se**) *fn* honvédelem

national dress *fn* nemzeti viselet; népviselet

national economy *fn* nemzetgazdaság

National Guard *fn* ⊕ *US* Nemzeti Gárda/Nemzetőrség, Polgárőrség

National Health Service *fn* ⊕ *GB* társadalombiztosítás, *kb.* tb

national holiday *fn* nemzeti ünnep

national income *fn* nemzeti jövedelem

National Insurance *fn* ⊕ *GB* társadalombiztosítás

national interest *fn* államérdek

nationalism ['næʃnəlɪzm] *fn* nacionalizmus

nationalist ['næʃnəlɪst] *mn/fn* nacionalista

nationality [ˌnæʃə'næləti] *fn* nemzetiség; állampolgárság, nemzeti hovatartozás

nationality question *fn* nemzetiségi kérdés

nationalization [ˌnæʃnəlaɪ'zeɪʃn] *fn* államosítás

nationalize ['næʃnəlaɪz] *ige* államosít ‖ **be nationalized** állami tulajdonba kerül

nationally ['næʃnəli] *hsz* országos viszonylatban

national minority *fn* nemzeti kisebbség, nemzetiség

national monument *fn* műemlék

national park *fn* nemzeti park

national press *fn* országos/nemzeti sajtó

national security *fn* nemzetbiztonság

national security adviser *fn* nemzetbiztonsági tanácsadó

national service *fn* kötelező katonai szolgálat

nationwide ['neɪʃnwaɪd] *mn* országos

native ['neɪtɪv] ▼ *mn* belföldi ‖ hazai ‖ bennszülött ‖ vele született, eredeti ‖ anyanyelvi ‖ **native land** szülőföld, haza; **one's native language/tongue** (vknek az) anyanyelve; **a native speaker of English** angol ajkú/anyanyelvű; **native teacher** anyanyelvi oktató; **native to** vhol honos/élő *(növény, állat)* ▼ *fn* bennszülött, őslakó ‖ **I am a native here** idevaló vagyok; **a native of Hungary** magyarországi születésű ember

native country *fn* szülőhaza

native language *fn* anyanyelv

native town *fn* szülőváros

Nativity, the [nə'tɪvəti] *fn* Krisztus születése

NATO, Nato ['neɪtoʊ] = **North Atlantic Treaty Organization**

natter ['nætə] *ige* fecseg

natural ['nætʃrəl] *mn* természeti ‖ természetes ‖ házasságon kívül született, természetes *(gyermek)* ‖ **it is only too natural** magától értetődik/értetődő

natural childbirth *fn* természetes szülés *(érzéstelenítés nélkül)*

natural forces *fn tsz* természeti erők

natural gas *fn* földgáz

natural history *fn* természetrajz

naturalism ['nætʃrəlɪzm] *fn* naturalizmus

naturalist ['nætʃrəlɪst] *fn* naturalista

naturalistic [ˌnætʃrə'lɪstɪk] *mn* naturalista, természethű

naturalization [ˌnætʃrəlaɪ'zeɪʃn] *fn* honosítás *(vké)*

naturalize ['nætʃrəlaɪz] *ige vkt* honosít ‖ **be naturalized in Hungary** felveszi a magyar állampolgárságot

naturally ['nætʃrəli] *hsz* természetesen

naturalness ['nætʃrəlnəs] *fn* természetesség

natural resources *fn tsz* természeti erőforrások/kincsek

natural science(s) *fn tsz* természettudomány(ok)

natural selection *fn* természetes kiválogatódás

nature ['neɪtʃə] *fn* természet ‖ jelleg ‖ **by nature** természeténél/természettől fogva; **in the nature of** vmlyen -szerű/-fajta

nature conservation area *mn* természetvédelmi terület

natured ['neɪtʃə] *utótag* természetű ‖ **ill-natured** rosszindulatú

nature reserve *fn* rezervátum, védett terület

nature trail *fn* oktatóösvény

naturism ['neɪtʃərɪzm] *fn* naturizmus

naturist ['neɪtʃərɪst] *mn* naturista

naught [nɔːt] *fn* semmi; zéró; nulla

naughtily ['nɔːtɪli] *hsz* csintalanul, rakoncátlanul

naughtiness ['nɔːtinəs] *fn* rosszaság *(gyereké)*; csintalanság

---

fn főnév – *hsz* határozószó – *isz* indulatszó – *ksz* kötőszó – *mn* melléknév
▼ szófajjelzés ⊕ földrajzi variáns ❑ szakterület ❖ stiláris minősítés

naughty ['nɔ:ti] *mn* haszontalan, csintalan, rakoncátlan ‖ **naughty brat** komisz kölyök; **be naughty** *(gyerek)* haszontalankodik, csintalankodik

nausea ['nɔ:sɪə] *fn* émelygés, hányinger

nauseate ['nɔ:zieɪt] *ige* émelyít ‖ **be nauseated by sg** hányingere van vmtől

nauseating ['nɔ:zieɪtɪŋ] *mn* émelyítő

nauseous ['nɔ:zɪəs] *mn* émelyítő, undorító

nautical ['nɔ:tɪkl] *mn* tengeri, tengerészeti, hajózási

nautical mile *fn* tengeri mérföld *(1852 m)*

naval ['neɪvl] *mn* tengeri, (hadi)tengerészeti

naval battle *fn* tengeri csata/ütközet

naval forces *fn tsz* haditengerészet

naval officer *fn* tengerésztiszt

nave [neɪv] *fn (templomi)* főhajó

navel ['neɪvl] *fn* köldök

navel string *fn* ⊕ *US* köldökzsinór

navigable ['nævɪgəbl] *mn* hajózható; kormányozható

navigate ['nævɪgeɪt] *ige* navigál, kormányoz ‖ hajózik, (hajón) bejár

navigation [ˌnævɪ'geɪʃn] *fn* hajózás; navigálás, navigáció

navigator ['nævɪgeɪtə] *fn* hajózó ‖ hajózótiszt, navigátor

navvy ['nævi] *fn* földmunkás, kubikos

navy ['neɪvi] *fn* (hadi)tengerészet

navy blue *mn* sötétkék

nay [neɪ] ▼ *hsz* sőt ‖ nem ▼ *fn* nemleges szavazat, nem

Nazareth ['næzərəθ] *fn* Názáret

Nazi ['nɑ:tsi] *mn/fn* náci

Nazism ['nɑ:tsɪzm] *fn* nácizmus

NB [ˌen 'bi:] = *Latin: nota bene* megjegyzendő, NB.

NBC [ˌen bi: 'si:] = *National Broadcasting Company* ⊕ *US* országos műsorszóró vállalat

NCO [ˌen si: 'oʊ] = **non-commissioned officer**

NE = **North-East(ern)**

Neapolitan [nɪə'pɒlɪtn] *mn/fn* nápolyi, Nápolyba való

Neapolitan ice cream *fn* parfé, jégkrém

neap(-tide) [ni:p] *fn* legkisebb dagály, vakár

near [nɪə] ▼ *mn* közeli; közel levő/fekvő ‖ **it was a near miss** (ez) majdnem talált; **in the near distance** az előtérben ▼ *hsz* közel ‖ **be near** közel van; **be near him/her/it** mellette áll/van; **near by** egészen közel, a közelben ▼ *ige* vmhez közeledik/közelít ‖ **it is nearing its end** vége felé jár

nearby ['nɪəbaɪ] *mn* közeli, szomszédos, környező

nearest ['nɪərəst] *mn* legközelebbi ‖ **nearest to sg** vmhez legközelebb

nearly ['nɪəli] *hsz* majdnem, csaknem, közel ‖ **not nearly** közel sem; **I nearly died** majd(nem) belehaltam; **it is nearly eight** nyolcra jár az idő; **nearly new** majdnem új

nearness ['nɪənəs] *fn* közelség

nearside ['nɪəsaɪd] *mn* ⊕ *GB* járda felőli, bal oldali ‖ **nearside lane** külső sáv *(autópályán)*

near-sighted *mn* rövidlátó

neat [ni:t] *mn* csinos, rendes, ápolt; ❖ *biz* nett ‖ tömör *(stílus)* ‖ elegáns *(megoldás)* ‖ ⊕ *US* nagyszerű, klassz ‖ **drink sg neat** tisztán iszik vmt

neatly ['ni:tli] *hsz* rendesen, csinosan ‖ **neatly dressed** ízléssel öltözve

neatness ['ni:tnəs] *fn* csinosság; rendesség

nebula ['nebjʊlə] *(tsz -lae) fn* ❑ *csill* ködfolt

nebulous ['nebjʊləs] *mn* ködös

necessarily ['nesəsrɪli] *hsz* szükségszerűen, szükségképpen ‖ **it does not necessarily follow that** nem feltétlenül következik belőle, hogy

necessary ['nesəsri] *mn* szükséges ‖ szükségszerű ‖ **it is absolutely necessary (that)** feltétlenül szükséges (, hogy); **it is not necessary** nincs szüksége rá/vmre

---

nm névmás – *nu* névutó – *szn* számnév – *esz* egyes szám – *tsz* többes szám

▼ szófajjelzés ⊕ földrajzi variáns ❑ szakterület ❖ stiláris minősítés

necessitate [nɪ'sesɪteɪt] *ige* szükségessé tesz, (meg)követel, megkíván

necessity [nɪ'sesəti] *fn* szükségesség ‖ szükség ‖ of necessity szükségből; necessities of life életszükséglet(ek)

neck [nek] ▼ *fn* nyak *(testrész)* ‖ nyak *(üvegé, hangszeré)* ‖ földszoros ‖ be up to one's neck in debt nyakig ül/úszik/van az adósságban ▼ *ige* szerelmeskedik, smárol

neckerchief ['nekətʃɪf] *fn* (nyak)sál

necking ['nekɪŋ] *fn* ❖ *biz* smárolás

necklace ['nekləs] *fn* nyaklánc

necklet ['neklət] *fn* nyaklánc ‖ prémgallér

neckline ['neklaɪn] *fn* (nyak)kivágás

necktie ['nektaɪ] *fn* ⊕ *US* nyakkendő

necrosis [ne'krəʊsɪs] *fn* ❏ *biol* elhalás

nectar ['nektə] *fn* nektár; virágméz

nectarine ['nektəri:n] *fn* sima héjú őszibarack

NEDC [,en i: di: 'si:] = *National Economic Development Council* ⊕ *GB* országos gazdaságfejlesztési tanács

Neddy ['nedi] *fn* ❖ *biz* = NEDC

née [neɪ] *mn* született, sz. *(asszony leánynevének megadásakor)*

need [ni:d] ▼ *fn* szükség, nyomor ‖ baj, nehéz helyzet ‖ be in need szükséget lát, nyomorog; those in need a rászorultak; there's a great need for sg nagy szükség van vmre; there is no need for it/sg nincs szüksége rá/vmre; be in need of help segítségre szorul; needs szükségletek, igények ▼ *ige* need sg szüksége van vmre ‖ megkövetel vmt; megkíván ‖ szükséges, kell ‖ you need a haircut meg kellene nyiratkoznod; as needed szükség szerint; be needed *(vm szükséges)* kell; it's badly needed égetően szükséges; I need hardly say mondanom sem kell; you need not *(v.* needn't) worry nem kell idegeskedned; don't need to (do sg) nem kell *(vmt tenni)*; Need you go yet? No, I needn't

Menned kell már? Még nem (kell); you needn't have hurried nem kellett volna sietnie

needle ['ni:dl] *fn (varró, kötő, stoppoló)* tű

needlecraft ['ni:dlkrɑ:ft] *fn* kézimunka, varrás

needless ['ni:dləs] *mn* szükségtelen, felesleges ‖ needless to say mondanom sem kell

needlessly ['ni:dləsli] *hsz* szükségtelenül, feleslegesen

needlewoman ['ni:dlwʊmən] *fn (tsz* -women) fehérnemű-varrónő

needlework ['ni:dlwɜ:k] *fn* kézimunka, varrás, hímzés ‖ a piece of needlework kézimunka *(a tárgy)*

needn't ['ni:dnt] = need not

needy ['ni:di] ▼ *mn* nyomorgó, szűkölködő ▼ *fn* the needy *tsz* a rászorultak

ne'er-do-well [,neədu:'wel] *fn* léhűtő

negation [nɪ'geɪʃn] *fn* ❏ *fil* ❏ *nyelvt* tagadás

negative ['negətɪv] ▼ *mn* negatív, nemleges, tagadó ‖ negative answer elutasító/nemleges/tagadó válasz; negative sentence tagadó mondat; negative sign negatív előjel ▼ *fn* ❏ *fény*k negatív ‖ answer in the negative nemleges válasz

neglect [nɪ'glekt] ▼ *fn* mulasztás ‖ neglect of one's duty kötelességmulasztás ▼ *ige* elhanyagol, elmulaszt, mellőz

neglected [nɪ'glektɪd] *mn* elhanyagolt, ápolatlan, gondozatlan

neglectful [nɪ'glektfl] *mn* nemtörődöm, hanyag; gondatlan ‖ be neglectful of elhanyagol *(vmt, vkt)*

negligee ['neglɪʒeɪ] *fn* hálóköntös

negligence ['neglɪdʒəns] *fn* hanyagság, gondatlanság, nemtörődömség

negligent ['neglɪdʒənt] *mn* hanyag, gondatlan, nemtörődöm, slendrián

negligible ['neglɪdʒəbl] *mn* elhanyagolható

negotiable [nɪ'gouʃəbl] *mn* átruházható; forgatható, forgalomba hozható ‖ **the salary is negotiable** fizetés megállapodás szerint; **negotiable securities** forgatható/átruházható értékpapírok

negotiate [nɪ'gouʃieɪt] *ige* megtárgyal ‖ *(váltót)* forgat ‖ átjut (vmn) ‖ **negotiate with sy** tárgyal vkvel

negotiation [nɪ,gouʃi'eɪʃn] *fn* tárgyalás ‖ **enter into negotiations with sy** tárgyalást kezd vkvel; **the negotiations have been resumed/reopened** a tárgyalásokat folytatják

negotiator [nɪ'gouʃieɪtə] *fn* tárgyaló fél

Negress [nɪ'gres] *fn (sértő)* néger nő

Negro ['ni:grou] *mn/fn (sértő)* néger

neigh [neɪ] *ige* nyerít

neighbour (⊕ *US* -bor) ['neɪbə] *fn* szomszéd ‖ **we are neighbours** szomszédok vagyunk

neighbourhood (⊕ *US* -bor-) ['neɪbəhʊd] *fn* szomszédság

neighbouring (⊕ *US* -bor-) ['neɪbrɪŋ] *mn* vmvel szomszédos, környező

neighbourliness (⊕ *US* -bor-) ['neɪbəlɪnəs] *fn* jószomszédi viszony

neighbourly (⊕ *US* -bor-) ['neɪbəli] *mn* jószomszédi ‖ **neighbourly relations** jószomszédi viszony

neither ['naɪðə, ⊕*US* 'ni:ðər] *nm/hsz* se(m) ‖ egyik sem *(kettő közül)* ‖ **neither ... nor** se(m) ... se(m); **Did you see it? No. Neither did I** Láttad? Nem. Én sem; **neither hot nor cold** se hideg, se meleg; **neither will you** (ha én sem megyek,) te sem mégy; **neither of them** egyikük sem

neo-colonialism [,ni:oukə'loʊnɪəlɪzm] *fn* neokolonializmus

Neo-Latin [,ni:ou'lætɪn] *mn/fn* újlatin

neolithic [,ni:ou'lɪθɪk] *mn* neolit

neologism [ni'plədʒɪzm] *fn* neologizmus, új keletű szó/kifejezés

neon ['ni:ɒn] *fn* neon

neon lamp *fn* = **neon light**

neon light *fn* neon fénycső, neoncső; neonfény, neonvilágítás

neon sign neon reklám

neon tube *fn* neoncső

Nepal [nɪ'pɔ:l] *fn* Nepál

nephew ['nefju:, ⊕*US* 'nevju:] *fn* unokaöcs

nephritis [nɪ'fraɪtɪs] *fn* vesegyulladás

ne plus ultra of sg [,ni: plʌs 'ʌltrə] *fn* vmnek a netovábbja

nepotism ['nepətɪzm] *fn* nepotizmus

nerve [nɜ:v] *fn* ideg ‖ **what nerve!** ehhez pofa kell!; **have the nerve to do sg** van mersze vmt tenni; **nerves** idegzet; **sy gets on one's/sy's nerves** az idegeire megy vk; **have nerves of iron** kötélből vannak az idegei

nerve centre (⊕ *US* **center**) *fn* idegközpont; ❖ *átv* agyközpont, az agy

nerve gas *fn* idegbénító harcanyag, ideggáz

nerve-racking *mn* idegesítő, idegfeszítő

nervous ['nɜ:vəs] *mn* ideges ‖ ideg- ‖ **are you nervous in the dark?** félsz a sötétben?

nervous breakdown *fn* idegösszeomlás

nervously ['nɜ:vəsli] *hsz* idegesen

nervousness ['nɜ:vəsnəs] *fn* idegeskedés, idegesség

nervous system *fn* idegrendszer, idegzet

nervy ['nɜ:vi] *mn* izgulékony, ideges (természetű), gyenge idegzetű

nest [nest] ▼ *fn* fészek *(madáré)* ‖ **build a nest** fészkel; **nest of tables** összetolható asztalok ▼ *ige* fészket rak

nest egg *fn* ❖ *biz kb.* dugipénz

nestle ['nesl] *ige* fészkel ‖ **nestle up against** (*v.* **close to**) **sy** vkhez odabújik

nestling ['nes(t)lɪŋ] *fn* madárfióka

net[1] [net] ▼ *mn* nettó; tiszta ▼ *ige* **-tt-** tisztán keres

N

net² [net] ▼ *fn* háló, ❖ *biz* necc ▼ *ige*
-tt- hálóval fog
net assets *fn tsz* tiszta vagyon
netball ['netbɔːl] *fn* <kosárlabdaszerű
játék>
Netherlands, the ['neðələndz] *fn tsz*
Hollandia
net income nettó jövedelem
net loss *fn* tiszta veszteség
net proceeds *fn tsz* tiszta bevétel
net profit *fn* tiszta nyereség
nett [net] = **net¹**
netting ['netɪŋ] *fn* dróthálo ‖ hálózat ‖
hálókészítés ‖ halászás hálóval
nettle-rash ['netlræʃ] *fn* csalánkiütés
net weight *fn* nettó/tiszta súly
network ['netwɜːk] *fn* hálózat
neuralgia [njʊˈrældʒə] *fn* ❏ *orv* neu-
ralgia, idegzsába
neuralgic [njʊˈrældʒɪk] *mn* neuralgiás
neurological ward [ˌnjʊərəˈlɒdʒɪkl]
fn idegosztály
neurologist [njʊˈrɒlədʒɪst] *fn* ideg-
gyógyász
neurology [njʊˈrɒlədʒi] *fn* ideggyógy-
ászat
neurosis [njʊˈroʊsɪs] *fn* (*tsz* **neur-
oses** [-siːz]) ❏ *orv* idegbetegség, neu-
rózis
neurosurgery [ˌnjʊəroʊˈsɜːdʒəri] *fn*
idegsebészet
neurotic [njʊˈrɒtɪk] *mn/fn* ❏ *orv* neu-
rotikus, idegbeteg
neuter ['njuːtə] *mn/fn* ❏ *nyelvt* semle-
gesnem(ű)
neutral ['njuːtrəl] ▼ *mn* semleges ‖
neutral state semleges állam ▼ *fn*
üresjárat ‖ **be in neutral** üresben van
neutral gear *fn* üresjárat
neutrality [njuːˈtræləti] *fn* semlegesség
neutralize ['njuːtrəlaɪz] *ige* ❖ *ált* ha-
tástalanít ‖ ❏ *vegy* közömbösít
neutron bomb ['njuːtrɒn] *fn* neutron-
bomba
never ['nevə] *hsz* soha, sohase(m) ‖
never again soha többé; **I have**

never been to London sohasem vol-
tam Londonban; **never mind!** annyi
baj legyen!; **never say die!** sohase
csüggedj!; **well, I never!** odanézz!,
no de ilyet!
never-ending *mn* szakadatlan, véget
nem érő
nevermore [ˌnevəˈmɔː] *hsz* soha többé
nevertheless [ˌnevəðəˈles] *hsz/ksz*
mindamellett, mindazonáltal, de azért
mégis
new [njuː] *mn* új, új keletű, modern,
újabb ‖ **that is new to me** ez nekem
új; **new bread** friss kenyér
new blood *fn* (*fiatalok*) utánpótlás
newborn ['njuːbɔːn] *mn* újszülött
newcomer ['njuːkʌmə] *fn* jövevény,
újonnan érkezett (ember)
new edition új kiadás
newest ['njuːəst] *mn* legújabb
new-fangled *mn* újkeletű, újdivatú
newfound ['njuːfaʊnd] *mn* újonnan
felfedezett
Newfoundland ['njuːfəndlənd] *fn* Új-
Fundland ‖ újfundlandi (*kutyafajta*)
new generation, the ['njuː ˌdʒenəˈreɪʃn]
fn a(z) új/felnöv(ek)vő nemzedék
new goods/items *fn tsz* újdonság (*áru-
cikk*)
New Guinea [ˌnjuː ˈgɪni] *fn* Új-Gui-
nea
new impression *fn* változatlan lenyo-
mat/utánnyomás
new look *fn* (*divatban*) az új vonal
newly ['njuːli] *hsz* mostanában; újon-
nan, nemrég ‖ **newly emerged coun-
try** nemrég függetlenné vált ország; **a
newly married couple** újdonsült há-
zasok
newly-fledged *mn* újdonsült
newly-weds, the *fn tsz* új házasok, az
ifjú pár
new management *fn* új vezetés
new moon *fn* újhold
newness ['njuːnəs] *fn* vmnek új vol-
ta; gyakorlatlanság

---

fn főnév – *hsz* határozószó – *isz* indulatszó – *ksz* kötőszó – *mn* melléknév
▼ szófajjelzés ⊕ földrajzi variáns ❏ szakterület ❖ stiláris minősítés

news [nju:z] *fn (tsz ua.)* hír, újság, értesülés ‖ **a piece of news** *(egy)* hír; **the news** *(rádióban)* hírek, krónika, *(tévében)* híradó; **the 9 o'clock news** a 9 orás híradó; **here's the news** híreket mondunk; **here are the main points of the news** főbb híreink; **news in brief** napihír; **what's the news?** mi újság?; **what's the latest news?** mik a legújabb hírek?; **some interesting items of news** néhány érdekes(ebb) hír; **have news of sg/sy** hírt hall vmről/vkről; **it's news to me** ez újság számomra

news agency *mn* hírügynökség, távirati iroda

newsagent ['nju:zeɪdʒənt] *fn* újságárus ‖ **newsagent's (shop)** újságosbódé, újságárus (bódéja)

news analyst *fn* hírmagyarázó

news blackout *fn* hírzárlat

newsboy ['nju:zbɔɪ] *fn* újságkihordó ‖ újságárus, rikkancs

news broadcast *fn (rádióban, tévében)* hírek

news bulletin *fn* hírek

newscast ['nju:zkɑ:st] *fn (rádióban, tévében)* hírek

newscaster ['nju:zkɑ:stə] *fn* hírolvasó bemondó

news conference *fn* sajtóértekezlet

newsdealer ['nju:zdi:lə] *fn* ⊕ *US* újságárus

news editor *fn* szerkesztő-műsorvezető

newsfilm ['nju:zfɪlm] *fn* filmhíradó

newsflash ['nju:zflæʃ] *fn (rádióban, tévében rövid)* közlemény, gyorshír

newsgirl ['nju:zgɜ:l] *fn* újságkihordó *(nő)*

news item *fn* újsághír, (hírlapi) közlemény

newsletter ['nju:zletə] *fn* hírlevél

newsmonger [-mʌŋgə] *fn* pletykafészek, hírharang

New South Wales *fn* Új-Dél-Wales

newspaper ['nju:zpeɪpə] *fn (lap)* újság, (hír)lap

newspaper advertisement *fn* újsághirdetés

newspaper cutting *fn* újságkivágás

newspaper kiosk *fn* újságosbódé

newspaperman ['nju:zpeɪpəmən] *fn (tsz -men)* újságíró, hírlapíró

newspaper owner *fn* laptulajdonos

newspaper stand *fn* újságosbódé

newspaper vendor *fn* (utcai) újságárus

newsprint ['nju:zprɪnt] *fn* újságpapír

newsreader ['nju:zri:də] *fn* hírolvasó bemondó

newsreel ['nju:zri:l] *fn (moziban)* (film)híradó

news-room *fn* folyóirat-olvasó ‖ hírközvetítő stúdió

news-stand *fn* újságosbódé

newt [nju:t] *fn* tarajos gőte

New Testament *fn* Újszövetség

Newton's theory ['nju:tnz] *fn* a Newton-féle elmélet

new-type új típusú

New World, the *fn* az Újvilág *(Amerika)*

new year *fn* új év/esztendő ‖ **Happy New Year!** Boldog új évet kívánok!

New Year's Day *fn* újév *(napja)*

New Year's Eve *fn* szilveszter(est) ‖ **on New Year's Eve** szilveszterkor; **have a New Year's Eve party** szilveszterezik

New York *fn* New York

New Yorker *fn* New York-i

New Zealand [ˌnju: 'zi:lənd] *fn* Új-Zéland

New Zealander [ˌnju: 'zi:lændə] *fn (ember)* új-zélandi

next [nekst] ▼ *mn* legközelebbi, szomszédos ‖ következő ‖ **live next door** a szomszédban lakik; **next** *(v. the next one)* **please** kérem a következő beteget!; **(s)he is next** ő következik, ő van soron; **what next?** még csak az kellene!; **next autumn** jövő ősszel; **the next day** másnap; **next door to** közvetlen szomszédságában; **next Fri-**

day jövő pénteken; **next month** a jövő hónapban; **the next size down** egy számmal kisebb; **next summer** jövő nyáron; **next time** a következő alkalommal, legközelebb; **next week** jövő héten; **next year** jövőre ▼ *hsz* azután, ezután || legközelebb

next-best *mn* a második legjobb *(megoldás)*

next-door neighbour (⊕ *US* -or) ['nekstdɔ:] *fn* **my next-door neighbour** a (közvetlen) szomszédom

next of kin *fn* legközelebbi hozzátartozó

next to *elölj* mellett || szinte || **next to nothing** úgyszólván semmi

NHS [,en eɪtʃ 'es] ⊕ *GB* = **National Health Service**

NI = **National Insurance** || **Northern Ireland**

Niagara Falls [naɪ'ægərə] *fn tsz* Niagara-vízesés

nib [nɪb] *fn* (toll)hegy

nibble ['nɪbl] *ige* majszol

---

nibble at sg torkoskodik; nassol || **nibble at the bait** *(hal a horgot)* pedzi

nibble away (at) eszeget

Nicaragua [,nɪkə'rægjʊə] *fn* Nicaragua

Nicaraguan [,nɪkə'rægjʊən] *mn/fn* nicaraguai

Nice [ni:s] *fn* Nizza

nice [naɪs] *mn* rendes, helyes, szép, szimpatikus || **it's nice and clean** szép tiszta; **a nice chap** helyes fickó; **it's a nice day** szép idő (van); **that is not nice of him** ez nem szép tőle

nice-looking *mn* csinos, helyes

nicely ['naɪsli] *hsz* szépen || ❖ *biz* (nagyon) jól

nicety ['naɪsəti] *fn* pontosság || **to a nicety** hajszálnyi pontossággal; **niceties** finom/árnyalatnyi különbségek

niche [ni:ʃ] *fn* (fali) beugró

nick [nɪk] ▼ *fn (vágószerszámon)* csorba || rovátka || **come in the nick of time** kapóra jön, a legjobbkor jön ▼ *ige* ❖ *biz* elcsakliz

nickel ['nɪkl] *fn* nikkel

nickel-plated *mn* nikkelezett

nickname ['nɪkneɪm] *fn* becenév, csúfnév, ragadványnév

nicotine ['nɪkəti:n] *fn* nikotin

niece [ni:s] *fn* unokahúg

nifty ['nɪfti] *mn* ügyes; remek, klassz, elegáns

Niger ['naɪdʒə] *fn* Niger

Nigeria [naɪ'dʒɪərɪə] *fn* Nigéria

Nigerian [naɪ'dʒɪərɪən] *mn/fn* nigériai

niggard ['nɪgəd] *fn* fösvény, zsugori

niggardly ['nɪgədli] *mn* szűkmarkú, kicsinyes, fukar, ❖ *biz* skót || **be niggardly** krajcároskodik

niggle ['nɪgl] *ige* pepecsel

niggling ['nɪglɪŋ] *mn* jelentéktelen, kicsinyeskedő; makacs

night [naɪt] *fn* éj, éjjel, éjszaka, este || **at/by night** éjjel; **during the night** éjjel, az éjszaka folyamán; **night after night** éjjelenként; **night and day** éjjel-nappal; **night is falling** (be)esteledik || → **last**

night-bird *fn* bagoly; fülemüle

night-blindness *fn* farkasvakság

nightcap ['naɪtkæp] *fn* hálósapka || lefekvés előtti itóka

nightclothes ['naɪtkloʊðz] *fn tsz* éjszakai viselet (hálóing, pizsama)

night-club *fn* mulatóhely

night-dress *fn* (női) hálóing

night duty *fn* ❑ *orv* éjszakai ügyelet || **be on night duty** éjszakás

nightfall ['naɪtfɔ:l] *fn* esteledés; sötétedés || **after nightfall** besötétedés után; **at nightfall** sötétedéskor

nightgown ['naɪtgaʊn] *fn* ⊕ *US* (női) hálóing

nightie ['naɪti] *fn* (női) hálóing

nightingale ['naɪtɪŋgeɪl] *fn* csalogány, fülemüle

---

fn főnév – *hsz* határozószó – *isz* indulatszó – *ksz* kötőszó – *mn* melléknév
▼ szófajjelzés ⊕ földrajzi variáns ❑ szakterület ❖ stiláris minősítés

night letter *fn* ⊕ *US* levéltávirat

night life *fn* éjszakai élet

nightly ['naɪtli] *hsz* éjjelente, éjjelenként

nightmare ['naɪtmeə] *fn* agyrém, lidércnyomás, rémkép

night owl *fn* éjjeli bagoly *(későn fekvő ember)*

night-porter *fn* éjszakai portás

night-refuge *fn* (éjjeli) menedékhely

night safe *fn* éjszakai széf

night school *fn* dolgozók iskolája, esti iskola

night-shirt *fn* (férfi) hálóing

nightstick ['naɪtstɪk] *fn* ⊕ *US* gumibot

night-time *fn* éjszaka ‖ **at night-time** éjjel, éjszaka

night train *fn* éjszakai vonat

night-walker *fn* holdkóros

night-watchman *fn (tsz* **-men)** éjjeliőr

nihilism ['naɪɪlɪzm] *fn* nihilizmus

nihilist ['naɪɪlɪst] *fn* nihilista

nihilistic [ˌnaɪɪ'lɪstɪk] *mn* nihilista

nil [nɪl] *fn* zéró, semmi, nulla ‖ **three goals to nil** három nulla (3:0); **three nil** *(írva:* **3-0)** három nulla (3:0)

Nile [naɪl] *fn* Nílus

nimble ['nɪmbl] *mn* mozgékony; gyors, fürge, virgonc

nimble-footed gyors lábú

nimbly ['nɪmbli] *hsz* fürgén

nine [naɪn] *szn* kilenc ‖ **there are nine of us** kilencen vagyunk

nine-day's wonder *fn* múló szenzáció ‖ **it's a nine-day's wonder** minden csoda három napig tart

ninefold ['naɪnfoʊld] *mn* kilencszeres

ninepin ['naɪnpɪn] *fn* (teke)báb

ninepins ['naɪnpɪnz] *fn esz* tekejáték *(9 fával)*

nineteen [ˌnaɪn'tiːn] *szn* tizenkilenc

nineteenth [ˌnaɪn'tiːnθ] *szn/mn* tizenkilencedik

nineties (90s) ['naɪntiz] *szn* **the nineties** a kilencvenes évek ‖ **in the nineties** (*v.* **1990s**) a kilencvenes években

ninetieth [ˌnaɪntiɪθ] *szn/mn* kilencvenedik

ninety ['naɪnti] *szn (tsz* **-ties)** kilencven ‖ → **nineties**

ninety times *szn/hsz* kilencvenszer

ninety-year-old *mn* kilencvenéves

ninth [naɪnθ] ▼ *szn/mn* kilencedik ▼ *fn* kilenced

nip [nɪp] *ige* **-pp-** *(ujjával)* megcsíp; *(ujjal, csőrrel)* csipked ‖ *(fagy)* megcsíp ‖ csíptet ‖ **nip sg in the bud** csírájában elfojt vmt

---

nip off lecsíp

---

nippers ['nɪpəz] *fn tsz* csípőfogó ‖ olló *(ráké)*

nipple ['nɪpl] *fn* mellbimbó ‖ ⊕ *US* cucli

nippy ['nɪpi] *mn* csípős *(hideg)* ‖ fürge, mozgékony

nit [nɪt] *fn* serke

nitpick ['nɪtpɪk] *ige* **be nitpicking** ❖ *biz* szőröz ‖ **be always nitpicking** kákán is csomót keres, kukacoskodik

nitrate ['naɪtreɪt] *fn* nitrát

nitric acid ['naɪtrɪk] *fn* salétromsav

nitrogen ['naɪtrədʒən] *fn* nitrogén

nitrogenous [naɪ'trɒdʒənəs] *mn* nitrogéntartalmú

nitro-glycerine (⊕ *US* **-rin**) [ˌnaɪtroʊ'glɪsərɪn] *fn* nitroglicerin

nitty-gritty [ˌnɪti'grɪti] *fn* ❖ *biz* részletkérdés(ek)

nitwit ['nɪtwɪt] *fn* ❖ *biz* hülye, tökfej, hólyag

no [noʊ] ▼ *mn* semmi(féle) ‖ nagyon kevés ‖ **there's no telephone in our house** nincs telefon a házunkban; **I'm no fool** nem vagyok hülye; **no one** senki; **no smoking** tilos a dohányzás!; **no parking** várakozni/parkolni tilos!; **in no time** pillanatok alatt, szinte azonnal; **it's no distance** nem távolság ▼ *hsz (az egész mondat tagadására)* nem ‖ **Is it cold? No, it isn't.** Hideg van? Nem, nincs hideg

---

(*v.* Nincs).; **whether you want it or no** akár akarod, akár nem; **if you are no better tomorrow** ha holnapra nem leszel jobban

No. [nou] = **number** ‖ **Room No. 102** a 102-es szoba

Noah's Ark [ˌnouəz 'ɑːk] *fn* Noé bárkája

nobble ['nɒbl] *ige* elkábít *(lovat verseny előtt)* ‖ befolyásol, megnyer(ni igyekszik) ‖ (akárhogyan is, de) megcsíp (= megszerez) vmt ‖ elkap *(bűnözőt)*

Nobel prize [ˌnoubel 'praɪz] *fn* Nobel-díj

Nobel prize winner *mn* Nobel-díjas

nobility [nou'bɪləti] *fn* ❖ *átv* nemesség

noble ['noubl] *mn* nemes ‖ nemesi ‖ **noble birth** nemesi származás

nobleman ['noublmən] *fn* (*tsz* **-men**) nemesember

nobly ['noubli] *hsz* nagylelkűen; nagyszerűen

nobody ['noubədi] *nm* senki, jelentéktelen ember/alak ‖ **I have nobody** senkim sincs; **nobody came to see me** senki se látogatott meg; **nobody else** senki más

no-claims bonus *fn* visszatérítés *(biztosítási díjból balesetmentes vezetés esetén)*

nocturnal [nɒk'tɜːnl] *mn* éji, éjjeli

nod [nɒd] ▼ *fn* biccentés, bólintás ▼ *ige* **-dd-** biccent, bólint ‖ bóbiskol ‖ **nod one's approval** helyeslően/helyeslőleg bólint/int; **nod one's assent** igenlően bólint; **have a nodding acquaintance with sy** köszönő viszonyban van vkvel; **nod off** elbóbiskol

noddle ['nɒdl] *mn* ❖ *biz* buksi

node [noud] *fn (testrészen)* csomó ‖ ❏ *mat* ❏ *fiz* csomópont

nodule ['nɒdjuːl] *fn (testrészen)* csomó ‖ göcs

no entry sign *fn* behajtani tilos tábla

noise [nɔɪz] *fn* zaj, zörej, zsivaj(gás) ‖ **make a noise** zajong, lármázik

noise-abatement *fn* zajtompítás ‖ **noise-abatement order** csendrendelet

noise damage *fn* zajártalom

noiseless ['nɔɪzləs] *mn* zajtalan, hangtalan

noise level *fn* zajszint

noise pollution *fn* zajártalom

noisily ['nɔɪzɪli] *mn* hangosan; lármásan

noisiness ['nɔɪzɪnəs] *fn* zajosság

noisy ['nɔɪzi] *mn* lármás, hangos, zajos ‖ **be noisy** zajong

nomad ['noumæd] *mn* nomád

nomadic [nou'mædɪk] *mn* nomád ‖ **nomadic tribes** nomád törzsek

no-man's land *fn* senki földje

nom de plume ['nɒm də 'pluːm] *fn (tsz* **noms de plume**) (írói) álnév

nomenclature [nou'menklətʃə] *mn* hatásköri lista, nómenklatúra

nominal ['nɒmɪnl] *mn* névleges ‖ névszói

nominal suffix *fn* névrag

nominate ['nɒmɪneɪt] *ige* vkt vmre javasol; *(állásra)* jelöl ‖ **he has been nominated for president** *(v.* **for the presidency)** elnökségre jelölték

nomination [ˌnɒmɪ'neɪʃn] *fn (állásra, tisztségre stb.)* jelölés ‖ kinevezés

nominative (case) ['nɒmɪnətɪv] *fn* alanyeset

nominee [ˌnɒmɪ'niː] *fn* jelölt

non- [nɒn-] *előtag* nem-, non-, -t(e)len

non-acceptance *fn* el nem fogadás

non-aggression pact [ˌnɒn ə'greʃn] *fn* megnemtámadási egyezmény ‖ **conclude a non-aggression pact with sy** megnemtámadási egyezményt köt vkvel

non-alcoholic *mn* alkoholmentes

non-alcoholic drink(s) *fn tsz* alkoholmentes ital, üdítőital(ok)

non-aligned countries [ˌnɒn ə'laɪnd] *fn tsz* el nem kötelezett országok

non-appearance [ˌnɒn ə'pɪərəns] *fn* meg nem jelenés

non-arrival *fn* meg nem érkezés

non-attendance *fn* távollét

nonce [nɒns] *fn* for the nonce most az egyszer

nonce-word *fn* alkalmi(lag alkotott) szó, hapax

nonchalant ['nɒnʃələnt] *mn* nemtörődöm, közönyös ‖ hidegvérű

non-commissioned officer *fn* tiszthelyettes

non-committal [ˌnɒn kə'mɪtl] *mn* állást nem foglaló, semleges

non compos mentis *mn* nem beszámítható

nonconformist [ˌnɒnkən'fɔ:mɪst] *mn* nonkonformista ‖ vallási disszidens

non-contributory [ˌnɒn kən'trɪbjʊtri] *mn* hozzájárulás nélküli

non-cooperation *fn* együtt nem működés

nondescript ['nɒndɪskrɪpt] *mn* jellegtelen, szürke, nehezen meghatározható

none [nʌn] ▼ *nm* egyik sem, semelyik, senki, semmi ‖ I have none nekem nincs *(egy sem)*; I will have none of it *(gúnyosan)* ebből nem kérek ▼ *hsz* I am none the wiser (for it) ettől nem lettem okosabb; none too ... nem valami, nem nagyon; none too soon éppen *(v.* nagyon is) jókor, éppen idejében

nonentity [nɒn'entəti] *fn* jelentéktelen ember/alak ‖ an absolute nonentity egy nagy senki

non-essential *mn* lényegtelen

none the less *hsz/ksz* annak ellenére(, hogy), mindazonáltal

non-existent [-ɪg'zɪstənt] *mn* nem létező

non-fading *mn* színtartó

non-fat *mn* kevés zsírtartalmú

non-fiction [ˌnɒn 'fɪkʃn] *fn* tényirodalom

non-flammable [ˌnɒn 'flæməbl] *mn* éghetetlen, nem gyúlékony

non-intervention [ˌnɒn ɪntə'venʃn] *fn* be nem avatkozás

non-member [ˌnɒn 'membə] *fn* kívülálló

non-native speaker *fn* idegen ajkú

non-party *mn* párton kívüli

non-party member *fn* pártonkívüli

non-payment [ˌnɒn 'peɪmənt] *fn* fizetés elmulasztása ‖ in case of non-payment nemfizetés esetén

nonplus [-'plʌs] *ige* -ss- (⊕ *US* -s-) meghökkent, elképeszt ‖ I was nonplussed paff voltam

non-professional *mn* nem hivatásos, laikus

non-profit-making [ˌnɒn 'prɒfɪt meɪkɪŋ] *mn* nem nyereséges ‖ nem haszonra/ profitért dolgozó *(vállalkozás)*

nonproliferation agreement [ˌnɒnprəʊlɪfə'reɪʃn] *fn* atomsorompó-egyezmény/-szerződés

non-scientific subjects *fn tsz* humán tárgyak/tudományok

nonsense ['nɒnsns] *fn* bolond beszéd; bolondság *(beszéd, tett)* ‖ nonsense! (az) nem létezik!, abszurdum!, ostobaság, szamárság; talk nonsense ostobaságokat beszél/mond

non-shrink *mn* zsugorodásmentes

non-skid tyre (⊕ *US* tire) *fn* csúszásmentes gumiabroncs

non-smoker [ˌnɒn 'sməʊkə] *fn* nemdohányzó

non-stick [nɒn'stɪk] *mn* teflon *(edények)*

non-stick frying pan *fn* teflon(edény), teflonserpenyő

non-stop [ˌnɒn'stɒp] *mn* megállás nélküli, unos-untalan, nonstop ‖ fly non-stop to megszakítás nélkül repül; make a non-stop flight *(repülőgép)* leszállás nélkül teszi meg az utat; non-stop flight across the Atlantic óceánrepülés; non-stop performances folytatólagos előadások

non-taxable income *fn* adómentes jövedelem

non-U [nɒn'ju:] *mn* nem kifinomult/ művelt

---

nm névmás – *nu* névutó – *szn* számnév – *esz* egyes szám – *tsz* többes szám
▼ szófajjelzés ⊕ földrajzi variáns ❑ szakterület ❖ stiláris minősítés

non-white *mn/fn* színesbőrű

noodles ['nu:dlz] *fn tsz* tészta, leves-
tészta, metélt

nook [nʊk] *fn* zug, kuckó

noon [nu:n] *fn* dél *(napszak)* ‖ **about
noon** a déli órákban; **at noon** délben

no(-)one ['nouwʌn] *nm* senki

noose [nu:s] *fn* hurok

no overtaking sign *fn* előzni tilos
tábla

nor [nɔ:] *ksz/hsz* sem ‖ **neither ... nor**
sem ..., sem; **nor even** (sőt) még ...
sem; **nor I/me (either)** én sem; **nor
yet** (sőt) még ... sem

Nordic ['nɔ:dɪk] *mn* északi ‖ **Nordic
events** északi sízés/számok

Norf = *Norfolk*

no right turn sign *fn* jobbra kanyarod-
ni tilos tábla

norm [nɔ:m] *fn* minta, szabály, norma,
szabvány, zsinórmérték

normal ['nɔ:ml] *mn* szabályos, sza-
bályszerű, szabványos, rendes, nor-
mális ‖ **normal** ‖ **be back to normal**
visszazökken(t) a régi/rendes kerék-
vágásba, *(helyzet)* rendeződik; **nor-
mal position** *(kazettán)* normál

normality [nɔ:'mæləti] *fn* szabályos-
ság

normally ['nɔ:məli] *hsz* rendes/nor-
mális körülmények között, rendsze-
rint, általában, egyébként

Norman Conquest, the ['nɔ:mən] *fn*
a normann hódítás *(1066)*

Normandy ['nɔ:məndi] *fn* Normandia

north [nɔ:θ] ▼ *mn* északi ‖ **there's a
north wind blowing** északról fúj a
szél ▼ *fn* észak ‖ **in the north** észa-
kon; **of the north** északi; **towards
the north** északi irányba(n)

North Africa *fn* Észak-Afrika

North African *mn/fn* észak-afrikai

North America *fn* Észak-Amerika

North American *mn/fn* észak-amerikai

Northants ['nɔ:θænts] = *Northamp-
tonshire*

Organization

North Atlantic Treaty Organization
fn Észak-atlanti Szerződés Szervezete

northbound ['nɔ:θbaʊnd] *mn* észak
felé haladó/tartó

North Country, the *fn* Észak-Anglia

Northd = *Northumberland*

north-east *fn* északkelet, ÉK

north-east(ern) *mn* északkeleti

northerly ['nɔ:ðəli] *mn* északi *(szél)*

northern ['nɔ:ðən] *mn* északi

Northern Ireland *fn* Észak-Írország

North Korea *fn* Észak-Korea

North Pole *fn* északi sark

North Sea *fn* Északi-tenger

northward(s) ['nɔ:θwədz] *hsz* északi
irányban ‖ észak felé, északra

north-west *fn* északnyugat, ÉNY

north-west(ern) *mn* északnyugati

Norway ['nɔ:weɪ] *fn* Norvégia

Norwegian [,nɔ:'wi:dʒən] *mn/fn* nor-
vég *(ember, nyelv)*; norvégiai

nose [nouz] ▼ *fn* orr ‖ szimat, szaglás
‖ **have a good nose for sg** jó a szima-
ta; **lead sy by the nose** orránál fogva
vezet; **his nose is running** folyik az
orra *(náthás)*; **his nose is bleeding**
vérzik az orra ▼ *ige* **nose about**
(⊕ *US így is* **around**) **for sy/sg** ❖ *biz*
vk/vm után szimatol/szaglászik

nose-bag *fn* abrakostarisznya

nose-bleed *fn* orrvérzés

nosedive ['nouzdaɪv] *fn* zuhanórepü-
lés ‖ zuhanás *(áraké)*

nose drops *fn tsz* orrcsepp(ek)

nosey ['nouzi] *mn* ❖ *biz* kíváncsi

no-show *fn* meg nem jelenés *(repülő-
téren)*

no-show charge *fn* megnemjelenési
díj *(repülőtéren)*

nostalgia [nɒ'stældʒə] *fn* nosztalgia

nostalgic [nɒ'stældʒɪk] *mn* nosztalgi-
kus, nosztalgiázó

nostril ['nɒstrɪl] *fn* orrlyuk

nosy ['nouzi] = **nosey**

not [nɒt] *hsz (segédigékkel összevon-
tan:* **n't**; *pl.* **don't, isn't, ...**) nem ‖
not any egy sem; **not as ... as** nem

---

fn főnév – *hsz* határozószó – *isz* indulatszó – *ksz* kötőszó – *mn* melléknév

▼ szófajjelzés ⊕ földrajzi variáns ❑ szakterület ❖ stiláris minősítés

olyan ..., mint; **not at all** egyáltalán nem; *(köszönet után)* szívesen!, szóra sem érdemes!; **not before ... -ig** nem; **not even in London** még Londonban sem; **not that** nem mintha; I **think not** azt hiszem, (hogy) nem; I **do not** (*v.* **don't**) **go** nem megyek

notability [‚noʊtə'bɪləti] *fn* előkelőség, notabilitás, kiválóság

notable ['noʊtəbl] ▼ *mn* számottevő, figyelemre méltó, nevezetes ▼ *fn* kiválóság, előkelő személy(iség) ‖ **notables of the town** a város előkelőségei

notably ['noʊtəbli] *hsz* figyelemre méltóan

notary (public) ['noʊtəri] *fn* (*tsz* **-ries**) közjegyző

notation [noʊ'teɪʃn] *fn* jelölés, jelölési mód, jelölésmód ‖ ❑ *zene* hangjegyírás, notáció

notch [nɒtʃ] ▼ *fn* rovátka, bevágás, rovás ‖ horony ‖ *(vágószerszámon)* csorba ‖ nézőke ▼ *ige* rovátkol, bevág, cakkoz

note [noʊt] ▼ *fn* (*zenei*) hang, hangjegy ‖ hang(nem) ‖ jegyzet; feljegyzés ‖ megjegyzés ‖ memorandum ‖ bankjegy ‖ **make a note of (sg)** feljegyez; előjegyez; **make/take notes** jegyzetel; **take a note of sg** lejegyez vmt; **take note of sg** megjegyez vmt, figyel vmre ▼ *ige* megjegyez, megfigyel, figyelembe vesz ‖ **note (sg) down** feljegyez, lejegyez

notebook ['noʊtbʊk] *fn* notesz, jegyzetfüzet; ❑ *szt* noteszgép

notecase ['noʊtkeɪs] *fn* levéltárca, pénztárca

noted ['noʊtɪd] *mn* jó nevű ‖ **noted for sg** nevezetes vmről

notepad ['noʊtpæd] *fn* jegyzetblokk, írótömb

notepaper ['noʊtpeɪpə] *fn* levélpapír

noteworthy ['noʊtwɜːði] *mn* nevezetes, említésre/figyelemre méltó

nothing ['nʌθɪŋ] *fn/nm* semmi ‖ **come to nothing** semmivé lesz; **do nothing** henyél; **for nothing** ingyen, semmiért; **next to nothing** szinte semmi(t); **nothing at all** semennyi; **nothing but** (semmi más) csak ...; **nothing can be done** hiába minden!; **nothing doing** ez nem megy; **nothing else** semmi más(t); **nothing in particular** semmi különös; **nothing like** össze sem hasonlítható, egy napon nem említhető (...val/vel), nincs párja; **nothing of the kind/sort** olyan nincs!, szó sincs/se róla!; **with nothing on** meztelenül; **there is nothing to be done** nincs mit tenni; **I've nothing to do with it** mi közöm hozzá?; **nothing whatever, absolutely nothing** semmi, de semmi; **nothing win** próba szerencse

no through road sign *fn* „zsákutca" tábla

notice ['noʊtɪs] ▼ *fn* értesítés, bejelentés ‖ közlemény ‖ felszólítás, felmondás ‖ felirat, kiírás ‖ **bring sg to sy's notice** vknek tudtára ad vmt; **come to sy's notice** vknek tudomására jut; **give in one's notice** *(munkavállaló)* felmond; **give sy a month's notice** egyhavi felmondási idővel felmond vknek; **at short notice** rövid határidőre, pillanatokon belül, előzetes bejelentés nélkül; **take notice of sg** tudomásul vesz vmt; **until further notice** további értesítésig; **without notice (given)** előzetes bejelentés/értesítés nélkül; **notice to pay** fizetési meghagyás/felszólítás ▼ *ige* észrevesz, észlel ‖ megfigyel

noticeable ['noʊtɪsəbl] *mn* észlelhető, észrevehető, megfigyelhető ‖ **be noticeable** látható, látszik

noticeably ['noʊtɪsəbli] *hsz* láthatóan, észrevehetően

notice-board *fn* hirdetőtábla; falitábla

notification [‚noʊtɪfɪ'keɪʃn] *fn* értesítés

notify ['nəʊtɪfaɪ] *ige* (ki)értesít || **notify sy of sg** vkt vmről értesít, vknek tudtára ad vmt, vkvel vmt tudat

notion ['nəʊʃn] *fn* fogalom, elképzelés

notions ['nəʊʃnz] *fn tsz* ⊕ *US* rövidáru

notoriety [ˌnəʊtə'raɪəti] *fn* hírhedtség, közismertség

notorious [nəʊ'tɔːrɪəs] *mn* hírhedt, közismert, notórius

notoriously [nəʊ'tɔːrɪəsli] *hsz* hírhedten, notóriusan

Notts = *Nottinghamshire*

notwithstanding [ˌnɒtwɪð'stændɪŋ] ▼ *hsz* mégis, annak ellenére, hogy, mindamellett ▼ *elölj* (vmnek) ellenére

nougat ['nuːgɑː] *fn* nugát

nought [nɔːt] *fn* semmi, zéró, nulla

noun [naʊn] *fn* ❑ *nyelvt* főnév

noun group *fn* ❑ *nyelvt* főnévi szerkezet/csoport

nourish ['nʌrɪʃ] *ige* táplál

nourishing ['nʌrɪʃɪŋ] *mn* tápláló

nourishment ['nʌrɪʃmənt] *fn* táplálék, étel

no U-turns sign *fn* megfordulni tilos tábla

Nov. = **November**

novel ['nɒvl] *fn* regény

novelist ['nɒvəlɪst] *fn* regényíró

novelty ['nɒvlti] *fn* újdonság, nóvum

November [nəʊ'vembə] *fn* november

novice ['nɒvɪs] *fn* (*katolikus*) papjelölt, papnövendék, novícius

now [naʊ] *hsz* most, mostan || **as of now** ez idő szerint; **by now** mostanra; **just now** ebben a pillanatban; **till/until now** mindeddig, mind a mai napig, napjainkig; **up to now** (mind) a mai napig, mostanáig; **now and again/then** néha-néha, néhanapján; **now is the time to** ideje, hogy; **now now!** nono!, nana!, ugyan, ugyan!; **from now on** ezentúl, mostantól (fogva); **now that** most, hogy; **now ... now,**

now ... then hol ..., hol; ..., majd ..., majd ...

nowadays ['naʊədeɪz] *hsz* manapság, napjainkban, a mai világban

nowhere ['nəʊweə] *hsz* sehol || sehova || **from nowhere** sehonnan, sehonnét; **it is nowhere to be had** ezt nem kapni sehol

noxious ['nɒkʃəs] *mn* kártékony; ártalmas, kártevő

nozzle ['nɒzl] *fn* csővég, szórófej || (*tölcsér alakú*) kifolyó

NSB [ˌen es 'biː] = *National Savings Bank* Országos Takarékpénztár, OTP

NSPCC [ˌen es ˌpiː siː 'siː] = *National Society for the Prevention of Cruelty to Children* gyermekvédő liga

nth [enθ] *mn* ❑ *mat* n-edik || **the nth power** n-edik hatvány; **for the nth time** x-edszer

nuance ['njuːɑːns] *fn* árnyalat, nüánsz

nub [nʌb] *fn* **the nub of sg** vmnek a magva/lényege

nubile ['njuːbaɪl] *mn* eladósorban levő (*leány*) || szexis

nuclear ['njuːklɪə] *mn* nukleáris, mag-, atom-

nuclear deterrent *fn* nukleáris elrettentő erő

nuclear disarmament *fn* nukleáris leszerelés

nuclear energy *fn* magenergia, nukleáris energia

nuclear-free zone *fn* atomfegyvermentes övezet

nuclear fission *fn* ❑ *fiz* maghasadás

nuclear fusion *fn* ❑ *fiz* magfúzió

nuclear physicist *fn* atomfizikus

nuclear physics *fn esz* magfizika, atomfizika

nuclear power *fn* atomhatalom

nuclear-powered *mn* atomhajtású

nuclear power station *fn* atomerőmű

nuclear-proof *mn* atombiztos

nuclear reactor *fn* atomreaktor

nuclear research *fn* atommagkutatás

---

fn főnév – *hsz* határozószó – *isz* indulatszó – *ksz* kötőszó – *mn* melléknév
▼ szófajjelzés ⊕ földrajzi variáns ❑ szakterület ❖ stiláris minősítés

nuclear scientist *fn* atomtudós
nuclear test *fn* nukleáris fegyverkísérlet, kísérleti atomrobbantás
nuclear test ban *fn* atomcsendegyezmény
nuclear war *fn* atomháború
nuclear warfare nukleáris hadviselés
nuclear waste *fn* atomhulladék
nuclear weapon *fn* atomfegyver, nukleáris fegyver
nuclear weapon test *fn* nukleáris fegyverkísérlet, atomfegyver-kísérlet
nucleonics [ˌnjuːkliˈɒnɪks] *fn esz* magtechnika
nucleus [ˈnjuːklɪəs] *fn (tsz* **-clei** *v.*
-cleuses) atommag || ❖ *átv* csíra
nude [njuːd] ▼ *mn* meztelen ▼ *fn* akt ||
paint from the nude *(modellről)* aktot fest
nudge [nʌdʒ] ▼ *fn (könyökkel)* lökés, oldalba lökés (gyengéden) ▼ *ige (könyökkel)* lök, oldalba lök/bök
nudism [ˈnjuːdɪzm] *fn* naturizmus, nudizmus
nudist [ˈnjuːdɪst] *fn* naturista, nudista
nudist colony *fn* naturista/nudista telep
nudity [ˈnjuːdəti] *fn* meztelenség
nugget [ˈnʌɡɪt] *fn* (arany)rög
nuisance [ˈnjuːsns] *fn* kellemetlenség; alkalmatlanság || ❖ *átv* kolonc ||
what a nuisance! milyen kellemetlen!; **be a nuisance to sy** terhére van vknek
nuke [njuːk] *fn* ❖ *biz* atomfegyver
null and void [nʌl] *mn* ❑ *jog* semmis ||
declare sg null and void semmisnek nyilvánít, érvénytelenít
nullification [ˌnʌlɪfɪˈkeɪʃn] *fn* ❑ *jog* megsemmisítés, érvénytelenítés
nullify [ˈnʌlɪfaɪ] *ige* semmisnek/érvénytelennek nyilvánít, érvénytelenít
numb [nʌm] ▼ *mn (testrész)* merev, dermedt, gémberedett || **go numb** elzsibbad; **numb with cold** hidegtől meggémberedett ▼ *ige* elzsibbaszt ||

numbed zsibbadt; **be numbed with cold** hidegtől meggémberedett (ujjak)
number [ˈnʌmbə] ▼ *fn* szám || telefonszám || (műsor)szám, (ének)szám || (folyóirat)szám || **numbers** számtan;
round number kerek szám; **number two** kettes szám; **number eight** nyolcas (számú); **the number five bus** ötös autóbusz; **his number is up** ütött az utolsó órája; **a number of** néhány
▼ *ige* megszámoz || (meg)számlál, (meg)számol || **his days are numbered** napjai meg vannak számlálva
numbered [ˈnʌmbəd] *mn* számozott
numbering [ˈnʌmbərɪŋ] *fn* számozás
numberless [ˈnʌmbələs] *mn* számtalan
number plate *fn* rendszámtábla
numbing [ˈnʌmɪŋ] *mn* zsibbasztó ||
numbing cold farkasordító hideg;
numbing sight dermesztő látvány
numbness [ˈnʌmnəs] *fn* dermedtség, zsibbadás, zsibbadtság
numbs kull [ˈnʌmskʌl] *fn* = **numskull**
numeral [ˈnjuːmərəl] *fn* számnév || szám(jegy)
numerate [ˈnjuːmərət] *mn* számolni tudó
numerator [ˈnjuːməreɪtə] *fn* ❑ *mat* számláló
numerical [njuːˈmerɪkl] *mn* numerikus, számszerű, számbeli; számszaki
numerically [njuːˈmerɪkli] *hsz* összegszerűen, szám szerint; számszakilag
numerous [ˈnjuːmərəs] *mn* számos
numismatics [ˌnjuːmɪzˈmætɪks] *fn esz* éremtan, numizmatika
numskull [ˈnʌmskʌl] *fn* ❖ *biz* tökfej, fajankó, mamlasz
nun [nʌn] *fn* apáca
nuncio [ˈnʌnsiəʊ] *fn* pápai követ/nuncius
nunnery [ˈnʌnəri] *fn* apácakolostor, zárda
nuptial [ˈnʌpʃl] *mn* lakodalmi; menyegzői; nász-

---

nm névmás – *nu* névutó – *szn* számnév – *esz* egyes szám – *tsz* többes szám
▼ szófajjelzés ⊕ földrajzi variáns ❑ szakterület ❖ stiláris minősítés

nuptials [ˈnʌpʃlz] *fn tsz* nász, menyegző

Nuremberg [ˈnjʊərəmbɜːg] *fn* Nürnberg

nurse [nɜːs] ▼ *fn* dajka, dada ‖ (beteg)ápoló, (beteg)ápolónő ‖ **nurse!** *(ápolónő megszólítása)* nővérke! ‖ **nurse on call/duty** ügyeletes nővér ▼ *ige* dajkál, szoptat, táplál ‖ *(beteget)* ápol, gondoz

nursery [ˈnɜːsri] *fn* gyer(m)ekszoba ‖ faiskola, kertészet ‖ **day nursery** óvoda

nursery-garden *fn* kertészet, faiskola

nursery rhyme *fn* gyermekdal

nursery school *fn* óvoda

nursery-school teacher *fn* óvónő

nursery slope *fn* tanuló (sí)pálya

nursing [ˈnɜːsɪŋ] ▼ *mn* szoptatós ‖ **nursing mother** szoptatós anya ▼ *fn* szoptatás ‖ ápolás; gondozás

nursing home *fn* szanatórium *(kisebb, magán)*

nursing staff *fn* ápolószemélyzet

nursling [ˈnɜːslɪŋ] *fn* szopós gyerek ‖ palánta

nurture [ˈnɜːtʃə] *ige* felnevel ‖ táplál

nut [nʌt] *fn* dió ‖ csavaranya, anyacsavar, szorítócsavar ‖ ❖ *biz* kobak ‖ → **nuts**

nut and bolt *fn* anyás csavar

nut-case *fn* ❖ *biz* dilis

nutcracker [ˈnʌtkrækə] *fn* diótörő

nutmeg [ˈnʌtmeg] *fn* szerecsendió

nutria [ˈnjuːtrɪə] *fn* nutria

nutrient [ˈnjuːtrɪənt] *fn* ❑ *mezőg* táp, tápanyag

nutriment [ˈnjuːtrɪmənt] *fn (embernek)* táplálék ‖ tápszer

nutrition [njuːˈtrɪʃn] *fn* táplálás ‖ táplálkozás

nutritionist [njuːˈtrɪʃənɪst] *fn* táplálkozási/élelmezési szakértő

nutritious [njuːˈtrɪʃəs] *mn* tápláló ‖ nagy tápértékű

nutritive material [ˈnjuːtrətɪv] *fn* tápanyag

nutritive value *fn* tápérték

nuts [nʌts] *mn* őrült, bolond ‖ **be nuts about/on sy/sg** egészen odavan vkért/vmért, bele van esve vkbe, megőrül vmért/vkért; **go nuts** ⊕ *US* meghülyül

nutshell [ˈnʌt-ʃel] *fn* dióhéj ‖ **in a nutshell** dióhéjban

nuzzle [ˈnʌzl] *ige* orrával érint ‖ szaglász ‖ **to nuzzle up to sy** odakuporodik/odasimul vkhez

NW = **north-west(ern)**

NY = *New York*

NYC = *New York City*

nylon [ˈnaɪlɒn] *fn* nejlon

nylon stockings, nylons *fn tsz* nejlonharisnya

nymph [nɪmf] *fn* nimfa

nymphomania [ˌnɪmfəˈmeɪnɪə] *fn* nimfománia

nymphomaniac [ˌnɪmfəˈmeɪnɪæk] *fn* nimfomániás

NZ = **New Zealand**

---

fn főnév − *hsz* határozószó − *isz* indulatszó − *ksz* kötőszó − *mn* melléknév
▼ szófajjelzés ⊕ földrajzi variáns ❑ szakterület ❖ stiláris minősítés

O

O¹ [oʊ] zéró, nulla

O² *isz* ó!, óh!

o' = of

oaf [oʊf] *fn* mamlasz, fajankó

oak [oʊk] *fn* tölgy(fa)

oak leaf *fn* (*tsz* **leaves**) tölgyfalevél

oak-tree *fn* (*élő*) tölgy(fa)

OAP [ˌoʊ eɪ 'piː] = **old-age pen-
sioner**

oar [ɔː] *fn* evező

oarlock ['ɔːlɒk] *fn* ⊕ *US* evezővilla

oarsman ['ɔːzmən] *fn* (*tsz* **-men**) eve-
zős

OAS [ˌoʊ eɪ 'es] ⊕ *US = Organization
of American States* Amerikai Álla-
mok Szervezete

oasis [oʊ'eɪsɪs] *fn* (*tsz* **-ses** [-siːz]) oá-
zis

oat [oʊt] *fn* zab ‖ → **oats**

oatcake ['oʊtkeɪk] *fn* zabpogácsa

oatflake(s) ['oʊtfleɪk(s)] *fn tsz* zabpe-
hely

oath [oʊθ] *fn* eskü, fogadalom ‖ **con-
firm sg by oath** (*esküvel*) hitet tesz
vm mellett; **swear/take an oath** es-
küt letesz; **under oath** eskü alatt

oatmeal ['oʊtmiːl] *fn* zabpehely, zab-
liszt

oats [oʊts] *fn tsz* zab ‖ **sow one's wild
oats** kitombolja magát (*fiatalember*)

obduracy ['ɒbdjʊrəsi] *fn* makacsság,
nyakaskodás

obdurate ['ɒbdjʊrət] *mn* makacs, nya-
kas; megátalkodott (*bűnöző*)

OBE [ˌoʊ biː 'iː] ⊕ *GB = Officer (of
the Order) of the British Empire* <brit
kitüntetés>

obedience [ə'biːdɪəns] *fn* engedel-
messég

obedient [ə'biːdɪənt] *mn* engedelmes,
szófogadó ‖ **be obedient to sy** enge-
delmeskedik vknek, szót fogad vknek

obelisk ['ɒbəlɪsk] *fn* obeliszk

obese [oʊ'biːs] *mn* elhízott, hájas

obesity [oʊ'biːsəti] *fn* elhízás

obey [ə'beɪ] *ige* engedelmeskedik, szót
fogad (*sy* vknek)

obituary (notice) [ə'bɪtʃʊəri] *fn* (*új-
ságban*) gyászjelentés, halálozási ro-
vat, nekrológ

object ▼ ['ɒbdʒɪkt] *fn* tárgy ‖ cél;
szándék ‖ akadály ‖ **with that object**
evégből, evégett; **object in life** életcél
▼ [əb'dʒekt] *ige* ellenvetést tesz, til-
takozik ‖ **object to sg** kifogásol/elle-
nez vmt, ellene van vmnek

object glass *fn* tárgylencse

objection [əb'dʒekʃn] *fn* ellenvetés;
kifogás, tiltakozás ‖ **raise an objec-
tion** kifogást emel; **raise objections**
nehézségeket támaszt; **I have no ob-
jection(s) to it** nincs semmi kifogá-
som ellene

objectionable [əb'dʒekʃnəbl] *mn* ki-
fogásolható, kivetnivaló

objective [əb'dʒektɪv] ▼ *mn* tárgyi ‖
tárgyilagos, objektív ▼ *fn* objektív,
tárgylencse

objectively [əb'dʒektɪvli] *hsz* tárgyi-
lagosan

objectivity [ˌɒbdʒek'tɪvəti] *fn* tárgyi-
lagosság, objektivitás

object lens *fn* tárgylencse

object lesson *fn* szemléltető/intő példa

objector [əb'dʒektə] *fn* tiltakozó

obligation [ˌɒblɪ'geɪʃn] *fn* kötelesség, kötelezettség, obligó ‖ **meet** (⊕ *US* **fulfill) one's obligations** vállalt kötelezettségének eleget tesz

obligatory [ə'blɪgətəri] *mn* kötelező

oblige [ə'blaɪdʒ] *ige* lekötelez, vmre kötelez ‖ **I am much obliged to you** végtelen hálás vagyok; **be obliged to do sg** köteles vmt megtenni, kénytelen vmre (*v. vmt tenni*); **I should be very much obliged to you if** igen lekötelezne, ha volna olyan szíves …; **could you oblige us with a song?** megtisztelne minket egy dal eléneklésével?

obliging [ə'blaɪdʒɪŋ] *mn* lekötelező

oblique [ə'bli:k] *mn* ferde, rézsútos, dőlt

oblique angle *fn* ferdeszög

obliterate [ə'blɪtəreɪt] *ige* kitöröl; kipusztít

oblivion [ə'blɪvɪən] *fn* feledés

oblivious [ə'blɪvɪəs] *mn* feledékeny, hanyag

oblong ['ɒblɒŋ] *mn* hosszúkás, téglalap alakú

obnoxious [əb'nɒkʃəs] *mn* ellenszenves *(viselkedés)*

oboe ['oʊboʊ] *fn* oboa

obscene [əb'si:n] *mn* obszcén, trágár ‖ **obscene language** trágár beszéd

obscenity [əb'senəti] *fn* obszcenitás, trágárság

obscure [əb'skjʊə] ▼ *mn* sötét, homályos ‖ **obscure affair** zavaros ügy ▼ *ige* elhomályosít; ❖ *átv* elködösít

obscurity [əb'skjʊərəti] *fn* sötétség, homály

obsequious [əb'si:kwɪəs] *mn* alázatos, alkalmazkodó; szolgalelkű

observable [əb'zɜ:vəbl] *mn* észlelhető, megfigyelhető

observance [əb'zɜ:vns] *fn* megtartás ‖ figyelem(bevétel) ‖ rítus, szertartás ‖ előírás

observant [əb'zɜ:vnt] *mn* figyelmes; engedelmes

observation [ˌɒbzə'veɪʃn] *fn* megfigyelés, észlelés ‖ megjegyzés, észrevétel

observation post *fn* ❑ *kat* megfigyelőállás

observatory [əb'zɜ:vətəri] *fn* csillagvizsgáló, obszervatórium

observe [əb'zɜ:v] *ige* megfigyel, észrevesz ‖ megjegyez ‖ *(szokást, ünnepet)* megtart ‖ **observe a strict diet** (szigorú) diétát tart

observer [əb'zɜ:və] *fn* megfigyelő

obsess [əb'ses] *ige* **he is obsessed by the idea that** az a rögeszméje, hogy

obsessed [əb'sest] *mn* megszállott

obsession [əb'seʃn] *fn* megszállottság, rögeszme

obsessive [əb'sesɪv] *mn* mániákus, megszállott

obsolescence [ˌɒbsə'lesns] *fn* elavulás

obsolescent [ˌɒbsə'lesnt] *mn* **be obsolescent** elavulóban van

obsolete ['ɒbsəli:t] *mn* elavult, idejétmúlt

obstacle ['ɒbstəkl] *fn* akadály ‖ **put obstacles in sy's way** akadályokat gördít vk/vm elé

obstacle driving *fn* akadályhajtás

obstacle race *fn* akadályverseny

obstetric(al) [əb'stetrɪk(l)] *mn* szülészeti

obstetrician [ˌɒbstə'trɪʃn] *fn* szülész

obstetrics [əb'stetrɪks] *fn esz* szülészet

obstetric ward *fn* szülészet(i osztály)

obstinacy ['ɒbstɪnəsi] *fn* csökönyösség, makacsság

obstinate ['ɒbstɪnət] *mn* csökönyös, makacs

obstinately ['ɒbstɪnətli] *hsz* önfejűen, csökönyösen

obstreperous [əb'strepərəs] *mn* lármás; duhaj

obstruct [əb'strʌkt] *ige* akadályoz, gátol || ❑ *pol* obstruál || **obstruct the view** zavarja a kilátást

obstruction [əb'strʌkʃn] *fn* akadály(ozás) || dugulás *(csőben)* || ❑ *pol* obstrukció

obstructive [əb'strʌktɪv] *mn* ❑ *orv* bélhurut elleni *(szer)* || ❑ *pol* obstruáló, obstrukciós

obtain [əb'teɪn] *ige* (meg)kap, (meg)szerez, elnyer, beszerez, szert tesz (vmre), hozzájut (vmhez) || **manage to obtain** kiharcol; **obtain a job** elnyer egy állást; **obtain a/one's degree (in sg)** (vmlyen) diplomát/fokozatot szerez

obtainable [əb'teɪnəbl] *mn* kapható; megszerezhető

obtrusive [əb'truːsɪv] *mn* tolakodó; feltűnő || átható *(szag)*

obtuse [əb'tjuːs] *mn (ember)* értetlen; korlátolt, buta

obtuse angle *fn* tompaszög

obverse ['ɒbvɜːs] ▼ *mn* szemben levő ▼ *fn* előlap *(éremé)*; a másik oldal

obviate ['ɒbvieɪt] *ige* elhárít, elkerül

obvious ['ɒbviəs] *mn* nyilvánvaló, kézenfekvő, magától értetődő, evidens, világos

obviously ['ɒbviəsli] *hsz* nyilván(valóan)

OCAS [,ou siː eɪ 'es] = *Organization of Central American States* Közép-Amerikai Államok Szervezete

occasion [ə'keɪʒn] *fn* alkalom || **on this occasion** ez alkalommal, ezúttal; **on occasion** alkalomadtán; **on all occasions** minden alkalommal; **on the occasion of** vmnek alkalmából

occasional [ə'keɪʒnəl] *mn* alkalmi, véletlen, esetleges

occasionally [ə'keɪʒnəli] *hsz* alkalmilag, időnként, némelykor

occasional table *fn* kisasztal *(ide-oda helyezhető asztal)*

Occident ['ɒksɪdənt] *fn* napnyugat

occidental [,ɒksɪ'dentl] *mn* napnyugati

occult [ə'kʌlt] *mn* okkult

occupancy ['ɒkjupənsi] *fn* elfoglalás; birtokbavétel; birtoklás

occupant ['ɒkjupənt] *fn (házé, lakásé)* lakó || *(autóban)* bennülő

occupation [,ɒkju'peɪʃn] *fn* birtokbavétel, beköltözés || bennlakás || megszállás, elfoglalás || birtoklás || foglalkozás, elfoglaltság

occupational [,ɒkju'peɪʃnəl] *mn* foglalkozási || **occupational accident** munkahelyi baleset

occupational disease *fn* foglalkozási ártalom

occupational therapy *fn* munkaterápia

occupied ['ɒkjupaɪd] *mn (hely stb.)* foglalt

occupier ['ɒkjupaɪə] *fn* lakó, bérlő

occupy ['ɒkjupaɪ] *ige* elfoglal, birtokba vesz || ❑ *kat* megszáll || lefoglal, igénybe vesz || **occupy a job** állást betölt; **be occupied in (doing) sg** *(vmvel tartósan)* foglalkozik

occupying power ['ɒkjupaɪɪŋ] *fn* megszálló hatalom

occur [ə'kɜː] *ige* -**rr**- (meg)történik; előfordul || **should it occur** ha ilyesmi megtörténnék; **it occurs to me** eszembe jut; **it has occurred to me (that)** az a gondolatom támadt

occurrence [ə'kʌrəns] *fn* előfordulás, esemény

ocean ['ouʃn] *fn* óceán, tenger

ocean bed *fn* tengerfenék

ocean-going *mn* óceánjáró

ocean liner *fn* óceánjáró

ochre (⊕ *US* ocher) ['oukə] *fn* okker

o'clock [ə'klɒk] *hsz (időpont)* óra(kor) || **6 o'clock** 6 óra(i); **at one o'clock** egy órakor, egykor; **between four and five o'clock** négy és öt (óra) között; **the three o'clock train** a három órai *(v. hármas)* gyors

O

---

nm névmás – *nu* névutó – *szn* számnév – *esz* egyes szám – *tsz* többes szám

▼ szófajjelzés ⊕ földrajzi variáns ❑ szakterület ❖ stiláris minősítés

OCR = optical character recognition

Oct = October

octagon ['ɒktəgən] *fn* nyolcszög

octagonal [ɒk'tægnəl] *mn* nyolcszögű

octane number ['ɒkteɪn] *fn* oktánszám

octave ['ɒktɪv] *fn* ☐ *zene* oktáv

octet [ɒk'tet] *fn* oktett

October [ɒk'toubə] *fn* október

octogenarian [ˌɒktoudʒɪ'neərɪən] *mn/fn* nyolcvanéves

octopus ['ɒktəpəs] *fn* (*tsz* **-puses**) ☐ *áll* polip

ocular ['ɒkjulə] ▼ *mn* szem- ‖ szemmel látható, kézzelfogható ▼ *fn* szemlencse (*műszeré*)

oculist ['ɒkjulɪst] *fn* szemorvos, szemész

odd [ɒd] *mn* furcsa, különös; sajátságos ‖ felemás (*cipő stb.*) ‖ (*nem páros*) páratlan ‖ **twenty odd** húsz-egynéhány; **be the odd one out** ❖ *biz* kilóg a társaságból/sorból, (ő a) kakukkfióka

oddball ['ɒdbɔ:l] *fn* ❖ *biz* fura alak

oddity ['ɒdəti] *fn* különösség; furcsaság

odd-job man *fn* (*tsz* **men**) alkalmi munkás; mindenes

odd jobs *fn tsz* alkalmi munka, apró munkák

oddly ['ɒdli] *hsz* furcsán; különösen ‖ **oddly enough** fura módon

oddment ['ɒdmənt] *fn* maradék, egyes darab(ok)

odd number *fn* páratlan szám

odd person *fn* különc

odds ['ɒdz] *fn tsz* esély, valószínűség ‖ különbség ‖ **the odds are …** az esélyek szerint; **be at odds with sy** szemben/hadilábon áll vkivel; **it makes no odds** ❖ *biz* nekem nyolc; **what's the odds?** nem mindegy?; **odds and ends** limlom, maradék, csip-csup dolgok

ode [oud] *fn* óda

odious ['oudɪəs] *mn* utálatos, gyűlöletes

odium ['oudɪəm] *fn* gyűlölet(esség), gyalázat, ódium

odometer [ou'dɒmɪtə] *fn* kilométerszámláló

odontology [ˌɒdɒn'tɒlədʒi] *fn* fogászat (*tudomány*)

odour (⊕ *US* **-or**) ['oudə] *fn* szag, illat

odourless (⊕ *US* **-or-**) ['oudələs] *mn* szagtalan

oedema (⊕ *US* **edema**) [i:'di:mə] *fn* (*tsz* **-mata**) vizenyő, ödéma

oesophagus (⊕ *US* **eso-**) [i:'sɒfəgəs] *fn* (*tsz* **-phagi** [-fə'gaɪ] *v.* **-phaguses**) nyelőcső

oestrogen (⊕ *US* **estrogen**) ['i:strədʒən] *fn* ösztrogén

oeuvre ['ɜ:v(rə)] *fn* életmű

of [əv] *elölj* -ból, -ből, közül ‖ -ról, -ről, felől ‖ vmből való ‖ (*birtokviszony kifejezője*) **the works of Shakespeare** Shakespeare művei; **a friend of mine** egyik barátom; **the lid of the box** a doboz teteje; **a piece of furniture** bútor(darab); **speak of books** könyvekről beszél; **made of wood** fából készült/való; **very kind of you** nagyon kedves tőled; **a pound of sugar** egy font cukor; **the rights of man** emberi jogok; **a few of my records** néhány lemezem

off [ɒf] ▼ *mn* távoli, messzi ‖ jobb oldali (*kerék stb.*) ‖ áporodott, nem friss, büdös, romlott (*étel*) ‖ zord, nem valami kedves ‖ **be a bit off** nem egészen friss (*hús*) ▼ *hsz* el ‖ távol ‖ kikapcsolva, elzárva ‖ elhalasztva ‖ **be off** elmegy; **they're off** elindultak; **the concert is off** a hangverseny elmarad; **off and on** időnként, (nagy) néha; **off the point** nem tartozik a lényeghez, lényegtelen; **off with you!** takarodj!, sipirc!; **the gas is off** a gáz el van zárva

offal ['ɒfl] *fn* (állati) belsőségek

off-centre (⊕ *US* -center) *mn* nem a központban levő

off chance *fn* halvány esély

off-colour (⊕ *US* -color) *mn* gyengélkedő || halvány, elszíneződött || be off-colour nincs valami jó színben, gyengélkedik; off-colour joke ⊕ *US* sikamlós vicc

offcut(s) ['ɒfkʌt(s)] *fn tsz* nyiradék

off-days *fn tsz* it's one of his off-days rossz napot fogott ki

offence (⊕ *US* -se) [ə'fens] *fn* (szabály)sértés, kihágás; szabálytalanság; bűn *(jogilag)* || commit an offence (against the law) törvénysértést/szabálysértést kővet el; I mean(t) no offence nem akar(ta)lak megbántani; take offence at sg rossz néven vesz vmt

offend [ə'fend] *ige* megbánt, megsért || be offended at/by sg megsértődik vm miatt; be easily offended sértődékeny

---

offend against megsért vkt/vmt, vétkezik vk/vm ellen

---

offender [ə'fendə] *fn* bűnöző, bűntettes || first time offender büntetlen előéletű bűntettes/elkövető

offending [ə'fendɪŋ] *mn* bántó, sértő

offensive [ə'fensɪv] ▼ *mn* támadó; goromba || visszataszító, bántó, sértő; kellemetlen *(szag)* || offensive language durva szavak ▼ *fn* offenzíva || take the offensive (against) támadást indít

offer ['ɒfə] ▼ *fn* ajánlat, kínálat || make an offer for sg ajánlatot tesz vmre ▼ *ige* (fel)ajánl, (fel)kínál *(sg to sy v. sy sg* vknek vmt) || offer sy sg (fel)kínál vknek vmt, vmvel (meg)kínál vkt, nyújt vmt; offer a seat to sy hellyel kínál vkt; offer itself kínálkozik; offer oneself felajánlkozik; offer (sg) for sale eladásra kínál *(árut)*

offering ['ɒfrɪŋ] *fn* felajánlás || ajándék; ajánlat || offerings *(templomban)* adomány, adakozás, perselypénz

offer price *fn* ajánlati/kínálati ár *(tőzsdén)*

offertory ['ɒfətəri] *fn (templomi)* perselypénz, adakozás

offhand [,ɒf'hænd] ▼ *mn* spontán || könnyed, fesztelen, fölényes ▼ *hsz* kapásból, hamarjában || foghegyről

office ['ɒfɪs] *fn* hivatal, iroda || hivatal, tisztség || ⊕ *US* rendelő || hold an office hivatalt visel; through the good offices of sy vknek a révén/jóvoltából

office bearer *fn* hivatal/állás betöltője

office-block *fn* irodaház

office-boy *fn* kifutófiú, hivatalsegéd

office building *fn* irodaház

office equipment *fn* (irodai) felszerelés

office holder *fn* = office bearer

office hours *fn tsz* hivatalos/nyitvatartási idő, ügyfélfogadás

office manager *fn* hivatalvezető

officer ['ɒfɪsə] *fn* ❑ *kat* tiszt || Officer! Biztos úr!; officer of the day napos tiszt; officer on duty ügyeletes tiszt

office supplies *fn tsz* irodaszerek

office work *fn* irodai munka

office worker *fn* hivatalnok, tisztviselő, irodai alkalmazott/dolgozó

official [ə'fɪʃl] ▼ *mn* hivatalos, hivatali, hatósági, szolgálati || official announcement/statement kormánynyilatkozat, hivatalos nyilatkozat; through the official channels hivatalos úton; official language hivatalos nyelv; official rate hivatalos árfolyam; for official use a hatóság tölti ki ▼ *fn* köztisztviselő, tiszt(ség)viselő || official in charge (of) ügyintéző, előadó

officialdom [ə'fɪʃldəm] *fn* tisztviselői/hivatalnoki kar || bürokrácia

officially [ə'fɪʃli] *hsz* hivatalosan, hivatalból, hatóságilag

official receiver *fn* zárgondnok, csődtömeggondnok

O

---

nm névmás – *nu* névutó – *szn* számnév – *esz* egyes szám – *tsz* többes szám
▼ szófajjelzés ⊕ földrajzi variáns ❑ szakterület ❖ stiláris minősítés

officiate [ə'fıʃıeıt] *ige* működik, tény-
kedik
officious [ə'fıʃəs] *mn* fontoskodó
offing ['ɒfıŋ] *fn* **be in the offing** kilá-
tásban van
off-key *mn* ❑ *zene* hamis ‖ nem he-
lyénvaló
off-licence *fn* ⊕ *GB* palackozott italok
boltja
off-limits *mn* ⊕ *US* tilos, tiltva
off-line *mn* ❑ *szt* off-line *(nincs közvet-
len vonali kapcsolatban a rendszer-
rel)*
off-load *ige* lerak(odik) ‖ megszabadul
vktől ‖ átpasszol *(on* vknek)
off-peak *mn* csúcsforgalmi időn kívüli
‖ elő- vagy utószezoni *(árak stb.)*
offprint ['ɒfprınt] *fn* különlenyomat
off-putting *mn* ❖ *biz* zavaró, zavarba
ejtő ‖ visszataszító
off-season *fn* elő- v. utóidény, holt
idény/szezon
offset [ɒf'set] *ige (pt/pp offset)* -tt-
ellensúlyoz, kárpótol
offset process ['ɒfset] *fn* ofszetnyo-
más
offshoot ['ɒfʃuːt] *fn* ❑ *növ* (oldal)hajtás
offshore ['ɒfʃɔː] *mn/hsz* part felől (jö-
vő); nem messze a parttól (a tenge-
ren); ❑ *ker* külföldi *(cég)*
offside ['ɒfsaıd] ▼ *hsz* ❑ *sp* lesen
(van) ▼ *mn* ⊕ *GB* belső *(sáv)* ‖ úttest
felőli, jobb oldali *(kerék)*
offside goal *fn* lesgól
offside lane *fn* ❑ *közl* ⊕ *GB* belső sáv
offside rule *fn* ❑ *sp* lesszabály
offspring ['ɒfsprıŋ] *fn* gyermekáldás,
ivadék, az utódok
offstage ['ɒfsteıdʒ] *hsz* a színfalak
mögött
off-the-cuff *mn* rögtönzött
off-the-job training *fn* munkahelyen
kívüli továbbképzés
off(-)the(-)peg (⊕ *US* **off the rack**)
hsz **buy off the peg** készruhát vesz;
off-the-peg clothes konfekció, kész-
ruha

off(-)the(-)record *mn/hsz* nem hivata-
los(an), bizalmas(an) ‖ **tell sg off the
record** bizalmasan közöl vmt
off-white *mn* piszkosfehér, törtfehér
often ['ɒfn] *hsz* gyakran, sűrűn ‖ **quite
often** elég gyakran; **as often as** ahány-
szor; **as often as not** elég gyakran
ogival [ˌoʊ'dʒaıvl] *mn* csúcsíves
ogive ['oʊdʒaıv] *fn* csúcsív
ogle (at) ['oʊgl] *ige* vkt fixíroz
ogre ['oʊgə] *fn* emberevő óriás
oh! [oʊ] *isz* ó(h)!, hű ‖ **oh! dear!** ó jaj!;
oh! I see! ja úgy?; **oh! no!** dehogy
OHMS [ˌoʊ eıtʃ em 'es] = *on His/Her
Majesty's Service* hivatalból díjátalá-
nyozva
oil [ɔıl] ▼ *fn* olaj ‖ **paint in oils** olajjal
fest ▼ *ige (gépet)* (meg)olajoz, beola-
joz ‖ **oil sy's palm** csúszópénzt ad
vknek, vkt megken
oil-burner *fn* olajégő
oil-burning *mn* olajtüzelésű
oil-cake *fn* olajpogácsa
oil-can *fn* olajoskanna
oil change *fn* olajcsere
oilcloth ['ɔılklɒθ] *fn* viaszosvászon
oil-colour (⊕ *US* **-or**) *fn* olajfesték
oiler ['ɔılə] *fn* olajozó *(személy)*
oil-field *fn* olajmező
oil filter *fn* olajszűrő
oil-fired *mn* olajtüzelésű
oil-gauge (⊕ *US* **-gage**) *fn* olajszint-
mutató
oil heating *fn* olajfűtés
oil industry *fn* olajipar
oiling ['ɔılıŋ] *mn* olajozó
oil level *fn* olajszint
oil-paint *fn* olajfesték ‖ **paint in oil-
paints** olajjal fest
oil-painting *fn* olajfestmény, olajkép
oil pastel *fn* zsírkréta
oil production *fn* olajtermelés
oil refinery *fn* olajfinomító
oil rig *fn* fúrósziget
oil-seed *fn* olajos mag
oilskin ['ɔılskın] *fn* viaszosvászon ‖
oilskins vízhatlan tengerészköpeny

---

fn főnév – *hsz* határozószó – *isz* indulatszó – *ksz* kötőszó – *mn* melléknév
▼ szófajjelzés ⊕ földrajzi variáns ❑ szakterület ❖ stiláris minősítés

oil stain *fn* olajfolt
oil-stained *mn* olajfoltos
oil-tanker *fn* olajszállító hajó, tankhajó
oil well *fn* olajkút
oily ['ɔɪli] *mn* olajjal szennyezett, olajos
ointment ['ɔɪntmənt] *fn* kenőcs *(testre, sebre)*
OK!, okay [,ou'keɪ] ▼ *mn (beleegyezés)* jó!, nagyon helyes!, rendben! ▼ *ige (pt/pp* **okayed, OK'd**) jóváhagy, helybenhagy
old [ould] ▼ *mn* öreg, idős, vén ‖ régi, azelőtti ‖ **an old acquaintance (of mine)** régi ismerősöm; **old as he is** öreg létére; **in the old days** a régi világban; **an old hand (at it)** (tapasztalt) vén róka; **how old are you?** hány éves? ▼ *fn* **the old** az öregek
old age *fn* öregkor
old-age *mn* öregkori, öregségi ‖ **old-age home** öregek otthona; **old-age insurance** öregkori biztosítás; **old-age pension** (öregségi) nyugdíj; **old-age pensioner** nyugdíjas
old boy *fn* öregdiák
old clo! *fn* ószeres!
old-clothes-man *fn (tsz* **-men**) ószeres
old-clothes-woman *fn (tsz* **-women**) ószeres *(nő)*
old curiosities *fn tsz* régiségek
olden ['ouldən] *mn* régi, hajdani ‖ **in olden days/times** hajdan(ában)
Old English *mn* óangol
older ['ouldə] *mn (ált és összehasonlításban)* idősebb, öregebb ‖ régibb ‖ **X is older than Y (is)** X idősebb Y-nál; **he is two years older than I** két évvel idősebb nálam
old-fashioned [,ould'fæʃnd] *mn* divatjamúlt, idejétmúlt, ódivatú, régimódi
old fogey *fn* régimódi ember
old hag *fn* ❖ *biz* vén satrafa
old maid *fn* vénkisasszony, vénlány
old man *fn (tsz* **men**) öregember
old master *fn* régi mester

old people's home *fn* öregek otthona, szociális otthon
old rag *fn (ruhanemű)* rongy
old-time *mn* régi
old-timer *fn* ❖ *biz* öregfiú ‖ veterán
old year *fn* óév
O level *fn* = **ordinary level**
olfactory organ [ɒl'fæktəri] *fn* ❑ *tud* szaglószerv
oligarch ['ɒlɪgɑːk] *fn* oligarcha
oligarchy ['ɒlɪgɑːki] *fn* oligarchia
olive ['ɒlɪv] *fn* olajbogyó
olive-branch *fn* olajág
olive-green *mn* olívzöld, olajzöld
olive oil *fn* olívaolaj
Olympic [ə'lɪmpɪk] *mn* olimpiai ‖ **Olympic champion** olimpiai bajnok; **Olympic record** olimpiai csúcs; **the Olympic squad** az olimpiai keret; **Olympic team** olimpiai csapat
Olympic Games, the *fn* olimpiai játékok
Olympics [ə'lɪmpɪks] *fn esz v. tsz* olimpia(i játékok)
OM ⊕ *GB* = *Order of Merit* <magas brit polgári kitüntetés>
ombudsman ['ɒmbudzmən] *fn (tsz* **-men**) állampolgári jogok biztosa, ombudsman
omelet(te) ['ɒmlət] *fn* omlett
omen ['oumən] *fn* előjel, ómen
ominous ['ɒmɪnəs] *mn* baljós(latú), ominózus
omission [ə'mɪʃn] *fn* kihagyás, elhagyás, mellőzés
omit [ə'mɪt] *ige* **-tt-** elhagy, kihagy, lehagy, mellőz, elmulaszt *(to do sg* vmit megtenni)
omnipotent [ɒm'nɪpətənt] *mn* mindenható
omnivorous [ɒm'nɪvərəs] *mn* mindenevő
on [ɒn] ▼ *elölj* -on, -en, -ön, -n ‖ *(dátummal)* -án, -én ‖ -kor ‖ -ra, -re ‖ -ról, -ről *(szól)* ‖ **on board** fedélzeten; **it's on me** ezt én fizetem; **on tap** csapra verve; **on Monday** hétfőn; **on the**

5(th) of May május 5-én; **on your birthday** születésnapodon; **on my arrival home** hazaérkezésemkor; **a lecture on Shakespeare** előadás Shakespeare-ről; **based on fact** tényeken alapuló, megtörtént *(eset)*; **live on a pension** nyugdíjból él ▼ *hsz* tovább ‖ be *(van kapcsolva) (gáz, villany stb.)*, nyitva ‖ **on and on** folyton-folyvást, tovább, úgy, mint eddig; **on and off** megszakításokkal; **the TV is on** be van kapcsolva a tévé; **the gas is on** ég a gáz; **the tap is on** nyitva van a csap *(és folyik a víz/gáz)*; **what has she got on?** mi van rajta?; **are you on (for it)?** benne vagy? *(pl. játékban)*; **what's on?** mit játszanak/adnak?, mi van műsoron?

once [wʌns] *hsz* egyszer, egy alkalommal/ízben ‖ **at once** azonnal, rögtön, nyomban, egyből; **for (this) once** most az egyszer; **once a week** hetenként egyszer; **once again** még egyszer; **once and for all** egyszer s mindenkorra, végleg; **once in a blue moon, once in a while** ❖ *biz* néhanéha, hébe-hóba, néhanapján; **once more** újból, újra, még egyszer; **once upon a time there was ...** hol volt, hol nem volt

oncological [ˌɒŋkə'lɒdʒɪkl] *mn* onkológiai

oncology [ɒŋ'kɒlədʒi] *fn* onkológia

oncoming traffic ['ɒnkʌmɪŋ] *fn* szembejövő forgalom

one [wʌn] ▼ *szn* egy ‖ egyik ‖ *(állításokban)* valaki ‖ **no one** senki sem; **one after the other** egyik a másik után, sorjában; **one and a half** másfél; **one and all** mind, kivétel nélkül; **one and the same** egy és ugyanaz, egyazon; **one another** egymást; **one arm** fél kar; **one at a time** egyszerre csak egy(et), egyesével; **one by one** egyesével, egyenként; **one fine day** egy szép napon; **one glove** fél kesztyű; **on the one hand ... on the**

other (hand) egyrészt ..., másrészt; **one of my friends** egyik barátom; **one of the best** egyike a legjobbaknak; **one of them** egyikük; **one of these days** a közeljövőben; **be one of us!** állj (be) közénk!, tarts velünk!; **one or two** egypár; **for one thing** *(felsorolásban)* először is; **one up to you** egy null(a) a javadra ▼ *fn (általános alany)* az ember ‖ **one never knows** az ember sohasem tudja ▼ *nm (főnévhelyettesítő)* **Which pencil do you want? The red one.** Melyik ceruzát kéred? A pirosat.; **which one?** melyiket?; **will that one do?** *(boltban)* ez jó lesz?; **he is the one I'm thinking of** ő az, akire gondolok

one-act play [ˌwʌn ækt 'pleɪ] *fn* egyfelvonásos (darab)

one-armed *mn* félkarú

one-armed bandit *fn* ❖ *biz* játékautomata, flipper

one-course dish *fn* egytálétel

one-day *mn* egynapi ‖ **one-day return ticket** egynapos kirándulójegy *(odavissza)*

one-eyed *mn* félszemű

one-legged *mn* féllábú

one-man *mn* egyszemélyes, egyszemélyi

one-month *mn* egyhónapos *(időtartam)*

one-oared *mn* egypárevezős

one-o'clock *mn* **the one-o'clock train** az egyórai vonat

one-off *mn* egyszeri

one-piece *mn* egyrészes *(fürdőruha)*

one-room flat (⊕ **US apartment**) *fn* egyszobás lakás, garzonlakás

onerous ['ɒnərəs] *mn* súlyos, terhes

oneself [wʌn'self] *nm* maga, magát, magának ‖ **beside oneself** magából kikelve; **by oneself** magában; egyedül; **of oneself** magától; beavatkozás nélkül

one-shot *mn* ⊕ *US* = **one-off**

---

fn főnév – *hsz* határozószó – *isz* indulatszó – *ksz* kötőszó – *mn* melléknév
▼ szófajjelzés ⊕ földrajzi variáns ❑ szakterület ❖ stiláris minősítés

one-sided *mn* egyoldalú *(ember, felfogás)*

one-time *mn* egykori, hajdani

one-to-one *mn* négyszemközti

one-track *mn* egyvágányú || egyoldalú *(ember, felfogás),* "egyvágányú" *(elme)*

one-upmanship [wʌn'ʌpmənʃɪp] *fn kb.* kivagyiság

one-way *mn* egyirányú

one-way street *fn* egyirányú utca

one-way ticket *fn* ⊕ *US* egyszeri utazásra szóló jegy

one-way traffic *fn* egyirányú forgalom/közlekedés

one-year course *fn* egyéves tanfolyam

one-year-old *mn* egyéves *(kor)*

ongoing ['ɒngoʊɪŋ] *mn* folyamatban lévő

onion ['ʌnjən] *fn* (vörös)hagyma

online ❑ *szt* ▼ *mn* rendszerhez kapcsolt, hálózaton hozzáférhető, online ▼ *hsz* online

onlooker ['ɒnlʊkə] *fn* néző

only ['oʊnli] ▼ *mn* egyedüli, egyetlen || **only child** egyetlen gyermek, egyke; **only one** egyetlenegy ▼ *hsz* csak, egyedül, csupán || **not only** nemcsak; **he not only failed to come but he didn't even reply** nemcsak hogy nem jött el, de még csak nem is válaszolt ▼ *ksz* csak *(éppen),* kivéve hogy, azonban, viszont

ono [ˌoʊ en 'oʊ] = *or near(est) offer* irányár …

on-off switch *fn* ki-be kapcsoló

onset ['ɒnset] *fn* kezdet || **from the onset** kezdettől fogva

onshore [ɒn'ʃɔː] *mn/hsz* szárazföldi; a szárazföld/part felé || a szárazföldön, a parton

onslaught ['ɒnslɔːt] *fn* támadás

on-the-job training *fn* munkahelyi továbbképzés

on-the-spot fine *fn* helyszíni bírságolás

on-the-spot investigation *fn (helyszínre)* kiszállás || helyszínelés

onto ['ɒntə] *elölj* -ra, -re

onus ['oʊnəs] *fn* súly, teher, felelősség

onward ['ɒnwəd] *mn* előrehaladó

onwards ['ɒnwədz] *hsz* előre || **from … onwards …** -tól/-től kezdődően/kezdve

onyx ['ɒnɪks] *fn* ónix

oodles ['uːdlz] *fn tsz* halom, rakás || **oodles of money** egy rakás pénz

ooze [uːz] *ige* nedvet ereszt, nedvez; *(seb)* szivárog

ooze in *(folyadék)* beszivárog, beszűrődik

ooze into vmbe beleivódik

opacity [oʊ'pæsəti] *fn* homályosság

opal ['oʊpl] *fn* opál

opaque [oʊ'peɪk] *mn* homályos, átlátszatlan

opaque glass *fn* tejüveg

op cit [ˌɒp'sɪt] = *Latin: opere citato* az idézett műben, i. m.

OPEC ['oʊpek] = *Organization of Petroleum Exporting Countries* Kőolaj-exportáló Országok Szervezete

open ['oʊpən] ▼ *mn* nyitott, nyílt || nyílt, egyenes, őszinte *(jellem)* || **in the open air** szabadban; **in open country** lakott területen kívül, nyílt terepen ▼ *hsz* nyitva || **open to the public from 10 am to 2 pm** a nagyközönség számára nyitva 10-től 2-ig ▼ *ige* (ki)nyit, megnyit, felnyit || kinyílik || **open a shop** üzletet nyit; **open an account** folyószámlát nyit; **open fire** tüzet nyit; **open here** itt nyílik; **open (sg) wide** tágra nyit vmt, kitár, széttár || széttárul; **open the door** ajtót kinyit; **open the meeting** az ülést megnyitja

open out felnyílik, kitárul

open up *(régész vmt)* feltár || nyit *(nyitott politikát kezd)* || felnyílik

---

open-air *mn* szabadtéri, szabadban történő

open-air swimming-pool *fn* nyitott uszoda || *(mesterséges)* strand

open-and-shut *mn* an open-and-shut case tiszta eset

opencast mining ['oʊpənkɑːst] *fn* külszíni fejtés

open city *fn* nyílt város

open day *fn* nyílt nap

open-ended *mn* nyitott, nyílt, nem lezárt, nyitva hagyott

open-ended spanner *fn* villáskulcs

opener ['oʊpənə] *fn* nyitó

open ground *fn* nyílt térség

open-handed *mn* bőkezű; gavalléros, nagyvonalú

open-hearted *mn* nyíltszívű, őszinte

open-heart surgery *fn* nyitott szívműtét

opening ['oʊpənɪŋ] ▼ *mn* (meg)nyitó ▼ *fn* nyitás, megnyitás || nyílás || munkaalkalom, elhelyezkedési lehetőség, üresedés, állás(lehetőség), álláskínálat

opening hours *fn tsz* nyitvatartási idő

opening night *fn* ❑ *szính* bemutató, premier

opening time *fn* nyitás *(üzleté)*

openly *hsz* magyarán, nyíltan, őszintén

open market *fn* ❑ *ker* szabadpiac

open-minded *mn* liberális (gondolkodású)

open-mouthed *mn/hsz* ❖ *biz* tátott szájjal, szájtátva

open necked *mn* nyitott gallérú

openness ['oʊpənnəs] *fn* nyíltság, őszinteség

open-plan *mn* open-plan office közösteres iroda(helyiség)

open question *fn* nyílt kérdés

open return *fn* ❑ *rep* open jegy

open sea *fn* nyílt tenger

open shop *fn* <szakszervezeten kívüli munkaerőket foglalkoztató vállalkozás>

Open University *fn* ⊕ *GB kb.* távoktatás

open verdict *fn* ❑ *jog* <ítélet, amely nem határozza meg a halál körülményeit>

open vote *fn* nyílt szavazás

open wound *fn* nyílt seb

opera ['ɒpərə] *fn* opera

opera-glasses *fn tsz* színházi látcső

opera-house *fn* operaház

opera night *fn* operaelőadás

opera singer *fn* operaénekes(nő)

operate ['ɒpəreɪt] *ige* működik, üzemel || üzemben tart, üzemeltet, *(gépet)* járat, működtet || ❑ *orv* operál || **operate on sy** megoperál/megműt *(for sg* vmvel); **(s)he was operated on for appendicitis** vakbéllel operálták/műtötték; **your leg will have to be operated on** meg kell operálni a lábát; **operated by electricity** villamos hajtású; **is operating on schedule** ⊕ *US* menetrendszerűen közlekedik

operatic [ˌɒpə'rætɪk] *mn* operai, opera-

operating costs ['ɒpəreɪtɪŋ] *fn tsz* üzemi/működési/általános költségek, üzemköltség

operating profit *fn* üzemi/működő haszon/nyereség

operating room *fn* ⊕ *US* műtő

operating system *fn* ❑ *szt* operációs rendszer

operating table *fn* műtőasztal

operating theatre *fn* műtő

operation [ˌɒpə'reɪʃn] *fn* működés, üzem, üzemelés || ❖ *ált és* ❑ *mat* művelet || hadművelet || ❑ *orv* műtét, operáció || **be in operation** *(gép, szerkezet)* működik; *(rendelet stb.)* érvényben van; **come into operation** érvénybe lép; **put into operation** üzembe helyez

---

fn főnév – *hsz* határozószó – *isz* indulatszó – *ksz* kötőszó – *mn* melléknév
▼ szófajjelzés ⊕ földrajzi variáns ❑ szakterület ❖ stiláris minősítés

operational [ˌɒpəˈreɪʃnəl] *mn* hadműveleti; üzemeltetési

operational area *fn* hadműveleti terület

operational costs *fn tsz* üzemeltetési költségek

operational research *fn* operációkutatás

operations manager/director *fn* műszaki vezető

operative [ˈɒpərətɪv] *mn* operatív ‖ **be operative** érvényben van; **become operative on** hatályba lép

operator [ˈɒpəreɪtə] *fn* telefonkezelő, (távbeszélő-)kezelő ‖ *(gépé)* kezelő

operetta [ˌɒpəˈretə] *fn* operett

ophthalmic [ɒfˈθælmɪk] *mn* ❑ *orv* szem-

ophthalmological [ɒfˌθælməˈlɒdʒɪkl] *mn* szemészeti

ophthalmologist [ˌɒfθælˈmɒlədʒɪst] *fn* szemorvos, szemész

ophthalmology [ˌɒfθælˈmɒlədʒi] *fn* szemészet

opiate [ˈoʊpɪət] *fn (erősebb)* altató

opinion [əˈpɪnjən] *fn* vélemény, nézet ‖ **give an opinion** véleményt mond/nyilvánít *(of/about sy/sg* vmről); **I have no great opinion of him** semmit se adok rá; **in my opinion** szerintem, véleményem szerint; **he is of the opinion that** azon a véleményen van, hogy

opinionated [əˈpɪnjəneɪtɪd] *mn* nagyképű, fontoskodó

opinion poll *fn* közvélemény-kutatás (eredménye)

opium [ˈoʊpɪəm] *fn* ópium

opponent [əˈpoʊnənt] *fn* ellenfél

opportune [ˈɒpətjuːn] *mn* aktuális; alkalomszerű

opportunism [ˌɒpəˈtjuːnɪzm] *fn* opportunizmus

opportunist [ˌɒpəˈtjuːnɪst] *mn* opportunista

opportunity [ˌɒpəˈtjuːnəti] *fn* lehetőség; alkalom ‖ **make the best of an**

opportunity él az alkalommal; **take the opportunity** megragadja az alkalmat; **when opportunity offers** adandó alkalommal

oppose [əˈpoʊz] *ige* ellenez (vmt), szemben áll vkvel/vmvel ‖ → **opposed**

opposed [əˈpoʊzd] *mn* ellenkező; ellentétes ‖ **opposed to** *(ellenségesen)* szemben álló; **be opposed to sg** ellenez vmt, ellene van vmnek; **as opposed to sg** szemben vmvel

opposing [əˈpoʊzɪŋ] *mn (ellenkező)* ellentétes ‖ ellenző ‖ **the opposing party** perbeli ellenfél

opposite [ˈɒpəzɪt] ▼ *mn* ellentétes, ellenkező, szemközti, szemben levő, túlsó ‖ **in the opposite direction** ellenkező irányban; **opposite page** *(könyvben)* ellenkező oldal ▼ *hsz* szembe(n), átellenben ‖ **the house opposite** a szemben álló ház ▼ *fn* ellenkezője/ellentéte vmnek

opposite number *fn* sy's **opposite number** vknek a külföldi kollégája

opposition [ˌɒpəˈzɪʃn] ▼ *mn* ellenzéki ▼ *fn* szembenállás, ellenállás ‖ ellenfél *(csapat)* ‖ ellenzék ‖ **go into opposition** ellenzékbe megy; **the Opposition** az ellenzék

oppress [əˈpres] *ige (népet)* elnyom, eltipor

oppressed [əˈprest] *mn* elnyomott

oppression [əˈpreʃn] *fn* elnyomás *(népé)*

oppressive [əˈpresɪv] *mn* elnyomó ‖ nyomasztó

oppressor [əˈpresə] *fn (népet)* elnyomó

opprobrious [əˈproʊbrɪəs] *mn* gyalázatos, szégyenletes

opprobrium [əˈproʊbrɪəm] *fn* szégyen, gyalázat

opt [ɒpt] *ige* **opt for sg** vmt választ, vm mellett dönt; **he opted to** úgy döntött, hogy; **opt out of sg** kiszáll vmből optical ['ɒptɪkl] *mn* optikai ‖ látási recognition

optical character recognition *fn* optikai karakterfelismerés

optical fibre (⊕ *US* fiber) *fn* optikai szál/kábel

optical fibre (⊕ *US* fiber) network *fn* száloptikás hálózat

optical illusion *fn* optikai csalódás

optician [ɒp'tɪʃn] *fn* látszerész, optikus

optics ['ɒptɪks] *fn esz* optika, fénytan

optimism ['ɒptɪmɪzm] *fn* derűlátás, optimizmus

optimist ['ɒptɪmɪst] *fn* derűlátó, optimista

optimistic [ˌɒptɪ'mɪstɪk] *mn* bizakodó, optimista

optimum ['ɒptɪməm] *mn* optimális

option ['ɒpʃn] *fn* a választás lehetősége, alternatíva, lehetőség ‖ opció ‖ have no other option nincs más választása

optional ['ɒpʃnəl] *mn* (szabadon) választható *(tantárgy)*, fakultatív, tetszés szerinti ‖ optional subjects fakultatív/választható tantárgyak

opulence ['ɒpjʊləns] *fn* bőség, gazdagság, vagyon

opulent ['ɒpjʊlənt] *mn* dúsgazdag, fényűző; bőséges

opus ['oʊpəs] *fn (tsz* opera ['ɒpərə]) *(zenei)* mű *(röv* op.) ‖ *(egyéb alkotás)* opus

OR = *Oregon*

or [ɔː] *ksz* vagy ‖ or else (más)különben; or rather pontosabban; helyesebben; illetőleg; or so körülbelül, mintegy, vagy (így); in a day or two egy-két nap alatt ‖ → either

oracle ['ɒrəkl] *fn* jós

oral ['ɔːrəl] ▼ *mn* szóbeli ‖ szájon át történő ▼ *fn* szóbeli (vizsga)

oral contraceptive *fn* fogamzásgátló (tabletta)

oral examination *fn* szóbeli vizsga

orally ['ɔːrəli] *hsz* szájon át

oral practice *fn (idegennyelvi)* beszédgyakorlat

orange ['ɒrɪndʒ] *fn* narancs

orangeade [ˌɒrɪn'dʒeɪd] *fn* narancsszörp

orange drink *fn* narancsital

orange juice *fn* narancsdzsúsz, narancslé

orange-peel *fn* narancshéj

orange squash *fn* narancslé, narancsital ‖ narancsszörp

orang-utan, orang-outang [ɔː'ræŋ ətæn] *fn* orangután

oration [ɔː'reɪʃn] *fn* szónoklat

orator ['ɒrətə] *fn* szónok

oratorio [ˌɒrə'tɔːrioʊ] *fn* ❑ *zene (tsz* -s) oratórium

orb [ɔːb] *fn* országalma

orbit ['ɔːbɪt] ▼ *fn* pálya *(égitesté, űrhajóé stb.)* ▼ *ige (űrhajó)* kering

orchard ['ɔːtʃəd] *fn* gyümölcsös

orchestra ['ɔːkɪstrə] *fn* zenekar ‖ ⊕ *US* támlásszék, zsöllye

orchestral [ɔː'kestrəl] *mn* zenekari

orchestra pit *fn* zenekari árok

orchestra stalls *fn tsz* támlásszék, zsöllye, zenekari ülés

orchestrate ['ɔːkəstreɪt] *ige* hangszerel ‖ zenekarra átír/feldolgoz

orchid ['ɔːkɪd] *fn* orchidea

ordain [ɔː'deɪn] *ige* pappá szentel, felszentel

ordeal [ɔː'diːl] *fn* megpróbáltatás, (kínos) procedúra

order ['ɔːdə] ▼ *fn* rend, rendezettség ‖ ❑ *jog* rendelet; ❑ *kat* parancs ‖ *(áru)rendelés, megrendelés; ❑ *ker* megbízás ‖ rendelkezés ‖ rendjel, kitüntetés ‖ sorrend ‖ order! order! rendre! rendre! térjen a tárgyra! *(parlamentben)*; be in order rendben van; be out of order nem működik/üzemel, meghibásodott, üzemképtelen, rossz; by order rendeletileg; call sy to order rendreutasít; carry out an order megrendelésnek eleget tesz; give an order (to) parancsot ad vmre;

give sy an order for sg *(árut stb.)*
megrendel; **place an order with sy
for sg** ❑ *ker (árut stb.)* megrendel,
rendelést felad; **put sg in order** rendbe rak/tesz vmt; **take an order** rendelést felvesz; **doctor's order(s)** orvosi rendelés/utasítás/rendelet; **order
for payment, order to pay** fizetési
meghagyás/felszólítás; **in (the) order
of arrival** érkezési sorrendben; **order
of magnitude** nagyságrend; **of the
order of ... ...** nagyságrendű; **order
of the day** *(parlamentben)* napirend;
in order that azzal a céllal, hogy;
azért, hogy; a(zon) célból, hogy; **in
order to** azzal a céllal, hogy; azért,
hogy ▼ *ige* (el)rendez ‖ parancsot ad,
rendelkezik, felszólít vmre, utasít,
(meg)parancsol ‖ (meg)rendel *(árut
stb.)*; (meg)hozat; *(étteremben)* rendel
‖ **order a suit** csináltat egy öltönyt;
be ordered to parancsot kap vmre

---

order sy about vkt küldöz(get)

---

order book *fn* megrendelési könyv
order form *fn* megrendelőlap
orderly ['ɔːdəli] ▼ *mn* rendes; *(szoba
stb.)* rendezett ‖ rendszerető ▼ *fn* tiszti küldönc ‖ **(hospital/medical) orderly** *(kórházi)* beteghordozó, betegszállító
orderly officer *fn* ❑ *kat* napos tiszt
order number *fn* (meg)rendelésszám
ordinal ['ɔːdɪnl] ▼ *mn* sorrendi, sorszámnévi ▼ *fn* sorszámnév
ordinal number *fn* sorszámnév
ordinance ['ɔːdɪnəns] *fn* (szabály)-rendelet
ordinarily ['ɔːdnrɪli] *hsz* a szokásos
módon, normálisan ‖ egyébként
ordinary ['ɔːdnri] *mn* szokásos, mindennapos, közönséges, normál, rendes *(pl. tag)*
ordinary criminal *fn* közönséges bűnöző

ordinary level (O level) *fn* ❑ *isk kb.*
közepes (átlag)eredmény *(záróvizsgán)*
ordinary member *fn* rendes tag
ordinary seaman *fn* matróz *(rendfokozat nélkül)*
ordinary share *fn* törzsrészvény
ordinate ['ɔːdɪnət] *fn* ordináta
ordination [ˌɔːdɪ'neɪʃn] *fn* felszentelés *(papé)*, papszentelés
ordnance ['ɔːdnəns] *fn* hadianyag ‖
löveg
Ordnance Survey *fn* ❋ *GB* térképészeti szolgálat
Ordnance (Survey) map *fn* katonai/
részletes térkép
ore [ɔː] *fn (nyers)* érc
organ ['ɔːgən] *fn* ❑ *biol* szerv ‖ *(állami stb.)* szerv, orgánum ‖ ❑ *zene* orgona ‖ **play the organ** orgonál
organic [ɔː'gænɪk] *mn* szervi ‖ szerves, organikus ‖ **an organic part of
sg** szerves (alkotó)része vmnek
organic chemistry *fn* szerves kémia
organic heart disease *fn* szervi szívbaj
organism ['ɔːgənɪzm] *fn* organizmus
organist ['ɔːgənɪst] *fn* orgonista
organization [ˌɔːgənaɪ'zeɪʃn] *fn* *(létesített)* szervezet ‖ szervezés, rendezés
organization chart *fn* rendezési séma
organize ['ɔːgənaɪz] *ige* (meg)rendez,
(meg)szervez
organized ['ɔːgənaɪzd] *mn* szervezett
organizer ['ɔːgənaɪzə] *fn* szervező,
rendező *(ünnepélyé, konferenciáé stb.)*
organizing committee ['ɔːgənaɪzɪŋ]
fn szervezőbizottság, rendezőbizottság
organ of sense *fn* érzékszerv
organ-player *fn* orgonista
organ transplant *fn* szervátültetés
orgasm ['ɔːgæzm] *fn* (nemi) kielégülés, orgazmus
orgy ['ɔːdʒi] *fn* orgia

orient ['ɔːrient] *ige* orientál || **orient oneself** orientálódik

Orient ['ɔːriənt] *fn* kelet

oriental [,ɔːri'entl] *mn* keleti

orientate ['ɔːriənteit] *ige* irányít, orientál || *(térben)* tájékozódik || **orientate oneself** tájékozódik, orientálódik

orientation [,ɔːriən'teiʃn] *fn (térben és átv)* tájékozódás

orienteering [,ɔːriən'tiəriŋ] *fn* tájékozódási futás

orifice ['ɒrifis] *fn* nyílás || **orifice of the uterus** méhszáj

origin ['ɒridʒin] *fn ❖ átv* eredet, kiindulás, kezdet || származás *(személyé)*

original [ə'ridʒənl] ▼ *mn* eredeti ▼ *fn* **the original** eredeti *(példány, mű, nyelv)*

original inhabitants *fn tsz* őslakosság

originality [ə,ridʒə'næləti] *fn* eredetiség

originally [ə'ridʒnəli] *fn* eredetileg

original sin *fn* eredendő bűn

originate [ə'ridʒəneit] *ige (folyamatot)* létrehoz || **originate from/in sg** ered/származik vmből

originator [ə'ridʒəneitə] *fn* kezdeményező, értelmi szerző

Orkney Islands, Orkneys ['ɔːkni, 'ɔːkniz] *fn* Orkney-szigetek

ornament ▼ ['ɔːnəmənt] *fn* díszítés; dísz, ornamentika, díszítmény, ékesség, ékítmény ▼ ['ɔːnəment] *ige* díszít, ékesít

ornamental [,ɔːnə'mentl] *mn* díszes, dekoratív

ornamental garden *fn* díszkert

ornamentation [,ɔːnəmen'teiʃn] *fn* díszítés, ékesítés

ornate [ɔː'neit] *mn* díszes, ékes

ornithologist [,ɔːni'θɒlədʒist] *fn* madártudós, ornitológus

ornithology [,ɔːni'θɒlədʒi] *fn* madárornitológia

orphan ['ɔːfn] *fn* árva

orphanage ['ɔːfnidʒ] *fn* árvaház

orthodox ['ɔːθədɒks] *mn* ❏ *vall* ortodox

Orthodox Church *fn* görögkeleti/pravoszláv egyház

orthographical [,ɔːθə'græfikl] *mn* helyesírási

orthography [ɔː'θɒgrəfi] *fn* helyesírás

orthopaedic (⊕ *US* -pe-) [,ɔːθə'piːdik] *mn* ortopéd, ortopédiai

orthopaedics (⊕ *US* -pe-) [,ɔːθə'piːdiks] *fn esz* ortopédia

orthopaedist (⊕ *US* -pe-) [,ɔːθə'piːdist] *fn* ortopéd orvos

oscillate ['ɒsileit] *ige* ❏ *fiz* rezeg, oszcillál || *(inga)* leng, kileng

oscillation [,ɒsi'leiʃn] *fn* ❏ *fiz* rezgés || ingás *(ingáé)*; lengés *(műszer mutatójáé)*

oscillograph [ə'siləgrɑːf] *fn* oszcillográf

osier ['ouziə] *fn* (kosárfonó) vessző

osseous ['ɒsiəs] *mn* csontos

ossification [,ɒsifi'keiʃn] *fn* csontképződés

ossify ['ɒsifai] *ige vm* csontosodik

ostensible [ɒ'stensəbl] *mn* állítólagos, látszólagos || **the ostensible reason was ...** az volt az ürügy/alibi, hogy...

ostensibly [ɒ'stensəbli] *hsz* állítólagosan, látszólagosan, ürügyként, alibiként

ostentation [,ɒstən'teiʃn] *fn* tüntetés vmvel, kérkedés

ostentatious [,ɒstən'teiʃəs] *mn* hivalkodó, tüntető

osteoporosis [,ɒstioupə'rousis] *fn* csontritkulás

ostracize ['ɒstrəsaiz] *ige* kiközösít, kizár

ostrich ['ɒstritʃ] *fn* strucc

OT = Old Testament Ószövetség

other ['ʌðə] ▼ *nm/mn* más || másik || egyéb || **others** mások; **the others** a többiek; **the other day** a napokban, nemrég; **on the other hand** másfelől, másrészt, viszont; **on the other side** odaát; **among other things, among others** egyebek/többek között; **in other words** más szóval ▼ *hsz/ksz* másképp ‖ **I can't do other than to …** nem tehetek mást, mint hogy

otherwise ['ʌðəwaɪz] *hsz* másként, másképpen, (más)különben, egyébként

otology [oʊ'tɒlədʒi] *fn* fülészet

oto(rhino)laryngologist [ˌoʊtə(raɪnoʊ)lærɪŋ'gɒlədʒɪst] *fn* orr-, fül-, gégespecialista

oto(rhino)laryngology [ˌoʊtə(raɪnoʊ)lærɪŋ'gɒlədʒi] *fn* fül-orr-gégészet

otter ['ɒtə] *fn* vidra

ottoman ['ɒtəmən] *fn* dívány, ottomán

OU [ˌoʊ 'juː] = **Open University**

ouch [aʊtʃ] *isz* jaj!

ought to (do sg) [ɔːt] *ige* illene, kellene ‖ **such things ought not** (*v.* **oughtn't**) **to be allowed** ilyen dolgokat nem volna szabad megengedni; **you ought not** (*v.* **oughtn't**) **to have done this** ezt nem lett volna szabad megtenned; **I ought to have brought it** el kellett volna hoznom; **you ought to know better than** okosabbat is tehetnél, mint

ounce [aʊns] *fn* uncia (= 28,35 g) ‖ **an ounce of goodwill** egy cseppnyi jóérzés

our ['aʊə] *nm* (a mi) -unk, -ünk, -aink, -jaink, -eink, -jeink ‖ **our house** a házunk; **our children** a gyer(m)ekeink

ours ['aʊəz] *nm* mienk ‖ **these are ours** ezek a mieink

ourselves [aʊə'selvz] *nm* (**we**) **ourselves** (mi) magunk ‖ **between ourselves** magunk között szólva

oust [aʊst] *ige* kiüt vkt a nyeregből, kitúr, vkt vhonnan kimar, kibuktat

out [aʊt] *hsz* ki, kifelé ‖ **kinn** ‖ **she's out** nincs otthon; **out with it!** ki vele!; **just out** most jelent meg; **I am 10 dollars out** a hiányom 10 dollár;

the Labour party went out in 1980 1980-ban a Munkáspárt megbukott

out-and-out *mn* százszázalékos, ízig-vérig

outback ['aʊtbæk] ▼ *mn* isten háta mögötti ▼ *fn* elhagyatott vidék

outbid [aʊt'bɪd] *ige* (*pt/pp* **outbid**) **-dd- outbid sy** *vkt* túllicitál, többet ígér vknél, ráígér vkre

outboard motor ['aʊtbɔːd] *fn* oldalmotor

outbreak ['aʊtbreɪk] *fn* (*betegségé, háborúé*) kitörés

outbuilding ['aʊtbɪldɪŋ] *fn* külső épület, melléképület

outburst ['aʊtbɜːst] *fn* kitörés, kifakadás, kirohanás (*vk ellen*)

outcast ['aʊtkɑːst] *mn/fn* kitaszított, száműzött

outclass [aʊt'klɑːs] *ige* klassziskülönbséggel legyőz vkt, klasszisokkal jobb vknél

outcome ['aʊtkʌm] *fn* kimenetel ‖ eredmény; következmény, fejlemény, folyomány ‖ **we don't know what the outcome will be** nem tudjuk, hogy fog végződni

outcrop ▼ ['aʊtkrɒp] *fn* (*ércé*) felszínre jutás ▼ [aʊt'krɒp] *ige* **-pp-** napfényre kerül

outcry ['aʊtkraɪ] *fn* felháborodás, felzúdulás

outdated [aʊt'deɪtɪd] *mn* elavult, elévült, idejétmúlt

outdid [aʊt'dɪd] *pt* → **outdo**

outdistance [aʊt'dɪstəns] *ige* megelőz, lehagy, túltesz vkn

outdo [aʊt'duː] *ige* (*pt* **outdid** [aʊt'dɪd]; *pp* **outdone** [aʊt'dʌn]) (*teljesítményben*) felülmúl, ❖ *biz* vkt lefőz

outdone [aʊt'dʌn] *pp* → **outdo**

outdoor ['aʊtdɔː] *mn* szabadban történő ‖ szabadtéri ‖ külső ‖ utcai

outdoor clothing *fn* utcai viselet

outdoors [ˌaʊt'dɔːz] *hsz* kinn, a szabadban

O

outdoor swimming-pool *fn* nyitott uszoda

outer ['aʊtə] *mn* külső ‖ **the outer areas** külterület

outermost ['aʊtəmoʊst] *mn* legtávolabbi, legszélső

outer space *fn* világűr

outfit ['aʊtfɪt] *fn (férfi)* öltözet ‖ öltöny ‖ felszerelés *(turistáé stb.)* ‖ készlet

outfitters ['aʊtfɪtə] *fn tsz* férfidivatáru-kereskedés ‖ (sport- és) iskolaszer-kereskedő

outflow ['aʊtfloʊ] *fn* kiáramlás, kifolyás

outflow pipe *fn (lakásban, házban)* lefolyócső

outgoing ['aʊtgoʊɪŋ] *mn* kimenő ‖ **the outgoing minister** a távozó/leköszönő miniszter

outgoings ['aʊtgoʊɪŋz] *fn tsz* kiadások, ráfordítás

outgrew [aʊt'gruː] *pt* → **outgrow**

outgrow [aʊt'groʊ] *ige (pt* **outgrew** [aʊt'gruː]; *pp* **outgrown** [aʊt'groʊn]) *(ruhát)* kinő

outgrown [aʊt'groʊn] *mn (ruha)* kinőtt ‖ → **outgrow**

outhouse ['aʊthaʊs] *fn* melléképület

outing ['aʊtɪŋ] *fn* kirándulás ‖ **go on an outing (to)** vhova kirándul

outlandish [ˌaʊt'lændɪʃ] *mn* külföldies

outlast [aʊt'lɑːst] *ige* túlél vmt/vkt, tovább tart vmnél

outlaw ['aʊtlɔː] *fn (egykor)* betyár

outlay ['aʊtleɪ] *fn* költségek, ráfordítás

outlet ['aʊtlet] *fn* kifolyó ‖ elvezetés ‖ levezetés *(fölös energiáé)*; megnyilvánulási lehetőség ‖ ⊕ *US* konnektor, (dugaszoló)aljzat

outline ['aʊtlaɪn] ▼ *fn* körvonal, sziluett ‖ *(festőé; kivonat)* vázlat ‖ **in outline** körvonalaiban (összefoglalva); **make an outline of sg** körvonalakban vázol vmt; **an outline of …, the**

outlines of rövid áttekintés ‖ bevezetés a …-ba/-be ▼ *ige* (fel)vázol; *(szóban)* vázol; *(tervet)* ismertet, körvonalakban vázol vmt; ❖ *átv* körvonalaz

outlive [aʊt'lɪv] *ige* túlél (vkt)

outlook ['aʊtlʊk] *fn* távlat ‖ kilátás ‖ szemlélet(mód)

outlying ['aʊtlaɪɪŋ] *mn* félreeső, távoli ‖ **outlying district** peremkerület

outmanoeuvre (⊕ *US* **outmaneuver**) [ˌaʊtmə'nuːvə] *ige* túljár az eszén vknek, csellel legyőz vkt

outmoded [ˌaʊt'moʊdɪd] *mn* idejétmúlt

outnumber [aʊt'nʌmbə] *ige* számbeli fölényben van vkvel szemben, számbelileg fölülmúl

out of *elölj* -ból, -ből, kinn, vmn kívül, közül ‖ **be out of doors** házon kívül van; **out of order** nem működik, rossz; **be out of sg** kifogyott vmből; **out of that** abból

out-of-bounds *mn* tilos

out-of-date *mn* idejétmúlt, korszerűtlen

out-of-doors *hsz* kinn, szabadban ‖ → **outdoor(s)**

out-of-pocket expenses *fn tsz* készkiadások

out-of-the-way *mn* félreeső

out-patient *fn* járóbeteg

out-patient department *fn* járóbetegrendelés, ambulancia

outpost ['aʊtpoʊst] *fn* előőrs

output ['aʊtpʊt] ▼ *mn* ❏ *el* kimeneti ▼ *fn* teljesítmény *(üzemé, gépé)* ‖ ❏ *el* kimenet, kimenőteljesítmény ‖ hozam

outrage ['aʊtreɪdʒ] ▼ *fn* gazság, szörnyűség ‖ **outrage against humanity** minden emberi érzés megcsúfolása ▼ *ige* durván megsért vkt ‖ megbotránkoztat

outrageous [aʊt'reɪdʒəs] *mn* megbotránkoztató, vérlázító

outran [aʊt'ræn] *pt* → **outrun**

---

fn főnév – *hsz* határozószó – *isz* indulatszó – *ksz* kötőszó – *mn* melléknév
▼ szófajjelzés ⊕ földrajzi variáns ❏ szakterület ❖ stiláris minősítés

outright ['aʊtraɪt] ▼ mn őszinte, nyílt ‖ leplezetlen ‖ egyértelmű ‖ kerek ▼ hsz leplezetlenül, nyíltan, kereken

outrun [aʊt'rʌn] ige (pt outran [aʊt'ræn]; pp outrun) legyőz, megelőz, elhagy, lehagy

outset ['aʊtset] fn kezdet ‖ at the outset (a kezdet) kezdetén, kezdetben, az elején; from the (very) outset kezdettől fogva

outshine [aʊt'ʃaɪn] ige (pt/pp outshone [aʊt'ʃɒn]) (dicsőséget) elhomályosít, vkt vmben túlszárnyal

outside ▼ ['aʊtsaɪd] mn külső, szélső, kinti ‖ outside broadcast külső/helyszíni közvetítés; outside measurements külméretek ▼ [aʊt'saɪd] hsz/elölj kinn, ki ‖ ⊕ US outside of (vkn/vmn) kívül ‖ is outside my area of responsibility kívül esik illetékességemen/hatáskörömön ▼ [aʊt'saɪd] fn vmnek a külseje, külső (oldal) ‖ ⊕ GB on the outside a belső sávban (autópályán); overtake on the outside jobbra előz; at the outside legfeljebb

outside lane fn ⊕ GB belső sáv (autópályán)

outside left fn ❏ sp balszélső

outside line fn városi (telefon)vonal

outsider [ˌaʊt'saɪdə] fn idegen, kívülálló

outside right fn ❏ sp jobbszélső

outsize ['aʊtsaɪz] mn (ruhaféle) extra méretű/nagy

outskirts, the ['aʊtskɜ:ts] fn tsz külváros, külterület, peremkerületek

outsmart [aʊt'smɑ:t] ige túljár vk eszén

outspoken [aʊt'spoʊkn] mn szókimondó

outspread [aʊt'spred] mn széttárt, kiterjesztett, kifeszített

outstanding [aʊt'stændɪŋ] mn kiemelkedő, kiváló ‖ hátralékos ‖ outstanding debt kinnlevőség

outstay [aʊt'steɪ] ige outstay one's welcome tovább marad (mint illett volna)

outstretched [aʊt'stretʃt] mn kitárt, kiterített, kiterjesztett

outstrip [aʊt'strɪp] ige -pp- megelőz; lehagy

out-tray fn elintézett ügyiratok (tálcája)

outvote [aʊt'voʊt] ige leszavaz

outward ['aʊtwəd] mn külső ‖ kifelé tartó ‖ outward appearance külső (személyé), küllem; outward form külalak; outward journey kifelé való út, kiutazás, odautazás

outwardly ['aʊtwədli] hsz külsőleg, kifelé

outwards ['aʊtwədz] hsz ki, kifelé

outweigh [aʊt'weɪ] ige súlyosabb vmnél

outwit [aʊt'wɪt] ige -tt- túljár vknek az eszén, kifog vkn

outwork ['aʊtwɜ:k] fn bedolgozómunka

outworker ['aʊtwɜ:kə] fn bedolgozó

outworn ['aʊtwɔ:n] mn elavult, ósdi

oval ['oʊvl] mn ovális

ovary ['oʊvəri] fn (tsz -ries) ❏ biol petefészek

ovation [oʊ'veɪʃn] fn éljenzés, ováció, ünneplés (vké) ‖ give sy a standing ovation (felállva) lelkesen ünnepel vkt

oven ['ʌvn] fn sütő (tűzhelyrész); kemence (péké) ‖ in a gentle/slow oven lassú tűzön

oven glove fn (konyhai) fogókesztyű

ovenproof ['ʌvnpru:f] mn tűzálló

oven-ready mn konyhakész

ovenware ['ʌvnweə] fn tűzálló edény(ek)

over ['oʊvə] ▼ hsz át, keresztül ‖ elmúlt, vége ‖ be over véget ér; it is over vége van; that's him all over ez egészen rávall; that's you all over ❖ biz ez rád vall; over again még egyszer; **over against** szemben, átellenben; **over and above** ráadásul, azonfelül; **over and over (again)** újra meg újra; **over here** itt nálunk; **over there** odaát ▼ *elölj* vm fölött/fölé ‖ vmn felül ‖ rá ‖ vmn át/keresztül ‖ vmn túl, vmn rajta, több mint ‖ **over 70 kg** 70 kg felett; **over the sea** tengeren túl; **over the street/road** a túlsó oldalon; **over the weekend** a hétvégére

overact [ˌouvərˈækt] *ige* eltúloz, túljátszik *(szerepet)*

overall [ˌouvərˈɔːl] *mn* általános, átfogó, globális ‖ **overall impression/effect** összhatás; **overall result** összeredmény; **overall view (of sg)** összkép

overalls [ˈouvərɔːlz] *fn tsz* kezeslábas, munkaruha, szerelőruha, overall

overanxious [ˌouvərˈæŋkʃəs] *mn* túlzottan aggódó (természetű) ‖ túlbuzgó

overawe [ˌouvərˈɔː] *ige* megfélemlít

overbalance [ˌouvəˈbæləns] *ige* feldönt ‖ felülmúl; elveszti egyensúlyát, feldől

overbearing [ˌouvəˈbeərɪŋ] *mn* arrogáns, erőszakos, nyegle

overbid [ˌouvəˈbɪd] *ige (pt/pp* **overbid**) **-dd-** felülígér, vmt túllicitál

overboard [ˈouvəbɔːd] *hsz* hajó oldalán át, hajóból ki ‖ **be washed overboard** tengerbe sodorja a hullám; **throw sy overboard** cserbenhagy vkt; **go overboard about** túlzottan lelkesedik vkért

overbook [ˌouvəˈbʊk] *ige* **be overbooked** túl sok megrendelést fogadtak el *(járatra, szálláshelyre stb.)*

overburden [ˌouvəˈbɜːdn] *ige* túlterhel

overcame [ˌouvəˈkeɪm] *pt* → **overcome**

overcapitalize [ˌouvəˈkæpɪtəlaɪz] *ige* túltőkésít, tőkefeleslege van

overcast [ˈouvəkɑːst] *mn (erősen)* felhős, borús *(ég)*

overcharge [ˌouvəˈtʃɑːdʒ] *ige* **overcharge (sy for sg)** drágán számít meg (vmt vknek)

overcoat [ˈouvəkout] *fn* felöltő, felsőkabát

overcome [ˌouvəˈkʌm] *ige (pt* **overcame** [ˌouvəˈkeɪm]; *pp* **overcome**) *(akadályokat, nehézségeket)* leküzd, legyőz, legyűr ‖ **I was overcome by (fatigue)** *(fáradtság)* erőt vett rajtam; **be overcome by sg** vm rájön vkre

overconfident [ˌouvəˈkɒnfɪdənt] *mn* túlságosan magabiztos

overcrowd [ˌouvəˈkraud] *ige* túlzsúfol

overcrowded [ˌouvəˈkraudɪd] *mn* túlzsúfolt

overcrowding [ˌouvəˈkraudɪŋ] *fn* túlzsúfoltság

overdid [ˌouvəˈdɪd] *pt* → **overdo**

overdo [ˌouvəˈduː] *ige (pt* **overdid** [ˌouvəˈdɪd]; *pp* **overdone** [ˌouvəˈdʌn]) *(szerepet)* túljátszik ‖ megerőlteti magát, túlzásba esik ‖ **the meat was overdone** a hús túl volt sütve

overdone [ˌouvəˈdʌn] *mn* túlsütött, túlsütve ‖ → **overdo**

overdose [ˈouvədous] *fn* túl nagy adag *(orvosságból),* halálos adag

overdraft [ˈouvədrɑːft] *fn* hiteltúllépés

overdraw [ˌouvəˈdrɔː] *ige (pt* **overdrew** [ˌouvəˈdruː]; *pp* **overdrawn** [ˌouvəˈdrɔːn]) **one's account,** be **overdrawn** *(bankban)* túllépi a hitelét, hiteltúllépést követ el

overdrawn [ˌouvəˈdrɔːn] *pp* → **overdraw**

overdrew [ˌouvəˈdruː] *pt* → **overdraw**

overdrive [ˌouvəˈdraɪv] *ige (pt* **overdrove** [ˌouvəˈdrouv]; *pp* **overdriven** [ˌouvəˈdrɪvn]) agyondolgoztat, túlhajt, túlerőltet

overdriven [ˌouvəˈdrɪvn] *pp* → **overdrive**

overdrove [,ouvə'drouv] *pt* → **overdrive**

overdue [,ouvə'dju:] *mn (követelés)* lejárt ‖ **it was long overdue** már rég-óta esedékes volt

overenthusiastic [,ouvərenθju:zi'æstɪk] *mn* túlbuzgó

overestimate [,ouvər'estɪmeɪt] *ige* vmt túlbecsül

overexcited [,ouvərɪk'saɪtɪd] *mn* túlságosan felizgatott

overexertion [,ouvərɪg'zɜ:ʃn] *fn* túlterhelés

over-exert oneself [,ouvərɪg'zɜ:t] *ige* ❖ *biz* agyonstrapálja magát

overexpose [,ouvərɪk'spouz] *ige* túlexponál *(fényképet)*

overexposed [,ouvərɪk'spouzd] *mn* túlexponált

overfed [,ouvə'fed] *mn* túltáplált

overflew [,ouvə'flu:] *pt* → **overfly**

overfly [,ouvə'flaɪ] *ige (pt* **overflew** [,ouvə'flu:]; *pp* **overflown** [,ouvə'floun])* túlrepül

overflow ▼ ['ouvəflou] *fn* túlfolyás, *(szt is)* túlcsordulás ▼ [,ouvə'flou] *ige* túlcsordul, kicsordul; *(folyadék)* elönt; *(folyó)* kiönt

overflowing [,ouvə'flouɪŋ] *fn* **filled to overflowing** zsúfolásig megtelt

overflown [,ouvə'floun] *pp* → **overfly**

overflow pipe *fn* túlfolyó *(káde stb.)*

overgenerous [,ouvə'dʒenrəs] *mn* túlságosan nagylelkű

overgrew [,ouvə'gru:] *pt* → **overgrow**

overgrow [,ouvə'grou] *ige (pt* **overgrew** [,ouvə'gru:]; *pp* **overgrown** [,ouvə'groun])* benő

overgrown [,ouvə'groun] *mn* korához képest túl nagy ‖ vmvel benőtt, elburjánzott ‖ **overgrown with grass** fűvel benőtt ‖ → **overgrow**

overhang [,ouvə'hæŋ] *ige (pt/pp* **overhung** [,ouvə'hʌŋ])* kiáll, kiugrik, *(vm fölé)* hajlik

overhaul ▼ ['ouvəhɔ:l] *fn* nagyjavítás, generáljavítás ▼ [,ouvə'hɔ:l] *ige (gépet)* felülvizsgál; *(motort)* generáloz

overhead ▼ ['ouvəhed] *mn* felső ‖ rezsi- ▼ [,ouvə'hed] *hsz* **men working overhead** a tetőn dolgoznak! *(felirat)*

overhead costs/expenses *fn tsz* rezsi(költség)

overhead (luggage) compartment *fn* ❏ *rep* (ülés fölötti) csomagtartó

overhead projector *fn* írásvetítő

overheads ['ouvəhedz] *fn tsz* rezsi(költség)

overhead wire *fn* felső vezeték

overhear [,ouvə'hɪə] *ige (pt/pp* **overheard** [,ouvə'hɜ:d])* *(beszélgetést titokban)* kihallgat

overheard [,ouvə'hɜ:d] *pt/pp* → **overhear**

overheat [,ouvə'hi:t] *ige* túlhevít ‖ túlmelegszik

overhung [,ouvə'hʌŋ] *pt/pp* → **overhang**

overjoyed [,ouvə'dʒɔɪd] *mn* végtelen boldog ‖ **be overjoyed** örömmámorban úszik

overkill ['ouvəkɪl] *fn* túlfegyverkezés ‖ ❖ *átv* túlzás, túlbiztosítás

overland ['ouvəlænd] ▼ *mn* szárazföldi ‖ **overland transport** tengelyen történő szállítás ▼ *hsz* szárazföldön; szárazon

overlap ▼ ['ouvəlæp] *fn* átfedés ▼ [,ouvə'læp] *ige* **-pp-** átlapol ‖ átfed ‖ **overlap one another** átfedik egymást

overleaf [,ouvə'li:f] *hsz (könyvben)* a túlsó oldalon ‖ **see overleaf** lásd a túloldalon

overload [,ouvə'loud] *ige* túlterhel

overlook [,ouvə'luk] *ige* nem vesz észre, *(vmt tévedésből)* elnéz, *(hibán)* átsiklik ‖ vmről/vkről elfelejtkezik ‖ **room overlooking the garden** kertre nyíló szoba

overlord ['ouvəlɔ:d] *fn* feljebbvaló, hűbérúr

overmanning [ˌouvə'mænɪŋ] *fn* létszámfölösleg létrehozása

overnight ▼ ['ouvə,naɪt] *mn (éjszaka történő)* éjszakai ▼ [ˌouvə'naɪt] *hsz* hirtelen, máról holnapra ‖ **stay overnight** ott marad éjszakára

overnight bag *fn* utazótáska

overnight guest *fn (egy éjszakára)* szállóvendég

overnight stay/stop *fn* megalvás, útmegszakítás (egy éjszakára)

overnight telegram *fn* levéltávirat

overpaid [ˌouvə'peɪd] *pt/pp* → **overpay**

overpass ['ouvəpɑːs] *fn* ⊕ *US* felüljáró

overpay [ˌouvə'peɪ] *ige (pt/pp* **overpaid** [ˌouvə'peɪd]) felülfizet

overpayment ['ouvəpeɪmənt] *fn* felülfizetés

overpower [ˌouvə'pauə] *ige (szag)* elkábít, elbódít ‖ **be overpowered** elkábul

overpowering [ˌouvə'pauərɪŋ] *mn* bódító

overprint ['ouvəprɪnt] *fn* felülnyomás

overproduction [ˌouvəprə'dʌkʃn] *fn* túltermelés

overran [ˌouvə'ræn] *pt* → **overrun**

overrate [ˌouvə'reɪt] *ige* túlértékel

overreach [ˌouvə'riːtʃ] *ige vmn* túlterjed ‖ **overreach oneself** túlbecsüli képességeit

overridden [ˌouvə'rɪdn] *pp* → **override**

override [ˌouvə'raɪd] *ige (pt* **overrode** [ˌouvə'roud]; *pp* **overridden** [ˌouvə'rɪdn]) semmibe vesz ‖ előbbre való (vmnél), megelőz (vmt) ‖ átgázol (vmn)

overriding [ˌouvə'raɪdɪŋ] *mn* **of overriding importance** kiemelkedő fontosságú

overrode [ˌouvə'roud] *pt* → **override**

overrule [ˌouvə'ruːl] *ige* érvénytelenít, hatályon kívül helyez ‖ megmásít

overrun [ˌouvə'rʌn] *ige (pt* **overran** [ˌouvə'ræn]; *pp* **overrun**) *(tömeg)* elözönöl, eláraszt, *(országot ellenség)* lerohan

oversaw [ˌouvə'sɔː] *pt* → **oversee**

overseas [ˌouvə'siːz] ▼ *mn* külföldi, tengeren túli ‖ **overseas visitors** külföldi vendégek/látogatók ▼ *hsz* külföldön, tengeren túl ‖ **live overseas** külföldön él

oversee [ˌouvə'siː] *ige (pt* **oversaw** [ˌouvə'sɔː]; *pp* **overseen** [ˌouvə'siːn]) *(munkát)* ellenőriz

overseen [ˌouvə'siːn] *pp* → **oversee**

overseer ['ouvəsɪə] *fn* felügyelő, munkavezető

oversensitive [ˌouvə'sensɪtɪv] *mn* túlérzékeny (*to* vmre)

overshadow [ˌouvə'ʃædou] *ige* háttérbe szorít ‖ beárnyékol

overshoes ['ouvəʃuːz] *fn tsz* sárcipő

overshoot [ˌouvə'ʃuːt] *ige (pt/pp* **overshot** [ˌouvə'ʃɒt]) túlfut *(leszállópályán)* ‖ **overshoot the mark** túllő a célon

overshot [ˌouvə'ʃɒt] *pt/pp* → **overshoot**

oversight ['ouvəsaɪt] *fn* kihagyás *(elnézésből)* ‖ **through an oversight** tévedésből, figyelmetlenségből

oversimplify [ˌouvə'sɪmplɪfaɪ] *ige* túlzottan leegyszerűsít

oversleep [ˌouvə'sliːp] *ige (pt/pp* **overslept** [ˌouvə'slept]) elalussza az időt, későn ébred

overslept [ˌouvə'slept] *pt/pp* → **oversleep**

overspend [ˌouvə'spend] *ige (pt/pp* **overspent** [ˌouvə'spent]) túlköltekezik

overspent [ˌouvə'spent] *pt/pp* → **overspend**

overspill ['ouvəspɪl] *fn* városból elmenekülők *(túlnépesedés miatt)*

overstaffed [ˌouvə'stɑːft] *mn* túlságosan felduzzasztott *(vállalat)*

---

fn főnév – *hsz* határozószó – *isz* indulatszó – *ksz* kötőszó – *mn* melléknév

▼ szófajjelzés ⊕ földrajzi variáns ❑ szakterület ❖ stiláris minősítés

overstate [ˌoʊvəˈsteɪt] *ige* felnagyít, eltúloz

overstatement [ˈoʊvəsteɪtmənt] *fn* (nyilatkozatban) túlzás

overstay [ˌoʊvəˈsteɪ] *ige* **overstay one's welcome** tovább marad *(mint illett volna)*

overstep [ˌoʊvəˈstep] *ige* **-pp-** **overstep one's authority** túllépi a hatáskörét; **overstep the mark** túllő a célon

overstock [ˌoʊvəˈstɒk] *ige* túltelít, túltöm, elhalmoz

overstrain [ˌoʊvəˈstreɪn] *ige (kötelet)* túlfeszít

oversubscribe [ˌoʊvəsəbˈskraɪb] *ige* **be oversubscribed** túljelentkezés van *(jegyekért, járatra stb.)*

oversubscribed [ˌoʊvəsəbˈskraɪbd] *mn* túljegyzett *(kölcsön)*

overt [oʊˈvɜːt] *mn* nyilvánvaló, kézzelfogható, nyílt

overtake [ˌoʊvəˈteɪk] *ige (pt* **overtook** [ˌoʊvəˈtʊk]; *pp* **overtaken** [ˌoʊvəˈteɪkn])* (meg)előz, lehagy ‖ **overtake and pass sy** vk mellett elhúz; **overtake on the left** balról előz; **overtake on a bend** kanyarban előz

overtaken [ˌoʊvəˈteɪkn] *pp* → **overtake**

overtaking [ˌoʊvəˈteɪkɪŋ] *fn* **no overtaking!** előzni tilos!

overtax [ˌoʊvəˈtæks] *ige* ❖ *átv* túlterhel ‖ **overtax oneself** *(v.* **one's strength)** megerőlteti magát

overthrew [ˌoʊvəˈθruː] *pt* → **overthrow**

overthrow [ˌoʊvəˈθroʊ] *ige (pt* **overthrew** [ˌoʊvəˈθruː]; *pp* **overthrown** [ˌoʊvəˈθroʊn]) *(uralmat)* megdönt; *(kormányt)* megbuktat ‖ **be overthrown** *(hatalom, uralom)* megdől, megbukik

overthrown [ˌoʊvəˈθroʊn] *pp* → **overthrow**

overtime [ˈoʊvətaɪm] *fn* túlóra ‖ **be on overtime** túlmunkat végez; **work/**

do overtime túlórázik; különmunkát végez

overtime ban *fn* túlóratilalom

overtly [oʊˈvɜːtli] *hsz* nyíltan

overtone [ˈoʊvətoʊn] *fn* felhang

overture [ˈoʊvətʃʊə] *fn* nyitány ‖ **make overtures to sy** kezdeményező lépéseket tesz vk felé, üzleti tárgyalásokat kezdeményez, (barátsággal) közeledik vk felé

overturn [ˌoʊvəˈtɜːn] *ige* felborul, felfordul, feldől ‖ felborít, feldönt

overweight ▼ [ˌoʊvəˈweɪt] *mn* túlsúlyos ▼ [ˈoʊvəˌweɪt] *fn* túlsúly

overwhelm [ˌoʊvəˈwelm] *ige* eláraszt ‖ **overwhelm sy with sg** vkre vmt rázúdít; **be overwhelmed with work** ki se látszik a munkából; **be overwhelmed by** *(a munkát stb.)* nem győzi; elsöprő győzelmet arat rajta *(a túlerő)*

overwhelmingly [ˌoʊvəˈwelmɪŋli] *hsz* túlnyomóan, túlnyomórészt

overwhelming majority *fn* elsöprő többség

overwhelming success *fn* ❖ *biz* bombasiker

overwork ▼ [ˈoʊvəwɜːk] *fn* túlfeszített munka ▼ [ˌoʊvəˈwɜːk] *ige* agyondolgozza/lestrapálja/túlhajtja magát ‖ **overwork oneself** betegre dolgozza magát

overwrite [ˌoʊvəˈraɪt] *ige (pt* **overwrote** [ˌoʊvəˈroʊt]; *pp* **overwritten** [ˌoʊvəˈrɪtn]) túl sokat ír ‖❑ *szt* felülír

overwritten [ˌoʊvəˈrɪtn] *pp* → **overwrite**

overwrote [ˌoʊvəˈroʊt] *pt* → **overwrite**

overwrought [ˌoʊvəˈrɔːt] *mn* kimerült, túlfeszített; izgatott

ovulate [ˈɒvjʊleɪt] *ige* **ovulate regulary** a peteérés rendszeres(en megtörténik)

ovulation [ˌɒvjʊˈleɪʃn] *fn* peteérés

ovum [ˈoʊvəm] *fn (tsz* **ova** [ˈoʊvə]) ❑ *biol* petesejt owe [oʊ] *ige* owe sy sg tartozik/adós vknek vmvel ‖ **what do I owe you?** mivel tartozom?

owing to [ˈoʊnɪŋ] *elölj* vm miatt, vm következtében

owl [aʊl] *fn* bagoly

own [oʊn] ▼ *mn* tulajdon, saját ‖ **have it your own way** tégy, ahogy akarsz; **on one's own** magában, külön; **of one's own accord** a maga jószántából; **of his own free will** jószántából, saját akaratából; **one's own** sajátja, a magáé ▼ *ige* birtokol, van neki, bír vmvel ‖ **sg is owned by sy** vknek a tulajdonában van; **own a car** autót tart; **own a shop** üzlete van

---

own up (to sg) beismer/bevall vmt

---

own brand *fn* házi készítmény

owner [ˈoʊnə] *fn* tulajdonos *(ingatlané, üzleté stb.)*; gazda

owner-driver *fn* úrvezető, magánautós

owner-occupied flat *fn* öröklakás

owner-occupier *fn* bentlakó tulajdonos, öröklakás tulajdonosa

ownership [ˈoʊnəʃɪp] *fn* tulajdon(jog), birtoklás ‖ tulajdoni viszonyok ‖ **under new ownership** új vezetés alatt

ox [ɒks] *fn* *(tsz* **oxen** [ˈɔksn]) ökör

Oxbridge [ˈɒksbrɪdʒ] *fn* Oxford és Cambridge egyetemei(nek világa)

oxidation [ˌɒksɪˈdeɪʃn] *fn* oxidál(ód)ás, oxidáció

oxide [ˈɒksaɪd] *fn* oxid

oxidize [ˈɒksɪdaɪz] *ige* oxidál ‖ oxidálódik

Oxon = *Oxfordshire* ‖ = *Oxford University*

ox-tail soup *fn* ököruszályleves

oxy-acetylene [ˌɒksɪəˈsetɪliːn] *fn* oxiacetilén ‖ **oxy-acetylene blowpipe/torch** autogénvágó (pisztoly), autogénhegesztő; **oxy-acetylene welding** autogénhegesztés

oxygen [ˈɒksɪdʒən] *fn* oxigén

oxygen flask *fn* oxigénpalack

oxygen mask *fn* oxigénmaszk

oxygen tent *fn* oxigénsátor

oyster [ˈɔɪstə] *fn* osztriga

oyster bed *fn* osztrigatelep

oz = *ounces* = **ounce**

ozone [ˈoʊzoʊn] *fn* ózon

ozone hole *fn* ózonlyuk

ozone layer *fn* ózonréteg, ózonpajzs

ozs = *ounces* = **ounce**

P

P [piː] = **parking area**
p [piː] = *penny, pence*
p. = **page**[1]
PA [ˌpiː ˈeɪ] = **personal assistant** ‖ = **public address (system)**
pa[1] = **per annum**
pa[2] [pɑː] *fn* ❖ *biz* papa
pace [peɪs] ▼ *fn* lépés ‖ iram, sebesség, tempó ‖ ütem ‖ **keep pace with sy/sg** lépést tart vkvel/vmvel; **set the pace** diktálja az iramot ▼ *ige* lépked ‖ *(ló)* poroszkál ‖ iramot diktál

---

pace out *(távolságot)* kilép
pace up and down *(szobában)* fel és alá járkál

---

pacemaker [ˈpeɪsmeɪkə] *fn* ❏ *orv* szívritmus-szabályozó, pészméker
pacification [ˌpæsɪfɪˈkeɪʃn] *fn* rendteremtés; békekötés
Pacific Isles, the [pəˈsɪfɪk] *fn* Csendes-óceáni-szigetek
Pacific Ocean *fn* Csendes-óceán
pacifier [ˈpæsɪfaɪə] *fn* ⊕ *US* cumi, cucli
pacifism [ˈpæsɪfɪzm] *fn* pacifizmus
pacifist [ˈpæsɪfɪst] *fn* pacifista
pacify [ˈpæsɪfaɪ] *ige (haragos embert)* lecsendesít
pack [pæk] ▼ *fn* csomag ‖ paksaméta ‖ csomó, halom ‖ doboz ‖ **a pack of cards** egy csomag kártya ▼ *ige* (be)csomagol ‖ tömít ‖ (össze)zsúfol ‖ **pack (sg) in a case** ládába csomagol; **pack up and go (away)** felszedi a sátorfáját → **packed**

pack in összezsúfol ‖ becsomagol
pack into boxes/crates ládába/rekeszbe rak
pack off eltakarodik
pack up *(utazásra)* (össze)csomagol, pakol ‖ **have you packed up yet?** összecsomagoltál már?
pack with telezsúfol

---

package [ˈpækɪdʒ] ▼ *fn* csomag ‖ *(politikai, oktatási stb.)* csomag ▼ *ige (árut)* (be)csomagol
package deal *fn* csomagterv
package holiday/tour *fn (szervezett)* társasutazás ‖ **go on a package holiday-tour** részt vesz egy társasutazáson
package store *fn* ⊕ *US* palackozott italok boltja
packaging [ˈpækɪdʒɪŋ] *fn (papírba stb.)* csomagolás
packed [pækt] *mn* zsúfolt ‖ **packed house** ❏ *szính* zsúfolt ház; **the train was packed** a vonat zsúfolva volt; **packed like sardines** mint a heringek
packed lunch *fn* ⊕ *GB* csomagolt/hideg ebéd
packer [ˈpækə] *fn* csomagolómunkás ‖ csomagológép
packet [ˈpækɪt] *fn (kisebb)* csomag ‖ **a packet of cigarettes** egy csomag cigaretta
packet soup *fn* zacskós leves
packet switching *fn* ❏ *szt* csomagkapcsolás
packhorse [ˈpækhɔːs] *fn* málhás ló
pack-ice *fn (úszó)* jégtorlasz

packing ['pækɪŋ] *fn* csomagolás ‖ csomagolópapír
packing case *fn* láda *(csomagolásra)*
packing-cord *fn* zsineg
packing paper *fn* csomagolópapír
pact [pækt] *fn* ❏*pol* szerződés, egyezmény, paktum
pad [pæd] ▼ *fn* párna, (váll)tömés ‖ jegyzettömb, blokk, mappa ‖ ujjbegy ‖ mancs, talp *(állaté)* ‖ lábszárvédő ‖ tampon ‖ **pad of gauze** mull-lap *(sebre)* ‖ nyeregpárna, alátét ▼ *ige* -dd-kipárnáz, vmvel kitöm, vattáz
padded ['pædɪd] *mn* kárpitozott *(bútor)* ‖ **padded door** párnázott ajtó
padding ['pædɪŋ] *fn* bélés, tömés, vattázás ‖ *(átv is)* fecsegés
paddle ['pædl] ▼ *fn* (kajakhoz, kenuhoz) evező, lapát ▼ *ige* lubickol, pancsol, pacskol ‖ ❏*sp* ❖*biz* lapátol ‖ **paddle a canoe** kenuzik, kajakozik
paddle-steamer *fn* lapátkerekes gőzös
paddling pool ['pædlɪŋ pu:l] *fn* pancsoló(medence)
paddock ['pædək] *fn (hely)* nyergelő
paddy field ['pædi] *fn* rizsföld
padlock ['pædlɒk] ▼ *fn* lakat ▼ *ige* lelakatol
padre ['pɑːdreɪ] *fn* tábori lelkész
Padua ['pædjuə] *fn* Padova
paediatric (⊕*US* pedi-) [ˌpiːdi'ætrɪk] *mn* gyermekgyógyászati ‖ **paediatric clinic** gyermekklinika; **paediatric ward** gyermekosztály
paediatrician (⊕*US* pedi-) [ˌpiːdiə'trɪʃn] *fn* gyermekgyógyász, gyermekorvos
paediatrics (⊕*US* pedi-) [ˌpiːdi'ætrɪks] *fn esz* gyermekgyógyászat
pagan ['peɪgən] *mn* pogány
page[1] [peɪdʒ] *fn* lap *(könyvé)*, oldal
page[2] [peɪdʒ] *fn* apród ‖ londiner
pageant ['pædʒənt] *fn* látványosság
pageantry ['pædʒəntri] *fn* parádé, felvonulás, látványosság, pompa ‖ **with great pageantry** nagy pompával

page boy *fn (szállodai)* boy
page number *fn* lapszám
pager ['peɪdʒə] *fn* csipogó
paginate ['pædʒɪneɪt] *ige* lapszámoz
pagination [ˌpædʒɪ'neɪʃn] *fn* lapszámozás
pagoda [pə'goʊdə] *fn* pagoda
paid [peɪd] *mn* fizetett ‖ **paid holiday** fizetett szabadság; **paid vacation** ⊕*US* fizetett szabadság ‖ → **pay**
paid-up *mn* befizetett ‖ **be a (fully) paid-up member** tagsági díját rendezte/befizette (és így teljes jogú tag) *(társaságban)*
paid-up capital *fn* befizetett alaptőke
pail [peɪl] *fn* (fém)vödör
paillasse ['pæliæs] *fn* szalmazsák
pain [peɪn] ▼ *fn (testi)* fájdalom ‖ **be in great pain** nagy fájdalmai vannak; **he has a pain in the arm** fáj a karja; **under pain of punishment** ❏*jog* büntetés terhe mellett; **take pains over/with sg** vesződik vmvel ▼ *ige* **pain sy** fájdalmat okoz vknek ‖ **it pains me to have to say it** nehezemre esik ezt mondani
pained [peɪnd] *mn* fájdalmas, bánatos
painful ['peɪnfl] *mn (seb)* fájó, fájdalmas
painkiller ['peɪnkɪlə] *fn* fájdalomcsillapító
painless ['peɪnləs] *mn* fájdalommentes, fájdalom nélküli
painstaking ['peɪnzteɪkɪŋ] *mn* gondos, lelkiismeretes, alapos ‖ **painstaking care** kínos gondosság; **painstaking person** precíz ember; **painstaking (piece of) work** alapos munka
paint [peɪnt] ▼ *fn* festék ▼ *ige (arcot)* (ki)fest; *(képet)* megfest; *(szobát)* kifest; *(festő)* lefest ‖ ❏*orv* ecsetel ‖ **paint in bright colours** derűs színekkel fest; **paint in oils** olajjal fest; **paint sg black** feketére fest; **paint sg white** bemeszel; **paint the town red** zajosan mulat; ricsajozik

---

fn főnév – *hsz* határozószó – *isz* indulatszó – *ksz* kötőszó – *mn* melléknév
▼ szófajjelzés ⊕ földrajzi variáns ❏ szakterület ❖ stiláris minősítés

paint over átfest

paintbox ['peɪntbɒks] *fn* festékesdoboz

paintbrush ['peɪntbrʌʃ] *fn* (festő)ecset

painter ['peɪntə] *fn* festő(művész) ‖ (szoba)festő

painting ['peɪntɪŋ] *fn* festmény, kép

paint roller *fn* (festő)henger

paint spray *fn* festékszóró pisztoly

paintwork ['peɪntwɜ:k] *fn* fényezés *(autóé)*

pair [peə] ▼ *fn* pár *(kettő)* ‖ **a pair of gloves** egy pár kesztyű; **a pair of nylons** nejlonharisnya; **in pairs** kettesben, kettős sorokban, kettesével ▼ *ige* párosít ‖ összepárosít ‖ párzik

pair off kettesével elrendez/elvonul ‖ **the students had all paired off by the end of the term** félév végére kialakultak a párok

paired [peəd] *mn* páros, kettős

pair-oar *mn (hajó)* kétevezős

pajamas [pə'dʒɑ:məz] *fn tsz* ⊕ *US* pizsama

Pakistan [ˌpɑ:kɪ'stɑ:n] *fn* Pakisztán

Pakistani [ˌpɑ:kɪ'stɑ:ni] *mn/fn* pakisztáni

pal [pæl] ▼ *fn* ❖ *biz* pajtás, haver ▼ *ige* **-ll- pal up (with)** összehaverkodik (vkvel)

palace ['pælɪs] *fn* palota, kastély

palaeolithic period (⊕ *US* **pale-**) [ˌpælɪə'lɪθɪk] *fn* csiszolatlankő-korszak

palaeontology (⊕ *US* **pale-**) [ˌpælɪɒn'tɒlədʒi] *fn* őslénytan, paleontológia

palatable ['pælətəbl] *mn* ízletes, kellemes

palate ['pælət] *fn* szájpadlás

palaver [pə'lɑ:və] *fn* (hosszadalmas) tárgyalás; ❖ *biz* fecsegés, szöveg(elés)

pale[1] [peɪl] *mn* halvány, sápadt ‖ **pale ale** világos sör

pale[2] [peɪl] *fn* cölöp

pale-faced *mn* sápadt

paleness ['peɪlnəs] *fn* sápadtság

pale(o)- ⊕ *US* = **palae(o)**

Palestine ['pæləstaɪn] *fn* Palesztina

Palestinian [ˌpælə'stɪnɪən] *mn/fn* palesztin

palette ['pælət] *fn* paletta

palette-knife *fn* (*tsz* **-knives**) palettakaparó kés

paling ['peɪlɪŋ] *fn* palánk, léckerítés

palisade [ˌpælɪ'seɪd] ▼ *fn* palánk ‖ ⊕ *US* meredek sziklafal ▼ *ige* körülpalánkol

pall[1] [pɔ:l] *fn* szemfedél; lepel

pall[2] [pɔ:l] *ige* unalmassá válik

pallbearer ['pɔ:lbeərə] *fn* gyászoló, koporsóvivő

pallet ['pælɪt] *fn* szalmazsák, priccs

palliasse ['pæliæs] *fn* szalmazsák

palliative ['pælɪətɪv] *mn/fn* (fájdalom)csillapító

pallid ['pælɪd] *mn* sápadt, fakó, fénytelen

pallor ['pælə] *fn* sápadtság

pally ['pæli] *mn* ❖ *biz* **become pally with sy** összehaverkodik; **I am pally with him** jó haverom

palm[1] [pɑ:m] *fn* pálma(fa); *(a győzelem jelképe)* pálmaág

palm[2] [pɑ:m] ▼ *fn* tenyér ▼ *ige* **palm off** ❖ *biz* elsóz; elsüt ‖ **palm off sg on sy** ❖ *biz (vkre tárgyat)* rásóz

palm-court music *fn* szalonzene

palmist ['pɑ:mɪst] *fn* tenyérjós

palm-oil *fn* pálmaolaj

Palm Sunday *fn* virágvasárnap

palm-tree *fn* pálma(fa)

palpable ['pælpəbl] *mn* (ki)tapintható ‖ felfogható; érezhető

palpably ['pælpəbli] *hsz* érzékelhetően; nyilvánvalóan, kitapinthatóan

palpitate ['pælpɪteɪt] *ige (szív)* dobog, kalimpál

P

palpitation [ˌpælpɪˈteɪʃn] *fn (a szokásosnál erősebb)* szívdobogás

paltry [ˈpɔːltri] *mn* nyomorúságos *(összeg)*

pamper [ˈpæmpə] *ige* kényeztet, dédelget

pamphlet [ˈpæmflɪt] *fn* pamflet, brosúra, röpirat

pamphleteer [ˌpæmflɪˈtɪə] *fn* pamfletíró

pan¹ [pæn] ▼ *fn* serpenyő, tepsi ‖ vécécsésze ‖ *(talajban)* horpadás ▼ *ige* -nn- megkritizál, lecsepül

pan² [pæn] *ige* -nn- *(filmfelvevő géppel)* követ

panacea [ˌpænəˈsɪə] *fn* csodaszer

panache [pəˈnæʃ] *fn* magabiztosság

Panama [ˈpænəmɑː] *fn* Panama

Panama Canal *fn* Panama-csatorna

pancake [ˈpæŋkeɪk] *fn* palacsinta

Pancake Day *fn* ⊕ *GB* húshagyó kedd

pancake pan *fn* palacsintasütő

pancreas [ˈpæŋkrɪəs] *fn* hasnyálmirigy

panda [ˈpændə] *fn* panda

panda car *fn* ⊕ *GB* rendőrautó

Panda crossing *fn* zebra *(gyalogostól kezelt jelzőlámpával)*

pandemonium [ˌpændɪˈmoʊnɪəm] *fn* pokoli zűrzavar

pander [ˈpændə] ▼ *fn* kerítő ‖ cinkos ▼ *ige* kerítéssel foglalkozik ‖ (cinkosként) segít kielégíteni *(alantas vágyat)*

p. and p. = *postage and packing* csomagolás és postaköltség

pane [peɪn] *fn (ablakban)* üveglap ‖ **pane of glass** ablakszem

panegyric [ˌpænɪˈdʒɪrɪk] *fn* dicshimnusz

panel [ˈpænl] *fn* építőelem, panel, *(burkoló)* lap ‖ (fal)mező ‖ tábla ‖ műszerfal ‖ esküdtszék ‖ zsűri ‖ **panel (of experts)** zsűri; **panel (on sg)** *(tévében)* kb. fórum; **be on the panel** körzeti orvos, háziorvos; **panel of judges** *(pl. jégtáncnál)* zsűri

panel discussion *fn* vitafórum

panel doctor *fn* körzeti orvos, háziorvos

panel game *fn* tv-vetélkedő ‖ fórum

panelling (⊕ *US* -l-) [ˈpænlɪŋ] *fn* faburkolat, lambéria, borítás

panellist (⊕ *US* -l-) [ˈpænlɪst] *fn* tv-fórum résztvevője ‖ zsűritag

pang [pæŋ] *fn (testi)* gyötrelem ‖ **pangs of conscience** lelkiismeret-furdalás; **pangs of hunger** kínzó éhség

panic [ˈpænɪk] ▼ *fn* pánik ‖ **create a panic** pánikot kelt ▼ *ige (múlt idő stb.* -ck-*)* pánikba esik ‖ **don't panic!** csak semmi pánik!

panicky [ˈpænɪki] *mn* pánikra hajlamos ‖ **don't get panicky!** ne ess pánikba!

panic-stricken *mn* fejvesztett, megrémült

pannier [ˈpænɪə] *fn* (nagy) (málhás)kosár

panorama [ˌpænəˈrɑːmə] *fn* kilátás, panoráma, látkép

panoramic [ˌpænəˈræmɪk] *mn* panorámaszerű ‖ **panoramic view** panoráma, körkilátás

pansy [ˈpænzi] *fn* árvácska

pant [pænt] *ige* liheg, zihál

panther [ˈpænθə] *fn* párduc

panties [ˈpæntiz] *fn tsz* ❖ *biz* bugyi

pantomime [ˈpæntəmaɪm] *fn* pantomim

pantry [ˈpæntri] *fn* éléskamra ‖ tálaló

pants [pænts] *fn tsz (férfi)* alsónadrág, *(női és gyermek alsó)* nadrág, bugyi ‖ pantalló, (hosszú)nadrág ‖ **be caught with one's pants down** ❖ *biz* készületlenül éri vm

pant suit *fn* ⊕ *US* nadrágkosztüm

pantyhose [ˈpæntihoʊz] *fn* ⊕ *US* harisnyanadrág

panzer [ˈpænzə] *fn* páncélos

pap [pæp] *fn* kása, pép, nyák, ❖ *biz* papi

papa [pəˈpɑː] *fn* ❖ *biz* papa, apu

papacy [ˈpeɪpəsi] *fn* pápaság *(intézmény)*

---

fn főnév – *hsz* határozószó – *isz* indulatszó – *ksz* kötőszó – *mn* melléknév
▼ szófajjelzés ⊕ földrajzi variáns ❑ szakterület ❖ stiláris minősítés

papal ['peɪpl] *mn* pápai
paparazzo [ˌpæpə'rætsoʊ] *fn* (*tsz* -zzi [-si]) lesifotós
paper ['peɪpə] ▼ *fn* papír || újság, hírlap; lap || okmány || *(konferencián stb.)* előadás, (tudományos) dolgozat || ❏ *isk* dolgozat || **piece of paper** papírlap; **papers** személyi okmányok; **give a paper on sg** *(konferencián)* előadást tart vmről; **what paper do you get?** melyik újságot járatod? ▼ *ige* kitapétáz

---

paper over elfed, szépít

---

paper advance *fn* ❏ *szt* papírtovábbítás
paperback ['peɪpəbæk] *fn* fűzött/kartonált könyv, puha fedelű/kötésű könyv || **in paperback** fűzve; **paperback edition** fűzött/kartonált (*v.* puha fedelű) kiadás
paper bag *fn* papírzacskó, stanicli
paper boy *fn* újságkihordó, lapkihordó || rikkancs
paper-clip *fn* gemkapocs
paper cup *fn* papírpohár
papered ['peɪpəd] *mn* **papered wall** tapétás fal
paper-girl *fn* lapkihordó (lány)
paper hankie *fn* papír zsebkendő
paper-mill *fn* papírgyár
paper money *fn* papírpénz
paper napkin *fn* papírszalvéta
paper profit *fn* névleges/fiktív profit
paper tissue *fn* papír zsebkendő
paperweight ['peɪpəweɪt] *fn* levélnehezék
paperwork ['peɪpəwɜ:k] *fn* ❖ *biz* papírmunka
papier-mâché [ˌpæpieɪ 'mæʃeɪ] *fn* papírmasé
papoose [pə'pu:s] *fn* gyermekhordó hátizsák
paprika ['pæprɪkə] *fn* fűszerpaprika, csemegepaprika
Pap test/smear [pæp] *fn* ❏ *orv* kenet

papyrus [pə'paɪrəs] *fn* papirusz
par[1] [pɑ:] *fn* névérték || **above par** pari felett (*v.* parin felül) áll; **be at par** parin áll
par[2] [pɑ:] *fn* paragrafus, fejezet
parable ['pærəbl] *fn* (*bibliai*) példázat
parabola [pə'ræbələ] *fn* ❏ *mat* parabola
parabolic(al) [ˌpærə'bɒlɪk(l)] *mn* példázatban előadott || parabolikus
parachute ['pærəʃu:t] *fn* ejtőernyő
parachutist ['pærəʃu:tɪst] *fn* ejtőernyős
parade [pə'reɪd] ▼ *fn* (dísz)felvonulás, dísz, pompa, parádé, díszelgés || sétány || **parade of troops** csapatszemle ▼ *ige* parádézik || fitogtat
parade ground *fn* gyakorlótér
paradigm ['pærədaɪm] *fn* paradigma
paradise ['pærədaɪs] *fn* ❏ *vall* paradicsom
paradisiacal [ˌpærə'dɪsiækl] *mn* paradicsomi
paradox ['pærədɒks] *fn* paradoxon, látszólagos ellentmondás
paradoxical [ˌpærə'dɒksɪkl] *mn* paradox
paradoxically [ˌpærə'dɒksɪkli] *hsz* paradox módon
paraffin ['pærəfɪn] *fn* ⊕ *GB* petróleum
paraffin lamp *fn* petróleumlámpa
paraffin stove *fn* petróleumfőző
paraffin wax *fn* paraffin
paragliding ['pærəglaɪdɪŋ] *fn* siklóernyőzés
paragon ['pærəgən] *fn* eszménykép, mintakép
paragraph ['pærəgrɑ:f] *fn* bekezdés, paragrafus, szakasz, cikk(ely), pont
Paraguay ['pærəgwaɪ] *fn* Paraguay
Paraguayan [ˌpærə'gwaɪən] *mn/fn* paraguayi
parakeet ['pærəki:t] *fn* (tarajos) törpepapagáj
parallel ['pærəlel] *mn/fn* ❏ *mat* párhuzamos || párhuzam, paral(l)el || **draw a**

P

---

nm névmás – *nu* névutó – *szn* számnév – *esz* egyes szám – *tsz* többes szám
▼ szófajjelzés ⊕ földrajzi variáns ❏ szakterület ❖ stiláris minősítés

parallel between párhuzamot von két dolog közt; **parallel to/with** sg vmvel párhuzamosan

parallel bars *fn tsz (tornaszer)* korlát

parallel connection *fn* ❏ *el* párhuzamos kapcsolás

parallel of latitude *fn* szélességi kör

parallelogram [ˌpærəˈleləgræm] *fn* ❏ *mat* paral(l)elogramma

Paralympics [ˌpærəˈlɪmpɪks] *fn tsz* paralimpia

paralyse (⊕ *US* **-lyze**) [ˈpærəlaɪz] *ige (átv is)* megbénít ‖ **be(come) paralysed** megbénul; **be paralysed in both legs** mindkét lábára béna; **be paralysed with fear** megkövül a félelemtől

paralysed [ˈpærəlaɪzd] *mn* béna, szélütött

paralysis [pəˈrælɪsɪs] *fn* bénulás, hűdés, paralízis ‖ bénaság

paralytic [ˌpærəˈlɪtɪk] ▼ *mn* bénult, béna, paralitikus ▼ *fn* béna (ember), hűdött (beteg)

parameter [pəˈræmɪtə] *fn* paraméter

paramilitary [ˌpærəˈmɪlɪtəri] *mn* katonai jellegű

paramount [ˈpærəmaʊnt] *mn* legfőbb

paranoia [ˌpærəˈnɔɪə] *fn* paranoia

parapet [ˈpærəpɪt] *fn* mellvéd

paraphernalia [ˌpærəfəˈneɪlɪə] *fn tsz* ❖ *biz* felszerelés, kellék(ek); holmi, cókmók

paraphrase [ˈpærəfreɪz] ▼ *fn* körülírás ▼ *ige* körülír

paraplegia [ˌpærəˈpliːdʒə] *fn* ❏ *orv* paraplégia

paraplegic [ˌpærəˈpliːdʒɪk] *fn* ❏ *orv* paraplégiás

parapsychology [ˌpærəsaɪˈkɒlədʒi] *fn* parapszichológia

parasite [ˈpærəsaɪt] *fn* élősdi, parazita

parasitic(al) [ˌpærəˈsɪtɪk(l)] *mn* élősdi, parazita

parasol [ˈpærəsɒl] *fn* napernyő

paratrooper [ˈpærətruːpə] *fn* ejtőernyős

paratroops [ˈpærətruːps] *fn tsz* ejtőernyős alakulat, ejtőernyősök

parcel [ˈpɑːsl] ▼ *fn (postai)* csomag ‖ **do up** sg **into a parcel** összecsomagol ▼ *ige* **-ll-** (⊕ *US* **-l-**) **parcel out** felparcelláz, eloszt

parcel bomb *fn* csomagbomba

parcel-post *fn* csomagposta

parcels office *fn (postán)* csomagkiadás; *(vasúton)* poggyászfelvétel

parch [pɑːtʃ] *ige* kiszárít ‖ megaszalódik ‖ **parched by the sun** kiszárította a nap; **I'm parched** ❖ *biz* meghalok a szomjúságtól

parched [pɑːtʃt] *mn* kiszáradt ‖ tikkadt

parchment [ˈpɑːtʃmənt] *fn* pergamen

pardon [ˈpɑːdn] ▼ *fn* bocsánat, megbocsátás, pardon ‖ *(halálraítéltnek)* megkegyelmezés ‖ **I beg your pardon!** pardon, bocsánat!; *(méltatlankodva)* de kérem!; **(I beg your) pardon?** tessék?, mit tetszett mondani? ▼ *ige* **pardon** sy sg (*v.* sy **for** sg) vknek vmt megbocsát; vknek megkegyelmez ‖ **pardon me!** bocsánatot kérek!, bocsánat!, elnézést (kérek)!, pardon, ⊕ *US* kérem

pare [peə] *ige* meghámoz; *(zöldséget)* megtisztít

parent [ˈpeərənt] *fn* szülő ‖ **one's parents** szülők, vk szülei

parental [pəˈrentl] *mn* szülői

parent company *fn* anyaintézet

parenthesis [pəˈrenθɪsɪs] *fn (tsz* **-ses** [-siːz]) (kerek) zárójel ‖ **in parenthesis** zárójelben

parenthood [ˈpeərənthʊd] *fn* apaság; anyaság

parent ship *fn* anyahajó

parents-in-law *fn tsz* **my parents-in-law** a férjem/feleségem családja

parent-teacher association *fn kb.* szülői munkaközösség

---

fn főnév − *hsz* határozószó − *isz* indulatszó − *ksz* kötőszó − *mn* melléknév

▼ szófajjelzés ⊕ földrajzi variáns ❏ szakterület ❖ stiláris minősítés

parfait [ˌpɑːˈfeɪ] *fn* parfé

parings [ˈpeərɪŋz] *fn tsz (lehámozott)* héj

Paris [ˈpærɪs] *fn* Párizs

parish [ˈpærɪʃ] *fn* egyházközség, parókia, plébánia

parish church *fn* egyházközség, egyház || plébániatemplom

parish council *fn* községi tanács

parishioner [pəˈrɪʃənə] *fn* egyháztag

parish priest *fn* plébános

Parisian [pəˈrɪziən] *mn* párizsi

parity [ˈpærəti] *fn* ❏ *ker* ❏ *pénz* paritás

park [pɑːk] ▼ *fn* park ▼ *ige (autó)* várakozik, parkol || **where can I park the car?** hol parkolhatok?; **park one's car swhere** (le)parkol; **I'm parked over there** ott parkolok

parka [ˈpɑːkə] *fn* csuklyás kabát/bekecs, viharkabát

parked car [pɑːkt] *fn* parkoló gépkocsi

parking [ˈpɑːkɪŋ] *fn* várakozás, parkolás || parkolóhely || **no parking!** parkolni tilos!

parking area *fn* várakozóhely, parkoló

parking disc *fn* parkolótárcsa

parking fine *fn* helyszíni bírság

parking garage *fn* ❋ *US* parkolóház

parking lights *fn* parkolófény

parking-lot *fn* ❋ *US* (fizető)parkoló

parking-meter *fn* parkolóóra

parking meter zone *fn* fizetőparkoló

parking offence *fn* tiltott parkolás

parking place *fn* parkolóhely, várakozóhely

parking-ticket *fn* bírságcédula tiltott parkolásért

park keeper *fn* parkőr

parkway [ˈpɑːkweɪ] *fn* ❋ *US* fasor

parlance [ˈpɑːləns] *fn* beszéd(mód), szólásmód || **in common parlance** hétköznapi nyelven

parley [ˈpɑːli] *fn* vita, tárgyalás

parliament [ˈpɑːləmənt] *fn* parlament

parliamentary [ˌpɑːləˈmentəri] *mn* országgyűlési, parlamentáris

parliamentary democracy *fn* parlamentáris demokrácia

parlor car [ˈpɑːlə] *fn* ❋ *US* szalonkocsi

parlour (❋ *US* -or) [ˈpɑːlə] *fn* <különféle szolgáltatásokat nyújtó üzlethelyiség> szalon

parlour game *fn* társasjáték

parlour-maid *fn* ❋ *GB* szobalány

parlous [ˈpɑːləs] *mn* veszélyes, merész

Parmesan (cheese) [ˌpɑːmɪˈzæn] *fn* parmezán (sajt)

parochial [pəˈroʊkɪəl] *mn* provinciális, vidékies, szűk látókörű

parochialism [pəˈroʊkɪəlɪzm] *fn* provincializmus, szűklátókörűség

parody [ˈpærədi] ▼ *fn* paródia ▼ *ige* parodizál

parole [pəˈroʊl] *fn* becsületszó

parotitis [ˌpærəˈtaɪtɪs] *fn* ❏ *orv* fültőmirigy-gyulladás

paroxysm [ˈpærəksɪzm] *fn* kitörés, roham *(nevetésé, dühé)*

parquet [ˈpɑːkeɪ, ❋ *US* ˈpɑːrkeɪ] *fn* parkett || ❋ *US* ❏ *szính* földszint

parquet floor *fn* parkett(a)

parrot [ˈpærət] *fn* papagáj

parrot fashion *hsz* szajkó módra

parry [ˈpæri] *ige* **parry a blow** ütés elől kitér, (ütést) hárít, kivéd

parse [pɑːz] *ige* ❏ *nyelvt* elemez

parsimonious [ˌpɑːsɪˈmoʊnɪəs] *mn* szűkkeblű, szűkmarkú

parsimoniousness [ˌpɑːsɪˈmoʊnɪəsnəs] *fn* zsugoriság

parsley [ˈpɑːsli] *fn* ❏ *növ* petrezselyem

parsnip [ˈpɑːsnɪp] *fn* paszternák

parson [ˈpɑːsn] *fn* (anglikán) lelkész, plébános

parsonage [ˈpɑːsnɪdʒ] *fn* paplak, parókia

parson's nose *fn* püspökfalat

P

part [pɑːt] ▼ *fn* (alkotó)rész ‖ részleg, szakasz ‖ tag *(testé)* ‖ ⊕ *US (hajban)* választék ‖ ❑ *szính* szerep ‖ ❑ *zene* szólam ‖ **for my part, on my part** részemről; **for the most part** többnyire, túlnyomóan, túlnyomórészt; **he took it in good part** nem sértődött meg ezen; **in part** részben; **in parts** részenként; **play the part of sy** ❑ *szính* vmlyen szerepet játszik; **take sy's part** pártját fogja vknek; **take part in sg** részt vesz vmben; **have no part in sg** nem részes vmben; **a man of (many) parts** tartalmas/sokoldalú ember ▼ *ige* elválik, kettéválik, különválik ‖ elválaszt *(ált és hajat)* ‖ **part company with** vktől megválik; **let's part as friends** úgy váljunk el, mint barátok

part from vhonnan kiválik
part with sg vmtől megválik

partake [pɑːˈteɪk] *ige* (*pt* **partook** [-ˈtʊk]; *pp* **partaken** [-ˈteɪkn]) részesül, részt vesz *(of* vmben); eszik, iszik *(of* vmt)
partaken [pɑːˈteɪkn] *pp* → **partake**
parterre [pɑːˈteə] *fn* virágokkal beültetett kert(rész) ‖ ⊕ *US* ❑ *szính* földszint (hátsó része)
parterre seat *fn* ⊕ *US* földszinti ülés
part-exchange *fn* csereüzlet ‖ **offer/take sg in part-exchange** betud/beszámít vmt a cserébe *(pl. régi autóját egy új, drágább autóba)*
partial [ˈpɑːʃl] *mn* részleges, részbeni ‖ elfogult
partial board *fn* félpanzió
partiality [ˌpɑːʃiˈæləti] *fn* részrehajlás; elfogultság, pártoskodás, kivételezés
partially [ˈpɑːʃəli] *hsz* részben ‖ **partially disabled** mozgássérült, -korlátozott; **partially incapacitated** csökkent munkaképességű
participant [pɑːˈtɪsɪpənt] *fn* rész(t)vevő

participate [pɑːˈtɪsɪpeɪt] *ige* **participate in sg** vmben részt vesz ‖ részesül vmben
participation [pɑːˌtɪsɪˈpeɪʃn] *fn* részvétel
participation fee *fn* részvételi díj
participle [ˈpɑːtɪsɪpl] *fn* melléknévi igenév
particle [ˈpɑːtɪkl] *fn* részecske ‖ szócska, viszonyszó
particular [pəˈtɪkjʊlə] ▼ *mn* sajátos, különleges; külön(ös), egyéni ‖ rendszerető; pedáns ‖ aprólékos ‖ **be rather particular about sg** finnyás/kényes vmre, válogatós; **in particular** különösen, főként; **in this particular case** a jelen *(v.* ebben a konkrét) esetben ▼ *fn* **particulars** (apró) részletek ‖ személyi adatok ‖ **give full particulars of sg** részletez vmt; **give sy particulars on/about/regarding sg** vkt vmről (részleteiben) informál; **full particulars** részletes adatok, összes részletek
particularly [pəˈtɪkjʊləli] *hsz* nagyon; különösen ‖ **not particularly** nem valami nagyon; **not particularly rich** nem különösebben gazdag
parting [ˈpɑːtɪŋ] *fn (távozáskor)* búcsú ‖ *(hajban)* választék
parting cup *fn* búcsúpohár
parting kiss *fn* búcsúcsók
partisan [ˌpɑːtɪˈzæn] *fn* partizán
partition [pɑːˈtɪʃn] ▼ *fn* térelválasztó (elem) ‖ válaszfal, közfal ▼ *ige* **partition off** elkülönít, elrekeszt; leválaszt
partly [ˈpɑːtli] *hsz* részben ‖ **partly... partly...** egyrészt... másrészt
partner [ˈpɑːtnə] *fn* partner, ❑ *ker* társ, *(cégé)* tag ‖ **one's partner for life** élete párja; **partner in life** házastárs, élettárs
partnership [ˈpɑːtnəʃɪp] *fn* társas/partneri viszony; partnerkapcsolat ‖ társulás ‖ **go into partnership with** társul vkvel

---

fn főnév – *hsz* határozószó – *isz* indulatszó – *ksz* kötőszó – *mn* melléknév
▼ szófajjelzés ⊕ földrajzi variáns ❑ szakterület ❖ stiláris minősítés

part of speech *fn* szófaj
partook [pɑ:'tʊk] *pp* → **partake**
part-owner *mn* résztulajdonos
part payment *fn* részletfizetés
partridge ['pɑ:trɪdʒ] *fn* fogoly *(madár)*
part-song *fn* többszólamú ének
part-time *mn* részidős ‖ **part-time employment** részfoglalkozás; **part-time job** félállás, másodállás, mellékállás, részfoglalkozás
part-timer *fn* részfoglalkozású/részidős (dolgozó)
parturition [ˌpɑ:tjʊ'rɪʃn] *fn* ❑ *orv* vajúdás; szülés
party ['pɑ:ti] *fn* összejövetel; társaság, vendégség, parti; ❖ *biz* (házi)buli ‖ csapat, brigád ‖ bizottság ‖ ❑ *pol* párt ‖ *(perben)* fél ‖ **give a party** estélyt ad/rendez; **go to a dinner party (at sy's house)** vacsorára megy vkhez; **the parties concerned** az érdekelt felek; **be a party to sg** része van vmben
party line *fn* ❑ *pol* pártvonal ‖ ikertelefon
party policy *fn* pártpolitika
party programme *fn* pártprogram
party struggles *fn tsz* pártharc
party wall *fn* közfal
party worker *fn* pártmunkás
par value *fn* névérték
parvenu ['pɑ:vənju:] *fn* parvenü
pass [pɑ:s] ▼ *fn* sikeres vizsga; elégséges *(osztályzat)* ‖ belépő(cédula), kilépési engedély, kilépőcédula ‖ *(vasúti, busz stb.)* bérlet ‖ ❑ *sp* átadás, passz ‖ hegyszoros, hágó ‖ **get a pass** (sikeresen) átmegy a vizsgán; **come to pass** megtörténik; **things have come to such a pass** odáig jutottak a dolgok ▼ *ige* (el)vonul, (el)megy, elhalad ‖ *(idő)* (el)múlik, (el)telik ‖ *(tárgyat vknek)* (át)nyújt, (át)ad; ❑ *sp* átad *(labdát)* ‖ túlhalad vmn ‖ *(kártyában)* passzol ‖ *(időt)* (el)tölt ‖ *(vizsgát)* letesz, átmegy *(vizsgán)* ‖ *(törvényja-*

vaslatot) megszavaz, *(törvényt, költségvetést)* elfogad ‖ ⊕ *US (jármű)* (meg)előz, *(járművel)* lehagy ‖ **pass!** *(kártya)* passz!; **let sg pass** szó nélkül hagy vmt; **pass an examination** levizsgázik; **pass a resolution/motion** határozatot hoz; **pass judg(e)ment (on)** *(bíróság)* döntést hoz, *(ítéletet)* meghoz, ítéletet mond vmről; **pass the ball to sy** átadja a labdát; **pass the bread** legyen olyan szíves a kenyeret ideadni!; **pass the time by doing sg** vmvel tölti (az) idejét; **pass time** mulat *(szórakozik)*

pass along *(vm mellett)* halad
pass away elhuny, jobblétre szenderül
pass by *(út vm mellett)* elvisz
pass down vkre hagy *(örökséget)*
pass for ❖ *biz* elfogadható vmnek, elmegy ‖ vmnek számít
pass off lezajlik
pass on átad vmt, továbbít, továbbad vmt vknek ‖ **pass on a message (to sy)** üzenetet átad; **pass on to another subject** más témára tér
pass out vhonnan kimegy ‖ elájul
pass over *(vihar)* elvonul ‖ *(hibán)* átsiklik
pass round körbead
pass through keresztülmegy, áthalad; *(időben)* átél

passable ['pɑ:səbl] *mn (út)* járható ‖ ❖ *ált* tűrhető, meglehetős ‖ **that is passable** ez még megjárja
passably ['pɑ:səbli] *hsz* tűrhetően
passage ['pæsɪdʒ] *fn* áthaladás, átutazás, átkelés *(óceánon)*, utazás, hajó(út) ‖ átjáró, folyosó ‖ sikátor, köz ‖ ❑ *biol* járat, vezeték, cső ‖ *(könyvben)* szakasz, rész(let), hely ‖ **the passage (quoted) bellow** az alábbi fejezet/részlet stb.
passageway ['pæsɪdʒweɪ] *fn* átjáró, folyosó

P

passbook ['pɑːsbʊk] *fn* betétkönyv, takarékkönyv

passenger ['pæsɪndʒə] *fn* utas

passenger cabin *fn* utasfülke

passenger car *fn* személygépkocsi

passenger compartment *fn* utastér

passenger list *fn* utaslista, utasnévsor

passenger plane *fn* utasszállító repülőgép

passengers' baggage *fn* kézipoggyász

passenger tariff *fn* személydíjszabás

passenger transport *fn* személyszállítás

passer-by [ˌpɑːsəˈbaɪ] *fn* (*tsz* **passers-by**) járókelő

passing ['pɑːsɪŋ] ▼ *mn* múló, tünékeny, rövid ideig tartó || **passing shower** futó zápor ▼ *fn* áthaladás; előzés || **in passing** futólag; **no passing!** ⊕ *US* előzni tilos!

passing place *fn* átkelőhely

passing trade *fn* futóvendég

passion ['pæʃn] *fn* (*érzelem*) szenvedély || **have a passion for sg** vmért rajong

Passion, the ['pæʃn] *fn* ❑ *vall* passió

passionate ['pæʃnət] *mn* szenvedélyes, rajongó, heves, forró

passionately ['pæʃnətli] *hsz* szenvedélyesen

passion flower *fn* golgotavirág

passive ['pæsɪv] ▼ *mn* tétlen, passzív ▼ *fn* ❑ *nyelvt* szenvedő (alak)

passive smoking *fn* passzív dohányzás

passive vocabulary *fn* passzív szókincs

passive voice *fn* ❑ *nyelvt* szenvedő (alak)

passivity [pæˈsɪvəti] *fn* tétlenség, passzivitás

passkey ['pɑːskiː] *fn* (kapu)kulcs || álkulcs, tolvajkulcs

Passover ['pɑːsəʊvə] *fn* (zsidó) húsvét

passport ['pɑːspɔːt] *fn* útlevél clearance

passport and customs clearance *fn* útlevél- és vámkezelés

passport control *fn* útlevél-ellenőrzés

password ['pɑːswɜːd] *fn* ❑ *kat* jelszó || kulcsszó

past [pɑːst] ▼ *mn* régi, (el)múlt ▼ *fn* múlt ▼ *elölj* túl (vmn) || **he is past forty** túl van a negyvenen; **I wouldn't put it past him** ez kitelik tőle; **it is past five (o'clock)** 5 óra múlt; **(s)he is past help** (vkn) nem lehet rajta segíteni; **past recall** visszavonhatatlan; **past repair** helyrehozhatatlan; **quarter past four** negyed öt; **half past four** fél öt; **five (minutes) past four** öt perccel múlt négy (óra); **twenty minutes past the hour** óra húszkor (*indul*); **past (all) danger** túl (van) a veszélyen

pasta ['pæstə] *fn* (kifőtt) tészta

past continuous (tense) *fn* folyamatos múlt

paste [peɪst] ▼ *fn* tészta (*süteményhez*) ▼ *ige* **paste on** felragaszt

pasteboard ['peɪstbɔːd] *fn* karton(papír), papundekli

pastel ['pæstl] *fn* pasztell || pasztellkép

pastel shades *fn tsz* pasztellszínek

pastern ['pæstən] *fn* (*lóé*) csüd

pasteurized milk ['pɑːstʃəraɪzd] *fn* pasztőrözött tej, pasztőrtej

pastille ['pæstl] *fn* ❑ *orv* pasztilla, pirula

pastime ['pɑːstaɪm] *fn* időtöltés, szórakozás

past master *fn* nagymester (*at sg v. at doing sg* vmben)

pastor ['pɑːstə] *fn* (*nem GB*) lelkipásztor

pastoral ['pɑːstrəl] ▼ *mn* pásztori || lelkipásztori, lelkészi ▼ *fn* pásztorköltemény

pastoral care *fn* lelkigondozás

pastoral letter *fn* pásztorlevél

past participle *fn* múlt idejű melléknévi igenév

past perfect (tense) *fn* befejezett múlt

---

fn főnév – *hsz* határozószó – *isz* indulatszó – *ksz* kötőszó – *mn* melléknév
▼ szófajjelzés ⊕ földrajzi variáns ❑ szakterület ❖ stiláris minősítés

pastry ['peɪstri] *fn* tészta, cukrász-sütemény(ek)

past tense *fn* múlt idő

pasture ['pɑːstʃə] ▼ *fn* legelő ▼ *ige* legeltet || legel

pasty ▼ ['peɪsti] *mn* tésztás, puha ▼ ['pæsti] *fn* pástétom

pat¹ [pæt] ▼ *ige* -tt- megvereget || **pat sy on the back** *vk* vállát veregeti ▼ *fn* veregetés, legyintés

pat² [pæt] *hsz* **answer sy pat** *vknek* visszavág; **stand pat** nem enged a negyvennyolcból

patch [pætʃ] ▼ *fn (felvarrt)* folt || flastrom || *(veteményes)* telek || **a patch of garden** egy tenyérnyi (kis) kert ▼ *ige* **patch (up)** *(ruhát)* megfoltoz

patchwork ['pætʃwɜːk] *fn* darabokból összetoldozott/-állított munka; tákolmány

patchy ['pætʃi] *mn* foltozott || egyenetlen, nem egységes

pate [peɪt] *fn* ❖ *biz* fej, koponya, kobak

pâté ['pæteɪ] *fn* pástétom

patent ▼ ['pætnt, ⊕ *GB főleg* 'peɪtnt] *fn* szabadalom ▼ ['peɪtnt, ⊕ *US főleg* 'pætnt] *mn* szabadalmazott ▼ ['pætnt, ⊕ *GB főleg* 'peɪtnt] *ige* szabadalmaz(tat) || **have sg patented** szabadalmaztat

patent charges *fn tsz* szabadalmi díj

patented ['peɪtntɪd] *mn* szabadalmazott

patentee [ˌpeɪtn'tiː] *fn* szabadalomtulajdonos, szabadalmas

patent fees *fn tsz* szabadalmi díj

patent-holder *fn* szabadalomtulajdonos

patent law(s) *fn tsz* szabadalmi jog

patent leather ['peɪtnt] *fn* lakkbőr

patently ['peɪtntli] *hsz* kétségtelenül, nyilvánvalóan

patent medicine ['peɪtnt] *fn* szabadalmazott gyógyszerkészítmény

patent office ['pætnt] *fn* szabadalmi hivatal

patent rights *fn tsz* szabadalmi jog

paternal [pə'tɜːnl] *mn* apai

paternalistic [pə,tɜːnə'lɪstik] *mn* paternalista, atyáskodó

paternity [pə'tɜːnəti] *fn* apaság || származás

paternity suit *fn* apasági per

path [pɑːθ] *fn* ösvény, turistaút, út || pálya

pathetic [pə'θetɪk] *mn* szánalmas || patetikus

pathetically [pə'θetɪkli] *hsz* patetikusan

pathological [ˌpæθə'lɒdʒɪkl] *mn* kóros

pathologist [pə'θɒlədʒɪst] *fn* kórboncnok, patológus

pathology [pə'θɒlədʒi] *fn* kórbonctan, patológia

pathos ['peɪθɒs] *mn* indulat, pátosz

pathway ['pɑːθweɪ] *fn* turistaút, gyalogösvény

patience ['peɪʃns] *fn* türelem || **have patience** türelemmel van, tűr

patient ['peɪʃnt] ▼ *mn* türelmes *(with sy vkvel)*, béketűrő ▼ *fn* beteg, páciens

patiently ['peɪʃntli] *hsz* türelmesen

patio ['pætiou] *fn* (kis zárt belső) udvar

patisserie [pə'tiːsəri] *fn* cukrászsütemény

patriarch ['peɪtriɑːk] *fn* ❏ *vall* pátriárka

patrimony ['pætrɪməni] *fn* apai örökség

patriot ['pætrɪət] *fn* hazafi

patriotic [ˌpætri'ɒtɪk] *mn* hazafias

patriotism ['pætrɪətɪzm] *fn* hazaszeretet

patrol [pə'troul] ▼ *fn* őrjárat || járőr || *(cserkész)* őrs || **be on patrol** őrjáraton van ▼ *ige* **-ll-** őrjáraton van

patrol boat *fn* őrnaszád

patrol car *fn* URH-kocsi, rendőrautó || segélykocsi

patrol (car) service *fn* országúti segélyszolgálat, sárga angyal

P

---

nm névmás – *nu* névutó – *szn* számnév – *esz* egyes szám – *tsz* többes szám
▼ szófajjelzés ⊕ földrajzi variáns ❏ szakterület ❖ stiláris minősítés

patrolman [pə'troʊlmən] *fn* (*tsz* **-men**) rendőr ‖ sárga angyal

patron ['peɪtrən] *fn* pártfogó, védnök ‖ (állandó) vevő

patronage ['pætrənɪdʒ] *fn* pártfogás, védelem, védnökség

patronize ['pætrənaɪz] *ige* pártfogol, patronál

patronizing ['pætrənaɪzɪŋ] *mn* ❖ *átv* leereszkedő

patron saint *fn* védőszent

patter ['pætə] *ige* (*eső, láb*) kopog

pattern ['pætn] *fn* minta; modell, séma, sablon ‖ mintakép, példakép

patterned ['pætnd] *mn* mintás

paucity ['pɔːsəti] *fn* kis mennyiség, csekélység, szűkösség

paunch [pɔːntʃ] *fn* pocak

pauper ['pɔːpə] *fn* szegény, nyomorgó

pauperism ['pɔːpərɪzm] *fn* (*általános*) szegénység, nyomor

pauperization [ˌpɔːpəraɪ'zeɪʃn] *fn* (*általános*) elszegényedés

pause [pɔːz] ▼ *fn* szünet ‖ ❑ *zene* szünet(jel) ‖ pillanat-megállító ▼ *ige* szünetel, (*egy időre*) megáll

pave [peɪv] *ige* (*utat*) burkol, kövez ‖ **pave the way for sy** vknek/vmnek az útját egyengeti

paved ['peɪvd] *mn* kövezett

pavement ['peɪvmənt] *fn* járda ‖ ⊕ *US* kövezet, útburkolat

pavement artist *fn* <járdára pasztellképeket festő személy> "aszfaltművész", aszfaltrajzoló

pavilion [pə'vɪlɪən] *fn* pavilon (*kórházé, kiállító*)

paving-stone *fn* (*utcai*) kockakő

paviour ['peɪvɪə] *fn* (út)burkoló

paw [pɔː] ▼ *fn* ❖ *biz* pracli, mancs ▼ *ige* (össze)fogdos

pawn[1] [pɔːn] *fn* (*sakkban*) gyalog, paraszt

pawn[2] [pɔːn] ▼ *fn* zálog ‖ **be in pawn** zálogban van, ❖ *biz* zaciban van ▼ *ige* zálogba tesz

pawnbroker ['pɔːnbroʊkə] *fn* zálogkölcsönző, zálogház

pawnshop ['pɔːnʃɒp] *fn* zálogház, ❖ *biz* zaci

pay [peɪ] ▼ *fn* fizetés, illetmény, munkadíj, (munka)bér ▼ *ige* (*pt/pp* **paid** [peɪd]) fizet (*sy* vknek); (*tartozást*) megfizet; (*számlát, adósságot*) kifizet ‖ jövedelmez, kifizetődik ‖ **it does not pay** nem fizetődik ki; **please pay at the desk** a kasszánál tessék fizetni; **can be paid in ten monthly payments** tíz havi részletben fizethető; **paid by the hour** óradíjas; **what have I to pay?** mennyit fizetek?; **pay by cheque** csekkel fizet; **pay (in) cash** készpénzzel/készpénzben fizet; **pay in advance** előre fizet; **pay an official visit** hivatalos látogatást tesz vknél, levizitel vknél; **I pay my way** magam tartom el magam; **pay attention (to sg)** figyel/vigyáz (vmre)

pay back (*pénzt*) visszaad, visszafizet, visszatérít

pay down lefizet

pay for sg fizet vmért ‖ **pay sy for sg** vkt vmért megfizet; **you'll pay for it** ezért fizetsz!

pay in(to) befizet

pay off (*illetéket, tartozást*) leró; (*adósságot*) kiegyenlít ‖ kifizet vkt ‖ lefizet vkt

pay out (*pénzt*) kiutal, folyósít

pay up kifizeti tartozását

payable ['peɪəbl] *mn* fizetendő, fizethető, (*tartozás*) esedékes ‖ **a cheque payable to the bearer** bemutatóra szóló csekk; **payable at sight** (*v.* **on demand**) látra fizetendő; **payable to holder** névre szóló

payday ['peɪdeɪ] *fn* bérfizetési nap

PAYE [ˌpeɪ eɪ waɪ'iː] = *pay-as-you-earn* (*system*) közterhek levonása a fizetőhelyen

---

payee [ˌpeɪˈiː] *fn* rendelvényes *(váltóé)*; bemutató *(csekké)*
pay envelope *fn* = **pay packet**
payer [ˈpeɪə] *fn* fizető
paying [ˈpeɪɪŋ] *mn* jövedelmező, kifizetődő, nyereséges, rentábilis ‖ **paying proposition** kifizetődő vállalkozás, jó üzlet, jövedelmező dolog
paying guest *fn* fizetővendég
payload [ˈpeɪloʊd] *fn* hasznos súly/teher
payment [ˈpeɪmənt] *fn* (ki)fizetés; *(pénzösszegé)* lefizetés ‖ befizetés ‖ fizetség ‖ **make a payment** fizet, befizetést eszközöl; **payment in cash** készpénzfizetés; **payment of duty** illeték lerovása; **in ten monthly payments** tíz havi részletben fizethető
pay-off *fn* ❖ *biz* leszámolás ‖ kifizetés ‖ lefizetés (vké) ‖ fizetség ‖ poén *(viccé)*
pay packet *fn* boríték *(a bérrel)*
pay phone *fn* nyilvános telefonállomás
payroll [ˈpeɪroʊl] *fn* fizetési jegyzék, bérjegyzék
payroll accounting *fn* bérelszámolás
pay-sheet *fn* fizetési jegyzék
pay-slip *fn* fizetéscsík; ❖ *biz* slejfni
pay station *fn* ⊕ *US* nyilvános telefon
pc [ˌpiː ˈsiː] = **per cent** ‖ **postcard**
PC [ˌpiː ˈsiː] = **personal computer** ‖ → **police constable**
pd = **paid**
Pde sétány *(utcanevekben)*; = **parade**
PE [ˌpiː ˈiː] = **physical education**
pea [piː] *fn* borsó
peace [piːs] *fn* béke ‖ **conclude a peace** békét köt; **make peace with sy** vkvel kibékül
peaceable [ˈpiːsəbl] *mn* békeszerető
peaceably [ˈpiːsəbli] *hsz* békésen
peace-footing *fn* békebeli létszám
peaceful [ˈpiːsfl] *mn* békés, nyugodt, csendes ‖ **peaceful settlement (of disputes)** békés megegyezés/rendezés *(vitás kérdéseké)*

peace offering *fn* ▢ *vall* engesztelő áldozat/ajándék
peace pact *fn* békeegyezmény
peacetime [ˈpiːstaɪm] *mn* békebeli
peace-treaty *fn* békeszerződés
peach [piːtʃ] ▼ *fn* őszibarack ▼ *ige* **peach on** ▢ *isk* ❖ *biz* spicliskedik vkre
peach stone *fn* barackmag
peach-tree *fn* őszibarackfa
peacock [ˈpiːkɒk] *fn* páva *(kakas)*
peafowl [ˈpiːfaʊl] *fn* páva
peahen [ˈpiːhen] *fn (nőstény)* páva
peak [piːk] *fn* (hegy)csúcs, hegyfok ‖ csúcs(érték) ‖ *(sapkán)* ellenző ‖ tetőpont ‖ **at the peak of his career** pályája csúcsán
peak consumption *fn* csúcsfogyasztás
peak hour *fn* csúcsforgalmi óra ‖ **peak hours** csúcsforgalmi idő, csúcsforgalom
peak-hour traffic *fn* csúcsforgalom
peak load *fn* ▢ *el* csúcsterhelés
peak output *fn* csúcstermelés
peak period *fn* csúcsforgalom, csúcsforgalmi idő/órák
peak value *fn* csúcsérték
peaky [ˈpiːki] *mn* hegyes ‖ sovány, vézna, göthös
peal [piːl] ▼ *fn* harangszó, harangzúgás ▼ *ige (harang)* zúg; *(orgona)* szól ‖ cseng-bong
peanut [ˈpiːnʌt] *fn* amerikai mogyoró, földimogyoró
peanut butter *fn* (földi)mogyoróvaj
pear [peə] *fn* körte *(gyümölcs)*
pearl [pɜːl] *fn* (igaz)gyöngy ‖ **pearl necklace** gyöngysor; **pearls** gyöngysor
pearl-fisher *fn* gyöngyhalász
pear-tree *fn* körtefa
peas [piːz] *fn tsz* borsó
peasant [ˈpeznt] *fn* paraszt, gazdálkodó ‖ **peasant farm** parasztgazdaság
peasantry [ˈpezntri] *fn* parasztság ‖ **the peasantry** a parasztok

P

nm névmás – *nu* névutó – *szn* számnév – *esz* egyes szám – *tsz* többes szám
▼ szófajjelzés ⊕ földrajzi variáns ▢ szakterület ❖ stiláris minősítés

pea soup *fn* sárgaborsóleves
pea-souper [,pi:'su:pə] *fn* ❖ *biz* hatalmas köd
peat [pi:t] *fn* tőzeg
pebble(s) ['pebl(z)] *fn tsz (tengerparton)* kavics
pebble-work *fn* kavicsburkolat *(úté)*
pebbly ['pebli] *mn* kavicsos
peck [pek] ▼ *fn* csípés *(csőrrel)* ‖ ❖ *biz* puszi ▼ *ige* csíp, csipked *(csőrrel)* ‖ ❖ *biz* puszil ‖ kopácsol
pecking order ['pekɪŋ] *fn kb.* szamárlétra
peckish ['pekɪʃ] *mn* ❖ *biz* éhes
peculate ['pekjʊleɪt] *ige (közpénzt)* elsikkaszt
peculiar [pɪ'kju:lɪə] *mn* különös, különleges, furcsa, sajátos ‖ **in a peculiar way** sajátos módon; **peculiar to sg** vmre jellemző
peculiarity [pɪ,kju:li'ærəti] *fn* egyéni sajátság, jellemző vonás, jellegzetesség
peculiarly [pɪ'kju:lɪəli] *hsz* különösen; furcsán
pecuniary [pɪ'kju:nɪəri] *mn* pénzügyi; anyagi ‖ **pecuniary interest** anyagi érdek
pedagogic(al) [,pedə'gɒdʒɪk(l)] *mn* pedagógiai
pedagogy ['pedəgɒdʒi] *fn* pedagógia
pedal ['pedl] ▼ *fn* pedál ▼ *ige* -ll- (⊕ *US* -l-) ❖ *biz* bringázik, kerekezik
pedal bin *fn* pedálos szemétláda
pedant ['pednt] *fn* szőrszálhasogató ‖ tudálékos ember
pedantic [pɪ'dæntɪk] *mn* kicsinyes, betűrágó, kínosan aprólékos/pedáns ‖ tudálékos
pedantry ['pedntri] *fn* fontoskodás, tudálékosság, nagyképűség
peddle ['pedl] *ige* házal ‖ **peddle gossip** pletykákat terjeszt
peddler ['pedlə] *fn* ⊕ *US* házaló ‖ zugárus *(kábítószeré)*
pedestal ['pedɪstl] *fn* (t)alapzat ‖ *(gépben)* állórés.

pedestrian [pɪ'destrɪən] *fn* gyalogos
pedestrian crossing *fn (kijelölt)* gyalogátkelőhely
pedestrian precinct *fn (járműforgalomtól mentes)* sétálóutca
pedi- ⊕ *US* = **paedi-**
pedicel ['pedɪsel] *fn* kocsány
pedicle ['pedɪkl] *fn* kocsány
pedicure ['pedɪkjʊə] *fn (lábon)* lábápolás, pedikűr
pedicurist ['pedɪkjʊərɪst] *fn* pedikűrös
pedigree ['pedɪgri:] ▼ *mn* fajtatiszta, faj-, pedigrés, törzskönyvezett ▼ *fn* pedigré; törzskönyv *(kutyáké)*
pedigree animal *fn* fajállat
pedlar ['pedlə] *fn* házaló
pee [pi:] *fn* ❖ *biz* pisi ‖ **have a pee** pisil
peek [pi:k] *ige* kukucskál
peel [pi:l] ▼ *fn* (gyümölcs)héj ▼ *ige (gyümölcsöt, burgonyát)* (meg)hámoz ‖ hámlik

peel off lehámoz; *(fakérget)* (le)hánt ‖ *(festés)* leválik, (le)pattogzik ‖ **be peeling off** lehámlik

peelings ['pi:lɪŋ] *fn tsz* héj, hulladék
peep [pi:p] *ige* kandikál, kukucskál

peep at/into kukucskál, megles, beles
peep in/into vmbe bekukucskál
peep out/through ❖ *biz* kikandikál, kiles

peephole ['pi:phəʊl] *fn* kémlelőlyuk, kémlelőnyílás, nézőlyuk
peep-show *fn* minidianéző *(kukucskálós)* ‖ kukucskálós erotikus show
peer [pɪə] *fn* egyenrangú ‖ ⊕ *GB* főnemes, mágnás ‖ **his peers** a vele egyenrangúak
peerage, the ['pɪərɪdʒ] *fn* ⊕ *GB* főnemesség
peerless ['pɪələs] *mn* utolérhetetlen ‖ **be peerless** nincsen párja

---

fn főnév − *hsz* határozószó − *isz* indulatszó − *ksz* kötőszó − *mn* melléknév
▼ szófajjelzés ⊕ földrajzi variáns ❏ szakterület ❖ stiláris minősítés

peeve [pi:v] *ige* bosszant, idegesít
peeved [pi:vd] *mn* duzzogó, sértődött
peevish ['pi:vɪʃ] *mn* mogorva, durcás
peevishness ['pi:vɪʃnəs] *fn* mogorvaság
peg [peg] *fn* cövek; ❖ *ált* pecek ‖ csap *(fakötés)* ‖ **buy sg off the peg** készruhát vesz
pejorative [pɪ'dʒɒrətɪv] *mn* rosszalló, pejoratív ‖ **in a pejorative sense** elítélő értelemben, elítélően
Pekinese [ˌpi:kɪ'ni:z] *fn* pekingi öleb
Peking ['pi:'kɪŋ] *fn* Peking
pelican ['pelɪkən] *fn* pelikán
pelican crossing *fn* gyalogátkelő *(gyalogosoktól vezérelt lámpával)*
pellet ['pelɪt] *fn* galacsin, labdacs ‖ sörét
pell-mell [ˌpel'mel] *hsz* szerteszéjjel, összevissza
pelmet ['pelmɪt] *fn* karnis ‖ drapéria
pelt¹ [pelt] *fn* irha
pelt² [pelt] *ige* megdobál *(with* vmvel)

pelt down zuhog *(az eső)*

pelvis ['pelvɪs] *fn* ❏ *orv* medence
pen¹ [pen] *fn (írásra)* toll
pen² [pen] *fn* akol
penal ['pi:nl] *mn* büntető(jogi)
Penal Code *fn* Büntető Törvénykönyv
penalize ['pi:nəlaɪz] *ige* (meg)büntet ‖ **be penalized** hibapontot kap
penal servitude *fn* fegyházbüntetés, kényszermunka
penalty ['penlti] *fn* ❏ *jog* büntetés, bírság, pénzbírság, pönálé ‖ ❏ *sp* tizenegyes; *(lovaglásban)* hibapont ‖ **pay a penalty (of)** bírságot fizet
penalty area *fn* **(with)in the penalty area** a tizenhatoson belül
penalty clause *fn* alávetés per esetére
penalty kick *fn* ❏ *sp* tizenegyes, büntető(rúgás)
penalty point *fn* ❏ *sp* hibapont
penalty shoot-out *fn* ❏ *sp* tizenegyesek rúgása *(hosszabbítás után)*

penalty throw *fn* négyméteres *(büntetődobás vízilabdában)*
penance ['penəns] *fn* bűnbánat, töredelem, vezeklés
pence [pens] *tsz* → **penny**
penchant ['pɒnʃɒn] *fn* erős hajlam
pencil ['pensl] ▼ *fn* ceruza ▼ *ige* **-ll-** (⊕ *US* **-l-**) **pencil in** sg/sy ideiglenesen/ceruzával beír/bejegyez vmt/vkt; **pencil one's eyebrows** kihúzza a szemöldökét
pencil case *fn* tolltartó
pencil-sharpener *fn* ceruzahegyező
pendant ['pendənt] *fn* függő *(ékszer)* ‖ *(nyakban)* medál, medalion
pending ['pendɪŋ] *mn* függőben lévő; függő, elintézetlen ‖ **be (still) pending** függőben van, elintézésre vár
pendulum ['pendjʊləm] *fn* inga
penetrate ['penətreɪt] *ige (erőszakkal)* behatol, belefúródik *(into* vmbe)
penetrating ['penətreɪtɪŋ] *mn* átható, penetráns
penetration [ˌpenə'treɪʃn] *fn* áthatolás ‖ felfogás, éleselméjűség
pen friend *fn* levelezőtárs
penguin ['peŋgwɪn] *fn* pingvin
penholder ['penhoʊldə] *fn* tollszár *(írótollé)*
penicillin [ˌpenɪ'sɪlɪn] *fn* penicillin
peninsula [pɪ'nɪnsjʊlə] *fn* félsziget
penis ['pi:nɪs] *fn* hímvessző
penitence ['penɪtəns] *fn* bűnbánat, vezeklés
penitent ['penɪtənt] *mn* bűnbánó, vezeklő
penitentiary [ˌpenɪ'tenʃəri] *fn* ⊕ *US* börtön
penknife ['pennaɪf] *fn (tsz* **-knives** [-naɪvz]) zsebkés
penlight battery ['penlaɪt] *fn* ceruzaelem
penmanship ['penmənʃɪp] *fn* szépírás ‖ írásművészet
pen-name *fn (írói)* álnév
pennant ['penənt] *fn (hegyes végű)* (hajó)zászló

P

---

penniless ['penɪləs] *mn* pénztelen

penny ['penɪ] *fn (tsz érmek* **pennies**; *összeg* **pence**) penny ‖ (s)he **hasn't got a penny to her name** semmi pénze sincs; **a penny for your thoughts!** ❖ *biz* min/hol jár az eszed?; **the penny (has) dropped** (végre) leesett a tantusz

penny-pinching *mn* ❖ *biz* szűkmarkú; garasos, fukar; skót

pen pal *fn* levelezőtárs

pension¹ ['penʃn] ▼ *fn* nyugdíj ▼ *ige* **pension off** nyugdíjba helyez/küld, nyugdíjaz

pension² ['penʃn] *fn* panzió

pensionable ['penʃnəbl] *mn* nyugdíjjogosult ‖ nyugdíjas *(állás)*

pensioned-off *mn* nyugdíjas

pensioner ['penʃənə] *fn* nyugdíjas

pension fund *fn* nyugdíjalap

pensive ['pensɪv] *mn* gondolkodó, töprengő

pentagon ['pentəgɒn] *fn* ötszög ‖ the Pentagon <az USA hadügyminisztériuma> a Pentagon

pentathlon [pen'tæθlɒn] *fn* öttusa

Pentecost ['pentɪkɒst] *fn* pünkösd

penthouse ['penthaʊs] *fn* védőtető, előtető ‖ **penthouse flat** tetőlakás

pent-up [ˌpent'ʌp] *mn* elfojtott *(érzelem)*

penurious [pɪ'njʊərɪəs] *mn* szegényes, sivár, szűkölködő

penury ['penjərɪ] *fn* szegénység, ínség, szűkölködés

peony ['piːənɪ] *fn* bazsarózsa, peónia

people ['piːpl] *fn (tsz* **peoples**) nép *(nemzet)* ‖ *(tsz ua.)* nép, emberek ‖ the **peoples of Africa** Afrika népei; the **people** a nép/lakosság; **my people** ❖ *biz* (a) családom; **people of the neighbourhood** a környékbeliek; **there are people who** van olyan, aki; vannak, akik; **many people** sok ember, sokan; **the people of London** a londoniak, London lakossága; **his**

people az emberei; **young people** (a) fiatalok

pep [pep] ▼ *fn* energia, életerő, rámenősség ▼ *ige* **-pp- pep up** felélénkít

pepper ['pepə] *fn* bors

pepper-castor *fn* borsszóró

peppered ['pepəd] *mn* borsos

pepper-mill *fn* borsdaráló

peppermint ['pepəmɪnt] *fn* borsosmenta; mentacukor

pepperpot ['pepəpɒt] *fn* borsszóró

pep talk *fn* buzdító beszéd

per [pɜː] *elölj* által, révén, -nként ‖ **at 100 km(s) per hour** óránként 100 km-es sebességgel; **as per advice** értesítés szerint; **per person per day** személyenként és naponként

per annum *hsz* évenként, évente

per capita *mn/hsz* egy főre eső, fejenként(i)

perceive [pə'siːv] *ige* észrevesz, észlel, érzékel ‖ felfog

per cent *fn* százalék

percentage [pə'sentɪdʒ] *fn* százalék

perceptible [pə'septəbl] *mn* észrevehető, észlelhető, érzékelhető

perception [pə'sepʃn] *fn* érzékelés, észlelés ‖ felfogóképesség

perceptive [pə'septɪv] *mn* észrevevő, érzékenyen reagáló, (gyorsan) érzékelő ‖ jó ítélőképességű/felfogóképességű

perch [pɜːtʃ] ▼ *fn* ág, (ülő)rúd *(madaraknak)* ‖ jó pozíció ▼ *ige (baromfi)* elül ‖ **perch on** *(madár ágra)* felül, telepedik

percolate ['pɜːkəleɪt] *ige* átszűr(ődik) ‖ *(kávét kávéfőző gépen)* főz

percolator ['pɜːkəleɪtə] *fn* eszpresszógép, kávéfőző gép

percuss [pə'kʌs] *ige* ❏ *orv* kopogtat

percussion [pə'kʌʃn] *fn* ❏ *orv* kopogtatás ‖ **the percussion** ❏ *zene* az ütősök

percussion-cap *fn* ❏ *kat* gyutacs, kapszli

---

fn főnév – *hsz* határozószó – *isz* indulatszó – *ksz* kötőszó – *mn* melléknév
▼ szófajjelzés ⊕ földrajzi variáns ❏ szakterület ❖ stiláris minősítés

percussion instrument *fn* ütőhangszer

percussionist [pə'kʌʃənɪst] *fn* ❑ *zene* ütőjátékos, ütős

percussion-pin *fn* gyújtószeg

percussion player *fn* ütőhangszer-játékos, ütőjátékos

per day *hsz* naponként

peregrinate ['perəgrɪneɪt] *ige* vándorol

peremptory [pə'remptəri] *mn* ellentmondást nem tűrő; parancsoló

perennial [pə'reniəl] *mn* ❑ *növ* évelő

perfect ['pɜ:fɪkt] *mn* tökéletes, hibátlan, perfekt

perfection [pə'fekʃn] *fn* tökéletesség, tökély ‖ **arrive at perfection** tökéletesedik; **bring (sg) to perfection** tökéletesít

perfectionist [pə'fekʃnɪst] *fn* maximalista

perfectly ['pɜ:fɪktli] *hsz* tökéletesen, kitűnően ‖ **that's perfectly all right** teljesen rendben van; **he is perfectly right** száz százalékig igaza van

perfidious [pə'fɪdiəs] *mn* álnok, hitszegő

perfidy ['pɜ:fɪdi] *fn* álnokság, hitszegés

perforate ['pɜ:fəreɪt] *ige* kilyukaszt, ❑ *orv* perforál

perforated ['pɜ:fəreɪtɪd] *mn* átlyukasztott ‖ perforált

perforation [ˌpɜ:fə'reɪʃn] *fn* perforáció ‖ ❑ *orv* átfúródás

perform [pə'fɔ:m] *ige* teljesít, megtesz; (el)végez, véghezvisz ‖ (*színdarabot*) előad; (*színész*) játszik; (*darabot, zeneművet*) eljátszik ‖ **perform sg well** ❖ *biz* jól csinálja *(művész)*; **be performed** színre kerül

performance [pə'fɔ:məns] *fn* teljesítés, teljesítmény ‖ előadásmód ‖ (*színházi*) előadás; (*zeneműé*) előadás

performer [pə'fɔ:mə] *fn* előadó(művész)

performing arts [pə'fɔ:mɪŋ] *fn tsz* előadóművészet

perfume ['pɜ:fju:m] *fn* illatszer, parfüm

perfunctory [pə'fʌŋktəri] *mn* felületes, hanyag ‖ gépies, rutin- *(vizsgálat stb.)*

perhaps [pə'hæps] *hsz* talán, lehetséges; meglehet

per head *hsz* személyenként, fejenként

peril ['perəl] *fn* veszély, veszedelem

perilous ['perələs] *mn* veszélyes, veszedelmes

perilously ['perələsli] *hsz* veszélyesen, kockázatosan

perimeter [pə'rɪmɪtə] *fn* ❑ *mat* kerület *(idomé)*

period ['pɪəriəd] ▼ *mn* korabeli, antik *(bútor stb.)* ‖ kosztümös *(színdarab)*, korhű *(jelmez)* ▼ *fn* időszak, kor(szak) ‖ periódus ‖ (idő)tartam ‖ ❑ tört szakasz ‖ mondat ‖ ⊕ *US (mondat végén)* pont ‖ ❑ *sp (vízilabda)* negyed ‖ tanítási óra ‖ menses, menstruáció ‖ **I'm having a period** *(havi vérzés)* megjött

period furniture *fn* stílbútor

periodic [ˌpɪəri'ɒdɪk] *mn* időszaki, időszakos

periodical [ˌpɪəri'ɒdɪkl] ▼ *mn* időszakos, periodikus ▼ *fn* folyóirat

periodically [ˌpɪəri'ɒdɪkli] *hsz* koronként

periodic table *fn* periódusos rendszer

periodontal disease [ˌperioʊ'dɒntl] *fn* ínysorvadás

period piece *fn* stílbútor ‖ antik holmi/darab

periosteum [ˌperi'ɒstiəm] *fn* csonthártya

periostitis [ˌperiɒ'staɪtɪs] *fn* csonthártyagyulladás

peripheral [pə'rɪfərəl] *mn* periferiális, periferikus

periphery [pə'rɪfəri] *fn* periféria

periphrasis [pə'rɪfrəsɪs] *fn* (*tsz* **-ses** [-sɪz]) körülírás

periscope ['perɪskoʊp] *fn* periszkóp

perish ['perɪʃ] *ige* elpusztul; *(állat)* elhull, elvesz, elvész ‖ **perish in the flames** bennég

perishable ['perɪʃəbl] *mn* romlandó

perishables *fn tsz* romlandó étel

perishing ['perɪʃɪŋ] *mn* átkozott(ul) *(hideg)*

peristaltic movement [ˌperɪ'stæltɪk] *fn* bélmozgás

peritoneum [ˌperɪtə'ni:əm] *fn (tsz -nea* [-ni:ə]) hashártya

peritonitis [ˌperɪtə'naɪtɪs] *fn* hashártyagyulladás

perjure ['pɜ:dʒə] *ige* **perjure oneself** hamisan esküszik

perjurer ['pɜ:dʒərə] *fn* hamis tanú

perjury ['pɜ:dʒəri] *fn* hamis eskü/tanúzás

perk(s) [pɜ:k(s)] *fn tsz* ❖ *biz* járulékos juttatás(ok), mellékes

perky ['pɜ:ki] *mn* élénk ‖ szemtelen, pimasz

perm [pɜ:m] ▼ *fn* dauer ‖ **have a perm** daueroltat ▼ *ige* dauerol ‖ **have one's hair permed** daueroltat

permanence ['pɜ:mənəns] *fn* állandóság

permanent ['pɜ:mənənt] *mn* tartós, állandó, maradandó, permanens ‖ **permanent address** állandó lak(ó)hely; **permanent disablement** *(állandó)* munkaképtelenség; **permanent staff** állandó alkalmazottak; **permanent tooth** maradó fog; **permanent wave** tartós hullám

permanently ['pɜ:mənəntli] *hsz* állandóan, tartósan

permeability [ˌpɜ:mɪə'bɪləti] *fn* áteresztőképesség *(folyadéké stb.)*

permeable ['pɜ:mɪəbl] *mn* áteresztő

permeate ['pɜ:mieɪt] *ige* vmt átjár, vmn áthatol

permissible [pə'mɪsəbl] *mn* megengedhető ‖ **permissible load** megengedett terhelés

permission [pə'mɪʃn] *fn* engedélyezés, engedély ‖ **give (sy) permission** **(to do sg)** vknek vmt engedélyez; **with your (kind) permission** szíves engedelmével

permissive [pə'mɪsɪv] *mn* engedékeny ‖ liberális *(társadalom)*

permit ▼ ['pɜ:mɪt] *fn* engedély ▼ [pə'mɪt] *ige* **-tt-** engedélyez, engedélyt ad vmre, megenged *(sy sg* vknek vmt) ‖ **be not permitted** tilos

per month *hsz* havonta

permutation [ˌpɜ:mjʊ'teɪʃn] *fn* fölcserélés, sorrendváltoztatás ‖ ❑ *mat* permutáció

permute [pə'mju:t] *ige* fölcserél, permutál

pernicious [pə'nɪʃəs] *mn* ártalmas, kártékony

pernicious anaemia (⊕ *US* **-e-**) *fn* vészes vérszegénység

pernickety [pə'nɪkəti] *mn* ❖ *biz* aprólékoskodó, válogatós, kényes

perpendicular [ˌpɜ:pən'dɪkjʊlə] *mn* függőleges, merőleges

perpendicular style *fn* ⊕ *GB* ❑ *műv* függélyes stílus

per person *hsz* személyenként

perpetrate ['pɜ:pətreɪt] *ige* elkövet ‖ **perpetrate a joke** tréfát űz, megtréfál

perpetration [ˌpɜ:pə'treɪʃn] *fn* **perpetration of a crime** bűnelkövetés

perpetrator ['pɜ:pətreɪtə] *fn* ❑ *jog* (bűn)elkövető

perpetual [pə'petʃʊəl] *mn* örök, örökös, állandó

perpetually [pə'petʃʊəli] *hsz* örökké, minduntalan

perpetuate [pə'petʃʊeɪt] *ige* megörökít, állandósít

perpetuity [ˌpɜ:pə'tju:əti] *fn* örökkévalóság ‖ **in perpetuity** örökre

perplex [pə'pleks] *ige* vkt összezavar

perplexed [pə'plekst] *mn* zavart, tanácstalan ‖ **be perplexed** tanácstalanul áll

perplexing [pə'pleksɪŋ] *mn* zavarba hozó; összezavart ‖ zavaró

---

fn főnév – *hsz* határozószó – *isz* indulatszó – *ksz* kötőszó – *mn* melléknév
▼ szófajjelzés ⊕ földrajzi variáns ❑ szakterület ❖ stiláris minősítés

perplexity [pə'pleksəti] *fn* zavar; tanácstalanság

perquisite(s) ['pɜːkwɪzɪt(s)] *fn* *tsz* mellékjövedelem, borravaló ‖ kiváltság

persecute ['pɜːsɪkjuːt] *ige* üldöz; zaklat, kínoz

persecution [,pɜːsɪ'kjuːʃn] *fn* üldöz(tet)és

persecutor ['pɜːsɪkjuːtə] *fn* üldöző

perseverance [,pɜːsɪ'vɪərəns] *fn* állhatatosság, kitartás

persevere [,pɜːsɪ'vɪə] *ige* kitart ‖ **persevere in** sg állhatatos vmben

Persia ['pɜːʃə] *fn* Perzsia

Persian ['pɜːʃn] ▼ *mn* perzsa ▼ *fn* perzsa (nyelv)

Persian carpet *fn* perzsaszőnyeg

Persian Gulf *fn* Perzsa (Arab)-öböl

persist [pə'sɪst] *ige* kitart (*in* vm mellett)

persistence [pə'sɪstəns] *fn* állhatatosság; kitartás

persistent [pə'sɪstənt] *mn* állhatatos, kitartó, szívós ‖ hosszan tartó ‖ makacs *(láz)*

persistently [pə'sɪstəntli] *hsz* kitartóan

person ['pɜːsn] *fn* személy; egyén, fő ‖ **a certain person** valaki, egy illető; **in person** személyesen, személy szerint; **person in question** illető; **person of (high) rank** előkelő személy(iség)

personable ['pɜːsnəbl] *mn* csinos; jó fellépésű/modorú

personal ['pɜːsnəl] *mn* személyes, személyi, egyéni ‖ **personal interview** személyes megbeszélés; **personal freedom/liberty** személyes szabadság; **personal papers** személyi okmányok; **personal relations** személyes kapcsolatok

personal assistant *fn* (személyi) titkár, titkárnő

personal belongings *fn* *tsz* személyes használati tárgyak

personal column *fn* hirdetési rovat, közlemények

personal computer (PC) *fn* személyi számítógép

personal effects *fn* *tsz* ingóságok, személyi tulajdon

personal estate *fn* = **personal property**

personal income *fn* személyi jövedelem

personal income tax *fn* személyi jövedelemadó

personality [,pɜːsə'næləti] *fn* személyiség, jellem

personality cult *fn* személyi kultusz

personal life *fn* magánélet

personal loan *fn* személyi kölcsön

personally ['pɜːsnəli] *hsz* személyesen, személy szerint ‖ **know sy personally** személyesen ismer vkt

personal pronoun *fn* személyes névmás

personal property *fn* személyi tulajdon ‖ ingó vagyon

personal stereo *fn* sétálómagnó, Walkman

personification [pə,sɒnɪfɪ'keɪʃn] *fn* megszemélyesítés

personify [pə'sɒnɪfaɪ] *ige* megszemélyesít

personnel [,pɜːsə'nel] *fn* személyzet, az alkalmazottak

personnel department *fn* személyzeti osztály

personnel director *fn* személyzeti vezető

personnel management *fn* személyzeti igazgatás

personnel manager *fn* személyzeti főnök/vezető

perspective [pə'spektɪv] *fn* távlat, perspektíva

Perspex ['pɜːspeks] *fn* plexiüveg

perspicacious [,pɜːspɪ'keɪʃəs] *mn* éles látású/szemű/eszű

perspicacity [,pɜːspɪ'kæsəti] *fn* éleslátás

P

---

nm névmás – *nu* névutó – *szn* számnév – *esz* egyes szám – *tsz* többes szám

▼ szófajjelzés ⊕ földrajzi variáns ❑ szakterület ❖ stiláris minősítés

perspicuous [pə'spɪkjʊəs] *mn* (könnyen) érthető, világos, áttekinthető

perspiration [ˌpɜːspə'reɪʃn] *fn* izzadás ‖ izzadság

perspire [pə'spaɪə] *ige* izzad, verejtékezik

persuade [pə'sweɪd] *ige* rábeszél (*into* vmre) ‖ **persuade sy of sg** meggyőz vkt vmről; **persuade sy out of (doing) sg** vkt vmről lebeszél; **persuade sy to do sg** (*v.* **into doing**) vkt vmre rábeszél; **be persuaded of sg** (*v.* **that ...**) meg van győződve vmről

persuasion [pə'sweɪʒn] *fn* meggyőzés ‖ meggyőződés

persuasive [pə'sweɪsɪv] *mn* rábeszélő, meggyőző

persuasively [pə'sweɪsɪvli] *hsz* meggyőzően

pert [pɜːt] *mn* feleselő; nagyszájú, hetyke, pimasz

pertain [pə'teɪn] *ige* **pertain to** tartozik vhová, vonatkozik vmre

pertaining to [pə'teɪnɪŋ] *mn* ... vmre vonatkozó, idevágó

pertinent ['pɜːtɪnənt] *mn* helyes, illő, találó ‖ **pertinent to** vmre vonatkozó

perturb [pə'tɜːb] *ige* háborgat, megzavar

perturbing [pə'tɜːbɪŋ] *mn* zavaró

Peru [pə'ruː] *fn* Peru

perusal [pə'ruːzl] *fn* elolvasás, átolvasás

peruse [pə'ruːz] *ige* átolvas; megvizsgál

Peruvian [pə'ruːviən] *mn/fn* perui

pervade [pə'veɪd] *ige* (*anyag vmt*) áthat, átjár, vmbe beleivódik, vmn áthatol

pervasive [pə'veɪsɪv] *mn* átható (*szag*)

perverse [pə'vɜːs] *fn* természetellenes, perverz ‖ önfejű

perversely [pə'vɜːsli] *hsz* természetellenesen

perverseness [pə'vɜːsnəs] *fn* = **perversity**

perversion [pə'vɜːʃn] *fn* elferdítés, kiforgatás ‖ perverzió

perversity [pə'vɜːsəti] *fn* perverzitás

pervert ▼ ['pɜːvɜːt] *fn* fajtalankodó ▼ [pə'vɜːt] *ige* elferdít, kiforgat ‖ megront

perverted [pə'vɜːtɪd] *mn* perverz

pessary ['pesəri] *fn* ☐ *orv* pesszárium, méhgyűrű

pessimism ['pesɪmɪzm] *fn* pesszimizmus

pessimist ['pesɪmɪst] *fn* pesszimista

pessimistic [ˌpesɪ'mɪstɪk] *mn* pesszimista

pest [pest] *fn* (*állat*) kártevő ‖ ❖ *átv* istencsapás, átok

pest control *fn* kártevők irtása

pester ['pestə] *ige* ❖ *biz* gyötör, szekál, molesztál, nyaggat, a nyakára jár vknek

pesticide ['pestɪsaɪd] *fn* rovarirtó (szer), féregirtó szer

pestilence ['pestɪləns] *fn* járvány; dögvész

pestle [pesl] *fn* mozsártörő

pet [pet] ▼ *mn* kedvenc ▼ *fn* (dédelgetett) háziállat ‖ kedvenc ‖ **the teacher's pet** a kedvenc, a tanárok álma ▼ *ige* **-tt-** dédelget, cirógat; ❖ *biz* smárol ‖ **it is my pet aversion** amitől a legjobban undorodom, a halálom; **sy's pet subject** vk kedvenc témája

petal ['petl] *fn* szirom(levél)

petard [pɪ'tɑːd] *fn* petárda ‖ **hoist with one's own petard** aki másnak vermet ás, maga esik bele

peter out ['piːtə] *ige* lassan kimerül/elfogy, elenyészik

pet food *fn* kutyaeledel

petition [pə'tɪʃn] *fn* kérvény, kérelem, beadvány, petíció ‖ **file a petition (for sg)** kérvényt bead/benyújt

petitioner [pə'tɪʃənə] *fn* kérelmező

pet name *fn* becenév

petrel ['petrəl] *fn* viharmadár

petrify ['petrɪfaɪ] *ige* kővé mereszt, lebénít ‖ **be petrified** kővé mered

petrochemical [ˌpetrəʊ'kemɪkl] *mn* petrolkémiai ‖ **petrochemical industry** petrolkémiai ipar

---

fn főnév – *hsz* határozószó – *isz* indulatszó – *ksz* kötőszó – *mn* melléknév
▼ szófajjelzés ⊕ földrajzi variáns ☐ szakterület ❖ stiláris minősítés

petrochemistry [,petrou'kemɪstri] *fn* petrolkémia

petrodollar ['petroudɒlə] *fn* olajdollár

petrol ['petrəl] *fn* benzin

petrolatum [,petrə'leɪtəm] *fn* ⊕ *US* vazelin

petrol can *fn* benzinkanna, benzineskanna

petrol engine *fn* benzinmotor

petroleum [pə'trouliəm] *fn* kőolaj

petroleum jelly *fn* vazelin

petrol mower *mn* benzinmotoros fűnyíró

petrol pump *fn* üzemanyag-szivattyú ‖ benzinkút

petrol station *fn* benzinkút, töltőállomás, üzemanyagtöltő állomás

petrol station attendant *fn* benzinkutas, benzinkútkezelő

petrol tank *fn* benzintartály

pet-shop *fn* állatkereskedés

petticoat ['petikout] *fn* alsószoknya ‖ ❖ *biz* nő, fehérnép

pettifogger ['petifɒgə] *fn* zugügyvéd

pettifogging ['petifɒgɪŋ] *fn* kicsinyeskedő

pettiness ['petinəs] *fn* csekélység ‖ kicsinyesség

petty ['peti] *mn* jelentéktelen, bagatell, piti, csekély, csip-csup

petty bourgeois *fn* kispolgár, nyárspolgár

petty cash *fn* kiskassza, apróbb kiadásokra félretett pénz

petty larceny *fn (kisebb)* tolvajlás

petty offence (⊕ *US* **-se**) *fn* szabálysértés, kihágás

petty officer *fn* tengerész altiszt

petulant ['petjulənt] *mn* ingerlékeny, nyűgös

petunia [pə'tju:nɪə] *fn* ❑ *növ* petúnia

pew [pju:] *fn (templomban)* pad(sor)

pewter ['pju:tə] *fn* ónötvözet ‖ cintárgy, ónedény

pewter pot *fn* ónedény

PG [,pi: 'dʒi:] = *parental guidance* csak szülői kísérettel *(filmről)*

phantasm ['fæntæzm] *fn* agyrém, agyszülemény, fantazma

phantom ['fæntəm] *fn* szellem, kísértet, fantom

Pharaoh ['feərou] *fn* fáraó

pharisaic(al) [,færɪ'seɪɪk(l)] *mn* álszent

pharisee ['færɪsi:] *fn* álszent, farizeus, képmutató

Pharisee ['færɪsi:] *fn* ❑ *vall* ❑ *tört* farizeus

pharmaceutical [,fɑ:mə'su:tɪkl] *mn* gyógyszerészeti, gyógyáru- ‖ **pharmaceutical industry** gyógyszeripar

pharmaceutics [,fɑ:mə'su:tɪks] *fn esz* gyógyszerészet

pharmacist ['fɑ:məsɪst] *fn* gyógyszerész

pharmacology [,fɑ:mə'kɒlədʒi] *fn* gyógyszertan

pharmacy ['fɑ:məsi] *fn* gyógyszertár ‖ gyógyszerészet

pharyngitis [,færɪn'dʒaɪtɪs] *fn* torokgyulladás

phase [feɪz] *fn* fok, fokozat, stádium, szakasz; fázis

phase-detector *fn* fáziskereső

phase shift *fn* fáziseltolódás

PhD [,pi: eɪtʃ 'di:] *fn* = *Doctor of Philosophy* PhD ‖ **do a PhD** megszerzi a PhD-t

pheasant ['feznt] *fn* fácán

phenix ['fi:nɪks] ⊕ *US* = **phoenix**

phenomenal [fə'nɒmɪnl] *mn* tüneményes, fenomenális

phenomenally [fə'nɒmɪnəli] *hsz* fenomenálisan

phenomenon [fə'nɒmɪnən] *fn (tsz* **-mena** [-mɪnə]) tünet, jelenség

phial ['faɪəl] *fn* fiola, üvegcse

philanderer [fɪ'lændərə] *fn* nőbolond

philanthropic [fɪlən'θrɒpɪk] *mn* emberbaráti

philanthropist [fɪ'lænθrəpɪst] *fn* emberbarát, filantróp

philanthropy [fɪ'lænθrəpi] *fn* emberszeretet

philatelist [fɪ'lætəlɪst] *fn* bélyeg-
gyűjtő
philately [fɪ'lætəli] *fn* bélyeggyűjtés
philharmonic [ˌfɪlə'mɒnɪk] *mn/fn* fil-
harmonikus
Philippines, the ['fɪlɪpi:nz] *fn tsz* Fü-
löp-szigetek
philistine ['fɪlɪstaɪn] *fn* nyárspolgár
philologist [fɪ'lɒlədʒɪst] *fn* filológus
philology [fɪ'lɒlədʒi] *fn* filológia
philosopher [fɪ'lɒsəfə] *fn* filozófus
philosophical [ˌfɪlə'sɒfɪkl] *mn* filo-
zófiai
philosophize [fɪ'lɒsəfaɪz] *ige* filozo-
fál
philosophy [fɪ'lɒsəfi] *fn* filozófia
phlebitis [flɪ'baɪtɪs] *fn* visszérgyulla-
dás
phlegm [flem] *fn* köpet, nyálka
phlegmatic [fleg'mætɪk] *mn* közö-
nyös, flegmatikus
phobia ['fəʊbɪə] *fn* beteges félelem,
szorongás, fóbia
phoenix (⊕ *US* phenix) ['fi:nɪks] *fn*
főnix(madár)
phone [fəʊn] ▼ *fn* ❖ *biz* telefon ‖ be
on the phone *(éppen)* telefonál ▼ *ige*
❖ *biz* telefonál

phone in *(telefonon)* beszól
phone sy up (telefonon) felhív vkt

phone book *fn* telefonkönyv
phone booth *fn* = phone box
phone box *fn* telefonfülke
phone call *fn* telefonhívás
phonecard ['fəʊnkɑ:d] *fn* telefonkártya
phone-in *fn* telefonos műsor *(tévében,
rádióban)*
phoneme ['fəʊni:m] *fn* fonéma
phonemic [fə'ni:mɪk] *mn* fonemikus
phonetic [fə'netɪk] *mn* fonetikai
phonetician [ˌfəʊnə'tɪʃn] *fn* foneti-
kus *(szakember)*
phonetics [fə'netɪks] *fn esz* fonetika,
hangtan

phoney ['fəʊni] *mn* ⊕ *US* hamis, csa-
ló, svindlis
phonograph ['fəʊnəgrɑ:f] *fn* ⊕ *US*
gramofon ‖ *(még régebben)* fonográf
phonology [fə'nɒlədʒi] *fn* fonológia
phony ['fəʊni] *mn* = phoney
phosphate ['fɒsfeɪt] *fn* foszfát
phosphoresce [ˌfɒsfə'res] *ige* fosz-
foreszkál
phosphorescent [ˌfɒsfə'resnt] *mn*
foszforeszkáló, világító
phosphorus ['fɒsfərəs] *fn* foszfor
photo ['fəʊtəʊ] *fn* fénykép, fotó ‖
take a photo of sy/sg lefényképez
photocell ['fəʊtəʊsel] *fn* fotocella
photocopier ['fəʊtəʊkɒpɪə] *fn* fény-
másoló gép/berendezés, xerox *(gép)*
photocopy ['fəʊtəʊkɒpi] ▼ *fn* fény-
másolat, xerox ‖ make a photocopy
of sg fénymásolatot/xeroxot készít
vmről ▼ *ige* sokszorosít, fénymásol,
fénymásolatot/fotokópiát készít vmről,
xeroxot készít vmről
photoelectric [ˌfəʊtəʊɪ'lektrɪk] *mn*
fényelektromos
photoelectric cell *fn* fotocella
photo-finish *fn* célfotó
photofit ['fəʊtəʊfɪt] *fn* mozaikkép
photogenic [ˌfəʊtəʊ'dʒenɪk] *mn* fo-
togén ‖ be photogenic jó fényképarca
van
photograph ['fəʊtəgrɑ:f] ▼ *fn* (fény-
kép)felvétel ‖ take a photograph of
lefényképez, levesz, fényképet készít/
csinál (vkről/vmről) ▼ *ige* (le)fény-
képez, fényképet készít/csinál (vkről/
vmről), levesz (vkt/vmt)
photographer [fə'tɒgrəfə] *fn* fényké-
pész ‖ a newspaper photographer
fotóriporter
photographic [ˌfəʊtə'græfɪk] *mn* fény-
képészeti ‖ fényképes ‖ photographic
supplies fotocikkek
photography [fə'tɒgrəfi] *fn* fényké-
pészet, fényképezés
photon ['fəʊtɒn] *fn* ⬜ *fiz* foton

---

fn főnév – *hsz* határozószó – *isz* indulatszó – *ksz* kötőszó – *mn* melléknév

▼ szófajjelzés ⊕ földrajzi variáns ⬜ szakterület ❖ stiláris minősítés

Photostat (copy) ['foʊtəstæt] *fn* fotokópia, papírnyomat

photosynthesis [ˌfoʊtoʊ 'sɪnθəsɪs] *fn* fotoszintézis

phototypesetter [ˌfoʊtoʊ'taɪpsetə] *fn* fényszedőgép

phototypesetting [ˌfoʊtoʊ'taɪpsetɪŋ] *fn* fényszedés

phrasal verb ['freɪzl] *fn* elöljárós (-határozós) ige, összetett ige

phrase [freɪz] *fn* kifejezés, szólás, szókapcsolat ‖ mondatrész, csoport, szerkezet

phrase-book *fn* szólás- és kifejezésgyűjtemény, idiómagyűjtemény

physical ['fɪzɪkl] *mn* fizikai, testi

physical condition *fn* erőnlét

physical defect *fn* testi fogyatékosság/hiba

physical education *fn* testnevelés

physical examination *fn* általános egészségügyi vizsgálat

physical exercise(s) *fn tsz* testmozgás, testgyakorlás, torna ‖ **do physical exercise** tornászik

physical instructor *fn* testnevelő tanár

physically ['fɪzɪkli] *hsz* fizikailag, testileg ‖ **physically handicapped** mozgássérült

physical training *fn* testedzés, testnevelés

physician [fɪ'zɪʃn] *fn* orvos, doktor ‖ belgyógyász

physicist ['fɪzɪsɪst] *fn* fizikus

physics ['fɪzɪks] *fn esz* fizika

physics master *fn* fizikatanár

physio ['fɪzioʊ] *fn* ❖ *biz* gyógytornász

physiognomy [fɪzɪ'ɒnəmi] *fn* arc; arculat ‖ fiziognómia

physiological [ˌfɪziə'lɒdʒɪkl] *mn* élettani, fiziológiai

physiology [ˌfɪzɪ'ɒlədʒi] *fn* élettan, fiziológia

physiotherapist [ˌfɪzioʊ'θerəpɪst] *fn* gyógytornász

physiotherapy [ˌfɪzioʊ'θerəpi] *fn* fizioterápia, gyógytorna ‖ fizikoterápia

physique [fɪ'ziːk] *fn* (test)alkat, fizikum

pianist ['pɪənɪst] *fn* zongoraművész, zongorista

piano ▼ ['pjɑːnoʊ] *hsz* ❑ *zene* halkan, piano ▼ [pɪ'ænoʊ] *fn* zongora ‖ **play the piano** zongorán játszik, zongorázik; **grand piano** (hangverseny)zongora; **upright piano** pianínó

piano accompaniment *fn* zongorakíséret

piano accordion *fn* tangóharmonika

piano concerto *fn* (*mű*) zongoraverseny

piano-lesson *fn* zongoraóra

piano recital *fn* zongoraest

piano-tuner *fn* zongorahangoló

picaresque novel [ˌpɪkə'resk] *fn* kalandregény, pikareszk regény

piccolo ['pɪkəloʊ] *fn* kisfuvola, piccolo, pikoló

pick [pɪk] ▼ *fn* **the pick of sg** vmnek a krémje ▼ *ige* (*több közül*) (ki)választ ‖ (*gyümölcsöt, virágot*) (le)szed; (*virágot*) letép ‖ csipked ‖ eszeget, csipeget ‖ (*csapatot, sp*) összeállít ‖ **pick one's nose** orrát túrja; **pick one's teeth** kipiszkálja a fogát; **pick a lock** zárat feltör; **pick and choose** válogat, finnyás

pick at piszkál, birizgál, (*bosszantva*) piszkál ‖ **pick at one's food** csipeget az ételből

pick off leszed, letép ‖ egyenként lelő/leszed

pick on sy vkre pikkel

pick out kiválaszt, kiválogat, összeválogat ‖ vhonnan kiszed ‖ (*magának vmt*) kinéz, kiszemel, kiszúr

pick up vmt fölemel, felvesz, felszed ‖ ❖ *biz* utcán felszed/felcsíp (*nőt*) ‖ (*ismeretet, nyelvtudást*) felszed, „ragad rá" ‖ (meg)javul, feljavul ‖ elkap, összeszed (*betegséget*) ‖ hall,

P

---

megtud *(érdekes hírt)* || **pick sy up (at)** vkért érte megy *(autóval);* **I'll pick you up (at your house)** majd érted megyek *(autóval);* **pick up the (tele)phone** felveszi a (telefon)kagylót/telefont; **pick up speed** gyorsul; **it will pick you up** ettől majd rendbe jössz; **pick oneself up** lábra áll, összeszedi magát; **pick sg up** ❖ *biz (vm kis összeg)* leesik, felmarkol *(pénzt)*

pickaxe (⊕ *US* **pickax**) ['pɪkæks] *fn* csákány

picket ['pɪkɪt] ▼ *fn* sztrájkőr(ség) ▼ *ige* sztrájkőrséget állít (vhol)

picketing ['pɪkɪtɪŋ] *fn* sztrájkőrállítás

picket line *fn* sztrájkőrgyűrű

pickings ['pɪkɪŋz] *fn tsz* zugkereset

pickle ['pɪkl] ▼ *fn* ecetes/sós lé, pác || **be in a pickle** ❖ *biz* benne van a csávában/pácban; **pickles** *(ételhez)* savanyúság ▼ *ige (heringet)* besóz || *(savanyúságot)* eltesz

pickled cucumber/gherkin ['pɪkld] *fn* ecetes uborka

pickled herring *fn* sózott hering

pick-me-up ['pɪk mɪ ʌp] *fn (itóka)* szíverősítő

pickpocket ['pɪkpɒkɪt] *fn* zsebtolvaj || **beware of pickpockets!** óvakodjunk a zsebtolvajoktól!

pick-up *fn* lejátszófej, pickup || dzsip || ❖ *biz* lotyó

picky ['pɪki] *mn* ⊕ *US* finnyás, válogatós

picnic ['pɪknɪk] *fn* kirándulás *(hideg élelemmel)* || **go on a picnic, have a picnic** kirándul

picture ['pɪktʃə] ▼ *fn* kép || (mozi)film || **in the picture** a képen; **put sy in the picture (about sg)** felvilágosít/tájékoztat vkt vmről; **show a picture (on the screen)** filmet vetít; **be going to the pictures** moziba megy; **the pictures** mozi ▼ *ige* **picture to oneself** elképzel

picture book *fn* képeskönyv

picture frame *fn* képkeret

picture gallery *fn* képtár

picture postcard *fn* képes levelezőlap

picturesque [ˌpɪktʃə'resk] *mn* festői

piddle ['pɪdl] ▼ *fn* ❖ *biz* pisi ▼ *ige* pisil

piddling ['pɪdlɪŋ] *mn* ❖ *biz* vacak

pidgin English ['pɪdʒɪn] *fn* ❖ *elít* konyhanyelv || **talk pidgin English** töri az angolt

pie [paɪ] *fn (sült, édes)* tészta, pite || tésztába sütött hús, kb. húsos kosárka

piebald horse ['paɪbɔːld] *mn/fn* tarka ló

piece [piːs] ▼ *fn* darab || (szín)darab || **by the piece** darabszám; **give sy a piece of one's mind** jól megmondja neki a magáét; **in one piece** egy darabban; egyben; **piece by piece** darabonként; **piece of advice** *(baráti stb.)* tanács; **a piece of bread** egy darab kenyér; **a piece of soap** egy darab szappan; **go to pieces** darabokra törik, szétesik, széthull; **in pieces** darabokban; **pull to pieces** *(átv is)* ízekre szed ▼ *ige* **piece (sg) together** összetold, (össze)eszkábál

piece goods *fn tsz (vasúti)* darabáru

piecemeal ['piːsmiːl] *hsz* darabonként

piece-rate *fn* teljesítménybér, darabbér

piecework *fn* teljesítménybér

piecework system *fn* darabbérrendszer

pie chart *fn* kördiagram

pie-crust *fn* tésztahéj

pied [paɪd] *mn* kendermagos || tarka (ló)

pier [pɪə] *fn* (híd)pillér, oszlop *(hídé)* || móló || kikötő(gát)

pierce [pɪəs] *ige* átszúr, átlyukaszt || kiszúr

piercing ['pɪəsɪŋ] *mn* hasogató *(fájdalom)* || átható *(hang)* || **piercing cold** metsző hideg

piercingly ['pɪəsɪŋli] *hsz* **it is piercingly cold** dermesztő hideg van

---

fn főnév – *hsz* határozószó – *isz* indulatszó – *ksz* kötőszó – *mn* melléknév
▼ szófajjelzés ⊕ földrajzi variáns ❏ szakterület ❖ stiláris minősítés

piety ['paɪəti] *fn* áhítat ‖ jámborság; kegyesség

pig [pɪg] *fn* disznó ‖ *(emberről)* malac ‖ **pig in a poke** zsákbamacska

pigeon ['pɪdʒn] *fn* ❏ *áll* galamb ‖ **it's not my pigeon** ❖ *biz* ez nem tartozik rám

pigeon-chested *mn* tyúkmellű

pigeonhole ['pɪdʒnhoʊl] ▼ *ige* ad acta tesz; *(aktát)* elsüllyeszt ‖ beskatulyáz (vkt) ▼ *fn* levélrekesz, fach

pig-farming *fn* sertéstenyésztés

piggery ['pɪgəri] *fn* sertésól

piggy ['pɪgi] *fn* ❖ *biz* coca

piggy bank *fn* szerencsemalac *(persely)*

pig-headed *mn* makacs, csökönyös

pig iron *fn* (tömb)nyersvas

piglet ['pɪglɪt] *fn* kismalac

pigment ['pɪgmənt] *fn (bőrben)* bőrfesték

pigmentation [ˌpɪgmən'teɪʃn] *fn* pigmentlerakódás, elszíneződés

pigmy ['pɪgmi] *fn* törpe

pigpen ['pɪgpen] *fn* ⊕ *US* disznóól

pigskin ['pɪgskɪn] *fn* disznóbőr

pigsty ['pɪgstaɪ] *fn* disznóól

pigtail ['pɪgteɪl] *fn* copf

pike¹ [paɪk] *fn* ❏ *áll* csuka

pike² [paɪk] *fn* dárda, lándzsa, pika

pike³ = **turnpike**

pilchard ['pɪltʃəd] *fn* szardínia

pile¹ [paɪl] ▼ *fn* rakás, halom ‖ máglya ‖ reaktor ▼ *ige* felhalmoz, egymásra/halomba rak ‖ **make one's pile** megszedi magát; **there are piles of it** Dunát lehetne rekeszteni vele; **he has piles of money** ❖ *biz* sok pénze van

---

pile up *(több jármű)* egymásba rohan/szalad ‖ *(munka)* összetorlódik

---

pile² [paɪl] *fn* cölöp, karó ‖ → **piles**

pile-dwelling *fn* cölöpépítmény, -ház

piles [paɪlz] *fn tsz* ❏ *orv* aranyér

pile-up *fn* ráfutásos baleset, tömeges autószerencsétlenség

pilfer ['pɪlfə] *ige* ❖ *biz (apróságot)* (el)lop, (el)csen

pilferage ['pɪlfərɪdʒ] *fn* tolvajlás, lopás

pilfering ['pɪlfərɪŋ] *fn* lopás

pilgrim ['pɪlgrɪm] *fn* zarándok

pilgrimage ['pɪlgrɪmɪdʒ] *fn* ❏ *vall* zarándokút, zarándoklat, búcsújárás ‖ **go on a pilgrimage** zarándokútra megy

pill [pɪl] *fn* pirula, tabletta ‖ **the pill** fogamzásgátló (tabletta); **be on the pill** (fogamzásgátló) tablettát szed

pillage ['pɪlɪdʒ] *ige* fosztogat

pillar ['pɪlə] *fn* oszlop, pillér ‖ ❖ *átv* támasz, oszlop

pillar-box *fn* ⊕ *GB* postaláda

pillion ['pɪlɪən] *fn (motorkerékpáron)* pótülés ‖ **ride pillion** pótutasként utazik

pillion passenger *fn* pótutas

pillion rider *fn (motoron)* pótutas

pillory ['pɪləri] ▼ *fn* pellengér ▼ *ige (átv is)* pellengérre állít, kipellengérez

pillow ['pɪloʊ] *fn* (kis)párna

pillowcase ['pɪloʊkeɪs] *fn* párnahuzat

pillowslip ['pɪloʊslɪp] *fn* = **pillowcase**

pilot ['paɪlət] ▼ *mn* kísérleti, próba- ‖ **pilot farm** kísérleti gazdaság; **pilot lot** nullszéria; **pilot project** kísérleti vállalkozás; **pilot scheme** kísérleti eljárás; **pilot study** próbamegfigyelés ▼ *fn* pilóta, repülő ‖ révkalauz ▼ *ige (repülőgépet)* vezet ‖ *(tankönyvet)* kipróbál

pilot light *fn* őrláng, gyújtóláng

pilot wheel *fn (hajón)* kormánykerék

pilule ['pɪljuːl] *fn* labdacs

pimento [pɪ'mentoʊ] *fn* spanyol paprika

pimp [pɪmp] *fn* ❖ *vulg* kerítő, strici *(utcanőé)*

pimple ['pɪmpl] *fn (bőrön)* pattanás

pimply ['pɪmpli] *mn* pattanásos, kiütéses

pin [pɪn] ▼ *fn* tű, gombostű ‖ szeg(ecs) ‖ pecek ‖ *(fakötés)* csap ‖ (teke)báb, fa

P

---

nm névmás – *nu* névutó – *szn* számnév – *esz* egyes szám – *tsz* többes szám
▼ szófajjelzés ⊕ földrajzi variáns ❏ szakterület ❖ stiláris minősítés

|| **one's pins** ❖ *biz* „mankói" (= vknek a lábai); **not care a pin** mit sem törődik vele; **pins and needles** zsibbadás, bizsergés ▼ *ige* **-nn-** *(gombostűvel)* (meg)tűz

pin down leszögez || szaván fog
pin on *(jelvényt)* kitűz; ❖ *biz* ráken (vkre vmt)
pin up feltűz, kitűz

PIN [pɪn] = *personal identification number* **PIN number** PIN kód
pinafore ['pɪnəfɔ:] *fn* kötény
pinafore dress *fn* kötényruha
pin-ball *fn* tivolijáték || **pin-ball machine** jágó *(játékautomata)*, flipper
pince-nez [ˌpæns 'neɪ] *fn (tsz ua.)* cvikker
pincers ['pɪnsəz] *fn tsz* harapófogó || olló *(ráké)*
pinch [pɪntʃ] ▼ *fn* (meg)csípés || **a pinch of** csipetnyi; **at a pinch** ❖ *biz* (vég)szükség esetén, végszükségben ▼ *ige* csíp, belecsíp, csipked || ❖ *biz* (el)csen, elcsakliz, csór || csíptet || **know where the shoe pinches** tudja, hol szorít a cipő
pinched [pɪntʃt] *mn* vmnek szűkében levő || **be pinched for money** pénzszűkében van, pénzzavarban van/szenved; **be pinched for time** időzavarban van
pincushion ['pɪnkʊʃn] *fn* tűpárna
pine[1] [paɪn] *fn* fenyő(fa)
pine[2] [paɪn] *ige* bánkódik || **pine away** emésztődik, elsorvad; **pine for sy** sóvárog/epekedik vk után
pineapple ['paɪnæpl] *fn* ananász
pine-cone *fn* fenyőtoboz
pine-forest *fn* fenyőerdő
pine-needle *fn (fenyőé)* tű
pine tree *fn* fenyőfa
pine-wood *fn* fenyőfa *(anyag)*
ping-pong ['pɪŋpɒŋ] *fn* pingpong
pinion ['pɪnɪən] *fn* szárnytoll

pink [pɪŋk] *mn/fn* rózsaszín(ű) || szegfű || **be in the pink** majd kicsattan az egészségtől, él és virul
pink-eye *fn* kötőhártya-gyulladás
pin-money *fn* tűpénz, zsebpénz, dugipénz
pinnacle ['pɪnəkl] *fn* csúcs *(toronyé)* || (hegy)orom
pinpoint ['pɪnpɔɪnt] ▼ *fn* tűhegy ▼ *ige* hajszálpontosan eltalál/megállapít
pinpoint bombing *fn* célbombázás
pin-stripe *fn* csíkos szövet
pint [paɪnt] *fn* pint *(0,568 l)*
pin-up *fn* <falra feltűzött női kép>
pinwheel ['pɪnwi:l] *fn* ⊕ *US* forgó *(játék)*
pioneer [ˌpaɪə'nɪə] ▼ *fn* úttörő, előharcos || árkász || **do pioneer work** úttörő munkát végez ▼ *ige* úttörő munkát végez, utat tör/vág/nyit
pious ['paɪəs] *mn* istenfélő, jámbor, kegyes
pip[1] [pɪp] *fn* mag *(almáé, körtéé, narancsé)*
pip[2] [pɪp] *fn* csillag *(rangjelzés)*
pip[3] [pɪp] *fn* sípjel
pipe [paɪp] ▼ *fn* cső; *(gáz, víz)* (cső)vezeték || pipa || síp *(orgonáé)* ▼ *ige* sípol, dudál || csövön/csővezetéken továbbít

pipe down! ❖ *biz* sok a szöveg!

pipe-cleaner *fn* pipaszurkáló
piped music [paɪpt] *fn* halk zene *(pl. áruházban)*
pipe-dream *fn* álmodozás, vágyálom
pipeline ['paɪplaɪn] *fn* csővezeték, olajvezeték *(nagy távolságra)*
piper ['paɪpə] *mn* dudás || **he pays the piper** az ő zsebére megy
pipe tobacco *fn* pipadohány
pipe wrench *fn* csőfogó
piping ['paɪpɪŋ] *fn* csőhálózat, csővezeték
piping hot *mn* tűzforró

piquancy ['pi:kənsi] *fn* pikáns íz
piquant ['pi:kənt] *mn* pikáns || *(kellemesen csípős, fűszeres)* pikáns
pique [pi:k] *fn* neheztelés, sértődés
piqued [pi:kt] *mn* sértődött
piracy ['paɪrəsi] *fn* kalózkodás || szerzői jogbitorlás
pirate ['paɪrət] ▼ *fn* kalóz ▼ *ige* kalózkodik
pirated edition *fn* kalózkiadás
pirate radio *fn* kalózadó, kalózrádió
pirouette [ˌpɪrʊ'et] *fn* piruett
piss [pɪs] *ige* ❖ *vulg* pisál || **it's pissing down** ömlik az eső
pissed [pɪst] *mn* ❖ *biz* tökrészeg
pistil ['pɪstɪl] *fn* ❏ *növ* termő, bibe
pistol ['pɪstl] *fn* pisztoly
piston ['pɪstən] *fn* dugattyú || ❏ *zene* ventil
pit[1] [pɪt] *fn* gödör, üreg, árok || *(autójavításhoz)* akna || ❏ *szính* földszint || szénbánya || **the pit** pokol
pit[2] [pɪt] *fn* ❂ *US* mag *(csonthéjasé)*
pitch[1] [pɪtʃ] ▼ *fn* ❖ *biz* (futball)pálya || dobás, hajítás || ❏ *zene* hangmagasság || lejtés, dőlés || bukdácsolás *(hajóé)* || **to such a pitch** olyan mértékig; **absolute pitch** abszolút hallás; **clever sales pitch** ügyes eladói szöveg/stílus ▼ *ige* (előre)esik || dob || *(sátrat)* felver || **pitch a tent** sátrat felállít/ver

---

pitch into sy *(támadólag vknek)* nekiront

---

pitch[2] [pɪtʃ] *fn* szurok
pitch-black *mn* koromfekete, szurokfekete
pitch-dark *mn* koromsötét
pitched battle [pɪtʃt] *fn* szabályos ütközet
pitcher[1] ['pɪtʃə] *fn* kancsó
pitcher[2] ['pɪtʃə] *fn* dobó *(játékos)*
pitchfork ['pɪtʃfɔ:k] *fn* *(kétágú)* vasvilla
pitch-note *fn* alaphang

piteous ['pɪtɪəs] *mn* szánalomra méltó, szánalmas
pitfall ['pɪtfɔ:l] *fn* csapda, kelepce, buktató || **it has many pitfalls** sok buktatót rejt magában
pith [pɪθ] *fn* velő || bél || gerinc
pit-head *fn* tárnalejárat
pithy ['pɪθi] *mn* magvas, velős
pitiable ['pɪtɪəbl] *mn* sajnálatos, sajnálatra méltó
pitiful ['pɪtɪfl] *mn* szánalmas, szánalomra méltó || hitvány, siralmas, nyomorult
pitifully ['pɪtɪfəli] *hsz* szánalmasan
pitiless ['pɪtɪləs] *mn* könyörtelen, kíméletlen
pitilessly ['pɪtɪləsli] *hsz* könyörtelenül, irgalmatlanul
pitman ['pɪtmən] *fn* *(tsz -men)* bányász, vájár *(szénbányában)*
pittance ['pɪtns] *fn* éhbér
pity [pɪti] ▼ *fn* szánalom, könyörület || **feel pity for** vkt sajnál/szán; **have/ take pity on** sy megkönyörül vkn, megszán vkt; **that's a (great) pity** de kár!; **(it's a) pity (that) ...** kár, hogy; **out of pity for** sy könyörületből vk iránt ▼ *ige* vkt (meg)sajnál, (meg)szán
pivot ['pɪvət] ▼ *fn* forgócsap, sarkcsap, tengelyvégcsap || ❖ *átv* sarkalatos pont, sarkpont ▼ *ige* **pivot on** megfordul vmn, vm körül forog
pixel ['pɪksl] *fn* ❏ *szt* képelem
pixie ['pɪksi] *fn* tündér
pizza ['pi:tsə] *fn* pizza
placard ['plækɑ:d] *fn* plakát
placate [plə'keɪt] *ige* kiengesztel, kibékít
place [pleɪs] ▼ *fn* hely || helység || otthon, lakás || tér *(utcanévben)* || ❏ *sp* helyezés || **at my place** (otthon) nálam, lakásomon; **place of interest** látnivalók, nevezetességek; **in this place** itt; **in place** odaillő, helyénvaló; **out of place** időszerűtlen, nem helyénvaló, oda nem illő; **take place** (meg)-

P

---

történik, megesik, sor kerül vmre; **place and date of birth** (*űrlapon*) születési helye és éve; **in place of** helyett; **place of employment/work** (*a vállalat, üzem stb.*) munkahely; **place of entertainment** szórakozóhely ▼ *ige* helyez; tesz; rak, (vmt vhová) állít ‖ **place (down) on** ráhelyez, rátesz; **place money in sg** pénzt fektet vmbe; **placed second** második helyezett

placebo [plə'si:boʊ] *fn* (*tsz* **-bos**) placebo

place-mat *fn* tányéralátét, szett

placement ['pleɪsmənt] *fn* elhelyezés, kinevezés ‖ állás ‖ **placement agency** munkaközvetítő

place name *fn* hely(ség)név

placenta [plə'sentə] *fn* méhlepény

place winner *fn* ❑ *sp* helyezett

placid ['plæsɪd] *mn* szelíd; nyugodt, békés

placidity [plə'sɪdəti] *fn* higgadtság, nyugodtság, szelídség

placing ['pleɪsɪŋ] *fn* ❑ *sp* helyezés

plagiarism ['pleɪdʒərɪzm] *fn* plágium

plagiarist ['pleɪdʒərɪst] *fn* plagizátor

plagiarize ['pleɪdʒəraɪz] *ige* plagizál, (ki)ollóz (*from* vmből, vktől)

plague [pleɪg] ▼ *fn* pestis, dögvész ▼ *ige* megnyomorgat, gyötör

plaice [pleɪs] *fn* lepényhal

plaid [plæd] *fn* pléd

plain [pleɪn] ▼ *mn* tiszta, világos, nyilvánvaló ‖ egyenes, őszinte ‖ egyszerű, sima, szimpla, igénytelen, köznapi ‖ **plain chocolate** étcsokoládé; **in plain clothes** civilben; **plain cooking/food** egyszerű/könnyű (*fűszerszegény*) étel/étkezés/koszt; **plain dealing** becsületes eljárás; **in plain English** magyarán; **be plain with sy** őszinte vkvel; **make oneself plain to sy** világosan beszél vkvel; **do I make myself plain?** világos?; **that is as plain as a pikestaff** ez világos; **plain sailing** sima/tiszta ügy; **plain speaking** tiszta

beszéd; **plain truth** tiszta igazság ▼ *fn* síkság, alföld

plain-clothes detective/man (*tsz* **-men**) *fn* nyomozó, titkosrendőr

plainly ['pleɪnli] *hsz* világosan, nyíltan ‖ őszintén, kereken

plainness ['pleɪnnəs] *fn* egyszerűség

plainsong ['pleɪnsɒŋ] *fn* egyszólamú/ gregorián ének

plain-spoken *mn* szókimondó, nyílt, őszinte

plaintiff ['pleɪntɪf] *fn* felperes, panasztevő

plaintive ['pleɪntɪv] *mn* panaszos, szomorú

plait [plæt] *fn* copf

plan [plæn] ▼ *fn* terv ‖ tervrajz ‖ elgondolás, tervezet, terv ‖ szándék ‖ **plans** terv(ek), tervezet; **make plans (for sg)** terveket készít; **(s)he is full of plans** tele van tervekkel ▼ *ige* **-nn-** (*épületet*) (meg)tervez ‖ tervez (vmt tenni); kitervez ‖ vázol ‖ **plan to do sg** szándékozik vmt tenni

plan out kigondol, átgondol, kidolgoz

plane¹ [pleɪn] ▼ *mn* sík, sima ▼ *fn* sík (felület), lap ‖ szint, színvonal ‖ ❖ *biz* (repülő)gép ‖ ❑ *műsz* gyalu ‖ **plane geometry** síkmértan ▼ *ige* planíroz, simít ‖ (meg)gyalul, (le)gyalul

plane² [pleɪn] *fn* platán(fa)

planet ['plænɪt] *fn* bolygó

planetarium [,plænə'teəriəm] *fn* (*tsz* **-iums** *v.* **-ia** [-ɪə]) planetárium

planetary ['plænətəri] *mn* bolygó- ‖ földi, evilági

plane-tree *fn* platán(fa)

plank [plæŋk] *fn* (padló)deszka, palánk

plankton ['plæŋktən] *fn* plankton

planner ['plænə] *fn* tervező

planning ['plænɪŋ] *fn* tervezés

plant [plɑ:nt] ▼ *fn* növény ‖ palánta ‖ (*nagyobb*) üzem, gyár; (*erőműé stb.*)

---

telep || tégla *(beépített ember)* ▼ *ige*
(el)ültet, palántáz, veteményez || **plant
sg swhere** vmt vhol/vhova elhelyez;
plant with trees (be)fásít

---

plant out ❑ *növ* kiültet

---

plantain[1] ['plæntɪn] *fn* útifű, útilapu
plantain[2] ['plæntɪn] *fn* pizang; (lisz-
tes) banán
plantation [plæn'teɪʃn] *fn* ültetvény
plant-eater *fn* növényevő
planter ['plɑ:ntə] *fn* ültetvényes || nö-
vénytartó || vetőgép
plant kingdom *fn* növényvilág
plant life *fn* növényvilág, növényzet
plant-louse *fn* *(tsz* -lice) levéltetű
plant pot *fn* virágcserép
plant protection *fn* növényvédelem
plaque[1] [plæk] *fn* fogkő
plaque[2] [plæk] *fn* emléktábla || plakett
plash [plæʃ] *ige* csobog || pacskol
plasma ['plæzmə] **plasm** ['plæzəm]
fn vérsavó || (vér)plazma
plaster ['plɑ:stə] ▼ *fn* vakolat || gipsz
▼ *ige* (be)vakol || begipszel, gipszbe
tesz

---

plaster (over) bevakol

---

plaster cast *fn* gipszminta || ❑ *orv*
gipsz, járógipsz
plastered ['plɑ:stəd] *mn* bevakolt, be-
pucolt || ❖ *biz* beszívott
plasterer ['plɑ:stərə] *fn* vakolómun-
kás
plaster of Paris *fn (égetett)* gipsz
plastic ['plæstɪk] *mn/fn* műanyag,
plasztik || ❖ *biz* (hitel)kártya
plastic arts *fn tsz* ❑ *műv* plasztika
plastic bag *fn* (műanyag) zacskó, nej-
lonzacskó
plastic bomb *fn* plasztikbomba
plastic card *fn* plasztikkártya, hitel-
kártya, kártya
Plasticine ['plæstɪsi:n] *fn* plasztilin,
gyurma

plastic surgery *fn* plasztika(i sebé-
szet); plasztikai műtét || **undergo plas-
tic surgery** plasztikai műtéten esik át
plate [pleɪt] ▼ *fn* tányér || ezüst(nemű),
ezüst evőeszközök || (fém)lemez ||
❑ *nyomd* klisé || *(könyvben)* fénykép-
melléklet, tábla || ⊕ *US* anód || műfog-
sor ▼ *ige* lemezel || (fémmel) befuttat
|| **plate with chromium** krómoz
plateau ['plætoʊ] *fn (tsz* -eaus *v.*
-eaux) fennsík || stagnálás
plateful ['pleɪtfʊl] *mn* tányérnyi
plate-glass *fn* síküveg
platelayer ['pleɪtleɪə] *fn* ❑ *vasút* pá-
lyamunkás
platelet ['pleɪtlət] *fn* ❑ *biol* vérlemezke,
trombocita
platen ['plætn] *fn* nyomólemez || író-
géphenger
plate rack *fn* edényszárító rács, csö-
pögtető
platform ['plætfɔ:m] *fn* emelvény, pó-
dium || ❑ *isk* dobogó; katedra || *(pá-
lyaudvari)* peron, vágány || *(buszon)*
előtér || ❑ *pol* platform || **your train is
waiting at platform 5** a vonatod az
5. vágányon áll
platform-ticket *fn* peronjegy
platinum ['plætɪnəm] *fn* platina
platitude ['plætɪtju:d] *fn* közhely, szó-
lam, frázis
Platonic love [plə'tɒnɪk] *fn* plátói
szerelem
platoon [plə'tu:n] *fn* ❑ *kat* szakasz
platter ['plætə] *fn (nagy lapos)* tál,
tálca
plaudits ['plɔ:dɪts] *fn tsz* taps
plausibility [,plɔ:zə'bɪləti] *fn* valószí-
nűség, elfogadhatóság
plausible ['plɔ:zəbl] *mn* valószínű, el-
fogadható, elhihető, plauzibilis
play [pleɪ] ▼ *fn* ❖ *ált és* ❑ *sp* játék ||
(szín)darab, színmű ▼ *ige (ált, sp és
gyerek)* játszik || *(színész)* játszik ||
(mérkőzést) lejátszik || *(zeneművet)*
előad, eljátszik || *(halat)* fáraszt || **play
(a game of) chess** sakkozik; **play an**

P

---

nm névmás – *nu* névutó – *szn* számnév – *esz* egyes szám – *tsz* többes szám
▼ szófajjelzés ⊕ földrajzi variáns ❑ szakterület ❖ stiláris minősítés

important part (in sg) vmben fontos szerepet játszik; **play an instrument** hangszeren játszik; **do you play bridge?** szokott bridzsezni?; **play cards** kártyázik; **play fair** korrektül jár el vkvel; **play football** futballozik; **play for money** pénzben játszik

play against sy ❏ *sp* játszik vkvel
play back *(hangfelvételt)* lejátszik, visszajátszik
play down lebecsül, lekicsinyel
play off *(mérkőzést)* újrajátszik ‖ **play off against** kijátszik vkt vk ellen
play on tovább játszik ‖ kihasznál *(hiszékenységet stb.)*
play out *(darabot)* végigjátszik
play up kellemetlenkedik ‖ ugrat/ bosszant vkt ‖ felnagyít, nagy ügyet csinál vmből
play up to sy ❖ *biz* hízeleg vknek
play with játszik vkvel

play-act *ige* ❖ *átv* színészkedik
play-acting *fn* színészkedés
playback ['pleɪbæk] *fn (magnón)* lejátszás, visszajátszás; playback
play-card *fn* (játék)kártya
player ['pleɪə] *fn* ❏ *sp* játékos ‖ színész
playfellow ['pleɪfeloʊ] *fn* játszótárs
playful ['pleɪfl] *mn* játékos
play-goer *fn* színházlátogató
playground ['pleɪgraʊnd] *fn* játszótér
playgroup ['pleɪgru:p] *fn* óvoda
playing ['pleɪɪŋ] *fn* játék ‖ **playing for time** időhúzás
playing-cards *fn tsz* játékkártya
playing-field *fn* játszótér ‖ ❏ *sp* pálya
playing time *fn* ❏ *sp* játékidő
playmate *fn* játszótárs
play-off *fn* újrajátszás *(mérkőzésé)*
play on words *fn* szójáték
play-pen *fn (ketrec)* járóka
playroom ['pleɪru:m] *fn* ⊕ *US* gyermekszoba
playschool ['pleɪsku:l] *fn* óvoda

playsuit ['pleɪsu:t] *fn* játszóruha *(gyermeké)*
plaything ['pleɪθɪŋ] *fn* ❖ *átv* játékszer
playtime ['pleɪtaɪm] *fn* ❏ *isk* (óraközi) szünet, játszásra/játékra szánt idő, játékidő
playwright ['pleɪraɪt] *fn* színműíró, drámaíró
plaza ['plɑ:zə] *fn* bevásárlóközpont, pláza
PLC, plc [ˌpi: el 'si:] ⊕ *GB* = **public limited company**
plea [pli:] *fn* kérés; kérelem
plead [pli:d] *ige (pt/pp pleaded;* ⊕ *US* **pled** [pled]) **plead with sy for sy/sg** szót emel vknél vk/vm érdekében, védelmébe vesz vkt/vmt; **plead sy's cause with sy** vk érdekében közbenjár vknél; **plead for sg** esedezik vmért, kérlel (vkt) vmre; **plead a case** ügyet véd; **plead guilty** bűnösnek vallja magát; **plead not guilty** ártatlannak mondja magát
pleasant ['pleznt] *mn* kellemes ‖ szimpatikus ‖ **have a pleasant smell** jó szaga van; **(s)he has a pleasant voice** szép hangja van
pleasantly ['plezntli] *hsz* kellemesen
pleasantness ['plezntnəs] *fn* kellemesség
pleasantry ['plezntri] *fn* vicces/jópofa/tréfás megjegyzés, jópofaság ‖ udvariaskodás
please [pli:z] *ige* tetszik (vknek) ‖ **do as you please** tégy, ahogy akarsz; **please come in, will you please come in?** tessék befáradni, lesz szíves befáradni?; **please give me …** kérek …; **would you please …** lesz/ lenne olyan szíves; **would you please pass the bread?** legyen olyan szíves a kenyeret ideadni; **please take a seat** (kérem,) foglaljon helyet; **May I? Yes, please do** Szabad lesz? Hogyne, csak tessék!; **Would you like a cup of coffee? Yes, please** Kér(sz) egy csésze kávét? Igen(, kérek) v. Kérek.;

if you please ha volna szíves…; ha tudni akarod ‖ → **pleased**
pleased [pli:zd] *mn* megelégedett ‖ **I am very pleased** nagyon örülök; **be pleased by (sg)** vknek vm jólesik; **be pleased that/to** örül, hogy; **I shall be pleased to come** örömmel jövök; **pleased to meet you** *(bemutatásnál)* örülök, hogy megismerhetem; **be pleased with himself** meg van elégedve önmagával; **be pleased with sg** örül vmnek
pleasing ['pli:zɪŋ] *mn* esztétikus ‖ jóleső ‖ **pleasing appearance** csinos külső
pleasurable ['pleʒərəbl] *mn* kellemes, élvezetes
pleasurably ['pleʒərəbli] *hsz* élvezetesen
pleasure ['pleʒə] *fn* öröm, élvezet ‖ **find pleasure (in)** vmt élvez; **it is a great pleasure for me to …** örömömre szolgál; **I have great pleasure in informing you that** örömmel tudatom/jelentem, hogy; **with pleasure (ezer)** örömmel!, készséggel!; szívesen!
pleasure-boat *fn* sétahajó
pleasure-ground *fn* szórakozóhely
pleasure-seeker *fn* élvhajhászó
pleasure-seeking *mn* szórakozni vágyó
pleasure steamer *fn* kirándulóhajó *(gőzös)*
pleat [pli:t] *fn (ruhán)* ránc, redő, hajtás, pliszé ‖ **arrange (sg) in pleats** redőkbe szed
pleb [pleb] *fn* ❖ *biz* proli ‖ **the plebs** a plebsz, népség
plebeian [plɪ'bi:ən] *mn/fn* plebejus
plebiscite ['plɛbɪˌsaɪt] *fn* (ügydöntő) népszavazás
plectrum ['plektrəm] *fn* pengető
pled [pled] *pp* ⊕ *US* → **plead**
pledge [pledʒ] ▼ *fn* zálog, biztosíték ‖ (ünnepélyes) ígéret, fogadalom ▼ *ige* ünnepélyesen megígér/megfogad (vmt

vknek) ‖ **pledge one's word** szavát adja; **pledge (oneself) to do sg** megígér/megfogad vmt, vmre elkötelezi magát; **I'm pledged to secrecy** szavamat adtam a titoktartásra
plenary session ['pli:nəri] *fn* plenáris ülés
plenipotentiary [ˌplenɪpə'tenʃəri] ▼ *mn* teljhatalmú ▼ *fn* meghatalmazott
plentiful ['plentɪfl] *mn* bő, bőséges, gazdag ‖ **be plentiful** vm bőségben van
plenty ['plenti] *nm* bőven elég *(of vmből)* ‖ **there is plenty of sg** vm bőségben van; **there's plenty (more) in the fridge** van (még) elég/bőven a frizsiderben; **have plenty of time** ráér, elég ideje van; **there's plenty of room for it** kényelmesen elfér
plethora ['pleθərə] *fn* túltengés
pleurisy ['plʊərɪsi] *fn* mellhártya-gyulladás
Plexiglas ['pleksiglɑ:s] *fn* plexi(üveg)
pliability [ˌplaɪə'bɪləti] *fn* alakíthatóság, hajlékonyság
pliable ['plaɪəbl] *mn (anyag)* hajlékony, hajlítható ‖ alakítható, képlékeny
pliers ['plaɪəz] *fn tsz* kombinált fogó
plight[1] [plaɪt] *fn* (nehéz) állapot, helyzet
plight[2] [plaɪt] *ige* megígér, szavát adja
plimsolls ['plɪmslz] *fn tsz* ⊕ *GB* gumitalpú vászoncipő
plinth [plɪnθ] *fn (szoboré)* talapzat
plod [plɒd] *ige* **-dd-** vesződik ‖ **plod (along)** cammog, vánszorog ‖ küszködik vmvel
plodder ['plɒdə] *fn* gürcölő; ❖ *biz* magoló
plodding ['plɒdɪŋ] *fn* robotolás, gürcölés
plonk [plɒŋk] *fn* lőre
plop [plɒp] *ige* **-pp-** csobban, loccsan
plot [plɒt] ▼ *fn* parcella; *(hétvégi)* telek ‖ cselekmény *(regényé, darabé stb.)* ‖ terv, cselszövés ▼ *ige* **-tt-**

P

❖ *biz* mesterkedik, intrikál ‖ ábrázol *(görbét)*

plot against sy összeesküvést sző vk ellen ‖ **plot (with sy) against sy** *(vk ellen)* összeesküszik; **plotted against ... ...** függvényében ábrázolva

plotter ['plɒtə] *fn* ❑ *szt* plotter, rajzgép

plotting ['plɒtɪŋ] *fn* összeesküvés

plough (⊕ *US* **plow**) [plaʊ] ▼ *fn* eke ▼ *ige* szánt ‖ ❖ *biz (vizsgán)* megbuktat, meghúz ‖ **he was ploughed** ❖ *biz* elvágták/elhasalt/elzúgott a vizsgán

plough back reinvesztál vmt
plough through átvergődik vmn

ploughing (⊕ *US* **plow-**) ['plaʊɪŋ] *fn* szántás

plough-land (⊕ *US* **plow-**) *fn* szántóföld

ploughman (⊕ *US* **plow-**) ['plaʊmən] *fn (tsz* **-men**) szántóvető ‖ **ploughman's lunch** (egy kis) hideg harapnivaló

plow [plaʊ] ⊕ *US* = **plough**

ploy [plɔɪ] *fn* időtöltés, elfoglaltság ‖ trükk

pluck [plʌk] *ige (szárnyast)* megkopaszt; *(virágot)* leszakít, leszed ‖ **pluck (the strings)** *(hangszerhúrt)* penget; **pluck up courage (to)** nekibátorodik

plucky ['plʌki] ❖ *biz* karakán, vagány

plug [plʌg] ▼ *fn* dugó ‖ ❑ *el* csatlakozó(dugasz), dugaszoló, dugó ‖ **plug and socket** (⊕ *US* **outlet**) dugós csatlakozó ▼ *ige* **-gg-** **plug (in)** bedug(aszol), bekapcsol ‖ tömít; **plug in the radio, please** kapcsold be a rádiót; **it's plugged in** be van kapcsolva

plug-hole *fn (kádban)* kifolyó

plum [plʌm] *fn* szilva

plumage ['pluːmɪdʒ] *fn* tollazat

plumb [plʌm] ▼ *hsz* ❖ *biz* teljesen ‖ pont ▼ *fn* függőón ▼ *ige* mélységet mér ‖ ❖ *átv* mélyére lát/hatol

plumb in beköt *(pl. mosogatógépet vízvezetékbe)*

plumber ['plʌmə] *fn* vízvezeték-szerelő

plumbing ['plʌmɪŋ] *fn* vizesblokk ‖ vízvezeték-szerelés

plumb-line *fn* függőón, mérőón

plume [pluːm] ▼ *fn* toll(azat) ‖ tolldísz; forgó ▼ *ige* tollászkodik

plummet ['plʌmɪt] *fn* függőón

plump¹ [plʌmp] *mn (alak)* telt, dundi, molett

plump² [plʌmp] *ige* **plump for** szavaz vkre

plumpness ['plʌmpnəs] *fn* kövérség, teltség

plum-tree *fn* szilvafa

plunder ['plʌndə] ▼ *fn* fosztogatás ‖ rablott holmi, zsákmány ▼ *ige (főleg háború idején)* fosztogat, kifoszt ‖ portyázik

plunge [plʌndʒ] ▼ *fn* fejesugrás ▼ *ige* belemárt ‖ *(víz alá)* bukik, lebukik, lemerül

plunge into vízbe ugrik ‖ bezuhan a vízbe

plunging neckline ['plʌndʒɪŋ] *fn* mély dekoltázs

plural ['plʊərəl] *fn* többes szám

pluralism ['plʊərəlɪzm] *fn* pluralizmus

pluralistic [ˌplʊərə'lɪstɪk] *mn* pluralista, pluralisztikus

plus [plʌs] *fn* plusz *(előjel)* ‖ ráadás

plus-fours *fn* golfnadrág; *(buggyos)* térdnadrág

plush [plʌʃ] *mn* plüss

plutonium [pluː'toʊnɪəm] *fn* plutónium

ply [plaɪ] *ige* **ply between ...** *(hajó)* közlekedik ... között

plywood ['plaɪwʊd] *fn* furnér(lap), furnérlemez

PM [ˌpi: 'em] = **Prime Minister**

p.m., pm [ˌpi: 'em] = *(Latin: post meridiem)* délután, du. || **at 3 p.m./ pm** délután 3-kor

pneumatic [njuːˈmætɪk] *mn* pneumatikus

pneumatic drill [njuːˈmætɪk] *fn* préslégfúró (gép), pneumatikus fúró

pneumatic hammer *fn* légkalapács

pneumatic tyre (⊕ *US* **tire**) *fn* gumiabroncs, pneu

pneumonia [njuːˈmoʊnɪə] *fn* tüdőgyulladás

PO Box [pi: oʊ ˈbɒks] **POB** [ˌpi: oʊ ˈbi:] = **post office box**

poach[1] [poʊtʃ] *ige* tilosban vadászik/halászik

poach[2] [poʊtʃ] *ige* buggyant *(tojást)*

poached egg [poʊtʃt] *fn* buggyantott tojás

poacher ['poʊtʃə] *mn* vadorzó

poaching ['poʊtʃɪŋ] *fn* orvvadászat || orvhalászat

pocket ['pɒkɪt] ▼ *fn* zseb || **be out of pocket** *(üzletre)* ráfizet(ett), veszít(ett) ▼ *ige* zsebre tesz/vág vmt, bezsebel

pocketbook ['pɒkɪtbʊk] *fn* ⊕ *GB* jegyzetfüzet, notesz; ⊕ *US* erszény; pénztárca; levéltárca, zsebkönyv

pocket calculator *fn* zsebszámológép

pocket dictionary *fn* zsebszótár

pocketful ['pɒkɪtfʊl] *fn* zsebnyi (mennyiség)

pocket-knife *fn (tsz* **-knives)** bicska; zsebkés

pocket-money *fn* költőpénz, zsebpénz

pock-marked *mn* himlőhelyes

pod [pɒd] *fn* ❑ *növ* becő, magtok, hüvely

podgy ['pɒdʒi] *mn* kövér, köpcös, zömök

podiatrist [pəˈdaɪətrɪst] *fn* ⊕ *US* lábápoló, pedikűrös

podiatry [pəˈdaɪətri] *fn* ⊕ *US* lábápolás, pedikűr

podium ['poʊdɪəm] *fn* dobogó, pódium

poem ['poʊɪm] *fn* vers, költemény

poet ['poʊɪt] *fn* költő

poetic [poʊ'etɪk] *mn* költői

poetical [poʊ'etɪkl] *mn* költői || **the poetical works of X** X költői művei

Poet Laureate [ˌpoʊɪt 'lɒrɪət] *fn* ⊕ *GB* koszorús/udvari költő

poetry ['poʊətri] *fn* költészet || **write poetry** verset ír

pogrom ['pɒɡrəm] *fn* pogrom

poignant ['pɔɪnjənt] *mn* csípős, éles || megrendítő, szívbe markoló

poignantly ['pɔɪnjəntli] *hsz* élesen || szívbe markolón

point [pɔɪnt] ▼ *fn* pont || *(részlet, szakasz)* pont || kérdés || *(sp, játék)* pont || *(hegyes vég)* csúcs || hegy *(ceruzáé, kardé, késé, tűé)* || **point of departure** kiindulási pont; **point by/for point** pontról pontra; **point c** a c) pont; **three point five** *(írva:* **3.5)** három egész öt tized (3,5); **sy's good point** jó tulajdonság *(vké)*; **up to a point** egy bizonyos pontig; **the point at issue** napirenden levő ügy; **there is no point (in doing sg)** ❖ *biz* ennek nincs (semmi) értelme; **point of view** szempont; **from this point of view** ebből a szempontból; **be on the point of doing sg** (már) azon a ponton van, hogy; már-már; **come/get to the point** rátér a tárgyra/lényegre, a tárgyra tér; **it is beside the point** nem tartozik a tárgyhoz/lényeghez, nem érinti a lényeget; **make a point of (doing sg)** gondosan ügyel arra, hogy; súlyt helyez arra, hogy; **that's the point** erről van szó!; **to the point** a tárgyhoz tartozó, a tárgyra vonatkozó || → **points** ▼ *ige* (meg)mutat, felmutat || (rá)irányít *(at* vmre/vkre) || kifugáz *(téglaközöket stb.)* || állja a vadat *(kutya)* || **point (a gun) at sy** *(lőfegyvert)* ráfog; nekiszegez; **point the way to** kijelölik a fejlődés útját

point at (rá)mutat (vkre, vmre)
point out *(helyet)* megjelöl/kijelöl ||
rámutat || kimutat, megállapít
point to sg/sy vmre/vkre *(v. vk/vm felé)* mutat || utal vmre/vkre, vkre/ vmre rámutat

point-blank ▼ *mn* egyenes, közvetlen ||
félreérthetetlen, kerek || **at point-blank range** közvetlen közelből ▼ *hsz* közvetlen közelből || szembe, kertelés nélkül, félreérthetetlenül || **I asked him point-blank** nekiszegeztem a kérdést
point-duty *fn* őrszolgálat || **policeman on point-duty** rendőrőrszem
pointed ['pɔɪntɪd] *mn (tárgy)* hegyes, csúcsos || csúcsíves
pointedly ['pɔɪntɪdli] *hsz* csípősen, nyomatékkal; félreérthetetlenül, hangsúlyozottan
pointer ['pɔɪntə] *fn* mutató *(mérőműszeré)*; index *(műszeren)* || pálca || ❖ *biz* tipp || angol vizsla, pointer
pointless ['pɔɪntləs] *mn* céltalan, értelmetlen, eredménytelen
pointlessly ['pɔɪntləsli] *hsz* értelmetlenül
pointlessness ['pɔɪntləsnəs] *fn* céltalanság, értelmetlenség
points [pɔɪnts] *fn tsz* ❑ *vasút* váltó ||
❑ *sp* (verseny)eredmény || **switch the points** váltót átállít
pointsman ['pɔɪntsmən] *fn (tsz -men) (vasúti)* váltókezelő
poise [pɔɪz] ▼ *fn* egyensúly; higgadtság ▼ *ige* egyensúlyoz; lebeg
poised [pɔɪzd] *mn* egyensúlyozva || lebegve || ugrásra kész(en) || összeszedett, higgadt, kiegyensúlyozott
poison ['pɔɪzn] ▼ *fn* méreg ▼ *ige* (meg)mérgez
poison-gas *mn* mérges gáz
poisoning ['pɔɪzənɪŋ] *fn* mérgezés
poisonous ['pɔɪzənəs] *mn* mérges, mérgező

poke [pəʊk] *ige* döf *(könyökkel oldalba)*; *(ujjal)* bök; *(vmt, tüzet)* piszkál ||
poke sy in the ribs oldalba lök/bök;
poke one's nose into ❖ *biz* vmbe beleüti az orrát; **poke fun at sy** csúfot/ tréfát űz vkből

poke about matat vhol

poker[1] ['pəʊkə] *fn* piszkavas
poker[2] ['pəʊkə] *fn* póker
poker-face(d) *mn/fn* kifejezéstelen arc(ú), fapofa, pléhpofa
poky ['pəʊki] *mn* ❖ *biz* szegényes, dohos, vacak
Poland ['pəʊlənd] *fn* Lengyelország
polar ['pəʊlə] *mn* sarkvidéki
polar bear *fn* jegesmedve
polar circle *fn* sarkkör
polarization [ˌpəʊləraɪ'zeɪʃn] *fn* sarkítás, polarizáció
polarize ['pəʊləraɪz] *ige* ❑ *fiz* sarkít, polarizál(ódik)
polar lights *fn tsz* sarki fény
polar region(s) *fn tsz* sarkvidék
pole [pəʊl] *fn* ❑ *el* sarok, pólus ||
❑ *földr* sark || *(kocsié)* rúd
Pole [pəʊl] *fn* lengyel *(ember)*
pole-axe (⊕ *US* **pole-ax**) ▼ *fn* bárd ▼ *ige* letaglóz
polecat ['pəʊlkæt] *fn* görény
polemic [pə'lemɪk] *fn* polémia
polemical [pə'lemɪkl] *mn* polemikus, polemizáló, vita- || **polemical treatise** vitairat
polemics [pə'lemɪks] *fn tsz* vitairodalom
pole star *fn* sarkcsillag
pole-vault *fn* rúdugrás
pole-vaulter *fn* rúdugró
police [pə'li:s] *fn (tsz ua.)* rendőrség ||
the police are after him a rendőrség keresi; **the police turned out in force** kivonult a rendőrség
police-car *fn* rendőrautó
police constable *fn* (köz)rendőr
police department *fn* rendőrség

fn főnév – *hsz* határozószó – *isz* indulatszó – *ksz* kötőszó – *mn* melléknév
▼ szófajjelzés ⊕ földrajzi variáns ❑ szakterület ❖ stiláris minősítés

police dog *fn* rendőrkutya
police escort *fn* **under police escort** rendőri kísérettel
police force *fn* rendőrség
policeman [pə'li:smən] *fn* (*tsz* **-men**) rendőr
police officer *fn* (köz)rendőr
police-raid *fn* razzia
police record *fn* rendőrségi nyilvántartás
police state *fn* rendőrállam
police station *fn* rendőrkapitányság, rendőrőrs
police van (⊕ *US* **truck**) *fn* (*rendőri*) riadóautó, rabszállító autó
policewoman [pə'li:swʊmən] *fn* (*tsz* **-women**) rendőrnő
policy¹ ['pɒlɪsi] *fn* politika, (politikai) program, irányvonal, (irány)elvek, célkitűzések (*párté*) ‖ **policy towards the ethnic minorities** nemzetiségi politika
policy² ['pɒlɪsi] *fn* (biztosítási) kötvény, biztosítás ‖ **take out a policy** biztosítást köt
policy decision *fn* politikai döntés
policy holder *fn* biztosított (személy)
polio ['pəʊliəʊ] *fn* ❖ *biz* gyermekbénulás
poliomyelitis [ˌpəʊliəʊmaɪə'laɪtɪs] *fn* gyermekbénulás
Polish ['pəʊlɪʃ] ▼ *mn* lengyel ▼ *fn* lengyel (*nyelv*)
polish ['pɒlɪʃ] *ige* fényez, (ki)fényesít ‖ (*cipőt, evőeszközt*) kipucol ‖ (*tárgyat, stílust*) csiszol

polish up políroz

polished ['pɒlɪʃt] *mn* fényezett (*bútor*) ‖ ❖ *átv* csiszolt; finom (*modor*)
polite [pə'laɪt] *mn* udvarias (*to sy* vkvel)
politely [pə'laɪtli] *hsz* udvariasan
politeness [pə'laɪtnəs] *fn* udvariasság
politic ['pɒlɪtɪk] *mn* ügyes, okos; körültekintő

political [pə'lɪtɪkl] *mn* politikai ‖ **political line** politikai irányvonal; **political parties** politikai pártok; **political prisoner** politikai elítélt/fogoly; **political science** politológia; **political scientist** politológus
political correctness *fn* politikai korrektség
politically [pə'lɪtɪkli] *hsz* politikailag, politikai szempontból
politician [ˌpɒlɪ'tɪʃn] *fn* politikus
politics ['pɒlɪtɪks] *fn* politika ‖ *tsz* politikai nézetek
polka ['pɒlkə] *fn* polka
polka dot *fn* (*minta*) petty
poll [pəʊl] *fn* szavazás ‖ **go to the poll** szavaz, az urnához járul
pollen ['pɒlən] *fn* virágpor, hímpor, pollen
pollen count *fn* pollenszámlálás, pollenkoncentráció
pollinate ['pɒlɪneɪt] *ige* ❑ *növ* beporoz, megtermékenyít
pollination [ˌpɒlɪ'neɪʃn] *fn* beporzás
polling ['pəʊlɪŋ] *fn* szavazás, választás
polling booth *fn* szavazófülke
polling day *fn* ⊕ *GB* a szavazás napja
polling station *fn* szavazóhelyiség
pollute [pə'lu:t] *ige* (*környezetet*) szennyez
pollution [pə'lu:ʃn] *fn* szennyez(őd)és (*környezeté*) ‖ **pollution of the environment** környezetszennyezés
polo ['pəʊləʊ] *fn* (*lovas*) póló
polo neck *fn* garbónyak
polo-neck sweater *fn* garbó
poly ['pɒli] *fn* ❖ *biz* = **polytechnic**
polyarthritis [ˌpɒliɑː'θraɪtɪs] *fn* sokízületi gyulladás
polyclinic [ˌpɒlɪ'klɪnɪk] *fn* poliklinika
polyester [ˌpɒli'estə] *fn* poliészter
polyethylene [ˌpɒlɪ'eθəli:n] *fn* = **polythene**
polygamy [pə'lɪgəmi] *fn* többnejűség
polyglot ['pɒliglɒt] *mn* soknyelvű, többnyelvű

P

polygon ['pɒlɪgən] *fn* sokszög
polymath ['pɒlɪmæθ] *fn* polihisztor
polymer ['pɒlɪmə] *fn*❑ *vegy* polimer
Polynesia [ˌpɒlɪ'niːzɪə] *fn* Polinézia
Polynesian [ˌpɒlɪ'niːzɪən] *mn/fn* polinéziai
polyp ['pɒlɪp] *fn*❑ *orv és*❑ *áll* polip
polyphony [pə'lɪfəni] *fn* polifónia
polypus ['pɒlɪpəs] *fn* (*tsz* **-pi** [-paɪ])
❑ *orv* polip
polystyrene [ˌpɒlɪ'staɪriːn] *fn* polisztirol
polytechnic [ˌpɒlɪ'teknɪk] *fn* ⊕ *GB* műszaki főiskola
polythene ['pɒlɪθiːn] *fn* polietilén
polythene bag *fn* nejlonzacskó
polyurethane [ˌpɒlɪ'jʊərəθeɪn] *fn* poliuretán
pomegranate ['pɒmɪgrænɪt] *fn* gránátalma
Pomeranian [ˌpɒmə'reɪnɪən] *fn* spicc (*kutya*)
pommel ['pʌml] *fn* nyeregkápa
pommel exercises *fn tsz*❑ *sp* lólengés
pommel horse *fn*❑ *sp* kápás ló
pomp [pɒmp] *fn* dísz, pompa, parádé ‖ **with pomp and circumstance** nagy pompával
pompom ['pɒmpɒm] *fn* pompon
pompon ['pɒmpɒn] *fn* pompon
pompous ['pɒmpəs] *mn* nagyképű, dagályos, bombasztikus, sallangos
pompousness ['pɒmpəsnəs] *fn* nagyképűség
pond [pɒnd] *fn* (*kisebb*) tó
ponder ['pɒndə] *ige* latolgat, mérlegel, megfontol

---

ponder over tűnődik/töpreng vmin, vmt forgat a fejében

---

ponderous ['pɒndərəs] *mn* nehézkes (*stílus*)
pong [pɒŋ] ▼ *fn* ❖ *biz* bűz ▼ *ige* bűzlik
pontiff ['pɒntɪf] *fn* püspök ‖ **the (Supreme) Pontiff** a Pápa

pontificate ▼ [pɒn'tɪfɪkət] *fn* pápaság (*intézmény*) ▼ [pɒn'tɪfɪkət] *ige* ❖ *biz* nagyképűsködik
pontoon¹ [pɒn'tuːn] *fn* ponton
pontoon² [pɒn'tuːn] *fn* huszonegyes (*kártyajáték*)
pontoon-bridge *fn* pontonhíd
pony ['pəʊni] *fn* póni(ló)
ponytail ['pəʊniteɪl] *fn* lófarok
pony trekking *fn* pónilovaglás; utazás pónilovakon
poo [puː] *fn* ❖ *biz* **do a poo** kakil
poodle ['puːdl] *fn* uszkár
pooh! [puː] *isz* hú! ‖ (*undor*) pfuj!
pooh-pooh [puː'puː] *ige* lekicsinyel
pool¹ [puːl] ▼ *fn* ❑ *ker* ❑ *pénz* közös alap/készlet ‖❑ *ker* egyesülés, érdekszövetség, pool ‖ közös iroda ‖ **a pool of cars** kocsipark, járműpark ‖ →
pools ▼ *ige* közös alapba összegyűjt, közös alapot hoz létre ‖ érdekszövetségbe/poolba tömörít; egyesít
pool² [puːl] *fn* (*kisebb*) tó ‖ tócsa, pocsolya ‖ víztározó ‖ uszoda, medence
pool length *fn* uszodahossz
pools, the [puːlz] *fn tsz* totó
pools agency *fn* totózó (*iroda*)
pools coupon *fn* tippszelvény
poor [pʊə, pɔː] *mn* szegény ‖ gyenge, rossz, silány ‖ **the poor** *tsz* a szegények; **as poor as a church mouse** szegény, mint a templom egere; **poor chap** (⊕ *US* **guy**) (*sajnálkozva*) szegény ember; **poor devil** szegény ördög, szerencsétlen alak; **poor food** rossz koszt; **in poor health** beteges (*ember*); **of poor quality** rossz minőségű; **be in poor shape** (*vk egészségileg*) leromlott; **poor show** ❖ *biz* gyenge dolog; **poor soul** szerencsétlen teremtés; **the poor thing** szegény pára
poor district *fn* szegénynegyed
poorly ['pʊəli] ▼ *mn* **be/feel poorly** gyengén érzi magát ▼ *hsz* gyengén, rosszul ‖ szegényesen ‖ **it was poorly attended** (vmn) kevesen voltak; **(s)he**

---

did poorly in the exam gyengén szerepelt a vizsgán

poor-quality *mn* silány kivitelű

pop¹ [pɒp] *fn* ❖ *biz* apu, papa

pop² [pɒp] ▼ *hsz/isz* hirtelen ‖ puff!, pukk! ▼ *fn* pukkanás ‖ szénsavas ital ‖ **in pop** ❖ *biz* zaciban ▼ *ige* **-pp-** pukkan ‖ kipukkaszt ‖ pattogtat ‖ **pop the question (to sy)** ❖ *biz* megkéri vk kezét; **pop sg** ❖ *biz* zaciba tesz/csap/ vág vmt

---

pop along (to sy) ❖ *biz* elnéz *(vkhez látogatóba)*

pop in (to see sy) vkhez bekukkant

pop over to sy ❖ *biz* vhova, vkhez átugrik

pop up ❖ *biz* felbukkan

---

pop art *fn* pop-art

pop concert *fn* popkoncert

popcorn ['pɒpkɔːn] *mn* pattogatott kukorica

pope [pəʊp] *fn* pápa

pope's nose *fn* ⊕ *US* püspökfalat

pop-eyed *mn* kidülledt szemű

pop festival *fn* popfesztivál

pop group popegyüttes, rockegyüttes

pop-gun *fn* riasztópisztoly

poplar ['pɒplə] *fn* nyárfa

poplar wood *fn* jegenyés

poplin ['pɒplɪn] *fn* puplin

pop music *fn* popzene

popper ['pɒpə] *fn* patentkapocs

poppy ['pɒpi] *fn* mák

poppycock ['pɒpikɒk] *fn* ❖ *biz* üres beszéd, duma, szöveg

Popsicle ['pɒpsɪkl] *fn* ⊕ *US (gyümölcsös pálcikás)* jégkrém

pop singer *fn* popénekes, táncdalénekes

pop song *fn* táncdal, nóta, sláger

populace ['pɒpjʊləs] *fn* **the populace (at large)** a lakosság, a tömeg

popular ['pɒpjʊlə] *mn* népszerű, felkapott, keresett

popularity [ˌpɒpjʊ'lærəti] *fn* népszerűség

popularize ['pɒpjʊləraɪz] *ige* népszerűsít

popularly ['pɒpjʊləli] *hsz* általában, általánosan ‖ **popularly known as** népszerű nevén

populate ['pɒpjʊleɪt] *ige* benépesít

population [ˌpɒpjʊ'leɪʃn] *fn* lakosság, népesség

population bulge *fn* demográfiai hullám

population explosion *fn* demográfiai robbanás

populous ['pɒpjʊləs] *mn* népes, sűrűn lakott

porcelain ['pɔːslɪn] *fn* porcelán

porch [pɔːtʃ] *fn* pitvar, tornác; ⊕ *US* veranda

porcupine ['pɔːkjʊpaɪn] *fn* ❑ *áll* (tarajos) sül

pore¹ [pɔː] *fn* ❑ *biol* pórus

pore² [pɔː] *ige* **pore over a book** könyv fölé hajol

pork [pɔːk] *fn* sertéshús

pork chop *fn* sertésborda, sertésszelet

pork cutlet *fn* sertéskaraj

porker ['pɔːkə] *fn* hízó

porn [pɔːn] *fn* ❖ *biz* pornó

porno ['pɔːnəʊ] *mn* ❖ *biz* pornográf, pornó(-)

pornographic [ˌpɔːnə'græfɪk] *mn* pornográf, szeméremsértő

pornography [pɔː'nɒgrəfi] *fn* pornográfia

porous ['pɔːrəs] *mn* likacsos, szivacsos

porpoise ['pɔːpəs] *fn* barna delfin

porridge ['pɒrɪdʒ] *fn* zabkása

port [pɔːt] *fn (nagyobb, tengeri)* kikötő

portable ['pɔːtəbl] *mn* hordozható, táska- ‖ **portable typewriter** táskaírógép

portal ['pɔːtl] *fn* bejárat, portál

port authorities *fn tsz* kikötői hatóság

---

nm névmás – *nu* névutó – *szn* számnév – *esz* egyes szám – *tsz* többes szám
▼ szófajjelzés ⊕ földrajzi variáns ❑ szakterület ❖ stiláris minősítés

portcullis [pɔːˈtkʌlɪs] *fn* csapórács *(várkapun)*

port dues/duties *fn tsz* kikötődíj

portend [pɔːˈtend] *ige* előre jelez, megjövendöl

portent [ˈpɔːtent] *fn* előjel, ómen; csodajel

porter¹ [ˈpɔːtə] *fn* portás, kapus ‖ hordár ‖ londiner ‖ ⊕ *US* hálókocsi-kalauz, szalonkocsipincér ‖ **porter's lodge** portásfülke, porta

porter² [ˈpɔːtə] *fn* barna sör

porterhouse steak [ˈpɔːtəˌhaʊs] *fn* finom bélszínszelet

portfolio [ˌpɔːtˈfoʊlioʊ] *fn* (miniszteri) tárca ‖ **minister without portfolio** tárca nélküli miniszter

porthole [ˈpɔːthoʊl] *fn* hajóablak

portico [ˈpɔːtɪkoʊ] *fn* (*tsz* **-coes** *v.* **-cos**) oszlopcsarnok

portion [ˈpɔːʃn] ▼ *fn* (élelmiszer)adag, porció ▼ *ige* **portion (out)** (ki)porcióz, kiadagol; kioszt

portly [ˈpɔːtli] *mn* testes, terebélyes

portmanteau [pɔːtˈmæntoʊ] *fn* (*tsz* **-teaus** *v.* **-teaux** [-toʊz]) *(szekrény alakú)* bőrönd, szekrénybőrönd

portmanteau word *fn* vegyülékszó (mint *pl. motel motor*-ból és *hotel*-ből)

port of call *fn (menetrendszerű)* kikötő

portrait [ˈpɔːtrət] *fn* arckép, portré

portraitist [ˈpɔːtrətɪst] *fn* arcképfestő

portray [pɔːˈtreɪ] *ige (író, festő)* jellemez, ábrázol

portrayal [pɔːˈtreɪəl] *fn (rajzban)* ábrázolás

port side *fn* **the port side** bal oldal *(hajóé)*

Portugal [ˈpɔːtʃʊɡəl] *fn* Portugália

Portuguese [ˌpɔːtʃʊˈɡiːz] *mn* portugál

pose [poʊz] ▼ *fn* póz ▼ *ige* affektál, pózol

poser¹ [ˈpoʊzə] *fn* pozőr

poser² [ˈpoʊzə] *fn* zavarbaejtő kérdés

poseur [poʊˈzɜː] *fn* pozőr

posh [pɒʃ] *mn* ❖ *biz (hely stb.)* proccos

position [pəˈzɪʃn] *fn* helyzet ‖ pozíció, hivatal, állás, ❖ *biz* poszt ‖ *(hegedűn stb.)* fekvés ‖ álláspont ‖ **I am in a position to** abban a helyzetben vagyok, hogy; **"position closed"** „zárva" *(jegypénztár)*; **out of position** rossz helyen; **his position on sg** állásfoglalása ebben a kérdésben

positioning [pəˈzɪʃnɪŋ] *fn* ▢ *sp* helyezkedés

positive [ˈpɒzətɪv] *mn* állító, igenlő, pozitív ‖ ▢ *mat* pozitív előjelű

positively [ˈpɒzɪtɪvli] *hsz* rendkívül ‖ igenlően ‖ valóban, kifejezetten, határozottan

positive sign *fn* pozitív előjel

positive vetting *fn* átvilágítás

posse [ˈpɒsi] *fn* ⊕ *US* önkéntes rendcsinálók

possess [pəˈzes] *ige* birtokol, vmt *v.* vmvel bír, birtokában van vmnek

possessed [pəˈzest] *mn* megszállott

possession [pəˈzeʃn] *fn* tulajdon, birtok ‖ birtoklás ‖ **enter into possession of sg**, **take possession of sg** birtokába jut/lép vmnek; **take possession of sg** birtokba vesz vmt; **be in possession of sg** birtokában van vmnek

possessive (case) [pəˈzesɪv] *fn* birtokos eset, genitivus

possessive (pronoun) *fn* birtokos névmás

possessor [pəˈzesə] *fn* ▢ *nyelvt* birtokos

possibility [ˌpɒsəˈbɪləti] *fn* lehetőség

possible [ˈpɒsəbl] *mn* lehetséges ‖ **as far as possible** amennyire lehetséges; **it is possible** valószínű; lehet; **it can't be possible** (ez) lehetetlen!; **do everything possible** megtesz minden tőle telhetőt; **it is just possible that** feltehető, hogy

possibly [ˈpɒsəbli] *hsz* lehetőleg, esetleg

post¹ [poʊst] ▼ *fn* posta ‖ **send by post** postán küld; **in the post** a postán; **by return of post** postafordultával ▼ *ige (levelet)* felad, bedob, postáz, postán küld vmt || **keep sy posted** vkt folyamatosan/rendszeresen tájékoztat

post² [poʊst] ▼ *fn* oszlop, karó, cölöp || ajtófélfa || kapufélfa || **hit the post** kapufát lő ▼ *ige* kiragaszt, kiplakátoz || **post no bills!** falragaszok felragasztása tilos!

post³ [poʊst] ▼ *fn* állás, hivatal, pozíció || (diplomáciai) állomáshely, poszt || őrhely || őrszem || **take up one's post** elfoglalja állását/hivatalát ▼ *ige* kinevez/küld vhová, vhová beosztást kap

postage ['poʊstɪdʒ] *fn* postaköltség

postage paid *mn* díjelőleges, díjátalányozva

postage-stamp *fn* levélbélyeg

postal ['poʊstl] *mn* postai

postal address *fn* postacím, levélcím

postal charges *fn tsz* postaköltség

postal code *fn* (postai) irányítószám

postal order *fn* postautalvány

postal rates *fn tsz* postai díjszabás

postal savings bank *fn* posta-takarékpénztár

postal tariff *fn* postai díjszabás

postal tuition *fn* levelező oktatás

postbag ['poʊstbæg] *fn* postazsák

postbox ['poʊstbɒks] *fn* levélszekrény

postcard ['poʊstkɑːd] *fn* levelezőlap || **picture postcard** képes levelezőlap, képeslap

postcode ['poʊstkoʊd] *fn* (postai) irányítószám

postdate ['poʊstdeɪt] *ige* későbbre keltez

poster ['poʊstə] *fn* plakát, poszter

poste restante [ˌpoʊst 'restɒnt] *mn/hsz* postán maradó *(küldemény)*

posterior [pɒ'stɪəriə] ▼ *mn* hátulsó || későbbi, utólagos ▼ *fn* ❖ *biz* alfél

posterity [pɒ'sterəti] *fn* utókor

post exchange *fn* ⊕ *US* kantin, helyőrségi bolt

post-free ▼ *mn* bérmentes, portómentes ▼ *hsz* bérmentve

postgraduate [poʊst'grædjʊət] *mn* posztgraduális || **postgraduate studies** posztgraduális tanulmányok, tudományos továbbképzés

posthumous ['pɒstjʊməs] *mn* posztumusz

posthumously ['pɒstjʊməsli] *hsz* halála után, utólag, posztumusz kitüntetésként

posting ['poʊstɪŋ] *fn* kiküldetés || állomáshely

postman ['poʊstmən] *fn (tsz -men)* postás, (levél)kézbesítő

postmark ['poʊstmɑːk] ▼ *fn (postai)* (kelet)bélyegző ▼ *ige* lebélyegez, bélyegzővel ellát

postmaster ['poʊstmɑːstə] *fn* postahivatal vezetője, postamester

Postmaster General *fn* ⊕ *GB* postaügyi miniszter

postmistress ['poʊstmɪstrɪs] *fn* postahivatal vezető(nő)je, postamesternő

postmortem (examination) [ˌpoʊst'mɔːtəm] *fn* halottszemle, boncolás

postnatal [ˌpoʊst'neɪtl] *mn* születés utáni, posztnatális

post office *fn* posta(hivatal)

post office box (PO box) *fn* postafiók

post-office clerk *fn* postai alkalmazott, postatisztviselő

post-paid ▼ *mn* bérmentes ▼ *hsz* bérmentve

postpone [pə'spoʊn] ⊕ *US* poʊ'spoʊn] *ige* elhalaszt, elnapol

postponement [pə'spoʊnmənt, ⊕ *US* poʊ-] *fn* elhalasztás, elmaradás *(előadásé)*

postposition [ˌpoʊstpə'zɪʃn] *fn* névutó

postscript ['poʊstskrɪpt] *fn* utóirat

postulate ▼ ['pɒstjʊlət] *fn* követelmény, kívánalom, posztulátum, kívánság ▼ ['pɒstjʊleɪt] *ige (mint szükségszerűt)* feltételez, posztulátumként feltesz, posztulál

P

postulation [ˌpɒstjʊ'leɪʃn] *fn* = **postulate**

posture ['pɒstʃə] *fn* helyzet, testtartás, pozitúra

post-war *mn* háború utáni

postwoman ['poʊstwʊmən] *fn (tsz -women) (női)* levélkézbesítő

posy ['poʊzi] *fn* kis csokor/bokréta

pot [pɒt] ▼ *fn* fazék, edény ‖ (virág)cserép ‖ bili ‖ ❖ *biz* marihuána ‖ **pots and pans** konyhaedény(ek); **he has pots of money** ❖ *biz* sok pénze van ▼ *ige* **-tt-** cserépbe ültet ‖ biliztet *(gyereket)* ‖ lyukba lök *(biliárdgolyót)* ‖ eltesz, konzervál

potash ['pɒtæʃ] *fn* hamuzsír

potassium [pə'tæsɪəm] *fn* kálium

potato [pə'teɪtoʊ] *fn (tsz -oes)* burgonya, krumpli ‖ **mashed potato** burgonyapüré, krumplipüré

potato beetle *fn* burgonyabogár, kolorádóbogár

potato crisps (⊕ *US* **chips**) *fn tsz* burgonyaszirom

potato flakes *fn tsz* burgonyapehely

potato-masher *fn* krumplinyomó

potato peeler *fn* burgonyahámozó

potato purée *fn* burgonyapüré, krumplipüré

pot-bellied *mn* ❖ *biz* pocakos, hasas, nagy hasú

pot-belly *fn* pocak

potency ['poʊtnsi] *fn* nemzőképesség, potencia ‖ hathatósság, hatásosság

potent ['poʊtnt] *mn (orvosság)* hatásos

potentate ['poʊtnteɪt] *fn* potentát

potential [pə'tenʃl] ▼ *mn* lehetséges, potenciális ‖ **potential energy** helyzeti energia ▼ *fn* ❑ *el* ❑ *fiz* potenciál, feszültség ‖ helyzeti energia

potentially [pə'tenʃli] *hsz* lehetőségeit tekintve, potenciálisan

pot-hole *fn (úton)* kátyú, gödör

potholer ['pɒthoʊlə] *fn* ❖ *biz* amatőr barlangkutató, barlangász

pot-holing *fn* ❖ *biz* amatőr barlangkutatás, barlangászkodás

potion ['poʊʃn] *fn* ital ‖ korty ‖ adag

potluck [ˌpɒt'lʌk] *fn* ❖ *biz* **take potluck** azt eszik, amit talál

pot plant *fn* cserepes növény

potpourri [poʊ'pʊri] *fn (zenei)* egyveleg

pot-roast *fn* párolt hús

pot-shot *fn* közelről/vaktában leadott lövés

potted ['pɒtɪd] *mn* befőzött, (-)konzerv ‖ rövidített, sűrített, tömör

potter[1] ['pɒtə] *fn* fazekas, keramikus

potter[2] ['pɒtə] *ige* **potter (about/ around)** ❖ *biz* (vmvel) vacakol, pepecsel

potter's wheel *fn* fazekaskorong

pottery ['pɒtəri] *fn* fazekasmesterség ‖ agyagáru, kerámia

potty ['pɒti] *fn* ❖ *biz* bili

potty-trained *mn (gyermek)* szobatiszta

pouch [paʊtʃ] ▼ *fn* zacskó, erszény ▼ *ige* zsebre vág, bezsebel

pouffe [puːf] *fn (ülőhely)* puff

poultice ['poʊltɪs] *fn* meleg (lenmaglisztes) borogatás ‖ **put on a poultice** *(meleggel)* borogat

poultry ['poʊltri] *fn tsz* baromfi, szárnyas

poultry-farm *mn* baromfitenyésztő telep

poultry-farmer *fn* baromfitenyésztő

pounce [paʊns] *ige (madár)* lecsap, ráveti magát *(on* vmre/vkre)

pound[1] [paʊnd] *fn (röv* lb; *tsz* lbs) font *(súly 453 gramm)* ‖ font *(pénzegység 100 pence, röv* £) ‖ **by the pound** fontonként; **weighs 40 lbs** súlya 40 font; **a 5 pound note** ötfontos *(bankjegy)*

pound[2] [paʊnd] *ige* zúz; *(cukrot)* tör ‖ döngöl ‖ **pound at the door** veri az ajtót, dörömböl az ajtón

pounder ['paʊndə] *fn* mozsártörő

---

fn főnév– *hsz* határozószó– *isz* indulatszó– *ksz* kötőszó– *mn* melléknév
▼ szófajjelzés ⊕ földrajzi variáns ❑ szakterület ❖ stiláris minősítés

pounding ['paʊndɪŋ] *fn* törés, zúzás; ütés, kalapálás; kopogás
pound sterling *fn* font sterling
pour [pɔːr] *ige (folyadékot)* önt ‖ ömlik, dől *(eső)* ‖ **it is pouring (with rain)** szakad/zuhog az eső; **it never rains but it pours** a baj nem jár egyedül

pour in beömlik
pour into betölt, beleönt ‖ beleömlik
pour out *(vizet stb.)* kiönt ‖ kiömlik

pouring ['pɔːrɪŋ] *mn* **in (the) pouring rain** szakadó esőben
pout [paʊt] *ige* ajkát biggyeszti
poverty ['pɒvəti] *fn* szegénység ‖ **the poverty line** létminimum
poverty-stricken *mn* szegény sorsú
POW [ˌpiː oʊ 'dʌbljuː] = **prisoner of war**
POW camp *fn* hadifogolytábor
powder ['paʊdə] ▼ *fn* por ‖ lőpor; puskapor ‖ **reduce to powder** porrá tör ▼ *ige (cukrot)* tör ‖ (be)púderoz

powder with *(porfélével)* behint

powder compact *fn* kőpúder
powdered milk *fn* tejpor
powder-keg *fn (átv is)* puskaporos hordó
powder puff *fn* púderpamacs
powder room *fn (női)* illemhely, mosdó
powdery ['paʊdəri] *mn* porszerű, porhanyós ‖ poros ‖ púderes ‖ **powdery snow** porhó
power ['paʊə] *fn* hatalom ‖ erő, képesség, energia ‖ (villamos) áram, energia ‖ ❑ *mat* hatvány ‖ *(összetételben)* gépi, motoros ‖ áram- ‖ **be in power** hatalmon/uralmon van; **be within one's power** hatalmában van/áll; **do everything in one's power (to)** minden tőle telhetőt megtesz; **fourth power** negyedik hatvány; **raise to the second power** négyzetre emel;

he has the power (to) jogában áll; **exceed one's powers** túllépi a hatáskörét; **powers at war** hadviselő felek
powerboat ['paʊəboʊt] *fn* motorcsónak
power consumption *fn* energiafogyasztás
power cut *fn* áramkorlátozás
power drill *fn* villanyfúró
power-driven *mn* gépi (hajtású)
powered ['paʊəd] *mn* gépi hajtású
power failure *fn* áramszünet
powerful ['paʊəfl] *mn* erős, nagy erejű/teljesítményű, hatalmas
power generation *fn* energiatermelés
powerhouse ['paʊəhaʊs] *fn* erőmű
powerless ['paʊələs] *mn* erőtlen, tehetetlen *(személy)*
power line *fn* távvezeték
power mower *fn* villamos fűnyíró
power of attorney *fn* ügyvédi meghatalmazás
power plant *fn* erőmű
power play *fn* ❑ *sp* emberelőny
power point *fn* ❑ *el* (dugaszoló)aljzat, fali csatlakozó(aljzat)
power politics *fn esz* nagyhatalmi politika, erőpolitika
power station *fn* erőmű
power steering *fn* szervomotoros kormányzás, szervokormány
power supply *fn* áramellátás, energiaellátás
power supply unit *fn* ❑ *el* tápegység
powwow ['paʊwaʊ] *fn* tanácskozás, ❖ *biz* kupaktanács
pp = *pages* ‖ *(Latin: per procurationem)* megbízásból, helyett, h.
PR [ˌpiː 'ɑː] = **public relations**
practicability [ˌpræktɪkə'bɪləti] *fn* célszerűség
practicable ['præktɪkəbl] *mn* használható, kivihető, keresztülvihető ‖ **practicable plan** ❖ *átv* járható út
practical ['præktɪkl] *mn* gyakorlati ‖ célszerű, praktikus ‖ gyakorlatias ‖ **practical experience** gyakorlat; praxis; **practical joke** vastag tréfa

P

practically ['præktɪkli] *hsz* gyakorlatilag, jóformán, úgyszólván, valósággal, tulajdonképpen

practice ['præktɪs] *fn* gyakorlat; praxis ‖ gyakorlás ‖ ❏ *sp (bemutatott)* gyakorlat ‖ **in practice** a gyakorlatban; **be out of practice** kijött a gyakorlatból; **it needs a lot of practice** be kell gyakorolni

practice match *fn* edzőmérkőzés

practise (✪ *US* **-ce**) ['præktɪs] *ige* gyakorol ‖ begyakorol ‖ gyakorlatot folytat, praktizál ‖ **practise the piano** zongorán gyakorol

practised (✪ *US* **-iced**) ['præktɪst] *mn* gyakorlott

practising ['præktɪsɪŋ] *mn* gyakorló

practitioner [præk'tɪʃnə] *fn* gyakorló orvos/ügyvéd

pragmatic [præg'mætɪk] *mn* pragmatikus

pragmatism ['prægmətɪzm] *fn* pragmatizmus

Prague [prɑːg] *fn* Prága

prairie ['preəri] *fn* préri

prairie wolf *fn* prérifarkas

praise [preɪz] ▼ *fn* dicséret, dicsőítés ▼ *ige* dicsőít, dicsérően nyilatkozik vkről ‖ **praise sy for sg** megdicsér vkt vmért; **praise highly** feldicsér

praiseworthy ['preɪzwɜːði] *mn* dicséretre méltó

pram [præm] *fn* gyermekkocsi

prance [prɑːns] *ige (ló)* ágaskodik ‖ táncoltat *(lovat)* ‖ **prance (about/along)** büszkélkedik ‖ örömében ugrál/táncol; **pranced out of the room in a fury** (haragjában) dúlva-fúlva kirohant a szobából

prank [præŋk] *fn* ❖ *biz* stikli, csíny ‖ **play pranks (on sy)** csínyt követ el

prate [preɪt] ▼ *fn* csacsogás ▼ *ige* csacsog

prattle ['prætl] ▼ *fn* csacsogás, fecsegés ▼ *ige* csacsog, fecseg

pray [preɪ] *ige* imádkozik ‖ **pray for sg** könyörög/imádkozik vmért

prayer [preə] *fn* ima, imádság ‖ **say one's prayers** imádkozik

prayer-book *fn* imakönyv

prayer-meeting *fn* imaóra

preach [priːtʃ] *ige* ❏ *vall* prédikál, szentbeszédet mond ‖ **preach (the word of God)** igét hirdet

preacher ['priːtʃə] *fn* igehirdető, prédikátor

preaching (the Gospel) ['priːtʃɪŋ] *fn* igehirdetés

preamble [pri'æmbl] *fn* előszó, bevezetés ‖ indoklás

prearrange [ˌpriːə'reɪndʒ] *ige* előre megbeszél vmt

prearranged [ˌpriːə'reɪndʒd] *mn* előre megbeszélt

prearrangement [ˌpriːə'reɪndʒmənt] *fn* előzetes megbeszélés

pre-booked ticket [ˌpriːbʊkt] *fn* előre váltott jegy

precarious [prɪ'keərɪəs] *mn* bizonytalan, ingatag ‖ **make a precarious living** megélhetése bizonytalan

precaution [prɪ'kɔːʃn] *fn* elővigyázatosság, óvatosság ‖ **take all necessary precautions (against sg)** minden elővigyázatossági intézkedést megtesz

precautionary measures [prɪ'kɔːʃnəri] *fn tsz* elővigyázatossági rendszabályok, óvintézkedések

precede [prɪ'siːd] *ige* vkt, vmt megelőz, elsőbbsége van

precedence ['presɪdəns] *fn* elsőbbség ‖ **take/have precedence over** *(rangban, sorrendben)* megelőz

precedent ['presɪdənt] *fn* példa, precedens ‖ **create a precedent (for sg)** precedenst alkot/képez; **there is no precedent for it, it is without precedent** alig van példa rá(, hogy …), példa nélkül való

preceding [prɪ'siːdɪŋ] *mn* (meg)előző, előbbi, korábbi

precept ['priːsept] *fn* tan, szabály, elv ‖ hivatali utasítás

---

fn főnév – *hsz* határozószó – *isz* indulatszó – *ksz* kötőszó – *mn* melléknév
▼ szófajjelzés ✪ földrajzi variáns ❏ szakterület ❖ stiláris minősítés

precinct ['pri:sɪŋkt] *fn* bekerített terület; zóna; ⊕ *US* kerület ‖ **precincts** környék; **no parking within the hospital precincts** parkolni tilos a kórház területén

precious ['preʃəs] *mn* értékes, becses ‖ **precious little** édeskevés

precious stone *fn* drágakő

precipice ['presɪpɪs] *fn* szakadék

precipitate ▼ [prə'sɪpɪtət] *mn* elhamarkodott ▼ [prə'sɪpɪtət] *fn* ❑ *vegy* csapadék ▼ [prə'sɪpɪteɪt] *ige* beletaszít ‖ ❑ *vegy* kicsap ‖ lecsapódik ‖ **precipitate into war** háborúba sodor

precipitation [prɪˌsɪpɪ'teɪʃn] *fn* ❑ *vegy* lecsapódás ‖ csapadék

précis ['preɪsi:] *fn (nyelvoktatásban)* rezümé

precise [prɪ'saɪs] *mn* pontos, precíz, szabatos ‖ **to be more precise** pontosabban, jobban mondva

precisely [prɪ'saɪsli] *mn* pontosan; teljesen, egészen, pontról pontra

precision [prɪ'sɪʒn] *fn* pontosság, szabatosság, precizitás

precision instrument *fn* precíziós műszer

preclassical [ˌpri:'klæsɪkl] *mn* preklasszikus

preclude [prɪ'klu:d] *ige* (eleve) kizár ‖ **preclude the possibility of sg** kizárja vmnek a lehetőségét

precocious [prɪ'kouʃəs] *mn* koraérett *(gyermek)*

preconception [ˌpri:kən'sepʃn] *fn* előfeltevés, előítélet, prekoncepció

preconcieved [ˌpri:kən'si:vd] *mn* **preconcieved idea** előítélet

precondition [ˌpri:kən'dɪʃn] *fn* előfeltétel

precursor [prɪ'kɜ:sə] *fn* előfutár; (hivatali) előd

pre-date [ˌpri:'deɪt] *ige* antedatál

predator ['predətə] *fn* ragadozó

predatory ['predətəri] *mn* ragadozó

predecessor ['pri:dɪsesə] *fn* (hivatali) előd

predestination [prɪˌdestɪ'neɪʃn] *fn* eleve elrendelés, predes(z)tináció

predestine [ˌpri:'destɪn] *ige* előre kiválaszt, predesztinál ‖ **be predestined for** arra van predesztinálva

predetermine [ˌpri:dɪ'tɜ:mɪn] *ige* előre elrendel

predicament [prɪ'dɪkəmənt] *fn* kellemetlen helyzet; baj

predicate ['predɪkət] *fn* állítmány

predict [prɪ'dɪkt] *ige* megjósol, előre megmond ‖ **that can be predicted** *(előre)* megmondható, ki lehet számítani

predictable [prɪ'dɪktəbl] *mn* (előre) megmondható, kiszámítható, megjósolható

predictably [prɪ'dɪktəbli] *hsz* megjósolhatóan

prediction [prɪ'dɪkʃn] *fn* jóslás

predilection [ˌpri:dɪ'lekʃn] *fn* előszeretet *(for* iránt)

predispose [ˌpri:dɪ'spouz] *ige* fogékonnyá tesz vmre ‖ predesztinál, prediszponál ‖ **be predisposed** hajlamos vmre; **be predisposed in sy's favour** elfogult vk javára

predisposition [ˌpri:dɪspə'zɪʃn] *fn* hajlam, fogékonyság *(to* vmre)

predominance [prɪ'dɒmɪnəns] *fn* túlsúly, fölény

predominant [prɪ'dɒmɪnənt] *mn* túlnyomó

predominantly [prɪ'dɒmɪnəntli] *hsz* túlnyomóan

predominate [prɪ'dɒmɪneɪt] *ige* túlteng, túlsúlyban van ‖ **predominate over** *(vkn/vmn)* uralkodik, érvényesül vmvel szemben

preeminent [pri'emɪnənt] *mn* kiemelkedő ‖ **be preeminent** kitűnik, kiemelkedik

pre-empt [pri'empt] *ige* elővételi jogon vásárol

pre-emptive [pri'emptɪv] *mn* megelőző ‖ **pre-emptive right** elővételi jog; **pre-emptive strike** megelőző támadás

P

preen [pri:n] *ige* tollászkodik

prefab ['pri:fæb] *fn* ❖ *biz* panelház

prefabricate [pri:'fæbrɪkeɪt] *ige* előre gyárt

prefabricated [pri:'fæbrɪkeɪtɪd] *mn* előre gyártott || **prefabricated house** előre gyártott elemekből készült ház/épület, panelház

preface ['prefəs] *fn* előszó

prefect ['pri:fekt] *fn* elöljáró, prefektus; felügyelő

prefer [prɪ'fɜ:] *ige* -rr- prefer sg to sg vmt vmnél jobban szeret, előnyben részesít, előbbre helyez || **prefer sy over sy else** előnyben részesít vkt vkvel szemben; **I prefer to wait** inkább várok

preferable ['prefərəbl] *mn* kívánatosabb, jobb

preferably ['prefərəbli] *hsz* inkább, lehetőleg || **preferably am** (*v.* **in the morning**) lehetőleg délelőtt

preference ['prefərəns] *fn* előszeretet || **have/show a preference for** előszeretettel van vm iránt, előnyben részesít, jobban szeret; **give preference to sy** (*v.* **over others**) előnyben részesít vkt vkvel szemben; **be given preference** előnyben részesül; **ice or cake – do you have a preference?** fagyi vagy sütemény – melyiket szereted jobban?

preference share *fn* elsőbbségi részvény

preferential [ˌprefə'renʃl] *mn* kedvezményes || **preferential treatment** kedvezményes bánásmód

prefix ['pri:fɪks] *fn* ❑ *nyelvt* előképző, előrag, előtag

pregnancy ['pregnənsi] *fn* terhesség

pregnant ['pregnənt] *mn* terhes *(nő)* || **become pregnant** teherbe esik

pre-heat [pri:'hi:t] *ige* előmelegít

prehistoric [ˌpri:hɪ'stɒrɪk] *mn* történelem előtti

prehistoric age *fn* ❑ *tört* őskor

prehistory [pri:'hɪstəri] *fn* őstörténet

prejudge [pri:'dʒʌdʒ] *ige* eleve megítél/elítél || **elmarasztal** || előítélettel van/viseltetik vm iránt

prejudice ['predʒʊdɪs] *fn* előítélet, elfogultság

prejudiced ['predʒʊdɪst] *mn* elfogult

prelate ['prelət] *fn* prelátus

preliminaries [prɪ'lɪmənəriz] *fn tsz* előzetes intézkedések/tárgyalások

preliminary [prɪ'lɪmənəri] *mn* előzetes, megelőző

preliminary heats *fn* ❑ *sp* selejtezők, selejtező futamok

preliminary training *fn* előképzés

prelims ['pri:lɪmz] *fn tsz* címnegyed *(könyvé)*

prelude ['prelju:d] *fn* előjáték, prelúdium

premarital [pri:'mærɪtl] *mn* házasság előtti

premature ['premətʃə, ⊕ *US* ˌpri:mə'tʃʊr] *mn* idő előtti, (túl) korai || **koraérett** || **premature baby** koraszülött; **premature birth** koraszülés

prematurely ['premətʃəli, ⊕ *US* ˌpri:mə'tʃʊrli] *hsz* idő előtt

premeditate [ˌpri:'medɪteɪt] *ige* előre megfontol

premeditated [ˌpri:'medɪteɪtɪd] *mn* kiszámított, előre megfontolt

premeditated murder *fn* (*előre kitervelt módon elkövetett*) emberölés

premeditation [pri:ˌmedɪ'teɪʃn] *fn* megfontoltság, előre megfontolás

premenstrual [ˌpri:'menstrʊəl] *mn* menstruációt megelőző

premenstrual tension *fn* menstruáció előtti feszültség

premier ['premɪə, ⊕ *US* prɪ'mɪr] ▼ *mn* elsőrangú, legfontosabb ▼ *fn* miniszterelnök

premiere ['premɪeə, ⊕ *US* prɪ'mɪr] *fn* premier, bemutató

premise ['premɪs] *fn* előtétel, premissza

---

fn főnév – *hsz* határozószó – *isz* indulatszó – *ksz* kötőszó – *mn* melléknév
▼ szófajjelzés ⊕ földrajzi variáns ❑ szakterület ❖ stiláris minősítés

premises ['premɪsɪz] *fn tsz* helyiség, épület(ek) || **on the premises** helyben, a helyszínen, az épületben

premiss ['premɪs] *fn* = **premise**

premium ['pri:mɪəm] *fn* biztosítási díj || felár || prémium, opciódíj || *(teljesítménytöbbletért)* jutalom || *(fizetésen felül)* jutalék || **at a premium** parin/névértéken felül, felárral; **put a premium on** vmt nagyon fontosnak/kívánatosnak tart

premium bond *fn kb.* nyereménybetétkönyv

premonition [,premə'nɪʃn] *fn* előérzet || előjel

prenatal [,pri:'neɪtl] *mn* születés előtti || **prenatal care** terhesgondozás; **prenatal check-up** terhességi vizsgálat; **prenatal exercises** terhestorna

preoccupation [pri,ɒkjʊ'peɪʃn] *fn* rögeszme, mánia || belefeledkezés || **his main preoccupation was** minden gondolata *v.* legfőbb gondja az volt, hogy …

preoccupy [pri'ɒkjʊpaɪ] *ige* **be preoccupied with sg** teljesen leköti vm, elmerülten foglalatoskodik vmvel

prep [prep] *fn* ❖ *biz* házi feladat, HF || tanulás || készülés || ⊕ *US* intézeti növendék

prepacked [pri:'pækt] *mn* előre csomagolt, kiszerelt

prepaid [,pri:'peɪd] *mn* bérmentesített

preparation [,prepə'reɪʃn] *fn* előkészítés || ❑ *isk* készülés || elkészítés *(ételé)* || elkészítés *(leckéé)* || ❑ *tud* preparátum || **make preparations for** előkészületeket tesz, készül vmre, megteszi az előkészületeket; **in preparation** előkészületben (van) *(pl. könyv)*; **preparations** előkészület, felkészülés

preparatory [prɪ'pærətəri] *mn* előkészítő || előzetes, megelőző || **preparatory work** előmunkálat

preparatory school *fn* ⊕ *GB (public schoolra)* előkészítő (magán)iskola

(7-13 évesek részére, többnyire bentlakásos) || ⊕ *US* előkészítő iskola *(főiskolára, egyetemre)*

prepare [prɪ'peə] *ige* (el)készít, megcsinál || előkészít || (meg)főz || készül (vmre) || **prepare for an exam** vizsgára tanul/készül; **be prepared to do sg** hajlandó vmre

preponderance [prɪ'pɒndərəns] *fn* ❖ *átv* túlsúly

preponderant [prɪ'pɒndərənt] *mn* túlnyomó

preposition [,prepə'zɪʃn] *fn* ❑ *nyelvt* elöljáró, prepozíció

prepossessing [,pri:pə'zesɪŋ] *mn* megnyerő; rokonszenves

preposterous [prɪ'pɒstərəs] *mn* abszurd, fonák

prep school *fn* = **preparatory school**

prerecorded [,pri:rɪ'kɔ:d] *mn* előre felvett, felvételről közvetített

prerequisite [pri:'rekwɪzɪt] *fn* előfeltétel

prerogative [prɪ'rɒgətɪv] *fn* előjog

Presbyterian [,prezbɪ'tɪərɪən] *mn/fn* ❑ *vall* presbiteriánus

presbytery ['prezbɪtəri] *fn (protestáns)* presbitérium || *(katolikus)* paplak || szentély

preschool [,pri:'sku:l] *mn* iskoláskor/iskola előtti

prescribe [prɪ'skraɪb] *ige* előír || **prescribe (a treatment) for (an illness)** *(orvosságot, kezelést)* rendel; **prescribe a medicine** gyógyszert felír

prescription [prɪ'skrɪpʃn] *fn* előírás || ❑ *orv* recept, orvosi rendelvény || **make/write out a prescription (for sy)** receptet (meg)ír, gyógyszert felír (vknek)

prescription charges *fn tsz* gyógyszerköltség

prescriptive [prɪ'skrɪptɪv] *mn* előíró, normatív || szokás(jog)on alapuló

preseason ['pri:si:zn] *fn kb.* előidény

presence ['prezns] *fn* jelenlét || **in my presence** jelenlétemben, előttem; **your**

presence is requested (at) megjelenésére számítunk

presence of mind *fn* lélekjelenlét

present[1] ['preznt] ▼ *mn* jelen ‖ jelenlegi ‖ jelenlevő ‖ **be present** jelen van; **those present** a rész(t)vevők; **the present writer** e sorok írója; **with sy present** vk jelenlétében ▼ *fn* **the present** a jelen ‖ **up to the present** (mind) a mai napig; **at present** jelenleg

present[2] ▼ ['preznt] *fn* ajándék ‖ **give sy a present** ajándékot ad vknek; **make sy a present of sg** megajándékoz vkt vmvel ▼ [prɪ'zent] *ige* (át)nyújt, (át)ad, benyújt ‖ *(filmet, okmányt)* bemutat ‖ *(előadást)* megtart ‖ ❖ *átv* vhogyan tálal ‖ **present sg to sy** átad/átnyújt vmt vknek, vmt vk elé terjeszt; **present a play** színre hoz/ visz darabot; **present a paper on sg** *(konferencián)* előadást tart vmről; **present arms** fegyverrel tiszteleg; **present itself** vm adódik, kínálkozik; **present oneself** vk jelentkezik; **present oneself to sy** vk vknek bemutatkozik; **present sy with sg** megajándékoz vkt vmvel

presentable [prɪ'zentəbl] *mn* szalonképes, elfogadható

presentation [ˌprezn'teɪʃn] *fn* bemutatás, *(kérelemé)* beadás ‖ *(költségvetésé)* beterjesztés ‖ *(konferencián)* előadás ‖ ajándékozás ‖ ❖ *átv* feltüntetés, beállítás

presentation copy *fn* tiszteletpéldány

present continuous *fn* folyamatos jelen (idő)

present-day *mn* mostani, jelenlegi, mai

presenter [prɪ'zentə] *fn* *(tévé)* műsorvezető(-szerkesztő)

presentiment [prɪ'zentɪmənt] *fn* előérzet ‖ **have a presentiment of sg** ösztönösen megérez vmt

presently ['prezntli] *hsz* mindjárt, rögtön, nemsokára

present participle *fn* jelen idejű melléknévi igenév

present perfect (tense) *fn (idő)* befejezett jelen

present tense *fn* jelen idő

preservation [ˌprezə'veɪʃn] *fn* megőrzés, megóvás ‖ **be in a good state of preservation** *(épület)* jó állapotban/karban van

preservative [prɪ'zɜːvətɪv] ▼ *mn* megőrző, óvó ▼ *fn* tartósítószer

preserve [prɪ'zɜːv] ▼ *fn (gyümölcs)* konzerv, lekvár ▼ *ige (élelmiszert)* eltesz, tartósít, konzervál ‖ *(tárgyat)* megőriz, megvéd ‖ **preserve sy/sg from sg** vkt/vmt vmtől megóv

preserved food [prɪ'zɜːvd] *fn* tartósított élelmiszerek *(főleg konzerv stb.)*

preset [ˌpriː'set] *ige (pt/pp preset)* -tt- előre beállít, beprogramoz

preshrank [ˌpriː'ʃræŋk] *pt* → **preshrink**

preshrink [priː'ʃrɪŋk] *ige (pt* **preshrank** [ˌpriː'ʃræŋk] *v.* **preshrunk** [ˌpriː'ʃrʌŋk]; *pp* **preshrunk**) ❏ *tex* beavat

preshrunk [ˌpriː'ʃrʌŋk] *mn* ❏ *tex* beavatott ‖ → **preshrink**

preside [prɪ'zaɪd] *ige* elnököl *(at* ülésen stb.) ‖ **preside over sg** elnököl, elnöke *(városi tanácsnak stb.)*

presidency ['prezɪdənsi] *fn* elnöki tisztség, elnökség

president ['prezɪdənt] *fn* elnök *(államé stb.)*

presidential [ˌprezɪ'denʃl] *mn* elnöki

presidential election *fn* elnökválasztás

presidium [prɪ'sɪdɪəm] *fn* elnöki tanács

press [pres] ▼ *fn* prés ‖ *(könyv)*nyomda ‖ sajtó ‖ *(fehérneműs)* szekrény ‖ **be in press** nyomdában van, nyomják; **go to press** nyomdába megy/kerül; **the Press** a sajtó ▼ *ige* (meg)nyom, szorít ‖ *(gyümölcsöt)* (ki)présel ‖ *(felsőruhát)* vasal ‖ **press the button** megnyomja a gombot; **time presses** sürget az idő

---

press down ❖ *ált (vmt)* lenyom
press for (meg)sürget, követel ‖ **press sy for sg** követel vmt vkn; **be pressed for money** *(pénznek)* szűkében van; **be pressed for time** időzavarba kerül, időzavarban van
press forward előrenyomul
press on rányom, ráprésel ‖ ráerőltet, ráerőszakol ‖ siettet, sürget ‖ **press heavy on sg** ránehezedik; **press sg on sy** vmt vkre ráerőszakol

---

press agency *fn* sajtóügynökség
press conference *fn* sajtóértekezlet
press cutting *fn* újságkivágás
pressing ['presɪŋ] *mn* sürgős, szorító ‖ **be pressing** nem tűr halasztást
pressman ['presmən] *fn (tsz* **-men)** (sajtó)tudósító, újságíró ‖ ⊕ *US (nyomdai)* gépmester
pressmark ['presmɑ:k] *fn (könyvtári)* jelzet
press photographer *fn* fotóriporter
press preview *fn* sajtóbemutató
press release *fn* sajtóközlemény
press report *fn* riport
press review *fn* lapszemle
press-stud *fn* patentkapocs
press-up *fn* fekvőtámasz
pressure ['preʃə] *fn* nyomás *(átv is)*, kényszer, presszió ‖ **the pressure of circumstances** kényszerítő körülmények; **bring pressure to bear on sy** nyomást gyakorol vkre; **do sg under pressure** kényszer hatása alatt tesz vmt
pressure cooker *fn* kukta *(edény)*
pressure gauge (⊕ *US* **gage**) *fn* nyomásmérő, feszmérő
pressure group *fn* nyomást gyakorló érdekszövetség
pressure-tight *mn* nyomásálló
pressurize ['preʃəraɪz] *ige (pl. kazánt)* nyomás alá helyez

pressurized ['preʃəraɪzd] *mn* túlnyomásos
pressurized cabin *fn* űrkabin
prestige [pre'sti:ʒ] *fn* presztízs
prestigious [pre'stɪdʒəs] *mn* tekintélyes
presumable [prɪ'zju:məbl] *mn* feltételezhető
presumably [prɪ'zju:məbli] *hsz* feltételezhetően
presume [prɪ'zju:m] *ige* feltételez, feltesz; ❑ *jog* vélelmez ‖ **I presume ...** (azt) gyanítom, hogy ...; **I presume so** úgy gondolom, igen; azt hiszem, igen

---

presume on visszaél vmvel

---

presumption [prɪ'zʌmpʃn] *fn* ❑ *jog* vélelem ‖ kevélység, nyegleség
presumptuous [prɪ'zʌmptʃuəs] *mn* szemtelen, öntelt, prepotens, nyegle ‖ merész
presuppose [ˌpri:sə'pouz] *ige* feltételez, előre feltesz/feltételez ‖ vélelmez
presupposition [ˌpri:sʌpə'zɪʃn] *fn* feltételezés, preszuppozíció
pre-tax [ˌpri:'tæks] *mn* adók levonása előtti
pretence (⊕ *US* **-se**) [prɪ'tens] *fn* ürügy, jogcím
pretend [prɪ'tend] *ige* színlel, mímel ‖ **pretend to** úgy tesz, mintha; **pretend to be (sy/sg)** (vmnek, vknek) kiadja magát; **he pretended illness** betegnek tettette magát
pretension [prɪ'tenʃn] *fn* ❖ *átv (anyagi stb.)* igény ‖ **make no pretensions to** nem tart igényt..., nem igényli(, hogy)
pretentious [prɪ'tenʃəs] *mn* követelőző ‖ elbizakodott, nagyratörő
pretext ['pri:tekst] *fn* mentség; kifogás, ürügy ‖ **on some pretext** vm ürüggyel; **on/under the pretext of** vmnek az örve alatt, azon a jogcímen;

P

on/under the pretext that azzal az ürüggyel, hogy

prettily ['prɪtɪli] *hsz* kedvesen, csinosan

pretty ['prɪti] ▼ *mn (nő)* csinos, szép ‖ **a pretty penny** csinos kis összeg ▼ *hsz* eléggé, meglehetősen ‖ **pretty big** jó nagy; **pretty good** meglehetősen jó; **pretty much** jócskán; **pretty much the same** nagyjából ugyanaz

prevail [prɪ'veɪl] *ige* uralkodik, túlsúlyban van, fennforog ‖ **prevail over sg** dominál, túlsúlyban van

prevailing [prɪ'veɪlɪŋ] *mn* túlsúlyban levő, uralkodó, fennálló, érvényes, általános, elterjedt ‖ **prevailing conditions** *(mai)* korviszonyok; **prevailing price/rate** napi/piaci ár; **prevailing wind** uralkodó szél

prevalent ['prevələnt] *mn* uralkodó, gyakori, elterjedt ‖ **prevalent opinion** uralkodó vélemény

prevaricate [prɪ'værɪkeɪt] *ige* kertel

prevarication [prɪˌværɪ'keɪʃn] *fn* kertelés

prevent [prɪ'vent] *ige* megakadályoz, meghiúsít; *(bajnak)* elejét veszi; *(balesetet)* elhárít; *(betegséget, veszélyt)* megelőz ‖ **prevent sy (from) doing sg** (meg)akadályoz vkt vmben

preventable [prɪ'ventəbl] *mn* megelőzhető

prevention [prɪ'venʃn] *fn* megakadályozás ‖ megelőzés ‖ **prevention of accidents** baleset-elhárítás, balesetvédelem

preventive [prɪ'ventɪv] *mn* megelőző, preventív ‖ **preventive measures** óvintézkedés(ek)

preview ['pri:vju:] *fn* (szakmai) bemutató *(filmé)* ‖ **press preview** sajtóbemutató

previous ['pri:vɪəs] *mn* előző, megelőző, előzetes ‖ **(on) the previous day** egy nappal előbb; az előtte való nap(on); **the previous week** az előző héten

previously ['pri:vɪəsli] *hsz* azelőtt; korábban, előbb, előzőleg, előzetesen, megelőzően, régebben

pre-war [ˌpri:'wɔ:] *mn* háború előtti

prey [preɪ] ▼ *fn* zsákmány, préda ‖ **be/fall prey to sg** vmnek prédájává lesz ▼ *ige* **sg is preying on one's mind** emésztődik vmn, vm emészti

price [praɪs] ▼ *fn* ár *(árué)* ‖ **price per copy** egyes szám ára; **what is its price?, what's the price?** mennyiért adják?, mennyibe kerül?; **at what price?** mennyiért?; **prices are up** az árak magasak; **at any price** bármi áron; **what price…?** ❖ *biz* mit ér…? ▼ *ige* beáraz

price control *fn* árellenőrzés

price cut *fn* árcsökkentés

price-cutting *fn* árleszállítás

price freeze *fn* árrögzítés, árbefagyasztás

price increase *fn* áremelkedés

priceless ['praɪsləs] *mn* ❖ *átv* megfizethetetlen

price-list *fn* árjegyzék, árlap

price range *fn* ártartomány, árskála

price reduction *fn* árleszállítás

price-tag *fn* árcédula

pricey ['praɪsi] *mn* (kissé) drága, nem valami olcsó

prick [prɪk] *ige* (meg)szúr ‖ átlyukaszt, kiszúr ‖ **prick up one's ears** hegyezi a fülét

pricking ['prɪkɪŋ] *mn* szúrós

prickle ['prɪkl] ▼ *fn* bizsergés ▼ *ige* bizsereg ‖ **it prickles my skin** szúr(ja a bőrömet) *(pl. pulóver)*

prickly ['prɪkli] *mn* tövises, szúrós ‖ ❖ *átv* tüskés ‖ **my skin feels prickly** szúrja a bőrömet

prickly heat *fn* hőkiütés

pride [praɪd] *fn* büszkeség, gőg ‖ **take pride in sg** büszkélkedik vmvel

priest [pri:st] *fn* pap

priestess ['pri:stɪs] *fn* papnő

priesthood ['pri:sthʊd] *fn* papság

priestly ['pri:stli] *mn* papos

---

fn főnév − *hsz* határozószó − *isz* indulatszó − *ksz* kötőszó − *mn* melléknév
▼ szófajjelzés ⊕ földrajzi variáns ❑ szakterület ❖ stiláris minősítés

prig [prɪg] *fn* smokk, beképzelt/öntelt ember

priggish ['prɪgɪʃ] *mn* önhitt, rátarti

prim [prɪm] *mn* prűd, mesterkélt, kimért

primacy ['praɪməsi] *fn* primátus (*over* vmben)

prima donna [‚pri:mə'dɒnə] *fn* női főszereplő (*operában*) ‖ primadonna

prima facie [‚praɪmə'feɪʃi] *hsz* első látásra elfogadható(an)

prima-facie evidence *fn* meggyőző bizonyíték

primarily ['praɪmərəli] *hsz* elsősorban, eredetileg ‖ elsődlegesen

primary ['praɪməri] *mn* elsődleges, primer ‖ primary education alsó fokú oktatás; of primary importance alapvető fontosságú, alapvetően fontos

primary colour (⊕ *US* -or) *fn* alapszín

primary election *fn* ⊕ *US* küldöttválasztás

primary products *fn tsz* nyersanyag-(termék)

primary school *fn kb.* <GB 5–11 éveseknek> általános iskola alsó tagozata

primate¹ ['praɪmeɪt] *fn* ❏ *vall* prímás

primate² ['praɪmeɪt] *fn* főemlős

prime [praɪm] ▼ *mn* elsőrendű, fő- ‖ prime mover of sg az ügy mozgatója ▼ *fn* tetőfoka vmnek, fénykora vknek ‖ kezdet ‖ be in one's prime fénykorát éli; he is past his prime kenyere javát megette; in one's prime élete virág(j)ában, erejének teljében; in the prime of life a legszebb férfikorban ▼ *ige* megtölt (*üzemanyaggal, lőporral*), telít ‖ (*festő*) alapoz, glettel ‖ kioktat (*ügyvéd vkt*) ‖ (jól) megetetmegitat ‖ prime the pump anyagilag támogat, „dug" egy kis pénzt

prime cost *fn* önköltség

prime minister *fn* miniszterelnök

prime number *fn* ❏ *mat* törzsszám

primer ['praɪmə] *fn* ábécéskönyv, (első) olvasókönyv ‖ alapozófesték, alapozóréteg

prime time *fn* főműsoridő, csúcsidő (*rádiózásban*)

primeval [praɪ'mi:vl] *mn* ősi, eredeti

primitive ['prɪmətɪv] *mn* kezdetleges, primitív, őskori, ősi

primitive age *fn* ❏ *tört* őskor

primitive Christian *fn* őskeresztény

primitiveness ['prɪmətɪvnəs] *fn* kezdetlegesség, primitívség

primly ['prɪmli] *hsz* mesterkélten, kimérten

primordial [‚praɪ'mɔ:dɪəl] *mn* ősi; eredeti ‖ alapvető

primrose ['prɪmrəʊz] *fn* kankalin

primula ['prɪmjʊlə] *fn* primula

primus (stove) ['praɪməs] *fn* petróleumfőző

prince [prɪns] *fn* herceg, királyfi ‖ the prince consort a királynő férje; the Prince of Wales a walesi herceg, a trónörökös

princess [‚prɪn'ses] *fn* hercegnő ‖ hercegné

principal ['prɪnsɪpl] ▼ *mn* fő; fontos; lényeges, legfontosabb, legfőbb ▼ *fn* (*hivatali*) főnök, igazgató, principális

principality [‚prɪnsɪ'pæləti] *fn* (*terület*) hercegség

principally ['prɪnsɪpli] *hsz* legfőképp(en), leginkább

principal meal *fn* főétkezés

principal occupation *fn* főfoglalkozás

principle ['prɪnsɪpl] *fn* elv ‖ (*tudományos*) törvényszerűség ‖ in principle elvileg, elvben; on principle elvből; a matter of principle elvi kérdés

prink (oneself) [prɪŋk] *ige* cicomázza magát

print [prɪnt] ▼ *fn* nyomat, lenyomat ‖ ❏ *fényk* másolat, papírkép, pozitív kép ‖ (*film*) kópia ‖ in print nyomtatásban; out of print (*könyv kiadónál*) elfogyott ▼ *ige* ❏ *fényk* másol; ❏ *nyomd* (ki)nyomtat; ❏ *nyomd* (ki)nyom ‖ is being printed nyomdában van (= *nyomják*); please print your name (clearly) (in

block **capitals**) kérjük, nyomtatott
betűkkel írja a nevét

---

print out ❑ *szt* kiír

---

printed circuit ['prɪntɪd] *fn* nyomta-
tott áramkör
printed circuit board *fn* nyomtatott-
áramkör-kártya, nyák
printed matter *fn* nyomtatvány *(postai
küldeményként)*
printed-paper rate *fn* nyomtatványdíj-
szabás
printed papers *fn tsz* nyomtatvány
printer ['prɪntə] *fn* nyomdász || ❑ *szt*
nyomtató, printer || **printer's error**
sajtóhiba; **printer's reader** nyomdai
korrektor
printery ['prɪntəri] *fn* ⊕ *US (nagyobb)*
nyomda
printing ['prɪntɪŋ] *fn* nyom(tat)ás, má-
solás
printing block *fn* ❑ *nyomd* nyomódúc
printing house *fn (nagyobb)* nyomda
printing machine *fn* nyomdagép
printing press *fn (nagyobb)* nyomda ||
nyomógép
printing-paper *fn* nyomópapír
printout ['prɪntaʊt] *fn* ❑ *szt* kiírás
prior ['praɪə] *mn* előző; előbbi, koráb-
bi || **prior condition** előfeltétel; **with-
out prior notice** előzetes bejelentés/
értesítés nélkül; **prior to** vmt megelő-
zően
prioress ['praɪrɪs] *fn* (zárda)főnöknő
priority [praɪ'ɒrəti] *fn* ❑ *közl* (áthala-
dási) elsőbbség || **have/take priority
(over)** elsőbbsége van vmvel szem-
ben; **I have priority** az elsőbbség en-
gem illet
priory ['praɪəri] *fn* szerzetház, zárda
prise (⊕ *US* **prize**) [praɪz] *ige* **prise
open** felfeszít; kifeszít, feltör
prism ['prɪzm] *fn (fénytani)* prizma ||
❑ *mat* hasáb
prison ['prɪzn] *fn* börtön, fogház || **be
in prison** börtönben ül/van

prison camp *fn* hadifogolytábor
prison clothes *fn tsz* fegyencruha
prisoner ['prɪznə] *fn* rab, fogoly
prisoner of war *fn* hadifogoly
prisoner-of-war camp *fn* hadifogoly-
tábor
prison van *fn* rabszállító autó
prison warder *fn* fogházőr
prissy ['prɪsi] *mn* ⊕ *US* ❖ *biz* fontos-
kodó, finomkodó
pristine ['prɪstiːn] *mn* hajdani, régi,
ősi, eredeti
privacy ['prɪvəsi], ⊕ *US* ['praɪvəsi] *fn*
magánélet || magány || ❑ *szt* szemé-
lyes adatok feletti rendelkezési jog ||
the right to privacy személyiségi
jog(ok)
private ['praɪvət] ▼ *mn* magán; privát
|| saját; külön, egyéni, magánjellegű,
személyi, személyes || zártkörű || *(ki-
írás buszon)* különjárat || **private!** be-
lépni tilos!; **private income/means**
vagyonból származó jövedelem; **pri-
vate affair/matter** magánügy ▼ *fn*
közkatona || **in private** négyszemközt
private audience *fn (uralkodónál)* ma-
gánkihallgatás
private call *fn (telefonon)* magánbe-
szélgetés
private car *fn* magánautó
private company *fn* magánvállalat,
társas cég
private enterprise *fn* magánvállalko-
zás, magánvállalat
privateer [,praɪvə'tɪə] *fn* kalózhajó
private eye *fn* ❖ *biz* magánnyomozó
private firm *fn* magánvállalat
private hearing *fn* zárt tárgyalás
private lesson *fn* magánóra
private life *fn* magánélet
privately ['praɪvətli] *hsz* négyszem-
közt, privátim || **privately owned** ma-
gántulajdonban levő
private ownership *fn* magántulajdon
private parts *fn tsz* nemi szervek
private practice *fn* magánpraxis
private property *fn* magántulajdon

---

private room *fn* különszoba
private school *fn* magániskola
private secretary *fn* személyi titkár
private teaching/tuition *fn* óraadás, magánórák (adása)
privation [praɪˈveɪʃn] *fn* nyomor, szűkölködés
privatization [ˌpraɪvətaɪˈzeɪʃn] *fn* privatizáció, privatizálás
privatize [ˈpraɪvətaɪz] *ige* privatizál
privet [ˈprɪvɪt] *fn* fagyal
privilege [ˈprɪvəlɪdʒ] *fn* előjog, kiváltság, privilégium
privileged [ˈprɪvəlɪdʒd] *mn* kiváltságos
privy [ˈprɪvi] *mn* titkos, magán
Privy Council *fn* ⊕ *GB* Titkos Tanács, Királyi Államtanács
Privy Councillor *fn* a Királyi Államtanács tagja, belső titkos tanácsos
prize¹ [praɪz] *fn* díj ‖ pályadíj ‖ jutalom ‖ versenydíj ‖ *(sorsjátékban)* nyeremény
prize² [praɪz] ⊕ *US* = **prise**
prizefighter [ˈpraɪzfaɪtə] *fn* (profi) bokszoló
prizefighting [ˈpraɪzfaɪtɪŋ] *fn* (profi) boksz
prize-giving *fn* díjkiosztás
prize money *fn* pénzbeli jutalomdíj, pénzdíj
prize-winner *fn* pályanyertes, díjnyertes *(személy)*
prize-winning *mn* díjnyertes
prize(-winning) work *mn* pályanyertes mű
pro [prəʊ] *fn (tsz* **pros** [prəʊz]) ❖ *biz* profi
PRO [ˌpiː ɑːr ˈəʊ] = **public relations officer** ‖ = **Public Record Office**
probability [ˌprɒbəˈbɪləti] *fn* valószínűség ‖ **in all probability** minden valószínűség szerint, minden bizonnyal
probable [ˈprɒbəbl] *mn* valószínű, lehetséges, várható ‖ **it is quite probable that** meglehet, hogy
probably [ˈprɒbəbli] *hsz* valószínűleg

probate [ˈprəʊbeɪt] *fn* hitelesítés, érvényesítés
probate court *fn* hagyatéki bíróság
probation [prəˈbeɪʃn] *fn* feltételes szabadlábra helyezés ‖ próbaidő ‖ **on probation** próbaidőre, feltételesen szabadlábon
probationary [prəˈbeɪʃnəri] *mn* próbaidős
probationary year *fn* próbaév
probationer [prəˈbeɪʃnə] *fn* próbaidős *(pl. ápolónő)*
probation officer *fn* <feltételesen szabadlábra helyezettek felügyeletével megbízott rendőrtiszt>
probe [prəʊb] *fn* ❑ *műsz* szonda
probity [ˈprəʊbəti] *fn* feddhetetlenség
problem [ˈprɒbləm] *fn* ❑ *mat* példa, kérdés ‖ ❑ *mat* ❑ *fiz* feladat, probléma ‖ ❑ *mat* , *sakk* feladvány ‖ **(it's) no problem** ez nem probléma, nem téma; **that's his problem** ez az ő baja; **he is a problem child** nehezen kezelhető gyermek
problematic(al) [ˌprɒbləˈmætɪk(l)] *mn* problematikus, kérdéses
proboscis [prəˈbɒsɪs] *fn* ormány *(rovaré)*
procedural [prəˈsiːdʒərəl] *mn* ügyrendi
procedure [prəˈsiːdʒə] *fn* eljárásmód, (hivatalos) eljárás, procedúra, ügymenet; ❑ *műsz* eljárás
proceed [prəˈsiːd] *ige (jármű)* halad ‖ történik, végbemegy, folytatódik, folyamatban van ‖ **proceed!** folytasd (csak)!; **proceed against sy** (vk ellen) pert indít

proceed on one's way folytatja útját

proceedings [prəˈsiːdɪŋz] *fn tsz (bírósági)* eljárás, tárgyalás ‖ *(tud. társaság)* közleményei/actái ‖ *(tud. konferencia)* előadásai *(mint kötet)*
proceeds [ˈprəʊsiːdz] *fn tsz* nyereség, bevétel

process ['prouses] ▼ *fn* folyamat; ❑ *műsz* eljárás, módszer ▼ *ige (iparilag)* feldolgoz ‖ tartósít *(húst stb.)* ‖ kidolgoz *(filmet)* ‖ foglalkozik *(beadvánnyal)* ‖ **process by computer** számítógéppel *(v. gépi úton)* feldolgoz

processed cheese ['prousest] *fn* ömlesztett sajt

processing ['prousesɪŋ] *fn* feldolgozás

procession [prə'seʃn] *fn* (ünnepélyes) felvonulás ‖ körmenet

proclaim [prə'kleɪm] *ige* deklarál, kihirdet ‖ **proclaim sy sg** vkt vmvé kikiált

proclamation [ˌprɒklə'meɪʃn] *fn* nyilatkozat, kiáltvány

proclivity [prə'klɪvəti] *fn* hajlam

procrastination [prouˌkræstɪ'neɪʃn] *fn* késlekedés

procreation [ˌproukri'eɪʃn] *fn* nemzés, teremtés, létrehozás

proctor ['prɒktə] *fn* ⊕ *GB* egyetemi fegyelmi felügyelő

procure [prə'kjuə] *ige* megszerez ‖ kerít, kieszközöl ‖ **procure an abortion** magzatelhajtást elkövet

procured abortion [prə'kjuəd] *fn* magzatelhajtás

procurement [prə'kjuəmənt] *fn* közbenjárás ‖ kerítés

procurer [prə'kjuərə] *fn* kerítő

procuress [prə'kjuərɪs] *fn* kerítőnő

prod [prɒd] ▼ *fn* ösztöke ‖ döfés ▼ *ige* **-dd-** döf(köd), piszkál ‖ sarkall, ösztökél

prodigal ['prɒdɪgl] *mn* pazarló, könnyelmű ‖ **prodigal son** tékozló fiú

prodigious [prə'dɪdʒəs] *mn* óriási, bámulatos

prodigy ['prɒdɪdʒi] *fn* csoda ‖ **child/infant prodigy** csodagyer(m)ek

produce ▼ ['prɒdju:s] *fn* ❑ *mezőg* termény, termés(hozam), termék ▼ [prə'dju:s] *ige* termel, megtermel, termeszt; gyárt, előállít, készít, produkál ‖ *(gőzt, áramot, hőt)* fejleszt ‖

(színdarabot) előad, bemutat ‖ *(okmányt)* bemutat, felmutat ‖ **produce heat** hőt fejleszt; **produce one's passport** bemutatja útlevelét; **produce one's ticket** megmutatja a jegyét

producer [prə'dju:sə] *fn* ❑ *film* producer

product ['prɒdʌkt] *fn (ipari)* termék, gyártmány, készítmény ‖ (mű)alkotás ‖ ❑ *mat* szorzat

production [prə'dʌkʃn] *fn* gyártás, termelés ‖ *(összetételekben)* termelési, gyártási ‖ előállítás; készítés ‖ *(szellemi)* termék ‖ *(okmányé, színműé)* bemutatás ‖ színrevitel

production control *fn* termelésirányítás

production costs *fn tsz* előállítási költség

production line *fn* futószalag

production manager *fn* termelési igazgató

production price *fn* önköltségi ár

productive [prə'dʌktɪv] *mn* produktív, termékeny, termelékeny

productivity [ˌprɒdək'tɪvəti] *fn* termelékenység

productivity bonus *fn* termelési prémium

Prof [prɒf] = **professor**

profane [prə'feɪn] *mn* világi(as), profán ‖ szentségtörő

profess [prə'fes] *ige (tant, eszmét)* hirdet ‖ *(vmlyen hitet)* vall ‖ **profess to be** vmnek mondja magát

profession [prə'feʃn] *fn* hivatás, *(szellemi)* foglalkozás, szakma ‖ **the profession** a szakma; **by profession** foglalkozására nézve

professional [prə'feʃnl] ▼ *mn* hivatásos ‖ szakmai ‖ szakmabeli ‖ **the professional classes** a diplomások ▼ *fn* szakember ‖ hivatásos, profi

professionalism [prə'feʃnlɪzm] *fn (sp is)* professzionalizmus

professionally [prə'feʃnli] *hsz* szakmailag ‖ szakszerűen ‖ hivatásszerűen

---

fn főnév – *hsz* határozószó – *isz* indulatszó – *ksz* kötőszó – *mn* melléknév
▼ szófajjelzés ⊕ földrajzi variáns ❑ szakterület ❖ stiláris minősítés

professor [prə'fesə] *fn* (⊕ *US így is* **full professor**) egyetemi tanár, professzor || **Professor Smith** Smith professzor úr

professorship [prə'fesəʃɪp] *fn* egyetemi tanszék, katedra, professzúra

proficiency [prə'fɪʃnsi] *fn* szakértelem, tudás, jártasság || **proficiency in English** jó angol nyelvtudás; **a test of proficiency in English** angol nyelvvizsga, szintfelmérő vizsga az angol nyelvből

proficiency test *fn* felmérő dolgozat/teszt

proficient [prə'fɪʃnt] *mn* jártas, gyakorlott || **be proficient in sg** ért vmhez

profile ['prəʊfaɪl] *fn* profil; oldalnézet, arcél || jellemkép, jellemrajz || ❑ *műsz* szelvény

profit ['prɒfɪt] ▼ *fn* nyereség, profit, haszon || **draw profit from sg** jövedelmet húz vmből; **make a profit on** (*v.* **out of**) **the transaction** nyer az üzleten ▼ *ige* **profit by/from** hasznát látja/veszi vmnek, vmből profitál; **profit by one's knowledge** tudását kamatoztatja

profitability [ˌprɒfɪtə'bɪləti] *fn* jövedelmezőség

profitable ['prɒfɪtəbl] *mn* jövedelmező, nyereséges

profitably ['prɒfɪtəbli] *hsz* jövedelmezően

profit and loss account *fn* nyereség–veszteség számla

profiteer [ˌprɒfɪ'tɪə] *ige* nyerészkedik, uzsoráskodik

profiteering [ˌprɒfɪ'tɪərɪŋ] ▼ *mn* nyerészkedő ▼ *fn* nyerészkedés

profit-making *mn* nyereséges

profit-margin *fn* haszonkulcs

profit-sharing *fn (az elv)* nyereségrészesedés

profits tax *fn* nyereségadó

profligate ['prɒflɪgət] *mn* feslett, erkölcstelen || nyaklo nélküli *(költekezés)*

pro forma (invoice) [ˌprəʊ'fɔːmə] *fn* proforma számla, előszámla

profound [prə'faʊnd] *mn* alapos, mély *(tudás)*; beható

profoundly [prə'faʊndli] *hsz* behatóan

profuse [prə'fjuːs] *mn* bőséges, pazar(ló), bőkezű

profusely [prə'fjuːsli] *hsz* bőségesen

profusion [prə'fjuːʒn] *fn* bőség; gazdagság

progeny ['prɒdʒəni] *fn* **sy's progeny** vk leszármazottjai

program ['prəʊɡræm] ▼ *fn* ⊕ *US és* ❑ *szt* program ▼ *ige* **-mm-** (⊕ *US így is* **-m-**) programoz, beprogramoz

programme ['prəʊɡræm] (⊕ *US* **program**) *fn* műsor, program

programmer ['prəʊɡræmə] *fn* programozó

programming ['prəʊɡræmɪŋ] *fn* programozás

programming language *fn* programnyelv

progress ▼ ['prəʊɡres] *fn* fejlődés, haladás, előmenetel || **be in progress** folyamatban/munkában van; **make good progress in sg** jól halad (vk vmvel *v.* vmben); **make slow progress with sg** nehezen halad vmvel ▼ [prə'ɡres] *ige* ❖ *átv* fejlődik, (elő-re)halad

progression [prə'ɡreʃn] *fn* haladás || **arithmetic progression** ❑ *mat* számtani sor/haladvány

progressive [prə'ɡresɪv] *mn* ❖ *átv* haladó || súlyosbodó, progrediáló *(betegség)* || fokozatos *(javulás)* || progresszív *(adózás)*

progressive form *fn* ❑ *nyelvt* folyamatos alak

progressively [prə'ɡresɪvli] *hsz* fokozatosan

progress report *fn* helyzetjelentés || **make a progress report (on sg)** jelentést tesz vmről

prohibit [prə'hɪbɪt] *ige (vm működést)* (le)tilt, betilt

prohibited [prə'hɪbɪtɪd] *mn* tiltott, tilos

prohibition [ˌprouɪ'bɪʃn] *fn* (be)tiltás || ⊕ *US* ❑ *tört* alkoholtilalom, szesztilalom

prohibitive [prou'hɪbɪtɪv] *mn* tiltó

prohibitory [prou'hɪbɪtəri] *mn* tiltó

prohibitory sign *fn* tilalmi jelzőtábla

project ▼ ['prɒdʒekt] *fn* (kutatási) téma, tervfeladat, projekt || létesítmény; objektum, nagyberuházás ▼ [prə'dʒekt] *ige* tervez, tervbe vesz; előirányoz || (le)vetít || kivetít || kilő || vhogyan beállít vkt/vmt, (vm képet) ad magáról/vkről || vm előreugrik, kiáll

projectile [prə'dʒektaɪl, ⊕ *US* -tl] *fn* lövedék

projection [prə'dʒekʃn] *fn* ❑ *film* ❑ *mat* vetítés || előirányzat

projectionist [prə'dʒekʃənɪst] *fn* (mozi)gépész

projection room *fn* vetítőfülke

projector [prə'dʒektə] *fn* vetítő(gép)

prolapse ['proulæps] *fn* ❑ *orv* előreesés

proletarian [ˌproulɪ'teərɪən] *mn/fn* proletár

proletariat [ˌproulɪ'teərɪət] *fn* proletariátus

proliferate [prə'lɪfəreɪt] *ige* megsokszoroz || (osztódással) szaporodik

proliferation [prəˌlɪfə'reɪʃn] *fn* osztódásos szaporodás || ❖ *átv* (el)burjánzás

prolific [prə'lɪfɪk] *mn* szapora, termékeny

prolix ['proulɪks] *mn* szószátyár

prolixity [prə'lɪksəti] *fn* szószaporítás

prologue (⊕ *US* **-log**) ['proulɒg] *fn* prológus, előjáték, előhang

prolong [prə'lɒŋ] *ige* prolongál, meghosszabbít

prolongation [ˌproulɒŋ'geɪʃn] *fn* meghosszabbítás *(határidőé, útlevélé stb.)* || hosszabbítás *(időé)*

prolonged [prə'lɒŋd] *mn* hosszan tartó || **prolonged applause** szűnni nem akaró taps

prom [prɒm] *fn* ❖ *biz* sétahangverseny

promenade [ˌprɒmə'nɑ:d] *fn* (tengerparti) sétány, korzó, sétatér

promenade concert *fn* sétahangverseny

promenade deck *fn* sétafedélzet

prominence ['prɒmɪnəns] *fn* kiemelkedés; kitűnés || **give prominence to sg** vezető helyen foglalkozik vmvel

prominent ['prɒmɪnənt] *mn* kiugró; kiemelkedő, kitűnő, kiváló || **prominent person** kiemelkedő személyiség, kiválóság

prominently ['prɒmɪnəntli] *hsz* kiemelkedően, kimagaslóan

promiscuity [ˌprɒmɪ'skju:əti] *fn* promiszkuitás

promiscuous [prə'mɪskjuəs] *mn* válogatás nélküli || **she's rather a promiscuous girl** fűvel-fával lefekszik

promise ['prɒmɪs] ▼ *fn* ígéret || **keep one's promise** ígéretét megtartja; **make a promise (that)** ígéretet tesz vmre; **break a promise** ígéretet megszeg; **show great promise** szép jövőnek néz elébe, sokat ígér(ő fiatal) ▼ *ige* **promise sy sg** vknek (meg)ígér vmt || **promise (for certain)** beígér; **promise (sg)** kilátásba helyez; **promise to be sg** vmnek ígérkezik; **promise well** biztató, ígéretes

promising ['prɒmɪsɪŋ] *mn* reménytel-jes, sokat ígérő || **it looks promising** jónak ígérkezik

promissory note ['prɒmɪsəri] *fn* kötelezvény

promontory ['prɒməntəri] *fn* (hegy)-fok, földnyelv

promote [prə'mout] *ige* előmozdít, elősegít, fellendít || reklámoz || **promote sy** ❖ *biz* menedzsel vkt; **be promoted** előléptetik

promoter [prə'moutə] *fn* kezdeményező, támogató || alapító, szervező

promotion [prə'mouʃn] *fn* előléptetés || előmozdítás || reklám(ozás) || **gain/**

---

fn főnév – *hsz* határozószó – *isz* indulatszó – *ksz* kötőszó – *mn* melléknév
▼ szófajjelzés ⊕ földrajzi variáns ❑ szakterület ❖ stiláris minősítés

win promotion előléptetik; **he got his promotion** megkapta a kinevezését

promotion ladder *fn* ❖ *biz* szamárlétra

prompt [prɒmpt] ▼ *mn* azonnali, haladéktalan, prompt || **prompt payment** pontos fizetés ▼ *ige* ❏ *isk* ❏ *szính* súg || **prompt sy to do sg** vmre késztet vkt; **no prompting!** ne súgj!

prompt-copy *fn* súgópéldány

prompter ['prɒmptə] *fn* ❏ *isk* ❏ *szính* súgó

prompt(er's) box *fn* súgólyuk

promptly ['prɒmptli] *hsz* hamar, prompt

promptness ['prɒmptnəs] *fn* gyorsaság

promulgate ['prɒmlgeɪt] *ige* kihirdet; életbe léptet *(törvényt)* || elterjeszt

promulgation [ˌprɒml'geɪʃn] *fn* kihirdetés, közhírré tétel

prone [prəʊn] *mn* hajlamos *(to sg* vmre) || **be prone to** hajlamos vmre, hajlama van *(pl.* vmlyen betegségre); **lying prone** hason fekve

prong [prɒŋ] *fn* fog *(villáé)*

pronoun ['prəʊnaʊn] *fn* ❏ *nyelvt* névmás

pronounce [prə'naʊns] *ige (hangot, szót)* (ki)ejt || vmnek nyilvánít || **pronounce sentence/judg(e)ment (on sy)** ítéletet hoz (vk felett)

pronounced [prə'naʊnst] *mn* ❖ *átv* kimondott

pronouncement [prə'naʊnsmənt] *fn* (ki)jelentés, nyilatkozat, bejelentés

pronto ['prɒntəʊ] *hsz* ⊕ *US* ❖ *biz* rögtön, (de) azonnal

pronunciation [prəˌnʌnsi'eɪʃn] *fn* kiejtés

proof [pruːf] ▼ *mn* **proof against sg** vmtől mentes ▼ *fn* bizonyíték, tanújel || ❏ *nyomd* korrektúra || **give proof of sg** tanújelét adja vmnek; **as proof of sg, in proof thereof** aminek bizonyságául

-proof [-pruːf] *mn* -mentes, -biztos

proofreader ['pruːfriːdə] *fn* nyomdai korrektor

prop¹ [prɒp] ▼ *fn* merevítő, támgerenda, tartó, dúc, karó ▼ *ige* **-pp-** **prop sg against sg** vmt vmnek nekitámaszt

prop up *(átv is)* alátámaszt

prop² [prɒp] *fn* kellék

propaganda [ˌprɒpə'gændə] *fn* propaganda, hírverés

propagate ['prɒpəgeɪt] *ige (tant, eszmét)* hirdet, propagál || ❏ *növ* ❏ *áll* szaporít || **be propagated** *(élőlény, növény)* szaporodik

propagation [ˌprɒpə'geɪʃn] *fn (élőlényé, növényé)* szaporodás || szaporítás

propane (gas) ['prəʊpeɪn] *fn* propángáz

propel [prə'pel] *ige* **-ll-** *(gépet erő)* hajt

propeller [prə'pelə] *fn* hajócsavar, légcsavar, propeller

propelling pencil [prə'pelɪŋ] *fn* töltőceruza

propelling power *fn* hajtóerő

propensity [prə'pensəti] *fn* hajlam *(for* vmre)

proper ['prɒpə] *mn* megfelelő, szabályos; előírásos, helyes, helyénvaló, szakszerű, adekvát || **in the proper way** szakszerűen; **it would only be proper to ask** joggal kérdezhetjük

proper fraction *fn* ❏ *mat* valódi tört

properly ['prɒpəli] *hsz* helyesen, jól, annak rendje és módja szerint, szakszerűen || **do it properly** csináld meg rendesen; **properly dressed** az alkalomhoz illően öltözött

proper name *fn* tulajdonnév

proper noun *fn* tulajdonnév

propertied ['prɒpətɪd] *mn* birtokos

properties ['prɒpətiz] *fn tsz* kelléktár

property ['prɒpəti] *fn* tulajdon, ingatlan, vagyon *(tárgy stb.)* || **be a man of property** vagyona van; **be one's prop-**

erty vknek a tulajdonában van ‖ →
properties
property man *fn (tsz* **-men)** ❑ *szính*
kellékes
property owner *fn* tulajdonos
property tax *fn* vagyonadó, ingatlanadó
prophecy ['prɒfəsi] *fn* jóslat
prophesy ['prɒfəsaɪ] *ige* megjósol
prophet ['prɒfɪt] *fn* próféta ‖ jós, látnok
prophetic(al) [prə'fetɪk(l)] *mn* prófétai
prophylactic [ˌprɒfɪ'læktɪk] ▼ *mn*
❑ *orv* megelőző ▼ *fn* betegségmegelőző szer, profilaktikum ‖ ⊕ *US* óvszer
prophylaxis [ˌprɒfɪ'læksɪs] *fn* ❑ *orv*
megelőzés
propitiate [prə'pɪʃieɪt] *ige* kiengesztel
propitiatory [prə'pɪʃɪətəri] *mn* engesztelő
prop-jet (aircraft) *fn* turbólégcsavaros
repülőgép
propman ['prɒpmən] *fn (tsz* **-men)**
❑ *szính* kellékes
proportion [prə'pɔːʃn] *fn* arány ‖ **proportions** méret; **of huge proportions**
óriás méretű, kolosszális; **be in proportion to sg** arányban áll vmvel; **be
out of proportion to** nem áll arányban vmvel; **in proportion to** viszonyítva vmhez, arányban vmvel
proportional [prə'pɔːʃnəl] *mn* arányos ‖ **be proportional to sg** arányban áll vmvel
proportionally [prə'pɔːʃnəli] *hsz* arányosan ‖ **proportionally to sg** vmvel arányban
proportional representation *fn* arányos képviselet *(parlamenti választáson)*
proportionate [prə'pɔːʃnət] *mn* arányos ‖ **be proportionate to sg** arányban áll vmvel

proportionately [prə'pɔːʃnətli] *hsz* arányosan
proportioned [prə'pɔːʃnd] *mn* arányú
‖ arányos ‖ **well proportioned** arányos *(beosztású)*
proposal [prə'pəʊzl] *fn* előterjesztés,
javaslat, indítvány ‖ **make a proposal**
javaslatot/indítványt tesz
propose [prə'pəʊz] *ige* javasol, indítványoz ‖ **propose a motion** javaslatot előterjeszt; **propose (marriage) to sy**
házassági ígéretet/ajánlatot tesz, nyilatkozik, megkéri vk kezét; **propose
to do sg** (v. **doing sg**) szándékozik
vmt tenni
proposer [prə'pəʊzə] *fn* ajánló; javaslattevő
proposition [ˌprɒpə'zɪʃn] *fn* javaslat,
ajánlat; indítvány, előterjesztés, tézis
‖ **a paying proposition** jövedelmező
dolog; **he's a tough proposition** ❖ *biz*
nehéz pasas/eset
propound [prə'paʊnd] *ige* felvet, javasol
proprietary [prə'praɪətəri] *mn* szabadalmazott, védjegyzett ‖ tulajdonosi
proprietary article/brand *fn* márkás
cikk/áru
proprietary name *fn (árué)* bejegyzett/védett név
proprieties [prə'praɪətiz] *fn tsz* illemszabályok, etikett
proprietor [prə'praɪətə] *fn* tulajdonos
(üzleté, vendéglátóipari egységé)
proprietorial [prəˌpraɪə'tɔːrɪəl] *mn* tulajdonosi
props [prɒps] *fn tsz* ❖ *biz* színpadi
kellékek
propulsion [prə'pʌlʃn] *fn* hajtás, vonóerő, propulzió ‖ ❖ *átv* hajtóerő
propulsive power [prə'pʌlsɪv] *fn* hajtóerő
pro rata [ˌprəʊ 'rɑːtə] ▼ *mn* arányos
▼ *hsz* arányosan
prosaic [prəʊ'zeɪɪk(l)] *mn (írásmű)*
prózai

---

fn főnév – *hsz* határozószó – *isz* indulatszó – *ksz* kötőszó – *mn* melléknév
▼ szófajjelzés ⊕ földrajzi variáns ❑ szakterület ❖ stiláris minősítés

pros and cons, the *fn* *tsz* a mellette és ellene szóló érvek/dolgok

proscenium [prə'si:nɪəm] *fn (színpadon)* előtér

proscenium-box *fn* proszcéniumpáholy

proscribe [prə'skraɪb] *ige* tilt ‖ száműz

prose [prəʊz] *fn* próza

prosecute ['prɒsɪkju:t] *ige* vádat emel *(sy* vk ellen) ‖ a vádat képviseli ‖ **XY prosecuting ...** XY, a vád képviseletében

prosecution [ˌprɒsɪ'kju:ʃn] *fn* vádhatóság ‖ **Mr X, for the prosecution, asked ...** XY, a vád képviselője *(v.* a vád képviseletében XY) megkérdezte ...

prosecutor ['prɒsɪkju:tə] *fn* ügyész ‖ **Public Prosecutor** államügyész, vádhatóság

prosody ['prɒsədi] *fn* verstan, prozódia

prospect ▼ ['prɒspekt] *fn (átv is)* kilátás, távlat, esély ▼ [prə'spekt] *ige* **prospect for (sg)** *(érc után)* kutat

prospecting [prə'spektɪŋ] *fn* terepkutatás, talajkutatás

prospective [prə'spektɪv] *mn* várható, leendő

prospector [prə'spektə] *fn* talajkutató, bányakutató

prospectus [prə'spektəs] *fn* prospektus

prosper ['prɒspə] *ige* boldogul, jól megy, ❖ *átv* virágzik

prosperity [prɒ'sperəti] *fn* jómód, jólét; bőség

prosperous ['prɒspərəs] *mn* jómódú ‖ virágzó

prostate (gland) ['prɒsteɪt] *fn* prosztata

prosthesis [prɒs'θi:sɪs] *fn (tsz -ses* [-si:z]) protézis, művégtag, fogpótlás

prostitute ['prɒstɪtju:t] *fn* prostituált

prostitution [ˌprɒstɪ'tju:ʃn] *fn* prostitúció

prostrate ['prɒstreɪt] *mn* hason fekvő/fekve ‖ levert, lesújtott ‖ **lie pros-**

trate hason fekszik; **the illness left him prostrate** a betegség ugyancsak leverte a lábáról

protagonist [prəʊ'tægənɪst] *fn* főszereplő

protect [prə'tekt] *ige (vkt vmtől, vm ellen)* véd(elmez), pártfogol; *(rendet)* biztosít ‖ védővámmal véd *(hazai ipart)* ‖ **protect sy's interests** védi vk érdekeit; **protect oneself from/against sg** *(vm ellen)* védekezik; **protect sy from/against sy/sg** *(vktől, vmtől, vk/ vm ellen)* véd vkt

protection [prə'tekʃn] *fn* védelem, pártfogás, támogatás ‖ védekezés ‖ védettség ‖ vámvédelem, védővámrendszer ‖ **protection of the environment** környezetvédelem

protection custody *fn* védőőrizet

protectionism [prə'tekʃənɪzm] *fn* □ *közg* protekcionizmus

protection rocket *fn* védelmi rakéta

protective [prə'tektɪv] ▼ *mn* védelmi, védő ▼ *fn* ⊕ *US* (gumi) óvszer

protector [prə'tektə] *fn* pártfogó, patrónus

protectorate [prə'tektərət] *fn* □ *pol* védnökség, protektorátus

protégé ['prɒtəʒeɪ, ⊕ *US* 'prəʊ-] *fn* védenc

protein ['prəʊti:n] *fn* fehérje, protein

pro tem [ˌprəʊ 'tem] = *(Latin: pro tempore)* ideiglenesen, átmenetileg

protest ▼ ['prəʊtest] *fn* tiltakozás, kifogás ‖ **as a protest** tiltakozásképp(en); **enter/lodge/make a protest against sg** bejelenti tiltakozását vm ellen, tiltakozik vm ellen, óvást emel vm ellen ▼ [prə'test] *ige* **protest against sg** felemeli a szavát vm ellen, tiltakozik vm ellen

Protestant ['prɒtɪstənt] *mn/fn* protestáns

protestation [ˌprɒtɪ'steɪʃn] *fn* tiltakozás

protester [prə'testə] *fn* tiltakozó

protest march *fn* tiltakozó menet

---

nm névmás – *nu* névutó – *szn* számnév – *esz* egyes szám – *tsz* többes szám

▼ szófajjelzés ⊕ földrajzi variáns □ szakterület ❖ stiláris minősítés

protocol ['prəʊtəkɒl] *fn* protokoll

proton ['prəʊtɒn] *fn* proton

protoplasm ['prəʊtəplæzm] *fn* protoplazma

prototype ['prəʊtətaɪp] *fn* mintapéldány, prototípus

protract [prə'trækt] *ige* (el)nyújt, prolongál

protracted [prə'træktɪd] *mn (beszélgetés)* nyújtott, hosszúra nyúlt, vontatott

protraction [prə'trækʃn] *fn* időhúzás, elnyújtás, meghosszabbítás

protractor [prə'træktə] *fn* szögmérő

protrude [prə'truːd] *ige* kiszögellik, vm előreugrik, kiáll

protruding [prə'truːdɪŋ] *mn* kiugró, előreálló

protrusion [prə'truːʒn] *fn* kiszögellés; kiugró rész; kiugrás

protuberance [prə'tjuːbrəns] *fn (testen)* dudor

protuberant [prə'tjuːbrənt] *mn* kidudorodó, kiugró

proud [praʊd] *mn* büszke ‖ **be proud of sg** büszke vmre/vkre

proud flesh *fn* ❑ *orv* vadhús

proudly ['praʊdli] *hsz* büszkén

provable ['pruːvəbl] *mn* bizonyítható

prove [pruːv] *ige (pp proved;* ⊕ *US* **proven** ['pruːvn]) bebizonyít, kimutat; *(tudományosan)* igazol ‖ bizonyul ‖ **prove to be ...** vmnek/vmlyennek bizonyul; **prove a failure** *(érv)* megdől; **prove good** jónak bizonyul; **prove one's identity** személyazonosságát igazolja; **prove (to be) good** vm beválik; **prove true** bebizonyosodik, beigazolódik; **prove wrong** *(érv)* megdől

provender ['prɒvɪndə] *fn (állaté)* eleség; (szálas)takarmány

proverb ['prɒvɜːb] *fn* közmondás

proverbial [prə'vɜːbɪəl] *mn* közmondásos, közismert

proverbially [prə'vɜːbɪəli] *hsz* közmondásosan, közismerten, hírhedten

provide [prə'vaɪd] *ige* ad, nyújt, szol-

gáltat ‖ **provide for sy/sg** gondoskodik vkről/vmről; **provide sg for sy** *(v.* **sy with sg)** vknek nyújt/biztosít vmt; **provide information** adatokat szolgáltat; **provide lodging for sy** szállást ad vknek; **provide with sg** ellát vmvel, *(készlettel)* felszerel; **as provided by law** a törvény értelmében

provided/providing that [prə'vaɪdɪd, prə'vaɪdɪŋ] *ksz* feltéve, hogy

Providence ['prɒvɪdəns] *fn* (isteni) gondviselés

province ['prɒvɪns] *fn* tartomány ‖ ❖ *átv* terület, reszort ‖ **it is outside** *(v.* **not within) my province** nem tartozik a reszortomba/hatáskörömbe, nem az én érdeklődési területem *(v.* szakmám); **the provinces** a vidék *(főváros ellentéte)*

provincial [prə'vɪnʃl] *mn* vidéki ‖ vidékies

provision [prə'vɪʒn] ▼ *fn* gondoskodás, ellátás ‖ **provisions** élelem ▼ *ige* élelemmel ellát

provisional [prə'vɪʒnəl] *mn* átmeneti, ideiglenes

provisional licence *fn* ideiglenes engedély

provisionally [prə'vɪʒnəli] *hsz* átmenetileg, ideiglenesen

provisioning [prə'vɪʒnɪŋ] *fn* élelmezés

proviso [prə'vaɪzoʊ] *fn* kikötés; fenntartás

provocation [ˌprɒvə'keɪʃn] *fn* kötekedés, provokáció

provocative [prə'vɒkətɪv] *mn* kihívó, kötekedő, provokatív

provoke [prə'voʊk] *ige* ingerel, boszszant, kötekedik, (ki)provokál ‖ kivált vkből vmt ‖ **provoke sy into doing sg** vmre késztet vkt

provoking [prə'voʊkɪŋ] *mn* bosszantó

provost ['prɒvəst] *fn* ❑ *sk* polgármester

prow [praʊ] *fn* hajóorr

prowess ['praʊɪs] *fn* bátorság, vitézség

---

fn főnév – *hsz* határozószó – *isz* indulatszó – *ksz* kötőszó – *mn* melléknév
▼ szófajjelzés ⊕ földrajzi variáns ❑ szakterület ❖ stiláris minősítés

prowl [praʊl] ▼ *fn* portyázás, kószálás
▼ *ige* portyázik, csavarog ‖ zsákmány után jár
proximity [prɒkˈsɪməti] *fn* közelség, közellét, közel
prude [pruːd] *fn* álszemérmes, prűd
prudence [ˈpruːdns] *fn* előrelátás, bölcsesség
prudent [ˈpruːdnt] *mn* előrelátó, körültekintő, okos
prudently [ˈpruːdntli] *hsz* körültekintően, óvatosan, megfontoltan
prudish [ˈpruːdɪʃ] *mn* prűd, álszemérmes
prudishness [ˈpruːdɪʃnəs] *fn* álszemérmesség, kényeskedés
prune [pruːn] *ige* ❏ *mezőg* (meg)metsz; *(fát)* nyes
pruning [ˈpruːnɪŋ] *fn* fanyesés, metszés
pruning hook *fn* ágnyesőkés
pruning knife *fn* (*tsz* **-knives**) metszőkés
pruning scissors *fn tsz* metszőolló
pruning shears *fn tsz* nyesőolló
pry [praɪ] *ige* kandikál, kotnyeleskedik

pry into beles

PS [ˌpiːˈes] = **postscript**
psalm [sɑːm] *fn* zsoltár
pseud [sjuːd] *fn* ❖ *biz* tudálékos (személy), dilettáns, sznob
pseudo- [ˈsjuːdoʊ] *előtag* ál-
pseudonym [ˈsjuːdənɪm] *fn* álnév
psyche [ˈsaɪki] *fn* lélek, psziché
psychiatric [ˌsaɪkiˈætrɪk] *mn* elmegyógyászati, pszichiátriai
psychiatrist [saɪˈkaɪətrɪst] *fn* elmeorvos, pszichiáter
psychiatry [saɪˈkaɪətri] *fn* elmegyógyászat, pszichiátria
psychic(al) [ˈsaɪkɪk(l)] *mn* ❏ *tud* lelki
psychically [ˈsaɪkɪkli] *hsz* pszichésen
psychoanalyse (⊕ *US* **-ze**)
[ˌsaɪkoʊˈænəlaɪz] *ige* analizál
psychoanalysis [ˌsaɪkoʊəˈnælɪsɪs] *fn* pszichoanalízis

psychoanalyst [ˌsaɪkoʊˈænəlɪst] *fn* (pszicho)analitikus
psychological [ˌsaɪkəˈlɒdʒɪkl] *mn* lélektani
psychologist [saɪˈkɒlədʒɪst] *fn* pszichológus
psychology [saɪˈkɒlədʒi] *fn* lélektan, pszichológia
psychopath [ˈsaɪkəpæθ] *fn* pszichopata
psychosis [saɪˈkoʊsɪs] *fn* (*tsz* **-choses** [-ˈkoʊsiːz]) elmebaj, pszichózis
psychosomatic [ˌsaɪkoʊsəˈmætɪk] *mn* pszichoszomatikus
psychotherapy [ˌsaɪkoʊˈθerəpi] *fn* lelki gyógymód, pszichoterápia
psychotic [saɪˈkɒtɪk] *mn/fn* kedélybeteg/pszichotikus (személy)
PT [ˌpiː ˈtiː] = **physical training**
PT lesson *fn* tornaóra
PTA [ˌpiː tiː ˈeɪ] = **parent-teacher association**
Pte *(soldier)* = **private**
PTO [ˌpiː tiː ˈoʊ] = *please turn over* fordíts, ford.
pub [pʌb] *fn* kocsma, kisvendéglő, ivó
puberty [ˈpjuːbəti] *fn* serdülőkor, pubertás
pubic [ˈpjuːbɪk] *mn* ágyéki, szemérem- ‖ **pubic hair** fanszőr
public [ˈpʌblɪk] ▼ *mn* nyilvános, állami, közületi, köz- ‖ **make public** nyilvánosságra hoz, publikál ▼ *fn* közönség; nyilvánosság, nézőközönség ‖ **in public** nyilvánosan, a nyilvánosság előtt; **the public** nagyközönség, közönség, publikum
public accountancy *fn* számvitel
public address system *fn* hangosító berendezés
public administration *fn* közigazgatás
public affair *fn* közügy
publican [ˈpʌblɪkən] *fn* vendéglős ‖ *(bibliai)* vámszedő
publication [ˌpʌblɪˈkeɪʃn] *fn* közzététel, közlés ‖ kiadvány, publikáció, sajtótermék
public company *fn* részvénytársaság

public conveniences *fn* nyilvános illemhely/vécé

public corporation *fn* közület

public education *fn* közoktatás

public holiday *fn* hivatalos ünnep, munkaszüneti nap

public house *fn* ⊕ *GB* kocsma, kisvendéglő

publicity [pʌ'blɪsəti] *fn* reklám(ozás), nyilvánosság, propaganda

publicity department *fn* reklámosztály, sajtóosztály

publicize ['pʌblɪsaɪz] *ige* reklámoz

public limited company (plc) *fn* részvénytársaság, Rt., RT.

publicly ['pʌblɪkli] *hsz* nyilvánosan

public nuisance *fn* köz(csend)háborítás ‖ közháborító, antiszociális egyén

public opinion *fn* közvélemény

public opinion poll *fn* közvéleménykutatás

public ownership *fn* köztulajdon

public prosecutor *fn* államügyész, *(állami)* főügyész

Public Record Office *fn kb.* központi levéltár

public relations (PR) *fn tsz* közkapcsolat-szervezés, közönségszolgálat, PR, píár

public relations department *fn (vállalati)* közönségszolgálat

public relations office *fn* reklámiroda, sajtóiroda

public relations officer *fn* reklámfőnök, sajtófőnök

public revenue *fn* állami bevétel

public school *fn* ⊕ *GB* <zártkörű, magán, rendsz. bentlakásos középiskola> *kb.* kollégium ‖ ⊕ *US (ingyenes)* állami iskola

public sector *fn* állami szektor

public security *fn* közbiztonság

public servant *fn* köztisztviselő, közszolgálati dolgozó

public service *fn* közszolgálat(i)

public-service corporation *fn tsz* ⊕ *US* közművek

public services *fn tsz* közművek

public-service vehicle *fn* közszolgálati jármű

public-spirited *mn* hazafias, közösségi érzelmű

public supply *fn* közellátás

public transport (⊕ *US* **transportation**) *fn* tömegközlekedés(i eszközök)

utilities

public utility (companies), public utilities *fn tsz* közművek

public works *fn tsz* kommunális épületek/létesítmények

publish ['pʌblɪʃ] *ige* közöl, közread, közzétesz ‖ megjelentet, kiad, publikál ‖ **be published** *(könyv)* megjelenik; **just published** most jelent meg

publisher ['pʌblɪʃə] *fn* kiadó(vállalat)

publishing ['pʌblɪʃɪŋ] *fn* közzététel; kiadás, megjelentetés ‖ kiadói szakma, kiadás *(könyvé)*

publishing company *fn* kiadó(vállalat)

puce [pjuːs] *mn* vörösbarna, bolhaszínű

puck [pʌk] *fn (hoki)* korong

pucker ['pʌkə] ▼ *fn* ránc ▼ *ige* ráncol, összegyűr ‖ **pucker up one's lips** ajkát biggyeszti

pudding ['pʊdɪŋ] *fn* puding ‖ **black pudding** véres hurka; **white pudding** májas hurka

puddle ['pʌdl] *fn* pocsolya, tócsa

puerile ['pjʊəraɪl] *mn* gyer(m)ekes, gyermekded

puerperal fever [pjuː'ɜːprəl] *mn* gyermekágyi láz

Puerto Rico [ˌpweətoʊ 'riːkoʊ] *fn* Puerto Rico

puff [pʌf] ▼ *fn (cigarettából)* szippantás ▼ *ige* pöfékel

---

puff away at a cigar pöfékel

puff out elfúj ‖ *(levegőtől)* kidagad

puff up felfúvódik, felpuffad ‖ felfúj

puffed [pʌft] *mn* felfújt ‖ puffos, dudoros

---

puffed up *mn* felfújt
puff pastry (⊕ *US* **paste**) *fn* leveles tészta
puff sleeves *fn tsz* puffos ujj
puffy ['pʌfi] *mn* puffadt; dagadt
pugnacious [pʌg'neɪʃəs] *mn* harcias, verekedős
pug-nose *fn* pisze orr
pug-nosed *mn* pisze
puissance ['pwi:sɑ:ns] *fn* kitartásos ugratás
pull [pʊl] ▼ *fn* húzás ‖ vonzás, vonzó-erő ‖ evezőcsapás ‖ nagy korty, slukk ‖ fogantyú ‖ **give sg a pull** meghúz; **take a pull at a bottle** jót húz az üvegből ▼ *ige* (meg)húz, von ‖ **you're pulling my leg** ❖ *biz* te ugratsz, ezt komolyan képzeled?; **pull the other one!** ❖ *biz* nekem ugyan beszélhetsz; **pull to pieces** *(átv is)* ízekre szed/tép

pull about ❖ *biz* (meg)ráncigál
pull apart/asunder széthúz, szétszakít
pull aside félrehúz
pull at sg vmt ráncigál
pull away elránt ‖ vhonnan elevez
pull back visszahúz, hátrahúz ‖ vissza-vonul
pull down lever a lábáról, legyengít *(vkt betegség)* ‖ *(épületet)* lerombol, lebont; *(falat)* ledönt; *(városrészt)* szanál
pull in *(vonat)* beérkezik, bejár, be-húz ‖ hoz *(nyereséget)* ‖ behoz *(kö-zönséget)*
pull off lehúzódik *(út szélére)* ‖ siker-re visz vmt
pull out *(asztalt)* kihúz ‖ kinyújt; meghosszabbít; *(üzletből)* kiszáll; *(vonat)* kigördül, kihúz ‖ kivon *(csa-patokat)* ‖ **pull out a tooth** fogat ki-húz; **pull out of** vhonnan kiindul; **pull out of sg** vmtől visszalép
pull over félreáll, férehúzódik
pull round/through *(beteget krízi-sen)* áthúz ‖ meggyógyul, talpra áll

pull together összehúz, összevon ‖ együttműködik
pull up hirtelen megáll; *(jármű ház előtt stb.)* megáll ‖ felhúz
pull up with utolér vkt, felzárkózik vkhez

pullet ['pʊlɪt] *fn* jérce
pulley ['pʊli] *fn* ❏ *műsz* csiga
pull-in *fn* útmenti bisztró
Pullman (car) ['pʊlmən] *fn* ❏ *vasút* szalonkocsi, termeskocsi
pull-off *fn* ⊕ *US* = **pull-up**
pull-out ▼ *mn* kihúzható ▼ *fn* kinyit-ható képes melléklet, leporelló
pullover ['pʊlouvə] *fn* pulóver
pull-up *fn* *(autópálya melletti)* parkoló
pulmonary ['pʌlmənəri] *mn* tüdő- ‖ **pulmonary disease** tüdőbaj; **pul-monary circulation** kis vérkör; **pul-monary tuberculosis** tüdőgümőkór
pulp [pʌlp] ▼ *fn* pép, kása; hús *(gyü-mölcsé)* ▼ *ige* péppé zúz ‖ **pulp books** zúzdába küld könyveket
pulpit ['pʊlpɪt] *fn* szószék
pulsate [pʌl'seɪt] *ige* *(szív, ér)* lüktet, ver, dobog
pulsation [pʌl'seɪʃn] *fn* lüktetés, ér-verés
pulse [pʌls] *fn* érverés, pulzus ‖ **feel sy's pulse** kitapintja vknek a pulzusát
pulverize ['pʌlvəraɪz] *ige* finomra őröl, porrá tör, porít
puma ['pju:mə] *fn* puma
pumice (stone) ['pʌmɪs] *fn* horzsakő
pummel ['pʌml] *ige* -ll- (⊕ *US* -l-) pü-föl, ütlegel
pump [pʌmp] ▼ *fn* pumpa, szivattyú; *(szivattyús)* kút ‖ → **pumps** ▼ *ige* szivattyúz, pumpál

pump up felpumpál *(gumit)*

pumpkin ['pʌmpkɪn] *fn* sütőtök
pumps [pʌmps] *fn tsz* körömcipő
pun [pʌn] *fn* szójáték

P

punch¹ [pʌntʃ] ▼ *fn* lyukasztó ▼ *ige* (ki)lyukaszt

punch² [pʌntʃ] ▼ *fn* ökölcsapás ▼ *ige* (ököllel) üt, öklöz

punch³ [pʌntʃ] *fn* puncs

punch-ball *fn* ❑ *sp* gyakorlólabda *(ökölvívóé)*

punch card *fn* lyukkártya

punch-drunk *mn* ütésektől kábult, megroggyant *(bokszoló)*

punching ball *fn* ⊕ *US* = **punch-ball**

punched card [pʌntʃt] *fn* lyukkártya

punched tape *fn* lyukszalag

punch line *fn* poén *(viccé)*

punch-up *fn* ❖ *biz* bunyó, hirig

punctual ['pʌŋktʃuəl] *mn (időben)* pontos

punctuality [ˌpʌŋktʃʊ'ælətɪ] *fn (időben)* pontosság

punctually ['pʌŋktʃʊəli] *hsz (időben)* pontosan

punctuate ['pʌŋktʃʊeɪt] *ige* kiteszi az írásjeleket *(szövegben)*

punctuation ['pʌŋktʃʊ'eɪʃn] *fn* az írásjelek kitétele, központozás, interpunkció

punctuation mark *fn* írásjel

puncture ['pʌŋktʃə] *fn* gumidefekt ‖ **have a puncture** (gumi)defektet kap, kipukkad *(gumi)*

pundit ['pʌndɪt] *fn* (hindu) tudós

pungent ['pʌndʒənt] *mn* csípős ‖ átható, penetráns ‖ **pungent sarcasm** metsző gúny

punish ['pʌnɪʃ] *ige* (meg)büntet ‖ **he was punished for stealing** megbüntették lopásért

punishable ['pʌnɪʃəbl] *mn* büntetendő *(kihágás)*

punishing ['pʌnɪʃɪŋ] ▼ *mn* erős, kemény, kimerítő ▼ *fn* strapa, „megpróbáltatás"

punishment ['pʌnɪʃmənt] *fn* büntetés

punitive ['pju:nətɪv] *mn* büntető; megtorló ‖ **punitive sanction** büntetőintézkedés

punk [pʌŋk] *fn* punk

punt¹ [pʌnt] *fn* lapos fenekű csónak

punt² [pʌnt] ❑ *sp* ▼ *fn* kézből rúgás ▼ *ige* kézből rúg

punt³ [pʌnt] *ige* ❖ *biz* játszik, lóversenyez ‖ tőzsdézik

punter ['pʌntə] *fn* játékos, fogadó *(szerencsejátékban)*

puny ['pju:ni] *mn* vézna, nyamvadt, satnya

pup [pʌp] ▼ *fn* = **puppy** ▼ *ige* -pp- *(kutya)* kölykezik

pupil¹ ['pju:pl] *fn* tanuló *(kisiskolás)* ‖ tanítvány

pupil² ['pju:pl] *fn* pupilla, szembogár

puppet ['pʌpɪt] *fn* báb(u), baba

puppet film *fn* bábfilm

puppet government *fn* bábkormány

puppet-show *fn* bábjáték, bábszínház

puppet theatre (⊕ *US* -ter) *fn* bábszínház

puppy ['pʌpi] *fn* kutyakölyök ‖ **have puppies** *(kutya)* ellik

puppy love *fn* diákszerelem

purchasable ['pɜ:tʃɪsəbl] *mn* megvásárolható

purchase ['pɜ:tʃɪs] ▼ *fn* vásárlás, vétel, beszerzés ▼ *ige* (meg)vásárol, (meg)vesz ‖ **purchase a ticket** menetjegyet vált

purchase order *fn* vételi megbízás

purchase price *fn* vételár ‖ **at purchase price** beszerzési áron

purchaser ['pɜ:tʃɪsə] *fn* ❑ *ker* vevő

purchase tax *fn* forgalmi adó

purchasing power ['pɜ:tʃɪsɪŋ] *fn* vásárlóerő *(lakosságé)*

pure [pjʊə] *mn* tiszta *(nem kevert)* ‖ *(erkölcsileg)* tiszta ‖ **pure air** tiszta levegő; **pure alcohol** tiszta alkohol/szesz; **this is pure invention** ez üres kitalálás; **pure mathematics** tiszta/elméleti matematika; **pure silver** színezüst; **the pure truth** a színtiszta igazság; **pure wool** tiszta gyapjú

pure-blood(ed) *mn* telivér *(ló)*

---

fn főnév – *hsz* határozószó – *isz* indulatszó – *ksz* kötőszó – *mn* melléknév
▼ szófajjelzés ⊕ földrajzi variáns ❑ szakterület ❖ stiláris minősítés

pure-bred *mn (állat)* fajtatiszta, fajtiszta

purée ['pjʊəreɪ] *fn* püré

purely ['pjʊəli] *hsz* tisztán, pusztán

purgative ['pɜ:gətɪv] *fn* hashajtó

purgatory ['pɜ:gətəri] *fn* tisztítótűz, purgatórium

purge [pɜ:dʒ] ▼ *fn* ❏ *pol* tisztogatás ▼ *ige (beleket)* kitisztít; ❏ *orv* meghajt ‖ *(pártot)* megtisztít; tisztogat *(of* vmtől)

purification [ˌpjʊərɪfɪ'keɪʃn] *fn* (meg)-tisztítás *(folyadéké)* ‖ (meg)tisztulás

purify ['pjʊərɪfaɪ] *ige (folyadékot)* megtisztít, derít

purism ['pjʊərɪzm] *fn* purizmus

purist ['pjʊərɪst] *fn* purista

puritan ['pjʊərɪtn] *mn/fn* puritán ‖ **Puritan** ❏ *tört* puritán

puritanical [ˌpjʊərɪ'tænɪkl] *mn* puritán(kodó)

purity ['pjʊərəti] *fn (erkölcsi)* tisztaság, romlatlanság

purl [pɜ:l] ▼ *fn* fordított szem *(kötésben)* ▼ *ige* fordított szemet köt ‖ **knit one, purl one** egy sima, egy fordított

purlin ['pɜ:lɪn] *fn* szelemen

purloin [pɜ:'lɔɪn] *ige* elcsen, ellop

purple ['pɜ:pl] ▼ *mn* bíbor(piros) ▼ *fn* bíbor

purport ▼ ['pɜ:pɔ:t] *fn* értelem *(cselekedeté)*; jelentés ‖ szándék, cél ▼ [pɜ:'pɔ:t] *ige* tartalmaz, jelent

purpose ['pɜ:pəs] *fn* szándék; cél, terv ‖ **for that purpose** e célból, ezért; **on purpose** szándékosan; **to no purpose** hiába; **for what purpose?** mi célból/végett?; **answer the purpose** a célnak megfelel

purpose-built *mn* konkrét/bizonyos céllal épült

purposeful ['pɜ:pəsfl] *mn* szándékos, céltudatos, tervszerű

purposeless ['pɜ:pəsləs] *mn (tett)* céltalan, hiábavaló

purposely ['pɜ:pəsli] *hsz* szándékosan

purr [pɜ:] *ige* dorombol *(macska)* ‖ berreg, búg *(motor)*

purse [pɜ:s] ▼ *fn* erszény ‖ ⊕ *US* retikül, (női) táska ▼ *ige* **purse one's lips** ajkát biggyeszti, csücsörít

purser ['pɜ:sə] *fn* pénztáros *(hajón)*

purse snatcher *fn* zsebtolvaj

pursue [pə'sju:] *ige* kerget, üldöz, űz; hajt ‖ *(mesterséget)* folytat ‖ **pursue one's studies** tanulmányokat folytat

pursuer [pə'sju:ə] *fn* üldöző

pursuit [pə'sju:t] *fn* kergetés; üldözés ‖ **pursuit of sg** hajsza *(vm után)*

purulence ['pjʊərələns] *fn* gennyedés

purulent ['pjʊərələnt] *mn* gennyes

purveyor [pɜ:'veɪə] *fn* (élelmiszer-)szállító ‖ **purveyor by appointment to Her Majesty** udvari szállító

pus [pʌs] *fn* genny

push [pʊʃ] ▼ *fn* tolás, lökés, taszítás ‖ **give sg a push** (meg)lök, (meg)tol, lökést ad vmnek ▼ *ige* tol, lök ‖ (meg)nyom ‖ ❖ *biz* reklámoz ‖ ❖ *biz* menedzsel vkt ‖ ❖ *biz* sürget, hajt ‖ **push one's way through a crowd** tömegen átfurakodik; **push the button** megnyomja a gombot; **push the pedals** ❖ *biz* pedálozik; **be pushed for money** ❖ *biz* pénzhiányban szenved; **I'm rather pushed today** nagy hajtásban vagyok ma

P

---

push aside félrelök, félretol

push back *(fiókot)* visszatol

push down (from) vhonnan lelök

push forward továbbmegy ‖ **push oneself forward** törtet

push in betol, vmt vmbe bedug

push off eltol, eltaszít ‖ vhonnan lelök ‖ **push off!** tűnés!; **be pushed off** vk vhonnan leszorul

push on továbbmegy ‖ **push on with sg** folytat vmt, halad vmvel

push over felborít, feldönt

push through keresztülvisz *(tervet)*, sikeresen elvégez

---

push up felver *(árakat)* || **push up (the) daisies** alulról szagolja az ibolyát

pushbike ['puʃbaɪk] *fn* ❖*biz* kerékpár, bringa

push-button *mn* nyomógombos || **push-button switch** nyomógombos kapcsoló

pushcart ['puʃkɑːt] *fn* (kézi) targonca || *(US)* utcai zöldségárus (kézikocsija)

pushchair ['puʃtʃeə] *fn* sportkocsi *(kisbabáé, összecsukható, könnyű)*

pushing *mn* = **pushy** || **pushing fifty** mindjárt ötven(éves)

pushover ['puʃouvə] *fn* it's a pushover ❖*biz* gyerekjáték (az egész), a dolog könnyen megy

push-start *fn* give it a push-start meg kell tolni *(hogy beinduljon)*

push-up *fn* ⊕*US* fekvőtámasz

pushy ['puʃi] *mn* rámenős || be pushy törtet; **pushy fellow** karrierista, törtető

pusillanimous [ˌpjuːsɪˈlænəməs] *mn* félénk, kishitű, pipogya

puss [pus] *fn* cicus, cica || **puss!** cic!

pussy ['pusi] = **puss**

pussy-cat *fn* cicus; cica

pussy willow *fn* (fűzfa)barka

put [put] ▼ *fn* dobás, vetés *(súlyé)* ▼ *ige (pt/pp* put **-tt-)** helyez, tesz, rak; (vmt vhová) állít, vmt vhol/vhova elhelyez || becsül (vmre) || dob, vet || megfogalmaz, ír, kifejez || **put sy's back up** ❖*biz* felingerel/felhúz vkt; **put under grass** gyepesít; **put it on my bill** írja ezt az én számlámra; **put in writing** írásba foglal; **put sg in order** vhol rendet csinál/teremt; **to put it bluntly** őszintén szólva; **put (sg) right** helyesbít, megigazít, elrendez; **put the finishing touches to sg** az utolsó simításokat végzi vmn; **put the question** felteszi a kérdést; **put the shot** súlyt dob

put (sg) across sikerre juttat/visz || elhitet, elfogadtat || „bead" vknek vmt

put aside vmt félretesz

put at becsül/tesz vmennyire

put away vmt félretesz || eltesz || ❖*biz* bevág *(ételt)* || **put sg away for one's old age** félretesz öreg napjaira

put back visszadug, visszarak, visszatesz || **put back until** *v.* till *v.* to *(vmt más/későbbi időpontra)* áttesz; **put sg back a week** egy héttel elhalaszt; **put one's watch back** visszaigazítja az óráját

put sg by félretesz *(öreg napjaira)*

put down lerak, letesz *(repülőgépet, utast)* || leszáll, landol || *(ernyőt)* becsuk || *(lázadást)* elfojt || bejegyez, leír || **put down a deposit on sg** foglalót ad/fizet vmre; **put sg down to sy's account** vmt vknek számlájára ír; **put sy down for (sg)** előjegyzésbe vesz vkt; **put sy down** ❖*biz* rossz színben tüntet fel vkt; **put (sy) down as (sg)** vkt vmnek elkönyvel; **I (should) put him down as twenty** húszévesnek nézem; **I put it down to the fact that** annak (a ténynek) tudom be, hogy; **put one's foot down** ❖*biz* belelép a gázba || ❑*kif* sarkára áll

put forward előretol *(óramutatót)* || előrehoz, előbbre tesz *(időpontot)* || *(tervet)* indítványoz; *(megoldást, jelöltet)* javasol || **put oneself forward** magát előtérbe tolja

put in behelyez, betesz, bedug || közbeszúr, közbeszól || *(hajó vhova)* behajózik, beérkezik || **put in a good word for sy** szól egy jó szót vk érdekében; **put in an appearance** személyesen megjelenik

put in for sg jelentkezik vmre, megpályáz *(állást)*

---

fn főnév −*hsz* határozószó −*isz* indulatszó −*ksz* kötőszó −*mn* melléknév
▼ szófajjelzés ⊕ földrajzi variáns ❑ szakterület ❖ stiláris minősítés

put sg into sg beletesz || *(hajó)* befut || **put into orbit** pályára állít/juttat; **put into brackets/parentheses** zárójelbe tesz; **put into practice** *(gyakorlatilag)* megvalósít; **put one's heart and soul into it** testestül-lelkestül csinál vmt

put off későbbre hagy/tesz/halaszt (vmt), félretesz || letesz *(utast)* || megzavar, kizökkent (vkt vmből) || vhonnan elhajózik, elindul, elhagyja a kikötőt || *(villanyt)* elzár, elolt || **be put off by sg** félrevezeti/megzavarja vm

put on *(ruhát magára)* vesz, felvesz || meggyújt *(villanyt)*, bekapcsol *(rádiót, tévét)*, begyújt *(sütőt)* || feltesz *(lemezt)* || rálép *(fékre)* || rátesz *(árra még)* || előretol *(órát)* || **put on airs** ❖ *biz* adja a bankot, megjátssza magát, előkelősködik; **put on one's clothes** felöltöz(köd)ik; **he put on two kilos** két kilót szedett fel; **put on weight** meghízik

put out vízre száll, vhonnan elhajózik || *(cigarettát)* elnyom || *(tüzet)* kiolt || elolt, lekapcsol, kikapcsol *(lámpát stb.)* || közread || **put it out of your mind** ezt verd ki a fejedből; **be put out** ❖ *biz* kijön a sodrából; **put out to sea** tengerre száll, *(hajó)* kifut; **she's put her back out** meghúzódott a dereka

put through befejez, végrehajt || keresztülvisz, -juttat || **(could you) put me through to the manager, please** kérem, kapcsolja az igazgatót; **I'll put you through to Mr. X** *(telefonon)* adom X urat; **put sy through college** kitaníttat; **put sy through his paces** keményen/alaposan megdolgoztat vkt

put sy to sg vmnek kitesz vkt || **put questions to sy** kérdéseket intéz vkhez; **put sg to sy** vk elé terjeszt vmt; **I put it to you** felteszem a kérdést; **put sy to death** kivégez;

put sy to the test vkt kipróbál; **put to bed** *(gyereket)* lefektet; **put to sea** tengerre száll

put together összeszerel || *(kollekciót)* összeállít

put up *(sátrat)* felállít || *(épületet)* emel || **put sy up** elszállásol vkt, szállást ad vknek; **put up a bill** (v. ⊕ *US* **billboard**) kiplakátoz vmt; **put up a notice** hirdetményt kifüggeszt; **put up a good show** ❖ *biz* szép teljesítményt ér el (vk); **he put up a poor show** ❖ *biz* siralmasan szerepelt; **put up a statue** szobrot állít/emel; **put up at a hotel** szállodában megszáll; **put up for the night** vk vhol megalszik; **put up with sy** vknél megszáll; **put up for auction/sale** árverésre bocsát

put up with sg eltűr, belenyugszik vmbe || **I won't put up with that** (ezt) nem tűröm!

---

put-on *mn* ⊕ *US* modoros; tettetett
putrefaction [ˌpjuːtrɪˈfækʃn] *fn* rothadás
putrefy [ˈpjuːtrɪfaɪ] *ige* (el)rothad
putrid [ˈpjuːtrɪd] *mn* bűzös, rothadt; orrfacsaró *(szag)*
putsch [putʃ] *fn* puccs, államcsíny
putt [pʌt] ▼ *fn* (be)gurítás *(golf)* ▼ *ige* (be)gurít
putter [ˈpʌtə] *fn* golfütő || az aki lök
putting-green [ˈpʌtɪŋ-] *fn* <golfpálya lyuk körüli sima pázsitja>
putting-off [ˈputɪŋ] *fn* halasztás (vmé)
putty [ˈpʌti] ▼ *fn* gitt || **putty in sy's hands** gyenge báb ▼ *ige* begittel
put-up *mn* ❖ *biz* kicsinált || **a put-up job** kicsinált dolog, kiszámított trükk
puzzle [ˈpʌzl] ▼ *fn* rejtély || találós kérdés, fejtörő, rejtvény || türelemjáték, összerakó játék, puzzle ▼ *ige* zavar (vkt), rejtély a számára || **puzzle one's brains** töri a fejét

---

puzzle out kibogoz, megfejt

puzzle over töpreng, töri a fejét (vmn)

puzzling ['pʌzlɪŋ] *mn* rejtélyes

PVC [ˌpi: vi: 'si:] *fn* = *polyvinyl chloride* pévécé

PVC sheet(ing) *fn* PVC-fólia

PVC tube *fn* pévécécső

Pvt ❏ *kat* ⊕ *US* = **private**

PW = **policewoman**

PX [ˌpi: 'eks] ⊕ *US* = **post exchange**

pygmy ['pɪgmi] *mn/fn* törpe

pyjamas [pə'dʒɑ:məz] *fn tsz* pizsama

pylon ['paɪlən] *fn* távvezetékoszlop, pilon

pyramid ['pɪrəmɪd] *fn* gúla, piramis

Pyrenean [ˌpɪrə'ni:ən] *mn* pireneusi

Pyrenees [ˌpɪrə'ni:z] *fn tsz* Pireneusok

Pyrex ['paɪreks] *fn* jénai (edény), tűzálló üveg, tűzálló edény(ek)

Pythagoras' theorem [paɪ'θægərəs] *fn* Pitagorasz-tétel

python ['paɪθn] *fn* óriáskígyó

P

fn főnév – *hsz* határozószó – *isz* indulatszó – *ksz* kötőszó – *mn* melléknév
▼ szófajjelzés ⊕ földrajzi variáns ❏ szakterület ❖ stiláris minősítés

Q

QC [ˌkjuːˈsiː] = Queen's Counsel

qt = quart

qty = quantity

quack [kwæk] *fn* kuruzsló, sarlatán

quad [kwɒd] *fn (négyszögű)* udvar *(oxfordi stb. kollégiumé)* ‖ **quads** négyes ikrek

quadrangle ['kwɒdræŋgl] *fn* ❑ *mat* négyszög ‖ *(négyszögű)* udvar *(oxfordi stb. kollégiumé)*

quadratic equation [kwɒˈdrætɪk] *fn* másodfokú egyenlet

quadrilateral [ˌkwɒdrɪˈlætərəl] *fn* ❑ *mat* négyszög

quadrinomial [ˌkwɒdrɪˈnɒmɪəl] *mn* ❑ *mat* négytagú

quadruped ['kwɒdruped] *mn* ❑ *áll* négylábú

quadruple ['kwɒdruːpl] *mn/fn* négyszeres(e vmnek)

quadruplets ['kwɒdruplǝts] *fn tsz* négyes ikrek

quagmire ['kwægmaɪǝ] *fn* sártenger

quail [kweɪl] *fn* fürj

quaint [kweɪnt] *mn* furcsa; régies; érdekes

quaintly ['kweɪntli] *hsz* furcsán, különösen

quaintness ['kweɪntnǝs] *fn* fur(cs)aság, különösség

quake [kweɪk] ▼ *fn* remegés ▼ *ige (föld)* reng

Quaker ['kweɪkǝ] *fn* kvéker

qualification [ˌkwɒlɪfɪˈkeɪʃn] *fn* képesítés, minősítés ‖ **qualification(s)** végzettség, szakképzettség

qualified ['kwɒlɪfaɪd] *mn* diplomás, okleveles, képesített, szakképzett ‖ **qualified engineer** okleveles mérnök

qualify ['kwɒlɪfaɪ] *ige* képesít ‖ minősít ‖ továbbjut ‖ **qualify sy for sg** képesítést ad vknek, képesít; **qualify for the final** bejut a döntőbe; **qualify as sg** kimeríti vm fogalmát; **be qualified (as)** vmnek minősül; **be qualified for sg** hivatva van vmre

qualifying exam ['kwɒlɪfaɪɪŋ] *fn* képesítővizsga

qualifying heats *fn tsz* ❑ *sp* selejtezők

qualifying matches *fn tsz* ❑ *sp* selejtezők

qualitative ['kwɒlɪtǝtɪv] *mn* minőségi, kvalitatív

quality ['kwɒlǝti] *fn* minőség *(árué)* ‖ **quality products** márkás áru; **of excellent** (*v.* **first-rate**) **quality** elsőrendű/kiváló minőségű

quality checker *fn* = **quality controller**

quality control *fn* minőségi ellenőrzés, meó

quality controller minőségi ellenőr, meós

qualm [kwɑːm] *fn* aggály ‖ émelygés

qualms [kwɑːmz] *fn tsz* lelkiismeretfurdalás

quandary ['kwɒndǝri] *fn* dilemma

quantify ['kwɒntɪfaɪ] *ige* mennyiségileg meghatároz

quantitative ['kwɒntɪtǝtɪv, ⊕ *US* -teɪtɪv] *mn* mennyiségi, kvantitatív

quantity ['kwɒntǝti] *fn* mennyiség

quantity surveyor *fn* műszaki/építési ellenőr

quantum mechanics ['kwɒntəm] *fn esz* kvantummechanika

quantum theory *fn* kvantumelmélet

quarantine ['kwɒrənti:n] *fn* vesztegzár, karantén

quarrel ['kwɒrəl] ▼ *fn* veszekedés, összeveszés, civakodás, vita; szóváltás, villongás ‖ **have a quarrel with sy** összeveszik vkvel ▼ *ige* -**ll**- (⊕ *US* -**l**-) veszekszik; veszekedik ‖ **quarrel with sy** összevesz vkvel; **quarrel with sy over/about sg** (vkvel vm miatt) veszekedik

quarrelsome ['kwɒrəlsəm] *mn* veszekedős

quarry[1] ['kwɒri] *fn* zsákmány, préda

quarry[2] ['kwɒri] *fn* kőbánya

quart [kwɔ:t] *fn* (*űrmérték*) ⊕ *GB* 1,136 l, ⊕ *US* 0,946 l ‖ (*vívás*) kvart

quarter ['kwɔ:tə] ▼ *fn* negyed, negyedrész ‖ városrész, negyed ‖ **a quarter to five** háromnegyed öt; **a quarter of five** ⊕ *US* háromnegyed öt; **quarter note** ⊕ *US* negyed (*hangjegy*); **a quarter of an hour** negyedóra; **(a) quarter past** (⊕ *US* **after**) **one** negyed kettő; **at a quarter past one** negyed kettőkor; **no quarter (is given)** nincs pardon! ‖ → **quarters** ▼ *ige* négy részre oszt, négyfelé vág, felnégyel ‖ beszállásol

quarter-deck *fn* tatfedélzet ‖ tisztikar (*hadihajóé*)

quarter-final *fn* negyeddöntő

quarter-finals *fn tsz* negyeddöntő

quarterly ['kwɔ:təli] ▼ *mn* negyedévi ▼ *hsz* negyedévenként ▼ *fn* negyedévenként megjelenő folyóirat

quartermaster ['kwɔ:təmɑ:stə] *fn* ❑ *kat* szállásmester

quarters ['kwɔ:təz] *fn tsz* ❑ *kat* szállás, kvártély

quartet [kwɔ:'tet] *fn* kvartett ‖ **string quartet** vonósnégyes

quarto ['kwɔ:toʊ] *fn* negyedrét, kvartó

quartz [kwɔ:ts] *fn* kvarc

quartz clock *fn* kvarcóra

quartz lamp *fn* kvarclámpa

quartz light *fn* kvarcfény

quartz watch *fn* kvarcóra

quash [kwɒʃ] *ige* (*ítéletet*) megsemmisít ‖ elfojt

quasi- ['kweɪzaɪ-] *előtag* félig(-meddig), majdnem, kvázi- ‖ … jellegű, látszólagos

quaver ['kweɪvə] *fn* nyolcad (*hangjegy*)

quay [ki:] *fn* rakpart

quayside ['ki:saɪd] *fn* rakpart

queasiness ['kwi:zinəs] *fn* émelyítő volta (vmnek) ‖ émelygés

queasy ['kwi:zi] *mn* émelygő ‖ émelyítő

Quebec [kwɪ'bek] *fn* Quebec

queen [kwi:n] *fn* királynő ‖ (*kártya*) dáma ‖ (*sakkban*) vezér ‖ **the queen of spades** pikk dáma

queen consort *fn* királyné

queen dowager *fn* özvegy anyakirályné

queen mother *fn* anyakirályné

Queen's Counsel *fn* királyi tanácsos (*rangidős barrister címe*)

Queen's English, the *fn* helyes angolság

Queen's evidence *fn* (*bűntársai ellen valló*) koronatanú

Queen's speech, the *fn* trónbeszéd

queer [kwɪə] *mn* különös; furcsa; különc ‖ ❖ *biz* homokos ‖ **a queer customer** fura alak; **queer fish** csodabogár (*ember*)

quell [kwel] *ige* elnyom, elfojt; lecsillapít

quench [kwentʃ] *ige* (*szomjúságot*) csillapít, enyhít, olt; (*tüzet*) kiolt

querulous ['kwerʊləs] *mn* nyafogó, siránkozó

query ['kwɪəri] ▼ *fn* kérdés ‖ kérdőjel ▼ *ige* (meg)kérdez ‖ megkérdőjelez

quest [kwest] *fn* keresés, felkutatás ‖ **in quest of** vmnek a keresésére, vm végett

fn főnév – *hsz* határozószó – *isz* indulatszó – *ksz* kötőszó – *mn* melléknév
▼ szófajjelzés ⊕ földrajzi variáns ❑ szakterület ❖ stiláris minősítés

question ['kwestʃn] ▼ *fn* ❖ *ált* kérdés, probléma || **ask sy a question, put a question to sy** kérdést tesz fel vknek, kérdést intéz vkhez; **ask questions** *(vizsgán)* kérdez; **it is beyond question that** nem kétséges, hogy; **it is (quite) out of the question** ki van zárva, szó se lehet róla!; **the question at issue** a szóban forgó kérdés; **(sy, sg) in question** a kérdéses *v.* szóban forgó vk/vm; **the question is (that)** arról van szó, hogy; **a question of money** ❖ *biz* pénzkérdés; **it's a question of taste** ez ízlés dolga; **this is the question of the day** ez a kérdés van most napirenden; **call in question** kétségbe von ▼ *ige* (meg)kérdez || kikérdez; kihallgat || megkérdőjelez, kétségbe von || **question sy (about sg)** kérdéseket tesz fel vknek (vmről)

questionable ['kwestʃənəbl] *mn* kérdéses, bizonytalan, problematikus

questioner ['kwestʃənə] *fn* kérdező

questioning ['kwestʃənɪŋ] ▼ *mn* kérdő ▼ *fn* kérdezés

questioningly ['kwestʃənɪŋli] *hsz* kérdőn

question mark *fn* kérdőjel

question-master *fn* = **quiz-master**

questionnaire [ˌkwestʃə'neə] *fn* kérdőív

queue [kjuː] ▼ *fn* (sorállásnál) sor ▼ *ige* **queue (up)** *(pénztárnál stb.)* sorba(n) áll, sort áll *(for* vmért)

quibble ['kwɪbl] *ige* csűri-csavarja a szót

quick [kwɪk] ▼ *mn* gyors, fürge || **be quick!** siess!; **take a quick look at sg** futó pillantást vet vmre; **a quick lunch** gyors ebéd; **quick on the uptake** ❖ *biz* gyors felfogású, gyorsan kapcsol; **quick pulse** szapora érverés ▼ *hsz* gyorsan ▼ *fn* **the quick and the dead** elevenek és holtak

quicken ['kwɪkən] *ige* (meg)gyorsít, élénkít || (meg)gyorsul || **quicken one's pace** kilép; meggyorsítja lépteit

quick-fire *mn* gyorstüzelő

quicklime ['kwɪklaɪm] *fn* oltatlan mész

quickly ['kwɪkli] *hsz* gyorsan, szaporán

quick march *fn* gyorsított menet

quickness ['kwɪknəs] *fn* gyorsaság

quicksand ['kwɪksænd] *fn* folyós homok

quickset hedge ['kwɪkset] *fn* (galagonya) élősövény

quicksilver ['kwɪksɪlvə] *fn* higany

quickstep ['kwɪkstep] *fn* gyors tánc, foxtrott

quick-tempered *mn* hirtelen természetű

quick-witted *mn* gyors felfogású/észjárású, éles elméjű/eszű

quid[1] [kwɪd] *fn (tsz ua.)* ❖ *biz* font *(sterling)*

quid[2] [kwɪd] *fn* bagó

quid pro quo [ˌkwɪd prou 'kwou] *fn* ellenszolgáltatás, ellenérték

quiet ['kwaɪət] ▼ *mn* nyugodt, csendes, nyugalmas || **be quiet!** csend legyen!; **keep quiet about sg** hallgat vmről ▼ *fn* nyugalom; csendesség; békesség || **tell sy sg on the quiet** (*v.* **on the q.t.**) bizalmasan közöl vmt ▼ *ige* ⊕ *US* = **quieten**

quieten ['kwaɪətən] *ige* megnyugtat, lecsendesít, elcsendesít

quietly ['kwaɪətli] *hsz* nyugodtan; csendesen

quietness ['kwaɪətnəs] *fn* nyugalom, csendesség

quill [kwɪl] *fn* farktoll, szárnytoll

quilt [kwɪlt] *fn* takaró || **continental quilt** *(steppelt)* paplan, pehelypaplan

quilted ['kwɪltɪd] *mn* steppelt

quince [kwɪns] *fn* birs

quinine [kwɪ'niːn] *fn* kinin

quins [kwɪnz] *fn tsz* ❖ *biz* ötös ikrek

quint [kwɪnt] *fn* ❑ *zene* ötöd

quintessence [kwɪn'tesns] *fn* **the quintessence of sg** vmnek a veleje

quintet [kwɪn'tet] *fn* kvintett

quintuplets ['kwɪntjuplǝts] *fn tsz* ötös ikrek

Q

quip [kwɪp] *fn* (szellemeskedő) beköpés
quire ['kwaɪə] *fn* 25 ív(papír) *(= papírlap)*
quirk [kwɜ:k] *fn* hirtelen fordulat ‖ fura szokás ‖ **by a quirk of fate** a sors különös fintora(, hogy …)
quit [kwɪt] *ige* (*pt/pp* **quit**; ⊕ *GB* **quitted** ['kwɪtɪd]) -tt- otthagy ‖ **quit it** kiszáll a buliból; **quit one's job** otthagyja állását, munkát abbahagy ‖ → **quits**
quite [kwaɪt] *hsz* egészen, teljesen ‖ meglehetősen, elég(gé) ‖ **quite!** pontosan (erről van szó)!; **not quite** nem egészen; **quite a few** jóegynéhány, meglehetősen sokan; **quite a lot** elég sok(at), jó sok(at); **for quite a time** már jó/egy ideje; **quite recently** nemrég; mostanában; **quite right/so!** (nagyon) helyes!, igazad van!; **it is quite true** való igaz
quits [kwɪts] *mn* **we are quits** kvittek vagyunk
quitted ['kwɪtɪd] *pt/pp* → **quit**
quiver[1] ['kwɪvə] *fn* ⎁ *tört* tegez
quiver[2] ['kwɪvə] *ige (húr)* rezeg, rezdül ‖ reng
quiz [kwɪz] ▼ *fn* (tévé)vetélkedő, kvíz; ⊕ *US* ⎁ *isk* (gyors)teszt ▼ *ige* -**zz**- kérdez(get)
quiz game/programme/show *fn* televíziós játék/vetélkedő, kvíz
quiz-master *fn (tévében, vetélkedőben)* játékvezető, játékmester

quizzical ['kwɪzɪkl] *mn* incselkedő; furcsa
quoin [kɔɪn] *fn* szegletkő
quoit [kɔɪt] *fn* karika ‖ **quoits** *tsz* karikadobó játék
quorate ['kwo:reɪt] *mn* **be quorate** határozatképes
quorum ['kwɔ:rəm] *fn* határozatképesség, kvórum ‖ **there is a quorum** határozatképes (a közgyűlés stb.); **there is no quorum** határozatképtelen
quota ['kwoutə] *fn* hányad, kvóta; kontingens
quotation [kwou'teɪʃn] *fn* idézet ‖ árajánlat
quotation marks *fn tsz* idézőjel
quote [kwout] ▼ *fn* idézet ‖ **quotes** ❖ *biz* idézőjel; **put in quotes** ❖ *biz* idézőjelbe tesz ▼ *ige (szöveget)* idéz; hivatkozik (vkre/vmre); *(árura)* árajánlatot tesz ‖ **please quote our reference when replying** válaszában szíveskedjék erre a számra hivatkozni; **quote a price** árat közöl; **quote from Shakespeare** Shakespeare-ből idéz; *(beszéd közben, diktáláskor stb.)* **quote … unquote** idézet kezdődik … eddig az idézet
quotient ['kwouʃnt] *fn* hányados
qv [ˌkju: 'vi:] = *(Latin: quod vide)* lásd ott
qwerty ['kwɜ:ti] *fn* ⎁ *szt* QWERTY elrendezésű billentyűzet

R

R = *(Latin: Regina, Rex)* királynő, király

RA [ˌɑːr ˈeɪ] = *The Royal Academy (of Arts)* Királyi Szépművészeti Akadémia

rabbet [ˈræbɪt] *fn* horony, vájat

rabbi [ˈræbaɪ] *fn* rabbi

rabbit [ˈræbɪt] *fn* (üregi) nyúl ‖ ❖ *biz* gyenge (tenisz)játékos

rabbit-hutch *fn* nyúlketrec

rabble [ˈræbl] *fn* ❖ *átv* csürhe, csőcselék, népség

rabid [ˈræbɪd] *mn* ❏ *áll* ❏ *orv* veszett

rabies [ˈreɪbiːz] *fn* ❏ *áll* ❏ *orv* veszettség

RAC [ˌɑːr eɪ ˈsiː] = *Royal Automobile Club* Királyi Automobil Klub

raccoon [rəˈkuːn] *fn* mosómedve

race[1] [reɪs] ▼ *fn* verseny ‖ **100 metre race** százméteres síkfutás; **the races** lóverseny; **go to the races** lóversenyez ▼ *ige* ❏ *sp* versenyez ‖ **race (the engine)** túráztat(ja a motort), *(motor)* üresen jár

---

race along *(jármű)* száguld

---

race[2] [reɪs] *fn* faj ‖ fajta

race car *fn* versenyautó

racecard *fn* versenyprogram

race car driver *fn* autóversenyző

racecourse [ˈreɪskɔːs] *fn* lóversenypálya, turf

racegoer [ˈreɪsɡəʊə] *fn* **be a racegoer** lóversenyre jár

race-horse *fn* versenyló

race-meeting *fn* lóverseny(nap), galopp

race relations *fn tsz* kapcsolat színes bőrűek és fehérek között

racetrack [ˈreɪstræk] *fn* versenypálya ‖ ⊕ *US* = **racecourse**

racial [ˈreɪʃl] *mn* faji

racial discrimination *fn* faji megkülönböztetés

racial integration *fn* teljes faji egyenjogúság (biztosítása)

racialism [ˈreɪʃəlɪzm] *fn* fajüldöző/fajvédő politika, fajüldözés, rasszizmus, fajvédelem, fajelmélet

racialist [ˈreɪʃəlɪst] *fn* a fajelmélet híve; rasszista, fajüldöző ‖ **racialist theory** fajelmélet

racing [ˈreɪsɪŋ] *fn* lóversenyzés, futtatás ‖ autóversenyzés

racing boat *fn* versenyhajó

racing car *fn* versenyautó

racing driver *fn* autóversenyző

racing stable *fn* versenyistálló

racism [ˈreɪsɪzm] *fn* = **racialism**

racist [ˈreɪsɪst] *mn/fn* = **racialist**

rack [ræk] ▼ *fn* állvány, tartó ‖ poggyásztartó, csomagtartó ‖ fogasrúd ‖ kínpad ▼ *ige* megkínoz ‖ **rack one's brains** töri a fejét

rack-and-pinion *fn* fogasrúddal kapcsolt kis meghajtó fogaskerék

racket [ˈrækɪt] *fn* (tenisz)ütő, rakett ‖ panamázás, panama

racketeer [ˌrækɪˈtɪə] *fn* ⊕ *US* ❖ *biz* gengszter, zsaroló

rack-railway *fn* fogaskerekű (vasút)

racquet ['rækɪt] *fn* = **racket**
racy ['reɪsi] *mn* pikáns *(történet)*
RADA ['rɑːdə] = *Royal Academy of Dramatic Art* Királyi Színművészeti Akadémia
radar ['reɪdɑː] *fn* radar, rádiólokátor
radar homing *fn* radarvezérlés
radar screen *fn* radarernyő
radar trap *fn* radarcsapda, radar kontroll
radial ['reɪdɪəl] *mn* ❑ *mat* sugaras, sugárirányú
radially ['reɪdɪəli] *hsz* sugarasan
radial tyre (⊕ *US* **tire**) *fn* radiálgumi
radiance ['reɪdɪəns] *fn* fényesség, ragyogás; sugárzás
radiant ['reɪdɪənt] *mn* *(átv is)* sugárzó ‖ **with a face radiant with joy** örömtől sugárzó arccal
radiate ['reɪdɪeɪt] *ige (hőt)* áraszt, sugároz, kisugároz
radiation [ˌreɪdi'eɪʃn] *fn* sugárzás
radiation danger *fn* sugárveszély
radiation dose *fn* sugárdózis
radiation injury *fn* sugárártalom
radiation protection *fn* sugárvédelem
radiation sickness *fn* sugárbetegség
radiation therapy *fn* sugárkezelés
radiator ['reɪdɪeɪtə] *fn* fűtőtest, radiátor ‖ *(autóé)* hűtő
radiator cap *fn* hűtősapka
radiator grill *fn* hűtőrács
radical ['rædɪkl] ▼ *mn* ❖ *átv* gyökeres, radikális ‖ **radical changes** mélyreható/gyökeres változások ▼ *fn* radikális (politikus) ‖❑ *mat* ❑ vegy gyök
radically ['rædɪkli] *hsz* gyökeresen
radical sign *fn* gyökjel
radii ['reɪdɪaɪ] *tsz* → **radius**
radio ['reɪdɪəʊ] *fn* rádió ‖ **be on the radio** *(éppen)* adásban van, a rádióban szerepel
radioactive [ˌreɪdɪəʊ'æktɪv] *mn* radioaktív
radioactive contamination *fn* sugárfertőzés
radioactive fallout *fn* radioaktív csapadék

radioactive waste *fn* radioaktív hulladék
radioactivity [ˌreɪdɪəʊæk'tɪvəti] *fn* radioaktivitás
radiobiology [ˌreɪdɪəʊbaɪ'ɒlədʒi] *fn* sugárbiológia
radio car *fn* URH-kocsi
radio cassette recorder *fn (hordozható)* magnós rádió
radio-controlled *mn* rádióirányítású ‖ **radio-controlled taxi** rádiótaxi
radio coverage *fn* rádióközvetítés
radiogram ['reɪdɪəʊgræm] *fn* rádiótávirat ‖ zenegép
radiographer [ˌreɪdi'ɒgəfə] *fn* röntgenológus
radiography [ˌreɪdi'ɒgrəfi] *fn* röntgenográfia
radioisotope [ˌreɪdɪəʊ'aɪsətəʊp] *fn* radioaktív izotóp
radiology [ˌreɪdi'ɒlədʒi] *fn* radiológia
radio mechanic *fn* rádióműszerész
radio navigation *fn* rádiónavigáció
radio operator *fn* rádiókezelő
radiopaque medium [ˌreɪdɪəʊ'peɪk] *fn* ❑ *orv* kontrasztanyag
radio play *fn* rádiójáték, hangjáték
radio recorder *fn* magnós táskarádió
radio set *fn* (rádió)készülék
radio station *fn* rádióállomás
radio taxi *fn* rádiótaxi
radiotelephone [ˌreɪdɪəʊ'telɪfəʊn] *fn* rádiótelefon
radio telescope *fn* rádióteleszkóp
radiotherapist [ˌreɪdɪəʊ'θerəpɪst] *fn* radiológus
radiotherapy [ˌreɪdɪəʊ'θerəpi] *fn* radioterápia, sugárkezelés, sugárterápia
radio transmitter *fn* adókészülék
radish ['rædɪʃ] *fn* retek
radium ['reɪdɪəm] *fn* rádium
radium therapy *fn* rádiumkezelés
radius ['reɪdɪəs] *fn (tsz* **radii** ['reɪdɪaɪ]) ❑ *mat* sugár, rádiusz ‖ ❑ *orv* orsócsont
RAF [ˌɑːr eɪ 'ef, ❖ *biz* ræf] = *Royal Air Force* Királyi Légierő

---

fn főnév – *hsz* határozószó – *isz* indulatszó – *ksz* kötőszó – *mn* melléknév
▼ szófajjelzés ⊕ földrajzi variáns ❑ szakterület ❖ stiláris minősítés

raffia ['ræfɪə] *fn* rafia, kötözőháncs

raffle ['ræfl] *fn kb.* tombola

raft [rɑːft] *fn* tutaj

rafter ['rɑːftə] *fn* szarufa, (tető)gerenda

rafting ['rɑːftɪŋ] *fn* vadvízi evezés

raftsman ['rɑːftsmən] *fn* (*tsz* -men) tutajos

rag [ræg] *fn* rongy || törlőrongy, törlőruha || cafat || szennylap

ragamuffin ['rægəmʌfɪn] *fn* utcagyerek

rag-and-bone man *fn* (*tsz* men) őszeres, zsibárus

rag-bag *fn* rongyoszsák

rag doll *fn* rongybaba

rage [reɪdʒ] ▼ *fn* düh, őrjöngés || divathóbort || **be all the rage** (igen) felkapták; **be in a rage** (*dühtől*) magánkívül van; **boil with rage** forr benne a méreg; **fly into a rage** dühbe gurul/jön ▼ *ige* őrjöng || (*háború, járvány, vihar*) tombol || **be raging with anger** őrjöng a dühtől

ragged ['rægɪd] *mn* (*ruha*) rongyos

raging ['reɪdʒɪŋ] *mn* (*tenger*) haragos || tomboló || dühöngő || **raging headache** őrületes fejfájás

raglan ['ræglən] *fn* raglán

ragman ['rægmæn] *fn* (*tsz* -men) rongyszedő

ragout [ræ'guː] *fn* ragu(leves)

rag trade, the *fn* ❖ *biz* „rongybiznisz", „rongyászat" (= *nőiruha-ipar*)

raid [reɪd] ▼ *fn* rajtaütés || razzia || (*ellenséges*) berepülés ▼ *ige* rajtaüt, razziázik || kifoszt || **raid sy's premises** házkutatást tart

raider ['reɪdə] *fn* támadó || fosztogató

rail [reɪl] *fn* sín || **rails** sínpár, vágány || korlát, karfa || törülközőszárító || rúd (*akasztós szekrényben*) || **by rail** vasúton; **go off the rails** kisiklik || csődöt mond, dezorganizálódik

railcar ['reɪlkɑː] *fn* (*vasúti*) motorkocsi

railed [reɪld] *mn* rácsos

railing ['reɪlɪŋ] *fn* (*karfa*) korlát || **railings** vasrács (*szobor körül*)

rail link *fn* vasúti összeköttetés

railroad ['reɪlroʊd] *fn* ⊕ *US* = **railway**

rail strike *fn* vasutassztrájk

rail ticket *fn* menetjegy

railway ['reɪlweɪ] *fn* (⊕ *US* **railroad**) vasút || **work for/on the railway(s)** a vasútnál dolgozik

railway accident *fn* vasúti szerencsétlenség

railway bridge *fn* összekötő vasúti híd

railway carriage *fn* (*vasúti*) személykocsi

railway coach *fn* (*vasúti*) személykocsi

railway connection *fn* vasúti összeköttetés

railway engine *fn* mozdony

railway engineer *fn* vasúti mérnök

railway guide *fn* (*vasúti*) menetrend

railway junction *fn* vasúti csomópont

railway line *fn* vasútvonal

railwayman ['reɪlweɪmən] *fn* (*tsz* -men) vasutas

railway service *fn* (*vasúti*) összeköttetés

railway station *fn* vasútállomás, pályaudvar

railway-ticket *fn* menetjegy

railway track *fn* (*vasúti*) pálya

rain [reɪn] ▼ *fn* eső || **we could do with some rain** elkelne már egy jó eső; **the rain came pouring down** csak úgy ömlött az eső; **rain is badly needed** nagyon hiányzik az eső; **rain or shine** akár esik, akár fúj ▼ *ige* (*eső*) esik || **it is raining** esik; **it is raining cats and dogs** ❖ *biz* szakad/zuhog az eső; **it began to rain** eleredt az eső; **it never rains but it pours** csőstül jön az áldás (*v.* a baj)

rainbow ['reɪnboʊ] *fn* szivárvány || **chase (after) rainbows** ábrándokat/délibábot kerget

rain check *fn* eső miatt elmaradt előadásra stb. adott jegy; **take a rain check on sg** később bevált vmt (*pl.* ígéretet)

raincoat ['reɪnkoʊt] *fn* esőköpeny, orkánkabát

raindrop ['reɪndrɒp] *fn* esőcsepp
rainfall ['reɪnfɔːl] *fn* eső(zés), csapadék
rain-forest *fn* trópusi őserdő, esőerdő
rainless ['reɪnləs] *mn* esőtlen
rainproof ['reɪnpruːf] *mn* esőálló, vízhatlan
rainstorm ['reɪnstɔːm] *fn* felhőszakadás, zivatar
rainwater ['reɪnwɔːtə] *fn* esővíz
rainy ['reɪni] *mn* esős ‖ **for a rainy day** rosszabb napokra; **rainy weather** esős idő
raise [reɪz] ▼ *fn* ⊕ *US* fizetésemelés ▼ *ige* (fel)emel ‖ (meg)növel ‖ ⊕ *US* (gyermeket, állatot) felnevel ‖ (vitorlát, zászlót) felvon ‖ (hitelt, kölcsönt) felvesz ‖ **raise (a number) to the second power** a második hatványra emel, négyzetre emel; **raise a problem** felvet egy problémát; **raise Cain** nagy ricsajt csap; **raise funds/money (for)** pénzt előteremt/felhajt/szerez; **raise one's hand** *(jelentkezésképpen)* felteszi a kezét; **raise one's hat** leveszi/megemeli a kalapját; **raise sy's spirits** lelket önt vkbe; **raise the question** felveti a kérdést; **raise wages/salaries** emelik a fizetéseket; **sg raises its head** vm felüti a fejét
raisin ['reɪzn] *fn* mazsola
rajah ['rɑːdʒə] *fn* (indiai) fejedelem
rake[1] [reɪk] ▼ *fn* gereblye ▼ *ige* gereblyéz ‖ **rake (a district for sg)** *(rendőrség területet)* átfésül

---

rake in *(pénzt)* besöpör
rake together összegereblyéz
rake up ❖ *biz (kérdést)* megpiszkál

---

rake[2] [reɪk] *fn* korhely
rake-off *fn* ❖ *biz* illetéktelen jutalék/jövedelem, sáp
rakish ['reɪkɪʃ] *mn* korhely, kicsapongó
rally ['ræli] ▼ *fn* (nagy)gyűlés ‖ rali ▼ *ige* összegyűjt, összevon *(csapatokat)* ‖ **rally sy round one** maga köré gyűjt

(embereket); **rally round sy** vk köré sereglik/gyűlik/tömörül
rally driver *fn* autóversenyző, raliversenyző
rallying point ['rælɪɪŋ] *fn* gyülekezőhely
ram [ræm] *fn* kos
RAM [ræm] = *szt random access memory* véletlen elérésű tár
ramble ['ræmbl] ▼ *fn* bolyongás ▼ *ige (beszédben)* csapong
rambler ['ræmblə] *fn* kószáló, vándorló *(személy)* ‖ futórózsa
rambling ['ræmblɪŋ] ▼ *mn* ❏ *növ* futó; kúszó ‖ *(beszéd)* összefüggéstelen ▼ *fn* kóborlás
rambunctious [ræm'bʌŋkʃəs] *fn* ⊕ *US* = **rumbustious**
ramification [ˌræmɪfɪ'keɪʃn] *fn* elágazás, szétágazás
ramify ['ræmɪfaɪ] *ige* elágazik, szerteágazik, szétágazik
ramose ['reɪmoʊs] *mn* ágas-bogas
ramp [ræmp] *fn* feljáró, felhajtó, emelkedő, rámpa
rampage ['ræmpeɪdʒ] ▼ *fn* **be on the rampage** ❖ *biz* garázdálkodik, graszszál ▼ *ige* tombol, dühöng
rampageous [ræm'peɪdʒəs] *mn* vad, zabolátlan, féktelen
rampant ['ræmpənt] *mn* ágaskodó *(oroszlán címerben)* ‖ burjánzó ‖ buja *(növényzet)*
rampart ['ræmpɑːt] *fn* bástyafal
ramshackle ['ræmʃækl] *mn* roskatag, düledező, rozoga *(épület)*
ran [ræn] *pt* → **run**
ranch [rɑːntʃ, ⊕ *US* ræntʃ] *fn* ⊕ *US* farm *(főleg állattenyésztésre)*
rancher ['rɑːntʃə, ⊕ *US* 'ræntʃər] *fn* ⊕ *US* farmer
rancid ['rænsɪd] *mn* avas
rancour (⊕ *US* **-cor**) ['ræŋkə] *fn* gyűlölet, gyűlölködés, neheztelés; rosszakarat
R&D [ˌɑːr ən 'diː] = *research and development* kutatás és fejlesztés

---

fn főnév – *hsz* határozószó – *isz* indulatszó – *ksz* kötőszó – *mn* melléknév
▼ szófajjelzés ⊕ földrajzi variáns ❏ szakterület ❖ stiláris minősítés

random ['rændəm] ▼ *mn* rendszertelen, találomra tett ▼ *fn* **at random** találomra, ötletszerűen, szúrópróbaszerűen
random access *fn* ❏ *szt* véletlen/közvetlen hozzáférés, véletlen elérés
random sample *fn* találompróba, szúrópróba, stichpróba
randy ['rændi] *mn* ❖ *biz* begerjedt *(szexuálisan)*
rang [ræŋ] *pt* → **ring²**
range [reɪndʒ] ▼ *fn* választék, skála, tartomány *(áruké, áraké)* ‖ terjedelem, hatósugár, (ható)távolság ‖ lőtáv(olság) ‖ elterjedtségi terület *(növényé)* ‖ lőtér ‖ tűzhely ‖ **out of range** lőtávol(ság)on kívül; **range of action** működési tér/terület; **range of colours** színskála, színtartomány; **range of interests** érdeklődési kör; **range of mountains** hegylánc; **range of vision** látótávolság; **range of sy's duties** feladatkör; **is outside my range** nem tartozik feladatkörömbe; **the soprano's range** a szoprán énekesnő hangterjedelme ▼ *ige* terjed, mozog, változik *(from...to* vmtől vmeddig, vm között)* ‖ **range oneself with sy** vk(k) közé sorolja magát; **range over** bebarangol, kóborol; **ranging over wide field** széles területet felölelő
range-finder *fn* ❏ *fényk* távmérő
ranger ['reɪndʒə] *fn* erdőőr; mezőőr
rank¹ [ræŋk] ▼ *fn* rang; ❏ *kat* (rend)-fokozat ‖ **the rank and file** legénység; népség, katonaság; a köznép; a tagság; **rank of a captain** századosi rang ▼ *ige* rangsorol

rank among ... ... közé számítják; **rank sy among** vkt vhova sorol
rank with ... ... közé számítják

rank² ['ræŋk] *mn* avas
ranking officer ['ræŋkɪŋ] *fn* ⊕ *US* rangidős tiszt

rankings ['ræŋkɪŋz] *fn tsz* ❏ *sp* rangsor
rankle ['ræŋkl] *ige* vm nyomja a szívét
ransack ['rænsæk] *ige* **ransack sg for sg** összekeresi/feltúrja a házat vmért, tűvé tesz vmért vmt
ransacked ['rænsækt] *mn* feldúlt *(szoba)*
ransom ['rænsəm] *fn* váltságdíj
rant [rænt] *ige* mindenfélét összebeszél, „szaval", nagy hangon beszél
ranting ['ræntɪŋ] *mn* dagályos, fellengzős, bombasztikus
rap [ræp] ▼ *fn* fricska ‖ **give sy a rap on the knuckles** lekap vkt tíz körméről ▼ *ige* **-pp-** koppant, ütöget

rap at/on sg kopog(tat) ‖ **rap on the door** zörög az ajtón

rape¹ [reɪp] ▼ *fn* nemi erőszak, megbecstelenítés ▼ *ige* vkt megerőszakol, erőszakot követ el *(nőn)*
rape² [reɪp] *fn* repce
rape-seed oil *fn* repce(mag)olaj
rapid ['ræpɪd] *mn* gyors, szapora ‖ rohamos ‖ **rapid pulse** gyors/szapora érverés
rapid-fire pistol *fn* ❏ *sp* (ötalakos) gyorspisztoly
rapidity [ræ'pɪdɪti] *fn* gyorsaság
rapidly ['ræpɪdli] *hsz* gyorsan
rapids ['ræpɪdz] *fn tsz* zúgó *(folyón)*
rapier ['reɪpɪə] *fn* vívótőr, hosszú tőr
rapist ['reɪpɪst] *fn* nemi erőszakot elkövető
rapport [ræ'pɔː] *fn* egyetértés, összhang, jó kapcsolat/kontaktus
rapprochement [ræ'prɒʃmɒŋ] *fn* újbóli közeledés, kiengesztelődés
rapt [ræpt] *mn* elmerült, belemélyedt, feszült (figyelem)
rapture ['ræptʃə] *fn* elragadtatás ‖ gyönyör ‖ **go into raptures over sg** elragadtatással beszél *(v.* áradozik) vkről/vmről

R

---

rapturous ['ræptʃərəs] *mn* elragadtatott, rajongó

rare[1] [reə] *mn* ritka || **it is rare that** ritkaság, hogy

rare[2] [reə] *mn* félig (át)sült *(hús)* || **be done rare** nincs jól átsütve; **I want it rare** angolosan kérem

rarefied ['reərɪfaɪd] *mn* oxigénszegény || túl kifinomult/elvont

rarefy ['reərɪfaɪ] *ige (levegő)* megritkul || ritkít

rare gas *fn* nemesgáz

rarely ['reəli] *hsz* ritkán

rare metal *fn* nemesfém

raring ['reərɪŋ] *mn* ❖ *biz* lelkes || **be raring to go** alig várja, hogy mehessen

rarity ['reərəti] *fn* ritkaság

rascal ['rɑːskl] *fn* bitang, hitvány ember || ❖ *biz* kópé, csirkefogó, gazfickó, zsivány || **you little rascal** te kis csibész!

rascally ['rɑːskəli] *mn* alávaló, hitvány || ❖ *biz* csibész, kutyafülű

rash[1] [ræʃ] *mn* könnyelmű, meggondolatlan; szeles, szeleburdi || **be rash of sy** elhamarkodik vmt

rash[2] [ræʃ] *fn (bőrön)* kiütés

rasher ['ræʃə] *fn* (vékony, húsos) szalonnaszelet, császárszalonna *(sülve)*

rashly ['ræʃli] *hsz* meggondolatlanul, elhamarkodottan, hirtelenül

rashness ['ræʃnəs] *fn* elhamarkodottság, meggondolatlanság

rasp [rɑːsp] ▼ *fn* ráspoly, reszelő ▼ *ige (ráspollyal)* reszel

raspberry ['rɑːzbəri] *fn* málna

rasping ['rɑːspɪŋ] *mn* érdes, recsegő *(hang)*

rat [ræt] *fn* patkány

ratchet ['rætʃɪt] *fn* kilincsmű || zárópecek, zárókilincs || racsni

rate [reɪt] ▼ *fn* arány(szám), fok, mérték || sebesség; ütem || **at this rate** ilyen tempóban; **rate of exchange** átszámítási/átváltási/beváltási árfolyam, devizaárfolyam, valutaárfolyam; **rate of interest** kamatláb; **rate of profit**

profitráta; **rate of tax** adókulcs; **rates** árfolyamok; **rates and taxes** közterhek ▼ *ige* értékel || osztályokba/vhova sorol; osztályoz || **rate sg highly** nagyra értékel

rateable value ['reɪtəbl] *fn* adóköteles érték, adóalap *(ingatlané)*

rate-collector *fn (községi)* adószedő

ratepayer ['reɪtpeɪə] *fn (községi)* adófizető

rather ['rɑːðə] *hsz* eléggé; meglehetősen || elég || inkább || **or rather** jobban mondva, helyesebben, pontosabban; **rather long** meglehetősen hosszú; **I'd rather not** inkább nem; **rather than** mint inkább, inkább mint, semmint, nem pedig; **I'd rather wait** inkább várok

ratification [ˌrætɪfɪ'keɪʃn] *fn (pol szerződésé)* jóváhagyás, ratifikáció

ratify ['rætɪfaɪ] *ige* ratifikál; *(szerződést)* jóváhagy

rating ['reɪtɪŋ] *fn* nézettségi fok *(tévéműsoroké)* || értékelés

ratio ['reɪʃiəʊ] *fn* arány

ration ['ræʃn] ▼ *fn* (élelmiszer)adag, fejadag || **on ration** jegyre; **be on short rations** szűk koszton van ▼ *ige* adagol, jegyre ad *(élelmiszert)*

rational ['ræʃnəl] *mn* ésszerű, racionális

rationale [ˌræʃə'nɑːl] *fn* alapok, alapvető értelem; ésszerű magyarázat

rationality [ˌræʃə'næləti] *fn* ésszerűség

rationalization [ˌræʃnəlaɪ'zeɪʃn] *fn* ésszerűsítés, racionalizálás

rationalize ['ræʃnəlaɪz] *ige* racionalizál, ésszerűsít

rationally ['ræʃnəli] *hsz* ésszerűen, racionálisan

ration book *fn* jegyfüzet *(élelmiszeré)*

ration card *fn* élelmiszerjegy

rationing ['ræʃnɪŋ] *fn* jegyrendszer

ratlin(e)s ['rætlɪnz] *fn tsz* kötélhágcsó

rat race *fn* ❖ *biz* **the rat race** „patkányok versenyfutása" (= kisszerű mindennapos létharc)

---

fn főnév – *hsz* határozószó – *isz* indulatszó – *ksz* kötőszó – *mn* melléknév
▼ szófajjelzés ⊕ földrajzi variáns ❑ szakterület ❖ stiláris minősítés

rattan [rə'tæn] *fn* rotangpálma, nádpálma

rattle ['rætl] ▼ *fn* kereplő, csörgő ‖ zörgés, csörgés ▼ *ige* zörög, csörömpöl, megzörren ‖ (meg)zörget, csörget

rattle off *(leckét stb.)* ledarál, elhadar

rattle-brain *fn* üresfejű ember

rattlesnake ['rætlsneɪk] *fn* csörgőkígyó

ratty ['ræti] *mn* patkánnyal teli ‖ patkányszerű ‖ ❖ *biz* dühös

raucous ['rɔ:kəs] *mn* rekedt, érdes *(hang)*

raucously ['rɔ:kəsli] *hsz* rekedten, érdesen

ravage ['rævɪdʒ] ▼ *fn* the ravages of war háborús pusztítás ▼ *ige (országot)* feldúl ‖ garázdálkodik

rave [reɪv] *ige* félrebeszél ‖ dühöng, őrjöng ‖ **rave about sg** ❖ *biz* vkért/vmért rajong

raven ['reɪvn] *fn* holló

ravenous ['rævnəs] *mn* falánk ‖ **ravenous appetite** farkasétvágy

ravine [rə'vi:n] *fn* (vízmosásos) szakadék

raving lunatic ['reɪvɪŋ] *fn* dühöngő/közveszélyes őrült

ravings ['reɪvɪŋz] *fn tsz* félrebeszélés, összefüggéstelen beszéd

ravioli [ˌrævi'ouli] *fn* ravioli *(hússal töltött főtt tészta)*

ravish ['rævɪʃ] *ige* elragadtat, elbűvöl ‖ megerőszakol *(nőt)* ‖ **be ravished** el van ragadtatva/bűvölve

ravishing ['rævɪʃɪŋ] *mn* bűbájos, észbontó

raw [rɔ:] *mn (anyag, étel)* nyers ‖ nyílt *(seb)* ‖ **he has had a raw deal** csúnyán elbántak vele

raw diet *fn* nyerskoszt

raw hide *fn* nyersbőr

raw material *fn* nyersanyag

raw recruit *fn* ❑ *kat* újonc

raw silk *fn* nyersselyem

ray[1] [reɪ] *fn* sugár ‖ **ray of light** fénysugár; **ray of hope** reménysugár

ray[2] [reɪ] *fn* rája *(hal)*

rayon ['reɪɒn] *fn* műselyem

raze [reɪz] *ige* **raze to the ground** földig lerombol

razor ['reɪzə] *fn* borotva

razor blade *fn* borotvapenge

razor-edge *fn* borotvaél

razor-sharp *mn* borotvaéles ‖ **he has a razor-sharp brain** úgy fog az esze, mint a borotva

razzle ['ræzl] *fn* **go on the razzle** kirúg a hámból

Rd = road

RD ⊕ *US* = **rural delivery**

re [ri:] *elölj* **re sg** ❑ *ker* vmnek tárgyában; **re your inquiry of the 7th June … június 7-én kelt levele tárgyában**

RE [ˌɑ:r 'i:] ⊕ *GB* = **religious education** ‖ **RE teacher** hitoktató, vallástanár

reach [ri:tʃ] ▼ *fn* hatótávolság ‖ szakasz *(folyóé)* ‖ **out of (one's) reach** elérhetetlen; **within (one's) reach** elérhető ▼ *ige (kézzel)* elér ‖ ❖ *átv* vmt elér ‖ vhova érkezik, odaér(kezik), vhová eljut, ér *(to* vmeddig) ‖ **reach as far as** vmeddig elhat/nyúlik; **reach an agreement** egyezményt létrehoz; **reach its highest point** kulminál

reach down (for sg) vmért lenyúl ‖ vmeddig leér

reach for sg kinyújtja kezét vm után, vm után nyúl

reach into sg vmbe benyúl

reach out for sg vmért kinyúl, kinyújtja a kezét vm után

reach-me-downs ['ri:tʃmɪdaʊnz] *fn tsz* használt ruha

react [ri'ækt] *ige* visszahat, reagál *(on/to* vmre) ‖ **react against** ellene fordul

reaction [ri'ækʃn] *fn* visszahatás, reakció ‖ *(eseményé)* visszhang

R

reactionary [ri'ækʃnəri] *mn/fn* reakciós

reactor [ri'æktə] *fn* (atom)reaktor

read [ri:d] *ige* (*pt/pp* **read** [red]) (el)olvas ‖ *(szöveg)* hangzik, szól ‖ *(műszert)* leolvas ‖ *(műszer)* mutat ‖ *(egyetemen)* tanul ‖ **read a paper on sg** *(konferencián)* előadást tart vmről; **read between the lines** a sorok között olvas; **read for an examination** vizsgára készül; **read for the Bar** ⊕ *GB* ügyvédnek készül; **read law** jogot tanul/hallgat; **read music** kottát olvas; **read physics** fizikát tanul *(egyetemen stb.)*; **read sy's thoughts** kitalálja vk gondolatát; **read the gas meter** gázórát leolvas; **read the news** beolvassa a híreket; **it reads as follows** úgy szól, hogy

---

read out *(hangosan)* felolvas
read over újra elolvas
read through végigolvas, kiolvas
read up (on) mindent elolvas *(egy tárgyból)*

---

readable ['ri:dəbl] *mn* olvasható, élvezhető, olvasmányos

reader ['ri:də] *fn* olvasó ‖ ⊕ *GB* ◻ *isk kb.* docens ‖ olvasókönyv ‖ **(publisher's) reader** kiadói lektor ‖ korrektor

readership ['ri:dəʃip] *fn* olvasók, olvasótábor, olvasóközönség *(folyóiraté, rovaté)* ‖ ◻ *isk* docentúra

readily ['redili] *hsz* szívesen, készséggel

readiness ['redinəs] *fn* hajlandóság, készség ‖ készültség, készenlét ‖ **readiness to help** segítőkészség

reading ['ri:diŋ] *fn* olvasás ‖ olvasat ‖ olvasottság ‖ **man of wide reading** olvasott ember

reading glass *fn* nagyító(üveg)
reading lamp *fn* olvasólámpa
reading material *fn* kötelező olvasmány

reading matter *fn* olvasnivaló
reading room *fn* olvasóterem

readjust [ˌri:ə'dʒʌst] *ige* átszerel; rendbe hoz ‖ áthangol ‖ újra beállít/beigazít ‖ **readjust oneself to** átáll vmre, hozzászokik vmhez, akklimatizálódik

readjustment [ˌri:ə'dʒʌstmənt] *fn* újraigazítás ‖ alkalmazkodás

read-out *fn* ◻ *szt* kiolvasás

ready ['redi] *mn* kész ‖ készséges ‖ **be getting ready** kászálódik; **I am ready** kész vagyok; **I'll be ready by 6 o'clock** 6 órára kész leszek; **make ready** elkészít; **ready, steady, go!** vigyázz, kész, rajt!; **ready at hand** ❖ *biz* kéznél van; **be ready for sg** készen áll vmre; **it had a ready market** jól elkelt; **be ready to do sg** hajlandó vmre; **be ready to drop** majd összeesik a kimerültségtől; **have a ready tongue** (jól) pereg a nyelve; **have a ready wit** gyorsan kapcsol; **be ready with sg** vmvel elkészül

ready cash *fn* készpénz ‖ **I've no ready cash on me** nincs nálam pénz

ready-made *mn* kész; készen kapható ‖ **ready-made clothes** konfekció(s ruha), készruha

ready money *fn* készpénz

ready reckoner *fn* gyorsszámoló-(könyv)

ready-to-cook *mn* konyhakész

ready-to-eat food *fn* *(élelmiszerüzletben)* készétel

ready-to-wear clothes *fn tsz* készruha

ready-witted *mn* gyors észjárású ‖ **he is ready-witted** úgy vág az esze, mint a borotva

reafforest [ˌri:ə'fɒrist] *ige* újraerdősít

reagent [ri'eidʒnt] *fn* ◻ *vegy* reagens

real [riəl] ▼ *mn* igazi, valódi, valóságos, tényleges, reális, valós ‖ **a real card** ❖ *biz* jópofa; **in real life** a való életben ▼ *hsz* ⊕ *US* nagyon, igazán ‖ **have a real fine time** remekül érzi magát

real estate *fn* ingatlan

R

real estate agency *fn* ⊕ *US* ingatlanközvetítő
real income *fn* reáljövedelem
realism ['rɪəlɪzm] *fn* realizmus
realist ['rɪəlɪst] *fn* realista
realistic [‚rɪə'lɪstɪk] *mn* megvalósítható || reális(an gondolkodó), gyakorlatias
realistically [‚rɪə'lɪstɪkli] *hsz* valószerűen, reálisan
reality [ri'æləti] *fn* valóság, realitás || **in reality** a valóságban, valójában
realizable ['rɪəlaɪzəbl] *mn* megvalósítható, kivihető
realization [‚rɪəlaɪ'zeɪʃn] *fn* megvalósítás || felismerés; tudatossá válás
realize ['rɪəlaɪz] *ige* megvalósít, valóra vált || realizál, tudatára ébred, ráébred, belát, felismer, rájön vmre, tudatában van vmnek, tisztában van vmvel || pénzzé tesz, értékesít, realizál || nyer(eségre tesz szert), *(vmlyen összeget)* elér || **make sy realize sg** tudatára ébreszt; **I realized that** rájöttem, hogy; **realize sg suddenly** vmre rádöbben; **our hopes were not realized** reményeink nem váltak valóra
really ['rɪəli] *hsz* igazán, valóban, valójában, tényleg, csakugyan, tulajdonképp(en) || **really!** ne mondd!, ne mondja!; **really?** csakugyan?, komolyan?, igazán?, valóban?; **not really** tulajdonképp(en) nem; **I really like her** nagyon tetszik nekem; **do you really mean it?** ezt komolyan gondolod?; **I am really sorry!** nagyon/igen sajnálom!
realm [relm] *fn* királyság || világ *(az élet vmely területe)* || ❖ *átv* mező, terület || **in the realm of industry** az ipar területén
real pearl *fn* igazgyöngy
real property *fn* ingatlan
realtor ['rɪəltə] *fn* ⊕ *US* ingatlanügynök
realty ['rɪəlti] *fn* ⊕ *US* ingatlan (vagyon)

real value *fn* tényleges érték
ream [ri:m] *fn* rizsma (480 ív papír)
reap [ri:p] *ige* (gabonát) (le)arat
reaper ['ri:pə] *fn* arató
reaping machine ['ri:pɪŋ] *fn* aratógép
reappear [‚ri:ə'pɪə] *ige* újra megjelenik/feltűnik/felbukkan
reappearance [‚ri:ə'pɪərəns] *fn* újra/újbóli megjelenés; újrafellépés *(színészé)*
reappoint [‚ri:ə'pɔɪnt] *ige* újra kinevez/alkalmaz, állásába visszavesz
reappraisal [‚ri:ə'preɪzl] *fn* újraértékelés
rear¹ [rɪə] *mn/fn* hátulsó; hátsó || hátsó rész || **at the rear** hátul; **bring up the rear** leghátul menetel/megy, bezárja a sort, sereghajtó; **from the rear** hátulról
rear² [rɪə] *ige* *(állatot, gyermeket)* (fel)nevel || **rear (up)** ágaskodik *(ló)*
rear-drive *mn* farmotoros
rear-engine *fn* farmotor
rear-engined *mn* farmotoros
rearguard ['rɪəgɑ:d] *fn* ❑ *kat* hátvéd, utóvéd || **rearguard action** utóvédharc
rear lights *fn tsz* hátsó világítás/lámpa
rearm [ri:'ɑ:m] *ige* újra felfegyverez || újra (fel)fegyverkezik
rearmament [ri:'ɑ:məmənt] *fn* újrafegyverkezés
rearrange [‚ri:ə'reɪndʒ] *ige* átrendez, átcsoportosít || *(más időpontra)* áttesz
rear-view mirror *fn* visszapillantó tükör
rearward ['rɪəwəd] ▼ *mn* hát(ul)só ▼ *fn* **in the rearward** (leg)hátul
rearwards ['rɪəwədz] *hsz* hátul, hátrafelé
rear-wheel drive *fn* hátsókerék-meghajtás
reason ['ri:zn] ▼ *fn* ok, indíték, indok || ész, értelem, gondolkodóképesség || **the reason for this is that** ez azért van, mert; **by reason of sg** vmnek alapján; **for no reason** ok nélkül!; **for**

R

that/this reason ez okból, ez oknál fogva, ennélfogva, ezért, ebből kifolyólag; **for the very reason** már csak azért is; **for reasons beyond his control** rajta kívül álló okokból; **he has every reason to think (that)** okkal hiheti; **he had every reason to believe that** teljes joggal azt hihette, hogy; **with good reason** joggal, okkal; **without any/good reason** ok nélkül, minden elfogadható ok nélkül; **for what reason?** mi okból? ▼ *ige* érvel, okoskodik

reasonable ['ri:znəbl] *mn* gondolkodó, épeszű ‖ logikus, ésszerű, okszerű ‖ elfogadható, mérsékelt, szolid, méltányos *(ár)* ‖ tűrhető, meglehetős ‖ **be reasonable about sg** józanul gondolkodik; **do be reasonable!** légy belátással!; **within a reasonable time** belátható időn belül

reasonably ['ri:znəbli] *hsz* ésszerűen ‖ meglehetősen

reasoned ['ri:znd] *mn* értelmes ‖ érvekkel alátámasztott, megindokolt

reasoning ['ri:znɪŋ] *fn* érvelés, okfejtés, következtetés

reassemble [,ri:ə'sembl] *ige* újra összegyűjt ‖ újra összeállít/összeszerel ‖ újra összegyűlik/gyülekezik

reassess [,ri:ə'ses] *ige* újraértékel

reassurance [,ri:ə'ʃʊərəns] *fn* megnyugtatás

reassure [,ri:ə'ʃʊə] *ige* megnyugtat *(sy about sg* vkt vm felől)

reassuring [,ri:ə'ʃʊərɪŋ] *mn* biztató, bátorító

reawakening [,ri:ə'weɪknɪŋ] *fn* feléledés, újjáéledés

rebate ['ri:beɪt] *fn* árengedmény

rebel ['rebl] ▼ *fn* felkelő, lázadó, rebellis ▼ *ige* **-ll-** **rebel against sg/sy** (fel)lázad vm/vk ellen

rebellion [rɪ'beliən] *fn* lázadás, zendülés

rebellious [rɪ'beliəs] *mn* lázadó, rebellis, zendülő

rebirth [,ri:'bɜ:θ] *fn* újjászületés

rebound [rɪ'baʊnd] *ige* visszapattan, visszaugrik

rebuff [rɪ'bʌf] ▼ *fn* visszautasítás ▼ *ige* visszautasít, elutasít

rebuild [,ri:'bɪld] *ige* *(pt/pp* rebuilt [,ri:'bɪlt]) átépít, átalakít, újjáépít

rebuilt [,ri:'bɪlt] *pt/pp* → **rebuild**

rebuke [rɪ'bju:k] ▼ *fn* szidás, szemrehányás, dorgálás, megrovás ▼ *ige* megszid/megfedd/dorgál/rendreutasít *(sy for sg* vkt vmért)

rebut [rɪ'bʌt] *ige* **-tt-** megcáfol; keményen visszautasít

recalcitrant [rɪ'kælsɪtrənt] *mn* ellenszegülő, makacs; renitens, makrancos

recall [rɪ'kɔ:l] ▼ *fn* visszahívás ‖ emlékezet, emlékezőtehetség ‖ **beyond/ past recall** visszavonhatatlan(ul) ▼ *ige* hazarendel, visszahív, visszarendel ‖ *(emlékezetébe)* visszaidéz, felidéz, vmre visszaemlékezik ‖ **as far as I can recall** amennyire emlékszem

recant [rɪ'kænt] *ige* visszavon, megtagad

recap[1] ['ri:kæp] *ige* **-pp-** ismétel ‖ összegez

recap[2] ['ri:kæp] *ige* **-pp-** újrafutóz

recapitulate [,ri:kə'pɪtʃʊleɪt] *ige* öszszefoglal, ismétel, összegez

recapture [,ri:'kæptʃə] ▼ *fn* visszafoglalás ▼ *ige (várost)* visszafoglal

recd. = received átvéve, átv.

recede [rɪ'si:d] *ige (folyó)* visszatér a medrébe; *(áradat)* visszavonul ‖ csökken

receding [rɪ'si:dɪŋ] *mn* csapott *(homlok/áll)*

receipt [rɪ'si:t] *fn* kézhezvétel, átvétel *(árué, pénzé)* ‖ elismervény, nyugta ‖ **receipts** jövedelem *(vállalaté)*, bevétel *(előadásé)*; **against a receipt** nyugta ellenében; **give a receipt** nyugtát ad *(v.* állít ki) *(for sg* vmről); **receipt of goods** áruátvétel; **I am in receipt of your letter** ❏ *ker* ✣ *hiv* megkaptam levelét

receive [rɪˈsiːv] *ige* kézhez kap/vesz vmt, (meg)kap, átvesz || *(kihallgatáson, hivatalosan)* fogad || *(rádión)* vesz, fog || **I have received your letter** megkaptam levelét; **receive a pension** nyugdíjat kap/élvez; **receive sy at home** vendégül lát vkt; **be well received** kedvező fogadtatásra talál vm

received [rɪˈsiːvd] *mn* elfogadott, bevett, általános, elismert || **received pronunciation** a helyes (angol) kiejtés

receiver [rɪˈsiːvə] *fn* telefonkagyló || vevőkészülék || **lift the receiver** felveszi a (telefon)kagylót/telefont

recent [ˈriːsnt] *mn* új, újabb keletű, legutóbbi, mai, friss *(hír)* || **most recent** legújabb; **recent development(s)** új(abb) fejlemény(ek); **recent goods/items** újdonság *(árucikkek)*; **until recent times** a legutóbbi időkig; **in recent years** a legutóbbi években

recently [ˈriːsntli] *hsz* a napokban, mostanában, nemrég, újabban, az utóbbi időben || **until quite recently** a legutóbbi/legújabb időkig

receptacle [rɪˈseptəkl] *fn* tartály; edény

reception [rɪˈsepʃn] *fn* fogadás *(vké)*, fogadtatás || *(álló)* fogadás || *(rádió, tévé)* vétel || **give/hold a reception** fogadást ad; **give sy a warm reception** barátságos/meleg/szívélyes fogadtatásban részesít vkt

reception centre (⊕ *US* -ter) *fn* gyűjtőtábor *(menekülteknek)* || fogadás *(pl. vendégeké)*

reception clerk *fn* ⊕ *US* = **receptionist**

reception committee *fn* fogadóbizottság

reception desk *fn* (szálloda)porta, recepció

receptionist [rɪˈsepʃnɪst] *fn (szállodai)* fogadóportás || *(magánorvosi rendelőben)* asszisztens(nő)

receptive [rɪˈseptɪv] *mn* fogékony

recess [rɪˈses] *fn* szünet *(országgyűlésé)* || ⬚ *isk* ⊕ *US* (óraközi) szünet, tízperc || alkóv; bemélyedés *(falban)*

recession [rɪˈseʃn] *fn* (gazdasági) pangás, recesszió

recharge [ˌriːˈtʃɑːdʒ] *ige* újratölt *(akkut stb.)*

rechargeable [ˌriːˈtʃɑːdʒəbl] *mn* utántölthető/újratölthető *(pl. elem)*

recidivist [rɪˈsɪdɪvɪst] *fn* visszaeső bűnöző

recipe [ˈresɪpi] *fn (főzéshez)* recept

recipient [rɪˈsɪpɪənt] *fn* átvevő, címzett || élvező *(jövedelemé)* || **be the recipient of a scholarship** ösztöndíjat élvez, ösztöndíjas

reciprocal [rɪˈsɪprəkl] ▼ *mn* kölcsönös, viszonos || **reciprocal pronoun** kölcsönös névmás ▼ *fn* ⬚ *mat* reciprok érték

reciprocally [rɪˈsɪprəkli] *hsz* kölcsönösen

reciprocate [rɪˈsɪprəkeɪt] *ige* viszonoz

reciprocity [ˌresɪˈprɒsəti] *fn* kölcsönösség, viszonosság

recital [rɪˈsaɪtl] *fn* hangverseny || szólóest || elmondás *(versé)* || **give a recital** hangversenyt/szólóestet ad; **song recital** dalest

recitation [ˌresɪˈteɪʃn] *fn* szavalat, előadás || **recitations from Dickens** Dickens-est

recite [rɪˈsaɪt] *ige (verset)* előad, elszaval, elmond || **recite the lesson** felmondja a leckét, felel

reckless [ˈrekləs] *mn* ❖ *elít* vakmerő, vagány || **reckless driving** agresszív/erőszakos vezetés

recklessness [ˈrekləsnəs] *fn* ❖ *elít* vakmerőség

reckon [ˈrekən] *ige* vmt számít || kiszámít, kalkulál || gondol, vél || becsül || **what do you reckon?** mire számítasz?; **reckon sy among ...** vkk közé számít vkt; **reckon sy among his friends** barátai közé sorol vkt; **we**

reckon to arrive at noon úgy számítjuk, hogy délben érkezünk; **I reckon (that)** úgy vélem/gondolom, hogy, becslésem szerint ...

reckon in be(le)számít
reckon on sg/sy vmre/vkre számít
reckon up összeszámol, összead
reckon with sg/sy vmvel/vkvel számol || **he is the one/person to be reckoned with** őt nem lehet figyelmen kívül hagyni

reckoning ['rekənɪŋ] *fn* számolás, (ki)számítás; hajó helyének megállapítása || **by my reckoning** számításom szerint
reclaim [rɪ'kleɪm] *ige (földet)* művelhetővé tesz || lecsapol, visszahódít || visszakövetel, visszaigényel || kigyógyít, visszavezet *(bűnözőt a normális életbe)*
reclamation [,reklə'meɪʃn] *fn* termővé tétel *(földé)* || megjavítás
recline [rɪ'klaɪn] *ige* nekitámaszkodik, hátradől || hátratámaszt, hátradönt *(ülést)* || **recline on one's side** oldalára dől
reclining [rɪ'klaɪnɪŋ] *mn* **reclining chair/seat** állítható támlájú szék/ülés
recluse [rɪ'klu:s] *mn/fn* remete
recognition [,rekəg'nɪʃn] *fn* felismerés || elismerés *(érdeméé)* || **in recognition of** elismerésképpen, elismerésül
recognizable ['rekəgnaɪzəbl] *mn* felismerhető
recognize ['rekəgnaɪz] *ige* vkt/vmt felismer, megismer *(by sg* vmről) || elismer || beismer || **recognize sy as sg** vkt vmnek elismer
recoil ▼ ['ri:kɔɪl] *fn* rúgás *(lőfegyveré)* ▼ [rɪ'kɔɪl] *ige* visszaugrik *(rugó)*; visszarúg *(lőfegyver)* || **recoil from sg** *(v.* **at the sight of sg)** hátrahőköl
recollect [,rekə'lekt] *ige* visszaemlékezik vmre

recollection [,rekə'lekʃn] *fn* emlékezet *(képesség)*; emlékezés || **sy's recollections** vk emlékei; **to the best of my recollection** legjobb emlékezetem szerint; **my recollection of events differs from his** én másképp emlékszem az eseményekre, mint ő
recommence [,ri:kə'mens] *ige* újrakezdődik || újrakezd
recommend [,rekə'mend] *ige* ajánl, javasol || **recommend cordially** melegen ajánl; **recommend sg to sy** *(v. sy sg)* ajánl vknek vmt; **recommend sy to sy** vkt figyelmébe ajánl vknek
recommendation [,rekəmen'deɪʃn] *fn* ajánlás || ajánlólevél, javaslat, felterjesztés
recommended [,rekə'mendɪd] *mn* ajánlott || **recommended route** ajánlott útvonal
recommended retail price *fn* ajánlott kiskereskedelmi ár
recompense ['rekəmpens] ▼ *fn* kárpótlás, kártérítés, kártalanítás || ellenszolgáltatás || **as a recompense for** *(anyagi)* ellenszolgáltatás fejében ▼ *ige* honorál, megjutalmaz || kárpótol, kártalanít *(for* vmért) || **received £1000 in recompense for damages** 1000 font kártérítést kapott
reconcilable [,rekən'saɪləbl] *mn* összeegyeztethető, kibékíthető
reconcile ['rekənsaɪl] *ige* kibékít, összebékít; *(nézeteket)* összeegyeztet || **reconcile oneself to sg, be reconciled to sg** vmbe belenyugszik; **reconcile sy with sy** vkt vkvel kibékít
reconciliation [,rekənsɪli'eɪʃn] *fn* kibékülés || (ki)békítés || ❖ **ált és** ❑ *pol* megbékélés; *(sikeres)* békéltető tárgyalás
reconnaissance [rɪ'kɒnəsns] *fn* ❑ *kat* felderítés
reconnoitre (⊕ *US* -ter) [,rekə'nɔɪtə] *ige* ❑ *kat* felderít; átkutat || **reconnoitre the terrain** terepszemlét tart

reconquer [ˌriː'kɒŋkə] *ige* visszafoglal

reconsider [ˌriːkən'sɪdə] *ige* újra megfontol ‖ felülvizsgál *(ítéletet)* ‖ **reconsider one's point of view** revideálja véleményét

reconstitute [ˌriː'kɒnstɪtjuːt] *ige* újraold *(porított ételt)* ‖ újjászervez, újjáalakít

reconstruct [ˌriːkən'strʌkt] *ige* újjáépít

reconstruction [ˌriːkən'strʌkʃn] *fn* újjáépítés

record ▼ ['rekəd] *fn* feljegyzés; jegyzőkönyv ‖ okmány ‖ büntetett előélet, priusz ‖ (hang)lemez ‖ ❑ *sp* csúcs, rekord ‖ ❑ *szt* rekord ‖ **draw up a record of sg** *(bíróságon stb. vmről)* jegyzőkönyvet felvesz/készít; **he has no record** büntetlen előéletű; **keep a record of** nyilvántart; **off the record** nem hivatalosan *(mond)*; **be/go on record** fel van jegyezve, hivatalosan elfogadták/közölték ▼ [rɪ'kɔːd] *ige (hivatalosan)* bejegyez, megörökít, regisztrál, vmt nyilvántartásba vesz; *(bíróságon)* jegyzőkönyvbe foglal/vesz vmt ‖ *(magnóra, videóra)* felvesz vmt; *(hangot, képet)* rögzít ‖ **record sg on video** videóra felvesz vmt

record card *fn* nyilvántartó lap

recorded delivery [rɪ'kɔːdɪd] *fn* kézbesítés tértivevénnyel

recorded music *fn* (hang)felvétel

recorder [rɪ'kɔːdə] *fn* felvevő(készülék) ‖ regisztrálókészülék

record-holder *fn* ❑ *sp* csúcstartó

recording [rɪ'kɔːdɪŋ] *fn* rögzítés, felvétel *(hangé, képé)*

recording head *fn* felvevőfej *(magnóé)*

recording studio *fn* stúdió

record library *fn* hanglemezgyűjtemény, (hang)lemeztár, lemezarchívum

record office *fn* nyilvántartó *(intézmény)*

record-player *fn* lemezjátszó

record-player deck *fn (lemezjátszó)* deck

record shop (⊕ *US* **store**) *fn* hanglemezbolt

recount [rɪ'kaʊnt] *ige* elmond, elbeszél

re-count [ˌriː'kaʊnt] *ige* elősorol ‖ elszámlál, újraszámlál

recoup [rɪ'kuːp] *ige* kárpótol *(sy for sg* vkt vmért)

recourse [rɪ'kɔːs] *fn* **have recourse to** vmhez/vkhez folyamodik

recover [rɪ'kʌvə] *ige* felgyógyul, felépül, rendbe jön ‖ *(eszméletet, látást, tulajdont)* visszanyer ‖ **recover from an illness** betegségből meggyógyul; **recover consciousness** *(ájult)* magához tér; **recover a debt** adósságot behajt

recovery [rɪ'kʌvəri] *fn* visszaszerzés ‖ *(betegségből)* felépülés, gyógyulás ‖ **she's making a rapid recovery** rohamosan javul; **patient past recovery** menthetetlen beteg

recovery service *fn* autómentő szolgálat

recovery vehicle *fn* autómentő

re-create [riːkri'eɪt] *ige* újjáteremt, újjáalkot ‖ feleleveit

recreation [ˌrekri'eɪʃn] *fn* (fel)üdülés, kikapcsolódás, szórakozás

recreational facilities [ˌrekri'eɪʃnl] *fn tsz* sportolási/szórakozási lehetőségek

recreation ground *fn* játszótér ‖ sportpálya

recrimination [rɪˌkrɪmɪ'neɪʃn] *fn* (kölcsönös) vádaskodás ‖ viszonvád, visszavágás

recruit [rɪ'kruːt] *ige* toboroz, verbuvál

recruiting office [rɪ'kruːtɪŋ] *fn* sorozóiroda, toborzóiroda

recruitment [rɪ'kruːtmənt] *fn* ❑ *kat* sorozás, toborzás

recta ['rektə] *tsz* → **rectum**

rectal injection ['rektl] *fn* ❑ *orv* beöntés

R

rectal suppository *fn* végbélkúp
rectangle ['rektæŋgl] *fn* téglalap
rectangular [rek'tæŋgjʊlə] *mn* négyszögletes
rectification [ˌrektɪfɪ'keɪʃn] *fn* helyesbítés
rectify ['rektɪfaɪ] *ige* kijavít, helyesbít
recto ['rektoʊ] *fn* ❑ *nyomd* jobb/páratlan oldal
rector ['rektə] *fn* (anglikán) lelkész/pap ‖ ⊕ *GB* (kollégiumi) igazgató, „rector"
rectory ['rektərɪ] *fn* parókia, paplak
rectum ['rektəm] *fn* (*tsz* **rectums** *v.* **recta** ['rektə]) végbél
recumbent position/posture [rɪ'kʌmbənt] *fn* fekvő helyzet
recuperate [rɪ'kju:pəreɪt] *ige* visszanyer, -szerez (*erőt*); helyrehoz (*egészséget*) ‖ rendbe jön (anyagilag) ‖ meggyógyul, összeszedi magát
recur [rɪ'kɜ:] *ige* **-rr-** ismétlődik
recurrence [rɪ'kʌrəns, ⊕ *US* rɪ'kɜ:rəns] *fn* ismétlődés
recurrent [rɪ'kʌrənt, ⊕ *US* rɪ'kɜ:rənt] *mn* ismétlődő, visszatérő
recurring decimal [rɪ'kɜ:rɪŋ] *fn* szakaszos tizedes tört
recycle [ˌri:'saɪkl] *ige* (újra) feldolgoz, (újra)hasznosít
red [red] *mn/fn* piros, vörös ‖ **go into the red** ❖ *biz* túllépi a hitelét (*bankban*); **get out of the red** (*pénzügyileg*) egyenesbe kerül
red blood cell *fn* vörösvértest
redbrick ['redbrɪk] *mn* ⊕ *GB* újabb alapítású (*egyetem*)
red card *fn* ❑ *sp* piros lap
red carpet treatment *fn* előkelőségeknek kijáró ünnepélyes fogadtatás
Red Cross *fn* (*intézmény*) Vöröskereszt
redcurrant [ˌred'kʌrənt] *fn* ribizli, ribiszke
red deer *fn* (*tsz ua.*) rőtvad
redden ['redn] *ige* (el)vörösödik, elpirul

reddish ['redɪʃ] *mn* vöröses
redecorate [ˌri:'dekəreɪt] *ige* újrafest és berendez (lakást)
redecoration [ˌri:dekə'reɪʃn] *fn* lakásfelújítás, újrafestés és tapétázás
redeem [rɪ'di:m] *ige* ❑ *vall* megvált
redeemable [rɪ'di:məbl] *mn* helyrehozható ‖ beváltható ‖ törleszthető, megváltható (*kárhozattól*)
Redeemer, the [rɪ'di:mə] *fn* ❑ *vall* a Megváltó (*Krisztus*)
redemption [rɪ'dempʃn] *fn* ❑ *vall* megváltás
redeploy [ˌri:dɪ'plɔɪ] *ige* ❑ *kat* átcsoportosít ‖ **redeploy the troops** átrendezi a csapatokat
redeployment [ˌri:dɪ'plɔɪmənt] *fn* átcsoportosítás, átrendezés (*erőké*) ‖ másutt való bevetés
redevelop [ˌri:dɪ'veləp] *ige* átépít, áttervez, modernizál ‖ szanál
redevelopment [ˌri:dɪ'veləpmənt] *fn* szanálás
red eyes *fn tsz* véraláfutásos szem
red hair *fn* vörös haj
red-haired *mn* vöröshajú, rőt (hajú)
red-handed *mn* **catch sy red-handed** tetten ér vkt
redhead ['redhed] *fn* vörös hajú
red heat *fn* vörösizzás
red herring *fn* füstölt hering ‖ ❖ *biz* elterelő hadmozdulat/manőver
red-hot *mn* (vörösen) izzó
redid [ˌri:'dɪd] *pt* → **redo**
redirect [ˌri:dɪ'rekt] *ige* átirányít (*to* vhova)
redirection [ˌri:dɪ'rekʃn] *fn* átirányítás, utánaküldés
rediscover [ˌri:dɪs'kʌvə] *ige* újra felfedez
rediscovery [ˌri:dɪs'kʌvərɪ] *fn* újrafelfedezés
redistribute [ˌri:dɪ'strɪbju:t] *ige* újra szétoszt/feloszt, átrendez
redistribution [ˌri:dɪstrɪ'bju:ʃn] *fn* újrafelosztás
red-letter day *fn* piros betűs ünnep

---

fn főnév – *hsz* határozószó – *isz* indulatszó – *ksz* kötőszó – *mn* melléknév
▼ szófajjelzés ⊕ földrajzi variáns ❑ szakterület ❖ stiláris minősítés

red light *fn (jelzőlámpában)* piros fény
‖ vörös lámpa
red-light district *fn* vöröslámpás ne-
gyed *(prostituáltaké)*
redness ['rednəs] *fn* vörösség
redo [ˌriːˈduː] *ige (pt* **redid** [ˌriːˈdɪd];
pp **redone** [ˌriːˈdʌn]) átalakít, rendbe
hoz; újra kifest/tapétáz
redolent ['redələnt] *mn* **be redolent
of** vm érzik vmn ‖ **have breath
redolent of garlic** fokhagymaszagú a
lehelete; **redolent of the past** múltat
idéző
redone [ˌriːˈdʌn] *pp* → **redo**
redouble [ˌriːˈdʌbl] *ige* megkettőz,
növel, rádupláz ‖ (meg)rekontráz (kár-
tyában) ‖ még egyszer összehajt ‖
megkettőződik, fokozódik, növekszik
redraft [rɪˈdrɑːft] *ige* újrafogalmaz
redraw [ˌriːˈdrɔː] *ige (pt* **redrew**
[ˌriːˈdruː]; *pp* **redrown** [ˌriːˈdrɔːn])
újrarajzol, átrajzol
redress [rɪˈdres] ▼ *fn* **seek legal re-
dress** jogorvoslattal él ▼ *ige* ❖ *átv
(sérelmet)* orvosol
redrew [ˌriːˈdruː] *pt* → **redraw**
redrown [ˌriːˈdrɔːn] *pp* → **redraw**
Red Sea, the *fn* Vörös-tenger
redskin ['redskɪn] *fn (rézbőrű)* indián
red-tape *fn* ❖ *biz* bürokrácia
reduce [rɪˈdjuːs] *ige* csökkent; ❖ *ált
és* ❏ *tud* redukál; *(mennyiséget)* ki-
sebbít; *(árat)* leszállít, leenged, mér-
sékel ‖ **reduce a dislocation** ficamot
helyre tesz; **reduce (a fraction)** ❏ *mat
(törtet)* egyszerűsít; **reduce an equa-
tion** egyenletet rendez; **reduce in
size** *(térfogat)* kisebbedik; **be re-
duced to poverty** elszegényedik
reduced [rɪˈdjuːst] *mn* csökkentett ‖
leszállított *(ár)* ‖ **at a reduced price**
leszállított áron; **live in reduced cir-
cumstances** nehéz körülmények kö-
zött él
reduction [rɪˈdʌkʃn] *fn* csökkentés ‖
árengedmény ‖ kisebbítés ‖ *(ítéleté)*
enyhítés ‖ ❏ *mat* egyszerűsítés ‖ **re-**

duction **in prices** árleszállítás; **re-
duction of staff** létszámcsökkentés
redundancy [rɪˈdʌndənsi] *fn* létszám-
felesleg ‖ létszámfeletti
redundancy list *fn* bélista ‖ **put on the
redundancy list** elbocsát, bélistáz
redundancy payment *fn* (vég)kielé-
gítés, kártalanítás
redundant [rɪˈdʌndənt] *mn* felesle-
ges, létszám feletti ‖ **redundant num-
bers** létszámfelesleg
red wine *fn* vörösbor
reed [riːd] *fn* ❏ *növ* nád ‖ ❖ *ált és*
❏ *sp* síp ‖ nádnyelv *(fúvós hangszeré)*
reed instrument *fn* ❏ *zene* nádnyelves
hangszer
re-educate [ˌriːˈedʒʊkeɪt] *ige* átnevel
re-education [riːˌedʒʊˈkeɪʃn] *fn* átne-
velés
reedy ['riːdi] *mn* nádas
reef[1] [riːf] ▼ *fn* **take in a reef** kurtítja
a vitorlát ▼ *ige* **reef in** vitorlát kurtít,
bereffel
reef[2] [riːf] *fn* zátony
reek [riːk] *ige* rossz szaga van ‖ **reek
of** *(vkn vm szag)* (meg)érzik; **reeks of
garlic** fokhagymaszagú; **it reeks** sza-
ga van már
reel[1] [riːl] ▼ *fn* tekercs, orsó, spulni ▼
ige csévél, orsóz, gombolyít

reel off letekercsel, legombolyít

reel[2] [riːl] *ige* dülöng(él) ‖ **his head is
reeling** szédül a feje
re-elect [ˌriːɪˈlekt] *ige* újraválaszt
re-election [ˌriːɪˈlekʃn] *fn* újraválasztás
re-engage [ˌriːɪnˈgeɪdʒ] *ige (alkalma-
zottat)* visszavesz
re-enter [riːˈentə] *ige* újra bejegyez ‖
újra belép/bemegy, visszatér
re-entry [ˌriːˈentri] *fn* újra belépés ‖
visszatérés *(űrhajóé)*
re-examination [ˌriːɪgzæmɪˈneɪʃn] *fn*
felülvizsgálat
re-examine [ˌriːɪgˈzæmɪn] *ige* újra
megvizsgál; újból kihallgat

R

re-export [ˌriːˈiksˈpɔːt] *ige* újraexportál, reexportál

ref [ref] *fn* ❖ *biz* = **referee** ‖ = **reference**

ref no = **reference number**

refashion [ˌriːˈfæʃn] *ige* átalakít *(korszerűvé vmt)*

refectory [rɪˈfektəri] *fn* (kollégiumi) ebédlő, menza

refer [rɪˈfɜː] *ige* **-rr-** (vkt vhová) utal, vkt vkhez irányít ‖ *(kórházba)* beutal ‖ utal vmre/vkre, említ; *(tud. irodalomban)* hivatkozik ‖ **I was referred to the manager** az igazgatóhoz küldtek; **is referred to as ...** úgy nevezik/hívják, hogy ...; **referred to** említett; **referring to sg** vonatkozással vmre

referee [ˌrefəˈriː] ▼ *fn* *(futball, jégkorong, kosárlabda, röplabda, vízilabda)* játékvezető ▼ *ige* mérkőzést vezet

reference [ˈrefrəns] *fn* *(állásba stb.)* ajánló ‖ ⊕ *GB* *(vkről munkavállalásnál)* jellemzés; referencia ‖ vkre, vmre utalás ‖ ❏ *ker* hivatkozási szám ‖ szótári adat ‖ **give sy** *(v.* **quote sy's name) as a reference** vkre *(pl. állásnál)* hivatkozik; **with reference to sg** hivatkozással vmre; **make reference to a book** hivatkozik egy könyvre; **references** hivatkozások, forrásmunkák (jegyzéke), (felhasznált) irodalom *(cikk stb. végén)*

reference book *fn* kézikönyv

reference checking *fn* priorálás

reference library *fn* kézikönyvtár

reference mark *fn* utalójel

reference number *fn* hivatkozási szám, iktatószám, ügyiratszám

reference point *fn* vonatkozási pont

referendum [ˌrefəˈrendəm] *fn* *(tsz* **-dums** *v.* **-da)** népszavazás

referral [rɪˈfɜːrəl] *fn* (vké vhová) utasítás ‖ (kórházi) beutaló ‖ beutalt (beteg)

referred pain [rɪˈfɜːd] *fn* kisugárzó fájdalom

refill ▼ [ˈriːfɪl] *fn* (golyóstoll)betét ▼ [ˌriːˈfɪl] *ige* újratölt

refine [rɪˈfaɪn] *ige* finomít ‖ kifinomít

refined [rɪˈfaɪnd] *mn* kifinomult *(modor, ízlés)* ‖ civilizált, kulturált, pallérozott; ❖ *átv* csiszolt; *(ízlésre)* kényes ‖ **of a refined taste** kifinomult ízlésű

refinement [rɪˈfaɪnmənt] *fn* kifinomulás, kifinomultság, pallérozottság ‖ finom modor, kulturált viselkedés ‖ továbbfejlesztés, tökéletesítés ‖ the **refinements of 20th century technology** a 20. század technikai vívmányai

refinery [rɪˈfaɪnəri] *fn* finomító *(üzem)*

refit ▼ [ˌriːˈfɪt] *fn* kijavítás, rendbehozás ▼ [riːˈfɪt] *ige* **-tt-** kijavít, megjavít, rendbe hoz

reflect [rɪˈflekt] *ige* tükröz ‖ kifejez ‖ töpreng, elmélkedik ‖ **be reflected** (vissza)tükröződik, visszaverődik; **reflect (up)on sg** vmt végiggondol, vmn eltűnődik; **it reflects badly on** rossz fényt vet vmre/vkre; **reflect credit on sy** becsületére válik vknek; **reflect discredit on sy** rossz fényt vet vkre; **it reflects (up)on her honour** becsületbe vág

reflection [rɪˈflekʃn] *fn* (fény)viszszaverődés ‖ megjegyzés; észrevétel ‖ mérlegelés

reflector [rɪˈflektə] *fn* (fényvisszaverő) prizma

reflex [ˈriːfleks] *fn* reflex

reflexive pronoun [rɪˈfleksɪv] *fn* viszszaható névmás

reforest [ˌriːˈfɒrɪst] *ige* ⊕ *US* újra beerdősít

reform [rɪˈfɔːm] ▼ *fn* reform ▼ *ige* megreformál

reformation [ˌrefəˈmeɪʃn] *fn* megújítás, megreformálás ‖ **the Reformation** ❏ *vall* a reformáció

reformatory [rɪˈfɔːmətəri] *fn* ⊕ *US* javítóintézet

reformed [rɪˈfɔːmd] *mn* református

---

fn főnév – *hsz* határozószó – *isz* indulatszó – *ksz* kötőszó – *mn* melléknév
▼ szófajjelzés ⊕ földrajzi variáns ❏ szakterület ❖ stiláris minősítés

reformer [rɪˈfɔːmə] *fn* reformer, reformista || reformátor

reform policy *fn* reformpolitika

reform school *fn* ⊕ *GB* javítóintézet

refraction [rɪˈfrækʃn] *fn* ❑ *fiz* fénytörés

refractory [rɪˈfræktəri] *mn* ellenszegülő, ellenkező, makacs || tűzálló

refrain[1] [rɪˈfreɪn] *fn* refrén

refrain[2] [rɪˈfreɪn] *ige* **refrain from** *(dohányzástól, egyéb élvezetektől)* tartózkodik, óvakodik vmtől

refresh [rɪˈfreʃ] *ige* felfrissít, hűsít || **refresh sy's memory of sg** felfrissíti vk emlékezetét

refresher course [rɪˈfreʃə] *fn (főleg tanároknak)* továbbképző tanfolyam

refreshing [rɪˈfreʃɪŋ] *mn* üdítő, hűsítő

refreshment [rɪˈfreʃmənt] *fn* felüdítés, felfrissítés || frissítő || **(light) refreshments** frissítők, büféáru || *(felirat)* büfé

refreshment car *fn* büfékocsi

refrigerate [rɪˈfrɪdʒəreɪt] *ige (ételt)* lehűt, behűt, fagyaszt

refrigeration [rɪˌfrɪdʒəˈreɪʃn] *fn* (le)hűtés

refrigerator [rɪˈfrɪdʒəreɪtə] *fn* hűtőszekrény, frizsider

refuel [ˌriːˈfjuːəl] *ige* **-ll-** (⊕ *US* **-l-**) üzemanyagot vesz fel, tankol

refuelling [ˌriːˈfjuːəlɪŋ] *fn* (⊕ *US* **-l-**) *(üzemanyaggal)* utántöltés

refuge [ˈrefjuːdʒ] *fn* menedék, óvóhely

refugee [ˌrefjʊˈdʒiː] *fn* menekült

refugee camp *fn* menekülttábor

refund ▼ [ˈriːfʌnd] *fn* visszafizetés, visszatérítés || **give sy a refund on a ticket** jegyet visszavesz/visszavált ▼ [ˌriːˈfʌnd] *ige* **refund sy** vknek vmt visszafizet/visszatérít || **refund a ticket** jegyet visszavesz/visszavált; **I'll be refunded** visszafizetik

refurbish [ˌriːˈfɜːbɪʃ] *ige* felfrissít, (újra) rendbehoz

refurnish [ˌriːˈfɜːnɪʃ] *ige* újból berendez/bebútoroz, újból felszerel, minden szükségessel ellát (házat)

refusal [rɪˈfjuːzl] *fn* elutasítás, visszautasító válasz

refuse ▼ [ˈrefjuːs] *fn (házi)* szemét ▼ [rɪˈfjuːz] *ige* elutasít, visszautasít || **refuse sy sg** megtagad vktől vmt; **refuse to do sg** nem akar vmt tenni; **be refused** kosarat kap; **be refused admission** nem engedik be

refuse bin *fn* szemétláda

refuse collection *fn* szemételhordás, szemételszállítás

refuse collector *fn* szemetes

refuse disposal *fn* hulladék/szemét/törmelék eltávolítása

refuse dump *fn* szemétdomb

refutation [ˌrefjʊˈteɪʃn] *fn* cáfolat

refute [rɪˈfjuːt] *ige* (meg)cáfol

regain [rɪˈgeɪn] *ige* visszanyer *(bizalmat, szabadságot)* || **regain consciousness** magához tér, visszanyeri eszméletét; **regain one's composure** lehiggad *(dühös ember)*; **regain strength** erőre kap

regal [ˈriːgl] *mn* királyi

regale [rɪˈgeɪl] *ige (bőségesen)* megvendégel

regalia [rɪˈgeɪlɪə] *fn tsz* koronázási jelvények

regard [rɪˈgɑːd] ▼ *fn* tekintet, szempont || elismerés || **regards** üdvözlet || **in this regard** ebben a vonatkozásban; **have regard for sg** figyelemmel van vmre; **with regard to sg** vmre nézve, vmvel kapcsolatban; **with regard to …** tekintettel …-ra/…-re; **give sy one's best regards** vknek szívélyes üdvözletét küldi; **give him my best regards** adja át szívélyes/szíves üdvözletemet ▼ *ige* **regard sg** vmnek tekint/tart || **as regards sg** vkt/vmt illetőleg, vmre nézve

regarding [rɪˈgɑːdɪŋ] *elölj* vmre vonatkozólag/vonatkozóan, figyelemmel …-ra/…-re, vkt/vmt illetőleg

regardless [rɪˈgɑːdləs] *hsz* **regardless of sg** vmre való tekintet nélkül

regatta [rɪˈgætə] *fn* regatta || evezősverseny || vitorlásverseny

R

regency ['ri:dʒənsi] *fn* kormányzóság, régensség

regenerate [rɪ'dʒenəreɪt] *ige* regenerálódik ‖ **feel regenerated** úgy érzi magát, mintha újjászületett volna

regeneration [rɪ,dʒenə'reɪʃn] *fn* megújulás, megújhodás, regenerálódás

regent ['ri:dʒənt] *fn* ❏ *tört* kormányzó, régens

regime [reɪ'ʒi:m] *fn* (politikai) rendszer, rezsim, kormány(zat) ‖ **change of regime** rendszerváltozás

regimen ['redʒɪmɪn] *fn* betegkoszt, étrend, diéta ‖ **put a patient on a regimen** diétára fog beteget, diétát ír elő betegnek

regiment ['redʒɪmənt] *fn* ❏ *kat* ezred

regimental [,redʒɪ'mentl] ▼ *mn* ezred

▼ *fn tsz* **regimentals** ezredegyenruha

region ['ri:dʒən] *fn* terület; vidék, térség, környék, táj

regional ['ri:dʒənl] *mn* területi; körzeti, regionális, táji

register ['redʒɪstə] ▼ *fn* nyilvántartás, (név)jegyzék, névsor ‖ anyakönyv, törzskönyv, telekkönyvi lap ‖ ❏ *zene* regiszter *(orgonán)* ‖ (hang)fekvés ‖ jelzőkészülék, számláló ‖ ❏ *nyelvt* stílusréteg, szaknyelvi jelzés *(szótárban)* ‖ **register (of births)** anyakönyv

▼ *ige* jegyzékbe vesz, bejegyez, beír; *(hivatalba)* iktat ‖ törzskönyvez ‖ regisztrál, jelez, mutat ‖ *(iskolába, egyetemre)* beiratkozik ‖ bejelentkezik *(at* szállodában, repülőtéren*)* ‖ **register a company** céget bejegyez; **register a letter** ajánlva ad fel levelet; **register one's luggage** csomagot felad *(vonaton)*; **the car is registered in my name** a kocsi az én nevemen van; **register (oneself) with the police** bejelenti magát a rendőrségen

registered ['redʒɪstəd] *mn* bejegyzett

registered company *fn* bejegyzett cég

registered letter *fn* ajánlott levél

registered nurse *fn* ⊕ *US* okleveles ápolónő

registered player *fn* ❏ *sp* igazolt játékos

registered post *fn* ajánlott postai küldemény

registered trade mark *fn* bejegyzett/ belajstromozott védjegy

register office *fn* anyakönyvi hivatal

registrar [,redʒɪ'strɑ:] *fn* anyakönyvvezető ‖ (egyetemi) irodavezető, kvesztor

registration [,redʒɪ'streɪʃn] *fn (hivatalos)* bejegyzés ‖ *(rendőrségen)* bejelentés; beíratás, beiratkozás; regisztráció *(konferencián)* ‖ cégbejegyzés ‖ **registration of luggage** (⊕ *US* **baggage**) poggyászfeladás

registration card *fn* arcképes igazolvány

registration documents *fn tsz* gépkocsiokmányok

registration fee *fn* részvételi díj ‖ beiratkozási díj

registration number *fn* rendszám *(autóé)*

registration papers *fn tsz* ⊕ *US* gépkocsiokmányok

registry ['redʒɪstri] *fn* nyilvántartó, iktató ‖ *(egyetemen)* tanulmányi osztály

registry number *fn* iktatószám

registry office *fn* anyakönyvi hivatal

regrade [,ri:'greɪd] *ige* vkt átminősít

regress [rɪ'gres] *ige* visszafejlődik

regression [rɪ'greʃn] *fn* visszafejlődés

regret [rɪ'gret] ▼ *fn* sajnálat, sajnálkozás; bánkódás ‖ **much to my regret** legnagyobb sajnálatomra; **regrets** lemondás; **send one's regrets (to sy)** lemondja a (vacsora)meghívást ▼ *ige* -tt- sajnál(kozik) ‖ (meg)bán ‖ **I very much regret it** roppant sajnálom; **I regret to inform you that** sajnálattal közlöm, hogy

regretful [rɪ'gretfl] *mn* sajnálkozó

regretfully [rɪ'gretfli] *hsz* sajnálkozva ‖ sajnálatosan, legnagyobb sajnálatomra

---

fn főnév – *hsz* határozószó – *isz* indulatszó – *ksz* kötőszó – *mn* melléknév
▼ szófajjelzés ⊕ földrajzi variáns ❏ szakterület ❖ stiláris minősítés

regrettable [rɪ'gretəbl] *mn* sajnálatos
regrettably [rɪ'gretəbli] *hsz* sajnálatosan
regroup [ˌriː'gruːp] *ige* átcsoportosít
Regt ['redʒɪmənt] = **regiment**
regular ['regjʊlə] ▼ *mn* állandó; egyenletes; szabályos, szabályszerű, rendes, rendszeres, átlagos; normál, törvényszerű ‖ **regular customer** állandó vevő, törzsvendég; **at regular intervals** szabályos időközökben; **she's a regular visitor** sűrűn jár hozzánk ▼ *fn* hivatásos katona
regular army *fn* állandó hadsereg
regularity [ˌregjʊ'lærəti] *fn* szabályosság, rendszeresség, törvényszerűség, szabályszerűség
regularly ['regjʊləli] *hsz* rendszeresen, szabályosan ‖ **do sg regularly** szokásszerűen végez vmt
regular officer *fn* tényleges tiszt
regulate ['regjʊleɪt] *ige (folyót)* szabályoz ‖ *(műszert, gépet)* beszabályoz ‖ **regulate by decree** rendelettel szabályoz
regulation [ˌregjʊ'leɪʃn] *fn* szabály; előírás ‖ szabvány ‖ szabályozás ‖ **regulations** szabályzat
rehabilitate [ˌriːhə'bɪlɪteɪt] *ige* ❑ *jog* ❑ *orv* rehabilitál
rehabilitation [ˌriːhəbɪlɪ'teɪʃn] *fn* ❑ *jog* ❑ *orv* rehabilitáció
rehash [ˌriː'hæʃ] *ige* (régi anyagot) újra feldolgoz, felújít
rehear [ˌriː'hɪə] *ige (pt/pp* **reheard** [riː'hɜːd]) ❑ *jog* újratárgyal
reheard [riː'hɜːd] *pt/pp* → **rehear**
rehearing (procedure) [ˌriː'hɪərɪŋ] *fn* ❑ *jog* újrafelvétel
rehearsal [rɪ'hɜːsl] *fn* ❑ *szính* próba ‖ **have a rehearsal** próbát tart, próbál
re-heat [ˌriː'hiːt] *ige* felmelegít *(ételt)*
re-heel [ˌriː'hiːl] *ige* megsarkal *(cipőt)*
rehouse [ˌriː'haʊz] *ige* átköltöztet, új házakban/lakásokban helyez el
reign [reɪn] ▼ *fn* uralkodás, uralom ▼ *ige* uralkodik

reigning ['reɪnɪŋ] *mn* uralkodó *(család, ház)*; uralmon levő
reimburse [ˌriːɪm'bɜːs] *ige* visszafizet, megtérít ‖ **reimburse sy on arrival the cost of her air ticket** megérkezésekor megtéríti vknek a repülőjegyét
reimbursement [ˌriːɪm'bɜːsmənt] *fn* megtérítés, térítmény
rein [reɪn] *fn* gyeplő, kantárszár ‖ **give free rein to one's imagination** szabadjára engedi/hagyja képzeletét; **give (free) rein to sg** szabad folyást enged a dolgoknak; **keep a tight(er) rein on sy** rövidre/szorosra fogja a gyeplőt, szoros(abb)ra fog vkt
reincarnation [ˌriːɪnkɑː'neɪʃn] *fn* reinkarnáció
reindeer ['reɪndɪə] *fn (tsz ua.)* rénszarvas
reinforce [ˌriːɪn'fɔːs] *ige* megerősít, megszilárdít
reinforced concrete [ˌriːɪn'fɔːst] *fn* vasbeton
reinforcement [ˌriːɪn'fɔːsmənt] *fn* megerősítés ‖ **reinforcements** ❑ *kat* utánpótlás
reinstate [ˌriːɪn'steɪt] *ige* visszahelyez, reaktivál ‖ **reinstate sy in his rights** jogaiba visszahelyez; **be reinstated in one's former position** visszakapja állását
reinstatement [ˌriːɪn'steɪtmənt] *fn* visszahelyezés, újbóli beiktatás
reissue [ˌriː'ɪʃuː] ▼ *fn* új(ra) kibocsátás ‖ új kiadás ▼ *ige* újra kibocsát/kiad
reiterate [ˌriː'ɪtəreɪt] *ige* ismétel; hajtogat
reiteration [ˌriːɪtə'reɪʃn] *fn* ismételgetés; hajtogatás
reject ▼ ['riːdʒekt] *fn* **rejects** selejtáru ▼ [rɪ'dʒekt] *ige* elutasít, elvet; *(vizsgán)* megbuktat
rejection [rɪ'dʒekʃn] *fn* elutasítás
rejig [ˌriː'dʒɪg] *ige* -**gg**- ❖ *biz* felszerel *(új gépekkel gyárat stb.)* ‖ átrendez

R

rejoice [rɪ'dʒɔɪs] *ige* örvendezik, örül (*at/over* vmnek)

rejoinder [rɪ'dʒɔɪndə] *fn* (viszon)válasz

rejuvenate [rɪ'dʒu:vəneɪt] *ige (üdülés stb.)* (meg)fiatalít

rejuvenation [rɪ,dʒu:və'neɪʃn] *fn* ❏ *mezőg* fiatalítás

rekindle [,ri:'kɪndl] *ige (tűz)* feléled || *(tüzet)* feléleszt

relapse [rɪ'læps] ▼ *fn* ❏ *orv* visszaesés; visszaesés (*bűnözőé*) ▼ *ige (beteg)* visszaesik

relate [rɪ'leɪt] *ige (fogalmakat)* összekapcsol || elmesél || **related to sg** vmvel összefüggésben/kapcsolatban van; **be related to sy** rokonságban áll vkvel, rokona vknek

related [rɪ'leɪtɪd] *mn* kapcsolatban/összefüggésben levő, rokon || **related field (of study)** rokon szakma

relating [rɪ'leɪtɪŋ] *mn/hsz* vonatkozó || **relating to sg** vmt illető, vmre vonatkozó/utaló

relation [rɪ'leɪʃn] *fn* összefüggés, kapcsolat, vonatkozás; viszony (*between* vkk között) || ❏ *mat* összefüggés || *(családi kapcsolatban)* rokon, hozzátartozó || **in/with relation to/sy sg** vmvel/vkvel összefüggésben/kapcsolatban; **break off all relations with sy** minden kapcsolatot megszakít vkvel

relationship [rɪ'leɪʃnʃɪp] *fn* kapcsolat, összefüggés

relative ['relətɪv] ▼ *mn* viszonylagos, relatív ▼ *fn* rokon || **they are close relatives** közeli rokonok

relatively ['relətɪvli] *hsz* aránylag, viszonylag

relative pronoun *fn* vonatkozó névmás

relativity [,relə'tɪvəti] *fn* relativitás

relax [rɪ'læks] *ige* alábbhagy; lanyhul; *(izom)* ernyed; *(vk sportban, munkában)* lazít || pihen

relaxation [,ri:læk'seɪʃn] *fn* alábbhagyás; lanyhulás; ❖ *biz* kikapcsolódás, lazítás

relaxed [rɪ'lækst] *mn* fesztelen || **relaxed atmosphere** oldott hangulat

relaxing [rɪ'læksɪŋ] *mn* bágyasztó

relay ▼ ['ri:leɪ] ❏ *sp* váltó, staféta || ❏ *el* relé ▼ ['ri:leɪ, rɪ'leɪ] *ige* közvetít, sugároz, továbbít *(adást)*

relay baton *fn* ❏ *sp* váltóbot

relay race *fn* ❏ *sp* váltó, staféta

relay station *fn* átjátszóadó, -állomás, közvetítőállomás

release [rɪ'li:s] ▼ *fn* szabadon bocsátás *(börtönből)* || szabadulás || forgalomba hozatal *(filmé)* || (sajtó)közlemény || kioldás, ledobás *(bombáé)* || ❏ *fény* kioldó ▼ *ige* szabadlábra helyez; *(foglyot)* elbocsát; szabadon bocsát/enged || *(filmet)* forgalomba hoz, kihoz || *(bombát)* kiold

release button *fn* ❏ *fény* kioldó

release gear *fn* kioldószerkezet

relegate ['relɪgeɪt] *ige* **be relegated to** alacsonyabb beosztásba kerül, leminősítik, lejjebb sorolják || alsóbb osztályba kerül *(futballcsapat)*

relent [rɪ'lent] *ige* enged || meglágyul, megengesztelődik || (meg)enyhül *(idő)*

relentless [rɪ'lentləs] *mn* kérlelhetetlen, kíméletlen, engesztelhetetlen

relentlessly [rɪ'lentləsli] *hsz* kímélet nélkül

relevance ['relɪvəns] *fn* fontosság || tárgyhoz tartozás

relevant ['relɪvənt] *mn* idevágó, vonatkozó || **be relevant to sg** a tárgyhoz tartozik

reliability [rɪ,laɪə'bɪləti] *fn* megbízhatóság

reliable [rɪ'laɪəbl] *mn* megbízható, szavahihető

reliably [rɪ'laɪəbli] *hsz* megbízhatóan, megbízható módon

reliance [rɪ'laɪəns] *fn* bizalom, bizodalom

reliant [rɪ'laɪənt] *mn* **be reliant on** bízik vkben/vmben

relic ['relɪk] *fn* ereklye, maradvány, emlék || **relics** relikviák

relief[1] [rɪ'li:f] *fn* segély, segítség ‖ felváltás *(őrségé)* ‖ **relief of pain** fájdalomcsillapítás
relief[2] [rɪ'li:f] *fn* dombormű
relief fund(s) *fn tsz* segélyalap
relief organization *fn* segélyszervezet
relief road *fn* terelőút
relief train *fn* mentesítő vonat
relieve [rɪ'li:v] *ige (fájdalmat)* csillapít ‖ ❑ *kat (őrséget)* levált; *(várat)* felszabadít ‖ **relieve oneself** szükségét végzi; **relieve sy of sg** *(súlytól)* tehermentesít, felment, mentesít; **relieve sy of pain** *(fájdalmat)* megszüntet; **it relieves coughing** oldja a köhögést
religion [rɪ'lɪdʒn] *fn* vallás
religious [rɪ'lɪdʒəs] *mn* vallásos, vallási
religious education *fn* hitoktatás, vallásoktatás; vallásos nevelés ‖ **religious education class/lesson** hittanóra
religiously [rɪ'lɪdʒəsli] *hsz* vallásosan, jámborul, ájtatosan ‖ pontosan
reline [ˌri:'laɪn] *ige* újrabélel, újrabehúz
relinquish [rɪ'lɪŋkwɪʃ] *ige* lemond ‖ **relinquish one's claim to an estate** örökségről lemond
relish ['relɪʃ] ▼ *fn* íz *(ennivalóé)* ▼ *ige* jó étvággyal eszik
relive [ˌri:'lɪv] *ige* újra átél
relocate [ˌri:lou'keɪt] *ige* áthelyez, áttelepít
reluctance [rɪ'lʌktns] *fn* vonakodás
reluctant [rɪ'lʌktnt] *mn* vonakodó ‖ **be reluctant to do sg** habozik vmt tenni, vmtől húzódozik
reluctantly [rɪ'lʌktəntli] *hsz* ímmel-ámmal, vonakodva
rely [rɪ'laɪ] *ige* **rely on (sg/sy)** vmre/vkre számít, vkben/vmben megbízik, vmre épít, vkre/vmre hagyatkozik ‖ **you cannot rely on him** nem lehet benne megbízni; **there is no relying on him** megbízhatatlan
remain [rɪ'meɪn] *ige* marad ‖ vmből megmarad ‖ **remain indoors** otthon

marad; **remain silent** hallgat, csöndben marad; **sg still remains to be done** hátravan még; **it remains to be seen** a jövő titka/zenéje
remainder [rɪ'meɪndə] *fn* maradék ‖ **remainder of the food** maradék étel
remaining [rɪ'meɪnɪŋ] *mn* hátralevő, maradék ‖ **remaining part** hátralevő rész
remains [rɪ'meɪnz] *fn tsz (pusztulás után)* maradványok ‖ maradék ‖ **sy's mortal remains** vk földi maradványai, hamvai
remand [rɪ'mɑ:nd] ▼ *fn* vizsgálati fogság(ban tartás) ▼ *ige* vizsgálati fogságban tart
remand centre/home *fn* ⊕ *GB kb.* nevelőintézet *(fiatalkorú bűnözők számára)*, javítóintézet
remark [rɪ'mɑ:k] ▼ *fn* megjegyzés; észrevétel ‖ **pass remarks on sy** megjegyzéseket tesz vkre; **make a remark on sg** észrevételt tesz vmre ▼ *ige* **remark on** szóvá tesz vmt; **remark on/upon sg/sy** megjegyzést tesz vmre/vkre
remarkable [rɪ'mɑ:kəbl] *mn* szokatlan, rendkívüli, nevezetes, említésre méltó
remarkably [rɪ'mɑ:kəbli] *hsz* rendkívül
remarry [ˌri:'mæri] *ige* újra megházasodik
remedial [rɪ'mi:dɪəl] *mn* gyógyító, gyógy- ‖ ❖ *átv* javító ‖ **remedial therapy/treatment** gyógykezelés, terápia, kúra; **remedial teaching** gyógypedagógia; kiegészítő iskolai oktatás
remedy ['remədi] ▼ *fn (átv is)* gyógyszer, orvosság ▼ *ige (bajt)* orvosol
remember [rɪ'membə] *ige* vmre emlékezik ‖ **as far as I can remember** amennyire emlékszem; **remember me (kindly) to (your mother/wife etc.)** adja át szívélyes/szíves üdvözletemet (-nak/-nek); **I can't remember** nem emlékszem; **I remember it** emlékszem rá

R

nm névmás – *nu* névutó – *szn* számnév – *esz* egyes szám – *tsz* többes szám
▼ szófajjelzés ⊕ földrajzi variáns ❑ szakterület ❖ stiláris minősítés

remembrance [rɪˈmembrəns] *fn* emlékezet; emlékezés, emlék ‖ **as a remembrance (of)** emlékeztetőül; **in remembrance of sy** vk emlékére

remind [rɪˈmaɪnd] *ige* **remind sy of sg** emlékeztet/figyelmeztet vkt vmre ‖ **that reminds me** erről jut eszembe, apropó!

reminder [rɪˈmaɪndə] *fn* emlékeztető

reminisce [ˌremɪˈnɪs] *ige* emlékeiről beszél, visszaemlékezik

reminiscence [ˌremɪˈnɪsns] *fn* emlékezés ‖ **sy's reminiscences** vk emlékei

reminiscent [ˌremɪˈnɪsnt] *mn* **be reminiscent of sg** vmre emlékeztet

remiss [rɪˈmɪs] *mn* hanyag (*in* vmben)

remission [rɪˈmɪʃn] *fn* elengedés *(büntetésé)*

remit [rɪˈmɪt] *ige* **-tt-** *(büntetést, tartozást)* elenged ‖ *(pénzt)* átutal, elküld, kiutal ‖ **kindly remit** kérjük kiegyenlíteni; **kindly remit by cheque** szíveskedjék az összeget csekken befizetni; **amount remitted** átutalt összeg

remittance [rɪˈmɪtns] *fn* átutalt összeg; átutalás *(pénzé)*; küldemény

remnant(s) [ˈremnənt(s)] *fn tsz* maradék ‖ maradvány, „morzsák"

remold [ˌriːˈməʊld] *ige* ⊕ *US* = **remould**

remonstrate [ˈremənstreɪt] *ige* tiltakozik, kifogásol, óvást emel (*against* vm ellen), panaszt tesz (*about* vm miatt)

remorse [rɪˈmɔːs] *fn* bűnbánat, lelkiismeret-furdalás

remorseful [rɪˈmɔːsfl] *mn* bűnbánó

remorseless [rɪˈmɔːsləs] *mn* könyörtelen

remorselessly [rɪˈmɔːsləsli] *hsz* könyörtelenül

remote [rɪˈməʊt] *mn* távoli, távol eső/fekvő ‖ **in a remote spot** félreeső helyen; **have not the remotest idea** nem is sejti

remote control *fn* távirányítás ‖ **remote control (handset/panel)** *(tévéhez stb.)* távirányító

remote-controlled *mn* távirányítású, távvezérlésű

remotely [rɪˈməʊtli] *hsz* halványan, közvetve; távolról ‖ **it isn't remotely possible** a legcsekélyebb/leghalványabb lehetőség sincs rá …

remoteness [rɪˈməʊtnəs] *fn* távoliság

remould (⊕ *US* **-mold**) [ˌriːˈməʊld] *ige* vkt átgyúr ‖ újrafutóz *(gumit)*

removable [rɪˈmuːvəbl] *mn* szállítható ‖ elmozdítható, levehető

removal [rɪˈmuːvl] *fn* költözködés, költözés, átköltözés, hurcolkodás ‖ eltávolítás ‖ **removal of tonsils** mandulakivétel

removal van *fn* bútorszállító kocsi

remove [rɪˈmuːv] *ige* eltávolít, elmozdít, kimozdít ‖ *(foltot)* kivesz ‖ átköltöz(köd)ik *(from* vhonnan, *to* vhova) ‖ **remove the parentheses** feloldja a zárójelet

remover [rɪˈmuːvə] *fn* folttisztító ‖ (bútor)szállító

remunerate [rɪˈmjuːnəreɪt] *ige* díjaz, dotál

remuneration [rɪˌmjuːnəˈreɪʃn] *fn* díjazás

Renaissance, the [rɪˈneɪsns] *fn* reneszánsz

renal [ˈriːnl] *mn* ▢ *biol* vese-

renal disease *fn* vesebaj

rename [ˌriːˈneɪm] *ige* átkeresztel

rend [rend] *ige* (*pt/pp* **rent** [rent]) (el)szakít; *(szövetet)* beszakít ‖ szakad; *(szövet)* hasad, beszakad, elreped

render [ˈrendə] *ige* vmvé tesz ‖ *(fordításnál)* visszaad; (le)fordít ‖ *(zsírt)* kisüt ‖ **render an account of** vmről/vmvel elszámol; **render into English** angolra (le)fordít; **render sg possible** vmt lehetővé tesz; **render sy a service** szolgálatot tesz vknek

rendering [ˈrendərɪŋ] *fn* ▢ *zene* előadás(mód)

rendezvous [ˈrɒndɪvuː] *fn* (*tsz* **-vous** [-vuːz]) találka, találkozó, randevú

---

fn főnév −*hsz* határozószó −*isz* indulatszó −*ksz* kötőszó −*mn* melléknév
▼ szófajjelzés ⊕ földrajzi variáns ▢ szakterület ❖ stiláris minősítés

renegade ['renɪgeɪd] *fn* hitehagyott, hitszegő, renegát
renew [rɪ'nju:] *ige (könyvet könyvtárban)* meghosszabbít ‖ *(barátságot)* felújít
renewal [rɪ'nju:əl] *fn* megújulás, megújhodás ‖ felújítás ‖ megújítás *(bérleté, ígéreté)* ‖ hosszabbítás *(könyvtári könyvé)*
renounce [rɪ'naʊns] *ige (igényről, követelésről stb.)* lemond
renovate ['renəveɪt] *ige* felújít, renovál, tataroz, helyreállít
renovation [ˌrenə'veɪʃn] *fn* felújítás, renoválás, tatarozás, helyreállítás
renown [rɪ'naʊn] *fn* hírnév
renowned [rɪ'naʊnd] *mn* hírneves, neves
rent¹ [rent] ▼ *fn* bérleti díj *(földé, házé stb.)*, házbér, lakbér; bér *(bérleté)* ‖ **for rent** ⊕ *US* kiadó ▼ *ige* bérbe vesz/ad, (ki)bérel, kikölcsönöz; *(lakást)* kivesz ‖ **rent (a house)** ⊕ *US (házat)* bérbe ad; **rent (a television etc.)** *(hosszabb időre és US)* kölcsönöz; **rent a room** albérletbe megy/költözik; **rent rooms** lakást bérel/kivesz; **rent (sg) out** ⊕ *US (szobát, lakrészt)* kiad; **an apartment renting for $500 a month** ⊕ *US* a lakás havi bérleti díja 500 dollár
rent² [rent] *pt/pp* → **rend**
rent-a-car agency *fn* ⊕ *US* gépkocsikölcsönző
rental ['rentl] *fn* bérleti díj *(autóé, televízióé stb.)*; *(egyéb)* kölcsönzési díj ‖ bérelt gépkocsi
rental car *fn* bérelt gépkocsi
renter ['rentə] *fn* bérlő *(lakásé)*
rent-free *mn* bérmentes
renunciation [rɪˌnʌnsi'eɪʃn] *fn* lemondás *(követelésről)*
reopen [ˌri:'oʊpən] *ige* újra kinyit ‖ újra megnyílik/megnyit ‖ *(seb)* felszakad
reorder ▼ ['ri:'ɔ:də] *fn* utánrendelés ▼ [ˌri:'ɔ:də] *ige* utánrendel, újból megrendel *(árut)*

reorganization [ˌri:ɔ:gənaɪ'zeɪʃn] *fn (intézményé)* újjáalakítás, újjászervezés, átépítés, átszervezés
reorganize [ˌri:'ɔ:gənaɪz] *ige (intézményt)* átszervez, újjászervez, átépít
rep¹ [rep] *fn* ❏ *tex* ripsz
rep² [rep] *fn* ❖ *biz* felelés *(iskolában)*
rep³ [rep] *fn* képviselő
repack [ˌri:'pæk] *ige* átcsomagol
repaid [ˌri:'peɪd] *pt/pp* → **repay**
repaint [ˌri:'peɪnt] *ige* átfest
repair [rɪ'peə] ▼ *fn* javítás ‖ **be in bad repair** rossz állapotban/karban van; **be in good repair** jó állapotban/karban van; **beyond repair** helyrehozhatatlan; **under repair** javítás alatt ▼ *ige (épületet)* renovál ‖ megjavít, kijavít, megcsinál, helyreállít
repair kit *fn* szerszámosláda
repairman [rɪ'peəmən] *fn (tsz -men)* tévészerelő
repair pit *fn* szerelőakna
repair shop *fn* javítóműhely, autójavító
reparable ['repərəbl] *mn* javítható, helyrehozható
reparation [ˌrepə'reɪʃn] *fn* jóvátétel *(hibáé, sérelemé)* ‖ **reparations** ❏ *pol* jóvátétel
repartee [ˌrepɑ:'ti:] *fn* visszavágás
repast [rɪ'pɑ:st] *fn* étkezés
repatriate [rɪ'pætrɪət] *ige* repatriál, visszatelepít
repay ['ri:peɪ] *ige (pt/pp* **repaid** [ˌri:'peɪd]) *(pénzt)* visszafizet, visszatérít ‖ **repay sy (a sum)** *(adósságot)* megad, *(tartozást)* kiegyenlít/ megfizet, vknek vmt visszafizet; **repay sy for sg** meghálál vknek vmt
repayment [rɪ'peɪmənt] *fn* visszafizetés, megtérítés
repeal [rɪ'pi:l] ▼ *fn* visszavonás; eltörlés ▼ *ige* visszavon, eltöröl
repeat [rɪ'pi:t] ▼ *fn (zene, tévéműsor stb.)* ismétlés ‖ ❏ *zene* ismétlőjel ▼ *ige* (meg)ismétel ‖ **repeat sg after sy** vmt vknek utánamond; **repeat sy's**

R

words (*v.* **what sy has said**) vmt vknek utánamond

repeatedly [rɪ'piːtɪdli] *hsz* ismételten, többször

repeater [rɪ'piːtə] *fn* ismétlőpisztoly

repeat examination *fn* javítóvizsga

repeat order *fn* utánrendelés

repel [rɪ'pel] *ige* **-ll-** *(támadást, ellenséget)* visszaver ‖ *(vissza)*taszít ‖ **be repelled** irtózik *(by sy* vktől)

repellent [rɪ'pelənt] ▼ *mn* taszító *(magatartás)*, visszataszító ‖ **water-repellent** víztaszító, vízlepergető ▼ *fn* rovarirtó (szer)

repent [rɪ'pent] *ige* **repent (of) one's sins** ❑ *vall* megbánja bűneit

repentance [rɪ'pentəns] *fn* bűnbánat

repercussion [ˌriːpə'kʌʃn] *fn* **have repercussions on sg** vmre visszahat

repertoire ['repətwɑː] *fn* ❑ *szính* repertoár

repertory ['repətəri] *fn* ❑ *szính* repertoár

repertory company *fn* repertoárszínház

repetition [ˌrepə'tɪʃn] *fn* ❖ *ált* (meg)-ismétlés, (meg)ismétlődés ‖ *(iskolai)* felelés

repetitious [ˌrepɪ'tɪʃəs] *mn* ismételgető, ismétlésekbe bocsátkozó; unalmas

rephrase [ˌriː'freɪz] *ige* átír, átfogalmaz

replace [rɪ'pleɪs] *ige* visszatesz, visszarak ‖ lecserél ‖ helyébe lép, pótol ‖ vmt vmvel helyettesít ‖ **replace sg by sg** *(újjal)* kicserél; **replace sg with sg** vmt vmvel pótol; **replace a bandage** *(seben)* kötést cserél; **sy has to be replaced** le kell cserélni/váltani (vkt); **replace the receiver** leteszi a telefonkagylót

replacement [rɪ'pleɪsmənt] *fn* pótlás, kicserélés ‖ helyettes ‖ ❑ *sp* cserejátékos, csere

replacement cost *fn* utánpótlási költség

replacement filter *fn* légszűrő(betét)

replacement part(s) *fn* *tsz* pótalkatrész(ek), tartalék alkatrész(ek)

replant [ˌriː'plɑːnt] *ige* ❑ *növ* átültet

replay ▼ ['riːpleɪ] *fn* újrajátszás *(mérkőzésé)* ‖ *(magnón)* lejátszás ‖ *(tévéközvetítésben)* ismétlés; visszajátszás ▼ [ˌriː'pleɪ] *ige* újrajátszik ‖ *(hangfelvételt)* (újra) lejátszik; visszajátszik

replenish [rɪ'plenɪʃ] *ige* újra megtölt/feltölt, teletölt, kiegészít

replete [rɪ'pliːt] *mn* tele, teletömött *(with* vmvel), bővelkedő *(with* vmben), jól felszerelt *(with* vmvel)

replica ['replɪkə] *fn* másolat, kópia, vm mása

reply [rɪ'plaɪ] ▼ *fn* felelet, válasz ‖ **make no reply** nem felel; **no reply** nem veszik fel (a telefont) *(mondja a központ)*; **in reply to sg** válaszképpen ▼ *ige* felel; válaszol ‖ **please reply at your earliest convenience** mielőbbi (szíves) válaszát várva; **reply to sy** *(v.* **to the question**) felel/válaszol vknek vmt, választ ad vknek

reply coupon *fn* (nemzetközi) válaszkupon

reply letter *fn* válaszlevél

reply note *fn* *(diplomáciai)* válaszjegyzék

reply-paid *mn* „válasz fizetve" *(távirat stb.)*

report [rɪ'pɔːt] ▼ *fn* beszámoló, tudósítás; riport ‖ jelentés *(on* vmről) ▼ *ige* jelentést tesz vmről, jelent vknek vmt *(on sg to sy)*, vknek vmt hírül ad; *(hivatalosan)* bejelent; vk jelentkezik ‖ **report sy (to the police)** feljelent vkt *(a rendőrségen);* **report to sy on sg** vknek vmről referál; **report progress** helyzetjelentést ad; **it is reported from Chicago** Chicagóból jelentik; **it is reported that** azt mondják, hogy

---

report back visszajelent

report for (a newspaper) *(rendszeresen)* tudósít *(újság számára)*

---

report on sg riportot ír vmről, tudósítást ír/küld vmről *(újságnak, rádiónak stb.)*; tudósít vmről

reportage [rɪ'pɔ:tɪdʒ] *fn* tudósítás *(eseményről, újságnak stb.)*

report card *fn* ⊕ *US* iskolai értesítő

reportedly [rɪ'pɔ:tɪdli] *hsz* állítólag, ahogy mondják, jelentések szerint

reported speech [rɪ'pɔ:tɪd] *fn* ❑ *nyelvt* függő beszéd

reporter [rɪ'pɔ:tə] *fn* riporter

repose [rɪ'pəʊz] ▼ *fn* nyugalmi állapot/helyzet ▼ *ige* pihen, nyugszik

repository [rɪ'pɒzɪtəri] *fn* raktár, tárház, depó

repossess [ˌri:pə'zes] *ige* **repossess (oneself of)** *sg* újra birtokba vesz

reprehend [ˌreprɪ'hend] *ige* megró, megfedd

reprehensible [ˌreprɪ'hensəbl] *mn* elítélendő, elvetendő

represent [ˌreprɪ'zent] *ige* képvisel, reprezentál ‖ ábrázol ‖ **represent sg as** vmlyennek/vhogyan feltüntet; **represent sg on a graph/chart** grafikont készít vmről; **represent sy in court** a bíróság előtt képvisel vkt *(ügyvéd)*

representation [ˌreprɪzen'teɪʃn] *fn* képviselet ‖ feltüntetés, beállítás *(vmlyennek)*; értelmezés ‖ ábrázolás *(rajzban)* ‖ **make representations to sy** kifogást emel vknél

representational democracy [ˌreprɪzen'teɪʃnəl] *fn* képviseleti demokrácia

representative [ˌreprɪ'zentətɪv] ▼ *mn* jellegzetes, reprezentatív ‖ képviseleti ‖ **representative exhibition** reprezentatív *(kiállítás)*; **representative sample (of)** reprezentatív adatfelvétel/mintavétel ▼ *fn (pol is)* képviselő ‖ ⊕ *US* **House of Representatives** képviselőház

repress [rɪ'pres] *ige (érzelmet)* elnyom, visszafojt, visszatart ‖ **repress**

one's feelings magába fojtja érzelmeit

repression [rɪ'preʃn] *fn* elnyomás, elfojtás

repressive [rɪ'presɪv] *mn* elnyomó ‖ megtorló

reprieve [rɪ'pri:v] ▼ *fn* halálbüntetés felfüggesztése ▼ *ige (halálraítéltnek)* megkegyelmez

reprimand ['reprɪmɑ:nd] ▼ *fn* feddés, dorgálás ▼ *ige* megdorgál, megfedd, megszid

reprint ▼ ['ri:prɪnt] *fn* utánnyomás ‖ reprint ▼ [ˌri:'prɪnt] *ige* újra kinyomtat ‖ **the dictionary is reprinting** megjelenik a szótár (változatlan) utánnyomása, újranyomják a szótárat

reprisal [rɪ'praɪzl] *fn* megtorlás, retorzió ‖ **reprisals** megtorló rendszabályok

reprivatization [ri:ˌpraɪvətaɪ'zeɪʃn] *fn* reprivatizálás, reprivatizáció

reprivatize [ri:'praɪvətaɪz] *ige* reprivatizál

repro ['ri:prəʊ] *fn* ❖ *biz* repró

reproach [rɪ'prəʊtʃ] ▼ *fn* szemrehányás ▼ *ige* **reproach sy for sg** vknek szemrehányást tesz vm miatt

reproachful [rɪ'prəʊtʃfl] *mn* szemrehányó

reproduce [ˌri:prə'dju:s] *ige* visszaad, reprodukál

reproduction [ˌri:prə'dʌkʃn] *fn* szaporodás ‖ újratermelés ‖ másolat *(műalkotásé)*; reprodukció

reproductive [ˌri:prə'dʌktɪv] *mn* újrateremtő, reproduktív ‖ nemző ‖ szaporodási ‖ **reproductive organs** nemzőszervek

reprogram [ri:'prəʊɡræm] *ige* -mm- ❑ *szt* átprogramoz

reprography [rɪ'prɒɡrəfi] *fn* reprográfia

reproof [rɪ'pru:f] *fn* feddés, szidás, rosszallás

reprove [rɪ'pru:v] *ige* fedd, megdorgál ‖ **reprove sy (for sg)** vknek szemrehányást tesz

R

---

nm névmás– *nu* névutó– *szn* számnév– *esz* egyes szám– *tsz* többes szám
▼ szófajjelzés ⊕ földrajzi variáns ❑ szakterület ❖ stiláris minősítés

reptile ['reptaɪl] *fn* hüllő
republic [rɪ'pʌblɪk] *fn* köztársaság
republican [rɪ'pʌblɪkən] *mn/fn* (⊕ *US* **Republican**) republikánus, köztársaságpárti
republish [ˌriː'pʌblɪʃ] *ige* újra kiad
repudiate [rɪ'pjuːdieɪt] *ige* eltaszít || elutasít || *(vádat)* megcáfol
repudiation [rɪˌpjuːdi'eɪʃn] *fn* elutasítás *(vádé)*
repugnance [rɪ'pʌgnəns] *fn* ellenszenv, antipátia *(to* vm iránt)
repugnant [rɪ'pʌgnənt] *mn* visszataszító, ellenszenves
repulse [rɪ'pʌls] ▼ *fn* visszaverés *(ellenségé)* || elutasítás ▼ *ige* visszaver || visszautasít, elutasít || ❏*fiz* taszít
repulsion [rɪ'pʌlʃn] *fn* iszony || ❏*fiz* taszítás
repulsive [rɪ'pʌlsɪv] *mn* visszataszító, ellenszenves
repurchase [ˌriː'pɜːtʃəs] *ige* visszavásárol
reputable ['repjʊtəbl] *mn* jó hírű
reputation [ˌrepjʊ'teɪʃn] *fn* hír(név) || **have a good reputation** jó hírnévnek örvend, jó nevű; **have the reputation of being sg** vmnek a hírében áll
repute [rɪ'pjuːt] *fn* hírnév || **of good repute** jó hírű
reputed [rɪ'pjuːtɪd] *mn* híres || állítólagos || **(s)he is reputed to be** (*v.* **as**) ő állítólag …
reputedly [rɪ'pjuːtɪdli] *hsz* állítólag || **he is reputedly rich** állítólag gazdag
request [rɪ'kwest] ▼ *fn* kérelem, kérés, kívánság || **at sy's request** vk kérésére; **make a request** kérést előterjeszt; **on request** kívánságra ▼ *ige* kér (*sg from/of sy* vmt vktől) || vmért folyamodik || **request sy to do sg** kér vkt vmre, vkt vmre megkér; **request leave to speak** szót kér; **we request the pleasure of your company to dinner** *(meghívón)* örömmel látjuk ebédre; **as requested** kívánságra; **he**

requested that (I should …) azzal a kéréssel fordult hozzám, hogy …
request concert *fn* kívánsághangverseny
request stop *fn* feltételes megálló(hely)
requiem ['rekwɪəm] *fn* gyászmise, rekviem
require [rɪ'kwaɪə] *ige* kér, kíván, igényel || szükségessé tesz, feltételez, (meg)követel, (meg)kíván, szükséges || **require sg** szüksége van vmre; **require sg of sy** (*v.* **sy to do sg**) elvár/megkíván vmt vktől; **it is required (of me) that I …** elvárják, tőlem, hogy …; **as required** szükség szerint; **be required for sg** vmhez kell/szükséges; **be required to do sg** köteles vmt megtenni
required [rɪ'kwaɪəd] *mn* szükséges, (meg)kívánt
requirement [rɪ'kwaɪəmənt] *fn* kívánalom, követelmény || **meet one's requirements** szükségletét fedezi; **meet the requirements** a kívánalmaknak/követelményeknek megfelel
requisite ['rekwɪzɪt] ▼ *mn* szükséges ▼ *fn* rekvizitum, kellék
requisition [ˌrekwɪ'zɪʃn] ▼ *fn* kívánalom, követelés || hozzávaló || rekvirálás ▼ *ige* rekvirál
requite [rɪ'kwaɪt] *ige* viszonoz || honorál, megjutalmaz || megbosszul; megtorol
reran [ˌriː'ræn] *pt* → **rerun**
re-route ['riː:ruːt] *ige* átirányít
rerun ▼ ['riː:rʌn] *fn* ❏*film* repríz, felújítás ▼ [ˌriː'rʌn] *ige* (*pt* **reran** [ˌriː'ræn]; *pp* **rerun**) **-nn-** ❏*film* felújít, újrajátszik
resale price maintenance ['riː:seɪl] *fn* viszonteladói ártartás
reschedule [ˌriː'ʃedjuːl], ⊕ *US* ˌriː'skedʒuːl] ▼ *fn* átütemezés ▼ *ige* átütemez || **the debts have been rescheduled** átütemezték az adósságokat

---

fn főnév – *hsz* határozószó – *isz* indulatszó – *ksz* kötőszó – *mn* melléknév
▼ szófajjelzés ⊕ földrajzi variáns ❏ szakterület ❖ stiláris minősítés

rescind [rɪ'sɪnd] *ige* eltöröl, visszavon
rescue ['reskjuː] ▼ *fn* (meg)mentés,
kiszabadítás ▼ *ige* megment, kiment
(*sy from sg* vkt vmből), kiszabadít ‖
rescue sy from drowning kiment vkt
a vízből
rescue operation *fn* mentési munkálat
rescue party/team *fn* mentőosztag
rescuer ['reskjuə] *fn* (meg)mentő
rescue work *fn* mentési munkálat
research [rɪ'sɜːtʃ] ▼ *fn* (**researches**
is) (tudományos) kutatás, kutatómun-
ka ‖ **be engaged in** (*v.* **do**) **research
(on sg), carry out research(es) on sg**
tudományos kutatást (*v.* kutatómun-
kát) végez vmlyen területen ▼ *ige* **re-
search into/on sg** tudományos kuta-
tást végez vmlyen területen
researcher [rɪ'sɜːtʃə] *fn* (tudományos)
kutató
research expedition *fn* kutatóexpedí-
ció
research fellow *fn* tudományos kuta-
tó/munkatárs
research fellowship *fn* kutatóösztön-
díj
research group *fn* kutatócsoport
research institute *fn* kutatóintézet
research laboratory *fn* kutatólabora-
tórium
research team *fn* kutatócsoport
research work *fn* kutatómunka
research worker *fn* tudományos kuta-
tó/munkatárs
resect [rɪ'sekt] *ige* ❏ *orv* kimetsz
resection [rɪ'sekʃn] *fn* ❏ *orv* kimet-
szés ‖ vésés
resemblance [rɪ'zembləns] *fn* hason-
lóság
resemble [rɪ'zembl] *ige* **resemble sy/
sg** vkhez/vmhez *v.* vkre/vmre hason-
lít
resent [rɪ'zent] *ige* **resent sg** rossz
néven vesz vmt, zokon vesz vmt
resentful [rɪ'zentfl] *mn* bosszús, ne-
heztelő, haragtartó

resentment [rɪ'zentmənt] *fn* nehezte-
lés, sértődés
reservation [ˌrezə'veɪʃn] *fn* szoba-
foglalás ‖ helyfoglalás, helyjegyváltás
‖ fenntartás ‖ (középső) elválasztó sáv
‖ ⊕ *US* védett terület, rezerváció ‖
make a reservation helyjegyet vált,
lefoglal egy helyet, szobát foglal (le),
(*étteremben*) lefoglal egy asztalt; **make
(the) reservations** szobát foglal, elin-
tézi a (hely- és) szobafoglalást; **ac-
cept sg with reservations** fenntartás-
sal fogad vmt; **without reservation**
fenntartás nélkül
reservation desk *fn* recepció, fogadó-
pult (*szállodában*)
reserve [rɪ'zɜːv] ▼ *fn* tartalék (játé-
kos) ‖ (vad)rezervátum, természetvé-
delmi terület ‖ **have in reserve** ké-
szenlétben tart; **reserves** tartalék; ❏ *kat*
tartalékos állomány; **without reserve**
fenntartás nélkül ▼ *ige* lefoglal; elő-
jegyez ‖ tartalékol ‖ **reserve a room**
szobát foglal; **reserve a seat** helyje-
gyet vált; **reserve a table** asztalt fog-
lal; **reserve the right** fenntartja a jo-
got
reserved [rɪ'zɜːvd] *mn* fenntartott;
(le)foglalt ‖ tartózkodó (*magatartás*)
reservedly [rɪ'zɜːvɪdli] *hsz* tartózko-
dóan; kimérten
reserved seat *fn* fenntartott hely ‖ **re-
served seat (ticket)** helyjegy
reserve funds *fn tsz* (pénzügyi) pótke-
ret, tartalékalap
reserve officer *fn* tartalékos tiszt
reserve price *fn* kikötött legalacso-
nyabb ár
reservist [rɪ'zɜːvɪst] *fn* ❏ *kat* tartalék
reservoir ['rezəvwɑː] *fn* tartály ‖ víz-
tároló ‖ (víz)tározó
reset [ˌriː'set] *ige* (*pt/pp* **reset** [riː'set])
-tt- újonnan befoglal ‖ újra kiszed
(*nyomdai szöveget*) ‖ megélesít (*szer-
számot*) ‖ helyére tesz (*csontot*) ‖
utánaigazít, beállít, utánaállít (*órát*) ‖

R

---

nm névmás – *nu* névutó – *szn* számnév – *esz* egyes szám – *tsz* többes szám
▼ szófajjelzés ⊕ földrajzi variáns ❏ szakterület ❖ stiláris minősítés

új kérdéseket/feladatokat készít (elő) *(vizsgázóknak)*

resettle [ˌriː'setl] *ige (embert)* áttelepít ‖ visszatelepít

resettlement [ˌriː'setlmənt] *fn* áttelepítés, áttelepülés

reshape [ˌriː'ʃeɪp] *ige (vmt korszerűvé)* átalakít

reshuffle ▼ ['riː'ʃʌfl] *fn* **reshuffle of the cabinet** kormányátalakítás ▼ [ˌriː'ʃʌfl] *ige (kormányt)* átalakít

reside [rɪ'zaɪd] *ige* (vhol) él, lakik ‖ vhol székel

residence ['rezɪdəns] *fn* tartózkodás ‖ rezidencia ‖ székhely ‖ bennlakás

resident ['rezɪdənt] ▼ *mn* bennlakó ‖ ❏*szt* rezidens ▼ *fn (állandó)* lakos, lakó ‖ bennlakó

residential [ˌrezɪ'denʃl] *mn* lakó-, tartózkodási ‖ bennlakásos ‖ lakóhelyhez kötött

residential area *fn* lakónegyed

residual [rɪ'zɪdʒʊəl] *mn* maradék(-), megmaradó

residue ['rezɪdjuː] *fn* maradék, maradvány, hátralék

resign [rɪ'zaɪn] *ige* lemond, leköszön *(from* vmről) ‖ **the Cabinet has resigned** lemondott a kormány

resignation [ˌrezɪg'neɪʃn] *fn* beletörődés, lemondás, belenyugvás ‖ lemondás *(tisztségről)* ‖ **offer/send in one's resignation** benyújtja lemondását; **accept sy's resignation** állásából/hivatalából felment

resigned [rɪ'zaɪnd] *mn* lemondó, beletörődő, nyugodt, elszánt, rezignált ‖ **be/seem resigned to sg** (úgy tűnik,) beletörődött vmbe

resilience [rɪ'zɪlɪəns] *fn (átv is)* rugalmasság

resilient [rɪ'zɪlɪənt] *mn (átv is)* rugalmas

resin ['rezɪn] *fn* gyanta

resinous ['rezɪnəs] *mn* gyantás

resist [rɪ'zɪst] *ige* ellenáll vmnek, ellenállást fejt ki

resistance [rɪ'zɪstəns] *fn (fiz, el is)* ellenállás ‖ **offer resistance to sg, put up resistance to sg** ellenáll vmnek, ellenállást fejt ki

resistant [rɪ'zɪstənt] *mn* ellenálló(képes)

resolute ['rezəluːt] *mn* elszánt, eltökélt ‖ határozott, rendületlen

resolutely ['rezəluːtli] *hsz* rendületlenül, határozottan

resoluteness ['rezəluːtnəs] *fn* elszántság, eltökéltség

resolution [ˌrezə'luːʃn] *fn* döntés, elhatározás, határozat ‖ elszántság, eltökéltség ‖ megoldás, megfejtés ‖ ❏*fiz* felbontóképesség

resolve [rɪ'zɒlv] ▼ *fn* eltökéltség ▼ *ige* (el)határoz, eltökéli magát ‖ megold, megfejt *(problémát)* ‖ felbont *(elemeire)* ‖ **he resolved on …ing** eltökélte/elhatározta, hogy…

resolved [rɪ'zɒlvd] *mn* eltökélt, elhatározott

resolving power [rɪ'zɒlvɪŋ] *fn* felbontóképesség

resonance ['rezənəns] *fn* (együtt)hangzás, zengés, rezonancia

resonant ['rezənənt] *mn* zengő, együtthangzó, rezonáns ‖ ❏*zene* rezonanciaképes, rezonáló ‖ **resonant with sg** vmtől visszhangzó

resonate ['rezəneɪt] *ige* rezonál

resort [rɪ'zɔːt] ▼ *fn* eszköz, megoldás ‖ üdülőhely, nyaralóhely ‖ **have resort to** igénybe vesz, folyamodik vmhez; **as a last resort** végső eszközként; **in the last resort** végső eszközként, ha minden kötél szakad ▼ *ige* **resort to** vmhez folyamodik ‖ **resort to force** erőszakhoz folyamodik

resound [rɪ'zaʊnd] *ige (dal)* felhangzik, csendül, harsan ‖ rezonál ‖ **resound with** vmtől zeng

resounding [rɪ'zaʊndɪŋ] *mn* zengő ‖ **resounding success** átütő siker

resource [rɪ'zɔːs] *fn* segélyforrás ‖ mentsvár ‖ **financial resources** anya-

---

fn főnév – *hsz* határozószó – *isz* indulatszó – *ksz* kötőszó – *mn* melléknév

▼ szófajjelzés ⊕ földrajzi variáns ❏ szakterület ❖ stiláris minősítés

gi eszközök, pénzeszközök; **resources**
erőforrás; **be left to his own resources** magára van utalva
resourceful [rɪ'zɔ:sfl] *mn* ötletes, leleményes, élelmes, találékony
resourcefulness [rɪ'zɔ:sflnəs] *fn* találékonyság, leleményesség
resp = respectively
respect [rɪ'spekt] ▼ *fn* figyelembevétel; tekintet, megbecsülés; tisztelet, nagyrabecsülés ‖ **hold (sy) in respect** vkt tiszteletben tart; **have respect for sy** respektál vkt; **in every respect** minden téren/szempontból; **in this respect** ebből a szempontból; **with respect to ...** tekintettel ...-ra/...-re; **give my respects to** (kérem,) adja át tiszteletemet/üdvözletemet; **pay one's respects to** tiszteletét teszi vknél ▼ *ige* **respect** sy tisztelettel van vk iránt, vkt tiszteletben tart
respectability [rɪ,spektə'bɪləti] *fn* tiszteletreméltóság, jóhiszeműség ‖ ragaszkodás társadalmi formákhoz
respectable [rɪ'spektəbl] *mn* becsületes, tiszteletre méltó
respectful [rɪ'spektfl] *mn* tiszteletteljes, tisztelettudó ‖ tisztes *(távolság)*
respectfully [rɪ'spektfli] *hsz* **I am yours most respectfully** *(levél végén)* fogadja nagyrabecsülésem kifejezését
respecting [rɪ'spektɪŋ] *elölj* -ra/-re vonatkozó, ...-t illető
respective [rɪ'spektɪv] *mn* saját ‖ külön ‖ **we all went to our respective rooms** ki-ki bement a (saját) szobájába
respectively [rɪ'spektɪvli] *hsz* illetőleg ‖ **they made the journey by car, train and air respectively** útjukat kocsival, vonattal, ill. repülővel tették meg
respiration [,respɪ'reɪʃn] *fn* légzés, lélegzés, lélegzetvétel
respiratory [rɪ'spɪrətəri] *mn* légzési, légúti ‖ **respiratory disturbances** légzési zavarok; **respiratory organs** lég-

zőszervek; **respiratory system** légzőrendszer; **respiratory tracts** légutak
respite ['respaɪt, ⊕*US* 'respɪt] ▼ *fn* pihenő, szünet, megállás ‖ haladék, halasztás ▼ *ige* haladékot ad ‖ enyhít
resplendent [rɪ'splendənt] *mn* csillogó, fénylő, ragyogó ‖ **be resplendent in sg** ❖ *iron* tündököl vmben
respond [rɪ'spɒnd] *ige* válaszol, reagál, visszajelez ‖ **respond to** vknek/vmre válaszol, reflektál/reagál vmre
respondent [rɪ'spɒndənt] *fn (válóperben)* alperes ‖ *(közvélemény-kutatásban)* megkérdezett
response [rɪ'spɒns] *fn* válasz; felelet ‖ visszajelzés ‖ **meet with a warm response** kedvező visszhangra talál
responsibility [rɪ,spɒnsə'bɪləti] *fn* felelősség ‖ munkaköri kötelesség ‖ **accept/take (full) responsibility for sy/sg** vkért/vmért vállalja a felelősséget
responsible [rɪ'spɒnsəbl] *mn* felelős *(for* vmért, vkért*)*; felelősségteljes ‖ **hold sy responsible (for sg)** vkt felelőssé tesz vmért; **(s)he is responsible** őt terheli a felelősség; **be responsible for sg** felelős/felel vmért/vkért; *(vmnek az)* az oka, hogy; **responsible quarters** mértékadó körök
responsibly [rɪ'spɒnsəbli] *hsz* felelősségteljesen, felelősséggel
responsive [rɪ'spɒnsɪv] *mn* **responsive to sg** vmre fogékony ‖ **be responsive to sg** érzékenyen reagál vmre
rest[1] [rest] ▼ *fn* nyugalmi állapot/helyzet, nyugalom, pihenés; *(munkában)* szünet ‖ **be at rest** nyugalmi állapotban van; **have/take a rest** lepihen ▼ *ige* (meg)pihen ‖ **rest on/against** (meg)támaszkodik vmre; **rest on one's oars** pihen a babérjain; **rest one's elbow(s) on sg** vmre rákönyököl; **rest one's eyes on sg** szemeit pihenteti vmn

R

rest² [rest] ▼ *fn* ❖ *ált* maradék, maradvány || ❏ *zene* szünet(jel) || **for the rest of one's life** élete hátralevő részére, örök életére; **the rest of sg** hátralevő rész; **the rest** a többi *(tárgy stb.)*; **the rest (of them)** a többiek; **for the rest** ami a többit illeti, különben ▼ *ige* marad || **you may rest assured that** afelől nyugodt lehetsz, hogy; **rest content/satisfied with sg** beéri/megelégszik vmvel; **it rests with him (to do sg)** rajta áll/múlik; **the responsibility rests with him** őt terheli a felelősség; **rest on sy/sg** vktől/vmtől függ, vmn alapszik

restaurant ['restrɒnt] *fn* étterem, vendéglő

restaurant car *fn* étkezőkocsi

restaurant owner *fn* étteremtulajdonos

rest cure *fn* fekvőkúra, pihenőkúra

rest day *fn* pihenőnap

restful ['restfl] *mn* nyugalmas

rest-home *fn* szeretetotthon *(öregeknek)*

resting-place ['restɪŋ] *fn* nyugvóhely, sírhely

restitution [ˌrestɪ'tjuːʃn] *fn* helyreállítás; visszatérítés || jóvátétel, kárpótlás

restive ['restɪv] *mn* nyugtalan, ideges || kemény szájú *(ló)*

restless ['restləs] *mn* nyugtalan, ideges, türelmetlen || **be restless** fészkelődik, izeg-mozog; **have a restless night** nyugtalanul alszik

restlessly ['restləs] *hsz* nyugtalanul, idegesen

restlessness ['restlənəs] *fn* nyugtalanság, békétlenség

restock [ˌriː'stɒk] *ige* új készlettel ellát, újra feltölt *(raktárakat)*; újra halasít *(tavat)*

restoration [ˌrestə'reɪʃn] *fn* restaurálás; helyreállítás; felújítás || ❏ *tört* restauráció

restorative [rɪ'stɔːrətɪv] ▼ *mn* erősítő ▼ *fn* erősítőszer, roborálószer

restore [rɪ'stɔː] *ige* restaurál, helyreállít, felújít || **restore (public) order** helyreállítja a rendet; **restore sy to his office** állásába visszahelyez vkt; **be restored to health** visszanyeri egészségét

restorer [rɪ'stɔːrə] *fn* restaurátor || **hair restorer** hajnövesztő

restrain [rɪ'streɪn] *ige* visszatart, megfékez, korlátoz, megszorít || türtőztet || **restrain oneself** (*v.* one's temper) mérsékeli magát, uralkodik magán/ érzelmein

restrained [rɪ'streɪnd] *mn* mérsékelt, korlátozott, visszafojtott

restraint [rɪ'streɪnt] *fn* korlátozás, megszorítás || mérséklet || **with restraint** fenntartással; **without restraint** korlátlanul

restrict [rɪ'strɪkt] *ige* korlátoz, megszorít || **restrict oneself to** szorítkozik vmre; **be restricted to** szorítkozik vmre

restricted [rɪ'strɪktɪd] *mn* szűkre szabott || korlátozott, szűkebb körű || **restricted area** ⊕ *GB* fokozott rendőri ellenőrzés alatti terület, útszakasz sebességkorlátozással *v.* parkolási tilalommal

restriction [rɪ'strɪkʃn] *fn* korlátozás, megszorítás

restrictive [rɪ'strɪktɪv] *mn* korlátozó, megszorító, szűkítő || ❏ *nyelvt* **restrictive clause** kijelölő/korlátozó értelmű mellékmondat

rest room *fn* illemhely, mosdó *(nagyobb épületben)*

restructure [riː'strʌktʃə] *ige* újjászervez, újjáalakít, átszervez

rest stop *fn* ⊕ *US (autópálya mellett)* parkoló; pihenőhely

result [rɪ'zʌlt] ▼ *fn* eredmény, kimenetel || **as a result of** vmnek következtében/eredményeképpen, ebből kifolyólag ▼ *ige* **result (from)** vmből következik/származik/ered; **result in**

---

fn főnév – *hsz* határozószó – *isz* indulatszó – *ksz* kötőszó – *mn* melléknév
▼ szófajjelzés ⊕ földrajzi variáns ❏ szakterület ❖ stiláris minősítés

sg végződik vmben, vmlyen eredményre (v. vmre) vezet

resultant [rɪ'zʌltənt] *mn* származó || eredő || **resultant force** eredő erő

resume [rɪ'zju:m] *ige* újrakezd(ődik) || visszavesz || **resume one's journey** folytatja útját; **resume work** (újra) felveszi a munkát

résumé ['rezjʊmeɪ, ⊕US 'rezəmeɪ] *fn* (tartalmi) kivonat, rezümé || ⊕ *US* szakmai önéletrajz

resumption [rɪ'zʌmpʃn] *fn* újrakezdés, folytatás, újrafelvétel

resurgence [rɪ'sɜ:dʒns] *fn* feltámadás, újjászületés *(népé)*

Resurrection, the [ˌrezə'rekʃn] *fn* ❏ *vall* feltámadás

resuscitate [rɪ'sʌsɪteɪt] *ige* feléleszt, magához térít

resuscitation [rɪˌsʌsɪ'teɪʃn] *fn* felélesztés, életre keltés; feléledés; magához térés

retail ▼ ['ri:teɪl] *fn* eladás kicsinyben, kiskereskedelem || **sell by retail** kicsi(ny)ben árusít ▼ [ˌri:'teɪl] *ige* kicsi(ny)ben árusít (v. ad el) || ... áron ad el || **(goods) retail at ...** *(áruk)* ...-os áron kerülnek kiskereskedelmi forgalomba

retail business *fn* kiskereskedés || kiskereskedelem

retailer ['ri:teɪlə] *fn* kiskereskedő, viszonteladó

retail outlet *fn* kiskereskedés

retail price *fn* kiskereskedelmi ár

retail price index *fn* kiskereskedelmi árindex

retail shop *fn* kiskereskedés

retail trade *fn* kiskereskedelem

retail trader *fn* kiskereskedő

retain [rɪ'teɪn] *ige* megtart, visszatart || **retain a lawyer** ügyvédet fogad

retainer [rɪ'teɪnə] *fn* ügyvédi költség

retake [ˌri:'teɪk] *ige* (*pt* **retook** [ˌri:'tʊk]; *pp* **retaken** [ˌri:'teɪkn]) *(várost)* visszafoglal, visszavesz

retaken [ˌri:'teɪkn] *pp* → **retake**

retaliate [rɪ'tælieɪt] *ige* megtorol, megtorló intézkedéseket tesz

retaliation [rɪˌtæli'eɪʃn] *fn* megtorlás, retorzió || **in retaliation** megtorlásként

retaliatory measures [rɪ'tæliətəri] *fn tsz* megtorló intézkedések/rendszabályok

retard [rɪ'tɑ:d] *ige* késleltet

retardation [ˌri:tɑ:'deɪʃn] *fn* **mental retardation** értelmi fogyatékosság

retarded [rɪ'tɑ:dɪd] *mn* értelmi fogyatékos

retch [retʃ] *ige* öklendezik

retell [ˌri:'tel] *ige* (*pt/pp* **retold** [ˌri:'tʊʊld]) újra elmond

retention [rɪ'tenʃn] *fn* visszatartás, megtartás || rekedés, retentio *(vizeleté)*

retentive memory [rɪ'tentɪv] *fn* jó emlékezőtehetség

rethink [ˌri:'θɪŋk] *ige* (*pt/pp* **rethought** [ˌri:'θɔ:t]) (újra) átgondol

rethought [ˌri:'θɔ:t] *pt/pp* → **rethink**

reticence ['retɪsns] *fn* elhallgatás; hallgatagság, szűkszavúság, tartózkodás || **display reticence** szűkszavú, hallgatag

reticent ['retɪsnt] *mn* hallgatag, zárkózott

reticulated [rɪ'tɪkjʊleɪtɪd] *mn* (hálószerűen) recés

retina ['retɪnə] *fn* retina

retinue ['retɪnju:] *fn* kíséret

retire [rɪ'taɪə] *ige* visszavonul (*from* vhonnan, vmtől); *(tisztségről)* leköszön || nyugalomba megy/vonul, nyugdíjba megy || félrevonul || **retire on a pension at 65** nyugdíjba megy 65 éves korában; **retire to her room** visszavonul a szobájába

retired [rɪ'taɪəd] *mn* nyugdíjas, nyugalmazott || visszavonult || **live a retired life** magának él

retirement [rɪ'taɪəmənt] *fn* nyugdíjazás || nyugalomba vonulás || nyugállomány || *(szobájába)* elvonulás, visszavonultság || **live in retirement**

R

in... visszavonultan/nyugdíjasként él
...-ban/...-ben; **on his retirement**
nyugalomba vonulása alkalmából
retirement age *fn* nyugdíjkorhatár
retiring [rɪ'taɪərɪŋ] *mn* félénk, vissza-
húzódó, szerény ‖ **the retiring minis-
ter** a távozó miniszter
retiring age *fn* nyugdíjkorhatár
retold [‚ri:'toʊld] *pt/pp* → **retell**
retook [‚ri:'tʊk] *pt* → **retake**
retool [‚ri:'tu:l] *ige* átállít *(üzemet más
termelésre)*
retort [rɪ'tɔ:t] ▼ *fn* replika ▼ *ige* repli-
kázik, visszavág
retouch [‚ri:'tʌtʃ] *ige* retusál
retrace [rɪ'treɪs] *ige* visszamegy
(ugyanazon az úton) ‖ elismétel ‖ át-
gondol, visszagondol, rekonstruál *(tör-
ténteket)*
retract [rɪ'trækt] *ige* behúz, visszahúz
retractable [rɪ'træktəbl] *mn* behúzha-
tó, bevonható *(futómű)*
retrain [‚ri:'treɪn] *ige* átképez
retraining [ri:'treɪnɪŋ] *fn* átképzés
retread ['ri:tred] *ige (pt/pp* **retreaded**)
újrafutóz *(gumiabroncsot)*
retreat [rɪ'tri:t] ▼ *fn* ❑*vall* lelkigya-
korlat ‖ csendes nap(ok) *(protestán-
soknál)* ▼ *ige (sereg)* hátrál, vissza-
vonul
retrench [rɪ'trentʃ] *ige* csökkent *(ki-
adást)* ‖ **retrench one's expenses/ex-
penditure** (anyagilag) összehúzza ma-
gát
retrenchment [rɪ'trentʃmənt] *fn* csök-
kentés *(kiadásoké)*
retrial [‚ri:'traɪəl] *fn* ❑*jog* perújítás
retribution [‚retrɪ'bju:ʃn] *fn* büntetés,
megtorlás ‖ **the day of retribution**
❑*vall* az ítélet napja
retrieval [rɪ'tri:vl] *fn* visszanyerés *(tu-
lajdoné)* ‖ ❑*szt* visszakeresés
retrieve [rɪ'tri:v] *ige* visszanyer *(tulaj-
dont)*; visszakap ‖ helyrehoz, jóvátesz
‖ ❑*szt* visszakeres
retroactive [‚retroʊ'æktɪv] *mn* vissza-
menő hatályú

retroactively [‚retroʊ'æktɪvli] *hsz*
visszamenőleg
retrograde ['retrəgreɪd] ▼ *mn* hátra-
felé haladó/irányuló ‖ ellentétes ‖ ma-
radi, haladásellenes, retrográd ▼ *ige*
hátrafelé megy, ellentétes irányba
megy; visszavonul ‖ visszafejlődik,
visszaesik, hanyatlik
retrospect ['retrəspekt] *fn* áttekintés;
visszapillantás
retrospective [‚retrə'spektɪv] ▼ *mn*
visszatekintő ‖ visszamenő hatályú ▼
fn emlékkiállítás
retrospectively [‚retrə'spektɪvli] *hsz*
visszamenőleg
return [rɪ'tɜ:n] ▼ *fn* visszatérés, vissza-
érkezés ‖ visszaadás, visszatérítés *(pén-
zé)* ‖ viszonzás, ellenszolgáltatás ‖ me-
nettérti jegy ‖ **on his return from ...**
hazajövetele után; **in return (for sg)**
viszonzásul, viszonzásképpen; **in re-
turn for** ellenében; **returns** üzleti
forgalom, bevétel; **many happy re-
turns** *(születésnapra)* minden jót kí-
vánok ▼ *ige* visszatér, visszautazik,
visszajön, hazajön, megjön ‖ vissza-
ad, visszatérít, visszaküld ‖ viszonoz ‖
return a profit jövedelmez; **return
(one's income)** *(jövedelmet)* bevall;
return sg to its place helyére vissza-
tesz vmt; **return sg to sy** vmt vknek
visszajuttat/visszaküld; **return good
for evil** a rosszat jóval viszonozza
vknek; **return home** hazaérkezik
returnable [rɪ'tɜ:nəbl] *mn* visszaküld-
hető ‖ visszaküldendő ‖ viszonozható
‖ **returnable bottles** csereüvegek
return fare *fn* menettérti jegy ára
return flight *fn* hazaút, hazautazás,
visszaút *(repülővel)*
return journey *fn* hazaút, hazautazás,
visszaút
return key *fn* ❑*szt* „visszatérés" nyo-
mógomb, enter
return match *fn* visszavágó *(mérkő-
zés)*
return ticket *fn* menettérti jegy

reunion [ˌriːˈjuːnɪən] *fn* összejövetel, találkozó *(régi barátoké, rokonoké stb.)*

reunite [ˌriːjuːˈnaɪt] *ige* újraegyesít ‖ újra egyesül ‖ újra összejön ‖ **parents reunited with their children** családegyesítés

reuse [ˌriːˈjuːz] *ige* újból felhasznál, újra feldolgoz/hasznosít

rev [rev] ▼ *fn* ❖ *biz* fordulatszám ‖ **does 4000 revs per minute** percenként 4000 a fordulatszám ▼ *ige* **-vv- rev up the engine** felpörgeti a motort

Rev. = reverend

revaccinate [riːˈvæksɪneɪt] *ige* ❑*orv* újraolt

revaccination [riːˌvæksɪˈneɪʃn] *fn* ❑*orv* újraoltás

revaluation [riːˌvæljuːˈeɪʃn] *fn* átértékelés

revalue [ˌriːˈvæljuː] *ige* újraértékel, *(pénzt)* átértékel

reveal [rɪˈviːl] *ige (titkot)* elárul, felfed, feltár ‖ ❑*vall* kijelent ‖ **reveal itself** megnyilvánul; **reveal one's identity** felfedi magát/kilétét

revealing [rɪˈviːlɪŋ] *mn* leleplező, jellemző ‖ **the X-ray was very revealing** a röntgenfelvétel mindent elárult; **a rather revealing dress** mély kivágású ruha

reveille [rɪˈvæli, ⊕*US* ˈrevəli] *fn* ❑*kat* ébresztő

revel [ˈrevl] *ige* **-ll-** (⊕ *US* **-l-**) lumpol, mulat, tivornyázik

revelation [ˌrevəˈleɪʃn] *fn* (valóságos) felfedezés, reveláció ‖ ❑*vall* kijelentés, kinyilatkoztatás ‖ **the Book of Revelation** A jelenések könyve

reveller (⊕ *US* **-l-**) [ˈrevlə] *fn* mulató *(személy)*

revelry [ˈrevlri] *fn* dínomdánom, mulatás, mulatozás, tivornya

revenge [rɪˈvendʒ] ▼ *fn* bosszú ‖ **in revenge** bosszúból; **take revenge on sy (for sg)** megbosszul vmt (vkn), megbosszulja magát vkn ▼ *ige* **revenge oneself on sy** bosszút áll vkn, megbosszul vmt (vkn), megbosszulja magát vkn

revengeful [rɪˈvendʒfl] *mn* bosszúvágyó

revenue [ˈrevənjuː] *fn* (állami) jövedelem, adóbevétel

revenue office *fn* adóhivatal

revenue stamp *fn* adóbélyeg

reverberate [rɪˈvɜːbəreɪt] *ige (hang)* visszaverődik ‖ **reverberate with (the sound of music etc.)** vmtől visszhangzik

reverberation [rɪˌvɜːbəˈreɪʃn] *fn* visszhangzás, visszaverődés ‖ **reverberations** utóhatások

revere [rɪˈvɪə] *ige* tisztel, nagyra becsül

reverence [ˈrevərəns] ▼ *fn* tisztelet, nagyrabecsülés, hódolat ▼ *ige* tisztel, nagyra becsül

reverend [ˈrevərənd] *mn* nagytiszteletű, tisztelendő

reverent [ˈrevərənt] *mn* tisztelő, tiszteletteljes ‖ áhítatos

reverie [ˈrevəri] *fn* ábrándozás, álmodozás

revers [rɪˈvɪə] *fn (tsz* **-vers** [-ˈvɪəz]) kihajtó; hajtóka *(kabáté)*

reversal [rɪˈvɜːsl] *fn* megfordítás, visszafordítás ‖ megfordulás, visszafordulás

reverse [rɪˈvɜːs] ▼ *mn* fordított, ellenkező ‖ **the reverse side of the coin** az érem másik oldala ▼ *fn* vmnek a fordítottja ‖ hátramenet ‖ **put the car into reverse** hátramenetbe kapcsol ▼ *ige* megfordít ‖ irányt vált ‖ *(autó)* tolat, hátrál, (ki)farol ‖ **reverse (the) charge(s)** R-beszélgetést kér/folytat, a hívott fél költségére kér beszélgetést; **reverse (the/one's car)** *(autóval)* tolat

reverse(d) charge call *fn* R-beszélgetés, a hívott költségére kért beszélgetés

reverse gear *fn (gépkocsié)* hátramenet(i fokozat)

---

nm névmás – *nu* névutó – *szn* számnév – *esz* egyes szám – *tsz* többes szám
▼ szófajjelzés ⊕ földrajzi variáns ❑ szakterület ❖ stiláris minősítés

R

reversible [rɪ'vɜːsəbl] *mn* megfordítható, kifordítható *(szövet, ruhadarab)*
reversible film *fn* fordítós film
reversing [rɪ'vɜːsɪŋ] *fn* tolatás *(autóval)*
reversing light *fn* tolatólámpa
reversion [rɪ'vɜːʃn] *fn* visszatérés *(előbbi állapothoz)* ‖ visszaháramlás *(tulajdonjogé)*; váromány, utódlási jog
revert [rɪ'vɜːt] *ige* visszatér *(to* vmre/vmhez)
review [rɪ'vjuː] ▼ *fn* felülvizsgálat, számbavétel ‖ visszapillantás, áttekintés ‖ ismertetés, recenzió *(könyvé)*; bírálat, kritika ‖ szemle ‖ ❑ *kat* szemle ‖ **review of the press** lapszemle; **it had good reviews** jó kritikát kapott ▼ *ige* áttekint, számba vesz, átnéz ‖ ismertetést ír, ismertet ‖ **was well/favourably reviewed** kedvező kritikát kapott
review copy *fn* recenziós példány, sajtópéldány
reviewer [rɪ'vjuːə] *fn* ismertető *(könyvé)*
revile [rɪ'vaɪl] *ige* gyaláz, pocskondiáz, ócsárol
revise [rɪ'vaɪz] *ige* átnéz, revideál, átdolgoz; *(szöveget)* kijavít; felülvizsgál ‖ *(vizsgára)* készül
revised [rɪ'vaɪzd] *mn* javított, átdolgozott ‖ **revised and enlarged edition** javított és bővített kiadás
revision [rɪ'vɪʒn] *fn* felülvizsgálat, revízió ‖ átdolgozás
revisionism [rɪ'vɪʒnɪzm] *fn* revizionizmus
revisit [ˌriː'vɪzɪt] *ige* újra meglátogat
revitalize [rɪ'vaɪtlaɪz] *ige* újraéleszt, feléleszt, feltámaszt
revival [rɪ'vaɪvl] *fn* megújulás, feléledés; megújhodás ‖ ❑ *vall* ébredés ‖ felújítás *(színdarabé)*
revive [rɪ'vaɪv] *ige (ájultat)* életre kelt, (fel)éleszt ‖ *(természet, remény)* megújul, megújhodik, (újjá)éled, újjászületik ‖ *(szokást)* feléleszt ‖ *(színdarabot)* felújít

revoke [rɪ'vəʊk] *ige (rendeletet)* visszavon
revolt [rɪ'vəʊlt] ▼ *fn* felkelés *(népé)*, lázadás ▼ *ige* **revolt against sg/sy** vm/vk ellen (fel)lázad
revolting [rɪ'vəʊltɪŋ] *mn* vérlázító
revolution [ˌrevə'luːʃn] *fn* fordulat *(keréké)* ‖ forradalom ‖ **100 revolutions per minute** percenként 100 fordulat
revolutionary [ˌrevə'luːʃnəri] ▼ *mn* forradalmi ▼ *fn* forradalmár
revolutionize [ˌrevə'luːʃnaɪz] *ige* forradalmasít, gyökeresen megváltoztat
revolve [rɪ'vɒlv] *ige* kering, *(körben)* forog
revolver [rɪ'vɒlvə] *fn* forgópisztoly, revolver
revolving chair [rɪ'vɒlvɪŋ] *fn* forgószék
revolving credit *fn* automatikusan megújítható hitel
revolving door *fn* forgóajtó
revue [rɪ'vjuː] *fn* revü
revulsion [rɪ'vʌlʃn] *fn* ellenérzés, visszatetszés ‖ hirtelen változás/fordulat, (hirtelen) véleményváltoztatás ‖ **feel a sense of revulsion at** ellenérzést vált ki vkből, undort érez *(vm láttán)*
reward [rɪ'wɔːd] ▼ *fn (jó teljesítményért)* jutalom, ellenszolgáltatás ▼ *ige* (meg)jutalmaz, díjaz, jutalomban részesít vkt
rewarding [rɪ'wɔːdɪŋ] *mn* kifizetődő, hasznos, eredményes ‖ hálás *(téma)*
rewind [ˌriː'waɪnd] *ige (pt/pp* **rewound** [ˌriː'waʊnd])* áttekercsel
rewire [ˌriː'waɪə] *ige* **rewire a house** felújítja a ház elektromos vezetékeit, újrakábelez
reword [ˌriː'wɜːd] *ige (okmányt)* átfogalmaz
rewound [ˌriː'waʊnd] *pt/pp* → **rewind**
rework [ˌriː'wɜːk] *ige (tervet)* átdolgoz

---

fn főnév – *hsz* határozószó – *isz* indulatszó – *ksz* kötőszó – *mn* melléknév
▼ szófajjelzés ⊕ földrajzi variáns ❑ szakterület ❖ stiláris minősítés

rewrite [ˌriːˈraɪt] *ige (pt* **rewrote** [ˌriːˈrəʊt]; *pp* **rewritten** [ˌriːˈrɪtn]) átír, újraír; *(irodalmi v. zeneművet)* átdolgoz
rewritten [ˌriːˈrɪtn] *pp* → **rewrite**
rewrote [ˌriːˈrəʊt] *pt* → **rewrite**
rhapsody [ˈræpsədi] *fn* rapszódia
rhetoric [ˈretərɪk] *fn* ékesszólás, retorika, szónoklattan
rhetorical [rɪˈtɒrɪkl] *mn* szónoki, retorikai ‖ bombasztikus ‖ **rhetorical device** szónoki fogás
rheum [ruːm] *fn* csipa
rheumatic [ruːˈmætɪk] ▼ *mn* reumás ▼ *fn* reumás beteg
rheumatic pains *fn tsz* reumás fájdalom
rheumatism [ˈruːmətɪzm] *fn* reuma
rheumatoid arthritis [ˈruːmətɔɪd ˌɑːˈθraɪtɪs] *fn* rheumatoid arthitis, *(így is:)* polyarthritis chronica progressiva, PCP
rheumatologist [ˌruːməˈtɒlədʒɪst] *fn* reumatológus
rheumatology [ˌruːməˈtɒlədʒi] *fn* reumatológia
rheumy [ˈruːmi] *mn* csipás
RH factor *fn* ❑ *biol* RH-faktor
Rhine [raɪn] *fn* Rajna
rhinoceros [raɪˈnɒsərəs] *fn* orrszarvú, rinocérosz
RH negative [ˌɑːˈreɪtʃ ˈnegətɪv] *mn* ❑ *biol* Rh-negatív
Rhodes [rəʊdz] *fn* Rodosz
rhododendron [ˌrəʊdəˈdendrən] *fn* rododendron
rhombus [ˈrɒmbəs] *fn* rombusz
RH positive [ˌɑːˈreɪtʃ ˈpɒzɪtɪv] *mn* ❑ *biol* Rh-pozitív
rhubarb [ˈruːbɑːb] *fn* rebarbara
rhyme [raɪm] ▼ *fn* rím ▼ *ige* rímel, összecseng ‖ **rhyme with sg** vmvel rímel
rhythm [ˈrɪðm] *fn* ritmus, ütem
rhythmic(al) [ˈrɪðmɪk(l)] *mn* ritmikus, ütemes

rhythmically [ˈrɪðmɪkli] *hsz* ütemesen, ritmikusan
rhythmic gymnastics *fn esz* ritmikus sportgimnasztika
RI = *(Latin: Rex et Imperator)* király és császár
rib [rɪb] *fn* borda
ribald [ˈrɪbld] *mn/fn* mocskos (szájú), trágár
ribbed [ˈrɪbd] *mn* bordás
ribbon [ˈrɪbən] *fn* szalag, pántlika
ribbon development *fn* szalagház
ribonucleic acid [ˌraɪbəʊnjuːˈkliːɪk] *fn* ❑ *vegy* ribonukleinsav
rice [raɪs] *fn* rizs
rice pudding *fn* rizses puding
ricer [ˈraɪsə] *fn* ⊕ *US* krumplinyomó
rich [rɪtʃ] ▼ *mn* gazdag ‖ bőséges, bő ‖ kövér *(föld)* ‖ gazdag *(növényzet)* ‖ **get rich** meggazdagodik; **rich food** zsíros étel; **rich meal** bőséges étkezés; **rich in sg** gazdag vmben; **rich in vitamins** vitamindús ▼ *fn* **the rich** a gazdagok ‖ → **riches**
riches [ˈrɪtʃɪz] *fn tsz* vagyon, gazdagság
richly [ˈrɪtʃli] *hsz* gazdagon ‖ **he richly deserved it** alaposan rászolgált
richness [ˈrɪtʃnəs] *fn* gazdagság, bőség
rick [rɪk] *fn* boglya, kazal
rickets [ˈrɪkɪts] *fn esz v. tsz* angolkór
rickety [ˈrɪkəti] *mn (bútor)* rozoga ‖ angolkóros
rickshaw [ˈrɪkʃɔː] *fn* riksa
ricochet [ˈrɪkəʃeɪ] *ige* gellert kap
rid [rɪd] *ige (pt/pp* rid) **-dd-** megszabadít ‖ **get rid of, rid oneself of sy** vktől megszabadul
riddance [ˈrɪdns] *fn* (meg)szabadulás vmtől ‖ **a good riddance** hála Isten, hogy ettől megszabadultam!
ridden [ˈrɪdn] *mn* üldözött, vm által nyomorgatott, elnyomott ‖ → **ride**
riddle[1] [ˈrɪdl] *fn* rejtély, talány ‖ rejtvény

R

riddle[2] ['rıdl] ▼ *fn* rosta ▼ *ige (gabonát, kavicsot)* (át)rostál ‖ **riddle sy with bullets** ❖ *biz* szitává lő vkt; **be riddled with mistakes** nyüzsögnek benne a hibák

ride [raıd] ▼ *fn (rövid)* autózás ‖ **go for a ride** kilovagol; autózik, utazik (gépjárművön), sétakocsizásra megy; **take sy for a ride** ❖ *biz* átver/átejt vkt ▼ *ige (pt* **rode** [rʊd]; *pp* **ridden** ['rıdn]) lovagol, lóháton megy ‖ **ride a motorcycle** motorozik, motorkerékpározik; **ride a horse** lovagol; **ride a bicycle** biciklizik; **ride at full gallop** vágtázik; **ride bareback** szőrén üli meg a lovat; **ride for a fall** vesztébe rohan; **(s)he was ridden by/ with guilt** súlyos bűntudat nyomasztotta

ride down (lóval) legázol
ride in vhova belovagol
ride off vhonnan ellovagol
ride out kilovagol ‖ **ride out the storm** átvészeli a vihart/bajt
ride up felcsúszik *(ruhadarab)*

rider ['raıdə] *fn* lovas ‖ tolósúly ‖ záradék ‖ **be a good rider** jól lovagol, jó lovas

ridge [rıdʒ] *fn* (hegy)gerinc ‖ (tető)gerinc

ridicule ['rıdıkjuːl] ▼ *fn* gúny ▼ *ige* kifiguráz, (ki)csúfol, (ki)gúnyol ‖ **ridicule sy** gúnyt űz vkből/vmből

ridiculous [rı'dıkjʊləs] *mn* nevetséges ‖ **that's absolutely ridiculous** ez egyenesen nevetséges; **it's quite ridiculous** kész cirkusz/kabaré; **make sy ridiculous** vkt nevetségessé tesz

ridiculously [rı'dıkjʊləsli] *hsz* nevetségesen

riding ['raıdıŋ] *fn* lovaglás
riding-boots *fn tsz* lovaglócsizma
riding breeches *fn tsz* lovaglónadrág, csizmanadrág
riding competition *fn* lovasverseny

riding crop *fn* lovaglópálca
riding-habit *fn* lovaglóruha
riding horse *fn* hátasló
riding-school *fn* lovasiskola, lovagló-iskola
riding switch *fn* lovaglópálca
riding tour *fn* lovastúra
rife [raıf] *mn* gyakori, elterjedt
riff-raff ['rıfræf] *fn* söpredék, csőcselék
rifle ['raıfl] *fn* puska
rifled ['raıfld] *mn* vontcsövű
rifle drill *fn tsz* puskafogások
rifleman ['raıflmən] *fn (tsz* **-men)** ❑ *kat* lövész
rifle-range *fn* lőtér
rifle-shot *fn* puskalövés ‖ **within rifle-shot** puskalövésnyire
rift [rıft] *fn* rés
rig[1] [rıg] ▼ *fn* vitorlázat, kötélzet ‖ ❖ *biz* szerelés ‖ fúrótorony ▼ *ige* **-gg-** felszerel ‖ kötélzettel ellát, felcsarnakol ‖ **rig out** felszerel, kiöltöztet; **rig up** felállít, összeszerel
rig[2] [rıg] *fn* ❑ *sp* ❖ *biz* bunda
rigged match [rıgd] *fn* ❑ *sp* ❖ *biz* bunda
rigging ['rıgıŋ] *fn* ❑ hajó kötélzet
rigging loft *fn* zsinórpadlás
right[1] [raıt] ▼ *mn* helyes, helyénvaló, megfelelő, igazi, találó ‖ **are you in your right mind?** normális vagy?; **he is right** igaza van; **you are right!** igazad van!; **you got it right!** eltaláltad!; **be right for sg** alkalmas vmre; **the right man in the right place** a megfelelő embert a megfelelő helyre; **are we on the right road?** jó úton vagyunk?; **he is in his right senses** józanul gondolkodik, helyén van az esze; **right side (of the fabric)** szín *(szöveté visszájával szemben)*; **right time** pontos idő; **all right!** helyes!, rendben! ▼ *hsz* helyesen, jól, megfelelően ‖ egyenesen ‖ azonnal, mindjárt ‖ éppen, pont, közvetlenül ‖ **right here** éppen itt; **right after** köz-

vetlenül utána; **right at the beginning** *(időben)* legelején vmnek; **right away** máris, azonnal, rögtön; **right now** ⊕ *US* rögtön, most azonnal ▼ *fn* igazságosság, jog(osság), illetékesség ‖ **by right** jogosan; **by what right?** milyen jogcímen?; **in one's own right** saját jogán; **by right of** vmlyen címen; **right of way** áthaladási elsőbbség; **he has the right (to)** jogában áll; **the right to vote** választójog; **put sg to rights** elintéz, elrendez, rendbe hoz; **the rights and wrongs of sg** vmnek a jó és rossz oldala(i); **all rights reserved** minden jog fenntartva

right² [raɪt] *mn/hsz/fn* jobb *(kéz, oldal stb.)* ‖ jobbra, jobb felé ‖ jobb (oldal) ‖ **from the right** jobbról, jobb felől; **the right** jobb oldal; **to the right** jobbra; **the Right (in Parliament)** jobboldal, jobbszárny; **from right to left** *(képen)* jobbról balra; **no right turn** jobbra kanyarodni tilos!; **turn right** jobbra kanyarodik

right angle *fn* derékszög
right-angled *mn* derékszögű
right back *fn* ❑ *sp* jobbhátvéd
right bend *fn* útkanyarulat jobbra
right centre (⊕ *US* **-ter**) *fn* jobbközép
righteous ['raɪtʃəs] *mn* becsületes, tisztességes, igaz ‖ jogos, igazságos
righteousness ['raɪtʃəsnəs] *fn* becsületesség ‖ igazságosság
right-foot shoe *fn* jobblábas cipő
rightful ['raɪtfl] *mn* jogos ‖ **rightful heir** törvényes örökös
rightfully ['raɪtfli] *hsz* törvényes úton; jogosan
right-hand *mn* jobb oldali, jobb kéz felőli ‖ jobbmenetes ‖ **right-hand drive car** jobbkormányos kocsi; **right-hand man** ❖ *biz* bizalmi ember; **on the right-hand side** a jobb oldalon; **right-hand stroke** jobbkezes ütés
right-handed *mn* jobbkezes, jobbos

rightist ['raɪtɪst] *mn/fn* ❑ *pol* jobboldali
rightly ['raɪtli] *hsz* méltán, joggal, jogosan
right-minded *mn* józan gondolkodású
right wing *fn* ❑ *pol* jobbszárny
right-wing ▼ *mn* ❑ *pol* jobboldali ▼ *fn* ❑ *sp* jobbszélső
right-winger *fn* jobboldali politikus ‖ ❑ *sp* jobbszélső
rigid ['rɪdʒɪd] *mn* merev
rigidity [rɪ'dʒɪdəti] *fn* merevség
rigidly ['rɪdʒɪdli] *hsz* ridegen, mereven
rigmarole ['rɪgmərəʊl] *fn* üres fecsegés ‖ ostoba procedúra
rigor mortis [ˌrɪgə 'mɔːtɪs] *fn* hullamerevség
rigorous ['rɪgərəs] *mn* szigorú, merev
rigorously ['rɪgərəsli] *hsz* szigorúan, mereven
rigour (⊕ *US* **-or**) ['rɪgə] *fn* szigor
rig-out *fn* ❖ *biz* „szerelés" *(öltözet)*
rile [raɪl] *ige* felingerel, idegesít; ❖ *biz* felhúz
rill [rɪl] *fn* csermely, erecske
rim [rɪm] *fn* karima, perem, szél
rime [raɪm] *fn* dér, zúzmara
rimless ['rɪmləs] *mn* keret/perem nélküli
rimmed [rɪmd] *mn* szegélyezett, keretes, karimás, peremes
rind [raɪnd] *fn (dinnye, sajt, alma)* héj; *(szalonnán, sajton)* bőr
ring¹ [rɪŋ] ▼ *fn* karika ‖ *(kézen)* gyűrű ‖ ❑ *sp* szorító, ring ‖ **rings** gyűrű *(sportszer)* ▼ *ige (pt/pp* **ringed**) körülfog, (be)terel ‖ (meg)gyűrűz
ring² [rɪŋ] ▼ *fn* csengetés, csengés ‖ hangzás ‖ **give me a ring** hívj(on) fel (telefonon)!; **there's a ring at the door** csengettek ▼ *ige (pt* **rang** [ræŋ]; *pp* **rung** [rʌŋ]) *(csengő, harang)* szól; *(telefon)* cseng, szól ‖ megszólal ‖ megkondul ‖ **it rings a bell** vm rémlik; **ring the bell** csenget

ring (sy) back (later) *(vkt telefonon)*
visszahív, újra hív

ring down (the curtain) ❑ *szính* le-
ereszti a függönyt

ring for a taxi (telefonon) taxit hív

ring off leteszi a (telefon)kagylót

ring sy up *v.* **ring up sy** felhív *(tele-*
fonon) ‖ **ring up (the curtain)**
❑ *szính* felhúzza a függönyt

ring binder *fn* gyűrűs iratrendező

ring burner *fn* körégő

ringdove ['rɪŋdʌv] *fn* örvös galamb

ringed [rɪŋd] *mn* gyűrűs

ring exercise(s) *fn tsz* ❑ *sp* gyűrűgya-
korlat

ring-finger *fn* gyűrűsujj

ringing ['rɪŋɪŋ] *mn* csengő, zengő

ringing tone *fn* cseng(et)és *(telefonban)*

ringleader ['rɪŋli:də] *fn* bandavezér,
főkolompos, hangadó

ringlets ['rɪŋləts] *fn tsz* kis gyűrű/ka-
rika, gyűrűcske ‖ göndör hajfürt, lok-
ni; pajesz

ring road *fn* körgyűrű *(város körül)*

ring-shaped *mn* gyűrű alakú

ring spanner *fn* csillagkulcs

rink [rɪŋk] *fn* fedett jégpálya

rinse [rɪns] ▼ *fn* öblítés ▼ *ige (edé-*
nyeket, hajat stb.) leöblít; *(ruhát,*
edényt stb.) öblöget; *(sebet)* kimos ‖
rinse (out) (ki)öblít

riot ['raɪət] ▼ *fn* zavargás, lázadás ▼
ige zavarog, lázad

rioter ['raɪətə] *fn* zavargó, lázadó,
rendbontó

riotous ['raɪətəs] *mn* lázadó, rendbon-
tó, zavargó

riotously ['raɪətəsli] *hsz* lázadón, garáz-
da módon ‖ ❖ *biz* rendkívül, állatian

riot police *fn* rohamrendőrség

rip [rɪp] *ige* **-pp-** *(ruha)* (be)hasad, re-
ped, szakad; *(ruhát)* elszakít, hasít ‖
rip open felszakít; **let her/it rip!**
hadd menjen! *(teljes gázzal)*

RIP [ˌɑːr aɪ 'piː] = *(Latin: requiescat*
in pace) nyugodjék békében

rip-cord *fn* oldózsinór *(ejtőernyőn)*

ripe [raɪp] *mn (gyümölcs)* érett

ripen ['raɪpən] *ige (gyümölcs)* (meg)-
érik, beérik; *(gabona)* sárgul

ripeness ['raɪpnəs] *fn* érettség

rip-off *fn* ❖ *átv* rablás *(ha túl sokat*
kérnek vmért)

riposte [rɪ'pɒst] *fn* ❑ *sp és* ❖ *átv* ri-
poszt

ripple ['rɪpl] ▼ *fn (vizen)* fodor ▼ *ige*
(szelíden) hullámzik; *(víz)* fodrozó-
dik; *(bedobott kőtől)* gyűrű(d)zik

ripple across (sg) *(átv vm tovább)*
gyűrű(d)zik

rip saw *fn* rókafarkú fűrész

rise [raɪz] ▼ *fn* (fel)emelkedés ‖ eme-
lés, növelés *(pl. béré)* ‖ keletkezés ‖
áradás ‖ **be on the rise** emelkedőben
van; **rise in prices** áremelkedés; **rise**
in temperature *(időjárás)* felmelege-
dés; **rise in wages** béremelés; **get/**
take a rise out of sy felingerel vkt;
give rise to sg előidéz/okoz vmt ▼
ige (pt **rose** [rəʊz]; *pp* **risen** ['rɪzn])
(fel)emelkedik ‖ *(helyéről, ágyból)*
felkel; *(nap, hold)* felkel ‖ *(ár)* fel-
megy ‖ *(gazdaságilag)* felemelkedik ‖
(függöny) felgördül, felmegy ‖ *(folyó)*
árad ‖ *(rangban)* előlép ‖ **rise early**
korán kel; **rise in open revolt** nyílt
lázadásban tör ki

rise against sg/sy vm/vk ellen lá-
zad, vk ellen fordul

rise from *(mint következmény)* vmből
származik ‖ **rose from the dead** ha-
lottaiból feltámadt *(Jézus)*

rise to the occasion a helyzet ma-
gaslatára emelkedik; **rise to the top**
karriert csinál

risen ['rɪzn] *pp* → **rise**

---

fn főnév – *hsz* határozószó – *isz* indulatszó – *ksz* kötőszó – *mn* melléknév
▼ szófajjelzés ⊕ földrajzi variáns ❑ szakterület ❖ stiláris minősítés

rising ['raɪzɪŋ] ▼ *mn* emelkedő || *(nap, hold)* felkelő || **rising five etc.** mindjárt öt(éves); **the rising generation** a felnövő nemzedék ▼ *fn (népé)* felkelés; zendülés

rising damps *fn* talajnedvesség

rising market *fn* árfolyam-emelkedés

risk [rɪsk] ▼ *fn* kockázat; rizikó || **take a risk** reszkíroz; **take the risk of (doing) sg** kockázatot vállal, megkockáztat vmt ▼ *ige* kockáztat, reszkíroz || **risk one's life** életét kockáztatja

risk capital *fn* törzsrészvénytőke

risk factor *fn* rizikófaktor

risky ['rɪski] *mn* kockázatos, veszélyes, hazárd

risqué ['rɪskeɪ] *mn* ❖ *átv* sikamlós, pikáns

rissole ['rɪsoʊl] *fn* (zsírban sült) húspogácsa/halpogácsa

rite [raɪt] *fn* rítus, szertartás

ritual ['rɪtʃʊəl] ▼ *mn* rituális ▼ *fn* szertartás, rítus; rituálé

rival ['raɪvl] ▼ *fn* rivális, vetélytárs || **be without a rival** nincsen párja ▼ *ige* **-ll-** (⊕ *US* **-l-**) versenyez, verseng, vetélkedik (vkvel, vmvel) || felveszi a versenyt (vkvel, vmvel)

rivalry ['raɪvlri] *fn* versengés, vetélkedés, konkurencia

river ['rɪvə] *fn* folyó || **down/up the river** a folyón lefelé/felfelé; **sell sy down the river** ❖ *biz* csőbe húz vkt, átejt vkt

river-bank *fn* folyópart

river-bed *fn* folyómeder

riverhead ['rɪvəhed] *fn* forrásvidék

riverside ['rɪvəsaɪd] *fn* folyópart || **by the riverside** a parton

rivet ['rɪvɪt] ▼ *fn* szegecs ▼ *ige* szegecsel

riveting ['rɪvɪtɪŋ] ▼ *fn* szegecselés ▼ *mn* ❖ *biz* izgalmas, lenyűgöző, lebilincselő

Riviera [ˌrɪvi'eərə] *fn* Riviéra

rivulet ['rɪvjʊlət] *fn* csermely, erecske

RN [ˌɑːr 'en] ⊕ *US* = **registered nurse** || ⊕ *GB* = **Royal Navy**

RNA [ˌɑːr en 'eɪ] = **ribonucleic acid**

road [roʊd] *fn* út; közút || **along the road** az út mentén; **be on the road** úton van *(vk éppen utazik)*; **by road** autóval, kocsival *(nem vasúton)*; **the road to London** a Londonba vezető út

road accident *fn* közúti baleset

road-block *fn* útakadály, úttorlasz; *(autókból stb.)* blokád

road haulage *fn* szállítás tengelyen

road hog *fn* garázda vezető *(autós)*

roadie ['roʊdi] *fn* ❖ *biz* túravezető; műszaki vezető *(turnézó együttesé)*

road junction *fn* útelágazás

road manager *fn* túravezető

road map *fn* autótérkép

road markings *fn tsz* útburkolati jelek

road patrol service *fn* országúti segélyszolgálat

road safety *fn* útbiztonság

roadshow ['roʊdʃoʊ] *fn* bemutató körút

roadside ['roʊdsaɪd] *fn* útszél || *(jelzőként)* út menti, országúti || **by the roadside** az útszélen; **roadside telephone/call-box** segélyhívó telefon

road sign *fn* közúti jelzőtábla

road surface *fn* útburkolat

road sweeper *fn* utcaseprő *(gép is)*

road traffic *fn* közúti forgalom

road transport *fn* közúti szállítás

road user *fn* a közlekedésben résztvevő

roadway ['roʊdweɪ] *fn* úttest

road-works *fn tsz* útjavítás, útépítés *(mint közlekedési jelzés)*

roadworthiness ['roʊdwɜːðɪnəs] *fn* közlekedésre való alkalmasság, forgalombiztonság, üzembiztonság

roadworthy ['roʊdwɜːði] *mn* közlekedésre alkalmas, forgalombiztonsági feltételeknek megfelelő, üzembiztos

roam [roʊm] *ige* bolyong, kószál || **roam about** barangol

R

roar [rɔː] ▼ *fn* bőgés ‖ zúgás; moraj(lás) *(hullámoké)* ▼ *ige* üvölt, ordít, bőg ‖ *(szél)* süvít; *(tenger)* zúg, morajlik ‖ **roar past** elzúg *(vk/vm mellett)*

roar along ❖ *biz (motorral stb.)* repeszt
roar with laughter hahotázik, nagyot nevet

roaring [ˈrɔːrɪŋ] *mn* ordító; bőgő, dörgő ‖ **the roaring forties** viharos zóna *(az Atlanti-óceánon, a 40. és 50. sz. fok között)*; **roaring laughter** harsogó nevetés; **a roaring success** bombasiker; **do a roaring trade** kitűnően megy az üzlet
roast [roust] ▼ *mn/fn* sült, pecsenye ▼ *ige (húst)* (meg)süt ‖ *(pecsenye)* (meg)sül ‖ *(kávét)* pörköl
roast beef *fn* marhasült, rosztbif
roast meat *fn* sült hús
roast pork *fn* sertéssült
roast potatoes *fn tsz* sült burgonya/krumpli
rob [rɒb] *ige* **-bb-** (ki)rabol ‖ **rob sy of sg** vkt meglop; **I've been robbed** kiraboltak *(úton)*
robber [ˈrɒbə] *fn* rabló
robbery [ˈrɒbəri] *fn* rablás
robe [roub] *fn* talár
robin (redbreast) [ˈrɒbɪn(ˈredbrest)] *fn* vörösbegy
robot [ˈroubɒt] *fn* robotember ‖ robot(gép), automata ‖ önműködő forgalmi jelzőlámpa
robotics [rouˈbɒtɪks] *fn esz* robottechnika
robot pilot *fn* robotpilóta
robot technology *fn* robottechnika
robust [rouˈbʌst] *mn* tagbaszakadt, jól megtermett, robusztus
rock¹ [rɒk] *fn* (kő)szikla ‖ **on the rocks** jégkockával (felszolgálva)
rock² [rɒk] ▼ *fn* rock(zene) ▼ *ige (hintaszéken)* hintázik ‖ ring(at), hintáztat

rock and roll [ˌrɒk ən ˈroul] *fn* rock and roll, rock(zene)
rock-bottom price *fn* végső ár
rock-cake *fn* cukormázas (tea)sütemény
rock-climber *fn* sziklamászó
rock-climbing *fn* sziklamászás
rocker [ˈrɒkə] *fn* hintaszék ‖ saru *(hintaszéké)* ‖ ❑ *el* billenőkapcsoló ‖ rocker *(bőrdzsekis motoros)*
rocker switch *fn* ❑ *el* billenőkapcsoló
rockery [ˈrɒkəri] *fn* sziklakert
rocket [ˈrɒkɪt] *fn* rakéta
rocket launcher *fn* rakétavető, sorozatvető
rocket-powered *mn* rakétahajtású
rocket-range *fn* rakétakilövő állomás/állvány/hely/pálya
rocketry [ˈrɒkɪtri] *fn* rakétatechnika
rock face *fn* sziklafal, sziklameredély
rock-garden *fn* sziklakert
rock group *fn* rockegyüttes
rocking-chair [ˈrɒkɪŋtʃeə] *fn* hintaszék
rocking-horse *fn* hintaló
rock music *fn* rockzene
rock musician *fn* rockzenész
rock'n'roll [ˌrɒk ən ˈroul] *fn* rock and roll, rock(zene)
rock opera *fn* rockopera
rock singer *fn* rockénekes
rocky [ˈrɒki] *mn* sziklás
Rocky Mountains *fn tsz* ⊕ *US* Sziklás-hegység
rococo [rəˈkoukou] *fn* rokokó
rod [rɒd] *fn* vessző, pálca ‖ rúd
rod and line *fn* horgászbot
rode [roud] *pt* → **ride**
rodent [ˈroudnt] *fn* rágcsáló
rodeo [ˈroudiou, rouˈdeiou] *fn* rodeó
roe¹ [rou] *fn* (hal)ikra
roe² [rou] *fn* őz
roebuck [ˈroubʌk] *fn* őz(bak)
roe-deer *fn* őz
roe doe *fn* őz(suta)
rogue [roug] *fn* ❖ *elít* betyár, gazember; ❖ *tréf* zsivány
roguish [ˈrougɪʃ] *mn* gaz ‖ huncut; pajzán ‖ **be roguish** pajkoskodik

role [rəʊl] *fn* ❑ *szính* ❑ *film és* ❖ *átv* szerep ‖ **play the role of sy** vmlyen szerepet játszik

roll [rəʊl] ▼ *fn (film, kelme)* tekercs ‖ zsömle, vajaskifli ‖ lista, névjegyzék, névsor ‖ ringás, himbálódzás, dülöngélés ‖ dobpergés ‖ (ágyú)dörgés ‖ ⊕ *US* bankjegyköteg ‖ **rolls of fat** zsírpárna; **call the roll** névsort olvas ▼ *ige* gurul ‖ gördít, hengerít ‖ dob *(dobókockával)* ‖ *(fémet)* hengerel ‖ dübörög, robog ‖ **be rolling in money** majd felveti a pénz; **roll one's r's** megropogtatja az r-t

roll about ide-oda gurít ‖ meghemperget ‖ hentereg
roll along vmn végiggurul ‖ *(víz)* hömpölyög
roll away elhengerít
roll by elgurul ‖ elrepül *(idő)*
roll down legördül, legurul
roll in begördít, begurít ‖ begurul
roll on *(víz)* hömpölyög
roll out *(tésztát)* kinyújt
roll over *(autó)* (fel)bukfencezik, felborul, felfordul
roll up ❖ *ált* felgöngyöl(ít), felgombolyít; összehajt, összegöngyöl ‖ **roll up one's sleeves** felgyűri ingét

roll-call ['rəʊlkɔːl] *fn* névsorolvasás ‖ **hold/take a roll-call** névsort olvas, katalógust tart
rolled [rəʊld] *mn (út, fém)* hengerelt
rolled gold *fn* dublé *(arany)*
roller ['rəʊlə] *fn* henger ‖ görgő ‖ hajcsavaró *(készletben)* ‖ tajtékos hullám
roller bandage *fn* pólya(tekercs), fásli
roller bearing *fn* görgőscsapágy
Rollerblade ['rəʊləbleɪd] *fn* egysoros görkorcsolya *(v. -kori)*
roller-blind *fn (ablakon, ajtón, kirakaton)* redőny
roller coaster *fn* hullámvasút
roller seat *fn* gurulóülés
roller-skate *ige* görkorcsolyázik

roller-skates *fn tsz* görkorcsolya
roller towel *fn* végtelen törülköző
roll film *fn* tekercsfilm
rollicking ['rɒlɪkɪŋ] *mn* vidám, jókedvű ‖ **have a rollicking time** nagy mulatásban van
rolling ['rəʊlɪŋ] ▼ *mn* guruló, gördülő ‖ hömpölygő ‖ egymást követő *(évek)* ‖ himbálódzó ‖ ringó ‖ dimbes-dombos ▼ *fn* gurulás ‖ hengerlés ‖ dörgés
rolling country *fn* dombvidék
rolling mill *fn* hengermalom
rolling-pin *fn* sodrófa, nyújtófa
rolling sea *fn* hullámverés
rolling shutter *fn* redőny
rolling-stock *fn* gördülőállomány, gördülőanyag
roll-on deodorant *fn* golyós dezodor
roll-on roll-off ferry *(röv* **roro)** *fn* rév *(autósoknak)*
roll-top desk *fn* ⊕ *US* redőnyös íróasztal
ROM [rɒm] ❑ *szt* = read only memory ROM, csak olvasható tár
Roman ['rəʊmən] *mn/fn* római
roman ['rəʊmən] = **roman type**
Roman alphabet, the *fn* latin betűk, latin betűs írás/ábécé
Roman Catholic *mn/fn* római katolikus
Roman Catholic Church, the *fn* a katolikus egyház
romance [rə'mæns] *fn* romantika ‖ romantikus/szerelmes történet, limonádé ‖ ❖ *biz* szerelem
Romance languages, the *fn tsz* román/neolatin nyelvek
Roman characters *fn tsz* latin betűk
Roman Empire, the *fn* a római világbirodalom
Romanesque [ˌrəʊmə'nesk] ▼ *mn* román (stílus) ▼ *fn* román stílus
Romania [rʊ'meɪnɪə] *fn* Románia
Romanian [rʊ'meɪnɪən] ▼ *mn* romániai, román ▼ *fn* román (ember/nyelv)
Roman letters *fn tsz* latin betűk

R

roman numerals *fn tsz* római számok
romantic [roʊ'mæntɪk] *mn* romantikus, regényes
Romanticism [roʊə'mæntɪsɪzm] *fn* romanticizmus, romantika *(irányzat)*
roman type *fn* ❑ *nyomd* antikva (betűk)
Romany ['rɒməni] *fn* cigány, roma ‖ cigány (nyelv)
Rome [roʊm] *fn* Róma
romp (about) [rɒmp] *ige* hancúrozik, rakoncátlankodik
rompers ['rɒmpəz] *fn tsz* tipegő, kezeslábas
roof [ru:f] *fn* háztető
roof-garden *fn* tetőkert
roofing ['ru:fɪŋ] *fn* tetőfedés ‖ fedél(szerkezet), héjazat
roof rack *fn* tetőcsomagtartó
rook¹ [rʊk] *fn* vetési varjú
rook² [rʊk] *fn (sakkban)* bástya
room [ru:m, rʊm] ▼ *fn* szoba, helyiség ‖ (férő)hely ‖ **do the room** *(szobát)* kitakarít; **room to let** kiadó lakás/szoba; **room with (private) bath** *(szállodában)* szoba fürdőszobával; **find room in sg** vmbe fér; **make room for sy** helyet szorít vknek; **there is room for** van helye a …; **there is no room** nincs hely ▼ *ige* **room with sy** ⊕ *US* vknél lakik; **room with sy** vkvel együtt lakik (albérletben)
roomer ['ru:mə] *fn* ⊕ *US* albérlő
roominess ['ru:minəs] *fn* tágasság
rooming-house ['ru:mɪŋ] *fn* ⊕ *US* panzió; *kb.* albérlők háza
room-mate *fn* szobatárs, hálótárs
room number *fn* szobaszám
room service *fn* szobapincéri szolgálat *(szállodában)*
room temperature *fn* szobahőmérséklet
roomy ['ru:mi] *mn* tágas
roost [ru:st] *fn* ülő *(baromfiólban)*
rooster ['ru:stə] *fn* ⊕ *US* kakas
root [ru:t] ▼ *fn* gyökér *(fogé, hajé is)*; ❑ *mat* gyök; ❑ *nyelvt* tő ‖ **take root** *(átv is)* gyökeret ver; **root and branch**

tövestül ▼ *ige* **be rooted in sg** vmben gyökerezik

root about túr *(disznó)*
root for ⊕ *US* ❖ *biz* ❑ *sp* szurkol, biztatja csapatát
root out *(gyökerestől)* kiirt ‖ *(disznó)* kitúr

root-and-branch reform *fn tsz* gyökeres reformok
rooted ['ru:tɪd] *mn* gyökeres, megrögzött *(szokás stb.)*
rootless ['ru:tləs] *mn* gyökértelen
rope [roʊp] *fn* kötél ‖ **know the ropes** ❖ *biz* ismeri a dörgést
rope-ladder *fn* kötélhágcsó
ropeway ['roʊpweɪ] *fn* drótkötélpálya
ropy ['roʊpi] *mn (bor)* nyúlós
roro ['roʊroʊ] = **roll-on roll-off (ferry)**
rosary ['roʊzəri] *fn* ❑ *vall* rózsafüzér
rose¹ [roʊz] *fn* ❑ *növ* rózsa ‖ rózsaszín
rose² [roʊz] *pt* → **rise**
rosé ['roʊzeɪ] *fn* siller, rozé
rose-bed *fn* rózsaágy
rosebud ['roʊzbʌd] *fn* rózsabimbó
rose-bush *fn* rózsabokor
rose-coloured (⊕ *US* -ored) *mn* rózsaszín
rose-garden *fn* rózsakert
rosemary ['roʊzməri] *fn* rozmaring
rosette [roʊ'zet] *fn (szalagból)* csokor ‖ kokárda
rosewood ['roʊzwʊd] *fn* rózsafa *(anyag)*
rosin ['rɒzɪn] *fn* (hegedű)gyanta
roster ['rɒstə] *fn* ⊕ *US* = **rota**
rostrum ['rɒstrəm] *fn (szónoki)* emelvény, pulpitus; *(karmesteri)* pódium, pulpitus
rosy ['roʊzi] *mn* rózsás
rosy-cheeked *mn* pirospozsgás
rot [rɒt] ▼ *fn* rothadás ▼ *ige* **-tt-** rothad, (meg)rohad, korhad ‖ **begin to rot** oszlásnak indul
rota ['roʊtə] *fn* szolgálati beosztás jegyzéke, sorrendi jegyzék

rotary ['routəri] ▼ *mn* forgó; rotációs
▼ *fn* ⊕ *US* körforgalom
rotate [rou'teɪt] *ige* körben forog
rotating [rou'teɪtɪŋ] *mn* körben forgó
rotation [rou'teɪʃn] *fn* körforgás || forgatás || in rotation váltakozva, rotálva; rotation of crops váltógazdaság, vetésforgó
rote [rout] *fn* learn by rote kívülről megtanul, bevág
rotor ['routə] *fn* forgórész, rotor
rotten ['rɒtn] *mn* rothadt, romlott || korhadt || korrupt || rotten to the core velejéig romlott; rotten weather pocsék idő(járás)
rotter ['rɒtə] *fn* a rotter rongy ember
rotund [rou'tʌnd] *mn* kerek, pocakos, jó húsban levő
rouble ['ruːbl] *fn* rubel
rouge [ruːʒ] *fn* (ajak)rúzs; (arc)rúzs, arcfesték
rough [rʌf] ▼ *mn* ❖ *ált* durva; durva, goromba, nyers, faragatlan *(ember, modor, viselkedés)* || háborgó *(tenger)* || rough calculation nyers/durva számítás; rough crossing viharos átkelés; rough customer kellemetlen alak/fráter; rough estimate hozzávetőleges számítás, durva becslés; at a rough guess hozzávetőleges/durva becsléssel, durván; rough sketch hevenyészett vázlat; rough translation nyersfordítás ▼ *ige* ❖ *biz* rough it kényelmetlenül él

rough out kinagyol || felvázol
rough up durván bánik vkvel || összeborzolja haját/idegeit

roughage ['rʌfɪdʒ] *fn* durva táplálék/takarmány || *(növényi)* rostanyag
rough-and-ready *mn* elnagyolt, gyorsan összecsapott || drasztikus
rough-and-tumble ▼ *mn* vad, durva ▼ *fn* verekedés
roughcast ['rʌfkɑːst] ▼ *fn* csapott/durva vakolat || hevenyészett terv; el-

ső fogalmazvány ▼ *ige* durván (be)vakol || nyers vázlatot készít (vmről), kinagyol
rough copy *fn* = rough draft
rough draft *fn* piszkozat, első fogalmazvány
roughen ['rʌfn] *ige* megcsiszol || eldurvít || eldurvul || viharossá válik
rough-grained *mn* durva szemcséjű
rough-hewn *mn* szálkás *(deszka)*
roughly ['rʌfli] *hsz* nagyjából, durván (számítva), körülbelül || roughly speaking nagyjából
roughness ['rʌfnəs] *fn* durvaság, nyerseség
roughshod ['rʌfʃɒd] *mn* jégpatkóval patkolt || ride roughshod over keresztülgázol vkn, lábbal tipor vmt
rough work *fn* piszkos munka, durva házimunka || ❖ *biz* (durva) erőszak, „piszkos munka"
roulette [ruː'let] *fn* rulett
round [raund] ▼ *mn* kerek || gömbölyded, gömbölyű || kerek, egész || a round million ❖ *biz* kerek egy milló(t); in round figures/numbers kerek számokban ▼ *hsz/elölj* körbe(n) || *(időben)* táján, körül || round and round körbe-körbe; round the clock éjjel-nappal, állandóan; all the year round egész éven át; round about körös-körül || → roundabout; it's not enough to go round nem futja mindenkinek; ask sy round elhív vkt (magához); send round körbe ad/küld; spring will come round again újra eljön a tavasz; I'll be there at round about 9 (o'clock) 9 (óra) körül ott leszek ▼ *fn* szelet *(kenyér stb.)* || körfordulat, forgás || körjárat || *(szolgálati)* (kör)út || *(sp és egyéb verseny)* forduló, menet || *(kórházban)* nagyvizit || ⊒ *zene* kánon || the daily round a mindennapi kerékvágás/robot; a round of drinks egy rund; fire a round lead egy sorozatot; two rounds of beef két szelet marhahús; the

doctor is doing his rounds sorra látogatja a betegeit (*v.* a körzetét) az orvos; **go the round (of)** körbejár; **(s)he had a clear round** hibapont nélkül lovagolt ▼ *ige* (le)kerekít ‖ befejez, lezár ‖ (ki)kerekedik

round down (to) *(összeget)* lekerekít
round (sg) off legömbölyít
round out kikerekít ‖ kiegészít
round up *(embereket)* összefogdos; összeterel *(állatokat is)* ‖ *(összeget)* felkerekít

roundabout ['raʊndəbaʊt] ▼ *mn* **in a roundabout way** kerülő úton; **go a roundabout way** kerülőt tesz; kerül; **put sg in a roundabout way to sy** virágnyelven közöl vmt ▼ *fn* körforgalom ‖ körhinta
rounded ['raʊndɪd] *mn* gömbölyű, legömbölyített
rounders ['raʊndəz] *fn tsz* <ütővel csapatban játszott labdajáték> *kb.* méta
round-headed *mn* kerek fejű
round-iron *fn* gömbvas
roundish ['raʊndɪʃ] *mn* molett
roundly ['raʊndli] *hsz* (erő)teljesen, kereken, alaposan
round-shouldered *mn* görnyedt/görbe hátú
round-table conference *fn* kerekasztal-konferencia
round-the-clock *mn* éjjel-nappal tartó; nonstop
round-the-world *mn* világ körüli ‖ **go on a round-the-world tour** világ körüli útra megy
round trip *fn* ⊕ *US* oda-vissza út/utazás ‖ körutazás
round-trip ticket *fn* ⊕ *US* menettérti jegy
roundup ['raʊndʌp] *fn* **a roundup of the news** hírösszefoglaló
roundworm ['raʊndwɜ:m] *fn* orsóféreg

rouse [raʊz] *ige* felébreszt, felriaszt ‖ ❖ *átv* felráz, felizgat ‖ *(vadat)* felhajt, felver
rousing ['raʊzɪŋ] *mn* lelkesítő; harsány; ❖ *biz* elképesztő *(hazugság)*
rout [raʊt] ▼ *fn* teljes vereség, csatavesztés, futás *(megvert seregé)* ▼ *ige (ellenséget)* szétver, tönkrever
route [ru:t] ▼ *fn* útvonal, útirány ‖ ⊕ *US* út ▼ *ige (repülőjegyet vhová)* telepít
route map *fn* útitérkép
routine [ru:'ti:n] *fn (szt is)* rutin
routine check-up *fn* (orvosi) rutinvizsgálat
routine job *fn* rutinmunka
rove [rəʊv] *ige* kóborol, vándorol

rove about barangol
rove over (kalandozva) bejár

rover ['rəʊvə] *fn* kóborló, ország-világot járó ‖ öregcserkész
roving ['rəʊvɪŋ] ▼ *mn* kalandozó, vándorló, barangoló ▼ *fn* kalandozás, vándorlás, barangolás
roving life *fn* vándorélet
row[1] [rəʊ] *fn (emberekből, tárgyakból, ülőhelyekből)* sor ‖ **row of houses** házsor
row[2] [rəʊ] ▼ *fn* evezés ▼ *ige* evez ‖ **row for a club** egyesületben evez
row[3] [raʊ] ▼ *fn* ❖ *biz* zaj; ricsaj ‖ veszekedés ‖ balhé ‖ **make a hell of a row** nagy ricsajt csap; **kick up a row** (hangos) jelenetet rendez, lármázik, balhézik ▼ *ige* veszekszik; zajt csap/üt
rowboat ['rəʊbəʊt] *fn* ⊕ *US* evezős csónak/hajó
rowdy ['raʊdi] *mn* garázda
rowdyism ['raʊdiɪzm] *fn* garázdaság
rower ['rəʊə] *fn* evezős
row house *fn* ⊕ *US* sorház
rowing ['rəʊɪŋ] ▼ *mn* evezős ▼ *fn* evezés
rowing-boat *fn* evezős csónak/hajó

---

fn főnév – *hsz* határozószó – *isz* indulatszó – *ksz* kötőszó – *mn* melléknév
▼ szófajjelzés ⊕ földrajzi variáns ❑ szakterület ❖ stiláris minősítés

rowlock ['rɒlək] *fn* evezővilla
royal ['rɔɪəl] *mn* királyi ‖ **royal castle**
kírályi vár; **royal court** királyi udvar
Royal Air Force *fn* (Angol) Királyi
Légierő
royal blue *fn* királykék, vöröseskék
royalist ['rɔɪəlɪst] *mn/fn* királypárti
Royal Navy *fn* (Angol) Királyi Hadi-
tengerészet
Royal Society, the *fn* ⊕ *GB* Királyi
Természettudományi Akadémia
royalty ['rɔɪəlti] *fn* honorárium, (szer-
zői) jogdíj
rpm [ˌɑː pi: 'em] = *revolutions per
minute* percenkénti fordulatszám
RRP [ˌɑːr ɑ: 'pi:] = *recommended re-
tail price* ajánlott kiskereskedelmi ár
RSPCA [ˌɑːr es ˌpi: si: 'eɪ] = *Royal
Society for the Prevention of Cruelty
to Animals* állatvédő liga
RSVP [ˌɑːr es vi: 'pi:] (= *répondez s'il
vous plaît*) *(meghívásra)* választ ké-
rünk
Rt Hon = *Right Honourable* méltósá-
gos, kegyelmes
Rt Rev = *Right Reverend* főtisztelető,
főtisztelendő
rub [rʌb] ▼ *fn* dörzsölés; fényesítés ‖
there's the rub ❖ *biz* ez itt a bökke-
nő! ▼ *ige* **-bb-** dörzsöl ‖ *(tárgyat)* csi-
szol; *(fémet)* fényesít

rub against sg vm vmhez dörzsölő-
dik
rub along vhogyan eltengődik ‖ **man-
age to rub along** eléldegél
rub away *(dörzsölődéssel)* elkopik
rub down *(lovat)* lecsutakol ‖ lecsi-
szol ‖ *(masszírozva)* dörzsöl ‖ **rub
oneself down** megtörülközik
rub in bedörzsöl ‖ **rub it in** ❖ *biz* or-
ra alá dörgöl vmt vknek
rub off vmt ledörzsöl ‖ lecsiszol
rub out *(írást)* kitöröl ‖ kiradíroz ‖
⊕ *US* ❖ *biz* kinyír vkt
rub up feldörzsöl ‖ **rub sy up the
right way** szőrmenté(be)n bánik

vkvel; **rub sy up the wrong way**
❖ *biz* cukkol vkt

rubber[1] ['rʌbə] *fn* gumi ‖ radír ‖ ⊕ *US*
gumi *(óvszer)* ‖ → **rubbers**
rubber[2] ['rʌbə] *fn (kártya)* robber
rubber band *fn* gumiszalag
rubber overshoes *fn tsz* hócipő
rubber pants *fn tsz* guminadrág *(kis-
babáé)*
rubber plant *fn* szobafikusz, gumifa
rubber ring *fn* úszógumi
rubbers ['rʌbəz] *fn tsz* ⊕ *US* sárcipő
rubber-stamp *ige* ❖ *biz* gépiesen hoz-
zájárul (vmhez), rábólint
rubber tyre (⊕ *US* tire) *fn* gumikerék
rubbery ['rʌbəri] *mn* gumiszerű
rubbish ['rʌbɪʃ] *fn (házi)* szemét ‖ hit-
vány áru ‖ baromság, ostobaság *(kije-
lentés)*; zöldség, marhaság, buta be-
széd
rubbish bin *fn* szemétláda, kuka
rubbish dump *fn* szemétlerakodó (hely/
telep)
rubbish heap *fn* szemétdomb
rubbishy ['rʌbɪʃi] *mn* ❖ *biz* ramaty,
vacak
rubble ['rʌbl] *fn* kőtörmelék
rubble-work *fn* terméskő (burkolat)
rub-down *fn* **give sy a rub-down** *(vkt
törülközővel)* ledörzsöl
rubella [ru:'belə] *fn* rózsahimlő, rube-
óla, kanyaró
Rubik's Cube ['ru:bɪks] *fn* bűvös
kocka, Rubik-kocka
ruble ['ru:bl] *fn* rubel
ruby ['ru:bi] *fn* rubin
rucksack ['rʌksæk] *fn* hátizsák
ructions ['rʌkʃnz] *fn tsz* ❖ *biz* kala-
majka, zűr
rudder ['rʌdə] *fn* kormány(lapát)
ruddiness ['rʌdinəs] *fn* vörösség
ruddy ['rʌdi] *mn* vörös, vöröses
ruddy-cheeked *mn* pirospozsgás
rude [ru:d] *mn* goromba ‖ **be rude (to
sy)** gorombáskodik (vkvel)
rudely ['ru:dli] *hsz (modorban)* durván

R

rudeness ['ru:dnəs] *fn (lelki)* durvaság

rudimentary [,ru:dɪ'mentəri] *mn* kezdetleges, csökevényes ‖ elemi; alapvető; alap ‖ ❖ *elít* igen kezdetleges, primitív

rudiments ['ru:dɪmənts] *fn tsz* alapelemek, alapfogalmak ‖ **the rudiments (of sg)** alapismeretek

ruff [rʌf] *fn* nyakfodor

ruffian ['rʌfɪən] *fn* apacs, útonálló, bicskás

ruffle ['rʌfl] ▼ *fn (ruhán)* fodor ▼ *ige (hajat) (össze)*borzol

ruffled ['rʌfld] *mn (haj)* kusza

rug [rʌg] *fn (kisebb)* szőnyeg

Rugby/rugby (v. **Rugby/rugby football**) ['rʌgbi] *fn* rögbi ‖ **play Rugby/ rugby** rögbizik

Rugby/rugby match *fn* rögbimérkőzés

Rugby/rugby pitch *fn* rögbipálya

Rugby/rugby player *fn* rögbijátékos

rugged ['rʌgɪd] *mn* egyenetlen, göröngyös, érdes ‖ nyers, kemény ‖ darabos ‖ masszív

ruggedness ['rʌgɪdnəs] *fn* érdesség

rugger ['rʌgə] *fn* ❖ *biz* rögbi

ruin ['ru:ɪn] ▼ *fn* rom ‖ pusztulás ‖ *(erkölcsi)* bukás ‖ összeomlás *(nemzeté)* ‖ **be the ruin of sy** vesztét okozza vknek; **be in ruins** romokban hever ▼ *ige* vmt tönkretesz; ❖ *átv* romba dönt; *(egészséget)* aláás ‖ **be ruined** *(vm, vk, anyagilag)* tönkremegy; **ruin sy's plans** keresztülhúzza vk számításait

ruination [,ru:ɪ'neɪʃn] *fn* **sy's ruination** vknek a veszte

ruinous ['ru:ɪnəs] *mn* pusztító

rule [ru:l] ▼ *fn* uralom, uralkodás; hatalom ‖ jogszabály ‖ **rules** szabályzat; **rules of the road** közlekedési szabályok/szabályzat, KRESZ; **as a rule** általában, rendszerint; **make it a rule to** rendszert csinál vmből; **this rule does not apply (to)** ez a szabály nem

érvényes vmre ▼ *ige* kormányoz, irányít, uralkodik ‖ *(bíróság)* dönt ‖ elrendel ‖ **the chairman ruled that** az elnök elrendelte, hogy (v. úgy döntött, hogy); **rule out of order** (ház)szabályellenesnek nyilvánít, elutasít

---

rule out (sg) *(vmnek a lehetőségét)* kizárja

---

ruled [ru:ld] *mn* vonalazott; vonalas

ruler ['ru:lə] *fn* uralkodó ‖ vonalzó

ruling ['ru:lɪŋ] *mn* kormányzó ‖ **ruling parties** vezető/kormányzó pártok

rum [rʌm] *fn* rum

Rumania [rʊ'meɪnɪə] *fn* = **Romania**

Rumanian [rʊ'meɪnɪən] *mn* = **Romanian**

rumble ['rʌmbl] ▼ *fn* moraj(lás) ‖ korgás ▼ *ige* morajlik, zúg, zúg-búg ‖ korog

rumbling ['rʌmblɪŋ] *mn* zúgó ‖ korgó

rumbustious [rʌm'bʌstʃəs] *mn* ❖ *biz* duhaj, lármás, vad, féktelen, rámenős

ruminant ['ru:mɪnənt] *mn* kérődző

ruminate ['ru:mɪneɪt] *ige* kérődzik ‖ **ruminate on/over sg** vmin rágódik, „kérődzik"

rummage ['rʌmɪdʒ] *ige* turkál, matat, motoszkál ‖ **rummage about** keresgél

rummage sale *fn* ⊕ *US* használt holmik vására, turkáló

rumour (⊕ *US* **-or**) ['ru:mə] ▼ *fn* (rém)hír ‖ **rumour has it that** az a hír járja, hogy ▼ *ige* **it is rumoured** azt rebesgetik(, hogy); hírlik

rump [rʌmp] *fn* hátsórész, far ‖ (marha)fartő ‖ ❖ *biz* maradék, töredék

rump-bone *fn* keresztcsont

rumple ['rʌmpl] *ige* gyűr

rumpled ['rʌmpld] *mn* gyűrött *(szövet)*

rumpsteak ['rʌmpsteɪk] *fn* hátszín

rumpus ['rʌmpəs] *fn* ❖ *biz* kalamajka, rumli, zűr ‖ **kick up a rumpus** nagy zűrt csinál

---

run [rʌn] ▼ *fn* futás, rohanás ‖ (megtett) út, autózás ‖ működés, üzem(elés) *(gépé)* ‖ sorozat, széria ‖ megrohanás *(pl. banké)* ‖ folyás ‖ tendencia ‖ (sí)pálya ‖ *(sí)* lesiklás ‖ **the play had a run of 200 nights** a darab kétszázszor ment; **have a run of bad luck** a balsors üldözi, pechszériában van ▼ *ige (pt* **ran** [ræn]; *pp* **run** [rʌn]) **-nn-** fut, szalad, rohan ‖ *(jármű)* közlekedik, jár ‖ *(gép, szerkezet)* jár, működik, üzemel ‖ üzemeltet; *(üzemet, szállodát stb.)* vezet; *(intézményt)* irányít ‖ *(hibás edény)* folyik ‖ *(viasz, vaj)* olvad ‖ *(szöveg)* szól, hangzik ‖ **is not running** nem közlekedik, nem üzemel; **his nose is running** folyik az orra; **run a bath (for sy)** vizet enged a kádba; **run a car** kocsit tart; **run a farm** ❑ *mezőg* gazdálkodik; **run a knife into sy** kést döf vkbe; **run a race with sy** versenyt fut vkvel; **run amuck** ámokfutást rendez; **run downhill** lesiklik; **run dry** *(kút, víz tóból stb.)* kiszárad; **run errands** megbízásokat bonyolít le; **run for dear life** viszi az irháját; **run one's head against sg** beleüti a fejét (vmbe); **run home** ❑ *sp* befut a célba; **run hot** *(motor)* átforrósodik; **run idle** *(motor)* üresen jár; **run its course** lezajlik, *(betegség)* lefolyik; **run low** *(készlet)* kifogy; **run rings round sy** ❖ *átv* leköröz; **run short** kifogy *(készlet)*; **run sy to (a place)** *(vkt autón vhová)* elvisz/elrepít; **run the blockade** ostromzáron áttör; **run the house** háziasszonyi teendőket végez; **run the risk of doing sg** megkockáztat *(kockázatot vállalva tesz)*; **run upstairs** felrohan az emeletre; **run wild** *(növény)* elvadul

run about összevissza szaladgál, futkározik, futkos
run across sy *(utcán vkbe)* beleszalad, vkvel összetalálkozik

run after sy vk után fut
run against sg/sy vmnek/vknek nekihajt, beleszalad vmbe
run along vm vm mentén vonul/fut/ húzódik ‖ *(utcán)* végigszalad ‖ **run along!** futás!
run at nekifut ‖ **inflation is running at 30 pc** az infláció 30%-nál tart
run away elfut, megfutamodik, megszökik ‖ *(állat)* elszabadul
run away with sy megszökik vkvel
run back visszafut
run down *(jármű)* elgázol, elüt ‖ **I'll run you (down) to the station** leviszlek *(v.* leszaladok veled) (kocsival) az állomásra; **run sy down** ❖ *biz* leránt *(megkritizál)*, lepocskondiáz, leszól vkt; **be run down** le van strapálva, leromlott; **feel run down** le van strapálva; **he was run down by a car** elgázolta egy autó
run in *(futó)* befut ‖ bejárat *(gépkocsit)* ‖ **sy is run in** beviszik a rendőrségre; **the car is (still) being run in** bejáratós a kocsi; **runs in the family** *(betegség, tulajdonság)* öröklődik
run into *(kocsival)* belehajt, belerohan ‖ ❖ *biz (utcán vkbe)* beleszalad, vkvel összeakad ‖ *(nehézségekbe)* ütközik ‖ **run into debt** eladósodik; **run into each other** *(két jármű)* egymásnak rohan; **run into five figures** öt számjegyre rúg
run off elfut, elszalad ‖ (le)fut *(versenyt, futamot)* ‖ **run off with** megszökik vkvel *(más házastársával)*
run on bekezdés nélkül folytat
run out lejár *(útlevél)* ‖ *(készlet)* kifogy; *(pénz)* elfogy ‖ **run out of money** kifogy a pénzből
run over *(jármű)* elgázol, elüt ‖ túlfolyik, túlcsordul, kifut *(folyadék)* ‖ **he was run over by a car** elgázolta egy autó
run through *(futólag)* átnéz, átfut, keresztülfut vmn ‖ **run through**

one's money nyakára hág pénzének; **run (sy) through** *(karddal)* átszúr

run to vhova odaszalad ‖ **run to and fro** rohangál, rohangászik; **runs to 600 pages** 600 oldal(as) (lett); **it has run to four impressions** négy utánnyomást ért meg; **our funds won't run to a holiday in Austria** pénzünk nem futja egy ausztriai üdülésre

run up felszalad ‖ *(pl. sportoló)* lendületet vesz, nekifut ‖ felvon *(zászlót)* ‖ felhúz *(épületet)* ‖ (sebtiben) összeállít *(pl. ruhát)*, összeeszkábál ‖ **run up a bill** nagy számlát csinál

run up against *(nehézségekbe)* ütközik, *(ellenkezéssel)* találkozik

---

runabout ['rʌnəbaʊt] *fn* kétüléses kisautó

runaway ['rʌnəweɪ] *fn* menekülő, szökevény

run-back *fn (teniszpályán)* kifutó

run-down ▼ *mn* ❖ *átv* lerobbant, leromlott; ütött-kopott *(ház)* ‖ **look run-down** megviseltnek látszik ▼ *fn* leépítés *(iparágé)* ‖ **run-down on sg** (helyzet)elemzés, részletes leírása vmnek

runes [ru:nz] *fn tsz* rovásírás

rung[1] [rʌŋ] *fn* létrafok ‖ széklábösszekötő ‖ ❖ *átv* fok(ozat) *(hivatali ranglétrán)*

rung[2] [rʌŋ] *pp* → **ring**[2]

runic alphabet/writing ['ru:nɪk] *fn* rovásírás

run-in ▼ *mn* utólag beillesztett ▼ *fn* hajrá, finis; ❏ *nyomd* betoldás ‖ bejáratás *(járműé)* ‖ ⊕ *US* veszekedés

runner ['rʌnə] *fn* ❏ *sp* futó ‖ induló *(versenyen)* ‖ küldönc ‖ görgő ‖ *(kapaszkodó)* inda

runner bean *fn* futóbab

runner carpet *fn* futószőnyeg

runner-up *fn (tsz* **runners-up)** második helyezett

running ['rʌnɪŋ] ▼ *mn* rohanó ‖ **be in good running order** jól működik; **five days running** egymást követő öt napon, öt nap egymás után; **three times running** háromszor egymás után *(v.* zsinórban) *(nyert)* ▼ *fn* rohanás, síkfutás

running commentary *fn* ❏ *sp* helyszíni közvetítés

running costs *fn tsz* üzemeltetési költségek

running fight *fn* mozgó harc

running (hand)writing *fn* folyóírás

running head *fn* ❏ *nyomd* élőfej

running in ▼ *mn (gépkocsi)* bejáratós ▼ *fn* bejáratás

running jump *fn* ❏ *sp* ugrás nekifutásból ‖ ❖ *biz* **take a running jump!** tűnés (de azonnal)!

running mate *fn* ⊕ *US* alelnökjelölt

running repairs *fn tsz* kisebb/futó javítások

running-time *fn* menetidő ‖ műsoridő

running track *fn* ❏ *sp* futópálya

running water *fn* folyó víz *(csapból)*

runny ['rʌni] *mn* nyúlós, folyós, híg ‖ **have a runny nose** náthás; taknyos, folyik az orra

run-off *fn* esővíztöbblet, túlfolyás ‖ döntő mérkőzés *(döntetlen után)* ‖ pótválasztás

run-of-the-mill *mn* ❖ *elít* középszerű

run-through *fn* átfutás *(szerepen, tárgyaltakon stb.)*, olvasópróba

run-up *fn* ❏ *sp* nekifutás ‖ *(választási)* kampány

runway ['rʌnweɪ] *fn (repülőtéren)* kifutópálya, felszállópálya ‖ leszállópálya

rupee [ru:'pi:] *fn* rúpia

rupture ['rʌptʃə] ▼ *fn* törés, szakítás ‖ ❏ *orv* repedés, szakadás, ruptura, sérv ‖ megszakadás *(kapcsolaté)* ▼ *ige* megrepeszt ‖ megszakít *(kapcsolatot)*; sérvet okoz ‖ **he ruptured himself** (megemelte magát és) sérvet kapott

rural ['rʊərəl] *mn* falusi, vidéki ‖ ⊕ *US* **rural delivery** vidéki postaszolgálat

ruse [ru:z] *fn* csel

rush [rʌʃ] ▼ *fn* sietség; rohanás ‖ tolongás ‖ ❖ *biz* (nagy) hajtás ‖ **there is no rush** a dolog nem sürgős ▼ *ige* rohan; robog, siet ‖ sürget, siettet, hajszol ‖ iramlik ‖ **rush downstairs** *(lépcsőn)* lerohan; **rush past (sy/sg)** *(vk/vm mellett)* elszáguld

---

rush at sg/sy nekirohan vmnek/vknek

rush away elrohan

rush in/into berohan, beront

rush off elrohan

rush out vhonnan kirohan

rush to vhova rohan ‖ **be rushing (headlong) to one's destruction** vesztébe rohan; **rush to conclusions** elhamarkodott következtetéseket von le, elhamarkodottan dönt

rush through keresztülhajszol vmt *(parlamenten)*

rush up to vkhez odarohan

---

rush-hour(s) *fn* *(tsz)* *(v.* **rush-hour traffic)** csúcsforgalom, csúcsforgalmi idő/órák

rush job *fn* rohammunka

rush matting *fn* kákagyékény

rusk [rʌsk] *fn* kétszersült

russet ['rʌsɪt] *mn* ❖ *ir* rőt, rozsdavörös

Russia ['rʌʃə] *fn* Oroszország

Russian ['rʌʃn] ▼ *mn* orosz ▼ *fn* orosz *(ember, nyelv)* ‖ → **English**

rust [rʌst] ▼ *fn* rozsda ▼ *ige* megrozsdásodik, (el)rozsdásodik

rust-coloured (⊕ *US* **-ored**) *mn* rozsdabarna

rustic ['rʌstɪk] *mn* paraszti, rusztikus, népies

rustle ['rʌsl] ▼ *fn* susogás *(falevélé)*, nesz ▼ *ige (falevél)* susog; *(ruha)* suhog; neszez; zúg-búg

rustproof ['rʌstpru:f] *mn* rozsdaálló

rusty ['rʌsti] *mn* rozsdás ‖ **be rusty** ❖ *biz* kijött a gyakorlatból; **get rusty** megrozsdásodik, berozsdásodik

rusty brown *mn* rozsdabarna

rut[1] [rʌt] *fn (földben)* keréknyom

rut[2] [rʌt] ▼ *fn* bőgés, rigyetés *(szarvasé stb.)* ▼ *ige* **-tt-** *(hím)* bőg, rigyet

ruthless ['ru:θləs] *mn* könyörtelen

ruthlessly ['ru:θləsli] *hsz* kíméletlenül

ruthlessness ['ru:θləsnəs] *fn* könyörtelenség, kíméletlenség

rye [raɪ] *fn* rozs

rye bread *fn* rozskenyér

R

S

S = **South**

's = **is, has** ‖ **she's gone to Scotland** elment Skóciába

SA = **South Africa**

sabbath ['sæbəθ] *fn* szombat

sabbatical (year) [sə'bætɪkl] *fn kb.* alkotószabadság, kutatóév

sabotage ['sæbətɑ:ʒ] ▼ *fn* szabotázs ▼ *ige* (el)szabotál

saboteur [ˌsæbə'tɜ:] *fn* szabotáló

sabre (⊕ *US* **saber**) ['seɪbə] *fn* kard ‖ **sabre fencing** kardvívás

saccharin ['sækərɪn] *fn* szacharin

saccharine ['sækəri:n] *mn* édes(kés)

sachet ['sæʃeɪ] *fn* (illatszeres/illatosító) zacskó ‖ **a sachet of sugar** kis zacskó cukor

sack [sæk] ▼ *fn* (nagyobb) zsák ‖ **get the sack** ❖ *biz* repül az állásából; **give sy the sack** *(állásból)* kirúg; **he got the sack** kirúgták ▼ *ige (állásból)* kirúg, meneszt, elbocsát ‖ **he was sacked** kirúgták

sackcloth ['sækklɒθ] *fn* zsákvászon

sacking ['sækɪŋ] *fn* zsákvászon

sacrament ['sækrəmənt] *fn* szentség ‖ sákramentum *(keresztség, úrvacsora)*

sacred ['seɪkrɪd] *mn* szent; szentelt

sacred music egyházi zene

sacrifice ['sækrɪfaɪs] ▼ *fn* ❑ *vall és* ❖ *átv* áldozat ‖ **make sacrifices for** áldozatot hoz vkért/vmért ▼ *ige (Istennek)* áldoz ‖ feláldoz

sacrilege ['sækrɪlɪdʒ] *fn* szentségtörés

sacristan ['sækrɪstən] *fn* egyházfi, sekrestyés

sacristy ['sækrɪsti] *fn* sekrestye

sacrosanct ['sækrəʊsæŋkt] *mn* szent és sérthetetlen

sad [sæd] *mn* szomorú, bánatos, bús, sajnálatos ‖ **be sad about sg** szomorú vm miatt; **be in a sad pickle** nagy zűrben van

sadden ['sædn] *ige* elszomorít

saddening ['sædnɪŋ] *mn* elszomorító

saddle ['sædl] ▼ *fn* nyereg ▼ *ige (lovat)* (meg)nyergel

saddle-backed *mn* nyerges

saddlebag ['sædlbæg] *fn* nyeregtáska

saddle-bow *fn* nyeregkápa

saddle cushion *fn* nyeregpárna

saddle-fast *mn* **be saddle-fast** jól ül a nyeregben

saddle-horse *fn* hátasló

saddler ['sædlə] *fn* nyerges, szíjgyártó

sadism ['seɪdɪzm] *fn* szadizmus

sadist ['seɪdɪst] *fn* szadista

sadistic [sə'dɪstɪk] *mn* szadista

sadly ['sædli] *hsz* szomorúan ‖ sajnálatosan ‖ szörnyen

sadness ['sædnəs] *fn* szomorúság

sae [ˌes eɪ 'i:] = *stamped addressed envelope* megcímzett és felbélyegzett (válasz)boríték

safari [sə'fɑ:ri] *fn* szafari

safari park *fn* szafaripark

safe [seɪf] ▼ *mn* ép, biztonságos ‖ **safe from sg** vmtől mentes; **to be on the safe side** a biztonság kedvéért; **better (to be) safe than sorry** biztos, ami biztos; **safe and sound** baj nélkül, épen, épségben; **play safe** óvatosan jár el ▼ *fn* páncélszekrény, széf

safe-breaker *fn* kasszafúró, mackós
safe-breaking *fn* kasszafúrás
safe-conduct *fn* menlevél
safe custody *fn* megőrzés ‖ **be in safe custody** letétben van
safe deposit *fn* értékmegőrző
safe-deposit box *fn* széf
safeguard ['seɪfgɑ:d] ▼ *fn* biztosíték; védelem ▼ *ige* **safeguard sy's interests** védi vk érdekeit; **safeguard sy against sg** megvéd/megóv vkt vmtől
safekeeping [ˌseɪf'ki:pɪŋ] *fn* vmtől megóvás ‖ megőrzés *(letétbe helyezett értéktárgyaké)*
safely ['seɪfli] *hsz* nyugodtan; bátran; biztonságban ‖ épségben, szerencsésen ‖ **you can safely go (there)** ❖ *biz* nyugodtan elmehetsz
safeness ['seɪfnəs] *fn* biztonság, biztosság
safe sex *fn* biztonságos szex
safety ['seɪfti] *fn* biztonság ‖ **for safety's sake** a biztonság kedvéért
safety-belt *fn* biztonsági öv
safety catch *fn* biztonsági zár
safety curtain *fn (színházi)* vasfüggöny
safety device *fn* védőberendezés
safety film *fn* éghetetlen film
safety gap *fn* követési távolság
safety helmet *fn* bukósisak
safety island *fn* ⊕ *US* járdasziget
safety lock *fn* biztonsági zár
safety measures *fn tsz* biztonsági intézkedések/rendszabályok
safety net *fn* védőháló
safety-pin *fn* biztosítótű
safety precautions *fn tsz* biztonsági előírások/rendszabályok
safety razor *fn* (ön)borotva
safety razor blade *fn* zsilettpenge
safety regulations *fn tsz* biztonsági előírások/intézkedések/rendszabályok
safety valve *fn* biztonsági szelep
saffron ['sæfrən] *fn* sáfrány *(fűszernövény)*

sag [sæg] *ige* -**gg**- petyhüdt lesz; *(súly alatt)* behajlik
saga ['sɑ:gə] *fn* családregény, rege
sagacious [sə'geɪʃəs] *mn* eszes, okos, értelmes
sagacity [sə'gæsəti] *fn* bölcsesség, értelmesség
sage¹ [seɪdʒ] *fn* bölcs
sage² [seɪdʒ] *fn* ❑ *növ* zsálya
sagging ['sægɪŋ] *mn* megereszkedett, behajló, petyhüdt *(mell)* ‖ ❑ *ker* lanyha *(piac)*
Sahara [sə'hɑ:rə] *fn* Szahara
sahib [sɑ:b] *fn* úr *(indiai megszólítás)*
said [sed] *pt/pp* → **say**
sail [seɪl] ▼ *fn* vitorla ‖ **be under sail** *(hajó)* úton van ▼ *ige* vitorlázik, hajózik, hajón/hajóval megy ‖ *(hajó)* kifut ‖ **go sailing** vitorlázni/hajózni megy, vitorlázik, hajózik, hajón/hajóval megy; **sail against the wind** *(v. in the wind's eye)* széllel szemben hajózik; **sail before the wind** hátszéllel vitorlázik; **sail (for swhere)** kihajózik; **sail near** *(v. close to)* **the wind** a széllel szemben vitorlázik; **sail past sg** vm mellett elhajózik; **sail under French flags** francia zászló alatt hajózik

sail into (port) *(hajó)* befut
sail off vhonnan elvitorlázik
sail round körülhajóz

sailboard ['seɪlbɔ:d] *fn* szörf *(eszköz)*
sailboarding ['seɪlbɔ:dɪŋ] *fn* szörfözés
sailboat ['seɪlbout] *fn* ⊕ *US* vitorlás hajó
sail-cloth *fn* vitorlavászon
sailing ['seɪlɪŋ] ▼ *mn* vitorlás ▼ *fn* vitorlázás, hajózás ‖ *(hajóé)* indulás
sailing-boat *fn* vitorlás (hajó)
sailing ship *fn* vitorlás hajó
sailing times *fn tsz* hajójáratok indulása
sailor ['seɪlə] *fn* tengerész, matróz, hajós

sailplane ['seɪlpleɪn] ▼ *fn* vitorlázó repülőgép ▼ *ige* vitorlázórepülést végez, ❖ *biz* vitorlázik

saint [seɪnt] *(nevek előtt* St [snt]) *fn* szent ‖ **the gospel of St John** János evangéliuma

sake [seɪk] *fn* **for sy's sake, for the sake of sy** vk kedvéért/miatt; **for my sake** az én kedvemért; **for the sake of peace** a béke érdekében; **for God's sake** az Isten szerelmére!

salad ['sæləd] *fn (elkészített)* saláta ‖ **in one's salad days** zöldfülű korában

salad-bowl *fn* salátástál

salad cream *fn* majonéz

salad dressing *fn* salátaöntet

salad-oil *fn* salátaolaj

salad-servers *fn tsz* salátáskanál és -villa

salad-spoon *fn* salátáskanál

salami [sə'lɑːmi] *fn* szalámi

salaried ['sælərid] *mn* fizetéses, fix fizetésű ‖ fizetéssel járó ‖ **the salaried classes** a fizetésből élők

salary ['sæləri] *fn* fizetés

sale [seɪl] *fn* eladás, árusítás ‖ (engedményes) vásár; akció ‖ **for sale** *(magánszemély részéről)* eladó; **on sale** *(üzletben stb.)* eladó, kapható; **sale by auction** *(nyilvános)* árverés, aukció

saleable ['seɪləblə] *mn* kelendő

sale price *fn* engedményes ár

sales assistant *fn* eladó(nő), elárusító(nő)

sales campaign *fn* kereskedelmi kampány

salesclerk ['seɪlzklɑːk] *fn* ⊕ *US* (bolti) eladó

sales-engineer *fn* mérnök-üzletkötő

sales figures *fn tsz* értékesítési számadatok

sales force *fn* eladó személyzet

salesgirl ['seɪlzɡɜːl] *fn* eladónő, eladólány

salesman ['seɪlzmən] *fn* *(tsz* **-men)** (bolti) eladó

sales manager *fn (áruházban)* üzletvezető

salesmanship ['seɪlzmənʃɪp] *fn* eladás/értékesítés művészete/technikája

sales promotion *fn* reklám

sales-room *fn* árverési csarnok/terem

sales slip *fn* ⊕ *US* (pénztári) számla, blokk

sales tax *fn* ⊕ *US* általános forgalmi adó

saleswoman ['seɪlzwʊmən] *fn (tsz* **-women)** eladónő, elárusítónő

salient ['seɪlɪənt] ▼ *mn* kiugró, kiszögellő ▼ *fn* kiugrás, kiszögellés

saline ['seɪlaɪn] ▼ *mn* sós, sótartalmú ▼ *fn* sóoldat

saliva [sə'laɪvə] *fn* nyál

sallow ['sæloʊ] *ige (arc)* sárgul

sally ['sæli] ▼ *fn* ❏ *kat* kitörés ▼ *ige* **sally forth/out** kitör ‖ elindul ‖ kirándul

salmon ['sæmən] *fn* lazac

salon ['sælɒn] *fn (szolgáltató)* szalon

saloon [sə'luːn] *fn (nagy)terem, szalon ‖* négyajtós kocsi ‖ ⊕ *US kb.* söntés, bár

saloon bar *fn* ⊕ *US* = **lounge bar**

saloon car *fn* ❏ *vasút* termes kocsi ‖ luxusautó, négyajtós (nagy)kocsi

Salop = *GB* Shropshire

salt [sɔːlt] ▼ *fn* só ▼ *ige* (meg)sóz

---

salt away besóz ‖ félretesz *(pénzt)*

salt down besóz

SALT [sɔːlt] = **Strategic Arms Limitation Talks**

salt-air *fn* sós tengeri levegő

salt-cellar *fn* sótartó

salted ['sɔːltɪd] *mn* sós ‖ sózott

salted herring *fn* sózott hering

salt-free *mn* sótlan

salt lake *fn* sóstó

saltless ['sɔːltləs] *mn* sótlan

salt-mine *fn* sóbánya

---

fn főnév – *hsz* határozószó – *isz* indulatszó – *ksz* kötőszó – *mn* melléknév
▼ szófajjelzés ⊕ földrajzi variáns ❏ szakterület ❖ stiláris minősítés

saltpetre (⊕ *US* **-peter**) [ˌsɔːltˈpiːtə] *fn* salétrom

salt water *(tengeri)* sós víz

salt-works *fn esz v. tsz* sófinomító

salty [ˈsɔːlti] *mn* sós (ízű)

salty water *fn* sós víz

salubrious [səˈluːbrɪəs] *mn* egészséges *(éghajlat)*

salutary [ˈsæljʊtəri] *mn* üdvös

salutation [ˌsæljuˈteɪʃn] *fn* üdvözlés, köszöntés ‖ megszólítás *(levélben)*

salute [səˈluːt] ▼ *fn* ❏ *kat* tisztelgés ‖ üdvlövés ▼ *ige* üdvözöl, köszönt ‖ ❏ *kat* tiszteleg, szalutál

salvage [ˈsælvɪdʒ] ▼ *fn* mentés(i munkálat) ▼ *ige* megment, kiment ‖ *(hajóroncsot)* kiemel

salvage company *fn* hajómentő társaság

salvage vessel *fn* mentőhajó

salvation [sælˈveɪʃn] *fn* ❏ *vall* üdvösség ‖ üdvözülés

Salvation Army *fn* ❏ *vall* üdvhadsereg

salve [sælv] *fn* ❖ *átv* gyógyír, kenőcs

salver [ˈsælvə] *fn* tálca

salvo [ˈsælvoʊ] *fn* (*tsz* **salvos** *v.* **salvoes**) díszlövés

Samaritan [səˈmærɪtn] *mn/fn* szamaritánus

same [seɪm] *mn/nm* ugyanaz, azonos; egyező ‖ **the same ... as** ugyanaz(t), mint ..., ugyanolyan ... mint; ugyanúgy, ahogy/mint; **in the same breath** egy füst alatt; **the same day** ugyanazon a napon; aznap; **of the same age** egyidős; **of the same kind** ugyanolyan; **of the same order** azonos jellegű; **in the same manner** egyformán; **of the same size** ugyanakkora; **do the same** ugyanúgy tesz; **it is still the same** nem változott semmit; **just the same** pontosan ugyanaz; **at the same time** ugyanabban az időben, ugyanakkor; **in the same way** egyformán, ugyanúgy

sampan [ˈsæmpæn] *fn* szampan, kínai (lakó)csónak

sample [ˈsɑːmpl] ▼ *fn (vmből)* minta, (minta)példány ‖ *(áruból)* próba ‖ szövetminta ‖ **take a sample of sg** mintát vesz vmből; **take a blood sample** vért vesz (vktől) ▼ *ige* (meg)kóstol, kipróbál ‖ mintát vesz ‖ adatokat felvesz

sanatorium [ˌsænəˈtɔːrɪəm] *fn* (*tsz* **-riums** *v.* **-ria** [-rɪə]) szanatórium

sanctify [ˈsæŋktɪfaɪ] *ige* megszentel ‖ szentesít

sanctimonious [ˌsæŋktɪˈmoʊnɪəs] *mn* szenteskedő, képmutató, álszent

sanction [ˈsæŋkʃn] ▼ *fn* beleegyezés, jóváhagyás ‖ szankció ▼ *ige* jóváhagy, szentesít

sanctity [ˈsæŋktəti] *fn (állapot)* szentség

sanctuary [ˈsæŋktʃʊəri] *fn* ❏ *vall* szentély ‖ menedékhely

sand [sænd] *fn* homok, fövény ‖ **sand(s)** homokos part/strand

sandal [ˈsændl] *fn* szandál, saru

sandbag [ˈsændbæg] *fn* homokzsák

sandbank [ˈsændbæŋk] *fn* homokzátony

sandblast [ˈsændblɑːst] *fn* homokfúvó

sand box *fn* ⊕ *US* homokozó *(játszótéren)*

sand castle *fn* homokvár

sand dune *fn* fövenydomb; homokdűne

sand-glass *fn* homokóra

sandpaper [ˈsændpeɪpə] *fn* csiszolópapír, ❖ *biz* smirgli

sand-pit *fn* homokbánya

sand-shoes *fn tsz* fürdőcipő

sandstone [ˈsændstoʊn] *fn* homokkő

sandstorm [ˈsændstɔːm] *fn* homokvihar

sandwich [ˈsænwɪtʃ, -wɪdʒ] ▼ *fn* szendvics ▼ *ige* **be sandwiched (between)** közbeékelődik

sandwich board *fn* reklámtábla

sandwich course *fn* elméleti és gyakorlati oktatás

S

sandy ['sændi] *mn* homokos

sandy beach *fn* homokos part/strand

sane [seɪn] *mn* épeszű, józan gondolkodású

sang [sæŋ] *pt* → **sing**

sanguinary ['sæŋgwɪnəri] *mn* vérengző

sanguine ['sæŋgwɪn] *mn* vérvörös || vérmes || bizakodó, optimista

sanitarium [ˌsænɪ'teərɪəm] *fn* (*tsz* **-riums** *v.* **-ria** [-rɪə]) ⊕ *US* szanatórium

sanitary ['sænɪtəri] *mn* egészségi, (köz)egészségügyi || tiszta

sanitary certificate egészségügyi bizonylat/bizonyítvány

sanitary inspector *fn* közegészségügyi felügyelő

sanitary pad *fn* egészségügyi/intim betét

sanitation [ˌsænɪ'teɪʃn] *fn* (köz)egészségügy

sanity ['sænəti] *fn* józan ész, józanság

sank [sæŋk] *pt* → **sink**

San Marino [ˌsæn mə'ri:nəʊ] *fn* San Marino

Sanskrit ['sænskrɪt] *fn* szanszkrit (*nyelv*)

Santa Claus ['sæntə klɔ:z] *fn* Mikulás (bácsi) (*az angol gyerekek karácsonykor várják*)

Santiago [ˌsænti'ɑ:gəʊ] *fn* Santiago

sap¹ [sæp] ▼ *fn* nedv (*növényé*) || életerő ▼ *ige* **-pp-** életerőt kiszív vkből

sap² [sæp] *fn* futóárok

sapful ['sæpfʊl] *mn* (*növény*) nedvdús

sapling ['sæplɪŋ] *fn* facsemete

sapper ['sæpə] *fn* árkász, utász || **the sappers** ❑ *kat* ❖ *biz* műszakiak

sapphire ['sæfaɪə] *fn* zafír

sarcasm ['sɑ:kæzm] *fn* szarkazmus

sarcastic [sɑ:'kæstɪk] *mn* gúnyos, rosszmájú, szarkasztikus || **sarcastic remark** epés megjegyzés

sarcophagus [sɑ:'kɒfəgəs] *fn* (*tsz* **-gi** [-gaɪ]) szarkofág

sardine [sɑ:'di:n] *fn* szardínia

Sardinia [sɑ:'dɪnɪə] *fn* Szardínia

Sardinian [sɑ:'dɪnɪən] *mn* szardíniai

sardonic [sɑ:'dɒnɪk] *mn* keserűen gúnyos, kaján, cinikus

sari ['sɑ:ri] *fn* szári

SAS [ˌes eɪ 'es] ⊕ *GB* ❑ *kat* = *Special Air Service* <terrorcselekményeknél bevetett alakulat>

SASE [ˌes eɪ es 'i:] ⊕ *US* = *self-addressed stamped envelope* megcímzett és felbélyegzett válaszboríték

sash [sæʃ] *fn* ablakszárny (*tolóablaké*)

sash window *fn* tolóablak

sat [sæt] *pt/pp* → **sit**

Sat = **Saturday**

SAT [ˌes eɪ 'ti:] ⊕ *US* = *Scholastic Aptitude Test* iskolai alkalmassági vizsga

Satan ['seɪtn] *fn* sátán

satanic [sə'tænɪk] *mn* sátáni, ördögi

Satanism ['seɪtənɪzm] *fn* sátánizmus

Satanist ['seɪtənɪst] *fn* sátánista

satchel ['sætʃl] *fn* iskolatáska; tarisznya

sated [seɪtɪd] *mn* jóllakott, kielégült, eltelt

sateen [sə'ti:n] *mn* klott

satellite ['sætlaɪt] *fn* mellékbolygó, hold (*más bolygóé*) || ❖ *átv* csatlós || **artificial satellite** műhold

satellite dish *fn* parabolaantenna

satellite exchange *fn* (*telefon*) alközpont

satellite television *fn* műholdas televízió

satiate ['seɪʃieɪt] *ige* kielégít; jóllakat || **be satiated with sg** vmtől megcsömörlik

satin ['sætɪn] *fn* ❑ *tex* szatén

satire ['sætaɪə] *fn* szatíra

satiric(al) [sə'tɪrɪk(l)] *mn* szatirikus

satirist ['sætɪrɪst] *fn* szatíraíró

satirize ['sætɪraɪz] *ige* kigúnyol

satisfaction [ˌsætɪs'fækʃn] *fn* kielégítés, elégtétel || kielégülés || megelégedés, tetszés || **express one's satisfaction** megelégedését fejezi ki

---

fn főnév – *hsz* határozószó – *isz* indulatszó – *ksz* kötőszó – *mn* melléknév
▼ szófajjelzés ⊕ földrajzi variáns ❑ szakterület ❖ stiláris minősítés

satisfactorily [ˌsætɪsˈfæktərəli] *hsz* kielégítően, megfelelően

satisfactory [ˌsætɪsˈfæktəri] *mn* kielégítő ‖ közepes *(osztályzat)*

satisfy [ˈsætɪsfaɪ] *ige* kielégít ‖ **satisfy every demand** minden igényt kielégít; **are you satisfied with it?** meg vagy elégedve vele?

satisfying [ˈsætɪsfaɪɪŋ] *mn* kielégítő, megnyugtató ‖ kiadós *(étel)*

saturate [ˈsætʃəreɪt] *ige* ❑*vegy* telít

saturated [ˈsætʃəreɪtɪd] *mn* ❑*vegy* telített

saturation [ˌsætʃəˈreɪʃn] *fn* ❑*vegy* telítés

Saturday [ˈsætədeɪ, -dɪ] *fn* szombat ‖ **by Saturday** szombatra; **on Saturday** szombaton; **on Saturdays** minden szombaton; **Saturday evening** szombat(on) este; **Saturday off** szabad szombat ‖ → **Monday**

satyr [ˈsætə] *fn* szatír

sauce [sɔːs] *fn (húshoz)* mártás, szósz

sauce-boat *fn* mártásoscsésze

saucepan [ˈsɔːspən] [⊕*US* -pæn] *fn* (nyeles) serpenyő/lábas

saucer [ˈsɔːsə] *fn* csészealj

saucily [ˈsɔːsɪli] *hsz* szemtelenül, pimaszul, hetykén ‖ kotnyelesen ‖ kacéran

sauciness [ˈsɔːsinəs] *fn* szemtelenség, pimaszság, hetykeség ‖ kotnyelesség ‖ kacérság

saucy [ˈsɔːsi] *mn* szemtelen, pimasz, hetyke, kotnyeles ‖ kacér ‖ **saucy creature** kis hamis

Saudi Arabia [ˌsɔːdi əˈreɪbiə] *fn* Szaúd-Arábia

Saudi Arabian *mn* szaúd-arábiai

sauna [ˈsɔːnə] *fn* szauna

saunter [ˈsɔːntə] *ige* bandukol, császkál, őgyeleg

sausage [ˈsɒsɪdʒ] *fn kb.* kolbász

sausage roll *fn* zsemlében sült kolbász

sauté [ˈsoʊteɪ] *mn (húsról)* pirítva, pirított *ige (pt/pp* **sautéed** *v.* **sautéd)** hirtelen kisüt, pirít

sautéed [ˈsoʊteɪd] *mn (hús)* pirított

savage [ˈsævɪdʒ] *mn* vad, brutális
fn vadember

savagely [ˈsævɪdʒli] *hsz* vadul, kegyetlenül, durván, dühösen

savagery [ˈsævɪdʒri] *fn* vadság, kegyetlenség, barbarizmus, brutalitás

save [seɪv] *fn* ❑*sp* védés *ige* megment, megóv, (meg)véd *(from vmtől)* ‖ megkímél *(sy sg* vkt vmtől) ‖ félretesz, megtakarít *(időt, pénzt, energiát),* spórol ‖ ❑*vall* megvált, üdvözít ‖ ❑*sp* véd ‖ ❑*szt* elment ‖ **save one's skin** menti a bőrét; **save sy from drowning** kiment vkt a vízből; **save sy (from sg)** vkt vmtől megment, megkímél; **save sy's life** megmenti vknek az életét; **to save space** helykímélés céljából; **save time** időt nyer; **save as** ❑*szt* mentés másként

save against a rainy day félretesz nehéz időkre

save on sg vmn/vmvel takarékoskodik

save up (for sg) vmre gyűjt/félretesz

saver [ˈseɪvə] *fn* takarékos ember

saving [ˈseɪvɪŋ] *mn* (meg)mentő, megvédő *fn* megmentés ‖ takarékosság ‖ **savings** megtakarítás

saving grace *fn* ❑*vall* megszentelő kegyelem ‖ ❖ *átv* jó oldala vmnek

savings account [ˈseɪvɪŋz] *fn (takarékpénztárban)* folyószámla

savings bank *fn* takarékpénztár

saviour (⊕*US* -or) [ˈseɪviə] *fn* megmentő ‖ **the Saviour** a Megváltó, az Üdvözítő *(Jézus Krisztus)*

savoir-faire [ˌsævwɑː ˈfeə] *fn* rátermettség, talpraesettség

savour (⊕*US* -or) [ˈseɪvə] *fn* íz, aroma, zamat

savoury (⊕*US* -ory) [ˈseɪvəri] *mn* jóízű, élvezetes, kellemes ‖ jó szagú ‖ pikáns ‖ **not altogether savoury** nem

S

---

valami épületes (dolog), nem nagy eresztés ▼ *fn* pikáns (*v.* erősen fűszerezett) utóétel

savoy (cabbage) [sə'vɔɪ] *fn* kelkáposzta, fodorkel

saw[1] [sɔ:] ▼ *fn* fűrész ▼ *ige* (*pt* **sawed**; *pp* **sawn** [sɔ:n] *v.* **sawed**) fűrészel

---

saw up szétfűrészel

---

saw[2] [sɔ:] *pt* → **see**
sawbuck ['sɔ:bʌk] *fn* ⊕ *US* fűrészbak
sawdust ['sɔ:dʌst] *fn* fűrészpor
sawfish ['sɔ:fɪʃ] *fn (tsz ua.)* fűrészhal
saw-horse *fn* fűrészbak
sawing machine ['sɔ:ɪŋ mə'ʃi:n] *fn* fűrészgép
sawmill ['sɔ:mɪl] *fn* fűrésztelep
sawn [sɔ:n] *pp* → **saw**[1]
sawn-off shotgun *fn* lefűrészelt csövű lőfegyver
sawtooth(ed) ['sɔ:tu:θ(t)] *mn* fűrészfogú
Saxon ['sæksn] *mn/fn* szász
saxophone ['sæksəfoʊn] *fn* szaxofon
saxophonist [sæk'sɒfənɪst] *fn* szaxofonos
say [seɪ] ▼ *fn* beleszólás; vélemény, mondanivaló || **it's my say now** letettem a garast ▼ *ige* (*pt/pp* **said** [sed]) mond, elmond, kimond || **as we say** ahogy mondani szokás; **have nothing to say** nincs semmi mondanivalója; **how do you say it in English?** hogy mondják angolul?; **I say** *(mondat elején)* izé; **let's say** tegyük fel; mondjuk, hogy; **that is to say** azaz, jobban mondva, vagyis; **you don't say!** na ne mondja!; **(s)he didn't say a word** egy szót sem szólt; **say goodbye to sy** elbúcsúzik vktől; **say no** nemet mond; **to say nothing of** vkről/vmről nem is szólva; **say sg (over) again** megismétel; **say yes** igent mond; **there is much to be said for it** minden e mellett szól; **as I (have) said in my letter** amint azt levelemben megírtam; **it is said that** azt mondják, hogy; hír szerint; **sg is said to be ...** vmnek a hírében áll; **he is said to be coming** állítólag jön

saying ['seɪɪŋ] *fn* szólás *(közkeletű kifejezés)* || **as the saying goes** ahogy mondani szokás
say-so *fn* (kétes) állítás
scab [skæb] *fn* rüh
scabby ['skæbi] *mn (ember)* rühes
scaffold ['skæfəld] ▼ *fn* állvány || vesztőhely ▼ *ige* állványt ácsol, állványoz
scaffolder ['skæfəldə] *fn* állványozó *(munkás)*
scaffolding ['skæfəldɪŋ] *fn* ❑ *épít* állványzat
scald [skɔ:ld] ▼ *fn* égési seb ▼ *ige (forró vízzel)* leforráz || *(tejet)* forral
scalding ['skɔ:ldɪŋ] *mn* forró
scale[1] [skeɪl] ▼ *fn (konyhai)* mérleg(serpenyő) || *(beosztásban)* fok || *(térképen)* mérték, lépték || mérce || *(méret)arány* || skálabeosztás || ❑ *zene* skála || **scale of wages** bérskála; **scales** (⊕ *US* **scale** is) *(konyhai)* mérleg; **turn the scales in sy's favour** vk javára billenti a mérleget ▼ *ige* vmennyit nyom, vmlyen súlyú

---

scale down arányosan kisebbít/csökkent
scale up felemel, növel

---

scale[2] [skeɪl] *fn* pikkely || vízkő || **the scales fell from his eyes** a hályog lehullott a szeméről
scale drawing *fn* arányos méretrajz
scale model *fn* mérethű modell, makett
scallop ['skɒləp] *ige* paníroz, bundáz
scalp [skælp] *fn* fejbőr, skalp
scalpel ['skælpl] *fn* szike
scamp [skæmp] *fn* haszontalan gyerek, kópé
scamper ['skæmpə] *ige* elillan, megugrik

---

fn főnév – *hsz* határozószó – *isz* indulatszó – *ksz* kötőszó – *mn* melléknév
▼ szófajjelzés ⊕ földrajzi variáns ❑ szakterület ❖ stiláris minősítés

scampi ['skæmpi] *fn* scampi *(tengeri rák)*

scan [skæn] *ige* **-nn-**❑ *el* letapogat

scandal ['skændl] *fn* botrány

scandalize ['skændlaız] *ige* megbotránkoztat

scandal-monger *fn* pletykafészek

scandal-mongering *fn (rosszindulatú)* pletykálkodás

scandalous ['skændələs] *mn* botrányos

Scandinavia [,skændı'neıvıə] *fn* Skandinávia

Scandinavian [,skændı'neıvıən] *mn/fn* skandináv

scanner ['skænə] *fn* szkenner ‖ (bizonylat)letapogató ‖ átolvasó

scant [skænt] *mn* hiányos

scantily ['skæntılı] *hsz* gyéren, hiányosan, alig

scantily dressed *mn* hiányosan öltözve

scantiness ['skæntınəs] *fn* hiányosság, szegényesség

scanty ['skæntı] *mn* hiányos, fogyatékos, szegényes, gyér

scapegoat ['skeıpgout] *fn* bűnbak

scar [skɑː] ▼ *fn* heg, sebhely, forradás ▼ *ige* **-rr-** hegesedik

scarce [skeəs] *mn* ritka, gyér ‖ **make oneself scarce** ❖ *biz* elhúzza a csíkot; elpárolog

scarcely ['skeəslı] *hsz* alig, éppen hogy, nemigen, aligha ‖ **scarcely any(thing)** szinte/úgyszólván semmi, alig valami

scarceness ['skeəsnəs] *fn* hiány, szükség, ínség

scarcity ['skeəsətı] *fn* hiány, szűke vmnek, szűkösség, ritkaság

scare [skeə] ▼ *fn* ijedelem, rémület ▼ *ige* megijeszt, megrémít ‖ **not easily scared** ❖ *biz* nem szívbajos; **be scared stiff** halálra rémül

scarecrow ['skeəkrou] *fn (átv is)* madárijesztő

scaremonger ['skeəmʌŋgə] *fn* rémhírterjesztő

scarf [skɑːf] *fn (tsz* **scarves** [skɑːvz]) (nyak)sál, (váll)kendő

scarlet ['skɑːlıt] *mn/fn* skarlát(vörös)

scarlet-fever *fn*❑ *orv* skarlát

scarlet runner *fn* futóbab

scarred [skɑːd] *mn* forradásos, ragyás ‖ **scarred by small pox** himlőhelyes

scarves [skɑːvz] *tsz* → **scarf**

scary ['skeərı] *mn* ijesztő

scathing ['skeıðıŋ] *mn* maró *(gúny)*

scatter ['skætə] ▼ *fn* szórás ▼ *ige* (szét)szór ‖ (el)terjeszt ‖ terjed; szóródik ‖ *(tömeg)* eloszlik, szétoszlik ‖ kiszóródik ‖ szétkerget

scatter about *(tárgyakat)* szétszór

scatter-brain(ed) *mn/fn* hebehurgya, kelekótya, szeleburdi

scattered ['skætəd] ▼ *mn* elszórt ▼ *hsz* elszórtan

scavenge ['skævındʒ] *ige* söpör *(utcát)* ‖ **scavenge for sg** *(dögevő madár)* kotorászik *(döghúsért)*; **scavenge through/in dustbins** (kukákban) guberál

scavenger ['skævındʒə] *fn* guberáló ‖ dögevő állat

scenario [sı'nɑːrıou] *fn* szövegkönyv *(filmé)* ‖ forgatókönyv *(rendezvényé és átv)*

scene [siːn] *fn* szín, jelenet *(színdarab része)* ‖ színhely *(eseményé)* ‖ **behind the scenes** a színfalak mögött; **change of scene** ❑ *szính* színváltozás; **make a scene** jelenet(ek)et csinál/rendez; **on the scene** a helyszínen

scenery ['siːnərı] *fn* díszlet, színfalak ‖ panoráma

scenic effects ['siːnık] *fn tsz* színpadi hatások

scent [sent] ▼ *fn* szag, illat ‖ szaglás *(kutyáé)* ‖ *(állati)* szimat ‖ **get on the scent** szimatot fog/kap ▼ *ige* ❖ *biz*

S

megszagol || *(kutya)* szaglász || *(vm rosszat)* megérez

scent bottle *fn* kölnisüveg

scepter ['septə] *fn* ⊕*US* = **sceptre**

sceptic['skeptık] *fn* kételkedő, szkeptikus

sceptical ['skeptıkl] *mn* szkeptikus, kételkedő, hitetlenkedő || **be sceptical about** vmben kételkedik

scepticism ['skeptısızm] *fn* kételkedés

sceptre (⊕*US* **-ter**) ['septə] *fn* jogar

schedule ['ʃedju:l, ⊕*US* 'skedʒu:l] ▼*fn* program || ütemterv, terv, ütemezés || ⊕*US* menetrend || **fall behind schedule** ❖*biz (munkával)* elúszik; **on schedule** terv szerint, határidőre, menetrend szerint ▼*ige* beütemez || **be scheduled** tervbe van véve; **as scheduled** terv/menetrend/program szerint

scheduled ['ʃedju:ld, ⊕*US* 'skedʒu:ld] *mn* menetrendszerű

schematic [ski:'mætık] *mn* vázlatos, sematikus

scheme[ski:m] ▼*fn* séma; vázlat || elgondolás || cselszövés || **come up with a scheme** előjön egy elgondolással, kigondol vmt ▼*ige* fondorkodik, áskálódik *(against sy* vk ellen)

---

scheme against sy vkt fúr

---

schemer ['ski:mə] *fn* cselszövő

scheming ['ski:mıŋ] ▼*mn* cselszövő, fondorlatos, intrikus ▼*fn* cselszövés, intrika

schism ['skızm] *fn* egyházszakadás

schizophrenia [,skıtsə'fri:nıə] *fn* tudathasadás, szkizofrénia

schizophrenic [,skıtsə'frenık] *mn/fn* szkizofrén(iás), tudathasadásos (beteg)

scholar ['skɒlə] *fn (humán)* tudós || ösztöndíjas

scholarly ['skɒləli] *mn* tudományos || tudós

scholarship ['skɒləʃıp] *fn* ösztöndíj || **holder of a scholarship** ösztöndíjas

scholasticism [skə'læstısızm] *fn* skolasztika

school[sku:l] *fn* iskola || tanítás || tagozat || kar, fakultás *(egyetemen)* || ⌊*US* egyetem, főiskola || iskola, irányzat || tanfolyam, kurzus || **be at school** iskolába jár; **go to school** iskolába jár/megy; **send one's son to school** iskolába adja fiát; **school of art** képzőművészeti főiskola; **school of medicine** *(némely egyetemen)* ⊕*GB* orvosi kar

school age *fn* iskolaköteles kor || **of school age** iskoláskorú

school attendance *fn* iskolalátogatás

schoolbag ['sku:lbæg] *fn* iskolatáska

schoolbook ['sku:lbʊk] *fn* tankönyv

schoolboy['sku:lbɔı] *fn* iskolás, kisdiák

school break *fn* (óraközi) szünet

schoolchild ['sku:ltsaıld] *fn (tsz* **-children)** tanuló

school day *fn* tanítási nap

schooldays ['sku:ldeız] *fn tsz* diákévek

schoolfellow ['sku:lfeloʊ] *fn* iskolatárs

schoolgirl ['sku:lgɜ:l] *fn* iskolás leány, diáklány

school gown *fn* iskolaköpeny

schooling ['sku:lıŋ] *fn* iskoláztatás, neveltetés

school-leaver ⬜*isk* végzős

schoolmaster['sku:lmɑ:stə] *fn* tanár

schoolmate ['sku:lmeıt] *fn* diáktárs, iskolatárs

schoolmistress['sku:lmıstrəs] *fn* tanárnő

school report *fn* (iskolai) bizonyítvány, iskolai értesítő

schoolroom['sku:lru:m] *fn* tanterem

school satchel *fn* iskolatáska

school slang *fn* ifjúsági nyelv, diákszleng

school teacher *fn* tanár(nő) || tanító(nő)

school year *fn* tanév

sciatica [saı'ætıkə] *fn* ülőidegzsába, isiász

---

fn főnév –*hsz* határozószó –*isz* indulatszó –*ksz* kötőszó –*mn* melléknév
▼szófajjelzés ⊕földrajzi variáns ⬜szakterület ❖stiláris minősítés

science ['saɪəns] *fn* természettudomány(ok) ‖ ❖ *ált* tudomány ‖ **the sciences** természettudomány(ok) *(⊕ US matematika nélkül)*
science fiction *fn* tudományos-fantasztikus regény(irodalom), sci-fi
science lab *fn* ❑ *isk* természettudományi labor
science student *fn* TTKs; <a természettudományi kar hallgatója> *(igével)* a TTK-ra jár
science subject természettudományi tárgy
scientific [ˌsaɪən'tɪfɪk] *mn* tudományos
scientifically [ˌsaɪən'tɪfɪkli] *hsz* tudományosan
scientist ['saɪəntɪst] *fn (csak term. tud.)* kutató, tudós
sci-fi [ˌsaɪ'faɪ] *fn* sci-fi
Scilly Islands ['sɪli] *fn* Scilly-szigetek
scintillate ['sɪntɪleɪt] *ige* csillámlik ‖ **scintillate (with wit)** sziporkázik *(szellemes ember)*
scintillating ['sɪntɪleɪtɪŋ] *mn* szikrázó, csillogó, sziporkázó
scion ['saɪən] *fn* oltóág
scissors ['sɪzəz] *fn tsz* **(a pair of) scissors** olló
scissors kick *fn* ollózás *(gyorsúszás lábtempója)*
SCM [ˌes si: 'em] = *State Certified Midwife* okleveles szülésznő
scoff[1] [skɒf] ▼ *fn* gúnyolódás ▼ *ige* kigúnyol, kicsúfol *(at vmt, vkt)*
scoff[2] [skɒf] ▼ *fn* ❖ *biz* kaja ▼ *ige* (meg)zabál
scold [skoʊld] *ige* (meg)szid
scolding ['skoʊldɪŋ] *fn* szidás ‖ **give sy a scolding** összeszid
scone [skɒn] *fn kb.* pogácsa
scoop [sku:p] ▼ *fn (öblös)* lapát ‖ merítőkanál ▼ *ige* **scoop out** kimártogat ‖ **scoop sg out of sg** vmt vmből kimer
scooter ['sku:tə] ▼ *fn* roller ▼ *ige* rollerozik

scope [skoʊp] *fn* kiterjedés ‖ működési kör ‖ *(szellemi)* terület ‖ tér ‖ terjedelem *(tudásé stb.)* ‖ **the scope of sy's inquiry** érdeklődési köre, kutatási területe; **scope of sy's duties** feladatkör
scorch [skɔ:tʃ] *ige (nap)* éget, süt, perzsel ‖ kiszárít ‖ *(ételt)* eléget, odaéget, megpörköl
scorching ['skɔ:tʃɪŋ] *mn* tűző *(napsütés)* ‖ **a scorching day** pokoli meleg nap
score [skɔ:] ▼ *fn (sp, játék)* pont, pontszám, gólarány ‖ ❑ *zene* partitúra ‖ **on what score?** milyen alapon?, mi okból?; **what's the score?** mi az eredmény?; **know the score** ❖ *biz* tudja, mi az ábra; **pay off old scores** leszámol vkvel régi sérelmekért ▼ *ige* ❑ *sp* pontoz ‖ pontot ér el ‖ **score a goal** gólt rúg/lő
scoreboard ['skɔ:bɔ:d] *fn* eredményhirdető/-jelző tábla
scorecard ['skɔ:kɑ:d] *fn* meccsprogram
scoreless [skɔ:ləs] *mn* gól nélküli
scorer ['skɔ:rə] *fn* pontozó ‖ pontszerző ‖ góllövő, gólszerző
scorn [skɔ:n] ▼ *fn* lenézés; megvetés ▼ *ige* lenéz; megvet
scornful ['skɔ:nfl] *mn* megvető, fitymáló, gúnyos
scornfully ['skɔ:nfli] *hsz* megvetően, lenézően, gőgösen
Scorpio ['skɔ:pioʊ] *fn* Skorpió (csillagkép)
scorpion ['skɔ:piən] *fn* skorpió
Scot [skɒt] *fn* skót *(ember)*
Scotch [skɒtʃ] *mn (különféle termékek, pl. whisky, szövet)* skót
scotch[1] [skɒtʃ] *fn* ék ‖ féksaru
scotch[2] [skɒtʃ] *ige* véget vet (vmnek), leállít (vmt)
Scotch tape *fn* ⊕ *US* cellux
scot-free [ˌskɒt'fri:] *hsz* büntetlenül ‖ sértetlenül
Scotland ['skɒtlənd] *fn* Skócia

S

---

nm névmás – *nu* névutó – *szn* számnév – *esz* egyes szám – *tsz* többes szám
▼ szófajjelzés ⊕ földrajzi variáns ❑ szakterület ❖ stiláris minősítés

Scotland Yard ['skɒtlənd jɑ:d] *fn* fő-
kapitányság *(Londonban)*
Scots [skɒts] *mn (ember, nép, nyelv-
járás)* skót
Scotsman ['skɒtsmən] *fn (tsz* -men)
skót *(férfi)*
Scotswoman ['skɒtswʊmən] *fn (tsz*
-women) skót *(nő)*
Scottish ['skɒtɪʃ] *mn* skót
scoundrel ['skaʊndrəl] *fn* gazember,
gazfickó
scour ['skaʊə] *ige (edényt)* sikál, súrol
|| felsúrol
scourer ['skaʊərə] *fn* súrolókefe,
„dörzsike"
scourge [skɜ:dʒ] ▼ *fn* korbács ▼ *ige*
ostoroz, megkorbácsol
scout [skaʊt] ▼ *fn* felderítő; járőr || a
Scout cserkész || the **Scouts** cserké-
szet, cserkészek || a **troop of Scouts**
cserkészcsapat ▼ *ige* felderít
Scouting ['skaʊtɪŋ] *fn* cserkészet
Scout(ing) movement, the *fn* cserké-
szet *(a mozgalom)*
scoutmaster ['skaʊtmɑ:stə] *fn* cser-
készparancsnok, cserkésztiszt
Scout troop *fn* cserkészcsapat
scowl [skaʊl] ▼ *fn* dühös tekintet ▼
ige scowl at sy dühösen néz vkre
scrabble ['skræbl] ▼ *fn* négykézláb
való keresés ▼ *ige* négykézláb keres
Scrabble ['skræbl] *fn* kirakós játék,
játék a betűkkel, „szójáték"
scraggy ['skrægi] *mn* vézna, csenevész
scram [skræm] *ige* scram! kotródj in-
nen!, ki innen!
scramble ['skræmbl] *ige* scramble
for sg vmért tülekedik
scrambled eggs ['skræmbld] *fn tsz*
rántotta
scrambling ['skræmblɪŋ] *mn* do sg in
scrambling fashion rendszertelenül,
kapkodva végez el vmt
scrap[1] [skræp] ▼ *fn* darabka || ételma-
radék || hulladék || ócskavas || not a
scrap semmi ▼ *ige* szemétre dob, ki-
selejtez || → **scraps**

scrap[2] [skræp] ❖ *biz* ▼ *fn* verekedés,
bunyó ▼ *ige* verekedik, bunyózik
scrapbook ['skræpbʊk] *fn* album lap-
kivágatok beragasztására
scrap dealer *fn* ócskavas-kereskedő
scrape [skreɪp] ▼ *fn* kaparás || nyeker-
getés || leheletnyi vajréteg ▼ *ige* ka-
par, (meg)karcol || *(bőrt)* vakar || le-
dörzsöl, lecsiszol || *(hegedűn)* cincog ||
scrape a living elnyomorog

scrape along vegetál
scrape down levakar
scrape off vmt ledörzsöl
scrape together ❖ *biz (összeget)*
összekapar
scrape up ❖ *biz (pénzt)* kiizzad

scraper ['skreɪpə] *fn* vakaró || zsugori
(ember)
scrap heap *fn* ócskavasdomb, szemét-
domb
scraping ['skreɪpɪŋ] *fn* a little scrap-
ing of butter egy parányi vaj
scrap-iron *fn* ócskavas
scrap metal *fn* fémhulladék
scrappy ['skræpi] *mn* hiányos, össze-
függéstelen, szedett-vedett
scraps [skræps] *fn tsz* ócskavas || →
scrap[1]
scrap yard *fn* ócskavastelep, hulladék-
lerakó
scratch [skrætʃ] ▼ *fn* karcolás || be up
to scratch ❖ *biz* megüti a mértéket;
be not up to scratch ❏ *kif* alacsony/
gyenge színvonalú; **start from scratch**
semmiből/semmivel kezdi ▼ *ige*
(meg)karcol, (meg)vakar, kapar ||
scratch a living eldegél; **scratch
open (a scar)** *(vart)* felkapar

scratch out kivakar
scratch together ❖ *biz (összeget)*
összekapar

scratchpad ['skrætʃpæd] *fn* ⊕ *US*
jegyzettömb

fn főnév − *hsz* határozószó − *isz* indulatszó − *ksz* kötőszó − *mn* melléknév
▼ szófajjelzés ⊕ földrajzi variáns ❏ szakterület ❖ stiláris minősítés

scrawl [skrɔːl] ▼ fn irkafirka, rossz kézírás; macskakaparás ▼ ige csúnyán ír; kapar

scrawny ['skrɔːni] mn ványadt, vézna

scream [skriːm] ▼ fn sikoltás, sikoly ▼ ige sikolt, rikácsol

screech [skriːtʃ] ige rikácsol, sikolt

screen [skriːn] ▼ fn (kép)ernyő; (vetítő)vászon; (kályha előtti) ellenző ‖ rács ‖ védőfal ‖ szúnyogháló ▼ ige fedez, elfed ‖ szűr (fényt) ‖ vetít (filmet) ‖ megrostál ‖ ❑orv (meg)szűr ‖ priorál, megvizsgálja (vk) előéletét ‖ the screen a film (filmipar), a televízió

screen editing fn szerkesztés képernyőn

screening ['skriːnɪŋ] fn szűrés ‖ vetítés ‖ priorálás ‖ screening for cancer rákszűrés

screenplay ['skriːnpleɪ] fn szövegkönyv, forgatókönyv (filmé)

screen test fn próbafelvétel

screw [skruː] ▼ fn csavar ‖ hajócsavar ‖ have a screw loose ❖ biz hiányzik egy kereke ▼ ige becsavar ‖ csavarodik ‖ ❖ vulg kefél, izél ‖ screw tight (csavart) meghúz

---

screw in (csavart) becsavar, meghúz

screw off vmit vmről lecsavar

screw (sg) on (to sg) rácsavar

---

screwball ['skruːbɔːl] fn ⊕ US ❖ biz őrült/dilis (alak)

screw-cutter fn menetvágó (gép)

screw cutting fn menetmetszés (külső meneteké)

screwdriver ['skruːdraɪvə] fn csavarhúzó

screw-head fn csavarfej

screw-thread fn csavarmenet

screw top fn lecsavarható tető

scribble ['skrɪbl] ▼ fn ákombákom, irkafirka ▼ ige firkál, irkál

scribe [skraɪb] fn írnok ‖ (bibliai) írástudó

scrimmage ['skrɪmɪdʒ] fn dulakodás ‖ (amerikai futball) buli

script [skrɪpt] fn szövegkönyv, forgatókönyv (filmé) ‖ szöveg (filmé, színdarabé) ‖ írás (írásrendszer) ‖ kézírás ‖ vizsgadolgozat ‖ Cyrillic script cirill betűs írás

scripted ['skrɪptɪd] mn felolvasott

Scriptures, the ['skrɪptʃəz] fn tsz ❑vall a Szentírás

script-writer fn szövegíró, forgatókönyvíró

scroll [skrəʊl] fn kézirattekercs

scrotum ['skrəʊtəm] fn (tsz -tums v. -ta) herezacskó

scrounge [skraʊndʒ] ige ❖ biz elcsen, „szerez" (from/off vktől)

scrub [skrʌb] ▼ fn bozót ▼ ige -bb- (padlót) felmos, (fel)sikál, felsúrol ‖ scrub sg clean tisztára súrol vmt

---

scrub up bemosakodik

---

scrubbing-brush fn súrolókefe

scruff [skrʌf] fn tarkó(bőr)

scruffy ['skrʌfi] mn ❖ biz ápolatlan, koszos

scrum(mage) ['skrʌm(ɪdʒ)] fn ❑sp csomó (rögbiben)

scruple ['skruːpl] fn (lelkiismereti) aggály, kétely; skrupulus

scrupulous ['skruːpjʊləs] mn lelkiismeretes, aggályos(kodó)

scrupulously ['skruːpjʊləsli] hsz lelkiismeretesen, aggályoskodva

scrutinize ['skruːtɪnaɪz] ige (alaposan) (meg)vizsgál, átvizsgál

scrutiny ['skruːtɪni] fn alapos/mélyreható/tüzetes vizsgálat, átvizsgálás

scuba ['skjuːbə] fn könnyűbúvár-légzőkészülék

scuba diving fn (sport)merülés légzőkészülékkel

scuff [skʌf] ▼ fn karistolás, összekarcolás ▼ ige összekarcol, karistol

scuffle ['skʌfl] fn dulakodás, hirig

S

---

scull [skʌl] *fn* egypárevezős *(hajó)*

scullery ['skʌləri] *fn* mosogató(helyiség)

sculpting ['skʌlptɪŋ] *fn* szobrászmunka

sculptor ['skʌlptə] *fn* szobrász

sculpture ['skʌlptʃə] ▼ *fn* szobor ‖ szobrászat ▼ *ige (szobrot)* farag ‖ *(szobrász)* (meg)mintáz vkt

scum [skʌm] *fn* hab, salak

scupper ['skʌpə] *ige* ❖ *biz* megfúr; elsüllyeszt

scurf [skɜːf] *fn (fejbőrön)* korpa

scurrilous ['skʌrɪləs] *mn* trágár, mocskos, sértő

scurry ['skʌri] *ige* surran ‖ **scurry past** *(mellette)* elsurran

scurvy ['skɜːvi] *fn* skorbut

scuttle¹ ['skʌtl] *fn* szenesvödör

scuttle² ['skʌtl] ▼ *fn* fedélzeti lejáró ▼ *ige* elsüllyeszt *(hajót)*

scuttle³ ['skʌtl] ▼ *fn* futólépés ▼ *ige* **scuttle away/off** elfut; hűtlenül elhagy

scythe [saɪð] ▼ *fn* kasza ▼ *ige* (le)kaszál

SE = south-east(ern)

sea [siː] *fn* tenger ‖ **across the sea** tengeren túl; **by the sea** a tenger mellett; **by sea** tengeri úton, hajóval, hajón; **go by sea** hajón megy/utazik; **be all at sea** ❖ *biz* nem ismeri ki magát

sea air *fn* tengeri levegő

sea battle *fn* tengeri csata/ütközet

sea bed *fn* tengerfenék

sea bird *fn* tengeri madár

seaboard ['siːbɔːd] *fn* tengerpart

sea-borne *mn* tengeren szállított

sea-bottom *fn* tengerfenék

sea breeze *fn* tengeri szél

sea-captain *fn* tengerészkapitány

sea-dog *fn* vén tengeri medve

seafarer ['siːfeərə] *fn* tengerész

seafaring ['siːfeərɪŋ] *mn* tengerjáró ‖ **seafaring nation** hajósnép

seafood ['siːfuːd] *fn* tengeri hal/rák és kagyló *(mint étel)*

sea front *fn* tengerparti rész *(városé)* ‖ **sea front restaurant** tengerparti étterem

seagoing ['siːɡəʊɪŋ] *mn* tengerjáró

seagull ['siːɡʌl] *fn* (tengeri) sirály

seal¹ [siːl] ▼ *fn (viaszból stb.)* pecsét ‖ **put a seal to sg** pecsétet rányom; **set the seal on** *(barátságot, szövetséget)* megpecsétel ▼ *ige (levelet)* leragaszt ‖ leplombál ‖ tömít

seal² [siːl] *fn* fóka

seal cull *fn* fókavadászat

sea-level *fn* tengerszint ‖ **above sea-level** a tenger színe *(v.* tengerszint) fölött; **100 metres above sea-level** 100 méterre a tengerszint fölött

sealing-wax ['siːlɪŋ] *fn* pecsétviasz

sea-lion *fn* oroszlánfóka

sealskin ['siːlskɪn] *fn* szilszkin

seam [siːm] *fn* varrat, varrás

seaman ['siːmən] *fn (tsz -men)* tengerész, hajós

seamanship ['siːmənʃɪp] *fn* tengerészeti szaktudás

seamless ['siːmləs] *mn* varrás/varrat nélküli

seamstress ['semstrəs] *fn* varrónő

seamy ['siːmi] *mn* mocskos ‖ **the seamy side of life** az élet árnyoldala

seaplane ['siːpleɪn] *fn* hidroplán

seaport ['siːpɔːt] *fn* tengeri kikötő

sear [sɪə] *ige* kiéget

search [sɜːtʃ] ▼ *fn (vm/vk után)* kutatás, keresés ‖ **be in search of sg** *(kutatva)* keres vmt ▼ *ige* keres, kutat ‖ *(könyvben)* böngész(ik) ‖ *(terepet)* átvizsgál

search after sg *(kutatva)* keres

search for sg *(kutatva)* keres ‖ kikeres ‖ **I have searched for it all over the house** az egész házat összekerestem már érte

search through átkutat

searcher ['sɜːtʃə] *fn* kutató ‖ szonda

---

searching ['sɜːtʃɪŋ] *mn* kutató, fürkésző ‖ **searching look** vizsgáló tekintet

searchlight ['sɜːtʃlaɪt] *fn* fényszóró ‖ fénykéve

search party *fn* mentőexpedíció, mentőosztag

search warrant *fn* házkutatási parancs

searing ['sɪərɪŋ] *mn* kiszáradó ‖ égető, perzselő, forró

seashore ['siːʃɔː] *fn* tengerpart

seasick ['siːsɪk] *mn* tengeribeteg

seasickness ['siːsɪknəs] *fn* tengeribetegség

seaside ['siːsaɪd] ▼ *mn* tenger(part)i ▼ *fn* tengerpart

seaside resort *fn* tenger(part)i fürdő-(hely)/üdülőhely

season ['siːzn] ▼ *fn* évszak ‖ évad, idény, szezon ‖ **closed for the season** *(mint kiírás)* nyári szünet/szünidő; **off season** holt idény/szezon; **the season's greetings!** kellemes (karácsonyi) ünnepeket (kívánunk)! ▼ *ige (ételt)* fűszerez; *(fűszerrel)* ízesít

seasonal ['siːznəl] *mn* idényjellegű, idényszerű ‖ **seasonal employment** idénymunka

seasoned ['siːznd] *mn* fűszeres *(étel)*

seasoning ['siːznɪŋ] *fn* fűszer(ezés)

season ticket *fn* bérlet(jegy)

seat [siːt] ▼ *fn* ülés, hely, ülőhely ‖ **seat (in Parliament)** *(képviselői)* mandátum; **he took his seat** elfoglalta a helyét; **keep your seat** maradj a helyeden; **please take a seat** (kérem,) foglaljon helyet; **take a seat** helyet foglal; **this seat is taken** ez a hely foglalt; **all seats are booked/sold** minden jegy elkelt ▼ *ige* **ask sy to be seated** székkel kínál; **please be seated** (kérem,) foglaljon helyet; **the hall seats 500 people** a terem befogadóképessége 500 személy

seat-belt *fn* biztonsági öv ‖ **please fasten your seat-belts** kérem, kapcsolják be a biztonsági öveket

seating ['siːtɪŋ] *fn* (le)ültetés

seating arrangements *fn tsz* ülésrend

seating capacity/room *fn* ülőhelyek száma

seat reservation *fn* helyfoglalás

sea water *fn (tengeri)* sós víz

seaweed ['siːwiːd] *fn (tengeri)* hínár

seaworthy ['siːwɜːði] *mn* hajózásra alkalmas

sec = *second* másodperc, s

secateurs ['sekətɜːz] *fn tsz* metszőolló

secede [sɪ'siːd] *ige* **secede (from)** elszakad *(tartomány országtól)*

secession [sɪ'seʃn] *fn* elszakadás *(államtól)*

secluded [sɪ'kluːdɪd] *mn* félreeső, magányos

seclusion [sɪ'kluːʒn] *fn* **live in seclusion** elvonultan él

second ['sekənd] ▼ *mn* második ‖ **for the second time** másodízben ▼ *fn* ❑ *zene* másod ‖ másodperc, pillanat ‖ **just this second** ebben a percben ▼ *ige* támogat, *(indítványhoz)* csatlakozik

secondary ['sekəndəri] *mn* másodlagos ‖ mellékes

secondary education *fn* középfokú oktatás

secondary picket(ing) *fn* sztrájkőrség

secondary school *fn* középiskola

secondary school student *fn* középiskolás

second-best *mn* második legjobb ‖ másodrendű *(áru)* ‖ **I like live music, for me records are second-best** én az élő zenét szeretem, a lemezek csak másodsorban jöhetnek számításba

second-class *mn* másodrendű, másodosztályú

second cousin *fn* másodfokú unokatestvér

seconder ['sekəndə] *fn* támogató *(javaslaté)*

second floor *fn* ✪ *GB* második emelet, ✪ *US* első emelet

second hand *fn* másodpercmutató

second-hand ▼ *mn* használt, antikvár ▼ *hsz* másodkézből, használtan ‖ **buy sg second-hand** másodkézből vesz vmt

second-hand bookshop *fn* antikvárium

second-hand car *fn* használt autó

second-in-command *fn* parancsnokhelyettes

secondly ['sekəndli] *hsz* másodszor, másodsorban

second-rate *mn* másodrendű, silány

second-run cinema (⊕ *US* **second-run movie house**) *fn* utánjátszó mozi

Second World War, the *fn* a második világháború

secrecy ['si:krəsi] *fn* diszkréció, titoktartás

secret ['si:krɪt] ▼ *mn* titkos ▼ *fn* titok ‖ **in secret** titokban; **keep a secret** titkot tart; **keep (sg) secret** eltitkol; **make no secret of ...** nem csinál titkot belőle

secretaire [ˌsekrə'teə] *fn* ⊕ *GB* szekreter

secretarial [ˌsekrə'teərɪəl] *mn* titkári ‖ titkárnői

secretariat [ˌsekrə'teərɪət] *fn* titkárság

secretary ['sekrətri] *fn* titkár, titkárnő ‖ **Secretary** miniszter; ⊕ *GB* államtitkár

Secretary-General *fn* főtitkár

Secretary of Defense *fn* ⊕ *US* nemzetvédelmi miniszter

Secretary of State *fn* ⊕ *GB* miniszter ‖ ⊕ *US* külügyminiszter

Secretary of the Treasury *fn* ⊕ *US* pénzügyminiszter

secret ballot *fn* titkos választás

secrete [sɪ'kri:t] *ige* ❑ *biol* elválaszt, kiválaszt

secretion [sɪ'kri:ʃn] *fn* ❑ *biol* elválasztás, kiválasztás ‖ váladék

secretive ['si:krətɪv] *mn* titkoló(dzó), titokzatoskodó

secretly ['si:krətli] *hsz* titkon, rejtve

secret service *fn* titkosszolgálat

sect [sekt] *fn* ❑ *vall* szekta

sectarian [sek'teərɪən] *mn* szektariánus, szektás

section ['sekʃn] *fn* ágazat, szekció, tagozat ‖ *(konferencián)* szekció ‖ kategória, osztály ‖ *(könyvben)* passzus, szakasz, paragrafus ‖ terület, rész ‖ szakasz *(útvonalé, pályáé)* ‖ ❑ *műsz* szelvény ‖ ❑ *sp* szakosztály

sectional ['sekʃnəl] *mn* (kereszt)metszeti ‖ körzeti ‖ részekből álló/összeállítható ‖ többrészes; szétszedhető ‖ **sectional interests** csoportérdekek

section head *fn* főelőadó

section meeting *fn* szekcióülés

sector ['sektə] *fn* szektor ‖ körcikk

secular ['sekjʊlə] *mn* világi

secure [sɪ'kjʊə] ▼ *mn* biztonságos ‖ **secure job** biztos állás/megélhetés ▼ *ige* biztosít, megvéd ‖ kieszközöl ‖ **secure the door** bereteszeli az ajtót

securely [sɪ'kjʊəli] *hsz* biztosan, erősen

securities [sɪ'kjʊərətɪz] *fn tsz* értékpapír(ok), kötvény(ek)

security [sɪ'kjʊərəti] *fn* biztonság ‖ *(pénz)* biztosíték ‖ → **securities**

Security Council *fn* Biztonsági Tanács

security forces *fn tsz* állambiztonsági erők/rendőrség

security guard *fn* biztonsági őr, rendész

security regulations *fn tsz (vállalati stb.)* biztonsági előírások/intézkedések/rendszabályok

security risk *fn* megbízhatatlan személy

security warder *fn (múzeumban)* rendész

sedan [sɪ'dæn] *fn* ⊕ *US* négyajtós (nagy)kocsi, szedán

sedate [sɪ'deɪt] *mn* nyugodt, higgadt

sedation [sɪ'deɪʃn] *fn* ❑ *orv* nyugtatás, szedálás, csillapítás

sedative ['sedətɪv] *fn* nyugtató(szer)

---

sedentary ['sedntəri] *mn* **lead a sedentary life** ülő foglalkozást folytat; **sedentary job** ülő foglalkozás

sedge [sedʒ] *fn* sás

sediment ['sedɪmənt] *fn* üledék

sedimentary [ˌsedɪ'mentəri] *mn* üledékes

sedition [sɪ'dɪʃn] *fn* zendülés

seditious [sɪ'dɪʃəs] *mn* államellenes, lázító

seduce [sɪ'dju:s] *ige (nőt)* elcsábít

seducer [sɪ'dju:sə] *fn (férfi)* csábító

seduction [sɪ'dʌkʃn] *fn* (el)csábítás

seductive [sɪ'dʌktɪv] *mn* csábító, megnyerő || megtévesztő

see [si:] *ige (pt* **saw** [sɔ:]; *pp* **seen** [si:n])* lát || felfog; ért, megért || meglátogat || beszél vkvel || *(ügyfelet)* fogad || gondoskodik, utánanéz || **as far as I can see** már amennyire meg tudom állapítani; **don't you see?** nem érted?; **go to see a play** előadást megnéz; **go to see sy** látogatóba megy vkhez, meglátogat vkt; **I see!** értem!; **I am beginning to see it** kezd már derengeni előttem; **I'll/we'll see** majd meglátjuk!; **let's see** ❖ *biz* hadd nézzem, nézzük; **not much to see** nincs sok látnivaló; **you have to see a doctor** orvoshoz kell fordulni; **do you see what I mean?** érted, mire gondolok *(v.* mit akarok mondani)?; **see you!** *(távozáskor)* viszlát, szia!; **I'll be seeing you** viszontlátásra!; **see you again soon** mielőbbi viszontlátásra; **see life** világot lát; **see sg differently** más színben lát vmt; **see sy home** elkísér vkt hazáig; **see that ...** ügyel arra, hogy; *(felszólításként)* ügyeljen arra, hogy; gondoskodjék róla, hogy ...; **can see the joke** elérti a tréfát; **see the point** látja a lényeget; **can be seen** látható; látszik; **I have never even seen him** még csak nem is láttam soha; **is not to be seen** láthatatlan; **have you seen that film?** láttad ezt a filmet?

see about vmnek utánanéz, utánajár, elintéz vmt || **see about sg** *(v.* **doing sg)** intézkedik; **I'll see about it** majd én elintézem

see sy off *(állomásra stb.)* kikísér

see sy out *(ajtóig)* kikísér || **see it out** kiül *(időt, végét)*, végigül vmt

see through átlát (vkn, vmn) || átsegít (vkt vmn), végig kitart, végigkísér || megvalósít, kivisz

see to sg *(v.* **doing sg)** intézkedik

seed [si:d] ▼ *fn* ❑ *növ* mag ▼ *ige* felmagzik

seeded player ['si:dɪd] *fn* kiemelt játékos

seedless ['si:dləs] *mn* magtalan, mag nélküli *(gyümölcs)*

seedling ['si:dlɪŋ] *fn* magról nőtt fiatal növény, csemete, magonc

seedy ['si:di] *mn* magvas, sokmagvú || ❖ *biz* topis, rongyos, ágrólszakadt

seeing ['si:ɪŋ] ▼ *mn* látó ▼ *ksz* **seeing (that)** tekintettel arra(, hogy) ... ▼ *fn* látás, látóképesség

seek [si:k] *ige (pt/pp* **sought** [sɔ:t])* keres

seek out kinyomoz, felkutat

seem [si:m] *ige* látszik, tűnik || **seem sad** szomorúnak látszik; **it seems as if ...** úgy tűnik, mintha/hogy; **so it seems** úgy látszik; **he seems to be right** úgy látszik, igaza van; **he seems to have forgotten about it** úgy látszik, elfelejtette; **it seemed as if** már úgy látszott, hogy

seeming ['si:mɪŋ] *mn* látszólagos || **seeming contradiction** látszólagos ellentmondás

seemingly ['si:mɪŋli] *hsz* látszólag

seemly ['si:mli] *mn* ill(end)ő, helyes

seen [si:n] *pp* → **see**

seep through [si:p] *ige (folyadék)* átszivárog

seer ['sɪə] *fn* látnok

seersucker ['sɪəsʌkə] *fn* vékony csíkos pamutszövet, (hullám)krepp, kreton

see-saw *fn* mérleghinta, libikóka

seethe [si:ð] *ige* zubog

see-through *mn* átlátszó, áttetsző

segment ['segmənt] *fn* ▢ *mat* szelet, metszet ‖ *(narancs, grépfrút)* gerezd

segregate ['segrɪgeɪt] *ige (társadalmilag)* elkülönít

segregation [ˌsegrɪ'geɪʃn] *fn* faji elkülönítés

Seine [seɪn] *fn* Szajna

seismic ['saɪzmɪk] *mn* földrengési, szeizmikus

seismograph ['saɪzməɡrɑ:f] *fn* szeizmográf

seize [si:z] *ige (kézzel)* megfog, megragad ‖ *(erőszakkal)* elvesz ‖ *(hatóság ingatlant)* lefoglal ‖ ❖ *biz (bűnözőt)* lefog ‖ **seize an opportunity** kap az alkalmon; **be seized with sg** vm rájön vkre, elfogja vm

seize on/upon kapva kap vmn

seize up besül *(géprész)*

seizure ['si:ʒə] *fn* megragadás, lefoglalás, elkobzás ‖ elkobzott dolog ‖ roham ‖ **(apoplectic) seizure** szélütés

seldom ['seldəm] *hsz* ritkán

select [sə'lekt] *ige* kiválogat, összeválogat, megválogat, szelektál ‖ **select sy for sg** vkt vmre kiszemel

select committee *fn* vizsgálóbizottság

selected [sə'lektɪd] *mn* válogatott ‖ **selected passages** válogatott szemelvények

selection [sə'lekʃn] *fn* válogatás, (ki)-választás ‖ szemelvény

selection committee *fn* válogatóbizottság

selective [sə'lektɪv] *mn* szelektív ‖ válogatós, igényes

select team *fn* ▢ *sp* válogatott csapat

self [self] *fn (tsz* **selves** [selvz]) (saját) maga

self-abasement *fn* megalázkodás

self-addressed envelope *fn* megcímzett válaszboríték

self-adhesive *mn* öntapadó(s)

self-adjusting *mn* önszabályozó

self-appointed candidate *fn* önjelölt

self-assertive *mn* tolakodó, erőszakos, magabiztos

self-assurance *fn* önbizalom

self-assured *mn* magabiztos

self-awareness *fn* öntudatosság

self-catering *mn* önkiszolgáló *(étterem stb.)* ‖ **self-catering chalet** nyaralóház/üdülő/bungaló önkiszolgálással *(v.* ellátás nélkül)

self-centred (⊕ *US* **-centered**) *mn* önző, egocentrikus

self-cleaning *mn* öntisztító

self-coloured (⊕ *US* **-or-**) *mn* egyszínű ‖ természetes színű

self-command *fn* önfegyelem

self-conceit *fn* beképzeltség, elbizakodás

self-conceited *mn* elbizakodott

self-confessed *mn* nyíltan magát vmnek valló

self-confidence *fn* önbizalom

self-confident *mn* öntudatos, magabízó, önérzetes

self-conscious *mn* öntudatos

self-consciousness *fn* öntudatosság

self-contained flat *fn* összkomfortos lakás, önálló lakás

self-contented *mn* önelégült

self-control *fn* önfegyelem, önuralom

self-criticism *fn* önkritika

self-defeating *mn kb.* saját érdekei ellen dolgozó; saját munkáját tönkretevő

self-defence (⊕ *US* **-se**) *fn* önvédelem

self-denial *fn* önmegtagadás

self-determination *fn* **(right to) self-determination** önrendelkezés(i jog)

self-discipline *fn* önfegyelem

self-drive car *fn* bérautó vezető nélkül
self-employed *mn* önálló, maszek
self-employed craftsman *fn* (*tsz* **-men**) önálló (kis)iparos
self-esteem *fn* önbecsülés, önérzet
self-evident *mn* kézenfekvő, nyilvánvaló; világos
self-explanatory *mn* be self-explanatory nem szorul magyarázatra
self-financing *mn* önfinanszírozó
self-governing *mn* önkormányzatú, autonóm
self-government *fn* önkormányzat, autonómia
self-help *fn* önsegély
self-importance *fn* önteltség
self-important *mn* önhitt, öntelt
self-indulgent *mn* <magától semmit meg nem tagadó> önkényeztető, pazarló
self-inflicted *mn* saját magára kiszabott *(pl. büntetés)*
self-interest *fn* önérdek
selfish ['selfɪʃ] *mn* önző
selfishly ['selfɪʃli] *hsz* önzően
selfishness ['selfɪʃnəs] *fn* önzés
selfless ['selfləs] *mn* önzetlen
selflessly ['selfləsli] *hsz* önzetlenül
self-love *fn* önszeretet
self-made man *fn* (*tsz* **men**) be a self-made man a maga erejéből lett azzá, ami
self-pity *fn* önsajnálat
self-portrait *fn* önarckép
self-possessed *mn* nagy önuralommal rendelkező
self-possession *fn* önuralom
self-preservation *fn* önfenntartás || instinct of self-preservation önfenntartási ösztön
self-propelled *mn* önjáró
self-raising flour (⊕*US* **-rising**) *fn* önmagától megkelő (sütőporral kevert) liszt
self-regulating *mn* önszabályozó
self-reliant *mn* magabízó, önmagában bízó

self-respect *fn* önbecsülés
self-respecting *mn* önbecsülő, önérzetes
self-restraint *fn* önmegtartóztatás
self-righteous *mn* önelégült, álszent, farizeusi
self-sacrifice *fn* önfeláldozás
selfsame ['selfseɪm] *mn* ugyanaz
self-satisfaction *fn* önelégültség, önteltség
self-satisfied *mn* öntelt
self-seeking *mn* önző || számító, haszonleső
self-serve *mn* ⊕*US* önkiszolgáló
self-serve restaurant *fn* ⊕*US* önkiszolgáló vendéglő/étterem
self-service ▼ *mn* önkiszolgáló ▼ *fn* (*étteremben, boltban*) önkiszolgálás
self-service restaurant *fn* önkiszolgáló vendéglő/étterem
self-service shop (⊕*US* **store**) *fn* önkiszolgáló bolt
self-starter *fn* önindító
self-styled [-'staɪld] *mn* magát vmnek kikiáltó, állítólagos
self-sufficient *mn* (*ország, gazdaságilag*) önellátó (*in sg* vmben)
self-supporting *mn* (*ország, gazdaságilag*) önellátó || (*vk*) önálló
self-taught *mn* autodidakta
self-willed [-'wɪld] *mn* akaratos
self-winding *mn* önfelhúzó *(óra)*
sell [sel] *ige* (*pt/pp* **sold** [soʊld]) árul, árusít, elad || **be sold** (*áru*) elkel, eladták, eladva; **sell at a discount** árengedménnyel árusít; **sell at a loss** veszteséggel ad el, elkótyavetyél; **be selling** (*áru*) fogy; **be selling like hot cakes** veszik, mint a cukrot

sell off (*végleg*) kiárusít, felszámol
sell out kiárusít, mindent elad || **has/ be sold out** minden jegy elkelt; kifogyott *(könyv)*
sell up mindent elad || **be sold up** elárverezték (mindenét)

---

sell-by date *fn* eltarthatóság ‖ forgalmazhatóság időpontja

seller ['selə] *fn* eladó

seller's market *fn* nagy kereslet, keresleti piac

selling ['selɪŋ] *fn* eladás

selling price *fn* eladási ár

Sellotape ['seləteɪp] *fn* cellux

sell-out *fn* telt ház, „minden jegy elkelt" ‖ (el)árulás

selves [selvz] *tsz* → **self**

semantic [sə'mæntɪk] *mn* jelentéstani, szemantikai

semantics [sə'mæntɪks] *fn esz* jelentéstan, szemantika

semaphore ['seməfɔ:] *fn* szemafor

semblance ['sembləns] *fn* hasonlóság, hasonlat ‖ látszat

semester [sə'mestə] *fn* ❑ *isk* félév, szemeszter

semi ['semi] *fn* = **semi-detached house**

semibreve ['semibri:v] *fn* egész hang

semicircle ['semisɜ:kl] *fn* félkör

semicircular [ˌsemi'sɜ:kjʊlə] *mn* félkör alakú

semicolon [ˌsemi'kəʊlən] *fn* pontosvessző

semiconductor [ˌsemikən'dʌktə] *fn* félvezető

semiconscious [ˌsemi'kɒnʃəs] *mn* félig eszméleténél/öntudatánál levő

semi-detached house *fn* ikerház

semifinal [ˌsemi'faɪnl] *fn* középdöntő ‖ elődöntő

semi-finished *mn* félig kész, félkész

seminar ['semɪnɑ:] *fn* szeminárium

seminarist ['semɪnərɪst] *fn* kispap

seminar room *fn* (kisebb) tanterem

seminary ['semɪnəri] *fn* (katolikus) papnevelő (intézet), (papi) szeminárium

semi-official *mn* félhivatalos

semiotics [ˌsemi'ɒtɪks] *fn esz* szemiotika

semiprecious stone [ˌsemi'preʃəs] *fn* féldrágakő

semiquaver ['semikweɪvə] *fn* tizenhatod (hangjegy)

semiskilled [ˌsemi'skɪld] *mn* betanított *(pl. munkás)*

Semitic [sə'mɪtɪk] *mn* sémi, szemita

semitone ['semitəʊn] *fn* ❑ *zene* félhang

semi-trailer *fn* nyerges vontató

semolina [ˌsemə'li:nə] *fn* (búza)dara

Sen = Senate ‖ Senator ‖ Senior

SEN [ˌes i: 'en] ⊕ *GB* = **State Enrolled Nurse**

senate ['senət] *fn* szenátus

senator ['senətə] *fn* szenátor

send [send] *ige* *(pt/pp sent* [sent]) (el)küld, továbbít ‖ **send a cable(gram) to sy** vknek kábelez; **send a cheque for the amount** csekken küldi a pénzt; **send a message (to)** vmt vknek üzen; **send a telegram to sy** vknek táviratoz; **send (sy) sg by post** postán küld vmt; **send one's love to sy** *(közelállónak)* szívélyes üdvözletét küldi; **send sg first class** ⊕ *GB* expressz ad fel; **send sy a letter** levelet küld vknek; **send sy an answer** visszaüzen; **send sy packing** ❖ *biz* kiteszi vknek a szűrét; **send sy word that ...** vknek vmt megüzen; **send things flying** szétdobál mindent

send away vkt vhonnan elküld

send down *(egyetemről)* eltanácsol, kizár

send for hozat ‖ odahívat ‖ **send for a doctor** orvost hívat/hív; **send for sy/sg** érte küld

send in *(pályázatot stb.)* beküld, benyújt

send off vmt elküld; *(küldeményt)* szétküld ‖ **send sy off the field** ❑ *sp* leküld vkt a pályáról

send on utánaküld ‖ **send sg on later** pótlólag megküld

send out (to) vhová kiküld

send round *(írást)* köröz

---

fn főnév – *hsz* határozószó – *isz* indulatszó – *ksz* kötőszó – *mn* melléknév
▼ szófajjelzés ⊕ földrajzi variáns ❑ szakterület ❖ stiláris minősítés

sender ['sendə] *fn* küldő

send-off *fn* ❏ *sp* kiállítás

send-up *fn* ⊕ *GB* kigúnyolás, paródia

Senegal ['senɪgɔːl] *fn* Szenegál

Senegalese [ˌsenɪgə'liːz] *mn/fn* szenegál(i)

senile ['siːnaɪl] *mn* ❏ *orv* öregkori, szenilis

senile debility *fn* aggkori gyengeség

senile decay *fn* végelgyengülés

senile dementia ['siːnaɪl dɪ'menʃə] *fn* aggkori elbutulás

senility [sɪ'nɪləti] *fn* szenilitás, öregkori gyengeség

senior ['siːnɪə] ▼ *mn* rangidős ‖ idősebb, öregebb ‖ idős(b), id. ‖ **he is two years my senior** két évvel öregebb nálam ▼ *fn (egyetemen stb.)* ⊕ *US* végzős, ⊕ *US* felsőéves

senior citizen *fn* nyugdíjas (korú) (állampolgár)

senior high school *fn* ⊕ *US kb.* általános iskola felső tagozata *(10–12 évesek)*

seniority [ˌsiːni'ɒrəti] *fn* rangidősség, magasabb rang

sensation [sen'seɪʃn] *fn* érzékelés ‖ *(testi)* érzés, érzet ‖ szenzáció ‖ **sensation of taste** ízérzet

sensational [sen'seɪʃnəl] *mn* szenzációs

sense [sens] ▼ *fn* érzékszerv; érzék ‖ értelem; józan ész ‖ jelentés, értelem *(szóé)* ‖ **the five senses** az öt érzékszerv; **senses** ész, értelem, tudat; **be in possession of all one's senses** öntudatánál van; **bring to one's senses** észre térít; **he will come to his senses** majd megjön az esze; **sense of balance** egyensúlyérzék; **sense of duty** kötelességérzet; **sense of guilt** bűntudat; **sense of humour** humorérzék; **sense of responsibility** felelősségérzet; **sense of smell** szaglóérzék; **sense of taste** *(ízek érzékelése)* ízlelés; **sense of touch** tapintás; **make sense (of sg)** megért vmt; **he makes no sense** nincs

logika abban, amit mond; **there's no sense in (…ing), it makes no sense, it doesn't make sense** nincs értelme ▼ *ige* érzékel, érez

senseless ['sensləs] *mn (cselekedet)* értelmetlen, esztelen ‖ öntudatlan, eszméletlen

senselessly ['sensləsli] *hsz* értelmetlenül, esztelenül ‖ érzéketlenül, eszméletlenül

sense organ *fn* érzékszerv

sensibility [ˌsensɪ'bɪləti] *fn* érzékenység

sensible ['sensəbl] *mn* bölcs, tapasztalt, okos, józan gondolkodású ‖ felfogható; érezhető ‖ ésszerű ‖ **be sensible!** legyen eszed!

sensibly ['sensɪbli] *hsz* okosan ‖ ésszerűen

sensitive ['sensɪtɪv] *mn* érzékeny, fogékony *(to* vmre) ‖ *(film, lemez)* érzékeny ‖ **don't be so sensitive** ne érzékenykedj annyira; **sensitive to cold** fázékony

sensitiveness ['sensɪtɪvnəs] *fn* érzékenység

sensitivity [ˌsensɪ'tɪvəti] *fn* érzékenység

sensory ['sensəri] *mn (érzékekkel kapcsolatos)* érzék-, érző-

sensory nerve *fn* érzőideg

sensual ['senʃʊəl] *mn* érzéki, testi

sensual pleasures *fn tsz* érzéki örömök

sensuality [ˌsenʃʊ'æləti] *fn* érzékiség

sensuous ['senʃʊəs] *mn* érzéki *(benyomás stb.)*

sent [sent] *pt/pp* → **send**

sentence ['sentəns] ▼ *fn* ítélet ‖ mondat ‖ **be under sentence (of)** el van ítélve ▼ *ige* elítél *(to* vmre); büntetést szab ki vkre ‖ **he was sentenced to 3 years in jail** 3 évi börtön(büntetés)re ítélték; **sentence sy to death** halálra ítél

sentiment ['sentɪmənt] *fn* érzelem, érzés

S

sentimental [ˌsentɪ'mentl] *mn* érzelmes, szentimentális

sentimentality [ˌsentɪmen'tæləti] *fn* érzelmesség, érzelgősség, szentimentalizmus

sentinel ['sentɪnl] *fn* ❑*kat* őr(szem)

sentry ['sentri] *fn* ❑*kat* őr(szem) || **be on sentry duty** őrt áll

sentry-box *fn* ❑*kat* őrbódé, faköpönyeg

sentry-go *fn* **be on sentry-go** őrjáraton van

Seoul ['səʊl] *fn* Szöul

separable ['sepərəbl] *mn* elválasztható

separate ▼ ['sepərət] *mn* elkülönített, elválasztott; különálló, külön || **under separate cover** külön levélben ▼ [-reɪt] *ige* elválaszt, szétválaszt, leválaszt || elválik, kettéválik, szétválik, leválik, elkülönül, elszakad, különválik *(from* vktől) || **they are separated** *(házasok)* külön élnek; elváltak

separately ['sepərətli] *hsz* külön, külön-külön

separates ['sepərəts] *fn tsz* <pl. szoknya, nadrág, pulóver stb.> egyes darabok

separation [ˌsepə'reɪʃn] *fn* elválasztás, elkülönítés || elkülönülés || ❑*jog* különélés || kiválás vhonnan

sepia ['siːpɪə] *fn* szépia(szín), szépiafesték

sepsis ['sepsɪs] *fn* vérmérgezés, szepszis

Sept = **September**

September [sep'tembə] *fn* szeptember || **in September** szeptemberben; **on 26(th) September** szeptember 26-án

septic ['septɪk] *mn* **go septic** elgennyed, elmérgesedik

septicaemia (⊕*US* **-cem-**) [ˌseptɪ'siːmɪə] *fn* vérmérgezés

septic tank *fn* (szenny)vízülepítő/víztisztító gödör/akna, derítőakna

sepulchre (⊕*US* **-cher**) ['seplkə] *fn* sír(emlék)

sequel ['siːkwəl] *fn* folytatás || következmény, fejlemény

sequence ['siːkwəns] *fn (sorrendi)* következés, sorrend

sequence of tenses *fn* igeidő-egyeztetés

sequential [sɪ'kwenʃl] *mn* következő, egymás utáni, folyamatos, sorozatos || ❑*szt* szekvenciális

sequential access *fn* ❑*szt* soros hozzáférés

sequester [sɪ'kwestə] *ige* ❑*ker* zárol || **sequester oneself** félrevonul, elkülönül

sequestrate ['siːkwəstreɪt] *ige* zárol, lefoglal

sequestration [ˌsiːkwə'streɪʃn] *fn* zárolás

sequin ['siːkwɪn] *fn* flitter *(női ruhán)*

Serbia ['sɜːbɪə] *fn* Szerbia

Serbian ['sɜːbɪən] *mn/fn* szerb

serenade [ˌserə'neɪd] *fn* éjjelizene, szerenád

serene [sə'riːn] *mn* derült, nyugodt, csendes, higgadt, békés || <herceg címe megszólításban, csak a kontinensen>

serenely [sə'riːnli] *hsz* derülten, csendesen, békésen, higgadtan || angyali nyugalommal

serenity [sə'renəti] *fn* vidámság, derű, nyugalom, higgadtság || derültség *(égé)*, békesség, nyugalom *(tengeré)* || <hercegi cím/megszólítás>

serf [sɜːf] *fn* ❑*tört* jobbágy

serge [sɜːdʒ] *fn* szerzs *(szövet)*

sergeant ['sɑːdʒənt] *fn* őrmester

sergeant-major *fn* törzsőrmester

serial ['sɪərɪəl] ▼ *mn* folytatásos || ❑*szt* soros || **serial killer** sorozatgyilkos; **serial thriller** krimisorozat *(tévében)* ▼ *fn* folytatásos darab/rádiójáték/regény || tv-sorozat

serial access *fn* ❑*szt* soros hozzáférés

serial interface *fn* ❑*szt* soros interfész

---

fn főnév **–***hsz* határozószó **–***isz* indulatszó **–***ksz* kötőszó **–***mn* melléknév
▼ szófajjelzés ⊕ földrajzi variáns ❑ szakterület ❖ stiláris minősítés

serialize ['sɪərɪəlaɪz] ige (regényt) folytatásokban közöl
serial model fn gyártási típus
serial number fn sorszám; sorozatszám, gyártási szám
serial printer fn ❏ szt soros nyomtató
series ['sɪəri:z] fn (tsz ua.) sorozat, széria ‖ television series tévésorozat
series connection fn ❏ el soros kapcsolás
serious ['sɪərɪəs] mn komoly, súlyos (betegség) ‖ not so serious ❖ biz nem olyan veszélyes; are you serious? komolyan (gondolod)?
seriously ['sɪərɪəsli] hsz komolyan ‖ súlyosan ‖ take sg seriously vkt/vmt komolyan vesz; be seriously injured életveszélyesen megsérült
seriousness ['sɪərɪəsnəs] fn súlyosság (betegségé, bűné, hibáé, problémáé, oké)
sermon ['sɜ:mən] fn igehirdetés, prédikáció ‖ give a sermon igét hirdet, prédikál (on/about sg vmről)
serpent ['sɜ:pənt] fn ❖ ir kígyó
serrated ['sereɪtɪd] mn fűrészfogú
serum ['sɪərəm] fn (tsz -rums v. ra [-rə]) szérum, védőoltás
servant ['sɜ:vənt] fn szolga ‖ servants (házi) személyzet
serve [sɜ:v] ige (ki)szolgál ‖ (teniszben) adogat ‖ serve as (sg) vmül/vmként szolgál; serve as a lesson tanulságul szolgál; serve as shelter from sg védelmet nyújt vm ellen; serve for (sg) vmre szolgál; serve at table szervíroz; are you being served? (étteremben) tetszett már rendelni?; it serves him right úgy kell neki!; megérdemelte!; serve in the army katonai szolgálatot teljesít; serve as a soldier katonáskodik; serve one's sentence, serve one's term büntetését (ki)tölti

serve up (ételt és átv) tálal

server ['sɜ:və] fn felszolgáló ‖ ministráns ‖ (teniszben) adogató ‖ tálca
service ['sɜ:vɪs] ▼ fn szolgálat ‖ átvizsgálás (autóé), szerviz ‖ ❏ vasút viszonylat; (busz) járat ‖ istentisztelet ‖ (teniszben) adogatás ‖ szerviz (készlet) ‖ felszolgálás, kiszolgálás ‖ services szolgáltatások ‖ at your service! parancsára!; do sy a service szolgálatot tesz vknek; I'm at your service rendelkezésedre/rendelkezésére állok!; it's your service nálad/tied a szerva, szerva ott; service 10 per cent a kiszolgálásért 10%-ot számítunk; service included kiszolgálással együtt; the service is excellent itt jó a kiszolgálás; be of service to sy hasznos vk számára ‖ → services ▼ ige (gépet) átvizsgál; (gépkocsit) szervizel ‖ have the car serviced szervizbe/szervizre viszi a kocsit
serviceable ['sɜ:vɪsəbl] mn használható, hasznos
service area fn pihenőhely/parkoló(hely) (szervizzel) (autópályán)
service charge fn kiszolgálási díj
service industries fn tsz szolgáltatóipar; szolgáltatások
service instructions fn tsz kezelési utasítás
serviceman ['sɜ:vɪsmən] fn (tsz -men) sorkatona, kiskatona
services, the ['sɜ:vɪsɪz] fn tsz a fegyveres erők ‖ → service
service station fn szervizállomás; (főleg US) javítóműhely
servicing ['sɜ:vɪsɪŋ] fn (gépkocsi és egyéb) szerviz, karbantartás
servicing industry fn szolgáltatás(ok)
serviette [ˌsɜ:vi'et] fn szalvéta
servile ['sɜ:vaɪl, ⊕ US -vl] mn szolgai
servility [sɜ:'vɪləti] fn szolgalelkűség
servitude ['sɜ:vɪtju:d] fn szolgaság
servomotor ['sɜ:vou,moutə] fn szervomotor
session ['seʃn] fn (egyetemi) tanév ‖ (testületi) ülés, ülésszak ‖ ⊕ US év-

S

harmad || összejövetel || **be in session** ülést tart, ülésezik

set [set] ▼ *mn* szilárd || kötött || megállapított || **set book** előírt/kötelező olvasmány; **set menu** menü; **for a set period** *(időtartamra)* meghatározott időre; **set phrase** állandósult szókapcsolat; **set price** szabott ár ▼ *fn* készlet, szerviz, garnitúra, szett || ❏ *műsz* berendezés || *(tenisz)* játszma, szett || díszlet || berakás *(hajé)* || ❏ *mat* halmaz || **set of china** porcelán étkészlet; **set of false teeth** műfogsor; **set of furniture** szobaberendezés ▼ *ige (pt/ pp* set) -tt- helyez; tesz; rak || beállít; (be)igazít; *(szerkezetet)* beszabályoz || *(időt, feladatot)* kijelöl, kitűz || *(beton)* megköt; *(folyékony anyag)* megmerevedik || *(csont)* összeforr || ❏ *nyomd* (ki)szed || **set a day** megjelöl egy napot; **set a prize** *(díjat)* kitűz; **set a trap/snare** csapdát állít; **set an example** példát ad; **set in motion** *(gépet)* elindít; **set little by** kevésre becsül; **set one's hair** berakja a haját; **set one's watch by the radio** hozzáigazítja az órát a rádióhoz; **set oneself a task** kitűz magának egy feladatot; **set right** *(hibát)* kiigazít; **set sail for** vhová elhajózik; **he set sail for Morocco** Marokkóba vitorlázott; **set sy/ sg free** kiszabadít, szabadon enged vkt, szabadjára enged/ereszt vmt; **set sg going** működésbe hoz; **set sg on fire** lángra lobbant, felgyújt; **set (sg) to rights** *(rendbe hoz)* helyreigazít; **set the table** megterít; **set sy a task** kitűz vknek egy feladatot; **set sy against sy** vkt vk ellen hangol; **set sy homework** leckét felad vknek; **set (words) to music** megzenésít vmt

set about (doing) sg vmnek nekilát, vmhez hozzáfog

set apart elválaszt || félretesz

set aside félretesz, eltesz || szán *(összeget vmre)*

set (sg) back visszatesz || *(hátráltat)* visszavet || **set the clock back one hour** egy órával hátraigazítja az órát

set down vmt vhová letesz || lejegyez, leír

set forth ismertet, kifejt, előad

set in beáll, beköszönt *(idő)*

set off útra kel, elindul || *(háborút)* kirobbant || **set off to do sg** vmhez hozzáfog

set on ráuszít || **set a dog on sy** kutyát vkre ráuszít; **be set on** törekszik vmre, fáj a foga vmre

set out útra kel; *(vk útnak)* indul, elindul, útnak indul || **set out to do sg** elhatározza magát vmre

set to vmnek nekilát || összeverekedik, összekap || **set to work** munkához lát

set up létesít || felépít || *(szobrot)* emel, felállít || *(sátrat, intézményt)* felállít || *(bizottságot)* alakít || elindít *(vkt üzleti pályán)* || **set up a record** csúcsot felállít; **set up for oneself** önállósítja magát; **set up in business (on one's own)** üzletet nyit, vállalkozásba kezd; **set up shop** üzletet nyit; **this will set you up** ettől rendbe jössz

set-back *fn* balsiker, kudarc

set square *fn* derékszögű vonalzó, háromszögű vonalzó

settee [se'ti:] *fn* kanapé

setter ['setə] *fn* (hosszú szőrű) vizsla, szetter

set theory *fn* halmazelmélet

setting ['setɪŋ] *fn* foglalat *(drágakőé)* || összeillesztés *(törött csontvégeké)* || fekvés, helyzet, környezet, keret || színhely || fokozat *(állítási lehetőség gépen)*

setting lotion *fn* hajrögzítő; fixatőr; dauervíz

settle ['setl] *ige (ügyet)* elintéz, lezár || *(kérdést)* megold || letelepedik, megállapodik || *(üledék)* leülepedik || **the matter is settled** az ügy el van intézve; **settle a bill** számlát kiegyenlít, kifizet; **settle accounts with sy** vkvel leszámol; **settle one's debts** adósságot rendez; **(and) that settles it, that's settled then** ennyiben marad(t)unk, és ezzel a dolog le van zárva, ez eldönti a kérdést; **be settled** rendben van; **it's settled!** ebben maradunk!

settle down *(állandó lakhelyen)* letelepedik || ❖ *átv* vk megállapodik, rendbe jön || **settle (oneself) down in a chair** székbe letelepedik; **marry and settle down** megházasodik és normális életet kezd, családot alapít

settle on *(por, korom)* rászáll, rárakódik

settle up *(adósságot)* elintéz, kiegyenlít

settled ['setld] *mn* elintézett || megállapodott || kiforrott *(egyéniség)* || kiegyensúlyozott *(időjárás)* || **settled (way of) life** rendezett élet(mód)

settlement ['setlmənt] *fn* elintézés, elrendezés || *(számláé)* kiegyenlítés || letelepedés || település || telep

settler ['setlə] *fn* betelepülő, telepes

set-to *fn* ❖ *biz* összezördülés

set-up *fn* összetétel *(bizottságé)* || felépítés, rendszer, szerkezet *(intézményé)* || ❏ *sp* ❖ *biz* bunda

seven ['sevn] *szn* hét || **at seven** hét órakor, hétkor; **by seven** hétre; **seven hundred** hétszáz; **seven of them** heten; **seven times** hétszer

seventeen [,sevn'ti:n] *szn* tizenhét

seventeenth [,sevn'ti:nθ] *szn/mn* tizenhetedik

seventh ['sevnθ] ▼ *szn/mn* hetedik ▼ *fn* heted, ❏ *zene* szeptim

seventieth ['sevntiəθ] *szn/mn* hetvenedik

seventy ['sevnti] *szn* hetven || **the seventies** *(v.* **the 70s** *v.* **1970s)** a hetvenes évek

sever ['sevə] *ige* leválaszt, kettéválaszt, vmtől elszakít

several ['sevərəl] *mn/nm* néhány, több || különféle, különböző || **several of them** többen (közülük); **several times** többször, több ízben; **several years ago** *(v.* ⊕ *US* **back)** jó néhány éve

severally ['sevərəli] *hsz* külön-külön

severance ['sevərəns] *fn* megszakítás *(diplomáciai kapcsolatoké)*

severance pay *fn* végkielégítés

severe [sɪ'vɪə] *mn* szigorú, rideg || **severe cold** kemény/nagy hideg; **severe injury** súlyos sérülés; **severe winter** zord tél

severely [sɪ'vɪəli] *hsz* szigorúan, keményen || **(s)he was severely injured (in the accident)** súlyos sérüléseket szenvedett (a balesetben)

severity [sɪ'verəti] *fn* szigor || ❖ *átv* keménység

Seville [sə'vɪl] *fn* Sevilla

sew [sou] *ige (pt* **sewed**; *pp* **sewn** [soun] *v.* **sewed)** (meg)varr || *(könyvet)* fűz

sew sg on rávarr, felvarr

sew up bevarr, elvarr || összevarr, bevarr *(sebet)* || **everything was nicely sewn up** ❖ *biz* mindent szépen megbeszéltek/elrendeztek/elintéztek

sewage ['su:ɪdʒ] *fn* szennyvíz

sewage farm/works *fn* szennyvíztisztító telep

sewer ['souə] *fn* szenny(víz)csatorna

sewerage ['su:ərɪdʒ] *fn* szenny(víz)-csatorna-rendszer, csatorna

sewing ['souɪŋ] *fn* varrás || **do sewing** varr

sewing basket *fn* varrókosár(ka)

sewing cotton *fn* ⊕ *US* varrócérna

sewing kit *fn* varrókészlet

S

---

sewing-machine *fn* varrógép
sewing needle *fn* varrótű
sewing table *fn* varróasztal
sewing thread (⊕ *US* **cotton**) *fn* varrócérna
sewn [soʊn] *mn* varrott ‖ → **sew**
sex [seks] ▼ *mn* nemi, szexuális ‖ **sex discrimination** nemek szerinti megkülönböztetés ▼ *fn* nem, szex ‖ nemi aktus, szex ‖ **have sex** lefekszik vkvel
sex act *fn* nemi aktus
sexagenarian [ˌseksədʒəˈneəriən] *fn* (*ember*) hatvanas
sex education *fn* szexuális felvilágosítás
sexism ['seksɪzm] *fn* szexizmus
sexist ['seksɪst] *mn* szexista
sex-life *fn* nemi/szexuális élet
sexpot ['sekspɒt] *fn* szexbomba
sextant ['sekstənt] *fn* szextáns
sex-test *fn* szexvizsgálat
sextet [seks'tet] *fn* szextett
sexton ['sekstən] *fn* egyházfi
sexual ['sekʃʊəl] *mn* nemi, szexuális ‖ **sexual harassment** szexuális zaklatás
sexual assault *fn* nemi erőszak
sexual intercourse *fn* nemi közösülés ‖ **have sexual intercourse with** vkvel közösül
sexual life *fn* nemi/szexuális élet
sexually ['sekʃʊəli] *hsz* nemileg, szexuálisan
disease
sexually transmitted disease *fn* nemi (úton terjedő) betegség
sex urge *fn* nemi ösztön
sexy ['seksi] *mn* ❖ *biz* szexi(s)
Seychelles, the [seɪ'ʃelz] *fn* Seychelle-szigetek
SF [ˌes 'ef] = **science fiction**
Sgt = **sergeant**
shabbily ['ʃæbɪli] *hsz* kopottan, topisan ‖ **shabbily dressed** rosszul öltözött
shabbiness ['ʃæbinəs] *fn* kopottság, rongyosság

shabby ['ʃæbi] *mn* gondozatlan *(külső)* ‖ *(ruha)* kopott, ócska ‖ ❖ *biz* topis ‖ snassz
shabby-looking *mn* ágrólszakadt, ❖ *biz* topis
shabby (old) clothes *fn tsz* ócska ruha
shack [ʃæk] *fn* putri, viskó
shackle ['ʃækl] *ige* bilincsbe ver vkt
shackles ['ʃæklz] *fn tsz* bilincs
shade [ʃeɪd] ▼ *fn* árnyék *(ahová a nap nem süt)* ‖ lámpaernyő ‖ (szín)árnyalat ‖ **be put in(to) the shade** *(vm mellett)* eltörpül; **a shade better** egy árnyalattal jobb; **shade of colour** árnyalat; **in the shade of sg** vmnek az árnyékában ▼ *ige* megvéd, árnyékot csinál *(nap ellen)* ‖ tompít *(fényt)* ‖ beárnyékol, vonalkáz, satíroz

shade into átmegy *(szín másikba)*

shaded ['ʃeɪdɪd] *mn* árnyas, árnyékos
shadow ['ʃædoʊ] ▼ *fn* árnyék *(amit vm/vk vet)* ‖ árny *(kísértet)* ‖ **cast a shadow (on/over sy/sg)** árnyékot vet ▼ *ige* **shadow sy** észrevétlenül/távolról követ vkt; *(rendőrileg)* megfigyel
shadow-boxing *fn* árnyékbokszolás
shadow cabinet *fn* árnyékkormány
Shadow Foreign Secretary *fn* árnyékkormány külügyminisztere
shadowing ['ʃædoʊɪŋ] *fn* nyomon követés, megfigyelés ‖ *(rajzban)* árnyékolás
shadow show *fn* árnyjáték
shadowy ['ʃædoʊi] *mn* árnyékos, árnyas ‖ homályos, bizonytalan
shady ['ʃeɪdi] *mn* árnyas, árnyékos ‖ kétes, gyanús ‖ **shady business** sötét ügy; **shady character** sötét alak, kétes egzisztencia; **shady hotel** zugszálló; **shady side** árnyoldal
shaft [ʃɑːft] *fn* nyél *(hosszú nyelű szerszámé)* ‖ tengely *(keréké)* ‖ rúd *(kocsié)* ‖ ❑ *bány* akna
shaggy ['ʃægi] *mn* *(állat, szakáll)* bozontos, szőrös

fn főnév –*hsz* határozószó –*isz* indulatszó –*ksz* kötőszó –*mn* melléknév
▼ szófajjelzés ⊕ földrajzi variáns ❑ szakterület ❖ stiláris minősítés

shah [ʃɑː] *fn* sah

shake [ʃeɪk] ▼ *fn* rázás ‖ rázkódás ‖ turmix ▼ *ige* (*pt* **shook** [ʃʊk]; *pp* **shaken** [ˈʃeɪkn]) reszket, remeg, reng, (meg)ráz, rezeg ‖ (meg)rázkódik ‖ **to be shaken before use** használat előtt felrázandó; **be shaking all over** egész testében *v.* minden ízében remeg; **shake hands with sy** kezet fog vkvel; **shake one's head** fejét rázza; **be shaken in one's faith** meginog hitében; **shake a leg** táncol, csörög

shake down leráz ‖ **shake down to a routine (again)** belezökken a rendes kerékvágásba
shake off leráz *(igát)* ‖ **shake off one's shackles** lerázza bilincseit
shake sy up *(lelkileg)* megráz ‖ felráz
shake with cold fagyoskodik, vacog ‖ **shake with fear** remeg a félelemtől

shakedown [ˈʃeɪkdaʊn] *fn* hevenyészett fekvőhely ‖ **shakedown flight** ❑ *rep* próbajárat
shaken [ˈʃeɪkn] *pp* → **shake**
Shakespeare [ˈʃeɪkspɪə] *fn* Shakespeare
Shakespearean [ˌʃeɪkˈspɪərɪən] *mn* shakespeare-i
shake-up *fn* átszervezés
shakily [ˈʃeɪkɪli] *hsz* remegve, reszketve ‖ rozogán, düledezve ‖ bizonytalanul
shakiness [ˈʃeɪkɪnəs] *fn* reszketegség, remegés, rázkódás ‖ rozogaság ‖ bizonytalanság
shaking [ˈʃeɪkɪŋ] *mn* rezgő, reszketeg
shaky [ˈʃeɪki] *mn* bizonytalan (alapokon álló), rozoga, ingatag
shale [ʃeɪl] *fn* (agyag)pala
shall [ʃəl, ʃl, *erős kiejt.* ʃæl] *ige* (*segédige a jövő idő kifejezésére*) fog ‖ I **shall** (*v.* **I'll**) **go** el fogok menni, elmegyek; **I shall not** (*v.* **shan't**) **stay**

nem fogok maradni, nem maradok; **shall I do it or not?** megcsináljam-e vagy sem? ‖ → **should**

shallot [ʃəˈlɒt] *fn* mogyoróhagyma
shallow [ˈʃæləʊ] *mn* sekély, lapos ‖ *(ember)* felületes, sekélyes, felszínes
shallows [ˈʃæləʊz] *fn tsz* sekély víz
sham [ʃæm] ▼ *mn* tettetett ▼ *ige* mímel, tettet ‖ **sham illness/sickness** betegséget színlel
shaman [ˈʃæmən] *fn* sámán
shamateur [ˈʃæmətə] *fn* ❖ *biz* álamatőr
shambles [ˈʃæmblz] *fn esz v. tsz* rendetlenség, összevisszaság, „kupi" ‖ **the room was (in) a shambles** hatalmas kupi volt a szobában
shame [ʃeɪm] *fn* szégyen ‖ **bring shame on sy** szégyent hoz vkre, szégyenbe hoz vkt; **for shame!** szégyelld magad!, pfuj!; **(what a) shame!** szégyen, gyalázat!, milyen kár!
shamefacedly [ˌʃeɪmˈfeɪstli] *hsz* szégyenkezve
shameful [ˈʃeɪmfl] *mn* szégyenletes, gyalázatos
shameless [ˈʃeɪmləs] *mn* szégyentelen, szemérmetlen
shamelessly [ˈʃeɪmləsli] *hsz* szégyentelenül, szemérmetlenül, gyalázatosan
shamelessness [ˈʃeɪmləsnəs] *fn* szégyentelenség, szemérmetlenség
shampoo [ʃæmˈpuː] ▼ *fn* sampon ‖ hajmosás ‖ **have a shampoo** hajat mosat ▼ *ige* **shampoo one's hair** hajat mos *(saját magának)*; **have one's hair shampooed** hajat mosat
shampoo and set *fn (fodrásznál)* mosás és berakás
shamrock [ˈʃæmrɒk] *fn* lóhere
shandy [ˈʃændi] *fn* <sör és gyömbérsör keveréke>
shank [ʃæŋk] *fn* nyél ‖ láb ‖ **go on shanks's mare** ❖ *biz* az apostolok lován megy
shan't [ʃɑːnt] = **shall not**
shanty [ˈʃænti] *fn* putri

shantytown ['ʃæntɪtaʊn] *fn* viskótelep, kalibanegyed

shape [ʃeɪp] ▼ *fn* alak, forma ‖ **be in bad shape** rossz börben van; **be in great shape** pompás formában van; **take shape** alakot/testet ölt, kialakul; **in the shape of** vmnek az alakjában; **round in shape** alakra nézve kerek; **get oneself into shape** formába lendül/jön ▼ *ige* alakít, (meg)formál, alakot ad ‖ kialakít, kiképez, kimunkál ‖ fejlődik, (ki)alakul ‖ **is shaping well** jól halad/alakul/fejlődik

shape up alakul, fejlődik ‖ **be shaping up** formába lendül/jön

-shaped [ʃeɪpt] *mn* alakú

shapeless ['ʃeɪpləs] *mn* alaktalan, formátlan, idomtalan

shapely ['ʃeɪpli] *mn* formás, jó alakú

shard [ʃɑːd] *fn* törmelék; cserép

share [ʃeə] ▼ *fn* (osztály)rész ‖ *(nyereségből stb.)* részesedés ‖ részvény ‖ **do one's share** megteszi a magáét; **do one's share of the job** elvégzi a munka rá eső részét; **one's share** a rá eső rész; **take a share in sg** részesül vmben; **have a share in sg** érdekelt vmben; **share in the profit(s)** nyereségrészesedés; **buy shares (in)** részvényt vásárol/vesz ▼ *ige* osztoz(kod)ik ‖ **share sg** közösen használnak vmt; **we'll have to share the room** ketten leszünk egy szobában, együtt fogunk lakni, lakótársak leszünk, közösen fogjuk használni *(a fürdőt, konyhát)*; **share sg with sy** osztozik vkvel vmn, megoszt vmt vkvel; **share sy's opinion** osztja vknek a véleményét; **they share the costs** közösen viselik a költségeket; **they shared the profits** egymás között elosztották a hasznot

share in sg vmben részesül
share out vmt szétoszt/kioszt

share capital *fn* ⊕ *GB* részvénytőke, alaptőke

share certificate *fn* részvényutalvány; részvényesi elismervény, részvénytanúsítvány

shared kitchen [ʃeəd] *fn* közös konyha *(társbérletben, diákszálláson stb.)*

shareholder ['ʃeəˌhəʊldə] *fn* részvényes

share index *fn* részvényindex

share issue *fn* részvénykibocsátás

share-out *fn* osztozkodás

shark [ʃɑːk] *fn* cápa ‖ ❖ *elít* uzsorás, csaló, kufár

sharp [ʃɑːp] ▼ *mn* éles *(kés, fájdalom, ész)* ‖ ❏ *zene* C **sharp minor** ciszmoll; **sharp bend** éles kanyar; **have sharp ears** jól hall, jó füle van; **sharp lesson** kemény lecke; **he has a sharp mind** úgy vág az esze, mint a borotva; **sharp pain** metsző fájdalom; **sharp practice** tisztességtelen eljárás; **sharp turn** éles kanyar; **sharp voice** metsző hang; **sharp wind** metsző szél ▼ *hsz* pontosan ‖ **at five (o'clock) sharp** pontban ötkor; **look sharp!** ❖ *biz* siess, mozgás! ▼ *fn* ❏ *zene* kereszt

sharpen ['ʃɑːpən] *ige* (meg)élesít, kiélesít ‖ kihegyez ‖ *(ellentétet)* kiélez ‖ **sharpen a pencil** ceruzát hegyez

sharpener ['ʃɑːpənə] *fn* hegyező ‖ élesítő

sharp-eyed *mn (átv is)* éles látású/szemű

sharp-featured *mn* markáns arcú

sharply ['ʃɑːpli] *hsz* élesen

sharpness ['ʃɑːpnəs] *fn* élesség

sharpshooter ['ʃɑːpʃuːtə] *fn* mesterlövész

sharp-sighted *mn* éles látású/szemű

sharp-tempered *mn* hirtelen haragú, indulatos

sharp-tongued *mn* rossznyelvű

sharp-witted *mn* éles elméjű/eszű ‖ **be sharp-witted** gyorsan kapcsol

shatter ['ʃætə] *ige* darabokra tör(ik)/zúz, eltör, szétroncsol, szétzúz ‖ **be**

shattered nagyon megtört, összetört; shatter to pieces ízzé-porrá tör

shattered ['ʃætəd] mn (csont, végtag) roncsolt

shattering ['ʃætərɪŋ] mn szörnyű, megrázó, döbbenetes

shatterproof ['ʃætəpru:f] mn szilánkmentes

shave [ʃeɪv] ▼ fn borotválás ‖ have a shave megborotválkozik; he had a very close shave egy hajszálon múlt, hogy elkerülte a bajt ▼ ige megborotvál ‖ shave (oneself) megborotválkozik; shave close(ly) kiborotvál

shave off leborotvál

shaven ['ʃeɪvn] mn borotvált; tonzúrás

shaver ['ʃeɪvə] fn villanyborotva

shaver point fn villanyborotva-aljzat

shaving brush ['ʃeɪvɪŋ] fn borotvapamacs, borotvaecset

shaving cream fn borotvakrém

shavings ['ʃeɪvɪŋz] fn tsz (fa)forgács ‖ reszelék

shaving soap fn borotvaszappan

shawl [ʃɔ:l] fn (fejre, vállra) kendő

she [ʃi, erős kiejt. ʃi:] nm (nőnemű) ő ‖ it's a she nőstény (állat); she is in otthon van

she- előtag nőstény

sheaf [ʃi:f] fn (tsz sheaves [ʃi:vz]) kéve

shear [ʃɪə] ige (pt sheared; pp shorn [ʃɔ:n] v. sheared) (birkát) (meg)nyír ‖ shear off lenyír; be shorn of sg megfosztanak vmt vmtől, elveszik vmjét

shearing machine ['ʃɪərɪŋ] fn nyírógép

shearings ['ʃɪərɪŋz] fn tsz nyírott gyapjú

shears [ʃɪəz] fn tsz nyíróolló

sheath [ʃi:θ] fn hüvely (kardé) ‖ óvszer

sheathe [ʃi:ð] ige sheathe (one's sword) hüvelybe dug (kardot)

sheath-knife fn (tsz -knives) tokos kés, hüvelyes tőr

sheave ige kévét köt

sheaves [ʃi:vz] tsz → sheaf

she-bear fn nőstény medve

she-cat fn nőstény macska

shed [ʃed] ▼ fn fészer, szín, pajta ▼ ige (pt/pp shed [ʃed]) -dd- (könnyet, vért, levelet) hullat ‖ shed its coat vedlik; shed its leaves leveleit hullatja; shed light on megvilágít, fényt vet vmre; shed tears könnyeket ejt/ont; (hangosan) sír

she'd [ʃi:d] = she had; she would; she should

sheen [ʃi:n] fn ragyogás, fény(esség)

sheep [ʃi:p] fn (tsz ua.) juh, birka ‖ make sheep's eyes at sy szerelmes pillantásokat vet vkre

sheepdog ['ʃi:pdɒg] fn juhászkutya

sheep-farmer fn juhtenyésztő

sheep-farming fn birkatenyésztés

sheep-fold fn juhakol; hodály

sheepish ['ʃi:pɪʃ] mn szégyenlős, félénk, mafla

sheep-pen fn karám

sheep-run fn birkalegelő, juhlegelő

sheepskin ['ʃi:pskɪn] fn báránybőr, birkabőr ‖ sheepskin coat irhabunda; sheepskin jacket irhadzseki

sheer¹ [ʃɪə] mn teljes; tiszta; igazi, merő, puszta ‖ by sheer accident puszta véletlenségből; sheer folly tiszta őrület

sheer² [ʃɪə] ige sheer away/off (hajó) elfordul

sheet [ʃi:t] fn lepedő ‖ (papír)lap, ív ‖ (vékonyabb) lemez

sheet feed fn ívadagoló (nyomdagéphez)

sheet glass fn táblaüveg, ablaküveg

sheet lightning fn villódzás (az ég alján)

sheet metal fn bádog(lemez), fémlemez

sheet music fn kotta

she-goat fn nőstény kecske

S

sheik(h) [ʃeɪk] *fn* sejk

shelf [ʃelf] *fn (tsz* **shelves** [ʃelvz])
polc, állvány

shelf-life *fn* eltarthatóság, *(ráírva:)* fogyasztható... *(dátum)*

shelfmark ['ʃelfmɑːk] *fn* (könyvtári)
jelzet

shell [ʃel] ▼ *fn (tojás, dió)* héj ‖ váz,
héj(szerkezet), héjazat ‖ ❑ *áll* kagyló
‖ ❑ *áll* pajzs ‖ (robbanó)gránát ▼ *ige
(babot, borsót)* (ki)fejt ‖ *(hüvelyesről
héjat)* lehánt ‖ ágyúz

shell out kiguberál

she'll [ʃiːl] = **she will; she shall**

shellac [ʃəˈlæk] ▼ *fn* lakk ▼ *ige (múlt
időben:* **shellacked)** lakkoz

shell-fire *fn* aknatűz

shellfish ['ʃelfɪʃ] *fn* ❑ *áll* kagyló

shell-hole *fn* bombatölcsér

shelling ['ʃelɪŋ] *fn* ágyúzás, tüzérségi
tűz

shell-shock *fn* gránátnyomás

shelter ['ʃeltə] ▼ *fn* menedék(ház) ‖
(autóbusz- stb.) váróhely; bódé ‖ óvóhely ‖ **take shelter** fedél alá húzódik
▼ *ige* behúzódik *(from vm elől)*

shelter-belt *fn* védőerdősáv

sheltered ['ʃeltəd] *mn* védett

shelve [ʃelv] *ige* ad acta tesz; *(aktát)*
elsüllyeszt, elfektet ‖ **be shelved
(swhere)** *(irat)* elfekszik

shelved [ʃelvd] *mn* polcos

shelves [ʃelvz] *tsz* → **shelf**

shepherd ['ʃepəd] *fn* (birka)pásztor,
juhász

shepherd boy *fn* bojtár

shepherdess ['ʃepədɪs] *fn* pásztorlány

shepherd's pie *fn* <burgonyapürében
sütött darált hús>

sherbet ['ʃɜːbət] *fn* sörbet; ⊕ *US* gyümölcsfagylalt

sheriff ['ʃerɪf] *fn* seriff

she's [ʃiz] = **she has; she is**

Shetlander ['ʃetləndə] *fn* shetlandi

Shetland Islands ['ʃetlənd] *fn*
Shetland-szigetek

she-wolf *fn* nőstény farkas

shield [ʃiːld] ▼ *fn (nemesi; városé,
egyetemé stb.)* címer ‖ ❑ *kat és* ❖ *ált*
pajzs ‖ ❑ *vill* árnyékolás ▼ *ige* ❑ *vill*
árnyékol ‖ (meg)oltalmaz, védelmet
nyújt, megvéd *(from vmtől)*

shielding ['ʃiːldɪŋ] *fn* ❑ *vill* árnyékolás

shift [ʃɪft] ▼ *fn (térben)* eltolódás ‖
műszak, turnus ▼ *ige* elmozdul, megmozdul; *(térben)* eltolódik ‖ megmozdít ‖ **shift into second (gear)** kettesbe
teszi (a sebességet); **shift the blame/
responsibility onto sy** ❖ *biz* másra
tolja a felelősséget

shift key *fn* váltókar *(írógépen)*

shiftless ['ʃɪftləs] *mn* élhetetlen

shift work *fn* műszakban végzett munka, műszakmunka

shifty ['ʃɪfti] *mn* sunyi, hamis, gyanús

shilling ['ʃɪlɪŋ] *fn* <a font egyhuszad
része, 1971-ig volt pénzegység> shilling

shimmer ['ʃɪmə] ▼ *fn* pislákolás, csillámlás ▼ *ige* pislákol, csillámlik

shin [ʃɪn] ▼ *fn* lábszár *fn* (elülső része); sípcsont ▼ *ige* **-nn-** sípcsonton
rúg (vkt)

shin up felkúszik *(fára)*

shin-bone *fn* sípcsont

shindy ['ʃɪndi] *fn* ❖ *biz* balhé, cécó,
zrí

shine [ʃaɪn] ▼ *fn* fény, ragyogás ‖
take a shine to ❖ *biz* „csíp" vkt ▼
ige (pt/pp **shone** [ʃɒn]) ragyog, csillog, fénylik; *(égitest)* süt ‖ *(pt/pp*
shined) kifényesít; *(cipőt, evőeszközt)*
kipucol ‖ **shine in sg** jeleskedik

shingle ['ʃɪŋgl] *fn* zsindely

shingles ['ʃɪŋglz] *fn esz* övsömör

shin guard *fn* lábszárvédő *(labdarúgóé)*

shining ['ʃaɪnɪŋ] *mn* fényes; fénylő,
világító

---

fn főnév – *hsz* határozószó – *isz* indulatszó – *ksz* kötőszó – *mn* melléknév
szófajjelzés ⊕ földrajzi variáns ❑ szakterület ❖ stiláris minősítés

shiny [ˈʃaɪni] *mn* fényes, kifényesített

ship [ʃɪp] ▼ *fn (nagyobb)* hajó ▼ *ige* -**pp**- hajóba/hajóra rak ‖ fuvaroz

shipboard [ˈʃɪpbɔːd] *fn* hajófedélzet

shipbuilder [ˈʃɪpbɪldə] *fn* hajóépítő

shipbuilding [ˈʃɪpbɪldɪŋ] *fn* hajóépítés, hajógyártás

ship-canal *fn* hajózható csatorna

ship chandler *fn* <hajófelszerelési cikkeket szállító kereskedő>

shipload [ˈʃɪploʊd] *fn* hajórakomány

shipment [ˈʃɪpmənt] *fn* áruszállítás *(hajón,* ⊕ *US vasúton és repülőn is),* fuvarozás, szállítás ‖ szállítmány

shipowner [ˈʃɪpoʊnə] *fn* hajótulajdonos

shipper [ˈʃɪpə] *fn* tengeri szállító ‖ ⊕ *US* szállítmányozó, fuvarozó

shipping [ˈʃɪpɪŋ] *fn* hajózás; szállítás

shipping-agent *fn* hajóstársaság képviselője, hajóügynök

shipping company *fn* fuvarozási vállalat ‖ hajóstársaság

shipping forecast, the *fn* időjárás-jelentés hajósoknak

shipping lane *fn* hajózási útvonal

shipping line *fn* hajóstársaság

shipshape [ˈʃɪpʃeɪp] ▼ *mn* rendes, kifogástalan karban levő ▼ *hsz* rendesen, kifogástalanul, tisztán

shipway [ˈʃɪpweɪ] *fn* sólya(pálya)

shipwreck [ˈʃɪprek] ▼ *fn* hajótörés ‖ hajóroncs ▼ *ige* be shipwrecked hajótörést szenved

shipwright [ˈʃɪpraɪt] *fn* hajóács

shipyard [ˈʃɪpjɑːd] *fn* hajógyár

shire [ˈʃaɪə, *összet.* -ʃə] *fn* ⊕ *GB* grófság, megye

shirk [ʃɜːk] *ige* kitér (vm elől) ‖ kihúzza magát ‖ kibújik (vm alól)

shirker [ˈʃɜːkə] *mn* ❖ *biz* lógós *(ember)*

shirt [ʃɜːt] *fn* ing ‖ **keep one's shirt on** ❖ *biz* megőrzi hidegvérét/nyugalmát

shirt-sleeve *fn* ingujj

shirtwaist [ˈʃɜːtweɪst] *fn* ⊕ *US* ingruha; ingblúz

shirty [ˈʃɜːti] *mn* ❖ *biz* ideges, morcos, ingerült, dühös

shit [ʃɪt] *fn* ❖ *vulg* szar ‖ **a shit** rohadt alak

shiver [ˈʃɪvə] *ige* borzong; reszket, remeg ‖ **be shivering with cold** reszket a hidegtől, didereg, vacog

shivers [ˈʃɪvəz] *fn tsz* hidegrázás ‖ **have the shivers** kirázza a hideg

shoal [ʃoʊl] *fn* (homok)zátony

shock[1] [ʃɒk] ▼ *fn* ütődés, lökés ‖ megrázkódtatás, megdöbbenés, sokk ‖ áramütés ‖ ❏ *orv és* ❖ *ált* sokk ▼ *ige* megdöbbent, megráz; sokkol ‖ **be shocked at** vmn megütközik, vmtől megdöbben, vmn megbotránkozik

shock[2] [ʃɒk] *fn* (gabona)kereszt, kepe

shock absorber *fn* lengéscsillapító

shocking [ˈʃɒkɪŋ] *mn* botrányos, felháborító, megdöbbentő

shockproof [ˈʃɒkpruːf] *mn* rázkódásálló *(műszer)*, ütésálló ‖ érintésbiztos *(vezeték)* ‖ rendíthetetlen *(jellem)*

shock therapy/treatment *fn* sokkterápia

shock-troops *fn tsz* rohamcsapat

shod [ʃɒd] *pt/pp* → **shoe**

shoddiness [ˈʃɒdɪnəs] *fn* gyenge minőség

shoddy [ˈʃɒdi] *mn* gyenge minőségű, vacak, hitvány ‖ **shoddy goods** selejt(es áru); **shoddy piece of work** fércmunka, fércmű

shoe ▼ [ʃuː] *fn* (fél)cipő ‖ **a pair of shoes** cipő; **I should not like to be in his shoes** nem szeretnék a bőrében lenni; **the shoe pinches** a cipő nyomja a lábát; **he knows where the shoe pinches** tudja, hol szorít a cipő ▼ *ige (pt/pp* **shod** [ʃɒd]) megpatkol

shoeblack [ˈʃuːblæk] *fn* (utcai) cipőtisztító

shoe brush *fn* cipőkefe

shoe cream *fn* cipőkrém

shoehorn [ˈʃuːhɔːn] *fn* cipőhúzó, cipőkanál

shoelace [ˈʃuːleɪs] *fn* cipőfűző

shoemaker [ˈʃuːmeɪkə] *fn* cipész

shoe polish *fn* cipőkrém

S

shoe repairer *fn* cipőjavító
shoeshine ['ʃuːʃaɪn] *fn* cipőtisztítás
shoe shop (⊕ *US* store) *fn* cipőbolt
shoestring ['ʃuːstrɪŋ] *fn* ⊕ *US* cipő-fűző
shoetree ['ʃuːtriː] *fn* sámfa
shone [ʃɒn] *pt/pp* → shine
shoo [ʃuː] ▼ *isz* hess!, sicc! ▼ *ige* el-kerget, elhesseget
shook [ʃʊk] *pt* → shake
shoot [ʃuːt] ▼ *fn* ❑ *növ* hajtás, sarj ‖ vadásztársaság ‖ vadászterület ▼ *ige* (*pt/pp* shot [ʃɒt]) lő ‖ (*vadra*) vadá-szik ‖ (*vadat*) kilő ‖ (*filmet*) forgat ‖ ❑ *növ* hajt, sarjad ‖ shoot a film fil-met forgat; shoot a goal gólt lő; shoot sy dead agyonlő; shoot the rapids átkel a zúgón; shoot the works ⊕ *US* rákapcsol, mindent belead

shoot at sy vkre rálő ‖ shoot at the goal kapura lő
shoot forth a branch ágat hajt
shoot off eliramodik
shoot up magasra nő ‖ (*láng*) felcsap

shooting ['ʃuːtɪŋ] ▼ *mn* éles, hasoga-tó, nyilalló (*fájdalom*) ▼ *fn* (film)fel-vétel, forgatás
shooting brake *fn* kombi
shooting gallery *fn* céllövölde
shooting licence (⊕ *US* -se) *fn* va-dászengedély
shooting party *fn* vadászat ‖ (*alkalmi*) vadásztársaság
shooting-range *fn* lőtér
shooting star *fn* hullócsillag, meteor
shop [ʃɒp] ▼ *fn* bolt, üzlet, kereskedés ‖ műhely ‖ in any shop akármelyik üzletben; talk shop szakmai dolgok-ról beszélget ▼ *ige* -pp- vásárol ‖ go shopping (be)vásárol

shop around ❖ *biz* körülnéz az üz-letekben

shop assistant *fn* bolti eladó

shop-boy *fn* kifutó(fiú)
shop-floor, the *fn* ❖ *biz* az üzem dol-gozói
shopkeeper ['ʃɒpkiːpə] *fn* boltvezető
shoplift ['ʃɒplɪft] *ige* áruházban/üz-letben lop
shoplifter ['ʃɒplɪftə] *fn* bolti tolvaj
shoplifting ['ʃɒplɪftɪŋ] *fn* (áruházi) lopás
shop manager *fn* boltvezető
shopper ['ʃɒpə] *fn* vásárló
shopping ['ʃɒpɪŋ] *fn* (be)vásárlás; üz-letjárás ‖ do one's/the shopping be-vásárol; do some shopping (*kisebbet*) bevásárol
shopping area *fn* bevásárlónegyed
shopping bag *fn* bevásárlószatyor
shopping centre (⊕ *US* -ter) *fn* bevá-sárlóközpont
shopping list *fn* bevásárlólista
shopping mall *fn* (fedett) bevásárló-központ
shopping precinct (⊕ *US* mall) *fn* (belterületi) vásárlóutca, (fedett) be-vásárlóközpont
shopping trolley *fn* (áruházi) bevásár-lókocsi
shop-soiled *mn* összefogdosott
shop steward *fn* ⊕ *GB* kb. szakszer-vezeti bizalmi
shopwalker ['ʃɒpwɔːkə] *fn* áruházi felügyelő
shop-window *fn* kirakat
shore [ʃɔː] ▼ *fn* (állóvízé) part ▼ *ige* shore up aládúcol, feltámaszt
shore leave *fn* eltávozás (*tengerész-nek*)
shoreline ['ʃɔːlaɪn] *fn* ❑ *földr* partvo-nal
shorn [ʃɔːn] *mn* nyírott ‖ megfosztott (*of* vmtől) ‖ → shear
short [ʃɔːt] ▼ *mn* rövid ‖ (*ember*) ala-csony ‖ I am 10 dollars short 10 dol-lárom hiányzik; in short röviden, mindent összevéve; make short work of sg vmvel röviden végez; short and to the point rövid és velős; from a

short distance közelről; **short for ...** rövidítve; **at short intervals** rövid időközönként; **have a short memory** hamar felejt; **short of money** pénztelen; **be short of breath** zihál; **be short of sg** nincs elég vmből; **for a short period** rövid távon; **sg is in short supply** kevés van belőle; **have a short temper** hamar elveszti türelmét; **in the short term** *(időben)* rövid távon; **for a short time** egy rövid ideig, rövid időre; **a short time ago** kevéssel/röviddel ezelőtt; **short visit** rövid látogatás; **after a short while** egy kis idő múlva; **be short with sy** vkvel röviden végez ▼ *hsz* röviden ‖ hirtelen ‖ **stop short** hirtelen megáll; **be taken short** ❖ *biz* gyorsan ki kell mennie *(a vécére)*; **fall short of sg** nem üti meg a kívánt mértéket; kevesebb, mint (amire számítottak); **short of...** hacsak (vm nem történik)..., vmn kívül; **run short (of)** kifogy, elfogy (vm) ▼ *fn* **for short** röviden, egyszerűen (csak) ... ‖ → **shorts**

shortage ['ʃɔːtɪdʒ] *fn (áruban stb.)* hiány, elégtelenség ‖ **shortage of cash** pénzzavar; **shortage of goods/commodities** áruhiány; **shortage of labour** munkáshiány

short barrier *fn* félsorompó

shortbread ['ʃɔːtbred] *fn kb.* omlós tészta, omlós (vajas)keksz

shortcake ['ʃɔːtkeɪk] *fn* vajassütemény *(tészta)*

short-change *ige* kevesebbet ad vissza (vknek), becsap (vkt)

short circuit *fn* rövidzárlat

short-circuit *ige* ❏ *el* rövidre zár, rövidzárlatot okoz

shortcomings ['ʃɔːtkʌmɪŋz] *fn tsz* fogyatékosság

shortcrust pastry ['ʃɔːtkrʌst] *fn* omlós tészta

short cut *fn (úté)* átvágás ‖ **take a short cut across the fields** átvág a mezőkön

short-distance *mn* rövid távú

short-distance running *fn* rövidtávfutás

short drinks *fn tsz* röviditalok

shorten ['ʃɔːtn] *ige* (meg)rövidít ‖ (meg)rövidül ‖ **in a shortened form** rövidítve

shorter ['ʃɔːtə] *mn* **become shorter** megrövidül

shortest ['ʃɔːtəst] *mn* legrövidebb ‖ **which is the shortest way to ...?** melyik a legjobb/legrövidebb út (vhová)?

shortfall ['ʃɔːtfɔːl] *fn* hiány, deficit, kiesés

short-haired *mn* rövid szőrű

shorthand ['ʃɔːthænd] *fn* gyorsírás

short-handed *mn* **the shop is short-handed** nincs elég alkalmazottunk/dolgozónk

shorthand notebook *fn* gyorsírófüzet

shorthand typist *fn* gép- és gyorsíró(nő)

short list *fn* pótválasztás, kislista

short-lived *mn* rövid életű, tiszavirág-életű

shortly ['ʃɔːtli] *hsz* rövidesen ‖ **shortly after** kevéssel azután

shortness ['ʃɔːtnəs] *fn* rövidség *(időé)*

shorts [ʃɔːts] *fn tsz* rövidnadrág, sort ‖ ⊕ *US (férfi)* alsónadrág

short-sighted *mn/fn* rövidlátó

short-sightedness *fn (átv is)* rövidlátás

short-staffed *mn* munkaerőhiánnyal küzdő

short story *fn* novella

short-tempered *mn* indulatos, hirtelen haragú, ingerlékeny

short-term *mn* rövid távú/lejáratú

short time *fn* **work on short time** csökkentett munkaidőben dolgozik

short-time working *fn* csökkentett munkaidő

short wave *fn* rövidhullám

short-wave *mn* rövidhullámú

shot[1] [ʃɒt] *fn (egy)* lövés ‖ *(egyetlen)* filmfelvétel ‖ lövedék, sörét ‖ rúgás

(labdáé) ‖ ❖ *biz* szuri *(injekció)* ‖
❑ *sp* súly ‖ **be a good shot** jól lő; **like
a shot** mintha puskából lőtték volna
ki; **have a shot at (doing sg)** ❖ *biz*
vmvel megpróbálkozik

shot² [ʃɒt] *pt/pp* → **shoot**

shotgun [ˈʃɒtgʌn] *fn* vadászpuska

shot-proof *mn* golyóálló

shot-put *fn* súlylökés

shot-putter *fn* súlylökő

shot-putting *fn* súlylökés

should [ʃəd, *erős kiejt.* ʃʊd] *ige (se-
gédige)* ▼ kellene; volna ‖ **I should
be glad to...** örülnék, ha...; **I should
like to...** szeretnék...; **should he
come** abban az esetben, ha eljönne;
amennyiben eljön; **whom should I
meet but Bob!** és kivel találkozom,
mint Bobbal!; **I should have
thought...** gondolhattam volna
(hogy...); **we should go** el kellene
mennünk; **you should have seen it**
látnia/látnod kellett volna; **I should
think so** meghiszem azt!; **they should
be there by now** már ott kell(ene)
lenniük; **you shouldn't (= should
not) drink and drive** nem kellene *(v.*
nem lenne szabad) inni, ha vezetsz ▼
(mint a **shall** *múlt ideje: „jövő a
múltban")* **I said I should be glad to
help** mondtam, boldogan segítek *(v.*
fogok segíteni)

shoulder [ˈʃəʊldə] *fn* váll ‖ **(hard)
shoulder** útpadka ‖ **give sy the cold
shoulder** ❖ *biz* ridegen elutasít vkt;
shoulder to shoulder vállvetve; **put
one's shoulder to the wheel** belead
mindent; **rub shoulders with** szak-
mai körökben sürög-forog, fontos em-
berekhez dörgölődzik

shoulder bag *fn* oldaltáska

shoulder-blade *fn* lapocka

shoulder-high *mn* vállmagasságú

shoulder-strap *fn* vállszíj

shouldn't [ʃədnt, ˈʃʊdnt] = **should
not**

shout [ʃaʊt] ▼ *fn* kiáltás ‖ **give a
shout** felkiált ▼ *ige* kiált, kiabál, or-
dít ‖ **shout oneself hoarse** rekedtre
kiabálja magát

shout at sy rákiált vkre

shout sy down lehurrog

shout out kikiabál

shouting [ˈʃaʊtɪŋ] *fn* kiabálás ‖ **within
shouting distance** hallótávolságon be-
lül

shove [ʃʌv] ▼ *fn* taszítás, tolás, lökés
▼ *ige* lök, tol ‖ lökdösődik, furakodik

shove aside félrelök

shove in betol

shovel [ˈʃʌvl] ▼ *fn* lapát ▼ *ige (US
-l-)* lapátol

shovelful [ˈʃʌvlfʊl] *fn* egy lapátra való

show [ʃoʊ] ▼ *fn* előadás, show ‖ kiállí-
tás *(termékeké)* ‖ ❖ *biz* vállalkozás,
üzlet, buli ‖ **the show is on** az előadás
folyik; **put up a good show** szép tel-
jesítményt ér el; **good show!** ❖ *biz*
szép volt!, bravó!; **a poor show** ❖ *biz*
gyenge dolog/szereplés; **who's
running the show?** ❖ *biz* ki itt a ve-
zető/góré?; **a show of hands** szava-
zás kézfelemeléssel; **steal the show**
❖ *biz* ő arat le minden babért; **for
show** a látszat kedvéért ▼ *ige (pt
showed; pp shown* [ʃoʊn]) (meg)-
mutat ‖ *(filmet)* bemutat ‖ kiállít ‖
vmre rámutat ‖ látszik, kilátszik ‖
show one's hands nyílt kártyával ját-
szik, felfedi kártyáit; **show sg clearly**
világosan megmutat vmt; **be showing**
(film, színdarab) fut; **now showing**
(film, színdarab) most van műsoron;
her slip is showing kilátszik a
kombinéja; **show sy the door** ajtót
mutat vknek; **show sy the sights**
megmutatja vknek a várost/látnivaló-
kat; **show sy the way** útbaigazít

show in bevezet
show off nagyzol, fitogtat
show sy out *(ajtóig)* kikísér
show sy round the house megmutogat mindent a házban
show through átlátszik
show up *(személy)* megjelenik ‖ felmutat ‖ látszik, mutatkozik

showbiz [ˈʃoʊbɪz] *fn* = **show business**
show business *fn* szórakoztatóipar *(film, színház, tévé stb.)*
showcase [ˈʃoʊkeɪs] *fn* tárló, vitrin
show-down *fn* ❖ *biz* leszámolás, erőpróba
shower [ˈʃaʊə] ▼ *fn* zápor, zivatar ‖ zuhany ‖ **have/take a shower** (le)zuhanyozik ▼ *ige* eláraszt, záporoz ‖ **shower praises on/upon** dicséretekkel eláraszt; **shower sg (up)on sy** eláraszt vkt vmvel; **shower sy with sg** vkt vmvel elhalmoz
shower cap *fn* zuhanysapka
showerproof [ˈʃaʊəpruːf] *fn* esőálló
showery [ˈʃaʊəri] *mn* zivataros, (zápor)esős
showgirl [ˈʃoʊɡɜːl] *fn* görl
showground [ˈʃoʊɡraʊnd] *fn* kiállítási terület
showing [ˈʃoʊɪŋ] *fn* (film)vetítés
showing off *fn* ❖ *biz* felvágás
show-jumping *fn* díjugratás
showman [ˈʃoʊmən] *fn* *(tsz* **-men**) mutatványos ‖ ❖ *átv* (nagy) pozőr
showmanship [ˈʃoʊmənʃɪp] *fn* (az) önreklámozás (képessége)
shown [ʃoʊn] *pp* → **show**
show-off *fn* hencegő, felvágós (alak)
showpiece [ˈʃoʊpiːs] *fn* (látványos) kiállítási példány/darab
showroom [ˈʃoʊruːm] *fn* bemutatóterem, mintaterem
showy [ˈʃoʊi] *mn* mutatós, tetszetős, feltűnő, csiricsáré ‖ hatásvadász(ó)
shrank [ʃræŋk] *pt* → **shrink**

shrapnel [ˈʃræpnəl] *fn* repesz
shred [ʃred] ▼ *fn (anyagé)* foszlány, rongydarab(ka) ▼ *ige* **-dd-** *(darabokra)* tép ‖ **shred vegetables** zöldséget gyalul
shredder [ˈʃredə] *fn* gyalu *(zöldségnek)*
shrew [ʃruː] *fn (nőről)* fúria, sárkány
shrewd [ʃruːd] *mn* éles eszű, okos ‖ agyafúrt, fifikus
shrewdness [ˈʃruːdnəs] *fn* okosság, éleselméjűség ‖ agyafúrtság, fifika
shriek [ʃriːk] ▼ *fn* sikoltás, sikoly ▼ *ige* rikácsol, sikít, visít(ozik)
shrill [ʃrɪl] *mn* éles, harsány *(hang)*
shrimp [ʃrɪmp] *fn* ❖ *biz (emberről)* tökmag
shrine [ʃraɪn] *fn* szentély
shrink [ʃrɪŋk] *ige (pt* **shrank** [ʃræŋk]; *pp* **shrunk** [ʃrʌŋk] *v.* **shrunken** [ˈʃrʌŋkn]) ❏ *tex* összemegy, (össze)zsugorodik

shrink back visszatorpan, vmtől visszariad
shrink from sg vmtől húzódozik

shrinkage [ˈʃrɪŋkɪdʒ] *fn* zsugorodás, összemenés *(kelméé)* ‖ beavatás *(kelméé)*
shrinkproof [ˈʃrɪŋkpruːf] *mn* zsugorodásmentes
shrivel [ˈʃrɪvl] *ige* **-ll-** (⊕ *US* **-l-**) összeaszik, összezsugorodik, összeszárad, fonnyad
shrouds [ʃraʊdz] *fn* *tsz* árbockötél, árbocmerevítő kötélzet, csarnak
Shrove Tuesday [ʃroʊv] *fn* húshagyó kedd
shrub [ʃrʌb] *fn* bokor, cserje
shrubbery [ˈʃrʌbəri] *fn* bozót, bokrok
shrug [ʃrʌɡ] ▼ *fn* **shrug (of the shoulders)** vállrándítás ▼ *ige* **-gg-** **shrug one's shoulders** vállat von
shrunk [ʃrʌŋk] *pp* → **shrink**
shrunken [ˈʃrʌŋkən] *mn* összeaszott, összezsugorodott, összement ‖ → **shrink**

shudder ['ʃʌdə] *ige* borzong, reszket; megrázkódik, összerázkódik, elborzad (*at sg* vmtől)

shudder at sg irtózik vmtől ‖ **shudder at the very thought of it** még a gondolatától is borzad

shuffle ['ʃʌfl] ▼ *fn* csoszogás ▼ *ige* (*kártyát*) (meg)kever

shuffle along csoszog
shuffle off elcsoszog

shun [ʃʌn] *ige* **-nn-** vkt (szándékosan) elkerül
shunt [ʃʌnt] *ige* ❑ *vasút* tolat
shunting yard ['ʃʌntɪŋ] *fn* rendező pályaudvar
shunt-line *fn* ❑ *vasút* mellékvágány
shut [ʃʌt] *ige* (*pt/pp* **shut** [ʃʌt]) **-tt-** (*ajtót, könyvet*) becsuk, (be)zár ‖ összecsuk ‖ (be)csukódik, (be)záródik ‖ **shut one's eyes to sg** szemet huny vm fölött; **shut the door** ajtót becsuk; **shut with a bang** (*ajtó*) csapódik

shut down (*fedelet*) becsuk
shut in bezár, elzár
shut out (*kapun*) kizár, vmből kirekeszt, kicsuk
shut up vmt vhová elzár ‖ **shut up!** fogd be a szád!, csend legyen!

shutdown ['ʃʌtdaʊn] *fn* üzemszünet (*üzemben*)
shutter ['ʃʌtə] *fn* ❑ *fény* zár
shutters ['ʃʌtə] *fn tsz* zsalu ‖ **put up the shutters** lehúzza a redőnyt
shuttle ['ʃʌtl] ▼ *fn* ❑ *tex* vetélő ▼ *ige* ide-oda jár(kál) ‖ ingázik
shuttlecock ['ʃʌtlkɒk] *fn* tollaslabda (*játék*)
shuttle-service *fn* ingajárat
shy [ʃaɪ] *mn* félénk, félős; szégyenlős, szemérmes ‖ **shy horse** ijedős ló

shyly ['ʃaɪli] *hsz* félénken, bátortalanul; szégyenlősen
shyness ['ʃaɪnəs] *fn* félénkség, tartózkodás, szemérmesség
shyster ['ʃaɪstə] *fn* ❋ *US* zugügyvéd
Siamese [ˌsaɪə'miːz] *mn/fn* sziámi
Siamese cat *fn* sziámi macska
Siamese twins *fn* sziámi ikrek ‖ ✦ *átv* elválaszthatatlan (jó)barátok
Siberia [saɪ'bɪərɪə] *fn* Szibéria
sibling ['sɪblɪŋ] *fn* testvér
Sicilian [sɪ'sɪlɪən] *mn/fn* szicíliai
Sicily ['sɪsɪli] *fn* Szicília
sick [sɪk] ▼ *mn* (*főleg US*) beteg ‖ **be sick** ❋ *GB* hány; **fall sick** megbetegszik (*with* vmben); **feel sick** betegnek érzi magát, émelyeg a gyomra; **get sick of sg** beleun vmbe, vmtől megundorodik; **it makes me feel sick** hányingerem van tőle; **be sick (and tired) of sg** ✦ *biz* csömöre van vmtől; **be sick of sg** ✦ *biz* torkig van vmvel, un vmt ▼ *fn* **the sick** a betegek
sickbay ['sɪkbeɪ] *fn* betegszoba, gyengélkedő
sickbed ['sɪkbed] *fn* betegágy
sicken ['sɪkən] *ige* émelyít
sickening ['sɪkənɪŋ] *mn* émelyítő, vérlázító
sickle ['sɪkl] *fn* sarló
sick leave *fn* betegszabadság ‖ **be on sick leave** betegállományban/táppénzen van
sickliness ['sɪklɪnəs] *fn* betegeskedés
sick-list *fn* **be on the sick-list** betegállományban van; **put on the sick-list** betegállományba vesz
sickly ['sɪkli] *mn* beteges, vézna, satnya, göthös ‖ **be sickly** betegeskedik
sickness ['sɪknəs] *fn* betegség
sickness benefit *fn* táppénz
sick pay *fn* táppénz ‖ **be on sick pay** táppénzen van
sick-room *fn* betegszoba
side [saɪd] ▼ *fn* (*állaté, emberé, tárgyé*) oldal ‖ **on this side** ezen az olda-

lon; **to my side** mellém; **side by side** egymás mellett; **on this side of sg** vmin innen; **from all sides** mindenfelől; **change sides** átpártol, átáll; **take sides** *(vitában)* állást foglal vm ügyben; **take sides against sy** állást foglal vk ellen ▼ *mn* mellék- ▼ *ige* **side with sy** vknek az oldalára áll, vk mellé áll

side-aisle *fn* ❏ *épít* mellékhajó

sideboard ['saɪdbɔːd] *fn* tálaló, kredenc

sideboards ['saɪdbɔːdz] *fn tsz* oldalszakáll

sideburns ['saɪdnɜːnz] *fn tsz* ⊕ *US* oldalszakáll

side-car *fn* oldalkocsi

side dish *fn* mellékfogás *(étkezésnél)*

side door *fn* mellékajtó

side drum *fn* (erős pergésű) dob

side-effect *fn* mellékhatás

side-issue *fn* másodrendű kérdés, mellékszempont, mellékes dolog

sidekick ['saɪdkɪk] *fn* ❖ *biz* haver, (üzlet)társ

sidelight ['saɪdlaɪt] *fn* oldalvilágítás, oldalfény; oldallámpa

sideline ['saɪdlaɪn] *fn* melléküzemág ‖ mellékfoglalkozás ‖❏ *sp* **sidelines** oldalvonal; **on the sidelines** ❖ *átv* a pálya szélén

sidelong ['saɪdlɒŋ] ▼ *mn* ferde, oldalsó, oldalra irányuló ▼ *hsz* oldalra, oldalt, oldalról

sidereal [saɪ'dɪərɪəl] *mn* csillagászati

side road *fn* bekötőút, mellékút

sidesaddle ['saɪdsædl] *fn* női nyereg

side-show *fn* mellékkiállítás *(egy nagyobb keretében)* ‖ vurstli, mutatványosbódé *(vásáron)* ‖ mellékcselekmény, mellékesemény

side-step ▼ *fn (táncban)* sasszé ▼ *ige* **-pp-** oldalt lép

side street *fn* mellékutca

side track *fn* mellékvágány, kitérővágány

sidewalk ['saɪdwɔːk] *fn* ⊕ *US* gyalogjáró, járda

sidewards (⊕ *US* **sideward**) ['saɪdwədz] *hsz* = **sideways**

sideways ['saɪdweɪz] *hsz* (fél)oldalt, oldalt, oldalról, oldalvást

side-whiskers *fn tsz* oldalszakáll

side-wing *fn* mellékvágány, épületszárny

siding ['saɪdɪŋ] *fn* kitérővágány

sidle ['saɪdl] *ige* oldalaz

siege [siːdʒ] *fn* ostrom ‖ **lay siege to** ostrom alá vesz; **raise/lift a siege** abbahagyja az ostromot

siesta [si'estə] *fn* déli pihenő, szieszta

sieve [sɪv] ▼ *fn* szita, rosta ▼ *ige* (át)szitál ‖ (át)passzíroz

sift [sɪft] *ige* átszitál, (meg)rostál, átrostál, megszitál

---

sift out *(gabonát, átv egyebet)* kirostál; kiszűr, kiválogat

---

sigh [saɪ] ▼ *fn* sóhaj, sóhajtás ‖ **give a sigh** sóhajt egyet; **a sigh of relief** megkönnyebbült sóhaj ▼ *ige* (fel)sóhajt ‖ **sigh deeply** nagyot sóhajt

sight [saɪt] *fn* látás ‖ látvány, látványosság ‖ **at sight** látra, azonnal, kapásból, első tekintetre; **at the sight of** láttára, láttán; **at first sight, on sight** első látásra; **play at sight** ❏ *zene* lapról énekel/játszik; **come into sight** előbukkan; **know sy by sight** látásból ismer vkt; **the mere sight of it** már a puszta látása is; **lose sight of** szem elől téveszt, elveszt vmt/vkt szem elől; **have in sight** szem előtt (*v.* szemmel) tart; **out of sight** nem látható; **within sight** látótávolságban, látótávolságon belül; **in the sight of** vk szemében; **sights** látnivalók, nevezetességek; **(go to) see the sights** városnézésre megy, megnézi/megtekinti a látnivalókat/nevezetességeket

-sighted ['saɪtɪd] *mn* -látású, -látó

sightless ['saɪtləs] *mn* világtalan

sight method *fn* globális módszer

sight-read *ige* (*pt/pp* **-read**) blattol

S

---

nm névmás – *nu* névutó – *szn* számnév – *esz* egyes szám – *tsz* többes szám
▼ szófajjelzés ⊕ földrajzi variáns ❏ szakterület ❖ stiláris minősítés

sightreading ['saɪtriːdɪŋ] *fn* lapról olvasás, blattolás

sightseer ['saɪtsiːə] *fn* városnéző, turista

sightseeing ['saɪtsiːɪŋ] *fn* városnézés || **do some sightseeing, go sightseeing** megnézi a látnivalókat, városnézésre megy

sightseeing bus *fn* városnéző autóbusz

sign [saɪn] ▼ *fn* jel || tünet || cégtábla || **(traffic) sign** jelzőtábla; **make/give a sign** jelt ad; **show no sign of life** nem ad életjelt ▼ *ige* aláír

sign in bélyegez *(érkezéskor)* || bejelentkezik || **you have to sign in at reception** jelentkezned kell a recepción

sign on munkát vállal || leigazol *(játékost)*

sign out bélyegez *(távozáskor)* || kijelentkezik

sign up (le)szerződtet *(munkást)* || leigazol *(játékost)* || belép *(klubba)* || beiratkozik *(tanfolyamra)*

signal ['sɪgnl] ▼ *fn* jel || jelzés, jel(adás) || szemafor || **give a signal** jelt ad ▼ *ige* **-ll-** (⊕ *US* **-l-**) jelt ad, jelez

signal-box *fn* ❏ *vasút* őrház

signal corps *fn tsz* híradósok

signaller (⊕ *US* **-l-**) ['sɪgnələ] *fn* ❏ *kat* híradós

signalman ['sɪgnəlmən] *fn* (*tsz* **-men**) ❏ *vasút* váltókezelő; jelzőőr

signatory ['sɪgnətəri] *fn* aláíró || **the signatories to a treaty** a szerződő felek

signature ['sɪgnətʃə] *fn* aláírás

signature tune *fn* szignál

signboard ['saɪnbɔːd] *fn* cégtábla, cégér

signed [saɪnd] *mn/hsz* saját kezűleg, *(az aláírás előtt, zárójelben:)* s. k. ||
signed copy dedikált példány

signer ['saɪnə] *fn* aláíró

signet ['sɪgnɪt] *fn* pecsét

signet ring *fn* pecsétgyűrű

significance [sɪg'nɪfɪkəns] *fn* jelentőség, fontosság

significant [sɪg'nɪfɪkənt] *mn* jelentős, fontos

significantly [sɪg'nɪfɪkəntli] *hsz* jelentősen, jelentőségteljesen

signify ['sɪgnɪfaɪ] *ige* jelent *(vm jelentése van)*

sign language *fn* jelbeszéd, jelelés *(süketnémáé)*

signpost ['saɪnpoʊst] ▼ *fn* jelzőtábla, útirány(-elő)jelző tábla || helynévtábla ▼ *ige* jelzőtáblákkal ellát

silage ['saɪlɪdʒ] *fn* besilózás || silótakarmány

silence ['saɪləns] ▼ *fn* csend || **in silence** csendben; **silence!** csend legyen!; **silence please!** csendet kérek!; **reduce sy to silence** elhallgattat vkt ▼ *ige* (el)csendesít, elhallgattat

silencer ['saɪlənsə] *fn (gépen)* hangtompító, kipufogódob

silent ['saɪlənt] *mn* csendes, szótlan || néma || **be silent, remain silent** nem szól, hallgat; **silent consent** hallgatólagos beleegyezés

silent film *fn* némafilm

silently ['saɪləntli] *hsz* csendesen, hallgatva

silhouette [ˌsɪluː'et] *fn* árnykép, sziluett || **in silhouette** körvonalaiban

silicate ['sɪlɪkeɪt, -kət] *fn* szilikát

silicon ['sɪlɪkən] *fn* szilícium

silicon chip *fn* ❏ *szt* szilíciumchip

silicone ['sɪlɪkən] *fn* szilikon

silicosis [ˌsɪlɪ'koʊsɪs] *fn* ❏ *orv* szilikózis

silk [sɪlk] *fn* selyem

silk dress *fn* selyemruha

silkworm ['sɪlkwɜːm] *fn* selyemhernyó

silky ['sɪlki] *mn* selymes, selyemfényű

sill [sɪl] *fn* ablakpárkány

silliness ['sɪlinəs] *fn* butaság, ostobaság

---

fn főnév – *hsz* határozószó – *isz* indulatszó – *ksz* kötőszó – *mn* melléknév
▼ szófajjelzés ⊕ földrajzi variáns ❏ szakterület ❖ stiláris minősítés

silly ['sɪli] *mn* buta, ostoba, csacsi ‖ **don't be silly** ne légy csacsi!, legyen eszed!

silo ['saɪlou] *fn* (*tsz* **-los**) siló

silt [sɪlt] ▼ *fn* (folyó)hordalék, iszap ▼ *ige* **silt (up)** eliszaposít, eltöm

silver ['sɪlvə] ▼ *fn* ezüst ‖ evőeszköz(ök), ezüst ‖ ezüstpénz ▼ *ige* ezüstöz, foncsoroz

silver coin *fn* ezüstpénz

silver fir *fn* ezüstfenyő

silver foil *fn* ezüstfólia

silver fox *fn* ezüstróka

silver jubilee *fn* huszonöt éves évforduló

silver paper *fn* ezüstpapír

silver plate *fn* (asztali) ezüstnemű, ezüst

silver-plate *ige* ezüstöz

silver-plated *mn* ezüstözött, ezüstlemezzel bevont

silversmith ['sɪlvəsmiθ] *fn* ezüstműves

silverware ['sɪlvəweə] *fn* ezüsttárgyak

silver wedding *fn* ezüstlakodalom

silvery ['sɪlvəri] *mn* ezüstös, ezüst színű

silviculture ['sɪlvɪkʌltʃə] *fn* erdőgazdálkodás

similar ['sɪmɪlə] *mn* hasonló ‖ *(eltúlozva)* ugyanolyan ‖ **be similar to sg** vkhez/vmhez *v.* vkre/vmre hasonlít

similarity [ˌsɪmɪ'lærəti] *fn* hasonlóság

similarly ['sɪmɪləli] *hsz* hasonlóan ‖ *(eltúlozva)* ugyanúgy

simile ['sɪmɪli] *fn* hasonlat

simmer ['sɪmə] *ige (lassú tűzön)* fő ‖ lassú tűzön főz, kis lángon főz, párol

simoom [sɪ'mu:m] *fn* számum

simple ['sɪmpl] *mn* egyszerű, szimpla, igénytelen, sima ‖ ❏ *mat* elsőfokú ‖ **it's not so simple** ez nem olyan egyszerű; **for the simple reason** azon egyszerű oknál fogva

simple fraction *fn* ❏ *mat* közönséges tört

simple interest *fn* egyszerű kamat

simple machine *fn* ❏ *fiz* egyszerű gép

simple-minded *mn* naiv, hiszékeny

simpleton ['sɪmpltən] *fn* együgyű ember, mulya

simplicity [sɪm'plɪsəti] *fn* egyszerűség ‖ együgyűség

simplification [ˌsɪmplɪfɪ'keɪʃn] *fn* (le)egyszerűsítés

simplify ['sɪmplɪfaɪ] *ige* (le)egyszerűsít

simply ['sɪmpli] *hsz* egyszerűen

simulate ['sɪmjʊleɪt] *ige* színlel ‖ ❏ *tud* ❏ *műsz* szimulál

simulation [ˌsɪmjʊ'leɪʃn] *fn* színlelés ‖ *(műsz is)* szimulálás

simulator ['sɪmjʊleɪtə] *fn* szimulátor

simultaneity [ˌsɪmltə'neɪəti] *fn* egyidejűség

simultaneous [ˌsɪml'teɪnɪəs] *mn* egyidejű, szimultán *(with* vmvel) ‖ **simultaneous translation** szinkrón tolmácsolás

simultaneously [ˌsɪml'teɪnɪəsli] *hsz* egyidejűleg, szimultán

sin [sɪn] ▼ *fn* ❏ *vall* bűn, vétek ▼ *ige* **-nn- sin against sy/sg** vk/vm ellen vétkezik

since [sɪns] ▼ *hsz/elölj* azóta, hogy ‖ óta, attól fogva, -tól, -től ‖ **since Monday** hétfő óta; **ever since** azóta is, … óta mindig, amióta csak…; **long since** régóta, régen; **how long is it since?** mennyi idő telt el azóta? ▼ *ksz* mivel, miután, minthogy, mert; tekintve, hogy; ugyanis

sincere [sɪn'sɪə] *mn* őszinte

sincerely [sɪn'sɪəli] *hsz* őszintén ‖ **Yours sincerely** (*v.* ⊕ *US* **Sincerely yours**) *(levél végén)* szívélyes üdvözlettel

sincerity [sɪn'serəti] *fn* őszinteség

sinecure ['saɪnɪkjʊə, 'sɪn-] *fn* kényelmes állás, szinekúra

sinew ['sɪnju:] *fn* ín ‖ **sinews** izomzat, (izom)erő

sinewy ['sɪnju:i] *mn* inas, izmos

sinful ['sɪnfʊl] *mn* bűnös, vétkes

S

sing [sɪŋ] *ige* (*pt* **sang** [sæŋ]; *pp* **sung** [sʌŋ]) énekel, dalol ‖ **sing another tune** ❖ *biz* más hangon kezd beszélni, más hangot üt meg

Singapore [ˌsɪŋə'pɔː] *fn* Szingapúr

singe [sɪndʒ] *ige* (*pres p:* **singeing**) (meg)perzsel, pörköl

singer ['sɪŋə] *fn* énekes

Singhalese [ˌsɪŋə'liːz] *mn/fn* szingaléz

singing ['sɪŋɪŋ] *mn* éneklő

singing lesson *fn* énekóra

singing-teacher *fn* énektanár

single ['sɪŋgl] ▼ *mn* egyes, egyetlen, egyedüli ‖ egyszeri ‖ egyedülálló ‖ *(családi állapot, űrlapon)* hajadon ‖ nőtlen ‖ **in single file** *(sorban)* egyesével ▼ *fn* egyszeri utazásra szóló jegy ‖ ❏ *sp* **single(s)** egyes; **men's single** férfi egyes; **single or return?** csak oda (kéri) (vagy oda-vissza)? ▼ *ige* **single out** kiválogat

single bed *fn (bútor)* heverő

single bedroom *fn* egyágyas szoba

single-breasted *mn* egysoros *(zakó)*

single combat *fn* párviadal

single digit *fn* egyjegyű szám

single-entry book-keeping *fn* egyszerű könyvvitel

single-eyed *mn* félszemű

single-handed *mn/hsz* egyedül, segítség nélkül

single-minded *mn* céltudatos ‖ őszinte, nyílt

single parent *fn* gyermekét egyedül nevelő anya/apa

single-parent family *fn* csonka család

single room *fn* egyágyas szoba

single-sided *mn* egyoldalú; ❏ *szt* egyoldalas

single spacing *fn* egyes sorköz

single-storey *mn* földszintes

singlet ['sɪŋglɪt] *fn* atlétatrikó

single term *fn* ❏ *mat* egytagú kifejezés

single ticket *fn* egyszeri utazásra szóló jegy

single-track railway *fn* egyvágányú vasút

singly ['sɪŋgli] *hsz* egyedül, magányosan ‖ egyenként, egyesével

singsong ['sɪŋsɒn] ▼ *mn* monoton, éneklő *(hang)* ▼ *fn* egyhangú/monoton ének, kántálás ‖ rögtönzött énekhangverseny ▼ *ige* monoton/éneklő hangon recitál vmt

singular ['sɪŋgjʊlə] ▼ *mn* egyes számú ‖ különös; furcsa; sajátságos, egyedülálló, szokatlan; különleges; rendkívüli ▼ *fn* ❏ *nyelvt* egyes szám

singularly ['sɪŋgjʊləli] *hsz* különösen; furcsán

sinister ['sɪnɪstə] *mn* baljós(latú), mord ‖ **sinister look** vészjósló tekintet

sink [sɪŋk] ▼ *fn* (konyhai) mosogató; lefolyó, kiöntő, falikút, kifolyó ▼ *ige* (*pt* **sank** [sæŋk]; *pp* **sunk** [sʌŋk]) (el)süllyed, elmerül ‖ *(talaj)* süpped ‖ *(erkölcsileg)* süllyed ‖ mélyít, (el)süllyeszt ‖ **sink a well** kutat ás/fúr; **my heart sank** elszorult a szívem; **sink or swim** vagy megszokik, vagy megszökik

sink back visszasüllyed

sink in besüllyed, bemélyed ‖ beleroskad

sink into beissza magát vmbe, belemerül, belesüpped ‖ **sink into oblivion** feledésbe megy/merül

sinking ['sɪŋkɪŋ] *mn* süppedő(s)

sink unit *fn* beépített (konyhai) mosogató

sinner ['sɪnə] *fn* ❏ *vall* bűnös

sinuous ['sɪnjʊəs] *mn* kanyargó(s), szerpentin, kígyózó

sinus ['saɪnəs] *fn* ❏ *orv* üreg, öböl

sip [sɪp] ▼ *fn* korty ▼ *ige* **-pp-** kortyol(gat)

siphon ['saɪfn] ▼ *fn* szívócső, szifon ‖ bűzelzáró ‖ **(soda) siphon** autoszifon ▼ *ige* **siphon off/out** szívócsővel elvezet/kiszív

---

fn főnév – *hsz* határozószó – *isz* indulatszó – *ksz* kötőszó – *mn* melléknév
▼ szófajjelzés ⊕ földrajzi variáns ❏ szakterület ❖ stiláris minősítés

siphon-bottle *fn* autoszifon
sir [sɜ:, *gyenge kiejt.* sə] *fn (megszólításban)* uram! ‖ *(iskolában)* tanár úr (kérem), tanító bácsi (kérem), X bácsi (kérem), ‖ **yes sir** igenis (uram); *(levélben)* **Dear Sir(s)** Tisztelt Uram/ Uraim ‖ ⊕ *GB (lovag v. baronet címe, mindig a keresztnévvel együtt)* **Sir Winston (Churchill)**
sire ['saɪə] ▼ *fn* apaállat ▼ *ige (állat)* nemz
siren ['saɪrən] *fn* sziréna
sirloin ['sɜ:lɔɪn] *fn* bélszín, hátszín
sirloin steak *fn* bélszínszelet
sirocco [sɪ'rɒkoʊ] *fn (tsz* **-cos)** forró szél, sirokkó
sisal ['saɪsl] *fn* szizál (kender)
siskin ['sɪskɪn] *fn* csíz
sissy ['sɪsi] *fn* ⊕ *US* ❖ *biz* nőies fiú/ férfi; puhány
sister ['sɪstə] *fn* testvér; nővér ‖ (ápoló)nővér
sister-in-law *fn (tsz* **sisters-in-law)** sógornő
sister organization *fn* testvérszervezet
sister ships *fn tsz* testvérhajók, azonos tulajdonos hajói
sit [sɪt] *ige (pt/pp* **sat** [sæt]) **-tt-** ül ‖ ülésezik ‖ **sit by me** ülj (ide) mellém; **sit by the fire** a tűz mellett ül; **be sitting** ülést tart, ülésezik; **are you sitting comfortably?** kényelmesen ül(sz)?; **sit an exam** vizsgázik

sit back hátradől, kényelmesen elhelyezkedik ‖ lazít, nem csinál semmit
sit down leül *(székre)* ‖ **will you sit down please** üljön le kérem!, tessék helyet foglalni!
sit for *(vizsgára)* jelentkezik ‖ **sit for an exam** vizsgázni megy, vizsgázik; **sit for a constituency** választókerület képviselője
sit in on részt vesz *(megbeszélésen)*
sit on ❖ *biz* letol, elővesz *(rossz magaviseletéért)* ‖ ráül *(kérvényre)* ‖ **sit on a committee** bizottság tagja

sit it out *(vm végét)* kiüli, végigül
sit through végigül, kivárja a végét
sit up fenn marad *(= nem fekszik le)* ‖ *(ágyban)* felül ‖ **sit up late** sokáig fenn marad

---

sit-down strike *fn* ülősztrájk
site [saɪt] *fn* telek, házhely ‖ **on the site** a helyszínen
sit-in *fn* ülősztrájk
siting ['saɪtɪŋ] *fn* elhelyezés
sitter ['sɪtə] *fn* modell *(festőé, fotósé)* ‖ könnyű célpont/zsákmány
sitting ['sɪtɪŋ] *fn* ülés *(testületé)* ‖ *(étkezéskor)* turnus ‖ ülés *(modellé)* ‖ **at one sitting** egy ültő helyében
sitting member *fn* megválasztott képviselő
sitting-room *fn* nappali *(szoba)*
sitting tenant *fn* birtokon belüli bérlő
situate ['sɪtʃʊeɪt] *ige* helyet kijelöl, elhelyez
situated ['sɪtʃʊeɪtɪd] *mn* **be situated** *(ingatlan)* fekszik, elterül
situation [ˌsɪtʃʊ'eɪʃn] *fn* helyzet, állapot; *(vidéké)* fekvés ‖ szituáció ‖ állás, munkaalkalom ‖ *(álláshirdetésben)* **Situations Vacant** felveszünk; **Situation Wanted** állást keres
situation comedy *fn* helyzetkomédia *(tv-ben, rádióban)*
six [sɪks] *szn* hat ‖ **we are six** hatan vagyunk; **at six (o'clock)** hatkor; **it's six of one and half a dozen of the other** az egyik tizenkilenc, a másik egy híján húsz; **six of us** hatan; **six times** hatszor
sixfold ['sɪksfoʊld] *mn* hatszoros
six-footer *fn* colos fickó ‖ **he is a six-footer** magassága 180 cm
sixteen [ˌsɪks'ti:n] *szn* tizenhat
sixteenth [ˌsɪks'ti:nθ] *szn/mn* tizenhatodik
sixth [sɪksθ] ▼ *szn/mn* hatodik ▼ *fn* ❑ *zene* szext
sixtieth ['sɪkstiəθ] *szn/mn* hatvanadik
sixty ['sɪksti] *szn* hatvan ‖ **the sixties** *(v. the 60s v. 1960s)* a hatvanas évek

---

nm névmás– *nu* névutó– *szn* számnév– *esz* egyes szám– *tsz* többes szám
▼ szófajjelzés ⊕ földrajzi variáns ❑ szakterület ❖ stiláris minősítés

size¹ [saɪz] ▼ *fn* terjedelem ‖ méret; nagyság, szám ‖ **this size will do, this is my size** ez a nagyság megfelel; **pay by the size** terjedelem után fizet; **what size do you take?** *(cipőben stb.)* mi az ön száma?; **size 15 collar** 39-es nyakbőség; **size fifty** ötvenes méret ▼ *ige* felmér, felbecsül ‖ **size up the situation** felméri a helyzetet

size² [saɪz] *fn* csiriz

sizeable ['saɪzəbl] *mn* tetemes, jókora ‖ **a sizeable sum** tekintélyes összeg/summa

sizzle ['sɪzl] ▼ *fn* sercegés ▼ *ige* serceg

skate [skeɪt] ▼ *fn* korcsolya ‖ **get/put one's skates on** ❖ *biz* vedd föl a nyúlcipőt ▼ *ige* korcsolyázik ‖ **go skating** korcsolyázni megy; **be skating on thin ice** veszélyes területen mozog

---

skate over sg *(hibán)* átsiklik

---

skateboard ['skeɪtbɔːd] *fn* gördeszka

skateboarding ['skeɪtbɔːdɪŋ] *fn* gördeszkázás

skater ['skeɪtə] *fn* korcsolyázó

skating ['skeɪtɪŋ] *fn* korcsolyázás

skating rink *fn* műjég(pálya)

skedaddle [skɪ'dædl] *ige* ❖ *biz* elpucol, eliszkol

skeet [skiːt] *fn* agyaggalamb-lövészet

skein [skeɪn] *fn* motring

skeleton ['skelɪtn] *fn* csontváz ‖ **a skeleton in the cupboard** titkolt (családi) szégyenfolt

skeleton key *fn* álkulcs

skeleton staff *fn* személyzeti keret

skeptic ['skeptɪk] ⊕ *US* → **sceptic**

skeptical ['skeptɪkl] ⊕ *US* → **sceptical**

skepticism ['skeptɪsɪzm] ⊕ *US* → **scepticism**

sketch [sketʃ] ▼ *fn* vázlat, skicc ‖ **make a (rough) sketch of sg** vázlatot készít vmről, leskiccel vmt ▼ *ige* (fel)vázol, leskiccel

---

sketch out nagy vonalakban ismertet/(fel)vázol, körvonalaz

---

sketch-block *fn* vázlattömb

sketch-book *fn* vázlatfüzet, -könyv

sketching ['sketʃɪŋ] *fn* vázolás

sketch pad *fn* vázlattömb

sketchy ['sketʃi] *mn* vázlatos, rövid

skewer ['skjuːə] ▼ *fn* kis nyárs, pecek ▼ *ige* nyársra tűz/húz *(húst)*

ski [skiː] ▼ *fn* *(tsz* **skis**) sí ‖ **a pair of skis** sí ▼ *ige* *(pt/pp* **ski'd** *v.* **skied;** *pres p* **skiing**) síel, sízik ‖ **go skiing** síel, sízik, síelni/sízni megy

ski boot(s) *fn tsz* sícipő

ski course *fn* sípálya

skid [skɪd] ▼ *fn* kerékkötő ‖ féksaru ‖ farolás, (meg)csúszás ▼ *ige* **-dd-** *(jármű)* megcsúszik, megfarol

skid mark *fn* féknyom

skier ['skiːə] *fn* síző

skiff [skɪf] *fn* szkiff

skiing ['skiːɪŋ] *fn* síelés, sízés

ski instructor *fn* síoktató

ski-jump *fn* síugrósánc ‖ síugrás

ski-jumping *fn* síugrás

skilful (⊕ *US* **skillful**) ['skɪlfl] *mn* ügyes ‖ szakképzett

skilfully ['skɪlfli] *hsz* ügyesen

skilfulness ['skɪlflnəs] *fn* ügyesség

ski-lift *fn* sífelvonó, sílift

skill [skɪl] *fn* jártasság; tudás, szakértelem, készség, gyakorlottság, ügyesség

skilled [skɪld] *mn* képzett, gyakorlott, szakképzett, hozzáértő

skilled job *fn* szakmunka

skilled labour (⊕ *US* **-bor**) *fn* szakmunkások

skilled work *fn* szakmunka

skilled worker *fn* szakmunkás

skillet ['skɪlɪt] *fn* ⊕ *US* serpenyő, tepsi

skillfully ['skɪlfli] ⊕ *US* → **skilfully**

skim [skɪm] *ige* **-mm-** lefölöz, leszed ‖ **skim the cream off sg** leszedi vmnek a javát, lefölöz vmt

---

fn főnév −*hsz* határozószó −*isz* indulatszó −*ksz* kötőszó −*mn* melléknév
▼ szófajjelzés ⊕ földrajzi variáns ❑ szakterület ❖ stiláris minősítés

skim over/through *(futólag)* átnéz/
átolvas, átfut

skimmed [skɪmd] *mn* fölözött *(tej)*

skimp [skɪmp] *ige* fukarkodik, spórol
(vmvel) ‖ gyorsan összecsap *(munkát)*

skimpy ['skɪmpi] *mn* hiányos, szegé-
nyes, snassz

skin [skɪn] ▼ *fn (élő)* bőr ‖ *(alma, kör-
te, barack, burgonya, hagyma)* héj ‖
(tejen) bőr, föl ▼ *ige* **-nn-** lenyúz,
megnyúz ‖ lehorzsol

skin over bőrösödik; *(tej)* meghár-
tyásodik ‖ beheged

skin cream *fn* (kozmetikai) krém
skin-deep *mn* felületes, felszínes; se-
kélyes *(tudás)*
skin-diver *fn* könnyűbúvár
skin-diving *fn* könnyűbúvársport
skinflint ['skɪnflɪnt] *fn* ❖ *biz* zsugori,
fösvény
skin-food *fn* bőrtápláló/bőrápoló krém
skin-graft *fn* átültetett bőr, bőrátültetés
(eredmény)
skin-grafting *fn* bőrátültetés *(folya-
mat)*
skinhead ['skɪnhed] *fn* bőrfejű
skinny ['skɪni] *mn* sovány
skintight [ˌskɪn'taɪt] *mn* tapadó(s),
testhezálló *(ruhadarab)*
skip [skɪp] *ige* **-pp-** szökdécsel; szö-
kell ‖ átugrik ‖ kihagy ‖ **skip a class**
❖ *biz* elbliccel egy órát

skip off ❖ *biz* meglóg

ski pants *fn tsz* sínadrág
ski pole *fn* síbot
skipper ['skɪpə] *fn* ❏ *sp* (csapat)ka-
pitány
skipping rope ['skɪpɪŋ] *fn* ugrókötél
ski race *fn* síverseny
ski resort *fn* téli üdülőhely, síparadi-
csom

skirmish ['skɜːmɪʃ] *fn* ❖ *biz* ❏ *kat*
csetepaté, (elő)csatározás
skirt [skɜːt] *fn* szoknya, alj
skirting-board ['skɜːtɪŋ] *fn* szegély-
léc
ski-run *fn* sípálya
ski stick *fn* síbot
ski suit *fn* síruha, síöltöny
skit [skɪt] ▼ *fn* (rövid) tréfás jelenet,
paródia ▼ *ige* **-tt-** parodizál
skittle ['skɪtl] *fn* tekebábu ‖ → **skittles**
skittles ['skɪtlz] *fn esz* kugli, tekejáték
(9 fával) ‖ **skittles!** ostobaság!, sza-
márság!
skive [skaɪv] *ige* farag, lehúsol *(bőrt)* ‖
❖ *biz* lóg
skulk [skʌlk] ▼ *fn* semmittevő, lógós
▼ *ige* leselkedik, ólálkodik; dekkol
skull [skʌl] *fn* koponya
skull-cap *fn* <kis papi sapka>
skunk [skʌŋk] *fn* ❏ *áll* bűzös borz ‖
szkunksz *(szőrme)* ‖ ❖ *biz* piszok frá-
ter/alak
sky [skaɪ] *fn* ég(bolt), mennybolt ‖ **the
sky's the limit** korlátlan lehetőségek
vannak, nincs plafon
sky-blue *mn/fn* égszínkék
skydiving *fn* zuhanóernyőzés
sky-high *mn* égig érő, égbe nyúló
skyjack ['skaɪdʒæk] *ige* repülőgépet
eltérít/elrabol
skyjacker ['skaɪdʒækə] *fn* gépeltérítő,
géprabló
skyjacking ['skaɪdʒækɪŋ] *fn* gépelté-
rítés, géprablás
skylark ['skaɪlɑːk] *fn* pacsirta
skylight ['skaɪlaɪt] *fn* tetőablak
skyline ['skaɪlaɪn] *fn* körvonal *(váro-
sé távolból)*, (város)sziluett
skyscraper ['skaɪskreɪpə] *fn* felhő-
karcoló
slab [slæb] *fn* kőlap
slack [slæk] ▼ *mn (bőr)* petyhüdt ‖
(izom) ernyedt, laza ‖ lanyha, gyenge
▼ *ige (kötél)* lazán lóg ‖ lazít, lazsál
slacken ['slækən] *ige* (meg)lazul ‖
(meg)lazít

slackness ['slæknəs] *fn* pangás, ernyedtség, lazaság

slacks [slæks] *fn tsz* pantalló, (hosszú)nadrág

slag [slæg] *fn* salak

slag heap *fn* salakhányó

slain [sleɪn] *pp* → **slay**

slake [sleɪk] *ige* (el)olt *(szomjúságot, tüzet)* ‖ olt *(meszet)*

slaked lime *fn* oltott mész

slalom ['slɑːləm] ▼ *fn* műlesiklás, szlalom ▼ *ige* szlalomozik

slam [slæm] *ige* **-mm-** *(ajtó)* bevágódik ‖ *(ajtót)* csapkod ‖ **slam the door** bevágja az ajtót

slander ['slɑːndə] ▼ *fn (szóban)* rágalmazás, rágalom, becsületsértés ▼ *ige* rágalmaz, belegázol vk becsületébe

slanderous ['slɑːndərəs] *mn* rágalmazó, becsületsértő

slang [slæŋ] *fn* szleng, argó

slant [slɑːnt] ▼ *fn* lejtő, dőlés ‖ vmlyen beállítás ‖ **on the slant** ferdén ▼ *ige* dől ‖ lejt ‖ elferdít, vmlyen beállításban ad elő ‖ **be slanted** ferdén áll, el van ferdítve

slanting ['slɑːntɪŋ] *mn* ferde, rézsútos

slap [slæp] ▼ *fn* könnyed ütés, legyintés, ütés, csapás ‖ **slap in the face** *(átv is)* pofon ▼ *ige* **-pp-** (meg)üt, csap, (meg)legyint, ráüt, odasóz vknek *(egyet v. egy pofont)* ‖ **slap sy in the face** pofon üt/vág, leken vknek egy pofont; **slap on the back** megveregeti a vállát; **slap sy down on sg** lecsap vmt vmre *(pl. asztalra)*

slapdash ['slæpdæʃ] *mn* felületes ‖ **in a slapdash manner** felibe-harmadába

slapstick ['slæpstɪk] *mn* **slapstick comedy** bohózat sok ütleggel

slap-up *mn* ❖ *biz* pazar, klassz

slash [slæʃ] *ige (arcot)* összevagdal, összeszabdal

slat [slæt] *fn* léc

slate [sleɪt] ▼ *fn* pala ‖ palatábla ▼ *ige* palával fed ‖ ❖ *biz (kritikus)* lehúz

slate roof *fn* palatető

slattern ['slætən] *fn* lompos nő(személy)

slatternly ['slætənli] *mn* lompos, (vk) slampos, szutykos

slaughter ['slɔːtə] *ige (állatot)* levág; lemészárol

slaughterhouse ['slɔːtəhaʊs] *fn* vágóhíd

Slav [slɑːv] *mn/fn* szláv

slave [sleɪv] ▼ *fn* ❑ *tört* rabszolga ‖ **be a slave of/to sg** rabja vmnek; **be a slave to one's habit** a szokás rabja ▼ *ige* **slave away** ❖ *átv* robotol

slave-driver *fn* rabszolgahajcsár

slave labour (⊕ *US* **-bor**) *fn* rabszolgamunka; kényszermunka

slaver ['slævə] ▼ *fn* nyál ▼ *ige* nyáladzik ‖ benyálaz ‖ **slaver over sg** benyálaz vmt, ❖ *átv* csurog a nyála vm után

slavery ['sleɪvəri] *fn* rabszolgaság

slave state *fn* rabszolgatartó állam

slave-trade *fn* rabszolga-kereskedelem

slave-traffic *fn* rabszolga-kereskedelem

Slavic ['slɑːvɪk] *mn* = **Slavonic**

slavish ['sleɪvɪʃ] *mn* szolgai

Slavonic [slə'vɒnɪk] *mn/fn* szláv (nyelv)

slay [sleɪ] *ige (pt slew* [sluː]; *pp slain* [sleɪn]) (meg)öl

sleazy ['sliːzi] *mn* lompos; elhanyagolt ‖ piszkos

sled [sled] *fn/ige* **-dd-** ⊕ *US* = **sledge**

sledge [sledʒ] ▼ *fn* szán(kó), ródli ▼ *ige* szánkózik, ródlizik ‖ **go sledging/ sledding** szánkózni/ródlizni megy

sledge(-hammer) *fn* pöröly, nagykalapács

sleek [sliːk] ▼ *mn* sima, fényes; sima (modorú), simulékony, ravasz ▼ *ige* lesimít, simára kefél

sleep [sliːp] ▼ *fn* alvás ‖ **during one's sleep** alvás közben; **put sy to sleep** elaltat vkt; **he didn't get much sleep** nem sokat aludt ▼ *ige (pt/pp slept*

[slept]) alszik ‖ **go to sleep** *(személy)* elalszik; *(végtag)* elzsibbad; **a hotel that can sleep 400** 400 férőhelyes szálloda; **I didn't sleep a wink** egy szemhunyást sem aludtam; **sleep all the morning** sokáig alszik; **sleep fast** mélyen alszik; **sleep lightly** éberen alszik; **sleep like a log** alszik, mint a bunda; **sleep well!** szép álmokat!

sleep in ⊕ *US* (jó) sokáig alszik
 sleep off a (bad) headache kialussza a fejfájását
 sleep on it alszik rá egyet
 sleep out nem otthon alszik
 sleep with sy ❖ *biz* lefekszik vkvel

sleeper ['sli:pə] *fn* (jó/rossz) alvó ‖ hálókocsi ‖ talpfa ‖ **book a sleeper** hálókocsijegyet rendel
sleepily ['sli:pɪli] *hsz* álmosan
sleepiness ['sli:pinəs] *fn* álmosság
sleeping ['sli:pɪŋ] *mn* alvó
sleeping-bag *fn* hálózsák
sleeping-car *fn* hálókocsi
sleeping compartment *fn* hálófülke *(hálókocsin)*
sleeping-doll *fn* alvóbaba
sleeping draught *fn* altató(szer)
sleeping partner *fn* csendestárs
sleeping pill *fn* altató(szer)
sleeping policeman *fn* fekvőrendőr
sleepless ['sli:pləs] *mn* álmatlan
sleeplessness ['sli:pləsnəs] *fn* álmatlanság
sleepsuit ['sli:psu:t] *fn* rugdalódzó *(kisbabáé)*
sleepwalker ['sli:pwɔ:kə] *fn* alvajáró, holdkóros
sleepy ['sli:pi] *mn* álmos ‖ unalmas
sleet [sli:t] ▼ *fn* havas eső, dara ▼ *ige* **it is sleeting** havas eső (*v.* dara) esik
sleeve [sli:v] *fn* *(ruháé)* ujj ‖ hanglemezborító ‖ ❑ *műsz* hüvely
sleeveless ['sli:vləs] *mn* *(ruha)* ujjatlan
sleigh [sleɪ] *fn* szán(kó)

sleight [slaɪt] *fn* **sleight of hand** bűvészmutatvány
slender ['slendə] *mn* karcsú
slenderness ['slendənəs] *fn* karcsúság
slept [slept] *pt/pp* → **sleep**
sleuth [slu:θ] *fn* kopó
slew[1] [slu:] *ige* csavarodik ‖ **slew round** átfordul, megperdül ‖ megfordít
slew[2] [slu:] *pt* → **slay**
slice [slaɪs] ▼ *fn* *(gyümölcs, dinnye)* gerezd; *(kenyérből stb.)* szelet ‖ **a slice of bread** egy szelet kenyér ▼ *ige* szel(etel)

slice off levág
slice up *(szeletekre)* felvág, felszeletel

sliced bacon [slaɪst] *fn* (szeletelt) angolszalonna
slicer ['slaɪsə] *fn* gyalu *(káposztának stb.)*, szeletelő(gép)
slick [slɪk] ▼ *mn* sima, egyenletes ‖ ügyes, elegáns ‖ ravasz, „dörzsölt" ‖ gyors ‖ síkos, csúszós ▼ *fn* **(oil) slick** olajréteg *(tengeren stb.)* ▼ *ige* lenyal *(hajat)*
slid [slɪd] *pt/pp* → **slide**
slide [slaɪd] ▼ *fn* csúszás ‖ csúszda ‖ dia ‖ tárgylemez ▼ *ige* *(pt/pp* **slid** [slɪd])* csúszik, siklik

slide down lesiklik, lecsúszik
slide over átsiklik vmn

slide frame *fn* diakeret
slide projector *fn* diavetítő
slide-rule *fn* logarléc
sliding door ['slaɪdɪŋ] *fn* tolóajtó
sliding roof *fn* nyitható tető
sliding scale *fn* mozgóskála
slight [slaɪt] ▼ *mn* csekély, kevés, jelentéktelen, enyhe, gyenge ‖ **slight injury** könnyű sérülés; **not in the slightest (degree)** a legcsekélyebb

S

nm névmás – *nu* névutó – *szn* számnév – *esz* egyes szám – *tsz* többes szám
▼ szófajjelzés ⊕ földrajzi variáns ❑ szakterület ❖ stiláris minősítés

mértékben sem; **have not the slightest idea** nem is sejti ▼ *ige* vkt háttérbe szorít, mellőz

slightly ['slaɪtli] *hsz* kissé, némiképp(en), valamivel

slim [slɪm] ▼ *mn* karcsú ‖ **have a slim waist** karcsú a dereka ▼ *ige* **-mm-** fogyó(kúrá)zik ‖ **be slimming** fogyasztja magát

slime [slaɪm] *fn* iszap ‖ nyálka ‖ lucsok

slimming ['slɪmɪŋ] ▼ *mn* fogyó; fogyasztó ▼ *fn* fogyás ‖ fogyasztás

slimming cure *fn* fogyókúra

slimness ['slɪmnəs] *fn* karcsúság, vékonyság

slimy ['slaɪmi] *mn* nyálkás

sling [slɪŋ] ▼ *fn* parittya ▼ *ige* (*pt/pp* **slung** [slʌŋ]) hajít, parittyáz ‖ vállra akaszt

slingshot ['slɪŋʃɒt] *fn* ⊕ *US* parittya

slink [slɪŋk] *ige* (*pt/pp* **slunk** [slʌŋk]) ólálkodik, lopakodik, somfordál

---

slink in belopódzik, besomfordál
slink out kioson, kisomfordál

---

slip [slɪp] ▼ *fn* (meg)csúszás, elcsúszás ‖ hiba, botlás ‖ cédula, cetli, kártya ‖ (párna)huzat ‖ hasáb(levonat) ‖ kombiné ‖ **make a slip** hibát követ el; **slip of a girl** csitri; **slip of the pen** elírás; **slip of the tongue** nyelvbotlás, ❖ *biz* baki ▼ *ige* **-pp-** (el)csúszik, megcsúszik ‖ kicsúszik (*from* vmből, vhonnan) ‖ **let slip** (*alkalmat*) elszalaszt; **slip sy (money)** jattot ad; **slip the country** kiszökik az országból; **sg slips one's mind** kiesik az emlékezetéből; **it slipped my memory** kiment az eszemből

---

slip away búcsú nélkül (*v.* angolosan) távozik
slip in beoson, besomfordál
slip into/on bebújik (*ruhába*)
slip out kicsúszik ‖ kisurran

slip through átcsúszik ‖ **slip through sy's finger** kicsúszik a kezéből
slip up ❖ *biz* bakizik

---

slip-case *fn* tok (*könyvé*)

slip-cover *fn* ⊕ *US* védőhuzat

slip-knot *fn* hurok

slip-on *mn/fn* bebújós (*blúz, ruha stb.*) ‖ papucscipő

slip-over *fn* (bebújós) mellény; (ujjatlan) pulóver

slipped disc [slɪpt] *fn* ❏ *orv* porckorongsérv

slippers ['slɪpəz] *fn tsz* papucs

slippery ['slɪpəri] *mn* csúszós, síkos

slipping ['slɪpɪŋ] *mn* csúszó

slip-road *fn* (*autópályáról*) leágazás, bekötőút, ráhajtóút

slipshod ['slɪpʃɒd] *mn* trehány (*munka*); pongyola (*stílus*) ‖ **do sg in a slipshod manner** félmunkát végez

slip-stream *fn* ❏ *rep* légcsavarszél, légörvény

slip-up *fn* ❖ *biz* baki

slipway ['slɪpweɪ] *fn* sólya(pálya), csúszda

slit [slɪt] ▼ *fn* rés, nyílás, repedés ▼ *ige* (*pt/pp* **slit**) **-tt-** felvág, hasít, metsz ‖ **slit (open)** felhasít

slither ['slɪðə] *ige* megcsúszik, csúszkál

slithery ['slɪðəri] *mn* síkos

sliver ['slɪvə] ▼ *fn* forgács, szilánk ▼ *ige* leszakít, lerepeszt (vmről) ‖ leszakad, lehasad

slob [slɒb] *fn* ❖ *biz* trehány/lusta alak/ disznó

slog [slɒg] ▼ *fn* erős ütés ‖ ❖ *biz* erős menet, nagy hajtás ▼ *ige* **-gg-** erősen üt, püföl ‖ erőlködik

---

slog away at nagy hajtásban van, töri magát
slog through nagy nehezen letud vmt

---

fn főnév – *hsz* határozószó – *isz* indulatszó – *ksz* kötőszó – *mn* melléknév
▼ szófajjelzés ⊕ földrajzi variáns ❏ szakterület ❖ stiláris minősítés

slogan ['slougən] *fn* szólam, jelszó; jelige, szlogen

slop [slɒp] ▼ *fn* mosogatólé ‖ szenny-víz ‖ moslék ▼ *ige* **-pp-** kiloccsan(t)

slope [sloup] ▼ *fn* lejtő, emelkedő, ereszkedő ‖ lejtés, hajlat ▼ *ige* lejt

sloping ['sloupɪŋ] *mn* lejtős

sloppily ['slɒpɪli] ❖ *biz* rendetlenül

sloppiness ['slɒpinəs] *fn* pongyola-ság *(stílusé)*

sloppy ['slɒpi] *mn* ❖ *biz* rendetlen, hanyag, slendrián, trehány ‖ pongyola *(stílus)*

slosh [slɒʃ] *ige* ❖ *biz* behúz egyet vknek ‖ pancsol *(vízben)*

slot [slɒt] *fn* nyílás *(automatáé, levél-szekrényé, perselyé)* ‖ hely; időpont *(programban)*

sloth [slouθ] *fn* ❑ *áll* lajhár

slot-machine *fn* (pénzbedobós) automata ‖ játékautomata

slot meter *fn* pénzbedobós (gáz)mérő

slouch [slautʃ] ▼ *fn* nehézkes mozgás ‖ esetlen, lomha fickó ▼ *ige* lomhán csoszog/áll/ül ‖ **don't slouch!** húzd ki magad!

slough [slau] *fn* mocsár ‖ (erkölcsi) fertő

slough (off) [slʌf] *ige* vedlik *(hüllő)*

Slovak ['slouvæk] *mn/fn* szlovák (em-ber, nyelv)

Slovakia [slou'væk ɪə] *fn* Szlovákia

Slovakian [slou'vækɪən] *mn* szlovák

Slovene ['slouvi:n] *fn* szlovén *(nyelv)*

Slovenia [slou'vi:nɪə] *fn* Szlovénia

Slovenian [slou'vi:nɪən] *mn* szlovén

slovenly ['slʌvnli] *mn* elhanyagolt (kül-sejű), slampos, lompos

slow [slou] ▼ *mn* lassú ‖ nehézfejű ‖ vontatott ‖ **be rather slow** nehéz fel-fogású; **be slow** késik *(óra)*; **his watch is five minutes slow** öt percet késik az órája; **slow to understand** nehézfejű ▼ *hsz* lassan ‖ **go slow** las-san hajt; lassítja a munkatempót ▼ *ige (vk/vm)* lassít

slow down *(jármű)* (le)lassít, lefé-kez; (le)lassul

slow up *(jármű)* lelassít ‖ **slow up a bit** állítsd le kissé magad *(= ne hajts annyira)*

slowcoach ['sloukoutʃ] *fn* ❖ *biz* las-sú ember

slow-down (strike) *fn* munkalassítás

slow learner *fn* értelmi fogyatékos *(enyhébb esete)*

slowly ['slouli] *hsz* lassan ‖ **slowly!** lassan!; **do sg slowly** lassan csinál/végez vmt

slow-moving *mn* lassú, komótos

slowness ['slounəs] *fn* lassúság

slow-witted *mn* lassú észjárású, nehéz felfogású

sludge [slʌdʒ] *fn* lucsok

slug[1] [slʌg] ▼ *fn* meztelen csiga ‖ ❖ *biz* naplopó ‖ (puska)golyó ‖ linotype szedésű sor ▼ *ige* **-gg-** he-nyél, lopja a napot

slug[2] [slʌg] *ige* **-gg-** = **slog 2.**

sluggard ['slʌgəd] *fn* lusta ember

sluggish ['slʌgɪʃ] *mn* lomha, rest, to-honya

sluggishly ['slʌgɪʃli] *hsz* tunyán, lom-hán, resten

sluggishness ['slʌgɪʃnəs] *fn* lomha-ság, tunyaság, renyheség

sluice [slu:s] *fn* zsilip

sluice chamber *fn* zsilipkamra

sluice-gate *fn* zsilipgát, zsilipkapu

slum [slʌm] *fn* szegénynegyed, nyo-mornegyed

slumber ['slʌmbə] ▼ *fn* szendergés, szundítás ▼ *ige* szendereg, szunyókál

slum clearance *fn* nyomornegyedek megszüntetése

slump [slʌmp] *fn* gazdasági válság, depresszió, pangás ‖ **slump in prices** árzuhanás

slung [slʌŋ] *pt/pp* → **sling**

slunk [slʌŋk] *pt/pp* → **slink**

slur [slɜ:] ▼ *fn* gyalázat, szégyenfolt ‖
❑ *zene* (kötő)ív, ligatúra ‖ nem tiszta
(ki)ejtés, hadarás ▼ *ige* **-rr-** átsiklik
(*over* vmn), semmibe vesz ‖ becsmérel ‖ elmosódik, összefolyik *(beszéd
stb.)* ‖ hibásan/hadarva beszél

slush [slʌʃ] *fn* csatak, latyak, locspocs

slush fund *fn* csúszópénz *(állami tisztviselők korrumpálására)*

slushy ['slʌʃi] *mn* kásás, latyakos *(jég)*

slut [slʌt] *fn* lotyó

sly [slaɪ] *mn* alattomos, ravasz ‖ **on the
sly** alattomban; **a sly dog** ravasz róka

slyness ['slaɪnəs] *fn* ravaszság, alattomosság

smack¹ [smæk] ▼ *fn* ❖ *biz* **give sy a
smack** odaken *(ütést)*; **smack into
the middle** pont a közepébe ▼ *ige*
megüt ‖ **smack one's lips** *(nyelvével)*
csettint

smack² [smæk] *ige* **smack of** vm érzik vmn

smacker ['smækə] *mn* ❖ *biz* cuppanós puszi

small [smɔ:l] *mn* kis, kicsi, csekély,
apró, kevés ‖ alacsony, kicsi *(ember)*

small ad *fn* apróhirdetés

small arms *fn tsz* kézifegyver

small business *fn* kisvállalkozás

small car *fn* kiskocsi *(autó)*

small change *fn* aprópénz

smaller ['smɔ:lə] *mn (méretre)* kisebb

smallest ['smɔ:ləst] *mn* legkevesebb,
legkisebb

smallholder ['smɔ:lhoʊldə] *fn* kisgazda

smallholding ['smɔ:lhoʊldɪŋ] *fn* kisbirtok, törpebirtok

small hours *fn tsz* **the small hours** a
kora hajnali órák ‖ **go on until the
small hours** belenyúlik az éjszakába

smallish ['smɔ:lɪʃ] *mn* meglehetősen
kicsi

small-minded *mn* (szellemileg) korlátolt

smallness ['smɔ:lnəs] *fn* kicsi(ny)ség;
kicsinyesség

smallpox ['smɔ:lpɒks] *fn* himlő

small-scale *mn* kisméretű ‖ kisipari

small-scale production *fn* kisüzemi
termelés

small talk *fn* bájcsevegés

small-time *mn* ⊕ *US* ❖ *biz* kisszerű,
jelentéktelen, kisstílű, piti

smarmy ['smɑ:mi] *mn* ❖ *biz* mézesmázos, hízelgő, nyaló, undorító

smart [smɑ:t] ▼ *mn* csinos, fess, elegáns, divatos, jól öltözött ‖ ⊕ *US*
okos, eszes, intelligens ‖ **smart repartee** talpraesett válasz; **smart restaurant** előkelő étterem; **you look
very smart** nagyon csinosan nézel ki,
nagyon fess/elegáns vagy; **the smart
set** az előkelő/elegáns világ ▼ *ige*
you'll smart for it ezért fizetsz!, ezt
még megemlegeted!; **my eyes are
smarting** ég a szemem

smarten (oneself) up ['smɑ:tn] *ige*
csinosítja magát

smart money *fn* ⊕ *US* csúszópénz *(bizonyos kellemetlen helyzetből való kimentésért)*

smartness ['smɑ:tnəs] *fn* csípősség ‖
eszesség; körmönfontság ‖ fürgeség ‖
ízlésesség, divatosság

smash [smæʃ] ▼ *hsz* **go smash into**
durr/pont beleszalad ▼ *fn* összezúz(ód)ás ‖ csattanás ‖ (súlyos) összeütközés, szerencsétlenség ‖ *(teniszben)*
lecsapás ‖ ❖ *biz* bombasiker ▼ *ige*
(össze)tör, összezúz, eltör ‖ *(ablakot)*
betör ‖ *(teniszlabdát)* lecsap ‖ **smash
sg to pieces** darabokra tör; **smash the
ball** megöli a labdát; **smash the
window** ablakot betör/kitör; **he
smashed his head** betörte a fejét

smash up összetör, összezúz, összerombol, szétzúz ‖ **my car got
smashed up** összetörték a kocsimat

smash-hit *fn* ❖ *biz* bombasiker

smashing ['smæʃɪŋ] *mn* ❖ *biz* bomba
jó, klassz

smash-up *fn* (súlyos) összeütközés, szerencsétlenség

smattering ['smætərɪŋ] *fn* **a smattering of knowledge** ❖ *biz* csekélyke tudás

smear [smɪə] ▼ *fn (testrészből vett)* kenet ▼ *ige* elken, elmaszatol, bemaszatol || **smear sg on sg** ráken vmre vmt; **smear with** beken vmvel

smear campaign *fn* (politikai) rágalomhadjárat

smear test *fn* ❑ *orv* kenet(vétel)

smell [smel] ▼ *fn* szag || **smell of gas** gázszag ▼ *ige (pt/pp* **smelt** [smelt]) (meg)szagol, szimatol || **I smell a rat** ❖ *biz* itt valami nincs rendben (*v.* bűzlik); **smell bad** rossz szaga van; **smell good** jó szaga van; **smell of** *(vkn/vmn vm szag)* (meg)érzik, vmlyen szaga van; **smell of sg** szaglik vmtől, vmlyen szaga van; **smell rancid** avas szaga van

smell out *(kutya)* megszimatol

smelly ['smeli] *mn* büdös
smelt¹ [smelt] *ige (fémet)* olvaszt
smelt² [smelt] *pt/pp* → **smell**
smelter ['smeltə] *fn* olvasztár
smelting ['smeltɪŋ] *fn* olvasztás *(fémé)*
smelting furnace *fn* olvasztókemence
smelting-works *fn esz v. tsz* huta, kohómű
smile [smaɪl] ▼ *fn* mosoly || **be all smiles** csupa mosoly ▼ *ige* mosolyog || **keep smiling** légy mindig derűs

smile at mosolyog vmn/vkn, megmosolyog vmt/vkt, rámosolyog vkre || **what are you smiling at?** min mosolyogsz?

smiling ['smaɪlɪŋ] *mn* mosolygó(s)
smirk [smɜːk] ▼ *fn* vigyor(gás) ▼ *ige* vigyorog

smite [smaɪt] *ige (pt* **smote** [sməʊt]; *pp* **smitten** ['smɪtn]) megüt, rásújt || **smitten with** vmvel sújtott

smith [smɪθ] *fn* kovács
smithy ['smɪði] *fn* kovácsműhely
smitten ['smɪtn] *pp* → **smite**
smock [smɒk] *fn* (munka)köpeny
smog [smɒg] *fn* füstköd, szmog
smoke [sməʊk] ▼ *fn* füst || **have a smoke** elszív egy cigarettát ▼ *ige (kémény stb.)* füstöl || dohányzik, cigarettázik || **smoke a cigarette** elszív egy cigarettát, cigarettázik; **smoke a pipe** pipázik

smoked [sməʊkt] *mn* füstölt *(hús)*
smokeless ['sməʊkləs] *mn* füstmentes
smoker ['sməʊkə] *fn* dohányos; dohányzó *(személy)* || ❑ *vasút* dohányzó, dohányzó szakasz || **heavy smoker** erős dohányos

smoke screen *fn* (álcázó) füstfüggöny; ❖ *átv* ködösítés
smoke shop *fn* ⊕ *US* dohányüzlet
smokestack ['sməʊkstæk] *fn* hajókémény || gyárkémény || ⊕ *US* (mozdony)kémény

smoking ['sməʊkɪŋ] *fn* dohányzás || **no smoking** tilos a dohányzás!
smoking compartment *fn* dohányzó szakasz
smoking-jacket *fn* házi kabát
smoky ['sməʊki] *mn* füstös
smolder ['sməʊldə] *ige* ⊕ *US* = **smoulder**
smooth [smuːð] ▼ *mn* sima, egyenletes || sima *(modor)* || gördülékeny *(stílus)* || **he's a smooth operator** ❖ *biz* jól helyezkedik ▼ *ige* (le)simít

smooth away *(ráncot)* kisimít, elsimít
smooth down *(simára)* legyalul
smooth out kisimít || *(nehézséget)* áthidal
smooth over elsimít, elboronál

S

smoothly ['smu:ðli] *hsz* simán
smoothness ['smu:ðnəs] *fn* simaság
smote [sməʊt] *pt* → **smite**
smother ['smʌðə] ▼ *fn* sűrű füst; füst-
gomolyag ‖ pára ▼ *ige* megfojt ‖ elolt,
lefojt *(tüzet)* ‖ elfojt *(érzelmet)* ‖ meg-
fullad ‖ füstölög
smoulder (⊕ *US* -ol-) ['sməʊldə] *ige*
(tűz) hamvad, parázslik
SMS [,es em 'es] = *short message sys-*
tem SMS
smudge [smʌdʒ] ▼ *fn* folt; pecsét ▼
ige elmaszatol, összemaszatol ‖ *(nyom-*
tatás) elkenődik
smudged [smʌdʒd] *mn* maszatos
smug [smʌg] *mn* önelégült
smuggle ['smʌgl] *ige* csempész(ik)

---

smuggle in becsempész
smuggle out kicsempész

---

smuggler ['smʌglə] *fn* csempész
smuggling ['smʌglɪŋ] *fn* csempészés
smugly ['smʌgli] *hsz* önelégülten
smugness ['smʌgnəs] *fn* önelégült-
ség ‖ pedánsság
smut [smʌt] *fn* korom(folt), maszat ‖
❑ *növ* rozsda, üszög
smutty ['smʌti] *mn* mocskos
snack [snæk] *fn* gyors ebéd, harapás,
harapnivaló ‖ **have a snack** eszik va-
lamit; **let's have a snack** ❖ *biz* ha-
rapjunk valamit!
snack-bar *fn* ételbár, gyorsbüfé, biszt-
ró, falatozó
snaffle ['snæfl] ▼ *fn* snaffle(-bit) zab-
la ▼ *ige* ❖ *biz* elcsen ‖ elhappol ‖ fel-
fal
snag [snæg] ▼ *fn* kiálló (hegyes)
csonk/szikla/farönk ‖ letörött fog ‖
szakadás ‖ rejtett akadály, nehézség,
probléma, (váratlan) bökkenő ▼ *ige*
-gg- elszakít, fennakad *(vm éles dol-*
gon) és elreped ‖ *(rönköktől stb.)*
megtisztít ‖ ⊕ *US* elkap
snail [sneɪl] *fn* csiga
snake [sneɪk] *fn* kígyó

snake-bite *fn* kígyómarás
snakeskin ['sneɪkskɪn] *fn* kígyóbőr
snap [snæp] ▼ *fn* csattanás, pattanás ‖
gyorsfénykép ‖ **a cold snap** hirtelen
hideg ▼ *ige* -pp- *(húr)* elpattan ‖ csat-
tan, bekattint, pattint ‖ ❑ *fényk* ❖ *biz*
lekap ‖ **snap at sy's heels** *(kutya)* be-
lekap (vk lábába); **snap one's fingers**
ujjaival csattant/pattint; **snap one's**
fingers at sy fügét mutat vknek; **snap**
sg open felcsap *(fedelet)*; **snap shut**
bekattan *(kapocs, zár)*

---

snap up elkapkod, elkaparint *(elesé-*
get)

---

snap-fastener *fn* patentkapocs
snappish ['snæpɪʃ] *mn* csípős *(nyelv)*
‖ ❖ *átv* harapós
snappy ['snæpi] *mn* ❖ *biz* = **snappish**
‖ eleven, talpraesett, szellemes ‖ csi-
nos, divatos ‖ **make it snappy!, look**
snappy! siess!, mozogj!
snapshot ['snæpʃɒt] *fn* (fény)kép ‖
take a snapshot of pillanatfelvételt
csinál vkről, ❖ *biz* lekap vkt
snare [sneə] *fn (állatfogó)* hurok, csap-
da
snarl[1] [snɑ:l] *ige* **snarl at sy** rávicso-
rog/ráförmed vkre
snarl[2] [snɑ:l] ▼ *fn* bonyodalom, zavar
‖ csomó, hurok ▼ *ige* összekuszál,
összezavar, összecsomóz, összeguban-
col
snarl-up ❖ *biz* forgalmi akadály/dugó
snatch [snætʃ] ▼ *fn* odakapás ‖ töre-
dék ‖ *(beszédé)* hangfoszlány ‖ *(súly-*
emelésben) szakítás ▼ *ige* elkap, vm
után kap ‖ megkaparint ‖ **snatch sg**
from sy (v. **out of sy's hand**) kiragad
vmt a kezéből

---

snatch at vmhez odakap ‖ kap vmn
snatch away elhalászik, elkaparint
snatch up felkap *(tárgyat)*

---

sneak [sni:k] *ige* settenkedik ‖ elcsen

fn főnév – *hsz* határozószó – *isz* indulatszó – *ksz* kötőszó – *mn* melléknév
▼ szófajjelzés ⊕ földrajzi variáns ❑ szakterület ❖ stiláris minősítés

sneak away/off elsomfordál, eloson
sneak in *(élőlény)* becsúszik, besurran
sneak on spicliskedik vkre
sneak out (of) vhonnan kisomfordál

sneakers ['sni:kəz] *fn tsz* ⊕ *US* edzőcipő, szabadidőcipő
sneaking ['sni:kɪŋ] *mn* titkos, be nem vallott
sneak-thief *fn (tsz* -thieves) besurranó tolvaj
sneaky ['sni:ki] *mn* sunyi, spicliskedő
sneer [snɪə] ▼ *fn* gúnyos mosoly ▼ *ige* **sneer at sg** gúnyosan mosolyog vmn, fitymál vmt
sneeze [sni:z] ▼ *fn* tüsszentés ▼ *ige* tüsszent ‖ **it's not to be sneezed at** ❖ *biz* nem utolsó dolog
snide [snaɪd] *mn* rosszindulatú, epés
sniff [snɪf] ▼ *fn* szippantás *(levegőből)* ▼ *ige* szippant *(levegőt)* ‖ vmbe beleszagol

sniff at odaszagol, megszimatol
sniff up felszippant *(dohányt)*

sniffle ['snɪfl] *ige* szipog *(náthától)*
snip [snɪp] ▼ *fn* lemetszett darab; szelet ‖ (le)nyisszantás, (le)metszés ‖ ❖ *biz* olcsó dolog ‖ **it's a snip** megéri! ▼ *ige* **-pp-** lenyisszant
snipe [snaɪp] *fn* szalonka
sniper ['snaɪpə] *fn* orvlövész
snippet ['snɪpɪt] *fn* töredék, apró darabka, vagdalék
snivel [snɪvl] *ige* **-ll-** (⊕ *US* **-l-**) csepeg/folyik az orra
snivelling (⊕ *US* **-l-**) ['snɪvlɪŋ] *mn* ❖ *biz* taknyos, csepegő orrú ‖ bőgő, siránkozó
snob [snɒb] *fn* sznob
snobbery ['snɒbəri] *fn* sznobizmus
snobbish ['snɒbɪʃ] *mn* sznob
snobbishness ['snɒbɪʃnəs] *fn* sznobizmus

snooker ['snu:kə] ▼ *fn (egy fajta)* biliárd ▼ *ige* ❖ *biz* **be snookered** kellemetlen/szorult helyzetben van, bepalizták
snoop [snu:p] *ige* ⊕ *US* ❖ *biz* szaglász, szimatol, spicliskedik
snooper ['snu:pə] *fn* ⊕ *US* ❖ *biz* szaglászó, spicli(skedő), besúgó
snooty ['snu:ti] *mn* ❖ *biz* felvágós, beképzelt, sznob
snooze [snu:z] ❖ *biz* ▼ *fn* szundikálás ▼ *ige* szundít
snore [snɔː] *ige* horkol
snoring ['snɔːrɪŋ] *fn* hortyogás, horkolás
snorkel ['snɔːkl] ▼ *fn* légzőcső *(könynyűbúváré)* ▼ *ige* **-ll-** (⊕ *US* **-l-**) légzőcsővel úszik
snorkeller (⊕ *US* **-l-**) ['snɔːklə] *fn* légzőcsővel úszó
snort [snɔːt] *ige (ló)* prüszköl
snot [snɒt] *fn* ❖ *vulg* takony
snotty ['snɒti] *mn* ❖ *vulg* taknyos; ❖ *biz* piszok, rongy, szemét *(ember)*
snotty-nosed [ˌsnɒti'nəʊzd] *mn* = **snooty**
snout [snaʊt] *fn* orr *(állaté)*
snow [snəʊ] ▼ *fn* hó ▼ *ige* havazik ‖ **be snowing** havazik

snow under: be snowed under with work tele van munkával, ki se látszik a munkából
snow up behavaz

snowball ['snəʊbɔːl] *fn* hógolyó
snow-bank *fn* hófúvás, hóakadály
snow-blind *mn* hóvak
snow-blindness *fn* hóvakság
snowboard ['snəʊbɔːd] *fn* hódeszka
snowboarding [-bɔːdɪŋ] *fn* hódeszkázás
snow-bound *mn/hsz* behavazott, behavazva ‖ **we were snow-bound** elakadtunk a hóban
snow-capped *mn* hófedte *(hegy)*
snow-chain *fn* hólánc

---

nm névmás – *nu* névutó – *szn* számnév – *esz* egyes szám – *tsz* többes szám
▼ szófajjelzés ⊕ földrajzi variáns ❑ szakterület ❖ stiláris minősítés

snowdrift ['snoʊdrɪft] *fn* hóakadály, hófúvás

snowdrop ['snoʊdrɒp] *fn* hóvirág

snowfall ['snoʊfɔ:l] *fn* havazás, hó-esés

snowflake ['snoʊfleɪk] *fn* hópehely

snow goggles *fn tsz* hószemüveg

snow-line *fn* hóhatár

snowman ['snoʊmæn] *fn* (*tsz* -men) hóember

snowplough (⊕ *US* -plow) ['snoʊploʊ] *fn* hóeke

snowshoe ['snoʊʃu:] *fn* hótalp

snow shovel *fn* hólapát

snowstorm ['snoʊstɔ:m] *fn* hóvihar

snow-suit *fn* kezeslábas (*téli, orkán*)

snow-tyre (⊕ *US* -tire) *fn* téli gumi (*autóra*)

Snow White *fn* Hófehérke

snow-white *mn* hófehér

snowy ['snoʊi] *mn* havas; hófehér

snub [snʌb] ▼ *fn* pofon ▼ *ige* -bb-visszautasít, letorkol

snub-nose *fn* pisze orr

snub-nosed *mn* fitos (orrú), pisze

snuff[1] [snʌf] *fn* burnót

snuff[2] [snʌf] *ige* elkoppant (*gyertyát*) ‖ he's snuffed it ❖ *biz* kinyiffant, be-adta a kulcsot

snuff-box *fn* burnótszelence

snuffle ['snʌfl] *ige* szipog, szipákol (*náthától*)

snug [snʌg] *mn* -gg- kényelmes; laká-lyos ‖ a snug little room kényelmes kis szoba

snuggle ['snʌgl] *ige* snuggle up to sy vkhez odabújik

snugly ['snʌgli] *hsz* kényelmesen, biz-tonságosan ‖ kis helyre (*összehajto-gatva*)

so [soʊ] *hsz/ksz* olyan, ilyen, annyira ‖ úgy, így ‖ úgyhogy, tehát, ezek sze-rint, ily módon ‖ **that is so** ez biztos; **is that so** igazán?; **isn't it so** vagy nem?; **so as not to...** nehogy; **so as to** abból a célból, hogy...; úgy ..., hogy; **not so bad** ❖ *biz* nem olyan veszélyes,

megjárja; **so did I** én is (*így tettem*); **so far** (mind) a mai napig; **so far as** amennyire; **in so far as** már amennyi-re; **so long!** viszontlátásra!; **so many** oly sok; annyi; **so much** olyan na-gyon; úgy, annyi; **so much more** még inkább; **so much (that)** (*fok*) annyira; **so much the more** annál (is) inkább; **and so on** és így tovább; **so that** úgy ..., hogy; **so to say** hogy úgy mond-jam; **so to speak** mondhatni; mintegy, jóformán; **so what?** na és (aztán)?; **so you're not coming** tehát nem jössz; **not so ... as** nem olyan ..., mint

soak [soʊk] *ige* áztat ‖ (*lében*) ázik ‖ vmt vmvel átitat ‖ **soak thoroughly** kiázik; **be soaked through** teljesen átázott

soaked ['soʊkt] *mn* **soaked in blood** vértől ázott

soaking (wet) ['soʊkɪŋ] *mn* bőrig ázott, csuromvizes

so-and-so ['soʊənsoʊ] *fn* X. Y.

soap [soʊp] ▼ *fn* szappan ‖ ⊕ *US* csú-szópénz ▼ *ige* szappanoz

soap-flakes *fn tsz* szappanpehely

soap opera *fn* <folytatásos rádiójáték/tévéjáték nappali adásban> „szappan-opera"

soap powder *fn* szappanpor

soapsuds ['soʊpsʌdz] *fn tsz* szappa-nos víz (habja), szappanhab

soapy ['soʊpi] *mn* szappanos

soar [sɔ:] *ige* szárnyal ‖ **soar high above sg** vmnek magasan felette áll

soaring ['sɔ:rɪŋ] *mn* szárnyaló

sob [sɒb] *ige* -bb- zokog

sober ['soʊbə] ▼ *mn* józan, higgadt ▼ *ige* **sober down** kijózanodik; **he has sobered down** megjött az esze

soberly ['soʊbəli] *hsz* józanul, mér-tékletesen, higgadtan; komolyan; ün-nepélyesen

soberness ['soʊbənəs] *fn* józanság, mértékletesség, higgadtság

sobriety [sə'braɪəti] *fn* mértékletes-ség, józanság (*ételben, italban*)

---

fn főnév – *hsz* határozószó – *isz* indulatszó – *ksz* kötőszó – *mn* melléknév
▼ szófajjelzés ⊕ földrajzi variáns ❑ szakterület ❖ stiláris minősítés

sob-stuff *fn* limonádé *(olvasmány)*
so-called *mn* úgynevezett
soccer ['sɒkə] *fn* ❖ *biz* futball, foci ‖
play soccer focizik
soccer fan *fn* futballrajongó
soccer pitch *fn* futballpálya
soccer player *fn* futballista
sociability [ˌsəʊʃə'bɪləti] *fn* barátko-
zó természet, társas hajlam
sociable ['səʊʃəbl] *mn* barátságos,
barátkozó természetű ‖ be sociable
szereti a társaságot
social ['səʊʃl] *mn* szociális, társas
social class *fn* társadalmi osztály
social climber *fn* be a social climber
(társadalmilag) felkapaszkodik, felfe-
lé törtet
social democrat *fn* szociáldemokrata
social insurance *fn* társadalombizto-
sítás
socialism ['səʊʃəlɪzm] *fn* szocializ-
mus
socialist ['səʊʃəlɪst] *fn* szocialista
socialite ['səʊʃəlaɪt] *fn* ❖ *biz* társasá-
gi „előkelőség"
social ladder *fn* társadalmi ranglétra
social novel *fn* társadalmi regény
social science *fn* társadalomtudomány
social security *fn* társadalombiztosí-
tás, szociális gondoskodás
social services *fn tsz* szociális intéz-
mények
social welfare *fn* közjólét, társadalmi
jólét
social welfare institutions *fn tsz* szo-
ciális intézmények
social work *fn* szociális (gondozási/
gondozói) munka
social worker *fn* szociális munkás
society [sə'saɪəti] *fn* társadalom ‖ tár-
saság ‖ egyesület
sociography [ˌsəʊsi'ɒɡrəfi] *fn* szoci-
ográfia
sociological [ˌsəʊsiə'lɒdʒɪkl] *mn* szo-
ciológiai
sociologist [ˌsəʊsi'ɒlədʒɪst] *fn* szoci-
ológus

sociology [ˌsəʊsi'ɒlədʒi] *fn* szocioló-
gia
sock¹ [sɒk] → **socks**
sock² [sɒk] ❖ *biz* ▼ *fn* ütés *(ököllel)*
▼ *ige* behúz egyet
socket ['sɒkɪt] *fn* dugaszolóaljzat, kon-
nektor, csatlakozóaljzat
socket wrench *fn* csőkulcs
socks [sɒks] *fn tsz* **(a pair of) socks**
zokni
socle ['sɒkl] *fn* talapzat *(oszlopé)*
sod [sɒd] *fn* göröngy, rög ‖ gyeptégla
soda (water) ['səʊdə] *fn* szódavíz
sodden ['sɒdn] *mn* átitatott, (f)elázott
sodium ['səʊdɪəm] *fn* nátrium
sodium bicarbonate *fn* szódabikar-
bóna
sodium chloride *fn* nátrium-klorid,
konyhasó
Sod's law [sɒdz] *fn* ❖ *biz kb.* a dol-
gok rosszindulata, Murphy törvénye
sofa ['səʊfə] *fn* pamlag, szófa
sofabed ['səʊfəbed] *fn* rekamié
Sofia ['səʊfɪə] *fn* Szófia
soft [sɒft] *mn* lágy, puha ‖ *(hang)* halk
soft boiled egg *fn* lágy tojás
soft carpet *fn* süppedő(s) szőnyeg
soft drink *fn* alkoholmentes ital, üdítő-
ital
soft drugs *fn tsz* enyhébb kábítószer
(pl. marihuána)
soften ['sɒfn] *ige* (meg)puhít, (meg)-
lágyít ‖ *(fényt, színt)* letompít, lehalkít
‖ *(átv is)* (meg)puhul, (meg)lágyul
softener ['sɒfnə] *fn* vízlágyító (szer)
soft felt hat *fn* puha kalap
soft fruit *fn* bogyós gyümölcs
soft furnishings *fn tsz* bútortextil, bú-
torszövet
soft-hearted *mn* vajszívű
softly ['sɒftli] *hsz* lágyan, csendesen,
halkan
softness ['sɒftnəs] *fn* lágyság, puhaság
soft-spoken *mn* csendes szavú
soft toy *fn* plüssjáték *(mackó, nyuszi és
egyéb figurák)*
software ['sɒftweə] *fn* szoftver

S

---

nm névmás – *nu* névutó – *szn* számnév – *esz* egyes szám – *tsz* többes szám
▼ szófajjelzés ⊕ földrajzi variáns ❏ szakterület ❖ stiláris minősítés

soft water *fn* lágy víz
soggy ['sɒgi] *mn* átázott, vizenyős, nyirkos, nedves
soil [sɔil] ▼ *fn* talaj, (termő)föld ▼ *ige* bepiszkít, beszennyez
soiled [sɔild] *mn* piszkos, mocskos, szutykos ‖ **get soiled** bepiszkolódik
sojourn ['sɒdʒɜːn] ▼ *fn* időzés ▼ *ige*
sojourn with sy ❖ *ir* időzik vknél
solace ['sɒlis] *fn* vigasz(talás)
solar ['soulə] *mn* ❏ *csill* nap-, szoláris
solar cell *fn* napelem
solar eclipse *fn* napfogyatkozás
solar energy *fn* napenergia
solarium [sə'leəriəm] *fn* (*tsz* **-iums** *v.* **-ia** [-iə]) szolárium
solar plexus [ˌsoulə 'pleksəs] *fn* gyomorszáj, hasi idegközpont
solar system *fn* naprendszer
sold [sould] *pt/pp* → **sell**
solder ['sɒldə] *ige* (meg)forraszt ‖ **solder sg on(to) sg** vmt odaforraszt/hozzáforraszt vmhez; **solder together** összeforraszt; **be soldered (together)** összeforr *(fém)*
soldering iron ['sɒldəriŋ] *fn* forrasztópáka
soldier ['souldʒə] *fn* katona ‖ **play (at) soldiers** katonásdit játszik
sole[1] [soul] *mn* egyedüli, egyetlen, kizárólagos ‖ **sole agent/trader** kizárólagos képviselő, önálló kereskedő/üzletember; **have the sole right** egyedárusítási joga van
sole[2] [soul] *fn* (cipő)talp ‖ nyelvhal, szól
solecism ['sɒlisizm] *fn* nyelvi hiba
sole heir *fn* általános örökös
solely ['soulli] *hsz* egyedül, kizárólag, csakis
solemn ['sɒləm] *mn* ünnepélyes
solicit [sə'lisit] *ige* (nyomatékosan) kér, vmért folyamodik ‖ leszólít *(utcanő)*
solicitor [sə'lisitə] *fn* ⊕ *GB* ügyvéd *(csak polgári ügyekben)* ‖ ⊕ *US* városi tiszti ügyész ‖ ⊕ *US* ❏ *ker* ügynök

Solicitor-General *fn* (*tsz* **Solicitors-General**) ⊕ *GB* legfőbb államügyészhelyettes
solicitous [sə'lisitəs] *mn* **be solicitous for/about sy/sg** vkt nagyon félt, nagyon a szívén viseli sorsát vknek/vmnek
solid ['sɒlid] ▼ *mn* szilárd, megbízható, erős, biztos, szolid ▼ *fn* ❏ *fiz* szilárd test ‖ ❏ *mat* téridom, (háromdimenziójú) test ‖ **solid piece of work** alapos munka
solidarity [ˌsɒli'dærəti] *fn* szolidaritás
solid figure *fn* ❏ *mat* (háromdimenziójú) test, téridom
solid fuel *fn* szilárd tüzelőanyag
solid ground *fn* szilárd kőzet
solidify [sə'lidifai] *ige (anyag)* megszilárdul ‖ megszilárdít
solidity [sə'lidəti] *fn* ❏ *épít* szilárdság
solidly ['sɒlidli] *hsz* szilárdan
solid state *fn* szilárd test
solid-state physics *fn esz* szilárdtestfizika
soliloquy [sə'liləkwi] *fn* monológ
solitaire [ˌsɒli'teə] *fn* egyedül befoglalt drágakő, szoliter ‖ egyedül játszható játék, ⊕ *US* pasziánszjáték
solitary ['sɒlitəri] *mn* magában álló ‖ elhagyatott; magányos
solitary confinement *fn* magánzárka *(büntetésnem)*
solitude ['sɒlitjuːd] *fn* magány
solo ['soulou] *fn* ❏ *zene* szóló
soloist ['soulouist] *fn* magánénekes, szólóénekes, szólista; *(műsoron kiírás)* szólót énekel ..., hegedűn/zongorán stb. közreműködik ...
solstice ['sɒlstis] *fn* napforduló
soluble ['sɒljubl] *mn* oldható
solution [sə'luːʃn] *fn* (fel)oldás ‖ megoldás, megfejtés ‖ oldat
solve [sɒlv] *ige (mat is)* megold; megfejt, kibogoz
solvency ['sɒlvənsi] *fn* fizetőképesség
solvent ['sɒlvənt] ▼ *mn* fizetőképes ‖ oldóképes ▼ *fn* oldószer

---

fn főnév – *hsz* határozószó – *isz* indulatszó – *ksz* kötőszó – *mn* melléknév
▼ szófajjelzés ⊕ földrajzi variáns ❏ szakterület ❖ stiláris minősítés

sombre (⊕ *US* **-ber**) ['sɒmbə] *mn* komor

some [sʌm] ▼ *mn/nm* némely, valami, (egy) bizonyos ‖ egy kis/kevés, némi; (egy)néhány, egypár ‖ **some day** *(a jövőben)* egyszer, egy szép napon; **to some degree** részben; **in some places** helyenként; **at some other time** máskor; **some sort of** valamilyen; **in some way or (an)other** akár így, akár úgy; **can I have some more?** kérek még!; **some more (soup)?** no **more(,) thank you** parancsol még (levest)? köszönöm, elég!; **have/take some** vegyen/vegyél belőle!; **some of us** némelyikünk; **some people** egyesek, némelyek, némely ember, néhány ember; **for some time** egy kis ideig, egy rövid ideig, rövid időre; **some years ago** néhány évvel ezelőtt ▼ *hsz* mintegy, körülbelül ‖ **there were some 50 people there** körülbelül ötvenen voltak ott

somebody ['sʌmbədi] *nm* valaki ‖ **somebody else** másvalaki; **somebody like/who** olyasvalaki, aki; **somebody or other** valaki (nem tudom, pontosan ki); **somebody I know** egy ismerősöm

someday ['sʌmdeɪ] *hsz* ⊕ *US* majd egyszer/valamikor, egy napon

somehow ['sʌmhaʊ] *hsz* valahogy(an) ‖ **somehow or other** valahogy majd csak, valamiképp(en)

someone ['sʌmwʌn] *nm* = **somebody**

someplace ['sʌmpleɪs] *hsz* ⊕ *US* ❖ *biz* = **somewhere**

somersault ['sʌməsɔ:lt] ▼ *fn* bukfenc ‖ **turn a somersault** bukfencezik ▼ *ige* bukfencezik

something ['sʌmθɪŋ] *nm* valami ‖ **something else** valami más; **that's something else** ez más; **there's something between them** van valami köztük; **something like** olyasmi, némileg hasonló; **something of a** egy kicsit,

egy kis/kevés, némi, meglehetősen/ igazán jó; **that's something like it!** ezt nevezem; **or something** vagy valami hasonló; **something new** nóvum; **something of the sort** olyasmi; **something to eat** egy kis ennivaló; **something to read** olvasnivaló

sometime ['sʌmtaɪm] ▼ *mn* egykori, hajdani ▼ *hsz* **some time** *is* egykor, egyszer, valamikor, majd ‖ **sometime in 1907** még valamikor 1907-ben; **phone me sometime** (*v.* **some time**) **next week** hívj föl valamikor a jövő héten

sometimes ['sʌmtaɪmz] *hsz* néha

someway ['sʌmweɪ] *hsz* ⊕ *US* ❖ *biz* = **somehow**

somewhat ['sʌmwɒt] *hsz* némileg, némiképp, egy kissé, valamivel, valamelyest

somewhere ['sʌmweə] *hsz* valahol ‖ valahova ‖ **from somewhere** valahonnan; **somewhere else** máshol, másutt, máshova

son [sʌn] *fn* **sy's son** (vk) fia

sonar ['soʊnɑ:] *fn* hanglokátor

sonata [sə'nɑ:tə] *fn* szonáta

sonde [sɒnd] *fn* (meteorológiai) szonda

song [sɒŋ] *fn* ének, dal ‖ **for a song** ❖ *biz* potom pénzen

songbird ['sɒŋbɜ:d] *fn* énekesmadár

songwriter ['sɒŋraɪtə] *fn* dalköltő, dalszerző

sonic ['sɒnɪk] *mn* hang-

sonic bang/boom *fn* hangrobbanás

son-in-law *fn* (*tsz* **sons-in-law**) vő

sonnet ['sɒnɪt] *fn* szonett

sonny ['sʌni] *fn* **sonny!** kisfiam!, fiam!

sonority [sə'nɒrəti] *fn* hangzás, hangzatosság

sonorous ['sɒnərəs] *mn* érces, zengő *(hang)* ‖ hangzatos, zengzetes

soon [su:n] *hsz* hamar, nemsokára ‖ **soon after** kevéssel/röviddel/rövidesen azután/ezután (*v.* vm után); **as**

soon as mihelyt, amint; **as soon as possible** minél előbb, amint lehet; **how soon can you be ready?** mikorra készülsz el (legkorábban)?; **sooner or later** előbb vagy utóbb; **the sooner the better** minél előbb, annál jobb; **I'd sooner walk** inkább sétálok; **no sooner had we started than it started raining** alighogy elindultunk, elkezdett esni; **no sooner said than done** nem kellett neki kétszer mondani

sooner ['su:nə] → **soon**

soot [sʊt] *fn* korom

soothe [su:ð] *ige (bánatot, fájdalmat)* enyhít ‖ *(haragos embert, lovat)* lecsendesít ‖ *(izgatottat)* megnyugtat

soothing ['su:ðɪŋ] *mn* (meg)nyugtató, enyhítő, csillapító

sooty ['sʊti] *mn* kormos

sop [sɒp] ▼ *fn* levesbe/tejbe/stb. mártott/áztatott kenyérdarab ▼ *ige* **-pp-** mártogat ‖ (be)áztat

sop up felszív; kitunkol

sophisticated [sə'fɪstɪkeɪtɪd] *mn* igen művelt, (túl) kifinomult, túlzottan okos/igényes ‖ *(gép, technológia stb.)* (igen) bonyolult

sophistication [sə,fɪstɪ'keɪʃn] *fn* mesterkéltség, affektáltság ‖ bonyolultság

sophistry ['sɒfɪstri] *fn* álokoskodás, álbölcsesség, fifika

sophomore ['sɒfəmɔ:] *mn/fn* ⊕ *US* másodéves hallgató

soporific [,sɒpə'rɪfɪk] *mn* altató (hatású)

sopping (wet) ['sɒpɪŋ] *mn* alaposan átázott

soppy ['sɒpi] *mn* átázott, nedves ‖ ❖ *biz* erőtlen, érzelgős

soprano [sə'prɑ:nəʊ] *fn (tsz* **-nos**) szoprán

sorbet ['sɔ:bɪt] *fn* szörbet

sorcerer ['sɔ:sərə] *fn* varázsló

sorceress ['sɔ:sərɪs] *fn* varázsló *(nő)*, boszorkány

sorcery ['sɔ:səri] *fn* boszorkányság

sordid ['sɔ:dɪd] *mn* piszkos, mocskos, hitvány, aljas ‖ zsugori, anyagias

sordino [sɔ:'di:nəʊ] *fn (tsz* **-ni** [-ni:]) hangfogó, szordínó

sore [sɔ:] ▼ *mn* fájó(s), sebes, érzékeny, ❖ *biz* bibis ‖ **one's sore point** érzékeny pontja vknek; **have a sore throat** fáj a torka ▼ *fn* seb, sérülés; *(lábon)* feltörés

sorely ['sɔ:li] *hsz* súlyosan, nagyon

soreness ['sɔ:nəs] *fn* érzékenység, fájdalom

sorrel[1] ['sɒrəl] ▼ *mn* rőt, vörös(es)sárga ▼ *fn* vörössárga ló

sorrel[2] ['sɒrəl] *fn* sóska

sorrel sauce *fn* sóskamártás

sorrow ['sɒrəʊ] ▼ *fn* szomorúság, bánat, bú, bánkódás ▼ *ige* bánkódik *(about/for/over* vm miatt, vk után)

sorrowful ['sɒrəʊfl] *mn* ❖ *átv* fájó, bánatos, bús

sorrowfully ['sɒrəʊfli] *hsz* szomorúan, szomorkodva, búsulva, bánatosan

sorry ['sɒri] ▼ *isz* **(I'm) sorry!** elnézést (kérek)!, bocsánat!; **sorry?** tessék?, kérem? *(nem értettem)* ▼ *hsz* be **sorry to** sajnál vmt, sajnálja, hogy…; **be/feel sorry for** vkt sajnál, sajnálkozik vk/vm miatt; **I am very sorry, I'm so sorry!** nagyon sajnálom; **we were very sorry to hear** sajnálattal értesültünk; **you'll be sorry!** ezt még megbánod!; **be sorry about/for sg** *(v. that …)* sajnál vmt, sajnálja, hogy; **I am sorry but …** sajnálom, de ▼ *mn* sajnálatos, szomorú ‖ **be in a sorry pickle** nagy zűrben van; **be a sorry sight** szánalmas látványt nyújt; **cut a sorry figure** siralmasan szerepelt

sort [sɔ:t] ▼ *fn* fajta, féle ‖ **what sort of …?** milyen?, kiféle?, miféle?; **what sort of a man is this?** miféle ember ez?; **a sort of** valamiféle; **of this sort** ilyenfajta; **of that sort** afféle; **he's not a bad sort** ❖ *biz* jó fej; **of this**

fn főnév – *hsz* határozószó – *isz* indulatszó – *ksz* kötőszó – *mn* melléknév
▼ szófajjelzés ⊕ földrajzi variáns ❑ szakterület ❖ stiláris minősítés

sort ilyenféle; **how many sorts (of)** hányféle; **nothing of the sort** szó sincs róla!; **something of a sort** többé-kevésbé vmnek nevezhető dolog, egy valamiféle; **sort of ...** ❖ *biz* valahogy; **I sort of feel ...** az az érzésem, hogy ...; valahogy úgy érzem ▼ *ige* kiválaszt, válogat, szortíroz

sort out selejtez, rendez, kiválogat || ❖ *biz* elrendez, lerendez || **I'll sort it out** majd elrendezem valahogy; **get sorted out** ❖ *biz* elrendeződik, kialakul

sorter ['sɔːtə] *fn* **(automatic) sorter** automata levélválogató

sortie ['sɔːti] *fn* ❏ *kat* kitörés *(ostromlott várból)* || bevetés *(repülőgépé)*

sorting-office ['sɔːtɪŋ ɒfɪs] *fn* levélválogató hivatal *(postán)*

SOS [ˌes əʊ 'es] *fn* vészjel, segélykérő jel, SOS

so-so *hsz* csak-csak, úgy-ahogy, meglehetősen, tűrhetően || nem valami jól

soufflé ['suːfleɪ] *fn* felfújt, szuflé

sough [saʊ] *ige (szél)* susog, zizeg

sought [sɔːt] *pt/pp* → **seek**

sought-after *mn* **much sought-after** igen keresett

soul [səʊl] *fn* lélek || soul-zene || **with all my soul** teljes szívemből; **not a soul** senki emberfia; **poor soul!** szegény ördög!

soul-destroying *mn* lélekölő *(munka)*

soulful ['səʊlfl] *mn* lelkes, mélyen érző/átérzett || kifejezésteljes

soulless ['səʊlləs] *mn* lélektelen

soul mate *fn* lelki rokon, testi-lelki (jó)barát

soul music *fn* soul-zene

soul-searching *fn* önvizsgálat; lelkiismeret-vizsgálat

sound[1] [saʊnd] ▼ *fn* hang ▼ *ige* hangzik, hallatszik || megszólaltat || megfúj *(trombitát)* || hangoztat, kimond | **sound a horn** kürtöl; **sound the horn** kürtöl

(autón); **it sounds true** igaznak hangzik

sound[2] [saʊnd] *mn* ép, egészséges, épkézláb || alapos *(ok)* || **give sy a sound beating** vkt összever; **sound arguments** nyomós érvek; **be sound asleep** mélyen alszik; **have a sound judg(e)ment** jó ítélőképességű ember, jó ítélőképessége van; **of sound mind** épeszű

sound[3] [saʊnd] ▼ *fn* szonda ▼ *ige* mélységet mér || ❏ *műsz* szondáz || ❏ *orv* meghallgat, megkopogtat

sound out kipuhatol || **sound sy out on sg** tapogatódzik vknél *(vm ügyben)*

sound effects *fn tsz (film, rádió, tévé)* hangkulissza, effektek

sound engineer/editor *fn (film, rádió)* hangmérnök

sound-film *fn* hangosfilm

sounding[1] ['saʊndɪŋ] ▼ *mn* hangzó; hangzatos ▼ *fn* hangzás

sounding[2] ['saʊndɪŋ] *fn* kopogtatás, hallgatózás *(orvosé betegen)* || mélységmérés, szondázás || **soundings** vízmélység *(tengeren)*; **take soundings** tapogatódzik *(pl. vk felfogását illetően)*

sounding-board *fn* hangleverő mennyezet *(szószéken)*; rezonáns szekrény

sound insulation *fn* hangszigetelés

soundly ['saʊndli] *hsz* alaposan, józanul || mélyen; épen

sound mixer *fn (film, rádió)* hangmérnök

soundness ['saʊndnəs] *fn* józanság, józan gondolkodás || épség

soundproof ['saʊndpruːf] *mn* hangszigetelt

sound-track *fn* hangsáv

sound-wave *fn* hanghullám

soup [suːp] *fn* leves || **be in the soup** ❖ *biz* benne van a pácban

soup kitchen *fn* népkonyha

S

---

nm névmás – *nu* névutó – *szn* számnév – *esz* egyes szám – *tsz* többes szám
▼ szófajjelzés ⊕ földrajzi variáns ❏ szakterület ❖ stiláris minősítés

soup-plate *fn* levesestányér

soup spoon *fn* leveseskanál

sour ['sauə] *mn* ❖ *átv* savanyú ‖ **go sour** megsavanyodik; **sour grapes** savanyú a szőlő!

source [sɔːs] *fn* forrás, eredet ‖ **source of a river** forrásvidék; **source of energy** energiaforrás; **source of light** fényforrás; **sources** forrásanyag *(műé)*

source-book *fn* forrásmunka

source language *fn* forrásnyelv

sour cream *fn* tejföl, tejfel

sour milk *fn* aludttej

sourness ['sauənəs] *fn (átv is)* savanyúság, fanyarság

souse [saus] ▼ *fn* sós lé ▼ *ige* besóz

soutane [suːˈtɑːn] *fn* reverenda

south [sauθ] ▼ *mn* déli, dél- ▼ *hsz* délre, dél felé ▼ *fn* dél *(égtáj)* ‖ **from the south** dél felől, délről; **towards the south** déli irányba(n)

South Africa *fn* Dél-Afrika

South America *fn* Dél-Amerika

South-American *mn* dél-amerikai

southbound ['sauθbaund] *mn* dél felé haladó/tartó, délnek tartó

south-east *fn* délkelet

South-East Asia *fn* Délkelet-Ázsia

south-easter *fn* délkeleti szél

south-easterly ▼ *mn* délkeleti ▼ *hsz* délkelet felől/felé

south-eastern *mn* délkeleti

south-east wind *fn* délkeleti szél

southerly ['sʌðəli] *mn (égtáj)* déli

southern ['sʌðən] *mn* déli ‖ délszaki, délvidéki

southerner ['sʌðənə] *fn* déli *(ember)*

Southern Europe *fn* Dél-Európa

South Korea *fn* Dél-Korea

South Pole, the *fn* Déli-sark

South Sea, the *fn* a Csendes-óceán déli része

southward(s) ['sauθwədz] *hsz* dél felé, délre, déli irányba(n), dél felé

south-west *fn* délnyugat

south-westerly ▼ *mn* délnyugati ▼ *hsz* délnyugat felől/felé

south-western *mn* délnyugati

souvenir [ˌsuːvəˈnɪə] *fn* emlék(tárgy) ‖ ajándék(tárgy) ‖ **as a souvenir** emlékül; **I got it as a souvenir** emlékbe kaptam

souvenir shop *fn* ajándékbolt

sou'wester [ˌsauˈwestə] *fn* délnyugati szél ‖ (hátul lelógó szélű) tengerészkalap

sovereign ['sɒvrɪn] ▼ *mn* szuverén ‖ **one's sovereign right** szuverén joga vknek ▼ *fn* uralkodó ‖ államfő

sovereign territory *fn* felségterület

sovereignty ['sɒvrənti] *fn* függetlenség *(államé)* ‖ szuverenitás ‖ felségjog

soviet, Soviet ['souviət] *mn/fn* szovjet

Soviet Union *fn* Szovjetunió

sow[1] [sau] *fn* koca

sow[2] [sou] *ige (pt* **sowed**; *pp* **sown** [soun] *v.* **sowed)** elvet *(magot)* ‖ **sow the seeds of sg** elveti/elhinti vmnek a magvát; **sow one's wild oats** *(fiatalember)* kitombolja magát; **he has sown his wild oats** benőtt (már) a feje lágya

sowing area ['souɪŋ] *fn* vetésterület

sown [soun] *pp* → **sow**[2]

soya ['sɔɪə] (⊕ *US* **soy** [sɔɪ]) *fn* szója

soya bean (⊕ *US* **soybean**) ['sɔɪbiːn] *fn* szójabab

soya flour *fn* szójaliszt

soy(bean) flour *fn* ⊕ *US* szójaliszt

spa [spɑː] *fn* gyógyfürdő, fürdőhely, fürdőváros

space [speɪs] ▼ *fn* tér, táv(olság) ‖ férőhely ‖ sorköz, betűköz ‖ távköz ‖ (világ)űr ‖ időköz ‖ **in the space of 5 weeks** öt hét leforgása alatt; **space of time** időköz ▼ *ige* **space (out)** elhelyez (térközökkel) ‖ (f)eloszt ‖ (ki)ritkít

space-age *fn* az űrhajózás kora

space-bar *fn* szóközbillentyű *(írógépen)*

space capsule *fn* űrkabin

space centre (⊕ *US* **-ter**) *fn* űrrepülőtér

---

fn főnév – *hsz* határozószó – *isz* indulatszó – *ksz* kötőszó – *mn* melléknév
▼ szófajjelzés ⊕ földrajzi variáns ❑ szakterület ❖ stiláris minősítés

spacecraft ['speɪskrɑ:ft] *fn* űrhajó

spaced compound [speɪst] *fn* különírt szóösszetétel

spaced out *mn* ❏ *nyomd* ritkított *(szedés)*

space flight *fn* űrrepülés, űrutazás

Space Flight Center *fn (Houstonban)* földi irányítóközpont, földi irányítás *(űrhajóé)*

spacelab *fn* űrlaboratórium

spaceman ['speɪsmæn] *fn (tsz -men* [-men]) űrhajós

space research *fn* űrkutatás

space rocket *fn* űrrakéta

spaceship ['speɪsʃɪp] *fn* űrhajó

space shuttle *fn* űrrepülőgép

space station *fn* űrállomás

spacesuit ['speɪssu:t] *fn* űrhajósöltözet, űrruha

space travel *fn* űrutazás

space traveller (⊕ *US* -**l**-) *fn* űrutas

space vehicle *fn* űrhajó

space walk *fn* űrséta

spacing ['speɪsɪŋ] *fn* sorköz

spacious ['speɪʃəs] *mn* terjedelmes, kiterjedt, tágas

spade[1] [speɪd] *fn* ásó || **call a spade a spade** nevén nevezi a gyermeket

spade[2] [speɪd] *fn (tsz* **spades** [speɪdz]) *(kártya)* pikk

spadework ['speɪdwɜ:k] *fn* (fárasztó, aprólékos) előkészítő munka, feltárómunka

spaghetti [spə'geti] *fn* spagetti

Spain [speɪn] *fn* Spanyolország

span [spæn] ▼ *fn* ív, fesztáv(olság) *(hídé)* || arasz || **a span long** arasznyi ▼ *ige* -**nn**- átível; ❏ *épít* áthidal

Spaniard ['spænjəd] *fn* spanyol *(ember)*

spaniel ['spænjəl] *fn* spániel

Spanish ['spænɪʃ] *mn/fn* spanyol

spank [spæŋk] *ige* elfenekel *(gyereket)*

spanner ['spænə] *fn* csavarkulcs || **fork spanner** villáskulcs; **ring spanner** csillagkulcs; **throw a span-**

ner in the works felborítja a terveket, beleköp a levesbe

spar [spɑ:] *fn* pát

spare [speə] ▼ *mn* tartalék-, pót- ▼ *fn* pótkerék || **spares** pótalkatrészek ▼ *ige (fáradságot)* megspórol; *(időt, energiát)* megtakarít || **spare sy sg** vkt vmtől (meg)kímél; ad vknek vmt; **can you spare me a cigarette?** tudsz adni egy cigarettát?; **spare no effort/ pains** kifejti minden erejét, nem kíméli a fáradságot; **we could have been spared that** ez elmaradhatott volna; **be sparing with sg** takarékoskodik; **can you spare a moment** (*v.* **the time)?** ráér?, rám tud(sz) szánni egy kis időt?

spare bed *fn* pótágy

spare (bed)room *fn* vendégszoba *(magánházban)*

spare part(s) *fn tsz* alkatrész(ek), pótalkatrész(ek)

spare-rib *fn* sovány sertésborda

spare time *fn* ráérő idő || **in my spare time** szabad időmben

spare tyre (⊕ *US* tire) *fn* pótkerék

spare wheel *fn* pótkerék

sparing ['speərɪŋ] *mn* takarékos

sparingly ['speərɪŋli] *hsz* takarékosan

spark [spɑ:k] ▼ *fn* szikra || **not a spark of sg** egy szikrányi(t) sem vmből ▼ *ige (motor)* gyújt

spark-gap *fn* ❏ *el* szikraköz

spark(ing) plug *fn* gyertya *(autóban)*

sparkle ['spɑ:kl] ▼ *fn* ragyogás, szikrázás ▼ *ige* szikrázik, csillog, ragyog, sziporkázik, villog || ❖ *átv* brillíroz || *(ital)* gyöngyözik

sparkling ['spɑ:klɪŋ] *mn* szikrázó, ragyogó, csillogó || pezsgő || *(ital)* szénsavas

sparrow ['spærou] *fn* veréb

sparse [spɑ:s] *mn* ritka, gyér

spasm ['spæzm] *fn* görcs || **have a spasm** görcsöt kap

spasmodic [spæz'mɒdɪk] *mn* görcsös || rapszodikus, lökésszerű

spastic [ˈspæstɪk] *mn/fn* **spastic children, spastics** spasztikus (bénult) gyerekek, mozgáskorlátozottak

spat¹ [spæt] ▼ *fn* (osztriga)ikra ▼ *ige* **-tt-** ikrát (le)rak *(osztriga)*

spat² [spæt] *fn* ⊕ *US* veszekedés, szóváltás

spat³ [spæt] *pt/pp* → **spit¹**

spate [speɪt] *fn* árvíz, áradás *(folyóé)* ‖ **a spate of ...** rengeteg, tömeg ...

spatial [ˈspeɪʃl] *mn* térbeli

spats [spæts] *fn tsz* bokavédő, kamásli ‖ *(járművön)* sárfogó lap

spatter [ˈspætə] *ige* **spatter sg on/ with sg** (vmt vmre) fröccsent ‖ **spattered with mud** sáros *(ruha)*

spatula [ˈspætjʊlə] *fn* spatula, nyelvlapoc

spawn [spɔːn] ▼ *fn* (hal)ikra ▼ *ige* ívik

spawning [ˈspɔːnɪŋ] *fn* ívás

speak [spiːk] *ige (pt* **spoke** [spəʊk]; *pp* **spoken** [ˈspəʊkn]) beszél, szól ‖ beszédet mond ‖ beszél, tud *(nyelvet)* ‖ **speak badly of sy** vkt megszól; **speak clearly/planinly** világosan beszél; **can you speak English?** tud(sz) angolul?; **speaking!** *(telefonon válaszolva)* az beszél!; **this is (Mr.) John Bull speaking** itt John Bull beszél; **who is speaking?** ki beszél?; **speak in favour of sy** vk mellett szól; **speak off the cuff** *(v. offhand)* (beszédet) rögtönöz; **speak one's mind** megmondja a magáét; **speak several languages** több nyelven beszél; **speak slowly** lassan beszél; **can I speak to Judith?** Juditot kérem a telefonhoz

---

speak about sg beszél vmről

speak for sy vk nevében/helyett beszél/szól; vk mellett *(v. mellette)* szól; **speak for oneself** a maga nevében beszél; **speaking for myself** ... a magam részéről, ami engem illet ...; **it speaks for itself** (ez) önmagáért beszél

speak of beszél vkről/vmről ‖ **nothing to speak of** szóra sem érdemes; **not to speak of** nem is említve; **speak highly/well of sy/sg** vkt/vmt vmért dicsér, elismerően szól vkről/vmről; **speak ill of sy** rosszat mond vkre

speak to vkvel/vkhez beszél, vknek/ vkhez szól, megszólít vkt

speak up hangosa(bba)n beszél ‖ **speak up!** beszéljen hangosabban!

speak up for sg/sy vmért/vkért *v.* vm/vk mellett kiáll, vk/vm érdekében *(v. vk mellett)* felszólal *(v.* felemeli a szavát)

---

speaker [ˈspiːkə] *fn* szónok, felszólaló, beszélő ‖ *(konferencián)* előadó ‖ ❑ *el* hangfal

Speaker, the *fn* ⊕ *GB* a képviselőház elnöke

speaking [ˈspiːkɪŋ] *mn* beszélő ‖ **a speaking likeness** megszólalásig hű arckép

-speaking [-ˈspiːkɪŋ] *utótag* beszédű, nyelvű, ajkú

spear [spɪə] *fn* dárda, lándzsa

spearhead [ˈspɪəhed] *fn* élcsapat

spearmint [ˈspɪəmɪnt] *fn* fodormenta

spec [spek] *fn* ❖ *biz* **on spec** próbaképpen; **I went to the concert on spec: I hadn't booked a ticket** nem volt jegyem, de azért elmentem a hangversenyre: próba szerencse ‖ → **specs**

special [ˈspeʃl] *mn* különös, különleges, speciális ‖ **with special regard to sg** különös tekintettel vmre

special aeroplane (⊕ *US* **airplane**) *fn* különrepülőgép

special agent *fn* ügynök

special bus (service) *fn* különjárat *(busz)*

special correspondent *fn* különtudósító

special delivery *fn* ⊕ *US* expressz kézbesítés

special delivery letter *fn* ⊕ *US* expresszlevél

---

fn főnév – *hsz* határozószó – *isz* indulatszó – *ksz* kötőszó – *mn* melléknév
▼ szófajjelzés ⊕ földrajzi variáns ❑ szakterület ❖ stiláris minősítés

special diet *fn* diétás koszt

special edition *fn* rendkívüli kiadás

special effect(s) *fn (tsz)* (film)trükk

special field *fn* szakterület

specialist ['speʃəlɪst] *fn* szakember, szakértő (*in* vmben) ‖ specialista; szakorvos

specialist dictionary *fn* szakszótár

specialist language *fn* szaknyelv

specialist training *fn* szakmai képzés

speciality [ˌspeʃi'æləti] *fn* specialitás, különlegesség

speciality shop *fn* szaküzlet

specialization [ˌspeʃəlaɪ'zeɪʃn] *fn* specializálódás ‖ szakosítás, szakterület

specialize ['speʃəlaɪz] *ige* specializálja magát (*in sg* vmre/vmben)

specialized ['speʃəlaɪzd] *mn* szakosított

specialized literature *fn* szakirodalom

special knowledge *fn* szakértelem

specially ['speʃəli] *hsz* különösen, speciálisan ‖ **I (have) specially told you** külön megmondtam neked

special offer *fn* reklámár

special price *fn* reklámár

special subject *fn* szaktárgy

special train *fn* különvonat

specialty ['speʃlti] *fn* ⊕ *US* = **speciality**

specie ['spi:ʃi] *fn* fémpénz

species ['spi:ʃi:z] *fn (tsz ua.)* ◻ *biol* faj

specific [spə'sɪfɪk] *mn* különleges, sajátos, specifikus ‖ meghatározott ‖ **specific task** meghatározott feladat

specifically [spə'sɪfɪkli] *hsz* kifejezetten, kimondottan, speciálisan, sajátosan

specification [ˌspesɪfɪ'keɪʃn] *fn* részletezés, pontos leírás, műleírás ‖◻ *ker* előírás ‖ felsorolás ‖ kikötés

specific density *fn* fajsúly

specific gravity *fn* fajsúly

specified ['spesɪfaɪd] *mn* ◻ *ker* előírásos, előírt ‖ **unless otherwise specified** ha más kikötés nincs

specify ['spesɪfaɪ] *ige* közelebbről/pontosabban megjelöl/meghatároz ‖ ◻ *ker* előír

specimen ['spesɪmən] *fn* minta, példány, szemelvény; mutatvány

specimen copy *fn* mintapéldány *(könyvé)*

specimen page *fn* mintaoldal

specimen signature *fn* aláírásminta

speck [spek] *fn* homokszem; porszem

speckle ['spekl] *fn* petty, (piszok)folt

speckled ['spekld] *mn* pettyes, piszkos

specs [speks] *fn tsz* ❖ *biz* szemüveg

spectacle ['spektəkl] *fn* látvány ‖ → **spectacles**

spectacle case *fn* szemüvegtok

spectacles ['spektəklz] *fn tsz* szemüveg

spectacular [spek'tækjʊlə] *mn* látványos

spectator [spek'teɪtə] *fn* néző, szemlélő ‖ **spectators** nézőközönség, nézők

spectra ['spektrə] *tsz* → **spectrum**

spectre (⊕ *US* **specter**) ['spektə] *fn* kísértet; szellem, rém

spectroscopy [spek'trɒskəpi] *fn* színképelemzés; spektroszkópia

spectrum ['spektrəm] *fn (tsz -tra)* színkép; spektrum

speculate ['spekjʊleɪt] *ige* elmélkedik, tűnődik ‖ **speculate in sg** ◻ *ker* vmvel spekulál; **speculate over/on sg** vmn eltöpreng

speculation [ˌspekjʊ'leɪʃn] *fn* elmélkedés, spekuláció ‖ ◻ *ker* spekuláció, üzérkedés

speculative ['spekjʊlətɪv] *mn* elméleti

speculator ['spekjʊleɪtə] *fn* nyerészkedő, spekuláns

sped [sped] *pt/pp* → **speed**

speech [spi:tʃ] *fn* beszéd (képessége) ‖ beszéd, szónoklat ‖ expozé ‖ **make a speech** beszédet mond/tart

speech area *fn* nyelvterület

speech-day *fn* ❏ *isk* évzáró (ünnepély)

speech defect *fn* beszédhiba

speechify ['spi:tʃɪfaɪ] *ige* ❖ *elít* szónokol

speech impediment *fn* beszédhiba

speechless ['spi:tʃləs] *mn* hangtalan, néma

speech therapist *fn* logopédus

speech therapy *fn* beszédjavítás, logopédia

speed [spi:d] ▼ *fn* sebesség, iram || fényerő *(objektívé)* || **increase the speed (of)** gyorsít; **speed of light** fénysebesség ▼ *ige (pt/pp* **sped** [sped] *v.* **speeded)** gyorsít || siettet || siet

---

speed up *(motort)* felgyorsít || meggyorsít || felgyorsul || **speed up (the) work** fokozza a munkatempót

---

speedboat ['spi:dbəʊt] *fn* (gyorsasági) motorcsónak, ❖ *biz* papucs

speed-cop *fn* ❖ *biz* fejvadász *(rendőr)*

speed hump (⊕ *US* **speed bump**) *fn* fekvőrendőr

speedily ['spi:dɪli] *hsz* gyorsan

speeding ['spi:dɪŋ] *fn* gyorshajtás

speed limit *fn* megengedett legnagyobb sebesség || sebességkorlátozás

speed merchant *fn* ❖ *biz* garázda vezető

speedometer [spɪ'dɒmɪtə] *fn* sebességmérő

speed record *mn* gyorsasági rekord

speed test *fn* sebességi próba

speed trap *fn* sebességellenőrző berendezés, radarkontroll

speedway ['spi:dweɪ] *fn* salakpályaverseny || sebességi versenypálya

speedway track *fn* salakpálya *(motoré)*

speedy ['spi:di] *mn* sebes, gyors, rohamos || **speedy recovery** rohamos javulás

spell¹ [spel] *fn* varázslat; varázs || **under the spell of sg** vmnek a bűvöletében

spell² [spel] *ige (pt/pp* **spelt** [spelt] *v.* **spelled** [speld]) *(betűket)* betűz; *(szót)* lebetűz; *(helyesen)* ír || **he can't spell** nem tud helyesen írni; **how do you spell it?** hogyan írjuk (ezt a szót)?; **how is it spelt?** hogyan írjuk (ezt a szót)?; **spell a word wrong** helytelenül ír egy szót; **spell as two words** különír; **spell correctly** helyesen ír

spell³ [spel] *fn* időszak || idő(tartam) || **a long spell of cold weather** hosszan tartó hideg (idő); **take spells at ...** felváltva csinálnak vmt, váltják egymást *(pl. hosszú autóúton a vezetésben)*

spellbound ['spelbaʊnd] *mn* **hold sy spellbound** lenyűgöz; **hold the audience spellbound** lebilincseli a közönséget

speller ['spelə] *fn* helyesíró || ❏ *szt* helyesírás-ellenőrző program || **a good speller** jó helyesíró; **be a bad speller** rossz a helyesírása

spelling ['spelɪŋ] ▼ *mn* helyesírási ▼ *fn* helyesírás

spelling mistake *fn* helyesírási hiba

spelt [spelt] *pt/pp* → **spell²**

spend [spend] *ige (pt/pp* **spent** [spent]) *(időt)* tölt; *(pénzt)* (el)költ *(on* vmre) || **spend money on sg** vmre fordítja pénzét; **spend a lot of money on sg** sok pénzt költ/áldoz vmre; **spend all one's money** kiköltekezik, kiköltekezi magát; **spend (far) too much** túl sokat költ; **spend its fury** *(vihar)* kidühöngi magát; **spend one's time (doing sg)** vmvel tölti (az) idejét; **how do you spend your leisure?** mivel töltöd szabadidődet?; **spend the weekend (at)** (vhol) víkendezik; **spend the winter** áttelel; **spend time on sg** időt szentel vmre

spending ['spendɪŋ] *fn* (el)töltés; (el)költés

spending money *fn* költőpénz

spendthrift ['spendθrɪft] *fn* költekező, pazarló

---

fn főnév ─ *hsz* határozószó ─ *isz* indulatszó ─ *ksz* kötőszó ─ *mn* melléknév
▼ szófajjelzés ⊕ földrajzi variáns ❏ szakterület ❖ stiláris minősítés

spent [spent] *mn* fáradt, kimerült ||
spent bullet fáradt golyó; **spent cartridge** üres töltényhüvely || → **spend**
sperm [spɜ:m] *fn* ❑ *biol* mag, sperma, ondó
sperm-whale *fn* ámbráscet
spew [spju:] *ige (tüzet, füstöt)* okád
sphere [sfɪə] *fn* gömb || (működési)
kör, szféra; *(szakmai)* tér; *(szellemi)*
terület || **sphere of activity/action**
működési kör; **sphere of interests** érdeklődési kör; **sphere of influence**
befolyási övezet
spherical ['sferɪkl] *mn* gömbölyű,
gömb alakú, gömb-, gömbi || **spherical
section** gömbcikk
sphinx [sfɪŋks] *fn* szfinx
spice ['spaɪs] ▼ *fn* fűszer || **spices** fűszerfélék ▼ *ige* fűszerez, ízesít
spice rack *fn* fűszertartó
spiciness ['spaɪsɪnəs] *fn* fűszeresség,
ízesség, zamat(osság); pikánsság
spick-and-span [ˌspɪkən'spæn] *mn*
ragyogó tiszta, tipp-topp
spicy ['spaɪsi] *mn* fűszeres, pikáns
(átv is) || **spicy story** csiklandós történet, pikáns vicc; **spicy taste** pikáns íz
spider ['spaɪdə] *fn* ❑ *áll* pók
spider's web *fn* pókháló
spidery ['spaɪdəri] *mn* pókszerű
spiel [ʃpi:l] ⊕ *US* ❖ *biz* ▼ *fn* duma,
„szöveg", hanta ▼ *ige* dumál, szövegel
spigot ['spɪɡət] *fn* csap *(fakötés)* ||
(hordó)csap
spike [spaɪk] *fn* cövek || tüske, (vas)hegy
|| szeg *(cipőtalpon)*
spiked [spaɪkt] *mn* szeges
spiky ['spaɪki] *mn* hegyes, szúrós ||
❖ *átv* tüskés
spill [spɪl] ▼ *fn* bukás, (le)esés || **he
had a spill** ledobta a ló, *(autóval)* felborult ▼ *ige (pt/pp* **spilt** [spɪlt]) *v.*
spilled) kiönt, kilöttyent, kiborít || kiloccsan, kicsordul || **spill the beans**
❖ *biz* kifecseg/elköp vmt; **spill
water on sy** leönt vkt vízzel; **it is no**

use crying over spilt milk késő bánat ebgondolat

spill on sg vmre ráömlik || **spill sg
on sg** ráönt
spill out kiömlik

spilt [spɪlt] *pt/pp* → **spill**
spin [spɪn] ▼ *fn* pörgés, forgás || **give
the ball a spin** pörgetve üt (labdát);
get into a spin dugóhúzóba kerül; **go
for a spin** ❖ *biz* autózik (egyet) ▼
ige (pt/pp **spun** [spʌn]) **-nn-** fon, sodor, sző || pörget, (meg)forgat, (meg)-
perdít, megperdül || *(labdát)* nyes ||
(pók) sző || **spin sy a yarn** ❖ *biz*
vknek vmt bemesél; **spin a long yarn
(about sg)** nagy feneket kerít vmnek

spin out *(időt, tárgyalást)* elhúz, elnyújt

spinach ['spɪnɪdʒ] *fn* spenót
spinal ['spaɪnl] *mn* gerinctáji; gerinc-
spinal column *fn* gerincoszlop, hátgerinc
spinal cord *fn* gerincvelő
spindle ['spɪndl] *fn* ❑ *műsz* orsó
spindle legged *mn* gólyalábú
spindleshanks ['spɪndlʃæŋks] *fn tsz*
pipaszárlábak || égimeszelő
spindly ['spɪndli] *mn* **having spindly
legs** pipaszárlábú
spin-drier *fn* (háztartási) centrifuga
spin-dry *ige* (ki)centrifugáz
spin-dryer *fn* = **spin-drier**
spine [spaɪn] *fn* (hát)gerinc || gerinc
(könyvé)
spine-chiller *fn* izgalmas/hátborzongató történet, horrorfilm stb.
spine-chilling *mn* hátborzongató, horror *(történet stb.)*
spineless ['spaɪnləs] *mn* gerinctelen
spinet [spɪ'net] *fn* spinét
spinner ['spɪnə] *fn (ember)* fonó || villantó *(horgászé)*
spinnery ['spɪnəri] *fn* fonoda

S

spinning ['spɪnɪŋ] *fn* fonás ‖ pörgés, forgás

spinning-mill *fn* fonoda

spinning top *fn* csiga *(játék)*

spinning-wheel *fn* rokka

spin-off *fn* mellékes haszon; hasznos melléktermék

spinster ['spɪnstə] *fn* hajadon, vénkisasszony, vénlány

spiral ['spaɪrəl] ▼ *mn* csigavonalú, spirális ▼ *fn* csigavonal, spirál

spiral spring *fn* spirálrugó

spiral staircase *fn* csigalépcső

spire ['spaɪə] *fn* toronysisak

spirit ['spɪrɪt] *fn* szellem, lélek ‖ kedély, kedv ‖ szesz, alkohol, szeszes ital; pálinka ‖ **in the spirit of** sg vmnek a jegyében; **spirits** röviditallok; **good spirits** jó hangulat; **in good spirits** jókedvű; **in bad/poor spirits** rosszkedvű, lehangolt, levert; **enter into the spirit of** sg beleéli magát vmbe

spirited ['spɪrɪtɪd] *mn* élénk, szellemes, bátor, talpraesett ‖ tüzes, jóvérű *(ló)*

spirit-lamp *fn* spirituszfőző, gyorsforraló, borszeszégő

spiritless ['spɪrɪtləs] *mn* lélektelen

spirit level *fn* vízszintező

spiritual ['spɪrɪtʃʊəl] ▼ *mn* szellemi, lelki ‖ **spiritual life** szellemi élet ▼ *fn* **(Negro) spiritual** spirituálé

spiritualism ['spɪrɪtʃʊəlɪzm] *fn* spiritizmus

spiritualist ['spɪrɪtʃʊəlɪst] *fn* spiritiszta

spit[1] [spɪt] ▼ *fn* köpés, köpet ▼ *ige* *(pt/pp* **spat** [spæt]) **-tt-** köp

---

spit at sg vmre ráköp, leköp, köp vkre

spit on sg vmre ráköp

spit out kiköp ‖ **spit it out** nyögd már ki!

---

spit[2] [spɪt] *fn* nyárs

spite [spaɪt] *fn* rosszakarat, rosszindulat ‖ **in spite of** ellenére; **in spite of all** mindamellett; **out of spite** rosszindulatból

spiteful ['spaɪtfl] *mn* acsarkodó, gyűlölködő

spitting ['spɪtɪŋ] *fn* köpködés ‖ **spitting prohibited** köpködni tilos!; **be the spitting image of his father** kiköpött apja

spittle ['spɪtl] *fn* köpés ‖ köpet

spittoon [spɪ'tu:n] *fn* köpőcsésze

spiv [spɪv] *fn* ❖ *biz* jampec, jampi

splash [splæʃ] ▼ *fn* loccsanás ‖ folt ‖ **splashes of mud** sárfolt; **make a splash** nagy szenzációt kelt ▼ *ige* (le)fröcsköl, befröcsköl ‖ (ki)loccsan ‖ lubickol

---

splash down *(űrhajó vízre)* leszáll

splash (liquid) (up)on sy lelocsol vkt

splash sg **over** sy vmvel lespriccel

---

splash-down *fn* vízre szállás *(űrkabiné)*

splash-guard *fn* sárfogó lap *(járművön)*

spleen [spli:n] *fn* lép *(szerv)*

splendid ['splendɪd] *mn* ❖ *átv* ragyogó, pompás, nagyszerű, gyönyörű, fényes ‖ **have a splendid time** pompásan érzi magát

splendidly ['splendɪdli] *hsz* ragyogóan, remekül, nagyszerűen

splendour (⊕ *US* **-or**) ['splendə] *fn* ragyogás, tündöklés, fény, pompa; dísz

splice [splaɪs] ▼ *fn* összefonás *(kötélvégeké)*, összekötés, összeillesztés, (gerenda)csatlakozás ▼ *ige* összeköt, összefon *(kötélvégeket)*, összeilleszt

splicer ['splaɪsə] *fn* ragasztóprés *(filmhez)*

splint [splɪnt] ▼ *fn* ❑ *orv* rögzítőkötés, sín ▼ *ige (törött végtagot)* rögzít

splinter ['splɪntə] *fn* szilánk, szálka ‖ repesz ‖ **he (has) got a splinter in his finger** szálka ment az ujjába

---

splinter group *fn* párttöredék, szakadár csoport

split [splɪt] ▼ *mn* kettévágott, (kette)hasított ▼ *fn* (be)repedés, (el)hasadás ‖ rés, hasadék ‖ pártszakadás ‖ **in a split second** egy másodperc ezredrésze alatt ▼ *ige* (*pt/pp* **split**) **-tt-** (el)hasad, (el)reped, megreped, beszakad, reped, felhasad ‖ repedezik, bereped, szétreped, szétszakad ‖ felhasít, széthasít, szétreped ‖ **let's split it** ❖ *biz* fizessünk mutyiban; **split hairs** ❖ *biz* semmiségeken lovagol, szőröz; **split in two** kettéhasít, kettéhasad, széthasad; hasad; **split open** felreped; **they split the profits** egymás között elosztották a hasznot

split on sy ❖ *biz* vkre spicliskedik
split up széthasít ‖ (*személyek*) szétválnak
split with sy ❖ *biz* vkvel meghasonlik

split-level *mn* osztott szintű, kétszintes (*ház, lakás*)
split peas *fn tsz* szárított (feles) borsó, sárgaborsó
split personality *fn* tudathasadás
split ring *fn* kulcskarika
splits [splɪts] *fn esz* (*tornában*) spárga ‖ **do the splits** spárgát csinál, lemegy spárgába
splitter ['splɪtə] ▼ *fn* köpködés, fröcsögés ▼ *ige* fröcsög, köpköd ‖ összevissza beszél, hadar
splitting ['splɪtɪŋ] ▼ *mn* hasadó; ❖ *átv* hasogató (*fájdalom*) ‖ **have a splitting headache** (majd) szétrobban a feje, pokoli fejfájása van ▼ *fn* hasítás ‖ (mag)hasadás
spoil [spɔɪl] *ige* (*pt/pp* **spoilt** [spɔɪlt] *v.* **spoiled**) (*étel*) elromlik ‖ (*gyereket*) elront, (el)kényeztet ‖ (*tervet*) elront, felborít ‖ **spoil sy's pleasure** elrontja vk örömét; **be spoiled** (*dolog*) tönkremegy

spoiler ['spɔɪlə] *fn* légterelő, spoiler (*autón stb.*)
spoils [spɔɪlz] *fn tsz* zsákmány (*lopott holmi*) ‖ ❑ *pol* (*magas állásokból eredő*) előnyök és jövedelmek, privilégiumok
spoilsport ['spɔɪlspɔ:t] *fn* ünneprontó
spoils system *fn* ⊕ *US* <jövedelmező állások szétosztása a győztes párt tagjai között>
spoilt [spɔɪlt] *mn* elrontott; elkényeztetett ‖ → **spoil**
spoke[1] [spəʊk] *fn* küllő
spoke[2] [spəʊk] *pt* → **speak**
spoken ['spəʊkən] *mn* beszélt ‖ (-)szavú, (-)beszédű ‖ **the spoken word** a kimondott szó ‖ → **speak**
spoken language *fn* a beszélt nyelv, élő nyelv
spokesman ['spəʊksmən] *fn* (*tsz* **-men**) szóvivő, szószóló
spokesperson ['spəʊkspɜ:sn] *fn* szóvivő
spokeswoman ['spəʊkswʊmən] *fn* (*tsz* **-women**) szóvivő(nő), női szószóló
sponge [spʌndʒ] ▼ *fn* szivacs ▼ *ige* ❖ *biz* **sponge on sy** vkn élősködik ‖ **sponge (up)** (*vmt szivaccsal*) felitat
sponge bag *fn* szivacstartó zacskó
sponge-bath *fn* lemosás (*az egész testé*)
sponge-cake *fn* piskótatészta
sponge-finger *fn* piskóta (rudacskák)
sponge mop *fn* nyeles felmosószivacs, mop
sponger ['spʌndʒə] *fn* ❖ *biz* ingyenélő ‖ **be a sponger on sy** ❖ *biz* vkn élősködik
spongy ['spʌndʒi] *mn* szivacsos ‖ **go spongy** fás lesz, megpudvásodik
sponsor ['spɒnsə] ▼ *fn* pártfogó, szponzor ‖ keresztapa ‖ **sponsors** keresztszülők ▼ *ige* pártfogol, támogat, patronál, szponzorál, finanszíroz, pénzel ‖ **be sponsored by** (*intézményről*) támogatásban részesül, XY szponzorálja

S

sponsorship ['spɒnsəʃɪp] *fn* támogatás, szponzorság

spontaneity [ˌspɒntə'neɪəti] *fn* ösztönösség, spontaneitás

spontaneous [spɒn'teɪnɪəs] *mn* önkéntelen, akaratlan, ösztönös, spontán

spontaneous abortion *fn* spontán vetélés

spontaneously [spɒn'teɪnɪəsli] *hsz* önként, spontán

spooky ['spu:ki] *mn* kísérteties

spool [spu:l] ▼ *fn* orsó, tekercs; ⊕ *US* spulni, cséve, (cérna)orsó ‖ **spool of film** ⊕ *US* filmtekercs ▼ *ige* felteker(csel)

spoon [spu:n] ▼ *fn* kanál ▼ *ige* kanalaz ‖ **spoon out/up** kikanalaz

spoonbill ['spu:nbɪl] *fn* kanalas gém

spoon-feed *ige* (*pt/pp* **-fed**) kanállal etet ‖ ❖ *átv* belediktál, szájába rág

spoonful ['spu:nfʊl] *fn* kanálnyi ‖ **a level spoonful** egy csapott kanállal

sporadic [spə'rædɪk] *mn* szórványos, elszórt

sporadically [spə'rædɪkli] *hsz* elszórtan, szórványosan

spore [spɔ:] *fn* ❏ *növ* spóra

sporran ['spɒrən] *fn* ❏ *sk* tüsző

sport [spɔ:t] *fn* sport ‖ sportág ‖ szórakozás, tréfa ‖ gúny ‖ **make sport of sy** gúnyt űz vkből

sportcast ['spɔ:tkɑ:st] *fn* ⊕ *US* sportközvetítés

sportcaster ['spɔ:tkɑ:stə] *fn* ⊕ *US* sportközvetítő, kommentátor

sporting ['spɔ:tɪŋ] *mn* sport- ‖ sportos

sporting event *fn* sportesemény

sporting goods *fn tsz* sportszer

sporting gun *fn* vadászfegyver

sports [spɔ:ts] *fn tsz* sport, sportolás ‖ **the school sports** iskolai sport(olás)

sports articles *fn tsz* sportcikk

sports car *fn* sportkocsi

sports club *fn* sportegyesület

sports coat *fn* ⊕ *US* = **sports jacket**

sports equipment *fn* sporteszköz, sportfelszerelés

sports event *fn* sportesemény

sports facilities *fn tsz* sportlétesítmény ‖ sportolási lehetőségek

sports fan *fn* sportbarát, sportkedvelő

sports field *fn* sportpálya

sports goods *fn tsz* sportcikk(ek), sportszer(ek)

sports ground *fn* sportpálya

sports holdall *fn* sporttáska

sports jacket *fn* sportkabát, sportzakó

sportsman ['spɔ:tsmən] *fn* (*tsz* **-men**) sportoló, sportember ‖ **be a sportsman** sportol

sportsmanlike ['spɔ:tsmənlaɪk] *mn* sportszerű ‖ **in a sportsmanlike way** sportszerűen

sportsmanship ['spɔ:tsmənʃɪp] *fn* sportszerűség

sports meeting *fn* ❏ *sp* találkozó

sports page *fn* sportoldal (*újságban*)

sports results *fn tsz* sporteredmények

sportswear ['spɔ:tsweə] *fn* sportöltözet

sportswoman ['spɔ:tswʊmən] *fn* (*tsz* **-women**) női sportoló

sports writer *fn* sportújságíró

sporty ['spɔ:ti] *mn* (*ruhadarab stb.*) sportos ‖ sportkedvelő ‖ **be sporty** sportban nagyon jó

spot [spɒt] ▼ *fn* folt, pecsét, petty ‖ vidék; tájék; hely ‖ színhely ‖ reklám (*tévében, műsor közben*) ‖ ❖ *biz* beugrás, hakni (*színész*é) ‖ **a spot of ...** egy kis ...; **spots** pörsenés; **on the spot** a helyszínen, azon nyomban, ott rögtön ▼ *ige* **-tt-** észrevesz, felfedez, „kiszúr"

spot cash *fn* azonnali készpénzfizetés

spot-check *fn* szúrópróba

spotless ['spɒtləs] *mn* makulátlan, tiszta

spotlit ['spɒtlɪt] *pt/pp* → **spotlight**

spotlight ['spɒtlaɪt] ▼ *fn* ❖ *ált* ❏ hajó spotlámpa, reflektor(fény), pontfény ▼ *ige* (*pt/pp* **spotlit** ['spɒtlɪt] *v.* **spotlighted** ['spɒtlaɪtɪd]) ráirányítja a figyelmet vmre ‖ **a spotlit stage** be-

---

fn főnév – *hsz* határozószó – *isz* indulatszó – *ksz* kötőszó – *mn* melléknév
▼ szófajjelzés ⊕ földrajzi variáns ❏ szakterület ❖ stiláris minősítés

világított színpad; **the report has spotlighted** ... a riport rávilágított (v. ráirányította a figyelmet) a ...

spot-on *mn* ❖ *biz* (abszolút) pontos, „telitalálat"

spot price *fn* ❏ *ker* lokóár

spotted ['spɒtɪd] *mn* pettyes, foltos; pecsétes

spot-test *fn* szúrópróba

spotty ['spɒti] *mn* pettyes, foltos; pecsétes

spot welding *fn* ❏ *műsz* ponthegesztés

spouse [spaʊs] *fn* házastárs

spout [spaʊt] ▼ *fn* (*ereszen*) csorgó; (*tölcsér alakú*) kifolyó, lefolyó, vízköpő ‖ vízsugár ▼ *ige* **spout out** (**of/ from**) sugárban jön/ömlik (vmből), (ki)lövell, dől belőle

sprain [spreɪn] ▼ *fn* ficam; rándulás ▼ *ige* kificamít, megrándít

sprained ankle *fn* bokaficam ‖ **I have a sprained ankle** megrándítottam a bokámat

sprang [spræŋ] *pt* → **spring**

sprawl [sprɔːl] *ige* terpeszkedik ‖ **sprawl on** vmre rátehénkedik

spray [spreɪ] ▼ *fn* permet ‖ permetezőpalack, spray ▼ *ige* permetez, vmvel befúj ‖ (*autót*) fényez, zománcoz

spray gun *fn* szórópisztoly

spread [spred] ▼ *fn* kiterjesztés ‖ kiterjedés, terjedelem, szélesség ‖ fesztávolság (*szárnyaké*); nyílás (*körzőé*) ‖ (szét)szórás ‖ egész oldalas hirdetés (*újságban*) ‖ étellel megrakott asztal ‖ krém (*kenhető étel, pl. csokoládékrém, krémsajt, májkrém stb.*) ‖ **what a spread!** micsoda terülj-terülj asztalkám! ▼ *ige* (*pt/pp* **spread** [spred]) terjed, elterjed, szóródik; (*hír, betegség*) (el)terjed ‖ (*betegséget, eszméket*) (el)terjeszt ‖ elterít ‖ megken (vmvel vmt) ‖ (*szalmát stb.*) szétterít ‖ **it spreads easier** könnyebben kenhető; **the strike has spread to** a sztrájk átterjedt a ...; **spread a cloth on the table** megterít; **spread butter on one's bread** vajat ken a kenyérre; **spread oneself** szétterpeszkedik; terjengősen ad elő; **spread (the) dung on** trágyáz

spread abroad/around elterjeszt (*hírt*)

spread out széttár (*karokat*); szétterít (*térképet stb.*)

spread-eagled *mn* lie spread-eagled kezét-lábát szétvetve fekszik

spreading ['spredɪŋ] *mn* terebélyes (*fa*)

spreadsheet ['spredʃiːt] *fn* ❏ *szt* táblázatkezelő (program)

spree [spriː] *fn* ❖ *biz* muri ‖ **go on the spree** ❖ *biz* lumpol, kirúg a hámból

sprig [sprɪg] *fn* gally

sprightly ['spraɪtli] *mn* vidám, fürge, élénk

spring [sprɪŋ] ▼ *fn* forrás ‖ rugó ‖ ugrás ‖ tavasz ‖ rugalmasság ‖ **in (the) spring** tavasszal ▼ *ige* (*pt* **sprang** [spræŋ]; *pp* **sprung** [sprʌŋ]) ugrik ‖ fakad, ered ‖ **spring a leak** léket kap; **spring a well** kutat ás; **spring sy (from prison)** ❖ *biz* kiszöktet, megszöktet; **spring open** (*ajtó hirtelen*) felnyílik, kivágódik

spring back visszaugrik ‖ rugózik

spring from ❖ *átv* vmből fakad ‖ (*folyó vhol*) ered ‖ vmből kisarjad

spring on/at sy/sg vkre/vmre ráugrik

spring up ❖ *átv* születik, keletkezik, támad

springboard ['sprɪŋbɔːd] *fn* ugródeszka

springboard diver *fn* műugró

springboard diving *fn* műugrás

spring-clean *ige* tavaszi nagytakarítást végez

spring-cleaning *fn* tavaszi nagytakarítás

S

---

springiness ['sprɪŋinəs] *fn* ruganyosság, rugalmasság

spring onion *fn* zöldhagyma

spring tide *fn* szökőár

springtime ['sprɪŋtaɪm] *fn* tavasz, kikelet

spring-water *fn* forrásvíz

springy ['sprɪŋi] *mn* rugózott; rugós, ruganyos

sprinkle ['sprɪŋkl] ▼ *fn* a sprinkle of egy kevés/kis … ▼ *ige* meghint, (be)szór, permetez; *(gyepet)* öntöz ‖ **sprinkle sg with sg** rászór vmre vmt; **sprinkle sg with water, sprinkle water on** belocsol, meglocsol

sprinkler ['sprɪŋklə] *fn* szórófej

sprinkling ['sprɪŋklɪŋ] *fn* hintés, szórás, permetezés ‖ **a sprinkling of** egy kevés/csipetnyi/maroknyi

sprinkling can *fn* ⊕ *US* öntözőkanna

sprint [sprɪnt] ▼ *fn* rövidtávfutás, sprint, vágta ‖ *(verseny finise)* hajrá ▼ *ige* ❑ *sp (futó)* vágtázik, sprintel

sprinter ['sprɪntə] *fn* ❑ *sp* rövidtávfutó, vágtázó, sprinter ‖ **sprinter (in freestyle)** gyorsúszó

sprite [spraɪt] *fn* tündér, manó

sprocket ['sprɒkɪt] *fn* fog *(lánckeréken)*

sprocket-wheel *fn* lánckerék, csillagkerék

sprout [spraʊt] ❑ *növ* ▼ *fn* hajtás, sarj ▼ *ige* sarjad, kihajt ‖ vmt hajt

spruce[1] [spruːs] *fn* lucfenyő

spruce[2] [spruːs] ▼ *mn* takaros, csinos ▼ *ige* **spruce (oneself) up** kicsinosítja/kicsípi magát

sprung [sprʌŋ] *pp* → **spring**

spry [spraɪ] *mn* virgonc, fürge

spud [spʌd] ▼ *fn* gyomirtó kapa ‖ ❖ *biz* krumpli ▼ *ige* **-dd-** gyomlál

spume [spjuːm] *fn* hab, tajték *(tengeren)*

spun [spʌn] *mn* fonott ‖ → **spin**

spun glass *fn* üvegfonal

spun gold *fn* aranyzsinór

spur [spɜː] ▼ *fn* sarkantyú ‖ **act on the spur of the moment** a pillanat hatása alatt *(v.* ötletszerűen) cselekszik ▼ *ige* **-rr-** megsarkantyúz

spur on ❖ *átv* sarkantyúz ‖ **spur sy on to (greater effort etc.)** vkt vmre sarkall, ösztönöz

spurious ['spjʊərɪəs] *mn* hamis, ál-

spuriousness ['spjʊərɪəsnəs] *fn* hamisság *(vmnek nem valódi volta)*

spurn [spɜːn] ▼ *fn* elutasítás ▼ *ige* elutasít, kiadja az útját

spurt [spɜːt] ▼ *fn* sugár ‖ kitörés ‖ hajrá(zás) ▼ *ige* **spurt (out)** kifröccsen, kilövell, spriccel

sputter ['spʌtə] *ige* köpköd, serceg

spy [spaɪ] ▼ *fn* kém ▼ *ige* kémkedik *(on* vk után, *for* vknek)

spying ['spaɪɪŋ] *fn* kémkedés

spy thriller *fn* kémtörténet

sq = **square**

Sq = *Square* tér

Sqn Ldr = **squadron leader**

squabble ['skwɒbl] *ige* **squabble (with sy) about sg** *(apróságok miatt)* veszekszik (vkvel)

squabbling ['skwɒblɪŋ] *fn* civakodás, perpatvar

squad [skwɒd] *fn* ❑ *kat* raj, szakasz, osztag ‖ ❑ *sp* keret ‖ **the Olympic squad** az olimpiai keret

squad car *fn* URH-kocsi

squadron ['skwɒdrən] *fn* repülőszázad ‖ hajóraj ‖ lovasszázad

squadron leader *fn* repülőőrnagy

squalid ['skwɒlɪd] *mn* mocskos, ocsmány ‖ nyomorúságos, hitvány

squall [skwɔːl] ▼ *fn* sikoltás ▼ *ige* sikolt, sikít

squally ['skwɔːli] *mn* viharos *(szél)*

squalor ['skwɒlə] *fn* szenny, mocsok ‖ nyomor

squander ['skwɒndə] *ige* (könnyelműen) elkölt, elpazarol, elherdál, el-

---

pocsékol, tékozol, elprédál || **squander money** szórja a pénzt; **squander one's affection on sy** vkre pazarolja szeretetét

square [skweə] ▼ *mn* négyszögletes, derékszögű, négyzet alakú || **we are now square** kvittek vagyunk; **square centimetre** négyzetcentiméter; **square metre** négyzetméter; **a square deal** tisztességes eljárás; **a square meal** ❖ *biz* kiadós étkezés ▼ *fn* ❑ *mat* négyzet || kocka *(sakktáblán)* || *(városban)* tér ▼ *ige* négyzetre emel || **square one's shoulders** kihúzza magát

---

square with összeegyeztet vmt vmvel || vmvel összeegyezik || **it doesn't square with the facts** nem felel meg a valóságnak

---

square measure *fn* területmérték
square root *fn* ❑ *mat* négyzetgyök
squash[1] [skwɒʃ] ▼ *fn* tolongás, tumultus || szörp *(üdítőital)*, *(gyümölcs)*lé, ital || ❑ *sp* fallabda || **what a squash!** micsoda tömegnyomor!; **orange squash** narancsital, narancsszörp ▼ *ige* szétnyom || **be squashed together** *(helyileg)* szorong, összepréselődik
squash[2] [skwɒʃ] *fn* ⊕ *US* sütőtök
squat [skwɒt] ▼ *mn* tömzsi, zömök ▼ *ige* -tt- **squat down** leguggol
squatter ['skwɒtə] *fn* guggoló, kuporgó || engedély nélküli lakásfoglaló || telepes *(állami földön)* || juhtenyésztő *(Ausztráliában)*
squaw [skwɔ:] *fn* (észak-amerikai) indián
squawk [skwɔ:k] ▼ *fn* vijjogás, rikoltás *(madáré)* ▼ *ige* vijjog, rikolt || ❖ *biz* hangosan panaszkodik
squeak [skwi:k] ▼ *fn* nyikorgás || reccsenés ▼ *ige* nyikorog
squeaky ['skwi:ki] *mn* vinnyogó, nyüszítő *(hang)*

squeal [skwi:l] ▼ *fn* rikoltás, sikítás ▼ *ige* visít, rikít, rikolt || nyafog, panaszkodik || ❖ *biz* besúg/beköp *(on* vkt)
squeamish ['skwi:mɪʃ] *mn* émelygős, kényes gyomrú || finnyás, túl érzékeny/igényes
squeamishness ['skwi:mɪʃnəs] *fn* émelygősség; émelygés || finnyásság
squeeze [skwi:z] ▼ *fn* szorítás, összenyomás, préselés || kipréselt gyümölcslé || ❖ *biz* korlátozás, megszorítás ▼ *ige* összenyom, összeprésel || *(gyümölcsöt)* kicsavar, kinyom || **squeeze one's way through (a crowd)** (tömegen) átfurakodik

---

squeeze in beleprésel, vmt be(le)nyom, begyömöszöl
squeeze out *(levet stb.)* kinyom || **squeeze sg out of sy/sg** vkből/vmből vmt kiprésel
squeeze together összezsúfol
squeeze up összébb szorul

---

squelch [skweltʃ] *ige* cuppog || széttapost || ❖ *biz* ledorongol
squib [skwɪb] *fn* glossza *(cikk)*
squid [skwɪd] *fn* tintahal
squiggle ['skwɪgl] ▼ *fn* tekergés, vonaglás, kígyózás || ékítés, cifrázat ▼ *ige* kanyarog, tekereg
squint [skwɪnt] ▼ *fn* kancsalság || **have a squint** kancsalít; kancsal ▼ *ige* kancsalít
squint-eyed *mn* kancsal
squire ['skwaɪə] *fn* földesúr
squirearchy, the ['skwaɪərɑ:ki] *fn* ⊕ *GB* a földbirtokos osztály
squirm [skwɜ:m] ▼ *fn* izgés-mozgás, fészkelődés ▼ *ige* izeg-mozog, tűkön ül, feszeng
squirrel ['skwɪrəl] *fn* mókus
squirt [skwɜ:t] ▼ *fn* sugár *(kilövellő folyadéké)* ▼ *ige* spriccel

---

squirt into befecskendez

---

nm névmás – *nu* névutó – *szn* számnév – *esz* egyes szám – *tsz* többes szám
▼ szófajjelzés ⊕ földrajzi variáns ❑ szakterület ❖ stiláris minősítés

S

squirt out (ki)lövell

Sr = Senior

SRC [,es ɑ: 'si:] = *Science Research Council* természettudományos kutatási tanács

Sri Lanka [sri: 'læŋkə] *fn* Srí Lanka (*azelőtt:* Ceylon)

SRN [,es ɑ:r 'en] = **State Registered Nurse**

St = Saint ‖ Street

Sta = Station

stab [stæb] ▼ *fn* szúrás ‖ szúrt seb ▼ *ige* **-bb-** átszúr, keresztülszúr, ledöf ‖ (*késsel, tőrrel vkt*) megszúr ‖ **stab (sy) in the back** (orvul) hátba támad; **stab sy (to death)** vkt leszúr

stabbing ['stæbɪŋ] *mn* szúró

stabbing pain *mn* szúró/szaggató fájdalom

stability [stə'bɪləti] *fn* szilárdság, állandóság, stabilitás

stabilization [,steɪbɪlaɪ'zeɪʃn] *fn* állandósulás, stabilizáció, konszolidáció

stabilize ['steɪbɪlaɪz] *ige* állandósít, megszilárdít, stabilizál ‖ megszilárdul

stabilizer ['steɪbɪlaɪzə] *fn* ❑ *rep* vízszintes vezérsík, stabilizátor

stable[1] [steɪbl] *mn* szilárd, állandó; stabil

stable[2] [steɪbl] ▼ *fn* (ló)istálló ‖ **stables** versenyistálló ▼ *ige* istállóz

stable-boy *fn* lovászfiú

stable companion *fn* ❖ *biz* klubtárs

stable-door *fn* **lock the stable-door after the horse has bolted** eső után köpönyeg

stable-lad *fn* lovászfiú

stableman ['steɪblmən] *fn* (*tsz* **-men**) lovász

stab-wound *fn* szúrt seb

staccato [stə'kɑ:toʊ] *hsz* szaggatottan, staccato

stack [stæk] ▼ *fn* boglya, kazal ▼ *ige* boglyába/kazalba rak

stadium ['steɪdɪəm] *fn* (*tsz* **-diums** *v.* **-dia** [-dɪə]) stadion

staff [stɑ:f] *fn* bot, rúd, nyél ‖ ❑ *kat* törzs(kar) ‖ személyzet, az alkalmazottak ‖ ❑ *zene* (*tsz* **staffs** *v.* **staves** [steɪvz]) a kotta öt vonala, vonalrendszer ‖ **school staff** tantestület, tanári kar

staff cuts *fn tsz* létszámcsökkentés

staff meeting *fn* munkaértekezlet

staff nurse *fn* (kórházi) ápolónő(vér)

staff-officer *fn* vezérkari tiszt, törzstiszt

staff room *fn* tanári szoba

Staffs. = *Staffordshire*

staff-sergeant *fn* törzsőrmester

stag [stæg] *fn* szarvas(bika)

stage [steɪdʒ] ▼ *fn* színpad ‖ színhely, színtér ‖ szakasz, fokozat; stádium, fázis ‖ **the stage** színművészet, színészi pálya; **at this stage** ezen a ponton; **be on the stage** színpadon van; színi pályán van, színész; **go on the stage** színpadra lép; színésznek megy; **put on the stage** színpadra állít/visz; **travel by easy stages** megszakításokkal utazik ▼ *ige* színpadra állít/visz, színre hoz/visz vmt

stage-box *fn* proszcéniumpáholy

stage-coach *fn* postakocsi, delizsánsz

stage direction *fn* színpadi utasítás

stage-designer *fn* díszlettervező

stage-door *fn* színészbejáró

stage-hand *fn* díszletezőmunkás

stage-manage *ige* ❖ *átv* (meg)rendez ‖ ❖ *átv* a háttérből irányít ‖ ❑ *szính* ügyel

stage-manager *fn* ❑ *szính* ügyelő

stagger ['stægə] *ige* tántorog, (meg)inog, támolyog, botladozik ‖ **was staggered to hear** megdöbbenve hallotta, hogy …

stagger along (*fáradtan*) botorkál

staggered ['stægəd] *mn* lépcsősen elosztott ‖ lépcsőzetes (*munkakezdés*)

staggering ['stægərɪŋ] *mn* döbbenetes, megdöbbentő, megrázó

---

fn főnév – *hsz* határozószó – *isz* indulatszó – *ksz* kötőszó – *mn* melléknév
▼ szófajjelzés ⊕ földrajzi variáns ❑ szakterület ❖ stiláris minősítés

stagnant ['stægnənt] *mn* pangó, stagnáló || **stagnant water** állóvíz

stagnate [stæg'neɪt] *ige* stagnál

stagnation [stæg'neɪʃn] *fn* pangás, stagnálás

stag-party *fn* ❖ *biz* kanmuri

staid [steɪd] *mn* higgadt, megfontolt, nyugodt, komoly

stain [steɪn] ▼ *fn* folt; pecsét, maszat || *(jellemen)* folt ▼ *ige* **stain sg** foltot hagy vmn, bepiszkít, összemocskol; *(fát)* pácol, impregnál || **stain sg/sy with blood** összevérez vmt/vkt

stained [steɪnd] *mn* foltos, pecsétes

stained glass *fn* színes/festett üveg || **stained glass window** festett/színes üvegablak

stainless ['steɪnləs] *mn* rozsdamentes *(acél)*

stain remover *fn* folttisztító (szer)

stair [steə] *fn* lépcsőfok

staircase ['steəkeɪs] *fn* lépcsőház

stairs [steəz] *fn tsz* lépcső || **up/down the stairs** fel/le a lépcsőn

stairway ['steəweɪ] *fn* lépcsőház

stake [steɪk] ▼ *fn* karó, cölöp || *(játékban)* tét || **be at stake** kockán forog; **have a stake in sg** érdekelt vmben; **play for high stakes** nagyban játszik ▼ *ige* tesz *(vmre kártyán stb.)*

stalactite ['stæləktaɪt] *fn* (csüngő) cseppkő, sztalaktit

stalagmite ['stæləgmaɪt] *fn* (álló) cseppkő, sztalagmit

stale [steɪl] *mn* *(étel, ital)* áporodott, állott; *(levegő)* dohos; *(más)* poshadt || **stale air** elhasznált levegő; **go stale** megáporodik; ❖ *átv* ellaposodik

stalemate ['steɪlmeɪt] *fn* *(sakkban)* patt

stalk [stɔ:k] *fn* ❏ *növ* szár, kocsány || (káposzta)torzsa

stall [stɔ:l] ▼ *fn* *(istállóban)* állás, rekesz || *(piaci, vásári)* bódé || → **stalls** ▼ *ige* *(motor, gép)* leáll, bedöglik; *(autó stb.)* lerobban || leállít *(motort)* || **the engine stalled** leállt a motor

stallholder ['stɔ:lhoʊldə] *fn* piaci árus, elárusító

stallion ['stælɪən] *fn* csődör, mén

stalls [stɔ:lz] *fn tsz* ❏ *szính* földszint, zsöllye || **front stalls** földszint *(elöl)*; **stalls seat** földszinti ülés, zsöllye

stalwart ['stɔ:lwət] *mn* derék *(termet)* || rendíthetetlen

stamen ['steɪmən] *fn* ❏ *növ* porzó(szál)

stamina ['stæmɪnə] *fn* jó erőnlét, állóképesség || **with great stamina** teherbíró

stammer ['stæmə] *ige* dadog, hebeg

stamp [stæmp] ▼ *fn* bélyeg || *(hivatali)* bélyegző, pecsét || bélyegzés, pecsét, ablak *(útlevélben)* ▼ *ige* bélyeget ragaszt vmre, felbélyegez || pecsétet üt vmre; *(bélyegzőt)* ráüt; felülbélyegez || dobbant || **stamp a letter** levelet felbélyegez; **stamp (one's foot)** (lábbal) dobog

---

stamp down letapos
stamp on rátapos

---

stamp album *fn* bélyegalbum

stamp catalogue (⊕ *US* **-log**) *fn* bélyegkatalógus

stamp-charges *fn tsz* bélyegköltség

stamp collecting *fn* bélyeggyűjtés

stamp-collector *fn* bélyeggyűjtő

stamp-duty *fn* bélyegilleték

stamp-machine *fn* bélyegautomata

stance [stæns] *fn* állás, helyzet || beállítottság, hozzáállás, álláspont

stand [stænd] ▼ *fn* állvány, alzat || *(piaci, vásári)* bódé, árusítóhely || taxiállomás, stand || **come to a stand** megáll; **take a stand on sg** állást foglal vm ügyben ▼ *ige* *(pt/pp* **stood** [stʊd]*)* áll, megáll || van || érvényes || tesz, állít || elvisel; (ki)bír, tűr || **I cannot stand it (any longer)** nem bírom ki; **stand clear (of)** szabadon hagy *(ajtót, kijáratot stb.)*; **stand clear** pálya!; **stand corrected** beismeri a hibáját; **stand firm to sg** megmarad vmnél; **it stands**

S

to reason magától értetődik; **stand by itself** magában áll; **stand one's ground** *(küzdelemben)* helytáll; **stand sg/sy swhere** odaállít; **stand sy (a dinner)** (vendéglőben) megvendégel vkt; **stand sy a drink** vknek fizet egy pohárral

stand away *(hajó)* eltávolodik
stand back hátrább áll ‖ félreesik *(from* vmtől)
stand by (csak) áll (és tétlenül néz) ‖ készenlétben áll ‖ **stand by (one's evidence)** *(ígéretét, kijelentését, vallomását)* fenntartja; **stand by sy** szolidáris vkvel, kitart/kiáll vk mellett ‖ police are standing by a rendőrség készenlétben áll
stand down visszalép *(jelölt)*
stand for vmt jelent ‖ képvisel ‖ *(tisztséget)* vállal, jelölteti magát ‖ **stand for (Parliament) election** fellép képviselőnek, képviselőjelöltként lép fel
stand in for sy vkt helyettesít ‖ **stand in line** ⊕ *US (pénztárnál stb.)* sorba(n) áll *(for* vmért); **stand in need of sg** szüksége van vmre; **stand in the way of sy** útját állja vknek
stand on vmre rááll ‖ **stand on end** *(pl. haj)* feláll; **stand on one's own legs** a maga lábán jár
stand out vm vmből kiáll ‖ **stand out (clearly)** *(szembetűnik)* kiugrik
stand up *(ültéből)* felkel, feláll
stand up against sg ellenáll vmnek
stand up for sg/sy (vmért/vkért, vm/vk mellett) kiáll
stand up to szembeszáll vkvel ‖ ellenáll vmnek

standalone ['stændəloʊn] *mn* ❏ *szt* önálló, egyedül álló
standard ['stændəd] ▼ *mn* mértékadó, szabványos, szabvány-, szabályos, normál, standard ‖ köznyelvi ‖

the standard authors klasszikus szerzők; **standard English** az angol köznyelv ▼ *fn* minta, szabvány ‖ ❖ *átv* norma; színvonal ‖ zászló ‖ **have very high standards** igényes, színvonalas; up to standard kívánt minőségű
standard-bearer *fn (átv is)* zászlóvivő
standardization [,stændədaı'zeıʃn] *fn* szabványosítás, egységesítés
standardize ['stændədaız] *ige* szabványosít, egységesít
standard lamp *fn* állólámpa
standard of living *fn* életszínvonal
standard rate *fn* egységtarifa
standard time *fn* zónaidő
standard work *fn* alapmű
stand-by *fn* tartalék ‖ segítség ‖ **stand-by (passanger)** helyre váró utas; **stand-by ticket** olcsóbb jegy helyre váróknak; **be (kept) on stand-by** *(kat, rendőrség stb.)* készültségben van, készenlétben áll
stand-in *fn* dublőr, dublőz
standing ['stændıŋ] ▼ *mn* álló ‖ állandó ‖ fennálló, „élő", (még) érvényes ‖ **standing crops** lábon álló termés; **be given a standing ovation** (vknek) felállva tapsolnak ▼ *fn* állás, pozíció, rang ‖ **of high standing** magas állású/rangú
standing army állandó hadsereg
standing committee *fn* állandó bizottság
standing jump *fn* helyből ugrás
standing orders *fn tsz* ügyrend
standing room *fn* állóhely
stand-offish [,stænd'ɒfıʃ] *mn* tartózkodó, ❖ *biz* rezervált, hideg
standpat ['stændpæt] *mn* maradi, haladásellenes
standpipe ['stændpaıp] *fn* függőleges nyomóvezeték *(víznek)*; felszállócső, strang
standpoint ['stændpɔınt] *fn* szempont, álláspont, nézőpont, szemszög
standstill ['stændstıl] *fn* nyugalmi állapot/helyzet, leállás ‖ **be at a**

---

fn főnév – *hsz* határozószó – *isz* indulatszó – *ksz* kötőszó – *mn* melléknév
▼ szófajjelzés ⊕ földrajzi variáns ❏ szakterület ❖ stiláris minősítés

standstill nyugalmi állapotban van; *(gép, munka)* áll; **bring to a standstill** megállít, leállít; **come to a standstill** leáll, holtpontra jut

stand-up *mn* **stand-up meal** állva fogyasztott étkezés; **stand-up row** komoly nézeteltérés

stank [stæŋk] *pt* → **stink**

stanza ['stænzə] *fn* versszak, strófa

staple¹ ['steɪpl] ▼ *fn* fűzőkapocs, kapocs ▼ *ige (fűzőkapoccsal)* összefűz, összekapcsol

staple² ['steɪpl] *fn* főtermék

stapler ['steɪplə] *fn* (irodai) fűzőgép

star [stɑː] ▼ *fn (égitest)* csillag ‖ *(film stb.)* sztár ‖ **his star is rising** pályája felfelé ível; **the Stars and Stripes** ⊕ *US* csillagos-sávos lobogó ▼ *ige* **-rr-** főszerepet játszik; **starring ...** a főszerepben ...

star attraction *fn* fő attrakció

starboard ['stɑːbəd] *fn* jobb oldal *(hajóé, repülőgépé)*

starch [stɑːtʃ] *fn* keményítő

starchy ['stɑːtʃi] *mn* keményítő tartalmú ‖ kikeményített ‖ ❖ *átv* merev, feszes, mesterkélt

stardom ['stɑːdəm] *fn* sztárok világa

stare [steə] ▼ *fn* merev tekintet, bámulás ▼ *ige* mered, bámul ‖ **it stares you in the face** a vak is látja

---

stare at sy megbámul, rábámul ‖ **stare at sy (goggle-eyed)** szemét mereszti vkre

stare sy down farkasszemet néz vkvel

---

starfish ['stɑːfɪʃ] *fn* tengeri csillag

star-gazer *fn* idealista, álmodozó

staring ['steərɪŋ] *mn* bámész, meredt szemű

stark [stɑːk] ▼ *mn* merev ‖ **the stark reality** a rideg valóság ▼ *hsz* teljesen ‖ **stark naked** anyaszült meztelen(ül), pucér(an)

starless ['stɑːləs] *mn* csillagtalan

starlet ['stɑːlət] *fn* sztárjelölt, fiatal sztár

starlight ['stɑːlaɪt] *fn* csillagfény

starling ['stɑːlɪŋ] *fn* seregély

starlit ['stɑːlɪt] *mn* csillagos, csillagfényes

starring ['stɑːrɪŋ] *mn* → **star 2.**

star role *fn* főszerep, sztárszerep

starry ['stɑːri] *mn* csillagos *(ég)*

starry-eyed *mn* idealista ‖ ködös

star-studded *mn* sztárokkal tele

start [stɑːt] ▼ *fn* kezdet ‖ indulás *(gépé)*; ❏ *sp* rajt, start ‖ **give a start** *(meglepetéstől)* összerezzen ▼ *ige* elindít ‖ *(gép, jármű)* (el)indul; *(motor)* beindul ‖ megkezdődik, elkezdődik ‖ kezd, elkezd, vmbe belefog ‖ rajtol, startol ‖ *(motort)* begyújt ‖ megijeszt ‖ **be about to start** indulóban/indulófélben van; **it started raining** esni kezdett; **start a journey/trip** megkezdi az utazást; **start again** elölről kezdi, újrakezd; **start doing sg** vmhez hozzáfog; **start on a journey** útnak indul

---

start for útra kel

start off útnak ered

---

starter ['stɑːtə] *fn* ❖ *biz* előétel ‖ indítómotor

starter-button *fn* indítógomb

starter motor *fn* indítómotor

starting-handle/lever ['stɑːtɪŋ] *fn* indítókar

starting-line *fn* rajtvonal

starting-point *fn* kiindulási pont

starting price *fn* nyitó/kezdő ár ‖ utolsó fogadás *(versenyben, indulás előtt)*

starting salary *fn* kezdő fizetés

startle ['stɑːtl] *ige* felriaszt, megijeszt ‖ megdöbbent, meghökkent ‖ **I was startled at the thought** megdöbbentem erre a gondolatra

startling ['stɑːtlɪŋ] *mn* meglepő, megdöbbentő, riasztó

star turn *fn* szenzáció, fő attrakció

---

starvation [stɑːˈveɪʃn] *fn* éhezés, koplalás

starve [stɑːv] *ige* éhezik, koplal ‖ éheztet

starving [ˈstɑːvɪŋ] *mn* éhező

state [steɪt] ▼ *fn* állapot; stádium ‖ állam ‖ *(jelzőként)* állami ‖ **state of affairs** helyzet, tényállás; **state of emergency** szükségállapot, rendkívüli állapot; **state of mind** elmeállapot ‖ → **States** ▼ *ige* kijelent, megállapít, állít ‖ *(árat)* megad ‖ **state one's case** kifejti az álláspontját; **state precisely** pontosan megjelöl/meghatároz; **state more precisely** precizíroz; **as stated above** mint fentebb mondottuk; **at a stated time** meghatározott időpontban

state control *fn* állami ellenőrzés

stated [ˈsteɪtɪd] *mn* meghatározott, megállapított

State Department *fn* ⊕ *US* külügyminisztérium

state education *fn* állami oktatás/iskolák/iskolaügy

State Enrolled Nurse *fn* okleveles ápolónő

stateless [ˈsteɪtləs] *mn* hontalan

stateliness [ˈsteɪtlinəs] *fn* méltóságteljesség, tekintélyesség

stately [ˈsteɪtli] *mn* mutatós; reprezentatív, méltóságteljes ‖ büszke

statement [ˈsteɪtmənt] *fn* állítás, megállapítás, kijelentés, nyilatkozat ‖ tanúvallomás ‖ **make a statement** nyilatkozik

statement of account *fn* számlakivonat

statement of costs *fn* előirányzat; költségtervezet

state of the art, the *fn* a munka (pillanatnyi) állása *(pl. könyvé stb.)*

state-of-the-art *mn* világszínvonalú, legfejlettebb

state-owned *mn* állami, állami tulajdonban levő

State Registered Nurse *fn* okleveles ápolónő

stateroom [ˈsteɪtruːm] *fn (hajón)* (luxus)kabin ‖ magánlakosztály

state-run *mn* állami kézben/kezelésben levő

state secret *fn* államtitok

state security organs *fn tsz* állambiztonsági szervek

State's evidence *fn* ⊕ *US (bűntársai ellen valló)* koronatanú

statesman [ˈsteɪtsmən] *fn (tsz* **-men)** államférfi(ú)

statesmanship [ˈsteɪtsmənʃɪp] *fn* államférfiúi képességek/adottságok

States, the *fn tsz* Amerikai Egyesült Államok, az USA

state visit *fn* ⃞ *pol* hivatalos látogatás

static [ˈstætɪk] ▼ *mn* nyugvó, statikus ‖ statikai ▼ *fn* légköri zavarok

statics [ˈstætɪks] *fn esz* statika ‖ → **static**

station [ˈsteɪʃn] ▼ *fn* állomás, pályaudvar ‖ megállóhely ▼ *ige* állomásoztat ‖ **be stationed** ⃞ *kat* állomásozik

stationary [ˈsteɪʃənəri] *mn* álló ‖ állandó, stacionárius

stationer [ˈsteɪʃənə] *fn* papírkereskedő ‖ **stationer's (shop)** papírkereskedés

stationery [ˈsteɪʃənəri] *fn* levélpapír, írószerek

stationmaster [ˈsteɪʃnmɑːstə] *fn* állomásfőnök

station wagon *fn* kombi

statistical [stəˈtɪstɪkl] *mn* statisztikai

statistician [ˌstætɪˈstɪʃn] *fn* statisztikus

statistics [stəˈtɪstɪks] *fn esz* statisztika *(tudomány)* ‖ *tsz* statisztika(i adatok)

statue [ˈstætʃuː] *fn* szobor ‖ **erect a statue** szobrot állít/emel

statuesque [ˌstætʃuˈesk] *mn* szoborszerű, plasztikus

statuette [ˌstætʃuˈet] *fn* kisszobor, kisplasztika

stature [ˈstætʃə] *fn* alak, termet *(emberé)*

---

status ['steɪtəs] *fn* állapot, helyzet, státus

status line *fn* ❑ *szt* státussor

status symbol *fn* státusszimbólum

statute ['stætʃuːt] *fn* szabályrendelet, törvény ‖ **statutes** szabályzat, alapszabályok

statute-book *fn* törvénykönyv, törvénygyűjtemény

statute law *fn* írott jog

statute mile *fn* angol mérföld *(1609,34 m)*

statutory ['stætʃətri] *mn* törvényen alapuló, törvényszerű, törvényes ‖ **statutory law** tételes jog; **statutory meeting** alakuló közgyűlés; ⊕ *US* **statutory rape** kiskorú sérelmére elkövetett nemi erőszak

staunch [stɔːntʃ] *mn* ragaszkodó, hűséges

stave [steɪv] *fn* hordódonga ‖ ❑ *zene* a kotta öt vonala, vonalrendszer

staves [steɪvz] *tsz* → **staff**

stay [steɪ] ▼ *fn* tartózkodás *(vhol ideiglenesen)*, időzés ‖ ❑ *épít* (támasztó)oszlop, támasz, merevítő ‖ **during her stay** ottléte alatt; **a longer stay (abroad)** huzamos (külföldi) tartózkodás ▼ *ige (vhol ideiglenesen)* tartózkodik, időzik, marad ‖ **stay at home** otthon marad; **stay for the night** éjszakára ott marad; **stay in bed** ágyban marad; **I shan't stay long** nem maradok soká; **stay overnight** éjszakára ott marad; **stay put** mozdulatlan marad

stay at *(szállóban)* megszáll

stay away *(látogató)* elmarad

stay down (for the year) osztályt ismétel

stay off *(bizonyos ételektől)* tartózkodik ‖ távoltart

stay on tovább marad ‖ működik, be van kapcsolva

stay out *(vk vmből szándékosan)* kimarad

stay up fennmarad, nem fekszik le

stay with sy vknél megszáll, vknél lakik ‖ **be staying with sy** vknél vendégeskedik

stay-at-home otthon ülő (ember)

staying power ['steɪɪŋ] *fn* állóképesség; jó erőnlét

STD [ˌes tiː 'diː] = **sexually transmitted disease** ‖ ⊕ *GB* = **subscriber trunk dialling**

STD call *fn* belföldi távhívás ‖ **make an STD call** *(belföldit)* távhívással hív vkt

stead [sted] *fn* **in sy's stead** vk helyett

steadfast ['stedfɑːst] *mn* állhatatos *(in* vmben*)*, szilárd, kitartó, ragaszkodó, rendületlen, rendíthetetlen

steadfastness ['stedfɑːstnəs] *fn* állhatatosság, kitartás

steadily ['stedɪli] *hsz* állhatatosan, szilárdan ‖ egyenletesen ‖ állandóan

steadiness ['stedɪnəs] *fn* szilárdság, határozottság, egyenletesség, állandóság

steady ['stedi] ▼ *mn* rendületlen, szilárd, biztos, stabil ‖ egyenletes; szabályos ‖ nyugodt, állandó ‖ állhatatos ‖ **a steady life** szolid élet; **at a steady pace** nyugodt ütemben; **steady!** csak nyugodtan! ▼ *hsz* ❖ *biz* **go steady with** jár vkvel ▼ *fn (elavulóban)* **sy's steady** vknek a lovagja/fiúja/barátja/barátnője

steak [steɪk] *fn* (hús)szelet, bifsztek

steal [stiːl] *ige (pt* **stole** [stəʊl]*; pp* **stolen** ['stəʊlən]) (el)lop ‖ **steal a glance at** vmt lopva megnéz; **steal a ride** *(járművön)* potyázik, bliccel

steal away ❖ *biz (vk)* elillan

steal in belopódzik

stealth [stelθ] *fn* **by stealth** lopva, észrevétlen(ül), alattomban, titkon ‖ ❖ *biz* suttyomban

stealthily ['stelθɪli] *hsz* = **by stealth**

S

stealthy ['stelθi] *mn* titkos, rejtett, lopva tett, óvatos

steam [sti:m] ▼ *fn* gőz ▼ *ige* gőzölög, párolog || párol

---

steam up (be)párásodik

---

steam bath *fn* gőzfürdő

steamboat ['sti:mbəʊt] *fn (nagyobb)* gőzhajó

steam-boiler *fn* gőzkazán

steamed [sti:md] *mn* párolt

steam-engine *fn* gőzgép

steamer ['sti:mə] *fn (kisebb)* gőzhajó || gőzölőfazék/-edény

steam iron *fn* gőzölős vasaló

steam-power *fn* ❏ *műsz* gőzerő

steam pressure *fn* gőznyomás

steam-roller *fn* úthenger

steamy ['sti:mi] *mn* gőzös, párás, ködös, gőzölgő

steed [sti:d] *fn* paripa

steel [sti:l] ▼ *fn* acél || ❖ *ir* kard ▼ *ige (vasat)* edz, megacéloz; ❖ *átv* edz

steel blade *fn* acélpenge

steel blue *mn* acélkék

steel-plate *fn* acéllemez

steel wire *fn* acélhuzal

steel-works *fn tsz v. esz* acélmű(vek)

steely ['sti:li] *mn* acélos

steep[1] [sti:p] *mn* meredek *(lejtő)* || **steep hill** kaptató; **steep rise (in a road)** kapaszkodó

steep[2] [sti:p] *ige (vegyszeres folyadékban)* áztat, beáztat, pácol || *(lében)* ázik

steeple ['sti:pl] *fn (templomé)* torony

steeplechase ['sti:pltʃeɪs] *fn* akadályfutás || akadálylovaglás

steeplejack ['sti:pldʒæk] *fn* toronyállványozó; (gyár)kéményjavító

steeply ['sti:pli] *hsz* meredeken

steepness ['sti:pnəs] *fn* meredekség

steer [stɪə] *ige (hajót, járművet)* irányít, vezet, kormányoz || **steer clear (of)** vkt (szándékosan) elkerül, vktől óvakodik

steering ['stɪərɪŋ] *fn* kormányzás *(autóé)*

steering apparatus *fn* (hajó)kormány

steering column *fn* kormányoszlop

steering committee *fn* irányító/operatív bizottság || ⊕ *US* előkészítő bizottság

steering gear *fn* kormánymű

mechanismapparatus

steering mechanism/apparatus *fn* ❏ *hajó* kormányszerkezet

steering wheel *fn (hajón)* kormánykerék || volán

steersman ['stɪəzmən] *fn (tsz* -men*)* *(hajón)* kormányos

stein [staɪn] *fn* (sörös)korsó

stellar ['stelə] *mn* csillagos, csillagszerű; csillag-

stem [stem] *fn* (pipa)szár || ❏ *növ* tő; szár; virágszál || szótő

stench [stentʃ] *fn* bűz

stencil ['stensl] ▼ *fn* festősablon, betűrajzoló minta, patron || stencil ▼ *ige* -ll- *(⊕ US* -l-*)* sablonnal/patronnal fest/sokszorosít; stencilez

stenographer [stə'nɒɡrəfə] *fn* ⊕ *US* gyorsíró

stenography [stə'nɒɡrəfi] *fn* ⊕ *US* gyorsírás

step [step] ▼ *fn* lépés || lépcsőfok, lépcső || **steps** utaslépcső; **step by step** fokozatosan; lépésről lépésre; **take the necessary steps** megteszi a szükséges intézkedéseket ▼ *ige* -pp- lép

---

step aside *(útból)* félreáll

step back visszalép, hátralép

step forward előlép, előáll, előrelép

step in közbelép

step on sg vmre lép || **step on the gas** ⊕ *US* gázt ad, ❖ *biz* belelép a gázba

step out kilép

step up *(teljesítményt)* megemel; *(termelést)* növel; fokoz

---

stepbrother ['stepbrʌðə] *fn* mostohafivér, -testvér

---

fn főnév – *hsz* határozószó – *isz* indulatszó – *ksz* kötőszó – *mn* melléknév
▼ szófajjelzés ⊕ földrajzi variáns ❏ szakterület ❖ stiláris minősítés

stepchild ['steptʃaɪld] *fn* (*tsz* -**children**) mostohagyermek

stepdaughter ['stepdɔ:tə] *fn* mostohaleány

stepfather ['stepfɑ:ðə] *fn* mostohaapa

stepladder ['steplædə] *fn* szobalétra

stepmother ['stepmʌðə] *fn* mostohaanya

steppe [step] *fn* sztyepp, pusztaság

stepping stone ['stepɪŋ] *fn* felhágókő (*lóhátra stb.*) ‖ gázlókövek (*patakban*) ‖ ❖ *átv* lépcsőfok, ugródeszka

stepping up *fn* gyorsítás

stepsister ['stepsɪstə] *fn* mostohanővér, mostohatestvér

stepson ['stepsʌn] *fn* mostohafiú

step-up *fn* növelés, fokozás (*termelésé*)

stereo ['steriou] *fn* (*tsz* **stereos**) ❖ *biz* sztereó berendezés/készülék ‖ **in stereo** sztereóban

stereophonic [ˌsteriə'fɒnɪk] *mn* sztereofonikus, sztereo

stereo player *fn* sztereó lemezjátszó

stereo radio *fn* sztereó rádió
recorder

stereo radio cassette recorder *fn* sztereó magnós rádió

stereo recording *fn* sztereofelvétel

stereo system *fn* sztereó berendezés/készülék, hifitorony

stereotype ['steriovtaɪp] *fn* ❏ *nyomd* klisé, nyomódúc ‖ ❖ *átv* sablon, konvenció ‖ (*jelzőként*) sablonos, sztereotip

stereotyped ['steriovtaɪpt] *mn* sablonos, sztereotip

sterile ['steraɪl] *mn* csíramentes, steril ‖ meddő

sterility [stə'rɪləti] *fn* sterilitás, meddőség

sterilization [ˌsterəlaɪ'zeɪʃn] *fn* (*műszeré*) fertőtlenítés, sterilizálás

sterilize ['sterəlaɪz] *ige* (*műszert*) fertőtlenít, sterilizál

sterilized ['sterəlaɪzd] *mn* fertőtlenített

sterling ['stɜ:lɪŋ] ▼ *mn* törvényes finomságú ‖ teljes értékű; kitűnő, kiváló, valódi ▼ *fn* sterling

sterling area *fn* fontövezet

stern[1] [stɜ:n] *mn* komoly, zord, szigorú (*arc*)

stern[2] [stɜ:n] *fn* ❏ *hajó* tat; far

sternly ['stɜ:nli] *hsz* komolyan, szigorúan, zordan, ridegen, komoran

sternness ['stɜ:nnəs] *fn* szigorúság

sternum ['stɜ:nəm] *fn* (*tsz* -**nums** *v.* -**na**) szegycsont

steroid ['sterɔɪd] *fn* szteroid

stethoscope ['steθəskoup] *fn* sztetoszkóp

stevedore ['sti:vədɔ:] *fn* kikötőmunkás

stew [stju:] ▼ *fn* párolt hús, ragu ▼ *ige* (*húst*) párol, főz; (*ételt*) gőzöl

steward ['stju:əd] *fn* (gazdasági) gondnok ‖ (hajó)pincér

stewardess [ˌstju:ə'des] *fn* légi utaskísérő (*nő*), stewardess

stewed [stju:d] *mn* párolt (*hús*)

stewed apple *fn* almakompót

stewed fruit(s) *fn* kompót

stick [stɪk] ▼ *fn* bot; nyél (*seprőé, ernyőé*) ‖ (*jégkorong*) ütő ‖ ❖ *biz* ragasztó ▼ *ige* (*pt/pp* **stuck** [stʌk]) (oda)ragaszt, összeragaszt ‖ (össze)ragad ‖ (meg)akad ‖ bennragad ‖ szúr, döf ‖ **stick a label on sg** címkét ragaszt vmre; **stick no bills** plakátok felragasztása tilos!; **stick a pig** disznót leszúr; **stick fast** odaragad (*to sg* vmhez); **what sticks in my throat is that** (*ebben az egészben*) az nem tetszik, hogy; **it sticks in my gullet** ezt nem veszi be a gyomrom ‖ → **stuck**

stick in vmbe beragaszt ‖ → **stuck**

stick on felragaszt, feltűz, rátűz ‖ **stick sg on(to) sg** vmre ráragaszt

stick out (*hegyesen*) kiáll; (*tárgy*) eláll ‖ **stick one's tongue out** kiölti a nyelvét

stick to vmhez hozzáragaszt, ragaszt ‖ **stick to sg** kitart vm mellett; **stick**

S

to sg/sy vmhez/vkhez ragaszkodik; **stick to sg/sy** ráragad; **stick to one's guns** nem enged a negyvennyolcból, nem enged elveiből; **stick to one's opinion** nem áll el véleményétől; **let us stick to the point** maradjunk a tárgynál

stick together vmt összeragaszt ‖ összeragad ‖ vkvel összetart

stick up *(hirdetményt)* kifüggeszt ‖ feltűz

---

sticker ['stɪkə] *fn* címke; matrica

sticking ['stɪkɪŋ] *mn* tapadó(s)

sticking plaster *fn (vízálló)* sebtapasz

stick-in-the-mud *fn* maradi, konzervatív, begyepesedett (fejű) ember

stickleback ['stɪklbæk] *fn* tüskés pikó *(hal)*

stickler ['stɪklə] *fn* szőrszálhasogató

stick-on label *fn* ráragasztható címke

stick-up *fn* ❖ *biz* (fegyveres) rablótámadás

sticky ['stɪki] *mn* ragadós

stiff [stɪf] *mn* merev, kemény ‖ **I am stiff all over** minden tagomat érzem; **stiff with cold** gémberedett; **he is as stiff as a poker** olyan, mintha nyársat nyelt volna

stiffen ['stɪfn] *ige* (meg)merevít ‖ (meg)merevedik, (meg)keményedik

stiffening ['stɪfnɪŋ] ▼ *mn* zsibbasztó ▼ *fn* zsibbadás

stiff neck *fn* (reumás) nyakfájás

stiffness ['stɪfnəs] *fn* merevség, dermedtség, keménység ‖ zsibbadtság ‖ izomláz

stifle ['staɪfl] *ige (ásítást)* elfojt; *(érzelmet)* elnyom, elfojt

stifling ['staɪflɪŋ] *mn* fullasztó

stigma ['stɪgmə] *fn* szégyenbélyeg ‖ ❏ *növ* bibe

stile [staɪl] *fn* lépcsős átjáró *(kerítés fölött)* ‖ *(útelzáró)* forgókereszt

stiletto (heel) [stɪ'letoʊ] *fn* tűsarok

still [stɪl] ▼ *mn* csendes, nyugodt ▼ *hsz* még mindig ‖ (de azért) mégis ‖

he is still alive még él; **he is still in his teens** még nincs húszéves; **still less** még kevésbé; **still more** még inkább; **still not** mégsem; **be still to come** ezután kerül sorra, hátravan ▼ *fn* nyugalom ‖ ❏ *fényk* állókép ▼ *ige* csendesít, elcsendesít

stillbirth ['stɪlbɜːθ] *fn* halvaszülés

stillborn ['stɪlbɔːn] *mn* halva született

still frame *fn (képernyőn stb.)* kimerevítés

still life *fn (tsz* **lifes***)* csendélet

stillness ['stɪlnəs] *fn* csend, nyugalom

stilt [stɪlt] *fn* gólyaláb *(ember számára)* ‖ cölöp, dúc ‖ partfutó (madár), gázlómadár

stilted ['stɪltɪd] *mn* dagályos *(stílus)*

Stilton ['stɪltən] *fn* **blue Stilton** *kb.* márványsajt, kéksajt

stimulant ['stɪmjʊlənt] *fn* doppingszer, serkentőszer

stimulate ['stɪmjʊleɪt] *ige* élénkít, vkt vmre sarkall, stimulál, ösztönzőleg hat (vkre); *(vérkeringést, szívműködést)* serkent

stimulating ['stɪmjʊleɪtɪŋ] *mn* serkentő, ösztönző, stimuláló

stimulation [ˌstɪmjʊ'leɪʃn] *fn* ösztönzés, buzdítás, biztatás

stimulus ['stɪmjʊləs] *fn (tsz* **-li** [-laɪ]) *(érzékszervi)* inger

sting [stɪŋ] ▼ *fn* fullánk ‖ **take the sting out of sg** elveszi a dolog élét ▼ *ige (pt/pp* **stung** [stʌŋ]) *(csalán, darázs, méh)* (meg)csíp, megszúr; *(csalán)* éget ‖ **sting sy for** ❖ *biz (vkt vmely összeg erejéig)* levág

stingily ['stɪndʒɪli] *mn (átv is)* csípősen, élesen, marón

stinginess ['stɪndʒines] *fn* ❖ *biz* fösvénység, fukarság

stinging-nettle ['stɪŋɪŋ ˌnetl] *fn* csalán

stingy ['stɪndʒi] *mn* ❖ *biz* fösvény, zsugori, smucig, sóher

stink [stɪŋk] ▼ *fn* bűz ▼ *ige (pt* **stank** [stæŋk] *v.* **stunk** [stʌŋk]); *pp* **stunk**

[stʌŋk]) bűzlik, rossz szaga van, bü-
dös ‖ it **stinks** szaga van már, bűzlik,
büdös

stinkard ['stɪŋkəd] *fn* büdös ember,
„görény" ‖ ronda fráter

stinker ['stɪŋkə] *fn* = **stinkard** ‖ ❑ *isk*
❖ *biz* rohadt nehéz dolog *(pl. dolgozat)*

stinking ['stɪŋkɪŋ] *mn* büdös

stint [stɪnt] ▼ *fn* korlátozás ‖ előírt
munka(feladat) ‖ **do one's daily stint**
végzi a napi robotot; **I've done my
stint** megcsináltam a penzumomat;
without stint korlátlanul, bőven ▼
ige fukarkodik vmvel

stipend ['staɪpend] *fn* ösztöndíj *(a
kézhez kapott összeg)*

stipulate ['stɪpjʊleɪt] *ige* feltételeket
szab, kiköt ‖ **as stipulated** (közös)
megegyezés szerint; **it was stipu-
lated that** kikötöttük *(v. megállapodtunk abban)*, hogy

stipulation [ˌstɪpjʊ'leɪʃn] *fn* kikötés,
feltétel ‖ **on the stipulation that** az-
zal a kikötéssel, hogy

stir [stɜ:] ▼ *fn* kavarás, keverés ‖ kava-
rodás, sürgölődés, izgalom ‖ szenzá-
ció ‖ **cause a stir** nagy port ver fel;
create a general stir közfeltűnést
kelt ▼ *ige* **-rr-** (meg)kever, (meg)kavar
‖ habar ‖ *(tüzet)* éleszt ‖ megmozdít ‖
moccan ‖ **don't stir** ne moccanj!; **he
did not dare to stir** pisszenni sem
mert; **he didn't stir a finger** a kisuj-
ját se mozdította meg

---

stir up *(tüzet)* felpiszkál, *(átv is)* fel-
kavar; ❖ *átv* felráz, szít ‖ **stir up
rebellion** lázadást szít

---

stirrer ['stɜ:rə] *fn* fakanál, főzőkanál

stirrup ['stɪrəp] *fn (lovagláshoz)* ken-
gyel

stirrup-cup *fn* szentjánosáldás

stitch [stɪtʃ] ▼ *fn (kötés)* szem ‖ *(orv
is)* öltés ‖ **I have a stitch in my side**
szúr az oldalam ▼ *ige* (össze)varr; ölt

stitch down levarr; letűz
stitch on *(tűvel)* ráölt
stitch together összefércel
stitch up bevarr

---

stitched [stɪtʃt] *mn* fűzött *(könyv)* ‖
tűzött

stitching ['stɪtʃɪŋ] *fn* varrás, varrat

stoat [stəʊt] *fn* hermelin, hölgyme-
nyét *(nyári bundában)*

stock [stɒk] ▼ *fn* készlet; állomány,
raktár ‖ állatállomány ‖ puskatus, agy
‖ részvény(tőke) ‖ alaptőke ‖ **stocks**
sólya; **be out of stock** kifogyott; elfo-
gyott; **have sg in stock** raktáron tart
vmt; **keep in stock** készenlétben tart;
take stock of összeszámol, számba
vesz; **stock in hand** raktárállomány;
stock of game vadállomány; **stock
on hand** áruállomány, árukészlet, rak-
tári készlet ▼ *ige* tárol, raktáron tart

---

stock with *(készlettel)* ellát

---

stockade [stɒ'keɪd] *fn* cölöpkerítés
(erődítményé)

stock-book *fn* raktárkönyv

stockbroker ['stɒkbrəʊkə] *fn* rész-
vényügynök, tőzsdeügynök, alkusz,
tőzsdés

stock company *fn* részvénytársaság ‖
repertoárszínház

stock cube *fn* ételízesítő, leveskocka

stock exchange *fn* (érték)tőzsde

stock exchange quotation *mn* tőzs-
dei árfolyam

stockholder ['stɒkhəʊldə] *fn* ⊕ *US*
részvényes

stocking ['stɒkɪŋ] *fn (hosszú)* haris-
nya ‖ **a pair of stockings** *(hosszú)* ha-
risnya

stock-in-trade *fn* raktári készlet ‖ ❖ *átv*
❖ *biz* készlet, repertoár

stockist ['stɒkɪst] *fn* ⊕ *GB* kizáróla-
gos képviselő *(gyáré)* ‖ árulerakat ve-
zetője

S

stockkeeper ['stɒki:pə] *fn* raktáros
stock-market *fn* (érték)tőzsde || **stock-market prices/quotation** tőzsdei árfolyam
stock number *fn* leltári szám
stock phrase *fn* közhely, klisé
stockpile ['stɒkpaɪl] ▼ *fn* tartalékkészlet, árukészlet || felhalmozás ▼ *ige (árukészletet)* felhalmoz
stockroom ['stɒkru:m] *fn* raktárhelyiség
stock-taking *fn* leltározás
stock whip *fn* karikás ostor
stocky ['stɒki] *mn* zömök, köpcös, tömzsi *(személy)* || mokány *(ló)*
stodgy ['stɒdʒi] *mn* nehéz, laktató, nehezen emészthető *(étel)*
stoic ['stoʊɪk] *mn/fn* sztoikus
stoical ['stoʊɪkl] *mn* sztoikus
stoicism ['stoʊɪsɪzm] *fn* sztoicizmus
stoke [stoʊk] *ige (kazánt)* fűt
stokehold ['stoʊkhoʊld] *fn (hajón)* kazánház
stoker ['stoʊkə] *fn* (kazán)fűtő
stole[1] [stoʊl] *fn* stóla *(kendő)*
stole[2] [stoʊl] *pt* → **steal**
stolen ['stoʊlən] *mn* lopott || → **steal**
stolid ['stɒlɪd] *mn* egykedvű, közönyös
stomach ['stʌmək] ▼ *fn* gyomor, ❖ *biz* has || **it makes one's stomach turn, turn one's stomach** felfordul a gyomra vmtől; **his stomach is upset** gyomorrontása van ▼ *ige* zsebre tesz/ vág vmt || **I can't stomach it** ezt nem veszi be a gyomrom
stomach-ache *fn* gyomorfájás || **have (a) stomach-ache** fáj a gyomra
stomach pump *fn* gyomormosó készülék
stomach ulcer *fn* gyomorfekély
stomp [stɒmp] *ige* tapos, (lábbal) tipor || dobog (lábbal), toporzékol
stone [stoʊn] *fn* kő || epekő, vesekő || (gyümölcs)mag *(csonthéjasé)* || **leave no stone unturned** minden követ megmozgat; **within a stone's throw** kőhajításnyira

Stone Age *fn* kőkorszak
stone-cold *mn* jéghideg
stone-cutter *fn* kőfaragó
stone deaf *mn* teljesen süket
stone-hard *mn* csontkemény, kőkemény
stone-mason *fn* kőfaragó
stone-pit *fn* kőbánya; kőfejtő
stonequarry ['stoʊnkwɒri] *fn* kőbánya; kőfejtő
stonewall [ˌstoʊn'wɔ:l] *ige* ❑ *pol* obstruál
stonework ['stoʊnwɜ:k] *fn* kőfal
stony ['stoʊni] *mn* kőkemény || **I am stony broke** ❖ *biz* egy vasam sincs
stood [stʊd] *pt/pp* → **stand**
stool [stu:l] *fn* (támla nélküli) szék || **stool(s)** széklet
stoop [stu:p] *ige* lehajol || **stoop to** vmre lealacsonyodik; vetemedik; **he stooped to (…ing)** odáig aljasodott, hogy
stop [stɒp] ▼ *fn* megállás || megálló || ❑ *fényk* rekesz, blende || ❑ *zene* (orgona)regiszter || pont *(írásjel)* || **put a stop to** beszüntet; **without a stop** megállás nélkül *(halad)* ▼ *ige* -**pp**- megáll, leáll || eláll, megszűnik || megállít, leállít, megszüntet, véget vet (vmnek), beszüntet || eltöm, betöm || *(vérzést)* eláll || **stop!** állj!; **it (has) stopped raining** az eső elállt; **stop, look and listen!** ⊕ *US* vigyázz, ha jön a vonat!; **stop a gap** hiányt pótol, lyukat betöm; **stop a moment!** ❖ *biz* megállj (csak)!, várj egy kicsit!; **stop doing sg** vmvel felhagy, abbahagy; **stop it!** elég volt!, hagyd már abba!; **stop speaking** elhallgat; **stop suddenly** félbeszakad; **stop work** munkát beszüntet; **stop and give way!** állj! elsőbbségadás kötelező

stop at megáll *(vonat állomáson)*
stop down ❑ *fényk* leblendéz
stop over at a small town *(egy éjszakára)* megszáll (egy kis városban)

---

stop up eldugaszol, tömít; *(nyílást)* elzár ‖ **stop up a gap** lyukat betöm, hiányt pótol

---

stopcock ['stɒpkɒk] *fn* elzárócsap

stopgap ['stɒpgæp] ▼ *mn* hézagpótló, kisegítő, átmeneti ‖ **stopgap arrangement** szükségmegoldás; **stopgap measures** átmeneti intézkedések ▼ *fn* kisegítő megoldás

stoplight ['stɒplaɪt] *fn* ❑ *közl* tilos jelzés ‖ féklámpa, stoplámpa

stop-line *fn* stopvonal

stopover ['stɒpouvə] *fn* útmegszakítás *(rövid időre)*

stoppage ['stɒpɪdʒ] *fn* eldugulás ‖ megállás ‖ munkabeszüntetés ‖ fizetésletiltás

stopper ['stɒpə] *fn* dugó

stopping ['stɒpɪŋ] *fn* megállás ‖ **no stopping, stopping prohibited** megállni tilos!; **without stopping** megállás nélkül, szünet nélkül

stopping distance *fn* féktávolság

stop-press *fn* **stop-press item/news** lapzárta utáni hír(ek)

stop sign *fn* stoptábla

stop signals *fn tsz* ❖ *biz* ⊕ *US* villanyrendőr

stop-watch *fn* stopper(óra)

storage ['stɔːrɪdʒ] *fn* tárolás, raktározás ‖ ❑ *szt* tár

storage capacity *fn* tárolóképesség, űrtartalom

storage heater *fn* hőtároló

storage tank *fn* tároló, gyűjtőtartály

store [stɔː] ▼ *fn* (áru)készlet ‖ anyagraktár, lerakat ‖ ⊕ *US* üzlet, bolt ‖ áruház ‖ **keep in store** készenlétben tart; **set/lay great store by** nagyra tart (vkt, vmt); **stores** *(gyárban, üzemben)* raktár ▼ *ige* (el)raktároz, *(szt is)* tárol

storehouse ['stɔːhaus] *fn* raktár

storekeeper ['stɔːkiːpə] *fn* raktáros ‖ ⊕ *US* boltos, kereskedő

storeman ['stɔːmən] *fn* *(tsz* -**men)** ⊕ *US* raktáros

storeroom ['stɔːruːm] *fn* raktárhelyiség

storey (⊕ *US* **story**) ['stɔːri] *fn* emelet

stork [stɔːk] *fn* ❑ *áll* gólya

storm [stɔːm] *fn* vihar ‖ **there is a storm brewing** vihar közeledik/készül; **the storm had blown itself out, the storm is spent** elült a vihar; **storm in a teacup** vihar egy pohár vízben

storm cloud *fn* viharfelhő

storm door *fn* ⊕ *US* huzatfogó ajtó *(a rendes ajtó előtt)*

storm lantern *fn* viharlámpa

storm-signal *fn* viharjelzés

stormy ['stɔːmi] *mn* viharos, fergeteges ‖ háborgó *(tenger)*

story[1] ['stɔːri] *fn* elbeszélés, történet, mese *(regényé stb.)* ‖ **that is quite another story** ez más lapra tartozik, ez más tészta; **to cut a long story short** elég az hozzá; hogy rövid legyek

story[2] ['stɔːri] *fn* ⊕ *US* = **storey**

story-book *fn* mesekönyv

story-teller *fn* mesemondó

stout [staut] *mn* kövér, vaskos, testes

stoutness ['stautnəs] *fn* kövérség

stove [stouv] *fn* főző, tűzhely ‖ kályha

stovepipe ['stouvpaɪp] *fn* kályhacső

stovepipe hat *fn* ❖ *biz* cilinder

stow [stou] *ige* elrak, megrak, megpakol (vmvel); *(későbbre)* elrak vmt ‖ **stow away (on a ship)** ❖ *biz* potyautasként utazik/dekkol (hajón)

stowaway ['stouəweɪ] *fn* ❖ *biz* potyautas *(hajón, repülőgépen)*

straddle ['strædl] *ige* terpeszállásban áll ‖ szétterpeszt ‖ **straddle (one's legs)** szétterpeszti a lábát, szétterpesztett lábbal áll/ül

strafe [strɑːf] *ige (repülőgépről)* pásztáz, géppuskáz

straggle ['strægl] *ige* (el)csatangol, (el)kóborol ‖ lemaradozik ‖ összevissza nő *(növény)*

straggler ['stræglə] *fn* elmaradozó, elcsatangoló, elkóborló

S

---

nm névmás – *nu* névutó – *szn* számnév – *esz* egyes szám – *tsz* többes szám
▼ szófajjelzés ⊕ földrajzi variáns ❑ szakterület ❖ stiláris minősítés

straggling ['stræglɪŋ] *mn* gyér *(növényzet)*

straight [streɪt] ▼ *mn* egyenes *(vonal, út)* ‖ becsületes, egyenes, igaz, derék, tisztességes, korrekt ‖ **keep a straight face** megőrzi komolyságát; **two straight whiskies** ⊕ *US* két sima whiskyt kérek; **straight answer** egyenes válasz; **in a straight line** egyenesen, egyenes vonalban ▼ *hsz* egyenesen, egyenes vonalban ‖ közvetlenül ‖ őszintén, nyíltan, egyenesen ‖ **straight away** → **straightaway** ‖ **straight from the horse's mouth** első kézből; **straight off** azonnal, egyből, rögtön, nyomban; **straight on** egyenesen előre/tovább; **keep straight on** csak menjen egyenesen tovább; **straight out** egyenesen, nyíltan ▼ *fn (versenypályán)* egyenes

straightaway ▼ [ˌstreɪtə'weɪ] *hsz* (**straight away** *is*) azonnal, máris, rögtön, azon melegében, egyből ▼ ['streɪtəˌweɪ] *fn* ⊕ *US* egyenes

straighten ['streɪtn] *ige* kiegyenlít; egyenlővé tesz

---

straighten out elrendez, elsimít *(vitás ügyet)*

straighten up felegyenesedik

---

straight-faced *mn* pléhpofájú

straightforward [ˌstreɪt'fɔ:wəd] *mn* őszinte, szókimondó; nyílt, egyenes (lelkű) ‖ **straightforward case** tiszta eset/dolog

straight-out *mn* ⊕ *US* nyílt, őszinte, egyenes ‖ meg nem alkuvó ‖ alapos, teljes

strain¹ [streɪn] ▼ *fn* ❑ *fiz* feszültség ‖ erőlködés ‖ feszítés, erőltetés ‖ húzódás ‖ túlterhelés, túlfeszítés, túlerőltetés *(szellemileg)* ‖ **breaking strain** szakítószilárdság; **mental strain** szellemi túlerőltetés/túlterhelés ▼ *ige* megfeszít ‖ (meg)erőltet *(vmely szervét)* ‖ *(folya-*

dékot) (le)szűr, átszűr ‖ **strain at a gnat** semmiségeken lovagol; **strain every nerve to** minden erejét megfeszíti, hogy; **strain one's eyes** megerőlteti a szemét; **(s)he has strained his/her back** meghúzódott a dereka

strain² [streɪn] *fn* hajlam, vonás ‖ fajta

strained [streɪnd] *mn* feszült ‖ erőltetett ‖ agyonhajszolt

strainer ['streɪnə] *fn* szűrő *(folyadéknak)*

strait [streɪt] *fn* (tenger)szoros ‖ **be in great straits** nyomasztó helyzetben van

straitened ['streɪtnd] *mn* **live in straitened circumstances** szűkös anyagi körülmények (*v.* viszonyok) között él

straitjacket ['streɪtdʒækɪt] *fn* kényszerzubbony

strait-laced *mn* puritán; prűd

strand¹ [strænd] ▼ *fn* (kötél)pászma; szál, fonal ‖ alkotóelem ‖ (jellem)vonás ▼ *ige* (kötelet) ver

strand² [strænd] *ige* partra/zátonyra futtat/vet *(hajót)* ‖ **be stranded** megfeneklik, zátonyra fut, kátyúba jut

stranded ['strændɪd] *mn* zátonyra futott, vesztegló ‖ **be stranded** megfeneklett, vesztegel

strange [streɪndʒ] *mn* különös, furcsa, szokatlan; idegen, idegenszerű ‖ **strange to say ...** fura módon

strangely ['streɪndʒli] *hsz* különösképpen ‖ **strangely enough** furcsa/sajátos módon

strangeness ['streɪndʒnəs] *fn* furcsaság, idegenszerűség

stranger ['streɪndʒə] *fn* idegen, külföldi, ismeretlen ‖ **I am a stranger here** nem vagyok idevaló

strangle ['stræŋgl] *ige* megfojt

stranglehold ['stræŋglhoʊld] *fn* **have a stranglehold on sy** markában tart vkt; **put stranglehold on sg** megbénít vmt

---

strangulate ['stræŋgjʊleɪt] *ige* elköt, leszorít || **strangulated hernia** kizáródott sérv

strangulation [ˌstræŋgjʊ'leɪʃn] *fn* eltömés, elzárás, lekötés; megfojtás; eltömődés

strap [stræp] ▼ *fn* szíj || *(ruhán)* pánt || heveder, gurtni ▼ *ige* **-pp-** beszíjaz, odaszíjaz

straphanger ['stræphæŋə] *fn* álló(helyes) utas *(buszon)* || ingázó

strap-iron *fn* abroncsvas

strapless ['stræpləs] *mn* vállpánt nélküli

strapping ['stræpɪŋ] *mn* tagbaszakadt, markos, jókötésű, deltás; ❖ *biz* stramm

strata *tsz* → **stratum**

stratagem ['strætədʒəm] *fn* hadicsel

strategic [strə'tiːdʒɪk] *mn* hadászati, stratégiai, hadifontosságú

strategic arms *fn tsz* hadászati fegyverek

Strategic Arms Limitation Talks *fn tsz* hadászati fegyverkorlátozási tárgyalások, SALT-tárgyalások

strategist ['strætədʒɪst] *fn* stratéga, hadvezér

strategy ['strætədʒi] *fn* hadászat, stratégia

stratification [ˌstrætɪfɪ'keɪʃn] *fn* rétegeződés

stratify ['strætɪfaɪ] *ige* rétegez || **be stratified** rétegeződik

stratosphere ['strætəsfɪə] *fn* sztratoszféra

stratum ['strɑːtəm] *fn* *(tsz* **-ta** *v.* **-tums)** réteg *(társadalmi is)*

straw [strɔː] *fn* szalma || szívószál || **a straw in the wind** vmnek előszele

strawberry ['strɔːbəri] *fn* (földi)eper || **strawberry jam** eperdzsem

straw-stack *fn* szalmakazal

stray [streɪ] ▼ *mn* kósza || elkóborolt, kóbor || **stray dog** kóbor kutya ▼ *ige* *(állat)* kóborol, bitangol, tévelyeg || **stray (from)** elkalandozik

streak [striːk] ▼ *fn* csík, sáv, stráf || ér || **a streak of** vmnek a nyoma, (van benne) valami ... ▼ *ige* csíkoz || ❖ *biz* elhúzza a csíkot || **have one's hair streaked** melíroztatja a haját

streaked [striːkt] *mn* = **streaky**

streaky ['striːki] *mn* csíkos, sávos, erezett

streaky bacon *fn* szeletelt császárszalonna

stream [striːm] ▼ *fn* áramlás || folyam, folyó || **go with the stream** ❖ *átv* úszik az árral ▼ *ige* áramlik, ömlik, özönlik || **he was streaming with perspiration** egész testét kiverte az izzadság

stream in beömlik

stream out *(fény)* kiárad; *(folyadék)* kizúdul, kiáramlik; *(tömeg)* kitódul

stream to *(tömeg vhová)* tódul

streamer ['striːmə] *fn* (szalag)lobogó, zászló(cska) || árbocszalag || papírszalag, szerpentin(szalag) || ❏ *szt* sztrímer

stream feed *fn* ❏ *szt* szalagos betöltő

streamlet ['striːmlət] *fn* patak

streamline ['striːmlaɪn] *fn* áramvonal

streamlined ['striːmlaɪnd] *mn* áramvonalas

street [striːt] *fn* utca || **cross the street** átmegy a túlsó oldalra; **across the street** az utca túloldalán; **in the street** az utcán; **be streets ahead of sg/sy** ❖ *biz* klasszisokkal jobb más(ok)nál; **be on the streets** ❖ *biz* hajléktalan || az utcán keresi a kenyerét *(utcalány)*; **it's up my street** (pont) az én (szak)területem; **not up my street** ❖ *biz* nem az én asztalom

street accident *fn* gázolás

streetcar ['striːtkɑː] *fn* ⊕ *US* villamos || **streetcar (line)** villamosjárat

street cleaner *fn* utcaseprő

street corner *fn* utcasarok

street door *fn* kapu

street lamp/light *fn* utcai lámpa

S

---

nm névmás – *nu* névutó – *szn* számnév – *esz* egyes szám – *tsz* többes szám
▼ szófajjelzés ⊕ földrajzi variáns ❏ szakterület ❖ stiláris minősítés

street lighting *fn* közvilágítás

street-number *fn* házszám

street plan *fn* várostérkép; utcarendszer

street sweeper *fn* utcaseprő

street urchin *fn* utcagyerek

street vendor utcai árus

street-walker *fn* utcai nő, utcalány

street-wise *mn* ⊕ *US* ❖ *biz* városi élethez szokott, dörzsölt

strength [streŋθ] *fn* erő, erősség || **on the strength of sg** vmnek alapján; **in great strength** nagy létszámban/erőkkel

strengthen ['streŋθən] *ige* (meg)erősít, megszilárdít || megerősödik || **strengthen links** kapcsolatokat elmélyít

strenuous ['strenjʊəs] *mn* fáradhatatlan, kitartó || fárasztó, küzdelmes

strenuously ['strenjʊəsli] *hsz* határozottan, erélyesen, fáradhatatlanul

stress [stres] ▼ *fn* ❏ *fiz* feszültség || ❏ *műsz* igénybevétel || ❏ *nyelvt* hangsúly || ❖ *átv* hangsúly, nyomaték || sztressz || **lay (great) stress on sg** sokat ad vmre, nyomatékosan kijelenti, hogy, hangsúlyoz, (nagy) súlyt helyez vmre ▼ *ige* hangoztat, hangsúlyoz, kiemel || **stress the importance of sg** hangoztatja vmnek a fontosságát

stressful ['stresfl] *mn* megterhelő

stretch [stretʃ] ▼ *fn* kinyújtás || nyújtózkodás || nyúlás, rugalmasság || (idő)tartam || darab *(idő, terület)*; *(rövidebb)* útszakasz, távolság || **he did a ten-year stretch** 10 évet ült a börtönben; **at full stretch** teljes erőbedobással; **at a stretch** egyhuzamban ▼ *ige* (ki)nyújt, (ki)feszít || *(cipőt)* kitágít *(anyag, ált)* nyúlik, megnyúlik; kifeszül || **stretch as far as** vmeddig ér; **stretch one's legs** kinyújtja a lábát; sétálni megy; **stretch (oneself)** nyújtózkodik; **stretch a point** rugalmasan kezel/értelmez *(szabályt)*

stretch out *(kezet stb.)* kinyújt || vmeddig nyúlik || **stretch out (one's hand) to catch sg** kinyújtja kezét vm után

stretcher ['stretʃə] *fn* hordágy

stretcher-bearer *fn* sebesültszállító (katona)

stretching ['stretʃɪŋ] *mn* táguló, nyúló

stretch-nylon *fn* kreppnejlon

stretch slacks (⊕ *US* **pants**) *fn tsz* lasztexnadrág

stretch tights *fn tsz* kreppnejlon harisnyanadrág

strew [struː] *ige* (*pt* **strewed** [struː]; *pp* **strewed** *v.* **strewn** [struːn]) (el)hint, szór || **strew sg with sg** rászór, beszór vmvel

strewn [struːn] *pp* → **strew**

stricken ['strɪkən] *mn* vm által sújtott

strict [strɪkt] *mn* szigorú || pontos || **strict morals** szigorú erkölcsök; **strict rules** szigorú előírások; **be strict with sy** szigorú vkvel szemben; **in strictest confidence, in strict secrecy** a legnagyobb titokban, szigorúan bizalmasan

strictly ['strɪktli] *hsz* szigorúan || **strictly confidential** szigorúan bizalmas; **strictly prohibited** szigorúan tilos; **strictly speaking** az igazat megvallva, szigorúan véve

strictness ['strɪktnəs] *fn* szigor, szigorúság

stridden ['strɪdn] *pp* → **stride**

stride [straɪd] ▼ *fn* (nagy/hosszú) lépés || **make great strides (in/with) sg** nagyot halad (vmben/vmvel) ▼ *ige* (*pt* **strode** [strəʊd]; *pp* **stridden** ['strɪdn]) **stride (along)** nagyokat lép

strident ['straɪdnt] *mn* fülhasogató, metsző, csikorgó *(hang)* || harsány

strife [straɪf] *fn* küzdelem

---

strike [straɪk] ▼ *fn* sztrájk ‖ ❏ *kat* csapás ‖ **be (out) on strike** sztrájkol; **go (out) on strike** sztrájkba lép ▼ *ige* (*pt/pp* **struck** [strʌk]) megüt ‖ csap; vág ‖ (*villám*) becsap ‖ (neki)ütődik ‖ sztrájkol (*for* vmért, *against* vm ellen) ‖ **strike sy** szemet szúr vknek vm; **it struck me that** az jutott eszembe, hogy; feltűnt nekem; **what strikes me above all is that** a legjobban az lep meg, hogy; **sg strikes one's eye** megakad vmn a szeme; **what struck me was ...** nekem az tűnt fel, hogy ...; **strike a balance** egyenleget készít; **strike a blow at sy** vkre/vmre rávág; **strike a blow (swhere)** vhová odaüt; **strike one's head against/on sg** vmbe beleüti a fejét; **strike camp** tábort bont, felszedi a sátrakat; **strike a bargain with sy** üzletet köt vkvel; **strike a light** gyufát gyújt; **strike a match** gyufát gyújt; **strike a nail into sg** szeget beüt; **strike home** célba talál; **strike oil** olajra bukkan; **strike root** gyökeret ver/ereszt

strike at ráüt/rácsap vkre/vmre; nekiütődik (-nak/-nek)
strike down leüt, lever ‖ **was struck down** leverte a lábáról (*betegség*)
strike off leüt, lecsap ‖ (*nevet vhonnan*) töröl
strike on sg rábukkan/rátalál vmre
strike out töröl, áthúz, kihúz ‖ **strike out** (*vmlyen irányba*) hirtelen elindul
strike up a tune (*énekre, zenére*) rákezd ‖ **strike up a conversation with sy** beszélgetésbe/beszélgetést kezd vkvel

strikebound ['straɪkbaʊnd] *mn* sztrájktól megbénított
strike-breaker *fn* sztrájktörő
strike-breaking *fn* sztrájktörés
strike committee *fn* sztrájkbizottság

strike pay *fn* sztrájksegély (*szakszervezet részéről*)
striker ['straɪkə] *fn* ❏ *sp* támadójátékos, középcsatár ‖ sztrájkoló
striking ['straɪkɪŋ] *mn* feltűnést keltő ‖ sztrájkoló
strikingly ['straɪkɪŋli] *hsz* feltűnően
string [strɪŋ] ▼ *fn* spárga, madzag, zsineg ‖ húr ‖ (gyöngy)sor ‖ rost, szál (*növényi*) ‖ ❏ *szt* (karakter)sorozat ‖ **the strings** a vonósok; **have/keep sy on a string** zsinóron rángat vkt; **pull strings** protekciót vesz igénybe ▼ *ige* (*pt/pp* **strung** [strʌŋ]) (fel)húroz ‖ felfűz ‖ felköt ‖ megtisztít (*pl. zöldbabot*)

string sy along ❖ *biz* hiteget, bolondít
string out sorban elhelyez, felsorakoztat
string up ❖ *biz* (*vkt*) felköt, felakaszt

string bag *fn* (*necc*) szatyor
string beans *fn tsz* ⊕ *US* zöldbab
stringed instrument [strɪŋd] *fn* húros/vonós hangszer
stringency ['strɪndʒənsi] *fn* szigorúság; megszorítás ‖ megszorultság, pénztelenség
stringent ['strɪndʒənt] *mn* szigorú ‖ szorult, pénzszűkében lévő ‖ **stringent laws** szigorú törvények
stringer ['strɪŋə] *fn* ❖ *biz* **be a stringer** (*több lapnak*) tudósít, riporter(ként működik) (*szabadúszóként*)
string orchestra *fn* vonószenekar
string quartet *fn* vonósnégyes
stringy ['strɪŋi] *mn* (*zöldbab*) szálkás; (*zöldségféle*) fás ‖ rágós (*hús*)
strip [strɪp] ▼ *fn* szalag, csík, darab ‖ ❏ *sp* mez ‖ vetkőzés ‖ **a strip of aspirin** egy levél aszpirin; **strip of land** földsáv ▼ *ige* **-pp-** (*fakérget*) (le)hánt, lehámoz; (*orvosi rendelőben, sztriptízben*) (le)vetkőzik ‖ **stripped to the**

S

waist derékig meztelen, félmeztelen; **strip sy to the buff** ❖ *biz* meztelenre vetkőztet vkt

strip off lefejt; *(bőrt)* lenyúz; vmt vmről lehúz; *(fát)* meghánt

strip cartoon *fn* (tréfás) képregény *(újságban)*

stripe [straɪp] ▼ *fn* csík, sáv, stráf ‖ **stripes** rangjelzés ▼ *ige* csíkoz

striped [straɪpt] *mn* csíkos

strip floor *fn* hajópadló

strip light *fn* fénycső

strip lighting *fn* fénycsővilágítás

stripling ['strɪplɪŋ] *fn* gyerkőc

stripper ['strɪpə] *fn* sztriptíztáncosnő

striptease ['strɪptiːz] *fn* sztriptíz

strive [straɪv] *ige (pt* **strove** [strouv]; *pp* **striven** ['strɪvn]) **strive after/for** (*v.* **to do**) *sg* törekszik vmre, vmt el akar érni, vmért töri magát, célul tűz ki vmt

striven ['strɪvn] *pp* → **strive**

strode [stroud] *pt* → **stride**

stroke [strouk] ▼ *fn* ütés; csapás ‖ evezőcsapás ‖ úszás(nem); kartempó ‖ (óra)ütés ‖ agyvérzés, szélütés ‖ *(dugattyúé)* löket, ütem ‖ *(ceruzával, tollal)* vonás, ecsetvonás ‖ simogatás ‖ vezérevezős ‖ **at a stroke** egy csapásra/csapással; **on the stroke of 5** pontosan 5 órakor; **have a stroke** szélütés/gutaütés éri, agyvérzést kap; **stroke of luck** véletlen szerencse, ❖ *átv* főnyeremény ▼ *ige* simogat ‖ **stroke lightly** meglegyint

stroll [stroul] ▼ *fn* séta ‖ **let us go for** (*v.* **take**) **a stroll** sétáljunk egyet ▼ *ige* sétál, kószál

stroll about kóborol, kószál

stroller ['stroulə] *fn* ⊕ *US* sportkocsi *(kisbabáé, esernyőfogantyús)*

strong [strɒŋ] *mn* erős ‖ **a 30-strong delegation** 30 fős küldöttség; **strong**

character szilárd jellem; **strong features** markáns (arc)vonások; **strong language** durva szavak, káromkodás; **strong measures** erélyes rendszabályok; **strong personality** határozott egyéniség; **sy's strong point** erős oldala

strong-arm *mn* erőszakot (is) igénybe vevő *(eljárás)*, erőszakos

strong-box *fn* pénzszekrény

strong drink *fn* erős/nehéz szeszes ital

stronghold ['strɒŋhould] *fn* erőd, ❖ *átv* védőbástya

strongly ['strɒŋli] *hsz* erősen, nyomatékosan

strongman ['strɒŋmən] *fn (tsz* **-men)** ❖ *átv* erős ember

strong-minded *mn* erélyes, határozott

strong-room *fn* páncélszoba

strop [strɒp] ▼ *fn* fenőszíj ▼ *ige* **-pp-** megfen *(borotvát)*

strophe ['stroufi] *fn* strófa

strove [strouv] *pt* → **strive**

struck [strʌk] *pt/pp* → **strike**

structural ['strʌktʃərəl] *mn* szerkezeti, strukturális

structuralism ['strʌktʃərəlɪzm] *fn* strukturalizmus

structuralist ['strʌktʃərəlɪst] *mn/fn* strukturalista

structurally ['strʌktʃərəli] *hsz* szerkezetileg

structure ['strʌktʃə] *fn* szerkezet, struktúra, felépítés, szervezet, konstrukció

struggle ['strʌgl] ▼ *fn* küzdelem, harc, ❖ *átv* csata ‖ **struggle for life** küzdelem a létért, létharc ▼ *ige* küzd, harcol ‖ **he struggled to his feet** nagy nehezen lábra állt

struggle for sg vmért küzd
struggle through vmn átvereksz magát, átvergődik
struggle with vesződik/küszködik vmvel

strum [strʌm] *ige* **-mm-** penget *(gitárt)*

struma ['stru:mə] *fn* strúma

strung [strʌŋ] *mn* kifeszített, feszült ‖ **strung up** túlfeszített, ideges, túlérzékeny ‖ → **string**

strut[1] [strʌt] *fn* gerenda; szarufa; (támasztó)dúc

strut[2] [strʌt] *ige* **-tt-** büszkén/peckesen lépked

strychnine ['strɪkni:n] *fn* sztrichnin

stub [stʌb] ▼ *fn* (ellenőrző) szelvény, csonk ‖ csikk ▼ *ige* **-bb-** beleüti *(lábát kőbe)*

---

stub out elolt *(cigarettát)*

---

stubble ['stʌbl] *fn* tarló ‖ borostás áll

stubbly ['stʌbli] *mn* ❖ *biz* borostás *(áll)*, szúrós *(szakáll)*

stubborn ['stʌbən] *mn* makacs, csökönyös, akaratos

stubbornness ['stʌbənnəs] *fn* makacsság, csökönyösség

stubby ['stʌbi] *mn* köpcös, zömök

stucco ['stʌkoʊ] *fn* stukkó, díszvakolat, műmárvány

stuck [stʌk] *mn* elakadt, megrekedt ‖ **be/get stuck** elakad(t), bennragad(t), megreked(t) *(in* vmben); **get stuck in sg** vmbe beleszorul; *(folyamat, ügy)* megakad; *(jármű)* elakad, bennragad; **get stuck in!** ❖ *biz* láss hozzá!, ess neki!; **(be) stuck on** ❖ *biz* bele van esve vkbe ‖ → **stick**

stuck-up *mn* ❖ *biz* elkapatott

stud[1] [stʌd] ▼ *fn* inggomb ‖ szeg(ecs) ‖ ❖ *biz (futballcipőn)* stopli ▼ *ige* **-dd-** szeggel kirak/kiver

stud[2] [stʌd] *fn* ménes, méntelep ‖ ❖ *átv* ❖ *biz (férfiről)* bika ‖ **stud mare** tenyészkanca

stud-book *fn* (lótenyésztési) törzskönyv

studded ['stʌdɪd] *mn* szegekkel kivert; szeges ‖ **studded with diamonds** gyémántokkal kirakott/ékesített

student ['stju:dnt] *fn* tanuló, diák; *(egyetemi)* hallgató; főiskolás ‖ **medical student** orvostanhallgató, medikus, medika; **student majoring in English** angol szakos hallgató; **student of history** történelem szakos hallgató; **students' hostel** kollégium *(főiskolásoknak, főleg szállás)*, diákotthon; **students' union** diákszövetség; kb. hallgatói önkormányzat

student driver *fn* ⊕ *US* tanulóvezető

student exchange *fn* diákcsere

student teacher *fn* tanárjelölt

stud-farm *fn* = **stud**[2]

studied ['stʌdid] *mn* megfontolt, szándékolt ‖ keresett ‖ → **study 2.**

studio ['stju:dioʊ] *fn* műterem ‖ stúdió

studio couch *fn* rekamié

studio flat (⊕ *US* **apartment)** *fn* szoba-konyhás lakás; garzonlakás

studious ['stju:diəs] *mn* szorgalmas, igyekvő ‖ gondos, alapos ‖ odaadó ‖ **with studious care/attention** végtelen odaadással/gondossággal/lelkiismeretességgel

studiously ['stju:diəsli] *hsz* szorgalmasan ‖ gondosan

study ['stʌdi] ▼ *fn* tanulás; tanulmány, stúdium ‖ vizsgálat; megfontolás ‖ értekezés, tanulmány ‖ ⬚ *zene* etűd ‖ dolgozószoba ‖ **one's studies** vk tanulmányai *(amiket folytat)*; **make a study of sg** tanulmányoz vmt ▼ *ige* tanul vmt, tanulmányokat folytat ‖ (át)tanulmányoz, vizsgál ‖ *(kutatási stb. témával)* foglalkozik ‖ **study law** jogi tanulmányokat folytat; **study at the university** egyetemre jár, egyetemet végez; **study medicine at the university** az orvosi egyetemre jár; **study a problem closely** behatóan foglalkozik egy kérdéssel; **study for an exam** vizsgára tanul/készül; **study hard** szorgalmasan/keményen/kitartóan tanul

---

nm névmás ⁻ *nu* névutó ⁻ *szn* számnév ⁻ *esz* egyes szám ⁻ *tsz* többes szám
▼ szófajjelzés ⊕ földrajzi variáns ⬚ szakterület ❖ stiláris minősítés

study group *fn* munkacsoport ‖ tanulókör

study leave *fn* alkotószabadság

study tour *fn* tanulmányút

study visit *fn* tanulmányút

stuff [stʌf] ▼ *fn* anyag, dolog ‖ ❏ *tex* szövet, anyag ‖ **do one's stuff** ❖ *biz* megteszi a magáét; **one's stuff** ❖ *biz* cucc ▼ *ige* töm, vmvel kitöm, teletöm, telezsúfol ‖ **stuff oneself** (*v.* **one's face**) ❖ *biz* teleeszi magát, zabál; **get stuffed!** ❖ *biz* menj a fenébe!

---

stuff into beletöm

---

stuffed shirt *fn* ❖ *biz* nagyképű alak

stuffed toy *fn* kitömött/plüss (játék)állat

stuffiness ['stʌfinəs] *fn* fülledtség, dohosság, áporodottság

stuffy ['stʌfi] *mn* áporodott, dohos (*levegő*); fülledt, levegőtlen (*szoba*) ‖ begyepesedett fejű ‖ **stuffy nose** eldugult orr

stumble ['stʌmbl] ▼ *fn* botlás ▼ *ige* botlik, bukdácsol, megbotlik ‖ **stumble (up)on sg** vmre akad

stumbling-block *fn* botránykő

stump [stʌmp] *fn* (fa)tönk, (fa)tuskó, csonk

stun [stʌn] *ige* **-nn-** (*ütés*) elkábít ‖ megdöbbent ‖ **(s)he was stunned by the news** megdöbbentette/letörte a hír; **I was stunned to hear/learn** elképedve hallottam

stung [stʌŋ] *pt/pp* → **sting**

stunk [stʌŋk] *pt/pp* → **stink**

stunned [stʌnd] *mn* megdöbbent ‖ → **stun**

stunning ['stʌnɪŋ] *mn* elképesztő ‖ **stunning sight** dermesztő látvány; **stunning success/hit** szédítő siker

stunt [stʌnt] *fn* (cirkuszi/nyaktörő) mutatvány, kunszt

stunted ['stʌntɪd] *mn* csenevész, satnya

stuntman ['stʌntmən] *fn* (*tsz* **-men**) kaszkadőr

stupefaction [ˌstjuːpɪ'fækʃn] *fn* megrökönyödés

stupefy ['stjuːpɪfaɪ] *ige* elkábít ‖ elképeszt ‖ **be stupefied** elképed, megrökönyödik

stupefying ['stjuːpɪfaɪɪŋ] *mn* elképesztő ‖ butító

stupendous [stjuː'pendəs] *mn* óriási, elképesztő(en nagy méretű), fantasztikus (arányú)

stupid ['stjuːpɪd] *mn* buta, ostoba, hülye ‖ **don't be stupid** legyen eszed!

stupidity [stjuː'pɪdəti] *fn* butaság, hülyeség

stupidly ['stjuːpɪdli] *hsz* ostobán, bután

stupor ['stjuːpə] *fn* kábulat, bódulat

sturdily ['stɜːdɪli] *hsz* erősen, szilárdan

sturdiness ['stɜːdɪnəs] *fn* erő, határozottság, szilárdság

sturdy ['stɜːdi] *mn* erős, izmos, masszív, stramm, tagbaszakadt, szilárd ‖ határozott ‖ **sturdy little fellow** kis vasgyúró

sturgeon ['stɜːdʒən] *fn* tok(hal)

stutter ['stʌtə] ▼ *fn* dadogás, hebegés ▼ *ige* dadog, hebeg

stuttering ['stʌtərɪŋ] *fn* dadogás, hebegés

sty [staɪ] *fn* disznóól

sty(e) [staɪ] *fn* árpa (*szemen*)

style [staɪl] *fn* stílus ‖ ízlés ‖ divat ‖ **have style** van stílusa; **in style** stílszerűen, stílusosan, előkelően; **she has style** sikkes nő

style level *fn* stílusréteg

styling ['staɪlɪŋ] *fn* stíldíszítés (*bútoré, ruháé*); szegély (*szőnyegé*) ‖ vonal, forma(tervezés)

stylish ['staɪlɪʃ] *mn* (*ruha*) elegáns, ízléses, divatos, fess

stylist ['staɪlɪst] *fn* stiliszta, (író)művész

stylistic [staɪ'lɪstɪk] *mn* stilisztikai, stiláris

stylistics [staɪ'lɪstɪks] *fn* *esz* stilisztika

---

fn főnév − *hsz* határozószó − *isz* indulatszó − *ksz* kötőszó − *mn* melléknév
▼ szófajjelzés ⊕ földrajzi variáns ❏ szakterület ❖ stiláris minősítés

stylized ['staɪlaɪzd] *mn* stilizált

stylus ['staɪləs] *fn* (lejátszó)tű

styptic pencil ['stɪptɪk] *fn* timsó *(rúd)*

suave [swɑ:v] *mn* kedves, kellemes, édes, lágy *(zene, illat)* || nyájas, barátságos *(fogadtatás)*

sub [sʌb] ▼ *fn* ❖ *biz* tengeralattjáró || segédszerkesztő || helyettes || csere(játékos) || **be on the subs bench** a kispadon ül ▼ *ige* **-bb-** ❖ *biz* **sub for sy** vkt helyettesít

sub-branch *fn* fiókintézet

subcommittee [ˌsʌbkə'mɪti] *fn* albizottság

subconscious [sʌb'kɒnʃəs] *mn/fn* tudat alatti

subcontinent [sʌb'kɒntɪnənt] *fn* szubkontinens

subcontract ▼ [sʌb'kɒntrækt] *fn* alvállalkozói szerződés ▼ [ˌsʌbkən'trækt] *ige* alvállalkozásba ad/vesz

subcontractor [ˌsʌbkən'træktə] *fn* alvállalkozó || **subcontractors' works** szakipari munkák

subcutaneous injection [ˌsʌbkju:'teɪnɪəs] *fn* bőr alá adott injekció

subdivide [ˌsʌbdɪ'vaɪd] *ige* alosztályokra feloszt, (tovább) feloszt

subdivision [ˌsʌbdɪ'vɪʒn] *fn* felosztás || alosztály || alfejezet || ⊕ *US* parcellázás || ⊕ *US* kertváros, előváros

subdue [səb'dju:] *ige (ellenfelet)* legyőz, leigáz || *(fényt)* tompít || **in a subdued voice** halkan

subdued [səb'dju:d] *mn* legyőzött || letompított, halk, szelíd

sub-editor *fn* segédszerkesztő *(hírlapnál)*

subject ▼ ['sʌbdʒekt] *mn* alávetett || vmtől függő || **subject to sg** vm alá eső/tartozó, vm alá van vetve; **be subject to sg** vm alá van vetve, vmtől függ; **subject to dues/fees** díjköteles; **subject to duty** illetékköteles, vámköteles; **subject to taxation** adóköteles

▼ ['sʌbdʒɪkt] *fn (pl. írásműé, képé stb.)* tárgy, téma || ❏ *isk* tárgy, tantárgy || ❏ *nyelvt* alany || alattvaló, állampolgár || ❏ *zene* főtétel || **change the subject** más tárgyra tér, más témára tér át, témát vált, másról kezd beszélni; **subject of conversation** beszédtéma; **what are your main subjects?** milyen szakon tanulsz?, melyik szakra jársz? ▼ [səb'dʒekt] *ige* **subject sg to sg** vmt vmnek alávet || **be subjected to sg** alá van vetve vmnek

subject catalogue (⊕ *US* **-log**) *fn* szakkatalógus

subjection [səb'dʒekʃn] *fn* alávetés, leigázás, elnyomás || alávetettség, hódoltság, leigázottság

subjective [səb'dʒektɪv] *mn* alanyi, egyéni, szubjektív

subject-matter *fn* téma *(írásműé stb.)*

sub judice [ˌsʌb 'dʒu:dɪsi] *hsz* **the case is sub judice** az ügy bíróság előtt van

subjugate ['sʌbdʒʊgeɪt] ❖ *átv* igába hajt

subjugation [ˌsʌbdʒʊ'geɪʃn] *fn* leigázás

subjunctive [səb'dʒʌŋktɪv] *fn* kötőmód

sublease ▼ ['sʌbli:s] *fn* al(haszon)-bérlet ▼ [ˌsʌb'li:s] *ige* al(haszon)bérletbe ad

sublet [sʌb'let] ▼ *fn* al(haszon)bérlet ▼ *ige (pt/pp sublet)* **-tt-** al(haszon)bérletbe ad/vesz

sub-lieutenant [ˌsʌblef'tenənt] *fn* (tengerész) alhadnagy

sublime [sə'blaɪm] *mn* fennkölt, emelkedett

subliminal [ˌsʌb'lɪmɪnəl] *mn* tudatküszöb alatti

submachine-gun *fn* géppisztoly

submarine ['sʌbməri:n] ▼ *mn* tenger alatti || **submarine cable** tengeri kábel ▼ *fn* tengeralattjáró

submerge [səb'mɜ:dʒ] *ige* alábukik, alámerül || **be submerged** elmerül

S

---

nm névmás – *nu* névutó – *szn* számnév – *esz* egyes szám – *tsz* többes szám
▼ szófajjelzés ⊕ földrajzi variáns ❏ szakterület ❖ stiláris minősítés

submergence [səb'mɜ:dʒəns] *fn* alámerülés, elmerülés

submersion [səb'mɜ:ʃn] = **submergence**

submission [səb'mɪʃn] *fn* beadvány, felterjesztés

submissive [səb'mɪsɪv] *mn* beletörődő; lemondó

submit [səb'mɪt] *ige* -tt- bead; benyújt; *(kérést)* előad, előterjeszt ‖ **submit to sy** vknek behódol

subnormal [sʌb'nɔ:ml] *mn* a normálisnál *(v.* az átlagosnál) csekélyebb/ alacsonyabb ‖ **educationally subnormal** értelmi fogyatékos

sub-office *fn* fiókintézet

suborder [sʌb'ɔ:də] *fn* ❏ *áll* alrend

subordinate [sə'bɔ:dɪnət] *mn* vknek, vmnek alárendelt

subordinate clause *fn* alárendelt mellékmondat

subordinate part/role *fn* mellékszerep

subordination [sə,bɔ:dɪ'neɪʃn] *fn* függő helyzet/viszony, függőség

subpoena [sə'pi:nə] ▼ *fn (tsz* -nas) (bírósági) idézés ▼ *ige (pt/pp* **subpoenaed**) beidéz *(tanúként)*

subroutine ['sʌbru:ti:n] *fn* ❏ *szt* szubrutin

subscribe [səb'skraɪb] *ige* aláír ‖ jegyez *(összeget)*; előfizet ‖ **subscribe for shares** részvényt jegyez; **subscribe to** vmre előfizet, jegyez *(összeget)*, adakozik; **I do not subscribe to it** nem azonosítom magam vele, ezt én nem írom alá

subscribed capital *fn* jegyzett tőke

subscriber [səb'skraɪbə] *fn* aláíró ‖ *(lapra, telefonra)* előfizető

subscriber trunk dialling *fn* ⊕ *GB* távhívás

subscript ['sʌbskrɪpt] *fn* (alsó) index

subscription [səb'skrɪpʃn] *fn* előfizetés ‖ előfizetési díj ‖ tagdíj ‖ **the annual subscription is £8.00 sterling** az évi tagdíj 8 font

subscription concerts *fn tsz* bérleti hangversenyek ‖ hangversenybérlet

subsequent ['sʌbsɪkwənt] *mn* későbbi, utólagos, az ezt követő ‖ **subsequent to** rá következő

subsequently ['sʌbsɪkwəntli] *hsz* pótlólag, utólag

subservient [səb'sɜ:vɪənt] *mn* szolgai(an alázatos), engedelmes ‖ alárendelt (szerepű)

subside [səb'saɪd] *ige* (le)apad; *(ár)* apad ‖ *(fájdalom)* enyhül ‖ *(föld, épület)* süllyed ‖ *(harag)* lelohad

subsidence [səb'saɪdns] *fn* enyhülés *(fájdalomé)* ‖ *(földé, épületé)* süllyedés

subsidiary [səb'sɪdɪəri] *mn* másodlagos, mellékes ‖ **subsidiary subject** melléktantárgy

subsidize ['sʌbsɪdaɪz] *ige (államilag)* támogat, dotál, szubvencionál

subsidy ['sʌbsɪdi] *fn* szubvenció, dotáció, pénzbeli segély/támogatás

subsist [səb'sɪst] *ige* létezik ‖ **subsist on a small income** tengődik

subsistence [səb'sɪstəns] *fn* létfenntartás

subsistence allowance *fn* kegydíj

subsistence level *fn* létminimum *(mint életszínvonal)*

subsistence wage *fn* létminimum *(kereset)*

subsoil ['sʌbsɔɪl] *fn* altalaj

subspecies ['sʌb,spi:ʃi:z] *fn tsz* alfaj

substance ['sʌbstəns] *fn* anyag ‖ lényeg

substandard [sʌb'stændəd] *mn* alacsony/gyenge színvonalú ‖ **substandard goods** selejt *(termék)*

substantial [səb'stænʃl] *mn* lényeges, fontos ‖ tekintélyes ‖ vagyonos, tehetős, (gazdaságilag/anyagilag) megalapozott ‖ laktató, tápláló, tartalmas, kiadós *(étel)* ‖ ❖ *átv* magvas ‖ **substantial meal** bőséges étkezés

substantially [səb'stænʃəli] *hsz* lényegileg

substantiate [səb'stænʃieɪt] *ige* megalapoz, meg(ind)okol; bizonyít; igazol

substation ['sʌbsteɪʃn] *fn* alállomás

substitute ['sʌbstɪtjuːt] ▼ *fn* helyettes ‖ cserejátékos ‖ pótszer ‖ pótlék *(vm helyett)* ▼ *ige* **substitute for sy** vkt helyettesít; **substitute sg for sg** vmt vmvel helyettesít, pótol

substitution [ˌsʌbstɪ'tjuːʃn] *fn* helyettesítés ‖ pótlás ‖ ❑ *sp* csere

substructure [sʌb'strʌktʃə] *fn* alépítmény

subterfuge ['sʌbtəfjuːdʒ] *fn* kibúvó, ürügy, kifogás

subterranean [ˌsʌbtə'reɪnɪən] *mn* föld alatti

subtitle ['sʌbtaɪtl] *fn* alcím ‖ felirat *(filmen)* ‖ **with subtitles** feliratos *(film)*

subtitled ['sʌbtaɪtld] *mn* feliratos *(film)*

subtle ['sʌtl] *mn* árnyalt, (hajszál)finom ‖ éles *(ész)*

subtlety ['sʌtlti] *fn* finomság, finom megkülönböztetés ‖ élesség *(elméé)*

subtly ['sʌtli] *hsz* finoman; elmésen

subtotal ['sʌbtoutl] *fn* részösszeg *(összeadás-sorozatban)*

subtract [səb'trækt] *ige* ❑ *mat* kivon, levon

subtraction [səb'trækʃn] *fn* ❑ *mat* kivonás

subtropical [ˌsʌb'trɒpɪkl] *mn* szubtropikus

suburb ['sʌbɜːb] *fn* előváros, külváros, peremváros

suburban [sə'bɜːbən] *mn* külvárosi, kültelki

suburban railway/line *fn* helyiérdekű vasút

suburbia [sə'bɜːbɪə] *fn* ❖ *elít* a külvárosok és elővárosok (élete/jellege)

subvention [səb'venʃn] *fn* állami segély, szubvenció

subversion [səb'vɜːʃn] *fn* felforgatás

subversive [səb'vɜːsɪv] *mn* felforgató, diverzáns

subvert [səb'vɜːt] *ige* felforgat, bomlaszt

subway ['sʌbweɪ] *fn* ⊕ *GB* (gyalogos-)aluljáró ‖ ⊕ *US* földalatti, metró

sub-zero *mn* nulla fok alatti *(hőmérséklet)*

succeed [sək'siːd] *ige* jó eredménnyel jár, sikert arat, sikert ér el, érvényesül ‖ **succeed sy (as …)** helyébe lép, követ (vkt), vk utóda; **succeed in doing sg** (vknek vm, vmt megtenni) sikerül; **(s)he succeeded** sikerült neki; **(s)he succeeded in passing the examination** sikerült átmennie a vizsgán; **succeed to the throne** követ(kezik) a trónon

succeeding [sək'siːdɪŋ] *mn* (utána) következő, egymást követő

success [sək'ses] *fn* siker ‖ **have a success** sikert arat; **make a success of (sg)** sikerre juttat/visz; **success has turned** (*v.* **has gone to**) **his head** fejébe szállt a siker

successful [sək'sesfl] *mn* sikeres

successfully [sək'sesfli] *hsz* eredményesen

succession [sək'seʃn] *fn* sorrend, sorozat, egymásután következés ‖ öröklés, utódlás ‖ **three days in succession** három nap egymás után

successive [sək'sesɪv] *mn* egymásra következő ‖ **on two successive days** két egymást követő napon

successively [sək'sesɪvli] *hsz* egymás után

successor [sək'sesə] *fn* (hivatali, üzleti) utód

succinct [sək'sɪŋkt] *mn* tömör; rövid, velős

succulent ['sʌkjʊlənt] ▼ *mn* leveses *(gyümölcs)*; (s)zaftos *(hús)* ▼ *fn* tsz **succulents** ❑ *növ* szukkulensek; pozsgások

succumb [sə'kʌm] *ige* megadja magát, alulmarad ‖ **succumb to odds** enged a túlerőnek

such [sʌtʃ] *mn/nm* olyan, oly, ilyen ‖ **in such a manner (that/as)** oly mó-

---

nm névmás ‗*nu* névutó ‗*szn* számnév ‗*esz* egyes szám ‗*tsz* többes szám
▼ szófajjelzés ⊕ földrajzi variáns ❑ szakterület ❖ stiláris minősítés

S

don; **in such a way that** olyan-féleképp(en), hogy; **such a(n)** (egy) olyan …, ilyen …; **to such an extent that** olyannyira, hogy; **such as** úgymint, mint például, olyan, mint; **such is life** ilyen az élet; **at such times** olyankor

such-and-such *mn* ilyen és ilyen

suchlike ['sʌtʃlaɪk] *mn* efféle

suck [sʌk] ▼ *fn* szívás ‖ szopás ‖ **have/ take a suck at** megszív vmt, szop(ik) vmt ▼ *ige (folyadékot)* szív ‖ szopik

---

suck at sg megszív ‖ **suck (away) at its (feeding-)bottle** (cumis)üvegből szopik/eszik/etetik
suck on sg megszív
suck out *(folyadékot)* kiszív
suck up to sy ❖ *biz* benyalja magát vkhez

---

sucker ['sʌkə] *fn* szívóka ‖ ❖ *biz* balek

sucking ['sʌkɪŋ] *mn* szopó

suckle ['sʌkl] *ige* (meg)szoptat

suckling ['sʌklɪŋ] *fn* szopós gyerek

sucrose ['suːkrəʊs] *fn* répacukor, nádcukor, szacharóz

suction ['sʌkʃn] *fn* szívás

suction pump *fn* szivattyú

Sudan [suːˈdɑːn] *fn* Szudán

Sudanese [ˌsuːdəˈniːz] *mn/fn* szudáni

sudden ['sʌdn] *mn* hirtelen, váratlan; meglepetésszerű ‖ **all of a sudden** hirtelen, egyszer csak; **sudden change** fordulat

suddenly ['sʌdnli] *hsz* hirtelen, egyszer csak

suddenness ['sʌdnnəs] *fn* váratlanság, hirtelenség

suds [sʌdz] *fn tsz* szappanlé, szappanos víz, szappanhab ‖ ⊕ *US* ❖ *biz* sör

sue [sjuː, suː] *ige* ❑ *jog* perel vmt/vkt ‖ **sue for (a) divorce** válópert indít; **sue for damages** kártérítési pert indít

suede [sweɪd] *fn* szarvasbőr, őzbőr

suede coat *fn* szarvasbőr/őzbőr kabát

suet ['suːɪt] *fn* faggyú

Suez ['suːɪz] *fn* Szuez

suffer ['sʌfə] *ige* szenved ‖ elszenved, elvisel, eltűr ‖ **suffer a heart attack** szívrohamot kapott, szívrohama van; **suffer defeat** ❑ *sp* vereséget szenved; **suffer from** vmben/vmtől szenved; **suffer from a disease** vmlyen betegségben szenved; **(s)he suffered severe injuries (in the accident)** súlyos sérüléseket szenvedett (a balesetben)

sufferance ['sʌfərəns] *fn* (el)tűrés, elviselés, hallgatólagos beleegyezés ‖ **I am here on sufferance** éppen csak megtűrnek

sufferer ['sʌfərə] *fn* (vm betegségben) szenvedő, beteg

suffering ['sʌfərɪŋ] *fn* szenvedés ‖ **sufferings** sok szenvedés, fájdalmak, kálvária

suffice [səˈfaɪs] *ige* **suffice it to say** ❑ *kif* elég az hozzá(, hogy); hogy rövid legyek

sufficient [səˈfɪʃnt] *mn* elég, elegendő, elégséges

sufficiently [səˈfɪʃntli] *hsz* eléggé

suffix ['sʌfɪks] *fn* ❑ *nyelvt* rag, képző, végződés

suffixed ['sʌfɪkst] *mn* ❑ *nyelvt* ragos

suffocate ['sʌfəkeɪt] *ige* (meg)fojt *(füst)* ‖ megfullad

suffocating ['sʌfəkeɪtɪŋ] *mn* fullasztó; fojtó

suffocation [ˌsʌfəˈkeɪʃn] *fn* fuldoklás, (meg)fulladás

suffrage ['sʌfrɪdʒ] *fn* választójog

suffragette [ˌsʌfrəˈdʒet] *fn* szüfrazsett

suffuse [səˈfjuːz] *ige* elborít; elönt *(vmt)*

sugar ['ʃʊɡə] ▼ *fn* cukor ▼ *ige* (meg)cukroz ‖ **sugar the pill** megédesíti a keserű pirulát

sugar-basin *fn* cukortartó

sugar-beet *fn* cukorrépa

sugar bowl *fn* ⊕ *US* cukortartó

---

sugar-cane *fn* cukornád
sugar-castor *fn* cukorszóró
sugar-coated *mn* cukorbevonatú
sugared ['ʃʊgəd] *mn* cukrozott
sugar-lump *fn* egy kocka(cukor)
sugar peas *fn tsz* zöldborsó
sugar refinery *fn* cukorfinomító
sugar-tongs *fn tsz* cukorfogó
sugary ['ʃʊgəri] *mn* édes(kés)
suggest [sə'dʒest] *ige* javasol, ajánl, tanácsol, indítványoz, proponál, felvet, állít ‖ sejtet ‖ vmre utal ‖ **this would suggest that** ez amellett szól, hogy …; **I suggest that …** azt ajánlom, hogy; **it has been suggested that** felvetették azt, hogy, felmerült az az elgondolás, hogy
suggestion [sə'dʒestʃn] *fn* javaslat, indítvány
suggestive [sə'dʒestɪv] *mn* **suggestive of** vmre emlékeztető/utaló ‖ szuggesztív, sokatmondó ‖ kétértelmű, „félreérthetetlen" *(pillantás stb.)*
suicidal [ˌsuːɪ'saɪdl] *mn* öngyilkossági, öngyilkos
suicide ['suːɪsaɪd] *fn* öngyilkosság ‖ öngyilkos ‖ **commit suicide** öngyilkosságot követ el
suicide attempt *fn* öngyilkossági kísérlet
suit [suːt, sjuːt] ▼ *fn* öltöny; öltözet; kosztüm ‖ (kártya)szín ‖ per(es eljárás); ⬜ *jog* kereset ‖ leánykérés ‖ kérelem ‖ **bring a suit against sy** beperel vkt; **follow suit** hasonlóan cselekszik, követ, utánoz; színre színt ad/tesz ▼ *ige* **suit sy** alkalmas/megfelel vknek ‖ jól áll vknek ‖ **suit sg well** jól illik vmhez, hozzáillik; **it does not suit me** nem felel meg nekem, nincs ínyemre/kedvemre, nem áll jól nekem; **it suits my plans** megegyezik terveimmel; **suit yourself** tégy, ahogy tetszik/jólesik; **be suited to (sg)** vmre alkalmas; **be suited to sy** vkhez (hozzá)illik; **it suits my book if** nekem az a jó, ha …; **it suits me down**

to the ground nekem tökéletesen megfelel, teljesen jó (nekem)
suitability [ˌsuːtə'bɪləti, ˌsjuː-] *fn* alkalmasság; rátermettség
suitable ['suːtəbl] *mn* jó, alkalmas, megfelelő, célszerű, odaillő, adekvát ‖ **suitable for sg** alkalmas/megfelelő/rátermett vmre; **of a suitable size** megfelelő méretű/nagyságú
suitably ['suːtəbli, 'sjuː-] *hsz* megfelelően ‖ az alkalomhoz illően
suitcase ['suːtkeɪs, 'sjuːt-] *fn* bőrönd, táska, koffer
suite [swiːt] *fn* (egy szoba) bútor, garnitúra ‖ ⊕ *US* lakosztály ‖ kíséret *(vké)* ‖ ⬜ *zene* szvit ‖ ⬜ *szt* összefüggő programok készlete
suited ['suːtɪd] *mn* **suited for/to sg/sy** alkalmas/megfelelő vmre/vknek; való vmnek/vknek; **they are well suited to each other** (igazán) jól illenek egymáshoz, egymáshoz valók
suitor ['suːtə, -'sjuː] *fn* kérő *(leányé)*
sulf… ⊕ *US* = **sulph…**
sulk [sʌlk] *ige* duzzog
sulkiness ['sʌlkinəs] *fn* sértődöttség
sulky ['sʌlki] ▼ *mn* sértődött; dacos, duzzogó, durcás ▼ *fn* (verseny)kocsi, sulky *(ügetőn)*
sullen ['sʌlən] *mn* mogorva, morcos
sullenness ['sʌlənnəs] *fn* mogorvaság
sully ['sʌli] *ige* beszennyez, bepiszkít
sulphate ['sʌlfeɪt] *fn* szulfát
sulphide ['sʌlfaɪd] *fn* szulfid
sulphur ['sʌlfə] *fn* kén
sulphuric [sʌl'fjʊərɪk] *mn* kénes, kénsulphuric acid *fn* kénsav
sulphurous ['sʌlfərəs] *mn* kénes
sultan ['sʌltən] *fn* szultán
sultana [sʌl'tɑːnə] *fn* mazsola
sultry ['sʌltri] *mn* fullasztó, tikkasztó, perzselő, fülledt
sum [sʌm] ▼ *fn* (pénz)összeg ‖ számtanpélda ‖ **sum total** összesen …, végösszeg; **a round sum** kerek összeg; **in sum** mindent összegezve/összevé-

S

---

nm névmás_ *nu* névutó_ *szn* számnév_ *esz* egyes szám_ *tsz* többes szám

▼ szófajjelzés ⊕ földrajzi variáns ⬜ szakterület ❖ stiláris minősítés

ve; **do a sum in her head** fejben számol ▼ *ige* -mm- **sum up** összead, összesít ‖ összefoglal ‖ **to sum (it) up, summing up** (mindent) összefoglalva

Sumatra [su:'mɑ:trə] *fn* Szumátra

summarize ['sʌməraɪz] *ige* összegez, összefoglal

summary ['sʌməri] ▼ *fn* összefoglalás ‖ kivonat *(könyvé)* ‖ kimutatás, összesítés ‖ **give a summary of** összefoglal ▼ *mn* ☐*jog* **summary court** rögtönítélő bíróság; **summary jurisdiction** statárium; rögtönítélő bíráskodás; **summary proceedings** gyorsított eljárás

summer ['sʌmə] *fn* nyár ‖ **in (the) summer** nyáron; **this summer** ezen a nyáron

summer camp *fn* nyári tábor

summer cottage *fn (kisebb)* nyaraló

summer holiday *fn* ☐*isk* nyári szünet ‖ szünidő

summer-house *fn* kis nyaraló, nyári lak; lugas, filagória

summer resort *fn* nyaralóhely

summertime ['sʌmətaɪm] *fn* nyár(idő) ‖ **summer time** nyári időszámítás ‖ **in (the) summertime** nyáron

summery ['sʌməri] *mn* nyárias

summing-up *fn* összegezés *(eredményé stb.)* ‖ összefoglaló

summit ['sʌmɪt] *fn* csúcs, hegycsúcs, tetőpont

summit conference/meeting/talk *fn* csúcstalálkozó

summon ['sʌmən] *ige* behív, beidéz, megidéz ‖ *(embereket)* összehív ‖ *(magához)* hívat ‖ **summon sy as a witness** tanúként beidéz

summons ['sʌmənz] ▼ *fn (tsz* -ses) idézés *(irat)*, tanúként való beidézés ‖ felhívás *(vké vhová)* ‖ **give a summons to** *(hatóság elé)* idéz, beidéz; **serve a summons on sy** idézést kézbesít vknek ▼ *ige* törvény elé idéz, beidéz (vkt)

sump [sʌmp] *fn* olajteknő

sumptuous ['sʌmptʃʊəs] *mn* pompás

sumptuousness ['sʌmptʃʊəsnəs] *fn* fényűzés, luxus, pazar pompa

sum total *fn* végösszeg, összesen …

sun [sʌn] ▼ *fn* nap *(égitest)* ‖ **the sun is shining** süt a nap ▼ *ige* -nn- **sun oneself** napozik

sunbathe ['sʌnbeɪð] *ige* napozik, napfürdőzik

sunbathing ['sʌnbeɪðɪŋ] *fn* napozás

sunbeam ['sʌnbi:m] *fn* napsugár

sunbed ['sʌnbed] *fn* napozóágy

sun-blind *fn* roló ‖ napellenző

sunburn ['sʌnbɜ:n] *fn* leégés

sunburned ['sʌnbɜ:nd] *mn* **sunburnt** ['sʌnbɜ:nt] napbarnított ‖ **get sunburned** lesül

sundae ['sʌndeɪ] *fn* ⊕*US* <fagylalt tejszínhabbal, cukrozott gyümölccsel és sziruppal>

Sunday ['sʌndeɪ, -dɪ] *fn* vasárnap ‖ **(on) Sunday** vasárnap; **one's Sunday best** ünneplő(ruha); **Sunday evening/ night** vasárnap este; **on Sundays** minden vasárnap, vasárnaponként

Sunday school *fn* vasárnapi iskola

sun-dial *fn* napóra

sundown ['sʌndaʊn] *fn* naplemente

sun-dress *fn* napozó *(ruha)*

sundries ['sʌndrɪz] *fn tsz* apró/vegyes kiadások/tételek

sundry ['sʌndri] *mn* különböző, különféle ‖ **all and sundry** kivétel nélkül mind, mindenki

sunflower ['sʌnflaʊə] *fn* napraforgó

sung [sʌŋ] *pp* → **sing**

sun-glasses *fn tsz* napszemüveg

sunk [sʌŋk] *mn* elsüllyedt, elmerült *(hajó)* ‖ besüppedt *(sír)*; megfeneklett *(sárban)* ‖ mélyített, süllyesztett ‖ → **sink**

sunken ['sʌŋkən] *mn* elmerült, elsüllyedt *(hajó stb.)* ‖ beesett *(arc, szem)* ‖ teraszos (kiképzésű) *(kert stb.)*

sunk fence *fn* mélyített kerítés *(pl. állatkertben, árokszerű)*

---

fn főnév _*hsz* határozószó _*isz* indulatszó _*ksz* kötőszó _*mn* melléknév
▼ szófajjelzés ⊕ földrajzi variáns ☐ szakterület ❖ stiláris minősítés

sunlamp ['sʌnlæmp] *fn* kvarclámpa

sunlight ['sʌnlaɪt] *fn* napfény

sunlit ['sʌnlɪt] *mn* napfényes, napsütötte

sun lounge *fn* napozó(terasz)

sun lounger *fn* napozóágy

sunny ['sʌni] *mn* napos ‖ napfényes ‖ **it is sunny** süt a nap; **(s)he always looks on the sunny side** a dolgoknak mindig a jó/napfényes oldalát látja, derűlátó, optimista

sunny-side up *fn* ⊕ *US* tükörtojás

sun-ray-treatment *fn* napfénykezelés, helioterápia

sunrise ['sʌnraɪz] *fn* napkelte

sunroof ['sʌnruːf] *fn* tolótető *(autón)*

sunset ['sʌnset] *fn* naplemente

sunshade ['sʌnʃeɪd] *fn* napellenző *(ernyő)* ‖ roló

sunshine ['sʌnʃaɪn] *fn* napsütés ‖ **there is sunshine** süt a nap

sunshine roof *fn* tolótető *(autón)*

sunspot ['sʌnspɒt] *fn* napfolt

sunspot activity *fn* napfolttevékenység

sunstroke ['sʌnstrəʊk] *fn* napszúrás

sunsuit ['sʌnsuːt] *fn* napozó *(gyerekruha)*

suntan ['sʌntæn] *fn* lesülés, barnaság

suntan lotion *fn* napolaj

suntanned ['sʌntænd] *mn* lesült, napbarnított, barna

suntan oil *fn* napolaj

sun-trap *fn* szélvédett napos hely/zug

sun-up *fn* ⊕ *US* ❖ *biz* napkelte

sup [sʌp] *ige* **-pp-** kortyolgat, szürcsöl

super ['suːpə] ▼ *mn* ❖ *biz* nagyszerű, szuper ▼ *fn* ❖ *biz* statiszta ‖ *(rendőr)* felügyelő

superannuate [ˌsuːpər'ænjʊeɪt] *ige* nyugdíjaz

superannuation [ˌsuːpərænjʊ'eɪʃn] *fn* nyugdíjazás ‖ nyugdíj

superb [suː'pɜːb] *mn* nagyszerű, remek, gyönyörű

supercilious [ˌsuːpə'sɪliəs] *mn* fölényes, fennhéjázó

superciliously [ˌsuːpə'sɪliəsli] *hsz* fölényesen, félvállról

superficial [ˌsuːpə'fɪʃl] *mn* felületes, felszínes

superficially [ˌsuːpə'fɪʃli] *hsz* do sg **superficially** elnagyol *(munkát)*

superfluous [suː'pɜːfluəs] *mn (több)* felesleges, nélkülözhető

superhighway ['suːpəhaɪweɪ] *fn* ⊕ *US* autópálya ‖ ◻ *szt* információs szupersztráda

superimpose [ˌsuːpərɪm'pəʊz] *ige* egymásra filmez/felvesz

superintendence [ˌsuːpərɪn'tendəns] *fn* felügyelet, ellenőrzés

superintendent [ˌsuːpərɪn'tendənt] *fn* felügyelő

superior [suː'pɪərɪə] ▼ *mn* felsőbbrendű, feljebbvaló, felettes ‖ **be superior to sg/sy** különb vmnél/vknél ▼ *fn (hivatali)* elöljáró, felettes

superiority [suːˌpɪərɪ'ɒrəti] *fn* felsőbbrendűség, felsőbbség, fölény

superlative (degree) [suː'pɜːlətɪv] *fn* ◻ *nyelvt* felsőfok

superman ['suːpəmæn] ▼ *mn* emberfölötti ▼ *fn (tsz* **-men)** felsőbbrendű ember

supermarket ['suːpəmɑːkɪt] *fn* élelmiszer-áruház, szupermarket

supernatural [ˌsuːpə'nætʃərəl] *mn* természetfölötti

supernumerary [ˌsuːpə'njuːmərəri] ▼ *mn* létszám feletti ▼ *fn* létszámfeletti ‖ ◻ *szính* statiszta

superpower ['suːpəpaʊə] *fn* szuperhatalom

superscript ['suːpəskrɪpt] *fn* felső indexszám

supersede [ˌsuːpə'siːd] *ige* elavulttá tesz, túlhalad ‖ feleslegessé tesz, helyettesít, pótol

supersonic [ˌsuːpə'sɒnɪk] *mn* hangsebesség feletti, szuperszonikus

superstar ['suːpəstɑː] *fn* ❖ *biz* világhíresség, szupersztár

S

---

superstition [ˌsuːpəˈstɪʃn] *fn* babona
superstitious [ˌsuːpəˈstɪʃəs] *mn* babonás
superstore [ˈsuːpɔstɔː] *fn* nagyáruház
supertanker [ˈsuːpətæŋkə] *fn* szupertankhajó
supertax [ˈsuːpətæks] *fn* különadó, adópótlék, többletadó
supervise [ˈsuːpəvaɪz] *ige* ellenőriz, felülvizsgál, felügyeletet gyakorol vm/vk fölött
supervision [ˌsuːpəˈvɪʒn] *fn* felügyelet, ellenőrzés
supervisor [ˈsuːpəvaɪzə] *fn* ellenőr, felügyelő
supervisory [ˌsuːpəˈvaɪzəri] *mn* felügyeleti
supine [ˈsuːpaɪn] *mn* hanyatt || hátán fekvő || egykedvű, tétlen, lusta
supper [ˈsʌpə] *fn* vacsora || **have (one's) supper** (meg)vacsorázik
supper-time *fn* vacsoraidő
supplant [səˈplɑːnt] *ige* kiszorít, helyébe lép || kiüt vkt a nyeregből
supple [ˈsʌpl] *mn* hajlékony, rugalmas || tanulékony || élénk(en reagáló) *(elme)*
supplement ▼ [ˈsʌplɪmənt] *fn* pótlás, kiegészítés || pótkötet; *(újsághoz)* melléklet || utánfizetés, pótdíj ▼ [ˈsʌplɪment] *ige* kiegészít, kipótol
supplementary [ˌsʌplɪˈmentəri] *mn* kiegészítő, járulékos, pót-
suppliant [ˈsʌplɪənt] *fn* könyörgő, folyamodó
supplicant [ˈsʌplɪkənt] *mn/fn* segélykérő; kérvényező, folyamodó
supplication [ˌsʌplɪˈkeɪʃn] *fn* könyörgés, segélykérés
supplier [səˈplaɪə] *fn* szállító, ellátó, szállítmányozó
supply [səˈplaɪ] ▼ *fn* ellátás, beszerzés, szállítás, utánpótlás || készlet || **supplies** raktári készlet, (élelmiszer-)utánpótlás; **ample supplies** bőséges tartalékok; **food supplies** élelmiszerkészletek; **new supplies** után-

pótlás, új szállítmány(ok); **supply and demand** kereslet és kínálat ▼ *ige (áramot stb.)* szolgáltat || szállít *(sg to sy* vmt vknek) || **supply a demand** keresletet kielégít; **supply a (longfelt) want** hézagot pótol; **supply sy's wants** szükségletet kielégít

---

supply with *(készlettel)* felszerel; *(áruval)* ellát || **supply with food** élelmez; **supply (sg) with** kiegészít/pótol vmt vmvel; **supply (sy) with funds** pénzel vkt

---

supply teacher *fn* helyettes(ítő tanár)
support [səˈpɔːt] ▼ *fn (átv is)* támasz, pártfogás, támogatás, segítség, eltartás, fenntartás; gyám, támasz || ▢ *műsz* talp, talapzat || **point of support** alátámasztási pont; **in support of** vknek/vmnek érdekében, vmnek alátámasztására; **in support** tartalékban; **find no support** (nézetével) magára marad ▼ *ige* alátámaszt, megtart *(tetőt stb.)* || elbír *(terhet)* || pártfogol, segít, támogat, patronál; *(ügyet)* védelmez || *(családot)* fenntart, eltart || **support (a team)** ❖ *biz (csapatnak)* szurkol; **support oneself** fenntartja magát
supporter [səˈpɔːtə] *fn* támogató, pártfogó, támasz || ▢ *sp* szurkoló
supporting [səˈpɔːtɪŋ] *mn* támogató, segítő || mellék-, epizód- *(szerep, szereplő)*
supporting actor *fn* ▢ *szính* ▢ *film* mellékszereplő, epizódszereplő
supporting actress *fn* ▢ *szính* ▢ *film* epizódszínésznő
supporting film *fn* kísérőfilm
supporting member *fn* pártoló tag
supporting part/role *fn* epizódszerep
suppose [səˈpəʊz] *ige* feltételez; feltesz, gondol || **let's suppose** tegyük fel; mondjuk, hogy; **I suppose so** azt hiszem (igen); **he is supposed (to)** elvárják tőle(, hogy); az ő feladata/kötelessége/dolga(, hogy); **he is sup-**

---

fn főnév_ *hsz* határozószó_ *isz* indulatszó_ *ksz* kötőszó_ *mn* melléknév
▼ szófajjelzés ⊕ földrajzi variáns ▢ szakterület ❖ stiláris minősítés

posed to be an expert ő állítólag (v. mondják, hogy ő) szakember; **he is supposed to arrive** (v. **to be arriving) on Sunday** állítólag vasárnap érkezik; **suppose ...** tegyük fel, hogy

supposedly [sə'pouzıdli] *hsz* állítólag, feltételezhetőleg, feltehetően

supposing [sə'pouzıŋ] *ksz* **supposing (that)** feltéve, hogy; teszem azt ‖ **supposing he came** abban az esetben, ha eljönne

supposition [ˌsʌpə'zıʃn] *fn* feltételezés; feltevés

suppository [sə'pɒzıtəri] *fn* (végbél)-kúp ‖ fogamzásgátló hüvelylabdacs

suppress [sə'pres] *ige (felkelést)* lever, elnyom, elfojt ‖ *(nevetést, tüsszentést)* elfojt

suppression [sə'preʃn] *fn* elnyomás, elfojtás *(forradalomé, lázadásé)*

suppressor [sə'presə] *fn* elnyomó, elfojtó *(felkelésé)* ‖ ❑ *el* szűrő, zajmentesítő

suppurate ['sʌpjʊreıt] *ige* (el)gennyed

suppuration [ˌsʌpju'reıʃn] *fn (folyamat)* (el)gennyedés

supremacy [su:'preməsi] *fn* felsőbb-(rendű)ség, fennhatóság, főhatalom, hegemónia

supreme [su:'pri:m] *mn* legfelső, legfelsőbb

supreme commander *fn* hadvezér

Supreme Court, the *fn* ⊕ *US* legfelsőbb bíróság

Supt = Superintendent

surcharge ['sɜ:tʃɑːdʒ] ▼ *fn* portó, pótdíj, pótilleték ▼ *ige* megportóz, pótdíjat fizettet

surd [sɜːd] *fn* ❑ *mat* irracionális szám

sure [ʃʊə, ʃɔː] ▼ *mn* biztos; bizonyos ‖ **make sure of sg** meggyőződik vmről, *(vm felől)* megbizonyosodik; **to be sure** ⊕ *US* ❖ *biz*; **sure thing** hogyne, persze, de bizony!; **sure enough** az már igaz; **be sure of sg** biztos vmben (v. vm felől); **be sure of herself** biz-

tos a dolgában; **I'm not sure when** nem vagyok benne biztos, mikor; **I am sure of it** bizonyos vagyok benne; **sure thing** biztos dolog, ⊕ *US* hogyne!, persze!, de bizony!; **he is sure to come** biztosan eljön; **be sure to write!** feltétlenül írj(on)! ▼ *hsz* biztosan, minden bizonnyal ‖ **sure (I will etc.)** *(főleg US)* biztosan!; **sure!** ⊕ *US* hogyne!, persze!

sure-fire *mn* ❖ *biz* holtbiztos, tuti

sure-footed *mn* biztos járású ‖ céltudatosan haladó

surely ['ʃʊəli, 'ʃɔːli] *hsz* valóban, kétségkívül, kétségtelenül, bizonyára, biztosan, hogyne ‖ ⊕ *US* ❖ *biz* **Surely!** *(feleletben)* hogyne!, persze!, természetesen!, okvetlen(ül)!

surety ['ʃʊərəti, 'ʃɔːrəti] *fn* jótállás, kezesség ‖ **stand surety for sy** kezességet vállal vkért

surf [sɜːf] ▼ *fn* hab, taraj *(parti hullámon)*; tajték *(tengeren)* ‖ hullámverés ▼ *ige* **go surfing** szörfözni megy, szörfözik

surface ['sɜːfıs] ▼ *fn* felszín, felület ‖ **on the surface** külsőleg, látszólag, úgy szemre ▼ *ige* burkol, borít *(útfelületet)* ‖ felmerül *(tengeralattjáró)* ‖ ❖ *biz* felbukkan (vk)

surface area *fn* felszín

surface mail *fn* sima posta *(nem légiposta)*

surface-to-air *mn* föld-levegő *(rakéta)*

surface treatment *fn* felületi kezelés

surfboard ['sɜːfbɔːd] *fn* szörf *(deszka)*

surfeit ['sɜːfıt] ▼ *fn* csömör, undor ▼ *ige* **surfeit oneself with, be surfeited with** megcsömörlött vmtől, torkig van vmvel; **I am surfeited with candy** eltölt a sok édesség

surfer ['sɜːfə] **= surfrider**

surfing ['sɜːfıŋ] **= surfriding**

surfrider ['sɜːfraıdə] *fn* hullámlovas, szörföző

surfriding ['sɜːfraıdıŋ] *fn* hullámlovaglás, szörfözés

nm névmás— *nu* névutó— *szn* számnév— *esz* egyes szám— *tsz* többes szám
▼ szófajjelzés ⊕ földrajzi variáns ❑ szakterület ❖ stiláris minősítés

surge [sɜ:dʒ] ▼ *fn* nagy hullám, hullámzás ▼ *ige (erősen)* hullámzik; *(tenger)* hömpölyög

surgeon ['sɜ:dʒən] *fn* sebész ‖ ❑ *kat* ❑ *hajó* orvos

surgery ['sɜ:dʒəri] *fn* sebészet ‖ műtét ‖ orvosi rendelő ‖ rendelés ‖ have one's surgery rendel; undergo surgery műtétet hajtanak végre vkn, műtéten esik át; minor surgery kisebb műtét; surgery lasts from 4 pm to 6 pm rendel(és) du. 4-től 6-ig

surgery hours *fn tsz* rendelési idő

surgical ['sɜ:dʒɪkl] *mn* sebészi, sebészeti, műtéti ‖ surgical department/ward sebészeti osztály, sebészet; surgical instruments orvosi műszerek

surgically ['sɜ:dʒɪkli] *hsz* műtéti úton, műtétileg

surly ['sɜ:li] *mn* mogorva, komor, barátságtalan, morcos

surmise ▼ ['sɜ:maɪz] *fn* feltevés, vélekedés, vélelem ▼ [sə'maɪz] *ige* vél, sejt, gyanít, feltesz

surmount [sə'maʊnt] *ige* legyőz, áthidal, leküzd ‖ surmount difficulties/obstacles akadály(oka)t legyőz

surname ['sɜ:neɪm] *fn* családi név, vezetéknév

surpass [sə'pɑ:s] *ige* felülmúl, túlhalad, meghalad (vmt), magasan felette áll (vmnek) ‖ felülmúl, túlszárnyal vkt, túltesz vkn *(in* vmben) ‖ it surpasses all expectations minden várakozást felülmúl

surplice ['sɜ:plɪs] *fn* karing, miseing

surplus ['sɜ:pləs] ▼ *mn* fölös(leges), többlet- ‖ létszám feletti ‖ surplus labour többletmunka; surplus work munkatöbblet ▼ *fn* felesleg, többlet ‖ maradvány ‖ munkaerőfelesleg ‖ surplus of goods árufelesleg; surpluses of food élelmiszer-túlkínálat

surprise [sə'praɪz] ▼ *fn* meglepetés ‖ by surprise rajtaütésszerűen; take sy by surprise meglep vkt, rajtaüt vkn;

much to my surprise, to my great surprise nagy/legnagyobb meglepetésemre; what a surprise! kit látnak szemeim! ▼ *ige* meglep ‖ be surprised at sg meglepődik vmn, meglepi vm, csodálkozik vmn; I am surprised csodálom!; I was surprised to learn that meglepődve hallottam, hogy

surprising [sə'praɪzɪŋ] *mn* meglepő, bámulatos ‖ it is surprising that/how feltűnő, hogy

surprisingly [sə'praɪzɪŋli] *hsz* meglepően ‖ surprisingly enough csodálatosképpen

surrealism [sə'rɪəlɪzm] *fn* szürrealizmus

surrealist [sə'rɪəlɪst] *mn/fn* szürrealista

surrender [sə'rendə] ▼ *fn* fegyverletétel, kapituláció ▼ *ige* megadja magát; *(átv is)* leteszi a fegyvert, kapitulál; *(várat)* felad

surrender value *fn* visszaváltási érték

surreptitious [ˌsʌrəp'tɪʃəs] *mn* titkos, lopva tett, alattomos ‖ titokzatos(kodó)

surreptitiously [ˌsʌrəp'tɪʃəsli] *fn* titokban, titkon, lopva, alattomban, suba alatt

surrogate ['sʌrəgət] *fn* pótszer, pótlék, pótanyag ‖ it is a poor surrogate for (sg) ez nem helyettesítheti/pótolhatja, nyomába sem léphet (vmnek); surrogate mother béranya

surround [sə'raʊnd] *ige* körülvesz, körülfog, bekerít, körüláll

surrounding [sə'raʊndɪŋ] *mn* környező

surroundings [sə'raʊndɪŋz] *fn tsz* környék, környezet, miliő

surtax ['sɜ:tæks] *fn* pótadó ‖ pótdíj

surveillance [sɜ:'veɪləns] *fn* felügyelet, őrizet

survey ▼ ['sɜ:veɪ] *fn* áttekintés, megtekintés, szemrevételezés, terepszemle, felmérés, körkép, szemle ‖ survey of area terepfelvétel; aerial survey

---

fn főnév _*hsz* határozószó _*isz* indulatszó _*ksz* kötőszó _*mn* melléknév
▼ szófajjelzés ⊕ földrajzi variáns ❑ szakterület ❖ stiláris minősítés

légi felvétel; **a survey of the situation** helyzetfelmérés; **a public opinion survey** közvélemény-kutatás ▼ [sə'veɪ] *ige* felmér, szemrevételez, áttekint ‖ **survey a house** épület állagát felméri; **survey the place** terepszemlét tart; **survey the situation** felméri a helyzetet

surveying [sə'veɪɪŋ] *fn* (mérnöki) felmérés, terepfelvétel

surveyor [sə'veɪə] *fn* ellenőrző mérnök ‖ földmérő, geodéta

survival [sə'vaɪvl] *fn* életben maradás, túlélés

survival kit *fn* mentőláda

survive [sə'vaɪv] *ige* vmt túlél, életben marad ‖ *(utókornak)* fennmarad ‖ **manage to survive** átvészel vmt

survivor [sə'vaɪvə] *fn* túlélő ‖ **the survivors** az életben maradottak, a túlélők

sus [sʌs] *ige* -ss- ❖ *biz* **sus out** kiderít, kiszagol

susceptibility [sə,septə'bɪləti] *fn* érzékenység, hajlam *(to* vmre)

susceptible [sə'septəbl] *mn* érzékeny, fogékony, hajlamos *(to* vmre)

suspect ▼ ['sʌspekt] *mn* gyanús ▼ ['sʌspekt] *fn* gyanúsított ▼ [sə'spekt] *ige* vmt sejt, gyanít ‖ **does not suspect a thing** mit sem sejt; **suspect sy of (doing) sg** (meg)gyanúsít vkt vmvel; **I suspect that** az a gyanúm, hogy; **I suspected as much** ezt sejtettem; **be suspected of sg** gyanúba kerül/keveredik

suspend [sə'spend] *ige* felfüggeszt, felakaszt *(átv is)* ‖ leállít ‖ **suspend sg from sg** vmt vmre ráakaszt; **be suspended** *(működés)* szünetel

suspended [sə'spendɪd] *mn* felfüggesztett ‖ félbeszakadt ‖ **suspended animation** mély ájulás, tetszhalál

suspender (belt) [sə'spendə] *fn (női)* harisnyatartó

suspenders [sə'spendəz] *fn tsz* ⊕ *GB (női)* harisnyatartó ‖ ⊕ *US* nadrágtartó

suspense [sə'spens] *fn* bizonytalanság, izgatott várakozás, kétség ‖ **don't keep us in suspense** ne tarts minket bizonytalanságban, ne játssz az idegeinkkel

suspense account *fn* függő számla

suspension [sə'spenʃn] *fn* függés, lógás ‖ *(műsz is)* felfüggesztés; *(kocsié)* rugózat; rugózás ‖ letiltás *(fizetésé)* ‖ **suspension of sentence** ítélet felfüggesztése

suspension bridge *fn* kábelhíd, lánchíd

suspension points *fn tsz* kipontozás (…)

suspicion [sə'spɪʃn] *fn* gyanú, gyanakvás ‖ **be above suspicion** gyanún felül áll; **cast suspicion on sy** gyanúba kever vkt; **I have a suspicion that** az a gyanúm, hogy

suspicious [sə'spɪʃəs] *mn* gyanús ‖ gyanakvó ‖ **feel suspicious about/of sy/sg** vkre/vmre gyanakszik

suspiciousness [sə'spɪʃəsnəs] *fn* gyanússág ‖ gyanakvás

suss [sʌs] *ige* = **sus**

sustain [sə'steɪn] *ige* (fenn)tart, életben tart ‖ kibír, elvisel, (el)szenved ‖ ⊔ *jog* helyt ad (vmnek) ‖ **sustain a loss** kárt szenved/vall; **sustain injuries** sérülést szenved

sustained [sə'steɪnd] *mn* kitartó ‖ fenntartott ‖ hosszan tartó ‖ kitartott *(hang)*

sustenance ['sʌstənəns] *fn* tápérték

suture ['suːtʃə] *fn* ⊔ *orv* varrat, öltés

SW = short wave ‖ **South-West(ern)**

swab [swɒb] ▼ *fn* felmosórongy ‖ *(sebtisztításhoz)* tampon ‖ kenet ▼ *ige* -bb- ⊔ *hajó* (fel)súrol, (fel)sikál, felmos

swaddle ['swɒdl] *ige (csecsemőt)* bepólyáz ‖ *(embert)* bebugyolál

swaddling-clothes ['swɒdlɪŋ] *fn tsz* pólya *(csecsemőé)*

swagger ['swægə] *ige* henceg, legénykedik, kérkedik; felvág

S

swaggerer ['swægərə] *fn* szájhős, nagy legény

swallow[1] ['swɒloʊ] *fn* fecske

swallow[2] ['swɒloʊ] *ige* nyel, *(átv is)* lenyel, zsebre tesz/vág vmt ‖ **it is hard to swallow** jó gyomor kell hozzá; **swallow one's words** visszaszívja szavait

swam [swæm] *pt* → **swim**

swamp [swɒmp] *fn* mocsár, ingovány, posvány, láp

swampy ['swɒmpi] *mn* ingoványos, lápos

swan [swɒn] *fn* hattyú

swank [swæŋk] ▼ *fn* felvágás ▼ *ige* ❖ *biz* kérkedik, felvág

swan-song *fn* hattyúdal

swap [swɒp] *ige* **-pp-** ❖ *biz* becserél, elcserél, lecserél ‖ **swap sg for sg** vmt vmért/vmre ❖ *biz* kicserél

swap-visit *fn* ❖ *biz* cserelátogatás

swarm [swɔːm] ▼ *fn* raj *(méheké, rovaroké)* ▼ *ige* rajzik; *(féreg és ált)* nyüzsög; *(tömeg)* tolong

swarm to tódul *(tömeg vhová)*
swarm with nyüzsög vmtől; *(emberektől)* hemzseg

swarthy ['swɔːði] *mn* sötét bőrű

swashbuckling ['swɒʃbʌklɪŋ] *mn* hetvenkedő, kérkedő, háryjánoskodó

swastika ['swɒstɪkə] *fn* horogkereszt

swat [swɒt] *ige* **-tt-** agyoncsap *(legyet)*

swathe [sweɪð] *ige (végtagot)* bepólyáz ‖ **swathe in blankets** bebugyolál

swatter ['swɒtə] *fn* légycsapó

sway [sweɪ] ▼ *fn* ringás, himbálás ‖ **be under the sway of sy** vk uralma alatt áll/van ▼ *ige (hajó)* ring, lebeg, libeg, himbál

swear [sweə] *ige (pt* **swore** [swɔː]; *pp* **sworn** [swɔːn]) *(to* vmre) ‖ káromkodik, átkozódik ‖ **swear an oath** esküt (le)tesz; **swear falsely** hamisan esküszik; **swear sy in** esküt kivesz vktől, megesket/felesket vkt

swearword ['sweəwɜːd] *fn* káromkodás

sweat [swet] ▼ *fn* izzadság, veríték ‖ **be dripping with sweat** csorog róla a veríték; **be in a sweat** izzad, verítékezik ▼ *ige* izzad, verítékezik ‖ ❖ *biz* strapálja magát ‖ **sweat it out** türelmesen kivárja

sweatband ['swetbænd] *fn* homlokpánt *(sportolón)*

sweater ['swetə] *fn (női, férfi)* pulóver

sweat-gland *fn* verejtékmirigy

sweatshirt ['swetʃɜːt] *fn* tréningfelső, póló

sweatshop ['swetʃɒp] *fn* munkásnyúzó *(egészségtelen berendezésű)* üzem

sweatsuit ['swetsuːt] *fn* tréningruha, melegítő

sweaty ['sweti] *mn* izzadt

swede [swiːd] *fn* karórépa

Swede [swiːd] *fn* svéd *(ember)*

Sweden ['swiːdn] *fn* Svédország

Swedish ['swiːdɪʃ] ▼ *mn* svéd ▼ *fn* svéd (nyelv) ‖ **the Swedish** a svédek

sweep [swiːp] ▼ *fn* söprés ‖ nagy kanyar/ív ‖ átfogóképesség ‖ végigseprő mozdulat, pásztázás ‖ (kút)gém ‖ ❖ *biz* kéményseprő ‖ = **sweepstake** ‖ **make a clean sweep of** túlad vkn, megszabadul vktől; mindent besöpör, minden díjat elvisz *(versenyen)* ▼ *ige (pt/ pp* **swept** [swept]) söpör; *(járdát)* lesöpör ‖ végigsöpör ‖ pásztáz ‖ **sweep the board** mindenkit lehengerel

sweep along magával sodor ‖ végigszáguld
sweep away elsodor, félresöpör
sweep up a room *(szobát)* összesöpör ‖ kikotor
sweep with pásztáz *(fényszóróval, távcsővel)*

---

sweeper ['swi:pə] *fn* utcaseprő ‖ szőnyegseprő *(eszköz)* ‖ ❏ *sp* ❖ *biz* söprögető

sweeping ['swi:pɪŋ] ▼ *mn* rohanó, sodró (lendületű), elsöprő ‖ átfogó ‖ **sweeping changes** mélyreható/gyökeres változások; **sweeping generalization** merész általánosítás; **sweeping success** őrült siker ▼ *fn* **sweepings** *tsz* összesöpört szemét/hulladék

sweep-net *fn* kerítőháló

sweepstake ['swi:psteɪk] *fn* <sorsjátékkal egybekötött lóversenyfogadás>

sweet [swi:t] ▼ *mn* édes *(íz és átv)*; aranyos, ennivaló ‖ lágy *(hang)* ‖ **have a sweet tooth** édesszájú ▼ *fn* **sweet(s)** édesség, cukorka; desszert

sweet corn *fn* csemegekukorica

sweeten ['swi:tn] *ige (átv is)* (meg)-édesít, cukroz

sweetener ['swi:tnə] *fn* édesítőszer

sweetheart ['swi:thɑ:t] *fn* **sy's sweetheart** vknek a szerelme(se); **sweetheart!** virágszálam!, édesem!

sweetish ['swi:tɪʃ] *mn* édeskés

sweetly ['swi:tli] *hsz* édesen, kedvesen, kellemesen ‖ zökkenőmentesen

sweetness ['swi:tnəs] *fn* édesség *(tulajdonság)*

sweet pea *fn* szagosbükköny, borsókavirág

sweet potato *fn* batáta

sweet-shop *fn* édességbolt

swell [swel] ▼ *mn* ⊕ *US* ❖ *biz* elegáns, csinos; klassz ▼ *fn* hullámzás, hömpölygés ‖ ❏ *zene* crescendo ‖ **heavy swell** erős hullámzás ▼ *ige (pt* **swelled** [sweld]; *pp* **swollen** ['swoʊlən] *v.* **swelled**) (meg)dagad, (meg)duzzad; *(levegőtől)* kidagad; *(folyó)* árad

swell (in)to vmvé dagad/nő
swell out kidudorodik, kiduzzad, puffad

swell up kidagad, feldagad, megdagad *(levegőtől)*
swell with vmtől duzzad ‖ *(dicsérettől)* hízik

---

swelling ['swelɪŋ] *fn (külső)* daganat, duzzanat

sweltering ['sweltərɪŋ] *mn* tikkasztó ‖ **sweltering(-hot) (day)** rekkenő *(hőség)*

swept [swept] *pt/pp* → **sweep**

swept-wing *mn* deltaszárnyú

swerve [swɜ:v] *ige (csúszva oldalt)* farol, megfarol ‖ **swerve from one's purpose** eltántorodik *(céljától)*

swift [swɪft] *mn* gyors, sebes, fürge

swift-footed *mn* gyors lábú

swiftly ['swɪftli] *hsz* gyorsan, sebesen

swiftness ['swɪftnəs] *fn* gyorsaság

swig [swɪg] ▼ *fn* ❖ *biz* slukk *(italból)* ▼ *ige* **-gg-** nagyokat húz *(italból)*

swill [swɪl] *fn* moslék

swim [swɪm] ▼ *fn* úszás ‖ **go for (***v.*** have) a swim** úszik (egyet), *(szabadban)* fürdik; **be in the swim** ❖ *biz* ismeri a dörgést ▼ *ige (pt* **swam** [swæm]; *pp* **swum** [swʌm]) **-mm-** úszik ‖ **swim ashore (***v.*** to the shore)** partra úszik; **swim a length** úszik egy (uszoda)hosszat; **swim one's best** kiússza a formáját; **swim the river** átússza a folyót; **swim with the tide** úszik az árral; **my head is swimming** szédülök; **eyes swiming with tears** könnyben úszó szemek

swim-cap *fn* úszósapka

swim goggles *fn tsz* úszószemüveg

swimmer ['swɪmə] *fn* úszó ‖ **for swimmers only** mély víz! csak úszóknak

swimming ['swɪmɪŋ] *fn* úszás

swimming-bath *fn* (fedett) uszoda

swimming-cap *fn* úszósapka

swimming championship *fn* úszóbajnokság

swimming-costume *fn* fürdőruha

swimming lessons *fn tsz* úszásoktatás

swimmingly ['swɪmɪŋli] *hsz* **everything is going (on) swimmingly** minden pompásan megy

swimming-pool *fn* úszómedence; versenyuszoda

swimming-trunks *fn tsz* fürdőnadrág

swimsuit ['swɪmsuːt] *fn* fürdőruha, úszódressz

swindle ['swɪndl] ▼ *fn* csalás; ❖ *biz* svindli ▼ *ige* csal, rászed, becsap, szélhámoskodik

swindler ['swɪndlə] *fn* csaló, szélhámos, svindler

swine [swaɪn] *fn (tsz ua.)* disznó *(emberről)* ‖ **you swine** utolsó gazember!

swineherd ['swaɪnhɜːd] *fn* kanász

swing [swɪŋ] ▼ *fn* kilengés *(ingáé stb.)* ‖ hinta *(kötélen)* ‖ ▢ *zene* szving ‖ **be in full swing** javában folyik; **get in the swing of sg** belelendül vmbe, belezökken a rendes kerékvágásba; **go with a swing** jó ritmusa van, jól/simán megy/zajlik ▼ *ige (pt/pp* **swung** [swʌŋ]*) (inga)* leng, kileng ‖ *(kötélen)* hintázik ‖ ring, ringató(d)zik ‖ lenget, himbál, lóbál ‖ **swing the lead** ❖ *biz (üzemből, munkából)* lóg

swing into action akcióba lendül

swing out ▢ *műsz* kitér *(mutató)*

swing bridge *fn* forgóhíd

swing-door *fn* lengőajtó

swingeing ['swɪndʒɪŋ] *mn* ❖ *biz* igen nagy, hatalmas, erős

swinging ['swɪŋɪŋ] *fn* ▢ *sp* lengés *(tornában)*

swinging motion *fn* lengőmozgás

swipe [swaɪp] *ige* üt, csap, odavág *(at -ra/-re)* ‖ ❖ *biz* zsebre tesz/vág vmt

swirl [swɜːl] ▼ *fn* örvény, kavargás ▼ *ige* kavarog, örvénylik

swish [swɪʃ] ▼ *fn* zizegés, suhogás ▼ *ige* suhog, zizeg, suhint

Swiss [swɪs] ▼ *mn* svájci ▼ *fn* the **Swiss** a svájciak

Swiss roll *fn* piskótatekercs, piskótarolád

switch [swɪtʃ] ▼ *fn* ▢ *el* (villany)kapcsoló ‖ (vasúti) váltó ‖ áttérés, átállás ‖ ág, vessző, pálca ▼ *ige* (át)kapcsol ‖ átvált, áttér, átáll *(to* vmre) ‖ elcserél

switch off *(villanyt)* leolt, elolt; *(készüléket)* elzár, kikapcsol ‖ **be switched off (automatically)** *(gép automatikusan)* kikapcsol

switch on *(villanyt)* meggyújt, felgyújt; *(készüléket, rádiót, tévét stb.)* bekapcsol, kinyit ‖ **switch on the ignition** bekapcsolja/ráadja a gyújtást

switch over ▢ *műsz* átvált, átkapcsol; *(kapcsolót)* átállít ‖ **switch over to computers** áttér számítógépre

switchback ['swɪtʃbæk] *fn* hullámvasút

switchboard ['swɪtʃbɔːd] *fn* telefonközpont, házi központ *(intézményé, pl. egyetemé)*

switch-desk *fn* kapcsolóasztal

switch lever *fn* kapcsolókar

switch-over *fn* áttérés, átállás *(más módszerre/termelésre)*

Switzerland ['swɪtsələnd] *fn* Svájc

swivel ['swɪvl] ▼ *fn* forgógyűrű, forgórész; forgattyú ▼ *ige* **-ll-** (⊕ *US* **-l-**) elfordul; forog

swivel-chair *fn* forgószék

swollen ['swəʊlən] *mn* ▢ *orv* dagadt, duzzadt ‖ → **swell**

swollen-headed *mn* beképzelt, öntelt

swoon [swuːn] ▼ *fn* ájulás ▼ *ige* elájul ‖ **swoon over** ❖ *biz* bele van esve vkbe

swoop [swuːp] ▼ *fn* rajtaütés ▼ *ige* **swoop down on** lecsap *(ellenségre)*

swop [swɒp] *ige* **-pp-** = **swap**

sword [sɔːd] *fn* kard ‖ **draw one's sword** kardot ránt

swordfish ['sɔːdfɪʃ] *fn* kardhal

---

fn főnév − *hsz* határozószó − *isz* indulatszó − *ksz* kötőszó − *mn* melléknév
▼ szófajjelzés ⊕ földrajzi variáns ▢ szakterület ❖ stiláris minősítés

swordsman ['sɔ:dzmən] *fn* (*tsz* -**men**) kardforgató

swore [swɔ:] *pt* → **swear**

sworn [swɔ:n] *mn* esküt tett, hites ‖ **sworn enemy** esküdt ellenség ‖ → **swear**

swot [swɒt] ▼ *fn* magoló ▼ *ige* -**tt**- ❖ *biz* magol

---

swot up ❖ *biz* bemagol ‖ **swot up on** magol

---

swum [swʌm] *pp* → **swim**

swung [swʌŋ] *pt/pp* → **swing**

sycamore ['sɪkəmɔ:] *fn* szikomorfa, hegyi juhar; ⊕ *US* platán(fa)

sycophant ['sɪkəfənt] *fn* hízelgő, talpnyaló

sycophantic [,sɪkə'fæntɪk] *mn* hízelgő

syllable ['sɪləbl] *fn* szótag

syllabus ['sɪləbəs] *fn* (*tsz* -**buses** *v.* -**bi** [-baɪ]) tanmenet; tanterv

syllogism ['sɪlədʒɪzm] *fn* szillogizmus

symbol ['sɪmbl] *fn* jel(kép), szimbólum

symbolic [sɪm'bɒlɪk] *mn* jelképes, szimbolikus

symbolism ['sɪmbəlɪzm] *fn* szimbolizmus ‖ szimbolika

symbolize ['sɪmbəlaɪz] *ige* jelképez

symmetrical [sɪ'metrɪkl] *mn* szimmetrikus

symmetry ['sɪmətri] *fn* szimmetria

sympathetic [,sɪmpə'θetɪk] *mn* együttérző, rokonszenvező ‖ **sympathetic to/towards sy** megértő vk iránt

sympathize ['sɪmpəθaɪz] *ige* **sympathize with** együtt érez vkvel; szimpatizál vkvel

sympathizer ['sɪmpəθaɪzə] *fn* szimpatizáns

sympathizing ['sɪmpəθaɪzɪŋ] *mn* részvevő, együttérző

sympathy ['sɪmpəθi] *fn* együttérzés, részvét ‖ rokonszenv, szimpátia ‖ **feel sympathy for sy** együtt érez vkvel; **be in sympathy with sy** szimpatizál; **... my deepest sympathies on the death of ...** őszinte részvétem ... halála alkalmából; **came out in sympathy with** vk iránt szolidaritásból sztrájkol

symphonic [sɪm'fɒnɪk] *mn* szimfonikus

symphony ['sɪmfəni] *fn* szimfónia

symphony orchestra *fn* szimfonikus zenekar

symposium [sɪm'pouzɪəm] *fn* szimpózium

symptom ['sɪmptəm] *fn* tünet ‖ szimptóma

symptomatic [,sɪmptə'mætɪk] *mn* tüneti

synagogue (⊕ *US* -**gog**) ['sɪnəgɒg] *fn* zsinagóga

sync(h) ['sɪŋk] *fn* ❖ *biz* **be out of** (*v.* **not in**) **sync with** nincs szinkronban vmvel

synchromesh ['sɪŋkroumeʃ] *fn* szinkron sebváltó

synchronic [sɪŋ'krɒnɪk] *mn* ❑ *nyelvt* szinkronikus, szinkrón

synchronize ['sɪŋkrənaɪz] *ige* (*órákat*) összeigazít, szinkronizál

synchronized swimming ['sɪŋkrənaɪzd] *fn* műúszás

synchronous ['sɪŋkrənəs] *mn* szinkrón, egyidejű

syncopated ['sɪŋkəpeɪtɪd] *mn* szinkopált ‖ **syncopated rhythm** szinkópa

syncopation [,sɪŋkə'peɪʃn] *fn* ❑ *zene* szinkópa

syndicate ['sɪndɪkət] *fn* egyesülés (*vállalat*), szindikátus

syndrome ['sɪndroum] *fn* tünetcsoport, szindróma

synonym ['sɪnənɪm] *fn* rokon értelmű szó, szinonima

S

synonymous [sɪ'nɒnɪməs] *mn* rokon értelmű, szinonim

synopsis [sɪ'nɒpsɪs] *fn* (*tsz* **-ses** [-si:z]) összegzés, áttekintés, foglalat, vázlat, szinopszis

synoptic [sɪ'nɒptɪk] *mn* szinoptikus

syntactic [sɪn'tæktɪk] *mn* mondattani

syntagm ['sɪntæm] *fn* szószerkezet

syntax ['sɪntæks] *fn* mondattan

synthesis ['sɪnθəsɪs] *fn* (*tsz* **-ses** [-si:z]) szintézis

synthesizer ['sɪnθəsaɪzə] *fn* szintetizátor

synthetic [sɪn'θetɪk] *mn* szintetikus

synthetic fibre (⊕ *US* **-ber**) *fn* műszál

syphilis ['sɪfəlɪs] *fn* szifilisz

Syria ['sɪrɪə] *fn* Szíria

Syrian ['sɪrɪən] *mn/fn* szír(iai)

syringe [sɪ'rɪndʒ] ▼ *fn* fecskendő ▼ *ige* (ki)fecskendez; fecskendővel kimos ‖ (be)fecskendez (*folyadékot*)

syrup ['sɪrəp] *fn* (*sűrű*) szörp

system ['sɪstəm] *fn* rendszer

systematic [ˌsɪstə'mætɪk] *mn* rendszeres, szisztematikus

systematize ['sɪstəmətaɪz] *ige* rendszerez

system building *fn* paneles/házgyári építkezés

system disk *fn* ❑ *szt* rendszerlemez

systemic [sɪ'stemɪk, sɪ'sti:mɪk] *mn* rendszerszerű

systems analysis *fn* rendszerelemzés

systems analyst *fn* rendszerelemző

S

T

t = ton(s)

T [ti:] **to a T** hajszál(nyi)ra

ta [tɑ:] *isz* köszönöm *(gyermeknyel-ven)*

tab¹ [tæb] *fn* fül *(húzó)*, csizmahúzó ‖ akasztó ‖ címke ‖ **keep a tab** (v. **tabs**) **on** figyelemmel kísér

tab² [tæb] = **tabulator**

tabby(-cat) ['tæbi] *fn* cirmos cica

tabernacle ['tæbənækl] *fn* ❏ *vall* sátor *(régi zsidóknál)* ‖ tabernákulum, szentély ‖ imaház, templom

table ['teɪbl] ▼ *fn* asztal ‖ *(könyvben, falon, nyomtatott)* tábla ‖ táblázat ‖ **be at the table** asztalnál ül; **the tables are turned** megfordult a kocka ▼ *ige* előterjeszt ‖ **table a Bill** törvényjavaslatot benyújt/beterjeszt

tableau ['tæbloʊ] *fn* (*tsz* **-eaux** [-oʊz]) csoportkép

table-cloth *fn* abrosz, terítő

table d'hôte [ˌtɑ:bl 'doʊt] *fn* **table d'hôte (menu)** menü

table-lamp *fn* asztali lámpa

tableland ['teɪbl,lænd] *fn* fennsík, plató

table-linen *fn* asztalnemű

table-mat *fn* (asztali) alátét

table napkin *fn* szalvéta

table-runner *fn* asztalfutó

table salt *fn* konyhasó

tablespoon ['teɪblspu:n] *fn* leveseskanál, evőkanál

tablespoonful ['teɪblspu:nfʊl] *fn* evőkanálnyi, evőkanállal ‖ **2 tablespoonfuls** (v. **tablespoons**) **of flour** két evőkanál liszt

tablet ['tæblɪt] *fn* tabletta, pirula

table-talk *fn* asztali beszélgetés

table-tennis *fn* asztalitenisz

table-turning *fn* asztaltáncoltatás

tableware ['teɪblweə] *fn* étkészlet

table wine *fn* asztali bor

tabloid ['tæblɔɪd] *fn* bulvárlap

taboo [tə'bu:] *fn* tabu ‖ **taboo words** tabu szavak

tabular ['tæbjʊlə] *mn* táblázatos

tabulate [-leɪt] *ige* táblázatot készít vmről

tabulator ['tæbjʊleɪtə] *fn* tabulátor

tachograph ['tækəgrɑ:f] *fn* tachográf

tachometer [tæ'kɒmɪtə] *fn* sebességmérő ‖ fordulatszámmérő

tacit ['tæsɪt] *mn* hallgatólagos

tacitly ['tæsɪtli] *hsz* hallgatólagosan

taciturn ['tæsɪtɜ:n] *mn* hallgatag, szűkszavú

tack [tæk] ▼ *fn* kis rövid szeg ‖ rajzszeg ‖ hosszú öltés ‖ ❏ hajó irányhelyzet ‖ taktika ‖ **on the right tack** helyes úton ▼ *ige* odaszögez ‖ összefércel, tűz ‖ irányt változtat ‖ ❏ *hajó és* ❖ *átv* lavíroz

tack about ❏ *hajó* lavíroz

tack down leszegez

tack together összefércel

tackle ['tækl] ▼ *fn* ❏ *hajó* kötélzet ‖ csigasor ‖ ❏ *sp* szerelés ‖ felszerelés ▼ *ige* *(játékost)* (le)szerel ‖ *(kérdést)* megközelít ‖ *(kérdéssel)* megbirkózik

tacky ['tæki] *mn* ragacsos, nyúlós, tapadó(s) ‖ ❖ *biz* ócska

tact [tækt] *fn* tapintat

tactful ['tæktfl] *mn* tapintatos

tactfully ['tæktfli] *hsz* tapintatosan

tactical ['tæktɪkl] *mn* harcászati, taktikai

tactics ['tæktɪks] *fn esz* harcászat ‖ taktika *(fogások)*

tactless ['tæktləs] *mn* tapintatlan, indiszkrét

tactlessness ['tæktləsnəs] *fn* tapintatlanság

tadpole ['tædpoʊl] *fn* ebihal

taffeta ['tæfɪtə] *fn* taft

taffy ['tæfi] *fn* ⊕ *US* karamella ‖ ❖ *biz* hízelgés

tag [tæg] ▼ *fn* fűzőhegy *(cipőfűzőé)* ‖ (függő)címke, árcédula ‖ elálló/lelógó vég ‖ utókérdés ‖ elcsépelt szólás ‖ fogócska ▼ *ige* **-gg-** (fel)címkéz ‖ **tag along** vkvel megy, (hozzá)csapódik vkhez, el/le nem marad ‖ **tag sg on** hozzábiggyeszt

tag question *fn* utókérdés, simuló kérdés

Tahiti [tə'hi:ti] *fn* Tahiti

Tahitian [tə'hi:ʃn] *mn/fn* tahiti

tail [teɪl] ▼ *fn* fark, farok ‖ csóva *(üstökösé)* ‖ vég, far ‖ **tails** frakk ▼ *ige* szorosan követ, figyel ‖ lecsutkáz *(gyümölcsöt)*

---

tail away/off elritkul, elvékonyodik; lecsökken ‖ lemarad

---

tailback ['teɪlbæk] *fn* forgalmi torlódás, autósor, dugó

tailcoat ['teɪlkoʊt] *fn* frakk

tail-end *fn* vmnek a legvége

tailgate ['teɪlgeɪt] ▼ *fn* hátsó ajtó ▼ *ige* ⊕ *US* sarkában van, nyomon követ *(autót)*

tail lamp *fn* ⊕ *US* = **tail light**

tail light *fn* hátsó lámpa/világítás

tailor ['teɪlə] ▼ *fn* szabó ‖ **tailor's** szabóság ▼ *ige (ruhát)* szab

tailoring ['teɪlərɪŋ] *fn* szabóság, szabómesterség

tailor-made *mn* mérték után készült

tailpiece ['teɪlpi:s] *fn* toldalék ‖ záródísz *(fejezet végén)* ‖ ❑ *zene* húrtartó

tailpipe ['teɪlpaɪp] *fn* kipufogó(cső)

tail-spin *fn* ❑ *rep* dugóhúzó

tail wind *fn* hátszél

taint [teɪnt] *ige (erkölcsileg)* bepiszkít

tainted ['teɪntɪd] *mn* romlott

Taiwan [ˌtaɪ'wɑ:n] *fn* Tajvan

take [teɪk] ▼ *fn* fogás *(halé)* ‖ bevétel ‖ felvétel *(egyes jeleneté)* ▼ *ige (pt* **took** [tʊk]; *pp* **taken** ['teɪkn]) vesz, fog, elvesz, megragad ‖ elvisz, (oda)visz ‖ ❑ *kat* elfoglal ‖ elfog *(sakkfigurát)* kiüt ‖ *(orvosságot)* beszed ‖ kivesz *(lakást)* ‖ vesz *(órákat)* ‖ tart *(vmeddig)* ‖ megért ‖ *(oltás)* megered ‖ **he took his own life** önkezével vetett véget életének; **how long will it take (us) to get there?** mennyi idő alatt érünk oda?, mikor érünk oda?; **it took me five hours (to …)** 5 órá(m)ba került; **it'll take a long time** sokára lesz kész; **take a long time over sg** sok időt tölt vmvel; **this will take time** ehhez idő kell; **it will take (some) time to** …-hez idő kell; **it won't take long** nem tart soká; **what do you take for a headache?** mit szedsz fejfájás ellen?; **take a bath** megfürdik; **take a break** megpihen, pihenőt tart; **take a bus (to)** buszra száll; **take a cab (to)** taxin/taxival megy (vhová); **take a cup of tea** iszik egy csésze teát; **take a flat** (⊕ *US* **an apartment**) lakást bérel/kivesz; **take a paper** újságot járat; **take a picture of sy/sg** fényképet készít/csinál vkről/vmről; **take a seat** tessék helyet foglalni!; **take a shower** (le)zuhanyozik; **take a train to** vonatra ül; **take a turn for the better** jóra fordul; **be taken ill** megbetegszik; **we were all taken with her** ❖ *biz* el voltunk ragadtatva tőle, mindannyiunkat levett a lábunkról; **take as many as you can** annyit végy, ahányat tudsz; **take care of**

---

gondoz, ápol, vkről/vmről gondoskodik, vmnek gondját viseli; **take care!** légy óvatos!, vigyázat!, vigyázz!, tessék vigyázni!; **take sg from sy** elfogad vmt vktől; **take it from me** én mondom neked!; **take it or leave it** kell vagy nem kell?; **take leave of sy** búcsút vesz vktől, búcsút mond vknek, elbúcsúzik vktől; **take lunch** ebédel; **take place** végbemegy, lebonyolódik, lejátszódik, lezajlik; **take sg in bad part** rossz néven vesz vmt; **take sg in one's hand** kezébe vesz vmt; **take steps** vk intézkedik, rendszabály(ok)hoz nyúl; **take the necessary steps** megteszi a szükséges intézkedéseket; **take sy by car** kocsin visz; **take sy by the hand** kézen fog vkt; **take sy home** *(vkt pl. kocsin)* hazavisz; **take tea** *(v. a cup of tea)* teázik; **take it easy** csak nyugodtan!, lassan!; **take things easy** könnyen veszi a dolgokat; **take this!** nesze!; **it will not take you far** ezzel nem jutsz messzire; **take your seats!** beszállás!; **take your time** ne siesd el a dolgot!

take sy aback elképeszt, megdöbbent

take after sy vkre visszaüt ‖ **the boy takes after his father** apjához hasonlít

take along *(magával vmt)* elvisz, magával visz vmt

take apart szétszerel, szétszed

take away elvesz ‖ elvisz ‖ **... to take away** *(étel)* elvitelre

take away from levon vmből

take back visszavesz ‖ visszavisz ‖ ❖ *átv* visszaszív

take down levesz ‖ levisz *(to vhová)* ‖ leír ‖ *(gyorsírással)* jegyez

take for tart vmnek ‖ **what do you take me for?** minek nézel (te engem)?; **take sg for granted** biztosra/készpénznek *(v. kész ténynek)* vesz vmt

take in *(albérlőt)* tart ‖ *(pénzt)* beszed ‖ *(ruhából)* bevesz ‖ ❖ *biz* rászed, becsap, beugrat

take into bevisz ‖ **take sg into account** tekintetbe/számításba vesz, számba/figyelembe vesz; **take into consideration** tekintetbe/fontolóra vesz, megfontol(ás tárgyává tesz)

take off *(repülőgép)* felszáll ‖ vk „eltűz" ‖ *(ruhadarabot)* levet ‖ vmről levesz ‖ töröl *(járatot)*

take on *(vkt munkahelyre, busz vkt)* felvesz ‖ vmt vállal, felvállal ‖ **take on a job** munkát vállal

take out *(lakást)* kivesz ‖ *(foltot, szálkát)* kivesz; vmből vmt kivesz ‖ elvisz vkt *(szórakozni, táncolni stb.)* ‖ **take out insurance** biztosítást köt; **take it out of sy** ❖ *biz* elbágyaszt/elcsigáz/kikészít vkt; **take it out on sy** vkn kitölti haragját, undok; **take sy out to dinner** *(étterembe)* meghív vkt vacsorára

take over átveszi a hatalmat ‖ *(árut)* átvesz

take to vmre rákap, vmt megszeret, megkedvel ‖ **take to drink** inni kezd; **take to flight** futásnak ered

take up vmt fölemel/felvesz/felszed ‖ vmbe/vmhez fog, vmre adja a fejét, foglalkozni kezd vmvel; vmlyen pályára lép ‖ **be taken up with sg** nagyon leköti/érdekli vm; **be taken up with sy** ❖ *biz* bele van esve vkbe; **take up (a cause)** *(ügyet)* felkarol; **take up a lot of room** sok helyet foglal el *(v. vesz igénybe)*; **take up teaching** tanári pályára lép

takeaway ['teɪkəweɪ] *fn/mn* kifőzés ‖ **take-away lunch** ebéd/vacsora elvitelre

taken ['teɪkn] *pp* → **take**

take-off *fn* felszállás *(repülőgépé)* ‖ utánzás

takeout ['teɪkaʊt] *fn* ⊕ *US* = **takeaway**

---

nm névmás – *nu* névutó – *szn* számnév – *esz* egyes szám – *tsz* többes szám
▼ szófajjelzés ⊕ földrajzi variáns ❑ szakterület ❖ stiláris minősítés

take-over *fn* hatalomátvétel ‖ átvétel *(vállalaté)*

take-over bid *fn* ajánlat részvény felvásárlására

take-up spool *fn* felvevőtekercs

takings ['teɪkɪŋz] *fn tsz* bevétel ‖ jövedelem ‖ nyereség

talc [tælk] *fn* hintőpor

talcum powder ['tælkəm] *fn* hintőpor

tale [teɪl] *fn* elbeszélés; történet, mese ‖ kitalálás ‖ **tell tales (about sy)** elárul/beárul vkt, eljár a szája, fecseg

talebearer ['teɪlbeərə] *fn* árulkodó, pletykás; fecsegő, besúgó

talent ['tælənt] *fn* tehetség, adomány ‖ **(s)he has a talent for languages** ő (kifejezett) nyelvtehetség

talented ['tæləntɪd] *mn* tehetséges

talent-scout *fn* tehetségkutató

talent scouting *fn* tehetségkutatás

talent-spotter *fn* = **talent-scout**

taleteller ['teɪltelə] *fn* = **talebearer**

talisman ['tælɪzmən] *fn* talizmán

talk [tɔːk] ▼ *fn* beszélgetés, társalgás; megbeszélés ‖ előadás, csevegés ‖ **have a talk with sy** megbeszélést folytat *(v.* megbeszélése van) vkvel; **there is some talk of it** szó van róla; **give a talk** beszél, beszédet mond; **talks** ❏ *pol* tárgyalás(ok); **the talks were broken off** a tárgyalások félbeszakadtak ▼ *ige* beszél ‖ beszélget ‖ **get talking to sy** beszédbe elegyedik vkvel; **talk English** angolul beszél; **talk turkey** ⊕ *US* nyíltan beszél; **talk big** nagyokat mond; **talk business/ shop** üzleti/szakmai/hivatalos dolgokról tárgyalnak; **talk one's fill** kibeszéli magát; **talk politics** politizál; **talk rubbish** mindenfélét összebeszél; **talk sense** okosan beszél; **talk sy's head off** ❖ *biz* lyukat beszél vk hasába; **talk through one's hat** ❖ *biz* mellébeszél, hasal, lódít

talk about beszél vmről/vkről ‖ **get sy talked about** hírbe hoz vkt

talk at beszél vkhez

talk away cseveg

talk back felesel, visszabeszél

talk sy into (doing) sg ❖ *biz* megfőz vkt, meggyőz vmről, vkt vmre rábeszél

talk of vmről/vkről beszél ‖ **talking of Frank** apropó F.; **what is he talking of?** miről beszél?

talk (sg) over megbeszél, megvitat, vmt megtárgyal *(with* vkvel vmt) ‖ **we'll talk it over** ezt majd megtárgyaljuk; **talk sy over to sg** meggyőz vkt vmről, rábeszél vkt vmre

talk sy round ❖ *biz* meggyúr/megfőz vkt

talk to sy vkvel/vkhez beszél

---

talkative ['tɔːkətɪv] *mn* beszédes, bőbeszédű

talker ['tɔːkə] *fn* társalgó *(személy)*

talking ['tɔːkɪŋ] *mn* beszélő

talking-point *fn* beszédtéma

talking-to *fn* megfeddés, leszidás, ❖ *biz* letolás

talk shaw *fn* „telefere", beszélgetés *(tévében stb.)*

tall [tɔːl] *mn (ember, termet, torony)* magas, nagy ‖ **he is tall for his age** korához képest magas; **a tall order** nagy feladat; **a tall story** képtelen történet

tallboy ['tɔːlbɔɪ] *fn* ⊕ *GB* fiókos szekrény

tallness ['tɔːlnəs] *fn* magasság, nagyság

tallow ['tæloʊ] *fn* faggyú *(kiolvasztva)*

tally ['tæli] ▼ *fn* jegyzék ‖ címke ▼ *ige* egybevág, összevág *(with* vmvel)

talon ['tælən] *fn* karom *(ragadozó madáré)* ‖ talon *(kártyában stb.)* ‖ szelvény, utalvány

tambourine [ˌtæmbəˈriːn] *fn* tamburin(dob)

tame [teɪm] ▼ *mn (állat)* szelíd, kezes ▼ *ige (állatot)* megszelídít; *(vadállatot)* idomít

---

fn főnév – *hsz* határozószó – *isz* indulatszó – *ksz* kötőszó – *mn* melléknév
▼ szófajjelzés ⊕ földrajzi variáns ❏ szakterület ❖ stiláris minősítés

tameness ['teɪmnəs] *fn* szelídség

tamer ['teɪmə] *fn* idomító, szelídítő

tamper with ['tæmpə] *ige* babrál vmt ‖ bütyköl vmvel ‖ meghamisít vmt

tampon ['tæmpɒn] *fn* ❏ *orv* tampon

tan [tæn] ▼ *mn* sárgásbarna ▼ *ige* -**nn**- cserez, csáváz *(bőrt)* ‖ *(nap)* (le)barnít ‖ megbarnul ‖ **get tanned** lebarnul, lesül; **tan sy's hide** ❖ *biz* megrak

tandem ['tændəm] ▼ *hsz* tandemben ▼ *fn* **tandem (bycicle)** kétüléses kerékpár, tandem ‖ egymás elé fogott két ló

tang [tæŋ] *fn* erős/csípős íz/szag

tangent ['tændʒənt] *fn* ❏ *mat* érintő, tangens

tangerine [ˌtændʒə'riːn] *fn* mandarin

tangible ['tændʒəbl] *mn* kézzelfogható; tapintható, konkrét

tangle ['tæŋgl] ▼ *fn* ❖ *átv* hínár, szövevény ▼ *ige* **tangle up** összegubancol ‖ **get tangled up** összegubancolódik

tango ['tæŋgoʊ] *fn* *(tsz* -**gos**) tangó *(tánc)*

tank [tæŋk] *fn (folyadéknak)* tartály, tank ‖ harckocsi, tank

tankard ['tæŋkəd] *fn* söröskancsó

tanker ['tæŋkə] *fn* tartályhajó, tankhajó

tankful ['tæŋkfʊl] *fn* tele tank(nyi)

tanned [tænd] *mn* napbarnított ‖ cserzett ‖ → **tan**

tanner ['tænə] *fn* cserzővarga, tímár

tannic acid ['tænɪk] *fn* csersav

tannin ['tænɪn] *fn* csersav

tanning ['tænɪŋ] *fn* cserzés ‖ ❖ *biz* elnadrágolás

Tannoy ['tænɔɪ] *fn* **over the Tannoy** hangosbeszélőn keresztül

tantalizing ['tæntəlaɪzɪŋ] *mn* tantaluszi kínokat okozó, szívfájdító

tantamount ['tæntəmaʊnt] *mn* egyértelmű *(to* vmvel)

tantrum ['tæntrəm] *fn* ❖ *biz* dühroham

Tanzania [ˌtænzə'niːə] *fn* Tanzánia

Tanzanian [ˌtænzə'niːən] *mn/fn* tanzániai

tap [tæp] ▼ *fn* csap ‖ dugasz ‖ ❖ *biz* lehallgatókészülék ▼ *ige* -**pp**- *(kohót)* lecsapol ‖ megvereget ‖ lehallgat *(telefont)* ‖ **tap sy for money** megpumpol

tap-dance *ige* dzsiggelés

tape [teɪp] ▼ *fn (magnó, video)* szalag ‖ célszalag ▼ *ige* (szalagra/magnóra) felvesz vmt, felvételt készít vmről

tape deck *fn (magnó)* deck

tape measure *fn* mérőszalag

taper ['teɪpə] *ige* csúcsban végződik, csúcsosodik ‖ **taper (off)** (fokozatosan) elvékonyodik

tape-record *ige* = **tape**

tape-recorder *fn* magnó

tape-recording *fn* magnetofonfelvétel

tapered ['teɪpəd] *mn* kúpos, kúp alakú ‖ elvékonyodó

tapering ['teɪpərɪŋ] *mn* elvékonyodó, hegyes csúcsban végződő

tapestry ['tæpɪstri] *fn* faliszőnyeg

recorder

tape to tape cassette recorder *fn* kétkazettás magnó

tapeworm ['teɪpwɜːm] *fn* bélgiliszta, galandféreg

tapioca [ˌtæpi'oʊkə] *fn* tapióka

tappet ['tæpɪt] *fn* mozgásátvivő rúd; szelepemelő; emelőbütyök, excenter; kamó

taproom ['tæpruːm] *fn* ivó, kocsma

tap water *fn* vízvezetéki víz

tar [tɑː] *fn* kátrány

tarantula [tə'ræntjʊlə] *fn* tarantulapók

tardy ['tɑːdi] *mn* lassú, nehézkes; késlekedő; ⊕ *US* elkésett, késedelmes

tare [teə] ▼ *fn* tára, göngyölegsúly ‖ önsúly ▼ *ige* táráz

target ['tɑːgɪt] *fn* céltábla, célpont, cél ‖ **hit the target** célba talál; **miss the target** célt téveszt

target audience *fn* célcsoport

target language *fn* célnyelv

target market *fn* célzott piac

target practice *fn* céllövészet

tariff ['tærɪf] *fn* díjszabás, tarifa

tariff barrier *fn* vámsorompó

tarmac ['tɑːmæk] *fn* (beton)kifutó, felszállópálya

tarn [tɑːn] *fn* tengerszem

tarnish ['tɑːnɪʃ] ▼ *fn* homályosság, folt (tüköré) ‖ patina, bevonat, hártya ▼ *ige (átv is)* elfakít, elhomályosít; fényét veszti, elhomályosul

tarnished ['tɑːnɪʃt] *mn (fémfelület)* homályos

tarpaulin [tɑː'pɔːlɪn] *fn* vízhatlan ponyva

tarragon ['tærəgən] *fn* tárkony

tarred felt [tɑːd] *fn* kátránylemez, -papír

tarry[1] ['tæri] *ige* kés(leked)ik ‖ tartózkodik, marad ‖ vár (vkre/vkt)

tarry[2] ['tɑːri] *mn* kátrányos

tart[1] [tɑːt] *mn (íz)* fanyar ‖ ❖ *átv* csípős, éles

tart[2] [tɑːt] *fn* pite

tart[3] [tɑːt] ❖ *biz* ▼ *fn* lotyó ▼ *ige* **tart up** felcicomáz ‖ **tart oneself** kicsípi magát

tartan ['tɑːtn] *fn* skótkockás szövet/ anyag, tartán

tartar[1] ['tɑːtə] *fn* borkő ‖ fogkő

tartar[2] ['tɑːtə] *fn* goromba/dühös ember

tartar sauce *fn* tartármártás

tartish ['tɑːtɪʃ] *mn (alma)* savanykás

tartly ['tɑːtli] *hsz* élesen, mogorván, udvariatlanul

task [tɑːsk] *fn* feladat, munka, kötelesség ‖ **take sy to task** felelősségre von vkt vmért

task force *fn* különítmény

taskmaster ['tɑːskmɑːstə] *fn* munkafelügyelő, hajcsár

tassel ['tæsl] *fn* bojt, rojt

tasselled (⊕ *US* **-l-**) ['tæsld] *mn* bojtos, rojtos

taste [teɪst] ▼ *fn* íz ‖ ízlés ‖ ❖ *biz* gusztus ‖ **be to sy's taste** ínyére van,

szája íze szerinti; **something to my taste** gusztusomra való dolog; **it is not to my taste** nincs ínyemre ▼ *ige* ízlel, (meg)kóstol ‖ **taste good** ízlik; **taste like sg, taste of sg** vmlyen íze van

taste bud *fn* ízlelőszemölcs *(nyelven)*

tasteful ['teɪstfl] *mn* ízléses

tastefully ['teɪstfəli] *hsz* ízlésesen, ízléssel

tasteless ['teɪstləs] *mn* ízetlen ‖ ízléstelen

tastelessly ['teɪstləsli] *hsz* ízetlenül ‖ ízléstelenül

tastelessness ['teɪstləsnəs] *fn* ízetlenség ‖ ízléstelenség

tastily ['teɪstɪli] *hsz* ízletesen, jóízűen

tastiness ['teɪstinəs] *fn* ízletesség; jóízűség

tasty ['teɪsti] *mn* élvezhető, jóízű *(étel)*; ízes

ta-ta [tæ'tɑː] *isz* pápá!, szia! *(gyermeknyelven)*

tatter ['tætə] *fn* rongy, cafat

tattered ['tætəd] *mn* rongyos *(ruha)*

tatters ['tætəz] *fn tsz* rongy, foszlány

tattoo[1] [tæ'tuː] *fn* takarodó *(este)*

tattoo[2] [tæ'tuː] ▼ *fn* tetoválás ▼ *ige* tetovál

tatty ['tæti] *mn* ❖ *biz* topis

taught [tɔːt] *pt/pp* → **teach**

taunt [tɔːnt] ▼ *fn* gúnyos megjegyzés, gúnyolódás, gúny ▼ *ige* kigúnyol

taut [tɔːt] *mn* feszes, szoros *(kötelék stb.)* ‖ kifeszített *(vitorla stb.)*

tavern ['tævən] *fn* kocsma

tawdry ['tɔːdri] *mn* csiricsáré, csicsás

tawny ['tɔːni] *mn* homokszínű; (világos) sárgásbarna

tax [tæks] ▼ *fn (állami)* adó ‖ *(kisebb jelentőségű eljárásért)* illeték ‖ **pay tax (on sg)** adót fizet *(vm után)*; **payment of taxes** adófizetés; **put a tax (on sy/sg)** megadóztat *(vkt/vmt)* ▼ *ige* megadóztat

taxable ['tæksəbl] *mn* adóköteles, adó alá eső

---

fn főnév – *hsz* határozószó – *isz* indulatszó – *ksz* kötőszó – *mn* melléknév
▼ szófajjelzés ⊕ földrajzi variáns ❑ szakterület ❖ stiláris minősítés

tax allowance *fn* adókedvezmény

tax arrears *fn tsz* adóhátralék

taxation [tæk'seɪʃn] *fn* adóügy, adózás

tax collector *fn* adószedő

tax controller *fn* adóellenőr

tax-deductible *mn* adócsökkentő

tax disc *fn* <gépjárműadó befizetését igazoló korong *(a szélvédőn)*>

tax evasion *fn* adócsalás

tax exemption *fn* adómentesség

tax fraud *fn* adócsalás

tax-free *mn* adómentes

tax haven *fn* alacsony adószintű ország

taxi ['tæksi] ▼ *fn* taxi ‖ **go by taxi (to)** taxin/taxival megy (vhová); **please call me a taxi** hívj(on) egy taxit; **take a taxi (to)** taxin/taxival megy (vhová) ▼ *ige (pt/pp* **taxied**; *pres p* **taxiing** v. **taxying**) *(repülőgép)* gurul

taxicab ['tæksikæb] *fn* = **taxi**

taxidermist ['tæksɪdɜ:mɪst] *fn* állatkitömő, preparátor

taxi driver *fn* taxis

taximeter ['tæksimi:tə] *fn* viteldíjmérő, taxaméter

tax inspector *fn* adófelügyelő

taxi rank *fn* taxiállomás

taxi stand *fn* taxiállomás

tax office *fn* adóhivatal

taxpayer ['tækspeɪə] *fn* adófizető

tax rebate *fn* adóengedmény, adókedvezmény

tax relief *fn* adókedvezmény

tax return *fn* adóbevallás

tax shelter *fn* adócsökkentő tényező

tax year *fn* adóév

tea [ti:] *fn* tea ‖ **have tea** (v. **a cup of tea)** teázik

tea bag *fn* filteres tea, zacskós tea

tea break *fn* teaszünet *(munkahelyen)*

tea-caddy *fn* teásdoboz

teacake ['ti:keɪk] *fn* teasütemény *(lapos, édes, mazsolás)*

teach [ti:tʃ] *ige (pt/pp* **taught** [tɔ:t]) tanít, oktat, megtanít, vkt vmre (meg)-

tanít/betanít ‖ **teach French** franciát tanít; **I'll teach him** majd megmutatom neki; **teach sy a lesson** (v. **what's what)** móresre tanít vkt; **teach school** ⊕ *US* tanár(kodik), tanítóskodik

teacher ['ti:tʃə] *fn* tanár, tanárnő, oktató, pedagógus ‖ **teacher of English, English teacher** angoltanár; **teacher of history** történelemtanár

teachers college *fn* ⊕ *US* tanárképző főiskola

teacher trainee *fn* tanítójelölt, tanárjelölt

teacher-training college *fn* tanárképző főiskola

teach-in *fn* (közérdekű) előadás-sorozat *(nyilvános vitával)*, kb. fórum

teaching ['ti:tʃɪŋ] *fn* tanítás *(folyamata)* ‖ **teaching(s)** vknek a tanításai/tanai

teaching aid *fn* oktatási segédeszköz

teaching day *fn* tanítási nap

teaching hospital *fn* kb. egyetemi klinika

teaching staff *fn* tanári kar, tantestület

tea-cloth *fn* = **tea-towel**

tea-cosy *fn* teababa

teacup ['ti:kʌp] *fn* teáscsésze

teak [ti:k] *fn* tíkfa, indiai tölgyfa

tea-kettle *fn* teáskanna *(forraláshoz)*

tea-leaf *fn (tsz* **-leaves)** *fn* tealevél

team [ti:m] ▼ *fn* csapat, (munka)csoport, munkaközösség, team, brigád ▼ *ige* **team up with sy** *(munkára)* összeáll (vkvel)

team game *fn* csapatjáték

team spirit *fn* csapatszellem

teamster ['ti:mstə] *fn* ⊕ *US* ❖ *tréf* pilóta *(tehergépkocsi-vezető)*

teamwork ['ti:mwɜ:k] *fn* csapatmunka, összjáték

tea party *fn* tea *(összejövetel)*

teapot ['ti:pɒt] *fn* teáskanna

tear[1] [teə] ▼ *fn* szakadás, repedés ▼ *ige (pt* **tore** [tɔ:]; *pp* **torn** [tɔ:n])
(el)tép ‖ *(ruhát)* (el)szakít, elrepeszt ‖

elreped, elszakad, szétszakad ‖ **tear in two** *(ketté)* széttép; **tear open** *(levelet)* kibont, felszakít, feltép; **tear sg to pieces/shreds** széttép, összetép, ízekre szed/tép

tear along ❖ *átv* ❖ *biz (motorral)* repeszt, dönget
tear down lebont, lerombol
tear off *(szelvényt)* letép ‖ **tear sy off a strip** ❖ *biz* lehord, leszid vkt; **tear sg off sg** vmt vmről leszakít
tear out kitép
tear up *(vihar fákat)* kiforgat, kitép ‖ összetép

tear² [tɪə] *fn* könny ‖ **be in tears** sír; **burst into tears** könnyekre fakad; **draw tears from sy's eyes** könnyeket csal ki vk szeméből; **his eyes are swimming in tears** szeme könnyben úszik; **in tears** könnyek között; **tears ran down her cheeks** a könnyek végigfolytak az arcán
tearaway ['teərəweɪ] *fn* ❖ *biz* vagány, huligán, fenegyerek
tear-drop *fn* könnycsepp
tearful ['tɪəfl] *mn* könnyes
tear-gas *fn* könnygáz
tearing ['teərɪŋ] ▼ *mn* kínzó, hasogató *(fájdalom)* ‖ rohanó ‖ ❖ *biz* heves, dühöngő, őrjöngő ▼ *fn* szakítás, tépés
tea-room *fn* teázóhelyiség
tease [tiːz] *ige* bosszant, piszkál, ugrat, heccel, élcelődik; *(jóindulatúan)* csipkelődik (vkvel) ‖ **stop teasing him** ne bosszantsd!, ne piszkáld!; **I was only teasing** csak tréfáltam/heccelődtem/húztalak
tea set *fn* teakészlet, teáskészlet
tea-shop *fn* teázó(helyiség)
teaspoon ['tiːspuːn] *fn* kávéskanál, kiskanál
teaspoonful ['tiːspuːnfʊl] *fn* kávéskanálnyi ‖ **two teaspoonfuls of sugar** két kávéskanál/kiskanál cukor
tea-strainer *fn* teaszűrő

teat [tiːt] *fn* mellbimbó
tea-time *fn* teaidő, teázás ideje, uzsonnaidő
tea-towel *fn* konyharuha, törlőruha
tea-trolley *fn* zsúrkocsi
tea-urn *fn* szamovár
tech [tek] *fn* ❖ *biz* = **technical college**
technical ['teknɪkl] *mn* műszaki, technikai ‖ szakmai, szak- ‖ **technical college** műszaki, iparművészeti stb. főiskola; **technical education/training** szakmai képzés, szakképzés; **technical hitch** műszaki hiba; **technical translation** szakfordítás
technicality [ˌteknɪ'kæləti] *fn* szakmai sajátosság ‖ alakiság *(jogban)* ‖ szakkérdésbeli szempont ‖ szakkifejezés
technically ['teknɪkli] *hsz* gyakorlatilag, technikailag ‖ **technically speaking** a szó szoros értelmében
technical term *fn* szakszó, szakkifejezés
technician [tek'nɪʃn] *fn* műszerész, technikus ‖ szakember
technique [tek'niːk] *fn* technika *(művészé, sportolóé stb.)* ‖ **technique with the ball** labdatechnika
techno ['teknoʊ] *fn* techno(zene)
technocracy [tek'nɒkrəsi] *fn* műszaki értelmiség, technokrácia
technocrat ['teknəkræt] *mn* technokrata
technological [ˌteknə'lɒdʒɪkl] *mn* technikai, műszaki, technológiai ‖ **technological university** műszaki egyetem
technologically [ˌteknə'lɒdʒɪkli] *hsz* műszakilag
technologist [tek'nɒlədʒɪst] *fn* technológus, műszaki szakember
technology [tek'nɒlədʒi] *fn* műszaki tudományok, technika ‖ technológia ‖ technológiai eljárás
ted [ted] *ige* **-dd-** megforgat *(szénát)*
teddy (bear) ['tedi] *fn* (játék)mackó, maci

tedious ['ti:dɪəs] *mn* egyhangú, unalmas

tedium ['ti:dɪəm] *fn* unalom, unalmasság

tee¹ [ti:] *fn* T-betű, té ‖ T alakú cső, T idom

tee² [ti:] ▼ *fn* elütési hely, „tee" *(golflabdáé)* ▼ *ige (pt/pp* **teed** [ti:d]) teere tesz *(golflabdát)* ‖ **tee off** tee-ről elüt *(golflabdát)*; ❖ *biz* elkezd(ődik); **tee up** hozzáfog

teem [ti:m] *ige (féreg és ált)* nyüzsög ‖ **teem with** nyüzsög vmtől, *(tévedésektől, hibáktól)* hemzseg

teenage ['ti:neɪdʒ] *mn* tizenéves

teenager ['ti:neɪdʒə] *fn* ❖ *biz* tinédzser, tizenéves, tini

teens [ti:nz] *fn tsz* **be in one's teens** tizenéves, még nincs 20 éves

tee-shirt *fn* póló(ing), atlétatrikó

teeter ['ti:tə] *ige* ingadozik, imbolyog ‖ **teeter on the brink** a szakadék szélén áll

teeth [ti:θ] *tsz* → **tooth**

teethe [ti:ð] *ige* fogzik

teething troubles ['ti:ðɪŋ] *fn tsz* kezdeti nehézségek

teetotal [ˌti:'təʊtl] *mn (alkoholtól)* absztinens, antialkoholista; *(italtól)* önmegtartóztató

teetotaller (⊕ *US* **-taler**) [ˌti:'təʊtlə] *fn* absztinens, antialkoholista

TEFL [ˌti: i: ef 'el, ❖ *biz* 'tefl] = *Teaching English as a Foreign Language* az angol mint idegen nyelv tanítása

tel = **telephone**

telebanking ['telɪbæŋkɪŋ] *fn* telebank

telecamera ['telɪkæmərə] *fn* tévékamera

telecast ['telɪkɑ:st] ▼ *fn* tévéközvetítés ▼ *ige (pt/pp* **telecast**) tévén közvetít

telecommunications [ˌtelɪkɒmjʊnɪ'keɪʃnz] *fn* távközlés, híradástechnika

telecommunications satellite *fn* távközlési műhold

telefax ['telɪfæks] *fn* telefax

telegram ['telɪgræm] *fn* távirat

telegraph ['telɪgrɑ:f] *ige* megtáviratoz

telegrapher [tɪ'legrəfə] *fn* távírász

telegraphically [ˌtelɪ'græfɪkli] *hsz* távirati úton, táviratilag

telegraphist [tɪ'legrəfɪst] *fn* távírász

telegraph office *fn* távírda

telegraph pole *fn* távíróoszlop, sürgönypózna

telegraph wire *fn* távíróhuzal, sürgönydrót

telemessage ['telɪmesɪdʒ] *fn* ⊕ *GB* (postán továbbított) telex(üzenet), távirat *(1981-ben megszűnt a belföldi távirat, helyette telefon- v. telexüzenetet kézbesít a posta)*

telepathic [ˌtelɪ'pæθɪk] *mn* telepatikus

telepathy [tɪ'lepəθi] *fn* telepátia

telephone ['telɪfəʊn] ▼ *fn* távbeszélő, telefon ‖ telefonkészülék ‖ **are you on the telephone?** van önnek telefonja?; **answer the telephone** felveszi a telefont/kagylót ▼ *ige* telefonál (vknek), (telefonon) felhív vkt

telephone answering equipment *fn* üzenetrögzítő

telephone bill *fn* telefonszámla

telephone box/booth *fn* telefonfülke

telephone call *fn* telefonbeszélgetés, hívás

telephone directory *fn* telefonkönyv

telephone exchange *fn* telefonközpont

telephone kiosk *fn* telefonfülke

telephone number *fn* telefonszám

telephone operator *fn* telefonkezelő

telephonist [tɪ'lefənɪst] *fn* telefonkezelő

telephoto lens [ˌtelɪ'fəʊtəʊ] *fn* teleobjektív

teleprinter ['telɪprɪntə] *fn* telexgép

T

---

nm névmás – *nu* névutó – *szn* számnév – *esz* egyes szám – *tsz* többes szám
▼ szófajjelzés ⊕ földrajzi variáns ❏ szakterület ❖ stiláris minősítés

teleprompter ['telɪprɒmptə] *fn* ⊕ *US (tévében)* olvasógép, súgógép

telerecording [ˌtelɪrɪˈkɔːdɪŋ] *fn* képrögzítés

telescope ['telɪskoʊp] ▼ *fn (egycsövű)* távcső, teleszkóp ▼ *ige* **telescope (together)** *(balesetben kocsik)* egymásba fúródnak

telescopic [ˌtelɪˈskɒpɪk] *mn* messzelátós ‖ teleszkópos, összetolható, kihúzható

teletext ['telɪtekst] *fn (tévében)* képújság

teletypewriter [ˌtelɪˈtaɪpraɪtə] *fn* ⊕ *US* telexgép

televise ['telɪvaɪz] *fn* tévében közvetít/ad ‖ **be televised** közvetíti a televízió; **is being televised live (from)** élőben (*v.* egyenes adásban) közvetítik

television ['telɪvɪʒn] *fn (a készülék is)* televízió, tévé, tv ‖ **"Parsifal" will be shown on television** a Parsifalt a televízió közvetíti; **on (the) television** a televízióban/képernyőn; **what's on (the) television?** mi megy a tévében? ‖ → **match**

television aerial *fn* tévéantenna

television announcer *fn* tévébemondó

television antenna *fn* ⊕ *US* tévéantenna

television broadcast *fn* tévéadás; tévéközvetítés

television licence holder *fn* televízióelőfizető

television news *fn esz* tv-híradó, tévéhíradó

television programme (⊕ *US* **-am**) *fn* tévéműsor

television series *fn* tévésorozat

television set *fn* tévékészülék

television transmitter *fn* tv-adó, tévéadó

television tube *fn* ❑ *tv* képcső

telex ['teleks] ▼ *fn* telex ‖ ❖ *biz* telexgép ▼ *ige* telexezik

tell [tel] *ige (pt/pp* **told** [toʊld]) mond, elmond, mesél, elbeszél ‖ **tell sy sg** vknek megmond vmt, közöl vkvel vmt; **anyone will tell (you)** akárki megmondhatja; **do as you are told** tégy úgy, ahogy parancsolták; **he didn't need to be told twice** nem kellett neki kétszer mondani; **I can't tell** nem tudom; **you never can tell** sose lehet tudni; **tell a lie** hazudik; **tell a story** mesét mond, mesél, elmond egy történetet/viccet; **tell him to wait** mondd meg neki, hogy várjon; **can you tell me the time?** hány óra van?; **didn't I tell you?** lám, megmondtam!; **I'm told that … ** úgy hallom, hogy …; **I was told that … ** nekem azt mondták, hogy …

tell sg from sg/sy vmt/vkt vmtől/ vktől megkülönböztet ‖ **you can't tell him from his brother** a megtévesztésig hasonlít a testvéréhez

tell sy off ❖ *biz* jól beolvas vknek, jól megmondja neki a magáét, leszid vkt

tell on sy beárul, megmond; ❑ *isk* árulkodik ‖ **I'll tell on you!** ❑ *isk* ❖ *biz* megmondalak!

teller ['telə] *fn* (bank)pénztáros

telling ['telɪŋ] ▼ *mn* hatásos ▼ *fn* elbeszélés, kifecsegés *(titoké)* ‖ **telling (over)** megszámolás, megolvasás *(szavazatoké stb.)*

telling-off *fn* ❖ *biz* (le)szidás, letolás

telltale ['telteɪl] *mn/fn* áruló *(nyom stb.)* ‖ árulkodó ‖ **telltale sign** áruló jel

telly ['teli] *fn* ❖ *biz* tévé

telpher ['telfə] *fn* kötélpálya

temerity [tɪˈmerəti] *fn* vakmerőség

temp = temperature

temper ['tempə] ▼ *fn* kedélyállapot, hangulat, kedv, indulat ‖ temperamentum ‖ **be in a bad/good temper** rossz/jó kedvében van; **keep one's**

---

temper megőrzi hidegvérét/nyugalmát; **lose one's temper** kijön a sodrából, dühbe jön ▼ *ige (acélt)* edz ‖ enyhít, temperál, mérsékel

temperament ['tempərəmənt] *fn* vérmérséklet, temperamentum

temperamental [,tempərə'mentl] *mn* temperamentumos ‖ rapszodikus, szeszélyes

temperance ['tempərəns] *fn (ételben, italban)* mértékletesség, józanság ‖ alkoholtól tartózkodás

temperate ['tempərət] *mn* mértéktartó, mértékletes, józan

temperate zone *fn* mérsékelt égöv

temperature ['temprətʃə] *fn* hőmérséklet ‖ láz ‖ **have you got a temperature?** van láza(d)?; **have/run a temperature** hőemelkedése/láza van; **take sy's temperature** lázat mér

temperature gauge (⊕ *US* **gage**) *fn* hőmérsékletjelző *(autó szerelvényfalán)*

tempered ['tempəd] *mn* vmlyen kedélyű/természetű

tempest ['tempɪst] *fn* ❖ *ir* vihar

tempestuous [tem'pestʃʊəs] *mn* viharos

tempi ['tempi:] *tsz* → **tempo**

template ['templeɪt] *fn* sablon

temple[1] ['templ] *fn* templom

temple[2] ['templ] *fn* halánték

tempo ['tempoʊ] *fn (tsz* **-pos**; ◻ *zene* **-pi** [-pi:]) sebesség; ütem; ◻ *zene* tempó

temporal ['tempərəl] *mn* világi ‖ időbeli

temporarily ['tempərərɪli] *hsz* átmenetileg, egyelőre, ideiglenesen

temporary ['tempərəri] *mn* ideiglenes, átmeneti ‖ **temporary measure** átmeneti intézkedés

tempt [tempt] *ige* (meg)kísért, kísértésbe hoz/visz vkt

temptation [temp'teɪʃn] *fn* kísértés, csábítás

tempting ['temptɪŋ] *mn* csábító ‖ **tempting offer** csábító ajánlat

temptress ['temptrəs] *fn* csábító *(nő)*

ten [ten] *szn* tíz ‖ **at ten (o'clock) in the morning** délelőtt tízkor; **ten to one (that)** tízet egy ellen(, hogy); **for ten years** tíz éven át/keresztül

tenable ['tenəbl] *mn* tartható, megvédhető *(erődítmény, nézet)*

tenacious [tɪ'neɪʃəs] *mn* kitartó; szívós

tenaciously [tɪ'neɪʃəsli] *hsz* kitartóan, szívósan, görcsösen

tenacity [tɪ'næsəti] *fn* állhatatosság, szívósság, kitartás, makacsság ‖ megbízhatóság *(emlékezőtehetségé)*

tenancy ['tenənsi] *fn* bérleti viszony

tenant ['tenənt] *fn (bérházé)* lakó ‖ *(lakásé, földé)* bérlő

Ten Commandments *fn tsz* tízparancsolat

tend[1] [tend] *ige (beteget)* ápol, gondoz, ellát

tend[2] [tend] *ige* irányul *(to* vmre), vm felé tendál ‖ hajlamos/hajlik vmre *(v.* vm megtételére)

tendency ['tendənsi] *fn* irányzat, tendencia, célzat, hajlam *(to* vmre)

tendentious [ten'denʃəs] *mn* célzatos, tendenciózus

tender[1] ['tendə] *mn* lágy, puha, zsenge ‖ érzékeny ‖ *(hang, érzelem)* szelíd; gyengéd ‖ **tender spot** sebezhető pont

tender[2] ['tendə] *fn* gondozó, kezelő ‖ kirakóhajó ‖ szerkocsi *(mozdonyé)*

tender[3] ['tendə] ▼ *fn (árlejtésen)* ajánlat ‖ **invite tenders** versenytárgyalást hirdet; **make/submit a tender (for)** versenytárgyalást ír ki, *(versenytárgyaláson)* árajánlatot tesz ▼ *ige* felajánl, felkínál ‖ **tender one's resignation** benyújtja lemondását; **tender for sg** *(versenytárgyaláson)* árajánlatot tesz, versenytárgyalást hirdet *(v.* ír ki)

T

tenderfoot ['tendəfʊt] *fn (tsz* **-foots)** zöldfülű, kezdő

tender-hearted *mn* gyengéd, lágyszívű, vajszívű, jóérzésű

tenderize ['tendəraız] *ige* ⊕ *US* puhít, klopfol *(húst)*

tenderloin ['tendəlɔın] *fn* ⊕ *US* **tenderloin (steak)** bélszínjava, vesepecsenye

tenderly ['tendəli] *hsz* gyöngéden, finoman *(érint)* ‖ gyöngéden, szeretettel

tenderness ['tendənəs] *fn* gyengédség

tendon ['tendən] *fn* ín

tendril ['tendrıl] *fn* kacs, inda

tenement ['tenımənt] *fn* (bér)lakás ‖ ⊕ *US* **tenement (house)** bérház; bérkaszárnya

tenet ['tenıt] *fn* tan, hittétel, dogma

tenfold ['tenfould] *mn* tízszeres

tenner ['tenə] *fn* ❖ *biz* tízes, ⊕ *GB* tízfontos, ⊕ *US* tízdolláros *(bankjegy)*

tennis ['tenıs] *fn* tenisz ‖ **play tennis** teniszezik

tennis ball *fn* teniszlabda

tennis club *fn* teniszklub

tennis court *fn* teniszpálya

tennis elbow *fn* teniszkönyök

tennis match *fn* teniszmérkőzés

tennis player *fn* teniszedző, teniszjátékos

tennis racket *fn* teniszütő

tennis shoes *fn tsz* teniszcipő, tornacipő

tenon ['tenən] *fn* csap *(fakötéshez)*

tenor ['tenə] *fn* tenor (hang) ‖ tenorista ‖ jelleg; lényeg ‖ irány(zat), törekvés

tenpin bowling ['tenpın] *fn* teke(játék), kugli

tenpins ['tenpınz] *fn esz* ⊕ *US* teke(játék), kugli

tense[1] [tens] *fn* ❏ *nyelvt* (ige)idő

tense[2] [tens] ▼ *mn* feszes, szoros ‖ feszült, megfeszített ▼ *ige (izom)* megfeszül ‖ *(izmot)* feszít ‖ **be/get tensed up** feszült idegállapotba kerül

tensely ['tensli] *hsz* feszülten

tenseness ['tensnəs] *fn (átv is)* feszültség; merevség

tensile ['tensaıl] *mn* nyúlékony; nyújtható ‖ húzó, nyújtó

tensile strength *fn* szakítószilárdság

tension ['tenʃn] *fn* feszítőerő, feszesség, feszülés ‖ feszültség ‖ **increase the tension** növeli a feszültséget, kiélezi a helyzetet

tensor ['tensə] *fn* feszítőizom

tent [tent] *fn* sátor ‖ **live in a tent** sátoroz, sátorban lakik; **pitch** (*v.* **put up) a tent** sátrat ver/felállít

tentacle ['tentəkl] *fn (szerv)* tapogató, csáp

tentative ['tentətıv] ▼ *mn* kísérleti, próbaképpen tett ‖ óvatos ▼ *fn* kísérlet, próba; puhatolódzás

tentatively ['tentətıvli] *hsz* próbaképpen ‖ puhatolódzva ‖ bátortalanul

tenterhooks ['tentəhʊks] *fn* ❖ *biz* **(be) on tenterhooks** tűkön ül, kínban van

tenth [tenθ] ▼ *mn/szn* tizedik ▼ *fn* tized, ❏ tört dézsma

ten thousand *szn* tízezer

tent-peg *fn* sátorcövek

tent roof *fn* ❏ *épít* sátortető

tent-rope *fn* sátorkötél

tenuous ['tenjʊəs] *mn* vékony, finom; ritka, híg, túlságosan finom *(megkülönböztetés)*

tenure ['tenjə] *fn* hivatali idő *(ameddig vk hivatalban van)* ‖ *(egyetemen stb.)* véglegesítés ‖ **the tenure of the US Presidency is four years** az amerikai elnöki megbízatás 4 évre szól

tepid ['tepıd] *mn* langyos; langymeleg

term [tɜːm] ▼ *fn* időszak, időtartam; idő, tartam ‖ ❏ *isk* (év)harmad; félév ‖ szakkifejezés, szakszó ‖ feltétel ‖ ülésszak *(bíróságé stb.)* ‖ ❏ *mat* tag, kifejezés *(egyenleté)* ‖ ciklus *(elnöké)* ‖ **during term** a tanév folyamán; **serve one's term** büntetését (ki)tölti; **term of delivery** szállítási határidő; **term**

of office szolgálati idő; **terms** feltételek; viszonyok; **come to terms with sg** (*v.* **the situation**) megalkuszik/kiegyezik vmvel (a helyzettel); **on these terms** ilyen feltételek mellett; **on what terms are you with him?** milyen viszonyban vagy vele?; **set the terms** megszabja a feltételeket; **in terms of** szempontjából, vmben kifejezve/megadva, vmnek az értelmében; **terms of payment** fizetési feltételek; **in terms of the law** a törvény értelmében; **be on good terms with sy** jó viszonyban (*v.* jóban) van vkvel; **be on bad terms with sy** rossz viszonyban (*v.* rosszban) van vkvel ▼ *ige* **term sg sg** vmt vmnek nevez

termagant ['tɜ:məgənt] *fn (nőről)* fúria

terminal ['tɜ:mɪnl] *fn* ❑ *szt* ❑ *rep* terminál ‖ *(vasút, busz)* végállomás

terminally ill *mn* végállapotú beteg

terminate [-neɪt] *ige (intézkedést)* megszüntet ‖ *(ügy)* lezáródik ‖ **terminate the pregnancy** a terhességet megszakítja

termination [,tɜ:mɪ'neɪʃn] *fn* megszűnés *(szerződésé)* ‖ a terhesség megszakítása ‖ végződés

termini ['tɜ:mɪnaɪ] *tsz* → **terminus**

terminological [,tɜ:mɪnə'lɒdʒɪkl] *mn* terminológiai

terminology [,tɜ:mɪ'nɒlədʒi] *fn* terminológia

terminus ['tɜ:mɪnəs] *fn (tsz* **-ni** [-naɪ] *v.* **-nuses)** végállomás

termite ['tɜ:maɪt] *fn* termesz

terms [tɜ:mz] *tsz* → **term**

term-time *fn* szorgalmi idő

terrace ['terəs] *fn* terasz

terraced ['terəst] *mn* teraszos, lépcsőzetes

terraced house *fn* sorház

terrace-house *fn* sorház

terracotta [,terə 'kɒtə] *fn* terrakotta

terrain [tə'reɪn] *fn* ❑ *kat* terep

terrestrial [tɪ'restrɪəl] *mn* földi, evilági

terrible ['terəbl] *mn* borzalmas, borzasztó, rettenetes

terribly ['terəbli] *hsz* ❖ *biz* szörnyen, rettenetesen

terrier ['terɪə] *fn* terrier *(kutya)*

terrific [tə'rɪfɪk] *mn* rettentő, félelmetes ‖ **terrific speed** őrületes iram

terrify ['terɪfaɪ] *ige* megfélemlít, megrémít ‖ **be terrified (of sg/sy)** vmtől/vktől megrémül

terrifying ['terɪfaɪɪŋ] *mn* rémítő, borzasztó

territorial [,terɪ'tɔ:rɪəl] *mn* területi ‖ **territorial integrity** területi sérthetetlenség

Territorial Army *fn* ⊕ *GB kb.* nemzetőrség

territorial waters *fn tsz* felségvizek

territory ['terɪtəri] *fn* terület ‖ tartomány

terror ['terə] *fn* rémület, rettegés, borzalom, iszony ‖ terror, rémuralom ‖ ❖ *biz* rémség ‖ **be in terror of one's life** életveszélyben forog

terrorism ['terərɪzm] *fn* terrorizmus

terrorist ['terərɪst] *fn* terrorista

terrorize ['terəraɪz] *ige* félelemben/rettegésben tart, terrorizál

terry ['teri] *fn* frottír

terry towel *fn* frottírtörülköző

terse [tɜ:s] *mn* tömör

tertiary burn(s) ['tɜ:ʃəri] *fn (tsz)* harmadfokú égés(i seb)

tertiary education *fn* főiskolai/egyetemi képzés

tertiary industry *fn* szolgáltatóipar

Terylene ['terəli:n] *fn* terilén

TESL ['tesl] = *Teaching English as a Second Language* az angol mint második nyelv tanítása

test [test] ▼ *fn* próba ‖ vizsgálat ‖ ❑ *isk* felmérő, vizsga ‖ teszt ‖ cserkészpróba ▼ *ige (ismeretet, tudásanyagot)* felmér, tesztel ‖ (meg)vizsgál

T

|| **test one's students on their French** tesztet írat franciából

testament ['testəmənt] *fn* **(last will and) testament** végrendelet || ❏ *vall* **New Testament** Újszövetség; **Old Testament** Ószövetség

testamentary heir [ˌtestə'mentəri] *fn* végrendeleti örökös

testator [te'steɪtə] *fn* örökhagyó

testatrix [te'steɪtrɪks] *fn* örökhagyó *(nő)*

test-ban treaty *fn* atomcsendegyezmény

test bore *fn* próbafúrás

test card *fn* beállítóábra *(tv-n)*

test case *fn* próbaper

test drive *fn* próbaút *(kocsié)*

tested ['testɪd] *mn* bevált, kipróbált

tester ['testə] *fn* anyagvizsgáló (készülék)

testes ['testi:z] *tsz* → **testis**

test flight *fn* próbarepülés

test-fly *ige* próbarepülést végez

testicle ['testɪkl] *fn* here

testify ['testɪfaɪ] *ige* **testify to sg** *(v. that …)* tanúbizonyságot tesz vmről, tanúsít vmt; **testify under oath** eskü alatt vall *(v. vallomást tesz)*

testimonial [ˌtestɪ'məʊnɪəl] *fn* (szolgálati) bizonyítvány || *(bizonyítványszerű)* ajánlólevél || **testimonial match/game** jutalommérkőzés, -játék

testimony ['testɪmənɪ] *fn* tanúság(tétel), (tanú)vallomás

testing ['testɪŋ] ▼ *mn* **I had a testing time** nehéz időket éltem át ▼ *fn* kipróbálás

testing ground *fn* próbaterep

testis ['testɪs] *fn (tsz* **-tes** [-ti:z]) here

test match *fn* nemzetközi (krikett- *v.* rögbi)mérkőzés

test meal *fn* próbareggeli

test paper *fn* (iskolai) dolgozat, teszt || ❏ *vegy* kémlőpapír, lakmuszpapír

test-pilot *fn* berepülőpilóta

test run *fn* próbafutam

test-sheet *fn* ❏ *isk* feladatlap(os vizsga/teszt), tesztlap

test-tube *fn* kémcső

test-tube baby *fn* lombikbébi

testy ['testi] *mn* ingerlékeny, zsémbes, mogorva, haragos

tetanus ['tetənəs] *fn* tetanusz

tetchy ['tetʃi] *mn* ingerlékeny

tether ['teðə] ▼ *fn* pányva || **at the end of one's tether** elfogyott a cérnája, már nem bírja (tovább) idegekkel ▼ *ige* pányváz

tetrahedron [ˌtetrə'hi:drən] *fn (tsz* **-hedra** [-'hi:drə]) tetraéder

text [tekst] *fn* szöveg

textbook ['teksbʊk] *fn* tankönyv || **a textbook case of sg** vmnek az iskolapéldája

textile ['tekstaɪl] *fn* szövet, textil

textile industry *fn* textilipar

textile worker *fn* szövőmunkás(nő)

textual ['tekstʃʊəl] *mn* szöveg- || **textual error** szöveghiba; **textual criticism** szövegkritika

texture ['tekstʃə] *fn* szövet || szerkezet, alkat, struktúra

Teutonic [tju:'tɒnɪk] *mn* teuton

Th = **Thursday**

Thai [taɪ] *mn/fn* thaiföldi

Thailand ['taɪlənd] *fn* Thaiföld

Thames [temz] *fn* Temze || **he won't set the Thames on fire** nem találta fel a puskaport/spanyolviaszt

than [ðən, *erős kiejt.* ðæn] *ksz/elölj (középfok után)* mint, -nál, -nél || **I know you better than he does** én jobban ismerlek, mint ő

thank [θæŋk] *ige* **thank sy (for sg)** megköszön vknek vmt, köszönetet mond (vknek vmért) || **thank you ever so much** *(v. very much)* nagyon szépen köszönöm; **thank you for (… ing) …** köszönöm, hogy …; **thank you for your (generous) hospitality** köszönöm a szíves vendéglátást; **thank you in advance** előre

---

fn főnév – *hsz* határozószó – *isz* indulatszó – *ksz* kötőszó – *mn* melléknév

▼ szófajjelzés ⊕ földrajzi variáns ❏ szakterület ❖ stiláris minősítés

is hálásan köszönöm; **thank God/ heavens** hála Isten! || → **thanks**
thankful ['θæŋkfl] *mn* hálás (*for* vmért) || **I am thankful that ...** hálás vagyok, hogy ...
thankfully ['θæŋkfli] *hsz* hálásan, hálával || **thankfully!** hála az égnek
thankfulness ['θæŋkflnəs] *fn* hála
thankless ['θæŋkləs] *mn* hálátlan (*munka*)
thanks [θæŋks] *fn tsz* köszönet || **thanks are due to ...** köszönet illeti ...; **express one's thanks to sy for sg** köszönetet mond/nyilvánít vknek vmért; **give thanks to sy (for sg)** hálát ad vknek (vmért), megköszön vknek (vmt); **no thanks** (*kínálásra válaszolva*) nem kérek; **many thanks** köszönöm szépen; **thanks in advance** előre is köszönöm; **thanks to ...** vmnek köszönhető, vknek a jóvoltából; **it is thanks to him that** neki köszönhető, hogy; **thanks to sy's help** vknek a segítségével || → **thank**
thanksgiving ['θæŋksgɪvɪŋ] *fn* ❏ *vall* hálaadás
Thanksgiving Day *fn* ⊕ *US* hálaadó ünnep (*november utolsó csütörtöke*)
that[1] [ðæt] ▼ *nm/mn* (*tsz* those [ðoʊz]) az(t) || aki(t) || amelyik(et) || **that is (to say)** azaz; **who's that?** ki az?; **which one?** melyiket?; **that one** azt (ott); **at that time** abban az időben, az idő tájt; **in those days** azokban a napokban; **the watch that you gave me ...** (az) az óra, amelyiket tőled kaptam; **all that I have is yours** minden, amim van (*v.* mindenem) a tied; **those present** a jelenlevők/jelenvoltak; **is that it?** erről van szó?, (*taxisofőr kérdezi*) végeztünk?; **it's not that!** nem erről van szó!; **that's all** ez minden, ez/ennyi az egész; **that's exactly it!** pontosan (erről van szó)!; **that's it!** ez az; **that's a nice hat** ez egy szép kalap; **that's so** így van ez; **that's that** ez a helyzet; **that's why**

éppen azért/ezért ▼ *hsz* ennyire, annyira || **that far** ilyen/olyan messze/messzire; **that high** ilyen magas(ra); **it isn't all that cold** azért nincs annyira hideg; **that much** ennyi(t), nagyon sokat; **that big** akkora, ekkora
that[2] [ðət] *ksz* hogy || **now that** most hogy; **she said that the book ...** azt mondta, hogy a könyv ...; **not that** nem mintha ...
thatch [θætʃ] ▼ *fn* zsúpfedél, nádfedél ▼ *ige* zsúppal/náddal fed
thatched [θætʃt] *mn* zsúpfedelű, nádfedeles || **thatched roof** zsúpfedél
thaw [θɔː] ▼ *fn* olvadás || ❖ *átv* enyhülés ▼ *ige* (el)olvad, megolvad || ❖ *átv* (meg)enyhül, felenged
thawing ['θɔːɪŋ] ▼ *mn* (hó) olvadó ▼ *fn* (hóé, jégé) olvadás || ❖ *átv* enyhülés
the [ðə, *magánhangzó előtt* ði:] ▼ *fn* (*határozott névelő*) a, az ▼ *hsz* (*két középfok előtt*) **the ... the** minél ..., annál ...; **the sooner the better** mennél hamarabb, annál jobb
theatre (⊕ *US* **-ter**) ['θɪətə] *fn* színház || (*emelkedő padsorú*) előadóterem || műtő
theatre-goer *fn* színházlátogató
theatre of war *fn* hadszíntér
theatre orderly *fn* műtős
theatrical [θɪ'ætrɪkl] *mn* színházi || színpadias, teátrális || **theatrical company** színtársulat
theft [θeft] *fn* lopás, tolvajlás
their [ðeə] *nm* (az ő ...) -uk, -ük, -juk, -jük, -(j)aik, -(j)eik || **their house** a(z ő) házuk; **their houses** házaik
theirs [ðeəz] *nm* övé(i)k || **our house is bigger than theirs** a mi házunk nagyobb, mint az övék
them [ðəm, *erős kiejt.* ðem] *nm* őket, azokat || **for them** nekik, értük; **to them** nekik, hozzájuk; **with them** velük, náluk
thematic [θɪ'mætɪk] *mn* tematikus

T

---

nm névmás – *nu* névutó – *szn* számnév – *esz* egyes szám – *tsz* többes szám
▼ szófajjelzés ⊕ földrajzi variáns ❏ szakterület ❖ stiláris minősítés

theme [θi:m] *fn* téma, tárgy ‖ tétel ‖ ❑ *zene* téma

theme park *fn* tematikus szórakoztatópark

theme song *fn* vezérmotívum, „leitmotív", alapmelódia

themselves [ðəm'selvz] *nm* **(they) themselves** (ők) maguk ‖ **by themselves** (őket) magukat, egyedül

then [ðen] ▼ *hsz* akkor ‖ **by then** akkorára, akkorra; **since then** attól fogva, azóta; **and then?** s aztán?; **then and there** azon nyomban; **then again** másfelől viszont ▼ *mn* akkori

theologian [ˌθɪə'loʊdʒɪən] *fn* hittudós, teológus

theological [ˌθɪə'lɒdʒɪkl] *mn* teológiai

theology [θi'ɒlədʒi] *fn* teológia, hittudomány

theorem ['θɪərəm] *fn* ❑ *tud* tétel, szabály

theoretical [ˌθɪə'retɪkl] *mn* elméleti

theoretically [ˌθɪə'retɪkli] *hsz* elméletileg

theorize ['θɪəraɪz] *ige* elméletbe foglal, elméleteket alkot/farag

theory ['θɪəri] *fn* elmélet ‖ **in theory** elméletben

therapeutic [ˌθerə'pju:tɪk] *mn* gyógyászati ‖ gyógyhatású

therapeutics [ˌθerə'pju:tɪks] *fn esz* gyógyászat

therapist ['θerəpɪst] *mn* specialista *(vmlyen gyógymódban)*

therapy ['θerəpi] *fn* gyógymód, kezelés, terápia

there [ðeə, *gyenge kiejt.* ðə] *hsz* ott ‖ oda ‖ *(nyelvtani alanyként)* **there is ... van; there are ... vannak; there is a book on the table** az asztalon van egy könyv; **there are only two left** már csak kettő maradt; **he is not all there** ❖ *biz* ütődött; **there and back** jövet-menet, oda és vissza; **there you are!** na ugye!, ugye, ugye!, nem megmondtam?; **from there** onnan; **in**

there ott benn(e); **on there** (ott) rajta; **up there** ott fenn

thereabouts [ˌðeərə'baʊts] *hsz* arrafelé, közel ‖ körül(belül) ‖ **ten pounds or thereabouts** az ára tíz font körül lehet

thereafter [ˌðeər'ɑ:ftə] *hsz* azután, azontúl, attól kezdve

thereby [ˌðeə'baɪ] *hsz* azáltal

therefore ['ðeəfɔ:] *hsz* ezért, azért

therein [ˌðeər'ɪn] *hsz* abban

thereof [ˌðeər'ɒv] *hsz* arról, abból

there's [ðeəz] = **there is; there has**

thereupon [ˌðeərə'pɒn] *(időben)* arra (fel), és erre, amire, ezek után ‖ **thereupon he went away** erre fogta magát és elment

thermal ['θɜ:ml] *mn* termál-, hő-

thermal baths *fn tsz* termálfürdő

thermal brief(s) *fn tsz* meleg bugyi

thermal energy *fn* hőenergia

thermal paper *fn* ❑ *szt* hőre érzékeny papír

thermal power station *fn* hőerőmű

thermal printer *fn* ❑ *szt* hőnyomtató

thermal spring *fn (víz)* hőforrás

thermal unit *fn* hőegység

thermal waters *fn tsz* hévíz

thermionic valve (⊕ *US* **tube**) [ˌθɜ:mi'ɒnɪk] *fn* ❑ *fiz* izzókatódos cső

thermodynamics [ˌθɜ:məʊdaɪ'næmɪks] *fn esz* termodinamika

thermometer [θə'mɒmɪtə] *fn* hőmérő

thermonuclear [ˌθɜ:məʊ'nju:klɪə] *mn* termonukleáris

thermoplastic [ˌθɜ:məʊ'plæstɪk] *mn* hőre lágyuló

Thermos (flask) (⊕ *US* **bottle**) ['θɜ:məs] *fn* termosz, hőpalack

thermosetting [ˌθɜ:məʊ'setɪŋ] *mn* hőre keményedő

thermostat ['θɜ:məstæt] *fn* hőfokszabályozó, termosztát

thesaurus [θɪ'sɔ:rəs] *fn* ❑ *nyelvt* tezaurusz ‖ fogalomköri szótár ‖ ❖ *átv* tárház, kincsesház

---

fn főnév – *hsz* határozószó – *isz* indulatszó – *ksz* kötőszó – *mn* melléknév
▼ szófajjelzés ⊕ földrajzi variáns ❑ szakterület ❖ stiláris minősítés

these [ðiːz] *tsz* → this

thesis ['θiːsɪs] *fn* (*tsz* theses [-siːz]) (tan)tétel, tézis ‖ értekezés, disszertáció

they [ðeɪ] *nm* ők ‖ azok ‖ *(általános alanyként)* az emberek ‖ they'll very likely come by car valószínűleg kocsival jönnek; they say ... azt mondják ...

they'd [ðeɪd] = they had; they would; they should

they'll [ðeɪl] = they shall; they will

they're [ðeə] = they are

they've [ðeɪv] = they have

thick [θɪk] ▼ *mn* vastag ‖ sűrű ‖ ❖ *biz* ostoba ‖ thick fog sűrű köd; thick hair dús haj; thick soup sűrű zöldségleves; they are as thick as thieves ❖ *biz* sülve-főve együtt vannak ▼ *fn* vmnek a közepe ‖ in the thick of vmnek a kellős közepén, a sűrűjében

thicken ['θɪkən] *ige* besűrít ‖ (be)sűrűsödik, megsűrűsödik

thicket ['θɪkɪt] *fn* bozót

thickhead ['θɪkhed] *fn* ❖ *biz* mafla, fajankó

thickly ['θɪkli] *hsz* vastagon ‖ sűrűn ‖ thickly populated sűrűn lakott

thickness ['θɪknəs] *fn* vastagság ‖ sűrűség

thickset ['θɪkset] *mn* tömzsi, zömök ‖ sűrűn ültetett

thick-skinned *mn* (*átv is*) vastagbőrű, érzéketlen

thief [θiːf] *fn* (*tsz* thieves [θiːvz]) tolvaj

thieves' cant *fn* argó, jassznyelv, tolvajnyelv ‖ → thief

thieving ['θiːvɪŋ] *fn* lopás, tolvajlás

thigh [θaɪ] *fn* comb

thigh-bone *fn* combcsont

thimble ['θɪmbl] *fn* gyűszű

thin [θɪn] ▼ *mn* -nn- vékony ‖ híg ‖ ritka, gyér ‖ sovány ‖ dissolve into thin air semmivé lesz; grow thin lefogy, lesoványodik; he is getting rather thin on top eléggé kopaszodik ▼ *ige*

-nn- (el)vékonyít ‖ (el)vékonyodik ‖ ritkít ‖ *(haj, növény)* megritkul ‖ hígít

thin out kiritkít ‖ ❑ *mezőg* egyel

thing [θɪŋ] *fn* dolog ‖ ügy ‖ things dolgok, holmi ‖ just the thing éppen az, amire szükségem van; the in thing ❖ *biz* az utolsó divat; poor thing ❖ *biz* szegényke, szegény pára/teremtés; the thing is (that) a helyzet az, hogy; how do things stand? hogy áll a dolog?; sy's things holmi; as things are now, as things stand ahogy a dolgok most állnak, a jelen helyzetben; things came to such a pass a dolgok oda fejlődtek; things have got so far a dolog már annyira jutott; I'll do it first thing in the morning első dolgom lesz holnap reggel

think [θɪŋk] *ige* (*pt/pp* thought [θɔːt]) gondolkodik ‖ gondol (vmre, vmt, vmnek), hisz, vél, tart vmnek ‖ don't you think? nem gondolja/gondolod?; I do not know what to think of it nem tudom mire vélni; I think úgy hiszem/vélem/látom; I should think so meghiszem azt!; I think so! azt hiszem, igen; sejtem!; I thought as much, I thought so ezt sejtettem is; set sy thinking gondolkodóba ejt; think better of sg meggondolja magát, észre tér; think highly of sy nagyra becsül vkt; think sg fit/proper jónak lát vmt; what do you think (of it)? mit szólsz hozzá?

think about vkre/vmre gondol ‖ gondolkodik vmn

think back (on sg) vmre visszagondol

think of gondol vmre/vkre ‖ gondolkodik vmn, vmn jár az esze, szándékozik vmt tenni ‖ what are you thinking of? mire gondolsz?

think out kigondol

think over *(tervet)* átgondol, vmt végiggondol ‖ **just think it over!** gondolkodj a dolgon!, fontold meg jól!

think up kigondol, kiagyal

thinker ['θɪŋkə] *fn* gondolkodó, filozófus

thinking ['θɪŋkɪŋ] ▼ *mn* gondolkodó ‖ **put on one's thinking cap** ❖ *biz* megfontol vmt ▼ *fn* gondolkodás

think-tank *fn* ❖ *biz* „agytröszt"

thinly ['θɪnli] *hsz* vékonyan ‖ soványan ‖ *(nem szorosan)* ritkán, gyéren

thinner ['θɪnə] ▼ *mn* soványabb ‖ hígabb ‖ → **thin** ▼ *fn (oldat)* hígító

thinness ['θɪnnəs] *fn* vékonyság ‖ hígság ‖ soványság ‖ ritkaság

thinning ['θɪnɪŋ] *fn* soványítás, fogyasztás ‖ hígítás

third [θɜːd] ▼ *szn* harmadik ‖ **third floor** harmadik emelet; ⊕ *US* második emelet; **be in the third form** (⊕ *US* **grade**) ❑ *isk* harmadikba jár; **third gear** harmadik sebesség; **third part** harmadrész ▼ *fn* harmadrész, (egy)harmad

Third Age, the *fn* az öregkor

third class *fn* harmadik osztály ‖ ⊕ *US (postai küldeményként)* nyomtatvány

third-degree *mn* harmadfokú ‖ **third-degree burn** harmadfokú égés

third-form (⊕ *US* **third-grade**) **pupil** harmadikos (tanuló)

thirdly ['θɜːdli] *hsz (felsorolásban)* harmadszor

third party *fn* ❑ *jog* ❑ *ker* harmadik személy

third-party insurance *fn gk* felelősségbiztosítás

third-party risk *fn* szavatossági kockázat

third-rate *mn* harmadrangú, harmadrendű, gyenge minőségű

Third World, the *fn* a harmadik világ

third-year *mn* harmadéves

thirst [θɜːst] ▼ *fn* szomj(úság) ‖ **thirst for power** hatalomvágy ▼ *ige* szomjazik

thirst after sg szomjazik vmre

thirst for szomjazik vmre ‖ **(be) thirsting for vengeance** bosszúvágyó

thirsty ['θɜːsti] *mn* szomjas ‖ **I'm thirsty** szomjas vagyok; **get thirsty** megszomjazik

thirteen [,θɜː'tiːn] *szn* tizenhárom

thirteenth [,θɜː'tiːnθ] *szn/mn* tizenharmadik

thirtieth ['θɜːtiəθ] *szn/mn* harmincadik

thirty ['θɜːti] *szn* harminc ‖ **thirty of us** harmincan; **thirty years old** harmincéves; **the thirties** (30s *v.* 1930s) a harmincas évek

thirty-year-old *mn* harmincéves

this [ðɪs] ▼ *nm (tsz* **these** [ðiːz]) ez ‖ **what's this?** mi ez?; **who is this?** ki ez?; **this morning** ma reggel/délelőtt; **this evening** ma este; **by this time** ekkorra; **these shoes** ezek a cipők; **it was like this** így történt (ahogy elmondom); **this way** így; **this is Mr Brown** bemutatom Brown urat, ez Mr Brown; **in these days** manapság ▼ *hsz* **this much** ennyi (se több, se kevesebb); **this far** eddig, mind ez ideig

thistle ['θɪsl] *fn* bogáncs

thong [θɒŋ] *fn* szíj

thorax ['θɔːræks] *fn* mellkas ‖ tor *(rovaré)*

thorn [θɔːn] *fn* tüske, tövis ‖ **thorn in sy's flesh** szálka vk szemében; **be on thorns** tűkön ül

thorny ['θɔːni] *mn* tüskés, tövises ‖ **thorny question** fogas kérdés

thorough ['θʌrə] *mn* alapos, tüzetes; mélyreható ‖ teljes

thoroughbred ['θʌrəbred] *mn/fn* telivér

thoroughfare ['θʌrəfeə] *fn* átjárás ‖ főútvonal ‖ **"no thoroughfare"** minden járműforgalom mindkét irányban tilos; az átjárás tilos!

---

fn főnév – *hsz* határozószó – *isz* indulatszó – *ksz* kötőszó – *mn* melléknév
▼ szófajjelzés ⊕ földrajzi variáns ❑ szakterület ❖ stiláris minősítés

thoroughgoing [ˌθʌrə'gouɪŋ] *mn* alapos ‖ teljes

thoroughly ['θʌrəli] *hsz* alaposan, behatóan ‖ teljesen ‖ **be thoroughly run down** *(egészségileg)* lerobbant

thoroughness ['θʌrənəs] *fn* alaposság

those [ðouz] *tsz* → **that**

though [ðou] *ksz/hsz* habár, (ám)bár, noha ‖ **strange though it may appear** bármily különösnek tűnik is

thought [θɔ:t] *fn* gondolkodás ‖ gondolat ‖ megfontolás; meggondolás ‖ **give the matter some thought** gondolkodik a dolgon; **in thought** gondolatban; **a thought better** valamicskével jobb(an); **a thought more** egy gondolatnyival több(et); **the thought struck me** az a gondolatom támadt ‖ → **think**

thoughtful ['θɔ:tfl] *mn* (el)gondolkodó ‖ meggondolt, megfontolt ‖ figyelmes, előzékeny

thoughtfully ['θɔ:tfli] *hsz* elmélkedőn, mélyen elgondolkozva ‖ meggondoltan, komolyan, figyelmesen

thoughtfulness ['θɔ:tflnəs] *fn* gondosság

thoughtless ['θɔ:tləs] *mn* gondatlan, meggondolatlan, hebehurgya; figyelmetlen

thoughtlessly ['θɔ:tləsli] *hsz* meggondolatlanul, hebehurgyán, figyelmetlenül, gondatlanul

thoughtlessness ['θɔ:tləsnəs] *fn* meggondolatlanság

thousand ['θauznd] *szn* ezer ‖ **by the thousand** ezrével; **thousands of** ezernyi

thousandfold ['θauzndfould] ▼ *mn* ezerszeres ▼ *hsz* ezerszeresen

thousandth ['θauzndθ] *szn/mn* ezredik

thrash [θræʃ] *ige* ❖ *biz* elnadrágol, elpáhol, vkt elver; ❖ *biz* kifrakkol

thrash out kicsépel ‖ ❖ *átv* kitárgyal

thrashing ['θræʃɪŋ] *fn* ❖ *biz* verés ‖ fölényes győzelem ‖ **give sy a good thrashing** jól elver vkt

thread [θred] ▼ *fn* fonal, cérna, szál ‖ (csavar)menet ‖ **hang by a single thread** hajszálon függ ▼ *ige (tűt)* befűz ‖ menetet vág ‖ **thread one's way through the crowd** átfurakszik a tömegen

threadbare ['θredbeə] *mn* kopott, nyűtt, viseltes

thread-cutter *fn* menetvágó (gép)

threaded ['θredɪd] *mn* menetes *(csavar)*

threadworm ['θredwɜ:m] *fn* (bél)giliszta

threat [θret] *fn* fenyegetés

threaten ['θretn] *ige* (meg)fenyeget *(with sg* vmvel)

threatening ['θretnɪŋ] *mn* fenyegető

three [θri:] *szn* három

three-act *mn* háromfelvonásos

three-course dinner *fn* háromfogásos ebéd

three-D *mn* háromdimenziós

three-day event *fn* ❑ *sp* háromnapos verseny

three-digit number *fn* háromjegyű szám

three-dimensional *mn* háromdimenziós, -dimenziójú, térhatású

threefold ['θri:fould] *mn* háromszoros

three-lane road *fn* három (forgalmi) sávú út

three-piece *mn* háromrészes *(öltöny)*

three-piece suite *fn* háromrészes ülőgarnitúra

three-ply *mn* háromrétegű *(furnér)*; háromszálú *(fonal, kötél)*

three-quarter *mn* háromnegyedes

three-quarters *fn tsz* háromnegyed *(rész)*

threescore [ˌθri:'skɔ:] *mn* hatvan

three-storeyed (⊕ *US* storied) *mn* háromszintes *(ház)*

three-wheeler *fn* háromkerekű jármű; tricikli

─────────────

nm névmás – *nu* névutó – *szn* számnév – *esz* egyes szám – *tsz* többes szám
▼ szófajjelzés ⊕ földrajzi variáns ❑ szakterület ❖ stiláris minősítés

thresh [θreʃ] *ige* (gabonát) csépel

thresher ['θreʃə] *fn* cséplőgép || cséplőmunkás

threshing-machine *fn* cséplőgép

threshold ['θreʃhoʊld] *fn* küszöb

threw [θru:] *pt* → **throw**

thrice [θraɪs] *hsz* háromszor

thrift [θrɪft] *fn* takarékosság

thriftless ['θrɪftləs] *mn* pazarló

thrifty ['θrɪfti] *mn* takarékos, beosztó || gazdaságos

thrill [θrɪl] *ige* felvillanyoz, izgalomba hoz

thriller ['θrɪlə] *fn* izgalmas olvasmány/ regény, krimi, rémregény

thrilling ['θrɪlɪŋ] *mn* izgalmas, érdekfeszítő, szenzációs

thrive [θraɪv] *ige* (*pt* **thrived** *v.* **throve** [θroʊv]; *pp* **thrived** *v.* **thriven** ['θrɪvn]) boldogul, jól megy, prosperál

thriven ['θrɪvn] *pp* → **thrive**

thriving ['θraɪvɪŋ] *mn* virágzó, jól menő, prosperáló

throat [θroʊt] *fn* torok, gége

throb [θrɒb] ▼ *fn* dobbanás ▼ *ige* **-bb-** (*szív*) dobog

throbbing ['θrɒbɪŋ] *mn* dobogó, lüktető

throes [θroʊz] *fn tsz* fájdalom || agónia || vajúdás

thrombosis [θrɒm'boʊsɪs] *fn* (*tsz* **-ses** [-si:z]) trombózis

thrombus ['θrɒmbəs] *fn* (*tsz* **-bi** [-baɪ]) vérrög

throne [θroʊn] *fn* trón || **come to the throne** trónra kerül/lép

throng [θrɒŋ] ▼ *fn* tolongás, tömeg ▼ *ige* (*tömeg*) tolong, zsibong || **throng to (a place)** vhová odacsődül, özönlik

throttle ['θrɒtl] ▼ *fn* **throttle (valve)** fojtószelep ▼ *ige* fojtogat, megfojt || elfojt || **throttle down** leveszi a gázt, lelassít

through [θru:] ▼ *elölj/hsz* át; keresztül || (*idő*) alatt || vmnek a révén, vmnek az útján || **drive through the red light** áthajt a piroson; **the train goes**

strtaight through a vonat áthalad az állomáson; **I'm halfway through (reading) this book** félig elolvastam már ezt a könyvet; **you are through now** ⊕ *GB* tessék beszélni (*telefonon*) || ⊕ *US* bontok (*beszélgetést*), befejezték?; **he will not live through the night** nem éri meg a reggelt; **Monday through Friday** ⊕ *US* hétfőtől péntekig (bezárólag) ▼ *mn* átmenő, közvetlen || **through passenger** átutazó; **through train** közvetlen vonat; **through traffic** átmenő forgalom

throughout [θru:'aʊt] *hsz* át, keresztül, át meg át, (véges-)végig || egészen, teljesen, mindenütt || **throughout the country** országszerte; **throughout the day** az egész napon át; **throughout the week** egész héten át

throughput ['θru:pʊt] *fn* teljesítmény, eredmény

throughway ['θru:weɪ] *fn* ⊕ *US* autópálya

throve [θroʊv] *pt* → **thrive**

throw [θroʊ] ▼ *fn* dobás, hajítás ▼ *ige* (*pt* **threw** [θru:]; *pp* **thrown** [θroʊn]) dob, vet, (el)hajít, repít || **throw a big dinner** nagy lakomát csap; **throw a bridge (across a river)** hidat épít; **throw a fit** jelenet(ek)et csinál/rendez; **throw a glance at sy/sg** pillantást vet vkre/vmre; **throw a party** ❖ *biz* vendégeket hív (vacsorára), estélyt ad/rendez; **throw light on sg** fényt vet vmre; **throw open the door** kitárja az ajtót; **throw sg in sy's face/ teeth** (vknek vmt) szemébe vág; **throw (young)** ellik

throw about széthány || **throw one's money about** pocsékolja a pénzét; **throw one's weight about** hányavetien viselkedik

throw aside félredob, kiselejtez

throw away kidob, eldob

throw back visszadob

throw down ledob

---

fn főnév – *hsz* határozószó – *isz* indulatszó – *ksz* kötőszó – *mn* melléknév
▼ szófajjelzés ⊕ földrajzi variáns ❑ szakterület ❖ stiláris minősítés

throw in bedob ‖ hozzájárul ‖ ráadásul ad ‖ **throw in one's lot with sy** osztozik vk sorsában

throw off one's coat ledobja a kabátját

throw out kidob ‖ *(mellkast)* kifeszít ‖ elutasít, elvet, leszavaz

throw over elhagy, cserbenhagy *(barátokat)* ‖ **throw over the points** *(vasúti váltót)* átvált; **throw sg over one's shoulder** vállára vet vmt

    throw (sg) together ❖ *biz* összekotyvaszt, összecsap *(ételt)* ‖ *(írásművet)* összecsap

throw up ❖ *biz* (ki)hány, rókázik

---

throwaway ['θrouəweɪ] ▼ *mn* eldobható *(papír zsebkendő stb.)* ‖ ❖ *átv* mellékesen odavetett ▼ *fn* ⊕ *US* reklámcédula, szórólap

throw-back *fn* atavisztikus visszaütés ‖ akadály, visszaesés

thrower ['θrouə] *fn* dobó

throw-in *fn* ❏ *sp* bedobás, partdobás

throwing the discus ['θrouɪŋ] *fn* ❏ *sp* diszkoszvetés

throwing the hammer *fn* ❏ *sp* kalapácsvetés

throwing the javelin *fn* ❏ *sp* gerelyhajítás

thrown [θroun] *pp* → **throw**

thru [θruː] ⊕ *US* = **through**

thrush [θrʌʃ] *fn* rigó

thrust [θrʌst] ▼ *fn* lökés ‖ döfés, szúrás ‖ **the thrust went/struck home** a megjegyzés talált ▼ *ige (pt/pp* **thrust)** lök, taszít, tuszkol ‖ *(tőrrel)* döf, szúr

---

thrust at odavág ‖ *(karddal)* megdöf

thrust away/off ellök

thrust forward (előre)tolakodik, előretolja magát, törtet

thrust in/into betaszít, belök

thrust sg on sy vmt vkre ráerőszakol ‖ **thrust oneself (up)on sy** nyakába varrja magát

thruster ['θrʌstə] *fn* törtető, karrierista

thrusting ['θrʌstɪŋ] *mn* tolakodó, erőszakos; arcátlan

thud [θʌd] ▼ *fn* (tompa) zörej, puffanás, koppanás ▼ *ige* **-dd-** huppan, koppan, zuppan

thug [θʌg] *fn* orgyilkos, gengszter

thumb [θʌm] ▼ *fn* hüvelykujj ‖ **a rule of thumb** (durva) ökölszabály; **he is all (fingers and) thumbs** kétbalkezes ▼ *ige* **thumb (a book)** lapozgat ‖ **thumb a lift/ride** *(autót)* stoppol, *(kocsira)* felkéredzkedik; **thumb one's nose at** fittyet hány vknek / vmnek

---

thumb through átnéz, átlapoz; végigfut

thumb-index *fn* élregiszter

thumb-nail *fn* hüvelykujj körme ‖ **thumb-nail sketch** (tömör) rögtönzött vázlat

thumbtack ['θʌmtæk] *fn* ⊕ *US* rajzszeg

thump [θʌmp] ▼ *fn* ütés ‖ puffanás ▼ *ige* üt, ver ‖ puffan ‖ **thump sy (one)** ❖ *biz* vkre nagyot húz, egyet rásóz vkre; **thump!** zsupsz!

thumping ['θʌmpɪŋ] ▼ *mn* ❖ *biz* óriási *(ebéd stb.)*; fantasztikus, elképesztő *(hazugság)*; elsőprő *(többség)* ▼ *hsz* borzasztóan, rendkívüli módon

thunder ['θʌndə] ▼ *fn* (menny)dörgés ‖ **thunder and lightning** dörgés és villámlás ▼ *ige* dörög ‖ **it is thundering** dörög *(az ég)*

thunderbolt ['θʌndəboult] *fn* villámcsapás

thunderclap ['θʌndəklæp] *fn* mennydörgés

thundering ['θʌndərɪŋ] *mn* = **thumping**

thunderous ['θʌndərəs] *mn* mennydörgő; viharos ‖ dörgedelmes ‖ **thunderous applause** tapsvihar

thunderstorm ['θʌndəstɔːm] *fn* zivatar mennydörgéssel

---

thunderstruck ['θʌndəstrʌk] *mn* megdöbbent || **(s)he was thunderstruck** majd leült meglepetésében

thundery ['θʌndəri] *mn* viharos, viharra hajló

Thur(s) = Thursday

Thursday ['θɜːzdeɪ, -di] *fn* csütörtök || **on Thursday** csütörtökön; **last Thursday** múlt csütörtökön; **Thursday morning** csütörtök reggel/délelőtt; **Thursday week** csütörtökhöz egy hétre

thus [ðʌs] *hsz* így, ilyenformán, ily módon, így tehát, ennélfogva, ekképp(en), következésképpen, tehát || **thus far** idáig, mind ez ideig

thwart [θwɔːt] *ige* meghiúsít, keresztez, keresztülhúz

thyme [taɪm] *fn* kakukkfű

thymus ['θaɪməs] *fn* (*tsz* -ses *v.* **thymi** [-maɪ]) csecsemőmirigy

thyroid (gland) ['θaɪrɔɪd] *fn* pajzsmirigy

tiara [ti'ɑːrə] *fn* fejdísz, tiara

Tibet [tɪ'bet] *fn* Tibet

Tibetan [tɪ'betn] *mn/fn* tibeti

tibia ['tɪbɪə] *fn* (*tsz* -**biae** [-bɪiː]) sípcsont

tic [tɪk] *fn* arcrángás

tick[1] [tɪk] ▼ *fn* ketyegés || ❖ *biz* pillanat || (*kipipálás listán*) pipa || **on the tick** hajszálpontosan; **wait a tick!** ❖ *biz* várj egy percig!; **I'll be there in half a tick** (*v.* **in two ticks**) fél pillanat alatt ott leszek ▼ *ige* ketyeg || kipipál

---

tick off (names/items on a list) kipipál (*listán neveket*); **get ticked off** ❖ *biz* letolják

tick over alapjáraton jár (*motor*)

---

tick[2] [tɪk] *fn* kullancs

tick[3] [tɪk] *fn* párnahuzat

ticker tape ['tɪkə] *fn* ⊕ *US* telexszalag || szerpentin (*papírcsík*)

ticket ['tɪkɪt] ▼ *fn* (*közlekedési, színház- stb.*) jegy || cédula || ⊕ *US* pártprogram || bírság(cédula) || **single ticket** egyszeri utazásra szóló jegy; **tickets on sale from 10 am to 8 pm** jegyárusítás 10-től 20 óráig; **tickets please!** a jegyeket kérem!; **ticket of admission** (*belépő*) látogatójegy; **admission by ticket only** belépés csak jeggyel; **(s)he had a ticket** kapott egy bírságcédulát ▼ *ige* címkével ellát

ticket agency *fn* jegyiroda (*színházi, közlekedési*)

ticket-book *fn* szelvényfüzet

ticket bureau *fn* (*tsz* -**reaus** *v.* -**reaux**) ⊕ *US* menetjegyiroda

ticket collector *fn* jegyellenőr, kalauz

ticket counter *fn* ablak (*jegypénztáré*)

ticket holder *fn* (*bérlet*) jegytulajdonos (*színházban, járművön stb.*)

ticket inspector *fn* jegyellenőr

ticket office *fn* jegypénztár

ticket-punch *fn* lyukasztó (*kalauzé*)

ticket stub *fn* (*jegy*)szelvény

ticket tout *fn* jegyüzér

ticking-off ['tɪkɪŋɒf] *fn* (*tsz* **tickings-off**) ❖ *biz* szidás, letolás || **give sy a good ticking-off** jól letol vkt

tickle ['tɪkl] *ige* (*torkot vm*) kapar || vk vkt csiklandoz || szúr (*testet textilféle*) || megnevettet, mulattat

ticklish ['tɪklɪʃ] *mn* ❖ *biz* rázós (*ügy*) || **ticklish situation** ❖ *biz* ciki

tidal ['taɪdl] *mn* árapály-

tidal wave *fn* szökőár || ❖ *biz* nagy érzelmi hullám

tidbit ['tɪdbɪt] *fn* ⊕ *US* = titbit

tiddly-winks ['tɪdlɪwɪŋks] *fn* bolhajáték

tide [taɪd] ▼ *fn* ár, áradat (*tengeré*) || **against the tide** ár ellen; **the tide has turned** fordulat állt be; **the tide is in** dagály van; **the tide is on the ebb** apály van ▼ *ige* **tide sy over sg** átsegít vkt vmin

tidily ['taɪdɪli] *hsz* rendesen, takarosan

---

fn főnév – *hsz* határozószó – *isz* indulatszó – *ksz* kötőszó – *mn* melléknév
▼ szófajjelzés – ⊕ földrajzi variáns – ❑ szakterület – ❖ stiláris minősítés

tidiness ['taɪdinəs] *fn* rend *(pl. szobáé)*

tidy ['taɪdi] ▼ *mn* rendes ‖ **make tidy** *(szobát)* kitakarít, rendbe rak; **tidy little sum** szép kis összeg; csinos kis summa ▼ *ige* **tidy oneself (up)** rendbe hozza magát; **tidy up the room** kitakarítja *v.* rendbe rakja a szobát

tie [taɪ] ▼ *fn* nyakkendő ‖ kötél, madzag ‖ csomó; kötés ‖ kötelék ‖ holtverseny; döntetlen ‖ kupamérkőzés ‖ **ties** kapcsolatok; **family ties** családi kötelékek ▼ *ige (pt/pp* **tied**; *pres p* **tying)** (meg)köt; átköt, odaköt, kiköt; *(eret)* leköt ‖ megkötöz ‖ **tie to a tree** fához köt; **tie a knot in one's handkerchief** csomót köt a zsebkendőjére

---

tie down leköt

tie on ráköt(öz)

tie up megkötöz, átkötöz, beköt ‖ **I'm tied up** el vagyok (teljesen) foglalva …; **his money is tied up (in)** lekötötte, befektette a pénzét; **tie up production** megbénítja a termelést *(pl. sztrájk)*; **be tied up with work** munkája (teljesen) lefoglalja

---

tie-beam *fn* kötőgerenda

tie-breaker, tie-break *fn* ❑ *sp* rövidített játék *(teniszben)*

tie clip *fn* nyakkendőtű

tie-in *fn* ⊕ *US* árukapcsolás

tie-on label *fn* függőcímke

tie-pin *fn* nyakkendőtű

tier ['tɪə] *fn* üléssor ‖ **box in the first tier** első emeleti páholy; **a wedding-cake with three tiers** háromemeletes menyasszonyi torta

tie tack *fn* ⊕ *US* nyakkendőtű

tie-up *fn* társulás ‖ ⊕ *US* megbénulás *(forgalomé)*

tiff [tɪf] *fn* összezördülés, összetűzés

tiger ['taɪgə] *fn* tigris

tight [taɪt] ▼ *mn* szoros, feszes, feszült, szűk ‖ légmentes, vízhatlan ‖ nehezen megszerezhető *(hitel)* ‖ **a bit**

tight ❖ *biz* spicces; **too tight under the arm(s)** hónaljban szűk; **tight at the waist** derékban szűk; **tight control** szigorú ellenőrzés; **a tight schedule** zsúfolt program; **be in a tight corner/spot** ❖ *biz* szorult/nehéz helyzetben van ▼ *hsz* szorosan, feszesen ‖ → **tights**

tighten ['taɪtn] *ige* megszorít; *(húrt, kötelet)* megfeszít, szűkít; *(kötelet)* (meg)merevít, kifeszít ‖ (meg)feszül, kifeszül, szűkül ‖ **tighten a screw** meghúzza a csavart; **tighten one's belt** *(v.* **one's purse-string)** összehúzza *(v.* összébb húzza) a nadrágszíjat

---

tighten up *(csavart)* meghúz, megszorít ‖ **tighten up on** fokozottan ellenőriz, megszigorít

---

tight-fisted *mn* szűkmarkú, zsugori, fösvény

tight-fitting *mn* testhezálló, feszes

tightly ['taɪtli] *hsz* szorosan, feszesen ‖ légmentesen, vízhatlanul

tightness ['taɪtnəs] *fn* feszülés *(kötélé)*; szorosság ‖ légmentesség, vízhatlanság ‖ ❖ *biz* pénzszűke ‖ nyomásérzés *(mellben)*

tightrope ['taɪtroʊp] *fn* kötél

tightrope walker *fn* kötéltáncos

tights [taɪts] *fn tsz* harisnyanadrág ‖ trikó *(táncosoké)*

tigress ['taɪgrɪs] *fn* nőstény tigris

tilde ['tɪldə] *fn* tilde (~)

tile [taɪl] ▼ *fn* csempe, mozaiklap, (burkoló)lap ‖ tetőcserép ‖ **tiles** csempeburkolat; **cover with tile(s)** kicsempéz ▼ *ige* burkol, csempéz, kicsempéz

tiled [taɪld] *mn* cserepes ‖ zsindelyezett ‖ (ki)csempézett ‖ burkolt (út)felületű

tiler ['taɪlə] *fn* cserepes

till[1] [tɪl] *elölj/ksz* -ig *(időben)* ‖ (a)míg, ameddig ‖ **till then** addig; **from morning till night** reggeltől estig; **till**

Tuesday keddig; **not till ...** mindaddig nem, amíg

till² [tɪl] *fn* pénztár(fiók)

tiller¹ ['tɪlə] *fn* kormányrúd *(hajóé)*

tiller² ['tɪlə] ▼ *fn* tőhajtás *(növényen)* ▼ *ige* tőhajtásokat ereszt

tilt [tɪlt] ▼ *fn* billenés ‖ be on/**at a tilt** billeg; **full tilt** teljes sebességgel ▼ *ige* (meg)billen ‖ (meg)billent ‖ hajlít ‖ hajlik

---

tilt at ❖ *átv* nekimegy (vmnek)

tilt over felbillen, kibillen ‖ felbillent, kibillent

---

timber ['tɪmbə] *fn* (épület)fa, faanyag

timber frame(work) *fn* gerendázat

timberwork ['tɪmbəwɜ:k] *fn* ácsmunka, ácsolat, fedélgerendázat

timber-yard *fn* fatelep

timbre ['tæmbə] *fn* hangszín

time [taɪm] ▼ *fn* idő ‖ időpont ‖ időszak, kor(szak) ‖ időszámítás ‖ **after a time** kis idő múlva; **at that time** akkoriban, az idő tájban/tájt; **at the same time** ugyanakkor, egyidejűleg; **all the time** az egész idő alatt, mindvégig; **at a time** egyszerre, egy alkalommal; **be on time** pontosan érkezik; **he arrived on time** pontos volt; **by that time** akkorára, addigra, ekkorra; **by the time ...** amikorra/amire ...; **by this time** ekkorára, mostanra; **what is** (*v.* **what's) the time?, what time is it?** hány óra van?; **could you please tell me the (right) time** legyen szíves megmondani az időt; **have you got the time?** hány óra van?; **do one's time** ❖ *biz* kitölti a büntetését; **be doing time** ❖ *biz* sitten van, ül; **during that time** ez(en) idő alatt; **everything in its time** mindennek megvan/megjön az ideje; **find time for sg** időt szakít vmre, szorít rá időt; **for a time** egy időre, egy rövid ideig, rövid időre, valamennyi ideig; **give time** időt ad/enged; **have you**

got time? ráér?; **how time flies!** hogy eljár az idő!; **in due time** kellő/megfelelő időben; **in good time** jókor; idejében; **in his time** az ő idejében; **in no time** ❖ *biz* egy perc alatt; **our time** (a) mai kor; **in our time** napjainkban; **in time** kellő/megfelelő időben; **just in time** éppen jókor; **it is only a question of time** (csak) idő kérdése; **it takes sy a long time** sok időt vesz igénybe; **take a long time over sg** sok időt tölt vmvel; **take a long time (to do sg)** soká tart; **take one's time** kényelmesen csinálja; **that takes time** ahhoz idő kell; **it took him a long time** sok idejébe került; **pass the time in doing sg** vmvel tölti (az) idejét; **serve one's time** leszolgálja az idejét; **since that time** azóta; **there is no time** nincs idő; **this time** ezúttal, ez alkalommal; **at about what time?** milyen tájban?; **at what time?** mikor?, hány órakor?; **we had a good/glorious time** remekül éreztük magunkat; **time after time** minduntalan; **time and (time) again** minduntalan; **for the time being** átmenetileg, egyelőre, ideiglenesen; **we have no time for it** nincs rá időnk; **the time has come** ütött az óra; **it is time to** ideje, hogy; **it is time I went** ideje, hogy hazamenjek/elinduljak; **time is up** lejárt az idő; **this time last year** most egy éve; **this time tomorrow** holnap ilyenkor; **at the time of sg** vmnek idején; **from that time (on)** attól (az időtől) fogva; **from this time on** ezentúl, ettől az időtől kezdve; **from time to time** időnként; **time passes** az idő eljár; **time presses** az idő sürget; **we have no time to lose** nincs vesztegetni való időnk; **time will tell** majd elválik!; **he is behind the times** ❖ *biz* elmaradott ember; **at times** némelykor; **times have changed** most más időket élünk ▼ *ige (időt, sebességet)* mér, megállapít; *(sp időt)*

---

stoppol, idejét méri ‖ időzít, (be)ütemez ‖ → **times**

time-and-motion expert *fn* időelemző, normás

time-and-motion study *fn* időelemzés, munkaidő-felvétel

time-bomb *fn* időzített bomba

time card *fn* bélyegzőkártya

time clock *fn* bélyegzőóra

time-consuming *mn* időigényes; időrabló

time-honoured (⊕ *US* **-honored**) *mn* hagyományos, igen régi

timekeeper ['taɪmkiːpə] *fn* pontos óra *(zseb- v. fali)* ‖ pontos ember ‖ munkafelügyelő

time-lag *fn* késés, lemaradás ‖ fáziskülönbség, időhátrány, időhézag

timeless ['taɪmləs] *mn* időtlen

time limit *fn* határidő

timeliness ['taɪmlinəs] *fn* időszerűség, aktualitás

timely ['taɪmli] *mn* időszerű, aktuális

time off *fn* szabadidő

time-out *fn* ❏ *sp* időkérés

timer ['taɪmə] *fn* időmérő ‖ homokóra ‖ időzítő(szerkezet), időkapcsoló *(pl. mikrosütőben)*

times [taɪmz] *fn tsz* -szor, -szer, -ször ‖ **five times** ötször; **how many times?** hányszor; **five times two is/equals ten** ötször kettő (az) tíz; **this table is three times as long as …** ez az asztal háromszor olyan hosszú, mint …

time-saving *mn* időt megtakarító, időkímélő

time scale *fn* normaidő

time-server *fn* köpönyegforgató, opportunista

time-serving *fn* köpönyegforgatás, opportunizmus

time sharing *fn* ❏ *szt* időosztás

time sheet *fn (munkahelyen)* jelenléti ív

time-signal *fn* időjelzés

time switch *fn* időrelé, időkapcsoló; lépcsőházi percvilágítás

timetable ['taɪmteɪbl] *fn* tanrend, órarend ‖ menetrend ‖ időbeosztás ‖ **I have a very busy timetable the next week** sűrű a programom a jövő hétre, igen zsúfolt lesz a jövő hetem

time-work *fn* órabéres munka

time zone *fn* időzóna, óraövezet

timid ['tɪmɪd] *mn* félős, félénk

timidity [tɪ'mɪdəti] *fn* félénkség

timing ['taɪmɪŋ] *fn* időmérés ‖ ütemezés, ütemterv

timorous ['tɪmərəs] *mn* félénk, ijedős

timpani ['tɪmpəni] *fn tsz* ❏ *zene* üstdob, timpani

timpanist ['tɪmpənɪst] *fn* üstdobos

tin [tɪn] *fn* ón, cin ‖ bádogdoboz ‖ konzervdoboz, konzerv

tincture ['tɪŋktʃə] *fn* (alkoholos) oldat, tinktúra

tinderbox ['tɪndəbɒks] *fn (átv is)* puskaporos hordó

tin foil *fn* alufólia

tinge [tɪndʒ] ▼ *fn* (halvány) árnyalat; színezet ▼ *ige* árnyal, színez ‖ kissé befolyásol

tingle ['tɪŋgl] ▼ *fn* bizsergés ▼ *ige* bizsereg

tinker ['tɪŋkə] ▼ *fn* (vándorló) üstfoltozó, bádogos ‖ kontár ▼ *ige* megfoltoz, kijavít ‖ összeeszkábál ‖ barkácsol, bütyköl

---

tinker about/around vacakol vmvel, babrál vmt

tinker with (*v.* **away at**) **sg** ❖ *biz* bütyköl vmvel ‖ vacakol

---

tinkle ['tɪŋkl] ▼ *fn (hangé)* csengés ▼ *ige (hang)* cseng, csendül, csilingel

tin-mine *fn* ónbánya

tinned ['tɪnd] *mn* doboz(os), -konzerv ‖ **tinned baby food** (konzerv) bébiétel; **tinned fish** halkonzerv; **tinned fruit** befőtt *(fémdobozban)*; **tinned meat** húskonzerv; **tinned food** konzerv(ek); **tinned sardines** egy doboz szardínia

T

---

nm névmás – *nu* névutó – *szn* számnév – *esz* egyes szám – *tsz* többes szám

▼ szófajjelzés ⊕ földrajzi variáns ❏ szakterület ❖ stiláris minősítés

tinny ['tɪni] *mn* óntartalmú; ónízű ‖ bádoghangú, repedt hangú

tin opener *fn* konzervnyitó

tin plate *fn* horganyzott bádog

tinsel ['tɪnsl] *fn* aranylemez ‖ (arany)-lametta ‖ aranyfüst

tinsmith ['tɪnsmɪθ] *fn* bádogos, ónműves

tint [tɪnt] *fn* (szín)árnyalat, tónus

tinted ['tɪntɪd] *mn* színezett

tinware ['tɪnweə] *fn* bádogáru

tiny ['taɪni] *mn* kicsi, apró, parányi, pici, piciny, pirinyó ‖ **a tiny bit** egy cseppet

tiny tot *fn* csöppség, apróság *(gyerek)*

tip¹ [tɪp] *fn* hegy, hegyes vég, csúcs *(lándzsáé, ujjé, nyelvé, nyílé, orré)* ‖ **have sg on the tip of one's tongue** a nyelve hegyén van

tip² [tɪp] ▼ *fn* borravaló, jatt ‖ ❖ *biz* tipp ‖ **give sy a tip** borravalót ad vknek; **what is your tip** mire tippelsz? ▼ *ige* **-pp-** borravalót ad (vknek) ‖ (meg)billent, felborít, kiönt ‖ **tip the scale in favour of** vk javára billenti a mérleget

tip out kibillent, kiborít

tip over felbillen(t), kibillen, felborul

tip up megbillen, felbillen

tip-off *fn* figyelmeztetés, tipp ‖ „füles" *(amire a rendőrség akcióba lép)*

tipped [tɪpt] *mn* szopókás

tipper lorry/truck ['tɪpə] *fn* billenőkocsi

tipple ['tɪpl] *ige* poharazik

tipsiness ['tɪpsinəs] *fn* ❖ *biz* spicc *(enyhe ittasság)*

tipsy ['tɪpsi] *mn* ❖ *biz* spicces

tiptoe ['tɪptoʊ] ▼ *fn* lábujjhegy ▼ *ige* lábujjhegyen jár

tiptop [ˌtɪp'tɒp] *mn* legjobb, elsőrendű, kiváló (minőségű), tipp-topp

tip-up device *fn* billenőszerkezet

tip-up seat *fn* felcsapható/lecsapható ülés

tire¹ ['taɪə] *ige* (ki)fáraszt ‖ (el)fárad, kifárad ‖ untat (vkt) ‖ **tire of (sg)** belefárad vmbe, kifárad vmtől, vmtől/vmben elfárad, beleun vmbe; **tire out** elfáraszt, kifáraszt, kimerít, lestrapál; **tire sy to death** agyoncsigáz ‖ → **tired**

tire² ['taɪə] *fn* ⊕ *US* = **tyre**

tired ['taɪəd] *mn* fáradt ‖ **I am (very) tired** (nagyon) fáradt vagyok, elfáradtam; **get tired of (sg)** belefárad/beleun vmbe; **be tired of sg/sy** vmt/vkt (meg)un, beleunt vmbe; **he got tired of waiting** elunta a várakozást; **I'm too tired to stand** majd leszakad a lábam; **be tired out** elfáradt, kimerült; **tired with sg** (vmtől) fáradtan ‖ → **tire¹**

tiredness ['taɪədnəs] *fn* fáradtság

tireless ['taɪələs] *mn* fáradhatatlan

tiresome ['taɪəsəm] *mn* vesződséges, fárasztó, hosszadalmas ‖ unalmas ‖ idegesítő

tiring ['taɪərɪŋ] *mn* fárasztó, kimerítő ‖ unalmas

tissue ['tɪʃuː] *fn* ❏ *biol* szövet ‖ papírzsebkendő ‖ **(facial) tissue** arctörlő

tissue paper *fn* selyempapír

tit¹ [tɪt] *fn* cinege, cinke

tit² [tɪt] *fn* ❖ *biz* cici

titbit (⊕ *US* **tidbit**) ['tɪtbɪt] *fn* ínyencfalat, csemege, nyalánkság ‖ füles *(értesülés)*

tit for tat ❏ *kif* szeget szeggel

tithe [taɪð] *fn* ❏ *tört* dézsma, tized

titillate ['tɪtɪleɪt] *ige* csiklandoz, kellemesen izgat/ingerel

titillation [ˌtɪtɪ'leɪʃn] *fn* (meg)csiklandozás; kellemes izgalom

titivate ['tɪtɪveɪt] *ige* **titivate oneself** szépíti magát

title [taɪtl] ▼ *fn* cím *(könyvé, színdarabé stb.)* ‖ *(rang)* cím ‖ bajnoki cím ‖ jog *(to* vmhez), igény *(to* vmre), jogosultság ‖ bibliográfiai adat/tétel ▼ *ige* **title sy sg** vkt vmnek címez

title-deed *fn* birtoklevél, ingatlan tulajdonjogát igazoló okirat, vagyonjegy

---

fn főnév – *hsz* határozószó – *isz* indulatszó – *ksz* kötőszó – *mn* melléknév
▼ szófajjelzés ⊕ földrajzi variáns ❏ szakterület ❖ stiláris minősítés

title-holder *fn* bajnoki cím védője

title page *fn* címoldal

title role *fn* címszerep

titmouse ['tɪtmaʊs] *fn (tsz -mice)* cinege, cinke

titter ['tɪtə] ▼ *fn* kuncogás, vihogás ▼ *ige* kuncog, vihog

tittering ['tɪtərɪŋ] *fn* vihogás

tittle-tattle ['tɪtltætl] *ige* pletykál, locsog

titular ['tɪtʃʊlə] *mn* névleges, címzetes

T-junction *fn* T csatlakozás

TNT [ˌtiː en 'tiː] = **trinitrotoluene**

to[1] *[mássalhangzók előtt* tə, *magánhangzók előtt* tʊ] *elölj* -hoz, -hez, -höz ‖ -ra, -re, -nak, -nek ‖ -ba, -be ‖ *(időpont)* -ig ‖ **the road to London** a Londonba vezető út; **to this day** a mai napig; **3 is to 6 as 6 is to 12** 3 aránylik a 6-hoz, mint 6 a 12-höz; **to her** őhozzá, őneki; **to and fro** előrehátra, ide-oda

to[2] *[mássalhangzók előtt* tə, *magánhangzók előtt* tʊ] *elölj (a főnévi igenév végződése)* -ni ‖ **to be or not to be** lenni vagy nem lenni; **to be had** *(igével)* kapható, beszerezhető

toad [toʊd] *fn* varangy(os béka)

toadstool ['toʊdstuːl] *fn* mérges (kalapos)gomba

toady ['toʊdi] ▼ *fn* talpnyaló ▼ *ige* **toady to sy** gazsulál, nyal (vknek)

toast [toʊst] ▼ *fn* pirítós (kenyér) ‖ pohárköszöntő ‖ **give a toast** pohárköszöntőt mond ▼ *ige (kenyeret)* (meg)pirít ‖ (meg)pirul ‖ iszik vk egészségére

toaster ['toʊstə] *fn* kenyérpirító

toasting-fork ['toʊstɪŋ-] *fn* kenyérpirító villa ‖ nyárs

toast-master *fn* áldomásmester

toast-rack *fn* pirítóstartó rács

tobacco [tə'bækoʊ] *fn* dohány

tobacconist [tə'bækənɪst] *fn* trafikos ‖ **tobacconist's** dohánybolt, trafik

tobacco plantation *fn* dohányültetvény

toboggan [tə'bɒɡən] ▼ *fn* ❑ *sp* szánkó, tobogán ▼ *ige* szánkózik, tobogánozik

tocsin ['tɒksɪn] *fn* vészharang ‖ vészjel

today [tə'deɪ] *hsz/fn* ma ‖ **by today** *(legkésőbb)* máig/mára; **for today** mára *(a mai napra)*; **from today** mától fogva; **as from** (⊕ *US* **as of**) **today** a mai nappal kezdődően; **today week** mához egy hétre; **today's** mai, mai napi *(a mai nappal kapcsolatos)*; **today's weather/forecast** a mára várható időjárás

toddle ['tɒdl] *ige (kisgyerek)* tipeg, totyog ‖ **toddle about** tipeg-topog

toddler ['tɒdlə] *fn* pici, piciny gyerek, totyogó(s) kisgyerek

toddy ['tɒdi] *fn* puncs

to-do [tə'duː] *fn* ❖ *biz* hűhó, felhajtás ‖ **there was a great to-do** nagy volt a rumli

toe [toʊ] ▼ *fn* lábujj; (cipő)orr ▼ *ige* **toe the line** (*v.* ⊕ *US* **mark**) rajthoz áll

TOEFL ['toʊfl] = *testing of English as a foreign language* TOEFL-vizsga

toe-hold *fn* megkapaszkodási lehetőség, talpalatnyi hely

toenail ['toʊneɪl] *fn* lábujjköröm

toffee ['tɒfi] *fn* (tej)karamella

toffee apple *fn* cukorba mártott alma *(cumi helyett)*

toga ['toʊɡə] *fn* tóga

together [tə'ɡeðə] *hsz* együtt ‖ **together with** vmvel/vkvel együtt, azonfelül

togetherness [tə'ɡeðənəs] *fn* összetartozás; együttlét ‖ összetartás

toggle-switch ['tɒɡl-] *fn* ❑ *szt* műveletkapcsoló

Togo ['toʊɡoʊ] *fn* Togo

togs ['tɒɡz] *fn tsz* szerelés

toil [tɔɪl] ▼ *fn* nehéz munka, gürizés, robot, kulimunka ▼ *ige* erőlködik ‖ **toil (away)** *(munkában)* izzad, robotol, gürizik; **toil hard** kulizik

T

---

nm névmás – *nu* névutó – *szn* számnév – *esz* egyes szám – *tsz* többes szám
▼ szófajjelzés ⊕ földrajzi variáns ❑ szakterület ❖ stiláris minősítés

toilet ['tɔɪlɪt] *fn* vécé, WC, toalett ‖ **go to the toilet** vécére megy
toilet articles *fn tsz* piperecikkek
toilet bag *fn* piperetáska, neszesszer
toilet bowl *fn* vécékagyló
toilet cistern *fn* vécétartály
toilet paper *fn* vécépapír, toalettpapír
toiletries ['tɔɪlətriz] *fn tsz* piperecikkek
toilet roll *fn* vécépapír(tekercs)
toilets ['tɔɪləts] *fn tsz* vécé ‖ → **toilet**
toilet set *fn* piperekészlet
toilet soap *fn* piperes szappan
toilet table *fn* toalettasztal
toilet-train *ige (gyermeket)* szobatisztaságra nevel
toilet water *fn* (gyenge, olcsó) kölnivíz
toilsome ['tɔɪlsəm] *mn* ❖ *átv* verítékes
toing and froing [ˌtuːɪŋ ənd 'frəʊɪŋ] *fn* jövés-menés
token ['təʊkən] *fn* jel(kép), bizonyíték; ❖ *átv* zálog ‖ tantusz, érme, zseton ‖ ❏ *szt* alapelem, token ‖ **book/ etc. token** könyv- stb. utalvány; **as a token of my affection** ragaszkodásom/szeretetem zálogául
Tokyo ['təʊkiəʊ] *fn* Tokió
told [təʊld] *pt/pp* → **tell**
tolerable ['tɒlərəbl] *mn* tűrhető, meglehetős
tolerably ['tɒlərəbli] *hsz* tűrhetően, meglehetősen, eléggé
tolerance ['tɒlərəns] *fn* tűrés, türelem, tolerancia
tolerant ['tɒlərənt] *mn* türelmes
tolerantly ['tɒlərəntli] *hsz* türelmesen
tolerate ['tɒləreɪt] *ige* eltűr, elvisel, kibír, kiáll
toleration [ˌtɒlə'reɪʃn] *fn* eltűrés, megtűrés
toll[1] [təʊl] *fn* autópályadíj ‖ vám ‖ **take a heavy toll (of)** sok áldozatot követel (vktől)
toll[2] [təʊl] ▼ *fn* harangszó ▼ *ige* szól *(harang)* ‖ kongat, megkondít *(harangot)* ‖ **toll the (church) bells** harangoz
toll-bridge *fn* vámhíd

toll-gate *fn* vámsorompó
toll-house *fn* vámbódé
toll road *fn* díjköteles autópálya
tomahawk ['tɒməhɔːk] *fn* (indián) csatabárd, *kb.* fokos
tomato [tə'mɑːtəʊ, ⊕ *US* tə'meɪtəʊ] *fn (tsz* **-toes)** ❏ *növ* paradicsom
tomato ketchup *fn* ketchup
tomato puree *fn* paradicsompüré
tomato soup *fn* paradicsomleves
tomb [tuːm] *fn* sír, sírbolt, kripta
tombola [tɒm'bəʊlə] *fn* tombola
tomboy ['tɒmbɔɪ] *fn* fiús(an viselkedő) lány
tombstone ['tuːmstəʊn] *fn* sírkő
tom-cat *fn* kandúr
tome [təʊm] *fn* (vastag) kötet
tommy-gun *fn* ❖ *biz* géppisztoly
tomorrow [tə'mɒrəʊ] *hsz* holnap ‖ **tomorrow evening** holnap este; **tomorrow week** holnaphoz egy hétre
Tom Thumb *fn* Hüvelyk Matyi
tomtit ['tɒmtɪt] *fn* ⊕ *GB* (kék) cinege
ton [tʌn] *fn* tonna; (⊕ *GB* **long ton** = 2240 font = 1016 kg; ⊕ *US* **short ton** = 2000 font = 907,18 kg) ‖ **do a ton** ❖ *biz* repeszt, dönget *(járművel)*
tonal [təʊnl] *mn* hangszínezeti ‖ tonális
tonality [təʊ'næləti] *fn* tonalitás, hangrendszer
tone [təʊn] ▼ *fn* hang, modor, hangnem ▼ *ige* színez, árnyal

tone down letompít, lehalkít
tone in with harmonizál
tone up felélénkít

tone-deaf *mn* botfülű
tongs [tɒŋz] *fn tsz* **(pair of) tongs** fogó; csipesz
tongue [tʌŋ] *fn* nyelv ‖ **hold one's tongue** befogja a száját; **hold your tongue!** vigyázz a nyelvedre!; **put out one's tongue at sy** kinyújtja a nyelvét vkre; **his tongue is (always) wagging** jár a szája

---

fn főnév – *hsz* határozószó – *isz* indulatszó – *ksz* kötőszó – *mn* melléknév
▼ szófajjelzés ⊕ földrajzi variáns ❏ szakterület ❖ stiláris minősítés

tongue-lashing *fn* ❖ *biz* letolás
tongue-tied *mn* kuka || **he was tongue-tied** meg sem tudott mukkanni
tongue-twister *fn* nyelvtörő
tonic ['tɒnɪk] *fn* erősítő(szer) || tonik *(ital)*
tonic sol-fa *fn* relatív szolmizáció
tonic water *fn* tonik
tonight [tə'naɪt] *hsz* ma este/éjjel || **until tonight** a ma esti viszontlátásig!
tonnage ['tʌnɪdʒ] *fn* tonnatartalom || teherbírás *(hajóé)*
tonne [tʌn] *fn* tonna *(1000 kg)*
tonsil ['tɒnsl] *fn (szerv)* mandula || **have one's tonsils removed/out** kiveszik vk manduláját
tonsillectomy [,tɒnsɪ'lektəmi] *fn* mandulakivétel
tonsillitis [,tɒnsɪ'laɪtɪs] *fn* mandulagyulladás
tonsure ['tɒnʃə] *fn* tonzúra
too [tu:] *ksz* szintén, is || túl *(túlságosan)* || **I, too, used to like it** azelőtt én is szerettem; **I went too** én is elmentem; **too bad** de kár!, ez pech!; **not too bad** ❖ *biz („hogy vagy?" kérdésre válaszolva)* nem vészes, meglehetősen, megvagyok; **too big** túlságosan nagy; **not too expensive** nem nagyon drága; **too much (of)** túl sok; **it's too much of a good thing** ez már sok a jóból
took [tʊk] *pt* → **take**
tool [tu:l] ▼ *fn* szerszám || (segéd)eszköz ▼ *ige* megmunkál || **tool up** felszerel *(gyárat)*
tool-bag *fn* szerszámtáska
tool-box *fn* szerszámláda
tool-chest *fn* szerszámláda
tool fitter *fn* szerszámlakatos
tool-kit *fn* szerszámkészlet, szerszámláda
toolmaker ['tu:lmeɪkə] *fn* szerszámkészítő
toolshed ['tu:lʃed] *fn* szerszámkamra
toot [tu:t] *ige* **toot one's/the horn** *(autós)* dudál

tooth [tu:θ] *fn (tsz* **teeth** [ti:θ]) *(emberi, állati)* fog || fog *(gereblyéé, fésűé, fogaskeréké)* || **cast sg in sy's tooth** szemére hány/vet vmt vknek; **cut a tooth** jön a/egy foga, fogzik; **have one's tooth done** megcsináltatja *(v.* rendbe hozatja) a fogait; **have a tooth (pulled) out, have a tooth taken out** kihúzatja a fogát, fogat húzat; **in the teeth of sg** vmnek ellenére; **set sy's teeth on edge** felborzolja vknek az idegeit
toothache ['tu:θeɪk] *fn* fogfájás || **have (a) toothache** fáj a foga
toothbrush ['tu:θbrʌʃ] *fn* fogkefe
toothbrush holder *fn* fogkefetartó
tooth-comb *fn* sűrűfésű
tooth-drill *fn* fogfúró (gép)
toothless ['tu:θləs] *mn* fogatlan
toothpaste ['tu:θpeɪst] *fn* fogkrém
toothpick ['tu:θpɪk] *fn* fogpiszkáló
tooth-powder *fn* fogpor
top [tɒp] ▼ *mn* (leg)felső || magas rangú, vezető || menő || **top boy/girl** rangelső *(fiú/lány)*; **top man** magas állású tisztviselő; **at top speed** teljes sebességgel; **top dog** ❖ *átv* nagykutya, fejes; **top storey** legfelső emelet; **weak in the top storey** ❖ *biz* nem komplett, kissé dilis ▼ *fn* tető || csúcs *(hegyé, fáé)*; hegy *(toronyé)* || tetőpont || **blow one's top** ❖ *biz* kiborul, kijön a sodrából; **come (out) top** ❏ *isk* ❖ *biz* rangelső; **on (the) top** a tetején, felül; **top of his class** évfolyamelső; **on top of it all** ❖ *biz* tetejébe; **at the top (of sg)** legfelül; **at the top of the hill** a hegy tetején; **from top to toe** tetőtől talpig ▼ *ige* **-pp-** fed *(tetővel)* || feljut *(hegyre)* || felülmúl, meghalad || első a listán || **to top it all** mindennek betetézéséül; **top the poll/list** listavezető

top up feltölt, utánatölt || **can I top you up?** *(megint)* tölthetek (neked is)?

topaz ['toʊpæz] *fn* topáz

topcoat ['tɒpkoʊt] *fn* felsőkabát, nagy-kabát

topee ['toʊpiː] *fn* = **topi**

top-flight *mn* ❖ *biz* első osztályú, igen kiváló

top gear *fn* negyedik sebesség *(ha 4 sebesség van)*

top hat *fn (kalap)* cilinder

top heavy *mn* fejnehéz

topi ['toʊpiː] *fn* trópusi sisak

topic ['tɒpɪk] *fn* téma, tárgy ‖ beszéd-téma

topical ['tɒpɪkl] *mn* időszerű, aktuális

topicality [ˌtɒpɪ'kæləti] *fn* időszerű-ség, aktualitás

topless ['tɒpləs] *mn* felsőrész nélküli *(fürdőruha)*

top-level talks *fn tsz* legmagasabb szintű tárgyalások

top-light *fn* árboclámpa

topmost ['tɒpmoʊst] *mn* legmaga-sabb; legfelső

topnotch [ˌtɒp'nɒtʃ] *mn* ❖ *biz* re-mek, pompás, kiváló

topographical [ˌtɒpə'græfɪkl] *mn* helyrajzi

topography [tə'pɒgrəfi] *fn* helyrajz, helyleírás, tájleírás, topográfia

topping ['tɒpɪŋ] *mn* ❖ *biz* remek, pompás, klassz

top player *fn* éllovas

topple ['tɒpl] *ige* billen ‖ ledől ‖ ledönt ‖ megbuktat

---

topple in beomlik

topple over esik; bukik; eldől, kibil-len(t)

---

top prize *fn* főnyeremény *(szerencse-játékban)*

top quality *fn* elsőrendű/kiváló minő-ség

top-ranking *mn* legmagasabb rangú, rangelső

top secret *fn* hétpecsétes titok, legszi-gorúbban bizalmas

top-security prison *fn* szuperbiztos börtön

topsy-turvy [ˌtɒpsi'tɜːvi] *mn* every-thing is topsy-turvy minden a feje tetején áll; turn sg topsy-turvy fel-borít *(tervet)*

top-up *fn* would you like a top-up? kér még egyet? *(kávét, konyakot stb.)*

torch [tɔːtʃ] *fn* fáklya ‖ zseblámpa

torchlight procession ['tɔːtʃlaɪt] *fn* fáklyás felvonulás, fáklyásmenet

tore [tɔː] *pt* → **tear**[1]

torment ▼ ['tɔːment] *fn* gyötrelem, tortúra, kín, sanyargatás ▼ [tɔː'ment] *ige* (meg)kínoz, (meg)gyötör, sanyar-gat

tormented [tɔː'mentɪd] *mn* zaklatott

torn [tɔːn] *mn* szakadt ‖ → **tear**[1]

tornado [tɔː'neɪdoʊ] *fn (tsz -(e)s)* tor-nádó, orkán

torpedo [tɔː'piːdoʊ] ▼ *fn (tsz -oes)* torpedó ▼ *ige (pt/pp* **torpedoed)** megtorpedóz

torpedo boat *fn* torpedónaszád

torpedo-boat destroyer *fn* torpedó-romboló

torpid ['tɔːpɪd] *mn* tunya, lomha, renyhe

torpor ['tɔːpə] *fn* kábulat, tompultság, zsibbadtság, tespedés

torrent ['tɒrənt] *fn* áradat, özön ‖ (szi-tok)özön ‖ **torrent of words** szóára-dat

torrential [tə'renʃl] *mn* zuhogó, sza-kadó, ömlő *(eső)*

torrid ['tɒrɪd] *mn* perzselő

torridity [tə'rɪdəti] *fn (hőség)* forróság

torrid zone *fn* forró égöv

torsion ['tɔːʃn] *fn* csavarodás; ❑ *fiz* torzió

torso ['tɔːsoʊ] *fn (emberi)* felsőtest; torzó

tortoise ['tɔːtəs] *fn (szárazföldi)* tek-nős(béka)

tortoiseshell ['tɔːtəʃel] *fn* teknőspán-cél

tortuous ['tɔːtʃʊəs] *mn* tekervényes, görbe; *(átv is)* nem egyenes

---

fn főnév – *hsz* határozószó – *isz* indulatszó – *ksz* kötőszó – *mn* melléknév
▼ szófajjelzés ⊕ földrajzi variáns ❑ szakterület ❖ stiláris minősítés

torture ['tɔ:tʃə] ▼ *fn (fizikai)* tortúra, kín ‖ kínvallatás, kínzás ▼ *ige* gyötör, *(meg)*kínoz, sanyargat

torture chamber *fn* kínzókamra

torturer ['tɔ:tʃərə] *fn* kínzó

Tory ['tɔ:ri] *mn/fn* ⊕*GB* konzervatív (párti), tory

toss [tɒs] ▼ *fn* lökés ‖ **toss of a coin** pénzfeldobás; **take a toss** leesik a lóról ▼ *ige* lök, taszít ‖ *(bika)* felöklel ‖ hány(kol)ódik ‖ **toss and turn** *(ágyban)* forgolódik; **be tossed about** *(hajó)* hányódik; **let's toss (up) for it** játsszunk fej vagy írást; **toss a coin** pénzfeldobással sorsot húz

toss about *(ágyban)* hánykolódik

toss up for sg pénzfeldobással sorsot húz

toss-up *fn* pénzfeldobás

tot[1] [tɒt] *fn* tiny tot apróság, csöppség *(gyerekről)* ‖ ❖*biz* (egy) kupica pálinka

tot[2] [tɒt] *ige* -tt- **tot up** összead ‖ összeget kitesz

total ['toʊtl] ▼ *mn* egész, teljes, összes, globális, totális ‖ **the car has become a total loss** totálkáros (a) (gép)kocsi; **total amount** teljes összeg; **total consumption** összfogyasztás; **total cost** összköltség; **total income** bruttó jövedelem, összbevétel; **total output** összteljesítmény, össztermelés; **total production** össztermelés; **total war** totális háború ▼ *fn* (vég)összeg ‖ **a total of ...** összesen ... ▼ *ige* -ll- (⊕*US* -l-) *(összegszerűen)* kitesz ‖ összead; összegez

total abstainer *fn* antialkoholista

totalitarian state [toʊ,tælɪ'teərɪən] *fn* totalitárius állam

totality [toʊ'tæləti] *fn* az egész összeg/ mennyiség; összesség, a teljes egész, minden együtt

totalizator [,toʊtlaɪ'zeɪtə] *fn* totalizatőr

totally ['toʊtli] *hsz* teljesen

tote[1] [toʊt] *fn* ❖*biz* totalizatőr

tote[2] [toʊt] *ige* ❖*biz* cipel, visz, hord

tote bag *fn* bevásárlószatyor

totem-pole ['toʊtəm] *fn* totemoszlop

totter ['tɒtə] *ige* botorkál, támolyog, tántorog

touch [tʌtʃ] ▼ *fn* fogás, érintés ‖ ecsetvonás ‖ billentés *(zongoristáé)* ‖ **at a touch** érintésre; **be in touch with sy** kapcsolatban van vkvel, összeköttetésben áll vkvel; **be in constant/ close touch with sy** állandó összeköttetésben van vkvel; **get in touch with sy** érintkezésbe/kapcsolatba/összeköttetésbe kerül/lép vkvel; **put sy in touch with sy** *(személyeket)* összehoz; **be in touch by telephone** kapcsolatban van vkvel telefonon; **a touch of flu** ❖*biz* egy kis influenza; **a touch of sg** leheletnyi (vm) ▼ *ige* *(meg)*tapint, megtapogat ‖ *(meg)*érint, hozzányúl *(vmhez)* ‖ *(témát)* érint ‖ érintkezik *(több tárgy)* ‖ meghat ‖ **don't touch (it)!** hagyd!; ne nyúlj hozzá!; **touch bottom** leér (a meder aljára); **touch land** partot ér; **touch lightly** *(könnyedén)* érint, meglegyint; **touch sy for money** megpumpol; **touch sy on the raw** elevenére tapint; **touch the ground** (földig) leér; **touch wood!** ❖*biz (babonából)* kopogjuk/ kopogd le!

touch down *(repülőgép)* leszáll ‖ **where do we touch down?** hol szállunk le útközben?

touch off a mine aknát felrobbant

touch up *(szöveget)* stilizál; *(művön)* simít ‖ retusál ‖ kiszínez

touch (up)on *(témát)* érint

touch-and-go *mn* ❖*biz* **it was touch-and-go** csak egy hajszálon múlt

touchdown ['tʌtʃdaʊn] *fn* földetérés *(repülőgépé)* ‖ gól *(amerikai futballban)*

T

---

touched [tʌtʃt] *ige* meghatódott; megindult ‖ bolondos

touchiness ['tʌtʃinəs] *fn* érzékenység, sértődékenység

touching ['tʌtʃɪŋ] *mn* megható, megindító

touch-judge *fn* partjelző *(rögbiben)*

touch-line *fn* ❑ *sp* partvonal *(labdarúgásban)*

touch-me-not *fn* ❑ *növ* nebáncsvirág

touchstone ['tʌtʃstoʊn] *fn* ❖ *átv* próbakő

touch-type *ige* vakon ír *(írógépen)*

touchy ['tʌtʃi] *mn* sértődős, érzékeny ‖ kényes *(ügy)* ‖ **be touchy** érzékenykedik

tough [tʌf] ▼ *mn (test, ember)* edzett, kemény, szívós; ❖ *biz* stramm, vagány ‖ rágós *(hús)* ‖ kemény, könyörtelen *(intézkedés)* ‖ nehéz, kemény *(probléma)* ‖ **that's tough!** ez kellemetlen/ciki!; **tough customer** ❖ *biz* nehéz pasas; **tough going** ❖ *biz* nehéz ügy ▼ *fn* ❖ *biz* vagány, huligán

toughen ['tʌfn] *ige* megkeményít; szívóssá/kitartóvá/erőssé tesz ‖ *(átv is)* megkeményedik ‖ megszigorít

toughness ['tʌfnəs] *fn* rágósság *(húsé)* ‖ kitartás, ellenállás, szívósság; edzettség; makacsság ‖ nehézség, keménység *(feladaté)*

toupée ['tuːpeɪ] *fn* hajcsomó, üstök ‖ kis paróka, tupé

tour [tʊə] ▼ *fn* utazás, (kör)út, túra ‖ körutazás ‖ társasutazás ‖ turné ‖ külföldi út ‖ **a tour round Europe** európai körút; **a walking tour** túra; **go on a tour** *(hosszabb, külföldi)* túrán vesz részt, túrát tesz, túrázik; turnéra megy; **be on tour** turnézik; **make a tour of** beutazik/bejár egy országot/vidéket stb. ‖ megtekint *(kastélyt, várat, múzeumot stb.)*, túrán vesz részt vhol ▼ *ige (országot)* beutazik ‖ **we're touring (in/round) Italy** bejárjuk Olaszországot

tour guide *fn* idegenvezető

touring ['tʊərɪŋ] ▼ *mn* (kör)utazó ▼ *fn* utazás ‖ turistáskodás, természetjárás, túrázás ‖ turné(zás) ‖ **touring by car** autótúra

tourism ['tʊərɪzm] *fn* turisztika, utazás, turizmus, idegenforgalom

tourist ['tʊərɪst] *fn* kiránduló, utazó, turista ‖ (külföldi) utas/vendég

tourist agency *fn* idegenforgalmi hivatal/iroda

tourist centre (⊕ *US* **-ter**) *fn* idegenforgalmi központ

tourist class *fn (repülőn)* turistaosztály

tourist hostel *fn* turistaszállás, turistaház

tourist office *fn* idegenforgalmi iroda

tourist trade *fn* idegenforgalom, turistaforgalom *(mint iparág)*

tour manager *fn* csoportvezető, idegenvezető *(társasutazásé)*

tournament ['tʊənəmənt] *fn* lovagi torna ‖ torna *(mérkőzéssorozat); (sakk, tenisz, bridzs)* verseny

tourniquet ['tɔːnɪkeɪ] *fn* ércsíptető, érleszorító

tour operator *fn* utazási iroda

tousle ['taʊzl] *ige (hajat)* összekuszál

tousled ['taʊzld] *mn (haj)* kusza, borzas, kócos

tout [taʊt] ▼ *fn* felhajtó; lóversenytippek közvetítője ‖ **ticket tout** jegyüzér ▼ *ige* **tout (for)** üzérkedik *(jegyekkel)* ‖ lóversenytippeket szerez; **tout for customers** vevőket hajt fel

tow [toʊ] ▼ *fn* vontatás ‖ **give sy a tow** elvontat; **have in tow** kíséretében van ▼ *ige (járművet)* vontat

toward(s) [təˈwɔːd(z)] *hsz (térben, időben)* felé, vmlyen irányba(n)

tow-bar *fn* vonóhorog

towel ['taʊəl] *fn* törülköző ‖ **throw in the towel** ❖ *biz* bedobja a törülközőt

towel-horse *fn* = **towel-rail**

towelling (⊕ *US* **-l-**) ['taʊəlɪŋ] *mn* frottír ‖ **towelling socks** frottírzokni

towel-rail (⊕ *US* **-rack**) *fn* törülközőtartó

---

tower [taʊə] ▼ *fn* torony ‖ bástya ▼ *ige* tornyosodik, tornyosul ‖ **tower above** sg *(vm fölött)* magaslik
tower block *fn* toronyház
tower crane *fn* toronydaru
towering ['taʊərɪŋ] *mn* toronymagasságú ‖ heves *(szenvedély, düh)* ‖ **one of the towering intellects of own age** korunk egyik szellemóriása
tow-hook *fn* vonóhorog
tow-line *fn (hajó)* vontatókötél
town [taʊn] *fn (kisebb)* város ‖ **do the town** nyakába veszi a várost
town centre ⊕ *US* -ter) *fn* városközpont, belváros
town clerk *fn (városi)* főjegyző
town council *fn* városi tanács
town-councillor *fn* városi képviselőtestület tagja, tanácsnok
town hall *fn* városháza
town planner *fn* várostervező, városrendező
town planning *fn* várostervezés, városrendezés, városfejlesztés
townscape ['taʊnskeɪp] *fn* városkép
townsfolk ['taʊnzfʊk] *fn tsz* = **townspeople**
townsman ['taʊnzmən] *fn (tsz* **-men)** városi ember, városlakó
townspeople ['taʊnzpiːpl] *fn tsz* városiak
towpath ['toʊpɑːθ] *fn* vontatóút *(a folyó szélén vontató lovak számára)*
tow-rope *fn* vontatókötél
tow truck *fn* ⊕ *US* autómentő
toxic ['tɒksɪk] *mn* toxikus
toxin ['tɒksɪn] *fn* méreg(anyag), toxin
toy [tɔɪ] ▼ *fn* játék ‖ játékszer ▼ *ige* **toy (with)** játszadozik (vmvel)
toyshop ['tɔɪʃɒp] *fn* játékbolt
toy train *fn* játékvonat
trace[1] [treɪs] ▼ *fn* nyom ‖ jel *(betegségé)* ‖ **there is no trace of it** nyoma sincs; **find traces of** sg/sy nyomára akad/bukkan/jön/jut vmnek/vknek ▼ *ige (rajzot)* átmásol ‖ *(mintát)* előrajzol ‖ kinyomoz ‖ nyomára akad vmnek

trace (sg) back (to sg) vmt vmre visszavezet
trace out kijelöl, kirajzol ‖ berajzol *(térképbe)*

trace[2] [treɪs] *fn* hám *(lószerszám)*
traces *tsz* istráng
trace element *fn*❑ *biol* nyomelem
tracer bullet ['treɪsə] *fn* nyomjelző lövedék
trachea [trə'kiːə] *fn (tsz* **-cheae** [-'kiːiː]) légcső
tracing-paper ['treɪsɪŋ] *fn* pauszpapír
track [træk] ▼ *fn* nyom, keréknyom ‖ ösvény, csapás ‖ (futó)pálya ‖ sínpár, pályatest, vágány ‖ nyomtáv ‖ futófelület ‖ **keep track of** sy nyomon követ vkt; **lose track of** sy vk eltűnik a szeme elől; **be on the wrong track** rossz nyomon jár; **be on the right track** jó úton jár; **put** sy **on the right track** nyomra vezet; **I must be making tracks** ❖ *biz* elhúzom a csíkot; **track and field athletics** könnyűatlétika; **track and field events** atlétikai verseny(ek); **track events** futószámok ▼ *ige* **track (down)** kinyomoz, felkutat
tracker dog ['trækə] *fn* rendőrkutya
tracking station ['trækɪŋ] *fn* földi állomás *(űrhajózásban, rakétakilövésnél)*
tracklayer ['træk leɪə] *fn* ❑ *vasút* pályamunkás
trackless ['træk ləs] *mn* úttalan ‖ sín nélküli ‖ nyomot nem hagyó
track record *fn* minősítés
track suit *fn* melegítő, tréningruha
tract[1] [trækt] *fn* terület; pászta, földsáv; vidék, tájék ‖ szerv, pálya *(emberi szervezetben)*
tract[2] [trækt] *fn* értekezés; (politikai/vallási) röpirat, traktátus
traction ['trækʃn] *fn* vontatás
traction-engine *fn* vontatógép, lokomobil

T

nm névmás– *nu* névutó– *szn* számnév– *esz* egyes szám– *tsz* többes szám
▼ szófajjelzés ⊕ földrajzi variáns ❑ szakterület ❖ stiláris minősítés

tractor['træktə] *fn (szt is)* traktor
tractor feed *fn* papírtovábbító *(nyomtatóé)*
trade [treɪd] ▼ *fn* kereskedelem ‖ *összet* kereskedelmi ‖ mesterség, szakma, foglalkozás ‖ ❏*ker* forgalom ▼ *ige* kereskedik, foglalkozik (*in* vmvel)

trade sg for becserél vmt vmre
trade in sg *(vm újra, árbeszámítással)* becserél; kicserél ‖ kereskedik/foglalkozik vmvel
trade with kereskedik vkvel

trade agreement *fn* kereskedelmi megállapodás
trade barrier *fn* kereskedelmi korlátozás, megszorítás
trade deficit *fn* kereskedelmi mérleghiány
trade discount *fn* viszonteladóknak nyújtott árengedmény
trade-in *fn* becserélés
trade-in price *fn* becserélési ár, csereakciós ár
trade journal *fn* szakfolyóirat
trade licence (⊕*US* -**se**) *fn* iparengedély
trademark ['treɪdmɑːk] *fn* védjegy, márka
trade mission *fn* (állandó) kereskedelmi kirendeltség
trade name *fn* márkanév, cégnév
trade price *fn* nagybani ár
trader ['treɪdə] *fn* kereskedő
trade secret *fn* üzleti titok
tradesman ['treɪdzmən] *fn (tsz* -**men**) kereskedő, boltos ‖ szállító
trade(s) union *fn* szakszervezet
trade(s) union benefit (⊕*US* **relief**) *fn* szakszervezeti segély
trade surplus *fn* aktív kereskedelmi mérleg
trade talks *fn tsz* üzleti tárgyalás(ok)
trade-unionist *fn* szakszervezeti tag
trade wind *fn* passzát(szél)
trading [treɪdɪŋ] *mn* kereskedelmi

trading estate *fn* ipari negyed, gyárnegyed
trading stamp *fn* ⊕*US* prémiumkupon, jutalombélyeg, rabattbélyeg
tradition[trə'dɪʃn] *fn* hagyomány, tradíció
traditional [trə'dɪʃnəl] *mn* hagyományos
traditionally [trə'dɪʃnəli] *hsz* hagyományosan, a hagyománynak megfelelően
traffic['træfɪk] ▼ *fn* forgalom, közlekedés ‖ **through traffic** *(közlekedésben)* átmenő forgalom; **traffic was brought to a standstill** megbénult a forgalom; **traffic is being diverted via ...** a forgalmat elterelik ...-n át; **traffic in drugs** kábítószer-kereskedelem ▼ *ige* (*pt/pp* **trafficked**) kereskedik, üzérkedik (*in* vmvel)
traffic accident *fn (közúti)* közlekedési baleset
traffic circle *fn* ⊕*US* körforgalom
traffic congestion *fn* (forgalmi) torlódás
traffic control *fn* forgalomirányítás
traffic island *fn* járdasziget
traffic jam *fn* (forgalmi) torlódás, dugó
trafficker ['træfɪkə] *fn* üzér(kedő)
traffic lane *fn* forgalmi sáv
traffic-light(s) *fn tsz* (forgalmi) jelzőlámpa
traffic offence *fn* közlekedési szabálysértés
traffic sign *fn* közúti jelzőtábla, KRESZ-tábla
traffic-signal *fn tsz* forgalmi jelzőlámpa
traffic violation *fn* ⊕*US* = **traffic offence**
traffic warden *fn* ⊕*GB kb.* közterületi felügyelő
tragedy['trædʒɪdi] *fn* tragédia ‖ tragikum
tragic['trædʒɪk] *mn* tragikus
tragic actor *fn* drámai színész
tragically ['trædʒɪkli] *hsz* szomorúan, gyászosan, tragikusan

trail [treɪl] ▼ *fn* nyom ‖ ösvény; csapás, (turista)jelzés ‖ *(állaté)* csapa ‖ **be on sy's trail** *vk* nyomában van ▼ *ige* **trail after sy** *vk* után kullog; **trail along** a földet söpri *(uszály)*; **trail along behind** kullog *vk* után

trail-blazer *fn* úttörő

trailer ['treɪlə] *fn* utánfutó, pótkocsi *(autóé)* ‖⊕ *US* lakókocsi ‖ (film)előzetes ‖ inda

trail truck *fn* nyerges vontató

train [treɪn] ▼ *fn* vonat, szerelvény ‖ kíséret *(vké)* ‖ láncolat, sor(ozat) ‖ uszály ‖ **go by train** vonaton utazik; **take a train to …** vasúton megy vhova, vonatra száll; **get on the train** beszáll a vonatba, felszáll a vonatra; **get off the train** leszáll a vonatról; **change trains** átszáll (*at* vhol); **through train** közvetlen összeköttetés; **the train has arrived** befutott a vonat; **is the train in?** megérkezett már a vonat? ▼ *ige* tanít, képez, oktat ‖ iskoláztat, (ki)tanít, *vkt* kiképez ‖ ❑ *sp* edz; *(versenyre)* előkészít ‖ → **training**

---

train for sg gyakorolja magát *vmben*
train on sg *(távcsövet stb.)* ráirányít

---

train attendant *fn* ⊕ *US* hálókocsi-kalauz

train crash *fn* vasúti szerencsétlenség

trained [treɪnd] *mn* tanult, gyakorlott, (szak)képzett

trainee [ˌtreɪˈniː] *fn* szakmunkástanuló, (bolti) tanuló, gyakornok

trainer ['treɪnə] *fn* ❑ *sp* edző, oktató ‖ idomító ‖ **trainers** edzőcipő

training ['treɪnɪŋ] *fn* oktatás, képzés ‖ ❑ *sp* edzés ‖❑ *isk* (gyakorlati) foglalkozás ‖❑ *kat* gyakorlatozás ‖ **be (in) training (for sg)** edz(ésre jár)

training-college *fn* tanárképző főiskola

training course *fn* átképző tanfolyam

training scheme *fn* átképző tanfolyam

training school *fn* ⊕ *US* tanárképző főiskola ‖ javítóintézet

training-ship *fn* iskolahajó

training shoe(s) *fn tsz* edzőcipő

training teacher *fn* ⊕ *US* tanárjelölt

traipse [treɪps] *ige* kóvályog, jönmegy

trait [treɪt] *fn* jellemvonás, jellegzetesség

traitor ['treɪtə] *fn* hazaáruló ‖ **turn traitor** árulóvá válik/lesz

traitorous ['treɪtərəs] *mn*❑ *pol* áruló

trajectory [trəˈdʒektəri] *fn* röppálya

tram [træm] *fn* villamos ‖ **take a tram to** villamoson megy

tramcar ['træmkɑː] *fn* villamos(kocsi)

tramcar driver *fn* villamosvezető

tram conductor *fn* villamoskalauz

tramline ['træmlaɪn] *fn* villamosjárat, villamosvonal

tramp [træmp] ▼ *fn* csavargó ‖ hajléktalan ‖ teherhajó ▼ *ige* kóborol ‖ kutyagol

trample ['træmpl] *ige* **trample (down) sg** letipor, letapos, eltapos; **trample on** megtapos, rátapos, *vmbe* beletapos, széttapos; **trample to death** agyontapos

trampoline ['træmpəliːn] *fn* ugrószőnyeg *(akrobatáké)*

tramway ['træmweɪ] *fn* villamosjárat, villamosvonal

trance [trɑːns] *fn* révület, transz

tranquil ['træŋkwɪl] *mn* nyugalmas, nyugodt, békés, nyugodalmas

tranquillity (⊕ *US* -l-) [træŋˈkwɪləti] *fn* nyugalom; békesség

tranquillizer ⊕ *US* -l-) ['træŋkwɪlaɪzə] *fn* nyugtató(szer), csillapító(szer)

transact [trænˈzækt] *ige* ❑ *ker* (le)bonyolít ‖ **transact a bargain/sale** üzletet lebonyolít *vkvel*

transaction [trænˈzækʃn] *fn* tranzakció, üzletkötés ‖ **carry out a transaction with sy** üzletet lebonyolít *vkvel*

transactions *fn tsz* acták és előadások *(tud. társaságé)*

---

transatlantic [ˌtrænzət'læntɪk] *mn* tengeren túli *(Atlanti-óceánon túli)*

transatlantic flight *fn* óceánrepülés

transceiver [træn'si:və] *fn* adó-vevő (készülék)

transcend [træn'send] *ige* meghalad (vmt); túllépi a határait (vmnek); felülmúl (vkt/vmt)

transcendent [træn'sendənt] *mn* páratlan, kitűnő

transcendental [ˌtrænsen'dentl] *mn* tapasztalattól független, transzcendens

transcontinental [ˌtrænskɒntɪ'nentl] *mn* transzkontinentális

transcribe [træn'skraɪb] *ige* átír ‖ leír

transcript ['trænskrɪpt] *fn* átírás ‖ leírás, másolat

transcription [træn'skrɪpʃn] *fn (kiejtési)* átírás ‖ (hang)felvétel, közvetítés (felvételről) ‖ ❏*zene* átirat

transept ['trænsept] *fn* ❏*épít* kereszthajó

transfer ▼ ['trænsfɜ:] *fn* áthelyezés *(személye)*; ❏*sp* átigazolás ‖ átszállás ‖ ❂ *US* átszállójegy ‖ átruházás, átutalás ‖ levonókép, lehúzókép, matrica ‖ ❏*szt* átvitel ▼ [træns'fɜ:] *ige* **-rr-** áthelyez ‖ *(játékost)* átigazol ‖ átruház ‖ *(pénzt)* átutal ‖ ❏*vasút* ❏*rep* átszáll ‖ ❏*szt* átvisz ‖ **transfer from ... to** ❏*rep* egyik terminálról átmegy a másikra, egyik gépről/járatról átszáll a másikra

transferable [træns'fɜ:rəbl] *mn* **not transferable** másra át nem ruházható, névre szóló

transference ['trænsfərəns] *fn* átruházás ‖ átvitel ‖ áthelyezés ‖ átengedés

transferor [træns'fɜ:rə] *fn* átruházó, engedményező

transfer payment *fn* átutalás

transfer-picture *fn* levonókép, matrica

transferral [træns'fɜ:rəl] *fn* átengedés, átruházás ‖ → **transference**

transfix [træns'fɪks] *ige* átdöf ‖ áthat

transform [træns'fɔ:m] *ige* átalakít, átváltoztat *(into* vmvé); újjávarázsol ‖

be transformed átalakul, átváltozik *(into* vmvé)

transformation [ˌtrænsfə'meɪʃn] *fn* átalakítás, átalakulás

transformer [træns'fɔ:mə] *fn* transzformátor

transfusion [træns'fju:ʒn] *fn* ❏*orv* transzfúzió, vérátömlesztés

transgress [trænz'gres] *ige (törvényt stb.)* áthág, megszeg, vk/vm ellen vétkezik ‖ **transgress one's competence** hatáskörét túllépi

transgression [trænz'greʃn] *fn* áthágás, megszegés; vétek, bűn

transgressor [trænz'gresə] *fn* vétkes, bűnös

tranship [træn'ʃɪp] *ige* = **transship**

transient ['trænzɪənt] ▼ *mn* átmeneti ▼ *fn* átutazó ‖ futóvendég

transistor [træn'zɪstə] *fn* tranzisztor ‖ **transistor (radio)** tranzisztoros rádió

transistorize [træn'zɪstəraɪz] *ige* tranzisztorizál

transistorized [træn'zɪstəraɪzd] *mn* tranzisztorizált; tranzisztoros

transit ['trænsɪt] ▼ *mn* átmenő, átutazó; tranzit- ▼ *fn* átutazás, tranzit

transit camp *fn* átvonulótábor, átmenőtábor

transit hotel *fn* tranzitszálló

transition [træn'zɪʃn] *fn* átmenet

transitional [træn'zɪʃnəl] *mn* átmeneti

transition period *fn* átmeneti idő(szak)

transitively ['trænsɪtɪvli] *hsz* tárgyasan; tárgyas igével

transitive verb ['trænsɪtɪv] *fn* tárgyas ige

transit lounge *fn* tranzitváró

transitory ['trænsɪtəri] *mn* mulandó, átmeneti

transit passanger *fn* tranzitutas, átutazó

transit trade *fn* ❏*ker* átmenő forgalom

transit visa *fn* átutazóvízum

translate [træns'leɪt] *ige* (le)fordít ‖ **how do you translate it into Eng-**

---

fn főnév –*hsz* határozószó –*isz* indulatszó –*ksz* kötőszó –*mn* melléknév
▼ szófajjelzés ❂ földrajzi variáns ❏ szakterület ❖ stiláris minősítés

lish? hogyan fordítod angolra?; **translate from English into Hungarian** angolból magyarra fordít; **translate theory into practice** az elméletet átviszi a gyakorlatba; **translated by ...** fordította

translating [træns'leɪtɪŋ] *fn* fordítás ‖ tolmácsolás

translation [træns'leɪʃn] *fn* fordítás ‖ műfordítás ‖ tolmácsolás

translation bureau *fn* (*tsz* -reaus *v.* -reaux) fordítóiroda

translator [træns'leɪtə] *fn* fordító ‖ műfordító

transliterate [træns'lɪtəreɪt] *ige* átír (*másféle írással*)

transliteration [ˌtrænslɪtə'reɪʃn] *fn* (betű szerinti) átírás

translucent [træns'luːsnt] *mn* átlátszó, áttetsző

transmission [træns'mɪʃn] *fn* átadás, továbbítás ‖ átvitel (*erőé*) ‖ (*rádió, tévé*) adás; közvetítés ‖ sebességváltó ‖ **transmission (gear)** közlőmű; **automatic transmission** automata seb(es-ség)váltó

transmission tower *fn* adótorony

transmit [træns'mɪt] *ige* -tt- (*betegséget*) átad ‖ továbbad, továbbít; (*hőt stb.*) átad ‖ (*tulajdonságot*) örökít ‖ (*rádió/tévé műsort*) sugároz, közvetít, ad ‖ **is being transmitted live** élőben közvetítik; **be transmitted to** átöröklődik

transmitter [træns'mɪtə] *fn* átadó, terjesztő, közvetítő (*betegségé*) ‖ ❑*el* adó

transmute [trænz'mjuːt] *ige* átalakít, átváltoztat

transom ['trænsəm] *fn* szemöldökfa

transparency [træn'spærənsi] *fn* dia

transparent [træn'spærənt] *mn* átlátszó

transpire [træns'paɪə] *ige* kipárologtat, kiizzad ‖ kipárolog, kigőzölög ‖ kitudódik, kiszivárog ‖ ❖*biz* (meg)történik

transplant ▼ ['trænsplɑːnt] *fn* szervátültetés ‖ **a heart transplant operation** szívátültetés; **perform a transplant (operation)** szervátültetést végez ▼ [træns'plɑːnt] *ige (növ és szervet)* átültet ‖ **transplant a heart** szívátültetést végez

transplantee [ˌtræns'plɑːntiː] *fn* szervátültetéses beteg

transplant surgery *fn* szervátültetés

transport ▼ ['trænspɔːt] *fn* szállítás, fuvarozás ‖ fuvar ‖ közlekedés ‖ közlekedésügy ‖ (*sebesültekből stb.*) transzport ‖ **transport by air** légi szállítás; **transport by road** tengelyen történő szállítás ▼ [træns'pɔːt] *ige* (el)szállít, átszállít, fuvaroz, visz

transportable [træn'spɔːtəbl] *mn* szállítható

transportation [ˌtrænspɔː'teɪʃn] *fn* ⊕ *US* = **transport**

transport café *fn* ⊕ *GB* autósbisztró

transport charges *fn tsz* fuvarköltség

transport costs *fn tsz* szállítási költség

transport worker *fn* szállítómunkás

transpose [træn'spəʊz] *ige* áttesz, áthelyez; felcserél ‖ más hangnembe áttesz; transzponál

transship [træns'ʃɪp] *ige* -pp- (*árut*) átrak, átszállít; átrakodik

transversal [trænz'vɜːsl] *mn* átlós, haránt

transverse [trænz'vɜːz] *mn* átlós, haránt

transversely [trænz'vɜːsli] *hsz* átlósan, haránt

transvestite [trænz'vestaɪt] *fn* transzvesztita

trap [træp] ▼ *fn* csapda ‖ **be caught in a trap** lépre megy; **he was caught in his own trap** saját csapdájába esett ▼ *ige* -pp- csapdával fog

trap-door *fn* ❑*szính* süllyesztő

trapeze [trə'piːz] *fn* trapéz (*akrobatáké*)

trapezium [trə'piːzɪəm] *fn* ❑*mat* trapéz ‖ ⊕ *US* trapezoid

T

trapezoid ['træpɪzɔɪd] *fn* ❑ *mat* ⊕ *GB* trapezoid ‖⊕ *US* trapéz

trapper ['træpə] *fn* ⊕ *US* (csapdaállító) prémvadász

trappings ['træpɪŋz] *fn tsz* díszes lószerszám ‖ ünnepi díszruha ‖ külső kellékek, státusszimbólumok

trap-shooting *fn* galamblövészet

trash [træʃ] *fn* ❖ *ir* ponyvairodalom, szennyirodalom, giccs ‖ bóvli ‖ ócska/ vacak holmi ‖⊕ *US* szemét

trashcan ['træʃkæn] *fn* ⊕ *US* kuka, szemétláda

trashcan liner *fn* ⊕ *US* szemeteszsák

trashy ['træʃi] *mn* ócska, giccses ‖ **trashy literature** ponyvairodalom, szennyirodalom

trauma ['trɔːmə] *fn* (*tsz* -mas) sérülés, trauma

traumatic [trɔː'mætɪk] *mn* sérüléses, traumás, nyomasztó (emlékű)

travail ['træveɪl] *fn* ❖ *átv* vajúdás

travel ['trævl] ▼ *fn* utazás; (*hosszabb*) út ‖ **travels** utazás, utazgatás, vk útjai ▼ *ige* **-ll-** ⊕ *US* **-l-**) utazik ‖ (*jármű*) halad ‖ (*fény, hang*) terjed ‖ **travel a lot** sokat utazik; **travel by air/car/ sea** repülővel/autóval/hajóval megy; **travel by easy stages** sok megszakítással utazik; **travel light** kevés csomaggal utazik; **travel (in transit) through** vmn átutazik; **be travelling** (*turisztikai célból*) utazik

travel agency *fn* utazási iroda

travel agent *fn* (*kisebb*) utazási iroda

travel allowance *fn* (*kiszállásnál*) napidíj

travelator ['trævleɪtə] *fn* mozgójárda

travel book *fn* útleírás, útikönyv

travel brochure *fn* utazási prospektus

travel bureau *fn* (*tsz* -reaus *v.* -reaux) utazási iroda

travelcard ['trævlkɑːd] *fn* (*Londonban*) hetijegy, (havi)bérlet

travel centre *fn* ⊕ *GB* (*pályaudvaron*) menetjegyiroda

travel documents *fn tsz* úti okmányok

traveler ⊕ *US* = **traveller**

traveler's check *fn* ⊕ *US* utazási csekk

travel expenses *fn tsz* útiköltség

travel information *fn* felvilágosítás utazási ügyekben

traveling ⊕ *US* = **travelling**

traveller (⊕ *US* **-l-**) ['trævlə] *fn* utazó, utas

traveller's cheque *fn* utazási csekk

travelling (⊕ *US* **-l-**) ['trævlɪŋ] *mn* utazási ‖ utazó

travelling bag *fn* útitáska

travelling circus *fn* vándorcirkusz

travelling exhibition *fn* vándorkiállítás

travelling-rug *fn* pléd

travelling salesman *fn* (*tsz* -men) kereskedelmi utazó

travelogue (⊕ *US* **-log**) ['trævəlɒg] *fn* útleírás, útirajz, úti beszámoló

travel sickness *fn* útibetegség

traverse ▼ ['trævə:s] *fn* átlós vonal ‖ átkelés/haladás oldalirányban, átvágás ▼ [trə'və:s] *ige* keresztez ‖ pásztáz ‖ beutazik (*területet*) ‖ keresztülvág

travesty ['trævəsti] *fn* paródia

travolator ['trævəleɪtə] *fn* mozgójárda

trawl [trɔːl] *fn* fenékháló

trawler ['trɔːlə] *fn* fenékhálós halászhajó

tray [treɪ] *fn* tálca

tray table *fn* (kihúzható) asztal (*repülőgépen*)

treacherous ['tretʃərəs] *mn* áruló

treacherously ['tretʃərəsli] *hsz* orvul

treachery ['tretʃəri] *fn* ❑ *pol* ❑ *kat* árulás

treacle ['triːkl] *fn* ⊕ *GB* melasz

tread [tred] ▼ *fn* lépés ‖ járás(mód) ▼ *ige* (*pt* **trod** [trɒd]; *pp* **trodden** ['trɒdn]) lép(ked), jár, megy ‖ tapos ‖ **tread (sg) underfoot** letapos, tipor

---

tread down letapos

tread on sg (*lábbal*) letipor, rátapos

---

treadle ['tredl] *fn* pedál, lábító

treas = treasurer

treason ['tri:zn] *fn* ❑ *pol* ❑ *kat* (haza)árulás ‖ **high treason** felségárulás; **commit treason** árulást követ el

treasure ['treʒə] ▼ *fn* kincs ▼ *ige* nagy becsben tart

treasure-hunt *fn* kincsvadászat ‖ *(társasjáték kb.)* komámasszony hol az olló

treasurer ['treʒərə] *fn* pénztáros *(társaságé)*

treasury ['treʒəri] *fn* kincstár ‖ **a treasury of (useful) information** az adatok kincsesbányája

Treasury, the *fn* ⊕ *US* pénzügyminisztérium

Treasury bench *fn* ⊕ *GB* miniszteri padsor *(parlamentben)*

treasury bill *fn* ⊕ *GB* kincstárjegy

Treasury Secretary *fn* ⊕ *US* pénzügyminiszter

treat [tri:t] ▼ *fn* ❖ *átv* csemege *(esemény)*, (ritka) élvezet ▼ *ige* bánik vkvel, (vkt vhogyan) kezel ‖ *(beteget)* kezel *(sy for sg* vkt vm ellen), gyógykezel, kúrál ‖ *(üggyel hivatalosan)* foglalkozik ‖ *(írásműben)* tárgyal ‖ **treat sy badly** rosszul bánik vkvel; **treat sy well** jól bánik vkvel; **have sy treated** kezeltet; **(s)he is being treated well** jól bánnak vele, jó dolga van, jó neki

treatise ['tri:tɪz] *fn* értekezés

treatment ['tri:tmənt] *fn* bánásmód, elbánás ‖❑ *orv* kezelés, kezelésmód ‖ *(írásműben)* tárgyalás ‖ (műszaki) eljárás

treaty ['tri:ti] *fn (nagyobb nemzetközi)* szerződés

treble ['trebl] ▼ *mn* hármas *(három részből álló)* ‖ háromszoros ▼ *ige* megháromszoroz

treble clef *fn* ❑ *zene* G-kulcs

tree [tri:] *fn (élő)* fa

treeless ['tri:ləs] *mn* fátlan

tree-lined *mn* fasorral szegélyezett

tree-top *fn* (fa)korona

tree-trunk *fn* fatörzs

trefoil ['trefɔɪl] *fn*❑ *növ* lóhere

trek [trek] ▼ *fn* utazás, nagy út ▼ *ige* -kk- nagy utat tesz *(gyalogszerrel)*

trellis ['trelɪs] *fn* lugas, rácsozat *(növény felfuttatására)*

trellis-work *fn* rácsozat

tremble ['trembl] ▼ *fn* reszketés, remegés ▼ *ige* reszket, remeg, reng ‖ **tremble for sy** reszket vkért; **be trembling all over** egész testében remeg

trembling ['tremblɪŋ] *mn* reszkető; remegő

tremendous [trə'mendəs] *mn* félelmetes, óriási, szédítő, őrületes

tremendously [trə'mendəsli] *hsz* szörnyen, rettenetesen; iszonyúan; ❖ *biz* rendkívül, mérhetetlenül

tremor ['tremə] *fn* remegés

tremulous ['tremjʊləs] *mn* reszkető, remegő

trench [trentʃ] *fn* árok ‖ földsánc, lövészárok ‖ **trenches** fedezék

trench coat *fn* (katonai) trencskó(t)

trench war(fare) *fn* állóháború

trend [trend] *fn* irányzat, tendencia; ❖ *átv* áramlat ‖ **set a trend** irányt megszab

trendsetting ['trendsetɪŋ] *mn* irányadó

trendy ['trendi] *mn* divatos; menő ‖ **be trendy** divatozik

trepan [trɪ'pæn] *ige* -nn- ❑ *orv* meglékel

trepanation [ˌtrepə'neɪʃn] *fn* koponyalékelés

trepidation [ˌtrepɪ'deɪʃn] *fn* izgalom; felindulás; remegés, reszketés

trespass ['trespəs] ▼ *fn* vétkezés ▼ *ige* tilosban jár, megszegi a törvényt ‖ **trespass on sy's estate** birtokháborítást követ el; **trespass on sg** visszaél vmvel; **trespass on (sy's rights)** *(jogot, törvényt, érdeket)* sért; **trespass on sy's time** elrabolja vk idejét

---

nm névmás– *nu* névutó– *szn* számnév– *esz* egyes szám– *tsz* többes szám
▼ szófajjelzés ⊕ földrajzi variáns ❑ szakterület ❖ stiláris minősítés

T

trespasser ['trespəsə] *fn* tilosban járó, törvényszegő, vétkes || **trespassers will be prosecuted** az átjárás büntetés terhe alatt tilos

tress [tres] *fn* (haj)fürt || **tresses** *tsz* hajzat *(nőé)*

trestle ['tresl] *fn* állvány, bak

trestle table *fn* kecskelábú asztal

trial ['traɪəl] *fn* próba, kipróbálás || kísérlet || (bírósági) tárgyalás || megpróbáltatás || **on trial** próbaképpen

trial-and-error method *fn* ❑*mat* fokozatos közelítések módszere

trial balance *fn* próbamérleg, nyersmérleg

trial basis *fn* **on a trial basis** kísérletképpen, próbaképpen

trial flight *fn* próbarepülés

trial run *fn* próbaút, próbafutam

trial series *fn* nullszéria

triangle ['traɪæŋgl] *fn* háromszög || ❑*zene* triangulum

triangular [traɪ'æŋgjʊlə] *mn* háromszögletű, háromszögű

tribal ['traɪbl] *mn* törzsi

tribe [traɪb] *fn* (nép)törzs

tribesman ['traɪbzmən] *fn (tsz -men)* törzstag

tribulation [ˌtrɪbjʊ'leɪʃn] *fn* csapás, megpróbáltatás

tribunal [traɪ'bjuːnl] *fn (speciális ügyekkel foglalkozó)* bíróság

tribune ['trɪbjuːn] *fn* népvezér, néptribun

tributary ['trɪbjʊtəri] *mn/fn* mellékfolyó || ❑*tört* hűbéres, adófizető

tribute ['trɪbjuːt] *fn* sarc || (köteles) tisztelet || **pay tribute to sy** elismeréssel/kegyelettel adózik vknek

trice [traɪs] *fn* **in a trice** ❖*biz* egy szempillantás alatt

trick [trɪk] ▼ *fn* (ügyes) fogás, fortély, trükk, csel, cselfogás, csíny, forsz || *(kártyában)* ütés, trükk || bűvészmutatvány || **card trick** kártyamutatvány; **play tricks on sy** megtréfál, bolonddá tesz vkt; **play sy a dirty trick** rútul be-

csap vkt; **this was a clever trick** ez ügyes sakkhúzás volt ▼ *ige* **trick sy into sg** vkt vmbe beugrat; **trick oneself out (in sg)** ❖*biz* kicsípi magát

trickery ['trɪkəri] *fn* csalás, szemfényvesztés

trickle ['trɪkl] *ige* csordogál, folydogál || **trickle down** lecsorog

trick question *fn* beugrató kérdés

trickster ['trɪkstə] *fn* ❖*biz* szélhámos, széltoló

tricky ['trɪki] *mn* ❖*biz* cseles, fortélyos || bonyolult || **tricky situation** ciki

tricolour (⊕*US* **-or**) ['trɪkələ] *fn* háromszínű (nemzeti) lobogó/zászló, trikolór

tricycle ['traɪsɪkl] *fn* tricikli

tried [traɪd] *mn* kipróbált, megvizsgált; megbízható || → **try**

trifle [traɪfl] ▼ *fn* csekélység, semmiség, apróság || *kb.* somlói galuska || **a trifle** egy kicsit ▼ *ige* **trifle with sy** vkvel packázik

trifling ['traɪflɪŋ] *mn* jelentéktelen, apró-cseprő, csekély || **it's no trifling matter** nagy szó ez!

trigger ['trɪgə] ▼ *fn* ravasz || kioldógomb || **pull the trigger** elhúzza/megnyomja a ravaszt ▼ *ige (betegséget, hatást)* kivált

---

trigger off *(háborút)* kirobbant

---

trigonometry [ˌtrɪgə'nɒmətri] *fn* trigonometria

trill [trɪl] ▼ *fn* ❑*zene* trilla || ❑*nyelvt* pergő hang/r ▼ *ige* ❑*zene* trillázik || ❑*nyelvt* perget *(hangot)*

trillion ['trɪliən] *fn* ⊕*GB* trillió (10^{18}) || ⊕*US* billió (10^{12})

trilly ['trɪli] *fn* **trilly (hat)** puhakalap

trilogy ['trɪlədʒi] *fn* trilógia

trim [trɪm] ▼ *mn* rendes; kellemes; csinos; ❖*biz* nett ▼ *ige* **-mm-** *(ollóval egyenletesre)* levág, stuccol; *(rövidre)* lenyír, megkurtít || díszít, cicomáz || szegélyez *(with* vmvel)

---

fn főnév −*hsz* határozószó −*isz* indulatszó −*ksz* kötőszó −*mn* melléknév
▼ szófajjelzés ⊕ földrajzi variáns ❑ szakterület ❖ stiláris minősítés

trimming ['trɪmɪŋ] *fn* stuccolás, nyírás ‖ *(függönyé)* szegély, szegélydísz ‖ **trimmings** *(autóhoz)* extrák ‖ *(ételhez)* köret

trinitrotoluene [ˌtraɪnaɪtroʊ'tɒljuːiːn] *fn* ❑ *vegy* trinitro-toluol

trinity ['trɪnəti] *fn* háromság ‖ **the Trinity** a Szentháromság

trinket ['trɪŋkɪt] *fn* *(apróbb)* dísztárgy, csecsebecse, bizsu

trio ['triːoʊ] *fn* trió

trip [trɪp] ▼ *fn* utazás, kirándulás, túra, körút ‖ **go on a trip** túrán vesz részt, túrát tesz, túrázik; **make/take a trip to** vhová kirándul, vhová leruccan; **take a trip (down) to** vhova leutazik; **trip abroad** külföldi út/utazás ▼ *ige* -pp- elgáncsol

trip over sg vmben megbotlik
trip sy (up) *(futball)* elgáncsol; ❖ *biz* betart vknek

tripartite [traɪ'pɑːtaɪt] *mn* háromrészű ‖ háromoldalú *(szerződés)*

tripe [traɪp] *fn* pacal ‖ ócskaság, vacakság ‖ szennyirodalom

triple [trɪpl] *mn* hármas, háromszoros

triple jump *fn* hármasugrás

triplets ['trɪplets] *fn tsz* hármas ikrek

triplex ['trɪpleks] *mn* háromszoros

triplicate ['trɪplɪkət] *fn* **in triplicate** három példányban

tripod ['traɪpɒd] *mn* háromlábú állvány

Tripoli ['trɪpəli] *fn* Tripolisz

tripper ['trɪpə] *fn* kiránduló, turista

tripwire ['trɪpwaɪə] *fn* buktató, drótakadály

trisect [traɪ'sekt] *ige* három részre oszt/szel

trite [traɪt] *mn* elcsépelt, banális

triumph ['traɪʌmf] ▼ *fn* diadal, győzelem ▼ *ige* **triumph (over)** (vk/vm felett, vkn/vmn) diadalmaskodik

triumphal [traɪ'ʌmfl] *mn* diadalmi, győze(de)lmi

triumphal arch *fn* diadalív, diadalkapu

triumphal march *fn* diadalmenet

triumphant [traɪ'ʌmfənt] *mn* győzelmes, diadalmas

triumphantly [traɪ'ʌmfəntli] *hsz* győz(ed)elmesen, diadalmasan

triumvirate [traɪ'ʌmvərət] *fn* triumvirátus

trivia ['trɪviə] *fn tsz* apróságok, jelentéktelen dolgok

trivial ['trɪviəl] *mn* jelentéktelen, elcsépelt, triviális, csip-csup

triviality [ˌtrɪvi'æləti] *fn* jelentéktelenség; köznapiság, banalitás

trivialize ['trɪviəlaɪz] *ige* ❖ *elít* (el)bagatellizál

troat [troʊt] *ige* *(szarvas)* bőg

trod [trɒd] *pt* → **tread**

trodden ['trɒdn] *mn* kitaposott *(út)* ‖ *pp* → **tread**

trolley ['trɒli] *fn* *(görgős)* áramszedő ‖ *(pályaudvari)* targonca, kofferkuli, kézikocsi ‖ **(hostess) trolley** zsúrkocsi

trolley bus *fn* trolibusz

trolley car *fn* ⊕ *US* villamos

trollop ['trɒləp] *fn* ❖ *vulg* ringyó

trombone [trɒm'boʊn] *fn* harsona

troop [truːp] ▼ *fn* csapat ‖ **troops** csapatok, katonaság, katonák ‖ **4 000 troops were sent to the area** 4000 katonát küldtek a helyszínre ▼ *ige* csoportosan vonul ‖ **troop out** kicsődül; **trooping the colour** ⊕ *GB* zászlós díszszemle; **in troops** csapatosan

troop carrier *fn* csapatszállító hajó/repülőgép

trooper ['truːpə] *fn* lovas katona ‖ ⊕ *US* (lovas/motoros) rendőr

troopship ['truːpʃɪp] *fn* csapatszállító hajó

trope [troʊp] *fn* *(költői)* kép, szókép, trópus

trophy ['troʊfi] *fn* trófea

tropic ['trɒpɪk] *fn* **Tropic of Cancer** Ráktérítő; **Tropic of Capricorn** Baktérítő ‖ → **tropics**

tropical ['trɒpɪkl] *mn* délszaki, tropikus, trópusi || **tropical fruits** déligyümölcs; **tropical heat** trópusi hőség

tropics, the *fn tsz* a forró égöv, a trópusok

trot [trɒt] ▼ *fn* ügetés || ügetőverseny ▼ *ige* -tt- üget

trotting-race ['trɒtɪŋ-] *fn* ügetőverseny

trouble ['trʌbl] ▼ *fn* baj, nehézség; zavar || fáradság, vesződség || bánat; gond || hiba, üzemzavar || **be asking/looking for trouble** keresi a bajt, veszélynek teszi ki magát; **the trouble is that** az a baj, hogy; **be a trouble to sy** vknek alkalmatlankodik; **be in trouble** bajban van; **get into trouble** bajba kerül; **get sy into trouble** bajba kever vkt; **give trouble to sy** bajt okoz vknek; **make trouble for sy** bajba juttat vkt; **take the trouble (to do sg)** fáradozik/fárad vmivel, vmvel vesződik, veszi magának a fáradságot, hogy; **put sy to trouble** kellemetlenséget okoz vknek ▼ *ige* aggaszt, nyugtalanít || zavar, bánt || zaklat || **may I trouble you for ...** kérem szépen a ...; **may I trouble you for the salt** szabad a sót, kérem?; **may I trouble you for some more?** kérek még ...

troubled ['trʌbld] *mn* zavart, gondterhelt, gondterhes, aggódó, nyugtalan || *(tekintet)* zavaros || **troubled waters** zavaros helyzet

trouble-free *mn* üzembiztos, üzemzavarmentes

trouble-maker *fn* rendbontó

troublemaking ['trʌblmeɪkɪŋ] *fn* zavarkeltés

trouble-shooter *fn* hibakereső (szerelő) || nehéz ügyek elintézője/megoldója || (politikai) közvetítő

troublesome ['trʌblsəm] *mn* vesződséges, fáradságos || kellemetlen, zavaró

trouble-spot *fn kb.* tűzfészek

trough [trɒf] *fn* vályú || teknő

troupe [tru:p] *fn* (vándorszínész-)társulat, színtársulat

trouser press ['traʊzə] *fn* éltartósító nadrágakasztó

trousers ['traʊzəz] *fn tsz* **a pair of trousers** (hosszú)nadrág, pantalló || **put on** (*v.* **step into**) **one's trousers** felhúzza a nadrágját; **she wears the trousers** az asszony az úr a háznál

trouser suit *fn* nadrágkosztüm

trousseau ['tru:soʊ] *fn* (*tsz* **-seaux** *v.* **-seaus** [-soʊz]) kelengye, stafírung *(menyasszonyé)*

trout [traʊt] *fn* pisztráng

trowel ['traʊəl] *fn* vakolókanál || ültetőkanál *(kertésze)*

truant ['tru:ənt] *fn* iskolakerülő || **play truant** *(iskolából)* lóg

truce [tru:s] *fn* fegyverszünet

truck [trʌk] *fn* ⊕ *US* teherautó, kamion || ⊕ *GB* pőrekocsi

truck driver *fn* ⊕ *US* teherautó-vezető, kamionos

trucker ['trʌkə] *fn* ⊕ *US* kamionvezető, kamionos

truck farm *fn* ⊕ *US* bolgárkertészet, konyhakertészet

trucking ['trʌkɪŋ] *fn* teherszállítás, fuvarozás (teherautóval)

trucking company *fn* teherfuvarozó vállalat

truckload ['trʌkloʊd] *fn* teherkocsirakomány

truculent ['trʌkjʊlənt] *mn* vad, garázda

trudge [trʌdʒ] *ige* ballag, kutyagol

true [tru:] *mn* igaz || igazi, valóságos, valódi || hiteles, pontos || **come true** *(terv, remény)* valóra válik, beválik, beteljesedik; **it is absolutely true** való igaz; **it can't be true!** (ez) lehetetlen!; **isn't it true?** nem igaz?; **true copy** hiteles másolat; **true story** igaz történet; **true to ...** megegyező vmvel; **true to his word** ígéretéhez híven; **true to life** élethű

truffle ['trʌfl] *fn* szarvasgomba

truly ['truːli] *hsz* őszintén || valóban, igazán || **Yours truly** *(levél végén)* szívélyes üdvözlettel, őszinte tisztelettel

trump [trʌmp] ▼ *fn* ütőkártya, adu || **hearts are trumps** kőr az adu; **turn up trumps** várakozáson felül sikerül || kirukkol vmvel ▼ *ige (kártyában)* üt

trump-card *fn (átv is)* ütőkártya || **play one's trump-card** kijátssza az utolsó ütőkártyáját

trumped-up [trʌmpt-] *mn* kitalált, költött *(történet)*; mondvacsinált *(ürügy)*; koholt, hamis *(vád)*

trumpet ['trʌmpɪt] ▼ *fn* trombita || **blow the trumpet** trombitál ▼ *ige* trombitál || **trumpet abroad** világgá kürtöl

trumpeter ['trʌmpɪtə] *fn* trombitás, ❑*kat* kürtös

truncated [trʌŋ'keɪtɪd] *mn* megcsonkított

truncheon ['trʌntʃn] *fn* gumibot

trundle ['trʌndl] *ige* gördül || görget

---

trundle along bumlizik

---

trunk [trʌŋk] *fn* (fa)törzs, tuskó || törzs, felsőtest || *(nagy)* bőrönd || ❂*US* csomagtartó || → **trunks**

trunk call *fn* távolsági beszélgetés

trunk line *fn* ❑*vasút* fővonal

trunk-road *fn (gépjárművek részére)* főútvonal

trunks [trʌŋks] *fn tsz* (torna)nadrág, fürdőnadrág, sort

truss [trʌs] *fn (széna, szalma)* nyaláb || ❑*épít* tartószerkezet, váz || sérvkötő

trust [trʌst] ▼ *fn* bizalom, hit || őrizet, letét, célvagyon || tröszt || **place trust in sy** vkben/vmben bizakodik, vkben/vmben megbízik; **put (one's) trust in sy** vknek hisz; **in trust for sy** vk részére letétben ▼ *ige* (vkben/vmben) (meg)bízik || **trust sy with sg** vkre bíz vmt; **he is not to be trusted** nem lehet benne megbízni

---

trust in sg vkben/vmben bízik/bizakodik

---

trust company *fn* ❂*US* tőkekihelyező/beruházási társaság/tröszt

trusted ['trʌstɪd] *mn* megbízható, bizalmas

trustee [ˌtrʌ'stiː] *fn* megbízott, vagyonkezelő, gondnok, kurátor

trusteeship [ˌtrʌ'stiːʃɪp] *fn (öröksége)* gondnokság

trustful ['trʌstfl] *mn* bizakodó

trust fund *fn* **set up a trust fund (for sy)** értékpapírokat/pénzt helyez letétbe *(vk részére)*

trusting ['trʌstɪŋ] *mn* bízó, remélő

trustworthiness ['trʌstwɜːðinəs] *fn* megbízhatóság

trustworthy ['trʌstwɜːði] *mn* megbízható, hitelt érdemlő

trusty ['trʌsti] *mn* megbízható, becsületes

truth [truːθ] *fn (tsz -s* [truːðz]*)* igazság || **be near the truth** közel jár az igazsághoz; **tell sy a few home truths** jól megmondja vknek a véleményét, jól beolvas vknek; **to tell the truth** az igazat megvallva; őszintén szólva; **truth will out** az igazság napfényre jön

truthful ['truːθfl] *mn* igaz(mondó), szavahihető, őszinte || igaz

truthfully ['truːθfli] *hsz* őszintén, az igazságnak megfelelően

truthfulness ['truːθflnəs] *fn* igazmondás; hitelesség *(vallomásé)*

try [traɪ] ▼ *fn* kísérlet || **have a try at** megkísérel/megpróbál vmt ▼ *ige* kipróbál, (meg)próbál, megkísérel || próbára tesz || *(bíróság)* tárgyal *(ügyet)* || **he tried to escape** szökést kísérelt meg; **try a case** *(büntetőügyet)* tárgyal; **try hard (to do sg)** vmvel erőlködik; **try one's best to (do sg)** igyekszik vmt tenni, azon igyekszik, hogy; **try to find out sg** *(vizsgálódva)* utánajár

---

nm névmás *–nu* névutó *–szn* számnév *–esz* egyes szám *–tsz* többes szám
▼ szófajjelzés ❂ földrajzi variáns ❑ szakterület ❖ stiláris minősítés

try on felpróbál ‖ **try sg on sy** ráprólbál
try sg out vmt kipróbál

trying ['traɪɪŋ] *mn* fárasztó
try-out *fn* kísérlet; próba, próbálkozás
tsar [zɑː] *fn* cár
tsarism ['zɑːrɪzm] *fn* cárizmus
tsetse fly ['tsetsi] *fn* cecelégy
T-shirt ['tiːʃɜːt] *fn* pólóing, ❖ *biz* póló
T-square ['tiːskweə] *fn* fejes vonalzó
tub [tʌb] *fn* dézsa
tuba ['tjuːbə] *fn* ❑ *zene* tuba
tubby ['tʌbi] *mn* ❖ *biz* köpcös
tube [tjuːb] *fn* cső ‖ tömlő ‖ tubus ‖ ⊕ *US* elektroncső ‖ *(Londonban)* földalatti ‖ **by tube** ⊕ *GB* földalattival
tubeless tyre (⊕ *US* tire) ['tjuːbləs] *fn* tömlő nélküli gumi
tubercular [tjuː'bɜːkjʊlə] *mn* gümőkóros, tüdőbajos, tüdőbeteg
tuberculosis [tjuːˌbɜːkjʊ'ləʊsɪs] *fn* gümőkór, tuberkulózis, tbc
tube station *fn* ⊕ *GB* ❖ *biz* földalattiállomás
tubular ['tjuːbjʊlə] *mn* csővázas
TUC [ˌtiː juː 'siː] = *GB Trades Union Congress kb.* Szakszervezeti Szövetség
tuck [tʌk] ▼ *fn* behajtás *(ruhán)* ‖ felhajtás, szegély ‖ ⊕ *GB* ❖ *biz* nyalánkság ▼ *ige* felhajtást csinál ‖ behajt; begyűr ‖ ráncol, redőz

tuck away ❖ *biz (ember)* zabál, burkol
tuck in *(ágyban)* betakar ‖ *(takarót ágyba, inget nadrágba)* begyűr ‖ *(eszik)* burkol
tuck up feltűr, felhajt ‖ **tuck the child up** bebugyolálja a gyereket

tuck shop *fn* cukrosbolt *(iskola közelében)*
Tue(s) = **Tuesday**

Tuesday ['tjuːzdeɪ, -di] *fn* kedd ‖ **on Tuesday** kedden; **last Tuesday** múlt kedden; **Tuesday morning** kedd reggel/délelőtt; **Tuesday week** keddhez egy hétre
tuft [tʌft] *fn (madáré)* bóbita ‖ **tuft of hair** hajcsomó, szőrcsomó
tug [tʌg] ▼ *fn* (meg)rántás ‖ vontatóhajó ‖ **tug of love** marakodás a gyereken *(elvált szülőké)* ▼ *ige* -**gg**- *(hajót)* vontat

tug at cibál, ránt, ráncigál

tug-of-war *fn* kötélhúzás
tuition [tjuː'ɪʃn] *fn* oktatás, tanítás ‖ tandíj ‖ **private tuition** magántanítás, magánórák, instruálás
tuition fee *fn* óradíj
tulip ['tjuːlɪp] *fn* tulipán
tulle [tjuːl] *fn* tüll
tumble ['tʌmbl] ▼ *fn* (le)esés, (le)bukfenc(ezés) ‖ **in a tumble** rendetlenül ▼ *ige* (le)esik, bukik

tumble down lezuhan, ledől, lezúg ‖ **tumble down the stairs** lebukfencezik a lépcsőn
tumble from lepottyan vhonnan
tumble into one's clothes magára kapja a ruháit
tumble over *(tárgy)* eldől, felbukfencezik

tumbledown ['tʌmbldaʊn] *mn* ❖ *biz* düledező, rozoga
tumble-drier (*v.* -**dryer**) *fn (háztartási)* szárítógép
tumbler ['tʌmblə] *fn* vizespohár, fogmosópohár
tumbler-drier (*v.* -**dryer**) *fn* = **tumbler-drier**
tumbler switch *fn* billenőkapcsoló
tummy ['tʌmi] *fn* ❖ *biz* has, poci
tumour (⊕ *US* -**or**) ['tjuːmə] *fn* daganat, tumor
tumult ['tjuːmʌlt] *fn* csődület

fn főnév– *hsz* határozószó– *isz* indulatszó– *ksz* kötőszó– *mn* melléknév
▼ szófajjelzés ⊕ földrajzi variáns ❑ szakterület ❖ stiláris minősítés

tumultuous [tjuː'mʌltʃʊəs] *mn* zajos, lármás, zajongó ‖ **tumultuous applause** tomboló taps

tuna ['tjuːnə] *fn* tonhal

tundra ['tʌndrə] *fn* tundra

tune [tjuːn] ▼ *fn* dallam, melódia ‖ **be in tune** összhangban van; **change one's tune** hangot vált; **go out of tune** *(hangszer)* lehangolódik; **was fined to the tune of £100** 100 font bírságot sóztak rá ▼ *ige* (fel)hangol

---

tune in (the radio) to a station *(vmlyen állomásra)* beállítja a rádiót

tune up *(zenekar)* hangol ‖ beállít *(gyújtást)*

---

tuneful ['tjuːnfl] *mn* dallamos

tuner ['tjuːnə] *fn* (zongora)hangoló ‖ ❏ *el* tuner

tungsten ['tʌŋstən] *fn* volfrám

tunic ['tjuːnɪk] *fn* blúz, zubbony

tuning ['tjuːnɪŋ] *fn* hangolás

tuning fork ['tjuːnɪŋ fɔːk] *fn* hangvilla

tuning-key *fn (hangoló)* zongorakulcs

tuning pin *fn (húros hangszeren)* kulcs

Tunis ['tjuːnɪs] *fn* Tunisz

Tunisia [tjuː'nɪzɪə] *fn* Tunézia

Tunisian [tjuː'nɪzɪən] *mn/fn* tunéziai

tunnel ['tʌnl] ▼ *fn* alagút ▼ *ige* **-ll-** (⊕ *US* **-l-**) alagutat fúr

tunny ['tʌni] *fn* tonhal

tup [tʌp] *ige* **-pp-** *(kos)* meghág

turban ['tɜːbən] *fn* turbán

turbid ['tɜːbɪd] *mn* zavaros *(folyadék)*

turbine ['tɜːbaɪn] *fn* turbina

turbo-jet [ˌtɜːboʊ'dʒet] *fn* turbó-sugárhajtású repülőgép

turbo-prop (aircraft) [ˌtɜːboʊ'prɒp] *fn* turbólégcsavaros repülőgép

turbot ['tɜːbət] *fn* nagy rombuszhal

turbulence ['tɜːbjʊləns] *fn* forrongás, lázongás, zavargás

turbulent ['tɜːbjʊlənt] *mn* lázongó, zavargó

tureen [tjʊə'riːn] *fn* (leveses)tál

turf [tɜːf] *fn (tsz* **turfs** *v.* **turves** [tɜːvz]) gyeptégla ‖ gyep, pázsit ‖ **the turf** lóversenypálya, turf; lóversenyzés

turf accountant *fn* bukméker

turgid ['tɜːdʒɪd] *mn* duzzadt, dagadt ‖ dagályos, bombasztikus

Turin [ˌtjʊə'rɪn] *fn* Torino

Turk [tɜːk] *fn* török *(ember)*

turkey ['tɜːki] *fn* pulyka

Turkey ['tɜːki] *fn* Törökország

Turkish ['tɜːkɪʃ] ▼ *mn* török ▼ *fn* török *(nyelv)*

Turkish bath *fn* gőzfürdő

Turkish delight *fn* szultánkenyér, rahát

Turkish towel *fn* frottírtörülköző

turmeric ['tɜːmərɪk] *fn* ❏ *növ* kurkuma

turmoil ['tɜːmɔɪl] *fn* forrongás, lázongás, izgalom ‖ **be in (a) turmoil** lázong; nagy a felfordulás (vhol)

turn [tɜːn] ▼ *fn* (meg)fordítás ‖ körfordulat, fordulás ‖ ❖ *átv* fordulat ‖ kanyar(odás) ‖ váltás, turnus, műszak ‖ **about turn!** hátra arc!; **by turns** felváltva, sorban; **in turn** egyik a másik után, sorban; **whose turn is it?** ki a következő?, ki következik?; **it's his turn** ő következik, ő van soron; **turn for the better** kedvező fordulat; **take a turn for the better** jóra fordul; **take a turn for the worse** rosszabbodik; **take turns** felváltva végeznek vmt; **do sy a good turn** vkvel jót tesz; **an alarming turn in international relations** aggasztó fordulat a nemzetközi kapcsolatokban; **turn of mind** gondolkodásmód; **turn of the century** századforduló; **turn of the millennium** ezredforduló ▼ *ige* (meg)fordít, forgat ‖ *(körbe)* forog, (meg)fordul ‖ kanyarodik ‖ esztergál ‖ összemegy *(tej)* ‖ lesz/válik vmvé ‖ **turn a corner (on the road)** veszi a kanyart; **turn a page** *(egyet)* lapoz; **turn cool** hűvösödik; **turn left** balra kanyarodik; **turn pale** elsápad; **turn**

---

nm névmás– *nu* névutó– *szn* számnév– *esz* egyes szám– *tsz* többes szám
▼ szófajjelzés ⊕ földrajzi variáns ❏ szakterület ❖ stiláris minősítés

red elpirul, elvörösödik; **turn right** jobbra kanyarodik; **turn sour** *(tej)* összemegy, megsavanyodik; **turn sy's head** elcsavarja vk fejét, vkt megszédít; **turn the corner** befordul a sarkon; túljut a nehezén; **turn twenty** huszadik évébe lép

---

turn about hátraarcot csinál || megfordul

turn against sy vk ellen fordul

turn aside elfordul, félrefordul || *(iránytól)* eltér

turn away elfordul || vkt elutasít

turn back visszafordul || visszafordít

turn down *(gallért)* lehajt, kihajt || *(rádiót)* lehalkít || *(meghívást)* visszautasít; vkt elutasít || kosarat ad vknek

turn in *(ágyban)* befordul

turn inside out *(zsebet)* kiforgat, kifordít; visszájára fordít vmt

turn into vmvé változik, alakul

turn off *(gázt)* elolt, elzár || *(útról)* letér, lekanyarodik || **turn it off** *(gázt stb.)* zárd el!; **turn sy off** kiadja az útját vknek

turn on *(készüléket)* bekapcsol; *(gázt)* meggyújt, kinyit; *(lámpát)* felgyújt; *(járművet)* kivilágít || felizgat *(szexuálisan)* || **turn on the radio/TV** v. **turn the radio/TV on** kinyitja a rádiót/tévét; **turn on the tap** csapot kinyit; **turn (sy) on** ❖ *biz (szexuálisan)* felizgat

turn out kifordít || kiderül, kisül || *(mentők, tűzoltók)* kivonulnak || *(állásból)* kitesz || **it will turn out all right** majd csak lesz valahogy(an); **turn out badly** balul üt ki; **turn out sg, turn out to be …** vmnek/vmlyennek bizonyul; **as it turned out …** ahogy kiderült …; **turn out (to be … v. that …)** kiderül, hogy …; **turn out well** szerencsésen végződik

turn over *(autóval)* felborul, felbillen || **turn over pages** *(egymás után*

többet) lapoz; **turn over sg in one's mind** vmt forgat a fejében; **please turn over** fordíts!

turn round *(autó)* (meg)fordul || *(vk után)* megfordul || *(körbe)* forog || megfordít

turn to sy vkhez fordul

turn towards sg/sy vk/vm felé fordul

turn up *(vmnek a szélét)* felhajtja || *(személy)* megjelenik, eljön, beállít, előkerül || vk vhol terem || *(előkerül)* megkerül || **turn up (the radio)** (fel)hangosít *(rádiót stb.)*; **turn up (one's sleeves)** *(inget)* felgyűr; **turn up one's toes** ❖ *biz* földobja a talpát

turn upside down fenekestül felforgat

---

turn-about *fn* pálfordulás

turn-bench *fn* esztergapad

turncoat ['tɜːnkəʊt] *fn* köpönyegforgató

turned-up nose ['tɜːnd-] *fn* pisze orr

turner ['tɜːnə] *fn* esztergályos

turner's lathe *fn* esztergapad

turning ['tɜːnɪŋ] *fn (járműé)* kanyarodás || kanyar || **the fourth turning on the right** jobbról a negyedik mellékutca/sarok

turning-point *fn* fordulópont

turnip ['tɜːnɪp] *fn (fehér)*répa

turnkey ['tɜːnkiː] *fn* porkoláb

turnkey operation *fn* kulcsrakész átadás

turn-out ['tɜːnaʊt] *fn* megjelenés, részvétel, kivonulás || megjelenés *(szép ruha stb.)* || **there was a good turn-out** szép számmal voltak jelen

turnover ['tɜːnəʊvə] *fn* ⟂*ker* forgalom || **turnover apple** almáspite

turnpike ['tɜːnpaɪk] *fn* ⊕*US* fizetőautópálya

turnstile ['tɜːnstaɪl] *fn* (útelzáró) forgókereszt, forgósorompó

turntable ['tɜːnteɪbl] *fn* lemezjátszó (deck) || lemeztányér || mozdonyfordító

turn-up(s) *fn tsz* felhajtás *(nadrágé)*

---

turpentine ['tɜ:pəntaɪn] *fn* terpentin

turquoise ['tɜ:kwɔɪz] *mn* türkiz(kék)

turret ['tʌrɪt] *fn* tornyocska ‖ páncéltorony

turtle ['tɜ:tl] *fn* (tengeri) teknős(béka) ‖ **turn turtle** ❖ *biz* felborul

turtle-dove *fn* gerle, vadgalamb

turtle-neck *fn* garbó(nyak)

Tuscany ['tʌskəni] *fn* Toscana

tusk [tʌsk] *fn* agyar

tussle ['tʌsl] *fn* verekedés, birkózás

tut tut! [tʌt] *isz* ugyan, ugyan!

tutor ['tju:tə] ▼ *fn (egyetemen) kb.* konzultáló tanár, konzulens; *(magán)* oktató ▼ *ige* korrepetál, instruál

tutorial [tju:'tɔ:rɪəl] *fn* ⊕*GB* óra a „tutor"-ral, *kb.* szeminárium

tuxedo [tʌk'si:dou] *fn* ⊕*US* szmoking

TV [ˌti: 'vi:] = television TV, tv, tévé

TV aerial *fn* tévéantenna

TV set *fn* tévékészülék, televízió

twaddle ['twɒdl] ▼ *fn* fecsegés; locsogás ▼ *ige* fecseg

twang [twæŋ] ▼ *fn* pengés ▼ *ige* peng

'twas [twəz] = **it was**

tweak [twi:k] *ige* csíp és csavar

tweed [twi:d] *fn* gyapjúszövet, tweed ‖ **tweeds** tweedöltöny

tweet [twi:t] *ige* csipog, csiripel

tweezers ['twi:zəz] *fn tsz* csipesz

twelfth [twelfθ] *szn/mn* tizenkettedik

Twelfth Night *fn* vízkereszt (előestéje)

twelve [twelv] *szn* tizenkettő, tizenkét ‖ **at twelve o'clock** délben

twentieth ['twentiəθ] *szn/mn* huszadik ‖ **in the twentieth century** a XX. században

twenty ['twenti] *szn* húsz ‖ **twenty of them** húszan; **the twenties (20s** *v.* **1920s)** a húszas évek

Twenty Questions *fn kb.* barkochba

twerp [twɜ:p] *fn* hitvány fráter

twice [twaɪs] *szn/hsz* kétszer ‖ **twice a day** napjában kétszer

twiddle ['twɪdl] *ige* ujjával pödör ‖ forgat, babrál, játszik *(with* vmvel)

twig [twɪg] *fn* gally, ág

twilight ['twaɪlaɪt] *fn* alkony, szürkület

twill [twɪl] *fn* sávoly

twin [twɪn] ▼ *mn* kettős, páros; iker- ▼ *fn* iker ‖ **my twin brother/sister** az ikertestvérem; **twins** ikerpár, ikrek

twin-bedded room *fn* kétágyas szoba

twine [twaɪn] *ige (fonalat)* sodor ‖ **twine round sg** vmre vm rácsavarodik; **twine one's arms round sy** karját vk köré fonja

twin-engined *mn* kétmotoros

twinge [twɪndʒ] ▼ *fn* szúró fájdalom ▼ *ige* szúr

twinkle ['twɪŋkl] *ige (homályosan)* csillámlik, pislog, hunyorog

twinkling ['twɪŋklɪŋ] *fn* szemvillanás ‖ **in the twinkling of an eye** egy szempillantás alatt

twin-town *fn* testvérváros

twirl [twɜ:l] ▼ *fn* pörgés ▼ *ige (bajuszt)* sodor, pödör ‖ megperdül ‖ megperdít

---

twirl round (meg)perdül

---

twist [twɪst] ▼ *fn* (meg)csavarás ‖ sodrás, pörgetés ‖ elferdítés, kiforgatás *(jelentésé)* ‖ kanyar ‖ (frappáns/váratlan) fordulat ‖ *(különös)* hajlam, fonákság ▼ *ige* (el)csavar, elfordít ‖ *(fonalat)* sodor ‖ elcsavarodik, elferdül ‖ kanyarog ‖ *(értelmet)* kifordít ‖ **you can twist him round your little finger** az ujja köré csavarhatja; **twist (itself) (onto/round)** vmre csavarodik

---

twist off *(fedelet)* lecsavar ‖ **twist sy's words** elferdíti vk szavait, kiforgatja az értelmét

twist together *(szálakat)* összesodor

twist up összecsavarodik

---

twisted ['twɪstɪd] *mn* csavart

twisting ['twɪstɪŋ] *mn (út)* tekervényes, kanyargó(s)

twit [twɪt] *fn* ❖ *tréf* ❖ *biz* kis hülye, béna, tökfej

---

nm névmás −*nu* névutó −*szn* számnév −*esz* egyes szám −*tsz* többes szám
▼ szófajjelzés ⊕ földrajzi variáns ❑ szakterület ❖ stiláris minősítés

twitch [twɪtʃ] ▼ *fn* rándulás ‖ rángás
▼ *ige (ajak, arc)* rángató(d)zik
twitching ['twɪtʃɪŋ] *fn* rángás
twitter ['twɪtə] ▼ *fn* csicsergés ▼ *ige*
csicsereg, csiripel
two [tu:] *szn* kettő, két ‖ **which of the
two?** melyik a kettő közül?; **not two
alike** ahány, annyiféle; **two by two**
kettesével; **in twos** kettesével; **the
two of them** ők ketten
two-act play *fn* kétfelvonásos
two-digit number *fn* kétjegyű szám
two-door *mn* kétajtós
two-faced *mn* kétarcú, kétszínű, hamis
twofold ['tu:fould] *mn* kétszeres, ket-
tős, dupla
two-masted *mn* kétárbocos
two-piece *mn* kétrészes ‖ **two-piece
bathing suit** (*v.* swimsuit) kétrészes
fürdőruha
two-seater *fn* kétüléses autó
two-sided *mn* kétoldalú, bilaterális
twosome ['tu:səm] *fn* kétszemélyes
játék *(kártya, golf stb.)* ‖ kettős
two-star (petrol) *fn* ⊕ *GB* normálbenzin
two-storey(ed) *mn* kétszintes *(ház)*
two-stroke *mn* kétütemű *(motor)*
two-tone *mn* kétszínű
two-way *mn* kétirányú
tying ['taɪɪŋ] → **tie**
tycoon [taɪˈku:n] *fn* ❖ *biz* iparmágnás
tympanum ['tɪmpənəm] *fn* ❑ *épít*
oromzat, timpanon
type [taɪp] ▼ *fn* jelleg, fajta, típus ‖
betű(típus) ‖ **be in type** ki van szed-
ve; **she is not my type** nem a zsáne-
rem ▼ *ige (írógéppel)* ír; géppel ír,
írógépel, (le)gépel
type-cast ▼ *mn* beskatulyázott ▼ *ige*
(pt/pp **type-cast***)* beskatulyáz *(szí-
nészt)* ‖ **be type-cast as** ő az „ügyele-
tes" *(bandita, proletárasszony stb.)*
typed [taɪpt] *mn* gépelt, géppel írt
typeface ['taɪpfeɪs] *fn* betűtípus
typescript ['taɪpskrɪpt] *fn* gépelt kéz-
irat

typeset ['taɪpset] *ige (pt/pp* **typeset***)*
-tt- (ki)szed *(szöveget)*
typesetter ['taɪpsetə] *fn* ❑ *nyomd*
szedő
typesetting machine ['taɪpsetɪŋ] *fn*
szedőgép
type-size *fn* betűnagyság
typewriter ['taɪpraɪtə] *fn* írógép
typewritten ['taɪprɪtn] *mn* gépelt, gép-
pel írt
typhoid (fever) ['taɪfɔɪd] *fn* (has)tífusz
typhoon [taɪˈfu:n] *fn* tájfun, forgószél
typhus ['taɪfəs] *fn* kiütéses tífusz
typical ['tɪpɪkl] *mn* jellemző, jellegzetes,
tipikus ‖ **typical of sy** vkre jellemző
typically ['tɪpɪkli] *hsz* jellegzetesen
typify ['tɪpɪfaɪ] *ige* jellemez, ábrázol,
jelképez *(vmt)* ‖ jellemző *(vmre)* ‖ tí-
pusa, jellegzetes alakja *(vmnek)*
typing ['taɪpɪŋ] *fn (írógépen)* gépelés
typing error *fn* gépelési hiba
typing paper *fn* írógéppapír
typing pool *fn* leíróiroda, gépírószol-
gálat
typist ['taɪpɪst] *fn* gépíró(nő)
typo ['taɪpou] *fn* gépelési hiba
typographical [ˌtaɪpəˈgræfɪkl] *mn*
nyomdai, tipográfiai ‖ **typographical
error** nyomdahiba, sajtóhiba
typography [taɪˈpɒgrəfi] *fn* nyomdá-
szat, tipográfia
tyrannical [tɪˈrænɪkl] *mn* zsarnoki
tyrannize ['tɪrənaɪz] *ige* zsarnokosko-
dik *(over sy* vk fölött)
tyranny ['tɪrəni] *fn* zsarnokság
tyrant ['taɪrənt] *fn* zsarnok
tyre (⊕ *US* **tire**) ['taɪə] *fn* (autó)gumi,
köpeny
tyro ['taɪrou] *fn (tsz* **-os***)* újonc, kezdő
Tyrol [tɪˈroul] *fn* Tirol
Tyrolean [ˌtɪrəˈli:ən] *mn/fn* tiroli
Tyrolese [ˌtɪrəˈli:z] *mn/fn* tiroli
tzar [zɑ:] *fn* = **tsar**
Tzigane [tsɪˈgɑ:n] *mn/fn* (magyar) ci-
gány
Tzigane music *fn* cigányzene

---

fn főnév – *hsz* határozószó – *isz* indulatszó – *ksz* kötőszó – *mn* melléknév
▼ szófajjelzés ⊕ földrajzi variáns ❑ szakterület ❖ stiláris minősítés

U

U = **universal**; korhatár nélküli

U-bend *fn* U-hajlítás

ubiquitous [juː'bɪkwɪtəs] *mn* mindenütt jelenvaló

U-boat *fn (német)* tengeralattjáró

udder ['ʌdə] *fn* tőgy

UEFA [juː'eɪfə] = **Union of European Football Associations**

UFO ['juːfoʊ] = **unidentified flying object**

ufology [ˌjuː'fɒlədʒi] *fn* ufológia

ufologist [ˌjuː'fɒlədʒɪst] *fn* ufológus, UFO-szakértő

Uganda [juː'gændə] *fn* Uganda

Ugandan [juː'gændən] *mn* ugandai

ugh! [ʊx] *isz* jaj!, au!, ó!, pfuj!, huh!

ugliness ['ʌglinəs] *fn* csúnyaság, rútság

ugly ['ʌgli] *mn* csúnya, rút, ronda ‖ **ugly customer** kellemetlen alak/fráter

UHF [ˌjuː eɪtʃ 'ef] = **ultrahigh frequency**

ukulele [ˌjuːkə'leɪli] *fn* négyhúros havaii gitár, ukulele

UK [ˌjuː 'keɪ] = **United Kingdom**

ulcer ['ʌlsə] *fn* ❏ *orv* fekély

ulcerous ['ʌlsərəs] *mn* fekélyes

Ulster ['ʌlstə] *fn* Ulster

ulterior [ʌl'tɪərɪə] *mn* későbbi, utóbbi ‖ túlsó ‖ **ulterior motive** hátsó gondolat

ultimate ['ʌltɪmət] *mn* utolsó, legvégső ‖ **ultimate object** végső cél

ultimately ['ʌltɪmətli] *hsz* végtére, végül is

ultimatum [ˌʌltɪ'meɪtəm] *fn (tsz -tums v. -ta)* ultimátum

ultrahigh frequency [ˌʌltrə'haɪ] *fn* ultranagy frekvencia

ultramodern [ˌʌltrə'mɒdn] *mn* ultramodern

ultrashort wave [ˌʌltrə'ʃɔːt] *fn* ultrarövidhullám, URH

ultrasonic [ˌʌltrə'sɒnɪk] *mn* ultraszonikus, hangsebességen felüli ‖ ultrahangos

ultrasonography [ˌʌltrəsoʊ'nɒgrəfi] *fn* ❏ *orv* ultrahangos vizsgálat

ultrasound ['ʌltrəsaʊnd] *fn* ultrahang ‖ **ultrasound scan** ultrahangos vizsgálat

ultraviolet [ˌʌltrə'vaɪəlɪt] *mn* ibolyántúli

umbelliferous [ˌʌmbə'lɪfərəs] *mn* ernyős *(virágzatú)*

umbilical cord [ʌm'bɪlɪkl] *fn* köldökzsinór

umbrage ['ʌmbrɪdʒ] *fn* **take umbrage at sg** neheztel vm miatt, zokon vesz vmt

umbrella [ʌm'brelə] *fn* esernyő

umpire ['ʌmpaɪə] ▼ *fn* ❏ *sp* mérkőzésvezető, bíró, pályabíró, döntnök ▼ *ige (mérkőzést)* (le)vezet

umpteen [ˌʌmp'tiːn] *szn/mn/fn* ❖ *biz* kismillió

umpteenth [ˌʌmp'tiːnθ] *mn* sokadik ‖ **for the umpteenth time, I tell you don't …** x-szer mondtam már(, hogy ne)

UN [ˌjuː'en] = **United Nations**

U

unabashed [ˌʌnəˈbæʃt] *mn* anélkül, hogy zavarba jönne

unabated [ˌʌnəˈbeɪtɪd] *mn* nem csökkent, változatlan

unabating [ˌʌnəˈbeɪtɪŋ] *mn* nem csökkenő, változatlan

unable [ʌnˈeɪbl] *mn* képtelen (*to* vmre) || **be unable to do sg** nem képes vmre; **I am unable to do it** nem vagyok rá képes; **if unable to attend** akadályoztatás esetén

unabridged dictionary [ˌʌnəˈbrɪdʒd] *fn* nagyszótár

unacceptable [ˌʌnəkˈseptəbl] *mn* elfogadhatatlan

unaccommodating [ˌʌnəˈkɒmədeɪtɪŋ] *mn* nehézkes, nem szívélyes

unaccompanied [ˌʌnəˈkʌmpənid] *mn* kíséret nélkül(i)

unaccountable [ˌʌnəˈkaʊntəbl] *mn* megmagyarázhatatlan, rejtélyes

unaccountably [ˌʌnəˈkaʊntəbli] *hsz* megmagyarázhatatlanul || rejtélyesen

unaccounted [ˌʌnəˈkaʊntɪd] *mn* megmagyarázhatatlan || **be unaccounted for** hiányzik

unaccustomed [ˌʌnəˈkʌstəmd] *mn* szokatlan || **be unaccustomed to sg** vmben járatlan, vmhez nem szokott

unacknowledged [ˌʌnəkˈnɒlɪdʒd] *mn* el nem ismert || nem köztudott || vissza nem igazolt

unacquainted [ˌʌnəˈkweɪntɪd] *mn* **be unacquainted (with)** nem ismerős, nem ismer vmt

unadulterated [ˌʌnəˈdʌltəreɪtɪd] *mn* hamisítatlan

unadvisable [ˌʌnədˈvaɪzəbl] *mn* nem ajánlatos

unadvised [ˌʌnədˈvaɪzd] *mn* nem kellően átgondolt

unaffected [ˌʌnəˈfektɪd] *mn* vmtől nem befolyásolt || érzéketlen || mesterkéletlen; keresetlen, természetes

unaffiliated [ˌʌnəˈfɪlieɪtɪd] *mn* párton kívüli

unafraid [ˌʌnəˈfreɪd] *mn* **be unafraid of** nem fél vmtől

unaided [ʌnˈeɪdɪd] *mn* egyedül, önállóan, a maga erejéből, segítség nélkül(i)

U-nail *fn* U szeg/szög

unalloyed [ˌʌnəˈlɔɪd] *mn* vegyítetlen || (*boldogság*) zavartalan

unalterable [ʌnˈɔːltərəbl] *mn* megmásíthatatlan, változhatatlan

unaltered [ʌnˈɔːltəd] *mn* változatlan

unambiguous [ˌʌnæmˈbɪgjʊəs] *mn* félreérthetetlen; egyértelmű

un-American *mn* Amerika-ellenes (*tevékenység*)

unanimity [ˌjuːnəˈnɪməti] *fn* egyhangúság, egyértelműség

unanimous [juːˈnænɪməs] *mn* egyhangú; egyértelmű

unanimously [juːˈnænɪməsli] *hsz* egyhangúlag, egybehangzóan

unanswerable [ʌnˈɑːnsrəbl] *mn* megcáfolhatatlan

unanswered [ʌnˈɑːnsəd] *mn* megválaszolatlan || viszonzatlan || meg nem cáfolt

unappeasable [ˌʌnəˈpiːzəbl] *mn* csillapíthatatlan (*éhség*)

unappetizing [ʌnˈæpətaɪzɪŋ] *mn* gusztustalan

unappreciative [ˌʌnəˈpriːʃɪətɪv] *mn* érzéketlen || vmt kellőképpen nem értékelő/méltányló

unapproachable [ˌʌnəˈprəʊtʃəbl] *mn* megközelíthetetlen

unarmed [ʌnˈɑːmd] *mn* fegyvertelen

unashamed [ˌʌnəˈʃeɪmd] *mn* nem szégyenlős; pofátlan

unasked [ʌnˈɑːskt] *mn* kérés nélkül || **do sg unasked** kéretlenül tesz vmt

unasked-for *mn* önkéntes; spontán

unassisted [ˌʌnəˈsɪstɪd] *mn/hsz* segítség/támogatás nélkül(i)

unassuming [ˌʌnəˈsjuːmɪŋ] *mn* szerény, igénytelen

unattached [ˌʌnəˈtætʃt] *mn* egyedül élő, önálló || független

U

---

fn főnév –*hsz* határozószó –*isz* indulatszó –*ksz* kötőszó –*mn* melléknév
▼ szófajjelzés ⊕ földrajzi variáns ❏ szakterület ❖ stiláris minősítés

unattainable [ˌʌnə'teɪnəbl] *mn* ❖ *átv* elérhetetlen

unattended [ˌʌnə'tendɪd] *mn* őrizetlenül hagyott ‖ **leave sg unattended** őrizetlenül hagy

unattractive [ˌʌnə'træktɪv] *mn* nem vonzó/szép

unauthorized [ʌn'ɔːθəraɪzd] *mn* illetéktelen, jogosulatlan ‖ **no unauthorized parking** csak parkolási engedéllyel; **no unauthorized person may enter this area** belépés csak hivatalos ügyben

unavailable [ˌʌnə'veɪləbl] *mn (dolog)* hozzáférhetetlen ‖ **be unavailable** nem kapható

unavoidable [ˌʌnə'vɔɪdəbl] *mn* elkerülhetetlen, óhatatlan

unavoidably [ˌʌnə'vɔɪdəbli] *hsz* elkerülhetetlenül

unaware [ˌʌnə'weə] *mn* **be unaware of sg** nincs tudatában vmnek, nincs tudomása vmről

unawares [ˌʌnə'weəz] *hsz* váratlanul, rajtaütésszerűen ‖ nem tudatosan

unbalanced [ʌn'bælənst] *mn* meghasonlott, kiegyensúlyozatlan, megháborodott ‖ **temporarily unbalanced** pillanatnyi elmezavarában

unbearable [ʌn'beərəbl] *mn* kibírhatatlan

unbeatable [ʌn'biːtəbl] *mn* verhetetlen; legyőzhetetlen

unbeaten [ʌn'biːtn] *mn* veretlen ‖ **unbeaten path** járatlan út

unbecoming [ˌʌnbɪ'kʌmɪŋ] *mn* nem csinos, előnytelen ‖ helytelen *(viselkedés)* ‖ **unbecoming for sy** vkhez nem illő

unbeknown(st) [ˌʌnbɪ'noʊn(st)] *hsz* nem tudva vmről, tudtán kívül

unbelief [ˌʌnbɪ'liːf] *fn* ❏ *vall* hitetlenség

unbelievable [ˌʌnbɪ'liːvəbl] *mn* hihetetlen

unbelieving [ˌʌnbɪ'liːvɪŋ] *mn* hitetlen, kétkedő

unbelievingly [ˌʌnbɪ'liːvɪŋli] *hsz* hitetlenül, kétkedőn

unbend [ʌn'bend] *ige (pt/pp* **unbent** [ʌn'bent])* kiegyenesít ‖ **unbend (oneself)** kiegyenesedik, felenged

unbending [ʌn'bendɪŋ] *mn* haj(lí)thatatlan

unbent [ʌn'bent] *pt/pp* → **unbend**

unbias(s)ed [ʌn'baɪəst] *mn* előítéletmentes, elfogulatlan, tárgyilagos, nem részrehajló

unbidden [ʌn'bɪdn] *mn* hívatlan ‖ önkéntelen, spontán

unbind [ʌn'baɪnd] *ige (pt/pp* **unbound** [ʌn'baʊnd])* elold

unblemished [ʌn'blemɪʃt] *mn* szeplőtlen, feddhetetlen

unblock [ʌn'blɒk] *ige* akadályt eltávolít; szabaddá tesz *(utat)*

unboiled [ʌn'bɔɪld] *mn* forralatlan ‖ **unboiled milk** nyers tej

unbolt [ʌn'boʊlt] *ige* kireteszel ‖ **unbolt the door** félrehúzza/elhúzza a reteszt

unborn [ʌn'bɔːn] *mn* meg nem született

unbound [ʌn'baʊnd] *mn* bekötetlen ‖ → **unbind**

unbounded [ʌn'baʊndɪd] *mn* határtalan, korlátlan

unbreakable [ʌn'breɪkəbl] *mn* törhetetlen

unbridled [ʌn'braɪdld] *mn* féktelen, szertelen, zabolátlan

unbroken [ʌn'broʊkən] *mn* ép, egész ‖ folytonos, összefüggő, töretlen

unbuckle [ʌn'bʌkl] *ige* lecsatol

unbuilt [ʌn'bɪlt] *mn* beépítetlen

unburden [ʌn'bɜːdn] *ige* **unburden oneself (to sy)** kiönti a szívét

unbusinesslike [ʌn'bɪznɪslaɪk] *mn* nem élelmes

unbutton [ʌn'bʌtn] *ige* kigombol

uncalled-for [ˌʌn'kɔːld fɔː] *mn* szükségtelen, fölösleges ‖ indokolatlan

uncanny [ʌn'kæni] *mn* szokatlan, rendkívüli, rejtélyes

---

nm névmás – *nu* névutó – *szn* számnév – *esz* egyes szám – *tsz* többes szám
▼ szófajjelzés ⊕ földrajzi variáns ❏ szakterület ❖ stiláris minősítés

uncared-for [ˌʌn'keəd fɔ:] *mn* elhagyott, gondozatlan, elhanyagolt

unceasing [ʌn'si:sɪŋ] *mn* szakadatlan, szüntelen

unceasingly [ʌn'si:sɪŋli] *hsz* szakadatlanul, szüntelen; szünet nélkül

unceremonious [ˌʌnserɪ'moʊnɪəs] *mn* kötetlen, fesztelen

uncertain [ʌn'sɜ:tn] *mn* bizonytalan, kétséges, kérdéses

uncertainty [ʌn'sɜ:tnti] *fn* bizonytalanság

unchain [ʌn'tʃeɪn] *ige* láncról elold *(kutyát)*

unchallenged [ʌn'tʃælɪndʒd] *mn* let sg pass **unchallenged** megjegyzés nélkül hagy

unchangeable [ʌn'tʃeɪndʒəbl] *mn* változhatatlan

unchanged [ʌn'tʃeɪndʒd] *mn* változatlan ‖ **everything remains unchanged** minden marad a régiben; **the patient's condition is unchanged** a beteg állapota változatlan

unchanging [ʌn'tʃeɪndʒɪŋ] *mn* változatlan; állandó

uncharitable [ʌn'tʃærɪtəbl] *mn* könyörtelen

uncharted [ʌn'tʃɑ:tɪd] *mn* térképen nem szereplő, fel nem kutatott

unchecked [ʌn'tʃekt] *mn* akadálytalan, ellenőrizetlen

uncivil [ʌn'sɪvl] *mn* barátságtalan, modortalan

uncivilized [ʌn'sɪvɪlaɪzd] *mn* műveletlen, kulturálatlan

unclaimed [ʌn'kleɪmd] *mn* gazdátlan *(tulajdon)*

uncle ['ʌŋkl] *fn* nagybácsi ‖ bácsi ‖ **Uncle John** János bácsi

unclean [ʌn'kli:n] *mn* tisztát(a)lan, szennyes, piszkos

unclear [ʌn'klɪə] *mn* nem világos; zavaros

unclothed [ʌn'kloʊðd] *mn* ruhátlan

uncock [ˌʌn'kɒk] *ige (fegyvert)* biztosít

uncoil [ʌn'kɔɪl] *ige* leteker ‖ letekeredik

uncomfortable [ʌn'kʌmftəbl] *mn* kényelmetlen ‖ **feel uncomfortable** kellemetlenül/kényelmetlenül érzi magát; **the uncomfortable truth** a nyers/rideg valóság

uncomfortably [ʌn'kʌmfətəbli] *hsz* kényelmetlenül, kellemetlenül; kínosan

uncommitted [ˌʌnkə'mɪtɪd] *mn* el nem kötelezett

uncommon [ʌn'kɒmən] *mn* rendkívüli, kivételes, szokatlan

uncommonly [ʌn'kɒmənli] *hsz* rendkívül

uncommunicative [ˌʌnkə'mju:nɪkətɪv] *mn* szófukar, hallgatag

uncompleted [ˌʌnkəm'pli:tɪd] *mn* befejezetlen, nem teljes

uncomplicated [ʌn'kɒmplɪkeɪtɪd] *mn* nem bonyolult; egyszerű

uncompromising [ʌn'kɒmprəmaɪzɪŋ] *mn* meg nem alkuvó

unconcealed [ˌʌnkən'si:ld] *mn* leplezetlen

unconcern [ˌʌnkən'sɜ:n] *fn* közöny

unconcerned [ˌʌnkən'sɜ:nd] *mn* közönyös ‖ semleges ‖ **be unconcerned** nem érdekli, hidegen hagyja (vm)

unconditional [ˌʌnkən'dɪʃnəl] *mn* feltétlen, feltétel nélküli

unconditioned reflex [ˌʌnkən'dɪʃnd] *fn* feltétlen reflex

unconfirmed [ˌʌnkən'fɜ:md] *mn* meg nem erősített

uncongenial [ˌʌnkən'dʒi:nɪəl] *mn* nem rokon érzelmű ‖ nem azonos beállítottságú

unconnected [ˌʌnkə'nektɪd] *mn* össze nem függő

unconquerable [ʌn'kɒŋkərəbl] *mn* legyőzhetetlen

unconscientious [ˌʌnkɒnʃɪ'enʃəs] *mn* lelkiismeretlen

---

fn főnév − *hsz* határozószó − *isz* indulatszó − *ksz* kötőszó − *mn* melléknév
▼ szófajjelzés ⊕ földrajzi variáns ▢ szakterület ❖ stiláris minősítés

unconscious [ʌn'kɒnʃəs] *mn* öntudatlan, eszméletlen, nem tudatos ‖ **be unconscious** nincs magánál; **be unconscious of sg** nincs tudatában vmnek, nincs tudomása vmről; **become unconscious** elveszti eszméletét

unconsciously [ʌn'kɒnʃəsli] *hsz* öntudatlanul

unconsciousness [ʌn'kɒnʃəsnəs] *fn* eszméletlenség, önkívület

unconstitutional [ˌʌnkɒnstɪ'tjuːʃnəl] *mn* alkotmányellenes

uncontested [ˌʌnkən'testɪd] *mn* kétségtelen ‖ egyhangú *(választás)*

uncontradicted [ˌʌnkɒntrə'dɪktɪd] *mn* ellentmondás nélküli

uncontrollable [ˌʌnkən'trəʊləbl] *mn* ellenőrizhetetlen ‖ kormányozhatatlan

uncontrolled [ˌʌnkən'trəʊld] *mn* szertelen ‖ féktelen, szabadjára engedett ‖ ellenőrizhetetlen ‖ **uncontrolled prices** szabad árak

unconventional [ˌʌnkən'venʃnəl] *mn* konvenciókhoz nem ragaszkodó, mesterkéletlen, nem a megszokott

unconvinced [ˌʌnkən'vɪnst] *mn* szkeptikus; hitetlenkedő

unconvincing [ˌʌnkən'vɪnsɪŋ] *mn* nem meggyőző

uncooked [ʌn'kʊkt] *mn* nyers, főtlen

uncooperative [ˌʌnkəʊ'ɒpərətɪv] *mn* együttműködni nem akaró/hajlandó, nem segítőkész ‖ bajtársiatlan

uncork [ʌn'kɔːk] *ige* **uncork a bottle** kihúzza a dugót az üvegből

uncounted [ʌn'kaʊntɪd] *mn* meg nem számolt, számlálatlan

uncouple [ʌn'kʌpl] *ige* szétkapcsol

uncouth [ʌn'kuːθ] *mn* durva *(pl. modor)*

uncover [ʌn'kʌvə] *ige* kitakar; *(arcot)* felfed ‖ *(összeesküvést, csalást stb.)* leleplez

uncritical [ʌn'krɪtɪkl] *mn* kritikátlan

uncrowned [ʌn'kraʊnd] *mn* koronázatlan

UNCTAD ['ʌŋktæd] = *United Nations Conference on Trade and Development* az ENSZ Kereskedelmi és Fejlesztési konferenciája

unction ['ʌŋkʃən] *fn* ❑ *orv* kenés ‖ kenőcs ‖ ❖ *átv* ❖ *elít* kenetesség

unctuous ['ʌŋktʃʊəs] *mn* kenetteljes, kenetes

uncultivated [ʌn'kʌltɪveɪtɪd] *mn* megműveletlen

uncut [ʌn'kʌt] *mn* felvágatlan *(könyv)* ‖ csiszolatlan *(drágakő)*

undamaged [ʌn'dæmɪdʒd] *mn* romlatlan *(anyag)* ‖ *(áru)* hibátlan ‖ csorbítatlan *(hírnév, becsület)*

undaunted [ʌn'dɔːntɪd] *mn* rettenthetetlen

undecided [ˌʌndɪ'saɪdɪd] *mn* eldöntetlen

undeclared war [ˌʌndɪ'kleəd] *fn* hadüzenet nélküli háború

undefeated [ˌʌndɪ'fiːtɪd] *mn* le nem győzött, veretlen

undefined [ˌʌndɪ'faɪnd] *mn* meghatározatlan

undelivered [ˌʌndɪ'lɪvəd] *mn* kézbesítetlen

undemanding [ˌʌndɪ'mɑːndɪŋ] *mn* igénytelen, egyszerű

undemocratic [ˌʌndemə'krætɪk] *mn* antidemokratikus

undeniable [ˌʌndɪ'naɪəbl] *mn* megcáfolhatatlan, tagadhatatlan

undeniably [ˌʌndɪ'naɪəbli] *hsz* tagadhatatlanul

undenominational [ˌʌndɪnɒmɪ'neɪʃnəl] *mn* felekezeten kívüli

under ['ʌndə] ▼ *mn* alsó ▼ *elölj/hsz* alatt(a), alá, alul, lenn ‖ **from under** alulról; **see under** l. … alatt; **under the circumstances** az adott körülmények között; **question under discussion** a szóban forgó kérdés

U

---

underage [ˌʌndərˈeɪdʒ] *mn* ❑ *jog* fiatalkorú, kiskorú

underarm [ˈʌndərɑːm] *mn* hónalj- ‖ alulról ütött/adott *(labda)*

undercarriage [ˈʌndəkærɪdʒ] *fn* futómű

undercharge [ˌʌndəˈtʃɑːdʒ] *ige* kevesebbet számít fel (vknek)

underclothes [ˈʌndəkləʊðz] *fn tsz* (testi) fehérnemű, alsónemű

undercoat [ˈʌndəkəʊt] *fn* alapozófesték, alapozóréteg

undercover [ˌʌndəˈkʌvə] *mn* titkos ‖ **undercover agent** beépített ügynök

undercurrent [ˈʌndəkʌrənt] *fn* rejtett/ellentétes áramlat

undercut [ˌʌndərˈkʌt] ▼ *fn* **undercut (of sirloin)** hátszínszelet ▼ *ige (pt/pp* **undercut)** olcsóbb áron ad

underdeveloped [ˌʌndədɪˈveləpt] *mn (szellemileg, gazdaságilag)* elmaradott ‖ **underdeveloped country** fejlődésben elmaradt ország

underdog [ˈʌndədɒg] *fn* esélytelenebb fél

underdone [ˌʌndəˈdʌn] *mn* sületlen, véres; félig (át)sült *(hús)* ‖ **I want it underdone** angolosan kérem

underemployment [ˌʌndərɪmˈplɔɪmənt] *fn* nem kielégítő foglalkoztatás

underestimate [ˌʌndərˈestɪmeɪt] *ige* alábecsül, lebecsül

underexposed [ˌʌndərɪkˈspəʊzd] *mn* alexponált

underfed [ˌʌndəˈfed] *mn* rosszul táplált, alultáplált

underfloor heating [ˌʌndəˈflɔː] *fn* padlófűtés

underfoot [ˌʌndəˈfʊt] *hsz* láb alatt, alul, lent ‖ **be/get underfoot** útban van, lábatlankodik; **be (got) trampled underfoot** megtaposták, agyontaposták

undergo [ˌʌndəˈgəʊ] *ige (pt* **underwent** [ˌʌndəˈwent]; *pp* **undergone** [ˌʌndəˈgɒn]) ❖ *átv* átél, keresztül-

megy/átesik vmn ‖ **undergo a change** változáson megy át; **undergo an operation** aláveti magát egy műtétnek; **he underwent an operation yesterday** tegnap megoperálták; **undergo (medical) treatment** gyógykezelteti magát

undergone [ˌʌndəˈgɒn] *pp* → **undergo**

undergraduate [ˌʌndəˈgrædʒʊət] *fn* (egyetemi) hallgató, egyetemista ‖ főiskolás

underground ▼ [ˌʌndəˈgraʊnd] *mn* föld alatti ‖ **an underground car-park** föld alatti parkoló ▼ [ˈʌndəgraʊnd] *fn* földalatti, metró ‖ **by underground** földalattival

underground station *fn* földalatti-állomás

undergrowth [ˈʌndəgrəʊθ] *fn* bozót, haraszt, aljnövényzet

underhand [ˌʌndəˈhænd] *mn* gyanús *(ügy)* ‖ **underhand practices** manipuláció

underhung jaw [ˌʌndəˈhʌŋ] *fn* előreálló áll

underinsured [ˌʌndərɪnˈʃʊəd] *mn* alulbiztosított

underlain [ˌʌndəˈleɪn] *pp* → **underlie**

underlay [ˌʌndəˈleɪ] *pt* → **underlie**

underlie [ˌʌndəˈlaɪ] *ige (pt* **underlay** [ˌʌndəˈleɪ]; *pp* **underlain** [ˌʌndəˈleɪn]; *pres p* **underlying**) vmnek alapját alkotja

underline [ˌʌndəˈlaɪn] *ige* aláhúz *(átv is)*; hangsúlyoz

underling [ˈʌndəlɪŋ] *fn* alantas, alárendeltje vknek

underlying principles [ˌʌndəˈlaɪɪŋ] *fn tsz* elvi alap(ok)

undermanned [ˌʌndəˈmænd] *mn* elegendő munkaerővel nem rendelkező

undermentioned [ˌʌndəˈmenʃnd] *mn* alábbi, alant említett

undermine [ˌʌndəˈmaɪn] *ige* ❖ *átv* aláás; *(egészséget)* felőröl

---

fn főnév – *hsz* határozószó – *isz* indulatszó – *ksz* kötőszó – *mn* melléknév
▼ szófajjelzés ⊕ földrajzi variáns ❑ szakterület ❖ stiláris minősítés

underneath [ˌʌndə'niːθ] *hsz/elölj* alul, alatt, alá ‖ **from underneath** alulról

undernourished [ˌʌndə'nʌrɪʃt] *mn* rosszul táplált, alultáplált

underpaid [ˌʌndə'peɪd] *mn* rosszul fizetett ‖ → **underpay**

underpants ['ʌndəpænts] *fn tsz (férfi)* alsónadrág

underpass ['ʌndəpɑːs] *fn* aluljáró

underpay [ˌʌndə'peɪ] *ige (pt/pp* **underpaid** [ˌʌndə'peɪd]) rosszul fizet

underpin [ˌʌndə'pɪn] *ige* -nn- aládúcol

underplay [ˌʌndə'pleɪ] *ige* alábecsül

underpopulated [ˌʌndə'pɒpjʊleɪtɪd] *mn* gyéren lakott; néptelen

underprice [ˌʌndə'praɪs] *ige* leáraz

underprivileged [ˌʌndə'prɪvɪlɪdʒd] *mn* hátrányos helyzetben levő

underquote [ˌʌndə'kwoʊt] *ige* ❏ *ker* alákínál (vknek)

underrate [ˌʌndə'reɪt] *ige* alábecsül, alul- értékel

underscore [ˌʌndə'skɔː] *ige* aláhúz

undersea [ˌʌndə'siː] *mn* tenger alatti

underseal [ˌʌndə'siːl] *ige* korrózióvédelemmel ellát *(gépkocsit)*

under-secretary [ˌʌndə'sekrətəri] *fn* államtitkár

undersell [ˌʌndə'sel] *ige (pt/pp* **undersold** [ˌʌndə'soʊld]) olcsóbb áron ad

undershirt ['ʌndəʃɜːt] *fn* ⊕ *US* alsó- ing, trikó

undershorts ['ʌndəʃɔːts] *fn tsz* ⊕ *US* alsónadrág

underside ['ʌndəsaɪd] *fn* alsó lap/ rész

undersigned [ˌʌndə'saɪnd] *mn/fn* alulírott

underskirt ['ʌndəskɜːt] *fn* alsószoknya

undersold [ˌʌndə'soʊld] *pt/pp* → **undersell**

understaffed [ˌʌndə'stɑːft] *mn* munkaerőhiánnyal küzdő

understand [ˌʌndə'stænd] *ige (pt/pp* **understood** [ˌʌndə'stʊd]) (meg)ért ‖ értesül ‖ **begin to understand sg** kezdi már érteni, kapiskálja (már); **difficult/hard to understand** nehezen érthető; **give sy to understand** értésére ad vknek vmt; **I understand!** értem!; **I don't understand a word of it** egy szót sem értek belőle; **I can't understand it!** nem értem!; **I understand he is in Paris** úgy értesültem/tudom, hogy Párizsban van; **am I to understand that ...** ez azt jelentse, hogy ...?, ezt úgy vegyem, hogy ...?

understandable [ˌʌndə'stændəbl] *mn* érthető

understanding [ˌʌndə'stændɪŋ] ▼ *mn* megértő ▼ *fn* értelem, ész, felfogás, megértés

understate [ˌʌndə'steɪt] *ige* (el)bagatellizál

understatement [ˌʌndə'steɪtmənt] *fn* kevesebbet mondás (mint a valóság) ‖ **... is an understatement** ez – enyhén szólva – nem felel meg a valóságnak (*v.* kevesebbet mond, mint a valóság)

understood [ˌʌndə'stʊd] *mn* közismert, tudott ‖ → **understand**

understudy ['ʌndəstʌdi] *fn* helyettesítő/beugró színész(nő)

undertake [ˌʌndə'teɪk] *ige (pt* **undertook** [ˌʌndə'tʊk]; *pp* **undertaken** [ˌʌndə'teɪkn]) elvállal, felvállal, vmre vállalkozik ‖ **undertake (a piece of work)** (munkát) (el)vállal; **undertake odd jobs** alkalmi munkát vállal

undertaken [ˌʌndə'teɪkn] *pp* → **undertake**

undertaker ['ʌndəteɪkə] *fn* temetkezési vállalkozó

undertaking [ˌʌndə'teɪkɪŋ] *fn (nagyobb)* vállalkozás

under-tens, the *fn tsz* a tíz éven aluliak

undertone ['ʌndətoʊn] *fn* **in an undertone** félhangosan; **there were under-**

U

---

nm névmás – *nu* névutó – *szn* számnév – *esz* egyes szám – *tsz* többes szám
▼ szófajjelzés ⊕ földrajzi variáns ❏ szakterület ❖ stiláris minősítés

tones of relief as he left megkönnyebbülés volt érezhető, amikor elment

undertook [ˌʌndə'tʊk] *pt* → **undertake**

undervalue [ˌʌndə'vælju:] *ige* alábecsül, lebecsül, aláértékel

underwater [ˌʌndə'wɔ:tə] *mn* víz alatti

underwater goggles *fn tsz* úszószemüveg

underwater swimming *fn* búvárúszás

underwear ['ʌndəweə] *fn (testi)* fehérnemű, alsónemű ‖ **a change of underwear** egy váltás fehérnemű

underweight [ˌʌndə'weɪt] *mn* súlyhiányos ‖ normálisnál könnyebb

underwent [ˌʌndə'went] *pt* → **undergo**

underworld ['ʌndəwɜ:ld] *fn* alvilág *(bűnözőké)*

underwrite [ˌʌndə'raɪt] *ige* *(pt* **underwrote** [ˌʌndə'rəʊt]; *pp* **underwritten** [ˌʌndə'rɪtn])* aláír ‖ *(részvényt)* jegyez ‖ *(tengeri)* biztosítást köt

underwriter ['ʌndəraɪtə] *fn* aláíró; jótállást vállaló; a biztosító fél

underwritten [ˌʌndə'rɪtn] *pp* → **underwrite**

underwrote [ˌʌndə'rəʊt] *pt* → **underwrite**

undeserved [ˌʌndɪ'zɜ:vd] *mn* méltatlan, érdemtelen, meg nem érdemelt

undesirable [ˌʌndɪ'zaɪərəbl] *mn* nem kívánatos

undesired [ˌʌndɪ'zaɪəd] *mn* nem kívánt

undeteriorated [ˌʌndɪ'tɪərɪəreɪtɪd] *mn* romlatlan *(anyag)*

undeveloped [ˌʌndɪ'veləpt] *mn (pl. gyerek)* fejletlen ‖ kiaknázatlan ‖ **undeveloped site** beépítetlen/foghíjas telek

undid [ʌn'dɪd] *pt* → **undo**

undies ['ʌndiz] *fn tsz* ❖ *biz (női)* fehérnemű, alsónemű

undigested [ˌʌndaɪ'dʒestɪd] *mn* emésztetlen

undiluted [ˌʌndaɪ'lu:tɪd] *mn* nem vizezett, tömény

undiplomatic [ˌʌndɪplə'mætɪk] *mn* nem diplomatikus

undischarged [ˌʌndɪs'tʃɑ:dʒd] *mn* ki nem egyenlített; fel nem mentett

undisciplined [ʌn'dɪsɪplɪnd] *mn* fegyelmezetlen

undiscovered [ˌʌndɪ'skʌvəd] *mn* fel nem fedezett, rejtett

undiscriminating [ˌʌndɪ'skrɪmɪneɪtɪŋ] *mn* kritikátlan

undisguised [ˌʌndɪs'gaɪzd] *mn* nyílt, leplezetlen

undisputed [ˌʌndɪ'spju:tɪd] *mn* vitathatatlan

undistinguished [ˌʌndɪ'stɪŋgwɪʃt] *mn* középszerű, nem kiváló

undisturbed [ˌʌndɪ'stɜ:bd] *mn* nyugodt, háborítatlan, zavartalan

undivided [ˌʌndɪ'vaɪdɪd] *mn* osztatlan

undo [ʌn'du:] *ige* *(pt* **undid** [ʌn'dɪd]; *pp* **undone** [ʌn'dʌn])* *(csatot)* kinyit, szétbont, kibont, kibogoz ‖ kiold, elold ‖ szétfejt, felfejt ‖ visszacsinál ‖ romlásba dönt vkt ‖ **come undone** *(öltözékdarab)* szétbomlik, kinyílik, *(ragasztás)* szétválik, *(varrás, kötés)* felbomlik; **what is done cannot be undone** ami történt, megtörtént

undoing [ʌn'du:ɪŋ] *fn* **sy's undoing** vknek a veszte

undone [ʌn'dʌn] *mn* kibontott, kibomlott, kigombolódott ‖ **leave sg undone** *(kötelességet)* elmulaszt ‖ → **undo**

undoubted [ʌn'daʊtɪd] *mn* kétségtelen

undoubtedly [ʌn'daʊtɪdli] *hsz* kétségkívül, tagadhatatlanul

undreamed-of, undreamt-of [ʌn'dri:mdɒv, ʌn'dremtɒv] *mn* nem sejtett/várt, amiről még csak nem is álmodtak

---

fn főnév – *hsz* határozószó – *isz* indulatszó – *ksz* kötőszó – *mn* melléknév
▼ szófajjelzés ⊕ földrajzi variáns ❑ szakterület ❖ stiláris minősítés

undress [ʌn'dres] ▼ *fn* **in undress** neglizsében ▼ *ige* (le)vetkőzik ‖ levetkőztet

undressed [ʌn'drest] *mn* ruhátlan ‖ **undressed hide** nyersbőr

undrinkable [ʌn'drɪŋkəbl] *mn* ihatatlan

undue [ʌn'dju:] *mn* túlzott, túlságos ‖ helytelen ‖ indokolatlan ‖ nem kívánatos ‖ **without undue delay** rövid úton

undulate ['ʌndjʊleɪt] *ige* hullámzik

undulating ['ʌndjʊleɪtɪŋ] *mn* hullámzó

unduly [ʌn'dju:li] *hsz* indokolatlanul ‖ helytelenül ‖ túlságosan

undying [ʌn'daɪɪŋ] *mn* halhatatlan, örök(ké tartó)

unearned [ʌn'ɜ:nd] *mn* meg nem érdemelt ‖ nem munkával szerzett ‖ **unearned income** munka nélküli jövedelem

unearth [ʌn'ɜ:θ] *ige* kiás, kibányász, előkotor

unearthly [ʌn'ɜ:θli] *mn* nem földi, mennyei ‖ lehetetlenül korai *(időpont)*

unease [ʌn'i:z] *fn* rossz közérzet; kínos érzés

uneasiness [ʌn'i:zinəs] *fn* aggodalom, nyugtalanság

uneasy [ʌn'i:zi] *mn* aggódó, nyugtalan, aggodalmas (*about* vk/vm miatt) ‖ **feel uneasy (about)** kellemetlenül érzi magát, aggályoskodik, nyugtalankodik (vk/vm miatt); **make sy uneasy (about)** nyugtalanít/aggaszt vkt; **uneasy conscience** rossz lelkiismeret (vm miatt)

uneatable [ʌn'i:təbl] *mn* ehetetlen

uneconomic [ˌʌni:kə'nɒmɪk] *mn* gazdaságtalan, nem gazdaságos

uneconomical [ˌʌni:kə'nɒmɪkl] *mn* pazarló

uneducated [ʌn'edʒʊkeɪtɪd] *mn* műveletlen, iskolázatlan, tanulatlan

unemployed [ˌʌnɪm'plɔɪd] *mn* munkanélküli ‖ fel nem használt ‖ **the un-**

employed a munkanélküliek; **unemployed capital** holt tőke

unemployment [ˌʌnɪm'plɔɪmənt] *fn* munkanélküliség

unemployment benefit *fn* (⊕ *US* **compensation**) munkanélküli-segély

unending [ʌn'endɪŋ] *mn* véget nem érő, szűnni nem akaró, folytonos, örökös

unenjoyable [ˌʌnɪn'dʒɔɪəbl] *mn* élvezhetetlen

unenviable [ʌn'enviəbl] *mn* nem irigylésre méltó

unequal [ʌn'i:kwəl] *mn* egyenlőtlen, nem egyenlő

unequalled (⊕ *US* **-l-**) [ʌn'i:kwəld] *mn* ritka; páratlan, hasonlíthatatlan

unequivocal [ˌʌnɪ'kwɪvəkl] *mn* egyértelmű, kétségtelen, világos ‖ **an unequivocal answer** egyértelmű válasz

unerring [ʌn'ɜ:rɪŋ] *mn* tévedhetetlen

UNESCO [ju:'neskoʊ] = *United Nations Educational Scientific and Cultural Organization* az ENSZ Nevelésügyi, Tudományos és Kulturális Szervezete

unethical [ʌn'eθɪkl] *mn* etikátlan

uneven [ʌn'i:vn] *mn* egyenetlen, egyenlőtlen, göröngyös, hepehupás

uneventful [ˌʌnɪ'ventfl] *mn* eseménytelen

unexceptionable [ˌʌnɪk'sepʃnəbl] *mn* kifogástalan

unexceptional [ˌʌnɪk'sepʃnəl] *mn* nem rendkívüli/kiemelkedő, normális, átlag, hétköznapi

unexciting [ˌʌnɪk'saɪtɪŋ] *mn* nem izgalmas, unalmas

unexpected [ˌʌnɪk'spektɪd] *mn* váratlan

unexpectedly [ˌʌnɪk'spektɪdli] *hsz* váratlanul

unexplained [ˌʌnɪk'spleɪnd] *mn* rejtélyes, tisztázatlan

unexploded [ˌʌnɪk'sploʊdɪd] *mn* fel nem robbant

U

unexploited [ˌʌnɪk'splɔɪtɪd] *mn* kihasználatlan

unexplored [ˌʌnɪk'splɔ:d] *mn* felderítetlen

unfading [ʌn'feɪdɪŋ] *mn* hervadhatatlan

unfailing [ʌn'feɪlɪŋ] *mn* kifogyhatatlan ‖ hűséges; csalhatatlan; biztos, megbízható ‖ fáradhatatlan

unfair [ʌn'feə] *mn* ❏ *ker* tisztességtelen, sportszerűtlen, nem korrekt/tisztességes ‖ that's unfair ez nem járja/fair!; by unfair means tisztességtelen úton; unfair dismissal igazságtalan elbocsátás

unfairly [ʌn'feəli] *hsz* igazságtalanul; tisztességtelenül, méltánytalanul

unfaithful [ʌn'feɪθfl] *mn* (*házastárs*) hűtlen ‖ be unfaithful ❖ *biz* félrelép; he is unfaithful to his wife csalja a feleségét

unfaltering [ʌn'fɔ:ltərɪŋ] *mn* tántoríthatatlan

unfamiliar [ˌʌnfə'mɪljə] *mn* idegen, ismeretlen, kevéssé ismert ‖ szokatlan ‖ be unfamiliar with sg vmit nem ismer

unfashionable [ʌn'fæʃnəbl] *mn* divatjamúlt

unfasten [ʌn'fɑ:sn] *ige* (*csatot, övet*) leold, kibont, kiold, kikapcsol

unfathomable [ʌn'fæðəməbl] *mn* megfejthetetlen, megfoghatatlan, kifürkészhetetlen

unfavourable (⊕ *US* -or-) [ʌn'feɪvərəbl] *mn* kedvezőtlen

unfavourably (⊕ *US* -or-) [ʌn'feɪvərəbli] *hsz* kedvezőtlenül

unfeasible [ʌn'fi:zɪbl] *mn* kivihetetlen

unfeeling [ʌn'fi:lɪŋ] *mn* lelketlen ‖ érzéketlen

unfetter [ʌn'fetə] *ige* bilincseit leveszi

unfinished [ʌn'fɪnɪʃt] *mn* befejezetlen

unfit [ʌn'fɪt] *mn* unfit for képtelen, nem alkalmas, alkalmatlan (*vmre*) ‖ unfit for human consumption emberi fogyasztásra alkalmatlan; houses unfit for people to live in lakhatatlan házak; unfit for work munkaképtelen

unflagging [ʌn'flægɪŋ] *mn* lankadatlan

unflappable [ʌn'flæpəbl] *mn* ❖ *biz* rendíthetetlen nyugalmú

unflattering [ʌn'flætərɪŋ] *mn* kedvezőtlen, nem hízelgő

unflinching [ʌn'flɪntʃɪŋ] *mn* rendíthetetlen, megingathatatlan

unfold [ʌn'fould] *ige* kinyit; (*vitorlát, zászlót*) kibont ‖ (*szirom*) kibomlik

unforeseeable [ˌʌnfɔ:'si:əbl] *mn* előre nem látható, kiszámíthatatlan

unforeseen [ˌʌnfɔ:'si:n] *mn* váratlan, előre nem látott

unforgettable [ˌʌnfə'getəbl] *mn* feledhetetlen

unforgivable [ˌʌnfə'gɪvəbl] *mn* megbocsáthatatlan

unforgiving [ˌʌnfə'gɪvɪŋ] *mn* engesztelhetetlen, meg nem bocsátó

unformatted [ˌʌn'fɔ:mætɪd] *mn* ❏ *szt* formattálatlan

unfortunate [ʌn'fɔ:tʃənət] *mn* szerencsétlen, sajnálatra méltó

unfortunately [ʌn'fɔ:tʃənətli] *hsz* sajnos

unfounded [ʌn'faundɪd] *mn* alaptalan (*vád*)

unfreckled [ʌn'frekld] *mn* szeplőtlen (*bőr*)

unfriendly [ʌn'frendli] *mn* barátságtalan (*modor*)

unfruitful [ʌn'fru:tfl] *mn* terméketlen

unfulfilled [ˌʌnful'fɪld] *mn* beteljesületlen

unfurl [ʌn'fɜ:l] *ige* (*vitorlát, zászlót*) kibont; (*ernyőt*) szétnyit

unfurnished [ʌn'fɜ:nɪʃt] *mn* bútorozatlan

---

ungainly [ʌn'geɪnli] *mn* esetlen, idétlen, otromba

ungenerosity [ˌʌndʒenə'rɒsɪti] *fn* szűkkeblűség

ungodly [ʌn'gɒdli] *mn* istentelen

ungovernable [ʌn'gʌvnəbl] *mn* kormányozhatatlan

ungrammatical [ˌʌngrə'mætɪkl] *mn* nyelvtanilag helytelen, (nyelvtanilag) hibás

ungrateful [ʌn'greɪtfl] *mn* hálátlan

unguarded [ʌn'gɑ:dɪd] *mn* óvatlan

ungulates [ˈʌŋgjʊleɪts] *fn tsz* patás állatok, patások

unhappily [ʌn'hæpɪli] *hsz* sajnálatosan || boldogtalanul

unhappiness [ʌn'hæpinəs] *fn* boldogtalanság

unhappy [ʌn'hæpi] *mn* boldogtalan, szerencsétlen

unharmed [ʌn'hɑ:md] *mn* ép, sértetlen

unhealthy [ʌn'helθi] *mn* egészségtelen, egészségre ártalmas/káros

unheard-of [ʌn'hɜ:d əv] *mn* soha nem hallott

unhelpful [ʌn'helpfl] *mn* nem készséges/segítőkész

unhesitating [ʌn'hezɪteɪtɪŋ] *mn* habozás nélküli; határozott

unhindered [ʌn'hɪndəd] *mn* akadálytalan

unhinged [ʌn'hɪndʒd] *mn* megzavarodott, meghibbant (elméjű)

unhook [ʌn'hʊk] *ige (ruhát stb.)* kikapcsol

unhoped-for [ʌn'hoʊptfɔ:] *mn* nem remélt

unhurt [ʌn'hɜ:t] ▼ *mn* ép, sértetlen ▼ *hsz* épen, sértetlenül

unhygienic [ˌʌnhaɪ'dʒi:nɪk] *mn* tisztátlan, egészségtelen

UNICEF [ˈju:nɪsef] = *United Nations Children's Fund* az ENSZ Gyermeksegélyezési Alapja

unicellular [ˌju:nɪ'seljʊlə] *mn* egysejtű

unicorn [ˈju:nɪkɔ:n] *fn* egyszarvú

unidentifiable [ˌʌnaɪ'dentɪfaɪəbl] *mn* nem azonosítható

unidentified [ˌʌnaɪ'dentɪfaɪd] *mn* ismeretlen || **unidentified flying object** UFO, ufó

unification [ˌju:nɪfɪ'keɪʃn] *fn* egységesítés

unified [ˈju:nɪfaɪd] *mn* egységes

uniform [ˈju:nɪfɔ:m] ▼ *mn* állandó, egyforma, egyöntetű, egységes ▼ *fn* egyenruha

uniformity [ˌju:nɪ'fɔ:məti] *fn* egyöntetűség

uniformly [ˈju:nɪfɔ:mli] *hsz* egységesen, egyöntetűen

unify [ˈju:nɪfaɪ] *ige* egységesít

unilateral [ˌju:nɪ'lætərəl] *mn* egyoldalú

unimaginable [ˌʌnɪ'mædʒɪnəbl] *mn* elképzelhetetlen

unimaginative [ˌʌnɪ'mædʒɪnətɪv] *mn* fantáziátlan

unimpaired [ˌʌnɪm'peəd] *mn (hírnév, becsület)* csorbítatlan

unimpeded [ˌʌnɪm'pi:dɪd] *mn* akadálytalan

unimportant [ˌʌnɪm'pɔ:tnt] *mn* lényegtelen, nem fontos

unimpressed [ˌʌnɪm'prest] *mn* közönyös

uninformed [ˌʌnɪn'fɔ:md] *mn* tájékozatlan

uninhabited [ˌʌnɪn'hæbɪtɪd] *mn* lakatlan

uninhibited [ˌʌnɪn'hɪbɪtɪd] *mn* gátlástalan

uninitiated [ˌʌnɪ'nɪʃieɪtɪd] *mn* be nem avatott

uninjured [ʌn'ɪndʒəd] *mn (testileg)* ép, sértetlen

unintelligent [ˌʌnɪn'telɪdʒənt] *mn* unintelligens

unintelligible [ˌʌnɪn'telɪdʒəbl] *mn* értelmetlen, érthetetlen

unintentional [ˌʌnɪn'tenʃnəl] *mn* akaratlan, önkéntelen

U

---

unintentionally [ˌʌnɪn'tenʃnəli] *hsz* akaratlanul

uninterested [ʌn'ɪntrɪstɪd] *mn* közömbös, érdektelen, érdeklődést nem mutató ‖ nem érdeklődő ‖ nem érdekelt

uninteresting [ʌn'ɪntrɪstɪŋ] *mn* érdektelen, nem érdekes

uninterrupted [ˌʌnɪntə'rʌptɪd] *mn* folytonos; összefüggő, szüntelen, zavartalan

uninterruptedly [ˌʌnɪntə'rʌptɪdli] *hsz* egyfolytában

uninvited [ˌʌnɪn'vaɪtɪd] *mn/hsz* hívatlan ‖ hívatlanul

uninviting [ˌʌnɪn'vaɪtɪŋ] *mn* nem vonzó; nem étvágygerjesztő

union ['juːnɪən] *fn* egyesítés ‖ egyesülés ‖ egység ‖ unió ‖ **the Union Jack** az angol zászló

union card *fn* szakszervezeti tagkönyv

Union of European Football Associations *fn* Európai Futballszövetségek Szövetsége, UEFA

union shop *fn* <üzem, ahol csak szervezett munkások dolgoznak>

unique [juː'niːk] *mn* példátlan; egyedülálló, ritka; páratlan ‖ **unique of its kind** páratlan a maga nemében

unisex ['juːnɪseks] *mn* uniszex

unison ['juːnɪsn] ▼ *mn* egyszólamú ▼ *fn* egyszólamú éneklés ‖ összhang, egyetértés ‖ **in unison** ❑ *zene* egy szólamban, uniszónó; **in unison with sy** egyetértésben vkvel, egyöntetűen

unisonous [juː'nɪsənəs] *mn* egyszólamú

unissued [ʌn'ɪʃuːd] *mn* kibocsátatlan ‖ **unissued capital** ki nem bocsátott részvénytőke

unit ['juːnɪt] ▼ *mn* egységnyi ▼ *fn* ❑ *mat és* ❖ *ált* egység ‖ ❑ *épít* elem ‖ gépegység ‖ ❑ *kat* alakulat, egység

unit cost *fn* a termékegységre eső költség

unite [juː'naɪt] *ige* egyesül, egyesít; *(törött csontvégeket)* összeilleszt ‖ **unite against sy** összefog vk ellen; **unite with sy** szövetkezik vkvel; **unite with sy in sg** (*v.* **to do sg**) vkvel összefog

united [juː'naɪtɪd] *mn* egyesített, egyesült

United Arab Emirates *fn* Egyesült Arab Emirátusok

United Kingdom, the *fn* az Egyesült Királyság

United Nations Organization, the United Nations *fn esz v. tsz* az Egyesült Nemzetek Szervezete, az ENSZ

United States of America, the *fn esz v. tsz* Amerikai Egyesült Államok, az USA

unit furniture *fn* elemes bútor

unit price *fn* egységár

unity ['juːnəti] *fn* egység, egységesség

univ = **university**

universal [ˌjuːnɪ'vɜːsl] *mn* egyetemes, univerzális ‖ **become universal** általánossá válik; **universal heir** általános örökös

universality [ˌjuːnɪvɜː'sæləti] *fn* egyetemesség

universally [ˌjuːnɪ'vɜːsəli] *hsz* általánosan, egyetemesen

universe ['juːnɪvɜːs] *fn* világegyetem, világmindenség, univerzum

university [ˌjuːnɪ'vɜːsəti] *fn* egyetem

university degree *fn* egyetemi végzettség

university hospital *fn* klinika

university lecturer *fn* egyetemi előadó

university professor *fn* egyetemi tanár

university student *fn* egyetemi hallgató

unjust [ʌn'dʒʌst] *mn* igaztalan, méltatlan, igazságtalan ‖ **unjust claim** jogtalan követelés

unjustifiable [ʌn'dʒʌstɪfaɪəbl] *mn* nem igazolható/menthető

---

unjustified [ʌn'dʒʌstɪfaɪd] *mn* indokolatlan, jogosulatlan

unkempt [ʌn'kempt] *mn* ápolatlan, fésületlen, kócos

unkind [ʌn'kaɪnd] *mn* nem kedves/ szíves || mostoha *(természet)* || **be unkind to sy** rosszul bánik vkvel

unknown [ʌn'noʊn] ▼ *mn* ismeretlen || *(levélen)* címzett ismeretlen ▼ *fn* ❑ *mat* ismeretlen

unlace [ʌn'leɪs] *ige* kifűz

unladen [ʌn'leɪdn] *mn* kirakott || meg nem rakott; ❖ *átv* meg nem terhelt *(gonddal stb.)* || **unladen weight** önsúly

unlawful [ʌn'lɔːfl] *mn* törvénytelen, törvényellenes, jogtalan, jogellenes

unlawfulness [ʌn'lɔːflnəs] *fn* törvénytelenség

unleaded [ʌn'ledɪd] *mn* ólommentes *(benzin)*

unleash [ʌn'liːʃ] *ige* **unleash war** háborút kirobbant

unleavened [ʌn'levnd] *mn* kovásztalan

unless [ən'les] *ksz* hacsak … nem; kivéve, ha || **unless I am (very much) mistaken** ha nem csalódom/tévedek; **unless something happens** hacsak valami közbe nem jön

unlicensed restaurant [ʌn'laɪsnst] *fn* ⊕ *GB* alkoholmentes étterem

unlike [ʌn'laɪk] *mn/elölj* eltérő, más || **this novel is quite unlike his earlier one** ez a regény(e) egészen más, mint a korábbi; **it's very unlike him …** ez egyáltalán nem jellemző rá

unlikelihood [ʌn'laɪklihʊd] *fn* valószínűtlenség

unlikely [ʌn'laɪkli] *mn* valószínűtlen || nem sok jót ígérő, sikerrel alig kecsegtető || **it is most unlikely that …** kevés a valószínűsége annak, hogy …; **he's unlikely to come** nem valószínű, hogy eljön

unlimited [ʌn'lɪmɪtɪd] *mn* határtalan, korlátlan

unlined [ʌn'laɪnd] *mn* béleletlen

unlisted [ʌn'lɪstɪd] *mn* (hivatalosan) nem jegyzett *(értékpapír)* || titkos *(telefonszám)*

unlit [ʌn'lɪt] *mn* meg nem gyújtott; kivilágítatlan, sötét

unload [ʌn'loʊd] *ige* *(árut)* kirak || *(hajóból)* kirakodik

unloaded [ʌn'loʊdɪd] *mn* rakomány nélküli, üres(en)

unloading area [ʌn'loʊdɪŋ] *fn* lerakodóhely

unlock [ʌn'lɒk] *ige* *(zárat)* kinyit

unlooked-for [ˌʌn'lʊkt fɔː] *mn* nem várt, váratlan

unlucky [ʌn'lʌki] *mn* szerencsétlen; ❖ *biz* peches

unmanageable [ʌn'mænɪdʒəbl] *mn* kezelhetetlen, fékezhetetlen

unmanly [ʌn'mænli] *mn* férfiatlan

unmanned [ʌn'mænd] *mn* *(repülőgép stb.)* távirányítású, pilóta nélküli || **unmanned flying** műszeres repülés

unmannerly [ʌn'mænəli] *mn* rossz modorú

unmarked [ˌʌn'mɑːkt] *fn* ❑ *nyelvt* jelöletlen

unmarried [ʌn'mærid] *mn* hajadon, nőtlen, egyedül élő

unmask [ʌn'mɑːsk] *ige* *(összeesküvőket, csalókat)* leleplez

unmatched [ʌn'mætʃt] *mn* páratlan, egyedülálló; nem összeillő

unmeaning [ʌn'miːnɪŋ] *mn* értelmetlen || **unmeaning face** semmitmondó arc

unmentionable [ʌn'menʃnəbl] ▼ *mn* kimondhatatlan ▼ **unmentionables** *fn tsz* intim ruhadarabok

unmerciful [ʌn'mɜːsɪfl] *mn* könyörtelen, kíméletlen

unmerited [ʌn'merɪtɪd] *mn* meg nem érdemelt, érdemtelen

unmingled [ˌʌn'mɪŋgld] *mn* vegyítetlen

unmistakable [ˌʌnmɪ'steɪkəbl] *mn* félreérthetetlen

unmistakably [ˌʌnmɪ'steɪkəbli] *hsz* félreérthetetlenül, félreismerhetetlenül

U

unmitigated [ʌn'mɪtɪgeɪtɪd] *mn* teljes, abszolút ‖ **an unmitigated scoundrel** hétpróbás gazember

unmixed [ʌn'mɪkst] *mn* vegyítetlen ‖ zavartalan *(boldogság)*

unmusical [ʌn'mjuːzɪkl] *mn* botfülű ‖ nem muzikális

unnamed [ʌn'neɪmd] *mn* névtelen, ismeretlen ‖ meg nem említett

unnatural [ʌn'nætʃərəl] *mn* természetellenes, nem természetes, mesterkélt, erőltetett, erőszakolt

unnecessary [ʌn'nesəsəri] *mn* szükségtelen, felesleges

unnerve [ʌn'nɜːv] *ige* elbátortalanít

unnoticed [ʌn'nəʊtɪst] *mn/hsz* észrevétlen(ül) ‖ **pass unnoticed** észrevétlen marad, elmennek mellette

UNO ['juːnəʊ] = **United Nations Organization**

unobservant [ˌʌnəb'zɜːvənt] *mn* nem jó megfigyelő, figyelmetlen

unobserved [ˌʌnəb'zɜːvd] *mn/hsz* észrevétlen(ül)

unobstructed [ˌʌnəb'strʌktɪd] *mn* akadálytalan ‖ **unobstructed view** szabad kilátás

unobtainable [ˌʌnəb'teɪnəbl] *mn* beszerezhetetlen

unobtrusive [ˌʌnəb'truːsɪv] *mn* szerény, nem tolakodó ‖ nem feltűnő

unoccupied [ʌn'ɒkjʊpaɪd] *mn* (el) nem foglalt, szabad, üres ‖ **be unoccupied** *(ház, lakás)* üresen áll

unofficial [ˌʌnə'fɪʃl] *mn* félhivatalos, nem hivatalos

unopened [ʌn'əʊpənd] *mn* felbontatlan

unopposed [ˌʌnə'pəʊzd] *mn* ellenvetés nélkül(i)

unorthodox [ʌn'ɔːθədɒks] *mn* nem hithű ‖ nem a bevett felfogás szerinti ‖ liberális szellemű

unostentatious [ˌʌnɒsten'teɪʃəs] *mn* nem hivalkodó, egyszerű

unostentatiously [ˌʌnɒstən'teɪʃəsli] *hsz* hivalkodás nélkül, egyszerűen

unpack [ʌn'pæk] *ige* kicsomagol

unpaid [ʌn'peɪd] *mn* díjazatlan *(munka)*, fizetetlen ‖ **unpaid leave** fizetés nélküli szabadság

unpalatable [ʌn'pælətəbl] *mn* rossz ízű; élvezhetetlen, kellemetlen

unparalleled [ʌn'pærəleld] *mn* páratlan, hasonlíthatatlan ‖ **be unparalleled** nincsen párja

unpardonable [ʌn'pɑːdnəbl] *mn* megbocsáthatatlan

unpatriotic [ˌʌnpætri'ɒtɪk] *mn* hazafiatlan

unpick [ʌn'pɪk] *ige* szétbont; felfejt

unplanned [ʌn'plænd] *mn* nem (be)tervezett, terven kívüli, váratlan

unpleasant [ʌn'pleznt] *mn* *(viselkedés)* ellenszenves, kellemetlen ‖ **unpleasant overtones** mellékzönge

unplug [ʌn'plʌg] *ige* **-gg-** falidugót kihúz

unpolished [ʌn'pɒlɪʃt] *mn* *(fém)* matt; *(tárgy)* csiszolatlan

unpolluted [ˌʌnpə'luːtɪd] *mn* nem szennyezett, tiszta

unpopular [ʌn'pɒpjʊlə] *mn* népszerűtlen

unpractical [ʌn'præktɪkl] *mn* élhetetlen

unprecedented [ʌn'presɪdentɪd] *mn* példátlan, soha nem hallott/látott ‖ **be unprecedented** előzmény nélkül áll, nincs rá példa

unpredictable [ˌʌnprɪ'dɪktəbl] *mn* kiszámíthatatlan, előre meg nem mondható

unprejudiced [ʌn'predʒədɪst] *mn* előítéletektől mentes

unprepared [ˌʌnprɪ'peəd] *mn* készületlen

unprepossessing [ˌʌnpriːpə'zesɪŋ] *mn* nem megnyerő, ellenszenves

unpretentious [ˌʌnprɪ'tenʃəs] *mn* szerény, igénytelen

unprincipled [ʌn'prɪnsɪpld] *mn* elvtelen

unproductive [ˌʌnprə'dʌktɪv] *mn* improduktív; *(munka)* meddő, terméketlen

---

fn főnév −*hsz* határozószó −*isz* indulatszó −*ksz* kötőszó −*mn* melléknév
▼ szófajjelzés ⊕ földrajzi variáns ❑ szakterület ❖ stiláris minősítés

unprofessional [ˌʌnprə'feʃnəl] *mn* nem hivatásos ‖ szakszerűtlen, dilettáns ‖ magán(jellegű)

unprofitable [ʌn'prɒfitəbl] *mn* ráfizetéses, nem jövedelmező

unprotected [ˌʌnprə'tektɪd] *mn* védtelen

unprovided-for [ˌʌnprə'vaɪdɪd fɔ:] *mn* ellátatlan

unprovoked [ˌʌnprə'vəʊkt] *mn* indokolatlan, ki nem provokált

unpublished [ʌn'pʌblɪʃt] *mn* kiadatlan

unpunctual [ʌn'pʌŋktʃʊəl] *mn* pontatlan

unpunished [ʌn'pʌnɪʃt] *mn* büntetlen

unqualified [ʌn'kwɒlɪfaɪd] *mn* szakképzetlen, képesítés nélküli ‖ **unqualified for** *(állásra)* alkalmatlan

unquenchable [ʌn'kwentʃəbl] *mn (szomjúság)* olthatatlan

unquestionable [ʌn'kwestʃənəbl] *mn* kétségtelen

unquestionably [ʌn'kwestʃənəbli] *hsz* kétségtelenül

unquestioned [ʌn'kwestʃənd] *mn* kétségbe nem vont, nem vitatott, vitathatatlan

unquestioning [ʌn'kwestʃənɪŋ] *mn* feltétlen, vak *(engedelmesség)*

unquote [ˌʌn'kwəʊt] *isz* eddig az idézet, idézőjel bezárva

unravel [ʌn'rævl] *ige* **-ll-** (⊕ *US* **-l-**) *(átv is)* kibogoz; megfejt ‖ **be unravelled** *(cselekmény)* kibontakozik

unreadable [ʌn'ri:dəbl] *mn* élvezhetetlen, olvashatatlan

unreal [ʌn'rɪəl] *mn* nem reális/valódi, irreális

unrealistic [ˌʌnrɪə'lɪstɪk] *mn* irreális

unreasonable [ʌn'ri:znəbl] *mn* ésszerűtlen

unrecognizable [ʌn'rekəgnaɪzəbl] *mn* felismerhetetlen

unrecognized [ʌn'rekəgnaɪzd] *mn* fel nem ismert ‖ el nem ismert

unrecorded [ˌʌnrɪ'kɔ:dɪd] *mn* feljegyzetlen, meg nem említett ‖ nem rögzített

unrefined [ˌʌnrɪ'faɪnd] *mn* csiszolatlan, pallérozatlan *(személy)*

unrehearsed [ˌʌnrɪ'hɜ:st] *mn* próba nélküli

unrelated [ˌʌnrɪ'leɪtɪd] *mn* össze nem függő

unrelenting [ˌʌnrɪ'lentɪŋ] *mn* kérlelhetetlen, könyörtelen

unreliability [ˌʌnrɪ'laɪəblɪti] *fn* megbízhatatlanság

unreliable [ˌʌnrɪ'laɪəbl] *mn* megbízhatatlan, komolytalan

unrelieved [ˌʌnrɪ'li:vd] *mn* fel nem szabadított

unremitting [ˌʌnrɪ'mɪtɪŋ] *mn* szüntelen, lankadatlan

unrepeatable [ˌʌnrɪ'pi:təbl] *mn* reprodukálhatatlan

unrepentant [ˌʌnrɪ'pentənt] *mn* dacos

unrequited love [ˌʌnrɪ'kwaɪtɪd] *fn* egyoldalú/viszonzatlan szerelem

unreserved [ˌʌnrɪ'zɜ:vd] *mn* nyílt ‖ le nem foglalt, fenn nem tartott, szabad

unresolved [ˌʌnrɪ'zɒlvd] *mn* megoldatlan

unresponsive [ˌʌnrɪ'spɒnsɪv] *mn* tartózkodó ‖ nem fogékony

unrest [ʌn'rest] *fn* nyugtalanság, békétlenség

unrestrained [ˌʌnrɪ'streɪnd] *mn* fékevesztett, szertelen

unrestricted [ˌʌnrɪ'strɪktɪd] *mn* korlátlan *(mennyiség)*

unreturned [ˌʌnrɪ'tɜ:nd] *mn* viszonzatlan

unrewarded [ˌʌnrɪ'wɔ:dɪd] *mn* nem jutalmazott, viszonzatlan

unripe [ʌn'raɪp] *mn* éretlen *(gyümölcs)*

unrivalled (⊕ *US* **-l-**) [ʌn'raɪvld] *mn* páratlan, párját ritkító

unroll [ʌn'rəʊl] *ige* kigöngyöl ‖ lecsavar, leteker

unruffled [ʌn'rʌfld] *mn* sima, higgadt

unruly [ʌn'ru:li] *mn (gyerek)* rendetlenkedő, izgága, rakoncátlan, nehezen kezelhető ‖ fésülhetetlen *(haj)* ‖ **be unruly** lázong unsafe [ʌn'seɪf] *mn* nem biztonságos

unsaid [ʌn'sed] *mn* ki nem mondott

unsal(e)able [ʌn'seɪləbl] *mn* eladhatatlan

unsatisfactory [ˌʌnsætɪs'fæktri] *mn (minőségileg)* elégtelen

unsatisfied [ʌn'sætɪsfaɪd] *mn* kielégítetlen

unsavoury (⊕ *US* -ory) [ʌn'seɪvəri] *mn* rossz ízű

unscathed [ʌn'skeɪðd] *mn* ép, sértetlen

unscholarly [ʌn'skɒləli] *mn* tudománytalan

unscientific [ˌʌnsaɪən'tɪfɪk] *mn* tudománytalan

unscrew [ʌn'skruː] *ige (csavart)* kicsavar; *(fedelet)* lecsavar ‖ *(csavarosat)* kinyit

unscrupulous [ʌn'skruːpjʊləs] *mn* lelkiismeretlen, gátlástalan

unseal [ʌn'siːl] *ige (levelet)* kibont

unseat [ʌn'siːt] *ige* ledob *(vkt ló)* ‖ be unseated *(lóról)* bukik

unsecured [ˌʌnsɪ'kjʊəd] *mn* nem biztosított; fedezetlen

unseen [ʌn'siːn] *mn* látatlan ‖ láthatatlan

unselfish [ʌn'selfɪʃ] *mn* önzetlen

unselfishness [ʌn'selfɪʃnəs] *fn* önzetlenség

unsettle [ʌn'setl] *ige* felzaklat

unsettled [ʌn'setld] *mn* kialakulatlan; *(egyéniség)* kiforratlan, nyugtalan ‖ rendezetlen, fizetetlen ‖ unsettled question vitás kérdés

unsettling [ʌn'setlɪŋ] *mn* nyugtalanító

unshakeable [ʌn'ʃeɪkəbl] *mn* megingathatatlan *(hit)*

unshapely [ʌn'ʃeɪpli] *mn* idomtalan

unshaven [ʌn'ʃeɪvn] *mn* borotválatlan

unsheathe [ʌn'ʃiːð] *ige (kardot)* kivon, kiránt

unshrinkable [ʌn'ʃrɪŋkəbl] *mn* zsugorodásmentes

unsightly [ʌn'saɪtli] *mn* csúf, csúnya

unskilled [ʌn'skɪld] *mn* szakképzetlen ‖ járatlan *(in* vmben) ‖ unskilled labour/work segédmunka; unskilled worker segédmunkás

unsociable [ʌn'səʊʃəbl] *mn* nehezen barátkozó, emberkerülő

unsocial [ʌn'səʊʃl] *mn* antiszociális

unsold [ʌn'səʊld] *mn* eladatlan

unsolicited [ˌʌnsə'lɪsɪtɪd] *mn* kéretlen, önként adott ‖ unsolicited mail reklámanyag

unsolvable [ʌn'sɒlvəbl] *mn* megoldhatatlan

unsolved [ʌn'sɒlvd] *mn* megoldatlan

unsophisticated [ˌʌnsə'fɪstɪkeɪtɪd] *mn* mesterkéletlen

unsound [ʌn'saʊnd] *mn* beteg ‖ romlott ‖ hibás, rozoga, ingatag ‖ of an unsound mind nem beszámítható, elmebeteg

unsparing [ʌn'speərɪŋ] *mn* bőkezű ‖ könyörtelen, kíméletlen

unspeakable [ʌn'spiːkəbl] *mn* kimondhatatlan, minősíthetetlen

unspecified [ʌn'spesɪfaɪd] *mn* közelebbről meg nem nevezett, nem részletezett

unspoiled [ʌn'spɔɪld] *mn* ártatlan, romlatlan, el nem rontott

unspoken [ʌn'spəʊkən] *mn* hallgatólagos, ki nem mondott

unsportsmanlike [ʌn'spɔːtsmənlaɪk] *mn* sportszerűtlen

unstable [ʌn'steɪbl] *mn* ingatag, labilis, bizonytalan

unsteady [ʌn'stedi] *mn* labilis, ingatag, nem állandó

unstinting [ʌn'stɪntɪŋ] *mn* nagylelkű, bőkezű

unstitch [ʌn'stɪtʃ] *ige (ruhát)* szétbont, szétfejt, felfejt ‖ come unstitched *(ruha)* (fel)feslik

unstop [ʌn'stɒp] *ige* -pp- dugulást megszüntet *(csőben stb.)* ‖ dugót kihúz, kiszedi a dugót

unstuck [ʌn'stʌk] *mn* levált, leesett

---

fn főnév – *hsz* határozószó – *isz* indulatszó – *ksz* kötőszó – *mn* melléknév

▼ szófajjelzés ⊕ földrajzi variáns ❑ szakterület ❖ stiláris minősítés

unsuccessful [ˌʌnsək'sesfl] *mn* sikertelen

unsuitable [ʌn'su:təbl] *mn* nem megfelelő, rossz; *(személy)* alkalmatlan *(for* vmre)

unsuited [ʌn'su:tɪd] *mn (személy)* alkalmatlan *(to* vmre)

unsupported [ˌʌnsə'pɔ:tɪd] *mn* meg nem erősített

unsure [ʌn'ʃʊə] *mn* bizonytalan

unsurpassable [ˌʌnsə'pɑ:səbl] *mn* felülmúlhatatlan

unsuspecting [ˌʌnsə'spektɪŋ] *mn* gyanútlan

unsweetened [ʌn'swi:tnd] *mn* édesítetlen

unswerving [ʌn'swɜ:vɪŋ] *mn* (el)tántoríthatatlan ‖ **unswerving determination** megmásíthatatlan szándék

unsymmetrical [ˌʌnsɪ'metrɪkl] *mn* aszimmetrikus

unsympathetic [ˌʌnsɪmpə'θetɪk] *mn* ellenszenves

unsystematic [ˌʌnsɪstə'mætɪk] *mn* rendszertelen

untangle [ʌn'tæŋgl] *ige* kibogoz ‖ kifésül

untapped [ʌn'tæpt] *mn* kiaknázatlan

untaxed [ʌn'tækst] *mn* adózatlan

unthinkable [ʌn'θɪŋkəbl] *mn* elképzelhetetlen

unthinking [ʌn'θɪŋkɪŋ] *mn* meggondolatlan

unthinkingly [ʌn'θɪŋkɪŋli] *hsz* meggondolatlanul

untidiness [ʌn'taidinəs] *fn* rendetlenség

untidy [ʌn'taɪdi] *mn* rendetlen

untie [ʌn'taɪ] *ige (pres p* **untying)** *(csomagot)* szétbont, kibont; *(csomót)* kibogoz, megold, kiold ‖ **come untied** *(kötés, varrás)* kibomlik

until [ən'tɪl] *elölj/ksz (időtartamon belül valameddig)* -ig ‖ addig, amíg ‖ **until 5 o'clock** 5 óráig; **not until** mindaddig nem, amíg

untimely [ʌn'taɪmli] *mn* korai, idő előtti

untold [ʌn'toʊld] *mn* elmondatlan

untouched [ʌn'tʌtʃt] *mn* érintetlen

untoward [ˌʌntə'wɔ:d] *mn* kellemetlen, kínos

untrained [ʌn'treɪnd] *mn* kiképzetlen, képzetlen

untrammelled (⊕ *US* **-l-**) [ʌn'træmld] *mn* akadálytalan, ment *(by* vmtől)

untranslatable [ˌʌntræn'sleɪtəbl] *mn* lefordíthatatlan

untried [ʌn'traɪd] *mn* kipróbálatlan ‖ **untried on** fel nem próbált; *(bíróság által)* még nem tárgyalt

untrodden [ʌn'trɒdn] *mn* járatlan *(út)*; úttalan

untrue [ʌn'tru:] *mn* nem igaz, valótlan, hazug ‖ **that's untrue** ez nem áll/igaz

untrustworthy [ʌn'trʌstwɜ:ði] *mn* megbízhatatlan

unusable [ʌn'ju:zəbl] *mn* használhatatlan

unused [ʌn'ju:zd] *mn* használatlan, új ‖ **become unused to sg** vmtől elszokik

unusual [ʌn'ju:ʒʊəl] *mn* furcsa; különös, szokatlan, rendkívüli

unusually [ʌn'ju:ʒʊəli] *hsz* szokatlan módon, szokatlanul, rendkívül

unutilized [ʌn'ju:tɪlaɪzd] *mn* kihasználatlan

unutterable [ʌn'ʌtərəbl] *mn* kimondhatatlan

unvarnished [ʌn'vɑ:nɪʃt] *mn* matt, fényezetlen ‖ **unvarnished wood** nyers fa; **the unvarnished truth** a színtiszta igazság

unvarying [ʌn'veəriɪŋ] *mn* változatlan, egyforma

unveil [ʌn'veɪl] *ige (szobrot)* leleplez

unventilated [ʌn'ventɪleɪtɪd] *mn* szellőzetlen

unwanted [ʌn'wɒntɪd] *mn* nem kívánatos, nem kívánt

U

---

nm névmás– *nu* névutó– *szn* számnév– *esz* egyes szám– *tsz* többes szám
▼ szófajjelzés ⊕ földrajzi variáns ❑ szakterület ❖ stiláris minősítés

unwarranted [ʌn'wɒrəntɪd] *mn* indokolatlan ‖ jogtalan ‖ jótállás nélküli ‖ felhatalmazás nélküli

unwary [ʌn'weəri] *mn* vigyázatlan, könnyelmű

unwashed [ʌn'wɒʃt] *mn* mosdatlan, mosatlan

unwavering [ʌn'weɪvərɪŋ] *mn* megingathatatlan, tántoríthatatlan

unwelcome [ʌn'welkəm] *mn* nem szívesen látott ‖ **unwelcome news** kellemetlen hír

unwell [ʌn'wel] *mn* **be unwell** nem érzi jól magát, nincs jól, rosszul van, gyengélkedik; **feel unwell** *(beteg)* rosszul érzi magát; **(s)he became unwell** rosszul lett

unwholesome [ʌn'həʊlsəm] *mn* egészségtelen

unwieldy [ʌn'wi:ldi] *mn* otromba

unwilling [ʌn'wɪlɪŋ] *mn* vonakodó ‖ **be unwilling to do sg** nem akar vmt tenni, vmtől húzódozik/vonakodik

unwillingly [ʌn'wɪlɪŋli] *hsz* kelletlenül, vonakodva

unwillingness [ʌn'wɪlɪŋnəs] *fn* vonakodás

unwind [ʌn'waɪnd] *ige* (*pt/pp* **unwound** [ʌn'waʊnd]) letekercsel ‖ legombolyodik

unwise [ʌn'waɪz] *mn* esztelen, oktalan

unwitting [ʌn'wɪtɪŋ] *mn/hsz* szándékolatlan, akaratlan; nem tudva vmről

unworkable [ʌn'wɜ:kəbl] *mn* keresztülvihetetlen ‖ meg nem munkálható

unworkmanlike [ʌn'wɜ:kmənlaɪk] *mn* szakszerűtlen

unworthy [ʌn'wɜ:ði] *mn (ember)* érdemtelen ‖ **be unworthy of sg** méltatlan vmre

unwound [ʌn'waʊnd] *pt/pp* → **unwind**

unwrap [ʌn'ræp] *ige* **-pp-** *(csomagot)* kibont

unwritten [ʌn'rɪtn] *mn* íratlan ‖ **unwritten law** szokásjog, íratlan törvény

unwrought [ʌn'rɔ:t] *mn* megmunkálatlan *(anyag)*

unyielding [ʌn'ji:ldɪŋ] *mn* ❖ *átv* hajthatatlan

unzip [ʌn'zɪp] *ige* **-pp-** cipzárját kinyitja/lehúzza (vmnek), kicipzároz

up [ʌp] ▼ *mn* felfelé haladó ‖ **the up train** a főváros felé menő vonat ▼ *hsz* fel, felfelé ‖ fenn, fent ‖ **be up** fenn van; **be up and about** már fenn van, kijár *(beteg)*; **up and down** fel és alá, le-fel; **up there** odafenn, ott fenn/fent; **be well up in sg** alaposan ismer vmt, jól benne van vmben; **one up to you** egy null a javadra; **up to now** (mind)eddig, ez ideig; **up to this day** (mind) a mai napig; **be up to sg** felér vmvel; ❖ *biz* vmben sántikál; **I don't feel up to it** nem érzem magam képesnek rá; **what's up?** ❖ *biz* (na) mi az?, mi baj?; **it's up to him to** az ő dolga, hogy, ezt rá bízom, ez tőle függ ▼ *fn* **ups and downs** az élet viszontagságai

up-and-coming *mn* ❖ *biz* sikeres *(ember)*

upbeat ['ʌpbi:t] ▼ *mn* optimista ▼ *fn* ❑*zene* felütés

upbraid [ʌp'breɪd] *ige* lehord, elővesz ‖ **upbraid sy with sg** szemére hány/vet vmt vknek

upbringing ['ʌpbrɪŋɪŋ] *fn* neveltetés

update ▼ [ʌp'deɪt] *ige* korszerűsít, naprakész állapotba hoz ▼ ['ʌpdeɪt] *fn* frissítés

up-end *ige* fenekével felfelé fordít ‖ fenekére állít ‖ felemelkedik

upgrade [ʌp'greɪd] *ige (talajt)* feljavít

upheaval [ʌp'hi:vl] *fn* forrongás, kavarodás

upheld [ʌp'held] *pt/pp* → **uphold**

uphill ▼ ['ʌphɪl] *mn* felfelé haladó ‖ nehéz ‖ **uphill task** nehéz feladat ▼ [ʌp'hɪl] *hsz* hegynek fel, lejtőn felfelé, hegymenetben

uphold [ʌp'həʊld] *ige (pt/pp* **upheld** [ʌp'held]) fenntart, megerősít, jóváhagy *(ítéletet)*

upholster [ʌp'həʊlstə] *ige (bútort, autót)* kárpitoz

---

fn főnév −*hsz* határozószó −*isz* indulatszó −*ksz* kötőszó −*mn* melléknév
▼ szófajjelzés ⊕ földrajzi variáns ❑ szakterület ❖ stiláris minősítés

upholstered [ʌpˈhoʊlstəd] *mn* kárpitozott, párnázott

upholsterer [ʌpˈhoʊlstərə] *fn* kárpitos

upholstery [ʌpˈhoʊlstəri] *fn* bútorhuzat; kárpitozás *(autóban is)* ‖ kárpit *(autóé)*; üléshuzat

UPI [ˌjuː piː ˈaɪ] = *United Press International* <az USA egyik legnagyobb hírügynöksége>

upkeep [ˈʌpkiːp] *fn* üzemeltetési költségek

upon [əˈpɒn] *elölj* -on, -en, -ön, -n ‖ -ra, -re ‖ **once upon a time** egyszer volt, hol nem volt ‖ → **on**

upper [ˈʌpə] *mn* felső ‖ felsőbb ‖ **get the upper hand over sy** fölébe/föléje kerekedik vknek; **upper age limit** felső korhatár; **upper arm** *fn* felsőkar; **the Upper Chamber/House** a felsőház; **upper circle** második emeleti erkély; **the upper classes** felsőbb *(társadalmi)* osztályok; **the upper crust** a felső tízezer ‖ → **uppers**

uppermost [ˈʌpəmoʊst] *mn* legfelső, legmagasabb

uppers [ˈʌpəz] *fn tsz* (cipő)felsőrész

Upper Volta [ˈʌpə ˈvɒltə] *fn* Felső-Volta

uppish [ˈʌpɪʃ] *mn* fölényes, fennhéjázó ‖ **be uppish** lóhátról beszél

upright [ˈʌpraɪt] *v mn* derék; tisztességes; rendes, becsületes, jóravaló, egyenes lelkű ‖ egyenes *(tartás) v hsz* egyenesen; felfelé

uprightness [ˈʌpraɪtnəs] *fn* egyenesség, becsületesség

upright piano *fn* pianínó

uprising [ˈʌpraɪzɪŋ] *fn* (nép)felkelés

uproar [ˈʌprɔː] *fn* kavarodás; lárma, kiabálás

uproarious [ʌpˈrɔːrɪəs] *mn* harsány ‖ **uproarious laughter** harsogó nevetés

uproot [ʌpˈruːt] *ige* gyökerestől kitép

upset *v* [ʌpˈset] *mn ❖ biz* kiborult; feldúlt; zaklatott ‖ **easily upset** sértő-

dős, érzékeny; **I am very upset** egészen fel vagyok dúlva; **have an upset stomach** elrontja a gyomrát, gyomorrontása van *v* [ʌpˈset] *ige (pt/pp* **upset) -tt-** felborít, kidönt, felforgat ‖ *(lelkileg)* felkavar, felzaklat ‖ *(tervet)* felborít ‖ **upset one's stomach** elrontja a gyomrát, émelyít; **upset sy's plans** keresztülhúzza vk számításait *v* [ˈʌpset] *fn* felfordulás, izgalom ‖ gyengélkedés ‖ gyomorrontás

upset price *fn* kikiáltási ár

upsetting [ʌpˈsetɪŋ] *mn* izgató, nyugtalanító

upshot [ˈʌpʃɒt] *fn* következmény, eredmény

upside-down [ˌʌpsaɪdˈdaʊn] *hsz* fejjel lefelé, a feje tetejére, összevissza

upstairs [ʌpˈsteəz] *v mn* emeleti, fenti *v hsz* (fenn) az emeleten, odafenn, (oda)fent; fel az emeletre ‖ **live upstairs** fent lakik *(az emeleten)*

upstart [ˈʌpstɑːt] *fn* parvenü ‖ **he is an upstart** felkapaszkodott az uborkafára

upstream [ʌpˈstriːm] *hsz* folyón felfelé

upsurge [ˈʌpsɜːdʒ] *fn* nekilendülés; feltörés

upswing [ˈʌpswɪŋ] *fn* fellendülés

upsy-daisy [ˌʌpsi ˈdeɪzi] *isz (kisgyermeknek)* hoppá

uptake [ˈʌpteɪk] *fn* értelem, felfogás ‖ **quick on the uptake** gyors felfogású

uptight [ʌpˈtaɪt] *mn* feszült, ideges

up-to-date *mn* mai, korszerű, modern ‖ **bring sg up-to-date** naprakész állapotba hoz, korszerűsít, modernizál

uptown [ʌpˈtaʊn] *v hsz* kint, kifelé *(a lakótelepek felé) v mn* külső

upturn [ˈʌptɜːn] *fn* fellendülés

upturned [ʌpˈtɜːnd] *mn* felfelé fordított ‖ feltűrt

upward [ˈʌpwəd] *v mn* felfelé menő/irányuló ‖ **upward tendency** emelkedő irányzat *v hsz* felfelé

upwards [ˈʌpwədz] *hsz* felfelé

U

uraemia (⊕ *US* **uremia**) [juˈriːmɪə] *fn* ❏ *orv* urémia

Ural [ˈjʊərəl] *fn* Urál

uranium [jʊˈreɪnɪəm] *fn* urán

Uranus [jʊˈreɪnəs] *fn* Uránusz

urban [ˈɜːbən] *mn* városi, városias

urbane [ɜːˈbeɪn] *mn* udvarias, finom modorú

urbanization [ˌɜːbənaɪˈzeɪʃn] *fn* elvárosiasodás, urbanizáció

urchin [ˈɜːtʃɪn] *fn* csibész

ureter [ˈjʊərɪtə] *fn* ❏ *orv* uréter, húgyvezeték

urge [ɜːdʒ] ▼ *fn* belső kényszer/késztetés ▼ *ige* buzdít, (meg)sürget, szorgalmaz, unszol, vkt vmre ösztönöz/ sarkall ‖ **urge on** noszogat, hajt ‖ **urge sy on (to do sg)** vkt (hatékonyabb munkára) serkent

urgency [ˈɜːdʒnsi] *fn* sürgősség

urgent [ˈɜːdʒnt] *mn (levél)* sürgős ‖ sürgető ‖ **urgent call** sürgős beszélgetés *(telefon)*; **urgent need** égető szükség

urinal [ˈjʊərɪnl] *fn* éjjeli(edény) ‖ vizelde

urinary bladder [ˈjʊərɪnəri] *fn* húgyhólyag

urinate [ˈjʊərɪneɪt] *ige* vizel

urine [ˈjʊərɪn] *fn* vizelet ‖ **pass urine** vizel

urn [ɜːn] *fn* urna ‖ szavazás

urology [jʊəˈrɒlədʒi] *fn* urológia

Uruguay [ˈjʊərəgwaɪ] *fn* Uruguay

Uruguayan [ˌjʊərəˈgwaɪən] *mn* uruguayi

us [əs, *erős kiejt.* ʌs] *nm* minket; bennünket ‖ nekünk ‖ ❖ *biz* mi ‖ **just between us** megsúgom neked; **to us** hozzánk; **with us** velünk, *(lakásunkban)* nálunk

US [ˌjuː ˈes] = *United States (of America)* az Egyesült Államok

USA [ˌjuː es ˈeɪ] = **United States of America** ‖ *United States Army* az USA hadserege

usable [ˈjuːzəbl] *mn* (fel)használható

USAF [ˌjuː es eɪˈef] = *United States Air Force* az USA légiereje

usage [ˈjuːsɪdʒ] *fn* használat ‖ nyelvhasználat, szóhasználat

usage level *fn* stílusréteg

use ▼ *fn* [juːs] alkalmazás; felhasználás ‖ használat ‖ **be in use** használatban van, használatos; **be of no use** használhatatlan, hasznavehetetlen, semmi haszna; **be of use** hasznos, vm vknek használ; **it is not much use** nem sokat ér; **make use of** felhasznál, igénybe vesz; **make good use of sg** helyesen/jól gazdálkodik vmvel, *(tudást)* kamatoztat; **what is the use of it?** mire jó/szolgál/való ez?; **what's the use of ...?** mi értelme van (annak)?; **it's no use talking to him** neki ugyan beszélhetsz ▼ [juːz] *ige* (fel)használ ‖ alkalmaz ‖ **use sg for/as sg** vmely célra felhasznál vmt; **what is it used for?** mire való? ‖ → **used²**; → **used to**

use up felhasznál ‖ elhasznál, felél

useable [ˈjuːzəbl] *mn* (fel)használható

use-by date *fn* felhasználási idő

used¹ [juːzd] *mn* használt

used² [juːzt] *mn* vmhez hozzászokott ‖ **be used to sg** hozzászokott vmhez, hozzá van szokva, szokva van vmhez; **get used to sg** hozzászokik vmhez, megszokik vmt; **I'm getting used to it** kezdem megszokni; **I am not used to it** ehhez nem vagyok szokva

used to [ˈjuːst tə] *(segédigeként) (alakjai még:* **didn't use to ...** [juːs] **did you use to ...?** [juːs]; **usedn't to ...** [ˈjuːsnt])**; there used to be a house here** itt valaha egy ház állt; **it used to be ...** régente szokás volt ...; **I used to like it** azelőtt szerettem; **there used to be a cinema here, use(d)n't there?** valamikor itt egy mozi volt, nem?; **you used to smoke a pipe, didn't you?** ugye, régebben pipáz-

---

fn főnév – *hsz* határozószó – *isz* indulatszó – *ksz* kötőszó – *mn* melléknév
▼ szófajjelzés ⊕ földrajzi variáns ❏ szakterület ❖ stiláris minősítés

tál?; **did you use to go there?** jártál oda valamikor?; **I didn't use to like her** azelőtt nem szerettem

useful ['ju:sfl] *mn* hasznos ‖ **come in useful** vknek vm jól jön; **be useful for sy** használ vknek

usefulness ['ju:sflnəs] *fn* hasznosság, hasznavehetőség

useless ['ju:sləs] *mn* hasznavehetetlen, haszontalan

uselessly ['ju:sləsli] *hsz* hasznavehetetlenül; hasztalanul

uselessness ['ju:sləsnəs] *fn (dologé)* haszontalanság

user ['ju:zə] *fn* használó; felhasználó ‖ **users instructions** használati utasítás

user-friendly *mn* ❏ *szt* felhasználóbarát

usher ['ʌʃə] ▼ *fn* ❏ *szính* jegyszedő ‖ teremszolga ▼ *ige* betessékel, bevezet, bekísér

usherette [,ʌʃə'ret] *fn* ❏ *szính* jegyszedőnő

USN [,ju: es 'en] = *United States Navy* az USA haditengerészete

USS [,ju: es 'es] = *United States Ship* az USA hadihajója

usu. = **usually**

usual ['ju:ʒʊəl] *mn* szokásos, szokásszerű ‖ **as usual** a szokásos módon, mint máskor/rendesen; **it is not usual** nem szokás

usually ['ju:ʒʊəli] *hsz* rendszerint, többnyire, szokás szerint ‖ **he usually comes this way** erre szokott jönni

usufruct ['ju:sjʊfrʌkt] *fn* haszonélvezet

usurer ['ju:ʒərə] *fn* uzsorás

usurp [ju:'zɜ:p] *ige* bitorol

usurpation [,ju:zɜ:'peɪʃn] *fn* bitorlás

usurper [ju:'zɜ:pə] *fn* bitorló

usury ['ju:ʒəri] *fn* uzsora

utensil [ju:'tensl] *fn* (háztartási) eszköz ‖ **kitchen utensils** konyhaedények

uterine ['ju:tərαɪn] *mn* ❏ *orv* méh- ‖ **uterine cervix** méhnyak

uterus ['ju:tərəs] *fn (tsz* **-ruses**; ❏ *tud* **-ri**) méh *(testrész)*

utilitarian [ju:,tɪlɪ'teərɪən] *mn* haszonelvű

utility [ju:'tɪləti] *fn* hasznosság, használhatóság ‖ **public utility company** közmű, szolgáltató vállalat; **public utilities** közművek, közszolgáltatások

utility furniture *fn* típusbútor

utility goods *fn tsz* típusáru

utility room *fn* rakodószoba, kisszoba, kamra *(rakodásra, mosógépnek stb.)*

utility vehicle *fn* furgon, kisteherkocsi

utilization [,ju:tɪlaɪ'zeɪʃn] *fn* felhasználás; kiaknázás, igénybevétel

utilize ['ju:tɪlaɪz] *ige* felhasznál, hasznosít, kiaknáz, igénybe vesz ‖ **utilize one's abilities** gyümölcsözteti tehetségét

utmost ['ʌtmoʊst] *mn/fn* (leg)végső, legtávolabbi ‖ a lehető legnagyobb/legtöbb ‖ **of the utmost importance** nagy horderejű; **do one's utmost** mindent elkövet, minden tőle telhetőt megtesz; **to the utmost** a végsőkig

utopia [ju:'toʊpɪə] *fn* utópia

utter¹ ['ʌtə] *mn* teljes, tökéletes, abszolút ‖ végső ‖ **utter destitution** feneketlen nyomor; **utter nonsense** őrületes baromság; **be in utter despair** odavan a kétségbeeséstől

utter² ['ʌtə] *ige (szót)* kimond ‖ **doesn't utter a sound/word** egy kukkot sem szól, mélységesen hallgat

utterance ['ʌtərəns] *fn (nyelvi)* megnyilatkozás

utterly ['ʌtəli] *hsz* ❖ *biz* teljesen; tisztára

U-turn ['ju: tɜ:n] *fn* **make a U-turn** *(autó)* megfordul; **no U-turns** megfordulni tilos!

uvula ['ju:vjʊlə] *fn (tsz* **-lae** [-li:]) nyelvcsap

uvular ['ju:vjʊlə] *mn* veláris *(hang)*

U

---

nm névmás _*nu* névutó _*szn* számnév _*esz* egyes szám _*tsz* többes szám
▼ szófajjelzés ⊕ földrajzi variáns ❏ szakterület ❖ stiláris minősítés

V

v = **versus**
vac [væk] *fn* = **vacation**; = **vacuum cleaner**
vacancy ['veɪkənsi] *fn* álláskínálat, megüresedés || űr || **no vacancies** nincs üres/kiadó szoba || munkásfelvétel nincs
vacant ['veɪkənt] *mn* üres, szabad; *(bérbe vehető)* kiadó; lakatlan *(ház)*; üres *(ház, szoba, állás)*; *(nem foglalt)* szabad || **vacant look** kifejezéstelen arc
vacant lot *fn* ⊕ *US* üres/foghíjas/beépítetlen telek
vacate [vəˈkeɪt, ⊕ *US* veɪˈk-] *ige (helyiséget)* kiürít || **vacate the room** *(szállodában)* elhagyja a szobát
vacation [vəˈkeɪʃn, ⊕ *US* veɪˈk-] ▼ *fn* ❑ *isk* ⊕ *US* (nyári) szünet, vakáció || ⊕ *US (dolgozóé)* szabadság || **be on vacation** szabadságon van ▼ *ige* szabadságát tölti; üdül
vacation course *fn* szünidei/nyári tanfolyam
vacationer [vəˈkeɪʃənə, ⊕ *US* veɪˈk-] *fn* ⊕ *US* nyaraló *(személy)*
vacationist [vəˈkeɪʃənɪst, ⊕ *US* veɪˈk-] *fn* nyaraló, üdülő, vakációzó *(személy)*
vaccinate ['væksɪneɪt] *ige* ❑ *orv* beolt
vaccination [ˌvæksɪˈneɪʃn] *fn* (védő)-oltás, oltás
vaccine ['væksiːn] *fn* ❑ *orv* oltóanyag, vakcina || **the vaccine has not taken** az oltás nem eredt meg
vacillate ['væsɪleɪt] *ige* tétovázik, ingadozik, meginog

vacuum ['vækjuəm] ▼ *fn* légüres tér, vákuum ▼ *ige* **vacuum (out)** (ki)porszívóz
vacuum bottle *fn* ⊕ *US* termosz
vacuum-clean *ige* porszívóz
vacuum cleaner *fn* porszívó
vacuum flask *fn* termosz
vacuum-packed *mn* légritkított tartályba csomagolt, vákuumcsomagolású
vacuum tube *fn* elektroncső
vagabond ['vægəbɒnd] *mn/fn* kóbor, jöttment, csavargó
vagary ['veɪgəri] *fn* szeszély, hóbort
vagina [vəˈdʒaɪnə] *fn (női)* hüvely
vagrancy ['veɪgrənsi] *fn* csavargás, kóborlás
vagrant ['veɪgrənt] *mn* kóbor, csavargó, jöttment || hajléktalan
vague [veɪg] *mn* bizonytalan, tág, ködös *(gondolat)*
vaguely ['veɪgli] *hsz* határozatlanul, bizonytalanul
vagueness ['veɪgnəs] *fn* bizonytalanság, határozatlanság
vain [veɪn] *mn (ember)* hiú || hasztalan, hiábavaló || **in vain** hiába; **all in vain** mindhiába
vainly ['veɪnli] *hsz* hiába
valance ['væləns] *fn* drapéria || ⊕ *US* karnis
valediction [ˌvælɪˈdɪkʃn] *fn* búcsúbeszéd
valedictory [ˌvælɪˈdɪktəri] *mn* **valedictory (address/speech)** búcsúztató, búcsúbeszéd
valence ['veɪləns] *fn* ⊕ *US* ❑ *vegy* vegyérték

valency ['veɪlənsi] *fn* ❏ *vegy* vegyérték ‖❏ *nyelvt* valencia

valentine ['væləntaɪn] *fn* <Szt. Bálint napján, febr. 14-én képeslapon küldött nyomtatott tréfás *v.* kedveskedő szerelmi üzenet> ‖ (Bálint-napkor) választott szerető, kedves

valet ['vælɪt] *fn* komornyik

valet(ing) service *fn* takarítószolgálat

valiant ['vælɪənt] *mn* bátor

valiantly ['vælɪəntli] *hsz* bátran, vitézül, hősiesen; derekasan

valid ['vælɪd] *mn* érvényes, hatályos ‖ **no longer valid** lejárt; **valid until further notice** visszavonásig érvényes

validate ['vælɪdeɪt] *ige* érvényesít *(okiratot)*

validity [və'lɪdəti] *fn* érvényesség ‖ **its validity has expired** érvényessége lejárt

valise [və'li:z] *fn* útitáska

valley ['væli] *fn* völgy

valour (⊕ *US* **-or**) ['vælə] *fn* vitézség

valuable ['væljʊəbl] *mn* értékes, becses

valuables ['væljʊəblz] *fn tsz* értéktárgyak

valuation [,væljʊ'eɪʃn] *fn* felbecsülés; értékelés

value ['vælju:] ▼ *fn* érték ‖ **attach value to sg** értéket tulajdonít vmnek; **of no value** értéktelen ▼ *ige* megbecsül, méltányol; értékel ‖ **value sg highly** nagyra értékel, (nagy) becsben tart

value added tax *fn* általános forgalmi adó, ÁFA, értéktöbbletadó

valued ['vælju:d] *mn* értékes, becses

valueless ['vælju:ləs] *mn* értéktelen, hitvány

valuer ['væljʊə] *fn* becsüs

valve [vælv] *fn* szelep ‖ (szív)billentyű ‖ elektroncső ‖❏ *zene* ventil

vamp [væmp] *fn* csábító *(nő)*, démon

vampire ['væmpaɪə] *fn* vámpír

van [væn] *fn* (zárt) teherautó; furgon ‖ ❏ *vasút* (zárt) tehervagon

vandal ['vændl] *mn/fn* vandál

vandalism ['vændəlɪzm] *fn* vandalizmus ‖ **piece of vandalism** vandál pusztítás/rombolás

vandalize ['vændəlaɪz] *ige* vandál/barbár módra bánik (vmvel); vandál pusztítást végez (vhol, vmben)

vanguard ['vængɑ:d] *fn* élvonal, élgárda ‖ **in the vanguard** a csapat élén

vanilla [və'nɪlə] *fn* vanília

vanish ['vænɪʃ] *ige* (remény) szertefoszlik, eltűnik ‖ **vanished into thin air**❏ *kif* nyomtalanul eltűnt

vanity ['vænəti] *fn* (emberi) hiúság

vanity bag/case *fn* piperetáska

vanquish ['væŋkwɪʃ] *ige* (népet) hódít

vantage ['vɑ:ntɪdʒ] *fn* előny

vantage-point *fn* jó kilátást nyújtó pont; előnyös helyzet; helyzeti előny

vapid ['væpɪd] *mn* semmitmondó; szellemtelen; üres; száraz; lapos

vaporize ['veɪpəraɪz] *ige* elpárolog ‖ elpárologtat

vaporous ['veɪpərəs] *mn* párás

vapour (⊕ *US* **-or**) ['veɪpə] *fn* gőz; pára

vapour trail *fn* kondenzcsík

variable ['veərɪəbl] *mn/fn* változó

variance ['veərɪəns] *fn* különbség ‖ **be at variance** nézeteltérése van vkvel, széthúz

variant ['veərɪənt] *fn* változat, variáns

variation [,veəri'eɪʃn] *fn* változás ‖ változat, variáció ‖ ❏ *zene* változat, variáció ‖❏ *mat* változás, variáció

varicoloured (⊕ *US* **-colored**) ['veərɪkʌləd] *mn* sokszínű

varicosed ['værɪkoʊst] *mn* visszeres

varicose veins ['værɪkoʊs] *fn tsz* ❖ *biz* visszértágulat ‖ **have varicose veins** visszeres a lába, ❖ *biz* visszere van

varied ['veərid] *mn* változatos, tarka

variegated ['veərɪəgeɪtɪd] *mn* többszínű; tarka

variety [və'raɪəti] *fn* fajta, változat, válfaj || változatosság || varieté(színház)

variety show *fn* varietéműsor, revü

variety theatre *fn* varieté(színház), revüszínház

various ['veərɪəs] *mn* különböző, különféle || **in various ways** többféleképpen

variously ['veərɪəsli] *hsz* különféleképpen

varnish ['vɑːnɪʃ] ▼ *fn (bútoron)* fényezés, politúr ▼ *ige (bútort, fát)* fényez

varnished ['vɑːnɪʃt] *mn* fényezett, politúrozott

vary ['veəri] *ige* változik, váltakozik || *(vélemény)* eltér || **vary from … to …** *(két szélső határ között)* váltakozik; **vary in** különbözik vmben

varying ['veərɪɪŋ] *mn* változó || **with varying success** váltakozó sikerrel

vascular ['væskjʊlə] *mn* érrendszeri; ér-

vascular surgery *fn* érsebészet

vase [vɑːz, ⊕US veɪs] *fn* váza

vasectomy [və'sektəmi] *fn* vasectomia, ondózsinór-eltávolítás

Vaseline ['væsəliːn] *fn* vazelin

vassal ['væsl] *fn* ❏ *tört* hűbéres, vazallus

vast [vɑːst] *mn* hatalmas, óriási, kiterjedt, mérhetetlen || **vast amount (of money)** hatalmas összeg; **vast majority** túlnyomó többség

vastly ['vɑːstli] *hsz* mérhetetlenül

vat [væt] *fn* erjesztőkád, cserzőkád

VAT, Vat [ˌvi: eɪ 'tiː, ❖ *biz* væt] = **value added tax**

Vatican ['vætɪkən] *fn* Vatikán

vaudeville ['vɔːdəvɪl] *fn* ⊕ US varieté(színház)

vault [vɔːlt] *fn* ív; boltív; boltozat || *(tornában lóval)* ugrás

vaulted ['vɔːltɪd] *mn* boltíves, bolthajtásos

vaulting ['vɔːltɪŋ] *fn* boltív, boltozat

vaulting horse *fn* bak *(tornaszer)*

vaunt [vɔːnt] henceg; büszkélkedik vmvel

vaunted ['vɔːntɪd] *mn* feldicsért, magasztalt

vaunting ['vɔːntɪŋ] *mn* kérkedő

V-belt *fn* ékszíj

VC [ˌviː 'siː] = **Victoria Cross**

VCR [ˌviː siː 'ɑː] = **video cassette recorder**

VD [ˌviː 'diː] = **venereal disease**

VD-patient *fn* nemi beteg

VDU [ˌviː diː 'juː] = **visual display unit**

've [-v] = **have**

veal [viːl] *fn* borjúhús

veal cutlet/escalope *fn* natúrszelet

veal fillet *fn* borjúszelet

vector ['vektə] *fn* ❏ *tud* vektor

veer [vɪə] *ige* (el)kanyarodik || **veer back** visszakanyarodik; **veer round** megfordul; **veer to(wards) the right** jobbra tolódik

veg [vedʒ] *fn* ❖ *biz* = **vegetable(s)**

vegetable ['vedʒtəbl] ▼ *mn* zöldség- || növényi || **vegetable dish** főzelék ▼ *fn* **vegetables** zöldségfélék; főzelékfélék

vegetable-garden *fn* konyhakert

vegetarian [ˌvedʒɪ'teərɪən] *mn/fn* vegetáriánus

vegetate ['vedʒɪteɪt] *ige* tenyészik || vegetál, tengődik; tesped

vegetation [ˌvedʒɪ'teɪʃn] *fn* növényzet, vegetáció

vegetative ['vedʒɪtətɪv] *mn* vegetatív

vehemence ['viːəməns] *fn (emberé, természeté)* hevesség

vehement ['viːəmənt] *mn* vehemens

vehicle ['viːɪkl] *fn* jármű || **motor vehicle** gépjármű, gépkocsi; **public vehicle** tömegközlekedési eszköz

vehicle licence (⊕ US -se) *fn* forgalmi engedély

vehicular traffic [vɪ'hɪkjʊlə] *fn* gépjárműforgalom

---

fn főnév – *hsz* határozószó – *isz* indulatszó – *ksz* kötőszó – *mn* melléknév
▼ szófajjelzés ⊕ földrajzi variáns ❏ szakterület ❖ stiláris minősítés

veil [veɪl] *fn* fátyol

veiled [veɪld] *mn* fátyolos, fátyolozott

vein [veɪn] *fn* ❑ *biol* véna, gyűjtőér; visszér ‖ telér

veined [veɪnd] *mn* erezett

velcro ['velkroʊ] *fn* tépőzár

vellum ['veləm] *fn* pergamen *(borjú-bőrből)* ‖ finom írópapír

velocity [vɪ'lɒsəti] *fn* ❑ *műsz* sebesség

velour(s) [və'lʊə(z)] *fn (textil)* velúr

velvet ['velvət] *fn* bársony

velvet-like *mn* bársonyos

velvety ['velvəti] *mn* bársonyos

vendetta [ven'detə] *fn* vérbosszú

vending-machine ['vendɪŋ] *fn (cigaretta, büféáru stb.)* automata

vendor ['vendə] *fn* (utcai) árus

veneer [və'nɪə] *fn* furnér

venerable ['venərəbl] *mn* tiszteletre méltó *(idős)*

venereal disease [vɪ'nɪərɪəl dɪ'ziːz] *fn* nemi betegség

Venetian [və'niːʃn] *mn* velencei

Venetian blind *fn* ablakredőny, *kb.* reluxa

Venezuela [ˌvenə'zweɪlə] *fn* Venezuela

Venezuelan [ˌvenə'zweɪlən] *mn/fn* venezuelai

vengeance ['vendʒəns] *fn* bosszú, megtorlás ‖ **take vengeance (up)on sy for sg** bosszút áll vkn vmért

vengeful ['vendʒfl] *mn* bosszúálló; bosszúvágyó, -szomjas

Venice ['venɪs] *fn* Velence

venison ['venɪsn] *fn* őzhús; vadhús, vadpecsenye *(őzé, szarvasé)*

venom ['venəm] *fn* méreg *(kígyóé stb.)*

venomous ['venəməs] *mn (állat)* mérges ‖ ❖ *átv* epés, dühös

venous ['viːnəs] *mn* vénás, eres

vent [vent] ▼ *fn* szellőztetőnyílás ‖ **give vent to one's rage** kiadja a mérgét ▼ *ige* **vent one's fury on sy** kitölti a haragját vkn

ventilate ['ventɪleɪt] *ige* kiszellőztet

ventilation [ˌventɪ'leɪʃn] *fn* szellőzés

ventilation shaft *fn* légakna, szellőzőakna

ventilator ['ventɪleɪtə] *fn* szellőztetőkészülék, ventilátor

ventricle ['ventrɪkl] *fn* kamra *(szívben, agyban)*

ventriloquist [ven'trɪləkwɪst] *fn* hasbeszélő

venture ['ventʃə] ▼ *fn* kockázat; *(nagyobb)* vállalkozás ▼ *ige* megkockáztat *(kényes ügyet szóvá tesz)* ‖ merészkedik ‖ **nothing venture, nothing gain/win** aki mer, az nyer; próba szerencse; **I venture to** bátor vagyok (vmt tenni), vagyok olyan bátor …

venture capital *fn* vállalkozói tőke; részvénytőke

venue ['venjuː] *fn* helyszín *(pl. konferenciáé)*

Venus ['viːnəs] *fn* Vénusz

veraciousness [və'reɪʃəsnəs] *fn* igazmondás; igazság (vmé), igaz volta vmnek

veracity [və'ræsəti] *fn* = **veraciousness**

veranda(h) [və'rændə] *fn* tornác, veranda

verb [vɜːb] *fn* ❑ *nyelvt* ige

verbal ['vɜːbl] *mn* igei ‖ szóbeli

verbally ['vɜːbəli] *hsz* élőszóban ‖ szó szerint

verbatim [vɜː'beɪtɪm] ▼ *mn* szó/betű szerinti ▼ *hsz* szó/betű szerint

verbose [vɜː'bəʊs] *mn* szószátyár

verbosity [vɜː'bɒsəti] *fn* ❖ *elít* szószátyárság, szóbőség, szószaporítás

verb pattern *fn* mondattípus

verdict ['vɜːdɪkt] *fn* döntés *(esküdtszéké)*; ítélet *(vélemény)*

verdigris ['vɜːdɪgriː] *fn* patina

verdure ['vɜːdʒə] *fn* zöldellő természet

verge [vɜːdʒ] ▼ *fn* szél *(szakadéké, síré),* ❖ *átv* határ ‖ **on the verge of sg** vmnek a szélén/határán; **be on the**

---

nm névmás *– nu* névutó *– szn* számnév *– esz* egyes szám *– tsz* többes szám
▼ szófajjelzés ⊕ földrajzi variáns ❑ szakterület ❖ stiláris minősítés

verge of collapse összeomlással fenyeget; **be on the verge of ruin** a tönk szélén áll ▼ *ige* **verge on sg** vmnek a határán mozog, vmvel határos

verger ['vɜ:dʒə] *fn* templomszolga || pálcavivő

verifiable ['verɪfaɪəbl] *mn* ellenőrizhető || igazolható

verification [ˌverɪfɪ'keɪʃn] *fn* igazolás *(állításé)*; bizonyítás, hitelesítés; összeegyeztetés *(számláké)*

verified ['verɪfaɪd] *mn* hitelesített; hiteles

verify ['verɪfaɪ] *ige* ellenőriz; *(állítást)* igazol, hitelesít; *(számlákat)* összeegyeztet

veritable ['verɪtəbl] *mn* valóságos, igaz

vermicelli [ˌvɜ:mɪ'tʃeli] *fn* tészta, (cérna)metélt || tortadara

vermiform appendix ['vɜ:mɪfɔ:m] *fn (tsz* **-dixes)** féregnyúlvány, „vakbél"

vermifuge ['vɜ:mɪfju:dʒ] *mn/fn* féreghajtó

vermilion [və'mɪlɪən] *mn* élénkpiros, cinóberpiros

vermin ['vɜ:mɪn] *fn* férgek

verminous ['vɜ:mɪnəs] *mn* férges *(tetűtől stb. ellepett)*

vermouth ['vɜ:məθ] *fn* vermut

vernacular [və'nækjʊlə] ▼ *mn* anyanyelvi ▼ *fn* anyanyelv

Veronese [ˌverə'ni:z] *mn/fn* veronai

versatile ['vɜ:sətaɪl] *mn* sokoldalú

versatility [ˌvɜ:sə'tɪləti] *fn* sokoldalúság || változékonyság, ingatagság

verse [vɜ:s] *fn* vers; költemény || versszak || **in verse** versben

versed [vɜ:st] *mn* járatos, tapasztalt, verzátus *(in sg* vmben) || **well versed in mathematics** igen erős/jó a matematikában

versification [ˌvɜ:sɪfɪ'keɪʃn] *fn* verselés

versify ['vɜ:sɪfaɪ] *ige* versel

version ['vɜ:ʃn] *fn* változat; verzió

verso ['vɜ:soʊ] *fn (tsz* **-sos)** bal/páros oldal *(könyvé)* || hátlap *(képé, éremé)*

versus ['vɜ:səs] *elölj* ellen, kontra

vertebra ['vɜ:tɪbrə] *fn (tsz* **-brae)** (hát)csigolya || **the vertebrae** a hátgerinc

vertebral column ['vɜ:tɪbrəl] *fn* gerincoszlop

vertebrate ['vɜ:tɪbrət] *mn/fn* ❑ *biol* gerinces

vertex ['vɜ:teks] *fn (háromszögé)* csúcs

vertical ['vɜ:tɪkl] *mn* függőleges

vertical section *fn* hosszmetszet

vertigo ['vɜ:tɪgoʊ] *fn* szédülés

verve [vɜ:v] *fn* lendület

very ['veri] *hsz/mn* nagyon || maga a … || **I'm very busy** rengeteg dolgom van; **very much so** nagyon is; **very soon** rövidesen; **I am very sorry!** nagyon/igen sajnálom!; **very well** (nagyon) helyes!; **the very idea** maga a gondolat; **this very afternoon** még ma délután; **at the very back of sg** leghátul; **at the very beginning** a kezdet kezdetén; **at the very best** a legjobb esetben; **in the very front** legelöl; **the very same** egy és ugyanaz, pontosan ugyanaz

very high frequency *fn* igen nagy frekvencia, ultrarövidhullám

vespers ['vespəz] *fn tsz* vecsernye

vessel ['vesl] *fn* hajó || edény || ❑ *biol* ❑ *növ* edény

vest [vest] ▼ *fn* trikó *(alsóruha)*, atlétatrikó || ⊕ *US (férfi)* mellény ▼ *ige* felruház *(with* vmvel); ráruház *(in* vmt)

vested ['vestɪd] *mn* háramlott, rászállott || **vested interest/rights** szerzett jogok; (anyagi) érdekeltség (vmben)

vestibule ['vestɪbju:l] *fn* előcsarnok || előszoba

vestige ['vestɪdʒ] *fn* nyom || maradvány || csökevény || **not a vestige of …** nyoma sincs …

vestments ['vestmənts] *fn tsz* ❑ *vall* ornátus

---

fn főnév – *hsz* határozószó – *isz* indulatszó – *ksz* kötőszó – *mn* melléknév
▼ szófajjelzés ⊕ földrajzi variáns ❑ szakterület ❖ stiláris minősítés

vest-pocket *fn* mellényzseb ‖ *(jelző-ként)* zseb-, mini- ‖ **vest-pocket dictionary** miniszótár; **vest-pocket camera** minikamera
vestry ['vestri] *mn* lelkészi hivatal ‖ sekrestye
Vesuvius [və'su:vɪəs] *fn* Vezúv
vet[1] [vet] ▼ *fn* ❖ *biz* állatorvos ▼ *ige* -tt- ellenőriz, lektorál ‖ átvilágít
vet[2] [vet] *fn* ❖ *biz* veterán
veteran ['vetərən] *fn* veterán
veteran car *fn* veterán autó *(1916 előtt gyártott)*
veterinarian [ˌvetərɪ'neərɪən] *fn* ⊕ *US* állatorvos
veterinary ['vetərɪnərɪ] ▼ *mn* állatorvosi ▼ *fn* állatorvos
veterinary college *fn* állatorvos-tudományi egyetem
veterinary surgeon *fn* állatorvos
veto ['vi:toʊ] ▼ *fn (tsz* **vetoes**) vétó ▼ *ige (pt/pp* **vetoed**; *pres p* **vetoing**) megvétóz
vex [veks] *ige* vm vkt bosszant, ingerel ‖ **be vexed with sg** *(vm miatt)* bosszankodik
vexation [vek'seɪʃn] *fn* bosszúság, méreg
vexing ['veksɪŋ] *mn* bosszantó
VHF [ˌvi: eɪtʃ 'ef] = **very high frequency**
VHS = *video home system* házi videorendszer
via ['vaɪə] *elölj (utazásnál)* …-n át/ keresztül ‖ **via Vienna** Bécsen keresztül
viability [ˌvaɪə'bɪlətɪ] *fn* életképesség ‖ ❖ *átv* járhatóság *(úté)* ‖ megvalósíthatóság
viable ['vaɪəbl] *mn* életképes; *(átv is)* járható *(út)* ‖ megvalósítható
viaduct ['vaɪədʌkt] *fn* viadukt
vial ['vaɪəl] *fn* fiola
vibrant ['vaɪbrənt] *mn* rezgő, vibráló
vibrate [vaɪ'breɪt] *ige* rezeg, vibrál
vibration [vaɪ'breɪʃn] *fn* rezgés
vibrator [vaɪ'breɪtə] *fn* vibrátor

vicar ['vɪkə] *fn* (anglikán) lelkész, vikárius ‖ plébános
vicarage ['vɪkərɪdʒ] *fn* lelkészlakás, parókia, paplak
vicarious [vɪ'keərɪəs] *mn* helyettes(ítő); más helyett végzett/tűrt
vice (⊕ *US* **vise**) [vaɪs] *fn* satu ‖ **grip sg in a vice** satuba fog vmt
vice- ['vaɪs-] *előtag* al-
vice-admiral *fn* altengernagy
vice-bench *fn* satupad
vice-chairman *fn (tsz* **-men**) alelnök
Vice Chancellor *fn* ⊕ *GB* rektor
vice-president *fn* alelnök
viceroy ['vaɪsrɔɪ] *fn* alkirály
vice versa [ˌvaɪsi 'vɜ:sə] *hsz* és viszont
vicinity [və'sɪnətɪ] *fn* szomszédság ‖ **in the vicinity** a közelben, szomszédságában
vicious ['vɪʃəs] *mn* gonosz, rosszindulatú ‖ komisz ‖ **vicious dog** harapós kutya; **a vicious circle** circulus vitiosus, ördögi kör
viciousness ['vɪʃəsnəs] *fn* gonoszság, rosszindulat
vicissitude [vaɪ'sɪsətju:d] *fn* viszontagság
victim ['vɪktɪm] *fn* áldozat *(vm rosszé)* ‖ **fall a victim to sg** áldozatul esik vmnek
victimization [ˌvɪktɪmaɪ'zeɪʃn] *fn* elnyomás; becsapás, rászedés
victimize ['vɪktɪmaɪz] *ige* feláldoz; megtorlást gyakorol, elnyom; becsap, rászed
victor ['vɪktə] *fn* győztes, győző
Victoria Cross [vɪk'tɔ:rɪə] *fn* Viktória-kereszt *(a legnagyobb brit hadi kitüntetés)*
Victorian [vɪk'tɔ:rɪən] *mn* viktoriánus; Viktória korabeli
victorious [vɪk'tɔ:rɪəs] *mn* győztes
victory ['vɪktərɪ] *fn* győzelem ‖ **gain a victory** győzelmet arat
video ['vɪdɪoʊ] ▼ *fn (tsz* **videos**) videó ‖ videózás ‖ videokazetta ‖ video-

V

---

nm névmás – *nu* névutó – *szn* számnév – *esz* egyes szám – *tsz* többes szám
▼ szófajjelzés ⊕ földrajzi variáns ❑ szakterület ❖ stiláris minősítés

készülék ‖ videofelvétel ‖ **a blank video** üres videó(kazetta) ▼ *ige* (*pt/ pp* **videoed**; *pres p* **videoing**) videóra felvesz vmt; videózik

video camera *fn* videokamera

video cassette *fn* videokazetta

video cassette recorder *fn* videomagnó, videorekorder, videokészülék, videó

videoclip ['vɪdiouklɪp] *fn* videoklip

videoconference *fn* videokonferencia

videodisc ['vɪdioudɪsk] *fn* videodiszk

video game *fn* videojáték

video library *fn* = **videotheque**

video nasty *fn* <erőszakot, horrort bemutató video>; videopornó

video recorder *fn* = **video cassette recorder**

video recording *fn* videofelvétel

video store/shop *fn* videotéka, videokölcsönző

videotape ['vɪdiouteɪp] ▼ *fn* videoszalag ▼ *ige* felvesz videóra

videotex(t) ['vɪdiouteks(t)] *fn* videotex(t), képújság

videotheque ['vɪdiətek] *fn* videotéka, videokölcsönző

vie [vaɪ] *ige* (*pres p* **vying** ['vaɪɪŋ]) versenyez, verseng (*with sy* vkvel) ‖ **they are vying (with each other) for the lead** versengenek a vezetésért

Vienna [vi'enə] *fn* Bécs

Viennese [ˌviːə'niːz] *mn/fn* bécsi

Vietnam [ˌviet'næm] *fn* Vietnam

Vietnamese [viˌetnə'miːz] *mn/fn* vietnami

view [vjuː] ▼ *fn* látvány, kilátás, panoráma, látkép, tájkép ‖ ❏ épít ❏ műsz nézet ‖ vélemény ‖ **come into view** előbukkan; **give one's views** kifejti nézeteit; **in my view** véleményem/ nézetem szerint; **with this end in view** e célból; **in view of** tekintetbe véve, tekintettel …-ra, -re; **with a view to** abból a célból, hogy …; avégett, hogy … ▼ *ige* (meg)néz, megtekint

viewdata ['vjuːdeɪtə] *fn* videotext, képújság

viewer ['vjuːə] *fn* (tévé)néző ‖ dianéző (készülék)

viewfinder ['vjuːfaɪndə] *fn* ❏ *fényk* kereső

viewpoint ['vjuːpɔɪnt] *fn* szempont, álláspont

vigil ['vɪdʒɪl] *fn* virrasztás, vigília

vigilance ['vɪdʒələns] *fn* éberség

vigilance committee *fn* ⊕ *US* önkéntes erkölcsrendészeti felügyelőség, polgárőrség

vigilant ['vɪdʒələnt] *mn* ❖ *átv* éber

vigilantly ['vɪdʒələntli] *hsz* éberen

vigorous ['vɪgərəs] *mn* viruló, életerős

vigorously ['vɪgərəsli] *hsz* erősen, erőteljesen; élénken

vigour (⊕ *US* **-or**) ['vɪgə] *fn* életerő, lendület, energia

Viking ['vaɪkɪŋ] *mn/fn* ❏ *tört* viking

vile [vaɪl] *mn* alávaló, aljas

vileness ['vaɪlnəs] *fn* aljasság, galádság, hitványság

vilify ['vɪlɪfaɪ] *ige* rágalmaz, gyaláz (*szóban*)

villa ['vɪlə] *fn* nyaraló, villa

village ['vɪlɪdʒ] *fn* falu, község

village hall *fn* községháza

villager ['vɪlɪdʒə] *fn* falubeli ‖ **the villagers** a falusiak/falubeliek, a falu (népe)

villain ['vɪlən] *fn* gazember, gazfickó

villainous ['vɪlənəs] *mn* alávaló, gaz

villainy ['vɪləni] *fn* alávalóság, gazemberség, gazság, komiszság

villein ['vɪleɪn] *fn* ❏ *tört* jobbágy

vindicate ['vɪndɪkeɪt] *ige* igazol ‖ megvéd

vindication [ˌvɪndɪ'keɪʃn] *fn* (meg)védelmezés ‖ érvényesítés (*jogé*)

vindictive [vɪn'dɪktɪv] *mn* bosszúálló, haragtartó

vine [vaɪn] *fn* szőlőtő ‖ futónövény

vine arbour (⊕ *US* **-or**) *fn* szőlőlugas

vinegar ['vɪnɪgə] *fn* ecet

---

fn főnév – *hsz* határozószó – *isz* indulatszó – *ksz* kötőszó – *mn* melléknév
▼ szófajjelzés ⊕ földrajzi variáns ❏ szakterület ❖ stiláris minősítés

vinegary ['vɪnɪgəri] *mn* ecetes
vine-grower *fn* szőlősgazda
vine-growing ▼ *mn* szőlőtermelő ▼ *fn* szőlészet, szőlőtermelés
vine-stock *fn* szőlőtőke, szőlőtő
vineyard ['vɪnjəd] *fn* szőlő *(terület)*, szőlőhegy
vintage ['vɪntɪdʒ] ▼ *fn* (szőlő)szüret ‖ bortermés ‖ évjárat *(boré)* ▼ *ige* szüretel
vintage car *fn* régi autó *(1917–1930 között)*
vintage wine *fn* márkás bor
vintage year *fn* jó bortermésű év
vintner ['vɪntnə] *fn* borkereskedő
vinyl ['vaɪnl] *fn* pévécé, PVC
vinyl sheet(ing) *fn* PVC-fólia
viola [vi'əʊlə] *fn* brácsa
violate ['vaɪəleɪt] *ige* ❏ *jog* (meg)sért, megszeg ‖ **violate sy's rights** csorbítja vknek a jogait
violation [ˌvaɪə'leɪʃn] *fn* **violation of (a) contract** szerződésszegés; **violation of the law** törvénysértés, törvényszegés
violence ['vaɪələns] *fn* erőszak ‖ hevesség ‖ **use violence** erőszakoskodik; **do violence to sy** erőszakot követ el vkn
violent ['vaɪələnt] *mn* erőszakos ‖ heves
violently ['vaɪələntli] *hsz* erőszakosan ‖ hevesen
violet ['vaɪələt] *fn* ibolya ‖ ibolyaszín(ű)
violin [ˌvaɪə'lɪn] *fn* hegedű ‖ **play the violin** hegedül
violin concerto *fn* hegedűverseny
violinist [ˌvaɪə'lɪnɪst] *fn* hegedűművész, hegedűs
violin school *fn* hegedűiskola
violoncellist [ˌvaɪələn'tʃelɪst] *fn* gordonkaművész, csellista
violoncello [ˌvaɪələn'tʃeloʊ] *fn* cselló, gordonka ‖ **play the violoncello** csellózik

VIP [ˌviː aɪ 'piː] *fn* = *very important person* fontos személyiség, kiválóság, ❖ *biz* fejes
viper ['vaɪpə] *fn* vipera
VIP lounge *fn* ❏ *rep* kormányváró, VIP-váró
virago [vɪ'rɑːɡoʊ] *fn* *(tsz -gos)* sárkány *(asszony)*
viral ['vaɪrəl] *mn* vírusos
virgin ['vɜːdʒɪn] *mn* szűz
virginal ['vɜːdʒɪnl] *mn* szűzi
virginals ['vɜːdʒɪnlz] *fn* *tsz* ❏ *zene* virginál
virgin forest *fn* őserdő
Virginia creeper [və'dʒɪnɪə] *fn* vadszőlő
virginity [vɜː'dʒɪnəti] *fn* szüzesség
virile ['vɪraɪl] *mn* férfias
virility [vɪ'rɪləti] *fn* férfiasság
virology [vaɪ'rɒlədʒi] *fn* víruskutatás, virológia
virtual ['vɜːtʃʊəl] *mn* tényleges, tulajdonképpeni ‖❏ *szt* virtuális
virtually ['vɜːtʃʊəli] *hsz* jóformán, gyakorlatilag, úgyszólván, tulajdonképpen, valósággal
virtue ['vɜːtʃuː] *fn* erény ‖ **by virtue of** azon a jogcímen, vm okán/alapján, vm oknál fogva, vmnél fogva
virtuosity [ˌvɜːtʃʊ'ɒsəti] *fn* bravúr
virtuoso [ˌvɜːtʃʊ'oʊsoʊ] *fn* *(tsz -sos v. -si* [-siː]*)* ❏ *zene* virtuóz
virtuous ['vɜːtʃʊəs] *mn* erényes, erkölcsös
virtuousness ['vɜːtʃʊəsnəs] *fn* erényesség
virulence ['vɪrʊləns] *fn* heveny jelleg, hevesség, virulencia ‖ keserűség, epésség *(bírálaté)*
virulent ['vɪrʊlənt] *mn* ❏ *orv* heveny, virulens
virus ['vaɪrəs] *fn* *(tsz viruses)* vírus
virus infection *fn* vírusfertőzés
visa ['viːzə] ▼ *fn* vízum ‖ **apply for a visa** vízumot kér ▼ *ige* *(pt/pp visaed* ['viːzəd]) beüti a vízumot *(vk útleve-*

V

---

nm névmás– *nu* névutó– *szn* számnév– *esz* egyes szám– *tsz* többes szám
▼ szófajjelzés ⊕ földrajzi variáns ❏ szakterület ❖ stiláris minősítés

lébe); **get one's passport visaed** beütik a vízumot az útlevelébe

vis-à-vis [ˌviːzəˈviː] *mn* szemközti

viscera [ˈvɪsərə] *fn tsz* zsigerek

viscount [ˈvaɪkaʊnt] *fn* vicomte *(a báró és a gróf közötti rang)*

viscous [ˈvɪskəs] *mn* nyúlós, ragadós, viszkózus

vise [vaɪs] *fn* ⊕ *US* = **vice**

visibility [ˌvɪzəˈbɪləti] *fn* látási viszonyok

visible [ˈvɪzəbl] *mn* látható ‖ **visible to the naked eye** szabad szemmel is látszik

visibly [ˈvɪzəbli] *hsz* szemmel láthatólag

vision [ˈvɪʒn] *fn* látás, látóképesség ‖ látomás, vízió ‖ **man of vision** nagy koncepciójú ember

visionary [ˈvɪʒənri] ▼ *mn* látnoki ▼ *fn* látnok; képzelgő

visit [ˈvɪzɪt] ▼ *fn* látogatás, vizit ‖ **pay a visit (to sy), pay sy a visit** vkhez ellátogat, vkt meglátogat; **be on a visit to sy** látogatóban van vknél ▼ *ige* vkt meglátogat ‖ ellátogat (vhova), látogat (vhol) ‖ *(kiállítást)* megtekint ‖ **visit the places of interest** megnézi/ megtekinti a látnivalókat

visiting [ˈvɪzɪtɪŋ] *mn* vendég-

visiting card *fn* névjegy

visiting hours *fn tsz* látogatási idő

visiting professor *fn* vendégprofesszor

visitor [ˈvɪzɪtə] *fn* látogató, vendég ‖ **visitors' book** vendégkönyv

visor [ˈvaɪzə] *fn (sapkán)* napellenző, szemellenző ‖ (sisak)rostély

vista [ˈvɪstə] *fn* kilátás; távlat; látkép ‖ **open up new vistas** új perspektívákat nyit

visual [ˈvɪʒʊəl] *mn* látási, vizuális

visual aid *fn* szemléltetőeszköz

visual display unit (VDU) *fn* ❑ *szt* (vizuális) kijelzőegység

visual field *fn* látótér

visualize [ˈvɪʒʊəlaɪz] *ige* megjelenít, láthatóvá tesz; elképzel, képet felidéz *(maga előtt)*

visually [ˈvɪʒʊəli] *hsz* vizuálisan

vital [ˈvaɪtl] *mn* életbevágó, létfontosságú ‖ **of vital importance** életbevágóan fontos; **vital topic** égető kérdés

vitality [vaɪˈtæləti] *fn* életerő, vitalitás

vitally [ˈvaɪtəli] *hsz* életbevágóan

vitamin [ˈvɪtəmɪn] *fn* vitamin

vitamin pill *fn* vitamintabletta

viticulture [ˈvɪtɪkʌltʃə] *fn* ❑ *tud* szőlészet

vitreous [ˈvɪtrɪəs] *mn* üvegszerű

vitreous body *fn* üvegtest *(szemé)*

vitrify [ˈvɪtrɪfaɪ] *ige* megüvegesedik

vitriol [ˈvɪtrɪəl] *fn* vitriol

vitriolic [ˌvɪtriˈɒlɪk] *mn (átv is)* vitriolos, maró

viva [ˈvaɪvə] *fn* szóbeli (vizsga) ‖ **take a viva** szóbeli vizsgát tesz, szóbelizik

vivacious [vɪˈveɪʃəs] *mn* élénk, eleven; vidám

vivacity [vɪˈvæsəti] *fn* élénkség

vivid [ˈvɪvɪd] *mn* élénk, színes, sokszínű *(fantázia, stílus)*

vividly [ˈvɪvɪdli] *hsz* élénken, színesen ‖ **vividly described** szemléletes

vividness [ˈvɪvɪdnəs] *fn* élénkség, elevenség, szemléletesség

vivify [ˈvɪvɪfaɪ] *ige* felélénkít

vivisection [ˌvɪvɪˈsekʃn] *fn* élveboncolás

vixen [ˈvɪksn] *fn* nőstény róka ‖ ❖ *biz* komisz asszony, (női) sárkány

viz [vɪz] *(= Latin videlicet, kimondva: namely)* nevezetesen; azaz, úgymint, úm., tudniillik; ti.

V-neck [ˈviː-] hegyes kivágás *(ruha nyakán)*

vocabulary [vəˈkæbjʊləri] *fn* szókészlet ‖ szókincs ‖ szójegyzék, szószedet, szótár *(könyv végén)* ‖ **active/passive vocabulary** aktív/passzív szókincs

vocal [vəʊkl] *mn* szóbeli ‖ hang- ‖ ❑ *zene* vokális ‖ **vocal range** hangterjedelem

vocal cords *fn tsz* hangszálak

vocalist [ˈvəʊkəlɪst] *fn (táncdal-, pop- stb.)* énekes(nő)

---

fn főnév – *hsz* határozószó – *isz* indulatszó – *ksz* kötőszó – *mn* melléknév
▼ szófajjelzés ⊕ földrajzi variáns ❑ szakterület ❖ stiláris minősítés

vocation [vou'keɪʃn] *fn* hivatás, elhivatottság

vocational [vou'keɪʃnəl] *mn* hivatásszerű, szakmai

vocational guidance *mn* pályaválasztási tanácsadás

vocational training *fn* szakmai képzés, szakképzés

vociferous [və'sɪfərəs] *mn* lármás, zajos, handabandázó

vociferously [və'sɪfərəsli] *hsz* lármásan, zajosan, hangosan

vogue [voug] *fn* divat ‖ **be in vogue** divatban van; **come into vogue** divatba jön

voice [vɔɪs] ▼ *fn (emberi)* hang ‖ ❑*nyelvt* igealak ‖ **active/passive voice** aktív/passzív igealak; **give voice to sg** hangot ad vmnek; **raise** (*v.* **lift up**) **one's voice** felemeli hangját ▼ *ige (szavakkal)* kifejez, kimond ‖ **voice one's opinion** hallatja véleményét

voiced [vɔɪst] *mn* ❑*nyelvt* zöngés

voiceless ['vɔɪsləs] *mn* ❑*nyelvt* zöngétlen

voice mail *fn* hangposta

void [vɔɪd] ▼ *mn* üres ‖ érvénytelen ‖ **(be) void of sg** vmtől mentes, vmt nélkülöz; **become void** érvénytelenné válik/lesz, hatályát veszti ▼ *fn* űr ▼ *ige* érvénytelenít, felbont *(szerződést stb.)*

voile [vɔɪl] *fn* fátyol(szövet)

vol. = **volume**

volatile ['vɒlətaɪl] *mn* illanó, illékony; ❑*vegy* illó

volatile memory *fn* ❑*szt* felejtő tár

volatilize [və'lætɪlaɪz] *ige* illan

volcanic [vɒl'kænɪk] *mn* vulkáni, vulkanikus

volcano [vɒl'keɪnou] *fn* (*tsz* **-noes**) tűzhányó, vulkán

vole [voul] *fn* ❑*áll* pocok

volition [vou'lɪʃn] *fn* akarás, akarat

volley ['vɒli] *fn* sortűz ‖ ❑*sp* röpte

volleyball ['vɒlibɔ:l] *fn* röplabda ‖ **play volleyball** röplabdázik

volleyball player *fn* röplabdás

vols. = *volumes* kötetek

volt [voult] *fn* ❑*el* volt

voltage ['voultɪdʒ] *fn* ❑*el* feszültség

volte-face [ˌvɒlt'fɑ:s] *fn* pálfordulás

voltmeter ['voultmi:tə] *fn* ❑*el* feszültségmérő

volubility [ˌvɒljuˈbɪləti] *fn* ❖ *elít* szóbőség

voluble ['vɒljubl] *mn* beszédes

volume ['vɒlju:m] *fn* térfogat, kiterjedés ‖ kötet ‖ évfolyam *(folyóiraté)* ‖ *(rádió, tévé)* hangerő

volume control *fn* ❑*el* hangerő-szabályozó

volume discount *fn* ❑*ker* mennyiségi (ár)engedmény

voluminous [və'lu:mɪnəs] *mn (térben)* terjedelmes

voluntarily ['vɒləntrəli] *hsz* önként, önszántából

voluntary ['vɒləntri] *mn* önkéntes; spontán

voluntary liquiditation *fn* önkéntes felszámolás

volunteer [ˌvɒlən'tɪə] ▼ *fn* ❑*kat* önkéntes ▼ *ige* **volunteer for sg** (*v.* **to do sg**) önként jelentkezik/vállalkozik vmre

voluptuous [və'lʌptʃuəs] *mn* érzéki, kéjes; buja

volute [və'lu:t] *fn* ❑*épít* csiga *(oszlopon)*

vomit ['vɒmɪt] *ige (ételt)* (ki)hány, (ki)okád ‖ *(tüzet, füstöt)* okád ‖ **vomit on sg** lehány/leokád vmt

voracious [və'reɪʃəs] *mn* telhetetlen, mohó

voraciousness [və'reɪʃəsnəs] *fn (evésnél)* mohóság

vote [vout] ▼ *fn* szavazat, voks ‖ **right to vote** aktív választójog; **give one's vote for sy** leadja szavazatát vkre; **take a vote on sg** megszavaztatja a jelenlévőket/lakosságot/tagságot ▼ *ige* (le)szavaz *(for* vk/vm mellett, *against* vk/vm ellen)

---

nm névmás *−nu* névutó *−szn* számnév *−esz* egyes szám *−tsz* többes szám
▼ szófajjelzés ⊕ földrajzi variáns ❑ szakterület ❖ stiláris minősítés

vote down leszavaz
vote for *(törvényjavaslatot)* megszavaz, mellette szavaz

voter ['vouta] *fn* ❑ *pol* választó, szavazó
voting ['voutıŋ] *fn* választás, szavazás
voting booth *fn* (szavazó)fülke
voting paper *fn* szavazólap
voting right *fn* szavazati jog
vouch [vautʃ] *ige* **vouch for** felelősséget vállal (v. felel) vkért/vmért, vkért szavatol, vmért jótáll
voucher ['vautʃə] *fn (áruról)* bon, bizonylat; belég ‖ nyugta, elismervény ‖ utalvány ‖ **gift voucher** ajándékutalvány; **luncheon voucher** ebédjegy
vow [vau] ▼ *fn* fogadalom; eskü ‖ **take a vow** megígér; megfogad ▼ *ige* (meg)fogad, szentül ígér vmt
vowel ['vauəl] *fn* magánhangzó

voyage ['vɔııdʒ] ▼ *fn* (tengeri) utazás, hajóút ▼ *ige* hajózik
VP = Vice-President
vs = versus
VTOL ['vi:tɒl] = *vertical take-off and landing* függőleges fel- és leszállás(ú) *(repülőgép)*
vulcanize ['vʌlkənaız] *ige* vulkanizál
vulgar ['vʌlgə] *mn* ❖ *elít* közönséges, útszéli, alantas, vulgáris
vulgar fraction *fn* ❑ *mat* közönséges tört
vulgarity [vʌl'gærəti] *fn* közönségesség, otromba viselkedés
vulnerability [ˌvʌlnərə'bıləti] *fn* sebezhetőség
vulnerable ['vʌlnərəbl] *mn* sebezhető ‖ **vulnerable point** gyenge oldala/pontja (vmnek)
vulture ['vʌltʃə] *fn* keselyű
vulva *fn (női)* (külső) szeméremtest
vying ['vaııŋ] *pres p* → **vie**

W = watt, west(ern)

wad [wɒd] *fn* vatta(csomó) ‖ tömítés ‖ tampon ‖ bankjegyköteg

wadding ['wɒdɪŋ] *fn (ruhába)* vatta ‖ válltömés

waddle ['wɒdl] *ige* tipeg ‖ **waddle (along)** *(ember)* döcög

wade [weɪd] *ige (vízben)* gázol

wade across *(folyón)* átgázol
wade into the water belegázol a vízbe
wade through *(folyón)* átgázol

wader ['weɪdə] *fn* gázlómadár
wading pool *fn* ⊕ *US* pancsoló(medence)
wafer ['weɪfə] *fn* ostya
wafer-thin *mn* leheletvékony
waffle[1] ['wɒfl] *fn* ⊕ *US kb.* gofri
waffle[2] ['wɒfl] ❖ *biz* ▼ *fn* süket duma ▼ *ige* **waffle on** nyomja a sódert
waffle iron *fn* gofrisütő, „waffle"-sütő
waft [wɑːft] ▼ *fn* fuvallat, szellő ‖ (illat)foszlány ‖ lebegés ▼ *ige* fúj, sodor *(szellő)* ‖ lebegtet
wag [wæg] *ige* -gg- *(farkat)* (meg)csóvál ‖ **wag its tail** farkát csóválja
wage [weɪdʒ] ▼ *fn* **wage(s)** munkabér, kereset ▼ *ige* **wage war on/against sy** hadat visel vk ellen, háborúskodik
wage bracket *fn* bérkategória
wage claim *fn* bércsökkentés
wage cut *fn* bércsökkentés
wage-demand *fn* bérkövetelés
wage differential *fn* bérfeszültség
wage-earner *fn* kereső, bérből élő

wage-fraud *fn* bércsalás
wage-freeze *fn* bérbefagyasztás
wage-increase *fn* béremelés
wage-level *fn* bérszínvonal
wage packet *fn* a „boríték" (a bérrel)
wager ['weɪdʒə] *fn (pénzben)* fogadás
wages ['weɪdʒɪz] *fn tsz* → **wage**
wage scale *fn* bérskála
wage-system *fn* bérrendszer
waggle ['wægl] *ige* mozog, jár ‖ billeg ‖ billeget ‖ csóvál
wag(g)on ['wægən] *fn* (teher)vagon ‖ *(négykerekű)* kocsi, szekér ‖ ❖ *biz* kombi
wagon-load *fn* kocsirakomány
waif [weɪf] *fn* elhagyott gyermek, lelenc
wail [weɪl] ▼ *fn* jajgatás, siránkozás ▼ *ige* siránkozik, nyavalyog, jajgat, sírrí ‖ *(sziréna)* búg
wailing ['weɪlɪŋ] *fn* jajgatás, siránkozás, nyavalygás, sápítozás
wainscot(ing) ['weɪnskət(ɪŋ)] *fn* lambéria, borítás *(lambériával)*
waist [weɪst] *fn (emberé)* derék ‖ **to the waist** derékig érő
waist-belt *fn* derékszíj, nadrágszíj
waistcoat ['weɪskoʊt] *fn (férfi)* mellény
waist-deep *mn* derékig érő
waist-high *mn* derékmagasságig érő
waistline ['weɪstlaɪn] *fn* derékbőség
waist slip *fn* alsószoknya
wait [weɪt] ▼ *fn* várakozás ‖ **lie in wait for sy** vkre leselkedik ▼ *ige* vár; várakozik ‖ **I cannot wait any longer** nem várhatok tovább; **wait a minute!**

W

várj egy kicsit/percig/darabig; **wait and see** várakozó álláspontra helyezkedik, „majd meglátjuk"

---

wait at table *(asztalnál)* felszolgál
wait for sg vár vkre/vmre, vkt/vmt megvár ‖ **what are you waiting for?** mire vársz?; **he didn't (have to) wait long** nem várt soká
wait on *(étteremben)* kiszolgál

---

wait-and-see policy *fn* halogató politika
waiter ['weɪtə] *fn* felszolgáló, pincér
waiting ['weɪtɪŋ] ▼ *mn* váró, várakozó ▼ *fn* várakozás, várás ‖ felszolgálás, kiszolgálás
waiting-list *fn* várólista
waiting-room *fn* váróterem
waiting time *fn* várakozási idő
waitress ['weɪtrəs] *fn (női)* felszolgáló, pincérnő
waive [weɪv] *ige (igényről, követelésről stb.)* lemond ‖ **waive a claim** igénytől eláll
waiver ['weɪvə] *fn (igényről, jogról stb.)* lemondás
wake [weɪk] ▼ *fn* virrasztás ▼ *ige (pt* **woke** [wouk]; *pp* **woken** ['woukn]) *(álmából vkt)* felébreszt, felkelt

---

wake up *(álmából vk)* felébred ‖ felébreszt ‖ **wake up with a start** *(álmából)* felriad

---

wakeful ['weɪkfl] *mn* éber, ébren levő
wakefulness ['weɪkflnəs] *fn* éberség, ébrenlét
waken ['weɪkən] *ige* felébreszt ‖ felébred ‖ felocsúdik
Wales [weɪlz] *fn* Wales
walk [wɔːk] ▼ *fn* séta, járás ‖ *(gyalog)* túra ‖ sétaút ‖ **go for a walk, have a walk, take a walk** elmegy sétálni, sétát tesz; **I am going for a walk** sétálok egyet; **it is only an hour's walk** egy óra járásnyira van ▼ *ige* gyalo-

gol, gyalog megy; jár, megy ‖ sétál ‖ túrázik ‖ **walk home** gyalog megy haza; **walk slowly** lassan jár/megy; **walk the dog** sétáltatja a kutyát; **walk the streets** az utcát rója ‖ ❖ *biz* strichel

---

walk about sétál
walk along *(utcán)* végigmegy, végigsétál
walk around körbejár
walk down *(utcán)* végigmegy
walk in besétál
walk off with meglóg vmvel
walk on folytatja útját
walk out munkát beszüntet, sztrájkba lép
walk out on ❖ *biz* cserbenhagy
walk over ❏ *sp* ❖ *biz (ellenfelet)* lelép
walk round körülmegy, körüljár *(vk/vm körül)*
walk to vhova elgyalogol, gyalog megy vhova
walk up to sy vkhez odamegy, odalép

---

walker ['wɔːkə] *fn* gyalogos, sétáló
walkie-talkie [ˌwɔːki'tɔːki] *fn* adó-vevő *(készülék)*
walking ['wɔːkɪŋ] ▼ *mn* sétáló ‖ **at walking pace** lépésben ▼ *fn* gyaloglás, járás ‖ túrázás
walking boots/shoes *fn tsz* túracipő
walking-stick *fn* sétabot
walking tour *fn* (gyalog)túra
Walkman ['wɔːkmən] *fn (tsz* **-mans)** sétálómagnó, walkman
walk-on *fn* néma szereplő, statiszta ‖ **walk-on part** statisztaszerep
walk-out *fn* munkabeszüntetés, *(rövidebb)* sztrájk
walk-over *fn* fölényes győzelem
walk-up *fn* ⊕ *US* lift nélküli (bér)ház
walkway ['wɔːkweɪ] *fn* ⊕ *US* sétány *(parkban)* ‖ járda, gyalogjáró ‖ kezelőhíd, járó

---

fn főnév −*hsz* határozószó −*isz* indulatszó −*ksz* kötőszó −*mn* melléknév
▼ szófajjelzés ⊕ földrajzi variáns ❏ szakterület ❖ stiláris minősítés

wall [wɔːl] ▼ *fn* fal ▼ *ige* **wall up** befalaz

wallaby ['wɒləbi] *fn (kis fajtájú)* kenguru

wall-bars *fn tsz* bordásfal

wall bracket *fn (tartó)* falikar

wall-clock *fn* falióra

walled [wɔːld] *mn* fallal körülvett, (-)falú

wallet ['wɒlɪt] *fn* pénztárca, levéltárca *(bankjegynek)*

wallflower ['wɔːlflaʊə] *fn* sárga viola ‖ ❖ *biz* **be a wallflower** petrezselymet árul

wall-hangings *fn tsz* falvédő

wall lamp *fn (lámpa)* falikar

wall-map *fn* falitérkép

wallop ['wɒləp] ❖ *biz* ▼ *fn* ütés ▼ *ige* elpáhol

wallow ['wɒləʊ] ▼ *fn* fetrengés ‖ dagonya ▼ *ige* fetreng, hentereg ‖ gázol ‖ **wallow in money** felveti a pénz

wall-painting *fn* freskó

wallpaper ['wɔːlpeɪpə] ▼ *fn* tapéta ▼ *ige* tapétáz

wallpapering ['wɔːlpeɪpərɪŋ] *fn* tapétázás

wall-plug *fn* falidugó, villásdugó ‖ *(falba)* tipli

wall socket *fn* fali csatlakozó(aljzat)

Wall Street *fn* **in Wall Street** ⊕ *US* pénzügyi körökben

wall-to-wall carpet *fn* faltól falig szőnyeg, szőnyegpadló

wally ['wɒli] *fn* ⊕ *GB* ❖ *biz* trotli, bárgyú, ügyefogyott

walnut ['wɔːlnʌt] *fn* dió ‖ diófa *(élő és anyaga)* ‖ **walnut tree** *(élő)* diófa; **walnut wood** diófa *(anyaga)*

walrus ['wɔːlrəs] *fn* rozmár

waltz [wɔːls] ▼ *fn* keringő, valcer ▼ *ige* keringőzik ‖ **waltz off with sg** meglóg vmvel

wan [wɒn] *mn* **-nn-** hal(o)vány, sápadt (arcú)

wand [wɒnd] *fn* pálca, vessző ‖ fényceruza

wander ['wɒndə] *ige (rendeltetés nélkül)* vándorol, kószál, kalandozik; *(beszédben)* csapong

---

wander about kalandozik, kóborol

wander around vhol csavarog

wander away elkóborol

wander from/off the point eltér/elkalandozik a tárgytól

---

wanderer ['wɒndərə] *fn* vándor

wandering ['wɒndərɪŋ] *fn* vándorlás

wandering life *fn* vándorélet

wane [weɪn] *ige (hold)* fogy

wangle ['wæŋgl] ❖ *biz* ▼ *fn* umbulda ▼ *ige* **wangle sg out (of sy)** kiügyeskedik/kibulizik vmt

waning ['weɪnɪŋ] *mn* csökkenő ‖ **waning moon** fogyó hold

want [wɒnt] ▼ *fn* hiány, szükség, szükséglet, igény ‖ nélkülözés ‖ **be in want** szükséget lát; **live in want** nélkülözések között él; **for want of sg** vmnek hiányában/híján; **for want of sg better** jobb híján ▼ *ige* akar, kíván, óhajt ‖ **want sg** szüksége van vmre, kell neki vm ‖ vmből kér ‖ **what do you want?** mit akarsz?; **I don't want any** *(ételből)* nem kérek belőle; **he wants to leave** el akar menni; **wants to become a doctor** orvosnak készül; **be wanting** nincs meg, hiányzik; **wants for nothing** semmiben nem szenved hiányt; **wanted ...** *(hirdetésben)* felveszünk; **sg is wanted** szükség van vmre; **he is wanted by the police** a rendőrség keresi; **you are wanted on the phone** önt kérik a telefonhoz

want ad(s) *fn (tsz)* apróhirdetés

wanted ['wɒntɪd] *mn* körözött *(személy)*

wanting ['wɒntɪŋ] ▼ *mn* hiányzó, hiányos ‖ szűkölködő *(in vmben)* ▼ *elölj* nélkül, híján

wanton ['wɒntən] ▼ *mn* könnyelmű, felelőtlen ‖ játékos, szeszélyes ‖ buja

---

(növényzet) ‖ ledér ▼ *fn* ledér nő; kéjenc

WAP [wæp] = *Wireless Application Protocol* WAP protokoll

war [wɔ:] ▼ *fn* háború ‖ **between the wars** a két világháború közt; **be at war** háborút/hadat visel, háborúskodik, harcban áll *(with sy* vkvel); **declare war** hadat üzen *(on* vknek); **make war (on)** háborút indít, hadat visel *(on/against sy* vk ellen); **war breaks out** kitör a háború ▼ *ige* **-rr-** hadat visel, háborúskodik, háborúzik

warble ['wɔ:bl] ▼ *fn* trillázás; madárdal ▼ *ige (madár is)* trillázik, énekel; *(fülemüle)* csattog

war-criminal *fn* háborús bűnös

war-cry *fn* csatakiáltás

ward [wɔ:d] ▼ *fn* (kórházi) osztály ‖ kórterem ‖ gyámolt ▼ *ige* **ward off** kivéd, elhárít ‖ *(betegséget, veszélyt)* megelőz

war dead, the *fn tsz* a hősi halottak

war-debt *fn* háborús adósság

warden ['wɔ:dn] *fn* (múzeumi) teremőr ‖ gondnok *(intézményé, kollégiumé)*

warder ['wɔ:də] *fn* börtönőr

wardrobe ['wɔ:droub] *fn* (akasztós) szekrény; ruhásszekrény ‖ vknek a ruhatára

wardrobe trunk *fn* szekrénykoffer

ware [weə] *fn* áru

warehouse ['weəhaus] ▼ *fn* (áru)raktár ▼ *ige* (be)raktároz, raktárban elhelyez

warfare ['wɔ:feə] *fn* háborúskodás; hadviselés

war-footing *fn* hadi létszám

war game *fn (régit fölelevenítő)* harcjáték, hadijáték

warhead ['wɔ:hed] *fn (rakétában)* robbanófej, robbanótöltet

warily ['weərəli] *hsz* óvatosan, körültekintően

war industry *fn* hadiipar

warlike ['wɔ:laɪk] *mn* harcias

war losses *fn tsz* háborús veszteség(ek)

warm [wɔ:m] ▼ *mn/fn* meleg ‖ **warm welcome** meleg fogadtatás; **get warm** *(idő)* kimelegedik, kimelegszik; **warm clothes** meleg ruha ▼ *ige* melegít ‖ melenget ‖ melegszik ‖ ❖ *biz* megélénkül ‖ **warm one's hands by the fire** kezét melengeti a tűznél

warm to/towards felmelegszik/felenged vk iránt ‖ lelkesedni kezd vm iránt, belemelegszik vmbe

warm up felmelegít, megmelegít; *(helyiséget, motort)* bemelegít ‖ felmelegszik, átmelegedik; *(motor)* felmelegedik ‖ *(sportoló)* bemelegít

warm-blooded *mn* melegvérű ‖ forróvérű

war memorial *fn* hősi emlékmű

warm front *fn* melegfront

warm-hearted *mn* melegszívű, szívélyes, jóságos

warming-pan ['wɔ:mɪŋ] *fn* ágymelegítő

warm knickers *fn tsz kb.* bundanadrág

warmly ['wɔ:mli] *hsz* ❖ *átv* melegen; szívélyesen

warmonger ['wɔ:mʌŋgə] *fn* háborús uszító

warmongering ['wɔ:mʌŋgərɪŋ] *fn* háborús uszítás

warmth [wɔ:mθ] *fn (átv is)* melegség

warm-up *fn* ❑ *sp* bemelegítés

warn [wɔ:n] *ige* figyelmeztet; (óva) int ‖ **warn sy to do sg** vkt vmre int; **warn sy not to do sg** vkt leint; **warn sy against sg** vkt vmtől óv/int

warning ['wɔ:nɪŋ] *fn* figyelmeztetés; intés ‖ **give sy a warning** *(rendőr)* figyelmeztet

warning light *fn* figyelmeztető jelzőlámpa

warning signs *fn tsz* figyelmeztető jelzőtáblák

---

warning triangle *fn* elakadásjelző háromszög

warp [wɔ:p] ▼ *fn (szövetben)* hosszanti szál ‖ vetemedés *(fáé)* ▼ *ige* megvetemedik

war-path *fn* **on the war-path** harcra készülve/készen, dühösen

warped [wɔ:pt] *mn* megvetemedett ‖ (betegesen) egyoldalú/elfogult

warrant ['wɒrənt] ▼ *fn* elfogatóparancs ‖ igazolvány, bizonylat ‖ jogosultság ‖ jótállás ▼ *ige* garantál, vmt/ vmért szavatol

warranty ['wɒrənti] *fn* garancia, jótállás, szavatosság ‖ garancialevél ‖ **a two-year warranty** kétévi jótállás; **be under warranty** jótállási időn belül van

warren ['wɒrən] *fn* kotorék

warring ['wɔ:rɪŋ] *mn* hadban/harcban álló, háborút viselő, szemben álló

warrior ['wɒrɪə] *fn* harcos

Warsaw ['wɔ:sɔ:] *fn* Varsó

warship ['wɔ:ʃɪp] *fn* hadihajó

war-strength *fn* hadi létszám

wart [wɔ:t] *fn* bibircsók, szemölcs

wartime ['wɔ:taɪm] ▼ *mn* háborús, hadi ‖ háború alatti ▼ *fn* háborús évek ‖ **in wartime** háború idején

warty ['wɔ:ti] *mn* bibircsókos, szemölcsös

wary ['weəri] *mn* óvatos, körültekintő

was [wəz, *erős kiejt.* wɒz] → **be**

wash [wɒʃ] ▼ *fn* mosdás, mosakodás ‖ mosás; lemosás ‖ ❖ *biz* moslék ‖ **give sy a wash** megmosdat; **have a wash** megmosdik; **have a wash (and brush up)** tisztálkodik; **go to the wash** megy a mosásba ▼ *ige* mos, *(ruhát)* kimos; vmt megmos, vkt megmosdat ‖ **wash one's hair** *(saját magának)* hajat mos; **wash one's hands** kezet mos; **wash one's hands of sg** mossa a kezeit *(vmlyen ügyben)*; **wash the dishes** elmosogat; **it washes well** jól mosható; **be washed ashore** kiveti a víz a partra

wash away *(partot a víz)* kimos

wash down lemos

wash sg off lemos vmt vhonnan

wash out kimos ‖ elmos *(terveket)* ‖ **it won't wash out** nem jön ki *(folt)*; **feel washed out** ❖ *biz* teljesen kivan

wash up (el)mosogat

washable ['wɒʃəbl] *mn* mosható

wash-and-wear *mn* vasalás nélkül hordható *(ruhanemű)*

washbasin ['wɒʃ,beɪsn] *fn* mosdókagyló

washbowl ['wɒʃbəʊl] *fn* mosdótál

washcloth ['wɒʃklɒθ] *fn* mosogatórongy ‖ ⊕ *US* arctörlő

wash-down *fn* lemosás *(kocsié stb.)*

washer ['wɒʃə] *fn* (csap)tömítés ‖ (csavar)alátét, tömítőgyűrű ‖ ❖ *biz* (automata) mosógép

wash-hand basin *fn* mosdókagyló

washing ['wɒʃɪŋ] *fn* mosás ‖ szennyes ‖ kimosott ruha

washing-day *fn* nagymosás napja

washing-line *fn* ruhaszárító kötél

washing-machine *fn* mosógép

washing-powder *fn* mosópor

Washington ['wɒʃɪŋtən] *fn* Washington

washing-up *fn* mosogatás ‖ **do the washing-up** (el)mosogat

washing-up bowl *fn* mosogató(medence)

washing-up liquid *fn* mosogatószer

wash-leather *fn* szarvasbőr, zergebőr

wash-out *fn* kudarc; leégés, csőd ‖ **be a wash-out** ❖ *biz* leszerepel(t), leég(ett)

washproof ['wɒʃpru:f] *mn* mosható

washroom ['wɒʃru:m] *fn* ⊕ *US* illemhely (mosdóval), mosdó(helyiség)

washwoman ['wɒʃwʊmən] *fn* (*tsz* -women) mosónő

washy ['wɒʃi] *mn* híg, vizenyős ‖ halvány, fakó ‖ erőtlen

W

wasn't ['wɒznt] = **was not**

wasp [wɒsp] *fn* darázs

WASP, Wasp [wɒsp] *fn* = *White Anglo-Saxon Protestant* ❖ *biz* ❖ *elít* fehér bőrű angolszász protestáns

waspish ['wɒspɪʃ] *mn* darázsszerű ‖ tüskés természetű

wasp's nest *fn* darázsfészek

wasp sting *fn* darázscsípés

wasp waist *fn* darázsderék

wastage ['weɪstɪdʒ] *fn* hulladék, veszteség ‖ pazarlás

waste [weɪst] ▼ *mn* puszta, parlag ‖ **lay sg waste** lepusztít/letarol vmt ▼ *fn* pazarlás ‖ hulladék; szemét ‖ pusztaság ‖ **a waste of money** kidobott pénz; **waste of time** időfecsérlés, időpocsékolás ▼ *ige (időt, pénzt)* elveszteget, elherdál, elpazarol, elpocsékol ‖ **waste effort on sg** fáradságot pazarol vmre; **waste one's breath** hiába beszél; **waste one's time** pazarolja az idejét; **waste sg on sy** vmt vkre rápazarol; **be wasted** kárba vész; **(s)he wasted no time in sg** nem sokat teketóriázott

wastebasket ['weɪstbɑːskɪt] *fn* ⊕ *US* szemétkosár

waste bin *fn* szemétkosár, szemétvödör

waste disposal unit *v.* **waste disposer** *fn* (konyhai) hulladékaprító, "konyhamalac"

wasteful ['weɪstfl] *mn* pazarló, préda, *(pénzügyileg)* könnyelmű

wastefully ['weɪstfli] *hsz* pazarlóan, könnyelműen

waste ground *fn* lakatlan/kietlen terület *(városban)*

wasteland ['weɪstlænd] *fn* terméketlen/kopár és lakatlan föld ‖ ❖ *átv* meddő/sivár élet

waste material *fn* hulladék

waste oil *fn* fáradt olaj

waste-paper basket *fn* papírkosár

waste-pipe *fn* kifolyócső

waste products *fn tsz* selejt

watch [wɒtʃ] ▼ *fn* őr(ség), őrszolgálat ‖ *(zseb, kar)* óra ‖ **be on (the) watch, keep watch** őrt áll, őrségen van; **keep a close watch on sg/sy** éberen figyel/őriz vmt/vkt; **you can set your watch by them** hozzájuk igazíthatod az órát; **the watch is (ten minutes) slow** az óra (tíz percet) késik; **my watch is (two minutes) fast** (két percet) siet az órám; **my watch keeps excellent time** az órám pontos ▼ *ige* figyel, néz, megfigyel, szemmel tart vkt/vmt ‖ néz, megnéz *(vmt a tévében)* ‖ **watch television** tévét néz, tévézik, nézi a televíziót/tévét; **did you watch the French film on television last night?** láttad a tegnapi esti francia filmet a tévében?; **watch a video** *(v.* **videos)** videót néz

watch out vigyáz ‖ **watch out!** vigyázz!, légy óvatos!, tessék vigyázni!

watch over őriz vmt/vkt, vigyáz/ügyel vkre/vmre

watch band *fn* ⊕ *US* óraszíj

watch-chain *fn* óralánc

watch-dog *fn* házőrző kutya

watchful ['wɒtʃfl] *mn* ❖ *átv* éber

watchfulness ['wɒtʃflnəs] *fn* éberség

watchmaker ['wɒtʃmeɪkə] *fn* órás

watchman ['wɒtʃmən] *fn (tsz* **-men)** őr

watch-spring *fn* órarugó

watch stem *fn* ⊕ *US* óra felhúzókereke

watch-strap *fn* óraszíj

watch-tower *fn* őrtorony

watchword ['wɒtʃwɜːd] *fn* jelszó

water ['wɔːtə] ▼ *fn* víz ‖ **by water** vízen, vízi úton; **does not hold water** ❖ *biz* tarthatatlan; **make water** ereszt *(léken víz jön be)*; **pass water** vizel; **take the waters** *(fürdőhelyen)* fürdőket vesz ‖ ivókúrát tart ▼ *ige (jószá-*

---

fn főnév – *hsz* határozószó – *isz* indulatszó – *ksz* kötőszó – *mn* melléknév
▼ szófajjelzés ⊕ földrajzi variáns ❏ szakterület ❖ stiláris minősítés

got) megitat || (meg)locsol, (meg)öntöz || vizez || könnyezik

water down hígít, felvizez

water barrage *fn* vízlépcső
water-based *mn (festék stb.)* vízzel hígítható
water-bottle *fn* kulacs
water-bus *fn* vízibusz
water-cannon *fn* vízágyú
water-closet *fn* vécé
watercolour (⊕ *US* **-or**) ['wɔːtəkʌlə] *fn* akvarell || vízfesték
water-conduit *fn* vízvezeték, csőhálózat
water-cooled *mn* vízhűtéses
watercourse ['wɔːtəkɔːs] *fn* folyómeder
watercress ['wɔːtəkres] *fn* vízitorma
water-cure *fn* vízgyógyászat
waterfall ['wɔːtəfɔːl] *fn* vízesés
water fountain *fn* ivókút
waterfront ['wɔːtəfrʌnt] *fn* vízpart *(városban)*
water-gate *fn* zsilipkapu
water heater *fn* vízmelegítő
water-hole *fn* víztócsa *(száraz folyammederben)*
watering-can ['wɔːtərɪŋ] *fn* öntözőkanna
watering-place *fn (hely)* gyógyfürdő
water-jar *fn* vízeskancsó
water jump *fn* ❏ *sp* vizesárok
waterless ['wɔːtələs] *mn* víztelen
water-level *fn* vízszint
water-lily *fn* tavirózsa
waterline ['wɔːtəlaɪn] *fn* vízvonal, merülési vonal *(hajóé)*
waterlogged ['wɔːtəlɒɡd] *mn* **be waterlogged** teleszívta magát vízzel *(deszka)* || túl sok vizet beeresztett *(hajó)*
water main *fn* vízvezetéki főnyomócső
watermark ['wɔːtəmɑːk] *fn* vízjel *(papíron)*
water-melon *fn* görögdinnye
water pipe *fn* vízvezeték, vízcső

water pistol *fn* vízipisztoly
water pollution *fn* vízszennyez(őd)és
water-polo *fn* vízilabda
water-pressure *fn* víznyomás
waterproof ['wɔːtəpruːf] *mn* vízálló, vízhatlan
water-repellent *mn* víztaszító
watershed ['wɔːtəʃed] *fn* vízválasztó || vízgyűjtő medence *(folyóé)*
water shortage *fn* vízhiány
waterski ['wɔːtəskiː] ▼ *fn* vízisí ▼ *ige* vízisiel, vízisízik
waterskier ['wɔːtəskiːə] *fn* vízisíző
waterskiing ['wɔːtəskiːɪŋ] *fn* vízisízés
water softener *fn* vízlágyító (szer)
water sports *fn tsz* vízi sportok
water supply *fn* vízellátás
water tank *fn* víztartály
watertight ['wɔːtətaɪt] *mn* vízhatlan
water-tower *fn* víztorony
water vapour (⊕ *US* **-or**) *fn* vízgőz, (víz)pára
waterway ['wɔːtəweɪ] *fn* vízi út
water-wings *fn tsz* karúszó
waterworks ['wɔːtəwɜːks] *fn esz v. tsz* vízművek || **turn on the waterworks** ❖ *biz* itatja az egereket
watery ['wɔːtəri] *mn* vizes, híg || vízízű
watt [wɒt] *fn* ❏ *el* watt || **a 100-watt bulb** 100 wattos égő
wattage ['wɒtɪdʒ] *fn* wattfogyasztás || watt-teljesítmény
watt-hour *fn* wattóra
wattle[1] ['wɒtl] ▼ *fn* vesszőfonat, vesszősövény ▼ *ige* vesszőből fon *(kerítést)*
wattle[2] ['wɒtl] *fn* bőrlebernyeg *(pulyka stb. nyakán)*
wave [weɪv] ▼ *fn (hajban is)* hullám || *(kézzel)* intés || **wave of the hand** kézlegyintés; **the waves** a tenger (hullámai), a habok ▼ *ige (kendőt)* lobogtat, lenget || *int* || **wave sy goodbye** búcsút int vknek

wave down leint, leállít

waveband ['weɪvbænd] *fn* hullámsáv

W

waveband switch *fn* ❏ *el* hullámváltó
wavelength ['weɪvleŋθ] *fn* hullámhossz
waver ['weɪvə] *ige* ❖ *átv* vk meginog, ingadozik
wavering ['weɪvərɪŋ] *mn* bizonytalan, ingadozó
wavy ['weɪvi] *mn* hullámos *(haj)*
wax [wæks] *fn* viasz
wax-candle *fn* viaszgyertya
waxen ['wæksn] *mn* viaszos, viaszból való ‖ viasszerű
wax figure *fn* viaszbábu, viaszfigura
waxworks ['wækswɜ:ks] *fn tsz v. esz* panoptikum
waxy ['wæksi] *mn* viaszos
way [weɪ] *fn (átv is)* út ‖ módszer; eljárás; út, mód ‖ **ask the way** megkérdi, merre kell menni; **which is the best way to …?** melyik a legrövidebb út …-ba?; **that way** abban az irányban, arra; **this way please!** erre tessék!; **be on one's way** útba esik; **on one's way here** idejövet; **on one's way home** hazafelé (menet), útban hazafelé; **be on the way to** útban van vhova; **be on the way** *(kisbaba)* útban van; **be in the way** láb alatt van; **on the way** útközben, menet közben; **be under way** folyamatban van; **by the way** erről jut eszembe, mellesleg, apropó, igaz is; **find a way to** módot talál rá, hogy; **find one's way** eligazodik; **get under way** beindul; **give way** *(sereg)* hátrál; *(építmény)* leszakad, beomlik; **give way (to)** *(vknek)* megadja az elsőbbséget; **have one's way** keresztülviszi az akaratát; **in a way** némiképp(en); **in one way or (an)other** akár így, akár úgy; **in some way or other** így vagy úgy; **in this way** ily módon; **make one's way** utat csinál magának; **make way for sg/sy** utat enged vmnek/vknek; **no way!** semmi esetre (sem)!, ki van zárva!, ❖ *biz* semmi szín alatt!; **in what way?** milyen módon?; **way back** ❖ *biz* jó/nagyon régen; **way**

back **in 1907** még valamikor 1907-ben; **by way of** vmlyen útvonalon, vmn át/keresztül; ❖ *átv* gyanánt, -képpen; céljából, végett; **by way of introduction** bevezetésképpen; **way of life** életforma; **way of thinking** gondolkodásmód
way-bill *fn* szállítólevél, fuvarlevél, raklevél
way in *fn* bejárat
waylaid [weɪ'leɪd] *pt/pp* → **waylay**
waylay [weɪ'leɪ] *ige (pt/pp* **waylaid** [weɪ'leɪd]*) (útonálló)* feltartóztat
way-leave *fn* szolgalmi jog
way out *fn* kijárat
wayside ['weɪsaɪd] *mn* út menti, útszéli
way station *fn* ⊕ *US* (feltételes) megállóhely, állomás ‖ pihenőpont *(úton)*
wayward ['weɪwəd] *mn* akaratos, önfejű, csökönyös
WC [,dʌbl ju: 'si:] *fn* vécé, WC
we [wi, *hangsúlyosan* wi:] *nm* mi
weak [wi:k] *mn* gyenge ‖ **be weak at sg** gyenge vmben; **be weak at mathematics** gyenge a matematikában; **weak form** ❏ *nyelvt* gyenge kiejtésű alak
weak current *fn* gyengeáram ‖ **be in weak current health** *(vk egészségileg)* leromlott; **sy's weak current point/spot** vknek gyenge oldala/pontja; **become weak current(er)** elgyengül; meggyengül
weaken ['wi:kən] *ige* (le)gyengít ‖ (le)gyengül
weak-kneed *mn* pipogya
weakling ['wi:klɪŋ] *fn* vézna (ember), nyápic ‖ pipogya fráter
weakly ['wi:kli] ▼ *mn* gyenge, beteges ▼ *hsz* gyengén, betegesen
weakness ['wi:knəs] *fn (alkati, erkölcsi)* gyengeség, erőtlenség ‖ vknek a gyengéje
wealth [welθ] *fn* gazdagság, vagyon
wealth tax *fn* vagyonadó
wealthy ['welθi] *mn* jómódú, vagyonos, gazdag
wean [wi:n] *ige (csecsemőt)* elválaszt

weapon ['wepən] *fn* fegyver

wear [weə] ▼ *fn* használat, kopás ‖ viselet ‖ **wear and tear** kopás ‖ **ladies' wear** női ruha/divatáru ▼ *ige* (*pt* **wore** [wɔː]; *pp* **worn** [wɔːn]) visel, hord ‖ (el)kopik; **wear to threads** (*ruhát*) elnyű; **wear well** tart

wear away elkoptat ‖ vm elvásik
wear down (*cipőt*) elkoptat
wear (sg) into holes kilyukad
wear off lekopik ‖ lekoptat
wear out elnyű, nyúz, lestrapál (vmt, vkt) ‖ kimerít, kifáraszt ‖ elvásik, elkopik, elrongyolódik ‖ **it will never wear out** elnyűhetetlen; **become worn out** kilyukad; **I am worn out from/with sg** egészen kikészültem vmtől

wearable ['weərəbl] *mn* viselhető, hordható
wearer ['weərə] *fn* viselő
wearily ['wɪərəli] *hsz* fáradtan
weariness ['wɪərinəs] *fn* fáradtság, kimerültség
wearing ['weərɪŋ] *fn* használat, hordás (*ruháé*)
wearisome ['wɪərisəm] *mn* fárasztó, unalmas, hosszadalmas
weary ['wɪəri] ▼ *mn* (*ember, test*) ernyedt, fáradt, bágyadt, kimerült, elcsigázott ‖ **weary of life** életunt; **be weary of sg** vmt elun; **grow weary of sg** beleun/belefárad vmbe ▼ *ige* kifáraszt, kimerít, fáradttá tesz, fáraszt ‖ **weary to death** agyonfáraszt
weasel ['wiːzl] *fn* menyét
weather ['weðə] *fn* idő(járás) ‖ **what is the weather like?** milyen az idő?; **be under the weather** ❖ *átv* ❖ *biz* maga alatt van
weather-beaten *mn* viharedzett ‖ cserzett arcbőrű
weather-board *fn* vízvezető deszka, viharléc
weather-boarding *fn* védődeszkázat

weather-bound *mn* be weather-bound (*hajó, repülőgép*) időjárás miatt vesztegel
Weather Bureau *fn* ⊕ *US* Meteorológiai Intézet
weather chart *fn* időjárási térkép
weathercock ['weðəkɒk] *fn* (*átv is*) szélkakas
weather forecast *fn* időjárás-jelentés, (időjárási) előrejelzés
weatherman ['weðəmæn] *fn* (*tsz* -**men**) ❖ *biz* meteorológus, időjós
weatherproof ['weðəpruːf] *mn* viharálló, szélmentes ‖ vízhatlan
weather report *fn* időjárás-jelentés
weather-vane *fn* szélkakas
weave [wiːv] ▼ *fn* szövés(mód) ▼ *ige* (*pt* **wove** [wəʊv] *v.* **weaved**; *pp* **woven** ['wəʊvn] *v.* **weaved**) sző ‖ **weave a plot against sy** összeesküvést sző vk ellen; **weave plans** terveket sző; **weave one's way through a crowd** keresztülfurakodik a tömegen; ❖ *biz* **we'd better get weaving!** most aztán lássunk neki!
weaver ['wiːvə] *fn* szövő(nő), takács ‖ szövőmadár
weaving ['wiːvɪŋ] ▼ *mn* szövő ▼ *fn* szövés
weaving mill *fn* szövöde, szövőgyár
web [web] *fn* szövedék ‖ úszóhártya ‖ **spider's web** pókháló; **the Web** ❑ *szt* világháló
webbed [webd] *mn* úszóhártyás
webbing ['webɪŋ] *fn* szegőszalag ‖ heveder
web page *fn* ❑ *szt* weblap, weboldal
website *fn* webhely, honlap
Wed = **Wednesday**
wed [wed] *ige* (*pt/pp* **wedded** ['wedɪd] *v.* **wed** [wed]) összeesket
we'd [wiːd] = **we had**; = **we would**; = **we should**
wedded ['wedɪd] *mn* házas; hitvesi ‖ → **wed**
wedding ['wedɪŋ] *fn* esküvő ‖ (*jelzőként*) esküvői

W

wedding anniversary *fn* házassági évforduló

wedding breakfast *fn* esküvői ebéd

wedding cake *fn* esküvői/menyasszonyi torta

wedding card *fn* esküvői értesítés/ meghívó

wedding day *fn* az esküvő napja

wedding dress *fn* menyasszonyi ruha

wedding feast *fn* menyegző

wedding march *fn* nászinduló

wedding night *fn* nászéjszaka

wedding party *fn* esküvői ebéd

wedding present *fn* nászajándék

wedding ring *fn* jegygyűrű

wedge [wedʒ] ▼ *fn* ék ‖ *(sajt, sütemény)* szelet ▼ *ige* kiékel

---

wedge in *(tárgyat)* beékel ‖ **get wedged in** *(tárgy)* beékelődik

---

wedge-heeled *mn* teletalpú *(cipő)*

wedlock ['wedlɒk] *fn* házasság

Wednesday ['wenzdeɪ, -di] *fn* szerda ‖ **on Wednesday** szerdán; **last Wednesday** múlt szerdán; **Wednesday week** szerdához egy hétre; **next Wednesday** jövő szerdán; **(on) Wednesday(s)** minden szerdán, szerdánként

wee [wiː] *mn*❑ *sk* kicsike, pici, piciny

weed [wiːd] ▼ *fn* gyom, gaz ▼ *ige* (ki)gyomlál

---

weed out ❖ *átv* gyomlál; kihajigál

---

weed-killer *fn* gyomirtó (szer)

weedy ['wiːdi] *mn* gyomos ‖ vézna, vékonydongájú ‖ **become weedy** *(gyom)* elburjánzik

week [wiːk] *fn* *(naptári)* hét ‖ **for a week** egy hétre; **this week** ezen a héten; **a week ago today** ma egy hete; **the week before** az előző hét(en); **a week (from) today** mához egy hétre; **week in week out** hétről hétre; **a week later** rá egy hétre, egy héttel később;

from week to week hétről hétre; **a week tomorrow** holnaphoz egy hétre

weekday ['wiːkdeɪ] *fn* hétköznap

weekend [ˌwiːk'end] ▼ *fn* hétvég(e), víkend ‖ *(jelzőként)* hétvégi ‖ **spend the weekend at** vhol tölti a hétvégét; **at the weekend** a hétvégén; **at weekends** hétvégeken ▼ *ige* víkendezik *(at vhol)*

weekend case *fn* útitáska, sporttáska

weekend cottage *fn* hétvégi ház; víkendház

weekender [ˌwiːk'endə] *fn* hétvégi kiránduló, víkendező

weekly ['wiːkli] ▼ *mn* heti; hetenkénti ‖ **weekly newspaper** hetilap; **weekly pass** hetijegy; **weekly pay** hetibér ▼ *fn* hetilap

weeny ['wiːni] *mn* ❖ *biz* kicsike

weep [wiːp] ▼ *fn* **have a good weep** jól kisírja magát ▼ *ige* *(pt/pp* **wept** [wept]) sír ‖ **weep for/over** megsirat

weeping willow ['wiːpɪŋ] *fn* szomorúfűz

weepy ['wiːpi] *mn* sírós

weevil ['wiːvl] *fn* zsizsik

wee-wee ['wiːwiː] *fn* ❖ *biz* pisi ‖ **have a wee-wee** pisil

weft yarn [weft] *fn* vetülékfonal

weigh [weɪ] *ige* (meg)mér; *(mérlegen)* lemér, (le)mázsál ‖ nyom (vmennyit) ‖ ❖ *átv* mérlegel ‖ **how much does it weigh?** hány kiló?; **weigh anchor** horgonyt felszed; **it weighs 5 kilos** a súlya 5 kiló; **weigh heavily on sy** ránehezedik; nyomaszt; **weigh one's words** megrágja minden szavát

---

weigh down nyomaszt(ólag hat vkre)

weigh in leméreti magát *(verseny előtt)* ‖ nyomós érvvel hozakodik elő

weigh on nyomaszt (vkt vm)

weigh out kimér

weigh up latolgat, megfontol ‖ felmér (vkt) ‖ **weigh things up** felméri a helyzetet

---

weigh-bridge *fn* hídmérleg

weighing machine ['weııŋ] *fn* mázsá-ló, mázsa, mérleg

weight [weıt] ▼ *fn* súly; testsúly ‖ ❖ *átv* súly, nyomaték ‖ **weights** súly-mértékek; **put on weight** hízik; **it's a weight off my mind!** nagy kő esett le a szívemről ▼ *ige* megterhel

weighting (allowance) ['weıtıŋ] *fn* pótlék, pótdíj

weightlessness ['weıtləsnəs] *fn* súly-talanság

weight-lifter *fn* súlyemelő

weight-lifting *fn* súlyemelés

weight limit *fn* súlyhatár

weighty ['weıti] *mn* súlyos

weir [wıə] *fn* duzzasztómű

weird [wıəd] ▼ *mn* természetfölötti, furcsa, hátborzongató ▼ *fn* sors, vég-zet

welcome ['welkəm] ▼ *mn* szívesen látott ‖ **welcome news** örvendetes hír; **you're welcome!** *("köszönöm"-re adott válasz)* kérem!, szívesen!; **it is extreemly welcome** rendkívül örü-lünk neki; **you're welcome to it** ren-delkezésedre áll ▼ *fn* fogadtatás ‖ **be given a warm welcome** szívélyes fo-gadtatásban részesül; **give sy a warm welcome** meleg/szívélyes fogadtatás-ban részesít vkt ▼ *ige* üdvözöl, kö-szönt; *(vendéget)* fogad ‖ **welcome sy** szívesen lát vkt ▼ *isz* **welcome!** isten hozott!

welcoming committee ['welkəmıŋ] *fn* fogadóbizottság

welcoming speech *fn* üdvözlőbeszéd

weld [weld] *ige (fém)* összeforr ‖ *(fé-met)* hegeszt ‖ **weld together** össze-hegeszt

welded ['weldıd] *mn* hegesztett

welder ['weldə] *fn* hegesztő

welding torch ['weldıŋ] *fn* hegesztő-pisztoly

welfare ['welfeə] *fn (anyagi)* jólét

welfare centre (⊕ *US* **-ter**) *fn* kb. egészségház

welfare state *fn* jóléti állam

welfare work *fn* szociális gondozói munka

welfare worker *fn* szociális gondozó

well[1] [wel] ▼ *fn* kút ‖ **sink a well** kutat ás ▼ *ige* ömlik, bugyog

well out from dől belőle *(vér)*

well up kibuggyan *(könny)*; feltör *(víz)*

well[2] [wel] ▼ *mn/hsz (fokozása 'job-ban, legjobban':* **better, best)** jól ‖ **all's well** minden rendben van; **all's well that ends well** minden jó, ha jó a vége!; **everything is going well** minden a legnagyobb rendben megy; **as well** szintén; **be well** jól érzi ma-gát; **do sg well** ❖ *biz* jól csinálja *(művész)*; **be doing well** jól megy *(neki) (iskola, üzlet stb.)*; szépen ja-vul *(egészségileg)*; **be well off** jólét-ben él, jól megy neki; **be well on in years** előrehaladott korban van; **the business is doing well** jól megy az üzlet; **get well!** gyógyulj meg!; **do well by sy** jót tesz vkvel; **look well** jó színben van; **only too well** a kelleté-nél jobban; **as well as** továbbá, vala-mint; **well brought up** jól nevelt; **well done!** ez pompás!, bravó; **well enough** elég jól; **well in advance** jó előre; **be well up in sg** ért vmhez, vmben jártas, jól ért vmhez; **you'd do well to** jól tennéd, ha …; **you might as well** … legjobb lesz, ha …; **it may well be that** könnyen lehet, hogy …; **that's all very well but** … ez mind szép és jó, de …; **very well** nagyon jól; **very well, then** … na jó, rend-ben! … ▼ *isz* nos, szóval, hát ‖ *(kér-dőleg)* na!? ‖ **well I have finished (it)** nos, befejeztem; **well, well!** ejha!, mit akarsz?, ugyan, ugyan!; **well I never!** (no) de ilyet!, na hallod!; **well now/then** nos hát

we'll [wi:l] = we shall/will

---

nm névmás – *nu* névutó – *szn* számnév – *esz* egyes szám – *tsz* többes szám

▼ szófajjelzés ⊕ földrajzi variáns ❏ szakterület ❖ stiláris minősítés

well-attended *mn* be **well-attended** nagy látogatottságnak örvend

well-balanced *mn* kiegyensúlyozott (*ember*)

well-behaved *mn* jó magaviseletű

well-being *fn* (*anyagi*) jólét

well-bred *mn* jól nevelt

well-built *mn* jó felépítésű, jókötésű

well-chosen *mn* választékos

well-deserved *mn* megérdemelt

well-developed *mn* jól fejlett (*lány, gazdaság*)

well-disposed *mn* jóindulatú

well-done *mn* jól átsütött (*hús*)

well-dressed *mn* jól öltözött

well-earned *mn* jól megérdemelt

well-educated *mn* jól nevelt || művelt

well-equipped *mn* jól felszerelt

well-established *mn* jól megalapozott/bevezetett

well-fed *mn* jól táplált

well-founded *mn* jól megalapozott || **well-founded suspicion** alapos gyanú

well-groomed *mn* ápolt (külsejű), jól öltözött

wellhead ['welhed] *fn* forrás eredete, kútforrás, kútfő

well-heated *mn* **well-heated room** fűtött terem

well-heeled *mn* ❖ *biz* jómódú, pénzes

well-informed *mn* jól informált/tájékozott

wellingtons ['welɪŋtənz] *fn tsz* gumicsizma, hócsizma

well-intentioned *mn* jó szándéku

well-kept *mn* jól ápolt/gondozott

well-known *mn* (jól) ismert, közismert, neves, híres || **it is well-known that** tudvalevő, hogy

well-lined *mn* tömött (*pénztárca*)

well-mannered *mn* jó modoru

well-matched *mn* összeillő || **they are well-matched** jól összeillenek

well-meaning *mn* jó szándéku

well-meant *mn* jóhiszemű (*cselekedet*)

wellnigh ['welnaɪ] *hsz* majdnem

well-off *mn* jómódu

well-preserved *mn* jó karban levő

well-read *mn* olvasott (*ember*)

well-shaped *mn* jó alaku

well-spoken *mn* finom beszédű, nyájas modorú || szép kiejtésű

well-timed *mn* jól időzített

well-to-do *mn* jómódu

well-trained *mn* iskolázott

well-versed *mn* tájékozott/járatos (*in sg* vmben)

well-wisher *fn* jóakaró, pártfogó

Welsh [welʃ] ▼ *mn* walesi ▼ *fn* walesi nyelv || **the Welsh** a walesiek

Welshman ['welʃmən] *fn* (*tsz* **-men**) walesi (férfi)

Welsh rarebit *fn* (sajtos) meleg szendvics

Welshwoman ['welʃwʊmən] *fn* (*tsz* **-women**) walesi nő

welt [welt] *fn* (*ütéstől testen*) csík, ❖ *biz* hurka || ráma (*cipőé*)

welter ['weltə] *fn* zűrzavar

welterweight ['weltəweɪt] *fn* ⬜ *sp* váltósúly

went [went] *pt* → **go**

wept [wept] *pt/pp* → **weep**

were [wə, *erős kiejt.* wɜː] → **be**

we're [wɪə] = **we are**

weren't [wɜːnt] = **were not**

werewolf ['weəwʊlf] *fn* (*tsz* **-wolves** [-wʊlvz]) farkasember

west [west] ▼ *mn* nyugati ▼ *hsz* nyugatra, nyugat felé || **west of London** Londontól nyugatra ▼ *fn* nyugat || **in the west** nyugaton; **the West** ⬜ *pol* a Nyugat

westbound ['westbaʊnd] *mn* nyugat felé menő/induló; nyugatra tartó/utazó; nyugati irányt követő

westerly ['westəli] *mn* (*szél, áram*) nyugati

western ['westən] ▼ *mn* nyugati ▼ *fn* vadnyugati film, western

Western Europe *fn* Nyugat-Európa

westernized ['westənaɪzd] *mn* elnyugatiasított; nyugati mintára átalakított

---

fn főnév – *hsz* határozószó – *isz* indulatszó – *ksz* kötőszó – *mn* melléknév
▼ szófajjelzés ⊕ földrajzi variáns ⬜ szakterület ❖ stiláris minősítés

West Indian *mn/fn* nyugat-indiai
West Indies, the *fn tsz* Nyugat-India
westward(s) ['westwəd(z)] *hsz* nyugat felé, nyugatra
wet [wet] ▼ *mn* vizes, nedves, nyirkos ‖ pisis ‖ **wet through** *(ember)* csuromvizes; **get wet** vk megázik; **get wet through** bőrig ázik; **make sg wet** *(akaratlanul)* bevizez; **wet blanket** ünneprontó, savanyú alak/ember; **wet paint!** vigyázat, mázolva!; **wet weather** esős idő ▼ *ige* -tt- megvizez, benedvesít ‖ **wet one's pants, wet oneself** ❖ *biz* bepisil; **wet the bed** *(ágyba)* bevizel; **wet through** átnedvesít
wether ['weðə] *fn* ❑ *áll* ürü
wetness ['wetnəs] *fn* nedvesség
wet-nurse *fn* szoptatós dajka
wet pack *fn* priznic
wet suit *fn* szörfruha
we've [wiːv, wiv] = **we have**
whack [wæk] *ige* ❖ *biz* elnadrágol
whale [weɪl] *fn* bálna
whalebone ['weɪlboun] *fn* halcsont
whaler ['weɪlə] *fn* bálnavadász(hajó)
wharf [wɔːf] *fn* *(tsz* **wharfs** *v.* **wharves** [wɔːvz]) rakpart
what [wɒt] ▼ *nm (kérdő)* mi?, mit? ‖ milyen?, miféle? ‖ **for what?** mire?; **what about a cup of tea?** mit szólnál/szólna egy csésze teához?; **what about you?** mi lesz veled?; **what am I to do?** mit tegyek?; **what are we to do?** mi lesz velünk?; **what can I do for you?** mi tetszik? *(üzletben stb.)*; **what for?** mi célból/végett?, miért?; **what is this for?** minek ez?; **what happened?** mi történt/baj?; **what is he talking about?** miről beszél?; **what is it about?** miről szól?; **what is it?** ❖ *biz* mit akarsz?, mi van?, mi baj van?; **what is ... like?** milyen?; **what is it like?** milyen?, hogy néz ki?; **what was he like?** hogyan nézett ki?; **what next?** (hát) még mit nem!, mi lesz?; **what of it?** hát aztán?, no

és?; **so what?** hát aztán?, na és (aztán)?; **what shall I do?** mit tegyek?; **what colour is it?** milyen színű?; **what size?** *(cipő, kalap)* hányas?; **what sort of?** milyen?, miféle?; **what time is it?** hány óra van?; **what will you have?** *(enni)* mit parancsol?; **what's on (the) TV?** mi megy a tévében?; **what's up?** mi történt/baj?; **what's yours?** mit iszol?; **what a(n) ...** *(felkiáltásban)* micsoda, mekkora; **what a big tower it's got!** mekkora tornya van!; **what a mess!** micsoda vircsaft folyik itt!, micsoda zsibvásár!; **what a pity!** de kár!; **what an idea!** micsoda ötlet! ▼ *nm (vonatkozó)* ami(t), amely(et) ‖ az ami ‖ ami csak ‖ azt amit ‖ **what I like is music** a zene az, amit szeretek; **and what is more** sőt mi több
what-d'you-call-it *fn (dolog)* izé, hogyishívják
whatever [wɒt'evə] *nm* akármi(t), bármi(t), ami(t) csak ‖ bármilyen ‖ **from whatever direction** akármerről; **whatever happens** bármi történjék is
whatnot ['wɒtnɒt] *fn* akármi, miegymás ‖ stelázsi
what's-her-name *fn* izé *(nőnem)*, hogyishívják
what's-his-name *fn* izé *(hímnem)*, hogyishívják
what's-its-name *fn* izé *(dolog)*, hogyishívják
wheat [wiːt] *fn* búza
wheat-field *fn* búzatábla
wheatgerm ['wiːtdʒɜːm] *fn* búzacsíra
wheatmeal ['wiːtmiːl] *fn* búzaliszt, búzadara
wheedle ['wiːdl] *ige* **wheedle a promise out of sy** ígéretet kicsikar vkből; **wheedle money out of sy** pénzt kivasal vkből
wheel [wiːl] ▼ *fn* kerék ‖ **at the wheel** a volánnál ▼ *ige* ⊕ *US* biciklizik, bringázik, kerekezik

wheelbarrow ['wi:lbærou] *fn* talicska

wheelbase ['wi:lbeɪs] *fn* tengely-táv(olság)

wheelchair ['wi:ltʃeə] *fn* tolószék, kerekesszék

wheel clamp *fn* kerékbilincs *(autóra)*

wheeled [wi:ld] *mn* kerekes

wheeler-dealer [ˌwi:lə'di:lə] *fn* ⊕*US* gátlástalan/dörzsölt üzletember/politikus

wheel hub *fn* kerékagy

wheeling and dealing ['wi:lɪŋ] *fn* manipuláció, gyanús üzletelés

wheelwright ['wi:lraɪt] *fn* kerékgyártó

wheeze [wi:z] ▼ *fn* zihálás, asztmás légzés ‖ ❖*biz* jó bemondás, tréfa ▼ *ige* liheg, zihál

whelp [welp] *ige (vad)* fiadzik

when [wen] ▼ *hsz (kérdő)* mikor? ‖ hány órakor? ‖ **by when?** mikorra?; **since when?** *(időben)* mettől?, mikortól?; **till/until when?** *(időben)* meddig?; **since when have you been living here?** mióta lakik itt? ▼ *hsz (vonatkozó)* mikor, amikor ▼ *ksz* (amikor) pedig, amikor, ha ‖ **just when** éppen akkor, amikor; **when all is said and done** mindent összevéve; **when due** esedékességkor

whence [wens] ▼ *hsz (kérdő; irány, hely)* honnan? ▼ *hsz (vonatkozó)* ahonnan

whenever [wen'evə] *hsz* valahányszor, amikor csak ‖ **whenever you like/wish** bármely időben, amikor csak akarsz/akarja, valahányszor csak akarja

where [weə] ▼ *hsz (kérdő)* hol?, merre?, hova? ‖ **from where** honnan?, merről?; **where are you coming from?** *(most)* honnan jössz?; **where do you come from?** honnan jön (ön)? *(melyik országból)*; **where do you live?** hol laksz?; **where has my pen got to?** hová lett a tollam?; **where on earth is it?** hol az ördögben van?; **where shall I apply?** kihez

fordulhatok?; **where were we?** *(diktálásnál)* hol (is) tart(ott)unk? ▼ *hsz (vonatkozó)* ahol, amerre ‖ ott, ahol; ahova ‖ **from where** ahonnan, amerről; **where I live** lakásomon; **this is where I live** itt lakom

whereabouts ['weərəbauts] ▼ *fn* hollét ‖ **whereabouts unknown** tartózkodási helye ismeretlen ▼ *hsz (kérdő)* hol?, merre?

whereas [weər'æz] *ksz* holott, ezzel szemben, míg ellenben/viszont ‖ jóllehet, habár, noha

whereby [weə'baɪ] *hsz* ami által, miáltal

wherefrom [weə'frɒm] *hsz* ahonnan

wherein [weər'ɪn] *nm* mennyiben?, miben? ‖ amiben, amelyben

whereupon [ˌweərə'pɒn] *hsz* ennek következtében ‖ (a)mire

wherever [weər'evə] *hsz* akárhol ‖ akárhova, akármerre, ahol csak, amerre csak ‖ **from wherever** akárhonnan, ahonnan csak

wherewithal ['weəwɪðɔ:l] *fn* a szükséges összeg, az anyagiak ‖ **he has the wherewithal** megvan a hozzávalója

whet [wet] *ige* -tt- (meg)fen, kiélesít, kifen, kiköszörül ‖ **whet sy's appetite** étvágyat csinál vknek

whether ['weðə] *hsz (kérdés előtt)* vajon, -e ‖ **whether he is gone** hogy elment-e?; **whether ... or ...** akár ..., akár ...; **whether you like it or not** akár tetszik, akár nem; **whether or no(t)** minden körülmények között; akár igen, akár nem

whetstone ['wetstoun] *fn* fenőkő

whew! [fju:] *isz* ejha!

whey [weɪ] *fn* (tej)savó

whey-faced *mn* sápadt

which [wɪtʃ] ▼ *nm (kérdő)* melyik(et)?, mely? ‖ melyek? ‖ **from which** melyiktől?; **which bank do you use?** melyik bankban tartod a pénzed?; **which bus?** hányas busz?; **which**

company do you work for? melyik vállalatnál dolgozol?; **from which direction?** merről; **in which direction?** hová; **which of the two?** melyik a kettő közül?; **which one?** melyiket?; **which way?** merre?, hova? ▼ *nm (vonatkozó)* amely(et), amelyik(et) || amelyek(et); azt, amit || **from among which** amelyek közül; **that which** az, ami

whichever [wɪtʃ'evə] *nm* akármelyik(et) || **whichever you like** amelyiket akarod; **from whichever direction** akármerről; **whichever way** akárhogy(an)

whiff [wɪf] *fn* fuvallat || illat, beszippantás || **take a few whiffs** szippant egyet-kettőt *(a pipájából)*, pöfékel

while [waɪl] ▼ *ksz/hsz* amíg, mialatt, miközben || míg (viszont), ezzel szemben || **while I was there** ottlétem alatt, ottlétemkor; **while playing** játék közben ▼ *fn* (kis) idő || **after a while** kis idő múlva; **for a while** egy rövid időre; **for quite a while** már jó/egy ideje ▼ *ige* **while away the time** időt eltölt, agyonüt

whilst [waɪlst] *ksz* = **while**

whim [wɪm] *fn* szeszély; hóbort

whimper ['wɪmpə] *ige (csecsemő)* bőg, nyafog, pityereg || *(kutya)* nyüszít, szűköl

whimsical ['wɪmzɪkl] *mn* bizarr, ötletszerű, szeszélyes, hóbortos

whimsy ['wɪmzi] *fn* szeszély; hóbort

whine [waɪn] ▼ *fn* nyafogás || nyüszítés, szűkölés ▼ *ige* siránkozik, nyavalyog, nyafog || nyüszít, szűköl, vinnyog || **be whining** *(gyermek)* nyűgösködik

whining ['waɪnɪŋ] ▼ *mn* nyűgös, pityergős, nyafogós ▼ *fn (gyereké)* nyivákolás, pityergés

whip [wɪp] ▼ *fn* korbács || ostor || ❑ *pol* fegyelmi elöljáró *(párté)* ▼ *ige* -**pp**-ostoroz || korbácsol || **whip cream** tejszínt felver

whip out *(kardot, pisztolyt)* előránt || *(szél port)* felkavar

whiplash ['wɪplæʃ] *fn* ostorszíj

whipped [wɪpt] *mn* **whipped cream** tejszínhab; **whipped white of eggs** tojáshab

whipper-in [ˌwɪpər'ɪn] *fn* vadászinas *(falkavadászaton)*

whipping-boy ['wɪpɪŋ] *fn* bűnbak

whipping top *fn* (játék)csiga

whip-round *fn* ❖ *biz* gyűjtőív készpénzadományokra || gyűjtés

whirl [wɜːl] ▼ *fn* forgás, pörgés || örvény ▼ *ige* megperdül || megperdít || örvénylik

whirligig ['wɜːlɪɡɪɡ] ⊕ *GB fn* búgócsiga || körhinta, ringlispíl

whirlpool ['wɜːluːl] *fn* örvény, forgatag

whirlwind ['wɜːlwɪnd] *fn* forgószél

whirr (⊕ *US* **whir**) [wɜː] ▼ *fn* zúgás, búgás ▼ *ige (gép)* zúg, búg

whisk [wɪsk] *ige* felver *(tojásfehérjét)*

whiskers ['wɪskəz] *fn tsz* bajusz *(macskáé)*

whisky (⊕ *US* **whiskey**) ['wɪski] *fn* whisky

whisper ['wɪspə] ▼ *fn* halk beszéd, suttogás, súgás || **in a whisper** *(beszél)* halkan ▼ *ige* suttog, súg; *(falevél)* susog || **whisper sg to sy** *(v. in sy's ear)* vmt vknek (oda)súg

whispering ['wɪspərɪŋ] *fn* sugdosás

whist [wɪst] *fn* whist *(játék)*

whistle ['wɪsl] ▼ *fn* fütty || síp ▼ *ige* fütyül || sípol || **he can whistle for his money** ❖ *biz* futhat a pénze után

whistle-stop tour *fn* korteskörút *(sok rövid megszakítással)*

white [waɪt] ▼ *mn* fehér || **become white** (el)fehéredik; **white blood cell** fehérvérsejt; **white bread** fehér kenyér; **white coffee** tejeskávé ▼ *fn* fehér (szín) || fehér (ember) || *(sakkfigu-*

ra) világos ‖ **white of the eye** szeme fehérje; **white (of egg)** tojásfehérje

whitebait ['waɪtbeɪt] *fn* apróhal

white-collar job *fn* ❖ *biz* irodai munka, szellemi foglalkozás/munka

white-collar worker *fn* értelmiségi/ szellemi dolgozó, "fehérgalléros"

white elephant *fn* <haszontalan vagyontárgy>

white goods *fn tsz* fehérnemű ‖ (fehér zománcos) háztartási eszközök/gépek

white-hot *mn* fehéren izzó

White House, the *fn* ⊕ *US* a Fehér Ház

white lie *fn* füllentés

whiten ['waɪtn] *ige* elfehéredik ‖ fehérít

whiteness ['waɪtnəs] *fn* fehérség ‖ sápadtság

white noise *fn* ❏ *el* fehérzaj

White Paper *fn* „fehér könyv"

white pudding *fn* ⊕ *GB* májas hurka

white(-)tie *fn* it's a white(-)tie occasion estélyi ruha kötelező

whitewash ['waɪtwɒʃ] *ige* kimeszel

whiting ['waɪtɪŋ] *fn* mészfesték, mész(por)

whitish ['waɪtɪʃ] *mn* fehéres

Whit Monday [wɪt] *fn* pünkösdhétfő

Whit Sunday *fn* pünkösdvasárnap

Whitsun(tide) ['wɪtsn(taɪd)] *fn* pünkösd

whittle (away) ['wɪtl] *ige* farigcsál, megnyirbál

whiz(z) [wɪz] *ige (ostor, kard)* suhog ‖ *(lövedék)* süvít, (el)zúg

whiz-kid *fn* ❖ *biz* sikerember, menő

who [hu:] ▾ *nm (kérdő)* ki? ‖ kik? ‖ **who are you thinking of?** kire gondolsz?; **who are you waiting for?** kire/kit vár?; **who came first?** ki érkezett legelőször?, kik érkeztek először?; **who can tell?** ki tudja?; **who ever told you that?** ugyan ki mondta ezt neked?; **who is it?** ki az?; **who knows?** ki tudja?; **who on earth?** kicsoda?; **who won?** ki győzött? ▾ *nm (vonatkozó)* aki, akik ‖ azok, akik ‖ he

who az, aki; **it was he who invented it** ezt ő ötlötte ki

WHO [ˌdʌblju: eɪtʃ 'oʊ] = **World Health Organization**

whodunit [ˌhu:'dʌnɪt] *fn* ❖ *biz* bűnügyi regény, krimi

whoever [hu:'evə] *nm* aki csak, akárki, mindenki, aki ‖ **whoever could that be?** ki lehetett az?; **whoever gets there first** amelyikünk előbb ér oda, az …

whole [hoʊl] ▾ *mn* egész, teljes ‖ ép, hiánytalan ‖ **whole note** ⊕ *US* egész hang; **go the whole hog** ha (már) lúd, legyen kövér ▾ *fn* **the whole** az egész; **on the whole** egészében/alapjában véve, nagyjából

wholefood(s) ['hoʊlfu:d(z)] *fn tsz* természetes étel(ek) *(tartósítót nem tartalmazó)*, bioétel

whole-hearted [ˌhoʊl'hɑ:tɪd] *mn* szívből jövő, lelkes, őszinte ‖ teljes mértékű *(támogatás stb.)*

whole-heartedly [ˌhoʊl'hɑ:tɪdli] *hsz* szívvel-lélekkel, szívből

wholemeal ['hoʊlmi:l] *fn* teljes kiőrlésű liszt, korpásliszt ‖ **wholemeal bread** korpás kenyér

wholesale ['hoʊlseɪl] *mn/hsz* nagyban(i), "nagyker" ‖ **buy sg wholesale** nagyban vásárol; **sell wholesale** nagyban ad el

wholesale dealer *fn* nagykereskedő

wholesale price *fn* nagykereskedői ár; nagybani ár

wholesaler ['hoʊlseɪlə] *fn* nagykereskedő

wholesome ['hoʊlsəm] *mn* egészséges *(étel)*

whole wheat bread *fn* korpás búzakenyér

wholly ['hoʊlli] *hsz* egészen, teljesen

whom [hu:m] *nm (kérdő)* kit? ‖ **to whom** kinek? ▾ *nm (vonatkozó)* akit ‖ **to whom** akinek

whooping cough ['hu:pɪŋ kɒf] *fn* szamárköhögés

---

fn főnév –*hsz* határozószó –*isz* indulatszó –*ksz* kötőszó –*mn* melléknév
▾ szófajjelzés ⊕ földrajzi variáns ❏ szakterület ❖ stiláris minősítés

whopper ['wɒpə] *fn* ❖ *biz* irtó nagy dolog, bődületes hazugság

whopping ['wɒpɪŋ] *mn* ❖ *biz* óriási

whore [hɔ:] *fn* kurva, szajha

who're ['hu:ə] = **who are**

whortleberry ['wɜ:tlberi] *fn* fekete áfonya

who's [hu:z] = **who is/has**

whose [hu:z] ▼ *nm (kérdő)* kié?, kinek a ...? ‖ **whose book is that?** kinek a könyve ez?; **whose book is this?** kié ez a könyv? ▼ *nm (vonatkozó)* akié, akinek a ... ‖ **the boy whose father is abroad** a fiú, akinek az apja külföldön van

who've [hu:v] = **who have**

why [waɪ] ▼ *hsz* miért? ‖ **why did you go?** miért mentél el?; **why not go?** miért ne menjünk?, talán (el)mehetnénk ... ▼ *hsz (vk, cél)* amiért, ami miatt ‖ **the reason why ...** az oka (annak, hogy) ...; **this is why** emiatt, ezért, ennek köszönhető, hogy ▼ *isz* no de, nocsak ‖ hát (persze) ‖ hiszen

wick [wɪk] *fn* bél, kanóc *(gyertyáé, lámpáé)*

wicked ['wɪkɪd] *mn* komisz, gonosz, bűnös ‖ **wicked deed** *fn* gonosztett

wickedness ['wɪkɪdnəs] *fn* gonoszság *(tulajdonság)*

wicker ['wɪkə] *fn* (kosárfonó) vessző

wicker basket *fn* vesszőkosár

wickerwork ['wɪkəwɜ:k] *fn* vesszőfonás ‖ kosáráru

wicket ['wɪkɪt] *fn* (krikett)kapu

wicket keeper *fn* (krikett)kapus

wide [waɪd] *mn* széles, tágas; tág, széles körű ‖ **18 inches wide** két arasz széles; **too wide** *(ruha)* bő; **too wide in/round the bust** *(nőnél) (ruha)* mellben bő; **a wide selection** széles választék; **give sy a wide berth** nagy ívben elkerül vkt; **be wide of the mark** célt tévesztett, messze jár a valóságtól; **be wide open** szélesre tárt; **wide (range of) interests** széles körű érdeklődés, széles ismeretkör

wide-angle lens *fn* nagy látószögű objektív

wideawake [,waɪdə'weɪk] *mn* szemfüles

wide-boy *fn* vagány

wide-eyed *mn* ámuló/bámuló *(v.* tágra nyílt) szemű, csodálkozó

widely ['waɪdli] *hsz* széleskörűen ‖ **widely read** igen olvasott; **it is widely known** széles körben ismert, köztudomású; **a widely travelled man** világot látott ember; **widely used** elterjedt *(szó)*

widen ['waɪdn] *ige* kiszélesedik, kibővül, kitágul ‖ kiszélesít, kibővít, tágít

wideness ['waɪdnəs] *fn* szélesség *(épületé)*; nagy kiterjedés *(területé)*, terjedelmesség

wide-open *hsz* tárva-nyitva

wide-ranging *mn* széles körű, kiterjedt, sokrétű

wide-screen *mn* ❏ *film* szélesvásznú

widespread ['waɪdspred] *mn* széleskörű(en elterjedt); általános

widow ['wɪdoʊ] *fn* özvegy(asszony)

widowed ['wɪdoʊd] *mn* özvegységre jutott, megözvegyült

widower ['wɪdoʊə] *fn* özvegyember

widowhood ['wɪdoʊhʊd] *fn* özvegység

width [wɪdθ] *fn* szélesség

widthways ['wɪdθweɪz] *hsz* széltében

wield [wi:ld] *ige (kardot)* forgat

wife [waɪf] *fn (tsz* **wives** [waɪvz]) feleség

wig [wɪg] *fn* paróka

wigging ['wɪgɪŋ] *fn* ❖ *biz* összeszidás, „fejmosás"

wigwam ['wɪgwæm] *fn* vigvam *(indián sátor)*

wild [waɪld] *mn* vad, szilaj ‖ elvadult, féktelen

wild animal/beast *fn* vadállat

wild card *fn* ❏ *szt* csillag, helyettesítő jel (*)

wild cat *fn* vadmacska

wildcat strike ['waɪldkæt] *fn* nem hivatalos sztrájk, vadsztrájk

W

---

nm névmás − *nu* névutó − *szn* számnév − *esz* egyes szám − *tsz* többes szám

▼ szófajjelzés ⊕ földrajzi variáns ❏ szakterület ❖ stiláris minősítés

wilderness ['wɪldənəs] *fn* vadon, pusztaság

wildfire ['waɪldfaɪə] *fn* futótűz

wild flower *fn* mezei virág

wildfowl ['waɪldfaʊl] *fn (tsz ua.)* szárnyas vad

wild-goose chase *fn* hiábavaló vállalkozás, ábrándkergetés

wildlife ['waɪldlaɪf] *fn* vadvilág, állatvilág

wildlife protection *fn* vadvédelem

wildly ['waɪldli] *hsz* vadul, féktelenül

wild talk *fn* felelőtlen/összevissza beszéd/fecsegés

Wild West, the *fn* vadnyugat

wile [waɪl] *fn* csel, ravaszság ‖ **wiles** furfang

wilful (⊕ *US* **willful**) ['wɪlfl] *mn* akaratos, önfejű, dacos ‖ szándékos

wilful murder (⊕ *US* **willful**) *fn* szándékos emberölés

wilfulness (⊕ *US* **willfulness**) ['wɪlflnəs] *fn* szándékosság

will [wɪl] ▼ *fn* akarat ‖ végrendelet ‖ **at will** tetszés szerint; **make one's will** végrendeletet készít, végrendelkezik ▼ *ige (segédige a jövő idő kifejezésére)* he will (*v.* he'll) come el fog jönni, (majd) eljön; **will you come?** eljössz?, el fogsz jönni?; **will you be able to come?** el tudsz jönni?; **I'll try it** megpróbálom; **that'll be the postman** ez a postás lesz!; **he will not** (*v.* **won't**) **come back** nem fog visszajönni, nem jön vissza; **you will** (*v.* **you'll**) **go, won't you?** ugye elmész (majd) oda?; **you won't forget, will you?** ugye nem felejted el?; **accidents will happen** balesetek mindig lesznek ▼ *ige (főige)* akar ‖ **call it what you will** nevezd, aminek akarod ‖ → **would**

willful ['wɪlfl] *mn* = **wilful**

willing ['wɪlɪŋ] *mn* készséges, segítőkész, szolgálatkész ‖ **be willing to do sg** hajlandó vmre; **show oneself willing** hajlandónak mutatkozik

willingly ['wɪlɪŋli] *hsz* önként, készséggel, saját jószántából ‖ **most willingly** kész örömmel

willingness ['wɪlɪŋnəs] *fn* hajlandóság, készség, jóakarat, akarás

will-o'-the-wisp [ˌwɪləðə'wɪsp] *fn* lidércfény

willow ['wɪloʊ] *fn* ❑ *növ* fűzfa

willow-wood *fn* fűzfa *(fája)*

will-power *fn* akaraterő

willy-nilly [ˌwɪli'nɪli] *hsz* akarva, nem akarva ‖ akarva-akaratlan

wilt [wɪlt] *ige* (el)hervad ‖ ❖ *biz* elszontyolodik

Wilts = *Wiltshire*

wily ['waɪli] *mn* körmönfont, rafinált, furfangos, ravasz

win [wɪn] ▼ *fn* ❑ *sp* győzelem ‖ **easy win** fölényes győzelem ▼ *ige (pt/pp* **won** [wʌn]) **-nn-** győz, nyer ‖ elnyer, megnyer, megkap ‖ **win a scholarship** elnyer/kap egy ösztöndíjat; **win at cards** kártyán nyer; **win by a fall** két vállra fektet *(birkózásban ellenfelet)*; **win by a head** fejhosszal győz; **win by a length** lóhosszal győz; **win hands down** fölényes győzelmet arat; **win on points** pontozással győz/veszít

---

win sy over rábeszéléssel megnyer

win sy round to sg *(vkt vm ügynek)* megnyer

win through győzedelmeskedik

---

wince [wɪns] *ige* megvonaglik, megrándul *(száj, arc)*; megrebben ‖ **without wincing** szisszenés nélkül

winch [wɪntʃ] *fn* csörlő

Winchester disk/drive ['wɪntʃɪstə] *fn* ❑ *szt* winchester

wind¹ [wɪnd] ▼ *fn* szél ‖ **before the wind** szélirányba(n), széllel; **which way is the wind?** honnan fúj a szél?; **the wind is blowing** fúj a szél; **the wind is in the east** keleti szél fúj; **the wind lies in the north** északról fúj a

---

fn főnév – *hsz* határozószó – *isz* indulatszó – *ksz* kötőszó – *mn* melléknév
▼ szófajjelzés ⊕ földrajzi variáns ❑ szakterület ❖ stiláris minősítés

szél; **how is the wind?** honnan fúj a szél?; **break wind** ❖ *biz* ereszt egyet, fingik; **down the wind** a szél irányában; **get wind of** szimatot fog/kap, ❖ *biz* drótot kap vmről, megszagol vmt; **raise the wind** ❖ *biz* felhajt egy kis pénzt; **take the wind out of sy's sails** kifogja a szelet vk vitorlájából; **there is something in the wind** valami készül ▼ *ige* (*pt/pp* **winded** ['wɪndɪd]) kifullaszt ‖ megszimatol ‖ **be winded** elállt a lélegzete, kifulladt

wind² [waɪnd] *ige* (*pt/pp* **wound** [waʊnd]) (*út, folyó*) kígyózik, tekereg, kanyarog ‖ csévél, tekercsel ‖ felhúz (*órát*)

---

wind itself (a)round sg vmre vm rácsavarodik, (*vm köré v. vmre*) teker vmt

wind off legombolyít, leteker

wind up (*beszédet*) befejez ‖ (*vitát*) bezár ‖ (*vállalatot*) felszámol, feloszlat ‖ ❖ *biz* felizgat, végsőkig feszít ‖ **wind oneself up** felhúzza magát; **be wound up** (*intézmény*) megszűnik

---

windbag ['wɪndbæg] *fn* szószátyár

windbreak ['wɪndbreɪk] *fn* szélfogó (*erdősáv stb.*)

windbreaker ['wɪndbreɪkə] *fn* ⊕ *US* széldzseki

windcheater ['wɪndtʃiːtə] *fn* széldzseki, viharkabát

winder ['waɪndə] *fn* felhúzó (*óráé*) ‖ csévélő(gép)

windfall ['wɪndfɔːl] *fn* talált pénz ‖ **have a windfall** pénz áll a házhoz

wind-force *fn* szélerősség

winding ['waɪndɪŋ] *mn* kanyargó(s)

winding up *fn* felszámolás ‖ megszűnés (*cégé, vállalaté*)

wind instrument *fn* fúvós hangszer

windless ['wɪndləs] *mn* szélmentes

windmill ['wɪndmɪl] *fn* szélmalom

window ['wɪndoʊ] *fn* (*szt is*) ablak ‖ kirakat ‖ (*bankban*) pénztár ‖ **at the window** az ablaknál

window box *fn* ablakláda

window cleaner *fn* ablaktisztító (*ember és szer*)

window-dresser *fn* kirakatrendező

window-dressing *fn* kirakatrendezés ‖ **it is mere window-dressing** ez csak porhintés/szemfényvesztés

window envelope *fn* ablakos levélboríték

window-frame *fn* ablakkeret

window-glass *fn* ablaküveg

window-ledge *fn* ablakpárkány

window-pane *fn* ablaktábla

window seat *fn* ablak melletti ülés

window shade *fn* ⊕ *US* (vászon)roló

window-shop *ige* -pp- (*vásárlás nélkül*) kirakato(ka)t néz(eget)

window-shopping *fn* (*vásárlás nélküli*) kirakatnéz(eget)és ‖ **go window-shopping** (*vásárlás nélkül*) kirakatokat nézeget

window-sill *fn* ablakpárkány

window winder *fn* ablakemelő kar

windpipe ['wɪndpaɪp] *fn* légcső

windscreen ['wɪndskriːn] *fn* szélvédő (üveg) (*autón*)

windscreen washer *fn* ablakmosó (*autón*)

windscreen-wiper *fn* ablaktörlő (*autón*)

windshield(-) ['wɪndʃiːld] *fn* ⊕ *US* = **windscreen(-)**

wind-sleeve *fn* = **wind-sock**

wind-sock *fn* (*repülőtéren*) légzsák, szélzsák

wind speed *fn* szélsebesség

wind-storm *fn* szélvihar

windsurf ['wɪndsɜːf] *ige* **be/go windsurfing** szörfözik

windsurfer ['wɪndsɜːfə] *fn* szörf (*eszköz*) ‖ szörföző

windsurfing ['wɪndsɜːfɪŋ] *fn* szörfözés

W

---

wind-swept *mn* szeles, széljárta ‖ összeborzolódott ‖ **look (very) wind-swept** a szél összeborzolja a haját, összeborzolódik a haja a széltől; **(s)he is wind-swept** a szél kifújta az arcát
wind tunnel *fn* szélcsatorna
wind-up ['waɪndʌp] *fn* befejezés ‖ ❖ *biz* izgalom ‖ (szándékos) provokálás, cikizés
windward ['wɪndwəd] ▼ *mn* széloldali ‖ **windward side** széloldal, szél felőli oldal ▼ *hsz* szél irányában, széliránba(n), szélnek ▼ *fn* széloldal ‖ *(vidék)* ahonnan a szél fúj
windy ['wɪndi] *mn (időjárás)* szeles ‖ **it is windy** fúj a szél
wine [waɪn] *fn* bor
wine bar *fn* borozó
wine-cellar *fn* borospince
wineglass ['waɪnglɑːs] *fn* borospohár
wine-grower *fn* bortermelő
wine-growing *fn* bortermelés ‖ szőlészet és borászat
wine-growing area *fn* borvidék
wine list *fn* borárjegyzék, borlap
wine-merchant *fn* borkereskedő
winepress ['waɪnpres] *fn* szőlőprés
wine tasting *fn* borkóstolás
wine vinegar *fn* borecet
wine waiter *fn* italpincér, borfiú
wing [wɪŋ] *fn* szárny *(madáré, repülőgépé)* ‖ szárnyépület ‖ szélső *(futball)* ‖ sárhányó, sárvédő ‖ ❑ *kat* ❑ *pol* szárny ‖ **the wings** ❑ *szính* kulisszák ‖ **be on the wing** szárnyal; **take sy under one's wing** pártfogásába vesz vkt; **take wing** szárnyra kap; **get one's wings** leteszi a pilótavizsgát
winged altar(-piece) [wɪŋd] *fn* szárnyas oltár
W
winger ['wɪŋə] *fn* ❑ *sp* szélső
wing mirror *fn* (oldalsó) visszapillantó tükör
wing nut *fn* szárnyas csavar
wingspan ['wɪŋspæn] *fn* szárnyszélesség, fesztávolság

wingspread ['wɪŋspred] *fn* = **wingspan**
wink [wɪŋk] ▼ *fn* **wink of the eye** szemvillanás; **I didn't have a wink of sleep** egy szemhunyást sem aludtam ▼ *ige (egyet)* hunyorít, kacsint

wink at sy vkre kacsint

winking ['wɪŋkɪŋ] *fn* szemrebbenés
winner ['wɪnə] *fn* nyertes, győztes ‖ **winner of a Nobel prize** Nobel-díjas
winning ['wɪnɪŋ] *mn* nyerő, nyertes, győztes ‖ → **winnings**
winning number *fn* nyerőszám
winning post *fn* céloszlop
winnings ['wɪnɪŋs] *fn tsz (játékon)* nyereség, nyeremény
winning team *fn* győztes csapat
winsome ['wɪnsəm] *mn* kedves, megnyerő
winter ['wɪntə] ▼ *fn* tél ‖ **in winter** télen; **this winter** e télen ▼ *ige* telel
winter clothes *fn tsz* téli ruha
winter sale *fn* téli vásár
winter sports *fn tsz* télisportok
wintertime ['wɪntətaɪm] *fn* **in (the) wintertime** tél idején
winter wheat *fn* őszi búza
wintry ['wɪntri] *mn* fagyos, télies *(idő)*
wipe [waɪp] ▼ *fn* (le)törlés, feltörlés ▼ *ige* (le)töröl, megtöröl ‖ **wipe one's feet (on the mat)** megtörli a lábát; **wipe one's hands** megtörli a kezét; **wipe oneself dry with a towel** törülközővel leszárítja magát; **wipe the floor** padlót feltöröl; **wipe the floor with sy** ❖ *biz* laposra ver vkt

wipe (sg) down *(tárgyat)* letöröl
wipe off *(könnyet)* kitöröl
wipe out *(edényfélét)* kitöröl ‖ **be wiped out** ❖ *biz* megsemmisül
wipe up feltöröl

wiper ['waɪpə] *fn* (ablak)törlő ‖ = **windscreen-wiper**

---

fn főnév – *hsz* határozószó – *isz* indulatszó – *ksz* kötőszó – *mn* melléknév
▼ szófajjelzés ⊕ földrajzi variáns ❑ szakterület ❖ stiláris minősítés

wire ['waɪə] ▼ *fn* drót, huzal ‖ távirat ‖ by wire távirati úton, táviratilag; pull (the) wires összeköttetéseket/protekciót vesz igénybe ▼ *ige* (oda)drótoz ‖ vezetéket szerel, villanyt bevezet ‖ (meg)sürgönyöz, (meg)táviratoz

wire up ❏ *el* beköt

wire-cable *fn* drótkötél
wire cloth *fn* drótszövet
wire cutter(s) *fn tsz* drótvágó (olló)
wire glass *fn* drótüveg
wire-haired *mn* drótszőrű
wire-lattice wall *fn* rabicfal
wireless ['waɪələs] *fn* rádió(készülék)
wire mesh *fn* drótfonat
wire netting *fn* drótfonat
wire-tapping *fn (illetéktelen)* lehallgatás *(távbeszélőé)*
wiring ['waɪərɪŋ] *fn* (elektromos) vezeték (építése), huzalozás ‖ huzal ‖ drót(háló)
wiring diagram *fn* huzalozási rajz
wiry ['waɪəri] *mn* drótszerű, drót- ‖ szívós és izmos (de sovány)
wisdom ['wɪzdəm] *fn* bölcsesség
wisdom tooth *fn (tsz* teeth) bölcsességfog
wise[1] [waɪz] *mn* bölcs, okos ‖ put sy wise about sg vkt vmre kitanít; that did not make me any wiser ettől nem lettem okosabb
wise[2] [waɪz] *hsz* in no wise sehogy(an)
wisecrack ['waɪzkræk] *fn (szellemeskedő)* beköpés, bemondás
wisely ['waɪzli] *hsz* bölcsen
wise saying *fn* bölcs mondás
wish [wɪʃ] ▼ *fn* kívánság, óhaj, akarat ▼ *ige* kíván, óhajt, akar ‖ wish sy sg vknek vmt kíván; wish sy (good) luck szerencsét kíván vknek; I wish you a Happy New Year Boldog új évet (kívánok); as you wish ahogy akarod/tetszik; if you wish ... ha (úgy) tetszik, ...; I wish he were

here (bár)csak itt lenne már!; I wish he would come as soon as possible bárcsak minél előbb jönne; I wish I had never seen him bár sohase láttam volna; I wish I knew his address bár tudnám a címét

wish for óhajt ‖ vmt megkíván, vmre vágyik

wishbone ['wɪʃboʊn] *fn* villacsont *(szárnyasé),* „gondolócsont"
wishbone boom *fn (szörfön)* bum
wishful thinking ['wɪʃfl] *fn* vágyálom, ábrándozás
wish-wash *fn* lötty *(leves, bor, kávé, tea),* moslék
wishy-washy ['wɪʃiwɒʃi] *mn* se íze, se bűze
wisp [wɪsp] *fn* csutak, szalmacsomó, seprűcske ‖ emberke ‖ wisp of hair hajfürt; wisp of straw/hay csutak
wispy ['wɪspi] *mn* leheletfinom(ságú)
wistful ['wɪstfl] *mn* (reménytelenül) vm után vágyakozó, szomorkásan sóvárgó
wit [wɪt] *fn* elme, ész ‖ szellemesség, elmésség ‖ full of wit vk szellemes; are you out of your wits? elment az eszed?; keep your wits about you légy okos!; I am at my wit's end megáll az eszem (, amikor ...)
witch [wɪtʃ] *fn* boszorkány
witchcraft ['wɪtʃkrɑːft] *fn* boszorkányság
witch doctor *fn* ördögűző, vajákos ember
witch-hunt *fn* (politikai) boszorkányüldözés
with [wɪð, wɪθ] *elölj* -val, -vel ‖ -nál, -nél ‖ I am with you benne vagyok!; with her vele, nála; with sy vkvel együtt; with that azzal *(= utána azonnal)*
withdraw [wɪð'drɔː] *ige (pt* withdrew [wɪð'druː]; *pp* withdrawn [wɪð'drɔːn]) bevon ‖ megvon *(megfoszt, elvesz)* ‖

W

(rendeletet) visszavon ‖ *(szobájába)* elvonul ‖ *(tisztségről)* leköszön, félrevonul, visszavonul, visszahúzódik ‖ visszalép *(from* vmtől) ‖ **withdraw from circulation** forgalomból kivon; **withdraw one's support from sy** megvonja vktől a támogatást

withdrawal [wɪð'drɔːəl] *fn* visszavonás *(csapatoké)* ‖ megvonás ‖ ❏ *kat* kivonulás ‖ visszavonulás ‖ *(teremből stb.)* kivonulás ‖ ❖ *átv* visszalépés

withdrawal symptoms *fn tsz* elvonási tünetek, elvonókúrával járó tünetek

withdrawn [wɪð'drɔːn] *mn* magának élő, zárkózott, visszavonuló ‖ → **withdraw**

withdrew [wɪð'druː] *pt* → **withdraw**

wither ['wɪðə] *ige* (el)hervad, (el)fonynyad, elszárad, kiszárad; *(falevél)* megsárgul

---

wither away elfonnyad

---

withered ['wɪðəd] *mn* hervadt, fonnyadt

withers ['wɪðəz] *fn tsz* mar *(lóé)*

withheld [wɪð'held] *pt/pp* → **withhold**

withhold [wɪð'hould] *ige (pt/pp* **withheld** [wɪð'held]) visszatart, lefog, levon *(bért, bérből)* ‖ **withhold sg/sy from sg** visszatart vmt/vkt vmtől; **withhold sg from sy** *(vmt vk elől)* elhallgat

within [wɪ'ðɪn] *hsz/elölj* belül, benn

without [wɪ'ðaut] *elölj* nélkül ‖ **without that/this** enélkül; **without you** nélküled, nélkületek

withstand [wɪð'stænd] *ige (pt/pp* **withstood** [wɪð'stud]) vmnek ellenáll

withstood [wɪð'stud] *pt/pp* → **withstand**

witness ['wɪtnəs] ▼ *fn* ❖ *ált és* ❏ *jog* tanú ‖ *(tanúskodás)* tanúbizonyság ‖ ❏ *vall* bizonyságtétel ‖ **bear false witness** hamis tanúvallomást tesz; **bear witness to (sg)** vmt tanúsít, vm

mellett tanúskodik; **witness for the defence** a védelem tanúja; **witness for the prosecution** a vád tanúja, terhelő tanú; **produce a witness** tanút állít/hoz; **in witness whereof** vmnek hiteléül ▼ *ige* tanúsít, tanúként aláír/igazol ‖ szemtanúja vmnek ‖ tanúskodik, tanúvallomást tesz *(for* vk mellett, *against* vk ellen) ‖ ❏ *vall* bizonyságot tesz

witness box (⊕ *US* **stand**) *fn* tanúk padja

witticism ['wɪtɪsɪzm] *fn* elmés mondás, aranyköpés

wittily ['wɪtɪli] *hsz* szellemesen

witty ['wɪti] *mn* elmés, szellemes

wives [waɪvz] → **wife**

wizard ['wɪzəd] *fn* varázsló

wizardry ['wɪzədri] *fn* varázslás, mágia

wizened ['wɪznd] *mn (arc)* ráncos; *(emberről)* kiaszott, töpörödött

wobble ['wɒbl] *ige* inog

wobbly ['wɒbli] *mn* ingatag

woe [wou] *fn* szomorúság, bánat, baj ‖ **woe is me!** jaj nekem!

woeful ['woufl] *mn* szánalmas; nyomorult, nyomorúságos

woke [wouk] *pt* → **wake**

woken ['woukən] *pp* → **wake**

wolf [wulf] ▼ *fn (tsz* **wolves** [wulvz]) farkas ▼ *ige* befal

wolf-cub *fn* farkaskölyök

wolfish ['wulfɪʃ] *mn* farkasszerű ‖ **wolfish appetite** farkasétvágy

wolves [wulvz] *tsz* → **wolf**

woman ['wumən] *fn (tsz* **women** ['wɪmɪn]) asszony, nő ‖ **women's** női *(ruha stb.)*

woman character *fn (regényben stb.)* nőalak

woman doctor *fn* orvosnő

woman friend *fn* barátnő

womanhood ['wumənhud] *fn* a női nem ‖ **grow to womanhood** nővé/asszonnyá érik

womanish ['wumənɪʃ] *mn (férfi)* nőies

---

fn főnév – *hsz* határozószó – *isz* indulatszó – *ksz* kötőszó – *mn* melléknév
▼ szófajjelzés ⊕ földrajzi variáns ❏ szakterület ❖ stiláris minősítés

womanize ['wʊmənaɪz] *ige* nőzik *(férfi)*

womankind ['wʊmənkaɪnd] *fn* a női nem, a nők

womanlike ['wʊmənlaɪk] *mn (nő)* nőies, asszonyos

womanly ['wʊmənli] *mn* nőies, asszonyos

womb [wu:m] *fn* méh *(testrész)*

women ['wɪmɪn] *tsz* → **woman**

women's lib, Women's Liberation/ Movement *fn* ❏ *pol* nőmozgalom

women's room *fn* ⊕ *US* női vécé, toalett, „nők"

women's studies *fn tsz* ❏ *isk* női tárgyak *(egyetemen)*

women's wear *fn* női ruha

won [wʌn] *pt/pp* → **win**

wonder ['wʌndə] ▼ *fn* csoda ‖ csodálkozás ‖ csodálat ‖ **it is a wonder …** csoda, hogy; **little wonder (that/if)** nem csoda, hogy/ha; **no wonder that** nem meglepő, hogy; **for a wonder!** csodák csodája ▼ *ige* **wonder at** vmn csodálkozik/meglepődik ‖ **I wonder if …** szeretném tudni, vajon …, kíváncsi vagyok, vajon, *(kétséges dolog)* kérdés, hogy/vajon …; **I wonder if (s)he'll come?** vajon eljön-e?; **I wonder whether** azon tűnődöm, hogy, kíváncsi vagyok, vajon; **I wonder!** erre aztán kíváncsi vagyok!

wonderful ['wʌndəfl] *mn* csodálatos, bámulatos, gyönyörű ‖ **we had a wonderful time** remekül éreztük magunkat

wonderfully ['wʌndəfli] *hsz* csodálatosan

wonderland ['wʌndəlænd] *fn* csodaország, tündérország

wonky ['wɒŋki] *mn* ❖ *biz* bizonytalan járású, rozoga ‖ beteg, nyavalyás

won't [wəʊnt] = **will not**

woo [wu:] *ige (pt/pp* **wooed) woo sy** csapja a szelet vknek, ❖ *átv* udvarol vknek, megnyerni igyekszik

wood [wʊd] *fn* fa *(építőanyag)*; faanyag; tüzelő, tűzifa ‖ *(kisebb)* erdő ‖ **chop wood** fát vág; **we are not yet out of the wood** még nem vagyunk túl a nehezén

wood-carving *fn* fafaragás

woodcut ['wʊdkʌt] *fn* fametszet

wooded ['wʊdɪd] *mn (terület)* fás, erdős

wooden ['wʊdn] *mn* fából készült/való, fa- ‖ **wooden framework** faváz; **wooden house** faház; **wooden spoon** fakanál

wood-engraver *fn* fametsző

wood engraving *fn* fametszet

woodfelling ['wʊdfelɪŋ] *fn* erdőkitermelés

woodland ['wʊdlənd] *fn* erdős vidék, erdőség

woodpecker ['wʊdpekə] *fn* harkály

wood pigeon *fn* vadgalamb, örvös galamb

wood-pile *fn* farakás

woodwind ['wʊdwɪnd] *fn tsz* ❏ *zene* fafúvósok

wood-wool *fn* fagyapot

woodwork ['wʊdwɜːk] *fn* famunka ‖ **do the woodwork** ácsol; **do woodwork** barkácsol

woodworm ['wʊdwɜːm] *fn* szú

woody ['wʊdi] *mn* erdős, fás ‖ *(retek stb.)* pudvás, fás

woof [wʊf] *fn* ❏ *tex* keresztszál, vetülék

wooing ['wu:ɪŋ] *fn* udvarlás

wool [wʊl] *fn* gyapjú

woollen (⊕ *US* **woolen**) ['wʊlən] *mn* gyapjú- ‖ **woollen underwear** jéger (alsóruha), jégeralsó

woollies (⊕ *US* **-l-**) ['wʊliz] *fn tsz* ❖ *biz* gyapjúholmi

woolly ['wʊli] ▼ *mn* gyapjas ‖ ❖ *átv* zavaros, ködös *(fej)* ‖ elmosódó *(stílus)* ▼ *fn* gyapjú alsóruha

wool thread *fn* gyapjúfonal

wooly ['wʊli] *mn* ⊕ *US* = **woolly**

---

nm névmás – *nu* névutó – *szn* számnév – *esz* egyes szám – *tsz* többes szám
▼ szófajjelzés ⊕ földrajzi variáns ❏ szakterület ❖ stiláris minősítés

W

word [wɜːd] ▼ *fn* szó ǁ üzenet ǁ ❑ *vall* Ige ǁ **words** dalszöveg; **word of Latin origin** latin eredetű szó; **by word of mouth** élőszóval, élőszóban; **word by word** szavanként; **word for word** szó szerint; **word of honour** (⊕ *US* **-or**) becsületszó; **words failed him** meg sem tudott mukkanni; **get a word in** közbeszól; **give sy one's word (that ...)** szavát adja vmre; **have a word with sy about sg** *(egy ügyben, vk érdekében)* szól vknek, rövid megbeszélést tartanak; **have words with sy** szóváltása van vkvel, összezördül vkvel; **hold sy to his word** szaván fog vkt; **in a word** egyszóval; **in other words** más szóval; **keep one's word** ígéretét megtartja; **the last word (in)** a legutolsó divat (vmben); **put a word in** közbeszól; **the Word (of God)** ❑ *vall* Isten igéje, az Ige/ige; **preach the Word (of God)** hirdeti az Igét, igét hirdet; **send word (to)** vmt vknek üzen; **upon my word** szavamra! ▼ *ige* megfogalmaz, szövegez ǁ *(szöveget)* megszerkeszt

word class *fn* szófaj

word-division *fn* szóelválasztás

word ending *fn* szóvég

word-formation *fn* szóalkotás; szóképzés

wordiness ['wɜːdinəs] *fn* szószátyárság

wording ['wɜːdɪŋ] *fn* megfogalmazás, szövegezés

word-list *fn* szójegyzék, szószedet

word-meaning *fn* szójelentés

word-order *fn* szórend

word-perfect *mn* kifogástalan, hibátlan ǁ **be word-perfect** betéve tudja a szerepét

word processing *fn* szövegszerkesztés

word processor *fn* szövegszerkesztő

word stock *fn* szókészlet

wordy ['wɜːdi] *mn* terjengős, bőbeszédű

wore [wɔː] *pt* → **wear**

work [wɜːk] ▼ *fn* munka, dolog ǁ mű, munka, alkotás ǁ **be at work** munkában van; **be behind in one's work** le van maradva munkájával; **be out of work** munka nélkül van, nincs munkája; **piece of work** munka(darab); **sy's works** vknek az írásai *(v. művei)* ǁ → **works** ▼ *ige* dolgozik ǁ üzemel; *(gép, szerkezet)* jár, működik, megy ǁ (meg)dolgoztat ǁ működtet, járat, kezel *(gépet stb.)* ǁ **it did not work** nem vált be; **where do you work?** hol dolgozik/dolgozol?; **work at sg** dolgozik vmn; **work against the clock** időhiánnyal küzd; **work all night** *(dolgozva)* éjszakázik; **work around the clock** három műszakban dolgozik; **work flat out** ❖ *biz* erősen dolgozik, hajt; **work for sy** vknek dolgozik; **work full-time** teljes munkaidőben dolgozik; **work half-time** félállásban dolgozik; **work hard** keményen dolgozik; **work (itself) loose** *(csavar)* meglazul; **work like a horse/ slave** kulizik, melózik; **work overtime** túlmunkát végez, túlórázik; **work part-time** részfoglalkozású; **work to rule** szándékosan lassítja a munkát; **work sy to death** agyondolgoztat vkt

---

work off *(restanciát)* ledolgoz

work on tovább dolgozik ǁ **work on sg** vmn dolgozik

work out *(módszert)* kidolgoz ǁ *(probléma, rejtély)* megoldódik ǁ ❑ *sp* edz; tornászik ǁ **it didn't work out** ❖ *biz* (ez) nem jött össze; **it will work out** a dolgok majd rendbe jönnek; **this is how it work out** így jött ki a lépés

work up *(író témát)* feldolgoz ǁ **get worked up** ❖ *biz* indulatba jön

---

workable ['wɜːkəbl] *mn* kivitelezhető, megvalósítható

workaday ['wɜːkədeɪ] *mn* hétköznapias, praktikus, prózai

---

fn főnév – *hsz* határozószó – *isz* indulatszó – *ksz* kötőszó – *mn* melléknév
▼ szófajjelzés ⊕ földrajzi variáns ❑ szakterület ❖ stiláris minősítés

workaholic [ˌwɜːkəˈhɒlɪk] *mn* munkamániás

work-basket *fn* kézimunkakosár

work-bench *fn* munkapad, satupad

workbook [ˈwɜːkbʊk] *fn* munkafüzet

work camp *fn* építőtábor

workday [ˈwɜːkdeɪ] *fn* ⊕ *US* = **working day**

worked-out [wɜːkt-] *mn* ❑ *bány* kimerült ‖ **carefully worked-out** gondosan kidolgozott

worked up *mn* ❖ *biz* (fel)izgatott

worker [ˈwɜːkə] *fn* munkás ‖ dolgozó ‖ **outside worker** külső munkatárs

worker bee *fn* dolgozó (méh)

workforce [ˈwɜːkfɔːs] *fn* munkaerő, munkáslétszám (egy ország iparáé v. egy gyáré)

work-in *fn* ⊕ *GB* gyárfoglalás

working [ˈwɜːkɪŋ] ▼ *mn* dolgozó ‖ (gép) működő ‖ munkás- ‖ **the working man** a munkások/munkásság, a dolgozók; **working mothers** dolgozó anyák/kismamák ▼ *fn* dolgozás ‖ működés ‖ **workings** működés

working capacity *fn* munkabírás

working capital *fn* működő tőke, forgótőke

working class *fn* munkásosztály

working conditions *fn tsz* munkaviszonyok

working day *fn* munkanap

working dinner *fn* munkaebéd; munkavacsora

working hours *fn tsz* munkaidő

working method *fn* munkamódszer

working model *fn* működő modell

working order *fn* **be in working order** üzemképes állapotban van, jól működik

working papers *fn tsz* írásos anyag, munkaanyag (konferenciáé)

working party *fn* munkabizottság; munkabrigád

working time *fn* munkaidő

working week *fn* munkahét

working woman *fn* (tsz **women**) munkásnő

work-in-progress *fn* folyamatban levő munka ‖ félkész termék

workload [ˈwɜːkləʊd] *fn* (munka)terhelés, megterhelés

workman [ˈwɜːkmən] *fn* (tsz **-men**) munkás, ❖ *biz* melós

workmanship [ˈwɜːkmənʃɪp] *fn* megmunkálás, kivitel

workmate [ˈwɜːkmeɪt] *fn* munkatárs(nő)

work of art *fn* műalkotás

workout [ˈwɜːkaʊt] *fn* ❑ *sp* (erőnléti) edzés; (napi) torna, (rendszeres) testedzés/-gyakorlás

workpeople [ˈwɜːkpiːpl] *fn tsz* munkások

work permit *fn* munkaengedély

work-piece *fn* munkadarab

workplace [ˈwɜːkpleɪs] *fn* ⊕ *US* munkahely

works [wɜːks] *fn esz v. tsz* gyár, üzem ‖ összet üzemi ‖ (ipari stb.) telep ‖ művek ‖ **the works** mű, művek (nagy ipari létesítmény) ‖ szerkezet (óráé)

works accident *fn* üzemi baleset

work schedule *fn* ❖ *ált* munkaterv

works council *fn* munkástanács

work-sheet *fn* munkalap

workshop [ˈwɜːkʃɒp] *fn* műhely, üzem ‖ (tud. v. alkotó munkáé) műhely- (munka)

workshy [ˈwɜːkʃaɪ] *mn* munkakerülő

works manager *fn* műszaki igazgató, üzemvezető

workstation [ˈwɜːksteɪʃn] *fn* ❑ *szt* munkaállomás

work study *fn* munkaelemzés (gazdaságossági/hatékonysági célokból)

workteam [ˈwɜːktiːm] *fn* munkacsoport

work therapy *fn* munkaterápia

work top *fn* munkaasztal, munkafelület

work-to-rule *fn* munkalassítás

▐ W

work unit *fn* munkaegység

world [wɜːld] *fn* világ, föld ‖ **all over the world** az egész világon, világszerte; **man of the world** világfi; **world without end** örökkön-örökké; **the world's press** világsajtó

world atlas *fn* világatlasz

World Bank *fn* Világbank

world champion *fn* világbajnok

world championship *fn* világbajnokság

world-class *mn* (világ)klasszis *(játékos)*

world congress *fn* világkongresszus

world council *fn* világtanács

World Cup *fn* labdarúgó-világbajnokság ‖ világbajnokság *(atlétika, labdarúgás stb.)*

world-famous *mn* világhírű

World Health Organization *fn* Egészségügyi Világszervezet (WHO)

worldly ['wɜːldli] *mn* evilági, földi ‖ *(nem egyházi)* világi

world power *fn* világhatalom

world première *fn* ősbemutató

world record *fn* világcsúcs, világrekord

world scale *fn* **on a world scale** világviszonylatban

worldshaking ['wɜːldʃeɪkɪŋ] *mn* világrengető

world-view *fn* világnézet

world war *fn* világháború ‖ **World War II** (1939–45) a második világháború

world-wide *mn* világméretű, az egész világon elterjedt, világ- ‖ **world-wide success** világsiker

World Wide Web *fn* ❏ *szt* világháló

worm [wɜːm] ▼ *fn* kukac, féreg, hernyó ‖ **worms** ❖ *biz* bélgiliszta; **the worm will turn** a türelemnek is van határa ▼ *ige* **worm one's way into** beférkőzik vhová, belopja magát vhova; **worm oneself into sy's confidence** vknek a bizalmába férkőzik

worm-cut *fn* csigamenet

worm-eaten *mn* szúette ‖ férges

worm's-eye view *fn* ❖ *átv* alulnézet

wormwood ['wɜːmwʊd] *fn (átv is)* üröm

wormy ['wɜːmi] *mn* férges, kukacos

worn [wɔːn] *mn* használt, viselt(es), kopott, nyűtt ‖ → **wear**

worn-down *mn (cipő)* félretaposott

worn-out *mn* ócska, régi, elnyűtt ‖ kimerült, nyúzott *(ember)*

worried ['wʌrid, ⊕ *US* 'wɜːr-] *mn* aggályos, aggódó, gondterhelt, gondterhes ‖ **be worried** sok a gondja; **be worried about sg** aggasztja/nyugtalanítja vm

worrier ['wʌriə, ⊕ *US* 'wɜːr-] *fn* aggályoskodó/nyugtalankodó ember

worrisome ['wʌrisəm] *mn* ❖ *biz* aggasztó, nyugtalanító ‖ aggodalmaskodó

worry ['wʌri, ⊕ *US* 'wɜːr-] ▼ *fn* aggodalom, aggály, gond ▼ *ige* aggódik, nyugtalankodik, izgatja magát, gyötrődik, aggályoskodik, izgul *(about* vm miatt) ‖ zaklat, zavar (vkt) ‖ aggaszt ‖ **don't worry!** ne aggódj!, ne izgulj!, legyen/légy nyugodt, ne ijedj meg!; **don't (you) worry about that** emiatt ne aggódj ‖ → **worried**

worrying ['wʌriɪŋ, ⊕*US* 'wɜːr-] *mn* nyugtalanító, kínzó

worse [wɜːs] ▼ *mn* rosszabb ‖ rosszabbul ‖ **be worse off** (sokkal) rosszabbul van; **get worse** rosszabbodik; **the patient is getting worse** romlik a beteg egészségi állapota; **worse and worse** egyre rosszabb(ul); **the worse for wear** *(tárgy)* erősen használt, viseltes; **be none the worse for** nem ártott neki a ... ▼ *fn* rosszabb dolog/állapot ‖ **change for the worse** rosszra fordul

worsen ['wɜːsn] *ige* rosszra fordul, rosszabbodik, súlyosbodik; *(egészség)* romlik ‖ **the patient's condition has worsened** a beteg állapota rosszabbodott

---

fn főnév – *hsz* határozószó – *isz* indulatszó – *ksz* kötőszó – *mn* melléknév
▼ szófajjelzés ⊕ földrajzi variáns ❏ szakterület ❖ stiláris minősítés

worship ['wɜːʃɪp] ▼ *fn* imádás ‖ istentisztelet ‖ **place of worship** templom; **Your Worship** méltóságod ▼ *ige* **-pp-** imád ‖ istentiszteleten vesz részt (vhol) ‖ **worship sy** ❖ *biz* rajong/ odavan vkért

worshipper (⊕ *US* **-p-**) ['wɜːʃɪpə] *fn* **the worshippers** a hívek, istentiszteleten részt vevők

worst [wɜːst] ▼ *mn* legrosszabb ▼ *hsz* legrosszabbul; **worst of all** legeslegrosszabb(ul) ▼ *fn* at (the) **worst** a legrosszabb (*v.* végső) esetben, ha minden kötél szakad; **get the worst of it** a legrosszabbul jár; **if the worst comes, to the worst** végső esetben; **the worst is over** a nehezén már túl vagyunk; **the worst is yet to come** még nem vagyunk túl a mélyponton/ nehezén

worsted ['wʊstɪd] *fn* fésűsgyapjú fonal/szövet, kamgarn(szövet)

worth [wɜːθ] ▼ *mn* értékű ‖ **be worth** megér; **be worth …ing** érdemes *(vmt tenni)*; **what is it worth?** mennyit ér?; **it is not worth a goat/pin/straw** (egy) fabatkát sem ér, nem ér egy lyukas garast sem; **it was worth his coming** nem hiába jött el; **is it worth it?** ❖ *biz* megéri?, érdemes?; **it's not worth mentioning** szóra sem érdemes; **it is not worth much** nem sokat ér; **is it worth while?** érdemes?; **be worth one's while** megéri a fáradságot; **it isn't** (*v.* **it's not**) **worth the bother/trouble** nem éri meg a fáradságot, kár a fáradságért; **it is not worth the candle** kár a benzinért ▼ *fn* érték ‖ **10 pounds' worth of …** 10 font értékű …

worthily ['wɜːðɪli] *hsz* méltóképp(en)

worthless ['wɜːθləs] *mn* értéktelen, hitvány, haszontalan, pocsék ‖ **be worthless** semmit sem ér(ő); **become worthless** elértéktelenedik

worthy ['wɜːði] *mn* érdemes, méltó (*of* vmre) ‖ **(be) worthy of credit** hitelt érdemel/érdemlő, vmre érdemes; **be worthy of sy** méltó vkhez; **words worthy of the occasion** az alkalomhoz illő szavak

would [wəd, *erős kiejt.* wʊd] ▼ *ige (segédige)* (**will** *múlt ideje: "jövő a múltban"*) ‖ **I said (that) he would do it** megmondtam, hogy megcsinálja (*v.* meg fogja csinálni); **he thought it would rain** azt hitte, esni fog ▼ *(udvarias kérésekben)* **would you please…**, **would you kindly…**, **if you would…** lenne/legyen (olyan) szíves… ▼ *(kívánság, óhaj)* **I would like to…** szeretnék…, szeretném…; **if only he would drive more slowly** bárcsak lassabban vezetne; **you wouldn't have the time to phone him, would you?** lenne esetleg időd arra, hogy fölhívd (telefonon)? ▼ *(feltételes mondatokban)* **if I dropped it, it would explode** ha leejteném, felrobbanna; **he could if he would** megtenné, ha akarná; **I'd love a coffe** szeretnék (inni/kapni) egy kávét; **they would have come, if you had given them longer notice** eljöttek volna, ha korábban szóltatok volna nekik ▼ *(szokás)* **he would get up very early** nagyon korán szokott felkelni (*régebben*); **that's just what he would say** pontosan ez az, amit ő mondana (*v.* szokott mondani) ‖ → **will**

would-be *mn* jövendőbeli; leendő

wouldn't ['wʊdnt] = **would not**

wound¹ [wuːnd] ▼ *fn* seb ▼ *ige* megsebesít ‖ **be wounded** *(háborúban)* megsebesül

wound² [waʊnd] *pp* → **wind²**

wounded ['wuːndɪd] ▼ *mn* sebesült ‖ sebzett ▼ *fn* **the wounded** a sebesültek

wound-fever *fn* sebláz

wove [wəʊv] *pt* → **weave**

woven ['wəʊvən] *mn* fonott, szövött ‖ → **weave**

wow¹ [waʊ] *isz* hű!

wow² [waʊ] *fn* nagy siker

WP [ˌdʌblju: 'pi:] = **word processor**

WPC [ˌdʌblju: pi: 'si:] = *woman police constable* női rendőr, rendőrnő

wpm [ˌdʌblju: pi: 'em] = *words per minute* percenként … szó

wrangle ['ræŋgl] ▼ *fn* veszekedés, huzakodás, civakodás ▼ *ige* veszekedik, huzakodik, civakodik

wrap [ræp] ▼ *fn* belépő ‖ sál ‖ köpeny ‖ pongyola ▼ *ige* **-pp-** (be)csomagol, beburkol

***

wrap up becsomagol ‖ bebugyolál, vmbe összegöngyöl ‖ **wrap oneself up** betakaródzik, beburkolódzik; **be wrapped up in one's work** belemerül a munkába

***

wrapper ['ræpə] *fn* csomagolóanyag, göngyöleg ‖ keresztkötés *(újságé)* ‖ burkoló *(könyvé)* ‖ pongyola

wrapping ['ræpɪŋ] *mn* burkoló

wrapping paper *fn* csomagolópapír

wrath [rɒθ] *fn* harag

wreak havoc [ri:k 'hævək] *ige* rombol, pusztít

wreath [ri:θ] *fn* (*tsz* **wreaths** [ri:ðz]) koszorú ‖ girland

wreathe [ri:ð] *ige* (meg)koszorúz

wreck [rek] ▼ *fn* roncs ▼ *ige* szétroncsol; szétver ‖ **be wrecked** hajótörést szenved

wreckage ['rekɪdʒ] *fn* roncs *(hajóé, járműé)*

wrecker ['rekə] *mn* ⊕ *US* autómentő

wren [ren] *fn* ökörszem *(madár)*

wrench [rentʃ] *fn* ⊕ *US* villáskulcs, csavarkulcs

wrest [rest] *ige* kitép, kiránt ‖ **wrest sg from sy's hands** kicsavar vmt vk kezéből

wrestle ['resl] *ige* birkózik

***

wrestle with sg vmvel megbirkózik ‖ **wrestle with** (meg)kínlódik, vesződik

***

wrestler ['reslə] *fn* birkózó

wrestling ['reslɪŋ] *fn* birkózás

wrestling match *fn* birkózóverseny

wretch [retʃ] *fn* nyomorult/hitvány ember ‖ szegény ördög, sikertelen alak ‖ **you wretch!** te gazember!

wretched ['retʃɪd] *mn* szerencsétlen, nyomorult ‖ utálatos, ellenszenves, ronda, rohadt ‖ ❖ *biz* vacak, nyavalyás, nyamvadt

wriggle ['rɪgl] *ige* vonaglik, vergődik ‖ **wriggle (about)** fészkelődik, izegmozog; **wriggle oneself free** kiszabadítja magát

***

wriggle out of sg kibújik vm alól, kihúzza magát vmből; **wriggle oneself out (of)** *(bajból)* kievickél

***

wring [rɪŋ] ▼ *fn* facsarás ▼ *ige* (*pt/pp* **wrung** [rʌŋ]) (ki)facsar ‖ **wring (out)** *(ruhafélét)* kifacsar; **wring sg from sy** vkből vmt kicsikar; **it wrings the heart** összefacsarodik a szíve; **I'll wring his neck** kitekerem a nyakát

wringer ['rɪŋə] *fn* facsarógép

wringing (wet) ['rɪŋɪŋ] *mn* csuromvíz, csöpög belőle a víz

wrinkle ['rɪŋkl] ▼ *fn* gyűrődés, ránc, redő ‖ *(arcon)* ránc ▼ *ige* ráncolódik, gyűrődik

wrinkled ['rɪŋkld] *mn* gyűrött ‖ *(arc)* ráncos

wrist [rɪst] *fn* *(kézé)* csukló

wristband ['rɪstbænd] *fn* kézelő

wrist-watch *fn* karóra

writ [rɪt] *fn* bírói megkeresés/idézés ‖ **serve sy with a writ (for)** beidéz vkt (a bíróságra), bírói idézést kézbesít vknek

write [raɪt] *ige* (*pt* **wrote** [rout]); *pp* **written** ['rɪtn]) ír, megír; *(könyvet, cikket)* megjelentet; *(szellemi művet)* alkot ‖ **write sy a letter** ír vknek egy levelet; **write a fine hand** szépen ír; **write an article on sg** cikket ír vmről; **write as one word** egybeír;

***

fn főnév – *hsz* határozószó – *isz* indulatszó – *ksz* kötőszó – *mn* melléknév
▼ szófajjelzés ⊕ földrajzi variáns ❑ szakterület ❖ stiláris minősítés

write as two words különír; **write in block letters** nyomtatott betűkkel ír; **write in ink** tintával ír; **write in pencil** ceruzával ír; **be written all over sy** vkn vm érzik; **is written in English** angolul van (írva)

write down leír
write off megír (és elküld) ‖ *(adósságot, veszteséget)* leír
write out: write out a cheque csekket kiállít; **write a figure out in full** betűvel kiír egy számot
write up *(író témát)* feldolgoz ‖ ismertet; kritikát ír *(vmről)* ‖ napra kész állapotba hoz, letisztáz

writer ['raɪtə] *fn* író, szerző
write-off *fn* **the car is/was a (complete) write-off** totálkáros (a) (gép)kocsi, leírták (a kocsit)
write-protect notch *fn* ❏ *szt* írásvédelmi bevágás *(hajlékony lemezen)*
write-up *fn* kritika *(színdarabról stb.)* ‖ **was given an enthusiastic write-up in the press** jó sajtója volt *(darabnak)*, lelkesen írtak róla a lapok
writhe [raɪð] ▼ *fn* vergődés ▼ *ige* vergődik, vonaglik
writing ['raɪtɪŋ] *fn* írás ‖ **give sg in writing** írásban ad meg *(v.* rögzít le) vmt
writing case *fn* írómappa írófelszereléssel, írókészlet
writing-desk *fn* íróasztal
writing materials *fn tsz* írószerek
writing pad *fn* (író)mappa
writing-paper *fn* levélpapír
writing-table *fn* íróasztal
written ['rɪtn] *mn* írásbeli, írott ‖ → **write**
wrong [rɒŋ] ▼ *mn* helytelen, rossz, téves ‖ **be wrong** téved; **he is wrong** nincs igaza; **he brought me the wrong book** nem azt a könyvet hoz-

ta, amit kellett volna *(v.* kértem); **what's wrong?** mi (a) baj?, mi baj van?; **what's wrong with you?** mid fáj?, mi bajod van?; **you've got the wrong number** rossz számot hívott, téves kapcsolás; **he has got the figure(s)/sum wrong** elhibázta a számítást; **there is something wrong here** itt valami nem stimmel; **it's in the wrong place** nincs a helyén; **the wrong side (of the cloth)** visszája *(anyagé)*; **at the wrong time** rosszkor; **be on the wrong track** hamis nyomon van; **be on the wrong side of forty** túl van már a negyvenen ▼ *hsz* helytelenül, tévesen ‖ **get it wrong** elhibáz; **you've got me wrong** ❖ *biz* rosszul értetted, félreértettél; **go wrong** hibázik, téved; *(készülék)* meghibásodik, elromlik ▼ *fn* igazságtalanság, méltatlanság ‖ sérelem ‖ hiba, tévedés ‖ **do wrong to sy** méltatlanul bánik vkvel, vét vk ellen
wrong-doer *fn* bajkeverő
wrongful ['rɒŋfl] *mn* jogtalan, igazságtalan, törvénytelen
wrongfully ['rɒŋfli] *hsz* igazságtalanul, jogtalanul; ártatlanul
wrongly ['rɒŋli] *hsz* rosszul, helytelenül, tévesen ‖ ártatlanul
wrote [rəʊt] *pt* → **write**
wrought [rɔːt] *mn* kovácsolt
wrought iron *fn* kovácsoltvas
wrought-iron *mn* kovácsoltvas
wrung [rʌŋ] *pt/pp* → **wring**
wry [raɪ] *mn* kényszeredett *(mosoly)*; savanyú, fanyar ‖ **pull a wry face** savanyú képet vág
wt = **weight**
WWW = *World Wide Web* világháló
WX [ˌdʌblju: 'eks] = *extra large size* (női) extra nagy (méret)
WYSIWYG ['wɪzɪwɪg] = *what you see is what you get* ❏ *szt* „azt kapod, amit látsz"

nm névmás – *nu* névutó – *szn* számnév – *esz* egyes szám – *tsz* többes szám
▼ szófajjelzés ⊕ földrajzi variáns ❏ szakterület ❖ stiláris minősítés

X

X-certificate [eks] *mn* 18 éven aluli-
aknak nem ajánlott *(film)*
X chromosome *fn* X-kromoszóma
Xenon ['ziːnɒn] *fn* xenon *(nemesgáz)*
xerography [zɪ'rɒgrəfi] *fn* fénymáso-
lás, xerográfia
xerox ['zɪərɒks] ▼ *fn* xerox *(gép, má-
solat)* ▼ *ige* fénymásol, xeroxoz ‖ have
sg xeroxed xeroxot készíttet vmről
Xerox-machine *fn* fénymásoló gép,
sokszorosítógép, xerox
X-irradiation *fn* röntgenbesugárzás
XL [ˌeks 'el] = *extra large* extra nagy
(méret)
Xmas ['krɪsməs] = Christmas
X-rated *mn* = X-certificate

X-ray ['eks reɪ] ▼ *mn* röntgen- ▼ *fn*
(röntgen)átvilágítás, (meg)röntgene-
zés ‖ röntgenfelvétel ‖ X-rays rönt-
gensugarak; have an X-ray taken
röntgenfelvételt készítenek róla; take
an X-ray of sg röntgenfelvételt készít
vmről ▼ *ige* (meg)röntgenez
X-ray apparatus *fn* röntgenkészülék
X-ray examination *fn* röntgenátvilágítás
X-raying [ˌeks'reɪɪŋ] *fn* röntgenátvilá-
gítás
X-ray photograph *fn* röntgenfelvétel
X-ray screening *fn* tüdőszűrés
X-ray therapy *fn* röntgenkezelés, rönt-
genterápia
xylophone ['zaɪləfoʊn] *fn* xilofon

Y

yacht [jɒt] ▼ *fn* luxushajó *(rendsz. magánkézben)* ‖ versenyvitorlás ‖ jacht ▼ *ige* vitorlázik

yachting [ˈjɒtɪŋ] *fn* vitorlázás *(mint versenyszám)*

yacht racing *fn* vitorlásverseny

yachtsman [ˈjɒtsmən] *fn* (*tsz* **-men**) vitorlázó, jachtozó

yak [jæk] *ige* **-kk-** ❖ *biz* szövegel

yam [jæm] *fn* yamgyökér

yammer [ˈjæmə] *ige* óbégat, sopánkodik

yank [jæŋk] ▼ *fn* ❖ *biz* rántás, tépés ▼ *ige* ❖ *biz* (meg)ránt, rángat

Yank [jæŋk] *fn* ⊕ *US* ❖ *biz* jenki

Yankee [ˈjæŋki] *fn* jenki

yap [jæp] *ige* **-pp-** vakkant

yard¹ [jɑːd] *fn* yard *(0,91 méter)*

yard² [jɑːd] *fn* udvar; telep ‖ rendező pályaudvar ‖ ❖ *biz* **the Yard** a Scotland Yard, a jard

yardstick [ˈjɑːdstɪk] *fn* egy yardos mérőrúd

yarn [jɑːn] *fn* fonal ‖ ❖ *biz* mese

yawn [jɔːn] ▼ *fn* ásítás ▼ *ige* ásít

yawning [ˈjɔːnɪŋ] *mn* ásítozó ‖ tátongó

Y chromosome [waɪ] *fn* Y-kromoszóma

yd(s) = *yard(s)* = **yard**²

yeah [jeə] *isz* ugyan-ugyan!, na, ne mondd!; ⊕ *US* ❖ *biz* igen

yean [jiːn] *ige (juh)* ellik

year [jɪə] *fn* év ‖ ❑ *isk* évfolyam ‖ **for a year** egy évre; **of this year** ez évi; **this year** (az/ez) idén, ebben az évben; **a year ago today** ma egy éve; **year by year** évről évre; **a year from**

today mához egy évre; **a year later** egy évvel később; **year of birth** születési év; **it is a year since ...** egy éve annak, hogy; **this year's** ez évi; **for many years** évek óta; **two years ago** két évvel ezelőtt; **after years** évek múltán, évekkel azután; **... years old** ... éves

yearbook [ˈjɪəbʊk] *fn (intézményé)* évkönyv

yearling [ˈjɪəlɪŋ] *fn* egyéves (állat)

year-long *mn* egy évig tartó, egyéves

yearly [ˈjɪəli] ▼ *mn* évi ▼ *hsz* évenként, évente

yearn [jɜːn] *ige* eped/áhítozik/vágyódik/sóvárog/vágyakozik *(for vmért, vm/vk után)*

yearning [ˈjɜːnɪŋ] *fn* sóvárgás

-year-old *mn* ... éves

yeast [jiːst] *fn* élesztő

yell [jel] ▼ *fn* ⊕ *US* kórus *(szurkolóké)* ▼ *ige* felordít, rivall, sípít

yellow [ˈjeloʊ] *mn* sárga ‖ **become yellow** megsárgul, elsárgul

yellow card *fn* ❑ *sp* sárga lap

yellow fever *fn* sárgaláz

yellowhammer [ˈjeloʊhæmə] *fn* citromsármány

yellowish [ˈjeloʊɪʃ] *mn* sárgás

yellow pages *fn* *tsz* ⊕ *GB (telefonkönyvben)* szakmai útmutató ‖ (közületi) telefonkönyv

Yellow Sea *fn* Sárga-tenger

yelp [jelp] *ige* csahol, vakkant

Yemen [ˈjemən] *fn* Jemen

Yemeni [ˈjeməni] *mn* jemeni

yen¹ [jen] *fn* jen *(japán pénzegység)*

yen² [jen] *fn* ⊕ *US* ❖ *biz* vágy(ódás)
Yeoman of the Guard ['jəʊmən] *fn*
(*tsz* **Yeomen**) *(a Towerben)* testőr
yes [jes] ▼ *isz* igen ‖ **yes I believe/
think so** azt hiszem, igen; **yes indeed**
hogyne!, de bizony!, de igen!; **yes or
no question** eldöntendő kérdés; **yes
(sir)!** igenis! ▼ *fn* igen *(szavazat)*
yes-man *fn* (*tsz* **-men**) fejbólintó János
yesterday ['jestədeɪ, -dɪ] *hsz* tegnap ‖
but only yesterday hiszen még/csak
tegnap; **yesterday's** tegnapi
yet [jet] *hsz/ksz (kérdésben)* már; *(ta-
gadó mondatban)* még ‖ mégis, de
azért ‖ **has Peter come home yet?
No, not yet.** Hazajött már Péter? Még
nem; **as yet** (mind) a mai napig, mind
ez ideig, még eddig; **not yet** még nem
yew [juː] *fn* tiszafa
YHA [ˌwaɪ eɪtʃ 'eɪ] = *Youth Hostels
Association* Turistaházak Szövetsége
Yiddish ['jɪdɪʃ] *mn/fn* jiddis
yield [jiːld] ▼ *fn* hozam, termés ▼ *ige*
❑ *növ* terem, hoz, vmt megterem ‖
(termés) fizet ‖ *(nem áll ellen)* enged ‖
(feszültség) enged ‖ **yield a profit**
hasznot hajt, jövedelmez; **yield in-
terest (at ... per cent)** kamatozik;
yield (to) ⊕ *US* elsőbbséget ad; **yield!**
⊕ *US* elsőbbségadás kötelező!; **yield
to sg/sy** enged vmnek/vknek; **yield
to force** enged az erőszaknak
Y-junction *fn* Y-elágazás
YMCA [ˌwaɪ em siː 'eɪ] = *Young
Men's Christian Association* Keresz-
tyén Ifjak Egyesülete, KIE
yob(bo) ['jɒb(əʊ)] *fn* ❖ *biz* huligán
yodel ['jəʊdl] *ige* **-ll-** (⊕ *US* **-l-**) jódli-
zik
yoga ['jəʊgə] *fn* jóga
yog(h)urt ['jɒgət] *fn* joghurt
yoke [jəʊk] *fn* iga, járom
yokel ['jəʊkl] *fn* ❖ *elít* suttyó, tahó
yolk [jəʊk] *fn* tojássárgája
yonder ['jɒndə] *hsz* amoda ‖ amott(an)
‖ ❖ *ir* tova
Yorks = *Yorkshire*

you [juː, ⊕ *US* jə, *erős kiejt.* juː] *nm*
te, téged, ti, titeket; *(megszólítás)* ön;
(ön) maga, önt, önök(et), maguk(at) ‖
(mint általános alany) az ember ‖ **to
you** neked, nektek, önnek, önöknek;
here's to you! egészségére! *(ivás-
kor)*; **you have** neked/nektek van; **all
of you** ti mind; **you never can tell**
nem lehet tudni, az ember sose tudja
you'd [juːd] = **you had/should/would**
you'll [juːl] = **you shall/will**
young [jʌŋ] ▼ *mn* fiatal, ifjú ‖ **when I
was young** fiatalkoromban; **young
couple** fiatal házasok; **young fellow**
kb. öcskös; **young lady** kisasszony,
(megszólításként) fiatalasszony; **young
man** (*tsz* **men**) fiatalember, ifjú; **young
people** fiatalok, fiatalság, ifjúság;
young people today a mai fiatalok;
young pig malac ▼ *fn* fióka, kölyök ‖
(be) with young vemhes, hasas; **the
young** a fiatalok/fiatalság
younger ['jʌŋgə] *mn* fiatalabb, ifjabb
‖ **my younger brother** öcsém;
younger cousin unokaöcs/unokahúg;
in my younger days fiatalkoromban
youngish ['jʌŋɪʃ] *mn* fiatalos
young offender *fn* fiatalkorú bűnöző
youngster ['jʌŋstə] *fn* ifjú; ❖ *biz* sü-
völvény
your [jɔː] *nm (birtokos)* (a te) ...-d; *(az
ön)* ...a, -e, -ja, -je ‖ (a ti) ..., -atok,
-etek ‖ az önök ...-a/-e stb. ‖ **your bid**
te licitálsz; **this is your book** ez az
ön(ök) könyve, a te könyved; **your
car** a ti kocsitok, a (te) kocsid
you're [jʊə, *gyenge kiejt.* jə] = **you are**
yours [jɔːz] *nm* a tied/tie(i)tek, az öné,
a magáé, önöké, maguké ‖ **this is
yours** ez az ön(ök)é; **Yours sin-
cerely, ...** *(levélben)* szívélyes üd-
vözlettel; **Yours truly, ...** őszinte
tisztelettel
yourself [jɔː'self] *nm* (*tsz* **yourselves**
[-selvz]) **(you) yourself** (te) magad,
(ön)maga ‖ **(you) yourselves** (ti) ma-
gatok; **(all) by yourself** egyedül, egy-

magad, magadtól; **you can be proud of yourself** büszkék lehettek magatokra

youth [ju:θ] *fn* (*tsz* **youths** [ju:ðz]) fiatalság, ifjúság *(kor és fiatalok)* || fiatal, fiatalember, ifjú || **in my youth** fiatalkoromban

youth club *fn* ifjúsági egyesület/klub

youthful ['ju:θfl] *mn* fiatalkori, fiatalkorú, fiatalos, ifjúi

youthfulness ['ju:θflnəs] *fn* fiatal-(os)ság, ifjúi hév/lendület/lelkesedés

youth hostel *fn* ifjúsági (turista)szálló, turistaház

youth movement *fn* ifjúsági mozgalom

you've [ju:v] = **you have**

yowl [jaʊl] ▼ *fn* csaholás, nyivákolás, vonítás ▼ *ige* csahol, nyivákol, vonít

yr(s) = *year(s)* = **year**

Y-shaped *mn* Y alakú

Yugoslav ['ju:goʊslɑ:v] *mn/fn* jugoszláv

Yugoslavia [ˌju:goʊ'slɑ:vɪə] *fn* Jugoszlávia

Yugoslavian [ˌju:goʊ'slɑ:vɪən] *mn* jugoszláviai, jugoszláv

yuppie, yuppy ['jʌpi] *fn* (*tsz* **yuppies**) juppi

YWCA [ˌwaɪ dʌblju: si: 'eɪ] = *Young Women's Christian Association* Fiatal Keresztyén Nők Egyesülete

Y

Z

Z, z [zed, ⊕ *US* zi:] *fn* Z, z (betű) ‖
from a to Z, z átol zéig / cettig
zeal [zi:l] *fn* hév, lelkesedés, buzgalom
‖ **do sg with zeal** lelkesen csinál vmt
zealot ['zelət] *fn* vakbuzgó
zealous ['zeləs] *mn* buzgó, lelkes ‖ **be
zealous** buzgólkodik
zebra ['zi:brə] *fn* ❑ *áll* zebra
zebra crossing *fn* (kijelölt) gyalogát-
kelőhely, zebra
zed [zed] *fn* ⊕ *GB* z betű
zee [zi:] *fn* ⊕ *US* z betű
zenith ['zenɪθ] *fn* zenit; delelő *(vk éle-
téé)* ‖ csúcspont *(életpályáé, hírnévé)*
zephyr ['zefə] *fn* zefír *(szellő)*
zero ['zɪəroʊ] ▼ *fn (szám)* nulla, zéró ‖
be on zero *(műszer)* nullán áll; **below
zero** fagypont alatt; **above zero (cen-
tigrade)** fagypont felett ▼ *ige (pt/pp
zeroed)* **zero in (on)** belövi magát
(lövész) ‖ rááll ‖ összpontosít (vmre)
zero adjustment *fn* zéruspont-beállítás
zero-hour *fn* támadás kezdete/ideje,
„Cs" idő
zero option *fn* egyoldalú leszerelési
javaslat
zero point *fn* nullpont, zéruspont
zero-rated *mn* ⊕ *GB* nulla kulcsos *(ÁFA)*
zero-setting *fn* ❑ *műsz* alaphelyzet
zest [zest] *fn* lelkesedés, kedv, pikáns
íz, zamat ‖ **zest for life** életkedv
zigzag ['zɪgzæg] ▼ *mn* zegzugos ▼ *fn*
cikcakk, zegzug ‖ **in a zigzag** cikcakk-
ban, zegzugos vonalban ▼ *ige -gg-
(villám)* cikázik ‖ cikcakkban halad
zigzagged ['zɪgzægd] *mn* cikcakkos
zigzag rule *fn* colstok

Zimbabwe [zɪm'bɑ:bwi] *fn* Zimbabwe
Zimbabwean [zɪm'bɑ:bwiən] *mn/fn*
zimbabwei
zinc [zɪŋk] *fn* cink ‖ horgany
zinc-plated *mn* horganyzott
Zionism ['zaɪənɪzm] *fn* cionizmus
Zionist ['zaɪənɪst] *mn/fn* cionista
zip [zɪp] ▼ *fn* fütyülés *(golyóé)* ‖ len-
dület, energia ‖ ⊕ *GB* cipzár, villám-
zár ▼ *ige -pp- (golyó)* fütyül ‖ cip-
zárat/villámzárat behúz/felhúz ‖ **zip
sg open** kicipzáraz, kinyit *(táskát)*
zip code [zɪp koʊd] *fn* ⊕ *US* (postai)
irányítószám
zip-fastener *fn* cipzár, villámzár
zipper ['zɪpə] *fn* ⊕ *US* = **zip-fastener**
zodiac ['zoʊdiæk] *fn* állatöv
zombie ['zɒmbi] *fn* boszorkánysággal
feléleszett hulla; ❖ *biz* gépiesen moz-
gó ember ‖ ❖ *biz* buta/unalmas ember
zonal ['zoʊnl] *mn* zonális, övezeti
zonal fares *fn tsz (közlekedésben)* bér-
letárak, bérleti díjak, övezeti díjsza-
bás
zone [zoʊn] *fn (föld)öv ‖ övezet, zóna
‖ égöv; **zone time** *fn* zónaidő
zoo [zu:] *fn* állatkert
zoological [ˌzoʊə'lɒdʒɪkl] *mn* állatta-
ni, zoológiai
zoological gardens *fn tsz* állatkert
zoologist [zoʊ'ɒlədʒɪst] *fn* zoológus
zoology [zoʊ'ɒlədʒi] *fn* állattan, zoo-
lógia
zoom [zu:m] *ige* **zoom in on (sg)**
❑ *fényk* vmt (gumiobjektívvel) behoz
zoom lens *fn* gumiobjektív
zucchini [zu:'ki:ni] *fn* ⊕ *US* cukkini

FÜGGELÉK

SZÁMOK

Számjegyek	Tőszámnevek	Sorszámnevek	
0	nought		
1	one	1st	first
2	two	2nd	second
3	three	3rd	third
4	four	4th	fourth
5	five	5th	fifth
6	six	6th	sixth
7	seven	7th	seventh
8	eight	8th	eighth
9	nine	9th	ninth
10	ten	10th	tenth
11	eleven	11th	eleventh
12	twelve	12th	twelfth
13	thirteen	13th	thirteenth
14	fourteen	14th	fourteenth
15	fifteen	15th	fifteenth
16	sixteen	16th	sixteenth
17	seventeen	17th	seventeenth
18	eighteen	18th	eighteenth
19	nineteen	19th	nineteenth
20	twenty	20th	twentieth
21	twenty-one	21st	twenty-first
22	twenty-two	22nd	twenty-second
23	twenty-three	23rd	twenty-third
30	thirty	30th	thirtieth
31	thirty-one	31st	thirty-first
32	thirty-two	32nd	thirty-second
33	thirty-three	33rd	thirty-third
40	forty	40th	fortieth
50	fifty	50th	fiftieth
60	sixty	60th	sixtieth

Számjegyek	*Tőszámnevek*		*Sorszámnevek*
70	seventy	70th	seventieth
80	eighty	80th	eightieth
90	ninety	90th	ninetieth
99	ninety-nine	99th	ninety-ninth
100	a/one hundred	100th	a/one hundredth
101	a hundred and one	101st	hundred and first
102	a hundred and two	102nd	hundred and second
110	a hundred and ten	110th	hundred and tenth
182	a hundred and eighty-two	182nd	hundred and eighty second
200	two hundred	200th	two hundredth
201	two hundred and one	201st	two hundred and first
202	two hundred and two	202nd	two hundred and second
300	three hundred	300th	three hundredth
400	four hundred	400th	four hundredth
500	five hundred	500th	five hundredth
600	six hundred	600th	six hundredth
700	seven hundred	700th	seven hundredth
800	eight hundred	800th	eight hundredth
900	nine hundred	900th	nine hundredth
1 000	a/one thousand	1 000th	a/one thousandth
1 001	a thousand and one	1 001st	thousand and first
1 002	a thousand and two	1 002nd	thousand and second
2 000	two thousand	2 000th	two thousandth
10 000	ten thousand	10 000th	ten thousandth

Számjegyek	*Tőszámnevek*	*Sorszámnevek*	
100 000	a/one hundred thousand	100 000th	hundred thousandth
1 000 000	a/one million	1 000 000th	millionth
2 000 000	two million	2 000 000th	two millionth

IDŐ

3 óra 17 perc 25 másodperc – 3 hours 17 minutes and 25 seconds

negyed óra – a quarter of an hour

fél óra – half an hour

háromnegyed óra – three quarters of an hour

mennyi az idő? – what's the time?

szerinted hány óra van? – what time do you make it?

meg tudod mondani a pontos időt? – have you the right time?

szerintem 4 óra 40 – I make it 4.40

6 óra van – it's 6 o'clock

7 óra – it's 7 o'clock

9 óra múlt 3 perccel – it's 3 past 9

8 perc múlva 5 – it's 8 to 5

fél tizenegy – it's half past 10

negyed 3 – it's a quarter past 2

háromnegyed 3 – it's a quarter to 3

4 óra múlt – it is just after 4

mindjárt 10 – it is nearly 10

délelőtt tizenegykor – at 11 a.m

délután ötkor – at 5 p.m

pontban/pontosan 2 órakor – at exactly 2 o'clock / at 2 sharp / at 2 on the dot

a vonat 17.23-kor indul – the train leaves at 17.23

mikor indul? – (at) what time does it start?

KELTEZÉS

Hosszabban:
GB: 29 June 2002
Saturday, 29 June 2002
(*st*, *nd*, *rd* vagy *th* vagylagos)
US: June 29th 2002
June 29, 2002

Rövidebben:
29.6.02 vagy 29/6/02

LEGFONTOSABB MÉRTÉKEGYSÉGEK

Súlyok

1 dram		= 1,77 gramm
1 ounce (oz.)	= 16 drams	= 28,35 gramm
1 pound (lb.)	= 16 ounces	= 45,36 dkg
1 stone	= 14 pounds	= 6,35 kg
1 quarter	= 2 stone	= 12,70 kg
1 (GB)		
hundred-weight (cwt.)	= 04 quarters	= 50,80 kg
1 (US) hundred-weight	= 100 pounds	= 45,36 kg
1 ton	= 20 cwt.	= 1016,05 kg

Űrmértékek

1 gill		= 0,142 liter
1 pint	= 4 gills	= 0,568 liter
1 quart	= 2 pints	= 1,136 liter

1 gallon	= 4 quarts	= 4,543 liter
1 peck	= 2 gallons	= 9,097 liter
1 bushel	= 4 pecks	= 36,348 liter
1 quarter	= 8 bushels	= 290,789 liter

Hosszmértékek

1 line		= 2,54 mm
1 inch	= 10 lines	= 2,54 cm
1 foot	= 12 inches	= 30,48 cm
1 yard	= 3 feet	= 91,44 cm
1 fathom	= 2 yards	= 1,83 méter
1 pole/perch/rod	= 5½ yards	= 5,03 méter
1 furlong	= 40 poles	= 201,16 méter
1 statute mille	= 8 furlongs	
	= 1760 yards	= 1609,33 méter
1 nautical mille	= 2026 yards	= 1852 méter
1 league	= 3 stat. miles	= 4,828 km
	= 3 naut. miles	= 5,556 km

Területmértékek

1 square inch		= 6,45 cm^2
1 square foot	= 144 sq. inches	= 929,01 cm^2
1 square yard	= 9 sq. feet	= 0,836 m^2
1 square	= 100 sq. feet	= 9,29 m^2
1 acre	= 4840 sq. yards	= 0,41 hektár
		= 0,703 kat. hold
		= 4046,78 m^2
		= 1125 négyszögöl
1 square mile	= 640 acres	= 258,99 hektár
		= 2,59 km^2
		= 450 kat. hold

Köbmértékek

1 cubic inch		$= 16,38$ cm³
1 cubic foot	$= 1728$ c. inches	$= 28\ 316$ cm³
1 cubic yard		$= 0,764$ m³
1 register ton	$= 100$ c. feet	$= 2,831$ m³

Metrikus mértékek

1 méter	$= 39,371$ inches	$= 1,094$ yards
1 kilométer	$= 1093,6$ yards	$= 0,621$ mile
1 négyzetméter	$= 1550$ sq. inches	$= 1,196$ sq. yards
	$= 10,764$ sq. feet	
1 kilogramm	$= 2,204$ lb	$= 2$ lb 3¼ oz
1 liter		$= 1,75$ pints
1 hektoliter		$= 22$ gallons

Hőmérőrendszer

212 °Fahrenheit	$= + 100$ °Celsius	$=+ 80$ °Réaumur
032 °Fahrenheit	$= 0$ °Celsius	$=+ 80$ °Réaumur
080 °Fahrenheit	$= 18$ °Celsius	$= - 14$ °Réaumur

Átszámítási képletek

$$+ X \text{ °Fahrenheit } \frac{(X - 32) \cdot 5}{9} \text{ °Celsius}$$

$$- X \text{ °Fahrenheit } \frac{(X + 32) \cdot 5}{9} \text{ °Celsius}$$

$$X \text{ °Celsius } \frac{9X °}{9} + 32 \text{ °Fahrenheit}$$

PÉNZRENDSZER

Nagy Britannia

(1971. február 15-ig)

1 guinea	= 21 shillings
1 pound sovereign (£1)	= 20 shillings
1 crown	= 5 shillings
1 half crown	= 2 shillings 6 pence
1 florin	= 2 shillings
1 shillings (1s.)	= 12 pence
1 penny (1d.)	= 4 farthings

(1971. február 15-től)

1 pound (£1)	= 100 pence (100p)

Amerikai Egyesült Államok

1 dollár ($1)	= 100 cents (100 ¢)
1 quarter	= 25 cents
1 dime	= 10 cents
1 nickel	= 5 cents

LEVÉLÍRÁS

Hivatalos/üzleti levél

Saját cím a jobb felső sarokban név nélkül, alatta (vagy bal oldalon) a dátum.
Címzett neve és beosztása a bal felső sarokban.
Megszólítás a címzett alatt.

Ha nem ismerjük a címzettet név szerint, a megszólítás:

Dear Sir
Dear Madam
Dear Sir/Madam

Ha nagyobb intézménynek, cégnek stb. írunk:

Dear Sirs
To whom it may concern: (ez főleg *US*)

Ha a címzett neve ismert:

Dear Mr Jones
Dear Mrs Atkins
Dear Ms Cameron
Dear Miss Rose
Dear Dr. Brown (*US*)
Dear Professor Osselton

Általános megjegyzések:

• Újabban nem szükséges vesszőt kitenni a megszólítás végén, de magánlevélben még ez a gyakoribb.
• *Mr, Mrs, Miss, Ms* és *Master* után ma már nem tesznek pontot a brit angolban. Az amerikaiak azonban még gyakran kiteszik.

Befejezés:

Ha a megszólításban nem írtunk nevet:

Yours faithfully,
(alatta aláírás és alá gépelve a név és beosztás)

Ha a megszólításban nevet is írtunk:

Yours sincerely (*GB*)
Sincerely, (*US*)
Sincerely Yours,
Yours truly,
(A vessző kitétele itt vagylagos, de a brit angol tendencia
    az, hogy elmarad.)

Mintalevél

Brit változat

26 Windsor Road
Bristol BS3 6IP
24 June 2000

Ms Mary Campbell
Personell Manager
Multimedia Production
4 Kensington Road
London SE1 8HI

Dear Ms Campbell

I am writing to apply for the position of assistant advertised in the Morning Post of 23 June. Please find enclosed a copy of my CV.

I have a degree in Film Production from Glasgow Polytechnic University. Since graduation last summer I have been working for GMS Corporate Mediculture on a contract basis. I have become particularly interested in interactive and multimedia work and now wish to develop my career in that direction. I would welcome the chance to work for your corporation where I could make a significant contribution while developing my skills yet further. I would be happy to show you a portfolio of my work.

I look forward to hearing from you.

Yours sincerely
George Allan

Amerikai változat

279 San Domingo Blvd
San Antonio TV 66420

March 4 2001

Denver Preferred Travel
144 High Street
Denver, CO 82001-9022

To whom it may concern:

We are planning to spend our vacation in Denver over Easter and would like some information on available lodging in the area.

We would appreciate it if you could send us information about inexpensive hotels in the Denver area. A city map and brochures about activities and sights in the city would also be appreciated.
Thank you.

Sincerely,
Mary Gregg

Magánlevél

Saját cím (név nélkül) a jobb felső sarokban (el is marad-
   hat).
Alatta a dátum.
A címzett címét általában nem írjuk a levélre.
A megszólítás az ismeretség fokának, bensőségességé-
   nek megfelelően változó.

Legáltalánosabban:

Dear Tom,

Bensőségesebben:

My dear Kate,
My dearest Mother,
Dearest Norman,
Darling Sue,

Általános megjegyzés:

Képes levelezőlapon sohasem írnak az angolok megszó-
lítást.

Befejezés

Legáltalánosabban:

Yours,
Yours ever,
Best wishes,
All the best,
(Mindig vesszővel s alatta a keresztnév.)

Bensőségesebben:

With love from,
Love from us all,
Lots of love,
Love, *(főleg közeli nő/férfi kapcsolatban)*

Mintalevél

11 South Street,
Barcombe.
BN7 2BT

26th October, 1999

Dear Tamas,

It seems such a long time since we last met and caught up with each other's news. However, I'm writing to say that Peter and I plan to take our holiday this summer in the Lake District, and we'll be driving past Preston on the M.6 some time during the morning of Friday, July 23rd. Will you be at home then? Perhaps we could call in? It would be lovely to see you and Alan again and to get news of Janie and Mark. Do let me know whether Friday, 23rd is convenient. We would expect to arrive at your place around 11 a.m. or so, and hope very much to see you then.

With love from,
Susan

e-mail és fax

Az e-mail, csakúgy, mint a fax, mindenekelőtt abban különbözik a hivatalos levéltől, hogy sem megszólítás, sem hivatalos befejezés nincs benne, csupán aláírás. Kollégák között az e-mail stílusa informális, kötetlen. Üzleti faxok nyelvezete azonos a hivatalos levélével.

In sending e-mails as well as faxes you do not have to write 'Dear Sir/Madam' or the like or use a formal closing formula at the end. Just sign your name. E-mails between colleagues can be very informal. Business faxes should use the language of a formal (business) letter.

To: The Publisher
From: Thomas McGee
Subject: contract
Date: June 26, 2002
Attached is the contract you have sent me, signed
Tom

A hivatalos e-mail végén az alábbihoz hasonló tartalmú záradék ajánlott:

— Confidentiality —
This electronic transmission is strictly confidential and intended solely for the addressee. It may contain information which is covered by legal, professional or other privilege. If you are not the intended addressee, you must not disclose, copy or take any action in reliance of this transmission. If you have received this transmission in error, please notify us and delete the received data as soon as possible.

Ez az üzenet személyes/bizalmas információt tartalmazhat, és kizárólag a címzett(ek)nek szól. Tartalmának nem engedélyezett terjesztése, módosítása vagy nyilvánosságra hozatala törvénytelennek minősülhet. Amennyiben tévedésből jutott Önhöz, kérjük, értesítse a feladót, és az üzenetet törölje rendszeréből. Amennyiben nem Ön ennek az üzenetnek a szándékolt címzettje (vagy ilyen személyhez való eljuttatásának felelőse), ezt az üzenetet nem másolhatja vagy juttathatja el más számára.

A boríték

A nevet és címet a boríték közepe táján írják az angolok, egyes elemeit egymás alá, amelynek sorrendje a legközelebbi földrajzi helymegjelölésből kiindulva:

Név, házszám, utca, kerület, város, ország, irányítószám (ill. irányítószám, ország):

Mr D T Allan
3 Bluebird Square
Glasgow
Scotland
GLX HJU
UK

Mr, Mrs, Miss *vagy* Ms *után az utónév/-nevek kezdőbetűi (initials) és a családnév következik:*

Mr G P Black, Ms E L Cord

Házastársak esetén a férfi kerül első helyre, csak az ő iniciáléival:

Mr and Mrs G B Black

Ha a férfi egyetemi tanár:

Professor and Mrs G B Black

Egyéb tudományos fokozat vesszővel a név után:

Mr G B Black, PhD, FRS

Férjes asszonyok ma szeretik saját iniciáléikat használni:

Mrs B T S Atkins

A „leveleivel" (= c/o=care of) formula:

Mr I L Martin
c/o Mrs P Roberts
28 Sand Street
Oxford
OX2 8AS *(Az irányítószámot a végén, külön sorban!)*

Általános megjegyzések:

- Az a tendencia, hogy az iniciálék és címek (Mr, Ms, Dr stb.) után ma már **nem tesznek pontot** a (brit) angolok, az amerikaiak inkább.
- Az angolok a boríték hátára írják a feladót, bár náluk ez nem kötelező. S mivel a levélben megadják a feladó címét, a borítékot eldobják.

Önéletrajz (főleg szakmai)
Curriculum vitae (CV), *US* Resumé

Brit változat

CURRICULUM VITAE

Name	Peter James Davidson
Address	26 Windmill Road, Birmingham BS2 6DP
Telephone	0117 945649
Nationality	British
Date of birth	11 March 1976
Marital status	Single

Education/Qualification

1996–99	Glasgow Polytechnic University: BA in Graphic Design (First Class Hons)
1988–95	Clifton School, 3 A levels: Art (A); Design and Technology (A); Mathematics (C) 10 GCSEs

Employment to date

1999–present	GMS Corporate Electronic, Design Department, Riverside House, 22 Charles St, Bristol
Skills	Computer science, familiar with a number of design and DTP packages; Clean driving licence
Interests	Riding, swimming, jazz, classical music

The following have agreed to provide references:
Ms Alice Burdon, Personnel Manager, Metal
Company plc, Berntown, NB4 3LL
Dr. L. H. Senno, Department of Electronics,
University of Newsay, Newsay, SB13 2 RR

Amerikai változat

RESUMÉ

Jennifer Robertson | Married
1620 Forest Drive | No children
Gale Alto, CA94309
tel: (650) 498-129
e-mail: jlrobertson@mailbox.com

Objective | To obtain a position as a French–English translator with a firm in the Lowland Area

Education
1996–98 | Master of Arts in Translation, Edinburgh University
1990–94 | Bachelor of Arts (cum laude) Major: French; Minor: German, Georgetown University

Experience
1998–present | Technical translator, French–English, mostly for hi-tech industries in California
1996–98 | Teaching Assistant (French), Stanford University
1994–96 | English Teacher, Cambridge Institute, Heidelberg, Germany

Languages | Fluent French and German

Personal | Interests include sailing, cooking and entertaining friends.

Reference | Dr. M. Rosen, Chair, Department of Modern Languages, Stanford University, Gale Alto, CA94305

A brit típusú CV-n általában fel kell tüntetni a születés idejét. Az amerikai típusún nem szükséges megadni sem a születés idejét, sem a családi állapotot, gyermekek számát stb.

Egyéb, jól felhasználható kifejezések a CV-vel kapcsolatban:

Near-native command of English
Adequate spoken Dutch and German
Native Hungarian speaker
Baccalauréat, série C (equivalent of A levels in Maths and Physics)
The qualifications described below do not have exact equivalents in the American system.
I enclose photocopies of my certificates with English translations.

RENDHAGYÓ IGÉK

Infinitive	*Past Tense*	*Past Participle*	
abide	abode	abode	tartózkodik,
	abided	abided	lakik elvisel;
			megmarad
			vmi mellett
arise	arose	arisen	keletkezik
awake	awoke	awoken	felébreszt,
			-ébred
be (am,			
is, are)	was, were	been	van
bear	bore	borne	hord
	bore	born	szül

Infinitive	Past Tense	Past Participle	
beat	beat	beaten	üt
become	became	become	vmvé tesz
beget	begot	begotten	nemz
begin	began	begun	kezd
bend	bent	bent	hajlít
beseech	besought	besought	könyörög
bet	bet, betted	bet, betted	fogad
bid	bid	bid	ajánl
	bade	bidden	megparancsol
bind	bound	bound	köt
bite	bit	bitten	harap
bleed	bled	bled	vérzik
bless	blessed, blest	blessed, blest	áld
blow	blew	blown, blowed	fúj
break	broke	broken	tör
breed	bred	bred	tenyészt
bring	brought	brought	hoz
build	built	built	épít
burn	burnt, burned	burnt, burned	ég
burst	burst	burst	szétreped
buy	bought	bought	vásárol
can	could	–	tud, …hat, …het
cast	cast	cast	dob
catch	caught	caught	megfog
chide	chided, chid	chided, chid, chidden	szid
choose	chose	chosen	választ
cleave[1]	cleave, clove, cleft	cleaved, cloven, cleft	hasít

Függelék

Infinitive	Past Tense	Past Participle	
cleave[2]	cleaved, clave	cleaved	ragaszkodik
cling	clung	clung	ragaszkodik
come	came	come	jön
cost	cost	cost	vmbe kerül
creep	crept	crept	csúszik
crow	crowed, (régi) crew	crowed	kukorékol
cut	cut	cut	vág
deal	dealt	dealt	ad, oszt; foglalkozik (with …val/vel)
dig	dug	dug	ás
dive	dived; US dove	dived	lemerül; fejest ugrik
do	did	done	tesz
draw	drew	drawn	húz
dream	dreamt, dreamed	dreamt, dreamed	álmodik
drink	drank	drunk	iszik
drive	drove	driven	hajt, vezet
dwell	dwelt	dwelt	lakik
eat	ate	eaten	eszik
fall	fell	fallen	esik
feed	fed	fed	táplál
feel	felt	felt	érez
fight	fought	fought	harcol
find	found	found	talál
flee	fled	fled	menekül
fling	flung	flung	hajít
fly	flew	flown	repül

Infinitive	Past Tense	Past Participle	
forbid	forbade, forbad	forbidden	tilt
forecast	forecast, forecasted	forecast, forecasted	előre jelez
forget	forgot	forgotten	elfelejt
forgive	forgave	forgiven	megbocsát
forsake	forsook	forsaken	elhagy
freeze	froze	frozen	fagy
get	got	got; US gotten	kap
gild	gilded, gilt	gilded, gilt	aranyoz
gird	girded, girt	girded, girt	övez
give	gave	given	ad
go	went	gone	megy
grind	ground	ground	őröl
grow	grew	grown	nő
hang	hung hanged	hung hanged	akaszt, függ felakaszt
have (has)	had	had	vmje van
hear	heard	heard	hall
heave	heaved, hove	heaved, hove	emel
hew	hewed	hewed, hewn	üt
hide	hid	hidden	rejt
hit	hit	hit	üt
hold	held	held	tart
hurt	hurt	hurt	megsért
input	input, inputted	input, inputted	betáplál
keep	kept	kept	tart

Infinitive	Past Tense	Past Participle	
kneel	knelt; *főleg* US kneeled	knelt; *főleg* US kneeled	térdel
knit	knitted knit	knitted knit	köt, egyesít egyesül
know	knew	known	tud; ismer
lay	laid	laid	fektet
lead	led	led	vezet
lean	leant, leaned	leant, leaned	hajol
leap	leapt, leaped	leapt, leaped	ugrik
learn	learnt, learned	learnt, learned	tanul
leave	left	left	hagy
lend	lent	lent	kölcsönöz
let	let	let	hagy
lie[1]	lied	lied	hazudik
lie[2]	lay	lain	fekszik
light	lighted, lit	lighted, lit	meggyújt
lose	lost	lost	elveszít
make	made	made	csinál
may	might	–	szabad
mean	meant	meant	jelent
meet	met	met	találkozik
mow	mowed	mown, mowed	lekaszál
must	–	–	kell
output	output, outputted	output, outputted	kiad
pay	paid	paid	fizet
plead	pleaded; US pled	pleaded; US pled	szót emel

Infinitive	Past Tense	Past Participle	
prove	proved	proved; US proven	bizonyít
put	put	put	tesz
quit	quit, quitted	quit, quitted	otthagy, elmegy
read [ri:d]	read [red]	read [red]	olvas
rend	rent	rent	hasít
rid	rid	rid	megszabadít
ride	rode	ridden	lovagol
ring	rang	rung	cseng
rise	rose	risen	felkel
run	ran	run	szalad
saw	sawed	sawn; US sawed	fűrészel
say	said	said	mond
see	saw	seen	lát
seek	sought	sought	keres
sell	sold	sold	elad
send	sent	sent	küld
set	set	set	helyez; beállít stb.
sew	sewed	sewn, sewed	varr
shake	shook	shaken	ráz
shall	should	–	(segédige)
shave	shaved	shaved, shaven	borotvál-(kozik)
shear	sheared	shorn, sheared	nyír
shed	shed	shed	elhullat

Infinitive	Past Tense	Past Participle	
shine	shone	shone	ragyog
	shined	shined	(cipőt) fényesít
shit	shitted, shat	shitted, shat	kakál
shoe	shod	shod	megpatkol
shoot	shot	shot	lő
show	showed	shown, showed	mutat
shred	shred	shred	darabokra tép
shrink	shrank, shrunk	shrunk	össze-zsugorodik
shrive	shrived, shrove	shrived, shriven	gyóntat
shut	shut	shut	becsuk
sing	sang	sung	énekel
sink	sank	sunk	süllyed
sit	sat	sat	ül
slay	slew	slain	öl
sleep	slept	slept	alszik
slide	slid	slid	csúszik
slink	slunk	slunk	lopakodik
slit	slit	slit	felvág
smell	smelt, smelled	smelt, smelled	megszagol
smite	smote	smitten	rásújt
sow	sowed	sown, sowed	vet
speak	spoke	spoken	beszél
speed	sped, speeded	sped, speeded	száguld, siettet; gyorsan hajt
spell	spelt, spelled	spelt, spelled	betűz (betűket)

Infinitive	Past Tense	Past Participle	
spend	spent	spent	költ
spill	spilt, spilled	spilt, spilled	kiönt
spin	spun, *(régi)* span	spun	fon
spit	spat; *főleg* US spit	spat; *főleg* US spit	köp
split	split	split	hasít
spoil	spoilt, spoiled	spoilt, spoiled	elront
spread	spread	spread	kiterjeszt, terjed
spring	sprang	sprung	ugrik
stand	stood	stood	áll
stave	staved, stove	staved, stove	bever
steal	stole	stolen	lop
stick	stuck	stuck	ragaszt
sting	stung	stung	megszúr
stink	stank, stunk	stunk	bűzlik
strew	strewed	strewed, strewn	hint
stride	strode	stridden	lépked
strike	struck	struck	üt
string	strung	strung	felfűz
strive	strove	striven	igyekszik
swear	swore	sworn	megesküszik
sweep	swept	swept	söpör
swell	swelled	swollen, swelled	dagad
swim	swam	swum	úszik
swing	swung	swung	leng(et)
take	took	taken	fog, vesz

Infinitive	Past Tense	Past Participle	
teach	taught	taught	tanít
tear	tore	torn	szakít
tell	told	told	elmond
think	thought	thought	gondol(kozik)
thrive	thrived, throve	thrived, *(régi)* thriven	boldogul
throw	threw	thrown	dob
thrust	thrust	thrust	döf
tread	trod	trodden, trod	tapos
wake	woke, *(régi)* waked	woken, *(régi)* waked	felébred, felébreszt
wear	wore	worn	visel
weave	wove weaved	woven weaved	sző kanyarog
wed	wedded, wed	wedded, wed	összeháza-sodik
weep	wept	wept	sír
wet	wet, wetted	wet, wetted	benedvesít
will	would	–	*(segédige)*
win	won	won	nyer
wind[1]	wound	wound	teker(edik)
wind[2]	winded, wound	winded, wound	kürtöl
wring	wrung	wrung	kicsavar
write	wrote	written	ír

RENDHAGYÓ FŐNEVEK

Singular	Plural	
calf	calves	*borjú*
child	children	*gyermek*
elf	elves	*manó*
foot	feet	*láb*
goose	geese	*liba*
half	halves	*fél*
knife	knives	*kés*
leaf	leaves	*(fa)levél*
life	lives	*élet(rajz)* (*de* **still life** *'csendélet'* *többese:* **still lifes**)
loaf	loaves	*cipó*
louse	lice	*tető*
man	men	*ember*
mouse	mice	*egér*
ox	oxen	*ökör*
scarf	scarves	*sál*
self	selves	*maga*
sheaf	sheaves	*kéve*
shelf	shelves	*polc*
thief	thieves	*tolvaj*
tooth	teeth	*fog*
wife	wives	*feleség*
wolf	wolves	*farkas*
woman	women	*nő*

Jegyzeteim